Мифологический словарь

НАУЧНО-РЕДАКЦИОННЫЙ СОВЕТ
ИЗДАТЕЛЬСТВА "СОВЕТСКАЯ ЭНЦИКЛОПЕДИЯ"

А. М. ПРОХОРОВ (председатель),
И. В. АБАШИДЗЕ,
П. А. АЗИМОВ,
А. П. АЛЕКСАНДРОВ,
В. А. АМБАРЦУМЯН,
С. Ф. АХРОМЕЕВ,
Ф. С. БАБИЧЕВ,
А. Ф. БЕЛОВ,
Н. Н. БОГОЛЮБОВ,
М. Б. БОРБУГУЛОВ,
Ю. В. БРОМЛЕЙ,
В. В. ВОЛЬСКИЙ,
Д. Б. ГУЛИЕВ,
А. А. ГУСЕВ
(заместитель председателя),
В. П. ЕЛЮТИН,
П. П. ЕРАН,
Ю. А. ИЗРАЭЛЬ,
А. А. ИМШЕНЕЦКИЙ,
А. Ю. ИШЛИНСКИЙ,
М. И. КАБАЧНИК,
Г. В. КЕЛДЫШ,
В. А. КИРИЛЛИН,
И. Л. КНУНЯНЦ,
Е. А. КОЗЛОВСКИЙ,
Ф. В. КОНСТАНТИНОВ,
М. А. КОРОЛЕВ,
В. А. КОТЕЛЬНИКОВ,
В. Н. КУДРЯВЦЕВ,
В. Г. КУЛИКОВ,
Г. И. МАРЧУК,
М. М. МИКАЛАЮНАС,
Г. И. НААН,
И. С. НАЯШКОВ,
М. Ф. НЕНАШЕВ,
А. А. НИКОНОВ,
Р. Н. НУРГАЛИЕВ,
В. Г. ПАНОВ
(первый заместитель председателя),
Б. Е. ПАТОН,
В. М. ПОЛЕВОЙ,
Ю. В. ПРОХОРОВ,
А. М. РУМЯНЦЕВ,
Б. А. РЫБАКОВ,
В. Н. СТОЛЕТОВ,
И. М. ТЕРЕХОВ,
В. А. ТРАПЕЗНИКОВ,
Н. Т. ТУХЛИЕВ,
П. Н. ФЕДОСЕЕВ,
М. Н. ХИТРОВ
(заместитель председателя),
Е. И. ЧАЗОВ,
И. П. ШАМЯКИН,
Г. А. ЯГОДИН,
В. Р. ЯЩЕНКО.

Мифологический словарь

Главный редактор
Е. М. МЕЛЕТИНСКИЙ

Члены редакционной коллегии
С. С. АВЕРИНЦЕВ,
В. В. ИВАНОВ,
Р. В. КИНЖАЛОВ,
В. М. МАКАРЕВИЧ (заместитель главного редактора),
Б. Л. РИФТИН,
А. А. ТАХО-ГОДИ,
Е. М. ШТАЕРМАН

МОСКВА
«СОВЕТСКАЯ ЭНЦИКЛОПЕДИЯ»
1990

Редакция Всеобщей истории. Зав. редакцией В. М. МАКАРЕВИЧ, старшие научные редакторы: Е. Г. ГУРАРИ, Г. Г. МАКАРЕВИЧ, кандидат исторических наук В. Я. ПЕТРУХИН, кандидат исторических наук Л. А. СЕДОВ, кандидат историч. наук И. И. СОКОЛОВА, научный редактор О. М. ИВАНОВА, редактор Е. В. СМИРНИЦКАЯ, младший редактор О. М. КУЗЬМИНА.

В подготовке «Мифологического словаря» принимали участие:

Редакция иллюстраций. Художественные редакторы: М. В. КУЛЕШОВА, М. П. ФЕДОТОВ.

Редакция словника. Зав. редакцией А. Л. ГРЕКУЛОВА.

Производственный отдел. Зав. отделом Л. М. КАЧАЛОВА.

Техническая редакция. Зав. редакцией А. В. РАДИШЕВСКАЯ, технический редактор Т. С. ВОРОБЬЕВА.

Корректорская. Зав. Н. М. КАТОЛИКОВА и Т. И. БАРАНОВСКАЯ.

Отдел перепечатки рукописей. Зав. отделом Л. А. МАЛЬЦИНА.

Художники: А. В. АКИМОВ (оформление), Л. Л. СИЛЬЯНОВА (макет вклеек).

ISBN 5-85270-032-0

Настоящее издание представляет собой попытку сводного и систематизированного изложения мифотворчества всех народов мира. В издание включены также мифологические представления и сюжеты, хотя и выросшие на основе народной фантазии, но прошедшие обработку в среде жрецов, религиозных мыслителей, философов. Издание ставит цель дать самому широкому кругу читателей необходимый справочный материал, который поможет понять многие произведения литературы и искусства.

Н а з в а н и я статей в издании даны преимущественно в единственном числе; названия статей о группах мифологических персонажей, классах божеств и т. п. даны только во множественном числе (например, «Ангелы», «Архангелы», «Бесы», «Дэвы»). В большинстве своём имена и термины указаны в традиционном русском написании, что влекло за собой в отдельных случаях определённую непоследовательность, противоречащую принятым в данной энциклопедии принципам транскрибирования. Диакритические знаки, обычно используемые для обозначения гортанных и эмфатических звуков, опущены.

Для ряда мифологий (китайской, японской и др.) на первое место поставлена форма слова, отражающая современное, а не архаическое произношение.

Написание монгольских, бурятских, калмыцких, якутских слов производится по возможности в соответствии с их практическим прочтением, а также с учётом некоторых орфоэпических навыков читателя-неспециалиста (не использовалась буква «э», кроме положения в начале слова, не обозначалась двумя соответствующими буквами долгота гласных). Бурятское «h» везде заменено русским «х», а калмыцкое «h» — русским «г». Редуцированные гласные в калмыцких словах обычно восстанавливаются. Общемонгольские имена и термины, как правило, даются приближённо к халхаским формам (с ориентацией на современный монгольский литературный язык); параллельно приводятся бурятские и калмыцкие формы. В отдельных случаях даётся архаизованное «книжное» чтение (например, «эбуген» вместо «овгон»); написание же имён персонажей средневековой монгольской мифологии, известной по литературным источникам, как правило, опирается на русские монголоведческие традиции.

В западносемитской мифологии на первом месте стоят наиболее ранние из известных форм имена. В древнеарабской, йеменской и мусульманской мифологиях имена и термины, включающие частицы «зу-» и «зат-», помещаются в алфавите на букву «З»; не включён в алфавит за редким исключением определённый артикль «ал-». Звук [j] с последующими гласными передаётся сочетанием «й» с соответствующим гласным.

В написании имён персонажей мифологий индейцев Латинской Америки (ацтеки, майя, киче, сапотеки, кечуа, чибча и др.) учтено произношение на соответствующих индейских языках к периоду испанского завоевания в 16 в.

Во всех словах (кроме односложных) названий статей ставится, как правило, оригинальное у д а р е н и е. Для ряда мифологий (египетской, японской, китайской, индуистской, тунгусо-маньчжурской, древнеарабской, йеменской, мусульманской и др.) ударение в именах и терминах показано согласно условно принятой лингвистической норме или традиции их русского произношения.

Т р а н с л и т е р а ц и я имён и терминов египетской мифологии выполнена в соответствии с изданиями: Ermann A. und Grapow H., Wörterbuch der ägyptischen, Bd 1—7, Lpz.— B., 1926—63; Gardiner A. H., Egyptian Grammer, Oxford, 1950. Пометы, указывающие на происхождение слова (греч., кит., евр. и т. п.), даются, как правило, при наличии вариантов названия на других языках. Термин «древнеиндийский» используется как общее обозначение для ведийского и санскритского языков, поскольку во многих случаях дифференциация была бы невозможной и нецелесообразной. Термин «древнеяпонский» указывает лишь на то, что в старояпонском языке данное слово имело значение, приведённое в статье.

После основного названия статьи в ряде случаев указываются (светлым шрифтом в разрядку) его наиболее распространённые другие формы. Особое внимание обращено на выделение форм имён, которые читатель может встретить в произведениях русской литературы. Параллельные формы имён, теонимы, эпитеты, эпиклезы, имена-табу, упоминаемые в статьях, как правило, не воспроизводятся в виде дополнительных ссылочных статей на основное название, а помещены в именном указателе. Ссылки на источники в тексте даются в соответствии с принятыми сокращениями. В ряде случаев авторы предлагают свой уточнённый перевод мифологических источников.

СОКРАЩЕНИЯ

абх. — абхазский
авест. — авестийский
австрал. — австралийский
адыг. — адыгский
айнск. — айнский
аккад. — аккадский
алан. — аланский
алб. — албанский
алт. — алтайский
аморейск. — аморейский
англ. — английский
араб. — арабский
арам. — арамейский
арийск. — арийский
ацтекск. — ацтекский
б. г. — без года
балийск. — балийский
балкар. — балкарский
балт. — балтийский
башк. — башкирский
белорус. — белорусский
библ. — библейский
болг. — болгарский
брит. — британский
буддийск. — буддийский
букв. — буквальный, буквально
бурят. — бурятский
в. — выпуск (в библиографических описаниях)
в., вв. — век, века
в т. ч. — в том числе
вавил. — вавилонский
валлийск. — валлийский
вед. — ведийский
венг. — венгерский
вост. — восточный
вьетнам. — вьетнамский
гагауз. — гагаузский
галльск. — галльский
герм. — германский
готск. — готский

греч. — греческий
груз. — грузинский
дагомейск. — дагомейский
двойств. ч. — двойственное число
диал. — диалектный
др. — другой
др.- — древне...
евр. — еврейский
европ. — европейский
егип. — египетский
ед. ч. — единственное число
жен. — женский
зап. — западный
ингуш. — ингушский
инд. — индийский
иран. — иранский
ирл. — ирландский
исл. — исландский
итал. — итальянский
итальск. — италийский
казах. — казахский
калм. — калмыцкий
каракалп. — каракалпакский
карачаев. — карачаевский
кафирск. — кафирский
кельт. — кельтский
кет. — кетский
кирг. — киргизский
кит. — китайский
кн. — книга
коммент. — комментарий
кон. — конец
лат. — латинский
латыш. — латышский
Лит.: — литература
литов. — литовский
лувийск. — лувийский
лужиц. — лужицкий
маньчж. — маньчжурский

мар. — марийский
микенск. — микенский
множ. ч. — множественное число
монг. — монгольский
морд. — мордовский
муж. — мужской
мусульм. — мусульманский
н. э. — наша эра
назв. — название
напр. — например
нач. — начало
ок. — около
осет. — осетинский
палайск. — палайский
пер. — перевод
перс. — персидский
пехл. — пехлевийский
польск. — польский
пр. — прочий
прус. — прусский
рим. — римский
род. п. — родительный падеж
рус. — русский
сабинск. — сабинский
сакс. — саксонский
санскр. — санскрит
сб. — сборник
св. — свиток
сев. — северный
семит. — семитский
сер. — середина
серб. — сербский
сиб. — сибирский
сканд. — скандинавский
скиф. — скифский
слав. — славянский
след. — следующий
словац. — словацкий
словен. — словенский
см. — смотри

собств. — собственно
совр. — современный
согд. — согдийский
ср. — сравни
ст. — статья
стб. — столбец
т. н. — так называемый
тадж. — таджикский
тамил. — тамильский
тат. — татарский
тибет. — тибетский
тохар. — тохарский
тунг. — тунгусский
тур. — турецкий
туркм. — туркменский
тыс. — тысячелетие
тюрк. — тюркский
угарит. — угаритский
узб. — узбекский
умбр. — умбрский
финик. — финикийский
флам. — фламандский
франц. — французский
фриг. — фригийский
хатт. — хаттский
хетт. — хеттский
хорв. — хорватский
хуррит. — хурритский
черкес. — черкесский
чеч. — чеченский
чеш. — чешский
чуваш. — чувашский
чукот. — чукотский
шумер. — шумерский
эламск. — эламский
этнич. — этнический
эфиоп. — эфиопский
юж. — южный
яван. — яванский
япон. — японский
ятвяж. — ятвяжский

ИСТОЧНИКИ

на русском языке

АВ	«Атхарваведа»	Брихаддев.	«Брихаддевата»
Авв.	Ветхий завет. Книга пророка Аввакума	Брихаддх.-пур.	«Брихаддхарма-пурана»
Айт.-бр.	«Айтарейя-брахмана»	Бхаг.-г.	«Бхагавад-гита»
Амос	Ветхий завет. Книга пророка Амоса	Бхаг.-пур.	«Бхагавата-пурана»
Апок.	Новый завет. Откровение Иоанна Богослова (Апокалипсис)	Бхригу-Шат.	«Бхригу-Шатапатха»
		Быт.	Ветхий завет. Бытие
Брахмавайв.-пур.	«Брахмавайварта пурана»	Вадж.-самх.	«Ваджасанейи-самхита Яджурведы»
		Ваю-пур.	«Ваю-пурана»
Брихад.-уп.	«Брихадараньяка-упанишада»	Вишну-пур.	«Вишну-пурана»

Вишнудхар-ма-пур.	«Вишнудхар моттара-пурана»	Мих.	Ветхий завет. Книга пророка Михея
Втор.	Ветхий завет. Второзаконие	Мк.	Новый завет. Евангелие от Марка
Гал.	Новый завет. Послание к галатам	Найгхант.	«Найгхантука»
Гоп.-бр.	«Гопатха-брахмана»	Наум	Ветхий завет. Книга пророка Наума
Дан.	Ветхий завет. Книга пророка Даниила	Неем.	Ветхий завет. Книга Неемии
Девибхаг.-пур.	«Девибхагавата-пурана»	Ос.	Ветхий завет. Книга пророка Осии
		Падма-пур.	«Падма-пурана»
Деян.	Новый завет. Деяния апостолов	1 Парал.	Ветхий завет. Первая книга Паралипоменон
Джайм.-бр.	«Джаминия-брахмана»	2 Парал.	Ветхий завет. Вторая книга Паралипоменон
Евр.	Новый завет. Послание к евреям	1 Петр.	Новый завет. Первое послание Петра
Езд.	Ветхий завет. Книга Ездры	2 Петр.	Новый завет. Второе послание Петра
Екк.	Ветхий завет. Книга Екклесиаста, или Проповедника	Прем. Сол.	«Премудрость Соломона» (девтероканоническая ветхозаветная книга)
Есф.	Ветхий завет. Книга Есфири	Притч.	Ветхий завет. Книга притчей Соломоновых
Ефес.	Новый завет. Послание к ефесянам	Пс.	Ветхий завет. Псалтирь
Зах.	Ветхий завет. Книга пророка Захарии	Пс. Сол.	«Псалмы Соломона» (апокрифический ветхозаветный сборник)
Иаков	Новый завет. Послание Иакова	Рам.	«Рамаяна»
Иезек.	Ветхий завет. Книга пророка Иезекииля	РВ	«Ригведа»
Иерем.	Ветхий завет. Книга пророка Иеремии	Рим.	Новый завет. Послание к римлянам
Иис. Нав.	Ветхий завет. Книга Иисуса Навина	Руфь	Ветхий завет. Книга Руфи
Иис. Сир.	«Премудрость Иисуса сына Сирахова» (девтероканоническая ветхозаветная книга)	Песн.	Ветхий завет. Книга Песни песней Соломона
Ио.	Новый завет. Евангелие от Иоанна	Суд.	Ветхий завет. Книга судей израилевых
1 Ио.	Новый завет. Первое послание Иоанна	Тайтт.-бр.	«Тайттирия-брахмана»
2 Ио.	Новый завет. Второе послание Иоанна	Тайтт.-самх.	«Тайттирия-самхита Яджурведы»
3 Ио.	Новый завет. Третье послание Иоанна	Тандья-Махабр.	«Тандья-Маха-брахмана»
Иов	Ветхий завет. Книга Иова		
Иоиль	Ветхий завет. Книга пророка Иоиля	1 Тим.	Новый завет. Первое послание к Тимофею
Иона	Ветхий завет. Книга пророка Ионы	2 Тим.	Новый завет. Второе послание к Тимофею
Ис.	Ветхий завет. Книга пророка Исайи	Тит	Новый завет. Послание к Титу
Исх.	Ветхий завет. Исход	Тов.	«Книга Товита» (девтероканоническая ветхозаветная книга)
Иуд.	Новый завет. Послание Иуды		
Катха-уп.	«Катха-упанишада»	1 Фесс.	Новый завет. Первое послание к фессалоникийцам
Кол.	Новый завет. Послание к колоссянам		
1 Кор.	Новый завет. Первое послание к коринфянам	2 Фесс.	Новый завет. Второе послание к фессалоникийцам
2 Кор.	Новый завет. Второе послание к коринфянам		
Курма-пур.	«Курма-пурана»	Филим.	Новый завет. Послание к Филимону
Лев.	Ветхий завет. Левит	Филип.	Новый завет. Послание к филиппийцам
Лук.	Новый завет. Евангелие от Луки	1 Царств	Ветхий завет. Первая книга Царств
Майтр.-самх.	«Майтрайяни-самхита Яджурведы»	2 Царств	Ветхий завет. Вторая книга Царств
Малах.	Ветхий завет. Книга пророка Малахии	3 Царств	Ветхий завет. Третья книга Царств
Марканд.-пур.	«Маркандейя-пурана»	4 Царств	Ветхий завет. Четвёртая книга Царств
Мат.-пур.	«Матсья-пурана»	Чис.	Ветхий завет. Числа
Матф.	Новый завет. Евангелие от Матфея	Чханд.-уп.	«Чхандогья-упанишада»
Мбх.	«Махабхарата»	Шат.-бр.	«Шатапатха-брахмана»

на латинском языке

Ael. De nat. an. Var. hist	Элиан. «О природе животных» «Разные истории»	Bacchyl.	Вакхилид
		Callim. Hymn. frg.	Каллимах. «Гимны» Фрагменты
Aeschyl. Agam.	Эсхил. «Агамемнон»	Catull.	Катулл
Cho.	«Хоэфоры»	CIA	Corpus Inscriptionum Atticarum («Свод аттических надписей»)
Eum.	«Евмениды»		
Pers.	«Персы»	Cic. De nat. deor.; In Verr	Цицерон. «О природе богов»; «Речи против Верреса»
Prom.	«Прикованный Прометей»		
Sept.	«Семеро против Фив»	CIL	Corpus Inscriptionum Latinarum («Свод латинских надписей»)
Suppl.	«Просительницы»		
frg.	Фрагменты	Clem. Alex. Protr.	Климент Александрийский. «Увещания»
Alc. frg.	Алкей. Фрагменты		
Anacr. frg.	Анакреонт. Фрагменты	Clem. Rom. Hom.	Климент Римский. «Беседы»
Ant. Liber.	Антонин Либерал. «Превращения»		
Apollod.	Аполлодор. «Библиотека»	Conon.	Конон. Сказки.
epit.	«Сокращенное изложение»	Cornut.	Корнут. «Сокращённое изложение греческой теологии»
Apoll. Rhod.	Аполлоний Родосский. «Аргонавтика»		
Apul. Met.	Апулей. «Метаморфозы»	Corp. Gloss. lat.	Corpus glossariorum latinorum («Свод латинских глос»)
Aristoph. Acharn.	Аристофан. «Ахарняне»		
Av.	«Птицы»	CPG (Paroemiographi Graeci)	Свод греческих пословиц
Eccl.	«Женщины в народном собрании»		
Equ.	«Всадники»	Dares Phryg.	Дарет Фригийский
Lys.	«Лисистрата»	Demosth. Orat.	Демосфен. «Речи»
Nub.	«Облака»		
Pax.	«Мир»	Dict. Cret.	Диктис Критский
Plut.	«Богатство»	Diod.	Диодор Сицилийский. «Историческая библиотека»
Ran.	«Лягушки»		
Thesm.	«Женщины на празднике Фесмофорий»	Dion. Cass.	Дион Кассий. «Римская история»
Vesp.	«Осы»	Dion. Chrys. Orat.	Дион Хрисостом. «Речи»
frg.	Фрагменты		
Aristot. Rep. Athen.	Аристотель. «Афинское государственное устройство»	Dion. Halic.	Дионисий Галикарнасский. «Римские древности»
Poet.	«Поэтика»	Diosc.	Диоскорид. Лечебник
Artemid. Onir.	Артемидор Далдианский «Толкование сновидений»	Etym. Magn.	Etymologicon Magnum («Большой этимологик»)
AT	Указатель фольклорных мотивов Аарне — Томпсона: The Types of the Folktale. A classification and bibliography Anti Aarne's Verzeichnis der Märchentypen. Translated and enlarged by Stith Thompson.	Eur. Alc.	Еврипид. «Алкеста»
		Andr.	«Андромаха»
		Bacch.	«Вакханки»
		Cretenses	«Критяне»
		Cycl.	«Киклоп»
Athen. Deipn.	Афиней. «Трапеза знатоков»	El.	«Электра»
Aul. Gell.	Авл. Геллий. «Аттические ночи»	Hec.	«Гекуба»

Hel.	«Елена»		frg.	Фрагменты
Heraclid.	«Гераклиды»		Plat. Conv.	Платон. «Пир»
Heracl.	«Геракл»		Crat.	«Кратил»
Hippol.	«Ипполит»		Critias	«Критий»
Ion	«Ион»		Euthyd.	«Евтидем»
Iphig. A.	«Ифигения в Авлиде»		Gorg.	«Горгий»
Iphig. T.	«Ифигения в Тавриде»		Hipp.	«Гиппий»
Med.	«Медея»		Legg.	«Законы»
Orest.	«Орест»		Phaed.	«Федон»
Phoen.	«Финикиянки»		Phaedr.	«Федр»
Rhes.	«Рес»		Prot.	«Протагор»
Suppl.	«Просительницы»		R. P.	«Государство»
Troad.	«Троянки»		Tim.	«Тимей»
frg.	Фрагменты		PLG	Poetae lyrici Graeci («Греческие лирические поэты»)
Eustath.	Евстафий			
FGH	Fragmenta historicorum graecorum («Фрагменты греческих историков»)		Plin. Nat. hist.	Плиний. «Естественная история»
			Plotin	Плотин. «Эннеады»
Firmic. Matern. De err. profan. relig.	Фирмик Матерн. «Об ошибочности нечестивых верований»		Plut. Alcib.	Плутарх. «Алкивиад»
			Alex.	«Александр»
			Amat.	«Любовные повествования»
			Arist.	«Аристид»
Fulg.	Фульгенций. «Три книги мифологии»		Adv. stoic.	«Против стоиков»
Heraclit. De incred.	Гераклит. «О невероятном»		De def. or.	«О падении оракулов»
			De ei delph.	«О дельфийском ei»
Heraclit. frg.	Гераклит. Фрагменты.		De frat. amor.	«О братской любви»
Herodot.	Геродот. «История»			
Hes. Opp.	Гесиод. «Труды и дни»		De Is. et Os.	«Об Изиде и Озирисе»
Theog.	«Теогония»		Numa	«Нума»
frg.	Фрагменты		Parall.	«Меньшие параллели»
Hesych.	Гесихий Александрийский. «Лексикон»		Quest. conv.	«Застольные вопросы»
			Quest. graec.	«Греческие вопросы»
Himer. Orat.	Гимерий. «Речи»		Thes.	«Тезей»
Ecl.	«Эклоги»		Poll.	Поллукс. Ономастикон
Hom. Epigr.	«Гомеровские эпиграммы»		Pomp. Mela	Помпоний Мела
Hom. Il.	Гомер. «Илиада»		Porphyr. De abst.	Порфирий. «О воздержании»
Od.	«Одиссея»			
Horat. Carm.	Гораций. «Стихотворения»		De antr nymph.	«О пещере нимф»
Carm. saecul.	«Юбилейный гимн»			
			Vit. Pyth.	«Жизнь Пифагора»
Ep.	«Эподы»		P. Porph.	Порфирион. Комментарии к Горацию
Epist.	«Послания»			
Od.	«Оды»		Procl. Chrest.	Прокл. «Хрестоматия»
Sat.	«Сатиры»		Hymn.	«Гимны»
Hyg. Astr.	Гигин. «Астрономические очерки»		In Crat.	«Комментарий на Кратила Платона»
Fab.	«Сказания»		In Tim.	«Комментарий на Тимея Платона»
Hymn. Hom.	«Гомеровские гимны»		Propert.	Проперций
Hymn. Orph.	«Орфические гимны»		Ps.-Eratosth.	Псевдо-Эратосфен. «Превращение в звёзды»
Isid. Orig.	Исидор Севильский. «Этимология»			
Iuvenal.	Ювенал. «Сатиры»		Ps.-Plat. Axioch	Псевдо-Платон. «Аксиох»
Lact. Plac. In Stat. Theb.	Лактаний Плацид. Комментарии к «Фиваиде» Стация			
			Ps.-Plut. De fluv. et mont. nom.	Псевдо-Плутарх. «О названиях рек и гор»
Liv.	Тит Ливий. «История Рима от основания города»			
			Ptol. Hephaest.	Птолемей Гефестион. «Извлечения из Фотия»
Luc. Astr.	Лукиан. «Об астрологии»			
Gall.	«Сон, или Петух»		Sapph.	Сапфо. Фрагменты
Deor. conc.	«Совет богов»		Schol. Aeschyl. (названия трагедий см. Aeschyl.)	Схолин к Эсхилу
De dea syr.	«О сирийской богине»			
Hermot.	«Гермотим»			
Ver. hist.	«Правдивые истории»			
Lucan. Pharsal.	Лукан. «Фарсалия»			
			Apoll. Rhod.	к Аполлонию Родосскому
Lucr.	Лукреций. «О природе вещей»		Aristoph. (названия комедий см. Aristoph.)	к Аристофану
Lycophr.	Ликофрон. «Александра»			
Lycurg.	Ликург. «Речь против Леократа»			
frg.	Фрагменты			
Macrob. Sat.	Макробий. «Сатурналии»		Eur. (названия трагедий см. Eur.	к Еврипиду
Marc. Aurel.	Марк Аврелий. «К самому себе»			
Max. Tyr.	Максим Тирский. «Философские сочинения»			
			Hom. Il.	к «Илиаде» Гомера
Myth. Vat.	«Ватиканские мифографы»		Hom. Od.	к «Одиссее» Гомера
Nic. Alexiph.	Никандр Колофонский. «О ядах и противоядиях»		Pind. (названия од см. Pind.)	к Пиндару
Ther.	«О животных ядах»			
Nonn. Dion.	Нонн Панополитанский. «Песни о Дионисе»		Plat. (названия диалогов см. Plat.)	к Платону
Nonn. Marc.	Нонн Марцелл			
Orph. frg.	Orphicorum fragmenta («Фрагменты орфиков»)		Soph. (названия трагедий см. Soph.)	к Софоклу
Ovid. Fast.	Овидий. «Фасты»			
Heroid.	«Героини»			
Met.	«Метаморфозы»		Theocr.	к Феокриту
Paleph.	Палефат. «О невероятном»		Sen. Agam.	Сенека. «Агамемнон»
Parthen.	Парфений. «Любовные рассказы»		Serv. Verg. Aen.	Сервий. «Комментарий к Энеиде Вергилия»
Paus.	Павсаний. «Описание Эллады»			
Pherec.	Ферекид		Buc.	«Комментарий к Буколикам Вергилия»
Philostr. Heroic.	Филострат. «О героях»		Georg.	«Комментарий к Георгикам Вергилия»
Imag.	«Картины»		Ecl.	«Комментарии к Эклогам Вергилия»
Philostr. iun. Imag.	Филострат Младший. «Картины»			
Phrynich. frg.	Фриних. «Фрагменты»		Simonid.	Симонид Кеосский. Фрагменты
Pind. Isthm.	Пиндар. «Истмийские оды»		Soph. Ai.	Софокл. «Аякс»
Dith.	«Дифирамбы»		Antig.	«Антигона»
Nem.	«Немейские оды»			
Ol.	«Олимпийские оды»			
Pyth.	«Пифийские оды»			

El.	«Электра»	Theocr.	Феокрит. «Идиллии»
O. C.	«Эдип в Колоне»	Theogn.	Феогнид
O. R.	«Эдип царь»	Thuc.	Фукидид. «История»
Philoct.	«Филоктет»	Timoth.	Тимофей. Фрагменты
Trach.	«Трахинянки»	Tirt.	Тиртей. Фрагменты
frg.	Фрагменты	Triphiod. Exc. Il.	Трифиодор. «Взятие Илиона»
Stat. Achill.	Стаций. «Ахиллеида»		
Theb.	«Фиваида»	Tzetz. Antehom.	Цец. «Эпос до Илиады»
Steph. Byz.	Стефан Византийский. «Народоведение»	Posthom.	«Эпос после Илиады»
Stesich.	Стесихор. Фрагменты	Schol. Lycophr.	«Схолии к Ликофрону»
Stob.	Стобей	Chil.	«Хилиады»
Strab.	Страбон. «География»	Val. Flac.	Валерий Флакк
Suida.	Свида. «Лексикон»	Val. Max	Валерий Максим. «Достопримечательности в делах и словах»
T	Указатель фольклорных мотивов Томпсона: Thompson St. Motif-indeks of Folk Literature. A Classification of Narrative Elements in Folktales, Ballades, Myths, etc.	Varr.	Варрон
		Verg. Aen.	Вергилий. «Энеида»
		Ecl.	«Эклоги»
Tacit. Hist.	Тацит. «История»	Georg.	«Георгики»
TGF	Tragicorum graecorum fragmenta (Фрагменты греческих трагиков)	Xenoph. Anab.	Ксенофонт. «Анабасис»
Tertull. Adv. Marc.	Тертуллиан. «Против Маркиона»	Lac. pol.	«Лаконское законодательство»

ГОРОДА

на русском языке

А.-А. — Алма-Ата
Аш. — Ашхабад
Душ. — Душанбе
Ер. — Ереван
К. — Киев
Л. — Ленинград
М. — Москва
М.–Л. — Москва — Ленинград
Новосиб. — Новосибирск
П. — Петроград (Петербург)
СПБ — Санкт-Петербург
Тал. — Таллин
Таш. — Ташкент
Тб. — Тбилиси
Фр. — Фрунзе

на иностранных языках

Amst. — Amsterdam
Antw. — Antwerpen
B. — Berlin
B. Aires — Buenos Aires
Balt. — Baltimore
Bdpst — Budapest
Berk. — Berkeley
Brat. — Bratislava
Brux. — Bruxelles
Camb. — Cambridge
Chi. — Chicago
Cph. — Copenhagen, Copenhague
Fr./M. — Frankfurt am Main
Gen. — Genève
Gött. — Göttingen
Hamb. — Hamburg
Hdlb. — Heidelberg
Hels. — Helsingfors, Helsinki
Ist. — Istanbul
Kbh. — København
L. — London
Los Ang. — Los Angeles
Lpz. — Leipzig
Melb. — Melbourne
Méx. — México
Mil. — Milano
Münch. — München
N. Y. — New York
Oxf. — Oxford
P. — Paris
Phil. — Philadelphia
S. F. — San Francisco
Stockh. — Stockholm
Stuttg. — Stuttgart
W. — Wien
Warsz. — Warszawa
Wash. — Washington
Z. — Zürich

АВТОРЫ*

А.А.	Аншба, Сухуми	*А.А.*	Л.А.	Лелеков, Москва	*Л.Л.*
А.А.	Терентьев, Ленинград	*А.А.Т.*	Л.Э.	Мялль, Тарту	*Л.М.*
А.В.	Ващенко, Москва	*А.В.*	Л.Н.	Меньшиков, Ленинград	*Л.Н.М.*
А.Г.	Лундин, Ленинград	*А.Г.Л.*	Л.А.	Файнберг, Москва	*Л.Ф.*
А.М.	Дубянский, Москва	*А.Д.*	Л.Г.	Члаидзе, Тбилиси	*Л.Ч.*
А.И.	Зайцев, Ленинград	*А.З.*	М.Н.	Ботвинник, Ленинград	*М.Б.*
А.Ф.	Лосев, Москва	*А.Л.*	М.А.	Дандамаев, Ленинград	*М.Д.*
А.У.	Мальсагов, Грозный	*А.М.*	М.К.	Чачава, Тбилиси	*М.К.Ч.*
А.И.	Немировский, Москва	*А.Н.*	М.Л.	Хачикян, Ереван	*М.Л.Х.*
А.Н.	Мещеряков, Москва	*А.Н.М.*	М.И.	Мижаев, Черкесск	*М.М.*
А.Н.	Седловская, Москва	*А.С.*	М.Б.	Пиотровский, Ленинград	*М.П.*
А.Х.	Танкиев, Грозный	*А.Т.*	М.С.	Полинская, Москва	*М.С.П.*
А.А.	Тахо-Годи, Москва	*А.Т.Г.*	М.	Хоппал, Будапешт	*М.Х.*
А.В.	Цанава, Тбилиси	*А.Ц.*	М.А.	Членов, Москва	*М.Ч.*
Б.А.	Калоев, Москва	*Б.К.*	М.А.	Юсим, Москва	*М.Ю.*
Б.Л.	Рифтин, Москва	*Б.Р.*	Н.А.	Алексеев, Якутск	*Н.А.*
В.К.	Афанасьева, Ленинград	*В.А.*	Н.А.	Брегадзе, Тбилиси	*Н.Б.*
В.Н.	Басилов, Москва	*В.Б.*	Н.Л.	Жуковская, Москва	*Н.Ж.*
В.Е.	Баглай, Ухта	*В.Е.Б.*	Н.И.	Никулин, Москва	*Н.Н.*
В.В.	Иванов, Москва	*В.И.*	О.Ф.	Волкова, Москва	*О.В.*
В.Н.	Топоров, Москва	*В.Т.*	О.	Гогичашвили, Тбилиси	*О.Г.*
В.Н.	Ярхо, Москва	*В.Я.*	П.А.	Гринцер, Москва	*П.Г.*
Г.Г.	Бандиленко, Москва	*Г.Б.*	Р.В.	Кинжалов, Ленинград	*Р.К.*
Г.М.	Василевич, Ленинград	*Г.В.*	Р.И.	Рубинштейн, Москва	*Р.Р.*
Г.Ч.	Гусейнов, Москва	*Г.Г.*	С.С.	Аверинцев, Москва	*С.А.*
Г.Г.	Свиридов, Ленинград	*Г.С.*	С.Б.	Арутюнян, Ереван	*С.Б.А.*
Д.А.	Рухадзе, Тбилиси	*Д.Р.*	С.Л.	Зухба, Сухуми	*С.З.*
Д.С.	Раевский, Москва	*Д.С.Р.*	С.Ю.	Неклюдов, Москва	*С.Н.*
Е.С.	Котляр, Москва	*Е.К.*	С.Д.	Серебряный, Москва	*С.С.*
Е.М.	Мелетинский, Москва	*Е.М.*	С.А.	Токарев, Москва	*С.Т.*
Е.С.	Новик, Москва	*Е.Н.*	С.В.	Шкунаев, Москва	*С.Ш.*
Е.М.	Пинус, Ленинград	*Е.П.*	С.Я.	Серов, Москва	*С.Я.С.*
Е.К.	Симонова-Гудзенко, Москва	*Е.С.-Г.*	Т.А.	Очиаури, Тбилиси	*Т.О.*
Е.А.	Хелимский, Москва	*Е.Х.*	Х.С.	Бгажба, Сухуми	*Х.Б.*
Е.М.	Штаерман, Москва	*Е.Ш.*	Х.М.	Халилов, Махачкала	*Х.Х.*
З.Г.	Кикнадзе, Тбилиси	*З.К.*	Ш.Х.	Салакая, Сухуми	*Ш.С.*
И.С.	Брагинский, Москва	*И.Б.*	Э.Е.	Кормышева (Миньковская), Москва	*Э.К.*
И.К.	Сургуладзе, Тбилиси	*И.С.*	Ю.Е.	Березкин, Ленинград	*Ю.Б.*
И.Ш.	Шифман, Ленинград	*И.Ш.*	Ю.Х.	Сирк, Москва	*Ю.С.*
Л.Х.	Акаба, Сухуми	*Л.А.*	Я.В.	Чеснов, Москва	*Я.Ч.*
Л.Р.	Концевич, Москва	*Л.К.*			

* Список авторов дан в соответствии с сокращениями, расположенными в алфавитном порядке.

Венера Милосская. Мрамор. Ок. 120 до н.э. Париж, Лувр.

А

ААРÓН («осиянный»), в ветхозаветных преданиях первый в череде первосвященников, родоначальник священнической касты. А., сын Амрама и Иохавед из колена Левия, брат *Моисея* и Мариам Пророчицы, рождается во времена пребывания евреев в Египте; к моменту исхода Израиля ему уже 83 года (Исх. 7, 7). Призвав косноязычного Моисея к пророческому служению, *Яхве* велит ему взять А. своим толмачом (4, 15—16). Во время спора с фараоном и состязания в чудотворстве с египетскими жрецами и волшебниками А. «ассистирует» Моисею, по его знаку являя теургические знамения: на глазах у фараона превращает свой посох в змею, а когда маги фараона делают то же самое, посох А. поглощает их посохи (7, 10—12); тем же посохом А. наводит на Египет три первые «казни», всякий раз следуя приказу Моисея (7, 14—8, 17). Во время битвы с амаликитянами А. вместе с Ором поддерживает воздетые руки молящегося на вершине холма Моисея, что должно обеспечить победу (17, 10—12). Позднее А. и его сыновья по велению Яхве посвящаются в сан священника и получают исключительное право и обязанность совершать определённые культовые действия (28 и 29). Корей и многие другие «именитые люди» требуют равного участия всех в культе (Чис. 16, 1—3), но особое избранничество священнического сословия подтверждено двумя чудесами: во-первых, вождей недовольных (Корея, Дафана и Авирона с их домочадцами) поглощает разверзшаяся земля, а мор среди сочувствовавших остановлен только умилостивительным каждением А. (16, 24—40); во-вторых, когда по приказу Моисея в скинии (шатре, который был средоточием культа и местом «присутствия» Яхве) на ночь оставлены посохи старейшин 12 колен Израиля (см. *Двенадцать сыновей Иакова*), то наутро посох А., старейшины колена Левия, найден чудесно расцветшим (Чис. 17). Однако высокий сан А. и его потомков сопряжён с грозной ответственностью. Так, в первый же день исполнения А. и его сыновьями сакральных обязанностей двое сыновей А. (Надав и Авиуд) пожраны «огнём от Яхве» за то, что, не дожидаясь возгорания этого таинственного огня, разожгли в своих кадильницах «огонь чуждый» (Лев. 10, 1—2); А. и его оставшимся сыновьям даже не дано оплакать погибших, ибо они не смеют прерывать своего служения. Когда Моисей поднимается на Синайскую гору для общения с Яхве, он поручает народ А. и Ору; по требованию народа А. изготовляет золотого кумира в виде тельца, чем нарушает запрет идолопоклонства и навлекает гнев Яхве, от которого оказывается спасённым лишь благодаря заступничеству Моисея; Моисей, как «ревнитель веры», обличает впадающего в отступничество священника А. (Исх. 32; Втор. 9, 20). Когда же А. (вместе с Мариам) порицает Моисея, ставя ему в вину его брак с «эфиоплянкой» и приписывая себе такое же пророческое достоинство, ему приходится принести покаяние в своём неразумии (Чис. 12, 1—11). Как и Моисею, А. не дано войти в «землю обетованную»; смерть постигает его в возрасте 123 лет на горе Ор (по другой версии, — в Мосере; Втор. 10, 6), где Моисей снимает с него священнические ризы и облекает в них Елеазара, сына А. и преемника его сана, а народ 30 дней оплакивает умершего (Чис. 20, 22—29; 33, 38—39). Для поздних библейских авторов А. — «идеальный священник» (Езд.; Пс. 76, 21; Пс. 105, 16; Иис. Сир. 45, 7—27, и особенно Прем. Сол. 18, 20—25, где А. — «непорочный муж» и отвратитель гибели от народа). Талмудическая литература особенно подчёркивает в А. черты примирительности, кротости и мягкости. Этот мотив подхвачен и традицией ислама, давшей А. (Гаруну) прозвище Абул-Фарадж («отец утешения»).

С. С. Аверинцев.

ААРРА, в древнеарабской мифологии бог — покровитель города Босра. Бог плодородия и растительности, очевидно, имел черты божества света и солнца. Когда Босра вошла в состав Набатеи, А. был отождествлён с *Душарой* и стал его ипостасью. При этом он, видимо, сохранил функции бога — покровителя Босры: набатеи считали её местом пребывания А. В эллинистический период отождествлялся с *Дионисом*. По другой гипотезе, А. — исконное, возможно запретное, имя Душары.

А. Г. Л.

АБÁНТ, Абас, в греческой мифологии: 1) А. — эпоним воинственного племени абантов на Эвбее (Hom. Il. II 536), сын Посейдона и нимфы *Аретусы*; 2) А. — царь Аргоса (Paus. II 16, 2), сын *Гипермнестры* и Линкея (Apollod. II 2, 1). Он — отец *Акрисия* и, следовательно, дед *Данаи* и прадед *Персея*. 3) А. — сын *Мелампа*.

А. Т.-Г.

АБÁСЫ, абаасы, у якутов злые духи верхнего, среднего и нижнего миров. Согласно некоторым мифам, имеют облик человека ростом с лиственницу или одноногого, однорукого, одноглазого чудовища. Всё вредное и гадкое — растения и животные создано А. Они искушают людей, подбивая на преступления, насылают на них бедствия и болезни, многие из А. могут лишить людей рассудка. Они питаются душами людей и животных. Часто родственники больного или умершего приносили в жертву А. животное, как бы обменивая его душу на душу человека, которой угрожают А. Наиболее известные А.: *Арсан-дуолай*, *Хара Суорун*. В якутском эпосе олонхо эпические враги представлены как богатыри А.

АБДÁЛ, у цахуров, даргинцев, лакцев (Авдáл), аварцев (Будуалы) бог охоты, покровитель туров, диких коз, оленей. Возможно, имя А. восходит к груз. богине охоты *Дали*, культ которой, вероятно, был распространён у горцев Дагестана; её функции были перенесены на мужское божество.

Согласно поверьям цахуров, А. заботится о диких животных, пасёт их, доит; ограничивает отстрел зверей, жестоко карая охотника, нарушившего ограничения. Явление А. в облике белого зверя или белого человека предрекает охотнику неудачу. В случае удачи А. приносили в жертву сердце и печень убитого животного, а кости не выбрасывали и не сжигали — по ним А. оживляет зверя. А. вынимает из утробы женщины ещё не родившегося ребёнка, чтобы сделать его пастухом туров. *Х. Х.*

АБДЕ́Р, в греческой мифологии сын Гермеса, возлюбленный Геракла (Apollod. II 5, 8), был растерзан кобылицами *Диомеда*. На его могиле Геракл основал город Абдеры. Подобно *Нарциссу*, *Гиакинфу* и *Гиласу*, сохранял красоту и после смерти (Philostr. Imag. II 25). *Г. Г.*

АБЗА́Р ИЯСЕ́ («хозяин хлева»), у казанских татар дух, обитающий во дворе или в хлеву. Часто отождествлялся с *ой иясе*. Существовало поверье, что ночью А. и. иногда издали показывается людям в облике человека или различных животных. Некоторых домашних животных он любит, кормит, лошадям заплетает гриву, других — преследует. А. и. у разных групп западносибирских татар соответствуют Мал иясе, Занги (Санги) баба и Пэша ана. *В. Б.*

АБЗУ́ (шумер.), **Апсу́** (аккад.), в шумеро-аккадской мифологии мировой океан подземных пресных вод, окружающий землю. Хозяин А.— Энки, его храм в Эреду(г)е (позже — в Уре) носил название А. или «дом Энгурры» (шумер. Энгурра — синоним А.). Одновременно А. считалось потаённым, где-то в глубинах спрятанным местом, куда боги не могут заглянуть и где хранятся божественные сути — *ме*. В А. обитают подвластные Энки *абгали* (аккад. *апкаллу*, возможно, «мудрец»), существа — носители культуры, основатели городов. В шумерском мифе Энки и *Нинмах* лепят в А. из глины А. человека. В вавилонских космологических представлениях (аккад. поэма «Энума элиш») Апсу — персонификация мирового океана, первопричина жизни, воплощение первозданной стихии, супруг *Тиамат*, с Тиамат, меша́я свои воды, создают первых богов — Лахму и Лахаму (см. в ст. *Лахама*). Молодое поколение богов раздражает своим поведением Апсу, который вместе с советником *Мумму* строит планы их уничтожения. Но Эйя убивает Мумму, усыпляет Апсу и затем убивает его. Над убитым Апсу Эйя возводит жилище «Апсу» и в нём зачинает *Мардука*. *В. А.*

АБНАУА́Ю («лесной человек»), мифологический персонаж у абхазов — огромное злое чудовище, отличающееся необычайной физической силой и свирепостью. Тело А. покрыто длинной, похожей на щетину шерстью, у него огромные когти; глаза и нос — как у людей. Обитает в дремучих лесах (существовало поверье, что в каждом лесном ущелье живёт один А.). Встреча с ним опасна, на груди у А. топорообразный выступ: прижимая к груди жертву, он рассекает её пополам. Распространённый сюжет — встреча А. с охотником, пастухом. А. каждую ночь подходил к шалашу пастуха по имени Читанаа Хуху и окликал его, в ответ пастух предлагал вступить с ним в единоборство, которое А. отклонял и уходил. Однажды Хуху прибег к хитрости: положил в своё постель чурбан и укрыл его буркой, а сам спрятался в кустах. А. решил, что пастух спит, и бросился на чурбан. Хуху выстрелил и смертельно ранил чудовище. Затем Хуху забрал всё добро А. и женился на его красавице-жене. Ср. сюжет в ст. *Рикирал дак, Мезиль*. *С. З.*

АБОТЕ́НИ, у народов тибето-бирманской группы ади первопредок, от потомков которого ведут происхождение эти народы. А. жил в местности Супунг, которая находилась где-то на востоке Гималаев. От первых трёх жён А. родились различные существа земли и неба, от четвёртой — Джамир Гимбаре — сын Аблома, предок ремесленников, создавший бронзовые вещи, в т. ч. тибетские колокола. Злые духи отняли у А. его жён. Но А. угрожал поразить из лука солнце и луну и разрушить весь мир. Духи тогда дали ему жену Зуккумане, по её совету А. бежал от духов с женой и двумя бамбуковыми сосудами. Зуккумане захватила с собой два бамбуковых сосуда: в одном оказались рис и домашние животные, в другом — первые люди. Духи в конце концов нашли беглецов. Чтобы умиротворить духов, А. и его потомкам пришлось приносить им регулярные жертвы. *Я. Ч.*

АБРА́КСАС, **Абраса́кс** (греч.), имя космологического существа в представлениях гностиков (1—3 вв.). Согласно доктрине василидиан (одной из гностических сект — последователей Василида, 2 в., Сирия), А.— верховный глава небес и *эонов*, как бы совмещающий в своём лице их полноту. В системе Василида сумма числовых значений входящих в слово «А.» семи греческих букв (1 + + 2 + 100 + 1 + 60 + 1 + 200) даёт 365 — число дней в году («целокупность мирового времени»), а также число небес («целокупность мирового пространства») и соответствующих небесам эонов («целокупность духовного мира»). «Космический» характер семёрки как общего числа букв подчёркивает придававшийся имени А. смысл некоего исчерпания моментов бытия, окончательной суммарности. Имя А. и его иконографический образ (существо с головой петуха, телом человека и змеями вместо ног), известный по изображениям на геммах-амулетах, имели распространение и за пределами христианского гностицизма, в культово-магическом обиходе позднеантичного синкретического язычества. *С. А.*

АБРСКИ́Л, герой абхазского героического эпоса. Родившись чудесным образом (от непорочной девы), А. вскоре стал непобедимым богатырём, защитником своего народа. Он уничтожал также препятствующие земледелию папоротники, колючки, дикую виноградную лозу. Решив доказать, что способен на то, что под силу лишь богу, А. вступил в состязание с верховным богом *Анцва*. Привязав к седлу кожаные мешки, наполненные огромными валунами, А. поднимался на своём крылатом коне-араше в поднебесье. Сбрасывая валуны, он производил шум, подобный небесному грому, а рассекая саблей облака, извлекал молнию. Разгневанный Анцва велел поймать А. и заточить его в пещеру (пещерой А. называют Чилоускую пещеру в Очамчирском районе Абхазской АССР, где он прикован вместе с конём к железному столбу. А. расшатывает столб, чтобы вырвать его, но когда А. близок к этому, на столб садится птичка-трясогузка. А. замахивается на неё молотом; птица улетает, а молот ударяет по вершине столба, вгоняя его в землю вдвое глубже прежнего. Согласно некоторым позднейшим вариантам, А. удаётся освободиться, но на воле он не выдерживает дневного света и, ослепнув, удаляется в горы. А. близок груз. *Амирани*, адыг. *Насрен-жаче*. *Ш. С.*

АБХИРА́ТИ («наслаждение»), в буддийской мифологии махаяны рай, находящийся на востоке, т. н. поле будды *Акшобхьи*. А. представляет собой своеобразную утопию, для которой характерно полное уравнивание всего: в А. нет ни гор, ни долин, ни камней, все деревья имеют одинаковую высоту, все люди одинаково счастливы, свободны от пороков, не страдают болезнями. *Л. М.*

АВАДДО́Н («погибель»), в иудаистической мифологии олицетворение поглощающей, скрывающей и бесследно уничтожающей ямы могилы и пропасти преисподней (*шеол*); фигура, близкая к ангелу смерти (*Малах Га-Мавет*). Таков А. в Ветхом завете (Иов 26, 6; 28, 22; 31, 12; Притч. 15, 11, где о нём говорится как о глубокой тайне, проницаемой, однако, для бога), в иудейских апокрифах (Пс. Сол., 14; «Вознесении Исаии», 10 и др.), а также в иудаистической литературе талмудического круга. В христианской мифологии А., называемый по-гречески Аполлион («губитель», букв. перевод имени А., а возможно также намёк на имя *Аполлона*), ведёт против человечества в конце времён карающую рать чудовищной «саранчи» (Апок. 9, 11). *С. А.*

АВАЛЛО́Н (валлийск. afal, «яблоко»), в кельтской мифологии «остров блаженных», потусторонний мир, чаще всего помещаемый на далёких «Западных островах». Символика, связанная с «островами блаженных» (стеклянная башня или дворец, дарующие бессмертие чудесные яблоки, которые предлагают населяющие остров женщины, и т. д.), принадлежит к архаическому слою традиции. По одной из её версий, их было трижды пятьдесят. Считалось, что на этих островах остановилось время, царит изобилие и молодость. Известно множество их названий: Великая земля, Земля жизни, Земля женщин, в валлийской традиции — Аннон. Само же слово «А.» (в форме «Аваллах») первоначально встречается как имя собственное в валлийских генеалогиях применительно к мифическому предку древнейших династий Британии. Из валлийских источников его заимствовал Гальфрид Монмутский (английский хронист 12 в.), употребляя название «остров А.» как эквивалент названия «остров яблок». В средневековых ирландских текстах прилагательное «абблах» характеризует остров Мананнана сына Лера, что не исключено возможности валлийского заимствования из ирландской традиции. По преданию, на остров А. после сражения при Камлане был перенесён феей Морганой смертельно раненный король Артур. В 12 в. монастырские легенды связали локализацию А. с Гластонберийским монастырём в Англии, близ уэльской границы, где будто бы была обнаружена могила Артура (эта связь основывалась на ложной этимологии, отождествлявшей Гластонбери с характеристикой А. как «стеклянного острова»).

С. Ш.

АВАЛОКИТЕ́ШВАРА, один из главных *бодхисатв* в буддийской мифологии махаяны и ваджраяны, олицетворение сострадания. Значение и происхождение названия «А.» не вполне ясны. Сложное слово А. (авалокита-ишвара) переводят по-разному: «бог, который смотрит вниз»; «господь, который увидит»; «господь, которого увидели»; «бог взгляда» и т. п.

Вполне возможно, что первоначальной формой названия А. было avalokitasvara («наблюдающий за звуками»), именно такая форма встречается в найденных в Центральной Азии древних рукописях. В ранних китайских переводах буддийских сутр А. имеет название Гуаньинь («наблюдающий за звуками») или Гуаньшииинь («наблюдающий за звуками мира»), которое сохранилось несмотря на предпринимавшиеся с начала 6 в. попытки заменить его на Гуаньцзыцзай («наблюдающий суверен»), что можно считать прямым переводом санскритского А. Образ А. возник в последних веках до н. э. В «Сукхавативьюха-сутре», описывающей созданный буддой *Амитабха* рай *сукхавати*, А. выступает как эманация Амитабхи. В «Саддхармапундарике» и «Самадхираджа-сутре» А. играет роль универсального спасителя. Он может принимать разные формы (в общей сложности 32) для того, чтобы спасать страдающих, крики и стоны которых он слышит. А. может выступать как индуистский бог (Брахма, Ганеша, Вишну, Шива и т. д.), как будда, как любое существо и вступать в любую сферу сансары (в т. ч. и в ад). В более поздней «Карандавьюха-сутре» культ А. достиг апогея. А. здесь почитается гораздо больше будд, ему присваиваются даже некоторые черты бога-создателя. Возникший в Индии культ А. получил особенно широкое развитие в Китае и в других странах Дальнего Востока (ср. япон. *Каннон*). Начиная с 7—8 вв. отмечается перемена пола А.; наряду с мужским образом А. возник и женский, позже он же вытесняет мужскую ипостась. В ваджраяне А. принимает различные образы и названия. Его изображают то похожим на индийского принца (Синханада А.), то держащим цветок лотоса (Падмапани), то четырёхруким (Шадакшури А.), то имеющим 11 ликов и 1000 рук (Экадашамукха А.) и т. д. Связь А. с Амитабхой подчёркивается и здесь, но наряду с тем, что А. обитает в сукхавати, он имеет и собственный рай на снежных горах — Поталу. А. ваджраяны почитают в тибетском буддизме, где земными проявлениями его считают главу школы кагьюпа Кармапа и главу школы гелукпа — далай-ламу.

Л. Э. Мялль.

АВА́Н-КОНДЖУ́, Ваннё консим, Ахваннё ён, женский персонаж в корейской шаманской мифологии. Восходит к Эхуан, одной из двух дочерей легендарного правителя Яо. В одном из шаманских генеалогич. мифов корейские шаманки (мудан) происходят от А.-К.

Л. К.

АВАТА́РА («нисхождение»), в индуистской мифологии нисхождение божества на землю, его воплощение в смертное существо ради «спасения мира», восстановления «закона» и «добродетели» *(дхармы)* или защиты своих приверженцев (Бхаг.-г. 4, 7—8). Зарождение представления об А. засвидетельствовано в брахманах. Согласно «Шатапатха-брахмане», *Праджапати*, воплотившись в вепря, поднял на клыках землю из мирового океана (XIV 1, 2; 11),— в черепаху, породил все живые существа (VII 5, 1, 5),— в рыбу, спас первочеловека *Ману* от всемирного потопа (I 8, 1). В «Махабхарате» есть миф об аватарах всех богов во главе с *Нараяной*, сошедшей на землю ради её избавления от бесчинств *данавов, ракшасов, гандхарвов* и змей (I 58—59). По мере того как доминирующее положение в индуистском пантеоне стал занимать *Вишну*, представление об А. связывается по преимуществу с его именем, в частности он замещает Праджапати в упомянутых выше брахманических мифах. В «Махабхарате», «Рамаяне», а затем пуранах, где учение об А. приобретает каноническую форму, изложены мифы о многочисленных А. Вишну, среди которых общепризнанными и наиболее чтимыми являются десять:

1) Матсья («рыба»). Согласно «Махабхарате» и пуранам, воплотившись в рыбу, Вишну спасает от потопа седьмого Ману — Вайвасвату, а также многих *риши* и семена всех растений, которые Ману берёт с собой на корабль. По версии «Бхагавата-пураны», Вишну в этой А. также убивает демона Хаягриву и возвращает похищенные демоном четыре веды.

2) Курма («черепаха»). Вишну в виде черепахи погружается на дно мирового океана, чтобы спасти погибшие во время потопа ценности. Боги и *асуры* устанавливают на черепахе гору *Мандару* в качестве мутовки и, обмотав вокруг неё змея Васуки (см. в ст. *Шеша*), начинают пахтать океан, из которого добывают *амриту*, Лакшми, луну, *апсару* Рамбху, *Сурабхи* и некоторые другие священные существа и предметы.

3) Вараха («вепрь»). Чтобы спасти землю, которую демон Хираньякша утопил в океане, Вишну воплотился в вепря, убил демона в поединке, длившемся тысячу лет, и поднял землю на своих клыках.

4) Нарасинха («человек-лев»). В этой А. Вишну избавляет землю от тирании демона Хираньякашипу, которого разрывает на куски, приняв облик нарасинхи-чудовища с туловищем льва и головой человека.

5) Вамана («карлик»). Царь дайтьев Бали благодаря своим аскетическим подвигам получил власть над *трилокой* — тремя мирами (небом, землёй, подземным миром) и подчинил богов. Мать богов Адити воззвала к Вишну о помощи, и тогда он в облике карлика предстал перед Бали и попросил у него столько земли, сколько сможет отмерить своими тремя шагами. Получив согласие дайтьи, Вишну первыми двумя шагами покрыл небо и землю, но от третьего шага воздержался, оставив Бали подземный мир — *паталу*. В основе этой А. лежит космогонический миф «Ригведы» о трёх шагах Вишну (I 22, 17; I 154; I 155, 4 и др.).

6) Парашурама («Рама с топором»). Воплотившись в сына брахмана Джамадагни — *Парашураму*, Вишну истребил множество кшатриев и освободил от их тирании брахманов.

7) *Рама* и 8) *Кришна* — главные А. Вишну, ставшие независимыми объектами важнейших индуистских культов и обладающие собственной развёрнутой мифологией. Когда Кришна рассматривается не как одно из воплощений, а как полная и совершенная манифестация Вишну, в качестве восьмой А. Вишну выступает *Баларама*.

9) Будда. В А. Будды Вишну соблазняет нестойких в вере отказаться от религиозного долга и почитания вед и тем самым обрекает их на гибель (Вишну-пур. 3, 17—18). Воплощение Вишну в Будду отражает попытку адаптации индуизмом буддизма и включения Будды в индуистский пантеон

10) **Калки** («белый конь»). Вишну, сидя на белом коне, со сверкающим мечом в руке, истребляет злодеев, восстанавливает дхарму и подготовляет грядущее возрождение мира. Это единственная «будущая», мессианистская А. Вишну, и произойдёт она, согласно мифологической хронологии, в конце калиюги (см. в ст. *Юга*), т. е. в конце настоящего исторического периода.

Наряду с А. Вишну в индуистской мифологии известны и А. Шивы (главным образом в виде аскета и наставника в йоге; насчитывается 28 его А.), но они не приобрели такого же значения, как А. Вишну.
П. А. Гринцер.

А́ВГИЙ, в греческой мифологии царь племени эпеев в Элиде, сын *Гелиоса* (варианты: Посейдона, Эпея, Форбанта) и Гирмины, брат *Актора*. А. владел подаренными ему отцом бесчисленными стадами скота, стойла которого не очищались 30 лет (Apollod. II 5,5; Theocr. 25). За один день Геракл обещал А. очистить скотный двор (один из подвигов Геракла — очищение Авгиевых конюшен); за это А. должен отдать Гераклу десятую часть своего скота. Тот отвёл протекавшие неподалёку реки и направил их воды так, что они смыли все нечистоты. А., узнав, что Геракл действовал по приказу Эврисфея, не отдал ему условленной платы, что вызвало войну, сначала неудачную для Геракла, т. к. на помощь к А. пришли его племянники, дети Актора — Молиониды. Затем Геракл убил А., его сыновей и племянников, захватил дочь А. Эпикасту, сделав её своей наложницей. Существует элидский миф о том, что А. не был убит Гераклом, вернул своё царство, где после смерти почитался как герой (Paus. V 3,4). Несомненна связь мифа об А. с культом солнца, о чём свидетельствует как происхождение А. (сын Гелиоса), так и значение имени («сияющий»).
М.Б.

АВД ДЗУА́РЫ (букв. «семь богов», «святилище»), в осетинской мифологии божество, сочетающее в себе семь популярных божеств — *Афсати*, *Донбеттыр*, *Реком*, *Фалвара*, *Уастырджи*, *Уацилла*, *Тутыр*. Воспринято от аланов. А.д. живёт на небе, иногда появляется на земле в образе ярко светящейся птицы с большими крыльями, освещающей путь. От А. д. зависит урожай хлебных злаков, увеличение поголовья домашнего скота, избавление людей и животных от болезней.
Б.К.

А́ВЕЛЬ, в ветхозаветном повествовании второй сын прародителей людей Адама и Евы, «пастырь овец», убитый своим старшим братом земледельцем Каином из зависти: жертва, принесённая Каином («от плодов земли»), была отвергнута богом, а жертва А. (первородными ягнятами его стада) — принята благосклонно (Быт. 4, 2—8). Подробнее о развитии сюжета см. в ст. *Каин*.

В Новом завете А. — первый мученик, первый гонимый праведник, с него начинается ряд невинно убитых (Матф. 23, 35; Лук. 11, 51; Евр. 11, 4; 12, 24; 1 Ио. 3, 12). Образ А. как невинной жертвы, первого праведника развивается последующей христианской традицией, рассматривающей А. во многих отношениях как прообраз *Иисуса Христа* (пастырь овец; человек, приносивший праведную жертву; человек, претерпевший насильственную смерть).

АВИМЕЛЕ́Х («отец мой царь»), в ветхозаветных преданиях: 1) царь Герара (город филистимлян), персонаж легенд об *Аврааме* и *Сарре* и об *Исааке* и *Ревекке* (и Авраам, и Исаак выдают из осторожности своих жён за сестёр, чтобы не погибнуть ради пополнения гарема А.; Быт. 20; 26); возможно, слово «А.» употреблялось древнееврейскими повествователями не как имя собственное, а как передача наследственного титула герарских властителей (ср. в разные эпохи и в различных языках титулы с близким значением, напр. тюрк. «атабек» или перс. «падишах»); 2) сын *Гедеона* от наложницы, притязавший на царскую власть, перебивший 70 своих братьев и три года тиранически властвовавший над Сихемом, а затем вступивший в конфликт с жителями Сихема и во исполнение проклятия погибший при осаде крепости Тевец (смертельно раненный женщиной, метнувшей ему в голову обломок жёрнова, А. приказал заколоть его мечом, чтобы не сказали, что «женщина убила его» — Суд. 9); героический персонаж времён перехода от патриархального правления «судей» к монархии.
С.А.

АВКСЕ́СИЯ И ДА́МИЯ, в греческой мифологии местные божества, культовые изваяния которых почитались в Трезене, Эпидавре и на Эгине. В Трезене считалось, что А. и Д. прибыли с Крита, но попали в разгар смуты и были безвинно побиты камнями, за это трезенцы установили их статуи и ввели обряд Литоболии («бросание камней», Paus. II 32, 2). В Эпидавре статуи А. и Д. были, согласно оракулу, изготовлены из афинской маслины (чтобы избавить страну от засухи) и стали причиной войны с Афинами (Herodot. V 82—83). Как божества плодородия А. и Д. почитались в Элевсине и на Эгине (Paus. II 30, 4—5).
Г.Г.

АВОНАВИ́ЛОНА, в мифах зуньи бог — создатель и первопричина всего сущего. А., находясь в первоначальной тьме и бесконечном пространстве, силой мысли создал жизнетворные туманы. Позже А. принял вид солнца и под действием его света и тепла туманы, выпав дождём, образовали моря. Из частицы собственного тела А. создал миры-близнецы: четырёхпокровную мать-землю и всеобъемлющего отца-небо, от которых происходит вся последующая жизнь. А. воплощён в небесном куполе, свете, воздухе и облаках.
А.В.

АВРАА́М, в ветхозаветных преданиях избранник *Яхве*, заключивший с ним «завет» (союз), один из *патриархов*, родоначальник евреев и (через *Измаила*) арабов. Согласно преданию, первоначально имел имя Аврам (А. в два слога), но в виде особой милости получил от бога прибавление к своему имени дополнительного слога (Быт. 17, 5). Сын Фарры (Тераха), генеалогия которого возводится к Симу (Быт. 11), уроженец города Ура в Южной Месопотамии (библ. Ур Халдейский, см. Быт. 11, 28). Таким образом, предки А. жили «за рекой» (за Евфратом) и были язычниками (Иис. Нав. 24, 2—3). Бог требует от него: «пойди из земли твоей, от родни твоей и из дома отца твоего, в землю, которую я укажу тебе» (Быт. 12, 1). В этом конкретном акте концентрируется весь драматизм разрыва с прежней жизнью, с инерцией родовых связей, ради доверия и преданности божеству. Субъективная психология и умственная мотивировка религиозного «обращения» совершенно отсутствуют в библейском повествовании. Позднейшая традиция иудаизма стремилась заполнить этот пробел. Послебиблейские легенды изображают, например, как А. проходит через поиски высшего начала в мире стихий, но убеждается, что слава солнца ограничена временем дня, слава луны — временем ночи, что огонь гасится водой, вода — облаков, облака разгоняемы ветром и т. д. (распространённый фольклорный мотив отыскивания сильнейшего) — всё имеет свой предел, кроме богатворца (талмудический комментарий к книге Бытия — «Берешит рабба» 38, 13 и др.), и А. в акте сознательного выбора предпочитает этого бога всем остальным возможным сверхчеловеческим покровителям. Это ставит А. в ситуацию конфликта с языческим миром, начиная с его собственной семьи (предполагается, что его отец был не только идолопоклонником, но и ваятелем идолов). Едва родившись, А. оказывается жертвой гонений со стороны *Нимврода*, устрашённого астрологическими предсказаниями; впоследствии Нимврод требует от А. поклониться идолам или самому Нимвроду, а за отказ бросает его в раскалённую печь, из которой А. вызволен богом (Пс.-Ионафан на Быт. 14, 1, Pesiķta rabbati 33 и др.) (мотив печи, параллельный преданию о *трёх отроках*, в применении к А. основан на игре слов или лексическом недоразумении, так как «Ур Халдейский» читается по-еврейски и как «огонь халдейский»). В этих легендах А. — прототип мученика веры; в других он выступает как прототип проповедника веры. Пережив обращение, он пытается обратить своего отца, брата и домочадцев; за отказ уверовать весь дом сожжён огнём с небес, — рассказывает памятник позднеиудаистической апокалиптики «Откровение Авраама». В других текстах рисуется, как А. учил познанию бога мужчин, а жена его *Сарра* — женщин. Взгляд на А., как на первого совершителя акта веры и постольку «отца верующих», воспринят христианством (Быт. 12, 3; Гал. 3, 6—9). Как утверждает легенда, следуя велению Яхве, А. на 75-м году жизни отправляется вместе с женой Саррой, племянником Лотом, с имуществом и своими людьми в Ханаан (Быт. 12, 5), где ведёт жизнь патриархального главы рода скотоводов-кочевников. Традиционные святыни Палестины (Сихем, Вефиль и т. д.) связываются библейским повествованием с маршрутами его кочевий и с местами новых откровений Яхве, неоднократно подтверждающего свою милость к нему. В голодное время А. переходит в Египет, где с наивной хитростью выдаёт Сарру за свою сестру, чтобы не быть убитым, когда фараон востребует её в свой гарем. Сарра действительно оказывается у фараона, но её целомудрие чудесно защищено богом, и напуганный фараон торопится осыпать опасных пришельцев дарами и выпроводить их из страны (12, 11—20). Раздел ареалов кочевий между А. и Лотом закрепляет за А. Ханаан; он поселяется у дубравы Мамре близ Хеврона и ставит там жертвенник Яхве (13, 7—18). Затем А. выступает как герой-воитель: во главе своих вооружённых слуг он успешно совершает поход против царя Элама и союзных с ним царей, чтобы освободить пленённого Лота (14, 14—16). По возвращении он получает от *Мельхиседека* жреческое благословение и дар хлеба и вина (для христианской традиции — прообраз причастия), отдавая ему как прототипу ветхозаветного священства десятую часть добычи (14, 18—20). Между тем А. тревожит его бездетность: он уже готов назначить наследником своего старшего слугу Елиезера, но Яхве обещает ему потомство. Сарра предлагает А. «войти» к её рабыне Агари, с тем чтобы зачатое дитя считалось ребёнком госпожи; так рождается Измаил. Следует новое явление Яхве, по своей значительности превосходящее все предыдущие, сопровождающееся требованием ко всей жизни А.: «ходи предо мною и будь непорочен» (17, 1); Яхве заключает с А. «завет вечный», наследниками прав и обязанностей которого будут потомки А. не от Агари (хотя они тоже получают благословение), но от Сарры; знаком «завета» должно служить обрезание всех младенцев мужского пола (17, 10—14). Бог ещё раз приходит к А. в виде трёх странников (ангелов), встречаемых А. и Саррой у дубравы Мамре с обычным гостеприимством (христиане увидели в этом явлении первое раскрытие тайны троичности божества); он обещает сына от Сарры, что вызывает у престарелой Сарры недоумение (18, 9—15). От А. трое странников идут осуществлять кару над нечестивыми городами *Содомом* и *Гоморрой*; А. заступается за грешников и последовательно испрашивает помилование всякому городу, в котором найдётся 50, 45, 40, 30, 20 или хотя бы 10 праведников (18, 16—32). Эпизод посягательства Авимелеха, царя Герарского, на целомудрие Сарры (20) представляет собой полное соответствие столкновению с фараоном. Во исполнение обещания Яхве случается невозможное: у столетнего А. и девяностолетней Сарры рождается сын *Исаак*. Конфликт из-за прав первородства (Измаил — старший, но Исаак — вполне законный и притом получивший особое благословение от бога) приводит к изгнанию Агари и Измаила (21, 9—21). Трагическая кульминация пути А. как «друга божьего» — испытание его веры: теперь, когда у А. есть, наконец, Исаак — единственная надежда на продолжение рода (т. к. Измаил отослан), А. должен отказаться от этой надежды. Бог требует: «возьми сына твоего единственного, которого ты возлюбил, Исаака, и пойди в землю Мориа, и принеси его там в жертву всесожжения» (22, 2). А. повинуется; по дороге происходит разговор сына с отцом, полный трагической иронии. «И сказал Исаак Аврааму, отцу своему: „Отец мой!" И сказал тот: „Вот я, сын мой!" И сказал он: „Вот огонь и дрова, где же агнец для всесожжения?" И сказал Авраам: „Бог усмотрит себе агнца для всесожжения, сын мой"» (22, 7—8). Лишь в последнее мгновение, когда связанный Исаак лежит на жертвеннике и А. поднял руку с ножом, чтобы заколоть его, ангел останавливает жертвоприношение; вместо Исаака в жертву идёт запутавшийся рогами в зарослях баран (22, 9—13). А. вознаграждён за верность новым благословением себе и своему потомству от Яхве (22, 15—18). После смерти Сарры А. женится на женщине по имени Хеттура (Кетура), у него рождается ещё 6 сыновей. А. умирает в возрасте 175 лет, «в доброй седине, престарелый и насыщенный [жизнью]» (25, 8), и его погребают рядом с Саррой на родовом кладбище в пещере Махпела.

Библейский образ А. совмещает ряд граней. Это герой — родоначальник евреев, а через сыновей от Агари и Кетуры — различных арабских племён; через своего внука Исава (сына Исаака) — прародитель эдомитов; с ним связано (через его племянника Лота) происхождение моавитян и аммонитян. В рассказах о заключении завета с Яхве, об установлении обрезания и т. п. он выступает как герой сакрального этиологического повествования. Наконец, в своём гостеприимстве, в своей заботе о женитьбе Исаака (Быт. 24) он являет собой воплощение добродетелей патриархального старейшины рода. Дальнейшая мифологизация образа А. в позднеиудаистической литературе усиливает черты культурного героя (А. оказывается первоучителем астрономии и математики, изобретателем алфавита и т. п.).

С. С. Аверинцев.

АВРА́ГА МОГО́Й, А́барга Мого́й (бурят.), А́варга Мога́ (калм.), у монгольских народов мифологич. персонаж — гигантский змей. Очевидно является модификацией образа мирового змея, обитающего под землёй или на дне моря (первоначально — мирового океана). По некоторым поверьям, заключён в подземной крепости; ряд топонимических преданий увязывает происхождение скал (Дзайсан-толгой, Тайхир-чулу и др.) с заваливанием богатырём норы или горной пещеры, через которую некогда А. М. похищал людей и скот. В сказочно-эпических сюжетах А. М.— фантастическое чудовище, угрожающее герою в битве, нападает на гнездо гигантской птицы Хангарид (*Гаруда*), но герой спасает её птенцов. *С. Ю. Неклюдов.*

АВРО́РА (от aura, букв. «предрассветный ветерок»), в римской мифологии богиня утренней зари. Соответствует греческой *Эос*.

АВСЕ́НЬ, Б а у с е́ н ь, О в с е́ н ь, Т а у с е́ н ь, У с е́ н ь, в восточнославянской мифологии персонаж, связанный с началом весеннего солнечного цикла («Ехать там Овсеню да новому году») и плодородием. Иногда в народных песнях представляется антропоморфным. Атрибуты А. — кони. Можно предположить генетические связи А. с балтийским *Усиньшем* и др.-инд. *Ушас*.

В. Т., В. И.

АВСО́Н, А в з о н, в греческой мифологии сын *Одиссея*, рождённый нимфой *Калипсо* или волшебницей *Киркой* (Цирцеей). А. считался родоначальником авсонов — древнейшего племени Италии, которую в древности часто называли Авзонией.

В. Я.

АВТОЛИ́К, в греческой мифологии ловкий разбойник, обитавший на Парнасе, «самый вороватый из людей», сын *Гермеса* и *Хионы*, отец *Антиклеи* — матери *Одиссея* (Hom. Od. XIX 395 след.). А. получил от своего отца дар плутовства, способность становиться невидимым и принимать любой образ. А. похитил стада *Сисифа*, последний уличил его и в наказание обесчестил его дочь Антиклею, которая вскоре была выдана замуж за *Лаэрта*. Этим рассказом киклики и затем трагики связали трёх величайших мифических хитрецов: А., Сисифа и Одиссея; последний оказывался сыном Сисифа и внуком А. (Soph. Ai. 190; Soph. Philoct. 417; Ovid. Met. XIII 31). А. считали искусным в борьбе, он обучил борьбе Геракла (Apollod. II 4,9). *М. Б.*

АВТОМЕДО́НТ, А в т о м е д о н, в греческой мифологии возница *Ахилла*. После гибели *Патрокла* ему удалось спасти колесницу Ахилла (Hom. Il. XVI 864—867). После гибели Ахилла А. продолжал

служить его сыну *Неоптолему*. Имя А. стало нарицательным для обозначения искусного возницы.
В. Я.

АВТОНО́Й, в греческой мифологии: 1) отец Анфа («цветок», «кваква»), Схойнея («камыш» и «камышовая овсянка»), Аканфа и Аканфиллиды («терновник» и «щегол») и Эродия («цапля», по народной этимологии: «тот, кого согнали с земли в воду», «журавельник», «аистник»). Эродий был табунщиком, и однажды его кобылицы растерзали Анфа. А. не пришёл на помощь сыну, а его жена Гипподамия не справилась с лошадьми и тоже погибла. Зевс и Аполлон из жалости превратили всю семью А. в птиц, а его самого в выпь (греч. ocnos), ибо он «замер», «промедлил» (ocnesen) и не защитил сына (Ant. Liber. 7); 2) дельфийский герой, имевший священный участок рядом с Кастальским ключом (Herodot. YIII 35—39). *Г. Г.*

АГА́ВА, в греческой мифологии дочь *Кадма* и *Гармонии*, сестра *Семелы*, Ино и Автонои, мать Пенфея. Миф об А. и Пенфее см. в ст. *Пенфей*.

АГАМЕ́Д, в греческой мифологии беотийский герой, сын *Эргина*, знаменитый зодчий, брат *Трофония*. См. статью *Трофоний*.

АГАМЕ́МНОН, в греческой мифологии сын *Атрея* и *Аэропы*, предводитель греческого войска во время Троянской войны. После убийства Атрея *Эгисфом* А. и *Менелай* бежали в Этолию, но царь Спарты *Тиндарей*, пойдя походом на Микены, заставил *Фиеста* уступить власть сыновьям Атрея. А. стал царём в Микенах (которые античная традиция часто отождествляет с соседним Аргосом) и женился на дочери Тиндарея *Клитеместре*. От этого брака А. имел дочерей Хрисофемиду, Лаодику (в более поздних источниках её заменяет Электра), Ифианассу (Ифигению) и сына *Ореста*. Когда *Парис* похитил *Елену* и все её бывшие женихи объединились в поход против Трои, А., как старший брат Менелая и наиболее могущественный из греческих царей, был избран главой всей рати. «Илиада» изображает А. доблестным воином (описание его подвигов даётся в 11-й кн.), но не скрывает его высокомерия и неуступчивости; именно эти свойства характера А. являются причиной многих бедствий для греков. Убив однажды на охоте лань, А. похвалялся, что такому выстрелу могла бы позавидовать Артемида; богиня разгневалась и лишила греческий флот попутного ветра. Греки не могли выйти из Авлиды, пока А. не принёс в жертву богине свою дочь *Ифигению*; этим фактом греческая традиция (Apollod. epit III. 21 след.) объясняет вражду Клитеместры к мужу; в более ранней традиции главный убийца А. — Эгисф. Захватив в плен во время одного из набегов на окрестности Трои Хрисеиду, А. отказывается вернуть её за большой выкуп отцу Хрису, жрецу Аполлона, за что бог насылает на греков моровую язву. В ответ на требование вернуть Хрисеиду её отцу, А. отбирает у Ахилла Брисеиду, чем вызывает «гнев Ахилла» (завязка «Илиады», I 8—427). О дальнейшей судьбе А. повествовали не дошедшие до нас эпическая поэма «Возвращения» (7 в до н. э.) и «Орестея» Стесихора. После взятия Трои А., получив огромную добычу и *Кассандру*, возвратился на родину, где его ждала гибель; по более древней версии мифа, он пал во время пира от руки Эгисфа, успевшего за время отсутствия А. обольстить Клитеместру (Hom. Od. III 248—275; IV 504—507). Начиная с середины 6 в. до н. э. на первое место как убийца А. выдвигалась сама Клитеместра, а в качестве места действия назывались как Микены, так и Аргос. Убийству А. посвящены трагедии «А.» Эсхила и Сенеки.

Сказочное богатство А. и его выдающееся положение среди греческих вождей, о которых говорится в мифе, отражают возвышение исторических Микен в 14—12 вв. до н. э. и их господствующую роль среди ранних государств Пелопоннеса. Сохранившийся ритуальный эпитет «Зевс-Агамемнон» показывает, что А. был первоначально богом-покровителем беотийских и пелопоннесских племён, эти функции с образованием олимпийского пантеона перешли к Зевсу (могилы А. показывали в Амиклах

и Микенах). Знаменитый посох-скипетр А. (Hom. H. II 100) — рудимент древнейшего беотийского А., который почитался в Херонее в облике древка или полена. *В. Н. Ярхо.*

АГАПЕНО́Р, в греческой мифологии предводитель семи аркадских кораблей в Троянской войне (Apollod. epit. III 12; Hyg. Fab. 97), один из женихов Елены (Apollod. III 10, 8). На обратном пути из Трои буря выбросила корабли А. на берег Кипра, где он основал город Пафос и воздвиг храм Афродиты. В рабстве у А. находилась Арсиноя (вариант: Алфесибея), дочь Фегея, жена *Алкмеона* (Apollod. III 7, 5); в доме А. в Тегее (Аркадия) Алкмеониды Амфотер и Акарнан убили сыновей Фегея (III 7,6).
Г. Г.

АГА́РЬ, в ветхозаветных преданиях египтянка, рабыня *Сарры* и наложница *Авраама*. Бездетная Сарра, поступая в соответствии с обычаем (известен из северомесопотамских документов середины 2-го тыс. до н. э.; ср. также поведение *Рахили* и *Лии*, Быт. 30), сама предлагает, чтобы её муж «вошёл» к А. с намерением усыновить зачатое дитя (Быт. 16, 2). Но однажды ещё во время беременности между ней и госпожой начинаются конфликты, и А. бежит (ср. этимологию её имени) в пустыню, где ангел Яхве велит ей вернуться, обещая, что у неё родится воинственный сын *Измаил*; это обещание сбывается (16, 4—16). После рождения у Сарры и Авраама сына *Исаака* на патриархальном торжестве в день, когда его отняли от груди, старая рознь между госпожой и служанкой (осложнённая правовой коллизией между первородством Измаила и законнорождённостью Исаака) вспыхивает с новой силой (21, 9—10); А. на руках с Измаилом вынуждена уйти в изгнание, предвосхищая удел номадов. Однако бог хранит и утешает изгнанников: когда им в пустыне угрожает смерть от жажды, он указывает А. на колодец и спасает от смерти А. с сыном (21, 15—19). Позднейшие легенды разукрасили этот простой сюжет, сделав из А. дочь фараона, преувеличивая — в соответствии с позднейшими религиозными идеалами — то святость А., то, напротив, её неискренность в вере, изобретая колоритные новеллистические подробности её ссор с Саррой (талмудический комментарий к книге Бытия — «Берешит рабба» 45: 53).
С. С. Аверинцев.

АГА́СТЬЯ, в древнеиндийской мифологии божественный *риши*; ему приписываются многие гимны «Ригведы». А., как и его сводный брат *Васиштха*, — сын *Митры* и *Варуны* и *апсары* Урваши; он родился в кувшине, в который излилось при виде Урваши семя обоих богов (Рам. VII 56, 57). Силой своей аскезы А. «из лучших частей всех живых существ» сотворил себе жену *Лопамудру* (Мбх. III 96). По её просьбе он отнял сокровища у *дайтьи* Илвалы, а самого Илвалу, жестокого преследователя брахманов, испепелил своим словом. «Махабхарата» рисует А. могущественным союзником богов в их борьбе с *асурами*. Проклятием он превратил в змея царя *Нахушу*, захватившего власть над тремя мирами, и возвратил *Индре* его престол царя богов (III 176—187; XII 329). Он выпил океан, на дне которого укрывались асуры, и тем самым помог богам одержать над ними победу (III 102—105). Когда однажды гора Виндхья выросла так, что упёрлась в небосвод и преградила путь солнцу и луне, А. по просьбе богов заставил её согнуться: он попросил её склониться, чтобы пропустить его на юг, и не распрямляться до тех пор, пока он не вернётся; но А. так и не вернулся с юга, и Виндхья до сих пор осталась склонённой (III 104). *П. А. Гринцер.*

Переселение А. — на юг Индии, возможно, знаменует собой проникновение туда арийской цивилизации и брахманизма. В тамильской традиции А. (Агаттияр) — культурный герой, автор первого тамильского грамматического трактата «Агаттиям» (нек-рые сутры сохранились в более поздних сочинениях). Гора Поди, на которой якобы жил Агаттияр, почитается на юге Индии как священная. В некоторых индуистских текстах А. отождествляется со звездой Канопус.
А. Д.

2 Мифологич. словарь

18 АГАСФЕР

АГАСФЕ́Р (лат.), «**Ве́чный жид**», персонаж христианской легенды позднего западноевропейского средневековья. Имя А. — стилизованное библейское имя, произвольно заимствовано из ветхозаветной легенды об Эсфири (где еврейским «Ăhashwērōsh» передаётся имя персидского царя Ксеркса); в более ранних версиях легенды встречаются и другие имена — Эспера-Диос («надейся на бога»), Бутадеус («ударивший бога»), Картафил. Согласно легенде, А. во время страдальческого пути Иисуса Христа на Голгофу под бременем креста оскорбительно отказал ему в кратком отдыхе и безжалостно велел идти дальше; за это ему самому отказано в покое могилы, он обречён из века в век безостановочно скитаться, дожидаясь второго пришествия Христа, который один может снять с него зарок. На возникновение легенды оказали влияние религиозно-мифологические представления о том, что некоторые люди являют собой исключение из общего закона человеческой смертности и дожидаются эсхатологической развязки (согласно Библии, таковы *Енох* и *Илия*) и что такая судьба должна постигнуть каких-то очевидцев первого пришествия Иисуса Христа (ср. Матф. 16, 28); в легенде можно видеть реминисценцию ветхозаветного мотива проклятия *Каину*, которого Яхве обрекает на скитания, но запрещает лишать его жизни (Быт. 4, 10—15). В ней отразились и некоторые аспекты отношения средневековых христиан к евреям: в них видели людей, не имевших родины и обречённых на скитания, но «чудом» сохранявших этническую и религиозную самобытность, а также живую реликвию «священной истории» Ветхого и Нового заветов, убийц Христа и осквернителей «завета с богом», но в эсхатологическом будущем — примиряющихся с богом через обращение к Христу наследников древнего обетования (так понимали во взаимосвязи Захар. 12, 10, Ос. 1, 7, Малах. 4, 5, Матф. 17, 10 и Рим. 11). Все эти моменты присутствуют в легенде об А.: это враг Христа, но в то же время свидетель о Христе, грешник, поражённый таинственным проклятием и пугающий одним своим видом как привидение и дурное знамение (ср. более позднее предание о Летучем голландце), но через само проклятие соотнесённый с Христом, с которым непременно должен встретиться ещё в «этом мире», а в покаянии и обращении способный превратиться в доброе знамение для всего мира. Структурный принцип легенды — двойной парадокс, когда тёмное и светлое дважды меняются местами: бессмертие, желанная цель человеческих усилий (ср. этот мотив в эпосе о *Гильгамеше*, в данном случае оборачивается проклятием, а проклятие — милостью (шансом искупления). В фольклорной традиции А. оказывался в отношениях взаимозаменяемости с другими фигурами скитальцев (Дикий охотник и др.) и вообще существами, с которыми возможна неожиданная встреча (напр., Рюбецаль, горный дух средневековых легенд); как и они, он необходимо выступает (по самой структуре мотива) то жутким и опасным, то готовым на помощь и добрым.

Легенда о «Вечном жиде» становится достоянием литературы с 13 в. По рассказу английского монаха Роджера Уэндоверского, вошедшему в «Большую хронику» (ок. 1250) Матвея Парижского, архиепископ, прибывший в Англию из Великой Армении, уверял, что лично знаком с живым современником Христа по имени Картафил («сторож претория»?); он покаялся, крестился, принял имя Иосиф и ведёт жизнь аскета и молчальника, отвечая только на благочестивые вопросы паломников; при встрече с Христом ему было 30 лет, и теперь он после каждой новой сотни лет возвращается к 30-летнему возрасту. Атмосфера этой версии — отголосок эпохи крестовых походов и великих паломничеств. В 15 в. известны более мрачные и жестокие версии, в которых акцент переносится с раскаяния «Вечного жида» на его наказание (напр., он непрерывно ходит вокруг столпа в подземелье, или живёт в заточении, за 9 замками, нагой и заросший, и спрашивает всех входящих к нему: «Идёт ли уже человек с крестом?»). В 1602 выходит анонимная народная книга «Краткое описание и рассказ о некоем еврее по имени А.» (в ней впервые герой легенды получает имя А.); переиздания, переводы и перелицовки на разных европейских языках следуют во множестве: образ бывшего иерусалимского сапожника, высокого человека с длинными волосами и в оборванной одежде тяготеет над воображением целой эпохи (в 1603 «появление» А. засвидетельствовано горожанами Любека, в 1642 он «приходит» в Лейпциг; его «видят» в Шампани, в Бове и т. д.). В 18 в. легенда об А. становится предметом всеобщих насмешек и уходит в деревенский фольклор (впрочем, печатное сообщение о встрече с А. было опубликовано в США в одной мормонской газете ещё в 1868). Зато образ А. из предмета веры превращается в популярный предмет творческой фантазии. Молодой И. В. Гёте обращается к образу А., чтобы выразить новое, проникнутое историзмом представление о религиозно-психологической атмосфере в Иерусалиме времён Христа (фрагмент неоконченной поэмы «Вечный жид», 1774). К. Ф. Д. Шубарт трактует образ в духе радикального просветительства («Вечный жид», 1787). Для романтиков сюжет легенды об А., дававший богатые возможности переходить от экзотических картин сменяющихся эпох и стран к изображению эмоций обречённости и мировой скорби, был особенно привлекателен; его разрабатывали П. Б. Шелли, И. К. Цедлиц и многие другие; в России — В. А. Жуковский (неоконченная поэма «Агасфер, Вечный жид»). Э. Кине (философская драма «А.», 1833) превратил А. в символ всего человечества, пережившего свои надежды, но чудесно начинающего свой путь заново. В авантюрном романе Э. Сю «Вечный жид» (1844—45) А. выступает как таинственный благодетель, антагонист иезуитов. Современный вариант «агасферовского» сюжета о проклятии тяготящего, безрадостного бессмертия дал аргентинский писатель Х. Л. Борхес в рассказе «Город бессмертных», героя которого примечательным образом зовут Иосиф Картафил, хотя топика христианской легенды как таковой полностью элиминирована (Картафил идентичен не то с римским легионером 4 в., не то с Гомером, он не еврей и никогда не видел Христа).

С. С. Аверинцев.

АГАФИ́РС, в эллинизованной версии скифского генеалогического мифа старший сын Геракла (идентичного *Таргитаю*) и хтонической богини, брат *Гелона* и *Скифа* (Herodot. IV 10), прародитель одноимённого народа. Вместе с Гелоном был изгнан из Скифии, не сумев выдержать предложенного отцом сакрального испытания. Мотив возведения к А. одноимённого народа, очевидно, введён в скифский миф в процессе его греч. обработки, заместив мотив о членении скифского общества на роды (см. в статьях *Липоксай, Арпоксай, Колаксай*).

Д. С. Р.

АГА́Ч КИШИ́, у мн. абх. карачаевцев и азербайджанцев (меша-адам) «лесной человек», духи, живущие в горных лесах Кавказа. Представлялись в образе волосатых существ обоего пола, имеющих промежуточный между обезьяной и человеком облик, обладающих резким неприятным запахом. Считалось, что в поисках пищи А. к. посещают бахчи и огороды, иногда надевают на себя выброшенную людьми одежду, боятся собак. Некоторые исследователи предполагали, что мифы об А. являются местным вариантом легенды о т. н. «снежном человеке».

В. Б.

А́ГБЕ, в мифах фон глава пантеона божеств моря. А. и его жена Наете, близнецы, рождённые *Мау-Лиза*, по его воле населили воды и управляют водами. А. встречается с Мау-Лиза на горизонте — там, где сходятся море и небо. Солнце, которое опускается в море и выходит из него, — глаза А. У А. и Наете 6 детей — бог волн, бог бурунов и т. д. Некоторые из них стали впоследствии реками. Любимица А. и Наете, их младшая дочь Афрекете, сторожит богатства моря, знает все тайны отца и матери; выступает как трикстер. По одной из версий мифа, А. — сын громовника *Хевиозо*.

Е. К.

АГДЫ («гром»), в мифах эвенков, орочей, ороков и др. хозяин грома и молнии. Эвенки представляли А. в образе небесного старика, который, просыпаясь весной, высекает кресалом огонь, поэтому на земле раздаются раскаты грома, а искры-молнии поражают злых духов. По другим версиям, А. имеет вид многоликого пляшущего существа с медвежьей головой, человеческим телом и крыльями орла или облик птицы с огненными глазами, от полёта которой происходит гром, а от сверкания глаз — молнии. А. входил в число шаманских духов-помощников. Считалось, что шаманы могли наслать А. на чужой род (так эвенки объясняли падение Тунгусского метеорита). В мифах орочей А. является мужем хозяйки водной стихии, которая живёт на острове и управляет морскими духами, животными и рыбой; к жене он прилетает весной, в середине лета и осенью.
Е. Н.

АГЕЛА́СТ (букв. «несмеяна»), в греческой мифологии скала в Элевсине (Аттика), возле которой присела отдохнуть Деметра, оплакивающая Персефону (Apollod. I 5, 1).
Г. Г.

АГЕ́НОР, в греческой мифологии сын *Посейдона* и нимфы *Ливии*, брат-близнец *Бела*, финикийский царь. Когда Зевс похитил дочь А. *Европу*, отец послал на её поиски сыновей *Кадма*, Килика и *Феникса*, запретив им возвращаться домой, пока они не найдут сестру. Сыновья А., видя тщетность поисков, постепенно осели в незнакомых местах, которые получили от их имён своё название: Финикия, Киликия, Кадмея (Фивы) (Apollod. III 1, 1). Некоторые античные авторы относили к числу сыновей А. также Тасоса (по другим источникам, — брат А.), топонима одноимённого острова в северной части Эгейского моря (Paus. V 25, 12). В основе мифа о сыновьях А. лежат местные сказания, отразившие воспоминания о древних связях островной и материковой Греции с Финикией.
В. Я.

АГЛА́ВРА, А г р а́ в л а, в греческой мифологии: 1) А. — супруга *Кекропа*, мать Эрисихтона и трёх дочерей — А., Герсы и Пандросы (Apollod. III 14, 1—2); 2) А. — дочь предыдущей, вместе с сёстрами получила на хранение от Афины ларец со спрятанным там младенцем *Эрихтонием*, которого родила земля Гея от семени Гефеста (Apollod. III 14, 6). Несмотря на запрет Афины, сёстры открыли ларец и в ужасе увидели там ребёнка со змеиной частью туловища. В безумии, насланном Афиной, сёстры бросились с акрополя и погибли (Hyg. Fab. 166). В мифе об А. — древние хтонические и растительные черты, на которые указывают имена сестёр [А. — «световоздушная» (или Агравла — «полебороздная»), Пандроса — «всевлажная», Герса — «роса»]. А. и её сёстры выступают как ипостаси Афины. Иногда Афина именовалась А. и Пандросой.
А. Т.-Г.

АГЛА́Я, в греческой мифологии: 1) одна из харит (Apollod. I 3, 1); 2) дочь *Теспия*, родившая от Геракла Антиада (Apollod. II 2,1); 3) жена *Абанта*, мать *Акрисия* и *Прета* (Apollod. II 2, 1); 4) жена Амифаона, мать *Бианта* и *Мелампа* (Diod. IV 68); согласно более распространённой версии мифа женой Амифаона была Идомения.
Г. Г.

АГЛИБО́Л [арам. «колесничий *Бола* (*Бела*)»], в западносемитской мифологии бог луны, почитавшийся в Пальмире; входил в триады богов (с *Иарихболом* — А. и *Баалшамем* — *Малакбел* — А.), игравших там наиболее заметную роль. Известны изображения А. в облике воина с полумесяцем на плечах и короной из лунных лучей на голове.
И. Ш.

АГНИ́ («огонь»), в ведийской и индуистской мифологии бог огня, домашнего очага, жертвенного костра. По числу упоминаний в «Ригведе» занимает второе место после *Индры* (ок. 200 гимнов). А. — главный из земных богов, персонификация священного огня, стоит в центре основного древнеиндийского ритуала. Основная функция А. — посредничество между людьми и богами (А. — божественный жрец): жертвенный огонь возносит жертву языками пламени на небо. При слабой антропоморфизации А. (часто не ясно, идёт ли речь о божественном персонаже или о самом огне) характерно обилие упоминаний о частях его тела, при этом описания нередко противоречат друг другу (у А. три головы, РВ I 146, 1, и ни одной головы, IV 1, 11; VI 59, 6). Обычно телесные элементы, волосы, лицо, глаза, рот, зубы, язык, борода, тело, спина, руки, пальцы, ноги (но он же и безногий, IV, I, 11) и даже одежды уподобляются огню по форме, цвету (золотой, сияющий и т. п.) и т. д. Нередок мотив поглощения пищи и возрастания в величине А. (-огня). У А. множество ипостасей: огонь на небе (солнце, молния), огонь в водах, огонь жертвенного костра; он и старый и молодой (I 144, 4; II 4, 5; X 4, 5). Именно для А. характерны длинные ряды отождествлений типа «Ты, Агни, — Индра..., ты, Агни, — царь Варуна.., ты Анша..., ты, Агни, — Тваштар..., ты, Агни, — Рудра...» (II 1; V 3 и др.). По этой же причине А. постоянно сравнивается с разными богами, людьми, животными, птицами, отдельными предметами. Также многочисленны версии происхождения А.: он рождён в водах, возник на небе, родился от самого себя, произошёл от трения двух кусков древесины, понимаемого как акт зачатия, его родители — небо и земля (III 1 и др.). А. — сын *Дакши, Дакшины, Илы, Пришни*, жреца, жертвователя, утренних лучей, растений и т. п. Он един (бог) и множествен (жертвенные костры); говорится о тройственной природе А.: он родился в трёх местах: на небе, среди людей и в водах; у него три жилища, у него троякий свет, три жизни, три головы, три силы, три языка (X 45).

Многоформенность и абстрактность А. способствовали философским спекуляциям об А. как о всеобъемлющем начале, пронизывающем мироздание (X 88 и др., особенно — упанишады и некоторые поздние концепции), или как о свете, присутствующем среди людей и внутри человека (VI 9). В поздних гимнах «Ригведы» обсуждаются вопросы о соотношении небесного огня с бесчисленными земными огнями. Но для большинства гимнов характерно, что А. горит, сияет, освещает, обладает всеми силами, заполняет воздушное пространство, открывает двери тьмы, укрепляет небо и землю, охраняет их, восходит на небо, рождает оба мира, живёт в воде; знает все пути, все мудрости, все миры, все людские тайны; наблюдает за всем на свете, правит законом; приводит богов на жертвоприношение. А. дружествен к людям, к каждому, соединяет супругов, приносит богатство, поощряет певцов, поражает врагов, тьму. Многочисленны имена А., хотя высшее из них хранится в тайне (X 45, 2): он — *асура*, пожиратель жертвы, первый *Ангирас*, *Митра, Рудра, Матаришван, Бхарата* и т. п.; из его эпитетов особенно известны: Джатаведас — «знаток всех существ [или «знающий о (предшествующих) рождениях»], Танунапат — «сын самого себя», Вайшванара — «принадлежащий всем людям», Нарашанса — «хвала людям». Связи А. с богами очень многообразны. В текстах А. выступает совместно с *адитьями*, Индрой, *марутами, Ямой, Сомой* и др., но эти связи, как правило, не образуют сюжета. То же можно сказать и об отдельных мотивах, в которых А. действует вместе с человеческими персонажами (ср.: А. освобождает Атри, X 80, 3; А. должен доставить Аулану на небо, X 08, 11; А. и *Пурураиис*, А. и Ушидж, А. и Ману, А. и Аю, А. и *Дадхьянч* и др.)

В эпический период А. сохраняет свои прежние функции. Функция А. как космической силы вводится в рамки учения о четырёх мировых периодах (см. *Юга*), а функция А. как стихии преобразуется в концепции пяти элементов, из которых состоит мир. Как особое божество А. отходит на второй план, становясь одним из четырёх или восьми хранителей мира (см. *Локапалы*); ему отдаётся во власть юго-запад, иногда и восток, реже север.

Из отдельных сюжетов и мотивов с участием А. можно отметить несколько: скрывается в водах, расчленяется и распределяется («Брихаддевата»), ср. ведийский мотив исчезновения А. и его укрывания в водах; А. прячется в водах и проклинает рыбу, лягушек (Тайтт.-самх., Мбх.); А. соблазняет жён мудрецов и рождает бога войны *Сканду* (Мбх., ср. Мат.-пур.); А. превращается в голубя, а Индра в сокола (в сказании о царе Ушинаре, Мбх. III); повинуясь *Брихаспати*, А. оборачивается женщиной и отправляется на поиски испуганного Индры (сказание о *Нахуше*, Мбх. V); мудрец *Бхригу* проклинает А. за то, что он выдал демону Пуломану имя его жены Пуломы (I); А. исцеляет Индру (V); А. посылается Индрой к царю Марутте (XIV); А. как предводитель *васу* (напр., в войне с *Раваной*, «Рамаяна»); при создании богини *Кали* А. даёт ей глаза, копьё («Маркандейя-пурана»); А. — сын *Ангираса* (пураны), но Ангирас — приёмный сын А. (Мбх. III); А.— муж *Свахи*, персонифицированного ритуального возглашения, и др. Эти сюжеты и мотивы недостаточно чётки. В них А. обычно выступает как зависимый персонаж (посланец, посредник, сопровождающее лицо). Культ обожествлённого огня в том виде, как он засвидетельствован в ведах, восходит к периоду индо-иранского единства (ср. «Авесту»), тем имя А. обнаруживает надёжные индоевропейские параллели, ср. слав. огнь, литов. ugnìs, лат. ignis и др. Следы А., возможно, сохранились в имени божества Akni во 2-м тыс. до н. э. в Малой Азии. *В. Н. Топоров*.

АГРЕСКУ́И, Арескóи, в мифах ирокезов олицетворение солнца, бог войны и охоты. В жертву ему приносили плоды и дичь. Перед выступлением в поход воины жертвовали А. собаку, иногда — пленников, вздёргивая их на высокий шест. *А. В.*

АГРО́Н, в греческой мифологии житель острова Кос. За то, что его сёстры Бисса и Меропида почитали Гею и отказались почтить Гермеса, Афину и Артемиду (которые явились к ним в облике пастуха с дочерьми), а А. даже набросился на Гермеса с вертелом, все трое были превращены в птиц: Меропида — в сову, Бисса — в «птицу Левкофеи» (чайку), А. — в журавля; их отец Евмел был превращён в ночного ворона (Ant. Liber. 15). *Г. Г.*

АГУЛША́П, в абхазском нартском эпосе хтоническое чудовище, дракон, завладевший водными источниками и за разрешение пользоваться водой требующий в виде дани красивую девушку; похититель молодых девиц. В борьбу с ним вступает герой эпоса *Сасрыква*. Ему удаётся отсечь голову у чудовища, но на её месте тотчас же отрастает новая; лишь когда Сасрыква догадывается присыпать это место золой, А. оказывается побеждённым.
А.— один из отрицательных персонажей и абхазской волшебной сказки. В отличие от других эпических и сказочных противников героя, А. никогда не выступает его добровольным помощником. А. типологически близок адыг. *бляго* и груз. *вешапи*. *А. А.*

А́ГУНА, А н г у р а, бог, почитавшийся в Зап. Грузии как покровитель виноградарства и виноделия. Его молили об урожае и защите виноградников от града. *Н. Б.*

АГУ́НДА, в осетинском нартском эпосе, дочь владыки Чёрной горы Сайнаг-Алдара. Виднейшие нарты тщетно добиваются её руки. Лишь юный *Ацамаз* сумел игрой на золотой свирели очаровать А. Но когда она вышла к нему из своего замка с усмешкой на устах, оскорблённый Ацамаз разбил свирель о камни. А., бережно собрав обломки свирели, принесла их домой, ударила по ним волшебной плетью, и обломки срослись. А. спрятала свирель в свой девичий сундук. После уплаты Ацамазом ста однолетних оленей в качестве калыма, и благодаря усилиям небожителей (*Афсати*, *Уастырджи* и др.) А. стала его женой. А. соответствует Ахумиде в адыгском нартском эпосе, Гунде в абхазском. *Б. К.*

АГУНУ́А, в меланезийской мифологии о. Сан-Кристобаль главный дух, воплощённый в огромного змея; демиург, создавший море, землю, растения и животных, стихии; миродержец, следящий за соблюдением им же установленного порядка. Согласно представлениям меланезийцев, А. (в отличие от большинства духов) — мужского пола. Его сыновья-полудухи — предки ныне живущих людей. С гневом А., не получившего от людей положенных ему даров в достаточном количестве, связывается начало стихийных бедствий, голода и военных усобиц. *М. С. П.*

А́ГЫЗМАЛ, в абхазской низшей мифологии оборотень. Согласно поверью, почти в каждом селе один или двое из его жителей — А. (мужчина или женщина); прибегая к магии, А. либо в облике животного, либо оседлав то или иное животное (кошку, волка, петуха), передвигается по ночам, причиняя вред жителям поселения, наводя порчу на скот. *С. З.*

АД, а д и т ы, в мусульманской мифологии один из «коренных» народов Аравии. Коран называет местом жительства А. ал-Ахкаф (46:21), который комментаторы помещают в пустыне Восточного Хадрамаута. Согласно Корану, адиты благоденствовали, но возгордились и отказались последовать увещеваниям посланного *аллахом* пророка — «брата их» *Худа*. За это адиты были наказаны засухой и последующим ураганом («ветром шумящим»), который бушевал семь ночей и восемь дней и стёр их с лица земли (7:63—69; 11:52—63; 26:123—39; 41:15—16; 46:20—27; 54:18—21; 69:6—8; 89:6). В живых остались лишь последовавшие за Худом.
Предание, развивающее мотивы Корана, представляет адитов людьми большого роста, жившими в городах под властью царей. С адитами связывают построенный в подражание раю город *Ирам зат ал-имад*. Когда их постигла засуха, они направились в Мекку, просить у аллаха дождя (см. также ст. *Лукман*). Из трёх туч, предложенных им на выбор, адиты выбрали самую тёмную. Она принесла с собой ураган, от которого спаслись только Худ и несколько праведников.
В средние века в Аравии слово «адитский» часто употреблялось в значении «древний»; и по сей день многие руины называются там «адитские жилища». *М. Б. Пиотровский*.

АД, п р е и с п о́ д н я я [лат. (locus) infernus, «нижнее место», отсюда итал. Inferno, франц. l'Enfer; нем. Hölle, англ. Hell, «место сокрытия», ср. др.-сканд. hel — *Хель*], пекло (в слав. языках, напр. польск. piekło, букв. — «смола»), в христианских представлениях место вечного наказания отверженных *ангелов* и душ умерших грешников.
Представления об А. (противопоставляемом *раю*), имеющие своими предпосылками формирование понятий о дуализме небесного и подземного, светлого и мрачного миров, о душе умершего (резко противопоставляемой телу) — в сочетании с возникновением идеи загробного суда и загробного воздаяния — сравнительно позднего происхождения. В дохристианскую эпоху наглядно-материальные, детализированные картины потусторонних кар, которые описывались как подобные земным пыткам и казням, но превосходящие их, присущи не только мифологии, связанной с египетским культом *Осириса*, или проникнутым дуализмом древнеиранским религиозно-мифологическим представлениям, но и философской «мифологии» пифагорейцев и Платона (ср. видение Эра в «Государстве» Платона). В канонических ветхозаветных текстах подобные мотивы практически отсутствуют (см. *Шеол*). В каноне Нового завета предупреждение об угрозе *страшного суда* и А. занимает важное место, но чувственная детализация адских мучений отсутствует. Состояние пребывающего в А. описывается не извне (как зрелище), но изнутри (как боль); упоминания об А. в притчах Иисуса Христа рефреном замыкаются словами: «там будет плач и скрежет зубов» (Матф. 8, 12; 13, 42 и 50; 22, 13; 24, 51; 25, 30). А. определяется как «мука вечная» (25, 46), «тьма внешняя» (8, 12 и др.; по церковно-славянски «тьма кромешная»). Пребывание в А.— это не вечная жизнь, хотя бы в страдании, но мука вечной смерти; если для него подбирается метафора, это не образ пытки, а образ умерщвления (осуждённого раба из притчи «рассекают», Матф. 24, 51), а сам страждущий в А. сравнивается с трупом [ветхозаветные слова о трупах отступников — «червь их не умрёт, и огонь их не

угаснет», Ис. 66, 24 (ср. *Геенна* как синоним А.) трижды повторены Иисусом Христом об отверженных в А.: Мк. 9, 44, 46, 48]. Наиболее устойчивая конкретная черта А. в Новом завете — это упоминание огня, символический характер которого выявлен через очевидную цитатность соответствующих мест: уподобление А. «печи огненной» (Матф. 13, 42) соотносится с контекстом популярной легенды о каре, которой были подвергнуты *Авраам* и гонители *трёх отроков*, а образ А. как «озера огненного и серного» (Апок. 20, 10; 21, 8; уже в кумранских текстах) назван «мраком вечного огня» и говорится о наказании «серным огнём») — с образностью ветхозаветного повествования о дожде огня и серы над *Содомом и Гоморрой* (Быт. 19, 24). Символика огня получает особенно глубокие измерения, поскольку огонь — это метафора для описания самого бога: *Яхве* — «огнь поядающий» (Втор. 4, 24, цитируется в Новом завете — Евр. 12, 29); явление *духа святого* — «разделяющиеся языки, как бы огненные» (Деян. 2, 3); причастие сравнивается в православных молитвах с огнём, очищающим достойных и опаляющим недостойных. Отсюда представление, что по существу нет какого-то особого адского огня, но всё тот же огонь и жар бога, который составляет блаженство достойных, но мучительно жжёт чуждых ему и холодных жителей А. (такова, например, интерпретация сирийского мистика 7 в. Исаака Сириянина). Такое понимание А. не раз возрождалось мистическими писателями средневековья, а в новое время — художественной и философско-идеалистической литературой (вплоть до Ф. М. Достоевского в «Братьях Карамазовых» и Ж. Бернаноса в «Дневнике сельского кюре»).

Однако одновременно создаются чувственно-детализированные картины А. и адских мучений, рассчитанные на устрашение массового воображения. А. рисуется как застенок божественной юстиции, в котором царствует *сатана* с бесами (чертями) в роли усердных палачей; как место чувственных пыток, применяемых за различные категории грехов по некоему потустороннему уголовному кодексу (причём в соответствии с духом архаического судопроизводства виновный терпит кару в погрешившем члене своего тела, вообще род наказания наглядно отвечает роду преступления: клеветники, грешившие языком, за язык и подвешены; лжесвидетели, таившие в устах ложь, мучимы огнём, наполняющим их рот; ленивцы, в неурочное время нежившиеся в постели, простёрты на ложах из огня; женщины, вытравлявшие плод, обречены кормить грудью жалящих змей, и т. д.). Эти подробности в изобилии содержатся в многочисленных апокрифах и «видениях» — от раннехристианского «Апокалипсиса Петра» (нач. 2 в.) и «Апокалипсиса Павла» (различные слои текста от 2 или 3 в. до 5 в.) до византийского «Апокалипсиса Анастасии» (11 или 12 в.), западноевропейского «Видения Тнугдала» (сер. 12 в., позднейшие переработки).

Эта тысячелетняя литературно-фольклорная традиция, содержавшая актуальные отклики на условия народного быта, но консервативная в своих основаниях, уходит своими корнями в дохристианскую древность, она унаследовала топику позднеиудейских апокрифов (напр., «Книги Еноха», 2 в. до н. э.), направление которых непосредственно продолжила, но переняла также и мотивы языческих (греческих, особенно орфических, отчасти египетских) описаний загробного мира. Уже само слово *Аιδης* (легитимированное греч. текстом Библии как передача евр. «шеол») образовало мост между христианскими понятиями и языческой мифологией аида; характерно, что в византийских проповедях (напр., у Евсевия Кесарийского, 3—4 вв.) и гимнах (у Романа Сладкопевца, конец 5—6 вв.) на *сошествие во ад* (Иисуса Христа), а также в византийской иконографии фигурирует олицетворённый Аид, совещающийся с сатаной, созывающий для борьбы свою рать, держащий грешников на своём лоне, которое являет собой дьявольскую травестию *лона авраамова*. Популярные перечни, приводившие в систему казусы преступления и возможности наказания, переходили, чуть варьируясь, из века в век, из эпохи в эпоху, из одной этнической, культурной и конфессиональной среды в другую; и это относится не только к ним. Так, мотив дарования грешникам сроков временного отдыха от мук А., характерный для расхожей послебиблейской иудаистической литературы, встречается и в христианских апокрифах (напр., в визант. и слав. рассказах о *хождении богородицы по мукам*, где сроки эти переносятся с субботы на время между страстным четвергом и пятидесятницей. Логическое упорядочение представлений об А. порождало (для средневекового религиозного сознания) некоторые затруднения в согласовании, во-первых, отнесения окончательного приговора грешной душе к эсхатологическому моменту страшного суда с представлением о том, что душа идёт в А. немедленно после смерти грешника; во-вторых, бестелесности души с материальным характером мучений; в-третьих, предполагаемой неминуемостью А. для всех нехристиан с невинностью младенцев, умерших некрещёными, или праведных язычников. Ранние христиане воспринимали любое (кроме райского) состояние души до страшного суда как принципиально временное; лишь впоследствии, когда сложилась статичная картина универсума с раем вверху, А. внизу и стабилизировавшимся на иерархической основе «христианским миром» посредине, этот принцип временности был забыт (что выявилось, между прочим, в конфессиональной полемике по вопросу о *чистилище*). Но и в средние века полагали, что муки А. ныне — лишь тень мук, которые наступят после страшного суда, когда воссоединение душ с воскресшими телами даст и раю и А. окончательную полноту реальности. Попытка разрешить третье затруднение побудила постулировать (в католической традиции) существование преддверия А.— лимба, где пребывают невинные, но не просвещённые благодатью христианской веры души, свободные от наказаний. Все эти мотивы получили поэтическое выражение в «Божественной комедии» Данте (часть 1-я — «Ад»). Он изображает А. как подземную воронкообразную пропасть, которая, сужаясь, достигает центра земного шара; склоны пропасти опоясаны концентрическими уступами, «кругами» А. (их девять), в каждом круге мучаются определённые категории грешников. В дантовом А. протекают реки античного аида, образующие как бы единый поток, превращающийся в центре земли в ледяное озеро Коцит; Харон, перевозчик душ умерших античного аида, в дантовом А. превратился в беса; степень наказания грешникам назначает Минос (один из судей античного аида), также превращённый у Данте в беса. В девятом «круге», на самом дне А., образованном ледяным озером Коцит, посредине, в самом центре вселенной,— вмёрзший в льдину Люцифер, верховный дьявол, терзает в своих трёх пастях главных грешников («предателей величества земного и небесного»). Систематизированная «модель» А. в «Божественной комедии» со всеми её компонентами — чёткой последовательностью девяти кругов, дающей «опрокинутый», негативный образ небесной иерархии, обстоятельной классификацией разрядов грешников, логико-аллегорической связью между образом вины и образом кары, наглядной детализацией картин отчаяния мучимых и палаческой грубостью бесов — представляет собой гениальное поэтическое обобщение и преобразование средневековых представлений об А.

О понятиях, близких А., см. *Тартар* (греч.), *Нарака* (индуистск., буддийск.), *Дийуй* (кит.), *Джаханнам* (мусульм.).
С. С. Аверинцев.

АДАД, Адду (аккадск.), Ишкур (шумер.), в шумеро-аккадской мифологии бог грома, бури, ветра (имя его пишется знаком «Им», «ветер»). Ишкур упоминается уже в шумерских списках богов из Фары 26 в. до н. э. (хотя, возможно, не является шумерским), его семитский эквивалент известен со старoаккадского периода. Отец А.— бог неба Ану (*Ан*; в одном старовавилонском тексте — *Дагон*), супруга — богиня Шала (хурритская?). Спутники А.— Шуллат и Ханиш. Аккадский А. олицетворяет как гибельные, так и плодоносные силы природы: губящее поля наводнение, плодоносный дождь; в его же ведении и засоление почвы; если бог-ветер забирает дождь, начинаются засуха и голод; следствием дождевой бури является и потоп. Один из эпитетов А.— «господин плотины небес». Шумерский Ишкур обычно описывается как «дикий бык ярости» и в противоположность аккадскому не выступает как божество плодородного дождя. Основные места почитания А.— Энеги, возле города Ура, город Мурум (не локализован) и Вавилон, на севере — Ашшур, где А. имел общий храм с Ану. В иконографии с образом бога бури связывается бык как символ плодородия и неукротимости одновременно. Эмблемой А. обычно был двузубец или трезубец молнии.

А. тождественны западносемитский Баал-Хаддад (см. *Балу*), хеттский *Тешуб*.   *В. К. Афанасьева*.

АДА́М («человек»), в библейских сказаниях первый человек. В Библии имеется два основных сказания о сотворении человека богом. Одно сказание, народное, содержит рассказ о создании богом мужчины из праха и дыхания жизни, а жены — из его ребра: «...и не было человека для возделывания земли. И создал Яхве человека из праха земного и вдунул в лице его дыхание жизни, и стал человек душею живою... И сказал бог Яхве: нехорошо быть человеку одному; сотворим ему помощника, соответственного ему. Бог Яхве образовал из земли всех животных полевых и всех птиц небесных, и привёл к человеку, чтобы видеть, как он назовёт их, и чтобы, как наречёт человек всякую душу живую, так и было имя ей. И нарёк человек имена всем скотам и птицам небесным и всем зверям полевым; но для человека не нашлось помощника, подобного ему. И навёл бог Яхве на человека крепкий сон; и, когда он уснул, взял одно из рёбер его, и закрыл то место плотию. И создал бог Яхве из ребра, взятого у человека, жену, и привёл её к человеку. И сказал человек: вот это кость от костей моих и плоть от плоти моей; она будет называться женою, ибо взята от мужа. Потому оставит человек отца своего и мать свою и прилепится к жене своей, и будут одна плоть» (Быт. 2, 5, ... 7 ..., 18—24). Другое сказание, жреческое, принадлежит к более позднему пласту библейских текстов, носит богословский характер и исходит из сложившегося у израильтян в первом вавилонском плену представления о боге как творце вселенной; в нём сотворением людей завершается шестидневное творение мира богом: «И сказал бог: сотворим человека по образу нашему, по подобию нашему; и да владычествуют они над рыбами морскими, и над птицами небесными, и над скотом, и над всею землёю, и над всеми гадами, пресмыкающимися по земле. И сотворил бог человека по образу своему, по образу божию сотворил его, мужчину и женщину сотворил их. И благословил их бог, и сказал бог: плодитесь и размножайтесь, и наполняйте землю, и обладайте ею, и владычествуйте над рыбами морскими, и над птицами небесными, и над всяким животным, пресмыкающимся по земле» (1, 26—28). Содержание сказаний расходится по ряду мотивов. По одному сказанию, создатель человека — бог, именуемый Яхве; согласно другому, творец — тоже бог, но именуется он иначе. По одному, бог не представляется всесильным творцом вселенной, а скорее добрым садовником и умелым гончаром, по другому, бог — бесплотный, единый творец вселенной, частью которой является человек. Если, по одному сказанию, А. «создан», «образован» из «праха земного» и «дыхания жизни», природа человека двояка (плоть от праха, душа из дыхания божьего), человек мудр, он даёт всем имена, то по другому — всё мироздание и люди сотворены силой «слова божьего» из ничего, человек богоподобен (и однороден), мудр бог, и он даёт имя человеку (5, 2). Соответственно двум ва-

риантам сказания в одном случае сначала создан А.— для возделывания земли, для труда, а затем, чтобы он не был одинок,— растительность и животные (женщина создана позднее), в другом — мужчина и женщина сотворены одинаково и одновременно «по образу и подобию божьему», в завершение его замысла, в последний день творения накануне субботы и благословлены богом на размножение и владычество над рыбами, птицами, скотом и всею землёй и гадами.

Оба сказания, предписывая поведение человека, дают объяснение этим предписаниям (связывают их с происхождением человека и др.), например объясняют причину привязанности мужа и жены, ритуал питания (объяснение запрета употреблять в пищу кровь содержится в Быт. 9, 3—7 — тексте, который может считаться продолжением жреческого варианта сказания об А.), т. е. носят этиологический характер.

По библейской традиции (в частности, по жреческому преданию), все люди восходят к А., которого сделал бог (А. не рождён, а сотворён, и этим отличается от всех будущих людей); отсюда выводится «рукотворность», «праховость» человека, но и божественность его как потомка А. (и его «право» обращаться к своему создателю и «отцу» за помощью). О последующей судьбе первой человеческой пары рассказывает другое сказание (первоначально не связанное с рассказом об А., но объединённое с ним в каноническом тексте Библии — Быт. 3) — сказание о том, как поддавшаяся искушению змеи «жена» (Ева), а за ней и «муж», «человек» (А.) вкушают в одном из едемских (раю) запретный плод с древа познания добра и зла, нарушив предписание бога, что имело роковые последствия для А., Евы и всего рода человеческого: человек, наказанный богом, «в поте лица» должен добывать свой хлеб, он лишился бессмертия и (по одной из версий) изгнан с женой из рая,— сюжет, истолкованный в христианском богословии как «грехопадение», как «первородный грех», исказивший исконную натуру человека, его «богоподобие» (подробнее разработку этих сюжетов см. в ст. «Грехопадение»). По жреческому источнику, А. имел потомство, которое продолжало размножаться: «Адам жил сто тридцать лет, и родил сына по подобию своему, по образу своему, и нарек ему имя: Сиф. Дней Адама по рождению им Сифа было восемьсот лет, и родил он сыновей и дочерей. Всех же дней жизни Адамовой было девятьсот тридцать лет; и он умер» (5, 3—5). Далее продолжается родословие потомков Сифа: Енос (евр. ’ĕnōš — «человек»; ’ādām — не единственное обозначение слова «человек» по-еврейски), Каинан, Малелеил, Иаред, Енох, Мафусаил, Ламех, Ной и его сыновья — Сим, Хам, Иафет (5, 6—32). Это дало фиктивную хронологию человечества — «от Адама» (или «сотворения мира») (принята в еврейском календаре, в русском допетровском). Рассказ о Каине (как старшем сыне А.) и Авеле, имеющийся в каноническом тексте Библии, исконно не был связан со сказанием об А.

Библейским преданиям о сотворении человека предшествовали и сопутствовали им — у евреев и у их соседей — мифы о возникновении человека, так или иначе связанные с мотивами, а то и с текстами обоих сказаний.

Сотворение человека из земли, глины встречается в *антропогонических мифах* многих народов, например египетских, шумеро-аккадских; в частности, существует аккадское сказание о сотворении людей из глиняных фигурок, причём они были созданы парами, а жизнь в них вселена через пуповины (вопрос, имел ли пуповину А., не будучи рождён от женщины, веками обсуждался христианскими богословами, волнуя иконописцев; на французской миниатюре 11 в. изображено, как бог перстом делает углубление на животе глиняного А.). С «землёй» связано имя А. (женский род евр. ’ǎdāmāh означает «земля», первоначально, по-видимому, «краснозём»). Является ли эта связь действительной (как лат. homo, «человек» связано с humus, «земля» и т. п.) или же «народно-этимологической», не установлено. Несмотря на то, что имя А. означает «человек» (как таковой), он, подобно Еносу, не обязательно всегда рассматривался как первочеловек — он мог считаться предком только определённого племени или группы племён. Если 'ādām означает буквально «красный» (в древнейшей афроазиатской традиции люди, во всяком случае мужчины, изображались красно-бурого цвета), то «красненьким» (уменьшительное 'udam, как бы «маленький А.»; отсюда в Библии Эдом, «страна Иудемея») называется одно конкретное семитское племя, родственное израильтянам; предок этого племени *Исав* изображён в Библии «красным» (Быт. 25, 25).

Сотворение женщины из ребра мужчины (Быт. 2, 22) — тёмное место в тексте Библии. Может показаться, что здесь отразился имевшийся уже у виноградарей опыт размножения лозы от черенка. Однако вернее освещается мотив на основе шумерского мифологического текста (по интерпретации американского шумеролога С. Н. Крамера). Согласно этому тексту, для исцеления больной ребра (на шумер. языке — «ти») бога Энки была создана богиня-исцелительница ребра, предположительно, по имени Нин-ти. Но шумерское слово «ти» означало не только «ребро», но и «давать жизнь». Благодаря этому литературному каламбуру и могла возникнуть библейская версия о Еве не только как о «дающей жизнь» (этимология имени Ева в Быт. 3, 20), но и как «женщине от ребра».

Послебиблейские своды и толкования библейских текстов нередко обращают внимание на противоречия в преданиях об А., комментируют спорные положения. Буквальное толкование текста (Быт. 2, 18), допускающее чьё-то участие в сотворении человека богом (совет бога с кем-то), даёт толчок воображению талмудистов. Как утверждает талмудическая книга «Берешит рабба», небесный совет ангелов будто бы разошёлся во мнении по вопросу, стоит ли вообще создавать человека; одновременно делается попытка устранить противоречие в вопросе о создании А. единолично — волей одного бога-творца («ангелы» трактуются как ипостаси — аллегории божьих качеств, так что получается, что бог как бы совещался «сам с собой»). У некоторых толкователей вопрос о поле А. был решён в духе неоплатонизма, рассматривающего первочеловека как существо двуполое (распространённое мифологическое представление, см. ст. *Двуполые существа*) или бесполое. Появляются и другие подробности, связанные с сотворением А. Адам и его жена были сотворены двадцатилетними («Берешит рабба» 14), т. е. в самом зрелом возрасте (предвосхищая подозрения о характере их сношений, комментаторы указывают, что изгнание их из рая последовало сразу же после того, как они увидели себя нагими, так что в раю не было совокупления). Впрочем, согласно некоторым толкователям, А. (до изгнания из рая или до появления жены?) рождал злых духов, что связано с преданием о том, что первой женой А. была *Лилит* (трактат «Эрубин» 18б и др.). А. исконно был великаном — его тело простиралось от земли до неба (трактат «Хагига» 12 а; в этом фольклористы видят влияние иранской мифологии); но впоследствии, после грехопадения, он стал ниже ростом («Берешит рабба» 12 и др.). А. представлялся провидцем, которому бог открыл будущее рода людского (трактат «Сангедрин» 37), мудрым мужем, владевшим «всеми 70 языками мира» (софистически обсуждается вопрос, у кого же он научился языкам, когда ещё не у кого было учиться?). По одному из преданий, которое должно было подтвердить мудрость А., сатана не мог справиться с наименованием животных, а А. смог; этим бог доказал превосходство земного человека над небесными ангелами; сатана был в отчаянии, так как человек оказался сильней (отсюда зависть и вражда сатаны к человеку). В соответствии с религиозно-этическими нормами в талмудической литературе обыгрывается вопрос о времени появления человека (противоречиво толкуемый в Библии): если человек достойный, ему могут сказать, что он предшествовал сотворению ангелов, если не достойный, ему могут указать: муха тебя опередила («Берешит рабба» 8; последнее утверждение строится на том, что, согласно библейскому мифу о шестидневном творении мироздания, мухи должны были быть сотворены до человека).

Представления об А. получили дальнейшее развитие в христианстве. В Евангелиях Иисус Христос называет себя «Сын человеческий» (арам. bar 'enas, евр. ben 'ādām, «сын А.»). Библейские представления о богоподобии А., с одной стороны, о двойственности его природы, с другой — определили осмысление новозаветного «Сына человеческого» как типологического соответствия ветхозаветному А., что в значительной мере сказалось на понимании образа А. христианством. В генеалогии Иисуса (Лук. 3, 23—38) Христос — прямой потомок А., Авраама и царя Давида. Это само по себе лишь указывало на человеческое и еврейское, притом царское происхождение Иисуса Христа. Но одновременно в Евангелиях развивается учение о Христе (идущее от Павла), как о «втором А.», «новом А.». Жизнь А. как бы предопределяет то, что свершится с родом человеческим в будущие времена — времена грядущего «второго», или «нового», А.; А. трактуется как «образ будущего» (Рим. 5, 14). Общность судьбы А. и Иисуса усматривалась толкователями Библии, напр. в искушениях, которым подвергался и тот и другой со стороны сатаны-дьявола (ср. Быт. 3 и Мк. 1, 12—13), однако лишь «второй А.» преодолел их и тем самым явился спасителем рода человеческого от «первородного греха». Улавливалась аналогия и в отношениях А. (в раю) и Христа (в пустыне) к зверям, что символически толковалось как вечный мир в будущие времена. Как А. (в талмудической литературе), так и Христос питаются ангельскими подношениями; новая (духовная) пища, данная «вторым А.», возвращает райское блаженство, утраченное «первым А.».

Из типологического совмещения образов А. и Христа черпали христианское богословие и иконография. Так, место распятия Христа — *Голгофа* (букв. «место черепа») подчас изображалось и как могила А., у ног распятого часто рисовался череп (или весь скелет) — подразумевалось, что это череп (скелет) А. На мозаике византийской церкви 11 в. в Дафни (близ Афин) изображено, как кровь распятого проливается на череп А., который от этого пробуждается к жизни и молитвенно поднимает руки или собирает кровь христову в сосуд. В сюжете *сошествия во ад* воскресший Христос освобождает из преисподней в числе других праведников и прощённого А. В основе типологического отождествления А. и Христа лежало апокалиптическое восприятие и библейского А., родоначальника людей, и «нового А.» как спасителя рода человеческого, при этом Христос осмысляется как своего рода антитип А.: если А. впал в первородный грех и обрёк таким образом человечество на смерть, то «новый А.» очистит людей от греха и даст человечеству «жизнь вечную» (Рим. 5, 12—21; 1 Кор. 15, 22 — «как в Адаме все умирают, так во Христе все оживут»).

Большое место занял образ А. в средневековых мистических учениях и связанных с ними алхимии, магии и т. д. (см. *Адам Кадмон*); ему была сообщена богом вся «мудрость» (т. е. искомый философами сокровенный смысл происхождения и назначения мироздания). Каббалистические и другие мистические учения средневековья (для которых вообще характерна идеализация «начала» и мудрости учителей, родоначальников) возводили (в конечном счёте) к А., который уже в талмудической литературе представлен светочем, мудрецом, первым пророком, «тайную мудрость». В нём видели провидца будущей судьбы каждого человека [в сочинении 10 в. «Разиэль» содержится рассказ о том, как А. после изгнания из рая стал молить бога явить ему будущее каждого потомка всех поколений до конца времён и как пришёл к нему ангел по имени Разиэль («божьи тайны») с книгой судеб людей]. Из распространённых пантеистических воззрений об отражении в человеке как микрокосме макрокосма и отождествлений А. с природой (где и заложена мудрость, которую надлежит познать любыми, в т. ч. и магическими, путями) родилось каббалистическое учение о взаимозависимости между частями «адамова тела» и небесными телами, которые в макрокосме выполняют телесные функции кожи, мяса, костей, жил и т. д. (ср. близкие представления в мифологии многих народов). Поскольку все люди восходят к А., то и душа каждого человека содержит в себе частицы («искры») божественной души А., представляющей собой огненное божье дыхание, отданное во временное пользование человеку. Материя, из которой создан А., и есть «философский камень», искомый астрологами (магическая книга «Великий секрет»). Чтобы постичь тайну мироздания, необходимо, по мнению каббалистов, вернуться в «адамово» (т. е. исходное, первобытное) состояние, для чего были испытаны разные пути — от попыток воссоздания А. из глины (ср., напр., предание о *Големе*) или сотворения Гомункулуса в реторте алхимиков до демонстративного отказа от «послеадамовой» культуры, преодоления стыдливости как чувства, которое было исконно чуждо А. (отсюда практика нудизма некоторых средневековых сект, в т. ч. и называвшихся адамитами).

АДА́М, в мусульманской мифологии первый человек. Соответствует библейскому *Адаму*. По одной из версий Корана, аллах создал А. из глины (7:11), по другой — из праха земного (3:59), с тем чтобы он был его заместителем на земле, научил всем именам всех вещей и приказал ангелам (*малаика*), которые этих имён не знали, пасть перед а. ниц. Отказался только *Иблис*, за что и был изгнан из райского сада, в котором жили А. и его жена (*Хавва*) (2:28—33; 7:11 и след.; 15:26—35; 17:63—66; 18:48—49; 20:116). А. и его жене было запрещено приближаться к некоему дереву и вкушать от него, «чтобы не оказаться из неправедных». *Шайтан* проник в райский сад и убедил их попробовать плодов запретного дерева, после чего «обнаружилась пред ними их скверна», А. ослушался аллаха и «сбился с пути» (20:119). Аллах изгнал первых людей на землю (2:34—35; 7:19—23; 20:120 и след.), но обещал А. своё руководство и милость (2:36—37, 7:24—26; 20:115—125).

Коранические сюжеты, связанные с А., получили развитие в предании. Почти все мотивы мусульманского предания имеют параллели в послебиблейской мифологии иудеев и христиан. Оригинальны мусульманские мотивы, связывающие А. с Аравией. По некоторым версиям, глину или прах для тела А. брали из Мекки и Йемена; А. был низвергнут на землю в районе Адена (или Цейлона), а Хавва — около Джидды. Они встретились в Аравии, в долине Арафат (*Арафа*). С неба А. был послан священный чёрный камень, для которого он построил Каабу — символ единого бога. В раю А. говорил на арабском, а на земле — на многих языках, главным образом на сирийском. Он был похоронен вместе с Хаввой в «пещере сокровищ» около Мекки, а после потопа перенесён в Иерусалим.

Мусульманская традиция включает А. в число пророков, среди которых он был первым, а *Мухаммад* — последним. Представления о связи между А. и Мухаммадом, образ А. как идеального человека и воплощения истины занимают важное место в мусульманских теологических и мистических учениях.
М. Б. Пиотровский.

АДА́М КАДМО́Н («Адам первоначальный», «человек первоначальный»), в мистической традиции иудаизма абсолютное, духовное явление человеческой сущности до начала времён как первообраз для духовного и материального мира, а также для человека (как эмпирической реальности). Представление об А. К. — иудаистический вариант гностической мифологемы *антропоса*; как и последняя, оно соотносимо с образами *Пуруши* и *Гайомарта* в индо-иранской традиции. Его специфика выявляется в контексте интерпретации библейского рассказа о сотворении человека (см. *Адам*): некоторые толкователи различали Адама, созданного из земли (Быт. 2, 7), и Адама, сотворённого «по образу и подобию божьему» (1, 27). Эти слова воспринимались как указание на соединение в А. К. мужского и женского начал (очень древний и распространённый мифологический мотив двуполости первочеловека). Но эти же слова подвергались сомнению в связи с усилением веры в трансцендентность бога; поэтому возникло толкование (приписываемое рабби Акибе, 1—2 вв.), согласно которому человек был сотворён «по образу» не бога, но А. К. Филон Александрийский (1 в. до н. э.—1 в. н. э.) соединил эти представления с платоновской концепцией идеи как вневременного образца вещи: «небесный человек» (который, между прочим, изъят из разделения на мужской и женский пол) есть идеальная парадигма «земного человека». Полное развитие мифологема А. К. получила в пантеистически окрашенной каббалистической мистике 13—18 вв., трактующей А. К. как онтологически необходимое соединительное звено между абсолютно бескачественной и неопределимой беспредельностью бога и самоопределением через полагаемые им же формы. В «Зогаре» («Книга сияния», написанная на арамейском языке в Кастилии в конце 13 в. и принадлежащая, по-видимому, Моисею Леонскому) говорится, что «образ человека заключает в себе все миры горние и дольние» и что образ этот избран «святым старцем» (т. е. богом) для себя самого (талмудический трактат «Идра рабба» 144 а). Символ А. К. был воспринят эклектической символикой масонства, где он соотносился с эмблемой шестиконечной звезды, т. н. Давидова щита (как символа взаимопроникновения «горнего человека» и «дольнего человека»).
С. С. Аверинцев.

АДА́ПА, в аккадской мифологии герой, один из «семи мудрецов» (абгалей), призывавшийся в заклинаниях против женщины-демона Ламашту. Согласно мифу, сын бога Эйя (*Энки*), правил в городе Эреду(г) и рыбачил, снабжая рыбой родной город и святилище отца. Однажды южный ветер опрокинул его лодку, за что А. обломал ветру крылья. Бог неба Ану (*Ан*), разгневанный отсутствием южного ветра, требует А. к ответу. Эйя советует ему пойти к Ану, облачившись в траурные одежды, и не пить и не есть предложенных ему питья и еды. Перед воротами Ану стоят боги Гишзида (*Нингишзида*) и Думузи. На их вопрос, почему он в трауре, А. (также по совету Эйи) объясняет, что он плачет по двум богам, исчезнувшим с земли — Гишзиде и Думузи; те вступаются за него перед Ану. Ану великодушно решает помиловать А. и предлагает ему хлеб и воду вечной жизни, но А., по совету Эйи, отказывается — за это Ану прогоняет его снова на землю.
В. А.

АДА́У, у абхазов исполин, людоед, наводящий ужас на людей. Его появление сопровождается ураганом, громом, молнией. А. имеет много голов, один глаз. А. появились после исчезновения *ацанов*. В абхазском нартском эпосе А. — хозяин огня или водного источника (родника, реки), из-за которого вступает с ним в борьбу герой эпоса (*Сасрыква, Цвицв* и др.) или сказки и побеждает его. В некоторых вариантах герой борется поочерёдно с несколькими братьями А. (с тремя, семью, девятью, двенадцатью). Иногда А. имеет жену (мать или сестру). А. соответствует груз. дэви (см. *Дэвы*), адыг. *иныжи*, осет. *уаиг*.
С. З.

А́ДГИЛИС ДЕ́ДА («матерь места»), у грузин богиня — покровительница определённой местности (селения, горы, ущелья, скалы, долины и др.); по облику — красивая женщина с серебряными украшениями. Опекает жителей (в том числе пришлых) подвластной ей местности. Возможно, первоначально А. д. почиталась по всей Грузии как богиня плодородия. С распространением христианства богоматери, отсюда её имя — божья матерь места или матерь божья. Согласно поверьям горцев Восточной Грузии, А. д. — покровительница женщин, детей, охотников и коров.   *Т. О.*

АДДХАЛОКА («нижний мир»), в джайнской мифологии один из составляющих вселенной миров. Вселенная делится на «мир» и бесконечно больший «не-мир», в котором нет ничего, кроме пространства — акаши, и который недоступен для восприятия и проникновения. Мир отделён от не-мира трёхслойной бездной из густой воды, густого ветра и тонкого ветра. Мир, по представлениям джайнов, имеет весьма своеобразную форму: он состоит из трёх усечённых конусов или пирамид, из которых средний и верхний сложены основаниями, а вершина среднего покоится на вершине нижнего. Нижний конус (или пирамида) — это нижний мир — А., два верхних суть верхний мир — *Урхвалока*, а в месте соединения находится средний мир *Мадхьялока*. Высота всего мира равна 14 раджжу (букв. «верёвка» — условная мера), из них по семь приходится на А. и Урдхвалоку (средний мир в расчёт не принимается). В основании нижнего мира лежит квадрат со стороной 7 раджжу или круг того же диаметра. Интересна неканоническая концепция, согласно которой мир имеет форму человеческого тела (локапуруша, т. е. мир — космический человек), на уровне талии которого находится Мадхьялока, ниже А., а выше — Урдхвалока. Этим представлением можно объяснить название одного из слоёв верхнего мира — Грайвейака — «шейные» (миры).

Обитатели мира делятся на растения, низших животных, высших животных, людей, обитателей ада, божеств; всем им противопоставлены *сиддхи*.

Диски семи «нижних земель» расположены ниже среднего мира, причем диаметры этих земель тем больше, чем ниже они помещены. Разделены все земли прослойками воздуха, воды и пространства. Верхняя из них, Ратнапрабха, блистает как драгоценность и находится на 1000 йоджан ниже среднего мира. Ратнапрабха разделена на три слоя. Верхний, Кхарабхага, имеет толщину 10 000 йоджан, средний, Панкабхага — 84 000 йоджан, а нижний, Аббакулабхага — 80 000 йоджан. Вторая из нижних земель, Шаркарапрабха, блестит подобно сахару и имеет толщину 32 000 йоджан. Следующая, Валукапрабха, обладает цветом песка и толщиной в 28 000 йоджан. Далее — Панкапрабха, цвета грязи, толщиной 24 000 йоджан; Дхумапрабха, цвета дыма, толщиной 20 000 йоджан, и, наконец, «тёмная земля» Тамахпрабха, толщиной 16 000 йоджан, и имеющей толщину 8000 йоджан Махатамахпрабха, на которой царит полная тьма. На всех этих землях расположены ады (*нарака*).

А. А. Терентьев.

АДЖА ЭКАПАД («одноногий козёл»), в ведийской мифологии божество, относимое обычно к классу воздушных (атмосферных). В «Ригведе» имя А. Э. лишь однажды встречается независимо (РВ X 65, 13); в остальных случаях (четырежды) оно связано с именем *Ахи Будхнья*. Они объединены и в домашнем ритуале, где обоим божествам совершают возлияния. А. Э. характеризуется как божество, поддерживающее небо, поток, океанские воды, *Сарасвати*, всех богов. Он придал крепость обоим мирам (AB XIII 1, 6), возник на востоке (Тайтт.-бр. III 1, 2, 8). Его называют среди небесных божеств («Найгхантука» V 6), иногда даже истолковывают как солнце («Нирукта» XII 29), ср. также соотнесение А. Э. с *Агни*. То, что А. Э.— божество козлиной природы, связывает его с *Пушаном* и с *Индрой*, который, как и громовержец, в ряде других традиций, также соотнесён с «козлиной» темой. В этом контексте получает мотивировку и более старое мнение о связи А. Э. с молнией, метафорой которой и является это имя. Ср. «одноногость» как знак молнии, ударяющей в землю, и образ козла, молниеносно скачущего среди скал (мотив камня), как зооморфный символ молнии, грома (ср. тура как образ грозы). Само имя А. Э. представляет собой эпитет, за которым скрывается подлинное название божества, остающееся неизвестным. В более поздней традиции, в эпосе, имя Аджайкапад употребляется как обозначение одного из одиннадцати рудр и как эпитет *Шивы*.   *В. Н. Топоров.*

АДЖИНА́, в мифологиях таджиков, узбеков, каракалпаков, киргизов, отчасти казахов злой дух. Образ А. сформировался как переосмысление принесённых с исламом демонологических представлений (о *джиннах*) под влиянием местных доисламских мифологических персонажей (*албасты, пари* и т. д.). А. представлялся в образе женщины, внезапно увеличивающейся в размерах и превращающейся в великаншу, или в виде различных животных, чаще всего козла, одиноко блуждающего вдали от жилья. У таджиков считалось, что А. обитает в кучах золы, выброшенной из очага. У туркмен, турок и др. тюркоязычных народов функции А. обычно имеет джинн (у турок также — демон мекир).   *В. Б.*

А́ДЖНЫШ, у абхазов мифологический персонаж — дьявол, от которого исходят все людские несчастия. А., преследуемый богом *Афы* (отчего происходят гром и молния), прячется от него под деревьями, иногда в жилых и нежилых помещениях, примащивается на животных, на людях. Согласно поверьям, Афы лишь пугает А., убить его он не может из-за того, что тот — сын его сестры. Преследование А. прекратится лишь с концом света, когда он окончательно будет побеждён. В некоторых мифах А. гоним богом *Анцва*.   *А. А.*

А́ДЗИСИКИ-ТА́КА, А́дзисики-така-хиконэно ками, Ка́мо-но о́ миками («великий священный бог Камо»), в японской мифологии сын *О-кунинуси* и богини Такири-химэ. В мифе о похоронах *Амэ-но Вака-хико* А. прибывает для участия в похоронах, однако обманутые его сходством с убитым родители Амэ-но Вака-хико чествуют его как своего сына, думая, что он воскрес. А. приходит в неистовый гнев от того, что его спутали с «нечистым мертвецом», он срубает своим мечом погребальный дом и откидывает ногой его обломки. После того как разгневанный бог улетает, жена убитого Амэ-но Вака-хико, сестра А., богиня Ситатэру-химэ (или Така-химэ) слагает о нём песню (хинабури, «сельская мелодия»). В дальнейшем песни типа «хинабури» исполнялись и при императорском дворе. Культ А. широко распространён в Японии, что, возможно, связано с обожествлением в Древней Японии сельскохозяйственных орудий.   *Е. П.*

А́ДИ-БУ́ДДА («первоначальный будда»), в буддийской мифологии поздней махаяны и ваджраяны персонификация сущности всех *будд* и *бодхисатв*. В терминах доктрины трёх тел будды (см. *Трикая*) А.-б. рассматривается как дхармакая. Из А.-б. эманируют другие будды и бодхисатвы в особой последовательности (прежде всего будды самбхогакаи). Время и место возникновения концепции А.-б. неизвестны. Попытки видеть в А.-б. аналогию образа бога монотеистических религий не вполне удовлетворительны. В буддизме А.-б. считается не создателем вселенной, а символом духовного единства безначально существующего бытия; стремление осознать и описать образ А.-б. обнаруживается уже на ранних стадиях развития буддизма. Слово «А.-б.» встречается впервые в «Манджушринамасангити» (не позднее 7 в.), но только в 10—11 вв., в связи с распространением доктрины *калачакры* («колеса времени»), концепция А.-б. получила широкое распространение в Индии. До сегодняшнего дня А.-б. почитается в Непале и в странах Центральной и Восточной Азии. В Тибете в качестве А.-б. выступали Самантабхадра (в школе ньингмапа) и Ваджрадхара (в поздних школах), в Китае и в Японии — Вайрочана (или Махавайрочана).   *Л. М.*

А́ДИТИ («несвязанность», «безграничность»), в древнеиндийской мифологии женское божество, мать богов, составляющих класс *адитьев*. Уже в «Ригведе» упоминается около 80 раз (обычно с адитьями). А. призывают на рассвете, в полдень и на закате. Она связана со светом (РВ I 136, 33; IV 25, 3; VII 82, 10), *Ушас* — её отражение (I 113, 19), у неё широкий путь (IX 74, 3); она заполняет воздушное пространство (X 65, 1—2), поддержи-

26 АДИТЬИ

вает небо и землю («Яджурведа»), отклоняет гнев богов, защищает от нужды, предоставляет убежище (РВ VIII 48, 2; X 36, 3—4; 66, 3—4 и др.). Физические черты в описании А. почти отсутствуют, зато иногда она характеризуется в самой широкой манере (ср. I 89, 10: А.— небо, А.— воздушное царство, А.— мать, она же — отец и сын..., А.— рождённое, А.— имеющее родиться... ср. АВ VII 6, 7).

А. включена в систему многообразных родственных связей. В «Ригведе» (X 72, 4—5), эпосе и пуранах А.— дочь *Дакши* (третья) и, следовательно, сестра *Дити* и *Дану* — родоначальниц *асур*. В ведийский период обычно считалось, что у А. семь сыновей, причём седьмым нередко оказывался *Индра*. Иногда упоминается и восьмой сын — *Мартанда*, отвергнутый А., он же прародитель смертных *Вивасват* (Шат.-бр. III), родившийся без рук и без ног. Позднее А. приписывается двенадцать сыновей и особенно подчёркивается роль *Вишну*, сына А. от *Кашьяпы*; *Тваштар* — её одиннадцатый сын. Иногда А. характеризуется как мать царей. Нередки парадоксальные связи: А.— жена Вишну (Вадж.-самх. 29,60 = Тайтт.-самх. 7, 5, ЯВ) при том, что в эпосе и пуранах она мать Вишну в *аватаре* карлика; А.— дочь Дакши и А. же мать его; однажды («Атхарваведа») А. выступает как мать *рудр*, дочь *васу* и сестра адитьев (!). В «Атхарваведе» (VI 4, 1) упоминаются и её братья, А. (VII 6, 2) призывается как великая мать благочестивых, как супруга *риты*.

Другие мотивы связаны с отпущением грехов, освобождением от вины; именно об этом часто просят А. в молитвах. Нередко использование А. в космогонических спекуляциях, в частности при разных отождествлениях — с землёй (РВ I 72, 9; АВ XIII 1, 38, и позже — Тайтт.-самх., Шат.-бр.), небом, небом и землёй; а в ритуале — с коровой (РВ I 153, 3; VIII 90, 15; X 11, 1 и др.; Вадж.-самх. XIII 43, 49); ср. сопоставление земного *Сомы* с молоком А. в «Ригведе» (IX 96, 15).

Мифологических сюжетов с участием А. мало, но и в них она всегда занимает периферийное положение (обычно в связи с адитьями). Ср. призыв А. к Вишну вернуть царство Индре и превращение Вишну в карлика («Вишну-пурана») или получение А. серёг, взятых Индрой, в мифе о пахтанье океана («Матсья-пурана») и т. п. Видимо, может быть реконструирован сюжет, восходящий к основному древнеиндоевропейскому мифу о поединке громовержца и его противников (А. и семь сыновей, отвергнутый Мартанда и т. п.) и трансформированный в рассуждения космогонического и нравственного содержания; правдоподобно предположение о том, что имя А. заменяет утраченное имя персонажа более древнего мифа. *В. Н. Топоров.*

АДИТЬИ, в древнеиндийской мифологии особая группа небесных богов, сыновей *Адити* [в «Атхарваведе» (IX 1, 4) мать А. золотоцветная Мадхукаша]. В «Ригведе» им посвящено целиком шесть гимнов. Число А. в ранних текстах обычно семь (РВ IX 114, 3 и др.), хотя в гимне II «Ригведы» (27, 1) их шесть: Митра, Арьяман, Бхага, Варуна, Дакша, Анша. В X гимне «Ригведы» (72, 8) — восемь: с семерыми Адити пошла к богам, а восьмого — Мартанду отвергла; ср. «Атхарваведу» (VIII 9, 21) и «Тайттирия-брахману» (I 1, 9, 1), где А. перечисляются: Митра, Варуна, Арьяман, Анша, Бхага, *Дхатар*, Индра, Вивасват (Мартанда); в «Шатапатха-брахмане» наряду с восьмерыми А. упоминаются и двенадцать (VI 1, 2, 8; XI 6, 3, 8). Несколько раз в качестве А. упоминается *Сурья*. В VIII гимне к А. в «Ригведе» (18, 3) среди других А. присутствует и *Савитар*. В «Атхарваведе» *солнце и луна* — А. (VIII 2, 15), солнце — сын Адити (XIII 2, 9, 37), Вишну перечисляется в ряду других А. (XI 6, 2). Однажды в «Ригведе» (VII 85, 4) Инд̣ра образует пару с Варуной.

А. обнаруживают связь с солярными божествами (А. и солнце, РВ VII 60, 4; А. призываются при восходе солнца, VII 66, 12; более близкая связь отдельных А. с солнцем, напр. Митры); ср. эпитеты А.— «золотой», «блестящий», «далековидящий», «многоглазый», «бессонный» и т. п. Космологические функции А.— удерживание трёх земель и трёх небес (РВ II 27, 8—9; V 29, 1 и др.); всего, что покоится и движется (II 27, 3—4); А. видят всё насквозь; они хранители вселенной (VII 51, 2). А. наполняют воздушное пространство (X 65, 1—2). Они обладают небесной силой и именуются всевладыками, царями, повелителями неба. К людям они благосклонны и милосердны (I 106, 1 и др.); они предохраняют от всего злого, помогают при опасности, в нужде, наказывают и прощают грехи, предоставляют убежище, награждают благочестивых, дают долгую жизнь. А.— хранители *риты* (РВ VI 51, 3) и враги лжи (II 27, 2, 9; VIII 19, 34 и др.). Для ведийского периода характерно также указание на поэтическую функцию А. (VII 66, 12), на их молодость («юные всевладыки»), асурские качества (см. *Асуры*), на их связь с Индрой, *Сомой*, *Агни*. В гимнах и упанишадах иногда обращаются одновременно к А., *рудрам*, *васу* и др.

В послеведийский период число А. достигает двенадцати. Они толкуются как солнечные боги и соотносятся с двенадцатью месяцами (ср. связь семи А. с днями недельного цикла). Следы индивидуализации внутри группы А. отходят на задний план, и А. начинают выступать как групповое божество по преимуществу с классифицирующей функцией. Этому не препятствует складывающееся представление о Вишну как величайшем из А.

Сам класс А. (как и их мать Адити) и составляющие его божества обозначаются именами с абстрактным значением. В ведах А.— отвлечённые понятия, выступающие как мифологические классификаторы. Имя А. и прежде всего их матери выглядит как поздняя замена старого названия. Вероятно, мотив Адити и семи сыновей продолжает схему основного мифа: громовержец и разъединённая с ним его супруга, рождающая семерых сыновей, последний из которых особо выделен. Существуют древнеиранские соответствия именам и образам некоторых из А. (ср. *Амеша Спента* древнеиранского пантеона). *В. Н. Топоров.*

АДИ́ТЬЯ («несвязанность», «безграничность»), в древнеиндийской мифологии сын *Адити* [так, в «Ригведе» (VIII 52, 7) к *Индре* обращаются как к четвёртому А.], обычно обозначение солнечного бога [в «Ригведе» (I 105, 16; I, 50, 13) бог солнца *Сурья* называется А. и т. п.] или самого солнца. А. восходит, сопровождаемый жаром, он садится в ладью (АВ XVII 1, 25, ср. Чханд.-бр. II 1, 14), поражает чудовищ (Майтр.-самх. IV 1, 13). Однажды демон Сварбхану поразил А. тьмой, но боги освободили его (Джайм.-бр. II 386); боги взяли А. на небо; он золотой и золото — его (Тайтт.-бр. III 9, 20, 2); в сердце А. живёт золотой человек (Майтр.-самх., VI; Майтр.-упан. VI 34); по вечерам А. входит в *Агни* (Тайтт.-бр. II 1, 2, 10); А.— истина (II 1, 11, 1), он жрец, ведающий песнопениями (Гоп.-бр. IV 3). В эпосе и пуранах — синонимом солнца. В «Рамаяне» (IV 43, 46—47) А. выступает вместо Сурьи. В «Махабхарате» (XIII 16, 44) об А. говорится как о вратах к пути богов. В более поздних текстах А. обычно сливается с Сурьей и лишь иногда указывается, что Сурья — сын Адити. Вишну иногда также считается А., сыном Кашьяпы. *В. Т.*

АДИЮ́Х («белолокотная»), героиня нартского эпоса адыгов. Природа образа А. связана, по-видимому, с солярными мифами. Согласно сказанию, руки А. излучали сияние, подобно солнечному. Дом, в котором жила А., стоял на крутом берегу реки Инжидж (приток Кубани Мал. Зеленчук), соединённом с другим, обрывистым берегом полотняным мостом. Тёмной ночью А., протянув из окна свои руки, освещала мост, и её муж благополучно перегонял по нему табуны лошадей. Будучи тщеславным, муж отказывался верить в помощь А., и однажды после ссоры она не осветила мост. Вместе с лошадьми муж А. сорвался с моста и утонул в реке. Найти, похоронить труп помог А. *Сосруко*, за которого она вышла затем замуж. Крепость 17 в. на правом

берегу Мал. Зеленчука называют «башней А.», а Красные горы (ниже этой крепости по течению реки) считают кровавыми ранами А., искавшей труп мужа. Некоторые элементы описания А. напоминают *Сатану*.
М. М.

АДМЕ́Т, в греческой мифологии царь города Феры в Фессалии, сын *Ферета*. В юности участвовал в *калидонской охоте* и походе *аргонавтов*. Когда Аполлон за убийство *киклопов* был осуждён Зевсом пробыть год в услужении у смертного, он был отдан в пастухи А., который относился к нему с величайшим почтением. За это Аполлон выговорил у богинь судьбы (мойр) для А. право отсрочить его смерть, если кто-либо захочет заменить А. в подземном царстве. Аполлон также помог А. получить в жёны *Алкестиду*. Отец Алкестиды царь Пелий соглашался отдать дочь в жёны А., если он приедет на свадьбу в колеснице, запряжённой львом и вепрем. Аполлон помог А. выполнить это требование (Hyg. Fab. 50). При совершении бракосочетания А. забыл принести жертву Артемиде, и разгневанная богиня наполнила спальню новобрачных змеями, что предвещало скорую смерть А. (Apollod. I 9, 15). Смерть стала для А. реальной угрозой через несколько лет его счастливой супружеской жизни, и т. к. никто другой (даже родители) не соглашался сойти в аид ради спасения А., эту жертву хотела принести мужу Алкестида, которую спас от смерти и возвратил А. Геракл (Еврипид «Алкестида»).
В. Я.

АДНА́Н, в мусульманской традиции предок-эпоним всех «северных» арабов, противопоставлявшихся «южным» арабам — потомкам *Кахтана*. Эта этногенеалогическая группа в предании называется также по другим эпонимам — потомкам А. — Маадд или Низар. А. считается потомком *Исмаила*.
М. П.

АДОНА́Й, А д о н а́ й («господь мой»), одно из обозначений бога в иудаизме, с эпохи эллинизма применяющееся также как заменяющее (при чтении вслух) «непроизносимое» имя *Яхве*; этимологически близко имени *Адониса*. По созвучию соотносилось с личным местоимением 'ani («я»), которое иногда выступало как замена слова «А.» (по-видимому, на том основании, что один Яхве, как «абсолютная личность», имеет право говорить о себе «я»).
С. А.

АДО́НИС (финик. dn, «адон», «господь», «владыка»), в греческой мифологии божество финикийско-сирийского происхождения с ярко выраженными растительными функциями, связанными с периодическим умиранием и возрождением природы. Миф об А. в наиболее полном виде представлен у Аполлодора (III 14, 4), Овидия (Met. X 300—524, 708—739) и Антонина Либерала (XXIV). А. — сын *Феникса* и *Алфесибеи* (варианты: ассирийского царя Тианта и его дочери Смирны или кипрского царя Кинира и его дочери Мирры). Богиня Афродита (Венера), рассердившись на не почитавшую её царскую дочь (будущую мать А.), внушает той страсть к родному отцу, который поддаётся соблазну, не подозревая, что вступает в связь с собственной дочерью, и после этого проклинает её (Ovid. Met. X 300—478). Боги превращают несчастную в мирровое дерево, из треснувшего ствола которого рождается ребёнок удивительной красоты — А. (X 479—524). Афродита передаёт младенца в ларце на воспитание Персефоне, не пожелавшей в дальнейшем расставаться с А. Спор богинь разрешает Зевс, предназначив А. часть года проводить в царстве мёртвых у Персефоны и часть года на земле с Афродитой (в финик. варианте *Астартой*), спутником и возлюбленным которой он становится. Разгневанная оказанным Афродите предпочтением, Артемида насылает на юношу дикого кабана, который смертельно его ранит (Ovid. Met. X 708—716). По другой версии (Ptol. Hephaest. I, p. 183, 12 Westerm.), А. — жертва гнева Аполлона (его месть Афродите за ослеплённого ею сына Аполлона *Эриманфа*) или Ареса (в финик. варианте *Астара*) (Serv. Verg. Aen. V 72). Афродита горько оплакивает А. и превращает его в цветок, окропив нектаром пролитую кровь (Ovid. Met. X 717—739). Юношу оплакивают хариты и мойры, из крови его расцветают розы, из слёз Афродиты — анемоны.

Культ А. существовал в Финикии, Сирии, Египте, на островах Кипр и Лесбос. Согласно Лукиану (De dea Syr. 6—8), в Библе было святилище Афродиты, где происходили оргии в честь А., причём первый день был посвящён плачу, а второй — радости по воскресшему А.; рассказывается о реке Адонис, которая ежегодно окрашивается в красный цвет, когда, по преданию, в горах Ливана гибнет А. Однако здесь же скептические рассуждения о красной почве, придающей реке кровавый цвет. В 5 в. до н. э. культ А. распространился в материковой Греции. В Аргосе женщины оплакивали А. в особом здании (Paus. II 20, 6). В Афинах во время праздника в честь А. под плач и погребальные песни повсюду выставлялись изображения умерших (Plut. Alcib. 18; Nic. 13). Адонии — праздник в честь А. — были особенно популярны в эпоху эллинизма, когда распространились восточные культы *Осириса*, *Таммуза* и др. Поздней весной и ранней осенью женщины выставляли небольшие горшочки с быстро распускающейся и так же быстро увядающей зеленью, т. н. «садики А.» — символ мимолётности жизни. В Александрии пышно праздновали священный брак Афродиты и юного А., а на следующий день с причитанием и плачем статую А. несли к морю и погружали в воду, символизируя возвращение его в царство смерти (Theocr. V 96—144). В мифе об А. отразились древние хтонические черты поклонения великому женскому божеству плодородия и зависимому от него гораздо более слабому и даже смертному, возрождающемуся лишь на время, мужскому корреляту.
А. А. Тахо-Годи.

АДРА́Н, в италийской мифологии хтоническое божество сикулов, почитавшееся в Сицилии.
А. Н.

АДРА́СТ, в греческой мифологии царь Аргоса (Apollod. III 6, 1). Изгнанный своим родичем *Амфиараем* из Аргоса, А. получил от Полиба (деда по материнской линии) царскую власть в Сикионе, но после примирения с Амфиараем вернулся в Аргос. Своих дочерей Аргию и Деипилу он выдал замуж за *Полиника* и *Тидея* — изгнанников, нашедших у него приют. Желая помочь зятю Полинику вернуть отцовский трон, он возглавил поход *семерых против Фив*, в котором войска семерых вождей были разбиты и спасся лишь А. благодаря быстроте божественного коня *Арейона* (Hyg. Fab. 69; Apollod. III 6, 1—2, 8). Так как фиванцы не хотели выдавать тела погибших под городом вождей, А., придя в Афины, умолил Тесея помочь вернуть из Фив тела погибших, которые затем были преданы сожжению (Apollod. III 7, 1). Спустя десять лет А. участвовал в походе эпигонов на Фивы (Paus. IX 9,2; вариант: поход *Алкмеона* и других сыновей семерых вождей, Apollod. III 7, 2), в котором он потерял сына Эгиалея (Hyg. Fab. 71).

А. — архаический герой, связанный со стихиями и даже экстатическими силами. Имя А. — «тот, которого нельзя избежать» (ср. эпитет богини Немесиды «Адрастея» — «неизбежная»). А. злопамятен и коварен (выдал сестру *Эрифилу* за Амфиарая с целью погубить его). Культ А. в Сикионе, где «прославляли его страсти [представлениями] трагических хоров», напоминает его «культ Диониса» (Herodot. V 67), указывает на глубокую связь А. с Дионисом, хотя со времени тирана Клисфена (6 в. до н. э.) жертвоприношения и празднества в честь А. были отменены.
А. А. Тахо-Годи.

АДРАСТЕ́Я («неизбежная», «неотвратимая»), в греческой мифологии божество фригийского происхождения, отождествлявшегося сначала с *Кибелой* (Реей-К., Идейской матерью) или нимфой Идой, воспитавшей Зевса, впоследствии — особенно у орфиков, Платона и поздних эпиков — с *Немесидой*. Орфическая традиция видит в А. воплощение «законов Зевса, Кроноса, божественных, надкосмических и внутрикосмических» (Orph. frg. 105a), указывая на связь А. с платоновским законом о судьбе душ (frg. 152). Платон признаёт «установле-

ние» или «закон» А., понимая её как эпитет Немесиды и уподобляя её *Дике* (Phaedr. 248 c — 249 d). А. устанавливает круговорот душ и т. о. смыкается у Платона не только с Немесидой, но и с *Ананке* и Дике.
А. Т.-Г.

АДХИДЕВА́ТА, адхидайва́та («относящийся к божественному»), в древнеиндийской мифологии обозначение высшего божества как творца мира вещей. См. *Адхьятман*.
В. Т.

АДХЬЯ́ТМАН («относящийся к душе, к Я», «собственный»), высший дух — в древнеинд. мифологии, душа вселенной — в поздневедийских концепциях мира; в частности, в упанишадах А. как душа-демиург связан с микрокосмом, с человеком, с «Я» и соотнесён с макрокосмом, с божественным (*адхидевата*). Оба эти понятия должны рассматриваться как дальнейшее развитие учения о тождестве макро- и микрокосма, вселенной и (перво-) человека, см. *Пуруша*. Образ А. мифологизирован лишь отчасти.
В. Т.

АЕДИЕ́, у эдэ Вьетнама верховное божество. Его голова символизирует небесный купол («перевёрнутый гонг»), нахмуренный лоб — облака (набегающие думы), дыхание — воздух, половые органы — плодородие, правый глаз — золотое солнце, левый глаз — серебряную луну, руки — два столпа, на которых держится небо. Его жена Хэба (мать-земля) породила в браке с ним прекрасную дочь — солнце-женщину и сына, который умер от укуса сколопендры-тысяченожки. С тех пор А. поселился в большом доме на самом высоком ярусе небес. Он творит суд и правит, опираясь не на власть, а на свой моральный авторитет. В доме А. висит чудесный барабан — дамбху, ударяя в который он повелевает всеми духами и божествами.
Н. Н.

АЕДУ́, у эдэ Вьетнама мужское божество, ведающее погодой и плодородием. Почитается вторым божеством после *Аедие*.
Н. Н.

АЕ КЭБОАЛА́Н, у эдэ Вьетнама доброе божество, ведающее влагой и ростом корней у растений. Его представляют в виде существа с головой человека и телом дождевого червя.
Н. Н.

АЕЛЛО́ («бурная»), в греческой мифологии: 1) одна из *гарпий*; 2) одна из собак *Актеона* (Ovid. Met. III 219).
Г. Г.

АЕ́РГ, А и́рг, у абхазов божество, защищающее людей от опасностей, подстерегающих их на войне, на охоте, в пути. Иногда А. отождествляется с божествами охоты (*Ажвейпш*), грома и молнии (*Афы*), а с распространением христианства, по-видимому, — со св. Георгием, культ которого вобрал и элементы языческих верований. На дочери А. женат *Сасрыква*. Согласно распространённой легенде, накануне храмового праздника ночью к запертой ограде Илорского храма (село Илори Очамчирского района), посвящённого А. (или св. Георгию), чудесным образом является бык (олень, тур), которого торжественно приносят в жертву.
А. А.

АЖВЕ́ЙПШ, А ж в е́ й п ш а а, у абхазов божество охоты, покровитель диких животных. Чаще всего выступает как глава божественного семейства, в которое входят его дочери-красавицы или сын Иуана, иногда упоминается слуга Шваквах. Семейство А. пребывает на земле, как правило, — в глухом лесу или на вершине неприступной отвесной скалы, где пасутся принадлежащие А. несметные стада диких животных. Иногда члены семейства А., чаще всего его дочери, приняв облик косули (лани, оленя), заманивают охотника. Согласно одному мифу, А. закалывает в честь охотника, попавшего в его владения, косулю (тура, оленя), отваренным мясом угощает гостя. Охотник забывает свой нож в куске мяса (обычно в лопатке). После пиршества, собрав все кости и завернув их в шкуру убитого животного, А. ударяет волшебной палочкой и оживляет косулю, и та мчится обратно в стадо. На другой день, возвращаясь домой, охотник встречает в пути косулю, метким выстрелом убивает её. При свежевании он обнаруживает в лопатке свой нож и узнаёт косулю, зарезанную А. для него (у абхазов существует поговорка: «никому не суждено съесть то, что раньше него не съел бы уже А.»). А. обычно представляют глуховатым старцем. Дочери А., стремясь завлечь неженатых молодых охотников, просят отца дать добычу тому, кому он ещё не давал, но тугой на ухо А. наделяет добычей одних и тех же бывалых, опытных охотников. Нередко функции А. выполняет другое божество — *Аерг*.
Ш. Х. Салакая.

АЖДАРХА́, в мифологии тюркоязычных народов Малой и Средней Азии, Казахстана, Северного Кавказа, Поволжья и Западной Сибири [э ж д е́ р, э ж д е р х а́ — у турок, а ж д а р х о́ — у узбеков, а ж д а р х а́ — у туркмен, а ж ы д а а́ р — у киргизов, а ж д а х а́ — у казанских татар, азербайджанцев, казахов (у последних — также а й д а г а́ р), а з д я к а — у татар-мишарей, а ж д а р х а — у каракалпаков, а ж д а х а́ — у башкир, а з д а г а́ — у ногайцев], а также таджиков (а ж д а х а́) злой демон. Обычно представлялся в образе дракона, часто многоголового. Восходит к иранскому *Ажи-Дахака*. В А. превращается змей, проживший много (вариант: сто) лет. В наиболее распространённом мифе об А. (известном в нескольких вариантах) он угрожает городу или стране гибелью. Чтобы спасти народ, ему регулярно отдают на съедение девушку. Герой побеждает А., спасая очередную жертву (обычно, царскую дочь), на которой и женится. В ряде мифов А. пожирает птенцов птицы *симург* или *каракус*. В некоторых азербайджанских мифах А. поселяется в чреве беременной женщины и убивает ребёнка. В мифах татар-мишарей А. — огненный змей, он пробирается в дом к вдове в образе её умершего мужа и сожительствует с ней. В результате женщина заболевает и умирает. Согласно мифам казанских татар, башкир, узбеков и туркмен, А., которому удалось дожить до глубокой старости (у казанских татар до ста или тысячи лет), превращается [в башкирских мифах — если тучи не унесут его в расположенные на краю земли горы Каф (Кухи-Каф)] в демона *ювха*. В иранских средневековых легендах драконы-аждахары охраняют подземный клад *Каруна*. В таджикском фольклоре А. — драконы, обитающие в горных ущельях, изрыгающие огонь, дым и яд. Человек попадает к ним в пасть со струёй вдыхаемого А. воздуха.

В некоторых узбекских, туркменских, казахских мифах А. живёт под землёй в пещерах и, как у иранцев, сторожит сокровища (эти верования отразились в сюжетах, изображённых на портале мечети в селении Анау близ Ашхабада: некогда люди спасли жену А., и в благодарность он одарил их сокровищами; на полученные таким образом средства и была построена мечеть). В мифах азербайджанцев, казанских татар и башкир А. связан с водой, с дождевыми тучами. В частности, по азербайджанским и башкирским представлениям, он живёт в озере. По представлениям казанских татар, А. живёт на морском острове, на который его переносит облако. Образ А. известен также народам Афганистана. Под турецким влиянием образ А. проник в мифологию славянских народов Балкан (например, серб. аждайя, болг. аждер).
В. Н. Басилов.

АЖДАХА́К, у армян *вишап* (дракон). Соответствует иранскому *Ажи-Дахака*. В древнем «грозовом» мифе вишап грозы похищает сестру или жену бога грозы и держит её у себя; эти роли в эпосе «Випасанк» играют А., Тигран и Тигрануи. А. — царь маров (мидян; согласно народной этимологии мар — «змея, вишап»); выступает противником армянского царя Тиграна. Опасаясь Тиграна, покорившего многие народы, А. замышляет убить его. Добившись руки Тиграну́и — сестры Тиграна, А. рассчитывает использовать её для его умерщвления. Однако Тигрануи тайно даёт знать брату о готовящемся против него заговоре. Тигран, узнав о коварстве А., идёт на него войной, высвобождает сестру, убивает А. в бою, берёт в плен первую жену А. Ануйш (мать вишапов) и множество маров, которых переселяет в Армению, к востоку от *Масиса*. Сказание, отражающее исторические события (завоевание Тиграном II столицы Великой Мидии

Экбатаны; брак царя Малой Мидии, союзника армян, с дочерью Тиграна), включает и чисто мифологический материал.
С. Б. А.

А́ЖЕ, в мифах фон божество охоты, четвёртый сын *Маву-Лиза*. А. — охотник, живёт в лесной чаще и управляет всеми животными и птицами.
Е. К.

АЖИ́-ДАХА́КА, в иранской мифологии дракон (ажи), в легендарной истории иноземный царь-узурпатор, захвативший власть над Ираном. В «Авесте» трёхглавый дракон А.-Д. «сильнейший демонский друдж» (см. *Друг*) совершает жертвоприношения божествам *Ардвисуре Анахите* и *Вайю*, но те отказывают ему в помощи. В «Замьяд-яште» (XIX 37) он — соперник бога огня *Атара* в борьбе за символ царского суверенитета *фарн*. В «Яште» (XV 19—21) изображён праведным зороастрийцем. Имеет ведийские (*Ахи Будхнья*) и древнегреческие (*Эхидна*) этимологические параллели и множество соответствий в индоевропейской мифологии. Победоносным противником А.-Д. выступает *Траэтаона*. Победа Траэтаоны над А.-Д. не окончательная. А.-Д. будет закован в цепи и подвешен в вулканическом жерле священной горы Демавенд. Перед концом мира А.-Д. вырвется на волю и снова воцарится на короткий срок. Ему предназначено пасть от руки *Керсаспы* (или *Самы*). По «Бундахишну» (34, 23) против А.-Д. в решающем поединке выступит *Сраоша*. Образ А.-Д. подвергся историзации: А.-Д. стал царём *Заххаком*, арабом по происхождению. По некоторым поздним армянским и собственно иранским источникам, кое-где в Мидии и, вероятно, Кабуле сохранялось почитание А.-Д. Местные правители возводили к нему свои родословные или рассказывали легенды о службе своих предков при дворе А.-Д.
Л. А. Лелеков.

А́ЗА, у ингушей и чеченцев богиня, дочь солнца, покровительница всего живого. Родилась из луча солнца, является животворящей силой солнечных лучей. В некоторых вариантах А. — мать солнца.
А. М.

АЗАЗЕ́ЛЬ, в представлениях иудаизма демоническое существо. В Библии А. упоминается только в контексте описания ритуала «дня искупления» (Иом-киппур); в этот день грехи народа перелагались на двух козлов, один из которых предназначался в искупительную жертву для Яхве, а другой («козёл отпущения») — «для А.» (Лев. 16, 8, в синодальном переводе — «для отпущения»); второго козла отводили в пустыню, место обитания А. (16, 10). Представление о пустыне как жилище демонического начала присуще и новозаветному рассказу об искушении Иисуса Христа дьяволом, а также христианским «Житиям» анахоретов начальной поры монашества.
В апокрифической «Книге Еноха» (2 в. до н. э.) А. выступает как падший ангел, совратитель человечества, своего рода негативный культурный герой, научивший мужчин войне и ремеслу оружейника, а женщин — блудным искусствам раскрашивания лица и вытравления плода; этот акт вражды богу цивилизаторства связывается с мотивом блуда между *ангелами* («сынами божьими») и «дочерьми человеческими» (Быт. 6, 2), а также появления от этого блуда породы «исполинов» (6, 4—5), которых и вдохновил в их мятеже против бога А. («Книга Еноха» 8). За это А. скован архангелом *Рафаилом*, а после *страшного суда* будет брошен в огонь. Намёки на эту версию рассеяны и в талмудической литературе, где А. иногда отождествляют с сатаной или *Самаэлем*, а также сближают его имя с именами Узы и Азазеля — падших ангелов, сходившихся с женщинами. Имя А., как одно из традиционных имён беса, употреблялось в художественной литературе (напр., у М. Булгакова в романе «Мастер и Маргарита» — в итальянизированной форме «Азазелло»).
С. С. Аверинцев.

АЗЫРЕ́Н («смерть»), А з р е́ н я, О з ы р е́ н, у марийцев дух смерти, посланник владыки загробного мира *Киямата*. Является к умирающему в облике могучего мужчины и убивает его кинжалом. Согласно одному из мифов, хитрый плотник решил избавиться от А., притворившись, что не знает, как лечь в гроб: А. сам лёг в гроб, плотник захлопнул крышку и ночью опустил гроб на дно реки. Тогда люди перестали умирать, но, измучившись от болезней и старости, стали искать А. Луна открыла людям место, где был сокрыт А., и те выпустили духа смерти. Он умертвил хитрого плотника, всех больных и старых, сам же стал невидимым, чтобы снова не попасть в руки к людям.

АИ́Д, Г а д е́ с («безвидный», «невидный», «ужасный»), в греческой мифологии бог — владыка царства мёртвых, а также само царство. А. — олимпийское божество, хотя находится постоянно в своих подземных владениях. Сын *Кроноса* и *Реи*, брат *Зевса* и *Посейдона*, с которыми разделил наследие свергнутого отца (Hom. Il. XV 187—193). А. царствует вместе с супругой *Персефоной* (дочерью Зевса и *Деметры*), которую он похитил в то время, как она собирала на лугу цветы. Мать Персефоны Деметра, богиня плодородия земли, в горестных поисках дочери забыла о своих обязанностях, и землю охватил голод. После этого Зевс решил, что Персефона две трети года будет проводить на земле с матерью и одну треть — с А. (Hom. Hymn. V 445—447). Гомер называет А. «щедрым» и «гостеприимным» (V 404, 430), т. к. смертная участь не минует ни одного человека; А. именуется Плутоном («богатым»; V 489), т. к. он владелец несметных человеческих душ и скрытых в земле сокровищ. А. — обладатель волшебного шлема, делающего его невидимым; этим шлемом в дальнейшем пользовались богиня Афина (Hom. Il. 484—845) и герой Персей, добывая голову Горгоны (Apollod. II 4, 2). Свидетельством возросшей самостоятельности и дерзости героического поколения в эпоху классической олимпийской мифологии является поединок А. и *Геракла*, в котором Геракл ранит А. (II 7, 3). Его исцеляет божественный врачеватель *Пеон* (Hom. Il. V 395—403). Геракл похищает из царства мёртвых А. пса — стража А. (Hom. Il. VIII, 367, Od. XI 623). А. был обманут также хитрецом *Сисифом*, покинувшим однажды царство мёртвых (Soph. Philoct. 624—625). *Орфей* очаровал своим пением и игрой на лире А. и Персефону так, что они согласились возвратить на землю его жену *Эвридику*.
В греческой мифологии олимпийского периода А. является второстепенным божеством. Он выступает как ипостась *Зевса*, недаром Зевс именуется Хтонием — «подземным» (Hes. Opp. 405) и «спускающимся вниз» (Aristoph. Pax. 42; Hymn. Orph. XV 6) А. не приносят жертв, у него нет потомства и даже жену он добыл незаконным путём. Его побеждает Геракл. Однако А. внушает ужас своей неотвратимостью. Напр., Ахилл готов быть поденщиком на земле у бедного крестьянина, чем царём среди мёртвых (Hom. Od. XI 489—491). Поздняя античная литература (Лукиан) создала пародийно-гротескное представление об А. («Разговоры в царстве мёртвых», имеющие истоком, видимо, «Лягушек» Аристофана). Согласно Павсанию (VI 25, 2), А. нигде не почитали, кроме Элиды, где раз в год открывался храм бога (подобно тому как люди только раз спускаются в царство мёртвых), куда разрешалось входить только священнослужителям.
А. именуется также пространство в недрах земли (Hom. Il. XX 61—65), где обитает владыка над тенями умерших, которых приводит Гермес. Представление о топографии А. усложнялось с течением времени. Гомеру известны: вход в царство мёртвых, который охраняет пёс — страж А. (VIII 365—369) на крайнем западе («запад», «закат» — символ умирания) за рекой Океан, омывающей землю (Hom. Od. X 508), асфоделевый луг, где блуждают тени умерших (XI 537—570), мрачные глубины А. — Эреб (XI 564), реки Кокит, Стикс, Ахеронт, Пирифлегетон (X 513—514), *тартар* (Hom. Il. VIII 13—16). Поздние свидетельства добавляют Стигийские болота или Ахерусийское озеро, в которое впадает река Кокит, огненный Пирифлегетон

30 АЙЙАНАР

(Флегетон), окружающий А., реку забвения *Лету*, перевозчика мёртвых *Харона*, трёхглавого пса *Кербера* (Verg. Aen. VI 295—330, 548—551). Суд над мёртвыми вершит Минос (Hom. Od. XI 568—571), в дальнейшем праведные судьи Минос, Эак и Радаманф — сыновья Зевса (Plat. Gorg. 524 a). Орфико-пифагорейское представление о суде над грешниками: Титием, Танталом, Сисифом (Hom. Od. XI 576—600) в тартаре — как части А. нашло место у Гомера (в поздних слоях «Одиссеи»), у Платона (Phaed. 112a—114c), у Вергилия. Подробное описание царства мёртвых со всеми градациями наказаний у Вергилия («Энеида» VI) опирается на диалог «Федон» Платона и на Гомера с уже оформленной у них идеей искупления земных проступков и преступлений. Гомер называет также в А. место для праведников — елисейские поля или элизиум (Hom. Od. IV 561—569). Об «островах блаженных» упоминают Гесиод (Opp. 166—173) и Пиндар (Ol. II 54—88), так что разделение Вергилием А. на элизиум и тартар также восходит к греческой традиции (Verg. Aen. VI 638—650, 542—543). С проблемой А. связаны также представления о судьбе души, соотношении души и тела, справедливом возмездии — образе *Дике*, действии закона неотвратимости (см. *Адрастея*). *А. А. Тахо-Годи.*

АЙЙАНАР («господин»), в дравидской мифологии бог земледелия и плодородия, охранитель селений от демонов. Культ А. восходит, вероятно, к протоиндийской эпохе (бог-буйвол); сохранился в некоторых районах южной Индии. А.— сын *Шивы* и *Мохини*. Изображается с трезубцем (или рогами) на голове, часто как воин — пеший, конный или на слоне. *А. Д.*

АЙИ ЛОКУТИЙ (от aio и loquor, «вещий голос»), в римской мифологии голос неизвестного божества, раздавшийся ночью на Новой улице в Риме и предупредивший римлян о нашествии галлов (в 390 или 387 до н. э.). Во искупление пренебрежения к предупреждению А. Л. диктатор Камилл после победы над галлами воздвиг ему храм (Aul. Gell. XVI 17; Liv. V 50, 4—5). *Е. Ш.*

АЙОЙНА И ТУРЕШМАТ, в айнской мифологии боги, брат и сестра; ближайшие помощники *Пасе камуй*, создателя острова Эдзо (совр. Хоккайдо). Т. в торопях сделала зап. побережье каменистым. А. создал первого человека из ивового прута и земли. Он обучил айнов пользованию огнём, изготовлению лука, стрел, рыболовных снастей, гончарству; отучил их от людоедства. *Е. К. Симонова-Гудзенко.*

АЙТА, в этрусской мифологии владыка подземного царства. На стенах гробниц, начиная с 4 в. до н. э., изображался в короне и со скипетром в виде змеи. Отождествлялся с греческим *Аидом*. *А. Н.*

АЙДИЕ, в мифах эдэ Вьетнама местопребывание божеств в небесном мире. Земля с ним соединяется трясиной, затвердевающей на ночь. В А. в огромных и роскошных свайных домах живут божества, которые поднимаются туда по лестнице-радуге. *Н. Н.*

АЙДО-ХВЕДО, у фон змея-радуга. Согласно мифам, появилась первой, раньше земли и неба. А.-Х. в ранних мифах — демиург. Передвигаясь по земле, она создала поверхность земли. Горы — это её экскременты. Она поддерживает землю, свернувшись кольцом и закусив свой хвост; когда шевелится, чтобы устроиться поудобнее, происходят землетрясения. Живёт в море. Когда А.-Х. всплывает на поверхность воды, то отражается в небе радугой. В некоторых мифах существуют две А.-Х. (по одному из вариантов — близнецы): одна из них живёт в море, а другая — на небе (радуга).

В древнем гос-ве фон (особенно в городе Вида) А.-Х. почитали как предка правящего рода; в Вида существовало святилище А.-Х. Включённая в пантеон богов фон А.-Х. уступает свои первоначальные функции демиурга *Маву-Лиза*, становится его слугой, сопровождает его, носит в пасти и т. п. А.-Х. называют «набедренными повязками Маву, разложенными для просушки». Громовнику Хевиозо А.-Х. помогает приходить на землю. По другой версии, Хевиозо передал её своему младшему сыну Гбаде, чтобы она переносила его на землю.

Согласно некоторым мифам, А.-Х. — одна из ипостасей Дана, сына близнецов Маву и Лиза, рождённых Нана-Булуку. Дан проявляется в различных формах, в частности в радуге, символом которой является змея, кусающая свой хвост. *Е. С. Котляр.*

АЙЕКЕ, у саамов бог грома. Деревянные идолы А. изображались с молотом в руках, в голове торчал осколок камня (ср. обломок точила в голове *Тора*). По поверьям, А. преследует злых духов, бросая в них молнии-стрелы; гром происходит от того, что А. ходит по тучам. Радуга — лук А. (Айеке-Донга). Иногда А. приписывается власть над морем, водами, ветрами, над жизнью людей. С образом громовержца связан и саамский бог охоты Арома-Телле, он преследует по небу оленя с золотыми рогами, меча в него молнии.

АЙЙУБ, А й й ӯ б, в мусульманской мифологии один из пророков и праведных «терпеливцев». Соответствует библейскому *Иову*. Согласно Корану, *Шайтан* подверг А. страданиям, но аллах, к милости которого воззвал А., исцелил его и вернул ему потерянную семью. В этой связи упоминается источник, водой которого исцелился А. (4:161; 6:84; 21:83—84; 38:40—44).

По мусульманскому преданию, А. в день страшного суда будет находиться во главе стойко терпевших, как назидание тем, кто оправдывает своё нерадение в вере болезнями и страданиями. *М. П.*

АЙРАВАТА («восставший из вод»), в древнеиндийской мифологии прародитель слонов. По одной версии мифа, вышел из мирового океана во время его пахтанья богами и *асурами* (см. в ст. *Амрита*); по другой версии, А. и ещё семь слонов (*дигаджи*) появились на свет из скорлупы мирового яйца *Брахмы*, они стали хранителями восьми направлений, или стран, света, А.— хранителем Востока. А. изображается с четырьмя клыками; он считается ездовым животным (ваханой) и боевым слоном *Индры* (Рам. VI 15, 6; VII 29, 27). *П. Г.*

АЙРЬЯМАН (авест.), в иранской мифологии благое божество (Младшая Авеста), персонификация достоинств общины ариев. Имеет соответствие в ведийской мифологии: *Арьяман*. «Видевдат» (22) излагает миф о помощи А. в искоренении болезней. Ангро-Майнью сотворил их в таком количестве, что *Ахурамазда* оказался не в силах справиться с ними и был вынужден послать к А. вестника (Найрьо-Сангху) с мольбой о помощи и посулами умилостивить А. закланием жертвенных животных. А. успешно исполнил целительную миссию. Некоторые исследователи, однако, считают А. вторичной, искусственно образованной фигурой в пантеоне «Авесты». В системе зороастрийской ортодоксии функции А. отошли к *Сраоше*. *Л. Л.*

АЙТАР, у абхазов божество плодородия, покровитель домашнего скота. А. имеет семь лиц, представляет собой семидольное божество (молитвенное обращение к нему «О, А., семь А., которому подчинены семь божественных сил, составляющих твои доли»). Долями А. являются божества: Джабран, Жвабран, Ачышашана, Алышкентыр, Анапа-Нага, Амра (солнце), Амза (луна).

Пастухи приносили А. в жертву холощёных козлов и баранов, клялись его именем. *Х. Б.*

АЙТВАРАС, в литовской мифологии летучий дух в виде огненного змея, дракона (иногда чёрной вороны или кошки), привидение, инкуб. Приносит людям богатство, особенно деньги, молоко, мёд; излюбленное занятие А.— заплетать лошадям гриву, насылать людям кошмары (в этом он схож с другими духами — слогутес). По поверьям, А. можно купить, за чью-либо душу получить от дьявола или вывести из яйца от семилетнего петуха (иногда сам А. представляется в виде петуха, извергающего зерно). А. можно с большим трудом выгнать или даже убить: убийство А. вызывает пожар; нередко *Перкунас* поражает А. Упоминается уже у Мажвидаса и др. (16 в.). Типологически он близок славянскому *Огненному Змею* (ср. особенно Pjenježny Zmij, «денежный змей» у лужицких сербов). Само название «А.» обычно сопоставляют с литов.

varýti, «гнать»; согласно другому объяснению, оно восходит к иран.* pati-vāra, как и польск. poczwara, «злой дух, кошмар». Ср. *Пуке*.   *В. И., В. Т.*

АЙШМА (авест., «буйство»), в иранской мифологии один из *дэвов*. Воплощение разнузданности, грабежа, набегов кочевников, которым подвергались оседлые иранцы. А. противостоит *Сраоше*.

АЙЫ, а й ы ы́, у якутов добрые божества верхнего и среднего миров. По представлениям якутов, скот, полезные животные и растения созданы А. Они почитались как покровители, могущие послать счастливую, благополучную жизнь. В жертву А. приносили самую лучшую пищу, употребляемую якутами: кумыс с топлёным маслом и др. Основное жертвоприношение совершалось во время праздника ысыах, где к А. обращались с просьбой о ниспослании благополучной жизни. Наиболее почитаемые А.: *Юрюнг айы тойон* и *Нэлбэй айысыт*. В якутском эпосе олонхо герои фигурируют как богатыри айы.   *Н. А.*

АЙЫСЫТ, а й ы с ы́ т, у якутов божества плодородия. Главные из них: *Нэлбэй айысыт*, способствующая рождению детей, *Джёсёгёй тойон* и *Киенг Киели-Балы тойон* — размножению лошадей, *Исэгэй айысыт* — рогатого скота, *Норулуйа* — собак и лисиц. А. относится к числу божеств *айы*.   *Н. А.*

АКАДЕ́М, в греческой мифологии афинский герой, указавший *Диоскурам*, где была укрыта их сестра *Елена*, похищенная *Тесеем*. Считалось, что А. похоронен в священной роще к северо-западу от Афин (Paus. I 29, 3). В 4 в. до н. э. в этой роще учил Платон, потом его ученики, и их школа получила название «Академия» (по имени А.).   *М. Б.*

АКАЛАНФИ́ДА, в греческой мифологии одна из 9 *пиэрид*, состязавшихся с *музами*; по одной из версий мифа, была превращена не в сороку (как остальные пиэриды), а в щегла (Ant. Liber. 9; Ovid. Met. V 294).   *Г. Г.*

АКА́ЛЛА, Акакалли́да, в греческой мифологии дочь Миноса и Пасифаи, возлюбленная Аполлона, от которого она родила Милета. В страхе перед Миносом А. спрятала младенца в лесу, где его вскормила волчица и воспитали пастухи. За право обладать Милетом боролись Минос и Сарпедон, по совету которого он бежал с Крита в Карию, где основал город Милет (Apollod. III 1,2).   *Г. Г.*

АКА МА́НА (авест., «злонамеренность»), в иранской мифологии один из *дэвов*. Антагонист А. М. — *Воху Мана*.   *И. Б.*

АКАМА́НТ, в греческой мифологии: 1) сын афинского царя *Тесея* и *Федры*, один из участников *Троянской войны*. А. посылался в Трою в составе посольства, требовавшего возвращения Елены; дочь Приама *Лаодика* влюбилась в А. и родила от него сына Мунита (Parthen. 16). При взятии Трои А. с братом *Демофонтом* освободили похищенную *Диоскурами* и отданную в рабство к Елене мать Тесея Эфру и вернули её в Афины (Apollod. epit. V 22). А. (по другому варианту, Демофонт) сошёлся во Фракии с царевной *Филлидой*, которая после того как герой покинул её, подарила ему таинственный ларец. Когда А. основывал колонию на Кипре, он открыл этот ларец, но увиденное им было столь ужасно, что А. упал с коня, напоролся на свой меч и погиб (Schol. Lycophron. 495). [У Аполлодора (epit. VI 16—17) этот миф изложен применительно к Демофонту]; 2) вождь фракийцев, пришедших на помощь троянцам во время Троянской войны, знаменитый своей храбростью и быстротой бега (Hom. Il. II 844; V 462); 3) троянский герой, сын *Антенора* и сестры *Гекубы* Теано, предводитель дарданцев, погиб от руки Мериона (или Филоктета; Schol. Il. XIII 643).   *М. Б.*

АКАНИ́ШТХА, в буддийской мифологии одно из многих небес *брахмалоки*, высшее из небес т. н. «сферы, имеющей формы» (рупавачара или рупадхату). «Типитака» содержит описание пребывания *Шакьямуни* в состоянии глубокой медитации в А. *Шакра* сам надеется в следующем рождении попасть в А. По некоторым источникам ваджраяны, даже Шакьямуни до рождения в этом мире находился не в *тушите*, а в А.   *Л. М.*

АКАРНА́Н, в греческой мифологии сын нимфы *Каллирои* и *Алкмеона*, внук фиванского героя-прорицателя *Амфиарая*. Когда Алкмеон был вероломно убит сыновьями царя Фегея, Каллироя упросила Зевса сделать её сыновей А. и Амфотера взрослыми, чтобы они могли отомстить за смерть отца. Братья умертвили не только убийц отца, но также самого царя Фегея и его жену. Сами они нашли убежище в Тегее, посвятив Дельфийскому храму Аполлона ожерелье и пеплос *Гармонии*, ставшие причиной смерти Алкмеона и проклятия рода Амфиарая. Ожерелье и пеплос позднее похитили из храма предводители священной войны, чтобы подарить жёнам. История А. принадлежит к числу мифов о родовом проклятии и относится к периоду упадка героической мифологии.   *А. Т.-Г.*

АКА́СТ, в греческой мифологии фессалийский герой, сын царя города Иолка *Пелия*, участник похода *аргонавтов* и калидонской охоты. После возвращения аргонавтов сёстры А. Пелиады по наущению *Медеи* убили отца (сварили в котле, поверив Медее, что отец выйдет омоложенным). Ставший после смерти отца царём Иолка, А. изгнал Медею и Ясона.

Когда *Пелей*, нечаянно убив во время калидонской охоты своего тестя, бежал в Иолк, А. дал ему приют и очистил от греха. Жена А. Астидамия влюбилась в Пелея, но была им отвергнута; тогда Астидамия оклеветала Пелея, обвинив в том, что он преследует её. Рассерженный А. оставил Пелея безоружным на горе Пелион, где обитали свирепые кентавры. Благодаря помощи мудрого кентавра Хирона Пелей спасся и, взяв Иолк, убил А. и его жену (Apollod. III 13, 1—3). Согласно другим источникам, убита была только Астидамия, А. же уцелел и вражда между А. и Пелеем продолжалась (см. в статье *Пелей*).   *М. Б.*

АКА́СТА, в греческой мифологии одна из океанид (Hes. Theog. 356), собиравшая цветы вместе с *Персефоной*, когда ту похитил Аид.   *Г. Г.*

АКВА́Н-ДЭВ (фарси), в иранских преданиях один из *дэвов*. Согласно «Барзу-наме», у него голова, как у слона, длинные волосы, пасть полна зубов, как у дикого кабана, глаза белые, а губы чёрные, на его тело невозможно смотреть. Убийство А.-д. — один из подвигов *Рустама*.   *И. Б.*

АКЕ́Л, в греческой мифологии сын Геракла и служанки *Омфалы* — Малиды, эпоним ликийского города Акел (Steph. Byz.).

А́КЕР, в египетской мифологии бог земли, покровитель мёртвых, одно из древнейших божеств. Назывался также Акеру (множ. ч. от А.) и считался воплощением «духов земли» — змей. Иногда изображался в виде льва.   *Р. Р.*

А́ККА ЛАРЕ́НТИЯ, в римской мифологии жена пастуха Фаустула, кормилица *Ромула* и Рема, мать двенадцати сыновей, из которых Ромул составил жреческую коллегию Арвальских братьев, ежегодно совершавших сопровождавшийся жертвоприношениями и трёхдневным праздником (амбарвалиями) ритуальный очистительный обход (люстрацию) территории Рима (Aul. Gell. VI 7). По другой версии, А. Л. была гетерой, которую сторож храма Геркулеса привёл для него в храм, проиграв богу партию в кости. Проведя ночь с А. Л., Геркулес наградил её браком с богатейшим человеком, оставившим ей своё состояние, которое она завещала римлянам. За это в её гробнице в Велабре (ложбине между северо-западным склоном Палатина и Капитолием) в праздник ларенталий в честь А. Л. приносили благодарственные жертвы понтифики и фламин *Квирина* (Macrob. Sat. I 10, 11; Ovid. Fast. III 57 след., 5). Первоначально А. Л., видимо, была хтонической богиней, близкой матери *ларов*, и её праздник входил в цикл священнодействий памяти умерших.   *Е. Ш.*

АККО́, АЛФИТО́, МОРМО́, в греческом фольклоре страшилища, которыми пугали детей (Plut. Adv. stoic. 15; Hesych.).   *Г. Г.*

АКМЕ́НЫ (от acmē, «расцвет, полнота сил»), в греческой мифологии нимфы, обитавшие в Олимпии

32 АКМОН

и имевшие святилище на стадионе (Paus. V 15, 6).
Г. Г.

А́КМОН, в греческой мифологии: 1) один из идейских *дактилей* (Schol. Apoll. Rhod. I 1129) или *корибантов* (Nonn. Dion. XIII 143); 2) сын Геи, отец Урана, Эрота и Харона (Cornut. I); эпитет Океана или Эфира (Hesych.); 3) этолиец, товарищ *Диомеда*, обвинивший Афродиту в злокозненности и за это превращённый в «птицу, похожую на лебедя» (Ovid. Met. XIV 484—510).
Г. Г.

АКОНТЕ́Й, в греческой мифологии товарищ *Персея*; окаменел при взгляде на голову *горгоны* Медузы (Ovid. Met. V 200).
Г. Г.

АКО́НТИЙ, в греческой мифологии прекрасный юноша с острова Кеос. Встретив во время празднества Артемиды на острове Делос столь же прекрасную Кидиппу с острова Наксос, А. влюбился в неё и подбросил ей яблоко, на кожуре которого вырезал надпись: «Клянусь Артемидой, я стану женой А.». Прочитав надпись вслух, Кидиппа таким образом дала клятвенное обещание богине, и когда не ведавший об этом отец Кидиппы пытался выдать её замуж за одного из сограждан, девушка тяжело заболела. Так повторялось трижды, пока отец не отправился за советом в Дельфийский храм Аполлона. Узнав, что на его дочери лежит заклятие Артемиды, он разыскал А. и женил его на своей дочери (Ovid. Heroid. XX и XXI).
В. Я.

АКРАТОПО́Т, в греческой мифологии демон несмешанного вина. Почитался в Мунихии (Athen. Deipn. II 39 c).
Г. Г.

АКРИ́СИЙ, в греческой мифологии царь Аргоса, сын *Абанта*, внук Линкея и Гиперместры (Apollod. II 2, 1), брат-близнец *Прета* (с которым враждовал ещё в чреве матери). А. было предсказано, что он погибнет от руки сына своей дочери. Тогда он запер свою дочь *Данаю* в медный терем, но Зевс проник туда золотым дождём, что и привело к рождению *Персея*. Дочь и внук были помещены в ящик и брошены А. в море. Однако ящик прибило к острову Серифос, Даная и Персей были спасены. Однажды юный Персей, участвуя в состязаниях, метал диск и попал в находившегося среди зрителей А., который тут же скончался (Apollod. II 2, 1—2; II 4, 1—2; II 4, 4).
А. Т.-Г.

АКТЕО́Н, в греческой мифологии сын Автоноя (одной из дочерей фиванского царя Кадма) и *Аристея*, внук *Аполлона* и *Кирены*. Страстный охотник, обученный этому искусству кентавром Хироном, А. был превращён Артемидой в оленя за то, что увидел её купающейся [варианты: за то, что пытался совершить над ней насилие (Hyg. Fab. 180), похвалялся своим охотничьим превосходством (Eur. Bacch. 337—340)]; после этого он стал добычей своих собственных собак (Apollod. III 4, 4; Hyg. Fab. 247). По одному из вариантов мифа, А. превращён Зевсом в оленя в наказание за то, что он сватался к *Семеле*.
А. Т.-Г.

А́КТОР, в греческой мифологии: 1) сын Мирмидона и Пейсидики, отец Эвритиона и Филомелы (Apollod. I 7,3; I 8,2), очистивший *Пелея* от скверны убийства Фока (Diod. IV 72) и передавший ему власть над Фтией (по одной из версий мифа); 2) сын правителя Фокиды Деиона, отец аргонавта *Менетия*, дед *Патрокла* (Apollod. I 9, 4; Hom. Il. XI 185); 3) орхоменец, отец Астиохи, родившей от Ареса Аскалафа и Иалмена (Hom. Il. II 513).

АКУА́КУ, в низшей мифологии рапануйцев (остров Пасхи) добрые и злые духи. Воплощаются в растениях, птицах, рыбах, в неживой природе.
М. С. П.

АКУА́НДА, персонаж нартского эпоса адыгов — девушка-красавица, дочь *нарта* Аледжа (вариант: дочь *Уазырмеса* и *Сатаней*), живущая в башне. Образ А., по-видимому, солярного происхождения — всё тело (вариант: грудь) А. излучает свет, рассеивающий тьму. Возлюбленный А.— нарт Бадыноко, гибнущий от рук Джилахстана (брат А.). По одной из версий, А. выходит замуж за Сосруко, который отомстил за Бадыноко, убив Джилахстана.
М. М.

АКХИ́Т, А к х а́ т, в западносемитской мифологии герой угаритского мифо-эпического предания, богатырь-охотник, сын мудрого правителя *Данниилу*. Согласно преданию, А. родился по благословению *Илу*. Когда мальчик достиг зрелости, отец благословил его на занятие охотой, а *Кусар-и-Хасис* изготовил для него чудесный лук. Этим луком пожелала овладеть богиня охоты *Анат*. Она предлагает А. богатства, свою любовь, бессмертие, но он отказывается. Тогда Анат решает его погубить, насылает на А. орлов во главе с их предводителем Йатпану, и те пожирают героя. Данниилу и его дочь Пагату оплакивают А. В чреве матери орлов Цамалу Данниилу обнаруживает труп сына; Пагату отправляется мстить убийце.
И. Ш.

АКШО́БХЬЯ («невозмутимый»), один из будд в буддийской мифологии махаяны и ваджраяны. Культ А. возник, по-видимому, в первых веках до н. э., поскольку и он, и его рай *абхирати* упоминаются в таких древних сутрах, как «Вималакиртинирдеша» и «Аштасахасрика Праджняпарамита». В ваджраяне А.— один из т. н. пяти дхьяни-будд (см. в ст. *Будда*). В *мандале* дхьяни-будд А. находится иногда на востоке, иногда в центре, он синего цвета, и его правая рука касается земли. Из А. эманирует бодхисатва *Ваджрапани*. К семье А. принадлежат также *Манджушри*, *Ямантака*, *Хаягрива* и многие другие божества. Культ А. был особенно популярен на древней Яве. Он сохранился до сих пор в Непале и в Тибете.
Л. М.

АЛАГА́ТА, в осетинском нартском эпосе один из трёх родов, занимающих средний квартал нартского поселения; отличается от других родов — *Ахсартагката* и *Бората* тем, что редко упоминается в эпосе. Один из видных представителей рода — *Тотрадз* А. славится умом, никогда не участвует в походах. У них хранится нартская волшебная четырёхугольная чаша *уацамонга*. В доме А. постоянно происходят пиршества. Здесь же совершается физическое уничтожение нартских стариков; их отравляют за столом или усыпляют (в этом усматриваются отголоски скифского обычая).
В. К.

АЛА́Д (шумер.), ше́ду (аккад.), в шумеро-аккадской мифологии демон, первоначально нейтральный по отношению к человеку, с конца старовавилонского периода — добрый ангел — хранитель каждого человека. В искусствоведении считается (возможно, ошибочно), что фигуры крылатых быков, охраняющих входы во дворцах ассирийских царей,— шеду.
В. А.

АЛАЛКОМЕ́Н, в греческой мифологии беотиец, по местному преданию, вскормивший Афину около беотийского ручья Тритона (противопоставляемого ливийскому Тритонийскому озеру, см. в статье *Тритон*), где, согласно наиболее распространённой версии (Apollod. I 3,6), появилась на свет Афина. Эпоним беотийского города, где почиталась Афина Алалкоменида (Paus. IX 33, 6—7; Steph. Byz.).
Г. Г.

АЛАНГА́Р, в мифах калмыков великан, тело которого, разрезанное врагами на куски и разбросанное по земле, разыскивает его жена, едущая на телеге, запряжённой двумя серо-сивыми волами. Своими исполинскими рогами они разрывают землю, отсюда — наличие барханов и неровностей. Воскресить великана не удалось из-за того, что жена не нашла его головы. Его кости, а также гигантские котёл и таган выступают из воды во время отлива.

Сказочные великаны А. (название возводится к этнонимам «алан» и «хазар») фигурируют и в мифах удмуртов.
С. Н.

АЛА́РДЫ, у осетин властелин оспы. Согласно мифам, А. живёт на небе, откуда спускается по золотой или по серебряной лестнице. Он изображается красным или белым крылатым чудовищем с безобразным ликом, наводящим страх на людей. Чтобы умилостивить А., его называли золотым, светлым, приносили ему в жертву белого барашка и просили об избавлении детей от оспы.
Б. К.

АЛА́СТОР, в греческой мифологии демон гнева, мести, злой дух, вселяющийся в мстителя (Aeschyl. Agam. 1465 и след., Pers. 354, Eum. 237, Eur. El.

978). Встречается как эпитет *Зевса* и *Эриний*, а также как имя одного из коней *Плутона*. Имя А. приобрело нарицательный смысл («каратель», «мститель»); 2) сын *Нелея* и нимфы Хлориды, погибший вместе с другими их детьми от руки Геракла (см. *Периклимен*) во время разгрома Пилоса (Apollod. I 9,0); 3) ликиец, друг Сарпедона, убитый Одиссеем (Hom. Il. V 677).
Г. Г.

АЛА́ТЫРЬ, ла́тырь, в рус. средневековых легендах и фольклоре камень, «всем камням отец», пуп земли, наделяемый сакральными и целебными свойствами. Легенды об А. восходят к представлениям о янтаре как апотропее (ср. назв. Балтийского моря — Алатырское море). В стихе о *Голубиной книге* и рус. заговорах А. («бел-горюч камень») ассоциируется с алтарем, расположенным в центре мира, посреди океана, на о-ве Буяне; на нём стоит мировое древо, или трон, святители, сидит девица, исцеляющая раны; из-под него растекаются по всему миру целебные реки и т. п.

АЛАХА́ТАЛА (восходит к араб. Алла та алла), У п у а, у манусела (остров Серам), верховное божество, демиург. А. в облике большого человека, излучающего сияние, восседает на вершине невидимой девятиступенчатой круглой горы Оха, возвышающейся над одной из самых высоких гор острова Муркеле. На нижних ступенях горы располагаются солнце и луна, многочисленные добрые духи, помощники А. Всё сущее А. создал из собственных плевков. Создавая первых людей, А. дал им шесть заповедей: не прелюбодействовать, не красть, не убивать, не лгать, не перечить родителям, не давать ложных клятв. Каждого человека он наделил двумя душами, одна из которых (эфанаа) постоянно живёт в теле человека и имеет вид прозрачной фигурки с крыльями, а другая (акара) остаётся у А. После смерти человека эфанаа отправляется к А., встречая на пути различные препятствия (в зависимости от того, насколько она соблюдала при жизни заповеди А.). Акара служит ей проводником и заступником.

Образ А. как верховного божества сложился, очевидно, под влиянием индуистской и буддийской мифологии, в результате трансформации характерного для мифологии племён Восточной Индонезии образа небесного или солнечного бога (ср. *Тувале*, *Упулере*). Определённую роль в формировании образа сыграли также христианское и мусульманское влияния.

У других народов Индонезии верховное божество именуется: Д ж о у Л а х а т а л а у тобело (остров Хальмахера), О п о-Л а х а т а л а у буруанцев (остров Буру), Л е т а л а, или Л а т а л а, — на восточном Флоресе, М а х а т а л а — у даяков-нгаджу (южный Калимантан), А л а Т а л а у тораджей (остров Сулавеси).
М. А. Членов.

АЛБАСТЫ́, у турок, казанских, крымских и западносибирских татар, казахов, башкир, тувинцев, алтайцев, узбеков (а л б а с т ы, а л в а с т и), туркмен (а л, а л б а с с ы́), киргизов (а л б а р с т ы́), каракалпаков, ногайцев (а л б а с л ы́), азербайджанцев (х а л, х а л а н а с ы́), кумыков (а л б а с л ы́ к ъ а т ы н), балкарцев и карачаевцев (а л м а с т ы) злой демон, связанный с водной стихией. У турок назывался также ал, ал-ана́, ал-кары́, ал-кыз́ы́, у тувинцев и алтайцев — а л б ы с, у казахов, каракалпаков, киргизов, узбеков — м а р т у́ (м а р т у́у, м а р т у́в, м а р т у́к), узбеков Зеравшанской долины — с а р ы́ к ы з («жёлтая дева»), у западносибирских татар — с а р ы́ ч э ч [«желтоволосая (дева)»]. А. обычно представлялся в облике уродливой женщины с длинными распущенными светлыми волосами и такими длинными грудями, что она закидывает их за спину. Существовали поверья, что А. может превращаться в животных и в неодушевлённые предметы. Казанские татары считали, что А. принимает облик воза, копны сена, ели. Азербайджанцы иногда представляли А. с птичьей стопой, в некоторых казахских мифах у неё вывороченные ступни или копыта на ногах. Согласно тувинским мифам, А. имеет один глаз во лбу и нос из камня (или красной меди) либо у неё на спине нет плоти и видны внутренности (это представление встречается и у казанских татар). По представлениям западносибирских татар, на руках у А. острые когти. Киргизы и казахи различали чёрную (кара), наиболее вредоносную, и жёлтую (сары), или вонючую (сасык), А. Обычные атрибуты А.— магическая книга, гребень, монета. В кумыкских мифах у А. есть муж — дух темир тёш («железная грудь»), в казахских — леший сорель. По представлениям большинства народов, А. обитает вблизи рек или других водных источников и обычно является людям на берегу, расчёсывая волосы. Считалось, что А. может наслать болезни, ночные кошмары, но в особенности вредит роженицам и новорождённым. В турецких, азербайджанских, киргизских, казахских и некоторых других мифах она крадёт лёгкие (или печень, сердце) роженицы и спешит с ними к воде. Как только А. положит их в воду, женщина умрёт. Казанские татары считали, что иногда А. пьёт кровь своей жертвы. Распространены представления о её любви к лошадям. А. по ночам ездит на них, заплетает им гривы. Согласно некоторым турецким, казахским, кумыкским, ногайским, тувинским поверьям, А. может вступать в сексуальную связь с человеком. Например, в тувинских мифах А., сожительствуя с охотниками, посылает им удачу, поит своим молоком и кормит мясом, которое отрезает от рёбер. А. можно подчинить человеку, для этого нужно завладеть её волосом (у туркмен и узбеков — ещё и каким-либо из принадлежащих ей предметов, магической книгой, гребнем или монетой). У турок считалось, что достаточно воткнуть в одежду А. иглу, и она становится покорной и выполняет все приказания. Человек, подчинивший А., или шаман может прогнать А. от роженицы. У карачаевцев, балкарцев, ногайцев, кумыков считалось, что усмирённая А. помогает по дому; по поверьям туркмен и узбеков, А. способствует обогащению своего хозяина, помогая ему излечивать заболевших по её вине людей.

Образ А. восходит к глубокой древности и имеет аналогии в мифологиях многих народов: албасти у таджиков, *ал паб* у лезгин, *али* у грузин, *ол* у татов, *ала жен* у талышей, *хал у* удин, *хал анасы* (алк) у курдов, *алг* (мерак) у белуджей, *алы* (алк) у армян, *алмазы* у ингушей и чеченцев, *алмас* у монгольских народов и некоторые другие. Свойственные А. черты имеют в мифологиях узбеков и киргизов дух азатки, сбивающий с дороги путников, причиняющие ночной кошмар духи бастрык (в мифологии кумыков) и кара-кура (в мифологии турок), *шурале* и *су анасы* у казанских татар, *вуташ* у чувашей, *вирь-ава* у мордвы, *овда* у марийцев, немецкая альп-фрау, русская *баба-яга*. Вопрос о происхождении образа А. недостаточно ясен. Некоторые авторы считают А. персонажем тюркского происхождения. Согласно другой версии, представления об А. связаны с традициями иранской мифологии, а название демона произошло от сочетания «ал» (считаемого иранским словом) и «басты» (трактуемого как тюркское «надавил»). Вероятно, в основе слова «ал» лежит древнее именование божества, родственное или сходное у народов, а фонема «басты» — индоевропейский термин, означающий «дух», «божество» (родственный русск. «бог», осетинск. «уас» и т. п.). Исходя из такой этимологии, можно предположить, что образ А. формировался в эпоху древнейших контактов этнических общностей (индоевропейской и семитской языковых семей), до их расселения на территории современного обитания. Атрибуты А. (магическая книга и монета), следы представлений о её благодетельных функциях (помощи человеку) позволяют предположить, что первоначально А.— добрая богиня, покровительница плодородия, домашнего очага, а также диких животных и охоты. С распространением более развитых мифологических систем (очевидно, ещё в дозороастрийский период) А. была низведена до роли одного из злых низших духов.
В. Н. Басилов.

АЛЕ́, А л а, А н а, А н и, А й я, у игбо богиня земли и плодородия, дочь (в вариантах жена) *Чи*. А. создала землю и растительность, от неё зависят урожаи. Среди первых созданных А. деревьев были ироко, одала, акпо и кола, плоды которого используют для жертвоприношений духам. А. считается матерью народа игбо, хотя души игбо исходят от Чи. Символ А.— черепаха (см. *Исонг*). По некоторым мифам, супруг А.— громовник Амаде Онхиа (Амад-он-гха, Амад'онгха, символ которого — змея; в других вариантах он — её брат. Их общий символ — крокодил, и Амаде Онхиа на землю — Абара. Как слуга А. он держит в одной руке траву, в другой — меч; наказывает людей от имени А. На его рогах — птицы (свидетельство его причастности к небожителям и к Амаде и Онхиа).

Главный предмет культа А.— огромный барабан, в который били во время войны и на который складывали головы врагов. *Е. К.*

АЛЕВА́Д, в греческой мифологии один из Гераклидов, основатель фессалийского рода Алевадов. А. пас стада на горе Оссе, где его возлюбленной была змея (Ael. De nat. an. VIII 11). *Г. Г.*

АЛЕЗ, А л е с, в италийской мифологии: 1) герой, основатель города Фалерии (Serv. Verg. Aen. VII 723); 2) сын Нептуна и родоначальник династии этрусских царей в городе Вейи, воспеваемый в культовом гимне жрецов-салиев (Serv. Verg. Aen. VIII 285); 3) сын прорицателя, укрытый им в лесу, чтобы избегнуть гибели. Погибает в борьбе с пришельцами из Трои (Serv. Verg. Aen. X 415). *А. Н.*

АЛЕКТРИО́Н, в греческой мифологии слуга Ареса, стоявший на страже во время встреч своего господина с Афродитой; должен был будить их до наступления утра, но однажды проспал, и Гелиос застал их. В наказание А. был превращён в петуха (А.— «петух»). *Г. Г.*

АЛЕ́Т, в греческой мифологии: 1) царь Микен, сын *Эгисфа*. После того как Эгисф, соблазнивший жену *Агамемнона* Клитеместру и захвативший власть, был убит сыном Агамемнона *Орестом*, власть в Микенах перешла к А. Тот правил до тех пор, пока оправданный судом ареопага Орест не убил его и не возвратил власть роду Атридов (Hyg. Fab. 122); 2) потомок *Геракла*, родившийся во время пребывания *Гераклидов* в изгнании (А.— по-гречески «скиталец»). А. захватил Коринф хитростью, пообещав жениться на дочери коринфского царя из рода Сисифа, если она откроет ему ворота города (Paus. II 4, 3). *М. Б.*

АЛЁША ПОПО́ВИЧ, мифологизированный образ богатыря в русском былинном эпосе. А. П. как младший входит третьим по значению в богатырскую троицу вместе с *Ильёй Муромцем* и *Добрыней Никитичем*. А. П.— сын ростовского попа Ле(в)онтия (редко Фёдора). Всех богатырей объединяет общее происхождение из Сев.-Вост. Руси (Муром, Рязань, Ростов), поездка в Киев, сопряжённая поединком с чудовищем, богатырская служба в Киеве при дворе князя *Владимира Красное Солнышко*. А. П. отличает не сила (иногда даже подчёркивается его слабость, указывается его хромота и т. п.), но мужество, удаль, натиск, с одной стороны, и находчивость, сметливость, хитроумие, с другой. Иногда он хитрит и готов идти на обман даже своего названного брата Добрыни Никитича, посягает на его права; он хвастлив, кичлив, излишне лукав и увёртлив; шутки его иногда не только веселы, но и коварны, даже злы; его товарищи-богатыри время от времени высказывают ему своё порицание и осуждение. В целом образ А. П. отражает определённую противоречивость и двойственность. Одним из наиболее архаичных сюжетов, связанных с А. П., считается его бой с *Тугарином*. А. П. поражает Тугарина по пути в Киев или в Киеве (известен вариант, в котором этот поединок происходит дважды). Тугарин грозит А. П. задушить его дымом, засыпать искрами, спалить огнём-пламенем, застрелить головнями или проглотить живьём. Бой А. П. с Тугарином происходит нередко у воды (Сафаст-река). Одолев Тугарина, А. П. рассёк его труп, разметал «по чисту полю» (ср. действия *Индры* в отношении поверженного *Вритры*). Сходным вариантом сюжета о бое А. П. с Тугарином является былина «Алеша убивает Скима-зверя», где противник А. П. многим напоминает Тугарина.

Рождение А. П. было чудесным, напоминающим рождение *Волха*: оно сопровождается громом; «Алёшенька Чудородыч млад», едва родившись, просит у матери благословения погулять по белу свету, не пеленать его пеленами, но кольчугою; он уже может сидеть на коне и владеть им, действовать копьём и саблей и т. п. Хитрость и ловкость А. П. сродни «хитростям-мудростям» Волха, а его шутки и проделки близки магическим превращениям Волха. Женой А. П. в былинах о нём и сестре Збродовичей (Петровичи и т. п.) становится Елена (Петровна), она же Еленушка, Олёна, Олёнушка (Еленой зовется и жена Волха). Это женское имя как бы подвёрстывается к имени А. П. (варианты — Олеша, Валеша и Елешенька): Олёша — Олёнушка, Елешенька — Елена и Олёнушка, и таким образом формируется «одноимённая» супружеская пара, подобная Волос-Велес — Волосыня или Елс — Елёсиха. «Матримониальная» неудача А. П. повторяется и в былинах о неудачном сватовстве А. П. к жене Добрыни Никитича Настасье Никулишне во время отсутствия её мужа (А. П. распространяет ложный слух о гибели Добрыни) и в одном из вариантов былины об Алёше и сестре Збродовичей, где братья отсекли А. П. голову за то, что он опозорил их сестру (в остальных вариантах этого сюжета А. П. грозит опасность, как и сестре Збродовичей Настасье Збродовичне, которой братья собираются отсечь голову). Когда сестра должна вот-вот расстаться с жизнью, А. П. просит не губить её и отдать его ей в жёны.

Принимавшееся ранее исследователями мнение о том, что историческим прототипом А. П. был некий Александр Попович, погибший в битве при Калке в 1224, как об этом сообщает летопись, под серьёзное сомнение: актуализация темы Александра Поповича в поздних летописных сводах может отражать знакомство с былинами о А. П. Характерны архаичные реликты в описаниях самого А. П. и всех трёх богатырей (см. *Илья Муромец*, *Добрыня Никитич*), в состав которых он входит: во всех этих персонажах просвечивают их некогда более тесные связи с хтонической стихией, и поэтому при глубокой реконструкции три былинных богатыря могут быть сопоставлены со сказочной триадой — *Горыня, Дубыня и Усыня*. *В. В. Иванов, В. Н. Топоров.*

А́ЛИ, у грузин злые духи, вредящие роженицам, новорождённым, одиноким путникам. Бывают мужского и женского пола (алкали), имеют устрашающий вид (зубы из меди, когти, грязные волосы). Живут в лесу, в скалах, в развалинах, забираются в конюшни. Иногда, приняв облик близкого родственника, заманивают жертву в воду. Согласно некоторым поверьям, алкали наделены функциями богини *Дали*, и, подобно ей, представляются в виде красивой златовласой женщины в белом платье. А. становится верным слугой человека, который отрежет у него волосы и когти. Злым чарам А. противостоит «заговор от А.» или имя св. Георгия. Ср. *Албасты*. *Л. Ч.*

А́ЛИ, в мусульманской традиции мифологизированный образ двоюродного брата и приёмного сына *Мухаммада*, женатого на его дочери *Фатиме*. Исторический А. был убит в 661. Начало его мифологизации было положено последователями «партии Али» (ши'а Али шииты), сложившейся в ходе политической борьбы в халифате. Шииты почитают А. как святого, особыми узами «близости» связанного с *аллахом*, как праведника, воина и вождя; право на руководство мусульманской общиной признаётся только за А. и его потомками от Фатимы — носителями «света Мухаммада».

Предание называет А. «угодный аллаху», «лев аллаха», «царь святых» и т. д. Ему приписываются многочисленные воинские подвиги, совершавшиеся с помощью унаследованного от Мухаммада меча (*зу-л-факар*), и чудеса. По преданию, А. приживлял отрезанные руки, заставлял исчезать страшных львов, обращал вспять воды Евфрата. Однажды аллах вернул на небо солнце, чтобы А. мог совершить предзакатную молитву. Широко распространены рассказы о мудрых судебных решениях А. и сборники его изречений.

Во многих странах с А., его мечом и мулом (Дул-дул) связываются местные легенды, предания, места поклонения, восходящие к домусульманским культам. Согласно среднеазиатской легенде, у А. семь могил, т. к. в момент погребения оказалось, что у него семь тел (исторически А. похоронен в Неджефе, Ирак). В некоторых мусульманских сектах А. считается земным воплощением аллаха. *М. П.*

АЛКАФОЙ, А л к а т о́ й, в греческой мифологии: 1) сын царя *Пелопа* и *Гипподамии*, брат *Атрея* и *Фиеста*. Когда сын мегарского царя Мегарея был растерзан львом, отец обещал выдать свою дочь за того, кто убьёт киферонского льва (Paus. I 41, 3—4). Убив льва, А. получил в жёны Эвехму, дочь Мегарея; 2) сын Портаона и брат Ойнея, сыном которого был *Мелеагр*. *А. Т.-Г.*

АЛКЕСТИДА, в греческой мифологии дочь царя *Пелия*, супруга *Адмета*. Когда её муж, обречённый на раннюю смерть, получает возможность сохранить себе жизнь, если кто-либо согласится заменить его в царстве мёртвых, А. соглашается сойти в аид вместо Адмета. Неожиданно навестивший дом Адмета Геракл, несмотря на радушный приём, замечает, что все домочадцы опечалены, и узнаёт причину их горя. Подкараулив у могилы А. пришедшую за ней смерть, Геракл отбивает А. и возвращает её мужу. Так излагается миф в трагедии Еврипида «Алкестида». Согласно более поздней версии мифа, богиня Персефона, растроганная силой супружеской любви А., возвращает её мужу ещё более прекрасной, чем она была раньше (Plat. Conv. 179 C). *В. Я.*

АЛКИМЕДОНТ, в греческой мифологии: 1) аркадский герой, эпоним возвышенности в Мантинее, отец Фиало, родившей от Геракла Эхмагора. А. бросил дочь и внука в горах, но Геракл нашёл их с помощью сойки, передразнивавшей плачущего ребёнка (Paus. VIII 12, 2); 2) один из тирренских пиратов, превращённых Вакхом в дельфинов (Ovid. Met. III 618); 3) мирмидонянин, которому передал поводья *Автомедонт*, оставивший колесницу после того, как был убит Патрокл (Hom. Od. XVII 466). *Г. Г.*

АЛКИНОЙ, в греческой мифологии царь *феаков*, внук Посейдона. В своём дворце на острове Схерия, окружённом вечнозелёным садом, А. радушно принимал *Одиссея*, заброшенного бурей на остров, и помог ему вернуться на родину. А. выступил посредником между *Медеей*, бежавшей к феакам с предводителем аргонавтов *Ясоном*, и колхами, пустившимися в погоню за ними. Поскольку Медея стала женой Ясона, А. отказался выдать её преследователям (Apoll. Rhod. IV 1068—1109, 1201—1205). *В. Я.*

АЛКИОНА, в греческой мифологии: 1) одна из плеяд, дочь *Атланта*, возлюбленная *Посейдона*, мать знаменитого своим богатством беотийского царя Гириея; 2) дочь *Эола*, жена фессалийского царя *Кеика*. Когда муж не вернулся из морского путешествия, А. в отчаянии бросилась в волны. Была превращена богами в зимородка (А.— по-гречески «зимородок»). Миф об А. изложен в «Метаморфозах» Овидия (XI 270—748). *М. Б.*

АЛКИОНЕЙ, в греческой мифологии один из *гигантов*, сын Геи и Урана. Угнал стадо быков Гелиоса, за что получил имя Волопас (Apollod. I 6, 1). Мощь А. была столь велика, что он сокрушал сразу двенадцать колесниц и дважды двенадцать воинов, но его одолел Геракл (Pind. Nem. IV 25—30) в битве олимпийцев с гигантами (гигантомахии) на Флегрейских полях на полуострове Паллена. Сначала Геракл пытался застрелить А. из лука, но тот оказался неуязвимым, т. к. сражался на родной земле. Только вытеснив А. с родной земли Паллены, Геракл убил его (Apollod. I 6, 1). *А. Т.-Г.*

АЛКИОНИ́ДЫ, в греческой мифологии дочери гиганта *Алкионея*, после гибели отца бросившиеся в море. *Амфитрита* превратила их в зимородков. Их имена: Алкиппа, Анфа, Астерия, Дримо, Мефона, Паллена, Фтония, Хтония. *Г. Г.*

АЛКМЕ́НА, в греческой мифологии дочь *Электриона*, жена тиринфского царя *Амфитриона*, отличавшаяся исключительной красотой. После нечаянного убийства своего тестя Амфитрион вместе с А. бежал из Микен и поселился в Фивах (Apollod. II 4, 6). Там он, выполняя поручения фиванского царя, совершил много подвигов, сражаясь с племенами телебоев; в отсутствие мужа, привлечённый красотой А., Зевс явился к ней, приняв образ Амфитриона. Пока длилась их брачная ночь, солнце трое суток не поднималось над землёй. Вскоре у А. одновременно родились сыновья — *Ификл* от мужа и *Геракл* от Зевса. В сражении с племенами миниев погиб Амфитрион, а А., оставшись вдовой, правила в Тиринфе. После смерти Геракла А. преследовал *Эврисфей*, и она бежала к афинянам, которые отразили нападение Эврисфея и взяли его в плен. А. настояла на предании Эврисфея смерти (трагедия Еврипида «Гераклиды»). Позднее стала женой *Радаманфа*. Культ А. существовал в Фивах, Аттике и других местах Греции. *М. Б.*

АЛКМЕО́Н, в греческой мифологии сын *Амфиарая* и *Эрифилы*, предводитель похода *эпигонов*. Вынужденный принять участие в походе *семерых против Фив* из-за предательства подкупленной *Полиником* Эрифилы, Амфиарай, погибая, завещал А. возглавить войско эпигонов не раньше чем он отомстит за него матери; поэтому А., достигнув зрелости, убил Эрифилу, но затем впал в безумие, от которого был исцелён богами. Эта древнейшая версия мифа составляла, очевидно, содержание несохранившейся эпической поэмы «Алкмеониды», в то время как более поздние источники чаще относят убийство Эрифилы ко времени возвращения А. из похода эпигонов и особое внимание уделяют его скитаниям в поисках очищения от пролитой крови матери и избавления от безумия. По версии, разработанной Еврипидом (в несохранившейся трагедии «Алкмеон в Псофиде»), А. очистил царь Фегей, на дочери которого Алфесибее (или Арсиное) А. женился. Но вскоре им снова овладело безумие, и после долгих странствий он оказался на острове (образовавшемся в устье Ахелоя благодаря речным наносам) и там успокоился, ибо это произошло согласно предсказанию, что он обретёт спокойствие лишь на той земле, которая не существовала ещё в момент совершения убийства матери (Thuc. II 102, 5—6). Здесь он женился на *Каллирое*, дочери речного бога Ахелоя. Со временем Каллироя стала требовать от мужа ожерелье *Гармонии*, которое он раньше подарил Алфесибее. А. отправился в Псофиду и стал просить ожерелье под предлогом, что собирается его посвятить дельфийскому оракулу. Однако обман А. раскрылся и он был убит либо самим Фегеем, либо его сыновьями (Paus. VIII 24, 7—10). *В. Н. Ярхо.*

АЛКОНО́СТ, а л к о н о́ с, в византийских и русских средневековых легендах райская птица с человеческим лицом (часто упоминается вместе с другой райской птицей — *сирином*). Образ А. восходит к греческому мифу об *Алкионе*, превращённой богами в зимородка. А. несёт яйца на берегу моря и, погружая их в глубину моря, делает его спокойным на шесть дней. Пение А. настолько прекрасно, что услышавший его забывает обо всём на свете. *С. Т.*

А́ЛЛА, БЕ́ЛЛА, у ингушей и чеченцев наиболее архаичные божества; предсказывают судьбу людей, будущее. По поверьям, находясь в пещерах, перекликаются, делясь между собой сокровенным. Существовало представление о том, что А., Б. могущественней бога грома и молнии *Селы*. Их именами клялись в особо важных случаях. *А. Т.*

АЛЛА́Т, А л и л а́ т, а л-Ла́т, Ла́т, И л а́ т, древнеарабская богиня неба и дождя. Слово «А.», возможно, является заменой запретного имени божества и образовано из нарицательного «илахат» («богиня») с определённым артиклем, что означает «эта богиня», «богиня по преимуществу». В пантеонах арабов Сирийской пустыни А.— женская параллель *Аллаха* (1), его супруга и мать богов, в Центральной Аравии — дочь Аллаха, сестра *Манат* и *Уззы*; на юге Центральной Аравии — дочь Уззы. В Пальмире А. входила в пантеон. Некоторые этнические группы почитали А. как богиню солнца, но чаще она выступала как богиня планеты Венера, отождествлялась с Афродитой [(Уранией); Геродот называет её и Диониса (см. *Ороталт*) единственными богами, почитавшимися арабами (Herodot. I 131; III 8)]. Очевидно, А. была также владыкой туч и молний, связывалась с войной; в Набатее и Пальмире отождествлялась с *Афиной*. Известны её изображения как богини-воительницы в шлеме и с копьём в правой руке, а иногда восседающей на троне среди львов. В городе Таиф А. почиталась как его богиня-покровительница. Там находились её священная территория, храм и идол — белый гранитный камень с украшениями. Уничтожив таифское святилище, Мухаммад запретил охотиться и рубить деревья на этой территории. Поначалу он признавал божественную природу А., Манат и Уззы.

А. Г. Л., М. П., И. Ш.

АЛЛАХ, 1) в древнеарабской мифологии верховное божество, почитавшееся в Северной и Центральной Аравии как бог-предок и демиург, бог неба и дождя. А.— создатель мира и людей, глава и отец богов. Он воспринимался как бог, далёкий от людей, и не был покровителем какой-либо определённой этнической группы; святилищ А., очевидно, не существовало. Супругой А. считалась *Аллат* (у арабов Сирийской пустыни) или *Узза* (на юге Центральной Аравии); в других районах они наряду с *Манат* почитались как дочери А.

Слово «А.», по-видимому, является заменой запретного имени божества и образовано из нарицательного «илах» («бог») с определённым артиклем, что означает «этот бог», «бог по преимуществу». Неясно, однако, всегда ли «А.» называлось одно североарабское божество или так именовались разные локальные боги со сходными функциями (во многих местностях А. отождествлялся с главными местными богами — хозяевами страны, например с *Хубалом*, возможно, с *Душарой*). Вероятнее всего, «А.» стало именем божества, появившегося уже в поздней древнеарабской мифологии в результате слияния верховных местных богов. А. иногда отождествлялся с единым богом у стихийных аравийских монотеистов — ханифов. В Мекке А. (по-видимому, как А.-Хубал) особо почитался среди всех прочих богов. Последние обстоятельства наряду со спецификой этого божества («оторванность» его от людей, несвязанность с определённой этнической группой, отсутствие святилищ) использовал Мухаммад, соединив, таким образом, элементы доисламских верований с монотеизмом мусульманской мифологии.

А. Г. Л.

2) В мусульманской мифологии единый бог, который считается идентичным богу иудеев и христиан.

Коран резко подчёркивает единственность А. Он всемогущ, всесущ, всеобъемлющ, вечен, единосущ. У него «нет никаких сотоварищей», «превыше он того, что ...ему придают в соучастники» (9:31). Признавать существование сотоварищей А.— главное преступление против ислама. Особо осуждаются и отвергаются попавшие в уста Мухаммада (по злому умыслу *Иблиса*) фразы (позднее отменённые), в которых дочерьми А. были названы три древнеаравийские богини *Аллат*, *Узза* и *Манат*.

А. является в первую очередь творцом и господином страшного суда.

А. сотворил мир, состоящий из земной и верхней (из семи небес, над которыми помещается его трон) сфер, ад (*джаханна*) и рай (*джанна*), ангелов (*малаика*), людей; он даровал человечеству блага природы и научил ими пользоваться, предопределил судьбу каждого человека. Людям свойственно забывать А., поэтому он время от времени избирает из них своих посланников-пророков, в их числе *Адам* (первый), *Ибрахим*, *Муса*, *Иса*, *Мухаммад* (последний). Отказывавшимся слушать пророков А. посылал наказание (см. в ст. *Ад, Самуд, Нух, Лут, Шуайб*). Люди искажали учение пророков и истинный образ А.: христиане обожествили Ису, иудеи не следовали заветам Мусы, жители Аравии превратили Каабу — символ единого бога — в святилище многих богов, которых приравнивали к А. Вернуть к истинной А.— миссия Мухаммада. В «конце света» А. воскресит мёртвых и будет творить страшный суд. Коран постоянно возвращается к темам творения, суда и воздаяния, совершенства А., его единственности и единства, всемогущества и милосердия. Особо выделяются знамения всесилия А. и его «прекрасные имена», через которые только и открывается человеку сущность А. Он одновременно и страшен, и милостив. А.— «покровитель», «путеводитель», «лучшее прибежище». Большинство мусульманских богословов склонялось к аллегорическому толкованию упоминаний рук, лица, глаз, трона А. Достаточно веских оснований видеть в этих выражениях рудименты более древних представлений о А. не имеется.

М. П.

АЛ ЛУК МАС, а а л л у к м а с, в якутской мифологии священное дерево рода, в котором обитает дух — хозяйка данной местности. На ветвях А. л. м. любят играть *Эрэкэ-Джэрэкэ* — дети духа — хозяйки земли *Ан дархан хотун*. А. л. м. считались могучие, старые берёзы или лиственницы, растущие отдельно на кургане или вблизи леса, их часто огораживали, увешивали «подарками» — пёстрыми волосяными верёвками и лоскутами материи; нельзя было ломать ветки А. л. м. или срубать его. Около А. л. м. приносили жертву Ан дархан хотун. В мифах встречаются другие варианты названия священного дерева, подчёркивающие ту или иную примечательную черту его, например «ар мас» («белое или почтенное дерево»). В героическом эпосе А. л. м.— олицетворение вечно живой растительности, питающей людей и животных.

Н. А.

АЛМАЗЫ, у ингушей и чеченцев злые лесные духи, преимущественно в облике женщины; бывают и необычайно красивыми, и безобразными, отличаются огромным ростом. Случается, принимают вид огненного столба. Живут в чаще леса, на высокогорьях, вдали от людских поселений. Выходят к людям со злобными намерениями или из любопытства. В охотничьих мифах часты сюжеты о встречах охотника с А. Они покровительствуют диким животным. Иногда вступают с охотником в любовную связь. По поверьям, удача на охоте зависит от благоволения А. Ср. *Албасты*.

А. Т., А. М.

АЛМАКАХ, И л у м к у х, И л м у к а х, в йеменской мифологии божество, почитавшееся в государстве Саба; бог луны, бог-предок, покровитель и владыка страны. Возможно, ипостась *Илу*; слово «А.» («могучий бог»), вероятно, являлось первоначально прозвищем, заменявшим запретное имя бога. До объединения в кон. 2-го тыс. до н. э. племенных союзов Саба и Файшан и возникновения сабейского государства А. был богом — покровителем союза Файшан. В сабейском пантеоне А. занимал второе место, вслед за *Астаром*, вероятно, считался «царём богов». Сабейское государство обозначалось «А. и Саба», его территория называлась «владением А.» (или «владением Астара и А.»), а сабейцы — «детьми А.». Считался также божеством дождя и орошения, земледелия и виноградарства и, возможно, богом войны. Его священные животные — горный баран и бык, символы — дубинка-бумеранг, молния и серп луны.

А. имел различные ипостаси: «владыка Аввама» в городе Мариб, где находился храм Аввам (Ава), «владетель (храма) Харран» (в городе Амран, «владыка каменных баранов» в городе Сирвах, где храм был украшен фризами с изображениями баранов. Почитание ипостаси «владыка Аввама» приобрело наибольшее значение: в Аввам совершали паломничества, приносили посвящения и вносили налоги из всех областей сабейского государства. А. в этой ипостаси почитали и в других местах. Так, в центральном Йемене, в городе Алв, существовал храм А.— «владыки Аввама в Алве». Культ А., первоначально распространённый лишь в Марибском оазисе и прилегающей области Хаулан (собственно Саба), позднее распространился по всему сабейскому государству, кое-где вытеснив культы местных богов.

А. Г. Лундин.

АЛМО́ПС, в греческой мифологии великан, сын Посейдона и *Геллы*, эпоним горного кряжа в Македонии (Steph. Byz.).

Г. Г.

АЛОА́ДЫ, в греческой мифологии два брата-великана От и Эфиальт, сыновья Ифимедии и Посейдона (или внуки Посейдона — дети его сына Алоея). Славились непомерной силой и гигантским ростом, достигнув к девяти годам ширины девяти локтей (около четырёх метров) и высоты девяти саженей (около семнадцати метров). Угрожали богам взгромоздить гору Осса на Олимп, а на Оссу — гору Пелион и достичь так неба (Hom. Od. XI 305—320), чтобы силой взять в жёны Артемиду и Геру; заковали в цепи Ареса, продержав его тринадцать месяцев в медном сосуде, откуда его освободил Гермес (Hom. Il V 385 след.). Были убиты стрелами Аполлона (Hom. Od. XI 318—320) или сами пронзили друг друга копьями, пытаясь попасть в промчавшуюся между ними лань, в которую превратилась Артемида (Apollod. I 7, 4). В позднем варианте мифа, переданном Гигином (Hyg. Fab. 28), лань была послана Аполлоном, защитившим Артемиду от посягательств А.; там же говорится о наказании А. в тартаре (прикованы змеями к колонне и мучаются от криков совы). А. считались основателями городов (Аскра и Геликон в Беотии) и создателями культа *муз*, которым они дали имена: Мелета («опытность»), Мнема («память») и Аойда («песнь»), полагая, что их всего три (Paus. IX 29, 1—2).

А. Т.-Г.

АЛО́ПА, в греческой мифологии дочь *Керкиона*. А. тайно родила младенца от Посейдона и приказала няньке бросить его в лесу. Когда ребёнок был найден пастухами, Керкион по его великолепным пелёнкам понял, что это ребёнок его дочери, и убил А. Посейдон превратил её в источник. Ребёнок, получивший имя Гиппофой, стал эпонимом одной из аттических фил и наследовал власть в Элевсине после убийства Керкиона Тесеем (Hyg. Fab. 187).

А. Т.-Г.

АЛО́У, у качари на северо-востоке Индии бог — создатель людей. Он сделал первых людей из земли. К концу дня он устал и решил оживить их на следующий день. Но за ночь пять братьев А. разломали фигуры и части их тел забросили в джунгли. Тогда А. воссоздал фигуры людей и для их охраны сотворил двух собак. Испугавшись собак, братья не посмели ломать фигуры людей, и благодаря этому люди были оживлены утром.

Я. Ч.

АЛ ПАБ, у лезгин, лакцев (а л м а́ с х а т у́ н), татов (д е д е́ й-о л), рутульцев, агульцев (а л б а с т ы́), андийцев (г о г о́ ч и) злые духи, вредящие роженице и ребёнку. А. п. имеют облик уродливой женщины с волосами до пят, отвислыми грудями, которые они перекидывают за плечи. По представлениям рутульцев, А. п. — зооморфные существа, похожие на кошку. Согласно лезгинским поверьям, они живут по берегам рек, поросших лесом, около родников, у людей. Завладевают сердцем, печенью и другими внутренностями матери и новорождённого, бросают их в воду — мать и ребёнок умирают. По другим поверьям, А. п. дают младенцу пососать свою грудь, и он погибает; губят человека, бросив на него свои груди, — он умирает, или тяжело заболевает, или сходит с ума (лезгины считали, что А. п. причиняют вред лишь роженице и младенцу). По представлениям лакцев, А. п. иногда сожительствуют с охотниками. Ср. *албасты*.

X. X.

АЛПАМЫ́Ш, у узбеков, казахов и каракалпаков (А л п а м ы́ с), башкир (А л п а м ы́ ш а), казанских татар (А л п а м ш а́), западносибирских татар (А л ы́ п М я м ш я́ н), алтайцев (А л ы́ п-М а н а́ ш) герой-богатырь, центральный персонаж одноимённого эпоса. В его среднеазиатских версиях (с которыми в основных чертах совпадают башкирская, казанско-татарская и алтайская) А. чудесным образом после вмешательства святого — *дивана* рождается у бездетного главы племени кунграт. Святой-покровитель наделяет его также магической неуязвимостью. По велению свыше А. с колыбели обручён с красавицей Барчин. Отец Барчин поссорился с отцом А. и откочевал со своим родом в страну калмыков. Калмыцкие богатыри пытаются заставить Барчин выйти замуж за одного из них. Узнав об этом, А. отправляется к ней на помощь. Победив соперников в состязаниях, А. женится на Барчин и увозит её на родину. Вскоре, узнав, что тесть терпит притеснения от калмыков, А. совершает новый поход в их страну, но попадает в плен и семь лет проводит в подземной темнице. Бежав оттуда, он возвращается домой и узнаёт, что новый правитель вверг его семью в нищету и пытается заставить Барчин стать его женой, а свадьба назначена на тот же день. Неузнанный, А. проникает на свадебный пир и, оказавшись единственным, кто смог натянуть старый богатырский лук А., побеждает в состязаниях в стрельбе. Будучи затем узнан, он вместе с друзьями истребляет своих врагов и вновь объединяет народ под своей властью. Сюжет эпоса об А. восходит к мифологии древних тюркских и монгольских народов; наиболее архаичные представления об А. зафиксированы в алтайской богатырской сказке «Алып-Манаш», где герой наделён чертами шамана, а страна, в которую он направляется за невестой, — признаками потустороннего мира, лежащего за подземным водным рубежом царства мёртвых. Следы шаманского обличья А. сохранил также в некоторых версиях башкирского сказания «Алпамыша и Барсын хылуу».

В. Н. Басилов.

АЛПА́Н, у лезгин, татов (А т о ш п е р е́ з), лакцев (В и л а х) божество огня (у лезгин и ныне существует проклятие: «Да убьёт тебя Алпан!»). По поверьям лакцев, обиталище Вилаха — очаг дома; в прошлом лакцы сохраняли в очаге тлеющий огонь; в очаг запрещалось плевать, выливать воду, бросать мусор и т. п. (проклятие лакцев: «Да погаснет твой Вилах!»).

X. X.

АЛПА́Н, в этрусской мифологии богиня любви. Изображалась юной женщиной с диадемой из листьев и крыльями.

А. Н.

АЛТА́Н ГАДА́С («золотой кол») (монг., бурят.), А л т а н г а с н (калм.), А л т а н г а д а с у н (старописьм. монг.), у монгольских народов Полярная звезда, неподвижный центр неба, верхняя точка космической (мировой) оси, вокруг которой происходит круговращение небесного свода; прочность А. г. обеспечивает постоянство мирового порядка. По бурятским поверьям, небесный свод, вращающийся вокруг А.г., подобен перевёрнутому котлу, то опускающемуся, то поднимающемуся, отчего между ним и краем земли возникает зазор — приоткрытая на мгновение «небесная дверь», необыкновенный свет через неё озаряет землю. Согласно представлениям балаганских бурят, А.г. — небесная коновязь, изготовленная девятью небесными белыми кузнецами, сыновьями *Божинтоя*. А. г. осмысливается также как вершина мировой горы (см. в ст. *Сумеру*) или как камень, закрывающий центральное небесное отверстие, через которое можно попасть на различные ярусы неба (их насчитывается 3, 7, 9 — до 99). Небесному отверстию соответствует отверстие в центре земли, ведущее в многоярусный (7, 9 и более ярусов) нижний мир. Земное отверстие закрыто камнем или, согласно калмыцкой сказочной традиции, гигантским быком, который находится на вершине горы (ср. «пуп неба и земли», соотнесённый со священной горой Манхан Цаган в эпосе о *Джангаре*). Открытие того или другого отверстия (очевидно, равнозначное разрушению мировой оси) приведёт к эсхатологической катастрофе: хлынет вода и зальёт землю (возможно, в этом мотиве отражается представление о мировом океане как о водной стихии, со всех сторон обволакивающей космос). Расположение А. г. (Полярной звезды) на небосводе определяет смещение к С. отверстия в земле (симметричного центр. небесному отверстию), основания мировой горы (вершина которой упирается в А. г.). У тюркских народов Полярная звезда также осмысливается как неподвижный центр неба.

С. Ю. Неклюдов.

АЛТА́Н МЕ́ЛХИЙ («золотая лягушка», «золотая черепаха») (монг.), А л т а н м э л х э й (бурят.), А л т а н м е к л э (калм.), в мифах монгольских народов космический гигант, на котором покоится земля, имеющая форму диска или квадрата (его углы соответствуют четырём сторонам света). А. м. восходит к одной из *аватар Вишну*; сюжет почти полностью повторен у дербетов Монголии, но центральным персонажем выступает не Вишну, а Манджушри. У балаганских бурят ту же роль исполняет огромная рыба, находящаяся среди моря Мэлхэн-дала; в хорчинском предании космический гигант именуется Матар-мэлхий («чудовище-лягушка»). Лапы А. м. ориентированы по 4 сторонам света. Иногда А. м. держит на себе мировую гору. Движениями животного объясняются землетрясения, с ним связаны эсхатологические сюжеты. Мир погибнет, когда солнце все высушит и сожжёт, а А. м. от жары перевернётся на живот. Дальнейшей трансформацией образа является бык-лягушка (в калмыцком фольклоре), начинающий реветь и ёрзать, когда проголодается; чтобы его успокоить, требуются целые стада скота. *С. Н.*

АЛТЫ́РА, в мифах центральноавстралийского племени аранда божество неба. По облику — человекообразное существо с ногами страуса эму (у его жён ноги как у собаки). В эпоху первотворения («ранние времена», мифическое время) участвовал в формировании мира (в представлениях аранда соответствовало кормовой территории племени и его ближайших соседей), а затем удалился на небо. Само имя А. связано с обозначением аранда, мифического времени (алтыра, или *альчера*). *Е. М.*

АЛУЛУ́ЭИ, А л у л е й, в мифологии микронезийцев Маршалловых и Каролинских о-вов один из главных духов, создающих из камней или своих испражнений, крови острова, камни и прибрежные скалы, отлогие песчаные берега. А. — хозяин звёзд, моря, повелитель погодных явлений; в силу этих своих функций выступает как патрон навигации. Сын (либо отец) *Пэлюлопа*, отец (или дед) *Лонгорика* и *Лонголапа*. *М. С. П.*

АЛФЕ́Й, в греческой мифологии бог одноимённой реки в Пелопоннесе, сын титанов Океана и Тефиды. Известен любовью к спутнице Артемиды, нимфе *Аретусе* (или к самой Артемиде), которую он преследовал, приняв образ охотника, вплоть до острова Ортигия (вблизи Сицилии). Взмолившаяся о помощи Аретуса была превращена Артемидой в источник, и влюблённый А. соединился с ним своими водами (Ovid. Met. V 572—642). По другой версии (Paus. V 7, 2), А. — охотник, влюблённый в охотницу Аретусу, которая, переселившись на остров Ортигия, была превращена в источник; после этого А. превратился в реку. Очевиден местный этиологический характер мифа, связанного с поверьем, что остров Ортигия вблизи Сиракуз соединён под землёй с рекой Алфей. *А. Т.-Г.*

АЛФЕСИБЕ́Я, в греческой мифологии: 1) нимфа, в которую был влюблён *Дионис*, имевшая от него сына Меда (вариант мидийцев); 2) А. (вариант: Арсиноя) — дочь царя Псофиды Фегея, жена *Алкмеона*. Убила своих братьев, отомстив им за убийство мужа (Propert. I 15, 15 сл.), которого Алкмеон покинул её ради Каллирои и отнял знаменитое ожерелье Гармонии (Apollod. III 7,5); 3) жена Феникса, мать *Адониса*. *А. Т.-Г*

АЛФЕ́Я, А л т е я, в греческой мифологии дочь плевронского царя Фестия, жена царя Калидона Ойнея, мать *Мелеагра*. Мойры предсказали только что его родившей А., что её сын умрёт, как только догорит пылавшее в этот момент в очаге полено. А. выхватила полено из огня, погасила его и спрятала (Apollod. I 8, 1—3). Во время *калидонской охоты* Мелеагр убил её брата Плексиппа (по другой версии, это произошло во время войны между жителями города Плеврона куретами и калидонцами) (Hom. Il. IX 567). Мстя за гибель брата, А. бросила в огонь спрятанное полено и, когда оно догорело, Мелеагр умер (Ovid. Met. VIII 267). Позднее, охваченная раскаянием, А. покончила с собой. Миф об А. и Мелеагре зародился в эпоху материнского права, когда брат матери считался более близким родственником, чем сын. *М. Б.*

А́ЛЫ, а л к, в мифах армян злые духи, вредящие роженицам и новорождённым. Согласно народной традиции, А. имеют антропозооморфный облик; они мохнаты, с огненными глазами, медными когтями, железными зубами, бывают мужского и женского пола; живут в горах, песчаниках, часто — в углах домов или хлевах, а их царь — в глубоком ущелье. А. душат рожениц, поедают их мясо, особенно печень; причиняют вред ребёнку ещё в утробе матери; похищают новорождённых и уносят их к своему царю. В христианизированном мифе согласно создал А. женского пола в качестве подруги для Адама, но Адам, будучи существом во плоти, не полюбил А., которая была огненной, и тогда бог создал Еву; с этих пор А. враждебны к женщинам и их потомству. *С. Б. А.*

АЛЫШКЕНТЫ́Р, в абхазских мифах божество собак, одна из семи долей *Айтара*. Обладает сверхъестественной физической силой и ловкостью. А. способен появляться повсюду, в мгновение ока уничтожать собак или напускать на них страшную болезнь. К нему обращались с молитвами о ниспослании верной собаки. *С. З.*

А́ЛЬБЭ, у кетов культурный герой, первый человек и (наряду с *Дохом*) первый шаман; преследователь *Хоседэм*. В поисках её подземного жилища А. своим шаманским мечом прорубил скалы, и образовалась река Енисей. Великана Сюокса, который своей игрой на музыкальном инструменте мешал А. откапывать чум Хоседэм, А. ранил стрелой в ухо. Найдя нору шести детей Хоседэм — маленьких налимов (по др. варианту — бобров), А. разрубил их на куски. А. преследовал Хоседэм вниз по Енисею, на котором образовалось семь островов в каждом из мест, где Хоседэм ныряла в воду; течение Енисея вплоть до устья, где Хоседэм скрылась от А., обозначает путь, по которому А. её преследовал (сюжет, объясняющий некоторые особенности енисейского ландшафта). Другой след того же пути — Млечный путь, который поэтому называют «дорога А.». Созвездие Орион, согласно кетскому астральному мифу, — это голова оленя А., который с ним вместе ушёл на небо. А. попал на край неба, поднимаясь вверх по Подкаменной Тунгуске. После борьбы с Хоседэм А. превратился в каменный хребет на восточном берегу Енисея. *В. И., В. Т*

А́ЛЬВИС («всезнайка»), в скандинавской мифологии мудрый цверг (карлик), сватающийся к Труд, дочери *Тора*; Тор, делая вид, что испытывает его мудрость, заставляет А. дожидаться гибельного для цвергов рассвета, превращающего их в камень («Старшая Эдда», «Речи Альвиса»). *Е. М.*

А́ЛЬВЫ, в скандинавской мифологии низшие природные духи (первоначально, возможно, и души мёртвых), имевшие отношение к плодородию. Им был посвящён особый культ. В «Старшей Эдде» А. противопоставляются высшим богам — асам (часто повторяется формула «асы и альвы»), иногда смешиваются с одной стороны — с *цвергами*, с а с другой — с *ванами*. В «Младшей Эдде» говорится о делении А. на тёмных (живущих в земле) и светлых (белых). В героической «Песни о Вёлунде» («Старшая Эдда») чудесный кузнец *Вёлунд* называется князем А. *Е. М.*

АЛЬЧЕ́РА (буквально «время сновидения»), а л т ь и р а, в мифах центральноавстралийского племени аранда обозначение «ранних времён», мифического времени — эпохи первотворения, когда по земле странствовали тотемные первопредки («вечные люди»). Соответствия А. имеются у других австралийских племён: у диери — мура, у алуриджа — джугур, у бинбинга — мунгам и т. д. *Е. М.*

АМАЗО́НКИ, в греческой мифологии племя женщин-воительниц, происходящих от *Ареса* и *Гармонии* (Apoll. Rhod. II 990—993). Обитают на реке Фермодонт у города Фемискира (Малая Азия), или в районе предгорий Кавказа и Меотиды (Азовское море), или в Ливии (Aeschyl. Prom. 723—725, 416—419). А. вступают в браки с чужеземцами (или соседними племенами) ради продолжения рода, отдавая на воспитание (или убивая) мальчиков и оставляя себе девочек. Вооружены А. луком, боевым топором, лёгким щитом, сами изготовляют шлемы и одежду (Strab. XI 5, 1). Их имя якобы происходит от названия обычая выжигать у девочек левую грудь для более удобного владения оружием. А. поклоняются Аресу и *Артемиде*, проводя время в битвах. Против А. сражался *Беллерофонт* (Apollod. II 3,2; Hom. Il. VI 179). Геракл осадил город амазонок Фемискиру и добыл пояс их царицы *Ипполиты* (Eur. Heracl. 408—415). *Тесей* взял в жёны Антиопу (мать Ипполиты), после чего А. осадили Афины и были разбиты в местечке, названном Амазонией (Plut. Thes. 26—28). А. *Пенфесилея* помогала троянцам в войне и была убита Ахиллом (Diod. II 46,5). А. приписывали основание города Эфеса и постройку там знаменитого храма в честь Артемиды. В мифах об А. и их борьбе с олимпийскими героями отразились элементы матриархата.

Легенды об А. известны во всех частях света, являясь либо порождением местных традиций, либо распространением греческой. *А. А. Тахо-Годи*.

АМА́ЛИК, в мусульманской мифологии один из древних народов. Соответствует библейским амаликитянам. В предании название «А.» используется для обозначения этнических групп из различных мифологических и эпических циклов. В мусульманской интерпретации библейских текстов А. заменил упоминаемых в Библии филистимлян, мидианитян, народ фараонов. *М. П.*

АМАЛФЕ́Я, А м а л т е я, в греческой мифологии нимфа, по другой версии, коза, вскормившая своим молоком младенца Зевса на Крите, в пещере горы Ида (Hyg. Fab. 139), где его спрятала мать Рея, спасая от Кроноса. Слуги Реи — куреты и корибанты бряцанием оружия и щитов заглушили плач ребёнка, забавляя его по просьбе А. своими плясками (Callim. Hymn. I 46—54). Случайно сломанный рог козы Зевс сделал рогом изобилия, а её вознёс на небо (звезда Капелла в созвездии Возничего). В критской пещере А. была спрятана за то, что устрашила некогда титанов. Шкура А. служила Зевсу щитом-эгидой в борьбе с титанами, отсюда Зевс-Эгиох (Diod. V 70,6). Рог изобилия был символом богини мира Эйрене и бога богатства Плутоса. В мифе об А. отразились древние зооморфные и тератоморфные черты греческой мифологии. *А. Т.-Г.*

АМАНО́Р И ВАНАТУ́Р, у армян божества нового года, связанные с культом плодородия. Аманор (А.; «новый год») приносит первые плоды нового года (начинавшегося по древнеармянскому календарю в августе), Ванатур (В.; «приютодатель») даёт приют многочисленным участникам новогодних праздников (устраивавшихся в Багаване, близ современного города Диядин на территории Турции). Пережитки культа А. и В. в 20 в. прослеживались в хвалебных песнях «Нубаре» («новый плод»). Возможно, В.— лишь эпитет А., а не собственное имя отдельного божества. *С. В. А.*

АМАРА́ВАТИ («обитель бессмертных»), Д е в а п у р а («город богов»), в индуистской мифологии столица *Сварги* — небесного царства Индры, представляемая как большой и волшебный город. *С. С.*

АМАРА́К, в греческой мифологии сын кипрского царя и жреца Афродиты Кинира, разливший благовония; от страха мальчик превратился в майоран, который, как и мирра, употреблялся при отправлении культа Афродиты Киприды (Serv. Verg. Aen. I 693; Myth. Vat. I 34; II 182). *Г. Г.*

АМАСТРИ́ДА, в греческой мифологии амазонка, эпоним понтийского города, ранее называвшегося Кромной (Steph. Byz.). *Г. Г.*

АМА́ТА, в римской мифологии жена царя *Латина*, мать *Лавинии*. По желанию А. Лавиния была помолвлена со своим двоюродным братом Турном. Когда Латин, повинуясь оракулу, решил выдать дочь за *Энея*, А. подтолкнула Турна начать войну против Энея. После поражения и гибели Турна А. покончила с собой. В формуле, произносившейся великим понтификом при посвящении девушки на служение богине *Весте*, весталка именовалась А. (Aul. Gell. I 10). *Е. Ш.*

АМАТЭРА́СУ, А м а т э р а с у-о́-м и к а м и («великая священная богиня, сияющая на небе», либо «владычествующая на небе»), А м а т э р а с у-н о м и к о́ т о («богиня Аматэрасу»), у японцев богиня солнца и прародительница японских императоров, глава пантеона синтоистских богов. Согласно «Кодзики», рождена богом Идзанаки (см. *Идзанаки и Идзанами*) из капель воды, которой он омывает свой левый глаз во время очищения, совершаемого им после спасения из *ёми-но куни* («страна мёртвых»). Как старшая из троих детей, рождённых Идзанаки, А. получает в своё владение *такама-но хара* («равнина высокого неба»). Выразивший недовольство разделом Сусаноо (брат А.) изгнанный Идзанаки из такама-но хара, напоследок совершает во владениях А. ряд поступков, считавшихся в древней Японии тягчайшими прегрешениями. Огорчённая и разгневанная А. укрывается в гроте, оставляя вселенную во тьме. Боги решают хитростью выманить А., чтобы вновь вернуть миру свет и порядок. Для этого небесный кузнец *Амацумара* и богиня Исикоридомэ («литейщица») изготовляют священное зеркало — ми-кагами, на ветви священного дерева вешается магическое ожерелье из резных яшм — магатама, приносят «долгопоющих птиц» — петухов, чей крик возвещает наступление утра, и в довершение всего богиня *Амэ-но удзумэ* пляшет на перевёрнутом чане, распустив завязки своей одежды, чем вызывает громовый хохот богов. Удивлённая общим весельем, А. выглядывает из грота, и Амэ-но тадзикарао («бог-муж силач») за руку вытаскивает её наружу. Данный миф изначально воспринимался как рассказ о солнечном затмении и о борьбе солнца в образе А. с разрушительными силами стихии в образе Сусаноо. Позднее на первый план выступают представления об А. как о родоначальнице японских императоров. А.— прародительница *Ниниги*, первого из её прямых потомков, начавшего управлять землёй людей. Согласно вариантам мифов в «Нихонги» [здесь у неё другое имя — О-хирумэмути «Великая солнечная женщина»); А. сама ухаживает за своими полями, устраивает празднество «первого риса»]. А.— покровительница земледелия, что связано с её функцией солнечной богини. В мифе, сохранившемся в «Нихонги», рассказывается о противоборстве солнца (А.) и луны (*Цукуёми*). *Е. М. Пинус.*

АМАЦУМА́РА, в японской мифологии божество кузнецов. А. вместе с богиней Исикоридомэ («литейщица») боги поручают изготовить священное зеркало ми-кагами — один из магических предметов, с помощью которых *Аматэрасу* выманивают из грота («Кодзики», св. I). В других вариантах этого мифа изготовление зеркала поручается одной лишь богине Исикоридомэ, которая и выполняет роль кузнеца. В любом варианте А. упоминается в связи с изготовлением магического зеркала, являющегося до настоящего времени одной из регалий японских императоров. *Е. П.*

АМБА́, а м б а́ н, в мифах нанайцев, негидальцев, орочей, ороков, удэгейцев, ульчей злые духи. А. невидимы, но могут принимать облик животных, предметов или менять его в зависимости от обстоятельств. Они обитают в самых различных местах — в тайге, по берегам рек, в горах, в заброшенных жилищах и посёлках. А. мешают людям на промысле, нападают на одиноких путников и убивают их, приносят всякие несчастья; вселяясь в людей, А. вызывают болезни и смерть. У негидальцев, орочей, ульчей А. называют также тигра, которого почитают наряду с другими мифологическими персонажами. *Е. Н.*

АМБАР-ОНА́, в мифологии узбеков и других народов Хорезмского оазиса покровительница женщин и женских занятий. Жена Хаким-ата, а после его смерти — покровителя крупного рогатого скота Зенги-баба. Вне Хорезмского оазиса представления об А.-о. нечётки. Видимо, в основе образа А.-о. — авестийское божество плодородия *Ардвисура Анахи-*

та. Сохранились мифы о долгих и безуспешных странствиях А.-о. в поисках сына Хубби-Ходжи (типичный сюжет мифа о божестве плодородия). (Хубби-Ходжа, которому приписывалась способность оживлять закланных и съеденных животных, утонувших людей, скрылся в водах Амударьи, устыдившись, что превзошёл отца святостью. Считалось, что он регулирует режим Амударьи, покровительствует плавающим по ней.) К А.-о. обращались за помощью повитухи, знахарки, шаманки. Многие обряды, посвящённые А.-о., связаны с водной стихией, Амударьёй. На носах судов, плававших по Амударье, изображалась голова А.-о. С именем А.-о. связывается также возникновение обряда, призванного стимулировать произрастание посевов — изготовление весеннего кушанья из проросших пшеничных зёрен (сумаляк).
В. Б.

АМБРИ́, у грузин герой, отличающийся громадной силой, ростом и весом. В цикле сказаний об *Амирани* с А. связан мотив «погребения заживо»: ещё живого А. везут к месту погребения двенадцать пар волов, в пути его ноги, свесившись с повозки, подобно плугу вспахивают землю. Последнее даёт основание предполагать, что образ А. возник в среде земледельческого населения. *М. Я. Чиковани.*

АМБРО́ЗИЯ, а м в р о с и я (букв. «бессмертное»), в греческой мифологии пища и благовонное умащение олимпийских богов; поддерживает их бессмертие и вечную юность (таково же действие нектара — напитка богов) (Hom. Il. I 598).

АМЕЙ А́ВИНГ, у кеньа и каянов (о. Калимантан) бог нижнего мира (нижнего яруса пятислойного космоса под верхним небом), промежуточным небом (апо лаган), страной мёртвых (апо кесио) и землёй. Нижний мир во всём подобен земному, отличаясь от него лишь необычайным изобилием; в нём выращивают все растения, в т. ч. рис, которые из него прорастают на землю. Произошёл от безруких и безногих монстров (см. в ст. *Тамей Тингей*). А. а.— отец звёзд и лунных фаз, по некоторым мифам, — также и людей, которых он создал из коры мирового древа. А. а.— покровитель земледелия. Ему приносят жертвы во время праздников урожая и жатвы.
М. Ч.

АМЕНТЕ́Т, в египетской мифологии богиня запада (царства мёртвых); изображалась в образе женщины с иероглифом «аментет» («запад») на голове. Она, как покровительница умерших, протягивала к ним руки, встречая их в стране мёртвых. В период Нового царства образ А. сливался с образом богини *Хатор*. *Р. Р.*

АМЕРТА́Т («бессмертие»), в иранской мифологии благой дух, входящий в состав *Амеша Спента*. Дух растительности. Упоминается с *Аурватом* (Хаурватат), их взаимосвязь восходит к мифологеме мирового дерева и источника живой воды. По «Младшей Авесте», главными врагами этой пары были демоны Тарви и Зарича («Яшт» XIX 96 и «Бундахишн» 30, 29), некогда божества мидийского пантеона.
Л. Л.

АМЕ́ША СПЕНТА́ («бессмертные святые»), А м ш а с п а н д (среднеиран.), в иранской мифологии шесть или семь божеств, ближайшее окружение *Ахурамазды*. Ранние тексты изображают их существами нейтрального рода, другие («Ясна» 21, 1—2 и 39, 3) — мужского и женского, третьи («Ясна» 51, 22) — только мужского. В период раннего средневековья А. С. часто воспринимались как единый персонаж. Многие исследователи, отрицая самостоятельность каждого из А. С., склонны были видеть в них аспекты, аллегории благих качеств Ахурамазды, его эманации. Однако имена пяти А. С. имеют точные соответствия в ведийской мифологии, что указывает на индоиранское истоки этих образов как самостоятельных божеств, а совокупность в целом повторяет древнюю индоиранскую и индоевропейскую схему семибожного пантеона. В состав А. С. входили: *Спента Майнью* («дух святости»), творческая ипостась Ахурамазды; *Воху Мана* («благая мысль»); *Аша Вахишта* («истина»); *Хшатра Вайрья* («власть», с оттенком значения «царство божие»); *Армайти* («благочестие»); *Аурват* (Хаурватат, «целостность»); *Амертат* («бессмертие»).

Аша Вахишта и Воху Мана входят в верховную триаду иранского пантеона, возглавляемую Ахурамаздой. В поздних текстах имеют противников из сил тьмы. А. С. считали также покровителями священных стихий и животных: Воху Мана — покровитель скота, Аша Вахишта — огня, Хшатра Вайрья — металлов, Армайти — земли, Аурват — воды, Амертат — растений. Известен миф о семи явлениях А. С. *Заратуштре* в различных географических пунктах западного Ирана, которые явились началом утверждения на земле зороастрийской веры. Каждый из А. С. в качестве отличительного символа имел свой цветок, например Воху Мана — белый или жёлтый жасмин, Армайти — полэучую мускусную розу, Аурват — лилию и т. д. («Бундахишн» 27, 24).
Л. А. Лелеков.

АМЗА́, у абхазов персонификация луны, одна из семи долей божества *Айтара*. В мифе о происхождении фаз луны А.— муж *Амры* (солнце). А. преследует его сестра — злой дух, догнав его, начинает пожирать. Узнав о беде, появляется Амра и стремится вызволить мужа. Разгоревшийся между сестрой и женой А. спор разрешает верховное божество: на 15 дней оно предоставляет А. злому духу (который за этот срок почти целиком сжирает луну), а на 15 дней — Амре. Ей удаётся подоспеть под самый конец жизни А. (в момент — когда луна на исходе) и лаской, заботой вернуть его к новой жизни. В полнолуние снова вступает в свои права злой дух.

Согласно поверьям, затмение луны происходит из-за того, что на неё нападает чудовище, стремящееся её съесть. Чтобы спасти луну, начинали стрелять по направлению к ней; считалось, что попасть в чудовище может лишь одна пуля из ста.

Существуют мифы о происхождении пятен на луне: коровий навоз, брошенный пастухом вверх и рассыпавшийся по луне; стадо *нарта Сасрыкви*, пасущееся на луне.
Л. А.

АМИ́ДА, А м и́ д а - б у́ ц у, А м и́ д а - н э́ р а й, одно из главных божеств японской буддийской мифологии, будда (соответствует *Амитабхе*), владыка обетованной «чистой земли», куда попадают праведники. В «чистой земле» растут благоуханные ароматные деревья и цветы, в её реках со сладко благоухающими водами резвятся купальщики, по желанию которых вода делается горячей или холодной.

Культ А. проник в Японию не позднее 8 в. Амидаистические японские секты 10—11 вв.— Дзёдо-сю (секта чистой земли) и Дзёдо Син-сю (истинная секта чистой земли) считают А. главным божеством буддийского пантеона. *Г. Г. Свиридов.*

АМИ́К, в греческой мифологии кулачный боец, великан, сын Посейдона и нимфы Мелии, царь племени бебриков в Вифинии (Малая Азия). А. нападал на иноземцев, посещавших страну, и убивал их ударами кулака. Когда сюда приплыли аргонавты, А. предложил любому из них сразиться с ним в кулачном бою. Вызов принял Полидевк — один из *Диоскуров*, и, несмотря на страшную силу А., убил его (Apoll. Rhod. II 1 след.; Hyg. Fab. 17). Согласно варианту мифа, Полидевк, одержав победу, пощадил А. и взял с него обещание впредь не нарушать законов гостеприимства и не обижать иноземцев (Theocr. XXII 27 след.). *М. Б.*

АМИ́КЛ, в греческой мифологии: 1) спартанский царь, сын Лакедемона и Спарты, брат *Эвридики*, отец Кинорта и *Гиакинфа*, эпоним города Амиклы (Apollod. I 9, 5; III 10, 3); 2) единственный оставшийся в живых сын Ниобы и Амфиона (Apollod. III 5, 6). *Г. Г.*

АМИМО́НА, в греческой мифологии одна из пятидесяти дочерей аргосского царя *Даная*. Посейдон, разгневавшись на аргосцев, объявивших свою землю принадлежащей не ему, а Гере, лишил страну воды. А. с сёстрами были посланы отцом на поиски источника. Во время поисков А., метнув дротик в оленя, попала в спящего сатира, который после этого попытался овладеть ею. Спас А. неожи-

данно появившийся Посейдон, с которым она разделила ложе (сыном А. и Посейдона был Навплий — эпоним города Навплия). Посейдон открыл А. источники в Лерне (Apollod. II 1, 4). По другой версии (Hyg. Fab. 169), Посейдон метнул в сатира трезубец, ударивший в скалу, откуда забил ключ, называвшийся сначала именем А., а затем Лернейским.
А. Т-Г.

АМИНОН, у осетин страж ворот страны мёртвых, существо женского пола. А. по распоряжению владыки загробного мира *Барастыра* открывает железные ворота в страну мёртвых. Попасть туда можно только до заката солнца, после этого ворота закрываются. Ср. сохранившуюся у осетин традицию хоронить умерших до заката солнца.
Б. К.

АМИНТОР, в греческой мифологии царь города Ормения (Фессалия) или беотийского Элеона, отец *Феникса*. Ослепил сына по наговору наложницы Фтии. А. был убит Гераклом за отказ выдать за него дочь Астидамию (Diod. IV 37, 5) или просто впустить Геракла в Орменей (Apollod. II, 7, 7). А. принадлежал знаменитый шлем, из которого во все стороны торчали кабаньи клыки (по-гречески «аминторы»); этот шлем потом достался Одиссею (Hom. Il. X 254—272).
Г. Г.

АМИР, герой лакского героического эпоса. Родился от связи охотника с алмас хатун (см. *Ал паб*). Огромного роста, А. обладает сверхъестественной силой, поднимает на дороге огромные валуны и сбрасывает их в пропасть, отчего происходят землетрясения; в охоте ему помогают солнце и луна. А.— богоборец; он похитил (ради замерзавших в горах девушек) огонь у бога *Зала*, бросил вызов Залу в состязании. Разгневанный бог приковал А. к скале железными цепями. От слёз А. они ржавеют, становятся тоньше, но кузнецы ударами молота по наковальне снова их утолщают. Лишь орёл знает, где прикован А. А. близок груз. *Амирани*.
Х. Х.

АМИРАНИ, герой грузинского мифа и эпоса. А., согласно сванской версии, рождён богиней охоты *Дали* от смертного безымянного охотника. В некоторых более поздних вариантах отцом А. называется кузнец или крестьянин. Преждевременно рождённый, А. дозревал в желудке быка (тёлки). Божественное происхождение А. отмечено изображением луны и солнца на его плечах, а также тем, что некоторые части его тела — золотые. А. огромного роста, глаза у него с сито, он похож на чёрную тучу, готовую разразиться ливнем. А. наделён неутомимостью волка, силой двенадцати пар быков и буйволов, стремительно летящего вниз с горы бревна; он настолько могуч, что земля с трудом выдерживает его (хотя он и не может тягаться силой и ростом с *Амбри*). В большинстве вариантов сказаний сила А. обусловлена магическим благословением крёстного отца (мотив крещения, по-видимому, вытеснил более древний мотив инициации); в древнейшей версии сказания А. получил в младенчестве силу от омовения в воде волшебного родника, принадлежавшего Игри-батони. В подвигах А. («борьба с дэвами, вешапи») участвуют его «побратимы» Бадри и Усипи. А. был проглочен вешапи, но имеющимся при нём алмазным ножом он разрезает брюхо вешапи и выходит вовне обновлённым. При этом А. вставляет в разрез рёбер вешапи плетёнку, чтобы поглощённое драконом солнце могло сжечь её и освободиться от А. А. похищает небесную деву *Камари*, вероятно, олицетворяющую небесный огонь, одолев в битве её отца — повелителя погоды и грозовых туч, властелина *каджей*.

За богоборчество А. прикован к скале в пещере Кавказского хребта. Его печень постоянно клюёт орёл, а преданная А. собака лижет цепь, стараясь источить её. Однако ежегодно в четверг страстной недели (в тушетском варианте — в ночь под Рождество) приставленные богом кузнецы обновляют цепь. По древним поверьям, раз в семь лет пещера разверзается, и можно увидеть А. А. близок *Прометею* и *Абрскилу*.
М. Я. Чиковани.

АМИСАН, в корейской мифологии гора. У подножия А. жили вместе с матерью брат и сестра, великаны. Однажды они решили состязаться в силе и выносливости. Проигравший платил жизнью. Брат должен был в тяжёлых башмаках на железной подошве пройти за день путь в 150 вёрст до столицы и обратно, а сестра — воздвигнуть каменную стену вокруг А. Когда к вечеру стена была почти сооружена (кроме ворот), мать позвала дочь поесть. Брат тем временем вернулся и, выиграв, отрубил сестре голову. Вскоре мать сообщила ему, что она виновата в том, что его сестра не закончила стену. Тогда он решил лучше погибнуть, чем жить бесчестным. Он вонзил себе в грудь меч, который, отлетев, ударился о гребень горы А. и сделал в нём впадину, как у двугорбого верблюда. Гора А. находится в провинции Чхунчхон-Пукто.
Л. К.

АМИТАБХА («неизмеримый свет»), один из будд в буддийской мифологии махаяны и ваджраяны. Упоминания об А. отсутствуют в литературе хинаяны. Основным каноническим текстом, связанным с представлениями об А., является «Сукхавативьюха» (1 в. н. э.). До достижения состояния будды А. был *бодхисатвой* по имени Дхармакара. Много *кальп* назад он принял решение создать особое поле будды, обладающее всеми совершенствами, где могли бы возрождаться все страдающие существа, уверовавшие в А. После достижения состояния будды А. создал это поле — рай *сукхавати* и стал им управлять. В «Амитаюрдхьяна-сутре» (7 в.?) приводятся способы созерцания (в общей сложности шестнадцать), при помощи которых можно достичь сукхавати. Культ А. возник, по всей вероятности, в Индии в начале нашей эры. Особенно широкое распространение культ А. получил в Японии, где известен как *Амида*. В ваджраяне А.— один из пяти дхьянибудд (см. в ст. *Будда*). В *мандале* дхьянибудд А. находится на западе, он красного цвета, сидит на павлиньем троне в позе созерцания, держа чашу подаяния в руках. Его *праджней* считается Пандаравасини, и из неё эманирует бодхисатва *Авалокитешвара*. Земным соответствием А. считают *Шакьямуни*. Ваджраянский А. широко почитается в Тибете и в других странах распространения тибетского буддизма. Его земным проявлением считают панчен-ламу. Иконография А. популярна у буддистов Центральной Азии и Южной Сибири (Тибет, Монголия, Бурятия).
Л. Э. Мялль.

В поздней ваджраяне А. и Амитаюс чётко различаются и имеют каждый свою иконографию. В Китае при династии Тан (618—907) повсеместно были распространены стенные росписи и иконы с изображением сукхавати в центре с А., окружённым сонмом святых, перед которыми возле лотосового пруда играют музыканты и пляшут танцоры. Молитвенные обращения к А.— «Амито-фо!» (кит. транскрипция санскр. имени) обычны среди масс китайских буддистов. В Корее А. известен как Амитха.
Л. Н. М.

АМИТАЮС (тиб. «цхе дпаг мед»; кит. «у лян шоу», «неизмеримая жизнь»), божество долголетия в буддизме, особая форма будды *Амитабхи*. В «Сукхавативьюхе» он фигурирует в качестве одного из эпитетов *Амитабхи*. Постепенно эта особенность Амитабхи начинает выделяться из ряда других его свойств, и в «Амитаюрдхьяна-сутре» А. является уже одним из основных названий Амитабхи. Представления об А. как особой форме Амитабхи возникло, по-видимому, вследствие характерной для ваджраяны персонификации различных свойств и признаков главных божеств пантеона. Самый ранний из известных текстов, в которых А. выступает как самостоятельное божество,— молитва, приписываемая Цзонкабе (1357—1419). Это позволяет предположить, что культ А. возник в Тибете в 13—14 вв. Наибольшего распространения поклонение А. достигло в 16—18 вв. в Тибете и в Монголии, а также в Китае, где А. вошёл в состав смешанного буддийско-даосского пантеона. В молитвах, обращённых к нему, содержатся просьбы о даровании не только долгой жизни, но и здоровья и богатства.
Г. А. Леонов.

АМИФАОН, Амитаон, в греческой мифологии основатель Иолка, сын Кретея и *Тиро*, брат *Ферета*. От дочери Ферета Идоменеи имел сыновей Бианта и Мелампа (Apollod. I 9, 11; Paus. V 8, 1). Как Эакиды были знамениты своей силой, Атриды — богатством, так потомки А.— ясновидением. *Г. Г.*

АММ, в йеменской мифологии божество, почитавшееся в государстве Катабан; бог луны; бог-предок, покровитель и владыка страны. Обладал также чертами бога земледелия. Возможно, ипостась *Илу*; слово «А.» [«дядя (со стороны отца)»], вероятно, являлось первоначально прозвищем, заменявшим запретное имя бога. В катабанском пантеоне А. занимал второе место, вслед за *Астаром*, третье место — сын А. и его супруги *Асират — Анбай*. Государство обозначалось «А. и Анбай и ... (имя правителя) и Катабан»; катабанцы именовались «дети А.»; законы страны принимались в храме А. Хатабум (находившемся в столице Катабана Тимна) «по решению» А. Его священным животным был бык, символами — молния и серп луны (ср. *Алмаках*). А. почитался во многих ипостасях. А., видимо, родствен западносемитский бог луны Амму, очевидно, тождественный *Иариху*. Был связан с *Варафу* и *Хавкам*, вероятно, как царь богов или отец «младшего поколения» богов. *А. Г. Л.*

АММА, Хамман, Аммей («мать»), в дравидской мифологии общее наименование богинь. А. функционируют и как ипостаси общеиндийской богини-матери (Дэви), и как местные богини, выступающие под разными именами, различающиеся по своему облику. Таковы *Коттравей* (слившаяся затем с общеиндийской Дургой), Бхагавати (богиня-разрушительница), Мариямман («мать дождя»), Минакши («рыбоглазая»), Канниямма («мать-девственница»), Нили («синяя»), Хулиямма («мать-тигрица») и др. А. свирепы, необузданны и кровожадны. Насылают болезни (оспу, холеру, желтуху), несчастья, засуху. Для их умилостивления совершаются обряды, включающие кровавые жертвоприношения, оргиастические пляски, песнопения. Ублаготворённые, А. покровительствуют людям, защищают от болезней, обеспечивают урожай и процветание. *А. Д.*

АММА, в мифах догон верховное божество, демиург. Согласно одному из вариантов космогонического мифа, мир принадлежит 14 А., к-рые господствуют над 14 землями (мирами), расположенными друг над другом: 7 — наверху, 7 — внизу. Наша земля — первый из нижних миров; она заселена людьми, а шесть других — хвостатыми «людьми». В верхних мирах живут рогатые «люди», они посылают на землю болезни, бросают камни грома и молнии. Земля — круглая и плоская, окружена морской водой, всё вместе обвивает, как обод, громадная змея, прикусившая свой хвост. Каждая земля имеет свои небо, солнце, луну. Через центры земель проходит железная ось, вокруг которой вращаются диски земель. А. каждой земли живёт на небе. Старший и самый могущественный — А. земли, заселённой человеком.

Согласно варианту мифа о сотворении, А., подобно гончару, создал из глины солнце и луну, землю. Землёй стал сжатый А. и пущенный им в пространство ком глины, который принял форму женского тела. А. сделал землю своей супругой. Первому совокуплению А. с землёй помешал термитник, который пришлось срезать (эксцизия). Это привело к аномалии — рождению непарного существа, шакала *Иуругу* (при благоприятных обстоятельствах должны были родиться близнецы). От второго соития А. с землёй родились близнецы *Номмо*. После того как Иуругу совершил инцест, соединившись со своей матерью и таким образом осквернив её, А. решил создать живые существа без её участия. Он сделал из глины первую человеческую пару (мужчину и женщину). Номмо дали людям души и наделили их полом (чтобы соблюдалось правило рождения близнецов), начертив для этого на земле и наложив один на другой два контура — мужской и женский. Женская душа мужчины устраняется при обрезании, мужская душа женщины — при эксцизии. Человеческая пара, созданная А., породила восемь первопредков, из которых четыре старших были мужчинами, а четыре младших — женщинами. Все они были андрогинами (двуполыми) и могли самооплодотворяться. От них произошли восемь родов догон. *Е. С. Котляр.*

АМОГХАСИДДХИ («безошибочно удачливый»), в буддийской мифологии один из будд. В текстах хинаяны и махаяны А. не упоминается, в ваджраяне А. — один из пяти т. н. дхьяни-будд, глава семьи кармы (см. *Будда*). В *мандале* дхьяни-будд А. находится на севере, зелёного цвета, его поднятая до уровня груди правая рука символизирует бесстрашие. Его *праджней* является *Тара* и из неё эманирует *бодхисатва* Вишвапани. Земным проявлением А. считают будду грядущего мирового порядка *Майтрею*. *Л. М.*

АМОН («сокрытый», «потаённый»), в египетской мифологии бог солнца. Центр культа А. — Фивы, покровителем которых он считался. Священное животное А. — баран. Обычно А. изображали в виде человека (иногда с головой барана) в короне с двумя высокими перьями и солнечным диском. Почитание А. зародилось в Верхнем Египте, в частности в Фивах, а затем распространилось на север и по всему Египту. Жена А. — богиня неба *Мут*, сын — бог луны *Хонсу*, составлявшие вместе с ним т. н. фиванскую триаду. Иногда его женой называли богиню Амаунет. А. и Амаунет — одна из четырёх пар гермопольской *огдоады*. Первоначально А. был близок фиванскому богу войны *Монту*. С возвышением XII династии (20—18 вв. до н. э.) А. отождествляется с ним (Амон-Ра-Монту) и вскоре вытесняет его культ. В период Среднего царства с А. отождествляется также бог плодородия *Мин*. В эпоху XVIII (Фиванской) династии Нового царства (16—14 вв. до н. э.) А. становится всеегипетским богом, его культ приобретает государственный характер. А. отождествляют с богом солнца *Ра* (Амон-Ра, впервые это имя встречается в «Текстах пирамид»), он почитается как «царь всех богов» (греч.— Амон-Ра-Сонтер, егип.— Амон-Ра-несут-нечер), считается богом-творцом, создавшим всё сущее (и в частности, его ставят во главе гелиопольской *эннеады* и гермопольской огдоады богов). В А. невидимо (что следует из самого его имени) существуют все боги, люди, предметы. А. отождествляется с *Гором* (Амон-Ра-Гарахути), *Хапи* (Амон-Хапи), *Нуном, Птахом, Хепри, Себеком, Хнумом* и др. С А. связано обожествление фараона, почитавшегося как его сын во плоти (считалось, что фараон рождается от брака А. и царицы-матери, к которой бог является в образе её мужа). А. и фараон едины как владыки мира, его заботливые правители. А. играет ведущую роль в коронационных мистериях. Он дарует победы войску фараона. А. почитается и как мудрый, всеведущий бог, верный заступник, защитник угнетённых «везир для бедных».

Крупнейший и наиболее древний храм А. — Карнакский (в Фивах). Во время праздника А. («прекрасного праздника долины») из него при огромном стечении народа выносили на барке статую А. Воплощённое в ней божество изрекало в этот день свою волю, вещало оракулы, решало спорные дела. *Р. И. Рубинштейн.*

Культ А. получил распространение в Куше (Древней Нубии), где также приобрёл государственный характер. Среди многочисленных местных ипостасей А. главная роль принадлежала А. храма Напаты. Оракулы этого храма избирали царя, который после коронации, совершавшейся в храме, посещал святилища А. в Гемпатоне и Пнубсе, где подтверждалось его избрание. *Э. К.*

АМРА, у абхазов персонификация солнца, одна из семи долей божества *Айтара*. В мифе о происхождении фаз луны А. выступает в облике прекрасной женщины, жены *Амзы* (луна). *Л. А.*

АМРИТА («бессмертный»), в индуистской мифологии божественный напиток бессмертия (ср. греч. *Амброзия*). Представление об А. непосредственно связано с ведийскими представлениями о *соме*; в стают как враги бога и людей — *бесы*. Представление о том, что за всем неживым стоит живое, каждый процесс руководим чьим-то умом, космос в каждой своей части населён и трепещет от невидимых воль, сознаний, душ (ср. афоризм др.-греч. философа Фалеса: «всё полно богов»), является общим для всех мифологий и лежит в основе натуралистического язычества. Но в монотеистических религиозно-мифологических системах происходит преобразование этих представлений: действующие в мире духи уже не живут сами по себе и для себя, они ответственны перед единым богом как его «служебные духи», от него и для него получают своё бытие, достоинство, место в мире, обязаны ему воинской верностью и воинской дисциплиной. Провозглашённая монотеизмом пропасть между внеприродным, трансцендентным богом и его миром, между «творцом» и «творением» потребовала для раскрытия миру сокровенной «божьей воли и славы» А. как «вестников» бога. Ветхозаветные тексты неоднократно подчёркивают незримость Яхве, и в этом контексте упоминания появляющегося в известных ситуациях «ангела Яхве» выглядят как указания на явление (в лице А.) самого Яхве. Описанная в книге Бытия лестница от небес до земли, приснившаяся *Иакову*, по которой сходят и восходят А., в то время как наверху восседает сам бог (Быт. 28, 12—13),— характерный символ этой медиации (посредничества) между «горним» и «дольним», между богом и миром. Иудаизм и ислам в сущности знают самораскрытие бога только через его «славу», персонифицируемую в А. (Евр. 2, 2 называет Тору «через ангелов возвещённое слово», а в Коране агентом откровения выступает ангел *Джибрил*). В христианстве догмат о вочеловечении бога существенно ограничивает роль осуществляемой А. медиации. В новозаветных текстах подчёркивается, что слова Иисуса Христа — прямое откровение бога, обошедшееся без посредничества А. (о превосходстве Христа над А.— Евр. 1). Тем не менее А. возвещают и славят рождение Христа, возвещают его воскресение и вознесение, являются апостолам, участвуют в апокалиптических сценах.

Описание А. в различных вероисповедных системах и в различные исторические периоды очень отличается (даже в Библии оно далеко не единообразно), но выявляет и некоторые сходные черты. Так, А.— это «бесплотные умы», они «бестелесны», т. е. не связаны тяжестью тела человека или животного, его подверженностью плотским нуждам; если они не имеют специального намерения быть увиденными, человеческие глаза их обычно не воспринимают. Однако лишь весьма поздно «бесплотность» А. интерпретируется как полная нематериальность. Ни в библейских текстах, ни в народных верованиях вопрос о материальности или нематериальности А. не ставится; часто предполагается, что А. обладают телом особого рода, «духовным» телом. Природа А. обычно описывается через уподобление наиболее тонкому, лёгкому и подвижному в материальном мире — огню, ветру и особенно свету. А. «огневидны»; имея в виду ряд библейских текстов, Псевдо-Дионисий Ареопагит (5 — нач. 6 вв.) отмечает их сродство с огнём молнии и с очистительным огнём жертвоприношения («О небесной иерархии», VII, 1). Есть легенды об А., поднимающихся в столбе жертвенного дыма, как в эпизоде жертвоприношения будущих родителей Самсона (Суд. 13, 20—21). В позднеиудейской и христианской мифологии древнее представление об огненной природе А. испытывает воздействие стоической доктрины о всепроникающем и животворящем духовном огне — «огненной пневме». В ветхозаветном видении Исайи (Ис. 6, 6—7) серафим совершает над пророком инициацию при посредстве очистительно-опаляющего раскалённого угля с жертвенника (ср. также А. в виде огненных колёс — *офаним* — Иезек. 1; 10). Отсюда близость А. к «огненным» небесным светилам, звёздам и планетам (термин «воинство небесное», обозначающий в иудаизме, христианстве и исламе А., в семитических языческих культах прилагался к астральным божествам).

Согласно мистическим преданиям иудаизма, каждый архангел соединён с одной из планет (*Гавриил* — с Луной, *Рафаил* — с Меркурием и т. д.). Что касается ветра, то сродство с ним природы А. тем более бросается в глаза, что древнееврейский, арамейский и арабский языки обозначают «дух» и «ветер» одним и тем же словом (руах, руха, рух). В одном из ветхозаветных псалмов поэт обращается к Яхве, шествующему «на крыльях ветров» (или «на крыльях духов»): «ты творишь вестниками твоими (А. твоими) ветры (духов), служителями твоими — огонь пылающий» (Пс. 103, 3—4). В новозаветном Апокалипсисе А. имеют власть над ветрами (Апок. 7, 1). Наконец, А. — это «А. света», их тела и одежды как бы состоят из света, обладая его лёгкостью, быстротой и блистательностью. Само слово «свет» входит в состав традиционного еврейского имени одного из А. (*архангелов*) — Уриил (Уриэль).

А. находятся в особенно близких отношениях — но уже отношениях не сродства, а власти — с самыми различными стихийными силами и объектами социального и природного космоса, как распорядители, управители и хранители светил, родников, растений и животных, облаков и дождей, небесных сфер, а также человеческих индивидов и коллективов — городов, стран, народов, церковных общин и т. п.

Эти темы особенно обстоятельно трактуются в иудейском апокрифе «Книга Еноха» (2 в. до н. э.). К отдельным людям приставлены А.-хранители, ведающие образованием их тел в чреве матери (Тертуллиан, «О душе», 37), а затем сопровождающие их на всех путях жизни; но более великие А. ведают целыми народами: архангел *Михаил*, выступающий как «князь» (евр. сар, в греч. переводе «архонт») еврейского народа, вступает в борьбу с «князем» Персии (Дан. 10, 13). В «Книге Еноха» упомянут как один из А. Метатрон («стоящий у престола»), некий везир бога и как бы А.-хранитель всего мира. А., заступившие место языческих божеств, демонов и гениев природы и человеческой жизни, могли порой затмевать в народном сознании верховного единого бога, монотеистический принцип как таковой. Гностики приписывали А. сотворение материального мира. Тем важнее было для ортодоксии всех трёх монотеистических религий подчеркнуть, что А. от бога получили своё бытие, что они отделены от него различием более принципиальным, нежели различие между ними и людьми, и безусловно ему подчинены. Бесконечное множество А. (по Дан. 7, 10 — «тысячи тысяч», по Иоанну Златоусту, христианскому проповеднику кон. 4 — нач. 5 вв.,— число, реально не имеющее предела) как бы оттеняет трансцендентное единство бога монотеизма. Со времён позднебиблейского иудаизма считалось бесспорным, что бог сотворил А., и спорили только о времени их сотворения (по мнению авторитетов Талмуда, во второй день творения, по иудейской «Книге Юбилеев», близкой времени возникновения христианства,— на первый, по мнению христианского писателя 4—5 вв. Иеронима,— задолго до сотворения мира). Покорность А. богу (подчёркиваемая, между прочим, в 21-й суре Корана) ещё более бесспорна. Согласно наиболее распространённой и ортодоксальной версии, А. предстают либо безупречными воинами бога, либо изменниками в виде бесов.

Однако на периферии традиций иудаизма и христианства существовало предание об А., оставшихся нейтральными в час небесной битвы между верными воинами бога и врагами бога и ныне дожидающихся окончательного приговора на страшном суде (Данте в III песни «Ада» «Божественной комедии» отзывается о них с большим презрением); есть также мусульманские легенды об А., не безусловно злых и не отрекающихся от бога, но претерпевающих постыдное грехопадение (Харут и Марут). Впрочем, на архаической стадии мифологии иудаизма небесные враги человека вроде *сатаны* ещё не воспринимались как явные враги бога [сатана в книге Иова (1, 6) входит в число «сынов Элохим», т. е. А., и выступает перед богом в роли наушника]; впоследствии сходная неясность продолжает существовать в отношении столь важного мифологического персонажа, как А. смерти (евр. Самаэль, мусульм. малак аль мавт, Коран 32, 11, позднее *Израил*), предстающий одновременно как враг бога и как исполнитель его приказов. Служение А. богу систематически описывается в двойкой системе образов: в образах космического воинствования и в образах культового действа. Образ небесного воина и военачальника по преимуществу — архангел Михаил, «архистратиг воинства небесного», антагонист сатаны. Космическая литургия А., упоминаемая и в иудаистических текстах, и в Коране (21, 20), описываемая в Апокалипсисе (15), особенно волновала воображение христианских писателей, проповедников и живописцев Византии. Для христианской традиции важен аспект непричастности А. плотским страстям, как бы их девственничество. Иначе говоря, рядом с образами А.-слуг, А.-воинов и А.-священнослужителей встаёт ещё один образ — А.-монахов (ср. Матф. 22, 30). По преданию, коптский монах Пахомий (4 в.), впервые введший для монахов уставную единообразную одежду, скопировал её с одеяния явившегося ему А. Святых аскетов неоднократно называют в житиях и гимнах «земными А.». Уже ессеи, предвосхитившие в иудаизме христианское монашество, были особенно преданы культу А.: по сообщению Иосифа Флавия («Иудейская война», II, 8, 7), они при вступлении в общину клялись сохранять в тайне имена А.

Лишь постепенно создаётся очень сложная иерархия А.— как в иудаизме (различные перечни «рангов» А.), так и в христианстве (см. *Девять чинов ангельских*); в системе этой иерархии «собственно» А. называется девятый «чин».
С. С. Аверинцев.

АНГЕРО́НА, в римской мифологии богиня, изображавшаяся с прижатым к губам пальцем. Её значение было неясно самим римлянам; А. связывали с *манами*, таинственными силами, утешением в горе, исцелением от болезней (Macrob. Sat. I 10, 7—9). Современные исследователи рассматривают А. как богиню смены времён года и родовспомогательницу.
Е. Ш.

А́НГИРАС, в ведийской и индуистской мифологии великий *риши* (в некоторых версиях — один из семи), посредник между богами и людьми, родоначальник класса полубогов ангирасов. Сам А.— третий сын Брахмы, вышедший из его уст, или из семени Брахмы, упавшего на раскалённый уголь (Мбх. XIII); он же — один из десяти прародителей человечества (ср. *Праджапати*). Риши А. приписывалось составление многих гимнов «Ригведы». Позже с этим именем связывался образ установителя законов и астронома. Как астрономическая персонификация А. отождествлялся с Брихаспати, управлявшим планетой Юпитер, или с самой планетой.

Обычные определения А.— «жрец богов» и «господин жертвы». Не случайна его связь с *Агни*, имя которого нередко соединяется или заменяется эпитетом А. Агни и А. связываются и в мифологическом мотиве: А.— сын Уру от Агнеи, дочери Агни. Иногда А.— приёмный сын Агни (Мбх. III). В ряде гимнов имена А. и Агни включаются в анаграмматические ряды. Сыновья А.— Агни (напр., Мбх. XIII), Брихаспати, мудрецы Утатхья (ср. сюжет: соперничество Варуны и Утатхьи, XIII), Самварта (ср. его участие в сюжете о жертвоприношении царя Марутты, XIV, ср. также «Рамаяну» — версия с участием Раваны). Иногда называются и другие сыновья и дочери А. Особенно известен миф о семерых мудрецах, сыновьях А., родившихся в облике медведей и впоследствии ставших семью звёздами Большой Медведицы. Из других потомков А. называют риши Канву, нашедшего и воспитавшего Шакунталу; Маркандею (иногда он даже сын А.), великого мудреца, получившего в дар вечную юность; Гаутаму, великого подвижника (ср. сказание о совращении Индрой жён мудрецов, Мбх. XIII); Качу, внука А. (ср. сказание о *Яяти*, Мбх. I) и других. В более поздних источниках указываются и жёны А.— Смрити — «память», Шраддха — «вера», Свадха — «жертва» (соответствующий возглас), Са-

ти — «истина», имена которых напоминают иранских *Амеша Спента*. В «Бхагавата-пуране» упоминается в качестве жены А. Ратхи Тара. А. используется как синоним Агни или его эпитет.
В. Н. Топоров.

А́НГИРАСЫ, в древнеиндийской мифологии класс полубогов, отличавшихся дивным пением, семь древних мудрецов, считавшихся сыновьями неба и богов (в частности, *Ушас*). В «Шатапатха-брахмане» говорится, что А. происходят от *Праджапати*. Обычно же их отец — *Ангирас*. Поэты называют А. своими отцами (РВ I 62, 2; 71, 2; X 62, 2). А. упомянуты как отцы (класс отцов) вместе с *Атхарваном* и *Бхригу*. С именем А. традиция связывает семью певцов, авторов IX мандалы «Ригведы». А. обновляют мир, обладают жизненной силой.

Основной сюжет с участием А.— поиски коров и их освобождение *Индрой* из пещеры демона *Вала* (ср. III 31 и др.). В некоторых версиях особая роль в этом эпизоде приписывается не Индре, а именно А.: они с пением нашли коров, проломили скалу и освободили их (IV 3, 11; I 62, 1—4), или же *Брихаспати*, один из А., бог молитвы, своим рёвом сокрушил Валу и выпустил коров (IV 50, 5). Тем не менее связь А. с Индрой несомненна: не случайно он называется «главнейшим из А.» (I 100, 4; 130, 3); иногда, впрочем, загон для коров открывает А. не Индра, а *Сома* (IX 86, 23). Сома же жертвуется А. (IX 62, 9). А. принимают участие и в сходных сюжетах о нахождении коров *Пани*; солнца и утренней зари (I 71, 2); правильного пути (III 31, 5); света, священной речи, богатства и т. п.

Из других мотивов существенны: нахождение А. спрятанного в дереве *Агни* (V 11, 6); связь первого жертвоприношения с А. (X 67, 2 и др.); *Рудра* — покровитель А., участвовавших в войне богов с асурами из-за *Тары*, похищенной жены Брихаспати (Вишну-пур. IV и др.); *Тваштар* — спутник А., Яма и А., Ушас и А.
В. Н. Топоров.

АНГИ́ТИЯ, Анагтия, Анагета, в италийской мифологии (у марсов, пелигнов, осков) божество в облике змеи, к которому обращались для исцеления от змеиных укусов (Serv. Verg. Aen. VII 759). Соответствует римской *Ангероне*.
А. Н.

А́НГРБОДА («сулящая горе»), в скандинавской мифологии великанша, родившая от *Локи* в лесу Ярнвид трёх хтонических чудовищ: волка *Фенрира*, змея *Ермунганда* и хозяйку царства мёртвых — *Хель*.
Е. М.

А́НГРО-МА́ЙНЬЮ, Анхра-Манью (авест.), в иранской мифологии глава сил зла, тьмы и смерти, противник *Ахурамазды*, символ отрицательных побуждений человеческой психики. В «Гатах» собственно А.-М. не упоминается: там дух зла и дух добра (*Спента-Майнью*) — близнецы, порождённые Ахурамаздой, избравшие соответственно путь злодеяний и праведности (30; ср. учение *Заратуштры* о свободе выбора каждого человека между добром и злом). А.-М. и Спента-М. в отличие от Ахурамазды действуют на уровне телесной осязаемой реальности «гетик». В «Младшей Авесте» А.-М.— «князь тьмы» со свитой злых духов, последовательно противопоставляющий каждому благому творению Ахурамазды своё отрицательное: он породил всякие прегрешения, чародейство, колдовство, зиму, смерть, болезни, старость, ядовитых пресмыкающихся и насекомых, погубил первочеловека *Гайомарта* и т. п. Как правило, он действовал не сам, а через посредство подчинённых ему демонических сил — *дэвов*. Его усилиями мир оказался разделённым на два противостоящих лагеря добра и зла. Обобщённое обозначение чёрных деяний А.-М. в «Авесте» термином «не-жизнь» иногда воспринималось поздними комментаторами как признак иллюзорности, нереальности А.-М. Но все движущие силы зла (как и силы добра, Ахурамазда) вообще понимались в «Авесте» духовно; телесная оболочка допускалась только для творений духа зла, но не для него самого. Непоследовательность в трактовке образа А.-М. усугублялась тем, что на спекулятивно-теоретическую основу постоянно наслаивались новые толкования и верова-

ния. Их обилие выразилось и во множественности мнений о конечной судьбе А.-М. В «Денкарте» А.-М. как один из творцов миропорядка и полюсов бытия не исчезает полностью. Авторы «Бундахишна», наоборот, предрекали окончательное уничтожение А.-М. В некоторых течениях митраизма А.-М. почитался как верховное божество. В поздних источниках — *Ахриман*.
Л. А. Лелеков.

АН ДАРХА́Н ТОЙО́Н, А а́ н д а р х а́ н т о й о́ н («изначальный важный господин»), у якутов дух — хозяин домашнего очага. Представлялся в виде маленького седобородого старичка. Считался одним из покровителей семьи и рода, верным защитником от злых духов. Поэтому его ежедневно «кормили»: ему давали первый кусок мяса, первую ложку супа и т. д., испрашивая при этом благополучия в жизни. За непочтительное отношение к себе А.д.т. мог наслать незаживающие язвы на коже или сжечь юрту. Считалось, что некоторые люди, особенно шаманы, понимают речь А.д.т. Обращаясь к нему, употребляли такие эпитеты, как кырык тёбё («светлая голова»), бырдья бытык («белеющая борода»), ал уххан эсэ «ал светлый дедушка»).

АН ДАРХА́Н ХОТУ́Н, А а н д а р х а́ н х о т у́ н («изначальная важная госпожа»), у якутов дух — хозяйка земли. Представлялась в виде седой старухи благородной наружности. Считалось, что она обитает на священном родовом дереве. А.д.х. покровительствует произрастанию, от дыхания её детей Эрэкэ-Джэрэкэ весной распускаются деревья и зеленеют травы. От благосклонности А.д.х. зависит благополучная жизнь людей и размножение скота. Весной ей приносили жертву у большого старого дерева (см. *Ал лук мас*), которое обвивали верёвкой из конского волоса, украшенной миниатюрными телячьими намордниками из бересты и пучками конских волос. В героическом эпосе А.д.х. является мудрой советчицей, защитницей главного героя в ряде сказаний. В мифах встречаются другие варианты имени духа — хозяйки земли: А н А л а й х о т у н, А н А л а х ч ы н и др.
Н. А.

А́НДВАРИ («осторожность»), в скандинавской мифологии карлик, обладатель рокового золота. Локи ловит А., плавающего в виде щуки в воде, и отнимает его золотой клад для уплаты выкупа *Хрейдмару* за убитого сына. Изложение сюжета и дальнейшее развитие темы «проклятого золота» см. в статьях *Локи, Нибелунги, Сигурд*.
Е. М.

АНДЖЕ́ТИ, в египетской мифологии бог города Бусириса (др.-егип. Джеду). Изображался в облике человека, стоящего на знаке нома, с двумя перьями на голове, с посохом и плетью (или хлопушкой) в руках. А. рано был отождествлён с *Осирисом*, на которого были перенесены атрибуты А. Посвящённый А. столб «Джед» стал фетишем Осириса.
Р. Р.

АНДРЕ́Й, в христианской мифологии один из *двенадцати апостолов*. Брат *Петра*, галилеянин, рыбачил на Тивериадском озере («море Галилейском») и входил в общину учеников *Иоанна Крестителя* (Ио. 1, 35), пока не был одним из первых (Матф. 4, 18—20) или даже первым (Ио. 1, 40—41) призван *Иисусом Христом* в число апостолов («А. Первозванный»). По преданию (апокрифические «Деяния А.»), проповедовал христианство балканским и причерноморским народам, в частности скифам, и был распят по распоряжению римского магистрата в греческом городе Патры на кресте, имевшем форму буквы «X» (т. н. Андреевский крест).

Судьбы легенды об А. оказались впоследствии переплетёнными с интересами церковной политики. Престиж древнейших центров христианства (прежде всего Рима) был связан с рангом их христианских общин как «апостольских» (основанных апостолами). Когда Константинополь, не имевший воспоминаний такого рода, стал центром православного мира, спорившим о первенстве с католическим Римом, ему понадобилось что-то противопоставить этому; поскольку традиционная причерноморско-балканская локализация проповеди А. давала некоторую возможность связать его с окрестностями Константинополя, возможность эта была использована. Когда же в зону православия вошла Русь, ставшая после падения Византии главной православной державой, возникла потребность отождествить «скифов», которым проповедовал А., со славянами. Уже в «Повести временны́х лет» рассказано, что А. из Херсонеса (Корсуни) дошёл до мест, где в будущем предстояло возникнуть Киеву и Новгороду, благословил эти места (а заодно имел случай подивиться русскому обычаю хлестать себя в бане вениками). Киевская Русь увидела в А. покровителя русской государственности; в императорской России он стал по преимуществу патроном русского военно-морского флота (Петром I был учреждён Андреевский флаг, а также Андреевский орден — старейший из русских орденов).
С. С. Аверинцев.

АНДРОГЕ́Й, в греческой мифологии один из сыновей критского царя *Миноса* и *Пасифаи*. Прославился тем, что победил всех участников Панафинейских игр в Афинах и вызвал зависть афинского царя Эгея, который, чтобы погубить А., отправил его на охоту за марафонским быком; на охоте А. был убит быком (вариант: убит в Фивах завистниками после победы на играх в честь Лая) (Apollod. III 15, 7). Имя А. (от греч. корня andr-) указывает на мужественность. Минос узнал о смерти сына в тот момент, когда приносил жертвы харитам на острове Парос, поэтому с тех пор жертвоприношения этим богиням здесь происходили без музыки и венков.
А. Т.-Г.

АНДРОМА́ХА, в греческой мифологии супруга *Гектора*. Отцом А. был *Ээтион*, царь мисийского города Фивы Плакийские. Во время Троянской войны Фивы были взяты и разорены *Ахиллом*, который убил Ээтиона и семерых братьев А. (Hom. Il. VI 413—428). В «Илиаде» А. представлена верной и любящей женой Гектора, предчувствующей грозящую ему опасность и горько оплакивающей мужа после его смерти (VI 370—502; XXII 437—515; XXIV 723—746). После взятия Трои ахейцами А. лишается своего единственного сына *Астианакта* и как пленница сына Ахилла *Неоптолема* (Пирра) следует за ним в Грецию. В трагедии Еврипида «Андромаха» изображена её горькая доля и притеснения со стороны Неоптолема *Гермионы*. После гибели Неоптолема в Дельфах А. переселяется в Эпир вместе с *Еленом*, чьей женой она становится. От Неоптолема А. имела трёх сыновей, в т. ч. Молосса (эпонима царства молоссов в Эпире) и Пергама; вместе с Пергамом А. после смерти Елена вернулась в свою родную Мисию, где Пергам основал город, названный его именем. В историческое время здесь существовало святилище, посвящённое А. (Paus. I 11, 2).
В. Я.

АНДРОМЕ́ДА, в греческой мифологии дочь эфиопского царя *Кефея* и *Кассиопеи*. В виде искупительной жертвы А. была отдана на съедение чудовищу, которое вместе с наводнением наслали на Эфиопию *Посейдон* и *нереиды* (за то, что мать А. похвалялась перед ними своей красотой). Персей уничтожил чудовище и спас от гибели А., обещанную ему в супруги Кефеем. Прежнего жениха А., брата её отца Финея, устроившего против Персея заговор, тот с помощью головы горгоны Медузы превратил в камень (Apollod. II 4, 3; 4, 5). В память о подвигах Персея А. была помещена Афиной среди звёзд (Gs.-Eratosth. 17).
А. Т.-Г.

АНДУМБУ́ЛУ («маленькие красные люди»), в мифах догон духи, от которых люди (догон), переселившиеся в мифические времена из Страны манде в район нынешнего обитания, получили дары культуры, знание обрядов и др. Существует двойной ряд мифов, дублирующих введение всех этих важнейших «открытий»: впервые это происходит у А. и повторно — у людей: так совершается двойное открытие волокон и масок, двойное появление смерти, двойное введение обычаев и т. п.
Е. К.

АНДХАКА («слепой»), в индуистской мифологии тысячеглавый и тысячерукий *асура*, сын *Кашьяпы* и *Дити*, прозванный А. из-за своей спотыкающейся, как у слепого, походки. А. был убит *Шивой*, когда пытался похитить с неба *Индры (Сварги)* дерево *Париджату*. Из крови А. возникли демонические существа — андхаки, которых Шива истребил с помощью *шакти* (Хариванша II 145—146; Матсья-пур. 179 2—40; 252 5—19). Согласно другой версии, А. был усыновлён Шивы и родился слепым, ибо в момент его рождения *Парвати* закрыла ладонями Шиве глаза. Затем А. был усыновлён асурой *Хираньякшей*, враждовал с богами, но однажды, подхваченный Шивой на трезубец, очистился от злых помыслов и стал его приверженцем (Шива-пур. II 5, 42; Курма-пур. I 15 и др.).

П. Г.

АНЗУ́Д (шумер.), **Анзу́** (аккад., прежнее чтение З у, Имдугу́д, Им-Дугу́д, «буря — ветер»), в шумеро-аккадской мифологии птица божественного происхождения, представляемая в виде львиноголового орла (позднее, приблизительно с 14 в. до н. э. — в виде гигантского орла).

На памятниках изобразительного искусства (главным образом на глиптике) часто изображён в геральдической композиции — когтящим двух оленей (или других животных). В надписях упоминается начиная с 26 в. до н. э. (тексты из Фары, теофорные имена). В мифах А. обычно выступает как посредник между земной и небесной сферами, соответственно — между богами и людьми, он одновременно воплощает и доброе, и злое начала. В шумерском мифе о *Лугальбанде* А. помогает ему выбраться из недоступных гор Хуррум. В мифе *«Гильгамеш, Энкиду и подземный мир»* Гильгамеш изгоняет с дерева хулуппу А., живущего в его ветвях.

В аккадском мифе А. украл инсигнии Эллиля (*Энлиля*) и таблицы судеб (см. в статье *Ме*), чтобы стать могущественнее всех богов, и улетел в горы. Из-за этого нарушились все божественные законы (мотив, известный по мифу о боге *Эрре*). Богиня-мать Дингирмах (*Нинмах*) отправляет против Анзу бога войны Нинурту (вариант — *Нингирсу*) и даёт ему в дорогу семь ветров. Бог настигает Анзу и посылает вдогонку птице стрелу. Но, обладая таблицами судеб, Анзу в состоянии заклинаниями излечить рану. Бог одолевает птицу только после третьей (второй?) попытки. А. — эмблема бога Нингирсу.

В. К. Афанасьева.

АНИГА́Л, у осетин покровитель пчеловодства. А. — древнее божество, пришедшее, по-видимому, от аланов. А. может послать богатый урожай мёда, сберечь пасеку от дурного глаза. Пчеловоды жертвовали ему долю мёда. Культ А. сохранился в Северной Осетии.

Б. К.

А́НИЙ, в греческой мифологии сын Аполлона и Ройо (Schol. Lykophr. 580; Steph. Byz.). Когда отец Ройо Стафил увидел, что дочь беременна, он посадил её в ящик и пустил в море. Ящик прибил к Евбее, где Ройо родила сына, получившего имя от греч. ania («тягость», «мука»). Аполлон перенёс младенца на Делос, где А. овладел искусством прорицания. От Дориппы (выкупленной им фракийской рабыни) имел трёх дочерей (Элайо, Спермо и Ойно, которых прозвали Ойнотрофами) и трёх сыновей (Андрос, Миконос и Трасос). Дочерей А. Дионис одарил способностью получать из земли масло, зерно и вино (Apollod. epit. III 10). Первые два сына стали эпонимами двух кикладских островов, третий сын был растерзан делосскими собаками (с тех пор на Делосе нельзя было держать собак; Ovid Ib. 477; Schol. Hyg. Fab. 247).

Г. Г.

АНИ́Т, в греческой мифологии титан, выкормивший «Владычицу» — аркадскую Персефону; статуя А. находилась в её храме вблизи Акакесия (Paus. VIII 37, 5).

Г. Г.

АНИ́ТУ, ни́ту, аи́ту, ату́а, оту́а, тупу́а, кало́у, в мифах народов Океании духи. А. невидимы, но могут временно воплощаться в животных (акул и др. рыб; рукокрылых, свиней; червей; птиц и др.), растения. А. вневременны. Человек в состоянии на время лишить А. силы или даже погубить. После христианизации населения наименование А. во многих полинезийских языках стало осмысляться как «Бог».

М. С. П.

АНКА́, в мусульманской мифологии птицы, созданные аллахом совершенными, но затем враждебные людям. Предание связывает А. с упоминаемым в Коране народом *асхаб ар-расс*, который был спасён пророком Ханзалой, уничтожившим птиц. В некоторых вариантах предания указывается, что А. не исчезли полностью, но встречаются крайне редко. А. сходны с птицами *феникс*, обитавшими, как считали античные авторы, в аравийской пустыне. Мусульманская традиция отождествляла А. с *симургом* — вещей птицей в иранской мифологии.

М. П.

АНКЕ́Й, в греческой мифологии: 1) из Тегеи, сын Ликурга, отец Агапенора, участник похода аргонавтов и Калидонской охоты, на которой был убит вепрем (против вепря А. выступил с секирой, как против жертвенного животного) (Hom. Il. II 609; Apollod. I 8, 2; I 9, 16; Hyg. Fab. 14); 2) самосец, сын Посейдона (или Зевса), правитель лелегов, муж Самии — дочери реки Меандр (Paus. VII 2), участник похода аргонавтов (Apollod. I 9, 23). В мифе о винограднике А. произошло слияние тегейского и самосского А. Один из слуг А. произнёс пророческие слова (ставшие поговоркой, CPG I, 71; Schol. Apoll. Rhod. I 188): «Многое может случиться, пока подносишь чашу к губам» (букв. «Между краем килика и краем губ — большое расстояние»). Когда А. захотел попробовать вино первого урожая, вдруг получил известие, что огромный вепрь (калидонский вепрь) разоряет виноградник; 3) илийский герой, кулачный боец, побеждённый Нестором (Hom. Il. XXIII 635).

Г. Г.

АНКУ́, у бретонцев посланец смерти. Обычно считалось, что А. становится человек, умерший в какой-то местности последним в году. Приход А. предвещал смерть; представлялся в облике высокого человека с длинными белыми волосами или скелета, везущего повозку для умерших, по бокам которой шествовали двое подручных.

С. Ш.

А́ННА ПЕРЕ́ННА (от annus, «год» и perennis, «вечный, непрерывно длящийся»), в римской мифологии богиня наступающего нового года (начинавшегося в Риме до реформы 46 до н. э. Юлия Цезаря — в марте). Празднество в честь А. П. приходилось на 15 марта, приносились жертвы в честь богини как государственными, так и частными лицами (Macrob. Sat. I 12, 6). В священной роще на Тибре справлялся праздник, сопровождавшийся пиром.

Впоследствии с А. П. связывались две версии мифа: по одной, — она была сестрой *Дидоны*; из Карфагена она прибыла к *Энею* в Италию. Спасаясь от преследований ревнивой жены Энея *Лавинии*, А. П. утопилась в реке Нумиции и стала нимфой этой реки. По другой версии, А. П. была старухой, кормившей пирогами удалявшихся на священную гору плебеев, которые в благодарность установили её культ (Ovid. Fast. III 523 след.).

Е. Ш.

АНТАГО́Р, в греческой мифологии пастух, одолевший *Геракла* в борьбе за овцу из своего стада, когда Геракл высадился на острове Косе по пути из Трои (Plut. Quest. graec. 58; Schol. Theocr. VII 5).

Г. Г.

АНТА́РИКША, в ведийской и индуистской мифологии воздушное пространство, промежуточная космическая зона между небом и землёй. Иногда А. называется раджас («мрак», «тьма») или самудра («море») и описывается уже начиная с «Ригведы» как тёмное, чёрное, заполненное облаками, туманами, водой. А. населяют гандхарвы, апсары, якши; с А. связаны Индра, Рудра, маруты, Парджанья, Вата, Ваю, Апас, Трита Аптья, Ахи Будхнья, Аджа Экапад, Апам Напат, Матаришван. А. делится или на три части (две нижние части доступны человеческому восприятию, а третья, недоступная, принадлежит *Вишну*), или на две части (нижнюю — «земную» и «небесную»), из которых нижняя может находиться под землёй и отождествляться с местонахождением солнца (*Савитара*) ночью. Нередко А. уподобляется земле (горы — облака, семь потоков и т. п.).

В. Т.

АНТЕЙ, в греческой мифологии сын Посейдона и богини земли Геи, великан. Его местопребывание — Ливия, где он уничтожает чужеземцев, вызывая их на бой. Славился неуязвимостью, но был неуязвим до тех пор, пока прикасался к матери-земле. Геракл на пути к саду Гесперид встретил А. и одолел его, оторвав от земли и задушив в воздухе (Lucan. Pharsal. IV 593—653). Миф об А. отражает борьбу героев с миром хтонических чудовищ. Победа над А. была изображена на фронтоне храма Геракла в Фивах (Paus. IX 11, 6).

А. Т.-Г.

АНТЕНОР, в греческой мифологии один из троянских старейшин, советник *Приама*. Перед началом *Троянской войны* А. принимал у себя в доме *Одиссея* и *Менелая*, прибывших в качестве послов для переговоров о возвращении *Елены* (Hom. Il. III 203—224). По одной из версий, троянцы не только отвергли предложения Одиссея и Менелая, но и пытались их убить, и лишь вмешательство А. спасло ахейских вождей (Apollod. epit. III 28). После поражения *Париса* в поединке с Менелаем А. настаивал в народном собрании троянцев на выдаче Елены (Hom. Il. VII 347—353), поскольку в противном случае была бы нарушена клятва, данная Приамом и Агамемноном в присутствии троянского и ахейского войск (III 262—312). Благодарные А. ахейцы при захвате Трои оставили в неприкосновенности его дом, а двум его сыновьям — Главку и Геликаону — Одиссей и Менелай сохранили жизнь (Apollod. epit. V 21; Paus. X 26, 8).

Согласно римской традиции, восходящей к греческим источникам 6—5 вв. до н. э., А., покинув землю Троады, основал колонию на С. Италии (Verg. Aen. I 242—249). Эта версия, вероятно, связана с отождествлением племён италийских венетов с пафлагонским племенем энетов, союзников Трои.

В. Я.

АНТИАНИ́РА, в греческой мифологии предводительница амазонок после гибели *Пенфесилеи*. Погибла в сражении со скифами, которые уговаривали амазонок сойтись с ними, поскольку у них целы руки и ноги, тогда как своих мужей амазонки калечили, ломая им бедро или локоть. Ответ А.— «лучше спать с хромым» — стал пословицей (Schol. Theocr. IV 62; Schol. Hom. Il. III 189; CPG II 2).

Г. Г.

АНТИГОНА, в греческой мифологии: 1) дочь фиванского царя *Эдипа* и *Иокасты* (вариант: Эвригании, дочери царя флегиев). Сопровождала изгнанного из Фив слепого отца в его скитаниях; после смерти Эдипа возвратилась на родину как раз к началу осады Фив семью вождями (см. *Семеро против Фив*). Когда царь Фив *Креонт* после гибели в единоборстве братьев А. *Этеокла* и *Полиника* велит похоронить первого со всеми почестями, а второго, как изменника, оставить непогребённым, она, несмотря на царский запрет, под угрозой смерти решается предать земле тело брата. Слабая и нерешительная сестра А. *Исмена* боится нарушить запрет Креонта, и А. одна совершает над Полиником символический обряд погребения. Схваченная стражниками, А. отстаивает перед Креонтом свою правоту: приказ смертного не может отменить «не писанных, но прочных божественных законов», повелевающих ей исполнить священный долг и предать погребению родного по крови человека. Креонта эти доводы не убеждают, и он заключает А. в пещеру, где она должна погибнуть от голода. А., оказавшись в заточении, кончает жизнь самоубийством. Её примеру следует проникший в пещеру *Гемон*.

Этот вариант мифа, получивший наибольшее распространение, восходит к трагедии Софокла «Антигона». По другой версии, А. вместе с Исменой похоронили Полиника и после этого пытались бежать в Аргос, но были настигнуты сыном Этеокла Лаодамантом (по этому варианту, у обоих сыновей Эдипа были взрослые дети) и искали спасения в храме Геры в Платеях. Лаодамант поджёг храм, и сёстры сгорели в нём заживо. По другой версии, А. вместе с женой Полиника Аргией выкрала его тело у заснувшей стражи и возложила на погребальный костёр, где уже лежало тело Этеокла. Аргии удалось после этого бежать, а А. схватила стража. Вариантом этой версии является похищение тела Полиника одной А.; т. к. ей не под силу нести его, она тащит тело волоком, поэтому ещё в историческую эпоху участок от места единоборства братьев до погребального костра назывался «волок Антигоны» (Paus. IX 25, 2). В основе этого варианта лежало фиванское сказание, согласно которому пламя над погребальным костром сыновей Эдипа разделилось на два языка, не сливавшихся друг с другом. Первую литературную обработку этот эпизод получил у Каллимаха в «Причинах» (1-я половина 3 в. до н. э.); затем он повторяется у многих греческих и римских авторов. Иначе был изложен миф в несохранившейся трагедии «Антигона» Еврипида: А. воспользовалась при погребении Полиника помощью Гемона, поэтому Креонт то ли осудил их обоих на смерть, то ли поручил Гемону казнить А. Развязкой было появление Диониса, который повелевал Креонту женить молодых и, вероятно, предсказывал рождение их сына. К трагедии 4 в. до н. э. восходит вариант, по которому Гемон получал приказ казнить А. и сообщал отцу об исполнении приказа, но в действительности прятал А. у пастухов и жил с ней как с женой. Родившийся у них сын, достигнув юношеского возраста, был опознан Креонтом, когда прибыл в Фивы, чтобы участвовать в состязаниях. Несмотря на вмешательство Геракла, Креонт требовал казни А., и Гемон убил А., а затем себя (Hyg. Fab. 72); 2) дочь Эвритиона, жена *Пелея*; повесилась, получив известие о неверности мужа (Apollod. III 13, 1—3); 3) дочь Лаомедонта, сестра Приама. Поспорила с Герой, что её волосы красивее, чем у богини, и за это Гера превратила локоны А. в змей, но боги пожалели её и превратили в цаплю — птицу, поедающую змей (Ovid. Met. VI 93; Serv. Verg. Aen. I 27, Georg. II 320).

В. Н. Ярхо.

АНТИЙ, Антей, в греческой мифологии сын Одиссея и Кирки, основатель италийского города Антий (Steph. Byz.).

Г. Г.

АНТИКЛЕЯ, в греческой мифологии дочь *Автолика*, супруга *Лаэрта*, мать *Одиссея*. По одной из версий мифа, А., уже предназначенная в жёны Лаэрту, сошлась с гостившим в доме отца *Сисифом*, от которого и родила Одиссея (Eur. Iphig. A. 524, 1362). Потеряв надежду на возвращение сына, А. скончалась от тоски и встретилась с сыном только в аиде, куда Одиссей спустился, чтобы узнать от *Тиресия* о своём будущем (Hom. Od. XI 140—224).

В. Я.

АНТИЛОХ, в греческой мифологии сын *Нестора*. Как один из женихов *Елены* А. отправился на Троянскую войну, сопровождая своего отца. А. принёс *Ахиллу* известие о смерти *Патрокла* и участвовал в погребальных играх в честь убитого (Hom. Il. XVIII 2—34; XXIII 301—613).

А. спас отца, теснимого союзником троянцев Мемноном, но сам погиб героической смертью (Pind. Pyth. VI 28—43). Разгневанный Ахилл выступил против Мемнона и сразил его, как ранее убил Гектора (Apollod. epit. V 3).

В. Я.

АНТИНОЙ, в греческой мифологии предводитель женихов *Пенелопы*, домогавшихся её руки в отсутствие *Одиссея*; самый знатный и самый наглый из них. По его совету женихи устроили засаду сыну Пенелопы и Одиссея Телемаху, чтобы убить его при возвращении на Итаку (Hom. Od. VI 660—672); их замыслам не достиг цели только благодаря вмешательству Афины, покровительствовавшей Телемаху. А. много раз оскорблял Одиссея, явившегося во дворец под видом нищего странника, и *Эвмея*, который его привёл. Он устроил на потеху женихам драку Одиссея с нищим Иром (XVIII 32—50). Погиб от первой же стрелы Одиссея, которая пронзила его горло в тот момент, когда он подносил к губам кубок с вином (XXII 8—21).

В. Я.

АНТИНОЯ, в греческой мифологии: 1) дочь *Кефея*, перенесшая в Аркадию Мантинею — город, основанный в другом месте одним из сыновей *Ликаона*; дорогу А. показывал змей, в честь которого был назван протекающий рядом ручей Офис («змей») (Paus. VIII 8, 4); 2) дочь Пелия, сестра Астеропы; обманутые *Медеей*, сёстры присутствовали при убийстве и варке отца, от которого ничего не осталось для погребения; А. и Астеропа бежали в Аркадию (Paus. VIII 11,3).

Г. Г.

АНТИО́ПА, в греческой мифологии дочь фиванского царя *Никтея*. Забеременев от Зевса, явившегося к ней в образе сатира, А. в страхе перед гневом отца бежала из Фив в Сикион, где стала женой царя *Эпопея*. Никтей перед смертью завещал своему брату *Лику* насильно вернуть А. в Фивы. Лик отправился в поход на Сикион, убил Эпопея и привёл домой пленённую А., которая по дороге у подножия горы Киферон разрешилась двойней — *Амфионом* и *Зетом* (по приказу Лика они были брошены на произвол судьбы). А., терпевшая в течение многих лет притеснения со стороны Лика и особенно его супруги Дирки, однажды бежала из Фив и нашла своих сыновей, которых подобрал и воспитал пастух. Узнав мать и услышав о её страданиях, они пошли походом на Фивы, свергли Лика, а Дирку казнили, привязав её к рогам свирепого быка (Apollod. III 5,5). По другой версии мифа, Дирка сама обнаружила бежавшую А. и поручила Амфиону и Зету, которых она считала сыновьями пастуха, казнить эту женщину. Узнав от пастухов, что обречённая на казнь — их мать, Амфион и Зет освободили А., а к рогам привязали Дирку (Hyg. Fab. 8).

Встреча А. с сыновьями и последующие события составляли сюжет трагедии Еврипида «А.», сохранившейся фрагментарно (frg. 179—227; Suppl. Eur., p. 9—22).

В. Н. Ярхо.

2) Амазонка, дочь Ареса (Hyg. Fab. 241), сестра *Ипполиты*, захваченная в плен Тесеем (вариант: похищенная Тесеем и Пирифоем) и родившая от Тесея *Ипполита*. Из-за А. амазонки напали на Афины, но были разгромлены, причём А. была убита стрелой *Молпадии*, а ту убил Тесей (Paus. I 2, 1—2; Plut. Thes. 26); по другим вариантам, А. убил Тесей (Hyg. Fab. 241; Ovid. Heroid. IV 117); 3) дочь Эола, родившая от Посейдона *Беота* и *Эллина* (Hyg. Fab. 157); 4) дочь *Теспия*, родившая от Геракла Алопия (Apollod. II 7, 8).

Г. Г.

АНТИ́Ф, в греческой мифологии: 1) сын Фессала, вместе с братом Фидиппом царствовал на Косе, выставил 30 кораблей против Трои (Hom. Il. II 676; Hyg. Fab. 97); вместе с Фидиппом и Тлеполемом участвовал в посольстве к *Телефу* (Dict. Cret. II 5); после разрушения Трои прибыл к пеласгам, захватил их страну и назвал её в честь отца Фессалией (Apollod. epit. VI 15); 2) сын Приама и Гекубы, вместе с братом Исом был захвачен в плен *Ахиллом* на Иде, но отпущен за выкуп, а потом убит Агамемноном (Hom. Il. XI 101; Hyg. Fab. 113); 3) сын итакийца Эгиптия, друга *Одиссея*, брат жениха Пенелопы Эвринома; последним из спутников Одиссея был съеден Полифемом (Hom. Od. II 19).

Г. Г.

АНТИ́ХРИСТ (греч., «противохристос»), в христианской мифологии противник *Иисуса Христа*, который явится в конце времён и возглавит борьбу против Христа, но будет им побеждён. Уже ветхозаветная эсхатология связывала с приближением конечной победы *Яхве* особенно тяжёлые испытания и выступление ожесточённейшего из врагов (роль Гога в книге Иезекииля), в триумфе над которым сила Яхве обнаружится над всем миром. Для складывания образа «противника бога» важен был опыт эпохи Маккавеев, когда иудеи увидели в лице эллинистического царя Антиоха Эпифана (2 в. до н. э.) сознательного врага своей религии. В Новом завете А.— это «человек греха», воплощающий в себе абсолютное отрицание заповедей бога (2 Фесс. 11, 3 и 7). «Кто же он такой? — спрашивает византийский толкователь этого места Нового завета Феофилакт Болгарский (11 — нач. 12 вв.).— Не сатана ли? Нет, но некий человек, принявший всю его силу». А.— посланник *сатаны*, действует по его наущению. Царство А.— царство морального зла, где «люди будут себялюбивы, сребролюбивы, горды, надменны, злоречивы, непослушны родителям, неблагодарны, нечестивы, немилостивы, неверны слову, клеветники, невоздержны, безжалостны, чужды любви к добру, предатели, наглы, напыщенны, любящие наслаждения больше бога» (2 Тим. 3, 2—4). А. воплощает в себе абсолютное отрицание христианской веры, прихода во плоти Иисуса Христа (1 Ио. 4, 3; 2 Ио. 1, 7). Всякий отрицатель телесной реальности воплощения логоса условно назван в Новом завете «А.» по своей мистической связи с эсхатологическим явлением А. Этот А.— космический узурпатор и самозванец, носящий маску Христа, которого отрицает, он стремится занять место Христа, быть за него принятым. Роль А. как «лжеца» реализуется в его лицемерии, имитирующем добродетель Христа, и в его ложном чудотворстве, имитирующем чудеса Христа. Если дьявол, по средневековому выражению, «обезьяна бога», то А.— «обезьяна Христа», его фальшивый двойник. (Иконографическая традиция изображения А., давшая на рубеже 15 и 16 вв. фрески Л. Синьорелли в соборе итальянского города Орвието, максимально приближает его облик к облику Христа, в то же время наделяя его горделивым, унылым и неуверенным выражением.) Евангельское изречение говорит, что А. «придёт во имя своё» (Ио. 5, 43), его самоутверждение — последовательная негация самоотречения Христа: если Христос в «земной жизни» добровольно отказался от божественного сана, ему принадлежащего, то А. хищнически присвоит этот сан, ему не принадлежащий, «в храме божием сядет он, как бог, выдавая себя за бога» (2 Фесс. 2, 4). Одни черты сближают его с предвосхищающими его образами лжепророков и чародеев (вроде Симона Волхва), другие — с деспотами (вроде Навуходоносора или Антиоха Эпифана). Как и эти деспоты, А.— кровавый гонитель всех «свидетелей» истины, утверждающий свою ложь насилием; он сделает, «чтобы убиваем был всякий, кто не будет поклоняться образу зверя» (Апок. 13,15) — в Апокалипсисе, где фигура А. дана особенно ярко, он наиболее отчётливо сохранил черты древней мифологии («зверь, выходящий из бездны» — 11, 7). В числе его жертв — два «свидетеля» и могущественных чудотворца, которых традиция отождествила с ветхозаветными праведниками *Енохом* и *Илиёй*. Общий срок творимых А. гонений — 42 месяца, т. е. три с половиной года (13, 5), что в зеркальном отражении отвечает продолжительности проповеди Христа. Погубит А. очная встреча с явившимся (второе пришествие) Христом (2 Фесс. 2, 8). Новозаветный текст даёт «число зверя» — 666 (Апок. 13, 18); обычно это понимается так, что ему должна равняться сумма числовых значений еврейских или греческих букв имени А. Уже первые века христианства дали ряд интерпретаций этого числа (напр., Εὐάνθας, «цветущий», ходовое слово императорской пропаганды, Ἀμνὸς ἄδικος, «неправедный агнец», т. е. лживая копия Христа-агнца, и т. д.). Новейшие гипотезы чаще всего связывали число 666 с именами римских императоров Нерона, Домициана.

Средневековые толкователи (Августин Блаженный, Феодорит Кирский, Григорий Великий и др.), комбинируя новозаветные данные с теми или иными ветхозаветными пророчествами, выстраивали развёрнутый сюжет жизни А. Обычно предполагалось, что А. будет иудеем из колена Данова. Наряду с этим существовало очень древнее и сохранившееся вплоть до 18 в. представление об А. как об ожившем и чудесно возвращающемся Нероне. Местом рождения А. считали Вавилонию, ибо Даново колено, по преданию, ушло именно туда; кроме того, Вавилон был популярным библейским символом мятежа против бога. По некоторым версиям, А. должен родиться от блудницы, принимаемой за девственницу (пародия на девственное зачатие Христа), от монахини, нарушившей обет (как будущее воплощение отступничества), или от кровосмесительной связи. Распространив славу своих мнимых добродетелей и чудес, победив в войне трёх царей — египетского, ливийского и эфиопского (ср.

Дан. 11, 42—43), он захватит мировое господство и сделает себя предметом поклонения то ли в оскверняемых христианских церквах, то ли в восстановленном для этой цели Иерусалимском храме. Почти все отступятся от веры; горсть оставшихся верными укроется на Масличной горе (место Гефсиманского сада — последнего приюта Христа). Когда наступит срок, гибель воинства А. будет совершаться от третьего часа (около девяти часов утра) до вечера, и долина между Масличной горой и Иерусалимом наполнится кровью. По некоторым версиям, А., спасаясь от приближения Христа, поднимется на высокую гору и затем бросится вниз.

С. С. Аверинцев.

АНТРОПОС (греч., «человек»), в представлениях позднеантичного мистического синкретизма и особенно христианского или околохристианского гностицизма духовный первочеловек как божественное существо, прототип и эманирующий исток для духовного и материального мира, а также для человека (как эмпирической реальности); иногда — один из *эонов*. Генезис мифологемы А. восходит к Индии (образ *Пуруши*) и к Ирану (образ *Гайомарта*). Имели значение и некоторые аспекты библейской традиции, а также платоновской доктрины об идее как предвечном первообразе эмпирического явления. Соединяя в себе мужскую и женскую сущность, А. на разных уровнях своего бытия есть верховный бог («первый А.»), но также и отображение и эманация «первого А.», в силу грехопадения соединившаяся со своим земным подобием *(Адам)*, присущий всем людям как бессмертное начало («дух», «внутренний человек», «великочеловек») и в них дожидающийся своего конечного освобождения из мрака материи и тирании *архонтов*. Доктрины об А. получили развитие в манихействе и в еврейской каббале *(Адам Кадмон)*, а также в христианских ересях. В мистике ортодоксального христианства им до некоторой степени отвечает учение о том, что «как в Адаме все умирают, так во Христе все оживут» (1 Кор. 15, 22), рассматривающее Иисуса Христа как абсолютную парадигму человеческой сущности и постольку «нового Адама», а также о реальном присутствии Христа и святого духа в душе верующего (а через таинства — и в его плоти): «... не я живу, но живёт во мне Христос» (Гал. 2, 20).

С. С. Аверинцев.

АНТУ(М) (аккад.), в шумеро-аккадской мифологии женское соответствие *Ана*. В двуязычном шумеро-аккадском мифе о возвышении *Инанны* Ан возводит Инанну в «ранг» А. и делает её своей супругой. Впоследствии в аккадской мифологии А. строго отличалась от Иштар (Инанны), по мифу города Урука, дочери Ану и А.

В. А.

АНУБИС (греч.), И н п у (егип.), в египетской мифологии бог — покровитель умерших; почитался в образе лежащего шакала чёрного цвета или дикой собаки Саб (или в виде человека с головой шакала или собаки). А.-Саб считался судьёй богов (по-египетски «саб» — «судья» писался со знаком шакала). Центром культа А. был город 17-го нома Каса (греч. Кинополь, «город собаки»), однако его почитание очень рано распространилось по всему Египту. Отождествлялся с богом-волком *Упуатом*. В период Древнего царства А. считался богом мёртвых, его основные эпитеты *Хентиаменти*, «владыка Ра-сетау» (царства мёртвых), «стоящий впереди чертога богов». Согласно «Текстам пирамид», А. был главным богом в царстве мёртвых, он считал сердца умерших. Однако постепенно с конца 3-го тыс. до н. э. функции А. переходят к *Осирису*, которому присваиваются его эпитеты, а А. входит в круг богов, связанных с мистериями Осириса. Вместе с *Исидой* он ищет его тело, охраняет его от врагов, в некоторых версиях мифа — погребает его, присутствует на суде Осириса.

А. играет значительную роль в погребальном ритуале; одной из важнейших функций А. была подготовка тела покойного к бальзамированию и превращению его в мумию (эпитеты Ут и Имиут определяют А. как бога бальзамирования). А. приписывается возложение на мумию рук и превращение покойника в *ах*; А. расставляет вокруг умершего в погребальной камере *Гора детей* и даёт каждому канопу с внутренностями покойного для их охраны. А. тесно связан с некрополем в Фивах, на печати которого изображался лежащий над девятью пленниками шакал. А. считался братом бога *Баты*, что отразилось в сказке о двух братьях. Дочь А.— *Кебхут*. По Плутарху, А. был сыном Осириса и *Нефтиды*. Древние греки отождествляли А. с *Гермесом*.

Р. И. Рубинштейн.

АНУКЕТ, в египетской мифологии богиня, дочь *Хнума* и *Сатис*, владычица Сехела — одного из островов архипелага в районе первого нильского порога. Почиталась в Верхнем Египте и в Нубии. Священное животное А.— антилопа (газель). В обращённом к ней гимне говорится: «Ты приводишь реку и оплодотворяешь землю твоим именем».

Р. Р.

АНУННАКИ, а н у́ н (н) а (шумер., предположительно, «семя князя», по-видимому, *Энки*), в шумеро-аккадской мифологии группа родственных между собой земных, подземных и отчасти небесных божеств, а также специальное обозначение хтонических (земных и подземных) божеств. Под именем А. издавна, по-видимому, объединялись божества различных местных пантеонов — упоминаются А. из Эреду(г)а, из Лагаша и т. д.; в старовавилонских текстах постоянным местом их обитания называется священный город Ниппур. В шумерских текстах времени образования единого пантеона (III династия Ура, 21 в. до н. э.) отец А.— *Ан*, «приказавший им родиться» на «горе небес и земли» *(Дуку)*; в послешумерских текстах их создание приписывается *Мардуку*. Число А. по разным текстам различно — от 7 до 600 (распространённое число — 50); Мардук делит 600 А. на 300 «верхних» (небесных) и 300 «нижних» (богов подземного мира). Функции А. не очень ясны, но, видимо, главная из них — определять людские судьбы. В ряде текстов А.— боги-заступники, боги-покровители. К А. относятся многие главные и второстепенные боги (характеризуемые в таком случае эпитетами: «первый среди А.», «благороднейший среди А.», «герой А.» и т. д.). А.— посредники в общении людей и богов, их именем скрепляются клятвы. Отдельную группу представляют А.— боги (а часто и судьи) подземного мира (напр., в текстах цикла «Инанна-Думузи», см. в ст. *Инанна*). В аккадское время более или менее чёткое разделение всех богов на две родовые группы: А. как богов земли и подземного мира и *игигов* как космических богов.

В. К. Афанасьева.

АНУШАВАН СОСАНВЕ́Р [от иран. *Ануширван* и армянского сосанвер (соси — «платан» и нвер — «дар, посвящение»)], у армян внук *Ара Гехецика*, умный, одарённый юноша; воплощение платана или священной рощи платанов близ Армавира (столица и религиозный центр древнеармянского Араратского царства). К А. С. как к духу священного платана обращались за предсказанием будущего (в роще гадали по шелесту листьев деревьев). Судя по этимологии имени, А. С. ассоциировался, по-видимому, с цикличностью возрождения растительности.

С. Б. А.

АНУШИРВА́Н (фарси, «бессмертная душа»), А н у - ш а г р а в а́ н (пехлеви), вошедший в легенды, частично мифологизированный царь из иранской династии Сасанидов — Хосров I Ануширван (правил в 6 в.). Имя А., отличавшегося, согласно легендам, мудростью и справедливостью, стало нарицательным для образа справедливого царя. Легенды об А. переданы в «Шахнаме».

И. Б.

АНФЕЙДА, в греческой мифологии дочь Гиакинфа. Вместе с сёстрами Эглеидой, Литеей и Орфеей была привезена в Афины Гиакинфом из Лакедемона и принесена в жертву на могиле киклопа Гереста, когда в Афинах начался мор; жертва не возымела действия, и оракул повелел афинянам понести кару, какую возложит на них Минос (Apollod. III 15, 8).

Г. Г.

АНФЕ́Я, А н т е́ я (букв. «цветущая»), в греческой мифологии прозвище Геры, Афродиты и других богинь.

АНХИ́С, в греческой и римской мифологиях отец *Энея*. Когда А. пас стада в окрестностях горы Ида, к нему явилась пленённой его красотой Афродита, выдавшая себя за дочь фригийского царя Отрея. Сблизившись с А., богиня открыла ему, что родит от него славного героя Энея, но запретила разглашать тайну их брака (Hymn. Hom. IV 53—291). Однако А. во время пирушки с друзьями нарушил запрет и был за это сражён молнией Зевса (по древнейшему варианту, очевидно, насмерть, т. к. «Илиада», несколько раз называющая Энея сыном Афродиты и А., не упоминает последнего среди живых). По более поздней версии, А. от молнии Зевса лишился сил или ослеп. В ночь падения Трои Эней вынес А. на своих плечах из горящего города (Verg. Aen. II 699—723). А. скончался в пути, по одним источникам, в Аркадии у горы Анхисии (Paus. VIII 12, 8), по другим, — в южной Италии или Сицилии. Эней устроил в честь отца погребальные игры, к которым римляне возводили Троянские игры, отмечавшиеся вплоть до периода империи. Миф о любви Афродиты и А., имеющий аналогию в многочисленных греческих мифах о соединении богинь со смертными, был использован для укрепления своего авторитета римским родом Юлиев, возводивших через Энея своё происхождение к богине Венере. *В. Я.*

АНХУ́Р, в греческой мифологии сын царя *Мидаса*. После того как в Келенах образовалась трещина, в которую Мидас должен был, согласно оракулу, бросить самое дорогое, что у него было, А., поняв, что ни золото, ни серебро не заставят землю сомкнуться, сам ринулся туда верхом на коне, после чего трещина исчезла (Plut. Parall. 5). *Г. Г.*

АНЦВА́, у абхазов и абазин верховное божество, творец природы и людей (распространён эпитет «нас породивший»), повелитель и вседержатель мироздания. Обладает всеми совершенствами: всемогуществом, всеведением, абсолютной благостью, безграничностью, неизменяемостью и т. п. Пребывает на небе (эпитет «вверху находящийся»). Когда он спускается с неба, гремит гром, когда поднимается — сверкает молния. Гром и молния — его карающая сила против злых духов; согласно некоторым мифам, он направляет их против *Аджныша*. Мать А. — из рода Хеция (от абхазского ахяца, «граб»), поэтому молния никогда не поражает грабовые деревья. Его представляют молодым красивым мужчиной, либо седым старцем; в одном из вариантов мифов он одет в кожаное одеяние, у него золотые подошвы, в его руке плеть, которой он высекает молнии. Во многих мифах А. и *Афы* отождествлены. В абхазском героическом эпосе с А. состязается богоборец *Абрскил*. *Л. А.*

АНЧУ́ТКА, в восточнославянской мифологии злой дух, одно из русских названий чертенят, по всей видимости, происходящее от балтийского названия утки (ср. литов. *ančiutė*, «маленькая утка»). А. связан с водой и вместе с тем летает; иногда А. называют водяным, беспятым. Обычные его эпитеты — «беспятый» («беспятая»), «роговый», «беспалый» — означают принадлежность к «нечистой силе». *В. И., В. Т.*

А́НША («часть», «доля»), в ведийской мифологии божество из класса *адитьев*. Определённых описаний А. не существует; оно сходно по своим функциям с *Дакшей*. А. выделяет долю при жертвоприношении (РВ II 1, 4), упоминается в связи с *Ашвинами*. *В. Т.*

А́НША́Р И КИ́ША́Р, в аккадской мифологии божества, отец (Аншар) и мать (Кишар) бога неба Ану (*Ан*). Родители А. и К. — чудовища-божества Лахму и Лахаму (см. в ст. *Лахама*). В 1-м тыс. до н. э. Аншар был (по «народной этимологии») отождествлён с главным богом Ассирии *Ашшуром* и возвысился над всеми богами. В ассирийской (из Ашшура) версии поэмы «Энума элиш» главный герой поэмы не *Мардук* (как в вавилонской версии), а Аншар-Ашшур. *В. А.*

А-НЮЙ, Э-нюй, в китайской мифологии мать правителя *Чжуань-сюя*.

А́О, в древнекитайской мифологии плавающая в море гигантская черепаха, на спине у которой лежат три священные горы — Инчжоу, *Пэнлай* и Фанчжан, где живут бессмертные. А. фигурирует в цикле мифов о *Нюй-ва*. В средневековой китайской литературе А. стала символом достижения высшей учёности и высших учёных степеней. Выражения «голова А.» или «стоящий на голове А.» употреблялись как метафорические обозначения первого лауреата столичных экзаменов, «пик А.» — придворной Академии Ханьлинь. Эта символика связана и с популярными изображениями духа Полярной звезды *Куй-сина*, которого рисовали стоящим на спине А. В отдельных случаях А. изображали как рыбу, иногда и с человеческой головой. *Б. Р.*

А́О («день», «свет»), **А́хо**, у полинезийских народов (особенно в Зап. Полинезии) воплощение светлого первоначала, огня, мужской силы. От союза А. с *По* возникают облака, дождь, часть звёзд, водяные потоки и водоёмы, по некоторым версиям мифа, и первые люди. *М. С. П.*

А́О БИН, в китайской народной мифологии дух созвездия Хуагай («цветной балдахин»), состоящего из девяти звёзд и прикрывающего сверху трон *Тянь-ди*. В народе А. Б., однако, более известен как третий сын царя драконов (см. *Лун-ван*) Восточного моря Ао Гуана. А. Б. представляли в человеческом облике, с копьём в руках, восседавшим на морском чудовище. В фантастической эпопее 16 в. «Возвышение в ранг духов» рассказывается, как А., появившись из морских глубин, пытался усмирить богатыря-малолетку *Нэчжа*, который не давал покоя жителям подводного царства. Однако А. был убит Нэчжа. *Б. Р.*

АПАККЬЙТ ЛОК, у качинов Бирмы человек, утративший бессмертие. А. жил в Майяушингранум, прародине качинов. Девять раз он становился стариком, но юность возвращалась к нему. Однажды он пошёл на рыбную ловлю. В лесу поймал спящую белку. Решив подшутить над соседями, он сунул белку, которая так и не проснулась, в вершу и нарядил вершу в свою одежду. Соседи это увидели и подумали, что А. умер. Стали готовиться к погребальному обряду. Сумри — жизненный принцип человека, который находился в А., отправился к верховному духу солнца, но дух увидел, что нить, связывающая сумри с человеком, цела. На землю были направлены посланцы для выяснения дела. Когда люди танцевали похоронный танец, они задели одежды на верше, и всё обнаружилось. Тогда верховный дух в гневе перерезал нить. В результате А. заболел и вскоре умер. После него стали умирать и другие люди. Миф интересен объяснением смерти нарушением космологического порядка — помещением древесного животного в рыболовную снасть. *Я. Ч.*

АПА́М НА́ПАТ («сын вод»), в ведийской мифологии божество, связанное с водой и огнём. Занимает второстепенное место в пантеоне. В «Ригведе» ему посвящён один гимн (II 35). Нередко выступает как эпитет *Агни*, с которым А. Н. в ряде случаев отождествляется или смешивается (отмечены и переходные ситуации: А. Н. — «дитя Агни», V 41, 10). А. Н. иногда выступает и как эпитет *Савитара*. А. Н. — золотой, блестящий; он одет в молнию, возник из золотого лона, растёт в укрытии, живёт в высочайшем месте. В то же время А. Н. — «сын вод» (III 9, 1), окружён ими, оплодотворяет «сын», связан с реками (Синдху и др.), дарует сладкие воды; жир — его еда; он приходит на землю и порождает все существа (II 35, 2, 8). Показательна связь А. Н. с *Аджа Экападом*, *Ахи Будхньей* и др.; ср. также мотив золотого яйца, зародыша (солнца). А. Н. — божество индоиранского происхождения (ср. авест. *Апам-Напат*). *В. Т.*

АПА́М-НАПА́Т (авест., «потомок воды», «отпрыск воды»), в иранской мифологии один из *ахуров*, дух воды. Представление об А.-Н. восходит к эпохе индоиранской общности (ср. ведийского *Апам Напата*). С того же времени сохраняется представление об огненной природе А.-Н. как персонификации

грозовой молнии, неразрывно связанной с водной стихией. В «Яште» (XIX) сохранились фрагменты древних мифов о том, как А.-Н. укрыл в глубинах озера Ворукаша от дракона *Ажи-Дахаки* фарн. Там же сообщается, что А.-Н. создал человеческий род.
И. Б.

АПАОША (авест.), в иранской мифологии дэв засухи. В «Яште» VIII («Тир-Яшт») рисуется борьба *Тиштрии* (выступающего в образе белого коня) против А. (выступающего в образе «чёрной лошади, лысой, с лысыми ушами, с лысой шеей, с лысым хвостом, тощей, безобразно пугающей»). В этой борьбе А. терпит поражение.
И. Б.

АПАС («воды»), персонифицированные космические воды в ведийской мифологии. В «Ригведе» им посвящено четыре гимна (VII 47, 49; X 9, 30); несколько раз к ним обращаются в «Атхарваведе». А.— богини, матери, юные жёны. Они и небесные, и земные, и море — их цель. Ими руководит *Савитар, Индра* выкапывает для них русло, они следуют путём богов, притекают на жертвоприношение, рассыпают блага. В них обитает *Варуна*, повелитель космических вод, окружающих вселенную; отсюда он видит истину и ложь в мире людей; в водах же находится *Агни* — «сын вод». А. целительны и охраняют здоровье, они связаны с мёдом, смешивают мёд с молоком, иногда их отождествляют с небесной *сомой. Сома* приближается к ним, как любовник к девам. Они очищают от грязи, от вины, греха, лжи, проклятья. Можно предполагать индоевропейские истоки культа обожествлённых вод; ср. поклонение водам в «Авесте». См. также *Апам Напат*.
В. Т.

АПАТЭ, в греческой мифологии персонификация лжи. Дочь Никты (Hes. Theog. 224). Согласно орфической Теогонии (frg. 101 Abel.), А. от Зелоса (персонификация ревности) рождает Афродиту. По варианту мифа, А. и Зелос приняли из морской пены новорождённую Афродиту.
Г. Г.

АПЕДЕМАК, в мифологии Куша (Древней Нубии) бог войны и плодородия, покровитель царской власти. Почитался в эпоху Мероитского царства, его главные святилища находились в Мусавварат-эс-Суфре, Наге, Мероэ. В храме в Мусавварат-эс-Суфре А. изображён с луком в руке, на верёвке он ведёт пленника. Возможно, там происходили празднества, во время которых символически утверждались сила царя и его способность к управлению. В храме в Наге А. представлен с головой льва (символом царской власти), в виде львиноголовой змеи или многоруким и трёхглавым. Вытеснив *Осириса*, он выступает здесь как супруг *Исиды*.
Э. К.

АПИ́, в скифской мифологии богиня, отождествлённая Геродотом (IV 59) с греч. *Геей*, что отражает её функцию богини земли. Имя возводится к иран. корню со значением «вода». А.— божество земли и воды, т. е. нижней зоны космоса, поглощающего и порождающего начала, супруга *Папая*. В сохранённых античными авторами изложениях скифских мифов А. не упоминается, но функционально, а также по месту в сюжете и в космологической структуре ей соответствует семантически близкий персонаж — дочь реки *Борисфен* (Herodot. IV 5), дочь реки *Аракс* (Inscriptiones Graecae XIV, № 1293a, строки 94—97), рождённая землёй или обитающая в пещере нимфа (Herodot. IV 9; Diod. II 43) и др. В этих текстах данный персонаж характеризуется как существо с женской верхней и змеиной нижней частями тела, иногда — с растущими из плеч змеями. Соответствующие этим описаниям изображения полиморфного женского существа новотны на скифских древностях. Брак А. или идентичной ей персонажа с Папаем имеет космологический характер: от него происходит средняя зона космоса, в т. ч. человеческий род в лице *Таргитая*. В некоторых изложениях скифского мифа женский персонаж, соответствующий А., фигурирует в качестве супруги первочеловека, что позволяет реконструировать для скифской мифологии обычный в традициях ираноязычных народов мотив инцеста первого человека с собственной матерью. В этих версиях у богини рождаются три (два) сына: прародители скифских родов (*Липоксай, Арпоксай и Колаксай*) или разных народов (*Агафирс, Гелон и Скиф*).
Д. С. Раевский.

АПИС, в египетской мифологии бог плодородия в облике быка. Почитание А. возникло в глубокой древности, центром его культа был Мемфис. А. считали *ба* (душой) бога Мемфиса *Птаха*, а также бога солнца *Ра*. Иногда А. отождествляли с *Атумом* (Апис-Атум). На бронзовых статуэтках А., дошедших до нас в большом количестве, между рогов часто помещён солнечный диск. Живым воплощением А. являлся чёрный бык с особыми белыми отметинами. Верили, что ритуальный бег быка-А. оплодотворяет поля. А. был связан с культом мёртвых (способствовал увеличению жертв, приносившихся умершим) и близок *Осирису* (считался быком Осириса). В поздний период на саркофагах часто изображали бегущего А. с мумией на спине. При Птолемеях произошло полное слияние А. и Осириса в едином божестве *Сераписе*. В эпоху XXVI (Саисской) династии (7—6 вв. до н. э.) для содержания быков-А. в Мемфисе, недалеко от храма Птаха, был построен специальный Апейон. Корова, родившая А., тоже почиталась и содержалась в особом здании. Смерть быка-А. считалась большим несчастьем. Умершего А. бальзамировали и хоронили по особому ритуалу в специальном склепе Серапеуме около Мемфиса.

Сведения о культе А. приводят античные авторы Геродот (II 153; III 27—28), Страбон (XVIII 807), Элиан (XI 10), Диодор (I 85).
Р. Р.

АПЛУ, в этрусской мифологии божество, соответствующее греч. *Аполлону*. На статуэтках и зеркалах изображался обнажённым юношей с лавровым венком на голове, с луком или лирой, с несколькими буллами на шее; обычно рядом с *Менрвой* и *Геркле*.
А. Н.

АПОЛЛО́Н, в греческой мифологии сын *Зевса* и *Лето*, брат *Артемиды*, олимпийский бог, включивший в свой классический образ архаические и хтонические черты догреческого и малоазийского развития (отсюда разнообразие его функций — как губительных, так и благодетельных, сочетание в нём мрачных и светлых сторон). Данные греческого языка не позволяют раскрыть этимологию имени А., что свидетельствует о неиндоевропейском происхождении образа.

А. родился на плавучем острове Астерия, принявшем возлюбленную Зевса Лето, которой ревнивая *Гера* запретила вступать на твёрдую землю. Остров, явивший чудо рождения двух близнецов — А. и Артемиды, стал именоваться после этого Делосом (греч. deloo, «являю»), а пальма, под которой разрешилась Лето, стала священной, как и само место рождения А. (Callim. Hymn. IV 55—274; Hymn. Hom. I 30—178). А. рано возмужал и ещё совсем юным убил змея *Пифона*, или Дельфиния, опустошавшего окрестности Дельф. В Дельфах, на месте, где когда-то был оракул Геи и Фемиды, А. основал своё прорицалище. Там же он учредил в свою честь Пифийские игры, получил в Темпейской долине (Фессалия) очищение от убийства Пифона и был прославлен жителями Дельф в пеане (священном гимне) (Hymn. Hom. II 127—366). А. поразил также своими стрелами великана *Тития*, пытавшегося оскорбить Лето (Hyg. Fab. 55; Apollod. I 4; 1), *киклопов*, ковавших молнии Зевсу (Apollod. III 10, 4), а также участвовал в битвах олимпийцев с *гигантами* (I 6,2) и *титанами*. (Hyg. Fab. 150). Губительные стрелы А. и Артемиды несут внезапную смерть старикам (Hom. Od. XV 403—411), иногда поражают без всякого повода (III 270 след.; VII 64 след.). В Троянской войне А.-стреловержец помогает троянцам, и его стрелы девять дней несут в лагерь ахейцев чуму (Hom. Il. I 43—53), он незримо участвует в убийстве Патрокла *Гектором* (XVI 789—795) и Ахилла *Парисом* (Procl. Chrest., p. 106). Вместе с сестрой он губитель детей *Ниобы* (Ovid. Met. VI 146—312). В музыкальном состязании А. побеждает сатира *Марсия* и, разгневанный его дерзостью, сдирает с него кожу (Myth. Vat. I 125; II 115). А. боролся с *Гераклом*, пытавшимся овладеть дельфийским треножником (Paus. III 21, 8; VIII 37, 1; X 13, 7).

Наряду с губительными действиями А. присущи и целительные (Eur. Andr. 880); он врач (Aristoph. Av. 584) или Пеон (Eur. Alc. 92; Soph. O. R. 154), Алексикакос («помощник»), защитник от зла и болезней, прекративший чуму во время Пелопоннесской войны (Paus. I 3, 4). В позднее время А. отождествлялся с солнцем (Macrob. Sat. I 17) во всей полноте его целительных и губительных функций. Эпитет А.— Феб (phoibos) указывает на чистоту, блеск, прорицание (Eur. Hec. 827).

А.-прорицателю приписывается основание святилищ в Малой Азии и Италии (Strab. XVI 1,5; Paus. VII 3, 1—3; Verg. Aen. VI 42—101). А.— пророк и оракул, мыслится даже «водителем судьбы» — Мойрагетом (Paus. X 24, 4—5). Он наделил пророческим даром *Кассандру*, но после того как был ею отвергнут, сделал так, что её пророчества не пользовались доверием у людей (Apollod. III 12, 5). Среди детей А. также были: прорицатели *Бранх*, *Сибилла* (Serv. Verg. Aen. VI 321), *Мопс Идмон* — участник похода аргонавтов (Apoll. Rhod. I 139—145; 75 след.).

А.— пастух (Номий) (Theocr. XXV 21) и охранитель стад (Hom. Il. II 763—767; Hymn. Hom. III 71). Он — основатель и строитель городов, родоначальник и покровитель племён, «отчий» (Plat. Euthyd. 302 d; Himer. X 4; Macrob. Sat. I 17, 42). Иногда эти функции А. связаны с мифами о служении А. людям, на которое вынудил его Зевс, разгневанный независимым нравом А. Так, у схолиаста к тексту Гомера (Hom. Il. I 399 след.) сообщается, что после раскрытия заговора Геры, Посейдона и А. против Зевса (по «Илиаде» вместо А. в нём участвовала Афина) А. и Посейдон в образе смертных служили у троянского царя *Лаомедонта* и возвели стены Трои, которые затем разрушили, гневаясь на Лаомедонта, не отдавшего им обусловленной платы (Apollod. II 5, 9). Когда сын А. врачеватель *Асклепий* за врачебное искусство воскресить людей был поражён молнией Зевса, А. перебил киклопов и в наказание был послан служить пастухом к царю *Адмету* в Фессалию, где приумножил его стада (III 10, 4) и вместе с Гераклом спас от смерти жену царя Алкесту (Eur. Alc. 1—71; 220—225).

А.— музыкант, кифару он получил от Гермеса в обмен на коров (Hymn. Hom. III 418—456). Он покровитель певцов и музыкантов, Мусагет — водитель муз (III 450—452) и жестоко наказывает тех, кто пытается состязаться с ним в музыке.

Многообразие функций А. наиболее полно представлено в позднем анонимном гимне А. и речи неоплатоника Юлиана «К царю Гелиосу». А. вступает в связи с богинями и смертными женщинами, но часто бывает отвергнут. Его отвергли *Дафна*, превращённая по её просьбе в лавр (Ovid. Met. I 452—567), *Кассандра* (Serv. Verg. Aen. II 247). Ему были неверны *Коронида* (Hyg. Fab. 202) и *Марпесса* (Apollod. I 7, 8). От Кирены он имел сына Аристея, от Корониды — Асклепия, от муз Талии и Урании — *корибантов* и певцов *Лина* и *Орфея* (I 3,2—4). Его любимцами были юноши *Гиакинф* (Ovid. Met. X 161—219) и *Кипарис* (X 106—142), рассматриваемые как ипостаси А.

В образе А. отразилось своеобразие греческой мифологии в её историческом развитии. Для архаического А. характерно наличие растительных функций, его близость к земледелию и пастушеству. Он — Дафний, т. е. лавровый, «прорицающий из лавра» (Hymn. Hom. II 215), «любящий лавровое дерево», Дафну; его эпитет Дримас, «дубовый» (Lycophr. 522); А. связан с кипарисом (Ovid. Met. X 106), пальмой (Callim. Hymn. II 4), маслиной (Paus. VIII 23, 4), плющом (Aeschyl. frg. 341) и др. растениями. Зооморфизм А. проявляется в его связи и даже полном отождествлении с вороном, лебедем, мышью, волком, бараном. В образе ворона А. указал, где надо основать город (Callim. Hymn. II 65—68), он — Кикн («лебедь»), обративший в бегство Геракла (Pind. Ol. X 20); он — Сминфей («мышиный») (Hom. Il. I 39), но он спаситель от мышей

(Strab. XIII 1, 48). А. Карнейский связан с Карном — демоном плодородия (Paus. III 13, 4). Эпитет Ликейский («волчий») указывает на А. как на хранителя от волков (Paus. II 19, 3) и как на волка (X 14, 7). Матриархальные черты А. сказываются в его имени по матери — Летоид; он постоянно носит эпитет родившей его Лето (Hymn. Hom. III 253; Paus. I 44, 10). На более поздней ступени архаики А.— охотник и пастух (Hom. Il. II 763—767; XXI 448—449). Характерная для первобытного мышления взаимопронизанность жизни и смерти не миновала и А.; на этой поздней ступени архаики он — демон смерти, убийства, даже освящённых ритуалом человеческих жертвоприношений, но он и целитель, отвратитель бед: его прозвища — Алексикакос («отвратитель зла»), Апотропей («отвратитель»), Простат («заступник»), Акесий («целитель»), Пеан или Пеон («разрешитель болезней»), Эпикурий («попечитель»).

На стадии олимпийской или героической мифологии в этом мрачном божестве, с его властью над жизнью и смертью, выделяется определённое устойчивое начало, из которого вырастает сильная гармоническая личность великого бога эпохи патриархата. Он помогает людям, учит их мудрости и искусствам, строит им города, охраняет от врагов, вместе с Афиной выступает защитником отцовского права. Зооморфные и растительные черты становятся лишь рудиментарными атрибутами. Он уже не лавр, но он любит Дафну, ставшую лавровым деревом. Он не кипарис и гиацинт, но любит прекрасных юношей Кипариса и Гиакинфа. Он не мышь или волк, но повелитель мышей и убийца волка. Если когда-то Пифон победил А. и в Дельфах показывали могилу А. (Porphyr. Vit. Pyth. 16), то теперь он — убийца хтонического Пифона. Однако, убив Пифона, этот светоносный бог должен искупить вину перед землёй, породившей Пифона, и получить очищение через нисхождение в иной мир — аид, где он вместе с тем обретает новую силу (Plut. De def. or. 21). Это явный хтонический рудимент в мифологии светоносного А. Некогда демон, близкий Гее (земле), непосредственно от неё получающий мудрость (Eur. Iphig. T. 1234—1282), теперь он «пророк Зевса» (Aeschyl. Eum. 19), возвещающий и оформляющий в Дельфах волю верховного бога (Soph. O. R. 151). А. прекращает гражданские распри и даёт силу народу (Theogn. 773—782). О помощи А. грекам в войне с персами доверчиво рассказывает Геродот (VIII 36), причём его военная мощь иногда отождествляется с явлениями природы: А.-солнце посылает на врагов стрелы-лучи.

Архаические корни А. связаны также с его догреческим малоазийским происхождением, подтверждающимся тем, что в Троянской войне А. защищает троянцев и особенно почитается в Троаде (Хриса, Килла, Тенедос) и самой Трое (Hom. Il. V 446). С эпохи колонизации греками Малой Азии (с 7 в. до н. э.) А. прочно вошёл в олимпийский пантеон богов, при этом восприняв от других богов дар прорицания (от Геи), покровительство музыке (от Гермеса), вдохновенное буйство и экстаз (от Диониса) и др. Уже у Гомера Зевс, Афина и А. фигурируют как нечто единое и целостное в олимпийской мифологии. Внушительность и грозность этого А. вполне сочетается с изяществом, изысканностью и красотой юного А., как его изображают авторы эллинистического периода (ср. Callim. Hymn. II и Apoll. Rhod. 674—685). Этот классический А.— бог героического времени, которое у греков всегда противопоставлялось предыдущему хтоническому периоду, когда человек был слишком слаб для борьбы с могучими силами природы и не мог ещё быть героем. Два величайших героя Геракл и *Тесей* были связаны с мифологией А. Если, согласно одному мифу, А. и Геракл сражаются друг с другом за дельфийский треножник (Apollod. II 6, 2; Hyg. Fab. 32), то в других они основывают город (Paus. III 21, 8) и даже вместе получают очищение после убийства, находясь в рабском услужении. Под покровительством А. Тесей убивает Минотавра (Plut. Thes. 18) и упорядочивает законы в Афинах, а *Орфей* усмиряет стихийные силы природы (Apoll. Rhod. I 495—518). На почве мифологии А. возник миф о *гипербореях* и их стране, где под знаком милости А. процветали мораль и искусства (Pind. Pyth. X 29—47; Himer. XIV 10; Herodot. IV 32—34).

Культ А. был распространён в Греции повсеместно, храмы с оракулами А. существовали на Делосе, в Дидимах, Кларосе, Абах, на Пелопоннесе и в других местах, но главным центром почитания А. был Дельфийский храм с оракулом А., где восседавшая на треножнике жрица А.— пифия давала предсказания. Двусмысленный характер предсказаний, допускавших самое широкое толкование, позволял дельфийской коллегии жрецов воздействовать на всю греческую политику. В Дельфах совершались празднества в честь А. (теофании, теоксении, Пифийские игры; последние были введены в честь победы А. над Пифоном; по своему блеску и популярности они уступали только Олимпийским играм). Все месяцы года, кроме трёх зимних, были посвящены в Дельфах А. Храм А. на Делосе был религиозно-политическим центром Делосского союза греческих полисов, в нём хранилась казна союза и происходили собрания его членов. А. приобрёл значение устроителя-организатора не только в социально-политической жизни Греции, но и в области морали, искусства и религии. В период классики А. понимался прежде всего как бог искусства и художественного вдохновения.

Из греческих колоний в Италии культ А. проник в Рим, где этот бог занял одно из первых мест в религии и мифологии; император Август объявил А. своим патроном и учредил в честь него вековые игры, храм А. близ Палатина был одним из самых богатых в Риме. *А. Ф. Лосев.*

АПОП, в египетской мифологии огромный змей, олицетворяющий мрак и зло, извечный враг бога солнца *Ра*. Часто выступает как собирательный образ всех врагов солнца. А. обитает в глубине земли, где и происходит его борьба с Ра. Когда ночью Ра начинает плавание по подземному Нилу, А., желая погубить его, выпивает из реки всю воду. В сражении с А. (повторяющемся каждую ночь) Ра выходит победителем и заставляет его изрыгнуть воду обратно. В другом мифе Ра в образе рыжего кота отрезает голову змею-А. под священной сикоморой (древом города) города Гелиополя. В поздний период А. сближали с *Сетом*. *Р. Р.*

АПОСТОЛЫ, см. *Двенадцать апостолов*.

АППУ, в хеттской мифологии человек из города Шудул в стране Луллу. Миф об А. хурритского происхождения. А. имел в изобилии всё, не было у него только сына. Богу солнца (в хурритском первоисточнике — *Шимиге*), которому А. вознёс молитву и принёс жертву, обещает, что боги пошлют ему сына. Действительно, жена А. рождает двух сыновей, одного из которых назвали Злым, а другого — Благим. Впоследствии Злой лишает Благого большей части его имущества, оставляя ему одну тощую корову. *В. И.*

АПСАРЫ, а п с а р а́ с (возможно, «вышедшие из воды»), в ведийской и индуистской мифологии полубожественные женские существа, обитающие преимущественно в небе, но также и на земле (в реках, на горах и т. д.). В качестве женских духов вод (ср. с греч. *нимфами*, славянскими *русалками* и т. п.) и жён или возлюбленные *гандхарвов* А. упоминаются в «Ригведе» (X 123, 5; 10, 4 и др.) и «Атхарваведе» (X 9,9; XI 6,4; 7, 27 и др.). Согласно ведийским текстам, А., как и другие духи, способны угрожать людям, в частности насылать на них любовное безумие (в «Атхарваведе» приводятся заклинания против них). В индуистской мифологии А., оставаясь жёнами гандхарвов, приобретают функции небесных куртизанок и танцовщиц. Их происхождение описывается в текстах по-разному. Согласно «Рамаяне» (I 45), они возникли при пахтанье океана богами и *асурами*, которые, однако, не пожелали взять их в жёны, и они стали «принадлежать всем». В одних пуранических мифах А.— дочери *Кашьяпы*, в других — десять (или одиннадцать) наиболее почитаемых А. (среди них *Менака, Урваши*, Прамлоча и др.) родились из «воображения» Брахмы, а остальные были дочерьми *Дакши*. Число А. в пуранах колеблется от двух-трёх десятков до сотен тысяч, и они классифицируются по нескольким разрядам. К высшему, «божественному» (дайвика) разряду относятся А., находящиеся в непосредственном услужении у богов и нередко по их поручению соблазняющие *асур* либо аскетов, чья подвижническая жизнь могла бы сделать их равными богам. Так, А. *Тилоттама* соблазнила братьев *Сунду* и Упасунду, из-за неё убивших друг друга; А. Гхритачи — риши Бхарадваджу, ставшего отцом *Дроны*; А. Менака — мудреца *Вишвамитру*, родив от него дочь *Шакунталу*; другую А. Рамбху, пытавшуюся его обольстить, Вишвамитра в наказание превратил на тысячу лет в камень. А. способны менять свой облик, но обычно выступают прекрасными женщинами, одетыми в богатые одежды, украшенные драгоценностями и цветами. По эпическим представлениям, они ублажают в Сварге смертных воинов, павших героями на поле брани. *П. А. Гринцер.*

АПСА́ТИ, А в с а́ т и, у сванов мужское божество охоты, покровитель и пастух диких рогатых животных и птиц. По своим функциям близок богине *Дали*; по-видимому, А. потеснил её в пантеоне богов с утверждением у сванов патриархата. Согласно отдельным вариантам мифа, А.— супруг Дали или её сын. А. близок *Апсаты, Афсати, Мезитхе*. *М. К. Ч.*

АПСАТЫ́, у карачаевцев и балкарцев (А в ш а т ы́) покровитель диких животных и охоты. Персонаж доисламского происхождения, родственный осетинскому *Афсати*, сванскому *Апсати*, возможно, абхазскому *Ажвейпшу*, адыгскому *Мезитхе*. А.— заботливый хозяин всех диких животных, которых он пасёт, как пастух своё стадо. Он сам выделяет животных в добычу охотникам, без его соизволения никто не может сделать меткий выстрел. *В. Б.*

АПСИРТ, в греческой мифологии сын колхидского царя *Ээта*, брат *Медеи*. Когда Медея бежала с аргонавтами, она взяла с собой брата. Спасаясь от преследования Ээта, Медея убила А. и разбросала куски его тела по волнам, зная, что отец вынужден будет прекратить погоню, чтобы собрать тело сына и похоронить его (Apollod. I 9, 24). *М. Б.*

АПСЦВА́ХА, у абхазов бог смерти. Считалось, что человек или животное умирают потому, что их захотел забрать А. Он незримо посещает больных, стариков, садится у их изголовья. Как правило, жертвой его становятся слабые. В фольклоре часто человек, прибегнув к хитрости, одерживает победу над А. *С. З.*

АРАГА́Ц, у армян гора (Арагац), сестра *Масис* (Арарат). Согласно мифу, любящие друг друга А. и Масис однажды поссорились. Тщетно пыталась их помирить гора Марута Сар; разгневанная, она прокляла обеих — они оказались навсегда разлучёнными.

По мифу, сложившемуся после распространения христианства, на вершине А. молился Григор Просветитель (проповедник христианства, первый католикос Армении, кон. 3 — нач. 4 вв.), ночами ему светила свешивавшаяся с неба (без верёвки) лампада. *С. Б. А.*

АРА́ ГЕХЕЦИ́К, А р а́ П р е к р а́ с н ы й, у армян умирающий и воскресающий бог. Древний миф об А. Г. и богине *Шамирам* (вариант мифов об Осирисе и Исиде, Таммузе и Иштар, Адонисе и Астарте) сложился, по-видимому, во 2-м тыс. до н. э. у протоармян Армянского нагорья. В эпосе А. Г.— сын *Арама*. Выступает царём армянского государства, Шамирам — царицей Ассирии. Шамирам, пожелавшая иметь своим мужем А. Г., славившегося красотой, после смерти её супруга Нина отправляет послов с дарами к А. Г., предлагая ему стать царём Ассирии либо, удовлетворив её страсть, с миром вернуться в свою страну. Разгневанная его отказом, Шамирам идёт войной на Армению. Своим военачальникам она велит взять А. Г. живым. Однако на поле брани он был убит. Шамирам находит труп А. Г. По её приказу *аралезы* зализывают раны А. Г., и он оживает. По-видимому, миф об А. Г. лёг в основу изложенного Платоном мифа об Эре: Эр был убит в сражении, но десять дней спустя его тело было найдено на поле битвы целым и невредимым. Когда на двенадцатый день при совершении погребального обряда его тело положили на костёр, Эр ожил и рассказал об увиденном им на том свете (Plat. R. P., X 614).

По имени А. Г., согласно преданию, названы Араратская равнина, гора Цахкеванк (около Еревана), второе название которой — «Ара»; легенда об оживлении А. Г. связывается с холмом в селе Лезк (близ города Ван).
С. Б. Арутюнян.

АРАГИ́Л (аист), у армян мифологический персонаж, защитник полей. В древнеармянских мифах 2 А. олицетворяют Солнце. Согласно некоторым мифам, в стране своего обитания А.— люди, земледельцы; они надевают перья перед перелётом в Армению; улетая из неё, приносят в жертву богу одного из своих птенцов. Вернувшись домой, истребляют змей, обвивающих финиковые пальмы. Армяне почитали А. священной птицей; погибшего А. хоронили как человека.
С. Б. А.

АРА́К КОЛ, у пор в Кампучии злое божество. Его происхождение, по мифу, таково. Некогда жили два брата Лонг и Лай — великие вожди племени поров. Однажды братья кидали в цель ножи около ритуального столба, и Лонг случайно убил младшего брата Лая. Дух Лая превратился в злого гения Арак Кола. А. стал требовать человеческих жертвоприношений. Первое жертвоприношение совершила девушка Эр, которая пасла в лесу с сестрой Ай сорок буйволов. Буйволы пропали. Их вернул А., потребовав, чтобы Эр убила за это спящую Ай. Впоследствии вместо людей стали жертвовать животных. Считается, что Лонг — олицетворение солнца, а Лай — луны. Дух А. вызывает болезни. Миф характерен для древней кхмерской мифологии, где принципы добра и зла были ассоциированы с солнцем и луной.

АРА́КС, в скифской мифологии божество одноимённой реки (Волги, Сырдарьи или Амударьи), одно из воплощений нижнего, хтонического мира, отец прародительницы скифов (см. *Апи*), побеждённый в схватке её супругом Гераклом (Inscriptiones Graecae XIV № 1293 a, строки 94—97).
Д. С. Р.

АРАЛЕ́ЗЫ, а р л е́ з ы, у армян духи, происходящие от собаки. Они спускаются с неба, чтобы зализать раны убитых в сражении и воскресить их. Так, А. воскресили *Ара Гехецика*.
С. Б. А.

АРА́М, в эпосе армян герой, предок — один из эпонимов армян. По его имени, согласно древним преданиям, стала называться другими народами страна армян [греками — Армен, иранцами и сирийцами — Армени(к)].

А.— потомок первопредка *Хайка*, отец *Ара Гехецика*; защищает границы армянских земель, вступая в борьбу с Мидией, Ассирией и Каппадокией. Он отражает нашествие войск мидян под предводительством Нюкара Мадеса, самого Нюкара Мадеса приводит в Армавир и пригвождает к стене башни на обозрение проходящим, а на его страну налагает дань, подчинив себе. В войне с Ассирией противником А. выступает Баршам (*Баршамин*), которого А. побеждает в бою. Мотив борьбы А. с Ассирией, возможно, восходит к войнам урартского царя Араме с ассирийским царём Салманасаром III (9 в. до н. э.). Согласно мифам, А. воюет в Каппадокийской Кесарии, где сталкивается с детьми титанов (титанидами), побеждает титанида Пайаписа Кахья (Папайос Химерогенес), которого изгоняет на остров Азийского моря (Средиземное море). Миф о борьбе А. с титанидами, с Пайаписом, возможно,— вариант мифа о борьбе Зевса с титанами и Тифоном (согласно «Илиаде», жилище Тифона находится в стране аримов в районе вулканической горы Аргей, близ Мажака — Кесарии, Hom. Il. II 783). Этот миф протоармяне (аримы) освоили в то время, когда жили в Каппадокии, связав его с именем своего предка Арима; может быть, А. (Арим) был этническим божеством племенного союза аримов (арменов). В дальнейшем имя Арим превратилось в А. (под влиянием имени либо урартского царя Араме, либо упоминаемого в Библии Арама, предка жителей Сирии и Месопотамии — арамейцев), содержанием трансформированного мифа стала борьба предка армян с враждебными племенами.
С. Б. Арутюнян.

АРАМА́ЗД, у армян верховное божество, создатель неба и земли, бог плодородия, отец богов *Анахит* (вариант: муж Анахит), *Михра*, *Нанэ* и др. Восходит к иранскому *Ахурамазде*. Его постоянный эпитет — «ари» («мужественный»). Культ А. пришёл в Армению из Ирана, возможно, в 6—5 вв. до н. э., при Ахеменидах, слившись с культом местных божеств. В эллинистическую эпоху А. отождествлялся с Зевсом. Главное святилище А. находилось в культовом центре древней Армении Ани (современный Камах на территории Турции). Храм А. в Ани был разрушен в кон. 3 в. н. э. при распространении христианства.
С. Б. А.

АРА́Н, в корейской мифологии, по одной версии, дочь начальника уезда Мирян (пров. Кёнсан-Намдо). Лишившаяся матери А. росла под присмотром кормилицы. Когда она повзрослела, кормилица замыслила отдать её замуж за посыльного из управы. Однажды ночью А. вместе с кормилицей отправилась полюбоваться лунным пейзажем на башню Еннамну. Вдруг кормилица исчезла, а перед А. появился посыльный и стал её домогаться. А. отказывалась, тогда он схватил её за груди. А. тут же отсекла ножом осквернённые груди. Он стал угрожать ей ножом, наткнувшись на который, она погибла. Он спрятал её тело в зарослях бамбука возле реки Нактонган. Отец искал дочь повсюду, но никаких следов не обнаружил. Исчезновение дочери было несмываемым позором для дома янбана (дворянина), и он, подав прошение об отставке, вернулся в столицу. Каждый новый начальник, прибывавший в Мирян, умирал от неизвестной причины первой же ночью. С тех пор никто не хотел ехать в Мирян правителем, и в государевом дворе стали искать охотников. Согласился один молодой человек по имени Ли Санса. Прибыв в Мирян, он остановился в первую ночь на постоялом дворе. Вскоре после того как он сел читать при свече, дверь вдруг отворилась от порыва ветра, и перед ним оказался дух девушки (*вонгви*) в белом одеянии с лохматой чёрной головой, с кровоточащей грудью и воткнутым в горло ножом. Так как юноша не испугался, дух поведал ему свою историю. Выслушав её, юноша обещал помочь духу А. и посыльному. Приехав в управу, он вызвал кормилицу А. и посыльного. После допроса их казнили, а труп А. нашли и захоронили. В честь А. в Миряне возле башни Еннамну соорудили жертвенник.

По другой версии, героиня была танцовщицей (кисэн) при местной управе. Это мифологизованное предание легло в основу популярной народной песни «Ариран». Кроме того, оно бытует в корейском фольклоре в форме волшебной сказки «Дух кисэн». Оно также может быть идентифицировано с китайской легендой о девушке Чжисань в «И цзян чжи» Хун Мая (1123—1202). *Л. Р. Концевич.*

АРАНБУ́ЛЬ, в корейской легенде министр при пуёском правителе *Хэбуру*. Однажды министру явился во сне Небесный государь, который объявил, что пошлёт своего внука основать в землях Северного Пуё (кит. Фуюй) царство, а потому велел А. уговорить Хэбуру перенести столицу в другое место. Хэбуру выполнил это повеление и переселился на тучные земли равнины Касобон на берегу Восточного (Японского) моря. Предание об А. вплетено в миф о *Тонмёне* и *Чумоне*. *Л. К.*

А́РАНЬЯНИ, в древнеиндийской мифологии лесная богиня, персонифицированный образ обожествлённого леса. В «Ригведе» А. упоминается в одном гимне позднего происхождения (X 146); А. отмечена и в «Атхарваведе». А.— мать лесных зверей, она богата пищей, хотя и не возделывает пашню; распространяет запах благовонной мази, издаёт много-

образные звуки. К ней обращаются путники, заблудившиеся в лесу. А. связана с культом деревьев.
В. Т.

АРА́СКА (авест.), в иранской мифологии демон зависти и стяжательства, созданный, согласно «Авесте», *дэвами* на погибель людям после окончания «золотого века» человечества.
И. Б.

АРА́ФА, А р а́ ф а т, в мусульманской мифологии гора и долина близ Мекки, где встретились и узнали друг друга низведённые из рая в разные места земли *Адам* и *Хавва*. Упоминается в Коране (2:194). Близ А. происходят церемонии предстояния перед «лицом аллаха» во время ежегодного мусульманского паломничества (хаджж). Одно из названий места — ал-Илал, видимо, связано с арабским божеством, почитавшимся здесь в доисламскую эпоху.
М. П.

АРА́ХНА (букв. «паук»), в греческой мифологии дочь Идмона — красильщика тканей из Колофона (М. Азия). Славилась как вышивальщица и ткачиха, её искусством восхищались нимфы реки Пактола. Гордясь своим мастерством, А. вызвала на состязание саму богиню Афину, которая приняла вызов, но, явившись сначала в образе старухи, предупредила А. о необходимом смирении перед богами. А. не вняла этому совету и не устрашилась богини, представшей в полном своём величии. Афина выткала на пурпуре изображения двенадцати олимпийских божеств, а по четырём углам ткани, обведённой узором оливковой ветви, представила как бы в назидание А. наказания, которые потерпели смертные, пытавшиеся соперничать с богами. В свою очередь А. выткала любовные похождения Зевса, Посейдона, Диониса. Разгневанная богиня разорвала прекрасную ткань и ударила А. челноком. Та в горе повесилась. Однако Афина вынула её из петли и превратила с помощью зелья *Гекаты* в паука, который вечно висит на паутине и неустанно ткёт пряжу. Миф, известный по позднему изложению Овидия в «Метаморфозах» (VI 5—145), содержит как древнейший мифологический мотив оборотничества, так и явно богоборческие черты мифологии периода развитого героизма.
А. Т.-Г.

АРА́Ш, А р г а́ ш (фарси), Э р е́ х ш а (авест.), в иранском эпосе и преданиях искусный стрелок из лука. В «Авесте», видимо, воплощение *Тиштрйи*, его лук — орудие судьбы. По договору с *Афрасиабом* (во время войны иранцев с туранцами) А. выстрелом из лука должен был определить место, где кончается иранская граница. Стремясь заслать стрелу как можно дальше, А. от напряжения пал бездыханным на месте стрельбы, но обеспечил успех иранцам, вернувшим, благодаря А., свои земли. Имя А. стало символом жертвоспособности во имя родины.
И. В.

АРА́Ш, в абхазском нартском эпосе (и в волшебных сказках) крылатый конь, помощник героя (чудесным помощником *Сасрыквы* был А. Бзоу). Обладает необыкновенной физической силой; на нём можно передвигаться не только по земле, но и под землёй, и в небесах.
С. З.

А́РБУДА, в ведийской мифологии демон — противник *Индры*. Его имя семь раз отмечено в «Ригведе». Иногда он выступает вместе с *Вритрой* (или *Ахи Будхньей*). А. змееподобен и зверообразен. Индра поражает его, топчет его ногой, пронзает льдиной, разбивает ему голову, выпускает его кровь. Имя А., видимо, связано с соответствующим названием горы и племени автохтонного происхождения.
В. Т.

АРВО́Х, а р в а́ х, у таджиков духи предков. Восходят к авест. *фраваши*. Они — покровители ремёсел; считалось, что заниматься можно лишь тем ремеслом, которое перешло по наследству от предков. Нарушитель традиции оставлял предка-А. без светильника на том свете; недовольство А. могло причинить болезнь. В семейном культе для умилостивления А. лили масло в огонь очага, зажигали специальные лучинки, втыкавшиеся в очаг. Представления об А. известны также узбекам.
И Б.

АРГАНТО́НА, А р г а н ф о н а, в греческой мифологии кеосская охотница, возлюбленная Реса, предчувствовавшая его смерть под Троей и не отпускавшая его. Покончила с собой на том месте, где впервые сошлась с Ресом на Кеосе во время охоты; с тех пор там забил неиссякающий источник (Steph. Byz.).
Г. Г.

АРГОНА́ВТЫ (букв. «плывущие на „Арго"»), в греческой мифологии участники плавания на корабле «Арго» за золотым руном в страну Эю (или Колхиду). Наиболее подробно о путешествии А. рассказывается в поэме Аполлония Родосского «Аргонавтика». *Пелий*, брат Эсона, царя Иолка в Фессалии, получил два предсказания оракула: согласно одному, ему суждено погибнуть от руки члена его рода Эолидов, согласно другому, он должен остерегаться человека, обутого на одну ногу. Пелий сверг с престола брата Эсона, который, желая спасти своего сына *Ясона* от Пелия, объявил его умершим и укрыл у кентавра Хирона. Достигнув двадцатилетнего возраста, Ясон отправился в Иолк. Переходя через реку Анавр, он потерял сандалию. Явившись к Пелию, Ясон потребовал, чтобы тот передал ему принадлежащее по праву царство. Пелий пообещал выполнить требование Ясона при условии, что тот, отправившись в населённую колхами страну Эю и к сыну Гелиоса царю Ээту, умилостивит душу бежавшего туда на золотом баране Фрикса и доставит оттуда шкуру этого барана — золотое руно (Pind. Pyth. IV 70 след.). Ясон согласился, и для путешествия был построен с помощью Афины корабль «Арго». Лес на постройку был взят с Пелиона или Оссы; на носу корабля укрепили кусок древесины додонского дуба, благодаря к-рой корабль сам давал прорицания. Ясон собрал для участия в походе славнейших героев со всей Эллады (источники называют разное число его участников — до шестидесяти семи человек; во всех источниках указываются: Адмет, Акаст, Анкей, Астерий, Бут, Гилас, Эвфем, Идас, Идмон, Ификл, Ифит, Калаид, Кефей, Клитий, Линкей, Мелеагр, Менетий, Орфей, Пелей, Периклимен, Полифем, Теламон, Тифий, Эргин, Ясон, а также Бореады и Диоскуры. А. просили принявшего участие в походе Геракла взять на себя начальствование, но он отказался в пользу Ясона. Отплыв из Пагасейского залива, А. прибывают на остров Лемнос, жительницы которого за год до прибытия А. перебили у себя всех мужчин, за что боги сделали их зловонными. А. гостят на острове, очищают женщин от зловония. Царица *Гипсипила*, став возлюбленной Ясона, предлагает ему остаться вместе со спутниками на Лемносе, жениться на ней и стать царём. Только уговоры Геракла, оставшегося на корабле, заставили А. двинуться дальше в путь. По совету *Орфея* они принимают посвящение в мистерии кабиров на острове Самофракия.

Проплыв через Геллеспонт в Пропонтиду, А. были радушно приняты жителями города Кизика во Фригии долионами. В это время на корабль напали шестирукие чудовища, так что Гераклу и возвратившимся с пира остальным А. пришлось выдержать с ними схватку. Когда А. поплыли дальше, ветер снова пригнал их ночью к Кизику. Долионы приняли Ясона и его спутников за врагов — пеласгов, и в сражении Ясон убил царя долионов. Когда утром стало ясно, что произошло, А. приняли участие в торжественном погребении. Отправившись дальше, А. стали соревноваться в гребле, и у Геракла, оказавшегося самым неутомимым, сломалось весло. На месте следующей стоянки в Мисии у острова Кеос он отправился в лес, чтобы сделать себе новое весло, а его любимец юноша *Гилас* пошёл зачерпнуть для него воды. Нимфы источника, пленённые красотой Гиласа, увлекли его в глубину, и Геракл тщетно искал его. Тем временем А. с попутным ветром отчалили. На рассвете они заметили отсутствие Геракла. Начался спор, что делать; появившийся из глубины морской бог Главк (вариант: додонский дуб на корабле) открыл А., что Гераклу по воле Зевса не суждено участвовать в походе. В Вифинии царь бебриков *Амик*, вызывавший чужеземцев на кулачный бой, был убит одним из А. Полидевком. Войдя в Боспор, А. приплыли к жилищу слепого старца, прорицателя *Финея*, которого мучили зловонные птицы *гарпии*, похищавшие у него пищу. Крылатые *бореады* Зет и Калаид навсегда отогнали гарпий, а благодарный Финей рассказал о пути, который предстояло проделать А., и дал им советы, как избежать опасностей. Приплыв к преграждавшим выход в Понт Евксинский плавучим скалам *Симплегадам*, А., наученные Финеем, выпустили сперва голубку. Голубка успела пролететь между сближавшимися скалами, повредив только перья хвоста. Кормчий Тифий направил «Арго» между скалами. Благодаря помощи Афины кораблю удалось преодолеть течение, и сблизившиеся Симплегады лишь слегка повредили корму «Арго», застыв после этого навсегда так, что между ними остался узкий проход. А. направились на восток вдоль южного берега Понта Евксинского (вариант: направились сначала на север, в землю тавров, где царствовал Перс, брат Ээта, Diod. IV 44—46). Прогнав криком от чудовищных птиц, подобных гарпиям, А. причаливают к острову Аретия и встречаются там с отправившимися из Колхиды на родину в Элладу и потерпевшими кораблекрушение сыновьями Фрикса — Аргом и другими. Те присоединяются к А. и помогают им советами (по более древним вариантам мифа, сыновья Фрикса возвратились в Элладу уже после похода А.). Приблизившись к Кавказу, А. увидели орла, летевшего к *Прометею*, и услышали стоны титана. «Арго» вошёл в устье реки Фасиса (Риони). Благосклонные к Ясону Афина и Гера просят Афродиту, чтобы Эрот зажёг любовь к Ясону в сердце дочери Ээта — волшебницы *Медеи*. Когда Ясон с шестью спутниками явился во дворец Ээта, Медея сразу полюбила его. Узнав, что А. прибыли за золотым руном, Ээт пришёл в ярость. Желая погубить Ясона, он предложил ему вспахать поле на медноногих огнедышащих быках Ареса и засеять его зубами дракона, из которых вырастают воины (вариант: сначала Ээт потребовал, чтобы А. помогли ему в войне против брата Перса, Val. Flac. VI 1 след.). Однако другая дочь Ээта — вдова Фрикса Халкиопа, страшившаяся за участь своих детей, прибывших с А., сговорилась с влюблённой в Ясона Медеей, чтобы та передала Ясону волшебное зелье, которое сделало его на один день неуязвимым. Ясон запряг быков и, идя за плугом, бросал в борозду зубы дракона, из которых стали расти могучие воины. Ясон бросил в них огромный камень, а сам спрятался. Воины начали сражаться друг с другом, и Ясон перебил их. Медея, захватив колдовские зелья, бежала на «Арго», взяв с Ясона обещание жениться на ней. На рассвете Ясон с Медеей отправились в рощу Ареса, где дракон стерёг золотое руно. Медея усыпила его сладким пением и волшебным снадобьем, и Ясон смог снять с дуба испускавшее сияние золотое руно (вариант: Ясон убивает дракона, Pind. Pyth. IV 249). А. вышли в море, но Ээт направил корабли в погоню за Медеей. А. возвращаются новым путём: не через Пропонтиду, а по Истру (Дунаю). Колхи под начальством сына Ээта *Апсирта* опередили их и преградили им путь от Истра в Адриатическое море. А. были склонны к примирению и согласны оставить Медею в храме Артемиды, чтобы только получить возможность двинуться дальше с золотым руном. Медея предложила заманить брата Апсирта в ловушку. Ясон убил Апсирта, и А. неожиданно напали на сопровождавших его колхов. Зевс разгневался на А. за предательское убийство, и корабль объявил А., что они не вернутся домой, пока их не очистит от скверны дочь Гелиоса волшебница *Кирка*. Согласно более древней версии (Apollod. I 9, 24), Апсирт бежал из Колхиды вместе с Медеей, и их преследовал сам Ээт. Когда Медея увидела, что их настигают, она убила брата, разрубив его тело на куски, и стала бросать их в море. Ээт, собирая части тела сына, отстал и повернул назад, чтобы похоронить его.

Поднявшись по реке Эридан, А. вышли через Родан (Рону) в земли кельтов. В Средиземном море они достигли острова Ээя, где жила Кирка. Она очистила А. от совершённого ими преступления — убийства Апсирта. От *сирен* А. спас Орфей, заглушив их пение своей песней. Фетида и другие нереиды по просьбе Геры помогли им проплыть мимо Скиллы и Харибды и блуждающих скал Планкт. *Алкиной* и *Арета*, царствовавшие над феаками, приняли А. радушно. В это время их настигла вторая половина флота колхов, посланного за ними вдогонку Ээтом. По совету Ареты Ясон и Медея немедленно вступили в брак, так что Алкиной получил основание не отправлять Медею к отцу. Когда А. были уже вблизи Пелопоннеса, буря отнесла корабль к отмелям Ливии. Повинуясь вещим словам явившихся к А. ливийских героинь, они несли двенадцать дней корабль на руках до Тритонийского озера. Здесь геспериды помогли им добыть питьевой воды. В пустыне погиб от укуса змеи прорицатель Мопс, и А. долго не могли найти выход из Тритонийского озера, пока не посвятили местному божеству Тритону треножник. Тритон помог А. выплыть в море и подарил им ком земли. Когда А. подплыли к берегам Крита, медный великан Талос стал швырять в них кусками скалы, не давая пристать к берегу. Зачарованный Медеей, он повредил пятку — уязвимое место; после этого из него вытекла вся кровь и он упал бездыханный. Эвфем бросил в море ком земли, подаренный Тритоном, и из него возник остров Фера (вариант: случайно уронил, Pind. Pyth. IV 38—39). После этого А. вернулись в Иолк. По наиболее распространённой версии мифа (Apollod. I 9, 27—28), Ясон отдал золотое руно Пелию, который за время его отсутствия, уверенный, что Ясон не вернётся, убил его отца и брата. Посвятив «Арго» Посейдону, Ясон с помощью Медеи отомстил Пелию (дочери Пелия по наущению Медеи, желая вернуть отцу молодость, разрубили его тело на куски). Воцарившийся в Иолке сын Пелия Акаст изгнал Ясона и Медею из города.

Миф об А. рассматривался рядом исследователей как трансформация сюжета о путешествии в подземное царство; делались попытки возвести сюжет об А. к сказке (отдельные мотивы этого мифа обычны для волшебной сказки — невыполнимое задание, которое герой осиливает с помощью дочери его главного противника; враждебные существа, которых герой побеждает, поссорив их между собой, и др.). Однако, вероятнее всего, рассказ об А. сложился в 8 в. до н. э. в виде не дошедшей до нас эпической поэмы с характерной для эпоса систематизацией, гиперболизацией и проекцией в мифическое прошлое рассказов о первых плаваниях греков в Чёрное море и в западную часть Средиземного моря (отсюда запутанный маршрут А.).

А. И. Зайцев.

А́РГОС (греч.), А́ргус (лат. Argus), в греческой мифологии великан, сын Геи (Apollod. II 1, 2—3). Тело А. было испещрено бесчисленным множеством глаз (по другим версиям, сто или четыре глаза), причём спали одновременно только два глаза. Гера приставила неусыпного А. стражем к *Ио*, возлюбленной Зевса, превращённой в корову. По приказу Зевса, не вынесшего страданий Ио, А. был убит Гермесом, предварительно усыпившим его игрою на свирели и рассказом о любви Пана к наяде *Сиринге*. Гера перенесла глаза А. на оперение павлина (Ovid. Met. I 624—723). Архаический образ А. переплетается с представлениями об А. — сыне Зевса и Ниобы, эпониме города Аргоса в Пелопоннесе и основателе земледелия, а также с А.— правнуком предыдущего и освободителем людей от чудовищ (бык в Аркадии, эхидна); этот А.— переходная фигура от архаики к героизму, в дальнейшем — персонификация звёздного неба (Aeschyl. Prom. 569—679).

А. Т.-Г.

АРДА́Л, в греческой мифологии сын Гефеста, изобретатель флейты, построивший в Трезене храм и жертвенник Музам Ардалидам, где приносились жертвы *Гипносу*, который «из всех богов наиболее любезен Музам» (Paus. II 31 4—5; Steph. Byz.).

Г. Г.

АРДВИСУ́РА АНА́ХИТА (авест., букв. «Ардви могучая, беспорочная»), в иранской мифологии богиня воды и плодородия. В «Авесте» ей посвящён отдельный гимн («Ардвисур-Яшт», или «Абан-Яшт» — «Яшт» V). Первоначально Ардви понимали как источник всемирных вод, стекающих с вершины мировой горы Хукарии в божественном царстве света (см. также в ст. *Гаронмана*); затем так стали называть и сами воды, дающие начало всем водам и рекам на земле.

В «Авесте» существует культ А. А., описываемой как прекрасная дева, тоскующая по богатырю, который будет славить её. А.А. объявляется дочерью *Ахурамазды*. Её просят, принося жертву, о даровании силы и могущества знаменитые как иранские, так и туранские богатыри, но она удовлетворяет просьбы только первых. Ахурамазде она дарует *Заратуштру*, *Йиме* — власть над богами и людьми, *Керсаспе* — победу над драконом Гандарва и т. д. А. А. помогает *Траэтаоне* одолеть *Ажи-Дахаку*, *Зариваару* (см. *Зарер*) победить Арджадаспа (*Арджасп*). В «Младшей Авесте» А.А. включена в состав *язатов*.

Часть имени А.А. перешла в фарси в форме Нахид, как название планеты Венеры и её персонификация; в форме Анахит (Анаит) это имя вошло в армянскую мифологию. В древнегреческих памятниках встречается Анаитида (Анатис), богиня, почитавшаяся в Малой Азии.
И. С. Брагинский.

АРДЕ́Й, в греческой мифологии сын Одиссея и Кирки, брат Рома и Антия, основатель города рутулов Ардеи (Dion. Halic. I 72; имя было дано городу в память о Трое, которая некогда так называлась, Steph. Byz).
Г. Г.

АРДЖА́СП (фарси), в иранской мифологии вождь кочевых туранских племён (в «Авесте» в книге «Яшт» V — Арджадаспа), по более поздним сказаниям, — хионитов (эфталитов), выступающий воинственным противником веры *Заратуштры* (зороастризма). В «Авесте» («Яшт» V) Арджадаспе победу над ним *Ардвисура Анахита* даровала Зариваару (см. *Зарер*). О войне А. против царей — покровителей зороастризма рассказывается в поэме на среднеиранском языке «Ядгар Зареран». Царь хионитов А. посылает в Иран к царю Виштаспу (см. *Виштаспа*), верному поклоннику Ахурамазды, колдуна *Видарафша* и Нам Хваста (сына Хазара), предлагая отречься от зороастризма, в противном случае угрожая войной и бедствиями. Виштасп отвергает это требование. Происходит жестокая битва. Иранцы, главным образом благодаря героизму брата Виштаспа, полководца *Зарера*, а после его гибели и его сына Баствара (см. *Бастварай*) одерживают победу и избивают хионитских воинов. А. Спанддат-Исфандияр захватывает в плен, ему отрезают руку, ногу, ухо, выкалывают глаз и отсылают домой рассказать о разгроме их войска «в жестокой битве людей Виштаспы с *Ажи-Дахакой*». В «Шахнаме» иранцы побеждают А. благодаря Исфандияру.
И. Б.

АРДЖУ́НА («белый», «светлый»), герой древнеиндийского эпоса «Махабхарата», третий среди братьев-*пандавов*, сын *Кунти* от бога *Индры*. А. — идеальный воин, у которого сила и мужество сочетаются с благородством и великодушием. На сваямваре (выборе жениха невестой) *Драупади* А. завоёвывает её в жёны для себя и братьев. Изгнанный вместе с братьями в лес, он получает от богов, в т. ч. от *Шивы*, который вступает с ним в поединок в облике горца-кираты, божественное оружие, необходимое для предстоящей борьбы с *кауравами*. Несколько лет изгнания А. проводит на небе, в столице Индры Амаравати, и помогает богам в сражениях с *асурами*. Во время войны с кауравами возничим колесницы А. становится *Кришна*; при этом в ряде мест «Махабхараты», а также в последующих теологических комментариях Кришна идентифицируется с *Нараяной*, а А. — с *Нарой* и в конечном счёте Кришна и А. отождествляются. Перед началом битвы на *Курукшетре* Кришна возвещает А. своё божественное откровение — «Бхагавадгиту» (Мбх. VI 23—40). Своими подвигами в битве А. превосходит остальных воинов. После окончания войны А., совершая *ашвамедху* для *Юдхиштхиры*, покоряет царства четырёх стран света. А. умирает в Гималаях во время последнего странствования пандавов и удостаивается небесного блаженства. А. имел трёх сыновей: Ираваты от дочери царя нагов Улупи, Бабхрувахану от царевны Читрангады и Абхиманью от сестры Кришны Субхадры. Эпитеты А.: Дхананджая («завоёвывающий богатства»), Гудакеша («кудрявый»), Киритин («увенчанный диадемой»), Бибхатса («вызывающий неприязнь»), Пхалгуна («родившийся при созвездии Пхалгуни»), Партха («сын Притхи» или Кунти) и др.
П. А. Гринцер.

АРЕЙО́Н, Арио́н, в греческой мифологии божественный, умеющий говорить конь, сын Посейдона и Деметры. Влюблённый Посейдон преследовал Деметру в то время, как, опечаленная потерей дочери, она разыскивала Персефону. Стремясь спастись от преследования, Деметра превратилась в кобылицу и укрылась в табуне лошадей. Однако Посейдон обратился в жеребца и овладел Деметрой (Paus. VIII 25, 4); вариант мифа — Деметра в образе эринии сошлась с Посейдоном (Apollod. III 6, 8). От этого брака родился А., который вначале принадлежал Посейдону, затем Гераклу и Адрасту. Благодаря быстроте А. Адраст — единственный из семерых вождей, участников похода против Фив — спасся от гибели (Apollod. III 6, 8). В мифе об А. отразились пережитки тотемизма. А. почитался в Аркадии, где в городе Тельпуса чеканились монеты с его изображением.
М. Б.

АРЕН, в корейской мифологии: 1) женский персонаж из мифа о *Пак Хёккосе*. Согласно «Самгук саги», А. появилась на свет из правого бока (рёбер?) дракона, спустившегося в колодец Арён на пятом году правления Пак Хёккосе (53 до н. э.). Девочку взяла на воспитание пожилая женщина и дала ей имя по названию колодца. По более развёрнутой версии в «Самгук юса» А. появилась в один день с Пак Хёккосе из левого бока петушиного дракона (или из рассечённого брюха дракона) в колодце Арён (или Ариён) в селении Сарянни близ Кёнджу. Кормилица дала ей имя по названию колодца. Вместо губ у неё был петушиный клюв, который отпал после омовения в речке к северу от Лунной крепости (Вольсон, в современном Кёнджу). Когда А. подросла, она стала супругой Пак Хёккосе. А. отличалась незаурядными знаниями и добродетелями и посмертно была причислена к лику святых. 2) («душа ребёнка»), в шаманской мифологии дух безвременно (до 7 лет, т. е. до помолвки) умершего мальчика. А. обладал сверхъестественной силой. Считалось, что прорицатели похищали душу умершего ребёнка для ворожбы. Образ, возможно, возник под влиянием буддийских и даосских мифов, в которых изображались святые отроки.
Л. К.

АРЕНСНУ́ПИС, в мифологии Куша (Древней Нубии) божество. Почитался на севере страны, его святилища находились на острове Филе, а также в Мусавварат-эс-Суфре. Отождествлённый с египетским богом *Шу*, сыном *Ра* (Шу-Аренснупис или Аренснупис-Шу), он в распространённой в Куше версии египетского мифа о дочери Ра Хатор-Тефнут (см. в ст. *Тефнут*) возвращает богиню в Египет. В греко-римском храме Дендур А. выступает как супруг Исиды, вытеснив в этой роли Осириса.
Э. К.

АРЕ́С, Аре́й, в греческой мифологии бог войны, коварной, вероломной, войны ради войны, в отличие от *Афины* Паллады — богини войны честной и справедливой. Первоначально А. просто отождествлялся с войной и смертоносным оружием. Древнейший миф об А. свидетельствует о его негреческом, фракийском происхождении (Hom. Od. VIII 361; Ovid. Fast. V 257). Древние хтонические черты А. отразились в мифе о порождении им вместе с одной из эриний фиванского дракона (Schol. Soph. Ant. 128), убитого *Кадмом*. Даже в детях А. — героях проявляются черты необузданности, дикости и жестокости (*Мелеагр*, *Флегий*,

62 АРЕТА

Эномай, фракиец *Диомед*, *амазонки*). Спутницами А. были богиня раздора Эрида и кровожадная *Энио*. Его кони (дети Борея и одной из эриний) носили имена: Блеск, Пламя, Шум, Ужас; его атрибуты — копьё, горящий факел, собаки, коршун. Само его рождение мыслилось вначале чисто хтонически: *Гера* породила А. без участия Зевса от прикосновения к волшебному цветку (Ovid. Fast. V 229—260). В олимпийской мифологии А. с большим трудом уживается с её пластическими и художественными образами и законами, хотя теперь он считается сыном самого Зевса (Hom. Il. V 896) и поселяется на Олимпе. У Гомера А.— буйное божество, обладающее в то же время несвойственными ему ранее чертами романической влюблённости. Он вопит, как девять и десять тысяч воинов (V 859—861); раненный Афиной, он простирается по земле на семь десятин (XXI 403—407). Его эпитеты: «сильный», «огромный», «быстрый», «беснующийся», «вредоносный», «вероломный», «губитель людей», «разрушитель городов», «запятнанный кровью». Зевс называет его самым ненавистным из богов, и не будь А. его сыном, он отправил бы его в тартар, даже глубже всех потомков Урана (V 889—898). Но вместе с тем А. уже настолько слаб, что его ранит не только Афина, но и смертный герой Диомед. Он влюбляется в самую красивую и нежную богиню *Афродиту* (Hom. Od. VIII 264—366). О любви А. и Афродиты упоминается в античной литературе часто в этой связи: Эрот и Антэрот (Schol. Apoll. Rhod. III 26), Деймос («ужас»), Фобос («страх») и *Гармония* (Hes. Theog. 934 след.). Буйный и аморальный А. с большим трудом ассимилировался с олимпийскими богами, и в его образе сохранились многочисленные напластования разных эпох. В Риме А. отождествляется с италийским богом *Марсом*, и в искусстве и литературе позднего времени он известен преимущественно под именем Марс. *А. Ф. Лосев*.

Геродот (IV 59) отождествил с А. скифское божество, подлинное имя которого в источниках не сохранилось. «Скифский А.», входивший, наряду с *Артимпасой*, *Ойтосиром* и *Таргитаем* («скифским Гераклом»), в третий разряд богов семибожного скифского пантеона, почитался в облике древнего железного меча, водружённого на вершине четырёхугольного хворостяного алтаря, и ему приносили в жертву домашних животных и каждого сотого пленника (Herodot. IV 62). Отождествление этого скифского бога в греч. А. и формы его культа указывают, что он был богом войны и в то же время связан со средней зоной космоса: вертикально воздвигнутый в центре четырёхугольной платформы меч — одно из воплощений мировой оси. С этим божеством можно связать сообщение Лукиана («Токсарис» 38), что скифы в качестве богов почитают ветер и меч как двуединство начал, подающих и отнимающих жизнь. Сходное со скифским поклонение вертикально воткнутому в землю мечу как божеству, идентичному рим. *Марсу*, отмечено у сарматов (Аммиан Марцеллин XXXI 2, 23). *Д. С. Раевский*.

АРЕ́ТА, в греческой мифологии племянница и супруга царя феаков *Алкиноя*. Пользовалась у своего народа исключительным почётом и уважением. Вместе с мужем радушно встретила заброшенного на остров бурей *Одиссея*. А. приняла близко к сердцу горе *Медеи*, преследуемой колхами, и просила мужа взять девушку под защиту. Узнав, что Алкиной не выдаст Медею, если она станет женой *Ясона*, А. побудила последнего этой же ночью сделать Медею своей женой и таким образом спасла её (Apoll. Rhod. IV 1008—29, 1070—1120). *В. Я.*

АРЕТУ́СА, Аретуза, в греческой мифологии спутница Артемиды, нимфа, которую полюбил Алфей. Миф см. в статье *Алфей*.

АРИА́ДНА, в греческой мифологии дочь критского царя *Миноса* и *Пасифаи*, внучка солнца Гелиоса. Когда *Тесей* был со своими спутниками заключён в лабиринт на Крите, где обитал чудовищный Минотавр, А., влюбившись в Тесея, спасла его. Она дала ему клубок нити («нить Ариадны»), разматывая который, он нашёл выход из лабиринта. А. бежала тайно с Тесеем, обещавшим на ней жениться (Hyg. Fab. 42). Она была очарована Тесеем ещё во время игр в память её брата Андрогея, устроенных Миносом. Когда, застигнутые бурей, Тесей и А. оказались на о. Наксосе, Дионис, влюблённый в А., похитил её и на острове Лемнос вступил с ней в брак (вариант мифа: спящая А. была покинута Тесеем, не желавшим везти её в Афины). Когда боги справляли свадьбу А. и Диониса, то А. была увенчана венцом, подаренным горами и Афродитой. Им Дионис ещё раньше обольстил А. на Крите. С помощью этого светящегося венца работы Гефеста спасся из тёмного лабиринта Тесей. Этот венец был вознесён Дионисом на небо в виде созвездия. А. подарила Тесею статую Афродиты, которую он посвятил Аполлону во время своего пребывания на Делосе. Сестра А.— Федра стала потом супругой Тесея (Hyg. Fab. 43). *А. Т.-Г.*

АРИСТЕ́Й (букв. «наилучший»), в греческой мифологии сын Аполлона и нимфы *Кирены*. Гея, сделавшая А. бессмертным, кентавр Хирон, музы, нимфы обучили его различным искусствам и мудрости. А. передал людям свои знания охотника (А.— «ловчий»), врачевателя, прорицателя, пастуха и пчеловода. Он взял в жёны дочь фиванского царя Кадма Автоною, от которой имел сына *Актеона*. Известен миф о преследовании А. жены Орфея *Эвридики*; когда Эвридика спасалась от А., её укусила змея, и она умерла. За это боги разгневались на А. и умертвили его пчёл. Мать научила А. обратиться за советом к мудрому морскому богу Протею, который открыл причину гнева богов и способ избавления от него (Verg. Georg. IV 315—558). А.— основатель городов (город Кирена в Ливии) и изобретатель ремёсел. Будучи сыном Аполлона и даже его ипостасью, А.— древнее божество, вытесненное Аполлоном и вошедшее в круг его мифов. *А. Т.-Г.*

АРИА́НА ВЭ́ДЖА (авест., «арийский простор»), Эран Веж (среднеиран.), в иранской мифологии прародина иранцев. Впервые упоминается в книге «Видевдат» (1, 2) как страна, с которой начинается перечень стран добра, созданных *Ахурамаздой* на благо человечества. А. В. локализуется в научной литературе по-разному: Хорезм, либо местность на берегу Аракса, либо область в междуречье Амударьи и Сырдарьи, либо южнорусские степи и др. *И. Б.*

А́РКА, в греческой мифологии дочь *Тавманта*, сестра Ириды. Помогла титанам в борьбе против Зевса, который сбросил её за это в тартар и отнял у неё крылья, которые потом подарил Фетиде в честь свадьбы с Пелеем; Фетида отдала крылья А. Ахиллу (откуда его эпитет «подарк» — «крылоногий»). *Г. Г.*

АРКА́С, Аркад, в греческой мифологии царь Аркадии (её эпоним), сын Зевса и нимфы Каллисто, которую Зевс превратил в медведицу, чтобы скрыть её от ревнивой Геры (Apollod. III 8, 2). А. был отдан Зевсом на воспитание нимфе Майе. Дед А. (со стороны матери) *Ликаон* убил своего внука и угостил Зевса приготовленной из мяса А. пищей. Разгневанный бог опрокинул стол, испепелил жилище Ликаона, а его самого превратил в волка и воскресил А. (Ps.-Eratosth. I 8, 2). Став охотником, А. едва не убил свою мать, приняв за дикую медведицу (Ovid. Met. II, 496 след.). Чтобы не допустить этого, Зевс превратил А. и Каллисто в созвездия Большой и Малой Медведицы (Paus. VIII 3, 3). *М. Б.*

АРКЕ́СИЙ, Аркисий, в греческой мифологии сын Зевса (Ovid. Met. XIII 144), по другой версии — Кефала и Прокриды (Hyg. Fab. 189), отец Лаэрта (Hom. Od. XVI 118). А. был бездетен и обратился к оракулу, который посоветовал ему сойтись с первым же существом женского пола, какое встретится ему: А. встретил медведицу и с нею положил начало роду (FGH II 223). *Г. Г.*

А́РМА, в хеттской и лувийской мифологии лунное божество, связанное с мифами хаттского и хурритского происхождения. В хеттской передаче сохранился миф хатти о том, как бог луны (т. е. А.; хатт.

Кашку) упал с неба на рыночную площадь, чем напугал бога грозы. Текст этого мифа во время особого обряда читал жрец бога грозы. С почитанием А. были связаны также обряды замещения царя быком. А. пожелал увидеть дым от сожжения умершего царя. Вместо царя быка приносили А. в жертву и сжигали, а царь возносил А. молитву. В хурритской мифологии А. соответствует Кужух (ср. также шумер. Син).
В. И.

АРМАГЕДДО́Н, в христианских мифологических представлениях место эсхатологической битвы на исходе времён, в которой будут участвовать «цари всей земли обитаемой» (Апок. 16, 14—16). По-видимому, слово «А.» — транслитерация еврейского словосочетания har mᵉ giddō (более редкий вариант mᵉ giddōn, Зах. 12, 11), обозначающего «гору у города Мегиддо(н)» на севере Палестины, с которыми связаны некоторые важные сражения ветхозаветных времён. С Мегиддо, вероятно, и отождествлены иудейско-христианской интерпретацией «горы Израилевы» (Иезек. 38, 8), где произойдёт окончательное уничтожение полчищ Гога (по христианскому пониманию, антихриста). Имеются и другие толкования. В поздней христианской эсхатологической литературе (особенно у протестантских сектантов, напр. у секты «Свидетелей Иеговы») А.— обозначение самой битвы.
С. А.

АРМА́ЗИ, древнейшее божество грузин, глава пантеона богов Картлийского (Иберийского) царства (Восточная Грузия). Согласно летописной традиции, культ А. ввёл царь Фарнаваз (3 в. до н. э.). Вероятно, почитание А. возникло под влиянием культа малоазийского божества луны, имя которого восходит к хеттскому Арма (Армасин). Идол А. был установлен в религ. и политич. центре Иберии, названном по имени А.— Армасцихе (на терр. совр. Мцхеты); изображал воина в медной кольчуге и золотом шлеме, с мечом в руке. А.— синкретическое божество, сочетавшее функции верховного бога (повелителя неба, грома, дождя и растительного мира) и бога-воителя. В период становления государственности культ А. противопоставлялся культам местных племенных божеств. С объявлением христианства государственной религией Иберии (30-е гг. 4 в.) культ А. был упразднён.
И. С.

АРМА́ИТИ, Арма́ити, Арматай (авест., «благочестие», «благонамеренность»), Спента Армаити, в иранской мифологии одно из божеств Амеша Спента, добрый дух (ахура), покровительница земли и персонификация преданности (набожности). Вне ортодоксального зороастризма А.— богиня земли, иногда жена либо сестра (дочь) Ахурамазды, пребывающая с ним в кровнородственном браке («Яшт» XIX 16) — мотив мирообразующего инцеста, восстанавливаемый ещё на индоиранском уровне. В «Яште» XVII А.— супруга Ахурамазды и мать Аши, Сраоши, Рашну, Митры. В среднеиранской традиции — Спандармат.
И. Б., Л. Л.

АРНАВА́З (фарси), Арнава́к, Арнава́ч (авест.), в иранской мифологии сестра и жена Йимы (Джамшида), в некоторых рукописях — дочь). Ею овладевает Ажи-Дахака (Заххак), а затем А. становится женой Траэтаоны, уничтожившего Ажи-Дахаку.
И. Б.

АРПОКСА́Й, в скифской мифологии средний из трёх сыновей Таргитая, брат Липоксая и Колаксая, прародитель скифского рода катиаров и траспиев (Herodot. IV 5—7). Имя трактуется как «владыка глубин», что в контексте имён других братьев при обретает космологическое звучание и позволяет видеть в А. воплощение нижней зоны мироздания. У Валерия Флакка (VI 638—640) сохранено глухое указание на существование в скифском мифе мотива сражения между А. (Апром) и Колаксаем. При социальном толковании природы членения скифского общества на возводимые к А. и его братьям роды в потомках А. следует видеть рядовых общинников, что подтверждается предположительным толкованием их названий: «катиары и траспии» — «земледельцы и коневоды».
Д. С. Раевский.

АРСА́Н-ДУОЛА́Й («господин земляное брюхо»), у якутов глава восьми родов злых духов нижнего мира. А.-Д. живёт в самом низу подземного царства, около топкой грязи, в которой увязают даже пауки. У А.-Д. есть жена и семь сыновей, каждый из которых глава рода злых духов. Эти духи вызывают различные бедствия; чтобы избавиться от них, А.-Д. и подчинённым ему духам приносят кровавые жертвы скотом. В других вариантах мифа А.-Д. встречается под именами: Буор Малахай тойон и Буор Мангалай.
Н. А.

АРСИНО́Я, в греческой мифологии: 1) нянька Ореста, вырвавшая его из рук Клитеместры и отдавшая на воспитание Строфию (зятю Агамемнона) (Pind. Pyth. XI 18); 2) дочь Левкиппа, родившая от Аполлона Асклепия (Apollod. III 10, 3); 3) одна из гиад (Hyg. Fab. 182); 4) дочь Фегея, жена Алкмеона, укорявшая своих братьев за убийство его; сыновья Фегея посадили её в сундук, отнесли в Тегею и отдали в рабство Агапенору, сказав ему, что это она убила Алкмеона (Apollod. III 7, 5).
Г. Г.

АРСУ́РИ, у чувашей дух — хозяин леса, леший. Возможно, термин «А.» восходит к древнему названию божества, близкого славянскому Щуру. Другое название А.— варман тура (лесной бог) — аналогично одному из названий лешего «урман иясе» (хозяин леса) у казанских и западносибирских татар. А. представлялся в различных обликах: человеческом (обычного человека, седобородого старца, великана) или животном. Иногда у А. чёрное лицо, длинные волосы, три руки, три ноги и четыре глаза: два спереди и два сзади. Считалось, что А. любит злые шутки — сбивает людей с дороги, пугает жутким хохотом, издевается, щекоча и вырывая зубы. А. боится воды, любит ездить на лошадях (поэтому его можно поймать, намазав спину лошади смолой). Согласно поверьям, в А. (или во вредоносное привидение усал) превращаются души людей, умерших преждевременной или насильственной смертью. В мифологиях других тюркоязычных народов А. соответствуют шурале у казанских татар и башкир, пицен у западносибирских татар.
В. Б.

АРТАВА́ЗД (возможно, от авест. ашавазда, «бессмертный»), мифологический персонаж армянского эпоса «Випасанк», сын царя Арташеса. А., не найдя места для своего дворца в основанном отцом городе Арташат, отнял у вишапов их владения к северу от реки Ерасх (Аракс). Восставших против него вишапов, включая их предводителя и отца Аргавана, он истребил. Когда умер Арташес, А. позавидовал посмертной славе отца, за что был им проклят. Однажды во время охоты он был пойман каджами, закован в цепи и отведён в пещеру Масиса. Две собаки непрерывно грызут его цепи, а А. силится выйти из пещеры и положить конец миру. Но от звука ударов кузнечных молотов оковы снова укрепляются (поэтому, чтобы укрепить цепи А., под Новый год — Навасарз, а после принятия армянами христианства — по воскресеньям кузнецы трижды ударяют молотом по наковальне). По одному варианту мифа, А. выкрали младенцем вишапиды (женщины из рода Аждахака) и на его место положили дэва (злого духа), согласно другому,— при самом рождении А. вишапиды околдовали его, отсюда — его злой нрав. В другой версии мифа главный персонаж — сумасшедший сын армянского царя А. Шидар, который, вопреки воле отца, после его смерти объявил себя царём. Именно он оказывается закованным в цепи (повторение сюжета, ранее связанного с А.). В некоторых версиях Шидар — прозвище А. Имеется архаический вариант мифа, в котором некий герой А. заточён злыми духами, но когда-нибудь он высвободится и овладеет миром. В этом мифе, по-видимому, выражалась надежда армян на освобождение их страны от иноземного ига. Миф о закованном цепями А. первоначально, вероятно, был вариантом распространённого у многих народов мифа о прикованных к горе героях. В дальнейшем образ А. претерпел изменения под влиянием иранского мифа о борьбе злого Заххака с Феридуном; отсюда

в различных версиях сказаний «Випасанка» выступает двойственный характер А.: он — то герой, то дэв.
С. Б. Арутюнян.

АРТАУЫЗ, у осетин злой дух. Согласно мифу, А. был сотворён богом, чтобы принести людям блага, но он стал учить их недоброму. Тогда бог велел богу-громовержцу *Уацилле* втащить А. к себе. Здесь А. был пригвождён внутри луны и находился под охраной часовых. Чтобы он не вырвался и не сожрал людей, каждый кузнец должен был лишний раз ударить по наковальне. Ср. обычай осетин стрелять из винтовок по луне во время лунного затмения, чтобы часовые не заснули и не упустили А.
Б. К.

АРТЕМИДА (этимология неясна, возможные варианты: «медвежья богиня», «владычица», «убийца»), в греческой мифологии богиня охоты, дочь *Зевса* и *Лето*, сестра-близнец *Аполлона* (Hes. Theog. 918). Родилась на острове Астерия (Делос). А. проводит время в лесах и горах, охотясь в окружении нимф — своих спутниц и тоже охотниц. Она вооружена луком, её сопровождает свора собак (Hymn. Hom. XXVII; Callim. Hymn. III 81—97). Богиня обладает решительным и агрессивным характером, часто пользуется стрелами как орудием наказания и строго следит за исполнением обычаев, упорядочивающих животный и растительный мир. А. разгневалась на царя Калидона Ойнея за то, что он не принёс ей в дар первые плоды урожая, и наслала на Калидон страшного вепря (см. в статье *Калидонская охота*); она вызвала раздор среди родичей *Мелеагра*, возглавлявшего охоту на зверя, что привело к мучительной гибели Мелеагра (Ovid. Met. VIII 270—300, 422—540). А. потребовала себе в жертву дочь *Агамемнона* за то, что он убил священную лань А. и похвалялся, что даже сама богиня не сумела бы так метко её убить. А. наслала безветрие, и ахейские корабли не могли выйти в море, чтобы плыть под Трою. Взамен убитой лани А. потребовала *Ифигению*, дочь Агамемнона. Однако скрытно от людей А. унесла Ифигению с жертвенника (заменив её ланью) в Тавриду, где та стала жрицей богини, требующей человеческих жертв (Eur. Iphig. A.). А. Таврической приносили человеческие жертвы, о чём свидетельствует история *Ореста*, чуть не погибшего от руки своей сестры Ифигении, жрицы А. (Eur. Iphig. T.). Перед А. и Аполлоном должен был оправдаться *Геракл*, убивший керинейскую лань с золотыми рогами (Pind. Ol. III 26—30). Губительные функции богини связаны с её архаическим прошлым — владычицы зверей на Крите (жертвенные животные А.: кабан, олень, козёл и коза). Ипостасью А. была нимфа-охотница *Бритомартис*. Древнейшая А. — не только охотница, но и медведица. В Аттике (в Бравроне) жрицы А. Бравронии надевали в ритуальном танце медвежьи шкуры и назывались медведицами (Aristoph. Lys. 645). Святилища А. часто находились вблизи источников и болот (почитание А. Лимнатис — «болотной»), символизируя плодородие растительного божества (напр., культ А. Ортии в Спарте, восходящий к крито-микенскому времени, ср. эпитеты А. «кедровая», «наворажвающая добрые плоды»). Хтоническая необузданность А. близка образу Великой матери богов — *Кибеле* в Малой Азии, откуда оргиастические элементы культа, прославляющего плодородие божества (ср. эпитеты А. «помощница», «спасительница»). В Малой Азии, в знаменитом Эфесском храме, почиталось изображение А. «многогрудой». Рудименты архаической растительной богини в образе А. проявляются в том, что она через свою помощницу (прежде ипостась) *Илифию* помогает роженицам (Callim. Hymn. III 20—25). Едва появившись на свет, она помогает матери принять родившегося вслед за ней Аполлона (Apollod. I 4, 1). Она же приносит быструю и лёгкую смерть. Однако классическая А. — девственница и защитница целомудрия, она покровительствует *Ипполиту*, презирающему любовь (Eur. Hippol.). Перед свадьбой А., согласно обычаю, приносилась искупительная жертва. Царю *Адмету*, забывшему об этом обычае, она наполнила брачные покои змеями (Apollod. I 9, 15). Юный охотник *Актеон*, подсмотревший омовение богини, был ею превращён в оленя и растерзан псами (Ovid. Met. III 174—255). Она же убила свою спутницу нимфу — охотницу Каллисто, превращённую в медведицу, гневаясь за нарушение ею целомудрия и любовь к ней Зевса (Apollod. III 8, 2). А. убила страшного Буфага («пожирателя быков»), пытавшегося посягнуть на неё (Paus. VIII 27, 17), так же как и охотника Ориона (Ps.-Eratosth. 32). А. Эфесская — покровительница амазонок (Callim. Hymn. III 237).

Древнее представление об А. связано с её лунной природой, отсюда её близость к колдовским чарам *Селены* и *Гекаты*, с которой она иногда сближается. Поздняя героическая мифология знает А.-луну, тайно влюблённую в красавца *Эндимиона* (Apoll. Rhod. IV 57—58). В героической мифологии А. — участница битвы с *гигантами*, в которой ей помогал Геракл. В Троянской войне она вместе с Аполлоном воюет на стороне троянцев, что объясняется малоазийским происхождением богини, — враг любого нарушения прав и устоев олимпийцев. Благодаря её хитрости погибли братья-великаны *Алоады*, пытавшиеся нарушить мировой порядок. Дерзкий и необузданный *Титий* был убит стрелами А. и Аполлона (Callim. Hymn. III 110). Похвалявшаяся перед богами своим многочисленным потомством *Ниоба* потеряла 12 детей, также убитых Аполлоном и А. (Ovid. Met. VI 155—301).

В римской мифологии А. известна под именем *Дианы*, считалась олицетворением луны.
А. А. Тахо-Годи.

АРТИМПАСА, Аргимпаса, Арипаса, в скифской мифологии богиня; согласно Геродоту (IV 59), А. тождественна греч. *Афродите* Урании, вместе с *Ойтосиром*, *Аресом* и *Гераклом* составляла третий разряд богов семибожного скифского пантеона. Этимология имени неясна; форма «Артимпаса», засвидетельствованная также в эпиграфич. источниках, сопоставима с именем богини *Аши* (Арти) других ираноязычных традиций, функционально близкой греч. Афродите. Это позволяет трактовать А. как божество, олицетворяющее богатства материального мира и связывать — как и всех богов третьего разряда скифского пантеона — со средней зоной космоса. С культом А. связан институт женоподобных гадателей-энареев (Herodot. I 105; IV 67).
Д. С.

АРТУР (одна из этимологий — от кельт. artos, «медведь»), герой кельтской мифоэпической традиции, впоследствии персонаж европейских средневековых повествований о рыцарях Круглого стола, *Граале* и др. («артуровские легенды», «артуровский цикл сюжетов»). Образ А. принадлежит кельтской традиции в двух отношениях: наличия его реального исторического прототипа и участия в складывании легенды о короле А. (далеко вышедшей за рамки деятельности реального лица) тем и мотивов кельтской мифологии. Хотя наиболее прочно традиция об историческом А. укоренилась в юго-западной Британии, самые ранние упоминания ассоциируют его с севером острова, где А., знатный вождь кельтов-бриттов, был в кон. 5 — нач. 6 вв. одним из предводителей их борьбы против англосаксонского вторжения в Британию. В последующие века образ А. бытует преимущественно в валлийской традиции, приобретая (у Ненния, автора исторической хроники Британии, рубеж 8—9 вв., в «Триадах острова Британии», в валлийской повести «Куллох и Олуэн», в сочинениях английского хрониста 12 в. Гальфрида Монмутского) существенно новый облик: из кельтского военного предводителя он превращается в мудрого короля, окончательно устанавливается его происхождение от короля Утера Пендрагона и Игрейны, число его подвигов и выдержанных им сражений и т. д. Облик А. и события, в которых он участвует, пронизываются множеством элементов кельтской символики и мифа. Не позднее 11 в. легенды об А. широко распространяются на континенте среди кельтского населения Бретани, а затем воспринимаются и во многом переосмысливаются средневековой рыцарской литературой. Историческая реальность А. отступает на второй план, на предания об А. заметное влияние оказывает куртуазная рыцарская среда и мир христианских представлений, происходит циклизация легенд об А. с другими сюжетами (о Граале и др.). Мир артуровских легенд же приобретает мифологические черты. При этом образ А. оказывается в центре «кельтского варианта» имеющей широкое распространение мифологемы о правителе мира, деградации и фатальной гибели его царства, несмотря на поиски очищающего контакта с неким универсальным принципом (в данном случае Граалем). Гибель и исчезновение правителя оказываются же всё же временными, и мир ожидает его нового появления. Мифологема становится полем для органического слияния элементов разных традиций при огромной роли собственно кельтской.

По легенде, А. утвердил своё владычество над Британией, сумев вытащить из-под лежащего на алтаре камня чудесный меч или добыв при содействии мага Мерлина (валлийского Мирддина) меч владычицы озера, который держала над водами таинственная рука (название меча «Экскалибур», лат. Caliburunus, валлийск. Caledvwlch; ср. Caladbolg — меч Фергуса, героя ирландских саг, или чудесный меч Нуаду, один из талисманов ирландских Племён Богини Дану). Он основывает свою резиденцию в Карлионе, отмеченную явной символикой центра мира, таинственного и труднодостижимого. Во дворце А. (Камелоте) установлен знаменитый Круглый стол (сведения о нём впервые появляются у авторов на рубеже 12 и 13 вв.), вокруг которого восседают лучшие рыцари короля. Центром пиршественного зала был добытый А. при путешествии в Аннон (потусторонний мир) магический котёл (символика магического котла играет большую роль в ирландской мифологии). Кульминация многочисленных подвигов рыцарей короля — поиски Грааля. Закат королевства, гибель храбрейших рыцарей знаменует битва при Камлане, где А. сражается со своим племянником Мордредом, который в отсутствие короля посягнул на его супругу Гиньевру (валлийск. Гвенуйфар); Мордред был убит, а смертельно раненный А. перенесён своей сестрой феей Морганой на остров Авалон, где он и возлежит в чудесном дворце на вершине горы (ранняя традиция валлийских бардов не знает родственных отношений А. и Мордреда, как и предательства последнего, а сообщает лишь, что оба пали в битве при Камлане). По другим традициям, бытовавшим до позднего времени, А. сделался правителем подземного мира или превратился в ворона.
С. В. Шкунаев.

АРТХУРОН (букв. «солнечный огонь», «Огонь солнцевич»), у осетин божество огня, насылающее накожные болезни. Но А. может просить верховное божество о ниспослании людям богатства и всякого благополучия. А. также большой ритуальный пирог, приготовляемый в каждой семье под Новый год. Пирог делят только между членами семьи, им не полагается угощать посторонних. А.— один из отголосков древнего осетинского культа огня.
Б. К.

АРУНА («море», «океан», родственно др.-инд. arṇava, «море»), в хеттской мифологии бог моря (мирового океана). Обычно упоминается в конце перечислений богов пантеона. Сохранился миф эпохи Древнего царства о том, как А., поссорившись с людьми, увёл к себе бога солнца (известен и более поздний, переведённый с хурритского текст, согласно которому тот сам приходит в гости к А.). Бог грозы посылает бога плодородия Телепинуса вернуть его, и А., испугавшись, возвращает бога солнца и отдаёт свою дочь в жёны Телепинусу.
В. И.

АРУНА́, в ведийской и индуистской мифологии божество рассвета; в этой функции ему предшествовала *Ушас*. Представлялось в виде колесничего Солнца, пребывающего на Востоке. А. известен главным образом из эпоса. А.— сын Кадру или *Дану* (в пуранах) и *Кашьяпы*, внук *Дакши*. В «Махабхарате» (I) мать А. Вината разбивает в нетерпении снесённое ею яйцо, где находился наполовину развившийся А.; он проклинает её за своё уродство и предрекает ей рабство. Другие имена А.— Ариштанеми, Румра и др.
В. Т.

АРУПА́П, у абхазов злая старуха-колдунья, хитрая и коварная людоедка. Безобразна, костлява, с дряхлым лицом, со свисающими огромными грудями, с длинными распущенными волосами. А. с помощью волшебной плети превращает людей и животных в камень, меняет облик предметов. Если герою удастся приложиться к её груди, он становится её молочным сыном, а она — невольной его помощницей; может подсказать ему, как победить *адау* или *агулшапа*. Ср. *албасты, ал паб*.
Х. Б.

АРУ́РУ, в аккадской мифологии богиня-мать, создающая из глины *Энкиду* (эпос о Гильгамеше «О всё видавшем»), а также создательница людей, определившая их судьбы (согласно некоторым вариантам мифа о сотворении людей). Вероятно, божество дошумерского происхождения.
В. А.

АРХА́НГЕЛЫ («ангелоначальники»), в христианских представлениях старшие *ангелы*; в системе ангельской иерархии, разработанной византийским богословом Псевдо-Дионисием Ареопагитом (5 — нач. 6 вв.), А.— восьмой из *десяти чинов ангельских* (занимают иерархическое место ниже *властей* и выше собственно ангелов). Термин «А.» появляется впервые в грекоязычной иудейской литературе предхристианского времени (греч. извод «Книги Еноха» 20, 7) как передача выражений вроде sar haggadol («великий князь») в приложении к *Михаилу* ветхозаветных текстов (Дан. 12, 1); затем этот термин воспринимается новозаветными авторами (Иуд. 9; 1 Фесс. 4, 16) и более поздней христианской литературой. Древнее предание, восходящее к ветхозаветным представлениям, говорит о семи А. (ср. Тов. 12, 15; ср. также зороастрийское представление о семи *Амеша Спента*); из них общераспространённая ортодоксальная традиция называет по именам трёх. Это Михаил — небесный архистратиг (греч. «верховный военачальник»), полководец верных богу ангелов и людей в космической войне с врагами бога, победоносный антагонист *дьявола* (Апок. 12, 7), покровитель и как бы ангел-хранитель «народа божьего» (в Ветхом завете — Израиля, в Новом завете — «воинствующей церкви», т. е. совокупности всех верующих); *Гавриил*, известный преимущественно своим участием в *благовещении*; Рафаил — А.-целитель, спутник Товии из ветхозаветной Книги Товита. В позднеиудейских и христианских апокрифах встречаются и другие имена: Уриил, Салафиил, Иегудиил, Варахиил, Иеремиил. Изображение А. в искусстве см. в ст. *Ангелы*.
С. А.

АРХА́Т («достойный»), в буддийской мифологии: 1) эпитет *будды*; 2) в буддийской мифологии хинаяны человек, который достиг наивысшего уровня духовного развития, т. е. *нирваны*. Путь к достижению состояния А. разделяется на четыре уровня: «вступившего в поток», «возвращающегося один раз», «невозвращающегося», «архата». А. считались главные ученики *Шакьямуни* (в т. ч. и женщины) — Ананда, Маудгальяяна, Шарипутра и др., а также многие буддисты последующих поколений. В махаяне состояние А. (т. н. нирвана шраваков) не считается конечным пределом развития личности, и поэтому А. должны продолжать путь как *бодхисатвы*.
Л. М.

АРХЕЛА́Й, в греческой мифологии сын одного из потомков Геракла Темена. Изгнанный своими братьями из Аргоса, А. пришёл в Македонию, где правил царь Киссей. Когда враги окружили его царство, он обратился за помощью к А., пообещав ему в награду за спасение свой город и царство. А. победил врагов Киссея и спас его. Однако, попав под влияние своих советников, Киссей решил не выполнять обещания, а убить А. На пути, по которому А. возвращался, была вырыта яма, её наполнили горячими углями и прикрыли лёгкими ветвями. Предупреждённый оракулом об опасности, А. избежал западни и отправился по дороге, которую указала ему коза. Дорога привела А. к месту, где он основал город, названный им Эга («коза») (Hyg.

Fab. 219). А. считался мифическим предком Александра Македонского. *М. Б.*

АРХЕМО́Р, в греческой мифологии прозвище Офелета, сына немейского царя *Ликурга*; нянька Офелета Гипсипила хотела показать тропу к источнику участникам похода Семерых против Фив, а в это время змея ужалила ребёнка. Адраст и его спутники похоронили Офелета в кипарисовой роще (Paus. II 15, 3), причём Амфиарай увидел в этом предзнаменование будущих напастей и посмертно нарёк мальчика А. (букв. «зачинатель смерти»). Адраст учредил в его честь Немейские игры, состоявшие из конных ристаний, бега, кулачного боя, прыжков, метания диска и копья, борьбы и стрельбы из лука (Apollod. I 9, 14; III 6, 4). *Г. Г.*

А́РХОНТЫ («начальники», «правители»), в христианских представлениях (особенно у гностиков) духи-мироправители. Мысль о том, что земля до эсхатологической катастрофы находится во власти могущественных и таинственных, враждебных богу и человеку существ, довольно отчётливо выражена в канонических новозаветных книгах: сатана получает характерное наименование «архонт этого мира» (в традиционном переводе — «князь мира сего», Ио. 12, 31 и др.); речь идёт о духовной войне верующего на стороне бога «не против крови и плоти, но против начальств, против властей, против мироправителей тьмы века сего, против духов злобы поднебесных» (Эфес. 6, 12), о бессилии «ангелов», «начал» и «властей» «сил» отлучить христианина от любви божьей (Рим. 8, 38—39; «начала», как и «начальства» в Эфес. 6, 12). В ортодоксальной христианской системе А. безусловно преданы злу, это вполне недвусмысленно бесы, слуги *дьявола*, как и он сам, они выступают как антагонисты бога-творца. Напротив, в гностических представлениях А. рассматриваются, во-первых, как существа амбивалентные, власть которых хотя и должна быть преодолена «совершенным» гностиком, но находится с замыслами бога в очень сложных отношениях, и, во-вторых, как творцы материального космоса, а заодно и нравственного закона как системы запретов и заповедей (в этой своей двуединой роли А. у гностиков сливаются с Яхве — богом Ветхого завета). Это особенно явно в той гностической системе, которая рассматривает Ветхий завет как продукт инспирации со стороны семи А. (седьмица — космическое число, ср. также иран. *Амеша Спента*, христ. *архангелы*), между которыми поделены как имена и эпитеты библейского единого бога, так и имена ветхозаветных пророков (Иао, т. е. Яхве, «говорил» через Самуила, Нафана, Иону и Михея, Саваоф — через Илию, Иоиля и Захарию; верховный среди А. — Иалдаваоф, рассматриваемый как отец превзошедшего его Иисуса Христа,— через Моисея, Иисуса Навина, Амоса и Аввакума и т. д.). У офитов (ранняя гностическая секта) А. имеют отчасти имена архангелов и зооморфное обличье: у Михаила лик льва, у Суриила — быка, у Рафаила — змия, у Гавриила — орла, у Фавфаваофа — медведя, у Ератаофа — пса, у Фарфаваофа или Онойла («ослобог») — осла; между этой семёркой А. стихии и народы поделены по жребию. Верховный А., отождествляемый также с *Абраксасом*, дух космического целого, не будучи абсолютно злым, пребывал, однако, в греховном невежестве относительно существования бесконечно превосходящего его абсолютного бога, за которого принимал самого себя; вывести его из этого заблуждения призван его сын, превосходящий его мудростью и благостью. Иногда, как в гностической системе Василида, образ верховного А. раздваивается на «великого А.», царившего от Адама до Моисея, и «второго А.», даровавшего при Моисее Закон. *С. С. Аверинцев.*

А́РШТАТ (авест.), А р ш т а (др.-перс.; Бехистунская надпись Дария I, 520—518 до н. э.), в иранской мифологии божество, персонификация чести и правдивой прямоты в мыслях, словах и делах. А. посвящён «Яшт» XVIII. А.— основное достоинство сословия свободных и особенно государей. Только неуклонное следование А. обеспечивало правителю постоянство удачи и славы, символизированных в царственном нимбе — *фарне*. Существо образа А. в «Авесте» и в Бехистунской надписи совпадает, но во фразеологии «Яшта» усматривается тенденция к антропоморфизации его. Возможно, что трактовка надписи более соответствует архаичному представлению об А. и отсутствию иконографически стабильных образов А. *Л. Л.*

АРЬЯВА́РТА [«путь, страна благородных» (ариев); во множественном числе — обозначение жителей этой страны], в древнеиндийской мифологии страна, где обычно развёртываются мифологические сюжеты, имеющие подлинное географическое приурочение. Реальная А.— это первоначальная территория расселения ведийских ариев в Индии. Она занимала Великую Северо-Индийскую равнину от западного моря до восточного и от Гималаев на севере до гор Виндхья и Сатпура на юге (в ведийские времена — Дандакаранья и Махакантара), за которыми находилась чуждая ариям страна неарийских племён Дакшинапатха (современный Декан). В ведийскую эпоху арийские племена не переходили эту границу.

А. стала центром индийской цивилизации, оказавшей впоследствии сильные культурные влияния на юг Индии и на Юго-Восточную Азию. Именно здесь сложились индуизм, буддизм и джайнизм. В текстах и мифологических мотивах А. противопоставляется как неарийскому югу, так и Ирану — на северо-западе, другой стране ариев. *В. Т.*

АРЬЯМА́Н («дружественность», «гостеприимство»), в ведийской мифологии божество класса *адитьев*. Упоминается в «Ригведе» около 100 раз (обычно с *Митрой* и *Варуной*). Образ А. весьма абстрактен. Его характеристики чаще всего общи всем адитьям. Так, он заполняет воздушное пространство, даёт богатство (даже без просьбы). Он сын *Адити*. Подчёркивается дружественность А. (РВ VI 50, 1; VII 36, 4), благосклонность; он близок к девицам (V 3, 2); его молят о согласии в доме (X 85, 43); как и *Бхага*, он даёт супруга или супругу («Тандья-Маха-брахмана» XXV 12, 3), процветание. В гимне *Сурье* А. и Бхага сопровождают брачную пару. Связь А. с Бхагой подчёркивается и в других мотивах (ср. Тайтт.-бр. I 1, 2, 4). Вместе с Митрой и Варуной А. объединяет людей (РВ X 126, 1 и след.); он заставляет их каяться и искупать вину (I 167, 8), он связан с *ритой*. Наряду с нравственным аспектом есть указания и на связи с солнцем, огнём. А. отождествляется с *Агни* (II 1, 4), упоминается вместе с солярными божествами Сурьей и *Савитаром*, однажды (Тайтт.-самх. II 3, 4) непосредственно назван солнцем. Индо-иранские истоки А. очевидны (ср. авест. A¹ryaman- и т. д.; ср. связь имени А. с названием ариев). *В. Т.*

АРЭ́В, А р э г, А р э г а́ к («солнце», в переносном значении — «жизнь»), у армян божество солнца или персонификация солнца, иногда в виде колеса, излучающего свет, чаще в образе юноши. Дворец А. находится на востоке, на краю света. Вечером, воспламенённый и усталый, А. возвращается к матери (заход солнца по-армянски — «майрамут», «вход к матери»). А. купается, мать вытаскивает его из воды, укладывает в постель, кормит грудью. Отдохнув, он снова пускается в путешествие. По другому мифу, А. купается и отдыхает в озере Ван, на дне которого находится его ложе. Перед рассветом ангелы облачают А. в огненную одежду. Когда А. умывается, горы и равнины покрываются росой. На высокой горе на востоке поднимаются 12 телохранителей А. и огненными посохами ударяют по горе, которая вместе с другими горами преклоняет свою голову перед царём А. Тогда А., голова которого покрыта огненными волосами, поднимается на небо. По некоторым вариантам, А. сопровождает огромная птица, её крылья раскрыты, чтобы от лучей А. не загорелась земля. А. мчится по небосводу, сидя на льве. Лев своим огромным мечом защищает его от злых духов. Культ А. с древних времён был распространён среди армян. В 5 в. до н. э. в жертву богу солнца приносили лошадей (Xenoph. Anab. IV

35). В Армавире, столице др.-арм. государства, стоял храм со статуями А. и *Лусина*. Ещё в 12 в. в Армении существовали сектанты — солнцепоклонники (арэвордик), преследуемые армянской христианской церковью. Восьмой месяц древнеармянского календаря и первый день каждого месяца назывались Арегом (т. е. А.). Следы культа А. сохранились в народных молитвах и клятвах до 20 в.

Согласно одному мифу, А. (Арэг) — дочь нищего крестьянина, благодаря волшебству обращённая в прекрасного юношу. Приобретя живую воду и яблоко бессмертия, он одолевает семиглавого вишапа и ведьму, которая превратила жителей города и его царя в камень; всех их оживляет и становится царём.

Во многих мифах А. и Лусин (луна) выступают как брат и сестра. Чаще всего в них А. — сестра, а Лусин — брат. В одном варианте оба они — дети бога. По велению отца они должны днём и ночью поочерёдно сторожить мир. По жребию А. должна была действовать ночью. Из-за этого между А. и Лусином возник спор. Вмешался бог и повелел Лусину сторожить мир ночью, а А. — днём. Отец даёт А., стесняющейся людей, массу игл, чтобы она колола глаза тому, кто будет на неё смотреть. По другим мифам, в спор между братом Лусином и сестрой А. вмешивается их мать, державшая в руках в этот момент тесто. Она даёт пощёчину Лусину и выгоняет его ночью из дома (до сих пор видны следы теста на лице Лусина). Вариант мифа: А. — брат, а Лусин — сестра. Сначала они вместе ходили по небосклону. Но красавицу Лусин сглазили, и она заболела оспой. Лусина попросила А. колоть глаза тем, кто смотрит на неё, а сама от стыда стала ходить по ночам.
С. Б. Арутюнян.

АРЭВАМАНУ́К («солнечный юноша»), у армян охотник, наказанный солнцем. Разгневанный неудачной трёхдневной охотой, А. решил убить солнце, чтобы оно упало с неба и весь мир покрылся тьмой. Когда А. натянул тетиву своего лука, чтобы выстрелить в восходящее солнце, оно дало А. пощёчину, огненной рукой схватило его за волосы и бросило в пустыню. А. был мёртв днём и оживал только ночью. Мать А. отправилась к матери солнца с мольбой спасти её сына, и та разрешила ей набрать воды из водоёма, где купалось солнце после своего дневного путешествия, и этой водой обрызгать А. для его полного оживления. По другому мифу, А. попросил солнце задержать свой заход, чтобы его мать закончила вязать для него носки. Солнце исполнило желание юноши. Но, когда мать солнца узнала причину его опоздания, она прокляла А.: он стал умирать днём и оживать ночью, а его мать не может завершить вязку носков.
С. Б. А.

АСАДА́ЛЬ, в корейской мифологии священная гора, возле которой *Тангун* учредил столицу Древнего Чосона. С ней идентифицируются гора Пэгаксан недалеко от Пхеньяна и гора Кувольсан в Пэкчу (современный Пэчхон в провинции Хванхэ-Намдо).
Л. К.

АСАЛЛУ́ХИ, в шумерской мифологии божество-покровитель города Куары, сын *Энки* (последнее, возможно, поздняя версия), заступник человека в заклинаниях, изгоняющий злых демонов. С возвышением Вавилона и возрастанием роли *Мардука* А. идентифицируется с ним.
В. А.

АСА́СЕ АФУА́, у ашанти богиня земли, супруга бога неба *Ньяме*; в варианте мифа А. А. также и дочь Ньяме, сестра *Асасе Йа*. От А. А. зависит плодородие и плодовитость, она ведает всем, что растёт на земле и что в ней содержится. Священное число А. А. — восемь; символ — восьмилучевая планета Венера; животное, посвящённое ей, — коза; её священный день (день происхождения и почитания) — пятница.
Е. К.

АСА́СЕ ЙА, у ашанти дочь Ньяме, сестра *Асасе Афуа*. Воплощает бесплодие земли. Её называют «Древняя мать-земля», а также «Земля, сотворившая нижний мир», соответственно считается матерью умерших.
Е. К.

А́СГАРД (др.-исл. «ограда асов»), в скандинавской мифологии небесное селение, крепость богов-*асов*; расположена на поле Идавёль (в «Саге об Инглингах» А. в качестве столицы асов помещается на земле — восточнее Дона). В «Младшей Эдде» рассказывается о строительстве А. неким великаном, которому помогает конь по имени Свадильфари. Асы должны отдать за это строителю А. солнце, луну и богиню *Фрейю*, но благодаря хитроумному *Локи*, который, превратившись в кобылу, отвлекал коня от работы, строитель не успел закончить её в срок и лишился не только платы, но и головы. В «Речах Гримнира» («Старшая Эдда») даётся перечень жилищ богов в А. (Валяскьяльв — у Одина, там же *Вальхалла*, где живут *эйнхерии*; Брейдаблик — у Бальдра; Химинбьёрг — у Хеймдалля, Трудхейм — у Тора и т. д.).

А. и *Мидгард* (где живут люди) никогда не противопоставляются, а в повествовании выступают альтернативно.
Е. М.

АСИ́ЛКИ, оси́лки, веле́ты, в восточнославянской мифологии великаны-богатыри. Жили в древние времена; по некоторым мифам, создавали реки, воздвигали утёсы и т. п. Возгордившись своей силой, А. стали угрожать богу и были им уничтожены. В белорусских преданиях А. выкорчёвывают деревья, откидывают или разбивают камни каменным оружием. Иногда за каменной стеной, разбитой каменным оружием, обнаруживали похищенных змеем людей. Фольклорные мотивы, связанные с А. (подбрасывание в небо булавы А., отчего гремит гром, победа над змеем и т. п.), позволяют считать мифы об А. вариантами мифа о борьбе громовержца (см. *Перун*) с его противником, змеем. Название «А.» предположительно связано с индоевропейским корнем *ak'-, «камень, каменное небо».
В. И., В. Т.

АСИНАДЗУ́ТИ И ТЭНАДЗУ́ТИ, в японской мифологии, очевидно, боги обработки полей, в «Кодзики» и «Нихонги» упоминаются как первые люди на земле. Согласно мифу, *Сусаноо*, изгнанный из *Такамано хара*, придя в местность Идзумо, видит, что по течению реки спускаются палочки для еды — хаси, что свидетельствовало о наличии у верховьев реки людей. Он действительно встречает там двух плачущих стариков А. и Т. и их дочь *Кусинада-химэ*, которую он спасает от змея *Ямата-но ороти* и делает своей женой. Сусаноо, построив для своей жены покои в местности Суга, поручает Асинадзути быть «правителем» этих покоев и жалует ему новое имя, которое можно расшифровать как «всеслышащий бог-страж Суга, правитель покоев в Инада».
Е. П.

АСИ́Р, Аше́р («счастливый»), в ветхозаветном предании второй сын *Иакова* от Зелфы, рабыни *Лии*, единоутробный брат Гада, родоначальник-эпоним одного из двенадцати колен израилевых (Быт. 30, 12—13; 46, 17), — см. *Двенадцать сыновей Иакова*. Послебиблейская литература добавляет об А. немного: отмечается, что он выступает примирителем в спорах между братьями, что за его праведное поведение племя («колено») его потомков было благословенно особой красотой своих женщин (талмудическое толкование Ветхого завета «Берешит рабба» 7) и плодородием полей (мотив, восходящий к Быт. 49, 20).
С. А.

АСИРА́Т, Аси́рту (угарит.), Аше́ра (иврит), древнесемитская богиня. В западносемитской мифологии супруга (дочь) верховного бога *Илу*, мать богов и людей, владычица сущего. Одновременно выступала как владычица моря (великая Асират Морская в угаритских текстах). В угаритском цикле мифов о *Балу* (Алийяну-Балу) помогает добиться разрешения Илу построить для Балу дом. Вместе с тем после гибели Балу *Анат* упрекает А. во враждебности к нему. По настоянию А. Илу передаёт власть над миром *Астару*. В известном по хеттским источникам североханаанейском мифе А. (Ашерту) пытается соблазнить Балу; он рассказывает о её домогательствах Илу и по приказанию последнего выполняет желания А. и унижает её; между А. и Балу начинается вражда (ср. *Иштар*). По представлениям аморееев-кочевников Сирийской пустыни, А. (Ашрату) — супруга *Марту*.
И. Ш.

68 АСИХАРА-НО

В йеменской мифологии А. супруга *Амма*. Почиталась в государстве Катабан. Известен также храм А. и *Вадда*. Вероятно, А.— верховная богиня и мать богов; несомненно, считалась матерью *Анбайа*. А., по-видимому, являлась одной из ипостасей богини солнца. Иногда выступала под прозвищем «всеблагая». Среди посвящений А. важное место занимали предметы фаллического культа.

А. известна также в ассиро-вавилонской мифологии.

А. Г. Л.

АСИХАРА-НО НАКАЦУКУНИ («тростниковая равнина — срединная страна»), в японской мифологии земля людей, в отличие от *Такама-но хара* — обиталища богов. В древности название всей Японии, впоследствии её поэтическое обозначение. Впервые встречается в мифе о бегстве Идзанаки из подземного царства (см. *Еми-но куни*). Наименование, вероятно, основывается на том, что Япония окружена морями, берега которых покрыты зарослями тростника («аси»), один из символов Японии наряду с вишней, ивой, сливой). В «Кодзики» и «Нихонги», в мифах, рассказывающих о появлении первых божеств (см., напр., *Амэ-но-токотати*), побеги тростника, пробивающиеся из земли, символизируют жизненную силу. Слово «накацукуни» («срединная страна») можно объяснить местоположением страны, окружённой морями, воспринимавшейся японцами как центр вселенной, но скорей представлениями о земном мире, противостоящем небу — стране богов и подземному царству — обиталищу мёртвых (ср. термин «Срединное царство» в Китае). Вариантом А.-н. н., встречающимся в «Кодзики» и «Нихонги», является «Страна обильных тростниковых равнин, тысячеосенних, долгих, пятисотенных молодых рисовых ростков». В молитвословиях норито она фигурирует как «Страна тучных колосьев, камышовая заросль славная».

Е. П.

АСИЯ, *Азия*, в греческой мифологии дочь титанов Океана и Тефиды, супруга титана *Иапета*, от которого родила Прометея, Менетия, Эпиметея и Атланта (Apollod. I 2, 2). По другой версии, их матерью была океанида Климена (Hes. Theog. 507—511).

А. Т.-Г.

АСК И ЭМБЛЯ («ясень» и «ива»), в скандинавской мифологии первые люди, которых ещё в виде древесных прообразов, бездыханных и «лишённых судьбы», нашли на берегу моря боги в «Старшей Эдде» — в песни «Прорицание вёльвы» — это три аса — Один, Лодур, Хёнир, а в «Младшей Эдде» — «сыны Бора», т. е. Один, Вили и Be). Боги их оживили (доделали как людей).

Е. М.

АСКАЛАБ, в греческой мифологии сын Мисмы, напоившей Деметру, когда та в поисках Персефоны изнывала от жажды. А. посмеялся над жадно пьющей богиней, и та, вылив на него остаток воды, превратила А. в крапчатую ящерицу. Считалось, что убивающий ящерицу приносит жертву Деметре (Ant. Liber. 24; Ovid. Met. V 446—461).

Г. Г.

АСКАЛАФ, в греческой мифологии: 1) сын Ахеронта и Горгиры, или нимф Авернского озера (Apollod. 1, 5, 3), или Орфны (Ovid. Met. V 539), или Стикс (Serv. Verg. Aen. IV 462). А. выступил свидетелем против Персефоны, съевшей семь гранатовых зёрен и тем давшей брачную клятву Аиду (Apollod. I 5, 3; Ovid. Met. V 532—550); за это Деметра накрыла его в Аиде тяжёлым камнем, который откатил Геракл, когда спускался в Аид за Тесеем (Apollod. II 5, 12). По другой версии, А. был превращён в филина; 2) сын Ареса и Астиохи, дочери *Актора* из Орхомена, брат Иалмена. К братьям перешла власть над Орхоменом после гибели *Агамеда* и *Трофония*. Оба участвовали в Троянской войне, приведя 30 кораблей (Hom. Il. II 511); А. сражался против Энея за тело *Алкафоя* (Il. XIII 478). Был убит *Деифобом* (Il. XIII 518; XV 110). Упоминается в списке аргонавтов (Apollod. I 9, 16), был одним из женихов Елены (Hyg. Fab. 81).

Г. Г.

АСКАНИЙ (греч.), см. *Юл* (лат.).

АСКЛЕПИЙ, в греческой мифологии бог врачевания, сын *Аполлона* и нимфы *Корониды* (по другой версии,— Арсинои, дочери Левкиппа), которую Аполлон убил за измену. Когда тело Корониды сжигали на погребальном костре, Аполлон вынул из её чрева младенца А. и принёс его на воспитание мудрому кентавру Хирону, который обучил его искусству врачевания (Apollod. III 10, 3; Pind. Pyth. III 8—53). А. пришёл к дерзкой мысли воскрешать мёртвых. За это разгневанный Зевс убил А. перуном (Apollod. III 10, 3—4). Сыновьями А. были *Подалирий* и *Махаон*, упоминаемые Гомером как прекрасные врачи (Hom. Il. IV 194; XI 518). Среди дочерей А.— Гигиея и Панакея — женские корреляты А. Культ А. был особенно популярен в Эпидавре, куда стекались за исцелением со всех концов Греции. Непременным атрибутом А. была змея (или даже две), получавшая в храме А. жертвенные приношения (Aristoph. Plut. 732—742). На острове Кос находилось известное святилище А., знаменитые врачи острова Кос считались потомками А. и назывались Асклепиадами. А. мыслился ипостасью Аполлона; известны их общие храмы и атрибуты (Paus. IV 31, 10; II 10, 3). В образе А. сочетаются хтонические черты земли-целительницы (змея — не только атрибут А., но и сам А.— змей) и представление о передаче божественных функций детям богов — героям, которые своей дерзостью нарушают равновесие, установленное в мире олимпийцами. В римской мифологии А. именуется Эскулапом; его культ был введён в Риме в нач. 3 в. до н. э., на одном из островов Тибра, там, где была выпущена привезённая из Эпидавра змея, был основан храм бога.

А. А. Тахо-Годи.

АСКОС, А с к, в греческой мифологии гигант, вместе с Ликургом связавший Диониса и бросивший его в реку. Гермес освободил Диониса, а с А. содрал кожу. От его имени получил название кожаный мех для вина (аскос) и сирийский город Дамаск (букв. «место, где был укреплён А.»); другую версию основания города см. в статье *Дамаск*.

Г. Г.

АСМОДЕЙ, в иудаистских легендах демоническое существо. Имя А., заимствованное, по-видимому, из иранской мифологии (ср. *Айшма*), неизвестное в еврейском каноне Ветхого завета, появляется в книге Товита, где есть следующий эпизод: А. преследует некую иудейскую девицу Сарру из ревности, не давая свершиться её браку и последовательно умерщвляя в брачную ночь семерых мужей прежде соития с ней, и только благочестивому Товии, пользующемуся помощью Яхве и архангела Рафаила, удаётся прогнать А. и сделать Сарру своей женой (Тов. 3, 7—8; 9). А. выступает здесь как особенный недруг одного из «божьих установлений» — брака. Этот мотив развивается в апокрифическом «Завете Авраама», восходящем к 1 в. Уже происхождение А. связано с блудом между (падшими) ангелами и «дочерьми человеческими» (упомянутым Быт. 6, 2), и сама природа А. побуждает его разрушать брачное сожительство средствами бессилия, холодности и отклонения желаний в недолжную сторону (апокрифическое соч. «Завет Соломона» 21—23). Это наиболее существенная сторона легенд об А. С ней связаны две другие линии — перенос на А. в его отношениях с *Соломоном* мотивов сверхъестественного помощника царя-строителя, а также двойника царя, подменяющего его на престоле до истечения срока наказания, пока царь должен бродить нищим, отверженным и неузнанным, искупая свою гордость. В обеих этих линиях, в отличие от первой, А. наделён амбивалентностью, присущей персонажу сказки, а не легенды; он выступает как стихийная сила, непредсказуемая, неподвластная человеческим меркам, опасная, но не злая. Соломону удаётся опоить А., связать в пьяном виде и наложить на него свою магическую власть (мотивы «захвата опоённого чудовища», ср. сюжет *Мидаса* и *Силена*; «чудовища на человеческой службе», ср. рассказы о *джиннах* и т. п.); А., как и полагается захваченному чудовищу, выдаёт некую тайну, а именно: секрет червя шамура, при посредстве которого можно чудесно рассекать камни, и вообще помогает строить храм, попутно проявляя прозорливость. Возгордившись, Соломон предлагает А. показать свою мощь и отдаёт ему свой магический перстень (ср. мотив посрамлённой гордыни Соломона в исламских преданиях, см. *Сулайман*); А. немедленно вырастает в крылатого исполина неимоверного роста, забрасывает Соломона на огромное расстояние, сам принимает облик Соломона и занимает его место. А. и здесь выдаёт свою природу блудного беса и недруга тем, что, хозяйничая в гареме Соломона, систематически нарушает ритуальные запреты, гарантирующие чистоту брачных сношений, и даже покушается на кровосмешение. По этим признакам его изобличают как самозванца, когда испытание Соломона оканчивается. Легенда о Соломоне и А. получила универсальное распространение в литературе, фольклоре и художественной иконографии христианского и исламского средневековья: в славянских изводах партнёр Соломона именуется Китоврасом, в западно-европейских — Маркольфом. *С. С. Аверинцев.*

АСÓП, в греческой мифологии бог одноимённой реки на юге Беотии в Греции, сын Посейдона и нимфы Перо (по другим версиям,— сын Океана и Тефиды или Зевса и Эвриномы). У А. двенадцать дочерей и два сына — эпонимы городов и островов. Дочь А. Эгина, соблазнённая и похищенная Зевсом, родила Эака. Узнав от Сисифа о похищении Эгины, А. стал преследовать Зевса, но был вынужден возвратиться в родное русло, устрашённый молниями Зевса (Apollod. III 12, 6). *А. Т.-Г.*

АСС, у лакцев божество грома и молнии. Живёт на небесах, ездит в фаэтоне. Его постоянная дорога — Млечный путь («дорога Асса» на языке лакцев). Колёса фаэтона и подковы коней при езде по ухабистым дорогам стучат, грохочут, отсюда — гром. Молнии — это искры из-под колёс. У цахуров ему соответствует Арш. *Х. Х.*

АСТÁР, Истáр, древнесемитское астральное божество, олицетворение планеты Венера, мужская параллель *Астарты* и *Иштар*. В западносемитской мифологии А.— ханаанейско-аморейский бог, почитавшийся наряду с Астартой, очевидно, как её супруг. А.— один из претендентов на власть над миром: *Илу* передаёт ему власть после смерти *Балу*. Будучи противопоставлен Балу, А. является в Угарите воплощением злого начала; его эпитет — «ужасный».

Культ А., видимо, постепенно утрачивает значение; его замещают местные боги. Черты А. в одной из своих ипостасей воспринял моавитский *Кемош*. Вероятно, западносемитский А. отождествлялся с греческим *Аресом* (в эпоху эллинизма) и египетским *Гором* (2-е тыс. до н. э.). *И. Ш.*

В йеменской мифологии А.— верховное божество. Единственный древнесемитский бог, который сохранил своё имя и функции в этой мифологии и почитался во всех государствах Древнего Йемена — Саба, Маин, Катабан и др. Он был богом войны, грозным и сильным, и одновременно богом-защитником, хранителем домов, гробниц, надписей, оберегавшим их «от всего повреждающего и разрушающего». Он являлся и богом плодородия и орошения. А. возглавлял пантеоны богов в государствах Древнего Йемена, но не выступал как царь народа, бог-покровитель и владыка страны. Лишь в государстве Саба встречается выражение «владение Астара и Алмакаха», обозначающее это государство, что могло бы свидетельствовать о функционировании А. как бога-покровителя. Это, видимо, объясняется тем, что первоначально А. был богом — покровителем племенного союза Саба, от слияния которого с союзом Файшан в конце 2-го тыс. до н. э. возник сабейский народ. В результате синойкизма богом — владыкой страны стал бог — покровитель союза Файшан — Алмаках, а А. приобрёл функции верховного божества. Позднее А. стал богом — покровителем царской династии сабейского государства. В Сабе супруга А.— его ипостась *Хаввас*; в Хадрамауте известна его женская ипостась Астарам. В Катабане и Хадрамауте А. связан с *Зат-Химйам*. Из других ипостасей А. наиболее значительны Астар Шаркан (Восточный), почитавшийся во всём Йемене, маинский Зу-Кабдим, «владыка урожая», и сабейский Зу-Зибан, «владыка потоков» (ср. также *Мутибнатйан* и Мутибкабат, *Хагар-Кахам*, *Узза*).

Священные животные А.— антилопа и, вероятно, бык. Символы А.— копьё, рука и дверь, иногда — монограмма имени. Видимо, он же наряду с богом луны символизировался широко распространённым в Древнем Йемене изображением диска (Венеры?) над лежащим серпом луны.

А. имел сильно развитый культ. Все сакральные действия правителей Саба были обращены к нему. С А. заключался «союз», видимо, составлявший основу власти сабейских правителей. Известны священные трапезы в честь А., сопровождавшиеся «обходом» особых культовых объектов — кайфов, ритуальная охота, заклания жертв, возлияния благовоний. Вероятно, те же действия производились в Маине и Катабане. Многие должностные лица в Сабейском государстве были жрецами А. Существовали многочисленные храмы А. Его храм Расаф был главным храмом Маина.

С середины 1-го тыс. до н. э. А. постепенно вытесняется с позиции верховного божества местными богами (за исключением государства Маин), но он продолжал почитаться вплоть до 5 в. н. э., т. е. дольше, чем другие йеменские божества. *А. Г. Лундин.*

АСТÁРТА, в западносемитской мифологии олицетворение планеты Венера, богиня любви и плодородия, богиня-воительница. А.— древнесемитское божество, которому соответствуют *Иштар* в ассиро-вавилонской мифологии и *Астар* (мужская параллель). А. считалась, видимо, супругой западносемитского Астара. В Угарите её культ занимает большое место, но в мифах она почти не упоминается. А. играет важную роль в борьбе богов с *Йамму*. В мифе палестинского происхождения, известном по египетским источникам, А. посланница богов к Йамму; ср. в угаритском цикле её обращение к *Балу* с просьбой не убивать гонцов Йамму; она же укоряет Балу за убийство Йамму. В Древнем Египте А. (А.-Иштар) иногда отождествлялась с *Сехмет*, считалась дочерью *Ра*, женой *Сета*. А. почиталась также в Карфагене (где её образ повлиял на представления о *Тиннит*) и на Кипре. Черты А. и *Анат* позднее слились в образе *Атаргатис*. В эллинистический период А. отождествлялась с греческой *Афродитой* и римской *Юноной*. Согласно эллинизированному мифу, А. (Афродита) полюбила *Адониса* и, когда он погиб, спустилась за ним в нижний мир. Дамаский (6 в. н. э.) в сочинении «О первых принципах» приводит миф о том, как А. (Астроноя) преследовала своей любовью Эшмуна, который, погибнув, воскрес, благодаря дарующему жизнь теплу богини. Известны изображения А. в виде нагой всадницы, стреляющей из лука. В период становления иудейского монотеизма пророки вели с культом А. ожесточённую борьбу. *И. Ш. Шифман.*

АСТЕРÓПА, в греческой мифологии: 1) дочь речного бога Кебрена, жена *Эсака*, погибшая от укуса змеи (Apollod. III 12, 5; Ovid. Met. XI 767—795); 2) океанида, родившая от Зевса Акраганта (Steph. Byz.); 3) дочь *Кирки* (Orph. Arg. 1215); 4) дочь Атланта, одна из плеяд, родившая от Ареса Эномая (вариант: жена Эномая, Hyg. Fab. 84, 159, 250); 5) дочь тегейского царя Кефея, получившая от Геракла локон Горгоны, который нужно было трижды поднимать над стенами города, чтобы отогнать любого врага (Apollod. II 7, 3). За это Кефей с 20 сыновьями покинул Тегею и выступил союзником Геракла в войне против Лакедемона. В память о защите Тегеи с помощью локона Горгоны (его дала Гераклу для А. Афина) в городе был построен храм Афины Полиатиды, называвшийся также «храмом ограждения» (Paus. VIII 47, 5—6). *Г. Г.*

АСТИАНÁКТ, в греческой мифологии сын *Гектора* и *Андромахи*. Подлинное его имя было Скамандрий. А. («владыкой города») его прозвали троянцы из уважения к Гектору. После взятия Трои ахейцами малютка А. был приговорён к смерти и сброшен с городской стены (Eur. Troad. 709—788, 1118—1250). По поздней местной версии, А. удалось спастись; со временем он восстановил Трою и основал много новых городов в Малой Азии. *В. Я.*

АСТИДА́МИЯ, в греческой мифологии: 1) дочь Аминтора, родившая от Геракла *Тлеполема* (Pind. Ol. VII 24); 2) жена *Акаста*, влюбившаяся в *Пелея*; не сумев соблазнить его, она оклеветала Пелея перед его женой, которая повесилась, и перед Акастом (Apollod. III 13, 3), который не тронул Пелея, ибо сам только что очистил его от скверны убийства, но оставил его безоружным в опасности. Пелей отомстил А.: он разрубил её тело на части и по ним привёл войско в захваченный Иолк (Apollod. III 13, 7); 3) дочь Строфия и сестры Агамемнона Кидрагоры, сестра *Пилада* (Schol. Eur. Orest. 33).
Г. Г.

АСТИМЕДУ́СА, в греческой мифологии дочь Сфенела, третья жена *Эдипа*, оклеветавшая перед отцом пасынков *Этеокла* и *Полиника* (Schol. Hom. Il. IV 376).
Г. Г.

А́СТЛАН («страна цапель»), мифическая прародина ацтеков, остров посреди большого озера. Первоначально ацтеки, как и другие народы науа, считали своей прародиной *Чикомосток*.
Р. К.

АСТРЕ́Я, в греческой мифологии дочь Зевса и Фемиды, богиня справедливости, сестра Стыдливости, обитавшая среди счастливых людей золотого века. Затем испорченность людских нравов заставила А. покинуть землю и вознестись на небо (Iuvenal. VI 14—20), где она стала созвездием Девы (Ovid. Met. I 149—150). По другой версии мифа, в созвездие Девы превратилась другая дочь Зевса и Фемиды Дике — богиня правды и справедливого возмездия, нередко отождествляемая с А. (Ps. Eratosth. 9).
А. Т.-Г.

АСТХИ́К («звёздочка»), у армян богиня плотской любви и воды, возлюбленная *Вахагна*. Её главный храм в Аштишате (к северу от современного города Муш в Турции) назывался «спальня Вахагна». Возможно, первоначально А. и *Анахит* — два имени одной и той же богини плодородия, любви и воды. В дальнейшем Анахит и А. стали самостоятельными божествами.

Имя А. восходит к символу богини — планете Венера. Согласно мифам, А., необычайная красавица, каждую ночь купалась в Евфрате там, где он течёт по узкому каменистому ущелью (местность Гургура, «грохот»). Чтобы любоваться обнажённой богиней, юноши зажигали огни на горе Дагонац (Таронская гора, в пределах современной Турции). Защищая себя от чужих взоров, А. покрывала туманом всю Таронскую долину. Согласно другим мифам (возникшим, вероятно, после распространения христианства), А.— дочь Ксисутра (Ноя), рождённая после всемирного потопа. После смерти Ксисутра вспыхнула война за власть над вселенной между его сыновьями Зрваном, Титаном и Япетосом. А. уговаривает их прекратить раздоры. Титан и Япетос признают власть Зрвана, но ставят условием истребление всех его детей мужского пола, чтобы потомки Зрвана не властовали над ними. После умерщвления двух сыновей Зрвана А. вместе с его жёнами спасает остальных, отправляя их на запад, на гору Дьюцнкец (место обитания богов).

В эпоху эллинизма А. отождествлялась с Афродитой. Храмы и места почитания А. находились в Аштишате, в области Андзевацик на горе Палаты (к юго-востоку от озера Ван), в Артамете на берегу озера Ван и др. По армянскому календарю в середине лета (в конце старого года и в начале нового) устраивался праздник вардавар (вероятно, от «вард», «роза» или «вода»), А. приносили в дар розу, выпускали голубей, а участники обряда обрызгивали друг друга водой.
С. Б. Арутюнян.

А́СУРЫ («обладающие жизненной силой»), в ведийской и индуистской мифологии: 1) класс небесных персонажей, обладающий колдовской силой *майя*. В «Ригведе» А. могут быть и боги [*адитьи* (прежде всего *Варуна* и *Митра*), *Агни*, *Индра* и др.], и (редко) небесные демоны — противники богов. Но уже в «Атхарваведе» под А. понимаются только демоны («Каушикасутра» — АВ VIII 6, 5; ср. «Каушикасутра» — 87, 16; 88, 1), тогда как боги называются исключительно *дева*; в упанишадах боги также — сура, откуда толкование имени А. как «не-боги» (а-сура). К этому времени окончательно складывается противопоставление А. богам. Вместе с тем уже в позднеиндийской литературе формируется представление об А. как высшем классе демонов, противостоящем богам.

Боги побеждают А. (РВ X 157, 4); Агни обещает исполнить гимн, с помощью которого боги разобьют А. (X 53, 4); к *Брихаспати* обращаются с мольбой сокрушить А. (II 30, 4); Индра побеждает тех или иных представителей асурского рода, прежде всего *Вритру*, асуру по преимуществу, Пипру (X 138, 3), Варчина (VII 99, 5; вместе с *Вишну*), поэтому Индру (иногда и Агни, солнце) называют асурахан («убийца А.»). После гибели А. идут в царство Варуны. В эпоху брахман А., связанные с тьмой и ночью (Шат.-бр. II 4, 2, 5; Тайтт.-самх. I 5, 9, 2), окончательно становятся врагами богов, и битвы между ними образуют большую часть сюжетов, в которых участвуют А.

В качестве создателя А. обычно называют *Праджапати* (или *Брахму* в более поздних вариантах): А. возникли из его ожившего дыхания («Тайттирия-брахмана»; в другой версии этого же текста из брюшной полости); из капель («Шатапатха-брахмана»), из капель («Тайттирия-араньяка»; вместе с другими видами демонов), из паха Брахмы-Праджапати («Вишну-пурана», «Ваю-пурана») и т. д. Весь состав А. не поддаётся точному определению, но часто под А. понимали *дайтьев, данавов* и других потомков *Кашьяпы*. С А. связан ряд мифологических сюжетов: А. рождены Брахмой, они — старшие братья богов, обладающие мудростью, мощью и майей; на небе у них было три града — железный, серебряный и золотой, а также грады в подземном царстве. Верховный жрец А. и их наставник — Ушанас, сын *Бхригу*; их царь — Хираньякашипу. А. возгордились, исполнились зла, и счастье отвернулось от них. Индра сокрушил их в битвах, а *Рудра* испепелил три града А. и низверг их с неба. Демон-вепрь Эмуша крадёт у богов зерно для жертвоприношения и собирается варить кашу, но Индра поражает демона, а Вишну уносит зерно из царства А. и возвращает его богам. Многочисленны войны богов с А.: Индра поражает А. Шамбару, *Намучи*, Пуломана и берёт дочь последнего Шачи в жёны; боги во главе с Индрой и Рудрой освобождают *Тару* от Сомы, которому помогают А. во главе с Ушанасом; Индра поражает *Вритру* и т. п. А. вместе с богами участвуют в пахтанье океана; боги похищают *амриту* (лишь асуру-демону *Раху* удаётся глотнуть её, и поэтому голова его становится бессмертной); А. вступают в бой, но Вишну и боги загоняют их под землю и на дно океана. Вишну в облике вепря поражает асуру *Хираньякшу* и утверждает землю посреди океана; асуру Хираньякашипу заточает в темницу своего сына *Прахладу*; Вишну в облике карлика приходит к *Бали*-царю А. и принуждает вернуть богам власть над вселенной, до того пребывавшую в руках А. Асуры участвуют и во многих других сюжетах (сказания о *Яяти*, о *Сунде* и Упасунде, о *Ваджранге* и Тараке, о разрушении крепости асур Трипуры, о *Раване*, о том, как *Агастья* покарал Илвалу, царя А., и т. п.). Соотношение А. и дэва находит параллель в др.-иран. «ахура-»: «дэва» — с той разницей, что у иранцев слово «ахура» обозначало богов, «дэва» — демонов.
В. Н. Топоров.

2) В буддийской мифологии А. («не бог») существа, образующие один из шести разделов *сансары*. А. жили когда-то как боги в небе Траястрись (см. *Девалока*), но были изгнаны главой этого неба Шакрой. А. обитают в основном в пещере горы Меру и ведут ожесточённые бои с богами, хотя всегда терпят поражение. Яблоком раздора между А. и богами является мифическое дерево Читтапатали, корни которого находятся во владениях А., но плоды созревают в небесах. В мифологии ваджраяны А. символизируют зависть.
Л. М.

АСХА́Б АЛ-КАХФ («те, кто в пещере»), в мусульманской мифологии молодые люди, спрятавшиеся вместе с собакой в пещере, чтобы уберечь свою веру в единого бога во время преследований. Эпизоды, посвящённые А. а.-к., изложены в Коране, в суре «Пещера». Согласно Корану, молодые люди обратились к аллаху с просьбой смилостивиться над ними и направить на верный путь. Аллах услышал просьбу и усыпил их на 309 лет, которые показались им как «день или часть дня». Очнувшись, А. а.-к. послали одного купить пропитание и так обнаружили себя людям, а затем уснули вечным сном. Над их пещерой (в урочище ар-Раким) люди устроили потом святилище (18: 9—25). В Коране не называется точное число «тех, кто в пещере» и констатируется, что это число, так же как и продолжительность сна, один «аллах знает лучше».

Коранический рассказ является вариантом христианского сказания о *семи спящих отроках*, распространённого на Ближнем Востоке до утверждения ислама. Детали коранического рассказа (название места, ориентировка пещеры, строительство над ней храма и др.) дают основание предположить, что Коран имеет в виду не эфесскую пещеру, традиционно считающуюся местом действия христианского сказания, а погребение на территории римского некрополя в окрестностях современного Аммана, с которым в Сирии и Палестине ещё в доисламский период связывали действие этого сказания и где мог услышать Мухаммад, посещавший эти места с торговыми караванами.

Освящённое Кораном сказание получило широкое распространение в мусульманском мире. Средневековые авторы помещали могилу «людей пещеры» помимо Эфеса и Аммана также в различных пунктах Средней Азии, Сирии, Испании. Магическую функцию приобрели называемые преданием имена спящих и имя их собаки — Китмир.

М. Б. Пиотровский.

АСХА́Б АЛ-УХДУ́Д, в мусульманской мифологии «те, кто у рва». В Коране говорится: «Убиты будут те, кто у рва, у огня, обладающего искрами. Вот они сидят над ним и созерцают то, что творят с верующими» (85:4—7). Мусульманская традиция видит в этом тексте описание праведников, сжигаемых в огне, восходящее в конечном счёте к библейскому мотиву (ср. Дан. 3). Коранический сюжет связывается также с казнью йеменским царём-иудеем Зу Нувасом христиан города Наджрана (ок. 513), когда последних якобы сжигали в специально вырытом рву, а также с погребением в колодце мусульман, павших в битве (624) при Бадре. Ряд исследователей отрицает, однако, всякие сюжетные связи с коранического текста и толкует его как типичное для стиля Корана описание наказаний грешников в аду (см. *Джаханнам*). *М. П.*

АСХА́Б АР-РАСС («те, кто в колодце»), в мусульманской мифологии один из «коренных» народов Аравии. В Коране упоминается рядом с народами *ад* и *самуд* (25:40; 50:12). Из коранического текста следует, что этот народ не поверил пророку, за что был уничтожен аллахом. Кораническая версия восходит, вероятно, к утраченному древнеарабийскому источнику.

Согласно наиболее распространённому комментарию коранического текста, А. ар-р. были потомками уцелевших от наказания аллахом самудитов. К ним был послан с проповедью слова божьего пророк Ханзала, спасший А. ар-р. от приносивших разорение птиц *анка*. А. ар-р. не поверили проповеди Ханзалы и сбросили его в колодец, за что и были уничтожены. *М. П.*

АСЫ, в скандинавской мифологии основная группа богов, возглавляемая *Одином* (отцом большинства А.), иногда — обозначение богов вообще. А. противопоставляются *ванам*, небольшой группе богов плодородия, великанам (*ётунам*), карликам (*цвергам*) и низшим женским божествам — *дисам*, *норнам*, *валькириям*; в «Старшей Эдде» часто встречается формула «асы и альвы», как противопоставление А.— высших богов более низкой категории — духам (*альвам*).

А. живут в небесном селении *Асгарде*. В «Младшей Эдде» перечисляется 12 А.: Один, Тор, Ньёрд, Тюр, Браги, Хеймдалль, Хёд, Видар, Али (или Вали), Улль, Форсети, Локи. Помимо них называются Бальдр и Фрейр в качестве сыновей Одина и Ньёрда, но сыновья Тора Магни и Моди не упомянуты, пропущен Хёнир, который в «Старшей Эдде» неизменно присутствует в странствующей троице А. (Один — Локи — Хёнир). Присутствие в этом перечне Ньёрда и Фрейра, которые являются по происхождению ванами, и отсутствие Хёнира объясняется, возможно, тем, что, согласно мифу о войне между асами и ванами, Ньёрд и Фрейр были взяты после заключения мира заложниками к А., а Хёнир перешёл к ванам в качестве заложника от А. «Младшая Эдда» перечисляет также 14 богинь («асинь»): Фригг, Сага, Эйр, Гевьон, Фулла, Фрейя, Съёвн, Ловн, Вар, Вёр, Сюн, Хлин, Снотра, Гна, а затем упоминает также Соль и Биль, и в заключение причисляет к богиням также Ерд и Ринд. В мифах фигурируют главным образом Фригг и Фрейя, очень редко Гевьон и Фулла. Но, кроме того, в числе жён А. весьма часто упоминаются Сив — жена Тора и Идунн — жена Браги, а также Скади (дочь великана) — жена Ньёрда, вошедшая в общину асов после смерти своего отца. После войны А. и ванов (см. о ней в ст. *Ваны*) А. ассимилируют ванов.

Включение слова «А.» в собственные имена у различных германских племён и упоминание Иорданом культа А. у готов свидетельствует об общегерманском распространении представления об А. до принятия германцами христианства.

В ряде средневековых источников (в «Прологе» к «Младшей Эдде», в «Саге об Инглингах») рассказывается о происхождении А. из Азии. Этимология слова «А.» восходит, по-видимому, к мифологическим представлениям о каких-то духах или душах в теле (особенно в момент беспамятства и смерти) и о душах умерших. Указанная этимология более всего подходит к характеристике Одина, который действительно рассматривается как главный А. *Е. М. Мелетинский.*

А́ТА, в греческой мифологии божество, олицетворяющее заблуждение, помрачение ума, дочь *Зевса*. Гомер изображает А. быстрой на ноги, могучей, приносящей вред людям (Hom. Il. IX 505—507). При рождении *Геракла* А. сыграла губительную роль, помрачив ум Зевса. Ожидая рождения Геракла у *Алкмены*, Зевс заявил, что родившийся теперь смертный будет царствовать и повелевать всеми. Ревнивая Гера вынудила Зевса подтвердить это клятвой, и затем, замедлив роды Алкмены, ускорила рождение ничтожного *Эврисфея*, в зависимости от которого попал родившийся позже Геракл. Разгневанный Зевс сбросил А. с неба, и с тех пор она причиняет бедствия людям (Hom. Il. XIX 90—131). *А. Т.-Г.*

АТАЭНТСИК, в мифах гуронов прабабка людей. За ослушание была сброшена правителем верхнего мира «предсуществ» на поверхность океана, где её поддержали птицы и поместили на панцирь черепахи. Животные (ондатра, выдра и др.), ныряя, добывали со дна землю и складывали её на спину черепахи, т. о. постепенно образовалась суша. От дочери А. родились близнецы-антагонисты *Иоскеха и Тавискарон*, причём последний при рождении смертельно ранил мать. А. поместила тело дочери на дерево, и оно стало солнцем, а голова — луной. В мифах могауков А. соответствует Авенхаи («плодородная земля»). *А. В.*

АТАЛА́НТА, в греческой мифологии охотница, участница *калидонской охоты* (Apollod. I 8, 2—3) и *похода аргонавтов* (Diod. IV 41; Apoll. Rhod. I 769 след.). Видимо, образ А. возник из слияния двух первоначальных образов героинь: аркадской, славившейся меткой стрельбой из лука, и беотийской, знаменитой быстротой ног (отец А.— аркадский герой Иас, мать — беотийская царевна Климена и варианты имени отца: Схеней, Менал и др.). Отец А., недовольный тем, что родилась дочь, а не сын, выбросил ребёнка, и его вскормила медведица, а воспитали охотники. А. первая ранила калидонского вепря и получила за это от влюблённого в неё *Мелеагра* почётную награду: голову и шкуру зверя. А. отказывалась от замужества и застрелила из лука двух покушавшихся на её

72 АТАР

девственность кентавров (Apollod. III 9, 2). Всем сватавшимся к ней она устраивала испытание, предлагая состязаться в беге. Пропустив жениха вперёд, она в полном вооружении бросалась вдогонку, и тот, кого она настигала в пределах намеченного для состязания участка, должен был поплатиться жизнью. После того как многие добивавшиеся её руки погибли, Меланион (вариант: Гиппомен) сумел победить А. хитростью. Он выбрасывал на бегу золотые яблоки, подымая которые, А. проиграла состязание. Став женой Меланиона, А. родила ему Парфенопея [вариант: отцом Парфенопея были Мелеагр (Hyg. Fab. 70, 99) или Арес (Apollod. III 9, 2)]. Супружество А. было недолгим и окончилось трагически: Зевс наказал предававшихся любви в его храме супругов, превратив обоих во львов. Согласно представлениям древних, львицы сочетаются только с леопардами, поэтому постигшее А. наказание лишало её возможности продолжать брачные отношения с мужем (Ovid. Met. X 560—704; Hyg. Fab. 185). Некоторые черты мифа об А. (вскармливание её молоком медведицы, девственность А., успехи в охоте) сближают её с богиней-девственницей *Артемидой* и позволяют считать её ипостасью этой богини охоты.
М. Н. Ботвинник.

ĀTAR (авест.), в иранской мифологии персонификация огня, образ индоиранской древности (athaгуu — эпитет огня в «Ригведе» со значением «пылающий»). По учению «Гат», А. — не самостоятельно действующая сила, но символ и внешнее проявление высшего божества (34, 4; 43, 9; 51, 9), иногда его «тело» (30, 5; 36, 6, «Яшт» XIII 3 и др.). Индоевропейским представлениям об огненной природе всего бытия соответствует иранский миф о том, что бог создал небо, воды, землю, растения, животных, человека и «во всём этом был распределён огонь» («Затспрам» 1, 20; кратко в «Ясне» 17 и 19). В «Младшей Авесте» А. — сын *Ахурамазды* («Ясна» 17, 1 и пр.), в отличие от «Гат» он трактовался как отдельная личность с собственной волей. Авестийская традиция подчёркивала родство А. с огнями, а не с телесными силами космоса. По «Видевдату» (XVIII) и «Яшту» (XIX) огонь смертен, его существованию постоянно угрожают силы тьмы, особенно дракон *Ажи-Дахака*. А. боролся с ним, в частности за право обладания атрибутом царственности — хварно (см. *Фарн*). Ср. также *Спеништа*.
Л. А. Лелеков.

АТАРГАТИС (греч.), **Деркето** (греч.), **Атарате** (арам.), в западносемитской мифологии богиня плодородия и благополучия, супруга Хаддада (см. *Балу*); одна из наиболее почитаемых в эллинистическо-римское время богинь арамейского пантеона. Отождествлялась с *Афродитой*. В образе А. слились черты *Анат* и *Астарты*; её культ начал складываться, по-видимому, в первой половине 1-го тыс. до н. э. и имел оргиастический характер. А. посвящён трактат Лукиана «О Сирийской богине».
И. Ш.

АТАТЫ ДЗУАР («святой Атаевых»), в осетинской мифологии покровитель рода Атаевых в сел. Галиат Дигорского ущелья. Изображается в виде чурбана, из которого при ударе топором стекает молоко или кровь. А. д. был найден в лесу одним из предков Атаевых и привезён домой. А. д. обладает целебной силой и поэтому ежегодно членами рода Атаевых устраивается праздник в его честь с приношением в жертву баранов.
Б. К.

АТВИА, в иранской мифологии (в «Авесте») отец *Траэтаоны*. В более поздних памятниках именуется Атибин; его убивает *Заххак*. А. считается вторым человеком (после Вивахванта, отца Иимы), служившим *Хаоме* и выжавшим его сок («Ясна» IX).
И. Б.

АТЕА, Ватеа, Фатеа, Вакеа, Ваза, Увоке, Уакеа, в полинезийской мифологии обожествлённое небесное пространство. В мифах о-вов Туамоту А. — муж Фаахоту (богини земли); Гавайских островов — муж Папа. Популярен миф о борьбе А. и *Тане*, которая, согласно маорийскому мифу, приводит к отделению неба (*Ранги*) от земли (Папа);

Тане убивает А. (ср. вавилонский миф о *Мардуке* и *Тиамат*).
Е. М.

АТЛАНТ, в греческой мифологии титан, сын *Иапета* и океаниды *Климены* (по другой версии, — *Асии*), брат *Прометея*. Древнее доолимпийское божество, отличавшееся мощной силой. После поражения титанов в титаномахии А. в наказание поддерживал на крайнем западе сада *Гесперид* небесный свод. По одной из версий мифа, *Геракл* добыл золотые яблоки Гесперид с помощью А., переложившего на Геракла свою ношу. Когда же вернувшийся с яблоками А. не захотел взвалить на себя снова небесный свод, Геракл его обманул, дав по совету Прометея А. как бы на время подержать ношу, пока сам не сделает подушку и не подложит её под тяжесть неба (Apollod. II 5, 11). По одному из мифов, *Персей* превратил А. в скалу, показав ему голову *Горгоны*; отсюда представление об А. — горе в Африке (Ovid. Met. IV 627—661). А. — отец семи *плеяд* и нимфы *Калипсо* (Hom. Od. I 52—54). Дочерьми А. являются также Геспериды.
А. Т.-Г.

АТЛИ, Этцель, герой германо-скандинавского героического эпоса; исторический Аттила, гуннский король (434—453). Образ А. получил различную трактовку в скандинавской и южногерманской традициях. В исландских эддических песнях, в «Саге о Вёльсунгах», в норвежской «Саге о Тидреке» А. — злой и жадный властитель, коварно заманивший в ловушку бургундского короля Гуннара (из рода Гьюкунгов) и его брата Хёгни, стремясь завладеть их золотым кладом (см. в ст. *Нибелунги*), и подвергший их мучительной казни; их сестра *Гудрун* (жена А.) страшно мстит А. и он погибает от её руки. По другой версии, А. погибает иначе: смертельно раненный Хёгни успевает ещё зачать сына, который вырастает при дворе А. и заманивает его в горную пещеру, где спрятан клад; запертый там гуннский король умирает голодной смертью близ столь желанного им золота. По некоторым версиям, А. губит бургундов, мстя за свою сестру *Брюнхильд*. В некоторых легендах А. приданы дьявольские черты (утверждали, что он был зачат от собаки, и т. п.). В континентальных вариантах германского эпоса (в германской героической поэме «Вальтарий», и в особенности в «Песни о нибелунгах») Этцель (А.) предстаёт в виде могущественного и великодушного монарха, но вместе с тем человека слабого и нерешительного, который пассивно наблюдает за развёртывающейся в его палатах катастрофой — гибелью бургундов и собственных дружинников, а также его сына и жены Кримхильды (Гудрун), мстящей братьям за убийство её первого мужа Зигфрида (*Сигурда*).

В эддических «Песни об Атли» и «Речах Атли» расправа, которую А. учинил над Гуннаром и Хёгни, по-видимому, первоначально представляла собой ритуальное жертвоприношение: у Хёгни вырезают сердце, Гуннара бросают в яму со змеями, причём сам А. торжественно сопровождает Гуннара к месту его казни; в момент, когда А. отправляется в этот путь, Гудрун призывает на него проклятье, ибо он нарушил клятв, данные в своё время Гуннару.
А. Я. Гуревич.

АТМАН, одно из кардинальных понятий в религиозно-мифологической системе индуизма. В ведийской литературе употребляется как местоимение («я», «себя»), затем в значении «тело» и, наконец (прежде всего в упанишадах), — как обозначение субъективного психического начала, индивидуального бытия, «души», понимаемых и в личном, и в универсальном планах. В последнем значении А. выступает в индуистской мифологии и философии всеобщей основой и первопричиной, пронизывает всё сущее; он непостижим и не имеет каких-либо конкретных характеристик (потому его обычное представление: не [это], не [это]). С мифологизированным понятием А. связано также обозначение высшей духовной сущности: адхьятман (букв. «относящийся к себе, к А.»). Как субъективное индивидуальное начало, А. противопоставляется объективной первичной реальности — *брахману*, но в конечном счёте совпадает с ним; должное их почитание и постижение их тождества, т. е. идентичности субъективного и объективного начал (напр., Брихад.-уп. I 4, 10; Тайтт.-уп. I 5, 17 и др.), составляет одну из основных заповедей индуизма.

П. Г.

АТО́Н («диск солнца»), в египетской мифологии олицетворение солнечного диска. Первоначально А.— одна из ипостасей бога солнца («Атум в своём Атоне», т. е. *Атум* в солнечном диске; «тело Ра — Атон», т. е. тело *Ра* — это солнечный диск). В текстах эпохи Аменхотепа III (правил в 1405—1367 до н. э.) А. впервые выступает в качестве бога солнца. Расцвет культа А. относится ко времени Аменхотепа IV (1368—1351 до н. э.). В начале его правления А. выступает как воплощение всех главных богов солнца. На шестом году своего царствования Аменхотеп IV объявил А. единым богом всего Египта, запретив поклонение другим богам (и изменил своё имя Аменхотеп — «Амон доволен» на Эхнатон — «Угодный Атону» или «Полезный Атону»). Верховным жрецом А. стал сам фараон, считавший себя его сыном. А. изображался в виде солнечного диска с лучами, на концах которых помещались руки, держащие знак жизни «анх» (как символ того, что жизнь людям, животным и растениям дана А.). А. в этот период присущи полупантеистические черты: он, считалось, присутствует во всей природе, в каждом предмете и живом существе.

После смерти Эхнатона почитание А. как единого бога Египта прекратилось. *Р. И. Рубинштейн.*

АТОТА́РХО, Тододаха (по одной из версий, «опутанный»), в мифах ирокезов божество, олицетворяющее необузданные силы природы, людоед и чародей. Тело А., представлявшееся в виде чудовища, было скручено в «семь узлов зла» (змеевидные волосы, черепахообразные когтистые конечности, искажённые органы чувств). А. обитал вблизи ирокезского селения Онондага. По одной из версий, А.— легендарный правитель селения Онондага (возможно, реальное историческое лицо). Он обладал тиранической властью над людьми. *Гайавата* и *Деганавида*, стремясь улучшить жизнь ирокезов, очистили от зла разум А., после чего он стал одним из 50 вождей, входящих в совет Великой Лиги ирокезских племён. Титул А. в этом качестве сохраняется у ирокезов. *А. В.*

АТРАХА́СИС («превосходящий мудростью»), в аккадской мифологии герой мифа о потопе. После создания людей богиней-матерью Мами бог *Энлиль*, возмущённый людской суетностью и шумливостью, решает их уничтожить. Он посылает на людей чуму, мор, засуху, голод, засоление почвы, но с помощью бога Эйи (*Энки*) люди справляются с этими бедствиями, и каждый раз человечество множится вновь. Наконец, Энлиль посылает потоп, длящийся семь дней и семь ночей, человечество гибнет; спасается только А., который по совету Эйи строит большой корабль под названием «ладья, сохраняющая жизнь». А. погружает на корабль свою семью, ремесленников, зерно, всё своё имущество, а также всех животных, «кто ест траву». По-видимому, боги даруют А. вечную жизнь (ср. Ут-напишти, шумер. *Зиусудру*). Слово «А.» употребляется также как эпитет многих других героев — Адапы, Этаны, Ут-напишти и др. *В. А.*

АТРЕ́Й, в греческой мифологии сын *Пелопа* и *Гипподамии*. Изгнанный из Микен отцом вместе с братом *Фиестом* за убийство сводного брата *Хрисиппа*, А. поселился в Микенах и стал царём [власть в Микенах А. вручил временно царь *Эврисфей*, отправившись в поход против *Гераклидов*, в котором он погиб (Thuc. I 9)]. В «Илиаде» (Hom. Il. II 100—108) ещё ничего не сообщалось о вражде между братьями: царский посох А., символ его власти переходил по наследству к Фиесту, от него — к сыну А.— *Агамемнону*. Существенное изменение сказания произошло, по-видимому, в киклическом эпосе, откуда заимствовали основные линии сюжета аттические трагики и более поздние источники. Вражда между А. и Фиестом объяснялась здесь как следствие «проклятия Пелопидов» (см.

в статье *Пелоп*), повлекшего за собой вереницу страшных преступлений с обеих сторон. Начало ей положил спор между братьями за власть: А. знал, что у него в стаде появилась золотая овечка, и предложил в народном собрании присудить царский трон тому, кто предъявит златорунную овечку как свидетельство благосклонности к нему богов. Между тем Фиест, соблазнив жену А.— *Аэропу*, уже успел при её посредстве выкрасть овечку и предъявить её собравшимся. А. воззвал к Зевсу о помощи, и тот в знак своего благоволения к нему изменил ход солнца и других небесных светил (по одним источникам, вместо обычного движения с востока на запад солнце стало всходить на западе и заходить на востоке; по другим,— солнце до этого момента всходило на западе и только после вмешательства Зевса установился нынешний порядок). Избранный царём Микен А. изгнал Фиеста с детьми, но затем, желая отомстить за осквернение своего супружеского ложа, инсценировал примирение с братом и пригласил его на пир («пир Фиеста»), подал Фиесту угощение, приготовленное из мяса его зарезанных детей (Apollod. epit. II 10—13); к этому эпизоду некоторые источники приурочивали вторую роковую перемену в движении солнца, восстанавливавшую нарушенный ранее порядок. Узнав после обеда, чем его угостили, Фиест призвал проклятия на А. и его род, которые осуществились затем в судьбе Агамемнона и *Ореста*.

В. Н. Ярхо.

А́ТРИ («едящий»), в древнеиндийской мифологии один из древнейших мудрецов (риши), которому приписывалось создание многих гимнов «Ригведы». А. принадлежит пяти племенам (РВ I 117, 3) и упоминается вместе с *Ману* и другими прародителями людского племени (I 39, 9). *Агни* освободил А. (X 80, 3; 150, 5), А. восхваляет Агни. *Индра* открыл для А. загон для коров. *Ашвины* освободили А. из тьмы (VI 50, 10; VII 71, 5), из пропасти, от огня, они омолодили его (X 143, 1—2). А. нашёл солнце, спрятанное демоном Сварбхану, и укрепил его на небе (V 40, 6, 8; ср. AB XIII 2, 4, 12, 36). А.— жрец, прогоняющий тьму (Шат.-бр. IV 3, 4, 21). Иногда указывается, что он происходит от *Вач* или даже отождествляется с нею (I 4, 5, 13; XIV 5, 2, 5). В эпосе А.— один из сыновей *Праджапати*, позже — *Брахмы* (из его глаз); А. также порождён Ману ради сотворения вселенной, он один из семи риши и из звёзд Большой Медведицы. Его жена — дочь *Дакши* Анасуя, их сын — *Дурвасас*. В пуранах А.— отец *Сомы* и аскета Даттатреи; иногда А.— отец *Дхармы*, но также и его сын. В «Рамаяне» рассказывается о том, как *Рама* и *Сита* посетили А. и Анасую. Потомки А.— певцы (славящие Агни, Индру, Варуну).

В. Т.

А́ТТИЙ НА́ВИЙ, Атт Навий, в римской мифологии учёнейший жрец-авгур. Сын простого крестьянина, который, убедившись в необыкновенных способностях А. Н. к толкованию воли богов, отдал сына учиться науке авгуров сперва к римским, а затем этрусским жрецам. Слава и авторитет А. Н. не нравились царю Тарквинию Древнему, и тот решил подорвать доверие к его знаниям. Вызвав А. Н. к себе, он при народе спросил, удастся ли ему задуманное им дело. Получив утвердительный ответ, царь сказал, что задумал перерезать ножом камень. А. Н. предложил ему попробовать, и нож, взятый в камень, легко его перерезал. Царь был посрамлён, а А. Н. была воздвигнута статуя, простоявшая много веков (Dion. Halic. III 70).

Е. Ш.

А́ТТИС, в греческой мифологии бог фригийского происхождения, связанный с оргиастическим культом Великой матери богов *Кибелы*, дарительницы плодоносных сил земли. Подробный рассказ о его происхождении в двух вариантах содержится у Павсания (VII 17, 9—12): А.— сын некоего фригийца, неспособный с юности к деторождению. В честь матери богов учреждает он в Лидии священные празднества — оргии, но его убивает кабан, посланный Зевсом. По другому преданию,

74 АТУМ

А. — сын двуполого божества Агдитис (в Песинунте так именуют Великую мать) и дочери реки Сангариос. Он — небывалой красоты и в него влюбляется сама Агдитис, мешая бракосочетанию А. с царской дочерью. А. впадает в безумие, оскопляет себя и умирает. Агдитис в раскаянии просит Зевса сделать тело А. вечно юным и нетленным. Из его крови вырастают весенние цветы и деревья. Культ А. был распространён в эллинистическом мире и в 204 до н. э. проник в Рим вместе с культом Великой матери. А. — любимец Кибелы, страж её храма, который нарушил обет безбрачия, увлёкшись нимфой. Кибела губит нимфу, насылает на А. безумие, и тот оскопляет себя (Ovid. Fast. IV 223—246). Небольшая поэма Катулла «Аттис» (1 в. до н. э.) исполнена ужаса и отчаяния перед зависимостью от иррационального, мрачного могущества Кибелы. В культе А. объединены оргиазм плодородия и его аскетическое самоограничение, характерное для Кибелы, упорядочивающей стихийные природные силы.
А. А. Тахо-Годи.

АТУМ, в египетской мифологии бог солнца, демиург, возглавляющий гелиопольскую *эннеаду*, один из древнейших богов. Во многих текстах А. называется вечерним, заходящим солнцем. Изображался человеком с двойной короной на голове (его эпитет — «владыка обеих земель», т. е. Верхнего и Нижнего Египта), воплощался также в образе змея, ихневмона. Рука А. — богиня *Иусат*. Согласно гелиопольскому мифу, А., «создавший сам себя», возник из первобытного хаоса — *Нуна* (иногда называемого отцом А.) вместе с первозданным холмом (с которым он отождествлялся). Сам себя оплодотворив (проглотив собственное семя), А. родил, выплюнув изо рта, богов-близнецов воздуха — *Шу* и влагу — *Тефнут*, от которых произошли земля — *Геб* и небо — *Нут*. В Мемфисе происхождение А. вели от *Птаха*, А. отождествлялся с Птахом, а также с *Хепри* (А.-Хепри, в некоторых изречениях «Текстов пирамид» это божество называется создателем *Осириса*), *Аписом* (Апис-А.), с ним сближали Осириса — «Живой Апис-Осирис — владыка неба Атума с двумя рогами на голове». В мифе об истреблении людей А. (или Нун) возглавляет совет богов, на котором богине-львице *Хатор-Сехмет* было поручено наказать людей, замысливших зло против *Ра*. В другом мифе разгневанный А. грозит разрушить всё им созданное и превратить мир в водную стихию. Впоследствии почитание А. было оттеснено культом Ра, отождествлённого с ним (Ра-А.).
Р. Р.

АТХАРВАН, в древнеиндийской мифологии жрец, первым добывший трением огонь — *Агни* и установивший жертвоприношение; с помощью жертвоприношения А. пролагает пути, на которых рождается солнце (РВ I 83, 5). А. подносит чашу *сомы* Индре (АВ XVIII 3, 54); Индра же, как и *Трита*, *Дадхьянч* и *Матаришван* — помощники А. *Варуна* даёт А. чудесную корову (V 11; VII 104). А. — друг богов и живёт на небесах (IV 1, 7); иногда о нём говорят как о древнем учителе (Шат.-бр. XIV 5, 5, 22; 7, 3, 28). Позднее А. считают старшим сыном *Брахмы* (который открывает ему божественное знание), связывают с *Праджапати*, отождествляют с *Ангирасом*; ему же приписывают авторство «Атхарваведы». В Древней Индии именем А. обозначали особую категорию ведийских жрецов, ведавших при жертвоприношениях огнём и сомой, считалось, что они — потомки А. Иногда А. обозначает в Индии жреца вообще. Жрецы-А. известны и в древнеиранской традиции (ср. *авест.* атраван, от агар, «огонь»).
В. Т.

АТЦЫС («без имени»), у западносибирских татар злой демон, который неожиданно по ночам возникает перед путниками в образе копны, воза, дерева, огненного кома и душит их. А. называли также различных злых духов (*мяцкай*, *оряк*, *убыр*, *албасты* и др.), именования которых опасались произносить вслух, боясь привлечь демона.
В. Б.

АТЫНАГ, у осетин покровитель плодородия, посылающий обилие трав. Перед началом сенокоса в честь А. устраивали пиршество, на котором не было мясных блюд. В случае нарушения этого обычая на поля обрушивались засухи или проливные дожди, губившие урожай.
Б. К.

АУДУ́МЛА, в скандинавской мифологии корова, которая произошла из инея, наполнявшего мировую бездну, и выкормила своим молоком первое антропоморфное существо — великана *Имира*. Сама она питалась тем, что лизала солёные камни, покрытые инеем. Из этих камней, облизанных А., возник предок богов Бури.
Е. М.

АУЛАНА́, персонаж ведийской мифологии, соотносимый с неким жертвенным даром (РВ X 98, 11). В просьбе Девапи о дожде содержится обращение к *Агни* принести А. на небо к богам. Этот же мотив лежит в основе более позднего ритуала жертвоприношения, в котором Агни должен принести А. благословение и дождь. Согласно старейшему индийскому комментатору «Ригведы» Саяне, А. — сын Шантану из рода *кауравов*.
В. Т.

АУРВА́Т, Х а у р в а́ т а т [авест., «целостность» (как полнота физического существования, противоположность болезни, смерти, старости)], в иранской мифологии (в «Авесте») одно из божеств *Амеша Спента*, дух, воплощающий телесное здоровье. Считается покровителем воды. Упоминается в паре с *Амертат*.
И. Б.

АУСЕ́КЛИС, в латышской мифологии воплощение утренней звезды (см. также *Аушра*). В латыш. вариантах архаич. балтийского мифа о «небесной свадьбе» солнце (Сауле) выдаёт свою дочь за А., вопреки воле громовержца Перконса (см. *Перкунас*), или месяц отнимает невесту у А., за что солнце разрубает месяц мечом (этиологич. миф об убывании луны). А., солнце, месяц и звёзды (Звайгзнес, иногда дети солнца и месяца) образуют небесную семью.
В. И., В. Т.

А́УТРИМПС (Autrimpus, Autrympus, Antrimps), в прусской мифологии бог моря, сопоставляемый в источниках 16—17 вв. с римским *Нептуном*. Представление об А., по-видимому, — результат позднейшего раздвоения бога плодородия *Тримпса* на А. и бога рек и источников *Потримпса*.
В. И., В. Т.

А́УШАУТС [Aus(s)chauts, Auxschautis, Auschauten, Auscautum, Auscutum], в прусской мифологии бог врачевания, по функции сопоставляемый с римским Эскулапом (в письменных источниках 16—17 вв.). Иногда уточняется, что А. — бог целостности, неповреждённости, что он отгоняет болезни и даже грехи (ср. рим. *Сатурн*). Связь А. с человеком, здоровьем, культурой отличает его от божеств природы, а также от *Пильвитса* — бога материального блага, богатства. Имя А. у авторов 17—18 вв. (М. Преториус, Г. Стендер и др.) легко изменяло свою форму под влиянием других теофорных имён (напр., *Пушкайтса* или Аушры) или народной этимологии. Так, рус. Ausszwaito и особенно литов. Auszweikis, Ausweitis, Atsweikčius воспринималось в связи с литов. atsveikti, «выздороветь», а Auskuhts и латыш. Auskuts — как «стригущий овец». Возможно, восточнобалтийские примеры А. искусственны. Правильное объяснение имени А. — «бог, который даёт здоровье и отгоняет болезни» («отстреливает» их, ср. прус. аu-, «прочь» и литов. šáuti, «стрелять», а также заговорный мотив «отстреливания» болезней в балтийском фольклоре).
В. И., В. Т.

А́УШРА (литов. «заря»), А у ш р и н е (литов. «утренняя звезда»), А у с т р а, А у с т р и н е (латыш. «утренняя заря»), в балтийской мифологии воплощение утренней зари (звезды), денница, персонаж архаич. мифа о «небесной свадьбе». В литов. песне «Свадьба месяца» месяц изменяет солнцу с А. (иногда А. — дочь солнца), за что *Перкунас* разрубает месяц мечом (этиологич. миф об убывании луны); в латыш. предании солнце Сауле из ревности повелевает Аустре всегда держаться подле неё. По фольклорным текстам реконструируется также вариант мифа, где А. — жена громовержца, изменяющая Перкунасу с его противником. Перкунас низвергает А. с неба на землю, и та превращается в хтонич. богиню (ср. *Маря*, *Жемина*, *Лаума*). В некрых текстах Аушрине связана с вечерней звездой

Вакарине (литов. vakarinė): та стелет солнцу постель, а Аушрине зажигает утром огонь. Иногда Аустра отождествляется с *Аусеклисом* (ср. Ауску, литов. богиню лучей восходящего солнца у польского историка 16 в. Я. Ласицкого); эти персонажи этимологически связаны с латыш. àust, «рассветать», и имеют многочисленные индоевропейские параллели: ср. др.-инд. *Ушас*, греч. *Эос*, рим. *Аврору*, вероятно, латыш. *Усиньш* и вост.-слав. Усень-*Авсень*.
В. И., В. Т.

АФАМАНТ, А т а м а́ н т, в греческой мифологии царь племени миниев в Беотии, сын царя Эола, внук Эллина (Apollod. I 7, 3), возлюбленный богини облаков *Нефелы*, от союза с которой родились Фрикс и *Гелла*. Впоследствии А. женился на дочери Кадма *Ино*, родившей сыновей Леарха и Меликерта (Apollod. I 9, 1—2). За то, что А. воспитывал в своём доме Диониса, переданного Ино после смерти её сестры Семелы (Apollod. III 4, 2—3), ревнивая Гера наслала на А. безумие, в припадке которого тот убил своего сына Леарха; Ино с Меликертом бросилась в море (Ovid. Met. IV 416—542). Излечившись от безумия, А. узнал от оракула, что ему суждено основать город на том месте, где ему предложат угощение дикие звери. В северной Греции А. набрёл на стаю волков, которые разбежались, бросив мясо убитых ими овец. На этом месте А. основал город, названный Афамантием (Apollod. I 9, 2). А. женился на Фемисто, от которой имел детей Орхомена и Сфингия (Hyg. Fab. 239). А.— эпоним ряда беотийских городов.
М. Б.

АФАРЕЙ, в греческой мифологии: 1) мессенский царь, сын Горгофоны и Периера (Apollod. III 10, 3—4), отец Линкея и Идаса (см. *Афаретиды*); 2) греческий воин, в борьбе за тело Аскалафа убитый под Троей Энеем (А. пропустил удар, когда его окликнул *Идоменей*) (Hom. Il. IX 83; XIII 478—541).
Г. Г.

АФАРЕТИДЫ, в греческой мифологии сыновья мессенского царя Афарея Идас и Линкей, двоюродные братья *Диоскуров*. Они — участники *калидонской охоты* (Apollod. I 8, 2), похода *аргонавтов* (I 9, 16). Идас отличался непомерной силой и гордостью (Apoll. Rhod. I 485—492), Линкей — небывалой остротой зрения, видел под землёй и водой (Pind. Nem. X 61 след.; Apollod. III 10, 3). А. соперничали с Диоскурами, похитившими у них невест — Левкиппид, Фебу и Гилайеру — дочерей их дяди *Левкиппа*. Кроме того, А. и Диоскуры вступили в поход из-за дележа стада быков. А. угнали быков в Мессению, но Диоскуры выступили в поход и вернули добычу. Во время засады, устроенной Диоскурами, Идас убил Кастора, а Полидевк — Линкея. Но Идас камнем сразил Полидевка. За это Зевс поразил Идаса перуном.
А. Т.-Г.

АФИДН, в греческой мифологии местный аттический герой, друг *Тесея*, стерёг Елену и мать Тесея Эфру, пока тот вместе с Пирифоем спускался в подземное царство (Herodot. IX, 73; Plut. Thes. 31). Когда в Аттику явились *Диоскуры*, ранили Кастора в правое плечо (Schol. Hom. Il. III 242), но Диоскуры посвятили А. в Элевсинские мистерии (Plut. Thes. 33); А.— эпоним аттического дема Афидны.
Г. Г.

АФИНА, в греческой мифологии богиня мудрости и справедливой войны. Миф о рождении А. от *Зевса* и *Метиды* («мудрости», греч. mētis, «мысль», «размышление») позднего происхождения — периода оформления классической олимпийской мифологии. Зевс, зная от Геи и Урана о том, что его сын от Метиды лишит его власти, проглотил свою беременную супругу (Hes. Theog. 886—900) и затем при помощи Гефеста (или Прометея), расколовшего ему голову топором, произвёл на свет А., которая появилась из его головы в полном боевом вооружении и с воинственным кличем (Apollod. I 3, 6). Поскольку это событие произошло будто бы у озера (или реки) Тритон в Ливии, А. получила прозвище Тритониды или Тритогенеи.

А.— одна из главнейших фигур не только олимпийской мифологии, по своей значимости она равна Зевсу и иногда даже превосходит его, коренясь в древнейшем периоде развития греческой мифологии — матриархате. Силой и мудростью она равна Зевсу (Hes. Theog. 896). Ей воздаются почести вслед за Зевсом (Horat. Carm. I 12, 17—20) и место её — ближайшее к Зевсу (Plut. Conv. 2). Наряду с новыми функциями богини военной мощи, А. сохранила свою матриархальную независимость, проявляющуюся в понимании её как девы и защитницы целомудрия. На древнее зооморфическое прошлое богини указывают её атрибуты — змея и сова. Гомер называет А. «совоокой», орфический гимн (XXXII 11) — «пестровидной змеёй». А.— покровительница змей (Verg. Aen. II 225—227); в храме А. в Афинах, по сообщению Геродота (VIII 41), обитала огромная змея — страж акрополя, посвящённая богине. Истоки мудрости А. в её хтоническом прошлом восходят к образу богини со змеями крито-микенского периода, которые охраняли дворец Минотавра на Крите, и изображение богини со щитом микенского времени — прообраз олимпийской А. Среди непременных атрибутов А.— эгида — щит из козьей шкуры с головой змеевласой Медузы, который обладает огромной магической силой, устрашает богов и людей (Hom. Il. II 446—449).

Многочисленны сведения о космических чертах образа А. Её рождение сопровождается золотым дождём (Pind. Ol. VII 62—70), она хранит молнии Зевса (Aeschyl. Eum. 827). Её изображение, т. н. палладий, упало с неба (отсюда А. Паллада). По Геродоту (IV 180), А.— дочь Посейдона и нимфы Тритониды. Отождествлялась А. с дочерьми Кекропа — *Пандросой* («всевлажной») и *Аглаврой* («световоздушной»), или Агравлой («полеборозной»). Священным деревом А. была маслина. Маслины А. считались «деревьями судьбы» (Plin. Nat. hist. XVI 199), и сама А. мыслилась как судьба и Великая богиня-мать, которая известна в архаической мифологии как родительница и губительница всего живого (ср. рассуждение Апулея о Минерве кекропической и её ипостасях, Met. XI 5).

Мощная, страшная, совоокая богиня архаики, обладательница эгиды, А. в период героической мифологии направляет свою силу на борьбу с *титанами* (Hyg. Fab. 150) и *гигантами*. Вместе с *Гераклом* А. убивает одного из гигантов, на другого она наваливает остров Сицилия, с третьего сдирает кожу и покрывает ею своё тело во время сражения (Apollod. I 6, 1—2). Она — убийца горгоны Медузы и носит имя «горгоноубийцы» (Eur. Ion. 989—991, 1476). А. требует к себе священной почтительности, ни один смертный не может её увидеть. Известен миф о том, как она лишила зрения юного *Тиресия* (сына своей любимицы Харикло), когда тот случайно увидел её омовение. Лишив юношу зрения, А. вместе с тем наделила его пророческим даром (Apollod. III 6, 7; Callim. Hymn. V 75—84). Велик был её гнев на Арахну, посмевшую поставить под сомнение благочестие богов. Классическая А. наделена идейно-организующими функциями: она покровительствует героям, защищает общественный порядок и т. п. Она ставит на царство *Кадма*, помогает *Данаю* и его дочерям, а также потомку Даная *Персею*, убившему Медузу (Apollod. II 4, 2; Ovid. Met. IV 82 след.). Зевс послал А. на помощь Гераклу, и тот вывел из Эреба пса бога Аида (Hom. Il. VIII 362—369). Богиня покровительствует Тидею и его сыну Диомеду, которых она хотела сделать бессмертными, но отказалась от этого замысла, увидев дикую жестокость Тидея (Apollod. III 6, 8). Любимцем А. был *Одиссей*. В поэмах Гомера (особенно «Одиссее») ни одно мало-мальски важное событие не обходится без вмешательства А. Она — главная защитница греков-ахейцев и постоянный враг троянцев, хотя культ её существовал и в Трое (Hom. Il. VI 311). А.— защитница греческих городов (Афин, Аргоса, Мегары, Спарты и др.), носящая имя «градозащитницы» (Hom. Il. VI 305).

Огромная статуя А. Промахос («передовой боец») с копьём, сияющим на солнце, украшала акрополь в Афинах, где богине были посвящены храмы Эрехтейон и Парфенон. Главные эпитеты А., наделённой гражданскими функциями,— Полиада («городская») и Полиухос («градодержица»). Памятником прославления мудрой правительницы Афинского государства, учредительницы ареопага, является трагедия Эсхила «Евмениды».

А. всегда рассматривается в контексте художественного ремесла, искусства, мастерства. Она помогает гончарам (Hom. Epigr. 14), ткачихам (Hom. Od. VII 109—110), рукодельницам (Paus. X 30, 1), строителю корабля аргонавтов (Apoll. Rhod. I 551), вообще рабочему люду (Hes. Opp. 429—431) и называется Эрганой («работницей») (Soph. frg. 760), покровительницей ремесленников (Plat. Legg. XI 920d). А. помогла Прометею украсть огонь из кузни Гефеста (Myth. Vat. I 1; II 63—64). Её собственные изделия — подлинные произведения искусства, как, например, плащ, вытканный для героя Ясона (Apoll. Rhod. I 721—768). А. приписывается изобретение флейты и обучение игре на ней Аполлона (Plut. De mus. 14). Одного её прикосновения достаточно, чтобы сделать человека прекрасным (Одиссея она возвысила станом, наделила кудрявыми волосами, облекла силой и привлекательностью; Hom. Od. VI 229—237; XXIII 156—159). Она наделила Пенелопу накануне встречи супругов удивительной красотой (XVIII 187—197).

А. — богиня мудрости. Демокрит считал её «разумностью». Мудрость А. иная, чем мудрость Гефеста и Прометея, для неё характерна мудрость в государственных делах (Plat. Prot. 321d). Для поздней античности А. явилась принципом неделимости космического ума (Plot. VI 5, 7) и символом всеобъемлющей мировой мудрости (Procl. Hymn. VII), тем самым её качества резко противопоставляются буйству и экстазу Диониса. Как законодательница и покровительница афинской государственности почиталась А. — Фратрия («братская»), Булайя («советная»), Сотейра («спасительница»), Пронойя («провидящая»).

Хотя культ А. был распространён по всей материковой и островной Греции (Аркадия, Арголида, Коринф, Сикион, Фессалия, Беотия, Крит, Родос), особенно почиталась А. в Аттике, в Афинах (название города Афины греки связывали с именем богини — покровительницы города). Ей были посвящены земледельческие праздники: прохаристерии (в связи с прорастанием хлеба), плинтерии (начало жатвы), аррефории (дарование росы для посевов), каллинтерии (созревание плодов), скирофории (отвращение засухи). Во время этих празднеств происходило омовение статуи А., юноши приносили клятву гражданского служения богине. Всеобщий характер носил праздник великих панафиней — апофеоз А.-государственной мудрости. Основателем панафиней считался Эрихтоний, преобразователем — Тесей. Ежегодные панафинеи устраивал Солон, великие установил Писистрат. Перикл ввёл состязания в пении, игре на кифаре и флейте. На панафинеях приносились жертвы А. и происходила передача пеплоса богини, на котором изображались её подвиги в гигантомахиях. В Афинах А. посвящалась третья декада каждого месяца.

В Риме А. отождествлялась с *Минервой*. Римским празднествам Минервы посвящены два больших отрывка из «Фаст» Овидия (III 809—850; VI 647—710). На протяжении всей античности А. остаётся свидетельством организующей и направляющей силы разума, который упорядочивает космическую и общественную жизнь, прославляя строгие устои государства, основанного на демократическом законодательстве.
А. Ф. Лосев.

АФРАСИАБ: 1) в иранском эпосе и преданиях (на фарси) предводитель туранцев, врагов веры Заратуштры, ведших непрерывные войны с иранцами. В «Авесте» А. — *Франграсиан*. В «Шахнаме» А., злой царь-колдун, сын Пашанга, выступает мстителем за Тура (см. *Тура*), из рода которого он происходит. Устроив разбойный налёт на Иран, А. убивает царя Навзара (в «Авесте» — Наотар) и пленит иранских богатырей. Их спасают из плена с помощью добродетельного брата А. — Агреаса (в «Авесте» — Агрэрата), за что А. казнит его. Иранцам удаётся изгнать войска А. и установить временный мир, но борьба продолжается и далее. Со стороны иранцев эту борьбу возглавляет *Рустам*, из-за коварства А. ставший убийцей собственного сына *Сухраба*. Коварное убийство А. Сиявуша (*Сйаваршана*) служит поводом к новой войне с иранцами, мстящими за гибель Сиявуша. Сын Сиявуша *Кай Хусроу* вместе с Рустамом доводит эту войну до победного конца. А. пытается скрыться после поражения в водах озера Зарра, но выходит на реки своего брата Гарсиваза, которого избивают иранцы. Отшельник Хумамм убивает А.

В текстах 10 в. (М. Нершахи, История Бухары, рус. пер 1897) А. выступает чародеем, который принадлежит к потомству царя *Нуха* и живёт две тысячи лет. А. убивает своего зятя Сиявуша. В течение двух лет А., обосновавшийся в укреплённом селении Рамтин (современный Рамитан, близ Бухары), выдерживает осаду войск Кая Хусроу, но тот всё же овладевает Рамтином и убивает А. Сюжет о борьбе А. против иранцев отражает реально-исторические набеги кочевых иранских (а позже тюркских) племён на поселения иранских земледельческих общин.
И. С. Брагинский.

2) В преданиях турок, азербайджанцев, узбеков, туркмен А. — персонаж иранского происхождения, прародитель тюркоязычных народов, царь тюрок, богатырь, предводитель тюркских племён, совершавший завоевательные набеги на соседей. Образ А. вобрал в себя ряд черты ряда аналогичных персонажей мифологии тюрок (в частности, родоначальника тюрок Алп-Эр-Тонга, почитавшегося вплоть до 11 в.). К А. возводили своё происхождение Караханиды и Сельджукиды. В ряде средневековых источников приводится рассказ о попытке А. избежать смерти. Один из его вариантов повествует, что А. построил крепость с высокими стальными стенами, замуровав все щели и входы в неё. На стальных балках были подвешены искусственные солнце, звёзды и луна. А. принёс жертвы богине *Ардвисуре Анахите*, надеясь, что она одарит его бессмертием. Но однажды, гуляя в своём искусственно освещённом саду, А. всё же увидел ангела смерти в образе человека с тёмной кожей и злым лицом, и смерть настигла его.
В. Б.

АФРОДИТА, в греческой мифологии богиня любви и красоты. Богиня малоазийского происхождения. Этимология этого негреческого имени богини не ясна. Существуют две версии происхождения А.: согласно одной — поздней, она — дочь *Зевса* и *Дионы* (Hom. Il. V 370); согласно другой (Hes. Theog. 189—206), она родилась из крови оскоплённого Кроносом Урана, которая попала в море и образовала пену (отсюда т. н. народная этимология её имени «пенорождённая» (от греч. aphros, «пена») и одного из её прозвищ — Анадиомена — «появившаяся на поверхности моря». Миф отражает древнее хтоническое происхождение богини, к-рое подтверждается также сообщением Гесиода, что вместе с А. из крови Урана появились на свет *эринии* и *гиганты* (следовательно, А. старше Зевса и является одной из первичных хтонических сил). А. обладала космическими функциями мощной, пронизывающей весь мир любви. Это её воодушевляющее, вечно юное начало описано у Лукреция в поэме «О природе вещей» (I 1—13). А. представлялась как богиня плодородия, вечной весны и жизни. Отсюда эпитеты богини: «А. в садах», «священносадовая», «А. в стеблях», «А. на лугах». Она всегда в окружении роз, миртов, анемонов, фиалок, нарциссов, лилий и в сопровождении харит, *Гор* (см. *Горы*) и нимф (Hom. Il. V 338; Od. XVIII 194; Hymn. Hom. VI 5 след.). А. прославлялась как дарующая земле изобилие, вершинная («богиня гор»), спутница и добрая помощница в плавании («богиня моря»), т. е. земля, море и горы объяты силой А. Она — богиня браков и даже родов (Paus. I 1, 5), а также «детопитательница». Любовной власти А. подчинены боги и люди. Ей неподвластны только *Афина*, *Артемида* и *Гестия* (Hymn. Hom. IV 7—33).

По своему восточному происхождению А. близка и даже отождествляется с финикийской *Астартой*, вавилоно-ассирийской *Иштар*, египетской *Исидой*.

Подобно этим восточным богиням плодородия А. появляется (IV 69 след.) в сопровождении свиты диких зверей — львов, волков, медведей, усмирённых вселённым в них богиней любовным желанием. В сохранившемся фрагменте трагедии Эсхила «Данаиды» (frg. 44) А. тоже выступает как богиня плодородия. Однако в Греции эти малоазийские черты богини, сближающие её также с богиней-матерью и Кибелой, становятся мягче. Хотя служение А. часто носило чувственный характер (А. считалась даже богиней гетер, сама именовалась гетерой и блудницей), постепенно архаическая богиня с её стихийной сексуальностью и плодовитостью превратилась в кокетливую и игривую А., занявшую своё место среди олимпийских богов. Эта классическая А.— дочь Зевса и Дионы, её рождение из крови Урана почти забыто. В Гомеровском гимне (VI) богиня появляется из воздушной морской пены вблизи Кипра (отсюда А.— Киприда, «кипророждённая»). Горы в золотых диадемах увенчивают её золотым венцом, украшают золотым ожерельем и серьгами, а боги при виде «фиалковенчанной» А. дивятся прелести Кифереи (культ А. был распространён и на острове Кифера) и возгораются желанием взять её в жёны. Мужем А. является Гефест — самый искусный мастер и самый некрасивый среди богов. Хромоногий Гефест трудится у наковален в своей кузнице, а Киприда, нежась в опочивальне, расчёсывает золотым гребнем кудри и принимает гостей — Геру и Афину (Apoll. Rhod. III 36—51). Любви А. домогались Посейдон и Арес. О любви Ареса и А. повествует ряд источников и называются дети от этого незаконного брака: Эрот и Антэрот (явно позднеэллинистическая символика), а также Деймос, Фобос («страх» и «ужас») — спутники Ареса) и Гармония (Hes. Theog. 934—937). Сыном А. от Гермеса считается Гермафродит (называемый также Афродитом).

Как и другие олимпийские боги, А. покровительствует героям, но это покровительство распространяется только на сферу любви. Она обещает Парису любовь Елены (Apollod. epit. III 2) и следит за прочностью их союза, терпя брань из уст Елены (Hom. Il. III 399—412). А. пытается вмешиваться в военные события под Троей, будучи принципиальной защитницей троянцев, вместе с такими богами малоазийского происхождения, как Аполлон, Арес, Артемида. Она спасает Париса во время его поединка с Менелаем (III 380 след.). Она вмешивается в сражение, в котором совершает свои подвиги Диомед, и пытается вынести из битвы троянского героя Энея — своего сына от возлюбленного Анхиса (V 311—318). А. с наслаждением внушает любовные чувства людям и сама влюбляется, изменяя хромоногому супругу. Даже Гесиод, давший столь древнюю генеалогию А., приписывает ей обычные любовные функции — сладкую негу любви, смех, улыбки, обманы, «пьянящую радость объятий» (Hes. Theog. 205 след.).

В гомеровском эпосе отношение к ней ласково-ироническое. В «Одиссее» рассказывается любовная история А. и Ареса: во время свидания их хитроумно приковал к невидимым глазу сетями к ложу Гефест — законный супруг А., и в таком виде они предстали перед смеющимися богами, которые сами не прочь были бы занять место Ареса. Освобождённые Гефестом по просьбе Посейдона любовники немедленно расстались. Арес умчался во Фракию, а А.— на Крит в Пафос, где её искупали и натёрли нетленным маслом хариты (VIII 266—366). Хотя появление классической А. всё ещё внушает ужас (Hom. Il. III 398), она постоянно именуется «золотая», «прекрасновенчанная», «сладкоумильная», «многозлатая», «прекрасноокая». Рудиментом архаического демонизма богини является её пояс, который она передала Гере, чтобы соблазнить Зевса. В этом поясе заключены любовь, желание, слова обольщения, «в нём заключается всё» (XIV 215—221). Это древний фетиш, наделённый магической силой, покоряющей даже великих богов. А. посвящён гимн поэтессы Сапфо (1), в котором богиня именуется «пестротронной» и «плетущей козни»;

на золотой колеснице, запряжённой воробушками, она мчится из зевсова дома к чёрной земле и готова стать для поэтессы союзницей в любовном свидании. Помогая любящим, А. преследует тех, кто отвергает любовь (она покарала смертью Ипполита и Нарцисса, внушила противоестественную любовь Пасифае и Мирре, а Гипсипилу и лемносских женщин наделила отвратительным запахом).

Платону в «Пире» принадлежит противопоставление А. Урании («небесной») и А. Пандемос («всенародной»). Хотя древняя А. из крови Урана вряд ли несла в себе одухотворённость, она переосмыслена Платоном как небесная в связи с происхождением от неба — Урана. А. Пандемос для Платона пошлая, доступная и понятная всем, не столь древняя и не связанная с небом, а дочь Зевса и малозначительной Дионы.

Геродот сообщает о почитании А. Урании в Сирии (I 105), в Персии (I 131), у арабов (III 8) и даже скифов (IV 59). Ксенофонт (Conv. VIII 9) и Павсаний (I 14, 6) упоминают храм А. Урании в Афинах. Храм А. Урании на острове Кифера считался у эллинов самым древним и самым священным; статуя самой богини была деревянной и изображала богиню вооружённой (Paus. III 23, 1). А. Пандемос тоже имела свой храм на афинском акрополе. Павсаний сообщает, что поклонение ей было введено Тесеем, «когда он свёл всех афинян из сельских домов в один город» (I 22, 3). Здесь вполне ясно подчёркивается общегосударственный смысл культа А.

Многочисленные святилища А. имелись в других областях Греции (Коринф, Беотия, Мессения, Ахайя, Спарта), на островах — Крит (в городе Пафос, где находился храм, имевший общегреческое значение, и отсюда прозвище А.— Пафосская богиня), Кифера, Кипр, Сицилия (от горы Эрикс — прозвище Эрикиния). Особенно почиталась А. в Малой Азии (в Эфесе, Абидосе), в Сирии (в Библе, этому посвящён трактат Лукиана «О Сирийской богине»). В Риме А. почиталась под именем Венеры и считалась прародительницей римлян через своего сына — троянца Энея, отца Юла — легендарного предка рода Юлиев, к которому принадлежал Юлий Цезарь. Поэтому Венера — «рода Энеева мать» (Lucr. I 1) — постоянная покровительница Энея не только под Троей, но главным образом после его прибытия в Италию (Verg. Aen.), особенно прославляется при принцепсе Августе. *А. Ф. Лосев.*

АФСА́ТИ, у осетин «хозяин» благородных диких животных — оленей, туров, коз и др.; покровитель бедных охотников. А. изображается глубоким стариком с длинной белой бородой, сидящим на вершине высокой горы, откуда он наблюдает за своими стадами. У него есть кровать из белых оленьих рогов, постель из медвежьей шерсти, подушки из козьего пуха. Считается, что только с позволения А. можно убить дичь, но для этого нужно заслужить его милость и выполнить некоторые требования и обычаи. А. обладает большим чутьём, он всё видит и слышит и поэтому, чтобы скрыть от него свои намерения, охотники разговаривают на непонятном для А. языке. Вероятно, в результате этих поверий у осетин, как и у некоторых других кавказских народов, сложился т. н. охотничий язык, состоящий из слов, употребляемых в иносказательной форме.

В нартском эпосе А.— небожитель, обладатель чудесной золотой свирели, которую он подарил отцу Ацамаза. При женитьбе Ацамаза на Агунде, А. заплатил за него выкуп в размере 100 оленей-одногодок. Ср. также ст. Апсати и Апсаты. *Б. К.*

АФЫ́ в абхазской мифологии бог грома и молнии, пребывающий на небе и посылающий оттуда огненные стрелы в Аджныша, прячущегося преимущественно под деревьями. Но никогда А. не поражает молнией граб — дерево, находящееся под покровительством богоматери, которая, согласно поверьям,— из рода Хеция (от абхазского ахяца, «граб»); вероятно, под влиянием этого поверья абхазы сажали вокруг своего жилья грабы, при возведении любого строения старались использовать

хоть в малой степени грабовое дерево. Часто А. отождествляется с верховным божеством *Анцва*.
А. А.

АХ («блаженный, просветлённый»), в египетской мифологии один из элементов, составляющих человеческую сущность, загробное воплощение человека. Согласно «Текстам пирамид», где впервые упоминается этот термин, в А. превращается фараон после смерти. Начиная с эпохи Среднего царства считалось, что благодаря магическим действиям *Анубиса* А. становится каждый умерший. А. и тело человека мыслились едиными в своей сущности, но А. принадлежит небу, а тело земле. Боги и цари имели несколько А., обычно семь. Изображался А. в виде хохлатого ибиса. Аху (множ. ч. от А.) — низшие божества, посредники между богами и людьми; в коптских текстах аху назывались демоны. См. также *Ба* и *Ка*.
Р. Р.

АХАЙЮТА, в мифах зуньи близнецы, сыновья солнца и воды, боги-воины, защитники индейцев и их избавители от различных чудовищ. Считалось, что А. связаны с громом, молнией и способны вызывать дождь. Изображения А. вырезались из древесины сосен, поражённых молнией, и хранились в тайных горных святилищах. В мифах хопи А. соответствуют Поканхойя и Полонгохойя, у навахо — Найенесгани и Тобадсидсинни, есть соответствия и в мифах пуэбло.
А. В.

АХАЛЬЯ (Ahalyā), в древнеиндийской мифологии супруга *риши Гаутамы*. По одному из мифов, однажды в отсутствие Гаутамы царь богов *Индра* явился в его обитель и соблазнил А., приняв облик её мужа (ср. греческий миф о *Зевсе* и Алкмене). По проклятию Гаутамы, Индра лишился своих тестикул, а А. на тысячу лет превратилась в камень. Боги вернули Индре его мужскую силу, приставив к его телу тестикулы барана, а А. был возвращён её прежний облик, когда до камня, которым А. стала, дотронулся ногой *Рама*, странствовавший по лесу во время изгнания (Рам. I 47—48; VII 30; ср. Брахмавайв.-пур. IV 47; Падма-пур. I 56 и др.).
П. Г.

АХАМОТ, в представлениях гностиков — последователей Валентина (из Египта, 2 в.) гипостазированное «помышление» падшей *Софии* («премудрости божией»), духовный плод её грехопадения. София, на правах 12-го *эона* замыкавшая плерому, возжелала в страстном порыве устремиться непосредственно к недостижимому безначальному «отцу эонов», нарушая этим иерархическую жизнь плеромы и её замкнутость как целого; такой порыв привёл к излиянию части сущности Софии, из которой возникла А. Порождённая одной Софией, без участия мужского эона, А. являла собой неоформленную субстанцию; вся жизнь А. сводилась к аффективно-страдательным состояниям (печаль, страх, недоумение, неведение). Так вне плеромы впервые возникает мучительное и дисгармоническое бытие как прообраз имеющего явиться космоса, и бытие это содержит три уровня: из «страстей» А. рождается материя (пока ещё абстрактная материя как чистая потенциальность), из её «обращения» — стихия души, а она сама слита со всем этим как пленённая духовная субстанция. Чтобы остановить растекание плеромы через А. и прогрессирующее порабощение света тьмой, «отец эонов» создаёт Предел — новый эон, не имеющий четы; затем «в оплот и укрепление плеромы» рождена чета эонов — Христос и Церковь. Этот Христос (не богочеловек Иисус Христос, а внеисторическое духовное существо) сообщает А. оформленность. Тогда А. желает в свою очередь оформить душевно-телесный уровень бытия: из духовной субстанции она производит демиурга, который при её тайном, неведомом ему содействии творит материальный космос — семь небес, землю, человека.
С. С. Аверинцев.

АХЕЛОЙ, в греческой мифологии бог одноимённой реки в Этолии, сын Океана и *Тефиды* (Hes. Theog. 340). Известен миф о неудачном сватовстве А. к *Деянире*, которая была напугана его даром оборотничества и приняла предложение *Геракла*. Из-за Деяниры Геракл сражался с А., применившим всевозможные хитрости: обратился сначала в змею, потом в быка. У А.-быка Геракл отломал рог. Побеждённый А. в обмен на свой рог подарил Гераклу рог изобилия козы *Амалфеи* (Ovid. Met. IX 1—88). А.— отец множества водных источников, дочерьми А. и музы Мельпомены (или Терпсихоры) являются сладкоглосые сирены, пожирающие людей (Apollod. I 3, 4; Apoll. Rhod. IV 893—896).
А. Т.-Г.

АХЕРОНТ, в греческой мифологии одна из рек в *аиде*, через которую *Харон* перевозит души умерших (Verg. Aen. VI 295—304). А. постепенно переходит в болото или Ахерусийское озеро.
А. Т.-Г.

АХИ БУДХНЬЯ («змей глубин»), персонаж ведийской мифологии, обладающий змеиной природой. В «Ригведе» упоминается 12 раз в гимнах «Всем богам», обычно в связи с *Аджа Экападом*, *Апам Напатом*, *Савитаром*, океаном, потоком. Он связан с низом и водами, рождён в водах и сидит в глубине рек, имеет отношение к морю. Вместе с тем А. Б. в какой-то мере причастен к небу и земле, солнцу и месяцу, горам, растениям, животным. В своих истоках А. Б. идентичен с *Вритрой* (Вритра тоже «змей», лежащий на дне) и некогда считался вредоносным. Ещё позже А. Б.— имя *Рудры* и эпитет *Шивы*. Эпитет Будхнья родствен древнегреческому имени *Пифон* и сербохорватскому *Бадняк*.
В. Т.

АХИЛЛ, Ахиллес, в греческой мифологии один из величайших героев *Троянской войны*, сын *Пелея* и *Фетиды*. Стремясь сделать сына неуязвимым и таким образом дать ему бессмертие, Фетида по ночам закаляла его в огне, а днём натирала амброзией. Однажды ночью Пелей, увидев своего малолетнего сына в огне, вырвал его из рук матери (Apollod. III 13, 6). По другой версии, Фетида окунала А. в воды подземной реки Стикс, держа его за пятку, которая т. о. осталась уязвимой (отсюда выражение «ахиллесова пята»). Оскорблённая вмешательством Пелея, Фетида покинула мужа, и тот отдал А. на воспитание мудрому кентавру Хирону, который выкормил его внутренностями львов, медведей и диких вепрей, обучил игре на сладкозвучной кифаре и пению (Apollod. III 13, 6). Как самый юный из поколения героев — будущих участников Троянской войны — А. не входил в число женихов *Елены* (по другим версиям мифа, его удержал от сватовства Хирон, обладавший даром предвидения) и не должен был принимать участие в походе. Фетида, зная что её сыну суждено погибнуть под Троей, спрятала А. во дворце царя Ликомеда на острове Скирос. Там А. жил одетый в женские одежды среди дочерей Ликомеда. Здесь от тайного брака А. с дочерью Ликомеда — Деидамией родился сын Пирр, прозванный позднее *Неоптолемом*. Когда ахейские вожди узнали предсказание жреца Калханта, что без участия А. поход под Трою обречён на неудачу, они отправили на Скирос посольство во главе с Одиссеем. Под видом купцов Одиссей и его спутники разложили перед собравшимися женские украшения вперемежку с оружием (мечом, щитом и др.), и Одиссей велел своим воинам сыграть сигнал тревоги. Испуганные девушки разбежались, тогда как А. схватился за оказавшееся под руками оружие (Apollod. III 13, 6—8). Так А. стал участником похода на Трою. Во главе ополчения мирмидонян на 50 кораблях, в сопровождении своего друга и побратима Патрокла, прибыл А. в Авлиду. К этому времени относится его участие в жертвоприношении *Ифигении*. По дороге в Трою, во время остановки на острове Тенедос, от руки А. погиб царь Тенес; в первой же схватке на побережье Троады А. убил местного героя Кикна, а вскоре затем — троянского царевича Троила (Apollod. epit. III 26, 31—32). Так как каждое из этих событий по разным причинам задевает бога Аполлона, они служат в дальнейшем объяснением мести, которую Аполлон свершает руками Париса над А. на десятом году осады Трои. Прославился А. уже в первые годы войны, когда греки, после неудачных попыток взять Трою штурмом, стали разорять окрестности Трои и совершать многочисленные экспедиции против соседних городов Малой Азии и близлежащих островов. Он разорил города Лирнесс и Педас, плакийские Фивы — родину *Андромахи*, Метимну на Лесбосе. Во время одной из таких экспедиций А. взял в плен прекрасную Брисеиду и Ликаона (сына Приама), которого продал в рабство на остров Лемнос (Hom. Il. II 688—692; VI 397; IX 129; XIX 291—294; XXI 34—43).

В «Илиаде» мотив неуязвимости А. не играет никакой роли; А. является храбрейшим и сильнейшим из героев исключительно в силу своих личных качеств. Он знает, что ему суждена короткая жизнь, и стремится прожить её так, чтобы слава о его доблести сохранилась навеки. Поэтому, хотя судьба Елены и Менелая интересует его крайне мало, А. принимает участие в Троянской войне, предпочитая героическую долю долгой, но бесславной жизни. Поведение *Агамемнона*, отнявшего у А. Брисеиду, присуждённую ему в качестве почётной добычи, вызывает яростный гнев А., и только вмешательство богини Афины предотвращает кровопролитие среди ахейских вождей. Так как неучастие А. в боях ведёт к отступлению ахейцев, Агамемнон по совету старца *Нестора* объявляет, что вернёт А. Брисеиду, даст ему в жёны одну из своих дочерей, а в приданое много богатых городов (кн. IX). Однако лишь когда троянское войско подступает к ахейским кораблям и *Гектор* поджигает один из них, А. разрешает другу Патроклу, облачившись в его доспехи, вступить в бой. Конец гневу А. кладёт известие о гибели Патрокла от руки Гектора. Получив от Гефеста новые доспехи, он устремляется в бой, поражает убегающих троянцев и с помощью Гефеста одолевает даже восставшего против него бога реки Скамандр. В решающем поединке с Гектором А. одерживает победу, предвещающую, однако, его собственную гибель, о которой он знает от матери и вновь слышит из уст умирающего Гектора (кн. XVI—XXII). Насытив свою ярость, А. выдаёт Приаму за большой выкуп тело Гектора (кн. XXIII—XXIV). О дальнейшей судьбе А. сообщает поздний пересказ несохранившейся эпической поэмы «Эфиопида».

После сражений, в которых А. побеждает царицу амазонок *Пенфесилею* и вождя эфиопов *Мемнона*, он врывается в Трою и погибает у Скейских ворот от двух стрел *Париса*, направляемых рукой Аполлона: первая стрела, попав в пяту, лишает А. возможности устремиться на противника, и Парис сражает его второй стрелой в грудь (Apollod. epit. V 3). В этом варианте сохранился рудиментарный мотив «ахиллесовой пяты», в соответствии с которым достаточно было поразить стрелой пятку А., чтобы убить героя. Эпос, отказавшись от представления о неуязвимости А., ввёл действительно смертельную для человека рану в грудь. Смерть А., равно как и его сражение с Пенфесилеей, в поздних источниках получили романтическую окраску. Сохранилась поздняя версия о любви А. к троянской царевне Поликсене и о его готовности ради брака с ней уговорить ахейское войско прекратить войну. Отправившись безоружным для переговоров о свадьбе в святилище Аполлона на троянской равнине, А. был предательски убит Парисом с помощью сына Приама Деифоба. В течение 17 дней А. оплакивали нереиды во главе с Фетидой, музы и всё ахейское войско. На 18-й день тело А. было сожжено, и прах в золотой урне, изготовленной Гефестом, погребён вместе с прахом Патрокла у мыса Сигей (при входе в Геллеспонт со стороны Эгейского моря) (Hom. Od. XXIV 36—86). Душа А., по верованиям древних, была перенесена на остров Левка, где герой продолжал жить жизнью блаженных (Paus. III 19, 11 след.).

Первоначально А. являлся местным фессалийским героем, культ которого распространился также в различных областях Греции. В лаконском городе Прасии существовал храм А. Перед расположенным по дороге из Спарты в Аркадию храмом А. приносили жертвы спартанские эфебы (Paus. III 20, 8; 24, 5). Культ А. был занесён также в греческие колонии на Сицилии и в Южной Италии (Тарент, Кротон и др.). Как место культа почитался жителями могильный курган А. и Патрокла у мыса Сигей. Александр Македонский, а впоследствии император Каракалла устраивали здесь погребальные игры. Святилища А. имелись также в городах Византии, Эритрах, близ Смирны. Локализация умершего А. на острове Левка в устье Дуная объяснялась тем, что как на этом острове, так и в ряде других районов Северного Причерноморья (в Ольвии, у Керченского пролива) имелись храмы, жертвенники и участки, посвящённые А. *В. Н. Ярхо.*

АХ-ПУЧ, в мифологии майя один из богов смерти. Обычно изображается в антропоморфном облике с черепом вместо головы, чёрными трупными пятнами на теле; головной убор его имеет форму головы каймана. У майя имелось большое количество богов смерти, имена их варьируются в зависимости от племени, у которого они засвидетельствованы. Наиболее часто упоминаются: Кумхав и Вак-Митун-Ахав (у юкатанских майя), Кисин (у лакандонов), Пукух (у цельтали, цоцили, тохолабали), Ма-Ас-Амкуинк (у кекчи), *Вукуб-каме*, Шикирипат, Ах-Альпух, Кучумакик, Чимиабак, Кикшик, Кикрикшак (у киче) и др. Все они обитали в подземных мирах (обычно число этих миров равно девяти). Иконографические облики их различны. *Р. К.*

АХРИМÁН (фарси), в иранской мифологии верховное божество зла, противник *Ахурамазды* (Ормазда). Прообраз А. можно усмотреть в «Авесте» — *Ангро-Майнью*. *И. С. Брагинский.*

АХСАРТАГКАТА (от «ахсар — сила», «храбрость», «героизм»), в осетинском нартском эпосе один из трёх родов, занимающий верхний квартал нартского поселения. Прародительницей рода является *Дзерасса*, дочь владыки водного царства. А. славится храбростью и включает в себя два поколения самых прославленных героев: *Урызмаг* и *Хамыц* — старшие, *Сослан* и *Батрадз* — младшие. Подвигам этих героев посвящена большая часть эпоса. А. отличает отсутствие у них богатства. См. также *Алагата* и *Бората*. *Б. К.*

АХСОННУ́ТЛИ («бирюзовая женщина»), Эстсанатлеи («женщина перемен»), в мифах навахо женское верховное божество, олицетворяющее перемены, происходящие в природе, сотворившее дневной свет и небесный свод. Родившись от слияния земли и неба, А. предстала перед первыми людьми в виде антропоморфной капли бирюзы, возникшей на вершине одной из священных гор страны навахо. Позже А. — покровительница первых людей — соединилась с божеством солнца и родила от него двух близнецов — богов-воинов — Найенесгани («истребителя чудовищ») и Мобадсидсинни («рождённого водой»).

А. ассоциируется с лёгким тихим дождём. Иногда она действует вместе со своей сестрой — Йолкаиэстсан («женщиной белой раковины»). Согласно некоторым вариантам мифов, А. — двуполое существо, способное изменять свой возраст. *А. В.*

АХТИ́Я (авест.), Ахт (пехл.), в иранской мифологии злой волшебник, задающий 99 запутанных и каверзных вопросов («Ардвисур-Яшт»). Их разгадывает *Йоишта*. В среднеперсидской книге о Явиште Ахт грозил погубить Иран, если никто не сумеет ответить на 33 его вопроса. Девять тысяч жрецов стали его жертвами после первого же вопроса («Какой рай лучше — земной или небесный?»), на который они ответили: «небесный», и Ахт, пригласив их туда, казнил всех до одного. Лишь юный Явишт (Йоишта), пользуясь подсказкой посланца Ормузда, сумел одолеть Ахта; Ахт же не сумел ответить на вопросы Явишта, и тот убил его. Ср. древнегреческий миф об *Эдипе* и *Сфинксе*. *И. Б.*

АХУМИ́ДА, героиня нартского эпоса адыгов, дочь нарта Емизага, гордая красавица, руки которой добиваются знаменитые нарты. А. умертвила, согласно мифу, *Амыша*, его мясо (вариант — его стрелу) выставила напоказ для испытания женихов: кто угадает, чьё это мясо, за того она выйдет замуж.

80 АХУРАМАЗДА

Нарт Ашамез, получивший, как и другие, отказ в гневе забыл в доме А. свою чудесную свирель (игра с её чёрного конца вела к гибели всего живого на земле, с белого конца — к возрождению). И свирель, и А. выкрал *бляго*; воспользовавшись свирелью, он наслал на землю засуху. В поисках А. и свирели нарты (среди которых были Ашамез, Батраз и Сосруко) стёрли свою железную обувь. В конце концов они отыскали крепость бляго в седьмом подземелье; убили его, освободили А., а с нею вернули и чудесную свирель. Ашамез игрой на свирели оживил землю. А., познав мужество, ум, благородство Ашамеза, вышла за него замуж. *М. М.*

АХУРАМАЗДА, А х у́ р а М а́ з д а (авест.), А у р а м а́ з д а (др.-перс.), О р м а́ з д (пехл.), в иранской мифологии верховное божество зороастрийского и ахеменидского пантеонов (см. *Амеша Спента*). Буквальное значение — «господь мудрый». Первоначально имя А., видимо, выступало в качестве замены запретного имени божества. Оба элемента имени употреблялись раздельно даже в поздних фрагментах «Младшей Авесты» (см. *Мазда*). «Авеста», в отличие от большинства родственных иранской мифологии индоевропейских традиций (хеттской, греческой, латинской, балто-славянской, ведийской), где верховным божеством выступал воин-громовержец (*Зевс, Индра, Перун* и т. д.), изображала А. жрецом. Он творит мир усилием или посредством мысли («Ясна» 19, 1—6) и требует себе духовного поклонения, молитвы перед священным огнём («Ясна» 43, 7). В честь А. допускалось только возлияние смеси сока *хаомы* с молоком («Ясна» 29, 6—7). Учение Заратуштры содержало представления о личном избранничестве *Заратуштры* А. как посредника между небом и землёй, апокалиптические понятия о страшном суде, вершимом А. («Ясна» 47, 6 и др.), об абсолютной свободе воли А. (43, 1), о грядущей победе А. и его приверженцев над силами зла, об ответственности каждого живущего существа перед А. (30, 3—6, 44, 14 и др.). В «Ясне семи глав» образ А. более традиционен и натуралистичен. Видимым проявлением, «телом», назван огонь (*Атар*; 36, 6), небесные воды именуются его жёнами. «Яшт» (XVII, 16) величает А. отцом *Аши, Сраоши* (его посланника), *Рашну, Митры* и самой религии, его супруга — Спента Армаити (Армайти). Но во всех случаях, вплоть до сочинений пехлевийской эпохи, А. выводился идеальным прототипом жреческого сословия. Однако ахеменидские скальные надписи (6—4 вв. до н. э.) и сасанидские рельефы (3—7 вв.) трактуют его царём-миродержцем: он «всемогущ, велик, победоносен». Помимо этих двух основных трактовок, в «Авесте» сохранялись остатки архаических представлений: «Ясна» (30, 5 и 51, 30) и «Яшт» (XIII, 3) донесли раннеиндоиранский образ высшего божества как олицетворения небесной звёздной (ночной) тверди. Тот же «Яшт» (XIII, 80) приписывал А. личного гения — *фраваши*, что подразумевало знак его, «сотворённости и, тем самым, вторичности (одновременно А.— создатель фраваши). Показательно, что каноническая «Авеста» умалчивала о происхождении А. Почитатели бога времени *Зервана* считали Ормазда сыном этого божества и братом-двойником злого духа Ахримана. В «Гатах» А.— отец святого духа *Спента-Майнью* и духа зла *Ангро-Майнью*; в «Младшей Авесте» Спента-Майнью ипостась, творческий аспект А. Ахурамазда сотворил всё бытие («Ясна» 44, 4—5), облёк предшествовавшие духовные формы плотью, заранее предначертал все мысли, слова и деяния. Человек должен избрать благие мысли, слова и дела (их воплощает триада А., *Аша Вахишта, Воху Мана*) и тем усилить лагерь добра (30, 3—6, 31, 11) в его противоборстве с силами зла, возглавляемыми Ангро-Майнью. А. в «Гатах» стоит над этой борьбой, пребывая в сфере чистой духовности «менок», но в «Младшей Авесте» он лично в ней участвует, ищет сторонников среди младших божеств, обучает Заратуштру правилам жертвенных ритуалов («Яшт» XIV 50) и шаманскому искусству гадать на птичьих перьях («Яшт» XIV 35). Младоавестийский образ А. (греч. форма имени — Оромаздес) был известен Платону и Аристотелю (5—4 вв. до н. э.).
Л. А. Лелеков.

АХУ́РЫ (авест.), в иранской мифологии в «Авесте» класс божественных существ, боровшихся за упорядочение космоса и социума, против хаоса, тьмы, зла. Представления об А. восходят к эпохе индоиранской общности (ср. ведийских *асуров*). Подобные им божества были известны в германо-скандинавской мифологии (*асы*). В архаической индоиранской традиции считались старшим из двух враждующих поколений богов и последовательно противопоставлялись своим младшим братьям — *дэвам*, благим в древнеиндийской мифологии и злым в иранской. «Авеста» называет А. *Ахурамазду, Митру* и *Апам-Напата*, но численно этот класс когда-то был гораздо больше, что видно из «Гат» (30, 9). Преобразования функций и характеристик А. в индоиранских преданиях, по всей вероятности, связаны с размежеваниями между постепенно обособлявшимися индоариями и протоиранцами на рубеже 3—2-го тыс. до н. э. Поздневедийские мифы повествуют о победе *дева* над некогда могучими, но неразумными *асурами*. Иранские мифы относят решающую и чисто военную победу А. над дэвами, наоборот, в будущее, самое ближайшее («Гаты» и т. н. Антидэвовская надпись Ксеркса) или крайне удалённое, по истечении нескольких тысячелетий («Младшая Авеста»).
Л. Л.

АХЫ́Н, у адыгов бог — покровитель крупного рогатого скота. Согласно одному из западноадыгских мифов, ноги у А. имеют раздвоенные копыта. По версии кабардинцев и черкесов, А. имеет облик очень уродливого человека могучего телосложения; он храбр; длинным посохом убивает диких зверей и птиц. Согласно шапсугскому варианту, А.— могучий и богатый скотовод, с помощью посоха (длиной в 100 сажен, с железным наконечником) перепрыгивающий с горы на гору через долину реки Туапсе; он неделю бодрствует, неделю спит. А. женился на красавице, вышедшей за него замуж вопреки воле отца. Когда А. спал, тесть подпилил его посох. Проснувшись, он хотел перепрыгнуть через ров, но посох сломался, А. упал в реку Шахе и утонул; после этого исчезли его многочисленные стада. Осенью при отправлении культа А. ему приносили в жертву корову.
М. М.

АЦАМА́З, в осетинском нартском эпосе, певец и музыкант, обладатель чудесной золотой свирели; наделён эпитетами: «удалой», «неутомимый музыкант». Свирель была единственным сокровищем А., оставшимся от отца, которому её подарил *Афсати*. А. всегда играет на вершине Чёрной горы, там, где живёт дочь Сайнаг-Алдара красавица *Агунда*. Игра А. пробуждает и очаровывает природу: тают вечные снега, поют птицы, пляшут дикие и домашние животные. Своей игрой на свирели А. открывает все сердца. Это и помогло ему добиться руки красавицы Агунды. А. соответствуют адыгский Ашамез, абхазский Кетуан.
Б. К.

А́ЦАНЫ, у абхазов люди-карлики, первые обитатели Абхазии. Они были столь малы ростом, что не были видны в высокой траве, взбирались на папоротники, как на деревья, и рубили их листья, как сучья. А. обладали большой физической силой. А. были скотоводами и охотниками. Жили они во времена, когда на земле царило вечное тёплое лето, не было ни смерти, ни рождения, ни голода, ни холода, ни болезней. Но бог, разгневавшись на них из-за нечестивого к нему отношения, покрыл землю А. ватным снегом и бросил в него огонь: А. погибли в пламени. Согласно поверьям, каменные сооружения четырёхугольной или округлой формы в горах Абхазии построены А.
А. А.

АЧУ́Ч-ПАЧУ́Ч, А ч о́ ч-М а ч о́ ч, в мифах армян карлики, проживающие на краю света; последняя человеческая раса перед концом мира. Согласно поверью, люди постепенно уменьшаются, достигая в конце концов размера, позволяющего им пройти через игольное ушко.
С. Б. А.

АЧЫШАШÁНА, у абхазов божество лошадей; одна из семи долей *Айтара*. А., по-видимому,— женского пола.
Л. А.

АШ, в египетской мифологии бог Ливийской пустыни, один из древнейших богов. Почитался также у ливийцев. Священное животное А.— сокол. Изображался в виде человека с головой сокола и торчащим на ней пером, что напоминает головной убор ливийских воинов. Впоследствии его культ слился с культом других богов пустыни — *Сета* и Ха (олицетворения Ливийской пустыни).
Р. Р.

АША ВАХИШТА (авест., «истина», «лучший распорядок»), А́рта Ва́хишта, в иранской мифологии одно из божеств *Амеша Спента*. Входит в триаду верховных божеств (*Ахурамазда*, А., *Воху Мана*). Воспевается в гимне «Аша Вахишта-яшт» и в «Гатах». А. В.— дух огня, абстрактная сущность идеального распорядка в мире, общине и семье, «праведность», духовная персонификация верховного жреца зороастрийских общин. А. В. противостоит божество лжи — *Друг* (Друдж).
В позднейшей иранской мифологии образ А. В. трансформировался в представление о небесном рае (фарси, Бехешт) и в его духа Орду — Бехешт, ставшего названием второго месяца иранского солнечного календаря (расцветающего месяца весны, примерно апрель).
И. Б.

АШАЦВА-ЧАПАЦВА (ашацва, «творцы», и чапацва, «делающие»), у абхазов духи — прорицатели судьбы человека.
С. З.

АШВАМЕДХА́, в древнеиндийской мифологии ритуал жертвоприношения коня (см., напр., миф о *Сагаре*). Мифы об А. отражают реальную церемонию жертвоприношения, засвидетельствованную ещё в ведийское время. Царь, желавший потомства, выпускал на волю коня и вместе с войском следовал за ним, подчиняя правителей тех стран, где оказывался конь. Поход продолжался год и был прелюдией к А. Затем возводили особое ритуальное сооружение — прачинаванса, матица которого ориентирована на восток; внутри размещались очаги для трёх ритуальных огней; к востоку ставили большой алтарь с очагом в виде птицы; в центре этого очага находился «пуп вселенной». Далее выбирали коня определённой масти и приносили его в жертву (иногда условно). Престиж А. был столь велик, что совершившего сто А. считали способным низвергнуть *Индру* и стать царём вселенной. В упанишадах с А. связывалось сотворение мира из частей коня (ср. Брих.-уп. I 1 и др.). А. подробно описывается в «Шатапатха-брахмане», «Ваджасанейи-самхите Яджурведы» и других текстах. Ритуал А. обнаруживает ряд аналогий в традициях других народов.
В. Н. Топоров.

АШВАТТХА́ («лошадиная стоянка»), в ведийской и индуистской мифологии сакральное фиговое дерево, наиболее частый и представительный вариант мирового дерева в Индии. Упоминается уже в «Ригведе» (I 135, 8; X 97, 5), нередко встречается в брахманах, упанишадах и эпосе. Во многих случаях, когда даётся описание мирового дерева, речь идёт именно об А. В частности, оно имеется в виду в знаменитой загадке из «Ригведы»: «Две птицы, соединённые вместе друзья, льнут к одному и тому же дереву. Одна из них ест сладкий плод, другая смотрит, не прикасаясь к плоду... На вершине этого дерева, говорят, есть сладкий плод, и к нему не стремится тот, кто не знает прародителя» (I 164, 20, 22: две птицы — солнце и луна, день и ночь и т. п.). Космические функции А. подчёркиваются уже в «Атхарваведе» («С неба тянется корень вниз, с земли он тянется вверх», II 7, 3) и особенно в упанишадах, где элементы А. соотносятся с разными частями макрокосма и создают основу для далеко идущих классификаций. Ср. образ перевёрнутого дерева (arbor inversa): «Наверху (её) корень, внизу — ветви, это вечная смоковница» («Катха-уп.» II 3, 1) или: «Наверху (её) корень — трёхстопный Брахман, (её) ветви — пространство, ветер, огонь, вода, земля и прочее. Это Брахман, зовущийся единой смоковницей» (Майтри-уп. VI 4). Но, разумеется, не менее распространён и обычный (неперевёрнутый) вариант А. Ср.: «Царь Варуна... держит кверху в бездонном (пространстве) вершину дерева. Они обращены вниз, вверху их основание» (РВ I 24, 6). Если части А. моделируют мир, то, входя в тетраду других деревьев, воплощающих идею мирового дерева, А. может принимать участие и в моделировании социальных и религиозно-ритуальных структур. Так, в Индии издревле известен ритуал, в котором с царём последовательно соотносится каждое из четырёх сакральных деревьев, из них изготовляются ритуальные чаши, подносимые царю для омовения представителями каждой из четырёх варн (см. *Варна*). Чашу из А. подносит вайшья, из ньягродхи — знатный друг, из удумбары — кшатрий, из палаши — жрец. В «Махабхарате» (III 115, 35) говорится о браке бездетных жён с деревьями, и в связи с этим выступают А. и удумбара, что может быть истолковано как отражение образов мужа и жены средствами «древесного» кода. А., как и некоторые другие деревья, играют определённую роль и в ритуале. Ср. описание в «Матсья-пуране» четырёхугольного алтаря с арками из ветвей четырёх деревьев, в т. ч. А. В связи с А. восстанавливаются два весьма архаичных мотива, которые в более позднее время могли соотноситься с деревом вообще или деревьями других видов (напр., с ньягродхой). Первый из этих мотивов — человек на дереве (при этом человек уподобляется дереву, ср. Бриход.-уп. III 9, 28 или Мбх. XI 5,3—24 и др.), и они оба рассматриваются как образ вселенной (см. *Пуруша*). Иногда этот мотив формулируется более конкретно: женщина у мирового дерева; этот мотив отсылает в конечном счёте к ритуалу человеческого жертвоприношения у мирового дерева (т. н. *ашвамедха* сохраняет в вырожденном виде идею мультиплицированного мирового дерева: 21 жертвенный столп, т. е. произведение сакральных чисел 7×3). Второй мотив — конь у мирового дерева (ср. описание ашвамедхи в «Ваджасанейи-самхите Яджурведы» и других текстах); хронологически он продолжает первый мотив и связан с переходом от ритуала жертвоприношения человека к жертвоприношению коня. Многочисленные индоевропейские параллели подтверждают древние истоки обоих этих мотивов и, возможно, даже самого названия «А.» [ср. мотив Иванушки-дурачка (трансформация первочеловека, первого жреца), пасущего лошадей в ветвях дерева; *Иггдрасиль* в «Эдде», Ашваттха и т. п.]. А. выступает как существенный элемент с определёнными символическими связями и в некоторых конкретных мифологических сюжетах. Так, в сказании о *Пуруравасе* и *Урваши*, известном в ряде версий, Пуруравас срывает ветки с деревьев А. и шами, трёт их друг о друга и добывает священный огонь, разделённый натрое: огонь для домашних обрядов, огонь для жертвоприношений и огонь для возлияний.
В. Н. Топоров.

АШВИНЫ («обладающие конями» или «рождённые от коня»), в ведийской и индуистской мифологии божественные братья-близнецы, живущие на небе. В «Ригведе» им посвящено 54 гимна целиком (по числу упоминаний А. идут сразу же после *Индры*, *Агни*, *Сомы*). А. принадлежат к небесным божествам и связаны с предрассветными и вечерними сумерками. Разбуженные *Ушас*, они несутся на золотой колеснице (трёхколёсной, трёхместной, широкой и т. п.), запряжённой конями, птицами (орёл, лебеди, соколы) и т. д., или на стовесельном корабле по небу над всем миром в сопровождении *Сурьи*. Они объезжают за день вселенную и прогоняют тьму. Утром их призывают к себе молящиеся. А.— знатоки времени (РВ VIII, 5, 9, 21), они связаны с небом, их место в обоих мирах. А.— спасители, помогающие в беде (I 118, 6—10 и др.); они приносят дары для ариев (I 117, 21), богатство, пищу, коней, коров, быков, детей, свет, счастье, победу, дают долгую жизнь, жизненную силу; они защищают певцов, вознаграждают их. Подчёркивается роль А. как божественных целителей (А.— «божественные врачи», «всезнающие»): они возвращают жизнь умершим (I 117, 7, 24; X 65, 12 и др.), излечивают слепых и хромых (I 112, 8; 117, 19; X 39, 3; Мбх. I 3: история Упаманью), совершают другие чудесные поступки. Они спасают гибнущих в водной пучине (ср. историю Бхуджью); они же дают Шунахшепе совет, как спастись от заклания (Айт.-бр. VII, Рам. I и др.). Эта функция А. фиксируется и в более поздних текстах («Махабхарата», «Гопатха-брахмана» и др.). А. связаны с мёдом (они дают его пчёлам, кропят им жертву, везут мёд на колеснице и т. д.) и сомой, на основании чего была выдвинута гипотеза о замене в Древней Индии старого опьяняющего напитка из мёда сомой. А. нетерпимы к чужим; они выступают против злых духов, болезней, скупцов, завистников. Из всех божеств ведийского пантеона именно А. теснее всего связаны с солярными божествами и, как и последние, принимают участие в свадебных ритуалах (РВ X 85).

А. изображаются юными (они — самые юные из богов, но вместе с тем и древние, VII 62, 5), сильными, прекрасными, обладающими здоровьем; подчёркивается их яркость, золотой цвет (цвет мёда; несколько раз они названы красными), они быстры, ловки, могучи, обладают многими формами (I 117, 9), украшены гирляндами из лотоса; они танцоры (VI 63, 5). Их сравнивают с птицами (орёл, гуси), быками, буйволами, газелями и т. д. Позднейшая иконография уточняет эти описания.

Главная особенность А.— парность (III 39, 3 и др.); и, хотя А.— близнецы, иногда указывается, что они родились порознь (V 73, 4); согласно древнеиндийскому лексикографу Яске (Нирукта XII 2), один из А.— сын ночи, другой — сын рассвета (один — сын Сумакхи, другой — сын неба; РВ I 181, 4). Не вполне ясно, как дифференцировались А. между собой в ранний период; позже (ср. уже Шат.-бр. IV I, 5, 16 и др.) оформляется ряд противопоставлений, с элементами которых связан каждый из А.: небо — земля, день — ночь, солнце — месяц и т. д. Их отец — Дьяус — Небо или Вивасват (в другой версии — Мартанда); матерью называют Ушас, Океан, реку Синдху, Саранью. Жена их — Ашвини (V 46, 8). Вместе с тем Ушас выступает и как сестра А.; они связаны и с дочерью бога солнца Сурьей (А. одновременно её мужья и сваты для Сомы, X 85); Пушан — их сын, вместе с тем А. (порознь) — родители Накулы и Сахадевы — двух младших пандавов. А. также выступают вместе с Индрой, Рудрой (и рудрами), Вач, Сомой и т. д.

В ряде мифологических сюжетов А. играют видную роль. Основной из них (Шат.-бр. III) описывает рождение А. Дочь Тваштара Саранью стала женой Вивасвата. Родив Вивасвату двух близнецов Яму и Ями, Саранью, не любившая супруга, подменяет себя во всём подобной ей женщиной, а сама, обернувшись кобылицей, убегает из дому. Заметив обман, Вивасват, превратившись в коня, пускается в погоню и настигает её. После примирения Саранью рождает двух близнецов-братьев — Насатью и Дасру, которые и стали называться Ашвинами (также и Насатьями). А. выступают и в сюжете поединка Индры со своим главным другом асуром Намучи. А. приготовили лекарство, вернувшее Индре силу. А. исцеляют Индру и тогда, когда он выпивает чрезмерное количество сомы после убийства Вишварупы («Махабхарата» и др.). Один из наиболее известных мифологических сюжетов, связанных с А., излагается в «Шатапатха-брахмане» (IV), «Махабхарате» (III), «Брихаддевате» и др. (ср. также упоминания о нём в «Ригведе» и иную версию в Джайм.-бр. III 120—127). А. (Насатья и Дасра) однажды увидели красавицу Суканью, выходившую после купания из воды, и предложили ей выбрать из них себе мужа. Суканья отказалась, т. к. у неё был уже муж, дряхлый отшельник Чьявана. Тогда А. омолодили Чьявану и вместе с ним вышли из озера в виде прекрасных юношей, не отличимых друг от друга. По тайному знаку Суканья всё-таки сумела выбрать Чьявану, который в благодарность дал А. долю в возлияниях сомы, чем вызвал гнев завистливого Индры. Другие мотивы: А. дают брови Кали; особенно многочисленны мотивы спасения А. кого-либо из беды.

Почитание А. продолжалось и в послеведийскую эпоху. В эпосе, пуранах, «Хариванше» они именуются Ашвиникумара, т. е. «дети кобылы», хотя их конская природа, как и в ведийских текстах, остаётся завуалированной. В дальнейшем появляются другие пары близнецов, дублирующие А. В образе А., по всей вероятности, нужно видеть следы древнего индоевропейского культа близнецов (см. *Близнечные мифы*). А. близки древнегреческим *Диоскурам*. Как и А., они связаны с конями, сменой дня и ночи и, следовательно, солнцем, с функцией спасения. Мотив рождения Диоскуров из яйца соотносим с тем, что А.— сыновья Мартанды (букв. «яйцо смертного»; см. Мбх. XII 208, 17). Образ А. проник в некоторые культурные традиции народов Юго-Западной Азии.
В. Н. Топоров.

АШИ́, А́ р т и (авест.), в иранской мифологии персонификация удачи, изобилия, аналогична римской *Фортуне*. «Яшт» (XVII, 15) гласит: «Ты, Аши, есть телесное воплощение великой славы». А. наделяет богатыми землями, золотом и серебром, прекрасными жёнами и дочерьми. Отцом А. назван *Ахурамазда*, матерью — Спента-Армаити (*Армайти*), братьями — *Сраоша, Рашну, Митра*, сестрой — религия маздеизма (16). Уцелел фрагмент древнего мифа (54—56) о борьбе за овладение А. между двумя родственными племенными группировками и о троекратных попытках А. скрыться от их покушений в шерсти барана.
Л. Л.

АШНАН (шумер.), см. *Лахар и Ашнан*.

АШТА́БИ, А с т а́ б и, в хурритской мифологии бог войны. В битве с *Уликумме* выступает на стороне *Тешуба*. Соответствует шумеро-аккадскому *Нинурте*.
М. Л. Х.

АШУ́Н, у чинов Бирмы священная птица (ворон). А. снёс и высидел яйцо, из которого вышли предки чинов. Реальные вороны также рассматриваются как прародители чинов. Запрещено их убивать. Возможно, миф связан с палеоазиатским циклом мифов о *Вороне*.
Я. Ч.

АШШУР, в аккадской мифологии центральное божество ассирийского пантеона. Первоначально — бог-покровитель города Ашшур. Возвышение А. связано с усилением его политического влияния в Ассирии. Как верховное божество А. получает (впервые в 13 в. до н. э.) титулы и эпитеты шумерского Энлиля: «Великая гора», «Владыка всех стран», «Отец богов»; сливается с Энлилем в единый образ — Бел («владыка»). В 9 в. до н. э. (второе возвышение Ассирии) А. идентифицируется с Аншаром (см. *Аншар и Кишар*), отцом *Ана*, и возвышается над всеми богами. В ассирийской (из Ашшура) версии поэмы «Энума элиш» Аншар-А. заменяет как бог-творец вавилонского *Мардука*. Жена А.— Иштар Ашшурская (Ассирийская) или Иштар Ниневийская, а также *Нинлиль*, дети — *Нинурта* и Иштар (дети Энлиля), а также богиня Шеруа, или Эруа (хурритская?). Подобно Мардуку, А. узурпирует черты многих божеств: он — вершитель судеб (как шумерские Ан, Энлиль), бог-судья (как *Уту-Шамаш*), военное божество (как Нинурта) и даже божество мудрости (*Энки*). Эмблема А.— крылатый солнечный диск. На памятниках 2—1-го тыс. до н. э. обычно изображается в виде бога с луком, наполовину скрытого крылатым солнечным диском, в лучах которого он как бы парит. На обелиске ассирийского царя Тиглатпаласара I (12 в. до н. э.) А. изображён в виде крылатого солнечного диска, из которого две руки протягивают лук царю-победителю.
В. К. Афанасьева.

АШЫКАЙДЫН, у туркмен и узбеков хорезмского оазиса покровитель (см. *Пиры*) певцов и музыкантов. А. также наделяет шаманским даром, но может и лишить человека рассудка. Возможно, образ А. сформировался под влиянием мифов о первом шамане и певце *Коркуте*. Считалось, что для обретения дара музыканта надо совершить паломничество к могиле А. и провести там ночь, играя на дутаре и распевая песни. А. должен явиться паломнику и благословить его на занятие музыкой и пением. В народной поэме «Неджеб Оглан» А., благословляя своего ученика, музыканта и певца, дарит ему чу-

десный дутар. А.— один из персонажей эпоса о Гё̈роглы (см. *Кёр-оглы*), в котором он помогает другу Гёроглы сыну кузнеца Керему жениться на богатырше Харман-Дяли, побеждавшей всех женихов (в т. ч. и самих Гёроглы и Керема) в состязании в музыке и пении. Харман-Дяли терпит в конце концов поражение от спрятавшегося в могиле А., который уступает Керему своё право жениться на ней. Этот рассказ аналогичен одному из мифов о Коркуте, в котором тот помогает герою добыть невесту, победив её безумного брата, убивавшего всех сватов.
В. Б.

АЭДОНА («соловей»), в греческой мифологии супруга фиванского героя *Зета*. А. завидовала своей невестке *Ниобе*, жене *Амфиона*, имевшей многочисленное потомство. Она попыталась убить старшего сына Ниобы, но по ошибке убила своего собственного сына Итила. Из жалости к ней боги превратили несчастную в соловья, на что указывает имя героини (Hom. Od. XIX 518—523). Существует иная версия мифа об А., убившей сына вместе со своей сестрой Хелидоной («ласточкой»), обесчещенной мужем А. Сёстры были превращены Зевсом в ласточку и соловья (Anton. Liber. XI).
А. Т.-Г.

АЭНДОРСКАЯ ВОЛШЕБНИЦА, по библейскому преданию, волшебница из Аэндоры, вызвавшая по просьбе *Саула*, первого царя израильского, тень пророка Самуила и предсказавшая Саулу поражение в войне с филистимлянами и его гибель вместе с сыновьями (1 Цар. 28).

АЭРОПА, в греческой мифологии: 1) внучка критского царя Миноса. Отец А. Катрей отдал её посетившему Крит мореплавателю Навплию с просьбой утопить А. в море или продать в рабство на чужбину (он поступил так либо потому, что застал А. в объятиях раба, либо потому, что Катрею была предсказана гибель от руки одного из его детей) (Schol. Soph. Ai. 1297). Однако Навплий пожалел А. и выдал её замуж за *Атрея*, которому она изменила с его братом *Фиестом* (Apollod. epit. II 10—11). Разгневанный Атрей велел бросить А. в море.
В. Я.

2) дочь Кефея, возлюбленная Ареса. Родив от Ареса сына, А. испустила дух, но Арес, увидев, что младенец припал к груди матери, сделал так, что из сосцов закапало молоко. В память об этом чуде на горе Крисии был воздвигнут храм Ареса Обильного, а мальчик назван в честь матери Аэропом (Paus. VIII, 44, 7—8).
Г. Г.

АЮ, А й ю (др.-инд. Āyú-, ср. áyu-, «жизненная сила»), персонаж ведийской мифологии, видимо, связанный с жизненной силой. А.— «юнейший» (РВ I 20, 24), рождённый поэтическим даром. Иногда А. враждебен *Индре* (I 53, 10 и др.), но в других случаях А. и его потомки совершают для Индры добрые дела или же Индра убивает врагов А. Упоминается мать А. (или даже две его матери и его сыновья). А. связан с *Ману, Агни, Урваши*, вообще с богами. Это же имя во множественном числе обозначает класс существ, происходящих от А., иногда, видимо, род людской. Именно они возжигают Агни, находят и очищают *сому*, доят большую корову.
В. Т.

АЮСТÁА, у абхазов чёрт; приносит вред людям, животным. Согласно поверьям, если А. вселяется в человека, тот заболевает. Но часто человек хитростью одерживает над А. победу.
С. З.

АЯКС, А я н т, Э я н т, в греческой мифологии имя двух участников *Троянской войны*; оба воевали под Троей как соискатели руки Елены. В «Илиаде» они часто выступают рука об руку: в битве за стену, окружающую ахейский лагерь (XII 265—370), в обороне кораблей (XIII 46—82, 126 след.), в сражении за тело Патрокла (XVII 531 след., 668 след., 718—753) и сравниваются с двумя могучими львами или быками (XIII 197—205; 701—708).

А. О и л и д, сын *Оилея* и Эриопиды (Эриопы), царь локров, предводитель ополчения (40 человек) из Локриды (Средняя Греция). Искусный копьеметатель и прекрасный бегун, уступающий в скорости только *Ахиллу*. Его воины славятся как лучники и пращники. Этот, т. н. «меньший А.» или «малый А.»,— не столь могучий и не столь высокий ростом по сравнению с А. Теламонидом (Hom. Il. II 527—535). Он известен своим буйным и дерзким нравом. Так, во время взятия Трои он совершил насилие над *Кассандрой*, искавшей защиты у алтаря Афины (Verg. Aen. II 403—406). По совету Одиссея ахейцы собирались за это святотатство побить А. камнями (Paus. X 31, 2), но тот нашёл убежище у алтаря той же Афины. Однако при возвращении флота из-под Трои разгневанная богиня разбила бурей у Кикладских островов ахейские корабли (в т. ч. корабль А., метнув в него перун). А. спасся и, уцепившись за скалу, похвалялся, что он жив вопреки воле богов. Тогда Посейдон расколол трезубцем скалу, А. упал в море и погиб. Тело его было погребено Фетидой на острове Миконос, вблизи Делоса (Apollod. epit. VI, 6; Hyg. Fab. 116). Святотатство А. по решению оракула жители Локриды искупали в течение тысячи лет, посылая в Трою ежегодно двух дев, которые прислуживали в храме Афины, никогда не покидая его. Согласно Аполлодору (epit. VI 20) и Полибию (XII 5), этот обычай прекратился после Фокидской войны (4 в. до н. э.).

А. Т е л а м о н и д, ведёт свой род от Зевса и нимфы Эгины. Он — внук *Эака*, сын *Теламона* и *Перибеи*, двоюродный брат *Ахилла*. Имя его связано с мифом, в котором фигурирует Геракл как друг саламинского царя Теламона. Во время посещения острова Саламин Геракл обращается с мольбой к Зевсу даровать Теламону доблестного сына; когда Зевс в знак согласия с просьбой Геракла посылает в виде знамения орла, Геракл советует Теламону назвать будущего сына именем А. («орёл»; Apollod. III, 12 7). А.— царь Саламина, приведший под Трою 12 кораблей (Hom. Il. II 557—558). Под Троей А. прославился как герой, уступающий в доблести только Ахиллу. Он огромен ростом (т. н. «большой А.»), грозен, могуч, вооружён громадным семикожным щитом, покрытым медью (VI 206—223). А. выступает в бою как сам бог *Арес* (VII 208), шагает твёрдо, потрясая мощным копьём. Он мечет в Гектора огромнейший камень и пробивает им щит врага (VII 268—270). При появлении А., несущего свой щит как башню, троянцы разбегаются в испуге (XI 485—487), а он продолжает разить врагов, бушуя на равнине (XI 496 след.). Когда убит Патрокл и происходит борьба за его тело, А. своим щитом прикрывает поверженного (XVII 132—139), а затем помогает ахейцам унести с поля боя тело Патрокла, отражая вместе с А. Оилидом троянцев (XVII 718—753). В битве у кораблей А. противостоит Гектору (XV 500—514). Защищая корабль от огня, он убивает в рукопашной схватке 12 мужей (XV 730—745). После гибели Ахилла А. самоотверженно защищает от троянцев его тело (Apollod. epit. V 4) и поэтому считает себя вправе унаследовать доспехи убитого героя. Однако доспехи присуждаются (причём судьями выступают троянцы или союзники ахейцев) Одиссею, и оскорблённый А. решает перебить ночью ахейских вождей. Но Афина, спасая ахейцев, насылает на него безумие и жертвой меча А. становятся стада скота. Когда рассудок возвращается к А., он не может пережить навлечённого им на себя позора и, обманув бдительность своей наложницы *Текмессы* и соратников, в отчаянии кончает жизнь самоубийством. Тело А. по решению Агамемнона не было предано огню, и его могилой стал Ретейский мыс (Apollod. epit. V 6). А. не может забыть нанесённого ему Одиссеем оскорбления даже в аиде, на приветливые речи Одиссея он отвечает мрачным молчанием, сохраняя и в царстве мёртвых непреклонный и упорный дух (Hom. Od. XI 541—565). Судьбе А., его безумию и смерти посвящены трагедия Софокла «Аякс» и не дошедшая до нас трилогия Эсхила «Спор об оружии».

А. Теламонид почитался как герой. На агоре в городе Саламине находился храм А. (Paus. I 35, 3). Перед битвой у Саламина, как сообщает Геродот, греки принесли молитвы богам и призвали на помощь А. и его отца Теламона (VIII 64). Праздник аянтии в честь А. справлялся с большой торжественностью в Аттике и на Саламине. Близость А. к Афинам подчёркнута в «Илиаде».

А. Оилид и А. Теламонид относятся к древним мифологическим образам. Это необузданные и гордые герои, идущие не только против воли людей, но и против воли богов. Вероятно, что исконно оба А. составляли один целостный мифологический образ, который в дальнейшем претерпел определённую модификацию, представ в виде двух очень близких по своему духу и отличающихся скорее внешними чертами героев (А. большой и А. малый, ср. *Диоскуры*). Может быть, Локрида и есть древнейшая родина героического архетипа, а Саламин — вторичен и появился в мифе через Теламона. Имя Теламон имеет характер нарицательный (греч. «ремень или перевязь для щита и меча»), и А. Теламонид выступает как обладатель знаменитого щита, удерживаемого крепкими ремнями. Частое совместное выступление обоих А. в «Илиаде» также позволяет сделать предположение о первоначально едином образе А.

А. А. Тахо-Годи.

АЯМИ, в мифах нанайцев самый значительный дух-помощник и покровитель шамана. Считается, что А. переходит к шаману по наследству. У каждого шамана свой А. Он является шаману во сне в виде женщины (шаманке — в виде мужчины), а также волка, тигра и др. животных, вселяется в шамана во время камлания. А. наставляет шамана, учит его лечить, а также советует, какой костюм надо иметь шаману (шаманке). Во время камлания шаман обязательно носил на себе изображения А. в виде антропоморфной фигурки. А. могли иметь и духи-хозяева различных животных, а также обыкновенные люди, для которых А. были защитниками здоровья и благополучия.

Е. Н.

АЯНГЫН СУМ («громовая стрела»), А я н г ы м с у м у н (монг., бурят.), а я н г и н с у м у н (калм.), т э н г э р и й н с у м у н («небесная стрела»), в мифах монгольских народов молния, которой громовержец поражает свою жертву. Согласно бурятскому поверью, А. с. выковывают 77 небесных плешивых кузнецов или (в некоторых бурятских преданиях) по заказу громовержца — земной кузнец (специально для этого предназначенный, имеющий шаманскую «кузнечную родословную», возводимую к роду 99 небесных кузнецов); он оставляет готовый товар во дворе мастерской, а ночью заказчик забирает его. Громовержцем выступает небесный стрелок *Хухедей-мерген* (в частности, у бурят) или хозяин водяной стихии *лу*, или лун (у ойратов), в калмыцкой традиции гроза иногда исходит от небесного верблюда, по другим вариантам, громовержец мечет А. с., сидя верхом на лу, а согласно поздним буддийским верованиям, функции громовержца принадлежат божеству *Очирвани*. В мифах ойратов и бурят мишенью А. с. являются небесная белая сова, белка-летяга, колонок, хорёк, бурундук, кривой крот, тушканчик и др. за то, что в эпоху первотворения кто-то из них убил (по алтайско-тюркским версиям, ослепил на один глаз) сына неба. Иногда мишень А. с. — демоны *чотгор*, Архан-шудхер (у бурят; см. в ст. *Раху*), одноногий терен (от тибетск. *тхеуранг*), осмысливаемый калмыками как «демон-оса» («слепень», «овод»). Демон дразнит громовержца и прячется под дерево, под какое-либо строение, под брюхо скотины, а разгневанный бог поражает противника вместе с укрытием. Попав в цель, А. с. остаются в земле и через три дня становятся каменными, а в случае непопадания возвращаются на небо. По калмыцким поверьям, А. с. уходят в землю на 9 локтей и остаются там 49 дней; будучи обнаруженными, становятся целительным талисманом. В основе этих представлений лежат частые находки в земле каменных и металлических наконечников — остатков вооружения людей, обитавших в Центральной Азии и Южной Сибири в прошлом.

С. Ю. Неклюдов.

Б

БА, в египетской мифологии один из элементов, составляющих человеческую сущность. Египетский писатель 4 в. Гораполлон, написавший трактат о египетских иероглифах, перевёл Б. на коптский язык как «душа». В этом значении продолжает употребляться в литературе. В период Древнего царства, согласно «Текстам пирамид», обладание Б. приписывалось только богам и фараонам. Б. мыслилось как воплощение их силы и могущества. Их могло быть несколько (множ. ч. бау). Позднее, согласно «Текстам саркофагов» и «Книге мёртвых», Б. считалось воплощением жизненной силы всех людей, продолжающим существовать и после их смерти. Обитая в гробнице и оставаясь в полном единстве с умершим, Б. может отделиться от тела человека и свободно передвигаться, оно совершает «выход днём» из гробницы, поднимается на небо, сопутствует человеку в загробном мире. Б. осуществляет все физические функции человека: ест, пьёт и т. д. Ещё изображалось в виде птицы с головой, а иногда и руками человека. В качестве Б. богов нередко фигурируют священные животные (напр., Б. *Себека* — крокодил, *Осириса* — баран, Б. многих богов — змея) или другие божества [так, *Хнум* в Латополе (Эсне) считался Б. *Шу*, в Гипселисе — Осириса, в Леонтополе — *Геба*, на острове Элефантина — *Ра*]. Б. имели не только люди, но и многие города: Гермополь, Буто, Иераконполь и др. См. также *Ах* и *Ка*.
Р. И. Рубинштейн.

БА, в древнекитайской мифологии демон засухи, дочь *Хуан-ди*. В «Книге божественного и удивительного» (5—6 вв.) сказано: «На юге есть существо ростом в два-три чи (меньше метра), тело не прикрыто одеждой, глаза на макушке, передвигается быстро, как ветер, зовут его Ба. Где появится — всюду засуха и красная земля на тысячи ли. Ещё зовётся Хань-му «матушка засухи». Кто встретит её, бросается в отхожее место и умирает». Во время войны Хуан-ди с мятежником *Чи-ю* Б. помогла отцу, остановив страшный дождь, напущенный Чи-ю.
Б. Р.

БААЛ, в западносемитской мифологии прозвище богов, производное от *Балу*.

БААЛАТ (финик. «хозяйка», «владычица»), в западносемитской мифологии прозвище богини — покровительницы местности (ср. *Балу*, *Бел*). В Библе «госпожа Б.» — одно из верховных божеств, владычица и покровительница города, имевшая развитый культ.
И. Ш.

БААЛ-ХАММОН (финик., видимо, «хозяин-жаровик»), Хаммон, в западносемитской мифологии божество. Судя по значению имени, бог солнца. В Карфагене одно из главных божеств, бог плодородия. Отождествлялся с *Сатурном* и *Юпитером*, очевидно потому, что воспринял функции *Илу*. Часто выступает в паре с *Тиннит*.
И. Ш.

БААЛШАМЕМ [(хананейско-аморейск.), Баалшамин (арам.), Баалсамин (араб.), «хозяин небес»], в западносемитской мифологии бог — владыка неба. В ряде случаев, видимо, выступает как бог солнца. В финикийской теогонии Санхуниатона — Филона Библского Уран, очевидно, соответствует Б., его сын — Эл (см. *Илу*), восстающий против отца и побеждающий его. Филон Библский приводит финикийское предание о том, как Крон (Эл) принёс в жертву Урану (Б.) своего сына (см. *Молох*). Почитание Б. было широко распространено в Сирии с кон. 2-го тыс. до н. э.; в хананейско-арамейском пантеоне Б. стал верховным божеством. В эллинистическую эпоху Б. отождествлялся с Зевсом и Юпитером. В Пальмире Б. — глава триады богов (Б., *Малакбел* и *Аглибол*). Судя по эпитетам Б. («великий и милосердный», «добрый и воздающий»), вокруг его культа в 1—3 вв. н. э. складывалось религиозно-этическое учение о божьем милосердии и воздаянии. С культом Б., вероятно, генетически связан культ бога, именовавшегося «Тот, чьё имя благословенно в вечности» (его имя было запретным); этот бог мог занимать место Б. в триаде и широко почитался в Пальмире во 2—3 вв. Почитание Б. было засвидетельствовано в Эдессе ещё в 5 в. н. э. В древнеарабской мифологии Б. почитался в Набатее и у сафских арабов.
И. Ш., А. Г. Л.

БАБА ДОКИЯ, баба Марта, у восточнороманских народов старуха — героиня этиологического мифа, объясняющего неустойчивость весенней погоды. Сходный образ известен и низшей мифологии народов Средиземноморья: у французов — Мерлу, у франко-швейцарцев — Рульон, у арабов — Тамгарт. Б. Д. наносит оскорбление уходящему, как правило, последнему зимнему месяцу (февралю, марту, реже январю или апрелю), насмехается над его бессилием. Или преждевременно радуясь окончанию зимы, в первые тёплые дни отправляется со стадом овец, коз или коров на пастбища, чаще всего горные. В восточнороманской традиции Б. Д. каждый день сбрасывает по одному кожуху (всего их 9 или 12), отчего первые дни марта в Буковине и называются кожухами, когда она остаётся в одной рубашке, неожиданно ударяет мороз. Его насылает оскорблённый месяц, одолживший для расплаты со старухой 3, 9 или 12 дней у последующего (или предыдущего) месяца. В традициях восточного Средиземноморья сюжет заканчивается окаменением старухи и её стада, или Б. Д. обращается в исток р. Сучавы, старуху уносит в море ливень (Палестина). В других восточнороманских вариантах Б. Д. посылает невестку за земляникой, та выполняет наказ с помощью марта (ангела, Господа и св. Петра). Тогда в горы отправляется сама Б. Д. с сыном Драгобете (ему посвящается 24 февраля или 1 марта), Драгомиром или Иованом и погибает с ним (ср. славянскую сказку о 12 месяцах).
Г. И. Кабакова.

БАБА-ЯГА, в славянской мифологии лесная старуха-волшебница, ведьма. Согласно сказкам восточных и западных славян, Б.-я. живёт в лесу в «избушке на курьих ножках», пожирает людей; забор вокруг избы — из человеческих костей, на заборе черепа, вместо засова — человеческая нога, вместо

86 БАВКИДА

запоров — руки, вместо замка — рот с острыми зубами. В печи Б.-я. старается изжарить похищенных детей. Она — антагонист героя сказки: прилетев в избу и застав в ней героя, вырезает у него из спины ремень и т. п. В нек-рых сказках Б.-я. (Яга Ягишна, словенск. Ежи-баба) — мать змеев, противников богатыря. Кроме образов Б.-я. воительницы и похитительницы, сказка знает и образ дарительницы, помощника героя. У Б.-я. одна нога — костяная, она слепа (или у неё болят глаза), она — старуха с огромными грудями. Связь с дикими зверями и лесом позволяет выводить её образ из древнего образа хозяйки зверей и мира мёртвых. Вместе с тем такие атрибуты Б.-я., как лопата, которой она забрасывает в печь детей, согласуются с обрядовой интерпретацией сказок о ней как о жрице инициации. Персонажи, сходные с Б.-я., известны в германской (Фрау Холле в нем. сказках), греческой (*Калипсо*) и других мифологиях.

В. В. Иванов, В. Н. Топоров.

БАВКИДА, см. в статье *Филемон и Бавкида*.

БАВО, мифический родоначальник хауса, змееборец. Согласно одному из вариантов мифа, в страну хауса, где правила великая охотница Даура, явился чужеземец из страны Борну. Даура согласилась на брак с ним при условии, что муж не будет спать с нею. Она дала мужу в наложницы рабыню, которая, родив сына, стала презирать госпожу. Разгневанная Даура сняла свою охотничью мужскую одежду, надела украшения и женские одежды, пошла к мужу и спала с ним. Вскоре она родила сына Б. Шесть сыновей Б. стали правителями — эпонимами городов хауса (Кано, Рано, Гобир, Зегзег и др.).

По другим версиям, Б. получил согласие Дауры стать его женой за то, что убил змея, жившего в колодце её города. В более поздних исламизированных версиях мифов вместо Б. фигурирует багдадский царевич Баяджида (Баяджида, по-видимому, является видоизменением имени Абу Язида, предводителя восстания 10 в. берберов-хариджитов против династии Фатимидов).

Е. К.

БА ГУА («восемь триграмм»), в древнекитайской мифологии, космологии и натурфилософии восемь сочетаний из цельных линий, символизирующих мужское, светлое начало ян, и прерванных линий, соответствующих женскому, тёмному началу инь (см. *Инь и Ян*). В каждом из восьми сочетаний по три элемента: например, три цельные линии обозначают понятие цянь («небо»), три прерванные — кунь («земля»), две сплошные и одна прерванная сверху — дуй («водоём») и т. п. В древних мифах изображение этой системы классификаций приписывается первопредку *Фуси*. Согласно одному из преданий, Фуси сидел как-то на квадратном алтаре и, вслушиваясь в свист ветров 8 направлений, нарисовал изображения Б. г. Система Б. г., подробно разработанная в древнейшем трактате «Ицзин» («Книге перемен»), легла в основу древней и средневековой натурфилософии Дальнего Востока, а также во многом каллиграфии; с помощью системы Б. г. пытались выразить всё многообразие явлений природы и человеческого бытия (страны света, животные, части тела и т. п.). Б. г. обычно изображают в виде круговой таблицы, часто вписанной в восьмиугольник. Известны две системы кругового расположения Б. г. Позже из Б. г. путём удвоения линий до шести в каждой комбинации были получены 64 гексаграммы, использовавшиеся китайскими гадателями.

Б. Р.

БАДБ (ворона, ворон), в ирландской мифологии богиня войны и разрушения. Являлась перед сражением и возбуждала боевой дух воинов. По облику и функциям нечётко различается с *Морриган*. В галльском пантеоне сходный персонаж Bodua. В позднем фольклоре и преданиях Б. трансформировалась в ведьму, схожую с *банши* и также предвещавшую смерть своим появлением (всегда в облике вороны).

С. Ш.

БАДНЯК (серб.-хорв. Бáдњак, болг. бъдник), в южнославянской мифологии персонаж, воплощаемый «рождественским поленом» (реже — деревом), пнём или веткой, сжигаемой в сочельник (у болгар — в ночь на Коледу, см. *Коляда*). Б. придают иногда антропоморфные черты (борода), называют старым богом, старым Б., в противоположность *Божичу*, соотносимому с молодостью, новым годом. Б. связан (по данным этимологических исследований) с образом змея у корней дерева (ср. родственные ему индоевропейские персонажи — др.-инд. змея *Ахи Будхнья* и греч. *Пифона*). Сожжение Б. в конце старого года эквивалентно, таким образом, поражению огнём змея, воплощения нижнего мира, вредоносного начала и знаменует начало нового сезонного цикла, гарантирует плодородие и т. п. Ритуал выбивания искр из горящего Б. сопровождается пожеланием умножения скота по числу искр.

В. И., В. Т.

БАЙАМЕ, в мифах ряда юго-вост. австралийских племён (камиларои, юалайи, вирадьюри, вонгабои и др.) тотемный первопредок, «великий отец», живущий на небе, выступающий как демиург, культурный герой, великий знахарь. Этимология его имени связана на языке камиларои с глаголом «делать» (что указывает на его роль демиурга, культурного героя) либо с представлением о семени человека и животного; на языке юалайи осмысливается как «великий». У юалайи «время Б.» имеет тот же смысл, что у аранда *альчера*; согласно мифу, в «ранние времена», когда на земле жили только звери и птицы, с С.-В. пришёл Б. с двумя жёнами и создал людей: одних — из дерева и глины, других — трансформировав зверей. Б. установил законы и обычаи людей; по представлениям камиларои, одарил людей каменной ловушкой для рыб, заклинаниями для вызывания дождя. В мифах вирадьюри Б. добывает дикий мёд (ср. сравнение священного мёда *Одином*). У многих племён Б. выступает как установитель и патрон обрядов инициации. У других юго-восточных австралийских племён Б. соответствуют *Бунджиль*, *Дарамулун*, Нурундере, Бирал, Кони.

Е. М.

БАЙ БАЙАНАЙ, Бáай Барылаáх Бáай Байанáй «всем богатый богач Байанай»), в якутской мифологии дух — хозяин леса, животных и птиц, покровитель охотников. Его представляли себе как весёлого, шумливого старика, обросшего седыми волосами. Б. Б. живёт в лесах и очень богат мехами. У него 7, 9 или 11 братьев и сестёр. Перед началом охоты Б. Б. обычно приносили жертву, а на месте промысла «кормили» его. Если охота долгое время была неудачной, считалось необходимым провести обряд призывания Б. Б. с жертвоприношением. Жертвоприношения Б. Б. делали и в случае большой добычи.

Н. А.

БАЙ-ДИ («белый правитель», «белый император»), в древнекитайской мифологии правитель Запада наряду с правителями других стран света: Востока — Тайхао (см. *Фуси*), Юга — Янь-ди (см. *Шэнь-нун*), Севера — Хэй-ди (см. *Чжуань-сюй*) и Центра — *Хуан-ди*. Б. ассоциировался с повелителем Запада *Шао-хао* и соответственно белым цветом, осенью, металлом, планетой Цзиньсин (Венера). Согласно апокрифическим сочинениям рубежа н. э., во времена Хуан-ди девица Цзе во сне увидела спускающуюся комету, подобную радуге (дракону?), и зачала Б., имя к-рого Чжу Сюань. По средневековым представлениям Б. как бог планеты Цзиньсин спускается на землю в 15-й день каждой луны.

Б. Р.

БАЙХУ́, Боху («белый тигр»), в древнекитайской мифологии один из духов четырёх стран света (наряду с *Цинлуном*, *Чжуцяо*, *Сюаньу*), зверь — покровитель Запада, где находится страна мёртвых. Б. также называлось одно из созвездий (из семи звёзд). В ряде древних текстов Б. — злой зверь, приносящий вред людям. По другим поверьям, появление Б. устрашало всякую нечисть и одновременно рассматривалось как благожелательный символ. Согласно легенде, Б. однажды при династии Хань (3 в. до н. э. — 3 в. н. э.) был пойман и в его честь воздвигли храм. Б. часто изображали на стенах погребальных сооружений, на знамёнах, которые в походах несли позади войска (впереди несли знамя

с Цинлуном). В средневековом Китае Б. рисовали наряду с Цинлуном на воротах даосских храмов в функции стража. На поздних народных лубках Б. выступает уже в человеческом облике. Как дух созвездия из семи звёзд Б. выведен в фантастической эпопее 16 в. «Возведение в ранг духов» под именем Инь Чэнсю.
Б. Р.

БАЙЦЗЭ, Боцзэ, в древнекитайской мифологии мудрый, всеведающий и говорящий зверь. На картинах 16 в. его изображали похожим на рогатого льва. Согласно древним мифам, *Хуан-ди*, отправившись на охоту, встретил Б. у берега моря. Б. поведал ему о бесах и духах, встречающихся в Поднебесной, которых насчитывалось 11 520 видов. Хуанди приказал нарисовать их, чтобы люди знали, как они выглядят.
Б. Р.

БАКАБЫ, в мифах майя боги — братья Хобниль, Кан-Цик-Наль, Сак-Кими и Хосан-Эк, которые стоят в четырёх углах вселенной и поддерживают небо, чтобы оно не упало на землю. Б. связаны с цветовой и календарной символикой стран света. Хобниль — с востоком и красным цветом и годами, начинающимися с дня Кан; Кан-Цик-Наль — с севером, белым цветом и годами Мулук; Сак-Кими — с западом, чёрным цветом и годами Хиш, Хосан-Эк — с югом, жёлтым цветом и годами Кавак. Б. антропоморфны, но в древности они, вероятно, мыслились в виде животных (игуаны, опоссума, черепахи, улитки) или насекомых (паука, пчёл). Хобниль был покровителем пчеловодства. К 15 в. Б. в значительной степени слились с павахтунами и чаками. В этот период существовали представления и о подземных Б., поддерживавших своды преисподней.
Р. К.

БАКАРОРО И ИТУБОРИ, в мифах бороро братья-близнецы, культурные герои. Б. и И. — дети от женщины и ягуара. Вскоре после рождения они убили сокола, съевшего их мать. Затем Бакароро предписывает всем животным и птицам, до того питавшимся человечиной, больше не делать этого и определяет, кто чем будет питаться. Бакароро живёт на западе, а Итубори на востоке, обычно души умерших отправляются к кому-нибудь из них.
Л. Ф.

БАКБАК-ДЭВИ, в грузинских мифах лесной человек, один из дэвов. Б.-д. представляется многоголовым существом, тяжесть которого с трудом выдерживает земля, людоедом, вместе со своими подручными пожирающим людей.
М. К. Ч.

БАКСБАКВАЛАНУКСИВЭ (Каннибал на северном краю мира), в мифах квакиутль источник сверхъестественной силы, верховное божество; живёт на севере в глубине лесов. Жена Б. и его служанка отлавливают людей ему в пищу. У дверей дома Б. Ворон выклёвывает им глаза, а колдовская птица Хок-Хок — мозг. В свите Б. состоит также и медведь-людоед. В зимнее время, когда Б. способен спускаться южнее, он становится (вместе со своей свитой) участником священных обрядов (*цаматса*), во время которых юноши, проходя инициации, приобщаются к тайным знаниям и обретают сверхъестественные способности.
А. В.

БАЛ («искра», «язычок пламени»), в тибетской мифологии персонаж бонского пантеона из разряда божеств *дрегпа*. Это — великаны и карлики: гйачхен — великаны и гйамо тхобчхенма — могучие великанши, явившиеся на свет из девяти яиц; великаны охраняют главные стороны света, великанши-скороходы наказывают противников бон, путая их зловещими голосами и разрывая тела на мелкие кусочки; карлики — хранители сокровищ и оружия. Известен также синий Балчжи Гарба, синий кузнец Бал, бог кузнечного дела, живёт в пещере горы Бал. Бал Са, главная движущая сила космического порядка, синяя фигура с девятью головами, восемнадцатью руками и четырьмя ногами; его глаза мечут красные молнии, раскаты грома доносятся из ушей, чёрные ветры дуют из ноздрей, грозный град сыплется с языка; его священное дерево — кедр; дым жертвенного огня — путь Бал Са и восьми дебгйа (гонцов) на землю и обратно на небо. Тигр Бал, полыхающий огнём,— персонаж новогодней мистерии.
Е. Д. Огнева.

БАЛАДЕВА, ВАСУДЕВА И ПРАТИВАСУДЕВА, в джайнской мифологии триада «героев», 9 раз появляющаяся в числе «63 замечательных людей» (см. *Шалака-пуруша*) на каждом полуобороте «колеса времени» (см. *Калачакра*). Как и прочие «замечательные люди», они происходят из благородных родов Икшвакукула и Хариваμша, причём Баладева (Б.) является старшим сводным братом Васудевы (В.), а Пративасудева (П.) — злокозненным врагом последнего. В. часто именуется Нараяной или Вишну, а П., соответственно, Пративишну: знаменитая индуистская эпическая триада *Рама — Лакшмана — Равана* считается в джайнской мифологии явлением восьмой триады «героев». В остальных случаях конфликт между ними обычно состоит в том, что П. захватывает большую часть Бхараты, из-за чего В. начинает вести против него освободительную войну и в конце концов убивает. П. ввергается в ад за свои злодеяния, а В. проводит остаток жизни в счастье и чувственных утехах. После смерти он также попадает в ад, а его брат Б. так горюет, что принимает монашество и достигает освобождения (см. *Мокша*). Индивидуальные отличия в жизнеописаниях «героев» почти отсутствуют, если не считать последнего, девятого В. по имени Канха (Кришна), который действует в джайнской версии мифа о Драупади и в повествовании о разрушении *Дваравати* при *тиртханкаре* Ариштанеми.
А. А. Терентьев.

БА́ЛАМ сын Ба́уры, в мусульманской мифологии персонаж, соответствующий библейскому *Валааму*. В Коране не упоминается, но комментаторы часто ассоциируют В. с персонажем Корана, изменившим своей праведности («И сделал его своим последователем шайтан, и был он из заблудших», 7: 174—175). Иногда Б. идентифицируется с *Лукманом*.
М. П.

БАЛАМ-АКАБ («ягуар-ночь»), один из мифических прародителей народа киче. Согласно мифам, ещё до появления солнца боги создали Б.-А., Балам-Кице («ягуар-киче»), Маху-кутах («ничто») и Ики-Балам («ягуар — мощный ветер»). Вначале они обладали совершенной мудростью и зрением, но боги ослабили их зрение и ум. После этого боги сотворили им жён. Б.-А. стал прародителем девяти родов Нихаиба, Балам-Кице — девяти родов Кавека, Махукутах — четырёх родов Ахау-киче. При их жизни боги создали утреннюю звезду (Венеру), солнце и дали им огонь. Из Тулана (см. *Толлан*) прародители отправились на юг, где вели войны с местными племенами и создали гос-во киче. Перед смертью они дали наставления своим сыновьям и вручили им «священный узел» как символ своего существа. После прощания они поднялись на гору Хакавиц и там исчезли.
Р. К.

БАЛАРА́МА, Баладе́ва, в индуистской мифологии старший брат *Кришны*, *аватара* Вишну или же змея *Шеши*, на котором возлежит Вишну. Согласно «Вишну-пуране», боги обратились к Вишну за помощью, когда землю одолели силы *асуров*, и Вишну взял два волоса: чёрный, свой, и белый, змея Шеши (считающегося частью самого Вишну), и сказал: «Эти мои волосы сойдут на землю и избавят её от печали». Чёрный волос символизирует Кришну, белый — Б. Упоминание об этом есть и в «Махабхарате». Однако неясно, какую именно роль сыграли два волоса в рождении В. и Кришны. Б. был зачат Девакой, женой *Васудевы*, как седьмой сын, но, чтобы уберечь его от тирана *Кансы*, убившего всех её предыдущих сыновей, Вишну переместил зародыш в чрево Рохини, другой жены Васудевы, которая ещё прежде была отослана в семью пастуха Нанды. Позже в эту же семью был подкинут и Кришна, так что два брата выросли вместе. Б. участвовал во многих детских забавах, а затем и в подвигах Кришны (в частности, в умерщвлении Кансы). Много подвигов (убийство различных демонов и пр.) он совершил и сам. Его основное оружие — плуг, отсюда одно из имён Б.— Халаюдха («вооружённый плугом»). Цвет тела Б.— светлый, золотистый; цвет одежды — тёмно-синий (в отличие от тёмно-синего Криш-

ны, цвет одежды которого жёлтый). Б. имел одну жену Ревати и двух сыновей; увлекался вином, по характеру был вспыльчив. После гибели ядавов, племени Кришны, Б. тихо умер, сидя на берегу моря у *Двараки*. Из его рта выполз белый змей Шеша.
С. Д. Серебряный.

БА́ЛИ, в индуистской мифологии царь дайтьев, сын Вирочаны и внук *Прахлады*. Согласно пураническому мифу, который явился переосмыслением ведийского — о трёх шагах Вишну (РВ I 22, 17; I 154, 1—4 и др.) и брахманического — о Вишну-карлике (Шат.-бр. I 2, 5, 5; Тайт.-самх. II 1, 3, 1). Согласно этому мифу (Ваю-пур. II 36, 74—86; Рам. I 29; Мбх. III 270; XII 343 и др.), Б. благодаря своему благочестию и подвижничеству победил *Индру* и добился власти над тремя мирами — небом, землёй и подземным миром. Тогда Вишну, воплотившись в карлика (см. в ст. *Аватара*), пришёл к Б. и попросил у него в дар столько пространства, сколько он, карлик, сможет отмерить тремя своими шагами. Не подозревая обмана, Б. согласился, и Вишну, приняв свой истинный облик, первым шагом покрыл всё небо, вторым — землю, а третий шаг сделал коротким и оставил Б. во владение подземный мир — паталу.
П. Г.

БА́ЛИЙ И КСАНФ, в греческой мифологии бессмертные кони, сыновья гарпии Подарги и Зефира, подаренные Посейдоном *Пелею* (Hom. Il. XVI 148; XIX 400; Apollod. III 13,5). После гибели *Ахилла*, которому они служили во время осады Трои, их забрал себе Посейдон (Schol. Hom. Il. XVI 149). Б. и К. были титанами (вариант: гигантами), помогавшими Б.-Зевсу, К.-Посейдону; чтобы их не узнали преданные ими братья, Б. и К. были превращены в коней.
Г. Г.

БА́ЛОР, в ирландской мифологии правитель *Фоморов*. Поражал врагов взглядом своего единственного глаза, в который в детстве попали пары магического зелья, варившегося для его отца Дота. Во время битвы веко этого глаза приподнимали четыре человека. По некоторым версиям, Б. — дед бога *Луга*. Был побеждён Лугом во второй битве при Маг Туиред.
С. Ш.

БА́ЛУ, позднее Б а а л (общесемит., букв. «хозяин», «владыка»), В а а́ л (греч.), в западносемитской мифологии одно из наиболее употребительных прозвищ богов отдельных местностей и общих богов.

Наибольшим распространением пользовался культ Б. — бога бури, грома и молний, дождя и плодородия (именовался также Баа́л-Хадда́д, позднее Хадда́д; ср. аккад. *Адад*). В Угарите этот бог — главный герой мифов (Алийа́ну-Б., Алийя́н, «силач»). Особый интерес угаритской традиции к Б. объясняется, видимо, его ролью бога — покровителя Угарита.

Б. — потомок *Илу* и Асират, сын Дагана (см. *Дагон*; по позднему финикийскому преданию, переданному Евсевием Кесарийским, мать Б., одна из наложниц Урана, в данном случае соответствующего, очевидно, Илу, попала к Дагону, уже будучи беременной от Урана). Имеются упоминания о трёх дочерях Б., являющихся одновременно и его жёнами: Пидрай (очевидно, «жироносная», т. е. «питательница»), Талай («росная», т. е. подательница росы) и Арцай [«земля», богиня земли, возможно, связанная с позднейшей Арцу (см. в ст. *Бел*) и, вероятно, соответствующая в теогонии Санхуниатона — Филона Библского Гее, супруге Урана (*Баалшамема?*)]. Сестра и возлюбленная Б. — *Анат*.

Б. именуется богатырём, сильнейшим из героев, скачущим на облаке, князем (Баал-Зебу́л, отсюда библ. *Вельзеву́л*), возвышенным; известны его изображения в облике быка (символ плодородия) или воина, поражающего землю молнией-копьём. Он живёт на горе Цапану («северная», на иврите Цафон, антич. Касиус, отождествлявшейся с современным Джебель ал-Акра) и является её владыкой (Баал-Цапа́ни). В борьбе богов младшего поколения за власть над миром и богами он фактически властелин вселенной, оттеснивший Илу на задний план. Б. вместе с Анат противостоит хтоническим и свя-

занным с морской стихией разрушительным силам и предстаёт как умирающий и воскресающий бог. Главный враг Б. — бог смерти и подземного мира *Муту*. Согласно мифу, Муту, пожелавший отнять у Б. власть над миром и богами, требует, чтобы тот явился к нему на пир в подземное царство. Устрашённый, Б. оказывает Муту почтение и, по-видимому, является к нему, признавая, таким образом, его власть над собой; впоследствии Б. гибнет, по-видимому, убитый Муту. Илу, Анат и другие добрые боги оплакивают его; Анат с помощью богини солнца *Шапаш* находит тело Б. и, совершив оплакивание, погребает его на горе Цапану. По настоянию Асират Илу назначает владыкой богов *Астара*. Анат требует от Муту вернуть Б. и, получив отказ, уничтожает Муту. Б. воскресает и возвращает себе власть. Муту появляется на седьмой год после своей гибели и вновь борется с Б.; Шапаш угрожает Муту наказанием Илу; борьба заканчивается победой Б. Схватка между Б. и Муту постоянно возобновляется; гибель Б. приводит к увяданию и засухе, а его воскресение влечёт за собой расцвет в природе.

Б. борется и с богом морской стихии *Йамму*, который требует, чтобы Б. стал его рабом. Б. побеждает Йамму, используя в качестве оружия чудесные палицы, сделанные *Кусар-и-Хасисом*. Врагами Б. являются Латану (*Левиафан*) и другие хищные чудовища. Известен миф о создании для Б. дома (символ власти и могущества): Анат с помощью Асират добивается разрешения Илу на постройку дома, который строит на горе Цапану Кусар-и-Хасис, покрывая его золотом и серебром. При этом после долгих споров с Б. он делает в нём окно (ср.: через окно в дом проникает смерть, Иерем. 9, 21).

Сказания о громовержце Б. известны и по хеттским источникам: согласно мифу, Асират (Ашерту) пытается соблазнить Б., и он, по указанию Илу (Элькунирши), выполняет её желания и унижает её, между ними начинается вражда. В Египте Б. отождествлялся с *Сетом*. В мифах, очевидно, палестинского происхождения, он снимает одежду, наложенную Гором (Астаром?) на лоно Анат и *Астарты*; *Ра* отдаёт их ему в жёны; рассказывалось о священном соитии Сета и Анат. По египетским источникам известен также палестинский миф о борьбе Сета и Йамму, посредницей в которой выступает Астарта; побеждает Сет.

Вероятно, Баал-Хаддад (Алийяну-Б.) тождествен более позднему (1-е тыс. до н. э.) финикийскому Баа́л-Адди́ру (Адди́р, «могучий»). Почитание Хаддада было широко распространено в Сирии с начала 2-го тыс. до н. э.; его супругой считалась *Атаргатис*. В эпоху эллинизма отождествлялся с Зевсом.

См. *Баал-Хаммон*, *Баалшамем*.
И. Ш. Шифман.

БАЛЬДР («господин»), в скандинавской мифологии юный бог из асов. Б. — любимый сын *Одина* и *Фригг*, брат Хермода, муж Нанны, отец Форсети. Б. прекрасен, светел, благостен; его ресницы сравниваются с белоснежными растениями. Он живёт в Асгарде, в чертоге Брейдаблик, где не допускаются дурные поступки. Б. называют мудрым и смелым, однако фактически он является пассивным, страдающим божеством, по-видимому, культовой жертвой.

Согласно мифам («Старшая Эдда» — «Прорицание Вельвы» и «Сны Бальдра»), юному Б. стали сниться зловещие сны, предвещавшие угрозу для его жизни. Узнав об этом, боги собираются на совет и решают оградить Б. от всяких опасностей. Один отправляется в хель (царство мёртвых) узнать судьбу Б. от вёльвы (провидицы); пробуждённая Одином от смертного сна вёльва предсказывает, что Б. умрёт от руки слепого бога Хёда. Фригг взяла клятву со всех вещей и существ — с огня и воды, железа и других металлов, камней, земли, деревьев, болезней, зверей, птиц, яда змей, — что они не принесут вреда Б.; клятвы она не взяла только с ничтожного побега омелы. Однажды, когда боги забавлялись стрельбой в ставшего неуязвимым Б., злокозненный *Локи* (выведавший хитростью у Фригг, что омела клятвы не давала) подсовывает прут из омелы слепому богу Хёду, и тот убивает Б. («Младшая Эдда»). Боги поднимают тело Б., переносят к морю и кладут на ладью, называвшуюся Хрингхорни (её удаётся столкнуть в воду только великанше Хюрроккин); Б. сожжён в ладье. Нанна умирает от горя, и её кладут в погребальный костёр Б., так же как и коня Б., и золотое кольцо Одина Драупнир. Вали (однодневный сын Одина и Ринд) мстит Хёду за убийство Б., а Хермод, брат Б., отправляется на коне Одина Слейпнире в царство мёртвых с целью освобождения Б. («Младшая Эдда»). Хозяйка хель согласна отпустить Б., но при условии, что всё живое и мёртвое в мире будет его оплакивать. Плачут все, кроме великанши Тёкк, обличье которой принял тот же Локи, и Б. остаётся в хель. Боги наказывают Локи, виновника гибели Б.

Миф о смерти Б. является своеобразным введением к скандинавскому эсхатологическому циклу — смерть его служит как бы предвестием гибели богов и всего мира (см. *Рагнарёк*). В обновлённом мире, который возникнет после гибели старого, вернувшийся к жизни Б. примиряется со своим убийцей Хёдом, тоже ожившим.

Своеобразный отголосок мифа о Б. в форме героического сказания имеется в «Деяниях датчан» Саксона Грамматика. У него Б. — полубог. Увидев во время купания Нанну — сводную сестру Хёда, Б. влюбляется в неё. Хёд сам любит Нанну и женится на ней, но Б. хочет убить его. Чтобы убить Б., Хёд достаёт меч Мимминг и, по совету лесной девы, чудесную пищу из змеиного яда и пояс, дающий победу. Хёд смертельно ранит Б.; его хоронят в холме. Предсказатель Финн пророчит Одину, что за Б. отмстит сын богини Ринд, которого она родит от Одина; пророчество сбывается. *Е. М. Мелетинский.*

БАНГПУТИС (прус. Bangputtis, литов. bangputỹs), в балтийской мифологии бог ветра и волн, почитавшийся у части пруссов и литовцев. Основные сведения о Б. собраны немецким историком 17 в. М. Преториусом: бог бури, воды, противопоставленный огню (Понике). Поздние литовские источники 18 в. называют Б. богом моря, сравнивая его с римским *Нептуном*. У литовцев существовали деревянные изображения Б. Имя Б. означает «веющий на волны» (ср. литов. bangá, «волна», и pūsti, pūtuoti, «дуть, веять»). Возможно, идентичен *Вейопатису*. *В. И., В. Т.*

БА́ННИК, ба́нный, ла́зник (белорус.), в восточнославянской мифологии дух бани, опасный для моющихся: может испугать, бросая камни с печи, содрать с них живьём кожу. Б., который приходит мыться в баню после того, как в ней вымылись три человеческие пары, оставляли метлу, кусок мыла и воду в лохани, в жертву ему приносили чёрную курицу. Человек, посетивший баню, считающуюся «поганой» (нечистой), не мог идти в тот же день в церковь. *В. И., В. Т.*

БАН ТА́У ПУНГ («деревня тыквы»), в мифах кхму мифическая местность в Верхнем Лаосе. Брат и сестра некогда пошли в лес. Там они поймали крысу, которая упросила отпустить её и сообщила о предстоящем потопе. По совету крысы брат и сестра нашли полый ствол дерева и в нём спаслись от потопа. Людей они не встретили. Птица посоветовала им жениться (ср. *Берлинг*). Женщина родила две тыквы. Обрушивая рис, она уронила пест и разбила тыкву. Из неё вышли народы тосяй, лы, лао и др. Затем она нагрела кусок железа и проткнула им вторую тыкву. Вышли кхму — их кожа тёмная, так как они запачкались в угле. Осколки тыквы превратились в скалы около деревни Б. Т. П. Около них находилась буддийская пагода, посвящённая птице, устроившей их брак. Тыква — символ жизненных сил природы и человека — популярнейший образ в этногонических мифах мон-кхмеров, был заимствован тайскими, тибето-бирманскими и другими соседними народами, а через народы Юго-Западного Китая (прежде всего мяо) она известна и китайской мифологии. Миф о спасении после потопа брата и сестры — основной антропогонический миф у мон-кхмеров. У ламетов в Лаосе весть о потопе сообщает краб, а спасаются брат и сестра в барабане. *Я. Ч.*

БАНШИ́ (букв. «женщина из сидов»), в ирландской низшей мифологии сверхъестественное существо в облике красивой женщины; появление её предвещает смерть увидевшему её. Генетически связана с *сидами*. *С. Ш.*

БА́О-ГУН («князь Бао»), в китайской мифологии справедливый судья, почитаемый как один из судей загробного мира. В основе образа Б. сановник Бао Чжэн (999—1062), который прославился расследованием запутанных преступлений и своей неподкупностью; он наказывал всех невзирая на лица и даже на родство с императором [ср. китайскую пословицу «Взяткой не подкупишь только *Янь-вана* (владыку ада) и почтенного Бао»]. В одной из легенд рассказывалось о разрешении Б. дела о мышах-оборотнях. Некий студент по дороге в столицу встретил пять мышей-оборотней и рассказал им о своих домашних. Тогда пятая мышь приняла облик студента и явилась к его жене. Вернувшись, студент увидел двойника и подал жалобу, которая дошла до первого министра. Но облик первого министра приняла четвёртая мышь, и дело ещё более запуталось. Об этом узнали при дворе, но оказалось, что во дворце находятся два государя и две государыни. Двойник оказался и у Б., призванного на помощь принцем-наследником. Настоящий Б. в чудесном сне явился к *Юй-ди* и доложил обо всём. Юй-ди послал на землю Нефритового кота, и тот изловил мышей. Со временем появились легенды о чудесном рождении Б., связанном с явлением черноликого духа *Куй-сина*, ряд сюжетов о сошествии судьи в подземное царство для расследования преступлений, совершённых на земле. Б. обнаруживает исправления в Книге судеб, которые за взятку сделал один из судей загробного мира, добивается у Яньвана выдачи судьи и казнит его. В поздних представлениях Б. превращается в судью, наказывающего духов в загробном мире (см. *Дицзү*).

Б. всегда изображался (в т. ч. и на театральной сцене) с чёрным лицом — символ неподкупности. В 13—14 вв. появились драмы о Б. (более 10). Образ Б. выведен также в ряде средневековых народных повестей [сборник «Луйту гунъань», «Дела, разрешённые судьёй Бао (из павильона) Драконова картина», 16—17 вв.], а также в романах Фэн Мэн-луна «Развеянные чары», «Пин яо чжуань» («Усмирение нечисти», 14 в.) и Ши Юйкуня «Сань ся у и» («Трое храбрых, пятеро справедливых», 19 в.). В фольклоре он известен также под прозвищем Бао Лунту — Бао (из павильона) Драконова картина (Лунту — название павильона-дворцовой палаты, где император предавался литературным занятиям и где одно время служил Б.). *Б. Л. Рифтин.*

БАПХОМЕ́Т, западноевропейской средневековой традиции идол, почитавшийся членами духовно-рыцарского ордена Тамплиеров (в нач. 14 в. обвинённого в ереси и упразднённого папой). По преданию, тамплиеры успели спрятать Б., о котором позже строилось множество догадок. Его представляли в виде двуликой или трёхликой скульптуры, рогатой головы, фаллоса, изображения Магомета, бородатого старца и др. *С. Ш.*

БАРА́СТЫР («властелин», «наделённый властью»), в осетинской мифологии владыка загробного мира. Без его разрешения никто не может попасть в него или выйти оттуда. По распоряжению Б. *Аминон* открывает ворота в страну мёртвых, а он отправляет людей в рай или ад в соответствии с их земными деяниями. В нартском эпосе Б. отпускает на побывку домой Безымянного сына Урызмага на коне отца — Аслане, подковы к-рого приделаны задом наперёд, чтобы другие мертвецы не пошли за ним; но он должен вернуться в страну мёртвых до заката солнца, чтобы не остаться перед закрытыми воротами. *Б. К*

БА́РБАЛЕ, Барбаре, Бабале (у сванов — Бабар, Барбал, Барбол), у грузин богиня, олицетворяющая солнце, покровительница плодородия. Б. молили о деторождении, об урожае и приплоде скота. Главный из посвящённых ей праздников в древности совпадал с зимним солнцестоянием. В обрядах, посвящённых Б., употреблялись предметы, являющиеся символом солнца. Прослеживаются лингвистические параллели между именем — Варбале — и обозначением в груз. яз. круга, колеса, сверкающего пламени.

Б. почиталась и как целительница, дарующая людям зрение и излечивающая их от головной боли, оспы и др. болезней. Но, согласно верованиям, Б. насылала также на людей бедствия, недуги, смерть.

Н. Б.

БАРГ, у лакцев, аварцев (В а к), лезгин (Р а г), даргинцев (В é р х и), рутульцев (В и р и г) божество, персонификация солнца. Имеет облик прекрасного юноши, излучающего ослепительный свет. Б. выходит из моря и заходит в него. Его заглатывает морское чудовище Куртма; спасает и возвращает на небо бог Зал. Согласно одним мифам, Б. — возлюбленный Барз (персонификация луны), другим, — её брат. У рутульцев Вириг — девушка, а Ваз (луна) — юноша.

Х. Х.

БÁРДО, б а р м а д о, в тибетской мифологии представление о промежуточном состоянии ла или намшей (сознания) человека в течение сорока девяти дней после смерти, во время которого возможно: 1) освобождение от сансары в самый первый момент после появления бесконечного света; 2) рождение в счастливой земле — Девачан (*Сукхавати*), месте пребывания будды Опагмед (*Амитабха*) после трудного пути среди гнева, глупости, страсти по шести регионам сансары, во время которого предстают видения: гьалва (дхьяни-будды, см. в ст. *Будда*), *идамы*, кхадома (*дакини*), «защитники учения» чхойкхйонг (см. *Дхармапала, Докшиты*), Шиндже и его свита — символы психических состояний сознания; 3) рождение в любом из регионов сансары в виде лха — в небе, человека, лхамаина (*асуры*), животного, *преты* — на земле; нарака — обитателя ада — под землёй.

Е. Д. Огнева.

БАРДÓЙТС (Bardoayts; Bardoijs, Perdoytus, варианты — Gardoayts, Gardotets, Gardoaeten, Gardehis и др. сравнивают с литов. gárdas, «корабль», что мало достоверно), в прусской мифологии бог мореплавания и кораблей. Наличие особого божества мореплавания (ср. *Бангпутиса*, бога моря или бога ветра и волн) существенно отличает прусскую мифологию от восточнобалтийской (Б. искусственно включён в списки восточнобалтийских богов поздними авторами). Место, занимаемое Б. в списках прусских богов, и сама языковая форма имени дают возможность видеть в Б. эпитет со значением «бородатый» (ср. прус. bordus, литов. bardzdà, латыш. bár/z/da, «борода»), который мог относиться к богу подземного мира *Патолсу* (бородатому, по описанию немецкого хрониста 16 в. С. Груная). В таком случае Б. (-Патолс) и *Потримпс* («юноша без бороды») составляли пару, аналогичную близнечным парам, в которых один из близнецов старик, а другой — юноша, один связан со смертью, другой с жизнью. Это предположение отчасти подтверждается тем, что Потримпс и Б. соотносятся в источниках с Кастором и Поллуксом. Покровительство Кастора мореплаванию могло бы объяснить развитие соответствующей функции у Б.

В. И., В. Т.

БАРЗ, у лакцев, лезгин (В а р з), даргинцев (Б а д з), аварцев (М о ц), рутульцев (В а з) божество, персонификация луны. Имеет облик прекрасноликой девушки (у рутульцев — юноши). Распространён сюжет о пятнах на луне: луна и солнце (см. *Барг*) были влюблены друг в друга. Но луна стала хвастаться тем, что красивее солнца и на неё смотрят больше, чем на него. Тогда солнце бросило на лик луны комья несмываемой грязи, отсюда — пятна. Обидевшись, луна убежала от солнца, которое поняло свою вину и тщетно пытается догнать луну.

Согласно мифологическим представлениям рутульцев, Ваз и Вириг раньше были людьми — братом и сестрой, славившейся невиданной красотой. Ваз влюбился в Вириг. Готовившая тесто Вириг замахнулась ложкой, чтоб отделаться от его приставаний. Куски теста попали Вазу в лицо, оставив на нём следы. Ваз убежал, превратившись в луну, а Вириг стала солнцем.

Х. Х.

БАРЗДУКИ, в прусской мифологии гномы, помощники бога *Пушкайтса*; маленькие человечки, живущие под землёй и, видимо, связанные с богатством. Под деревом (обычно под бузиной) они держат хлеб, пиво и другую еду. Имя Б. означает «бородатые». Типологически они связаны с немецкими кобольдами или русским мужичком с ноготок, борода с локоток. Некоторые поздние авторы указывают на наличие того же класса мифологических существ в мифологиях восточных балтов. См. также *Гномы*.

В. И., В. Т.

БАРЗУ́ (фарси), в иранском эпосе и преданиях богатырь, сын *Сухраба*, внук *Рустама*. Б. была посвящена сохранившаяся во фрагментах эпическая поэма «Барзунома» (приписывается автору 11 в. Ходжа Ата ибн Якубу Атаи). Б., как и его отец Сухраб, стал жертвой коварства *Афрасиаба*: тот, воспользовавшись неведением Б., одаривает его золотом и натравливает против деда. Вопреки советам матери Шахруй, Б. выступает против Ирана, пленяет богатырей *Тусу* и *Фарибурза*. Рустам освобождает пленных, но не может осилить В. в поединке с ним вступает сын Рустама Фароморз и пленяет Б. Мать Б. устраивает побег сыну, но Рустам настигает беглецов и после двух поединков побеждает Б. Шахруй открывает Рустаму, что побеждённый — его внук, и спасает Б. Тот переходит на сторону иранцев и вместе с дедом наносит поражение Афрасиабу. Царь *Кай Хусроу* жалует Б. земли Гура и Герата, наставляя его на праведное правление и покровительство земледельцам.

И. Б.

БАРСИ́СА, в мусульманской мифологии имя человека, поддавшегося искушениям *шайтана*, но обманутого им. Комментаторы ассоциируют Б. с соответствующим безымянным персонажем Корана (59:16). В предании Б. — отшельник, по наущению шайтана совративший и убивший доверенную его заботам больную девушку. Б. отрёкся от аллаха за обещание шайтана помочь ему, но последний обманул Б. и выдал его братьям девушки.

М. П.

БАРХУ́Т, Б а р а х у́ т, в мусульманской мифологии колодец, связанный с преисподней и населённый душами неверных. В фольклоре народов, исповедующих ислам, существует множество легенд и сказаний, посвящённых Б. Обычно Б. идентифицируется с большой известняковой пещерой, находящейся в Хадрамауте, около места, почитаемого как могила пророка *Худа*.

М. П.

БАРШАМИН, В а р ш и м н́и а, В а р ш а́ м, у армян божество. Выступает противником *Вахагна, Арама* и др. Имя В. восходит, по-видимому, к западносемитскому *Баалшамему*. Вероятно, первоначально Б. — злой дух, в историзованных мифах трансформировавшийся в правителя вражеского армянам ассирийского государства (его побеждает *Арам*). В эллинистическую эпоху с ввозом в Армению Тиграном II (1 в. до н. э.) массы пленных из Палестины, не принявших местных богов, образ Б. был переосмыслен, сближен с Баалшамемом, культ которого получил распространение в Армении. Был построен в его честь храм, водружена вывезенная из Месопотамии Тиграном II статуя из слоновой кости (в селении Тордан, к юго-западу от современного города Эрзинджан в Турции), разрушенная после принятия в Армении христианства (4 в.).

С. Б. А.

БАСТ, Б а́ с т е т, в египетской мифологии богиня радости и веселья. Священное животное Б. — кошка. Изображали Б. в виде женщины с головой кошки, атрибут Б. — музыкальный инструмент систр. Центр её культа, расцвет которого относится к XXII династии (Бубастиды) (10—8 вв. до н. э.), — Бубастис. Сын Б. — *Махес*. Иногда Б. считали женой *Птаха*. Б. отождествляли с *Мут*, а также с почитавшимися как Око *Ра Уто, Тефнут, Сехмет* и *Хатор*. В связи с этим Б. также приобрела функции солнечного Ока. Геродот (II, 60) сообщает о ежегодных торжествах в честь Б., сопровождавшихся пением и плясками. Древние греки отождествляли Б. с *Артемидой*.

Р. Р.

БАСТВА́РАЙ (авест.), Б а с т в а р, Б а с т у р, Н а с т у р (среднеиран.), в иранской мифологии сын Зариварая — *Зарера*. Когда после гибели Зарера в бою Виштасп (см. *Вишта́спа*) призывал богатырей отомстить за него, семилетний Баствар вызвался сделать это. Виштасп не соглашался, но Баствар хитростью уговорил конюха дать ему боевого коня и, пробившись сквозь строй врагов и достигнув тела отца, стал оплакивать его гибель. Прокладывая мечом дорогу, Баствар благополучно вернулся к ставке Виштаспа, который, видя его героизм, разрешил отомстить за отца. Баствар прорвался сначала к одному флангу иранских войск во главе с Гирамиккартом, сыном главного советника царя Джамаспа, потом к другому флангу во главе с братом Виштаспа могучим Спанддатом (см. *Исфандияр*). Втроём богатыри повели свои войска на противников — хионитов и всех их избили. Плач Баствара над трупом отца передаётся в поэме «Ядгар Зареран» на среднеиранском языке. *И. Б.*

БА́ТА, в египетской мифологии бог в образе быка. Центр культа Б.— город 17-го нома Каса (греч. Кинополь), бывший также центром культа *Анубиса*, считавшегося его братом. Связь Б. с Анубисом отразилась в сказке периода Нового царства о двух братьях: Б. и Анубисе. *Р. Р.*

БАТА́РА ГУ́РУ, 1) у батаков главный из триады верховных богов. Был создан *Мула Джади* из яйца бабочки. Как и другие боги триады (*Мангалабулан, Сорипада*), Б. Г.— эманация Мула Джади в среднем мире. Он восседает на втором небе в Банджар Долок (горном городе), следит за тем, что делают люди на земле и боги на небе, и судит их. От него исходят нормы адата. Спутники Б. Г.— лошадь Силинтонг и пёс Сигомпул. Дочь Б. Г., *Сидеак Паруджар*,— создательница земли. Акт творения, в т. ч. и самой триады, был совершён Мула Джади по поручению Б. Г. Возможно, триада возникла под влиянием индуизма. *М. Ч.*

2) В доисламской мифологии бугийцев бог, культурный герой, старший сын бога-демиурга *Топалланрове*. Боги верхнего и нижнего миров (Топалланрове и *Гурурисэллэнг*) договорились благоустроить пустовавший средний мир (землю) и заселить его людьми. Осуществление этой задачи было возложено на Б. Г. Он был посажен в бамбуковую трубу и спущен с неба по радуге. Во время спуска он кидал на землю листья магических растений, и благодаря этому там образовались горы, долины, потекли реки, стали расти деревья, появились всевозможные животные, птицы и т. д. С помощью чернокожих слуг, посланных на время с неба, Б. Г. ввёл на земле культурные растения. Затем он встретился с *Ве Ньилитимо*, вынырнувшей из моря, женился на ней, её спутниц взял в наложницы. Так было положено начало человечеству. Сангиасэрри, дочь Б. Г. от наложницы, умерла рано и после смерти превратилась в рис (ср. *Хаинувеле*). После земной жизни Б. Г. вернулся на небо и принял там у отца правление над селениями небожителей. *Ю. С.*

3) В индуистской мифологии балийцев, яванцев, малайцев и некоторых других народов Западной Индонезии и Малайзии одно из главных божеств; отождествляется с верховным божеством *Шивой* (в яванской традиции — с *Шивой-Буддой*). Б. Г. выступает как демиург, прародитель богов и людей. По яванской мифологической традиции, Б. Г. (под именем Хьянг Маникмайя) произошёл от бога *Санг Хьянг Тунггала* из субстанции света. Б. Г.— брат и антипод *Семара* (Хьянг Исмайя). Олицетворяет ураническое начало и верхний мир. В яванских средневековых мифах он — отец божества *Батара Кала*. Б. Г. создал первых людей; у балийцев в этой функции он выступает как Батара Гуру Сакти, который вместе с божеством Батара Брама (или *Брахмой*) вылепил людей из глины и путём медитации оживил их. Хотя Батара Брама соперничал с ним в этом, первенство принадлежало Б. Г. Батара Гуру считается учителем божественного закона и «великим риши» (небесным аскетом). В средневековых мифах Б. Г.— сакральный родоначальник священнического сословия и покровитель брахманов.

При складывании у яванцев и балийцев образа Б. Г. происходило приспособление элементов шиваизма (отчасти буддизма) к древним местным племенным верованиям (возможно, сыграли роль древние обычаи почитания вулканов и горных вершин).

В культовой иконографии и в традиционном театре ваянг Б. Г. изображается с атрибутами Шивы, в виде человека, стоящего на священном быке, с четырьмя руками. *Г. Г. Бандиленко.*

БАТА́РА-КА́ЛА, в индуистской мифологии балийцев, яванцев, малайцев и некоторых других народов Западной Индонезии и Малайзии божество-разрушитель, устрашающая манифестация *Шивы*, предводитель злых духов (*бута*). Б. К.— хозяин, правитель подземного мира тьмы. По балийскому мифу, он — великан, выросший из попавшей на землю спермы *Шивы*, всемогущий демон, повергший в смятение богов; был послан Шивой в нижний мир; создал *Ибу Пертиви*. Мифологема Б. К. восходит к образу демона инициации, который преследует юношей, проходящих обряд посвящения. Согласно мифам яванцев, Б. К. родился из пламени в центре океана. В яванских средневековых мифах Б. К. выступает также как сын *Батара Гуру*, посылаемый им (под именем Калавиджайя) на землю с целью испытания аскетов (*риши*). *Г. Б.*

БАТО́НЕБИ (множ. ч. от батони, «господин, владыка»), в грузинской низшей мифологии злые духи, насылающие инфекционные болезни: корь (Цитела Батонеби), коклюш (Хвела Батонеби), оспу (Диди Батонеби) и др. (отсюда распространённое в народе название инфекционных болезней — батонеби). Б. считаются детьми божества Нана. В семье больного стремились умилостивить Б., выставляя сладости, зажигая ореховое масло и т. п.; исполнялась ритуальная песня-мольба «Батонебо» (или «Иав Нана»). *Л. Ч.*

БАТРА́ДЗ, Б а т р а́ з, в осетинском нартском эпосе сын *Хамыца*; он выскочил из его спины, раскалённый как огонь. *Сатана* закидывает Б. в море, где он проводит первые годы детства. Нартам удаётся выманить Б. из моря и он живёт дома. Сатана заменяет ему мать. Чтобы стать непобедимым, Б. отправился к небесному кузнецу *Курдалагону*. Кузнец, накалив Б. в горниле до бела, схватил щипцами и бросил в море, к-рое засохло от огромного жара. С того времени начались многочисленные подвиги Б. Живя большей частью на небе, Б. по зову нартов молнией спускается на землю и приходит им на помощь. Он мстит сыну кривого великана за насилие над нартской молодёжью, а также Сайнаг-Алдару за смерть отца. Как бог грозы Б. борется с христианскими божествами, в том числе с *Уациллой*. На нартских пиршествах за правдивый рассказ о своих подвигах ему удостаивается того, что чаша *Уацамонга* поднимается к его устам. Б. гибнет в борьбе с небесными силами. При его захоронении в склепе Софии, Б. расставил ноги, не желая войти до тех пор, пока бог не пролил три слезинки, от которых образовались три святилища: *Таранджелоз, Реком* и *Мыкалгабырта*.

Б. близки адыгский Батраз, абхазский *Цвицв*, чечено-ингушский Хамчий Патараз. *В. К*

БА́ТУ РИБН, в мифологии семангов священная гора (реальная одноимённая гора существует на границе между Таиландом и Малайзией). В подгруппах кента и кенсиу рассказывают, что в гору с пещерами — Б. Р. превратились хижины *Та Пиаго* и *Та Тангой*. У семангов, расселённых в гористой внутренней части Малакки, есть мифы и о других горах, первоначальных местообитаниях людей, как, например, о мифической горе Гунонг Берапи («гора риса»). В культе гор нашло выражение почитание духов местности (*неак та*) как хтонических сил. *Я. Ч*

БА́У, Б а́ б а (шумер.), в шумерской и аккадской мифологии богиня города Лагаш, божество плодородия. Менее известна как богиня-врачевательница, «целительница черноголовых» (со старовавилон-

ского периода идентифицируется с богиней-целительницей *Нининсиной, Гулой*). Её частый эпитет — «матерь Б.». Родители Б.— бог неба *Ан* и богиня *Гатумдуг*, её супруг — *Нингирсу* (или *Нинурта*), сама она — мать семи дочерей.
В. А.

БÁУБИС (литов. Baubis), в балтийской мифологии бог скота (в одном источнике назван богом коров и быков). Почитался у литовцев и, возможно, у части пруссов; в жертву ему приносили скот. Ср. литов. обозначение пастушьего бога Jáučiu Baubis, «бычий бог», от bãubti — «реветь, мычать».
В. И., В. Т.

БАУБÓ, в греческой мифологии жительница Элевсина, которая вместе с мужем не только радушно приняла у себя в доме *Деметру*, горестно искавшую дочь, и угостила её кикеоном (напитком), но и развеселила богиню не совсем пристойной болтовнёй и жестами (Clem. Alex. Protr. I 20) (ср. историю служанки *Ямбы*, развеселившей Деметру в доме царя Келея в Элевсине и ставшую близкой к таинствам Деметры; Hymn. Hom. V 202—205). В некоторых мифах Б. считается матерью Триптолема, любимца Деметры (хотя чаще он — сын элевсинских царей).
А. Т.-Г.

БАХÁ, в мифах эвенков лягушка, доставшая и укрепившая землю. По одним мифам, Б. ныряет за землёй по поручению творца земли *Сэвэки*, по другим — по просьбе змеи, которая была уже старой и мёрзла в воде. Когда Б. вынесла землю на поверхность воды, злой брат творца — *Харги* выстрелил в неё, Б. перевернулась и с тех пор поддерживает лапами землю среди водного пространства. Б. входит в число шаманских духов, охраняющих спокойствие на средней земле. Изображение лягушки, как символ земли, шаманы подвешивали к своему костюму.
Е. Н.

БАХРÁМ ГУР (фарси), в иранском эпосе и преданиях исторический шах Бахрам V Гур (из династии Сасанидов, правил в 5 в.). В легендах о Б. Г., переданных в «Шахнаме», рассказывается о его воспитании в аравийском княжестве, об охоте и пирах, о борьбе за престол, о встрече Б. Г. с четырьмя дочерьми мельника и его женитьбе на них и др. Б. Г. приписывается справедливое царствование и законы, облегчающие положение народа. Когда приходит пора смерти Б. Г., то земля расступается и проглатывает его. В легендах о Б. Г. воплотились многие древние сказания (о Рустаме, Кай Хусроу и др. героях). По древней традиции, Б. Г. считается первым поэтом на языке фарси.
И. Б.

БАХТ («судьба»), в армянских мифах персонификация судьбы. Б. в облике седобородого старца, сидящего на небе или на высокой горе, определяет судьбу каждого человека. Его предначертания фиксируются *Грохом* в особых книгах или на лбах людей. В народных поверьях также именуют духа счастья, посылаемого богом или судьбой отдельной семье, отдельному человеку. Он выступает в облике юноши или старца. У кого живёт Б., тому сопутствует удача, а кого он покидает, того преследует невезение. Б. часто появляется в белой одежде в домах, в хлевах или на пастбищах, где сторожит скот. Он уходит из дома, в котором его оскорбили. Чтобы вернуть обратно или пригласить Б. в конце года или в начале нового года совершают особые церемонии: девушки садятся на кочерги и скачут на них, старухи выходят из дома с посохами, стучат по земле и особыми заклинаниями просят Б. вернуться в их дом. Иногда Б. отождествляется с духами предков.
С. Б. А.

БÁХУС, латинская форма имени Вакх (одного из имён *Диониса*).

БАЧЖÁ, в поздней китайской мифологии божество, уничтожающее саранчу. Считается, что Б. вызывает саранчу в суд и сажает её на цепь. Б. изображается с лицом человека, с носом, похожим на птичий клюв. Б. обнажён до пояс. Ниже пояса его туловище напоминает колокол (по одной из легенд, он родился от колокола), из-под которого торчат большие птичьи лапы с когтями. На голове странные волосяные пучки за ушами как бы заменяют ему рога. В одной руке он держит тыкву-горлянку, в которую сажает саранчу, уничтожая её таким образом.

В другой руке меч или слиток золота, или деревянный молоток, или знамя с надписью: «собираю саранчу и уничтожаю её». Каждый год после сбора урожая устраивалась благодарственная церемония в честь Б.
Б. Р.

БАЧУЭ́ («высокие груди»), Фурачога («благодатная женщина»), в мифах чибча-муисков всеобщая прародительница, покровительница земледелия. Когда на земле ещё не было людей, Б. вышла из вод озера Игуаке в образе прекрасной женщины, ведя с собой маленького (не старше трёх лет) сына. Они жили на одном месте, пока сын не вырос; тогда Б. взяла его в мужья и рождала каждый раз по 4—6 детей. У мужем обошли «всю землю» (т. е. область чибча-муисков), заселяя её своими детьми. В старости они вернулись к озеру Игуаке, где Б. заповедала людям блюсти обычаи и хранить мир; затем Б. и её сын-муж превратились в двух больших змей и скрылись в водах озера. В образе Б. явственно видны черты матери-земли, всеобщей родительницы и кормилицы (плодовитость, инцест, характерная для андских хтонических водно-земных божеств связь со змеиным культом и т. д.).
С. Я. С.

БЕБÁН, Бабóн, в египетской мифологии божество, соратник *Сета*, с которым иногда отождествляется. Возможно, имя Б. связано с олицетворением мрака в «Книге мёртвых» — Бабу.
Р. Р.

БÉБРИК, в греческой мифологии иберийский царь, эпоним племени бебриков, в доме которого остановился Геракл (когда гнал коров Гериона). Геракл изнасиловал дочь В. Пирену, та бежала в горы, где была растерзана дикими зверями; в память о ней горы получили название Пиренеи.
Г. Г.

БÉБРИКА, Брика, в греческой мифологии одна из Данаид, пощадившая, как Гипермнестра — Линкея, своего жениха Ипполита и бежавшая с ним в Вифинию; эпоним вифинских бебриков (Apollod. II 1, 5).
Г. Г.

БÉГЕЛА, мифологический персонаж у грузин — один из *дэвов*. У хевсуров и пшавов Б.— царь дэвов, по другим вариантам мифа — один из богатырей на службе у царя дэвов, убитый *Иахсари* или *Копалой*. В некоторых мифах Б.— женского пола: красавица с длинными волосами, семью волнами ниспадающими на землю.
З. К.

БÉДИС МЦÉРЛЕБИ (беди, «судьба», мцерлеби, «пишущий»), у грузин мифологический персонаж; отсчитывает время жизни человека на земле в соответствии с «Книгой судеб», за предначертаниями которой следит, обитая в мире усопших. По истечении срока жизни человека Б. м. сообщает об этом повелителю загробного мира, по велению которого душу водворяют в мир усопших (сулети). Иногда из-за ошибки Б.м. в сулети попадает душа, срок жизни которой на земле ещё не истёк. В этом случае душу возвращают телу, и человек доживёт отведённые ему дни. Существуют предания о людях, побывавших в загробном мире (мквадарши чартули), которые по возвращении на землю рассказывали о жизни в сулети.
И. С.

БЕЛ, в греческой мифологии царь Египта, сын *Посейдона* и нимфы *Ливии*, брат-близнец *Агенора* (отца Европы), отец *Египта* и *Даная* (Apollod. II 1, 4; Aeschyl. Suppl. 316—322). Б. относится к числу персонажей, которые сами не имеют развитой мифологической биографии, но являются родоначальниками поколений будущих героев.
А Т.-Г.

БЕЛ (аккад., от общесемит. *Балу*, «владыка», «господин»), в аккадской мифологии обозначение некоторых богов, прежде всего Энлиля; затем, со старовавилонского периода, могло быть эпитетом любого бога, с касситского периода — исключительно *Мардука* (в греч. передаче применительно к Мардуку — Белос); к 2—1-му тыс. до н. э. в единый образ «владыки» — Б. сливаются Энлиль и Мардук (в Ассирии — Энлиль и *Ашшур*). Такое обозначение отдельных богов нарицательными именами было свойственно и др. семитским народам.
В. А.

В западносемитской мифологии Б. (вариант Бол) имя бога (возникшее под аккадским влиянием), широко почитавшегося в Сирии с конца 2-го тыс.

до н. э. В Пальмире Б. — верховное божество — владыка мира, глава триады богов (Б., *Йарихбол* и *Аглибол*). Изображения Б. в образе быка или человека с головой быка свидетельствуют о том, что он, очевидно, считался носителем плодоносящей силы. В эллинистический период отождествлялся с *Зевсом* и *Паном*. Известны сказания о его борьбе с Тифоном (*Йамму*). Мифы о Б., вероятно, восходят к древнейшим к Балу.

Место Б. в триаде мог занимать бог, именовавшийся «тот, чьё имя благословенно в вечности» (его имя было запретным), культ которого был широко распространён в Пальмире во 2—3 вв. н. э. и, видимо, сложился как религиозно-этическое учение о божьем милосердии и воздаянии.

Слово «Б.» иногда служило эпитетом пальмирского бога земли Арцу, или Арду («земля»): «Арцу-бел», т. е. «Арцу-владыка». Этот бог, очевидно, ведёт происхождение от арабской богини *Руда*; возможно, оба они восходят к угаритской Арцай, дочери Балу.

И. Ш.

ГЕЛЕТ-ЦЕРИ («владычица степи»), в аккадской мифологии супруга бога кочевых племён *Марту* (Амурру), женщина-писец подземного царства. Идентифицируется с шумерской богиней *Гештинанной*.

БЕЛЛЕРОФОНТ, в греческой мифологии один из главных героев старшего поколения, сын коринфского царя *Главка* (вариант: бога Посейдона), внук *Сисифа*. Первоначальное имя Б. — Гиппоной, после того, как он убил коринфянина (вариант: родного брата) Беллера, его стали называть «убийца Беллера» (греч. Беллерофонт). Опасаясь кровной мести, Б. был вынужден бежать в Арголиду, где его гостеприимно встретил тиринфский царь *Прет*. Жена Прета *Сфенебея* (вариант: Антея) влюбилась в Б., но была отвергнута им, после чего она обвинила юношу в покушении на её честь. Поверив жене, но не желая нарушать законы гостеприимства, Прет отправил Б. к своему тестю, царю Ликии Иобату, вручив ему письмо, содержащее приказ погубить Б. Чтобы выполнить приказ, Иобат дал Б. одно за другим опасные для жизни поручения. Вначале ему пришлось сразиться с обитавшей в горах Ликии трёхглавой огнедышащей химерой. Боги, покровительствовавшие Б., подарили ему крылатого коня Пегаса (Pind. Ol. XIII, 63 след.; Paus II 4, 1). Напав на химеру с воздуха, Б. победил и уничтожил с помощью Пегаса опустошавшее страну чудовище. Затем он отбил нападение воинственного племени солимов и уничтожил вторгшихся амазонок (Hom. Il. VI 179). Иобат устроил возвращавшемуся с войны Б. засаду, но герой перебил всех напавших на него. Поражённый силой пришельца, ликийский царь отказался от своих замыслов, отдал Б. в жёны дочь Филоною и, умирая, оставил ему своё царство (Apollod. II 3, 1—2). От этого брака родились Гипполох, унаследовавший ликийское царство, Исандр, погибший в войне с солимами, и *Лаодамия*, родившая Зевсу Сарпедона. Узнав от тестя о письме Прета, Б. отправился в Тиринф, чтобы отомстить. Притворившись влюблённым, он уговорил оклеветавшую его Сфенебею бежать с ним на Пегасе, но, поднявшись в воздух, сбросил её в море (известно по фрагментам не дошедшей до нас трагедии Еврипида «Сфенебея»). По другому варианту мифа (Hyg. Fab. 57 и 243), Сфенебея сама покончила с собой. Дальнейшая судьба Б. описана Гомером (Il. VI 200 след.). Б. утратил расположение богов, и его постигло безумие. Причиной этого Пиндар (Isthm. VII 14 след.) считает надменность Б., решившего на Пегасе достигнуть вершин Олимпа. Зевс наслал на коня овода, Пегас взбесился и сбросил седока на землю. Хромой и слепой скитался Б. до самой смерти по Алейской долине («долине странствий»). В не дошедшей до нас трагедии «Беллерофонт» Еврипид рассказывал о гибельной попытке Б. подняться на Олимп и его смерти после того, как он был исцелён от своей непомерной гордости и примирился с богами. Развитию мифа о Б. была также посвящена не сохранившаяся трагедия Софокла «Иобат».

Культ Б. был распространён в Ликии и Коринфе, затем по всей Греции. Имена Б. и связанных с ним Пегаса, химеры, солимов негреческого, восточного происхождения, но всё же существование в ранней Греции мифа о Б. не вызывает сомнения. В раннегреческих мифах Б. часто связан с морской стихией (изображения Б. с трезубцем, происхождение его от Главка или Посейдона), но вместе с тем в образе Б. встречаются черты солнечного бога (полёт в небо на крылатом коне).

М. Н. Ботвинник.

БЕЛЛОНА, в римской мифологии богиня круга *Марса* (имя Б. от bellum, «война»). Также считалась матерью (иногда сестрой, кормилицей) Марса и богиней подземного мира (Corp. Gloss. lat. VI, с. 135). Со времени войны 458 до н. э. ей посвящён храм, возле которого проходила церемония объявления войны: глава коллегии жрецов-фециалов бросал копьё на участок, символизировавший вражескую землю. С 1 в. до н. э. Б. была отождествлена с каппадокийской богиней Ма, и культ её принял оргиастический характер. Римским гражданам в то время участие в нём воспрещалось. Служители Б. вербовались из чужеземцев. Особенно культ Б. одновременно с другими восточными культами распространился в Римской империи в 3 в. н. э. Жрецы Б. (беллонарии) носили чёрное одеяние и колпаки, имели в качестве атрибутов двойные секиры.

Е. Ш.

БЕЛОБОГ, божество, реконструируемое для западно-славянской мифологии на основании двух источников — *Чернобога*, упоминаемого у балтийских славян в «Славянской хронике» Гельмольда (12 в.) и обозначения ряда урочищ типа «Белый бог». Особенно показательным считалось противопоставление, засвидетельствованное двумя названиями гор у лужицких сербов — Bjeły boh и Čorny boh; с первым из них связывалась положительная семантика, со вторым — отрицательная. Существует мнение, что и Б. является результатом т. н. «кабинетной мифологии» (его имя появляется в поздних «вторичных» источниках, с 16 в., где он определяется как бог удачи и счастья). Тем не менее, в разных частях славянской территории отмечены названия урочищ, производные от сочетания эпитета «белый» и слова «бог» (урочище Белые боги существовало и под Москвой); они дают некоторые основания (как и обозначения некоторых других мифологических персонажей типа Белуна, подателя богатства, доли в белорусской традиции) для предположения о мифологизированном образе Б., образующем с Чернобогом дуалистическую пару.

В. И., В. Т.

БЕН, во вьетнамской мифологии небожительница. С нею связан миф о происхождении характерного для Северного Вьетнама временного похолодания среди весеннего тепла. Медлительная Б. шила тёплую одежду для мужа, но запоздала и закончила работу уже в разгар весны. Поэтому она попросила отца Нгаук Хоанга послать на несколько дней похолодание, чтобы её муж мог пощеголять в новой одежде.

Н. Н.

БЕНДИДА, фракийское божество, почитавшееся в Аттике под именем Великой богини. Во Фракии существовал оргиастический культ Б. — богини-охотницы, которая отождествлялась с *Артемидой*.

Г. Г.

БЕНТЕСИКИМА, в греческой мифологии дочь Посейдона и Амфитриты, жена эфиопа Эндия. Ей на воспитание был отдан *Эвмолп*, которого его мать *Хиона* хотела утопить, чтобы скрыть от отца свою связь с Посейдоном (Apollod. III 15, 4).

Г. Г.

БЕНУ, в египетской мифологии бог в виде цапли. Почитался в Гелиополе. Согласно мифу, Б. появился на возникшем из водного хаоса камне-обелиске «Бенбен», что знаменовало начало сотворения мира. Эпитет Б. — «тот, который из себя возник» («бен», «возникать»). Фетиши Б. — камень «Бенбен» (являющийся также фетишем *Ра*) и дерево «Ишед» (на котором находится дом Б.). Б. считался *ба* (душой) Ра, впоследствии — *Осириса* и т. о. связан с культом мёртвых. Древние греки называли Б. фениксом.

Р. Р.

БЕОВУЛЬФ («пчелиный волк», т. е. медведь), мифоэпический герой, главный персонаж одноимённого англосаксонского эпического произведения (написано в кон. 7 в. или в 8 в., рукопись датируется приблизительно 1000). Действие поэмы происходит в Скандинавии (Дании и Швеции), и герои, в ней фигурирующие, принадлежат к скандинавским племенам. Б., юный воин из народа гаутов, отправляется за море, чтобы избавить короля данов Хродгара от постигшего его бедствия: на протяжении 12 лет на королевский чертог Хеорот нападает чудовище Грендель, истребляющее дружинников Хродгара. В ночном единоборстве Б. побеждает Гренделя, который, потеряв руку, уползает в своё логово, где находит смерть. Мать Гренделя (ещё более страшное чудовище) пытается отомстить Б. за убийство сына, но герой побеждает и её, проникнув в её логово на дне моря. Мир и радость в Хеороте восстановлены, и Б., щедро награждённый Хродгаром, возвращается на родину. Он становится королём гаутов и правит ими в течение 50 лет. Его жизнь завершается наиболее славным из всех его подвигов — победой над драконом, который опустошал страну, разгневанный посягательством на охраняемый им древний клад. В этом поединке Б. убивает дракона, но сам получает смертельную рану. Его верный дружинник Виглав, который помог Б. одолеть дракона, устраивает ему погребальный костёр; тело Б. сжигают вместе с завоёванным им кладом.

А. Я. Гуревич.

БЕОТ, в греческой мифологии сын Посейдона и дочери Эола Арны, брат-близнец Эола младшего. Б. и его брат были подарены дедом Эолом бездетному царю Метапонту, которого они впоследствии убили, и вернулись из Италии в Грецию. Б. был принят дедом, прибывшие с ним спутники стали называться беотийцами (Diod. IV 67). По другому варианту, сын Посейдона и *Меланиппы*, спрятавшей неугодных Эолу внуков в хлеву в навозе и выкормленных коровой (народная этимология имени Б.). Выброшенные затем на съедение диким зверям, Б. и его брат были подобраны пастухами и отданы царю Икарии Метапонту и его жене *Феано*; родив собственных сыновей, Феано решила избавиться от приёмышей, но Посейдон спас их и повелел освободить из заточения Меланиппу. Б. и Эол привезли мать в Икарию и открыли Метапонту замысел Феано (Hyg. Fab. 186). По другому варианту мифа Б.— сын Итона (сына *Амфиктиона*); Paus. IX 1, 1).

Г. Г.

БЕРЕГИНИ, б е р е г ы́ н и, в восточнославянской мифологии женские персонажи. Этимологически название «Б.» сближается с именем *Перуна* и со старослав. пръгыня («холм, поросший лесом»), но вероятно смешение со словом берег (с чем связано и употребление названия «Б.» по отношению к изображениям *русалок* в русской домовой резьбе). Культ Б. объединялся с культом *Мокоши* и упырей в христианских поучениях против язычества.

В. И., В. Т.

БЕРИ-БЕРА, у горцев Восточной Грузии (мтиулов и гудмакарцев) антропоморфное божество плодородия, покровительствующее урожаю, способствующее приплоду скота и деторождению людей. Культ Б.-Б. был связан с аграрными календарными праздниками. В предновогоднем обряде Б.-Б. «воплощал» старший из мужчин, являвшийся в дом с новогодними пожеланиями верхом на шесте (бербера).

Д. Р.

БЕРИКА, у грузин зооморфное (в основном в обличке козла) божество плодородия. Б.— главный персонаж весеннего аграрного праздника возрождения природы (берикаоба), участники которого надевали козьи или овечьи шкуры, привязывали копыта и рога, красили лицо в чёрный цвет или надевали чёрную войлочную маску.

Д. Р.

БЕРЛИНГ, б о л а н г, м л а н г, м л и н г, у народов банар, срэ, а также у соседних с ними индонезийских по языку народов на юге Вьетнама птица, культурный герой. Иногда она считается певчим дроздом, иногда чибисом с белой головой. Во время потопа Б. уговорила воды отступить. Она же бросила в море камень-гору, к которой пристал барабан, где были спасшиеся брат и сестра, предки народов. Б. посоветовала им вступить в брак. Б. называется также птицей-судьёй, т. к. ей приписывают создание норм общественной жизни, брачных правил. Считалось, что от неё же нисходит вдохновение колдунам-предсказателям.

Я. Ч.

БЕСЫ, в древнеславянских языческих религиозно-мифологических представлениях злые духи (следы такого употребления термина — в архаичных фольклорных текстах, особенно в заговорах). Из языческой терминологии слово попало в христианскую традицию, где было использовано для перевода греч. δαίμονες — *демоны*. В старых церковных поучениях против язычества слово «Б.» продолжало использоваться в первоначальном значении «злой дух», хотя категория злых духов расширена за счёт включения сюда старых слав. языческих богов (Перун, Велес, Мокошь и др. называются здесь тоже Б.).

В. И., В. Т.

В христианских религиозно-мифологических представлениях Б.— духи зла, антагонисты *троицы* и *ангелов*, слуги, воины и шпионы *дьявола*, «враги невидимые» человеческого рода. Как сеятели дурных внушений, болезней (особенно душевных расстройств — «беснования») и всякой скверны и порчи, как разрушители социальных связей, с особенной ненавистью относящиеся к браку и строящие против него всякие козни, Б. сопоставимы со злыми духами различных мифологий, начиная с самых примитивных. Но согласно христианским представлениям, Б. не только опасны, как амбивалентные фольклорные персонажи, но абсолютно злы и не могут быть партнёрами никакого договора, ведущего к добру. Идейный комплекс «священной войны» против злых духов сближает христианские представления о Б. с иранской мифологией (мотив борьбы с *дэвами*), но с точки зрения христианства живущее в Б. зло — не свойство, изначально присущее их природе, а следствие ложного выбора их свободной воли. Б. и сам дьявол — не порождение какой-то иной, неподвластной богу «теневой» стороны бытия (как *Ангро-Майнью* в его отношении к *Ахурамазде*), не создание самого бога, его неверные слуги. Когда-то они были *ангелами*, но не сохранили «своего достоинства» (Иуд. 6), отпали от бога в акте измены и стали «ангелами сатаны» (Апок. 12, 9 и др.), «ангелами бездны». (В церковнославянском и русском народном обиходе иногда было принято называть Б. в отличие от добрых ангелов «аггелами», что соответствует орфографии, но не произношению греч. слова ἄγγελος, «ангел»).

От своего ангельского прошлого Б. удержали, хотя и в умалённой мере, прерогативы сверхчеловеческого знания и могущества, поставленные Б. на службу злу. Помимо несвязанности условиями пространства и власти над стихиями, они имеют возможности тонкого проникновения в ход человеческих мыслей и вкладывания в ум и сердце человека нужных им внушений. Но Б. не обладают полным и достоверным знанием о глубинах человеческих душ; тайное решение очень твёрдой и праведной воли имеет шанс скрыться от глаз Б.

Деятельность Б. как искусителей направлена на всех людей, но с особым вниманием они относятся к монахам, аскетам и пустынникам, находящимся с ними в отношении объявленной войны (отшельники ранней поры монашества с особым намерением избирали для проживания места, пользовавшиеся наиболее недоброй славой по части «нечистой силы», чтобы сразиться с Б. в самом их гнезде). Уже основатель христианского монашества египетский пустынник 4 в. Антоний Великий стал героем красочных рассказов о преодолении бесовских козней.

Б. имеют общую с ангелами способность быть невидимыми и являться людям лишь по собственному произволу. Образ, который они принимают, также зависит от их выбора; а так как самая сущность бытия Б.— ложь, образ этот — фальшивая видимость, маска. По характерной русской пословице, «у нежити своего облика нет, она ходит

в личинах». Чтобы добиться полного доверия соблазняемого, Б. могут принять образ светлого ангела или даже Иисуса Христа. Явившиеся в этом образе Б. говорят возгордившемуся монаху о его святости и богоизбранности (частый агиографический мотив), а малодушному, напротив, запугивают мнимой неизбежностью его осуждения (итальянская легенда о молодом ученике Франциска Ассизского, которому учитель велел ответить сверхъестественному посетителю простецкой, намеренно грубой бранью, после чего Лже-Христос исчез с сильным шумом и серным запахом). Считается, что видения, инспирированные Б., вызывают тяжёлое чувство смущения и тоски или, напротив, судорожной весёлости, которыми они сопровождаются (обычный симптом видимой или невидимой близости Б.— тошнота, ср. название Б. в русском фольклоре — «тошная сила»). Чтобы вкрасться в доверие, Б. принимают облик реальных отсутствующих людей, напр. друзей соблазняемого (легенда о Феодоре и Василии Печерских). Другие личины нужны Б. для побуждения похотливых чувств, обычно те противоположные (явления в виде женщин, напр., герою апокрифической повести о Макарии Римском); тоскующую вдову Б. могут навещать и ласкать в обличье её умершего мужа и т. п. Для позднего западноевропейского средневековья особенно характерны представления о Б., предлагающих себя для блуда мужчине — в виде женщины («суккуб»), а женщине — в виде мужчины («инкуб»); представления эти не чужды Византии (в «Житии Василия Нового», 10 в., упоминается грех соития с Б.) и Древней Руси («Повесть о бесноватой жене Соломонии», 17 в.). Третий род личин — гротескные подобия фантастических, уродливых чудищ (огнедышащий змий, псоглавец, «единаког», напоминающий одноглазых киклопов) или животных, либо хищных и опасных (лев, медведь, волк и т. п.), либо «нечистых» и внушающих отвращение (жаба, ср. Апок. 16, 13, мышь и т. п.). Сюда же примыкают образы чёрного пса, а в Западной Европе — чёрного кота (в порядке ложной этимологии связывавшегося с наименованием средневековой ереси катаров). Фольклор часто представлял Б. в обличье иноверцев (иудеев, мусульман) и иноземцев, либо наиболее экзотических («чёрные мурины», т. е. эфиопы,— постоянное обозначение Б. в старинной русской литературе), либо, напротив, наиболее известных и одиозных (арабы в византийской литературе, ляхи и литвины в древнерусских текстах). Тёмные фигуры «муринов» являются мучить и томить после смерти человека его душу, вышедшую из тела и страшащуюся неведомого пути. Наиболее обычный образ Б. в народной фантазии и в иконографических традициях православного и католического средневековья совмещает антропоморфные и териоморфные черты, приближаясь в этом отношении к языческому образу сатира или фавна: он тёмен, рогат, хвостат, ноги его оканчиваются копытцами, хотя в воспоминание о своей изначальной ангельской природе он имеет крылья (впрочем, в западной традиции это обычно крылья летучей мыши — ещё одного «нечистого» животного). Особенно богатой иконография Б. становится на исходе средневековья. «Дьяблери» на Западе и аналогичные явления русской фантазии неразрывно связаны с судьбами низовой сатиры. Образы Б. как мучителей грешников в аду у Данте («Божественная комедия»), отмеченные неприкрашенной убедительностью, сохраняют связь с ортодоксальной традицией.
С. С. Аверинцев.

Средневековая демонология разработала ряд классификаций Б., объединявших их либо по принадлежности к тем или иным природным стихиям, либо — к воплощаемым ими порокам. Полные перечни Б. строились соответственно делению их на три иерархических уровня (как и ангелов). Их наделяли функциями, соответствовавшими функциям различных должностных лиц при королевских дворах: адские церемониймейстеры, управители и пр.; они носили титулы маркизов, графов, виконтов

и др. Число Б. варьировалось от 133 306 668 до 44 435 556.
С. Ш.

БЕТЭЛЬ (иврит, араб., «дом бога»), Битилу (угарит.), в западносемитской мифологии бог. В финикийской теогонии Санхуньятона — Филона Библского — сын Урана (*Баалшамема?*) и Геи. Одновременно Б.— обозначение культового объекта, распространённого также у древних арабов.
И. Ш.

БЕФАНА (итал., «богоявление»), в низшей мифологии (у итальянцев) мифологический персонаж, бродящий по земле с 1 по 6 января (праздник богоявления) в облике страшной старухи. Иногда считается доброй, приносит подарки детям, проникая в дом через дымоход (плохим детям достаётся только зола), иногда — злой. В народных обрядах Б.— ведьма; её воплощает тряпичная кукла, которую возят на тележке и сжигают на главной площади (ср. сожжение слав. *Марены*, воплощения смерти, и т. п.). В честь Б. исполняются песни-колядки (бефанаты, ср. слав. *Коляда*): колядующие требуют от её имени подарков, благословляют щедрых и посылают проклятия скупым, забрасывая камнями их дом. Образ Б. восходит к дохристианским представлениям о злых духах, периодически появляющихся на земле в новогодний период.
М. Ю.

БЕФИНД (букв. «белая женщина»), в ирландской низшей мифологии одна из трёх фей, присутствующих при рождении ребёнка и наделяющих его добрыми или злыми дарами. Возможно, что Б. генетически связаны с кельтскими триадами богинь-матерей. В древнеирландской мифологии Б.— мать героя Фроэха и сестра Боанд (супруги бога *Дагда*).
С. Ш.

БИА («сила», «насилие»), в греческой мифологии дочь Палланта и Стикс, сестра Зелоса, Кратоса и Ники (Hes. Theog. 385; Appollod. I 2, 4). В Акрокоринфе у Б. был общий храм с *Ананкой*, в который, по обычаю, нельзя было входить (Paus. II 4, 7).
Г. Г.

БИАНТ, Биас, в греческой мифологии: 1) аргосский герой, сын Амифаона и Идоминеи, брат прорицателя *Мелампа*. Б. сватался к Перо, дочери пилосского царя Нелея, который обещал выдать свою дочь за того, кто доставит ему прекрасных быков фессалийского царя Ификла (Hom. Od. XI 287 след.). Попытки Б. похитить быков, которых охраняла собака, были неудачны. Тогда Меламп решил помочь брату, хотя и знал, что ему за это предстоит потерять свободу. Он был схвачен в момент совершения кражи, закован и помещён в темницу. Понимая язык животных, Меламп узнал от червей-древоточцев, что дом, в котором то содержат, должен рухнуть, и попросил перевести его в другое место. Вскоре дом рухнул. Ификл, убедившись в пророческом даре Мелампа, освободил его и сам отдал быков Б., который женился после этого на Перо (вариант: Меламп получил стада для Б. от Филака — отца Ификла за то, что излечил его сына от бесплодия; Apollod. I 9, 11—12); 2) один из сыновей Приама (Apollod. III 12, 5); 3) один из женихов Пенелопы (Apollod. epit. VII 27).
М. Б.

БИБИ-МУШКИЛЬКУШО (тадж. «госпожа — разрешительница затруднений»), у узбеков и таджиков персонаж, который призывали на помощь в несчастьях, образ таджикского происхождения. Содержание мифов, связанных с Б.-М., близко мифам о *Биби-Сешанби*. Их герой — старик-бедняк, который, собирая топливо, потерял серп и в поисках его забрёл в пещеру, где жила Б.-М. Она обещала старику, что серп его найдётся и он даже соберёт больше топлива, чем обычно, если каждую неделю по средам будет устраивать в её честь ритуальное угощение. Пропустив однажды по небрежности одну среду, старик опять попал в беду, но сумел поправить свои дела, вновь совершив положенный обряд. В мусульманизированной версии мифа Б.-М. считается тёткой знаменитого бухарского суфия Баха-уд-дина Накшбанда.
В. Б.

БИБИ-СЕШАНБИ (тадж. «госпожа-вторник»), у узбеков и таджиков покровительница семейного счастья, а также патронесса прядения и ткачества

(обработки хлопка). Образ таджикского происхождения. Слово «вторник» в её имени указывает на день недели, посвящённый Б.-С. Существует напоминающий западноевропейскую сказку о Золушке миф (видимо, восходящий к культу очага), в котором Б.-С. в облике благообразной старой женщины помогает бедной девушке (связанной с очагом: в одном из узбекских вариантов мачеха прячет её в очаг). Близкий персонаж имеется у турок: Першенбе-кары («четверг-женщина»). Ср. также *Биби-Мушкилькушо*.
В. Б.

БИБЛИ́ДА, Б и б л и с, в греческой мифологии дочь критянина Милета (эпонима города в Малой Азии, куда он бежал, спасаясь от Миноса) и карийской царевны Эйдотеи. Б. была влюблена в брата Кавна, который не поддался страсти и не совершил греха. Кавн бежал из Милета. Б. с горя умерла (вариант: повесилась), а пролитые ею слёзы явились неиссякаемый источник (Ovid. Met. IX 453—665). По другой версии, именно Кавн домогался любви своей сестры, что явилось затем причиной самоубийства Б. и бегства из отчего дома самого Кавна. С именем Б. связывают происхождение названий двух городов: Библиса в Карии и Библа в Финикии.
М. Б.

БИ́ВРЕСТ, Б и́ л ь р е с т («трясущаяся дорога»), в скандинавской мифологии радуга-мост, соединяющий землю и небо. У Б. находится Химинбьёрг — жилище *Хеймдалля* сына *Одина*. Перед концом мира (см. *Рагнарёк*) сыны *Муспелля* переходят этот мост для схватки с богами, и он при этом рушится.
Е. М.

БИГА́НЬ, в китайской народной мифологии гражданский бог богатства (один из *цай-шэней*), в отличие от военного бога богатства *Гуань-ди* (в китайской мифологии некоторые божества подобно чиновникам делились на военных и гражданских). Б.— легендарный герой древности, пытавшийся увещевать Чжоу Синя, жестокого правителя династии Инь. Чжоу Синь, не желавший слушать настойчивых советов Б., в гневе воскликнул: «Я слышал, что сердце мудреца имеет семь отверстий». Он повелел разрезать грудь Б., чтобы осмотреть его сердце. Впоследствии Б. в конфуцианской традиции признан за образец бесконечной преданности долгу и стойкости в убеждениях. Превращение Б. в бога богатства, видимо, объясняется тем, что он стал почитаться в народе в паре с Гуань-ди, который тоже прославился своей верностью, но только на поле брани. Торжественная встреча Б. как бога богатства устраивалась в старом Китае обычно в первые дни Нового года, особенно почитали Б. торговцы. Образ Б. был популярен в народе и благодаря фантастической эпопее 16 в. «Возвышение в ранг духов» и пьесам.
Б. Р.

БИЗА́НТ, в греческой мифологии основатель города Византий (Византи) и его эпоним. Сын Посейдона и Кероэссы, дочери Ио и Зевса (Diod. IV 49). Укрепить город Б. помогали Аполлон и Посейдон. Б. отразил нападение на Византий фракийского царя Гемоса и преследовал врага до отдалённых районов Фракии. В его отсутствие на город напал новый враг — скифский царь Одрис. Жена Б. Фидалея и другие женщины спасли Византий, забросав лагерь осаждавшего неприятеля ядовитыми змеями (Tzetz. Chil. II 40).
М. Б.

БИЙНЯ́О («птицы, соединившие крылья»), в древнекитайской мифологии чудесные птицы. Представлялись в виде дикой утки с красно-зелёным оперением. У каждой птицы было по одному крылу, одной ноге и одному глазу. Они могли летать, есть, пить, лишь соединившись по двое. По некоторым источникам, одна из птиц была зелёная, другая — красная. Из-за неразлучности считались символом счастливого супружества. Образ Б. часто встречается в дальневосточной поэзии.
Б. Р.

БИЛКИ́С, в мусульманской мифологии царица Савы. Соответствует библейской *Савской царице*. Мусульманское предание значительно шире библейского рассказа (ср. 3 Цар. 10, 1—13). Согласно корану, служившая *Сулайману* птица удод (ухдуд) рассказала царю о посещении страны Саба, где людьми правит женщина, которой «даровано всё». Она и её народ обмануты шайтаном, который «разукрасил им их деяния и отвратил их с пути» (27:24), и они стали поклоняться солнцу. Сулайман послал удода к царице с письмом—приказом подчиниться ему. После совета с приближёнными царица направила Сулайману подарки, а потом прибыла сама. Послушные Сулайману волшебники и джинны доставили в мгновение ока трон царицы. «Ей сказали: „Войди во дворец!". Когда же она увидела его, приняла за водяную пучину». Испугавшись воды, царица подняла подол платья, открыв свои ноги. После слов Сулаймана — «Ведь это пол гладкий из хрусталя» (27:44) она признала его правоту и уверовала в аллаха (27:22—45).

В тексте Корана имя Б. не упоминается, оно появляется в различных вариантах предания вместе с мотивами, дополняющими и развивающими коранический сюжет. Чтобы проверить, действительно ли ноги Б. волосаты и оканчиваются ослиными копытцами, под хрустальным полом был устроен пруд. Оказалось, что ноги покрыты волосами, которые были уничтожены специально изобретённой мазью. В одном из преданий Сулайман женится на Б., в другом — отдаёт её в жёны йеменскому царю из племени хамдан. Один из вариантов предания вошёл в эфиопский царский эпос «Кабра нагаст», согласно которому царицу зовут Македа, а её сын (от брака с Соломоном) является основателем эфиопской династии.
М. Б. Пиотровский

БИ́НУ («ушедший и вернувшийся»), мифологический персонаж догон — предок, а также связанный с ним тотем. Согласно поверьям, Б. является в облике животного (своего двойника) к избранному им человеку и передаёт ему культовые предметы, которые помещаются в посвящённое Б. святилище. Жрецом культа Б. становится чаще всего тот, кому явился Б. Культ Б. призван обеспечить живым благосклонность предков.
Е. К.

БИНФЭ́Н, в древнекитайской мифологии страшное чудовище. В древней «Книге гор и морей» говорится: «Б. водится к востоку от Усянь, обликом подобен дикому кабану, сзади и спереди у него по голове».
Б. Р.

БИСЯ́ ЮАНЬЦЗЮ́НЬ («госпожа лазоревых облаков», иной перевод «госпожа лазоревой зари»), в китайской даосской и народной мифологии богиня — чадоподательница и покровительница детей, а также лис. Её местопребыванием считается священная гора *Тайшань*, где был особенно распространён её культ. Полный её титул — Дунъюэ тяньсянь юйнюй бися юаньцзюнь («Восточного пика горы Тайшань небесная фея нефритовая дева госпожа лазоревой зари»), однако в фольклоре она известна больше под именем Тайшань няннян («матушка горы Тайшань»). По наиболее распространённой версии, Б. ю.— дочь повелителя горы Тайшань. Её появление обычно сопровождается ураганным ветром и ливнем, как символом слияния неба и земли, которое даёт жизнь всему на земле, отсюда, видимо, культ и почитание Б. ю. как чадоподательницы. Культ её как богини Тайшаня прослеживается с эпохи Хань (3 в. до н. э. — 3 в. н. э.). По другим версиям, Б. ю.— либо седьмая дочь *Хуан-ди*, либо фея горы Хуашань, либо обожествлённая дева или шаманка.

В храме Б. ю. на горе Мяофэншань под Пекином, напр., во время моления ей махали веером (иногда железным) и били в барабан, подобно тому как это делали в древности, призывая дождь. Моления в этом храме устраивались с 1 по 15 число 4-й луны, когда на севере прорастали посевы и дождь был особенно нужен. На горе Тайшань её храм открывали 18 числа 4-й луны, так как считалось, что Б. ю. спит 9 месяцев в году, в чём прослеживается древняя связь Б. ю. с аграрными культами.

Среди легенд о Б. ю. древнейшая в «Бо у чжи» («Описании всех вещей») Чжан Хуа (3 в. н. э.): князь Вэнь-ван (11 в. до н. э.) во сне увидел плачущую богиню Тайшаня, которая сказала, что она выдана замуж за владыку Западного моря. Сейчас она не может вернуться на Восток, так как путь её лежит через Гуаньтань, правителем которой назначен кудесник *Цзян-тайгун*, и она не осмеливается пронестись там с бурей и дождём. На другой день Вэнь-ван отозвал Цзян-тайгуна. Тотчас полил ливень. Это богиня промчалась на родину.

Однако в поздние эпохи Б. ю. была более популярна в Китае как чадоподательница (как бы даосский вариант буддийской *Гуаньинь*). В храмах её изображали матроной, сидящей на красном троне, в особом головном уборе в виде трёх птиц с распростёртыми крыльями, в чём можно предположить влияние представления о трёх птицах *Ванму шичжэ*. По бокам от неё стоят две помощницы: Яньгуан нянян («государыня божественного зрения») с огромным глазом в руках, которая охраняет младенцев от глазных болезней, и Сунцзы нянян («государыня, приносящая детей») с новорождённым в руках. В её окружении ещё шесть богинь — покровительниц различных периодов детства: от богини зачатия до богини, уберегающей от оспы (*Доу-шэнь*).

Б. Л. Рифтин.

БИСЯМОН-ТЭН, одно из наиболее популярных божеств в японской буддийской мифологии. Б.-т. почитается как один из семи богов счастья, он изображается в воинском одеянии с буддийской пагодой в одной руке и жезлом в другой. В японских народных верованиях отождествляется с синтоистскими божествами, в частности с Эномотося и Дайгёдзи. Образ Б.-т. восходит к индуистскому богу *Кубере* (Вайшраване). Культ Б.-т. принимал в Японии различные формы. С одной стороны, Б.-т. продолжал выступать в функции стража одной из сторон света [о чём свидетельствуют распространённые скульптурные изображения группы четырёх стражей, а также парные скульптуры, где он соседствует с *локапалами* Дзодзё-тэн (санскр. Вирудхака) или Дзикоку-тэн (санскр. Дхритараштра)]. С другой стороны, есть свидетельства давнего существования самостоятельного культа Б.-т. как бога богатства и счастья. Широко известная легенда о мудреце с горы Сиги рассказывает, что святой мудрец в качестве воздаяния за свои добродетели получил мистическим путём чудотворную скульптуру Б.-т.

Г. Г. Свиридов.

БИЧУРА́, у казанских татар и башкир (бисюра́, бисура́) низшие духи. У татар Б. представлялись в образе женщины маленького роста в старинном головном уборе. Считалось, что Б. могут поселяться в домах под полом или в банях. В отличие от *ой иясе* бывает не во всех домах. Иногда для Б. отводили особую комнату, в комнате на ночь оставляли тарелку с едой и несколько ложек. Считалось, Б. проказничает в доме (открывает в печи трубу, шумит, прячет вещи, наваливается на спящих, пугает), но к некоторым благоволит, приносит деньги, помогая разбогатеть. У некоторых групп западносибирских татар Б. соответствует дух сары цац (букв. «желтоволосая»). У татар-мишарей Б. — разновидность злых духов *пиров*. Башкиры представляли Б. в образе маленьких человечков обоего пола в красных рубашках. Считалось, что Б. обитают в глухих лесах на полянках, забредших в лес людей склоняют к сожительству, а потом покровительствуют им, нося деньги и помогая разбогатеть.

В. Б.

БЛАГОВЕ́ЩЕНИЕ, в христианских религиозно-мифологических представлениях начальный момент истории прихода бога, т. е. земной жизни *Иисуса Христа*. Согласно евангельскому повествованию (Лук. 1, 26—38), архангел *Гавриил*, посланный богом к деве *Марии* в галилейский городок Назарет, где она вела девственную жизнь в доме своего мнимого мужа *Иосифа* Обручника, сообщает ей, что у неё родится сын Иисус, и это будет *мессия* и сын божий. Мария же спрашивает, как исполнение этого обещания совместимо с соблюдением избранного ею девственного образа жизни. Ангел разъясняет, что имеющий родиться младенец будет чудесно зачат по действию *духа святого* без разрушения девственности матери. Уяснив, что речь идёт об исполнении воли бога, Мария отвечает смиренным согласием: «да будет мне по слову твоему». В евангельском тексте не сказано прямо, но предполагается, что миг, когда Мария произносит своё согласие, и есть миг девственного (непорочного) зачатия: как при сотворении мира слово бога «да будет» приводило создания к бытию, так её слово «да будет» низводит бога в мир. В церковной традиции акт послушания, осуществлённый Марией как бы за всё падшее и спасаемое человечество, противопоставляется акту непослушания, составившего суть грехопадения Адама и Евы. Дева Мария как «новая Ева» искупает грех «первой Евы», начиная возвратный путь к утраченной жизни в единении с богом; поэтому Б. есть, как выражено в византийском гимне на соответствующий праздник, «суммирующее предвосхищение» спасения людей.

Иконография Б. восходит к раннехристианской эпохе (возможно, фреска т. н. катакомбы Прискиллы, 3 в.; мозаика базилики Санта-Мария Маджоре в Риме, 5 в.). Место действия намечается вплоть до позднего средневековья весьма абстрактно; почти всегда это дом Иосифа Обручника (однако апокрифическая версия, восходящая ко 2 в. и нашедшая отголоски в изобразительном искусстве, расчленяет сцену Б. на две: первая сцена — у единственного в Назарете колодца, и лишь вторая, более важная — в доме Иосифа). Обстановка обычно изобилует символическими предметами (в православной иконографии мотив ткани, перекинутой от одной башенки к другой, означает достоинство девы Марии, а также, возможно, связь между Ветхим и Новым заветом; в католической иконографии на исходе средневековья и позже белая лилия в руках Гавриила или в кувшине означает непорочную чистоту Марии, сосуд с водой или рукомойник — её особую очищенность для её миссии, горящая свеча — её духовное горение, яблоко — тайну грехопадения, преодолеваемого через Б., и т. д.). Приход архангела застигает Марию либо за молитвой, либо за чтением священного писания, либо, в согласии с апокрифическим повествованием, за работой над пурпурной тканью для Иерусалимского храма (символ зарождающейся плоти Христа, которая «ткётся» во чреве матери из её крови, как пурпурная пряжа). Византийское искусство акцентировало в изображении Б. церемониальный момент (придворный небесного двора приходит с официальным посланием к царице), искусство позднего западного средневековья — куртуазный момент (поклонение вестника непорочности и красоте Дамы). Строго теологическую интерпретацию Б. дал Беато Анджелико, изображавший его как совместную молитву архангела и Марии и неоднократно противополагавший ему сцену изгнания из рая. Художники нидерландского Возрождения использовали сюжет Б. для передачи целомудренного уюта бюргерского интерьера.

С. С. Аверинцев.

БЛЯ́ГО, у адыгов мифологический персонаж — хтоническое чудовище, дракон, олицетворение злых сил природы (в более поздних мифах, возможно, и пришельцев-завоевателей). Обычное место пребывания Б. — подземный мир. Б. низвергает из своей огромной пасти воду, которая проливается дождём, а издали кажется белым облаком (туманом), закрывающим небо; выдыхаемый им воздух валит наземь всадников и коней; вьюга из его глаз сметает всё на пути. Б. перекрывает реку и даёт воду жителям, лишь получив от них в дань девушку. Когда Б. гибнет в схватке с героем, в его чёрной крови, льющейся как река или море, плавают трупы девушек. Распространённый сюжет: герой (в нартском эпосе *нарт* Батраз) в упорной борьбе убивает Б. и освобождает пленницу. В вариантах этого сюжета, перешедшего в сказку, герой в награду за свой подвиг получает в жёны первую красавицу (спасённую жертву) или ему оказывают помощь в возвращении в земной мир. В поверьях затмение солнца и луны объясняется проглатыванием Б. Чтобы спугнуть Б. и освободить светило, стреляют из ружей. Б. соответствует абхазский *агулшап*, грузинский *вешапи*.

М. М.

БОБО́-ДЕХКО́Н, у узбеков, туркмен (Б а б а́ - д а й х а́ н), киргизов (Б а б а́ - д ы й к а́ н), казахов (Д и к а́ н - б а б а́, Д и к а́ н - а т а́), каракалпаков (Д и й-

х а н-б а б а́) и таджиков (Б о б о́-и-д е х к о́н) покровитель земледелия. Образ доисламского происхождения, первоначально — местное божество. Обычно представлялся в виде крепкого старика (у киргизов — также птицы). В мифах имеет черты культурного героя. Согласно одному из них, Б.-д. изобрёл первый плуг (причём одна его деталь была подсказана Б.-д. шайтаном). По туркменскому мифу, также воспользовавшись подсказкой шайтана, Б.-д. провёл первый оросительный канал. Т. к. вода не шла в вырытый им арык, Б.-д. решил выпытать у шайтана, в чём его ошибка. Нарядившись в праздничные одежды и взяв лепёшку хлеба, он с радостным видом прошёл мимо шайтана. Не обнаружив притворства, тот сказал: «Наверно, Баба-дайхан догадался, что арык должен быть не прямым, а извилистым, как река». У узбеков и таджиков крестьянин, осуществлявший первую символическую пахоту и сев, считался живым воплощением Б.-д. (деда-земледельца). С Б.-д. связывали и большинство других сельскохозяйственных обрядов. Юго-западные туркмены посвящали Б.-д. специальный участок земли. В кон. 19 в. Б.-д. часто отождествлялся с Адамом.
В. Н. Басилов.

БОГ, в славянской мифологии название божества и *доли*, счастья, которое оно может дать человеку (родственно названию богатства и т. п.); противопоставляется небогу, обездоленному. Выступает в качестве второй части многих славянских названий богов: *Белобог, Чернобог, Дажьбог, Стрибог.*
В. И., В. Т.

БО́ГГАРТ, в английской низшей мифологии дух или домовой, сходный с шотл. богле и англ. паком. Считалось, что Б. способен на злые проделки (если рассержен, то может разбить посуду в доме, отвязать лошадей и коров и др.), хотя обычно он рассматривался как дух, постоянно живущий в доме и дружественный к хозяевам. Культ Б. был особенно распространён в Ланкашире и Йоркшире.
С. Ш.

БОГИ́НКИ, у западных славян женские мифологические персонажи. Представления о Б. характерны для южнопольского и соседнего карпатского ареала и близки поверьям о мамуне, дивожене, босорке (ср. венг. *босоркань*), вештице, *маре*, *русалках*. Главная функция Б. — похищение и подмена детей. Б. выступают в облике старых безобразных женщин с большой головой, отвисшими грудями, вздутым животом, кривыми ногами, чёрными клыкастыми зубами (реже в облике бледных молодых девушек). Нередко Б. приписывается хромота (свойство нечистой силы). Б. могут появляться также в виде животных — лягушек, собак, кошек и др., быть невидимыми, показываться как тень. Б. могли стать роженицы, умершие до совершения над ними обряда ввода в костёл; похищенные Б. дети, женщины; души погибших женщин, девушек, избавившихся от плода или убивших своих детей, женщин-самоубийц, клятвопреступниц, умерших при родах и др. Места обитания Б. — пруды, реки, ручьи, болота, реже овраги, норы, лес, поле, горы. Б. появляются (чаще всего по 3 или больше) ночью, вечером, в полдень, во время ненастья (возникают из ветра). Характерные действия Б.: стирка белья, детских пелёнок с громкими ударами вальков; помешавшего им человека гонят и бьют; танцуют, купаются, манят и топят прохожих, затанцовывают их, сбивают с пути; прядут пряжу; расчёсывают волосы; приходят к роженицам, манят их, зовут с собой, очаровывают их голосом, взглядом; похищают рожениц, беременных женщин. Б. подменяют детей, подбрасывая на их место своих уродцев; похищенных детей превращают в нечистых духов; мучают людей по ночам, давят, душат их, сосут грудь у детей, мужчин, насылают порчу на детей. Б. опасны также для скота; они пугают и губят скот на пастбищах, гоняют лошадей, заплетают гривы лошадям (ср. *Домовой*).
О. В. Санникова.

БОГОМА́ТЕРЬ, см. *Мария.*

БОГОРО́ДИЦА, см. *Мария.*

БО́ДОНЧАР, в монгольских мифах предок *Чингисхана*, сын праматери рода Чингисхана Алан-гоа. Б. родился спустя некоторое время после смерти Добун-мергена, мужа Алан-гоа (в некоторых вариантах — вместе с двумя братьями). Его отцом было небесное (солнечное) божество, которое приходило к Алан-гоа после заката в виде жёлтого человека, а уходило перед восходом в облике жёлтого пса [совмещение двух концепций происхождения героя: небесного (солярного) и тотемического]. Старшие братья обвиняют Б. в том, что он незаконнорождённый, и это вынуждает Алан-гоа раскрыть тайну своей связи с небожителем. Тем, что после смерти матери братья лишают Б. положенной ему доли наследства, и своим прозвищем Мунгхаг («простак») он напоминает героя волшебной сказки. Отселившись, Б. занимается соколиной охотой; воспользовавшись помощью разыскавших его братьев, совершает вооружённое нападение на соседнее племя, не имевшее ранее вождя, и становится его главой (ср. *Борте-Чино*), захватив себе в жёны беременную женщину.
С. Ю. Неклюдов.

БО́ДХИ («пробуждение»), один из основных терминов буддийской мифологии, обозначающий высшие состояния сознания; духовное просветление. Достижение Б. не является прекращением дальнейшего духовного развития личности; все направления буддизма признают существование нескольких уровней Б. В произведениях махаяны выводится разделение между «наивысшим истинным пробуждением» и пробуждением шраваков (т. е. *архатов*) и пратьекабудд как более низким уровнем Б. В «Садхармапунда-рика-сутре», например, *Кашьяпа*, Субхути, *Маудгальяяна* и Катьяяна, которые уже стали архатами (т. е. достигли шравакабодхи), жалуются *Шакьямуни*, что они не способны добиться «наивысшего истинного пробуждения», и Шакьямуни предсказывает, что в будущем они достигнут этого состояния и станут *буддами*.

Слово «Б.» является также составной частью сложных слов, обозначающих объекты, вблизи которых Шакьямуни достиг духовного просветления: «дерево Б.», «сидение Б.», «почва Б.» и др. Дерево Б. — важнейший буддийский символ — представитель реально существующего вида Aicus religiosa. Оно неотъемлемый атрибут всех будд всех времён и во всех мирах, достижение Б. считается возможным только под ним. Все буддийские направления признают семь основных характеристик Б. (т. н. «члены бодхи»): раздумчивость, изучение дхармы, мужественность, восторженность, спокойствие, сосредоточенность и невозмутимость.
Л. Э. Мялль.

БОДХИСА́ТВА, б о д х и с а́ т т в а (букв. «существо, стремящееся к просветлению»), в буддийской мифологии человек (или какое-нибудь другое существо), который принял решение стать *буддой*. Побуждением к такому решению считают стремление выйти из бесконечных перерождений — *сансары* и спасти все живые существа от страданий. Концепции Б. мифологий хинаяны и махаяны совпадают в общих чертах. Однако, по мнению хинаяны, путь Б. прошли только бывшие будды (их число не превышает 24) и современной эпохи Шакьямуни, а также пройдёт будда будущего мирового порядка — *Майтрея*, все остальные люди могут достичь лишь состояния *архата*. В махаяне путь Б. доступен для всех (поэтому махаяну называют и бодхисатваяной — колесницей Б.). Число Б. в махаяне теоретически бесконечно, и они обитают не только в земном мире, но и в других мирах (число которых тоже приближается к бесконечности). Путь Б. начинается с «поднятия духа просветления», после чего Б. (обычно в присутствии какого-нибудь будды или другого Б.) даёт обеты спасти все живые существа от оков сансары. Используя на своём пути *парамит*, Б. достигает «противоположного берега», т. е. *нирваны*; с помощью парамит Б. добивается высшего понимания и высшего сострадания ко всем живым существам, что и считается идеальным состоянием Б. Поскольку будды после достижения полной нирваны уже не могут оказать помощь живым существам, то величайшие Б. (махасаттвы — «великие существа») предпочитают остаться в сансаре, подчиняясь добровольно законам *кармы*, пока все живые существа не спасены.

Путь Б. разделён на уровни (бхуми). В ранних махаянских сутрах этих уровней семь, но примерно с 3 в. н. э. их число увеличивается до десяти. Длительность пути Б. равняется примерно трём «неисчислимым *кальпам*» (каждая — миллионы лет), причём в течение первой достигается только первый уровень, в течение второй — седьмой, а в течение третьей — десятый. На своём пути Б. перерождается много раз, причём в облике не только человека, но и любого другого существа, находящегося в сансаре. Б. десятого уровня может сам выбирать форму своего существования, он даже может одновременно иметь несколько воплощений.

В пантеон махаяны в качестве Б. включены реально существующие люди, которых впоследствии (а отчасти уже прижизненно) наделили мифологическими чертами. Среди них — индийские учители и теоретики буддизма (Нагарджуна, Шантидева, Асанга и др.), основатели тибетских школ буддизма. Но главную роль в махаяне играют чисто мифологические Б. Имена их встречаются уже в самых ранних махаянских сутрах. В «Садхармапундарике» упоминается 23 Б., в «Вималакиртинирдеше» — более 50. В литературе махаяны часто приводится список из восьми Б.: *Самантабхадра, Ваджрапани, Авалокитешвара, Манджушри,* Майтрея, Акашагарбха, *Кшитигарбха,* Сарванивараңавишкамбхин; к ним иногда прибавляют ещё двух — Махастхамапрапту и Трайлокявиджаю. В Индии наиболее популярными были Манджушри, Авалокитешвара, Махастхамапрапта и Майтрея, в Китае и в Японии — Авалокитешвара (*Гуаньинь, Каннон*) и Кшитигарбха (*Дицзан-ван, Дзидзо*), в Тибете и в Монголии — Авалокитешвара, Ваджрапани и Манджушри. Мифологические Б. принадлежат к определённым буддам (напр., Авалокитешвара выступает как эманация *Амитабхи*) и представляют собой активный аспект данного будды. В мифологии ваджраяны каждому из пяти дхьянибудд (см. в ст. *Будда*) соответствует определённый Б. Таким образом, мифологические Б. не обязательно прошли путь Б., иногда они скорее эманации будд. Из мифологических Б. могут эманировать другие Б. и *идамы* (напр., *Ямантака* — из Манджушри). В Тибете высшие духовные иерархи считаются воплощениями мифологических Б. *Л. Э. Мялль.*

БОЖИНТО́Й, Божонтой, в мифах бурят небесный дух-покровитель (заян; см. в ст. *Дзаячи*) кузнечества, родоначальник светлых небесных кузнецов, зачинатель кузнечного ремесла на земле. По представлениям балаганских бурят, у Б. — 9 сыновей: хозяин мехов Хор Саган-нойон, хозяин наковальни Дольто Саган-нойон, хозяин молота Божир Саган-нойон, хозяин клещей Ута Саган-нойон (или Ама Саган-нойон), хозяин наковальни Хун Саган-нойон, хозяин больших клещей Алак Саган-нойон, хозяин горна Хилман Саган-нойон и др. Они были посланы на землю их покровителем Дайбан Холо-тенгрием (Дабан Холо-тенгри) по приказу других западных тенгриев, чтобы научить людей ковать железо. Захватив все свои инструменты и приспособления, они спустились на вершины Мундарга (Тункинские горы), а с ними и старшая дочь Б. Эйлик-Мулак, разбрасывавшая серебряные искры, изгонявшая злых тёмных духов и покровительствовавшая людям. Выполнив свою миссию, Б. вознёсся на небо, а дети остались на земле, чтобы передать людям все тонкости своего ремесла и впоследствии стали духами-покровителями кузнечества. Согласно другим вариантам, Б. вообще не спускался на землю, но лишь отправил туда своих детей. Б. и его семейству противостоит чёрный восточный кузнец Хожир Хара-дархан со своими семью сыновьями; ему покровительствуют восточные Харангу-тенгри, Хара Сохор-тенгри и др. По другим балаганским версиям, кузнечеству спустились от западных тенгриев на 99 вершин Мундарга первый кузнец Дадага Хара-дархан и подчинённые ему 73 младших кузнеца, в число которых входил Б. с сыновьями.

По преданию кудинских бурят, изобретатели кузнечества — Бохо-Тели, сын восточного Гужиртенгри, построивший кузницу, и Бохо-Муя, сын западного Заян Саган-тенгри, усовершенствовавший процесс ковки и завладевший кузницей. *С. Ю.*

БО́ЖИЧ (серб.-хорв. Божић, Bôžič, словенск. Bôžič, болг. Бо̀жич, макед. Божик'), в южнославянской мифологии персонаж, упоминаемый в колядках (см. *Коляда*) наряду с символами (златорогий олень, ворота, свинья) и обрядами, обозначающими начало весеннего солнечного цикла. Соотносится с молодостью (серб. Мâли Божиј), рождеством, новым годом, в противоположность *Бадняку*, старому году и т. п. Связь имён *Бога* и Б. делает возможным сопоставление Б. с восточнославянским Сварожичем — сыном *Сварога*: оба имеют отношение к почитанию солнца. *В. И., В. Т.*

БО́МА, герой в мифах яванцев, балийцев и малайцев (Западная Индонезия и Западная Малайзия). Сын Ибу Пертиви от Санг Хьянг Висну (соответствует *Вишну*) и воспитанник Батара Брамы (*Брахма*). Б. олицетворяет собой неодолимую силу земных недр, нижнего мира. Б. — страшный великан, в войске которого состоят его братья-великаны, родившиеся из последа Ибу Пертиви. Он борется с небожителями и даже одерживает верх в сражениях с высшими божествами (Крисной, Индрой и др.), обладая чудесной способностью возрождаться из праха, коснувшись земли. Однако в конце концов окончательная победа остаётся за небожителями. *Г. Б.*

БО́НА ДЕ́А («добрая богиня»), в римской мифологии одна из богинь-матерей, имя которой было табуировано. Священнодействия в честь Б. д. отправлялись в мае в её храме на Авентине, в декабре — в доме высшего магистрата, жена которого приносила богине жертвы от всего римского народа. В священнодействиях участвовали весталки и замужние женщины, присутствие мужчин исключалось (проникший во время праздника Б. д. в дом верховного понтифика Юлия Цезаря П. Клодий в 62 до н. э. был обвинён в святотатстве). Б. д. отождествлялась с учёной дочерью *Фавна* — Фавной, принявшей вид змеи, чтобы избежать кровосмесительной связи с отцом (Serv. Verg. Aen. VIII 314), с матерью-землёй, *Юноной, Гекатой, Опс* (Macrob. Sat. I 12, 18). Она связывалась с лесом, растительностью, особенно целебными травами, магией. Культ Б. д. был наиболее широко распространён среди низших классов, из которых часто выходили её служительницы — министры и магистры. Эпитеты Б. д.: «полевая», «кормилица», «целительница», покровительница сельской общины — пага, отдельных имений и местностей и вместе с тем «могучая», «светоносная», «небесная», «царица». Иногда Б. д. объединяли с *Сильваном*. Ей посвящались рощи, часовни с очагами, зеркала как орудия колдовства. Изображалась с рогом изобилия и змеями. *Е. Ш.*

БОР («рождённый»), в скандинавской мифологии сын *Бури*, отец богов *Одина* и его братьев — Вили и Ве, рождённых им с Бестлой, дочерью великана Бёльторна. В «Старшей Эдде» упоминаются «сыны Бора» как устроители земли (они же убили великана *Имира* и из его тела создали мир). *Е. М.*

БОРАСПА́ТИ НИ ТА́НО, у батаков богиня земли, обычно принимающая облик ящерицы. Б. н. т. — покровительница дома и полевых работ. При молитвах её имя произносится первым до *Мула Джади* и божественной триады (*Батара Уру, Мангалабулан, Соринада*). *М. Ч.*

БОРА́ТА, Б о р о т а (от Бурафарныг — «богатство», «счастье»), в осетинском нартском эпосе один из трёх родов, занимающих нижний квартал нартского поселения. Отличается от других родов нартов — *Алагата* и *Ахсартагката* своим богатством: громадными стадами скота, табунами лошадей. Чтобы показать своё богатство, он устраивает пиршества, для чего пригоняет большое количество быков и стада мелкого скота. Эта черта характерна для всего рода Б., который стремится выделиться среди других родов нартов, устраивая богатые поминки по своим предкам. *В. К*

БОРДОНГКУ́Й (Бордонкуй), в якутской мифологии злой дух верхнего мира. Считается, что он уже давно скончался из-за чрезмерного обжорства: им были выпиты все реки и съедены острова, бывшие на них.

Н. А.

БОРЕА́ДЫ, в греческой мифологии крылатые сыновья (Калаид и Зет) бога *Борея* и Орифии, дочери афинского царя Эрехфея, братья Клеопатры и Хионы (Apollod. III 15, 2). Подобно отцу, Б. олицетворяли ветры, их действия были быстры и стремительны. Б. — участники похода *аргонавтов*. Во время похода они освободили Финея — мужа Клеопатры от терзавших его *гарпий* (Apoll. Rhod. II 178 след.). По другому мифу, Б. освободили свою сестру Клеопатру и её сыновей, которых заковала в цепи вторая жена Финея (Apollod. III 15, 3). Во время пребывания аргонавтов на острове Кеос Б. настояли на продолжении похода, не дожидаясь Геракла, отправившегося искать пропавшего *Гиласа*. По позднему мифу, Б. были убиты Гераклом на острове Тенос, который тем самым отомстил им за то, что его покинули на Кеосе (Apoll. Rhod. I 1302 след.). На их могиле Геракл установил два камня, которые шевелились и звучали, когда дул северный ветер (Hyg. Fab. 14). По другому мифу, Б. погибли, как им и было предсказано, из-за того, что не смогли настигнуть всех гарпий (Apollod. I 9, 21).

М. Б.

БОРЕ́Й, в греческой мифологии бог северного ветра, сын титанидов Астрея (звёздного неба) и Эос (утренней зари), брат *Зефира* и *Нота*. Его происхождение указывает на архаический характер божества, и его связь со стихийными силами природы. Изображается крылатым, длинноволосым, бородатым, могучим божеством. Место его обиталища — Фракия, где царят холод и мрак. Признаком древнейшего демонизма Б. является его оборотничество — превращение в жеребца, породившего с кобылицами *Эрихтония* двенадцать быстрых, как ветер, жеребят (Hom. Il. XX 220—229). От браков с *эринией* и *гарпией* у Б. тоже лошадиное потомство. Миф о похищении Б. Орифии, дочери афинского царя Эрехфея, Apollod. III 15, 2) связывает Б. с царями Аттики. Сыновья Б. Зет и Калаид относятся уже к поколению героев — участников похода *аргонавтов* (Apoll. Rhod. I 211—223).

А. Т.-Г.

БОРИСФЕ́Н, в скифской мифологии божество одноимённой реки (совр. Днепр), дочь которого, вступив в брак с *Папаем*, стала матерью *Таргитая* и прародительницей скифов (Herodot. IV 5).

Д. Р.

БОРМ, Бо́рим, в греческой мифологии юноша из племени мариандинов, сын царя Упия (вариант: Тития). Отправился за водой для жнецов, которые работали у его отца, и был похищен нимфой источника. Поиски Б., сопровождаемые плачем и игрой на свирели, превратились в ежегодно возобновляющееся шествие (Aeschyl. Pers. 940; Schol. Apoll. Rhod. II 781).

Г. Г.

БО́РТЕ-ЧИНО́ («сивый волк»), в монгольских мифах первопредок. Согласно монгольской летописи «Сокровенное сказание» (13 в.), Б.-Ч. со своей женой Хо Марал («каурая лань») переплыл море Тенгиз и стал кочевать около горы *Бурхан-халдун*. В их именах нашли отражение древнейшие тотемы племён Центральной Азии — волк, олень (лань). «Сокровенное сказание» также называет Б.-Ч. «родившимся по соизволению Дегере-тенгри («верховного неба») а летописец 18 в. Мерген Геген — «сыном неба» (таким образом, совмещаются представления о тотемическом и о небесном происхождении родоплеменных групп). В «Сборнике летописей» Рашид аддина (14 в.) Б.-Ч. — один из вождей монгольских племён, вышедших из урочища Эргунэ-кун. Причиной первоначального переселения Б.-Ч. летописец 17 в. Лубсан Дандзан называет его конфликт со старшими братьями. У Мерген Гегена имя Хо Марал переосмысливается, она оказывается «госпожой из рода Хова», которая осталась беременной после смерти мужа — вождя племени, обитавшего около горы Бурхан-халдун. Б.-Ч. женится на ней и таким образом занимает пустующее место владыки (ср. *Бодончар*). Так к мотивам тотемного и «небесного» происхождения Б.-Ч. подключается мотив приглашения на царство или занятия трона посредством женитьбы. В летописях 17—18 вв. монгольский генеалогический миф увязывается с буддийской квазиисторической родословной индийских и тибетских царей: Б.-Ч. оказывается младшим сыном одного из семи мифических тибетских «престольных государей», а именно — «златопрестольного» (Алтан сандалиту хаган).

С. Ю. Неклюдов.

БО́РХАУРАЛИ (алан. «просо аланов», осет. «владыка злаков»), у осетин божество, дух-хозяин хлебных злаков и урожая. К Б. обращались с просьбой, чтобы он стал плугарём, сеятелем, бороновал поле, т. к. это даст возможность получить богатый урожай. В нартском эпосе встречается под именем *Хоралдар*.

Б. К.

БО́СЕЛИ («хлев»), у грузин божество, покровитель домашних животных и земледелия. По-видимому (судя по обряду в скотоводческо-аграрном грузинском празднике бослоба, главным персонажем которого является Б., а также по эпитетам и самому имени божества), первоначально Б. выступал в облике быка-производителя.

В новогоднем цикле праздников Б. именуется также Бери или Басили.

Д. Р.

БОСОРКА́НЬ, у венгров ведьма; в народных поверьях Б. — безобразная старуха, обладающая способностью летать и превращаться в животных (собаку, кошку, козу, лошадь, свинью). Она может вызвать засуху, наслать порчу на людей (её магии приписывают внезапные болезни и недомогания, и животных (в результате чего молоко коровы, напр., оказывается смешанным с кровью или исчезает вовсе). Б. вредят людям преимущественно ночью, время их особой активности — Иванов день (24 июня), день Луцы (13 декабря) и день святого Георгия (24 апреля), покровитель скота (на рассвете ведьмы голыми собирают росу, чтобы увеличить удой своей коровы). См. также ст. *Ведьмы*.

М. Х.

БО́ТКИЙ ШИ́РТКА, Бо́токо-Ши́ртга, Ба́токо-Ше́ртуко, в мифах ингушей культурный герой. Согласно одному из мифов, дал людям плуг, водяную мельницу. В нарт-орстхойском эпосе Б. Ш. наделён сверхъестественным свойством — отправляться в подземный мир и возвращаться обратно; когда нарт-орстхойцы (см. в ст. *Нарты*) набрасываются на него, чтобы убить, он тут же исчезает под землёй. Во всех предприятиях нарт-орстхойцев Б. Ш. — их советчик, выручающий в критических положениях, они же, использующие его смекалку и ум, постоянно его изводят.

А. М.

БО́ЧИ («козёл», «самец»), у грузин божество, господствующее на семи отрогах Кавказского хребта. Возможно, первоначально Б. почитали как божество плодородия, покровителя животных.

Д. Р.

БО́ЧИКА («бог наших полей», «плащ света», «ткач-пришелец»), в мифах чибча-муисков одно из высших божеств, воплощает черты солярного божества, культурного героя, бога — устроителя общества, у некоторых племён — духа — покровителя охоты. Б. пришёл в землю чибча-муисков с Востока в виде старца с длинной седой бородой, в плаще и босой (одежда и причёска его представлялись такими же, что и у чибча-муисков). Он обошёл все местные племена, проповедуя добрые обычаи и нравы, обучая людей ткать; чтобы не были забыты рисунки, какими следует украшать ткани, Б. выбивал орнаменты на камнях и скалах. Сохранилась легенда, что Б. учил познанию высшего духа по имени Ручика (вероятно, идентичного *Чиминигагуа*) и превратил в скалу огромного орла, восставшего против Ручики и угнетавшего индейцев. Завершив свою миссию, Б. умер или исчез. По одной из версий мифа, когда *Чибчакум* затопил долину Боготы, Б. явился людям, стоя на радуге, и спас их от наводнения. У некоторых племён чибча его называли Суэ («солнце»), Сугумонше («солнце, которое становится невидимым») или Сугунсуа («солнце, которое исчезает» или «палящее солнце»). Приход Б. с Востока и исчезновение в Согамосо, где существовал знаменитый храм солнца, а также появление на радуге подчёркивали солярность образа Б. В селении Бояка испанцы нашли идола с тремя головами, которого индейцы называли Сугунсуа.   *С. Я. Серов.*

БОЧО́, бучу́, в мифах нанайцев, орочей, ульчей, один из духов — помощников шаманов. Представлялся в облике человека с остроконечной головой, с одной или двумя руками (или крыльями) и одной ногой. По воззрениям нанайцев, Б. управляет ветрами, открывая или закрывая двери горной пещеры, где они находятся, поэтому шаманы при помощи идола Б. могли вызвать нужное направление ветра.   *Е. Н.*

БОЯ́Н, в восточнославянской мифологии эпический поэт-певец. Известен по «Слову о полку Игореве» (имя Б. встречается также в надписях Софии Киевской и в новгородском летописце): «Боян бо вещий, аще кому хотяше песнь творити, то растекашется мыслию по древу, серым вълком по земли, шизым орлом под облакы». В песнях Б., таким образом, сказались шаманская традиция, связанная с представлением о мировом дереве, и навыки ранней славянской поэзии, восходящей к общеиндоевропейскому поэтическому языку (ср. германо-скандинавский миф о *Мёде поэзии*). Характерен эпитет Б. «Велесов внук» (см. *Велес*).   *В. И., В. Т.*

БРА́ГИ («поэт», «лучший», «главный», также ср. рус. «брага»), в скандинавской мифологии бог-скальд, муж богини *Идунн*. Имя Б., возможно, указывает на связь со священным опьяняющим напитком (см. *Мёд поэзии*).   *Е. М.*

БРАН (ирл. «ворон»), в кельтской мифологии эпосе герой. В ирландской традиции Б. — сын Фебала, персонаж саги «Плавание Брана» (8—9 вв.), достигающий потустороннего мира на островах блаженных в океане. С ирландским Б. идентичен валлийский Бендигейдвран (или Бран Бендигейд — «Бран благословенный»; однако первая часть эпитета, возможно, искажение валлийского *репп*, «голова»; ибо чудесные свойства головы героя — центральный элемент повествований о Б.). Валлийский Б. считался сыном Лира (см. *Лер*) и правителем Британии. Рассказ о Б. в валлийском повествовании «Четыре ветви Мабиногион» (записано в кон. 11 в.) выдаёт в нём эвгемеризованное божество. Считалось, что после смерти Б. его голова служила чудесным талисманом: зарытая в Лондоне, она предохраняла остров от нашествий и бедствий (ср. в скандинавской мифологии голову *Мимира*, которую хранил Один). Вероятно, однако, что слово «голова» было одним из обозначений владыки потустороннего мира. В валлийском варианте сказаний о Б. сообщается о пиршестве на острове Гвалес (одно из обозначений потустороннего мира), известном как «гостеприимство Благородной Головы», хозяином которого выступает голова Б. Возможно, в том же смысле и валлийский Пуйл называется «головой Аннона» (потустороннего мира). Сходные представления, связанные с головами Ломна, Фергала, сына Майл Дуна, и Финна, имеются и в ирландской традиции. Толкуя эпитет «благословенный», позднейшая традиция приписывала Б. утверждение христианства в Британии. Б. стал святым Бренданом средневековых легенд; считается одним из предков короля *Артура*.   *С. В. Шкунаев.*

БРА́НА КХАБУ́Н, в мифологии кхонтаи (сиамцев) дух — хранитель древнего государства Сукотай. Считалось, что он обитает на холме к югу от столицы. В его честь делались жертвоприношения буйвола. Кхонтайский король Рама Кхамхенг (Рамкамхенг) в 13 в. приказал прекратить отправление этого культа под тем предлогом, что дух плохо заботится о безопасности страны. Имя Б. К. возводится к термину из языка аборигенных монкхмерских народов, означающему «горный хребет». Культ духа-хранителя с таким же именем, но произносимым как Камфон, ещё в 19 в. существовал в столице Лаоса Луангпрабанге. Считалось, что он обитает в скале, возвышающейся над слиянием Намыо с Меконгом.   *Я. Ч.*

БРАНХ, в греческой мифологии прорицатель из Дидим, возлюбленный (или сын) Аполлона. Смертным отцом Б. был дельфиец Смикр, матерью — милетянка, увидевшая во сне, что её пронзил солнечный свет, которым она как бы дышала, и потому назвала родившегося сына Б. [«гортань», «бронхи» (Conon. 33)]. Б. положил начало роду прорицателей Бранхидов: в течение нескольких столетий прорицалище Бранхидов было самым влиятельным после Дельфийского культовым центром Аполлона (Plin. Nat. hist. V 112).   *Г. Г.*

БРА́УНИ, в английской низшей мифологии сверхъестественное существо, многими чертами сближающееся с домовыми. Имя Б. впервые упоминается с нач. 16 в. и связано с представлением о коричневом цвете покрывавшей их шерсти и платья. Считалось, что Б. являются в виде маленьких существ со сморщенными личиками и обитают как в домах, так и в мёртвых деревьях, заброшенных сооружениях и др. Сохранили предания о приверженности Б. определённым семьям в течение ряда поколений. Обычно расположенные к людям, Б. в благодарность за угощение и уважительное отношение помогают в доении коров, уборке дома, уходе за пасекой и др. сельскохозяйственных работах. В Шотландии, где культ Б. получил наибольшее распространение, считалось, что помощь Б. обеспечивает хорошее качество пива. Однако способный и в обычное время на каверзы и злые шутки, рассерженный Б. мог погубить домашний очаг.   *С. Ш.*

БРА́ХМА (основа «бра́хман»), в индуистской мифологии высшее божество, творец мира, открывающий триаду верховных богов индуизма (см. *Тримурти*). В этой триаде Б. как создатель вселенной противостоит *Вишну*, который её сохраняет, и *Шиве*, который её разрушает. Но такое распределение функций в мифологических сюжетах нередко нарушается; это даёт основание предположить, что в архаических слоях эпоса Б. совмещал все три функции. В отличие от Вишну и Шивы, Б. — наиболее абстрактное божество триады и меньше, чем они, вовлечено в сюжеты мифов. Б. играет важную роль в основных системах индуистского умозрения.

В ведах Б. как бог — создатель вселенной отсутствует, но эти функции отмечены у *Праджапати*, который в относительно поздних текстах отождествляется с Б. (ср. «Каушика-брахману» и «Тайттирия-самхиту», упанишады, сутры). Характерно, что в эпосе за Б. в числе его эпитетов-ипостасей упоминаются Тваштри («творец»), Дхатри («установитель»), Видхатри («распределитель»), Локагуру («наставник мира»), Параметштхин («высочайший») и т. п., сохраняется за ним и эпитет Праджапати («владыка сущего», «перворождённый»). Б. изображают красным, лотосооким, с бородой, у него четыре лица, четыре тела и восемь рук, в которых четыре веды, жезл, сосуд с водой из Ганга, жертвенная ложка, цветок лотоса, жемчужное ожерелье и лук. Б. «подобен тысяче солнц» («Араньякапарва» 194, 15 в «Махабхарате»), сияющ, могуч, непобедим. Он пребывает на вершине величайшей горы *Меру*, а передвигается верхом на лебеде.

Согласно «Ману-смрити», пуранам, «Махабхарате» (XII), Б. рождается в яйце, плавающем в первобытных водах в виде золотого зародыша (см. *Хираньягарбха*); проведя в яйце год (поэтому Б. равен году), он силой мысли разделяет яйцо на две половинки; из одной создаётся небо, из другой — земля; между ними возникает воздушное пространство. Далее появляются пять элементов (вода, огонь, земля, воздух, эфир), мысль, а еще позже — боги, мертвоприношение, три веды, звёзды, время, горы, равнины, моря, реки, наконец, люди, речь, страсть, гнев, радость, покаяние, набор противопоставлений (жар — холод, сухость — влага, горе — радость и т. п.). Сам Б. разделяется далее на две части — мужскую и женскую. После этого создаются растения, животные, птицы, насекомые, демоны. Всё живое, весь мировой порядок контролируется, управляется и направляется Б.; он, собственно, и является воплощением творческого принципа существования, персонификацией абсолюта как высшего объективного начала, из оплотнения которого возник тварный мир; в этой связи Б. противостоит индивидуализированное и субъективное начало — *атман*. Б. не только создаёт мир: его жизнь, превышающая жизнь всех других богов (он «вечно древен»), определяет хронологические рамки вселенной. Б. живёт сто «собственных» лет («сто лет Брахмы»), равных 311 040 000 000 000 «человеческих» лет (см. *Кальпа*, *Юга*).

Мифология Б. полнее всего представлена в эпосе [где, между прочим, есть сюжеты, позволяющие говорить о тождестве Б. и Праджапати, ср. миф о творении в «Шатапатха-брахмане» (XI) и в «Махабхарате» (XII)]. У Б. рождаются силой духа сыновья — *Маричи*, *Атри*, *Ангирас*, *Пуластья*, Пулаха, Крату, Дакша и *Бхригу*. Именно они становятся родоначальниками богов и людей. Люди появляются также в результате инцестуозных отношений Б. с его дочерью, выступающей под разными именами (*Вач*, *Сарасвати*, Сандхья, Шатарупа, Брахмани). Другой важный мифологический сюжет связан с супругой Б. — *Савитри* («Араньякапарва», «Матсья-пурана»): создав сыновей, Б. не получает удовлетворения и решает облегчить своё существование, породив с помощью произнесения священного слога из половины тела богиню Гаятри (носившую указанные выше женские имена, в т. ч. — Савитри). Очарованный ею, Б. создаёт себе четыре лица, чтобы, не отрываясь, смотреть на Савитри. Заметив страсть Б., она отправляется на небеса, к братьям, и у Б. возникает пятое лицо, обращённое вверх. После инцеста Шива отрубает Б. пятую голову. В вишнуитской «Брахмавайварта-пуране» Вишну обвиняет Б. в том, что тот отказался сойтись с воспылавшей к нему страстью *Мохини*; после этого Вишну заставляет Б. каяться и вызывает последовательное появление десяти-, сто- и тысячеликого Б., которые посрамляют четырёхликого Б., занимая более почётные места в небесной иерархии.

Из других сюжетов с участием Б. (особенно в эпосе) заслуживают особого внимания: рыба как воплощение Б. спасает *Ману* во время потопа (Мбх. III, ср. Шат.-бр. I); Б. порождает смерть в виде женщины; *Рудра* за порождение гнева Б.; повеление Б. асуре Ушанасу и Рудре заключить мир (Вишну-пур. IV); рождение *Нарады* из бедра Б.; участие Б. в сюжете сказания о *Сунде* и Упасунде (Мбх. I); в сюжете рождения *Сканды* («Матсья-пурана»); назначение Б. хранителей мира (*локапалы*); участие в сотворении богини Кали («Маркандейя-пурана»); в сюжетах о *Дхундхумаре*, ангирасах, *Раме*, *Раване*, *Гаруде*, поединке *Индры* и *Вритры*, сошествии Ганги на землю, разрушении крепости *асур* Трипуры и т. п. Правда, чаще всего роль Б. не специализирована: он является, повелевает, одаривает, исполняет просьбы, даёт советы, утешает. Известен ряд мифов, где вместо Б. выступает Вишну, иногда и Шива, которые, став центром мифологических сюжетов индуизма, сильно оттеснили Б.

При оценке мифологического образа Б. особое внимание должно быть уделено его истокам. В ведах слово *бра́хман* (в среднем роде) обозначало молитвенную формулу, словесное выражение некоего универсального принципа, позже — сам этот принцип. В «Шатапатха-брахмане» говорится, что Б. (в среднем роде) создал богов и поместил их в «этих мирах», что непосредственно повторяет мотив, позже связываемый с персонифицированным Б. (мужской род). Таким образом, намечается генеалогия Б. — божества из абстрактного понятия, которому, возможно, предшествовало вполне конкретное — обозначение ритуального сооружения с универсальным значением (некий аналог мирового дерева и его вариантов). Именно в этом значении слово *бра́хман* (как и связанный с ним «брахма́н» — «жрец», ср. лат. flāmen, род жреца) имеет отчётливые индоевропейские параллели, ср. др.-иран. *brazman-, литов. balžíenas, латыш. bàlzīens, рус. бо́лозно и др. Естественно, что и «господин брахмана» Брахманаспати (*Брихаспати*) оказывается с Б. в легко реконструируемой связи.
В. Н. Топоров.

БРАХМАЛО́КА («мир Брахмы»), в древнеиндийской мифологии верхний рай или седьмое небо. В индуистской мифологии Б. считается обителью *Брахмы* и располагается, согласно космологическим представлениям (см. *Лока*), на вершине горы *Меру* или же высоко над нею. В Б. попадают те смертные, которые при жизни отличались исключительной праведностью и за это избавились от бесконечной цепи рождений — *сансары*; они живут в Б. в созерцании истины и состоянии вечного блаженства. По одним мифам, Б. состоит из нескольких областей: в махарлоке пребывают *Бхригу* и некоторые *Праджапати*, в джанарлоке — трое сыновей Брахмы; в тапар (или тапо-) локе обитает *Вирадж*; и, наконец, в сатьялоке «мире истины» — сам Брахма, погружённый в медитацию. По другим мифам, с Б. идентифицируется только сатьялока. Все области Б. разрушаются во время великого уничтожения космоса — махапралаи — в конце жизни Брахмы (см. *Кальпа*).
П. Г.

В буддийской мифологии Б. — высшие *девалоки*, которые образуют две сферы в *сансаре* — «сферу, имеющую формы» (рупавачара или *рупадхату*), и «сферу, не имеющую формы» (арупавачара или арупадхату). К первой относятся шестнадцать отдельных небес: девять низших Б., асаньясатя, брихатпала и пять небес с общим названием — суддхаваса (высшее небо среди них по мифологической традиции хинаяны — *акаништха*). Вторая сфера состоит из четырёх небес и считается выше первой. В мифологической традиции ваджраяны наивысшим небом считается акаништха (располагается над арупавачарой), где обитает *ади-будда*. Боги, населяющие Б., называются брахмами или «богами, имеющими тела брахмы». В буддийских текстах встречаются имена многих брахм: Туду, Нарада, Сахампати и др. Буддийская мифология не признаёт Брахмы в качестве творца мира, даже т. н. великие брахмы (махабрахма) подчиняются законам *кармы*. Б. достигается людьми, погружающимися в глубокое созерцание (дхьяна).
Л. М.

БРА́ХМАН, 1) высшая объективная реальность, абсолют, творческое начало, в котором всё возникает, существует и прекращает существование. Как и *атман*, Б. недоступен словесному описанию и часто (напр., в упанишадах) характеризуется негативно, набором отрицательных определений или сочетанием противоположных признаков. Его тождество с атманом — кардинальное положение индуизма; 2) верховный бог, творец, проявление первого (см. *Брахма*). Оба значения играют определяющую роль, с одной стороны, в этико-философских течениях индийской мысли (веданта), с другой — в религиозной жизни, мифологии, ритуале различных течений индуизма. При этом они не всегда чётко разграничивались и первоначально были совмещаться. Слово «Б.» играет первостепенную роль в индуистской лексике — ср. Б. в значении «молитва», «молитвенная формула», обозначение вселенной как «яйца Б.» (брахманда), небесного мира как «мира Б.» (*брахмалока*); обозначение известной категории жрецов, *варны* Б., определённых текстов (брахманы — комментарии к ведийским гимнам) и их частей и т. д.
В. Н. Топоров.

БРАХМА́НДА («яйцо Брахмы»), в древнеиндийской мифологии и умозрении вселенная Брахмы, возникшая из космического яйца, плававшего в первозданных водах. Подробнее см. в ст. *Брахма*.
В. Т.

БРАХТИ́НГ, в мифах срэ на Юге Вьетнама загробная страна. В Б. всё как бы обратно земному: чёрное становится белым, женщины работают на пахоте рисовых полей, а мужчины сидят дома и выполняют домашние работы, корзины в Б. висят вниз отверстием и т. п. Б., по представлениям срэ, находится в стране их соседей *тёро*. У родственных срэ банаров этот мир называется манглунг.
Я. Ч.

БРЕ́СИЯ, ЛАОГО́РА И ОРСЕДИ́КА, в греческой мифологии дочери *Кинира* и Метармы (дочери Пигмалиона), сёстры Адониса. Навлекли на себя гнев Афродиты, сожительствуя с чужими мужьями (Apollod. III 14, 3). В наказание их потомки были, отправляя культ Астарты на Кипре, отдаваться за плату посетителям храма. По другому варианту (Hyg. Fab. 58, 161) сёстры были наказаны за то, что считали себя более прекрасными, чем Афродита.
Г. Г.

БРИАРЕЙ, в греческой мифологии сын Урана и Геи. Чудовищное существо с 50 головами и сотней рук, один из трёх братьев *сторуких* (Hes. Theog. 147—153, 713—717) — участников титаномахии. Когда боги восстали против Зевса, его спас призванный на помощь Фетидой Б., одним своим видом устрашивший врагов Зевса (Hom. Il. I 399—406). Б.— супруг дочери Посейдона (Hes. Theog. 817—819). Хтоническое порождение земли, Б. служит своей силой новому поколению богов, устанавливающих принцип упорядоченности в устройстве мира.   *А. Т.-Г.*

БРИГИТА, Бригантия (от ирл. barr, валлийск. bar, «вершина»), в кельтской мифологии богиня. В Ирландии её именем иногда обозначались три женских персонажа, считавшиеся покровительницами мудрости, искусства врачевания и кузнечного дела. Б.— дочь *Дагды*; она представлялась иногда в виде птицы с человечьей головой, либо в виде трёх птиц — журавлей или петухов (ср. галльск. памятники с изображением трёх журавлей на спине быка, а также ирландский обычай зарывать живого цыплёнка у трёх ручьёв, чтобы снискать расположение христианской святой Бригитты).   *С. Ш.*

БРИЗО́, в греческой мифологии делосская богиня. Приходит к спящим женщинам с прорицаниями и советами.   *Г. Г.*

БРИСЕИДА, в греческой мифологии дочь Бриса, царя Лирнесса, убитого Ахиллом (её имя Гипподамия, Schol. Hom. Il. I 392), любимая и верная рабыня Ахилла. Агамемнон, лишившись Хрисеиды, отнял у Ахилла Б., что послужило поводом для «гнева Ахилла», и Агамемнон был вынужден возвратить ему Б. вместе с 6 лесбосскими наложницами (Schol. Hom. Il. IX 131).   *Г. Г.*

БРИСИНГАМЕН («ожерелье Брисингов»), в скандинавской мифологии чудесное ожерелье, изготовленное, как и другие сокровища *асов*, Брисингами (карликами, *цвергами*); один из главных атрибутов богини *Фрейи*. Б. называется также «поясом Брисингов», что, видимо, соответствует первоначальной функции — помощи при родах, связывающей Фрейи дисой ванов («Младшая Эдда»), а важнейшая функция дис с этим связана. *Локи* упрекает Фрейю в том, что она заплатила цвергам за Б. своей любовью. По инициативе Одина Локи похищает Б., а затем возвращает на определённых условиях. За Б. борются у камня Сингастейн Локи и *Хеймдалль*, принявшие обличье тюленей. Б. упоминается и в англосаксонском эпосе о *Беовульфе*.   *Е. М.*

БРИТОМАРТИС, в греческой мифологии спутница *Артемиды*, дочь *Зевса*, известная своим целомудрием. Мифы о Б. связаны с Критом (особенно с городом Гортина) и царём *Миносом*, полюбившим Б. и преследовавшим её. Спасаясь от Миноса, Б. бросилась со скалы в море, но была спасена, т. к. попала в сети рыбака (отсюда её прозвище Диктинна, «попавшая в сеть»). По другой версии мифа, её спасла Артемида. Б.-охотница является ипостасью Артемиды. Б.— одно из имён Артемиды (Callim. Hymn. III 189—203).   *А. Т.-Г.*

БРИХАСПАТИ, или Брахманаспати [«господин брахмана (молитвы)»], в ведийской и индуистской мифологии божество молитвы и жертвоприношения. Иногда оба этих имени чередуются (РВ II 23); в поздних частях «Ригведы» имя употребляется реже. Всего Б. посвящено в «Ригведе» 11 гимнов и ещё два гимна — Б. вместе с *Индрой*. Оба имени Б. упоминаются в «Ригведе» около 170 раз. Б. золотого цвета, ярок и чист; у него семь уст и семь лучей (РВ IV 50, 4), 100 крыльев (VII 97, 7), прекрасный язык, ясный голос. В его распоряжении дубина грома, лук, стрелы, золотой топорик, железный топор, изострённый *Тваштаром*, колесница закона (*рита*); Б. поражает демонов, разрушает загоны для коров, находит свет (II 23, 3). Он заполняет воздушное пространство, приносит солнце и разгоняет тьму громом, освобождает от узости хаоса, раскалывает скалы, приготавливает хорошие пути, несёт все формы (Тваштар создал его как основу всех существ, II 23, 7), дарует богатство и сыновей, щедр к жертвователям и певцам, непримирим к лжи и врагам, защищает быков. Он силен и победоносен, друг Индры и *марутов*, подобен *Агни* (V 43, 12; VI 97, 6); он — предводитель хора. Б. перворождён от великого света на высочайшем из небес, он отпрыск двух миров — неба и земли (VII 97, 8) и одновременно рождён Тваштаром (II 23, 17); он сотворил из ничего богов (X 72, 2). Покровитель жертвоприношения, Б. изображается как божественный жрец (пурохита или брахман); ему принадлежат поэтические размеры (иногда он господин брихати, одного из поэтических размеров, и даже отождествляется с «Ригведой» в целом), и он сам поёт гимны богам. Его нередко называют Вачаспати — «господин речи» (ср. «Брихаспати речи», Тайтт.-самх. I 8, 10). Громкий голос, а в битвах даже рёв характеризуют Б.

Развитие образа Б. далее пошло по двум направлениям: с одной стороны, Б.—*Атхарван*, отец богов, создатель всего (АВ IV 1, 7), священная сила богов (Тайтт. -самх. I 5, 4) и даже высший принцип (РВ X 71), причём он нередко отождествляется с *брахманом* («Шатапатха-брахмана», «Айтарейя-брахмана», «Тайттирия-самхита» и др.); с другой стороны, в эпосе и пуранах Б.— жрец и наставник богов, предводитель *ангирасов*; он правит планетой Юпитер, которая называется тем же именем. Уже в «РВ» Б. участвует в мифе о похищении *Валой* коров и нахождении их в скале, которую Б. проломил своим рёвом; после этого Б. находит *Ушас* и *Агни*, которые дают солнце (VI 50; X 67, 4, 5); он же создаёт ангирасов, вернувших коров, украденных *Пани* (РВ II 24, 6). Позже Б. появляется в сюжете похищения *Сомой* жены Б. Тары, войны богов с *асурами* и возвращения Тары к мужу (Вишну-пур. IV); в сюжете жертвоприношения *Дакши*, где Б. успокаивает разъярённого *Рудру*.

Во многих сюжетах Б. выступает как наставник богов, он предсказывает богам, что *Гаруда* похитит *амриту*, даёт советы *Индре*, его жене Шачи (в сказании о *Нахуше*, где Б.— посредник между Шачи и богами), обучает Карттикею (в сказании о рождении *Сканды*) и т. д. Эпизодические роли играет Б. в сказаниях о царе Марутте, о разрушении Индрой крепости асур Трипуры, о *Яяти* и др. Б.— божество, возникшее на индийской почве, хотя сам образ соответствующей молитвы-ритуала имеет параллель в древнеиранской традиции.
    В. Н. Топоров.

БРОНТЕ́, в греческой мифологии: 1) персонификация молнии (Hymn. Orph. 39); картину с изображением Б. написал Апеллес (2-я пол. 4 в. до н. э.) (Plin. Nat. hist. XXXV 96); 2) один из коней в колеснице Солнца (Hyg. Fab. 183).   *Г. Г.*

БРОСЕЛИАНДА, в западноевропейской средневековой традиции (круге повествований о короле *Артуре* и волшебнике *Мерлине*) таинственный лес — царство фей. В Б. находилась могила Мерлина и знаменитая «Долина без возврата» (загороженная феей *Морганой* воздушной невидимой стеной, пройти через которую обратно могли лишь рыцари, не изменявшие даже в мыслях любовным обетам), а также множество других чудес.   *С. Ш.*

БРОТЕ́Й, в греческой мифологии: 1) сын *Тантала* и нимфы Эврианассы, брат *Пелопа* и *Ниобы*. Б. похвалялся, что огонь не может причинить ему вреда, но впал в безумие и бросился в огонь (Apollod. epit. II 2); 2) сын Гефеста и Афины, который бросился в огонь, чтобы избежать насмешек над своим уродством (Ovid. Ib. 515); 3) кулачный боец, союзник Персея; 4) лапиф, убитый на свадьбе Пирифоя кентавром Гринеем (Ovid. Met. XII 262).   *Г. Г.*

БРЮНХИЛЬД, Брюнхильда (имя этимологически связано с исл. «бой», точнее «поединок, происходящий на освящённом огороженном месте»), героиня германо-скандинавского эпоса, богатырша. «Сага о Вёльсунгах» отождествляет с ней *валькирию* Сигрдриву, разбуженную Сигурдом ото сна, в который её погрузил *Один*. Помолвка её с Сигурдом расстроилась, т. к. он, выпив напиток забвения, утратил память об их встрече и взял в жёны *Гудрун*.

104 БУБИЛАС

к Б. (по некоторым скандинавским версиям, она — сестра гуннского короля *Атли*) сватается брат Гудрун бургундский король Гуннар, он становится её мужем, но обманным путём, т. к. брачные испытания выдерживает за него Сигурд, принимающий обличье Гуннара (подробнее см. в ст. *Сигурд*). Убедившись в обмане и оскорблённая тем, что клятвы были нарушены и ей не достался сильнейший муж (т. е. Сигурд), Б. подстрекает Гуннара к убийству Сигурда. Сама Б. кончает с собой, приказав положить её на погребальный костёр рядом с костром, на котором лежит её возлюбленный. Смерть объединяет Б. с Сигурдом.

В немецкой «Песни о нибелунгах» Б. — дева-воительница, правительница сказочной страны Исландии, где и проходят героические испытания, предшествующие браку Б. с Гунтером (сканд. Гуннар). После раскрытия обмана и убийства Зигфрида (Сигурда) Б. исчезает из повествования.

В сюжете сватовства к Б. нашёл отражение древний свадебный ритуал, сопровождавшийся испытаниями жениха. В эддических песнях подчёркивается, что выдающий себя за Гуннара Сигурд не посягает на девственность невесты (на ложе их разделяет обнажённый меч), между тем в «Песни о нибелунгах» сохраняется намёк на лишение девственности богатырской девы Зигфридом, т. к. сам жених — Гунтер терпит жалкое фиаско и проводит брачную ночь подвешенным невестою на крюк.

В отличие от ряда героев германского эпоса, Б. — представительница мира мифа и сказки — не имеет исторического прототипа, хотя «ссора королей» (Б. и Кримхильды-Гудрун), возможно, и стоит в отдалённой связи с историей борьбы двух франкских королев 6 в. — Брунихильд (Брунхильды, Брунгильды) и Фредегонды. *А. Я. Гуревич.*

БУБИЛАС, Бáбилас, в мифах литовцев бог пчёл. Упомянут уже польскими авторами 16 в. М. Стрыйковским (Bubilos) и Я. Ласицким (Babilos). Возможно, Б. образует пару с Аустеей, женским божеством пчёл. Б. почитали специальным ритуалом: разбивали о печь кувшин с мёдом во время молитвы, прерываемой криком и шумом (имитация шума многочисленного роя). Возможно, что поздние сведения немецкого историка М. Преториуса (17 в.) об освящении пчёл, связываемые им с пчелиным божеством Бичбирбулисом, ранее относились и к Б. Не исключено, что первоначально Б. обозначал самоё пчелу. *В. И., В. Т*

БУГÁ, бувá, боá, в тунгусо-маньчжурской мифологии всё окружающее пространство: вселенная, мир, земля, тайга, погода. Согласно общему для всех тунгусо-маньчжурских народов представлению, Б. означает также верховное божество, управляющее силами природы, жизнью тайги, животных и человеческого рода. По представлениям эвенков, Б. делится на три мира: верхний — над небом (входом в него служит «отверстие неба» — Полярная звезда), средний — землю и нижний, куда вели расселины в земле и водовороты. В мифах орочей Б. представлялась огромной лосихой, шерсть которой — это леса, живущие в шерсти паразиты — таёжные звери, а вьющиеся вокруг неё насекомые — птицы; когда лосиха переступает с ноги на ногу, происходят землетрясения. По представлениям эвенков хозяина вселенной Б. мусун выступает то в виде самки лося или дикого оленя, то старой сгорбленной женщины, ведающей душами людей и животных. У нанайцев, негидальцев, орочей, ульчей образ Б. переплетён с образом *эндури* и имеет преимущественно антропоморфный облик старца, живущего с женой и дочерью на небе. *Е. Н.*

БУДÁЙ-ХЭШÁН (часто неправильно пишется Путай) («монах с мешком»), Да дýцзы Милэ́ («толстобрюхий Майтрея»), в китайской буддийской мифологии божество радости, благополучия, довольства, один из 18 *лоханей*. Отождествляется с деятелем китайского буддизма Ци-цы (умер в 917), который якобы был земным перевоплощением Милэ (Майтреи). Изображения Милэ примерно с 14 в. поэтому сливаются с изображениями Б. в виде жизнерадостного толстого человека с обнажённым брюхом («смеющийся Милэ»). Излюбленный персонаж китайской народной скульптуры, непременно присутствующий также на картинах, изображающих сонмы буддийских и даосских святых на пирах, устраиваемых богиней *Си ванму*. Кроме статуи идущего Б. распространены также изображения сидящего Б. с чётками в правой руке, лежащей на колене. *Л. Н. М.*

БУ́ДДА («просветлённый», букв. «пробуждённый»), в буддийской мифологии: 1) человек, достигший наивысшего предела духовного развития; 2) антропоморфный символ, воплощающий в себе идеал предела духовного развития. Б. имеет много параллельных терминологических наименований, как, например, *татхагата* («так пришедший»), сугата («в добре пришедший»), джина («победоносный»). Первоначально словом «Б.» обозначали, по-видимому, лишь *Шакьямуни*, но уже на самом раннем этапе развития буддизма возникла идея о других Б. В ранних текстах «Типитаки» упоминаются шесть Б., которые появились до Шакьямуни, в «Буддхавансе» их число возросло до 24. Первым среди них считался Дипанкара (при нём, согласно мифу, Шакьямуни принял решение стать Б.); Шакьямуни предшествовали Кракучханда (пали Какусандха), Канакамуни (Конагамана) и Кашьяпа (Кассапа). Довольно ранним можно считать и представление о будде грядущего мирового порядка *Майтрее*.

По представлениям мифологии хинаяны, Б. всегда должен начинать свою духовную карьеру как *бодхисатва*; в жизни, в которой ему предназначено стать Б., он имеет *махапурушалакшану*, он обладает такими силами и способностями, что превосходит все другие существа, в т. ч. богов; после достижения *нирваны* (т. е. состояния Б.) он может остаться жить в человеческом облике до конца *кальпы*. Функция Б. — проповедь *дхармы* (учения, при помощи которого можно достичь нирваны). В мифологии махаяны число Б. возрастает до бесконечности. Каждый из «неисчислимого числа миров» имеет своё «неисчислимое число будд прошлого, настоящего и будущего». Каждый Б. имеет свою буддакшетру [поле (влияния)], которая находится в определённом месте в пространстве и во времени (самые известные среди них *абхирати* и *сукхавати*). По мифологии махаяны, Б. могут жить в бесконечности (разрушение мира в конце кальп их не затрагивает). Будды провозглашают дхарму в их же буддакшетрах, но, кроме того, они могут оказывать помощь страдающим в других буддакшетрах (см. *Амитабха*). В связи с этим возникла идея о тождестве всех Б., которая нашла выражение в концепции о «трёх телах Б.» (см. *Трикая*). В текстах махаяны делаются первые попытки систематизировать пантеон Б. в соответствии с их буддакшетрами (в разных текстах упоминаются не всегда одни и те же Б.).

В мифологии ваджраяны число Б. тоже считается бесконечным, но в практике созерцания число Б. ограничивается пятью т. н. дхьяни-буддами (букв. «буддами созерцания») и соответствующими им пятью земными Б. «Гухьясамаджа-тантра» (3 в.) излагает миф о возникновении пяти дхьяни-будд: однажды, когда *бхагават* погрузился в созерцание, он превратил себя в *Акшобхью* и оставил его сидеть на своём месте. После этого он поочерёдно превращал себя в *Вайрочану*, в *Ратнасамбхаву*, в Амитабху и в *Амогхасиддхи* и оставил их сидеть в четырёх направлениях света, составив таким образом *мандалу*. В конце 1-го тыс. н. э. к пяти дхьяни-буддам прибавились *ади-будда* и *Ваджрасатва*. В мифологии ваджраяны дхьяни-будды (хотя названия некоторых из них совпадают с буддами в мифологии махаяны) не представляются реально существующими и находящимися в определённых точках времени и пространства, они скорее всего — антропоморфные символы, которые во время созерцания возникают из «пустоты» (шуньята) и выполняют разные функции в процессе переоформления психики созерцающего. По мифологическим представлениям, каждый дхьяни-будда имеет своё особое направление в мандале, свой цвет, сиденье, праджню (женское соответствие), бодхисатву, элемент, функцию и т. д.

Л. Э. Мялль.

БУ́ДХА («мудрый»), в ведийской и индуистской мифологии сын бога *Сомы*, персонификация планеты Меркурия. Матерью Б. одни источники называют жену Сомы *Рохини* (Рам. III 49, 16), другие — жену наставника богов *Брихаспати Тару*. Согласно пуранической легенде, Сома, пленившись красотой Тары, похитил её у Брихаспати. Это вызвало войну между *асурами*, поддерживающими Сому, и богами, принявшими сторону Брихаспати; конец войне положил Брахма, вернувший Тару мужу. Вскоре после этого Тара родила сына, на которого претендовали и Сома, и Брихаспати. Долгое время Тара скрывала, кто его отец, но в конце концов призналась Брахме, что это сын Сомы, и Сома дал ему имя Б. (Вишну-пур. IV 6; Брахманда-пур. II 65; Бхаг.-пур. IX 14 и др.). Б. был женат на *Иле* и имел от неё сына *Пурураваса* (первого царя *Лунной династии*).

П. Г.

БУЗИ́Г, в греческой мифологии герой, которому приписывают приручение быков (впервые надел на быка изобретённое им ярмо и начал обрабатывать поле; Verg. Georg. I 19), введение многих аграрных обычаев и религиозных обрядов в честь Персефоны-Коры и Деметры. Б. считался основателем афинского жреческого рода Бузигов, в обязанности которого входило начинать посев на священном участке на склоне Акрополя.

М. Б.

БУНГ, в мифологии ма и срэ, а также у соседних с ними индонезийских по языку народов на юге Вьетнама *культурный герой*. Он сын двух первых обитателей земли, гигантов. Когда Б. был ещё ребёнком, на семейство напали тигры и оно должно было бежать к морю. Они спаслись на острове. Тигры строили мост туда, но птицы помогли его сжечь. Впоследствии гиганты вернулись на континент. Здесь Б. начал свою деятельность, полезную людям. Из подземного мира он похитил у бога *Нду* огонь и культурные растения. Огонь, добытый Б., учинил вначале страшный пожар. Море поднялось, чтобы залить его. Огонь укрылся в бамбуке (поэтому трением палочек бамбука можно добыть огонь). Б. научил людей пользоваться сначала бамбуковыми и каменными орудиями, затем железными и их изготавливать с помощью молота и клещей. Железо добывали из дерева баньяна (фикуса). Из его же древесины первые кузнецы сделали человеку крепкие кости. Из бамбука и соломы Б. создал первое жилище. По другой версии, сами земля и небо были выкованы первым кузнецом Б. Его помощник козодой — птица-кузнец. В этом мифе сюжет о деятельности культурного героя — кузнеца наложился на более архаические представления о враждебности стихий огня и воды.

Я. Ч.

БУНДЖИ́Л («клинохвостый орёл»), в мифах юго-вост. австралийского племени кулин «великий отец», фратриальный предок (его имя носит одна из фратрий племени, другая — Ваант, «ворон»). Согласно мифу, Б.— старый племенной вождь, женатый на двух представительницах тотема чёрных лебедей. Выступает как демиург, культурный герой. Б.— творец земли, деревьев, людей. После того, как он согрел своими руками солнце, из земли вышли люди и начали танцевать ритуальный танец корробори. Б. создал все вещи, установил брачные классы, научил людей ремёслам. Б. со своим братом Палианом живут на небе, их отождествляют со звёздами Кастор и Поллукс (из созвездия Близнецов). Соответствия Б. у других юго-вост. австралийских племён: *Байаме*, *Дарамулун*, Нурундере, Бирал, Кони.

Е. М.

БУНИ́, буки́т, були́, в тунгусо-маньчжурской мифологии загробный мир. Согласно мифам, путь в Б. впервые проложил культурный герой *Хадау*, или его сын — первый умерший. Открыв отверстие в земле, которое до этого было закрыто котлом, он тем самым предотвратил перенаселение земли стариками и создал условия для нормальной циркуляции душ. Души покойных отвозят в Б. шаманы или духи-помощники шаманов. Проводы в Б. совершались в ходе специального обряда, проводившегося не ранее чем через год после смерти человека; часто шаман отправлял в Б. души сразу нескольких человек. В Б. умершие живут такой же жизнью, как и на земле: охотятся, ловят рыбу, строят жилища, шьют одежду (по некоторым вариантам всё время пляшут). Для живого человека, случайно попавшего в Б., или для шамана, спустившегося туда во время камлания, Б. предстаёт страной, где солнце светит тускло, небо как туман, а земля как пар. Всё хорошее там превращается в плохое, а плохое в хорошее (поэтому похоронный инвентарь — одежду, посуду, охотничье снаряжение — специально рвут, разбивают, ломают). Живой человек в Б. невидим для его обитателей, его слова принимают за треск очага, а прикосновения оказываются столь же вредоносны для умерших, как и появление духа среди людей среднего мира; увидеть его и отправить обратно на землю может только шаман мира умерших.

Е. Н.

БУРА́К, а л - Б у р а́ к (от араб. «блеснуть», «сверкнуть»), в мусульманской мифологии верховое животное, на котором *Мухаммад* совершил «ночное путешествие» из Мекки в Иерусалим и вознесение на небеса (*исрава-л-мирадж*). Мусульманская традиция описывает Б. как лошадь или как животное среднее по размерам между ослом и мулом, белого цвета, с длинной спиной и длинными ушами. На ногах у Б. были белые крылья, помогавшие быстро скакать. Позднее Б. стали представлять крылатым конём, иногда с человеческим лицом. До Мухаммада Б. служил и другим пророкам. Все они привязывали его к кольцу у Иерусалимской скалы. В Иерусалиме сохраняется камень, называемый седлом Б.

М. П.

БУ́РИ (букв. «родитель»), в скандинавской мифологии предок богов, отец *Бора* и дед *Одина*. Б. возник из солёных камней, которые лизала корова *Аудумла*.

Е. М.

БУРКУ́Т-БАБА́, Б у р к у́ т - д и в а н а́, у туркмен «хозяин» дождя. Персонаж доисламского происхождения, в его образе переплелись черты древних земледельческих и шаманских божеств. Б.-б. погоняет облака плетью, отчего и происходят гром и молния. Согласно мифам, Б.-б. обладает вещим знанием будущего, вступает в спор с самим аллахом. В одном из них аллах обещает удовлетворить любое желание того, кто простоит 40 суток на одной ноге. Это условие выполняет Б.-б. и просит уничтожить ад. Аллах доказывает Б.-б., что ад надо сохранить, и Б.-б. соглашается или (в некоторых вариантах) разрушает одно из отделений ада. Б.-б. приписывается власть над жизнью и смертью. Он просит аллаха оживить умершего единственного сына старухи, а когда тот отказывается, поднимается в воздух за ангелом смерти и разбивает бутылку, в которой тот заключил души семерых (в других вариантах — тысячи) людей, в т. ч. сына старухи.

Представления об ангелах, гоняющих тучи и производящих гром ударом плети, содержатся в мифологиях и некоторых других тюркоязычных народов (напр., ангелы Маккай и Макул у казахов), но мифы о них не сохранились. Следы представлений о существе женского пола, производящем гром и молнию, сохранились у узбеков (Момо-Кульдурок, Момо-Гулдурак) и туркмен (Гарры-мама). Образ Б.-б. известен также узбекам, казахам и таджикам (Дивана-и Бурх, Дивана-и Борх, Шайхы-Бурхы-дивана), но у них он не обладает функциями «хозяина» дождя.

В. Б.

БУРХА́Н, бу́ркан, бу́рган, пу́ркан, пу́рган (тюрко-монг. модификация слова «будда» или словосочетания «будда-хан»), в мифах некоторых тюркских народов (шорцев, хакасов, тувинцев, а также киргизов, уйгуров, монгольских народов обозначение будды, бога вообще, изображения бога, идола. У нанайцев буркан — дух помощник шаманов во время камлания. В мифологии монгольских народов (шаманской) термин «Б.» прилагается к обычно не смешиваемым с *тенгри* индо-тибетским ламаистским божествам, позднее (после 17 в.) включённым в пантеон шаманских богов: *Шакьямуни*,

Майтрея, *Авалокитешвара*, *Манджушри*, а также ряд *докшитов* (прежде всего *Очирвани*); иногда в их число включаются дагини (*дакини*). В мифах монгоров пурган — множество богов и духов (включая богов разных религиозных систем и даже демонов), противопоставленное единому небесному божеству (или обожествлённому небу) «тенгери». Вообще в монгольской мифологии (особенно у бурят) Б. может быть названо любое божество, просто злой дух: Арахи-Б. (*Раху*), Саган-Б.— дух оспы, и др.
С. Н.

БУРХАН-ХАЛДУН («священная ива» или «ивовый холм»), в мифах монгольских народов священная гора (идентифицируется с горным хребтом Хэнтэй в Хэнтэйском аймаке МНР). Согласно «Сокровенному сказанию» (монгольская хроника 13 в.), у подножия Б.-х. находилось родовое кочевье *Чингисхана*, на её склонах он спасался от преследований племени меркитов, мстивших ему за набеги его отца; по одной из легенд, его могила находилась на склоне Б.-х.
Н. Ж.

БУСИРИС, в греческой мифологии царь Египта, сын Посейдона (вариант — Эгипта) и Лисианассы. Когда страну поразила засуха, длившаяся девять лет, кипрский прорицатель Фрасий предсказал, что бедствие прекратится, если Б. будет ежегодно приносить в жертву Зевсу одного чужестранца. Первым Б. умертвил самого прорицателя, затем убивал у алтаря Зевса всех чужестранцев, прибывавших в Египет. Эта участь ожидала и *Геракла*, когда на пути к саду Гесперид он остановился в Египте; но герой, когда его подвели к жертвеннику, порвал путы и убил Б. и его сына Амфидаманта (Apollod. II 5, 11). Миф отразил представления греков о враждебном отношении египтян к чужестранцам (Diod. I 67). В египетской мифологии имя Б. не встречается, что даёт основание предполагать, что миф о Б. носит этиологический характер: это попытка объяснить название города Джеду в дельте Нила; сокращённое название города Bw-Wsr («место Осириса») греки произносили как «Бусирис». Согласно распространённому варианту мифа, Б. был убит не Гераклом (живившим десятью поколениями позже Б.) (Isocr. XI 37), а одной из Данаид Автоматой.
М. Б.

БУСИЭ, в мифах нанайцев злые духи. Считается, что Б. происходят от людей, умерших неестественной смертью и оказавшихся оторванными от своих живых сородичей и от сородичей, пребывающих в *буни*. Завидуя людям, Б. охотятся за живыми, подстерегают их у могил (где гложут кости трупов), забираются в дома и, дождавшись ночи, нападают на спящих, высасывают у них кровь или мозг, выклёвывают глаза. Вселившись в человека, Б. доводит его до полного истощения. Изгнать Б. можно только с помощью шамана. Для отпугивания Б. над входом в жилище вешали высушенного ерша с раскрытой пастью. Б. боятся грозы и прячутся от неё в деревьях, но гром убивает Б. и от них остаются «громовые камни» около деревьев, разбитых молнией. В сказках Б.— глуповатые великаны-людоеды с огромной пастью и большими зубами, похищающие людей. Б. способны превращаться в различных зверей и птиц, например в безобразных чёрных птиц с железными перьями и острыми железными клювами и когтями.
Е. Н.

БУТ, в греческой мифологии: 1) сын *Борея*; после неудачного покушения на брата Ликурга был изгнан и поселился на острове Наксос. Занимался разбоем и пиратством. Во время одного из набегов — во Фтиотиду в Фессалии, где происходил праздник в честь Диониса, Б. похитил и обесчестил вакханку Корониду. Оскорблённый Дионис наказал Б. безумием, и тот бросился в колодец (Diod. V 50); 2) сын афинского царя *Пандиона*, брат *Эрехфея*, Филомелы и Прокны (Apollod. III 14, 8; III 15, 1; Ovid. Met. VII 500). Б.— жрец Афины и Посейдона, основатель жреческого рода Бутадов или Этеобутадов в Афинах; 3) участник похода *аргонавтов*. Прельщённый пением сирен, Б. бросился в море, чтобы доплыть до них. Был спасён Афродитой, которая перенесла его в Лилибей и сделала своим возлюбленным (их сына звали *Эрикс*). Б. считают основателем города Лилибей (на острове Сицилия) (Apollod. I 9, 16).
М. Б.

БУТА (балийск.), буто (яван.), в индуистской мифологии балийцев и яванцев (Западная Индонезия и Малайзия) злые духи. Б. наряду с *Батара Кала* и оборотнями-лейяками составляют основную силу нижнего мира. Б. вселяются в тело человека, вызывают болезни, приносят несчастья. Они вездесущи, но их излюбленные места действия — лесные чащи, перекрёстки дорог, заброшенные могилы, морское побережье. Б. искушают отшельников, в одних случаях божества им противодействуют, в других — сами ниспосылают через Б. испытания святым аскетам. Эта функция указывает на связь происхождения образа Б. с обрядами инициации. По представлениям балийцев, Б. регулируют жизненные отправления человеческого организма (Б. воды, крови, телесной плоти, плаценты, нервных токов).
Г. Б.

БУХА-НОЙОН БАБАЙ («бык господин батюшка»), Хухэ Буха («сивый бык»), Нойон бабай («господин батюшка»), в мифах бурят (булагатов и эхиритов) тотемный первопредок. Согласно одному из вариантов, отражающему либо борьбу реальных родов, либо солярный миф (борьбу дня и ночи), Бохо Муя, сын Заян Саган-тенгри (западный *тенгри*), повздорил с Бохо Тели, сыном Хамхир Богдо-тенгри (восточный тенгри). Оба спустились на землю, превратившись: Бохо Муя — в сивого быка Б.-н.б., Бохо Тели — в пёстрого быка Тарлан Эрен буха, и стали гоняться друг за другом вокруг Байкала; наконец, встретившись во владениях Тайжи-хана — одного из бурятских князей в Тункинской долине, начали бодаться, топча всё вокруг. Дочь Тайжи-хана прогнала их, но забеременела от взгляда (или мычания) Б.-н.б. По версии булагатов, у неё родился мальчик, которого Б.-н.б. признал своим сыном, поместил в железной люльке на горе, кормил его и охранял. Две сестры, бездетные шаманки Асыхан (Асуйхан) и Хосыхан (Хусыхан), устроив Б.-н.б. специальный тайлаган (камлание с жертвоприношением), заполучили этого мальчика, дав ему имя «из-под пороза (быка) найденный Булагат»; он стал предком племени булагатов. Согласно эхиритской версии, бурятскому варианту близнечного мифа, дочь Тайжи-хана родила двух мальчиков: у Булагата был близнец, который в раннем детстве жил в щели на берегу Байкала. Когда Булагат подрос и стал ходить на берег Байкала, он встретил там своего близнеца. Шаманка Асыхан хитростью заполучила и этого сына Б.-н.б., назвав его Эхиритом. Он стал предком племени эхиритов.

Б.-н.б.— персонаж мифов у других бурятских племён. В шаманском пантеоне он — заян (полубог), сын Эсеге Малан-тенгри. Его девять сыновей — эжины (см. *Эдзены*), духи-хозяева ряда местностей в Бурятии. На его дочери Эрхе Субен женат Шаргай-нойон (другой мифологический персонаж бурят Прибайкалья). Известны шаманские призывания, где упоминается имя Б.-н.б., и места почитания Б.-н.б.— горы, носящие его имя (около села Далахай Тункинского района и Санага Закаменского района Бурятской АССР).

Б.-н.б. введён в ламаистский пантеон богов под именем Ринчин-хана (ламаистская иконография изображает его всадником на белом коне), а православная миссия объявила Б.-н.б. идентичным христианскому святому Пафнутию. До 30-х гг. 20 в. Б.-н. б. оставался объектом тройного почитания: у ламаистов, шаманистов, православных. Б.-н.б. как мифологический персонаж встречается у монголов Северной Монголии.
Н. Л. Жуковская.

БУХИС, в египетской мифологии бог в виде чёрного быка. Матерью Б. считалась небесная корова, родившая также и солнце. Отождествлялся с *Мневисом*, *Монту*, Амоном-Ра-Монту. Центром культа Б. был город Гермонт, где находился некрополь Бухеум, в котором хоронили мумии Б. Культ Б. достиг наивысшего расцвета при Птолемеях и римских императорах династий Юлиев — Клавдиев и Флавиев (с 4 в. до н. э.).   *Р. Р.*

БУХТ НАССА́Р, в мусульманской мифологии персонаж, соответствующий библейскому Навуходоносору. Мусульманское предание включает ряд соответствующих библейских сюжетов, в частности описание похода на Палестину. Мусульманская традиция превратила Б. Н. в сатрапа сасанидских царей; существует рассказ о его походе против арабов. Этот сюжет, вероятно, восходит к эпическому циклу о вавилонском царе Набониде, который действительно доходил со своими войсками до селений древней Аравии.   *М. П.*

БУЧЖОУША́НЬ («неполная», «ущербная»), в китайской мифологии гора, расположенная будто бы к северо-западу от гор *Куньлунь*. Некогда была опорой, подпиравшей небо. Однажды в гневе дух вод *Гун-гун* ударился о неё головой, Б. сломалась, одна из сторон земли (юго-восточная) обрушилась, а небосвод наклонился на северо-запад, и в нём тоже появились провалы. Во время этих потрясений горы и леса охватил огромный пожар. Воды, хлынувшие из-под земли, затопили сушу, и земля превратилась в сплошной океан, волны которого достигали неба. На Б. растут чудесные плоды, похожие на персики, отведавший их не будет знать усталости.   *Б. Р.*

БУЯ́Н, остров, упоминаемый в русских сказках и заговорах. Находится далеко за морем, наделяется фантастическими чертами потустороннего мира (ср. *вырей*). В заговорах Б. — место пребывания мифологических персонажей (христианских святых и др.), помощь которых придаёт заклинанию силу, или чудесный предмет, обеспечивающий получение желаемого, обычно — священный камень *алатырь*.   *А. Ч.*

БХАВАНАВА́СИНЫ («во-дворцах-живущие»), в джайнской мифологии первое из четырёх основных племён божеств, обитающее в Кхарабхаге (см. *Адхалока*), за исключением рода Асуракумара, живущего в Панкабхаге. В этом племени 10 родов, причём все они именуются — кумара — юноши, «ибо жизнь и привычки этих божеств походят на жизнь и привычки молодёжи до 20 лет». 1-й род, Асура-кумара, «демоническая молодёжь», имеют чёрный цвет тела, красные одежды. Их символ — драгоценность в виде полумесяца, а правители-индры — Камара и Бали. 2-й род, Нагакумара, «драконья молодёжь», светлые, в тёмных одеждах, их символ — корона в виде капюшона кобры. Нагакумара связаны с водой, в частности, с дождевыми облаками; их правители-индры — Дхарана и Бхутананда. 3-й род, Видьюткумара, «молниевая молодёжь», красные, в чёрных одеждах. Их символ — *ваджра*, а индры — Хари и Харисаха. 4-й род, Супарна-кумара, «орлиная молодёжь», золотого цвета, в белых одеждах, имеют символом *гаруду*; их индры — Венудева и Венудари. Битвы Супарнакумара с Нагакумара служат причиной некоторых землетрясений. 5-й род, Агникумара, «огненная молодёжь», красные, в чёрных одеждах. Их символ — кувшин, а индры — Агнисикха и Агниманава. 6-й род, Ватакумара, «ветренная молодёжь», тёмные, в багровых одеждах. Их символ — *макара*, индры — Веламбха и Прабханджана. 7-й род, Станитакумара, «громовая молодёжь», золотого цвета, в белых одеждах. Их символ — ларец «варлхаманака», индры — Сугхоша и Махагхоша. 8-й род, Удадхикумара, «океанская молодёжь», светлые, в тёмных одеждах. Их символ — лошадь, индры — Джалаканта и Джалапрабха. 9-й род Двипакумара, «островная молодёжь», красные, в тёмных одеждах. Символ — лев, индры — Пурна и Васиштха. 10-й род, Диккумара, «молодёжь направлений горизонта», золотого цвета, в белых одеждах. Символ — слон, индры — Амитагати и Амитавахана.   *А. А. Терентьев.*

БХАВАЧА́КРА («колесо бытия»), в буддийской мифологии бесконечность перерождений; см. *Сансара*.   *Л. М.*

БХА́ГА (собств. «наделитель», а также «доля», «счастье», «имущество»), в ведийской мифологии божество класса *адитьев*; нередко Б. как эпитет относится к другим богам, особенно к *Савитару*. В «Ригведе» Б. (в основном) посвящён лишь один гимн (VII 41), но имя его встречается более 60 раз. Как и другие адитьи, Б. мало индивидуализирован, и конкретные антропоморфные черты выражены слабо. Б. — воплощение счастья, господин богатства (II 38, 10; V 41, 11), распределитель даров. Благосклонен к людям, поэтому его часто призывают в молитвах; он благословляет жертвы. Участвует в свадебной церемонии (X 85), приносит плодородие и обнаруживает отчётливые эротические ассоциации (ср. bhaga «vulva» или bhāga применительно к сексуальному блаженству). В поздней литературе словом «Б.» обозначаются богатство, слава, геройство, процветание, красота (Вишну-пур. V 74). Тот, кто обладает этими качествами, — *бхагават*, т. е. имеющий Б., и этим именем обозначается и бог, и человек. Б. правит солнцем (РВ I 136, 2), он появляется вместе с Савитаром, и его призывают одновременно с другими солярными божествами (Майтр.-самх. I 6, 12). Ушас — сестра Б. Упоминается ладья Б. (РВ II 36, 5). Он часто выступает вместе с *Арьяманом*. В «Тайттирия-брахмане» (I 1, 2, 4) Б. принадлежит созвездие Пурва-пхалгуни, а Арьяману — Уттара-пхалгуни. В «Ригведе» (X 125, 2) персонифицированная речь *Вач* несёт Б. В эпической литературе Б. упоминается в списках адитьев (ср. Мбх. I 59; Рам. II 25, 21—22; Хариваншу III 60—62). При первом жертвоприношении, устроенном *Дакшей*, *Рудра* ослепляет Б.; после просьбы о пощаде он возвращает Б. глаза.

Ближайшее соответствие Б. — в авест. baγa, др.-перс. baga — «бог», «господин», в поздних частях «Авесты» это слово употребляется для обозначения *Ахурамазды* и *Митры*. Согдийск. βγ выступает именно как бог свадьбы (а не богатства), вытеснивший *Арьямана* и образующий пару с Митрой. Слав. «бог» также связано с именем Б.   *В. Н. Топоров.*

БХА́ГАВАТ, бха́гаван (первоначальное значение «счастливый», «благословенный», затем «священный», «божественный», «бог», «господь»), в индуистской мифологии имя-эпитет высших божеств. По-видимому, это имя прежде всего получило распространение в кругах приверженцев *Нараяны*, *Васудевы* и других божеств, позже слившихся с образами *Вишну* и *Кришны*. Адепты этих божеств называли себя «бхагаватами» («божьи люди», «приверженцы господа»; в европейской науке за течениями раннего вишнуизма закрепилось название бхагаватизм). В «Бхагавад-гите» и «Бхагавата-пуране» Б. — постоянный эпитет Вишну-Кришны. Однако Б. встречается как имя-эпитет других индуистских богов, различных *аватар* Вишну. На санскрите Б. — обычная форма обращения к почитаемому лицу (богу, святому, царю и др.).

В буддийской мифологии Б. — эпитет Будды и бодхисатв, в джайнской — Джины.   *С. С.*

БХАДРЕШВА́РА, в мон-кхмерской мифологии в раннекхмерской традиции под этим именем почитался Эйсор (*Шивы*). Он считался главным божеством Кампучии. Имя Б. встречается в древнеиндийской религиозной литературе, но культ Б. в Индокитае был чисто местным. Его происхождение связывают с победами, одерживаемыми кхмерами в ранний период их истории над Тьямпой, государством на территории центральной части современного Вьетнама. В основе культа Б. лежал культ духа горы Б. был посвящён самый древний храм кхмеров Ват Пху.   *Я. Ч.*

БХАЙШАДЖЬЯГУ́РУ («врач-учитель»), будда в буддийской мифологии махаяны. Культ Б. возник не позже 2 в., т. к. он упоминается уже в «Шатасахасрике Праджняпарамите». Основой образа Б. служат, по-видимому, врачи-*бодхисатвы* Бхайшаджьяраджа и Бхайшаджья-самудгата, упоминаемые в «Саддхарма-пундарике» (1 в.). По описанию «Бхайшаджьягуру-сутры», Б. обитает в своём раю-вайдурья-нирбхасе («блеск драгоценного камня вайдурья»), который расположен на Востоке (между ним и земным миром находится в десять раз больше миров, чем в реке Ганг песчинок). В этом раю почва состоит из вайдурьи, дома построены из разных драгоценных камней, там отсутствуют страдания и нет женщин. Функцией Б. является проповедь *дхармы* в своём раю, а также лечение болезней и продление жизни в других мирах. Культ Б. имеет, таким образом, цель получить «временные» и «земные» преимущества, он не предназначен для конечного освобождения. Б. был чрезвычайно популярен в Китае и особенно в Японии.

Л. М.

БХА́РАТА («воспитанный»), в индийской мифологии и эпосе: 1) родоначальник племени бхаратов, многократно упоминаемого в «Ригведе»; 2) согласно легенде, изложенной в «Вишну-пуране» (II 13—16) и «Бхагавата-пуране» (V 9—10),— царь эпохи критаюги (см. в ст. *Юга*), отказавшийся от трона ради жизни благочестивого отшельника. Однажды Б. спас в лесу детёныша антилопы, воспитал его и всю жизнь о нём заботился. Поэтому в следующем рождении он родился антилопой; но, даже будучи животным, оставался ревностным почитателем *Вишну* и предавался суровой аскезе. Наградой за это послужило следующее рождение, в котором Б. стал брахманом; 3) в «Падма-пуране» и «Махабхарате» — царь *Лунной династии*, сын Душьянты и *Шакунталы*, прославившийся как «властитель мира» (чакравартин). К Б. возводят царский род бхаратов, к которому принадлежали герои «Махабхараты» *кауравы* и *пандавы*. В честь бхаратов Индия в древности часто называлась «Бхаратаваршей» («страной бхаратов»); современное официальное название Республики Индия на языке хинди — «Бхарат»; 4) в «Рамаяне» — сводный брат *Рамы*, сын царя Дашаратхи, от его второй жены Кайкейи. По интригам Кайкейи, желавшей, чтобы её сын стал наследником Дашаратхи, Рама на четырнадцать лет был изгнан из царства. Однако Б. остался верным старшему брату, и когда ему не удалось убедить Раму вернуться в Айодхью, он водрузил на трон его сандалии в знак того, что правит страной от имени Рамы. По возвращении Рамы из изгнания Б. добровольно уступил ему царство. *П. А. Гринцер.*

БХА́РАТИ, в древнеиндийской мифологии богиня, входящая в триаду вместе с *Сарасвати* и *Илой* и особо тесно связанная с Сарасвати. Как и последняя, Б. — богиня речи и песнопения и, видимо, представляет собой другое наименование Сарасвати. Впрочем, функция Б. уже, чем у Сарасвати. Имя Б. произведено от *Бхараты*.

В. Т.

БХИ́МА («ужасный»), Б х и м а с е́ н а, герой древнеиндийского эпоса «Махабхарата», один из *пандавов*, сын *Кунти* от бога ветра *Ваю*. Будучи сыном бога ветра, Б. — сильный, стремительный, страстный, необузданный, прожорливый. Едва родившись, Б. упал с колен матери на скалу и разбил её на тысячу кусков. Сражается Б., не имея ни колесницы, ни лука, с помощью дубины или ствола дерева, которое он мгновенно очищает от корней и веток. Важнейшая эпико-мифологическая функция Б. — очищение земли от чудовищ: он убивает *ракшасов* Хидимбу и Джатасуру, покушавшихся на жизнь пандавов; ракшаса Баку, требовавшего себе человеческих жертв; *якшей* и ракшасов из свиты бога Куберы; тирана и мучителя царей Джарасандху. Будучи в эпосе главным мстителем за *Драупади*, Б. избавляет её от похитителя Джаядратхи, убивает домогавшегося её военачальника племени матсьев Кичаку, во время битвы на *Курукшетре* побеждает в поединках двух главных её оскорбителей *Дурьодхану* и Духшасану (при этом у Духшасаны, согласно данному им ранее обету, Б. отрубает голову, а из раны на груди пьёт кровь). Б. имел двух сыновей: Сарватрагу от царевны города Каши (современный Варанаси) и от сестры ракшаса Хидимбы — Гхатоткачу, сражавшегося вместе с пандавами против *кауравов*. Эпитеты Б. в «Махабхарате»: Врикодара («имеющий брюхо волка»), Бахушалин («долгорукий»), Джарасандхаджит («победитель Джарасандхи») и др. *П. Г.*

БХИ́ШМА («грозный»), герой древнеиндийского эпоса «Махабхарата», двоюродный дед *пандавов* и *кауравов*. Б. был сыном царя Шантану и богини Ганги. Когда его отец вторично женился на дочери царя рыбаков Сатьявати, Б. дал обет безбрачия и отказался от царства в пользу своих младших братьев Читрангады и Вичитравирьи. После их смерти Б. воспитал наследников трона *Панду* и *Дхритараштру*, а затем их сыновей — пандавов и кауравов. Будучи советником царя Дхритараштры, Б. всячески пытался предотвратить войну между пандавами и кауравами, но, когда война всё-таки началась, он, хотя и сочувствовал пандавам, стал военачальником кауравов. Мудрость и воинское искусство Б. были столь велики, что под его водительством армия кауравов не могла быть побеждённой, а доблесть его была такова, что никто не мог одолеть его в поединке. Тогда пандавы прибегли к хитрости: зная, что благородный Б. не будет сражаться против женщины, они выставили впереди строя Шикхандина, о котором Б. знал, что это девушка, превращённая в юношу, и под его прикрытием напали на Б. Когда Б. упал, тело его так плотно было покрыто стрелами, что он оказался не на земле, а на ложе из стрел. Боги даровали Б. право самому определить день своей кончины, и он, отсрочив её до окончания битвы на *Курукшетре*, со смертного ложа преподал предводителям пандавов обширное наставление в религии, законе и праве, которое занимает около двух книг «Махабхараты» (XII и XIII). [Эпитеты Б. в «Махабхарате»: Шантанава («сын Шантану»), Гангея («сын Ганги»), Деваврата («преданный богам») и др.]

П. Г.

БХРИ́ГУ, в ведийской и индуистской мифологии мудрец, один из семи великих *риши*. В «Ригведе» имя Б. употребляется во множественном числе и означает группу божественных существ, передавших небесный огонь людям и бывших его хранителями (I 60, 1; 58, 6 и др.). По-видимому, эти Б. — одна из манифестаций *Агни*. В той же «Ригведе» и в поздн ейшей литературе Б. рассматриваются также как жреческий род, установивший жертвоприношения на огне, а основателем этого рода считается мудрец Б. В одной версии, Б. родился из семени *Праджапати* и был воспитан *Варуной* (Айт.-бр. V 10), по другой, — он сын самого Варуны (Шат.-бр. XI 61, 1), по третьей, — его отцом был *Ману*, который передал своему сыну космогоническое учение, а тот сообщил его людям (Мбх. XII 182—192). Слово Б. в индуистской мифологической традиции обладает непререкаемым авторитетом. В одном из вариантов мифа о *Нахуше* именно Б. обращает его своим проклятием в змея и сбрасывает с неба (Мбх. XIII 100). Б. проклинает также *Вишну*, когда тот обезглавливает жену Б. — Пулому, предоставившую убежище *асурам*; по этому проклятию Вишну был обречён семь раз родиться среди смертных (см. *Аватара*) и в одном из этих рождений (в облике *Рамы*) разлучиться со своей женой *Ситой* (Падма-пур. V 13; Рам. VII 51). Согласно «Падма-пуране», Б. разрешил спор риши о том, кого почитать верховным богом. Сначала он отправился к *Шиве*, но тот его к себе не допустил, предаваясь в это время любви со своей супругой. За это Б. лишил его положенных жертв и заставил принять форму *линги*. Затем Б. пошёл к *Брахме*; не получив от него должных почестей, Б. отказал ему в почитании со стороны брахманов. Наконец, он явился к Вишну, которого застал спящим и, чтобы разбудить его, поставил ему на грудь ногу. Вишну не только не разгневался, но смиренно стал растирать ногу мудреца руками. Тогда Б. провозгласил Вишну единственным богом, достойным почитания у остальных богов и у людей (Падма-пур. VI 282). Б. имел сына Шукру, который был наставником асуров и идентифицировался с планетой Венера.

П. А. Гринцер.

БХУДЖЬЮ́ (от bhuj-, «сгибаться», «искривляться»), в древнеиндийской мифологии сын Тугры, покинутый во время бури своими спутниками и спасённый *Ашвинами*, трое суток нёсшими его над волнами. Этот сюжет неясно упоминается уже в «Ригведе» (несколько раз в 1-й и 10-й мандалах). Известны и некоторые другие детали: кораблекрушение в море, безуспешные вначале призывы Б.

о помощи, попытки уцепиться за бревно среди океана, мотив стовесельного корабля как убежища Б., освобождение Б. с помощью одушевлённого крылатого корабля, реявшего в воздухе (четырёх кораблей, крылатой ладьи, трёх летающих колесниц со множеством колёс, шести коней и т. п.), защита Б. Ашвинами от врагов и др. История Б. в своей основе, видимо, связана с хорошо известными сказочными сюжетами кораблекрушения в море и предательства спутников (братьев), в результате которого герой оказывается в критическом состоянии.

В. Т.

БХУ́ТЫ (букв. «бывшие»), в индуистской мифологии демонические существа, принадлежащие к свите *Шивы* (одно из имён Шивы — Бхутешвара, «владыка Б.»); иногда отождествляются с *претами*. Б. обычно враждебны людям, живут на кладбищах и питаются человеческим мясом, но могут быть также хранителями деревни или дома, где они поселились. По суеверным представлениям, Б. — оборотни, принимающие облик свиней, лошадей, великанов, карликов и т. д.

П. Г.

БЫНА́ТЫ ХИЦА́У, у осетин покровитель домашнего очага, домовой. Представляется в виде страшной старухи с клыками. Он живёт в кладовой, и его могут увидеть только знахари под Новый год. Б. х. может напускать болезни на членов семьи и на домашних животных. Вместе с тем Б. х. благословляет молодую, когда она прощается с родителями или приобщается к новой семье в доме мужа. В определённый день в году Б. х. приносили в жертву барана, козу или домашнюю птицу, мясо к-рых полагалось съедать только членам семьи.

Б. К.

БЬЯ́ТТА, у бирманцев один из воинских духов. Рассказывается, что во времена короля Анораттхи (Анораты, 11 в.) человек по имени Б. получил необыкновенную силу, съев часть пламенно-чистого тела великого алхимика. По преданию, Б. помогал бирманцам завоевать монское государство Татхоун (Татон). Б. вступил в связь с феей, обитающей на горе Поупа, и опоздал поэтому с традиционным подношением цветов Анораттхе. Король тут же убил его чудесным копьём, полученным от богов. Оба сына Б., отличавшиеся сверхъестественной силой, тоже были убиты королём и вместе с отцом превратились в грозных духов-натов. Анораттха перенёс место почитания Б. и его сыновей с горы Поупа в горы на север от г. Мандалая.

Я. Ч.

БЭЙДО́У («северный ковш»), в китайской мифологии дух или группа духов Большой Медведицы, а также название самого созвездия. Духи имеют антропоморфный вид. Один из Б. повелевает дождями, Б. в целом владычествует над судьбой и смертью людей. Некий Янь по совету гадателя и физиогнома Гуань Ло, определившего, что сын Яня умрёт девятнадцатилетним, отправился искать Б., взяв с собой вино и оленье мясо. Он встретил двух человек, игравших в шашки под тутовым деревом. Янь молча поставил перед ними вино и мясо. Увлечённые игроки — это были Б. и дух Наньдоу («Южного ковша») — принялись пить и есть и лишь потом заметили Яня. Б. решил отблагодарить его и поменял цифры в книге судеб: вместо девятнадцати лет сыну Яня суждено было прожить целых девяносто. Считалось, что под рождения людей, которым ведал Наньдоу, их судьбы попадали в руки Б. Графическое или иероглифическое изображение Большой Медведицы в средневековом Китае имело магический смысл — отвращение злых духов. Существовало также представление о волшебном мече цисинцзянь («меч семи звёзд»), разрубающем нечисть; снадобье бессмертия у даосов называлось цисинсань («порошок семи звёзд») и т. п. В поздней народной мифологии было распространено ещё представление о *Доу-му* («матушке ковша») и её супруге Доу-фу («батюшке ковша»).

Б. Р.

БЭС, в египетской мифологии божество, охраняющее человека от бедствий, покровитель семьи. Египтяне верили, что Б. изгоняет злых духов, помогает при родах. Изображался в виде человека-карлика, кривоногого, с широким уродливым бородатым лицом, искажённым гримасой. Считалось, что уродство Б. отпугивает злых духов. На голове Б. обычно надета большая тиара из перьев или листьев. Иногда изображался с ножом в руках (Бэс-Аха, «Б.-воин») или танцующим, с музыкальным инструментом (Бэс-Хит, Бэс-Хат, «танцующий Б.», почитавшийся как бог веселья). Нож и музыкальный инструмент в его руках должны были устрашать врагов. Сохранилось огромное количество имевших защитный характер амулетов в виде Б. (их находят при археологических раскопках в Передней Азии, на побережье Средиземного и Эгейского морей, в СССР — в Северном Причерноморье, на Урале, в Сибири, в Средней Азии).

Р. Р.

БЯНЬ ХЭ, в китайской народной мифологии бог — покровитель ювелиров. В основе образа одноимённое реальное лицо (8 в. до н. э.), чиновник времён династии Чжоу. По преданию, изложенному в трактате «Хань Фэй-цзы» (3 в. до н. э.), Б. Х. однажды нашёл на горе Цзиншань драгоценный нефрит и поднёс его князю Ли-вану. Тот не распознал в куске необработанной породы драгоценность, обвинил Б. Х. в мошенничестве и велел отрубить ему левую ногу. Когда на престол вступил У-ван, он пытался вновь поднести камень князю, но тот велел отрубить ему правую ногу. Когда престол занял Вэнь-ван, Б. Х., прижав к груди своей камень, зарыдал у горы Цзиншань. Вэнь-ван послал человека спросить Б. Х., тот ответил: «Я скорблю не о том, что потерял обе ноги, а о том, что драгоценный нефрит называют простым камнем, а честного подданного — мошенником». Тогда князь приказал отшлифовать камень — получился превосходный диск драгоценного нефрита (символ неба), который в его честь назвали Хэби — «диск Хэ». В средние века Б. Х. почитали как патрона ювелиров.

Б. Р.

БЯНЬ ЦЯО, в китайской мифологии один из богов-покровителей врачевателей, в образе которого контаминированы, видимо, два различных персонажа: 1) мифический Б. с птичьим клювом и крыльями летучей мыши — сподвижник *Хуан-ди*, помогающий ему в распознании целебных свойств растений. (Имя Б. в этом случае объясняется через бянь — «летучая мышь» и цяо — «сорока»); 2) реальный знаменитый врачеватель 6 в. до н. э. Цинь Юэ-жэнь, получивший прозвище Б. Согласно легенде, Б. перенял своё искусство от бессмертного Чансан-цзюня («господин длинное тутовое дерево»), который давал ему чудесные капли. Через 30 дней Б. смог видеть сквозь стены и проникать взором во внутренности человека. В 521 до н. э. Б., согласно преданию, оживил принца царства Го, после чего слава о его искусстве распространилась по всему Китаю. Впоследствии Б. был обожествлён в качестве покровителя медиков и аптекарей. На древних рельефах Б. изображён в виде человекоптицы, делающей укол больному.

Б. Р.

БЯРНЙЛ ИЗА́ЖА («госпожа озера»), у лацкев хозяйка воды, водной стихии. Согласно поверьям, обитает на глубине озёр и рек. Имеет облик белокожей женщины-красавицы; её глаза излучают зелёный свет, у неё длинные распущенные зелёные волосы. Заманивает купающихся одиноких мужчин, хватает их в свои объятия и топит. Полюбившимся ей мужчинам сохраняет жизнь, но щекоткой вызывает у них страшный смех и в конце концов сводит с ума. Для умилостивления D. I. ей воспосили молитвы, совершали жертвоприношения.

Х. Х.

БЭНСАЙ-ТЭН, Бэ́ндзай-тэн («божество красноречия»), Бэн-тэн, у японцев божество, входит в число *семи богов счастья*. Обеспечивает долгую жизнь, богатство, военные успехи, защищает от стихийных бедствий; дарует мудрость, красноречие. Изображается сидящей на драконе или змее, с япон. струнным инструментом (бива) в руках. Иногда Б. отождествляется с синтоистской богиней Итикисима-химэ-но-микото.

А. Н. Игнатович.

В

ВААЛ, см. *Балу*.

ВАБА́Р, в мусульманской мифологии область, примыкающая к стране народа *ад* (адиты). Традиция, восходящая к доисламским легендам арабов, связывает В. с юго-западной частью пустыни Руб-эль-Хали. Согласно преданию, некогда эта местность была цветущим садом. После гибели адитов аллах поселил там *джиннов*, а людей превратил в наснасов — существа, у которых только полголовы, один глаз, одна рука и одна нога. По преданию, в пустыне есть место, где растут пальмовые рощи, не нуждающиеся в искусственном орошении, и пасутся огромные стада скота. Джинны разводят там самых красивых верблюдов. Однако эта местность заколдована и охраняется духами. Человек может попасть в В. только волей случая. В странах, население которых исповедует ислам, бытует много легенд и преданий о таких случайных посещениях людьми В.

М. П.

ВАВИЛО́НСКАЯ БА́ШНЯ и смешение языков, два предания о Древнем Вавилоне (объединённых в каноническом тексте Библии в единый рассказ): 1) о постройке города и смешении языков и 2) о возведении башни и рассеянии людей. Эти предания приурочены к «началу истории» человечества (после потопа) и объясняют враждебным вмешательством бога первопричину языковой и территориальной разобщённости людей. «Все люди на земле имели один язык и одинаковые слова. Д в и н у в-
ш и с ь с В о с т о к а, они нашли в земле
С е н н а а р долину и поселились там. И
сказали друг другу: наделаем кирпичей и обожжём
огнём. И стали у них кирпичи вместо
камней, а асфальт вместо извести. И
сказали они: построим себе город и башню высотою до небес; и сделаем себе имя,
чтобы мы не рассеялись по лицу всей
земли. И сошёл Яхве посмотреть город и башню, что строили сыны человеческие. И сказал Яхве: вот один народ, и один
у всех язык; это первое, что начали они
делать, и не отстанут они от того,
что надумали делать. Сойдём же и смешаем там язык их, так чтобы один не понимал речи другого. И рассеял их Яхве оттуда
по всей земле; и они перестали строить город.
Посему дано ему имя: Бабель (Вавилон), ибо там
смешал Яхве языки всей земли, и о т т у д а р а с-
с е я л   и х   Я х в е   п о   в с е й   з е м л е». (Быт. 11,
1—9). Сюжеты обоих сказаний расходятся и совпадают в ряде мотивов: по 1-му сказанию, строится город, по 2-му (текст дан в разрядку) — башня
до небес (и то, и другое мыслится как первое большое строительство людей); если город строят оседлые обладатели единого языка, умеющие обжигать кирпич, то башню — кочевники с Востока;
если город строится для обитания людей и ради вечной славы, то башню — для ориентира, чтобы не рассеяться. В преданиях богу, по мнению их авторов,
не угодны высокомерные планы большого строительства, и он нарушает намерения людей: градостроители перестают понимать друг друга, а воздвигавшие башню были, вопреки их цели, рассеяны;
строительство прекращается. Город, который по замыслу его строителей должен был стать памятником вечной славы, получает, напротив, бесславное имя. В Библии западносемитское название этого города (Баб Эл, «Врата бога») толкуется игрой слова позднего, восточносемитского корня со смыслом «мешать», «смешивать».

Оба сюжета возникли, очевидно, под впечатлением огромного (но недостроенного) кирпичного города и башни, лежащей в руинах. По мнению немецкого учёного Г. Гункеля, предания навеяны исторической действительностью, и речь в них идёт о многоэтажном храме богу Мардуку в Вавилоне, увенчанном башней (о которой и в другом памятнике гиперболически отмечено, что она достигает небес), временами сооружение это укреплялось и реставрировалось, вполне вероятно, что оно рано разрушилось. Археологические раскопки (Р. Кольдевей, А. Парро и др.) подтверждают, что в предании о В. б. нашло отражение строительство в Вавилонии зиккуратов (гигантских зданий ритуально-храмового значения). Вавилонский обычай сооружать себе вечные памятники в виде зданий и городов кажется рассказчику высокомерием; бог (Яхве) изображается весьма антропоморфно, и ему приписывается незнание помыслов и дел людей и даже страх перед ними.

Сказания возникли не позднее нач. 2-го тыс. до н. э., т. е. почти за 1000 лет до литературного памятника, являющегося их старейшим письменным свидетельством (и относящегося к древнейшему пласту библейских текстов). У более поздних авторов развитие получили лишь некоторые мотивы сказаний: изображается греховность «допотопного» поколения строителей, в особенности вавилонян как врагов, в этой связи выделяется богоборческий характер строительства башни. В корне меняется образ бога, мотив его враждебности переосмыслен усилением его справедливости, рассеяние людей изображается не как возмездие из опасения силы людской, а как благодеяние и божий промысел. Сюжет имеет многочисленные мифологические параллели. Изречения: «вавилонское столпотворение» и «смешение языков» и просто — «Вавилон» вошли в обиход многих языков.

Исидор Левин.

ВАДД, в йеменской мифологии бог луны и орошения. Вероятно, ипостась *Илу*; слово «В.», по-видимому, являлось первоначально прозвищем бога, заменявшим его запретное имя, и означает «любимый».

В государстве Маин В. — бог-предок, покровитель и владыка страны, вероятно, царь богов. Он занимал второе место (после *Астара*) в официальном пантеоне; главная оросительная артерия Маина называлась «рекой Вадда».

В. почитался во всех государствах древнего Йемена. Магическая формула «В.-отец» применялась повсюду как средство защиты от бед и несчастий (апотропей). В государстве Аусан В. считался отцом обожествлённого царя Иасдукила Фариума. В Катабане известен храм В. и *Асират*. Одна из ипостасей В. была богом-покровителем племени мазин в Сабе, там почитались и другие его ипостаси. Известен храм В. в Марибе. Священным животным В. была змея.

В. известен также в древнеарабской мифологии — в Центральной Аравии (в государстве Лихьян и у самудских арабов), где он, по-видимому, был заимствован из Маина. В оазисе Думат находилось святилище, где были собраны изображения многих богов, среди них была и гигантская статуя В. в человеческом облике с мечом, копьём, луком и колчаном стрел. Мусульманская традиция считает его одним из богов, которым поклонялись сородичи *Нуха* (Коран 71:23). *А. Г. Л.*

ВАДЖРА («алмаз», «молния»), 1) в ведийской и индуистской мифологии дубина, палица (грома), оружие *Индры* (реже — *Рудры, Марутов, Маньо*). Ср. эпитеты Индры: Ваджрин, Ваджрабхрит («носящий В.») и т. п. В. была выкована для Индры *Тваштаром*; по «Ригведе» (I 121, 12; V 34, 2), это сделал певец Ушана. В. лежала в океане, в водах, её место — ниже солнца (в руках Индры В. как солнце в небе). Она — медная, золотая, железная, как из камня или из скалы; отмечается, что у В. четыре или сто углов, тысяча зубцов; иногда она в виде диска, позже — крестообразна. В «Махабхарате» сообщается, что В. сделана из скелета мудреца-отшельника Дадхичи (см. *Дадхьянч*). В. выступает и как символ плодородия; не исключена её связь с дождём. Есть мнение, что В. некогда была образом бычьего фаллоса. *В. Т.*

2) В буддийской мифологии В.— символ прочности и неуничтожимости. Занимает центральное место в символике буддийского направления ваджраяны, где В. изображают как особым образом оформленный скипетр. В.— атрибут многих *будд, бодхисатв* и *идамов*, обычно наряду с колокольчиком, рукоятка которого напоминает конец В. В ваджраяне В. символизирует мужское начало, путь, искусные средства, сострадание, т. е. активность; колокольчик символизирует женское начало (*праджня*), плод, мудрость, т. е. пассивность. В Тибете В. известна под названием «дордже». *Л. М.*

ВАДЖРАДХАРА («держатель ваджры»), в буддийской мифологии ваджраяны будда. В. символизирует недвойственность и необусловленную основу просветления. В традиции многих буддийских школ (особенно Тибета) В. отождествляется с *ади-буддой*. Его изображают (одного или вместе с *праджней*) сидящим в традиционной позе будд, его руки скрещены на груди (в правой руке он держит ваджру, в левой — колокольчик), его цвет — синий. Считается, что выдающиеся йоги могут получить от В. новые учения и методы. Так, утверждается, что индийский махасиддха Тилопа получил от В. методы «великого символа», на основе которых позже возникла буддийская школа Каджупа в Тибете. *Л. М.*

ВАДЖРАНГА [«имеющий тело (твёрдое), как ваджра»], в индуистской мифологии знаменитый подвижник и воитель против *Индры*. Согласно «Матсья-пуране» и некоторым другим источникам, В.— сын *Кашьяпы* и *Дити*, которого Дити родила после того, как Индра уничтожил в битве её сыновей *дайтьев*, с тем чтобы покарать убийцу. В. обладал необыкновенной силой и бесстрашием. Выросши он по наущению матери отправился в Амаравати, легко одержал победу над Индрой, связал его, взвалил на спину и, вернувшись домой, бросил своего врага к ногам матери. Появившийся *Брахма* упросил В. отпустить Индру. В. послушался заступника Индры, за что ему была дарована прекрасная дева Варанги, с которой он удалился в обитель, где выполнял суровые обеты (первое тысячелетие он стоял с воздетыми к небу руками, второе — согнувшись и упираясь головой в землю, третье — он изнурял себя зноем, четвёртое — студёной водой). Варанги взяла на себя обет молчания. Индра, не забывший своих обид, обернулся огромной обезьяной, разрушил жилище В. и его жены и затем, превратившись в змея, похитил Варанги. В., кончив срок подвижничества, вернулся домой и обнаружил исчезновение Варанги. С трудом разыскав её в глухом лесу, он решил отомстить Индре, но, связанный обетом Брахме, мог поручить исполнение мести только своему сыну. Сын Тарака, дарованный родителям Брахмой, должен был стать мстителем Индре за обиды, нанесённые Варанги. *В. Т.*

ВАДЖРАПАНИ [«рука (держащая) ваджру»], *бодхисатва* в буддийской мифологии махаяны и ваджраяны. В махаяне В. упоминается изредка, но в ваджраяне (особенно в Тибете) он считается наряду с *Авалокитешварой* и *Манджушри* одним из основных бодхисатв. В. считают эманацией будды *Акшобхьи*. В. изображается обычно стоящим в угрожающем виде, в правой поднятой руке он держит *ваджру*. В. символизирует силу, и его функцией считается уничтожение заблуждения и тупости. С В. связано много легенд. По одной из них, В. провожал *Шакьямуни*, когда тот покинул Капилавасту, по другой — В. присутствовал, когда к будде пришли *наги* и т. д. *Л. М.*

ВАДЖРАСАТВА [«алмазное существо», «существо (имеющее сущность) ваджры»], будда в буддийской мифологии ваджраяны. Иногда В. сопоставляется с *Ваджрадхарой*, но обычно его считают первой эманацией *Ади-будды*. В. олицетворяет всех дхьяни-будд (см. *Будда*) вместе взятых, его белый цвет означает слияние цветов всех дхьяни-будд. В. символизирует принцип очищения. Его изображают сидящим (одного или вместе с *праджней*) в традиционной позе будд, причём держащая *ваджру* правая рука находится на уровне сердца, держащая колокольчик левая рука — у бедра. *Л. М.*

ВАЗИМБА, в мифах малагасийцев первонасельники Мадагаскара, жившие на острове до обоснования на нём малагасийцев. После изгнания В. из малагасийского гос-ва Имерина они превратились в карликов, обитающих в озёрах, на морском берегу, под землёй и на суше. При появлении человека В. обычно исчезают и скрываются в своих обиталищах. Тем не менее В. общаются с людьми, являясь им во сне, — дают им советы, предсказывают судьбу. Некоторые В. соблазняют девушек, нарушивших нормы обычного права, наказывают людей, преступивших запреты. В. бывают то злыми, то добрыми. Один из особенно могущественных В.— Раноро, способный влиять на взаимоотношения людей с *занахари*. Для умилостивления В. совершаются жертвоприношения. В.— обычные герои быличек. *М. Ч.*

ВАЙЖГАНТАС (Vaižgantas), в мифах литовцев божество льна. Польский автор 17 в. Ян Ласицкий сообщает о литовском обряде сике (литов. sike, «лепёшка»); самая высокая девица с фартуком, наполненным лепёшками, в левой руке и льном и липовыми листьями — в правой, становится на стул и обращается к В. с заклятием: «В., божок, вырасти мне лён длинный, как я сама; не дай мне ходить нагой!». Поздние источники указывают, что в жертву В. приносили петуха. Во 2-й половине 18 в. писатель Гупель среди латышских божеств называет Вейзгантса (Weizgants) — бога обручённых, особенно невест; с ним связывали надежды на благополучие. Видимо, включение В.— Вейзгантса в число латышских богов — плод «кабинетной» мифологии. *В. И., В. Т.*

ВАЙМАНИКА («Небесные»), в джайнской мифологии четвёртое племя божеств, обитающие в верхнем мире (см. *Урдхвалока*). В., обитающие в калпе, делятся на 12 родов — по числу небес калпы, а те, что пребывают выше калпы, не имеют ни родовой, ни социальной дифференциации, и каждый из них именуется «ахаминдра», т. е. «сам-/себе/-правитель». Ахаминдры не носят одежд, украшений, не знают чувственных наслаждений. У божеств, живущих на небесах калпы, по мере подъёма по иерархии небес растут долголетие, величие, счастье, свет, чистота ауры (см. *Лешья*), восприимчивость органов чувств и способность к ясновидению и уменьшаются подвижность, размер тела, привязанность к

вещам и гордыня. Все В., как живущие в калпе, так и вне её, имеют юный царственный облик, не отбрасывают тени, не мигают глазами, их волосы и ногти не растут. Чаще всего в джайнских мифах действуют В., обитающие в Саудхарме. Их правитель имеет собственное имя — Шакра; индры остальных В. именуются по названиям соответствующих небес.
А. А. Терентьев.

ВАЙРОЧАНА («сияющий»), в буддийской мифологии махаяны и ваджраяны один из будд. Культ В. возник, по-видимому, в середине 1-го тыс. н. э. В «Гандавьюха-сутре» В. изображается сияющим, как солнце, свет которого проникает во все уголки в бесконечном пространстве. В *Махавайрочана-сутре* (7 в.) В. занимает первое место среди будд. В ваджраяне В.— один из пяти т. н. дхьяни-будд (см. *Будда*). В мандале дхьяни-будд В. находится или в центре, или на Востоке, он белого цвета и держит в руке дхармачакру («колесо учения»). Культ В. очень популярен в Китае и в Японии, где В. считается и *ади-буддой*.
Л. М.

ВАЙТАРАНИ («переносящая», «переправляющая»), в индуистской мифологии река, протекающая в царстве бога смерти *Ямы* или, по другим описаниям, разделяющая мир живых и мир мёртвых (ср. греч. *Стикс*). Пураны описывают её как бурный и зловонный поток, полный крови, костей, волос и разных нечистот. Преодолеть её человек может, только держась за хвост коровы, которую он при жизни подарил брахману. Купание в В.— одно из мучений для грешников в царстве Ямы. «Махабхарата» (I 158, 19) отождествляет эту реку с подземной Гангой: «... Достигая (области) предков, Ганга становится В., труднопреодолимой для грешников». Согласно «Махабхарате», ещё одна, священная, река, протекающая в стране Калинга (ныне река В. на территории современной Ориссы), именуется В. Омовение в этой реке очищает людей от грехов. Возможно, две В.— разные ипостаси одного мифологического образа.
С. С.

ВАЙШУН, Шинун Вайшун, в мифологии качинов Бирмы одно из высших существ. В его образе есть черты создателя мира, но почитается он как дух-хранитель местности, божество земли (Канат). В. существовал ещё до создания мира. Остальные духи (Читон — дух леса, Мушанг — дух небес, Мбон — дух ветра, Ваун — дух-земледелец, Ян — дух солнца, Шитта — дух луны) — его порождения. В одном из вариантов мифа у В. и его жены Чанум родился сын Нгаунва Магам, который сделал себе молот и с его помощью придал земле всю её красоту, сделал землю обитаемой для человека. После этого сын В. остался в священной горе Майяушингапум.
Я. Ч.

ВАЙЮ (авест.), в иранской мифологии божество ветра. Представление о В. восходит к эпохе индоиранской общности (ср. др.-инд. *Ваю*). В «Младшей Авесте» В. посвящён гимн («Яшт» XV). Многократно упоминается в других разделах «Авесты» и, возможно, однажды в «Гатах» (53, 6), где В. изображён отрицательным персонажем. Это может быть следствием изначальной амбивалентности В. Он оказывает помощь иранским богатырям и отказывает в ней *Ажи-Дахаке*. В.— грозное божество, посредник между небом и землёй, добром и злом. У многих иранских племён он был покровителем военного сословия; «Авеста» рисует его могучим воином. В. реет высоко в небесах и состоит в особой связи с течением времени («Видевдат» 19, 13). Он выше всех сотворённых существ («Ясна» 25, 5). По «Ясне Семи глав» (42, 3), его создал сам Мазда (*Ахурамазда*), хотя представление о В. несравненно древнее мифов о зороастрийском верховном божестве.

Выдвигались гипотезы о моделировании дуалистически противопоставленных зороастрийских персонажей, напр. *Спента-Майнью* и *Ангро-Майнью* по образцу В. В пехлевийской литературе упоминается добрый В. и злой В.
Л. А. Лелеков.

ВАКАН, ваконда, вакан танка («великая тайна»), в мифах сиу мистическая животворная сила, присущая предметам живой и неживой природы; она может быть утрачена и приобретена. В. придаёт равноценность, равнозначность всем предметам. В. осмысливается и как четыре стороны света. Воплощается В. в иерархии нескольких классов духов. Персонифицируется в облике четырёх божеств: Иньян («камень»), Мака («земля»), Скан («небо»), Ви («солнце»). Термин «В.» употреблялся иногда в значении «великий дух».
А. В.

ВАКИНЬЯН («крылатые»), в мифах сиу духи, олицетворяющие огонь, гром и молнию. В. ассоциируются с камнем, красным цветом и востоком. Они приносят с собой грозы и бури, имеют власть уничтожать зло и поощрять рост растений и изобилие дичи. С В. связана птица грома — Вокеон, персонифицированная грозовая туча, покровительница воинов, которая находится в постоянной вражде с уинктехи — духами воды.
А. В.

ВАКО-НАНА, в нартском эпосе адыгов мудрая, почитаемая *нартами* провидица. Она предрекла подвиги Батраза. Растила его в тайной пещере, готовя с камнем к отмщению за его убитого отца Химиша. Когда убийцы потребовали от В.-н. умертвить Батраза, она подбросила ребёнка нартским пастухам, которые его сберегли. По совету В.-н. Батраз приобрёл верного коня, доспехи и в бою уничтожил убийцу отца — нарта Марука.
М. М.

ВАКУНА, в италийской мифологии богиня, почитавшаяся сабинянами. Римские авторы отождествляли её с Викторией, Минервой, Дианой, Беллоной (Schol. Horat. Epist. I 10, 49).
А. Н.

ВАКХ (греч.), Бахус (лат.), одно из имён *Диониса*.

ВАЛА («охватывающий», «скрывающий»), в ведийской мифологии имя демона, скрывающего в пещере коров, похищенных *Пани*, и название самой пещеры. В. упоминается в «Ригведе» 24 раза. Основной миф о В.: Пани похищает коров и прячет их в пещере. *Индра* посылает на поиски божественную собаку Сараму, которая выследила их. После того как Пани отказывается возвратить их, Индра и *Брихаспати* во главе семи мудрецов *ангирасов* разрушают пещеру и освобождают коров. Тьма исчезает, появляется богиня зари *Ушас*. В. поднимает вой, но Индра поражает его. Этот миф интерпретировали по-разному: в нём видели образ жертвенных возлияний (коровы с молоком) или космогонический символ утренней зари, света, разгоняющего ночной мрак (коровы-лучи). Иногда В.— брат *Вритры*; возможно, что их имена связаны между собой, а также с именами других мифологических персонажей (ср. слав. Велес, Волос, литов. Велняс, латыш. Велс и т. п.).
В. Т.

ВАЛААМ, Билеам, в иудейских преданиях иноплеменный маг и пророк. Сын Веора (Беора), уроженец какой-то «языческой» земли к востоку от Палестины, или Месопотамии (Втор. 23, 4), или Мадиама (ср. Чис. 31, 8, Иис. Нав. 13, 21—22), или Эдома. По библейскому рассказу (Чис. 22—24), Валак, царь Моава, пригласил В. на почётных условиях, чтобы тот изрёк ритуально-магическое проклятие против народа Израиля, только что пришедшего из Египта (и представлявшего опасность для моавитян). Бог (Яхве) воспретил, однако, В. произносить это проклятие. Со стороны Валака последовали новые, ещё более почётные приглашения, и колеблющийся В. отправился в путь. По пути ослица В. увидела незримого для В. грозящего ангела, трижды преграждавшего ей путь, и заупрямилась, а затем обрела на миг дар речи, чтобы предупредить о воле бога (мотив заговорившей валаамовой ослицы носит отчётливые черты древних мифологически-анимистических представлений). Прибыв на место, В. поднимается на священную гору («высоты Вааловы»), откуда может видеть часть израильского стана, после принесения жертвы уединяется особенно высоко, а затем в пророческом экстазе изрекает не проклятие, а благословение. Валак велит ещё дважды повторить церемонию, выбирая для неё различные места, но благословения В. во второй и в третий раз (фольклорный мотив троекратности) становятся всё выразительнее. Валак гонит от себя В., который в заключение изрекает пророчество: «Вижу его, но его ещё нет; зрю его, но не близко. Восходит звезда от Иакова, и восстаёт жезл от Израиля, и разит князей Моава» (Чис. 24, 17) (впоследствии иудейская, а также христианская экзегеза чаще всего относила это пророчество к царству *мессии*, соответственно Иисуса Христа).

В других библейских текстах В. предстаёт как злой маг, тщившийся соблазнить израильтян и в конце концов убитый ими (Иис. Нав. 13, 22, Чис. 31, 8, 16 и др.). Позднейшие легенды иудаизма подхватывают и развивают этот мотив. Само имя В. интерпретируется в манере т. н. народной этимологии как «без-народа», «губитель народа» или «поглотитель народа» (талмудический трактат «Санхедрин» 105 а и др.). В. изображается величайшим из семи пророков, данных язычникам (наряду со своим отцом Беором, а также *Иовом* и его четырьмя друзьями), но за его порочность и злую волю дух пророчества был отнят у него и вместе с ним от язычников вообще. Он был вдохновителем всех врагов Израиля: в Египте он подал фараону совет умерщвлять еврейских младенцев мужского пола (талмудич. трактат «Сота» 11 а; «Санхедрин» 106 а), после исхода Израиля из Египта подстрекал амаликитян к нападению; сама чрезмерность его вынужденных благословений была злонамеренной. К концу жизни он перестал быть пророком и превратился в калеку, хромого на одну ногу и кривого на один глаз, и заурядного волшебника. Это он подал мадианитам совет вовлечь израильтян в «любодейство» с языческими девицами, что привело к гневу Яхве и к мору в израильском стане («Санхедрин» 106 а; ср. христ. отражение этой традиции в Апок. 2, 14). Перед гибелью искал спасения в магической левитации, но был побеждён произнесением имени Яхве (ср. христ. легенду о *Симоне маге*). Для раннего христианства В. — прообраз лжепророка и лжеучителя, который ради гордыни и корысти растлевает умы неопытных учеников (2 Петр. 2, 15—16). *С. С. Аверинцев.*

ВАЛАКХИЛЬИ, в древнеиндийской мифологии мудрые карлики (число их, как правило, — 60 000); классифицировались как одна из групп низших божеств и иногда включались в класс *сиддхов*. В «Ригведе» говорится, что В. возникли из волос *Праджапати*; с их именем связаны 11 гимнов, которые, как полагают, были интерполированы в восьмую книгу «Ригведы» на поздней стадии её сложения (VIII 49—50). В пуранах отцом В. считается Крату, великий *риши* и шестой сын *Брахмы*. Согласно легенде «Вишну-пураны», этимологизирующей имя В., однажды волос из паха Крату упал в трещину на сухой земле, и из этой трещины вскоре появился рой волосатых существ — В., величиною с большой палец руки каждый. В. способны летать быстрее, чем птицы; по одним мифам, они живут в Гималаях, по другим, — на солнце, где питаются солнечными лучами и являются стражами солнечной колесницы. В. почитаются за свою чистоту и добродетель; считается, что насмешка над ними не проходит безнаказанной даже для богов: согласно «Махабхарате», оскорблённые *Индрой*, В. предались суровой аскезе, следствием которой было рождение на свет врага Индры — царя птиц *Гаруды*, или Супарны (I 27). *П. Г.*

ВАЛИ, в скандинавской мифологии сын *Одина* и Ринд (пасынок *Фригг*); ребёнок-мститель, который в возрасте одного дня отомстил *Хёду* за убийство *Бальдра*. После гибели мира и богов (см. *Рагнарёк*) В. вместе с другими представителями «младшего поколения» богов будет жить в обновлённом мире. *Е. М.*

ВАЛТАСАР, в иудаистических и христианских легендах: 1) последний вавилонский царь. По преданию, отразившемуся как в Библии, так и у некоторых греческих авторов (Геродота, Ксенофонта), в ночь взятия Вавилона персами устроил пир («валтасаров пир»). В разгар пира, где настольными чашами служили драгоценные сосуды, захваченные в иерусалимском храме, и прославлялись вавилонские боги, таинственная рука начертала на стене непонятные слова. Вавилонские мудрецы не сумели прочесть и истолковать их. Только призванный по совету царицы иудейский мудрец *Даниил* прочитал надпись, гласившую: «МЕНЕ, МЕНЕ, ТЕКЕЛ, УПАРСИН», объяснил значение этих слов и дал им толкование, предсказав гибель В. и раздел вавилонского царства между персами и мидянами; предсказание сбылось (Дан. 5). В. — историческое лицо, сын и соправитель последнего нововавилонского царя Набонида (сына Навуходоносора), убитый вскоре после вступления персов в Вавилоне; титула царя не носил, хотя располагал фактически его полномочиями; 2) вавилонское имя, данное Даниилу в вавилонском плену. См. *Даниил*; 3) имя одного из трёх *волхвов*. *С. А.*

ВАЛУМБЕ, у ганда божество, персонификация смерти; сын бога неба *Гулу*. Появление смерти среди людей связано с неосторожностью сестры В. Намби (жены *Кинту*): Намби не смогла уйти незаметно и на землю спустился В. *Е. С. Котляр.*

ВАЛЬКИРИИ (букв. «выбирающая мёртвых, убитых»), в скандинавской мифологии воинственные девы, подчинённые *Одину* и участвующие в распределении побед и смертей в битвах. Павших в бою храбрых воинов (эйнхериев) они уносят в *вальхаллу* и там прислуживают им — подносят питьё, следят за посудой и чашами. В «Речах Гримнира» («Старшая Эдда») даётся перечень В. (повторенный «Младшей Эддой»); некоторые их имена расшифровываются: Хильд — «битва», Херфьётур — «путы войска», Хлёкк — «шум битвы», Труд — «сила», Христ — «потрясающая», Мист — «туманная», другие — Скеггьёльд, Скёгуль, Гёль (Гейр), Гейрахёд (Гейрелуль), Рандгрид, Радгрид, Регинлейв — точной расшифровке не поддаются. Небесные В. вместе с *норнами*, определяющими судьбу всех людей при рождении, составляют категорию низших женских божеств — *дис*.

В героических песнях «Старшей Эдды» В. приобретают черты женщин-богатырок. Они фигурируют в качестве возлюбленных героев *Хельги* и *Вёлунда*. В. Сигрдриву, в последующей традиции отождествлённую с *Брюнхильд*, Один наказывает и погружает в сон (она больше не будет участвовать в битвах и выйдет замуж) за то, что она ослушалась и в поединке между конунгами дала победу не Хьяльм-Гуннару (которому Один обещал победу), а Агнару; её пробуждает великий герой *Сигурд* («Старшая Эдда», «Речи Сигрдривы»).

В исландской «Саге о Ньяле» сохранилась «Песнь валькирий» (или «Песнь Дёрруда»); во время знаменитой битвы при Клонтарфе (1014) между ирландскими дружинами и скандинавскими викингами двенадцать В., рассказывается в саге, ткали ткань из человеческих кишок и пели эту зловещую песнь. *Е. М. Мелетинский.*

ВАЛЬМИКИ («муравейный»), легендарный автор древнеиндийской эпической поэмы «Рамаяна». В индийской традиции В. именуется «первым поэтом» (адикави), и ему приписывается изобретение эпического стихотворного размера — шлоки. По одной из легенд, В. в юности был разбойником, но искупил содеянное им зло суровой аскезой — много лет он неподвижно стоял на одном месте, пока с ног до головы не был покрыт муравьями (отсюда его имя). В «Рамаяне» В. выступает в качестве одного из её героев. Он укрыл у себя в отшельнической обители изгнанную Рамой *Ситу*, воспитал её сыновей Кушу и Лаву. *П. Г.*

ВАЛЬПУРГИЕВА НОЧЬ, в германской средневековой мифологии ночь с 30 апреля на 1 мая (день святой Вальпургии, отсюда название), время ежегодного шабаша ведьм, которые слетались на мётлах и вилах на гору Броккен и собирались с другой нечистью вокруг сатаны. Они пытались помешать благополучному течению весны, насылали порчу на людей и скот и т. п. В селениях накануне В. н. проводилась магическая церемония изгнания ведьм: разжигались костры (на которых иногда сжигали чучела ведьмы), люди обходили дома с факелами, звонили церковные колокола и т. п. Считалось, что травы в В. н. обретают чудесную силу. *М. Ю.*

8 Мифологич. словарь

114 ВАЛЬХАЛЛА

ВА́ЛЬХА́ЛЛА, ва́льга́лла, ва́лга́лла (др.-исландский, «чертог убитых»), в скандинавской мифологии находящееся на небе, в *Асгарде*, принадлежащее *Одину* жилище *эйнхериев* — павших в бою храбрых воинов, которые там пируют, пьют неиссякающее медовое молоко козы Хейдрун и едят неиссякающее мясо вепря Сэхримнира (его варит в котле Эльдхримнир повар Андхримнир). Вместо огня В. освещалась блестящими мечами. В. как небесное царство для избранных, по-видимому, относительно поздно отдифференцировалась от подземного царства мёртвых (*хель*). В «Речах Гримнира» («Старшая Эдда») В. соотнесена с Гладсхеймом («жилище радости»), а в «Младшей Эдде» жилище, в котором живут Один и «все люди, достойные и праведные» (христианское влияние), называется Гимле («защита от огня») или Вингольв («обитель блаженства»).
Е. М.

ВАМА́ЛА, в мифологии ганда божество озера Вамала. Согласно мифу, В. жил вместе со своим отцом *Мусиси* и братом Ванема на одном из островов на озере Виктория. В. поссорился с братом и стал с ним бороться, но не мог одолеть его, пока его собака не укусила Ванема в ногу. Разгневанный Ванема бросил в глаза В. пригоршню золы и на время ослепил его. В. рассердился и покинул остров. В пути он сел отдохнуть на холме, положив рядом с собой бурдюк с водой. Вода вытекла, поток хлынул с холма в долину, образовалось озеро, названное именем В. На берегу озера, где, согласно мифу, поселился В., был построен в его честь храм; В. приносили в жертву людей.
Е. К.

ВАМА́РА, Вама́ла, мифологический персонаж бантуязычных народов Межозерья. В., глава пантеона богов, принимает участие в сотворении мира, поручая подчинённым ему божествам те или иные области созидания (ср. *Олорун*). Ирунгу, божество охоты, создал по приказанию В. горы, леса и некоторых животных; Казоба («солнце») — солнце, луну и свет; Ханги — звёзды и небосвод; Мугаша — воду, ветер, бананы; Ругаба — людей и скот.

Вокруг имени В. циклизуется также множество более поздних мифов о происхождении социальных и культовых институтов. В них В. — правитель, наделённый магической силой. По одному из вариантов мифа, В. жил в стране Ввера и управлял народами нколе, карагве и частью южных ганда; своим подданным он дал коров, помогал платить брачный выкуп. Благодаря магическим способностям, В. вызывал дождь, посылал женщинам детей, избавлял скот от болезней и др.

С именем В. связывают возникновение культа бачвези — душ умерших знатных людей. Согласно мифу, В., Мугаша и Ирунгу, заблудившись, попали в страну правителя *Кинту*, который оказал им гостеприимство. Покидая страну, Мугаша унёс с собой семена всех полезных растений. Впоследствии вместе с женой он стал возделывать землю. В. и его спутники получили от Кинту коров и коз и трёх сопровождающих — двух мужчин и одну молодую девушку, которых по прибытии домой В. должен был отослать обратно. Вернувшись домой, В. велел подоить свою корову Китаре и дал попробовать молока своему народу. С тех пор люди стали пить коровье молоко и делать из него масло. В. предупредил: если Китаре умрёт, умрёт и он. В. поручил пасти стадо своему брату Лиангомбе (*Риангомбе*). Но В. забыл отослать Кинту тех, кто его сопровождал. Через своего посыльного Руфу (смерть) Кинту потребовал вернуть ему не только людей, но и всё, что он дал В. Тот отказался выполнить это требование. Руфу прибег к хитрости, и Китаре исчезла. Узнав об этом, В. решил покончить с собой, и придворные не смогли его отговорить. Он перенёс в могилу всё из своего дома и бросился туда сам. После смерти В. стал господином бачвези.
Е. С. Котляр.

ВА́МПАЛ, у ингушей и чеченцев огромное чудовище, обладающее сверхъестественной силой; иногда у В. — несколько голов. В. бывают как мужского, так и женского пола. В сказках В. — положительный персонаж, отличающийся благородством.
А. М.

ВАМПИ́Р, в низшей мифологии народов Европы мертвец, по ночам встающий из могилы или являющийся в облике летучей мыши, сосущий кровь у спящих людей, насылающий кошмары. В. становились «нечистые» покойники — преступники, самоубийцы, умершие преждевременной смертью и погибшие от укусов В. Считалось, что их тела не разлагались в могилах, и прекратить их злодеяния можно было, вбив в тело В. осиновый кол, обезглавив его и т. п. Оберегами против В. служили также чеснок, железо, колокольный звон и др. В славянской мифологии — *упырь*.
М. Ю.

ВАНАПАГА́НЫ («старые язычники»), у эстонцев злые великаны (иногда отождествляются с христианским чёртом). В. создают холмы, водоёмы, разбрасывают камни-скалы и т. п. Обитают в пещерах, озёрах, в преисподней. Занимаются ремеслом (кузнецы, сапожники и др.), пахотой, устраивают свадьбы, крестины, иногда приглашают в гости людей и одаривают их; дары В. — горящие угольки: если положить их в передник, угли превращаются в золото. В эстонских сказках В. выступают в роли глупого чёрта: например, рыбак пугает В. тем, что утянет озеро неводом, и тот ради выкупа таскает золото в дырявую шляпу, которую хитрый рыбак держит над глубокой ямой. В. состязаются с эпическими богатырями — *Калевипоэгом*, Тыллом — в метании камней (собираются разрушить камнем церковь и т. п.). Они строят гигантские мосты через озёра и даже моря (душа проходящего по такому мосту должна угодить к дьяволу). Из горсти песка, схваченной для строительства такого моста В., бегущим от богатыря Тылла, возникли, по народному преданию, острова Харилайд на Балтийском море.

ВА́НГА, в мифах ганда божество, отец *Мусиси*. В. жил на одном из островов на озере Виктория. Однажды солнце упало с неба, и наступила полная тьма, продолжавшаяся несколько дней; по просьбе правителя Джуко В. вернул солнце на место. К В. обращались при болезнях и при различных бедствиях; существовал храм В.
Е. К.

ВАН ГО́Н, герой поздней корейской мифологии. В основе образа В. Г. — реальная историческая личность. В. Г. — крупный военачальник (877—943), происходивший из могущественной феодальной семьи. В 918 он сверг *Кунъе* и, став государем Тхэджо, провозгласил новую династию Коре (в названии подчёркивалась преемственность с древним Когурё). Родословная В. Г., помещённая в «Истории Коре» (сер. 15 в.) и ряде других источников, — типичный образец поздних мифов об основателях государства или новой династии. Так, первопредок Хогён женится на богине горы Пхённасан (ныне Курёнсан, «гора девяти драконов» в провинции Хванхэ-Пукто); его праправнук по материнской линии Чакчегон становится зятем царя драконов; рождению самого В. Г. предшествует предсказания известного в Силла геоманта Тосона. В преданиях о В. Г. и его предках многое заимствовано из древних мифов, записанных в «Самгук юса»: например, описание сна внука Хогёна — Поюка, в котором он мочой залил всю землю; предание о том, как Чакчегон, отправившись на запад, попал в подводный дворец царя драконов и по его просьбе убил старого лиса; предание о лучнике *Котхаджи*. Во всех повествованиях о предках В. Г. непременно совершается чудо с помощью магов, гадателей, священных животных и атрибутов (свинья и ивовый посох, подаренные царём драконов Чакчегону). От других поздних мифов предания о В. Г. отличаются обилием мистических элементов. Кроме того, в них как бы нанизываются одна на другую топонимические легенды, распространённые в окрестностях бывшей столицы Коре — Кэсона — о горе Курёнсан («Девяти драконов»), о Чонпхо («Денежной топи»), о Большом колодце, в который дочь царя драконов общалась с Чакчегоном.
Л. Р. Концевич.

ВА́НИ («крокодил»), в японской мифологии волшебное животное. Его облик неясен: то ли крокодил, то ли морская змея, то ли акула. В «Харима-фудоки» В. выступает морским божеством, которое каждый год появляется из моря в сопровождении множества рыб, причём его появление несчастливо для людей, а мясо этих рыб ядовито. *Е. П.*

ВАН ЛИН-ГУА́НЬ («чудесный чиновник Ван»), другое имя — В а н Ш у Х о ф у т я н ь ц з я н («небесный полководец управы огня Ван Шу»), в китайской даосской мифологии один из 36 небесных полководцев (тяньцзян), страж дворца *Юй-ди*, а также охранитель дверей храмов. Статуи В. Л.-г. ставятся у наружных ворот даосских (иногда буддийских) храмов, он изображается краснолицым, трёхглазым, с кнутом или сучковатой палкой в руке, чтобы отгонять злых духов. Одеяние на статуе меняют каждые три месяца, а раз в три года что-нибудь из его платья сжигают и заменяют новым, богато украшенным; раз в десять лет вся одежда сжигается целиком. Этот обычай был особенно распространён в 15—17 вв. Жертвоприношения в его честь совершались в первый день нового года, в день зимнего солнцестояния, а также в специальный праздник в честь В. и его учителя даосского праведника Са Шоу-цяня. Начало официального культа В. Л.-г. связывается с установлением культа Са в 15 в.
Б. Р.

ВАН-МУ ШИЧЖЭ́ («посланцы матушки-владычицы»), в древнекитайской мифологии служанки *Си-ванму*. В наиболее древних текстах это три синие (вариант перевода: зелёные) птицы (цинняо) с красными головами и чёрными глазами, приносящие еду хозяйке. В стадиально более поздних текстах — это существа с телом птицы, но человечьими лицами. В повестях начала нашей эры это уже прекрасные девы, имеющие свои имена. Наиболее известна из них Ван Цзыдэн, передававшая приказы Си-ванму, ездившая к дереву *Фусану*, на острова бессмертных, а также в столицу мрака (Сюаньду). Ван Цзыдэн славилась игрой на струнных инструментах, Дун Шуанчэн известна своей игрой на губном органчике — шэне, Ши Гунцзы — на металлическом гонге.
Б. Р.

ВАНФ, в этрусской мифологии женский демон загробного мира, олицетворение смерти. На зеркалах, фресках В. часто изображалась с *Харуном*. Постоянные атрибуты В.: свиток, факел, меч, змеи, обвивающие руки, ключ. Иногда отождествляется с греч. *эриниями*, рим. *фуриями*.
А. Н.

ВАН ХАЙ («князь Хай», «правитель Хай»), в древнекитайской мифологии герой — легендарный правитель племён иньцев. Имя его встречается в древнейших надписях на гадательных костях. В «Книге гор и морей» говорится, что В. держит в руках птицу и ест её голову. Предполагают, что его имя — Хай и означает «рука, держащая птицу». Птица, здесь, видимо, — тотемный знак, поскольку тотемом иньцев была птица. Согласно реконструкции Юань Кэ, вместе с братом Ван Хэном разводил коров и овец и отправился на север в страну Юи. Бог реки Хуанхэ — Хэ-бо помог им со стадами переправиться через реку. В. с братом остались гостить у тамошнего правителя Мянь-чэна, где вкусно ели и развлекались с женой престарелого Мянь-чэна. Впоследствии В. был зарублен молодым воином, а Ван Хэн выслан из страны Юи.
Б. Р.

ВАНЦЗЫ ЦЯ́О («царевич Цяо»), В а н ц з ы́ Ц з и н ь, в древнекитайской мифологии бессмертный, искусный игрок на губном органчике шэне. В основе образа В. лежит предание о легендарном царевиче, старшем сыне царя чжоуской династии Лин-вана (6 в. до н. э.). Согласно преданиям, В. 20 (или 30) лет учился искусству магии у даоса Фуцю-гуна. Однажды он сообщил родителям о том, что покажется им в 7-й день 7-й луны, и в этот день пролетел над ними на белом журавле. В. славился искусством превращений. Желая проверить, постиг ли его ученик Цуй Вэньцзы магию, В. превратился в белую цикаду и, взяв в лапку чашу со снадобьем, поднёс Цую. Цуй перепугался, схватил копьё и ударил цикаду. Но на месте цикады оказалась туфля (вариант — труп В.). Накрыл её корзиной, а туфля (труп) превратилась в большую птицу. Цуй приподнял корзину, и птица улетела. В народных песнях эпохи Хань (3 в. до н. э. — 3 в. н. э.) В. изображён летящим на белом олене. По наиболее распространён- ным версиям, он на белом журавле улетел в небо, сделавшись бессмертным.
Б. Л. Рифтин.

ВАН ШУ, в древнекитайской мифологии возница луны. Имя В. упоминается в ряде древних памятников: в поэзии Цюй Юаня (4 в. до н. э.), в одах Ян Сюна (1 в. до н. э.) и исторических сочинениях. Можно предположить, что образ В. был создан по аналогии с возницей солнца Сихэ. Некоторые древние комментаторы вообще отождествляли В. с луной. По другим источникам, возницу луны зовут Цзыньэ; это — прекрасная девушка, жившая на вершине горы Цзыньшань, вспрыгнувшая на луну и ставшая её возницей.
Б. Р.

ВА́НЫ, в скандинавской мифологии группа богов плодородия. Им приписываются кровосмесительные связи между братьями и сёстрами, колдовство (т. н. сейдр) и пророческий дар. К числу В. относятся главным образом *Ньёрд* и его дети — *Фрейр* и *Фрейя*. Жилище В. по одному из вариантов называется Ванахейм, по другому — Альвхейм, что свидетельствует о смешении В. с *альвами*. В мифе о возникновении первой войны, положившей конец «золотому веку», до того не знакомому с враждой и распрями, В. противопоставлены асам [см. в «Прорицании вёльвы» («Старшая Эдда»), в «Младшей Эдде» и др.]. Поводом к войне послужил приход от В. к асам злой колдуньи Хейд (она звалась также Гулльвейг), что, по-видимому, означает «сила золота»). Асы забили её копьями и трижды сжигали, но она снова возрождалась. Войну начал глава асов Один, бросив копьё в сторону войска В., но В. стали наступать, угрожая Асгарду, небесному селению асов. Война закончилась миром и обменом заложниками (асы взяли ванов Ньёрда, Фрейра, а также Квасира, а ваны — асов Хёнира и Мимира). Предполагается, что в мифе о войне В. и асов нашла отражение борьба культов местных и пришлых племён (возможно, индогерманских завоевателей с носителями мегалитической матриархальной земледельческой культуры), или различных социальных групп древнегерманского общества. В результате войны асов и В. происходит как бы консолидация общины богов (асы ассимилируют В.). С другой стороны, миф о первой войне как первой распре после «золотого века» предвосхищает характерную для скандинавской мифологии эсхатологическую тематику (смерть юного бога из асов Бальдра, трагическая гибель богов и всего мира,— см. *Рагнарёк*).
Е. М. Мелетинский.

ВА́РА, в иранской мифологии убежище праведников. Во второй главе «Видевдата» В. описана как квадратное ограждение со стороны «в лошадиный бег», построенное *Йимой* по предписанию *Ахурамазды* в стране *Айрана Вэджа*. В этом сооружении все живые существа, люди и животные, были спасены от чудовищной зимы, насланной богом, и всеобщего потопа. Мотив квадратного ограждения, внутри которого упорядочен мир, противопоставленный силам хаоса и смерти, прослеживается в некоторых др. индоевропейских традициях. Особо близкий В. образ — квадратная «обитель *Ямы*» в «Ригведе» (9, 113, 7—8). Поздние пехлевийские тексты расходятся в локализациях В., помещая её на небеса, то под землю, т. е. в потусторонний мир, скорее в духе «Ригведы», нежели собственно «Авесты». См. также *Кангха*.
Л. Л.

ВАРАФУ́, В а р и́ ф у, в йеменской мифологии божество, почитавшееся в государстве Катабан; вероятно бог (или богиня) орошения, границ и пограничных знаков (ср. *Термин*); точного функции и значение имени не определены. Иногда В. именуется *Мандах*. В. был связан с *Аммом*: его иногда называли «оракул Амма»; известен общий храм В. и Амма. Храм В. существовал также в городе зу-Гайлам. Некоторые исследователи считают В. астральным божеством, связанным с солнцем или луной.
А. Г. Л.

ВАРВА́РА («иноземка»), героиня христианской агиографической легенды, изобилующей мифологическими мотивами. Возможно, была христианкой, казнённой в Египте во время репрессий против христиан начала 4 в. Согласно легенде, родилась в египетском городе Гелиополе (богатом мистическими традициями и играющем важную роль в иудейско-христианской апокрифической литературе, напр. в легенде об Асенеф, жене *Иосифа*); единственная дочь богатого язычника Диоскора. Могущество отца, её красота, влюблённость, которую она вызывает у всех молодых аристократов Египта, и пыл целомудренной решимости блюсти своё девство — всё это описывается в сказочных гиперболах. Чтобы предохранить В. от домогательств обожателей, отец строит для неё высокую башню (фольклорный мотив девы на башне, фигурирующий в легенде об Асенеф, в гностической легенде о *Елене*, спутнице Симона мага, и в др.). В отсутствие отца строители должны пробить в стене два окна; но В., тайно ставшая христианкой, велит им пробить три окна, как исповедание веры в *троицу*, и низвергает установленные в башне отцом кумиры языческих богов. Вернувшись и узнав об этих событиях, отец доносит на дочь префекту Египта, который подвергает В. жестоким пыткам (ей отсекают сосцы сапожным резаком и т. п.). В тюрьме В. получает утешение и подкрепление от явившегося ей Иисуса Христа и чудесно данного ей причастия (поэтому в православных и особенно католических верованиях В. выступает как святая, в трудных обстоятельствах спасающая христианина от опасности умереть без причащения). Под пыткой святая поёт псалмы, словно не чувствуя боли. Наконец, взбешённый Диоскор собственноручно отрубает дочери голову, но тотчас же сам испепелён молнией. Варианты этого же сюжета распознаются в легендах о других девственницах, обитающих в башне, низвергающих идолов и претерпевающих мученическую смерть,— св. Ирине и св. Христине.

С. С. Аверинцев.

ВА́РМА-А́ВА (морд. варма, «ветер»; ава, «мать», «женщина»), у мордвы дух, хозяйка ветра. Обитает в воздухе, может послать плодородный дождь, но и раздуть пожар вместе с духом огня *тол-авой*, повалить созревший хлеб и т. п. В.-а. считалась разносчицей болезней. Соответствующий В.-а. мужской персонаж — варма-атя (морд. атя, «старик», «мужчина»); у марийцев дух ветра — мардэж-ава (мар. мардэж, «ветер», ава, «мать»).

В. П.

ВА́РУНА, в древнеиндийской мифологии бог, связанный с космическими водами, охранитель истины и справедливости, главный из *адитьев*; наряду с *Индрой* величайший из богов ведийского пантеона. В. посвящено 10 гимнов, кроме того, многочисленные гимны посвящены В. совместно с *Митрой*. Только В. и Индру называют «вседержитель». В.— также самодержец, царь (над миром, над богами и людьми) надо всеми (РВ II 27, 10; V 85, 3; VII 87, 6; X 132, 4). В. наставляет богов, и они следуют его приказам и советам (IV 42, 1; VIII 41, 7; X 66, 2). В.— тот, кто сотворил мир и удерживает его (IV 42, 3; VIII 41, 5); он заполняет воздушное пространство, расширяет землю, освещает небо и землю, укрепляет солнце, измеряет землю солнцем, поднимает на небо; небо и земля подвластны ему; ночь и день — его одежда. В. дал движение солнцу; оно его глаз (I 50, 6), сам он тысячеглаз (VII 34, 10).

Основная черта В.— связь с космическими водами во всём их многообразии (мировой океан, образующий внешнюю рамку творения, которая отделяет космос от хаоса; небесные воды — дождь; моря, реки, потоки, подземные воды и т. д.; ср. клятву при воде в связи с В.). В. изливает космические воды (он бог дождя, V 85, 3—4), освобождает воды, прокладывает путь потокам, укрывает океан, наполняет море водой, озирает течение рек, находится в реках, в море; реки — его сёстры (их семь). Пара В.— *Митра* [поскольку Митра связан с огнём (солнцем)] отражает архаичное противопоставление воды и огня (в брахманической литературе В. и Митра противопоставлены друг другу по многим признакам). В отличие от Митры В. больше связан с природным, чем с социальным, с ночью, луной, с дальним, с тайным и магией. Он обладает чудесной колдовской силой (*майя*), ему присущи асурские качества (см. *Асуры*): иногда его называют асурой, хотя чаще он — *дева*, а изредка — и дева асура (VIII 25, 4; ср. VII 65, 2). Вместе с Митрой В. моделирует космос в целом, особенно в его магико-правовом аспекте. Иногда В. толкуется как обозначение истинной речи. К людям В. скорее строг и вообще далёк от них (ср. его неантропоморфность), впрочем В. благосклонен к певцам. В. не столько даритель блага людям, сколько следит за ними и защищает их от злого начала. Так, В. освобождает от страха (II 28, 6), защищает от злых снов (II 28, 10), сторожит мысли людей (VII 41, 1); он выступает против несправедливости, болезни, смерти, колдовства и даже дарует долгую жизнь (I 25, 12; II 27, 10). В.— воплощение мирового порядка (*рита*), истины. Он высматривает правду и ложь, ищет виновных, карает их (в частности, насылает на грешников водянку; верёвка или петля — его орудие против грешников) и отпускает грехи. Он — хранитель высшего закона и гарантия законосообразности в мире. В ведийских гимнах В. связан с *Адити* (его матерью), *Агни* и *Сомой, Маньо, Ушас*, Индрой (ряд гимнов посвящён Варуне и Индре совместно). Однако мифологических сюжетов, связанных с В., в ведах немного, и они известны лишь в фрагментах. Помимо космогонического мотива золотого зародыша (солнца) в мировом океане, связывающего Митру с В., в «Ригведе» более или менее полно представлен лишь один мифологический сюжет (VII, 86—89): мудрец и певец Васиштха, бывший некогда любимцем В. (В. показал ему смену дня и ночи, взял с собой на корабль, сделал риши и т. п.), прогневал грозного бога (причина гнева В. неясна) и впал в немилость; он умоляет В. избавить его от кары, но В. насылает на Васиштху смертельную болезнь — водянку. Ещё менее ясен сюжет о риши *Трита*, оказавшемся на дне глубокого колодца и взывающем о справедливости и о заступничестве к Агни и В. (I 105); ср. мотив несения Тритой В. в море (IX 95, 4). У В. есть жена Варунани (II 32, 8; VII 34, 22) или Варуни, позже считавшаяся богиней вина.

В послеведийский период В. утрачивает своё ведущее положение в пантеоне богов, становится одним из *локапал* и обычно связывается с Западом, подчиняясь верховной триаде богов индуистского пантеона. После свержения *Нахуши* с небесного трона Брахма, согласно эпическим источникам, даровал власть над вселенной Индре и тем, кто помог ему вернуться из изгнания (Варуна, Яма, Агни или Сома). В сказании о Нахуше (Мбх. XIII) В. призывает Индру вернуться и поразить Нахушу. Вместе с тем в послеведийскую эпоху В. продолжает считаться владыкой вод; но власть его существенно ограничивается, а связь с нравственным законом почти полностью затушёвывается. Зато образ В. сильно антропоморфизируется, он приобретает многочисленные связи, в т. ч. и родственные [ср. его сыновей: Бхригу (Шат.-бр. XI 6, 1, 13; Ваджр.-самх. XXV 7; Тайтт.-бр. III 9, 15, 3), *Агастью*, Васиштху, дочь Варуни (Рам. I 46, 26), вышедшую из океана при его пахтанье; его жену или жён (воды) и т. п.], и входит в большое число сюжетных схем, правда, редко играя в них основную роль.

В эпосе и пуранах (по преимуществу) наиболее известные сюжеты с участием В. таковы. Соперничество В. и Утатхьи (Мбх. XIII). В. похищает Бхадру, дочь Сомы, жену мудреца Утатхьи, и уводит её в свой дворец на дне морском; узнав о похищении жены, Утатхья посылает к В. мудреца Нараду, но В. прогоняет его; Утатхья обращается к реке *Сарасвати* с просьбой не питать более океан водою, а сам осушает океан; В. вынужден покориться и вернуть жену мужу. В. полюбил апсару *Урваши*, жену Митры, и она рождает двух сыновей (Вишну-пур. IV). В., как и другие боги, при приближении *Раваны* превращается в лебедя, которому потом дарует красоту. Равана вторгается в царство В., побеждает его сыновей и внуков, вызывает на бой самого В., тот, однако, уклоняется от вызова. В. в сказании о *Парашураме* даёт брахману Ричике тысячу коней, затем он скрывает у себя потомков царя Марутты. В. в ряде сюжетов помогает Индре (ср., напр., рождение Скандхи, разрушение крепости асур Трипуры и др.). Боги создают богиню *Кали*, и В. дарует ей ноги и петлю, которой она опутывает асурского демона Махиши (Марканд.-пур.). В. дарует *Арджуне* петлю, лук, стрелы, колесницу, с тем чтобы он достиг неба (Мбх. III). В. и белое опахало в одной из версий сказания о пахтанье океана (Матсья-пур.). *Харишчандра* молит В. о сыне; В. дарует ему сына и требует принести его в жертву; после ряда отсрочек принимается решение отдать Варуне в жертву *Шунахшепу* (Айт.-бр. VII). В. вместе с Индрой и Сомой предлагает убить жреца Аурву (Хариванша I, XLV 76—77). В. поёт гимн *Кришне*, чтобы отвести его угрозы (II, CXXVII) и т. д. Ср. также сюжеты, связанные с сыновьями или братом В. (Агастья, Васиштха, Бхригу, Вивасват и т. д.) или с царством В. (напр., сказание о *нагах*), которое наряду с его дворцом (Мбх. II 9) не раз описывается в эпосе. Устанавливается более тесная связь В. с нижним царством, смертью (петля становится главным его атрибутом), В. является в окружении змей. Брахманы, напротив, подчёркивают ритуальный аспект В. (его связь с жертвоприношением раджасуя, Шат.-бр. II 196; V 4, 3, 1 и др.).

Эволюция образа В. (в частности, такие его моменты, как оттеснение В. Индрой и близкая связь с Митрой) позволяет восстановить некоторые детали формирования этого божества. Сочетание Митра — Варуна (при том, что В.— *асура*) несомненно родственно древнеиранскому *Митра — Ахурамазда*, что надёжно гарантирует индо-иранский характер этой пары (ср. мотив мудрости В., как и у иранского соответствия). Само имя В. исследователи сопоставляли с хеттским морским божеством *Аруной*, с древнегреческим богом неба Ураном, наконец, со славянским *Велесом*, литовским Велнясом и т. д. Поэтому при сохранении ряда неясностей индоевропейские параллели к этому имени несомненны.

В. Н. Топоров.

ВАРФОЛОМЕ́Й, в новозаветном повествовании и в христианских легендах один из *двенадцати апостолов*. Упомянут (всегда после Филиппа) по ходу перечисления апостолов во всех трёх синоптических Евангелиях (Матф. 10, 3; Мк. 3, 18; Лук. 6, 14; ср. также Деян. 1, 13). В четвёртом Евангелии это имя не встречается, зато фигурирует некто Нафанаил, который слышит об Иисусе Христе от Филиппа, выражает сомнение в том, что мессия может явиться из Назарета, но затем убеждается в пророческом ясновидении Христа; Христос называет его «израильтянином, в котором нет лукавства» (Ио. 1, 45—50). По-видимому, речь идёт об одном и том же персонаже, ему Толмая по имени Нафанаил. Поздние агиографические предания говорят о совместной проповеди христианства В. и Филиппом в Сирии и Малой Азии, о распятии В. и снятии живым с креста, о погребении им Филиппа, о дальнейшей проповеди В. в Индии и Армении, наконец, о его мучительном конце в городе Албанополе; там его ещё раз распяли, причём, как добавляют ещё более поздние источники, содрали с него кожу живьём. Именно эта страшная казнь воздействовала на воображение западноевропейских художников позднего средневековья и барокко, любивших жестокую выразительность сцен мученичества. В католической иконографии атрибут В. — нож мясника, орудие его казни.

С. А.

ВАСИЛИ́СК, мифический чудовищный змей. По описанию Плиния Старшего (1 в., Plin. Nat. hist. VIII 78; XXIX 66), В. наделялся сверхъестественной способностью убивать не только ядом, но и взглядом, дыханием, от которого сохла трава и растрескивались скалы. Можно было спастись от В., показав ему зеркало: змей погибал от собственного отражения; смертельным для В. считался также взгляд или крик петуха. Имел гребень в виде диадемы, откуда его название — «царь змей». В средние века верили, что В. выходил из яйца, снесённого петухом (ср. слав. *домового, Рарога*) и высиженного жабой (поэтому на средневековых изображениях он имеет голову петуха, туловище жабы и хвост змеи).

М. Ю.

ВАСИ́ТТА, В а ш и́ т т а, в хеттской мифологии гора, родившая сына от человека. Согласно мифу, дошедшему в поэтической форме, бог *Кумарби* считает месяцы, оставшиеся до родов В. Сюжет о рождающей горе проник в хеттскую мифологию из Шумера при возможном хурритском посредничестве.

В. И.

ВАСИ́ШТХА («самый богатый»), в ведийской и индуистской мифологии один из семи божественных мудрецов — *риши*. Согласно одному из ведийских мифов (РВ VII 56; VII 33, 11—13), В. был сыном *Брахмы*, но вследствие проклятия лишился своего тела и вновь рождён из семени богов *Митры* и *Варуны*, воспылавших страстью к небесной деве — апсаре *Урваши*. В пуранической мифологии как отец В. выступает обычно один Варуна, но Урваши рождает от него В., будучи женой Митры (Вишну-пур. IV). В гимнах седьмой мандалы «Ригведы» (которые ему приписываются) В.— друг богов и прежде всего Варуны, принимающего его в своём доме, показывающего ему смену дня и ночи, берущего с собой на корабль (VII 88). В индийской традиции В. служит идеалом брахмана; он и его потомки, составлявшие могущественный род васиштхов, считались домашними жрецами (пурохитами) царей *Солнечной династии*. Цикл мифов о В. посвящён вражде между ним и другим риши — *Вишвамитрой*, тщетно пытавшимся отнять у В. принадлежавшую ему Сурабхи — «корову желаний». По одному из этих мифов, когда В. был жрецом царя Калмашапады, Вишвамитра вселил в тело этого царя демона — ракшаса, и тот пожрал одного за другим сыновей В. В отчаянии В. стал искать смерти: он бросился вниз с горы *Меру*, но её каменистое подножие сделалось мягким, как трава; он вошёл в костёр, но огонь стал прохладным; с камнем на шее он попытался утонуть в море, но волны вынесли его на берег; он погрузился в реку, кишащую крокодилами, но река обмелела, а крокодилы не тронули. Вскоре после этого В. узнал, что вдова его старшего сына носит в чреве ребёнка и что тем самым не прекратится его род. Успокоенный В. оставил мысли о смерти и, окропив Калмашападу священной водой, избавил его от ракшаса (Мбх. I 166—168). Другой миф рассказывает, что, задумав убить В., Вишвамитра приказал однажды реке Сарасвати принести ему В. на своих волнах. Однако, увидев, что Вишвамитра поджидает его на берегу с оружием в руках, В. повелел реке течь в обратную сторону. Сарасвати послушалась мудреца, и раздосадованный Вишвамитра на один год превратил её воды в кровь (IX 42). Согласно «Вишну-пуране», жёной В. была Урджа, дочь *Дакши*. Другие источники называют жёной В. Арундхати, которой тщетно домогались *Агни* и *Индра*, а она, став олицетворением супружеской верности, была вознесена на небо в качестве утренней звезды.

П. А. Гринцер.

ВА́СУ («добрый»), в ведийской и индуистской мифологии восемь божеств, образующих особую группу. Вместе с 11 *рудрами* и 12 *адитьями*, *Дьяусом* и *Притхиви* В. образуют древнеиндийский пантеон из 33 богов (ср. «Атхарваведу», «Шатапатхабрахману» и др.). В ряде гимнов «Ригведы», в отдельных эпизодах эпоса и в перечислениях и классификациях в упанишадах все три группы богов выступают вместе. Но уже в брахманах В. связываются с землёй, тогда как рудры — с воздухом, а адитьи — с небом (Шат.-бр. I 3, 4, 12; IV 3, 5, 1). В «Чхандогья-упанишаде» (III 6—10) В. входят в состав пяти почитаний, причём они связаны с *Агни*, рудры — с *Индрой*, адитьи — с *Варуной* и т. д. Агни как предводитель В. появляется только в поздних ведийских текстах, но уже в «Ригведе» он сопутствует В. (X 3, 2; 110, 3; 150, 1). В более ранний период руководитель В.— *Индра* (именуемый в эпосе Васава), хотя и он не может преступить их закон (X 48, 11); в позднем индуизме это место начинает занимать *Вишну*. Божества, составляющие группу В., представляют собой персонификацию природных явлений, стихий и объектов, ср. в «Вишну-пуране»: вода (Апа), полярная звезда (Дхрува), луна (Сома), земля (Дхара или Дха-

118 ВАСУДЕВА

ва), ветер (Анила), огонь (Анала или Павака), утренняя заря (Прабхаса), свет (Пратьюша); в «Брихадараньяка-упанишаде» (III 9, 3) В.: огонь, ветер, воздушное пространство, солнце, небо, луна, звёзды; позже как В. рассматриваются *Ашвины*, адитьи, рудры, Вишну, *Шива* и *Кубера* (в «Вишну-пуране»: Агни, Сома, *Ваю*, Дхрува и др.). В «Рамаяне» — дети *Адити*. *В. Н. Топоров.*

ВАСУДЕ́ВА, в индуистской мифологии: 1) отец *Кришны* и брат *Кунти*, матери трёх *пандавов*, героев «Махабхараты»; 2) имя *Кришны* и *Вишну* (поскольку Кришна его воплощение); трактуется как патронимическое образование: «сын Васудевы», отца Кришны. По-видимому, в древности В. был самостоятельным божеством, но постепенно слился с Вишну-Кришной. *С. С.*

ВА́ТА («ветер»), в ведийской мифологии божество ветра. В. тесно связан с *Ваю*, на основании чего иногда объединяют эти два имени в единый мифологический образ. Тем не менее характеристики этих двух персонажей заметно различаются. В.— менее индивидуализированная и неантропоморфная форма божества; в ряде случаев В.— обожествлённая сила ветра. В «Ригведе» ему посвящено два небольших гимна (X 168; 186). Его узнают не по его образу, а по свисту, зазыванию. Его колесница, запряжённая конями (их запрягает *Индра*, X 22, 4—5), мчится, всё сокрушая, грохоча, порождая красноватые отблески, вздымая пыль, по земле и по воздуху. За В. следуют вихри. В.— перворождённый, он — дитя мира, друг вод, дыхание богов, подчинён космическому порядку. Он никогда не отдыхает, с ним на его колеснице всегда находится бог — царь всего мира. Помимо Индры В. связан с богом грозовой тучи и дождя *Парджаньей* (ср. X 65, 9; 66, 10). Отсюда и связь В. с дождём (VII 40, 6), бурей, грозой (IV 17, 12; V 83, 4; X 168, 1—2). Вместе с тем В. приносит исцеление и долголетие (X 186). В послеведийский период роль В. становится менее существенной и нередко Ваю выступает как замена В. Имя В. как обожествлённого ветра восходит к индоевропейской эпохе; ср. иранские параллели (особенно зороастрийское Vata или Oado на монетах эпохи Канишки, правителя Кушанского царства) или персонифицированный образ Ветра в славянской мифологии. *В. Н. Топоров.*

ВАТТ, Б а т т, в греческой мифологии мессенский пастух. Пас кобылиц Нелея и увидел, как Гермес гонит в лес украденных коров. В. поклялся молчать, заверив, что «скорее камень выдаст» Гермеса. За молчание Гермес отдал В. лучшую корову из своего стада. Изменив внешность, бог снова явился к В. и пообещал ему быка с телёнком, если он расскажет, куда угнали коров. В. нарушил клятву и был превращён Гермесом в скалу, получившую название Указчицы (Ant. Liber. 23; Ovid. Met. II 676—707). *Г. Г.*

ВАХА́ГН, В а а́ г н, в армянских мифах бог грозы и молнии. Его рождали в муках небо и земля, а также пурпурное море; к рождению был причастен и красный тростник (которым разрешилось море), извергавший дым и пламя; из пламени появился В.— юноша с огненными волосами, с пламенной бородой и глазами, подобными двум солнцам. Родившись, В. вступает в борьбу с *вишапами* (отсюда его эпитет «Вишапаках» — «вишапоборец») и побеждает их. Миф о В. сложился, вероятно, в сер. 1-го тыс. до н. э. на основе индоиранских мифов о грозовых божествах, борющихся и побеждающих змееобразных демонов. Этимология имени В. связана с эпитетом *Индры* «Вритрахан» («убийца *Вритры*»). Борьба В. с вишапами — «грозовая борьба» бога против злой персонификации бури, смерча или грозовых облаков (вишапа-демона); в истоке мифа — распространённый мифологический мотив о борьбе между хаосом и космосом.

В эллинистическую эпоху В. отождествлялся с Гераклом. Согласно варианту мифа, В., предок армян, суровой зимой украл у родоначальника ассирийцев Баршама солому и скрылся в небе. Когда он шёл со своей добычей по небу, он ронял на своём пути мелкие соломинки; из них образовался Млечный путь (по-армянски называемый «дорога соломокрада»). По иной версии, В.— не бог, а сын царя Тиграна-вишапоборца, убившего *Аждахака*.
С. Б. Арутюнян.

ВАЧ («речь», «слово»), в древнеиндийской мифологии богиня речи, персонификация речи. В «Ригведе» ей посвящён один гимн (X 125), в котором анаграммируется её имя. В. обитает на небе и на земле, её лоно в воде, в море; она распространяется по всем мирам, достигает неба, веет, как ветер, охватывает все миры. В. выше неба и шире земли. Она — владычица и собирательница богатств, наделяет ими всех; тот, кого она любит, становится сильным, мудрым, брахманом, *риши*; тех, кто ненавидит брахманов, В. поражает стрелой из лука *Рудры*. Она порождает споры между людьми и насыщает тех, кто слышит сказанное ею. В. многообразна. Она несёт *Митру, Варуну, Индру, Агни, Ашвинов, Сому, Тваштара, Пушана и Бхагу*; вместе с нею — *Рудра, васу, Адити*, все боги. Её называют божественной, царицей богов (VIII 89, 10—11). В творении сущего В. связана с *Праджапати* (брахманом), а через эпитет Вачаспати, «господин речи»,— с *Вишвакарманом* и *Сомой*. В период после «Ригведы» В. обретает многие связи (генеалогические, родственные, сюжетные). Так, уже в «Атхарваведе» она отождествляется с Вирадж и считается дочерью бога любви Камы, тогда как, по мнению комментатора вед Саяны, В.— дочь великого риши Амбхрины (слова со значением «влажный»). В «Тайттирия-брахмане» В. называют матерью вед [то же в «Махабхарате»; в «Айтарейя-брахмане» (VI 15) *Вишну* тремя шагами приобретает миры, веды и В.— речь] и женой *Индры*, содержащей в себе все миры [иногда В.— атмосферная богиня, а гром называют «голосом (vāc) срединного пространства». — «Найгхантука» 5, 5]. Она — одна из жён Праджапати, создавшего воды из мира в образе речи («Шатапатха-брахмана»). В эпический период В. становится богиней мудрости и красноречия; её начинают отождествлять с *Сарасвати* и считают женой *Брахмы* (в «Бхагавата-пуране» она его дочь, а в «Падмапуране» она дочь Дакши, жена *Кашьяпы* и мать *гандхарвов* и *апсар*). Самый известный мифологический сюжет с участием В.— выкуп у гандхарвов украденного ими Сомы ценой В., превращённой в женщину (Айт.-бр. I 27; Тайтт.-самх. VI 1, 6, 5; Майтр.-самх. III 7, 3), ср. мотив В., выманивающей у гандхарвов Сому (Шат.-бр. III). Образ В. сложился на основе древнеиндийских представлений о триаде мысль — слово — дело и об особом значении звучащей речи. Указывались параллели между древнеиндийскими теориями слова и некоторыми чертами В., с одной стороны, и учением о Логосе в древнегреческой философии — с другой.
В. Н. Топоров.

ВА́Ю («ветер», «воздух»), в ведийской и индуистской мифологии бог ветра. В. тесно связан с *Вата*. Ему посвящён целиком один гимн в «Ригведе»; в нескольких гимнах он славится вместе с *Индрой*. В. более индивидуализирован, чем Вата, хотя и его характеристики довольно неопределённы (у него приятная внешность, он тысячеглаз, быстр, как мысль, касается неба и т. д.). В. рождён двумя мирами (РВ VII 90, 3), заполняет воздушное пространство (X 65, 1—2), появляется утром; у него сияющая колесница и множество коней (99, 100, 1000), иногда — быков; с ним в колеснице — сам Индра. В. щедр, благосклонен, у него богатства, которые он дарит, он награждает жертвователя сыном, даёт потомство, имущество, коней, быков, славу, предоставляет убежище, рассеивает врагов. Помимо связи с Индрой и с *марутами*, которых В. родил (I 134, 4), подчёркивается связь с *сомой*: В. имеет право (иногда наряду с Индрой) на первый глоток сомы; сома приятен ему, течёт навстречу и т. д. Однажды упоминается, что В.— муж дочери *Тваштара* (VIII 26, 21—22). К В. обращаются одновременно с Индрой и *Парджаньей*, ему приносят в жертву животное белой масти (Майтр.-самх. II 5, 1). В.— жизненное дыхание-прана (РВ I 164, 31—32) и сам. возник из дыхания *Пуруши* (X 90, 13).

В послеведийский период образ В. становится более определённым (ср. Вишнудхарма-пур. LVIII 1—6: антропоморфное изображение), он входит в ряд сюжетов. Так, в «Рамаяне» (I 1, 17, 35) В. влюбляется в дочерей Кушанабхи и, оказавшись отвергнутым, проклинает их; там же (IV 1, 32; V 2, 17—22; V 3, 27—34) В. выступает как отец *Ханумана* и Сампатина (в «Махабхарате» он отец *Бхимы*). В «Бхагавата-пуране» В. по просьбе мудреца Нарады разрушает вершину горы *Меру*, которая падает в море, давая начало острову Ланка. В ряде случаев В. сопровождает Индру в битвах; в мифе о победе над *Вритрой* в версии «Шатапатха-брахманы» (IV) боги посылают на разведку В. В сказании о соперничестве *Вишвамитры* и *Васиштхи* из-за коровы *Сурабхи* (Рам. I) Индра посылает В. и *Каму* помочь апсаре *Менаке*. Иногда В. выступает как даритель: Карттикее (см. *Сканду*) он даёт колесницу (сказание о Сканде — «Матсья-пурана»), Кали — уши, лук и стрелы («Маркандея-пурана»). Существенное превращение В. в одного из хранителей мира (см. *Локапалы*), в его власть был отдан северо-запад, его животным (ваханой) стал олень («Матсья-пурана»). В «Вишну-пуране» упоминается, что В. входит в группу *васу*. В упанишадах В. нередко появляется в списках и при классификациях. Ближайшее мифологическое соответствие В.— авестийское Вайю.

В. Н. Топоров.

ВЕБУ́ЛА, в мифах чинов в Бирме холм, где появилась их племенная группа яхао. Согласно мифу, солнце на холме В. оставило яйцо. Одна бирманская женщина нашла его и положила в горшок, который поместила около очага. Из яйца вышел мальчик, ставший предком яхао. Миф — пример интерпретации мирового сюжета о первоначальном лице, который контаминирует с более поздним сюжетом котла, где возникает плоть человека (напр., у китайцев).

Я. Ч.

ВЕГО́ЙЯ, в этрусской мифологии нимфа и пророчица, которой традиция приписывает учение о молниях.

А. Н.

ВЕДЬ-А́ВА (морд. ведь, «вода», ава, «мать, женщина»), у мордвы дух, хозяйка воды. Каждый источник имел свою В.-а. (по некоторым поверьям, и мужского духа — ведь-атя, от морд. атя, «старик, мужчина»). В.-а. представляли в виде обнажённой женщины с длинными волосами, которые она любит расчёсывать. Она и ведь-атя могут утопить купающихся или наслать болезнь, которую только В.-а. и может вылечить (откупиться от неё можно, бросив в воду деньги, просо и т. п.); существовало представление о целебной воде ведь-пря (морд. пря, «голова», «поверхность»), которую нужно зачерпнуть, обращаясь за помощью к В.-а. и ведь-ате, и омыть больного. В.-а. считалась также покровительницей любви и деторождения: её просили о помощи невесте, молили об избавлении от бездетности. Она же посылала дождь (чтобы вызвать дождь, устраивали культовую трапезу у источника и обрызгивались водой, призывая В.-а.— «кормилицу»). У марийцев аналогичный персонаж — вуд-ава (мар. вуд, «вода»).

В. П.

ВЕ́ДЬМЫ, в мифологических представлениях средневековой Западной Европы обладательницы магического знания, колдуньи. Наделялись способностями воздействовать на природу и человека (ведовство) и совершать сверхъестественные поступки — становиться оборотнем, проникать сквозь запертые двери, летать по воздуху, похищать сердца у людей, вызывать болезни, наводить порчу на скот и урожай. Им приписывали способность заключать союз с дьяволом и служить ему, вступать с ним в половые сношения и совращать верующих, губя их души.

До эпохи развитого средневековья представления о магических способностях В. оставались преимущественно на уровне фольклора и осуждались церковью, к-рая наказывала лиц, преследовавших женщин по подозрению в колдовстве, вера в В. расценивалась церковью как суеверие, внушенное происками нечистой силы (в частности, церковные власти отрицали существование сборищ В.— шабашей).

В эпоху развитого средневековья (13—15 вв.) в связи с внутренним кризисом церкви и утратой полного контроля над духовной жизнью паствы отношение церкви к преследованию В. коренным образом меняется. В лице богословов, схоластов и инквизиторов церковь признала способность определённых женщин (и мужчин) творить малефиций — чёрную магию, причиняя вред здоровью, жизни и имуществу людей. Архаические народные поверья получили обоснование со стороны властей и использовались для судебного преследования лиц, обвиняемых в ведовстве. В этот период церковью было признано представление о возможности половых сношений между человеком, занятым ведовством, и дьяволом (см. *Суккубы, Инкубы*).

Конец средневековья, эпоха Возрождения и Реформации (рубеж 15 и 16 вв.— сер. 18 в.) ознаменовались массовыми гонениями на В., которые приобрели характер коллективных психозов, охвативших широкие слои населения в разных странах Европы. Булла папы Иннокентия VIII «С величайшим рвением» (Summis desiderantes) 1484 провозглашала ересью неверие в существование В. и в их дьявольскую способность вредить людям. В 1487—89 инквизиторами Инститорисом и Шпренгером было опубликовано сочинение «Молот против ведьм», к-рое обосновывало необходимость жесточайших преследований В. и на два столетия сделалось основным руководством для светских и церковных судов, занимавшихся делами о ведовстве. Традиционный антифеминизм церкви нашёл в «Молоте» законченное и предельное выражение; среди других злодеяний В. приписывалась способность лишать мужчин половой силы. В. рассматривалась как преступница, подсудная особой юрисдикции и подлежащая уничтожению на костре.

Судебное преследование В. обычно начиналось с обвинения в колдовстве, выдвигаемого соседями и другими людьми, в конфликте с к-рыми было обвиняемое лицо. Суд, разбиравший подобные дела и руководствовавшийся трактатами по демонологии, число к-рых в этот период множилось, был озабочен прежде всего не установлением факта малефиция, а получением от «В.» признания того, что они состояли в союзе с дьяволом, сожительствовали с ним и его властью творили злодеяния. Поскольку связь с нечистой силой и служение ей рассматривались в качестве тягчайшего преступления, предусмотренного правовыми кодексами 16 в., к обвиняемым в колдовстве применялась особая процедура, сопровождавшаяся пыткой. Обоснованием необходимости жестокой и продолжительной пытки как средства исторжения признания служила уверенность в том, что В. завладел дьявол, препятствующий её чистосердечному признанию, и что поэтому необходимо насильно изгнать его из неё. После получения искомого признания, как правило, В. подвергали сожжению или, реже, изгнанию. Те немногие из обвинённых, кто выдержал пытки и не признался, считались невиновными.

Таким образом, народные верования в В. в этот период сочетались с демонологическим учением ср.-век. юристов и богословов, и гонения на В. шли одновременно и со стороны масс рядового населения, и со стороны церковных и светских властей, к-рые стремились разрушить традиционную народную культуру и, в частности, такую неотъемлемую её часть, какой была неконтролируемая церковью магия. Женщина, главный объект гонений, была вместе с тем и основной носительницей народных традиций культуры. Новым в преследованиях В. в 16—17 вв. было то, что церковь и светские власти видели в них уже не одиночек, а «антицерковь» во главе с Сатаной. Поэтому вопрос о *шабаше* как зримом выражении этой «ан-

120 ВЕЗУНА

тицеркви» со своим культом, представлявшимся перевёрнутым церковным культом, приобрёл столь большое значение в судебных допросах обвинённых в ведовстве.

Наряду с верой в вредоносных В. в народе существовала вера в добрых В., к-рые способны нейтрализовать действия первых и вступать с ними в противоборство.

Массовая охота на В. в Западной Европе отражала глубокий кризис ср.-век. миросозерцания и распад общинных связей взаимопомощи. Ответственность за свои беды и неурядицы люди той эпохи возлагали на чужаков, на маргинальные элементы коллектива и т. п. Преследования В. охватили все страны католической и протестантской Европы, хотя в отдельных регионах они имели свои особенности (в частности, в Англии обвинения женщин в связи с дьяволом и пытки не были в ходу), и привели к массовым жертвам.

На всём протяжении последнего периода охоты на В. шла ожесточённая полемика относительно ведовства, и в то время множество теологов и мыслителей (в т. ч. и нек-рые гуманисты) отстаивали веру в В. и необходимость их истребления, ряд других учёных, и среди них немало иезуитов, не ставя под сомнение самую веру в В., подвергали критике их гонения. Однако лишь во второй пол. 17 в., когда террор, вызванный массовыми преследованиями В., стал приводить к социальной дезорганизации и была осознана огромная опасность для общества продолжения этих гонений, преследования В. постепенно утихли (кое-где они вновь вспыхивали ещё и в 18— нач. 19 вв.).

В нар. культуре нового времени сохранились представления о В., особенно опасных в периоды календарных праздников; к этим праздникам приурочивались обряды сожжения В.— карнавальных чучел (итал. Бефана и т. п.). *А. Я. Гуревич.*

Образ В. (от др.-рус. вѣдь, «знание», «колдовство», «ведовство»), в е д у н ь и (ср. серб. вештица, словен. véšča и т. п.) в славянской мифологии и фольклоре близок зап.-европ. представлениям. Наделялись способностью насылать грозовые тучи, вихри, град, похищать росу, дожди, небесные светила (помещая их в сосуд), молоко у коров, наводить порчу на скот и людей (отчего те становились кликушами), устраивать сборища и оргии на «Лысой горе» (особенно на Коляду, при встрече весны, в ночь на Ивана Купалу). Считалось, что В. сожительствует с нечистой силой, в т. ч. с *Огненным змеем*; в былине о Добрыне чародейка Маринка вступает в связь со Змеем Горынычем: это сближает образ В. с жен. персонажем слав. мифа об измене супруги бога-громовержца со змеем (ср. также *Мара, Марена, Мокошь*). Помимо вредоносных функций наделялись также знахарскими, способностями прорицания и т. п. («богомерзкие бабы-кудесницы» ср.-век. источников). Преследование В. у славян не носило такого массового характера, как в Зап. Европе; однако по нар. представлениям казнь В. (как правило, сожжение) была необходима для прекращения засухи, мора и т. п. См. также *Колдуны*. *В. П.*

ВЕЗУ́НА, в италийской мифологии (у умбров и марсов) богиня растительности. Почиталась вместе с *Помоном* в Игувии. Возможно, ей соответствуют богини Везкей (у самнитов) и Везулия (известная по посвящениям из Капуи). На этрусских зеркалах иногда изображалась рядом с *Фуфлунсом*. *А. Н.*

ВЕ́ЙОВИС, Ве́диовис, Ве́диус (от ve — отрицание и Iovis — Юпитер), в римской мифологии бог подземного мира, противопоставлявшийся светлому небесному богу Диовису (равнозначному *Юпитеру*); иногда интерпретировался как Юпитер подземного царства. Культ В. пришёл из Альбы. В роще, предназначенной для убежища, Ромул основал храм В. (Ovid. Fast. III 429 сл.). Статуя В. в храме изображала вооружённого стрелами юношу с козой (хтоническим животным) у ног. По иконографическим признакам отождествлялся иногда с Аполлоном (Aul. Gell. V 12). Широкого распространения культ В. не имел и был вытеснен культом *Диспатера*. *Е. Ш.*

ВЕЙОПА́ТИС (литов. véjas, «ветер» и páts, «сам, хозяин, муж», собств. «господин ветра»), в мифах литовцев бог ветра. Немецкий автор 17 в. М. Преториус сообщает об изображении В. в виде человека с двумя разнонаправленными лицами, раскрытым ртом, крыльями на плечах, распростёртыми руками (в одной из них — рыба, в другой — бочонок), с петухом на голове. Он же упоминает жрецов вейонес (Wejones), предсказывающих будущее по ветру. Видимо, В. идентичен *Бангпутису*. Другие названия В.— Вейпонс (Vejpons), т. е. «хозяин, господин ветра», и Вейдиевс (Wėjdiews), т. е. «бог ветра»; ср. лат. Ve-dius (Widius), др.-инд. *Ваю* и авест. *Вайю*, богов ветра. *В. И., В. Т.*

ВЕ́ЛЕС, Во́лос, в славянской мифологии бог. В древнерусских источниках (начиная с договора русских с греками 907 в «Повести временны́х лет») выступает как «скотий бог» — покровитель домашних животных и бог богатства. В договорах с греками В. соотнесён с золотом, тогда как другой постоянно упоминаемый наряду с ним бог — *Перун* — с оружием. В Киеве идол Перуна стоял на горе, а идол В., по-видимому, был в нижней части города. В христианскую эпоху В. был ассимилирован и заменён христианским покровителем скота св. Власием (сыграло роль и звуковое соответствие имён), а также *Николой* и Юрием (Георгием). Следы культа В. (чаще всего под видом почитания св. Власия) сохранились по всему русскому Северу, где были известны и каменные идолы В., и легенда о святилище В. В новгородских и других северорусских иконах, в молитвах св. Власию явственна связь его культа со скотом. Характерно также переплетение культа В.— Власия с почитанием медведя как хозяина животных. Называние *Бояна* «Велесовым внуком» в «Слове о полку Игореве» может отражать древнюю связь культа В. с обрядовыми песнями и поэзией. Связь В. с сельскохозяйственными культами очевидна из восточнославянского обычая оставлять в дар божеству несжатыми несколько стеблей хлебных злаков — волотей, называемых «Волосовой бородкой». В своей языческой функции воспринимался позднейшей православной традицией (в той мере, в какой она его не ассимилировала, отождествив со св. Власием) как «лютый зверь», «чёрт», отсюда костромское ёлс — «леший, чёрт, нечистый», диалектное волосатик, волосень — «нечистый дух, чёрт»; это же позднейшее значение — «чёрт» известно и в родственном чеш. Veles — «злой дух, демон» (тексты 16—17 вв.). Об общеславянском характере В. свидетельствует и наличие соответствий русскому В. в южнославянской традиции, где, как и у восточных славян, с именем этого бога связывается название созвездия Плеяд (др.-рус. Волосыни, болг. Власците, сербохорв. Влашићи и др.; ср. также имя *вилы* Вела в македонском фольклоре. Сопоставление общеслав. *Velsъ, *Volsъ с родственным балтийским именем бога загробного мира *Велса*, а также и с генетически сходными образами в *ведийской мифологии* (ср. демона *Валу*, пожирающего скот) позволяет предположить, что в исходном основном мифе славянской мифологии В. был противником громовержца Перуна. *В. В. Иванов, В. Н. Топоров.*

ВЕЛИА́Л, Велиа́р, в иудаистической и христианской мифологиях демоническое существо, дух небытия, лжи и разрушения. Этимология имени В. не ясна; в Ветхом завете это имя (в синодальном переводе Библии чаще всего передаётся описательно) употребляется в одном ряду с такими словами, как «суета», «ничто» и «не-бог» (ср. Втор. 32, 21), для обозначения «чуждых богов», ощущаемых одновременно как нечто нереальное и опасное, вредоносное именно своей призрачностью. В. может причинять человеку беду и недуг (Пс. 40/41, 9), и это сближает его со злыми духами языческих мифологий; гораздо важнее, однако, что он выступает как обольститель человека, совращающий его к преступлению («делу В.», Пс. 100/

101, 3, в синодальном переводе — «вещи непотребной»), вербующий его в ряды «сынов В.» (Втор. 13, 13; 1 Царств 2, 12 и 10, 27; Суд. 19, 22 и др.), делающий из него маленького В. Поэтому в иудейской апокалиптике именно В. оказывается вождём совращённых им воинств «сынов тьмы» (кумранский текст «Война сынов света против сынов тьмы», «Заветы 12 патриархов» и др.). То же понимание — в новозаветном увещании хранить твёрдость духовного «воина», стоящего против всего мира: «Какое общение праведности с беззаконием? Что общего у света с тьмою? Какое согласие между Христом и Велиаром?» (2 Кор. 6, 14—15). Как центральный антагонист дела *Иисуса Христа*, В.— возможный эквивалент *сатаны*, но если последнего отличает враждебность человеку, то первого — внутренняя пустота, несущественность.

С. С. Аверинцев.

ВЕЛИКИЙ ДУХ, у североамериканских индейцев верховное божество с функциями творца мира и человека. В. д. мог иметь зоо-, антропоморфный или неперсонифицированный вид, напр. Махео — у чейенов, Йосен — у апачей, *Авонавилона* — у зуньи, *Таронхайавагон* — у ирокезов, *Эсогету Эмисси* — у мусгоков, Напи (старик наверху) — у черноногих и др.

А. В.

ВЕЛНЯС, В я л ь н я с, В е́ л и н а с, В е л н с (литов. vélnias, vélinas, латыш. velns, «чёрт»), в балтийской мифологии демон — противник громовержца *Перкунаса*. В. похищает у Перкунаса скот, прячется от преследования, оборачиваясь камнем, деревом, змеем, животными, человеком и т. д. (иногда сам В. снабжён атрибутами скота, напр. рогами и копытами). Громовержец бьёт в В. молнией и поражает его, возвращая себе скот. В литов. дуалистических преданиях В. сам творит скот, а бог (см. *Диевас*) — человека, птиц; в др. вариантах В. создаёт «нечистый скот» (лошадь, козу), бог — чистый. Характерна связь В. с деревьями, прежде всего с корнями (ср. приуроченность др. хтонических персонажей к корням мирового дерева — см. *Бадняк* и др.). В. связан с водой (литов. Vélnio akis, латыш. velna acis, «глаз В.» — «окно в болоте»), строит в воде плотины или каменные мосты. Он связан также с музыкой и танцами, наделён мудростью. Согласно балтийскому фольклору, В. может появляться среди людей в облике сверхъестественного сильного ребёнка, вступает в состязание с пастухами, бросая диск. Дети, которые рождаются от В. с земных женщин, очень сильны и носят лук со стрелами у себя на животе; знающие об этих признаках женщины убивают таких детей. Несмотря на христианское влияние (В.— чёрт), несомненно, что образ В. восходит к представлениям о древнем божестве подземного царства и покровителя скота (ср. *Велса*). См. также *Велес*.

В. В. Иванов, В. Н. Топоров.

ВЕЛС, В и е л о́ н а, в балтийской мифологии бог загробного мира и скота. Польский автор 16 в. Я. Ласицкий упоминает Виелону как бога душ, которому приносят жертвы, чтобы он охранял («пас») души умерших. В 17 в. Г. Стендер сообщает о Велсе — боге мёртвых, которому были посвящены дни мёртвых. В. связан со скотом и др. животными (у Стендера — «божьи кони», «божьи быки» и «божьи птицы»). По сообщению нем. автора 17 в. Эйнхорна, В. был посвящён месяц октябрь (латыш. Велю мате, «мать мёртвых», их заступницу). Связь В. со скотом очевидна в ритуале литовского праздника скерстувес, когда совершалось заклание свиньи и произносилось приглашение Виелоне Езагулису прийти за стол с мёртвыми и принять участие в трапезе (ср. белорусский обычай осенью приглашать *дедов* — предков к столу). Достоверность этого свидетельства подтверждается сведениями об обряде кормления мёртвых в день поминовения усопших (латыш. «время В.»). На том же празднике сжигались кости животных (ср. восточнославянский обряд сжигания «коровьей смерти» в день св. Власия, покровителя скота, см. *Велес*). В балтийской традиции существуют особые приметы и поверья о т. н. «мёртвой кости». Само название и ритуальное использование этой кости связывают

божество мёртвых, покойника и скот. Согласно мифологическим реконструкциям выступал как противник громовержца *Перкунаса* (см. также *Велняс*). Мифологические соответствия образу — славянский «скотий бог» Велес, древнеиндийские демоны *Вала, Вритра* — противники громовержца — и др. Связь «скотьего бога» с царством мёртвых объясняется древним индоевропейским представлением о загробном мире как о пастбище.

В. В. Иванов, В. Н. Топоров.

ВЕЛУНД, В ё л ю н д, зап.-герм. В и́ л а н д, в скандинавской героической мифологии («Песнь о Вёлюнде» в «Старшей Эдде») чудесный кузнец, властитель *альвов*, женатый на «лебединой деве» — *валькирии*. В., захваченный во сне в плен королём ньяров Нидудом (который заставляет В. только для него изготовлять искусные изделия), освобождается из плена, улетев чудесным образом по воздуху, предварительно убив сыновей Нидуда и изнасиловав его дочь. В некоторых вариантах сказания о В. он улетает на летательном аппарате, изготовленном из перьев птиц; и в этом обнаруживается сходство с греческим мифом о Дедале.

Е. М.

ВЕЛЬЗЕВУ́Л, В е е л ь з е в у́ л, в христианских представлениях демоническое существо. В Евангелиях рассказывается, что фарисеи и книжники называли Иисуса Христа В. или утверждали, что он изгоняет бесов силою В., «князя бесов» (Матф. 10, 25; 12, 24 и 27; Мк. 3, 22; Лук. 11, 15—19). Это первое текстуально засвидетельствованное упоминание слова «В.». Переводчик и комментатор Библии Евсевий Иероним (4 — нач. 5 вв.) связывал имя «В.» с именем упоминаемого в Ветхом завете бога филистимлян Баал-Зебуба («повелитель мух»; имеются археологические находки изделий в виде мухи, посвящённые, очевидно, соответствующему божеству), который почитался в городе Аккарон (Экрон); за обращение к оракулу Баал-Зебуба царя израильского Охозию постигла кара Яхве (4 Царств 1, 2—3 и 6; в русском переводе Библии этот божок так и назван — «В.»). Толкование Иеронима до недавнего времени оставалось последним словом филологии, оно нашло отражение и в художественной литературе. Современная наука предлагает ещё два толкования: 1) по-видимому, в еврейской среде бытовало фигурировавшее впоследствии в народной христианской латыни имя сатаны «Zabulus» (искажённое греческое, «дьявол»), в таком случае «В.» значит «Баал (Ваал)-дьявол» (т. е. является синонимом дьявола, сатаны); 2) еврейский глагол zabal — «выводить нечистоты» применялся в раввинистической литературе как метафора для обозначения духовной «нечистоты» — отступничества, идолопоклонства и т. п., в таком случае «В.» значит «повелитель скверн». Возможно, что при складывании словоупотребления «В.», известного синоптическим Евангелиям, участвовали все три ассоциативные линии.

С. С. Аверинцев.

ВЕНА́, в индийской мифологии царь, сын Анги или *Ману* (или потомок его). О В. рассказывается в «Махабхарате», «Вишну-пуране», «Бхагавата-пуране», «Хариванше» и др. Став царём, В. заявил, что люди должны отказаться от жертвоприношений и что господин жертвоприношений он сам. После того как В. не внял увещаниям мудрецов, они убили его лезвием травы. Так как В. был бездетным и стране грозили несчастья, мудрецы путём трения бедра (или правой руки) мёртвого царя породили его сына Нишаду. От трения бедра мудрецами правой руки В. возник другой сын В.— Притху. Несколько иная версия в «Падмапуране»: В. освободился от грехов и удалился в обитель, наложив на себя покаяние. *Вишну* обещал ему одиночество.

В. Т.

ВЕ́НДИГО, В и́ н д и г о, в мифах оджибве (чиппева) и некоторых других алгонкинских племён дух-людоед. Он живёт на севере, подстерегает людей и нападает на них. Первоначально воспринимался как символ ненасытного голода, впоследствии стал служить предостережением против любых излишеств человеческого поведения.

А. В.

ВЕНЕ́РА, в римской мифологии богиня садов, имя её употреблялось как синоним плодов (напр., у драма-

турга 3 в. Невия, Corp. Gloss. lat. V 521, 565). Первоначально персонификация абстрактного понятия «милость богов» (venia). С распространением предания об *Энее* В., почитавшейся в некоторых городах Италии как Фрутис, была отождествлена с матерью Энея *Афродитой*, став не только богиней красоты и любви, но и прародительницей потомков Энея и покровительницей римлян. Большое влияние на распространение культа В. в Риме оказал знаменитый сицилийский храм В. на горе Эрикс, откуда было заимствовано почитание этой богини как В. Эрикинии. Особую популярность В. приобрела в 1 в. до н. э., когда её покровительством пользовались: Сулла, считавший, что В. приносит ему счастье (отсюда её эпитет Felix), и сам принявший прозвище Эпафродит; Помпей, посвятивший ей храм как Победительнице, и особенно Цезарь, считавший её прародительницей Юлиев (В. Genetrix). Другие её эпитеты: «милостивая», «очищающая», «конная», «лысая» (по преданию, в память самоотверженности римлянок, отдавших во время войны с галлами свои волосы для изготовления канатов,— Serv. Verg. Aen. I 720) и др. У писателей В.— прежде всего богиня любовной страсти, мать Амура. Известное распространение получил миф о любви В. и *Адониса*. С распространением восточных культов В. стала отождествляться с другими богинями — *Исидой*, *Астартой*.
Е. М. Штаерман.

ВЕНИАМИН («сын правой стороны», т. е. «счастливый», «удачливый» или «сын юга», т. к. именно юг был для традиционного ближневосточного мышления «правой» стороной), в библейском повествовании один из *двенадцати сыновей Иакова*, родоначальник одного «из *колен Израилевых*». В.— последний сын Иакова (заведомо ложное, но распространённое в еврейской литературе от Филона, 1 в. до н. э.— 1 в. н. э., и апокрифов толкование понимало само имя «В.» как слегка модифицированное binĕjamīm, «сын дней», т. е. «сын старости»; апокрифическая традиция определяет возраст отца при рождении В. в 100 лет). Мать В., как и *Иосифа*,— *Рахиль* (это определяет особую близость между ними, так что В. не разделяет зависти других, единокровных, но не единоутробных братьев к Иосифу). Рождается он на кочевом пути из Вефиля в Ефрафу — Вифлеем (будущее место рождения Иисуса Христа), причём Рахиль умирает родами: на смертном одре она называет новорождённого Бен-Они («сын муки моей»), но отец даёт ему более «счастливое» имя (Быт. 35, 16—19). В.— предмет особой заботы отца (посылая других сыновей в Египет, Иаков не решается послать В.: «не случилось бы с ним беды», Быт. 42, 4). Но В. принуждён явиться в Египет по особому требованию Иосифа, который при виде В., «сына матери своей», не может удержаться от слёз, «потому что воскипела любовь к брату его» (43, 29—30). Затем В. служит орудием испытания, которому Иосиф подвергает братьев; те не покидают В. в (мнимой) опасности порабощения за (мнимую) кражу; открыв себя братьям, Иосиф «пал на шею Вениамину, брату своему, и плакал; и Вениамин плакал на шее его» (45, 14). При раздаче подарков В. оказывается одарён Иосифом особенно щедро. Образ В. как младшего дитяти, к которому продолжают относиться отчасти как к ребёнку и тогда, когда он давно стал взрослым, и чувствительная, «слёзная» атмосфера связанных с ним эпизодов контрастирует с благословением, которое даёт ему на смертном одре отец: «Вениамин хищный волк, утром будет есть ловитву и вечером будет делить добычу» (49, 27); но это относится не к личности самого В., а к последующей истории его племени, которое отличалось особой воинственностью, давало израильскому войску особенно искусных лучников (1 Парал. 7—8 и др.); в лице *Саула* воин из племени В. стал царём Израиля. Апостол Павел называет себя: «из колена Вениаминова» (Рим. 11, 1).

Позднейшие иудейские легенды расцвечивают колоритными деталями рассказ о рождении В. (двенадцатилетнее вымаливание Рахилью ещё одного сына у бога, вскармливание новорождённого сиротки молоком Валлы и т. д.), о его приключениях у Иосифа в Египте и других моментах его жизни.
С. С. Аверинцев.

ВЕ НЬИЛИТЙМО («лик влажного муссона»), в доисламской мифологии бугийцев острова Сулавеси богиня, дочь *Гуририсллэнга*, посланная им на землю. Она поднялась из пучины моря в золотом паланкине, сверкающем молниями, в сопровождении пяти знатных спутниц. В. Н. стала женой *Батара Гуру*. Впоследствии вместе с Батара Гуру поднялась на небо.
Ю. С.

ВЕРВОЛЬФ («человек-волк»), в германской низшей мифологии человек-оборотень, становящийся волком и по ночам нападающий на людей и скот. По народным поверьям, В. ночью облачается в волчью шкуру, днём снимает её. В христианских представлениях В.— слуга дьявола, который предводительствует стаями В.; ср. славянских *волкодлаков*, литовских *вилктаков*.
М. Ю.

ВЕРЕТРАГНА (авест.), **Вархран** (пехл.), **Бахрам** (фарси), в иранской мифологии бог войны и победы. Образ В. восходит к эпохе индоиранской общности, его имя соответствует эпитету *Индры* в ведийской мифологии — Вритрахан, «убийца *Вритры*» (Индра в иранской мифологии — демон мрака). В «Яште» (XIV) описаны перевоплощения В.: в ветер, быка, коня, верблюда, вепря, коршуна (или сокола), барана, козла и, наконец, в прекрасного воина. В. связан с *Митрой*. Он даровал Заратуштре мужскую силу, крепость рук, мощь тела и остроту зрения. В образах птицы варэгна (сокол Варган) и барана — инкарнации В.— изображался *фарн*, символ царской власти. В «Младшей Авесте» В. включён в число *язатов*.
И. Б.

ВЕРТУМН, **Вортумн**, в римской мифологии бог всяких перемен (во временах года, течении рек, настроениях людей, стадиях созревания плодов). Муж *Помоны*. По одной версии, первоначально сабинский бог (Liv. XLIV 16, 10); по другой — В. (этрусское Вольтумна) бог г. Вольсинии, главное божество этрусского союза, получивший в Риме храм после победы над Вольсиниями в 494 до н. э. (Propert. V 2, 3; Varr. V 46).
Е. Ш.

ВЕСТА, в римской мифологии богиня священного очага городской общины, курии, дома. Соответствует греческой *Гестии*. Культ В., восходящий к древнейшим индоевропейским традициям, один из исконных в Риме. Подобно культу водных источников культ В. знаменовал единство общин: принятый в союз приобщался к огню и воде; изгнанный — от них отлучался. Культ В. был тесно связан со святынями города: палладием, привезённым *Энеем* и хранившимся в храме В. как залог мощи Рима, и регией — жилищем царя. Жрицы В.— весталки избирались из числа девочек 6—10 лет; они должны были сохранять девственность в течение 30 лет, за нарушение этого запрета замуровывались живыми. Весталки поддерживали в очаге храма В. постоянный огонь как символ государственной надёжности и устойчивости (Serv. Verg. Aen. X 228), участвовали в обрядах, по некоторым предположениям, хтонических, изготовляли смеси из муки, соли, пепла жертвенных животных во время жертвоприношений. Хотя угасание огня В. считалось дурным предзнаменованием, но в первый день нового года его гасили и зажигали вновь трением священного дерева о дерево, а от него зажигались очаги курий; одновременно хранившиеся в храме священные лавры заменялись на новые (Macrob. Sat. I 12, 6). В частных домах В. посвящался вход в дом — вестибул (Serv. Verg. Aen. II 469). Впоследствии В. отождествляли с неподвижно висящим в космосе и заключающим в себе огонь земным шаром, с огнём как чистейшим элементом (Ovid. Fast. VI 218 след.; Serv. Verg. Aen. II 296), её причисляли к *пенатам* Рима, т. к. магистраты, вступая в должность, приносили жертвы и пенатам и В. (Macrob. Sat. III 4, 6). Изображалась с лицом, закрытым покрывалом, с чашей, факелом, скипетром и палладием.
Е. М. Штаерман.

ВЕТАЛЫ, в индуистской мифологии злые духи, вампиры, живущие в деревьях и на кладбищах, способные вселяться в трупы. Вместе с *бхутами* и праматхами В. составляют свиту *Шивы*. *П. Г.*

ВЕТСУВА́Н (от санскр. Вессавана, одного из имён *Вишну*), в мифологии лао Южного Лаоса глава небесных духов — тхенов. Однажды его дочь, полюбившая дворцового слугу, решила убежать с ним от отца вниз на землю. В. послал воина в погоню. Его сопровождал слуга с двумя тыквами для воды. Беглецов вернули, а тыквы были брошены на землю и разбились. Из них вышли люди. Жили они беспорядочно, ссорились, воевали. Тогда В. послал на землю тхенов упорядочить там дела, создать княжества, управление. Сделав это, тхены захотели подняться на небо, но В. оставил их внизу, разрешив лишь раз в году духам подниматься к нему для отчёта. В честь этого в прошлом на юге Лаоса проводилась торжественная церемония. Появление тыквы отнесено и к деятельности небесных духов и в мифологиях других тайских народов (см. *Таосунг* и *Таонган, Литлонг, Пу Лансенг*). *Я. Ч.*

«ВЕ́ЧНЫЙ ЖИД», см. *Агасфер*.

ВЕЧО́РКА, ЗО́РЬКА И ПОЛУНО́ЧКА, три богатыря русской сказки, персонификация основных моментов суточного солнечного цикла. Варианты названий — Вечер, Вечерник; Заря-богатырь, Светозор (и Световик), Иван Утренней Зари и Иван Полуночной Зари; Полночь-богатырь, Полуночник и т. п. Три богатыря родятся у вдовы в одну ночь — старший с вечера, средний в полночь, а меньшой на ранней утренней заре. У короля исчезли три дочери, братья отправляются на их поиски. В лесу они находят избушку, останавливаются в ней, решив, что каждый день один из них будет оставаться дома и заботиться о приготовлении еды, а двое других отправятся на охоту. Когда двое братьев уходили охотиться, к остающемуся в избушке являлся «старичок сам с ноготок, борода с локоток» и до полусмерти избивал его; так продолжалось два дня. На третий день дома остался З., который оказался удачливее: он осилил старичка и привязал его к дубовому столбу. Тем не менее, старичку удалось убежать. Преследуя его, братья достигли провала в земле. З. спускается под землю и последовательно посещает три царства — медное, серебряное и золотое; в каждом из них королевна даёт Зорьке сильной воды, с помощью которой он поражает прилетающих Змеев — трёх-, шести- и двенадцатиглавого и освобождает всех трёх королевен. Они скатывают свои царства в яичко, забирают с собой и вместе со своим спасителем выбираются через провал на землю. Король на радости обвенчал трёх братьев и своих дочерей и сделал З. своим наследником. З., В. и П. — характерные образы солярных мифов. Индоевропейские истоки образов З., В. и П. подтверждаются соответствующими образами в других мифологиях. Ср. *Ушас, Аврора, Эос*. *В. В. Иванов, В. Н. Топоров.*

ВЕ́ШАПИ, в мифах и эпосе грузин зооморфные многоголовые чудовища, драконы (в древней Колхиде изображались в виде огромной рыбы). В эпосе об *Амирани* упоминаются белый, красный и чёрный (огнедышащий) драконы. В. захватывают водные источники (колодцы, реки, озёра); за пользование водой требуют в качестве выкупа девушек. В. поглощают солнце; враждуют с героями, но, в конечном счёте, терпят от них поражение (см. в ст. *Амирани*). В. близки армян. *вишапам*, абхаз. *Агулшапу*, адыг. *бляго*.

В некоторых сюжетах выступают покровителями героев, которым, однако, запрещено получать от них дары. Нарушение героем запрета вызывает его смерть. *М. К. Ч.*

ВИВА́СВАТ («сияющий»), в ведийской мифологии солярное божество, олицетворяющее свет на небе и на земле, родоначальник людей. В «Ригведе» упоминается около тридцати раз. В. — последний (восьмой) сын *Адити*; он родился уродом — без рук и без ног, гладкий со всех сторон; старшие братья Митра, Варуна, Бхага и др. отсекли всё лишнее, так и возник прародитель людей. В некоторых текстах этот персонаж называется *Мартанда*. Впоследствии В. сравнялся с богами, став солнцем (Сурь-

ей; В. — эпитет Сурьи). Из оставшихся частей его тела возник слон. В. стал мужем дочери Тваштара — *Саранью*, которая родила ему близнецов — *Яму* и *Ями*, и сама, не желая жить с мужем, бежала от него, приняв облик кобылицы. В., обернувшись конём, настигает её, происходит примирение, рождаются близнецы *Ашвины*. В. первый совершил жертвоприношение и даровал людям огонь [ср. *Агни* как вестник В.; ср. «Ригведа» (X), «Шатапатха-брахмана» (III) Саяна]. *Индра, Сома, Ашвины* и *Яма* особенно тесно связаны с В.; его имя употребляется как эпитет Агни и *Ушас*. В «Яджурведе» и брахманах В. относят к *адитьям*, а в послеведийский период он вполне отождествляется с солнцем. В. как отец Ямы находит точное соответствие в авест. Вивахвант, отец *Йимы*. *В. Т.*

ВИ́ДАР, в скандинавской мифологии молчаливый бог, сын *Одина* и великанши Грид. Во время последней битвы перед концом мира (см. *Рагнарёк*) отомстил убившему Одина страшному волку *Фенриру*, разорвав ему пасть (или, по другой версии, пронзив его мечом). *Е. М.*

ВИДАРА́ФШ, Б е д а р а́ ф ш (фарси), в иранском эпосе воин-колдун, противник зороастризма. Согласно среднеиранской поэме «Ядгар Зарерар», В. — посол *Арджаспа*: он требует, чтобы *Виштаспа* отрёкся от *Ахурамазды*, грозит иранцам войной и бедствиями. Виштасп отвергает требование В.; тот в битве между иранцами и хионитами предательски убивает иранского полководца *Зарера*, но погибает сам от руки Баствара (*Баствараяя*). Хиониты терпят поражение. *И. Б.*

ВИДЕВУ́Т И БРУ́ТЕН, в прусской мифологии культурные герои, братья (возможно, близнецы). Согласно источникам 16 в., В. и Б. прибыли в Пруссию по морю к устью Вислы. Видевут учредил у пруссов социальную организацию, светскую власть, был избран «королём». Брутен основал главный прусский культовый центр Ромове и воздвиг там «жилище» для богов *Патолса, Потримпса* и *Перкунса* (*Перкунаса*), сам же стал первым верховным жрецом Криве-Кривайтисом (см. *Криве*). Та же триада богов была изображена на знамени Видевута и на священном дубе в Ромове, причём Патолс и Потримпс (Тримпс) составляли божественную пару близнецов, земным воплощением которой были, по-видимому, В. и Б. Пруссы поклонялись кумирам В. и Б. — парным столбам: один назывался Ворскайто в честь Видевута, другой — Ишвамбрато («его брат») в честь Брутена. *В. И., В. Т.*

ВИДЬЯДЕ́ВИ, в джайнской мифологии 16 богинь магических познаний: Рохини, Праджняптити, Ваджрашринкхала, Кулишанкуша, Чакрешвари, Нарадатта, Кали, Махакали, Гаури, Гандхари, Сарвастрамахаджвала, Манави, Вайротья, Аччхупта, Манаси, Махаманаси. *А. А. Т.*

ВИДЬЯДХА́РА, в джайнской мифологии люди и божества, обладающие магическими познаниями. *А. А. Т.*

ВИДЬЯДХА́РЫ («держатели знания»), в индуистской мифологии класс полубогов. В. — добрые духи воздуха, живущие между землёй и небом в качестве спутников *Индры* либо обитающие в северных горах, где они вместе с *киннарами* и якшами принадлежат к окружению *Куберы*. Обладая совершенным знанием магических обрядов, В. способны менять по желанию свой облик. Мужчины В. славятся мудростью, женщины — красотой; и те, и другие часто вступают в браки со смертными. В индийском эпосе упомянуты несколько царей В. и среди них медведь Джамбават, один из помощников Рамы. *П. Г.*

ВИЗУ́НАС, в литовской мифологии *дракон*, пожирающий покойников, которые пытаются после смерти влезть на недоступную гору, но срываются с неё (народное предание из окрестностей Кретинги, западная Литва). Этот мотив перекликается с известным из западнорусских летописей и сочинении М. Стрыйковского (16 в.) рассказом о том, что после сожжения покойника в долине Швинторога при нём клали когти рыси и медведя, т. к. верили, что в день страшного суда покойникам трудно будет взойти на высокую гору, где бог будет вершить свой суд.

В. И., В. Т.

ВИЙ, в восточнославянской мифологии персонаж, чей смертоносный взгляд скрыт под огромными веками или ресницами, одно из восточнославянских названий которых связывается с тем же корнем: ср. укр. *вія*, *війка*, белорус. *вейка* — «ресница». По русским и белорусским сказкам, веки, ресницы или брови В. поднимали вилами его помощники, отчего человек, не выдерживавший взгляда В., умирал. Сохранившаяся до 19 в. украинская легенда о В. известна по повести Н. В. Гоголя. Возможные соответствия имени В. и некоторых его атрибутов в осетинских представлениях о великанах-ваюгах (см. *Уаиг*) заставляют признать древние истоки сказания о В. Ср. также представления о «слепоте» персонажей, относящихся к иному (загробному) миру (*баба-яга* и т. п.), которые не в состоянии увидеть живого человека и нуждаются для этого в специальном шамане.

В. И., В. Т.

ВИКТО́РИЯ («победа»), в римской мифологии богиня победы, называвшаяся сначала Вика Пота. Соответствует греческой *Нике*. В Риме В. были посвящены храм на Палатине и алтарь в курии сената, воздвигнутый при Августе. В надписях и на монетах эпохи империи В. изображалась обычно как олицетворение победы того или иного императора.

ВИ́ЛКТАКИ («бегущий волком»), в и л к о л á к и («с волчьей шерстью»), в литовской мифологии и фольклоре волки-оборотни. В большинстве случаев внешний вид В. не описывается, хотя иногда упоминаются хвост (нередко короткий), иногда зубы. Люди, обращённые колдунами в В. или сами обладающие способностью обращаться в В., выглядят, как волки, но зубы у них, как у людей, под шеей — белое пятно (там, где завязывался белый платок, когда они были людьми). После убийства В. обнаруживают, что это был человек в волчьей шкуре (иногда с янтарём, чётками, обручальным кольцом). Известен мотив совлечения с себя волчьей шкуры и превращения В. снова в людей. Рана, нанесённая такому волку, оказывается действительной и для человека-В. Считается, что в В. людей (часто участников свадьбы) обращают ведьмы-раганы и колдуны-буртининки (напр., с помощью заколдованного пояса), или им можно стать, перевернувшись через пень ивы и т. п. Некоторые из В. лишь на время становятся волками. Они сохраняют человеческий разум, но утрачивают дар речи. С настоящими волками они не смешиваются, часто появляются вблизи жилья, забираются в амбары и хлевы и убегают в лес только в случае преследования. Чтобы спастись от голодной смерти, В. вынуждены пожирать ту же пищу, что и волки. Они нападают на тех домашних животных, которые употребляются в пищу и человеком (овца, поросёнок, гусь и др.). В ряде рассказов заколдованные В. выступают как относительно мирные и невредоносные существа. Более опасны для человека ставшие В. по своей воле: они открыто нападают на человека и даже пожирают его. Представления о В. являются одним из распространённых вариантов мотива о превращении человека в животное. Ср. славянских *волкодлаков*.

В. В. Иванов, В. Н. Топоров.

ВИ́ЛЫ, с а м о в и́ л ы, в южнославянской мифологии женские духи, очаровательные девушки с распущенными волосами и крыльями, одеты в волшебные платья: кто отнимал у них платье, тому они подчинялись. В. могли летать, как птицы, обитали в горах. Они владели колодцами и озёрами и обладали способностью «запирать» воды. Культ В. и их связь с колодцами известны по болгарским источникам с 13 в. Если отнять у В. крылья, они теряют способность летать и становятся простыми женщинами. Ноги у них козьи, лошадиные или ослиные, В. закрывают их длинной белой одеждой. К людям, особенно к мужчинам, В. относятся дружелюбно, помогают обиженным и сиротам. Если разгневать В., она может жестоко наказать, даже убить одним своим взглядом. В. умеют лечить, предсказывать смерть, но и сами они не бессмертны.

В. И., В. Т.

ВИМАЛАКИ́РТИ («прославленный из-за незапачканности»), *бодхисатва* в буддийской мифологии махаяны. Легенда о В. излагается в одной из наиболее популярных сутр «Вималакирти-нирдеша». В. был домохозяином в городе Вайшали во времена будды *Шакьямуни*. Когда будда однажды появился в этом городе, то многие юноши, ученики В., пришли к нему на поклон. Но В. не явился под предлогом недомоганья. Шакьямуни просил своих учеников пойти к В., чтобы узнать о состоянии его здоровья, однако все отказались, ибо помнили, что В. неоднократно побеждал их в спорах. Лишь *Манджушри* согласился пойти к В., и в беседе между ними выяснилось, что они — равные партнёры. Особенно популярным был В. (Вэймоцзе) в Китае, где вокруг его образа возникло много новых легенд.

Л. М.

ВИРА́ДЖ («сияющий» или «распространяющийся»), в древнеиндийской мифологии олицетворение женского творческого начала. В «Ригведе» (X 90, 5) В. родилась от *Пуруши*, а Пуруша от В. Как женское начало, воплощённое в корове, упоминается В. в «Атхарваведе» (VIII 10, 24; XI 8, 30). Другая версия содержится в «Законах Ману» (I 32—33): *Брахма* делит своё тело пополам и даёт начало мужчине и женщине, причём здесь В. связывается с мужским началом. Как мифологический образ В. вскоре после ведийского периода исчезает, но становится важным понятием в умозрительной системе упанишад (творческий, материальный принцип, иногда слегка мифологизированный; так, по Шанкаре, В. — материя, супруга *Индры* как огня Вайшванары; в ряде случаев В. отождествляется с пищей) и в школе веданта.

В. Т.

ВИРАКО́ЧА, У и р а к о́ ч а (полное имя — Илья-Кон-Тикси-Виракоча, т. к. в этом образе слились несколько божеств: Илья — солярное божество, Кон-Тикси — огненное, вероятно вулканическое, и Виракоча — божество земли, воды), в мифологии кечуа демиург. С кон. 15 в. культ В. начал вытеснять прежний культ солнца и грома как верховных божеств. По одному из мифов, В. считался прапредком, праотцом всех людей и творцом мира. Согласно варианту космогонического мифа, В. создал в озере Титикака солнце, луну и звёзды. Затем он с помощью двух младших В. сделал из камня человеческие фигуры и по их подобию создал людей, назначив каждому племени свою область. В. и его помощники прошли по всей стране, вызывая людей из-под земли, из рек, озёр, пещер. Заселив людьми землю, В. уплыл на запад.

С. Я. С.

ВИРБИЙ, в римской мифологии возлюбленный и слуга *Дианы*, почитавшийся вместе с ней в священной роще на озере Неми (область Ариция, Италия). По одному из мифов, В. отождествлялся с *Ипполитом*; растоптанный конями Ипполит был воскрешён Асклепием, но не желая простить отца, уехал в Италию, где его уже как В. в священной роще скрыла сама Диана (Serv. Verg. Aen. VII 761; Ovid. Met. XV 497); ей он построил храм и стал царём Ариции (Paus. II 27, 4—5). По мнению английского фольклориста Дж. Фрейзера, В. — дух дуба, сочетавшийся браком с нимфой дуба Дианой, подвергшийся ритуальному убиению и воскресавший обновлённым.

Е. Ш.

ВИ́РТУС, в римской мифологии персонификация мужественности как главной добродетели римского народа. Тесно связана с *Гонор* — почестью, служащей наградой за доблесть. В Римской империи почиталась в основном В. (добродетель) правящего императора (судя по надписям и изображениям на монетах).

Е. Ш.

ВИРЬ-А́ВА (вирь, «лес»; ава, «мать», «женщина»), в мордовских мифах дух, хозяйка леса. Человеку показывается редко, имеет вид обнажённой длинноволосой, иногда однорогой женщины, с грудями, переброшенными через плечи. Может вывести заблудившегося из лесу (после необходимой молитвы) или наоборот запутать дорогу, защекотать до смерти; уходить от неё нужно пятясь назад, тогда она не разберёт, куда ведут следы. Соответствующий мужской персонаж — вирь-атя (морд. атя, «старик», «мужчина»): к нему обращаются мужчины с просьбой о помощи в мужских промыслах, тогда как женщины просят В.-а. показать, где больше грибов, ягод и т. п. Аналогичное представление о хозяйке леса — кожла-аве (мар. кожла, «лес») известно марийцам. См. также статью *Албасты*.

ВИТ-КАН (манси), В и т - х о н, Й и н к - к а н (хантыйск.), в мифах обских угров властитель вод и распределитель водных богатств; наделяет людей рыбой, может избавлять от заболеваний — его моли́ли о помощи при эпидемиях (моление сопровождалось возлиянием крови жертвенной коровы в воду). *Нуми-Торум*, сотворив рыбу, поместил В.-к. в воду, чтобы тот распределял икру и следил за плодовитостью рыбы. В.-к. (Шираке) живёт посреди моря в серебристо-золотистом дворце с женой Мараке. У него семь сыновей и семь дочерей, обитающих в глуби водоворотов.

М. Х.

ВИТ-КУЛЬ, в мифах обских угров (манси) водяной злой дух, живущий в водоворотах и тёмных озёрах потустороннего мира. После сотворения мира *Нуми-Торум* заставил В.-к. поглощать землю (которая разрасталась среди первичного океана), чтобы она не утонула из-за собственной тяжести. У хантов — Йенг-тонк.

М. Х.

ВИШАПЫ, в армянских мифах драконы, хтонические существа. Выступают в зооморфном (чаще всего — в виде змеи) или антропоморфном облике, персонифицируют грозовую бурю, смерч или грозовые облака. Согласно мифам, большой В. поглощает солнце, отчего происходит затмение. В. живут в высоких горах, в больших озёрах, на небе, в облаках. Поднимаясь на небо или спускаясь вниз, особенно на озёра, производят грохот, сметают всё на своём пути. Доживший до тысячи лет В. может поглотить весь мир. Часто во время грозы постаревшие В. с высоких гор или озёр подымаются на небо, а небесные В. спускаются на землю. В основе мифов о борьбе с В. — распространённый мифологический мотив о борьбе *хаоса* с *космосом*. С утверждением христианства мифы о В. подверглись модификации, вишапоборца *Вахагна* вытеснили архангел Гавриил (с которым идентифицировался *Габриел Хрештак*) и ангелы, они вступают в сражение с В., во время грозы пытающимися проглотить солнце (воспламеняющиеся грозовые тучи — огненные тела В., гром — их крик, а молния — стрела Габриела Хрештака, посох или прут ангелов). Ангелы вздымают В. к самому солнцу, от лучей которого В. превращаются в пепел и сыплются на землю.

В эпосе В. — чудовища, завладевшие водными источниками, они вынуждают людей приносить им в жертву девушек; воды и девушек высвобождают герои, убивающие В. В эпосе «Випасанк» выступают В., живущие у подножия *Масиса*, потомки вишапа *Аждахака* и его жены Ануйш — «матери вишапов» (их потомков иногда называют «вишапидами»). Предводитель и отец В. Арга́ван пригласил к себе во дворец на обед царя Арташеса с сыновьями. Во время обеда Арга́ван строит козни против царя. Разгневанный Арташес, вернувшись в Арташат, посылает сына Мажана с войском для уничтожения В. Однако тот не выполнил приказания отца. Истребил их (в том числе и Аргавана) *Артавазд*. Ср. груз. *вешапи*.

С. Б. Арутюнян.

ВИШВА́КАРМАН («творец всего»), в ведийской и индуистской мифологии божественный творец вселенной, созидатель, поэт. В «Ригведе» ему посвящено два гимна в X мандале (81, 82). Существенно, что как эпитет слово «В.» в «Ригведе» относится по разу к *Индре* (VIII 87, 2) и к *Сурье* (X 170, 4), а в «Ваджасанейи-самхите» к *Праджапати* (XII 61), с которым В. в ряде случаев отождествляется (АВ IV 8, 18; Шат.-бр. VII 4, 2, 5; VIII 2, 3, 13; Майтр.-самх. I 3, 34 и др.); также устанавливаются и связи В. с *Тваштаром*. В. всевидящ (он смотрит во все стороны), упоминаются его лицо, руки, ноги, крылья. Он мудрец, жрец, «наш отец», повелитель речи (Вачаспати), «единственный» установитель имён богов (РВ X 82, 3; АВ II 1, 3; как и *Брихаспати*). Он вообще устроитель и распорядитель, обладающий быстрой мыслью, знанием всех мест и всех существ, благосклонностью. В. выступает как ваятель, плотник, кузнец. Он создаёт землю и раскрывает небо; чтобы сотворить мир, В. приносит самого себя в жертву. В пуранах и эпосе его функция творца суживается до роли искусного строителя, мастера; так, он строит для демонов-ракшасов город Ланка («Рамаяна»), дворец для *Куберы* и для *Варуны* (в мифе о хранителях мира), создаёт прекрасную деву (сказание о *Сунде* и Упасунде), отдаёт *Кали* топор, перстни и ожерелья; делает летающую колесницу «Пушпака» для Куберы, гирлянду для *Сканды* (Мбх. III), оружие и т. п. В. обрастает и родственными связями: он сын Прабхасы (и внук Дхармы) от Йогасиддхи; у него дочь Санджия (замужем за *Сурьей*) и сын Нала, обезьяний вожак и строитель; иногда отцом В. называется *Брахма*.

В. Н. Топоров.

ВИШВАМИ́ТРА («друг всех»), в ведийской и индуистской мифологии мудрец, который был рождён кшатрием, но своими аскетическими подвигами добился положения *брахмана* и стал одним из семи божественных *риши*. В. и его потомкам приписываются гимны третьей мандалы «Ригведы». Согласно одному из этих гимнов, он был сыном царя Кушики и перевёл войско бхаратов через реки Випаш и Шутудри, которые по его повелению опустили перед ним свои воды (РВ III 33; ср. 53, 9). В более поздней традиции В. считался царём страны Каньякубджи. Наиболее известные мифы о В. связаны с историей его борьбы против брахмана *Васиштхи* (отражают, по-видимому, соперничество между брахманами и кшатриями в Древней Индии). По одному из этих мифов, В. попросил у Васиштхи уступить ему *Сурабхи*, «корову желаний» и предложил ему за неё своё царство. Васиштха отказался, и тогда В. попытался увести корову силой. Однако Сурабхи произвела на свет могучих воинов, разогнавших войско В. Убедившись в превосходстве брахманов, В. оставил царство и предался суровой аскезе, чтобы достичь их могущества (Мбх. I 165). По другому мифу, *Индра* послал к В. апсару Менаку, с тем чтобы своей любовью она отвлекла его от подвижничества. Сначала ей это удалось, и от союза В. и Менаки родилась *Шакунтала*. Но затем В. преодолел искушение, прогнал Менаку и продолжил свою аскезу (Мбх. I 66; Рам. I 63). Соблазнить В. пыталась и апсара Рамбха, но он её проклял, обратив на тысячу лет в камень (Рам. I 64). Сила подвижничества В. была такова, что царя Тришанку, врага Васиштхи, он живым поднял в небо, а затем превратил в одну из звёзд созвездия Южного Креста. В конце концов брахманское достоинство В. было признано не только богами, но и Васиштхой. В. имел сто одного сына, но, кроме них, он принял в свою семью отважного и мудрого *Шунахшепу*, провозгласив его «старшим среди своих сыновей». Пятьдесят младших сыновей В. согласились с решением отца, но пятьдесят старших — вознегодовали, и В. проклял их, указав, что их потомками станут андхры, пундары и шабары (т. е. неарийские племена), проживающие на окраине мира (Айт.-бр. VII 18). В. — один из героев «Рамаяны», его обитель, согласно «Рамаяне», находится у слияния рек Сараю и Ганги (I 23).

П. А. Гринцер.

ВИШВАРУ́ПА [«обладающий (принимающий) всеми формами»], в ведийской и индуистской мифологии трёхголовое существо демонической природы, сын *Тваштара*, похитивших коров и за это поражённый *Тритой* и *Индрой* (РВ X 8, 8—9) или плотником (версия «Махабхараты»). Иногда В. называют Тришира́с («трёхголовый») или по имени отца Тваштра. В. богат скотом и лошадьми. Он — пурохита (жрец) богов, хотя и принадлежит к *асурам* (Тайтт.-самх. II 5, 1, 1). Более подробно говорится о В. в эпосе, где он иногда идентичен *Вритре* (в других случаях они двоюродные братья). Основной сюжет — рождение В. и его сестры *Саранью* у Тваштара и демонической женщины асурского рода. Грозный, мудрый, предающийся подвижничеству, В. в борьбе богов и асур тайно встаёт на сторону последних. Индра пытается соблазнить В. красотой *апсар*, но тот не поддаётся искушениям. Тогда Индра, получив отпущение грехов, убивает В., срубив все три его головы (*Брихаддевата*). Этот миф сравнивают с иранским мифом о Траэтаоне, поразившем трёхглавого змея, и (более отдалённо) с древнегреческим сюжетом о *Геракле* и трёхголовом *Герионе*. В. используется как эпитет *Вишну*.

В. Т.

ВИ́ШВЕДЕВА («все боги»), в древнеиндийской мифологии особый вид объединения богов (включая иногда и низших), в пределе совпадающий со всем пантеоном. От групповых божеств или классов богов В. отличается отсутствием единых, общих для всех характеристик. В «Ригведе» В. восхваляются более чем в 40 гимнах; особенно часто появляются они в поздней, X мандале. К В. обращаются обычно при приглашении их к жертвоприношению, которое, собственно, и вызывает к жизни такое объединение разных божеств. В гимнах к В. обращаются с просьбами, перечисляют имена отдельных божеств (постоянно *Индра*, *Агни*, *Митра*, *Варуна*, другие *адитьи*, гораздо реже *Сома* или *Ушас*, очень редко *Рудра*) и их характеристики и деяния. Иногда же эти божества настолько слиты между собой, что трудно выделить часть, относящуюся к данному божеству. В ряде случаев В. образуют более узкую группу божеств, призываемых наряду с другими объединениями (*васу*, адитьями и др.). В более позднее время В. состоит из десяти божеств (напр., васу, Сатья, Крату, *Дакша*, *Кала*, *Кама*, Дхрити, Куру, Пуруравас, Мадравы; впрочем, состав нередко меняется, ср. «Вишна-пурану»). В ритуале В. также трактуются как единство (в частности, им посвящается третья выжимка сомы). Соответствие др.-инд. вишведева и авест. дэва виспе, «все боги», позволяет говорить об индоиранских основах такого объединения богов.

В. Н. Топоров.

ВИ́ШНУ, один из высших богов индуистской мифологии, составляющий вместе с *Брахмой* и *Шивой* т. н. божественную триаду — *тримурти*. В ведийских гимнах В. занимает сравнительно скромное место, хотя и входит в число основных божеств; в брахманах его значение возрастает, но лишь в эпосе и пуранах В. становится первостепенной фигурой. В индийской традиции имя В. толкуется как «проникающий во всё», «всеобъемлющий» (от корня виш, «входить», «проникать»). Другие этимологи иногда предполагают неиндоевропейское происхождение имени В. Возможно, что образ В. вобрал в себя элементы из доарийского субстрата. В протоиндийских источниках никаких намёков на В. до сих пор не обнаружено (помимо изображения птицы на одной из печатей Хараппы, возможно являющейся прообразом *Гаруды*, ездовой птицы В.). С другой стороны, нет и неоспоримых доказательств индоевропейского или даже индоиранского происхождения В. В. упоминается в нескольких гимнах «Ригведы», один гимн (I 154) целиком посвящён ему. В гимнах прославляются три шага В., которыми он измерил земные сферы. Уже в древнеиндийской традиции эти три шага были истолкованы как движение солнца — или от восхода через зенит к закату, или через три мира. Мифологема «трёх шагов», связанная с В., претерпела различные трансформации. Из них наиважнейшая — три шага В. в облике карлика (см. в ст. *Аватара*), которыми он отнял власть над тремя мирами у царя дайтьев *Бали* (Мбх. III 270 след.; Рам. I 29; Ваю-пур. II 36 и др.). В ведах В. выступает как младший партнёр *Индры* (отсюда имя Упендра, «младший Индра») в мифе о борьбе против демона *Вритры*. Этот миф сохраняется и в ряде поздних мифологических сюжетах, но В. постепенно обретает главную роль (отсюда имя Атиндра, «более великий, чем Индра»). В брахманах круг мифов, связанных с В., расширяется. В них В. совершает подвиги на благо угнетённых и притесняемых, к нему обращаются боги за помощью в критических ситуациях.

В эпосе сам В. (либо в виде своих аватар *Кришны* и *Рамы*) является центральным персонажем. Постепенно происходит отождествление целого ряда образов: с одной стороны, В. и божества *Нараяны*, а с другой стороны, Рамы, Кришны и других антропоморфных и териоморфных персонажей, из которых складывается система аватар В.-Нараяны.

В пуранах разрабатывается концепция тримурти, согласно которой онтологически единые Брахма, В. и Шива имеют функции соответственно создателя, хранителя и разрушителя мироздания. Однако большинство вариантов этой концепции отводит В.-Нараяне высшее место в триаде, провозглашая его абсолютом, источником, основой и сутью бытия. Подобные представления есть уже и в эпосе (напр., Мбх. XII 48, 17).

В одном из вариантов мифа о потопе (Мбх. III 186—187) мудрец Маркандея, спасённый В. (который в облике прекрасного юноши сидит на ветвях баньянового дерева), проникает в чрево божества и видит там всю вселенную: землю, небеса, людей, богов и т. д. Таким образом, мир предстаёт как форма существования В. Согласно другому варианту мифа о потопе (Мбх. III 194), В. в конце каждого мирового цикла (см. *Юга*) вбирает в себя вселенную и погружается в сон, возлежа на змее *Шеше*, плавающем по мировому океану. Когда В. просыпается и замышляет новое творение, из его пупа вырастает лотос, а из лотоса появляется Брахма, который и осуществляет непосредственно акт творения мира. Из других мифов, связанных с В., следует назвать миф о пахтанье мирового океана (см. в ст. *Амрита*), предпринятого под водительством В.-Нараяны. В. же отнимает у демонов добытую амриту, приняв облик прекрасной женщины, и играет решающую роль в последовавшей затем битве богов и *асуров*.

Мотив торжества над злом составляет основное содержание мифов об аватарах В. (см. Бхаг.-г. IV 7). Во всех своих проявлениях В. олицетворяет энергию, благоустрояющую космос. В различных мифологических и религиозно-философских системах (напр., в вишнуизме) эта энергия, именуемая В., предстаёт во множестве обликов: от неописуемого абсолюта до личностного бога, к которому человек может испытывать сильную эмоциональную привязанность (бхакти).

В ведах В. наделён неопределённо антропоморфными чертами: он юноша большого роста, «широко ступающий». «Махабхарата» среди других имён В. даёт: «тот, чьё тело не описать», но тем не менее часто по-разному описывает В. В сложившейся позднее иконографии В. обычно изображается возлежащим на змее Шеше или стоящим во всеоружии юношей. В одной из четырёх его рук — чакра (букв. «круг», «диск»), специфическое оружие наподобие бумеранга, обладающее сверхъестественной силой, в другой руке — раковина, в третьей — булава (палица), в четвёртой — лотос или лук. Цвет кожи В. — тёмно-синий, цвет одежды — жёлтый, и у его аватар Рамы и Кришны, но в «Махабхарате» встречаются утверждения, что кожа В. принимает разный цвет в зависимости от юги. Супруга В. — *Лакшми*. Сам В. иногда называется сыном *Адити* и *Кашьяпы*. Обычное местопребывание В. — вершина горы *Меру* (Мбх. III 160, 17—26). Его ездовое животное — царь птиц *Гаруда*.

В. имеет много различных имён, связанных или с его свойствами и атрибутами, или с мифическими подвигами его самого или его аватар. В «Махабхарате» есть раздел под названием «Гимн тысячи имён Вишну» (XIII 149). Наиболее важные имена В.: Хари («рыжевато-коричневый», но толкуется как «избавитель»), Говинда («пастух»), Кешава («благоволосый»), Мадхусудана («убийца демона Мадху»), Мурари («враг демона Муры»), Пурушоттама («лучший из людей» или «высший дух»).

С. Д. Серебряный.

ВИШТА́СПА (авест.), Виштасп (среднеиран.), в иранской мифологии и легендарной истории царь династии *Кейянидов*. В пехлевийских текстах брат Спанддата (Исфандияра) и Зарера. В «Гатах» и «Младшей Авесте» («Яшты» V, XIII, XV, XIX) выступает праведным венценосцем. Принял учение *Заратуштры*, обеспечил ему приют и покровительство. В. — идеальный прототип земных властителей, наделяемых назидательно-дидактической окраской. В. повелел Зардушту (Заратуштре) записать «Авесту» специальным шрифтом на золотых досках и поместить в «сокровищницу (храм) огня» (среднеиранский памятник «Шахрихаин Эран»). Он борется с *Арджаспом* и побеждает его («Виштасп-Наск», «Ядгар Зареран»). Одни источники («Гаты», пехлевийские сочинения) рисуют его державным государем, распределителем, благочестивым поборником праведности, другие («Яшты» и арабо-персидская традиция эпохи ислама) ставят на первый план воинские качества, склонность к совершению подвигов. Происхождение образа окончательно не выяснено. См. также *Гуштасп*. *Л. Л.*

ВЛАДИМИР КРАСНОЕ СОЛНЫШКО, мифологизированный образ великого князя в русских былинах. Историческим прототипом является князь Владимир Святославич (ум. 1015). В мифопоэтических представлениях В.— идеальный князь, правитель, объединяющий вокруг себя всё лучшее и организующий защиту Киева и всей Руси от внешних сил — кочевников («татар») или чудовищных существ (*Змея Горыныча, Тугарина*, Идолища и т. п.). В былинах Киев, двор князя Владимира — обозначение того положительного центра, которому противопоставляются и чистые поле, и тёмные леса, и высокие горы, и быстрые (или глубокие) реки, с которыми связаны опасности, угрозы, чувство страха. В Киев съезжаются с разных сторон богатыри: Илья из Мурома, Добрыня из Рязани, Алёша из Ростова. По пути они совершают подвиги, суть которых в устранении опасности на пути к Киеву. Сам же Киев и прежде всего двор князя В.— надёжное, защищённое место, где идёт нескончаемый (в основном весёлый) «почестен пир»; на нём напиваются, наедаются, хваляться, слушают певцов, получают дары от князя и принимают важные решения; здесь же завязываются и споры, конфликты, обиды, требующие своего решения. Князь В.— хозяин, покровитель, даритель, тот, кто ставит богатырям задачи. Былины называют В. «красным солнышком» и «ласковым князем», и эти названия соответствуют характеристикам В.: он надо всеми и, по идее, ко всем равно приветлив, заботлив, гостеприимен, мягок. В этом смысле именно он наиболее ярко противопоставлен тёмным хтоническим силам, обычно существам змеиной природы (ср. мифы о *Змее*, пожирающем или грозящем пожрать Солнце), и «солярность» эпитета имени В.— не просто оценочное слово, но актуализация солнечной темы. Как солнце собирает вокруг себя звёзды, так и В. собирает вокруг себя всех — членов своей семьи, главных богатырей, всех богатырей, весь народ и опекает их.

Князь В.— глава и хозяин своей малой, княжеской семьи и всего богатырского круга. Былины не раз упоминают его жену Апраксию (Евпраксию, Опраксу, Апраксеевну и т. п.) — королевишну, и один из былинных сюжетов посвящен тому, как Добрыня Никитич и Дунай едут к литовскому королю и сватают Апраксию в жёны В. (в этом же сюжете упоминается и её сестра Настасья, ставшая женой Дуная и вместе с ним погибшая). Апраксия в одних случаях — достойная жена своего мужа, гостеприимная, ласковая и мудрая (иногда, когда В. ссорится с богатырями, она поддерживает последних и способствует примирению В. с ними). В других случаях она оказывается «злой», недостойной женой, симпатии которой обращены к *Тугарину*. В былине о Чуриле при дворе В. она так увлеклась красавцем-стольником, что заглядевшись и, разрезая мясо, порезала себе руку (ср. сходный эпизод в связи с библейским *Иосифом* Прекрасным); своего мужа князя В. она уговаривает сделать Чурилу постельником и т. п. Былины хорошо знают и любимую племянницу В. Забаву (Запаву) Путятишну, которую похитил Змей Горыныч и освободил Добрыня Никитич, выступающий в былинах как племянник В. Большая часть богатырей также связана с князем В. Иногда В. недостаточно внимателен к ним на пиру, обижает их словом или подарком, не соответствующим их достоинству. Но конфликты быстро и беспоследственно улаживаются. Наиболее острый конфликт возникает между В. и *Ильёй Муромцем*. *В. В. Иванов, В. Н. Топоров.*

ВИАНТАРА («блуждающие»), в джайнской мифологии второе из четырёх племён божеств, обитающее главным образом между средним миром (см. *Мадхьялока*) и землёй Ратнапрабха (см. *Адхалока*). «Блуждающие» божества имеют 8 родов, одноименных с основными типажами индуистской мифологии: 1-й род, Киннара, «духов», управляется индрами Киннара и Кимпуруша; 2-й род, Кимпуруша, «гномов», управляется индрами Сатпуруша и Махакайя; 3-й род, Махорага, «великих змеев», управляется индрами Атикайя и Махакайя; 4-й род, Гандхарва, «небесных музыкантов», индры Гитарати и Гитайашас; 5-й род, Якша, «духов-охранников», индры Пурнабхадра и Манибхадра; 6-й род, Ракшаса, «чудовищ», индры Бхима и Махабхима; 7-й род Бхута, «призраков», индры Пратирупа и Атирупа; 8-й род, Пишача, «бесов», индры Кала и Махакала. В отличие от одноимённых индуистских персонажей все эти божества, кроме ракшасов, могут иметь приятную наружность. *А. А. Терентьев.*

ВЛАСТИ, в христианских представлениях ангельские существа. В новозаветных текстах бегло упоминаются как особого рода космические духи, причём как благие, послушные богу (1 Петр. 3, 22 — [Христу] «...покорились ангелы, и власти, и силы»), так и злые, антагонисты бога (Ефес. 6, 12). В связи с этим гностики из секты каинитов, совершая в согласии со своей доктриной тот или иной аморальный акт, понимали это как дань В. и произносили ритуальную формулу: «О, Власть имярек, творю действие твое». В иерархии *девяти чинов ангельских* Псевдо-Дионисий Ареопагит (5 в. или нач. 6 в.) отводит В. место последнего «чина» средней триады, после господств и сил, особую близость В. к которым подчёркивает; как и они, В. воплощают принцип непогрешимой и невозмутимой иерархической стройности, повеления в послушании, без всякой возможности «тиранического употребления во зло» авторитета. *С. А.*

ВОБИ, у грузин божество грозы и погоды. Отзвуком культа В. является мегрельско-сванское наименование пятого дня недели (пятницы): Бобишша — «день Воби». *З. К.*

ВОДАН, Вотан, германский бог; в скандинавской мифологии ему соответствует Один. См. в ст. *Один*.

ВОДЯНОЙ, водяной дедушка, водяной шут, водяник, водовик (чеш. vodník, серболужиц. wodny muž, wódnykus, словен. povodnj, vodni mož и др.), в славянской мифологии злой дух, воплощение стихии воды как отрицательного и опасного начала. Чаще всего выступает в облике мужчины с отдельными чертами животного (лапы вместо рук, рога на голове) или безобразного старика, опутанного тиной, с большой бородой и зелёными усами. Женские духи воды — водяницы (чеш. vodni panna, серболужиц. wodna žona, словен. povodnja devica и др.) увязываются, как и *русалки*, с представлениями о вредоносных покойниках — «заложных покойниках», становящихся упырями и злыми духами; на них женится В. Водяные соотносятся с чёрным цветом: им приносили в жертву чёрного козла, чёрного петуха, существовал обычай держать на водяных мельницах чёрных животных, любезных В. По поверьям, у В. были коровы чёрного цвета, он обитал в чёрной воде — в сказках, в частности серболужицких, урочище Чёрна Вода служит местом встречи с В. С левой полы В. постоянно капает вода (это можно сравнить с особым значением левой стороны у *лешего* и другой нечистой силы). В. утаскивали людей к себе на дно, пугали и топили купающихся. Эти поверья о В. сопоставимы с легендой о морском (водяном, поддонном) царе, отразившейся в русских былинах про *Садко*. В волшебных сказках В. схватывает свою жертву, когда она пьёт из ручья или колодца, требует у схваченного царя или купца сына в залог и т. п. В славянских поверьях о В. и морском царе можно видеть отражение на более низком уровне мифологической системы представлений, некогда относившихся к особому богу моря и вод (ср. *Аутримпса* в прусской мифологии, *Нептуна* в римской и т. п.).

В. В. Иванов, В. Н. Топоров.

ВОЗНЕСЕ́НИЕ, в христианских религиозно-мифологических представлениях возвращение *Иисуса Христа* по завершении им земной жизни в божественную сферу бытия — «на небо». По новозаветным рассказам, В. произошло через 40 дней после *воскресения* (Деян. 1, 3), в окрестностях Иерусалима, на пути к Вифании (Лук. 24, 50—51), т. е. на восток от города, на склоне горы Елеон (Деян. 1, 12), в присутствии апостолов, после беседы с ними (Мк. 16, 19). Последний жест Христа перед исчезновением в глубине небес — благословение (Лук. 24, 50—51). «Два мужа в белой одежде» (типичное новозаветное описание ангелов) обратились к апостолам: «мужи Галилейские! что вы стоите и смотрите на небо? Сей Иисус, вознёсшийся от вас на небо, придёт таким же образом, как вы видели его восходящим на небо» (Деян. 1, 11). Византийская и древнерусская иконография В. исходит из эсхатологического смысла, намеченного в этих словах ангелов: Христос возносится таким, каким некогда вернётся «во славе» вершить *страшный суд*. Присутствие апостолов, объединившихся вокруг девы *Марии* (новозаветные тексты не упоминают о присутствии девы Марии при В.), символизирует провожающую Христа на небеса и ожидающую его второго пришествия церковь; поза Марии — молитвенная (т. н. оранта). Этот иконографический тип остаётся практически неизменным от миниатюры сирийского «Евангелия Рабулы» (586) до поздних православных икон, поскольку те сохраняют какую-либо связь с традицией. Сюжет В. имеет параллели в религиозно-мифологических представлениях многих народов, согласно которым мифологические персонажи могут перемещаться из одного мира в другой.

С. С. Аверинцев.

ВОЛКОДЛА́К, волкола́к, в славянской мифологии человек-оборотень, обладающий способностью превращаться в волка. Считалось также, что колдуны могли превратить в волков целые свадебные поезда. Исключительная архаичность этих представлений явствует из того, что в других индоевропейских традициях (в частности, хеттской) превращение жениха в волка связывается с распространённой формой брака — умыканием (насильственным уводом невесты); ср. среднерус. диалектное волк — «шафер со стороны жениха». Способностью превращаться в волка наделялись эпические герои — серб. *Змей Огненный Волк*, др.-рус. Всеслав (исторический князь Полоцкий, 11 в.), былинный Волх Всеславьевич, что свидетельствует о существовании общеславянского мифологического героя-волка (подобного греч. *Ахиллу*, др.-инд. *Бхиме*, герм. *Беовульфу* и др.). Приметой В., как и героя-волка, по преданиям южных славян, является заметная от рождения «волчья шерсть» на голове (ср. тождественную др.-исл. примету — «волчьи волосы» оборотня). Это словосочетание позволяет объяснить народную этимологию названия В.: сербохорв. вукодлак, волкодлак, словен. volkodlak, болг. вълколак, върколак, старослав. влъкодлакъ, вурколакъ, польск. wilkolek, чеш. vikodlak. Но наиболее древняя форма названия В., по-видимому, состояла из соединения названий волка и медведя (ср. лит. локис), как в тождественных по смыслу др.-герм. именах: др.-исл. Ulfbiorn, древневерхненем. Wulf-bero (ср. сочетание способностей становиться волком и медведем в ряду 12 превращений, описанных древнерусской книгой «Чаровник», запрещённой церковью). Другим древним названием В. в славянском языке было слово, образованное от глагола vědati, «знать»: укр. віщун (вовкун), «волк-оборотень», др.-чеш. vedi, «волчицы-оборотни», словен. vedomci, vedunci, vedarci, «волки-оборотни». Общеславянским является представление о том, что В. съедают луну или солнце при затмении («вълкодлаци луну изъдоше или слнце» в серб. рукописи 13 в., словен. solnce jedeno — о затмении, чему есть соответствия в рус. Начальной летописи и в др.-чеш. источниках). Считалось, что В. становился *упырем*, поэтому рот ему после смерти зажимали монетой. В русской литературе тема В. использовалась, начиная с Пушкина, который первым употребил название для них — «вурдалак».

В. В. Иванов, В. Н. Топоров.

ВОЛОСЫ́НИ, у русских мифологизированный образ созвездия Плеяд. В. упоминаются уже у Афанасия Никитина (15 в.): «на Великий же день Волосыни да Кола в зорю вошли, а Лось головою стоит на восток» (Кола — Б. Медведица, представляемая в виде повозки, а Лось — архаическое название Полярной звезды). Характерно, что в русских средневековых астрологических текстах семь планет, оказывающих влияние на судьбы людей, называются рожаницами (см. мифологические женские персонажи того же наименования) и, следовательно, связываются с *Родом*, подобно тому, как В. в конечном счёте связаны с другой (территориальной) формой объединения людей — волостью. Название Плеяд В. соотносимо с культом Волоса-Велеса, который на севере Руси и в Поволжье соединился с культом медведя («волосатого», в табуистическом обозначении): сияние В. предвещает удачу в охоте на медведя. В день св. Власия (сменившего Велеса — христианского покровителя животных) в Тульской губернии совершался ритуал окликания звезды; когда на небе появлялись звезды, овчары выходили на улицу, становились на руно (шерсть) и пели, призывая звезду осветить «огнём негасимым белояровых овец», умножить их приплод (чтоб овец было больше, чем звёзд на небе). Позднее название В. переосмысливается и начинает выступать в ряде вариантов — Волосожар, Весожары, Висожары, Стожары, др.-русск. Власожелищи, Власожелы, власожельцы, Бабы и т. п. (ср. сербохорв. Влашичи, «Плеяды», болг. власците, «Орион», «Плеяды», власите «Орион» и т. п.). В ряде этих названий очевидно присутствует мотив женщин (ср. Бабы, «Плеяды»); образ волос неизменно связывается с этим мотивом, ср. укр. «Волосом світити» — «быть девицей», «Волосом засвітила» (о замужней женщине) и т. п.; ср. также волосы солнца как обозначение его лучей при восходе или закате; «непетый волос» (о девице), «петый волос» (о замужней женщине) и т. п. В день св. Власия женщину, заподозренную в злых замыслах, зарывали в землю (в частности, чтобы прогнать «коровью смерть»; для этого же «зорнили пряжу», т. е. выносили ее на три зори). Все эти мотивы — звёзды, зори, наказание женщины, пряжа («волос»), скот и т. п. — отсылают к мифам и легендам, известным в разных традициях, о превращении женщины в звезду или женщин (напр., сестёр) — в созвездие как результат спасения их от преследователя или в наказание за вину. В этом контексте В. — небесное созвездие — могло бы пониматься и как образ небесного стада (напр., коров, ср. «власьевна», как обозначение коровы, или обозначение в загадках звезд через стадо, пасомое Солнцем или Месяцем, и как астрализованный образ женщины. В последнем случае В. могут толковаться как жёны Волоса: Волос — Волосыни (или Волосыня), подобно *Перун* — Перынь (Перыня), жена Громовержца, имя которой образовано с помощью того же суффикса — -ыня. Аналогичным образом построено имя жены ведийского *Варуны* (родственного Велесу) — Варунани. Образ В. связан, таким образом с мифом о Громовержце и его противнике (Волосе); это подтверждается наличием других женских персонажей с корнем *Vel-/*Vol-, ср. в русской традиции елёсиха (мужской образ ёлс), македонскую самовилу Велу, литовского Виелону, латышскую Велю мате, мать усопших (см. *Веле*). Поскольку души умерших часто представляются в виде стада, пасущегося в загробном мире, и образ В., хотя и косвенно, тоже связан с мотивом смерти, и для В. может быть реконструирована функция связи с миром усопших душ. Реальность этой реконструкции подтверждается как греческим образом загробного царства — Елисейских полей (тот же корень *vel-), так и языковыми данными — и.-е. *vel-: *vol- в значении «смерть», «умерший» и т. п.

В. В. Иванов, В. Н. Топоров.

ВОЛТУ́РН, В у л т у́ р н, в римской мифологии бог одноимённой реки в Италии, имевший своего жреца-фламина и праздник Волтурналий, связанный также с культом Тиберина — бога реки Тибр. Считался сыном *Януса* (Serv. Verg. Aen. VIII 330) (варианты: сыном Капета, царя Альбы, В. утонул в реке, которая была названа его именем, Liv. I 3, 8; Ovid. Fast. IV 47); царём города Вейи, погибшим в битве с Главком, сыном Миноса (Serv. Verg. Aen. VIII 72).

Е. Ш.

ВОЛХ, В о л х Всеславьевич, Вольга, мифологизированный персонаж русских былин, обладатель чудодейственных оборотнических свойств. Сюжет о Волхе Всеславьевиче (реже — Вольга Буслаевич или Святославлевич) о его походе на Индию принадлежит к наиболее архаичному слою в русском былинном эпосе, характеризующемуся неизжитыми тотемистическими представлениями и широко представленной стихией героического, волшебно-колдовского, магического, слиянностью человеческого и природного начал. Чудесно рождение В.: мать В. Марфа Всеславьевна, гуляя по саду, соскочила с камня на лютого змея; он обвивается вокруг её ноги и «хоботом бьёт по белу стегну»; вскоре появляется на свет В., рождение которого потрясло всю природу, «гром гремит, дрожит сыра земля, трясется «царство Индейское», колеблется море, рыба уходит в морскую глубину, птица — высоко в небеса, звери — в горы и т. п. Чудесно и развитие В.: едва родившись, он уже говорит, «как гром гремит», его пеленают в «латы булатные», кладут ему в колыбель «злат шелом», «палицу в триста пуд»; в семь лет его отдают учиться грамоте, а к десяти годам он постигает «хитрости-мудрости»: оборачиваться «ясным соколом», серым волком, «гнедым туром-золотые рога». Освоив искусство оборотничества, В. в 12 лет набирает себе дружину, а в 15 лет уже готов к воинским подвигам. Когда приходит весть, что «индейский царь» собирается идти на Киев, В. решает опередить противника и отправляется с дружиною в поход на Индейское царство. По пути он упражняет и демонстрирует свои «хитрости-мудрости», выступая как великий охотник, повелитель природного царства, прежде всего мира зверей. Обернувшись волком, он бегает по лесам и «бьёт звери сохатые», в облике сокола бьёт гусей, лебедей, уток. В. кормит и поит, одевает и обувает свою дружину; он всегда бодрствует. Решив «вражбу чинить» индейскому царю и убедившись, что никто из дружины не может выполнить предстоящей задачи успешно, В. применяет свои «хитрости-мудрости», чтобы сокрушить Индейское царство. Обернувшись туром-золотые рога, он быстро достигает цели; обернувшись ясным соколом, он прилетает в палаты к индейскому царю Салтыку (Салтану) Ставрульевичу и подслушивает его разговор с «царицей Азвяковной, молодой Еленой Александровной». Узнав о враждебных Руси намерениях царя, В. оборачивается горностаем, спускается в подвал-погребы, перекусывает тетиву у луков, обезвреживает стрелы и ружья, снова оборачивается ясным соколом, прилетает к своей дружине и ведёт её к городу-крепости индейского царя. Чтобы проникнуть незаметно внутрь, В. оборачивает своих воинов в муравьёв (мурашиков) и вместе с ними по узкой щели проникает в город, подвергая его разгрому. Убивает индейского царя, берёт в жёны царицу Азвяковну, женит своих воинов на семи тысячах пощажённых девиц, а сам становится царём, богато одарив дружину.

Мотив превращения В. (и его воинов) в муравьёв, проникающих в неприступную крепость, напоминает подобный же мотив в связи с громовержцем *Индрой* (Ригведа I, 51 и др.). Зевс является к Эвримедузе также в виде муравья. Их сын Мирмидон (букв.— «муравейный») стал родоначальником мирмидонян, «муравейных» людей. В русской сказке *Иван-царевич*, превратившись в муравья, про-

никает в хрустальную гору, убивает двенадцатиголового Змея и освобождает царевну, на которой он женится. Связь с В. мотива гремящего грома в былине также намечает в его образе тему громовержца. Вместе с тем В. реализует и тему противника громовержца — Змея: будучи сыном Змея, он унаследовал от него «хитрости-мудрости» и, в частности, уменье прятаться от врага, оборачиваться в другие существа. Поэтому в образе В. обнаруживаются переклички с Волосом-Велесом, в котором также отыскиваются змеиные черты, или со *Змеем Огненным Волком*. В новгородском книжном предании о Волке-чародее В., старший сын Словена, давший своё имя реке Волхов, ранее называвшейся Мутною, был «бесоугодный чародей»; «бесовскими ухищрениями» превращался «в лютого зверя крокодила»; преграждая в Волхове водный путь тем, которые ему не поклонялись: «одних пожирал, других потоплял. А невежественный народ почитал его за бога и называл его Громом или Перуном (ср. образ «змеяки Перуна» в новгородских источниках). В. на берегу реки поставил «городок малый» на месте, называвшемся Перынь, и кумир Перуну. Бесы удавили В. в Волхове, тело его плыло вверх по реке и было выброшено «против Волховнаго его городка» и здесь похоронено язычниками. Но через три дня «прослезися земля и пожрала мерзкое тело крокодилово, и могила просыпалась над ним на дно адское».

Оборотничество В. нашло продолжение в таком же свойстве, приписываемом историческому персонажу князю Всеславу Полоцкому (11 в.), упоминаемому в этой связи и в «Слове о полку Игореве» (ср. отчество В.— Всеславьевич, т. е. сын Всеслава). Несомненны и связи между В. и Василием Буслаевым (мотив отсутствия отца и воспитания матерью, похода в дальнюю землю, роль камня в рождении или смерти и т. п.). В послемонгольский период (13 в.) появляются новые трактовки противника В.: теперь он царь Золотой Орды или даже турецкий султан; вместо Индейского царства появляется Турец-земля и т. п.

Второй сюжет, в котором выступает В. (как правило, именно Вольга, иногда Вольга Святославгович и т. п.), связывает его с *Микулой Селяниновичем*. Общее у Вольги этого сюжета с В.— воспитание в детстве без отца, освоение «мудрости» (превращение в щуку, в сокола, в волка и охота на зверей), собирание дружины для похода. Дядя Вольги князь Владимир стольно-Киевский жалует племянника тремя городами Гурговцем, Ореховцем и Крестьяновцем (их реальные прототипы относят также к Новгородской земле, к невско-ладожскому ареалу), и Вольга с дружиной отправляется «за получкою»; по пути В. встречается с пашущим своё поле оратаем Микулой; Вольга и его дружина не могут поднять сохи Микулы, его крестьянская кобыла обгоняет коня Вольги и т. д. (ср. также противопоставление в русском эпосе «крестьянского сына» *Илью Муромца* и князя Владимира). Иногда вместе с В. и Микулой выступает *Садко*, в других случаях В. смешивается с Василием Буслаевым (побивание купцов на Волховском мосту, мотив камня с надписью, перепрыгивание через него и смерть и т. п.).

В. В. Иванов, В. Н. Топоров.

ВОЛХВЫ́, ц а р и - в о л х в ы, м а г и, в восточных христианских преданиях мудрецы-звездочёты, пришедшие поклониться младенцу Иисусу Христу. Евангельское каноническое повествование (только Матф. 2, 1—12) не называет ни их числа, ни имён, ни этнической принадлежности, но ясно, что они не иудеи и что их страна (или страны) лежит на восток от Палестины. По явлению чудесной звезды они узнают, что родился «царь иудеев», *мессия*, и приходят в Иерусалим, где простосердечно просят Ирода, царя иудейского, помочь им в поисках младенца. Запрошенные Иродом книжники сообщают, что по древним пророчествам мессия должен родиться в Вифлееме; Ирод отправляет туда В., решив использовать их, чтобы выведать имя своего родившегося соперника. Звезда, к радости В., останавливается над тем местом, где находится младенец-Христос; они совершают перед младенцем обряд «проскинезы» (повергаются ниц, как перед восточным монархом) и приносят ему в дар золото, ладан и благовонную смолу — мирру. Вещий сон запрещает им возвращаться к Ироду, и они направляются к себе на родину.

Церковные и апокрифические предания добавляют подробности. Уже Ориген (2—3 вв.) исходит из того, что число В. соответствовало числу их даров, т. е. было равно трём, и это становится общепринятой версией. Такое число соотносилось с тремя лицами *троицы*, тремя возрастами человека, а также с представлением о тройственном делении человеческого рода; по другой версии, получившей хождение в сирийской и армянской традиции, число В.— 12 (о символике чисел в мифологии см. *Числа*; см. также *Двенадцать апостолов*). Родиной В. в раннехристианской литературе уже со 2 в. (Юстин) нередко называют Аравийский полуостров, тем самым связывая их как с богатой традиционно-мифологической топикой «Счастливой Аравии», так и с ветхозаветными пророчествами о поклонении иноземцев мессианскому царю Израиля: «цари Аравии и Сабы принесут дары... и будут давать ему от золота Аравии» (Пс. 71/72, 10 и 15); «и придут народы к свету твоему, и цари — к восходящему над тобой сиянию... все они из Сабы придут, принесут золото и ладан, и возвестят славу господа» (Ис. 60, 3 и 6; оба текста упоминают как «свет», соотносимый с образом звезды В., так и дары — золото и ладан; из наложения этих пророчеств о приходе «царей» на социальную реальность восточных теократий, где главы жреческой иерархии обычно были местными градоправителями и царьками, возникло представление о «царском» сане В., впоследствии общепринятое). Некоторые особенности аравийских мифов и культов, включавших представление о рождении бога от девы-камня (см. в ст. *Душара*), побуждали христиан предполагать у жрецов и «мудрецов» Аравии особое предчувствие тайны рождества. Однако ещё чаще за родину В. принимали персидско-месопотамский ареал (у Климента Александрийского на рубеже 2 и 3 вв. и позднее); само слово «маги» исконно обозначало членов жреческой касты Персиды и Мидии, но в быту применялось для обозначения месопотамских («халдейских») астрологов; в реальности первых веков н. э. грань между обоими смыслами практически стёрлась. Характерно, что раннехристианское искусство изображало ветхозаветных персонажей, оказавшихся в Вавилоне, т. е. *Даниила* и *трёх отроков*, одетыми по-персидски (войлочная круглая шапка, штаны, часто хитон с рукавами и мантия), и тот же наряд неизменно даётся В. Персидский царь Хосров II Парвиз (7 в.), уничтожавший все христианские церкви в Палестине, пощадил Вифлеемскую церковь Рождества из-за персидского обличья изображённых на ней В. Через Месопотамию В. связывались с воспоминаниями о Валааме и Данииле, которые проповедовали месопотамским язычникам приход мессии (а Валаам говорил о мистической «звезде от Иакова»); через Персию — с культом *Митры* (описанный выше костюм В. совпадает с костюмом жрецов митраизма). Представления о персидском происхождении В. дольше всего держались в византийской иконографии; на Западе они были утрачены, В. либо не имели этнических характеристик, либо неопределённо соотносились с арабским или даже византийским Востоком. С наступлением эпохи Великих географических открытий и активизацией миссионерской деятельности в «экзотических» странах В. становятся олицетворением человеческих рас — белой, жёлтой и чёрной, или трёх частей света — Европы, Азии, Африки; эта идея, возможная только для нового времени, всё же связана с исконным взглядом на В. как представителей всего языческого человечества, а также с ещё более древним архетипом тройственного деления рода человеческого. Имена В. в раннехристианской литературе варьируются (у Оригена — Авимелех, Охозат, Фикол, в сирийской традиции — Гормизд,

Яздегерд, Пероз, и др.); на средневековом Западе и затем повсеместно получают распространение имена — Каспар, Бальтазар, Мельхиор. Слагаются легенды о позднейшей жизни В.: они были крещены апостолом *Фомой*, затем приняли мученичество в восточных странах. Их предполагаемые останки были предметом поклонения в Кёльнском соборе.

Дары В. обычно истолковывались так: ладаном почитают божество, золотом платят подать царю, миррой (которой умащали мертвецов) чествуют предстоящую страдальческую кончину Иисуса Христа.

С. С. Аверинцев.

ВОНГВИ́, в корейской шаманской мифологии злые духи людей, умерших насильственной смертью (ср. *Аран*), а также дух женщины в средневековой повести о полководце Лим Генъопе.

Л. Р. Концевич.

ВО́РОН, центральный персонаж в мифах некоторых народов Северной Азии и Северной Америки, прежде всего у палеоазиатов чукотско-камчатской группы (чукчи, коряки, ительмены) в Азии, у северо-западных индейцев (главным образом тлинкиты, но также хайда, цимшиан, квакиютль), северных атапасков и отчасти эскимосов (по-видимому, в результате заимствования) в Америке. В этих мифологиях В. выступает как «демиург» — первопредок, культурный герой, могучий шаман, трикстер (ительменск. Кутх, корякск. Куйкыняку, чукот. Куркыль, тлинкитск. Йель). Он фигурирует в двух ипостасях — антропоморфной и зооморфной, и типологически близок тотемическим первопредкам двойной антропозооморфной природы в мифологиях других американских индейцев и австралийцев. Его деятельность в мифах отнесено ко времени мифического первотворения (мифическое время), что, в частности, делает возможным сочетание функций «серьёзного» культурного героя и плута-трикстера в одном персонаже.

В мифах о творческих и культурных деяниях В. мотивы у палеоазиатов (как культурный герой В. выступает прежде всего у чукчей) и в Северной Америке в основном совпадают. В. создаёт свет и небесные светила, сушу и рельеф местности, людей и зверей; он добыл пресную воду у хозяев моря, раскрасил всех птиц (а сам превратился из белого в чёрного), положил начало рыболовству. Это — древнейшие мотивы, зародившиеся в период генетического единства и длительных контактов предков палеоазиатов и индейцев Северной Америки. Однако последним не известен палеоазиатский миф о В., который вместе с другой птицей (зимушкой или куропаткой) пробил клювом небесную твердь, добыл таким образом свет (но в обеих мифологиях есть мифы о похищении небесных светил в виде мячей о. у злого хозяина ради создания света); а палеоазиатам не знакомы североамериканские сюжеты о том, как В. добился от хозяйки прилива регулярной смены приливов и отливов и как он добыл огонь (у чукчей В. создаёт сакральный инструмент для добывания огня). Существование этих различных, но типологически близких мотивов, возникших самостоятельно в каждом из регионов, подчёркивает общность мифологической семантики В.

Прежде всего как первопредок и могучий шаман В. выступает в фольклоре коряков и ительменов. Он патриарх «вороньего» семейства, от которого произошли люди; у него большая семья, и он защищает своих детей от злых духов, помогает в устройстве их браков; а сами брачные приключения его детей суть символическое выражение возникновения и правил организации и функционирования социума (установление дуальной экзогамии через отказ от кровосмешения, установление «брачных связей» с существами, персонифицирующими природные силы, от которых зависит хозяйственное благополучие социума).

Вокруг В. и его семьи объединён почти весь повествовательный фольклор коряков и ительменов. Такая «семейная» циклизация отличает палеоазиатский фольклор от фольклора северо-западных индейцев, циклизованного «биографически» — в нём преобладают мифы о «героическом» детстве В. и о его странствиях: в Северной Америке В.— прежде всего культурный герой, а не «патриарх», хотя и здесь имеются представления о нём как о первопредке. Так, он часто выступает как тотем или родовой предок, считается родовым или фратриальным предком. С оппозицией фратрий, очевидно, связано его противопоставление другой птице (лебедю, гагаре, орлу) или зверю (обычно волку). В частности, у северо-западных индейцев и у некоторых групп атапасков племя делится на фратрию В. и фратрию волка или орла.

В отличие от мифов творения, рассказы о проделках В.-трикстера не совпадают по мотивам в палеоазиатском и североамериканском фольклоре, но типологически идентичны. Исключение составляют повествования о мнимой смерти В. и его попытках переменить пол, представляющие пародию на некоторые стороны шаманизма (аналогичные истории рассказывают и о других трикстерах). Таким образом, «трикстерский цикл» о В. возник, по-видимому, позже, чем мифы творения.

В палеоазиатском фольклоре В.-трикстер и прожорлив, и похотлив, но его основной целью является утоление голода. В Северной Америке похотливость приписывается другому трикстеру — Норке, а для В. характерна только прожорливость. Разница проявляется также в том, что у палеоазиатов В.-трикстер действует на фоне общего голода, постигшего всю его семью; в Северной Америке состояние голода — специфическая черта самого В., возникшая, по мифу, после того, как он съел коросту с кости.

В.-трикстер готов на любой коварный обман, часто торжествует, но бывает и одурачен. Если он выступает как представитель семьи (что прежде всего характерно для палеоазиатской мифологии), его трюки удаются, когда они направлены против «чужих», и проваливаются, когда В. действует в ущерб «своим», нарушает естественные или социальные нормы (покушается на коллективные запасы пищи, меняет пол, пренебрегает половозрастными принципами разделения труда, изменяет жене). Трюки В. противостоят нормальной социальной деятельности детей, «дополнительны» ей, воспринимаются как паразитарная форма поведения и являются шутовским дублированием, пародийным снижением его собственных деяний как культурного героя и могучего шамана. Там, где В. действует вне семейного фона, что характерно и для палеоазиатского и североамериканского фольклора, его трюки имеют переменный успех. В этом случае он часто пытается удовлетворить свои нужды за счёт других подобных антропозооморфных существ; у палеоазиатов это лиса, волк и др., в Северной Америке — баклан, медведь-гризли, орёл, также волк.

Аналогичная семантика образа В. выявляется и в мифологических представлениях других народов Северной Азии и Северной Америки. В якутской мифологии В.— атрибут Улу Тойона, мифического главы чёрных шаманов, и имеет демонический характер. В эвенкийских мифах В. иногда выступает в роли неудачного, непослушного помощника бога-творца. В Северной Америке у индейцев других племён сказания о В. встречаются только спорадически, но там известен миф о потопе с участием В. (у северо-западных индейцев В. иногда также связывается с потопом): он послан искать сушу, не возвращается, наказывается чёрным цветом. Вероятно, эти сюжеты возникли в результате контаминации индейских мифов о демиурге-ныряльщике, вылавливающем землю, с рассказами библейского происхождения о всемирном потопе, занесёнными миссионерами.
Е. М. Мелетинский.

ВÓРСА, в о́р ы с ь, ч у к л а, в мифах коми леший. Является одиноким охотником в виде великана или человека необычайной силы с мохнатыми ушами. В. может досаждать охотнику и воровать у него добычу (если тот охотится в угодьях В.), но может и помогать человеку в охоте, если тот сумеет хитростью одолеть В. Любит вызывать охотников на состязание в силе. Считалось, что избавиться от В. можно, если повернуться к нему спиной и выстрелить, зажав ружьё между ног.
В. П.

ВÓРШУД, шуд во́рдись, в удмуртских мифах антропоморфный дух — покровитель рода, семьи. Обитает в молельне (куале), где его идол, возможно, хранился в специальном «коробе В.»; сюда приносили в жертву животных и птиц, хлеб и блины — угощение В. Обзаводящийся отдельным домом хозяин приглашал его к себе в новую куалу, устраивая по этому поводу пир и перенося горсть золы — воплощение В.— из очага старой куалы в собственную; переезд В. сопровождался свадебными обрядами и песнями. В. просили о покровительстве во всех предприятиях (особенно во время болезни). Оскорбивших В. (в т. ч. обратившихся в христианство) он может преследовать, душить по ночам, наслать болезнь и т. п. (ср. слав. *домового*). В. связан с культом предков: в некоторых молитвах В. призывали вместе с предками.

ВÓСЕМЬ БЕССМÉРТНЫХ, Б а с я н ь, в китайской даосской мифологии популярнейшая группа героев. В неё входили Люй Дунбинь, Ли Тегуай, Чжунли Цюань, Чжан Голао, Цаогоцзю, Хань Сянцзы, Лань Цайхэ и Хэ Сяньгу. Представление о В. б. сложилось в первых веках н. э., но как канонизированная группа В. утвердились, вероятно, не ранее 11—12 вв. Закрепление состава В. б. шло постепенно; например, вместо Хэ Сяньгу в эту группу нередко входил Сюй-шэньвэн — реальный персонаж 12 в. Первоначально главным персонажем был, видимо, Ли Тегуай, позднее — Люй Дунбинь. Сказания о В. б. разрабатывались в юаньской драме (13—14 вв.), пьесах и романах минского времени (14—17 вв.) и в поздней, т. н. местной драме.

В даосской литературе первым из В. б. упоминается Лань Цайхэ. В «Продолжении житий бессмертных» Шэнь Фэня (10 в.) Лань описывается как своеобразный юродивый. Он носит рваное синее платье (Лань означает «синий») с поясом шириной более трёх вершков с шестью бляхами чёрного дерева, на одной ноге сапог, другая — босая. В руках у него — бамбуковые дощечки (род кастаньет). Летом утепляет халат ватой, зимой валяется на снегу. Он бродит по городским базарам, распевая песни, которых он знает множество, и прося на пропитание. Деньги, которые ему давали люди, Лань нанизывал на длинный шнур и тащил его за собой. Временами он терял монеты, раздавал их встречным беднякам или пропивал в винных лавках. Однажды, когда он пел и плясал подле озера Хаолин и пил вино в тамошней винной лавке, в облаках показался журавль и послышались звуки тростниковой свирели и флейты. В тот же миг Лань поднялся на облако и, сбросив вниз свой сапог, платье, пояс и кастаньеты, исчез. В некоторых средневековых текстах Ланя отождествляют с сановником Чэнь Тао, будто бы ставшим бессмертным, и с отшельником 10 в. Сюй Цзянем, но в юаньской драме «Ханьский Чжунли уводит Лань Цайхэ от мира» — Лань Цайхэ — сценическое имя актёра Сюй Цзяня. Изображения Ланя появились также в 10—13 вв. Впоследствии при сложении цикла рассказов о В. б. возникли сюжеты о встрече Ланя с другими персонажами группы. При этом он утрачивает свои первоначальные атрибуты — кастаньеты-пайбань и флейту, благодаря которым в ранний период почитался, видимо, как покровитель музыкантов: кастаньеты переходят к Цао Гоцзю, флейта — к Хань Сянцзы, а сам Лань изображается с корзиной (Лань означает также и «корзина»); её содержимое — хризантемы, ветки бамбука — ассоциировалось с бессмертием, а Ланя стали почитать как покровителя садоводства. В фольклоре вечно юный Лань превращается в фею цветов, хотя нередко сохраняет и мужское обличье.

Легендарный образ Люй Дунбиня сложился уже к сер. 11 в., его первое подробное описание содержится в «Заметках из кабинета Неразумного» Чжэн Цзинби (кон. 11 в.). Согласно преданиям,

132 ВОСЕМЬ

Люй Янь (его второе имя Дун-бинь, т. е. «гость из пещеры») родился 14-го числа 4-й луны 798. В момент зачатия с неба к постели матери спустился на миг белый журавль. От рождения Люй имел шею журавля, спину обезьяны, туловище тигра, лик дракона, глаза феникса, густые брови, под левой бровью — чёрную родинку. Люй мог запоминать в день по 10 тысяч иероглифов. Однажды он встретил Чжунли Цюаня, который десять раз испытывал его и, увидев стойкость Люя, увёл в горы, научил его магии, фехтованию и искусству делаться невидимым. Учитель назвал его Чуньянцзы — «сын чистой силы — ян» (см. *Инь и ян*). По другой версии, пятидесятилетний Люй был вынужден с семьёй бежать в горы Лушань, где Чжунли Цюань обратил его в даосизм. Люй, обещавший учителю помогать людям в постижении дао («пути»), под видом торговца маслом бессмертия пришёл в Юэян и решил помогать тем, кто не будет требовать вешать с походом. Таковой оказалась одна старуха. Люй бросил в колодец у её дома несколько рисинок, и вода в нём превратилась в вино, продавая вино, старуха разбогатела. По наиболее популярной версии легенды, молодой учёный Люй Дунбинь на постоялом дворе встретился с даосом, который велит хозяйке сварить кашу из проса и в ожидании заказанной еды заводит с Люем разговор о тщете мирских желаний. Люй не соглашается. Он засыпает и видит во сне свою будущую жизнь, полную взлётов и разочарований, страшных сцен и несчастий. Когда ему грозит смерть, он просыпается и видит себя на том же дворе, хозяйка варит кашу, а даос ждёт еду. Прозревший Люй становится даосским отшельником. В этой легенде использован сюжет, сложившийся ещё в Танскую эпоху и известный с 8 в. по новелле Шэнь Цзицзи «Записки о случившемся в изголовье», где фамилию Люй носит даос. Впоследствии этот сюжет применительно к Люй Дунбиню разрабатывался китайскими драматургами: Ма Чжиюанем (13 в.), Су Ханьином (16 в.) и др. Поздняя анонимная пьеса «Сновидение Дунбиня» обычно разыгрывалась в храмах в день рождения одного из верховных даосских божеств *Дун-ван-гуна*. Известно немало рассказов о появлении Люя среди людей, о чём обычно узнают из оставленных им стихов, которых Люю приписывалось немало. В народных верованиях Люй — святой подвижник, познавший в мирской жизни страдания и решивший служить людям в качестве заклинателя демонов, преследующих беспомощный народ. На лубках он изображается обычно с мечом, разрубающим нечисть, и мухогонкой — атрибутом беспечного бессмертного, рядом с ним его ученик Лю («ива»), из остроконечной головы которого растёт ветка ивы (по преданию, из тела старой ивы — оборотня, которого Люй обратил в свою веру). Иногда Люй изображается и с мальчиком на руках — пожелание иметь многочисленных сыновей. Именно в качестве святого — чадоподателя Люя чтили китайские учёные. Люю приписывалась способность указывать путь к излечению или спасению. В легендах о Люе заметно буддийское влияние, в частности в истории о чудесном сне. В позднем даосизме Люй стал почитаться как патриарх некоторых даосских сект.

Чжунли Цюань (по другой версии, Хань Чжунли, т. е. Ханьский Чжунли, второе имя Юньфан — «облачный дом») происходил будто бы из-под Сяньяна в провинции Шэньси. Предания о Чжунли сложились, видимо, к 10 в., хотя рассказывается, что он сам относил своё рождение к эпохе Хань (во 2—3 вв. н. э.). Согласно первым упоминаниям о нём, — блестящий каллиграф эпохи Хань, у него высокий рост, курчавая борода (по другим источникам, спадавшая ниже пупа), густые волосы на висках, непокрытая голова с двумя пучками волос, татуированное тело, босые ноги. По поздним преданиям, Чжунли был послан ханьским императором во главе войска против тибетских племён. Когда его воины вот-вот должны были победить, пролетавший над полем брани бессмертный (по некоторым вариантам, Ли Тегуай) решил наставить его на путь (дао), подсказал неприятелю, как одержать победу над Чжунли. Войско Чжунли было разбито, а сам он бежал в пустынные земли. В отчаянии он обратился за советом к повстречавшемуся монаху, и тот отвёл его к Владыке Востока, покровителю всех бессмертных мужского пола, который посоветовал Чжунли отказаться от помыслов о карьере и отдаться постижению дао. Чжунли занялся алхимией и научился превращать медь и олово в золото и серебро, их он раздавал беднякам в голодные годы. Однажды перед ним раскололась каменная стена, и он увидел нефритовую шкатулку — в ней оказались наставления о том, как стать бессмертным. Он внял им, и к нему спустился журавль, сев на которого Чжунли улетел в страну бессмертных. Чжунли изображается обычно с веером, способным оживлять мёртвых. Чжунли был канонизирован при монгольской династии Юань, в 13—14 вв., что было связано с его почитанием в качестве одного из патриархов некоторых наиболее популярных даосских сект.

Чжан Голао (лао, «почтенный»), иногда Чжан Го, видимо, есть обожествлённый даосами герой, живший в эпоху Тан при императоре Сюаньцзуне (8 в.). Наиболее ранняя запись о нём у Чжэн Чухуэя (9 в.), где он описан как даос-маг. Чжан ездил на белом осле, способном пробежать в день 10 тысяч ли. Остановившись на отдых, Чжан складывал его, словно бумажного. Когда надо было ехать снова, он брызгал на осла водой и тот оживал. Согласно наиболее ранней из легенд, связанных с жизнью Чжана при дворе Сюаньцзуна, Чжан таким же образом оживил мага Шэ Фашаня, который раскрыл императору тайну о том, что Чжан есть дух — оборотень белой летучей мыши, появившейся в период сотворения мира из хаоса, и, поведав это, тотчас же испустил дух. Чжану приписывалась способность предугадывать будущее и сообщать о событиях далёкого прошлого. Чжан Голао изображается обычно в виде старца-даоса с бамбуковой трещоткой в руках, сидящего на осле лицом к хвосту. Лубки с его изображениями (Чжан подносит сына) часто вешали в комнате новобрачных. По-видимому, здесь произошла контаминация образов Чжана и Чжан-сяня, приносящего сыновей.

Ли Тегуай (ли, «железная клюка», часто Тегуай Ли) — один из самых популярных героев цикла. Его образ сложился, видимо, к 13 в. на основе преданий о различных бессмертных — хромцах. Ли обычно изображается высоким человеком с тёмным лицом, большими глазами, курчавой бородой и курчавыми волосами, схваченной железным обручем. Он хром и ходит с железным посохом. Его постоянные атрибуты — тыква-горлянка, висящая на спине, в которой он носит чудесные снадобья, и железная клюка. В драме Юэ Бочуаня (13—14 вв.) «Люй Дунбинь обращает в бессмертные Ли-Юэ с железной клюкой» бессмертный Люй Дунбинь возродил некоего чиновника, умершего от страха перед сановником, в облике мясника Ли, а затем сделал бессмертным. По другой версии, отражённой в романе «Путешествие на Восток» (16—17 вв.), даос Ли Сюань, познав тайны дао, оставил своё тело на попечение ученика, а свою душу направил в горы, предупредив, что вернётся через семь дней, в противном случае он велел ученику сжечь тело. Через шесть дней ученик узнал о болезни матери, сжёг тело учителя и поспешил домой. Вернувшейся душе Ли Сюаня ничего не оставалось, как войти в тело умершего хромого нищего. Впоследствии он явился в дом ученика, оживил его мать, а через 200 лет взял и ученика на небо.

По другой версии, зафиксированной в сочинении Ван Шичжэня (1526—90), Ли жил будто бы в 8 в. Он 40 лет постигал дао в горах Чжуннаньшань, а потом, оставив в хижине тело, отправился странствовать. Тело растерзал тигр, а вернувшаяся душа вселилась в плоть умершего хромого нищего, в некоторых преданиях Ли хром от рождения. Существуют рассказы о том, как Ли переплывал реку на листке бамбука, бросил вверх свой посох, который обратился в дракона, Ли сел на него и умчался; рассказывают также, что он продавал на базаре чудотворные снадобья, излечивавшие от всех болезней. Ли почитали как покровителя магов, его изображения служили знаком аптекарских лавок.

К эпохе Сун относятся и первые записи о Хань Сяне. В основе образа Хань Сяна — реальная личность, племянник знаменитого мыслителя и литератора Танской эпохи Хань Юя (768—824), являвший полную противоположность своему дяде, конфуцианцу-рационалисту, не верившему ни в буддийские, ни в даосские чудеса. Все основные легенды о Хань Сяне и посвящены показу превосходства даосов над конфуцианцами. По одной из них, когда Хань Юй во время засухи безуспешно пытался вызвать по повелению государя дождь, Хань Сян, приняв облик даоса, вызвал дождь и снег, специально оставив усадьбу дяди без осадков. В другой раз на пиру у дяди Хань Сян наполнил таз землёй и вырастил на глазах у гостей два прекрасных цветка, среди которых проступали золотые иероглифы, образующие двустишие: «Облака на хребте Циньлин преградили путь, где и дом и семья? Снег замёл проход Ланьгуань, конь не идёт вперёд». Смысл этих строк Хань Юй понял позже, когда за выступление против буддизма был отправлен в ссылку на юг. Добравшись до хребта Циньлин, он попал в пургу, а явившийся в облике даоса Хань Сян напомнил ему о пророческих стихах и всю ночь рассказывал о даосских таинствах, доказывая превосходство своего учения. На прощание Хань Сян подарил дяде фляжку из тыквы-горлянки с пилюлями от малярии и исчез навсегда. Встреча в горах Циньлин стала популярной темой картин уже у сунских живописцев. Хань Сян изображался также с корзиной цветов в руках и почитался в качестве покровителя садовников. Легенды о Хане зафиксированы также у среднеазиатских дунган (Хан Щёнзы), где он выступает как маг и чародей.

Бессмертный Цао-гоцзю, согласно «Запискам о чудесном проникновении бессмертного государя Чуньяна» («Чуньян дицзюнь шэньсянь мяотун цзи» Мяо Шаньши, примерно нач. 14 в.), был сыном первого министра Цао Бяо при сунском государе Жэньцзуне (правил в 1022—1063) и младшим братом императрицы Цао (Гоцзю не имя, а титул для братьев государыни, букв. «дядюшка государства»). Цао-гоцзю, презиравший богатство и знатность и мечтавший лишь о «чистой пустоте» даосского учения, однажды попрощался с императором и императрицей и отправился бродить по свету. Государь подарил ему золотую пластину с надписью: «Гоцзю повсюду может проезжать, как сам государь». Когда он переправлялся через Хуанхэ, перевозчик потребовал с него деньги. Он предложил вместо платы пластину, и спутники, прочитав надпись, стали кричать ему здравицу, а перевозчик обмер от испуга. Сидевший в лодке даос в рубище закричал на него: «Коль ушёл в монахи, чего являешь своё могущество и пугаешь людей?». Цао склонился в поклоне и сказал: «Как смеет Ваш ученик являть своё могущество!» — «А можешь бросить золотую пластину в реку?» — спросил даос. Цао тут же швырнул пластину в стремнину. Все изумились, а даос (это был Люй Дунбинь) пригласил его с собой. По более поздней версии, Цао пережил тяжёлую трагедию из-за беспутства своего брата, желавшего овладеть красавицей-женой одного учёного, которого он убил. По совету Цао брат бросил в колодец красавицу, но её спас старец — дух одной из звёзд. Когда женщина попросила защиты у Цао, тот велел избить её проволочной плетью. Несчастная добралась до неподкупного судьи Бао (см. Бао-гун), который приговорил Цао к пожизненному заключению, а его брата казнил. Государь объявил амнистию, Цаогоцзю освободили, он раскаялся, надел даосское платье и ушёл в горы. Через несколько лет он встретил Чжуни и Люя, и они причисляют его к сонму бессмертных. Цао-гоцзю изображается обычно с пайбань (кастаньетами) в руках и считается одним из покровителей актёров. Цао был присоединён к группе В. б. позже остальных.

К числу В. б. принадлежит и женщина Хэ Сяньгу (букв. «бессмертная дева Хэ»). Существует много местных преданий о девицах, носивших фамилию Хэ, которые слились, видимо, впоследствии в единый образ. В «Записках у Восточной террасы» Вэй Тая (11 в.) рассказывается о девице Хэ из Юнчжоу, которой в детстве дали отведать персика (или финика), после чего она никогда не чувствовала голода. Она умела предсказывать судьбу. Местные жители почитали её как святую и называли Хэ Сяньгу. По «Второму сборнику зерцала постижения дао светлыми бессмертными всех эпох» Чжао Дао-и (13—14 вв.), Хэ была дочерью некоего Хэ Тая из уезда Цзэн-чэн близ Гуанчжоу. Во времена танской императрицы У Цзэ-тянь (правила в 684—704) она жила у Слюдяного ручья. Когда ей было 14—15 лет, во сне ей явился святой и научил питаться слюдяной мукой, чтобы сделаться лёгкой и не умереть. Она поклялась не выходить замуж. Впоследствии она средь бела дня вознеслась на небеса, но и потом не раз появлялась на земле. Считается, что святым, наставившим её на путь бессмертия, был Люй Дунбинь. Однако первоначально в сер. 11 в., когда предания о Хэ получили широкое распространение, они не были связаны с легендами о Люе. По ранним версиям, Люй помогал другой девице — Чжао, впоследствии её образ слился с образом Хэ. К концу 16 в. уже было, видимо, распространено представление о Хэ Сяньгу как о богине, сметающей подле Небесных врат (по преданию, у ворот Пэнлай росло персиковое дерево, которое цвело раз в 300 лет, и тогда ветер засыпал лепестками проход через Небесные врата) и связанной с Люем. Именно по его просьбе Небесный государь включил Хэ в группу бессмертных, а Люй, спустившись на землю, наставил на путь истинный другого человека, который и заменил её у Небесных врат. Её атрибут — цветок белого лотоса (символ чистоты) на длинном стебле, изогнутом подобно священному жезлу жуи (жезлу исполнения желаний), иногда в руках или за спиной корзина с цветами, в отдельных случаях происходит как бы совмещение чашечки цветка лотоса и корзины с цветами. По другим версиям, её атрибут — бамбуковый черпак, поскольку у неё была злая мачеха, заставлявшая девочку трудиться на кухне целыми днями. Хэ проявляла исключительное терпение, чем тронула Люя, и тот помог ей вознестись на небеса. В спешке она захватила с собой черпак, поэтому иногда Хэ почитают как покровительницу домашнего хозяйства.

Кроме отдельных преданий о каждом из В. б. существуют также рассказы об их совместных деяниях (о путешествии В. б. за море, о посещении Си-ванму и др.). Эти легенды составили к 16 в. единый цикл и были использованы писателем У Юньтаем в его романе «Путешествие восьми бессмертных на Восток» (конец 16 в.), а также в ряде поздних народных драм. В них рассказывалось о том, как В. б. были приглашены к Владычице запада Си-ванму и как они решили преподнести ей свиток с дарственной надписью, сделанной по их просьбе самим Лао-цзы. После пира у Си-ванму В. б. отправились через Восточное море к Дун-вангуну. И тут каждый из В. б. явил своё чудесное искусство: Ли Тегуай поплыл на железном посохе. Чжунли Цюань — на веере, Чжан Голао — на бумажном осле, Хань Сянцзы — в корзине с цветами, Люй Дунбинь воспользовался бамбуковой ручкой от мухогонки, Цао-гоцзю — кастаньетами, Хэ Сяньгу — плоской бамбуковой корзиной, а Лань Цайхэ стал на нефритовую пластину, инкрустированную чудесными камнями, излучающими свет. Сияние плывущей по морю пластины привлекло внимание сына Лун-вана. Воины Лун-вана отняли пластинку, а Ланя утащили в подводный дворец. Луй Дунбинь отправился вызволять товарища и поджёг море, и тогда царь драконов отпустил Ланя, но не вернул пластину. Люй и Хэ Сянгу отправились вновь к берегу моря, где и произошло сражение, в котором сын царя драконов был убит. Умер от ран и его второй сын. Лун-ван пытается отомстить, но терпит поражение. В ходе борьбы В. б. жгут море, сбрасывают в море гору, которая рушит дворец Лун-вана. И только вмешательство *Юй-ди* приводит к установлению мира на земле и в подводном царстве.

Изображения В. б. украшали изделия из фарфора, были популярны в живописи, на народных лубках и т. п. В живописи часто встречаются изображения пирующих В. б., сидящих и отдыхающих, переплывающих море или встречающихся с основателем даосизма Лао-цзы. Оригинальную трактовку получили В. б. в современной живописи (Ци Байши, Жэнь Бо-нянь).

Б. Л. Рифтин.

ВОСЕМЬ СКАКУНОВ, в китайской мифологии кони чжоуского царя Мувана (10 в. до н. э.): Рыжий скакун, Быстроногий вороной, Белый верный, Переступающий (?) через колесо, Сын гор, Огромный жёлтый, Пёстрый рыжий (с чёрной гривой и хвостом) и Зелёное ухо («Жизнеописание сына неба Му»). В других сочинениях имена коней иные. Некоторые из этих коней на скаку не касались ногами земли, другие мчались быстрее, чем птица, и за одну ночь могли проскакать десять тысяч ли, у одного на спине росли крылья, и он мог летать. В. с.— постоянная тема китайской живописи и поэзии.

Б. Р.

ВОСКРЕСЕНИЕ Иисуса Христа, в христианских религиозно-мифологических представлениях возвращение *Иисуса Христа* к жизни после его смерти на кресте и погребения. Евангелия рассказывают, что Христос неоднократно предсказывал свою насильственную смерть и В. «в третий день» (напр., Матф. 16, 21; 17, 23; 20, 19). Этот срок, символически соотнесённый с ветхозаветным прототипом — трёхдневным пребыванием *Ионы* в утробе морского чудища (Матф. 12, 40: «как Иона был во чреве кита три дня и три ночи, так и сын человеческий будет в сердце земли три дня и три ночи»), назван в соответствии со счётом дней, принятым в древности, когда сколь угодно малая часть суток принималась за день (хотя фактически между смертью Христа и его В., как они изображены в Евангелиях, лежит меньше двух суток — примерно от 15 часов в пятницу до ночи с субботы на воскресенье). Само событие В. как таковое, т. е. оживание тела Христа и его выход из заваленной каменной гробницы, нигде в канонических Евангелиях не описывается, поскольку предполагается, что никто из людей не был его свидетелем (по этой же причине оно не изображается в византийской и древнерусской иконографии). Только в апокрифическом «Евангелии Петра» имеются наглядные картины самого В. Канонические Евангелия сообщают лишь: во-первых, о зрелище пустой гробницы со сложенным в ней сованом (Ио. 20, 5—7) и отваленным камнем, на котором сидит юноша, облечённый в белую одежду (Мк. 16, 5), т. е. один из ангелов (Матф. 28, 2), или два ангела (Лук. 24, 4), ясными словами говорящие о В.; и во-вторых, о явлениях воскресшего Христа своим последователям. Пустую гробницу как вещественный знак В. видят мироносицы, т. е. женщины, пришедшие рано утром в воскресенье довершить дело погребения и помазать тело Христа по восточному обычаю благовонными и бальзамирующими веществами (Матф. 28, 1—8; Мк. 16, 1—8; Лук. 24, 1—11). Затем к пустой гробнице являются и входят в неё апостол Пётр и «другой ученик» (Иоанн Богослов) (Ио. 20, 2—10). Явления воскресшего Христа отличаются чудесными особенностями. Они телесны (Христос ест с учениками, апостол *Фома* пальцем ощупывает на теле Христа рану от копья), но телесность эта уже не подчинена физическим законам (Христос входит сквозь запертые двери, мгновенно появляется и мгновенно исчезает и т. д.). Он перестал быть непосредственно узнаваемым для самых близких людей: *Мария Магдалина* сначала принимает его за садовника (Ио. 20, 15), ученики, которым он явился на пути в Эммаус, пройдя с ним долгую часть пути и проведя время в беседе с ним, вдруг узнают его, когда у них «открываются глаза», причём он сейчас же становится невидимым (Лук. 24, 13—31); но не все поверили в телесное В. Христа (Матф. 28, 17, ср. рассказ о неверии Фомы, Ио. 20, 25). По преданию, не имеющему опоры в евангельском тексте, но разделяемому православной и католической традицией, Христос по воскресении раньше всех явился деве Марии. Согласно канонической версии, явления воскресшего Христа и его беседы с учениками продолжались 40 дней и завершились *вознесением*. В одном новозаветном тексте упоминается явление Христа по воскресении «более нежели пятистам братий в одно время» (1 Кор. 15, 6).

Православная иконография В. знала наряду с мотивом сошествия во ад (настолько тесно связанным с темой В., что византийские и древнерусские изображения сошествия во ад воспринимаются как иконы В.) мотив мироносиц перед пустым гробом. Мотив победоносного явления Христа над попираемым гробовым камнем, с белой хоругвью, имеющей на себе красный крест, сложился в католическом искусстве позднего средневековья и перешёл в позднюю культовую живопись православия.

С. А. Аверинцев.

ВОХУ МАНА (авест., «благая мысль»), в иранской мифологии одно из божеств *Амеша Спента*, входит в верховную божественную триаду (*Ахурамазда*, В. М., *Аша Вахишта*). Дух — покровитель скота и общины оседлых скотоводов. Антагонист В. М.— *Ака Мана*. В среднеиранской традиции — Бахман, ему посвящён «Бахман-яшт».

И. Б.

ВОЦЮАНЬ, в древнекитайской мифологии бессмертный старец. Как рассказывается в «Жизнеописаниях бессмертных», приписываемых Лю Сяну (1 в.), В. собирал лекарственные травы на горе Хуайшань и сам принимал их. Тело его поросло шерстью, а глаза стали квадратными. Он мог летать и мчаться по земле. Он поднёс *Яо* семена сосны, но у того не было времени есть их. Те же из людей, кто принимал семена, прожили до 200—300 лет.

Б. Р.

ВОЧАБИ, в низшей мифологии ингушей дух — хозяин туров. По поверьям, успех охоты зависит от благосклонности В. Он всегда сторожит, пасёт стадо туров, по своему усмотрению посылает навстречу охотнику отобранное для него животное; проклинает того, кто осмелится убить тура без его разрешения. Перед охотой для умилостивления В. совершали обряды. В святилищах в качестве жертвоприношений В. выставлялись рога туров, которые служили оберегами.

А. Т.

ВРИТРА («затор», «преграда»), в древнеиндийской мифологии демон, противник *Индры*, преградивший течение рек; олицетворение косного, хаотического принципа. В.— самый известный из демонов («перворождённый», РВ I 32, 3, 4); Индра рождён и вырос именно для того, чтобы убить В. (VIII 78, 5; X 55); наиболее характерный эпитет Индры Вритрахан, «убийца В.», авестийское соответствие — Вритрагна. В. змееобразен: без рук и ног, бесплечий, издаёт шипение; упоминаются его голова, челюсти, затылок, поражённые *ваджрой*; он — дикий, хитрый зверь, растёт во тьме, «не-человек» и «не-бог» (II 11, 10; III 32, 6; VI 17, 8). В его распоряжении гром, молния, град, туман. В. скрыт в воде, лежит в водах, сдерживает воды. Его мать — *Дану*. Вместе с тем В. покоится на горе. У него 99 крепостей, разрушенных Индрой. Иногда упоминаются 99 вритр, детей В. Поединок с В. описывается в ряде текстов, наиболее авторитетна версия «Ригведы» (I 32): в пьяном задоре В. вызывает на бой Индру; ваджрой, изготовленной *Тваштаром*, Индра сокрушает В.; «холощённый, хотевший стать быком, В. лежал, разбросанный по разным местам»; через его члены текут воды, омывая его тайное место; В. погружается в мрак; воды (жёны *Дасы*), стоявшие скованными, теперь приходят в движение. Победа над В. приравнивается к космогоническому акту перехода от хаоса к космосу, от потенциальных благ к актуальным, к процветанию и плодородию. *В. Н. Топоров.*

ВРИШАКАПИ («обезьяна-самец»), в ведийской мифологии обезьяна, вероятно, внебрачный сын *Индры*. В «Ригведе» (X 86) упоминаются В., его жена Вришакапая, Индра и его жена Индрани. С известным вероятием можно предположить, что гимн отражает мотив мифа о том, как В. оскорбил Индрани (или покушаясь на её честь, или намекая на то, что Индра перестал её любить) и был изгнан из дома Индры; «чужие», к которым ушёл В., перестали приносить жертвы Индре. В этом гимне сначала Индрани настраивает мужа против В., обвиняет В. и восхваляет себя как жену Индры. Далее В. и его жена соглашаются принести жертву Индре; обе женщины восхваляют мужские качества своих супругов. *В. Т.*

ВУИВР, в низшей мифологии французов огненный змей со сверкающим камнем во лбу, хранитель подземных сокровищ. Считалось, что его можно увидеть летающим по небу летними ночами. Обиталища В.— заброшенные замки, донжоны и др.; его изображения часты в скульптурных композициях романских памятников. Почитался в ряде районов Франции. *С. Ш.*

ВУКУ́Б-КАМЕ́, в мифах киче бог смерти, один из повелителей подземного мира *Шибальбы*. Спустившиеся туда братья-близнецы *Хун-Ахпу* и *Шбаланке* после упорной борьбы победили владык Шибальбы и принесли в жертву их правителей В.-К. и Хун-Каме. *Р. К.*

ВУКУЗЕ («хозяин воды»), в мифах удмуртов властитель водной стихии, обитатель первичного океана. В дуалистических космогонических мифах В. (в других вариантах — Керемет, Луд, Шайтан) — противник демиурга *Инмара*, достающий землю со дна океана. Портит (оплёвывает) сотворённых Инмаром великанов-алангасаров, обманув сторожившую их собаку. Подражая творению Инмара — собаке, творит козу, затем — водяных — *вумуртов*. В. представляется в виде старика с длинной бородой (ср. славянского *водяного*). *В. П.*

ВУЛКА́Н, в римской мифологии бог разрушительного и очистительного пламени (отсюда обычай сжигать в его честь оружие побеждённого врага) (Serv. Verg. Aen. VIII 562; Liv. I 37, 5). В. имел своего жреца-фламина и праздник Вулканалий (Macrob. Sat. I 13, 18). Ему был посвящённый священный участок Вулканаль. Вместе с В. почиталась богиня Майя (Маестас), которой приносил жертву фламин В. в первый день мая (Ovid. Fast. V 1 след.). Впоследствии В. почитался как бог, защищавший от пожаров, вместе с богиней Стата Матер, имевшей ту же функцию. Соответствует греческому *Гефесту*, но связь его с кузнечным делом в Риме не прослеживается, тогда как на Рейне и Дунае отождествлялся с местными богами-кузнецами. В. играл известную роль в магии: ему приписывалась способность на десять лет отсрочивать веления судьбы (Serv. Verg. Aen VIII 398). *Е. Ш.*

ВУ-МУРТ (удм. ву, «вода», мурт, «человек»), в удмуртской мифологии водяной антропоморфный дух с длинными чёрными волосами, иногда в виде щуки. Созданы «хозяином воды» *Вукузё*. Живёт в глубине больших рек и озёр, но любит появляться в ручьях и мельничных прудах. Может топить людей и насылать болезни, смывать плотины, истреблять рыбу, но иногда и помогает человеку. В воде у него свой дом, большие богатства и много скота, красавицы жена и дочь (ср. мансийского *Вит-кана*); свадьбы В. сопровождаются наводнениями и т. п. В. появляется среди людей на ярмарках, где его можно узнать по мокрой левой поле кафтана (ср. слав. *водяного*), или в деревне, в сумерки; его появление предвещает несчастье. В. прогоняют, стуча палками и топорами по льду. Чтобы откупиться от В., ему приносили в жертву животных, птиц, хлеб. *В. П.*

ВУПА́Р, в о п á р, в мифах чувашей злой дух. Согласно мифам, В. при помощи живущего в домах беса ийе (см. в ст. *Ие*) превращаются старухи-колдуньи. Принимая облик домашних животных, огненного змея или человека, В. наваливается на спящих, вызывая удушье и кошмары, насылает болезни. Считалось также, что В. нападает на солнце и луну, что приводит к затмениям. Образ В. близок убыру в мифологии татар и башкир, отчасти *упырю* восточных славян, *мяцкаю* тобольских татар. *В. Б.*

ВУРУНСЕ́МУ, В у р у с é м у, в мифологии хатти (протохеттов) одно из главных божеств, супруга бога грозы Тару, мать богини Мецуллы и бога грозы города Нерик, бабушка богини Цинтухи (букв. «внучка»). Согласно хеттскому ритуалу, излагающему содержание мифа о гневе бога грозы города Нерик (призывающего мать в союзники), страны Хатти являются её собственностью; поэтому можно предположить, что имя В. имело значение «повелительница стран» или близкое этому. В.— также действующее лицо мифа о яблоне, росшей над источником. В. вошла в пантеон хеттов в период Древнего царства как «богиня солнца города Аринны» (Аринны Солнечная богиня; Аринна, букв. «источник» — священный город хеттов). В. была связана с ритуалами и праздниками, посвящёнными царице и царевичу. Упоминается в ритуале грозы и в летописи царя Хаттусилиса I (17 в. до н. э.). Там она названа «госпожой» царя, которая нянчит его, как дитя, кладя себе на колени; держит его за руку и устремляется в битву, помогая царю в сражении. Свои подвиги и боевые трофеи царь посвящает богине. В эпоху, последовавшую за древнехеттским царством, значение «богини солнца города Аринны» резко упало. При царе Хаттусилисе III (13 в. до н. э.) происходит искусственное оживление её культа. Сохранилась обращённая к ней молитва жены царя Пудухепы (в ней богиня отождествляется с хурритской *Хебат*). В хеттском пантеоне В., возможно, отождествлялась также с «богиней солнца земли» (подземного мира), которая в ряде текстов также называется матерью бога грозы города Нерик, и с божеством подземного мира (Эрешкигаль).
В. В. Иванов.

ВУТА́Ш, в мифах чувашей духи воды. Термин «В.» финно-угорского происхождения. Считалось, что В. живут под водой, ведут тот же образ жизни, что и люди. Людям В. обычно показываются в образе красивой девушки, расчёсывающей длинные волосы золотым гребнем. Мужчине, ставшему её возлюбленным, В. носила деньги. Согласно некоторым мифам, при постройке мельниц В. требовали человеческих жертв. Иногда В. отождествлялись с духами «шыв амаше» и «шыв ашше» (чуваш., «мать воды» и «отец воды»), которым также приносились умилостивительные жертвы. В мифологии татар В. соответствует дух *су анасы*. *В. Б.*

ВЫ́РИЙ, в и́ р и й, и́ р и й, у́ р а й, в восточнославянской мифологии древнее название рая и райского мирового дерева, у вершины которого обитали птицы и души умерших. В народных песнях весеннего цикла сохранился мотив отмыкания ключом В., откуда прилетают птицы. Согласно украинскому преданию, ключи от В. некогда были у вороны, но та прогневала бога, и ключи передали другой птице. С представлением о В. связаны магические обряды погребения крыла птицы в начале осени. *В. И., В. Т.*

ВЬЯ́СА («разделитель»), легендарный древнеиндийский мудрец, почитавшийся «разделителем» или составителем собраний вед и пуран, а также творцом «Махабхараты». Согласно «Махабхарате», В. был сыном *риши* Парашары и Сатьявати, дочери царя рыбаков. С детства тело В. было тёмного цвета, и так как Сатьявати родила его на одном из островов на реке Ямуна (Джамна), его второе эпическое имя — Кришна Двайпаяна, т. е. «чёрный, рождённый на острове». В. стал великим отшельником, а Сатьявати вышла замуж за царя Шантану. От него она имела двух сыновей — Читрагаду и Вичитравирью, но оба они умерли бездетными, и тогда по настоянию Сатьявати вдовы Вичит-

равирьи произвели на свет потомство от В. Таким образом В. стал фактическим отцом *Панду* и *Дхритараштры* и дедом *пандавов* и *кауравов*. Согласно пуранической традиции, существовали не один, а более двадцати В., которые были воплощениями *Вишну* или *Брахмы* и в разные мировые периоды должны были возвестить на земле веды.
П. Г.

ВЭЙ ГУ, в китайской мифологии один из богов — покровителей медицины. Исторический В. Г. явился в китайскую столицу Чанъань между 713 и 742 в головном уборе из флёра, шерстяной одежде, с посохом и дюжиной фляжек из тыквы-горлянки с лекарствами, висевших у него на поясе и за спиной. Он щедро раздавал свои снадобья больным. Император призвал его ко двору и пожаловал ему титул *Яо-ван* («князь лекарств»). Обожествлённый В. Г. считался воплощением бодхисатвы Бхайшаджьяраджи («царь исцеления»); даосы называли его Гуйцзан.
Б. Р.

ВЭЙТО (кит. транскрипция санскр. В е д а), в китайской буддийской мифологии небесный воитель, хранитель монастырей и закона будды. Первоначально Веда — сын *Шивы* и *Агни*, один из восьми полководцев, возглавляющих небесное воинство четырёх небесных царей, хранителей небесных врат по четырём сторонам света. Выступает также как демон, насылающий детские болезни и охраняющий от старения. Представляется как самый мощный из восьми полководцев, охраняющий южную сторону. Веда особую популярность под именем В. приобрёл в Китае, выделившись среди остальных. В «Жизнеописании наставника по Трипитаке из обители Даэньсы» (т. е. Сюаньцзана, 602—664) В. упоминается как предводитель демонов и духов, которому *Шакьямуни* перед уходом в нирвану велел хранить закон. В «Записках о прозрении наставника Даосюаня» (7 в.) описан как военачальник, изгоняющий бесов и бесовок и вливающий в монахов новые силы, освобождая их от сомнений. Помогает всем живущим избавиться от страданий и обрести путь к истине. Начиная с 7 в. во всех китайских храмах у входа воздвигались его статуи как стража закона и обители. Изображается в латах и шлеме, сложенные вместе руки прижимают к плечам горизонтально расположенный меч. В описаниях В. подчёркивается его стремительность при преследовании злых духов. В пару ему может располагаться любой другой дух — хранитель обители или бодхисатва *Гуаньинь* в грозном обличье.
Л. Н. Меньшиков.

ВЭЙ ШАНЦЗЮНЬ, в китайской мифологии один из богов — покровителей медицины. Реальный даос В. Ш. жил в кон. 7 — нач. 8 вв., он бродил по стране с чёрным псом по имени Чёрный дракон и занимался врачеванием, в народе его называли *Яо-ван*. По легенде, сановник Хань И (кон. 10 — нач.11 вв.) лежал тяжело больной уже шесть лет. Однажды, очнувшись, он сказал: «Какой-то даос с собакой на поводке дал мне отведать снадобья, я пропотел и выздоровел». Затем он нарисовал портрет даоса и совершил жертвоприношения в его честь. С тех пор и начался культ В. Ш.
Б. Р.

ВЭЙШЭ («извивающийся змей»), я н ь в э́й, в э́й-в э́й, в древнекитайской мифологии двуглавая змея, водившаяся на горе Цзюишань («гора Девяти сомнений»). В «Книге гор и морей» говорится: «Есть божество, лицо у него человечье, тело змеи. Туловище его раздвоенное подобно оглоблям, справа и слева — головы. Оно носит фиолетовую одежду и красные шапки». Кто поймает В. и отведает её мяса, станет могущественным правителем. В трактате «Чжуан-цзы» (4 в. до н. э.) В. описывается как существо длиной с оглоблю и толщиной со ступицу, одетое в фиолетовое платье и красные шапки. Тот, кому посчастливится увидеть В., станет правителем. По другой версии, наоборот, тот, кто увидит В., должен тотчас же умереть. В «Критических суждениях» Ван Чуна (1 в. н. э.) рассказывается о мальчике Сунь Шуао, который не испугался В., убил её и закопал в землю, чтобы змея больше не попадалась никому на глаза. Сунь Шуао не только не

умер, а стал впоследствии первым министром царства Чу.
Б. Р.

ВЭНЬЧАН (вэнь — «литература», чан — «блестящий»), в поздней китайской мифологии бог литературы, отождествляющийся с одной из звёзд Большой Медведицы (по другой версии, общее название 6 звёзд, расположенных рядом с Большой Медведицей), ведает всеми литературными делами, в т. ч. и экзаменами, сдача которых давала право на чиновничий пост. Культ В. зародился в Сычуани в 10—13 вв., а в кон. 13—1-й пол. 14 вв. получил распространение по всему Китаю. Фигура В. ставилась в отдельном киоте в конфуцианских храмах, во многих местностях в его честь строились храмы. Обычно В. изображался сидящим в одеянии чиновника со скипетром в руке, символизировавшим исполнение желаний. Рядом двое помощников — *Куй-син* и Чжу-и. Чжу-и («красное платье») — земной представитель В. Получение учёной степени, как считали, зависит главным образом от судьбы, которой и ведал Чжу-и — старик с длинной бородой, одетый во всё красное. Он подглядывал через плечо экзаменующегося и тайно кивал головой, указывая, что́ следует писать в сочинении. Культ В.-ч. был широко распространён также в Корее и Вьетнаме.
Б. Р.

ВЭНЬШУ́, В э н ь ш у́ ш и л и, М а н ь ч ж у́ ш и л и, один из наиболее популярных святых в буддийской мифологии в Китае, восходит к *Манджушри*. Первые изображения В. в Китае появились в кон. 4 в., далее сообщения об установлении его статуй становятся весьма многочисленными. В 773 последовал указ об учреждении во всех обителях специальных дворов со статуями В.; постоянно встречается в Дуньхуане в росписях, иконах и в скульптурных группах в виде юноши-воина с поднятым или расположенным горизонтально перед собою мечом; часто верхом на тигре, символизирующем бесстрашие. Один из воителей, охраняющих закон Будды и вход в храм. Обычно выступает в паре с *Пусянем*, восседающим на слоне. В Китае с кон. 5 в. главным центром его культа становится гора Утайшань (провинция Шаньси), на которой он якобы появлялся. Есть легенда о том, как В. в 8 в. явился во сне видному деятелю китайского буддизма Фа-чжао (впоследствии обожествлённому) и привёл его в обитель, напоминавшую монастырь на горе Утайшань. Ваджраянский тип изображения — тысячерукий В., каждая рука которого держит сосуд. Символизирует помощь, которую В. одновременно оказывает бесчисленному множеству будд. В китайской повествовательной литературе часто появляется как воитель — защитник правого дела и праведников. В Корее называется Мунджу, в Японии — Мондзю, Мондзюсири.
Л. Н. Меньшиков.

ВЭНЬ-ШЭНЬ [«духи поветрий (эпидемий)»], духов в китайской народной мифологии. Согласно преданию, при династии Суй (581—618) в царствование императора Вэнь-ди в 6-й луне 591 года в небе появились пять богатырей. Один из них был в зелёном халате (цвет востока), другой — в белом (запада), третий — в красном (юга), четвёртый — в чёрном (севера) и пятый — в жёлтом (центра). Каждый из них держал в руке какие-нибудь вещи: один — ковш и кувшин, другой — кожаный мешок и меч, третий — веер, четвёртый — молот, а пятый — чайник. От придворного астролога император узнал, что это могущественные духи, соответствующие сторонам света и несущие на землю пять поветрий. Ведающего чёрным мором зовут Чжан Юаньбо, летним — Сян Юаньда, осенним — Чжао Гунмин, зимним — Чжун Шигуй, их повелителя, духа центра, — Ши Вэнье. В тот год действительно начались повальные болезни. Чтобы умилостивить духов, государь повелел установить в их честь жертвоприношения, а духам пожаловал звания полководцев: духу в зелёном — полководца, проявляющего мудрость, в красном — отзывчивость, в белом — сочувствие, в чёрном — чувствующего совершенство и в жёлтом — грозного полководца. Жертвоприношения им совершались 5-го числа 5-й луны. По всей вероятности, эти представления заместили более древние о пяти безымянных духах эпидемий, упоминаемых в книгах 5—4 вв. до н. э.

В версии, зафиксированной в фантастическом романе 16 в. «Возвышение в ранг духов», указаны другие духи В.-ш. По этой версии, мудрец и кудесник *Цзян Цзыя* назначил повелителем эпидемий и главой приказа эпидемий (Вэньбу) Люй Юэ, а его восточным посланцем Чжоу Синя, южным — Ли Ци, западным — Чжу Тяньлиня и северным — Ян Вэньхуэя. В поздних даосских сочинениях называют другие имена В.-ш. как великих государей приказа эпидемий: Янь-гун юаньшуай («главнокомандующий князь Янь»), Чжу фу лин гун («князь Чжу командующий управой»), Чжун чжэн Ли-ван («верный и прямой князь Ли»), Цао Да цзянцзюнь («великий полководец Цао») и семь обожествлённых первых министров эпох Цзинь и Юань, считающихся за одного повелителя. Известны их лубочные иконы. Жертвоприношения им делались тоже 5-го числа 5-й луны. К этой группе даосских божеств примыкает и чернокнижник *Вэнь-юаньшуай*, изображения которого помещались в даосских храмах. Существуют и иные духи эпидемий, но их всегда пять и они строго соответствуют сезонам года и сезонным поветриям. Таковы, например, в поздних народных верованиях пять духов В.-ш., именуемых У-юэ («пять пиков»), которым поклонялись в храме Саньигэ («павильон трёх верных») к югу от Пекина, моля избавить от заразных болезней и лихорадок, и приносили в жертву пять пшеничных блинов и цзинь (ок. 0,5 кг) мяса. По легенде, это были духи пяти звёзд, посланные на землю *Юй-ди*, по имени: Тянь Босюэ, Дун Хунвэнь, Цай Вэньцзюй, Чжао Учжэнь и Хуан Инду. Они родились вновь уже на земле в разных местностях Китая в нач. 7 в. и впоследствии были канонизированы в качестве духов эпидемий под титулом Сяншань уюэшэнь — Духи пяти пиков ароматной горы. *Б. Л. Рифтин.*

ВЭНЬ-ЮАНЬШУАЙ («главнокомандующий Вэнь»), Фую Вэнь-юаньшуай («верный помощник главнокомандующий Вэнь»), в китайской народной мифологии дух, почитаемый как воплощение первого циклического знака из двенадцатилетнего цикла по лунному циклическому календарю — один из ближайших помощников Тайшань-фуцзюня — управителя судеб, бога горы *Тайшань*. Считается, что В.-ю. родился в городе Байшицзо в округе Вэньчжоу в пров. Чжэцзян в небогатой семье учёного. У его родителей не было детей, и они пошли в храм *Хоу-ту* молить о потомстве. В ту же ночь жене явился во сне дух в золотых доспехах с топором в одной руке и с жемчужиной в другой. Он назвался одним из шести духов первого циклического знака и полководцем *Юй-ди* и сказал, что хотел бы родиться на земле, но не знает, хочет ли она стать его матерью. Женщина согласилась. Дух поместил жемчужину в её чрево, и она проснулась. Через 12 лун у неё родился ребёнок на 5-й день 5-й луны первого года эры Хань-ань императора Шунь-ди (142 н. э.). Когда стали обмывать ребёнка, то увидели 24 магических знака, написанных неизвестными письменами на его левой стороне, и 60 — на правой, но все знаки тут же исчезли, а мать в другом сновидении увидела духа, вручающего ей браслет и драгоценный камень, почему ребёнку и дали имя Хуань («браслет») и второе имя Цзы-юй («дитя — драгоценный камень»). Ещё в детстве он изучил всех конфуцианских классиков, но в 12 и 26 лет безуспешно пытался сдать экзамены, чтобы получить чин. Тогда он решил стать отшельником, но в этот момент в небе появился дракон и бросил жемчужину к его ногам. В.-ю. подобрал её и проглотил. Дракон начал танцевать перед ним. Тогда В.-ю. схватил дракона, скрутил его и намотал его хвост на руку. Тотчас же лицо В.-ю. стало серым, волосы красными, тело синим, весь его вид — устрашающим. После этого бог горы Тайшань назначил его своим помощником, а Юй-ди провоз-

гласил главой всех других духов горы Тайшань. Он подарил ему браслет, цветок из драгоценного камня и право свободного входа на небеса с петициями в особых случаях и возвращения на землю. Его изображали с драгоценным браслетом в левой руке и железной булавой в правой в храмах божества горы Тайшань, рядом помещали изображения двух слуг и коня. *Б. Л. Рифтин.*

ВЯЙНЯМЁЙНЕН (Väinämöinen), Вяйнамёйне, Вяйнямёйни, Вейнемёйнен, в карело-финской мифологии культурный герой и демиург, мудрый старец, чародей и шаман. В карело-финских рунах В. — главный герой, обитатель первичного мирового океана: на его колене, торчащем из воды, птица снесла яйцо, из которого В. заклинаниями сотворил мир. В. создал скалы, рифы, выкопал рыбные ямы и т. д. Он добыл огонь из чрева огненной рыбы (лосося), изготовил первую сеть для рыбной ловли (в некоторых рунах говорится, что эта рыба поглотила первую искру, которую высек В. из своего ногтя или при помощи кремня и трута). Культурные деяния В. — не только трудовой подвиг, но и магическое действо: для окончания строительства первой лодки ему не хватило трёх магических слов (иногда — инструментов). Он выведывает их в загробном мире — Туонеле, или, пробудив от мёртвого сна великана Випунена, В. проникает в утробу Випунена (или тот проглатывает В.), строит там кузницу, выковывает шест, которым ранит внутренности великана, плавает на лодке по его «жилам» и выбирается из утробы, исполненный мудрости Випунена. Проникая живым в Туонелу, В. обманывает стражей загробного мира — дочерей Туони — и ускользает с того света, приняв облик змеи. Лодка В. застревает в хребте огромной щуки, и культурный герой создаёт из хребта струнный музыкальный инструмент — кантеле; его игру и пение слушают зачарованные звери и птицы, хозяйка воды и хозяйка леса. В. возвращает людям похищенные хозяйкой Севера (Похьёлы) Лоухи солнце и месяц (ср. добывание культурных благ в ином мире *Одином*). Сам В. похищает у жителей Похьёлы источник изобилия — сампо: он усыпляет их с помощью кантеле (иногда — применив «усыпительные иголки» или уговорив солнце светить жарче) и отплывает с сопровождающими его героями (*Еукахайнен, Ильмаринен* или другие) на лодке. Неосторожный Еукахайнен уговаривает В. запеть, и его песня будит хозяйку Севера Лоухи, которая начинает преследование; В. воздвигает на пути её корабля скалу, и тот разбивается, но Лоухи настигает В. на крыльях, и во время борьбы сампо разбивается (В. достаётся часть обломков).

Менее отчётливо связан с циклом культурных деяний В. миф о деве-лосоще Велламо: В. ловит чудесную рыбу и хочет приготовить её на обед, но лосось вырывается и оказывается русалкой Велламо. Она упрекает В. в неразумности, говоря, что хотела стать его женой, а не быть съеденной; В. безуспешно пытается снова поймать Велламо (возможно, миф о Велламо восходит к тотемическим мифам о женитьбе героя на хозяйке животных).

Мудрый старец В. противопоставляется в карело-финских рунах молодому самоуверенному Еукахайнену: в состязании с ним В. загоняет соперника в болото и в качестве выкупа получает сестру Еукахайнена. В. выступает также соперником другого культурного героя — кузнеца Ильмаринена — во время сватовства их в Похьёле: В. уводит невесту Ильмаринена после брачных испытаний.

Загадочный уход В. из своей страны также характерен для деяний культурных героев: старец разгневан рождением молодого героя, наречённого царём (Похьёлы или Метцолы), но вынужден уступить место молодому преемнику. Он уплывает прочь в своей лодке.

ГА́БИЯ, Габиé, в литовской мифологии божество огня. К нему обращались с просьбой вознести пламя, разбросать искры. Этим же именем называли и огонь домашнего очага, почитавшийся священным и нередко персонифицированный — святая Г.; ср. *Паникс* — мифологизированный образ огня в прусской мифологии. Святую Г. призывают остаться с людьми. Иногда этим именем обозначают крещёный огонь или восковую свечу, вылепленную руками, и даже святыню, святилище. «Пойти за Г.» означает «умереть»; ср. распространённую символику: угасание свечи — смерть. Реже встречается мужская ипостась этого божества — Габис. Другой вариант имени — Габета. Тот же корень встречается в имени литовской богини очага Матергабия, ср. Пеленгабию, Поленгабию (Polengabia у Я. Ласицкого, 16 в.), литовское божество домашнего огня.

В. И., В. Т.

ГАБРИÉЛ ХРЕШТА́К, мифологический персонаж, идентифицируемый (после принятия армянами христианства, 4 в.) с архангелом Гавриилом, перенявший функции духа смерти *Гроха* и бога грозы и молнии *Вахагна*. В народной традиции и верованиях встречаются и поныне три наименования духа смерти (Г. Х., Грох, Хогеар). Г. Х. — пламенный, грозный и бесстрашный, вооружён огненным мечом (зарница — блеск его меча). Живёт на небесах под началом у бога; одна его нога — на небесах, другая — на земле. Как духу смерти люди оказывают сопротивление Г. Х. В одном мифе герой Аслан Ага вступает в борьбу с Г. Х., чтобы добиться для людей бессмертия, но терпит поражение. Как бог грозы и молнии Г. Х., один или вместе с другими ангелами, борется против *вишапов*. Г. Х. выступает также посредником между богом и людьми. В эпосе «Сасна Црер» Г. Х. спускается с неба и разнимает борющихся между собой отца и сына (Давида и Мгера Младшего, см. в ст. *Михр*).

С. Б. А.

ГАБЬЯ́УЯ, Габья́уис, в литовской мифологии божество богатства, чаще — женское. Нем. историк Т. Шульц (17 в.) упоминает имя Г. как обозначение бога амбаров, овинов. Другой немецкий историк 17 в. — М. Преториус уточняет функции Г.: божество счастья, хлебных злаков и помещений, где хранится хлеб (амбар, овин, клеть и т. п.). Преториус подробно описывает одноимённый праздник, посвящённый Г.: он устраивается после молотьбы, когда приготовляются пиво, мясо, ритуальный хлеб, возжигается огонь, подносятся деньги, обращаются к Г. с благодарностью и просьбой благословить семью, детей, скот, дом, хлеб. Под тем же именем выступает злой дух, *каукас*, чёрт (в проклятиях типа: «чтоб тебя Г...!»). В источниках первой половины 17 в. встречается имя Ягаубис (Jagaubis), которое является, очевидно, результатом перестановки частей имени Габьяуис: это божество сопоставляется с *Вулканом*, богом огня, святым огнём, что можно объяснить влиянием слова gabijà, «огонь» (см. *Габия*).

В. И., В. Т.

ГАВА́ИКИ, Хава́ики, Ава́ики, легендарная прародина восточных полинезийцев, земля предков, находящаяся где-то на Западе. По представлениям восточных полинезийцев, души умерших вождей и героев возвращаются на Гаваики, по некоторым поверьям, предварительно пройдя круг испытаний (дублирование прижизненного обряда инициации). Реальный прообраз Г. различно локализовался исследователями, большинство современных учёных соотносят Г. с о. Савайи (о-ва Самоа).

Согласно поверьям западных полинезийцев, души избранных отправляются после смерти в *Пулоту*.

Е. М.

ГАВРИИ́Л («сила божья» или «человек божий»), в иудаистической, христианской, а также мусульманской (см. *Джибрил*) мифологиях один из старших *ангелов* (в христианстве — архангел). Если всякий ангел есть «вестник» (по буквальному значению греч. слова), то Г. — вестник по преимуществу, его назначение — раскрывать смысл пророческих видений и ход событий, особенно в отношении к приходу *мессии*. Так он выступает в ветхозаветных эпизодах видений *Даниила* (Дан. 8, 16—26; 9, 21—27), где призван «научить разумению» пророка. В новозаветных текстах Г., явившись в храме у жертвенника Захарии, предсказывает рождение *Иоанна Крестителя* и его служение как «предтечи» Иисуса Христа (Лук. 1, 9—20); явившись деве *Марии*, он предсказывает рождение Христа и его мессианское достоинство и велит дать ему имя «Иисус» (1, 26—38, см. *Благовещение*). В некоторых иудейских текстах Г. приписана также особая власть над стихиями — либо над огнём (раввинистический трактат «Песахим» 118 а, след.; в связи с этим указывается, что он вызволял из пещи огненной *Авраама* и *трёх отроков*), либо над водой и созреванием плодов (талмудический трактат «Санхедрин» 95 b). В апокрифической «Книге Еноха» Г. поставлен над раем и охраняющими его сверхъестественными существами. В христианской традиции, нашедшей отражение в западноевропейском искусстве, Г. связан по преимуществу с благовещением (он изображается даже вне сцены благовещения с белой лилией в руках — символом непорочности девы Марии). Рыцарский эпос использует служение Г. как вестника в контексте идеи теократической державы: в «Песни о Роланде» Г. возвещает Карлу Великому происходящие события, посылает ему вещие сны и напоминает о его долге без устали защищать христиан во всём мире.

С. С. Аверинцев.

ГАД, Гаддé, в западносемитской мифологии бог счастья и удачи. Имя Г. реконструируется из ханаанейской топонимики и ономастики, находящей параллели в позднейших арамейских и пунических теофорных именах, и прямо упоминается в библейском тексте (Ис. 65, 11), где евреи подвергаются укоризне за участие в языческом культе Г. Он широко почитался в Сирии в эпоху эллинизма как местный бог — покровитель ряда городов, источни-

ков, рек. Возможно, олицетворял «счастливую» планету Юпитер. Отождествлялся с греческой *Тиха*.
И. Ш.

ГАД, 1) в ветхозаветном предании: сын *Иакова* от Зелфы, служанки *Лии*, родоначальник-эпоним одного из двенадцати колен израилевых (см. *Двенадцать сыновей Иакова*), отличавшегося воинственностью; к этому племени относится пророчество умирающего Иакова: «Гад,— толпа будет теснить его, но он оттеснит её по пятам» (Быт. 49, 19); 2) пророк, приверженец *Давида*, «прозорливец царев» (1 Парал. 21, 9), подававший ему важные советы (напр., 1 Цар. 22, 5), возвестивший божью кару за перепись народа (на выбор — 7 лет голода, 3 месяца сплошных военных поражений или 3 дня мора), велевший построить жертвенник в благодарность за окончание выбранного Давидом мора (2 Цар. 24, 10—25).
С. А.

ГАДЕС, см. *Аид*.

ГАЙАВА́ТА, Х а й о н в а́ т а, у ирокезов легендарный вождь и пророк. Согласно мифам, Г. выступал против междоусобиц племени онондага, из-за чего ему приходилось преодолевать сопротивление злого божества *Атотархо*. После того как Атотархо убил семь дочерей Г., тот, объятый горем, отправился в добровольное изгнание. Во время лесных скитаний Г. обрёл чудесный талисман — вампум и встретился с *Деганавидой*. По одной из версий, Г. был людоедом, но, исцелённый Деганавидой, стал его союзником. Умиротворив Атотархо с помощью талисмана и животворной магической силы (*оренда*), Г. и Деганавида основали Великую Лигу ирокезов и учредили свод её законов. По некоторым источникам, Г.— реальное историческое лицо. Почётный титул Г. сохраняется в ритуальном имени 50 вождей Лиги ирокезских племён. Мифы о Г. легли в основу поэмы Г. Лонгфелло «Песнь о Гайавате».
А. В.

ГАЙОМА́РТ (среднеиран., «живой смертный»), Г а й а М а́ р т а н (авест.), К а ю м а́ р с (фарси), в иранской мифологии родоначальник человечества, первый смертный, иногда первый праведник, к которому были обращены слова *Ахурамазды*, заменил в «Младшей Авесте» *Йиму*. Образ Г. восходит к эпохе индоиранской общности: имеет параллель в ведийской мифологии — *Мартанда*. Окончательное сложение образа Г. происходило относительно поздно, что видно из «Фарвардин-яшта» (XIII 87), где в рамках единого повествования механически совмещены три родоначальника человечества: Г., полностью мифологизированный *Заратуштра* и Йима; Г. выступает предтечей и прообразом Заратуштры (145).

Г. был первой жертвой *Ангро-Майнью*, создавшего таким образом смерть в мире. Прародителями Г. и, следовательно, всего человечества были небо и земля; позднее, в пехлевийское время, ими считались Ормазд (Ахурамазда) и богиня земли *Спандармат*. Из семени Г. произошла первая человеческая пара *Мартйа* и *Мартйанаг*. С Г. отождествлялся *Гопатшах*. См. также *Каюмарс*.
Л. А. Лелеков.

ГА́ЛА (шумер.), г а́ л л у (аккад.), в шумеро-аккадской мифологии злобные демоны подземного мира.
В. А.

ГА́ЛАГОН, в осетинской мифологии владыка ветров, дух плодородия. Считают, что Г. обитает высоко в горах, откуда он посылает бури и метели. При веянии зерна на току, когда не бывает ветра, его призывают на помощь, обещая зарезать ему красного петуха, единственного жертвенного животного Г.
Б. К.

ГАЛАТЕ́Я, в греческой мифологии: 1) морское божество, нереида — дочь *Нерея* (Hes. Theog. 250). В неё влюблён страшный сицилийский киклоп *Полифем*, а она, отвергая его, сама влюблена в Акида-Ациса (сына лесного бога Пана). Полифем подстерёг Акида и раздавил его скалой; Г. превратила своего несчастного возлюбленного в прекрасную прозрачную речку (Ovid. Met. XIII 750—897). В эллинистической литературе сюжет любви пастуха Полифема к Г. представлен Феокритом в виде иронической идиллии (Theocr. XI); 2) возлюбленная *Пигмалиона*.
А. Т.-Г.

ГА́ЛБУРВАС, Г а́ л б а р в а с а н (от санскр. кальпаврикша, «дерево кальпы»), в мифах монгольских народов вариант мирового дерева. Упоминается в космогонических и эсхатологических сюжетах героического эпоса. Согласно мифам, Г. исполняет желания. Модификация Г.— «зеленеющее дерево», символ плодородия и возрождения к жизни, играло важную роль в обрядах при праздновании калмыками дня рождения Будды (в начале мая — первого летнего месяца по калмыцкому календарю). В эпосе о *Джангаре* Г. соответствует чудесное дерево Галбар Зандан, прорастающее из нижнего мира в верхний.
С. Н.

ГАЛЕВИ́Н, персонаж западноевропейского фольклора (фламандских народных баллад и др.). Сюжет баллады восходит к ветхозаветной апокрифической легенде о *Юдифи* и Олоферне (отсюда искажённое Г.). Согласно балладе, прекрасная девушка, увлекаемая чудесной музыкой рыцаря, уже погубившего её сестёр, либо убивает его, либо погибает, и за неё мстят Г. её родные братья.
С. Ш.

ГАЛЕО́Т, Г а л е́ й, в греческой мифологии сын Аполлона и Фемисто (дочери царя гипербореев Забия), брат Тельмисса. Братья считались первыми прорицателями Аполлона; по велению додонского оракула они должны были построить прорицалища Аполлона там, где орёл схватит жертвенное мясо. Г. отправился на запад в Сицилию, Тельмисс — на восток в Карию (Steph. Byz.). Фаунистическая ипостась Г.— ящерица играла большую роль в прорицаниях, связанных с культом Аполлона (Paus. VI 2,2; Hesych. Galeoi).
Г. Г.

ГАЛЕ́С, в римской мифологии сын *Нептуна*, родоначальник царей города Вейи (Serv. Verg. Aen. VIII 285).
Е. Ш.

ГАЛИЕ́Й, в греческой мифологии: 1) финикийский герой, обучил людей рыболовству, брат Агрея — первого охотника; 2) эпиклеза Диониса, культовое изображение которого купали в море.
Г. Г.

ГАЛИ́НА, Г а л е́ н е, в греческой мифологии нереида, олицетворение чистого, спокойного моря (Hes. Theog. 244; Eur. Hel. 1457). В храме Посейдона на Истме статуя Г. находилась рядом со статуями *Диоскуров* — покровителей мореплавания, Талассы — персонификации моря, *Ино*, *Беллерофонта* и *Пегаса* (Paus. II 1 8—9).
Г. Г.

ГАЛИНФИА́ДА, Г а л а н т и а́ д а, Г а л а н ф и́ д а, в греческой мифологии дочь *Прета*, фиванка, служанка *Алкмены*. По поручению Геры мойры и Илифия не давали Алкмене разрешиться от бремени (по Гомеру Il XIX 199 — Гера не допустила Илифию к Алкмене; Ovid. Met. IX 273—323) и сидели, сцепив руки. Г. обманула мойр, вбежав и сообщив, что по воле Зевса Алкмена разрешилась мальчиком. Мойры всплеснули руками, заклятие спало, и Алкмена родила Геракла. За то, что она, смертная, обманула богинь, Гера покарала Г., превратив её в ласку, которую мойры наградили противоестественным способом зачатия (через ухо) и родов (через рот). Г. пожалела Геката и включила её в свою свиту, и Геракл, когда вырос, оказал ей почести. В Фивах ласка почиталась как священное животное, и во время праздника Геракла Г. приносили первую жертву (Ant. Liber. 29).
Г. Г.

ГАЛИРРО́ФИЙ, в греческой мифологии сын Посейдона и нимфы Эвриты. Был послан отцом срубить священную оливу Афины, но топор, которым он начал рубить дерево, вырвался из рук Г. и смертельно его ранил (Schol. Aristoph. Nub. 1005). В мифе отражена борьба культов Посейдона и Афины в Аттике (ср. изображение на западном фронтоне храма Парфенона спора Афины с Посейдоном за обладание землёй Аттики). По другому варианту мифа, Г. покушался на честь Алкиппы (дочери Ареса и Агравлы) и Арес убил его. Посейдон обратился к ареопагу из двенадцати олимпийских богов, обвиняя Ареса в убийстве своего сына, но ареопаг оправдал его (Apollod. III 14, 2).
М. Б.

ГАЛИ́Я, в греческой мифологии: 1) одна из нереид (Hom. XVIII 40; Apollod. I 2, 7); 2) родосская богиня, сестра *Тельхинов*, родившая от Посейдона

6 сыновей и дочь Роду. Афродита (или Амфитрита) наслала на сыновей Г. безумие, они напали на мать, но Посейдон упрятал их под землю, Г. же кинулась в море и с тех пор почитается под именем Левкофеи (Diod. V 55).

Г. Г.

ГАЛЬС, Га́ла («море»), в греческой мифологии волшебница, сбежавшая от *Кирки* служанка. Напоив Одиссея, прибывшего к ней на склоне лет, своим зельем, она превратила его в коня; в этом облике Одиссей состарился и умер (так мифограф Птолемей объясняет слова Гомера, Od. XI 133, что Одиссею суждено найти свой конец в море; Ptol. Hephaest. 4). В память о Г. местность в Этрурии (возможно, остров в Тирренском море) называлась «башней Г.» (букв. «морская башня» или «морской дом»).

Г. Г.

ГАМАДРИА́ДЫ, в греческой мифологии нимфы деревьев, которые, в отличие от *дриад*, рождаются вместе с деревом и гибнут вместе с ним (греч. hama, «вместе», drys, «дуб»). Отец некоего Парэбия совершил тягостное преступление, срубив дуб, который его молила пощадить Г. За то что дуб-жилище Г. был срублен, нимфа покарала и преступника, и его потомство. Чтобы искупить вину, следовало воздвигнуть нимфе алтарь и принести ей жертвы (Apoll. Rhod. II 471—489). Когда *Эрисихтон* приказал срубить дуб в роще Деметры, из него заструилась кровь, а ветви покрылись бледностью. Нимфа, обитавшая в дубе, умирая, предрекла возмездие осквернителю: богиня Деметра наделила его ощущением неутолимого голода (миф изложен в VI гимне Каллимаха и VIII книге «Метаморфоз» Овидия).

А. Т.-Г.

ГА́МСИЛГ, в низшей мифологии ингушей и чеченцев злой дух в облике молодой женщины или старухи (обычно в лохмотьях). Живёт далеко от жилья человека — в лесу, в горах. Согласно мифам, хитростью завлекает к себе героев; усыпив их, высасывает у них кровь либо пожирает их. Иногда удачливые герои одолевают Г. В современном фольклоре Г. — персонаж сказок, в которых он выступает как оборотень.

А. М.

ГАНА́ («толпа», «множество», «совокупность», «группа», «община» и т. д.), в древнеиндийской мифологии замкнутая группа (община) божеств (обычно низших богов и полубогов). В т. н. Г. божеств гана-деваты входило девять классов мифологических персонажей: *адитьи*, вишвы (*вишведевы*), *васу*, тушиты, абхасвары, анилы, махараджики, садхьи, рудры. Эти низшие боги или полубоги выступали как помощники *Шивы* и возглавлялись *Ганешей* («повелителем ганы»), их предводителем, сыном Шивы и *Парвати*. Ганеша не столько хозяин и властитель божественной Г., сколько посредник между нею и Шивой. Божества, образующие Г., собираются на Гана-парвате («гора Г.»), которая и является местом их обитания. Указанные девять божественных групп, возможно, послужили прообразом девяти ган *ришей* при *архате* (божественном мудреце Махавире).

В Древней Индии термином «Г.» обозначали разного рода объединения корпоративного типа: общинный коллектив как основную единицу общественного устройства, позже — государственные образования республиканского типа (ср. также сангха) и высший орган власти (совет) в этих республиках; организация по типу Г. (общин) оказала сильное влияние на устройство буддийских (и джайнских) монашеских орденов, корпораций ремесленников и т. п.

В. Т.

ГА́НГА, в древнеиндийской мифологии небесная река, изливавшаяся на землю, олицетворение индийской реки Ганг (на санскрите имя женского рода); дочь царя гор *Химавата* и апсары *Менаки*. Согласно пуранам, Г., вытекая из пальца *Вишну*, сначала пребывала только на небе, но затем была низведена на землю по просьбе царя Бхагиратхи, чтобы оросить прах его предков — шестидесяти тысяч сыновей *Сагары*. Когда Г. падала с неба, её принял на свою голову *Шива*, дабы она не разрушила своей тяжестью землю, и с его головы она стекла вниз уже семью потоками. Далее течение Г. было прервано на некоторое время мудрецом Джахну, который выпил её воды, но, умилостивлён Бхагиратхой, выпустил их через своё ухо. И, наконец, слившись с океаном, Г. ушла с лотосом в руках в подземный мир — *паталу* (Матсья-пур. 121; Рам. I 44—45). В качестве богини Г. рисуется восседающей на фантастическом морском животном — макаре, с сосудом, наполненным водой, и с лотосом в руках. Один из мифов рассказывает, что мужем Г. стал царь *Лунной династии* Шантану, от которого она имела восемь сыновей — воплощений *васу*. Детей, как только они рождались, Г. бросала в воду, чтобы избавить их от человеческого состояния, но последнего сына, покидая Шантану, оставила ему на воспитание. Этот сын, названный Гангадаттой («дарованный Гангой»), стал известен под именем *Бхишмы* (Мбх. I 91—93).

П. А. Гринцер.

ГАНДХА́РВЫ, в древнеиндийской мифологии класс полубогов. В «Ригведе» обычно упоминается только один Г. (ср. с древнеиранским водным демоном Гандарвой) — хранитель *сомы*, иногда отождествляемый с сомой (IX 86, 36), супруг «женщины вод», или апсарас (X 123, 4—5). В той же «Ригведе» Г., пребывающий в верхнем небе, связан с солнцем и солнечным светом (IX 85, 12; 123, 6—8). В ряде случаев Г. выступает как демон, враждебный Индре (VIII 1, 11; 66, 5). В «Атхарваведе», где число Г. возрастает до нескольких тысяч, они — вредоносные духи воздуха, лесов и вод; в «Шатапатхабрахмане» Г. похищают у богов сому, но вынуждены вернуть его, соблазнённые богиней *Вач* (III 2, 4, 1—6). В послеведической мифологии функции Г. частично меняются. Их изначальная связь с солнечным светом сохраняется лишь в эпитете: «блеском подобные солнцу». Как и другие полубоги, они бывают враждебны людям; тому, кто увидит в воздухе призрачный «город Г.» (своего рода фата-моргана, мираж), грозит несчастье или гибель. Вместе с тем, будучи музыкантами и возлюбленными апсарас, Г. в эпосе и пуранах в первую очередь рисуются как певцы и музыканты (искусство музыки именуется «искусством гандхарвов»), которые услаждают богов на их празднествах и пиршествах. Различно трактуется происхождение Г.: согласно «Вишну-пуране», они возникли из тела *Брахмы*, когда однажды он пел; «Хариванша» и «Падшапурана» называют отцом *Кашьяпу*, а их матерями — дочерей *Дакши* и, в частности, богиню Вач. Пураны и эпос упоминают многих царей Г., среди которых наиболее значительны Читраратха, Сурьяварчас, божественный риши *Нарада*, Вишвавасу. В царствование последнего, по пуранической легенде, возникла вражда между Г. и *нагами*: Г. проникли в подземное царство нагов и отняли у них их сокровища, но нагам с помощью *Вишну* удалось прогнать Г. и вернуть свои богатства. По имени и отчасти по функциям Г., возможно, родственны греческим кентаврам.

П. А. Гринцер.

ГАНЕ́ША, Ганапа́ти, в индуистской мифологии «владыка ганы» — божеств, составляющих свиту *Шивы*. В ведах Г. как самостоятельное божество не фигурирует, а титул «Ганапати» принадлежал самому Шиве, или *Рудре* (Тайт.-самх. IV 5, 4; Майтр.-самх. III 1, 3). В эпосе и пуранах — сын Шивы и *Парвати*. Он изображается с человеческим туловищем красного или жёлтого цвета, большим шарообразным животом, четырьмя руками и слоновьей головой, из пасти которой торчит лишь один бивень. Детали внешнего облика Г. получают объяснение в нескольких локальных мифах. Согласно одному из них, на празднество рождения Г. забыли пригласить бога Шани (персонификация планеты Сатурн); из мести тот испепелил взглядом голову младенца, и *Брахма* посоветовал Парвати приставить ему голову первого же существа, которое ей встретится; таким существом оказался слон. По другому мифу, сам Шива в гневе отрезал голову своему сыну, когда тот не пустил его в покои Парвати; затем, однако, чтобы утешить свою супругу, он приставил к туловищу Г. голову находившегося неподалёку слона. Один из своих бивней Г. потерял в поединке с *Парашурамой*: Парашурама при-

шёл навестить Шиву, но Шива спал, и Г. отказался его пустить; тогда Парашурама бросил в Г. свой топор и отсёк его правый бивень. По другой версии, Г. сам отломал у себя бивень, сражаясь с великаном Гаджамукхой, и бросил его в своего противника; бивень обладал магической силой и превратил Гаджамукху в крысу, которая стала ездовым животным (ваханой) Г. В индуистской мифологии Г. почитается как бог мудрости и устранитель препятствий (показательны магические имена жён Г.: Буддхи — «разум» и Сиддхи — «успех»). Г. принадлежит к числу наиболее популярных индийских богов; его призывают в помощь, предпринимая любое сколько-нибудь важное дело; изображения и храмы Г. широко распространены в Индии, особенно на юге.
П. А. Гринцер.

ГАНИ́КИ, гани́ги, в мифах орочей и удэгейцев водяные духи, помощники хозяина воды *тэму*. Г. были мужского пола, но чаще женского — в виде русалки с красной кожей. Проплывая мимо людей, Г. запевают песню, на которую человек обязательно должен ответить своей песней, иначе Г. утащат его в воду.
Е. Н.

ГАНИМЕ́Д, в греческой мифологии сын троянского царя Троса и нимфы Каллирои (Hom. Il. XX 231). Из-за своей необычайной красоты Г., когда он пас отцовские стада на склонах Иды, был похищен Зевсом, превратившимся в орла (или пославшим орла), и унесён на Олимп; там он исполнял обязанности виночерпия, разливая на пирах богам нектар (Apollod. III 12, 2). За Г. Зевс подарил его отцу великолепных коней (Hom. Il. V 640) или золотую виноградную лозу работы Гефеста. Согласно одному из вариантов мифа (Ps.-Eratosth. 26), Г. был вознесён на небо в виде зодиакального созвездия Водолей. Миф о Г. содержит ряд напластований: древнейшее — оборотничество Зевса (более позднее — орёл как атрибут Зевса); мотив восточных мифологий (любовь к прекрасному юноше), проникший в Грецию не ранее 6 в. до н. э., поздний мотив — метаморфоза Г.
А. Т.-Г.

ГАНИМЕ́ДА, в греческой мифологии богиня, которой принадлежали древнейший храм во Флиунте, а также кипарисовая роща (Paus. II 13, 3—4). В храме Г. праздновали «день обрезки плюща» — один из дней праздника Диониса. Г. — виночерпий богов, промежуточный персонаж от *Гебы* к *Ганимеду*.
Г. Г.

ГАО-Я́О («деревянный остов для барабана»), в древнекитайской мифологии помощник мудрого правителя *Шуня* (по другой версии — *Яо*), вершивший справедливый суд. Изображался с птичьим клювом и зелёным лицом. Если Г.-я. сомневался в чьей-либо виновности, то приказывал своему помощнику, однорогому барану сечжаю бодаться. Тот бодал виновного, а невиновного не трогал. По другой версии, Г.-я. помогал зверь с зелёной шерстью, похожий на медведя. Г.-я. приписывается установление системы наказаний и создание первой тюрьмы.
Б. Р.

ГАРБА́-НАКПО́ («чёрный кузнец»), в тибетской народной мифологии, согласно центральнотибетской традиции, божество — покровитель кузнечного дела, патрон тибетских кузнецов. Существует легенда о кузнеце, который стал медиумом этого божества. Войдя в транс, кузнец выковал меч, который защищает его владельца от смерти и поражает в бою бесчисленные полчища врагов. По преданию, этот меч и сейчас хранится в одном из монастырей южного Тибета (см. также *Бал*).

Известен Кузнец-посредник из Среднего Мира (людей), который присоединяется к кузнецам трёх сфер: небо, лха, белый; земля, ньен, жёлтый; подземный мир, лу, голубой. Для битвы за чудесные плоды, исполняющие все желания, кузнецы ковали оружие для *лха* и лхамаин (*асур*).

В мифологии тибетского буддизма Г.-н. был включён в разряд хранителей религии и вошёл в свиту божества Дорджеле, покорённого *Падмасамбхавой*. Существует также «Кузнец времени, дракон намца», который сошёл с неба к людям; считалось, что в числе его потомков — сановник Гар, мудрый министр царя Сронцзангамбо (7в.); в фольклоре Гар привозит царю китайскую принцессу Вэньчен, выполнив предварительно пять задач, которые были не под силу другим женихам.
Е. Д. Огнева.

ГАРМ, в скандинавской мифологии демонский пёс, хтоническое чудовище, «двойник» *Фенрира*, привязанный к пещере Гнипахеллир. Перед концом мира (см. *Рагнарёк*) он вырывается на свободу; в последней битве Г. и бог Тюр убивают друг друга.
Е. М.

ГАРМО́НИЯ, в греческой мифологии дочь Ареса и Афродиты, жена *Кадма*. Боги, которые присутствовали на свадьбе Г., подарили ей пеплос и ожерелье работы Гефеста. Это ожерелье стало источником несчастий для тех, кто им потом владел; оно было причиной гибели *Амфиарая*, Алкмеона и др. Миф об ожерелье Г. относится к мифам, в основе которых — сказочный мотив о заклятии, лежащем на сокровище, добытом войной или нечестным путём.
М. Б.

ГАРОНМА́НА (авест., «место песнопения»), в иранской мифологии обитель богов на вершине мировой горы Хараити, окружающей землю. Здесь непрерывно бьёт мощный источник Ардви и получают начало могучие воды, стекающие с Хукарьи к подножию, где клокочет и бурлит огромное озеро (море) Воурукаша. Здесь же у источника Ардви произрастает *Хаома*.
И. Б.

ГАРПАЛИ́КА, в греческой мифологии: 1) знаменитая фракийская воительница, дочь царя племени. Рано потеряла мать и была воспитана отцом Гарпаликом, который обучил её верховой езде и блестящему владению оружием. Г. отличалась быстротой бега. Вместе с отцом она участвовала в битвах и во время одной из них спасла ему жизнь. Когда за жестокость подданные изгнали Гарпалика, он укрылся в лесах и стал заниматься разбоем. Г. разделила судьбу отца и после его смерти была поймана пастухами в сети и убита (Verg. Aen. I 316). После гибели Г. между её убийцами начались кровавые распри, и чтобы умилостивить тень умершей, в её честь учредили культ и праздник. Миф о Г. отражает пережитки матриархата (подобно мифу об *амазонках*) у придунайских племён; 2) дочь аркадского царя Климена и Парфении, находилась в кровосмесительной связи с отцом. В наказание была превращена в ночную птицу (халкис). По другим версиям, покончила с собой или была убита Клименом (Parthen. 13; Hyg. Fab. 206).
М. Б.

ГА́РПИИ, в греческой мифологии дочери морского божества Тавманта и океаниды Электры (Hes. Theog. 267). Г. — архаические доолимпийские божества. Число их колеблется приблизительно от двух до пяти; изображаются в виде крылатых диких миксантропических существ — полуженщин-полуптиц отвратительного вида. Их имена (Аэлла, Аэллопа, Подарга, Окипета, Келайно) указывают на связь со стихиями и мраком («Вихрь», «Вихревидная», «Быстроногая», «Быстрая», «Мрачная»). В мифах они представлены злобными похитительницами детей и человеческих душ (имя Г. от греч. «похищаю»), внезапно налетающими и так же внезапно исчезающими, как ветер. Близость Г. к ветрам сказывается в том, что от Г. Подарги и Зефира родились божественные кони Ахилла (Hom. Il. XVI 148—151). Известна история о том, как Г. мучили царя Финея, проклятого за невольное преступление, и, похищая его пищу, обрекли его на голодную смерть. Однако Г. были изгнаны родичами Финея, сыновьями *Борея*; убить Г. помешала героям вестница Зевса Ирида (Apoll. Rhod. II 176—300). Г. помещали обычно на Строфадских островах в Эгейском море, позднее — вместе с другими чудовищами в аиде (Verg. Aen. VI 289).
А. Т.-Г.

ГАРПОКРА́Т, см. *Гор-па-херд*.

ГА́РУДА («пожиратель»), 1) в индуистской мифологии царь птиц, ездовое животное (вахана) *Вишну*. В ведах Г. не упоминается, но в поздневедической литературе он отождествляется с ведийскими *Супарной* и *Таркшьей* (и то и другое имя становятся эпитетами Г.), и реминисценции солнечной природы

Г. сохраняются в связанных с ним эпических и пуранических мифах. Г. — сын мудреца *Кашьяпы* и Винаты, дочери *Дакши*. Когда Г. родился, боги, ослеплённые сиянием, исходящим от его тела, приняли его за *Агни* и восславили его как олицетворение солнца (Мбх. I 20). Устойчивый мифологический мотив, соединённый с Г. — его постоянная вражда со змеями (см. *Наги*, «пожирателем» которых он является (символическое воспроизведение борьбы солярного героя с его хтоническим противником). Этот мотив, в частности, лежит в основе мифа о похищении Гарудой *амриты*. Во время похищения Г. встречается в небе с Вишну. Вишну предлагает Г. дар, и Г. высказывает желание быть выше Вишну. Тогда Вишну помещает изображение Г. на своём знамени, но в ответ просит Г. быть его ездовой птицей (Мбх. I 29, 12—16). Г. изображается существом с человеческим туловищем и орлиной головой, крыльями, когтями и клювом. Впервые изображения Г. появляются на индийских монетах 4—5 вв. В дальнейшем они становятся обязательной принадлежностью любого вишнуитского храма. У Г. от его жены Уннати (или Винаяни) двое сыновей — Сампати и Джатаюс (по другим версиям, они дети брата Г. — колесничего солнца *Аруны*).
П. А. Гринцер.

В буддийской мифологической интерпретации Г. — огромные птицы, вечные враги *наг*. Движение их крыльев порождает бурю. Им не удавалось успешно бороться с нагами, пока аскет Карамбия не научил их тайной мантре (молитве) «аламбаяна», и после этого наги уже не могли скрыться от Г. Считается, что иногда Г. могут принимать человеческий облик и даже в одном из своих прошлых рождений *Шакьямуни* был их царём. *Л. М.*
2) В ламаистской мифологии Г. — второстепенный персонаж: в мистерии цам (в Тибете и в Монголии) появляется в жертвенном круге вместе с локальными хозяевами — духами гор. Г. как победитель змей (в буддийской иконографии изображается со змеёй в клюве) имеет некоторые демонобоpческие черты. В мифологии монгольских народов Г. — царь птиц.
3) Популярный персонаж в фольклоре народов Центральной Азии и Южной Сибири (Хан Гаруди, монг. Хангарид, бурят. Хэрдиг, алт. Кереде, тув. Херети, якут. Хардай). Г. находится в постоянном конфликте с гигантским водяным змеем, в отсутствие Г. поедающим его птенцов. Герой убивает змея, и благодарный Г. становится его чудесным помощником (ср. аналогичные сюжеты, связанные с птицей *каракус* или *симург* у тюркских народов). *С. Ю. Неклюдов.*

ГАТУ́МДУГ, Н г а т у м д у́ г, в шумерской мифологии богиня-покровительница города Лагаш. В текстах царя Гудеи (22 в. до н. э.) Г. — «мать Лагаша» и «мать Гудеи» (он, видимо, считался рождённым от священного брака, в котором роль Г. выполняла жрица). В тексте «Плач о разрушении Ура» Г. названа «старейшей [старухой] Лагаша». Её эпитет — «священная корова». Супруг (или отец) — *Ан*, дочь — *Бау*. *В. А.*

ГАУТА́МА, Г о т а́ м а, в древнеиндийской мифологии один из семи великих *риши*. Г. проклял *Индру*, соблазнившего его жену *Ахалью*. В буддизме Г. — родовое имя *Шакьямуни*. *П. Г.*

ГА́ЦИ И ГА́ЙМИ, божества, почитавшиеся населением Иберии (Вост. Грузия) до распространения христианства. Согласно летописной традиции, Г. и Г. — «ведуны самого сокровенного». Золотой идол Гаци и серебряный идол Гаими (или Га) стояли рядом с идолами *Армази* и других божеств в Армазцихе (терр. совр. Мцхеты); после объявления христианства государственной религией (30-е гг. 4 в.) они были уничтожены. *З. К.*

ГАЯТРИ́, в древнеиндийской мифологии жена *Брахмы* и мать четырёх вед, а также дваждырождённых (или трёх высших каст); иногда Г. представляется в виде птицы. Согласно мифу, Г. — жизненное дыхание. Г. персонифицирует также ведийский стихотворный размер (три стиха по восемь слогов), священный отрывок гимна «Ригведы»,

который брахман должен мысленно повторять во время утренней и вечерней молитвы. *В. Т.*
ГБА́ДЕ, в мифах фон младший сын *Хевиозо*, его любимец. Г., которому мать завещала гнев, легко возбуждается и стремится всё истребить. Он посылает зигзаги молний, его голос — громовые раскаты; от них раскрываются яйца ящериц, питонов и крокодилов. Всюду за ним следует его мать, вслед за громом слышен её укоряющий голос: «Не убивай, успокойся». Г. приходит на землю, чтобы наказать людей, делающих зло. Когда вдали собираются облака и слышны отдалённые раскаты грома, это означает, что Г. навещает другие страны. Согласно некоторым мифам, Г. от отца получил радугу-змею *Айдо-Хведо*, которая переносит его на землю. *Е. К.*

ГЕБ, в египетской мифологии бог земли. Хтоническое божество. Сын *Шу* и *Тефнут*, один из гелиопольской *эннеады* богов. Обычно изображался в виде человека с короной Нижнего Египта или Верхнего Египта на голове. Согласно мифу, Г. поссорился со своей сестрой и женой *Нут* (небом) из-за того, что она ежедневно поедала своих детей — небесные светила, а затем вновь рождала их, и Шу разъединил супругов. Г. он оставил в горизонтальном положении внизу, а Нут поднял вверх. Детьми Г. были также *Осирис, Сет, Исида, Нефтида*. Душой (*ба*) Г. представлялся *Хнум*. Считалось, что Г. — добрый бог: он охраняет живых и умерших от живущих в земле змей, на нём растут все необходимые людям растения, из него выходит вода (Нил). Г. был связан с царством мёртвых. В мифе о споре Гора с Сетом о праве на престол Осириса Г. возглавляет судей. В 125-й главе «Книги мёртвых» Г. принимает участие в суде Осириса над умершими. Титул Г. — «князь князей» («репати»), он считался правителем Египта. Наследником Г. был Осирис, от которого трон перешёл к Гору, а преемниками и служителями Гора считались фараоны. Таким образом, власть фараона рассматривалась восходящей к Г. Имя Г. писали иероглифом утки (гб), хотя она и не была его священной птицей. В одном тексте дочь Г. Исида названа «яйцом утки». *Р. И. Рубинштейн.*

ГЕ́БА, Г е б е́ я, в греческой мифологии богиня юности, дочь *Зевса* и *Геры*, сестра *Ареса* и *Илифии* (Hes. Theog. 921—923). На Олимпе во дворце Зевса на пирах богов Г. выполняет обязанности виночерпия (которые впоследствии перешли к *Ганимеду*). После обожествления *Геракла* Г. была отдана ему в жёны как награда за его подвиги и в знак примирения героя с Герой, преследовавшей его всю жизнь (Hom. Od. XI 602—604). В римской мифологии Г. соответствует Ювента. *А. Т.-Г.*

ГЕ́ВЬОН (др.-исл. «дающая»), в скандинавской мифологии одна из богинь, жена Скьёльда — сына *Одина*. Г., юной деве, прислуживают те, кто умирает девушками. В «Младшей Эдде» и «Саге об Инглингах» рассказывается о том, что шведский конунг Гюльви предложил наградить Г. за её занимательные речи таким количеством земли, которое утащат четыре быка. И Г. отпахала плугом, в который были под видом быков впряжены её четыре сына-великана, огромную площадь земли, названную ею «Зеландией» (миф о происхождении местности). *Е. М.*

ГЕГЕЛЕ́Й, А г е л а́ й, в греческой мифологии сын изобретателя трубы Тирсена, внук (или сын) Геракла и Омфалы. Обучил дорийцев, завоевавших Аргос, игре на трубе (сальпинге) и основал в Аргосе храм Афины Сальпинги (Paus. II 21, 3). *Г. Г.*

ГЕДЕО́Н, Г и д е о́ н («разрушатель», «крушитель», И е р о в а а́ л («да спорит Ваал»), в ветхозаветных преданиях эпический герой-воитель, «муж силы», один из «судей израильских» (вождей племенного союза Израиль в эпоху, предшествовавшую установлению монархической государственности). Согласно библейскому повествованию, после смерти *Деворы* израильтяне вернулись к языческим обычаям, за что Яхве покарал их, на семь лет «предав в руки» мадианитян, амаликитян и других кочевых хищников, в ежегодных набегах отнимавших урожай (Суд. 6, 1—16). Когда мера страданий народа исполнилась, Яхве посылает ангела к Г., который в это время молотил пшеницу в виноградной давильне, прячась от мадианитян (6, 11). Услышав повеление «спасти Израиля от руки мадианитян», Г. возражает: «Господи! как спасу я Израиля? Вот, и племя мое в колене Манассиином самое бедное, и я в доме отца моего младший» (6, 14—15). Но обещание победы подтверждено знамением: пищу, приготовленную Г. для угощения небесного гостя, пожирает огонь, вышедший из конца посоха ангела, а сам ангел исчезает. В согласии с архаическими представлениями Г. ждёт для себя гибели, ибо видел сверхъестественное существо, но Яхве успокаивает его. По вдохновению от Яхве Г. разрушает жертвенник Ваала и священное дерево, которым поклонялся его отец, воздвигает вместо них алтарь Яхве и приносит на нём жертву. Соседи готовы его убить, но отец предлагает, чтобы Ваал сам «спорил», или «судился», с Г. (этим эпизодом мотивировано его второе имя, 6, 32). Когда мадианитяне с союзниками приходят очередным набегом, Г. трубит в шофар (трубу из бараньего рога), подавая знак священной войны, и на его клич собирается не только его род и всё «колено» Манассии, к которому принадлежит он сам, но также «колена» Асира, Завулона и Неффалима — 32-тысячное ополчение. По просьбе Г. ему даны ещё два знамения: сначала «на всей земле» сухо, а роса выпадает только на расстеленную Г. шерсть, затем «на всей земле» выпадает роса, а шерсть остаётся сухой (6, 36—40); в традиционном христианском истолковании роса — символ благодати. Яхве хочет показать, что победа принадлежит не численности, а избранничеству. Поэтому Г. велено отослать по домам боязливых, а из оставшихся 10 тысяч воинов, подвергнутых архаическому испытанию, отобраны всего 300 воинов, «лакавших воду языком своим, как лакает пёс» (7, 5). С ними Г. подкрадывается к стану врагов и совершает дикое ночное нападение на превосходящие силы при звуке шофаров и криках «меч Яхве и Гедеона!». Воины неприятеля в суматохе убивают друг друга, беспорядочно бегут. Тогда Г. обращается за помощью к воинам «колена» Ефрема, которым удаётся на пути через Иордан захватить и лишить жизни двух предводителей мадианитян — Орива (Ореба) и Зива (Зееба). Г. преследует двух других мадианитских вождей — Зевея (Зебаха) и Салмана (Цалмуны), настигает их и лишает жизни в акте кровной мести за гибель своих братьев; ещё раньше он подвергает жестокой каре старейшин городков Сокхофа (Суккот) и Пенуэла, насмешливо отказавших утомлённым воинам в провианте (8, 12—21). Народ предлагает царскую власть для него самого и его династии, но Г. отвечает: «ни я не буду владеть вами, ни мой сын не будет владеть вами; Яхве да владеет вами» (8, 23). Из своей военной добычи Г. сооружает в родном городке Офре (Афре) какой-то культовый предмет («эфод»), как будто бы посвящённый Яхве, но который легко становится центром языческого культа. Жизнь Г. завершается мирной эпической старостью в кругу огромной семьи, состоящей из множества жён и 70 сыновей, практически пользующихся полуцарскими привилегиями; после его смерти его сын Авимелех предпринимает попытку захвата царской власти.

С. С. Аверинцев.

ГЕЕ́ННА (от овр. «долина Хинном»), в иудаистической и христианской традиции символическое обозначение конечной погибели грешников и отсюда ада («Г. огненная»). Долина Хинном или Бен-Хинном («долина сыновей Энномовых») к югу от Иерусалима, возле т. н. Солнечных ворот, бывала местом языческих обрядов, во время которых приносили в жертву детей (Иерем. 7, 31); отсюда ненависть к этому месту верных культу Яхве иудеев. В библ. «Книге пророка Иеремии» предсказывается, что оно будет называться «долиною убиения», потому что на нём будут птицы и звери пожирать трупы павших в бою, и так совершится кара Яхве за преступные жертвоприношения (19,4—7). Ортодоксально настроенный царь Иудеи Иосия ок. 622 до н. э. уничтожил языческие жертвенники долины Хинном. Отныне место было проклято и превращено в свалку для мусора и непогребённых трупов; там постоянно горели огни, уничтожавшие гниение. По-видимому, из наложения образности пророчества Иеремии на реальность непрекращающейся работы червей и огня в проклятой долине возникла эсхатологическая картина у продолжателя пророка Исаии: «... и увидят трупы людей, отступивших от меня; ибо червь их не умрёт, и огонь их не угаснет; и будут они мерзостью для всякой плоти» (Ис. 66, 24). Отсюда употребление слова «Г.» в Новом завете (Мк. 9, 47—48; Матф. 5, 22 след.).

С. А.

ГЕЙРРЕД, в скандинавской мифологии: 1) один из великанов — противников *Тора*; 2) конунг, который по наущению жены Одина Фригг захватил в плен покровительствовавшего ему Одина, когда тот странствовал под именем Гримнира, и подверг его пытке между двух огней. Силой магии Один сделал так, что Г. упал на свой меч (Старшая Эдда, «Речи Гримнира»).

Е. М.

ГЕКА́ЛА, в греческой мифологии старушка, оказавшая гостеприимство *Тесею*, когда он попал в бурю во время охоты на марафонского быка. Возвращаясь с охоты, Тесей хотел отблагодарить Г., но застал её уже мёртвой. Он установил в её честь праздник — Гекалесии. Вероятно, по происхождению Г. — местное женское божество. Миф о встрече Г. с Тесеем — типичный пример этиологического мифа, призванного объяснить причину установления Гекалесий. Миф о Г. был обработан Каллимахом в поэме «Г.» (сохранившейся во фрагментах).

В. Я.

ГЕКА́ТА, в греческой мифологии богиня мрака, ночных видений и чародейства. Дочь титанидов Перса и Астерии. Она получила от Зевса в удел власть над судьбой земли и моря, была одарена Ураном великой силой (Hes. Theog. 409—420). Г. — древнее хтоническое божество, которое после победы олимпийцев над титанами сохранило свои архаические функции, даже было глубоко чтимо самим Зевсом, войдя в число богов, помогающих людям в их повседневных трудах. Она покровительствует охоте, пастушеству, разведению коней, общественным занятиям человека (в суде, народном собрании, состязаниях в спорах, в войне), охраняет детей и юношество (Hes. Theog. 421—452). Ночная, страшная богиня, с пылающим факелом в руках и змеями в волосах, Г. — богиня колдовства, к которой обращаются за помощью, прибегая к специальным таинственным манипуляциям. Она помогает покинутым возлюбленным (Theocr. II). Г. — ночная «хтония» и небесная «урания», «неодолимая» — бродит среди могил и выводит призраки умерших (Hymn. Orph. I). В образе Г. тесно переплетаются хтонически-демонические черты доолимпийского божества, связывающего два мира — живой и мёртвый. Она — мрак и вместе с тем лунный свет, близкая *Селене* (Theocr. II 11—14) и *Артемиде*, что уводит происхождение Г. в пределы Малой Азии. Г. можно считать ночным коррелятом Артемиды; она тоже охотница, которую сопровождают свора собак, но её охота — это мрачная, ночная охота среди мертвецов, могил и призраков преисподней. Г. близка Деметре — жизненной силе земли, Персефоне — олицетворению подземного мира (Hymn. Hom. V 52—62). Римляне отождествляли Г. со своей богиней *Тривией* — «богиней трёх дорог». Изображение Г. помещалось на распутье или перекрёстке дорог, где ей обычно приносили жертвы (Soph. frg. 492). Образ Г. совмещает мир героической мифологии и архаический демонизм.

А. А. Тахо-Годи.

ГЕ́КТОР, в греческой мифологии сын *Приама* и *Гекубы*, главный троянский герой в «Илиаде». Об участии Г. в военных действиях в первые годы войны источники сообщают только, что от руки Г. пал *Протесилай*, первым вступивший на троянскую землю (Apollod. epit. III 30). Прославился Г. на десятом году войны. Как старший сын Приама и его непосредственный преемник, он возглавляет боевые действия троянцев, сам отличаясь силой и геройством. Дважды Г. вступает в единоборство с *Аяксом*

Теламонидом, наиболее могучим после *Ахилла* ахейским героем (Hom. Il. VII 181—305; XIV 402—439). Под руководством Г. троянцы врываются в укреплённый лагерь ахейцев (XII 415—471), подступают к ахейским кораблям и успевают поджечь один из них (XV 345—388; 483—499; 591—745). Г. удаётся также сразить перед самыми воротами Трои *Патрокла* и совлечь с убитого доспехи Ахилла (XVI 818—857). После вступления Ахилла в бой Г., невзирая на мольбы родителей, остаётся с ним в поле один на один и погибает в поединке у Скейских ворот, предсказывая близкую смерть самому Ахиллу (XXII 25—360). Последний, одержимый жаждой мести за Патрокла, привязывает тело убитого Г. к своей колеснице и объезжает вокруг Трои, волоча труп сражённого противника. Хотя в дальнейшем Ахилл продолжает осквернять тело Г., его не касаются ни хищные звери, ни тлен; мёртвого Г. оберегает Аполлон, помощью которого Г. неоднократно пользовался при жизни. Бог дважды возвращал ему силы в поединках с Аяксом (VII 272 след.; XV 235—279), помог Г. во время поединка с Ахиллом, пока жребий судьбы не указал на неизбежность кончины Г. (XXII 203—213). Поддержка, оказываемая Г. Аполлоном, послужила в послегомеровской традиции поводом для утверждения, что Г. был сыном самого бога (Stesich. frg. 47). Аполлон первым поднимает свой голос в защиту убитого Г. на совете богов, после чего Ахилл получает от Зевса приказ выдать тело убитого Приаму, который устраивает сыну почётные похороны.

Замечено, что с именем Г. не связаны какие-либо другие события Троянской войны, кроме изображённых в «Илиаде». Могилу Г. показывали не в Троаде, а в Фивах (Paus. IX 18, 5); по-видимому, по происхождению Г.— беотийский герой, и его сражение с Ахиллом первоначально имело место на греческой почве. Только относительно поздно образ Г. был включён в круг сказаний о Троянской войне, в которых Г. больше, чем какой-либо другой герой, олицетворяет идею патриотического долга. Вероятно, именно поэтому образ Г. пользуется большой симпатией автора «Илиады». С особенной теплотой Г. изображён в знаменитой сцене прощания с женой *Андромахой* (VI 370—502).
В. Н. Ярхо.

ГЕКУБА, Г е к а́ б а, в греческой мифологии жена троянского царя *Приама*. Её отцом считали либо фригийского царя Диманта (Hom. Il. XVI 718 след.), либо (начиная с Еврипида) некоего Киссея, эпонима фракийского города Киссос. Что касается матери Г., то этот вопрос оставался неясным уже в античной генеалогии (Светоний, Тиберий, 70). В «Илиаде» (XXIV 496) Г. названа матерью девятнадцати сыновей; другие источники несколько уменьшают их число или округляют до двадцати, но сходятся в том, что среди них были *Гектор, Парис, Елен, Деифоб* и *Троил*, среди дочерей — *Кассандра* и *Поликсена*. В «Илиаде» роль Г. невелика: по указанию Гектора она совершает жертвоприношение Афине, а впоследствии с отчаянием наблюдает за сражением Гектора с Ахиллом и оплакивает убитого сына (VI 263—296; XXII 79—89, 430—436; XXIV 746—760). Участи Г. после взятия Трои посвящена одноимённая трагедия Еврипида и в значительной степени его же «Троянки»: здесь несчастная царица становится свидетельницей того, как уводят в плен Кассандру и *Андромаху*, убивают малютку *Астианакта* и, наконец, перед самым отплытием ахейцев приносят Поликсену в жертву на могиле Ахилла. К этому мотиву в «Г.» Еврипида добавляется ещё один: Г. правителю Херсонеса Фракийского Полиместору за коварно убитого им сына Г. *Полидора*. Г. убивает его детей и ослепляет его самого. О дальнейшей судьбе Г. существовали две версии: либо она была перенесена Аполлоном в Ликию (Stesich. frg. 21), либо была превращена в собаку и бросилась в Геллеспонт. Обе версии указывают на связь образа Г. с образом богини *Гекаты*: в Ликии было главное место культа этой малоазийской богини, а собака считалась её священным животным. Мыс Киноссема («пёсий курган») в Геллеспонте, где древние локализовали могилу Г., назывался также памятником Гекаты.
В. Н. Ярхо.

ГЕ́ЛА, в мифах ингушей и чеченцев бог солнца, персонификация солнца; отец (вариант — сын) богини *Азы*; согласно одной из версий мифа, Г.— муж *Села Саты*. Г. днём освещает мир людей, повернувшись к нему лицом, своими лучами (содержащими мужское семя) оплодотворяет всё живое. Ночью освещает мир мёртвых, но отвернув от него своё лицо, затылком (поэтому в этом мире нет тепла, нет и жизни). В одном из мифов Г. утром выходит из моря, вечером вновь в него погружается; когда поднимается на горизонт, с него стекает морская пена. Два раза в году (в дни равноденствия) гостит у Азы. Г. возносили молитвы; засуха объяснялась неблагосклонностью божества.
А. М., А. Т.

ГЕЛА́НОР, в греческой мифологии царь Аргоса, уступивший власть *Данаю* (Apollod. II 1, 4). Данай оспаривал царские права у Г., и судьёй выступил народ, отложив решение на следующий после разбирательства день. В тот день на стадо быков у стен города напал волк, и этот случай был истолкован в пользу Даная, который подобно волку, победившему быка, одержал победу над Г. (Paus. II 19, 3—4).
А. Т.-Г.

ГЕЛИА́ДЫ, в греческой мифологии дочери и сыновья бога солнца *Гелиоса* (Hyg. Fab. 156). Часть Г.— дети Гелиоса от нимфы Климены (Hyg. Fab. 154), их имена указывают на блеск, сияние и чистоту солнечного жара, это сёстры: Феба, Гелия, Этерия, Лампетия и брат *Фаэтон*. После гибели Фаэтона сёстры оплакали его на берегу Эридана и превратились в тополя, а их слёзы стали янтарём (Ovid. Met. II 340—366). Семь сыновей Гелиоса происходят от дочери Афродиты нимфы Роды («Роза»), одноимённой с островом Родос (Pind. Ol. VII 13); эти Г. славились как великие знатоки астрологии. Один из них погиб от руки братьев, позавидовавших его учёности. Убийцы бежали в Малую Азию и на острова. Старший, не участвовавший в преступлении, правил Родосом; его внуки стали эпонимами родосских городов (Strab. XIV 2, 8).
А. Т.-Г.

ГЕЛИКО́Н, гора в Средней Греции (на юге Беотии), где, согласно греческим мифам, обитали покровительствовавшие искусствам *музы*; поэтому их иногда называли геликонидами, геликонскими девами или повелительницами Г. На Г. находился источник *Гиппокрена*, возникший от удара копыта крылатого коня Пегаса.
М. Б.

ГЕ́ЛИОС, Г е́ л и й, в греческой мифологии бог солнца, сын титанов *Гипериона* и Фейи, брат *Селены* и *Эос* (Hes. Theog. 371—374). Древнейшее доолимпийское божество, своей стихийной силой дарующее жизнь и наказывающее слепотой преступников (Plat. Legg. 887 e; Eur. Hec. 1068). Находясь высоко в небе, Г. видит дела богов и людей, чаще всего дурные. Г. «всевидящего» (Aeschyl. Prom. 91) призывают в свидетели и мстители (Soph. El. 825). Г. изображается в ослепительном свете и сиянии, с горящими страшными глазами, в золотом шлеме, на золотой колеснице (Hymn. Hom. XXXI 9—14). Он обитает в великолепном дворце в окружении четырёх времён года, на престоле из драгоценных камней (Ovid. Met. II 1—30). На мифическом острове Тринакрия пасутся тучные стада белоснежных быков Г., на к-рых, несмотря на запрет, покусились спутники *Одиссея*. Дочь Г. немедленно донесла об этом отцу, и Зевс в ответ на просьбу Г. разбил корабль Одиссея молнией (Hom. Od. XII 352—388). Г. днём мчится по небу на огненной четвёрке коней, а ночью склоняется к западу и в золотой чаше переплывает море к месту своего восхода (Stesich. frg. 6 Diehl). От Г. породили океаниды Персеида колхидского царя Ээта, волшебницу *Кирку* и *Пасифаю* — супругу Миноса (Hes. Theog. 956—958; Apollod. I 9, 1), нимфа Климена — сына Фаэтона и четырёх дочерей, нимфа Рода — семерых сыновей (см. *Гелиады*). Потомство Г. часто отличалось дерзостным нравом (ср. *Фаэтон*) и склонностью к колдовским хтоническим силам (Кирка, Пасифая, внучка Г.— *Медея*). Г. нередко, особенно в эллинистически-римской мифологии, отождествлялся со своим отцом Гиперионом, и сыновья его именовались гиперионидами; в поздней античности — с олимпийцем *Аполлоном*. В римской мифологии Г. соответствует Соль, отождествляемый также с Аполлоном. *А. А. Тахо-Годи.*

ГЕ́ЛЛА, в греческой мифологии дочь *Афаманта* и богини облаков *Нефелы*, сестра Фрикса. Мачеха Г. и Фрикса *Ино* возненавидела детей Нефелы и стремилась их погубить. Своими кознями она вызвала в стране засуху и, чтобы избавиться от неё, потребовала (ссылаясь на оракул) принести Г. и Фрикса в жертву Зевсу. Нефела спасла своих детей; окутав тучей, она отправила их на златорунном баране в Колхиду. Г. погибла в пути, упав в воды пролива, получившего её имя — Геллеспонт (древнее название Дарданелл), а Фрикс достиг владений царя Ээта в Колхиде (Apollod. I 9, 1). *М. Б.*

ГЕЛЛО́, в греческой мифологии ведьма, похищающая детей (Hesych. Sappho, frg. 47 в.). *Г. Г.*

ГЕЛО́Н, в эллинизованной версии скифского генеалогического мифа средний сын Геракла (идентичного *Таргитаю*) и хтонической богини, брат *Агафирса* и *Скифа* (Herodot. IV 10). Вместе со старшим братом был изгнан из Скифии, не сумев выдержать предложенного отцом сакрального испытания. Мотив возведения к Г. одноимённого народа, очевидно, введён в скифский миф в процессе его греч. обработки, заместив мотив членения скифского общества на роды (см. в статьях *Липоксай, Арпоксай, Колаксай*). *Д. Р.*

ГЕ́ЛОС, в греческой мифологии персонификация смеха. В Лакедемоне святилище Г. находилось по соседству с храмами Танатоса и Фобоса. Г. входил в свиту Диониса, в Фессалии ему посвящалось ежегодное празднество (Apul. Met. I 31; III 11). Г. соответствует рим. Ризус. *Г. Г.*

ГЕМЕ́РА («день»), в греческой мифологии богиня дневного света, олицетворение дня, дочь Эреба и Никты (Hes. Theog. 124), или Хаоса и Калиго (олицетворение мрака), и тогда сестра Эреба и Никты; в орфической теогонии дочь Гелиоса (Orph. hymn. VII 4), родившая от Эфира Брота («смертного человека») и Небо (Cic. De nat. deor. III 44), или Небо, Землю и Море (Hyg.); от Урана — Гермеса и Афродиту (Cic. De nat. deor. III 56, 59). Часто отождествлялась с *Эос*. *Г. Г.*

ГЕМО́Н, в греческой мифологии сын фиванского царя *Креонта*, жених *Антигоны*, безуспешно пытавшийся защитить её от гнева отца. Миф см. в статье *Антигона*. *В. Я.*

ГЕ́МОС, Гем, в греческой мифологии сын Борея и Орифии, фракийский царь, муж Родопы, дочери Стримона. За то что Г. и Родопа называли себя Зевсом и Герой, они были превращены в горные вершины; этот сюжет среди прочих был выткан Афиной, состязавшейся с *Арахной* (Ovid. Met. VI 87—89). По другому варианту мифа (FGH IV 149), Г. был убит *Бизантом* в горах, получивших его имя; 2) сын Ареса, союзник *Телефа*, убитый в бою с Паламедом, Диомедом и Сфенелом. *Г. Г.*

ГЕ́НИЙ (от лат. gens, «род», gigno, «рождать», «производить»), в римской мифологии первоначально божество — прародитель рода (Nonn. Marc. с. 172), затем бог мужской силы, олицетворение внутренних сил и способностей мужчины. Считалось, что каждый мужчина имеет своего Г. Особенно почитался Г. главы фамилии: в день его рождения Г. приносились дары. Рабы, отпущенники, зависимые люди посвящали надписи Г. господ и патронов по формуле: «Г. нашего Гая», «Г. нашего Марка». Клятва Г. господина считалась самой священной для раба. Постепенно Г., рассматривавшийся как персонификация внутренних свойств, стал самостоятельным божеством, рождавшимся вместе с человеком (иногда предполагалось два Г. — добрый и злой), руководившим его действиями, а после смерти человека бродившим близ земли или соединявшимся с другими богами. В таком качестве Г. соответствует греческому *демону* (напр., у Апулея в сочинении «О боге Сократа») и занимает значительное место в позднейшей демонологии. Считалось, что Г. имели не только люди, но и города, отдельные местности [согласно Сервию (Serv. Verg. Aen. V 85), не было места без Г.], корпорации, воинские части и т. д. Посвятительные надписи таким Г. многочисленны по всей империи. Предполагалось, что Г. появляются в виде змей, но изображались они в виде юношей с рогом изобилия, чашей и пр. В эпоху империи особое значение приобрёл культ Г. Рима и императора. Последний был введён Августом, присоединившим свой Г. к компитальным *ларам*, культ которых был наиболее распространённым. Клятва Г. императора считалась самой священной, и нарушение её приравнивалось к оскорблению величества. Г. Рима был посвящён на Капитолии щит с надписью «или мужу, или женщине», поскольку имя и пол Г. — хранителя Рима скрывался, чтобы его не переманили враги (Serv. Verg. Aen. II 351). *Е. М. Штаерман.*

ГЕО́РГИЙ Победоносец (в рус. фольклоре Его́рий Хра́брый, мусульм. Джирджи́с), в христианских и мусульманских преданиях воин-мученик, с именем которого фольклорная традиция связала реликтовую языческую обрядность весенних скотоводческих и отчасти земледельческих культов и богатую мифологическую топику, в частности мотив драконоборчества. Ортодоксальная христианская житийная литература говорит о Г. как о современнике римского императора Диоклетиана (284—305), уроженце восточной Малой Азии (Каппадокии) или сопредельных ливанско-палестинских земель, принадлежавшем к местной знати и дослужившемся до высокого военного чина; во время гонения на христиан его пытались принудить истязаниями к отречению от веры и в конце концов отрубили ему голову. Это ставит Г. в один ряд с другими христ. мучениками из военного сословия (Дмитрий Солунский, Фёдор Стратилат, Фёдор Тирон, Маврикий и др.), которые после превращения христианства в государственную религию стали рассматриваться как небесные покровители «христолюбивого воинства» и воспринимался как идеальные воины (хотя их подвиг связан с мужеством не на поле брани, а перед лицом палача). Черты блестящего аристократа «комита» сделали Г. образцом сословной чести: в Византии — для военной знати, в славянских землях — для князей, в Зап. Европе — для рыцарей. Иные мотивы акцентируются народным почитанием Г., вышедшим за пределы христианского круга (визант. легенда повествует о грозном чуде, научившем арабских завоевателей с почтением относиться к Г.). Г. выступает как олицетворение животворящей весны («Зелени Юрай» хорватской обрядности, Юрий у вост. славян), в связи с чем мусульманские легенды особо подчёркивают его троекратное умирание и оживание во время пыток. Мотив жизни в смерти, символизирующий христианскую мистику мученичества, но апеллирующий и к мифологической образности крестьянских поверий, не чужд и византийской иконографии, изображавшей Г. стоящим на молитве с собственной отрубленной головой в руках (как на иконе, хранящейся в Историческом музее в Москве); этот же мотив стал причиной смешения в мусульм. странах Г. (Джирджиса) с *Хадиром* (значение этого имени — «зелёный» — сопоставимо с расхожим эпитетом Г.) и *Илйасом*. Весенний праздник Г. — 23 апреля отмечался в восточноевропейском и ближневосточном ареалах как сезонный рубеж скотоводческого календаря: в этот день впервые выгоняли скот на пастбища, закалывали первого весеннего ягнёнка, пели особые песни (ср. костромскую песню: «Мы вокруг поля ходили, Егорья окликали... Егорий ты наш храбрый, ты спаси нашу скотину в поле и за полем, в лесу и за лесом, под светлым месяцем, под красным солнышком, от волка хищного, от медведя лютого, от зверя лукавого»); ритуальный выгон коней султана на пастбище назначался на этот день дворцовым укладом османской Турции. По-видимому, славянские народы перенесли на Г. некоторые черты весенних божеств плодородия вроде Ярилы и Яровита, с чем, возможно, связаны народные варианты его имени типа Юрий, Юры, Юр (укр.), Еры (белорус.). Русский крестьянин называл Г. «загонщиком скота» и даже «скотным богом»; впрочем как покровитель скотовода Г. выступает уже в визант. легенде о чудесном умножении скота Феописта. Эта линия почитания Г. перекрещивалась с воинской, княжески-рыцарской линией на мотиве особой связи Г. с конями (в подвиге драконоборчества он обычно изображается как всадник). Охраняя скотину и людей от волков, Г. оказывается в славянских поверьях повелителем волков, которые иногда именуются его «псами». Он отвращает от человека и домашних животных также змей, что связано с его ролью змееборца (драконоборца): легенда приписала ему умерщвление хтонического чудовища, этот популярнейший подвиг богов-демиургов (напр., Мардука, Ра, Аполлона, Индры, отчасти Яхве) и героев (напр., Гильгамеша, Беллерофонта, Персея, Ясона, Сигурда и др.). Повествуется, что возле некоего языческого города (локализуемого иногда в Ливане, иногда в Ливии или в др. местах) было болото, в котором поселился змей-людоед; как всегда в таких случаях, ему выдавали на съедение юношей и девиц, пока через год жребий не дошёл до дочери правителя города (мотив *Андромеды*). Когда она в слезах ожидает гибели, Г., проезжающий мимо и направляющийся к воде, чтобы напоить коня, узнаёт, что происходит, и ждёт змея. Самый поединок переосмыслен: по молитве Г. обессилевший и укрощённый змей (дракон) сам падает к ногам святого, и девица ведёт его в город на поводке, «как послушнейшего пса» (выражение из «Золотой легенды» итал. агиографа Иакова Ворагинского, 13 в.). Увидев это зрелище, все горожане во главе с правителем готовы выслушать проповедь Г. и принять крещение; Г. сражает змея мечом и возвращает дочь отцу. Этот рассказ, в котором Г. выступает одновременно как богатырь, как проповедник истинной веры и как рыцарственный заступник обречённой невинности, известен уже в низовой, полуофициальной византийской агиографии. Особой популярностью эпизод драконоборчества пользовался со времён крестовых походов в Зап. Европе, где он воспринимался как сакральное увенчание и оправдание всего комплекса куртуазной культуры. Крестоносцы, побывавшие в местах легендарной родины Г., разносили его славу на Западе, рассказывая о том, что во время штурма Иерусалима в 1099 он участвовал в сражении, явившись как рыцарь с красным крестом на белом плаще (т. н. крест св. Г., в Англии с 14 в.; Г. считается св. патроном Англии). «Приключение» битвы со змеем, бесстрашно принятое на себя ради защиты дамы, вносило в религиозно-назидательную литературу и живопись дух рыцарской культуры; эта специфическая окраска легенды о Г. приобрела особое значение на исходе западного средневековья, когда приходящий в упадок институт рыцарства делается предметом нарочитого культивирования (созданный именно с этой целью английский Орден Подвязки был поставлен под особое покровительство Г.). Тема драконоборчества вытесняет все другие мотивы иконографии Г., ложится в основу многочисленных произведений искусства. Интересное исключение представляют русские духовные стихи о «Егории Храбром», игнорирующие эту тему. В них Г. оказывается сыном царицы Софии Премудрой, царствующей «во граде Иерусалиме», «на Святой Руси», его облик наделён сказочными чертами («Голова у Егория вся жемчужная, по всем Егории часты звезды»); от «царища Демьянища», т. е. Диоклетиана, он терпит за веру заточение в подземной темнице в продолжение 30 лет (как это заточение «во глубок погреб», так и 30-летнее сидение богатыря — постоянные мотивы былин), затем чудесно выходит на свет и идёт по русской земле для утверждения на ней христианства. Трёх своих сестёр, коснеющих в язычестве, он видит заросшими коростой и волосами дикими пастушками перед волчьей стаи; от воды крещения кора с них спадает, а волки, как и змеи, отходят под упорядочивающую власть Г. Всё кончается богатырским поединком Г. с «царищем Демьяни-

щем» и искоренением на Руси (выступающей как эквивалент эйкумены) «басурманства». С 14 в. изображение всадника на коне становится эмблемой Москвы (затем входит в герб г. Москвы, а позже — в состав государственного герба Российской империи). В 1769 в России был учреждён военный орден св. великомученика и победоносца Георгия, в 1913 военный Георгиевский крест. *С. С. Аверинцев.*

ГЕ́РА, в греческой мифологии сестра и супруга *Зевса*, верховная олимпийская богиня, дочь *Кроноса* и *Реи* (Hes. Theog. 453 след.). Её имя, возможно, означает «охранительница», «госпожа». Вместе с остальными детьми Кроноса Г. была проглочена им, а затем, благодаря хитрости *Метиды* и Зевса, изрыгнута Кроносом. Перед титаномахией мать спрятала Г. у своих родителей, Океана и Тефиды, на краю света; в дальнейшем Г. примиряла их в супружеских ссорах (Hom. Il. XIV 301—306). Г. была последней, третьей после Метиды и *Фемиды*, законной супругой Зевса (Hes. Theog. 921). Однако задолго до их брака у Г. с Зевсом была тайная связь, при этом активную роль играла именно Г. (Hom. Il. XIV 295 след.). Супружество Г. определило её верховную власть над другими олимпийскими богинями. Но в этом образе усматриваются черты великого женского местного божества доолимпийского периода: самостоятельность и независимость в браке, постоянные ссоры с Зевсом, ревность, гнев. Г. преследует незаконные связи Зевса как блюстительница законных брачных устоев моногамной семьи эпохи классической олимпийской мифологии. Известна её ненависть к *Гераклу* — сыну Зевса и смертной женщины *Алкмены*. Г. стала причиной гибели *Семелы*, родившей Зевсу *Диониса* (Eur. Bacch. 1—42; 88—98). Разгневавшись на *Тиресия*, она наказывает его слепотой (по другой версии, это делает Афина) (Apollod. III 6, 7), насылает безумие на дочерей царя Прета, на *Ино*, бросившуюся в море (I 9, 2). В отместку Зевсу, родившему Афину Палладу, Г. рождает без супруга *Гефеста* (Hes. Theog. 927 след.). Однако эта её матриархальная самостоятельность заканчивается неудачей, т. к. Гефест страшен и уродлив. В гневе Г. сбрасывает его с Олимпа (Hymn. Hom. II 138—140), откуда хромота Гефеста, а также его вражда к Г., которую он хитроумно приковал к трону (Hyg. Fab. 166). Древняя связь Г. с хтоническими силами сказалась в том, что от прикосновения к земле породила чудовище Тифона (Hymn. Hom. II 154—174; по другой версии, Тифон — порождение Геи и Тартара) с пятьюдесятью головами, которое было уничтожено молниями Зевса (Hes. Theog. 853—859). К древним функциям Г. относится её помощь женщинам во время родов. Она — мать богини родов *Илифии*, которую подослала, чтобы ускорить роды Никиппы, соперницы Алкмены, родившей ничтожного *Эврисфея*, и умышленно задержала роды Алкмены, т. е. рождение *Геракла*. Однако этот её поступок привёл к неожиданным последствиям: Геракл, вынужденный служить Эврисфею, совершил благодаря этому свои великие подвиги (Hom. Il. XIX 95—133) и даже Г. в конце концов должна была с ним примириться, отдав ему (уже на Олимпе) в жёны свою дочь *Гебу*. Архаичность Г. сказывается также в том, что её сыном считается *Арес* — один из самых кровавых и стихийных богов. Известен деревянный фетиш Г. на острове Самос (Clem. Alex. Protr. IV 46). На зооморфное прошлое Г. указывает её эпитет у Гомера (Hom. Il. I 568 след.) и Нонна Панополитанского (Nonn. Dion. 47, 711) — «волоокая», приносимые ей в жертву коровы (Sen. Agam. 352), почитание Г. в Аргосе (Eur. El. 171 след.) в виде коровы. Однако Г. прочно вошла в систему героической мифологии и притом искони греческой, поэтому она — покровительница героев и городов. Г. помогает аргонавтам, прежде всего Ясону (Apoll. Rhod. III 55—75); в Троянской войне она — ярая защитница ахейцев и противница троянцев, в лице Париса отдавших предпочтение Афродите в спорах трёх богинь (Г., Афродиты, Афины). Она идёт даже на хитрость, обольщая Зевса с помощью чудесного пояса Афродиты и усыпляя его в своих объятиях, чтобы дать возможность победить ахейцам. Эта знаменитая любовная сцена Г. и Зевса на одной из вершин Иды (Гаргар) среди благоухающих цветов и трав (Hom. Il. XIV 341—352) есть несомненный аналог древнего крито-микенского «священного брака» Г. и Зевса, который торжественно справлялся в городах Греции, напоминая о величии матриархального женского божества. Культ Г. был распространён на материке (особенно в Микенах, Аргосе, Олимпии) (Paus. V 16, 2) и островах (на Самосе, где был храм Г. Самосской и её древний фетиш в виде доски; на Крите, где в Кносе праздновали «священный брак» Г. и Зевса). В римской мифологии Г. отождествляется с *Юноной*. *А. А. Тахо-Годи.*

ГЕРАКЛ, в греческой мифологии герой, сын Зевса и смертной женщины *Алкмены* (жены *Амфитриона*). В отсутствие Амфитриона (воевавшего против племён телебоев) Зевс, приняв его облик, явился к Алкмене; пока длилась их брачная ночь, солнце трое суток не поднималось над землёй. После возвращения мужа Алкмена родила одновременно сыновей — *Ификла* от мужа и Г. от Зевса. В день, когда Г. предстояло появиться на свет, Зевс поклялся в собрании богов, что младенец из его потомков, который родится в этот день, будет властвовать над Микенами и соседними народами. Однако ревнивая *Гера* задержала роды Алкмены и ускорила на два месяца роды Никиппы — жены микенского царя Сфенела, и в этот день родился сын Сфенела, внук Персея и правнук Зевса Эврисфей, который в соответствии с опрометчивой клятвой Зевса получил власть над Пелопоннесом (Hom. Il. XIX 95—133). К колыбели Г. и Ификла Гера послала двух чудовищных змей, но младенец Г. задушил их. Согласно некоторым вариантам мифа (Diod. IV 9; Paus. IX 25, 2), Зевс или Афина хитростью заставили Геру кормить Г. грудью, но младенец сосал с такой силой, что Гера отшвырнула его, а из капель молока возник Млечный путь. Лучшие учителя — мудрый кентавр *Хирон*, *Автолик*, *Эврит*, Кастор — обучали Г. различным искусствам, борьбе, стрельбе из лука; игре на кифаре Г. обучал *Лин*, но, когда он в процессе обучения прибёг к наказанию, Г. в припадке гнева убил Лина ударом кифары. Испуганный силой и вспыльчивостью Г., Амфитрион отослал его на гору Киферон (на восток от Фив) к пастухам. Там, восемнадцати лет от роду, Г. убил киферонского льва, опустошавшего окрестности. Возвращаясь с охоты, Г. встретил глашатаев Эргина, царя соседнего Орхомена, требовавших дань с фиванцев. Г. отрубил им носы, уши и руки и велел отнести Эргину вместо дани. В начавшейся войне Г. убил Эргина и обратил его войско в бегство, но Амфитрион, сражавшийся вместе с сыном, погиб. Фиванский царь Креонт в награду за доблесть Г. выдал за него свою старшую дочь Мегару. Когда у них появились дети, Гера, по-прежнему враждебная Г., наслала на него безумие, в припадке которого он убил своих детей. Придя в себя, Г. уходит в изгнание (Apollod. II 4, 11). Он прибывает в Дельфы, чтобы спросить у бога, где ему поселиться. Оракул приказывает ему носить имя Геракл (до этого его имя было Алкид) и повелевает поселиться в Тиринфе, служить Эврисфею в течение 12 лет и совершить 10 подвигов, после чего Г. станет бессмертным (Apollod. II 4, 12). Выполняя приказания Эврисфея, Г. совершает 12 знаменитых подвигов (мифографы излагают их в разной последовательности). Прежде всего он добывает шкуру немейского льва. Так как лев был неуязвим для стрел, то Г. смог его одолеть только задушив руками. Когда он принёс льва в Микены, Эврисфей так испугался, что Г. впредь не входить в город, а показывать добычу перед городскими воротами. Эврисфей даже соорудил себе в земле бронзовый пифос, куда прятался от Г., и общался с ним только через глашатая Копрея (Apollod. II 5, 1).

Надев на себя шкуру немейского льва, Г. отправляется выполнять второе распоряжение Эврисфея — убить лернейскую гидру, которая похищала скот и опустошала земли в окрестностях Лерны. У неё было 9 голов, из них одна — бессмертная. Когда Г. отрубал одну из голов, на её месте вырастали две. На помощь гидре выполз Каркин — огромный рак и вцепился Г. в ногу. Но Г. растоптал его и призвал на помощь *Иолая* (своего племянника, ставшего с этого времени верным спутником Г.), который прижигал свежие раны гидры горящими головнями, так что головы уже не отрастали вновь. Отрубив последнюю, бессмертную голову, Г. закопал её в землю и привалил тяжёлым камнем. Разрубив туловище гидры, Г. погрузил острия своих стрел в её смертоносную жёлчь (Apollod. II 5, 2). Эврисфей отказался включить этот подвиг в число 10, которые должен был выполнить Г., т. к. ему помогал Иолай.

Третьим подвигом Г. была поимка керинейской лани. У лани, принадлежавшей Артемиде, были золотые рога и медные копыта. Г. преследовал её целый год, дойдя до земли гипербореев (Pind. Ol. III 26 след.), и поймал, ранив стрелой. Аполлон и Артемида хотели отобрать у него лань, но Г. сослался на приказ Эврисфея и принёс лань в Микены (Apollod. II 5, 3).

Затем Эврисфей потребовал от Г. эриманфского вепря (четвёртый подвиг). По дороге к Эриманфу (в Северной Аркадии) Г. остановился у кентавра Фола, который стал радушно угощать Г. Привлечённые запахом вина, к пещере Фола ринулись, вооружившись камнями и стволами деревьев, другие кентавры. В битве кентаврам пришла на помощь их мать, богиня облаков Нефела, низвергшая на землю потоки дождя, но Г. всё же частью перебил, частью разогнал кентавров. При этом случайно погибли Хирон и Фол; Фол, удивляясь смертоносной силе стрел, вытащил одну из них из тела погибшего кентавра и нечаянно уронил её себе на ногу, и яд гидры мгновенно умертвил его. Эриманфского вепря Г. поймал, загнав в глубокий снег, и отнёс связанным в Микены (Apollod. II 5, 4).

Пятым подвигом Г. было очищение им от навоза огромного скотного двора царя Элиды *Авгия*. Г., заранее выговорив себе у Авгия в виде платы десятую часть его скота, проделал отверстия в стенах помещения, где находился скот, и отвёл туда воды рек Алфея и Пенея. Вода промыла стойла. Но, когда Авгий узнал, что Г. выполнял приказ Эврисфея, он не захотел с ним расплатиться, а Эврисфей, в свою очередь, объявил этот подвиг не идущим в счёт, т. к. Г. выполнял его за плату (Apollod. II 5, 5).

Шестым подвигом Г. было изгнание стимфалийских птиц с острыми железными перьями, которые водились на лесном болоте около города Стимфала (в Аркадии) и пожирали людей (Paus. VIII 22, 4). Получив от Афины изготовленные Гефестом медные трещотки, Г. шумом спугнул птиц и потом перебил их (Apollod. II 5, 6); по другому варианту мифа, часть птиц улетела на остров в Понте Эвксинском, откуда их впоследствии криком прогнали *аргонавты*.

Затем Эврисфей приказал Г. привести критского быка (седьмой подвиг), отличавшегося необыкновенной свирепостью. Получив разрешение царя Миноса, Г. осилил быка и доставил его Эврисфею. Потом Г. отпустил быка, и тот, добравшись до Аттики, стал опустошать поля в окрестностях Марафона (Apollod. II 5, 7).

Г. было назначено привести свирепых кобылиц фракийского царя *Диомеда*, который держал их прикованными железными цепями к медным стойлам и кормил человеческим мясом. Г. убил Диомеда, а кобылиц пригнал к Эврисфею (Apollod. II 5, 8) (восьмой подвиг).

По просьбе своей дочери Адметы Эврисфей приказал Г. добыть пояс *Ипполиты* — царицы амазонок (девятый подвиг). Ипполита согласилась отдать пояс прибывшему на корабле Г., но Гера, приняв облик одной из амазонок, напугала остальных известием, будто чужеземцы пытаются похитить Ипполиту. Амазонки с оружием, вскочив на коней, бросились на помощь царице. Г., решив, что нападение коварно подстроено Ипполитой, убил её, захватил пояс и, отразив нападение амазонок, по-

148 ГЕРАКЛ

грузился на корабль. Проплывая мимо Трои, Г. увидел прикованную к скале и отданную на съедение морскому чудовищу дочь царя Лаомедонта *Гесиону*. Г. обещал Лаомедонту спасти девушку, потребовав в качестве награды божественных коней. Г. убил чудовище (вариант: прыгнул в его глотку и вспорол ему печень, но при этом потерял волосы от огня, исходившего из внутренностей зверя, Schol. Lycophr. 33 след.), но Лаомедонт не отдал обещанных коней. Пригрозив возмездием, Г. поплыл в Микены, где отдал пояс Ипполиты Эврисфею (Apollod. II 5, 9).

Потом Г. было приказано Эврисфеем доставить в Микены коров *Гериона* с острова Эрифия, лежащего далеко на западе в океане (десятый подвиг). Достигнув Тартесса, Г. поставил на северном и южном берегах пролива, отделяющего Европу от Африки, две каменные стелы — т. н. Геракловы столпы (вариант: раздвинул закрывавшие выход в океан горы, создав пролив — Гибралтарский пролив, Pomp. Mela I 5, 3). Страдая в походе от палящих лучей солнца, Г. направил свой лук на самого Гелиоса, и тот, восхищённый смелостью Г., предоставил ему для путешествия через океан свой золотой кубок. Прибыв на Эрифию, Г. убил пастуха Эвритиона, а затем застрелил из лука самого Гериона, имевшего три головы и три сросшихся туловища. Г. погрузил коров в кубок Гелиоса, переплыл океан и, возвратив Гелиосу его кубок, погнал коров дальше по суше, преодолевая на пути многочисленные препятствия. В Италии разбойник Как похитил у него часть коров и загнал их в пещеру. Г. не мог их найти и уже погнал остальных дальше, но одна из спрятанных в пещере коров замычала; Г. убил Кака и забрал украденных коров (Liv. I 7, 4—7). Проходя через Скифию, Г. встретился с полудевой-полузмеёй и вступил с ней в брачную связь; родившиеся от этого союза сыновья стали родоначальниками скифов (Herodot. IV 8—10). Когда Г. пригнал коров в Микены, Эврисфей принёс их в жертву Гере (Apollod. II 5, 10).

Эврисфей назначил Г. принести золотые яблоки от *Гесперид* (одиннадцатый подвиг). Чтобы узнать дорогу к Гесперидам, Г. отправился на реку Эридан (По) к нимфам, дочерям Зевса и Фемиды, которые посоветовали ему узнать дорогу у всеведущего морского бога *Нерея*. Г. захватил Нерея спящим на берегу, связал его и, хотя тот принимал различные обличия, не отпускал до тех пор, пока Нерей не указал ему путь к Гесперидам. Дорога вела сначала через Тартесс в Ливию, где Г. пришлось вступить в единоборство с Антеем. Чтобы одолеть Антея, Г. оторвал его от земли и задушил в воздухе, т. к. тот оставался неуязвимым, пока соприкасался с землёй (Apollod. II 5, 11). Утомлённый борьбой, Г. заснул, и на него напали пигмеи. Проснувшись, он собрал их всех в свою львиную шкуру (Philostr. iun. Imag. II 22). В Египте Г. схватили и понесли к жертвеннику Зевса, чтобы заколоть, т. к. по приказу царя *Бусириса* всех иноземцев приносили в жертву. Однако Г. разорвал оковы и убил Бусириса. Переправившись на Кавказ, Г. освободил *Прометея*, убив из лука терзавшего его орла. Только после этого Г. через Рифейские горы (Урал) пришёл в страну *гипербореев*, где стоял, поддерживая небесный свод, *Атлант*. По совету Прометея Г. послал его за яблоками Гесперид, взяв на свои плечи небесный свод. Атлант принёс три яблока и выразил желание отнести их к Эврисфею, с тем чтобы Г. остался держать небо. Однако Г. удалось перехитрить Атланта: он согласился держать небосвод, но сказал, что хочет положить подушку на голову. Атлант встал на его место, а Г. забрал яблоки и отнёс Эврисфею (Apollod. II 5, 11) (вариант: Г. сам взял яблоки у Гесперид, убив сторожившего их дракона, Apoll. Rhod. IV 1398 след.). Эврисфей подарил яблоки Г., но Афина возвратила их Гесперидам.

Двенадцатым и последним подвигом Г. на службе Эврисфея было путешествие в царство Аида за стражем преисподней *Кербером*. Перед этим Г. получил посвящение в мистерии в Элевсине. Под землю в царство мёртвых Г. спустился через вход, находившийся недалеко от мыса Тенар в Лаконии. Около входа Г. увидел приросших к скале *Тесея* и *Пирифоя*, наказанных за попытку Пирифоя похитить Персефону (Тесей принял участие в похищении по дружбе с Пирифоем). Г. оторвал Тесея от камня и возвратил его на землю, но, когда он попытался освободить Пирифоя, земля содрогнулась, и Г. вынужден был отступить. Владыка преисподней Аид разрешил Г. увести Кербера, если только он сумеет одолеть его, не пользуясь оружием. Г. схватил Кербера и стал его душить. Несмотря на то, что ядовитый змей, бывший у Кербера вместо хвоста, кусал Г., тот укротил Кербера и привёл к Эврисфею, а затем по его приказу отвёл обратно (Apollod. II 5, 12).

Многочисленные мифы о дальнейшей судьбе Г. сводятся в основном уже не к победам над чудовищами, а военным походам, взятию городов, рождению многочисленных детей, потомки которых царствовали в разных городах-государствах Греции. По одному из этих мифов, Гера ещё раз наслала на Г. безумие, и он в ослеплении убил *Ифита*, сына Эврита, сбросив его со стены Тиринфа. После этого Г. постигла тяжёлая болезнь, избавиться от которой, согласно предсказанию Дельфийского оракула, он мог только прослужив три года в рабстве. Служил Г. лидийской царице Омфале (во время этой службы он поймал *керкопов*) (Apollod. II 6, 3). На долю Г. выпало также носить женскую одежду (Stat. Theb. X 646 след.).

Затем с войском добровольцев Г. отправился войной на царя *Лаомедонта*, в своё время не отдавшего Г. обещанной награды за освобождение *Гесионы*. Первым в город через пролом в стене ворвался *Теламон*. Г., позавидовав его доблести, бросился на Теламона с мечом, но тот, не обороняясь, стал собирать камни, объяснив, что он сооружает жертвенник Г. Каллинику (Победителю). Г. убил Лаомедонта и всех его сыновей, кроме Подарка, получившего новое имя Приам, а Гесиону отдал в жёны Теламону (Apollod. II 6, 4). Гера и теперь не оставила Г. в покое и подняла на море во время его возвращения из-под Трои сильную бурю, так что Зевс пришёл в ярость и подвесил Г. на небе, привязав к ногам наковальни (Hom. Il. XX 18 след.). По указанию Афины Г. участвовал в сражении олимпийских богов с гигантами на Флегрейских полях (Apollod. II 7, 1).

Явившись в Калидон, Г. посватался к дочери Ойнея *Деянире* (вариант: ещё во время путешествия Г. в царство мёртвых за Кербером встретившийся ему там Мелеагр просил Г. взять в жёны его сестру Деяниру, Pind. Dith. II). Соперником Г. оказался речной бог *Ахелой*. Отломив в единоборстве с Ахелоем, принявшим облик быка, один из его рогов, Г. одержал победу и женился на Деянире. Переправляясь через реку Эвен, он поручил кентавру *Нессу* перевезти Деяниру. Во время переправы Несс посягнул на Деяниру, и Г. выстрелил из лука в выходящего из воды Несса. Умирающий кентавр посоветовал Деянире собрать его кровь, т. к. она поможет ей искусным образом сохранить любовь Г. (Apollod. II 7, 6). Когда впоследствии Г., взяв город Эхалию и убив царя Эврита, увёл с собой в качестве пленницы его дочь Иолу, Деянира из ревности пропитала кровью Несса хитон Г., полагая, что таким образом сохранит его любовь. Однако кровь Несса, погибшего от смазанной жёлчью лернейской гидры стрелы Г., сама превратилась в яд. Хитон, принесённый Лихасом (посланцем Деяниры), сразу прирос к телу надевшего его Г., и яд стал проникать сквозь кожу, причиняя невыносимые страдания. Тогда Г. отправился на гору Эту, разложил костёр, взошёл на него и попросил спутников зажечь огонь. Разжёг костёр случайно оказавшийся на Эте Пеант, т. к. спутники отказывались это сделать. Г. подарил Пеанту свой лук и стрелы. Когда огонь разгорелся и пламя охватило Г., с неба спустилась туча и с громом унесла его на Олимп, где он был принят в сонм бессмертных богов. Гера примирилась с Г., и он вступил в брак с богиней юности Гебой, дочерью Зевса и Геры (Apollod. II 7, 7).

Культ Г. был широко распространён во всём греческом мире, и жертвоприношения совершались в одних случаях по ритуалу, принятому для богов, в других — по ритуалу, обычному для героев. По сообщению некоторых античных авторов (Diod. IV 39), культ Г. как бога впервые возник в Афинах. Г. почитался как покровитель гимнасиев, палестр и терм, нередко как целитель и отвратитель всяких бед, иногда его почитали вместе с Гермесом — покровителем торговли. Греки часто отождествляли божества других народов с Г. (напр., финикийского Мелькарта). С распространением культа Г. в Италии он стал почитаться под именем *Геркулес*.

Имя «Г.» скорее всего означает «прославленный Герой» или «благодаря Гере». Эта этимология была известна уже древним авторам, которые пытались примирить явное противоречие между значением имени Г. и враждебным отношением Геры к Г.

Г. очень рано превратился в общегреческого героя, и детали сказаний, которые связывали его, вероятно, первоначально с какой-то определённой местностью или греческим племенем, стёрлись. Уже в древнейших, доступных нам слоё традиции выступают отчётливые связи, с одной стороны, с Фивами (место рождения Г.), с другой — с Микенами, Тиринфом и Аргосом (служба Эврисфею, локализация подвигов и пр.). Однако все попытки связать возникновение мифов о Г. с одним определённым местом (либо с Фивами, либо с Аргосом) или рассматривать Г. как специфически дорийского героя оказываются неубедительными. Подвиги Г. довольно чётко распадаются на три культурно-исторических типа: обуздание чудовищ, роднящее Г. с культурным героем; военные подвиги эпического героя; богоборчество.

Рассказы о подвигах Г., восходящие, по-видимому, к микенской эпохе, стали излюбленной темой эпической поэзии ещё до возникновения «Илиады» и «Одиссеи». О ряде эпизодов из жизни Г. в гомеровских поэмах сообщается кратко, в виде намёка, как о хорошо всем известном [история рождения Г. (Il. XIX 95 след.), его путешествие в преисподнюю за Кербером (Il. VIII 362 след.; Od. XI 623 след.), попытка Геры погубить Г. в море (Il. XV 18 след.), а также неизвестный нам в подробностях миф о том, как Г. ранил Геру стрелой в правую грудь (Il. V 392—393)]. В «Илиаде» упоминается также о неизвестном по другим версиям ранении Г. бога Аида (V 395—402), а также о походе Г. на Пилос (XI 690 след.). Г. были посвящены поэмы «Щит Геракла» (о поединке Г. с сыном Ареса Кикном; автор гесиодовского круга), не дошедшие до нас эпические поэмы 6 в. до н. э. «Взятие Эхалии» (автор не известен) и «Гераклея» Писандра Родосского, рассказывавшая о 12 подвигах Г. и, по-видимому, впервые упорядочившая разрозненные рассказы о них. Мифы о Г. привлекали лирических поэтов (в т. ч. автора 7—6 вв. до н. э. Стесихора, папирусные фрагменты «Герионида»). На мифах о Г. основываются сюжеты трагедий Софокла «Трахинянки» и Еврипида «Геракл». В комедиях Эпихарма («Бусирид», кон. 6 — нач. 5 вв. до н. э.) и Ринтона («Г.», 3 в. до н. э.), в мимах Софрона (1-я половина 5 в. до н. э.) Г. выступал как комическая фигура, простодушный силач, обжора и кутила. Таким предстаёт Г. и в «Птицах» Аристофана (5 в. до н. э.), и, в известной отепени, в «Алкестиде» Еврипида. Софист Продик (5 в. до н. э.) в аллегории «Г. на распутье» изобразил Г. юношей, сознательно отвергшим лёгкий путь наслаждений и выбравшим тернистый путь трудов и подвигов и снискавшим на этом пути бессмертие. Ср. *Геркулес*.

А. И. Зайцев.

Геродот (IV 59) именует Г. одного из богов скифского пантеона, не называя его подлинного имени. Фигурирует Г. (Геркулес) также в античных изложениях скифского генеалогического мифа (Herodot. IV 8—10; Inscriptiones Graecae XIV № 1293а, строки 94—97; Pomp. Mela II 11). В этих версиях «скифский Геракл» побеждает отца своей супруги *Аракса*; три его сына *Агафирс, Гелон и Скиф* — родоначальники одноимённых народов. Г. предлагает им сакральное испытание — натянуть отцовский лук и опоясаться его поясом. Эту задачу сумел выполнить лишь Скиф, ставший первым царём Скифии. В наименее эллинизованной версии того же мифа функционально идентичный герой именуется *Таргитаем* (Herodot. IV 5—7).

Д. Р.

ГЕРАКЛИ́ДЫ, в греческой мифологии потомки *Геракла и Деяниры*. После гибели Геракла и самоубийства Деяниры царь Микен *Эврисфей* стал преследовать детей Геракла — сыновей Гилла, Ктесиппа, Глена, Онита и дочь Макарию. Спасаясь от гибели, Г. вместе с племянником Геракла *Иолаем* и матерью Геракла *Алкменой* бежали в Трахину к царю Кеику. Однако Эврисфей потребовал выдачи Г., и они вынуждены были искать спасения в Марафоне в храме Зевса (вариант: в Афинах у алтаря Милосердия, Apollod. II 8, 1). Царствовавший в Афинах сын Тесея Демофонт обещал не выдавать Г. и начал войну с вторгшимся войском Эврисфея. Так как боги потребовали принести жертву Персефоне, Макария согласилась пожертвовать собой. Афинское войско и Г. одержали победу. Иолай взял в плен Эврисфея, и по приказу Алкмены он был казнён (вариант: Эврисфея, бежавшего после поражения, настиг и убил Гилл, отрубив ему голову и принёс её Алкмене, а та выколола ей глаза, Apollod. II 8, 1). Спасению афинянами преследуемых Эврисфеем Г. посвящена трагедия Еврипида «Гераклиды». Г. заняли Пелопоннес, но началась чума, и оракул объявил, что причина её в том, что Г. вернулись раньше назначенного времени. Покинув Пелопоннес, Г. поселились в Марафоне. Дельфийский оракул возвестил Гиллу, что они смогут возвратиться в Пелопоннес «после третьего плода» (Apollod. II 8, 2). Полагая, что речь идёт о трёх урожаях, Г. предприняли через три года новую попытку, но Гилл был убит в единоборстве с царём Тегеи Эхемом (Herodot. IX 26) — союзником воцарившегося после Эврисфея в Микенах Атрея (Thuc. I 9). Поскольку стало ясно, что оракул имел в виду не три года, а три поколения, следующая попытка была предпринята внуком Гилла Аристомахом (Paus. II 7, 6). Г. снова потерпели поражение, и Аристомах погиб от руки царя Микен Тисамена, сына Ореста. Сыновья Аристомаха — Темен, Аристодем и Кресфонт попытались вторгнуться в Пелопоннес через море, собрав корабли в Навпакте. Но молния поразила Аристодема, у которого остались сыновья-близнецы Эврисфен и Прокл (Apollod. II 8, 2). Затем в лагерь явился прорицатель Карн, которого Г. приняли за подосланного пелопоннесцами колдуна. Тогда корабли стали разрушаться, начался голод, так что поход не мог состояться. Темен получил оракул изгнать убийцу на десять лет и взять себе в качестве предводителя трёхглазого человека. Через десять лет во время поисков трёхглазого Г. встретили Оксила, ехавшего на одноглазом коне (второй глаз коня был выбит стрелой), и назначили его своим вождём. На этот раз вторжение было успешным. Г. убили Тисамена, захватили сначала Элиду (которую отдали Оксилу), потом Мессению, Лакедемон и Аргос. Завоёванные земли были разделены по жребию: Темену достался Аргос, Эврисфену и Проклу — Лакония, Кресфонту — Мессения (вариант: Лаконию получил Аристодем, не погибший в Навпакте, Herodot. VI 52). Миф о Г. сохранил, по-видимому, следы устной традиции о реальном историческом событии — вторжении дорийцев в Грецию. Впоследствии к Темену, Кресфонту и Эврисфену и Проклу возводили свои роды аргосские, мессенские и спартанские цари.

А. И. Зайцев.

ГЕРА́НА, О й н о́ я, в греческой мифологии смертная женщина из племени пигмеев, почитавшаяся соплеменниками как богиня и оскорбившая своей заносчивостью Геру и Артемиду, которые превратили её в журавля («геранос»). Изгнанная из племени, Г. прилетала к своему сыну, но пигмеи прогоняли её камнями (Ovid. Met. VI 90).

Г. Г.

ГЕРИО́Н, в греческой мифологии трёхголовый и трёхтуловищный великан, сын рождённого из крови горгоны *Хрисаора* и океаниды Каллирои; обитает на острове Эрифия, на крайнем западе (вероятно, отсюда название острова — «красный», т. е. лежащий на закате). Геракл похитил коров Г., убив стражей герионовых стад, пастуха Эвритиона и двуглавого пса Орфа, а затем и самого Г. — десятый подвиг Геракла (Hes. Theog. 280—309). *А. Т.-Г.*

ГЕРКИ́НА, в греческой мифологии дочь *Трофония*, учредившая в Ливадии (Беотия) культ Деметры Европы или Г. (Tzetz. Schol. Lycophr. 153). В роще Трофония Г. играла вместе с Персефоной (Корой) и нечаянно выпустила из рук гуся. Из-под камня, где Кора поймала гуся, брызнул родник (получивший имя Г.). Около него был возведён храм Г., в нём статуя нимфы источника с гусем в руках (Paus. IX 29, 2—4). *Г. Г.*

ГЕ́РКЛЕ, Е́ркле, в этрусской мифологии прародитель этрусков. Древнейшим свидетельством почитания Г. являются гидрии из Цере с изображением подвигов Г. С 6 в. до н. э. появляются многочисленные бронзовые статуэтки Г. Его голова изображалась на этрусских бронзовых и серебряных монетах 4 в. до н. э. Отождествлялся с греческим *Гераклом* (римским *Геркулесом*). На этрусских зеркалах изображался и как герой греческих мифов (сцены Г. и Атлант, Г. и Ахелой и др.), и как персонаж чисто этрусской мифологии. На нескольких зеркалах богиня *Уни* в присутствии других богов вскармливает взрослого бородатого Г. (очевидно, это церемония усыновления Г. богами, принятия его в сонм богов); Г. изображался с богиней Менрвой как её супруг или возлюбленный (что предполагает существование этрусской версии теогамии римских *Минервы* и Геркулеса), на ряде памятников — сидящим на плоту из пустых амфор (вероятно, сюжет о схождении Г. в подземное царство и переправе через Стикс). *А. И. Немировский.*

ГЕРКУЛЕ́С, в римской мифологии бог и герой. Соответствует греческому *Гераклу*. Почитался во многих городах Италии (Dion. Halic. I 40, 6); его культ был заимствован римлянами из Тускула (или Тибура), где Г. почитался как воинственный бог, «победитель», «непобедимый» и имел жрецов-салиев, аналогичных римским салиям Марса (Serv. Verg. Aen. VIII 285; Ovid. Fast. III 12, 7). В Риме древнейший алтарь Г. находился у Бычьего рынка возле цирка; по преданию, он был поставлен *Эвандром* в память посещения его Г., возвращавшимся из Испании со стадами *Гериона* (один из подвигов Геракла) (Dion. Halic. I 39, 4; Ovid. Fast. I 579). Г. посоветовал подданным Эвандра отказаться от человеческих жертвоприношений и заменить их куклами, которых бросали в Тибр в праздник аргеев. С превращением культа Г. в государственный (сначала он обслуживался патрицианскими родами Пинариев и Потитиев) жертвы на алтаре стал приносить, по греческому ритуалу, городской претор. Хотя и здесь Г. имел эпитет «непобедимый», он почитался в основном как бог обогащения, купцы и полководцы жертвовали ему десятую часть прибыли и добычи, шедшую на угощение народа. Женщины из участия в культе Г. исключались. Культ Г. постепенно стал одним из самых распространённых в римском мире. В Гадесе с ним был отождествлён *Мелькарт*, в Галлии — *Огма* и др. Вместе с тем усложнялся его образ и множились его функции. Так, он стал покровителем отдельных имений, сельского хозяйства (P. Porph. II 6, 12). Как человек, ставший богом за свои заслуги, он рассматривался как залог надежды на бессмертие для любого честного человека: покойный часто изображался с атрибутами Г. Плебеи и рабы почитали Г. как вечного труженика, помощника находящимся в нужде, мужественного и добродетельного героя (Serv. Verg. Aen. VIII 564; Macrob. Sat. I 20, 6—13). Для солдат Г. был богом победы, для аристократии — прообразом идеального царя (Dion. Chrys. Orat. I), антиподом тирана, мудрецом, побеждавшим чудовищ (толковавшихся как пороки) силой разума и знаний, посредником между богами и людьми (Serv. Verg. Aen. I 741; IV 58; VI 395). Популярность Г. использовалась императорами (его изображали на монетах Антонинов и Северов, один из правителей Галльской империи, с ним отождествлял себя Коммод, сближал себя Максимиан, приняв имя Геркулий).

Е. М. Штаерман.

ГЕ́РМАН, Д ж é р м а н (болг.), в южнославянской мифологии персонаж, воплощающий плодородие. Во время болгарского обряда вызывания дождя представляется глиняной куклой с подчёркнутыми мужскими признаками. В заклинаниях говорится, что Г. умер от засухи (или дождя): женщины хоронят его в сухой земле (обычно на песчаном берегу реки), после чего должен пойти плодоносный дождь (ср. похороны *Купалы*, *Костромы* и т. п.). Имя Г. сопоставимо с личным фракийским именем и именем самовилы Гермеруды (вероятно, также фракийского происхождения); ср. также Калояна — глиняную куклу, воплощающую плодородие в обрядах румын и молдаван. *В. И., В. Т.*

ГЕРМАФРОДИ́Т, в греческой мифологии сын Гермеса и Афродиты, юноша необычайной красоты, воспитанный наядами на горе Ида во Фригии. Когда Г. исполнилось пятнадцать лет, он отправился странствовать по Малой Азии. Однажды в Карии, когда Г. купался в водах источника, нимфа этого ключа Салмакида страстно влюбилась в Г., но её мольбы о взаимности не имели успеха. По просьбе Салмакиды боги слили её с Г. в одно двуполое существо (Ovid. Met. IV 285 след.). В нач. 4 в. до н. э. в Аттике был популярен культ Г. *М. Б.*

ГЕРМЕ́С, в греческой мифологии вестник богов, покровитель путников, проводник душ умерших. Г. — сын Зевса и *Майи*. Олимпийское божество, хотя и догреческого, возможно, малоазийского происхождения. На фетишистскую древность Г. указывает его имя, понимаемое как производное от греч. «герма» — груда камней или каменный столб, которыми отмечались в древности места погребений. Гермы были путевыми знаками (Plat. Hipp. 228d—229а), фетишами — охранителями дорог, границ, ворот (отсюда Г. «привратный» — «Пропилей») (Paus. II 38, 7); повреждение герм считалось страшным святотатством (Thuc. VI 27). Фетишистские рудименты бога сохраняются в таких непременных атрибутах Г., как «амбросийные» (букв. «бессмертные») золотые крылатые сандалии и золотой жезл — средоточие магической силы (Hom. Od. V 44—50). В руках с этим жезлом, усыпляющим и пробуждающим людей, Г. выполняет одну из своих древнейших функций проводника душ умерших в аид, «психопомпа» или помощника человеку на пути в царство мёртвых (Hom. Od. XXIV 1—5). Г. одинаково вхож в оба мира — жизни и смерти; он посредник между тем и другим, так же как и посредник между богами и людьми. Он ведёт богинь Геру, Афину и Афродиту на суд *Париса* (Eur. Andr. 274—287). Г. — вестник богов, мужской коррелят вестницы богов Ириды. Изъявление божественной воли приходит иногда во сне, и Г. насылает на людей сны с помощью своего жезла (Hymn. Hom. III 14). Водительство Г. на путях жизни и смерти переосмысливается в эпоху классической мифологии как покровительство героям. Он вручает Нефеле — матери Фрикса и *Геллы* златорунного барана, на котором они спасаются от мачехи (Apollod. I 9, 1). Основателю Фив *Амфиону* Г. вручает лиру, и с её помощью герой строит стены города (III 5, 5); *Персею* он вручает меч для убийства Медузы (II 4, 2); *Одиссею* открывает тайну волшебной травы, чтобы спастись от колдовства Кирки (Hom. Od. X 227—306); Г. спас бога Ареса от козней *Алоадов*, он охраняет героев во время странствий (Hom. Il. XXIV 334). Он помог Приаму невредимым проникнуть в стан Ахилла (XXIV 339—447), причём здесь сказалось умение Г. открывать незримо любые узы (Hymn. Hom. III 410). Хитрость и ловкость Г. делают его покровителем плутовства и воровства. Описание воровских подвигов Г. и история кражи младенцем Г. прекрасного стада коров у Аполлона даётся в гомеровском «Гимне Гермесу» (III 68—94). Г. обучил плутовству своего сына *Автолика* — деда Одиссея со стороны матери; хитроумие Одиссея — результат наследственности, полученной от божественного предка (Hom. Od. XIX 394—398). Благодаря хитрости и обману Г. освободил Ио от чудовищного *Аргоса* и убил его. Надев шлем Аида, Г. ловко убил одного из гигантов (Apollod. I 6, 2).

Функция Г. как покровителя пастушества, умножающего приплод в стадах вместе *с Гекатой* (Hes. Theog. 444), вторична (ср. *Пан* — сын Г.— бог стад). Г. и Аполлон взаимно обменивались рядом важнейших функций или поделили их между собой. Согласно мифу, случайно (ибо все случайные находки посылаются Г.) найдя черепаху, Г. впервые изготовил из её панциря семиструнную лиру и пел под её аккомпанемент. Аполлон уговорил его отдать ему лиру в обмен на коров (Hymn. Hom. III 413—502). В придачу Г. вручил Аполлону свою свирель, за что получил от того золотой жезл и был им научен искусству гадания (Apollod. III 10, 2). В период поздней античности возник образ Г. Трисмегиста («трижды величайшего») в связи с близостью к потустороннему миру; с этим образом связывались оккультные науки и т. н. герметические (тайные, закрытые, доступные только посвящённым) сочинения.

Г. почитался на анфестериях — празднике пробуждения весны и памяти умерших. В римской мифологии почитался под именем *Меркурия*.
А. А. Тахо-Годи.

ГЕРМИО́НА, в греческой мифологии дочь *Менелая* и *Елены*. В «Одиссее» (IV 3—9) сообщается о выдаче её замуж за сына *Ахилла* — *Неоптолема*, которому Менелай обещал руку дочери во время Троянской войны. По другому варианту мифа, в детстве Г. была обручена с *Орестом*, но ему пришлось отказаться от своих прав либо перед лицом соперника, имевшего огромные заслуги перед ахейским войском, либо потому, что он (Орест) запятнал себя убийством матери. Только после того как Неоптолем был убит жрецами в Дельфах, Г. смогла выйти замуж за Ореста и имела от него сына Тисамена, унаследовавшего престол своего деда Менелая в Спарте (Apollod. epit. VI 14; 28). По варианту мифа, принятому Еврипидом в «Андромахе» (957—1008), убийство Неоптолема было подстроено Орестом, стремившимся получить руку Г. *В. Я.*

ГЕРО́, в греческой мифологии жрица Афродиты (вариант: Артемиды) в городе Сест на берегу Геллеспонта, в которую влюбился юноша Леандр из Абидоса (на противоположном берегу пролива). Каждую ночь Леандр переплывал пролив, чтобы встретиться с возлюбленной, Г. зажигала на башне в Сесте огонь, и Леандр плыл по тёмному морю, глядя на пламя маяка. Однажды огонь погас, и Леандр утонул. Когда утром Г. увидела прибитый волнами к берегу труп юноши, она в отчаянии бросилась в море (Ovid. Heroid. 17, 18; Verg. Georg. III 258 след.). *М. Б.*

ГЕРОФИ́ЛА, в греческой мифологии одна из сивилл-прорицательниц. Родилась в Троаде от нимфы и смертного отца пастуха Теодороса. Она предсказала, что женщина из Спарты (*Елена*) явится причиной гибели Трои (Paus. X 12, 1 след.). Как все сивиллы, Г. много странствовала — на Самос, Делос, в Дельфы и др. В Кумах (Италия) Г. предсказала судьбу Энею (Verg. Aen. VI 9—10; Ovid. Met. XIV, 104 след.). Возвратившись в Троаду, поселилась в роще Аполлона. Отличалась долголетием, которое она испросила у богов, позабыв попросить себе вечную юность, поэтому большую часть своей долгой жизни она пребывала старухой. *М. Б.*

ГЕ́РСА («роса»), в греческой мифологии дочь *Кекропа* и *Аглавры*, сестра Аглавры и Пандросы (Apollod. III 14, 6), возлюбленная Гермеса, родившая от него *Кефала* (Apollod. III 14, 3); по Гигину (Fab. 160) матерью Кефала была *Креуса*; 2) жена Даная, мать данаид Гипподики и Адианты (Apollod. II 1, 5). *Г. Г.*

ГЕРСИ́ЛИЯ, в римской мифологии одна из похищенных римлянами сабинянок, ставшая женой *Ромула* и уговорившая сабинян примириться с римлянами. Отождествлялась с Горой — женой *Квирина* (Aul. Gell. XIII 23). *Е. Ш.*

ГЕСЕ́Р, Гэсэ́р, персонаж тибетских мифов (Ге́сар, Кеса́р) и мифов монгольских народов, включая бурят (Аба́й Гесе́р хубу́н), а также ряда тюркских (салары, жёлтые уйгуры, тувинцы, алтайцы) и тибето-бирманских народностей. Г.— герой эпических сказаний и поэм, объект развитого религиозно-мифологического культа. Первоначальное ядро сказания, по-видимому, сложилось в северо-восточном Тибете. Согласно сказания о Г., в государство Лин, которое не имело правителя, был послан один из трёх сыновей небесного владыки. Он возрождается в Лине в семье одного из князей безобразным, сопливым ребёнком по имени Джору. Его преследует дядя по отцу Тхотун (монг. и калм. Цотон, Чотон, бурят. Сотон, Хара Зутан). В детстве мальчик проявляет чудесные способности, уничтожает различных демонов, одерживает победу в конном состязании за обладание красавицей Другмо (Рогмо-гоа, Урмай-гохон), троном и сокровищами Лина. Затем он получает с неба чудесного скакуна, обретает свой истинный величественный облик и имя Гесер. Г. побеждает демона севера, людоеда Лубсана с помощью супруги демона Мезы Бумджид (монг. Тумен Джаргалан, по некоторым версиям, в т. ч. монг., она — бывшая жена Г., похищенная демоном). Меза Бумджид подносит герою «напиток забвения», испив который, он остаётся на севере.

В Лине Тхотун, напрасно домогавшийся Другмо, совершает предательство, в результате на Лин нападают из соседнего государства хоры (монг. шарайголы, бурят. шараблинские ханы), захватывают Другмо, и она становится женой хорских правителей — Гуркара (монг. Цаган Герту хан, «белоюртый хан»). Сбросив наваждение благодаря небесному вмешательству, Г. спешит на родину. В облике скверного мальчишки (монг. Ольджибай) он проникает к хорам, колдовским способом убивает Гуркара и, подчинив себе его государство, вместе с Другмо возвращается в Лин. Согласно ряду сюжетов, Г. отправляется в Китай, где с помощью чудесных средств добывает себе принцессу, вызволяет свою земную мать из ада; уничтожает демонических правителей соседних стран (на севере, юге, востоке и западе), подчиняя их подданных своей власти. В монгольских сказаниях о Г. оживляет богатырей, павших в войне с шарайголами.

Древнейшее ядро образа Г.— ниспосланный небом культурный герой, очищающий землю от чудовищ (ср. индийского *Раму*). В устной монгольской традиции (и в бурятской версии эпоса) за Г. утвердилась репутация истребителя демонов и чудовищ (*мангусов*). Как правитель-избранник и даже первый человек, спустившийся с неба, Г. восходит к добуддийской, бонской традиции. В ряде вариантов эпоса земной отец Г.— горный дух. Учитывая связь с божеством священной горы, а также с мировой горой, Г. воспринимается как правитель «центра», противопоставленный правителям окраин, борьба с которыми по существу адекватна цивилизаторской деятельности культурного героя. Иногда сам Г.— властитель одной из четырёх стран света — севера. Но, по-видимому, наиболее древняя локализация Г.— Кром (возможно, от Рум — иранское наименование Византии). Под влиянием индийской и буддийской мифологий отцом Г. оказывается *Брахма* или — в ладакской (западнотибетской) версии и во всех монгольских — Индра (монг. Хормуста; у западных бурят его место иногда занимает шаманское божество Эсеге Малан-тенгри). По сходству функций либо внешнему облику воплощения Г. (или его чудесного скакуна) близки ряду персонажей ламаистского пантеона; как божество войны Г. (тиб. Далха, монг. Дайсунтенгри или Дайчин-тенгри) иногда отождествляется с Джамсараном. Более поздним (с кон. 18 в.) является отождествление Г. с богом войны в китайской мифологии — *Гуань-ди*.

В культовой практике Г. как универсальное целительное божество (подобно большинству шаманских божеств) выступает как покровитель воинов, защитник стад, победитель демонов, податель счастливой судьбы (в т. ч. охотничьей удачи). В шаманских призываниях Г. иногда именуется *бурханом* или *тенгри*, его называют сыном неба, обитающим поверх высокой белой горной вершины в доме из облаков и туманов. В отличие от Тибета, где обожествляют также многие соратники и противники Г., у монгольских народов объектом культового поклонения является только Г.

Ю. Неклюдов.

ГЕСИО́НА, в греческой мифологии: 1) супруга *Прометея*, одна из океанид (Aeschyl. Prom. 555); 2) супруга *Навплия*, мать *Паламеда* (Apollod. II 1, 5); 3) дочь троянского царя *Лаомедонта*. Посейдон, разгневанный на Лаомедонта за отказ уплатить ему условленную плату за строительство троянских крепостных стен, наслал на город морское чудовище, пожиравшее жителей. Избавиться от него можно было только отдав ему в жертву Г. Прикованную к скале и обречённую на гибель Г. освободил Геракл, которого Лаомедонт обещал отблагодарить, но затем отказался это сделать (Apollod. II 5, 9). Спустя некоторое время Геракл разорил Трою; пленённую Г. он отдал в жёны своему сподвижнику Теламону (II 6, 4).   *В. Я.*

ГЕ́СПЕР, в греческой мифологии божество вечерней звезды — самой прекрасной из звёзд (Hom. Il. XXII 317 след.). Диодор Сицилийский рассказывает о стране Гесперитиде, которой правили братья Г. и Атлант. Г. отдал свою дочь Гесперидy в жёны Атланту, и та стала матерью *Гесперид* (Diod. IV 27). По другой версии, Г.— сын или брат Атланта, наблюдавший звёзды на вершине горы, затем загадочно исчезнувший и превратившийся в яркую звезду (Hyg. Astr. II 42). В римской мифологии почитался под именем Веспер.   *А. Т.-Г.*

ГЕСПЕРИ́ДЫ, в греческой мифологии нимфы, хранительницы золотых яблок на крайнем западе («сад Г.»). Они дочери Ночи (Hes. Theog. 211, 215 след.; вариант — Геспериды, Diod. IV 27). Г. живут на краю мира у берегов реки Океан и охраняют яблоки вечной молодости, которые *Гера* получила как свадебный подарок от *Геи* (Ps.-Eratosth. 3). Их три (или четыре) сестры: Эгла (Айгла, «сияние»), Эрифия (Эритея, «красная»), Геспера («вечерняя», вариант: Гестия) и Аретуса (Apollod. II 5, 11). Аполлоний Родосский в «Аргонавтике» (IV 1396—1430) рассказывает о прибытии *аргонавтов* во главе с Ясоном в сад Г., который только что покинул Геракл, убивший стража яблок дракона Ладона и насмерть перепугавший нимф. Увидев прибывших, Г. в ужасе рассыпались в прах, но вняв просьбам аргонавтов, превратились в прекрасные деревья и затем предстали в своём обычном виде и помогли им добыть питьевой воды.   *А. Т.-Г.*

ГЕ́СТИЯ, в греческой мифологии богиня домашнего очага, старшая дочь *Кроноса* и *Реи* (Hes. Theog. 453 след.), олимпийское божество. Она покровительница неугасимого огня — начала, объединяющего мир богов, человеческое общество и каждую семью. Целомудренная безбрачная Г. (Hymn. Hom. IV 21 след.) пребывает на Олимпе, символизируя незыблемый космос. Образ Г. рано приобрёл отвлечённые черты персонифицированного огня и не связан с мифологическими сюжетами. В Риме Г. соответствовала *Веста*, ей был посвящён специальный храм, в котором жрицы-весталки поддерживали вечный огонь — символ государственной устойчивости и надёжности.   *А. Т.-Г.*

ГЕФЕ́СТ, в греческой мифологии бог огня и кузнечного дела. Олимпийское божество малоазийского происхождения, вместившее древнейшие черты огненной стихии. Г. выступает или как фетиш пламени (Hom. Il. II 426; IX 468; Hom. Od. XXIV 71), или как повелитель огня. Его происхождение трактуется двояко. Он — сын *Зевса* и *Геры* (Hom. Il. XIV 338), но он же сын только Геры, рождённый ею в отместку Зевсу (Hes. Theog. 927 след.). Родители недолюбливали его и дважды сбрасывали на землю: однажды это сделала мать, за что он ей отомстил, приковав к трону, в другой раз Зевс, когда Г. защищал перед ним Геру (Apollod. I 3, 5). Г. хром на обе ноги и безобразен, что сближает его с архаическими стихиями. Но вместе с тем, будучи олимпийцем, он берёт в жёны прекрасную богиню *Афродиту*, обманывавшую его с *Аресом*, или харитy (Hom. Il. XVIII 382). На Олимпе Г. развлекает шутками богов, угощает их амброзией и нектаром и вообще выступает в некоей служебной роли, что также указывает на его негреческое происхождение. У Аполлония Родосского в «Аргонавтике» (III 219—229) рассказывается о том, что Г. вырыл для колхидского царя четыре источника, текущие из-под виноградной лозы,— молока, вина, масла и воды. Гораций рисует Вулкана-Гефеста на фоне расцветающей весенней природы (Carm. I 4, 1—8). Всё это свидетельствует о хтонической связи Г. с силами природы. Мифы о Г. отражают также расцвет художественно-ремесленного творчества в эпоху патриархата. В Аттике одна из фил (единиц) носила имя Г., а сам он почитался среди главных божеств жителями Аттики — «сыновьями Г.» (Aeschyl. Eum. 13). Классический образ Г.— кузнец и искусный мастер в своей мастерской, его помощницы — механические служанки. Он куёт Ахиллу оружие и великолепный щит (Hom. Il. XVIII 369—616). Медные быки царя Ээта (Apoll. Rhod. III 229—238), опочивальня Геры (Hom. Il. XIV 166—168), венец Пандоры (Hes. Theog. 579—584) тоже сделаны Г. В «Энеиде» Вергилия (VIII 370—453) даётся грандиозное описание подземной кузни Г., где создаются Зевсовы громы и молнии, а также оружие Энея. Гомеровский гимн объединяет Г. и Афину, обучивших людей ремёслам (XX 2—7). Г. приковывает *Прометея*, но явно против своей воли, по приказанию Зевса (Aeschyl. Prom. 14). Орфический гимн изображает Г. как некую космическую силу во всей её фетишистской нетронутости. Он — мастер и художник, но он же свет, огонь, эфир. Он охраняет дома, города и племена, но он же — луна и все светила, сияющий, всё пожирающий демон (LXVI), т. е. Г.— и Олимп, и преисподняя, и высшее творчество, и стихийный демонизм. Г. преимущественно почитался в Афинах (в Керамике), он был богом ремесла, но не мог конкурировать с более древним Прометеем (CIA, p. 64) и Дедалом. После низвержения Г. с Олимпа его спасли жители острова Лемнос синтийцы; там находились город Гефестий и гора Мосихл с кузницей бога. С островом Самос Г. связан через мать Геру Самосскую, т. к. именно она была прикована Г., поэтому на Самосе находились города Гефестополь и Гефестион. На Крите отсутствуют малейшие указания на культ Г. на материк культ Г. был занесён с островов Эгейского моря эллинскими поселенцами. Таким образом, хтоническое негреческое божество стало одним из самых почитаемых богов среди ремесленников и мастеров Афин. В римской мифологии Г. соответствует *Вулкан*.   *А. Ф. Лосев.*

ГЕШТИНА́ННА, Н гештина́на, Гештиннı́н [«виноградная лоза небес» (?)], в шумерской мифологии богиня. Возможно, идентична с Амагештин («матушка виноградная лоза»), богиней из Лагаша, известной с кон. 24 в. до н. э. В шумерских текстах круга *Инанны* — *Думузи* Г. появляется как любимая сестра Думузи (в тексте «Смерть Думузи» её эпитеты: «певунья», «колдунья», «вещунья», «знающая тайны письма», «толковательница снов»). Она толкует пророческие сны Думузи и стремится спасти его от гибели. Г. не выдаёт Думузи злобным демонам *гала*, соглашается проводить полгода в подземном царстве вместо брата. Связь Г. с подземным миром прослеживается и по другим источникам: в круге богов Лагаша она — супруга Нингишзиды и в этой роли, видимо, идентифицируется с другой его супругой, богиней Азимуа, писцом подземного мира, а также с *Белет-цери*.   *В. А.*

ГЕ́Я, в греческой мифологии мать-земля. Древнейшее доолимпийское божество, играющее важнейшую роль в теогоническом процессе. Г. родилась вслед за Хаосом (Hes. Theog. 116 след.). Она одна из четырёх первопотенций (Хаос, Земля, Тартар, Эрос), сама из себя породившая *Урана*-небо и взявшая его в супруги (126 след.). Вместе с Ураном

Г. породила шесть титанов и шесть титанид, среди которых *Кронос* и *Рея*, родители *Зевса*. Её порождения также *Понт-море*, горы, трое *киклопов* и трое *сторуких* (126—153). Все они своим ужасным видом возбуждали ненависть отца, и он не выпускал их на свет из чрева матери. Г., страдая от тяжести скрытых в ней детей, решила пресечь стихийную плодовитость своего супруга, и по её наущению Кронос оскопил Урана, из крови которого появились на свет чудовища (*гиганты*, *эринии*) и прекрасная *Афродита* (154—206). Брак Г. и Понта-моря дал начало целому ряду чудовищ (237—240). Внуки Г. во главе с Зевсом в битве с детьми Г.— титанами победили последних, сбросив их в тартар, и поделили между собой мир (674—740). Г. не принимает активного участия в жизни олимпийских богов, но часто даёт им мудрые советы. Она советует Рее, как спасти Зевса от прожорливости Кроноса, и сообщает о том, какая судьба ожидает Зевса (470—486). По её совету Зевс освободил сторуких, которые сослужили ему службу в титаномахии (624—628, 713—717, 734 след.). Она же посоветовала Зевсу начать Троянскую войну (ср. Hom. Il. I 5). Золотые яблоки — её дар Гере (ср. *Геспериды*). Известна мощная сила, которой Г. питала своих детей; её сын *Антей* был неуязвим благодаря именно этой силе. Иногда Г. демонстрировала свою независимость от олимпийцев (в союзе с Тартаром она породила чудовищного *Тифона*). Её порождением был дракон Ладон. Потомство Г. отличается дикостью и стихийной силой, несоразмерностью, уродством и миксантропизмом, т. е. смешением животных и человечьих черт (напр., Эхидна — дева-змея). С течением времени стихийно порождающие функции Г. отошли на второй план. Она оказалась хранительницей древней мудрости, и ей были ведомы веления судьбы и её законы, поэтому она отождествлялась с Фемидой (Aeschyl. Prom. 209—210) и имела своё древнее прорицалище в Дельфах, которое потом стало прорицалищем Аполлона. Образ Г. частично воплотился в *Деметре*, её благодетельных для человека функциях, в богине-матери с её неиссякаемым плодородием, в *Кибеле* с её оргиастическим культом. *А. А. Тахо-Годи.*

ГИАГН, Гиагнид, в греческой мифологии фригиец из Келен, изобретатель флейты и первый флейтист, отец *Марсия* (Plut. De mus. 5). *Г. Г.*

ГИАДЫ, в греческой мифологии нимфы, дочери Атланта и Плейоны, одной из океанид (Hyg. Fab. 192). Число их колеблется от двух до семи. После гибели на охоте их брата Гиаса (его растерзали львы) Г. умерли от горя и Зевс превратил их в звёзды созвездия Тельца (Ps.-Eratosth. 14), видимые в Греции в дождливое время (имя Г. восходит к греч. «дождь», «идёт дождь»). По другой версии, Г. воспитывали Диониса на горе Ниса и Зевс превратил их в звёзды (Apollod. III 4, 3). По другому варианту мифа, Медея превратила старух Г.— кормилиц Диониса в юных дев (Hyg. Fab. 182).

А. Т.-Г.

ГИАКИНФ, Гиацинт, в греческой мифологии сын спартанского царя Амикла (эпонима города Амиклы) и правнук Зевса (Apollod. III 10, 3). По другой версии мифа, его родители — муза Клио и Пиер (эпоним области Пиерия). Г. был любимцем Аполлона, который нечаянно убил его, попав в него во время метания диском (Apollod. I 3, 3). Из крови Г. выросли цветы-гиацинты, как бы обагрённые кровью, «ай, ай» — предсмертный стон прекрасного юноши (Ovid. Met. X 162—219).

Г.— древнее растительное божество умирающей и воскресающей природы, догреческого происхождения. Культ Г. в Амиклах был вытеснен культом Аполлона, и праздник гиакинфии (Paus. III 10, 1) стал отмечаться как праздник Аполлона. На знаменитом троне Аполлона из Амикл изображалось шествие Г. на Олимп; по преданию, основание статуи Аполлона, восседающего на троне, представляло собой жертвенник, в котором был похоронен Г. Во время праздника гиакинфий в этот жертвенник проникали через медную дверь и там приносили жертвы Г. ещё до жертвоприношений Аполлону (Paus. III 19, 3—5). *А. Т.-Г.*

ГИБИЛ (шумер.), Гирра, Гирру (аккад.), в шумерской и аккадской мифологии бог огня. Впервые имя встречается в списках богов из Фары (26 в. до н. э.). Г.— носитель света и очищения и в то же время — источник гибели и разрушения. Отец Г.— бог *Энки* (по некоторым аккадским текстам — *Нуску*), отсюда Г.— помощник в заклинаниях и разрушитель колдовства. В аккадском мифе об *Эрре* к Г. отправляется *Мардук*, чтобы очистить у него свои инсигнии власти. В серии заклинаний «Злые демоны утукку» Г. действует совместно с Энки, пытаясь выяснить тайну происхождения демонической злой «семёрки». В «Плаче о разрушении Ура» Г.— помощник губителя города *Энлиля*. *В. А.*

ГИБРИС, Гюбрис, в греческой мифологии: 1) нимфа, родившая от Зевса Пана (Apollod. I 4, 1); 2) олицетворение непомерной наглости, желания сравняться с богами и превзойти их, нарушить установленный порядок; похоть, мать Короса («пресыщение», Pind. Ol. XIII 10; вариант: дочь Короса, Theogn. 1174, 155). В Афинах в 7 в. до н. э. был возведён храм Г. и Анайдее (олицетворение бесстыдства; CPG IV 36). *Г. Г.*

ГИГАНТЫ, в греческой мифологии сыновья *Геи*, которые появились на свет из крови оскоплённого *Урана*, впитавшейся в землю-мать (Hes. Theog. 180—186). По другой версии, Гея породила их от Урана после того, как *титаны* были низринуты Зевсом в тартар (Apollod. I 6, 1—2). Очевидно догреческое происхождение Г. Подробно история рождения Г. и их гибели рассказана Аполлодором. Г. внушали ужас своим видом — густыми волосами и бородами; нижняя часть тела у них была змеиной. Они родились на Флегрейских полях («пожарища») на полуострове Паллена (в Халкидике, северная Греция); там же потом произошла битва олимпийских богов с Г.— гигантомахия. Г., в отличие от титанов, смертны. По велению судьбы их гибель зависела от участия в битве героев (смертных), которые придут на помощь богам. Гея разыскивала волшебную траву, которая бы сохранила Г. жизнь. Но Зевс опередил Гею и, послав на землю мрак, сам срезал эту траву. По совету Афины Зевс призвал для участия в битве героя *Геракла*. В гигантомахии олимпийцы уничтожили Г. Аполлодор упоминает имена 13 Г., которых вообще насчитывают до 150. Геракл сразил Алкионея, набиравшегося силы от земли; Зевс — Порфириона, Аполлон — Эфиальта, Дионис — Эврита, Геката — Клития, Гефест — Миманта, Афина обрушила на Энкелада остров Сицилия, содрала кожу с ещё живого Палланта и использовала её как панцирь. Посейдон поверг Полидора, Гермес — Ипполита, Артемида — Гратиона, мойры — Агрия и Тоона. Остальных поразил перунами Зевс. Геракл добивал Г. своими стрелами (Apollod. I 6, 1—2). В основе гигантомахии (как и титаномахии) лежит идея упорядочения мира, воплотившаяся в победе олимпийского поколения богов над хтоническими силами, укреплении верховной власти Зевса.

Теме гигантомахии посвящена небольшая поэма римского поэта 4 в. К. Клавдиана. Битва олимпийцев с Г. изображена на фризе алтаря Зевса в городе Пергаме (2 в. до н. э.). Гомер в «Одиссее» (VII 59) упоминает буйное племя Г.— сказочный народ, наравне с феаками и циклопами опекаемый богами (VII 206). *А. Тахо-Годи.*

ГИГИЕЯ, в греческой мифологии персонификация здоровья, дочь *Асклепия* (Paus. V 20, 3).

ГИДАР, в касситской мифологии воинственное божество. В Вавилонии отождествлялся с *Нинуртой*, возможно, бог-герой. Супруга Г.— Хала (в Вавилонии — *Гула*), видимо, богиня врачевания. Эпитет Г.— Марагташ (Марутаги; некоторые исследователи считают его самостоятельным божеством, сближая с индийскими *марутами*).

ГИЛАС, в греческой мифологии сын царя дриопов Тейодаманта (вариант: Тейомена) и нимфы Менодики. Геракл, победив и убив царя дриопов, захватил отличавшегося красотой Г., который стал его любимцем, оруженосцем и спутником в походе аргонавтов. Во время стоянки корабля «Арго» в Мисии у острова Кеос Г. отправился за водой, но нимфы источника, пленённые его красотой, похитили юношу (Apollod. I 9, 19) (вариант: Г. утонул); Геракл тщетно искал Г. На Кеосе существовал культ Г. Раз в год у источника, носившего его имя, приносились жертвы и участники празднества бродили по окрестным горам, выклика́я имя Г., как бы повторяя вопли и жалобы Геракла, искавшего своего любимца. Вероятно, Г. первоначально был местным богом растительности, которого скорбными воплями вызывали почитавшие его («Hyla», «Hyla», отсюда происхождение его имени) (Verg. Ecl. VI 44). м. Б.

ГИЛЛ, в греческой мифологии сын Геракла и *Деяниры* (варианты: лидийской царевны Омфалы или нимфы Мелиссы). Умирая, Геракл обручил Г. с дочерью эхалийского царя *Иолой*. Г. стал предводителем *Гераклидов* (многочисленных потомков Геракла), когда они вторглись на Пелопоннес, чтобы вернуть царство отца. Спустя три года во время нового похода Гераклидов в Пелопоннес Г. погиб в поединке с аркадским царём (Apollod. II 7, 7—8; II 8, 1—2). м. Б.

ГИЛЬГАМЕ́Ш, шумерский и аккадский мифический герой (Г.— аккадское имя; шумерский вариант, по-видимому, восходит к форме Бильга-мес, что, возможно, значит «предок-герой»). Ряд текстов, опубликованных в последние десятилетия, позволяет считать Г. реальной исторической личностью — пятым правителем I династии Урука в Шумере (кон. 27 — нач. 26 вв. до н. э.). Очевидно, вскоре после смерти Г. был обожествлён; его имя с детерминативами божества встречается уже в текстах из Фары (26 в. до н. э.). В «царском списке» III династии Ура Г. выступает уже как мифическая личность: продолжительность его правления 126 лет, его отец — демон (лила). В эпических текстах Г.— сын урукского правителя *Лугальбанды* и богини Нинсун, потомок солнечного бога *Уту*. Со 2-го тыс. до н. э. Г. стал считаться судьёй в загробном мире, защитником людей от демонов. Представлялся также создателем градостроения. В официальном культе он, однако, не играет почти никакой роли (хотя цари III династии Ура, в частности Ур-Намму, основатель династии, возводят к Г. свой род). Г.— наиболее популярный герой урукского круга (*Энмеркар*, *Лугальбанда*, Г.). Сохранилось пять шумерских эпических песен о Г.: 1) «Г. и Ага» — сказание о борьбе Г. с Агой, правителем северного объединения шумерских городов во главе с Кишем. Кульминационный момент рассказа — появление Г. на городской стене Урука, смятение вражеского войска при виде его и победа над войсками Аги; 2) «Г. и гора бессмертных» — рассказ о походе Г. во главе отряда молодых неженатых воинов в горы за кедрами для добычи себе «славного имени», борьба с хранителем кедров чудовищем Хувавой (*Хумбабой*), убийстве Хувавы с помощью чудесных помощников и гневе бога *Энлиля* за этот подвиг Г.; 3) «Г. и небесный бык» — плохо сохранившийся текст об умерщвлении Г. небесного быка — чудовища, насланного на Урук богиней *Инанной*; 4) «Г., Энкиду и подземный мир» — Г. по просьбе богини Инанны изгоняет исполинскую птицу *Анзуда* и убивает волшебную змею, поселившихся в чудесном дереве хулуппу, посаженном богиней в её саду. Из корней и ветвей дерева он делает «пукку» и «микку» (барабан и барабанные палочки?), но они проваливаются в подземный мир. Энкиду (в шумерской традиции — слуга Г.) берётся их достать, но, не выполнив магических наказов Г., остаётся там навсегда. Г. удаётся мольбами вызвать дух Энкиду на поверхность, и тот рассказывает Г. о мрачной и безнадёжной жизни умерших в подземном царстве; 5) «Г. в подземном мире» (иначе «Смерть Г.») — Г. приносит дары владычице подземного царства *Эрешкигаль* и другим богам, составляющим её придворный штат.

Наибольшей разработкой образа Г. отличается аккадский эпос о Г. Сохранилось три версии большой эпической поэмы. Самая ранняя дошла в записи первой четверти 2-го тыс., но, видимо, восходит к последней трети 3-го тыс. до н. э., наиболее полная — приписываемая урукскому заклинателю Синликеуннинни (дошла в записях 7—6 вв. до н. э.) — поэма «О всё видавшем» — одно из самых выдающихся поэтических произведений древневосточной литературы; изложена в двенадцати песнях — «таблицах», из них последняя — дословный перевод с шумерского второй части песни «Г., Энкиду и подземный мир» и композиционно с поэмой не связана.

По просьбе богов, обеспокоенных жалобами жителей Урука на их своенравного и буйного владыку — могучего Г., который отбивает женщин и граждан в то время, как они выполняют тяжёлые городские повинности, богиня *Аруру* создаёт дикого человека Энкиду — он должен противостоять Г. и победить его. Энкиду живёт в степи и не подозревает о своём предназначении. Г. посещают видения, из которых он узнаёт, что ему суждено иметь друга. Когда в Урук приходит известие, что в степи появился некий могучий муж, который защищает животных и мешает охотиться, Г. посылает в степь блудницу, полагая, что если ей удастся соблазнить Энкиду, звери его покинут. Так и случается. Далее происходит встреча Г. с Энкиду, который вступает с Г. в поединок на пороге спальни богини *Ишхары*, с ней Г. вступает в священный брак (чужеземная богиня Ишхара заменяет Иштар, враждебную Г.). Ни тот, ни другой герой не могут одержать победы, и это делает их друзьями. Г. и Энкиду совершают вдвоём множество подвигов: сражаются с Хумбабой, с чудовищным быком, насланным на Урук богиней Иштар за отказ Г. разделить её любовь. По воле богов Энкиду, разгневавший их убийством Хумбабы, умирает (видимо, вместо Г.). Г., потрясённый смертью друга, бежит в пустыню. Он тоскует о любимом друге и впервые ощущает, что и сам он смертен. Он проходит подземным путём бога солнца Шамаша (см. *Уту*) сквозь окружающую обитаемый мир гряду гор, посещает чудесный сад и переправляется через воды смерти на остров, где обитает Ут-напишти — единственный человек, обретший бессмертие. Г. хочет знать, как тот добился этого. Ут-напишти рассказывает Г. историю всемирного потопа, после которого он получил из рук богов вечную жизнь. Но для Г., говорит Ут-напишти, второй раз совет богов не соберётся. Жена Ут-напишти, жалея Г., уговаривает мужа подарить ему что-нибудь на прощанье, и тот открывает герою тайну цветка вечной молодости. Г. с трудом достаёт цветок, но не успевает им воспользоваться: пока он купался, цветок утащила змея и сразу же, сбросив кожу, помолодела. Г. возвращается в Урук и находит утешение, любуясь видом сооружённой вокруг города стены.

Лейтмотив поэмы — недостижимость для человека участи богов, тщетность человеческих усилий в попытках получить бессмертие. Концовка эпоса подчёркивает мысль, что единственно доступное человеку бессмертие — это память о его славных делах.

От 2-го тыс. до н. э. из Палестины и Малой Азии дошёл отрывок т. н. периферийной версии аккадской поэмы, а также фрагменты её перевода на хеттский и хурритский языки. У Элиана мы находим дальнейшее развитие легенды о Г. в виде предания о чудесном рождении героя: царю Урука Зеухоросу (Эухоросу, т. е. шумер. Энмеркару) предсказано, что сын его дочери лишит его царства. Царь запирает дочь в башню. Она родит сына от неизвестного человека. По приказанию царя стражи сбрасывают младенца с башни. Орёл подхватывает мальчика и уносит в сад, где ребёнка берёт на воспитание садовник. Он называет мальчика Г. (греч. Бильгамос). В конце концов Г. отбирает у деда царство. Мотив ребёнка-подкидыша, воспитанного садовником, по-видимому, заимствован из аккадской легенды о чудесном рождении Шаррукина (*Саргона Древнего*). В более поздних текстах (напр., у сирийского писателя 9 в. н. э. Теодора бар Коная) Г. считается современником *Авраама*.

По традиции, с Г. связывались изображения героя — борца со львом и диким быком, а также терракотовые фигурки, изображающие духов (гениев) плодородия — мифологический образ более древний, чем исторический Г. Образ эпического Г. нашёл отражение в аккадском искусстве 24—22 вв. до н. э., особенно в глиптике. Скульптуры Г. и Энкиду охраняли вход во дворец ассирийского царя Саргона II (8 в. до н. э.). *В. К. Афанасьева.*

ГИ́ЛЬТИНЕ («смерть», «символ смерти»), в литовской мифологии богиня смерти, чумы (в источниках 17 в.), дух смерти (в фольклоре и поверьях). Немецкий историк 17 в. М. Преториус относит Г. к числу богов гнева и несчастья. Г. упоминается в описаниях погребальных обрядов. Основной атрибут Г. — коса. Преториус считает, что Г. была известна и пруссам.   *В. И., В. Т.*

ГИМЕНЕ́Й, в греческой мифологии божество брака, сын Диониса и Афродиты (вариант: Аполлона и одной из муз) (Schol. Pind. Pyth. IV 313). По одному из мифов, Г. — прекрасный юноша, певец и музыкант, который внезапно скончался на свадьбе Диониса (Ping frg. 139), по другой версии, внезапно потерял голос. Чтобы увековечить его имя, Г. возглашали на свадьбах, и торжественная песнь в честь новобрачных называлась гименей. Существует орфическое предание о том, что Асклепий воскресил Г. (Apollod. III 10,3). Миф о Г. относится к типу этиологических, а само его имя — персонификация древней культовой песни-гимна. На римских рельефах, помпейских фресках Г. изображён стройным нагим юношей со строгим выражением лица, с факелом в одной руке и венком в другой. *А. Т.-Г.*

ГИНУНГАГА́П, в скандинавской мифологии первичный хаос, мировая бездна, в которой возникло первосущество *Имир*.   *Е. М.*

ГИ́ОРГИ, мифологический персонаж у грузин, отождествлявшийся (после принятия христианства) со святым *Георгием*. Вероятнее всего, имя Г., как и большинство сюжетов и мотивов с ним связанных, — дохристианского происхождения. Г. почитался как охотник, истребляющий диких зверей, покровитель земледелия, повелитель небесного огня и грома. Первоначальные представления о Г. после распространения христианства трансформировались, найдя отражение в легенде о мучениях Г., согласно которой тело Г. было расчленено богом на 360 частей, и в местах, где были разбросаны эти части, воздвигнуты церкви. Существовали предания о жертвенных животных, якобы добровольно приходивших в святилища к закланию, первоначально приходил олень (лань, тур), но после осквернения его женщинами, отведавшими жертвенного мяса, Г. заменил оленя быком. В этом сюжете отразилась трансформация древнейших мифологических представлений — превращение духа дикой природы в покровителя культурного хозяйства (скотоводства).   *И. К. Сургуладзе.*

ГИПЕРБОРЕ́И, в греческой мифологии народ, живущий на крайнем севере, «за *Бореем*» и особенно любимый *Аполлоном*. В некую идеальную страну Г. время от времени отправляется Аполлон на колеснице, запряжённой лебедями, чтобы в урочное время летней жары возвращаться в Дельфы (Himer. Orat. XIV 10). Вместе с эфиопами, *феаками*, *лотофагами* Г. относятся к числу народов, близких к богам и любимых ими. Блаженная жизнь сопровождается у Г. песнями, танцами, музыкой и пирами; вечное веселье и благоговейные молитвы характерны для этого народа жрецов и слуг Аполлона (Pind. Pyth. X 29—47). Г. в гимнах непрестанно воспевают Аполлона, когда он является к ним через каждые 19 лет (II 47). Даже смерть приходит к ним как избавление от пресыщения жизнью, и они, испытав все наслаждения, бросаются в море (Plin. Nat. hist. IV 26). Ряд легенд связан с приношением Г. первого урожая на Делос к Аполлону: после того как девушки, посланные с дарами, не вернулись с Делоса (остались там или подверглись насилию), Г. стали оставлять дары на границе соседней страны, откуда их постепенно переносили другие народы, вплоть до самого Делоса (Herodot.

IV 32—34). Мудрецы и служители Аполлона Абарис и Аристей, обучавшие греков, считались выходцами из страны Г. (Herodot. IV 13—15). Эти герои рассматриваются как ипостась Аполлона, т. к. они владеют древними фетишистскими символами бога (стрелой, вороном и лавром Аполлона с их чудодейственной силой), а также обучают и наделяют людей новыми культурными ценностями (музыкой, философией, искусством создания поэм, гимнов, строительства Дельфийского храма).   *А. Ф. Лосев.*

ГИПЕРИО́Н, в греческой мифологии титан, сын Геи и Урана, супруг своей сестры Тейи, отец *Гелиоса*, *Селены*, *Эос* (Hes. Theog. 133 след.; 371—374). Г. — «сияющий» бог, букв. «идущий наверху», т. е. по небу и потому отождествляется с Гелиосом — нередко у Гомера (Hom. Od. I 24; Hom. Il. XIX 398), в эллинистическо-римской мифологии — постоянно. Сыновья Гелиоса именуются Гиперионидами.   *А. Т.-Г.*

ГИПЕРМНЕ́СТРА, в греческой мифологии одна из *Данаид* (дочерей Даная). Она единственная ослушалась отца и не убила в брачную ночь своего мужа Линкея. За это Данай заключил Г. в темницу, но затем признал брак дочери (Apollod. II 1,5). Сыном Г. и Линкея был Абант — царь Аргоса.   *А. Т.-Г.*

ГИПНО́С, в греческой мифологии персонификация сна, божество сна, сын Никты (Ночи) и брат *Танатоса* (Смерти), *мойр*, *Немесиды* (Hes. Theog. 211—225). По словам Гесиода, на Сон и Смерть никогда не взирает Гелиос; Г. спокоен, тих и благосклонен к людям в противоположность беспощадной Смерти (756—766). У Гомера Г. обитает на острове Лемнос, где *Гера* замыслила козни против Зевса: уговорила Г. усыпить *Зевса*, пока сама преследовала *Геракла*. От гнева Зевса Г. был спасён своей матерью, которую Зевс не решился оскорбить. Опасаясь Зевса, Г. превращается в птицу и во второй раз нагоняет сон на бога, соблазнённого Герой, чтобы дать ахейцам возможность победить в сражении. В награду за содействие Гера обещает в жёны Г. младшую из харит — Пасифею (Hom. Il. XIV 230—291, 354—360). Овидий в «Метаморфозах» (XI 592—620) описывает пещеру в Киммерийской земле, где обитает Г., где царят вечные сумерки и откуда вытекает родник забвения; в пещере на прекрасном ложе покоится Г.   *А. Т.-Г.*

ГИ́ППА, Ги́ппе, в греческой мифологии: 1) дочь Хирона, которая сошлась на Пелионе с Эолом, сыном Эллина, и бежала в леса, чтобы отец не узнал о её беременности. Поскольку Хирон преследовал её, Г. взмолилась к богам, и те превратили её в созвездие (Hyg. Astr. II 18); 2) жена *Тесея*; 3) фригийская нимфа, кормилица Вакха на горе Тмол (Orph. hymn. 47, 4; 48, 1).   *Г. Г.*

ГИППОДА́МИЯ, в греческой мифологии: 1) дочь *Эномая*, супруга *Пелопа*. Изгнанная из Микен Пелопом после убийства *Хрисиппа*, Г. умерла в городе Мидее (Арголида), но впоследствии её прах был перенесён в Олимпию, где она имела святилище (Paus. VI 20,7); 2) супруга *Пирифоя*, из-за которой разгорелось сражение между *лапифами* и *кентаврами* (Hom. Il. II 742; Apollod. epit. I 21).   *В. Я.*

ГИППОКРЕ́НА, И́ппокре́на, в греческой мифологии источник вдохновения, который возник от удара копыта крылатого коня *Пегаса* на горе муз Геликоне (отсюда букв. «лошадиный источник») (Ovid. Met. V 254—259). Искупавшись в Г. — «фиалково-тёмном» источнике, музы водят хороводы и поют чудесные песни (Hes. Theog. 1—9). Павсаний рассказывает, что такой же источник и того же происхождения был в городе Трезен, куда являлся *Беллерофонт* — владелец Пегаса за невестой. *Орест* после убийства матери очищался в Г. (Paus. II 31,9).   *А. Т.-Г.*

ГИППОМЕДО́НТ, в греческой мифологии брат или племянник *Адраста*, участник похода *семерых против Фив*. Античные авторы подчёркивают его огромный рост и физическую силу, которые, однако, не спасли Г. от гибели при штурме Фив (Aeschyl. Sept. 486—500).   *В. Я.*

ГИППО́Т, в греческой мифологии: 1) правнук *Геракла*, убивший прорицателя Карна, который явился к войску *Гераклидов* в Навпакте и был принят ими за злого колдуна. Аполлон повелел изгнать Г. на десять лет, в изгнании у Г. родился сын, названный Алетом («скиталец») (Apollod. II 8,3); 3) коринфский царь, сын *Креонта*. Принимал у себя Ясона и дал ему в жёны свою сестру (или дочь) (Diod. IV 55; Hyg. Fab. 27). *Г. Г.*

ГИПСИПИ́ЛА, в греческой мифологии дочь правителя Лемноса Фоанта, во время царствования которого лемносские женщины отказались почитать *Афродиту*; в наказание за это богиня наделила их таким дурным запахом, что мужья их оставили. Оскорблённые женщины умертвили всех мужчин Лемноса, только Г. спасла своего отца и помогла ему бежать. Она стала правительницей острова. Когда по пути в Колхиду на Лемнос прибыли *аргонавты*, Г. стала возлюбленной Ясона и родила ему сыновей Эвнея и Фоанта (или Неброфона) (Hom. Il. VII 468; Apoll. Rhod. I 607; Apollod. I 9,17). После отплытия аргонавтов стало известно, что Г. спасла своего отца, и она была изгнана (вариант: бежала, спасаясь от казни). Её захватывают пираты, продают в рабство царю Немеи Ликургу (вариант: царю Фив — Лику), и она становится нянькой его сына Офелета (Архемора). Она помогает участникам похода *семерых против Фив* найти источник питьевой воды; в этот момент оставленного без присмотра Офелета удушила гигантская змея. Разгневанный Ликург хотел казнить Г., но подоспевшие сыновья (вариант: герои *Амфиарай* и *Адраст*) спасли мать. В память Офелета были учреждены Немейские игры, а Г. с сыновьями возвратилась на Лемнос (Apollod. III 6, 4). Миф о Г. является разновидностью мифов об *амазонках*. *М. Б.*

ГИРИЕ́Й, У р и е й, в греческой мифологии сын Посейдона и плеяды *Алкионы*, строитель и правитель Гирии в Беотии, супруг нимфы Клонии, отец Никтея, Лика и Ориона (Apollod. III 10,1). За то, что Г. оказал гостеприимство Зевсу, Гермесу и Посейдону (или Аресу), боги обещали принести ему сына: Г. было велено закопать в землю бычий мех, наполненный мочой; через девять месяцев Г. нашёл там младенца, которого нарёк Орионом (от слова «моча») (Hyg. Fab. 157, 195; Schol. Hom. Il. XVIII 486). *Г. Г.*

ГИХА́НГА, К и х а́ н г а, в мифах бантуязычных народов Межозёрья правитель древней Руанды, культурный герой. По некоторым версиям, Г. — потомок *Кигвы* (первого правителя Руанды). С ним связывают появление коров в Руанде. Согласно мифу, у Г. было две жены — Ньямусуса и Ниранпирангве. Однажды, когда Г. впервые принёс с охоты газель, между жёнами разгорелся спор из-за шкуры, во время которого дочь Ньямусусы, Нираручьяба, толкнула Ниранпирангве. Упав на колышки, с помощью которых растягивают шкуры на земле, Ниранпирангве распорола себе живот, и, родив недоношенного ребёнка, умерла. Сына назвали Гафома. Нираручьяба убежала в лес. Став женой Нкары, она родила сына Гаху. Однажды Нираручьяба встретила у источника стадо коров. Коровы разбежались, кроме одной, кормившей телёнка. Попробовав молоко, вытекавшее из переполненного вымени коровы, Нираручьяба набрала полный кувшин, отнесла его домой и стала каждый день приходить за молоком, пока однажды вместе с Нкарой не увела корову с телёнком к себе.

Узнав о болезни Г., Нираручьяба понесла ему молоко, выпив которое Г. сразу поправился. Нираручьяба раскрыла Г. тайну «лекарства». Но Нкара не соглашался отдать корову, и Г. велел его связать. Чтобы освободить мужа, Нираручьяба отдала корову отцу. Но Г. просил у колдуновых совета, как раздобыть ещё коров. Те предсказали день, когда из озера должно выйти множество коров, и посоветовали в этот день отослать куда-нибудь сына Гафому как приносящего несчастье. В назначенный срок Г. отправил Гафому к кузнецам за бубенчиками для собак. Но тот ослушался отца

и спрятался на колючем дереве гишуби. Из озера стали выходить стада коров и, наконец, появился огромный бык Рутендери — повелитель коров, к его рогам была подвешена маслобойка. Гафома закричал от страха и напугал Рутендери, который повернул обратно, оттеснив в озеро следовавших за ним коров. Г. вместе со своими людьми бросился наперерез и удержал коров; так он завладел стадами. С тех пор все коровы Руанды принадлежат правителям. Гафому прозвали Гишуби по названию дерева, на котором он спрятался.

Согласно другому варианту, Г. просил Нираручьябу, вылечившую его молоком, вернуться в отчий дом. Перед тем как вернуться к отцу, она отправилась к скале, откуда вышли первая корова с телёнком, скала раскрылась — и появилось множество коров, которых вёл огромный бык Рутендери с подвешенной на рогах маслобойкой. *Е. С. Котляр.*

ГИШЕРАМАЙРЕ́Р («матери ночи»), в армянской низшей мифологии персонификации ночной тьмы, злые ведьмы, со дня создания мира со змеями в руках преследующие солнце. Вечером Г. поднимаются из-под гор вверх на землю, чтобы поймать солнце, но оно уже заходит. Тогда они все начинают дуть, и мир покрывается тьмой. Г. группами ищут солнце в лесу, в горах, деревнях. Не найдя его, через разрушенные мельницы и высокие родники спускаются под землю и продолжают поиски там. Едва они спускаются вниз, как на востоке поднимается солнце. Если бы Г. удалось увидеть солнце, погибли бы все люди, а земля покрылась бы змеями (тьмой). *С. Б. А.*

ГЛАВК, в греческой мифологии: 1) сын троянца *Антенора*, помогал Парису украсть *Елену*. Во время взятия ахейцами Трои был спасён Одиссеем и Менелаем (Apollod. epit. V 21,2); 2) сын *Сисифа*, отец *Беллерофонта*, погиб во время состязаний на колесницах, растерзанный собственными конями (Hyg. Fab. 250, 273); 3) сын Гипполоха и внук Беллерофонта, ликиец, один из храбрейших союзников троянцев. Он готов был вступить в поединок с *Диомедом* под стенами Трои, но соперники, выяснив перед поединком дружеские отношения своих предков, обменялись дарами и разошлись. Убит *Аяксом* в битве за тело *Патрокла* (Hom. Il. VI 119—236; Hyg. Fab. 113); 4) сын критского царя *Миноса* и *Пасифаи*. Ребёнком, гоняясь за мышью, упал в бочку с мёдом и был найден мёртвым. Некий Полиид с помощью целебной травы, бывшей в употреблении у змей, возвратил его к жизни (Apollod. III 3,1); 5) морское божество. От рождения был смертный, рыбак, сын Антедона (эпонима города в Беотии) или Посейдона и одной из водяных нимф. Съел случайно траву, давшую ему бессмертие и превратившую его в морское божество с рыбьим хвостом, синими руками и зеленоватой, цвета водорослей бородой. Был наделён пророческим даром, прорицал *Менелаю*, возвращавшемуся после взятия Трои (Eur. Orest. 356—379), а также явился *аргонавтам*. Известна его любовь к прекрасной *Скилле*, превращённой ревнивой *Киркой* в чудовище (Ovid. Met. XIII 900—XIV 69). *А. Т.-Г.*

ГЛА́ВКА, в греческой мифологии: 1) дочь *Нерея* и Дориды, одна из нереид, чьё имя («зеленоватая», «голубая») указывает на цвет воды (Hes. Theog. 244); 2) дочь коринфского царя, невеста аргонавта *Ясона*, которую погубила ревнивая *Медея*, подарив ей пеплос (одеяние), пропитанный ядом. Надев его, Г. сгорела вместе с отцом, пытавшимся ей помочь (Apollod. I 9,28). *А. Т.-Г.*

ГЛА́ИХ, в мифах банар (Вьетнам) бог грома и молнии. По облику — старик могучего телосложения, руки его покрыты густыми волосами. В течение всего сухого сезона он спит или предаётся пьянству, а с наступлением дождливого сезона по повелению *Ианг Кэйтэя* просыпается и берётся за свои молот и гонг, извещающие о грозе и тайфуне. В его ведении находится и другой предвестник дождя — радуга на восточной стороне неба. Считается также богом войны. *Н. Н.*

ГМЕ́РТИ, у грузин верховный бог неба, господин вселенной, демиург и распорядитель мирового порядка (Мориге-гмерти, от груз. риги, «порядок»). Г. выковал небо, создал земную твердь и воды, озарил их светом девы-солнца Мзекали, сотворил остальных богов (хвтишвили). Г. обитает на седьмом небе, восседая на золотой скамье. Он управляет делами вселенной и людей, сообщая волю через хвтишвили. Он — повелитель грома, обладатель небесного испепеляющего огня, а также бог правосудия. Определяет судьбы людей, дарует им урожай, долголетие, плодовитость и оберегает от всего дурного. Вездесущ и всепонимающ, един, но многочислен в своих «долях», через которые может являться в любом облике. При Г. находятся его верные псы (или волки), которых он посылает на помощь или в наказание людям. Г. представляется божеством с золотыми устами и страшными, горящими глазами. Его священное животное и предполагаемый зооморфный прообраз — бык-бугай (Висхв). После утверждения христианства Г. отождествлялся с библейским богом-отцом. *И. С.*

ГНО́МЫ, в низшей мифологии народов Европы маленькие антропоморфные существа, обитающие под землёй, в горах или в лесу. Ростом они с ребёнка или с палец, но наделены сверхъестественной силой; носят длинные бороды, иногда наделяются козлиными ногами и гусиными лапами. Живут гораздо дольше, чем люди. В недрах земли Г. хранят сокровища — драгоценные камни и металлы; они — искусные ремесленники, могут выковать волшебные кольца, мечи и т. п. Выступают как благодетельные советчики людей, иногда — враждебны им (особенно чёрные Г.), похищают красивых девушек. Часто сами обращаются за помощью к людям, приглашают повитух и щедро одаривают их сокровищами. Г. не любят полевых работ, которые вредят их подземному хозяйству. См. также *Цверги*. *М. Ю.*

ГОГ И МАГО́Г, в эсхатологических мифах иудаизма и христианства, а также ислама (см. *Йаджудж и Маджудж*) воинственные антагонисты «народа божьего», которые придут в последние времена с севера или с других окраин населённого мира. Имена «Гог» и «Магог» (обычно «Гог» — имя предводителя и народа, «Магог» — имя страны и народа) не сразу появляются в своём привычном соединении. Магог упомянут в Библии как сын Иафета (Быт. 10,2; I Парал. 1, 5), родоначальник-эпоним какого-то северного по отношению к Палестине народа, поставленного в связь с мидянами и киммерийцами. В «Книге Иезекииля» Гог — князь Роша, Мешеха и Фувала (канонический текст Библии добавляет «в земле Магог»), в чём современная текстология склонна видеть интерпретирующую интерполяцию, впрочем, верную по смыслу, ибо она даёт тот же образ враждебного северного народа, что «Рош, Мешех и Фувал»); Гог поведёт рать конников «от пределов севера» в союзе с другими народами, и произойдёт это «в последние дни», когда Израиль вернётся из пленения и будет жить «безопасно»; сам Яхве выступит против Гога, произведёт страшное землетрясение, поразит «на горах израилевых» войска Гога и пошлёт огонь на землю Магог (Иезек. 38—39). Позднеиудейская традиция прямо связывает нашествие Г. и М. с пришествием *мессии* и *страшным судом*, объединяя эсхатологические катастрофы в понятии «родовых мук» мессианского времени (раввинистические авторитеты спорили, займёт ли совокупность этих событий 7 лет, 12 месяцев или другой срок). В новозаветном пророчестве имя «Гог» понято как обозначение народа, что не противоречит первоначальному смыслу (перенос этнонимических обозначений на царя и обратно — норма архаической семантики), а нашествие Г. и М. приурочено к истечению сроков тысячелетнего царства, когда сатана выйдет из заточения (характерен мотив прорыва запертых до времени сил зла, присутствующий и в мусульманской версии); придя с «четырёх углов земли», Г. и М. в неисчислимом множестве окружат «стан святых и город возлюбленный», но будут пожраны огнём с небес (Апок. 20, 7—9).

Среди множества предположений относительно этимологии Г. и М.: название страны Магог возникло из аккад. названия «страны Гугу» — ᵐᵃᵗ Gûgu; Гог у Иезекииля ассоциируется с царём Лидии Гугу (Herodót. I 8, 14). Иудейская учёность эпохи эллинизма и Римской империи отождествляла Магога (соответственно Г. и М.) со скифами (напр., у Иосифа Флавия), иногда с мидянами и парфянами; византийцы сопоставляли Г., «князя Роша», с русскими («Рош» транскрибируется по-гречески как Rōs); с 13 в. Г. и М. ассоциировались с татаро-монголами. *С. С. Аверинцев.*

ГО́ЙБНИУ (ирл.), Го́ фаннон (валлийск.), в кельтской мифологии бог-кузнец, принадлежащий к *Племени богини Дану*. Г. изготовил богам оружие, с помощью которого они одержали победу над демонами-*фоморами* во второй битве при Маг Туиред, а также магический напиток, поддерживавший силы сражавшихся богов. Г. наряду с *Дагда* считался владельцем магического неиссякаемого котла и хозяином пиршественной залы потустороннего мира. Вместе с богами Лухта (плотник) и Кредне (бронзовых дел мастер) составлял триаду т. н. богов ремесла. *С. Ш.*

ГОЛГО́ФА (греч. «череп»), в новозаветном повествовании место распятия Иисуса Христа (Матф. 27,33; Мк. 15, 22; Ио. 19, 17); расположено в районе пригородных садов и могил, к северо-западу от Иерусалима, за городской стеной. Позорная смерть Христа вне пределов города, рано ставшая символом бездомности, беспринадлежности христиан, соотносится с ветхозаветными очистительными обрядами, при которых тела закланных жертвенных животных удалялись за сакральную границу стана или города (ср. Евр. 13, 11—12). Средневековая иконография часто делала фоном сцены распятия городскую стену Иерусалима. Что касается самого слова «Г.», оно представляет собой просто обозначение холма, круглого, как череп. Христианское богословие связало Г. с черепом Адама, провиденциально оказавшимся прямо под крестом, чтобы кровь Христа, стекая на него, телесно омыла Адама и в его лице всё человечество от скверны греха. Г. рассматривалась как «пуп земли», сакральный «центр мира». *С. А.*

ГО́ЛЕМ («комок», «неготовое», «неоформленное»), в еврейских фольклорных преданиях, связанных с влиянием каббалы, оживляемый магическими средствами глиняный великан. Представление о Г. имеет предпосылки, специфические для мифологии иудаизма. Во-первых, это традиционный рассказ о сотворении *Адама* с подробностями — библейскими (Яхве лепит человеческую фигуру из красной глины, животворя её затем в отдельном акте вдуваемым «дыханием жизни», Быт. 2, 7) и апокрифическими (исполинский рост Адама в его первоначальном облике; пребывание некоторое время без «дыхания жизней» и без речи — состояние, в котором Адам получает откровение о судьбах всех поколений своих потомков). Во-вторых, это очень высокая оценка магико-теургических сил, заключённых в именах бога, а также вера в особую сакраментальность написанного слова сравнительно с произнесённым. Эти предпосылки накладываются на общечеловеческую мечту о «роботах» — живых и послушных вещах (ср. образ изваянных из золота «прислужниц» Гефеста, Hom. Il. XVIII 417—420) и в то же время страх перед возможностью для создания выйти из-под контроля своего создателя (ср. сюжет об ученике чародея, зафиксированный в «Любителе лжи» Лукиана и использованный Гёте). Согласно рецептам, наиболее популярным в эпоху «практической каббалы» (начало нового времени), чтобы сделать Г., надо вылепить из красной глины человеческую фигуру, имитируя, таким образом, действия бога; фигура эта должна иметь рост 10-летнего ребёнка. Оживляется она либо именем бога, либо словом «жизнь», написанным на её лбу; однако Г. неспособен к речи и не обладает человеческой душой, уподобляясь Адаму до получения им «дыхания жизней» (мотив предела, до которого человек может быть соперником бога). С другой стороны, он необычайно быстро растёт и скоро достигает испо-

линского роста и нечеловеческой мощи. Он послушно исполняет работу, ему порученную (его можно, например, заставить обслуживать еврейскую семью в субботу, когда заповедь иудаизма запрещает делать даже домашнюю работу), но, вырываясь из-под контроля человека, являет слепое своеволие (может растоптать своего создателя и т. п.). В качестве создателей Г. еврейские предания называют некоторых исторических личностей, наиболее знаменит создатель «пражского Г.» раввин Лёв (16 — нач. 17 вв.).
С. С. Аверинцев.

ГОЛИА́Ф, в ветхозаветном предании (1 Царств 17) великан-филистимлянин из Гефа, побеждённый в единоборстве Давидом; во второй книге царств (21, 19) победитель Г. носит имя Елханан. Подробнее см. в ст. *Давид*.

ГОЛО́КА («коровий мир»), в индуистской мифологии рай *Кришны*, расположенный на южных склонах горы *Меру*, неподалёку от Вайкунтхи, рая *Вишну*, и часто идентифицируемый с ним. Через Г. протекает небесная река Ямуна; сама Г. рассматривается индуистами как божественный аналог земной Гокулы — пастбища на реке Ямуна вблизи *Матхуры*, где, согласно легенде, проходило детство Кришны. Приверженцы Кришны переносятся в Г. после смерти в виде коров, животных и птиц, а наиболее преданные — в виде гопов и гопи (пастухов и пастушек), которые присоединяются к небесному танцу Кришны и живут в прекрасных рощах и беседках Г., свободные от забот, в постоянной радости. Представление о Г. проникло в индуистскую космологию с укреплением кришнаизма и явилось добавлением к более ранней концепции семи *лока*.
П. Г.

ГОМО́РРА, см. *Содом и Гоморра*.

ГО́НОР, в римской мифологии персонификация почести, служащей наградой за виртус (мужественность и доблесть).
Е. Ш.

ГОПАТША́Х (среднеиран.), в иранской мифологии царь-бык (бык с торсом человека), обитающий в обетованной земле Эран Веж (*Айриана Вэджа*), в области Хванирас. Он совершает служение богам на берегу моря («Меног-и Храт» LXII 32—34). По разным традиционным источникам, Г. отождествлялся с первочеловеком *Гайомартом*, с царями Гилшахом («глиняный, земной царь»: ср. происхождение Гайомарта от земли-Спандармат) и Гаршахом («горный царь»), с сыном Агрераса, праведного брата *Афрасиаба*. Представление о Г. отражало почитание иранцами быка (ср. *Воху Мана*).
И. Б.

ГОР, Хор («высота», «небо»), в египетской мифологии божество. Г. изображался в виде сокола, человека с головой сокола, крылатого солнца. Его символ — солнечный диск с распростёртыми крыльями. Во многих областях Египта издавна было распространено почитание богов-соколов, носивших различные имена, но, как правило, связанных с небом и солнцем. Первоначально Г. почитался как хищный бог охоты, когтями впивающийся в добычу. В династический период происходит слияние различных соколиных богов в тесно связанные между собой ипостаси Г.: Г.— сына *Исиды* (егип. Гор-са-Исет) и Г. Бехдетского. Г. Бехдетский, муж *Хатор* и отец Гора-Сематауи, брат *Ихи*, в основном выступает как борющийся с силами мрака бог света, его глаза — луна и солнце. Г.— сын Исиды, действует прежде всего как мститель за своего отца *Осириса*. И тот, и другой покровители царской власти. Фараоны являются «служителями Г.», преемниками его власти над Египтом. Своими крыльями Г. охраняет царя (на статуе фараона Хефрена на затылке изображён сокол, прикрывающий крыльями его голову). Имя Г. вошло обязательным компонентом в пятичленную титулатуру фараона.

Согласно мифу о Г. Бехдетском [дошёл до нас в тексте посвящённой ему мистерии, высеченном на стене храма Г. в городе Эдфу (егип. Бехдет) в Верхнем Египте, куда был перенесён культ Г. Бехдетского, возникший, вероятно, в городе Бехдет в дельте Нила], Г. сопровождает ладью своего отца, бога солнца *Ра*, плывущую по Нилу, и поражает превратившихся в крокодилов и гиппопотамов врагов Ра во главе с *Сетом*, олицетворяющим всех чудовищ. На рельефах храма, сопровождающих текст, Г. Бехдетский изображён стоящим на ладье впереди Ра, в руках у него гарпун, которым он поражает крокодила. В этом мифе Г. выступает не только как сын Ра, но и как сам Ра, сливаясь с ним в единое божество Ра-Гарахути. Образ Г. Бехдетского переплетается с образом Г.— сына Исиды, также участвующего в борьбе с Сетом и другими чудовищами. В близком варианте того же мифа, высеченном на другой стене Эдфуского храма, Г. Бехдетский фактически слит с Г.— сыном Исиды, который вместе с ним борется с врагами солнца, воплощёнными в образе Сета. Можно предполагать, что в эпизодах борьбы Г. Бехдетского и Г.— сына Исиды с врагами нашли отражение войны за объединение Египта на рубеже 4 и 3-го тыс. до н. э. Победа Юга мыслилась как победа, одержанная Г., а Г.— как владыка страны. Другая ипостась Г.— Гор-Сематауи, т. е. Г.— объединитель обеих земель (Верхнего и Нижнего Египта).

Согласно мифу о Г.— сыне Исиды, она зачала его от мёртвого Осириса, коварно убитого Сетом, его братом. Удалившись в болота дельты Нила, Исида родила и воспитала сына. Возмужав, Г. на суде богов в споре с Сетом добивается признания себя единственным наследником Осириса. В битве с Сетом Г. сначала терпит поражение, Сет вырывает у него глаз — чудесное око, однако затем в долгой борьбе Г. побеждает Сета и лишает его мужского начала. В знак подчинения Сета он кладёт ему на голову сандалию Осириса. Своё око Г. даёт проглотить Осирису, и тот оживает. Воскресший Осирис передаёт свой трон в Египте Г. (что переплетается с представлениями о Г. Бехдетском), а сам становится царём загробного мира, где его охраняют *Гора дети*.

Менее значительными ипостасями Г. являются Гор-ахути (Гарахути, «Гор обоих горизонтов», «Гор из страны света»), связанный с Ра бог утреннего солнца, а также (с эпохи XVIII династии, 16—14 вв. до н. э.) бог горизонтов запада и востока; Гор-эм-ахет («Гор в горизонте»), солнечное божество, подобное Ра-Гарахути; Гор-ур («Гор старший»), упоминаемый Плутархом брат Исиды и Осириса (в связи с тем, что слово «ур» имело также значение «сильный», «великий», мог почитаться и как «Гор великий»); Гор-па-Ра, солнце-ребёнок, рождённый *Рат-тауи*; Гор-па-херд и ряд др. С Г. отождествлялся также *Амон* (Амон-Ра-Гарахути), *Мин* (иногда его считают отцом Г.), *Непери* (как сын сопоставленной с Исидой *Ренену́тет*), различные боги — участники битвы с Сетом (*Онурис*, соколы *Монту*, *Немти*, *Сопду*, *Хентихети* и др.), видимо, также западносемитский *Астар*. Почитание Г. было распространено также в Куше (древней Нубии), куда этот культ проник ещё в период Древнего царства. Геродот сравнивал Г. с *Аполлоном* (II 143, 156).
Р. И. Рубинштейн.

ГО́РА ДЕ́ТИ, в египетской мифологии древнейшие божества — сыновья *Гора*: Амсет, Хапи, Кебексенуф, Дуамутеф. Судя по 17-й главе «Книги мёртвых», они первоначально считались астральными богами, спутниками созвездия «Бедра коровы» (Большой Медведицы) на Северном небе. В мистериях Осириса их главной функцией была охрана Осириса, защита его от врагов (*Сета* и его свиты). Ту же роль эти боги выполняли по отношению к умершему человеку. По представлениям египтян, эти боги участвуют в бальзамировании умершего и хранят его внутренности в канопах, крышки которых изображают каждого из сыновей Гора. В канопе с головой павиана — Дуамутефа хранится желудок, с головой шакала — Хапи — лёгкие, с головой сокола — Кебексенуфа — кишки, с головой человека — Амсет — печень. Каждый из богов считался выражением одного из элементов сущности человека: Амсет — *ка*, Дуамутеф — *ба*, Кебексенуф — сах (т. е. мумия), Хапи — сердце. Они состояли в свите Осириса, и считалось, что Гор поставил их вокруг трона Осириса. В погребальной камере (где, считалось, Г. д. расставлял *Анубис*) статуэтка Амсета ставилась у южной стены, Хапи — у северной, Дуамутефа — у восточной, Кебексенуфа — у западной.
Р. Р.

ГОРА́ЦИИ, в римской мифологии три брата-близнеца, сразившиеся с тремя Куриациями, своими двоюродными братьями из Альба-Лонги, чтобы кончить этим поединком войну Рима (при царе Тулле Гостилии) с Альба-Лонгой. Двое Г. пали в битве, третий — Публий убил Куриациев, доставив победу Риму. Когда он возвращался в город, его сестра, невеста одного из Куриациев, увидя в его руках вытканный ею для жениха плащ, поняла, что жених погиб, и стала его оплакивать. Публий, сочтя печаль сестры по врагу Рима преступлением, убил её. Народ приговорил его к смерти, но по просьбе отца и из уважения к его подвигу помиловал при условии, что он очистится от убийства, пройдя под укреплённым над дорогой брусом, и что род Г. будет отправлять культ Юноны Сорории («сестринской») и Януса Куриация; впоследствии этот культ стал государственным (Liv. I 24—26; Dion. Halic. III 17—22).
Е. Ш.

ГОРА́ЦИИ, в римской мифологии божество, предрёкшее победу римлянам во время их войны с этрусками после свержения Тарквиния Гордого (Dion. Halic. V 14—16).
Е. Ш.

ГО́РГА, в греческой мифологии дочь Ойнея и *Алфеи*. Согласно одному из вариантов мифа, Г. родила *Тидея* от своего отца (Apollod. I 8, 1—5). Оплакивая брата Мелеагра, только Г. и её сестра *Деянира* сохранили свой облик и не были превращены Артемидой в цесарок (мелеагрид, Ant. Liber. 2).
Г. Г.

ГОРГО́НИЯ, деви́ца Горго́ния, в славянских средневековых книжных легендах дева с волосами в виде змей, модификация античной *горгоны* Медузы. Лик Г. смертоносен, она знает языки всех живых существ. Волшебник (волхв), которому удаётся с помощью обмана обезглавить Г. и овладеть её головой, получает чудесное средство, дающее ему победу над любыми врагами. В средневековых книжных легендах владение головой Г. приписывалось Александру Македонскому, чем объяснялись его победы над всеми народами.

Др. трансформация образа горгоны Медузы в славянских апокрифах — «зверь Горгоний», охраняющий рай от людей после грехопадения. Согласно одной легенде, змеи на челе и груди новорождённого Каина побудили Адама написать дьяволу, обещавшему исцелить его сына, рукописание, предавшее во власть сатаны весь род людской. Иконография головы Горгоны — характерная черта популярных византийских и древнерусских амулетов — «змеевиков», где она является изображением дны — болезнетворного демона.
А. Ч.

ГОРГО́НЫ, в греческой мифологии чудовищные порождения морских божеств Форкия и Кето, внучки земли Геи и моря Понта, сёстры *грай*. Их три сестры: Сфено, Эвриала и Медуза. Старшие — бессмертные, младшая (Медуза) — смертная. Г. обитают на крайнем западе у берегов реки Океан, рядом с граями и Геспериадами. Отличаются ужасным видом: крылатые, покрытые чешуёй, со змеями вместо волос, с клыками, со взором, превращающим всё живое в камень. *Персей* обезглавил спящую Медузу, глядя в медный щит на её отражение (Apollod. II 4, 2); из крови Медузы появился крылатый *Пегас* — плод её связи с Посейдоном (Hes. Theog. 270—286). В мифе о Г. отразилась тема борьбы олимпийских богов и их героического потомства с хтоническими силами.
А. Т.-Г.

ГО́РДИЙ, в греческой мифологии царь Фригии, отец *Мидаса*. Сначала Г. был простым земледельцем, однажды во время пахоты орёл сел на ярмо его быков. Это было истолковано как знамение, предвещающее Г. царскую власть. Вскоре фригийцы лишились царя. Оракул, к которому они обратились за советом, приказал избрать того, кого они первым встретят едущим к храму Зевса на повозке. Этим человеком оказался Г. Став царём, Г. основал столицу, носившую его имя. В цитадели города он поставил повозку, которой был обязан своей властью, а ярмо повозки опутал сложнейшим узлом. Считалось, что тот, кто сумеет развязать этот узел («гордиев узел»), станет повелителем всей Азии. Согласно легенде (Plut. Alex. 18), Александр Македонский, не сумев распутать узел, разрубил его мечом.
М. Б.

ГОРНАПШТИКНЕ́Р, горнадапне́р, хортылакне́р, согласно армянским поверьям, духи умерших иноверцев, самоубийц, злодеев. Выступают в антропоморфном и зооморфном облике (кошка, собака, волк, медведь, осёл и др.), стоят у дорог (особенно около кладбищ), пугают прохожих, прыгают на их спины, на их лошадей, на арбы. Г. по ночам бродят вокруг домов, а к рассвету возвращаются в свои могилы.
С. Б. А.

ГОР-ПА-ХЕРД («Гор ребёнок»), в египетской мифологии одна из ипостасей *Гора*, сын *Исиды* и *Осириса*. Г.-п.-х. — также именование многих, главным образом солнечных, богов в виде ребёнка. Изображался мальчиком с «локоном юности», держащим палец у рта (так египтяне изображали детей). Древние греки, называвшие Г.-п.-х. Гарпократом, истолковывали этот жест как знак молчания. Культ Г.-п.-х. как олицетворение восходящего солнца был особенно широко распространён в эпоху эллинизма.
Р. Р.

ГО́РЫ, о́ры, в греческой мифологии богини времён года, три дочери Зевса и Фемиды: Эвномия («благозаконие»), Дике («справедливость»), Ирена («мир»); сёстры *мойр* и *харит* (Hes. Theog. 901—911). Г. унаследовали архаические черты божеств — покровителей урожая и живительных сил природы, отсюда их имена в Афинах: божество роста — Ауксо, цветения — Талло, зрелого плода — Карпо. Вместе с тем, будучи дочерьми Зевса и Фемиды, они упорядочивают жизнь человека, вносят в неё установленную периодичность, наблюдают за её закономерным течением. В «Илиаде» Г. стерегут облачные ворота Олимпа, заботятся о колеснице Геры и кормят её коней (Hom. Il. V 749—751; VIII 432—435).
А. Т.-Г.

ГОРЫ́НЯ, ДУБЫ́НЯ И УСЫ́НЯ, три богатыря-великана русских сказок. Они обладают сверхчеловеческой и одновременно нечеловеческой силой, которая приводит к нарушению естественного природного порядка, затрудняющему действия главного героя. Горыня (Г., Горыныч, Вертогор, Вернигора) захватывает целую гору, несёт в лог и верстает дорогу, или на мизинце гору качает, горы сворачивает. Дубыня (Д., Дубынеч, Вертодуб, Вернидуб, Великодуб и т. п., а также Дугиня, который любое дерево «в дугу согнёт») «дубьё верстает: к-рый дуб высок, тот в землю пихает, а который низок, из земли тянет» или «дубьё рвёт». Усыня (У., Усынеч, Усынка) «спёр реку ртом, рыбу ловит усом, на языке варит да кушает», «одним усом реку запрудил, а по усу, словно по мосту, пешие идут, конные скачут, обозы едут», и т. п. Эти богатыри — не духи-покровители соответствующих объектов (гора, дуб, река), а нарушители их естественных функций: они срывают горы, вырывают дубы, запирают течение рек. Антропоморфические черты этих богатырей слабы и оттеснены хтоническими: гора, дубы (лес) и река (вода) являются местом их обитания. Г. связывается с горой как препятствием на пути, помехой, нарушающей ровность поверхности воздвижением вверх. Д. (связанный с дубом в силу народно-этимологического осмысления) мог некогда быть связан с другим нарушением ровности, порядка — с провалом на пути, помехой, находящейся внизу и так же, как и в случае Г., относящейся к земле (куда он запихивает дуб). Имя У. также должно быть расценено как результат народно-этимологического переосмысления. Поскольку слово «усы» является метонимическим переносом названия плеча (ус из индоевроп. *oms-), У. сопоставим с образом дракона или змея, запруживающего воды своими «плечами». Змеиная природа У. непосредственно проявляется в сказке, где У. — «птица Усыня змей о 12 головах» («сам с ноготь, борода с локоть, усы по земле тащатся, крылья на версту лежат» — ср. мотив ширины плеч). Иногда упоминается булава или дубина У. при том, что этим оружием громовержец Перун поражает Змея. Таким образом прототипами трёх богатырей можно считать хтонических чудовищ, олицетворяющих косные и разрушительные силы нижнего мира — земли, воды и т. п.

Следы отрицательных характеристик этих персонажей, которые в русской сказке выступают, скорее, как положительные спутники-помощники главного героя, обнаруживаются в мотиве «слабости» их по сравнению с главным героем и особенно в мотиве предательства. Первый из этих мотивов встречается в эпизоде с *Бабой-ягой*: когда один из богатырей остаётся в избушке, чтобы приготовить еду для ушедших на охоту товарищей, является Баба-яга, избивает богатыря и вырезает ремень из его спины; только главный герой выдерживает это испытание, побеждая Бабу-ягу. Преследуя Бабу-ягу, богатыри вместе с главным героем приходят к норе (отверстию, пещере), герой спускается в подземное царство (или в три подземных царства), добывает для богатырей невест — царевен этого царства, которых вытаскивают на верёвке на землю; когда же пытается выбраться наружу главный герой, один из богатырей обрубает верёвку. В финале герой сказки убивает Г., Д. и У. Характерно, что имя героя, связанного в сюжете с богатырями, также обычно связано с природной сферой — или животной (Ивашка-Медведко), или растительной (Сосна-богатырь).

Чаще всего Г., Д. и У. выступают вместе, образуя законченную триаду. Эта триадическая схема (вероятно, поздняя) отразилась в образах трёх эпических богатырей — *Ильи Муромца*, *Добрыни Никитича* и *Алёши Поповича* (характерно, что своим именем Добрыня напоминает Д., а мотив змееборства Добрыни и его связи с рекой-водой отсылает к образу У.). Святогор с его косной, не находящей применения силой оказывается в генетическом плане сродни Г. (Илья Муромец в сюжете с участием Святогора выступает как аналог героя сказки). Г. близок и другой эпический персонаж — Змей Горыныч, в свою очередь связанный с образом Огненного Змея. Эта связь даёт возможность видеть для определённого периода в именах Г. и Горыныча отражение корня «гореть» (огонь), а не «гора». В таком случае не исключено, что Г., Д. и У. на более раннем этапе развития соответствовала трёхчленная «змеиная» группа — Змей Огненный, Змей Глубин, Змей Вод (ср. дальнейшая трансформация — Иван Водович, Фёдор Водович, Михаил Водович). Эти образы хорошо известны в индоевропейской мифологии. Особенно близки им некоторые герои балтийских сказок — литовск. Калнавертис (букв. «Вернигор», «Вертогор») или Ажуолрович (букв. «Вырвидуб») и т. п. Вместе с тем триада сказочных богатырей имеет и другое положительное соответствие — Вечорка, Зорька и Полуночка, выступающие в сходном сюжете со Змеем и тремя царствами и связанные с Солнцем. В этом контексте показательно участие Вертогора и Вертодуба в сказке, где участвует Солнцева сестра. Тем самым намечается как противопоставление «хтонически-пространственных» трёх богатырей «астрально-временным» трём как отражение разных моментов солнечного суточного цикла, так и связь между ними в едином сказочном сюжете. Сказки о Г., Д. и У. могут расцениваться как отражение архаичного мифа о поединке со Змеем (или трёхголовым Змеем) или тремя Змеями.

В. В. Иванов, В. Н. Топоров.

ГОСПО́ДСТВА, в христианских представлениях (по классификации византийского богослова 5 или начала 6 в. Псевдо-Дионисия Ареопагита) четвёртый из *девяти чинов ангельских*, образующий с силами и *властями* нижнюю, среднюю триаду. *С. А.*

ГО́УМАН, Чжун, в древнекитайской мифологии помощник *Фу-си*. В древней «Книге гор и морей» (3—2 вв. до н. э.) сказано: «На Востоке Г. с телом птицы и лицом человека восседает на двух драконах». По другим источникам, Г.— дух дерева с квадратным лицом и в белой одежде, в руках у него циркуль и ему подвластна весна. В более позднее время почитался как один из духов пяти стихий (дух дерева). В комментариях 2 в. до н. э. к «Книге обрядов» (4—2 вв. до н. э.) говорится: «Гоуман чиновник, в ведении которого находились деревья, молодое дерево обычно кривое (гоу) и с острыми побегами (ман), отсюда и пошло его имя». Согласно «Критическим суждениям» Ван Чуна (1 в.), Г.— дух судьбы. *Б. Р.*

ГО ЦЗЫ́Й, в китайской мифологии один из богов счастья. Исторический Г. Ц. (697—781) был прославленным сановником и полководцем, его дом считался образцом конфуцианского семейного благочестия, поскольку все его сыновья и зятья занимали высокие посты в государстве, а сын Го Ай был женат на одной из принцесс. Согласно легенде, к Г. Ц. однажды ночью явилась Чжиняй («небесная ткачиха») и сообщила ему, что он — небесный дух, которому суждена долгая жизнь, всяческое благополучие и высокие чины. Г. Ц. изображался на народных лубках в окружении семи сыновей с их семьями, живущими вместе с ним одним большим патриархальным домом, или с малолетним Го Аем, которого отец ведёт ко двору, или справляющим свой день рождения (пожелание долголетия), или даже в роли военного бога богатства — *цай-шэня*. *Б. Р.*

ГРА́АЛЬ, святóй Граáль, в западноевропейских средневековых легендах таинственный сосуд, ради приближения к которому и приобщения его благим действиям рыцари совершают свои подвиги. Обычно считалось, что это чаша с кровью Иисуса Христа, которую собрал Иосиф Аримафейский, снявший с креста тело распятого Христа (т. е. Г.— мифологизированный прообраз средневековых реликвариев — драгоценных вместилищ для материализованной святыни, само благородство материала которых имело по ходячим представлениям целительную силу). Часто предполагалось, что эта чаша первоначально служила Христу и апостолам во время Тайной вечери, т. е. была потиром (чашей для причащения) первой литургии. Всё это ставит Г. в ряд евхаристических символов, почему легенды о нём часто переплетаются с рассказами о чудесных видениях, удостоверявших «реальность» пресуществления хлеба и вина в тело и кровь Христа. По другим, более редким версиям, Г.— серебряное блюдо, иногда — с окровавленной головой, мотив, дошедший в валлийской передаче и связанный не только с христианским образом *Иоанна Крестителя*, но и с магической ролью отрубленной головы в кельтской мифологии (см. в ст. *Бран*). От Г. неотделимы ещё два предмета, образы которых иногда сливаются: чудодейственное копьё, некогда пронзившее тело распятого Христа,— питающее, разящее и целящее, и заветный меч царя Давида (библейской традиции), уготованный рыцарю-девственнику. Некоторая неясность, что же такое Г.,— конструктивно необходимая черта этого образа: Г.— это табуированная тайна, невидимая для недостойных, но и достойным являющаяся то так, то иначе, с той или иной мерой «прикровенности». Г. обладает способностью чудесно насыщать своих избранников неземными яствами (что впервые обнаружилось во время заточения Иосифа Аримафейского). Эта черта, играющая важную роль в легендах, сближает Г. с мифологическими символами изобилия (рог *Амалфеи* в греческой мифологии, котёл в мифах и ритуалах кельтов и др.), но также с христианской мистикой причащения, «хлеба ангелов» и манны небесной. Путь Г. из Палестины на запад легенда связывала с путём Иосифа Аримафейского, миссионерская деятельность которого неопределённо соотносилась с различными географическими районами и пунктами Западной Европы — от британского монастыря в Гластонбери, где показывали могилу короля *Артура*, чьё имя сплетено с легендами о Г., и где, по-видимому, сохранились какие-то дохристианские воспоминания, до Пиренейского полуострова. Из мест, где хранится и является Г., фигурирует город Саррас, где Иосиф Аримафейский обратил в христианство местного короля, а также таинственный замок Корбеник или Карбоник. Так как Г. и сопутствующее ему священное оружие терпят близ себя только непогрешимых в целомудрии, всякий недостойный, приблизившийся к святыне, бывает наказан раной и недугом, однако он может ожидать избавления всё от той же святыни.

Генезис легенд о Г. вызвал в науке 19—20 вв. много споров. Спорна сама этимология слова «Г.»: Sangreal — переосмысление от Sang real — «истинная кровь» (подразумевается кровь Иисуса Христа), Gradalis — от Cratalem (греч. χρατής — большой сосуд для смешения вина с водой), Gradalis — от Graduale (церковное песнопение), Graal — от ирл. cryol — «корзина изобилия» и т. п. Название замка Корбеник возводится к франц.-валлийск. Cor(s) Benoit, «благословенный рог» (рог изобилия). Ортодоксально-христианский, апокрифический (наиболее подробный источник легенд об Иосифе Аримафейском — апокрифические евангелия, особенно Евангелие от Никодима) или язычески-мифологический исток той или иной детали легенды о Г. остаётся предметом дискуссий; но бесспорно, что образ Г. нельзя сводить без остатка ни к метафорике церковного таинства, ни к кельтскому мифу, лишь «переодетому» в христианский наряд, хотя кельтский миф мог несомненно быть первоистоком этой мифологии. Роль символики Г., важной для рыцарской культуры средневековья, состояла в том, что она соединяла для рыцарско-приключенческой, вольную игру фантазии, использующей осколки полузабытой мифологии, с христианской сакраментальной мистикой.   *С. С. Аверинцев.*

ГРАЙ («старухи»), в греческой мифологии порождения морских божеств Форкия и Кето, внучки земли Геи и моря Понта, сёстры *горгон*. Их две или три сестры: Энио, Пемфредо и Дино, обитающих на крайнем западе у сада *Гесперид* (Hes. Theog. 270—273). Они седые от рождения, на троих у них был один зуб и один глаз, которыми они обменивались поочерёдно. *Персей* овладел этими зубом и глазом, после чего они указали ему путь к нимфам, владелицам крылатых сандалий, сумки и шапки-невидимки (Apollod. II. 4,2).   *А.Т-Г.*

ГРАЦИИ (лат.), см. *Хариты* (греч.).

«ГРЕХОПАДЕНИЕ» (Адам и Ева в раю), библейское сказание о первой человеческой паре, повествующее о том, как жена, поддавшись искушению змеи («змея»), ест запретный плод и даёт его отведать мужу, за что люди изгоняются из сада эдемского (в древнееврейском языке «сад» передан словом «рай»); в христианстве сюжет истолкован как «Г.», «первородный грех». Это сказание, сохранившееся в каноническом тексте Библии (где оно объединено с рядом других сюжетов), представлено в книге Бытия (глава 2, строфы 4, 6, 8—9, 15—17; глава 3, строфы 1—19, 23—24).

Бог Яхве, насадивший в начале времён сад в Эдеме на востоке и поместивший там созданного им человека, чтобы возделывать и охранять его, позволил человеку есть от всякого дерева в саду, кроме *древа познания* добра и зла, предупредив, что, если запрет будет нарушен, человек умрёт (называется и другое дерево, на чудесных плодах которого лежит запрет, — *древо жизни*, но искони речь шла, по-видимому, об одном дереве). Но змей (по-еврейски слово мужского рода), который был «хитрее всех зверей полевых», созданных Яхве, обольщает жену. Он знает правду о том, что от запретного плода люди не умрут, как угрожал Яхве, а станут лишь как «боги, знающие добро и зло». Змей намеренно искажает содержание запрета, спрашивая жену, действительно ли бог не велел есть «ни от какого дерева в саду?». Отвечая ему, жена наивно преувеличивает, утверждая, что запрещено даже коснуться древа познания. Немотивированность поведения змея дала повод впоследствии считать его воплощением «зла» и «искусителем». По агадическим и кораническим легендам змей — это падший ангел, который не хотел подчиниться человеку, завидуя ему; в христианской традиции прочно утвердилось отождествление змея с дьяволом, сатаной, принявшим лишь обличье змея. Агадические рассказы пытаются психологически объяснить поведение персонажей повествования: змей дотронулся до запретного дерева, но не остался жив, чем продемонстрировал несостоятельность опасений жены; он толкнул жену так, что она сама коснулась дерева, увидев при этом ангела смерти, но она сказала себе: если я умру, бог создаст другую жену Адаму, поэтому я дам ему тоже отведать от плода — или умрём вместе, или останемся живы (по одному из преданий, змей сожительствовал с женой Адама).

Жена сама ест плод и даёт мужу. После этого у обоих открываются глаза на собственную наготу, и из чувства стыда (впервые появившегося) люди делают себе опоясания из смоковных листьев («фиговый листок»). Бог, который изображается вовсе не всевидящим и всезнающим, а строгим, но справедливым судьёй, прогуливается вечером («во время прохлады дня») по саду. Только из ответов человека он узнаёт, что его заповедь нарушена. Затем следует «наказание по справедливости»: проклятия налагаются на змея, жену, наконец, землю и мужа. Эпилог сказания представлен, по мнению некоторых учёных-библеистов, в двух версиях. Согласно первой версии, люди изгоняются из сада, а у входа ставится привратник-херувим, чтобы не допустить их возвращения (Быт. 3, 23—24). Согласно второй версии («и сказал бог Яхве: вот человек стал как один из нас, зная добро и зло»), чтобы как бы не простёр он руки своей, и не взял также от дерева жизни, и не вкусил, и не стал жить вечно... [и поставил]... пламенный меч обращающийся, чтобы охранять путь к дереву жизни», 3, 22—24), люди остаются в саду, но чудесный огненный меч охраняет доступ к «древу жизни», чтобы умудрённые знанием добра и зла люди не вкусили также плод (вечной?) жизни и не уподобились бы богу, который ревниво оберегает своё последнее преимущество. Этот эпилог, предполагающий наличие двух запретных плодов, плохо соответствует предшествующему рассказу.

Поздними (или посторонними) вставками надо считать географическое уточнение месторасположения сада (2, 10—14) — на горе, откуда исходят великие реки Месопотамии, что указывает на место возникновения сюжета (ср. шумерский рассказ о «райской стране» — острове блаженных Тильмун). Немотивированным дополнением считают фразу: «И сделал бог Яхве человеку и жене его одежды кожаные, и одел их» (3,21), этимологически поздним пояснением — текст: «И нарёк Адам имя жене своей: Ева, ибо она стала матерью всех живущих» (3,20), где автор толкует, по-видимому, новое (и непонятное) имя собственное «жены» как Ева. Ввиду этой вставки героиня всего рассказа воспринимается как «Ева». Впечатление, что рассказ продолжает предание о сотворении мира и людей, в частности «человека» (Адама), из глины, а жены — от его ребра (см. *Адам*), создаётся лишь вследствие композиции библейской книги.

В целом повествование носит характер этиологического предания. В проклятиях бога, произнесённых стилизованной, ритмической прозой, содержится объяснение способа передвижения змеев и загадочности их питания («...ты будешь ходить на чреве твоём, и будешь есть прах во все дни жизни твоей», 3, 14), очевидно, и неприязни людей к этим пресмыкающимся. С момента произнесения проклятий божественным судьёй всё как бы остаётся неизменным: жена будет обольщать мужа, но останется его рабой и будет рожать ему детей в муках, а человек (Адам) будет смертным и будет в поте лица есть хлеб. Здесь отражается представление автора о тяжёлом труде земледельца, внушается мысль, что земля вообще становится уделом людей в наказание. Тем самым в сказании даётся косвенный ответ на вопросы о причине непонятных, но очень существенных явлений жизни. Исключительным среди аналогичных преданий с такой же этиологией является «исторический» характер библейского сказания. Именно в силу этого оно, во многом не согласующееся с иудаистской концепцией другого источника Библии (рассказа об Адаме), было включено в канон в качестве назидательного эпизода в изложении «всемирной истории» человечества.

Ветхозаветное предание о «человеке» (Адаме) и «жене» (Еве) в раю, вкусивших запретный плод (основной мотив библейского сюжета), было истолковано христианским богословием (ср. Рим. 5, 19) как причина «грехопадения» или т. н. первородного греха. И католическая, и православная традиции сходятся в том, что «первородный грех» исказил «исконную природу» человека, созданного вначале невинным и безгрешным, его «богоподобие»; спасение от его последствий видят в акте крещения, устанавливающем причастность крещёного к Иисусу Христу «новому Адаму»), искупившему своей смертью «первородный грех» («первого Адама»). В христианстве библейское предание, изображающее в качестве «прельстившегося» не «мужа», а «жену», используется для подчёркивания особой «греховности» женщины и обоснования её подчинённого положения (ср. 1 Тим. 2, 11—14).

Богословские концепции, наслоившиеся в течение многих веков на библейском предании, нашли выражение в общественной мысли, в изобразительном искусстве и литературе.

Жизнь Адама и Евы составила содержание апокрифического «Жития» (ошибочно названо также Апокалипсисом Моисея), созданного на основе раннего агадического материала в Иудее во 2-й половине 1 в. до н. э.— 1-й половине 1 в. н. э. и имеющего несколько версий. Христианскими являются эфиопский и арабский переводы, вероятно, непосредственно с еврейского (утраченного) подлинника. Рано появившаяся греческая версия была уже в 4 в. переведена на латинский язык и затем на многие языки Западной Европы. Из средневековых армянских версий, близко примыкающих к эфиопскому и арабскому изводам, большую ценность представляет «Книга об Адаме» епископа Аракела Сюнеци на армянском языке (ок. 1400). Содержание «Жития Адама и Евы» сводится к следующему. Адам и Ева после изгнания из рая каются, дав обет стоять порознь 40 (или 37) дней в реках Тигр и/или Иордан (они и в раю обитали раздельно: Адам — среди животных-самцов, а Ева — среди самок); сатана вновь обольщает Еву и тем самым мешает покаянию; рождение Каина и Авеля, смерть последнего; рождение Сифа (Шет) и других детей; Адаму предсказана смерть, он заболевает; Ева посылает Сифа, их сына, за «маслом жизни», которое течёт из «древа милосердия», растущего в раю, но его достать невозможно, и Адам умирает на 930-м году жизни (70 лет он, по еврейской легенде, «уступил» Давиду). Ангелы молят бога об отпущении греха Адама. Он прощён, ангелы просят дозволения похоронить трупы Адама и Авеля в раю. Через шесть лет после Адама умирает и Ева, успев завещать своим детям высечь на камне житие первых людей. Адаму и Еве дано заверение в том, что грядущий «сын божий» (Иисус Христос) их спасёт

В соответствии с христианским пониманием, изгнание из рая ознаменовало начало, а распятие Иисуса — окончание пути к спасению человечества. В средние века предание, воспринятое из Библии и из апокрифического «Жития Адама и Евы», подверглось многочисленным переделкам в прозе, эпической поэзии, а также в драматургии. Постепенно в образах Адама и Евы (после их изгнания) выявились крестьянские черты и сильнее зазвучал мотив их трудолюбия, а также идея исконного равенства людей, начавших жизнь на земле как одно сословие земледельцев.

ГРИД, в скандинавской мифологии великанша, мать бога Видара (сын Одина). В истории борьбы Тора с великаном Гейррёдом (изложение мифа см. в ст. *Тор*) она выступает в роли чудесной помощницы Тора, даёт ему волшебный посох, пояс силы и железные перчатки, благодаря которым Тор одолевает великана.
Е. М.

ГРИФО́НЫ, г р и́ ф ы, в греческой мифологии чудовищные птицы с орлиным клювом и телом льва; Г.— «собаки Зевса» — в стране *гиперборееев* стерегут золото от одноглазых аримаспов (Aeschyl. Prom. 803 след.). Среди сказочных обитателей севера — исседонов, аримаспов, гипербореев, Геродот упоминает и Г. (Herodot. IV 13).
А. Т.-Г.

ГРОХ («записывающий», «пишущий»), в армянских мифах дух смерти, персонификация, ипостась духа смерти Хогеара. Г. на лбу человека при его рождении записывает его судьбу (определяет которую *Бахт*); на протяжении жизни человека Г. отмечает в своей книге его грехи и благие поступки, которые должны быть сообщены на божьем суде. Г. иногда отождествляется с цаверами (духи болезни).
С. Б. А.

ГУ, в мифах фон божество железа, кузнечного дела, войны, орудий, оружия; пятый сын *Маву-Лиза*. Согласно варианту мифа, у Г. нет головы, шея его заканчивается мечом, а туловище — каменное. Г.— это сила Маву, поэтому ему не дали головы. Благодаря Г. земля не осталась дикой, заросшей лесами, от него люди получили орудия и оружие. В мифах кузнецов Г. выдвигается в число главных божеств, он участвует в сотворении мира вместе с Маву. Ср. с *Огуном* (в мифах йоруба).
Е. К.

ГУА́НЬ-ДИ, Г у а́ н ь Ю й, Г у а́ н ь Ю н ь ч а́ н, в китайской народной мифологии и в позднем официальном культе бог войны, а также бог богатства. В основе образа Г.-д. реальный Гуань Юй (160—219), прославившийся бесстрашием и верностью своему правителю Лю Бэю. Слава Гуань Юя впоследствии переросла в настоящий культ религиозного типа. Возникли легенды о его чудесном рождении из крови казнённого *Юй-ди* дракона, которую набрал в свою чашу буддийский монах. По другой версии, перед рождением Г.-д. над домом его родителей кружил дракон. Он обладал настолько буйной, неистовой силой, что родители заперли его в пустом домике в саду, но он сбежал и совершил свой первый подвиг, убив начальника уезда, творившего произвол. Чтобы стража не узнала его и не могла схватить как убийцу, Г.-д. вымыл лицо водой из источника, и оно сразу же стало тёмно-красным (по другой версии, лицо его было красным от рождения, т. к. чашу с кровью дракона, где шло превращение, открыли на день раньше срока). Г.-д. жил продажей соевого сыра (доуфу), почему торговцы доуфу почитали его своим богом-покровителем.

Почитание Гуань Юя началось, видимо, вскоре после его смерти, но храмы в его честь известны лишь по сочинениям 7—9 вв. В 7 в. буддисты стали изображать его в качестве грозного стража в своих монастырях, а даосы вслед за этим в нач. 9 в. объявили о перенесении духа Г.-д. на его родину, в Цзечжоу, и стали приписывать ему способность отвращать демонов.

В 1102 император Хуэй-цзун пожаловал Г.-д. титул верного и мудрого князя, а в 1110 — истинного владыки, приносящего мир. В 1128 император Гао-цзун пожаловал ему ещё один почётный титул, и в это время были установлены официальные жертвоприношения в его честь. При династии Мин в 1594 ему официально был присвоен титул ди — «государя». Г.-д. стал почитаться в качестве могучего бога войны. В 1856, после того как Г.-д. будто бы появился в небе и помог правительственным войскам одолеть тайпинов, цинский император пожаловал ему титул шэн (совершенномудрого), который до этого носил Конфуций.

По повелению императора изображения Г.-д. должны были висеть в каждом воинском шатре и использовались солдатами как талисманы. В 1916 президент Юань Ши-кай вновь официальным декретом подтвердил необходимость принесения всеми чиновниками жертв Г.-д.

Культ Г.-д. в старом Китае был сложен и чрезвычайно популярен. В храмах Г.-д. изображался обычно сидящим в центре с любимой книгой — летописью «Вёсны и Осени» Конфуция в руках, а сбоку стояли с оружием его помощник военачальник Чжоу Цан и приёмный сын Гуань Пин. Было известно 1600 государственных храмов Г.-д. и более 1000 мелких (19 в.). Его чтили и буддисты, и даосы, и конфуцианцы, и простые крестьяне, исповедовавшие своеобразную синкретическую религию, соединявшую все три учения с архаическими местными верованиями. У буддистов была распространена версия об обращении Г.-д. в буддизм одним монахом 6 в., у даосов в 10 в. появилась легенда о том, как

Г.-д., почитавшийся в то время покровителем одной из сект, возглавил небесное воинство, занял пять священных пиков (Уюэ) и убил в бою мифического мятежника *Чи-ю*. Так произошло сюжетное соединение героев древнекитайской мифологии (Чи-ю и др.) и Г.-д. как божества средневекового культа. Конфуцианцы чтили Г.-д. как покровителя учёных-литераторов, что, видимо, связано с рассказами о его особой любви к летописи «Вёсны и Осени». Горожане, особенно торговцы, почитали его в качестве военного бога богатства (ср. *Би-гань*), его изображения висели в лавках, ему клялись, создавая дело на паях. В деревне его почитали и как бога — заступника, исцелителя от болезней, даже бога — подателя дождя. По крестьянским поверьям, он появляется у постели больного, даёт ему золотые пилюли, кладёт руку на тело и тот выздоравливает. В деревенских храмах, где он почитался как божество дождя, его изображали завёрнутым в тигристо-золотистое одеяние, которое будто бы было дано ему некогда, чтобы остановить наводнение.

В народе вообще его называли «лаое» — «господином», вкладывая в это понятие максимум почтения, а иногда даже Г.-д. пуса, т. е. бодхисатва Г.-д. на буддийский манер. Жертвоприношения Г.-д. совершались в 15-й день 2-й луны и 13-й день 5-й луны, а курения в его честь зажигались в 15-й день каждой луны. Культ Г.-д. имел и локальные особенности: на западе Китая он нередко приближается к местному божеству (*туди*), на юге он больше бог богатства (один из *цай-шэней*). По некоторым данным, культ его менее распространён в нижнем течении Янцзы (где находилось царство У, с которым воевал Г.-д.).

Г.-д. почитался также в сопредельных странах, например в Корее, где в 16 в. существовало более 10 храмов Г.-д. (кор. Квану), часть из них была построена по правительственному распоряжению. Культ Г.-д. был популярен у маньчжуров. По преданию, объединитель маньчжурских племён Нурхаци просил китайского императора Шэнь-цзуна прислать ему изображение бога-покровителя. Тот послал фигурку Г.-д. Нурхаци показалось, что лицо Г.-д. напоминает лицо его отца, и он объявил Г.-д. покровителем своей династии (Цин). После завоевания маньчжурами Монголии, Восточного Туркестана и Тибета там появились храмы Г.-д. Ламы (монголы, тибетцы) отождествили его с защитником буддизма Джамсараном, а простые монголы отождествляли храмовые изображения Г.-д. с героем эпоса Гесером. В 18 в. появился и ряд апокрифических ламаистских сочинений на тибетском языке, доказывавших тождество Г.-д. и Джамсарана (который, как и Г.-д., изображался с ярко-красным лицом). Г.-д. будто бы прибыл в Тибет в 7 в. вместе с китайской принцессой, выданной замуж за тибетского царя, в качестве её духа-покровителя. По-тибетски Г.-д. именовался Рин-ринг гьялпо — «царь длинное облако», от его прозвища Юньчан («длинное облако»).

Существовал также культ его сподвижников (Чжоу Цана и др.). В храмах, например даосских, ставилось и изображение коня Г.-д. по кличке Читу («красный заяц»). Особую магическую силу прорицателя предписывали Г.-д. гадатели. Гадание в храмах Г.-д. по жребию считалось весьма действенным.

Б. Л. Рифтин.

ГУАНЬИНЬ, Гуаньшиинь, реже Гуаньцзыцзай [«Внемлющий звукам (мира)» — кит. перевод санскр. имени Авалокитешвара; кор. Кваным, Квансеым; япон. Каннон], в буддийской мифологии в Китае, Корее и Японии божество, выступающее преимущественно в женском облике, спасающее людей от всевозможных бедствий; подательница детей, родовспомогательница женской половины дома. Восходит к *Авалокитешваре*. Основой для представлений о Г. является «Саддхармапундарика-сутра». В сутре говорится о спасении от бед (огня, меча, яда, диких зверей, разбойников и т. п.), которые получает произносящий имя Г.; отсюда и функции святого, оказывающего людям помощь и внимание их призывам. Из указанных в сутре 32 обликов, которые принимает Г. в зависимости от личности того, к кому Г. обращается с проповедью, в Китае первоначально наиболее распространены облики брахмана и воителя — цзиньгана (изображения из Дуньхуана, 8—10 вв.). Женские обличья также встречаются, но они становятся основными не раньше 14 в. Существует предание о Г. как принцессе Мяошань, отказавшейся от замужества вопреки воле отца и ушедшей в монастырь. Претерпев многочисленные испытания из-за мести отца и побывав даже в преисподней, Мяошань встретила *Шакьямуни*, была препровождена на гору Сяншань на о-ве *Путо* (в одном из вариантов легенды), где стала бодхисатвой Г. Г. выступает часто под именем Гуаньцзыцзай, как в милостивом, так и в грозном обличье. Наиболее частые варианты изображения Г.: четырёхрукий, восьмирукий и одиннадцатиликий, тысячерукий. Обычные атрибуты: кувшин с веткой ивы, верёвка (символ спасения от бед), книга («Праджняпарамита»), чётки, посох, трезубец, юбка из тигровой шкуры (символ бесстрашия). У тысячерукого изображения глаза в ладони каждой руки; глазами Г. видит одновременно всех находящихся в беде в бесчисленных мирах вселенной, руками спасает их. Свободные от атрибутов руки слагаются в мудра (жесты пальцев и рук) бесстрашия и исполнения желаний. Каноном предусмотрены и другие, более сложные изображения Г., вплоть до 84 000-рукого и 84 000-ликого, но практически они не встречаются. В китайских легендах, зафиксированных в повествовательной литературе, Г. выступает как в женском облике «великой печальницы», подательницы детей, покровительницы профессий, связанных с опасностями, спасительницы, так и в грозном обличье — как активный борец со злом. В последнем облике Г. нередко появляется в паре с *Эр-ланом*. В Китае, а также в Корее и Японии Г. — едва ли не самый популярный в народе буддийский святой. Наиболее распространённое в народе изображение — сидящая в свободной позе женщина, внимательно прислушивающаяся к чему-то, возле неё — кувшин с веткой ивы.

Л. Н. Меньшиков.

ГУАХАЙОКЕ, в мифологии чибча-муисков божество могил, злой демон. Г. приносились человеческие жертвы для предотвращения эпидемий и бедствий.

С. Я. С.

ГУДИЛ, у табасаранцев, татов, рутульцев (Гу́ди), цахуров (Годе́й), лезгин (Пешапа́й), лакцев (Зю ви́л) божество дождя. Следы культа Г. сохранялись в обрядах вызывания дождя, в которых Г. изображал мужчина или юноша, покрытый зелёными ветками.

Х. Х.

ГУ́ДРУН (этимологически имя связано со словами «битва» и «тайна», магический знак, руна), К р и м х и́ л ь д а в германо-скандинавской мифологии жена *Сигурда* (Зигфрида). Трактовка образа в скандинавском и немецком вариантах эпоса сильно различается.

С к а н д и н а в с к и й вариант. Г. — представительница рода Гьюкунгов, правивших бургундами, сестра Гуннара и Хёгни. Когда ко двору бургундских королей прибыл герой Сигурд, мать Г. дала ему испить напиток забвения и он, забыв о своём обручении с *Брюнхильд*, женился на Г., Брюнхильд же обманом была выдана за Гуннара, причём Сигурд помог ему в сватовстве, выполнив за него брачные испытания. После того как обман раскрылся, Брюнхильд, любящая Сигурда и оскорблённая его невольным клятвопреступлением, стала подстрекать Гуннара убить Сигурда и добилась своего. Убийство мужа повергло Г. в сильное горе, однако она далека от мысли мстить братьям за смерть мужа, и сам Сигурд, умирая, утешает её напоминанием о том, что ещё живы её братья («Краткая песнь о Сигурде» 25): братья — кровные родичи ближе ей, чем муж. Впоследствии Г. выходит замуж за гуннского владыку *Атли* (в прозаическом вступлении ко «Второй песни о Гудрун» сказано, что прежде чем она согласилась на новый брак, ей дали выпить напиток забвения). Г. тщетно пыталась предостеречь братьев от поездки к Атли, а после того как он с ними жестоко расправился, отомстила ему: умертвила своих сыновей от брака с Атли и дала ему съесть приготовленное из их сердец блюдо, после чего убила и самого Атли, предав огню его палаты вместе со всеми их обитателями. В первоначальной версии эпоса Г. и сама погибла в огне, на к-рый обрекла дом Атли. По другому варианту, Г. принимает участие в схватке своих братьев с гуннами и подаёт Атли испить пиво, смешанное с кровью убитых ею детей. Г. также выступает в роли мстительницы и в эддических песнях «Подстрекательство Гудрун» и «Речи Хамдира». Она фигурирует как жена конунга Йонакра, дочь которого Сванхильд подверглась жестокой казни за супружескую измену, и Г. подстрекает своих сыновей отомстить виновнику — конунгу Ермунрекку. Коллизия завершается гибелью всех её детей.

Немецкий вариант. В первой части «Песни о нибелунгах» Кримхильда изображена нежной бургундской принцессой, затем женой Зигфрида, гордой своим славным мужем. Она преисполнена феодальной сословной гордости, которая проявляется в «ссоре королев», когда Кримхильда трактует Брюнхильду как служанку и наложницу своего супруга. Убийство Зигфрида сопровождается перерождением Кримхильды: отныне она живёт лишь мыслью об отмщении, ради него соглашается на брак с Этцелем (Атли) и долго вынашивает план расправы с Хагеном (Хёгни) и братьями. В этой версии эпоса привязанность к покойному супругу сильнее родственных чувств. Кримхильда выступает инициатором приглашения бургундов в гости к гуннам, где она намерена с ними расправиться. С их приездом она делает всё возможное, чтобы спровоцировать ссору между ними и Этцелем, и добивается своего. Взаимное истребление бургундов и гуннов, во время которого Кримхильда жертвует и собственным сыном, завершается пленением её брата Гунтера и его старшего вассала Хагена, после чего Кримхильда их собственноручно убивает. В немецком варианте сохранён в видоизменённой форме мотив золотого клада (см. в ст. *Нибелунги*). В сознании Кримхильды сокровища Зигфрида, которым завладели бургундские правители, неразрывно объединяются с самим героем, и она сама (а не Атли, как в эддических песнях) требует у Хагена отдать ей золотой клад, выступающий как символ её былого процветания, власти и супружеского счастья.

А. Я. Гуревич.

ГУИ, в древнекитайской мифологии душа (дух) умершего. С распространением буддизма Г. стало общим названием демонов и обитателей ада. Различные Г. входили в даосский пантеон. Согласно поздним народным представлениям, Г. похож на человека, но он не имеет подбородка, не отбрасывает тени, внезапно становится невидимым, принимает облик пса, лисицы и других зверей, мужчины или женщины, чтобы завлекать людей и убивать их. Различались Г. утопленника (шуйцингуй), повесившегося (дяоцзингуй), съеденного тигром, который ходит вместе с тигром, пока тот не съест другого (лаохугуй); с бамбуковым шестом, на реке заманивающий людей в лодку (чжуганьгуй); огненный (хогуй); волосатый, поджидающий свою жертву (чаще всего детей) на перекрёстке (маогуй); голодный, насылающий болезни, чтобы есть еду за больных (эгуй); умершего в тюрьме от голода (баньфангуй) и т. п. В большинстве случаев, однако, Г.— это неупокоенная душа умершего насильственной смертью или самоубийцы, не захороненных на родовом кладбище. Считалось, что Г. боится крика, чтения классических конфуцианских книг или буддийской «Сутры Авалокитешвары», календарей, меча, которым зарубили много людей (такой меч клали в постель к больному или вешали вместе с календарями в свадебном паланкине), мочи, плевка, тростника (его привязывали к постели больного или к телу невесты, едущей в дом мужа), персикового дерева (веткой персика шаманы отгоняли болезни), различных амулетов.

Г. часто изображались в храмах, а также на народных картинах, обычно с остроконечной головой и рыжими волосами. Встреча человека с Г.— популярная тема средневековых новеллистов.

Б. Л. Рифтин.

ГУЙГУ́-ЦЗЫ, Гуйгу сяньшен («учитель из долины бесов»), в древнекитайской мифологии бессмертный. Согласно мифу, Г.-ц. жил при государе *Хуан-ди*, помогая ему в завершении трудов *Шэньнуна* по сельскому хозяйству и определению лекарственных свойств растений. Потом он появлялся при династиях Шан и Чжоу. Сопровождал *Лао-цзы* в его путешествии на запад, в конце Чжоу вернулся в Китай, поселился в Гуйгу («долине бесов») и имел более ста учеников. Ему приписывается сочинение «Гуйгу-цзы» о взаимодействии сил *инь* и *ян*; видимо, поэтому Г.-ц. и стал почитаться покровителем прорицателей. Так как большинство из них были слепыми или носили очки, Г.-ц. почитался и как покровитель торговцев очками. Ему же приписывали их изобретение.

Б. Р.

ГУЙМУ́ («мать бесов»), в древнекитайской мифологии женское божество. В «Шуицзи» («Описание удивительного») говорится, что Г. живёт в Наньхае в горах Сяоюйшань. Может рождать небо, землю и бесов. Утром она рождает тысячу бесов, а вечером поедает их. У неё голова тигра, ноги дракона-луна, брови четырёхпалого дракона — мана, глаза водяного дракона — цзяо (вариант: глаза удава, брови водяного дракона). Образ Г., по-видимому,— один из наиболее архаических и аналогичен женским божествам народов Сибири и Центральной Азии, являющимся покровительницами жизни и смерти, вместилищами человеческих душ, которые из них выходят, а после смерти возвращаются в них. К Г. близка буддийская Гуйцзыму («мать бесенят»), которую *Шакьямуни* обратил в свою веру, и она стала монахиней. Изображения Гуйцзыму были в каждом буддийском женском монастыре, её просили о ниспослании сыновей и избавлении от напастей.

Б. Р.

ГУЙСЮЙ, в древнекитайской мифологии бездна, расположенная к востоку от Бохая, в которую стекали все воды с восьми сторон света, девяти пустынь и Небесной реки (Млечного пути), но пучина не увеличивалась и не уменьшалась.

Б. Р.

ГУЛ, в мусульманской мифологии джинны женского рода, особо враждебные к людям. Г. заманивают путников, меняя свой внешний вид, убивают их и съедают. Представления о Г. восходят к домусульманским мифологическим представлениям древних арабов; Г. упоминается, в частности, в поэме Таабба́ты Шарран́а (6 в. н. э.). Образ Г. получил широкое распространение в фольклоре. Мужской аналог Г. носит название «кутруб».

М. П.

ГУ́ЛА («великая», «большая»), в шумерской мифологии богиня-врачевательница. Часто называется «матерь Г.» («великая матерь»). Священное животное Г., как и других богинь-целительниц,— собака. Отождествлялась с *Нининсиной*, *Нинтинугтой* и *Нинкаррак*, а также с *Бау*, считалась супругой *Нингирсу* и *Нинурты*.

В. А.

ГУ́ЛЛЬВЕЙГ (др.-исл. «сила золота»), в скандинавской мифологии злая колдунья — Хейд (др.-исл. «ведьма»), знающая сейдр (колдовство ванов) и посланная *ванами* во вред *асам*. Приход Г. к асам послужил поводом к началу войны асов и ванов — первой войны в мире. Асы забили Г. копьями, трижды сжигали, но она живёт и поныне («Старшая Эдда», «Прорицание вёльвы»).

Е. М.

ГУ́ЛУ, в мифах ганда бог неба. Г. дал согласие на брак своей дочери Намби с первым человеком *Кинту*, предварительно подвергнув его брачным испытаниям. Из-за непослушания Намби, нарушившей запрет Г. возвращаться на небо, вслед за ней и Кинту на землю последовал сын Г. *Валумбе* (смерть).

Е. К.

ГУ́МИРЫ (этимология Г. восходит к назв. древнего народа — киммерийцы), в осетинской мифологии великаны, грубые и сильные идолы, обитающие в пещерах и неприступных крепостях. В нартском эпосе выступают как *уаиги*, которые постоянно враждуют с нартами. Изображаются семиглавыми чудовищами.

Б. К

ГУНА́ («качество», «свойство»), в мифологических представлениях и религиозно-философских воззрениях древних индийцев обозначение трёх состояний, свойств, сил, присущих природной субстанции (пракрити) как источнику всех проявленных и непроявленных объектов. Это сатва — уравновешенное, гармоничное, благое начало, раджас — подвижное, страстное, деятельное, и тамас — косное, инертное, тёмное. Г. связаны с осознанием сущности вещи, добром, счастьем (сатва), с возбуждением, удовольствием, беспокойством (раджас) и с инерцией, апатией, ведущей к невежеству (тамас); их соответствующие результаты: удовлетворение, страдание, леность. Г. фигурируют уже в ведийской литературе, где выступают как в связи с мифологизированными натурфилософскими построениями (они соотносятся сообразно с водой, огнём и землёй, с белым, красным и чёрным цветами), так и в контексте определённых этико-религиозных предписаний (Майтри-уп. III 5 и др.). Последнее получает развитие в Бхагавад-гите (XIV), где воздействие Г. определяет добродетели, пороки и посмертные судьбы людей. Наиболее последовательную разработку учение о Г. получило в философской системе санкхья.
В. Т.

ГУНГУ́Н, в древнекитайской мифологии божество воды. Его представляли в виде злого духа с телом змеи, лицом человека и красными волосами на голове. Борьба Г. с духом огня *Чжужуном*, который, согласно «Книге гор и морей», будто бы был его отцом, завершилась победой Чжужуна. С досады Г. стал биться головой о гору *Бучжоушань*. По другой, видимо, поздней версии Г. воевал с правителем *Чжуаньсюем*, или помогал богу огня *Янь-ди* в его борьбе с Хуан-ди, или пытался помешать великому *Юю* усмирить потоп. В ещё более поздних исторических сочинениях Г. представлен уже в явно историзованном виде как порочный и злой сановник, выступавший против мудрого правителя *Шуня*. Само имя Г. истолковывается как название должности чиновника, наблюдавшего за водами («общественные работы»), что, по-видимому, есть поздняя интерпретация иероглифической записи его имени. У Г. было несколько помощников: жестокий и жадный Сянлю — с телом змеи и девятью человеческими головами, и злой Фую, превратившийся после смерти в медведя, а также двое сыновей, один из которых после смерти превратился в злого демона, а второй — Сю был добрым.
Б. Р.

ГУ́НУНГ АГУ́НГ («великая гора»), в мифах балийцев мировая гора, ось мироздания, центр земли (отождествляется с реальной горой Гунунг Агунг, расположенной на востоке острова Бали). Покровитель и дух Г. А. — божество Батара Махадева (соответствует *Шиве*), который, воплощаясь в Г. А., олицетворяет мужское начало по отношению к священному озеру Батур. На Г. А. восходят духи предков, там они воссоединяются с духом горы. Г. А. — обитель богов, возвращающихся после посещения земного мира (главным образом храмов в период религиозных празднеств). Мифологическая концепция мировой горы Г. А. формировалась под влиянием индуистских представлений о горе Махамеру (*Меру*). Под названием Махамеру Г. А. у балийцев выступает как небесная гора, божественная обитель.

Миф о Г. А. — часть общего мифа об острове Бали, который до прихода богов представлял собой бесплодную унылую равнину, а боги создали на острове горы и сделали их местом своего пребывания, центральной вершиной стала Г. А. (по другой версии, горы были перенесены с острова Ява).
Г. Б.

ГУНЬ («огромная рыба»), в древнекитайской мифологии герой, боровшийся с потопом, сын правителя *Чжуаньсюя*. Возможно, что образ этот возник у племён, живших в Восточном Китае, в бассейне Янцзы и почитавших в качестве тотемов различные водные существа. Деяния Г. локализованы главным образом в районе современных провинций Сычуань и Чжэцзян. (По другой генеалогической версии, однако, Г. родился от Ломина — сына *Хуан-ди* в облике белого коня.) Г., посланный верховным владыкой на борьбу с потопом, девять лет возводил дамбы, но не добился успеха. Тогда Г. похитил у верховного владыки волшебную саморастущую (вздувающуюся) землю (*сижан*), чтобы усмирить воды, но не справился и был по повелению правителя *Яо* (вариант *Шуня*) казнён на горе Юйшань (на варианте севере). По преданию, после смерти Г. его труп в течение трёх лет не разлагался, потом из распоротого чрева вышел сын *Юй*, который продолжил борьбу с потопом. По другой версии, Г. женился на девице Нюйси, которая потом таинственным способом зачала и родила Юя. Ещё одна версия мифа гласит, что перед смертью Г. превратился в трёхлапую черепаху (вариант: в медведя, жёлтого дракона) и погрузился в пучину.
Б. Л. Рифтин.

ГУ́РИИ, хурии (араб. хур, «черноокие»), в мусульманской мифологии девы, вместе с праведниками населяющие *джанну* (рай). В Коране Г. называются также «супругами чистыми» (2:23, 3:13; 4:60), т. е. лишёнными как телесных, так и духовных недостатков. Их не коснулся ни человек, ни *джинн* (55:56, 74). Сравнимые красотой с яхонтами и жемчугами (55:58), они сокрыты в шатрах (55:72); «и сделал их (аллах) девственницами, мужелюбящими, сверстницами» (56:35—36).

Комментаторы указывают, что Г. предоставляются в качестве супруг обитающим в раю праведникам на сроки, зависящие от числа благочестивых поступков последних, причём Г. всегда остаются девственницами. Земные супруги, если они вели праведную жизнь, также живут в раю со своими мужьями (Коран 43:70). При этом супруги небесные имеют тот же возраст, что и праведники. Согласно комментарию ал-Байдави, им всем по 33 года.

Многие комментаторы толкуют коранические термины «супруги», «пир» и другие как метафоры, знаки райских блаженств, но ал-Ашари, ал-Газали и др. допускали чувственные наслаждения в раю (с оговоркой, что они начнутся только после воскресения). Позднее предание описывает Г. как существа, созданные из шафрана, мускуса, амбры и камфары. Они почти прозрачны и благоуханны, живут во дворцах, украшенных драгоценностями. На груди у каждой написаны имя аллаха и имя её супруга.
М. П.

ГУ́ХЬЯКИ («скрытые»), в индуистской мифологии класс полубогов, которые вместе с *якшами* и *киннарами* составляют свиту *Куберы*, живут в горах и охраняют «скрытые» там сокровища. Глава Г. — Реванта, сын богини Суры.
П. Г.

ГУЦА́Р («божества»), у лезгин божество урожая, покровитель земледелия и скотоводства.
Х. Х.

ГУШТА́СП (фарси), в иранской мифологии и эпосе царь, провозгласивший зороастризм религией Ирана. Образ восходит к авест. *Виштаспе*. Брат *Зарера* и *Исфандияра*.

Согласно «Шахнаме», Г. — сын иранского царя Лухраспа. Отец не желает уступить ему трон, и Г. отправляется в Рум (Византию), где в него влюбляется дочь кесаря Китаюн (сначала увидевшая Г. во сне). Кесарь отрекается от дочери, и влюблённые скрываются от его гнева у одного из румийских вельмож. Однако Г. своими подвигами (убийством чудовищного волка и др.) добивается расположения кесаря и тот отдаёт ему в жёны трёх своих дочерей, в т. ч. Китаюн. После победы Г. над противником Рума хазарским царём Ильясом кесарь замышляет с помощью Г. завладеть Ираном, но Лухрасп добровольно уступает престол Г. Став царём, Г. начинает опасаться притязаний на трон со стороны своего сына Исфандияра и коварно губит его.
И. С. Брагинский.

ГХАТОКО́Х, в мифологии качари на северо-востоке Индии прародитель народа. Сам Г. происходит от божества по имени Бхим, сошедшего на землю и здесь вступившего в брак с дочерью демона. К Г. восходит династия из ста четырёх правителей.
Я. Ч.

ГЭ-ГУ («тётушка Гэ»), в китайской мифологии богиня — покровительница повивальных бабок и деторождения. Реальная Г. родилась в деревне Гэуцунь в провинции Аньхой. За искусство принимать роды её почитали как богиню и после смерти в честь Г. был воздвигнут храм. Её дочь впоследствии тоже была признана богиней, изображение которой было помещено в том же храме рядом с матерью. Культ Г. распространился и в других местностях Китая, особенно в кон. 19 — нач. 20 вв. В некоторых храмах изображения Г. помещали рядом с *Гуаньинь*, а дощечки с её именем обычно приносили в комнату, где проходили тяжёлые роды.

Б. Р.

ГЭ-СЯНЬВЭН («бессмертный старец Гэ»), в китайской мифологии бог — покровитель красильщиков. Обычно почитался вместе с даосом Мэй-сяньвэном. В 9-й день 9-й луны их имена писали на особых дощечках и ставили перед ними жертвенные предметы.

Б. Р.

ГЮЛЬ-ЯБАНИ («пустынный демон», от араб. гул, «чудовище-демон» и перс. ябан, «пустыня»), в мифах турок, азербайджанцев (также г у л я й б а н ы, б и а б а н-г у л и), киргизов (г у л ь б и я б а́ н), таджиков (г у л, г у л ё в о н и) низший дух. У турок и азербайджанцев Г.-я. — злой дух, живущий в степи или на кладбище и пугающий ночных путников. По поверьям азербайджанцев, имеет черты оборотня, по ночам любит ездить на лошади, запутывает ей гриву, если его поймать и воткнуть в ворот его одежды иголку, он, подобно *албасты*, станет работать на человека, но будет делать всё наоборот. В западных районах Азербайджана Г. нередко отождествляли с вредоносным духом воды ардов. У киргизов Восточного Памира и таджиков считалось, что он обитает в пустынных местах (у таджиков — в горных лесах), человекоподобен, отличается крупными размерами и неприятным запахом, покрыт серой (чёрной) шерстью, имеет вывернутые назад ступни (вариант: когти на ногах и руках). Являясь людям, он разговаривает с ними человеческим голосом, нередко предлагает бороться. Образ восходит к мусульманскому *гул*.

В. Н. Басилов.

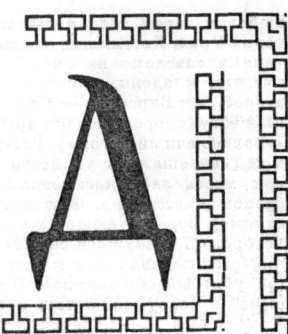

ДА́БОГ, в южнославянской мифологии мифологизированный образ земного царя («цар на земљи» в сербской сказке), противопоставляемый *Богу* на небе. Имя Д. близко имени демона Даба в сербском фольклоре и названию почитавшейся у сербов горы Dajbog: название у славян гор именами богов отражало, по-видимому, древний культ гор — ср. *Белобог, Чернобог.* Имя Д., как и вост.-слав. *Дажьбог*, возводится к сочетанию глагола «давать» с именем «бог» как обозначением *доли* — богатства.

В. И., В. Т.

ДАВИ́Д (возможно, «любимец»), царь Израильско-Иудейского государства (10 в. до н. э.), ветхозаветное повествование о котором (1 Царств 16 — 3 Царств 2, 11; 1 Парал. 10—29) придало ему черты эпического героя, царя-воителя, а последующая иудаистическая и христианская традиция связала с ним (и его родом) мессианские чаяния (см. *Мессия*).

Согласно ветхозаветному повествованию, Д.— выходец из иудейского города Вифлеема, младший сын Иессея (из колена *Иуды*), пастух; предание характеризует его как юношу, «умеющего играть, человека храброго и воинственного, и разумного в речах, и видного собою», пользующегося покровительством Яхве (1 Царств 16, 18). Он появляется при дворе израильско-иудейского царя Саула. Об этом сообщается в двух версиях: Д. был призван как певец-гусляр, чтобы успокаивать царя игрой, когда того тревожил злой дух (16, 14—23); Д. снискал расположение Саула, одержав победу в поединке с Голиафом.

Рассказ о поединке Д. и Голиафа (1 Царств 17), отразивший борьбу израильских племён против филистимлян, содержит более всего фольклорно-сказочных мотивов. Когда филистимляне собрали войска и стали против стана израильского, вперёд выступил Голиаф, великан-филистимлянин (ростом «шести локтей и пяди») из города Гат (Геф). Подробно описывается его вооружение: медный шлем, чешуйчатая броня (весом «пять тысяч сиклей меди»), медные наколенники и щит, копьё «в шестьсот сиклей железа». Сорок дней выставлял себя филистимлянин, но не находилось никого в израильском стане, кто бы вышел на единоборство с ним. И только юноша-пастух Д., оставивший свои стада и пришедший в стан царя Саула, услышав, что Голиаф поносит израильтян, выражает готовность сразиться со страшным противником. Он отказывается от полного вооружения (т. к. к нему не привык), которое даёт ему Саул, и выступает против Голиафа только с пращой. Со словами: «Ты идёшь против меня с мечом и копьём и щитом, а я иду против тебя во имя... бога воинств израильских»,— Д. поражает великана из пращи так, что камень вонзается в его лоб и он падает на землю; затем, наступив ногой на Голиафа, Д. отсекает ему голову. Это обеспечивает победу израильтянам: филистимляне, увидев, что силач их умер, обращаются в бегство. Согласно более краткому изложению героического мотива поединка с Голиафом (2 Царств 21, 19), победу над великаном одержал воин по имени Элханан. Многие исследователи полагают, что это и есть подлинное имя героя, тогда как Д.— его позднее прозвище.

Пожалованный в царские оруженосцы, прославившийся в боях с филистимлянами, отваживавшийся на схватки со львом и медведем, искусный музыкант и поэт, Д. стал вскоре любимцем народа. Он снискал преданную любовь Ионафана, старшего сына Саула, добился руки царевны Мелхолы (Михали), дочери Саула. Но тем неноснее становится Д. для Саула (когда бы ни возвращались с очередного сражения, повсюду народ говорил: «Саул поразил тысячи, а Давид — десятки тысяч»). Царь замышляет убить Д. Далее идёт полное драматизма описание преследования Д. Саулом. Д. бежит от Саула, скрываясь в пустыне, в пещере, в лесу. Сплотив вокруг себя вольницу, Д. держит в страхе население. Он переходит на службу к царю города Гат. В борьбе с Саулом Д. удаётся расположить к себе жрецов из Новы, Саул же навлекает гнев поклонников Яхве, истребляя жрецов этой святыни (1 Царств 22, 11—19). После гибели потерпевшего поражение от филистимлян Саула и его сыновей военачальник Саула Авенир провозглашает царём Иевосфея (Ишбаала), оставшегося в живых сына Саула, Д. же провозглашён царём в Хевроне (т. е. над Иудеей); «тридцать лет было Давиду, когда он воцарился; царствовал сорок лет» (2 Царств 5, 4). Ишбаал вскоре был убит своими стражниками (Д. их публично казнит за цареубийство, демонстрируя свою непричастность к гибели Саулидской династии), Д. же провозглашается царём и израильтянами, и иудеями.

Далее следует рассказ о многочисленных военных победах Д., о завоевании у иевусеев города Иерусалима («град Давидов») и перенесении сюда ковчега завета, о попытке воздвигнуть в Иерусалиме храм Яхве и о других его деяниях. Повествование об исторических событиях облекается в легендарно-эпическую форму. Военные предприятия Д. сопровождаются «вопрошанием» Яхве, благословляющего его на победы или предупреждающего об опасностях. Рассказ о проведённой по повелению Д. переписи населения (рассматривающейся как нарушение суеверного запрета считать людей) дополняется сообщением о том, что поступок Д. вызвал «гнев Яхве», который насылает на израильтян в наказание моровую язву; ангел, посланный Яхве, прекращает поражать народ лишь после того, как Д. ставит жертвенник Яхве и приносит ему жертвы. Намерение Д. построить в Иерусалиме постоянный храм Яхве не осуществляется (в повествовании это облекается в предуведомление от Яхве, который через пророка Нафана сообщает Д., что храм будет дано воздвигнуть не Д., но его потомку).

Д. изображается как патриарх, как отец множества детей, рождённых его многочисленными жёнами и наложницами. Известностью пользуются рассказы о любви Д. к умной и красивой Авигее и особенно к Батшебе (Вирсавии), которую он увидел купающейся и затем взял в жёны, а мужа её, верного воина Урию Хеттянина, отослал на войну с аммонитянами заведомо на смерть. Яхве наказывает Д. смертью младенца, рождённого Вирсавией; однако второй сын Вирсавии — Соломон оказывается угодным богу (пророк Нафан нарекает ему имя Иедидиа, «возлюбленный богом»). Распря с сыном Авессаломом (начавшаяся с убийства тем Амнона, сына Д., как месть за изнасилование Амноном, сводным братом Авессалома, Фамари, родной сестры Авессалома), перерастающая в открытый мятеж, в ходе которого Д. вынужден бежать из Иерусалима, оканчивается подавлением мятежа и гибелью царевича (он убит военачальником Иоавом); Д. оплакивает сына (к недоумению тех, кто победой спас царя). Другой сын Д.— царевич Адония стремится воцариться при жизни престарелого отца, но пророк Нафан умело склоняет Д. назначить наследником Соломона.

Ветхозаветный образ Д. противоречив. Это, с одной стороны, свидетельствует о наличии достоверных сведений об исторической личности, а с другой — способствует развитию легенды путём усиления одних черт и сглаживания других. Летописцы — современники Д. воплотили в его жизнеописании концепции нелицеприятного божьего покарания порочного царя через пророков, уделив поэтому в книгах Царств значительное внимание описанию проступков Д. В дальнейшем, когда положение династии Давидов упрочилось, в кругах последователей пророка Самуила сложилась легенда, согласно которой пророк Самуил по велению Яхве ещё при жизни Саула сам помазал на царство юношу Д., младшего отпрыска незнатной пастушеской семьи (1 Царств 16, 1—13). Отсюда исходит представление о Д. как мессии («помазаннике») и о богоизбранности не только Д., но вообще царской власти у евреев, а затем и христианский обряд оформления монархии через помазание елеем. В силу легенды о помазании Д. Самуилом потомков Д. считали помазанниками божьими.

В книге израильского пророка Амоса (6, 5) Д. упоминается как искусный музыкант. По более поздней традиции Д. приписывается составление псалмов (объединённых в библейской книге Псалтирь). В книгах Исаии (11, 1) и Иеремии (30, 9) — пророков, живших в период нависшей над иудейским царством угрозы утраты независимости, выражены надежды на предстоящее восстановление «царства Давидова» (его единство к тому времени было уже утрачено). Образ Д., потомки которого продолжали править в Иудейском царстве около 400 лет, до завоевания его в 587/586 до н. э. вавилонским царём Навуходоносором II, приобретает со времени вавилонского пленения эсхатологические черты бессмертного царя-спасителя. Вечным представляется и «град Давидов» — Иерусалим (хотя он и был разрушен) как место будущего избавления народа и торжества Яхве. Эсхатологическая вера в мессию как «сына Давидова» была воспринята христианством: по Евангелию от Матфея (1, 20—21) Иисус является прямым потомком Д.— только в силу такого происхождения Иисус (как и Д., родом из Вифлеема), будучи «помазанником» (букв. значение слова «Христос»), имел право на «престол Давидов» и царский титул (Лук. 1, 32). Представление в духе богословского т. н. типологического толкования ветхозаветных персонажей сам Д. оказывается всего лишь «прообразом», «типом», т. е. предшествующим воплощением Иисуса Христа, а эпизоды жизни Д. истолковываются как спасительные деяния Иисуса (напр., поединок с Голиафом — как поединок Христа с антихристом). Представление об извечности мессии, связывающееся с образом Д., выражено в средневековой каббалистической книге «Зогар»: царь Д. был на этом свете и будет царём в грядущем времени. Ожидание пришествия «помазанника» (самого Д. или его потомков) — один из ведущих мотивов еврейского мессианства и вероучения некоторых христианских сект. Временами пассивное выжидание перерастало в активные народные движения или поддерживалось индивидуально — проповедниками, алчущими приблизить срок прихода мессии и узнать его приметы.

Внешности Д. уделено внимание уже в ветхозаветных текстах: он белокур, с красивыми глазами и приятным лицом (1 Царств 16, 21). В послебиблейской литературе (талмудическая книга «Берешит рабба» 73) рассказано, что когда Самуил впервые увидел Д., которого должен был помазать на царство, пророк выразил опасение, что этот «рыжий» будет проливать кровь, как *Исав*, о котором рассказывали, что и он был красным; однако бог успокоил пророка, сказав, что Д. будет проливать кровь только по приговору синедриона. В каббалистической книге «Зогар» говорится, что глаза Д. были цвета радуги и блестели, но после «греха» (с Вирсавией?) стали тускнеть.

ДА́ГДА (ирл. «хороший, добрый бог»), в кельтской мифологии один из богов *Племён богини Дану*. Известен также под именем «Эохаид отец всех». Образ Д. вобрал наиболее типичные представления кельтов о всемогущем божестве потустороннего мира, хозяине котла изобилия. Изображался великаном с могучей палицей, которую иногда везли за ним на повозке. Нередко наделялся властью над природными явлениями и урожаем. Местопребыванием Д. считался сид (холм) Бруиг на Бойне, а супругой — обожествлённая река Бойн. *С. Ш.*

ДАГО́Н (финик.), **Д а г а́ н** (угарит., аккад.) («колос» или уменьшительное от даг, «рыба»), западносемитский (ханаанейско-аморейский, позже также филистимлянский) бог. Судя по значению имени, покровитель земледелия и рыбной ловли; видимо, первоначально бог — податель пищи. В Угарите Д. связан с богом бури и плодородия *Балу* (Алийяну-Балу; ср. Д. в аккадской мифологии), отцом которого считался. По финикийской теогонии Санхуниатона — Филона Библского, Д.— сын Урана — неба (*Баалшамема?*) и Геи — земли, брат Эла (Илу). У филистимлян в конце 2 — начале 1-го тыс. до н. э. Д.— верховное божество, бог войны, вероятно, это представление заимствовано от дофилистимлянского (ханаанского) населения палестинского побережья. В городе Бет-Шеан (Северная Палестина) Д. связан с *Астартой*. *И. Ш.*

Д. почитался также в аккадской мифологии как бог невавилонского происхождения, покровитель населения долины среднего Евфрата. Супруга Д.— богиня Шала (возможно, хурритская), она же — супруга бога бури *Адада*. В одном старовавилонском тексте из Северной Месопотамии Д. назван отцом Адада. Иногда отождествлялся с Энлилем. *В. А.*

ДА́ГШЕД, в мифологии тибетского буддизма разряд божеств, покровительствующих учению и наказывающих его отступников. Известна группа из восьми Д., среди которых Тамдин (*Хаягрива*), глава многих чхойкйонг (соответствует *дхармапалам, чойджинам*) и Шинджешед (*Ямантака*) — идамы; Лхамо, Гонпо (*Махакала*), Намтойса (*Кубера*), Шиндже (*Яма*) и другие чхойкйонг (см. также *Докшиты*). *Е. Д. Огнева*.

ДАДЖЖА́Л, в мусульманской мифологии искуситель людей, который должен появиться перед концом света. Типологически и функционально соответствует *антихристу* в христианской мифологии. В Коране Д. не упоминается, но часто описывается в средневековых сказаниях о грядущих бедствиях («малахим»). Связанный с *Иблисом* Д. пребывает на острове в Индийском океане. Он прикован к скале и охраняется *джиннами*. Проплывающие мимо мореходы слышат доносящиеся с острова звуки музыки и могут покупать пряности у жителей острова, никогда не показывающихся людям, но оставляющих товары на берегу.

Перед концом света, когда *Йаджудж и Маджудж* прорвут сдерживающую их стену, Д. также освободится от оков, появится во главе войска, восседая на огромном осле, и повсюду на земле, кроме Мекки и Медины, установит своё царствование, которое продлится 40 дней (или 40 лет). *Иса* и *Махди* сведут на нет царство Д., а затем Махди (в некоторых вариантах Иса) убьёт его в Сирии или Палестине.

Иногда с Д. отождествляли некоторых персонажей мусульманского предания — современника Мухаммада мединца Ибн Сайида, легендарного древнеарабийского прорицателя Шикку.   *М. П.*

ДАДХИКРА́ (вероятно, «разбрызгивающий кислое молоко»), в ведийской мифологии конь царя Трасадасью, самый знаменитый среди мифических коней (обычно лишённых собственного имени). В «Найгхантуке» (I, 14) имя Д.— синоним коня вообще. В «Ригведе» ему посвящено 4 гимна (IV 38—40; VII 44); он спорадически упоминается и в других местах. Наконец, иногда выступает расширенная форма имени — Дадхикраван. Д.— победоносный боевой конь, он исключительно быстр, подобен ветру и птице (в частности, стремительно бросающемуся орлу). В «Ригведе» (IV 38, 5) он прямо называется орлом. В другом месте «Ригведы» (IV 40, 5) о Д. говорится как о ханса (видимо, род лебедя), обитающем среди света, как *Васу* — в воздухе, жрец — у алтаря, гость — в доме (все эти сравнения обычно относятся к разным формам *Агни*). Д.— герой, побеждающий *дасью*; он сражается с тысячами, враги в страхе перед ним, как перед раскатами грома. Он завоёвывает в схватках добычу, и племена во время споров и ссор призывают его. Вместе с тем он приготовляет путь певцам, снабжая их сладкой речью. Д. принадлежит всем племенам, он сплачивает их (пять племён) силой, как *Сурья* преодолевает воды своим светом. Он наблюдает за племенными сходками. *Митра* и *Варуна* подарили Д. Пуру (родоначальник Пауравов) и дали его людям как знак благословения смертных (им он приносит еду и силу). Дадхикраван восхваляется и призывается, когда на заре возжигается Агни. Его призывают и вместе с *Ушас*, реже с *Ашвинами* и Сурьей, в ряде случаев и с другими божествами, но к Д. обращаются к первому. Есть основания относить Д. к числу солярных зооморфных божеств (ср. *Ашвинов*, также конской природы). Именно этим обстоятельством объясняются многие его сходства с Ушас. В частности, мотив «разбрызгивания кислого молока», скрытый в самом имени Д., может, как думают некоторые исследователи, намекать на появление росы или инея на рассвете перед восходом солнца [ср. РВ IV 38, 6—7: превращение Д. в гирлянду (венок) и разбрасывание, сметание пыли с бровей]. Несомненна связь Д. с *Дадхьянчем* (ср. лошадиную голову последнего и мотив кислого молока в самом имени).   *В. Н. Топоров.*

ДАДХЬЯ́НЧ (от *дадхи*, кислое молоко), в ведийской мифологии мудрец-отшельник, сын *Атхарвана*. В «Ригведе» упоминается девять раз с Атхарваном, *Ангирасом*, *Ману* и другими жрецами; сам он возжигает Агни (VI 16, 14). *Индра* обучает Д. знаниям, но запрещает ему передавать их другим. Тем не менее Д. указывает *Ашвинам* место, где находится мёд *Тваштара*. Ашвины в благодарность Д. заменяют его голову лошадиной; когда Индра поражает её, Ашвины восстанавливают Д. его прежнюю голову («Ригведа», «Шатапатха-брахмана»). Индра поражает 99 Вритр костями Д. (в «Махабхарате» *ваджра* Индры сделана из скелета Д.). Индра отдаёт загоны для коров Д., который, видимо, открывает загоны посредством *Сомы* (IX 108, 4). Д. знает тайное место Сомы. Поскольку Д. выступает как оружие Индры, высказывалось мнение, что первоначально он олицетворял молнию (ср. значение имени Д. и влияние, по народным представлениям, грозы на свёртывание молока). В «Махабхарате» и пуранах вместо Д. выступает Дадхича, едва ли может быть отделён от коня *Дадхикра*. Ср. культ коня у древних пруссов и обычай пить кумыс (ср. прус. dadan, «молоко»).   *В. Т.*

ДА́ЖЬБОГ (др.-русск. Дажьбогъ, варианты — Дажбогъ, Даждьбогъ), в восточно-славянской мифологии божество, входившее в состав т. н. Владимирова пантеона. Первое упоминание Д.— в «Повести временных лет» под 980, из которого следует, что местом культа был холм, на холме находился кумир Д. и здесь Д., как и другим богам, приносились жертвы. Наиболее содержательным (хотя и менее достоверным) является фрагмент о Д. во вставке, включённой в перевод отрывка из «Хроники» Иоанна Малалы, находящегося в Ипатьевской летописи под 1144 г. «По умрътвии же Феостовъ (др.-греч. *Гефест*) егож и Сварога наричить и царствова сынъ его именемъ Солнце, егожъ наричють Д а ж ь б о г ъ. Солнце же царь сынъ Свароговъ еже есть Даждьбогъ». Отсюда следует связь Д. с солнцем и родственные отношения с Сварогом (сын — отец), несомненно связанным с огнём. Третий независимый источник, упоминающий Д.,— «Слово о полку Игореве», в котором дважды говорится о попавших в тяжёлое положение русских как о внуках Д.: «погыбашеть жизнь Д а ж ь б о ж а вънука» и «въстала обида в силахъ Д а ж ь б о ж а вънука». Эти контексты дают некоторое основание для понимания Д. как родоначальника или покровителя др.-русского этноса, что в свою очередь может трактоваться как наследие, богатство Д. Не исключено, что именно этим обстоятельством объяснить наличие имён собственных типа Дажбогович в украинской грамоте 14 в. или Dadźbóg в польских документах 13—15 вв. В более поздних источниках за редким исключением имя Д. выступает в сильно искажённом виде. В списке 980 имени Д. непосредственно предшествует имя Хорса (при этом только эти два имени соединены без союза *и*), который, как и Д. в указанном отрывке, связывается с солнцем (ср. «Слово о полку Игореве»). В том же списке 980 непосредственно за именем Д. следует имя Стрибога. Эти имена образуют пару и формально (сложное двучленное имя с общим вторым элементом — бог и с формой глагола в повелительном наклонении в первом члене: даж/д/ь-, стри/-и, простри) и содержательно: оба божества, судя по значению их имён и этимологии, имеют отношение к подаче богатства (бог — богатый, ср. иран. *Baga-*, др.-инд. *Bhaga-*, имя божества, персонифицированного богатства, доли) и к его распределению — распространению (простирать) и, следовательно, выполняют вероятную социально-экономическую функцию наделения и распределения богатства, имущества, благ (характерно, что предшествующая пара богов в списке — *Перун* и *Хорс* — может по аналогии трактоваться как «природная» — гром/молния и солнце). О широких функциях Д. свидетельствует украинская народная песня, где Д. изображается покровителем свадьбы, встречающим жениха-князя на рассвете (связь с солнцем, восходом), «меж трёх дорог»; в другой песне, относящейся к сезонному циклу, Д. высылает соловушку замыкать зиму и отмыкать лето (ср. сходные мотивы в связи с *выреем*). Ср. мифологизированный образ земного царя в сербской сказке — *Дабог* и следы этого персонажа в эпических песнях о кралевиче Марко. Эти факты дают основание для предположения о праславянских истоках имени и образа Д. Данные древних индоевропейских текстов позволяют отнести истоки Д. ещё глубже. Ср. сочетание тех же (этимологически) элементов, что и в имени Д. («дать» и «бог») в таких ведийских примерах, как: *daddhi bhágam* 'дай долю/богатство/', Ригведа II, 17, 7 (где *daddhi* — повелительное наклонение, точно соответствующее *даж(д)ь*) или *asi bhago asi bhátrāsya dātási* 'ты — Бхага (бог), ты — даятель даяния', Ригведа IX, 97, 55 и т. п. Тем самым в качестве отдалённого источника Д. определяется мифологизированная фигура подателя (распределителя) благ, к которому обращаются с соответствующей просьбой в ритуале, в молитве, в благопожеланиях (ср. рус. дай, Боже...). Данные мифологии балтийских славян позволяют с ещё большей уверенностью говорить о праславянском характере этого божества и о некоторых его особенностях. Как сын Сварога Д. может быть назван Сварожичем. Именно это название упоминается зап.-европ. хронистами (см. *Сварог*). Возможны, однако, другие этимологические объяснения (имя Д. иногда выводят из индоевроп. *deg— /*dag— 'жечь', что признаётся мало-

вероятным, а имя *Стрибога* толкуют этимологически как 'Отец Бог') и о том, что оба эти имени относятся к числу описательных определений, которые могли быть «поэтическим» обозначением других богов.
В. В. Иванов, В. Н. Топоров.

ДА ЗОДЖИ, Да́да Зо́джи, в мифах фон глава пантеона богов земли. Д. З. и его жена Ньохве Анану — первые близнецы, рождённые *Маву-Лиза*, который, отдав им все богатства, повелевает населить землю и поручает управление ею. *Е. К.*

ДАИН ДЕРХЕ, Хам Богдо Даин Дерхе, в мифах монгольских народов одно из основных шаманских божеств, патрон шаманских инициаций — горный дух или могучий шаман, после смерти ставший каменной бабой (которая стоит около озера Хубсугул на севере Монголии), впоследствии адаптированный ламаизмом («обращённый в буддизм»). До распространения ламаизма возле каменной бабы проходили шаманские посвящения; по преданию, существовала и шаманка — толковательница воли Д. Д. Согласно поверьям, его дети обитают в соседней пещере. Д. Д. посвящён ряд шаманских гимнов, где он называется иногда «чёрным тенгри» (т. е. божеством именно шаманского пантеона), а также «милостивцем» (хайрхан — табуированное обозначение священных гор). Изображается как наездник с колчаном, полным стрел; по другим представлениям, имеет облик седого старика с огромной белой бородой (внешность, характерная для духов-хозяев — *эдзенов*), верхом на серо-белом жеребце. Согласно одним сюжетам, раньше Д. Д. был злым эдзеном — земным духом (гадзрын сабдак), изгнанным неким святым и окаменевшим у хребта Танну-Ула, а по другому (халхаскому) преданию, Д. Д. — первый шаман, превзошедший самого далай-ламу в искусстве отнимать у смерти её жертвы и посланный им в Монголию. По дороге он изготовил первый бубен, разделив надвое барабан и повесив половинку на воздух, чтобы укрыться от солнца. По одной версии, похитил жену *Чингисхана*, по другой — дочь Чингисхана во время её свадьбы с Хентей-ханом (ср. *Цолмон*). Настигнутый погоней, Д. Д. превратился в каменный столб (спасшись таким образом от сабельного удара); окаменела и похищенная женщина, спрятавшаяся в расселину горы; она также стала почитаемым местным духом. Когда Чингисхан отчаялся в попытках обезглавить или повесить каменного шамана, тот обещал впредь быть его помощником. Д. Д. отождествляется с Арахи (инд. *Раху*); в других вариантах Д. Д. — соперник Арахи; они состязались, отрубая друг у друга нижнюю часть тела (шаманский поединок), Д. Д. добился успеха, а когда должен был в свою очередь Арахи нанести удар, Д. Д. окаменел.
С. Ю. Неклюдов.

ДАЙНИТИ-НЁРАЙ, один из популярнейших *будд* в японской буддийской мифологии (культ Д.-н. проник в Японию в 8 в.). Вначале Д.-н. был осмыслен как покровитель государства. Синтоистским божеством-покровителем Д.-н. был Хатиман. В дальнейшем временным воплощением (*аватарой*) Д.-н. стала считаться богиня солнца *Аматэрасу*. *А. Н. М.*

ДАЙТЬИ, в древнеиндийской мифологии класс демонов — асуров, дети *Дити* и *Кашьяпы*. Д.— гиганты. Они с переменным успехом борются с богами, сыновьями *Адитьи*. Тесно связаны с *данавами*, иногда от них не отличимыми. Д.— враги жертвоприношения. Среди них наиболее известны *Ваджранга*, *Майя*, *Хираньякша*, *Хираньякашипу*. *В. Т.*

ДАКИНИ, в индуистской мифологии жестокие и свирепые демонические существа женского пола, составляющие свиту богини *Кали*.

В буддийской мифологии ваджраяны *праджня*, изображаемая в угрожающем виде. Одни из них (Ваджраварахи, Найратмя и др.) считаются партнёршами *идамов*, другие сами выступают в роли идамов. Д. оказывают помощь сторонникам буддизма, они могут даже посвящать человека в глубочайшие тайны *дхармы* (см., напр., *Подмасамбхава*), но в то же время они яростно выступают против всего, что связано с продлением существования *сансары*.

В мифах монгольских народов с распространением ламаизма Д. (дагини, рагини) — небесные девы, были включены в пантеон как один из классов мифологических персонажей. В широком смысле Д. называются все женские божества и духи. В шаманской мифологии примыкают к разряду *бурханов* (иногда входят в него) и относятся к классу *докшитов*. *П. Г., Л. М., С. Н.*

ДАКТИЛИ, в греческой мифологии демонические существа; считались спутниками Реи-Кибелы. Жили на горе Ида во Фригии (Малая Азия) (вариант: на горе Ида на острове Крит после того, как туда был перенесён культ Реи-Кибелы). Д. приписывалось открытие обработки железа. Фригийские Д.: Кельмис (от слова «плавить»), Дамнаменей (от слова «укрощать») и Акмон (от слова «наковальня»; Strab. X 3); критских Д. было пять (варианты: 10, 52 и 100). Д. отождествлялись с *куретами*, *корибантами* и *тельхинами*. Им приписывали также учреждение Олимпийских игр в Элиде (Paus. V 7, 6 след.). *М. Б.*

ДАКША («ловкий», «способный»), в ведийской и индуистской мифологии божество класса *адитьев*. Как имя бога встречается в «Ригведе» не десять раз; это слово используется и как эпитет *Агни* и *Сомы*. Самой примечательной чертой Д. является то, что он рождён от *Адити* и он же родил Адити (PB X 72, 4—5; ср. сходный парадокс в PB X 5, 7; не-сущее и сущее — в лоне Адити при рождении Д., особенно в PB III 27, 9; Агни и Д.). В «Шатапатха-брахмане» (II 4, 4, 2) Д. отождествляется с творцом *Праджапати*, а в «Ригведе» (VI 50, 2; VIII 63, 10) его называют отцом богов. С Д. связан ряд мифологических мотивов и сюжетов, в которых подчёркивается его участие в творении и его роль отца. Сам он считается седьмым сыном *Брахмы* (или Праджапати), родившимся из большого пальца правой ноги творца; женой Д. стала родившаяся из пальца левой ноги творца Вирини; отождествляемая с ночью и иногда называемая Дакши. У Д. и его жены было 50 (в некоторых источниках — 60) дочерей, из них 13 он отдал в жёны *Кашьяпе*, 27 — *Соме*, а 10 — богу справедливости *Дхарме* (иногда — *Ману*). Старшая дочь Д. *Дити* стала матерью *дайтьев*, вторая дочь *Дану* — матерью *данавов*, а третья *Адити* — матерью адитьев и, следовательно, самого Д. (ср. Шат.-бр. XI, Мбх. XII). Один из наиболее известных мифов излагает историю жертвоприношения Д. (ср. Мбх., Айт.-бр. III и др.): во искупление греха владыка созданий Д. на вершине горы Химават устраивает первое жертвоприношение, созвав всех богов, кроме *Рудры* (Шивы); разгневанный, Рудра пронзает жертву стрелой, и она превращается в созвездие Мригаширша — «голова антилопы»; Рудра нападает на сыновей Адити, наносит им увечья, в частности, он сносит голову Д.; найти её нигде не могут и приставляют Д. козлиную голову (ср. сходный мотив в связи с Праджапати, который, приняв облик козла, вступает в преступную связь со своей дочерью *Рохини*). В «Махабхарате» (XII) и в некоторых других источниках повествуется о том, как бог луны *Сома* взял себе в жёны 27 дочерей Д., но делил любовные утехи только с Рохини. Несмотря на неоднократные призывы Д. прекратить греховный образ жизни, Сома не внимал им. Тогда Д. проклял Сому и тот стал чахнуть; одновременно стали чахнуть растения и животные. Встревоженные, боги упросили Д. смилостивиться над Сомой. В «Хариванше» отмечен мотив превращения *Вишну* в Д. и сотворения им разных существ. При всей бесспорности связи ведийского Д. с послеведийским последний противостоит первому по той лёгкости, с которой он входит в разные сюжеты и в разные направления индуизма (шиваизм, вишнуизм). В связи с мотивом жертвоприношения Д. ср. *Дакшина* как мзда за совершение жертвоприношения и как её персонификация в виде богини. *В. Н. Топоров.*

ДАКШИНА («правый», «южный», также «способный», «умный», «искренний» и т. п.), в древнеин-

дийской мифологии сакрализованный дар, подносимый жрецу-брахману, иногда — супруга персонифицированного жертвоприношения. Д. как дар также нередко персонифицируется и соотносится с Брахманаспати, *Индрой*, *Сомой*, но вместе с тем известны и такие воплощения Д., как коровы, быки, лошади, овцы, сокровища, золото и т. п. (ср. в «Ригведе» — неоднократно). Д. представляется также и как богиня, несущая дары и богатства. Имя Д. восходит к древнему индоевроп. обозначению правого (ср. авест. «дашина», литов. «дешинас», слав. «десн» и далее вплоть до греч. «декситерос», лат. «декстер», др.-ирл. «десс» и др.). Можно думать, что первоначальное слово «Д.» обозначало сакрализованную благоприятную сторону (направление), часть пространства — правую — в отличие от неблагоприятной — левой (часто табуируемой). Вместе с тем Д. достаточно рано могло означать и овеществлённый символ благоприятной стороны в виде конкретного дара и даже ритуал, связываемый с ним. Ср. в более поздней традиции связь *Дурги* с правой стороной как предпочтительной.
В. Т.

ДА́ЛИ, в мифах грузин богиня охоты, покровительница диких животных. Согласно преданиям, распространённым в горных районах Грузии (преимущественно у сванов), Д. необычайная златовласая красавица. Живёт на неприступных скалах, откуда свисают её волосы. Д. — оборотень, иногда является человеку в облике животного или птицы. Избранный Д. охотник, разделивший с ней любовь, получает от неё дар (ожерелье, кольцо, стрелу и др.), имеющий магическую силу — приносить удачу в охоте; он должен скрывать и любовную связь с Д., и её дар. Нарушивший это условие неминуемо гибнет. В сказаниях об *Амирани* Д. — его мать.
М. К. Ч.

ДАЛИ́ЛА, Дели́ла (возможно, «ниспадающие волосы», «кудри»; другие попытки объяснения — от арабского dalla, «соблазнять», «кокетничать»), в ветхозаветном предании возлюбленная Самсона из долины Сорек; выведав по наущению филистимлян, что неодолимая сила Самсона скрыта в его волосах, усыпила его, велела остричь «семь кос головы его», а затем предала в руки филистимлян (Суд. 16, 4—22). См. также *Самсон*.

ДА́ЛХА, д а б л а, в тибетской мифологии «лха (что защищают от) врагов»; божества, покровительствующие человеку. Известны группы трёх, пяти, семи, девяти, тринадцати, двадцати одного Д., в числе — мужские и женские Д., покровительствующие по линии предков; Д. — личные гении-хранители, чьё отсутствие приводит к гибели (см. *Тригумцэнпо*); Д. — хранители дома, очага, кладовой, собранного урожая, центральной опоры дома, входа; Д. воинской удачи, Д., охраняющие в Пути. Среди Д. женского рода особо значимы Лхамо Бурдзи, богиня материнства и чадоподательница, в облике золотой женщины с веретеном и клубком ниток, Тхэб Йумо, богиня домашнего очага, в белой одежде, бирюзовых украшениях с золотым ковшом в руках и др. Появлению группы девяти Д. предшествовало создание мира, появление кожаных мешков с чудесно возникшим оружием, а их прародители и родители — громовники: отец «Тот, кто молнии посылает», мать «Лумо — хранительница раковины». В бонской мифологии Д. — бог войны, покровитель военачальников и воинов, идентифицируется частично с грозой и грозовыми облаками, вооружён луком и стрелами, лассо, топориком, копьём, кинжалом и мечом, держит флаг с восемнадцатью лентами. В устной традиции, девять братьев Д. распределяют богатство среди обитателей Тибета; на иконах девятый Д. изображён со спины — он обернётся лицом лишь тогда, когда каждый тибетец будет счастлив.
Е. Д. Огнева.

ДАМАРМЕ́Н, в греческой мифологии эретрийский рыбак. Выловив огромной величины кость, Д. в страхе закопал её в песок и вопросил о своём улове Дельфийский оракул. Выяснилось, что это была кость *Пелопа*, которую (наряду со стрелами и луком *Геракла* и *Филоктета*) должны были заполучить греки для успеха под Троей. Корабль, на котором везли кость Пелопа, затонул возле Эвбеи. Оракул объявил, что теперь эта кость должна спасти от моря элейцев. За то, что Д. вручил элейцам свою находку, они сделали его и его потомков хранителями этой святыни (Paus. V 13, 4—5).
Г. Г.

ДАМАСИ́Н, Д а м а с е́ н, в греческой мифологии гигант, появившийся на свет уже взрослым и бородатым (Nonn. Dion. XXV 453); его вскормила Эрида и вооружила Илифия. По просьбе нимфы Мории Д. убил дракона, умертвившего брата Мории Тила (486—521).
Г. Г.

ДАМА́СК, в греческой мифологии один из противников Диониса; Д. подрубил топором посаженные Дионисом лозы, за что тот содрал с него кожу. Эпоним города Дамаска (Steph. Byz.; другую версию мифа см. в статье *Аскос*).
Г. Г.

ДАМГАЛЬНУ́НА (шумер., «великая супруга князя»), Д а м к и́ н а (аккад.), в шумеро-аккадской мифологии супруга бога *Энки* (аккад. Эйя), в вавилонских текстах также мать бога *Мардука*, идентифицируемая с *Нинхурсаг*. В сокращённой форме «Дамгаль» имя встречается уже в теофорных именах текстов из Фары (26 в. до н. э.). В греческих источниках — Дауке.
В. А.

ДАМИ́С, в греческой мифологии самый быстроногий из гигантов. Был похоронен в Паллене. Когда Фетида обжигала в огне младенца *Ахилла* (чтобы сделать его бессмертным), астрагал (бабка) правой ноги у него выгорел, и тогда Хирон выкопал Д., вырезал нужную кость и заменил ею выгоревшую: этот протез стал уязвимым местом Ахилла (Ptol. Hephaest. 6).
Г. Г.

ДАМ РЭЛУ́НГ, в мифах банар во Вьетнаме дух бамбука. Он огромен, будто гора, руки — словно ветви векового дерева, ноги — будто столбы, подпирающие небеса, рот, что пещера, в которой обитают тигры. От его шагов гудит земля, словно по ней бежит стадо слонов. Он сочетался браком с родственницей богини правосудия Йа Тьру Тьрей, от которого родилось семь сыновей. Шесть из них Д. Р. уничтожил, а седьмого защитили заросли бамбука. Д. Р. вознёсся на небеса и стал рабом у верховного бога *Йанг Кэйтэя*.
Н. Н.

ДА́МУ (шумер.), в шумеро-аккадской мифологии бог здоровья; сын богини-целительницы Нининсины, которому она передала божественную силу (*ме*) искусства врачевания. Постоянный эпитет Д. — «великий жрец-заклинатель», в старовавилонский период распространено также имя «Д.-врач». Предположительно имеет черты двуполого существа. Главное место культа — город Исин. Возможно, Д. иногда смешивался с *Думузи*.
В. А.

ДАМ ШАН, в мифах и эпосе эдэ во Вьетнаме богатырь, он же племянник с материнской стороны верховного божества *Аедие*. В сказании о Д. Ш. женщины, следуя древнему обычаю, согласно которому супруг или супруга не должны оставаться вдовыми, проявляют инициативу в сватовстве. Но Д. Ш. противится матриархальным обычаям, в защиту которых выступают божества и духи. Сам Аедие является для того, чтобы уладить его брак с сёстрами Хэни и Хэбхи: он вразумляет строптивца, ударяя Д. Ш. по голове своей сучковатой бамбуковой трубкой. Когда же Д. Ш. в соответствии с обычаями вступает в борьбу за похищенную жену, то Аедие покровительствует ему. В одном из эпизодов Д. Ш. выступает как культурный герой, первоучитель соплеменников. Он водит тысячи людей ловить креветок, валить деревья в лесу и готовить под посев поле; поднимается на небо, выпрашивает зёрнышки риса и выращивает урожай, равный семи горам. В другом эпизоде Д. Ш. становится богоборцем, требуя от Аедие оживить жён. Он отправляется в Небесное селение, чтобы полонить Хкунг («солнце-женщина») и взять её себе в жёны, но Д. Ш. находит гибель в топком «черносмольном лесу». Душа его переселяется в племянника, сына старшей сестры, которого тоже нарекают Д. Ш. и, согласно обычаю, отдают в мужья вдовам погибшего героя.
Н. Н.

ДАН (судья), в ветхозаветном предании один из *двенадцати сыновей Иакова*, рождённый им от Вал-

172 ДАНАВЫ

лы, служанки Рахили (единоутробный брат Неффалима); родоначальник-эпоним одного из колен Израилевых. При его рождении Рахиль воскликнула: «судил мне бог, и услышал голос мой, и дал мне сына» — и нарекла ему имя Д. [Быт. 30, 6; ср. этимологическое объяснение имени Д. в предсмертном пророческом слове Иакова: «Дан будет судить народ свой, как одно из колен Израиля»; 49, 16; о наличии древних ханаанейских истоков культа, связанного с этим именем, свидетельствует сакральное обозначение 'il dn, «бог суда», в хурритском тексте из Угарита; высказано предположение, что имя Д. — сокращение имени dnny'l — по типу аккад. shamash idinnani, «бог солнца (Шамаш) судил мне»]. Там же колено Даново характеризуется как коварное и хитрое («Дан будет змеем на дороге, аспидом на пути уязвляющим ногу коня»; 49, 17). В библейском рассказе о похищении «сынами дановыми» «истукана» и «литого кумира» (Суд. 18) отразилось создание коленом Д. особого культа и культового центра, а в легенде о богатыре *Самсоне* (отнесённом к колену Д.) — борьба с филистимлянами израильских племён, в частности колена Д., получившего при закреплении земель за отдельными израильскими племенами небольшой удел (Иис. Нав. 19, 40—48) и оказавшегося на границе с филистимлянскими землями. Из колена Д. происходили и чудесные художники (среди них Хирам, живший во времена Соломона; позднее упоминание о колене Д. отсутствует). Согласно позднейшей традиции, из племени Д. должен объявиться *антихрист*.   В. И.

ДАНА́ВЫ, в ведийской и индуистской мифологии класс демонов-асур, дети *Дану* и *Кашьяпы*. Д.-гиганты, которые борются с богами. Тесно связаны с *дайтьями*. Уже «Ригведа» (X 120, 6) упоминает семерых Д. К Д. относят *Вритру*, иногда — *Намучи*. Д. связаны с водой. В битве с *Индрой* Д. были побеждены и рассеяны. В эпосе Д. выступают значительно чаще (ср. их участие в сюжетах с *Раваной* или с разрушением крепости асур Трипуры); Д. находятся при *Варуне* в его подводном дворце; упоминается их владыка Випрачитти. Д. имеют многочисленные типологические параллели (мотив семи потоков — детей вредоносной матери). Ср. также отражение этого мотива в названиях мифологизированных рек и во второй части имени *Посейдон*; ср. осет. *Донбеттыр*.   В. Т.

ДАНАЙДЫ, в греческой мифологии 50 дочерей царя *Даная*, бежавшие вместе с отцом от преследования своих двоюродных братьев Египтиад, домогавшихся любви Д., в Аргос. Здесь Эгиптиады их настигли, и Данай, покоряясь силе, вынужден был дать согласие на брак, распределив невест по жребию между женихами. Он дал дочерям кинжалы и потребовал, чтобы Д. в брачную ночь закололи спящих мужей. Повиновались все Д., кроме *Гипермнестры*. После этого Данай устроил гимнастические состязания и в награду победителям отдал своих дочерей (Apollod. II 1, 4—5). Позднее Д. и их отец были убиты мужем Гипермнестры *Линкеем*, мстившим за братьев. В аиде Д. несут вечное наказание, наполняя водой дырявый сосуд (Hyg. Fab. 168).   А. Т.-Г.

ДАНА́Й, в греческой мифологии сын царя Египта *Бела*, брат-близнец Эгипта, отец 50 дочерей (*Данаид*). В Аргосе получил царскую власть от *Геланора*. Впоследствии был убит своим зятем *Линкеем*, который стал царём Аргоса (Paus. II 16, 1).   А. Т.-Г.

ДАНА́Й ФУЖЭНЬ («госпожа великая бабушка»), в китайской мифологии богиня, помогающая родам. По традиции считается, что её фамилия Чэнь и она родилась в 766 близ Фучжоу (провинция Фуцзянь). Своим рождением она была обязана *Гуаньинь*, превратившей один из своих пальцев в луч, который вошёл в утробу матери Д. Ф. и оплодотворил её. Поэтому девочку назвали Цзинь-гу («девочка, принесённая богиней»). За помощь императрице, родившей наследника, государь присвоил Цзинь-гу титулы «госпожа великая бабушка», «покровительница царства» и «чудесная благодетельница человечества». Она была канонизирована под именем Цуйшэн няннян («матушка, ускоряющая роды»); её изображения с ребёнком (цзы) на левой руке и веткой коричного дерева (гуй, «корица») в правой часто рисовались на лубках, причём ребёнок держал в правой руке губной органчик (шэн), а в левой — цветок лотоса (лянь), что давало в целом выражение, звучавшее одновременно и как омонимичное благопожелание «непрерывно рождать знатных сыновей». В буддийских храмах статую Цуйшэн няннян помещали обычно рядом с Гуаньинь и Яньгуан, тут же ставили и изображения её помощниц — Пэйтай няннян («матушка, содействующая зачатию») и Инмэн няннян («матушка, приносящая детей»).   Б. Р.

ДАНА́Я, в греческой мифологии дочь аргосского царя *Акрисия* и Аганиппы (Hyg. Fab. 63). Узнав от оракула, что ему суждена смерть от руки внука, Акрисий заключил дочь в подземный медный терем и стерёг её. Однако Зевс проник в терем золотым дождём, и Д. родила сына *Персея*. По приказу отца Д. с сыном в заключённом ящике были брошены в море. Ящик прибило к острову Сериф, где *Диктис* вытащил его и спас Д. и Персея. Царь острова *Полидект*, брат Диктиса, влюбившись в Д., решил услать возмужавшего Персея за головой горгоны, чтобы от него не было помех. По возвращении на остров с головой горгоны Персей нашёл мать вместе с Диктисом у алтаря богов, где и искала убежища от преследований Полидекта. Показав Полидекту голову горгоны, Персей обратил его в камень. Диктис стал правителем острова, а Д. с сыном отправились повидать Акрисия, но тот, опасаясь исполнения предсказания, бежал из Аргоса (впоследствии Персей случайно убил Акрисия во время гимнастических состязаний) (Apollod. II 4, 1—4). По другой версии, Полидект женился на Д. и воспитывал Персея. Д. вместе с сыном вернулась в Аргос после того, как во время игр в честь погибшего Полидекта Персей диском случайно убил Акрисия (Hyg. Fab. 63).   А. Т.-Г.

ДАНИИ́Л («судья бог», «бог мой судья»), легендарный еврейский праведник и пророк-мудрец, приключения и видения которого описаны в библейской книге, канонической носящей его имя («Книга пророка Даниила»). Он называется в числе иудейских отроков знатного происхождения, здоровых, «красивых видом и понятливых для всякой науки», доставленных в Вавилон по повелению царя Навуходоносора после занятия им Иерусалима и оставленных при дворе; сообразно с вавилонским обычаем, ему дано новое имя — Валтасар (Дан. 1, 1—7). Чтобы не нарушать иудейские предписания питания, Д. вместе с другими евр. отроками (Ананией, Мисаилом и Азарией) воздерживается от царских яств, ест только овощи и пьёт только воду, тем не менее чудесным образом лица их оказываются красивее, а тела полнее. Яхве дарует четырём отрокам знание и «разумение всякой книги и мудрости», а Д. ещё и разумение «всяких видений и снов». (1, 8—19). Т. о., мудрость Д. трактуется как божья награда за набожность. Оба эти качества служат предпосылкой дальнейшим эпизодам легендарной биографии.

Навуходоносор созывает своих мудрецов, чтобы те сказали, что ему снилось, и растолковали значение сна. Мудрецы не могут ответить и обречены на смертную казнь. Но Д. (который тоже причислен к мудрецам) Яхве помогает открыть сновидение: царь видел огромного страшного истукана с головой из золота, грудью и руками из серебра, чревом и бёдрами из меди, голенями из железа, ногами из железа и глины; оторвавшийся от горы камень ударил истукана, разбил его ноги, после чего раздробилось и было унесено ветром и всё остальное (отсюда выражение «колосс на глиняных ногах»). Д. толкует сон как пророчество о пяти грядущих мировых державах, последняя из которых не разрушится вовеки (ср. мотив нисходящей последовательности «металлических царств» у Гесиода, 8— 7 вв. до н. э.). Потрясённый царь преклоняется перед Д., признаёт его бога «богом богов» и ставит Д. «над всею областью вавилонскою и главным начальником над всеми мудрецами вавилонскими» (2, 48).

Эта житийная легенда варьируется в рассказе о другом царском сновидении: среди земли дерево до неба, которое будет срублено по воле всевышнего, но так, что его главный корень останется в земле. Д. толкует царю и этот сон: дерево — сам царь, который будет отлучён от людей, станет жить с зверями, питаться травой, как вол, доколе не познает, что «всевышний владычествует над царством человеческим и даёт его, кому хочет»; пророчество сбывается (4, 1—25; 5, 21). Здесь налицо мотивы вещего, неотвратимого сна и превращения царя в дикого зверя в наказание (за гордыню), широко распространённые в народной словесности. Исследователи склонны видеть в этом рассказе также отражение исторического факта отлучения царя Набонида (сына Навуходоносора) по болезни; это подкрепляется и кумранским текстом.

В эпизоде *трёх отроков* в печи (Дан. 3) сам Д. не участвует, но рассказ варьируется в главе 6, где он снова герой приключения. Д. возвышен царём Дарием. Завистливые сатрапы испрашивают царский указ, повелевающий всякого, кто будет просить о чём-нибудь какого-либо бога или человека, кроме царя, бросить в ров со львами, и Д., продолжавший, несмотря на указ, молиться своему богу, брошен в этот ров. Опечаленный Дарий, подойдя на следующее утро ко рву, взывает жалобным голосом: «бог твой, которому ты неизменно служишь, мог ли спасти тебя от львов?» и неожиданно получает ответ: «бог мой послал ангела своего и заградил пасть львам». Обрадованный Дарий велит освободить невредимого Д. Этот текст — одно из ранних свидетельств излюбленного впоследствии житийного мотива о предании праведника на съедение лютому льву и ласковом отношении зверя к невинному человеку.

В эпизоде валтасарова пира (см. *Валтасар*) Д. единственный из всех мудрецов прочитывает и толкует таинственную надпись, появившуюся на стене (Дан. 5).

К каноническим текстам о приключениях Д. (носящим фольклорно-сказочный характер) примыкает ряд апокрифических добавлений к «Книге Д.», содержащихся в греческих переводах Библии. Д. разоблачает обман вавилонских идолопоклонников-жрецов бога Бела, похищавших жертвы, которые приносились идолу: рассыпает пепел вокруг идола, а утром видны следы ног жрецов, уносивших жертвенных животных через тайный ход. Царь велит казнить жрецов и разрешает Д. разрушить храм Бела. Рассказ варьируется: вавилоняне поклоняются живому дракону как бессмертному богу. Д. даёт идолу лепёшку из жира, смолы и волос, после чего дракон подыхает. Царь выдаёт Д. возмущённой толпе, его бросают в ров с семью львами, которые, однако (как и в Дан. 6), щадят праведника. Чтобы Д. не умер с голода, пророк Хаваккук (Аввакум) с помощью ангела доставляет из Иудеи пищу к львиному рву.

Повествование о Сусанне даёт образ Д. как «праведного судьи». Сусанна, красивая и набожная жена Йойакина, ложно обвинена старейшинами, домогавшимися её любви, в измене мужу. Появляется мудрый юноша Д., который уличает старейшин в лжесвидетельстве, за клевету их казнят.

Другую часть «Книги Д.», отличную от «приключений», составляют его апокалиптические «видения» (Дан. 7—12), также насыщенные фантастическими образами:

— видение вышедших из моря четырёх больших зверей (крылатый лев с вырванными крыльями и сердцем человеческим, зверь, похожий на медведя, подобие барса с четырьмя птичьими крыльями и четырьмя головами, зверь с железными зубами и десятью рогами — этот зверь убит, у других тоже отнята власть); ангел объясняет Д., что четыре зверя — это четыре царя, которые «восстанут из земли» (раннее апокалиптическое видение и толкование, приуроченное всемирно-историческим царствам — вавилонскому, персидскому, мидийскому и греческому, символизированным гербовыми зверями);

— рассказ о козле с рогом между глазами, поразившем овна (значение видения Д. поясняет *Гавриил*: овен с двумя рогами — цари мидийский и персидский, козёл — царь Греции);

— прозрение Д. значения пророчества Иеремии (Иерем. 25, 11; 29, 10) о падении Иерусалима (первого иерусалимского храма, исторически — в нач. 6 в. до н. э.) и предстоящем затем 70-летнем изгнании евреев, причём разумению слов Иеремии Д. снова учит прилетевший «муж Гавриил»: «семьдесят седьмин определены для народа твоего...» (Дан. 9, 24);

— откровение, полученное Д. от «блестящего мужа», который явился ему, чтобы возвестить, что будет с его народом в «последние времена»: столкновение Персии с Грецией, борьба между «царём южным» и «царём северным»; будет осквернено святилище и прекратится ежедневная жертва и там будет поставлена «мерзость запустения» (т. е. идол), наступит «время тяжкое», но Михаил, заступник иудеев, спасёт тех из народа, «которые найдены будут записанными в книге и многие из спящих в прахе земли пробудятся, одни для жизни вечной, другие на вечное поругание и посрамление» (12, 1—2). В «пророческих» главах «Книги Д.» предсказывается приход *мессии* («сына человеческого»), впервые в Библии относительно ясно выражена идея *страшного суда*, вера в воскресение мёртвых (праведных), даётся эсхатологическое исчисление срока предстоящего спасения избранных. Здесь также отразились представления об ангелах — заступниках определённых народов. Мессианские идеи «Книги Д.» оказали глубокое влияние на первоначальное христианство; обозначение «сын человеческий» стало в евангельских текстах постоянным самоназванием Иисуса Христа.

Относительно времени возникновения и авторства «Книги Д.» христианское ортодоксальное толкование в основном совпадает с библейским каноническим — считается, что её автор — сам Д., приключения которого имели место при дворе Навуходоносора II (606—562 до н. э.) и Дария I (522—486 до н. э.). Большинство современных исследователей полагает, что «Книга Д.» состоит из двух, значительно отличающихся частей: глав с «приключениями» Д. и глав с «пророчествами». В первых наблюдаются анахронизм и бытовые несообразности относительно обстановки 6—5 вв. до н. э.; главы с апокалиптическими видениями отражают лучшую осведомлённость автора о более позднем историческом периоде — поражения персидской державы Дария III («овна») от Александра Македонского («козла с рогом») и вскоре наступившего распада его державы, а также знание подлинной ситуации при дворе Антиоха IV Эпифана («возвысившийся рог», «царь коварный»), однако факт смерти царя (163 до н. э.) автору, очевидно, ещё неизвестен. Получается, что книга составлена в 6 в., а во 2 в. до н. э. (точнее, в 167—163 до н. э.). Автор стремится яркими примерами мученичества внушить терпение перед лицом религиозных гонений Антиоха IV, а видениями крушения тщеславных царей и торжества набожных укрепить веру в будущее. Установление столь поздней даты составления второй части книги не исключает использования для её первой части повествовательных сюжетов (устных или письменных) более раннего происхождения, самостоятельных рассказов разного времени. Лишь впоследствии они были подчинены общему замыслу и приурочены древнему мудрецу по имени Д.: имя Д. как древнего праведника и мудреца встречается в библейской «Книге Иезекииля» (14, 14 и 20; 28, 3,— Д. упомянут наряду с Ноем и Иовом); после проведённых в 1929 раскопок в Рас-Шамре этот Д. был отождествлён учёными с героем найденного там фрагмента угаритской поэмы сер. 2-го тыс. до н. э. по имени Данэл (*Данниилу*). Много общего с «Книгой Д.», плохо укладывающейся в каноническую Библию, имеют кумранские памятники. «Книга Д.» — самое раннее из известных нам иудаистических произведений в жанре апокалиптики, занявшей большое место в развитии иудаистической и особенно христианской эсхатологии. Относительно числа авторов-составителей «Книги Д.» мнения учёных расходятся (допускается до пяти редакторов).

ДАННИ́ИЛУ (угаритск.), Даниэ́л (иврит), в литературе также Дани́эл, в западносемитской мифологии герой угаритского мифоэпического предания об *Акхите*, его отец. Д. — мудрый правитель Харнама (вероятно, общество предков угаритян, наряду с Дитану; ср. *Карату*); он именуется «муж рапаитский» (см. *Рапаиты*). В Библии упоминается древний мудрец Даниэл (Иезек. 14, 14 и 20; 28, 3), что, видимо, свидетельствует о почитании Д. и в доиудаистическом иудейском обществе (личность, несомненно, мифическая); представления о нём легли в основу образа библейского пророка *Даниила*.
И. Ш.

ДАНУ́ (ирл. Danu), в кельтской (ирландской) мифологии мать — прародительница богов. См. *Племена богини Дану*.

ДА́НУ («поток»), в древнеиндийской мифологии: 1) демон, сокрушённый *Индрой* (РВ II 11, 18; 12, 11; IV 30, 7); вероятно, эпитет *Вритры*, одного из *данавов*; 2) мать демонов и прежде всего Вритры (иногда — *Намучи*); «Ригведа» (X 120, 6) упоминает семерых данавов, происходящих от Д. и рассеянных Индрой. Д. связана с водами. Когда Вритра был повержен, жизненные силы Д. пошли на убыль. Д. — вторая дочь *Дакши*; вместе со своей старшей сестрой Дити она — родоначальница *асур*; 3) эпитет Кабандхи, чудовищного *ракшаса*, убитого *Рамой*.
В. Т.

ДАНЬЧЖУ́ («киноварно-красный»), в древнекитайской мифологии сын правителя *Яо*, известный своей заносчивостью и непочитительностью к старшим. Из-за дурного нрава Д. отец отказался передать ему престол и долго искал другого преемника. Имя Д. связывают с названием местности (реки) Даньюань («киноварный источник»), где отец дал ему надел. Известно, что в честь Д. к северо-западу от мифической горы *Куньлунь* был сооружён четырёхугольный жертвенник с двумя алтарями, считается, что могила Д. у горы Цаньу. Современные исследователи трактуют Д. как одно из солнечных божеств.
Б. Р.

ДАРАМУЛУ́Н, в мифах юин и ряда других племён юго-восточного побережья Австралии «великий отец», культурный герой; однотипен *Бунджилю*, *Байаме* (в мифах камиларои, юалайи, вирадьюри Д. занимает подчинённое положение по отношению к Байаме). Согласно распространённому мифу, Д. вместе со своей матерью (эму) насадил деревья, дал людям законы, научил их обрядам инициации (во время этих обрядов на земле, коре деревьев изображают Д.; звуки ритуальной гуделки считаются его голосом).
Е. М.

ДАРДА́Н, в греческой мифологии сын *Зевса* и плеяды *Электры*. По наиболее распространённой версии мифа, Д. родился на острове Самофракия и оттуда переселился во Фригию. Здесь же Д. основал одноимённый город, который Гомер локализует в предгорьях горы Ида, более же поздние источники отождествляют с исторически существовавшим на восточном берегу Геллеспонта городом Дардан. После смерти фригийского царя Тевкра Д. стал царём всей области, получившей название Дардании. По генеалогии, изложенной в «Илиаде» (XX 215—241) и принятой с дополнениями в поздних источниках (Apollod. III 12, 1—5), Д. является дедом *Троса* и прямым предком *Лаомедонта*, *Приама*, *Анхиса* и их сыновей, в т. ч. *Энея*. В связи с этим существовал италийский вариант сказания, по которому Д. происходил из этрусского города Кортоны и оттуда переселился во Фригию.
В. Я.

ДАРЕ́С, Дарет, в греческой мифологии: 1) жрец при храме Гефеста в Трое, якобы составивший догомеровскую историю Троянской войны, записанную им на пальмовых листьях (Hom. Il. V 9; Ael. Var. hist. XI 2); к ней, по преданию, восходит история Троянской войны на латинском языке, написанная около 5 в. и послужившая источником для многих средневековых романов о гибели Трои; 2) фригиец, убитый Одиссеем во время Троянской войны. По совету покровительствовавшего троянцам Аполлона Д. должен был предупредить Гектора избегать сражения с Патроклом, т. к., убив Патрокла, он потом сам погибнет от руки Ахилла.
М. Б.

ДА́РУМА, одно из популярнейших божеств японского народного буддизма. Д. считается первым патриархом буддийской школы дзэн (тянь), первым монахом, активно следовавшим многолетней практике «созерцания», в результате чего у него отнялись ноги (отсюда безногие скульптурные изображения Д.). Д. приносит счастье и исполняет желания. В Японии в дни религиозных праздников торгуют безглазыми изображениями Д., на которых рисуют один глаз, загадав желание, и дорисовывают второй, когда желание исполнится.
Г. С.

ДАСА́, в древнеиндийской мифологии: 1) прародитель даса или *дасью* (РВ VI 21, 11); 2) демоны, враждебные богам, и племена, не почитавшие богов, т. е. неарии; противопоставление неарийских Д. ариям («нашей расе», РВ I 104, 2) не раз особо подчёркивается в «Ригведе». Д. враждебны ариям и богам, они захватывают воды, с ними борется *Индра*, который их покоряет; в «Ригведе» упоминаются жёны Д. и наиболее известные представители Д. — демоны *Шушна*, *Шамбара*, *Намучи*, *Пипру*, *Дхуни* и *Чумури*, *Дрибхика*, *Рудхикра*, *Анаршани*, *Срибинда*, *Илибиша* и др. В «Ригведе» (I 32, 11) говорится о водах как о жёнах Д., под которыми, вероятно, следует понимать *Вритру*.
В. Т.

ДА́СЬЮ, в древнеиндийской мифологии: 1) демон, враг ариев (РВ I 103, 3), которого поразил *Индра*, сбросив на него с неба огонь (I 33, 7); иногда его убийцей называют *Сому* (IX 88, 4); 2) класс демонов, ведших борьбу с Индрой, который сокрушил Д. (X 47, 4; 99, 8); поэтому Индру иногда называют Дасьюханом («убийцей Д.); впрочем, против Д. выступает и Сома (IX 47, 2). Д. теснейшим образом связан с *даса*.
В. Т.

ДАТТАТРЕ́Я («дарованный Атри»), в индуистской мифологии сын риши *Атри*, мудрец, в котором частично воплотились Вишну, Шива и Брахма. Соответственно Д. имел три головы, правая принадлежала Шиве, левая — Брахме, а средняя — Вишну. Начиная с 10 в. Д. в некоторых вишнуитских сектах чтится как *аватара Кришны*, а его непременные спутники — корова и четыре пса — рассматриваются как воплощения земли и четырёх вед.
П. Г.

ДАУ́Д, в мусульманской мифологии пророк. Соответствует библейскому *Давиду*. Коран называет его царём, наместником аллаха. Согласно Корану, Д. убил Джалута (2:250), «и даровал ему аллах власть и мудрость» (2:252). Д. был так же мудр, как *Сулайман*, выносил решения в трудных спорах (27:15). В Коране содержится намёк на несправедливый поступок, совершённый Д., и на последующее раскаяние (38:20—25). С псалмами Д. («забур Д.») связаны упоминания о пении и славословиях Д. (21:79; 34:10; 38:17). Д. выступает в ряде сюжетов как культурный герой. Коран называет Д. изобретателем кольчуги (21:80); металл в его руках обретал мягкость (34:10). Послекораническое предание рассказывает о борьбе Д. с Джалутом, о бегстве от Талута и спасении в пещере. Несправедливый поступок Д. — стремление отнять жену у своего военачальника Урин. Кораническое упоминание о наказании Д. неверных (5:78/82) связывается с преданием о превращении в обезьян жителей Айлы, ловивших по субботам рыбу. У народов, исповедующих ислам, Д. почитается как покровитель (пир) ремёсел, связанных с металлом. Д. считается главным пророком секты даудитов в Ираке. Мусульмане поклоняются его могиле, якобы находящейся в Вифлееме.
М. П.

ДАУШДЖЕРДЖИ́Й, Джардж, Аушаджа́р, Аушаге́р, мифологический персонаж у адыгов, после принятия ими христианства идентифицируемый со святым *Георгием*; одновременно Д. частично перенял функции древнего языческого божества лесов и охоты *Мезитх*. В ряде сюжетов Д. выступает в роли охотника или его покровителя, сохраняя божественные свойства; например, в героической

ДВЕНАДЦАТЬ 175

песне 16 в. («Андемиркан») отмечается его магический дар: от его прикосновения становится острее оружие героя.   *М. М.*

ДА́ФНА («лавр»), в греческой мифологии нимфа, дочь земли Геи и бога рек Пенея (или Ладона). История любви Аполлона к Д. рассказана Овидием. Аполлон преследует Д., давшую слово сохранить целомудрие и остаться безбрачной, подобно Артемиде. Д. взмолилась отцу о помощи, и боги превратили её в лавровое дерево, которое тщетно обнимал Аполлон, сделавший отныне лавр своим излюбленным и священным растением (Ovid. Met. I 452—567). Д.— древнее растительное божество, вошло в круг Аполлона, утеряв свою самостоятельность и став атрибутом бога. В Дельфах победителям на состязаниях давались лавровые венки (Paus. VIII 48, 2). О священном лавре на Делосе упоминает Каллимах (Hymn. II 1). О прорицаниях из самого дерева лавра сообщает Гомеровский гимн (II 215). На празднике Дафнефорий в Фивах несли лавровые ветви.   *А. Т.-Г.*

ДА́ФНИС, в греческой мифологии легендарный изобретатель буколической поэзии, сицилийский пастух (вариант: фригийский певец), которому приписывалось божественное происхождение. Д. считали сыном *Гермеса* и одной из нимф, бросившей ребёнка в долине Герейских гор (остров Сицилия) в лавровой роще (Diod. IV 84). Д. воспитали нимфы, а его единокровный брат Пан научил его играть на свирели и петь пастушеские песни (Ael. Var. hist. X 18). Один миф повествует, как Д. не сдержал клятву верности, и в отместку любившая его нимфа ослепила Д. (вариант: превратила в камень, Ovid. Met. IV 277). Другой миф рассказывает, что Д. был наказан Афродитой за то, что отверг любившую его женщину, посланную ему богиней. Раздираемый печалью, блуждал он по острову, пытаясь утешить себя музыкой и пением, но потом бросился со скалы в море (Diod. IV 84). Этот миф разработан Феокритом (1-я идиллия), Вергилием (V эклога).   *М. Б.*

ДАШАРА́ТХА, герой древнеиндийского эпоса «Рамаяна», царь *Солнечной династии*, властелин Айодхьи, земной отец *Рамы* и трёх его братьев. Имел трёх жён: Каусалью, Кайкейи и Сумитру, но был бездетен. По совету брахманов он ради получения потомства совершил жертвоприношение, и Каусалья родила Раму (*аватара* Вишну), Кайкейи — *Бхарату*, Сумитра — близнецов *Лакшману* и Шатругхну. Когда Д. хотел объявить Раму наследником, Кайкейи, которой некогда он обещал исполнить любое её желание, принудила его на 14 лет изгнать Раму из Айодхьи. Не выдержав разлуки с любимым сыном, Д. умер.   *П. Г.*

ДАЭ́НА (авест.), в иранской мифологии олицетворение внутреннего духовного мира человека или общины в целом (по учению *Заратуштры* в «Гатах» — «Ясна» 44, 9; 45, 2 и др.). Д. была присуща благому и греховному сознанию в равной мере (Ясна 30, 6; 31, 20). Каждый человек после смерти встречает свою Д. в женском облике у входа на тот свет; Д. праведника выглядела прекрасной юной девой, а Д. грешника уродливой старухой (46, 11). В близких к «Гатам» контекстах «Младшая Авеста» часто упоминает вместо Д. *фраваши* — духов предков, которых избегал упоминать Заратуштра.   *Л. Л.*

ДВА́РАКА, в индуистской мифологии столица ядавов (племени *Кришны*), созданная за одну ночь по приказу Кришны, когда он решил оставить *Матхуру*, прежнюю столицу; Д. была поглощена океаном через семь дней после гибели Кришны. В Индии, на побережье полуострова Катхиявар существует город Д., один из семи главных центров паломничества индусов, считающих, что он основан Кришной.   *С. С.*

ДВЕНА́ДЦАТЬ АПО́СТОЛОВ (апостол — греч. «посланник»), в христианских преданиях избранная *Иисусом* Христом «коллегия» его ближайших учеников, составившая ядро первохристианской общины. Список Д. а. (часто они называются просто «двенадцать» или «ученики») даётся в синоптических евангелиях (Матф. 10, 2—4; Мк. 3, 16—19; Лук. 6, 14—16) и в «Деяниях апостолов» (1, 13), причём порядок несколько варьируется: это братья *Пётр* (Симон) и *Андрей*, братья Иаков Старший и *Иоанн Богослов* (сыновья некоего Зеведея, прозванные Христом Воанергес, т. е. «сыны грома»), Филипп, *Варфоломей*, Матфей мытарь, *Фома*, Иаков Алфеев, Фаддей (Иуда Леввей, отождествляемый с автором новозаветного «Соборного послания апостола Иуды»), Симон Зилот (другое прозвище — Кананит), *Иуда Искариот*; после предательства и самоубийства последнего на его место был по жребию избран Матфий (Деян. 1, 15—26), чем подчёркнута сакраментальная значимость самого числа двенадцать (см. ниже).

Ученики и спутники Иисуса, призванные им, «чтобы посылать их на проповедь и чтобы они имели власть исцелять от болезней и изгонять бесов» (Мк. 3, 14—15), апостолы фигурируют рядом с ним во многих новозаветных сценах, начиная с призвания первых из них. Первыми были призваны Иисусом, проходившим близ «моря Галилейского», рыбаки — братья Симон (Пётр) и Андрей, закидывавшие сети в море, а затем два других брата-рыбака — Иаков Зеведеев и Иоанн (Матф. 4, 18—22; Мк. 1, 16—20); Евангелие от Луки содержит также рассказ о «чудесном улове»: рыбаки, рыбачившие всю ночь и ничего не поймавшие, по слову Иисуса вновь закидывают сети и на этот раз вылавливают «великое множество рыбы»; поражённые, они оставляют все свои дела и следуют за Иисусом. Особенно значительно участие апостолов в таких сценах, как Христос в Гефсиманском саду, *тайная вечеря*. Они присутствуют при *вознесении* Христа, и именно им ангелы возвещают его грядущее второе пришествие (Деян. 1). Когда по случаю дня пятидесятницы Д. а. собираются в одном из домов Иерусалима, они внезапно слышат страшный шум, над их головами появляются огненные языки, а сами они, исполнившись «духа святого», вдруг начинают говорить на незнакомых языках («сошествие духа святого на апостолов», Деян. 2). С дальнейшей деятельностью Д. а. (и *Павла*) христианское предание (изложенное в «Деяниях апостолов» и в апокрифических житиях апостолов) связывает распространение христианства. Высказываемые некоторыми исследователями сомнения в историчности апостолов (бродячих проповедников христианства, существование которых засвидетельствовано многими источниками) гиперкритичны, не исключена историчность и тех или иных персонажей, называемых в числе евангельских «двенадцати». Но рассказы об их «деяниях» подверглись мифологизации. Оформление новозаветного рассказа о двенадцати непосредственных учениках Иисуса, об избрании им особой коллегии, в которую вошло только двенадцать учеников, исторически связано, по-видимому, с возникновением и оформлением клира и епископской церкви в христианстве и было одним из средств борьбы церкви за ортодоксальное учение (борьба с «лжеапостолами»). Символический характер носит само число 12. Число это ближайшим образом связано с числом *двенадцати сыновей Иакова* и соответственно колен Израилевых: Д. а. как бы суммируют для акта «нового избрания» всю двенадцатичастную полноту «избранного народа»; в час эсхатологического суда (см. *Страшный суд*) им предстоит «на двенадцати престолах судить двенадцать колен израилевых» (Матф. 19, 28). По евангельскому преданию (Лук. 10, 1), после избрания Д. а. Христос избрал «и других 70 учеников» (т. н. 70 апостолов), что намечает символическую оппозицию чисел 12 и 70: 12 — число Израиля, соответственно «нового Израиля», т. е. церкви, «богочеловеческое» число (как произведение сомножителей 3 и 4, где 3 — символ божественной сущности, см. *Троица*, и «горнего мира», а 4, число материальных стихий, стран света и т. п.,— символ человеческой природы и «дольнего мира»), число особого избранничества (например, Апок. 7, 4—8 и 14, 1—4, говорит о «ста сорока четырёх», то есть 12^2 тысячах «запечатлённых» избранников, «первенцев» среди святых); 70 — число «эйкумены», всечеловеческой полноты, выводимое из библейского перечня народов (Быт. 10) и неявно кратко упоминаемом в талмудическимидраистической литературе как общее число народов мира. Эсхатологический образ церкви как «небесного Иерусалима» проникнут символикой числа 12, прямо соотнесённого с числом Д. а. Чудесный город «имеет двенадцать ворот и на них двенадцать ангелов, на воротах написаны имена двенадцати колен сынов израилевых: с востока трое ворот; с севера трое ворот, с юга трое ворот, с запада трое ворот; стена города имеет двенадцать оснований, и на них имена двенадцати апостолов агнца» (Апок. 21, 12—14). Специально перечисляемые в «Апокалипсисе» 12 драгоценных камней, которыми украшены 12 оснований стены города (21, 19—20), распределяются в соответствии явной среднeвековой символикой между Д. а.: Петру соответствует яспис, Андрею — сапфир, Иакову Старшему — халкидон, Иоанну — изумруд (или ум-), Филиппу — сардоникс, Варфоломею — сердолик, Матфею — хризолит, Фоме — берилл, Иакову Алфееву — топаз, Фаддею — хризопраз, Матфию — аметист; на место Симона в этом распределении (как и в других произведениях средневековой фантазии) вставал иногда не входивший в круг 12, а, но более популярный Павел, которому отдавали гиацинт; Симон же получал отсутствующий в новозаветном перечне камень лигурит, (впрочем, не получившие широкого распространения) приписрить к каждому апостолу отдельные знаки Зодиака, месяцы и т. д. Широкий контекст, в котором жили представления о двенадцати Д. а. (называемые, напр., в анонимной «Проповеди на рождество святого Матфея», возникшей в Трире в 12 в.), — это символика зодиакальной дюжины с её астрологической, пифагорейско-математической, античной и фольклорно-языческих (классических «варварских») и библейских преломлениях (древняя двенадцатеричная система счисления, существовавшая ещё в разных областях мысли и быта; 12 верховных богов в Греции и Риме; 12 сыновей Иакова, 12 т. н. «малых» ветхозаветных пророков; в царском эпосе средневекового — 12 рыцарей Круг лого стола и в легендах о *Граале* и т. п.).

Иконография Д. а., вливаясь в свои развитии разошедшимися линии. Православная традиция знает, помимо изображения Д. а. в сценах тайной вечери, совместного святого духа и т. п., два иконографических типа: «собор Д. а.» (например — византийская икона в Государственном музее изобразительных искусств им. А. С. Пушкина в Москве; фигуры Д. а. два ряда, у Петра и Павла-Пуля как апостолами и Иоанна и Матфея как евангелисторы поэтому вставши в руках соответственно свитки и кодексы) и «причащение апостолов» (примеры — мозаика в киевском Софийском соборе и иконы 20-х гг. 15 в. в иконостасе Троицкого собора Троице-Сергиевской лавры; в центре композиции алтарь под сенью, с одной стороны Христос предлагает освящённый хлеб группе из шести апостолов во главе с Петром, с другой — он же подаёт освящённое вино другим шести апостолам во главе с Павлом, мотив, не получивший и в стихотворении русского поэта-символиста Вячеслава Иванова из цикла «Свет вечерний»). Отдельные апостолы распознаются по традиционным физиономическим признакам (наличие или отсутствие бороды, её форма, высокий лоб Павла и Иоанна и т. п.) или по надписям, но не имеют атрибутов, кроме упомянутых свитков и кодексов. В католическом искусстве, начиная со зрелого средневековья, апостолы получают в качестве атрибутов орудия своих мученических «страстей» (Пётр, Филипп, Симон, Фаддей — кресты; Андрей — крест особой формы, в виде буквы «X»; Павел, Иаков Младший, Матфей — мечи; Варфоломей — нож мясника; Иаков Старший — палица; Фома — копьё; Иоанн Богослов — чашу, из которой выползает змейка, символизирующая яд, обезвреженный молитвой апостола). Частое появление Д. а. в виде фигурок на городских часах Западной Европы порождено ассоциированием их чи-

ДВЕНАДЦАТЬ СЫНОВЕЙ ИАКОВА, согласно ветхозаветным преданиям, сыновья библейского патриарха *Иакова (Израиля)*: Рувим, Симеон, Левий, Иуда, Иссахар, Завулон, Дан, Неффалим, Гад, Асир, Иосиф, Вениамин; шесть из них рождены Иаковом от его двоюродной сестры Лии, два — от другой двоюродной сестры — Рахили, остальные — от служанок Лии и Рахили.

Иаков, проработавший Рахили и 7 лет отслуживший за неё отцу её Лавану Арамеянину, получает после потом — Рахиль (за которую он трудится и только потом — Рахиль (за которую он трудится ещё 7 лет). Видя, что Иаков больше любит Рахиль, чем Лию, Яхве «отверзает утробу» Лии, которая родит Рувима, Симеона, Левия и Иуду (29—30). После того Лия, переставшая рожать, даёт в жёны Иакову свою служанку Валлу, которая родит сыновей — Дана и Асира. Наконец, Лия снова получает возможность провести ночь с Иаковом (за мандрагоровые плоды, взятые у неё Рахилью), после чего родит сыновей Иссахара и Завулона, а также дочь Дину. Тогда Яхве вспоминает и о Рахили: родится Иосиф (35, 22—26); последний, младший из Д. а. — *Вениамин* рождается (у Рахили) в Палестине (35, 16—18).

В легенде об Иосифе (37—50) рассказано, как Иаков с сыновьями переселяются в голодные годы из Египта, к Иосифу, занимающему в Египте должность высокого чиновника (см. в ст. *Иосиф*). Перед смертью Иаков призывает к себе сыновей и благословляет каждого из них, пророчествуя о судьбе каждого из двенадцати колен Израилевых (49). «Исход сынов Израиля» из Египта библейское предание связывает с именем *Моисея*, в новом месте Ефрема и Манасии, в левитам не полагалось своей особой территории была закреплена особая территория согласно традиции по мнению некоторых исследователей, более поздней), всё же Д. с. И. погребены (как и отцы их) в Палестине, что отражается и в соответствующих погребальных текстах последующего времени.

Повествование о Д. с. И. — характерный пример объединения мифологического (или более позднего литературно-эпического) и исторического знания. Оно содержит в легендарно-мифологической форме отголоски процесса формирования племенных групп израильского народа; племенные названия в истории древней Передней Азии переведены на персонифицированный язык мифа: «сыновья Иакова (Израиля)» понимаются как анонимы родоначальника двенадцати племён Израилевых, т. е. племён, вошедших затем в племенной союз «Израиль». Реальные исторические черты исследователи усматривают иногда в арамейском происхождении двух жён Иакова (как возможное отражение примеси арамейского этнического элемента в соответствующих группах, входивших в число израильских племён). Само число 12 носит (как и во многих других архаических традициях, особенно близких к семитической) бесспорно сакрально-мифологический характер (см. *Числа*; о роли символики числа 12 в последующей традиции см. в ст. *Двенадцать апостолов*). В рассказе о Д. с. И. (Израиля), от которых происходят двенадцать колен Израилевых, соединились черты братского повествования и типологического (от своего родоначальника — двенадцати племени (в том числе у многих древних народов) от своего родоначальника и точки зрения мифологического мотива о происхождении каждой части племени (при допущении братских отношений между всеми родоначальниками). Само сочетание слов

«сыны Израиля» построено по образцу древнеближневосточных, типа шумерского «сыновья Лагаша» = «люди Лагаша» и аналогичных древнесемитских. Согласно выводам современных исследователей, из текстологического анализа различных мест Ветхого завета выявляется противопоставление двух связанных между собой групп «сыновей Иакова» (и соответствующих им племён): с одной стороны Рувим, Симеон, Левий, Иуда (четверо из сыновей Лии), с другой — Иосиф и Вениамин (к «дому Иосифа»). На основе тех мест Ветхого завета, которые можно отнести к наиболее древнему периоду, предполагается, что эти шесть сыновей Иакова от двух его жён и составляют древнейшую историческую основу повествования. К числу позднейших (или, во всяком случае, мифопоэтических, не связанных с историческими фактами) добавлений относят мотивы «состязания» обеих жён, введение двух их служанок, рождение Гада и Асира от одной матери (оба эти имени означают одно и то же первоначальное значение, приблизительно передаваемое как «на счастье!»). Объединение Дана и Неффалима содержит мифопоэтический мотив рождения от одной матери (Валлы), но могло быть и отражением позднейшего совместного обитания колен Данова и Неффалимова. В известной мере историческую основу может иметь и объединение Иссахара и Завулона. Имена сыновей Иакова, как, по-видимому, и имена и число тех племенных групп, которые с ними связывались, очевидно, первоначально существенно варьировались. В пользу предположения о первоначально меньшем числе подразделений Израиля говорит песнь *Деворы* (Суд. 5), которую относят к 12 в. до н. э. (если не ранее), в ней отражены названия лишь 10 (а не 12) племён, причём имена Симеона, Левия, Иуды и, возможно, Гада (хотя этот вопрос не вполне ясен) в ней не названы, а имя Манассии упоминается в иной (возможно, более древней) форме. В то же время Симеон и Левий являются героями мифопоэтического рассказа о дочери Иакова *Дине*, приурочиваемого (в исторической своей части) к событиям 14 в. до н. э. и относящегося к другому географическому региону — Сихему, где, по мнению ряда современных исследователей, находился древний культовый центр израильских племён. Окончательное формирование тесного союза 12 племён и оформление повествования о Д. с. И. могло относиться к более позднему времени.
В. В. Иванов.

ДВИ́ПА («остров», «континент», «суша»), в индуистской мифологии «континенты», омываемые каждый своим океаном; обычно располагаются вокруг горы *Меру*. Число Д. варьируется от 4 до 18. Во всех списках упоминается непосредственно примыкающий к Меру Джамбу-Д. (название связано с деревом джамбу, родом яблони, якобы растущим на южном склоне Меру). Джамбу-Д. иногда отождествляется с Индией. Джамбу-Д. делится на девять частей, самая южная из них — Бхаратаварша (или Бхарата), также отождествляется с Индией. Согласно «Вишну-пуране» (II 3, 6), Бхаратаварша, в свою очередь, состоит из девяти частей, имеющих родовое название Д.
С. С.

ДВОЕДУ́ШНИК, у славян существо, способное совмещать в себе два естества («две души») — человеческое и демоническое. Д. характерны для карпатско-славянских (украинских, польских, словацких) и южнославянских представлений. Число «два» (в отличие от чисел «один» и «три») является бесовским, «нечистым» и опасным, или обладающим сверхъестественной силой (два сросшихся колоса — ср. *Спорыш*, двойной орех и т. п.). Д. может быть мужчина (на Карпатах его зовут также босоркун, ср. венг. босоркань) и женщина. Обычно Д. днём ведёт себя как и любой другой человек, а ночью он сразу же засыпает глубоким сном, так что его невозможно разбудить. В это время он бродит вне своего тела или в своем обличье, или в обличье льва, зайца, коня и т. п. (см. *Оборотень*). Ведьма-двоедушница принимает облик кошки, собаки, мыши, летучей мыши или колеса, кочерги, валька. Если бродящего Д. кто-либо будет задерживать, он может убить своей силой или силой ветра, от которого нет спасения. Д. можно разбудить, перевернув его головой на место ног, а ночами — наоборот. В этом случае Д. будет болеть не менее двух недель. Иногда после смерти Д. его чистая душа идёт на тот свет, а нечистая душа становится *упырем*, который живёт то в могиле, то под водой, в зарослях, глухих местах. Такой упырь пьёт кровь, вызывает болезни детей, падёж скота и т. п.

На Карпатах Д. является также витряник, который имеет все свойства Д., но поднимает сильный ветер, и летает с ветром невидимым.
Н. И. Толстой.

ДВОРОВО́Й, дворови́к, у русских домашний демон, живущий во дворе и близкий *домовому*. Д. на Смоленщине днём представлялся в виде змея с петушиной головой и с гребнем, а ночью приобретал цвет волос и облик, приближённый к хозяевам дома. В основном домовой одновременно является и духом дома и духом двора, дворовых построек. На Владимирщине местопребыванием дедушки-домового во дворе является подвешенная сосновая или еловая ветка с густо разросшейся хвоей, именуемая «матка, матошник, матерник, шапка, куриная лапа», в избе же домовой живёт в подвале, клети или подклети.
Н. И. Т.

ДЕ́БЕЧ, Дабеч, в нартском эпосе адыгов мифологический персонаж — кузнец, учитель *Тлепша*. До Тлепша Д. — первый кузнец нартов. У него восемнадцать сыновей, один из них — отец нарта Карашауея. Д. обладает большой силой: он танцует со своей кузней на плечах, в которой замкнута упряжка из восьми волов. Д. чинит нартам сломанные бёдра, изготавливает снаряжение. Железные подпруги, сделанные Д. и закалённые в моче *Сатаней*, помогли Карашауею несмотря на сильный встречный ветер удержаться в седле и стать победителем скачек. В кузнечном ремесле Д. превзошёл молодой Тлепш. Однажды он сделал знак железу, которое ковал Д., и оно не поддалось воле кузнеца.
М. М.

ДЕ́ВА́ («бог», собств. «небесный», от «див» - «сиять»), в древнеиндийской мифологии класс богов; обычно говорят о 33 богах (хотя в текстах есть упоминания о 333, 3306, 3339 богах), распределяемых по трём космическим сферам: небесные — Дьяус, Варуна, Митра и др. *адитьи*, Сурья, Савитар, Пушан, Вишну, Вивасват, Ушас, Ашвины; атмосферные (воздушное пространство) — Индра, маруты, Ваю, Вата, Трита Аптья, Апам Напат, Матаришван, Ахи Будхнья, Аджа Экапад, Рудра, Парджанья, Апас; земные — Притхиви, Агни, Сома, Брихаспати, Сарасвати и др. Иногда класс богов членят на группы: *васу* (8), *рудры* (11), адитьи (12), противопоставленные по тому же принципу, и к ним добавляют ещё два божества (Ашвинов, Дьяуса, Притхиви, Индру, Праджапати — в разных сочетаниях). В умозрительных системах упанишад эти три группы получают новые интерпретации, цель которых — установление соответствий между составом пантеона и элементами архаичных космологических схем (включая саму структуру микромира). Так, в «Брихадараньяка-упанишаде» (III 9, 1–5) васу — огонь, земля, ветер, воздушное пространство, солнце, небо, луна, звёзды; рудры — 10 органов жизнедеятельности и мировой дух *Атман*; адитьи — 12 месяцев года. Особый вид объединения богов уже в «Ригведе» *Вишведева*, т. е. «все-боги» — весь пантеон с некоторыми расширениями, — представляемые как единое целое. Иногда конкретные характеристики богов, составляющих «все-боги», оказываются в более или менее случайном распределении. В класс богов входят также персонифицированные абстрактные понятия: Шраддха — «Вера», Манью — «Гнев», Вач — «Речь», Кала — «Время», Ниррити — «Гибель», Арамати — «Благочестие» и т. п., которые, видимо, могли относительно свободно включаться в древнеиндийский пантеон. Своё особое значение Д. (боги) получают в рамках противопоставления *асурам*, небесным персонажам, обладающим кол-

Д.» стало обозначать также правителей и великих учителей.
Л.М.

ДЕВАТА («божество»), в древнеиндийской мифологии божество, существо божественной природы. Это обозначение относится как к богам вообще (во множественном числе, в собирательном значении), так и особенно к разным классам низших богов. Последнее сохраняется и в индуистском культе *Шивы* или *Вишну*, так или иначе (часто довольно внешне) приспосабливаясь к ним. Во многих сельских местностях и сейчас тут и т. н. «грамадеваты» (деревенские божества), охраняющие население от болезней, неурожая, скота, порчи стихийных бедствий); они же могут даровать богатство, потомство. Им посвящаются особые культовые сооружения, святилища изображения — от антропоморфных статуй до груды камней или дерева, «грамадеват», «божий дом», в них помещаются божествами (материнскими) (ср. «грамадевати» и т. п.). Лучше всего известны культы как живали: омывали их, кормили им жертвенные деревенские божества, за ними ухаживали, хотя о них мало известно из письменных источников, восходя тем не менее к глубокой древности. Не случайно, что связан с древнейшими культами «матерями» (ср. «грамадеваты») с древнейшими культами «материя» (индийской).
В.Т.

ДЕВАТАУ СОГОЛАН («духи, победившие волны»), хорошо известные в Нижней Бирме группы духов. Рассматриваются как мужские по противоположности хтоническим водным духам. Культ *нади*, женским. Культ их выделяется в числе посвященных, и были канонизированы в 36 в 15 в. правительством монского государства Перу. Их культу были посвящены ступы. Представление о Д. с. было включено в систему буддизма монов.
Я.Ч.

ДЕВИ («богиня»), Почитание и древнему богу *Шиве*, восходит к индуистской мифологии жена или шакти бога Шивы, богиня в грозном или благом проявлении. Имеет несколько известна под именами *Парвати*, *Ума* («светлая»), *Гаури* («белая»), *Джаганмата* («мать мира»), *Аннапурна* («богатая питанием») и т. п.; в грозном — как *Дурга*, *Кали* («чёрная»), *Чандика* («ужасная»), *Махавидья* («великая госпожа») и т. п. Грозные формы Д., начиная со средних веков стали в Индии объектом ряда мистических культов, в частности тантристских и шактистских.
П.Г.

ДЕВИ СРИ, в индуистской мифологии яванцев балийцев и малайцев (Западная Индонезия и Малайя) богиня плодородия и красоты, супруга Санг Хьянг Вишну (соответствующего индуистскому Вишну). Известна прежде всего как божество земли, родоначальница и покровительница рисоводства, «мать риса», порождающая и охраняющая рисовые восходы (выступает также под именами Нини Пантру, Ибу Пади). Дочь Д.с. Дэви Меланг.
Г.Б.

ДЕВКАЛИОН, в греческой мифологии: 1) прародитель людей, сын Прометея, муж дочери Эпиметея и Пандоры Пирры. Когда разгневанный на род человеческий из-за оскорбившего его Ликаона (*Ovid.* Met. I 196 след.) Зевс решил уничтожить всех людей Фтии в Фессалии Пирра, и его жена Пирра были единственными праведниками, которым пары богов разрешили спастись. По совету Прометея Д. построил большой ящик («ковчег»), на котором он и Пирра спаслись во время девятидневного потопа, уничтожившего всё человечество. На десятый день Д. увидел гору Парнас и высадился на ней (вариант: Д. высадился на горе Этна, Hyg. Fab. 153). Принеся жертвы Зевсу-Фиксию («Дающему убежище»), Д. получил от него совет, как возродить человеческий род (другой вариант: этот совет был дан ему оракулом Фемиды у подножия Парнаса, Ovid. Met. I 369 след.). Закутав головы и распустив пояса, Д. и Пирра должны были бросать через голову «кости праматери». Догадавшись, что «костями праматери» божество называет камни — кости всеобщей матери людей Земли, Д. выполнил приказ. Из камней, брошенных Д., возникали мужчины, Пирой — женщины (Ovid. Met. I 260—411). У Д. и Пирры также родились дети: Амфиктион, Протогенея и Эллин, ставший родоначальником греческих племён (Apollod. I 7, 2). Впоследствии Д. спустился с гор, основал святилища Зевса в Локриде и в Афинах, где и был похоронен (Paus. I 18, 8). Несмотря на различия в локальных вариантах, миф о Д. в основных чертах един и весьма близок к распространённым по всему Средиземноморью мифам о потопах (ср. библ. миф о Ное, шумер.— об Ут-напишти и др.). *М. Н. Ботвинник.*

2) Д., сын Миноса и Пасифаи, критский царевич, участник *калидонской охоты* и похода *аргонавтов* (Hom. Il. XIII 451; Apollod. III 1, 2; Hyg. Fab. 173), отец Идоменея, предводителя критян в Троянской войне.

ДЕВО́РА, Дебо́ра («пчела»), в ветхозаветном историческом предании (Суд. 4) пророчица, предводительница израильских племён, одна из «судей израилевых». Её авторитет основан на пророческом даре; будучи замужней женщиной («жена Лапидофова», она принимает на своём ритуальном месте под пальмовым деревом на горе Ефремовой между Рамою и Вефилем тех, кто приходит за её советом и приговором. От неё исходит призыв к войне против теснившего Израиль ханаанейского царя Иавина, сильного своими боевыми колесницами; именем Яхве она приказывает воину Вараку (Бараку) возглавить ополчение Неффалимова и Завулонова колен (см. *Двенадцать сыновей Иакова*), обещая победу над Сисарой (Сисерой), военачальником Иавина. Варак ставит условием согласия присутствие Д. (во главе воинов из колен Ефрема, Манассии, Иссахара и Вениамина?); Д. соглашается, но предсказывает, что в наказание за это слава умерщвления Сисары достанется женщине. Ополчение занимает гору Фавор, чтобы в указанный Д. день спуститься и напасть на враждебные колесницы у потока Киссона; битва кончается победой израильских племён и истреблением неприятельских сил. Сисара, спрятавшийся от погони в шатре Иаили, женщины из палестинского племени кенитов, погибает от её руки — так сбывается пророчество Д. «Песнь Д.» (Суд. 5), древнейший памятник еврейской литературы (ок. 1200 до н. э.), в мифологических метафорах рисует битву («с неба сражались, звёзды с путей своих сражались с Сисарою»), прославляет подвиги участников событий, осуждает уклонившихся от войны за то, что «не пришли на помощь Яхве». Позднейшая иудаистическая традиция причисляла Д. к сонму семи пророчиц Израиля (наравне с Саррой, Мариам, Анной, Авигеей, Олдамой и Эсфирью).
С. С. Аверинцев.

ДЕ́ВЫ И А́СУРЫ, в джайнской мифологии божества. В отличие от других индоиранских мифологий, джайнизм не противопоставляет мифологические типы «дева» и «асура», а рассматривает асуров лишь как один из классов девов, причём не состоящих во враждебных отношениях с другими классами. Таких главных классов («племён») божеств четыре: *Бхаванавасины, Вйантара, Джйотишка, Вайманика*. В качестве особого класса выделяются божества *Локантики*. Помимо этих основных разрядов существует множество локальных божеств и духов, обитающих в каждой горе, реке, дереве и т. д. Как и остальные сансарные существа (см. *Сансара*), божества подчинены закону *кармы*, согласно которому их жизнь, хотя и невероятно долгая, должна закончиться, после чего бывшее божество получает новое перерождение в зависимости от суммы добрых и дурных карм-деяний. Каждое племя божеств членится на роды, в которых имеются: индры — правители, саманика — аристократия, трайястримша («33») — высшие государственные служащие, паришадйя — придворные, атмаракша — «гвардия», внутренняя личная охрана, локапала — полиция, айка — армия, пракирнака — торговцы и ремесленники, абхийогйя — слуги и килбишика — чернь, плебс. Разряды трайястримша и локапала отсутствуют в племенах Вйантара и Джйотишка. *А. А. Терентьев.*

ДЕ́ВЯТЬ ЧИНО́В А́НГЕЛЬСКИХ, в христианских религиозно-мифологических представлениях ступени иерархии ангельских существ. По учению Псевдо-Дионисия Ареопагита (5 или нач. 6 вв.), Д. ч. а. образуют три триады, перечисляемые (сверху вниз) в таком порядке: первая триада (характеризуемая непосредственной близостью к богу) — *серафимы, херувимы*, престолы; вторая триада (особенно полно отражающая принцип божественного мировладычества) — *господства*, силы, *власти*; третья триада (характеризуемая непосредственной близостью к миру и человеку) — начала, *архангелы*, ангелы (в узком смысле слова). Разрабатывая свою доктрину, Псевдо-Дионисий подводил итоги развития многовековой традиции выделения различных разрядов *ангелов* (в широком смысле слова); традиция эта имеет библейские истоки: в Ветхом завете упоминаются серафимы, херувимы, силы, ангелы, в Новом завете — престолы, господства, власти, начала, архангелы. Христианские авторы 4 в. предлагали различные варианты классификации ангелов (напр., у Григория Богослова — ангелы, архангелы, престолы, господства, начала, силы, сияния, восхождения, силы умные, или разумения; в т. н. «Апостольских установлениях» — херувимы, серафимы, эоны, воинства, силы, власти, начала, престолы, архангелы, ангелы); у Кирилла Иерусалимского более чем за столетие до Псевдо-Дионисия речь идёт о Д. ч. а., перечисляемых в том же составе, но в несколько ином порядке. С другой стороны, на осмысление самого числа Д. ч. а. у Псевдо-Дионисия и его продолжателей повлияла неопифагорейская и неоплатоническая мистика чисел, отчасти связанная с мифологическими истоками. «Девятерица» воспринималась, с одной стороны, как триада триад, как усугубление числа «три», сакраментальнейшего из чисел ($9 = 3^2$), и как бы её эксплицирование, развёртывание вовне внутренней энергий *троицы*, а постольку и как эквивалент числа «три» (ср. в греч. мифологии число *муз* — или три, или девять). Мотивы числовой мистики в доктрине о Д. ч. а. имеют многочисленные параллели фольклорного или полуфольклорного свойства. Например, представление западной средневековой рыцарской культуры о девяти славнейших витязях, сгруппированных по триадам: три христианина — Артур, Карл Великий, Готфрид Бульонский, три язычника — Гектор, Александр Македонский, Юлий Цезарь, три иудея — Иисус Навин, Давид, Иуда Маккавей; формула русского деревенского коллоквства: «три — не тройка, девять — не девятка», дважды отрицающей троичность; общеевропейская поговорка о девяти жизнях кошки, предполагающая в числе «девять» замыкание циклической полноты, и т. п. *С. С. Аверинцев.*

ДЕГАНАВИ́ДА («два речных потока сливаются воедино»), в мифах ирокезов пророк. Д. приписывается создание Великой лиги ирокезов и свода её законов. Чудесное рождение Д. от божества и смертной женщины из племени гуронов сопровождалось зловещими предсказаниями для её племени, поэтому мать Д. трижды пыталась уничтожить младенца. Д. был вынужден покинуть свой народ. В состоянии чудесного прозрения Д. увидел огромное древо мира, охватывающее своей кроной народы, жизнь которых протекает без междоусобих войн, кровопролитий и каннибализма. Во время странствий он поселил ряд племён и приобрёл единомышленника и союзника в лице *Галактиона*. Вместе с ним с помощью животворящей магической силы (орпили) и волшебного талисмана (вампли) Д. уничтожил злобное божество *Атпоцарко* и осуществил свой замысел, превратив с помощью прокажённых в белом каменном каное заз их судьбу и уплыл в белом каменном каное по озеру Онондага.

А.В.

ДЕЛАВЕРИ, в грузинской низшей мифологии и фольклоре старухи, одни из которых человеколюбивы, доброжелательны, покровительствуют легкомысленным, а другие, напротив, враждебны человеческому роду. Под контролем последних находятся прочие стихии, которые они используют, чтобы помешать героям в достижении их целей.

М.Ч.

ДЕДАЛ, в греческой мифологии внук афинского царя Эрехфея и сын Метиона (Plat. Ion. 533 а), по другой версии, сын Эвпалма и внук Метиона (Apollod. III 15, 8). Изобретатель столярных инструментов и мастерства, искуснейший архитектор и скульптор (Д. — букв. «искусный»). Он жил в Афинах, откуда ему пришлось бежать после того, как он сбросил с акрополя своего ученика и племянника Талоса (у Гигина — имя племянника Пердикс; Hyg. Fab. 39), чьё мастерство вызывало зависть. Д. Признанный виновным в ареопаге, после осуждения бежал на Крит к царю Миносу (Apollod. III 15, 9). На Крите Д. построил по поручению Миноса лабиринт для удавшегося чудовищного тавра, рождённого женой Миноса Пасифаей от быка. Ариадне он устроил площадку для пляски (Hom. Il. XVIII 590 след.). Д. помог Ариадне освободить *Тесея*: найти выход из лабиринта с помощью клубка нитей (Verg. Aen. VI 27—30). Узнав о его пособничестве бегству Тесея и его спутников, Минос заключил Д. вместе с сыном Икаром в лабиринт, откуда их освободила Пасифая (Hyg. Fab. 40). Сделав крылья (склеив перья воском), Д. вместе с сыном улетели с острова. Икар, поднявшийся слишком высоко, упал в море, т. к. солнечный жар растопил воск. Оплакав сына, Д. добрался до сицилийского города Камик к царю Кокалу (Ovid. Met. VIII 152—262). Минос, преследуя Д., прибыл ко двору Кокала и решил хитростью выманить Д. Он показал царю раковину, в которую надо было продеть нитку. Кокал попросил Д. это сделать, тот привязал нить к муравью, который, забравшись внутрь, протянул за собой нитку в спираль раковины. Минос догадался, что Д. находится у Кокала, и потребовал выдать мастера. Кокал пообещал это сделать, но предложил Миносу искупаться в ванне; там его погубили дочери Кокала, обливавшие кипятком (Apollod. epit. I 13). Д. же провёл остаток жизни на Сицилии. Миф о Д. характерен для периода поздней классической мифологии, когда выдвигаются герои, утверждающие себя не силой и оружием, а находчивостью и мастерством.

А.Т.-Г.

ДЕДАЛИОН, в греческой мифологии сын Фосфора, отец Хионы. После гибели дочери забрался на Парнас, чтобы броситься оттуда, но Аполлон не захотел его смерти и превратил Д. в ястреба (Paus. VIII 4, 3; Ovid. Met. 291—345).

Г.Г.

ДЕДУН, в мифологии Куша (Древней Нубии) божество. Почитался главным образом на севере мифа об *Осирисе*. В «Текстах пирамид» упоминается как бог благовоний, а также в варианте страны как бог-творец. В более позднее время мифа об *Осирисе* Д. является одним из южной ху почитался как бог Куша. В более позднее время он подталкивающих лестницу, по которой Осирис поднимается в небо). В напатско-мероитскую эпоху иногда отождествлялся с Осирисом как синкретическое божество-Д.

Э.К.

ДЕДЫ, **ДЗЯДЫ** (белорус. и польск.), в восточнославянской мифологии духи предков. У восточных и западных славян особый обряд почитания Д. совершался весной на седьмой день после пасхи (семуха, весенняя радуница или пасха усопших) или осенью (дзяды или большие осенины в Белоруссии

180

костромская девичья неделя), во время которой, умершие родители отдыхали); в жертву поверью, умершие родителям приносились пища. Души умерших при- глашались на угощение в дом: «Деду, иду до обеду»; поминальная первая ложка или первый стакан его могли выливать под стол или ставить за окно, через которое выходили духи. Во время обрусо-«мышкий» дан, тогда как скота обряда хозяин трижды обходил горящую лучину вокруг стола, совершая магическое окуривание. В части ритуала снадает с «дедом» (ср. дедо «жень», т. е. треть покойника. Пищу, как и в других связанных с именем *Велеса* и *Власа* славянских и балтских обрядах поминовения мёртвых, первоначально полагали также на кладбище. Д. могли изображать в виде антропоморфных «болванов» с лучиной в ладонях (ср. *Домовой*). В Белоруссии называют Д. мифы при обряде выбора места для жилища (ср. связывали их с преданием о Старе и Гавре, древнего языческого князя Боя, который возвах им, в после их смерти всех особое дни почитания, возвести места этим собакам, как свой приближённым к месту, где были зарыты собаки до ночи, пищи и питьё; пиршества продолжались до ночи, причём собак называли по именам. По поверью отсюда берут начало ставрусские Д. Миф о двух собаках и некоторые типологические параллели и мотивы восходят к глубокой древности (ср. ирл. *фре- щет* и др.). Во время майских обрядов в Польше упоминали девушек с блюшике замужество. Упоминание в болгарских ритуальных играх персонажа со сходным названием позволяет считать наименование в греческой мифологии дочь царя *В.В. Иванов, В.И. Топоров.*

ДЕИДАМИЯ, в греческой мифологии дочь царя острова Скирос Ликомеда, у которого Фетида перед началом Троянской войны скрывала своего сына Ахилла (нарядив в женское платье), т. к. ему была предсказана гибель под стенами Трои. Д. стала возлюбленной Ахилла и родила ему сына Неоптолема.

М.Б.

ДЕИФОБ, в греческой мифологии сын *Приама* и Гекубы, любимый брат Гектора [поэтому принимала образ Д. Гектора побудить Афина единоборству с Ахиллом (Hom. Il. XXII 222—246, 294—300)]. Д. отличается в Троянской войне во время битвы за корабли, где вступает в сражение с *Идоменеем* и получает рану от его соратника *Мериона* (Hom. Il. XIII 402—539). После смерти *Париса* Д. становится мужем *Елены*. Во время взятия Трои погибает от руки ворвавшегося в его дом Менелая (Apollod. epit. V 9, 22).

В.Я.

ДЕЙВЕ, в мифах литовцев первоначальное обозначение богини высших уровней пантеона и всего класса таких персонажей низшей мифологии: позднее — духи, прекрасные девы с длинными волосами. Матерински выполняют любую женскую работу, особенно прядение и тканье (предупреждают тех, кто занимается им в среду). Д. любят детей, нередко влюбляются в юношей и даже выходят замуж, жить с ними в счастье, но при нарушении табу они уходят. Иногда Д. — духи леса и воды (ср. *русалок*) или ведьмы. Литовский автор 16 в. М. Маквидас, сообщающий, что у литовцев есть сто Д., если не больше, перечисляет как Д., иногда принимающиеся некоторые конкретные функции; так, святая Д. обозначает какие-либо или богиню чумы, смерти (ср. *Гильтине*). Эти характеристики Д. позволяют связывать её с *Дие- васом*, в частности, когда это имя обозначает Перуна. Тем самым реконструируется мотив супружеской пары, в которой муж (громовержец) — на небе, жена — внизу, на земле или даже в подземном царстве (ср. характерную замену «путей Д.» на «пути Велеса» — *Велса в фольклоре*, где Д. обиваются с противником Перкунаса, демоном подземного мира); таким образом, «пути Д.» помещаются в пантеоне и более широком основного мифа восточнобалтийской мифологии.

уровне, чем Диевас, и обнаруживает тенденцию к превращению в злого духа.

В. В. Иванов, В. Н. Топоров.

ДЕ́КЛА (латыш. Dēkla), в мифах латышей богиня судьбы, наряду с *Картой* и *Лаймой*. Особое отношение Д. имеет к новорождённым младенцам: она пеленает их, охраняет их сон в колыбели, даёт им имена, способствует успешному росту. Д. покровительствует и девушкам, выбирает им женихов. В народных песнях имя Д. часто соседствует или чередуется с именем Лаймы. В сказках имя Д. иногда выступает как обозначение целого класса мифологических персонажей.

В. И., В. Т.

ДЕКСИКРЕО́Н, в греческой мифологии самосский купец, посвятивший статую Афродите за то, что она дала ему совет на пути с Кипра взять на борт только воду. На море установился штиль, и Д. нажил состояние, продавая воду другим купцам (Plut. Quaest. graec. 54).

Г. Г.

ДЕЛЬФИ́НИЙ, в греческой мифологии чудовище: 1) дракон, охранявший в Дельфах священный источник у прорицалища. Ему был отдан на воспитание *Тифон* — порождение земли (Hymn. Hom. II 122—128). Д. был убит *Аполлоном*, после чего получил имя *Пифон* (букв. «гниющий»), т. к. лучи солнца превратили его тело в прах. В этом мифе соединение двух хтонических образов — более древнего Д. и Пифона, которые уступили оракул новому олимпийскому богу Аполлону; 2) дракон — полуженщина-полузмей, которому Тифон отдал на хранение сухожилия, вырезанные у Зевса во время поединка. Обессиленный Зевс был заключён Тифоном в Корикийской пещере (Киликия); там Д. стерёг Зевса и эти сухожилия. Выкрав сухожилия, Гермес и Пан исцелили Зевса (Apollod. I 6, 3). Этот миф относится к эпохе становления классической олимпийской мифологии в её борьбе с хтонизмом.

А. Т.-Г.

ДЕМЕ́ТР И ГИСАНЭ́, в армянских мифах божества. Князья Д. и Г., братья, родом из Индии, навлёкшие гнев своего правителя, бежали в Армению. Царь Вагаршак жалует им страну Тарон (территория на востоке современной Турции), в которой они строят город Вишап. Через 15 лет царь убивает обоих братьев, а власть в Тароне передаёт их трём сыновьям, которые воздвигают на горе Каркэ статуи богов Д. и Г., а служение им поручают своему роду. Так как Гисанэ был длинноволосым, то служители его культа отпускали длинные волосы (приняв христианство, в память своей древней веры они стали оставлять на голове детей косу). Имя Демeтр, по-видимому, восходит к имени богини *Деметры* (называвшейся иногда армянами Сандарамет); вероятно, в районе, где стояли идолы Д. и Г., у древних армян почиталось божество Сандарамет-Демeтр. Имя Гисанэ («длинноволосый») сначала было, скорее всего, эпитетом Демeтра, позднее переосмыслено как самостоятельный персонаж — брат Демeтра.

С. Б. А.

ДЕМЕ́ТРА, в греческой мифологии богиня плодородия и земледелия, дочь *Кроноса* и *Реи* (Hes. Theog. 453), сестра и супруга Зевса, от которого она родила *Персефону* (912—914). Одно из самых почитаемых олимпийских божеств. Древнее хтоническое происхождение Д. указывает её имя (букв. «земля мать»; греч. da, de, dη, «земля».) Культовые обращения к Д.: Хлоя («зелень», «посев»), Карпофора («дарительница плодов»), Фесмофора («законодательница», «устроительница»), Сито («хлеб», «мука») указывают на функции Д. как богини плодородия. Она благостная к людям богиня, прекрасного облика, с волосами цвета спелой пшеницы, помощница в крестьянских трудах (Hom. Il. V 499—501). Она наполняет амбары земледельца запасами (Hes. Opp. 300 след.). К Д. взывают, чтобы зёрна вышли полновесными и чтобы удалась пахота (465—468). Д. научила людей пахоте и посеву, сочетавшись в священном браке на трижды вспаханном поле острова Крит с критским богом земледелия Иасионом, и плодом этого брака был Плутос — бог богатства и изобилия (Hes. Theog. 969—974). Д. научила *Триптолема*, сына элевсинского царя, засевать поля пшеницей и обрабатывать их. Она подарила Триптолему колесницу с крылатыми драконами и дала зёрна пшеницы, которыми он засеял всю землю (Apollod. I 5, 2). В мифе о Д. отражена также извечная борьба жизни и смерти. Она рисуется скорбящей матерью, утерявшей дочь Персефону, похищенную Аидом. В Гомеровском гимне «К Деметре» (Hymn. Hom. V) рассказывается о странствиях и горе богини в поисках дочери; приняв образ доброй старушки, Д. приходит в соседний с Афинами Элевсин в дом царя *Келея* и Метаниры. Её приветливо встречают в царской семье, и впервые после потери дочери Д. развеселилась от забавных шуток служанки Ямбы. Она воспитывает царского сына *Демофонта* и, желая сделать его бессмертным, натирает мальчика амбросией и закаляет в огне. Но после того как Метанира случайно увидела эти магические манипуляции Д., богиня удаляется, открыв своё имя и приказав построить в свою честь храм. Именно в нём восседает печальная богиня, горюя по дочери. На земле наступает голод, гибнут люди, и Зевс приказывает вернуть Персефону матери. Однако Аид даёт своей супруге Персефоне вкусить гранатовое зёрнышко, чтобы она не забыла царство смерти. Две трети года дочь проводит с Д., и вся природа расцветает, плодоносит и ликует; одну треть года Персефона посвящает Аиду. Плодородие земли не мыслится вне представления о неизбежной смерти растительного мира, без которой немыслимо ею возрождение во всей полноте жизненных сил. (Гранатовое зёрнышко — символ плодовитости, но владельцем его является бог смерти.)

Д.— прежде всего богиня, почитавшаяся земледельцами. Её повсеместно прославляют на празднестве Фесмофорий как устроительницу разумных земледельческих порядков. Д. относится к числу древних женских великих богинь (Гея, Кибела, Великая мать богов, Владычица зверей), дарующих плодоносную силу земле, животным и людям. Д. почитается на этом празднестве вместе с дочерью Персефоной, их именуют «двумя богинями» и клянутся именем «обеих богинь» (ср. «Женщины на празднике Фесмофорий» Аристофана). Главное священное место Д.— Элевсин в Аттике, где в течение 9 дней месяца боэдромиона (сентября) проходили Элевсинские мистерии, символически представлявшие горе Д., её странствия в поисках дочери, тайную связь между живым и мёртвым миром, физическое и духовное очищение. Старинные афинские семьи имели наследственное право участия в элевсинских священнодействиях и повиновались обету молчания. Эсхил по традиции пользовался этим правом и даже был изгнан из Афин якобы за разглашение ритуальных фактов, известных только посвящённым. Элевсинские таинства, воспринимавшиеся как «страсти» Д., считаются одним из источников древнегреческой трагедии, наряду с культом Диониса. Павсаний описывает храм Д. Элевсинской в Тельпусе (Аркадия), где рядом соседствуют мраморные статуи Д., Персефоны и Диониса (VIII 25, 3). Рудименты хтонического плодородия сказываются в культе Д. Эринии; с ней, превратившейся в кобылицу, сочетался Посейдон в образе жеребца. «Гневающаяся и мстящая» Д. (Эриния) омывается в реке и, очистившись, снова становится благостной богиней (VIII 25, 5—7). В Гермионе (Коринф) Д. почиталась как Хтония («земляная») (II 35, 5) и Термасия («жаркая»), покровительница горячих источников (II 34, 6). В Фигалее (Аркадия) почиталось древнее деревянное изображение Д. Мелайны («Чёрной») (VIII 5, 8). У Гесиода (Орр. 465 след.) Д. «чистая» соседствует с Зевсом «подземным», и им обоим возносит земледелец свои мольбы.

В римской мифологии Д. соответствует *Церера*.

А. А. Тахо-Годи.

ДЕМОДО́К, в греческой мифологии аэд, живший при дворе царя феаков *Алкиноя* на острове Схерия. Музы отняли у Д. зрение, взамен наделив его поэтическим даром, за который он снискал любовь феаков (Hom. Od. VIII 472; XIII 27).

Г. Г.

182 ДЕМОН

ДЕ́МОН, в греческой мифологии обобщённое представление о некоей неопределённой и неоформленной божественной силе, злой или (реже) благодетельной, часто определяющей жизненную судьбу человека. Это мгновенно возникающая и мгновенно уходящая страшная роковая сила, которую нельзя назвать по имени, с которой нельзя вступить ни в какое общение. Внезапно нахлынув, он молниеносно производит какое-либо действие и тут же бесследно исчезает. В этом образе очевидны рудименты т. н. внезапного преанимизма (по терминологии Г. Узенера, Д.— не что иное, как «бог данного мгновения»). Иногда олимпийские боги тоже называются Д., но только в обобщённо-неопределённом смысле или в случае, когда бог не проявил себя индивидуально и скрывает своё имя. Д. непосредственно воздействует на человека, готовит беду (Hom. Od. VI 172; VII 248; Il. XII 295; прельщает (XVI 194), насылает беды (XIX 512), зловещие сны (XX 87). Д. направляет человека на путь, ведущий к каким-либо событиям, часто катастрофическим (Hom. Od. VI 172; VII 248; Il. XXI 92). Д. вызывает неожиданно ту или иную мысль (Hom. Il. IX 600; Od. III 27). Иной раз Д. действует благодетельно (Od. IX 381), встречается эпитет «счастливодемонический». Д. приравнивается к судьбе, все события человеческой жизни находятся под его влиянием (Aeschyl. Pers. 825; Soph. frg. 592; Eur. Andr. 971). Есть Д. рождения (Pind. Ol. XIII 105), Д. добра и зла (Pind. Pyth. III 34), характер человека — его Д. (Heraclit. frg. 119), каждому человеку в жизни достаётся свой Д. (Plat. Phaed. 107 d). Демоны мыслятся также низшими божествами, посредниками между богами и людьми. У Гесиода поколение «золотого века» после своего исчезновения превратилось в «благостных Д.», которые охраняют людей и взирают на правые и неправые дела (Hes. Opp. 121—126). В римской мифологии Д. соответствует *гений*. Раннехристианские представления о Д. связаны с образом злой демонической, бесовской силы (см. *Бесы*).

А. Ф. Лосев.

ДЕМОФО́НТ, в греческой мифологии: 1) сын элевсинского царя *Келея* и его жены Метаниры. Его воспитывала под видом кормилицы *Деметра*, нашедшая приют в этой семье во время поисков своей дочери. Желая сделать Д. бессмертным, Деметра тайно закаляла его в пламени огня, но этому однажды помешала испуганная мать (Hymn. Hom. V 233—254); 2) афинский царь, сын *Тесея* и *Федры*, брат *Акаманта* (Apollod. epit. I 18). Братья участвовали в Троянской войне и при взятии Трои освободили похищенную *Диоскурами* мать Тесея, свою бабку Эфру (V 22). Возвращаясь из-под Трои, Д. пристал к Фракии, где женился на царской дочери *Филлиде*. Она подарила ему ларец со святынями Матери Реи, который ему разрешалось открыть только тогда, когда он потеряет надежду вернуться к жене. Д. поселился на Кипре и не вернулся к Филлиде. Она прокляла его и покончила с собой. Когда Д. открыл ларец, то в ужасе вскочил на коня, во время бешеной скачки упал, наткнулся на свой меч и погиб (VI 16—17). (Существует вариант мифа, приписывающий женитьбу на Филлиде Акаманту и связывающий с ним изложенные события.) *А. Т.-Г.*

ДЕНГДИ́Т («великий дождь»), в мифах динка божество в облике небесного быка, посылающее на землю дождь (ср. Джуок — у шиллуков, Ниал — у нуэр). Согласно мифу одного из наиболее древних и больших родов динка (адеро у ниэльдинка), тотем которого — дождь (денг), мать Д., будучи беременной, сошла с неба на землю. Люди натёрли её тело жиром убитого буйвола, а затем поместили роженицу в хижине без дверей. Там она родила чудесного ребёнка — с зубами, как у взрослого, и плакавшего кровавыми слезами. Во время родов хлынул ливень, поэтому мать назвала сына Д. Оставляя его людям, она сказала, что отныне Д. будет «делателем дождя». Д. был первым правителем динка, а когда состарился, исчез во время грозы (ср. *Ньиканг*). С Д. связывается появление людей: он дал своей жене Альет (другое имя — Ман Доонг) ком жира. Размягчив его на огне, Альет стала лепить из жира мужчин и женщин, которые по верёвке, соединяющей небо и землю (небесная дорога), спускались на землю. Тесть Д., также принявший участие в создании людей, выпил бо́льшую часть жира, и поэтому вылепленные им люди оказались уродами — с деформированными конечностями, глазами, ртами и т. п. Испугавшись гнева Д., тесть убежал на землю по верёвке, которую затем по его просьбе перекусил сокол. У Альет, согласно некоторым мифам, рождается сын Акол («солнце»), от которого произошли предки динка (Денг) и нуэр (Нуэр). Д. иногда отождествляют с богом неба Ньялич, иногда называют сыном Ньялич. Как «делатель дождя» и глава предков Д. типологически близок *Мулунгу, Леза, Мукуру*.

В святилищах Д. помимо жертвоприношений проходили церемонии вызывания дождя, празднование урожая дурры (хлебное сорго) и др. Под священным деревом Альет (арадайб), из которого, согласно мифам, она вышла, при наступлении сезона дождей совершались жертвоприношения. *Е. С. Котляр.*

ДЕННИ́ЦА, в славянской мифологии образ полуденной зари (или звезды), мать, дочь или сестра солнца, возлюбленная месяца, к которому он ревнует солнце (мотив «небесной свадьбы», характерный и для балтийской мифологии, ср. *Аушра*). См. также *Вечорка*. *В. И., В. Т.*

ДЕЯНИ́РА, в греческой мифологии дочь Ойнея, царя Калидона (вариант: бога Диониса — Apollod. I 8, 1) и *Алфеи*, сестра *Мелеагра*, супруга *Геракла*. В юности Д. научилась владеть оружием и умела править колесницей. Когда после гибели Мелеагра его сёстры с горя превратились в птиц-цесарок, только Д. и ещё одна сестра Горга сохранили человеческий облик благодаря вмешательству Диониса (Hyg. Fab. 174). Геракл, спустившись в царство мёртвых за Кербером, встретил там Мелеагра, который просил его взять в жёны Д. (Pind. frg. 249 а). Соперником Геракла был речной бог *Ахелой*. Отломив Ахелою, принявшему облик быка, один рог, Геракл одержал над ним победу и женился на Д. Когда на Геракла напали дриопы, Д. сражалась рядом с ним и была ранена в грудь (Schol. Apoll. Rhod. I 1212). Д. от Геракла родила сыновей Гилла, Ктесиппа, Глена, Онита (Apollod. II 7, 8) и дочь Макарию (Paus. I 32, 6). При переправе Геракла и Д. через реку Эвен кентавр Несс посягнул на ехавшую на нём верхом Д. Геракл поразил Несса стрелой из лука, и тот, умирая, посоветовал ей собрать его кровь, т. к. она якобы поможет ей сохранить любовь Геракла (Apollod. II 7, 6). Узнав, что Геракл собрался жениться на захваченной им в Эхалии Иоле, Д. пропитала кровью Несса хитон и послала его Гераклу. Однако кровь Несса, погибшего от смазанной желчью лернейской гидры стрелы Геракла, превратилась в яд, от которого погиб Геракл. Узнав о случившемся, Д. закололась мечом (Soph. Trach. 930 след.). *А. И. Зайцев.*

ДЖАБРА́Н («мать отца коз»), у абхазов божество мелкого рогатого скота, одна из семи долей *Айтара*. Согласно ранним мифологическим представлениям, Д.— прародительница коз. Молением Д. (в первый четверг марта) начинался цикл весенних обрядов в честь Айтара. *Л. А.*

ДЖАГАННА́ТХА («владыка мира»), в индуистской мифологии поздняя *аватара* Вишну-Кришны (см. *Вишну* и *Кришна*), наиболее чтима в Бенгалии и Ориссе. Согласно пуранической легенде, Кришна после гибели ядавов (племени, в котором он родился) был случайно убит охотником, тело его долго оставалось непогребённым. Наконец, некий благочестивый человек предал его кремации и поместил прах в освящённый ларец. По указанию Вишну царь страны Аванти Индрадьюмна попросил божественного строителя *Вишвакармана* воссоздать из этого праха образ Кришны — Д. Вишвакарман согласился на это с условием, чтобы никто ему не мешал, пока он не завершит своей работы. Нетерпеливый Индрадьюмна пришёл, однако, взглянуть на изображение прежде времени, и разгневанный Вишвакарман оставил Д. неоконченным — без рук и без ног. Но *Брахма* дал Д. глаза, вложил в него душу и сам в качестве жреца присутствовал на *ашвамедхе*, которую Индрадьюмна совершил в честь новоявленного бога. По-видимому, город Пури (вблизи города Каттака в Ориссе), где находится храм Д., был некогда центром какого-то автохтонного культа, слившегося позже с культом Кришны, который принял при этом имя местного божества.

П. А. Гринцер.

ДЖАГУПА́ТХА, у адыгов божество очага. С именем Д. связывались некоторые обряды (приобщение невесты к очагу и др.). *М. М.*

ДЖАДЖА́ («коренастая»), у абхазов богиня полеводства и огородничества. Выступает в облике женщины низкого роста, плотного сложения. Представления о Д., по-видимому, сложились в те времена, когда полевыми работами занимались преимущественно женщины. Согласно поверью, во время появления кукурузных початков Д. ходит по полям. Если она недовольна хозяином поля, она обрекает его на мелкую кукурузу («с мизинец»), если довольна им, обещает ему крупную («в локоть, в пять пальцев»). В честь Д. два раза в год (в начале весны и после уборки урожая) на поле устраивались молебны. *Х. Б.*

ДЖАЛУ́Т, в мусульманской мифологии персонаж, соответствующий библейскому *Голиафу*. Согласно Корану, Д. напал на *Талута*. Его воины были обращены в бегство «с дозволения аллаха»; Д. убит *Даудом* (2:250—252). В мусульманском предании образ Д. получил дополнительные характеристики. В различных вариантах он выступает то как берберский, то как ханаанейский или аравийский царь. С Д. связаны заимствованные из Библии эпизоды борьбы израильтян с филистимлянами и др.

М. П.

ДЖАМА́СПА (авест.), в иранской мифологии зять *Заратуштры*, один из первых его последователей. *И. Б.*

ДЖАМБУ́, З а м б у, в мифах монгольских народов дерево, растущее на Джамбудвипа, на берегу моря Мапама; один из вариантов мирового дерева. Согласно буддийской космологии, получило своё название от звука «джамбу», с которым созревшие плоды дерева падают в море Мапама. Часть их служит пищей царю драконов, а часть превращается в золото реки Дзамбу, именуемой «златоносной». В калмыцких мифах Замбу растёт в местности Очир орон («царство ваджры»), приносит огромные, размером с кибитку, фрукты, которые течением реки уносятся в мировой океан и служат пищей Лу-хану («государю лу»). Вокруг дерева Замбу в мировом океане лежит мировой змей, который ловит падающие с него плоды и листья. По дербетской легенде, Замбу растёт у подножия мировой горы *Сумеру*, а его плоды — причина вражды между богами (*тенгри*) и демонами (*асурами*). *С. Н.*

ДЖАМБУДВИ́ПА (от санскр. «материк Джамбу»; монг. Джамбудииб, Замбатив), Джамбулинг (от тибет. «материк Джамбу»; монг. Джамбуулин), в буддийской космологии один из четырёх материков мироздания, расположенный с южной стороны горы *Сумеру*; мир людей. Посредине Д. находится царство Магадха, обиталище *будд* прошлого, настоящего и будущего; на севере Д., между горами Снежной и Благовонной,— жилище царя драконов и четырёхугольное море Мапама [из которого вытекают реки Ганга, Синдху (Инд), Вакчу и Сита], на его берегу растёт дерево Джамбу; ещё севернее обитает царь деревьев Сала. На западе расположено царство Уддияна, где в алмазном дворце живут *дакини*. На юге, на уступе горы Потала,— местопребывание *Авалокитешвары*, у подножия горы — *Тары* (Дар-эхе). На востоке — гора Утайшань, жилище *Манджушри*.

В фольклорно-мифологических традициях монгольских народов Д. осмысляется как средний мир, противопоставленный верхнему, небесному, и нижнему, хтоническому, мирам. *С. Н.*

ДЖАМСАРА́Н, Д ж а м с р а н, Д ж а м с р и н (тибет.), в центральноазиатском буддизме божество войны, относящееся к категории *докшитов* и *чойджинов*. Имя Д. этимологизируется как «брат и сестра» (монг. эгэчи дуу). Другое имя Д.— Бегдзе («одетый в панцирь») отражает его иконографический облик: вооружённый воин в латах и красной одежде, с красным лицом, тёмными жёлто-красными волосами, пламенеющими бровями и усами; по-монгольски его называют Улаан сахиус («красный хранитель»). В одной руке у него медный меч, в другой — лёгкие и сердце врага. Д.— сын медноволосого якшаса (свирепого духа), живёт в море из человеческой и лошадиной крови, на четырёхугольной медной горе (или на кладбище). Происхождение Д. неясно: возможно, первоначально это — добуддийское, причём не тибетское (индуистское?, монгольское?) божество. Д. ассоциируется с *Куберой* и *Гесером*, который иногда считается одним из его воплощений.

С. Н.

ДЖАМШИ́Д, Д ж а м ш е́ д (фарси), в иранской мифологии и эпосе царь из династии *Пишдадидов*; в «Авесте» — *Йима*. Жена и сестра (в некоторых рукописях — дочь) Д.— *Арнаваз*. В «Шахнаме» описывается семисотлетнее царствование Д. — «золотой век». Д. обучает людей носить вместо звериных шкур одежду из ткани, создаёт государственность и деление на сословия. Его искушает *Ахриман*, вселив гордыню в душу. Д. возомнил себя богом, за что и был наказан. Вельможи решили пригласить иноземного царя *Заххака*. Заххак напал на Иран, убил Д. и положил начало тысячелетнему царству зла. Мстителем за Д. выступил его внук Фаридун (см. *Триэтаона*). *И. Б.*

ДЖА́НГАР (калм., монг., Д ж а н г а р а й, Д ж а н р в а й, Д ж у н р а, Д ж у н г а р (монг.; возможно, это имя — эпическое воспоминание о Джунгарском ханстве), Ж а н г а р (бурят.), центральный эпический персонаж, популярный у калмыков, ойратов, монголов. Наиболее вероятная этимология — «сирота», «одинокий», соответствует древнейшим представлениям об эпическом герое как о первопредке и первом человеке. Согласно эпосу, Д.— сирота, родившийся в мифические «начальные времена». В возрасте одного года он ведёт борьбу с различными чудовищами (мангусами), пяти лет попадает в плен к богатырю Шикширги, который пытается погубить Д. В семилетнем возрасте он женится на красавице Шабдал, дочери властителя юго-восточного края, и становится государем идеальной страны Бумба (от тибет. бумба — центральная часть буддийской ступы, культовой постройки, символизирующая мифологический средний мир, с которым, вероятно, ассоциировалось государство Д.). По другому варианту, государем Д. провозглашает Хонгор, когда они вместе спасаются в горной пещере от четырёх ханов, разоривших царство отца Д.; Хонгор становится в государстве Д. первым богатырём, а Алтан Чеджи — мудрым советником Д. В дружину Д., характеризуемую магическим числом 12 (12 богатырей), добровольно или принудительно включаются также Санал, Сабар, Мингиан, в прошлом удельные князья, покинувшие свои семьи и владения, а потому характеризуемые, подобно самому Д., сиротами, одинокими.

Как и *Гесер*, Д. совмещает отдельные черты культурного героя (в его демоноборческой ипостаси) и вселенского государя. Власть его признают 40 ханов (фольклорно-мифологическое выражение всеобщности). Его противники или просто «чужие» ханы, часто называемые «владыками четвёртой части земли»,— четыре хана, враги его отца, и четыре хана, предлагающие ему в жёны своих дочерей (эти персонажи отчасти связаны с представлениями о властителях четырёх сторон света). Возможно, при формировании представлений о Д. были привнесены переосмысленные идеи буддийской мифологии о царе-*чакравартине* (владеющем семью чудесными сокровищами, включая чудесное оружие, чудесного коня, прекрасную жену, мудрого советника и т. д.), не противоречащие, впрочем, собственно эпическим идеалам (так, именно чудесные сокровища Бумбы, обычно числом 5, являются предметом притязаний её врагов); соответственно в некоторых вариантах эпоса имя Д. подвергается модификации — Джагархан, т. е. «царь Индии». Однако в первую очередь

184 ДЖАННА

Д.— эпический монарх типа *Манаса* в мифах киргизов. В песнях о военных походах Д. и его богатырей (чаще всего Хонгора) сохранились элементы мифологической архаики. В одной из них Д. сватает Хонгора за красавицу Зандан Герел, которая оказывается демонической девой, уже имеющей женихом (или любовником) небесного богатыря. Победив соперника, расправившись с невестой и её отцом, Хонгор после долгого странствия находит свою настоящую суженую Герензал. Сватом вновь выступает Д. В другом сюжете Д. борется с персонажами, в своей основе, очевидно, хтоническими, затем ставшими небесными. Д. убивает сорокачетырёхголового муса (см. *Мангус*), который превращается в небесное чудовище Кюрюл Эрдени. Д. вступает в единоборство с Кюрюл Эрдени, но тот, приняв облик орла, уносит Д. на небо и подвергает там пыткам. Героя выручает дочь солнца, третья жена Кюрюл Эрдени, которую Д. некогда вызволил из утробы сорокачетырёхголового муса. Усыпив чудовище, она освобождает пленника. Д. убивает Кюрюл Эрдени, найдя и уничтожив его «внешнюю душу», хранившуюся в виде птенчика в брюхе марала. Д., спустившись с неба с помощью птицы *Гаруды* (её детей он спас от змея), долго странствует по земле, по верхнему (небесному), нижнему (подземному) мирам. Возвратившись домой, Д. находит свою жену Шабдал уже состарившейся. Внезапно он вновь уезжает из своей страны. Отъезд Д. обижает его богатырей, покидающих вслед за ним Бумбу. Воспользовавшись этим, в Бумбу нападает хан *шулмасов* Шара Гюргю. Вставший на защиту Бумбы Хонгор терпит поражение, попадает в плен к шулмасам и ввергается на дно адского озера (адской преисподней). Спасать его отправляется Д., вернувшийся в свою разгромленную ставку после того, как у него появился наследник. Он спускается в нижний мир, убивает демоническую старуху, её семерых кривых сыновей и последнего её сына, младенца в железной люльке, считавшегося неуязвимым.

В калмыцкой традиции в соответствии с представлениями о сверхъестественной природе дара эпического певца отмечается мифологическое происхождение песен о Д.: первый джангарчи (исполнитель «Джангариады») услышал сказания о Д. в потустороннем мире, при дворе Эрлик Номин-хана (*Эрлика*), и принёс их людям.   *С. Ю. Неклюдов.*

ДЖА́ННА (араб., «сад»), в мусульманской мифологии наиболее частое обозначение рая. Другие названия: «сад вечности» (Коран 25:16), «сады Эдема» (9:73), «сады благодати» (5:76), «фирдаус» (18:107), «обиталище мира» (6:127), «место пребывания» (40:42), «возвышенное» (83:18). Предание считает эти названия обозначением различных частей рая, расположенных на разных небесных сферах.

Подробное описание Д. содержится в различных сурах Корана (47:16—17; 55:54—76; 56:12—39; 76:12—22). Праведники пребывают там в садах «тёмно-зелёных», «там — реки из воды не портящейся и реки из молока, вкус которого не меняется, и реки из вина, приятного для пьющих, и реки из мёда очищенного» (см. также *Каусар*). В Д.— «плоды, и пальмы, и гранаты», «лотос, лишённый шипов» и талха (акация?), «увешанная плодами». В нём нет ни солнца, ни мороза. Праведники возлежат на «ложах расшитых», на «коврах разостланных», «на них одеяния зелёные из сундуса и парчи, и украшены они ожерельями из серебра». Они питаются «плодами из тех, что выберут, и мясом птиц, из тех, что пожелают», и «напитком чистым» из чаши, «смесь которой с имбирем», из текущего источника», «они не страдают ни головной болью и ослаблением». Праведникам прислуживают «мальчики, вечно юные», «отроки вечные — когда увидишь их, сочтёшь за рассыпанный жемчуг». Мальчики обходят праведников «с сосудами из серебра и кубками из хрусталя». «В воздаяние за то, что они делали», праведникам даны в супруги чернооокие, большеглазые» (см. *Гурии*). Охраняют Д. ангелы (*малаика*, в предании главного из них зовут Ридван).

В суре 55 образ Д. усложняется: называются два сада, два вида каждого плода. В послекоранической литературе Д. описывается как многоэтажная пирамида, увенчанная упоминаемым в Коране «крайним лотосом» (53:16), прото-Кораном, прото-Каабой.

Мусульманский образ рая продолжает древневосточные представления о стране блаженства (ср. *Тильмун*, Эдем). Чувственные и натуралистические описания Д. в Коране, видимо, порождены экстатическими образами, характерными для жителей пустыни. Богословы часто толкуют их как символы духовных и интеллектуальных наслаждений.
   М. Б. Пиотровский.

ДЖА́ТА, в мифах нгаджу острова Калимантан змееобразное женское божество. Д. извечна, обитает в нижнем подводном мире, вход в который находится в глубоком омуте на мировой реке. Подданные Д., когда находятся в нижнем мире, антропоморфны, поднимаясь в средний мир (земля), принимают облик крокодила. Земля, созданная *Махаталой*, лежит в мировом океане между хвостом и головой Д. и опирается на её горб. По другим версиям, Д. обвила землю и кусает собственный хвост (ср. *Пане на Болон*). Д. составляет амбивалентное единство с Махаталой (нашло отражение и в изображениях пернатой змеи и змееобразной птицы-носорога, распространённых в прикладном искусстве даяков Калимантана, в т. ч. нгаджу).
   М. Ч.

ДЖАХА́ННАМ, в мусульманской мифологии наиболее распространённое название ада (ср. с др.-евр. гехинном — геенна). В Коране упоминается как место грядущего наказания грешников: «Д.— место им назначенное всем» (15:45). Согласно Корану, в Д. попадут и люди, и *джинны* (11:120; 41:24), одни из которых будут пребывать там вечно (23:105), другие — временно (11:109). Главные мучения, которые ожидают грешников в Д.,— от жгучего огня. Образ огня преобладает в отличающемся натуралистическими деталями коранческом описании Д. Другие названия Д.— «огонь», «пламя». «А те, которые несчастны,— в огне, для них там вопли и рёв» (11:108). «Поистине, тех, которые не верили в наши знамения, мы сожжём в огне! Всякий раз, как сготовится их кожа, мы заменим её другой кожей, чтобы они вкусили наказания» (4:59). Грешники, находящиеся в Д., связаны цепями, «одеяние их из смолы, лица их покрывает огонь» (14:50—51), «огонь обжигает их лица и они... мрачны» (23:106). Питьё грешников — кипяток (37:65; 38:57), который «рассекает их внутренности» (47:17), и гнойная вода. Когда грешник проглатывает эту воду, «приходит к нему смерть со всех мест, но он не мёртв, а позади его — суровое наказание» (14:19—20). В Д. растёт дерево заккум, у которого вместо плодов — головы шайтанов (37:60—64). Сторожат Д. девятнадцать ангелов (*малаика*) во главе с Маликом.

По коранческому представлению, широко разработанному комментаторами и богословами, Д. образуется сочетанием концентрических воронкообразных кругов. Распространено предание, что Д. расположен ниже первого неба. Д. имеет ворота (39:71—73; в одном из описаний — семь ворот, 15:44). В некоторых местах Корана Д. представляется также в виде дрожащего, движущегося чудовища (89:24; 67:7—8).

Поздние варианты предания развивали коранческие представления о Д. В них появилось также толкование широко употребительного в Коране выражения «прямая дорога», «прямой путь» (ас сират ал-мустаким) как протянутого над Д. моста шириной в лезвие меча, по которому будут проходить люди в день страшного суда; праведники свободно идут по мосту, грешники падают в Д.
   М. Б. Пиотровский.

ДЖВА́РИ («крест»), у горцев Восточной Грузии локальные божества — покровители отдельных общин, селения, местности. Подчинены верховному божеству — распорядителю Мориге-гмерти. Были посланы им на землю, чтобы истребить дэвов (выступающих в роли дракона) и расчистить террито-

ДИДОНА 187

кинжал, с заклинаниями обнажённый при встрече с ней. Вырвавшему или отрезавшему у неё пучок волос Д. некоторое время служит, но, хитростью вернув свои волосы, от него уходит.

ДЗЮРО́ДЗИН («божество /долгой/ жизни и старости»), у японцев один из «*семи богов счастья*», божество долголетия. Часто Д. изображается в облике старика с палкой и свитком с записями о продолжительности жизни человека. Д. сопровождает олень, которому более 2000 лет.

А. Н. Игнатович.

ДИ́А, в самодийской мифологии (у энцев) герой. Выступает либо как небесный покровитель человеческого рода, либо как псевдобогатырь-трикстер; в обеих ипостасях продолжает образ культурного героя, устроителя земли, победителя чудовищ (ср. *Дяйку* у нганасан, *Ича* у селькупов, Йомбо у ненцев, Дебегей у юкагиров и др.). В астральном мифе Д.— небесный лыжник (его лыжня — Млечный путь). Движимый любопытством, он ходит повсюду, узнаёт и разносит вести. «Сирота-бог» Дюба-нга (выступающий как культурный герой) узнаёт от Д. о своём происхождении и земном предначертании, учится у него охоте на мелкую дичь (в другом варианте Д. и Дюба-нга — имена одного персонажа). Обширный цикл сюжетов полуанекдотического характера изображает Д. слабым человеком, плутовством достигающим своих целей. Так, он отбирает у злого духа рыболовные угодья, апеллируя в подтверждение своих мнимых прав на них к гласу небес (на них вещает его бабушка, посаженная им на дерево). Возможно, раздвоение образа культурного героя на бога-покровителя и трикстера отражено в сюжете о двух одинаковых Д., использующих своё сходство для обманов.

Е. А. Хелимский.

ДИА́НА, в римской мифологии богиня растительности, родовспомогательница, олицетворение луны. Была отождествлена с *Артемидой* и *Гекатой*, получив эпитет Тривия — «богиня трёх дорог» (её изображение помещалось на перекрёстках), толковавшийся также как знак тройной власти Д.: на небе, земле и под землёй (Serv. Verg. Aen. IV 511). Особенно известны святилища Д. на горе Тифате в Кампании (отсюда Д. Тифатина) и на озере Арация в роще на озере Неми (VI 136; VII 515). Д. считалась богиней — покровительницей Латинского союза, с переходом главенства в этом союзе к Риму царём Сервием Туллием был основан на Авентине храм Д., ставший излюбленным местом культа для происходивших из переселившихся в Рим и взятых в плен латинян, плебеев и рабов; годовщина основания храма считалась праздником рабов — servorum dies (Liv. I 45; Dion. Halic. IV 26; Ovid. Fast. III 26). Это обеспечило Д. популярность среди низших классов, составлявших многочисленные коллегии её почитателей, из которых особенно известна благодаря сохранившемуся уставу коллегия Д. и Антиноя в Лануви (CIL XIV 2112). С храмом Д. на Авентине связано предание о необыкновенной корове, владельцу которой было предсказано, что тот, кто принесёт её в жертву Д. в этом храме, обеспечит своему городу власть над Италией. Царь Сервий Туллий, узнав об этом предсказании, хитростью завладел коровой, принёс её в жертву и прикрепил её рога в храме. Д. считалась олицетворением луны, так же как её брат *Аполлон* в период позднеримской античности идентифицировался с солнцем. Впоследствии отождествлялась с Немесидой и карфагенской небесной богиней Целестой. В римских провинциях под именем Д. почитались туземные богини — «хозяйки леса», богини-матери, подательницы растительного и животного плодородия.

Е. М. Штаерман.

ДИВ, д и́ в а, в восточнославянской мифологии демонический персонаж. Упомянут в средневековых «Словах»-поучениях против язычества (в форме «дива») и дважды в «Слове о полку Игореве»: приурочен к верху дерева («Дивъ кличетъ връху древа») и спускается вниз («уже връжеса дивъ на землю»). Демон и женский мифологический персонаж со сходным именем известен у западных славян (чеш. divý muž, divá žena, польск. dzivožona;

серболужицк. dźiwja žona, dźiwica, обычно связываемые с лесом), а также у южных славян (болг. самодива, синонимичное самовиле, см. *Вилы*). Слово первоначально было связано, с одной стороны, с русским «диво» и родственными славянскими обозначениями чуда, с другой стороны — со славянскими и балтийскими словами в значении «дикий», происходящими из «божий»: ср. укр. дивий — «дикий», старослав. «дивии», болг. «див», польск. dziwy, «дикий» при латыш. dieva zuosis, «дикий гусь» — первоначально в значении «гусь бога»; ср. также родственное хеттское šiu-«бог» в šiunaš huitar, «животные богов», и «дикие звери», и типологические кетские параллели — Ēśdə Sel, «дикий олень», т. е. «олень бога Эся». Развитие в славянском отрицательного значений типа «дикий» иногда связывают с влиянием иранской мифологии, в которой родственное слово из общеиндоевропейского значения «бог» (см. также *Дый*) превратилось в обозначение отрицательного мифологического персонажа — дэва (см. *Дэвы*). В значении «бог» у иранцев выступило переосмысленное обозначение доли (др.-инд. bhaga); ср. слав. *Бог*; оба эти взаимосвязанных процесса объединяют славянские и иранские языки и мифологии. След древнего индоевропейского значения «бог ясного неба» можно видеть в мотиве падения Д. на землю, имеющем соответствия в древнеиранском (patat dyaoš, «сверзился с неба») и древнегреческом (διοπετής, «сверженный с неба»; ср. также хеттский миф о луне, упавшем с неба, и т. п.).

В. В. Иванов, В. Н. Топоров.

ДИА́Н КЕХТ, в ирландской мифологии один из богов *племён богини Дану*, искусный врачеватель. Возвращал жизнь павшим в битве с *фоморами*, погружая их в чудесный источник. Сделал серебряную руку *Нуаду*. Д. призывался в Ирландии вплоть до 18 в. в народных заговорах и ворожбе.

С. Ш.

ДИВАНА́, в мифологии туркмен и татар, таджиков, узбеков (д е в о н а́), азербайджанцев (диванэ́), башкир (д и у а н а́), киргизов (д у б а н а́, д у в а н а́, д у м а н а́), казахов (д у а н а́), каракалпаков (д и й у а н а́) юродивый, считающийся святым (суфием). Термин «Д.» (от тадж.-перс. девона, «одержимый дэвом»), по-видимому, возник тогда, когда дэвы ещё не считались злыми духами. Известия средневековых китайских источников позволяют предположить, что вплоть до раннего средневековья Д. называли шаманов. От доисламской мифологии Д. воспринял в мифах и эпосе функции чудесного помощника героя (в архаических вариантах мифов эта роль принадлежала, очевидно, духу-покровителю). Прорицатель и кудесник, Д. способствует рождению детей (напр., богатыря *Алпамыша*), скрепляет браки, устраняет трудности, стоящие на пути героя. Обычно он безымянен, но иногда Д. называются и известные святые (как реальные исторические лица, например основатель ордена накшбандийя Бахаведдин, так и мифические, например *чильтаны*, *Буркут-баба*).

В. Б.

ДИГГА́ДЖИ, д и г н а́ г и, д и н н а́ г и, в древнеиндийской мифологии космические слоны, охраняющие стороны света вместе с богами-*локапалами*. Главным среди слонов считается *Айравата*, слон бога Индры, охранителя востока. Пундарика (слон бога *Агни*) охраняет юго-запад, Вамана (слон *Ямы*) — юг, Кумуда (слон *Сурьи*) — юго-восток, Анджана (слон *Варуны*) — запад, Пушпаданта (слон *Ваю*) — северо-запад, Сарвабхаума (слон *Куберы*) — север, Супратика (слон *Сомы*) — северо-восток.

С. С.

ДИДО́НА, Э л и́ с с а, в римской мифологии царица, основательница Карфагена, дочь царя Тира, вдова жреца Геракла Акербаса или Сихея, которого убил брат Д. Пигмалион, чтобы захватить его богатство. Бежав после смерти мужа со многими спутниками и сокровищами в Африку, Д. купила у берберского царя Ярба землю. По условию она могла взять столько земли, сколько покроет бычья шкура; разрезав шкуру на тонкие ремни, Д. окружила ими большой участок и основала на этой земле цитадель Карфагена Бирсу (букв. «шкура»). При её закладке были найдены головы быка и коня, что предвещало Карфагену богатство и военную мощь, уступающую, однако, римской (при закладке храма на Капитолии в Риме была найдена человеческая голова — знак господства Рима над миром). По версии Юстина (XVIII 4—7), восходящей к более ранним греческим или финикийским источникам, Д., преследуемая сватовством Ярба, взошла на костёр, храня верность памяти мужа. Римская традиция связала Д. с *Энеем*. Возможно, впервые эта связь была отражена в поэме Невия (3—2 вв. до н. э.) о Пунической войне. Обработал её Вергилий в четвёртой книге «Энеиды»: когда корабли Энея по пути из Трои прибыли в Карфаген, она по воле Венеры стала любовницей Энея. Однако Юпитер послал к Энею Меркурия с приказом плыть в Италию, где ему было предназначено стать предком основателей Рима. Не перенеся разлуки с Энеем, Д. покончила с собой, взойдя на костёр и предсказав вражду Карфагена с Римом. Образ Д., возможно, восходит к финикийскому божеству; карфагеняне чтили её как богиню. *Е. Ш.*

ДИЕВАС, Д и е́ в с, Д и е́ в, Д е́ й в с (литов. diẽvas, латыш. dievs, прус. deiws), в балтийской мифологии обозначение божества и вместе с тем главного из богов. Иногда этот главный бог имеет и другие названия, например прус. *Окопирмс*, «самый первый», латыш. Debestēvs или Debess tēvs, «отец неба» и др. Д. стоит над всеми богами, но обычно он пассивен и непосредственно не влияет на судьбы людей. У Д. есть помощники и дети. Нередко его помощником оказывается громовержец *Перкунас*; впрочем, часто Перкунас смешивается с Д. и выступает в его качестве. У бога есть сыновья (литов. Dieyo sūneliai, латыш. Dieva deli, наряду с Pērkōna dēli, «сыновья Перкона»), с которыми связан целый комплекс архаических представлений, восходящий к индоевропейскому культу божественных близнецов. В латышских народных песнях сохранились фрагменты мотивов и символы, связывающие детей Диеваса с обожествляемыми близнецами других традиций — древнегреческими *Диоскурами*, древнеиндийскими *Ашвинами*: сыновья бога влюблены в дочь бога (литов. Saulės duktė, латыш. Saules meita, «дочь солнца», отсюда и эстонская *Сальме*); ожидая её, они зажигают два огня на море, катают дочь солнца по морю в яблоневой лодке, по суше едут к её дому на двух конях. Этот мотив связан с мифом о «небесной свадьбе» (см. *Аусеклис, Аушра*), в котором сам Д. персонифицирует сияющее небо: это подтверждается и этимологией имени (ср. др.-инд. *Дева*, др.-иран. *Дэвы*, лат. deus, рус. *Див* и др.). Д. чаще всего оказывается вне сюжетов, если не считать мотива супружества Д. и *Дейве*, в др. вариантах мифа — Сауле (Солнца) или дочери Сауле.
В. В. Иванов, В. Н. Топоров.

ДИКАЯ ОХОТА, в западноевропейской низшей мифологии название возникающих на небе видений, которые принимались за сонм призраков, привидений, следующих в ад душ и пр. Корни представлений о Д. о. уходят в кельтскую и германскую языческую древность. Скорее всего они связаны с преданиями о воинстве мертвецов, проносящемся по небу во главе с *Одином*. Во французских преданиях на Д. о. несомненно влияние легенд об охоте короля Артура на дикого вепря Турх Труйта, опустошавшего Ирландию и Уэльс, всё время уходившего от погони, оставляя за собой мертвецов и разрушения. В средневековье с Диким охотником, Чёрным всадником и др. названиями главаря охоты связывались исторические личности и христианские святые, а также персонажи библейских преданий. *С. Ш.*

ДИКЕ, Д и́ к а, в греческой мифологии божество справедливости, дочь Зевса и Фемиды (Hes. Theog. 901 след.), одна из *гор*. По своим функциям она близка богиням *Адрастее* и *Фемиде*. «Неумолимая» Д. хранит ключи от ворот, через которые пролегают пути дня и ночи (Parmenides B 11—14 D). Она — вершительница справедливости в круговороте душ (Plat. Phaedr. 249 b). Она следует с мечом в руках за преступником и пронзает нечестивца (Eur. Bacch. 993—996). В Д. больше персонифицированности, чем живой мифологической образности. По сообщению Павсания (V 18, 2), Д. была изображена душащей и избивающей Несправедливость на знаменитом ларце Кипсела, тирана Коринфа (7 в. до н. э.). *А. Т.-Г.*

ДИКТИС, в греческой мифологии брат царя острова Серифа *Полидекта*. В сети Д., ведущего образ жизни простого рыбака (имя Д., вероятно, от слова «сеть»), попадает ящик, в котором были заключены *Даная* вместе с младенцем *Персеем*. Д. даёт приют спасённым. Спасению Данаи были посвящены трагедия Еврипида «Д.» (frg. 331—347) и сатировская драма Эсхила «Тянущие невод» (её отрывки обнаружены на папирусе). *В. Я.*

ДИ-КУ, Д и К у (Ди означает «божество», «владыка», «государь», для позднего времени — «император»; Ку — имя собственное), герой древнекитайской мифологии. Предполагают, что Д.-К. идентичен *Ди-Цзюню*, его сближают с *Шунем* и *Куем*. По преданию, Д.-К. родился чудесным образом и сам сказал, что его зовут Цзюнь (отсюда и возможная контаминация с Ди-Цзюнем, несмотря на некоторое отличие в написании имён). Он представлялся существом с птичьей головой (птица — тотем восточнокитайских племён) и туловищем обезьяны. Весной и летом он разъезжал на драконе, осенью и зимой — на коне. Он считался правнуком *Хуан-ди*. Прозвище его было Гао-синь. Источники, например «Исторические записки» Сыма Цяня (ок. 145— ок. 86 до н. э.), рисуют его идеальным, справедливым правителем, который «брал богатства у земли и бережно использовал их, ласково наставлял народ и учил его получать выгоду, наблюдал движение солнца и луны, встречая и провожая их; распознавал духов и с почтением служил им... Действия его были всегда своевременными, а одежда — как у простого чиновника». В раннесредневековых источниках Д.-К. рисуется со щитом на голове и со сросшимися зубами, имевшимися у него от рождения как знак необычного героя. Считается, что он в 15 лет начал помогать в управлении своему дяде (вариант: брату) Чжуань-сюю, а в 30 взошёл на престол и правил 70 (или 75 лет), умер в 100-летнем возрасте. Существует много преданий о жёнах Д.-К. Одна из них не касалась ногами земли. Ей часто снилось, что она глотает солнце и после этого у неё рождался сын. Она родила Д.-К. восемь сыновей. В древних исторических памятниках, где Д.-К. представлен как реальный государь, у него четыре жены: Цзянъюань, Цзяньди (мать Се), Циню и Чанъи.

Существует ещё широко известное предание о двух сыновьях Д.-К. Янь-бо и Ши-чжэ, которые вечно спорили, не желая ни в чём уступать друг другу. В конце концов Д.-К. послал одного из них управлять звездой Шан, а другого звездой Шэнь. Звёзды эти никогда одновременно не светили на небе.

Известен ханьский рельеф с изображением Д.-К. в одеянии государя из предмогильного святилища У Ляна (середина 2 в. н. э.). *Б. Л. Рифтин.*

ДИНА, в талмудической литературе это имя предлагается возводить к глаголу dwn, «судить»), в ветхозаветном предании (Быт. 34) единственная дочь *Иакова* от Лии. Когда Иаков был в стране Сихемской, Д. похитил Сихем, сын Еммора, князя страны, и совершил над ней насилие. Тогда братья Д. (сыновья Иакова и Лии) Левий и Симеон (а в позднейшей версии все сыновья Иакова), мстя за похищение Д., убили Еммора и его сыновей, а с ними и всех мужчин — жителей страны Сихемской, и разграбили их город Сихем (древнее святилище, где Иаков воздвиг жертвенник, Быт. 33, 20).

Предполагается, что в мифе о похищении Д. персонифицированы пришедшие позднее в упадок древние сакральные города (город Сихем как сын Еммора) и части племён (или племена). При допущении такой исторической основы мифа его можно отнести к эпохе, предшествующей заселению еврейскими племенами Палестины (в позднейший период, связываемый с именем Моисея). Это предположение находит документальное основание в материалах из древнеегипетского Тель-эль-Амарнского архива, относящихся к 14 в. до н. э., где упомянут Лабая (возможно, имя, соответствующее Левию), «отдавший Сихем людям хабиру». Содержащийся в рассказе о Д. эпизод об обряде обрезания, совершённом правителями и жителями Сихема по требованию Левия и Симеона, которые воспользовались болезненным состоянием мужчин города, чтобы перебить их, принадлежит к числу мифопоэтических элементов повествования. *В. В. Иванов.*

ДИОМЕ́Д, в греческой мифологии: 1) царь Фракии, сын *Ареса*, кормивший своих коней мясом захваченных чужеземцев. *Геракл* одолел Д. и бросил его на съедение коням-людоедам, которых потом привёл к царю Эврисфею; 2) сын этолийского царя *Тидея* и дочери *Адраста* Деипилы. Вместе с Адрастом принимает участие в походе и разорении Фив (Apollod. III 7, 2). Как один из женихов Елены Д. сражается впоследствии под Троей, возглавляя ополчение на 80 кораблях. Он убивает множество троянцев и нападает на *Энея*, которого спасает от гибели Афродита. Тогда Д. обрушивается на богиню, ранит её и заставляет оставить поле боя. Пользуясь покровительством Афины, Д. выходит в бой против самого бога Ареса и тяжело его ранит (подвигам Д. отводится почти вся V книга «Илиады»). Вместе с *Одиссеем* Д. отправляется на разведку во вражеский лагерь; по дороге они убивают троянского разведчика Долона, а затем нападают на пришедшего на помощь троянцам фракийского царя Реса, убивают его и многих воинов его свиты и уводят с собой знаменитых коней Реса (Hom. Il. X 203—514). Д. участвует в погребальных играх в честь *Патрокла*; вместе с Одиссеем проникает в осаждённую Трою и похищает там статую Афины (Палладий), обладание которой предвещало победу над троянцами. С Одиссеем Д. отправляется также на остров Лемнос за *Филоктетом*. Д. долго слывёт (вместе с Нестором) одним из немногих ахейских героев, благополучно вернувшихся домой из-под Трои (Apollod. epit. V 8; 13); поздние источники вводят версию об измене жены Д. *Эгиалы*, вследствие чего Д. вынужден бежать из Аргоса и окончить свою жизнь в Италии. Хотя традиция называет Д. сыном Тидея — царя Этолии, в «Илиаде» он возглавляет ополчение из Аргоса, Тиринфа, Эпидавра и других городов юго-восточной Арголиды (II 559—568); по числу кораблей войско Д. уступает лишь полкам Агамемнона и Нестора. В этом отражается воспоминание не только о былом могуществе Аргоса, но и о значении самого Д. как древнейшего военного божества аргивян. Щит Д. с культовым изображением Афины находился в её храме в Аргосе. Д. приписывалось основание храма Афины «Остроглядящей» (Paus. II 24, 2), находившегося здесь статую Афины отождествляли с похищенным ахейцами в Трое Палладием. Д. считался основателем храмов Афины в городе Метона (Мессения) и городе Прасии (Аттика). в Саламине (Кипр) он почитался вместе с Афиной. Эта древнейшая связь Д. с Афиной отразилась в мифах о постоянной помощи Афины герою [в «Илиаде»; в варианте мифа (Pind. Nem. X 7) Афина сделала Д. богом; по другой версии, Д. был перенесён вместе с *Ахиллом* на острова блаженных]. Культ Д. был занесён ахейскими колонистами в Италию (отсюда поздняя версия о его скитаниях и смерти в Италии). *В. Н. Ярхо.*

ДИО́НА, в греческой мифологии дочь Геи и Урана (Apollod. I 1, 2) или одна из океанид (Hes. Theog. 353). У Гомера (Il. V 370 след.) Д. — супруга Зевса и мать Афродиты; одно из имён Афродиты — Диона (Ovid. Fast. II 461). *А. Т.-Г.*

ДИОНИ́С, Б а́ х у с, В а к х, в греческой мифологии бог плодоносящих сил земли, растительности, виноградарства, виноделия. Божество восточного (фракийского и лидийско-фригийского) происхождения, распространившееся в Греции сравнительно поздно и с большим трудом утвердившееся там. Хотя имя Д. встречается на табличках критского линейного письма «В» ещё в 14 в. до н. э., распространение и утверждение культа Д. в Греции относится к 8—7 вв. до н. э. и связано с ростом городов-государств (полисов) и развитием полисной демократии. В этот период культ Д. стал вытеснять культы местных богов и героев. Д. как божество земледельческого круга, связанное со стихийными силами земли, постоянно противопоставлялся *Аполлону* — как прежде всего божеству родовой аристократии. Народная основа культа Д. отразилась в мифах о незаконном рождении бога, его борьбе за право войти в число олимпийских богов и за повсеместное установление своего культа.

Существуют мифы о разных древних воплощениях Д., как бы подготавливающие его приход. Известны архаические ипостаси Д.: *Загрей*, сын Зевса Критского и Персефоны; *Иакх*, связанный с Элевсинскими мистериями, сын Зевса и Деметры (Diod. III 62, 2—28). Согласно основному мифу, Д.— сын Зевса и дочери фиванского царя Кадма *Семелы*. По наущению ревнивой Геры Семела попросила Зевса явиться к ней во всём своём величии, и тот, представ в сверкании молний, испепелил огнём Семелу и её терем. Зевс выхватил из пламени Д., появившегося на свет недоношенным, и зашил его в своё бедро. В положенное время Зевс родил Д., распустив швы на бедре (Hes. Theog. 940—942; Eur. Bacch. 1—9, 88—98, 286—297), а потом отдал Д. через Гермеса на воспитание нисейским нимфам (Eur. Bacch. 556—559) или сестре Семелы Ино (Apollod. III 4, 3). Д. нашёл виноградную лозу. Гера вселила в него безумие, и он, скитаясь по Египту и Сирии, пришёл во Фригию, где богиня Кибела — Рея исцелила его и приобщила к своим оргиастическим мистериям. После этого Д. через Фракию отправился в Индию (Apollod. III 5, 1). Из восточных земель (из Индии или из Лидии и Фригии) он возвращается в Грецию, в Фивы. Во время плавания с острова Икария на остров Наксос Д. похищают морские разбойники-тирренцы (Apollod. III 5, 3). Разбойники приходят в ужас при виде удивительных превращений Д. Они заковали Д. в цепи, чтобы продать в рабство, однако оковы сами упали с рук Д.; оплетя виноградными лозами и плющом мачту, паруса корабля, Д. явился в виде медведицы и льва. Сами пираты, бросившиеся со страха в море, превратились в дельфинов (Hymn. Hom. VII). В этом мифе отразилось архаическое растительно-зооморфное происхождение Д. Растительное прошлое этого бога подтверждается его эпитетами: Эвий («плющ», «плющевой»), «виноградная гроздь» и т. д. (Eur. Bacch. 105, 534, 566, 608). Зооморфное прошлое Д. отражено в его оборотничестве и представлениях о Д.-быке (618, 920—923) и Д.-козле. Символом Д. как бога плодоносящих сил земли был фаллос.

На острове Наксос Д. встретил любимую им *Ариадну*, покинутую Тесеем, похитил её и на острове Лемнос вступил с ней в брак; от него она родила Энопиона, Фоанта и др. (Apollod. epit. I 9). Повсюду, где появляется Д., он учреждает свой культ; везде на своём пути обучает людей виноградарству и виноделию. В шествии Д., носившем экстатический характер, участвовали вакханки, сатиры, менады или бассариды (одно из прозвищ Д.— Бассарей) с тирсами (жезлами), увитыми плющом. Опоясанные змеями, они всё сокрушали на своём пути, охваченные священным безумием. С воплями «Вакх, Эвое» они славили Д.-Бромия («бурного», «шумного»), били в тимпаны, упиваясь кровью растерзанных диких зверей, высекая из земли своими тирсами мёд и молоко, вырывая с корнем деревья и увлекая за собой толпы женщин и мужчин (Eur. Bacch. 135—167, 680—770). Д. славится как Лиэй («освободитель»), он освобождает людей от мирских забот, снимает с них путы размеренного быта, рвёт оковы, которыми пытаются опутать его враги, и сокрушает стены (616—626). Он насылает безумие на врагов и страшно их карает; так он поступил со своим двоюродным братом фиванским царём Пенфеем, который хотел запретить вакхические неистовства. Пенфей был растерзан вакханками под предводительством своей матери *Агавы*, принявшей в состоянии экстаза сына за животное (Apollod. III 5, 2; Eur. Bacch. 1061—1152). На Ликурга — сына царя эдонов, выступавшего против культа Д., бог наслал безумие, а затем Ликург был растерзан своими же лошадьми (Apollod. III 5, 1).

В число 12 олимпийских богов Д. вошёл поздно. В Дельфах он стал почитаться наряду с Аполлоном. На Парнасе каждые два года устраивались оргии в честь Д., в которых участвовали фиады — вакханки из Аттики (Paus. X 4, 3). В Афинах устраивались торжественные процессии в честь Д. и разыгрывался священный брак бога с супругой архонта басилевса (Aristot. Rep. Athen. III 3). Из религиозно-культовых обрядов, посвящённых Д. (греч. tragodia, букв. «песнь о козле» или «песнь козлов», т. е. козлоногих сатиров — спутников Д.), возникла древнегреческая трагедия. В Аттике Д. были посвящены Великие, или Городские, Дионисии, включавшие торжественные процессии в честь бога, состязания трагических и комических поэтов, а также хоров, исполнявших дифирамбы (проходили в марте — апреле); Леней, включавшие исполнение новых комедий (в январе — феврале); Малые, или Сельские, Дионисии, сохранившие пережитки аграрной магии (в декабре — январе), когда повторялись драмы, уже игранные в городе.

В эллинистическое время культ Д. сливается с культом фригийского бога *Сабазия* (Сабазий стало постоянным прозвищем Д.). В Риме Д. почитался под именем Вакха (отсюда вакханки, вакханалии) или Бахуса. Отождествлялся с *Осирисом, Сераписом, Митрой, Адонисом, Амоном, Либером*.

А. Ф. Лосев.

ДИОСКУ́РЫ («сыновья Зевса»), в греческой мифологии Кастор и Полидевк, близнецы, сыновья Зевса, братья *Елены* и *Клитеместры*. По одной из версий мифа (Apollod. III 10, 7), Полидевк и Елена — дети Леды от Зевса, Кастор и Клитеместра — её дети от спартанского царя Тиндарея (поэтому Полидевк считался бессмертным, а Кастор — смертным). Д.— участники ряда героических предприятий; Полидевк — кулачный боец, Кастор — укротитель коней. Они вернули на родину похищенную *Тесеем* Елену, воспользовавшись его отъездом из Афин. Д.— участники похода аргонавтов, в котором Полидевк победил в кулачном бою царя Амика (Apoll. Rhod. II 1—97), *калидонской охоты* (Ovid. Met. VIII 301 след.). Д. соперничали со своими ближайшими родичами *Афаретидами*, у которых похитили невест — Фебу и Гилаейру — дочерей своего дяди Левкиппа. Кроме того, Д. и Афаретиды вступили в спор из-за дележа стада быков; в поединке Кастор пал от руки Идаса, но и сам как Полидевк убил Линкея; Зевс же поразил перуном убийцу сына (Apollod. III 11, 2; Theocr. XXII 137—212). У Гомера в «Илиаде» Елена во время Троянской войны напрасно высматривает братьев на Троянской равнине, не зная об их уходе из мира жизни (Hom. Il. III, 236—244). Бессмертный Полидевк был взят Зевсом на Олимп, но из любви к брату уделил ему часть своего бессмертия, они оба попеременно в виде утренней и вечерней звезды в созвездии Близнецов являются на небе (Ps.-Eratosth. 10). В мифе о Д.— элементы древнего индоевропейского почитания божественных близнецов как помощников человека (особенно воинов, всадников, моряков). Хотя Д. считались дорийскими героями, их культ распространился далеко за пределы Спарты. В мифе о победе Д. над Афаретидами — отзвуки исторической победы спартанцев над мессенцами (8—7 вв. н. э.). В Спарте Д. почитали в виде архаических фетишей — двух крепко соединённых друг с другом брёвен (Plut. De frat. amor. I). В мифах о Д. заметны мотивы периодической смены жизни и смерти, света и мрака — поочерёдное пребывание в царстве мёртвых и на Олимпе. В римской мифологии Д. именуются Кастор и Поллукс.

А. А. Тахо-Годи.

ДИ́РКА, в греческой мифологии жена фиванского царя *Лика*, притеснявшая *Антиопу*, возлюбленную Зевса. Когда сыновья Антиопы Зет и Амфион, рождённые ею от Зевса, выросли и захватили Фивы, они, мстя за муки матери, убили Лика, а Д. обрекли на жестокую казнь — привязали её к рогам дикого быка. Тело убитой Д. было брошено в ручей на Кифероне, который получил её имя (Apollod. III 5, 5). Д. посвящена не дошедшая до нас трагедия Еврипида (Hyg. Fab. 7 и 8).

М. Б.

ДИСПА́ТЕР, в римской мифологии бог подземного мира. Отождествлялся с греческим Плутоном. Ему были посвящены устраивавшиеся раз в сто лет т. н. секулярные игры с искупительными ночными жертвоприношениями (первые проводились в 249 до н. э.); особенно торжественно (вместе с празднествами в честь Аполлона и Дианы) они отмечались в 17 до н. э. Августом.

Е. Ш.

ДИ́СЫ, в германо-скандинавской мифологии низшие женские божества, считавшиеся помощницами при родах и имевшие, возможно, отношение и к культам плодородия; в «Старшей Эдде» служат обозначением *норн* и *валькирий*. Богиня Фрейя однажды (в «Младшей Эдде») названа «дисой ванов». У западногерманцев Д.— женщины-воины или женские духи битвы, подобные валькириям.

Е. М.

ДИ́ТИ («связанность», «ограниченность»), в ведийской и индуистской мифологии старшая дочь *Дакши*, одна из жён *Кашьяпы*, мать демонов-асур *дайтьев*; вместе с *Дану*, её сестрой, — родоначальница рода *асур*. В этом отношении Д. противостоит другой своей сестре *Адити*, родоначальнице богов. Среди сыновей Д. *Ваджранга, Майя, Хираньякша* и *Хираньякашипа*. Д. упоминается в «Ригведе» лишь трижды (дважды с Адити), в связи с Митрой, Варуной, Агни, Савитаром и Бхагой. Как богиня Д. появляется и в поздних самхитах (AB VII 7, 1 упоминает сыновей Д.), но сюжеты, связанные с Д. и её сыновьями, характерны в первую очередь для эпоса, где в качестве её мужа фигурирует Випрачити.

В. Т.

ДИЦЗА́Н-ВАН, в поздней китайской мифологии повелитель подземного царства (китайская версия буддийского *бодхисаттвы Кшитигарбха*), в обязанность которого входило спасение душ из *дийу* («подземное судилище»). Он должен был посещать ад и во имя сострадания и любви переводить души на небо. В отличие от Индии, в Китае Д. считался верховным владыкой ада, ему подчинены князья 10 судилищ. Особенно почитался в провинциях Аньхой и Цзянсу. Согласно «Запискам о поисках духов трёх религий» (15—16 вв.), в качестве Д. был обожествлён буддийский монах из государства Силла на Корейском полуострове (по другой версии, родом из Индии) по имени Фу Лобу, в монастыре Мулянь, будто бы приплывший в Китай в 8 в. и поселившийся на горе Цзюхуашань в Аньхое. 99 лет он собрал учеников, простился, сел в гроб, скрестил ноги и умер, превратившись в Д. Однако культ Д. в Китае начался ещё в 8 в., т. к. известны его изображения 6 в.

Д. изображается стоящим, реже сидящим, в одеянии индийского или чаще китайского буддийского монаха, с бритой головой. В правой руке металлический посох с надетыми на него 6 оловянными кольцами, которые позванивают при ходьбе. Посох служит Д. для открывания дверей дийу. В левой руке у Д. жемчужина, свет которой освещает дорогу в подземном мире. Иногда к одеянию монаха добавляется церемониальный головной убор государя, тогда Д. изображается сидящим или стоящим на троне (или на льве). Иногда его сопровождают двое святых, один держит посох, другой — жемчужину. Проходя по судилищу, Д. может вызволить оттуда грешные души, позволяя им родиться вновь.

30-го дня 7-й луны, в день рождения Д., устраивались празднества (считалось, что Д. спит все дни в году, кроме этого), зажигали свечи и ароматные курения, дети строили пагоды из кирпичей и черепицы, женщины делали юбки из красной бумаги, совершая обряд снятия их (это-де облегчит будущие роды). О Д. существует несколько религиозных сочинений, как буддийских, так и относящихся к тайным религиозным сектам. В 15-й день 7-й луны (начало праздника поминовения голодных духов) к Д. обращались с молитвами о спасении из Преисподней душ покойных предков и родителей.

Б. Л. Рифтин.

ДИ-ЦЗЮНЬ, Ди Цзюнь, в древнекитайской мифологии верховный владыка, почитавшийся восточными иньцами. На древнейших гадательных костях его имя Цзюнь (ди означает первопредка, повелителя, государя) записывалось пиктограммой, изображавшей, по мнению одних учёных, человекообразную обезьяну, по мнению других,— существо с головой птицы и туловищем человека. Исследователь Юань Кэ предполагает, что пиктограмма изображает одноногое существо с птичьей головой, с рогами, обезьяньим туловищем и хвостом, двигавшееся по дороге с палкой в руке. Образ Д. контаминировался с образами *Ди-Ку* и *Шуня*. После завоевания иньского царства чжоусцами (11 в. до н. э.) Д. как верховное божество иньцев был во многом вытеснен *Хуан-ди*. Согласно «Книге гор и морей», Д. опускался с неба на землю и дружил с пятицветными птицами, которые следили за его жертвенным алтарём. В этом мифе, видимо, отразились тотемические представления, зафиксированные и в облике Д. У Д. было три жены: *Си-хэ*, родившая 10 сыновей-солнц, Чан-си, родившая 12 дочерей-лун, и Э-хуан, родоначальница страны трёхтелых. Сохранились разрозненные предания о многочисленных потомках Д., которым приписывается изобретение различных предметов, а также основание различных стран.

Б. Р.

ДИ-ЦЗЯН («предок-река»), в древнекитайской мифологии одно из архаических божеств, которое, согласно «Книге гор и морей», представляли в виде чудесной птицы, похожей на жёлтый, словно огонь, мешок, имеющей шесть ног и четыре крыла. У Д.-ц. нет ни лица, ни глаз, однако он знает толк в пении и танцах. По некоторым древним толкованиям, имя Д.-ц. следует читать как Ди-хун («предок-лебедь»), некоторые авторы считали его отцом *Хуньтуня* («хаоса»), другие отождествляли его с *Хуанди*, в чём следует видеть отражение стадиально более поздних взглядов. В образе Д.-ц. и особенно его сына Хуньтуня запечатлены древнейшие представления о первозданном хаосе, который, возможно, мыслился водяным хаосом (отсюда и имя персонажа).

Б. Р.

ДИША (от ди, «земля» и ша, «зловредное влияние духов»), в китайской народной мифологии духи 72 звёзд, оказывающие дурное влияние. Д. противостоят 36 духам звёзд Большой Медведицы, именуемым тяньган (тянь, «небо», ган, «Большая Медведица»). Д., несмотря на то что они являются духами звёзд, считаются неким воплощением злых сил земли. Повелителем Д. считается некий юноша-маг, который расправляется с Д., пронзая их вилами и бросая в земляные кувшины. Затем он относит их в пустынные места и бросает в огонь, очертив круг извёсткой, чтобы Д. не могли выбраться из огня.

Б. Р.

ДИЮ ПЭРИЁ, в мифологических представлениях казанских татар (дию пэрие), башкир (дейеу пэрейё) низшие духи. Объединяют две их разновидности: *дэвов* и *пари*. Согласно мифам казанских татар, Д. п. живут под землёй и на дне моря, где имеют свои города и царства, а по земле странствуют, оставаясь невидимыми. Могут, однако, и показаться людям в каком либо облике, чаще всего человеческом. В облике девицы выходят за людей замуж и живут с ними. Иногда похищают девочек и женятся на них. Завлекают людей в свои владения, заводят в дома и угощают. Однако, если при этом произнести мусульманскую формулу «бисмилла» (араб.— «во имя аллаха»), наваждение исчезнет, а угощение обратится в лошадиный помёт. У других народов, принявших ислам, подобный сюжет имеют мифы о *джиннах*.

В мифологии башкир Д. п.— царь ветров, повелитель духов — хозяев ветров пярей (пари). Духи ветров антропоморфны, считалось, что они ведут тот же образ жизни, что и люди. Имелись также представления о Д. п.— неуязвимом чудовище, которого можно убить, только поразив в пятку (эпос «Кузы-Курпес и Маян-Хылу»). Образ Д. п. известен также казахам.

В. Б.

ДИЮЙ («подземное судилище»), в поздней китайской мифологии ад. Представления о Д. сложились под влиянием буддизма, проникшего в Китай в начале нашей эры. Согласно поздним представлениям о шести формах перерождения, которые назначаются в Д. умершему, те, кто творили только добро, рождаются вновь в облике князей, полководцев и сановников; менее добродетельные — в облике купцов, учёных, ремесленников и земледельцев либо вдовцов, бездетных, сирот. Затем следует наказание в виде рождения в облике животных, птиц и насекомых или пресмыкающихся.

По древнекитайским представлениям, души умерших отправляются к Жёлтому подземному источнику или в местность Хаоли, или на гору Тайшань, а их дальнейшую судьбу вершат духи земли и гор. В 4—6 вв. у даосов упоминается Лофэн — столица подземного царства, находящаяся на горе на крайнем севере, позднее 6 небесных дворцов, по которым распределялись души умерших. К 9 в. появилось описание 24 подземных судилищ на горе Фэнду. В это время у китайских буддистов появляется представление о десяти залах Д. Примерно в 13—15 вв., когда складывалась народная синкретическая религия, была установлена и иерархия божеств загробного мира во главе с *Юй-ди*, которому подчинён бог мёртвых *Дицзан-ван*. Кроме этого, ещё существует Дунъюэдади («великий император восточной горы»), которому подчинены десять князей Д., в просторечье именовавшиеся янь-ванами (от инд. *Яма*). По поздним сочинениям, Д. локализован в уезде Фэнду провинции Сычуань.

Д. состоит из 10 судилищ, каждое из которых имеет 16 залов для наказаний. В первом судилище над большим морем на Чёрной дороге у Жёлтого источника судья Циньгуан-ван, начальник остальных десяти судей, допросив души умерших, безгрешных отправляет в 10-е судилище, где они получают право родиться вновь, грешные — к «зеркалу зла» (Нецзинтай) на террасе, обращённой к востоку, в котором они видят отражение своих дурных дел (на раме зеркала надпись — «на террасе перед зеркалом зла нет хороших людей»). В судилище расположены «двор голода» (Цзичан), «двор жажды» (Кэчан), «камера восполнения священных текстов» (Буцзинсо), в неё попадают монахи, которые взимают плату за прочтение молитв по покойникам, не дочитывая их до конца. Души самоубийц Циньгуан-ван отправляет (кроме случаев, когда причиной самоубийства была верность долгу, сыновняя почтительность или стремление сохранить целомудрие) обратно на землю в облике голодных демонов (эгуй), после истечения срока жизни, отпущенного им небом, они попадают в город напрасно умерших Вансычэн, откуда нет пути к иному рождению. Существовало поверье, что они могут вернуться на землю и возродиться вновь, если им удастся вселиться в чужую телесную оболочку, поэтому души умерших преследуют живых, стараясь извести их до смерти.

Вторым (на юге под морем) судилищем управляет Чуцзян-ван. В сопровождении двух духов Чжэннин («мохнатая собака») и Чи-фа («красноволосый») сюда отправляются души мужчин и женщин, вступавших в недозволенную связь, души воров, дурных лекарей, обманщиков и т. п. Здесь грешники живут в нечистотах, их колют вилами.

В залах третьего судилища Хэйшэн («чёрная верёвка»), на юго-востоке под морем, куда после допроса судьи Сунди-вана грешников приводит чёрт Далигуй («силач»), им перевязывают пеньковой верёвкой горло, руки и ноги; колют бока, клещами сжимают сердце и печень, строгают сердце, бьют по коленям, выкалывают глаза и сдирают кожу. В это судилище попадают те, кто думал, что император не заботится о подданных, чиновники, пренебрегавшие своими обязанностями, жёны, обманывающие мужей, и т. п.

В четвёртом судилище владычествует Угуан-ван. К нему идут грешники, не уплатившие налогов, обвешивавшие людей, продававшие поддельные лекарства или рис, смоченный водой, расплачивавшиеся фальшивым серебром, кто жульничал при продаже материи, крал камни из мостовой и масло из уличных фонарей; кто завидовал богатству чужих; не выполнял обещаний дать деньги или лекарства взаймы, выбрасывал на улицу битое стекло, бранил злых духов, лгал и запугивал других и т. д. При 4-м судилище есть река Найхэ («река нечистот»), мост через неё охраняют ядовитая змея и злой пёс. Там же сбрасывают в Сюэучи («кровяной пруд») души грешников-убийц, запятнавших кровью кухню, очаг либо храмы божеств или будды, их загоняют в пруд и не разрешают высовывать голову.

Глава пятого судилища (на северо-востоке под морем) — Янь-ван (Яньло-ван или Сэньло-ван), который прежде заведовал первым судилищем, но был переведён в пятое за то, что отпускал на землю души грешников, умерших от несчастных случаев. Здесь вынимают сердце у душ. Янь-вану помогают Воловья башка и Лошадиная морда, сопровождающие души грешников на Вансянтай («террасу, откуда смотрят на родной дом») по лестнице из 63 ступеней-ножей. С террасы грешники видят свой дом, слышат речь близких. На эту лестницу поднимаются те, кто не исполнил последней воли родителей, не выполнял государственных законов, не помогал деньгами, имея их, жёны (или мужья), которые при живом супруге мечтали о другом, и т. д.

Шестым судилищем (на севере, под морем) ведает Бяньчэн-ван. В него попадают люди, непочтительно называвшие богов по именам, украшие позолоту или драгоценности с изображений божеств, непочтительно обращавшиеся с исписанной бумагой и книгами и т. п. В этом судилище вырезают сердца и бросают на съедение псам.

Седьмым судилищем (под морем на северо-западе) управляет Тайшань-ван. Сюда попадают те, кто грабил, кто бросил новорождённого, играл на деньги, ел человеческое мясо. За клевету наказывают в зале Ба-шэ («вырывание языка»), тех, кто ел человеческое мясо, записывали в Шэнсы-бу («книгу жизни и смерти»), обрекая тем самым их на вечный голод, если они родятся вновь.

Восьмое судилище (на западе под морем) возглавляет Души-ван. Считалось, что сюда попадают те, кто непочтителен к родителям и не похоронил их, за что им укорачивали жизнь в следующем рождении (часто в образе животного). Если же грешник исправлялся, то бог очага *Цзаован* писал на его лбу иероглифы цзунь («исполнил»), шунь («подчинился»), гай («исправился»).

В девятом судилище (на юго-западе, под морем) Пиндэн-вана, обнесённом железной сетью, казнят грешников, совершавших поджоги, изготавливавших яды, дурные книги и неприличные картины, изгонявших плод с помощью снадобий. Им отсекают голову, разрезают на мелкие части или удавливают верёвкой.

В десятом судилище (на востоке, под морем) 6 мостов — золотой, серебряный, нефритовый, каменный и два деревянных соединяют ад и мир живых. Судья Чжуаньлунь-ван решает, кто в кого должен переродиться, и каждый месяц списки душ отправляются в первое судилище, а затем ко духу Фэндушэню, на границу между адом и землёй. Здесь души попадают в павильон богини Мэн-по («тётушка Мэн»), где им дают выпить напиток забвения. Некоторые девицы-грешницы, желающие мстить своим обидчикам-соблазнителям, возвращаются на землю духами.

Изображения отдельных сцен Д. были чрезвычайно популярны в храмах *Чэн-хуана*. Путешествия в Д. неоднократно описывались в китайской литературе, начиная от религиозного сказа 8—10 вв. и кончая средневековой литературной новеллой и фантастической эпопеей у Чэнъэня «Путешествие на Запад» (16 в.) и традиционными драмами (13—20 вв.).

Б. Л. Рифтин.

ДОБИЛНИ, в низшей мифологии у горцев Восточной Грузии духи. Согласно поверьям, Д. принимают облик маленьких детей и женщин. На восходе и закате солнца выходят на лужайку играть в мяч. Человека, случайно оказавшегося среди них, Д. топчут, вследствие чего он заболевает. По временам, когда из-за горных вершин показываются первые солнечные лучи, Д. наводняют селения, насылая на их жителей болезни. Будучи не в силах справиться с мужчинами, Д. преследуют только женщин и детей. В селениях сооружались молельни, посвящённые Д.

Т. О.

ДОБРЫНЯ НИКИТИЧ, мифологизированный образ богатыря в русском былинном эпосе. Д. Н. входит в качестве среднего богатыря в богатырскую троицу вместе с *Ильёй Муромцем* и *Алёшей Поповичем*. Он второй после Ильи Муромца по значению богатырь. «Средняя» позиция Д. Н. объясняет подчёркнутость связующей функции у этого персонажа; благодаря усилиям и талантам Д. Н. богатырская троица остаётся восстановленной даже после того, как Илья Муромец и Алёша Попович разделятся. В одних былинах Д. Н. выступает в сообществе с Ильёй и/или Алёшей, в других с иными богатырями (*Дунай*, Василий Казимирович), в третьих в одиночку. Если в Илье Муромце подчёркивается его крестьянское происхождение, а в Алёше Поповиче — «поповское» (духовное), то Д. Н. воин. В ряде текстов он выступает как князь, упоминается его княжеское происхождение, его «княженецкий», двор и его дружина. Из всех богатырей он ближе всего к князю *Владимиру Красное Солнышко*: иногда он оказывается его племянником, но часто находится при Владимире и выполняет непосредственно поручения князя, сватает для князя невесту, ведёт, по желанию княгини, переговоры с каликами перехожими, проверяет похвальбу Дюка и т. п. Не случайно, Василий Казимирович, посланный князем Владимиром со сложным поручением собрать дань в орде, просит себе в спутники Д. Н. В ряде былин говорится о его купеческом происхождении: он родился в Рязани и был сыном богатого гостя Никиты Романовича. Отец Д. Н. умирает, когда Д. Н. был ещё ребёнком или даже находился во чреве матери. Его воспитывает мать Амелфа Тимофеевна, благодаря которой Д. Н. отдают в учение, где он «научился в хитру грамоту». Его «вежество», знание манер постоянно подчёркивается в былинах; он поёт и играет на гуслях, искусно играет в шахматы, побеждая непобедимого знатока этой игры татарского хана, он выходит победителем в стрельбе.

Особой архаичностью выделяется один из самых распространённых былинных сюжетов «Д. Н. и змей», в котором он выступает как змееборец. Борьба со змеиным племенем началась для него рано, когда «стал молоденький Добрынюшка Микитинец на добром коне в чисто поле поезживать... малых змеёнышей потаптывать». Для совершения главного подвига он отправляется к Пучай-реке, месту обитания Змея Горыныча. Несмотря на предостережения матери и красных девушек-портомойниц, Д. Н. вступает в воды реки, которая оказывается или враждебной герою (из первой струйки «огонь сечёт», из другой — «искра сыплется», из третьей — «дым столбом валит»), или предательской по отношению к нему: как только третья «относливая» струя вынесла Д. Н. на середину реки, прилетает Змей Горыныч, дождит дождём и сыплет огненными искрами на богатыря, оставшегося безоружным. Но Д. Н. несколько раз ныряет в глубь реки, прежде чем оказывается на берегу и, вступив в поединок, сокрушает Змея «шапкой земли греческой». Тот пал на сыру-землю, Д. Н. хочет срубить «змеище» головы. Змей просит о пощаде, но, пролетая над Киевом, похищает любимую племянницу князя Владимира Забаву (Запаву) Путятишну. Князь Владимир поручает Д. Н. освободить её; он достигает «нор змеиных» (пещер), спускается в них, освобождает Забаву Путятишну и «полоны русские». Этот змееборческий сюжет имеет многие аналоги (вплоть до св. Георгия и св. Федора Тирона). В былине, по-видимому, в преобразованном виде отражается историческая ситуация, связанная с крещением Руси: ср. мотив купания Д. Н. в реке и убийство змея шапкой греческой земли (из Греции-Византии пришло христианство). В этом контексте Д. Н. былины соотносим с дядей князя Владимира Добрыней, принимавшим участие в крещении новгородцев и упоминаемым в летописи. Отчество Забавы Путятишны возводится к тысяцкому Путяте, устрашившему новгородцев, которые не желали креститься (ср. старинную пословицу: Путята крести мечом, а Добрыня огнём). Имя Марфиды Всеславьевны, встречающееся в одном из вариантов былины о Д. Н. — змееборце, сопоставляется с именем матери или одной из жён князя Владимира Малфридой и т. п. Однако архаичная подоснова былины очевидна в тесной связи Д. Н. с водной стихией, с речными струями, нырянием, норами, пещерами и другими образами низа. Почай или Пучайная, Пучай-река контаминирует в себе и историческую реку Почайну в Киеве, при устье которой происходило крещение киевлян, и образ пучины, дна как обозначения нижнего мира; в этом смысле характерен параллелизм *Дуная* и Д. Н. и их участие в одном и том же сюжете: «речной» Дунай и связанный с рекой, водой (Почай, Смородина, Непра, Несей-река, Израй-река и т. п.) Д. Н. оказываются как бы соприродными друг другу персонажами. Не случайно также и то, что имя Добрыня своим суффиксом отсылает к персонажам типа *Горыня, Дубыня и Усыня*, с одной стороны, и Перынь (см. *Перун*, ср. его змееборство), с другой, а корнем *dobr-/*debr- к обозначению дна, низа, пучины в индоевропейских языках.

Поединок Д. Н. со Змеем имеет некоторые параллели в других былинах, изображающих бой Д. Н. Противниками героя в таких случаях выступают как принципиально враждебные и вредоносные существа типа *Бабы-яги*, поляницы, так и богатыри своего же круга (ср. бой Д. Н. с Дунаем и примирение их с помощью Ильи Муромца и Алёши Поповича; бой с Ильёй Муромцем; бой с Алёшей Поповичем, где примирение мотивирует отношение «крестового братства», в которое вступают участники поединка.)

Другой важный сюжет — Д. Н. и Маринка (Марина, Марина Игнатьевна, от лат. ignis «огонь», т. е. «огненная», ср. Огненного Змея). Маринка не только женщина вольного поведения, принимающая себя Змея Тугарина, но она «отравщица», «зельница», «коренщица», «чародейница» (см. Ведьмы), изготовляющая приворотные зелья, срезающая следы с земли и сжигающая их с целью нанесения вреда, употребляющая колдовские чары и, в частности, обращающая людей в животных, сама умеющая обёртываться сорокой, завлекает и Змея Тугарина и Д. Н. к себе в дом, находящийся в дурном месте — в Маринкином переулке, в татарской слободе. Подойдя к её дому, Д. Н. видит целующихся голубей в окошка (или даже целующихся Маринку и Змея). Он пускает в них стрелу, но или никого не убивает, или убивает Змея. Маринка заманивает к себе Д. Н. и предлагает ему себя в жёны. Д. Н. удерживается от соблазна, но она пускает в ход колдовские чары (в одном из вариантов ей удаётся женить на себе Д. Н., но их венчание происходит не у алтаря, а в поле, вокруг ракитового куста). Когда попытки Маринки кончаются неудачей, она оборачивает Д. Н. «гнедым туром». На помощь приходит мать Д. Н. Маринка оборачивается птицей, летит к Д. Н.-туру и обещает вернуть ему человеческий облик, если он женится на ней. Д. Н. соглашается с тем, чтобы, став снова человеком, жестоко казнить её; в других вариантах мать Д. Н. обращает Маринку в «кобылу водовозную», «суку долгохвостую» или в сороку. В сюжете о Д. Н. и Маринке также сочетаются архаические элементы (следы «треугольника» Д. Н. — Маринка — Змей, змееборческие мотивы, магические действия и т. п. вплоть до самого имени Маринки с богатой мифопоэтической предысторией (ср. Марена, Морена, Мара и т. п.) и исторические реминисценции (ср. мифологизированный образ Марины Мнишек, с её распутством, колдовскими ча-

13 Мифологич. словарь

рами, способностью к оборотничеству: по преданию, она спаслась, также обернувшись сорокой).

Ещё один известный былинный сюжет рисует Д. Н. сватом, добывающим для князя Владимира невесту. На пиру Владимир описывает, какой должна быть его невеста. Богатырь Дунай Иванович указывает на Опраксу королевишну, дочь литовского короля, как носительницу соответствующих качеств. Вместе с Д. Н. они добывают невесту князю. Ритуализованное добывание невесты родственником (старшим) жениха принадлежит к числу архаичных элементов былины; вместе с тем оно связано с историческим эпизодом, засвидетельствованным летописью, когда князь Владимир посылает Добрыню в Полоцк к Рогволоду просить его дочь стать невестой Владимира. Впрочем, известны былины и о женитьбе самого Д. Н. на поляннице Настасье (ср. Дуная и Настасью), иногда соединяемые с мотивами купания в реке и поединка со Змеем. Наконец, общеизвестен круг былин с сюжетом «муж на свадьбе собственной жены» (ср. этот же сюжет в связи с Одиссеем): Д. Н. надолго уезжает в чисто поле в поисках «супротивника»; своей жене Настасье Никулишне он завещает ждать его 12 лет и лишь после этого выходить снова замуж, но только не за Алёшу Поповича; жена верно ждёт своего мужа, но Алёша приносит ей ложную весть о гибели Д. Н., князь Владимир выступает как сват, просящий Настасью выйти замуж за Алёшу, и она против воли вынуждена согласиться — тем более, что князь Владимир угрожает ей; во время свадебного пира появляется Д. Н. в одежде калики или скомороха и просит разрешения поиграть на гуслях — тогда Настасья узнаёт в неизвестном певце мужа (иногда узнавание совершается с помощью кольца, которое Д. Н. бросает в чару, вручаемую им). Д. Н. наказывает Алёшу за обман. Илья Муромец выступает примирителем, напоминая, что Д. Н. и Алёша «братица крестовые»; все признают моральное превосходство Д. Н. и неправоту Алёши.

В. В. Иванов, В. Н. Топоров.

ДОДОЛА, в южнославянской мифологии женский персонаж, упоминаемый в магических обрядах вызывания дождя. Известен в сербо-хорватской (Д., дудулейка, додолице, додилаш), болгарской (Д., дудула, дудулица, дудоле, преимущественно в западных областях Болгарии), а также румынской и других традициях (ср. польск. мифологическое имя Дзидзиля). Д., как и Перперуна, связана с культом *Перуна*, его именами, действиями и эпитетами, родственными литов. Dundulis — прозвищу *Перкунаса* (букв. «раскаты грома», ср. сербо-лужицк. Дундер) — и латыш. dūdina pērkuoniņš — «погромыхивает гром». Очевидно, имя Д. и т. п. имена — результат древней редупликации (удвоения) корня dhu, означавшего «трясти бородой» в отношении громовержца: [др.-инд. śmaśru dódhuvad (об *Индре*), др.-исл. dyja, «трясти» (о волосах громовержца *Тора*); ср. отчасти сходное удвоение в хетт. tethai, «греметь» (о громе)]. Сравнительный анализ додольских песен и ритуалов позволяет предположить, что в мифе Д. первоначально — жена громовержца, а в ритуале — представлявшие её жрицы. След такого ритуала можно ведь у сербов в Алексиначком Поморавье, где додолицы — шесть девушек в возрасте от 12 до 16 лет: четыре поют, две представляют Додола (видимо, древнего громовержца) и Додолицу (видимо, его жену). Их украшают венками, льют на них воду (что должно вызвать дождь), преподносят им хлеб. Для додольских песен характерны мотивы отмыкания врат (болг. «Отвори врата, домакина, ой додоле!»), моления о дожде или влаге — росе (серб. «Додолица бога моли: Да ми, боже, ситну росу!»). Возможно, что раннее заимствование имени жены громовержца Д. объясняет мордовское обозначение женщины-молнии Jondol-baba и имя бога Jondol-pas.

В. В. Иванов, В. Н. Топоров.

ДОДО́НА, в греческой мифологии одна из океанид, возлюбленная Зевса. Её именем были названы два города в Фессалии и Молоссе, а также знаменитое додонское святилище Зевса в Эпире (Schol. Hom. Il.

XVI 233). Центром святилища был Додонский дуб (или бук), который вырос в Фессалии. К шелесту листвы этого дерева прислушивались как к голосу божества додонские жрицы.
Г. Г.

ДОКШИ́ТЫ (тибет. дагшед, «гневный палач»), в мифологии монгольского буддизма гневные божества группы *идамов* — Хеваджра, Калачакра, Ваджрапани, Ямантака; божества *чойджины* — Махакала, Шри Деви (тибет. *Лхамо*, монг. *Охин-тенгри*), Яма (тибет. Чойджал, монг. Эрлик Номун-хан, см. *Эрлик*). К Д. относятся также Джамсаран (Бегдзе), Хаягрива (тибет. Тамдин, монг. Хаянхырва), Вайшравана (монг. Басман, Бисмак, Бисмантенгри), гневные *дакини*, Жёлтая Тара (монг. Шар Дар-эхе) — гневная эманация будды *Ратнасамбхава*. Д. могут быть как *буддами*, так и *бодхисатвами*. В Монголии почитание Д. возникло не позднее 14 в. (когда был зафиксирован культ богини Махакали). Число Д. варьируется: 4, 8, 9, 10 и более. Д. имеют устрашающий облик, обычно изображаются в исступленном танце; разделяются на «сладострастных», «богатырских» и «ужасных». В народных поверьях эпитет «докшин» («свирепый, грозный») иногда осознаётся как «не имеющий веры», «не признающий (ещё или вообще) буддийское вероучение»; таковы, например, чёрные свирепые (докшин) лусы (см. *Лу*). Соответственно возникают парадоксальные сюжеты об «усмирении», «буддийском обращении» свирепого бурхана Очирвани (в истоке — буддийское божество, докшит Ваджрапани).
С. Н.

ДОЛО́Н ЭБУГЭ́Н («семь старцев»), Долон дархан («семь кузнецов»), Долон бурхан («семь богов»); в мифах монгольских народов созвездие Большой Медведицы, её семь звёзд иногда причисляются к *тенгри*, считаются подателями счастливой судьбы (ср. *дзаячи*). В бурятском эпосе о Гесере созвездие появилось из черепов семи чёрных (злокозненных) кузнецов, сыновей враждебного людям чёрного кузнеца Хожори. Встречаются сюжеты, связывающие происхождение Большой Медведицы с мифом о человеке с коровьей головой, именуемом «Беломордый бычок» или «Белый бычок», а также Басанг (в тибетской мифологии — *Масанг*). Он победил чёрного быка, боровшегося с белым, являвшимся, по некоторым вариантам, воплощением самого верховного божества (солярная тема смены дня и ночи, ср. миф о *Буха-нойон бабае*), но был раздроблен железной колотушкой ведьмы на семь частей, которые составили созвездие; был взят на небо *Хормустой*. Согласно другой версии, одна из звёзд Большой Медведицы, находящаяся у неё на плече (вариант: в хвосте), украдена у *Мичита* (созвездие Плеяды), который гонится за похитителем.
С. Н.

ДО́ЛЯ, в славянской мифологии воплощение счастья, удачи, даруемых людям божеством; первоначально само слово *бог* имело значение «доля». Наряду с доброй Д. как персонификацией счастья в мифологических и позднейших фольклорных текстах выступают злая (несчастная, лихая) Д., недоля, лихо, горе, злосчастие, беда, нуж(д)а, бесталаница, кручина, бессчастье, *злыдни* как воплощения отсутствия Д., дурной Д. Другое персонифицированное воплощение счастья — встреча (др.-рус. устрѣча), противопоставляемая невстрече (Среħа и Несреħа в сербской народной поэзии).
В. И., В. Т.

ДОМОВО́Й, в восточнославянской мифологии дух дома. Представлялся в виде человека, часто на одно лицо с хозяином дома, или как небольшой старик с лицом, покрытым белой шерстью, и т. п. Тесно связан с представлениями о благодетельных предках, благополучием дома, особенно со скотом: от его отношения, доброжелательного или враждебного, зависело здоровье скота. Некоторые обряды, относящиеся к Д., ранее могли быть связаны со «скотьим богом» Велесом, а с исчезновением его культа были перенесены на Д. Косвенным доводом в пользу этого допущения служит поверье, по которому замужняя женщина, «засветившая волосом» (показавшая свои волосы чужому), вызывала гнев Д — ср. данные о связи *Велеса* (Волоса) с поверьями о волосах. При переезде в новый дом надлежало совершить особый ритуал, чтобы уговорить Д. переехать вместе с хозяевами, которым в противном случае грозили беды. Различались два вида Д. — домоэ́ил (ср. упоминание беса-хоромовжителя в средневековом «Слове св. Василия»), живший в доме, обычно в углу за печью, куда надо было бросать мусор, чтобы «Д. не перевёлся» (назывался также доброжилом, доброхотом, кормильцем, соседушкой, хозяином, дедушкой), и *дворовой*, часто мучивший животных (Д. вообще нередко сближался с *нечистой силой*). По поверьям, Д. мог превращаться в кошку, собаку, корову, иногда в змею, крысу или лягушку. По белорус. поверьям Д. появляется из яйца, снесённого петухом, которое необходимо шесть месяцев носить под мышкой с левой стороны: тогда вылупляется змеёныш-Д. (ср. литов. *Айтвараса*, слав. *Огненного Змея, Рарога*). Д. могли стать люди, умершие без причастия. Жертвы Д. (немного еды и т. п.) приносили в хлев, где он мог жить.

Иногда считалось, что Д. имеет семью — жену (домаха, домовиха, большуха) и детей. По аналогии с именами женского духа дома (маруха, *кикимора*) предполагается, что древнейшим названием Д. могло быть *Мара*. Сходные поверья о духах дома бытовали у западных славян и многих других народов.
В. В. Иванов, В. Н. Топоров.

ДО́НАР («громовник»), в германской мифологии бог-громовник. Соответствует скандинавскому *Тору*.

ДОНБЕТТЫ́Р (букв. «водяной Пётр»), в осетинской мифологии владыка вод и водного царства. После принятия аланами христианства (6—11 вв.) функции Д. перенесены на апостола Петра. Д. представляется существом мужского пола с цепью в руках, которой он топит тех, кто купается поздно. У Д. много дочерей, обитающих в речках и озёрах, они распоряжаются питьевой водой и строго карают тех, кто её загрязняет. С Д. связано совершение одного из основных свадебных обрядов осетин — донмаконд — отправление молодой за водой, после которого молодая получает право включиться в работу по хозяйству. Д. почитается рыбаками.

В нартском эпосе Д. обитает в подводном царстве в роскошном дворце. От дочери Д. — Дзерассы родились старейшие нарты *Урызмаг* и *Хамыц*, а также Сатана. В доме Д. прошли первые годы детства *Батрадза*, воспитывались безымянный сын Урызмага и Сатаны.
Б. К.

ДОР, Дорос, в греческой мифологии сын Эллина и нимфы Орсеиды, брат Ксуфа и Эола; получил от отца землю, жители которой были названы его именем — дорийцы (Apollod. I 7, 3). По другой версии мифа, Д. — сын Аполлона и Фтии, убитый (вместе с братьями Лаодоком и Полипойтом) Этолом, сыном Эндимиона, в борьбе за землю, названную потом Этолией (Apollod. I 7, 6).
М. Б.

ДОТЕ́Т, Доотет, в кетской мифологии одно из воплощений отрицательного начала. Согласно варианту кетского дуалистического мифа, Д. участвовал вместе с *Есем* в сотворении земли, создав ту её часть, что лежит ныне по Енисею. Часть земли Д. спрятал за щёку, оттого земля получилась наклонной и Енисей течёт в ту сторону. Д. создал вредных или бесполезных животных (волка, ерша и др.). Распространены предания о Д. в женском образе — Д.-матери (Дотетэм), которая пытается захватить человека (героя мифа), в частности Хасынгета в югском мифе. Ему, однако, удаётся бросить Д. в огонь, откуда выходят ящерицы, змеи, мыши, лягушки (в других вариантах мифа вредные животные возникают при сожжении *Калбесэм* или *Хоседэм*). Хасынгет убивает дочь Д., груди которой превращаются в наросты на деревьях. В одной из сказок этого цикла Каскет убегает от Д. (уведшей его в свой чум), убив и сварив её дочерей. Д. съедает мясо дочерей и преследует Каскета. Пытаясь спастись на одной из семи лиственниц, Каскет предлагает Д. держать глаза раскрытыми с помощью палочек, после чего засыпает глаза Д. камнями и убивает её. В другом мифе убитые Д.-женщина и Д.-её муж посмертно мстят всем кетам этого места, которые тонут в реке. В сказке о Д., жившем в своём камне и сосавшем у людей кровь, рассказывается, что людям удалось отрубить у него большой палец, но палец сел на лыжу Д. и убежал, после этого на битву с людьми приходит через семь дней войско Д. В мифе о людях — глиняных чашках (кольтутах), воевавших с Д., описываются семь Д. — от одноглавого до семиглавого, которые последовательно сражаются с кольтутами. Согласно югскому преданию, сила Д. находится в воде в его чуме, кто её возьмёт, может убить Д.

В. В. Иванов, В. Н. Топоров.

ДÓУ-МУ́ («матушка ковша»), в поздней китайской мифологии божество, ведающее жизнью и смертью, обитающее на звёздах Большой Медведицы. Изображается с четырьмя лицами и восемью руками, в которых держит лук, копьё, меч, флаг, голову дракона, пагоду, солнце и луну. Д. почиталась как даосами, так и буддистами. У буддистов Д. считается божеством света и охранительницей от войн. Под влиянием буддизма Д. стали изображать сидящей на лотосе с короной бодхисатвы на голове. У неё три глаза, один посредине лба поставлен вертикально, благодаря чему она видит всё, что свершается в мире. Д. молились, прося охранять от преждевременной смерти и от тяжёлых болезней. В даосских сочинениях у неё есть муж Доу-фу («батюшка ковша») и девять звёзд-сыновей. Двое из них — божества Северного и Южного полюсов, один в белом одеянии ведает смертями, другой в красном — рождениями.

Б. Р.

ДÓУШУАЙ-ТЯНЬ («небо Доушуай», санскр. *Тушита*), в китайской буддийской мифологии одно из двадцати восьми небес. Д. расположено в нижнем из Трёх миров (Сань-цзе, санскр. Трилока), Мире желаний (Юйцзе, Камадхату), где обитатели сохраняют как внешний вид, так и чувства людей. В Д.-т. бодхисатвы поздних поколений селятся перед своим рождением в мире людей. Последним из них был Шакьямуни. Бодхисатва Милэ получил от Шакьямуни записи о своем грядущем появлении среди людей и, приняв соответствующие обеты, поселился на небе Д.-т., вплоть до наступления его срока. В честь принятия им обета небожитель Лаодубати из волшебной жемчужины создал на небе Д.-т. великолепные дворцы, населённые сонмом небесных существ. Д.-т. — частый объект изображения на китайских буддийских иконах с начала 2-го тыс. н. э. В сложных композициях изображается вручение скрижалей и момент, когда Лаодубати превращает жемчужину в дворцы. Небо Д.-т. изображается в виде сложного дворцового комплекса, в центральном зале которого восседает Милэ. Двор перед дворцом заполнен сонмом божеств и святых, среди которых обязателен Лаодубати, а также танцовщицами и музыкантами. Двор обнесён крепостной стеной с воротами, охраняемыми от проникновения злых сил из нижнего земного мира Четырьмя великими небесными царями (чатурмахараджами).

Л. Н. Меньшиков.

ДÓУ-ШЭНЬ («божество оспы»), в поздней китайской мифологии божество оспы. Изображение Д. ставилось в небольших храмах, на перекрёстках дорог и в самых глухих местах. В некоторых местах Д. считалось женским божеством, в других — мужским; изображается с лицом, обезображенным оспинами. Д. в женской ипостаси называлась также Д. нянню («матушка богиня оспы») или Тяньхуа няннян (от названия оспы тяньхуа, «небесные цветы»), обычно считавшаяся божеством, предохраняющим от оспы детей, или Доучжэнь няннян («матушка оспы и кори»).

Б. Р.

ДОХ, в кетской мифологии первый великий шаман, культурный герой, установивший основные законы. Один из участников сотворения мира, создавший остров (первую сушу в мировом океане) с помощью гагары, нырнувшей на дно моря и доставшей тины со дна. Связь Д. с гагарой (видимо, первоначально тотемическая) обнаруживается и в кетском и югском (сымском) предании о сыне Д., который, падая с неба на землю, обернулся гагарой; хотя он и кричал людям, бившим его камнями, что он человек, но люди (юги) не распознали в нём человека и убили его «в оболочке гагары». Мотив сына на небе, как и участие в сотворении мира, сближает Д. с богом *Есем*. Д. поднимался на белом олене на небо, затыкая чёрными оленями небесную щель, сквозь которую провалился на землю один из небесных жителей, затем возвращённый Дохом на небо. Д. является противником *Хоседэм*, которая пытается овладеть душой или сердцем Д.; пока Д. летал вместе с птицами на юг зимовать к *Тоэм* («мать-жара»), она убила и съела сына Д., после чего он отправляется вниз по Енисею (в царство мёртвых), чтобы убить Хоседэм, но взятые им с собой железный молот и деревянный ошейник разбиваются о Хоседэм, которая проклинает Д. (поэтому на небе все дрова, которые пытаются расколоть люди Д., оказываются железными). Д. возил Хоседэм на нартах с неба на землю и истрепал её в клочья. Когда Д. со своими людьми отправляется на небо (к Есю), его жена нарушает запрет и берёт с собой грязное бельё, из-за чего Д. и вся его семья гибнут. Их поражает огнём мать шести громов, убитых до этого Дохом; Д. принял мать громов за сиротку — Маленького грома, за что и поплатился жизнью. Главный атрибут Д. — шаманский бубен. Характерной чертой Д. в мифах является увлечённое шаманское камлание (он продолжает камлать даже когда жена сообщает ему о смерти сына) и способность к оборотничеству (он возвращается на небо из перелёта на юг «в оболочке мухи»). Млечный путь, согласно кетскому астральному мифу, называется следом Д., потому что его проложил Д., поднимавшийся к солнцу (есть миф о браке с ним Д.). Предполагается, что в конце света Д. восстанет из небытия (вслед за *Альбэ*).

В. В. Иванов, В. Н. Топоров.

ДРАКÓН («змей»), в греческой мифологии чудовищный змей или чудовище с чертами змея. Функции Д. связаны с народной этимологией слова Д. — «страж» или «хвататель». Среди самых знаменитых Д.: *Пифон*; фиванский Д. — сын Ареса, убитый *Кадмом*; *Ладон*, сторожившие сад Гесперид, брат немейского льва; Д., научившийся Полиида как излечить Главка; Д., которым обернулся Зевс, чтобы спрятаться от Кроноса; Д., присланный Зевсом к грекам как знамение перед осадой Трои и превращённый им затем в камень (Hom. Il. II 308—332); Д., в которого превращался Протей (Hom. Od. IV 457); Д. — хвост Химеры.

Г. Г.

ДРАКОНТИ́ДА, в греческой мифологии одна из *пиэрид*, превращённая музами в птицу-драконтиду (в то время как другие пиэриды были превращены в сорок) (Ant. Liber. 9).

Г. Г.

ДРÁУПАДИ, героиня древнеиндийского эпоса «Махабхарата», дочь царя племени панчалов Друпады и жена *пандавов*. В «Махабхарате» (I 189; XVIII 4, 9), а также в «Маркандейя-пуране» Д. — земное воплощение богини Шри (*Лакшми*), супруги *Вишну*. На руку Д., слывшей первой в мире красавицей, претендует множество женихов, и её отец устраивает сваямвару (выбор жениха невестой), на которой победителем (лучшим стрелком из лука) оказался один из пандавов — *Арджуна*. После сваямвары пандавы вместе с Д. возвращаются к себе в дом и сообщают своей матери *Кунти*, что пришли с большой добычей. «Наслаждайтесь ею совместно», — отвечает Кунти, не зная, что это за «добыча». В согласии с её словами Д. становится общей женой всех пяти братьев (вероятно, эпическая реминисценция архаического института полиандрии). Во время роковой игры в кости *Юдхиштхира* проигрывает *кауравам* царство, братьев, самого себя и наконец Д. Унижение, которому подвергают Д. *Дурьодхана* и Духшасана (её называют рабыней и пытаются совлечь с неё платье), — впоследствии одна из главных причин войны пандавов с кауравами. Мотив «оскорбления Д.» по законам эпической композиции несколько раз дублируется в «Махабхарате»: в частности, на честь Д., ушедшей со своими мужьями в тринадцатилетнее изгнание, покушаются царь Джаядратха и военачальник Кичака (подобно Дурьодхане и Духшасане, и они стали жертвами мести пандавов). После битвы на *Курукшетре* Д. сначала царствует в Хастинапуре, а затем сопровождает пандавов в их последнем странствовании в Гималаях и умирает, не выдержав тягот пути. В «Махабхарате» Д. также именуется: Кришна («тёмная»), Яджнясени («дочь Яджнясены», т. е. Друпады), Панчали («панчалийка»), Панчами («имеющая пять мужей») и др.

П. А. Гринцер.

ДРЕ́ГПА, в тибетской мифологии общее название тибетских древних и чужих, адаптированных, божеств, двойственных по своей природе, доброжелательных и враждебных человеку. Известны шесть групп Д.: 1. Чужие Д. (восемь видов Д.) — преимущественно божества индийского пантеона, начиная с Владыки богов Даджина (*Индры*), кончая *Гарудой*, на образ которой наложились черты мифической птицы тибетцев — Кхйунг; 2. Домашние — преимущественно тибетские божества, связанные с предками по отцовской линии, планетарными божествами, погодными, покровителями местности, отдельных профессий (кузнечное дело); 3. Секретные — тибетские божества, в основном карательные, угрожающие смертью; 4. Высокие — преимущественно планетарные божества, адаптировавшие *Раху* (Кхйабджуг Дачадзин), других заимствованных божеств; в числе тибетских следует упомянуть «Мать всех звёзд и планет», излучающую бесконечные лучи света, в её свите — богини-персонификации девяти планет, божества, управляющие днями недели, годами животного цикла; 5. Магические — близкие гениям-хранителям в числе *далха*; 6. Д. Видимого мира, среди них Сабдак — «Одинокая чёрная собака» в виде существа с чёрным телом, головой собаки, железными крыльями, птичьими когтями и змеёй вместо хвоста; Данма — богиня Земли; стражи четырёх сторон света; боги индуистского пантеона; хозяева местности — шибдак, найдак, юллха, лу. В состав Д. входят духи низшей тибетской мифологии — тхеуранг, дуд, мамо, бал, гинг, геньен, лха, ньян, в том числе духи и демоны, насылающие болезни и эпидемии на мужчин, женщин, детей, животных — си, синпо, гонг, джунго. *Е. Д. Огнева.*

ДРИА́ДЫ, в греческой мифологии нимфы, покровительницы деревьев (греч. druz, «дуб», «дерево»). Иногда Д. именовались по названиям деревьев: напр., Д., родившиеся из капель крови Урана и связанные с ясенем (греч. melia), назывались Д.-Мелии (Hes. Theog. 187), Д., рождавшиеся вместе с деревом и гибнущие с ним, назывались *гамадриадами*. Считалось, что сажающие деревья и ухаживающие за ними пользуются особым покровительством Д.

М. Б.

ДРИО́П, в греческой мифологии сын речного бога Сперхия (вариант: Аполлона), царь и эпоним племени дриопов, причисляемых мифографами к союзникам *лапифов* (Apollod. II 7, 7). Отец *Дриопы*. На архаичность образа указывает буквальное значение его имени.

ДРИО́ПА, в греческой мифологии дочь *Дриопа*. По аркадской версии мифа, возлюбленная Гермеса, от которого родила *Пана*. Ребёнок был покрыт волосами, с рогами и козьими копытами. Испуганная его видом, Д. бросила сына, но Гермес отнёс его на Олимп, где он всем понравился и получил имя Пан (Hymn. Hom. XIX 34). Согласно фессалийской версии мифа, Д. стала возлюбленной Аполлона, овладевшего ею силой. В наказание за то, что она обрывала цветы лотоса — растения, в которое была превращена одна из нимф-*гамадриад*, саму Д. превратили в дерево (Ovid. Met. IX 326—393).

М. Б.

ДРО́НА (др.-инд., «ковш»), герой древнеиндийского эпоса «Махабхарата». Рождается из семени *риши* Бхарадваджи, которое выпадает у него при виде *апсары* Гхритачи и взращивается Бхарадваджей в деревянном ковше (отсюда его имя — Д.). Брахман по рождению, Д. тем не менее становится знатоком военного искусства и обучает ему юных *пандавов* и *кауравов*. В битве на *Курукшетре* Д. участвует на стороне кауравов и после смертельного ранения *Бхишмы* возглавляет их войско, совершая множество воинских подвигов. Чтобы погубить Д., пандавы распускают ложный слух о смерти его единственного сына Ашваттхамана. Поверив этому слуху, Д. перестаёт сражаться, и тогда Дхриштадьюмна, сын убитого Д. царя Друпады, отсекает ему голову.

П. Г.

ДРУГ, Д р у д ж (авест., «ложь»), в иранской мифологии один из *дэвов*. Создан Ангро-Майнью на погибель «праведности миров»; с его помощью Ангро-Майнью пытался уничтожить или искусить *Заратуштру*. Антагонисты Д. — *Аша Вахишта*, Хшатра Вайрья.

И. Б.

ДРЭГА́ЙКА, С ы н з и е́ н е, у восточнороманских народов, мифологические персонажи, воплощающие плодородие. Их представляют в виде прекрасных девушек, волшебниц (святых), украшенных цветами, которые, танцуя, обходят поля, обеспечивая урожай, придавая целебную силу травам. Они защищают посевы и виноградники от града, насекомых, червей, но они же способны отобрать аромат и силу у цветов, полей, причинить вред фруктовым деревьям, сжечь посевы. Их день — Рождество Иоанна Крестителя (24 июня, рум. сынзиене) — считается той временной границей, после которой травы перестают расти. Д. защищают от болезней, смерти (особенно на воде), грома, пожара, бурь, но они же назначают, какая скотина будет съедена медведем. За нарушение запретов в их день они насылают безумие, глухоту, немоту. К дню летнего солнцестояния (или к началу жатвы) приурочен обряд, также называемый Д. по имени главной участницы — самой красивой девушки села в венке из колосьев, с ключами от амбаров, обходящей с танцами поля и село. В других местностях обряд Д., в котором 1—2 участницы наряжены в мужское платье, представляет собой воинственный танец, который толкуется как танец Иродиады (сходный обряд известен болгарам). Функции Д. у восточных славян и болгар связываются с русалками, у восточнороманских народов они близки духам еле.

Г. И. Кабакова.

ДСОНО́КВА у квакиютлей, К а л и - а х т у скво́миш, И ш к у с у маках — великанши-людоедки с медными когтями в мифах северо-западных индейцев (Сев. Америка). Д. свистом заманивают детей в лес и уносят на спине в корзине. При попытке насытиться человеческой кровью, Д. попадают в ловушку, устроенную людьми; их сжигают, но как только пепел начинает развеиваться по ветру, он превращается в москитов. По др. варианту мифов, Д. — подслеповатая обладательница несметных богатств, которая, будучи захваченной врасплох, способна поделиться ими с человеком.

А. В.

ДУ, в мифах срэ (юг Вьетнама) культурный герой. Основное деяние Д. — передача людям риса. Люди вышли из подземного мира. Но с ними не было матери риса, она осталась внизу в камне. Д., похититель риса, вынес с собой одно зерно, но рис снова вернулся в свой камень. Д. предложил матери риса буйвола в жертву. Она захотела выйти, но не смогла пройти сквозь отверстие. Тогда Д. послал муравьёв вниз за рисом. Семь муравьёв принесли семь сортов риса.

ДУАМУ́ТЕФ, см. в статье *Гора дети*.

ДУА́Т, д а т, в египетской мифологии место, где пребывали умершие, преисподняя «совсем глубокая, совсем тёмная и бесконечная». Иероглиф Д. — круг со звездой в центре. Как подземное царство Д. связывается с ночными светилами. В «Текстах пирамид» персонифицируется в образе женщины-матери умерших, которых она и ведёт на небо. Д. также отождествляется с горизонтом, т. е. местом, куда заходит солнце. Д. представлялась египтянами как одна из составных частей вселенной («небо, земля, Д., вода, горы»).

Р. Р.

ДУ КАН, в китайской мифологии один из богов — покровителей виноделов и виноторговцев (см. также Сыма Сян-жу). По одной версии, жил при Хуан-ди и первым начал изготовлять вино. Имел прозвище Цзюцюань тайшоу («правитель винного родника»). Д. умер в день под циклическим знаком «ю», поэтому в такие дни запрещается заниматься виноделием. Его именем назван родник в храме *Шуня* в Цзинани (провинция Шаньдун), вода которого была особенно хороша для приготовления вина.

Б. Р.

ДУ́КУ, Дулькуг (шумер., «священный холм»), в шумеро-аккадской мифологии жилище богов (локализовалось, предположительно, на восточной окраине Вавилонии и соответственно на небесах, в «небесной Вавилонии»); в нововавилонских текстах — также место в главном храме *Мардука* Эсагиле (в Вавилоне), где бог «определял судьбу».

В. А.

ДУ́МУЗИ (шумер., «истинный сын»), Ду́узу (аккад.), Таммуз (др.-евр., арам., в греч. передаче — Даозос, Даоннос), в шумеро-аккадской мифологии божество. Первоначально, возможно, мыслился смертным. Впервые имя появляется в составе личных имён периода Фары (26 в. до н. э.). В списке богов из Фары его имя встречается с эпитетом (или полной формой) Амаушумгаль [полная форма — Амаушумгальанна, «мать (его) — дракон небес»], мифологическое значение которого неизвестно. В царском списке III династии Ура — два Думузи: Д. из Бадтибиры, «пастырь времён до потопа», и Д. из Урука, «рыбак, городом которого (первоначально) была Куара». О двух Д. говорится и в одном хозяйственном тексте времён III династии Ура, однако литературные тексты их не различают. Мифы о Д. обнаруживают тесную связь с урукским мифоэпическим циклом. Его мать — богиня Туртур (Сиртур), сестра — *Гештинанна*, а отец, вероятно, *Энки*. Главные мифы — о любви Д. к богине Инанне, сватовстве, браке и безвременной кончине бога в подземном мире, в котором, по приговору Инанны, Д. должен проводить полгода, с чем связывается летняя засуха в степи (изложение цикла мифов «Инанна — Д.» см. в ст. *Инанна*). Эти мифы позволяют выделить главные аспекты божества: супруг-возлюбленный богини любви и плодородия Инанны; божество, отданное богиней в подземный мир как выкуп за неё (умирающий и воскресающий), олицетворение весеннего плодородия степи, пастух со свирелью, и в дальнейшем, видимо, божество плодородия в широком смысле слова. О связи Д. с подземным миром говорит также плач о смерти Ур-Намму, текст о смерти Гильгамеша и др. (оба умерших героя встречают Д. в подземном мире). В мифе об *Адапе* Д. вместе с богом Гишзидой (*Нингишзидой*) — страж небесных врат бога *Ана* (возможно, по первоначальному варианту, Адапа попадал не на небо к Ану, а в подземный мир, где и встречался с обоими богами).

В аккадских вариантах мифа взаимоотношения Д. и *Иштар* (Инанны) менее ясны, чем в шумерских источниках, и совсем не мотивированы. В гимне Инанне старовавилонского периода Д.— Амаушумгальанна, супруг и возлюбленный богини Инанны, носит черты героя-вождя, победителя вражеских стран.

В. К. Афанасьева.

ДУНА́Й, 1) в представлении древних славян, в т. ч. русских,— мифологизированный образ главной реки; лексема «дунай» в славянских языках (отчасти и в балтийских) стала нарицательным словом, обозначающим далекую, незнакомую реку, глубокие воды, море, водный разлив, ручей и т. п. Огромное количество гидронимов с элементом «Дунай» образуют мощный слой в славянской (и балтийской) «сакральной топографии». Для славян Д. был их исходной родиной («Повесть Временных лет»), память о которой сохранялась очень долго. Д. представлялся как своего рода центр, притягивающий к себе все остальные реки. Д. вместе с тем обозначал некий главный рубеж, за которым лежит земля, обильная богатством, но и чреватая опасностями. В этом смысле Д.— граница благодатной земли и вожделенная цель всех устремлений. Наконец, Д.— не просто большая река, но и море, путь по морю. У разных групп славян, особенно у южных и западных, с Д. ассоциировались мотивы женщины, мирной жизни, культ реки, ее плодотворящих вод (ср. мужской род названия реки и предполагаемые женские культы Д.). В восточнославянских мифопоэтических, фольклорных и обрядовых текстах образ Д. выступает в разнообразных вариантах — от антропоморфных персонификаций до вырожденных форм типа десемантизированных припевов, междометий и т. п. В песнях Д.— образ вольной девической жизни (девица гуляет у Д., прощается с ним, когда она просватана, и совершает ритуальное омовение; Д. заодно с девицей, когда она не хочет вступать в брак). Предстоящий брак вызывает образы Д. в разных вариантах (слезы девицы «Дунай-речку делают», жених приравнивается к Д., перед браком молодец совершает обряд на Д., в частности, он стружит стрелки и пускает на Д., чтобы они плыли «к девке»). Д. уподобляется золоторогому оленю, помогающему в свадьбе. Сокол или орел обещает молодцу перенести свадьбу на другой берег Д., если в него не будут стрелять. Переправа через Д.— символический образ брака, девушка просит перевезти ее за Д.; девушку вылавливают из Д. (спасение-брак), она роняет в него перстень: кто поймает его, тот станет мужем; гадая о милом, в Д. бросают венки; вылавливание венка — смерть-свадьба. Для приготовления каравая воды берут из Д., и сам каравай пускают плыть по Д. Замужняя женщина поверяет свои тайны и тоску Д.: в него она бросает волосы, чтобы они плыли к отцу-матери, или пускает птицу, чтобы сообщить о себе. С Д. нередко связывается образ смерти. Молодец на коне тонет в Д.— обручение с рекой. Воин, погибая за Д., отсылает коня к родителям с вестью о смерти. Кровь убитого стекает в Д., где милая сыплет песок на камни: когда песок дойдёт до моря, убитый вернётся к милой. Занемогший постылый муж просит принести ему воды из Д., жена не спешит, и он умирает. Молодец совершает самоубийство, топясь в Д.: река отзывается выходом из своих берегов. В белорусской песне в результате неудачного брака молодец бросается в Д.: «разженюся, дунайчиком оберну́ся». Соблазнённая девица ищет смерти в Д.: иногда девица случайно тонет в Д. и тогда спасается, что она выходит за Д. замуж. Вдова, отчаявшись, бросает в Д. своих детей с просьбой к Д. позаботиться о них; утопление ребенка (часто незаконнорождённого) в Д. нередко становится темой обрядовых песен и баллад. Нередок мотив святости Д., в частности, в русских заговорах. Особое место образ Д. занимает в русских обрядовых и игрищных песнях, в святочных «виноградиях» с припевом «а ты здунай мой, здунай» или «да и за Дунай». В связи с Д. нередко появляется мотив корабля, бросание перстня, вылавливание чудесной рыбы (ср. «Сокол-корабль» в корабельной обрядовой песне и русской былине). Иногда Д. становится именем молодца. В других случаях соответствующий элемент — важная составная часть здравиц и благопожеланий. В русском эпосе это слово нередко выступает в припеве-концовке («Дунай, дунай, более век не знай» и т. п.). Ряд мотивов, связанных с Д., отмечен в русских былинах (богатырь против Д.-реки, соотнесённой с женщиной или змеем, рогатым соколом, соловьём; Илья Муромец загатил лесом Д. и по просьбе родителей очищает его, убивая рогатого Сокола; Михайло Потык после брака с Маринкой спасает по просьбе змеи её детей, горящих в ракитовом кусте, для чего приносит воду из Д.). Иногда Д. течёт под Киевом, заменяя Днепр; в других случаях Д. заменяет Волхов и даже Москву-реку. Обиженные Владимиром богатыри уходят за Д., когда же они возвращаются, то перескакивают через него, причем богатырь Самсон едва не тонет. Из крови Д.-богатыря образуется река. В скоморошине «Птицы» и в былине «Соловей Будимирович» выступает «Дунайское море» — за ним земля, где царство птиц (ср. *Вырий*).

2) Мифологизированный образ богатыря в русских былинах. Былины о богатыре Д. включают сюжеты о поездке Д. и Добрыни Никитича к Литовскому королю, чтобы сосватать его дочь Апраксу за князя Владимира. Разгневанный король заключает Д. в глубокие погреба, но приходит на помощь оставшийся при конях Добрыня, побивающий литовскую дружину. Король отпускает Апраксу с богатырями в Киев. Другой сюжет продолжает первый: у литовского короля была и вторая дочь, сестра Апраксы Настасья, с которой еще раньше, когда Д. служил у литовского короля, у Д. была

тайная любовь (в своё время, когда Д. попал в беду, Настасья выкупила его у палачей и отпустила в Киев). Теперь, когда русские богатыри приехали за Апраксой для князя Владимира, Настасья уязвлена невниманием к ней Д. На обратном пути богатыри обнаруживают чей-то богатырский след. Д. отправляется на розыски и встречает витязя, с которым вступает в бой. Победив его, он вынимает нож для окончательного удара и узнаёт в витязе Настасью, воительницу-поленицу. Она напоминает ему о прошлом, и Д. вновь поддаётся страсти, зовёт Настасью в Киев, чтобы пожениться. В Киеве должна состояться двойная свадьба: Владимира с Апраксой и Д. с Настасьей. На пиру гости предаются похвальбе. В результате Д. и Настасья устраивают состязание в стрельбе из лука. Настасья оказывается меткой, а Д. первый раз недостреливает, второй перестреливает, а на третий попадает в Настасью. Она умирает, а Д. узнаёт, «распластавши её чрево», что она беременна сияющим светом младенцем (или даже двумя отроками-близнецами). Д. бросается на своё копьё и умирает рядом с женой. Д. превращается в реку Дунай, а Настасья — в реку Настасью. Прошлая вина Д. (тайная связь с девицей Настасьей и оставление её; тайные связи с враждебной Литвой) привела Д. к гибели.

В. В. Иванов, В. Н. Топоров.

ДУН-ВАНГУ́Н, в древнекитайской мифологии владыка востока, муж Си-ванму. Образ его сложился, видимо, лишь к рубежу нашей эры, много позже, чем Си-ванму. Существует предположение, что представление о Д. есть результат трансформации образа древнего полулегендарного царя — чжоуского Му-вана, предание о путешествии которого к Си-ванму было популярно в Древнем Китае. Наиболее ранние изображения Д. — на иньских рельефах в провинции Шаньдун (предположительно 2 в.). Согласно первому упоминанию о нём в «Книге о чудесном и удивительном» (5—6 вв.?), Д. обитает в большом каменном жилище, ростом он в один чжан (ок. 3 м), волосы на голове белые, облик человеческий, лицо птичье, а хвост тигра. Фигура его моделирована по образцу более древнего образа его жены. В средневековой даосской мифологии Д. именуется также Му-гун («князь дерева»), т. к. в системе 5 стихий «дерево» соответствует востоку, и почитается как один из верховных богов, покровителей бессмертных.

Б. Р.

ДУ́НГИ ГО́НГМА («первородное яйцо»), в тибетской мифологии один из вариантов образа космического яйца, источника возникновения вселенной, первочеловека, царя (героя), божеств. По версии из местности Пари, от сырости и ветра возникло пять яиц: тёмно-красное из сардоникса, красное из меди, голубое из бирюзы, жёлтое из золота, белое из серебра. Из пяти яиц появилось пять элементов (ветер, огонь, вода, земля, воздух). Из сути элементов появилось одно большое яйцо. Из внешней скорлупы появились белые скалы лха, из внутренних вод появилось «белое первородное озеро», окружающее желток, из промежуточной части появилось шесть семейств; из желтка появилось восемнадцать яиц (или восемнадцать желтков), из которых появилось яйцо, породившее первочеловека. В мифологии бон с образом Д. г. связано возникновение этического начала, когда из ничего возникают яйцо белое и яйцо чёрное. Из белого яйца появляется Пханджед, «Творец блага», из чёрного яйца — Нодджед, «Творец зла». Пханджед — свет и жил в свете, владыка бытия; Нодджед — владыка небытия, он — тьма, которая простирается до границ света. Всё благое от первого, всё злое от второго.

Е. Д. Огнева.

ДУ́НЕН БЕ́РКАТ, в мифах ингушей и чеченцев земная благодать, выражающаяся главным образом в изобилии и высоком качестве всего сущего — людей, животных, растений и др. (в отдельных сюжетах признак благодатного времени — безветрие). Появление Д. б. на земле, которая была гладкой и без всяких признаков жизни, связывалось с прилётом огромной белой птицы, из мочи которой образовалась вода, из кала — семя. Из воды, растекавшейся по земле, образовались моря, озёра, реки, из семени, разносимого ветром, всюду произросли деревья, цветы, трава, злаки и пр. Д. б. находится под покровительством богов. Когда боги гневаются на людей, высыхают реки, скудеет земля, гибнут животные, наступает голод. В нарт-орстхойском эпосе его невольным виновником исчезновения Д. б. является Хамчи Патарз: с его появлением на свет оскудевает земля, которая прежде была настолько жирной, что из неё можно было выдавливать масло. В одном из сказаний Хамчи Патарз, узнав о том, что он является причиной несчастья человечества, безуспешно пытается покончить с собой, чтобы вернуть Д. б. В других вариантах прекращение Д. б. связывается с появлением на земле нарт-орстхойцев во главе с Сеской Солсой, грабивших и убивавших людей.

А. М.

ДУННЭ́, дуннэ́ мусу́н, в мифах эвенков духозяйка земли, тайги, родовой территории. Ассоциируется с буга как обозначением среднего мира — земли, леса, суши.

Е. Н.

ДУНФА́Н ШО, в китайской народной мифологии даосский святой и покровитель золотых и серебряных дел мастеров. В основе образа Д. Ш. реальный сановник Д. Ш. ханьского императора У-ди, живший во 2—1 вв. до н. э. и прославившийся как истолкователь чудес.

Мать Д. Ш. умерла на третий день после его рождения, а отец бросил его на дороге. Младенца на рассвете подобрала соседка [отсюда его фамилия Дунфан («восток»)]. Д. Ш. уже в детстве творил чудеса: побывал в столице мрака, мчался верхом на тигре, повесил на дерево полоску материи, которая превратилась в дракона, встречался с Си-ванму и т. п. Затем Д. Ш. стал сановником У-ди, который беседовал с ним о достижении бессмертия и различных знамениях. Д. Ш. не раз дарил государю чудесные диковины: звучащее дерево о десяти ветвях, волшебного скакуна, который некогда возил колесницу Си-ванму, разноцветную росу (по даосским представлениям, роса — напиток бессмертных) и т. п. Однажды с неба спустился цилинь («зелёный дракон»), хранитель востока, Д. Ш. сел на него и поднялся на небеса. Тогда государь понял, что Д. Ш. — сошедшее на землю божество звезды Суйсин (Венера). Существует предание, что Д. Ш. торговал снадобьями у горы Куйцзы. В средние века мастера, изготовлявшие изделия из золота и серебра, почитали Д. Ш. как своего божественного патрона. По одной из легенд, Д. Ш. похитил у Си-ванму волшебные персики, дарующие бессмертие, и за это был изгнан на какое-то время с небес на землю.

Б. Р.

ДУН-ЦЗЮНЬ («повелитель востока»), в древнекитайской мифологии антропоморфное солнечное божество. В стихотворении Цюй Юаня (4 в. до н. э.) Д. описывается как красавец, мчащийся по небу в колеснице, запряжённой конями, и распевающий весёлую песню, из которой можно заключить, что Д. представляли в халате из синих облаков с луком и стрелами в руках. Ковш Большой Медведицы служил ему винной чашей. В «Исторических записках» (1 в. до н. э.) Сыма Цяня Д. упоминается как один из повелителей жизни. У некоторых средневековых поэтов Д. уже не персонификация солнца, а божество весны (он же Дун-хуан). Иногда Д. отождествляли с Дун-вангуном.

Б. Р.

ДУРВА́САС, в индуистской мифологии брахман-подвижник, тип гневного отшельника, хранителя традиционных норм поведения и этикета. Почитается, по одним легендам, сыном риши Атри и Анасуи, по другим — сыном или воплощением Шивы. Д. проклинает Шакунталу, не проявившую к нему должного уважения; проклинает Индру, пренебрёгшего подаренной ему Д. гирляндой, и на время лишает его власти над миром («Вишну-пурана»); предрекает Кришне его смерть, когда тот, оказывая Д. гостеприимство, забывает вытереть следы пищи с его ног («Махабхарата»). Но Д. может быть и благодетельным: он награждает угодившую ему своим послушанием Кунти даром вызывать к себе любого бога, от которого она бы пожелала иметь сына («Махабхарата»).

П. Г.

ДУ́РГА (др.-инд., «труднодоступная»), в индуистской мифологии одна из грозных ипостасей супруги *Шивы*. Первоначально, по-видимому, Д. была богиней неарийских племён шабаров, барбаров и пулиндов («Хариванша»). Включение в первых веках н. э. Д. в индуистский пантеон связано с адаптацией индуизмом неортодоксальных народных верований и, в частности, культа богини-матери, олицетворяющей созидательные и разрушительные силы природы. В мифах Д. выступает богиней-воительницей, защитницей богов и мирового порядка, когда им грозит опасность от демонов. Один из главных её подвигов — уничтожение демона-буйвола Махиши, прогнавшего богов с неба на землю. Махишу, который не мог быть побеждён ни мужем, ни животным, Д. убивает в жестоком поединке (Скандапур. I 3; Марканд.-пур. 80, 21—44). Среди других подвигов Д., которая может также выступать под именем Кали, Чамунда, Тара, Нанда и др., — убийство асур Шумбхи и Нишумбхи (см. *Сунда*), Мадху и Кайтабхи, Чанди и Мунди и др. Живёт Д. в горах Виндхья в окружении восьми постоянных помощниц — йогинь, пожирающих остатки её кровавой трапезы.

Д. обычно изображается десятирукой, восседающей на льве или тигре, с оружием и атрибутами различных богов: трезубцем Шивы, диском Вишну, луком Ваю, копьём Агни, ваджрой Индры, петлёй Варуны. Культ Д., распространившийся в средние века по всей Индии, постепенно вобрал в себя многие культы местных богинь: *Коттравей* и Эламмы на дравидском юге, бенгальской богини оспы Шиталы и т. п.
П. А. Гринцер.

ДУРЬЁДХАНА (др.-инд., «с кем трудно сражаться»), в индуистской мифологии сын царя *Дхритараштры* и его жены Гандхари, старший из *кауравов*. Согласно «Махабхарате», Д. рождён по воле Шивы и Умы (см. в ст. *Деви*) в дар *асурам* (III 240, 5—7) и является воплощением демона зла Кали (I 61, 80). Асурическая (демоническая) природа Д. так или иначе проявляется в эпосе. Он ненавидит своих двоюродных братьев *пандавов* и постоянно их преследует. Дважды он пытается погубить *Бхиму*; заманивает пандавов в ловушку в городе Варанавата и приказывает поджечь смоляной дом, где они живут; вынуждает *Юдхиштхиру* вместе с братьями удалиться на 13 лет в изгнание. После возвращения пандавов из изгнания Д. отказывается возвратить им царство и готовится к войне с ними. Он пытается заручиться помощью *Кришны*. Когда Д. предоставляется выбор — взять в союзники Кришну как божественного советника или его войско, Д. выбирает войско. Предпочтя тем самым военную силу справедливости и разуму, Д. обрекает кауравов на поражение. На 18-й день битвы на *Курукшетре*, когда войска кауравов были разбиты, Д. укрывается на дне озера, используя свою магическую способность находиться под водой. Но пандавы обнаруживают его убежище, и он принуждён вступить в поединок с Бхимой. В этом поединке Д. выказывает всю присущую ему воинскую доблесть, и Бхиме удаётся одержать верх, лишь нанеся запрещённый удар палицей ниже пояса. Второе имя Д. в эпосе — Суйодхана («хорошо сражающийся»).
П. Г.

ДУСЭ́, в мифах орочей, нанайцев, ульчей, удэгейцев, маньчжуров дух — хозяин тайги или дух — хозяин тигров. Представлялся в облике тигра. Существуют мифы о сожительстве тигров с женщинами, о происхождении отдельных родов от тигра и о приобретении постоянной промысловой удачи теми родами, предки которых оказали услугу тигру. У орочей Д. эдени является помощником верховного божества — *буга*. В ведении Д. эдени находятся обитающие в тайге животные, от его расположения зависит удача на охоте. Д. эдени представлялся пожилым человеком, живущим в таёжном жилище вместе с женой и дочерью; собаками и посыльными им служили обыкновенные тигры.
Е. Н.

ДУХ СВЯТО́Й, дух божий, Пара́клет или Пара́клит (греч., «помощник», «утешитель»), в представлениях иудаизма действующая сила божественного вдохновения, в христианских представлениях третье лицо *троицы*. Евр. слово «руах» означает и «ветер», и «дух»; эта связь выявляется и ветхозаветным и новозаветным повествованиями (за сошествием к 70 старейшинам следует сильный «ветер от господа», Чис. 11; «сошествие Д. с.» на апостолов сопровождается шумом с неба «как бы от несущегося сильного ветра» и неким подобием языков огня, Деян. 2, 1—4). В архаических текстах Ветхого завета Д. с. («дух Яхве», «дух Элохим») сообщает полководцам воинственное воодушевление (Суд. 3, 10, 11, 29; особенно 14, 6 и 19, где говорится о богатырском неистовстве *Самсона*); охваченный Д. с. делается «иным человеком», получает «иное сердце» (1 Царств 10, 6 и 9). Д. с. сообщает также, согласно ветхозаветным текстам, особый дар, делающий человека способным к несению царского сана (ср. иранское понятие хварно = *фарн*); Саул подготовлен к царствованию экстатической инициацией, при которой он под наитием Д. с. пророчествует среди прорицателей (1 Царств 10, 10), а когда избранничество отходит к *Давиду*, Д. с. «сходит» на него, чтобы почивать на нём «с того дня и после» (16, 13). Различные случаи призвания через Д. с. к исполнению той или иной сакральной функции — аналоги центрального случая — призвания пророка, «влагания» «духа Яхве» «в сердце» того или иного пророка, начиная с *Моисея* (Ис. 63, 11; ср. Иезек. 11, 19 и 24; 36, 26—27; 39, 29; Иоиль 2, 28; Мих. 3, 8, и т. д.). Но в качестве инспиратора пророков Д. с. оказывается истинным «автором» Библии как корпуса «откровения». Уже в талмудической литературе вопрос об участии Д. с. в том или ином сочинении — обычная терминологическая форма постановки вопроса о принадлежности или непринадлежности этого сочинения к числу «богодухновенных» книг. Идея этого мистического «авторства» Д. с. заострена до наглядного образа в апокрифической «3-й книге Ездры» (2 в. н. э.), где описывается, как после уничтожения всех священных книг Д. с. диктует их полный текст пяти мужам, «и они ночью писали по порядку, что было говорено им и чего они не знали». Неоднократно повторяющаяся в средневековой христианской литературе метафора — священный писатель как музыкальный инструмент, на котором играет Д. с.

Ортодоксальный иудаизм раввинских школ, вообще осторожно относящийся к понятию Д. с., стремился ограничить его «действие» окончившейся исторической эпохой, а внутри неё — кругом специально избранных лиц. В позднем иудаизме возможность «обретения» Д. с. для всех вообще верующих связывалась с временем прихода *мессии* (так истолковывалось ветхозаветное предсказание — Иоиль 2, 28). Раннее христианство рассматривало своё время как мессианское и, следовательно, как исполнение этого предсказания (ср. Деян. 2, 16—17). С этой точки зрения, только благодаря пришествию *Иисуса Христа*, его крестной смерти и его представительству за верующих Д. с. впервые «дан» людям во всей полноте, неведомой временам пророков; он «послан» Христом и «свидетельствует» о Христе (Ио. 15, 26; ср. также 14, 16 и 26). Однажды сойдя на апостолов в день пятидесятницы (Деян. 2), Д. с. пребывает в нерасторжимом соединении с церковью, делая действительными её таинства и правильным её учение, «наставляя» верующих «на всякую истину» (Ио. 16,13). Д. с. становится в христианстве одной из ипостасей троицы.

При всей своей связи с официальным культом идея Д. с. сохраняла близость к сфере вдохновения, не связанного институциональными формами, к избранничеству («харизматичности»), не зависящему от сана, от места в иерархии. Поэтому на авторитет Д. с. нередко ссылались еретики, выступавшие против иерархического институционализма (монтанисты во 2 в., «Братья свободного духа» в 13—14 вв., различные сектанты нового времени). Согласно концепции итальянского средневекового мыслителя Иоахима Флорского, вслед за «эрой Отца» (ветхозаветной) и «эрой Сына» (новозаветной) должна наступить «эра Д. с.» — эра свободы, когда насильственная дисциплина уступит место любви и миру, а буквальное понимание Библии — «духовной» интерпретации; итальянский революционер Кола ди Риенцо (14 в.) называл себя «рыцарем Д. с.» и пользовался символикой, связанной с представлениями о Д. с.

Зримый образ Д. с. в христианской традиции — голубь (собственно голубица; евр. и арам. слова для обозначения «духа» — женского рода, и в древнем апокрифе Христос даже называет Д. с. «матерью»); в этом образе он и является над водами Иордана во время крещения Иисуса Христа (Матф. 3, 16; Мк. 1, 10; Лук. 3, 22). Ср. ветхозаветный рассказ о первозданном состоянии мира: «и дух божий носился над водою» (Быт. 1, 2); употреблённый в еврейском тексте глагол даётся по отношению к птице-матери, высиживающей птенцов и витающей над ними с кормом (напр., Втор. 32, 11), так что возникает образ некой мировой птицы, своим теплом согревающей яйцо мировое. Распространённые у народов ислама представления о чудесной гигантской птице рух (араб. ruch, «дух») дают фольклорно-сказочную материализацию такой метафорики.

С. С. Аверинцев.

ДУША́РА, в древнеарабской мифологии верховное божество в пантеоне государства Набатея, почитавшееся также некоторыми племенами северной и центральной Аравии. Слово «Д.» — арамеизация арабского «зу-Шара», что означает «владетель Шары» (Шара — вероятно, название округи Петры, столицы Набатеи) и, возможно, является заменой запретного имени божества (см. *Аарра*). Д.— космическое божество, творец, устроитель мировой гармонии и вселенского порядка, владыка мира. Он был также богом-громовержцем и отождествлялся с *Зевсом*; известны и отождествления Д. с *Аресом*, но это, по-видимому, народная этимология имени Д., и считать его богом войны нет оснований. Одновременно Д. был богом земледелия и растительности, виноградарства и виноделия и соответствовал *Дионису*. Согласно мифу, Д. был рождён девой-камнем. Отождествление с Дионисом и рождение Д. от девы свидетельствуют о том, что он, очевидно, был умирающим и воскресающим богом. Набатеи считали его покровителем своей страны и богом царской династии. Идолом Д. служил чёрный четырёхугольный необработанный камень, которому приносили жертвы. Очевидно, ипостасью Д. был Аарра. Возможно, в Набатее Д. отождествлялся с *Аллахом* (но не исключено, что Аллах почитался в Набатее наряду с Д.). Видимо, Д. соответствует *Оротальт*. Почитание Д. было широко распространено среди арабских племён и после падения набатейского государства.

А. Г. Л.

ДУЭНТЕ, в мифах нанайцев, орочей, ульчей люди-медведи, а также дух — хозяин тайги. Д. представлялся в виде старика или огромного медведя, след лапы которого с кабаргу (животное величиной до 1 м), а глубина следа — человеку по колено. Считается, что происхождение медвежьего рода ведётся от брака первого медведя с женщиной (родство между ними подчёркивается сходством освежеванной медвежьей туши с телом человека). Согласно мифам, младший брат женщины, вышедшей замуж за Д., убил его, а затем и сестру, которая завещала брату воспитание медвежат, правила проведения медвежьего праздника (включающего выращивание медведя в клетке, его последующее ритуальное убиение, церемониальное кормление пищей с представителями других родов и проводы души медведя к хозяину тайги, обеспечивающие возрождение убитого медведя).

Е. Н.

ДУ ЮЙ, герой мифов юго-западного Китая (провинция Сычуань). Согласно «Анналам правителей царства Шу» Ян Сюна (1 в. до н. э.), Д. Ю. был спущен с неба, одновременно из колодца у реки появилась девица Ли, которая стала его женой. Сам Д. Ю. был провозглашён правителем Шу и стал именоваться Ван-ди. Однажды на реке увидели плывущий труп человека, который, достигнув столицы Шу, ожил. Его звали Белин («дух черепахи»). Д. Ю. сделал его советником и послал бороться с наводнением. Пока Белин усмирял воды, Д. Ю. развлекался с его женой, потом он почувствовал стыд и уступил престол Белину, а сам умер в западных горах, и душа Д. Ю. превратилась в кукушку.

В бытующих по сей день в Сычуани устных преданиях, сохранивших архаические черты, Д. Ю.— богатырь-охотник, победивший злого дракона, наславшего наводнения, и женившийся на сестре дракона, которая помогла Д. Ю. справиться с потопом. Один из приближённых Д. Ю., ставшего правителем, решил завладеть его престолом и женой. Он передал Д. Ю. приглашение от дракона, и когда тот отправился к нему, дракон схватил Д. Ю. и запер в железной клетке. Д. Ю. умер, и душа его превратилась в птичку. Впоследствии в птичку превратилась и душа его жены.

Б. Р.

ДХАНВА́НТАРИ (др.-инд., «движущийся по дуге лука»), в индуистской мифологии лекарь богов, первоначально, видимо, отождествляемый с солнцем, «движущимся по дуге». Согласно мифу о пахтанье океана богами и *асурами*, Д. появился из мирового океана с чашей *амриты* в руках (Мбх. I 16, 37). В некоторых мифах Д. рассматривается как частичное воплощение *Вишну* или — как помощник *Шивы* или *Гаруды*. Д. приписывается создание древнейшего индийского трактата по медицине («Аюрведа»).

П. Г.

ДХА́РМА: 1) в древнеиндийской мифологии сначала божественный мудрец, затем бог справедливости, персонифицирующий понятие «дхармы» — закона, морального правопорядка, добродетели. Д.— либо сын риши *Атри*, либо сын *Брахмы* и, в этом случае, будучи одним из *Праджапати* (см. в ст. *Ману*), отец Атри. Жёнами Д. считаются десять дочерей *Дакши*, каждая из которых олицетворяет какое-либо абстрактное достоинство, входящее в круг представлений о «дхарме» (славу, счастье, твёрдость, веру и т. п.). В эпической и пуранической традиции Д. обычно отождествляется с *Ямой* в его функциях судьи людей и царя справедливости. Однако отождествление это не безусловно, и, например, *Юдхиштхира* в «Махабхарате» сын только Д., но не Ямы.

П. Г.

2) Одно из главных понятий буддийской мифологии. Слово «Д.» образовано от корня dhr, «держать, поддерживать», и оно имеет в контексте буддизма много значений, основные: учение *будды* (в особенности будды *Шакьямуни*); текст (или собрание текстов), в котором это учение изложено; элемент текста и состояния сознания.

Если по религиозно-мифологическим воззрениям сторонников хинаяны существует лишь одна единая Д. (в смысле учения), которая изложена в «Трипитаке», то, по воззрениям сторонников махаяны и ваджраяны, Шакьямуни провозгласил разные по содержанию и глубине Д. (в некоторых текстах махаяны говорится, например, о трёх «поворотах колеса дхармы» — дхармачакра-правартана), в соответствии с умственными способностями воспринимающего. Но и эти разные Д. в конечном счёте представляют собой лишь разные аспекты единого учения.

Л. М.

ДХАРМАПА́ЛА («защитник дхармы»), в буддийской мифологии божества, защищающие буддийское учение и каждого отдельного буддиста. Группа Д. в пантеоне разграничена нечётко, среди них нередко перечисляются и *идамы*, и местные божества разных народов, у которых распространялся буддизм. В Тибете имеется список, содержащий восемь Д.: Ваджрабхайрава (см. *Ямантака*), Хаягрива, Бэгцэ, Яма, Махакала, Шри Деви, Вайшравана, Брахма, но, кроме перечисленных, известно ещё много других Д. Предложенная Ч. Трунгпа схема разделения Д. на две подгруппы (махакалы и локапалы) не вполне удовлетворительна, т. к. определённое число Д. остаётся за пределами этих групп. По-видимому, в идее Д. особенно ярко проявляется одна из главных особенностей буддийской мифологии — открытость нововведениям и сознательная незавершённость. В буддийской мифологии имеются легенды о том, как местные божества магической силой великих учителей были обращены в Д. Так,

Падмасамбхава покорил много божеств тибетской религии бон, которые до этого якобы препятствовали распространению буддизма в Тибете. В Тибете наряду с названием Д. (тибет. chos-skyong) употребляют название drag-d'sed (букв., «ужасный палач»), от чего происходит монгольское *докшиты*.

Л. М.

ДХАТА́Р («установитель»), в древнеиндийской мифологии божественный установитель, создатель. Как особое абстрактное божество выступает лишь в поздних гимнах «Ригведы» (X мандала); в других местах соответствующее слово обозначает жреца, совершающего обряд, установителя-распорядителя вообще. Д. как божество сотворил солнце и луну, небо и землю, воздушное пространство и свет; вместе с другими богами он заботится о потомстве (создаёт телесный плод), покровительствует браку, наблюдает за порядком в доме, излечивает болезни. Иногда Д. причисляют к *адитьям*. Позже Д. идентифицируется с *Праджапати* или *Брахмой* (иногда Д.— его сын). Как эпитет Д. относится к *Вишну* и *Шиве*. Представление о Д.— результат теологических и умозрительных построений.

В. Т.

ДХРИТАРА́ШТРА, герой древнеиндийского эпоса «Махабхарата», сын отшельника *Вьясы* и вдовы царя Вичитравирьи Амбики. Будучи слепым от рождения, Д. вначале передаёт свои права на трон в Хастинапуре младшему брату *Панду*, но после смерти Панду всё же становится царём. От своей жены Гандхари Д. имеет одну дочь и сто сыновей — *кауравов*, среди которых старший — *Дурьодхана* — его любимец. В эпосе Д.— тип слабого, нерешительного отца; он сознаёт злокозненность умыслов своих сыновей, но вольно или невольно им потворствует, ссылаясь на неотвратимую волю судьбы. После окончания войны между кауравами и *пандавами* и воцарения *Юдхиштхиры* Д. вместе с женой уходят в лес, чтобы стать отшельниками, и там они погибают от лесного пожара.

П. Г.

ДХРУ́ВА («твёрдый», «постоянный»), в индуистской мифологии один из восьми богов *васу*, сын царя Уттанапады и внук *Ману* Сваямбхувы; согласно некоторым версиям мифа, Д.— отец *Калы*. Изгнанный своей мачехой, желавшей, чтобы наследником царства стал её родной сын, Д. в течение трёх тысяч лет предаётся аскезе и постоянно размышляет о *Вишну*. За это Вишну возносит его на небо в качестве Полярной звезды (Вишнупур. I 11; Бхаг.-пур. IV 8). Д. чтится индусами как воплощение стойкости и решительности.

П. Г.

ДХУ́НДХУ, в индуистской мифологии *асура*, препятствовавший мудрецу Уттанке совершать религиозные обряды; отец *Сунды*. Д. укрывается под морем песка, но его выкапывают оттуда и убивают царь Кувалаява со своими сыновьями. Кувалаява за этот подвиг получает имя Дхундхумара. Полагают, что сюжет этого мифа имеет отношение к этиологическим к возникновении вулканов и подобных им природных явлений.

В. Т.

ДХУНДХУМА́РА («убийца Дхундху»), в индуистской мифологии царь Кувалаяава, убийца асуры *Дхундху*. Д. принадлежит к *Солнечной династии* и имеет 21 000 («Вишну-пурана») или 100 сыновей («Хариванса»). Перед гибелью Дхундху своим огненным дыханием поражает всех сыновей Д., кроме троих.

В. Т.

ДЫЙ, в восточнославянской мифологии имя бога. Упомянуто в древнерусской вставке в южнославянский текст «Хождения богородицы по мукам» и в списках «Слова о том, како погане суще языци кланялися идолом» («Дыево служенье»). Контекст позволяет предположить, что имя Д. является результатом ассоциации древнерусского имени (типа див) с греч. dios, см. *Зевс* (ср. также *Дьяус*). К этому предположению ведёт и упоминание Д. в трёх средневековых новгородских греческих надписях, выполненных тайнописью. Не исключено, что имя Д. представляло собой вариант или результат искажения того же имени (другая его форма — *Див*).

В. И., В. Т.

ДЬО, в мифах фон божество воздуха, дыхания; шестой сын *Маву-Лиза*. Согласно мифам, Д. даёт жизнь человеку; управляет пространством между небом и землёй. Благодаря Д. боги невидимы людям на земле, он «одевает» их. Д. получил от Маву-Лиза, давшего своим детям разные языки, язык людей.

Е. К.

ДЬЯ́ВОЛ (греч., «клеветник»), мифологический персонаж, олицетворение сил зла. Д. противостоит «доброму началу» — богу. См. также *Сатана*, *чёрт*.

ДЬЯЙ И ЭПИ, в мифах тукуна братья-близнецы, культурные герои. Д. и Э. из пойманных ими рыб сотворили людей. Затем Дьяй добыл дневной свет, огонь и культурные растения — всё это вместе с основными элементами материальной культуры дал людям и установил все племенные нормы и обычаи. Напротив, Эпи — лжец, часто попадающий в неприятные положения, из которых его выручает Дьяй. Затем братья разделились: Дьяй поселился на востоке, а Эпи на западе.

Л. Ф.

ДЬЯ́УС («сияющее, дневное небо», «день»), в древнеиндийской мифологии бог неба, персонифицированное небо. В «Ригведе» нет гимнов, посвящённых Д. отдельно, но есть шесть гимнов, в которых говорится о Д. и *Притхиви* (земле) вместе. Чаще всего Д. выступает совместно с Притхиви. Они образуют изначальную супружескую пару, где Д.— отец и небо, а Притхиви — мать и земля. Некогда они были слиты воедино, но потом разъединены и укреплены (по закону *Варуны*) порознь. Этот космогонический акт означал создание вселенной, широкого пространства и был произведён *Индрой*, *Варуной* и некоторыми другими богами. Дождь, испускаемый Д. на землю, называемый иногда жиром или мёдом, — это семя Д., из которого рождается всё новое, в частности боги. Детьми Д. называют прежде всего *Ушас*, *Ашвинов*, *Агни*, *Сурью*, *Парджанью*, *адитьев*, *марутов*, *ангирасов*. Отцовство Д.— чуть ли не единственная его персонифицирующая черта; вместе с тем есть и зооморфные образы Д. с подчёркнуто сексуальными мотивировками — бык-оплодотворитель (РВ I 160, 3; V 36, 5; 58, 6) или жеребец (X 68, 11). Д. и Притхиви рассматриваются как два мира, источники жизненной силы. Обращающийся к ним с просьбой возрождается в потомстве. Небо и земля, всезнающие и благие, орошают людей мёдом, увеличивают пищу, приносят добычу, богатство, успех. В вопросе о том, кто возникает раньше — небо или земля, в «Шатапатха-брахмане» первенство отдаётся земле. Образы отца-неба и матери-земли, порождающих всё во вселенной, имея многочисленные типологические параллели повсюду, в этом виде сложились в общеиндоевропейский период; имя Д.-отца — Д.-питар находит точные соответствия (др.-греч. Зевс патер, Юпитер, Диеспитер, умбрск. Юпатер.

В. Н. Топоров.

ДЭ́ВЫ, д а́ й в а (авест.), д и́ в ы (фарси), в иранской мифологии злые духи, противостоящие благим духам — *ахурам*. Представления о Д. восходят к эпохе индоиранской и индоевропейской общности: в древнеиндийской мифологии *дева* — божества (как и родственные им персонажи других индоевропейских традиций), а *асуры* — демоны. Д., против которых направлена «антидэвовская надпись» Ксеркса, иранского царя 5 в. до н. э., почитались, по-видимому, в одной из областей Ирана как боги: Ксеркс уничтожил их святилище и насадил культ Аурамазды (*Ахурамазды*). «Видевдат» (среднеиран. «Кодекс против Д.») — свод законов и религиозных предписаний против Д. Они — порождение «злой мысли, лжи» (*Друга*, «Ясна» 32, 3), они служат Ангро-Майнью (*Ахриману*). Их бесчисленное множество, образы Д. слабо индивидуализированы. Легендарные иранские цари и богатыри выступают как дэвоборцы; главный дэвоборец — *Рустам*. Согласно дошедшему до нас фрагменту согдийского сочинения 5 в., Рустам осадил Д. в их городе и затем победил в бою. «Шахнаме» изобилует сюжетами борьбы с Д.: сын *Каюмарса* Сиямак погибает от руки чёрного Д.; впоследствии Хушанг (авест. Хаошьянгха) вместе с Каюмарсом убивают Д. Царь Ирана *Кай Кавус*, желая уничтожить злых духов, отправляется в поход против Мазендерана —

царства Д., и, ослеплённый их колдовством, попадает с дружиной в плен к белому Д. Кай Кавус призывает на помощь Рустама, и тот побеждает шаха Мазендерана Аржанг-Д. (шах тщетно пытается спастись от героя, превратившись в камень), а затем убивает белого Д. и освобождает царя.

Представления о Д. сохранились в фольклоре иранских народов; у таджиков Д.— великаны, покрытые шерстью, с острыми когтями на руках и ногах, ужасными лицами. Д. живут в своих логовищах (дэвлох), в диких, труднодоступных местах, или внутри гор, на дне озёр, в недрах земли. Там они стерегут сокровища земли — драгоценные металлы и камни; славятся ювелирным искусством. Обвалы в горах и землетрясения объяснялись работой Д. в своих мастерских или тем, что «Д. бушует». Д. ненавидят людей, убивают их или держат в темницах в своих жилищах и пожирают каждый день по два человека — на обед и на ужин. Они бесчувственны к мольбам пленников и на заклятия именем бога отвечали богохульствами. Однако у таджиков встречаются и представления о Д. как о благодетельных существах: такова Дэви Сафед («белая богиня»), покровительница прях, по пятницам ей подносили лепёшку и воздерживались от работы.
И. С. Брагинский.

В армянских мифах и эпосе Д. (от иран. дэв) — злые духи, главным образом великаны, антропоморфного, иногда и зооморфного облика, часто с двумя, тремя, семью головами. Д. обладают огромной силой. Живут в горах, в пещерах, в глубоких и тёмных ущельях, в пустынях. Действуют обычно группами — три, семь, сорок братьев. Владеют большими сокровищами. Похищают красавиц, царевен, соблазняют их. Герои, воюющие против Д., всегда их побеждают. Иногда Д. вступают в дружбу с героями, помогают им в их подвигах. Матери Д.— тоже великанши, имеют огромные груди, перебронённые через плечи; более дружелюбны по отношению к людям, чем их сыновья.
С. Б. А.

В грузинских мифах и фольклоре дэви (от иран. дэв) — злые духи. Д. зооморфны, рогаты и волосаты, многоглавы (от трёх до ста голов). С увеличением числа голов возрастает их сила, на месте срубленной головы вырастает новая. Д. обитают в подземельях, но иногда живут и на земле, владея дворцами и богатствами. Обычно вместе живут семь — девять братьев. Занимаются Д. скотоводством и охотой, похищают и держат в неволе красавиц. В мифах горцев Грузии против Д. борются местные божества. Д. женского пола — великанши, менее злы, они дают приют и огонь пришельцам и охраняют их от своих сыновей-людоедов.
М. К. Ч.

В мифах дагестанских народов Д. (от иран. дэв, у цахуров именуется Абрак) — антропоморфные одноглазые чудовища огромных размеров. Обычно обитают по нескольку братьев с матерью в пещере, в неприступной крепости; живут охотой. Разрушают человеческое жильё, убивают людей.

Согласно лакскому мифу («Одноглазый дэв»), один из Д. занимался овцеводством; людей, забредавших в его пещеру, жарил вместе с дичью и съедал. Но нашёлся герой, благодаря смекалке спасшийся от него. Попав в пещеру Д., он выжег у спящего чудовища глаз. Проснувшись утром, Д. стал ощупью просчитывать своих овец, но человека, уцепившегося снизу за овечью шерсть, не обнаружил, и герой вместе с овцами выбрался из пещеры.
X. X.

В мифологиях тюркоязычных народов Малой и Средней Азии, Казахстана, Кавказа, Западной Сибири, Поволжья и гагаузов (тур. дэв; узб., гагауз. дев; туркм. дёв; кирг. дёо; каракалп. дэу; карачаев., балкар. дёу) у казанских татар дию, у западносибирских татар тив, у башкир дейеу) Д.— злые духи. Д. представлялись обладающими огромной силой великанами, иногда с несколькими головами, мужского или женского пола. Иногда Д. имеют облик циклопа (у народов Средней Азии и Казахстана, а также у турок). У турок и гагаузов Д.-великанши имеют, как и албасты, длинные груди, которые они забрасывают за плечи. По представлению башкир, казанских и западносибирских татар, Д. имеют своё подземное царство. В мифах народов Средней Азии сохранились представления о былой благодетельной роли Д., в частности в мифах узбеков Хорезмского оазиса Д. выступают как строители многих крепостей и городов, в шаманских мифах узбеков, казахов и киргизов они фигурируют в числе духов — помощников шаманов. (Обычно, однако, считалось, что Д. причиняют человеку болезнь, а шаман должен изгнать её или умилостивить Д.)

Как мифологический персонаж Д. наиболее распространены среди узбеков, а у других народов они чаще выступают как сказочные образы (хотя и сохраняют мифологические черты). У тюркоязычных народов Поволжья Д. часто сближаются и объединяются в единый образ с пари (духи *дию пэрие*).
В. Б.

ДЮЛИН, диулин, дюли, в мифах нанайцев, негидальцев, удэгейцев дух — покровитель семьи и дома. Его антропоморфное изображение (иногда с женскими грудями) ставили у центрального столба жилища и молились перед промыслом и после него, а также в случае болезни кого-либо из членов семьи.
Е. Н.

ДЯ́БДАР, в мифах эвенков гигантский змей. По одному из вариантов мифа, Д. участвовал в сотворении мира: вместе с мамонтом сэли он осушал землю, прокладывая своим телом русла рек. У тунгусо-маньчжурских народов Приамурья Д.— удав или уссурийский питон, мог лечить людей. Для этого его приносили из леса в дом больного, окуривали дымом багульника, кормили и давали обвиться вокруг тела больного, чтобы изгнать болезнь.
Е. Н.

ДЯ́ЙКУ, Дёйба-нгу́о (сирота-бог), в самодийской мифологии (у нганасан) культурный герой, устроитель земли, победитель враждебных людям чудовищ. Ему соответствуют Ича у селькупов, Ди́а и Дюба-нга у энцев, Иомбо у ненцев, Дебегей у юкагиров и др. Д.— человек, воспитанный одинокой женщиной, не знающий отца. Часто указывается, что его родина — единственное пригодное то время для жизни людей место на земле. Вначале Д. слаб и неумел: охотится на мышей, плавает в лодке из ивового листка, гребёт травинкой, не знает, что можно употреблять пищу. Он отправляется осваивать и устраивать землю, отбирая её у чудовищ дямада (детей или потомков *Моу-нямы*). Побеждённые чудовища превращаются в сакральные предметы, способные содействовать благосостоянию человека. В некоторых мифах Д. борется с матерью подземного льда и посещает мёртвых, с помощью матерей природы (Моу-нямы и др.) отвоёвывает у злых духов диких оленей и делает доступными рыболовные угодья. По завершении подвигов Д. оскопляет себя и переселяется на небо (в ряде мифов там к нему возвращается способность оставить потомство). По некоторым данным, Д. считался братом или мужем Моу-нямы. Широко распространён цикл полуанекдотических сюжетов, в которых Д. предстаёт слабым человеком, побеждающим врагов хитростью (например, чтобы войти в доверие к старухе-людоедке Сиги'э, прикидывается рождённым ею ребёнком) или просто проявляющим свой плутовской нрав.
Е. А. Хелимский.

ДЯ́ЛА, Дэ́ла, в мифах ингушей и чеченцев глава пантеона богов, демиург. Д.— старший брат бога *Селы*, отец богини плодородия *Тушоли*. Имеет антропоморфный облик, живёт на небе. Создал небо, где живут боги, и землю, где живут люди. Увидев, что земля оказалась в три раза больше неба, Д. сжал её, и образовались земельные горы; затем он укрепил землю каменными горами. Землю держат на своих рогах быки. Д. создал также птиц, животных, людей; из земли, сжатой им одной рукой, образовалась женщина (на западе), сжатой другой рукой — мужчина (на востоке), которым предстояло стать мужем и женой. Филина, пытавшегося воспрепятствовать соединению мужчины и женщины, Д. наказал, лишив его способности видеть днём. По иной версии космогонического мифа, Д. создал вселенную из семи миров, расположенных по вертикали, в каждом своя земля и своё небо. «За семью землями и семью небесами» — хаос без начала и конца. Мир людей делится на солнечный, его населяют живые, и подземный (*Ел*) — мир мёртвых. Солнечный мир Д. создал за 3 года, Ел — за 7 лет.

Согласно более архаичным представлениям, управление миром Д. в значительной мере перепоручил другим богам, действующим самостоятельно — каждый в своей сфере, часто выступающим посредниками между людьми и Д. С распространением ислама Д. стал отождествляться с аллахом. Имя Д. удержалось в молениях, клятвах, народных сказаниях.

А. М.

ДЯНЬ-МУ («матушка-молния»), в китайской мифологии богиня молнии, сопровождающая бога грома *Лэй-гуна*; в просторечии именуется также Шань-дянь няннян («Сверкающая молниями матушка»). Изображается в разноцветном (сине-зелёно-красно-белом) платье, с двумя зеркалами, которые она держит в поднятых над головой руках. Стоя на облаке, она то сближает, то разводит зеркала, от чего получается молния. В древности, судя по источникам начала н. э., — божество молнии, представлявшееся в виде мужчины и именовавшееся Дянь-фу («отец-молния»). Дянь-фу уступил место Д., по-видимому, под влиянием средневековых представлений, по которым молния связана с землёй и соответственно с женским началом (инь). Считалось, что Д. освещает молнией сердца грешников, которых должен наказать бог грома (Лэй-гун), потому её нередко называют Зеркалом бога грома. Д. также название цитры, будто бы принадлежавшей *Ди-цзюню*.

Б. Р.

ЕБОСА́Н («ёбо» — корейское междометие «эй!» и японский вежливый суффикс «сан»), в поздней корейской мифологии злой дух японца, к-рый в образе красного перца обольщал кореянок в сумерках. Связанные с Е. суеверия были особенно распространены в конце 19 в. и в период японской аннексии Кореи (1910—45).
Л. К.

Е́ВА, Х а́ в в а, согласно иудаистическим, христианским и мусульманским религиозно-мифологическим представлениям, жена Адама, первая женщина и праматерь рода человеческого. Имя Е. появляется в Библии во вставке к сказанию о вкушении женщиной, обольщённой змеем (в основном тексте сказания она безымянна), запретного плода: «И нарёк Адам имя жене своей: Ева, ибо она стала матерью всех живущих» (Быт. 3, 20). Автор этого этимологического дополнения видит корень имени Е. в евр. хай, «жизнь»; современная научная этимология возводит (предположительно) это имя к арам. Хевъя и финик. хвт, «змея» (возможно, и «змееподобная богиня»). В сказаниях о сотворении человека, в т. ч. и в версии о сотворении женщины из ребра мужчины (см. *Адам*) имя Е. не названо; в рассказе о Каине и Авеле (Быт. 4) Е. — имя их матери. Новый завет называет Е. и женщину, созданную богом (вслед за Адамом), и женщину, прельщённую змеем (1 Тим. 2, 13; 2 Кор. 11, 3).

Подробнее см. в ст. *Грехопадение*.

ЕВРО́ПА, в греческой мифологии дочь финикийского царя *Агенора*. Влюбившийся в Е. Зевс похитил её, то ли превратившись сам в быка (Apollod. III 1, 1), то ли послав за ней быка (Ps.-Eratosth. 14). На спине этого прекрасного белого быка Е. переплыла море и попала на Крит, где Зевс разделил с ней ложе, после чего она родила сыновей *Миноса, Сарпедона* и *Радаманфа* (Apollod. III 1, 1). Потом она стала супругой бездетного критского царя Астерия («звёздного»), усыновившего и воспитавшего её детей от Зевса (III 1, 2). С мифом о Е. связана история её брата *Кадма*, отправившегося на бесплодные розыски сестры и основавшегося в Фивах (Apollod. III 1, 1; Hyg. Fab. 178). Матерью знаменитых царей и судей, супругой олимпийского Зевса Е. выступает в героической мифологии, однако есть основания считать её широко хтоническим божеством. Её имя означает «широкоглазая» (эпитет луны) или «широкогласная», она является коррелятом древнего Зевса Евриопа («широкогласного»), восходящего к догреческим культам Северной Греции и Малой Азии. Близка Е. к хтоническому Зевсу Додонскому, от брака с которым у неё сын Додон — покровитель святилища Додоны (Steph. Byz., v. Dodone). В Беотии супругой Зевса считалась Деметра-Е., а её сыном Трофоний — хтонический демон (Paus. IX 39, 4). Е. сближали с хтоническими богинями, иногда отождествляли с ними (в Сидоне Е. не отличалась от богинь Селены и Астарты). Она наделена растительными и зооморфными функциями, образ её объединяет весь космос; отождествлялась с Луной (Hymn. Hom. XXXI 4 след.).
А. Ф. Лосев.

ЕДИНОРО́Г, мифическое животное (в ранних традициях с телом быка, в более поздних — с телом лошади, иногда козла), именуемое по наиболее характерному признаку — наличию одного длинного прямого рога на лбу. Самые ранние изображения Е. (как однорогого быка) встречаются в памятниках культуры 3-го тыс. до н. э., в частности на печатях из древних городов долины Инда — Мохенджо-Даро и Хараппы, представляя собой один из наиболее значимых священных образов. Символ Е. отражается и в «Атхарваведе» (в мифе о потопе, во время которого Ману привязал корабль к рогу Е.), и в «Махабхарате». С воздействием этой позднейшей индийской традиции исследователи связывают появление образа Е. в западноазиатских (ближневосточных) и раннеевропейских мифологических системах. Греческая (Ктесиас, Аристотель) и римская (Плиний Старший) традиции рассматривали Е. как реально существующего зверя и связывали его происхождение с Индией (или Африкой). В переводах Ветхого завета с Е. идентифицировали зверя r⁹ēm (евр., «лютый зверь»). Символика Е. играет существенную роль в средневековых христианских сочинениях, восходящих к греческому тексту «Физиолога» (2—3 вв. н. э.); Е. рассматривается как символ чистоты и девственности. Согласно «Физиологу», Е. может приручить только чистая дева; отсюда — более поздняя христианская традиция, связывающая Е. с девой Марией и с Иисусом Христом.

Сюжеты, связанные с Е., встречаются и в восточном (включая китайский и мусульманский), и в западноевропейском (немецкая сказка о портном и семи мухах) фольклоре. В русских «азбуковниках» 16—17 вв. Е. описывается как страшный и непобедимый зверь, подобный коню, вся сила которого заключена в его роге.

Именем Е. названо экваториальное созвездие (лат. Monoceros). Символ Е. занимает существенное место в геральдике: Е. изображался как на династических и государственных (напр., шотландском, а позднее британском), так и личных гербах, в т. ч. в 18 в. на гербах некоторых русских знатных родов, в частности графа П. И. Шувалова, в бытность которого начальником оружейной канцелярии получил развитие введённый на Руси ещё в 16 в. обычай называть «инрогами» («единорогами») артиллерийские орудия (с изображением Е.). Рогу Е., под видом которого в средневековой Европе распространялись бивни китов-нарвалов (именуемых также единорогами), приписывались целебные свойства при лечении различных болезней, укусов змей (по фольклорным представлениям, Е. своим рогом очищает воду, отравленную змеем) и пр.
В. В. Иванов.

Е́ЗУС, Э з у с, в мифологии кельтов Галлии бог. «Гневный», по выражению упоминавшего о нём римского поэта 1 в. Лукана, он требовал жертв, повешенных на дереве (т. н. Бернские схолии к Лукану, 10 в.). Иконографический тип бога (пред-

ставленный на галло-римских рельефах алтарей из Парижа и Трира) подтверждает связь Е. с деревьями, изображая его (бородатого или безбородого) около дерева с подобием серпа (топора?) в руке. Жест его, возможно, воспроизводит момент друидического ритуала поклонения омеле. С деревом Е. ассоциируется бык со стоящими на его голове и спине тремя журавлями, также известный по изображениям на алтаре. По мнению некоторых исследователей, Е. был общегалльским богом (возможно, войны). Этимологически имя Е. скорее всего означает «добрый бог», «бог-господин», подобно ирландскому *Дагда*.
С. Ш.

ЕЛ, э л, в мифах ингушей и чеченцев мир мёртвых, управляемый богом *Ел-да*. Согласно ранним представлениям, Е. находится на западе, глубоко под землёй и делится на рай и ад. Солнце днём освещает мир живых, а ночью — Е. (другой вариант: светилом Е. является луна). Умершие ведут в Е. земной образ жизни, только работают по ночам, когда к ним приходит солнце (или луна). Грешники в Е. получают возмездие (согласно одному из древних сказаний, скряга стала в Е. собакой, привязанной на цепи).

В сказаниях о нарт-орстхойцах Е. находится под землёй, в нём нет солнца, темно и холодно. В Е. ведёт спускающаяся от края земли лестница. Охраняет вход, заполненный холодным чёрным туманом, *ешап*. Как правило, никто из живых попасть в Е. не может. Однако способностью проникать в Е. и возвращаться обратно обладает *Боткий Ширтка* (или выступающий в некоторых вариантах его «двойником» *Селий Пира*), однажды это удалось и героям Хамчи Патарзу, Сеска Солсе и Бятару. Иногда живущие на земле получают из Е. культурные блага. Так, Боткий Ширтка (вариант — Селий Пира), возвращаясь из Е., принёс однажды водяную мельницу, тем самым облегчив труд людей, которые раньше размалывали зерно ручными мельницами. По одной из версий, в Е. протекает священная река. Её воды, лечащие от всех недугов, оживляющие мёртвых, проступают на поверхность земли, где их находят ищущие эту реку герои.
А. У. Мальсагов.

ЕЛ-ДА, Элда, Этер, Ешпор, Эштр (ингуш., «хозяин ела»), у ингушей и чеченцев бог, владыка подземного мира мёртвых — *ела*. Он мудр, обладает даром провидения. От удара его посоха дрожит весь мир. Сидя на высоком троне из человеческих костей (вариант — в башне), вершит суд над душами усопших: в соответствии с поступками, совершёнными ими при жизни, праведных отправляет в рай, грешных — в ад (сказание «Сеска Солса и Бятар»).
А. М.

ЕЛЕН, в греческой мифологии сын *Приама* и *Гекубы*, обладающий пророческим даром. По одному из вариантов мифа, Е. и *Кассандра* — близнецы, дар ясновидения они получают от священных змей в храме Аполлона (на Троянской равнине), где были забыты взрослыми во время празднества. Е. (как и Кассандра) пытается отговорить *Париса* от путешествия за *Еленой*, т. к. знает, какие бедствия принесёт этот брак Трое. Не раз даёт *Гектору* советы, которым тот охотно следует (Hom. Il. VI 73—102; VII 44—54). После смерти Париса между Е. и его младшим братом *Деифобом* разгорается спор за руку Елены; победу одерживает Деифоб, и разгневанный Е. удаляется на гору Ида, где попадает в плен к *Одиссею*. Тот вынуждает Е. открыть ахейцам условия, при которых они смогут завоевать Трою (по другому варианту мифа, Е. сам перешёл в греческий лагерь, желая отомстить Деифобу. Среди названных Е. условий чаще всего упоминается захват ахейцами изображения Афины (палладия), хранящегося в её троянском храме, а также участие в Троянской войне *Филоктета* с его луком (Soph. Philoct. 604—13; Apollod. epit. V 9—10). После взятия Трои Е. вместе с *Неоптолемом* направляются во Фтию по суше, благодаря чему избегают гибели во время морской бури, обрушившейся у острова Эвбея на ахейское войско. По завещанию Неоптолема Е. получает в жёны Андромаху и царствует с ней в Эпире до конца своей жизни (Eur. Andr. 1243—47; Paus. I 11, 1; II 23, 6).
В. Я.

ЕЛЕ́НА, в греческой мифологии спартанская царица, прекраснейшая из женщин. Отцом Е. античная традиция называет *Зевса*, матерью — *Леду* или *Немесиду*. В юности Е. была похищена *Тесеем* и *Пирифоем*, досталась по жребию Тесею, который поселяет её у своей матери Эфры в Афидне (по другой версии, в Трезене). В то время как Тесей и Пирифой отправляются в преисподнюю, чтобы добыть *Персефону*, Е. освобождают и возвращают в Спарту к своему земному отцу и супругу Леды Тиндарею *Диоскуры* (Apollod. III 10, 7). Слух о красоте Е. распространяется настолько широко по всей Греции, что сватать девушку собирается несколько десятков знатнейших героев всей Эллады (*Менелай*, *Одиссей*, *Диомед*, *Сфенел*, *оба Аякса*, *Филоктет*, *Патрокл*, *Протесилай* и др.) (Hes. frg. 196—204; Apollod. III 10, 8). Так как Тиндарей боится своим выбором обидеть остальных претендентов и вызвать их вражду к себе и будущему зятю, он по совету Одиссея связывает всех претендентов на руку Е. совместной клятвой оберегать в дальнейшем честь её супруга. После этого мужем Е. выбирается Менелай, вероятно, не без влияния его старшего брата *Агамемнона*, уже женатого на дочери Тиндарея *Клитеместре* (Eur. Jphig. A. 55—71; Apollod. III 10, 9). От брака с Менелаем у Е. рождается Гермиона (Hom. Od. IV 12—14). Когда спустя некоторое время богиня Афродита, выполняя обещание, данное *Парису* — сыну троянского царя Приама, приводит его в дом Менелая, Е. увлекается юным красавцем и, воспользовавшись отъездом супруга, бежит с Парисом в Трою, захватив с собой большие сокровища и много рабов (Hom. Il. VII 345—364; Eur. Troad. 983—997). По другой версии мифа, обстоятельно разработанной в 6 в. до н. э. Стесихором, Зевс или Гера подменили подлинную Е. её призраком, за который и шла Троянская война. Сама же Е. переносится в Египет, где живёт под защитой мудрого старца Протея. О путешествии Е. с Парисом существует несколько вариантов мифа: по одному из них, оно проходило без особых осложнений и заняло всего три дня; по другому, беглецы были застигнуты бурей, которую подняла богиня Гера, и их корабль занесло к берегам Финикии (в Сидон); по третьему, Парис сознательно уплыл в противоположную сторону от Трои и долгое время находился с Е. в Финикии и на Кипре, чтобы избежать погони. Прибыв, наконец, в Трою, Е. своей красотой снискала симпатии многих троянцев, несмотря на бедствия, которые навлекла на их город.

О поведении Е. во время Троянской войны античные авторы снова повествуют по-разному. Гомеровский эпос, видя во всём происходящем неотвратимую волю богов, относится к Е. без осуждения; влечение Е. к Парису он объясняет воздействием Афродиты, которому не может противиться никто из смертных (Hom. Il. III 154—165). В остальном Е. в «Илиаде» явно тяготится своим положением (III 396—412), и в послегомеровских поэмах о разрушении Трои ей приписывается даже сознательное содействие грекам: она не выдает троянцам Одиссея, дважды пробиравшегося в город (Od. IV 240—264), и помогает ему и Диомеду похитить из местного храма деревянную статую Афины (Apollod. epit. V 13); в ночь захвата Трои симпатии и помощь Е. также на стороне греков. Однако Менелай после взятия города разыскивает Е. с мечом в руках, чтобы казнить её за измену ему как мужу. Но при виде жены, сияющей прежней красотой, он выпускает меч из рук и прощает её (Eur. Andr. 628—631). Ахейское войско, уже готовое побить Е. камнями, увидев её, отказывается от этой мысли.

Возвращение Е. с Менелаем после долгих скитаний античная традиция приурочивает к моменту похорон Эгисфа и Клитеместры. Но если «Одиссея» (IV 542—547) ограничивается только констатацией этого факта, то Еврипиду этот эпизод служит в трагедии «Орест» для беспощадно-отрицательной характеристики Е. и её супруга (71—131, 682—721); здесь же используется вариант мифа о перенесении Е. по воле Аполлона на небо и превращении её в созвездие. «Одиссея» этой версии не знает, изображая вернувшуюся в Спарту Е. примерной женой вновь обретшего её Менелая. О последующей судьбе Е. также существуют различные версии. По одним, она была после смерти Менелая изгнана его сыновьями и бежала то ли на остров Родос, то ли в Тавриду; по другим,— она была после смерти перенесена на остров Левка в устье Дуная, где соединилась вечным союзом с погибшим в Троянской войне *Ахиллом* (Paus. III 19, 13).

Место, которое Е. занимает в мифах троянского цикла, не могло, однако, вытеснить из сознания греков исторического периода представлений о её божественном прошлом Е. Недалеко от Спарты было святилище Е., в самой Спарте находился священный платан Е. (Theocr. XVIII). Под прозвищем Дендритис («древесная») Е. почиталась в Кафиях и на Родосе (Paus. VIII 23, 4—6; III 19, 10). Всё это заставляет видеть в ней древнейшее растительное божество, возможно, минойского происхождения. С формированием греческого сказания о Троянской войне Е. стала одним из его персонажей, что обеспечило её образу прочное место в литературе и изобразительном искусстве от античности до наших дней.

В. Н. Ярхо.

ЕЛЕ́НА, в преданиях гностических сект («симониан», «елениан») спутница *Симона мага*. По сообщениям ортодоксальных христианских полемистов-ересеологов и назидательного иудео-христианского сочинения, известного под названием Псевдо-Климентин, Е. была блудницей в финикийском городе Тир (что связывает её образ с образом *Астарты*, в честь которой в этом городе практиковалась ритуальная проституция и которая сама, по некоторым версиям, предлагала себя мужчинам в городском храме); затем она появилась в окружении некоего Досифея, самаритянского претендента на сан *мессии*, выступившего вскоре после Иисуса Христа и широко применявшего лунарную символику (30 избранных учеников представляли дни лунного месяца, а Е. по созвучию своего имени с именем *Селены* — луну). Позднее Симон отнял у Досифея и сан, и Е.; он утверждал, что сам он — предвечный верховный бог, а Е.— его первая творческая мысль (эннойа), его премудрость = София, космическая праматерь, породившая *ангелов*, *архангелов* и *власти*. Однако эти недобрые полумироправители из зависти пленили свою надмирную родительницу и обрекли её на заточение в теле, на бесчестие и унижение «дольнего мира». Некогда она была *Еленой* Спартанской, причём *Парис* похитил лишь её призрак (эта версия отражена ещё у Стесихора и Еврипида); затем она прошла через ряд перевоплощений, пока для неё не наступил час искупительной встречи со своим божественным отцом в лице Симона; предполагалось, что через её освобождение освобождается страждущее духовное начало во всём мире. Этот миф представляет собой вариант гностического мифа о падшей Софии (ср. *Ахамот*), оживавшего в романтической и неоромантической философии и поэзии вплоть до русских символистов.

С. С. Аверинцев.

ЕЛИСЕ́Й, Элиша́ («бог помог»; хананейские имена со сходными значением и структурой встречаются уже в клинописных памятниках 2 тыс. до н. э.), в ветхозаветных преданиях (в 3 и 4 книгах Царств) пророк, ученик *Илии* (исторический Е.— пророк в Израильском царстве, живший ок. 855—800 до н. э.). Илия, услышав в пустыне голос бога, повелевший ему помазать в пророки вместо себя Е., «сына Сафатова, из Авел-Мехолы» (3 Царств 19, 16), находит Е., пахавшего на волах. Е. начинает служить Илие. Он видит вознесение Илии на небо на огненной колеснице, после чего Е. стал обладать способностью совершать чудеса (подобные тем, что ранее творил Илия): он переходит расступающиеся перед ним воды Иордана, в городе Иерихоне очищает воду, бросив соль к её истоку; дети, дразнившие Е., говоря ему «иди, плешивый!», и проклятые им за это, были растерзаны внезапно вышедшими из лесу медведицами. Царь иудейский Иосафат перед сражением с царём моавитским велит «вопросить бога» через Е., пророк просит позвать гусляра, и когда тот «играл на гуслях, тогда рука господня коснулась Елисея» (4 Царств 3, 15; возможно, здесь нашла отражение реальная техника гадания по игре на гуслях); он предрекает царю иудейскому победу. Е. спасает вдову от заимодавцев, велев ей попросить у соседей порожние сосуды, которые чудесным образом заполняются маслом (продав масло, вдова заплатила долги); он обещает женщине рождение сына, когда та уже не ждала этого, а когда сын умер, воскрешает его; во время голода делает съедобной ядовитую похлёбку; хлебным начатком насыщает сто человек; излечивает от проказы сирийского военачальника Неемана, но поражает этой же проказой своего служителя, посмевшего просить у Неемана серебро. Когда сирийское войско пошло войной на израильтян, Е. не раз указывал царю израильскому места, где залегали сирийские воины. Сирийский царь посылает войско, чтобы схватить Е., но по молитве Е. войско поражено слепотою, а затем приведено Е. в Самарию (столицу Израильского царства). Когда же царь сирийский осадил Самарию и в городе наступает голод, царь израильский обвиняет Е. и собирается убить его. Но Е. «от имени Яхве» предрекает наступление в городе изобилия на следующий же день. Сирийцы, испуганные почудившимся им шумом большого вражеского войска, снимают осаду. По повелению Е. на царство тайно помазан Ииуя и предрекли ему, что он истребит дом Ахава (правившего до того в Израильском царстве и отличавшегося жестокостью и идолопоклонством). Е. предсказывает новому израильскому царю Иоасу победы над сирийцами, определяя число побед по числу выстрелов, сделанных тем из лука. Когда на следующий год после смерти Е. при погребении одного покойника его бросили в гроб Е., он «коснулся костей Елисея, и ожил, и встал на ноги свои» (4 Царств 13, 21).

В ветхозаветных рассказах о Е. соединены: свидетельства о его (по-видимому, значительной) исторической роли как советника израильских царей в их борьбе с сирийцами и врага дома Ахава; данные (отчасти достоверные, как показывают новые историко-психологические исследования) о системе обучения (будущий пророк учился прежде всего искусству переживать видения; ср. эпизод, где Е. «должен» увидеть вознесение его учителя Илии на небо) и об использовании видений, гаданий и пророчеств в тот период, когда они играли важную роль при принятии государственных решений; многочисленные мифы о чудесах, якобы совершённых Е. при жизни и посмертно.

В. В. Иванов.

Е́ЛТА («хлебное зерно»), у ингушей бог злаков, покровитель диких животных; сын бога *Селы*. От него зависит успешная охота. Е. иногда помогает людям вопреки воле Селы. Согласно сказанию, Е. в тайне от своего отца стал покровительствовать одному нуждающемуся мальчику. Благодаря Е., урожай на пашне мальчика был много лучше, чем у других. Разгневанный Села не раз приказывал своим подчинённым истребить урожай, однако Е. удавалось своевременно предупредить мальчика и его мать. У мальчика уродилось столько хлеба, что он смог помочь своим соседям, пострадавшим от неурожая. Взбешённый Села призвал к себе мальчика и Е. и так сильно ткнул пальцем в глаз своего сына, что тот остался одноглазым.

А. М.

ЕМДЖЕ́, в корейской мифологии дух огня и лета; восходит к китайскому *Янь-ди*.

Л. К.

ЕМИНЕ́Ж, в нартском эпосе адыгов чудовище, олицетворение сил, враждебных *нартам*. Е. сочетает в себе черты *бляго* и *иныжей*. Е., как и бляго, зарится проглотить солнце; подобно иныжам, обладает необыкновенной физической силой, но глуп. Е. летает, вызывает явления, аналогичные грому и молнии. Живёт за семью горными цепями и семью морями, где солнце заходит за край неба, в крепости, опоясанной семью крепостными стенами; её единственные ворота — огромные мечи, которые смыкаются и рассекают любого, кто пытается пройти через них. Е. держит в плену нартскую девушку, которую пытается принудить к любовной связи. Он похитил семена проса, дарованные нартам *Тхагаледжем*. За ними отправился *Сосруко*, которому удалось узнать способ, как победить Е.: нужно было одолеть его треногого воронного коня с помощью жеребца *Тхожея*, рождённого, как и конь Е., кобылицей Тхож, находящегося в междумурье в табуне одной старухи. Сосруко, выполнив поставленные старухой условия, добыл нужного жеребёнка. Когда герой выхватил у Е. мешок с заветным просом и поскакал на Тхожее, Е. на треногом вороном не мог его догнать и стал безжалостно хлестать свинцовой плетью своего коня. Тот, по совету младшего брата, рванулся под облака и сбросил с себя Е., который полетел вниз головой и разбился в пропасти.

М. М.

ЕМИ-НО КУНИ, ёмоцукуни́, ёмицукуни́ («страна жёлтого источника»), в японской мифологии подземное царство, страна мёртвых. Название, по-видимому, заимствовано из древнекитайских мифов, в которых души умерших отправляются к Жёлтому подземному источнику (см. в ст. *Дию́й*). Миф о стране мёртвых содержится в «Кодзики» (св. 1) и в одном из вариантов «Нихонги»; подземная страна упоминается также в норито «В праздник успокоения огня», где именуется «тьмою». Согласно мифам, рождение бога огня *Кагуцути* опалило лоно Идзанами (см. в ст. *Идзанаки и Идзанами*), и она удалилась в Е. Желая вернуть её, Идзанаки отправляется за ней, но Идзанами уже отведала «пищи с очага подземной страны», т. е. стала обитательницей мира мёртвых, которым заказано возвращение в мир живых (ср. миф о *Персефоне*, проглотившей в подземном царстве гранатовые зёрна). Всё же Идзанами решает посоветоваться с богами подземной страны относительно возможности вернуться в верхний мир и, уходя, запрещает Идзанаки следовать за собой. Её долгое отсутствие заставляет Идзанаки нарушить запрет — он отправляется её разыскивать и видит Идзанами рождающей страшных богов грома, а в теле у неё «несметное множество червей копошится-шуршит» («Кодзики»). Испуганный этим зрелищем, Идзанаки обращается в бегство, а рассерженная его непослушанием Идзанами посылает в погоню богов грома и фурий подземной страны, и, наконец, преследует Идзанаки сама. Идзанаки помогают спастись магические предметы (сетка для волос — кадзура и гребень), они превращаются в тростник, в дикий виноград, преграждающий дорогу фуриям. Затем Идзанаки применяет магический жест — бежит, размахивая своим мечом за спиной. Наконец, он срывает три персика с дерева, растущего у выхода из подземной страны, и с их помощью заставляет адское воинство прекратить погоню. Обращаясь к персикам, Идзанаки просит их помогать «земной поросли людской, что обитает в асихара-но накацукуни», так же, как они помогли ему (это первое в японской мифологии упоминание о людях). Идзанаки произносит слова, расторгающие его брак с Идзанами, на что она отвечает угрозой предавать смерти каждый день тысячу человек на земле. Но Идзанаки обладает силой возводить в день тысячу пятьсот домиков для рожениц; поэтому взамен тысячи умерших нарождается ежедневно тысяча пятьсот человек. Миф отражает представление древних японцев о загробном мире как «нижнем мире», удалённом и тёмном, соприкосновение с которым оскверняет и требует ритуального очищения.

Е. М. Пинус.

ЕМНА (Е. т э в а н, «великий правитель Е», Е. н о д ж а, «старец Е.»), в корейской буддийской мифологии грозный владыка подземного царства; восходит к древнеиндийскому *Яма* (см. также китайский Янь-ван).

Л. К.

ЁМОН ГЯЛПО («царь желание»), в тибетской мифологии одно из названий первочеловека: изначальное существо, без частей тела, органов чувств, но обладающее мыслью. У существа явилось желание быть, и родился прекрасный Е. г. Среди его потомков один — предок всех людей вокруг Тибета, другой, «черноголовый», — предок тибетцев. В мифологии бон версии говорится, что из мийодпа, «небытия», возникает белый свет, порождающий совершенное яйцо. Оно — сияющее, хорошее, без рук, без ног, без головы, а ходит; без крыльев, а летает; без рта, но говорит. После пяти месяцев из яйца появился человек, на разных языках называемый по-разному. Он упорядочил вселенную, течение времени, пригласил *лха* защищать людей и покорять демонов. Жил он на материке посреди океана, сидел на золотом троне, *лу* приносили ему жертвы. Однажды он прыгнул в океан, попал в сети рыбаков, и с тех пор несчастья обрушились на людей. Согласно третьей версии, люди — потомки лу. По четвёртой версии, человек — потомок лха неба: из слюны лха, затянувшей небо, появилось маленькое белое облачко с одним пиком, внутри которого находился дунги мипхо, «первомужчина».

Е. Д. Огнева.

ЕН, в мифах коми бог-демиург. Родствен удмуртскому богу неба *Инмару* и, видимо, финскому *Ильмаринену*. В дуалистических космогонических мифах коми Е. противостоит своему брату Омолю (или Кулю) как творец хорошей и праведной части мира создателю всего плохого и злого. Согласно одному из мифов, Е. и Омоль вылупились из двух яиц, снесённых уткой в первичном океане, куда упали ещё четыре яйца. Мать просит детей достать яйца и разбить их о её тело; сама она поднимается в воздух и, бросаясь вниз, разбивается о воду. Когда Е. ныряет за яйцом, Омоль покрывает море льдом, но Е. разбивает лёд громом и молнией и творит землю из яйца на теле матери (ср. создание мира из яйца *Вяйнямёйненом*); из другого яйца он делает себе помощников. Омоль создаёт луну и злых духов из двух других яиц. По иным вариантам мифа, Е. и Омоль плавали по мировому океану в образах лебедя и гагары (иногда летали как два голубя, сидели в первозданном болоте в виде двух лягушек). Лебедь сильнее гагары — он повергает её в ужас громовыми раскатами своего голоса. Гагара по приказу Е. приносит землю со дна, и они создают землю. Земля достаётся Е.; Омоль просит для себя лишь места, достаточного для того, чтобы воткнуть в землю кол. Из отверстия в земле он выпускает злых духов, гадов, вредных животных. Е. творит небо (а также звёзды, солнце, леса, реки и т. д.). Тогда соперник — Омоль строит второе небо, Е.— третье и т. д. до семи небес, которые имеют цвета радуги. Затем Е. громом низвергает Омоля и злых духов на землю, где те рассеиваются по лесам, болотам, рекам. По просьбе Омоля Е. разделил земные богатства между людьми и злыми духами-лешими (см. *Ворса*), водяными — васа и т. п.

В мифах о создании Е. людей очевидно влияние христианства. Е. лепит мужчину (Адама) из глины, а Омоль — женщину; Е. дуновением в лицо наделяет людей душой, заповедует им жить и размножаться. не удаётся и удаляется на небо на двенадцать лет. Жена Адама по наущению Омоля убивает своих двенадцать дочерей, за что Е. проклинает её, превращает в смерть и заточает под землю.

Е. возвращается на землю в облике гончара и встречает Омоля (по другим вариантам, — Антуса) во главе орды злых духов. Омоль похваляется, что может со своей ордой затмить его свет и спрятаться даже в четырёх горшках Е. Он влезает в горшки со всей нечистью, а Е. закрывает сосуды и прячет их в подземный мир, в ад; лишь один горшок разбивается, и часть нечистой силы остаётся на земле.

Довершив творение, Е., как и многие демиурги в других мифологиях, удаляется от дел на небо, где живёт в лучшей избе (которую иногда показывает людям — это северное сияние) и владеет большим богатством. Согласно одному из мифов, там он прижил к земле, сотворённой Омолем, детей — богов Войпеля и Йому.

ЕНВАН, Енси́н (др.-кор. «миры»), в корейской мифологии царь драконов, живший в подводном дворце; хозяин водной стихии, главный из водяных духов мульквисинов, среди к-рых он занимает такое же место, как тигр среди духов гор (см. статью *Сансин*).

Он имеет древнее происхождение и генетически связан с *Лун-ваном*. Е. обитает не только в глубоких морях, но в реках и прудах. Цари драконов четырёх морей (восточного, западного, южного и северного) вместе с жёнами (ёнпуин), дочерьми (ёнгун-агисси), воеводами (ёнчангун) и сановниками (ёнгун-тэгам и ёнгун-тэсин) составляют собственный пантеон духов вод. Возглавляют подводные царства Е. пяти цветов: зелёный дракон (Чхоннён, см. *Сасин*) — страж Востока (Весны), красный (Чоннён) и жёлтый (Хваннён) — стражи Юга (Лета и Конца Лета), белый (Пэннён) — страж Запада (Осени) и чёрный (Хыннён) — страж Севера (Зимы). Колесница, запряжённая пятицветными драконами,— средство передвижения небожителей. Дракон свободно передвигается и в воде и в небе. Считалось, что если дракон взлетает на небо, происходит смена династий (см. первое произведение на корейском алфавите «Ода драконам, летающим в небесах», 1447). В подводном дворце Е. находят приют Солнце и Луна. Подводный дворец представлялся утопическим царством, и Е. мог приглашать туда даже людей. Детёныши Е. могли превращаться в людей и жить в земном мире, общаясь с подводным царством. По народным поверьям в Е. превращаются большие змеи (*Имуги*) после долгого лежания в воде; найдя драгоценную жемчужину (*Еый поджу*), они взлетают на небо. Государь после смерти мог в образе Е. выступать духом — защитником страны. Считалось, что явление дракона во сне будто бы приносит человеку счастье.

Культ Е. был известен у древнекорейских племён с периода Трёх государств (1 в. до н. э.— 7 в. н. э.). Дракон, видимо, под влиянием южной океанической культуры, был тотемом древнекорейских племён. Мать одного из основателей гос-ва Силла родилась из левого ребра петушиного дракона (керён); мать правителя Пэкче У-вана (7 в.) забеременела от дракона; дух *Чхоёна* был сыном дракона восточного моря и т. д. Е. повелевал тучами и осадками. 15 числа 6-й луны, в день омовения головы и расчёсывания волос (Юдуналь), в старину в Корее устраивалось моление с жертвоприношениями Е. о ниспослании дождя и урожайном годе. В ряде мест Кореи существовало гадание, называемое «драконова вспашка» (ёный паткари). Во время зимнего солнцестояния водоёмы покрывались льдом, не подтаявший на солнце лёд выглядел как бы вспаханный сохой. Местные жители считали, что это проделки Е. Если льдины выстраивались с юга на север, то год обещал быть урожайным; если с запада на восток, то — неурожайным; если льдины расходились в разные стороны, то — средним. В корейском народном календаре 5-й день 1-й луны называют «днём дракона» (ённаль); считалось, что если в этот день зачерпнуть воды в колодце, в к-ром дракон накануне откладывает яйцо, в течение всего года в доме будет благополучно. Е.— распространённый персонаж в корейском фольклоре и средневековой литературе. Изображения дракона — атрибуты сана правителя, особенно в период Корё (10—14 вв.).

Л. Р. Концевич.

ЕНДО́Н, в корейской мифологии один из домашних духов. Прячется за самой большой балкой в доме в течение 2-й луны, строго следя за чистотой и угрожая в случае её несоблюдения пожаром. Согласно одному из преданий, Е. стала душа рыбака, который погиб, околдованный красавицей с девичьего острова, куда его прибило после кораблекрушения.

Л. К.

ЕНДЫ́Н, Ендо́н (Е. хальмони́, «Бабушка Свет духа», Е. тэгам, «Её высокоблагородие Ендын»), в корейской мифологии женский дух ветра и дождя. Каждый год в первый день 2-й луны Е. спускается с небес на землю в сопровождении либо дочери, либо невестки и до 15 числа пребывает на кухне. Для их обитания к потолку подвешивается деревянный крюк с ветками, напоминающими вязальные крючки, к которым прицепляется на соломенной верёвке спица. Отсюда Е. строго следит за чистотой в доме. 14 числа устраивается большая церемония по проводам Е. Считается, что если Е. сопровождает невестка, их поражает эпилептический припадок, и надо ждать штормового ветра, который уничтожает посевы и топит суда. В народе этот ветер, дующий на юго-восточном побережье Кореи особенно часто во 2-ю луну, называют «Е. парам», и для предотвращения опасности крестьяне, рыбаки, мореходы устраивают молебен с жертвоприношениями Е. и её невестке. Культ Е. известен с периода Корё (10—14 вв.).

Л. Р. Концевич.

ЕНО́-РАН И СЕО-НЕ́, в корейской мифологии супружеская пара, олицетворявшая солнце и луну. Согласно «Самгук юса» и «Силла суиджон», на берегу Восточного (Японского) моря жила во времена правителя древнего корейского государства Силла Адалла-вана (154—184) супружеская пара Е. и С. Однажды Ено-ран пошёл за морской капустой, и вдруг перед ним возникла скала (по другой версии,— рыба), которая доставила его в Японию, где он стал правителем. Сео-не́, не дождавшись мужа, пошла на берег и обнаружила его соломенные туфли. Когда она поднялась на скалу, та начала двигаться и привезла её в Японию. Супруги встретились, но в Силла неожиданно перестали светить солнце и луна. Придворный астролог доложил правителю, что это произошло оттого, что духи солнца и луны в образе Е. и С. покинули страну. Тогда правитель отправил послов в Японию с просьбой, чтобы те вернулись. Но Е. и С. отказались, сославшись на волю небес, и предложили взамен взять с собой сотканный Сео-не́ тонкий шёлк, который следовало в качестве дара принести при жертвоприношении небу. По совету послов правитель так и сделал, и в Силла снова засияли солнце и луна. В предании о Е. и С. отражено раннее политическое и культурное влияние Кореи на Японию. Сходные мотивы встречаются и в японском памятнике «Нихонсёки» в предании об Амэ-но Хибоко, а также в вороньих мифах о похищении небесных светил у палеоазиатских народов. Некоторые исследователи интерпретируют имена этих солярных супругов — Ено как «расширяющийся ворон», а Сео как «сужающаяся ворона». Имя Ено-ран, видимо, сохранилось в названии уезда Еньиль («Встреча солнца»), месте ведения этого предания, на берегу Японского моря в провинции Кёнсан-Пукте. См. также *Ирвольсонсин*.

Л. Р. Концевич.

ЕНО́Х, Э н о́ х, «учитель», «посвятитель», в религиозно-мифологических представлениях иудаизма и христианства: 1) старший сын *Каина*, назвавшего его именем город (Быт. 4, 17—18,— по генеалогии, считающей Каина старшим сыном Адама); 2) потомок *Адама* в седьмом поколении (по другой генеалогии, считающей старшим сыном Адама не Каина, а *Сифа*), прадед Ноя, отец Мафусаила. Ветхозаветный рассказ о Е. (Быт. 5, 21—24) отличается краткостью и загадочностью. Время жизни Е.— 365 лет (число, вызывающее ассоциации с числом дней солнечного года; ср. роль этого числа в символике *Митры*, в гностицизме — см. *Абраксас*). Далее сказано: «и ходил Енох пред богом; и не стало его, потому что бог взял его». Эти скупые данные породили обширную традицию позднеиудейских легенд, получившую отголоски в раннем христианстве, в исламе (см. *Идрис*), а также в каббалистической литературе.

В легендах о Е. выделяются такие основные мотивы. Е.— культурный герой, основатель письменности (и прообраз благочестивого писца, исполняющий «канцелярские» обязанности даже в потустороннем мире), иногда основатель астрологии (переосмысление солярно-космических мотивов?). Е.— образец мистического общения с богом и аскетического уединения для этого общения (ср. мотив встречи царя-законодателя с божеством, напр. в греческом мифе о *Миносе* и Зевсе); согласно поздним версиям в еврейских «Книге праведного» и «Мидраше Абот», он уходил в затвор для молитвы и лишь по велению бога выходил оттуда к людям — сначала через каждые три дня, затем раз в неделю, в месяц, в год. Е.— религиозный наставник человечества, учивший словом и примером, «образ покаяния для поколений» (Иис. Сир. 44, 15), прототип пророка, мудреца. Е.— праведный царь, законодатель и миротворец, первоверховный «правитель правителей» человечества, правление которого, явившее подобие универсального и справедливого царства солнца (мотив, живущий не только в мифологическом оформлении древних монархий и политических утопий, но и в одном из эпитетов Иисуса Христа — «Солнце справедливости», восходящем к Малах. 4, 2 — ср. сказанное выше о солярных чертах образа Е.), продолжалось, по некоторым поздним версиям, $243 = 3^5$ лет; это была светлая полоса жизни человечества между патриархами Еноса (когда, по мнению еврейской экзегезы к Быт. 4, 26, люди научились идолопоклонству и магическим манипуляциям именем Яхве) и ещё бо́льшим растлением перед потопом. Е.— человек, «взятый богом» на небо — первый в ряду образов, которые в иудейско-христианской традиции мыслятся как телесно сохраняемые живыми где-то в «ином» мире в ожидании часа возвращения в «этот» мир (ср. судьбу *Илии*, иногда — *Мельхиседека*, редко — Моисея; ср. христианские представления о телесном воскресении и вознесении Христа, следующих за его смертью, и ожидающемся его втором пришествии и др.). Целое направление эсхатологически ориентированной иудейской литературы, отчасти предшествовавшей, отчасти современной раннему христианству (книга Е., дошедшая до нас в эфиопском переводе; отличная от неё книга Е. Праведного, дошедшая в славянском переводе; т. н. 3-я книга Е., фрагменты еврейского и арамейского текстов которой были открыты только в 50-х гг. 20 в. в Кумране; 2 в.), описывает водворение Е. в запредельных покоях небесного двора, сообщение ему тайн устройства небес и божественно-ангельского управления космосом, наконец, дарование ему сана «мататрона» (собств. «метатрон» — «стоящий у престола»), т. е. дворецкого или визиря в царстве Яхве; этот сан иногда приобретает черты богочеловеческого достоинства. Е.— человек, поставленный над ангелами, как домоправитель над слугами (иудаистическое предвосхищение христианского образа Марии как «царицы ангелов»). Во время путешествия Е., взятого богом на небо, тому открываются тайны прошлого и будущего, он «видит» предстоящий приход «сына человеческого», воскресение мёртвых, наказание грешников в аду и воздаяние праведных в раю, восстание нечестивых ангелов против бога и их наказание (ср. Иуд. 6). Е. призван быть в отношении к истории «свидетелем Яхве» против грешных людей, а в своём качестве «великого писца» — небесным летописцем и как бы протоколистом, измеряющим правой мерой все дела человеческие. Свидетельское служение Е. должно получить кульминацию и завершение во времена конечной борьбы, т. е., по христианским представлениям, во времена *антихриста*. Слова Апокалипсиса: «и дам двум свидетелям моим, и они будут пророчествовать 1260 дней..., и когда кончат они свидетельство своё, зверь, выходящий из бездны, сразится с ними, и победит их, и убьёт их, и трупы их оставит на улице великого города...» (11, 3 и 7—8),— относимы церковной традицией к Е. и Илие, которые, таким образом, изъяты из действия закона естественной смерти для того, чтобы в конце времён принять смерть мученическую. Эсхатологическая роль Е. оттеняется его близостью к Адаму, к сотворению мира; через него «самое начало» непосредственно связывается с «самым концом».

Целый ряд символов, используемых в книге Е. (путешествие человека на небо; древо жизни, источники мёда и молока, которые видит Е., в славянской версии — семь небес, которые он посещает; север как символ мира мёртвых и др.), имеют далеко идущие параллели в евразийских (в частности, сибирских) шаманистских традициях; ср. также шумеро-аккад. традицию — образы *Зиусудры* (Ут-напишти), а также седьмого допотопного царя Энмендуранны, наделённого сходными с Е. чертами. В то же время книга Е., связывающая кумранскую литературу с новозаветной, свидетельствующая о преемственности кумранской эсхатологической традиции и последующей раннехристианской апокалиптики, обращена не столько к символике прошлого, сколько к будущему.

Интерес мистических кругов иудаизма, не говоря уже о христианах, к фигуре Е. (как и к фигуре Мельхиседека) часто казался ортодоксальному рационализму раввинов подозрительным. В экзегетическом талмудистском трактате «Берешит рабба» (25, 1) приведены попытки дискредитировать праведность Е. (по мнению рабби Айбу, «Е. был двуликим, иногда действуя праведно, иногда дурно»), а также объяснить его «взятие богом» как обычную смерть.
С. С. Аверинцев, В. В. Иванов.

ЕНСОН (кит. Линсин), в корейской даосской мифологии дух чудотворной звезды в китайском созвездии Чин, которому поклонялись в древнекорейском государстве Когурё. От Е. зависело благополучие в земледельстве.
Л. К.

ЕРВА́НД И ЕРВА́З, Еруа́нд и Еруа́з, в армянских мифах братья-близнецы, рождённые от связи с быком женщиной царского рода Аршакуни, отличавшиеся огромным ростом, крупными чертами лица, чрезмерной чувственностью. Е. и Е. наделены функциями культурных героев. Ерванд, став царём Армении, строит город, храмы; главным жрецом нового храма в Багаране он назначает Ерваза. От взгляда Ерванда, наделённого магической силой (дурным глазом), лопался гранит. В эпосе «Випасанк» Ерванд — то злой *вишап*, то добрый царь (ср. *Артавазд*). Согласно другому варианту, Ерванд как злой вишап заключается *каджами* в мутные воды рек.
С. Б. А.

ЕРД, Е́рды, у ингушей бог, выступающий в антропоморфном (седовласый старик) или зооморфном (белый козёл) облике. В одном из преданий Е.— мужчина, живущий в скалистых горах, в пещере, из которой исходит сияние. Ему были посвящены праздник в начале покоса — т. н. ветряной понедельник (отсюда предположение: Е.— бог ветра), многочисленные храмы и святилища (Тхаба-Ерды, Галь-Ерды, Тамыж-Ерды, Мага-Ерды и др.). В дальнейшем общеингушский Е. был, по-видимому, вытеснен местными божествами, носившими имена посвящённых Е. святилищ.

Тамыж-Ерда, по представлениям ингушей,— человек маленького роста, сидящий на коне величиной с козлёнка. Когда он разгневан, его рост увеличивается в пятнадцать раз, а его лошадь становится выше башни. Существует миф, согласно которому Тамыж-Ерды в облике козла явился к пастуху, когда тот пас стадо баранов у подножия Красных гор; козёл заговорил с пастухом и через него предписал жителям его аула поклонение Тамыж-Ерды, определив при этом детали обряда. Затем он назвал себя и превратился в эфир. Молдза-Ерды поклонялись как богу войны; Мелер-Ерды — как покровителю плодородия и напитков, изготовляемых из хлеба.
А. М.

ЕРД («земля»), в скандинавской мифологии обожествлённая земля, мать *Тора*. У континентальных германцев сыном земли был *Туисто*. В германской мифологии с культом земли, возможно, связана *Нертус*.
Е. М.

ЕРМУНГАНД (др.-исл. букв. «великанский посох»), Мидгардо́рм («змей Мидгарда»), в скандинавской мифологии мировой змей, одно из трёх хтонических чудовищ, порождённых великаншей Ангрбодой от *Локи*. Е. живёт в мировом океане, окружая обитаемую землю — *Мидгард*. Название «змей Мидгарда», по-видимому, свидетельствует о том, что первоначально он был важнейшим элементом пространственной системы мира в скандинавской мифологии. В поэзии скальдов, в «Песни о Хюмире» («Старшая Эдда») и в рассказе «Младшей Эдды» о приключениях Тора в стране великанов Утгарде или Етунхейме (см. в ст. *Тор*) рассказывается о попытке Тора — его главного противника — поднять Е. из океана (мотив «рыбной ловли Тора»).

210 ЕРУСЛАН

В последней битве перед гибелью мира (см. *Рагнарёк*) Тор и Е. снова сражаются, Тор поражает змея, но сам умирает от изрыгаемого Е. яда. Борьба бога-громовника и змея — важнейший мотив индоевропейской мифологии.

Е. М.

ЕРУСЛА́Н ЛА́ЗАРЕВИЧ, Русла́н, Урусла́н Залазарович (в древнейшем русском списке 17 в.), герой древнерусской книжной сказочной повести и фольклора. Имя Е. Л. и некоторые сюжеты (поиски богатырского коня Араша — ср. *Рахш*, бой Е. Л. с сыном) восходят к иранскому эпосу о *Рустаме* («Шахнамэ»). Мотивы иранского эпоса были заимствованы при тюркском посредстве: Арслан («лев», рус. Руслан) — тюркское прозвище Рустама, отец Е. Л. Залазар — отец Рустама Заль-зар. В героических странствиях Е. Л. вступает в единоборство с богатырями-соперниками, чудовищами (в т. ч. с трехголовым змеем, которому в жертву предназначалась царская дочь), вражескими полчищами. Чтобы вернуть зрение ослеплённому врагами царю Картаусу (Киркоусу, ср. *Кайкавус*), своему отцу и 12 богатырям, Е. Л. должен сразиться с «Зелёным (вольным) царём Огненным щитом» (ср. царь *Огонь* в русской поэзии) и добыть его желчь (кровь и печень). По дороге Е. Л. встречает дев-птиц, одна из которых переносит его в царство царя Огненного щита. Там он видит поле боя с головой великана-богатыря, которая рассказывает о спрятанном под ней мече-кладенце: только им можно убить царя и лишь при помощи хитрости. Царь Огненный щит, сидя на восьминогом коне (ср. *Слейпнира*), не подпускает близко противников, сжигает их. Е. Л. нанимается на службу к царю, обещает добыть меч-кладенец, сам же тем мечом поражает царя (того можно ударить мечом лишь один раз — от второго удара он воскреснет: ср. сходные поверья об убийстве *Огненного Змея*). Е. Л. женится на спасённой от змея царевне, затем уезжает в солнечный город (девичье царство), где остаётся с царицей города. Тем временем рождается и подрастает его сын богатырь Еруслан Ерусланович. Он подъезжает к солнечному городу и вызывает Е. Л. на бой: в трудном поединке Е. Л. узнаёт сына по кольцу и возвращается с ним к жене (ср. также бой *Ильи Муромца* с сыном).

А. В. Чернецов

ЕРЫШ, у абхазов богиня, покровительствующая ткацкому ремеслу. Имя Е. происходит, по-видимому, от абхазского арышра — «отбеливать (или катать) холст». Перед началом тканья ей молились, приносили в жертву конусообразные хлебцы; по окончании работы жертвовали Е. часть сотканного полотна, приговаривая: «Вот и твоя доля».

Л. А.

ЕРЭ (кит. Жулай), в корейской буддийской мифологии один из распространённых эпитетов будды *Шакьямуни* — «Тот, кто так достиг», т. е. пришедший в мир людей тем же путём, что и предшествующие *будды*. Восходит к инд. *Татхагата*.

Л. К.

ЕСЬ (букв. «небо», «бог»), в кетской мифологии верховное божество, один из главных создателей земли (той её части, которая лежит выше по Енисею и соответствует наиболее ранним историческим местам обитания кетов). Е. как воплощение доброго начала, добыв землю со дна моря, создаёт ровную поверхность земли, тогда как Доотет, носитель злого начала, спрятавший за щеками часть земли, создаёт более северную наклонную часть земли. Е. отнимает у него землю и, разбросав на поверхности, творит горы, холмы, кряжи, полезных людям животных и рыб; вредных насекомых он опускает в яму, которую прикрывает большим столбом (носитель злого начала вытащил этот столб, отчего вредные животные расползлись по лесу). Е. нарисовал на земле пальцами все реки (кроме Енисея, прорытого *Альбэ*). Первые дикий олень («олень Еся»), лось, заяц и другие животные, на которых охотились кеты, а также снег, чтобы люди могли поймать этих животных, были посланы на землю Есем. Е. был супругом *Хоседэм*. В правремя, когда была сотворена земля, они жили вместе на седьмом круге верхнего мира, но поссорились после того, как их старший сын Бисcымдесь («западное небо») не послушался отца, советовавшего ему одеться потеплее, и остался замороженным в западной части неба, откуда насылает ветер. Хоседэм ушла от Е. на землю (по одному из вариантов мифа, была изгнана Е. за то, что изменила ему с месяцем), но и там зовётся женой Е. Свою дочь Е. отдал в жёны сыну земли, но их поссорила злая Калмесэм (Калбесэм). Она подложила в мешок сыну земли берёзовые губки вместо съестных припасов, и тот за это побил дочь Е., которая, обидевшись на него, ударилась о землю, превратилась в важенку, сына посадила в люльку на верхушки своих рогов и поднялась к своему отцу на седьмое небо — на седьмой круг верхнего мира. Тогда сын земли обессилел и должен был погибнуть, но Е. дал ему качели, качаясь на которых, он смог подняться на небо и найти свою жену. Существовало представление о том, что у Е. семь мыслей, соответствующих семи кругам верхнего мира и семи мыслям и душам каждого человека. Е. ведал хорошими мыслями, которые в каждом человеке борются с плохими, находящимися в ведении Делеся (западное, или кровавое небо). После смерти человека его душа (ульвей) может попасть к Е. или к Боксейдесю (букв. «место костра Еся»). Первоначально Е. представлял собой обожествлённое небо, но он выступает и в антропоморфном виде: старец в белой одежде, иногда спускающийся на землю.

В. В. Иванов, В. Н. Топоров

ЕТУНЫ, ту́рсы, в позднейшей скандинавской традиции — тро́лли, в скандинавской мифологии великаны. Они представлены двойственно. С одной стороны, это древние исполины — первоначальники мира, предшествующие по времени богам и людям. Это *Имир* и его прямые потомки (т. н. инеистые великаны — хримтурсы), в т. ч. Бергельмир, согласно «Младшей Эдде», спасшийся в ковчеге, когда боги убили Имира, а в его крови утопили всех инеистых великанов. Представление об инеистых великанах включает их великую мудрость. Таковы Бёлторн — отец матери *Одина*, дающий ему магические руны, и Вафтруднир — с ним Один соревнуется в мудрости («Речи Вафтруднира» в «Старшей Эдде»). По-видимому, великаном является и хозяин медового источника мудрости *Мимир*, с головой которого Один советуется. К этой же категории в какой-то мере относится и великан — строитель небесного селения богов — Асгарда. Е. противопоставляются богам — *асам* не только во времени, но и в пространстве — как жители холодной каменистой страны на северной и восточной окраинах земли (Етунхейм, Утгард), как представители стихийных, демонических природных сил. Они — враги асов, алчущие отнять у последних их жён — богинь *Фрейю*, *Идунн* и чудесные сокровища — атрибуты богов, например молот Тора, молодильные яблоки Идунн. С Е. вечно борется Тор, защищая от них Асгард и мир людей — Мидгард. Таковы великаны: Трюм, у которого Тор и Локи хитростью добывают похищенный им молот Тора; Хюмир, у которого Тор после сказочных испытаний добывает котёл для пива; Тьяцци, похищающий Идунн и её яблоки, но в конце концов побеждённый асами; Гейррёд, добивающийся, чтобы Тор явился безоружным в Етунхейм, но всё равно побеждённый им; Хрунгнир, побеждённый Тором и его спутниками, несмотря на каменное сердце; наконец, Скрюмир, пытающийся создать иллюзию неудачи в испытаниях, которым великаны подвергают Тора и его спутников (Тьяльви и Локи) в Утгарде (подробнее см. в ст. *Тор* и *Локи*). Локи вольно или невольно выступает посредником в отношениях между асами и великанами (строителем Асгарда, Трюмом, Тьяцци, Гейррёдом). Один, перехитрив великанов Суттунга и Бауги, добывает мёд поэзии, охраняемый дочерью Суттунга — Гуннлёд. Наряду с безобразными старухами-великаншами (вроде сестры Трюма или Ангрбоды — матери хтонических чудовищ Ермунганда и Фенрира) скандинавская мифоло-

гия знает красивых дочерей великанов; любовные связи и даже браки с ними — не редкость у асов. Такова, например, Скади — дочь Тьяцци, на которой женится *Ньёрд*, или Герд, дочь Гюмира, к которой сватается *Фрейр*.
Е. М. Мелетинский.

ЕУКАХА́ЙНЕН (Joukahainen), Е у к а х а́ й н и, Е у-г а м о́ й н и, Е у г а м о́ н е, в финском и карельском мифологическом эпосе юный герой, неудачник. Противопоставляется старому мудрецу *Вяйнямёй-нену*. В карельских рунах Е. состязается с ним в пении и мудрости; их сани сталкиваются в дороге, и уступить путь должен мудрейший. Е. выдаёт себя за мудреца времён творения мира, но демиург Вяйнямёйнен песней-заклинанием загоняет хвастуна в болото и выпускает оттуда лишь после того, как Е. обещает ему в жёны свою сестру. Е. сопутствует Вяйнямёйнену в его культурных деяниях, по-видимому, как неудачник-трикстер демиургу (в некоторых рунах Е. — младший брат Вяйнямёйнена: ср. *Ена и Омоля* в коми мифологии, *Нуми-Торума* и *Куль-отыра* у обских угров и т. п.): Вяйнямёйнен делает лодку — Е. её портит; меч Е. ломается о хребет гигантской щуки, которую Вяйнямёйнен убивает, делает из её костей гусли-кантеле; Е. неумело играет на инструменте — Вяйнямёйнен зачаровывает всех своей игрой, и т. п. Когда Вяйнямёйнен похищает сампо, Е. уговаривает его запеть, и пение будит хозяев Похьёлы. Согласно одной из рун, Е. — Еугамойне даже стреляет в Вяйнямёйнена из лука, когда тот возвращается из Похьёлы.

ЕФРЕ́М, в ветхозаветном предании внук *Иакова*, второй сын *Иосифа*, рождённый в Египте от Асенефы (дочери Потифера, египетского жреца); родоначальник-эпоним одного из израильских племён. Имя его возводится к евр. pārāh, «быть плодовитым» (согласно Быт. 41, 52, Иосиф нарёк сыну имя «Ефрем», потому что, говорил он, «бог сделал мне плодовитым в земле страдания моего», но здесь возможно влияние народной этимологии; не исключена и первоначальная связь имени с евр. 'ēpher, «земля», первоначальное значение — «плодоносная область» или «двойная плодоносность», вероятно, древнее название территории, занятой племенем Е. Когда Иосиф привёл своих сыновей — старшего Манассию и младшего Е. к умирающему Иакову (Израилю), тот (вопреки обычаю) свою правую руку положил на голову Е., хотя он был младшим, а левую на голову Манассии; когда огорчённый Иосиф хочет переложить правую руку отца с головы Е. на голову его старшего брата, Иаков отказывается, говоря: «меньший его брат будет больше его, и от семени его произойдёт многочисленный народ» (Быт. 48, 19). Ссылка на исполнение этих слов есть в благословении Моисея сынам Израиля: «это тьмы Ефремовы, это тысячи Манассеины» (Втор. 33, 17). Предание отражает исторический факт многочисленности и влиятельности племени («колена») Е., а также первоначального объединения двух колен «сыновей Иосифа» («дом Иосифа»), лишь позднее распавшихся на две племенные группы. См. также *Двенадцать сыновей Иакова*.
В. В. Иванов.

ЕША́П, в нарт-орстхойском эпосе ингушей и чеченцев антропоморфное, бесполое чудовище, охраняющее вход в *ел* (не пропускает в него живых и не выпускает из него мёртвых). Имеет девять глаз, девять рук и ног, из его пасти торчат клыки; у него огромное тело, обросшее длинными космами, облепленное вшами. Человек не в силах причинить ему какой-либо вред. Иногда Е. предстаёт в женском облике. Сыграв на женском тщеславии Е., героям Сеска Солсе и Бятару удаётся проникнуть в ел и выбраться из него.

В волшебных сказках Е. — баба-яга, колдунья, сосущая у людей кровь или пожирающая их. *А. М.*

ЕЫЙ ПО́ДЖУ, М а́ н и п о́ д ж у, в корейской буддийской мифологии драгоценная жемчужина, исполняющая любые желания своего владельца и ограждающая его от бед. Эту волшебную жемчужину будто бы добыл *Енван* в брюхе повелительницы рыб и вознёсся на небо. Впервые в Корее Е. П. встречается в «Самгук юса» (13 в.) в жизнеописании буддийского наставника Ыйсана, жившего в 7 в.
Л. К.

ЖА́ЗА или жаза донмар («мясоеды» или «красноликие мясоеды»), в тибетской мифологии предки тибетцев, потомство *Синмо*, горной ведьмы, и обезьяны, которое одержало победу над девятью братьями *Масанг*. Некоторые племена восточных и юго-восточных районов Тибета считают своим предком обезьяну. Имеются и другие тотемно-этногонические мифы. Племя нголок ведёт своё происхождение от дикого яка. О некоторых племенах цянов известно, что среди них были кланы с тотемами яка Карба и Белой лошади, соперничество которых обострялось осенью с восходом Плеяд. В буддийской версии, от брака Синмо — Лхамо (Шри-Деви) и Ченрези (*Авалокитешвара*) родилось шесть обезьян в шести регионах сидпа (*сансара*). Всё злое и коварное в мире от Лхамо, всё светлое и благостное от Ченрези, который даровал своему потомству зёрна ячменя, пшеницы, кукурузы. По другой версии, тибетцы — потомки индийского полководца Рупати, бежавшего с остатками войска в горы.
Е. Д. Огнева.

ЖАЛМАУЫЗ КЕМПИ́Р, у казахов и киргизов (желмогу́з кемпи́р) демоническое существо в образе старухи, нередко с семью головами. Обычно олицетворяет злое начало. Ж. к. — людоедка, похитительница детей; в образе лёгкого она плавает на поверхности воды, а когда приближается человек, превращается в семиглавую старуху, хватает его и вынуждает отдать сына (сказка «Ер-Тостик»). Существует мнение, что образ Ж. к. (как и близкой ей мыстан кемпир казахов) восходит к культу матери-покровительницы. На это указывают присущие ей иногда функции шаманки-волшебницы, хозяйки родового огня, владычицы и стража «страны смерти». (Черты доброй *бабы-яги*, покровительницы героя, Ж. к. сохранила в некоторых волшебных сказках.) У киргизов разновидность Ж. к. — демон мите, представлявшийся старухой в лохмотьях, которая живёт в горах, в лесу, далеко от человеческих жилищ. Она увлекает девушек в свой шалаш и незаметно сосёт у них из колена кровь; когда жертва ослабеет, мите её съедает. Мите близок демон жалмавыз [ялмавыз (карчык)] казанских татар. Аналогичный персонаж имеется в мифологиях уйгуров и башкир [колдунья-людоедка ялмоуз (ялмауыз)], узбеков [старуха-людоедка ялмрвиз (кампир) или жалмовиз (кампир)] и ногайцев (елмавыз).
В. Б.

ЖАН-ШАРХ (от адыг. жан, «острое», шарх, «колесо»), в нартском эпосе адыгов громадное железное колесо с острыми выступами, предмет состязания нартов. Ж.-ш. скатывалось с вершины Харама-ошха («Харама-гора»), а нарт, стоявший у её подножия, должен был ударом (ладони, груди) вернуть его на гору. Враги *Сосруко*, узнав о его уязвимом месте, предложили ему оттолкнуть Ж.-ш. бёдрами (коленями). Когда Сосруко сделал это, Ж.-ш. отрезало ему ноги. Осетинский аналог Ж.-ш. — *колесо Балсага*.
М. М.

ЖАР-ПТИ́ЦА, в восточнославянской сказке чудесная птица. Согласно русской волшебной сказке, каждое перо её «так чудно и светло, что ежели принесть его в тёмную горницу, оно так сияло, как бы в том покое было зажжено великое множество свеч». Золотая окраска Ж.-п., её золотая клетка связаны с тем, что птица прилетает из другого («тридесятого») царства, откуда происходит всё, что окрашено в золотой цвет. Ж.-п. может выступать в роли похитителя, сближаясь в этом случае с *Огненным Змеем*: она уносит мать героя сказки «за тридевять земель». Сравнительный анализ позволяет предположить древнюю связь Ж.-п. и словацкой «птицы-огневика» с другими мифологическими образами, воплощающими огонь, в частности с *Рарогом*, огневым конём-птицей.
В. И., В. Т.

ЖВАБРА́Н («мать отца коров»), у абхазов божество крупного рогатого скота, одна из семи долей *Айтара*. Согласно ранним мифологическим представлениям, Ж. — прародительница коров. Моление Ж. (в первую субботу марта) входило в цикл весенних обрядов в честь Айтара.
Л. А.

ЖЕЗ ТЫРНА́К («медный коготь»), у казахов злое демоническое существо в облике красивой молодой женщины с медным носом и медными когтями. Ж. т. обладает чудовищной силой и громким пронзительным голосом, своим криком она убивает птиц и мелких животных. Сохранились мифы об удачливых охотниках, сумевших победить Ж. т. Согласно одному из них, поздним вечером к охотничьему костру вышла молодая женщина, которую охотник пригласил разделить трапезу. Так как она всё время, даже когда ела, закрывала нос рукавом, он догадался, что перед ним Ж. т. После её ухода охотник положил у костра бревно, накрыл его своей одеждой, а сам влез с ружьём на дерево. Когда ночью Ж. т., вернувшись, бросилась на бревно, охотник метким выстрелом убил демона. Подобные мифы бытовали и у киргизов, называвших духа джез тырмак или джез тумшук («медный нос»). Сходные образы имеются и у тувинцев [дух чулбус (шулбус)] и бурят (му-шубун).
В. Б.

ЖЕМИ́НА (литов. Žemĭna), в литовской мифологии богиня земли, персонифицированная земля, ср. žemė «земля» (известна по источникам с 16 в.). Ж. занимает второе место в пантеоне после *Перкунаса*, возможно, она — жена громовержца. В фольклоре она связана с ним, с солнцем и месяцем. Пользовалась особым почитанием. Ей приносили жертвоприношения, сопровождая их заклятием: «Дорогая Земля, ты даёшь мне, и я даю тебе»; в борозду клали хлеб, на землю лили пиво, перед сном старики целовали землю со словами: «Земля, моя мать, я произошёл от тебя, ты кормишь меня, ты носишь меня и после смерти ты похоронишь меня» (ср. латыш. Земес мате — мать земли и т. п.). К земле часто обращались в заговорах, в частности от укуса змей. У Ж. был брат Жемепатис, «господин земли» (возможно, близнец).
В. И., В. Т.

ЖЕ́НЩИНА-СО́ЛНЦЕ, персонаж реконструированного архаического корейского солярного мифа, не сохранившегося в корейской культуре в виде полного текста. Отдельные компоненты мифа дошли в солярных, аграрных и др. ритуалах и просматриваются в древних мифических повествованиях о *Ено-ран* и *Сео-нё*, о госпоже Суро, в древней песне-хянга «Старик преподносит цветы», помещённых в «Самгук юса», в мифологизованном действе *Чхоёна*, в шаманских мифах о принцессе Пари (см. *Пари-конджу*), о девушке Тангым и т. д. От матери в образе черепахи или горы и отца в образе змея или дракона, живущих в море, рождаются дочь-солнце. В роли родительницы могли выступать скала, остров, корова, дорога, мост; в роли отца — старец в одежде нищего, молодой монах, меч, пояс и т. п. В некоторых вариантах мифологического цикла черепаха, взрастив в своей голове красную яшму, цветок, жемчужину и т. д., выплёвывает их и происходит рождение солярного божества. Мотив «родящего рта», возможно, принесли в корейскую культуру мигранты с южных островов Тихого океана. Иногда мужское и женское начала сочетаются в одном образе, например корейской бодхисатвы *Квансеым*, с тем, чтобы в процессе ритуального акта зачать и родить дочь-солнце. Жизнь Ж.-С. являет собой модель общих космогонических представлений древних корейцев о порождении и поглощении солнца. Одним из звеньев реконструируемого мифологического цикла является миф о браке близнецов в предании о горе Амисан. Миф о Ж.-С., видимо, был актуален для древней культуры не только Кореи, но и Японии (см. миф об Амэ-но Хабоко, сыне правителя не корейского государства Силла), Китая и ряда других стран Дальнего Востока. Шаманская интерпретация этого мифа отражена в золотых коронах правителей Силла (с 6 в.). Мотив рождения Ж.-С., как и мотив рождения антропоморфных предков из яйца (см. *Чумон, Сок Тхархэ, Пак Хёккосе, Ким Суро*), свидетельствуют о распространённости культа Солнца у древних корейцев, у которых он никогда не был идолопоклонническим.

Л. Р. Концевич.

ЖЕР-БА́БА, персонаж нарт-орстхойского эпоса ингушей и чеченцев — вещая старуха, накормившая досыта нарт-орстхойцев хлебом, испечённым из очень малого количества муки (сохранившейся от времён, когда в мире существовала *дунен беркат* — благодать), и сообщившая им причину исчезновения дунен беркат. В сказках Ж.-б. обитает вдали от человеческого жилья — в лесу, в горах; она добра, помогает герою (указывает путь к достижению цели, способствует его победе над врагами). *А. М.*

ЖИВА, в западнославянской мифологии главное женское божество (в земле полабов, по хронике Гельмольда, 12 в.). Как и старопольская богиня жизни Zywye (по Я. Длугошу, польскому хронисту 15 в.), чьё имя родственно имени Ж., она воплощает жизненную силу и противостоит мифологическим воплощениям смерти (ср. нежить — русское название нечистой силы). *В. И., В. Т.*

ЖИГ-ГУА́ША, Жыг-гуа́ша (кабардино-черкес.), Чыгы-гуа́ша (адыг.) (от жыг или чъыгы, «дерево» и гуащэ, «хозяйка»), у адыгов богиня — покровительница деревьев. Отличается глубокой мудростью. Снизу Ж.-г. дерево, верхняя её часть — прекрасная женщина из золота и серебра. Пребывает на морском побережье, где её окружают *тхаулуды*. Ж.-г. родила от *Тлепши* (встретившего её во время своих странствий по свету в поисках знаний для нартов) солнечного сына. Мальчик унаследовал мудрость матери: первые его слова заключали в себе совет *нартам* ориентироваться в походах по Млечному пути. *М. М.*

ЖИР ИЯСЕ́ («хозяин земли»), у татар-мишарей дух, покровительствующий полям. Представлялся в человеческом облике. В некоторых местах Ж. и. — собирательное название духов жир атасы («отец земли») и жир анасы («мать земли»). Ж. и. может навлечь болезнь на человека. Для его умилостивления ежегодно после весеннего сева устраивалось общественное моление с жертвоприношениями. Близкие Ж. и. персонажи имеются у казанских татар [«мать поля» басу анасы (аряш анасы)], чувашей («мать поля» ираш амэшэ), марийцев (уржа-ва, рожава, норов ава), удмуртов (джеганай), карачаевцев (джер ийеси, дух-хозяин, имеющийся у каждого участка земли), турок (тарла-бекчиси, дух — хранитель поля в образе змеи). *В. Б.*

ЖО, жо́му, в древнекитайской мифологии священное дерево, растущее за Южным морем, между реками Хэйшуй («Чёрной») и Циншуй («Зелёной») на крайнем западе у горы *Куньлунь*. Листья его тёмно-зелёные, цветы красные, напоминающие лотосы, свет их освещает землю. На верхушку Ж. садились десять солнц, завершив свой путь по небосводу. Ж. — западный эквивалент солнечного (восходного) дерева *фусан*, находящегося на крайнем востоке. Возможно, что первоначально Ж. было другим названием фусана и мыслилось находящимся на востоке. Образ Ж. неоднократно использовался в китайской поэзии (Цюй Юань — 4 в. до н. э., Ли Бо — 8 в. н. э.). *Б. Р.*

ЖО́ЙМЭ́РИЦЭ, Жо́ймэрее́кэ, Жо́ймэри́ца («Четверги́ца», от жой-марь «великий четверг»), в представлениях восточнороманских народов женский мифологический персонаж, воплощение великого четверга (на страстной неделе). Наряду с Марцолей («Вторница», воплощение вторника) выступает в качестве покровительницы прях и охранительницы запретов; в отличие от Марцоли связана не с недельным, а годовым циклом: её день завершает зимний прядильно-ткацкий цикл, Ж. проверяет, сколько напряли за зиму и т. п. Иногда описывается уродливой, как *мама-пэдурии, стафиа*. Её атрибуты — посуда или переносная печка с горящими углями, кипятком, нож, молотки. Она наказывает ленивых прях огнём, режет и пожирает их. Связана с культом предков, которые являются в свои дома в великий четверг и остаются там до троицы; обход Ж. домов разыгрывается ряжеными на великий четверг; ей, как и предкам, у костра оставляют подношения — воду, калач, кукурузную лепёшку. Ж. близка германской *Хольде*, а также восточно-французской «тётушке Ари», «королеве Берте» и т. п.

В восточнороманской традиции существуют также представления о воплощениях др. «святых (злых) дней» недели — св. Думинекэ («Воскресница»), св. Винерь («Пятница»), св. Мьеркурь («Среда»), св. Лунь («Понедельница»). Они имеют облик монашенок, живущих на том свете в кельях возле часовен, им посвящённых. Нарушившим запреты на работу (прежде всего женскую), на скоромную пищу в их дни, святые являются в виде женщин на курьих ногах. Эти дни считаются благоприятными для заговоров, ворожбы, любовной магии. Наиболее популярна св. Винерь (ср. Пятницу у славян), связанная с прядением и продолжающая образ Венеры; называется «богиней красоты», помогает девушкам выйти замуж, покровительствует зверям (считаются её детьми), птицам и путникам, исцеляет от болезней. Мьеркурь, также выполняющая все эти функции, считается «носительницей вод», «вилами земными», на которых держится земля. Без совета Думинекэ Илья никого не убивает молнией. Наиболее распространённый сюжет, связанный со святыми (злыми) днями: Ж., или Марцоля, Винерь, Мьеркурь, проникает в дом к нарушившей запрет женщине. Та выманивает её из дому криком: «Горит гора Галилеева» («Горы Ханнаинские»), затем переворачивает всю утварь вверх дном. Обманутая Ж., вернувшись, просит по очереди всю посуду отпереть ей дверь. На её уговоры поддаётся оставшаяся неперевёрнутой плошка, но разбивается. В сказках святые дни выступают в функции помощников (дарителей). Они снабжают героя золотыми яблоками и т. п. *Г. И. Кабакова.*

ЖОШУ́Й («слабая вода»), в древнекитайской мифологии река под горой *Куньлунь*. Вода в этой реке не держала на поверхности даже лёгкого лебединого пёрышка. Можно предположить, что Ж. рассматривалась как особая река, разделявшая царство живых и мёртвых. Ж. — типичный скользящий топоним, этим именем назывались и реальные реки в различных окраинных и сопредельных Китаю землях. *Б. Р.*

ЖУК У ЖАМАНА́К («время»), у армян антропоморфная персонификация времени. Ж. у Ж.— седоволосый старик, сидит на вершине высокой горы (на небе). Как распорядитель времени держит в руках два клубка — белый и чёрный. Он спускает по одной стороне горы один клубок, при этом его разматывая, второй клубок он сматывает, поднимая его по другой стороне горы. Когда белый клубок (символизирующий день, дневное небо), разматываясь, доходит донизу,— светлеет и восходит солнце. Когда Ж. у Ж. сматывает белый клубок, а чёрный (символ ночи, ночного неба), разматывая, спускает вниз,— темнеет и заходит солнце. *С. Б. А.*

ЖУН ЧЭН, в древнекитайской мифологии маг, учитель *Хуан-ди* (по другой версии, древний правитель). Ему приписывается изобретение календаря, а также способа достижения бессмертия посредством половой активности. В даосских трактатах с его именем связывали уже на рубеже н. э. теорию о восполнении мужской силы ян за счёт женского начала инь (см. *Инь и ян*). По легендам, он вновь появился на земле около 1010. Считалось, что он обладал секретом возвращать молодость, восстанавливать цвет волос у стариков и вставлять обратно выпавшие зубы. Иногда его считают наставником *Лао-цзы*. *Б. Р.*

ЖУ-ШО́У, Г а й, в древнекитайской мифологии божество осени. По одним источникам, сын мифического правителя Шаохао, по другим — дядя. В комментарии к «Книге обрядов» (4—2 вв. до н. э.) объясняется его имя: «Осенью все растения созревают (жу) и начинается сбор (шоу) урожая». Ж.-ш. считался также духом металла, а поскольку металл связывался с западом, то Ж.-ш. помещали в западной части храма. Его изображали с угольником в руках. Он ведал также наказаниями на небе. В этих случаях его изображали существом с человеческим лицом, белыми волосами, когтями тигра, в которых он держит секиру. Ж.-ш. жил на горе Юшань, откуда наблюдал за заходом солнца и отражением закатных лучей, отсюда и прозвище Хун-гуан («Алый блеск»). *Б. Р.*

ЗАВУЛО́Н, в ветхозаветном предании один из *двенадцати сыновей Иакова*, последний из шести сыновей, рождённый Лией (Быт. 30, 20); родоначальник-эпоним одного из «колен Израилевых». В песне *Деворы*, относящейся к древнейшим частям Ветхого завета, говорится, что пришли «от Завулона владеющие тростию писца», что «Завулон — народ, обрекший душу свою на смерть» (Суд. 5, 14 и 18). В современных исследованиях высказывается предположение, согласно которому объединение З. и Иссахара (их в легенде Лия родила, купив право на ночь с Иаковом у Рахили за мандрагоровые плоды) отражало реальное расселение соответствующих племенных групп.
В. И.

ЗАГРЕ́Й (букв. «великий охотник», «великий ловчий»), в греческой мифологии одна из архаических ипостасей бога *Диониса*. Сын *Зевса* Критского и богини *Персефоны*, с которой Зевс вступил в брак в образе змея. Посланные богиней *Герой* титаны напали на З., но он устрашил их, превратившись в дракона, тигра и быка. Но Гера своим свирепым мычанием побудила титанов к действию, и они растерзали З. Зевс сбросил титанов в Тартар, опалил мать титанов землю страшным пожаром, а затем послал на неё потоп (Nonn. Dion. VI 155—388). Образ З. вошёл в теогонию орфиков, которые связывали с ним целую систему философско-мифологических идей. З. были посвящены орфические таинства (Cic. De nat. deor. III 58). Ряд мифов связан с воскрешением Диониса-З., сердце которого спасла Афина (Procl. Hymn. VII 11—15). У автора 4 в. Фирмика Матерна (VI, p. 15) содержится подробный рассказ о растерзании Либера-З., сына критского царя Зевса (Либер — италийское божество плодородия).
А. Т.-Г.

ЗА́ДЕНИ, один из богов, почитавшихся в Восточной Грузии до распространения христианства. Согласно летописной традиции, культ З. ввёл царь Иберийского (Картлийского) царства Фарнаджом (1-я половина 2 в. до н. э.). По имени З. была названа крепость Задени на р. Арагви (на территории современной Мцхеты), где был воздвигнут идол бога. З. почитался (наряду с *Армази*) как бог, приносящий обильный урожай, и вседержатель мироздания. С объявлением христианства государственной религией (30-е гг. 4 в. н. э.) культ З. был упразднён.
З. К.

ЗА ЗЭН, в мифологии мыонгов во Вьетнаме прародительница человеческого рода. Она родилась из комеля гигантского мифического дерева си, которое загораживало собой небо и землю. Она породила два яйца, из которых вышло по сыну. Сыновья сочетались браком с небесными феями. От этих браков родились демоны и две птицы — Тунг и Тот, которые снесли огромное яйцо: с одной стороны было оно круглым, с другой — квадратным. Высиживали они его долгие месяцы и годы — всё зря. З. З. прислала птиц таочао, чтобы они сидели на диковинном яйце. Наконец из яйца вышли предки мыонгов и соседних с ними народов.
Н. Н.

ЗАКАРИ́Я, в мусульманской мифологии отец *Иахьи*. В Коране вместе с *Исой* и *Илйасом* отнесён к «праведникам». Соответствует евангельскому Захарии. Согласно Корану, престарелый бездетный З., воспитывая девушку *Марйам*, увидел, что аллах каждый день ниспосылает ей свежую пищу, и стал молить его о потомстве (19: 3—5). Ангелы сообщили З., что у его жены родится мальчик *Иахья*, который будет «господином, воздержанным, пророком из праведников». Не поверившему З. было дано знамение — он в течение трёх дней не мог говорить (3:32—36; 19:1—15; 21:89—90).
Согласно послекораническим преданиям, аллах посылал Марйам зимой летние плоды, не вызревающие обычно в эту пору. Это и побудило З. молить о рождении сына в старости. После гибели сына З. спрятался в дупле дерева, но был выдан *Иблисом* и распилен вместе с деревом.
М. П.

ЗАЛ, у лакцев, цахуров (Гыни́ш), рутульцев (Ийни́ш), аварцев (Бече́д), татов (Офиpого́р) верховный бог. З. обитает на небе (верхний мир). Он — вечный, всевидящий, всемогущий, всепобеждающий и милостивый властелин неба и земли. Устроитель мирового порядка. От него зависит плодородие, изобилие на земле. В одном из мифов он одаривает честных и добрых людей, делая их богатыми, а бессердечных, жадных ввергает в нищету, лишает рассудка. В другом мифе З. из пасти чудовища вызволяет обессилевшее небесное светило, возвращая ему лучезарную силу. С распространением ислама З. стал отождествляться с аллахом.
X. X.

ЗАЛЗАНАГЫ́Й, И а д л а́ н и н («мать болезней»), у рутульцев, аварцев (У н т у́ л э б е́ л), андийцев (Р у к у́ р л и й л а), ботлихцев (Г о д а́ л и й л а), лакцев (А ц ц а л а́ в) злой дух, принимающий облик женщины огромного роста, с длинным носом, нечёсаными волосами, в лохмотьях. Его появление влечёт болезни, несчастья (войны, голод и др.). По поверьям, от него можно откупиться едой, старой одеждой.
X. X.

ЗАНАХА́РИ («творец»), а н д р и а м а н и т р а («благоухающий повелитель»), в мифах малагасийцев божества, персонификации неба, земли. З. аморфны, хотя иногда и наделены некоторыми антропоморфными чертами. Чаще всего выступают в роли демиургов. Нижний З., персонификация земли, вылепил из глины первых людей и животных, а Верхний З., персонификация неба (луна — его глаза, солнце — светильник, звёзды — драгоценные камни, которыми он завлекает женщин), вдохнул в людей жизнь и потребовал, чтобы они поднялись к нему на небо. Нижний З. воспротивился этому; в ответ Верхний З. сделал людей смертными. С тех пор Верхний З. забирает на небо у умершего человека дыхание жизни, оставляя на земле его тело. В варианте мифа земное начало связывается также с Затувуцинату-нандриананахари («Затуву, не созданный Занахари») — половинным человеком, выросшим из земли (возможно, этот образ связан с доавстронезийскими мифологическими представлениями). Он дополняется до целого человека только после того, как женится на дочери Верхнего З., т. е. когда достигается слияние двух противоположных начал, лежащее в основе акта творения профанного мира, сочетающего в себе земные и небесные элементы. З. в некоторых мифах выступают в роли культурного героя. Верхний З. через посредство Грозы или птички-кардинала дарует людям рис. С распространением на Мадагаскаре христианства (кон. 19 в.) бога-отца стали именовать З.

М. А. Членов.

ЗАРАТУ́ШТРА (авест.), З о р о а́ с т р (др.-греч.), З а р д у́ ш т (среднеиран.), пророк и основатель иранской религии зороастризма. Историчность З. достоверно не установлена, но большинство учёных признаёт З. реальным лицом и относят деятельность пророка к 10—6 вв. до н. э. Согласно «Ясне», З.— сын Пурушаспы, четвёртого человека, выжавшего сок *хаомы*; по другим версиям, он происходит из рода Спитама. Первоначально З. выступал с проповедью на родине, но не был признан своей «общиной»; согласно пехлевийским источникам, он подвергся преследованиям со стороны местного правителя чародея Дурашрава и вынужден был покинуть родину (в «Гатах» сохранилась молитва-сетование, обращённая к *Ахурамазде*,— «Куда бежать?»). Его покровителем и последователем стал *Виштаспа*, способствовавший распространению зороастризма в Иране. По пехлевийскому сочинению «Датистан-и-Диник», пророк был убит Тур-и-Братарвахшем, одним из врагов, преследовавших его всю жизнь.

Уже в «Младшей Авесте» образ З. был подвергнут мифологической переработке: одни тексты изображают его культурным героем, учредителем социальной структуры общества («Яшт» XIII 88—89), другие — провозвестником таинств новой веры, спасителем не посвящённого в высшие истины человечества (в духе «Гат»: «Ясна» 17, 19, 27; «Яшты» V и XIX, «Денкарт»). Дух тьмы *Анхро-Майнью* пытался убить или искусить З. обещанием великой власти («Видевдат» 19, 4—6). Пророк отражал эти происки не только словом и атрибутами культа, но и камнями для пращи, «большими как дом». По «Младшей Авесте», З. просил содействия в насаждении новой веры у божеств древнеиранского пантеона *Ардвисуры Анахиты*, *Хаомы*, *Митры* и *Веретрагны*, но собственно «Гаты» не содержат их упоминаний.

В поздних сочинениях «Денкарт» (VII 1, 14) и «Затспрам» (VI 14) образ З. полностью мифологизирован: Ахурамазда создал его духовную сущность (*фраваши*) в начале бытия и поместил её в ствол древа жизни хаомы, а через шесть тысяч лет З. был призван способствовать победе добра на земле, получил телесное воплощение и был озарён неземным светом истины.

Главным в проповедях З. было учение о зависимости миропорядка и торжества справедливости (см. *Аша Вахишта*) в мировой борьбе добра и зла от свободного выбора человека, его активного участия в этой борьбе на стороне добра (ср. древнеиндийское учение кармайоги). Проповедуя зороастрийскую мораль — этическую триаду благих мыслей, благих слов и благих дел (воплощённую в триаде Ахурамазда — Аша Вахишта — *Воху Мана*),— З. идеализировал также «праведную» хозяйственную деятельность, которую он противопоставлял неправедному кочевническому образу жизни; согласно одной из «Гат», он ниспослан на землю и для того, чтобы научить людей ухаживать за скотом. З. считался посредником между богом и людьми; «Авеста» — священное откровение Ахурамазды, которое З., вдохновлённый *Спента-Майнью*, передал своим ученикам. Последователям Ахурамазды З. обещал посмертное блаженство, пособникам зла угрожал муками, расплавленным металлом и осуждением на страшном суде, который будет вершить Ахурамазда с помощью бога мира (З.— распорядитель судеб умерших на мосту *Чинват*). Пророк предсказывал, что конец света наступит при жизни современного ему поколения: по «Младшей Авесте», гибель мира должна произойти через три тысячи лет, когда праведные будут спасены *саошьянтами* — воплощениями З. (чаще всего саошьянтами называли трёх сыновей З., чудесно рождённых после его смерти).

Через греческое посредство образ З.— Зороастра стал достоянием европейской культуры. В эпоху эллинизма он породил множество вторичных синкретических мифов, которые сохранили иногда архаичные иранские черты. Так, античный автор 1— нач. 2 вв. Дион Хрисостом передал легенду о том, что З. в поисках истины удалился на уединённую гору, куда обрушилось с небес великое пламя, но З. вышел из него невредимым и наделённым искомой мудростью. Зороастру приписывали множество пророчеств, изречений и книг, в средние века его считали магом и астрологом.

Л. А. Лелеков.

ЗАРЕ́Р (фарси), З а р и в а́ р а й (авест.), З а́ р и а́ д р (др.-греч.), в иранской мифологии богатырь, брат *Гуштаспа* (Виштаспа) и Исфандияра (Спанддата). Иногда включался в династию *Кейянидов*. В «Авесте» (Яшт V) *Ардвисура Анахита* дарует воинственному всаднику Зариваре победу над Арджаспом (см. *Арджасп*). В книге античного автора Атенея (2—3 вв.) «Обед софистов» сохранился рассказ Хареса Митиленского (4 в. до н. э.) о любви Зариадра (брата мидийского царя Гистаспа) и дочери царя Омарта Одатиды (у Фирдоуси этот эпизод передан как рассказ о Гуштаспе и румийской царевне Китаюн): Одатида была самой красивой женщиной в Азии, и Зариадр был красив. Зариадр направил к Омарту сватов, но тот не хотел отдавать свою единственную дочь иноземцу. Спустя некоторое время Омарт устроил пир, привёл туда свою дочь и приказал ей выбрать себе из присутствующих жениха, подав ему в золотой чаше вино. Однако она, плача, отказалась. Одновременно Одатида дала знать Зариадру о том, что предстоит её свадьба с другим. Тогда Зариадр, переодетый скифом, прибыл ночью во дворец. Одатида подала ему чашу, и он увёз царевну.

Поэма на среднеиранском языке «Ядгар Зареран» передаёт рассказ о подвигах З. в войне с царём хионитов Арджаспом. В жестокой битве З. громит вражеские войска. Арджасп посылает против него колдуна *Видарафша*, который хитростью, из-за угла убивает З. и похищает его коня. За смерть З. мстит его сын Баствар (*Баставарай*).

И. С. Брагинский.

ЗАТ-БАДА́Н («далёкая, холодная»), в йеменской мифологии ипостась богини солнца (видимо, *Шамс*), почитавшаяся в государстве Саба. Имя богини, очевидно, было запретным; слово «Зат-Бадан» является, по-видимому, прозвищем, заменяющим его. З.-Б. составляет пару с противоположной ей Зат-Химйам. Эти ипостаси, вероятно, связывались соответственно с зимним и летним светилом (ср. *Зат-Сантим* и *Зат-Захран* в пантеоне государства Катабан). Они занимали третье место в пантеоне — после *Астара* и *Алмакаха*. В отличие от Зат-Химйам З.-Б. почиталась только в государстве Саба; отдельно от Зат-Химйам она упоминается редко. Священным животным З.-Б. была лошадь, изображения фигурок лошадей преобладали в посвящениях, адресованных богине. Известен её храм в городе Ханане на севере Йемена.

А. Г. Л.

ЗАТ-ЗАХРА́Н («полуденная, горячая»), в йеменской мифологии ипостась богини солнца (видимо, *Шамс*), почитавшаяся в государстве Катабан. Слово «Зат-Захран» является, по-видимому, прозвищем, заменяющим запретное имя богини. З.-З. составляет пару с противоположной ей Зат-Сантим. Эти ипостаси, вероятно, связывались соответственно с летним и зимним светилом (ср. *Зат-Химйам* и *Зат-Бадан* в пантеоне государства Саба); иногда к этой паре присоединялась ещё одна ипостась богини солнца — Зат-Рахбан («далёкая»). В пантеоне З.-З. (вместе с Зат-Сантим) занимала место после *Анбайа*. Почиталась также в государстве Саба.

А. Г. Л.

ЗАТ-САНТИ́М, З а т - С а́ н н а т у м («холодная»), в йеменской мифологии ипостась богини солнца, (видимо, *Шамс*), почитавшаяся в государстве Катабан. Слово «Зат-Сантим» является, по-видимому, прозвищем, заменяющим запретное имя богини. З.-С. составляет пару с противоположной ей *Зат-Захран*. В пантеоне З.-С. (вместе с Зат-Захран) занимала место после *Анбайа*. Она пользовалась в Катабане наибольшим престижем по сравнению с другими ипостасями солнечной богини и являлась также богиней плодородия (о чём свидетельствуют адресованные ей посвящения). *А. Г. Л.*

ЗАТ-ХИМИА́М, З а т - Х а м и́ м («обжигающая, горячая»), в йеменской мифологии ипостась богини солнца (видимо, *Шамс*). Слово «Зат-Химиам» является, по-видимому, прозвищем, заменяющим запретное имя богини (оставшееся неизвестным). В пантеоне государства Саба З.-Х. составляет пару с противоположной ей З.-Х. (вместе с Зат-Бадан) занимала третье место после *Астара* и *Алмакаха*, но включена в него она была, вероятно, позже, чем первые два божества, по-видимому, в результате синойкизма. В оазисе Рагван к северу от столицы Сабы Мариба З.-Х. была богиней-покровительницей и владыкой страны. Там известен её храм 7—6 вв. до н. э.

В отличие от Зат-Бадан, З.-Х. почиталась не только в Сабе, но и в государствах Катабан и Хадрамаут. Так, в Катабане З.-Х. была связана с Астаром.

Символом З.-Х. были пять или шесть точек в форме «У» или «V». В частности, это позволило некоторым учёным считать З.-Х. звёздным божеством, олицетворяющим созвездие Плеяд. В поздний период З.-Х. приобрела черты богини-защитницы, ниспосылающей счастье, и богини плодородия. *А. Г. Л.*

ЗАХА́РИЯ И ЕЛИСАВЕ́ТА, в христианских религиозно-мифологических представлениях родители *Иоанна Крестителя* (Иоанна Предтечи). В Новом завете рассказ о З. и Е. содержится только в Евангелии от Луки. Захария был священником Иерусалимского храма «из Авиевой чреды» (Лук. 1, 5), т. е. принадлежал к одной из 24 наследственных групп, поочерёдно исполнявших свои культовые обязанности; средневековые легенды иногда делали его первосвященником. Елисавета тоже была из священнического рода потомков Аарона. Они были «праведны пред богом», однако у них, как у *Иоакима и Анны*, другой четы новозаветных родителей, до старости не было детей. Когда Захария служил в храме, ему явился архангел *Гавриил*, предсказавший, что у З. и Е. родится сын, которого следует назвать Иоанном и которому суждено стать «предтечей» мессии. Захария сомневается в возможности исполнения обещанного, ссылаясь на преклонный возраст свой и жены (ср. такое же сомнение *Авраама*, Быт. 17, 17, и Сарры, Быт. 18, 12). Как знамение и одновременно наказание ему даётся немота, которая должна разрешиться только вместе с рождением младенца. Елисавета пять месяцев скрывает свою беременность. Между тем *Мария*, родственница Елисаветы (1, 36), девственная зачавшая Иисуса Христа во время шестого месяца беременности Елисаветы, отправляется из Галилеи в Иудею навестить Елисавету; та по радостному «взыгранию» сына в её чреве и по вдохновению свыше понимает, что перед ней мать мессии. После трёхмесячного пребывания в доме Елисаветы Мария возвращается в Назарет, а Елисавета рождает сына; семья намерена назвать его именем отца, но немой Захария пишет на листке для письма: «Иоанн имя ему» (1, 63). Тотчас же к Захарии возвращается дар речи; «по всей нагорной стране иудейской» взволнованы этим знамением, а Захария в ветхозаветных метафорах пророчествует о приходе мессианского времени и о призвании своего сына (1, 67—80). Византийские легенды, получившие широкое распространение в средневековом мире, повествуют далее, что Елисавете пришлось бежать с младенцем от злых умыслов царя Ирода в пустыню и что там мать и ребёнка укрыла чудесно расступившаяся перед ними, а затем затворившаяся скала (ср. мотив спасения *Феклы* и др.). Захария за отказ назвать местопребывание жены и сына убит людьми Ирода в храме; его кровь превратилась в таинственный камень. *С. С. Аверинцев.*

ЗАХХА́К (пехл.), в иранской мифологии и легендарной истории иноземный царь, узурпатор иранского престола. Образ З. восходит к авест. *Ажи-Дахака*, трёхглавому дракону, правившему в Иране после падения первого царя *Йимы*. В среднеиранской традиции (Меног-и Храт) царствованию Ажи-Дахака — З. соответствует правление Дахака Беварашна и Фрасиака Тура, злых царей; однако, не будь они царями, власть досталась бы злому духу *Айшме* и оставалась бы у него до страшного суда, что принесло бы больше бедствий.

В «Шахнаме» З. — сын арабского царя Мардаса, совращённый дьяволом *Иблисом*: от его поцелуев из плеч З. выросли две змеи (позднее переосмысление трёхголового дракона), которых нужно было кормить человеческим мозгом. Воспользовавшись грехопадением иранского царя *Джамшида* (авест. Йима) и призванием со стороны иранских вельмож, З. убил Джамшида (его жену *Арнаваз* сделал своей наложницей), занял его трон (таким образом З. включается в число *Пишдадидов*) и установил тысячелетнее (без одного дня) царствование зла. Ежедневно ему должны были приносить в жертву двух юношей, чтобы накормить змей их мозгом (благодетельные советники З. Армаил и Кармаил подменяли одного юношу овцой). Он убил праведника Атибина (авест. *Атвйа*), отца Фаридуна (см. *Траэтаона*), кормилицу Фаридуна волшебную корову Бармйа (Бермайе) и т. д. Кузнец *Кава* поднял народное восстание против З. и, призвав законного наследника Фаридуна, сверг тирана. З. приковали в жерле потухшего вулкана Демавенд; по народным преданиям, звуки, доносящиеся из жерла, — стоны З. В честь победы над З., согласно Бируни, был установлен праздник осеннего плодородия Мехрган.

Иной сюжет, в котором Ажи-Дажака — З. сохраняет облик дракона, — один из семи подвигов *Рустама*, который убивает чудовище Аждака, чей «язык, как дерево, рот, как пещера». См. также *Аждарха*. *И. С. Брагинский.*

ЗВА́ЙГСТИКС, С в а́ й г с т и к с, в прусской мифологии божество света и плодородия; способствует росту хлебов и трав, приплоду скота. Постоянно упоминается в списках прусских богов 16—17 вв. (Suaixtix, Swayxtix, Schwaytestix, Szweigsdukkis и др.), чаще всего на втором месте, сразу после *Окопирмса*, иногда на четвёртом, после Перкунса (см. *Перкунас*). Функции З., его место в списках и этимологические связи (ср. прус. swāigsta, «сияние», при литов. žvaigždě, латыш. zvaigzne, «звезда») подтверждают отождествление З. в одном из списков с солнцем (лат. Sol) или, точнее, с солнечным светом. В поздних литовских источниках 18 в. (Бродовский, Руиг) появляются имена Zwaigzdžukas, Zwaigzdunks как обозначения звёздного бога: ср. латыш. Звайгзнес — мифологизированный образ звёзд, участвующих в «небесной свадьбе».

В. И., В. Т.

ЗДУ́ХАЧ, у южных славян человек (реже животное), обладающий сверхъестественной силой, которая проявляется только, когда он спит. Во время сна из него выходит дух, который ведёт за собой ветры, гонит тучи, пригоняет и отгоняет град, сражается с другими З. З. охраняет от стихийных бедствий поля и угодья своего села, рода. З. — чаще всего взрослый мужчина, но им может быть и ребёнок (особенно родившийся «в сорочке»), женщина и даже пастушеская собака, вол, корова, конь, баран, козёл и др. З.-животное защищает только стада и животных. Согласно народным представлениям, З. были и знаменитые исторические личности. Бои между З. происходят чаще всего весной, когда дуют сильные ветры, и в долгие осенние ночи. З. вооружены обгорелыми лучинами, веретёнами, но нередко в схватке используют камни и древесные стволы, вырванные с корнем. После смерти З. становится волкулаком (см. *Волкодлаки*).

Н. И. Толстой.

ЗЕВС, Дий, в греческой мифологии верховное божество, отец богов и людей, глава олимпийской семьи богов. З.— исконно греческое божество; его имя индоевропейского происхождения и означает «светлое небо» (ср. индоевропейское deiuo — «дневное сияющее небо». В античности этимология слова «З.» связывалась с корнями греч. слов «жизнь», «кипение», «орошение», «то, через что всё существует». З.— сын *Кроноса* (отсюда имена З. Кронид, Кронион) и *Реи* (Hes. Theog. 457), он принадлежит к третьему поколению богов, свергших второе поколение — *титанов*. Отец З., боясь быть низложенным своими детьми, проглатывал каждый раз только что рождённого Реей ребёнка. Рея обманула мужа, дав ему проглотить вместо родившегося З. завёрнутый камень, а младенец втайне от отца был отправлен на Крит на гору Дикта (453—491). Согласно другому варианту, Рея родила З. в пещере горы Дикта и поручила его воспитание куретам и корибантам, вскормившим его молоком козы *Амалфеи* (Apollod. I 1, 5—7). Именно на Крите сохранились древнейшие фетишистские символы почитания З. Критского: двойной топор (лабрис), магическое орудие, убивающее и дающее жизнь, разрушительная и созидательная сила. Изображение этого двойного топора встречается на ритуальных вещах между рогами быка, который на Крите также являлся зооморфным воплощением З. (в образе быка З. похитил Европу). Главным местопребыванием З. Лабриса, или З. Лабрандского, считался лабиринт (ср. этимологическое родство названий лабрис — лабиринт); чудовищный миксантропический *Минотавр* — обитатель лабиринта и есть одна из ипостасей З. Критского. Образ архаического З. сближается с *Загреем*, который впоследствии мыслился как сын З.

В системе мифов о З. Олимпийском пребывание его на Крите является одним из архаических рудиментов и обычно связано с мотивом тайного воспитания младенца З. В Дельфах же почитался архаический фетиш омфал («пуп земли») — камень, проглоченный Кроносом, или камень как пуп младенца З. (Paus. X 16,3; Strab. IX 3,6). Омфал был поставлен З. в Пифоне под Парнасом как памятник на диво всем смертным (Hes. Theog. 497—500).

Возмужавший З. вывел своих братьев и сестёр из утробы Кроноса (493—496, 501 след.), напоив его по совету Метиды зельем (Apollod. I 2, 1). За это они отдали во владение З. громы и молнии (Hes. Theog. 504 след.). Затем З. начал борьбу за власть с Кроносом и другими титанами. В титаномахии, продолжавшейся десять лет, З. помогали *сторукие*; *киклопы* выковали ему гром, молнию и перун. Побеждённые титаны были низвергнуты в Тартар (Hes. Theog. 674—735; Apollod. I 2, 1).

Три брата З., Посейдон и Аид разделили власть между собой. З. досталось господство на небе, Посейдону — море, Аиду — царство мёртвых (Apollod. I 2, 1). В древнейшие времена З. совмещал функции жизни и смерти. Он владычествовал над землёй и под нею, вершил суд над мёртвыми (Aeschyl. Suppl. 231). Отсюда один из эпитетов З.— Хтоний («подземный») (Hes. Opp. 465; Hom. Il. IX 457). З. Хтония почитали в Коринфе (Paus. II 2, 8). Однако позднее З. стал олицетворять только светлую сторону бытия. В период патриархата З. локализуется на горе *Олимп* и именуется Олимпийским (или Фессалийским).

Утверждение З. происходит с большим трудом. Против З. восстаёт *Гея* и насылает на него своё порождение — *Тифона*, но З. побеждает это дикое тератоморфное существо огненными молниями. По одному из вариантов (Hes. Theog. 820—868), З. забросил Тифона в Тартар, по другому — навалил на него Этну (Aeschyl. Prom. 351—372). Борьба с хтоническими чудовищами продолжалась. Гея породила новых детей — *гигантов* и разразилась гигантомахия. По Аполлодору, гигантомахия произошла раньше тифонии, так что Тифон мыслится ещё более ужасным чудовищем, чем гиганты (Apollod. I 6, 1—3).

Борьба З. и олимпийцев с миром чудовищ приводит к ещё одной смене поколений богов (до этого Урана сверг Кронос, а теперь Кроноса — З.). Т. н. орфическая теогония считала древнейшими владыками мира, бывшими ещё до Кроноса и Реи, Эвриному и Офиона — по всей очевидности, змеевидных существ, владевших Олимпом, тоже уступивших насилию и низринутых в глубь океана (Apoll. Rhod. I 496—511, ср. Эвринома на дне океана спасает *Гефеста*, сброшенного с Олимпа). Но самому З. тоже угрожает потеря власти от сына. З. приходится бороться за власть даже со своими ближайшими родственниками, против него восстают Гера, Посейдон и Афина Паллада (по другой версии, Аполлон), но ему оказывает помощь Фетида (дочь Нерея, сестра свергнутой владычицы Олимпа Эвриномы), призвав на Олимп сторуких, которые устрашают заговорщиков (Hom. Il. I 396—406). З.— новое олимпийское божество обращается за помощью к чудовищам, рождённым Землёй, и борется с такими же порождениями Земли. Олимпийский З. считается отцом богов и людей, но его власть над олимпийской семьёй не очень тверда, а веления судьбы ему часто неведомы, и он взыскует их, взвешивая на золотых (м. б. небесных, солнечных) весах судьбы героев (XXII 209—214). Именно по совету Геи — земли и Урана — неба З. проглатывает свою первую супругу Метиду, чтобы избежать рождения от неё сына, который будет сильнее отца (Hes. Theog. 889—900). Фемида, дочь Геи, открывает З. тайну, известную и Прометею (Aeschyl. Prom. 167—177), что такой же сын родится от Фетиды (Apoll. Rhod. IV 791—804). Отказавшись от брака с Фетидой и выдав её за героя Пелея (IV 805—809), З. поспособствовал возникновению *Троянской войны*, исполняя просьбу матери Земли (Hom. Il. I 5, ср. XIX 273 след.). Вторая супруга З.— богиня справедливости Фемида. Их дочери *горы* сообщают жизни богов и людей размеренность и порядок, а мойры, богини судьбы, от которой сам З. уже не зависит, как бы продолжают его волю. Управляемый З. мир олимпийцев заметно меняется. *Хариты*, дочери З. от Эвриномы, вносят в жизнь радость, веселье, изящество. Деметра как супруга З.— уже не порождающая чудовищ земля, а богиня обработанных полей. Даже Аид похищает Персефону, дочь З., с его дозволения. Мнемосина, богиня памяти, рождает 9 муз (т. о., З. становится источником вдохновения, наук и искусств). От Лето у З.— Аполлон и Артемида. Третья законная супруга З., но первая по значению — Гера, богиня-покровительница брачных уз (Hes. Theog. 901—923). Так З. постепенно преобразует мир, порождая богов, вносящих в этот мир закон, порядок, науки, искусства, нормы морали и пр. Однако во многих мифах заметны древние доолимпийские связи З. Он вступает в брак с музой Каллиопой, рождающей экстатических корибантов (Strab. X 3, 19), демонических служителей хтонической Великой матери Кибелы, охранявших младенца З. на Крите. З. всё ещё пользуется своим древнейшим орудием — громами и молниями, грубой силой подавляя сопротивление или наказывая. У Гомера он «громовержец», «высокогремящий», «тучегонитель», насылатель ветров, дождей и ливней (Hom. Il. I 354; IV 30; V 672; XIV 54; XVI 297—300), о зевсовых ливнях упоминает Гесиод (Hes. Opp. 626), З. «дождит», по выражению Алкея (frg. 34). Павсаний отмечает, что в Афинах была статуя Геи-земли, молящей З. о ниспослании дождя (Paus. I 24, 3), афиняне просили З. пролиться дождём над пашнями (Marc. Aurel. V 7). В виде дуба, корни которого омывал ручей, почитался З. Додонский в Додоне; его супругой считалась океанида Диона (Hes. Theog. 353).

З. Олимпийский — покровитель общности людей, городской жизни, защитник обиженных и покровитель молящих, ему повинуются другие боги (Hom. Il. V 877 след.). Он даёт людям законы (Demosth. 25, 16, Eur. Hippol. 97; Soph. O. R. 865 след.).

З. вообще оказывается принципом жизни (Max. Tyr. 41, 2), «дарователем жизни», «всепородителем» (Hymn. Orph. LXXIII 2) З. покровительствует родовой общности людей, отсюда З. «родовой» (Pind. Ol. VIII 16; Pyth. IV 167). В «Умоляющих» Эсхила представлена величественная фигура великого бога, справедливого защитника и помощника людей. Благодетельные функции нашли отражение в его эпитетах: «помощник в беде» (Aeschyl. Sept. 8), «спаситель» (Paus. IX 26, 7; Soph. frg. 392), «спаситель города», «основатель» (Aeschyl. Suppl. 445), «оградитель» (Soph. Antig. 487; Eur. Troad. 17), Полией — «городской» (Paus. I 24, 4), Полиух — «владетель государства» (Plat. Legg. XI 921 след.). З. Филий (покровитель дружеских союзов) (Plat. Phaedr 234 e), «отчий», «отец» (Aristoph. Acharn. 223; Nub. 1468), «отеческий» (Soph. Trach. 288; Plat. R. P. III 391 e). Он следит за соблюдением клятв (Paus. V 24, 9; Soph. O. R. 1767). З.— помощник воинов (Hom. Il. IV 84; Xenoph. Lac. pol. XIII 2) и сам стратег, полководец (надписи на монетах, ср. Cic. In Verr. II 4, 58, 129 — Imperator), «воинский» (Herodot. V 119), «носитель победы» (Soph. Antig. 143; Eur. Heracl. 867, 937). Известен З. Булей (Paus. I 3, 5), покровитель народного собрания (Aeschyl. Eum. 972; Aristoph. Equ. 410), скипетродержец (Hymn. Orph. XV 6), царь (Aristoph. Ran. 1278), «владыка владык, совершеннейшая сила блаженных и совершенных» (Aeschyl. Suppl. 525), «всецарь» (Hymn. Orph. LXXIII 4), «эллинский» (Aristoph. Equ. 1253) и даже «всеэллинский», которому был учреждён специальный культ (Paus. I 18, 9), отправлявшийся в Афинах.

З. Олимпийский — отец многих героев, проводящих его божественную волю и благие замыслы. Его сыновья: Геракл, Персей, Диоскуры, Сарпедон, знаменитые цари и мудрецы Минос, Радаманф и Эак. Покровительствуя героям, уничтожающим хтонических чудовищ, З. осуждает кровопролития и стихийные бедствия войны в лице Ареса (Hom. Il. V 888—898). Однако в мифах о рождении героев заметны древние фетишистские мотивы. З. является к Данае в виде золотого дождя (Apollod. II 4, 1), Семеле — с молниями и громами, Европу он похищает, обернувшись быком (Apollod. III 1, 1), к Леде является лебедем (III 10, 7), Персефоне — змеем. Древние зооморфные мотивы заметны и в том, что З. превращает в животных своих возлюбленных, желая скрыть их от гнева Геры (Ио в корову, Каллисто в медведицу). Будучи «отцом людей и богов», З. вместе с тем является грозной карающей силой. По велению З. прикован к скале Прометей, укравший искру Гефестова огня, чтобы помочь людям, обречённых З. на жалкую участь (Эсхил, «Прикованный Прометей»). Несколько раз З. уничтожал человеческий род, пытаясь создать совершенного человека. Он послал на землю потоп, от которого спаслись только *Девкалион*, сын Прометея, и его супруга Пирра (Ovid. Met. I 246—380). З. хочет уничтожить жалкий род людей и «насадить» новый (Aeschyl. Prom. 231—233). Троянская война — тоже следствие решения З. покарать людей за их нечестие (Hom. Il. I 5, XIX 263 след.). З. уничтожает род атлантов, забывших о почитании богов, и Платон называет этого З. «блюстителем законов» (Plat. Critias 121 b-c).

З. насылает проклятия, которые страшно реализуются на отдельных героях и целом ряде поколений (Тантал, Сисиф, Атриды, Кадмиды). Так, древний архаический З. принимает всё более очевидные моральные черты, хотя и утверждает свои принципы с помощью силы. Начала государственности, порядка и морали у людей связаны, по преданиям греков, как раз не с дарами Прометея, из-за которых люди возгордились, а с деятельностью З. (Hes. Theog. 96; Opp. 256—264), который вложил в людей стыд и совесть, качества необходимые в социальном общении (Plat. Prot. 320d—322d). З., который мыслится «огнём», «горячей субстанцией» (Tertull. Adv. Marc. I 13) и обитал в эфире (Eur. frg. 487), владея небом как

своим домом (Callim. Hymn. III 141), становится организующим средоточием космической и социальной жизни на Олимпе, где земля сходится с небом и где небо переходит в огненный тончайший эфир. Мифология З. Олимпийского отражает укрепление патриархальной власти басилеев, особенно микенских царей, хотя и не доходит до абсолютной централизации этой власти (по Гесиоду, З. был избран на царство богами, Theog. 881—885). Только в эллинистическую эпоху З. принимает образ мирового вседержителя и вершителя мировых судеб, того «всецаря» и «всеэллинского» владыки, которого воспевали в поздних Орфических гимнах и в гимне «К Зевсу» стоика Клеанфа (3 в. до н. э.), где универсализм и космизм З. принимают монотеистические черты.

Атрибуты З. — эгида, скипетр, иногда молот. Культовые праздники в честь З. немногочисленны, поскольку ряд его функций был возложен на других богов — исполнителей воли З., находившихся в гораздо более близких отношениях к человеку: на Аполлона — пророчество, на Деметру — земледелие, на Афину — мудрость и искусства. В честь З. Олимпийского устраивались панэллинские Олимпийские игры в Олимпии — как символ единения и взаимного согласия греческих полисов. В римской мифологии З. соответствует бог *Юпитер*.

А. Ф. Лосев.

ЗЕКУА́ТХА («поход» и «бог»), у адыгов бог — покровитель путешественников, всадников. По представлениям причерноморских адыгов (шапсугов), З. всё время куда-нибудь едет. По своим функциям близок к богу войны (перед выступлением в поход его просили об удаче, по возвращении оставляли для него часть добычи в заповедных рощах, в которых, как полагали адыги, он обитает). М. М.

ЗЕ́ЛОС, З е л, в греческой мифологии персонификация ревности, сын *Палланта* и *Стикс*, брат Ники, Кратоса и Бии (Hes. Theog. 383 и след.; Apollod. 1, 2, 4). З. и *Апатэ* приняли из морской пены новорождённую Афродиту. Г. Г.

ЗЕМИРЕ́, у кумыков божество плодородия. Персонаж доисламского происхождения, близкий по своим функциям *Сукъатын*. Представлялось в образе женщины. Следы её культа сохранились в обряде вызывания дождя. В. Б.

ЗЕ́МНИЕКС, в латышской мифологии дух, ведавший домом, хозяйством. Осенью З. приносили в жертву скот. Первоначально З. был, видимо, связан с полями и нивами, ср. латыш. zeme, «земля»; Земес мате, «мать земли» и т. п. В. И., В. Т.

ЗЕРВА́Н (авест.), З р в а́ н, З у р в а́ н, З а р в а́ н, в иранской мифологии бог, персонификация времени и судьбы, верховный бог зерванизма — религиозного течения, соперничавшего с маздеизмом (религией *Ахурамазды*) вплоть до эпохи Сасанидов (3—7 вв.). З. мыслился как Бесконечное время (Зерван Акарана), существующее изначально, когда мир пребывал в эмбриональном состоянии (поздняя «Авеста» различает Бесконечное время и Зерван даргахвадата — время конечное, которое соотносилось с этим миром, созданным и обречённым на гибель). Миф рисует З. андрогинным божеством: он в течение тысячелетия совершает жертвоприношения, чтобы у него родился сын Ормазд (Ахурамазда), призванный сотворить мир. З., однако, усомнился в пользе этих жертвоприношений, и от этого сомнения вместе с Ормаздом зародился *Ахриман*. З. дал обет даровать власть над миром тому, кто появится на свет первым. Ормазд предугадал мысли З. и поделился своим знанием с Ахриманом, а тот, разорвав чрево З., преждевременно вышел на свет и назвал себя Ормаздом. З., увидев его отвратительную внешность и стремление ко злу, отверг Ахримана. Тогда родился прекрасный Ормазд, но З. вынужден был уступить царство над миром Ахриману на девять тысяч лет; затем должен воцариться Ормазд и исправить всё содеянное духом зла. Согласно гимну Вечному времени в «Бундахишне», З. — «могущественнее обоих творений — добра и зла». Ход борьбы добра и зла и всё, что происходит в этом мире, в т. ч. и жизнь человека, предопределены З. В противоположность маздеизму для последователей З. характерна пессимистическая тенденция рассматривать земной мир как владение «князя тьмы». З.— Зарва как верховное божество, «Отец Величия», был воспринят манихейством, а также митраизмом.

Э. А. Грантовский.

ЗЕТ, З е ф, в греческой мифологии сын Зевса и *Антиопы*, брат-близнец *Амфиона* (Apollod. III 5, 5—6). З. посвятил себя пастушеским занятиям. Амфион — игре на лире. З. был женат на Фиве, именем которой назван город Фивы. Стены города возвели братья: З. носил и складывал камни, Амфион игрой на лире приводил их в движение и заставлял ложиться в установленное место.

А. Т-Г.

ЗЕФИ́Р, в греческой мифологии сын Астрея и Эос, брат Борея и Нота, бог западного ветра (Hes. Theog. 378—380). От гарпии Подарги имел сыновей — бессмертных коней *Балия и Ксанфа* (Hom. Il. XVI 148—151); от Ириды — сына *Эрота* (Apul. Met. IV 35). Ревнуя к Аполлону *Гиакинфа*, дунув с Тайгета, отклонил брошенный Аполлоном диск и стал виновником гибели своего возлюбленного (Paus. III 19, 5). Народная этимология имени З.— «несущий жизнь», а также многочисленные цветы в его венке, расположение его святилища при храме Деметры в Афинах (Paus. I 37, 2) указывают на неразделимость губительных и животворных функций этого божества. Дующий с запада (zophos, «мрак», «закат»), З.— самый стремительный из ветров (Hom. Il. XIX 415), несущий снег и дождь, и только на острове феаков он нежен и тёпл (Hom. Od. VII 119), а в элизиум он приносит прохладу (IV 567).

Г. Г.

ЗИ́ГФРИД, см. *Сигурд*.

ЗИЕМ ВЫО́НГ («государь Зием»; Зием от санскр. Яма), во вьетской мифологии владыка преисподней. Он назначен Нгаук Хоангом («нефритовым императором»). Царство З. В. находится под землёй, в нём обитают духи и души умерших, ожидающие очередного перевоплощения в мире живых. Уходящим из преисподней подносят кашицу забвения, чтобы они не помнили виденного в царстве З. В., где есть земля и небо, но, по отношению к миру живых, земля там вверху, а небо внизу; что в мире живых белое, там — и т. д. Один раз в году, в 1-й день 6-го месяца по лунному календарю, на торжище Маньма умершие и живые встречаются друг с другом. Случается, что подданные царства З. В. вопреки строгому запрету приводят своих родственников вниз и показывают им преисподнюю. Мрачный и свирепый З. В. редко появляется в мире живых и при дворе Нгаук Хоанга. Он творит суд над душами умерших. В фольклорных представлениях З. В. превратился в деспотичного, но недалёкого судью.

Н. Н.

ЗИТ ЗИА́НГ, в мифологии мыонгов во Вьетнаме первопредок людей. Он родился из огромного яйца. З. З. был приглашён людьми возглавить селения и участвовал в установлении социального миропорядка. Однако функция культурного героя — очищение земли от чудовищ — оказалась ему не по силам. После него предлагали возглавить селения Ланг Та Каю и Ланг Кун Кэну; только этот последний сумел справиться с задачей. Здесь наблюдается характерное для фольклора троекратное повторение действия, наличие трёх героев.

Н. Н.

ЗИУСУ́ДРА («нашедший жизнь долгих дней»), У т - н а п и ш т и (аккад., «нашёл дыхание»), герой шумеро-аккадского мифа о потопе. З.— мудрый и набожный правитель города Шуруппака, узнаёт о предстоящем потопе (который должны наслать на людей боги) от бога *Энки*. По его совету З. строит ковчег и в нём переживает потоп, длящийся семь дней и семь ночей. После потопа он, как «спаситель семени человечества», получает «жизнь как боги» и «вечное дыхание» (т. е. вечную жизнь) и поселяется вместе со своей супругой на блаженном острове Тильмун. Отцом З. является (согласно литературной традиции) знаменитый мудрец Шуруппак. Шумерский миф о потопе и З. (безусловно, местного происхождения) лёг, по-видимому, в основу вавилонского мифа о потопе, известного в двух вариантах: в виде самостоятельного мифа об *Атрахасисе*, а также рассказа Ут-напишти о потопе, вставленного в эпос о *Гильгамеше*. Шумерский (и вавилонский) вариант мифа имеет близкие параллели с библейским рассказом (см. *Ной*); он сохранился также в пересказах труда писавшего на греческом языке историка Бероса (4 — 3 вв. до н. э.). Здесь З. (греч. Ксисутрос) о предстоящем потопе сообщает бог Кронос. Новый мотив в изложении Бероса: Кронос наказывает Ксисутросу перед потопом переписать названия всех вещей и закопать эту перепись в «городе солнца» Сиппаре для того, чтобы после потопа знания о всех вещах были переданы людям.

В. К. Афанасьева.

ЗЛЫ́ДНИ, з л ы́ д е н ь, в восточнославянской мифологии злые духи, маленькие существа, которые, поселившись за печкой (как *домовой*), остаются невидимыми и приносят дому несчастья. Украинские и белорусские пословицы и речения упоминают З. в контексте, обычном для древних мифологических персонажей: украинское «Бодай вас злидни побили!» — пожелание несчастья, «к злидню!» — к чёрту.

В. И., В. Т.

ЗМЕЙ ГОРЫ́НЫЧ, в русских былинах и сказках, представитель злого начала, дракон с 3, 6, 9 или 12 головами. Связан с огнём и водой, летает по небу, но одновременно соотносится и с низом — с рекой, норой, пещерой, где у него спрятаны богатства, похищенная царевна (или три царевны), знатная невеста, «русские полоны»; там же находится и многочисленное потомство З. Г.— «змеёныши» (впрочем, они часто бывают и «во чистом поле, где их „потаптывает" своим конём эпический герой). З. Г. не всегда чётко отличается от других сходных образов — Змей Тугарин, Змиулан, Огненный Змей, просто Змей и т. п. В былинах З. Г. («люта змея» и т. п.) впервые появляется в сюжете «Добрыня и Змей», в двух его кульминационных точках: первый раз, когда Добрыня Никитич купается в Пучай-реке, и второй раз, когда тот же богатырь спускается в норы З. Г. и освобождает племянницу князя Владимира Забаву Путятишну. Появление З. Г. сопровождается грозным шумом, как «дождь дождит», и «гром гремит». Основное оружие З. Г.— огонь. Добрыня ухитряется нанести З. Г. сокрушительный удар «шапкой (шляпой) греческой земли». З. Г. пал на сыру землю и взмолился к Добрыне о пощаде, предлагая написать «велики записи немалые» не съезжаться в чистом поле и не устраивать кровопролития. Добрыня соглашается и отпускает З. Г. на свободу. Возвращаясь к себе и пролетая над Киевом, З. Г., однако, нарушает «записи» и похищает Забаву Путятишну, спрятав её в своих норах. Князь Владимир посылает Добрыню освободить свою племянницу. По пути, в чистом поле, Добрыня «притоптал» «много множество змеёнышев». Откинув железные подпоры и отодвинув медные запоры, он спускается в змеиные норы и прежде всего освобождает «полоны»: князей и бояр, русских могучих богатырей. После этого он выводит из нор З. Г. Забаву Путятишну. З. Г. обвиняет Добрыню в нарушении «записей» и уничтожении «змеёнышев», вторжении в «норы змеиные» и не соглашается отдать Забаву Путятишну «без бою, без драки, без кровопролития». Но второй поединок не состоялся: Добрыня указал, что первое нарушение «записей» было делом З. Г.

В сказках со З. Г. связан ряд мотивов: З. полюбился царевне; он учит её извести брата-царевича, но гибнет, будучи разорванным «охотой» Ивана-царевича. В другом сюжете З. Г. служит поваром у Ивана — купеческого сына, обольщает его жену Елену Прекрасную, изводит с нею Ивана — купеческого сына, но погибает. В народной низшей мифологии З. Г. также хорошо известен:

особую опасность он представляет для женщин, вступая с ними в связь.

Имя З. Г. отсылает к образу Огненного Змея, известного как в славянской (ср. сербский Змей Огненный Волк), так и в иных традициях (ср. иранский Ажи Дахака, букв.— «Змей Горыныч»; Горыныч как Горыня, баба Горынинка и др.— от глагола «гореть» и лишь вторично от слова «гора»: иногда появляется мотив З. Г. на горе).

В. В. Иванов, В. Н. Топоров.

ЗМЕЙ ОГНЕННЫЙ ВОЛК (Змај Огњени Вук), Вук Огнезмий, в славянской мифологии герой, персонаж сербского эпоса, восходящего, как и древнерусское предание о Всеславе, князе Полоцком (11 в.), к общеславянскому мифу о чудесном герое-волке. Он рождается от *Огненного Змея*, появляется на свет в человеческом облике, «в рубашке» или с «волчьей шерстью» — приметой чудесного происхождения (см. *Волкодлак*). Может оборачиваться волком и другими животными, в т. ч. птицей; совершает подвиги, используя способности превращения (себя и своей дружины) в животных.

В. И., В. Т.

ЗМИУЛАН, в восточнославянской мифологии персонаж, одно из продолжений образа Огненного Змея (см. также *Змей Горыныч*) и *Велеса*. В белорусских и русских сказках царь Огонь и царица Маланьица (молния) сжигают стада царя З., который прячется от них в дупле старого дуба: ср. основной миф славянской мифологии о противнике громовержца змее, обладателе стад, который прячется в дереве, и др.

В. И., В. Т.

ЗОЛОТОЕ РУНО, см. в статье *Аргонавты*.

ЗОЛОТОЙ ТЕЛЕЦ, в ветхозаветной традиции золотой (либо позолоченный) идол быка, поставленный *Аароном* по требованию народа, обеспокоенного долгим отсутствием *Моисея*, говорившего с Яхве на Синайской горе (народ «сказал ему: встань и сделай нам бога, который бы шёл перед нами», Исх. 32, 1). З. т. поклонялись либо как воплощению самого бога, либо как культовому животному, служившему своеобразным троном для бога (сходная традиция известна по хурритско-урартским источникам). Сооружение З. т. связывается в Ветхом завете также с царём Иеровоамом (3 Цар. 12, 25—30; 4 Цар. 23, 15); в этих свидетельствах нашло, вероятно, отражение поклонение З. т. как символу Яхве, распространённому в ряде районов. Возможно, рассказ о гневе Яхве и низвержении З. т. Моисеем («и взял тельца, которого они сделали, и сжег его в огне, и стер в прах, и рассыпал по воде, и дал пить сынам израилевым», Исх. 32, 20) отражает реальную борьбу с культом быка. Выдвигается гипотеза о возможных влияниях на культ З. т. аналогичных культов в смежных областях — Египте, Месопотамии, Малой Азии (особенно в хеттско-хурритской традиции), хотя могли существовать и более ранние местные корни этого культа.

В. В. Иванов.

ЗОРОАСТР, древнегреческая форма имени пророка *Заратуштры*.

ЗУ-Л-КАРНАЙН (араб., буквально «Двурогий»), в мусульманской мифологии герой. Зу-л-К. аллах дал великую власть и направил в походы на восток и на запад. На западе он дошёл до места, где солнце заходит в «зловонный источник», наказал живших там плохих людей и помог хорошим, на востоке достиг места между «двумя преградами», где люди едва понимали речь. Они согласились платить Зу-л-К. дань, если он оградит их от народов *йаджудж и маджудж*. Зу-л-К. построил против них между двумя горами стену (Коран 18:82—102). Мусульманские комментаторы и современные исследователи идентифицируют Зу-л-К. с Александром Македонским. Широко известный в доисламской и раннеисламской Аравии «Роман об Александре» («Александрия») был одним из источников коранического рассказа о Зу-л-К.

Прозвище Зу-л-К. применительно к Александру было широко распространено у арабов; оно восходит, вероятно, к его изображению в виде египетского бога *Амона* (с двумя рогами). Такое же прозвище

в арабских преданиях носят и другие персонажи: лахмидский правитель Мунзир I, некий йеменский правитель и даже *Али*. Образ могучего героя, представляемого в виде дикого барана, рогами поражающего своих врагов, часто встречается в арабской поэзии. Образ двурогого героя мог существовать уже в арабском протоэпосе и мифологии и повлиять на образную систему коранического рассказа. Коранический образ Зу-л-К. повлиял на развитие представлений об *Искандаре* в иранской мифологии и средневековую литературу народов Ближнего Востока и Средней Азии.

М. П.

ЗУ-Л-КИФЛ [араб., «имеющий покровительство» (аллаха), «поручающийся»], в мусульманской мифологии персонаж, выступающий в коранических текстах в одном ряду с пророками Исмаилом и *Идрисом* (21:85, 38:48). Комментаторы идентифицировали Зу-л-К. с Исайей, Иезекиилем и другими библейскими пророками. Согласно одному из преданий, Зу-л-К.— Бишр, сын *Аййуба*, проповедовавший в Сирии и Малой Азии. Он поручился перед жителями некоего города, что аллах не допустит смерти ни одного из них, пока они сами о ней не попросят. В другой версии Зу-л-К. выполняет, несмотря на козни *Иблиса*, своё поручительство дни и ночи молиться и поститься, при этом не гневаясь.

М. П.

ЗУ-Л-ФАКАР, Зул-Фикар (араб., «бороздчатый»), в мусульманской мифологии меч *Мухаммада*. Согласно преданию, меч был захвачен Мухаммадом в битве, позднее перешёл к *Али*, а после него — к халифам. Традиция наделяет меч магической силой. У многих народов, исповедующих ислам, название меча — Зу-л-Ф.— стало употребляться в качестве мужского имени.

М. П.

ЗУ-Л-ХАЛАСА, в древнеарабской мифологии бог, почитавшийся племенами, обитавшими в Центральной Аравии (хасам, баджила, азд, хавазин и др.). Культ Зу-л-Х. отправлялся в городах Мекка и Табал. В Табале находилось его святилище, в котором с помощью гадательных стрел давались оракулы; идолом Зу-л-Х. служил белый камень, увенчанный высеченной на нём короной. Там также находилась статуя воина, вооружённого луком (возможно, Зу-л-Х. связывался с войной). Зу-л-Х. был посвящён ежегодный праздник, сопровождавшийся ярмаркой (сохранившейся во времена ислама). При Мухаммаде табальское святилище было уничтожено; на его месте была построена мечеть, а идол бога сделан её порогом.

А. Г. Л.

ЗУ-САМАВИ, в йеменской мифологии бог-предок, покровитель и владыка страны племени амир. По-видимому, бог неба, дождя и орошения. Хотя З.-С. не входил в официальные пантеоны, посвящённые ему надписи найдены во всех государствах древнего Йемена.

Он воспринимался йеменцами в качестве владыки верблюдов (большинство обращённых к нему текстов содержат просьбы об их благополучии) и считался, вероятно, могущественным божеством (покаянные надписи, обращённые к нему, описывают сложные правила ритуальной чистоты, близкие древнееврейским и мусульманским — З.-С. выступал как божество, контролирующее их соблюдение; в честь него были воздвигнуты храмы, в т. ч. в столице Катабана Тимне). Символом З.-С. была буква «з».

Видимо З.-С. был воспринят в Йемене от амир (это племя жило на севере древнего Йемена, происходило, очевидно, из Центральной Аравии и занималось разведением верблюдов и караванной торговлей) и является североарабским божеством, что позволяет толковать его имя как «владыка неба» [ср. североарабский Баалшамин (см. *Баалшамем*) — «хозяин, господин неба»]. Возможно также, что З.-С. почитался только племенем амир, а его широкое распространение объясняется характером занятий племени. Ср. Мутибнатйан.

А. Г. Л.

ЗЫНДОН, в осетинской мифологии ад. З. находится где-то в загробном мире под замком, ключ от которого — у *Барастыра*. В З. умершие подвергаются наказанию по степени совершённых ими проступков (сдирание кожи с головы, выдёргивание ногтей на руках и ногах, ослепление и т. п.).

Б. К.

ЗЭДЫ И ДАУАГИ, в осетинской мифологии низшие духи, покровители людей, зверей, лесов, вод и ветров. Они почти всегда упоминаются вместе, особенно в молитвах, но, как правило, дауаги вторыми. В нартском эпосе З. и Д. выступают как земные жители и относятся к нартам враждебно, борются с ними и гибнут, например, от рук Батрадза десятками. В конечном счёте небесные силы одерживают победу над нартами.

Б. К.

ЗЯУНГ, во вьетской мифологии и фольклоре эпический богатырь. Происхождение этого образа связано с представлениями о божестве грома и с земледельческими культами; по одной из версий, З. — перевоплощение *Лак Лаунг Куана*. В годину нашествия на вьетнамскую землю войска китайской династии Инь З., ещё малыш, потребовал, чтоб выковали ему железного коня, железную островерхую шапку, железную палицу (в вариантах — меч). Мальчик стал поглощать много еды и питья, превратился в великана. На железном коне и с железным снаряжением З. изгнал войско Иньского царства, а сам вместе с конём взмыл в облака и исчез. Эта сюжетная канва включает ряд чисто эпических мотивов. В деревне Зяунг, недалеко от Ханоя, воздвигнут в 11 в. памятный храм, посвящённый культу З., где ежегодно устраивались празднества, представления, исполнялись песни о З. В 11 в. вьетнамский государь Ли Тхай То пожаловал З. титул вознесшегося на небеса великого князя духов.

Н. Н.

И Й

И, Хоу-и, в древнекитайской мифологии культурный герой, сын верховного божества *Ди-цзюня*, посланный на землю для избавления людей от стихийных бедствий и очищения земли от чудовищ. По более поздней версии, сановник *Яо*. Судя по иероглифу, которым записывается имя И., первоначально его представляли в виде крылатого существа. И. был искусным стрелком из лука благодаря тому, что его левая рука длиннее правой. В те времена на небе сразу появилось десять солнц. И. поразил стрелами девять из них, избавив людей от засухи, затем убил красного быка-людоеда яюя с человечьим лицом и лошадиными копытами (по другой версии, с головой дракона и когтями тигра). На юге, в пустоши Чоухуа, И. убил чудовище цзочи («клык-бурав»), на севере, у реки Сюншуй,— девятиголового зверя, изрыгавшего огонь и воду, у озера Цинцю — свирепую птицу дафэн («большой ветер»), которая могла подымать ураган и разрушать человеческие жилища, а на озере Дунтинху — могучего удава-людоеда башэ; в Санлине («тутовый лес») И. поймал свирепого кабана фэнси, пожиравшего людей и скот. Однако Ди-цзюнь разгневался на И. и лишил его и его жену *Чанъэ* божественного сана. И. отправился на гору Куньлунь к *Си-ванму* и получил от неё лекарство. Когда И. вернулся домой, его жена тайком выпила снадобье, превратилась в бессмертную и улетела на луну. И. так и остался на земле и впоследствии был убит своими слугами, которых подговорил его лучший ученик стрелок Фэн-мэн. После смерти И. стал почитаться как божество, отгоняющее нечисть (цзунбу). *Б. Р.*

ИАКОВ, Израиль, в ветхозаветном предании патриарх, сын *Исаака* и Ревекки, внук *Авраама*, легендарный родоначальник «двенадцати колен Израиля» (см. *Двенадцать сыновей Иакова*). Имя И. — возможно, сокращённая форма более древнего теофорного имени от семитск. ʽaqaba, «охранить» со значением «бог да поможет, да охранит» (jaʽakub-'el), переданного посредством клинописного Ya-akh-qú-ub-El, Ya-qu-ub-El в архивах начала 2-го тыс. до н. э. месопотамского г. Киша и посредством J kbʼr в египетских источниках 2-го тыс. до н. э.

Ещё в утробе матери начинается соперничество И. с его братом-близнецом *Исавом*, во всём ему противоположном. Услышав, как сыновья её в утробе стали биться, Ревекка спрашивает бога об этом и тот отвечает: «два племени во чреве твоём, и два различных народа произойдут из утробы твоей; один народ сделается сильнее другого, и старший будет служить младшему» (Быт. 25, 23). Первым из близнецов появляется на свет Исав (поэтому он считался первородным сыном), «потом вышел брат, держась рукою своею за пяту Исава; и наречено ему имя: Иаков» (25, 26; отсюда народная этимология имени И., связавшая его с евр. ʽāqēb, «пята», «подошва», что переосмысливалось как название плута, трикстера, обманщика). И. описывается как «человек кроткий, живущий в шатрах» (25, 27) в отличие от зверолова Исава, «человека полей». Воспользовавшись голодом усталого Исава, И. покупает у него за кушанье из чечевицы (за «чечевичную похлёбку») право первородства (25, 29—34). По наущению матери И. (её любимец) приносит состарившемуся и ослепшему отцу еду, выдавая себя за Исава (чтобы отец не раскрыл обмана, ощупывая сына, — ибо И. был «гладок», а Исав «космат» — мать обложила руки и шею И. шкурой козлят); так обманом И. получает от отца благословение как первородный сын (а тем самым и преимущественные права на плодородный Ханаан, тогда как Исаву достаётся сухая и скалистая область Эдом). Спасаясь от гнева брата-близнеца, И. (вновь по совету матери) отправляется в Харран (в Месопотамии) к своему дяде по матери Лавану Арамеянину. По дороге в Харран в месте, которое он затем назвал Вефиль («дом божий»), И. видит вещий сон: лестница, стоящая на земле, касалась неба и по ней восходили и нисходили ангелы Яхве; Яхве, стоящий на лестнице, предрекает И. обилие потомства и обещает своё покровительство (28, 12—19).

Живя у Лавана, И. полюбил младшую дочь его красавицу Рахиль (которую встретил, ещё подходя к Харрану, у колодца, куда Рахиль привела поить овец) и отслужил за неё дяде 7 лет. Но Лаван обманом дал ему в жёны Лию, старшую свою дочь. Вскоре И. получает в жёны и Рахиль, но за неё он должен отслужить ещё 7 лет. От двух дочерей Лавана и от двух их служанок (Зелфы — служанки Лии и Валлы — служанки Рахили) у И. родятся двенадцать сыновей и дочь Дина. После рождения сына Иосифа И. решает вернуться из Месопотамии в родную землю. У Лавана, желающего его вознаградить, он просит только пёстрых овец и пятнистых коз, поголовье которых в стаде И. быстро росло. И. рассказывает своим сон, приснившийся ему в то время, когда скот зачинает: явившийся ему во сне ангел сказал: «возведи очи твои и посмотри; все козлы, поднявшиеся на скот, пёстрые, с крапинами и с пятнами» (30, 10; скотоводческая символика). В том же сне бог велит И. вернуться на родину, в землю Ханаанскую. Не простившись с Лаваном, И. уходит со своими детьми и жёнами, но Лаван догоняет их и пытается отыскать у них идолы богов, тайно увезённые Рахилью, однако той удаётся скрыть их от Лавана. Во время ночёвки в месте, позднее названном И. Пенуэл, И. борется с богом (в Быт. 32, 24 этот противник И. назван «некто»), который так и не может одолеть И., повреждая ему только жилу в бедре (этиологический миф, поясняющий, почему «сыны израилевы не едят жилы, которая в составе бедра», 32, 32). Боровшийся с И. даёт ему новое имя — *Израил* и благословляет его (как первородного сына). И. встречается с Исавом, примирившимся с ним. Он селится в Ханаане, в Сихеме. Но после насилия, совершённого Сихемом, сыном князя той земли, над дочерью И. *Диной*, и мести сыновей И. жителям города И. покидает Сихем и по повелению бога идёт в Вефиль. Под дубом близ Сихема он закапывает всех идолов чужих богов, а в Вефиле ставит жертвенник Яхве, явившемуся ему в этом месте, когда он некогда в страхе перед братом бежал в Месопотамию.

На пути из Вефиля в Ефрафу (Вифлеем) у И. и Рахили рождается младший, 12-й сын — Вениамин, но Рахиль, любимая жена И., умирает при родах.

Когда И. приходит к своему отцу Исааку в Мамре, тот умирает, и И. с Исавом погребают его.

Во время голода в Ханаане И. посылает сыновей в Египет, где они узнаны Иосифом, их братом, некогда проданным старшими братьями в рабство, но ставшим фактическим правителем Египта (см. в ст. *Иосиф*). Иосиф, любимый сын И., посылает по приказанию фараона своих братьев за отцом. По дороге в Вирсавии бог является И., обещает пойти с ним в Египет и говорит, что Иосиф своей рукой закроет ему глаза. И. со всем своим родом, взяв всё имущество, приходит в Египет и селится в земле Гесем (иначе Гошен, Быт. 47, 4, 11, 27). Здесь И. прожил ещё семнадцать лет. В возрасте ста сорока семи лет И. перед смертью произносит слово, благословляющее его сыновей, каждому из которых И. даёт краткое напутствие (Быт. 49). Сыновья хоронят его в Ханаане на родовом кладбище в пещере Махпела возле дубравы Мамре (Мамврия).

Большинство современных исследователей отрицает историчность И. и видит в нём персонификацию племенной группы, родоначальником которой он признавался; перемена имени на Израиль связывается с принятием этой группой культа бога ('el), которому И. ставит священный камень (Быт. 33, 20). Цикл сказаний об И. составился из элементов различного характера, возникших в разных местах и в разное время. Наиболее древние реальные части повествования об И. связаны с рассказами о пребывании в Египте и о некоторых из исторических мест, приуроченных в предании к повествованию о Дине. К историям И. и Исава, И. и его дяди Лавана найдены параллели в клинописных табличках 2-го тыс. до н. э. из Нузи. В частности, во взаимоотношениях И. и Лавана, в браках И. с двоюродными сёстрами могли отразиться характерные для ранней исторической эпохи обычаи, связывавшие особенно тесно племянника — сына сестры и его дядю, — а также брачные связи между родственниками. Позднейшая циклизация повествований об И. и Иосифе (с характерным фольклорным мотивом любимого сына, изводимого старшими братьями, но в конце над ними властвующего), о 12 сыновьях И. и соответственно об И.-Израиле как легендарном предке всех колен Израиля может быть отнесена к значительно более поздним результатам работы мифологической мысли, как и окончательное оформление повествования об И. и Исава, отражающего позднейшую историческую судьбу Эдома, возводившегося к Исаву. Рассказ о соперничестве И. и Исава носит характерные черты *близнечного мифа*. В какой-то мере с мифопоэтической мыслью на её позднем этапе может быть связано и представление об И. как человеке, постоянно поддерживающем связь с богом посредством видений и снов (особенно характерна увиденная И. во сне лестница с ангелами-посредниками между богом и человеком). Рассказ о том, как И. ночью борется с богом и получает новое имя, соответствует схеме ночного посвящения (напр., шаманского) в восточных традициях.

В. В. Иванов.

ИАКХ, в греческой мифологии божество, связанное с Деметрой, Персефоной, Дионисом и элевсинскими мистериями. И.— то сын Деметры (Diod. III 64) или её питомец (Lucr. IV 1168), то сын Персефоны и Зевса, одна из ипостасей *Загрея* (Honn. Dion. XXXI 66—68), то сын Диониса и нимфы Ауры (932). Иногда И. рассматривается как супруг Деметры. Его отождествляют с Дионисом и Вакхом (Catull. LXIV 251). И. призывался во время элевсинских мистерий, и священный возглас превратился в имя божества (Nonn. Dion. XLVIII 959). В образе И.— древние черты хтонического демонизма, упорядоченного земледельческой практикой и включённого в круг Деметры.

А. Т.-Г.

ИАЛЕМ, в греческой мифологии сын Аполлона и Каллиопы, брат Лина, Гименея и Орфея, персонификация плача, рыдания, оплакивания (Aeschyl. Suppl. 107; Apoll. Rhod. IV 1304).

Г. Г.

ИАМ, в греческой мифологии прародитель рода прорицателей Иамидов, сын Эвадны (дочери нимфы Питаны и Посейдона) и Аполлона (или *Ликора*). Посланные Илифией и Мойрами две змеи вскормили младенца мёдом, а потом спрятали в зарослях, где И. в одиночестве готовился к принятию дара прорицания от Аполлона. Оракул посулил бессмертие роду Иамидов. Разработка мифа об И. у Пиндара (Ol. VI 45 и след.).

Г. Г.

ИАНГ КЭЙТЭЙ, у банар во Вьетнаме верховное божество. И. К. создал солнце, животных и растения. Вступил в брак с богиней Йа Конкех после того, как та вылепила из теста, замешанного на рисовой муке, небеса, землю, русла рек и дно морей, а также луну и звёзды. От этого брака родилось трое детей — богов второго поколения. Их старшая дочь Йа Пом помогает людям во время бедствий.

Н. Н.

ИАНГ ЛЕ, у эдэ во Вьетнаме злое божество, вызывающее тайфуны, наводнения, громы и молнии. Усмиряет его верховный бог *Аедие*, приказывая надеть на него колодки. Изображается с лезвием ножа, торчащим из лба наподобие рога. Иногда И. Л. сливается с божеством огня Ианг Пуи.

Н. Н.

ИАНГ МДИЕ, у эдэ во Вьетнаме богиня — подательница риса. Время от времени поднимается на небо к своей старшей сестре Хэбиа Кла, супруге Мэтао Кла, бога — покровителя всех возделываемых растений, чтобы держать с ней совет (вариант мифа об умирающем и воскресающем боге растительности). Изображалась в виде рисового снопа в зелёной оде.

Н. Н.

ИАНГ СРИ, у банар во Вьетнаме бог и богиня риса. Считались добрыми божествами, их представляли в виде человеческих фигур, с шершавой, будто колосья риса, кожей лица и рук. У банар существует обычай: когда поспевает рис, протягивают верёвку от поля к дому, чтобы рис не заблудился. По случаю урожая устраивают моление новому рису, после чего возносится благодарение И. С., а затем приступают к обмолоту.

Н. Н.

ИАПЕТ, в греческой мифологии один из титанов, сын Геи и Урана (Hes. Theog. 134), супруг океаниды Климены, которая родила ему *Атланта*, *Менетия*, *Прометея* и *Эпиметея* (507—511). По другим сведениям (Apollod. I 2, 3), они — сыновья И. и океаниды Асии. И.— участник титаномахии; был низринут Зевсом в тартар, разделив судьбу братьев-титанов.

А. Т.-Г.

ИАРУ, и а́ л у, в египетской мифологии загробный мир, где пребывают умершие, поля рая. Согласно «Текстам пирамид», И. находится на восточном небе, откуда восходит солнце *Ра*. Вместе с покойным фараоном Ра совершает утреннее омовение в озере, расположенном в И., куда их перевозит на лодке «перевозчик Иару». Таким образом, поля И. сначала воспринимались египтянами как место, где вкушали блаженство Ра и фараон. С конца 3-го тыс. до н. э., с отождествлением каждого умершего с *Осирисом*, поля И. считаются местом пребывания всех «блаженных», всех, кто оправдан на суде Осириса; эти поля находятся под землёй, считаются плодороднейшими, на них нет ничего нечистого, много еды и напитков. В 109-й главе «Книги мёртвых» говорится, что И. окружает стена из бронзы, ячмень там растёт высотой в 4 локтя, полба высотой в 9 локтей. Виньетка 110-й главы «Книги мёртвых» изображает поля И. прорезанными полноводными каналами. По представлениям египтян, умершие выполняют в И. все сельскохозяйственные работы.

Р. И. Рубинштейн.

ИАСИОН, в греческой мифологии сын Зевса и плеяды Электры (вариант: Электрионы), брат *Дардана*, возлюбленный *Деметры*. Древнее критское божество земледелия. Согласно одному из мифов, И. сошёлся с полюбившей его Деметрой на трижды вспаханном поле на острове Крит, и Зевс поразил его за это молнией (Hom. Od. V 125 след.). По более позднему варианту мифа, гнев Зевса был вызван тем, что И. совершил насилие над Деметрой (Apollod. III 12, 1). Скорбь Деметры после смерти И. была так велика, что она отказалась давать урожай; тогда боги позволили И. ежегодно покидать аид и возвращаться к Деметре на землю (миф аналогичен мифу о похищении *Персефоны* и возвращении её на землю). Возвращение И. на землю символизирует смену времён года. От союза И. с Деметрой родился Плутос (бог богатства и изобилия) — олицетворение плодородия земли (Hes. Theog. 969—974). От Деметры И. получил в дар зёрна пшеницы и научил людей земледелию. По одному из вариантов мифа, И. был братом *Гармонии*, жены Кадма, на свадьбе которой он и встретился с Деметрой (Diod. V 48). Согласно Вергилию (Aen. III 167 сл.), И. и Дардан родились в Италии, но более распространён миф, что И. и его брат родились на Крите и оттуда переселились на остров Самофракия, где Зевс посвятил их в мистерии Деметры (Serv. Verg. Aen. III 15 и 167). Зевс повелел им распространять Самофракийские мистерии по всей земле, и поэтому братья много странствовали (Strab. VII 49).

М. Б.

ЙАХСАРИ, у пшавов и хевсуров божество из числа хтишишвили (детей бога *Гмерти*). И.— небесный посланец, спускающийся в виде столпа или креста. Почитался как бог, борющийся со злыми силами — дэви (см. в ст. *Дэвы*), каджами, чертями и др. Согласно одному из мифов, жителей Пшави и Хевсурети притесняли дэви: оскверняли их святилища, бесчестили женщин, убивали детей. Обеспокоенные этим, горцы обратились за помощью к своим божествам. Собравшись на совет у врат Гмерти, хтишишвили упросили великого бога покарать дэви. Чтобы избрать предводителя, Гмерти испытал силу хтишишвили. Победу в состязании одержали И. и *Копала*, которые и возглавили поход. Они разгромили войско дэви, убили их богатырей — Музу и *Бегелу*. После разгрома дэви превратились в невидимые существа и навсегда покинули эту местность. По поверьям, И. изгоняет злых духов из душ душевнобольных и умерших от несчастного случая (поражение молнией, занос лавиной и т. д.). Культ И. получил широкое распространение также в Тушети, Мтиулети, Гудамакари, Эрцо-Тианети и других районах.

Т. А. Очиаури.

ИБЛИС, в мусульманской мифологии дьявол; в Коране и других текстах употребляется наряду с другим обозначением дьявола — *шайтан*. И. постоянно называется «врагом аллаха» или просто «врагом». Мусульманская формула — «Прибегаю к аллаху от шайтана, побиваемого камнями» — восходит к легенде о том, как Ибрахим камнями прогнал дьявола в долине Мина около Мекки.

Согласно Корану, И. первоначально был ангелом (см. *Малаика*), но отказался выполнить приказ аллаха и поклониться созданному аллахом *Адаму*, заявив: «Я — лучше его: ты создал меня из огня, а его создал из глины» (7:11). За это И. был изгнан с небес и поклялся повсюду совращать людей (7:15; 15:39). Пробравшись в рай (*джанна*), он совратил Адама и *Хавву* (2:32—34; 7:10—27; 15:30—43; 17:61—66; 18:40; 20:115—119; 38:73—85; в коранском эпизоде поклонения ангелов дьявол назван И., а в эпизоде грехопадения — шайтан. Наказание И. отложено до дня Страшного суда, когда И. вместе с грешниками будет низвергнут в ад (*джаханнам*) (17:65—66; 26:94—95). Послекоранское предание рассказывает, что до своего падения И. звался Азазил или ал-Харис, он был послан на землю подавить мятеж *джиннов*, но, возгордившись своей властью на земле, ослушался аллаха. В другом предании И.— джинн, пробравшийся на небеса. Наряду с И. существуют второстепенные злые духи. Согласно преданию, И. живёт на земле в нечистых местах — в руинах, на кладбищах. Его еда — то, что приносят в жертву, питьё — вино, развлечения — музыка, танцы. И. способен размножаться, порождая джиннов, шайтанов. Традиция связывает И. с *Даджжалом*.

М. Б. Пиотровский.

ИБРАХИМ, в мусульманской мифологии общий праотец арабов и евреев, основатель единобожия. Соответствует библейскому *Аврааму*. Согласно Корану, И., разочаровавшись в идолах, которым поклонялись его соплеменники, видел божество в звёздах, луне, солнце, но потом уверовал в единого бога — аллаха. Он пытался обратить в эту веру собственного отца, Азара, и свой народ, вёл с ними споры, но переубедить не смог. И. разбил почти всех идолов, за что был приговорён царём к сожжению. Аллах сделал так, что огонь не причинил ему вреда. После спасения И. покинул родину (2:260—262; 6:74—81; 9:115; 19:42—51; 21:52—70; 26:69—89; 29:15—16; 23—24; 37:81—86; 43:25—27; 60:4—5). Вместе с *Лутом* И. отправился в Палестину. По предсказанию ангелов, направленных наказать нечистивых жителей города, где поселился Лут, престарелая жена И. родила Исхака (другой сын И.— *Исмаил*; в ранних сурах Корана сыном И. называется также *Йакуб*). Вместе с Исмаилом И. восстановил символ единого бога — каабу, возведённую Адамом и разрушенную затем потопом. И. приснилось, что аллах требует принести ему в жертву сына (считается, что Коран имеет в виду Исмаила). И. и сын были готовы к жертвоприношению, но аллах, испытав их, объявил жертву ненужной. И. просил у аллаха доказательств его способности оживлять, и тот оживил четырёх птиц (11:72—78; 14:38—42; 15:51—60; 37:81—113; 51:24—37).

Коран объявляет И. «другом» аллаха, «ханифом», который первым отстранился от многобожия (4:124; 16:124) и начал поклоняться единому богу. «Веру И.» возродил *Мухаммад* (4:161). Согласно Корану, именно «вера И.», а не исказившие её иудаизм и христианство есть истинная вера для всех людей (2:118; 124; 130; 134; 3:60; 6:162; 16:121—124). И. было ниспослано писание, называемое в Коране «Писание Ибрахима» или «свитки Ибрахима» (19:42; 53:37—38; 87:19). Концепция «веры И.» одновременно связывала учение Мухаммада с иудаизмом и христианством и утверждала превосходство мусульманства. Название «ханифская религия» стало прилагаться в мусульманской литературе и к «вере И.», и к мусульманству.

Коран связывает с И. установление обряда паломничества к каабе (2:119—121; 22:27). У каабы существует священное «место И.» («макам Ибрахим») (Коран 3:91).

Предание рассказывает о преследованиях И. в Месопотамии, о том, как царь Нимруд (*Нимврод*), предупреждённый о рождении И., приказал убивать всех младенцев, о путешествии И. в Египет, о том, как И. в долине Мина около Мекки камнями прогнал вставшего на его пути *Шайтана*, и др. Мусульмане, как и иудеи, чтят могилу И. в Хеброне (Эль-Халиле).

М. П.

ЙБУ ПЕРТИВИ («мать-земля»), в индуистской мифологии яванцев, балийцев и малайцев (Западная Индонезия и Малайзия) женское хтоническое божество плодоносящих животворных сил земли. Ипостась *Деви Сри*. По балийскому космогоническому мифу, И. П. создал бог *Батара Кала*. И. П. родила *Бому*. В балийско-индуистской мифологии Шива, воплощённый в стихии огня (как Брама), образует через пар воду (олицетворение Висну), которая оплодотворяет землю (олицетворение И. П.).

ИВАН ДУРАК, Иванушка Дурачок, мифологизированный персонаж русских волшебных сказок. Воплощает особую сказочную стратегию, исходящую не из стандартных постулатов практического разума, но опирающегося на поиск собственных решений, часто противоречащих здравому смыслу, но в конечном счёте приносящих успех (существуют сказки, где И. Д. пассивный персонаж, которому просто везёт, но этот вид сказок — результат определённой вырожденности); ср. также образ Емели-дурака, другого «удачника» русских сказок.

Социальный статус И. Д. обычно низкий: он крестьянский сын или просто сын старика и старухи, или старухи-вдовы (иногда он царский сын, но «неумный» или просто дурак; иногда купеческий сын, но эти варианты не являются основными). Нередко подчёркивается бедность, которая вынуждает И. Д. идти «в люди», наниматься «в службу». Но в большей части сказок ущербность И. Д.— не в бедности, а в лишённости разума, наконец, в том, что он последний, третий, самый младший брат, чаще всего устранённый от каких-либо «полезных» дел. Целые дни И. Д. лежит на печи (ср. Иван Запечный, Запечник), ловит мух, плюёт в потолок или сморкается, иногда он копается бесцельно в золе (Иван Попялов — см. *Попел*), если И. Д. призывают к полезной деятельности, то только для того, чтобы сбросить с себя собственные обязанности: так, старшие братья, которые должны ночью сторожить поле от воров, посылают вместо себя И. Д., а сами остаются дома и спят. В сказке, где И. Д.— купеческий сын, он ведёт беспутный образ жизни, пропадая по кабакам. Существенное противопоставление И. Д. его старшим братьям (чаще всего выступающим без имён): они делают нечто полезное (иногда, обычно косвенно указывается, что старший брат пахал землю, а средний пас скот), тогда как И. Д. или ничего не делает, или делает заведомо бесполезные, бессмысленные (иногда антиэстетические, эпатирующие других) вещи, или же выступает как заменитель своих братьев, нередко неудачный, за это его просто бьют, пытаются утопить в реке и т. п. Ср. известный мотив — ритуальное битьё и поношение дураков, например, во время средневековых «праздников дураков». Он не женат в отличие от братьев и, следовательно, имеет потенциальный статус жениха. Место И. Д. среди братьев напоминает место «третьего», младшего брата типа Ивана-Третьего (Третьяка) или *Ивана Царевича*. Типичная завязка сказок об И. Д.— поручение ему охранять ночью могилу умершего отца или поле (гороховое) от воров или некоторые другие обязанности (например, снести братьям в поле еду и т. п.). Иногда он выполняет эти поручения в соответствии с его «глупостью» крайне неудачно: кормит клёцками свою собственную тень; выдирает глаза овцам, чтобы они не разбежались; выставляет стол на дорогу, чтобы он сам шёл домой (на том основании, что у него четыре ножки, как у лошади), надевает шапки на горшки, чтобы им не было холодно, солит реку, чтобы напоить лошадь, и т. п., набирает мухоморов вместо хороших грибов и т. д.; в других случаях он применяет правильное по своей сути знание в несоответствующей ситуации: танцует и радуется при виде похорон, плачет на свадьбе и т. п. Но в других случаях И. Д. правильно выполняет порученное задание, и за это он получает вознаграждение (мертвый отец в благодарность за охрану его могилы даёт И. Д. «Сивку бурку, вещую каурку», копьё, палицу боевую, *меч-кладенец*; пойманный И. Д. вор даёт ему чудесную дудочку и т. п.). В третьем варианте поступки И. Д. кажутся бессмысленными и бесполезными, но в дальнейшем раскрывается их смысл: отправившись служить, чтобы выбраться из нужды, И. Д. отказывается при расчёте от денег и просит взять с собой щенка и котёнка, которые спасают ему потом жизнь; увидев горящую в костре змею, И. Д. освобождает её из пламени, а она превращается в красную девицу, с помощью которой он получает волшебный перстень о двенадцати винтах (благодаря ему он преодолевает все трудности, а красная девица становится его женой). С помощью волшебных средств и особенно благодаря своему «неуму» И. Д. успешно проходит все испытания и достигает высших ценностей: он побеждает противника, женится на царской дочери, получает и богатство, и славу, становится Иваном Царевичем, т. е. приобретает то, что является прерогативой и привилегией других социальных функций — производительной и военной. Возможно, И. Д. достигает всего этого благодаря тому, что он воплощает первую (по Ж. Дюмезилю) магико-юридическую функцию, связанную не столько с делом, сколько со словом, с жреческими обязанностями. И. Д. единственный из братьев, кто говорит в сказке (двое других всегда молчат), при этом предсказывает будущее, толкует то, что непонятно другим; его предсказания и толкования не принимаются окружающими, потому что они неожиданны, парадоксальны и всегда направлены против «здравого смысла» (как и его поступки). И. Д. загадывает и отгадывает загадки, т. е. делает то, чем занимается во многих традициях жрец во время ритуала, приуроченного к основному годовому празднику. И. Д. является поэтом и музыкантом; в сказках подчёркивается его пение, его умение играть на чудесной дудочке или гуслях-самогудах, заставляющих плясать стадо. Благодаря поэтическому таланту И. Д. приобретает богатство. И. Д.— носитель особой речи, в которой, помимо загадок, прибауток, шуток, отмечены фрагменты, где нарушаются или преодолеваются обычные и фонетические, и семантические принципы обычной речи, или даже нечто, напоминающее заумь; ср. «бессмыслицы», «нелепицы», языковые парадоксы, основанные, в частности, на игре омонимии и синонимии, многозначности и многореферентности слова и т. п. (так, убийство змеи копьём И. Д. описывает как встречу со злом, которое со злом и ударил, «зло от зла умерло»). Показательно сознательное отношение к загадке: И. Д. не стал загадывать царевне-отгадчице третьей загадки, но, собрав всех, загадал, как царевна не умела отгадывать загадки, т. е. загадал «загадку о загадке». Таким образом, И. Д. русских сказок выступает как носитель особой разновидности «поэтической» речи, известной по многим примерам из древних индоевропейских мифопоэтических традиций. И. Д. связан в сюжете с некоей критической ситуацией, завершаемой праздником (победа над врагом и женитьбой), в котором он главный участник. Несмотря на сугубо бытовую окраску ряда сказок о нём, бесспорны следы важных связей И. Д. с космологической символикой, на фоне которой он сам может быть понят как своего рода «первочеловек», соотносимый с мировым деревом и его атрибутами; ср. концовку сказки, где И. Д. добыл «свинку золотую щетинку с двенадцатью поросятами и ветку с золотой сосны, что растёт за тридевять земель, в тридесятом царстве, а ветки на ней серебряные, и на тех ветках сидят птицы райские, поют песни царские; да подле сосны стоят два колодца с живою водою и мертвою». Иногда в связи с деревом выступает ещё один характерный мотив: в его ветвях И. Д. пасёт своего коня (ср. распространенный мотив «конь у мирового дерева» или «конь мирового дерева», в частности, скандинавское мировое дерево *Иггдрасиль*, «конь Игга» — Одина, при том, что *Один*, висящий на этом дереве, получает магические знания). Алогичность И. Д., его отказ от «ума», причастность его к особой «заумной» (соответственно — поэтической) речи напоминает ведущие характеристики юродивых, явления, получившего особое развитие в русской духовной традиции. «Юродивость» характеризует и И. Д. в ряде сказок.

В. В. Иванов, В. Н. Топоров.

ИВАН КУПАЛА, см. *Купала*.

ИВАН ЦАРЕВИЧ, Иван Королевич, мифологизированный образ главного героя русских народных сказок. Его деяния — образец достижения наивысшего успеха. Универсальность образа И. Ц. в том, что он — «Иван», т. е. любой человек, не имеющий каких-либо сверхъестественных исходных преимуществ; одновременно «Иван» и «первочеловек», основатель культурной традиции, демиург в том смысле, что совершённые им деяния как бы приравниваются по значению к космологическим актам, непосредственно продолжают их на человеческом уровне, образуют социальную структуру человеческого общества и задают как высший социальный статус, так и правила его достижения. Всеобщий характер парадигмы, определяемой образцом И. Ц., вытекает из того, что герой в этой функции практически всегда «Иван» и что большинство других сказочных героев тоже «Иваны» —

с уточняющими характеристиками или без них, ср.: Иван, Иванушка, Ивашка, Иваныч, Иван богатырь, Иван бурлак, Иван крестьянский сын, Иван солдатский сын, Иван девкин сын, Иван гостиный сын, Иван Дурак, Иван Несчастный, Иван Бессчастный, Иван голый, Иван вор, Иван Горох, Ивашка белая рубашка, Ивашко Запечник и т. п. (ср. Иваны солдатские дети). Особый интерес представляют Иваны, объединяющие в своём имени (а в значительной степени и в своем образе) человеческое и животное, ср. Иван Сученко, Иван Быкович, Иван Коровий сын, Иван Кобылий сын, Ивашко Медведко. Одни из этих «Иванов» выступают как действующие лица в тех же сюжетах, где участвует и И. Ц., то как его спутники и помощники, то как его явные или тайные недоброжелатели, другие оказываются ипостасями И. Ц., особенно Иван дурак. Нередко экспозиция сказки об И. Ц. строится так: у родителей (царя и царицы, крестьян и т. п. или без каких-либо уточнений) было три сына, двое были умных, а третий — дурак (не умный, не очень умный и т. п.); Иван дурак может быть Царевичем уже по рождению или становится им по достигнутому им новому и более высокому статусу (Иван крестьянский сын). В начале сказки И. Ц. оказывается в худшем (менее привилегированном, более сложном или опасном) положении, чем все или, точнее, чем все другие, которые предназначены для решения той задачи, которую, в конце концов, выполняют не они, а И. Ц. Это «худшее» положение состоит в том, что если И. Ц. царский сын, то последний, третий (Иван третий), самый младший, которому предпочитаются старшие его братья. Ущербность И. Ц. часто подчёркивается тем, что он дурак (иногда немой), который делает все невпопад. Когда И. Ц.— крестьянский сын, то при наличии «природных» царевичей он как бы не имеет с самого начала прав на то, чтобы стать царевичем. Кроме того, положение И. Ц. в начале сказки более всего осложняется исходной «недостачей»: И. Ц. или наказывается родителями и изгоняется из дому за какой-то поступок или обязан — по повелению извне или по собственному долгу — выполнять некую опасную и сложную задачу, в любом случае связанную с риском и геройством, что вызывает прохождение И. Ц. через такие испытания, которые и делают его достойным статуса «царевича». Мифопоэтический смысл сказок об И. Ц. кроется в этих испытаниях (ср. инициацию, которую В. Я. Пропп считал ритуальной основой для формирования волшебной сказки). Удача возможна только в крайнем случае, когда И. Ц. готов к смерти, когда он фактически оказывается в ее царстве, но делая там единственные правильные ходы (благодаря собственным высоким качествам — смелость, сила, храбрость, наблюдательность и т. п. или внимательность к полезным советам), находит выход из нижнего мира и возвращается к жизни преображенным. В основе этого контакта со смертью и достижения через него «новой» жизни, связанной с обладанием высшими ценностями, лежит та же схема, что и в «основном» мифе о битве громовержца (см. Перун) со змеевидным противником, и в этом смысле сказка об И. Ц. продолжает этот миф в трансформированном виде и обнаруживает свою максимальную мифологичность именно в эпизодах, связанных с пребыванием в подземном царстве.

В целях ликвидации «недостачи» И. Ц. отправляется на поиски исчезнувшей (похищенной) царевны или царицы; его нередко сопровождают два старших брата (или два встреченных по пути спутника), которые оказываются мнимыми помощниками; когда путешественники приходят к яме, провалу, рву, колодцу, пещере и т. п. и И. Ц. спускается по веревке вниз, его братья (спутники) предательски обрывают веревку — сразу же или в конце, когда И. Ц., выполнив задачу, хочет вернуться на землю, И. Ц. оказывается покинутым: он одинок, и теперь он может надеяться только на себя. В нижнем царстве (иногда оно делится на три царства — медное, серебряное, золотое) он освобождает царевну (или трех царевен), вступает в смертный бой с прилетевшим внезапно Змеем (часто огненным), пленившим царевну (царевен); он отсекает ему три головы (иногда последовательно три, шесть, девять или двенадцать), освобождает царевну; при этом сам И. Ц. близок к смерти или даже оказывается убитым, но возрождается с помощью «живой» воды, приобретает силу благодаря «сильной» воде и, наоборот, лишает Змея его мощи, вынудив его хитростью отведать «бессильной» воды. В заключение И. Ц. выбирается из подземного царства с помощью данного ему волшебного яйца (или трех яиц), в которое «скатывается» царство, или высокого дерева, орла, выносящего его на землю, и т. п. Все эти детали отсылают к образам нижнего мира, стихий воды и огня, жизни и смерти, мирового древа и мирового яйца и т. п., т. е. к неизменным компонентам космологической картины, которые многое объясняют в схеме «основного» мифа. Оказавшись на земле, И. Ц. достигает высшего из возможных статуса (иногда этому предшествует «катание» яйца, из которого «разворачивается» новое царство со всеми его ценностями). Этот статус определяется женитьбой на спасённой царевне, приобретением богатств (добра, драгоценностей), царской властью. И. Ц. в сказочных сюжетах связан с братьями (иногда и сестрой, которая, между прочим, временно становится его женой), помощниками (дядька Катома, Никанор-богатырь, слепой богатырь, старичок, старушка и т. п.), с царевной-невестой; с Иваном Сученко, Иваном Быковичем, Иваном Коровьим сыном (Буря-богатырь), Иваном Кобылиным сыном, Белым Полянином, Вертодубом, Вертогором (ср. также Горыня, Дубыня и Усыня); с злой сестрой, ведьмой, Ягишной, Норкой-зверем, Кощеем Бессмертным, Змеем; с Солнцевой сестрой, Василисой (или Еленой) Прекрасной, Марьей Моревной, с Жар-птицей, серым волком и т. п. В целом И. Ц. может быть соотнесен с образом мифологического героя, прошедшего через смерть, обретшего новую жизнь, с сюжетом глубинной связи умирания и возрождения.
В. В. Иванов, В. Н. Топоров.

ЙГГДРАСИЛЬ, в скандинавской мифологии древо мировое — гигантский ясень, являющийся структурной основой мира, древо жизни и судьбы, соединяющее различные миры — небо, землю, подземный мир, всего девять миров. Характеристика И. содержится в «Старшей Эдде» («Прорицание вёльвы» 2, 19, 28 и др., «Речи Гримнира» 31 и след.), а также в «Младшей Эдде».

На вершине И. сидит мудрый орёл, а между его глазами — ястреб Ведрфёльнир («полинявший от непогоды»), корни И. гложит дракон Нидхёгг и змеи. Перебранку между орлом и драконом переносит снующая по стволу белка Рататоск («грызозуб») — посредник между «верхом» и «низом». На среднем уровне четыре оленя щиплют листья И. Кроме того, олень Эйктюрмир («с дубовыми кончиками рогов») и коза Хейдрун едят его листья, стоя на крыше *Вальхаллы*. Три корня И., согласно «Старшей Эдде», простираются в царство мёртвых, к великанам и людям или, согласно «Младшей Эдде»,— к богам (асам), инеистым великанам (хримтурсам) и к Нифльхейму (страна мрака). У И. находится главное святилище, где боги вершат свой суд. Под корнями расположены источники — Урд («судьба»?), источник Мимира, Хвергельмир («кипящий котёл»). Около Урда живут *норны*, определяющие судьбы людей. Норны поливают влагой из источника дерево, чтобы оно, подгрызаемое змеями и оленями, не гнило. Медвяный источник Мимира питает мировое древо, но, с другой стороны, сам И. покрыт медвяной влагой, и поедающая его листья коза Хейдрун питает неиссякаемым медвяным молоком павших в бою воинов (эйнхериев) в Вальхалле. Как вечнозелёное древо жизни И. пропитан живительным священным мёдом (см. *Мёд поэзии*).

И. связан с одинической мифологией. Слово «И.» буквально означает «конь Игга», т. е. конь *Одина* (Игг — другое имя Одина) и отражает миф о мучительной инициации («шаманском» посвящении) Одина, который провисел, пронзённый копьём, де-

вять дней на этом дереве. Это название, возможно, также подчёркивает роль И. как пути, по которому обожествлённый шаман (каким отчасти является Один) странствует из одного мира в другой. С И. тесно связан также страж богов *Хеймдалль* (хранитель мирового древа), который, по некоторым предположениям, является его антропоморфной ипостасью.
Е. М. Мелетинский.

ИГИ́ГИ, в аккадской мифологии группа (видимо, находящихся в родстве между собой) богов космического (небесного) характера. В двуязычных шумеро-аккадских текстах средневавилонского времени шумерским эквивалентом аккад. «И.» является «нун-галене» (т. е. «великие князья»). Иногда называется семь «великих богов И.»: Ану, Энлиль, Эйя, Син, Шамаш, Мардук, Иштар. Ср. Ануннаки.
В. А.

ЙГНА́, в осетинской мифологии святой, покровитель селений Дунта и Хоссара Дигорского ущелья. Изображается существом с большими светящимися крыльями, освещающими при полёте всё пространство. Считают, что И. прилетел сюда из далёкой страны. Он умножает поголовье скота, оберегает его от болезней и волков, даёт обилие трав. Праздник в честь И. устраивают в пору сенокоса.
Б. К.

ИДАКАНСА́С, в мифологии чибча-муисков демон, обладающий способностью предсказывать и умеющий напускать порчу, засуху и др. Согласно мифам, некоторые вожди племён обладали теми же способностями. Католические священники отождествляли И. с дьяволом.
С. Я. С.

ИДА́М (тибет., соответствует санскр. «иштадевата», «желанный бог»), в буддийской мифологии ваджраяны божество-охранитель. В качестве И. может выступать в принципе любой персонаж буддийского пантеона, которого верующий выбирает своим покровителем, но в то же время И.— это особый будда самбхогакаи (см. *Трикая*). Созерцание И. и отождествление самого себя с ним, по представлениям буддистов, способствуют достижению просветления. И. разделяют на мирных, гневных и полугневных. Наиболее известны гневные И. (*Ямантака*, *Хеваджра*, *Чакрасамвара*), они уничтожают тупость и негативные эмоции. И. разделяют также на мужских (гневные — *херука*, мирные — *бхагават*) и женских (гневные — *дакини*, мирные — *бхагавати*). Образы И. стали основой для возникновения многочисленных легенд как в Индии, так и в других странах распространения ваджраяны.
Л. М.

ИДЗАНА́КИ И ИДЗАНА́МИ (предположительно «первый мужчина» и «первая женщина»), в японской мифологии боги, последние из пяти поколений богов, являющихся на свет парами (до них было семь богов-одиночек, абстрактных, не имевших пола) («Кодзики», св. I). Они — первые божества, имеющие антропоморфный облик и обладающие способностью рождения других богов. На их долю приходится завершение космогонического процесса. Высшие небесные боги, явившиеся первыми при разделении неба и земли, поручают им «оформить» землю, которая находится ещё в жидком, бесформенном состоянии и, подобно всплывающему жиру, медузой носится по морским волнам (св. I). Стоя на мостике над небесным потоком, оба бога погружают пожалованное им высшими богами копьё в морскую воду и месят её, вращая копьё. Когда они поднимают копьё, капли соли, падая с него, загустевают и образуют остров, получивший название Оногородзима («самозагустевший»). Сойдя на остров, И. и И. превращают его в срединный столб всей земли, а затем совершают брачный обряд, состоящий в церемонии обхождения вокруг столба и произнесения любовного диалога. Однако рождённое ими потомство оказывается неудачным: первое дитя рождается без рук и ног, «подобно пиявке», второе — Авасима [«пенный (непрочный) остров»], которого они тоже «за дитя не сочли». Обеспокоенные неудачей, оба бога обращаются к высшим небесным богам за советом и с помощью магических действий узнают, что причина кроется в неправильном совершении ими брачного обряда: брачные слова первой произнесла богиня Идзанами — женщина. Боги повторяют обряд, но теперь первым говорит Идзанаки. От их брака на свет появляются острова — они и составляют страну Японию, а затем боги-духи, заселяющие её: это боги земли и кровли, ветра и моря, гор и деревьев, равнин и туманов в ущельях и многие другие. Последним является бог огня *Кагуцути*, рождение которого опаляет лоно Идзанами, и она умирает — уходит в царство мёртвых *ёми-но куни*. Горюя о её кончине,— ведь страна, которую оба бога должны были создать, «ещё не устроена»,— Идзанаки отправляется за ней в подземное царство. После многих злоключений в стране смерти Идзанаки бежит из неё, расторгает брак с Идзанами, ставшей богиней ёми-но куни. Вернувшись на землю, Идзанаки совершает очищение, во время которого является на свет множество богов. Последними рождаются три великих божества: от капель воды, которой Идзанаки омывает свой левый глаз, появляется богиня солнца *Аматэрасу*, от воды, омывшей его правый глаз,— бог луны *Цукуёми*, и, наконец, от воды, омывшей нос Идзанаки,— бог ветра и водных просторов *Сусаноо*. Идзанаки распределяет между ними свои владения: Аматэрасу получает в управление *такама-но хара* — верхний небесный мир, Цукуёми — царство ночи, а Сусаноо — равнину моря. И. и И. упоминаются также в «Нихонги», в норито, в «Идзумофудоки».
Е. М. Пинус.

ИДОМЕНЕ́Й, в греческой мифологии внук *Миноса*, царь Крита. Будучи одним из женихов *Елены*, И. участвует в *Троянской войне*, возглавляя ополчение шести критских городов, приплывшее на 80 кораблях (Hom. Il. II 645—652) [Аполлодор (epit. III 13) приводит вдвое меньшую цифру]. Сам И. особенно отличился в бою близ кораблей (Hom. Il. XIII 210—539), принимал участие в погребальных играх в честь Патрокла, а впоследствии в числе других ахейских воинов проник в Трою в чреве деревянного коня. По окончании войны И. либо благополучно возвратился на Крит (Hom. Od. III 191), либо был изгнан с родного острова. Изгнание И. объясняется по-разному. Согласно одной версии мифа, И. изгнал Левк, воспитанный в доме И. и соблазнивший его жену Меду (Apollod. epit. VI 9—10). Согласно другой версии мифа, при возвращении из-под Трои флот И. попал в бурю и И. дал обет Посейдону в случае спасения принести ему в жертву первого, кто выйдет навстречу И. на родине. Этим человеком оказался сын (или дочь) И. Либо И. принёс его в жертву, но жертва была неугодна богам, либо жертвоприношение не осуществилось, но так или иначе боги наслали на Крит моровую язву. По этой версии, И. был изгнан и окончил жизнь на юге Италии — в Калабрии, где воздвиг храм Афине (Verg. Aen. III 121; Myth. Vat. I 195; II 210). Могущественный флот И. и перечень критских городов в «Илиаде», включающий Кнос и Фест, отражают воспоминания о былом величии Крита в 16—14 вв. до н. э., в то время как миф о жертвоприношении сына И., находящий параллель в библейском сказании о дочери Иеффая (Суд. 11, 30—40), восходит к распространённому фольклорному мотиву о роковом обете, данном божеству или чудовищу. И. является одним из главных героев в позднеантичном «Дневнике Троянской войны».
В. Н. Ярхо.

ИДО́Р, у татов, лакцев (Х а́ р ш и К у л а́, У р т и́ л Ч и́ т у), божество растительности, плодов. По поверьям татов, пользоваться собранными плодами можно лишь после принесения в жертву И. части урожая.
X. X.

ИДРИ́С, в мусульманской мифологии пророк. В Коране перечисляется среди «терпеливых (в испытаниях)», рядом с *Исмаилом* и *Зу-л-Кифлом*; упоминается «Писанием Идриса» (19:57). Сообщение Корана о том, что И. вознесён аллахом «на высокое место» (19:58), обычно трактуется мусульманскими комментаторами как вхождение живым в рай (*джанна*). На этом основании И. идентифицируется с библейским *Енохом*, и вокруг его имени группируется ряд восходящих к иудейскому преданию сюжетов, главным в которых является мотив каждодневного умирания и воскресения, возможно, связанный с солярными мифами. Один из бессмертных, И. живёт на небе в отличие от *Хадира* и *Илйаса* — бессмертных, живущих на земле, с которыми И. часто смешивают. Согласно преданию, И., обманув ангела смерти, до Судного дня проник в рай, и Аллах разрешил ему там остаться. У харранских сабиев И. идентифицировался с *Гермесом*. В мусульманском предании И. выступает и как культурный герой: он первым использовал перо калам, был первым астрономом и хронологом, врачом.

М. П.

И ДУ И ХКУНГ, в мифах эде во Вьетнаме бог луны (И Д.) и богиня солнца (Х.), влюблённые друг в друга. Так как И Д. был приёмным сыном матери Х., их брак считался бы кровосмешением. Поэтому Х. задала И Д. в качестве брачного испытания трудную задачу — насыпать плотину, с которой, однако, И Д. справился. В ужасе Х. бежала от него на солнце, а И Д., преследуя любимую, попал на луну. Им разрешено встречаться лишь изредка, тогда-то и происходят солнечные и лунные затмения. С И Д. связываются этногенетические мифы: когда первые люди вышли из подземелья к свету, на поверхность земли, И Д. расселил их в разных местах, дал им различные языки и различные обычаи.

Н. Н.

ЙДУНН («обновляющая»), в скандинавской мифологии богиня, обладательница чудесных золотых «молодильных» яблок, благодаря которым боги сохраняют вечную молодость. И.— жена бога-скальда *Браги*. В «Младшей Эдде» рассказывается миф о похищении великаном Тьяцци И. и её золотых яблок и о последующем её спасении. И похищение И., и её возвращение к богам происходит благодаря *Локи* (изложение мифа см. в ст. *Локи*). Своеобразной параллелью к этому мифу является рассказ о добывании Одином *мёда поэзии*. Возможно, что некогда единый миф о священном напитке, дарующем молодость, оказался расщеплённым на два мифа — о чудесном напитке и чудесных плодах. Не исключено, что мотив яблок заимствован из античного мифа о яблоках *Гесперид*. Можно считать И. одним из вариантов богини плодородия.

Е. М.

ИЕГÓВА, см. *Яхве*.

ИЕЗЕКИЙЛЯ ВИДÉНИЕ, насыщенная мистической символикой картина явления бога иудейскому пророку Иезекиилю, открывающая одноимённую книгу в составе пророческих книг Библии. Книга была составлена Иезекиилем во время т. н. вавилонского плена, после того как Иудейское царство было в 587 до н. э. завоёвано вавилонским царём Навуходоносором II и многие иудеи уведены в плен. Рассказывается, что видение было пророку, когда он находился «среди переселенцев при реке Ховаре» (Иезек. 1, 1), оно сопровождалось всевозможными природными потрясениями: «бурный ветер шёл от севера, великое облако и клубящийся огонь, и сияние вокруг него» (1, 4). Среди огня Иезекиилю явились четыре таинственных животных, каждое из которых имело четыре лица — человека, льва, тельца и орла, и четыре крыла, два из которых покрывали их тела и руки, два же других, скрещиваясь, скрывали от взора нечто, что они одновременно защищали и несли, и откуда исходил огонь и сияние молнии. Животные двигались с быстротой молнии, «каждое по направлению лица своего», никогда во время своего шествия не оборачиваясь. Возле каждого из них пророк увидел колёса с «высокими и страшными» ободьями, полными глаз, устроенные как «колесо в колесе» и движущиеся вместе с животными во все стороны. Над головами животных было «подобие свода, как вид изумительного кристалла», откуда раздавался голос; над сводом было подобие престола, на котором пророк узрел сияющее радужным огнём подобие человека. «Такое было подобие славы господней»,— заключает Иезекииль, после чего он «пал на лицо своё и услышал глас глаголющего», призывавший его на пророческое служение (2, 1—5). Подобные примеры призвания пророка в видении теофании (богоявления) встречаются в Библии несколько раз (напр., 3 Царств 22, 19; Ис. 6, 1—9), однако И. в. отличается от всех прочих нагнетанием крайне экзотических символов, признававшихся в иудаистической традиции столь таинственными, что Талмуд воспретил их публичное истолкование. Видение составлено конгломератом традиционных в своей основе символов «богоявления», преобразованных, однако, Иезекиилем как под влиянием восточных мифологических представлений, так и в соответствии с самим содержанием своих пророчеств. Предшествующие богоявлению бурный ветер, огонь, сияние — широко представленные в разнообразных мифологиях признаки манифестации в мире божества (в пределах Библии — явление бога Моисею в горящем кусте — Исх. 3, 2—4, и на горе Синай — Исх. 19, 16—18; 24, 16—17, или ответ бога Иову «из бури» — Иов, 38, 1). Применяется характерная символика чисел (повторяющийся мотив числа четыре как «числа мира», противопоставляемое «божественному» числу три) и другие символы «многоочистость» как выражение всеведения; символика «четырёх ликов», традиционно истолковывающихся как величественные атрибуты животных-царей: лев — сила, орёл — небесное парение, к которым добавлена разумность человека и жертвенность тельца, и др.). Особое значение имеет насыщенный символикой образ таинственных «многоочистых» колёс (офаним; в позднейших традициях превращаются в особый разряд ангелов), а также крыльев и ног животных, позднее (Иезек. 10) отождествляемых пророком с *херувимами*. Уникальное для Библии изображение в этом видении херувимов оформилось во всей своей необычности под воздействием комбинированных образов ассиро-вавилонских антропоморфно-зооморфных мифологических образов, сочетающих черты тех же животных, что и в И. в. (всевозможные крылатые быки, львы с человеческими головами и т. п.). Широко распространённые мифологические представления о подобных существах (ср. также *Сфинкс*) наделяют их теми же, что и у херувимов в И. в., функциями — охранительной (как у ассиро-вавилонских статуй, устанавливавшихся при храмовых и дворцовых входах, или у греч. *грифонов*), либо функцией «носителя божества», как у индийского *Гаруды* — «светлосияющей» птицы, служащей конём Вишну. Близкое к И. в. изображение имеется на одном ассирийском цилиндре, где видны плывущие на корабле, состоящем из человеческих фигур, крылатые быки, которые несут на своих плечах свод с седалищем бородатого бога, увенчанного тиарой и со скипетром в руках.

Символика И. в. лежит у истоков иудео-христианской ангелологии и апокалиптики. Апокалиптическая литература с её установкой сопровождать откровение чем-то таинственным, страшным, непознаваемым, охотно культивирует образы фантастических зверей, сочетающих свойства птиц, людей и животных (ср. Дан. 7, 1—12, апокрифическую «Книгу Еноха», 85—90, и особенно Апок. 4, где также широко представлена символика фантастических животных). Последующая христианская традиция видела в четырёх животных И. в. символику четырёх евангелистов (имеющих как бы по четыре лица, так как каждому предназначено идти в целый мир; смотрящих друг на друга, так как каждый согласен с прочими; имеющих как бы крылья, так как расходятся по разным странам со скоростью полёта, и т. д.). Из других позднейших истолкований символики И. в.— астрологическое, видевшее в нём символ небесного свода со знаками зодиака, представленными четырьмя животными, звёздами — очами и ходящим по нему огнём — солнцем. Книга Иезекииля содержит и другие «видения», связанные с общей концепцией автора — идеей кары, постигшей «народ Яхве» как наказание за вероотступничество, за идолопоклонство, и последующего восстановления Иерусалима, но уже как теократического государства с центром в новом иерусалимском храме (видение поля с иссохшими костями, восстающими к новой жизни, видение нового храма и т. д.).

ИЕФФА́Й [«(бог) откроет»], в ветхозаветном предании военачальник и один из судей Израиля. И. был сыном блудницы и Галаада; сыновья Галаада от законной жены изгнали его из дома, после чего он жил в земле Тов. Когда на жителей галаадских напали аммонитяне, старейшины пришли просить И. стать вождём. Они обещали ему, что он останется у них военачальником и судьёй после победы над аммонитянами. И. согласился и дал обет Яхве, если он поможет победить аммонитян, вознести на всесожжение первого, кто выйдет из ворот его дома, когда он будет возвращаться с победой (Суд. 11, 30—31). И. одержал победу над аммонитянами и, следуя обету, должен был принести в жертву единственную дочь, ибо она первая вышла навстречу отцу с тимпанами. Дочь попросила отца только отпустить её на два месяца, чтобы она с подругами могла оплакать в горах свою участь. Через два месяца она вернулась и была принесена в жертву (ср. принесение в жертву *Ифигении* Агамемноном). Затем вошло в обычай, что дочери израилевы ходили ежегодно на четыре дня оплакивать дочь И. (Суд. 11, 40). Существует предположение, что в первоначальной традиции И. приписывалась также победа над моавитским войском. Мифу об И. посвящён последний роман Л. Фейхтвангера «Иеффай и его дочь» (1957).
В. И.

ИЗМАИ́Л («бог услышал»), в ветхозаветных преданиях сын *Авраама* и египтянки *Агари* (рабыни-служанки жены Авраама *Сарры*). В пустыне, куда бежит беременная Агарь от притеснений Сарры, у источника воды ей является ангел Яхве, который приказывает вернуться, обещая умножение потомства, и велит назвать сына И., предрекая: «Он будет между людьми, как дикий осёл» (Быт. 16, 12); сравнение с диким ослом в древнесемитской мифопоэтической образности считалось почётным. Агарь родила восьмидесятишестилетнему Аврааму сына И. Имя И. разъясняется в словах ангела: «родишь сына, и наречёшь ему имя: Измаил, ибо услышал господь страдание твоё» (16, 11); ср. слова бога Аврааму: «о Измаиле я услышал тебя» (17, 20). По слову бога Авраам совершил над тринадцатилетним И. обряд обрезания (17, 23). После того как у Сарры и столетнего Авраама родился сын Исаак, она, увидев, что И. насмехается, велела Аврааму выгнать И. и его мать, чтобы И. не наследовал вместе с Исааком. Авраам был огорчён желанием жены, но Яхве велел ему во всём её слушаться, обещав, что и от И. произойдёт народ (17, 20; 21, 12—13). Рано утром Авраам даёт Агари и И. мех с водой и хлеб и отпускает их. Они заблудились в пустыне Вирсавии, вода в мехе иссякла, тогда мать И. оставляет сына под кустом, а сама садится поодаль и плачет. Бог услышал (глагол, постоянно повторяющийся как лейтмотив в истории И.) голос отрока. Ангел воззвал к Агари с неба, сказав, что Яхве услышал голос отрока и что произведёт от него великий народ. Агарь увидела колодец с водой и напоила И. И. вырос, стал жить в пустыне Фаран, сделался стрелком из лука. Мать взяла ему в жёны египтянку. У него родилось двенадцать сыновей: Наваиоф, Кедар, Адбеел, Мивсам, Мишма, Дума, Масса, Хадад, Фема, Иетур, Нафиш и Кедма, которые стали князьями двенадцати племён (ср. рассказ о *Двенадцати сыновьях Иакова*). Умер И. в возрасте ста тридцати семи лет (25, 17). В мусульманской традиции потомок И. (Исмаила) *Аднан* был родоначальником всех «северных» арабов, с которыми отождествляли ветхозаветных измаильтян, славившихся своим богатством (Суд. 8, 24). По мусульманскому преданию, могила И. находится в Каабе в Мекке. *В. В. Иванов.*

ИЗО́ЛЬДА, в европейской мифо-эпической традиции возлюбленная *Тристана*, супруга короля Марка. Имя И. (в формах Essyllt, Ethill, вероятно от британ. Adsiltia «та, на которую взирают») засвидетельствовано в валлийских источниках ок. 10 в., в форме Eselt — в англо-саксонском источнике 967. Французский вариант происходит от германских форм, возможно, Ishild или Ethylda. В «Триадах острова Британии» И. упоминается в связи с Тристаном и окружением короля *Артура;* причём фигурируют две И.— Эссилт, что по всей вероятности объясняет удвоение этого персонажа во французских и германских повествованиях (И. Ирландская и И. Белорукая). Вероятно, эпитет Белорукая связан с неверным пониманием переписчиком одного из валлийских эпитетов И.— «нежная белая». Втягивание И. в сюжет классической легенды произошло в кельтской среде Уэльса и Корнуолла.
С. Ш.

ИЗРАИ́Л, А з р а и л, в мусульманской мифологии ангел смерти (см. *Малаика*), один из четырёх главных ангелов (наряду с *Джибрилом, Микалом* и *Исрафилом*). Коран упоминает безымянных ангелов смерти, называя их «вырывающими с силой, извлекающими стремительно, плавающими плавно, опережающими быстро и распространяющими приказ» (79:1-5; 32:11).

Согласно преданию, И. был обычным ангелом, но проявил твёрдость, сумев вырвать из сопротивляющейся земли глину для создания Адама, за что был сделан главенствующим над смертью. Он огромен, многоногог и многорукий, у него четыре лица, а тело состоит из глаз и языков, соответствующих числу живущих. И. знает судьбы людей, но не знает срока кончины каждого. Когда этот срок наступает, с дерева, растущего у трона аллаха, слетает лист с именем обречённого, после чего И. в течение сорока дней должен разлучить душу и тело человека. У праведных он вынимает душу осторожно, а у неверных — резко вырывает из тела. Человек может различными способами сопротивляться И., как это делал *Муса* и некоторые другие мифологические персонажи, но в конце концов И. всегда побеждает.
М. П.

ЙИ́НГА, в греческой мифологии одна из пиэрид, превращённая музами в птицу-вертишейку (греч. «иинга») (Ant. Liber. 9).
Г. Г.

И ИНЬ, в древнекитайской мифологии легендарный мудрец, живший будто бы в конце династии Ся. И был чёрен, у него не росли ни брови, ни усы, ни борода (по другой версии, был бородатым). Он родился в маленькой стране Юсинь. Однажды ночью матери И явилось во сне божество и сказало, что, когда по реке приплывёт деревянная ступка, женщина должна уйти из селения и не оборачиваться. Женщина так и сделала. Часть соседей последовала за ней. Пройдя 10 ли, женщина обернулась и увидела, что позади неё всё залито водой. В то же мгновение женщина превратилась в тутовое дерево, в дупле которого нашли младенца и дали ему фамилию И по названию реки Ишуй (имя его Инь, букв. «править», «управлять»). В легенде о чудесном рождении И отразились в трансформированном виде архаические представления, связанные с мифом о потопе, по логике которого мать И должна была, видимо, спастись в ступке, плывущей по реке. Однако сюжетная схема древнего мифа здесь разрушена. И воспитывался на кухне и научился хорошо готовить, но прославился одновременно и своей мудростью, умением рассуждать об искусстве управления страной, которое он преподносил то легендарному жестокому Цзе, царю династии Ся, то добродетельному царю Тану — основателю династии Шан.
Б. Р.

ИИСУ́С НАВИ́Н («бог [Яхве]-помощь», предполагается тождество имени Иисус с именем Jašuia, известным по дипломатической переписке из египетского архива Эль-Амарны 14 в. до н. э.; Nun — патронимическая форма от имени отца Иисуса), в ветхозаветной традиции помощник и преемник *Моисея*, руководивший завоеванием Ханаана Израилем; главный персонаж книги Иисуса Навина. Происходил из колена Ефрема и первоначально носил имя Осия (евр. hošua, форма, без имени Яхве в начале соответствующая имени jehošua). Сначала И. Н. описывается как «юноша — помощник высшего ранга» (евр. na'ar, сравни угаритское n'r, служитель высшего ранга), «служитель» (mešaret) Моисея (Исх. 24, 13; Чис. 11, 28). Руководимые И. Н. израильтяне, вышедшие из пустыни Син, побеждают амаликитян в Рефидиме (при покровительстве Моисея, держащего в руках жезл Яхве; положение жезла в конечном счёте и предрешает исход битвы; Исх. 17, 8—13). Моисей называет Осию, сына Навина, Иисусом (Чис. 13, 17) и посылает вместе с другими мужами (всего двенадцать человек по числу колен Израиля, см. *Двенадцать сыновей Иакова*) осмотреть землю Ханаанскую. После осмотра только И. Н. и Халев, сын Иефонниин, говорят Моисею, что земля очень хороша, за что все остальные хотят побить их камнями. Однако Яхве осуждает всех, кроме И. Н. и Халева, на странствование и смерть в пустыне (14). По повелению Яхве Моисей ставит И. Н. «пред Елеазаром священником и пред всем обществом» (27, 19). После смерти Моисея Яхве внушает И. Н., чтобы он стал твёрд и мужествен, хранил и исполнял закон Моисея (Нав. 1, 1—9). Под водительством И. Н. израильтяне приходят к берегам Иордана. Яхве сообщает И. Н., что начнёт прославлять его, как прежде прославлял Моисея. Первым знамением покровительства И. Н. со стороны Яхве становится переход через Иордан. Когда священники, несущие ковчег завета, входят в реку, вода в ней останавливается и весь народ переходит на другой берег. После этого И. Н. изготовляет острые ножи и обрезает сынов Израиля, родившихся в пустыне на пути из Египта. С выходом израильтян из пустыни перестаёт падать с неба *манна*, и они начинают питаться плодами земли ханаанской. По слову Яхве И. Н. велит семи священникам нести семь труб перед ковчегом завета, обходя Иерихон в течение семи дней осады города; на седьмой день Иисус говорит народу, что Яхве передал город сынам израилевым, и «как скоро услышал народ голос трубы, воскликнул народ [весь вместе] громким [и сильным] голосом, и обрушилась [вся] стена [города] до своего основания» (6, 19). Всё, что было в городе,— «и мужей и жен, и молодых и старых, и волов, и овец, и ослов, [всё] истребили мечом» (6, 20), пощадив только семью блудницы, которая укрыла лазутчиков, посланных И. Н. в Иерихон перед началом осады. Все сокровища города помещаются в святилище, и израильтянам предписывается остеречься брать из заклятого. Когда израильтяне терпят поражение от жителей Гая, И. Н. разрывает на себе одежды, падает ниц перед ковчегом завета и лежит до самого вечера, пока Яхве не открывает ему, что Израиль согрешил. И. Н. изобличает ослушника, которым оказывается Ахан, взявший из заклятого прекрасную одежду, серебро и золото. После того как Ахан признаётся в своём преступлении, его вместе с семьёй побивают камнями и сжигают огнём в долине Ахор, которая получает это название и позже (один из характерных для первых глав книги И. Н. образец этиологического предания, объясняющего происхождение места и его названия). По слову Яхве И. Н. посылает ночью войско к Гаю, устраивает засаду, окружает город и, выманив войско за городские пределы, истребляет всё население, а царя Гая вешает на дереве. На горе Гевал И. Н. устраивает жертвенник, выбивает на камне список с закона Моисеева и читает его текст перед собранием Израиля (главы 7—8). Племя евреев И. Н. наказывает, повелев им рубить дрова и черпать воду для жертвенника Яхве, что они продолжали делать и в последующие времена (другой образец этиологического предания). Пять аморейских царей, которые выступили против Гаваона, заключившего мир с И. Н., Яхве предаёт в руки И. Н. и бросает на них с неба камни; по молитве И. Н., воззвавшего к Яхве, на время битвы останавливаются луна и солнце. Деятельности И. Н. приписывается завоевание всех главных городов Ханаана в результате войн с народами, часть которых (хетты и др.) по историческим данным в это время не жила в Ханаане. Разделив ханаанейскую землю (19, 49—50), И. Н. умирает в возрасте 110 лет; его хоронят на горе Ефремовой.

Вопреки иудаистической и христианской традициям, приписывавшим составление книги И. Н. её герою, в 1-й половине 20 в. ряд учёных (Альт и другие) высказали мнение, что первые главы книги представляют собой собрание разнородных этиологических преданий, связанных с именем И. Н. значительно позднее (ок. 8—6 вв. до н. э.). При этом обращалось внимание на то, что проникновение израильских племён в Ханаан могло происходить мирным путём, а не в результате кровавых войн и завоеваний, приписываемых И. Н. Однако в последние десятилетия (начиная с исследований Олбрайта) удельный вес этиологических легенд в книге И. Н. признаётся менее значительным. Указывается, что во 2-й половине 13 в. до н. э. (в период, к которому может быть отнесён реальный конец исхода), по археологическим данным, многие ханаанские города были насильственно разрушены. Поэтому часть книги может по содержанию (а по мнению ряда исследователей, и по форме, поскольку некоторые её части представляют собой запись древних эпических песен) оказаться более близкой ко времени лежащих в её основе исторических событий (завоевание Ханаана теми коленами Израиля, которые пришли из Египта). В этом случае составление древнейших частей книги относят ко времени ок. 900 до н. э. (что на три века позднее лежащих в её основе реальных событий). Вопрос о соотношении мифопоэтических элементов (чудо с расступившейся водой Иордана, каменный град, обрушившийся с неба, обвалившаяся от звука труб стена Иерихона, остановившиеся луна и солнце и т. п.) и элементов, имеющих историческую основу (хотя в дальнейшем и существенно преобразованную в процессе циклизации этиологических преданий), остаётся дискуссионным. В личности самого И. Н. с его способностью подчинить свои действия и действия всего руководимого им народа голосу бога, через него говорившего, усматривают историко-психологическую реальность, характерную для эпохи становления личного сознания.

В. В. Иванов.

ИИСУС ХРИСТОС, в христианской религиозно-мифологической системе богочеловек, вмещающий в единстве своей личности всю полноту божественной природы — как бог-сын (второе лицо *троицы*), «не имеющий начала дней», и всю конкретность конечной человеческой природы — как иудей, выступивший с проповедью в Галилее (Северная Палестина) и распятый около 30 н. э. на кресте. «Иисус» — греч. передача еврейского личного имени Йешу (а) [jēšu(a')], исходная форма — Йегошуа, J°hōšua', «бог помощь, спасение», ср. *Иисус Навин*]; «Христос» — перевод на греческий язык слова *мессия* (арам. mĕšīḥā', евр. māšīāḥ, «помазанник»). Эпитетом И. Х., как бы другим его именем, стало слово «С п а с и т е л ь» (старослав. «Спас», часто прилагавшееся к языческим богам, например к Зевсу, а также к обожествлённым царям). Оно воспринималось как перевод по смыслу имени «Иисус», его эквивалент (ср. Матф. 1, 21: «и наречёшь ему имя Иисус, ибо он спасёт людей от грехов их»). Близкий по значению эпитет И. Х.— «И с к у п и т е л ь» — перевод евр. go'el («кровный родич», «заступник», «выкупающий из плена»), употреблённого уже в Ветхом завете в применении к Яхве (Ис. 41, 14 и др.; Иов 19, 25). Эти эпитеты — отражение догматического положения о том, что И. Х., добровольно приняв страдания и смерть, как бы выкупил собою людей из плена и рабства у сил зла, которым они предали себя в акте *«грехопадения»* Адама и Евы. Особое место среди обозначений И. Х. занимает словосочетание «с ы н ч е л о в е ч е с к и й»: это его регулярное самоназвание в евангельских текстах, но из культа и письменности христианских общин оно рано и навсегда исчезает (возможно, табуированное как особенность речи самого И. Х.). Его смысл остаётся под вопросом, но весьма вероятна связь с ветхозаветной Книгой Даниила (Дан. 7, 13—14), где описывается пророческое видение, в котором «как бы сын человеческий» подошёл к престолу «Ветхого днями» (т. е. Яхве) и получил от него царскую власть над всеми народами и на все времена; в таком случае это мессианский титул, эквивалент слова «Христос». Далее, И. Х.— «ц а р ь», которому дана «всякая власть на небе и на земле» (Матф. 28, 18), источник духовного и светского авторитета (продолжение ветхозаветной идеи «царя Яхве»). Словосочетание «с ы н б о ж и й», имеющее применительно к И. Х. догматический смысл, искони употреблялось в приложении к царю как эквивалент его титула. В этом же идейном контексте стоит слово «господь» (по традиции прилагалось к Яхве, заменяя в переводе Ветхого завета его табуированное имя как соответствие евр. *Адонаи*; в бытовом обиходе оно означало не господина, распоряжающегося рабом, а опекуна, имеющего авторитет по отношению к несовершеннолетнему, и т. п.; употреблялось оно и как титул цезарей).

Мифологизированную биографию «земной жизни» И. Х.— от начального момента истории «вочеловечения бога» (см. *Благовещение*) до смерти И. Х. на кресте, его *воскресения* и, наконец, возвращения по завершении земной жизни в божественную сферу бытия, но уже в качестве «богочеловека» (см. *Вознесение*), дают гл. обр. евангелия — канонические (от Матфея, Марка, Луки, Иоанна) и многочисленные апокрифические (Петра, Фомы, Никодима, Первоевангелие Иакова, евангелия «детства Христа» и др.). Разные евангелия в разной степени акцентируют внимание на тех или иных моментах «земной жизни» И. Х. (часто те или иные эпизоды вообще отсутствуют в каком-либо евангелии), содержат большую или меньшую степень фантастически-сказочного элемента (особенно велик этот элемент, как правило, в апокрифической литературе), содержат многочисленные противоречия. Всё это отражает разновременность их создания, борьбу направлений раннего христианства, постепенное складывание и оформление основных догм.

В качестве мессианского «царя» И. Х.— наследник династии *Давида*, «сын Давидов». Так как он рождается от девы *Марии*, не имея земного отца, можно ожидать, что к Давиду будет возведено родословие его матери. Однако это не так: обе генеалогии И. Х., которые даны в евангелиях (Матф. 1, 1—16, Лук. 3, 23—38),— это генеалогии *Иосифа* Обручника, номинального мужа Марии — с точки зрения древневосточного сакрального права узы легальной адоптации в некотором смысле важнее, чем происхождение от реальной матери. Апокрифическая версия, не получившая широкого распространения (ср. ранневизантийский апокриф «Изъяснение, как Христос стал священником»), связывала происхождение И. Х. не только с родом Давида и, следовательно, с коленом *Иуды* (которому принадлежал мессианский царский сан), но и с коленом Левия (которому принадлежали права на священнический сан).

Рождение И. Х. предсказано ангелом (архангелом) *Гавриилом*, явившимся деве Марии в Назарете (Лук. 1, 26—38) и возвестившим, что у неё должен родиться сын без разрушения её девственности, который будет чудесно зачат по действию духа святого (мифологический мотив непорочного зачатия); эту тайну ангел, не называемый по имени, открывает Иосифу Обручнику, явившись ему во сне (Матф. 1, 20—23). По ветхозаветным пророчествам (Мих. 5, 2), мессианский царь должен родиться на земле Иудеи (Южная Палестина), в Вифлееме, легендарном городе Давида; между тем Мария и Иосиф живут в Назарете, вошедшем в поговорку своей незначительностью (Ио. 1, 46), в полуязыческой Галилее (Северная Палестина). Провиденциальной причиной, побудившей их отправиться в Вифлеем, оказывается объявленная римскими оккупационными властями перепись населения, по правилам которой каждый должен был записаться по месту исконного проживания своего рода (Лук. 2, 1—5). Там, в Вифлееме, и рождается И. Х.— в хлеву (устроенном, согласно апокрифическому евангелию Фомы, в пещере, что символически связывает сюжет рождества с богатой традиционно-мифологической топикой пещеры), «потому что не было им места в гостинице» (2, 7). Обстановка рождества парадоксально напоминает жизнь *Адама* в Эдеме с животными до грехопадения. Младенцу И. Х. приходят поклониться пастухи, побуждённые к этому славословящими ангелами (2, 8—20); *волхвы*, приведённые чудесной звездой (Матф. 2, 1—11). По прошествии восьми дней младенец подвергнут обряду обрезания и получает имя Иисус (наречённое ангелом прежде зачатия младенца во чреве); на сороковой день он как первородный сын иудейской семьи принесён в иерусалимский храм для ритуального посвящения богу, где узнан престарелым Симеоном Богоприимцем, всю жизнь ожидавшим мессии (Лук. 2, 22—33). Спасая младенца от царя Ирода (ср. ветхозаветное сказание о рождении *Моисея*), Мария и Иосиф бегут с ним в Египет, где остаются до смерти Ирода (Матф. 2, 13—21). Многочисленные внеканонические легенды, особенно богатые и обстоятельные у коптов (христиан-египтян), но распространённые в литературе и фольклоре различных народов, говорят об идолах, рушившихся перед лицом И. Х., о плодовом дереве, склонившем по его приказу ветви к деве Марии, о поклонении зверей, об источниках, пробивающихся в безводном месте, чтобы утолить жажду путников, и т. п. Годы, проведённые затем в Назарете, окружены безвестностью (сообщается, что Иисус выучивается ремеслу плотника; Мк. 6, 3). Согласно каноническому повествованию, по достижении И. Х. двенадцатилетнего возраста (религиозного совершеннолетия) семья совершает паломничество в Иерусалим на пасху, во время которого отрок исчезает. Его находят в храме «посреди учителей, слушающего их и спрашивающего их», и рабби, с которыми он говорил, «дивились разуму и ответам его» (Лук. 2, 47). На укоризны матери И. Х. отвечает: «зачем было вам искать меня? или вы не знали, что мне должно быть в том, что принадлежит отцу моему». В остальном И. Х. «был в повиновении» Марии и Иосифа. В противоположность сдержанным ортодоксальным преданиям в апокрифах отрок И. Х. изображается могущественным, таинственным и подчас недобрым чудотворцем, словом умерщвляющим (правда, затем оживляющим) повздоривших с ним сверстников, изумляющим школьного учителя каббалистическими тайнами; он лепит в субботу птичек из глины, а когда его корят на нарушение субботнего покоя, хлопает в ладоши и птички улетают (апокрифическое евангелие Фомы).

Каноническая традиция осторожно указывает на конфликты с близкими. «Ближние его пошли наложить на него руки, ибо говорили, что он вышел из себя» (Мк. 3, 21); «Братья его не веровали в него» (Ио. 7, 5).

Перед выходом на проповедь И. Х. отправляется к *Иоанну Крестителю* и принимает от него крещение, что сопровождается голосом с небес, утверждающим И. Х. в мессианском достоинстве, и явлением духа святого в телесном обличье голубя (Матф. 3, 13—17; Мк. 1, 9—11, Лук. 3,21—22; Ио. 1, 32—34). Сразу после этого И. Х. уходит в пустыню на 40 дней (срок поста ниневитян в истории *Ионы*, вообще знаменательное число, ср. также продолжительность «великого поста» в практике православной и католической церквей), чтобы в полном уединении и воздержании от пищи встретиться в духовном поединке с дьяволом (Матф. 4, 1—11; Лук. 4, 1—13). Как в традиционном эпическом или сказочном поединке, И. Х. побеждает своего антагониста троекратно, отклоняя каждое из его предложений словами ветхозаветных заповедей, приводимыми более или менее точно. Так, ответ на предложение чудом превратить камни в хлебы, чтобы утолить многодневный голод,— «не хлебом единым жить будет человек, но всяким словом, исходящим из уст божиих» (ср. Втор. 8, 3); на предложение броситься с кровли притвора иерусалимского храма, чтобы в воздухе быть поддержанным ангелами и этим доказать своё богосыновство,— «не искушай господа бога твоего» (Втор. 6, 16); на предложение поклониться дьяволу, чтобы получить от него все царства мира и славу их,— «господу богу твоему поклоняйся и ему одному служи» (Втор. 6, 13; 10, 20). Лишь после этого И. Х. выступает с возвещением мессианского времени (Матф. 4, 17); его возраст приблизительно ния И. Х. в живописи (стенопись катакомб в Риме и в церкви с крещальней в Дура-Европос, Месопотамия, то и другое 3 в.) и пластике чужды установке на «портретность»: они изображают не облик И. Х., а символы его миссии — доброго пастыря со спасённой овцой на плечах (статуя 3 в. в Латеранском музее в Риме, мозаика мавзолея Галлы Плацидии в Равенне, 5 в., и др., ср. Матф. 18, 12—14 и др.), Орфея, умиротворяющего и очеловечивающего животных своей музыкой, и т. п. Все эти образы отмечены юностью, простотой, то плебейской, то буколической. Напротив, «портретные» изображения длинноволосого и бородатого И. Х. вплоть до 4 в. засвидетельствованы лишь для кругов гностических и языческих и до нас не дошли; по-видимому этот тип был связан с античной традицией портретирования философов. После перехода церкви на легальный статус в начале 4 в. и к господствующему положению в конце века образ И. Х. в бурно развивающемся церковном искусстве становится более торжественным, репрезентативным, приближаясь к официозным изображениям императоров (тема «аккламации», т. е. торжественного приветствия И. Х. как царя на престоле, на мозаике Санта Пуденциана в Риме, 4 в.), но и более соотнесённым с предполагаемой исторической действительностью (ср. пробуждение в ту же время интереса к «святым местам» Палестины). Облик И. Х. как бородатого мужа, поддерживаемый авторитетом предполагаемых «нерукотворных», вытесняет безбородого юношу катакомб (безбородый тип ещё встречается в алтарной апсиде Сан-Витале в Равенне, середина 6 в., а затем иногда возвращается в романском искусстве). Зрелая византийская иконография И. Х. в согласии с современной ей литературой подчёркивает наряду с чертами отрешённой царственности изощрённую тонкость ума (мозаики церкви монастыря Хора в Константинополе, 20-е гг. 14 в.), сострадательность. Древнерусская живопись, продолжая византийскую традицию после пронзительных, огненных изображений Спаса Нерукотворного в 12—14 вв. приходит к мягкости, сосредоточенной и тихой уравновешенности образа Спаса и т. н. Звенигородского чина Андрея Рублёва. Лишь осторожно в поздневизантийском и древнерусском искусстве даётся тема — И. Х. как страдалец (хотя для «духовных стихов» русского фольклора умиление перед муками И. Х., часто воспринятыми как бы через душевную муку Девы Марии, очень характерно). Западное искусство нащупывает эту тему с 10 в. («Распятие епископа Геро», впервые внятно дающее момент унижения, затем получает импульс от размышлений Бернара Клервоского в 12 в. и особенно Франциска Ассизского и его последователей в 13 в. под земной жизнью И. Х. (понимаемой как предмет сочувствия и вчувствования); для позднего западного средневековья страдальческое И. Х. стоит в центре внимания. Создаётся очень продуктивная традиция натуралистически-экспрессивных изображений И. Х. как иссечённого бичами «мужа скорбей» в терновом венце, взывающего к состраданию молящегося, как израненного мертвеца на коленях плачущей матери (в итальянской традиции Пьета, «сострадание», в немецкой — Веспербильд, «образ для вечерни»). Рыцарская культура западноевропейского средневековья, давшая свою версию христианских символов в легендах о граале, поняла И. Х. как безупречного короля-рыцаря с учтивым и открытым выражением лица — замысел, реализованный, например, в статуях И. Х. на порталах Амьенского и Шартрского соборов (13 в.). В эпоху Реформации и крестьянских войн в Германии М. Нитхардт (Грюневальд) доводит до предельно резкой выразительности мотив распятия, вбирающий в себя весь неприкрашенный ужас времени — вывороченные суставы, сведённое судорогой тело, состоящее из одних нарывов и ссадин. В оппозиции к этому «варварству» итальянское кватроченто возрождает на новой основе знакомый Византии и рыцарству идеал спокойного достоинства и равновесия духа (основа типа дана Мазаччо, христиански-мистический вариант — Беато Анджелико, языческий, с акцентами в духе стоицизма — у А. Мантеньи). В искусстве позднего Ренессанса образ И. Х. впервые перестаёт быть центральным и определяющим даже для творчества на христианские сюжеты (у Микеланджело в росписи Сикстинской капеллы Ватикана тон задаёт патетика и мощь творящего мир Саваофа, у Рафаэля — женственность Марии — мадонны; в первом случае И. Х. в полном разрыве с тысячелетней традицией превращается — на фреске «Страшный суд» — в буйно гневающегося атлета, во втором ему приданы черты немужественной красивости, в дальнейшем утрируемые у Корреджо, у болонцев, особенно у Г. Рени, чей «Христос в терновом венце» в тысячах копий украсил церкви по всему католическому, да и православному миру,— в церковном искусстве барокко и рококо). Венецианские живописцы 16 в., особенно Тициан, сообщая традиционному типу И. Х. утяжелённость, «дебелость», всё же сохраняют за ним высокий трагический смысл. В дальнейшем процесс «опустошения» образа прерывается лишь отдельными исключениями, важнейшие среди которых — Эль Греко и Рембрандт. Первый, отвечая потребностям контрреформационной Испании, придал средствами невиданных пропорций и ритмов пронзительную остроту традиционному типу; второй, используя возможности протестантской Голландии, отбросил всякое традиционное благообразие, наделил И. Х. чертами некрасивого, грубоватого, но значительного в своей искренности плебейского проповедника.

Поэзия барокко иногда достигала большей глубины в подходе к традиционной теме, чем живопись. В немецкой лирике 17 в. надо отметить, например, католические «пасторали» Ф. Шпее, в которых И. Х. воспевается как новый Дафнис, и более строгие протестантские гимны П. Герхардта. Героем гекзаметрического эпоса в духе Вергилия не раз делали И. Х. ещё со времен «Христиады» М. Дж. Виды (16 в.), холодной латинской стилизации. В 17 в. «Возвращённый рай» Дж. Мильтона и «Мессиада» Ф. Г. Клопштока, несмотря на подлинную монументальность замысла и блестящие достижения в деталях, не могут быть признаны полной удачей: чтобы придать образу И. Х. специфическую для эпопеи величавость, пришлось лишить его внутренней цельности (ср. в начале 19 в. классицистическую версию типа И. Х. в пластике Б. Торвальдсена). Разработка образа И. Х. в романтической живописи немецких «назарейцев» (с начала 19 в.), стремясь устранить театральность барокко и холодность классицизма, обычно подменяет аскетическую духовность более буржуазной «нравственной серьёзностью», а утраченную веру в реальность чуда — умилением перед заведомо нереальной «поэтичностью» стилизованной легенды; между тем романтический пессимизм заявляет о себе в «Речи мёртвого Христа с высот мироздания о том, что бога нет», включённой в роман Ж. П. Рихтера «Зибенкэз». Этот новый мотив — жизнь И. Х. уже не как приход бога к людям, но как трагически напрасный приход человека к несуществующему, или безучастному, или «мёртвому» богу, как предельное доказательство бессмысленности бытия — вновь и вновь повторяется в лирике 19 в. (у А. Де Виньи, Ж. де Нерваля, Ш. Бодлера и др.), находя поздний отголосок в 20 в. у Р. М. Рильке («Гефсиманский сад»). С другой стороны, историзм 19 в. позволяет впервые увидеть евангельские события не в мистической перспективе вечной «современности» их каждому поколению верующих, но в перспективе историко-культурного процесса, как один из её моментов, лишённый абсолютности, но взамен наделённый колоритностью времени и места (ср. революционных для 1850-х гг. археологически библейских и евангельских эскизов А. А. Иванова). Всеевропейским успехом пользуется «Жизнь Иисуса» Э. Ренана, превращающая свой предмет в тему исторической беллетристики. Именно такой И. Х., который вполне перестал быть богом, но остро воспринимается в своей страдающей человечности, становится для либеральной и демократической интеллигенции 19 в. одним из её идеалов, воплощением жертвенной любви к угнетённым (от Г. Гейне и В. Гюго до вырождения этого мотива в общеевропейской поэзии «христианского социализма», в России — у А. Н. Плещеева, С. Я. Надсона и др.; в немецкой живописи — картины Ф. фон Уде 1880-х гг., ставящие И. X. в окружение бытовых типов рабочих той поры, в русской живописи — «Христос в пустыне» И. Н. Крамского, скульптура М. М. Антокольского, картины Н. Н. Ге 1890-х гг., отмеченные влиянием толстовства, на которых измождённый бунтарь из Галилеи противостоит глумлению духовенства на заседании синедриона, сытой иронии Пилата, прозаичному палачеству голгофы). Целую эпоху характеризуют слова Н. А. Некрасова (о Чернышевском): «Его послал бог гнева и печали царям земли напомнить о Христе». Те русские писатели 19 в., которые удерживают ортодоксально-мистическую интерпретацию образа И. X., тоже не далеки от этой «голгофской» расстановки акцентов: и Ф. И. Тютчев связывает И. X. (конечно, страдающего, «удручённого» тяжестью креста) с «наготой смиренной» крестьянской России («Эти бедные селенья»), и у Ф. М. Достоевского он предстаёт как узник в темнице Великого инквизитора («Братья Карамазовы»). Традиция была продолжена и в 20 в. Иешуа га-Ноцри М. А. Булгакова («Мастер и Маргарита»), праведный чудак, крушимый трусливой машиной власти, подводит итоги всей «ренановской» эпохи и выдаёт родство с длинным рядом воплощений образа в искусстве и литературе 19 в. Поэзия Б. Л. Пастернака сближает муку И. X. с трагической незащищённостью Гамлета. Особняком стоит фигура И. X. «в белом венчике из роз» (влияние католической символики? реплика образа Заратустры у Ницше?), шествующего по завьюженному Петрограду во главе двенадцати красногвардейцев (число двенадцати апостолов) в поэме А. Блока «Двенадцать». На Западе попытки истолковать образ И. X. как метафору революции имело место у А. Барбюса, менее резко — в фильме П. П. Пазолини «Евангелие от Матфея».   *С. С. Аверинцев.*

ИЙЭ КЫЛ, и й ё́ к ы ы л («мать-зверь»), в якутской мифологии звериное воплощение души шамана. В качестве И. к. выступают бык-пороз, жеребец, сохатый, чёрный медведь, волк, собака, орёл, ворон. Согласно мифам, И. к. враждующих шаманов сражаются друг с другом и тот шаман, чей И. к. терпит поражение, умирает.   *Н. А.*

ИКА́Р, в греческой мифологии сын Дедала. Миф об И. см. в статье *Дедал*.

ИКА́РИЙ, в греческой мифологии: 1) И.— афинянин, отец *Эригоны*. Он дал приют Дионису, принёсшему виноградную лозу возлюбленному Эригоны, родившей сына Стафила (букв. «гроздь»). Дионис подарил И. мех с вином, который тот отнёс пастухам, столкнув их вместе с вином, и не те, пьянев, убили И., заподозрив, что он их отравил. Эригона с горя повесилась (Apollod. III 14, 7), а Дионис наслал кару на афинян, которая была искуплена затем специальным ритуалом (Hyg. Fab. 130). Миф об И. отразил борьбу, происходившую в Греции при введении культа Диониса; 2) И.— сын Периера и дочери Персея Горгофоны (Apollod. I 9, 5), брат *Тиндарея*, Афарея (отца *Афаретидов*) и *Левкиппа*. И.— отец *Пенелопы* (III 10,6).   *А. Т.-Г.*

ИКСИО́Н, в греческой мифологии царь *лапифов* в Фессалии, сын *Флегия*, брат *Коронида*. И. обещает своему будущему тестю Деионею большие дары за руку его дочери Дии, но после свадьбы И. убивает его, столкнув в яму с пылающими углями. Так как никто не решается взять на себя ритуальное очищение И., Зевс, сжалившись над И., очищает его, избавляет от безумия, постигшего И. после убийства тестя, и даже допускает к трапезе богов. На Олимпе И. осмеливается домогаться любви богини Геры, и Зевс создаёт её образ из облака, которое от соединения с И. рождает тем чудовищное потомство — кентавра (или кентавров). Когда же И. начинает похваляться своей победой над Герой, Зевс велит привязать его к вечно вращающемуся колесу (по многим версиям мифа, огненному) и забросить в небо (Apollod. epit. I 20). По другому варианту, привязанного к огненному колесу И. Зевс обрекает на вечные муки в тартаре. Наиболее ранняя литературная фиксация мифа об И.— у Пиндара (Pind. Pyth. II 21—48 и Schol.). Огненное колесо, к которому привязан И., некоторые исследователи склонны возводить к представлению о перемещающемся по небосводу солнечном диске.   *В. Я.*

ИКТО́МИ, И к т о́, в мифах сиу-дакотов (Северная Америка) сеятель раздоров, паук-трикстер и одновременно культурный герой, изобретатель человеческой речи. И. обладал способностью принимать любой облик. Он избавил людей от злобного духа по имени Ийя-пожиратель (персонификация циклона). И. чаще связан с животными, к-рые оказываются жертвами его бесконечных розыгрышей. У некоторых племён сиу (понка, омаха) тот же персонаж носит имя Иктинике и выступает иногда покровителем воинов, у чейеннов аналогичная роль отводится Вихийо.   *А. В.*

ЙКШВАКУ, в древнеиндийской мифологии царь, живший в начале третьюги — в ст. *Юга*). Будучи старшим сыном *Ману* Вайвасваты, И. появился на свет из его ноздри, когда тот чихнул (санскр. корень — кшу). И.— основатель *Солнечной династии*, столицей царства был город Айодхья (современный Аудх). И. имел сто сыновей, из которых наиболее известны по мифам три старших. Первый, Викукши, наследовал царство отца в Айодхье. Второй, Ними, стал царём в Митхиле, где затем правили его потомки; в конце жизни Ними был проклят мудрецом *Васиштхой* и должен был расстаться со своим телом; тогда боги поместили его «в глаза всех существ», чем вызвали их мигание (санскр. нимиша). Третий сын И., Данда, похитил дочь *Шукры*. В наказание Шукра вызвал семидневный дождь из золы, истребивший всё живое в округе, где жил Данда. Впоследствии на разорённом месте вырос лес Дандака (этот лес играет значительную роль в мифологических сюжетах).

Возможно, первоначально И. было либо названием племени скифского или гуннского происхождения, переселившегося в Индию из долины реки Оксу (или Окшу), либо названием племени индийских аборигенов, почитавших сахарный тростник (санскр. икшу) в качестве тотема.   *П. Г.*

ЙЛА, И́ д а, в ведийской и индуистской мифологии богиня жертвенного возлияния и молитвы, персонификация жертвы молоком и маслом, пищи. *Агни* возжигает И., её место — в алтарном огне, в руках у неё жир, она — «маслянорукая» и «маслянногая» (РВ VII 16,8; X 70,8), богата детьми и коровами, мать стад, обладает долгой жизнью. В некоторых гимнах И. образует триаду с *Сарасвати* и *Бхарати* (или *Махи*). И.— жена *Будхи*, мать *Пурураваса*, связана с *Урваши*. В «Шатапатха-брахмане» она дочь, а затем жена прародитель людей *Ману*, который, спасшись от великого потопа, принёс на горе Хималая жертву, бросив в воду масло и творог, откуда и возникла И. В том же тексте отцом И. называют богов *Митру-Варуну*; согласно другим источникам, эти боги превратили её в мужчину — Судьюмну, который вследствие проклятия *Шивы* снова стал И. Превращения такого рода характерны для И.   *В. Т.*

ИЛАМАТЕКУ́ТЛИ («старая владычица»), в мифах ацтеков богиня, связанная с культом земли и маиса, первая жена Истак-Мишкоатля, одна из ипостасей богини земли и деторождения *Сиуакоатль*.   *Р. К.*

ИЛБИ́С ХАН, И л б и́ с х а а н, в якутской мифологии божество войны. У И. х. были дочь Илбис кыса и сын Осол уола. Во время межродовых и межплеменных битв к ним обращались с просьбой о ниспослании мужества в борьбе с врагами и победы над ними. И. х. и его детям приносили человеческие жертвы. Мифы об И. х. и его детях широко использовались в героическом эпосе.   *Н. А.*

ИЛИ́ФИЯ, в греческой мифологии богиня-покровительница рожениц, дочь Зевса и Геры (Hes. Theog. 922). Ревнивая *Гера* задержала роды *Алкмены* и

вовремя не допустила к ней И. (Hom. Il. XIX 199 след.); она также задержала И. во время родов *Лето*, и та родила *Аполлона*, не дождавшись И. (Callim. IV 255—258). И. посылает роженицам острые боли, но и освобождает их от страданий. Гомер называет нескольких И.— дочерей Геры (Hom. Il. XI 270).
А. Т.-Г.

ИЛИЯ («бог мой Яхве»), в ветхозаветных преданиях (3-я и 4-я книги Царств) пророк. Он предстаёт как ревнитель Яхве, борец за утверждение его культа как единственного в Израильском царстве, вступающий в борьбу с жрецами и израильскими царями — покровителями культа Ваала (Баала). Это одарённый почти божественной властью чудотворец, пророк, устами которого глаголет бог (ср. *Дух святой*), проповедник, предсказывающий будущее от имени бога. О происхождении И. сказано, что он «фесвитянин из жителей галаадских» (3 Царств 17, 1). И. имеет облик нищенствующего аскета-подвижника (ср. описание его внешности: он оброс волосами, подпоясан кожаным поясом, 4 Царств 1,8). И. начинает действовать во времена израильского царя Ахава, прогневавшего бога Яхве тем, что под влиянием своей жены финикиянки Иезавели стал служить Ваалу, поставив ему в Самарии жертвенник. И. предрекает Ахаву засуху — больше не будет ни росы, ни дождя, разве только по его, И., слову. Голос Яхве велит И. скрыться у потока Хораф, что против Иордана; из потока он должен пить, а вороны будут кормить его. Когда поток высох, И. услышал голос, повелевший ему идти в Сарепту Сидонскую. Вдова, которой бог приказал кормить И., пожаловалась ему, что ей нечем прокормить даже себя и сына. И. велит ей сделать для него небольшой опреснок, после чего мука в кадке не истощалась, масло в кувшине не убывало. И. возвращает к жизни умершего сына вдовы, «воззвав к Яхве». На третий год бог велит И. показаться Ахаву, обещая послать дождь на землю. По требованию И. «весь Израиль» и все 450 пророков, следующих культу Ваала, и все, кто пользуется покровительством Иезавели, собираются на горе Кармил. И. предлагает пророкам Вааловым рассечь тельца и положить на дрова, не подкладывая огня, сам же И. поступит так же с другим тельцом; пророки Вааловы должны призвать своего бога, И.— своего: истинный бог даст ответ «посредством огня» и так будет решено, Яхве или Ваалу быть богом израильским. Как ни призывали вааловы пророки своего бога и как ни бесновались, «не было ни голоса, ни ответа». Тогда И. построил из двенадцати камней (по числу *двенадцати сыновей Иакова*) жертвенник Яхве, велел трижды полить водой жертву и дрова и воззвал к Яхве — и тут же «огонь Яхве» поглотил и жертву, и дрова, и камни, и воду. Тогда народ, пав ниц, воскликнул: «Яхве есть бог!» (ср. значение имени И.). И. же велел схватить пророков Вааловых и заколол их у потока Киссон (3 Царств 18).

Спасаясь от Иезавели, главной покровительницы пророков Вааловых, И. уходит в пустыню. Усевшись под можжевельником, он просит у бога смерти. Но ангел приносит спящему И. пищу и предрекает дальнюю дорогу. Сорок дней и ночей идёт И. к горе Хорив. Там голос повелевает ему стать на горе перед лицом бога. Яхве обнаруживает себя И. не в ветре, не в землетрясениях, не в огне, ему там явившимся, а в веянии тихого ветра (19, 11—12; в этом месте повествования существенное смещение акцентов по сравнению с грозным образом бога в иудаистических мифах трёх предшествующих веков). Яхве велит И. идти обратно через пустыню, помазать Азаила в цари над Сирией, Ииуя в цари над Израилем (вместо Ахава), а *Елисея* — в пророки. И. предрекает гибель Ахава и его дома и позорную смерть его жены, а затем и сына Охозии, нового царя Израиля, который, заболев, послал вопрошать о будущем своем Вельзевула, а не бога Израиля. Охозия велит схватить И. Но дважды «огонь Яхве» сходит с небес и уничтожает дважды по пятьдесят человек, посланных царём за И. Предсказания же И. сбываются.

В день, когда Яхве захотел вознести И. на небо, перед пророком и сопровождавшим его Елисеем расступаются воды Иордана. Явились «колесница огненная и кони огненные, и разлучили их обоих, и понёсся Илия в вихре на небо. Елисей же смотрел и воскликнул: отец мой, отец мой, колесница Израиля и конница его! и не видал его более» (4 Царств 2, 11—12).

Цикл повествований об И. на основании исторических фактов, которые в них сообщаются, и языка соответствующих библейских текстов признаётся достаточно близким по времени составления (ок. 8 в. до н. э.) к тем событиям 9 в., которые в нём упоминаются. Вопреки сомнениям некоторых исследователей, в теме борьбы с культом Ваала и домом Ахава, его поддерживавшим, выдвинутой в рассказах об И. на первый план, усматривают отражение реального религиозного конфликта того времени.

В ветхозаветном образе И. явно преобладают легендарные, мифопоэтические черты, ещё более усиленные послеветхозаветной иудаистической литературой. В ней развиваются многие библейские рассказы об И., создаются новые. Так, о происхождении И. сообщается, что он принадлежал к колену Дана, или Вениамина, или к священническому роду; согласно каббалистической литературе, И.— ангел в образе человека, не имеющий ни предков, ни потомства. К сцене состязания с жрецами Ваала на горе Кармил добавляется, что И. останавливает солнце (как *Иисус Навин*), заставляет течь воду из пальцев Елисея (и так наполняются рвы вокруг жертвенника) и др. Вводятся и прямо сказочные мотивы (напр., постройка дворца в течение одной ночи). Доминирующей идеей является объяснение особой чудотворной силы И. его непосредственной связью с Яхве. Создаются разные версии о судьбе И. после его вознесения на небо: он поселился на небе, где записывает людские деяния (ср. *Енох*); в раю он сопровождает праведников и извлекает души грешников из геенны. Его называют «птицей небесной», ибо он, подобно птице, облетает весь мир и появляется там, где необходимо божественное вмешательство; он является людям в разных образах (напр., в образе кочующего араба пустыни). И. выступает как чудесный исцелитель, советник в брачных спорах, примиритель детей и родителей. Большую роль играет образ И. в иудаистической, а также в христианской эсхатологии. Библейский рассказ о вознесении И. на небо породил представления, что он не умер и должен вернуться на землю. Он выступает как предтеча и провозвестник *мессии* (Малах. 4, 5— 6 и др.), которого бог посылает на землю перед страшным судом — он явится вместе с *Моисеем*, покажет народу семь чудес, приведёт грешных родителей к детям в рай, а в конце убьёт Самаэля; христианская традиция отождествила с И. одного из «свидетелей», упоминаемых в Апокалипсисе, которые будут пророчествовать в «конце времён», будут убиты *антихристом*, но воскреснут вновь (Апок. 11). Согласно новозаветным текстам за И. (как предтечу мессии) некоторые принимают Иоанна Крестителя (к образу которого он особенно близок) или даже Иисуса Христа (Матф. 11, 14; Лук. 9,19; Ио. 1,21). В евангельской сцене преображения И. вместе с Моисеем является апостолам и беседует с Христом (Мк. 9; Матф. 17,3—13; Лук. 9,30).

В позднейших славянских православных традициях — русской и южнославянской (сербской и болгарской), а также и в некоторых других балканских, Илья-пророк выступает прежде всего как персонаж, связанный с громом, дождём, а также с плодородием, летом, урожаем (и исключающий функции древнего героя т. н. основного мифа славянской мифологии — змееборца, многие черты которого он в себя вобрал). Некоторые следы связи И. с громом, дождём, широко отмеченной в славянском фольклоре (ср., напр., представление: гром гремит — Илья-пророк разъезжает по небу в своей огненной колеснице) имеются и в ветхозаветных текстах (ср., напр., рассказ о том, как И. предсказал царю Ахаву большой дождь и как он бежал в дожде перед колесницей царя, 3 Царств 18, 43—46). Характерна позднейшая трансформация этого образа в богатыря Илью, Илью Муромца, а также обряды на ильин день, обряд ильинского быка и др. *В. В. Иванов.*

ИЛИА́С, в мусульманской мифологии персонаж, соответствующий библейскому *Илие*. В Коране он назван в числе праведников, рядом с *Закарийей, Йахьей* и *Исой* (6:85) и определяется как посланник. Сообщение Корана о том, что И. призывал своих соотечественников к поклоняться Баалу (37:123), восходит к библейскому сюжету (3 Царств 18), но в соответствии с коранической схемой подчёркивается, что люди не вняли его проповеди.

В мусульманском предании развиваются восходящие к библейской традиции сюжеты, в которых особо акцентируется внимание на том, что И. был сделан аллахом бессмертным. Мотив бессмертия стал причиной смешения И. с другими бессмертными персонажами — *Идрисом, Хадиром*, а также с Джирджисом (*Георгием*). Некоторые комментаторы идентифицируют с И. (а не как обычно с Хадиром) коранического «раба аллаха» (18:64 след.), испытывающего силу веры *Мусы*. И. и Хадир считаются покровителями путешествующих соответственно на суше и на море. *М. П.*

ИЛЛУЯ́НКА («змей, дракон»), в хеттской мифологии змей, похитивший сердце и глаза у бога грозы, победив его в поединке. Богу грозы удаётся отомстить И. благодаря тому, что он сам или богиня его помощница, вступают в брак со смертным. Согласно варианту мифа, являющемуся, по-видимому, более древним, побеждённый бог грозы берёт в жёны дочь человека. Его сын от этого брака женится на дочери И. и, войдя в дом тестя, просит себе (по совету отца) сердце и глаза бога грозы. Когда сын возвращает их ему, бог грозы восстанавливает свой прежний облик и вновь вступает в бой с И. В битве он убивает змея и своего сына, который стоял вместе с И. и велел отцу не щадить его (инверсия универсального мотива *Эдипа*). В более позднем варианте мифа богу грозы удаётся взять верх над И. при помощи воинственной богини Инары, которая берёт себе в наложники смертного по имени Хупасияс. Богиня приглашает И. с детьми на пир. Там гости выпивают целый котёл хмельного напитка и поэтому не могут вернуться в своё логово. Тогда Хупасияс вяжет и убивает И.

Миф об И. читался во время праздника пурулли хеттского священного города Нерик и, видимо, испытал влияние мифологии хатти (хотя сам термин «И.» может быть и индоевропейского происхождения). Миф об И. принадлежит к числу распространённых в Восточном Средиземноморье мифов о драконе-змее и его противнике — змееборце. Изображение мифа сохранилось на хетто-лувийском барельефе из Малатьи.

В хеттских текстах упоминается также «морской И.». *В. В. Иванов.*

ЙЛУ [Ил (угарит., финик.), Эл (финик., иврит), Илу́м, Или́м, Эли́м (угарит., финик.), Элоа́х, Элохи́м (иврит); первоначально «сильный», «могучий», приняло значение «бог»], древнесемитское верховное божество. В западносемитской мифологии верховный бог, демиург и первопредок. Основные сведения об И. содержатся в угаритских текстах, но почитался он, по всём западносемитском ареале. И. отец богов и людей, творец мироздания и всего сущего, ниспосылающий людям потомство. Один из ветхозаветных вариантов предания о сотворении мира словом Элохима восходит, вероятно, к хананейскому, обработанному жречеством, мифу. Как владыка мироздания, создатель вселенной, протяжённой во времени и пространстве, И. — «отец (царь) годов» [ср. в иудаистической мифологии именование бога «Рибоно шел олам» («владыка вечности»), основанное на тех же представлениях]. Живёт И. «у источника Реки, у истока обоих Океанов», т. е. в центре мироздания (возможно, локализовавшемся у источника Афка в Ливане). И. — олицетворение плодоносящего начала, бог плодородия, и, как таковой, именовался быком. Он, в частности, вступает в священный брак (воспроизводившийся в угаритском храмовом действе), от которого родились боги *Шалимму* и *Шахару*, что повлекло пробуждение всех сил природы. И. возглавляет совет всех богов — его детей. Супруга и дочь И. — мать богов *Асират*. И. предстаёт как добрый, мудрый и величественный старец. Боги действуют только с дозволения И., однако он стар и слаб, и ему иногда угрожают силой (так, *Анат* добивается его разрешения построить дом для Балу). Отличительные черты И. — пассивность, бездеятельность; он, прежде всего, — символ высшей власти. В угаритском списке богов И. предшествует «Илу отцовский». Как верховный бог И. изображался в виде величественного длиннобородого старца в длинной одежде и высокой тиаре с рогами, принимающим жертву и благословляющим жертвователя, а также в образе быка.

К 1-му тыс. до н. э. культ И. постепенно вытесняется культами местных божеств. В иудейском доиудаистическом пантеоне образ И. (Эла) уже в 1-й половине 1-го тыс. до н. э. сливается с образом Йахве (см. *Иево*). Однако следы представлений об И. — верховном божестве, возглавляющем совет богов, сохранились и в Библии (Пс. 81).

В эллинистический период И. отождествлялся с *Зевсом* и *Кроносом*, реже — с *Ураном*. По финикийской теогонии Санхунйатона — Филона Библского Эл-Крон (И.) — сын Урана-неба (*Баалшамема?*) и Геи-земли (Арцай, см. в ст. *Балу*), брат *Дагона*. Он восстаёт против Урана и побеждает его, от него рождается новое поколение богов. Известен финикийский миф о том, как Крон (Эл) принёс в жертву Урану (Баалшамему) своего сына (см. *Молох*). Элиу́н (финик.), или (на иврите) Эльо́н («всевышний»), являющийся, согласно теогонии Санхунйатона — Филона, отцом Урана и Геи (его супруга — Беру́т) и растерзанный диким зверем, на раннем этапе, очевидно, выступал как ипостась И. (возможно, просто его эпитет); он считался, наряду с Шалимму, богом-покровителем Иерусалима.

И., вероятно, тождествен аморейский бог Лим, известный по теофорным собственным именам. В Месопотамии И., очевидно, соответствует *Марту*. Сказания об И. (Элькунирши) проникли в хеттскую мифологию. *И. Ш. Шифман.*

В йеменской мифологии «Ил», видимо, не имя бога (И.), а нарицательное «бог». Вероятно, божество с этим именем не почиталось в Древнем Йемене. Но образ древнесемитского И. сохранился под несколькими именами, очевидно, первоначально заменявшими его имя, ставшее запретным и впоследствии забытое: *Алмакас, Вадд, Амм, Син*. Вероятно, боги с этими именами считались в Йемене ипостасями древнего И. *А. Г. Л.*

ИЛЬМА́РИНЕН (фин.), Илмайлли́не, Ильмойлли́не (карел.), в финской и карельской мифологии и эпосе культурный герой и демиург, кузнец. Образ И. восходит, вероятно, к финно-угорскому божеству неба, ветра, воздуха (фин. ilma, «воздух, небо, погода») и родствен демиургам других традиций — *Инмару, Ену*. И. — «ковать небесного железа», что сближает его с небесными кузнецами других мифологий (ср. *Гефест*): он выковывает небесный свод, светила, плуг, меч и др. Часто выступает вместе с *Вяйнямёйненом* (в карельских рунах Вяйнямёйнен, И. и *Еукахайнен* — братья, которые родились от непорочной девицы, съевшей три ягоды), но в отличие от древнего мудреца-заклинателя, добывающего культурные блага у существ иного мира, И. своими руками выковывает чудесные предметы, профессиональное умение преобладает у него над сверхъестественным знанием. Вяйнямёйнен могущественнее И.: выкованные кузнецом солнце и месяц не светят, и Вяйнямёйнену приходится добывать настоящие светила у похитившей их хозяйки Похьёлы. В рунах о сватовстве в Похьёле И. — соперник Вяйнямёйнена, который хочет опередить кузнеца, взять первым в жёны красавицу. Хозяйка Похьёлы требует, чтобы И. выковал чудесную мельницу *сампо* в качестве свадебного дара (вено). В некоторых рунах Вяйнямёйнену удаётся похитить невесту И., и кузнец выковывает себе золотую деву, но не может с ней спать. В других рунах И. в одиночку совершает героическое сватовство к красавице — дочери Хийси, губившего всех женихов. И. исполняет трудные задачи Хийси: вспахивает змеиное поле (при этом Вяйнямёйнен заговаривает змеиные укусы), моется в огненной бане, вылавливает гигантскую рыбу к столу (в одном варианте приволакивает даже спящего бога *Укко*). Сам он, однако, попадает в пасть к рыбе или к отцу (матери) невесты, но выковывает в утробе врага нож и выходит оттуда живым (видимо, поглощение И.— символ брачной инициации: ср. Вяйнямёйнена, ищущего магические слова в утробе Випунена). Невеста пытается бежать от И., и тот превращает её в чайку.

И. победил смерть, заманив её в железный сундук, якобы приготовленный им для отдыха, и спустив на дно моря. Люди не умирали в течение 300 лет, но потом отыскали смерть, которая с тех пор стала появляться по ночам (ср. марийский миф об *Азырене*).

ИЛЬМУНГВАН ПАРАМУ́Н («Управляющий господин Ветер»), в корейской шаманской мифологии дух ветра, дующего с горы Халласан (на о-ве Чеджудо), ставший также духом-защитником селения. Возник из земли на косе Сольмэгук на юге о-ва Чеджудо. Вид у него был внушительный: на голове шишки величиной с кулак, глаза сверкают, как у феникса, борода торчит клином вверх. Пустит стрелу из лука — появляется войско из 3 тыс. воинов; пустит вторую — войско исчезает. И. П. был сведущ в знаках Неба и Земли. Прослышал он о красавице-богине Ко Сангук в дальних странах Хонтхо. Сел на синее облако и в миг предстал перед ней. Они поженились. Но на третий день он увидел ещё более красивую младшую сестру Ко по имени Чи. Они полюбили друг друга и вскоре бесследно исчезли. Тогда Ко, прибегнув к магии, вознеслась на священном стяге и прибыла на гору Халласан, где и обнаружила беглецов. Пустила она в них стрелу, но Чи тут же с помощью магии напустила такой туман, что стало кругом темно. В этом состязании Ко вынуждена была уступить, и И. П., сорвав ветку можжевельника, воткнул её в край обрыва. Она превратилась в большого петуха, который своим криком разогнал туман. И. П. и Чи Сангук никак не могли найти себе пристанища и стали спать под белым пологом на горе. Обнаруживший их охотник узнал, что они — духи, присланные Небом для управления людьми. Он построил для них домик, но их беспокоили наездники и собаки. Они обратились к Ко Сангук, и та зло ответила, что собирается управлять селением Сохынни, а они пусть отправляются в селение Согвибо, но жители этих селений никогда не вступят в брак и не переступят границы, разделяющие селения. И. П. и Чи ушли в Согвибо, но никто их не видел. Однажды в селении заболел сильно ребёнок, и жители ради его спасения возвели алтарь с изображениями И. П. и Чи Сангук. Миф исполнялся во время шаманского обряда (танкут) в честь духов — защитников селения. Ср. также *Сонансин* и *Енджинсин*.
Л. Р. Концевич.

ИЛЬЯ́ МУ́РОМЕЦ, Илья́ Му́ровец, Илья́ Му́рович, Илья́ Муравле́нин, Илья́ Моровле́нин, Илья́ Муравле́нин, Илью́ша, Илью́шенка, Илью́шу́нька, Илю́ха, Иле́йко, Иле́юшка, Еле́йка, Илья́ Ива́нович, Илья́ сын Ива́нович, Илья́ свет Ива́нович, Илья́ Ива́нов сын и др., мифологизированный образ главного героя-богатыря русского былинного эпоса. Многие сюжеты, связанные с И. М., соединяются, контаминируются и складываются в былинный цикл. Он возглавляет всех русских богатырей и выступает как главный в троице наиболее знаменитых героев — И. М., *Добрыня Никитич*, *Алёша Попович*. Именно он совершил наибольшее количество подвигов, что и даёт ему право представительствовать за всё русское богатырство и выступать от его имени перед князем *Владимиром Красное Солнышко*. В нём подчёркиваются сила, мужество, верность, надёжность, трезвость, мудрость, опытность, справедливость, конструктивность многих его действий и даже известное миролюбие. Он один побивает всех врагов; его подвиги — предостережение против набегов на Киев. Основной эпитет И. М. в былинах «старый», «старой» (изображение седобородым стариком, едущим по полю на белом коне) подчёркивает сочетание уверенной силы, нравственного опыта, житейской мудрости.

Жизненный путь И. М. проработан в былинах наиболее подробно, вплоть до мифологизирования смерти (в ряде вариантов И. М., найдя клад и отдав его князю Владимиру, монастырям и церквам, сиротам, удаляется в киевские пещеры в «каменных горах» и там «окаменивает», как и другие богатыри). В своей подвижнической жизни (на заставе богатырской, в чистом поле и в тёмных лесах по пути в Киев, в самом Киеве или Чернигове, на Святых горах) И. М. выступает или в одиночку, или в сообществе с другими богатырями. Родственные связи оттеснены, хотя изредка упоминаются родители И. М. (Иван Тимофеевич и Ефросинья Яковлевна) и даже его жена (баба Златыгорка); исключение составляют только дети И. М.— сын (Сокольник, Сокольничек, Подсокольничек) или дочь (поляница), с которыми связан особый сюжет — бой отца с сыном (или с дочерью), выступающим как незнакомый отцу богатырь-«нахвальщик» (ср. иранского Рустама и т. п.); в ходе поединка И. М. одолевает сына (или дочь) и собирается его убить, но в последний момент происходит узнавание; богатыри расходятся, но вскоре сын (или дочь) возвращается с тем, чтобы отомстить отцу за мать; победа на стороне И. М., убивающего противника. О «добогатырском» периоде жизни И. М. повествуют былины, посвящённые его исцелению и двухэтапному получению силы. Родившись в селе Карачарове, в селе Муроме (по наиболее хрестоматийной версии), в крестьянской семье, И. М. от рождения «без рук, без ног», и поэтому он тридцать лет сидел сиднем на печи. Недуг был чудесно излечён. В отсутствие родителей приходят «две калеки перехожи» (калики, убогие) и просят И. М. отворить ворота; он ссылается на свою болезнь, но, когда его попросили второй раз, «выставал Илья на резвы ноги» и впустил калик в дом; они дают ему «чару питьица медвяного» или просят принести ключевой воды и выпить её; следствием было то, что «богатырско его сердце разгорелось... и он услышал во себе силушку великую». Калики предрекают И. М. богатырские деяния и то, что смерть ему «на бою не писана», тем не менее, они предостерегают его от боя со Святогором, Самсоном-богатырём, с родом Микуловым (Микулы Селяниновича) и с Вольгой Святославича (Волхом). После ухода калик И. М. идёт на отцовское поле, прогоняет с него скот, огораживает поле. На коне отправляется он в Киев, ко двору князя Владимира. В чистом поле или на Святых горах он встречается со Святогором; происходит взаимная демонстрация силы, и, оказывается, Святогор сильнее. Оба богатыря становятся крестовыми братьями, разъезжают по Святым горам, останавливаются у Святогора, где его жена безуспешно пытается соблазнить И. М. Умирая, Святогор передаёт И. М. свою силу, но И. М. отказывается от предлагаемой ему сверхсилы, которая могла бы обернуться для него смертью. Получив эту «вторую» силу, И. М. становится подлинным богатырём. Первый подвиг был совершён им во время первой поездки в Киев, когда И. М. побеждает Соловья-разбойника. Ни змеиный щит, ни звериный рёв не испугали И. М., калёной стрелой он поражает Соловья в правый глаз, привязывает его к седельной луке и везёт в Киев. Просьбы жены Соловья отпустить её мужа остаются втуне. Удивившись, что все Соловьи «во единой лик», и услышав, что Соловей женит своих детей между собой, чтобы «Соловейкин род не переводился», Илья «прирубил у Соловья всех детушек». По пути в Киев он совершает и другие подвиги — очищает от вражеской «силушки великой» Чернигов, мостит мосты через реку Смородину. При дворе князя Владимира И. М. показывает Соловья, заставляя его шипеть по-змеиному, реветь по-звериному. После этого он убивает Соловья за его преступления. Вслед за этим первым богатырским подвигом следуют другие. В Киеве (а иногда в Царьграде) появляется Идолище поганое и приводит в ужас князя Владимира, требуя от него «поединщика и супротивничка». И. М. идёт на бой, но совершает просчёт — не берёт с собой булатной палицы, а берёт саблю, которой не может убить Идолище (сам мотив ошибки И. М. перед ответственным испытанием достаточно характерен). В поединке И. М. убивает Идолище «шляпкой земли греческой». В варианте «Илья Мурович и чудище» действие происходит в Царьграде, куда «наехало проклятое чудишшо», сковало царя Костянтина Атаульевича и княгиню Опраксию. Узнав об этом, И. М. спешит из Киева на помощь и в единоборстве поражает чудище. Особый цикл былин посвящён теме борьбы И. М. с татарами. Калин-царь из орды Золотой земли подошёл «со своею силою поганою» к Киеву, когда там не было богатырей; он посылает к князю Владимиру татарина с «ерлыками скорописчатыми»; тот требует у князя сдать Киевград без бою. Внезапно приехавший И. М. узнаёт о беде и предлагает одарить Калина-царя тремя мисами — золота, серебра и жемчуга. И. М. вместе с князем, переодевшимся поваром, приходят с дарами к Калину-царю; И. М. требует, чтобы татары отошли от Киева, Калин-царь приказывает связать И. М. и «плюёт Илье на ясны очи». Тот освобождается от верёвок, схватывает татарина за ноги «и зачал татарином помахивати: куда ли махнет — тут улицы лежат, куды отвернет — с переулками». Калина же он «ударил о горюч камень, расшиб его в крохи». Иногда вместо Калина-царя в этом сюжете выступает Батый Батыевич или Кудреванко, Бадан, Ковшей, Скурла. Другой цикл былин — встреча И. М. во время своих дальних поездок (в «Индею богатую», в «Карелу проклятую») с разбойниками, делящими награбленную казну и покушающимися убить И. М. Илья убивает «всех разбойников, сорок тысяч подорожников». К циклу о поездках («трёх поездках» — традиционное эпическое число) И. М. относятся и былины об И. М. с Добрыней Никитичем на Соколе-корабле, кончающиеся тем, что И. М. поражает стрелой на смерть «турецкого пана» Салтана Салтановича. Впрочем, не всегда И. М. оказывается на одно с Добрыней Никитичем. Известен сюжет об их бое между собой: выйдя победителем, Добрыня сел «на белы груди» И. М. и перед тем, как его убить, спросил его имя. Узнав, что это И. М., он целует его, просит прощения и обменивается с ним нательными крестами. В заключение крестовые братья, навестив мать Добрыни, отправляются в Киев к князю Владимиру. Мифологический элемент сильно отступает на второй план в тех былинах позднего происхождения об И. М., где формируется сильно «социализированный» образ героя, который уже не совершает подвигов, но чётко обнаруживает свою связь с городскими низами («голи кабацкие») и антагонизм по отношению к князю Владимиру. В сюжете ссоры И. М. с Владимиром он, из-за того что князь забыл пригласить его к себе «на почестен пир», выстрелил «по большим церквам», «по чудным крестам», «по маковкам золоченым», которые были снесены в «царев кабак» и пропиты вместе с «голями кабацкими». Наконец, князь Владимир замечает отсутствие И. М. на пиру и посылает Добрыню за ним. И. М. приходит только потому, что его позвал «крестовый брат» Добрыня, иначе выстрелом из лука в гридню он убил бы князя с княгиней. В другом варианте посаженному в «глубок погреб» по клевете целовальников И. М. помогает княгиня Апраксия, тайно кормя и поя его сорок дней. Когда же, узнав об отсутствии И. М., к Киеву подошёл Калин-царь и потребовал сдать город, Апраксия признаётся мужу в обмане, тот выпускает И. М. на свободу и просит о помощи. И. М. говорит, что готов служить «за веру христианскую», «за землю русскую», «за стольние Киев-град», «за вдов, за сирот, за бедных людей, за Апраксию», но не «для собаки-то князя Владимира». После этого И. М. побивает татар, предаёт смерти царя Калина, заставляет татар платить дань. Обойдённый во время общего одаривания из-за интриг бояр, пытающихся оклеветать его перед князем Владимиром, ведёт себя дерзко и даже буйно. В былинах более традиционного типа И. М., напротив, мудр, терпелив, настроен примирительно (он мирит поссорившихся Добрыню и Дуная, выступает примирителем в некоторых вариантах былины об Алёше Поповиче и сестре Збродовичей, в былине о Дюке Степановиче). В былинах о Сухмане и Даниле Ловчанине подчёркивается справедливость И. М.: не боясь последствий, он предостерегает князя Владимира от неверных действий.

Наиболее очевидная «историческая» локализация И. М. связывает его с северо-восточной Русью (Муром, село Карачарово), но для эпохи 11—12 вв., когда, видимо, сформировалось ядро сюжета об И. М. и произошла привязка его к Киеву и к кругу богатырей князя Владимира, характерна конкретность киевско-черниговско-брянских топографических указаний: Киев, Чернигов, Брянские леса, Моровийск или Моровск, Карачаево, Карачев(а), река Смородинная неподалеку от Карачева, на берегах которой находится старинное село Девятидубье (ср. девять дубов, на которых находился Соловей-разбойник), ср. там же Соловьёв перевоз и т. п. Популярность образа И. М. в белорусских сказках, отличающихся большой архаичностью, также делает вероятным предположение о более ранней привязке И. М. к этому ареалу. Показательна белорусская сказка об Ильюшке, в которой очевиден ряд архаических черт мифа о змее и змееборстве. У старика и старухи (вариант: у коваля и ковалихи, ср. связь кузнеца со змеем и змееборчеством) рождается могучий, но «безногий» сын (ср. безногость как характерную черту змея). Получив чудесным образом излечение, он подобно хтоническим богатырям типа Дубыни, Горыни и Усыни вырывает дубы с корнями и бросает их в реку (Дунай, вариант: Десна): запруженная на семь вёрст река выходит из берегов и грозит затопить весь свет (ср. мотив запружения Днепра порогами в связи с змееборческим сюжетом). Ильюшка обращается к Господу с просьбой дать ему столб до неба, чтобы он мог перевернуть землю «вверх ногами» (ср. сходный мотив в связи со Святогором, а также былинный сюжет, объединяющий Святогора и И. как братьев). Но, избавившись от хтонических черт, герой становится змееборцем. Отец-кузнец изготовляет для него булаву и далее начинается поединок между Ильюшкой и Змеем, скрывающим добычу за каменной стеной. Ильюшка побеждает Змея и женится на дочери короля (в другом варианте, единоборствуя со Змеем, он превращается в камень; ср. мотив перуновых камней, стрел, как превращенных детей Громовержца). После смерти богатырь Ильюшка становится святым Ильёй, «заведует» громовой тучей. В этом случае образ богатыря Ильюшки контаминируется с Ильёй-пророком как вариантом Громовержца, преследующим, в частности, Змея, нечистого и т. п. (мотив хорошо известный и в белорусском мифологическом фольклоре — см. Перун — и в ряде поздних источников, ср. «Сказание о построении града Ярославля», где Илья-пророк преследует лютого зверя, посланца Велеса). Этот сюжет, как и дальнейшие связи Ильи с Егорием-Юрием, святым Георгием (ср. также мотивы Ильи мокрого и Ильи сухого, связи его с Марией, Мореной, Огненной Марией и т. п.), позволяют рассматривать образ И. М. как одно из продолжений образа громовержца. Вместе с тем крестьянское происхождение И. М., расчистка им земли под поле, особая связь с Матерью — сырой землёй, освобождение богатств из-под власти «хтонического» противника сближает этот образ со святым Ильёй как покровителем плодородия (ср. «Святой Илья по межам ходит... По межам ходит, жито родит»).

В. В. Иванов, В. Н. Топоров.

ИМАНА, в мифах бантуязычных народов ньяруанда и рунди глава пантеона богов (в который входят также обожествлённые правители, их предки и предки знатных людей), демиург.

Согласно мифам, он создал мир: небо и землю, растения и животных, первую человеческую пару. Первыми детьми этой пары были Хуту и Тутси — предки основных этносоциальных групп, населяющих Руанду и Бурунди. И. властвует над жизнью и смертью. Он способствует рождению детей, размножению скота, даёт плодородие полям; вызывает дождь, с ним связаны молния и гром. В мифе о происхождении смерти И., по ошибке принявший змею за человека, дал ей бессмертие. На другой день он понял свою ошибку и велел людям убивать змей. Уделом же людей стала смерть. В мифах ньяруанда обнаруживаются позднейшие наслоения: обосновывается исторически сложившееся в Руанде привилегированное положение скотоводов тутси по отношению к основной массе населения — земледельцам хуту и особенно к аборигенному населению страны — пигмеям (тва). В одном из таких мифов И. подверг братьев — Гатутси (прародителя тутси), Гахуту (прародителя хуту) и Гатва (предка пигмеев) испытанию, оставив им на сохранение миски с молоком. Гатва выпил молоко, Гахуту пролил часть, и только Гатутси выдержал испытание. Поэтому Гатва стал рабом своих братьев и должен был жить в лесу; Гахуту стал возделывать поля и смог благодаря этому покупать скот; а Гатутси получил весь скот и стал властителем над всеми. С И. ньяруанда связывают происхождение *Кигва*.

Е. С. Котляр.

ЙМИР («двойное», т. е. «двуполое существо»), в скандинавской мифологии первое антропоморфное существо, великан, из тела которого создан мир. Аургельмир, Бримир, Блаин — видимо, его другие имена.

Миф об И. (упоминаемый в «Старшей Эдде» — в песнях «Прорицание вёльвы», «Речи Вафтруднира», «Речи Гримнира», а также в «Младшей Эдде») — основной космогонический миф скандинавской мифологии. В Нифльхейме («тёмный мир»), на севере, из потока Хвергельмир («кипящий котёл») вытекали многочисленные ручьи, а из Муспелльсхейма («огненный мир»), на юге, шёл жар и огненные искры. Когда реки, называемые Эливагар («бурные волны»), застыли льдом, из них выделился ядовитый иней, заполнивший мировую бездну (Гинунгагап). Под влиянием тепла из Муспелльсхейма иней стал таять и превратился в великана (ётуна) И. Возникшая из растаявшего инея корова *Аудумла* выкормила И. своим молоком; из солёных камней, которые она лизала, возник Бури, предок богов (отец *Бора*). Под мышками у И. родились мальчик и девочка, а его ноги породили сына. Этот мотив соответствует представлению об И. как гермафродите. Сын И. — Трудгельмир, внук — Бергельмир; это н. «инеистые великаны» (хримтурсы). Сыны Бора — Один и его братья впоследствии убили И. и из его тела создали мир, как об этом говорится в «Речах Гримнира»: плоть И. стала землёй, кровь — морем, кости — горами, череп — небом, а волосы — лесом; из ресниц И. построены стены *Мидгарда*. Сходные мотивы создания мира из принесённого в жертву тела мифического существа имеются в индийской мифологии (*Пуруша*), китайской (*Пань-гу*), вавилонской (*Тиамат*), ацтекской (богиня земли) и др.

Е. М. Мелетинский.

ИМИУТ, в египетской мифологии один из эпитетов *Анубиса*, определявший его как бога бальзамирования. Его фетиш — шкура, забинтованная в льняные пелены, которую прикрепляли к шесту, вставленному в сосуд, и помещали в гробницу умершего.

Р. Р.

ИМУГИ, И с и м и́, в корейской мифологии огромное морское змеевидное существо, которое много лет пролежав неподвижно в воде, может стать драконом (см. *Енван*) и, получив драгоценную жемчужину (*Еый поджу*), вознестись на небо. Считается духом, приносящим счастье. См. также *Куронъи*.

Л. К.

ИНА́ННА, И н н и́н, Н и н а́н н а («владычица небес»; возможно, народная этимология), в шумерской мифологии богиня плодородия, плотской любви и распри; под именем Нинсианы почиталась также как астральное божество — «звезда утреннего восхода» (планета Венера). И. — центральный женский образ шумерского пантеона, перешедший затем в аккадский (*Иштар*). Первоначально И. была местной богиней-покровительницей Урука, Забалама и Кулаба. Символ И., ставший знаком-идеограммой её имени, — кольцо с лентой (косой?) (появляется в изобразительном искусстве Шумера и в ранних пиктографических текстах уже на рубеже 4—3-го тыс. до н. э.), другой символ — многолепестковая розетка, может быть, изображающая звезду. В списке богов из Фары (26 в. до н. э.) упоминается на третьем месте (после *Ана* и *Энлиля*). В литературных мифологических текстах, по одной (урукской) традиции, И. — дочь бога неба Ана, по другой (урской), — дочь бога луны Нанны, сестра солнечного бога Уту (родового бога династии правителей Урука). С вытеснением Ана Энлилем И. иногда называют его дочерью. Фигурально её часто именуют дочерью *Энки* как божества мудрости. Основной аспект И. — богини плотской любви препятствовал закреплению за ней постоянного супруга. Среди её мужей упоминаются бог — покровитель Киша воин Забаба (местная традиция) и бог-пастух *Думузи*. В шумеро-аккадском мифе «Возвышение И.» её супружество с отцом богов Аном и возведение её в роль *Анту(м)* (владычицы богов) носит политический характер (создание единого пантеона с укреплением деспотической власти царей III династии Ура). Образ И. не является образом богини-матери, хотя изредка как её сын (а возможно и возлюбленный) выступает воинственный бог Шара (культ в городе Умма).

С И. связано большое число мифов. Один из мифов (условное название: «Энки и Шумер», или «Энки и мироздание») связан с определением функций богини. И. жалуется мудрому «отцу» Энки на то, что её обошли при распределении божественных обязанностей. Тогда Энки наделяет И. любовью к битвам и разрушению, способностью привлекать мужчин и дарит ей всевозможные таланты. В другом варианте мифа И. возвеличивает бог Ан. И. как носительнице культуры посвящён миф об И., Энки и *ме*. И. отправляется из Урука в Эреду(г) к «богу-отцу» Энки с целью приумножить славу Урука: И. хочет облагодетельствовать свой город, добыв для него таблицы судеб ме, хранящиеся у Энки. Тот принимает богиню очень приветливо. На пиру захмелевший бог опрометчиво дарит ме И., которые та торопится погрузить в ладью. Протрезвевший Энки посылает демонов *лахама* во главе со своим советником Исимудом в погоню за И. На каждой из семи стоянок по дороге от города Энки — Эреду(г)а до Урука происходит сражение между силами И. и Энки, но в конце концов И. удаётся довезти ме до Урука и они оказываются потерянными для Энки навсегда. В роли носительницы культуры И. выступает и в мифе «И. и гора Эбех». Здесь И. (богиня-воительница) вступает в битву с персонифицированной горой — чудовищем Эбех (по мнению исследователей, миф отражает борьбу Двуречья с северными горными народами и, возможно, связан в какой-то степени с победой урукского правителя Утухенгаля над кутиями). В мифе «И. и Билулу» подчёркиваются её жестокие черты, она убивает старую богиню Билулу и её сына (видимо, степные божества), но затем «определяет их судьбу»: Билулу она превращает в кожаный бурдюк для хранения воды в степи, её сына делает удугом и *ламой* (демонами-хранителями) степи.

В мифе «Возвышение И.» И. сперва выступает против Ана в союзе с лунным и солнечным богами, затем переходит на его сторону и в конце концов становится его супругой. В мифе об И. и изобретателе садоводства Шукалитудде И. мстит всему человечеству за то, что тот изнасиловал её спящей, когда она, устав от путешествия, прилегла отдохнуть в выращенном им саду: И. превращает в кровь всю воду в источниках, так что деревья начинают сочиться кровью, и насылает на страну опустошительные вихри и бури.

В тексте «Гильгамеш и небесный бык» И. насылает на Урук быка, которого умерщвляет *Гильга-*

меш. В мифе о *Лугальбанде* И. помогает ему в войне с Араттой.

Наиболее важный для понимания образа И.— цикл, условно называемый «И.— Думузи». Он состоит из ряда любовных песен, посвящённых начальному периоду их любви. Эти песни являлись частью совершавшегося ежегодно ритуала священного брака царя, олицетворявшего Думузи, и жрицы, воплощавшей И. (III династия Ура и I династия Исина, 21—19 вв. до н. э.). В текстах И. предстаёт в образе строптивой и своенравной девушки, влюблённой в своего жениха. С некоторыми оговорками к этому циклу может быть присоединён миф о сватовстве к И. бога-земледельца Энкимду и бога-пастуха Думузи: И. первоначально предпочитает Энкимду, однако Уту, выступающий посредником, ходатайствует за Думузи, и И. меняет своё решение (миф — этиологический, основная его направленность — сравнение преимуществ земледелия и скотоводства). Логическим завершением всего цикла является миф о нисхождении И. в подземный мир. И. решает спуститься в подземный мир. Опасаясь, как бы её сестра царица подземного мира *Эрешкигаль* не предала её смерти, И. оставляет своему послу и визирю *Ниншубуре* наказ: через три дня совершить на «холмах погребальных» обряд её оплакивания, а затем отправляться в храмы трёх великих богов — Энлиля, Нанны и Энки и просить у них помощи в спасении И. из «страны без возврата». Из трёх богов только Энки принимает меры к спасению И. Он достаёт грязь из-под ногтей, «крашенных красной краской», и лепит два загадочных существа — «кургара» и «калатура» (по-видимому, евнухов или уродцев), снабжает их «травой жизни» и «водой жизни» и, научив магическому заклинанию, отправляет в подземное царство. Но И. к этому времени уже мертва. У врат «страны без возврата» её встречает привратник Нети. Он проводит её через семь ворот подземного мира и каждый раз снимает с неё какую-либо деталь одежды или украшения (что, видимо, лишает её магической силы ме). И. обнажённой предстаёт перед сестрой. Та направляет на неё «взгляд смерти», и И. превращается в труп, который Эрешкигаль «вешает на крюк». Появившиеся в подземном царстве посланцы Энки застают Эрешкигаль в родовых муках (не потому ли та мучается, что с уходом богини любви и плодородия прекратились роды на земле? Мотив прекращения совокупления и жизни при уходе богини в подземный мир звучит в более позднем тексте 1-го тыс. до н. э. о нисхождении Иштар). «Кургар» и «калатур», смягчив заклинательной формулой муки царицы, добиваются у неё обещания выполнить их желание. Они просят труп И., а затем оживляют его травой и водой жизни. Но её останавливают судьи подземного царства боги-*ануннаки*: И. не может покинуть подземного мира, не оставив там себе замены, таков закон «страны без возврата», одинаковый для богов и для людей. После трёхкратных поисков-выбора (Ниншубура, бог Лулаль и сын-возлюбленный Шара) И. приходит в Кулаб — пригород Урука, где застаёт своего супруга Думузи сидящим на троне в царских одеждах. На него она и устремляет «взгляд смерти». Думузи обращается к Уту с мольбой о помощи, бежит, сообщив место своего убежища только сестре *Гештинанне* и неизвестному «другу» (часть мифа восстанавливается по тексту «В жалобах сердца», или «Сон Думузи»). Думузи преследуют демоны *гала*, неумолимо требующие исполнения законов подземного мира. Гештинанна не выдаёт его, хотя она подвергает её мучительным пыткам. Друг, подкупленный гала, открывает им место убежища Думузи, тот бежит дальше, Уту превращает его в газель (или ящерицу), но в конце концов демоны всё же настигают его и разрывают на части. Гештинанна готова сойти в подземный мир за брата, но И., которой дано быть судьёй, изрекает свой приговор: «полгода — ты, полгода — она», т. е. Гештинанна и Думузи должны поочерёдно делить свою судьбу в подземном мире.

В. К. Афанасьева.

ИНАПЕ́РТВА, в мифологических представлениях аборигенов-тасманийцев существа, жившие на земле до людей. И. напоминали людей по силуэту фигуры, имели лишь общее очертание лица, у них не было конечностей. И. ничем не отличались друг от друга, не обладали разумом. Спустившиеся с небес два духа вырезали для И. руки, ноги, пальцы, половые органы, черты лица и дали им разум.

М. С. П.

ЙНАРИ, в японской мифологии божество пищи, «пяти злаков». Культ И. поглотил древний культ Ука-но митама — «бога — священного духа пищи», рождённого *Сусаноо* и Каму-Оити — «божественной девой из Оити» («Кодзики», «Нихонги»). Культ И. широко распространён среди японцев, прежде всего как связанный с земледелием. С развитием торговли и денежного обращения это божество стало широко почитаться и среди горожан как приносящее удачу в торговых делах, обогащение. С И. связан народный культ лисы, считающейся его посланцем или даже воплощением. Празднества в честь И. устраиваются в феврале, когда совершаются моления об обильном урожае (в деревнях в это время выставляются красные флаги в честь «пресветлого бога И.»), или осенью, в октябре — ноябре, как праздник урожая.

Е. П.

ИНА́Х, в греческой мифологии бог одноимённой реки Инах в Аргосе и аргосский царь. И.— сын *Океана* и *Тефиды*, отец Форонея — первого человека в Пелопоннесе (Apollod. II 1, 1), *Ио* — возлюбленной Зевса, *Аргоса*, стража Ио (II 1, 3). По преданию, в споре Посейдона и Геры отдал предпочтение богине и построил ей в Аргосе храм. С тех пор разгневанный Посейдон каждое лето высушивает русло реки И., затем река пополняется дождями (Paus. II 15, 5).

А. Т.-Г.

ИНВА́Н (кит. Женьван, «человеколюбивый царь»), в корейской мифологии добрые буддийские божества дварапала, хранители врат. Первоначально И. было общим названием для правителей государств, что проповедовал будда *Шакьямуни*. Скульптурные изображения И., обычно в образах *Индры* и *Брахмы*, помещались у ворот больших буддийских храмов (например, в пещерном храме Соккурам в Силла, 8 в.) для изгнания демонов и охраны буддийской веры.

Л. К.

ИНГ, в германской мифологии божество, которое, по-видимому, тождественно скандинавскому Ингви-Фрейру (см. в ст. *Фрейр*); считалось родоначальником одной из трёх племенных групп германцев — ингевонов.

Е. М.

ИНДИГЕ́ТЫ, в римской мифологии группа богов. Либо почитались вместе с другой группой — новенсидами (или новенсилами), либо как исконно римские боги им противопоставлялись (как богам новым). Характер этих групп был неясен самим римлянам. И. толковали как богов, входивших в совет Юпитера, как хранителей отдельных городов (Serv. Verg. Aen. XII 794; Georg. I 498). Иногда они именовались «отечественными богами И.», хранящими Рим вместе с Ромулом и Вестой (Verg. Aen. I 498—499). И. трактовались также как боги, которых призывают и умоляют (на основании сопоставления с жреческими книгами — индигитаментами, содержавшими перечень богов, призываемых в тех или иных случаях), или боги, не имеющие собственных имён (ср. *пенаты* или *лары*) (Serv. Verg. Aen. XII 794; Georg. I 498). Наиболее вероятно отождествление И. с обожествлёнными людьми — героями, почитавшимися обычно в определённой ограниченной местности. Эней почитался под именем Юпитера И. как бог (Liv. I 2, 6; Serv. Verg. Aen. I 259) или, по греческой версии, ему соорудили героон как отцу и богу — хранителю этого места (Dion. Halic. I 64, 5). Эпитет И. носил сабинский бог солнца Соль, по некоторым предположениям как родоначальник сабинян. Возможно, И. были обожествлённые предки-родоначальники, хотя ряд исследователей отрицает наличие в Риме культа предков.

Е. Ш.

ЙНДРА (корень слова, вероятно, обозначал силу, плодородие), в древнеиндийской мифологии бог грома и молнии, глава богов, позднее — локапала (см. *Локапалы*). Верховное положение И. отражено в эпитетах «царь богов» и «царь всей вселенной» (III 46, 2; VI 46, 6). Помимо этого, у И. эпитеты: «асура», «царь», «добрый», «властитель», «самодержец», «вседержитель», «щедрый», «даритель», «друг», «пьющий *сому*», «обладающий *ваджрой*», «держащий ваджру в руке», «сын силы», «растущий», «усиливающийся», «полководец, сопровождаемый *марутами*», «стоящий на колеснице», «убийца *Вритры*» и т. д. И. поборол богов (IV 30, 5), и они его страшатся (V 30, 5). И. воплощает прежде всего воинскую функцию. Он рождён для битв, мужествен, воинствен, победоносен; он — бог битвы, участвует в многочисленных сражениях против демонов или против чуждых ариям племён. И. сокрушает крепости, разбивает их, захватывает и распределяет трофеи. Число его врагов уже в ведах огромно (среди них *Арбуда*, *Аю*, *Дану*, *Даса*, *дасью*, Дрибхика, Кутса, *Намучи*, Пипру, *Шамбара*, *Шушна* и многие другие). Сражающиеся стороны взывают к И., прося победы, славы и добычи. Вместе с тем воинские подвиги И. получают и космогоническое истолкование. Он порождает солнце, небо и зарю, укрепляет солнце и срывает диск солнца, гонит его (глаз И.— солнце), сражается с демоном Вритрой за солнце, с помощью солнца покоряет враждебные племена; освобождает реки и воды, которые бегут от него в страхе, пробивает каналы, повелевает потоками; победа над Вритрой приравнивается к победе космического динамического начала над косным хаосом, а результаты победы — к устроению ведийского мира широких пространств. Вместе с тем И. связан и с плодородием. И. приносит процветание, урожай, долголетие, мужскую силу, богатство, скот. По отношению к человеку, к ариям в особенности, И. дружелюбен, щедр и благ, всегда готов прийти на помощь. Неоднократно подчёркивается роль И. как вдохновителя певцов. Нередко упоминаются чудесные поступки И., в частности его превращения (напр., в муравья, РВ, I 51, 9, или в конский волос, I 32, 12), его многоформенность.

И. принадлежит к числу наиболее антропоморфных богов древнеиндийского пантеона. Подробно описывается его внешний вид [части тела, лицо (в частности, борода), одежда, голос, рост, возраст], его свойства (гнев, ярость, сверхсила, храбрость, острый ум, искусность, в частности он мудр и всезнающ, он мастер и т. п.), его необычайное рождение (мать не хотела производить его на свет) и многие факты его жизни, его родословная. Имя матери И. в «Ригведе» не называется, в «Атхарваведе» она названа Экаштака и её отождествляют с Ратри («ночью»); в эпосе И.— сын *Адити* (седьмой; тогда как в «Ригведе» он назван четвёртым из *адитьев*). В качестве отца выступает то *Дьяус*, то *Тваштар*, то *Праджапати* (в брахманах И. нередко младший его сын); иногда же говорится, что боги сами создали И. Женой И. называют то Индрани, то Шачи, то Пауломи (в «Атхарваведе» — Прасаха и Сена). Братом-близнецом И. был *Агни* (РВ VI 59, 2), иногда *Пушан* — брат И. (VI 55, 5), как и Тваштар. Многочисленными примерами засвидетельствованы связи И. с другими богами (с некоторыми из них он даже отождествляется, ср. Сурью и Савитара, Парджанью), особенно с Сомой, Агни, марутами, но и с адитьями, Ашвинами, Пушаном, Ушас, Ватой, Ваю, Трита Аптьей и др. По числу связей такого рода и их характеру (конкретность, подробность, многообразие и т. п.) И. занимает совершенно особое место, по крайней мере в ведийский период. Но и в эпосе И. обрастает новыми связями.

В послеведийский период значение И. заметно падает. Существенно меняются некоторые функции И. В частности, совсем оттесняется космогоническая роль И., усиливается его роль как вождя военной дружины. В эпосе И. как божество, связанное с дождём и плодородием, предельно сближается с Парджаньей вплоть до параллелизма их. Образ И. используется в ритуале вызывания дождя (ср. эпизод в «Махабхарате» и «Рамаяне», где по просьбе царя Ломапады подвижник Ришьяшринги добивается, чтобы И. пролил дождь). Новым по сравнению с ведийским периодом является то, что И. становится одним из хранителей мира — локапал. Брахма дарует ему власть над востоком; слон И. *Айравата* охраняет эту страну света. И. помогают адитьи, апсары, гандхарвы, сиддхи и д. В «Махабхарате» подробно описывается царство И., его тысячевратный град Амаравати, дворец, где И. восседает со своей супругой Шачи. Вместе с тем И. утрачивает своё всемогущество: он не раз терпит поражение от мудрецов и даже от демонов; его нередко унижают, и почтение к нему вызывает известное сомнение. Уже в «Ригведе» есть некоторые признаки двусмысленности в образе И.: он убивает своего отца, у его матери сложное отношение к нему; он разбивает повозку Ушас, и она в страхе бежит от него; маруты ропщут на И. за то, что он съел их жертву.

С И. связано наибольшее число мифов. Центральным сюжетом является поединок И. с демоном Вритрой (РВ I 32 след.). Ваджрой, изготовленной Тваштаром, И. поражает Вритру, по членам Вритры текут воды, которые раньше были скованы. По другим версиям, речь идёт об освобождении не только вод, но и коров, скрытых в пещере. В ряде гимнов «Ригведы» содержатся фрагменты мифа о поединке И. с демоном-змеёй Шушной. Аналогичные сюжеты связывают в «Ригведе» И. с Шамбарой, Пипру, Намучи, Эмушей и др. (демон Эмуша в виде вепря похищает у богов зерно для жертвоприношения и собирается варить кашу, но в этот момент И. поражает его стрелой. Можно реконструировать и некоторые другие сюжеты с участием И. Среди них — битва 10 царей, окруживших войско царя племени тритсу Судаса, которому пришёл на помощь И. (VII 18); принесение орлом божественного напитка сомы для И., благодаря чему он смог победить Вритру (IV 18); сюжет, в котором участвуют И., его жена и обезьяна Вришакапи со своей женой (X 86) и т. п. В послеведийский период старые мифы претерпевают заметные изменения. Так, в мифе о поединке с Вритрой в эпических версиях устраняется космогонический аспект, сам И. антропоморфизируется, вводятся новые персонажи или новые имена (Вишну, Шива, Вишварупа), новые мотивы и детали. Вритра проглатывает И.; выбравшись, И. вторично терпит поражение, пока ему не приходит на помощь Вишну («Махабхарата»); И. сам распарывает брюхо Вритре и выходит наружу («Бхагавата-пурана»); И. покрывает своё оружие пеной; И. посылает марутов («Тайттирия-брахмана») или Ваю (Шат.-бр. IV) на разведку; И. расчленяет Вритру надвое: одна часть становится луной, другая — чревом живых существ; за убийство Вритры или Вишварупы, которые были брахманами, И. оказывается в изгнании. В брахманах и эпосе получают дальнейшую обработку некоторые сюжеты о поединках И. Так, И. побеждает *Намучи*. И. убивает демона Пуломана, и его дочь Шачи, бежавшая от жестокого отца, становится женой своего избавителя; И. побеждает злого исполина Джамбху и т. п. Из преимущественно эпических сюжетов выделяются следующие: И. пытается соблазнить Ручи, жену *риши* Девашарманы, но терпит поражение (Мбх. XIII). И. соблазняет Ахалью (V). И. возвращает Тару, похищенную Сомой, её мужу Брихаспати (Вишну-пур. IV). И. снова становится царём богов после свержения Нахуши (Мбх. V, XIII). И., завидуя Ашвинам, соратникам мудреца Чьяваны по сому, пытается его убить, но Чьявана создаёт чудовище Мада (опьянение), чтобы покарать И.; И. в страхе бежит; смилостивившись, Чьявана прощает И. и расчленяет Маду (Шат.-бр. IV, Джайм.-бр. III, Мбх. III и др.). И. помогает Кадру и её сыновьям спастись и достичь чудесного острова (им грозил жар солнца, И. покрыл небо тучами и излил дождь); И. надсмеялся над валакхильями (мудрецами величиной с палец) и они предсказывают ему поражение от птицы *Гаруды*; Гаруда побеждает И. и захватывает сосуд с *амритой*, который И. всё-таки возвращает себе (Мбх. I). И. обманом побеждает Прахладу, сына царя асуров Хираньякашипу: по совету Брихаспати И. в облике брахмана просит у Прахлады его добродетель, и благочестивый царь не может отказать брахману. Это даёт И. возможность одолеть Прахладу («Махабхарата», «Вишну-пурана»). При пахтанье океана И. получает чудесного коня Уччайхшраваса, слона Айравату и сказочное дерево Париджату (Мбх. I; Вишну-пур. I, «Рамаяна» и др.). В сказании об *Яяти* И. подменяет одежду купающихся девушек и задаёт роковой вопрос Яяти, после ответа на этот вопрос Яяти лишается права пребывать в небесном царстве И. (Мбх. I). У И. появляется 1000 глаз, которыми он смотрит на красавицу Тилоттаму (Мбх. I). И. пытается помешать царю Марутте совершить жертвоприношение (Мбх. XIV). И. превращается в павлина из страха перед встречей с царём *ракшасов* Раваной («Рамаяна»), И. воюет с Раваной и его сыном Механдой (*Индраджитом*); он побеждён Мегханадой, который увозит его на своей колеснице; Брахма с богами отправляются на остров Ланка и уговаривают сына Раваны отпустить И. («Рамаяна»). И. за совершение царём Бхангасваной неугодного ему жертвоприношения превращает его в женщину, сеет раздор между сыновьями Бхангасваны, которые в битве убивают друг друга, но, узнав о добрых намерениях Бхангасваны, И. воскрешает его сыновей (Мбх. XIII). И. дарует Явакри совершенное знание вед, но тот не выдерживает испытания (Мбх. III). И. посылает апсару Менаку, чтобы она соблазнила *Вишвамитру* и отвлекла его от подвижничества, которое может лишить И. власти (Мбх. I, Рам. I). Опасаясь, что сыновья *Сагары* сравнятся с И. в могуществе, И. похищает их жертвенного коня (Мбх. III, Рам. I). И., превратившись в сокола, и Агни, превратившись в голубя, испытывают праведность царя Ушинары; Ушинара, желая спасти голубя от преследований сокола, срезает куски мяса с собственного тела, чтобы накормить своим мясом сокола; убедившись в добродетельности Ушинары, И. предсказывает ему вечную славу (Мбх. III). И. уничтожает в битве сыновей *Дити* дайтьев, терпит поражение от её сына Ваджранги, но затем похищает его жену. Сын Ваджранги Тарака отправляется вместе с асурами на битву с И. и одерживает победу. Униженные боги, возглавляемые И., просят Брахму помочь им, и тот даёт совет женить Шиву на Уме: родившийся у них сын погубит Тараку. В ряде сюжетов И. выступает в тесной связи с Шивой или Вишну (ср. историю разрушения крепости асуров Трипуры или восхождения Арджуны на небо). Образ И. в поздний период развития древнеиндийской мифологии нашёл отражение и в иконографии.

Древнеиндийский И. соотносится с образом индоевропейского бога грома; само имя находит ближайшее соответствие в названии древнеиранского дэва, эпитет И. «Вритрахан» — «убийца Вритры», отражён в имени авестийского божества войны Веретрагны; имя божества (Индара) было ещё раньше митаннийским ариям. Слав. jędrъ, «ядрёный», «обладающий силой особого свойства», родственно И.   *В. Н. Топоров.*

ИНДРАДЖИТ («победитель Индры»), М е г х а н а́ д а («громогласный»), персонаж древнеиндийского эпоса «Рамаяна», сын царя *ракшасов* Раваны и Мандодари (дочери *асуры Майи*). И. сохраняет архаические черты колдуна, он владеет дарованным ему *Шивой* магическим искусством *майи* и, в частности, способностью становиться невидимым. Во время войны Раваны с богами на небе И. с помощью майи победил царя богов *Индру* (отсюда и его имя — Индраджит, сменившее прежнее — Мегханада), связал его и доставил пленником на остров Ланка, но затем отпустил по просьбе *Брахмы*. Использует искусство майи И. и в сражении ракшасов с войском *Рамы* под стенами Ланки. Ему удалось, став невидимым, ранить стрелами Раму и *Лакшману*, но их излечил *Хануман*. В конце сражения И. был убит в поединке Лакшманой.   *П. Г.*

ЙНДРИК-ЗВЕРЬ, в русских легендах «всем зверям отец», персонаж *Голубиной Книги*. И. — искажённое название *единорога* (варианты «инорог», «инрок»). При этом И. описывается с двумя, а не с одним рогом. И. приписывались свойства других фантастических образов средневековой книжной традиции — царя вод, противников змея и крокодила — «онудра» (выдры) и ихневмона, сказочной рыбы «еньдроп». Согласно русскому фольклору Индрик — подземный зверь, «ходит по подземелью, словно солнышко по поднебесью»; он наделяется чертами хозяина водной стихии, источников и кладязей. И. выступает как противник змея.   *А. Ч.*

ИНКАРРИ́ («инка-царь»), в мифологии кечуа демиург. И. родился от солнца и дикой женщины; он создаёт всё, что есть на земле. Чтобы успеть завершить творение, И. запирает ветер в пещере и привязывает солнце к вершине холма. [Последнее, возможно, является осмыслением обсерваторий — интиуатана («место, где привязано солнце») в развалинах инкских городов.] Бог (вариант — король) испанцев взял И. в плен и отрубил ему голову, которая живёт под стражей в Лиме или в Куско, тело же похоронено, но когда-нибудь голова и туловище воссоединятся, и в этот день И. возглавит страшный суд.   *С. Я. С.*

ЙНКУ́БЫ (от лат. incubare, «ложиться на»), в средневековой европейской мифологии мужские де́моны, домогающиеся женской любви, в противоположность женским демонам — суккубам (succubus, от лат. succubare, «ложиться под»), соблазняющим мужчин. По толкованиям некоторых христианских теологов, И. — падшие ангелы. От И. могла зачать спящая женщина. Иногда они принимали человеческий облик и имели потомство; от браков с И. рождались уроды или полузвери. Обычно напарницами И. были *ведьмы* или жертвы их колдовства; И. особенно преследовали монахинь, суккубы — отшельников и святых.   *М. Ю.*

ИНМА́Р, в удмуртской мифологии верховный бог, демиург. Родствен другим демиургам финно-угорской мифологии — *Ену*, возможно, *Ильмаринену* и др. И. — творец всего хорошего и доброго в мире — противостоит своему брату *Керемету* (Луду, или шайтану), создателю зла, по др. вариантам — «хозяину» воды Вукузё. По велению И. Керемет достал со дна мирового океана землю, принеся её во рту, часть земли выплюнул, часть — утаил. Когда вся земля по воле И. стала разрастаться, Керемет вынужден был выплюнуть остальное, отчего на ровной поверхности суши возникли горы (ср. *Нуми-Торума* и *Куль-отыра* у обских угров). И. сотворил также растения и животных. В удмуртских антропогонических мифах И. творит сначала великанов-алангасаров; по др. варианту, возникшему под влиянием христианской мифологии, И. сотворил первого человека Урома (букв. «друг») из красной глины и поселил его в прекрасном саду, плодами которого человек должен был питаться. Довершив творение, И. послал Керемета проверить, всё ли хорошо на сотворённой земле, и Керемет увидел Урома скучающим. Узнав об этом, И. велел Керемету научить Урома делать кумышку — напиток, разгоняющий скуку, но и это не развеселило человека. Когда Керемет рассказал, что человек по-прежнему тоскует, И. обвинил брата в лжи, в ответ на что тот плюнул богу в лицо, и это послужило началом их вечной вражды (по народным поверьям, И. преследует своего противника, метая в него молнии, а тот прячется в деревьях и т. п., издеваясь над богом). Когда И. сам удостоверился, что Уром скучает, тот поведал богу, что ему нужна жена. И. сотворил женщину и наказал Урому в течение года не пить кумышки, уже осквернённой Керемет. Керемет, однако, вселил любопытство в женщину (за что был проклят Инмаром), и та отпила напитка, угостив и мужа: в кумышку Керемет поместил смерть и грехи; падшие люди были изгнаны из рая, и род человеческий сгинул, т. к. И. запретил им размножаться.

По другим вариантам мифа, И. устроил потоп после грехопадения: затем он сотворил ещё несколько пар людей из красной глины, приставив к каждой паре собаку, чтобы она оберегала людей от Керемета. Существует миф, где во вторичном космогоническом акте участвуют уже не бог и его антагонист, а два человека, уцелевших после потопа; И. велел им сеять землю: один сеял хорошо и ровно, днём, другой — плохо, ночью, отчего на земле горы и т. п. Человек просил для житья половину созданной земли; И. исполнил просьбу, но в отместку за жадность выпустил из отверстия от воткнутого в землю кола вредных тварей (по другим вариантам, это сделал Керемет: ср. такое же деяние *Омоля*). Когда люди стали самостоятельно жить на земле, И. поселился на небе (на солнце). Его молят о хорошей погоде и урожае, на которые влияет также его мать — Му-Кылчин, богиня плодородия. Образ И., по-видимому, сливался в представлениях удмуртов с образом другого благодетельного божества — *Кылдысина*, откуда двойное наименование И. в молитвах — Инмар-Кылчин.

ИНО́, в греческой мифологии одна из дочерей *Кадма*, вторая супруга беотийского царя *Афаманта*, мачеха *Геллы* и Фрикса (пыталась их погубить, поэтому они бежали от её преследований в Колхиду). И. вместе с Афамантом взяла на воспитание младенца *Диониса*, сына своей погибшей сестры *Семелы*, и всюду провозглашала его божественность. За это ревнивая Гера наслала безумие на супругов: Афамант убил одного из своих сыновей, а И., спасая другого сына *Меликерта*, бросилась с ним в море, где была превращена в благодетельное морское божество по имени Левкофея, а её сын стал божеством по имени Палемон (Ovid. Met. IV 416—431, 494—541). Оба они помогают морякам и терпящим бедствие путникам (напр., Одиссей был спасён в бурю И.— Левкофеей; Hom. Od. V 333—353). В Риме И. почиталась под именем *Матер Матута*, а Палемон как *Портун*, помогающий морякам благополучно достичь гавани. Имя И. указывает на её догреческое происхождение. В мифе об И. прослеживаются сказочные мотивы о злой мачехе. *А. Т-Г.*

ИНО́ («человекорыба»), в корейской мифологии русалка — подводная ткачиха, обитающая в Восточном (Японском) море около о-ва Чеджудо. У И. 6—7 длинных ног, но голова и туловище человечьи; нос, уши, руки-плавники покрыты белой кожей без чешуи; хвост тонкий и длинный, как у лошади. И. без устали ткёт. Детёнышей кормит грудным молоком, а когда кто-нибудь её поймает, льёт слёзы, из которых образуются жемчужины. Видимо, восходит к кит. Жэньюй, будто бы обитающему в южных морях (см. «Записки о духах», 5 в.). Этот персонаж встречается и у других народов Дальнего Востока. *Л. К.*

ИНТИ, в мифологии кечуа солярное божество, олицетворявшееся солнечным диском, тройственное в едином лике, под тремя именами: А п у И. («господин-солнце»), Ч у р и И. («сын-солнце») и У а́ к е И. («брат-солнце»). Это отражало принятую кечуа систему родства, по которой ближайшими родственниками человека считались брат и сын. Первоначально И. был связан с тотемным почитанием птицы (к 16 в. птица играла лишь роль вестника солнца). Верховный инка считался сыном солнца. *С. Я. С.*

ИНУ́А («человек», «лицо»), в мифах эскимосов духхозяин или дух-хранитель. И. есть у скал, озёр, мысов и др. особенностей местности, направлений ветра, и др. состояний человека и животных. И. может иметь вид маленького человечка с деформированными чертами лица или маленькой копии того предмета или животного, духом которого является. В мифах нередко рассказывается о встречах с животными, принявшими облик людей, т. е. И. этих животных. *А. Ф.*

ИНЧЖО́У, в древнекитайской мифологии священный остров — гора, где живут бессмертные, своеобразный вариант даосского рая (наряду с двумя другими аналогичными островами — горами *Пэнлай* и Фанчжан). Согласно «Запискам о десяти сушах посередь морей» (4—5 вв.), И. находится в Восточном море, удалённом от западного берега и местности Куйцзи (провинции Чжэцзян) на 700 тысяч ли. На нём растёт чудесная трава бессмертных — сянь-цао, из нефритовой скалы вытекает вода, по вкусу напоминающая вино и дающая людям долголетие. *Б. Р.*

ИНШУШИНА́К [«владыка Суз» (?)], в эламской мифологии покровитель Суз, владыка царства мёртвых, бог клятвы. Супруг Ишникараб — богини клятвы, принимающей усопших в преисподней. В Сузах наряду с богом Наххунте считался защитником правосудия. Во 2—1-м тыс. до н. э. почитался как один из главных богов пантеона (в тексте 13 в. вместе с Хумпаном назван повелителем богов). Правители Элама обычно называли себя «любимыми слугами» И. В надписи 8 в. до н. э. говорится о законах, установленных И. и царём Шутрук-Наххунте II. *М. Д.*

ИНЫ́ЖИ, в адыгских мифах великаны, полулюди-полуживотные с одной или многими головами, с одним или несколькими глазами. Они обитают в пещерах, горах, в крепости. В центре многих сюжетов нартского эпоса — борьба героя с И. В сказании о *нарте Сосруко* один из И., обладающий незаурядной физической силой и магическим мечом, похищает у нартов огонь. Сосруко удаётся одолеть иныжа и вернуть огонь нартам. К числу героев, побеждающих И., относятся «маленький плешивец» Куйцык и Хагур (ослепивший И. в его пещере и выбравшийся из неё, уцепившись за густую шерсть барана). Согласно некоторым мифам, И. используются в качестве рабочей силы карликовым племенем *испы*. И. соответствуют абх. *аду*, осет. *уаиг*. *М. М.*

ИНЬ И ЯН, в древнекитайской мифологии и натурфилософии тёмное начало (инь) и противоположное ему светлое начало (ян), практически выступающие всегда в парном сочетании. Первоначально инь означало, видимо, теневой (северный) склон горы. Впоследствии при распространении бинарной классификации инь стало символом женского начала, севера, тьмы, смерти, земли, луны, чётных чисел и т. п. А ян, первоначально, видимо, означавшее светлый (южный) склон горы, соответственно стало символизировать мужское начало, юг, свет, жизнь, небо, солнце, нечётные числа и т. п. К числу древнейших подобных парных символов относятся раковины-каури (женское начало — инь) и нефрит (мужское начало — ян). Предполагают, что в основе этой символики лежат архаические представления о плодородии, размножении и о фаллическом культе. Эта древнейшая символика, подчёркивающая дуализм мужского и женского начал, получила иконографическое выражение на древних бронзовых сосудах в виде фаллосообразных выступов и вульвообразных овалов. Не позднее чем с эпохи Чжоу китайцы стали рассматривать небо как воплощение ян, а землю — инь. Весь процесс мироздания и бытия рассматривался китайцами как результат взаимодействия, но не противоборства инь и ян, которые стремятся друг к другу, причём кульминацией этого считается полное слияние неба и земли. Система И. была основой древнего и средневекового китайского мировоззрения, широко использовалась даосами и в народной религии для классификации духов, при гаданиях, предзнаменованиях и т. п. Графическое изображение И. и Я. обычно в виде двух вписанных в круг каплеобразных запятых, напоминающих головастиков или рыб, причём каждой из них заметна точка другого цвета — символ зарождения ян внутри инь и инь внутри ян. *Б. Л. Рифтин.*

ИО́ («высшее существо»), у маори бог, создатель всего живого, родоначальник всех людей, хранитель мудрости. Наделяется именами «незримый», «извечный», «бог любви». Судя по эпитетам, поздней фиксации имени И. (кон. 19 в.), абстрактности образа, представления об И. складывались под влиянием христианства. *М. С. П.*

ИО́, в греческой мифологии дочь аргосского царя *Инаха*. Возлюбленная *Зевса*. Опасаясь гнева ревнивой *Геры*, Зевс превратил И. в белоснежную тёлку, но Гера потребовала её себе в дар и приставила к ней стражем Аргоса, убитого по воле Зевса Гермесом. После этого И., мучимая оводом, насланным Герой, странствовала по Греции, Азии, Египту, где приняла свой прежний вид и родила от Зевса сына *Эпафа* — родоначальника героев (Данай, Египет, Даная, Алкмена, Персей, Амфитрион, Геракл и др.). Согласно Аполлодору (II 1, 3), почиталась в Египте под именем Исиды. Во время своих странствий И. встретила прикованного к кавказским скалам Прометея, предрекшего великую будущность потомкам И. и Зевса (Aeschyl. Prom. 589—876).

А. Т.-Г.

ИОАКИ́М И А́ННА, в христианском предании родители девы *Марии*, чета ближайших предков *Иисуса Христа* (церк.-слав. «богоотцы»). В канонических новозаветных текстах И. и А. не упоминаются (евангелисты в соответствии с иудейской традицией сакрального права заинтересованы исключительно в генеалогии Христа со стороны Иосифа Обручника, т. е., строго говоря, как бы в легальной фикции). Первоисточник многочисленных легенд об И. и А. — раннехристианский апокриф «Рождество Марии», возникший ок. 200 (по-видимому, в Египте) и получивший впоследствии название «Протоевангелие Иакова». По преданию, Иоаким происходил из колена Иуды, из царского и мессианского рода *Давида* (будучи, т. о., родичем Иосифа Обручника), а Анна — из колена Левия, из священнического рода *Аарона*; в их браке соединилось наследственное преемство царского и священнического сана. Тот и другой сан получали утверждение в их личной праведности ветхозаветного типа; будучи людьми состоятельными, они треть своих доходов отдают на жертвоприношения и пожертвования в Иерусалимский храм, треть — на дела милосердия, и только треть оставляют себе. До преклонных лет, несмотря на все их молитвы, им было отказано в потомстве. Когда Иоаким в очередной раз явился в храм с жертвой, его оттолкнули на том основании, что его бездетность — очевидный знак отверженности, а значит, и его жертва неугодна богу. Глубоко удручённый старец ушёл из дому и жил с пастухами, в долгих жалобах оплакивая своё бесплодие среди общего плодородия природы (образец для многочисленных жалоб на бездетность в средневековой литературе, в том числе и русской), пока ангел не велел ему возвращаться к жене, обещав рождение младенца; то же обещание получила на молитве и Анна. Радостная встреча постаревших супругов у Золотых ворот Иерусалима — излюбленная тема живописи средних веков и Возрождения. И. и А. три года воспитывают поздно родившуюся дочь (византийская иконографическая традиция знает изображение этой четы, склонившейся над Марией, которая делает свой первый шаг, — мотив, имеющий соответствие в том же апокрифе), а затем по обету посвящают её богу и отдают в храм.

Для христианской догматики и культа отношения И. и А. — воплощение наиболее полной чистоты в браке, выражение христианской мистики брака, отмеченного печатью чуда (в католицизме в 19 в. оформился особый догмат о непорочном зачатии девы Марии в браке её родителей). *С. С. Аверинцев.*

ИОА́ННЪ БОГОСЛО́В («Яхве милостив»), Евангелист Иоанн, в христианских религиозно-мифологических представлениях любимый ученик Иисуса Христа, наряду с *Петром* занимающий центральное место среди *двенадцати апостолов*; по церковной традиции, И. Б. — автор четвёртого Евангелия (Евангелие от Иоанна), трёх посланий и Апокалипсиса («Откровение Иоанна Богослова»; в действительности эти сочинения являются сочинениями различных авторов).

И. Б. — сын галилейского рыбака Заведея («дар мой») и жены его Саломии, одной из мироносиц, младший брат (или брат-близнец?) Иакова Старшего; он был учеником *Иоанна Крестителя*, присутствовал при его словах об Иисусе («вот агнец божий») и после них пошёл за Иисусом (церковная экзегеза отождествляет его с тем, кто пристал к Иисусу вместе с Андреем Первозванным, Ио. 1, 35—40). Вместе с Петром и своим братом И. Б. присутствовал при воскрешении Христом дочери Иаира (Мк. 5, 37), а также при преображении Христа (Матф. 17, 1; Мк. 9, 2; Лук. 9, 28) и молении о чаше (Матф. 26, 37; Мк. 14, 33). Вместе с братом И. Б. получил от Христа (Мк. 3, 17) прозвище Воанергес, т. е. «сыны громовы» (наличие и характер предполагаемой некоторыми исследователями связи с мифологическим мотивом близнецов как сыновей грома проблематичны; в некоторых древних рукописях прозвище отнесено ко всем шести парам апостолов. По-видимому, однако, прозвище это имеет в виду присущую братьям яростную пылкость в том, что касается мессианских чаяний торжества и возмездия (так, когда самарянское селение отказывается принять Христа, братья хотят по примеру *Илии* свести на селение огонь с небес). Во время тайной вечери И. Б. «возлежал на груди Иисуса» (Ио. 13, 23; церковная традиция единодушно отождествляет И. Б. с учеником, «которого любил Иисус»); сам Пётр, не решаясь спросить Христа, к кому относится пророчество того о предателе среди учеников (*Иуде Искариоте*), просит И. Б. высказать этот непроизнесённый вопрос (13, 24—25). Предание отождествляет с И. Б. ученика (Ио. 18, 15), который вместе с Петром последовал за Христом после его ареста и, пользуясь старым знакомством, прошёл сам и провёл Петра во двор дома первосвященника Анны. Его твёрдость в эти часы представляет контраст робости и отчаянию других апостолов. Из всех апостолов об одном лишь И. Б. («ученике, которого любил Иисус», Ио. 19, 26) говорится, что он стоял на Голгофе у креста; умирая, Христос завещал И. Б. сыновние обязанности по отношению к деве Марии (позднейшие толкователи поясняли, что девственность И. Б. делала его особенно достойным хранителем девственности Марии и что в его лице Мариею были усыновлены все христиане, а прежде всего такие, как он, девственники). Впоследствии И. Б. был наряду с Иаковом Младшим и Петром одним из «столпов» иерусалимской первообщины (Гал. 2, 9). Таково общецерковное предание, предполагающее очень долгую жизнь И. Б. (более 100 лет, по некоторым версиям; — около 120); сохранились следы локального предания, по которому И. Б. был казнён вместе со своим братом. В преданиях рассказывается также, что во время царствования императора Домициана И. Б. был схвачен и сослан на остров Патмос, где, согласно Апокалипсису (1, 9), имел видения о конечных судьбах мира (отсюда популярная в живописи североевропейского Ренессанса иконография И. Б. как визионера на Патмосе, а также возможность для названия этого острова быть символом откровения, как в стихотворении Ф. Гёльдерлина «Патмос»). Согласно римской легенде, популярной в средневековой Европе, ссылке предшествовали истязания и попытки умертвить И. Б. у Латинских ворот Рима; однако ни яд (ср. обещание Христа: «и если что смертоносное выпьют, не повредит им», Мк. 16, 18), ни кипящее масло не смогли повредить святому (поэтому западное искусство часто изображало И. Б. с сосудом в руках, из которого исходит демон яда в виде змейки, а также в котле с маслом, под которым разложен костёр, — мотив, особенно характерный для северного Ренессанса и фиксированный в начале цикла гравюр А. Дюрера на темы Апокалипсиса). Различные легенды связаны с заключительным периодом жизни И. Б., который приурочивается к Эфесу. Согласно одной из них (рассказанной Климентом Александрийским, рубеж 2 и 3 вв.), И. Б. обратил в одном малоазийском городе некоего юношу, который, однако, затем поддался действию безудержных страстей и кончил тем, что стал главарём разбойников, уйдя в горы. И. Б., узнав об этом, отправился в горы, был схвачен разбойниками и приведён к главарю. Тот при виде И. Б. пустился бежать, но старец, напрягая все силы, гнался за ним и слёзно умолял покаяться; разбойник, тронутый этими мольбами, начал аскетические подвиги покаяния, и И. Б. разделял с ним подвиги и всячески утешал его. Таинственными легендами окружён конец жизни И. Б. Относящиеся к нему слова Христа «если я хочу, чтобы он пребыл, пока приду» (Ио. 21, 22) подавали повод полагать, что он, подобно *Еноху*, *Мельхиседеку* и Илие, чудесно сохранён для грядущего мученического подвига во времена антихриста (заранее увиденные им в откровении на Патмосе). Его прощание с людьми отмечено таинственностью мистерии: он выходит из дома с семью ближайшими учениками, ложится живым в могилу, обращаясь к ученикам: «привлеките матерь мою землю, покройте меня!» Ученики целуют его, покрывают землёй до колен, снова целуют, засыпают до шеи, кладут на лицо плат, целуют в последний раз и засыпают до конца. Когда узнавшие об этом христиане из Эфеса пришли и раскопали могилу, они нашли её пустой (ср. мотив пустого гроба в топике *воскресения* Христа). Однако на месте могилы каждый год 8 мая появлялся тонкий прах, имевший целительную силу. Представление о живущем в затворе до последних времён И. Б. литературно использовано в «Трёх разговорах» В. С. Соловьева (образ «старца Иоанна»).

Для христианской церкви И. Б. — прототип аскета-прозорливца, «духоносного старца», также как апостол Пётр — прототип христианского «пастыря», иерарха (в католичестве — папы). С именем И. Б. в теологии, литературе и иконографии (особенно православной) связаны таинственные, мистические мотивы. Византийские авторы прилагают к нему слово «мист» (термин, ещё в дохристианские времена означавший посвящённого в мистерию; ср. церк.-слав. «таинник»). Традиция подчёркивает девственничество И. Б., его особую аскетическую «освящённость» и посвящённость, делающие И. Б. более других лично близким Христу и пригодным для восприятия и возвещения особенно глубоких тайн веры (начало Евангелия Иоанна с учением о домирном бытии логоса и др.) и тайн будущего (Апокалипсис). Возлежание на груди Христа во время тайной вечери понималось как выражение предельно интимного общения мистика с богом. Если Пётр представлял экзотерическую, всенародную сторону христианства (исповедание веры, данное всем), то И. Б. — его эзотерическую сторону (мистический удел, открытый избранным). Отсюда значение образа И. Б. как для церкви, стремящейся дополнить «начало Петра» «началом И. Б.», так и для еретических, антицерковных течений (например, для гностиков 2 в., которые охотно освящали своё литературное творчество именем И. Б., или для катаров 11—13 вв.), полемически противопоставлявших начало И. Б. началу Петра.

С. С. Аверинцев.

ИОА́НН КРЕСТИ́ТЕЛЬ («Яхве милостив»), И о а́ н н П р е д т е́ ч а, в христианских представлениях последний в ряду пророков — предвозвестников прихода *мессии*, непосредственный предшественник *Иисуса Христа*. Новозаветное толкование (Матф. 11, 10; Мк. 1, 2) относит к И. К. ветхозаветные пророчества: «вот, я посылаю ангела моего, и он приготовит путь предо мною» (Малах. 3, 1); «глас вопиющего в пустыне: приготовьте путь господу, прямыми сделайте стези ему» (Ис. 40, 3). По распространённым представлениям, пришествию мессии должно было предшествовать или сопутствовать появление Илии, долженствующего помазать мессию и засвидетельствовать его мессианский сан; христианская традиция, относя всенародное явление Илии (вместе с Енохом) ко временам *антихриста* и второго пришествия Иисуса Христа (соответствующее истолкование: Апок. 11, 3—12) и говоря о тайном явлении Илии в момент преображения Христа (Матф. 17, 3; Мк. 9, 4; Лук. 9, 30), в целом передаёт функцию Илии во время первого пришествия Иисуса Христа И. К., выступившему «в духе и силе Илии» (Лук. 1, 17). Образ И. К. как аскета — пустынника, пророка, обличителя и «ревнителя» являет большое сходство с образом Илии, так что ему приходится специально отрицать своё тождество Илии (Ио. 1, 21). Чудесное зачатие И. К. было предвозвещено его родителям — ааронидам *Захарии и Елисавете* архангелом *Гавриилом*. О детстве И. К. в новозаветном повествовании сказано лишь, что он «был в пустынях до дня явления своего Израилю» (Лук. 1, 80), «имел одежду из верблюжьего волоса и пояс кожаный на чреслах своих, а пищей его были акриды и дикий мёд» (Матф. 3, 4); иудео-христианская традиция первых веков сближала дикий мёд (по-видимому, не пчелиный мёд, а какие-то истечения древесного сока) с *манной*. Ранневизантийская апокрифическая и агиографическая литература добавляет подробности о детстве И. К. в пустыне: Елисавета с младенцем бежит от воинов Ирода, их спасает расступившаяся по её молитве и затворившаяся за ними скала, после пяти месяцев ангел велит отнять младенца от груди и приучать его к акридам и дикому мёду и т. п. Выступление И. К. на всенародную проповедь датируется в новозаветном сообщении пятнадцатым годом правления Тиберия (Лук. 3, 1), т. е. 27 или 28 н. э. Апокрифическая традиция утверждает, что И. К. при этом было 30 лет — символический возраст полного совершеннолетия (ср. возраст Иосифа, «когда он предстал пред лице фараона», Быт. 41, 46; таким же обычно представляют возраст Христа при начале его проповеди). Речи И. К. — эсхатологическая весть: «покайтесь, ибо приблизилось царство небесное» (Матф. 3, 2; с этой же формулы начинается проповедь Христа, см. Матф. 4, 17; Мк. 1, 15). Над теми, кто принимает эту весть, И. К. совершает в реке Иордан тот обряд, по которому он имеет своё прозвище — «крещение покаяния для прощения грехов» (Мк. 1, 4; Лук. 3, 3). Это крещение имеет параллели в иудейском обиходе той эпохи, но отличается от очистительного омовения прозелитов тем, что совершается над иудеями, а от ежедневных ритуальных омовений ессеев (с которыми фигура И. К. имеет много общего) тем, что оно единократно и неповторимо. Последователи И. К. образуют общину («ученики Иоанновы»), в которой господствует строгий аскетизм (Матф. 9, 14). И. К. укоряет народ за самодовольную гордость своим избранничеством (Лук. 3, 8), особенно резко порицая фарисеев и саддукеев (Матф. 3, 7), как это будет делать Иисус Христос, и требует восстановления патриархальных норм социальной этики (Лук. 3, 11—14). В числе других к И. К. приходит ещё не известный народу Иисус Христос, чтобы принять вместе с другими крещение; И. К. всенародно свидетельствует о его мессианском сане (Ио. 1, 29; ср. Матф. 3; 13—17; Мк. 1, 9—11). Перед лицом Христа роль И. К., как он сам говорит об этом, чисто служебна: «ему должно расти, а мне умаляться» (Ио. 3, 30). Традиция не приписывает И. К. чудес (10, 41). Он стоит на рубеже Ветхого и Нового заветов, чем, согласно христианскому пониманию, определяется его величие и ограниченность этого величия. «Из рождённых жёнами не восставал больший Иоанна Крестителя; но меньший в царстве небесном больше его» (Матф. 11, 11). Сама его вера в мессианство Иисуса не свободна от неуверенности; уже в разгар проповеди последнего он задаёт ему через своих учеников вопрос: «Ты ли тот, который должен придти, или ожидать нам другого?» (Матф. 11, 2—3). Далеко не все ученики И. К. идут за Христом, и между их последователями возникает местами трения (Матф. 9, 14).

В качестве ревнителя праведности И. К. выступает с обличением Ирода Антипы, тетрарха (правителя) Галилеи, который отнял у своего брата жену Иродиаду и при жизни прежнего мужа женился на ней, грубо нарушив этим иудейские обычаи; Ирод Антипа заключает И. К. в темницу, однако не решается казнить, страшась его популярности (Матф. 14, 3—5; Мк. 6, 17—20). Однажды на пиру по случаю дня рождения тетрарха его падчерица Саломея (не называемая в евангелиях по имени) настолько угождает отчиму своей пляской, что тот обещает исполнить любую её просьбу; по наущению Иродиады Саломея просит голову И. К. Палач направляется в темницу, чтобы совершить казнь и по условию подаёт Саломее на блюде голову И. К., а та относит её для глумления Иродиаде;

тело И. К. погребают его ученики (Матф. 14, 6—12; Мк. 6, 21—29). О трансформации образа И. К. в исламе см. в ст. *Йахья*.

Западноевропейское средневековье знало пространную историю останков И. К., которая нашла отражение в иконографии (картина Гертгена тот Синт-Янса). Распорядок церковного культа использовал евангельские свидетельства о шестимесячном, т. е. полугодичном, интервале между рождеством И. К. и рождеством Иисуса Христа таким образом, что первое оказалось прикреплено к летнему, а второе — к зимнему солнцестоянию; под знаком Иисуса Христа солнце начинает «возрастать», под знаком И. К.— «умаляться» (своеобразная материализация слов И. К.: «ему должно расти, а мне умаляться»). Для церковных интерпретаторов (напр., католического агиографа 13 в. Иакова Ворагинского) солярная символика должна была оставаться служебным инструментом передачи теологической доктрины; но для фольклорной традиции И. К. и праздник его рождества сами приобретали солярные черты, сливаясь с языческой мифологией и обрядностью солнцеворота (в восточнославянском круге — с культами *Купалы*), до неузнаваемости изменяясь в контексте образности сезонно-обрядовых песен и присказок (в сербском фольклоре И. К. получает эпитет «Игритель», что мотивируется представлениями о троекратной остановке солнца в день его рождества).

Образ И. К. играет в православной традиции более важную роль, чем в католической. Православная иконография «Деисиса» (в русском народном переосмыслении «Деисуса») только И. К. даёт предельную (наравне с девой *Марией*) близость к Христу. Если католическая традиция воспринимает И. К. как пророка, правдивого свидетеля пришествия Христа и неустрашимого обличителя власть имущих, то православная наряду с этим подчёркивает в нём черты идеального аскета, пустынника и постника, эзотерику «ангельского чина» (в южнославянской, греческой и русской иконографии в связи с новозаветными представлениями об И. К. как об «ангеле» и ради акцентирования «монашеской» стороны его образа распространяется с 13 в. тип «И. К.— ангел пустыни», придающий ему широкие ангельские крылья; на Руси этот иконографический тип приобрёл популярность в 16—17 вв.). На Западе к этим чертам проявляли наибольшее внимание в русле традиции ордена кармелитов, воспринимавших И. К. (в согласии с православной традицией) как соединительное звено между ветхозаветной аскезой Илии и христианским созерцательным монашеством. В средневековой иконографии были широко распространены изображения И. К. с блюдом в руках, на котором лежит его голова, или с чашей, в которой находится агнец (позднее младенец). Трагические контрасты пиршества и казни, глумливой греховности и страждущей святости, вкрадчивой женственности и открытого палачества, присущие сюжету усекновения главы И. К., не раз привлекали живописцев и поэтов.

С. С. Аверинцев.

ИОВ, в иудаистических и христианских преданиях страдающий праведник, испытываемый *сатаной* с дозволения *Яхве*; главный персонаж ветхозаветной книги И. Страдающий праведник — центральный образ древних литератур Ближнего Востока (ср. вавилонскую поэму «О невинном страдальце», египетскую «Сказку о двух братьях» и др.). Судя по упоминанию в ветхозаветной книге Иезекииля (нач. 6 в. до н. э.), имя И. было наряду с именами *Ноя* и *Даниила* обозначением (на уровне ходячей поговорки) образцового праведника (Иез. 14, 14 и 20). Датировка книги И. неясна (5—4 вв. до н. э.?), а структура и становление текста в известном нам объёме представляют много нерешённых проблем; не исключено присутствие в составе книги более раннего материала и более поздних вставок (вероятно, речи Элиу, описания бегемота и левиафана и др.). Об И. сказано, что он был «прост, и праведен, и богобоязнен, и далёк от зла» (Иов 1, 1; здесь и ниже перевод автора, цитируется по книге «Поэзия и проза Древнего Востока», М., 1973); вначале возникает образ искренней истовости богатого патриархального главы рода, неуклонно блюдущего себя от греха и во всём поступающего как должно. Называется число его сыновей, дочерей, скота, причём всё время повторяются сакральные числа семь, три, пять, выражающие идею предустановленности, законосообразности, гармонической стабильности (1, 2—3). При встрече с сатаной Яхве спрашивает: «Приметило ли сердце твоё раба моего Иова? Ведь нет на земле мужа, как он» (1, 8). Сатана возражает, что благочестие И. корыстно, поскольку Яхве охраняет его благосостояние; едва этому будет положен конец, кончится и преданность И. богу. Яхве принимает вызов и позволяет сатане начать испытание, запрещая ему только посягать на саму личность И. (1, 12). Четыре вестника беды поочерёдно сообщают И. о гибели его ослов, овец и верблюдов вместе с пастухами и погонщиками, наконец, сыновей и дочерей (1, 14—19). И. раздирает на себе одежду, обривает главу в знак траура, повергается на землю и произносит слова, достойные его прежней истовости: «Господь дал, господь и взял — благословенно имя господне» (1, 21). Сатана снова предстаёт перед Яхве и предлагает распространить испытание на тело И., на его «кость» и «плоть» (2, 4—5). Яхве снова даёт согласие, требуя только, чтобы И. была сохранена жизнь, и сатана наводит на И. страшную болезнь (традиционно понимаемую как проказа); «и взял Иов черепок, чтобы соскребать с себя гной, и сел среди пепла» (2, 8). Вера И. в справедливый божественный миропорядок вступает в мучительный конфликт с его знанием о своей невинности (и невинности многих несчастных, на чьи страдания открываются его глаза; см. 3, 17—22; 24, 3—12), вплоть до сомнения в божественной справедливости. На один выход из этого конфликта указывает жена И.: «похули бога и умри» (2, 9). Противоположный выход предлагают трое друзей И. (их горячим, саркастическим спором занята большая часть книги И.— главы 3—31): если всякое страдание есть налагаемое богом наказание, то И. должен умозаключить от своего страдания к своей виновности. Но И. решительно возражает друзьям: «Или вы для бога будете лгать и неправду возвещать ради него, в угоду ему кривить душой, в споре выгораживать его?» (13, 7—8). После «докучных утешителей» (16, 2) в спор с И. вступает молодой мудрец Элиу (Элигу), переводящий проблему на иной уровень: страдание посылается богом не как кара, но как средство духовного пробуждения. Последнее слово в споре принадлежит Яхве, который вместо всякого рационалистического ответа забрасывает И. вопросами о непостижимом устройстве космического целого, не измеримого никакой человеческой мерой (главы 38—41; выделяется описание чудищ бегемота и левиафана, 40, 10—27; 41, 1—26). И. объявляет о своём смиренном раскаянии. Приговор Яхве признаёт правоту И. перед друзьями, говорившими о боге «не так правдиво» (42, 7), как он; Яхве соглашается помиловать друзей только по молитве И. (42, 8). После молитвы И. близкие приходят утешать И. и осыпать его дарами (42, 11). Яхве возвращает И. всё богатство в сугубой мере, у И. рождаются новые семь сыновей и три дочери (42, 13). В этом новом блаженстве И. живёт ещё 140 лет и умирает, «насытясь днями» (42, 16—17).

Земля Уц, названная родиной И., тождественна то ли арамейским областям на севере Заиорданья, то ли Хаурану, то ли Эдому; во всяком случае, И. по крови и географической локализации настолько близок к иудейско-израильской сфере, чтобы входить (вместе с прочими персонажами книги И.) в круг почитателей единого бога, насколько и далёк от этой сферы, чтобы являть собою тип «человека вообще», образец как бы «естественной» праведности.

В Септуагинте книга И. имеет приписку, в которой со ссылкой на «сирийскую книгу» сообщается, что первоначальное имя И.— Иовав (эдомитское имя?; ср. Быт. 36, 33), его родина — Авситида «на пределах Идумеи и Аравии»; даётся генеалогия И., восходящая в пятом колене через *Исава* к *Аврааму*.

В талмудической литературе И. служит предметом разноречивых суждений. По-разному определялось время книги И.— от времён Авраама, Иакова или Моисея до времён Эсфири. Высказывалось также мнение, что повествование о нём — притча («машал»). По одной из версий, И. своими силами познал Яхве, служил ему в благочестии, праведностью превзошёл даже Авраама; в талмудическом трактате Сота 35a сообщается, что его смерть оплакивалась всем народом Израиля. По другому мнению (резко противоречащему тексту книги), он был врагом Израиля — языческим пророком, посоветовавшим фараону приказать повитухам убивать всех новорождённых еврейских мальчиков; этим он будто бы и заслужил свои страдания (трактаты Сангедрин 106а и Сота 11а; такая роль сближает И. с *Валаамом*). Продолжительность испытания И. определяется Мишной в 1 год; поздненеиудейским грекоязычным апокрифом «Завещание И.» — в 7 лет; продолжительность всей жизни И.— 210 лет.

О трансформации образа И. в исламе см. в ст. *Айюб*. В европейском средневековье этот образ односторонне воспринимался как идеал примерной покорности.
С. С. Аверинцев.

ИОДА́МА, в греческой мифологии дочь Итона, внучка Амфиктиона, сестра Беота (Paus. IX, 1, 1), жрица Афины Итонии в храме, воздвигнутом её отцом. Войдя в храм, И. увидала перед собой Афину, на хитоне которой была голова горгоны. Взглянув на неё, И. окаменела. С тех пор жрица каждый день возлагает на жертвенник И. лампу, трижды произносит: «И. жива и просит огня» (Paus. IX 24, 2—3).
Г. Г.

ИОКА́СТА, в греческой мифологии фиванская царица, жена *Лая*, мать и затем жена *Эдипа*. После гибели Лая и освобождения Эдипом Фив от *Сфинкс* И. стала женой не узнанного ею собственного сына и матерью его детей. В «Царе Эдипе» Софокла И. сначала всячески старается успокоить супруга, оскорблённого непостижимым для него обвинением прорицателя *Тиресия*, будто он является убийцей Лая; однако, выслушав рассказ коринфского вестника и поняв, с кем она делила ложе, она молит Эдипа прекратить дальнейшее расследование, а затем уходит во дворец, где кончает жизнь самоубийством. Еврипид в «Финикиянках» изобразил И. пережившей ужасное открытие и пытающейся примирить враждующих между собой своих сыновей *Этеокла* и *Полиника*. Узнав о готовящемся братоубийственном поединке, она устремляется на поле боя и, застав сыновей при последнем издыхании, закалывает себя мечом над их телами (1427—59).
В. Я.

ИО́ЛА, в греческой мифологии дочь эхалийского царя Эврита, возлюбленная *Геракла* (Apollod. II 6, 1). Эврит обещал отдать И. в жёны тому, кто победит его и его сыновей в стрельбе из лука. Однако, когда Геракл одержал победу, Эврит попытался не исполнить обещания, и Геракл, убив его, силой захватил И. Жена Геракла *Деянира*, боясь, что И. займёт её место, по коварному совету кентавра Несса, послала Гераклу отравленный хитон. Умирая в страшных муках, Геракл обручил И. со своим сыном Гиллом (Apollod. II 7, 7; 8, 2).
М. Б.

ИОЛА́Й, в греческой мифологии сын брата Геракла *Ификла* и Автомедусы (Apollod. II 4, 11). И. был близким другом Геракла, возничим его колесницы и участником многих подвигов героя. Когда Геракл решил взять себе в жёны *Иолу*, он отдал И. свою прежнюю жену Мегару (II 6, 1). На лошадях Геракла И. одержал победу на Олимпийских играх (Paus. V 8, 3; Hyg. Fab. 273). Вместе с сыновьями Геракла И. отправился на Сардинию, где приобщил местных обитателей к греческой культуре и где впоследствии, как и в Фивах, существовал его культ (Paus. IX 23, 1; X 17, 5). На обратном пути в Грецию И. остановился в Сицилии, где тоже основал греческую колонию и удостоился почестей героя (Diod. IV 30). И. присутствовал при самосожжении Геракла и, не найдя в пепле костра костей друга, первый объявил, что герой взят на небо и должен быть причислен к богам (IV 38). И. был похоронен в могиле своего деда Амфитриона в Фивах, где в его честь были учреждены игры (Pind. Ol. IX 98).
М. Б.

ИОЛО́ФАТ, Иоло́фад, Ела́фад, Оло́фат, в мифах микронезийцев Каролинских островов небесный дух, сочетающий черты культурного героя и трикстера. И.— сын небесного духа (бога) и земной женщины (рождается из её головы). По одним версиям, отец И.— *Лугеиланг*, а его дед — Энулап, по другим — Энулап выступает отцом И., а Лугеиланг — его старшим братом. В поисках отца И. на столбе пара поднимается на небо; по неведению или из ревности убивает своего брата по отцу; вступает в борьбу с разгневанным отцом и побеждает его. В награду за силу или в качестве платы за сохранённую жизнь отца И. получает с неба для земли культурные растения, камни (которые на земле превращаются в скалы), пресную воду и рыб. Вернувшись на землю, И. силой или хитростью одолевает злых духов; обманывает людей.
М. С. П.

ИО́Н, в греческой мифологии афинский царь, сын *Креусы*. Отцом И. большинство источников называет выходца из Фессалии *Ксуфа* (Apollod. I 7, 3); Еврипид в трагедии «И.», следуя местному аттическому мифу, изображает дело таким образом, что подлинным отцом И. был Аполлон, овладевший Креусой в одной из пещер на склоне афинского акрополя. Родившегося от этой связи ребёнка незамужняя Креуса была вынуждена бросить в той же пещере, но Гермес по просьбе Аполлона перенёс его в Дельфы, где мальчик был воспитан жрицей и вырос при храме. Поскольку Креуса, выданная к тому времени за Ксуфа, оставалась бездетной, супруги пришли в Дельфы к Ксуфу, чтобы вопросить оракул о потомстве, Креуса, чтобы узнать о судьбе брошенного ребёнка. Ксуф получил ответ, что первый, кто ему встретится при выходе из храма, есть его сын, и этим первым оказался И., которого Ксуф призвал в Афины. Одновременно втайне от Ксуфа произошло взаимное опознание И. и Креусы, условившихся хранить в секрете происхождение И. Разные варианты предыстории воцарения И. в Аттике сходятся в том, что по имени И. как жители самих Афин, так и переселившиеся оттуда в Малую Азию (Ионию) стали называться ионянами и что к И. восходит древнейшее деление населения Аттики на четыре филы, сохранившие в своих названиях имена сыновей И. (Гоплет, Гелеонт, Эгикорей, Аргад) (Herodot. V 66; VII 94; VIII 44).
В. Н. Ярхо.

ИО́НА, ветхозаветный пророк, персонаж библейской книги Ионы. Согласно этой книге, И. получает от Яхве повеление идти в столицу Ассирии Ниневию, чтобы проповедовать в ней о наказании, которое постигнет её жителей за их злодеяния. И., однако, уклоняется от этого поручения и бежит в противоположную сторону — в Иоппию (Яффу), где садится на корабль, чтобы плыть в Фарсис (Испания). Тогда бог поднимает великую бурю, и корабельщики-язычники, отчаявшись получить помощь от своих богов, бросают жребий, чтобы таким образом узнать, кто является причиной постигшего их бедствия. Жребий падает на И., который признается, что поклоняется «господу богу небес, сотворившему море и сушу», от которого он бежит, и просит выбросить его в море, ибо причина бури — в его прегрешении. Корабельщики после бесплодных попыток спасти судно вынуждены против своей воли исполнить желание И., и море утихает. Яхве же повелевает большой рыбе (в славянском переводе Библии — киту) проглотить И., который остаётся в её чреве три дня и три ночи, взывая к богу. Вняв мольбам И., бог приказывает рыбе извергнуть его на сушу.

После вторичного повеления Яхве И. идёт в Ниневию и пророчествует там о её грядущем (по прошествии сорока дней) разрушении. Проповедь И.

производит действие, и всё население Ниневии объявляет пост и кается в своих грехах (мотив приказания царя Ниневии о днях поста и покаяния находит определённые параллели в клинописных документах 8 в. до н. э., содержащих подобные распоряжения ассирийского царя правителям областей); бог прощает ниневийцев, что сильно огорчает И., ожидавшего зрелища божественного возмездия. Разочарованный И. просит у бога смерти. Для утешения И. Яхве заставляет быстро вырасти над его головой растение, тень которого очень радует И. Но бог тут же посылает червя, который подтачивает растение, и оно увядает; когда же на следующий день И. начинает изнемогать от зноя, он снова просит о ниспослании смерти, на что бог говорит ему: «Ты сожалеешь о растении, над которым ты не трудился и которого не растил, которое в одну ночь выросло и в одну же ночь и пропало. Мне ли не пожалеть Ниневии, города великого, в котором более ста двадцати тысяч человек, не умеющих отличить правой руки от левой, и множество скота?» (Иона 4, 11).

По агадической традиции И. проглотила рыба, предназначенная для этой цели ещё с пятого дня творения; внутренность её представляла собой просторное помещение, освещавшееся драгоценным камнем, испускавшим большой свет, а глаза её освещали море. Рыба должна была вскоре пойти в пищу левиафану, но И. спас её, за что рыба открыла ему многие тайны, скрытые от взора человека. После того как по истечении трёх дней и трёх ночей рыба изрыгнула И., его проглотила другая рыба, находившаяся в периоде метания икры, так что И. стало тесно, и только тогда он стал молить бога об избавлении.

Хотя мифологизированный образ героя книги пророка Ионы восходит, видимо, к историческому лицу, жившему в Израильском царстве во 2-й половине 8 в. до н. э., сама книга, по мнению ряда исследователей, появилась не ранее 6 в. до н. э. и не позднее 200 до н. э. В введённом в повествование универсально распространённом мифологическом сюжете проглатывания — выплёвывания человека морским чудовищем или драконом (Т 225.1.12) прослеживаются отголоски инициационных, а также солнечных мифов. Традиция экзегетики видела в этом образе символ вавилонского пленения (сходный образ у пророка Иеремии; см. Иерем. 33—34) как наказания за неисполнение народом, исповедующим единобожие, миссионерской роли среди язычников. В новозаветной традиции Иисус Христос предсказывает свою смерть и последующее воскресение на третий день, уподобляя эти события трёхдневному пребыванию Ионы в чреве кита (Матф. 12, 39—40). Символ этот сохраняется в раннехристианской традиции, что подтверждается изображением на саркофагах ранних христиан.

ИО́СИФ Прекра́сный (Иосиф — «бог да умножит»), в традициях иудаизма, христианства и ислама (Иусуф) сын *Иакова* и Рахили (младший из одиннадцати сыновей Иакова, рождённых в Месопотамии); через своих сыновей *Ефрема* и Манассию («дом Иосифов») прародитель двух колен Израилевых (см. *Двенадцать сыновей Иакова*).

Согласно библейскому повествованию об И. (в начале повествования его возраст — 17 лет), в юности он был предметом особой привязанности отца, как «сын старости его» (Быт. 37, 3); на правах любимчика он получил разноцветную кетонет (род рубахи, название родственное греч. «хитон») — редкость в пастушеском быту рода. Особое положение И. в семье навлекает на него зависть братьев (37, 4), которая обостряется как оттого, что И. передавал отцу какие-то порочащие их сведения (37, 2), так и под впечатлением от двух сновидений И. [во всей истории И. особую роль играют вещие сны, при этом И. выступает то как «сновидец» (37, 19), то как толкователь снов]. В обоих сновидениях то в растительных образах (снопы, связанные братьями, кланяются снопу, связанному И.), то в астральных (солнце, луна и 11 звёзд — символ отца, матери и братьев — поклоняются И.) прозрачно рисуется первенство И. в роду. Когда отец посылает И. проведать братьев, кочующих со стадами близ Дофана, братья решают, что час их мести настал, и только заступничество Рувима (старшего из братьев 37, 22) спасает И. от немедленного умерщвления; с него срывают кетонет (обнажение магико-символически соотнесено с идеей смерти, ср. шумерское сказание о сошествии *Инанны* в царство мёртвых) и бросают его в пустой колодец (в рус. переводе — «ров») — ещё один символ смерти и *шеола* (ср. Пс, 39/40, 3; 54/55, 24; 87/88, 7; Ис. 38, 17; в этом же семантико-символическом ряду находится «ров львиный», куда бросают *Даниила*). В колодце И. оставлен на медленную смерть. Появляется караван купцов-измаильтян, направляющийся в Египет; Иуда призывает не губить жизнь И. (возможно, перед нами контаминация двух версий, одна из которых рисовала заступником И. Рувима, а другая — Иуду), но продать его купцам для перепродажи в Египет (Быт. 37, 26—27). И. извлечён из колодца и продан измаильтянам (ниже именуемым мадианитянами). Братья закалывают козла и обмакивают в его крови кетонет И., чтобы Иаков поверил, будто его любимец растерзан хищным зверем (37, 31—33; козёл или козлёнок, заколотый «вместо» И. и в некотором смысле «подменяющий» его, как агнец заменил приносимого в жертву *Исаака*,— образ, соотносящий эпизод с символикой шумерских плачей Инанны по *Думузи*, а также с обрядностью жертвоприношений). В Египте И. продан Потифару, начальнику телохранителей фараона (37, 36; 39, 1). Он скоро оказывается любимцем своего господина (позднейшие предания живописно рисуют его успех в предупреждении желаний Потифара — кубок в руке И. сам собой делается горяч, если господину хочется горячего вина, и холоден, если ему хочется холодного, и т. п.); Потифар доверяет ему управление домом и все свои дела. Но И. предстоит новое испытание: жена Потифара влюбляется в красоту И. (редкий для библейского повествования случай упоминания прекрасной внешности) и требует удовлетворить её вожделение. Так И. оказывается в ситуации целомудренных мужских персонажей, искушаемых злыми женщинами,— *Баты* (из египетской сказки о двух братьях), *Ипполита, Беллерофонта* (агадисты, сравнивая И. и в нескольких местах Книги Бытия с *Авраамом* и *Иовом*, в то же время полагают, что И. накликал на себя несчастье своим щегольством, от которого должен был бы воздержаться из скорби по отеческому дому). На соблазн И. отвечает твёрдым отказом (39, 8—9). В конце концов жена Потифара, оставшись наедине с И., хватает его за одежду, так что ему приходится бежать, оставив одежду в её руках; эту одежду она использует, обвиняя И. в покушении на её целомудрие (подобно жене Анубиса из той же египетской сказки, *Федре* и жене *Прета*). Потифар ввергает И. в темницу, «где заключены узники царя» (39, 20); новое подобие шеола. Однако способность И. снискивать расположение всех, в чьих руках он оказывается, продолжает действовать: начальник темницы ведёт себя так же, как Потифар, доверяя И. все свои дела, и ставит его над заключёнными (39, 21—23). Между тем в темницу поступают двое знатных узников — виночерпий и хлебодар фараона. И. толкует их вещие сны. Виночерпию, увидевшему во сне виноградную лозу с тремя ветвями, из гроздьев которой он выжал сок в чашу фараона, И. предсказывает, что через три дня тот будет восстановлен в своём положении, и просит не забыть И. и сказать фараону о его невиновности; хлебодару, которому снилось, что у него на голове три корзины с хлебными кушаньями для фараона, но птицы их расклевали, И. предсказывает, что через три дня он будет казнён и плоть его расклюют птицы (40, 9—19). Оба предсказания исполняются, однако реабилитированный виночерпий забывает просьбу И. Через два года фараон видит сон о семи тучных коровах, пожранных семью тощими коровами, сон о семи хороших колосках, которые пожраны семью иссушенными колосками (41, 1—7).

Жрецы, мудрецы и гадатели Египта не могут истолковать сновидений; тогда виночерпий вспоминает, наконец, об И. Фараон посылает за И. Приступая к истолкованию сна, И., в отличие от языческого гадателя и подобно Даниилу в аналогичной ситуации (Дан. 2, 28—30), подчёркивает: «это не моё; бог даст ответ во благо фараону» (Быт. 41, 16). Выслушав оба сновидения, он утверждает, что они тождественны по своему смыслу: ближайшие семь лет будут для Египта особенно плодородными (коровы — символ скотоводства, колоски — земледелия), а за ними последуют семь лет жестокого недорода. Поэтому фараон должен заблаговременно назначить «мужа разумного и мудрого» для сбора по всей стране избытка хлеба в годы изобилия, чтобы запасы помогли выдержать голодные годы (41, 26—36). Фараон дарует И. экстраординарные полномочия, ставя его над всеми своими делами, «над всею землёю египетскою» (41, 41). Он надевает на палец И. перстень со своего пальца (овеществление магии власти), даёт ему почётное египетское имя Цафенат-панеах («говорит бог: да живёт он») и отдаёт в жёны египтянку Асенеф [её имя означает «принадлежащая (богине) Нейт»], дочь Потифера, жреца в городе Он (греч. Гелиополь; 41, 42—45). Такое возвышение в египетском государстве иноземца-семита соответствует условиям эпохи господства гиксосов (ок. 1700 — ок. 1580 до н. э.), когда хапиру (или хабиру), возможно, предки какой-то ветви древнееврейского народа, играли в стране очень заметную роль. Возраст И. в этот момент его жизни — 30 лет, символическое совершеннолетие (возраст Давида при воцарении, см. 2 Царств 5, 4, и Иисуса Христа при выходе на проповедь, Лук. 3, 23).

Затем следуют семь лет изобилия, во время которых у И. рождаются сыновья Манассия и Ефрем; под управлением И. по всему Египту собирается пятую часть урожая, и таким образом накапливаются небывалые запасы (Быт. 41, 47—53). При наступлении семи лет голода, распространяющегося не только на Египет, но и на окрестные страны, И. продаёт хлеб из житниц фараона египтянам и чужеземцам (41, 54—57). Голод заставляет Иакова послать 10 своих сыновей (исключая Вениамина) в Египет; братья приходят в числе других покупателей хлеба. И. тотчас узнаёт братьев, но они его не узнают; он оказывает им суровый приём, обвиняет в шпионских намерениях и заставляет дать сведения о составе своей семьи. Упоминание в разговоре о Вениамине (единственном единоутробном брате И.) даёт И. возможность потребовать, чтобы Вениамин явился к нему; сначала он даже намерен задержать под стражей всех, кроме одного, кто пойдет в Ханаан за братом, но в конце концов отпускает домой с хлебом «ради голода семейств ваших» (42, 19) всех, кроме оставленного заложником Симеона. Печальное приключение приводит братьев к покаянному воспоминанию об И., которого они некогда продали; они говорят на эту тему при И., не зная, что он понимает их ханаанейскую речь. Между тем испытания продолжаются. Плата, внесённая братьями за хлеб, по приказу И. тайно подложена в мешки с хлебом, что немало их смущает. По возвращении домой переданное ими требование прислать Вениамина приводит в ужас Иакова. Однако голод снова усиливается, закупленные в Египте припасы съедены, и Иуда решительно просит отца отпустить Вениамина, лично ручаясь за его целость (43, 8—10; ранее, 42, 37, с подобным же ручательством выступал Рувим, поэтому и здесь, как в момент расправы с И., роль Рувима как изначального носителя прав первородства и Иуды как их окончательного держателя параллельна). Иаков соглашается, дав сыновьям дары для И. и вдвойне наказав вернуть найденное им в мешках серебро. И. на сей раз принимает братьев милостиво и устраивает пир, на котором оказывает Вениамину особое внимание; от любви к Вениамину он не может сдержать слёз и удаляется, чтобы поплакать (43, 16—34). Накануне отъезда братьев он велит снова подложить в мешки плату за хлеб, а в мешок Вениамина — свою собственную серебряную чашу. Не успевают пришельцы отойти от города, как их нагоняет вестник, обвиняет в краже чаши и чинит общий обыск, во время которого чаша находится. Смущённые братья возвращаются в дом И., и Иуда выражает готовность стать рабом И., лишь бы был отпущен Вениамин (44, 1—34). Теперь игра может окончиться, поскольку раскаяние братьев в небратском поведении по отношению к И. доказано на деле; наступает слёзная перипетия: «И громко зарыдал он, и услышали египтяне, и услышал дом фараонов. И сказал Иосиф братьям своим: я Иосиф, жив ли еще отец мой? Но братья его не могли отвечать ему, потому что они смутились пред ним» (45, 1—3). Теперь разъясняется внеличный, ориентированный на родовое смысл судьбы И.: ему для того и пришлось претерпеть продажу на чужбину, чтобы он мог в голодное время уготовать своим родичам прибежище в Египте. Братьям И. велит возвращаться домой, чтобы передать отцу приглашение переселяться со всем родом в Гесем (Гошен) — пограничную восточную часть Нижнего Египта, где пришельцы могли вести на хороших пастбищах привычную им пастушескую жизнь. Фараон разрешает И. снабдить братьев египетскими колесницами для перевозки семей. Весть о том, что И. жив, доходит до Ханаана: «тогда ожил дух Иакова, отца их» (45, 27). Весь род с Иаковом во главе откочёвывает в Египет, и И. выезжает навстречу отцу; их встреча снова не обходится без обильных слёз, вообще характерных для необычно чувствительной атмосферы сюжета в целом. Иаков, как отец первого вельможи царства, представлен фараону (47, 7—10); весь род пользуется благоденствием в Гесеме, исправно получая хлебный рацион от И. Между тем жители Египта уже отдали И. и фараону за весь хлеб серебро и весь скот, а недороды всё продолжались; в конце концов они умоляют купить в рабство фараону их самих вместе со всей их землёй; и так фараон делается полновластным владельцем всего Египта за вычетом одних только храмовых земель (47, 13—26). Приближается смерть Иакова, который призывает к себе И., благословляет его сыновей, а самому И. даёт такое благословение: «Иосиф — отрасль плодоносного дерева над источником... Оттуда пастырь и твердыня Израилева,... от всемогущего, который и да благословит тебя благословениями небесными свыше, благословениями бездны, лежащей долу, благословениями сосцов и утробы» (49, 22—25). Здесь выразительно суммирована связь образа И. с мифологической и культовой символикой плодородия (ни в какой мере, однако, не превращающая образ И. в божество плодородия). Мёртвое тело Иакова И. отдаёт мумифицировать по египетскому обычаю (что осуждалось позднейшими иудейскими толкователями) и затем погребает в Ханаане, в пещере Махпела (50, 1—13). Братья опасаются его мести после смерти отца, и ему приходится ещё раз их успокаивать (50, 15—21). Сам И. умирает в возрасте 110 лет, взяв с соплеменников обещание, что при исходе из Египта они возьмут с собой его останки (50, 22—25), что впоследствии было исполнено (Исх. 13, 19), кости его погребли в Сихеме.

В агадических легендах отмечалась его скромность и доброта к братьям. Однако игра И. с братьями, не узнавшими его, иногда подвергалась критике; с этой виной И. даже связывалась его «ранняя» (сравнительно с другими праотцами еврейского народа и вообще героями книги Бытия) смерть в 110-летнем возрасте. Грекоязычный апокриф об И. и Асенеф, по-видимому, возникший в иудейской среде 1 в. (по другим гипотезам, в раннехристианской среде), стилизует образ И. в духе солярной мифологии, эллинистической эстетики и мистериальной обрядности; в центре внимания — страстная любовь Асенеф к божественно-прекрасному И., приводящая её к вере в Яхве. Христианские авторы видели в И. как невинном и целомудренном страдальце прообраз Иисуса Христа. Начиная с Корана, легенда об И. получает богатую разработку в мусульманской литературе; разработка эта с позднего средневековья оказывала влияние на литературу иудаизма (например, на «Книгу праведного», 14 в.).

С. С. Аверинцев.

ИО́СИФ О б р у́ ч н и к, в христианских представлениях юридический супруг *Марии* и хранитель её девственности, юридический отец, кормилец и воспитатель *Иисуса Христа* в его детские и отроческие годы. Евангельское повествование сообщает, что он был прямым потомком династии *Давида* (Матф. 1, 1—16; Лук. 3, 23—38), однако вёл жизнь простого ремесленника (Матф. 13, 55) и был беден (это вытекает из того, что, согласно Лук. 2, 24, Мария принесла в жертву за очищение после родов двух голубок, что было разрешено беднякам; ср. Лев. 12, 7—8). Будучи связан родовой традицией с Вифлеемом в Иудее (Лук. 2, 4), он проживал, однако, в галилейском городке Назарете (Матф. 2, 23; Лук. 2, 4; 2, 39; 2, 51). Образ его поведения характеризуется словом «праведник» (Матф. 1, 19, как передача евр. zaddīq). Из соединения традиционалистского семейного аристократизма, трудовой бедности и кроткой праведности слагается облик И. По раннехристианскому преданию (зафиксированному в апокрифе «Книга о рождестве Марии», возникшему ок. 200, по-видимому, в Египте и получившему впоследствии название «Первоевангелие Иакова Младшего»), И. был избран священнослужителями иерусалимского храма для того, чтобы хранить посвящённую богу девственность Марии, когда по достижении совершеннолетия (12 лет) её дальнейшая жизнь девственницы в храме стала невозможной по ритуальным причинам. Избрание И. среди других претендентов совершается по чудесному знамению (голубица, вылетающая из посоха; ср. ветхозаветный мотив расцветшего жезла *Аарона*, Чис. 17, 8).

Сам по себе момент обручения как таковой лишь на католическом западе составил особую тему для мистической литературы, культа (напр., местное почитание обручального кольца Марии в Перудже) и живописи (Рафаэль и др.). Это связано с тонким различием в интерпретации брака Марии и И. в православной и католической традициях. Обе исходят из безусловной полноты физической и духовной девственности Марии до и после рождения Иисуса; первая делает из этой предпосылки вывод, что имела место лишь условная видимость брака, назначенная укрыть от людей (и, возможно, бесов) тайну девственного зачатия и за пределами этого назначения едва ли имеющая какой-либо смысл, так что Мария постоянно именуется у православных авторов «неискусобрачной» (греч. не испытавшая брака»); вторая, напротив, настаивает на том, что брак Марии и И., будучи абсолютно свободен от всякого плотского элемента, является мистической реальностью особого порядка, как брак не «во едину плоть», но «во единый дух и во едину веру» (как писал в нач. 12 в. схоласт Руперт из Дейца), так что И.— действительно супруг девы Марии и в своём отношении к Христу причастен отцовству «отца небесного» как его земной «образа».

К моменту обручения обычно в соответствии с апокрифической традицией И. представляли себе вдовцом очень преклонного возраста, отцом нескольких детей [упоминаемых в евангельском повествовании «братьев Иисуса» (Матф. 13, 55; Мк. 6, 3), которых, впрочем, иногда отождествляют с детьми Клеопы (Ио. 19, 25)], избранным для пребывания подле Марии отчасти и за свою почтенно-безгрешную старость (эти представления широко повлияли на иконографию). Но в католической мистике к 15 в. (особенно круг французского религиозного мыслителя Ж. Герсона) возрождается намеченное у некоторых латинских отцов церкви представление о И. как девственнике, и тогда ничто не мешало изображать его молодым (как у Рафаэля «Обручение Марии»).

В евангельском повествовании рассказывается, что когда И. узнал о беременности Марии, он был смущён, но по своей «праведности» намеревался расстаться с ней тихо, без огласки (Матф. 1, 18—19). Однако явившийся ему во сне ангел возвестил (называя его «сыном Давидовым» и тем самым напоминая о мессианских обетованиях его роду), что ожидаемый Марией младенец от духа святого, что его должно будет назвать Иисусом, «ибо он спасёт людей своих от грехов их» (Матф. 1, 21), и что его девственное зачатие есть исполнение пророчества Исаии (Ис. 7, 14): «се, дева во чреве зачнёт и родит сына...» (Матф. 1, 20—23). И. оказывает этим словам безусловное послушание. Затем именно ему вторично является во сне ангел, чтобы предупредить об угрозе со стороны Ирода жизни младенца и повелеть бегство в Египет (Матф. 2, 13). Третье видение ангела, тоже во сне, извещает И. о смерти Ирода и возможности возвращаться «в землю Израилеву» (Матф. 2, 19—20). В последний раз И. появляется в евангельском повествовании о пасхальном паломничестве в Иерусалим И., Марии и достигшего религиозного совершеннолетия (12 лет) Иисуса Христа. О смерти И. не упоминается в евангелиях; очевидно, однако, что она предполагалась ранее конца земной жизни Христа (в противном случае не имело бы смысла поручение Марии заботам *Иоанна Богослова*, Ио. 19, 26—27). В апокрифе «История о И. Плотнике» (возникшем в Египте на рубеже 3 и 4 вв.) рассказывается, что И. скончался в возрасте 111 лет, предварительно совершив паломничество в Иерусалим для испрашивания помощи архангела Михаила в свой смертный час. Христос обещал, что тело И. не истлеет до «1000-летней трапезы»; в некоторых изводах этого апокрифа погребение И. совершается ангелами.

С. С. Аверинцев.

ИОСКЕ́ХА И ТАВИСКА́РОН, в мифах гуронов близнецы-антагонисты. Иоскеха (символ весны) создавал вещи и предметы, полезные человеку (долины, прямые реки, леса и дичь); Тавискарон (символ зимы) стремился затруднить жизнь людей, создавая ураганы, различных чудовищ, искривляя русла рек, он пытался также украсть солнце, которое его брату удалось вернуть с помощью некоторых животных. В соперничестве за упорядочение мира между братьями происходит поединок, в котором Иоскеха, вооружённый рогами оленя, побеждает Тавискарона с побегом дикой розы в руках. Во время бегства Тавискарона капли его крови, падая на землю, превратились в кремни, из останков тела возникли Скалистые горы. После победы Иоскеха создал род человеческий; убив огромную лягушку, поглощавшую земную воду, он наполнил ею реки. От черепахи, поддерживающей землю, Иоскеха получил дар добывания огня и первый початок кукурузы; всё это он передал людям. В мифах ирокезов И. и Т. соответствуют Энигорио («добрый ум») и Энигонхаетгеа («злой ум»), подвиги Иоскехи совершает также *Таронхайавагон*.

А. В.

ИППОЛИ́Т, в греческой мифологии сын афинского царя *Тесея* и царицы амазонок Антиопы (варианты: Ипполиты или Меланиппы). И. презирал любовь и славился как охотник и почитатель богини девы-охотницы *Артемиды*, за что испытал на себе гнев Афродиты, внушившей его мачехе *Федре* преступную любовь к И. Отвергнутая И., Федра оклеветала его перед отцом, обвинив пасынка в предсмертной записке в насилии и затем покончила с собой. Тесей проклял сына, призвав гнев Посейдона, и И. погиб, растоптанный собственными конями. Истину открыла Тесею сама Артемида, примирившая отца и умирающего сына (трагедия Еврипида «Ипполит»). В Афинах и Трезене показывали могилу И. (Paus. I 22, 1). По одному из мифов, И. был воскрешён Асклепием (Apollod. III 10, 3), но не захотел простить отца, уехал в Италию, стал там царём города Ариции и построил храм Артемиде (Paus. II 27, 4—5).

А. Т.-Г.

ИППОЛИ́ТА, в греческой мифологии царица *амазонок*. Рассказы об И. связаны с мифами о *Геракле* и *Тесее*. По наиболее распространённому мифу, Геракл должен был доставить Эврисфею волшебный пояс, который носила И. Геракл убил И.

и добыл пояс (Apollod. II 5, 9; Diod. IV 16). По другой версии мифа, Геракл взял И. в плен и отдал Тесею. Иногда мифы о Геракле и Тесее сливаются, герои в них изображаются воюющими вместе против И. (варианты: против Антиопы или Меланиппы). По одному из вариантов, Тесей предпринял самостоятельный поход против амазонок и захватил в плен их царицу (Plut. Thes. 26 след.). Чтобы спасти свою царицу, амазонки вторглись в Аттику, достигли Афин, но потерпели поражение у холма Ареса (Apollod. epit. I 16 со ссылкой на поэта Симонида). Когда Тесей справлял свадьбу с *Федрой*, И. (у которой от Тесея был сын Ипполит) в сопровождении амазонок явилась на пир, чтобы перебить пирующих, но была убита людьми Тесея (варианты: самим Тесеем, либо её нечаянно убила амазонка Пенфесилея; Apollod. epit. V 1—2). *М. Б.*

ИРАМ ЗАТ АЛ-ИМАД («многоколонный Ирам»), в мусульманской мифологии древнее сооружение, возведённое из драгоценных металлов и камней (Коран 89:6). Комментаторы связывают Ирам с городом народа *ад*, построенным в подражание раю (*джанне*) царём Шаддадом. Согласно преданию, город, находившийся где-то в Южной Аравии, был уничтожен аллахом, но иногда чудесным образом является людям в пустыне. Мусульманская традиция восходит к распространённым в доисламской Аравии легендам о древних городах Йемена. Некоторые исследователи видели в образе Ирама отзвук древнейших космологических представлений аравийских племён. Современные данные, однако, позволяют отождествить «многоколонный Ирам» с набатейским храмом ар-Рамм в Северной Аравии. *М. П.*

ИРВОЛЬСОНСИН («солнце — луна — звёзды — дух»), в корейской мифологии собирательное название божеств солнца, луны и звёзд, спасающих людей от наводнения и засухи. Представления о могуществе небесных тел отражены в «Самгук саги». Мифы о происхождении солнца, луны и звёзд распространены в различных вариантах и в фольклоре, где в светила превращаются обыкновенные люди. Согласно одному из солярных мифов, тигр, съевший мать четырёх братьев, оделся в её платье, пришёл в дом, где она жила, и схватил младшего брата. Остальные братья забрались на сосну, но тигр полез вверх за ними. Тогда они призвали на помощь небесного владыку, и тот спустил с неба железную верёвку, по которой они поднялись на небо. Тигр также стал подниматься, но сорвался на поле индийского проса и испустил дух. (Считается, что красный цвет стеблей этого проса — след от крови тигра.) Брат по имени Хэсун («солнышко») стал солнцем, Тальсун («месяц») — луной, Пёльсун («звёздочка») — звёздами. По варианту мифологизированной сказки, брат и сестра, любящие друг друга, испугавшись тигра, попадают на небо и становятся луной и солнцем. В ранних письменных источниках записи о создании светил сохранились в виде мифа об *Ено-ран и Сео-нё*. *Л. К.*

ИРИТ ТИЛАН, в мифах эдэ во Вьетнаме дух — смотритель небесных столпов, воздвигнутых духом-гигантом на востоке и западе; на них покоится небесный купол («небесная крыша»), подобный опрокинутому бронзовому гонгу. *Н. Н.*

ИРМИН, в германской мифологии божество. В «Истории саксов» (10 в.) И. соотносится с культовым столпом саксов Ирминсуль (по-видимому, культовый аналог *Иггдрасиля*, мирового древа скандинавской мифологии). Возможно, что И. считался родоначальником одной из трёх упоминаемых Тацитом племенных групп германцев — герминонов. *Е. М.*

ИСА, в мусульманской мифологии имя Иисуса Христа. В Коране И. именуется: «Иса сын Марйам», «мессия», «слово аллаха», «дух от аллаха», «посланник аллаха» (4:169), «речение истины» (19:35), «пророк аллаха», «раб аллаха» (19:31) и др.

Исследователи полагают, что коранические представления об И. в отдельных частях отразили воззрения некоторых христианских сект. Обнаруживается совпадение отдельных сюжетов с сюжетами апокрифических евангелий («Евангелия детства» и др.).

Согласно Корану, ангелы сообщили *Марйам*, что она по слову аллаха родит сына, посланника к израильтянам (3:37—43). И. был рождён Марйам в уединённом месте под пальмой у источника в присутствии духа, который принял обличие человека. Вернувшись к семье, Марйам отказывалась отвечать на обвинения. За неё заговорил ребёнок в колыбели, объявивший, что он раб и пророк аллаха (19:16—34, 23:52).

Утверждая чудесное происхождение И., Коран отрицает его божественность и объявляет ложными представления иудеев, считавших богом Узайра, и христиан, считавших богом Ису (9:30—31). Особо отвергается идея троицы в её христианском смысле. По коранической концепции, «аллах — только единый бог» (4:169), «превыше он того, что они ему придают в соучастники!» (9:31).

И. уподобляется *Адаму*, ибо создан из праха словом божьим (3:52). Рассматривая И. как мессию, Коран, в отличие от христианской мифологии, считает его лишь одним из посланников, которых аллах время от времени направляет к людям. Его писание — Инджил (Евангелия) подтверждает писание, ниспосланное прежде *Мусе*. И. предвещает появление Ахмада (*Мухаммада;* 61:6). И. — один из пророков, но выделяется среди них частотой упоминания, особыми отношениями с богом и творимыми им чудесами. Он вылепил из глины и оживил птицу (в христианской мифологии этот сюжет встречается лишь в апокрифических евангелиях), исцелил слепого и прокажённого, воскресил из мёртвых (3:43; 5:110), чудесным образом накормил апостолов, попросив аллаха спустить с неба стол с яствами [5:112—115; ряд исследователей возводит этот мотив к евангельскому чуду с хлебами и рыбами (см. Матф. 14, 17 след.; 15, 32 след.) либо к тайной вечере в христианской мифологии].

В Коране И. был вознесён аллахом на небо, но не был до этого убит. Слова: «они не убили его и не распяли, но это только представилось им; и, поистине, те, которые разногласят об этом, — в сомнении о нем; нет у них об этом никакого знания, кроме следования за предположением» (4:156) — трактуются комментаторами как указание на то, что вместо И. был казнён другой человек. С этим воззрением позднее связывалось крайне нетерпимое отношение мусульман к кресту, возводимое к Мухаммаду. В позднем мусульманском предании говорится о грядущем возвращении И. на землю, где он установит царство справедливости (в некоторых вариантах — также убьёт *Даджжала*). До этого он пребывает на небесах или в раю. *М. Б. Пиотровский.*

ИСААК («бог да воссмеётся», в значении «да взглянет милостиво»), в преданиях иудаизма сын *Авраама* и Сарры, наследник «завета» Авраама с Яхве; отец *Иакова* и через него прародитель двенадцати колен израилевых (см. *Двенадцать сыновей Иакова*). Согласно ветхозаветному повествованию, Авраам дожил до 99 лет, не имея иного сына, кроме Измаила от Агари, рабыни Сарры; однако Яхве в видении торжественно обещает Аврааму чудо рождения И. от 100-летнего отца и 90-летней матери (Быт. 17, 16—21); услышав это обещание, Сарра «внутренне рассмеялась» [18, 12—13]; народная этимология (Быт. 21, 6) истолковывает имя И. как воспоминание об этом]. Невозможность по законам природы зачатия И. (а значит, и появления «избранного народа», который должен от него произойти) подчёркивается позднейшими иудаистическими легендами; так, в талмудическом трактате Шаббат 156а приводится версия, согласно которой даже астрологический гороскоп Авраама показал отсутствие у него законного сына от Сарры (на эту версию ссылались, обосновывая положение, по которому астрологические прогнозы не имеют силы для верующего в Яхве). С другой стороны, этот сюжет выявляет общую парадигматическую схему рождения от бесплодной матери или от престарелых родителей, встречающуюся и в Ветхом завете (история рождения Самуила, 1 Царств 1), но занимающую особенно важное место в христианских преданиях (рождение девы Марии от Иоакима и Анны, рождение Иоанна Крестителя от Захарии и Елисаветы). Согласно ряду послеветхозаветных версий, И. родился в месяце нисане (соответствует марту-апрелю, поре праздника еврейской пасхи), в полдень (солярная черта). На восьмой день И. был обрезан; по случаю отлучения И. от груди Авраам устроил большой пир (Быт. 21, 4 и 8). Агадические легенды добавляют, что на нём были посрамлены злые языки, оспаривавшие чудесное материнство престарелой Сарры и утверждавшие, будто И. — либо усыновлённый подкидыш, либо сын Агари: Сарра накормила своей грудью всех младенцев, бывших с матерями на многолюдном пиршестве. После этого оставалось усомниться только в отцовстве Авраама; но тогда бог придал И. необычайное, чудесное сходство с отцом, доходившее до неразличимости, и для сомнений не осталось места (этот популярный сюжет повторяется в целом ряде мидрашистских текстов, а также в вавилонском Талмуде, трактат Сангедрин 107б). Затем библейское повествование сообщает, что Измаил как-то «насмехался» над И., после чего Агарь с Измаилом были изгнаны по настоянию Сарры, подтверждённому словом Яхве (Быт. 21, 9—14). Испытывая Авраама, Яхве приказывает ему принести И. в жертву на горе в «земле Мориа». По поздней версии, дублирующей вступительный эпизод истории *Иова*, испытание Авраама было спровоцировано обвинительным выступлением сатаны, оспаривавшего его благочестие (трактат Сангедрин 89б и др.). Толкователи сообщают также об искусительных речах, которыми сатана пытался склонить И. к возмущению против своей жертвенной участи; однако И. остался безропотным и, боясь малодушия, сам попросил отца связать его по рукам и ногам (Берешит рабба 56). Когда связанный И. уже лежит на жертвеннике, а над ним занесён нож отца, явление ангела Яхве останавливает жертвоприношение, а в жертву идёт баран, запутавшийся рогами в ветвях близ жертвенника (Быт. 22,9—13).

Далее повествуется, что в 37-летнем возрасте И. приходится пережить смерть матери, а ещё через три года Авраам посылает своего домоправителя Елеазара в Месопотамию, в край своих родичей, за невестой для И. Эпическое сватовство оказывается благополучным, и Елеазар возвращается с *Ревеккой*, внучатой племянницей Авраама (Быт. 24, 2—67). Брак долго остаётся бесплодным; наконец, после молитв И. рождаются близнецы *Исав* и Иаков, начавшие распрю уже в чреве матери. Во время голода И. переселяется в Герар, где из страха перед опасностью для жизни из-за возможных посягательств царя Авимелеха на Ревекку выдаёт её за свою сестру (26,7), точно так, как Авраам делал это с Саррой. Благословение Яхве приносит посевам и стадам И. необычайное плодородие, так что его возросшее богатство внушает филистимлянам Герара зависть; они его изгоняют, но затем, признав над ним покровительство божества, заключают с ним союз. Под старость И. слепнет; между тем его предпочтение принадлежит Исаву, как предпочтение Ревекки — Иакову. И. посылает Исава на охоту, обещая по вкушении добытой им дичи торжественно благословить его (делая тем самым наследником обетований Яхве Аврааму); но Ревекка подсылает к незрячему И. Иакова, который обманом получает благословение И.; обиженный Исав угрожает тотчас после смерти И. убить брата, так что И. отсылает Иакова в Месопотамию, дав ему новое благословение. Прожив 180 лет, И. дождался до возвращения Иакова с Лией, Рахилью и детьми из Месопотамии и похоронен обоими сыновьями (35, 29) в пещере Махпела.

С. С. Аверинцев.

ИСАВ («волосатый»), в ветхозаветном предании сын *Исаака* и *Ревекки*, старший брат-близнец *Иакова*. Имя И. объясняется тем, что И. вышел из чрева матери «весь как кожа косматый». Соперничество И. (второе имя Едом) с Иаковом началось ещё во чреве матери, продолжалось на протяжении дальнейшей жизни братьев и отразилось в позднейшей судьбе Едома (идумеев) — племени потомков И., враждовавших с Израилем — потомками Иакова. Предзнаменованием будущего соперничества между братьями-близнецами, характерным для архаического близнечного мифа, было и то, что при их рождении Иаков (чьё имя осмысляется, в частности, по созвучию с евр. 'āqēb, «пята») схватил за пяту своего брата И. Отношения между И. и Иаковом строятся на противопоставлениях: охотник И. («человек, искусный в звероловстве, человек полей») — пастух Иаков («человек кроткий, живущий в шатрах»); любимец отца (И.) — любимец матери (Иаков); старший брат (И.) — младший; неудачливый — удачливый; простак, заботящийся о простых жизненных удовольствиях, — хитрец, строящий планы на будущее. Голодный И. продаёт своё право первородства брату за чечевичную похлёбку. Параллель для этого мотива (Быт. 25, 29—34) обнаружена в клинописных табличках 1-й половины 2-го тыс. до н. э. из Нузи, где описывается продажа одним братом другому за бесценок унаследованной им рощи плодовых деревьев. По наущению матери Иаков перед слепым отцом выдаёт себя за И. и получает от того благословение. Когда И., вернувшийся с полей, приходит к отцу и обман раскрывается, благословение, обманом полученное Иаковом, не может быть взято обратно; исполненный ненависти к Иакову, И. грозит убить его, после чего Иаков отправляется в Месопотамию. Однако после возвращения Иакова братья примиряются (Быт. 33).

В отличие от других мотивов предания об И., обнаруживающих мифологический или литературный характер, исторические черты могли отразиться в рассказе о жёнах И. После того, как И. женился на двух женщинах хеттского племени, что огорчило своих родителей (Быт. 26, 34—35), он берёт себе в жёны «сверх других своих жён» дочь Измаила Махалафу (28, 9) и селится на горе Сеир (36, 8; в ветхозаветной традиции гора Сеир связывается с хурритами).

В. В. Иванов.

ИСИГАМИ («боги камня»), в японской мифологии класс божеств камня. Круглые камни считались у японцев вместилищем души, камни причудливой формы, каменные копья, ножи — воплощением бога «тело божества».

ИСИДА, Исе́т (егип. «трон», «место»), И́сис (греч.), в египетской мифологии богиня плодородия, воды и ветра, символ женственности, семейной верности, богиня мореплавания. Культ И. пользовался широкой популярностью в Египте и далеко за его пределами, особенно со времени эллинизма. В греко-римском мире её называли «та, у которой тысяча имён». И. входила в гелиопольскую *эннеаду* богов: дочь *Геба* и *Нут*, сестра *Осириса* (и его супруга), *Нефтиды*, *Сета*, мать *Гора*. Основные повествования об И. тесно переплетены с мифом об Осирисе. После убийства Осириса Сетом она, отыскав с помощью Нефтиды тело мужа, погребла его и, зачав от мёртвого Осириса, родила сына Гора, который должен был отомстить Сету. В болотах дельты Нила И., спасаясь от преследований Сета, воспитала сына. Однажды её от отсутствие ядовитая змея ужалила младенца, но *Тот* своими заклинаниями исцелил Гора. Когда Гор подрос, И. явилась с ним на суд эннеады и стала требовать для него, как законного сына Осириса, царский престол. По настоянию Сета она была отстранена от участия в судебном разбирательстве. Боги-судьи собрались на Внутреннем острове и строго запретили перевозчику *Немти* доставлять туда И. Приняв образ старухи, она подкупила перевозчика золотым кольцом, и он переправил её на заповедный остров. Там она превратилась в прекрасную девушку и рассказала Сету историю о сыне пастуха, которого ограбил чужеземец, лишив его стад умершего отца. Сет возмутился незаконностью такого поступка и этим невольно осудил самого себя и признал, что наследство отца следует передавать сыну.

И. помогает Гору в дальнейших спорах и столкновениях с Сетом. Когда жизненная сила Гора проникла в руку Гора и наполнила её отравой, И. оторвала руку и заменила её здоровой. Она добилась осуждения Сета и признания царём Египта своего сына. В некоторых вариантах мифов И. действует самостоятельно. В ряде текстов Осириса оживляет не Гор, а И. (сама или с помощью Нефтиды). Сохранилось глухое воспоминание архаического мифа об И., выступающей на стороне Сета, т. к. он, в соответствии с нормами материнского права, как брат по матери, ближе ей, чем Гор. И. отзывает свой гарпун, пронзивший Сета, и разъярённый таким предательством Гор отрубает своей матери голову.

В мифе о *Ра* и змее И. выступает как злая волшебница. Она создаёт и насылает на Ра ядовитую змею. Ужаленный бог молит «великую чарами» И. об исцелении, и она спасает его только после того, как он открывает ей своё настоящее имя. Затем И. получает магическую власть над царём богов.

Первоначально И. почиталась в северной части дельты Нила, центром её культа был город Буто. Она, вероятно, олицетворяла небо и изображалась в виде коровы или женщины с коровьими рогами на голове. И. покровительствовала обитавшим в районе Буто рыбакам. Согласно мифу, когда Гора ужалила змея, они первыми прибежали к ней на помощь («И. и Гор в болотах Дельты»). Классический образ И., — любящей жены и матери, защищающей права своего мужа и сына, создаётся позднее, с формированием гелиопольской эннеады.

Почиталась И. как богиня ветра, создавшая его взмахами своих крыльев; соответственно её изображали в виде соколицы или крылатой женщины. И. выступает как покровительница рожениц, облегчающая роды и определяющая судьбу новорождённых царей («Сказка о Хуфу и чародеях»).

Как супруга Осириса, И. воспринимала порой его функции. По сообщению Диодора Сицилийского, она научила людей жать, растирать зёрна. Как с богиней плодородия с ней отождествляли *Небтуи, Таурт, Ренепутет, Хатор,* греки — *Деметру*. Наряду с представлением в водах Нила, вытекающих из тела Осириса, существовало представление о разливе реки, переполненной слезами И., горюющей по супругу (с И. отождествляли *Сопдет*, существовало представление о связи воскресшего Осириса с разливами Нила). Судя по античной традиции, И. была владычицей не только речных, но и морских вод и покровительницей моряков. Возможно, что это представление восходит к ранним египетским верованиям. Сохранились изображения И. с лодкой в руках. Иногда И. выступала как мать и жена *Мина*. В Куше (древней Нубии) И. считалась покровительницей царской власти (с ней отождествлялась царица-мать). В 4 в. до н. э. храм И. был построен в Пирее, во 2 в. до н. э. на острове Делос. Известны также святилища И. в Тифорее (близ Дельф), в Кенхрее (около Коринфа) и других местах Греции. В Италии почитание И. распространяется начиная со 2 в. до н. э.; воздвигаются храмы И. в Риме, Помпеях, Беневенте и других городах. Имеются памятники, свидетельствующие о культе И. в Галлии, Испании, Британии. Её культ как богини-матери приобрёл самостоятельное значение, повлиял на христианскую догматику и искусство. Образ богоматери с младенцем на руках восходит к образу И. с младенцем Гором. Статуэтки И. сохранялись как реликвии в некоторых средневековых церквах (в Сен-Жермене, Кёльне).

Д. Г. Редер.

ИСИРИЙ, в греческой мифологии брат Феникса и *Кадма*, финикийский жрец, изобретатель трёх букв греческого алфавита (FGH III 569), которые он прибавил к 16 буквам Феникса и Кадма. *Г. Г.*

ИСКАНДАР (фарси), в иранской мифологии и эпосе Александр Македонский. В «Бундахишне» он дерзкий завоеватель, узурпатор, уничтоживший святыню иранцев «Авесту». С распространением ислама образ Александра Македонского идеализируется. Классическая литература на фарси (Фирдоуси, Низами, Джами и др.) изображает его справедливым шахом иранской крови, связывает с ним сюжеты социальной утопии.

В «Шахнаме» Фирдоуси И. рождён иранской матерью царственного рода, как законный престолонаследник, он приходит в Иран и побеждает царствующего Дара, сына Дараба. Вельможи Дара убивают своего погрязшего в грехах царя. Устанавливается 14-летнее царствование последнего Кейянида И. (см. *Кейяниды*). Приводится ряд сказочных эпизодов с И., напоминающих эпизоды популярного в древности романа об Александре Македонском («Александрии») — походы в Индию, поиски живой воды, построение вала против диких народов — *Йаджудж и Маджудж*. На образ И. повлиял также коранический рассказ о *Зу-л-Карнайне*.

И. С. Брагинский.

ИСМАИЛ, в мусульманской мифологии сын *Ибрахима*, пророк и посланник. В Библии — Измаил. Упоминается в перечислениях рядом с *Идрисом* и *Зу-л-Кифлом*. Согласно Корану, проповедовал людям единобожие — «веру Ибрахима» и был призван охранять Каабу для верующих (2:119—123, 127; 6:86; 19:55—56).

По преданию, И. и его мать Хаджар отправились вместе с Ибрахимом в Аравию. И. помогал отцу в восстановлении Каабы, около которой и был поселен жить вместе с матерью. В поисках воды Хаджар металась между холмами ас-Сафа и ал-Марва, что послужило якобы прототипом одного из обрядов мекканского паломничества — сай. В это время мальчик И. ударил ногой по земле, и в месте удара из неё забил источник Замзам — священный источник Мекки. И. породнился с жившим в этом районе племенем джурхум и был похоронен в Каабе. Вслед за библейской традицией мусульманское предание объявляет И. прародителем северных арабов, предком их эпонима *Аднана*.

Большинство комментаторов и современная мусульманская традиция утверждают, что именно И. был объектом упоминаемого в Коране и восходящего к Библии «жертвоприношения Ибрахима» (37:99—109). В память избавления И. от смерти отмечается праздник ид ал-адха (курбан-байрам).

М. П.

ИСМЕНА, в греческой мифологии сестра *Антигоны*, не способная разделить её героическую решимость похоронить брата *Полиника* вопреки запрету царя Креонта. Когда Антигону приводят к царю, И. готова взять на себя часть вины, но сестра отвергает её запоздалую помощь (Soph. Antig. 37—99, 526—560). *В. Я.*

ИСОНГ («мать-земля»), в мифах ибибио богиня, дающая плодородие. Её символ — панцирь черепахи, воплощающий женское начало (ср. *Але* у игбо). В некоторых мифах И. отождествляется с *Эка Абаси*. *Е. К.*

ИСПЫ, в нартском эпосе адыгов карликовое племя. Вели своё происхождение от *Нашгушидзы*. И. обладали громадной физической силой, большим умом, отличались смелостью, мужеством, свободолюбием. Вместо верховных лошадей у И. — зайцы, в качестве рабочих у них — *иныжи*. Возглавляемые Белобородым, они жили в горах, в маленьких каменных домах, имели крепости. Подобно *нартам*, И. занимались охотой, земледелием, скотоводством. Между И. и нартами происходили эпизодические стычки (например, Белобородый похитил *Сатаней*, и нарты, освобождая её, разрушили их крепость, убили похитителя). Но часто они вступали и в дружеские отношения. Нарты учились у И. производству серпов. На девушке из племени И. женился нарт Химиш. Но Химиш нарушил обещание не упрекать её в маленьком росте и она возвратилась к И. Родив Батраза, она не стала сама его воспитывать, а вернула нартам, ни разу не покормив его своим молоком (Батраз, отведав хотя бы напёрсток материнского молока, оказался бы в силах превратить земной мир в загробный). Когда И. вымерли (по одной из версий, их наказал бог за непокорность), зайцы остались в путах, отчего и теперь по большей части они прыгают. Маленькие каменные сооружения, встречающиеся в горах Центрального Кавказа, местные жители именуют домами И.

И. соответствуют абхазские *ацаны*, осетинские бцены. *М. М.*

ИСРА́ ВА-Л-МИРА́ДЖ (араб. «ночное путешествие и вознесение»), в мусульманской мифологии ночное путешествие *Мухаммада* в Иерусалим (исра) и вознесение на небеса (мирадж). В Коране сказано: «Хвала тому, кто перенёс ночью (асра лайлан) своего раба из мечети неприкосновенной в мечеть отдалённейшую, вокруг которой мы благословили, чтобы показать ему из наших знамений. Поистине, он (аллах) — всеслышащий, всевидящий!» (17:1).

Первоначально под «отдалённейшей мечетью» понимались небеса, куда Мухаммад был вознесён однажды ночью. Согласно преданиям, Мухаммад спал около Каабы, когда к нему явился *Джибрил* с верховым животным *Бураком*. На нём пророк полетел на север, побывал в Хевроне и Вифлееме, а затем прибыл в Иерусалим, где встретил пророков — своих предшественников (*Ибрахима, Мусу, Ису* и др.) и руководил их совместной молитвой. Ангелы рассекли Мухаммаду грудь и очистили его сердце. Потом Мухаммад вместе с Джибрилом поднялся на небеса, где предстал перед аллахом, который установил обязательное число ежедневных молитв — пять. Пророк увидел венчающее мир дерево, небесную Каабу, рай (*джанна*) и ад (*джаханнам*), а затем был возвращён в Мекку. Там он обнаружил, что его постель ещё не остыла, а из опрокинутого кувшина не вылилась вода. Мекканцы не поверили рассказам пророка и аллах ещё раз показал ему, вставшему на ограду Каабы, Иерусалим и он мог подробно описать город соплеменникам. Бо́льшая часть богословов трактует путешествие Мухаммада как реальное событие, хотя многие толкователи видят в нём аллегорию единения души с богом. В память о нём отмечается праздник (ид аль-мирадж, или раджаб-байрам) 27 числа месяца раджаб.
М. П.

ИСРАФИ́Л, в мусульманской мифологии ангел-вестник страшного суда. Имя И. восходит к библейским *серафимам*. Один из четырёх (наряду с *Джибрилом, Микалом* и *Израилом*) главных, приближённых к аллаху ангелов (*малаика*). Стоя на иерусалимской горе, И. звуками трубы возвестит о воскрешении мёртвых для страшного суда. И. представляется существом огромных размеров, у него четыре крыла, тело покрыто волосами, ртами, зубами. И. передаёт решения аллаха другим ангелам. Трижды в день и один раз ночью И. плачет над мучениями грешников в аду (*джаханнам*).
М. П.

ИСТА́НУС, в хеттской мифологии бог солнца. Имя И. заимствовано в эпоху Древнехеттского царства из мифологии хатти (Эстан), вытеснило индоевропейское имя бога, которое сохранилось в других анатолийских языках: лувийском и палайском (боги солнца Тиват и Тият). В стихотворных гимнах И., относящихся к эпохе Среднехеттского и Новохеттского царств, обнаруживается влияние обрядовой поэзии хатти (в частности, эпитет И. — «лучезарный»), шумерских гимнов солнцу — *Уту*-Шамашу (у И. и Шамаша борода из лазури), мифологических хурритских текстов (И. выезжает на колеснице, запряжённой четвёркой лошадей), пережитков индоевропейской ритуальной поэзии (к ним, очевидно, относятся упоминания о собаке и свинье как животных, над которыми И. вершит суд).
В. В. Иванов.

ИСФАНДИЯ́Р (фарси), в иранской мифологии герой, борец за утверждение веры *Заратуштры*. Брат Виштаспа (*Виштаспы*) и *Зарера*. Образ И. восходит к авестийскому *Спентодате*. Иногда включается в династию *кейянидов*. Историческй И. — представитель древней бактрийской династии, утвердившей веру Заратуштры в последние века до н. э. В поэме на среднеиранском языке «Йадгар Зареран» И. — Спанддат. С его помощью *Бастварай* побеждает хионитов и всех их избивает. И. захватывает в плен их предводителя, царя *Арджаспа*. В «Шахнаме» И. главный помощник иранцев в борьбе против туранцев, напавших на Иран, сын *Гуштаспа* и Китаюн; после того как туранцы убили иранского военачальника Зарера, мстителем выступает не сын Зарера Бастварай, а И. «Бронзовотелый». И. неуязвим для обычного оружия благодаря заклятию Зардушта-Заратуштры (по более поздней версии — благодаря проглоченному им зёрнышку граната). Разгромив туранцев, И. распространяет веру Зардушта также и в Туране. Завистник Гуразм, один из вельмож Гуштаспа, клевещет на И., будто он хочет узурпировать трон отца. Гуштасп велит заковать сына в цепи в далёком замке Гумбадан. Арджасп, воспользовавшись заточением И. и отсутствием Гуштаспа, нападает на столицу Ирана Балх, убивает престарелого царя Лухраспа (отца Гуштаспа) и уводит в плен двух дочерей Гуштаспа. Гуштасп идёт в бой, но терпит поражение; в бою гибнут и младшие сыновья. По совету мудреца Джамаспа Гуштасп решает освободить И. Вначале И. не соглашается вступить в бой, но, узнав о гибели своего деда Лухраспа и братьев, рвёт свои оковы, мчится на бой с туранцами и разбивает их. Гуштасп обещает ему трон и посылает против Арджаспа, скрывшегося в Медном замке, к которому ведут три дороги — трёхмесячная, двухмесячная и самая короткая, но опасная дорога в семь дневных переходов. Избрав последнюю, И. на каждом из них совершает подвиги (ср. семь подвигов *Рустама*): убивает двух рогатых волков, двух львов, дракона-аждахара, колдунью, злую птицу *Симург*, преодолевает снежный буран и, переправившись через бурную реку, убивает злодея Гургсара. И. и часть воинов спрятались в сундуки, которые везут переодетые в купцов другие его воины; так И. проникает в замок. Во время пира И. бросается ко дворцу Арджаспа, а воины во главе с братом И. Пашутаном, находившиеся в засаде, нападают на замок. Туранцы и сам Арджасп гибнут от рук воинов И. Медный замок уничтожен. И. возвращается к отцу, но коварный Гуштасп предлагает ему (в качестве предварительного условия для получения престола) привести на поклон Рустаму со связанными в знак покорности руками. Рустам (как Гуштасп и предполагал) не соглашается на это и вопреки желанию И. вступает с ним в единоборство. От своего отца, наученного вещей птицей Симург, Рустам узнаёт, что единственным уязвимым местом И. является его глаз. Он целится, попадает в глаз И. отравленной стрелой из тамарискового дерева (с которым связана судьба И.) и убивает его.
И. С. Брагинский.

ИСХА́К, в мусульманской мифологии сын *Ибрахима*, причисляемый в Коране к «пророкам из достойных» (37:11). Соответствует библейскому *Исааку*. В Коране излагается библейское сказание о том, как гости (ангелы), радушно принятые Ибрахимом, предрекли ему рождение сына — И. (11:72, 76). В эпизоде жертвоприношения Ибрахима имя сына — «кроткого юноши» не названо (37:99—111). Некоторые мусульманские комментаторы следовали в этом вопросе Библии, считая, что именно И. был объектом жертвоприношения; общепринятое толкование называет в этой связи имя Исмаила.

ИСЭГЭ́Й АЙЫСЫ́Т («госпожа коровница»), Ы н а х с ы́ т х о т у́ н, Мылахсы́н, в якутской мифологии богиня — покровительница рогатого скота. Она живёт под восточным небом или там, где небо сходится с землёй. От неё зависит увеличение поголовья рогатого скота. Во время отёла она приходит на среднюю землю и по своему усмотрению даёт душу скота тому или иному хозяину. Весной после отёла коров совершался обряд проводов И. а.
Н. А.

ИТА́Л, в римской мифологии царь сикулов. Уйдя (или будучи изгнан) из Сицилии, поселился на реке Тибр и назвал эту страну Италия (Serv. Verg. Aen. I 2).
Е. Ш.

ИТАЛА́ПАС-КОЙО́Т, в мифах северо-западных индейцев (квакиютль, тлинкиты, хайда, цимшин и др.) культурный герой, демиург. Во время всемирного потопа И.-к. сидел на дереве и, бросив в воду горсть песка, пожелал, чтобы он превратился в сушу. Затем И.-к. помог творцу в создании первых людей, которых научил рыбной ловле и другим ремёслам, и наложил запреты, связанные с охотой. В мифах навахо, пуэбло и у нек-рых племён Великих равнин распространён образ койота-трикстера.
А. В.

ИТАНГЕ́ЙЯ САНГАСО́Й, в мифологии народа монов первое женское существо. В пустынном мире она создала все полезные вещи и дала им названия. Много позже её появился первый мужчина Паосангейя Сангасои и стал искать И. С. Наконец, они встретились, и от их союза появились люди.

Я. Ч.

ИТ МАТРО́МИ («наш господин»), верховное божество у летийцев и бабарцев (Юго-западные острова, Восточная Индонезия). Аморфен; всевидящ и всезнающ; обитает в верхних ярусах неба. И. М. не вмешивается в дела людей и не служит объектом почитания. Иногда отождествлялся с *Упулере*. Образ имеет позднее происхождение. После распространения христианства И. М. стал отождествляться с Иисусом Христом.

М. Ч.

ИУ́ДА, в ветхозаветной традиции четвёртый сын *Иакова* от Лии, получивший от отца право первородства (вместо старшего брата); эпоним племени иудеев. Имя И. трактуется как «хвала господу» (Быт. 29, 35). В истории Иосифа И. выступает наиболее милосердным из его братьев: он уговаривает других не убивать Иосифа, а продать его измаильтянам (Быт. 37, 27). И., поселившись после исчезновения Иосифа отдельно от братьев, взял в жёны дочь хананеянина, которая родила ему сыновей Ира, Онана и Шелу. Приняв свою невестку Фамарь за блудницу, И. вошёл к ней, и она зачала от него двух близнецов — Фареса и Зару (Быт. 38). Во время второго путешествия в Египет И. уговаривает отца отпустить с ним и его братьями Вениамина (Быт. 43, 3—5, 8—10); в Египте он вызывается затем стать рабом вместо Вениамина (Быт. 44, 14—34).

В. В. Иванов.

ИУ́ДА ИСКАРИО́Т (Иуда — «бог да будет восславлен»; Искариот — «человек из Кериота», где Кериот — обозначение населённого пункта, возможно, тождественного иудейскому городку Кириафу; выдвинута также версия: Искариот — «красильщик»), в христианских религиозно-мифологических представлениях один из *двенадцати апостолов*, предавший Иисуса Христа. Сын некоего Симона; если традиционное истолкование прозвища (первое из приведённых выше) и отождествление Кериота с Кириафом верны, — уроженец Иудеи, чуть ли не единственный среди других учеников Христа — уроженцев Галилеи (Северной Палестины). И. И. ведал общими расходами общины учеников Христа, нося с собой «денежный ящик» для подаяний (Ио. 12, 6); этот род служения часто ассоциировался с корыстным характером его устремлений (евангельский текст прямо обвиняет И. И. в недобросовестном исполнении обязанностей казначея). Резкое осуждение со стороны И. И. вызывает щедрость Марии из Вифании (в средневековой западной традиции отождествлена с *Марией Магдалиной*), в ритуальном акте помазавшей ноги Христа драгоценным нардовым миром (Ио. 12, 2—6; у Матф. 26, 8—9 и Мк. 14, 4—5 в этой сцене такая реакция приписывается и другим ученикам). Христианская традиция связывает именно с этим моментом созревание в душе И. И. воли к предательству, вложенной в него дьяволом. Далее евангельское повествование сообщает, что И. И. пошёл к «первосвященникам» и предложил свои услуги: «что вы дадите мне, и я вам предам его?» (Матф. 26, 15; ср. Мк. 14, 10, Лук. 22, 4). Назначенная цена — тридцать сребреников (ср. Зах. 11, 12—13). На *тайной вечере* И. И. возлежит, по-видимому, в непосредственной близости от Христа, он слышит его слова: «один из вас предаст меня» (Ио. 13, 21). В знак того, что это сделает именно И. И., Христос подаёт ему обмокнутый кусок хлеба (13, 26). И. И. остаётся нераскаянным, и дьявол (сатана), вложивший в сердце И. И. помысел о предательстве, теперь окончательно «входит» в И. И. (13, 27). После слов Христа: «что делаешь, делай скорее», — он выходит из освещённой горницы в ночь (выразительный символ извержения себя самого из сакрального круга во «тьму внешнюю», ср. Матф. 8, 12 и 22, 13). И. И. ведёт толпу, посланную схватить Христа, на известное ему место к востоку от Иерусалима, за потоком Кедрон, и помогает своим поцелуем быстро опознать Христа в ночной темноте: «Кого я целую, тот и есть, возьмите его» (Матф. 26, 48 и др.). Это была ценная услуга; и всё же существует несомненный контраст между её сравнительной малостью и духовным значением, которое традиция признаёт за событием предательства одного из избранников. Попытки элиминировать этот контраст, иначе понимая объём предательского деяния И. И. (предполагая, например, что он выдал своим нанимателям те или иные «криминальные» высказывания Христа или аспекты его учения, встречающиеся в науке 20 в. (у А. Швейцера и др.), не имеют никакой опоры в евангельском повествовании. Контраст входит в структуру евангельской ситуации: моральное зло поступка И. И. и его значимость как вечной парадигмы отступничества, предательства не измеряется практической важностью этого поступка. С упомянутой парадигматичностью предательства И. И. связано и отсутствие в евангельском повествовании его психологической мотивировки (корыстолюбие И. И., упоминаемое евангелием от Иоанна, — отнюдь не сущность его выбора, а разве что щель, делающая его доступным внушениям дьявола). Предательство И. И. непосредственно предвосхищает выступление антихриста; недаром он характеризуется словосочетанием «сын погибели» (Ио. 17, 12), применённым в Новом завете также к антихристу (2 Фесс. 2, 3). Однако после совершения «дела предательства» дьявольская инспирация оставляет И. И.; узнав об осуждении Христа судом синедриона и выдаче его на расправу Понтию Пилату, И. И. в раскаянии возвращает тридцать сребреников своим нанимателям со словами: «согрешил я, предав кровь невинную» (Матф. 27, 4). Эта «цена крови» создаёт казуистическую проблему: деньги выданы из храмовой кассы, но не могут быть в неё возвращены по причине лежащей на них скверны. Для решения этой проблемы (и, как намекает евангельский текст, во исполнение пророчеств, Иерем. 32, 9 и Зах. 11, 12) их выплачивают за земельный участок некоего горшечника, на котором устраивают кладбище для иноземцев (Матф. 27, 6—7). Иуда же в отчаянии удавился (27, 5). В соответствии с древним принципом «проклят пред богом всякий повешенный на дереве» (Втор. 21, 23), восходящим к архаическим ритуалам казни как заклания в жертву, повешенный на древе креста Христос, принявший на себя проклятие человечества, и повесившийся И. И., несущий бремя собственного проклятия, представляют собой многозначительную симметричную антитезу, не раз дававшую пластический мотив для изобразительного искусства. Фольклор даёт различные идентификации дерева, на котором повесился И. И. («иудино дерево», осина, якобы с тех пор не перестает дрожать, и др.). По другому новозаветному сообщению о смерти И. И., «когда низринулся [он], расселось чрево его, и выпали все внутренности его» (Деян. 1, 18). Оба сообщения обычно примиряли, принимая, что И. И. сорвался или был снят с дерева ещё живым, после чего умер от какой-то таинственной болезни (традиция, зафиксированная ок. 130 христианским автором Папием Гиерапольским, говорившим о страшном распухании тела И. И.). Место И. И. в кругу двенадцати апостолов было по жребию передано Матфию (1, 25—26).

Гностическая секта каинитов понимала предательство И. И. как исполнение высшего служения, необходимого для искупления мира и предписанного самим Христом; эта точка зрения, находящаяся в резком противоречии со всей христианской традицией, была высказана во 2 в. и нашла некоторые отголоски в литературе 20 в. Средневековая апокрифическая литература, напротив, расписывала образ И. И. как совершенного злодея во всём, детализируя легенду о его жизни до встречи с Христом. Согласно этой легенде, ставящей своего героя в один ряд с Эдипом и другими непредумышленными отцеубийцами и кровосмесителями мифологий всего мира, И. И. был отпрыском четы жителей Иерусалима — Рувима-Симона из колена Данова (или Иссахарова) и жены его Цибореи. Последняя в ночь зачатия видит сон, предупреждающий, что сын будет вместилищем пороков и причиной гибели иудейского народа. Родители кладут новорождённого в осмолённую корзину из тростника (как *Моисея*, ср. Исх. 2, 3) и отдают на волю морских волн; корзина приплывает к острову Скариот (вымышленному), от которого И. И. якобы и получил прозвище. Бездетная царица острова воспитывает младенца как своего сына; однако через некоторое время у неё рождается настоящий сын, а И. И., впервые проявляя своё злонравие, чинит непрерывные обиды мнимому брату. Выведенная из себя, царица открывает секрет; И. И. в стыде и ярости убивает царевича и бежит в Иерусалим, где поступает на службу к Пилату и снискивает его особое расположение. Рядом с дворцом Пилата лежит сад Рувима-Симона; Пилат смотрит через стену, ощущает вожделение к плодам, виднеющимся в этом саду, и посылает И. И. воровать их. При исполнении этого щекотливого дела И. И. сталкивается с хозяином сада и в перебранке убивает его, что остаётся никем не замеченным; Пилат дарит И. И. всю собственность покойного и женит его на вдове, т. е. на матери И. И. Узнав из причитаний своей жены тайну своих отношений к Рувиму-Симону и Циборее, И. И. отправляется к Христу, чтобы получить от него прощение своих грехов; затем следуют евангельские события.   *С. С. Аверинцев.*

ИУНИТ, в египетской мифологии богиня города Гермонт (егип. Иуни). Её имя также родственно египетскому названию Гелиополя — Он. С И. отождествлялась *Рат-тауи*, близкая *Ра*, центром культа которого был Гелиополь. Поэтому можно полагать, что И. была связана также с Гелиополем.   *Р. Р.*

ИУСАТ, в египетской мифологии богиня, рука *Атума*. Отождествлялась с *Хатор*. Священное дерево И. — акация («дерево жизни и смерти»). Древние греки называли И. Саосис.   *Р. Р.*

ЙФА, у йоруба божество гадания, мудрости, судьбы. И. называют также богом пальмовых орехов, так как ими пользуются при гадании. Согласно мифам, И. появился на земле в городе Ифе (древнейшем из городов-государств йоруба, их священном центре), но впоследствии обосновался в городе Адо. Там он посадил на своё ореховое, из которого сразу вырос 16 деревьев. Культ И. приобрёл у йоруба очень большое значение; жрецы И. считались главнейшими среди других. К ним обращались за советом, прежде чем начать войну или пойти на примирение, приступить к постройке дома, в случае бездетности и т. д. В честь И. устраивали ежегодные празднества. Ср. *Фа* (божество фон).   *Е. К.*

ИФИГЕНИЯ, в греческой мифологии дочь *Агамемнона* и *Клитеместры*. Когда греческий флот, направлявшийся под Трою, задержался в беотийской гавани Авлиде из-за отсутствия попутного ветра, жрец Калхант объявил, что богиня Артемида гневается на греков за оскорбление, нанесённое ей Агамемноном, и требует принести ей в жертву И. Уступая настойчивым требованиям ахейского войска, Агамемнон вызвал И. в Авлиду под предлогом её бракосочетания с *Ахиллом*; в момент жертвоприношения И. была похищена с алтаря Артемидой, заменившей её ланью; по другой версии — медведицей или тёлкой. Сама же И. была перенесена богиней в Тавриду и сделана жрицей в её храме. Здесь она должна была приносить в жертву всех попавших в эти края чужеземцев. От руки И. чуть было не погиб её брат *Орест*, прибывший в Тавриду по велению Аполлона для того, чтобы вернуть в Элладу деревянный кумир Артемиды. Но брат и сестра узнали друг друга, и И. спасла Ореста; они вместе возвратились в Грецию. И. продолжала служить Артемиде в её храме в аттическом поселении Бравроне. Здесь уже в историческое время показывали могилу И., а в соседнем селении Галах Арафенидских и других местах деревянную статую Артемиды, доставленную якобы из Тавриды. Таким образом сводились воедино данные культа и мифа об И., сложившегося в Греции на протяжении 7—6 вв. до н. э. и распространившегося далеко за её пределами [Геродот (IV 103), сообщая о существующем у скифов в Тавриде культе богини Девы (местная параллель греческой Артемиды), добавляет, что они называют эту богиню И. дочерью Агамемнона. Согласно Павсанию (II 35, 2), Артемида иногда носила прозвище И.].

В мифе об И. отразились напластования различных периодов общественного сознания и стадий развития греческой религии. Культы И. в Бравроне и Мегаре, а также отождествление её то с Артемидой, то с Гекатой свидетельствуют, что И. была некогда местным божеством, чьи функции затем были переданы Артемиде. В чудесной замене И. на жертвенном алтаре животным сохраняется воспоминание о первоначальных людских жертвоприношениях, которые были обычными в эпоху первобытной дикости, но затем стали восприниматься как отвратительная жестокость, недостойная греков и оттеснённая на периферию «варварского» мира. При этом выбор животных, заменяющих человека в жертвоприношении Артемиде, указывает на древнейшую зооморфную стадию в представлении о божестве: почитаемая первоначально в облике лани или медведицы богиня Артемида затем охотнее всего принимает в жертву именно этих животных.

Миф о принесении в жертву И. впервые получил отражение у Гесиода («Каталог женщин», фрагмент 23а, 17—26) и в эпической поэме «Киприи» (7 в. до н. э.), затем — в хоровой лирике (Стесихор, Пиндар) и у афинских драматургов 5 в. до н. э. От трагедий «И.» Эсхила и И. Софокла дошли незначительные фрагменты; целиком сохранились «Ифигения в Авлиде» и «Ифигения в Таврике» Еврипида. Использованный в последней из них миф о возвращении И. из Тавриды получил обработку также в не дошедших до нас трагедиях Софокла «Хрис» и «Алет». Материал греческих авторов был положен в основу произведений римских трагиков: Энния («И. в Авлиде»), Невия («И.»), Пакувия («Хрис»), Акция («Агамемнониды» по «Алету» Софокла). В римской поэзии жертвоприношение И. послужило Лукрецию для изобличения жестокости религии (Lucr. I 82—101); краткое изложение всего эпизода у Овидия (Met. XII 24—36).   *В. Н. Ярхо.*

ИФИКЛ, в греческой мифологии сын *Амфитриона* и *Алкмены*, единоутробный брат *Геракла*, отец *Иолая*. К колыбели близнецов И. и Геракла Гера послала двух огромных змей, увидев которых И. испугался, а Геракл задушил их. И. сопровождал Геракла во многих его странствиях и был участником ряда его подвигов (очистка Авгиевых конюшен, война с Лаомедонтом и Гиппокоонтом) и калидонской охоты (Apollod. I 8, 2—3). Погиб во время битвы Геракла против сыновей Гиппокоонта (II 7, 3); по другому варианту — в борьбе с племянниками элидского царя Авгия — близнецами Эвритом и Ктеатом, прозванными Молионидами. Похоронен в Аркадии, где существовал его культ (Paus. VIII 14, 9).   *М. Б.*

ИФИТ, в греческой мифологии один из *аргонавтов* (Hyg. Fab. 14), сын эхалийского царя Эврита, брат *Иолы* (Apollod. II 6, 1). Когда Эврит заподозрил Геракла в краже стада быков (на самом деле быков увёл Автолик), тот, чтобы доказать свою невиновность, отправился искать пропавшее стадо. И. пошёл вместе с Гераклом; в пути Геракла охватило безумие, в припадке которого он сбросил И. со стены города Тиринф (Apollod. II 6, 1—2). По другому варианту мифа, Геракл рассердился на Эврита за то, что он не захотел выдать за него свою дочь Иолу, и украл его стадо. И. погнался за Гераклом, но был убит им в доме Геракла, нарушившего тем самым закон гостеприимства (Hom. Od. XXI 22 след.).

И. подарил Одиссею волшебный лук своего отца, с помощью которого тот впоследствии расправился с женихами Пенелопы (Hom. Od. XXI 31; Apollod. epit. VII 33).   *М. Б.*

ИФРИТ, в мусульманской мифологии вид *джиннов*, отличающихся особой силой. В Коране «ифрит из джиннов» берётся принести *Сулайману* трон царицы Савской (*Билкис*; 27:39). В фольклоре арабских народов И. иногда считаются душами умерших.   *М. П.*

ИХЁТ, в египетской мифологии богиня неба, небесная корова, родившая солнце. Отождеств. с *Хатор*, *Нут*.
Р. Р.

ЙХИ, в египетской мифологии бог музыки, сын *Хатор* и *Гора* Бехдетского. Изображался в виде ребёнка с музыкальным инструментом — систром в руках.
Р. Р.

ИХОР, в греческой мифологии кровь богов, по словам Гомера: «влага, какая струится у жителей неба счастливых» (Il. V 340, 416). В отличие от нектара и амброзии (пищи богов), И. не даёт бессмертия. И. гигантов вытекает из недр земли в виде нефти. *Талос*, обманутый Медеей, умер после того, как из него вытек И. (Apollod. I 9, 26).
Г. Г.

ИЦАМНА́, Ицамна́ («дом игуаны»), в мифологии майя одно из главных божеств. Первоначально, в доольмекскую эпоху это божество представлялось в виде каймана или кайманихи, спутника и ипостаси древнейшего верховного многофункционального божества — «богини с косами», владыки съедобных улиток и водных растений. Впоследствии И. становится небесным божеством, голова которого образует землю, а туловище небесный свод. Появляются представления о вселенной как о гигантском доме, стены которого образованы четырьмя рептилиями (кайманами или игуанами), смыкающимися внизу головами, а вверху — хвостами; отсюда и собственное имя И., и ассоциации со сторонами света и цветовой символикой. К 15—12 вв. до н. э. И. становится одним из главных божеств; иконографический облик его разнообразен: небесный дракон (рептилия + птица + ягуар) или антропоморфный — старик с беззубым ртом и морщинистым лицом. В дальнейшем культ этого божества связывается с хтоническими аспектами (подземный огонь, вулканы), растительность), а также с водными божествами дождя, росы. Появляется множество ипостасей И. (И.-Кавиль — олицетворение урожая, И.-Туль — плохих дождей, портящих посевы, И.-Кинич-Ахав — солнца, И.-Каб — земли, И.-Кабуль — творец, создатель мира). И. становится творцом мира, изобретателем письменности, основателем жречества, позже покровителем правителей майяских городов-государств; атрибуты их власти являются символом И. Источники Н. б. называют его супругой то богиню *Иш-Чель*, то Иш-Чебель-Йаш, то Иш-Асаль-Вох. Испанские миссионеры уподобляли И. христианскому богу-отцу.
Р. В. Кинжалов.

ИЦПАПА́ЛОТЛЬ («обсидиановая бабочка»), в мифах ацтеков богиня судьбы, связанная с культом растений. Изображалась в виде бабочки с крыльями, утыканными по краям обсидиановыми лезвиями, или в виде женщины с когтями ягуара на руках и ногах.
Р. К.

ЙЧА, И́тъте, в самодийской мифологии (у селькупов) герой. Именуется также И́чкачка, Ичака́чика («Ича-племяшек»). И.—персонаж, возникший в эпоху прасамодийской общности. В цикле мифов, записанных К. Доннером, И. выступает как культурный герой. Его атрибуты — лук со стрелами и лыжи. Иногда указывается, что эти предметы И. дала воспитавшая его старуха-бабушка, с которой он живёт в одном чуме. Основной сюжет цикла — борьба И. с великаном-людоедом Пюнегусе, убившим и съевшим его родителей. Хотя Пюнегусе значительно сильнее И., благодаря своей хитрости в конце концов побеждает и сжигает великана (из его пепла возникают комары). И. уничтожает слепого шамана, проглотившего его с чумом и бабушкой (И. ножом прорезал отверстие в животе шамана и спасся), избавляет от похитителей трёх дочерей лесного духа и женится на них; одна из жён рождает «медведя-идола» (предка селькупов из рода медведя с реки Кеть). Завершив свои подвиги, И. оставляет землю селькупов во владение семиярусного демону и «отцу всех русских Кэристосу» и удаляется на отдых.

В космогонических мифах И.— олицетворяющий доброе начало божественный покровитель селькупов, небесный всадник (от его коня рождены шаманские духи-помощники — саблерогие олени), громовержец, поражающий стрелами-молниями злых духов, слуг бога зла *Кызы* (в частности, считалось, что гроза есть поединок И. и слуг Кызы). И. часто отождествляется с сыном Нума Нун ия. В ряде мифов И. — сын старика Лиманча, который вместе с семьёй переселился на небо из-за преследований Кызы. Согласно одному из мифов, И. и Кызы (его двоюродный брат) в пылу сражения, начинавшегося на земле (где первоначально жил И.), поднимаются всё выше и попадают на седьмой ярус неба. Там их кольчуги слипаются от жары и противники делаются неподвижными (борцов освобождает старуха-покровительница). Борьба И. и Кызы продолжается и поныне, но ни один из них не может победить другого, потому-то добро и зло до сих пор существуют в мире.

В фольклоре И.— плут-трикстер, причём не всегда удачливый. Его хитрости направлены против злых духов и демонов, различных врагов селькупов (напр., русских купцов и воевод), а иногда и против собственной родни. В некоторых случаях И. вводится в волшебные сказки русского происхождения на место героя-трикстера (Иванушки-дурачка, младшего брата) или последний наделяется атрибутами И. (чум, бабушка, лук со стрелами, лыжи). У нганасанов И. соответствует Дяйку, у энцев — Ди'а, у ненцев — Йомбо. Ср. также Эква-Пыгрись у манси, Альвали у хантов, Альбэ и *Каскет* у кетов, Дебегей у юкагиров, Одёлоко (Оёлоко) у долган, Ивуль у эвенков.
Е. А. Хелимский.

ИЧЧИ́, в якутской мифологии духи — хозяева. Считалось, что И. появляются даже у совершенно незначительных вещей, например у ожига, которым поправляют дрова в очаге. При почтительном отношении к И. они становятся духами — покровителями человека. Наиболее почитаемые И.: *Ан дархан тойон*, *Бай Байанай*, *Ан дархан хотун*. Ср. также *эё*, *эзи* у тюркоязычных народов, *эжины* у бурят, *эдзены* в мифологии монгольских народов.
Н. А.

ИШВАРА́ («господин»), в индуистской мифологии одно из имён *Шивы*. В ряде индуистских сект все боги, в т. ч. верховная триада — *Брахма*, *Вишну* и *Шива*, рассматриваются лишь как ипостаси И.
П. Г.

ИШО́КО, Ишо́йе, в мифологии хадзапи солнце, демиург, культурный герой. И. создал людей и животных, предписав диким животным жить в саванне; он обратил колдунов в носорогов, а людоедов в леопардов. Рассерженный на павианов, забывших принести для него воду, И. превратил часть из них в хадзапи. И. дал соседям хадзапи, племенам исанзу и ирамба, буйволов, овец и коз, семена проса и мотыгу для обработки земли, и они стали земледельцами; мангати получили буйволов, коз, овец и ослов, они стали скотоводами. Хадзапи, которые пренебрегали приказаниями И., он предписал питаться лишь тем, что есть в саванне. Через Индайя, первого вождя хадзапи, И. передал им много полезного, в т. ч. священные игры (ритуальные танцы) и необходимые для них музыкальные инструменты, опахала. И. обучил Индайя приготовлять яд для стрел и стрелять из лука. Благодаря И. хадзапи научились готовить еду, делать посуду из скорлупы яиц страуса; мужчины получили от него луки и стрелы, женщины — палки для выкапывания корней и клубней.

После удачной охоты хадзапи приносили в жертву И. мясо убитых животных. Во многих мифах вместо с И. действует Хайнэ (в вариантах И. — супруга Хайнэ).
Е. К.

ИШТАР, в аккадской мифологии центральное женское божество, соответствует шумерской *Инанне*. Упоминается с сер. 3-го тыс. до н. э. И.— богиня плодородия и плотской любви; богиня войны и распри; астральное божество (олицетворение планеты Венера). Имя восходит к более древнему астар, что у восточных семитов означало «богиня», а у западных (в форме астарт, Астарта) было именем собственным определённой богини, а у южных — бога. Нарицательный характер слова астар способствовал поглощению И. множества шумерских и хурритских образов богинь. Напр., хуррит. Нину или Нино стала Иштар Ниневийской, считашейся, как и Иштар Ассирийская (Ашшурская), супругой *Ашшура* (ср. также отождествление И. с *Ишхарой*). Почиталась как местное божество во многих центрах Южного и Северного Двуречья (Аккад, Арбела, Ниневия, Ашшур, Ур, Урук и др.). Может выступать под именами Анун(н)иту и *Нанайя*. В Уруке культ И. был связан с оргиастическими празднествами, включавшими самоистязания (возможно, самооскопление), проявлениями сексуальной свободы, принесением в жертву девственности жрицами — «кадишту». И. считалась покровительницей проституток, гетер и гомосексуалистов. Судя по «Эпосу об Эрре», попытки уничтожить обряды И. в Уруке делались с кон. 2-го тыс. до н.э., но окончательно И. (в ипостаси Нанайи) потеряла характер богини оргиастического культа, по-видимому, лишь к концу правления Ахеменидов (5—4 вв. до н. э.). Наиболее распространённые эпитеты — «владычица богов», «царица царей», «яростная львица», «И.-воительница». В иконографии И. иногда изображается со стрелами за спиной.

Основные мифы: 1. И. предлагает свою любовь *Гильгамешу*, а тот отказывается, мотивируя отказ непостоянством и коварством богини и перечисляя погубленных ею возлюбленных — людей (ср. *Ишуллану*), богов и животных (льва, коня). За это И. мстит герою, насылая на Урук небесного быка — чудовище, созданное по её просьбе её отцом Ану (*Ан*). 2. Нисхождение И. в преисподнюю, в результате на земле прекращается любовь, животная и растительная жизнь. В аккад. И. отчётливее, чем у шумерской Инанны, проступают также функции богини — создательницы жизни, помощницы при родах. Военный аспект И. ярче всего выступает в северных центрах её культа, в частности в Ассирии; здесь она — дочь *Ашшура*. Со 2-го тыс. до н. э. культ И. широко распространяется у хурритов (где она идентифицируется главным образом с местной богиней *Шавушкой*), хеттов и др. См. также *Астарта*. *В. К. Афанасьева, И. М. Дьяконов*.

ИШТЛИЛЬТОН («чёрное личико»), в мифах ацтеков бог здоровья. Ему совершались жертвоприношения, когда ребёнок начинал говорить; больных детей лечили водой из кувшинов, стоявших перед статуей И. *Р. К.*

ИШУЛЛАНУ, в аккадской мифологии садовник Ану (*Ана*), отца богини *Иштар*. За отказ разделить любовь с богиней был превращён ею в животное (крота?) или насекомое (паука?). *В. А.*

ЙШУМ [возможно, связано с ишату(м), «огонь»], в аккадской мифологии (в старовавилонской традиции) брат солнечного бога Шамаша (*Уту*), советчик и посол бога подземного мира *Нергала*, а также бога чумы и войны *Эрры*; кроме того, посол богов вообще. Настроен благожелательно по отношению к людям, старается смягчить ярость Эрры. В подземном мире — проситель за умерших перед Нергалом. Охраняет людей, особенно больных, в ночи. *В. А.*

ИШХАРА, в мифологии ряда народов Передней Азии архаическое божество неизвестного происхождения. Варианты имени (восходящего, вероятно, к глубокой древности — к дошумерскому языковому субстрату) распространены по всей Передней Азии (в Эламе — Ашхара, в Вавилонии с периода III династии Ура — Эшхара, в Угарите — Ужхара, у хурритов — Ишхара, как и в Вавилоне). Первоначально, видимо, богиня плодородия: в аккадском эпосе о *Гильгамеше*, где И. замещает богиню *Иштар*, тот вступает с нею в священный брак. С Иштар — воительницей идентифицируется позднее. Кроме того, И.— «владычица справедливости и суда», её именем гарантируется верность клятве. И.— мать «*семёрки*». Эмблема И.— скорпион, а также созвездие Скорпиона. *В. А.*

ИШ-ЧЕЛЬ («радуга»), в мифах майя богиня луны, покровительница ткачества, медицинских знаний и деторождения; считалась супругой *Ицамны*. В жертву ей приносили красивых девушек. *Р. К.*

ИЭЙИЭХСИТ, в якутской мифологии богиня-посредница между божествами и людьми. И. представляли в виде богато одетой женщины, иногда — кобылицы светлой масти. Согласно мифам, она принимает просьбы к божествам и приносит их решение. И.— покровительница наиболее счастливых людей, заботится о них с детства и охраняет их от злых духов *абасы*. *Н. А.*

ЙАГУ́С, в древнеарабской мифологии бог-предок, покровитель и владыка страны племён мурад и мазхидж. Возможно, божество солнца. Посвящённый И. идол изображал льва. Очевидно, И. почитался также в государстве Набатея и у самудских арабов, где слово «Йагус» встречается как элемент имени (в теофорных именах). Мусульманская традиция рассказывает о войне племён мурад и мазхидж за владение И. и причисляет И. к «богам, которым поклонялись сородичи *Нуха*» (Коран 71:23). Комментаторы считали, что И.— имя обожествлённого древнего героя. *А. Г. Л., М. П.*

ЙАДЖУ́ДЖ И МАДЖУ́ДЖ, в мусульманской мифологии народы, живущие на далёком востоке и распространяющие нечестие по земле. Соответствуют библейским *Гогу и Магогу*. Согласно Корану, *Зу-л-Карнайн*, дойдя до мест, где жили И. и М., построил между двумя горами сдерживающую эти народы стену, пазы в которой залил железом (18 : 92—97). В Коране говорится, что накануне страшного суда И. и М. прорвут плотину «и устремятся с каждой возвышенности» (21:96).

Предание добавляет, что И. и М. каждую ночь пытаются сделать подкоп под плотину, но аллах наутро уничтожает сделанное ими. Люди эти высоки и широки, а у некоторых уши могут закрыть всё тело. Накануне Судного дня они вырвутся из-за стены, покорят всю землю, выпьют всю воду из Тигра, Евфрата и Тивериадского озера, перебьют всех людей. Потом они станут пускать стрелы в небо, и аллах погубит их, наслав червей, которые закупорят их носы, уши, горла. *М. П.*

ЙАЗИГИ, в мифах догон женская душа, которой надлежало быть парой *Йуругу*. Согласно одной из версий мифа о сотворении, от аномального первого соития *Аммы* с землёй родилось раньше срока непарное существо мужского пола (при благоприятных обстоятельствах должны были родиться разнополые близнецы), впоследствии превратившееся в шакала Йуругу. В поисках своей пары, женской души И., он отправился на небо. Но к тому времени Амма уже поручил И. паре близнецов *Номмо*, родившейся от его второго совокупления с землёй. *Е. К.*

ЙАКУ́Б, в мусульманской мифологии пророк (Коран 19:50). Соответствует библейскому *Иакову*. Однако в ранних сурах Корана называется сыном *Ибрахима*, братом Исхака (6:84; 19:50; 21:72; 29:26). Генеалогия, соответствующая библейской (И.— сын Исхака), отражена в поздних сурах (2:130, 134). В Коране имя И. часто упоминается в рассказе о его сыне *Йусуфе* (12:68, 93—94). В поздних вариантах предания повторяется ряд библейских сюжетов, дополненных некоторыми отсутствующими в Библии деталями (волк, свидетельствующий И. о лжи братьев Йусуфа, и др.). Коран приводит другое имя И.— Исраил, как в составе названия народа («сыны Исраила»), так и упоминая о наложенном им на себя пищевом запрете (3:87; намёк на соответствующее место в Библии: Быт. 32, 32. Предание объясняет запрет на употребление в пищу жилы бедра заболеванием бедра у И.). *М. П.*

ЙАММУ («море»), в западносемитской мифологии бог — властелин водной стихии, прежде всего моря. И.— один из основных претендентов на власть над миром и богами. Олицетворяющий злое начало, И. (наряду с *Муту*) — враг *Балу*. Согласно угаритским мифам, для И. *Кусар-и-Хасис* по повелению *Илу* строит дом — символ власти и могущества. Боги вынуждены платить ему дань. Во время собрания всех богов во главе с Илу И. присылает вестников с требованием, чтобы Балу подчинился ему и стал его рабом. Испуганный Илу уступает. В гневе Балу хочет убить посланцев, но *Анат* и *Астарта* останавливают его. Кусар-и-Хасис делает для Балу чудесные палицы, названные им «гонитель» и «удалитель». С их помощью Балу удаётся победить

И. в битве: после удара «гонителя» И. ещё продолжает борьбу, но «удалитель» поражает его насмерть. Астарта укоряет Балу за убийство И. По египетским источникам известен аналогичный, видимо, палестинско-ханаанейский миф о том, как И. требовал высшей власти над богами и как Сет (Балу) победил его. В иудейской доиудаистической традиции с И. борется и одерживает победу Йахве (см. *Йево*; ср., вместе с тем именование И. в одном из угаритских текстов как Йево). В эллинистический период И. отождествлялся с *Тифоном*. В схватке с Тифоном-И. гибнет, но затем воскресает *Мелькарт*; борьбу с И. ведёт также *Бел*.
И. Ш.

ИАРИХ («луна»), в западносемитской мифологии бог луны, в Угарите — супруг богини луны Никкаль, культ которой заимствован из Месопотамии (см. *Нингаль*). Согласно угаритскому мифу, И. просит Никкаль в жёны у её отца Хархабби и предлагает за неё богатые дары. Хархабби противится, советуя И. взять в жёны Пидрай — одну из дочерей *Балу* или Йабардамай — дочь (?) *Астара*. Однако И. настаивает, и Хархабби вынужден уступить. И. выплачивает огромный брачный выкуп и заключает брак с Никкаль. Кусарот — божественные помощницы при рождении детей (они представлялись в виде птиц и выступали также в роли плакальщиц) — благословляют Никкаль; она должна родить сына. Священный брак И. и Никкаль призван, по представлениям угаритян, обеспечить космическую гармонию, возрождение месяца (новолуние), плодородие. И., очевидно, считался также покровителем города Иерихон («йарихов»). Ему, видимо, был тождествен ханаанейско-аморейский бог Амму, родственный йеменскому *Амму*.
И. Ш.

ИАРИХБОЛ [арам., «гонец Бола» (*Бела*)], в западносемитской мифологии бог солнца, почитавшийся в Пальмире; входил в триаду богов Бел — И. — *Аглибол*. Параллелен, а возможно, тождествен *Малакбелу*. И. считался покровителем священного пальмирского источника Эфка; он давал оракул, определявший магистрат, который ведал источником. Известны изображения И. в облике воина с солнечными лучами вокруг головы.
И. Ш.

ИА СОКИЕР, в мифах ронгао (ветвь народа банар) во Вьетнаме добрый дух-покровитель. Представляется в полузооморфном облике: с лицом доброй старушки и телом, покрытым куриными перьями.
Н. Н.

ИА ТАЙБРАЙ, в мифах банаров во Вьетнаме женское божество в царстве мёртвых Манг Лунг. Она отделяла праведников от грешников, взвешивая их добрые и злые дела. Изображалась в виде женщины с длинными сосцами, наполненными молоком, — типично матриархальное божество. На её долю приходилась также обязанность кормить грудью умерших младенцев в царстве мёртвых.
Н. Н.

ИА ТЬРУ ТЬРЕЙ, в мифах банар во Вьетнаме богиня правосудия. Имела огромный рост: голова её касалась облаков, а ноги — земли. Принадлежала к родне верховного бога Ианг Кэйтэя. Считалось, что И. Т. Т. соблюдала справедливость в своеобразном «божьем суде», распространённом прежде у банаров: тяжущиеся стороны ныряли в воду, и правым считался тот, кто дольше умел продержаться под водой.
Н. Н.

ИАУК, в мусульманской традиции имя одного из божеств, которому поклонялись сородичи Нуха. В Коране упоминается вместе с *Йагусом* (17:23). Посвящённый И. идол изображал лошадь. Комментаторы считали, что И. — имя обожествлённого древнего героя.
М. П.

ИАХЬЯ, в мусульманской мифологии пророк. Соответствует библейскому *Иоанну Крестителю*. В Коране называется «праведным», ведомым аллахом, рядом с *Илйасом, Закарийей и Исой* (6: 85). В тексте Корана дважды повторен евангельский рассказ о рождении И. (3:33—36; 19:1—15): «О Закария, мы радуем тебя вестью про мальчика, имя которому Йахья. Мы не делали ему раньше одноимённого» (19:7—8). В Коране говорится, что

И. был подтверждением истинности «слова от аллаха», т. е. Исы и его миссии.

Казнь И. Иродом (сюжет, также восходящий к евангельским текстам) за отказ жениться на племяннице царя описывается в предании. Любимый мотив мусульманского предания — кровь, долго вскипавшая на могиле И.

Согласно преданию, гробница И. находится в мечети Омейядов в Дамаске.
М. П.

ЙЕВÔ (финик., угарит.), И а х в é (иврит), в западносемитской мифологии. Широко почитался в Финикии. Бог — покровитель Берита, в местном храме хранились записи мифов, в которых И. был главным действующим лицом. В угаритских текстах именем И. назван Йамму. В Палестине И. (Йахве) — бог — покровитель древнеизраильского союза племён: он, вероятно, был и богом — покровителем Эдома. Ему также был посвящён мифологический цикл, на который, очевидно, оказали влияние мифы о *Балу* (Баал-Хаддаде). Супруга Йахве — *Анат*; он борется с *Йамму* и *левиафаном* и одерживает победу. Образ Йахве рано слился с образом Эла (*Илу*). С первой половины 1-го тыс. до н. э. культ этого бога в Палестине приобретает монотеистические черты (см. *Яхве*).
И. Ш.

ЙЕИ, в мифах навахо класс старших божеств, связанных с событиями эпохи Первотворения. Различают св. 14 видов И., главные из которых — Хастиейалти («говорящий бог») и Хастиехоган («бог жилища» или «зовущий бог»), а также по шесть мужских и женских божеств. Иногда к И. причисляют сыновей *Ахсоннутли* — богов-воинов. Облик И. ужасающе прекрасен — это фигуры танцоров в масках (украшенных перьями), каждая со своими атрибутами. К классу младших божеств относятся духи различных животных, особенно медведей и змей, птиц и растений.
А. В.

ЙЕЛЬ, В е л и к и й в о р о н, в мифах тлинкитов и других племён Тихоокеанского побережья культурный герой, трикстер. Отец И., спасаясь от потопа, попал на небо, откуда затем свалился И. на плавучую водоросль; там его обнаружил и усыновил вождь одного из племён. В дальнейшем И. вывел людей из раковины-моллюски, похитил для них огонь у вождя солнца и снабдил людей водой и дичью. И., отличавшийся необыкновенной прожорливостью, постоянно занят поисками пищи. Однажды, попытавшись украсть рыбу, И. попал на крючок к рыболову и лишился кончика клюва, но с помощью хитрой уловки вернул его себе. У многих племён побережья существует фратрия Ворона (напр., у хайда); изображение Ворона, предка людей, часто встречается на тотемных столбах, стенах домов и других предметах.
А. В.

ИЕРЕХ, в мифологических представлениях чувашей дух — покровитель семьи и хозяйства. Термин «И.», очевидно, восходит к древнетюркскому термину ыдук, «священный», сохранившемуся в разных вариантах (ийик, ыйык, изык, идых, учук, ытык) у алтайцев, хакасов, киргизов, тувинцев, туркмен и якутов как название жертвенного животного. Изображения И. чаще всего делались в виде женщин. Местопребыванием И. считалось лукошко, висевшее в углу или на стене клети, амбара, конюшни. Считалось, что по просьбе хозяев дома И. может навредить соседям, наслать на них болезнь. К середине 19 в. обычай делать куклы, изображающие И., был забыт, а сами представления о нём потеряли чёткость: иногда И. стал пониматься как злой дух, некоторые И. приобрели функции *киремети*.
В. Б.

ЙЕР-СУ (тюрк. «земля — вода»), в мифологии алтайцев, хакасов, киргизов олицетворение земли и воды. Культ И.-с. восходит к мифологии древних тюрков, почитавших «ыдук Йер-Суб» («священная земля — вода») как главное божество среднего мира, покровительствующее тюркам. В мифологии алтайцев И.-с. — совокупность высших духов (добрых божеств), покровительствующих людям. Согласно одному из мифов, И.-с. 17, они живут на снежных вершинах горных хребтов и у истоков рек. Могущественнейший из них — Йо-кан, он пре-

бывает в центре земли, там, где расположен её пуп и растёт гигантская ель, достигающая верхушкой дома *Ульгеня* (мировое дерево). В числе других почитаемых И.-с. Сё-кан и Темир-кан (сыновья Йо-кана), Талай-кан (или Яйик-кан), Адам-кан, Мордо-кан (или Абакан-кан), Алтай-кан, Киргиз-кан, Ябаш-кан, Едер-кан и др. Согласно другому мифу, глава И.-с. — дух Гери-су. Он же ведает душами — зародышами детей, скота и таёжных животных. Однако чёткая персонификация И.-с. отмечена не у всех алтайцев. У хакасов И.-с. (шерсуг) — духи — хозяева местности. Считалось, что они живут в горах, тайге, реках, озёрах. Ежегодно весной им приносились жертвы. Киргизы почитали И.-с. (жер-суу) как божество земли и воды (хотя и не всегда отчётливо олицетворяли землю и воду).
В. Н. Басилов.

ЙИМА (авест.), И а́ м а (др.-перс.), в иранской мифологии первопредок человечества, культурный герой, создатель благ цивилизации, устроитель социальной организации общества, владыка мира в эпоху тысячелетнего золотого века. При нём не было болезней, старости, смерти, моральных пороков («Видевдат» II, Ясна» 9, 1—5). В дозороастрийский период, видимо, играл первенствующую роль, почитался как верховное божество у некоторых иранских племён. Этимологически его имя толкуется как «близнец», «двойник». Образ восходит к индоарийской (ср. первочеловека *Яму* в ведийской мифологии) и индоевропейской эпохам (ср. сканд. *Имир*), к архаическим мифам о братьях-близнецах, сыновьях солнца. По некоторым версиям мифа, И. был распилен пополам рукой собственного брата Спитьюры, совращённого злым духом. Отцом И. считался Вивахвант (ср. др.-инд. *Вивасвата*, отца Ямы), воплощение солнца. Сам И. сохранил черты солярного героя. В «Авесте» он, как правило, смертный, место его действия всегда на земле, в мире людей. Индийские же источники изображают Яму хозяином загробного мира, хотя первоначально он, видимо, мыслился смертным. Из западноиранских текстов 5 в. до н. э., найденных в Персеполе, следует, что древнеперсидский Иама не только по имени, но и, видимо, по функциям был ближе к индийскому, нежели авестийскому образу, божеством, а не человеком. В индоарийском первоначальном мифе первочеловек — брат и супруг женщины-прародительницы (Яма и Ями в «Ригведе», Иима и Иимак в «Бундахишне», в «Авесте» сестра-жена И.— Арнавак, см. *Арнаваз*). Сын И., видимо, *Тура*. Божественный статус приписан И. в «Ардвисур-яште» (V 25); он помещён на священной горе Хукарйа и творит жертвоприношение богине *Ардвисуре Анахите* ради обретения власти «над богами и людьми». Притязания И. на главенство среди богов — черта архаики индоарийских времён, не сохранившаяся в остальной «Авесте». «Ригведа» (10, 51, 3) приписывает Яме открытие огня на земле, цивилизаторскую миссию. В иранской традиции И. возжёг в Хорезме священный огонь жречества Атур-Фарнбаг. В «Видевдате» (II 3 и др.) И. отклонил предложенные ему богом жреческие обязанности, ограничившись царскими, включён в число *парадата*. И. по предписанию *Ахурамазды* воздвиг в стране *Арйана Вэджа* убежище праведных — *Вару*. В ходе формирования зороастрийской ортодоксии изначальная роль И. подверглась значительным преобразованиям: у него отняли ореол идеального владыки «золотого века» и гаранта бессмертия. Утрата золотого века была объяснена *Заратуштрой* следствием гордыни и грехопадения И. Возник квазиисторический миф о том, как от И. отлетел символ его царственного достоинства, хварно (см. *Фарн*). Вторая глава «Видевдата» и «Хом-яшт» («Ясна» 9, 1—11) иносказательно, а «Замьяд-яшт» (XIX) открыто повествуют о передаче хварно Заратуштре. Образ И.— дарователя земных благ и телесного бессмертия — стал противопоставляться пророку — реформатору веры, провозвестнику бессмертия духовного. В «Младшей Авесте» первопредком изображён *Гайомарт*. См. также *Джамшид*.
Л. А. Лелеков.

ЙИОНГ, у банаров во Вьетнаме эпический герой. Возможно, имя И. связано с именем мифологического героя вьетов *Зяунга*; в сюжетах преданий об этих героях имеется сходство. И. победил чудесного тигра и женился на лаосской красавице. Его победоносная война с врагами лаосцев принимает вид борьбы за похищенную жену. И. сражался с врагами с помощью волшебных средств не только на земле, но и в небесах.
Н. Н.

ЙО, персонаж фольклора фон, трикстер, своеобразный сказочный вариант *Легба*, наделённый также мифологическими атрибутами. И. связан родственными узами с божеством *Хевиозо*: старшая сестра И.— жена Хевиозо. И., отправившийся на небо навестить сестру и изгнанный оттуда за свои проделки, попал в реку, где некая старуха заставила его срубить дерево, которое снова вырастало. Эхо, раздающееся, когда рубят деревья,— это удары топора И. В других сюжетах И., превратившись в паука, ткёт паутину; своего сына в наказание за проступок он подбросил в воздух, и тот превратился в бабочку. И. вытянул уши обманувшему его кролику, с тех пор у кроликов такие длинные уши. И. «испортил» многое из того, что было ведомо предкам. Прежде деревья могли превращаться в девушек. И. «испортил» магию: женившись на девушке-дереве, он не выполнил «брачного условия» (не говорить о её происхождении), и она снова стала деревом. Партнёром И. часто выступает мифический правитель Дада Сегбо (Дада Се, или Асегбо).
Е. К.

ЙОЙШТА (авест.), Я в и́ ш т (ср.-иран.), в иранской мифологии мудрый юноша из Фрйанов, избавивший Иран от злого волшебника *Ахтйа* (Ахт). В «Ардвисур-яште» И. при помощи *Ардвисуры Анахиты*, которой он принёс жертвы, разгадал 99 загадок Ахтйа, убивающего всякого, кто не мог их разгадать. В среднеиранской «Книге о Явиште» он ответил на 33 вопроса Ахта и убил его.
И. Б.

ЙОНИ («источник», «женские гениталии»), в древнеиндийской мифологии и различных течениях индуизма символ божественной производящей силы. Культ И., по-видимому, восходит к древнейшему периоду индийской истории. Поклонение И. наиболее отчётливо прослеживается в мифологии и обрядности шиваизма — И. почитается в соединении с соответствующим мужским символом — *лингой* (творческим началом) как природная энергия, содействующая его проявлению; указанная пара символизирует *Шиву* и его супругу *Парвати*, а объектом поклонения чаще всего является каменное изображение, где И. служит основанием поднимающегося из неё фаллоса (линги). Согласно преданию, культ И. впервые возник в Ассаме (куда упала соответствующая часть тела Парвати, разрезанного *Вишну* на куски) и оттуда распространился по Индии.

ЙОРТ ИЯСЕ́, в мифологических представлениях казанских и некоторых групп западносибирских татар, татар-мишарей, башкир (юрт эяси, йорт э й я х е́), низшие духи, разновидность духов *зе*. 1) И. и.— одно из названий домового (см. *Ой иясе*); 2) у татар-мишарей и башкир — дух — покровитель хозяйства (букв. «хозяин двора»), выполняющий функции домового и дворового. Татары-мишари считали, что И. и. (в облике женщины в белом, реже — зайца или белой собаки) живёт на конюшне. Башкиры представляли И. и. в человеческом облике, живущим на печке. По поверьям, если не сердить И. и., он не делает людям зла, но любит пугать человека, кидает в него с печки камешки. В башкирских поверьях по ночам И. и. ездит в конюшнях на лошадях, заплетает им гривы, после ухода хозяев дома парится в бане.
В. Б.

ИУ́НУС, в мусульманской мифологии персонаж, соответствующий библейскому *Ионе*. В Коране причисляется к пророкам (4:161; 6:86). Называется также Зу-н-Нуном (21:87), «спутником кита» (68:48). По коранической версии, народ, которому проповедовал И., был избавлен от наказания «в здешней жизни» (10:98). В Коране говорится, что И. бежал на корабль, по жребию был брошен в воду, проглочен рыбой (китом) и остался бы в его чреве навечно, если бы не возносил хвалу аллаху. Выброшенный в пустыне, он был исцелён от болезни и с успехом проповедовал (37:139—148; 21:87—88). В другом месте Корана данный эпизод трактуется несколько иначе: «Потерпи же до решения твоего господа и не будь подобен спутнику кита. Вот он воззвал, находясь в утеснении. Если бы его не захватила милость его господа, то был бы он выброшен в пустыне с поношением. И избрал его господь и сделал праведником» (69:48—50).

Мотивируя бегство И. на корабль, комментаторы дополняют коранический рассказ. Проповедовавший в Ниневии И. был рассержен из-за трудностей и неудач своей миссии и, побуждаемый *Иблисом*, бежал на корабле. В открытом море судно не могло двигаться, это означало, что на нём находится беглец. С помощью жребия и оракула И. был обнаружен и выброшен в море. Его проглотила рыба, её — другая, другую — третья, но И. оставался цел и благодарил аллаха. Выброшенного больным на берег И. исцелила молоком антилопа.
М. П.

ИУРУ́ГУ, в мифах догон персонаж, воплощающий беспорядок, бесплодие, засуху, смерть, ночь. И. противопоставляется близнецам *Номмо*, но вместе они равно необходимы для нормального течения жизни. И. родился в обличье шакала от первого совокупления *Амма* с землёй. Из-за помех, сделавших это соединение несовершенным, вместо близнецов, которые должны были родиться, появился И.— непарное существо. И., пожелав жену, совершил инцест с матерью. Он схватил скрученные Номмо и прикрывавшие землю волокна, которые заключали в себе «слово». Земля пыталась воспротивиться И. и, превратившись в муравья, спряталась в своём чреве, в муравейнике, но не смогла убежать от И. В результате инцеста шакал обрёл дар речи, благодаря чему впоследствии он смог открывать прорицателям замыслы бога.

Согласно варианту космогонического мифа, И. первоначально предназначалась в качестве пары женская душа *Йазиги*, но, родившись раньше срока, он её не получил.
Е. К.

ЙУ́СУФ, в мусульманской мифологии праведник, ведомый прямым путём (Коран 6:84). Соответствует библейскому *Иосифу*. Истории И. («прекраснейшей из историй») посвящена 12-я сура Корана, следующая в основном библейскому рассказу. Излагаются следующие эпизоды: сон о поклонении светил, заговор братьев, ложь отцу-*Иакубу* о гибели И., спасение И. караванщиками, покупка И. египтянином, попытки жены хозяина соблазнить И., обвинение И. в нападении на хозяйку, доказательство невиновности И. с помощью порванной сзади рубахи, заключение И. в темницу, предсказание и толкование снов, назначение И. хранителем сокровищ, приезд братьев, их возвращение к отцу, совет отца не входить всем в одни ворота, встреча с младшим братом, подброшенная чаша, излечение ослепшего отца, встреча с родителями. Постоянно подчёркивается твёрдая вера И. в могущество аллаха, божеское предопределение и мудрость, проявляющиеся во всех событиях. Согласно Корану, люди не верили «ясным знамениям» И., а затем считали, что после него более не будет посланников от аллаха (40:36).

И.— любимый персонаж мусульманских преданий и легенд; особое внимание уделяется красоте И. В поздних вариантах история И. дополняется множеством деталей и разъяснений, в основном почерпнутых из иудейских источников.
М. П.

ЙУША́ ИБН НУН, в мусульманской мифологии персонаж, соответствующий библейскому *Иисусу Навину*. Комментаторы ассоциируют его с упоминаемым в Коране одним из соратников (5:26) и спутником *Мусы* (18:59—64) и излагают библейские эпизоды завоевания Палестины.
М. П.

КА, в египетской мифологии один из элементов, составляющих человеческую сущность. В литературе К. нередко характеризуют как одну из душ человека. Первоначально, согласно «Текстам пирамид», К.— олицетворение жизненной силы богов и царей, воплощение их могущества. Нередко они имели несколько К., например Ра—14. Впоследствии, судя по «Текстам саркофагов» и «Книге мёртвых», обладание К. приписывалось всем людям. К. в этот период не только жизненная сила, но и двойник, «второе я», рождающееся вместе с человеком, духовно и физически функционирующее нераздельно с ним как при жизни, так и после смерти. К. определяет судьбу человека. В гробницы ставили портретные статуи умерших, вместилища К., на них писали, что это К. имя рек. Обитая в гробнице, К. могло покидать её и устремляться в загробный мир. Изображали К. в виде человека, на голове которого помещены поднятые руки, согнутые в локтях. Создателем К. считался *Хнум*, с К. связана также богиня Хемсут, хранящая людей. См. также ст. *Ах* и *Ба*.
Р. Р.

КАБИЛ И ХАБИЛ, в мусульманской мифологии сыновья *Адама*. Соответствуют библейским *Каину* и *Авелю*. Коран излагает историю жертвоприношения двух сыновей Адама, не называя их имён (5:30—34). Тот, чья жертва не была принята Аллахом (предание называет его Кабилом), убил другого (Хабила). Ворон, разрывая землю, научил его, что делать с трупом, но он сказал: «Горе мне! Я не в состоянии быть подобным этому ворону и скрыть скверну моего брата!». И оказался в числе раскаявшихся (5:34).

Предание дополняет этот сюжет деталями, восходящими главным образом к иудейским легендам. В частности, поступок Кабила мотивируется тем, что он хотел жениться на своей сестре-близнеце, предназначенной в жёны Хабилу. С потомками Кабила предание связывает изобретение музыкальных инструментов и увеселений (мотив культурного героя).
М. П.

КАБИЛА МАХА ПХРОМ, в мифологии сиамцев один из небесных богов. Он однажды позавидовал очень способному юноше и, спустившись с неба, предложил ему три загадки. Если юноша их не разгадает, то бог лишит юношу головы, но если разгадает, то отдаст свою. Юноша встал под высоким деревом, на котором было гнездо орлов. Птенцы спросили у орлицы разгадку, и это услышал юноша, понимавший язык птиц. Юноша дал правильные ответы, и К. М. П. пришлось отрубить себе голову. От головы исходил такой страшный жар, что если бы она упала в море, то оно вспыхнуло бы. Боги поместили поэтому голову в пещеру. Каждый год во время новогоднего праздника Сонгкрана (конец марта или начало апреля) одна из семи дочерей К. М. П. выносит его голову, и у небесных божеств также наступает праздник.
Я. Ч.

КАБИНАНА И КАРВУВУ, То Кабинана и То Карвуву, Кабинана и Пурго, в мифах меланезийцев Новой Британии первопредки — культурные герои. Они выступают либо братьями-близнецами, либо Кабинана (К.) — старший, а Карвуву (Кар.) — младший брат. К.— всегда умный, а Кар.— глупый, неудачник. Братьев и жён для них создаёт (из сгустка крови или рисует на песке) нетварное существо (вариант: братья сами творят первых женщин из кокосов, тростника или глины). К. и Кар. делают (получают от духа) растения, животных, орудия труда, оружие, обучают людей рыболовству, строительству домов, изготовлению музыкальных инструментов и другим необходимым занятиям; делят первых людей на родовые группы, учреждают обряды инициаций. Часто выступают как антагонисты: К. приносит людям пользу, а Кар. им вредит — кладёт начало каннибализму, создаёт (или выпускает) смерть, акулу, колючие растения.
М. С. П.

КАБИРЫ, кавиры, в греческой мифологии демонические существа малоазийского происхождения, культ которых процветал на Самофракии, Имбросе, Лемносе и в Фивах. Дети *Гефеста* и нимфы Кабиро — дочери Протея, К.— хтонические божества (мужские и женские), известные своей особой, наследованной от Гефеста, мудростью. Число их колеблется от трёх до семи. Они, по преданию, присутствовали при рождении Зевса и входили в окружение Великой матери Реи, отождествлялся с *куретами* и *корибантами*. Культ К. или, как их именовали, «великих богов», в период поздней античности сближался с орфическими таинствами и носил характер мистерий, требовавших особого посвящения (Strab. X 3, 19—20).
А. Т.-Г.

КАБУНИАН, обозначение божественного начала в мифах горных народов Лусона (Филиппины). К. фигурирует по-разному: верхний мир у ифугао, абстрактное божество у набалои, божество-демиург у канканая и культурный герой, вызвавший всемирный потоп, у тингианов. Пережиточный культ К. существует у христиан-илоко.
М. Ч.

КАВА, Кова́ (фарси), в иранской мифологии герой-кузнец, поднявший восстание против узурпатора иранского престола *Заххака*. Призвав законного наследника Фаридуна (*Траэтаону*), К. сверг Заххака.
И. Б.

КАВИ, ка́вай (авест.), в иранской мифологии сословие жрецов, создателей ритуальных текстов. Мифологизированный образ К. восходит к эпохе индоевропейской общности (от индоевроп. «провидеть»: ср. др.-инд. кави, «провидец, вещий жрец-поэт»). В зороастрийской традиции («Гаты» 32, 14; 44, 20; 46, 11; 51, 12) К. выводится в отрицательном свете как сторонники политеистических культов, враждебные культу *Ахурамазды*, и претенденты на политическое господство. В поздней «Авесте» («Яшт» XIII 135) термин «К.» воспринят как титул царя, правителя, откуда название легендарной династии *Кейянидов*.
Л. Л.

КАВИ УСАН (авест.), в иранской мифологии и легендарной истории второй царь династии *Кейяни-*

дов. Образ восходит к индоиранской эпохе. К. У. на вершине мировой горы просит у богини *Ардвисуры Анахиты* власти «над богами и людьми» («Яшт» V 45—47). В поздних источниках («Денкарт», «Бундахишн» и «Шахнаме») К. У. — владыка демонов, сооружающих ему семь магических дворцов из золота, серебра, горного хрусталя и стали на мировой горе Албурз). Входящему в них возвращаются жизненные силы и молодость. Утраченный «Суткар-наск» «Авесты» содержал миф о том, как К. У. возгордился и захотел подняться на небо на крыльях, чтобы бросить вызов богу (по изложению «Денкарта» 9, 22, 5—7), но был повергнут на землю у реки Амуль и лишён *фарна*. В эпосе К. У. — *Кай Кавус*.
Л. Л.

КАГУЦУ́ТИ, К а г у ц у́ т и-н о к а м и, в японской мифологии бог огня. Согласно «Кодзики» и «Нихонги», К. — сын *Идзанаки* и *Идзанами*. Его появление на свет явилось причиной смерти Идзанами — она умерла от ожогов во время родов. В отчаянии Идзанаки убивает К., и из его крови возникают другие божества, являющиеся, судя по их именам («рассекающий горы», «спрятанный в горах» и т. п.), олицетворениями вулканических явлений. *Е. С.-Г.*

КА́ДЖИ, в грузинской низшей мифологии духи; антропоморфные существа отталкивающего вида. Место постоянного жительства К. называется Каджети. К. могут превращать день в ночь, а ночь — в день, вызывают морские бури, они топят корабли, свободно передвигаются по водной поверхности, наделены даром перевоплощения и таинственного исчезновения. Различаются земные и водные К. Земные К. живут в лесах и на недоступных скалах, вредят людям, смертельно избивают их или сводят с ума. Водные К. обитают в реках и на озёрах. Они менее зловредны, часто покровительствуют рыбакам. Женщины-К. отличаются красотой, вступают в любовные отношения с людьми, выходят замуж за героев; нередко выручают их из беды. Ср. арм. *каджи*. *М. К. Чачава.*

КА́ДЖИ, К а д ж к (кадж, «храбрец»), у армян мифологические персонажи — духи бури и ветра. Выступают то уродливыми (иногда их отождествляют со злыми духами — с вишапами и др.), то светлыми, красивыми и добрыми. Согласно более поздним мифам (после распространения христианства), К. имеют человеческое происхождение: во время потопа в ковчеге у Ноя рождаются сын и дочь. Когда после потопа бог спрашивает Ноя, имеются ли у него дети, он отвечает отрицательно, и тогда дети становятся невидимыми; К. и пари — их потомки. Согласно эпосу «Випасанк», К. поймали охотившегося *Артавазда*, заковали его в цепи и поместили в одной из пещер Масиса. В одном из сюжетов К. заключили Ерванда (см. *Ерванд и Ерваз*) в мутные воды реки.

К. живут на высоких горах, в скалах, пещерах, в глубоких оврагах, имеют там дворцы. Эхо в оврагах и на горах — это голос К. Они поднимают вихри («ветер К.»). К. с пари по ночам бродят группами, обычно со свадебным шествием, с музыкой, песней, танцами. К. женского пола рядятся в женские одежды, случается крадут, а к утру возвращают (чтобы К. не украли одежду, в неё втыкают иглы). Иногда К. появляются среди людей в образе их знакомых, сопровождают их, уводят и колдуну, на скалы, в пещерам, и люди погибают. На свои свадьбы К. приглашают музыкантов, цирюльников, во время родов — повивальных бабок и щедро вознаграждают их труд. Согласно поверьям, К. похищают детей, особенно из колыбели, подменяя их своими — больными и уродливыми. К. иногда мучат лошадей в хлевах, взбираются на них и скачут до утра. Если лошадь помазать смолой, то можно поймать К.; если воткнуть в К. иглу, они перестают быть невидимыми. Получившие удар от К. сходят с ума (их называют каджикаком, каджкакал, «захваченный каджем»).
С. Б. Арутюнян.

КАДМ, в греческой мифологии сын финикийского царя *Агенора*, основатель Фив (в Беотии). Посланный отцом вместе с другими братьями на поиски *Европы*, К. после долгих неудач во Фракии обратился к дельфийскому оракулу Аполлона и получил указание прекратить поиски и следовать за коровой, которая ему повстречается при выходе из святилища; там, где корова ляжет отдохнуть, К. должен основать город. В указанном месте К. пришлось вступить в борьбу с драконом, растерзавшим его спутников. Убив чудовище камнями, К. по совету Афины засеял поле его зубами, из которых выросли вооружённые люди (спарты), тут же вступившие в единоборство друг с другом. Пятеро оставшихся в живых стали родоначальниками знатнейших фиванских родов в основанной К. крепости Кадмее, вокруг которой выросли Фивы (Eur. Phoen. 638—75; Ovid. Met. III 6—130; Apollod. III 4, 1). Так как убитый К. дракон был сыном бога Ареса, К. пришлось в течение 8 лет нести искупительную службу у бога, после чего Арес по воле Зевса выдал за К. свою дочь *Гармонию* и пригласил на их свадьбу всех богов (Pind. Pyth. III 88—94). От этого брака, по традиционной версии, у К. родились сын Полидор, будущий дед Лая, и четыре дочери: Автоноя (мать *Актеона*), Ино, Агава и Семела (Hes. Theog. 975—78). В старости К. вместе с Гармонией переселились в Иллирию, где они превратились в змей и в конце концов оказались в элизиуме (Apoll. Rhod. IV 516 след.; Apollod. III 5, 4). В историческое время К. приписывали изобретение греческого письма.

В мифе о К. сказочные мотивы странствий богатыря и поединка с чудовищем соединились с воспоминаниями о связях, существовавших ещё в микенскую эпоху между Фивами и государствами Малой Азии. Найденные в Фивах цилиндрические печати малоазийского происхождения (14 в. до н. э.) свидетельствуют о том, что эти взаимоотношения носили достаточно интенсивный характер. Поскольку в результате фольклорного переосмысления исторических данных К. оказался выходцем из Финикии, ему и было приписано традицией изобретение греческого алфавита (который в кон. 9 — нач. 8 вв. до н. э. возник из финикийского письма).
В. Н. Ярхо.

КАДУЦЕ́Й (лат.), к е р ю к е й (греч.), в греческой мифологии деревянный жезл (из лавра или оливы), «обвитый глядящими друг на друга змеями» (Schol. Thuc. I 53). Первый К. был изготовлен Гефестом для Гермеса (Schol. Hom. Il. II 102), передавшего его Керику (сыну Гермеса и Пандросо), от которого пошёл род глашатаев (I 334). Согласно другому варианту, Гермес получил золотой К. от Аполлона в обмен на свирель (Apollod. III 10, 2). Этот К. был сначала пастушеским посохом Аполлона (I 9 15). К. до настоящего времени служит эмблемой торговли и мирного разрешения споров, используется в геральдике (напр., входил в герб Харьковской губернии).
Г. Г.

КАЖ, в низшей мифологии аварцев добрый дух, охранитель домашнего очага, благополучия семьи; имеет облик белой змеи (вариант: в роли К. выступает Хоноборох, «яйцо-змея»). По поверьям, К. иногда располагается на кувшине (обратив свою голову к горлу кувшина), и тогда умножается содержание сосуда, обезвреживаются действия «дурного глаза». Считается, что растение, которого коснулся К., бурно разрастается.
Х. Х.

КАИН и А в е л ь, согласно ветхозаветному преданию (Быт. 4, 1—17), сыновья первой человеческой пары — Адама и Евы: «И человек познал Еву, жену свою, и она зачала и родила Каина и сказала: приобрела я мужа вместе с богом. И она ещё родила брата его, Авеля. И был Авель пастырем овец, а Каин был земледельцем. И было по прошествии дней, принёс Каин из плодов земли дар богу. И Авель принёс также из первородных стада своего и из тука их. И призрел бог на Авеля и на жертву его, а на Каина и на жертву его не призрел. И разгневался Каин сильно, и поникло лицо его... И когда они были в поле, восстал Каин на Авеля, брата своего, и убил его». Убив Авеля, К. был вынужден удалиться, так как земля, принявшая кровь брата его от руки его, не могла давать больше «силы своей» для него. Но для того, чтобы К. не был убит в изгнании, бог сделал ему знак и объявил, что тому, кто убьёт К., «отмстится всемеро». К. поселился в земле Нод, где у него родился сын Ханох (Енох); построив город, К. назвал его именем сына — Ханох. Дальнейший текст (4, 18—22) представляет кенитскую генеалогию (расходящуюся с сифлянской — Быт. 5) от К. до Ламеха и его сыновей. Имена сыновей Ламеха — Иавал, Иувал и Тувал-Каин, сходные с именами Авеля и К., и сообщение о роде их занятий (Иавал — «отец» всех скотоводов, Тувал-Каин — «отец» всех кузнецов) позволяют предположить, что здесь идёт речь ещё об одной версии предания о К. и Авеле, где К. выступает в роли кузнеца. И в том и в другом предании братья выступают в роли первопредков — культурных героев. Отрицательный, даже демонический (ср. ниже о зачатии К. от сатаны) характер К. связан с известным у многих народов отрицательным отношением к кузнецам и кузнечному делу. Всякое ремесло и искусство (ср. Иувал — прародитель музыкантов, и ниже — о дочерях К.) связывались с магией. У древних евреев к этому кругу ремесла — искусства магии относилось, по-видимому, и земледелие. Отсюда, вероятно, К.— кузнец и земледелец. Некоторые учёные связывают библейское предание о К. и Авеле с месопотамскими сюжетами о споре пастуха и земледельца (ср. миф о сватовстве к Инанне земледельца Энкимду и пастуха *Думузи* — также с предпочтением пастуху). Сюжет предания о К. и Авеле обнаруживает также определённое сходство с близнечным мифом.

Различные послебиблейские предания о К. и Авеле, будь то иудейские, христианские или мусульманские, восходят очень часто к мидрашистской традиции, т. е. возникли на основе комментирования ветхозаветного текста. Предание о К. и Авеле содержат апокрифические книги «Житие Адама и Евы», т. н. «Апокалипсис Моисея», сирийская «Пещера сокровищ», эфиопская «Книга Адама», некоторые труды отцов церкви, оно упоминается в Коране (5:30—34) и многими мусульманскими авторами. Арабская традиция К. называет Кабилом (хотя она знает и имя К.), составляя таким образом распространённую в фольклоре ассонирующую пару имён — *Кабил и Хабил*, но одновременно сохраняя память (араб. qabila, «принимать») о народной этимологии имени К., данной в Быт. 4, 1 (от глагола qānā). В эфиопской «Книге Адама» имя К. связывается с глаголом qinne «завидовать», «ревновать». В «Житии Адама» рассказывается, как К., родившись, сразу же вырос, побежал и принёс траву, поэтому его назвали К.— здесь имя К. связывается с евр. qāne «камыш». «Книга юбилеев» и армянская «Смерть Адама» связывают имя Авеля с глаголом ’ābal, «носить траур».

Библейский текст легенды о К. и Авеле очень краток и труден для понимания. Этим отчасти вызвано обилие толкований в послебиблейской литературе. Мотив искушения Евы змеем (Быт. 3, см. *«Грехопадение»*), отождествляемым в послебиблейской и христианской литературе с сатаной, лежит, вероятно, в основе предания о зачатии К. от сатаны. Это предание известно у отцов церкви (Епифаний, Иреней, Тертуллиан) и в мидрашах (Пиркэ де р. Элиэзер 32а). Известно также большое число преданий, представляющих различные толкования конфликта между братьями, приведшего к убийству: у К. и Авеля была сестра (или две сестры, одна из которых была красивее другой), из-за неё и возникла ссора («Пещера сокровищ», «Книга Адама», Табари, Ибн аль-Асир, Пиркэ де р. Элиэзер 21, Епифаний); с Авелем родились две сестры-близнецы, одну из которых К. хотел взять в жёны (Берешит рабба 22); К. и Авель поссорились из-за «первой Евы» (там же). Последняя версия относится к кругу преданий о том, что сотворение человека происходило дважды (в Талмуде и Берешит рабба 22); это объясняется тем, что первые Адам и Ева породили двух духов, сожительство которых. Спор возник из-за неудачной попытки разделить между братьями мир: К. досталось всё недвижимое, Авелю — всё движимое. К. говорил, что земля, на которой стоит Авель, принадлежит ему, Авель же — что одежда на К. принадлежит ему; так возникла борьба, в которой вначале победил более сильный Авель, но К. умолил брата не убивать его, и, когда тот, сжалившись, отпустил его, убил Авеля. На вопрос, почему бог не принял жертву К., мидраш отвечает (исходя из текста Быт. 2, 3 — «из плодов земли»), что К. принёс из остатков своей еды (Танума 7b). Такое же толкование у Ефрема Сирина, сходное — у Филона. Согласно Табари, К. принёс в жертву плоды земли малоценные, в то время как Авель заклал своего любимого агнца. По армянской «Истории о сыновьях Адама и Евы», К. приносил жертву с гордыми словами, обращёнными к богу, Авель же совершил жертвоприношение со смиренным обращением к богу. Бог показал своё благосклонное отношение к жертве Авеля, испепелив её небесным огнём (мидраш Зута; эта традиция известна Ефрему Сирину, Кириллу Александрийскому и др. отцам церкви, её знают Табари и Ибн аль-Асир). Этот мотив изображён на барельефе зала капитула собора в Солсбери (13 в.), на витраже собора в Шалон-сюр-Марн; на бронзовой двери церкви Санкт-Михаэль в Хильдесхейме божья рука указывает на жертву Авеля. Согласно армянской «Истории о сыновьях Адама и Евы», на жертву Авеля ниспал небесный свет. «Апокалипсис Моисея» и армянская «Жизнь Адама и Евы» содержат рассказ о том, как Еве приснилось, что К. пытается выпить кровь Авеля, но она не удерживается в его желудке и выливается изо рта. Сон Евы упоминается также в «Житии Адама». Иероним сообщает еврейское предание о том, что первое братоубийство было совершено в Дамаске, приводя народную этимологию названия города (от евр. dam, «кровь» и hišqā, «поить»). Существуют другие народные этимологии названий местностей, связанных с преданием о К. и Авеле: согласно Якуту, К. жил в местности Канейна близ Дамаска; Ибн аль-Асир рассказывает, что К., убив брата, отправился вместе с сестрой в Аден (араб. ’adan имеет сходное звучание и одинаковое значение с евр. ‘eden, Эдем, ср. Быт. 4, 16 — «и поселился в земле Нод, на востоке от Эдема»). Очень распространено предание о том, что К., собравшись убить брата, не знал, как это сделать, но в это время появился ворон (или сатана в облике ворона) и убил другого ворона куском камня,— К. последовал его примеру (Табари, армянское устное предание). Берешит рабба (22, 4) содержит несколько различных версий: К. убил Авеля камнем; камышом (ср. убийство Авеля палкой в «Книге Адама»); К. видел, как Адам закалывает жертву, и таким же образом поразил брата в горло — предписанное место для заклания жертвенного животного. Согласно Тертуллиану, К. задушил Авеля; К. убил Авеля каменным оружием (армянская «История о сыновьях Адама и Евы»). В средневековой Европе было известно предание, согласно которому К. убил Авеля ослиной челюстью (ср. Суд. 15, 15—16 — о Самсоне). По другой распространённой легенде Авель был убит веткой древа познания. Убив Авеля, К. не знал, как быть с телом; тогда бог послал ему двух «чистых птиц», одна из которых, убив другую, зарыла труп в землю,— К. последовал его примеру (Танума 6а). Это предание рассказывает Табари, но вместо «чистых птиц» здесь выступают вороны. Согласно «Апокалипсису Моисея» и армянской «Жизни Адама и Евы», Авеля похоронили только после смерти Адама и вместе с ним, так как в день, когда он был убит, земля отказалась принять тело и выталкивала его на поверхность, говоря, что она не может принять его до тех пор, пока не будет возвращён ей первый сотворённый из неё. Приводятся разные толкования «знака К.»: это — сияние, подобное блеску солнца (Берешит рабба 22, 6; «Житие Адама» — Ева родила К., «и он был сияющим»); более распространённое — рог или рога. Существует множество преданий о возрасте К. и Авеля в момент убийства. Выражение «отмстится всемеро» (Быт. 4, 15) лежит в основе предания о том, что К. претерпел семь наказаний (согласно Берешит рабба 23, 3, в течение 700 лет). Это выражение связывается также с Ламехом — седьмым потомком Адама (по кенитской генеалогии), убившим К. (Иероним, Ефрем Сирин, «Пещера сокровищ»). Сцена убийства К. Ламехом изображена в каталанской Библии из Родеза (11 в.), на капители собора в Отёне (12 в.), на барельефе лионского собора (13 в.). Согласно преданию, слепой Ламех по указанию сына, принявшего К. за зверя из-за рога у него на лбу, убил его выстрелом из лука. Увидев, что убит К., Ламех в гневе убивает сына. По другим версиям, Ламех убил К. и его (К.) сына (Ефрем Сирин); К. убивает юношу-пастух (эфиопская «Книга Адама»); К. убивает его слепой сын (Ибн аль-Асир); Ламех не узнал К. из-за кожаной одежды, которая была на нём (армянская «История о сыновьях Адама и Евы»); последнее предание перекликается с рассказом Аль-Кисаи о том, что К. первым из людей стал носить одежду. Известно также предание, согласно которому К. умер только во время потопа (Берешит рабба 22, 8; Ефрем Сирин). Согласно Абу-ль-Фараджу, дочерям К. приписывалось изобретение музыкальных инструментов (ср. евр. qīnā, «пение», араб. qajna, «певица»). Своей красотой, игрой на музыкальных инструментах и пением К. соблазнила праведных сыновей Сифа, и те, спустившись с горы Хеврон, стали жить с ними, несмотря на то, что Сиф заклинал их «кровью праведного Авеля» не смешиваться с семенем К. (эфиопская «Книга Адама», «Пещера сокровищ», армянское «Евангелие Сифа»). Это предание связано с толкованием Быт. 6, 2: «тогда сыновья божии увидели дочерей человеческих, что они красивы, и стали брать их в жёны себе...». «Сыновья божии» отождествлялись с потомками Сифа, «дочери человеческие» — с дочерьми К. Аль-Кисаи приводит рассказ о войне между сыновьями Сифа и сыновьями К.; говоря, что это была первая война между сыновьями Адама.

Авель (мандейск. Hibil) занимает значительное место в мандейском пантеоне (хотя легенда о К. и Авеле мандеям не известна). С именами К. и Авеля связаны названия гностических сект кинитов и авелитов (авелонитов).

В христианском средневековом искусстве и литературе образ Авеля рассматривался как прообраз Христа, жертва Авеля — как символ евхаристии, его смерть — как предвестие смерти Христа на кресте.

КАЙШ-БАДЖАК, у турок и казахов (к о н а я́ к, «ременная нога») злой демон. Считалось, что у К.-б. человеческое туловище, но длинный хвост (ремни) вместо ног; обитает он на островах, в лесах, у дорог. Встречая человека, К.-б. нападает на него, садится верхом, обвивая хвостом (ремнями) и ездит; ослабевшую жертву может задушить и съесть. Персонаж, заимствованный из арабского фольклора (встречается, например, в сказке о Синдбаде-мореходе). Аналогичный образ имеется у армян (покотн) и иранцев (довалпа).
В. Б.

КАИГУ́СЬ, покровитель и хозяин лесных зверей в кетской мифологии. К., принявший облик медведя, но имеющий «семь мыслей (душ)», как *Есь* и человек, вознамерился взять себе в жёны дочь старика, хотя лесные звери его и отговаривали, предвидя, что его убьют люди, которые примут его за медведя. К. похитил дочь старика. Разгневанный отец устроил за К. погоню. Видя, что погоня его настигает, К. отпустил девушку, объяснив ей, как надо устроить обряд (медвежий праздник), необходимый для того, чтобы он возродился. Миф о К. связан с ритуалом кетского медвежьего праздника и включает в себя программу этого ритуала. Вместе с тем в преданиях, входящих в этот цикл, сохраняется след древних обрядов воспитания медведя кетами. В мифе о старухе Кёгл К. спасает женщину, закопанную в землю живьём после смерти её мужа, снабжает её пищей и приводит к месту, где приплывшие по реке родители её опознают как «дочь отца среднего мира», а в К. видят воспитанного некогда людьми медведя, которого они отпускают. По другим мифам, К. является охотнику в виде молодой женщины (хозяйки дичи, им убитой), становится его женой, обеспечивает ему удачу в охоте и рассказывает, что она была брошена в детстве родителями, после чего её воспитали старики К. Для того чтобы обеспечить себе расположение К., охотники должны были соблюдать промысловые правила и обряды: очищать окуриванием охотничьи снасти, чтобы их не осквернило прикосновение женщины, не причинять боли промысловым животным, сохранять беличьи шкурки необычного цвета.
В. И. и В. Т.

КАЙ КАВУ́С (фарси), в иранской мифологии и легендарной истории второй царь из династии *Кейянидов*. В «Авесте» — *Кави Усан*. В «Шахнаме» смелый К. К. наследует *Кай Кубаду* и правит сто пятьдесят лет. Желая уничтожить зло, он отправляется в поход против царства дэвов в Мазендеран, но ослеплённым попадает вместе со своей свитой в плен к белому дэву. К. К. призывает на помощь богатыря *Рустама*, который освобождает его и возвращает ему зрение с помощью печени дэва. Однако К. К. снова попадает в беду. Полюбив коварную дочь хамаваранского (Йемен, центральная или северная Аравия) царя красавицу Судабу, он идёт в поход на царя и снова попадает в плен, из которого его опять выручает Рустам. Соблазнённый Иблисом, К. К. хочет подняться с помощью орлов, несущих его трон, на небеса и вновь терпит неудачу: вместе с обессилевшими орлами он падает на землю вблизи реки Амуль; здесь его спасает Рустам.
И. Б.

КАЙ КУБА́Д (фарси), К а́ в и К а́ в а т а (авест.), в иранской мифологии и легендарной истории иранский царь, основатель династии Кейянидов. Согласно «Шахнаме», призван на пустующий после смерти Гаршаспа (см. *Керсаспа*) престол Залем и *Рустамом*, который разыскал К. К. у горы Албурз. В его царствование после разгрома туранского войска *Афрасиаба* и установления границы между Ираном и Тураном по Джайхуну (Амударье) ненадолго восстанавливается мир.
И. Б.

КАЙЛА́СА, К а й л а́ с, гора в Гималаях (самая высокая в одноимённом горном хребте на юге Тибетского нагорья), считающаяся в индуистской мифологии обителью богов *Шивы* и *Куберы*.
С. С.

КАЙЛУ́-ШЭНЬ («божество, расчищающее путь»), в поздней китайской мифологии божество, очищающее от нечисти могилы перед захоронением. В «Записках о поисках духов трёх религий» (15—16 вв.) происхождение его связывается с древним магом Фан Сяном, отвращавшим нечисть. Изображения К. (огромного роста, одет в красный боевой халат, красные усы, синее лицо, в левой руке нефритовая печать, в правой — короткое копьё) делали из бумаги и несли впереди гроба.
Б. Р.

КАЙМИНШО́У («зверь, открывающий свет»), в древнекитайской мифологии фантастический зверь с девятью головами, ростом в 4 чжана (более 12 метров), туловище его напоминает тигриное, а все девять лиц человечьи. Он стоит на священной горе *Куньлунь*, оборотившись к востоку, и охраняет девять ворот. Возможно, что название К. связано с функцией возвещения рассвета. В трактате «Хуай-нань-цзы» (2 в. до н. э.) говорится о воротах каймин на горе Восточного предела (Дунцзичжишань), через которые восходит солнце.
Б. Р.

КАЙ ХУСРО́У (фарси), в иранской мифологии и легендарной истории третий царь из династии *Кейянидов*. Считается олицетворением справедливого царя. Восходит к авестийскому *Хусраве*.

В «Шахнаме» его мать дочь *Афрасиаба* Фарангис рождает его от Сиявуша (см. *Сйаваршан*). Благородный туранский богатырь Пиран, которому Афрасиаб поручил наблюдение за Фарангис и убиение новорождённого, видит во сне Сиявуша, предвещающего своему сыну царскую славу и трон. Пиран отдаёт новорождённого, названного К. Х., на воспитание пастухам. Мальчик вырастает в богатыря. У него чудесный вороной конь Шабранги Бехзад. Начинаются поиски К. Х. иранцами для его спасения. После долгих приключений, с помощью иранского богатыря Гива, искавшего К. Х. семь лет, К. Х. вместе с матерью, благополучно перебравшись через реку Джайхун (Амударью), приходит к своему деду *Кай Кавусу*, который передаёт ему престол,

и К. Х. правит шестьдесят лет. Вместе с *Рустамом* он выступает против Афрасиаба, чтобы отомстить за невинно убитого Сиявуша. В решающей битве К. Х. с Афрасиабом от руки К. Х. гибнет сын Афрасиаба Шида, а затем погибает и сам Афрасиаб. В царствование К. Х. наступают тишина и благополучие, К. Х. освобождает из плена другого сына Афрасиаба — Джахна и вручает ему Туран. Внуку Рустама *Барзу* он жалует Гур и Герат. Но К. Х. озабочен: он знает, что в его жилах течёт не только благородная кровь служителей Ормузда, но и кровь последователей *Ахримана*, и он опасается, не одолеет ли в нём злое начало его добрую сущность. Он просит Ормузда забрать его к себе. Эта просьба услышана. К. Х. передаёт царство своему родичу Лухраспу, а сам удаляется в горы и исчезает при первом восходе солнца. Богатыри отправляются на поиски пропавшего К. Х. Снежная буря невероятной силы заносит их, и большинство из богатырей исчезает навеки, как исчез и К. Х.
И. Б.

КАК, К а́ к у с, в римской мифологии сын *Вулкана*, чудовище, изрыгавшее огонь, опустошавшее поля *Эвандра*. По другой версии, К. был предававшимся разбою беглым рабом Эвандра. К. похитил ночью часть стад у прибывшего к Эвандру *Геркулеса* и спрятал их в своей пещере. Услышав мычание быков, Геркулес отыскал пещеру, убил К. своей палицей и отнял стада. Видимо, К.— первоначально древнее, впоследствии забытое божество огня, почитавшееся вместе с Какой (по поздней версии,— сестрой К.). Кака помогла Геркулесу в борьбе с братом, за что ей было посвящено святилище, где горел неугасимый огонь и приносили жертвы весталки (Serv. Verg. Aen. VIII 190).
Е. Ш.

КАК, у нивхов деревянное изображение покойного, в к-рое переходит душа умершего во время проводов ее в селение мертвых *млыво*.
Е. Н.

КАЛА́ («время»), в древнеиндийской мифологии божество, персонифицирующее время. В ведах К.— в значительной мере абстрактное понятие, иногда тождественное *брахману* и заключающее в себе космогонический принцип (АВ XIII 2; XIX 53, 54 и др.). В индуизме концепция К. хотя и конкретизуется (К.— божественный сын васу *Дхрувы*), но по-прежнему остаётся объектом философских интерпретаций. Эпос рассматривает К., с одной стороны, как самостоятельное божество (напр., Мбх XII 19, 31), с другой — как ипостась *Ямы* или *Шивы* (один из эпитетов Шивы — Махакала, т. е. «великий К.»). Представления о К. сближаются и часто сливаются с представлениями о боге смерти Мритью. В легенде «Махабхараты» о человеке, умершем от укуса змеи, змея настаивает на своей невиновности, объявляя себя орудием Мритью, а Мритью перекладывает ответственность на К., воле которого он повинуется (Мбх. XIII 1). К. обычно описывается как состоящий из дней и ночей, месяцев и времён года, поглощающих в своей бесконечной чреде (вращении колеса К.) человеческие существования. В этой связи К. идентифицируется с судьбой (Дайва). Философское осмысление К. ведёт в пуранах к пониманию его как воплощения энергии *Вишну* или энергии индуистской божественной триады в целом (см. *Тримурти*) в её функциях созидания, сохранения и уничтожения мира («Маркандейя-пурана» 116, 108).
П. А. Гринцер.

КАЛАНЕ́МИ [«обод (колеса) времени»], в индуистской мифологии: 1) в «Рамаяне» — *ракшаса*, дядя *Раваны*. Равана обещал К. половину своего царства, если он убьёт *Ханумана*, царя обезьян, союзника и чудесного помощника *Рамы*. Когда Хануман искал в Гималаях целебные травы, чтобы вылечить раненых Раму и его брата *Лакшману*, К. отправился туда, принял вид аскета и зазвал Ханумана в свою обитель. Однако Хануман разгадал уловку врага, схватил его за ногу и, раскрутив в воздухе, зашвырнул обратно на *Ланку*, прямо к подножию трона Раваны; 2) в «Махабхарате», «Хариванше» и пуранах — *асура*, сын Вирочаны, внук Хираньякашипу. Он был убит *Вишну* и впоследствии родился вновь в обликах *Кансы* и змея Калии.
С. С.

КАЛАЧА́КРА («колесо времени»), 1) в буддийской религиозно-мифологической системе ваджраяны отождествление макрокосма с микрокосмом, вселенной с человеком. Идеи К. переданы в «Калачакра-тантре». Согласно К., все внешние явления и процессы взаимосвязаны с телом и психикой человека, поэтому, изменяя себя, человек изменяет и мир. С К. связано представление о цикличности времени (в Тибете — 12- и 60-летние календарные циклы). По легенде, учение К. было изложено буддой *Шакьямуни* по просьбе царя мифической страны *Шамбхалы* Сучандры (воплощения бодхисатвы *Ваджрапани*). После возвращения в Шамбхалу Сучандра передал это учение в форме тантры. В Индии, согласно легенде, проповедь К. была начата лишь в конце 10 в. Цилупой (по другим источникам,— Питопой, или Великим Калачакрападой), который попал чудесным образом в Шамбхалу и был там посвящён царём Кальки в учение К. Вернувшись в Индию, он изложил это учение *махасиддхе* Наропа. Учение К. играло особенно важную роль (начиная с середины 11 в.) в тибетском буддизме; 2) *идам* в ваджраяне, символизирующий учение калачакры.
Л. Э. Мялль.

КАЛАЧА́КРА («колесо времени»), в джайнской мифологии основная категория представлений о «мировой истории». По этим представлениям мир вечен и неизменен, однако условия существования его центральной части, на уровне среднего мира (см. *Мадхьялока*), включающей области Бхарата и Айравата, подвержены ритмическим колебаниям. Остальная часть мира пребывает в постоянном, неизменяющемся потоке времени.

К. имеет 12 «спиц» — веков; шесть из них относятся к «прогрессивному», восходящему (утсарпини) полуобороту колеса, а шесть — к нисходящему (авасарпини). Авасарпини состоит из шести неравных периодов: «хороший — хороший» — $4 \cdot 10^{10}$ сагаропамов (букв. «равный океану» — мера счёта) лет; «хороший» — $3 \cdot 10^{14}$ сагаропамов лет; «хороший — плохой» — $2 \cdot 10^{14}$ сагаропамов лет; «плохой — хороший» — 10^{14} сагаропамов минус 42 тысячи лет; «плохой» — 21 тысяча лет и «плохой — плохой» — тоже 21 тысяча лет. В утсарпини эти периоды повторяются в обратном порядке. Поскольку мир безначален и бесконечен, он неисчислимое количество раз проходил и будет проходить от блаженно-счастливого времени «хорошего — хорошего» периода к ужасам и страданиям «плохого — плохого» и затем опять возвращаться к золотому веку.

1-й и 2-й периоды описываются как беззаботное время, когда десять калпаврикш («деревьев, исполняющих желания») давали людям всё необходимое для жизни. Дети рождались близнецами — мальчик и девочка, и родители умирали через 49 дней после их рождения. Рост людей и срок их жизни были гигантскими. После смерти все сразу перерождались в мире богов. Разница между этими периодами только количественная (в сроке жизни, росте, частоте дыхания, количестве пищи и т. п.).

3-й период привносит страдание, хотя всё ещё рождаются близнецы и после смерти люди уходят в мир богов. В это время начинается история, появляется первый *тиртханкара* Ришабха.

В 4-м периоде идёт дальнейшее ухудшение, уменьшение роста и продолжительности жизни человека. После смерти люди могут переродиться в животных, богов или обитателей ада, но могут и достичь высшего состояния — стать *сиддхами*. Укрепляется социальный порядок. Появляются куддхары — «держатели рода», которые вводят наказания, а также 12 *чакравартинов*, 9 баладев, 9 васудев и 9 пративасудев (см. *Баладева*, *Васудева* и Пративасудева). Полного развития достигает джайнская религия, появляются все тиртханкары, в том числе и последний (24-й) — *Махавира*.

5-й период (продолжающийся и поныне) начался через 75 лет $8^1/_2$ месяцев после рождения Махавиры (или через три года после его *нирваны*) и будет длиться 21 тысячу лет. Тиртханкары больше не появляются. Происходит всеобщая деградация и, наконец, исчезновение самой джайнской религии и общины (источники даже сообщают имена будущих последних четырёх джайнов: монаха и монахини, мирянина и мирянки).

В «плохом-плохом» жизнь человека сократится до 16 или (у некоторых сект) 20 лет. Земля раскалится докрасна. Перестанут произрастать растения. Страшный жара днём и ледяной холод ночью заставят всё живое искать убежища в океанских пещерах. В конце периода задуют свирепые ураганы.

Затем начнётся утсарпини — восходящее движение колеса и всё повторится в обратном порядке. Семь видов дождей напоят землю и пробудят семена растений. «Плохой» принесёт некоторое улучшение. В «плохом-хорошем» появится первый из следующей серии 24 тиртханкаров, в «хорошем» — остальные 23. *О. Ф. Волкова, А. А. Терентьев.*

КА́ЛБЕСЭ́М, К а л м е с э́ м, в кетской мифологии «лесная баба», обитающее в лесу сверхъестественное существо, вредящее людям, уводящее у них детей. Во многих вариантах известен кетский дуалистический миф о К. и Хунь. Хунь хотела, чтобы вода текла снизу вверх, К. настояла на обратном. Хунь хотела сделать все дороги наклонными, чтобы легко было по ним идти с грузом. По желанию К. начало дороги всегда совпадает с началом горы. Хунь хотела, чтобы люди только указывали на добычу рукой, а она сама бы падала. К. пожелала, чтобы люди сперва сделали лук и стрелы, а потом с их помощью добывали дичь. В жизни всё устроено во вред людям по желанию К. По другому мифу, К. увела у Хунь маленького сына. Когда он вырос и узнал, кто его настоящая мать, то убил К. и бросил её в огонь. От сгоревшей К. возникают вредные для человека насекомые. Широко распространён также миф о женщине (иногда той же Хунь), которую К. убивает, ища у неё в голове и воткнув в это время ей палочку в ухо. Дочь убитой, обманув К., убегает к своей бабушке, которая ворожбой топит в реке преследующую их К. Миф, аналогичный кетскому преданию о К. и Хунь, у югов (сымских кетов) связывался не с К., а с Фыргынь. *В. И., В. Т.*

КАЛГАМА́, в мифах нанайцев дух — хозяин гор, скал и рек, ведающий пушным зверем и рыбой, к а л г а м у — у негидальцев, к а л д я м и — у ороков, к а д г я м у — у орочей, к а л д я м и — у ульчей, к а л у — у эвенков. Несмотря на различие в именах, все тунгусо-маньчжуры представляли К. в виде великана с остроконечной головой, двупалыми руками и длинными ногами, оканчивающимися лосиными копытами. По одним вариантам, К. живут целыми племенами в горных ущельях, питаются древесной смолой, мясом лосей и рыбой. Спускаясь с гор, они похищают людей, воспользовавшись их неосторожностью или наказывая за нерадивое отношение к дарам леса. По другим вариантам, К. владеет охотничьей сумкой, в которой хранит шерстинки — души промыслового зверя (ср. *синкэн*). Получить этот талисман, а вместе с ним силу, охотничью удачу и богатство удаётся охотнику, вступившему в единоборство с К. Не сумев сохранить сумку, К. через несколько лет является охотнику в виде женщины и рожает сына-богатыря, к которому переходит талисман. В др. версиях мифа, завладеть талисманом охотнику помогает его собственная жена, к которой К. повадился ходить в отсутствие мужа. Однажды К. забыл у неё свою сумку с шерстью, а когда вернулся, женщина сунула К. в руки раскалённое железо, а сумку оставила себе, с тех пор мужу неизменно сопутствовала удача на охоте.
Е. Н.

КАЛЕВИПО́ЭГ, в эстонской мифологии богатырь, сын богатыря Калева. Первоначальный образ К. — великан, с деятельностью которого связывались особенности географического рельефа: скопления камней, набросанных К.; равнины — места, где К. скосил лес, гряды холмов — следы пахоты К., озёра — колодцы К., древние городища — ложа К. и т. п. Существовали поверья о болотной траве, как о волосах К., чертополохе, выросшем из капель пота К., и др. К. состязается с ванапаганом (мечет в него камни) или Тыллом в метании камней, на которых остаются отпечатки его рук или ног (петроглифы:

им приписываются магические свойства; сходные представления связаны с калеванпойками — великанами в финской мифологии). Огромные камни считаются оселками К.

К. — борец с нечистой силой (с *ванапаганами*), иногда — с притеснителями народа (бросает камни в усадьбу злого помещика и т. п.), реже — с иноземными врагами. Необычайной силе его посвящено предание о кольце девы Ильманейти, которое та обронила в колодец: К. спускается за кольцом, а ванапаганы скатывают в колодец жёрнов; но герой возвращается с жёрновом, который он принял за кольцо, на пальце. В другом сюжете К. отбивается от ванапаганов досками, и те ломаются в борьбе; ёж подаёт К. совет бить ребром доски, за что получает от героя колючую шубку. В народных сказаниях сохранились две версии о гибели К.: враги отрубают герою ноги, когда тот спит или пьёт из реки; превратившийся в богатырского коня ванапаган уносит К. в ад, где он, прикованный к вратам ада, должен сторожить ванапагана, чтобы тот не вышел из преисподней.

На основе народных преданий и песен Ф. Р. Крейцвальд составил героический эпос «Калевипоэг» (публикация 1857—61).

КА́ЛИ («чёрная»), в индуистской мифологии одна из ипостасей *Деви*, жены *Шивы*, олицетворение грозного, губительного аспекта его *шакти* — божественной энергии. К. чёрного цвета (по одному из мифов, она появилась на свет из ставшего чёрным от гнева лица *Дурги*); одета в шкуру пантеры; вокруг её шеи — ожерелье из черепов; в двух из четырёх своих рук она держит отрубленные головы, а в двух других — меч и жертвенный нож — кхадгу; из её широко разинутого рта свисает длинный язык, окрашенный кровью её жертв. В конце *кальпы* К. окутывает мир тьмой, содействуя его уничтожению, и в этой своей функции зовётся Каларатри (букв. «ночь времени»).

Культ К. восходит к неарийским истокам, связан с кровавыми жертвоприношениями и по своему характеру во многом чужд ортодоксальному индуизму, но он занял центральное место в верованиях разного рода тантристских и шактистских сект. Почитание К. в качестве истребительницы демонов и могущественной богини-покровительницы особенно распространено в Бенгалии, где находится главный посвящённый ей храм Калигхата (англ. Калькутта, отсюда название бенгальской столицы).
П. А. Гринцер.

КАЛИ́ДН, в греческой мифологии сын Урана, первый царь Фив; воздвиг стены, башни и ворота города, отчего Фивы в древности назывались Калидной (Steph. Byz.). *Г. Г.*

КАЛИДО́НСКАЯ ОХО́ТА, в греческой мифологии один из наиболее распространённых мифов, в котором объединены сказания о многих героях островной и материковой Греции. Царь Калидона (города в Южной Этолии) Ойней, супруг *Алфеи*, собрав обильный урожай и принеся после этого жертвы всем богам, забыл богиню-охотницу Артемиду и тем самым оскорбил её. Разгневанная богиня наслала на Калидон огромной величины свирепого вепря, который опустошал поля, с корнем вырывал садовые деревья и убивал прячущихся за городские стены жителей (Hom. II. IX 529 слод.). Ойней решил устроить охоту на вепря и пригласил участвовать самых отважных героев Эллады, пообещав тому, кто убьёт вепря, в награду шкуру зверя. Во главе охотников встал сын Ойнея *Мелеагр*. Мифографы различных областей Греции включают в перечень охотников местных героев своих областей и называют разное число участников охоты. В «Мифологической библиотеке» Аполлодора (I 8, 2) называется свыше 20 участников: калидонцы Мелеагр и Дриас, плевронцы — сыновья Фестия, мессенские близнецы Идас и Линкей, Диоскуры из Спарты, Тесей из Афин, аркадяне Анкей и Кефей, фессалийцы Адмет, Пирифой, Пелей и Ясон, Амфиарай из Аргоса, Амфитрион и его сын Ификл из Фив и единственная женщина — участница К. о. *Аталанта* из Аркадии. Более поздние авторы (Ovid. Met. VIII 299 след.;

Hyg. Fab. 173) считают, что в К. о. участвовало более 50 героев, причисляя к охотникам Лаэрта (отца Одиссея), пилосца Нестора, Теламона — сына Эака, лапифов Пирифоя и Мопса, мессенца Левкиппа и других героев не только материковой Греции, но и из Магнесии, Итаки, Саламина, Крита и других областей. Когда собаки выгнали вепря из лесу, свирепый зверь сразу бросился на охотников. Нестор спасся лишь потому, что, подпрыгнув, ухватился за дерево, но многие пали жертвой острых клыков вепря, а некоторые погибли от ран, нанесённых друг другу случайно в пылу охоты: Пелей ранил своего тестя Эвритиона (Apollod. I 8, 2). Решающий удар вепрю нанёс Мелеагр, и ему по праву принадлежал почётный трофей.

Успех охотников побудил Артемиду к новым козням. Она вызвала жестокую войну за охотничий трофей между калидонцами и родственными им жителями Плеврона куретами. В этой войне калидонцы сперва сражались успешно, но когда Мелеагр убил брата своей матери Плексиппа, Алфея прокляла сына и пожелала ему смерти (Hom. Il. IX 567 след.). Оскорблённый Мелеагр отказался участвовать в дальнейших битвах, и куреты стали одерживать победы. Когда они были уже на стенах Калидона, раскаявшаяся мать, отец и все жители стали уговаривать героя встать на защиту родного города, но Мелеагр отказывался, пока жена Клеопатра не попросила его взяться за оружие (IX 592 след.). Мелеагр перебил всех сыновей Фестия, но сам погиб в сражении (Apollod. I 8, 3). Поздние мифографы вплетают в историю К. о. мотивы о связи его жизни с обгоревшей головнёй и о любви Мелеагра к Аталанте. Впервые мотив об обгоревшей головне встречается у Вакхилида (Bacchyl. V 94) и в не дошедшей трагедии Фриниха «Плевронии» (Paus. X 31, 4): к только что родившей Алфее во сне явились мойры и предупредили, что жизнь её ребёнка Мелеагра оборвётся, как только догорит пылавшее в очаге полено. Обжигая руки, Алфея выхватила головню из огня и спрятала её. После гибели убитого Мелеагром брата (вариант: братьев) Алфея достала спрятанное полено и бросила его в огонь, после чего Мелеагр и умер (Ovid. Met. VIII 519). Мотив любви Мелеагра и Аталанты получил отражение у Овидия (VIII 451 след.) и Антонина Либерала (II): ещё на пиру, предшествовавшем К. о., некоторые герои заявили, что не хотят идти на охоту вместе с женщиной, но сразу же влюбившийся в Аталанту Мелеагр принудил их примириться с приглашением прекрасной аркадянки. Охотница первой ранила зверя, поразив его стрелой в спину, и добивший вепря Мелеагр с радостью уступил ей почётный трофей — шкуру и голову кабана. Это послужило причиной ссоры между Мелеагром и его дядьями. Они сразу (вариант: на пути Аталанты домой в Аркадию, Diod. IV 34) отобрали у охотницы добычу. За это разгневанный Мелеагр убил сыновей Фестия Плексиппа и Токсея (Ovid. Met. VIII 429 след.). Узнав о гибели братьев, Алфея бросила в огонь головню, от которой зависела жизнь её сына. Осознав, к чему привёл её гнев, Алфея и жена Мелеагра Клеопатра наложили на себя руки. Софокл в недошедшей трагедии (Plin. Nat. hist. 37, 40 след.) добавил, что оплакивавшие брата сёстры Мелеагра были превращены в птиц (этиологический миф: мелеагриды, греч. «цесарки»).

Миф о К. о., в основе которого лежали события древнейшего прошлого Этолии (войны между городами, пережитки матриархата), благодаря своей популярности непрерывно пополнялся новыми мотивами (бедствие, посылаемое обойдённым вниманием божеством; отказ обиженного героя от участия в битве и пр.).
М. Н. Ботвинник.

КАЛИПСО́, в греческой мифологии нимфа, дочь титана Атланта и океаниды Плейоны (по другой версии, дочь Гелиоса и Персеиды), владелица острова Огигии, на Крайнем западе. К. держала у себя в течение семи лет *Одиссея*, скрывая его от остального мира, но не смогла заставить героя забыть родину. На Огигии К. живёт среди прекрасной природы, в гроте, увитом виноградными лозами. Она умела ткачиха, ежедневно К. появляется у станка в прозрачном серебряном одеянии. По приказу Зевса, переданному через Гермеса, К. вынуждена отпустить Одиссея на родину; она помогает ему построить плот и снабжает его в дорогу всем необходимым. От Одиссея К. имела сыновей: *Латина*, *Навсифоя*, Навсиноя, *Авсона* (Hom. Od. V 13—269; VII 244—266). Имя К. («та, что скрывает») указывает на её связь с миром смерти. Покинув К., Одиссей таким образом побеждает смерть и возвращается в мир жизни.
А. Т.-Г.

КАЛЛИО́ПА («прекрасноголосая»), в греческой мифологии одна из девяти олимпийских муз. Дочь Зевса и Мнемосины (Hes. Theog. 52—54), она «выдаётся меж всеми другими» музами (79) (хотя у Гесиода функции каждой музы ещё достаточно не определены). В эллинистическое время К. — муза эпической поэзии и науки. Сыновьями К. и Эагра (или Аполлона) были знаменитые певцы Лин и Орфей (Apollod. I 3, 2). Сыном К. считают также фракийского царя *Реса*, убитого под Троей Диомедом (I 3, 4). К. изображалась с вощёной дощечкой или свитком и грифельной палочкой в руках.
А. Т.-Г.

КАЛЛИРО́Я («прекраснотекущая»), в греческой мифологии: 1) одна из океанид, дочь Океана и Тефиды, супруга Хрисаора, которому родила трёхголового великана *Гериона* (Hes. Theog. 981 след.; Apollod. II 5, 10); 2) речная нимфа, дочь Ахелоя, супруга *Алкмеона*, мать *Акарнана* и Амфотера. После смерти Алкмеона, убитого Фегеем, К. стала возлюбленной Зевса, которого упросила сделать её малолетних детей сразу взрослыми. Когда её желание было выполнено, дети К. отомстили за отца и убили Фегея, его жену и детей (Apollod. III 7, 5—6); 3) нимфа, дочь речного бога Скамандра, мать *Ганимеда* (Apollod. III 12, 2); 4) калидонская девушка, отвергшая любовь Кореса, жреца Диониса. По просьбе оскорблённого жреца Дионис поразил жителей страны безумием. Обратившись за помощью к оракулу, калидонцы получили приказ принести К. в жертву. Когда Корес увидел прекрасную К., обречённую на гибель, любовь снова вспыхнула в его сердце и он заколол себя вместо любимой. К. покончила с собой возле источника, который стал носить её имя (Paus. VII 21.1 след.) (топонимический миф).
М. Б.

КАЛЛИСТО́, К а л л и́ с т а, в греческой мифологии дочь царя Ликаона (вариант: Никтея или Кефея), спутница (нимфа-охотница) *Артемиды*, родом из Аркадии. К., обольщённая Зевсом, явившимся к ней в облике Аполлона (или Артемиды), родила Аркаса. Превращённая в медведицу Артемидой (вариант: Зевсом, чтобы спасти её от мести Геры), К. гибнет от стрелы разгневанной Артемиды (Apollod. III 8, 2; Ovid. Met. II 405—530; другой вариант мифа см. в ст. *Аркас*). Зевс превратил К. в созвездие Большой Медведицы (Ps.-Eratosth. I). В мифах о К. соединились мотивы об архаическом женском зооморфном божестве (К. — медведица), вытесненном Артемидой (храм Артемиды Каллисты, «прекраснейшей», находился на холме, считавшемся могилой К., Paus. VIII 35, 8), топонимический миф (сын К. Аркас — эпоним Аркадии), древнее оборотничество и позднейшие метаморфозы.
А. Т.-Г.

КАЛМ, К а л ь м, в мансийской мифологии крылатая зооморфная вестница богов, передающая их послания героям и людям. Сотворена *Нуми-Торумом* вместе с другими мифологическими существами.
М. Х.

КА́ЛТАЩ-Э́КВА, К а л ч-э́ к в а, Йо́ли То́рум Ша́нь («нижнего мира мать», «земная мать»), в мансийской мифологии богиня земли, жена и сестра *Нуми-Торума* (по другим вариантам мифа, К.-э. — дочь Нуми-Торума и богини земли Йоли Торум Шань). К.-э. — прародительница фратрии Мось: её представляли в облике зайчихи или гуся (первоначально — тотемические первопредки); берёза — её священное дерево. Как прародительница К.-э. определяла судьбы людей, отмечая их жизненный путь на священных бирках, помогала при родах. Сначала К.-э. обитала с Нуми-Торумом на небе, откуда, согласно одному из мифов, была изгнана мужем: она требовала, чтобы бог построил себе новое жилище из костей всех зверей и птиц, но сова отговорила Нуми-Торума от истребления всего живого, упрекая его в том, что он уподобился женщине, послушав её совета. Разгневанный муж спускает жену вниз, где та поселяется в горе (одно из наименований К.-э.— «вершины реки Сакв горная женщина»); однако истосковавшийся Нуми-Торум разыскивает супругу и видит, что та родила сына — Эква-Пырища (см. *Мир-сусне-хум*). К.-э. участвует в творении мира: она просит Нуми-Торума укрепить вновь созданную зыбкую землю поясом. К.-э. наделяет первых людей душами, которые ей передал отец Корс-Торум.

КА́ЛУ, в этрусской мифологии бог смерти, многократно упоминаемый в надписях вместе с богиней Фанр. К. и Фанр отождествлялись с греч. Аидом и Персефоной. Представлялся в облике волка или пса.
А. Н.

КАЛУ́НГА, К а р у́ н г а, персонаж, широко распространённый в мифах народов Западной Тропической Африки, а в Восточной Африке — у овамбо, луба, конго, мбунду, чокве и некоторых других бантуязычных народов. К. объединяет черты первопредка и отчасти громовника.
К. как обожествлённый предок связан с нижним миром, миром предков (в случае чьей-либо смерти говорили: «Его взял К.»). Он — отец всех предков, с их помощью правит миром, предки — его слуги. К. создал мир и первых людей, которых он «вызвал» из земли, скалы, священного дерева, термитника и т. п. Согласно одному мифу, К. ударил по термитнику и из образовавшегося отверстия вызвал первую пару — Амангуду и его жену, сыновья которых Канзи и Нангомбе позже женились на своих сёстрах. По другому мифу, К. вышел из земли и создал три супружеские пары, от которых произошли племена овамбо, гереро и бушмены. Имеется вариант, согласно которому К. сам выступает как первый человек. В некоторых вариантах действует не К., а его помощник — «костяная старуха»: она вызывает троих детей из дерева Омукуа.
К. характеризуется и как громовник. Носит чёрную одежду (ритуальный цвет дождя), и ему приносят в жертву чёрного быка (типичное дождевое жертвоприношение).
Е. К.

КАЛХА́НТ, в греческой мифологии жрец из Микен, сын *Феонои* (Hyg. Fab. 190) и внук Аполлона, от которого получил дар прорицания (Hom. Il. I 69—74). К.— участник похода ахейцев под Трою; ещё в пути, в Авлиде, он истолковал знамение со змеёй, уничтожившей восемь птенцов и их мать, объявив, что Троя будет взята на десятый год (II 300—332). Он же потребовал принесения в жертву Ифигении, чтобы умилостивить Артемиду (Hyg. Fab. 98, трагедия Еврипида «Ифигения в Авлиде»). По его совету был разыскан *Филоктет* — обладатель лука Геракла, при помощи которого только и могла быть взята Троя (трагедия Софокла «Филоктет»). По совету К. был выстроен деревянный конь и вероломно взята Троя (Verg. Aen. II 176—199). Ему была предсказана смерть в том случае, если он встретит более сведущего прорицателя, что и произошло после его встречи с *Мопсом* в Колофоне (Apollod. epit. VI 2—4).
А. Т.-Г.

КА́ЛЬВИС, К а́ л е й с, в балтийской мифологии кузнец, помощник громовержца — Перкунаса; К. выковывает ему оружие, иногда — небеса, солнце, а для дочери солнца — пряжку-сакту. Участвует в поединке с противником громовержца (см. *Тялявель*).
В. И., В. Т.

КА́ЛЬПА («порядок», «закон»), по индуистскому мифологическому исчислению «день-и-ночь» Брахмы, или 24 000 «божественных» лет, соответствующих 8 640 000 000 «человеческих» (тысяча лет жизни людей приравнивается одному дню богов). Первая половина К. (4 320 000 000 «человеческих» лет) делится на 1000 махаюг (см. *Юга*) или на 14 манвантар («периодов *Ману*») и составляет один «день» Брахмы, который иногда называют просто К. В конце этой половины происходит уничтожение (пралая) материального мира и сонма богов, а затем наступает «ночь» Брахмы — вторая половина К. По её завершении следует новое творение и начинается новая К. По той же мифологической хронологии, Брахма живёт 100 «собственных» лет. Когда эти 100 лет истекают, происходит великое уничтожение (махапралая): гибнут космос и главные боги, торжествует хаос. Однако спустя ещё столько же лет, сколько длилась жизнь Брахмы, хаос постепенно упорядочивается, рождается новый Брахма и начинается новый цикл кальп. Считается, что нынешний Брахма находится на 51 году своей жизни.

Эсхатологические мотивы, отражённые в понятии К., аналогичны широко распространённым мифологическим представлениям о цикличности времени, гибели и новом возрождении мира в сходных формах.
П. Г.

У народов, воспринявших буддизм, который сохранил индуистское представление о К., понятие К. частично модифицируется. В мифах монгольских народов К. (монг. галав, бурят. галаб) — вселенная в её временном измерении. Выражение «кальпа-мир» (монг. галав дэлхий, бурят. галаб дэлхэй) в зачинах эпических поэм означает изначальное состояние вселенной. К. осмысляется как хаос (включая первичный хаос, который в осложнённом буддийскими мотивами космогоническом мифе густеет от ветра, высушивается огнём, смачивается дождём и превращается в землю). Светопреставление определяется как «перетекание К.» (монг. галав юулэх), «обращение К.» (бурят. галаб эрьелтэ), таким образом понятие К. приобретает в какой-то мере эсхатологическое значение — катаклизм, катастрофа, стихия — всемирный потоп («водная К.»), всемирный пожар («огненная К.»), всеобщая гибель («мясная К.»).
С. Н.

КА́МА («желание», «чувственное влечение», «любовь»), в древнеиндийской мифологии бог любви. В ведах К. зовётся «саморождённым», вышедшим из сердца Брахмана, сыном *Дхармы*. В «Атхарваведе» его неоднократно призывают для помощи в любви. В эпосе он — сын *Лакшми*, супруг Рати и Прити («любви»), отец Тришны («жажды»), один из *вишведева*. Согласно одному из мифов, К. нарушил аскезу *Шивы*, желая возбудить в нём любовь к *Парвати*. Разгневанный Шива испепелил К., но затем, склонившись к мольбам Рати, возродил его. К. изображался юношей, восседающим на попугае (также — на колеснице); в его руках лук из сахарного тростника с тетивой из пчёл и пятью стрелами из цветов, насылающими любовную страсть (ср. античные параллели — *Эрот*, Амур). На знамени К. изображён макара (фантастическое морское животное), во чреве которого К., согласно легенде, жил некоторое время. Пренебрежение дарами К. считалось тяжким грехом: в «Махабхарате» Арджуна, отвергнувший любовь Урваши, обречён в течение года быть евнухом.

К. в индуизме также — обозначение чувственной, эмоциональной жизни. Гармоничное сочетание К., дхармы, артхи (норма практического поведения) и мокши (избавление от *сансары*) считалось целью жизни трёх высших варн.
П. А. Гринцер.

КАМАДОГА́МИ (др.-япон. «божества жилища»), в японской мифологии боги домашнего очага. Согласно «Кодзики», К.— потомки бога *У-тоси*: Окицухико и Окицу-химэ. К. играют важную роль в сохранении семьи, в особенности в укреплении молодой семьи. Легенды о происхождении веры в К. записаны в раннесредневековых памятниках «Кондзяку-моногатари» и «Ямато-моногатари».
Е. С.-Г.

КАМА́РИ, К а м а р, в грузинской мифологии персонаж грузинского эпоса об *Амирани* — небесная дева, красавица (внешностью и характер *Мзетунахави*). К.— доброе существо, преданно любящее Амирани, который похищает её из заморской страны или небесной башни, одолев её отца — повелителя погоды и грозовых туч и владыку *каджей*. Возможно, похищение К. символизирует похищение небесного огня (ср. сюжет с греческим мифом о Прометее).
М. Я. Чиковани.

КАМБА́Р, мифологический персонаж у народов Средней Азии. Принесён в Среднюю Азию исламом. В мусульманской мифологии К а н б а р — верный слуга, конюший *Али*. У туркмен (Баба-Гамбар) — покровитель музыки и пения, изобретатель струнного инструмента дутара. Рассказ о том, как К. расстилал на поверхности воды коврик и сидел на нём, играя на дутаре, сближает этот персонаж с первым шаманом и певцом *Коркутом*, образ которого, видимо, и послужил основой туркменских преданий о К.

КАМЕ́НЫ, к а с м е́ н ы, в римской мифологии нимфы ручья в посвящённой им в Риме у Капенских ворот роще, где они имели небольшое святилище и получали жертвоприношения из воды и молока (Serv. Verg. Aen. I 8; Buc. VII 21). Из их ручья весталки черпали воду для нужд храма *Весты* (Plut. Numa 13). Не позже начала 3 в. до н. э. К. были отождествлены с *музами*, на основании сближения их имени со словом carmen, «песня», или глаголом canere, «петь» (Serv. Verg. Buc. III 59).
Е. Ш.

КАМИ́ЛЛА, в римской мифологии (по «Энеиде» Вергилия) дочь Метаба, царя Приверна. Изгнанный своими подданными, недовольными его тираническим правлением, Метаб взял с собой маленькую К. В лесу у реки Амасен, подстерегаемый опасностями, он дал обет посвятить дочь на служение *Диане*, что и исполнил после своего спасения (Verg. Aen. XI 540 след.). К. стала амазонкой и погибла, участвуя в войне Турна против *Энея*. Имя К.— от «камиллы» или «касмилы» (так назывались мальчики и девочки из благородных семей, прислуживавшие при священнодействиях жрецам и жрицам, а также посвящённые отцами на служение богам; Serv. Verg. Aen. XI 588). Как прислужника богам камиллом называли Меркурия (XI 543).
Е. Ш.

КАМИМУСУ́БИ, К а м и м у с у́ б и - н о к а́ м и («бог рождающий»), К а м и м у с у́ б и м и о я́ - н о м и к о́ т о («господин-священный родитель-рождающий бог»), в японской мифологии одно из божеств *мусуби*. Появляется в числе трёх первых непарных богов («бог-одиночка») японского пантеона. В дальнейшем, однако, К. рождает сына *Сукунабикона*. В одном из мифов мать убитого братьями О-кунинуси обращается к К. с просьбой оживить её сына; дочь К. *Кисакаи-химэ* вместе с *Умуги-химэ* воскрешают его. К. выступает также в мифе «Нихонги» о происхождении культурных растений и шелковичных червей: К. подбирает и использует как семена злаки, порождённые мёртвой Укэмоти-но ками (см. в ст. *О-гэцу-химэ*).
Л. Е.

КАМО́НУ, в мифах бантуязычного народа луйи первый человек и культурный герой. Согласно мифам, демиург *Ньямбе*, живший под землёй, создал леса, реки, животных, а также и первую человеческую пару — К. и его жену. Но вскоре хитрость и ловкость К. стали вызывать беспокойство у Ньямбе. Ньямбе вырезал себе миску из дерева, не сделал и К. Вслед за Ньямбе стал ковать железо и К. Затем К. выковал копьё и стал убивать животных. Ньямбе испугался, что К. доберётся и до него, и поднялся в небо по паутине.
Е. К.

КА́МПА, в греческой мифологии нимфа тартара с телом женщины и 50 змеями вместо головы (или со змеями в волосах; Nonn. Dion. XVIII 236—264) или с бычьим телом и змеиными хвостами (Ovid. Fast. III 799). Она сторожила в тартаре *киклопов*. Когда Гея предсказала Зевсу победу над Кроносом, если он возьмёт в союзники низвергнутых в тартар, Зевс убил К. и освободил киклопов (Apollod. I 2, 1). По другому варианту мифа, мойры предсказали победу над старыми богами тому, кто сумеет сжечь бычье тело чудовища. Адамантовым топором *Бриарей* убил К., разрубил на части тело, уже приготовившись развести огонь, когда вдруг насланный Зевсом коршун выхватил останки К. и унёс их к Зевсу (Ovid. Fast. III 794—890).
Г. Г.

КАМПИ́Р («старуха, бабушка»), у таджиков женские духи, персонифицирующие явления природы. По разным представлениям, К. производила гром вытряхиванием своих шаровар, верчением молобойки или ударами в бубен. В некоторых районах Таджикистана известна К. *Оджуз* — старуха-мороз. Согласно одному из преданий, К. имела сорокоухий котёл, в котором варила попадавших к ней людей (ср. слав. *бабу-ягу*). В таджикском эпосе «Гургули» К. («Кампири мастон», «старуха-волшебница») принимает любой облик и мучает попадающих к ней в плен людей.
И. Б.

КАМРУСЕ́ПА, в хеттской мифологии (эпохи Древнего царства) богиня. В двуязычных хаттско-хеттских мифологических текстах соответствует хаттской богине Каттахицури. В мифах эпохи Древнего царства, восходящих к хаттским первоисточникам, К.— обычно помощница одного из главных богов. Когда бог солнца (хаттский Эстан, хеттский *Истанус*) строит себе дома (храмы), он призывает К. Кузнец Хасамиль по её просьбе принёс железные орудия и поставил богу солнца очаг из железа. В хетто-лувийском стихотворном гимне К. помогает богу солнца чесать овечью шерсть. В некоторых архаических хаттских и хеттских мифологических текстах К. совершает заклинания, помогающие умерить гнев (бога *Телепинуса* в мифе о его исчезновении) или страх (бога грозы, когда бог луны *Арма* упал с неба). В сходной роли ворожеи, устраняющей зло, К. выступает в ритуально-мифологическом тексте, в котором она заговаривает и «развязывает» реки, горы и священных зверей.
В. В. Иванов.

КА́МУИ МОСИ́РИ, в айнской мифологии подземный мир, расположенный под *Канна мосири*. Населен добрыми богами, хорошими умершими людьми. Обитатели К. м. ходят вверх ногами.
Е. С.-Г.

КАНА́КА, в греческой мифологии дочь Эола (внука *Девкалиона*) и Энареты (вариант: дочь бога ветров Эола) (Ovid. Heroid. XI). К.— жена бога Посейдона, родившая ему пятерых сыновей: Гоплея, Нирея, Эпопея, Алоэя и Триопа (Apollod. I 7, 3—4). Согласно другому мифу, К. влюбилась в своего родного брата Макарея, вступила с ним в преступную связь; рождённый от нечестивого брака ребёнок был убит Эолом, он же приказал дочери покончить с собой (Ovid. Heroid. XI 1—128).
М. Б.

КА́НГХА, К а́ н г д и з, в иранской мифологии чудесная крепость. По «Авесте» («Яшт» V 54—58), К.-Вара («убежище К.») принадлежала отрицательным персонажам, неким сыновьям Вэсака из рода *Тура*, но названа «праведной». Топоним К.-Вара сохранился в названии города Кангавар неподалёку от Хамадана. По другой версии, её соорудили демоны (соратники сыновей Вэсака?) или её возвёл *Йима* (у Бируни), Сиявуш (см. *Сйаваршан*, у Фирдоуси) где-то на востоке. В К. не было горя, печали, болезней; своим обитателям она возвращала молодость и жизненные силы (ср. представления о *Варе*). По изложению «Бундахишна» (210, 6—13), К. имела семь стен — из золота, серебра, стали, бронзы, железа, стекла, керамики.
Л. Л.

КА́ННА МОСИ́РИ («верхний мир»), У в е к а́ р и н о т е́ р е к е («мир, в котором множество топает ногами»), в айнской мифологии первый земной мир. К.м. создал *Пасе камуй* с помощью трясогузки и населил его людьми (айнами). К.м.— океан с дрейфующими по нему островами, расположен на спине гигантского лосося. Лосось шевелится — на островах происходят землетрясения, в океане — приливы и отливы; во время штормов суда гибнут, потому что их глотает лосось.
Е. С.-Г.

КАННО́Н, К а н д з э о́ н б о с а́ ц у, одно из наиболее популярных божеств в японской буддийской мифологии (соответствует кит. *Гуань-инь*). К.— милосердная заступница, обратиться к которой за помощью может любой человек. К. способна к перевоплощению: к старику она приходит стариком, к монаху монахом, к женщине женщиной. Почитание К. распространилось в народной среде уже на ранней стадии развития японского буддизма, приблизительно со 2-й половины 8 в. Стремление духовенства включить в свою религиозную систему объекты синтоистского культа проявилось в том, что различные *аватары* (суй-дзяку) К. были объявлены хондзи («изначальной сущностью») местных синтоистских божеств. Особенно популярны Дзюитимэн К. («одиннадцатиликая К.»), Сэндзю К. («тысячерукая К.»), а также Бато К. («К. с головой коня»). Иногда две первые ипостаси объединяются в одном иконографическом изображении. Скульптуры Сэндзю К. обычно имеют по 20 рук справа и слева, не считая двух «главных» рук. Ранние изображения этой ипостаси К., сохранившиеся в Японии, были действительно тысячерукими. Каждой из тысячи рук К. спасает грешника. Функции К. наглядно выявляет изображение Дзюитимэн К. Поверх главного лика расположены в виде тиары, кольцом, десять меньших ликов. Из них три сострадательных лика обращены на добродетельные существа, три гневных лика — на недобродетельные, три клыкастых лика побуждают стать на путь *будды*, один смеющийся лик олицетворяет достигнутое понимание тщеты мирской суеты.

Широко распространён в Японии культ Бато К. Данная ипостась божества восходит к индуистским культам (мифологические кони «Ригведы», бог *Хаягрива* — одно из проявлений *Вишну*). Бато К. популярна среди крестьян, имеющих лошадей, среди сельских торговцев, а в наши дни — и среди водителей такси и автобусов.

Г. Г. Свиридов.

КА́НСА, в индуистской мифологии царь *Матхуры*, враг *Кришны*. Мать К. (жена матхурского царя Уграсены) зачала его от демона, который обманом овладел ею. Выросши, К. сверг Уграсену и стал царствовать сам, творя много зла в Матхуре и её окрестностях. В частности, он запретил поклонение *Вишну*. Земля взмолилась к богам о помощи. Тогда Вишну воплотился на земле в братьев Кришну и *Балараму*, которые в конце концов и убили К. Согласно одному мифу, в облике К. вновь родился *Каланеми*, убитый Вишну.

С. С.

КАНТЬО́, в мифах эдэ во Вьетнаме бог радуги. Его представляют в виде козла с длинным языком, выпивающим воду рек и ручьёв, вызывающим засуху.

Н. Н.

КАНЧЕНДЖА́НГА, в мифологии лепча священная гора в Сиккиме. Согласно мифам, К. — место, откуда расселились все народы Гималаев. Лепча считают К. горой не на земле, а в небе. Верят, что когда-то души умерших. Из льда К. бог Ташетинг создал первого мужчину Фуронгтхинга и первую женщину Назонгньи. По одному из вариантов мифа, Фуронгтхинг по ночам вступал в сношения с собакой. Дети же у Назонгньи рождались животными. Когда бог узнал о связи Фуронгтхинга с собакой, то приказал чтить её. Тогда у первых людей родилось поколение детей в человеческом образе. Но эти дети убили младшего, самого красивого мальчика. За это отец и мать изгнали их с К., и от детей произошло человечество. Есть миф о том, что около К. предки лепча решили построить башню до неба из горшков. Когда эта башня была уже высокой, те, кто был внизу, рассердившись на что-то, разбили горшки у основания и башня рухнула. Оставшиеся в живых люди разбежались в разные районы Гималаев.

Я. Ч.

КА́НЧХОРИ, в корейской мифологии злой демон, появление которого несёт с собой засуху, губящую всю растительность. Существует народное речение: «Куда ни придёт К., там сытая осень становится голодной весной».

Л. К.

КАП И КЕ, в мифологии чёрных таи Лаоса мальчик и девочка, спасшиеся от потопа. Потоп был послан владыкой неба *По Тхеном* из-за возросшего числа людей на земле. К. и К. проделали в большой тыкве отверстие, влезли туда, и волна стала поднимать тыкву до неба. Там они убедили верховного владыку не губить их и вернуть на рисовое поле. Когда К. и К. выросли, кузнечик посоветовал им жениться. У них появилось семь сыновей, которые также занимались рисоводством. Огромное дерево ва покрывало весь мир, а дерево хай покрывало всю землю. Сыновья их срубили, и в небе засияли девять лун и восемь солнц. Наступила страшная жара, высохла вода, у черепахи растрескался панцирь. Тогда По Тхен велел курице склевать во-

семь солнц и семь лун. Она не смогла. Смог селезень, так как до солнц и лун нужно было плыть. После этого семь братьев с родителями обосновались в Луангпрабанге.

Я. Ч.

КАПАНЕ́Й, в греческой мифологии участник похода *семерых против Фив*. В описании Эсхила (Sept. 423—434) К. отличается кичливостью и бахвалится сжечь город даже вопреки воле Зевса. Значительно смягчивший оценку семерых вождей, в т. ч. К., в «Просительницах» (860—871) Еврипид возвращается к традиционной его характеристике в «Финикиянках», где описывает гибель К., сражённого молнией Зевса в тот момент, когда он пытался взобраться по лестнице на фиванскую стену (179—184, 1128—1133, 1172—1186).

В. Я.

КА́ПИС, в греческой мифологии один из дарданских героев, отец *Анхиса*, дед *Энея* (Hom. Il. XX 239; Apollod. III 12, 2). К. считался эпонимом и основателем города Капуи в Кампании (или города Капий в Аркадии, Strab. XIII 1, 53). Другой миф утверждает, что Капуя была названа в честь второго К., потомка Энея, получившего имя в память К. — отца Анхиса (Verg. Aen. VI 768; Liv. IV 37).

М. Б.

КАРАВА́Й, к о р о в а́ й, в восточнославянской мифологии и ритуалах обрядовый круглый хлеб с украшениями и мифологическое существо, символ плодородия. Приготовление К. было связано с комплексом обрядов, длившихся несколько дней с участием специальных жрецов (при русском дворе в 16—17 вв. были специальные придворные — коровайчата); использовались особые архаические орудия, в частности обрядовые жернова для приготовления муки. По словам белорусской песни, «Сам бог коровай месить»: пекущие просят бога спуститься с неба, чтобы помочь им месить и печь. Связь К. с богом может быть отражена в украинских его названиях: дивень, дивний коровай, «божий К.» (см. также *Див*). В свадебных обрядах К. с фаллическими символами воплощал жениха, две половины К. или два К. — жениха и невесту. О солярной символике свидетельствуют солярные и лунарные знаки на К.; в белорусской обрядовой свадебной поэзии К. отождествлялся с солнцем и месяцем; К., вернувшийся с неба, видел там месяц с зарёй и т. п. Вся символика К. соответствует мифологическим символам, присущим мировому древу (с солнцем и месяцем у вершины и т. д.): образу рогатого животного у мирового древа отвечает представление самого К. или связанных с ним фигурок из теста в виде коровы или быка. Этим объясняется и связь названия К. (ср. сербохорв. кра̀ва̄j, словен. kravȃj, болг. кравай) с названием коровы. Комплекс коровайных обрядов нашёл отражение у южных (а косвенно и у западных) славян и может быть возведён к общеславянскому.

В. В. Иванов, В. Н. Топоров.

КАРАКО́НДЖАЛЫ, к а р а к о н д ж у л ы, к а р а к о́ н д ж о, у южных славян водяные демоны. Известны в болгарской македонской, сербской и неславянских балканских традициях (от турец. karakoncolos «ночной сезонный демон»). Выходят из воды или из пещер и нечистых мест на период от Рождества (иногда от Игнатьева дня, 2 января) до Крещения (или Бабина дня, 21 января). Считалось, что К. после полуночи нападают на людей, садят на них верхом до первых петухов или первого крика осла, гоняют людей вокруг села, полей, по берегу реки. К. боятся огня, железа, пепла от бадняка хлеба, соли и т. п. К. выступают в облике коней с человеческой головой и двумя руками или крыльями, голых людей, покрытых колючками, антропоморфных лохматых красных или чёрных бесов с хвостом и рогами, маленьких человечков, приманивающих людей ко льду (ср. рус *шуликунов*), в облике собаки, овцы, телёнка или косматого, рогатого и хвостатого человека.

Н. И. Толстой.

КАРАКУ́С, а л ы п - к а р а к у́ с («чёрная птица», «богатырь чёрная птица», иносказательное наименование беркута, орла) у казахов, киргизов (а л п к а р а́ к у ш), казанских татар (к а р а к о́ ш) огромная птица, которая в благодарность за спасение

своих птенцов от дракона *аджарха* покровительствует герою. Помогая герою достичь цели, К. сажает его на спину и переносит в отдалённые земли. У казахов и киргизов К. иногда отождествлялся с птицей самрук (симрух, см. *Симург*). (Этот сюжет известен мифологиям многих народов, архаическая его форма сохранилась, в частности, в адыгской мифологии: орёл переносит героя в иной мир.) У древних тюркских народов образ К. был связан с шаманским культом, следы этой связи сохранились у ряда тюркоязычных народов. У алтайцев-телеутов К. («с медными когтями птица кара-куш», «Ульгеня птица богатый беркут») — один из духов — помощников шамана. По другому алтайскому мифу, К.— один из сыновей *Ульгеня*. Помощник шамана К. также у казахов и некоторых групп узбеков.
В. Б.

КАРАМСИ́Н, Сугарамси́н, Хогара́м, Саси́н, в корейской мифологии дух — хранитель буддийского монастыря (санскрит. сангхарама). *Л. К.*

КАРА́НЧО, в мифах тоба, мбая, кашиха культурный герой, ястреб, касик в деревне, где живут люди-животные. К. истребляет чудовищ (напр., птицу-людоеда), добывает огонь. Чаще он действует в паре с лисом-трикстером. Под влиянием христианства К. превращается в верховное божество.
Ю. Б.

КАРАПЕ́Т («предшественник», «предвестник»), у армян мифологический персонаж, идентифицируемый (после принятия армянами христианства) с Иоанном Крестителем. Большинство сюжетов и мотивов, с ним связанных, имеют дохристианское происхождение; сам персонаж перенял функции древних богов. В мифах, сказаниях, верованиях и песнях выступает подобно *Михру* победителем всех *дэвов*; он заключает их в темницу, но один из них — Хромой дэв — просит К. избавить его от тюрьмы, обещая служить в монастыре, посвящённом К., до судного дня — выметать из него золу. В средневековом эпосе («Таронская война») и мифологизированных сказаниях К. подобен богу-громовержцу; это гремящий в облаках длинноволосый муж с пурпурной короной на голове, с крестом, в одежде, сверкающей, как пламя. Он — хранитель армян. При наступлении врага К. помогает армянским героям, которые благодаря ему побеждают и истребляют вражеские войска. Его назвали Мшо Султан (Султан Муша-Тарона — места его монастыря) или Султан Святой Карапет. К. (подобно архаическому богу *Тиру*) — покровитель искусств, одаривающий людей способностями к музыке, поэзии, приносящий удачу в спортивных состязаниях (Сурб Карапеты твац, «одарённый святым К.»). К нему обращали свои молитвы народные певцы-музыканты (ашуги), канатные плясуны (пахлеваны), акробаты и борцы.
С. Б. А.

КАРА́ТУ, Ке́рет (угарит.), в западносемитской мифологии герой угаритского мифоэпического предания, сын (или потомок) *Илу*, правитель общества Дитану (предки угаритян?). По преданию, К. остался без жены и детей; его дом был разрушен. Во сне к отчаявшемуся К. является Илу и велит ему принести жертвы, собрать многочисленное войско и отправиться в поход в страну Удумми, чтобы взять в жёны Масат-Хурай («деву-хурритянку») — дочь Пабелли, царя этой страны; у К. должен будет родиться сын. К. следует указаниям Илу. Во время похода он принимает обет отдать в случае удачи богине Асират-Илат (см. *Асират*) две трети веса Масат-Хурай серебром и одну треть золотом. Пабелли предлагает К., осадившему его город, выкуп деньгами и колесницами, конями и рабами, но К. непреклонен. Он снимает осаду лишь тогда, когда получает Масат-Хурай в жёны. Илу благословляет новобрачных; у них рождаются восемь сыновей и восемь дочерей. К., однако, не выполняет обета, и Асират-Илат карает его смертельной болезнью. Младший сын К. Илихау («бог мой — жизнь») и младшая дочь Тасманат («восьмая») оплакивают отца и совершают магические обряды. Илу создаёт из глины божественную целительницу Шаатикат («облегчающая»), которая у одра больного К. побеж-

дает *Муту* (бога смерти) и возвращает К. здоровье. Тем временем старший сын К.— Иацциб («да утвердит [бог]»), используя болезнь К. как предлог, пытается лишить отца власти и захватить престол. К. проклинает его и призывает на него месть *Хорона* и *Астарты*. По-видимому, Иацциб гибнет.
И. Ш.

КАРАЧУ́Н, корочу́н, в славянской мифологии название зимнего солнцеворота и связанного с ним праздника (древнерус. корочунъ, словац. Kračun, «рождество», болг. крачунец, «рождественский день», в Закарпатье крачун — рождественский пирог), а также злой дух (белорус. корочун, «внезапная смерть в молодом возрасте, судороги, злой дух, сокращающий жизнь», рус. карачун, «смерть», «гибель», «злой дух»). Этимология слова неясна; предполагалось заимствование из лат. quartum jejunium, «большой, четвёртый пост» (ср. лат. источник слова *коляда*); образование от глагола со значением «шагать» (сербохорв. крáчати и т. п.) — «шагающий день», отсюда «переходный день, день солнцеворота»; заимствование из алб. kërcum, «пень», «обрубок дерева»: рождественское полено, ср. *Бадняк*.
В. И. и В. Т.

КАРЕ́Й, в мифах семангов, на полуострове Малакка грозное и злое божество грома. К. рассматривается то как одно лицо с *Та Педном*, то он старший брат последнего или даже отец. К. обитает в пещере. Иногда, как и Та Педн, считается творцом мира.
Я. Ч.

КА́РЛИКИ, см. *гномы, цверги, эльфы.*

КА́РМА («деяние», «поступок»), в мифологии и этико-религиозных воззрениях индийцев обозначение действия, в частности религиозного, предполагающего последующее вознаграждение. В наиболее распространённом употреблении — совокупность всех добрых и дурных дел, совершённых индивидуумом в предыдущих существованиях и определяющих его судьбу в последующих. Понятие К. восходит отчасти к весьма архаическим представлениям (РВ X 2, 7; 18, 1) о посмертной судьбе человека: «пути богов» или «пути предков», связанным с поведением его при жизни и соответственно определяющем невозвращение или возвращение к земному существованию в том или ином облике. Согласно развивающим эти представления ранним упанишадам, «человек становится добрым от доброго деяния, дурным — от дурного» (Бриход.-уп. III 2, 13). Люди сами связывают себя эгоистическими помыслами и делами; действующий же без заинтересованности и стремящийся к постижению высшей реальности, *атмана*, способен преодолеть цепь рождений и закон К. (ср. Иша-уп. 2; Чханд.-уп. VIII 1, 6 след.). Учение о К. и связанных с нею перерождениях (*сансара*) в индийской культуре занимает важнейшее место. Оно издавна вышло за пределы традиционного индуизма и стало играть первостепенную роль в буддизме и джайнизме с самого возникновения этих систем.
А. Я. Сыркин.

КАРМЕ́НТА, в римской мифологии родовспомогательница (Serv. Verg. Aen. VIII 336; Plut. Q. R. 56). Её помощницы (или сёстры): Антеворта и Поствopта (получили свои имена от названий положений ребёнка при родах, Aul. Gel. XVI 16). К. имела своего фламина и праздник карменталии (впоследствии связывавшийся с отменой запрещения римлянкам ездить по городу в колясках — carpenta, за что римские матроны посвятили ей храм у ворот в её честь (Ovid. Fast. I 615 след.); Serv. Verg. Aen. IV 518). Имя К. производилось также от слова carmen (песня): считалось, что в песнях она предсказывает судьбу новорождённому. К. предрекает события, а её сёстры Поствopта и Антеворта видят как прошедшее, так и будущее. К. считали также матерью или женой *Эвандра* и идентифицировали с аркадскими нимфами (Serv. Verg. Aen. VIII 130; Ovid. Fast, I 461).
Е. Ш.

КАРН, в греческой мифологии сын Зевса и Европы, возлюбленный *Аполлона*, провидец из Акарнании, убитый *Гиппотом*. После этого по требованию Аполлона дорийцы учредили культ К. (впоследствии Аполлона Карнейского) (Conon 26; Schol. Theocr.

V 83). Согласно другому варианту мифа, Аполлон разгневался на греков за то, что те для постройки деревянного коня срубили на горе Иде кизиловые деревья (греч. «крании»); с целью умилостивить Аполлона Кранейского (Кизилового) греки, «переставив одну букву», учредили этот культ (Paus. III 13, 3—5).
Г. Г.

КА́РНА, в римской мифологии богиня подземного мира. В её праздник карнарии ей приносилась в жертву бобовая каша, а могилы родных украшались цветами. По версии Овидия, К.— нимфа-охотница, заманивавшая влюблённых в тёмные пещеры и затем скрывавшаяся. Её перехитрил, благодаря способности видеть происходящее позади себя, Янус и, став её любовником, даровал ей власть над дверными петлями и колючую ветвь, с помощью которой К. спасла младенца Прока (царя Альбы) от питающихся внутренностями новорождённых страшных ночных птиц стриг. Считалась также защитницей детей и хранительницей внутренних органов человека (Ovid. Fast. VI 106, след.).
Е. Ш.

КА́РНА, герой древнеиндийского эпоса «Махабхарата», внебрачный сын матери *пандавов* Кунти и бога солнца *Сурьи*. К. родился с природным панцирем на теле и чудесными серьгами (атрибутами Сурьи), делающими его неуязвимым (впоследствии, чтобы лишить К. его неуязвимости, *Индра*, переодевшись брахманом, попросил у него эти панцирь и серьги, и К., никогда не отказывавший просителю, срезал их со своего тела). Пытаясь скрыть рождение К., Кунти бросила его в реку, где его нашёл Адхиратха и отдал своей жене Радхе, воспитавшей К. как собственного сына. Когда К. вырос, он принял участие в сваямваре (выборе жениха невестой) *Драупади*, но был отвергнут ею и осмеян пандавами за якобы низкое происхождение. Напротив, *Дурьодхана* приблизил его к себе, сделал царём в царстве Анга (Бенгалии), и К. стал его верным и наиболее могущественным союзником в борьбе с пандавами. Во время битвы на Курукшетре К. совершил множество подвигов. После смертельного ранения *Бхишмы* и гибели *Дроны* он возглавил войско *кауравов*, победил в поединках четырёх пандавов (*Юдхиштхиру*, *Бхиму*, Накулу и Сахадеву), однако, исполняя обещание, которое он ранее дал Кунти, сохранил им жизнь. Когда колесница К. увязла в земле, *Арджуна*, воспользовавшись этим, поразил его стрелой. Только после смерти К. пандавы узнали о своём родстве с ним и воздали почести его жене и детям.
П. А. Гринцер.

КАРНАБО́Н, в греческой мифологии царь гетов, гостеприимец *Триптолема*. К. убил одного из драконов, впряжённых в колесницу Триптолема, и в наказание был вместе со своей жертвой помещён Деметрой на небо, где стал созвездием Змееносца (Hyg. Astr. 2).
Г. Г.

КА́РНА И ЖЕ́ЛЯ, Ка́рна и Жля, в восточнославянской мифологии вероятные персонификации плача и горя, связанных с погребальными обрядами. Известны из «Слова о полку Игореве»: «за ним кликну Карна и Жля, поскочи по Русской земли» (в первом издании памятника, в более ранней рукописной копии — слитное написание: Карнаижля). Сходное обозначение обрядов «желенья и каранія» (в обратном порядке) встречается в перечислении различных языческих обрядов в списке 17 в. древнерусского «Слова некоего христолюбца...». По-видимому, Карна образовано от глагола карити (ср. др.-рус. «карить по своей сестре» в смысле «оплакивать»); Желя — древнерусское обозначение плача.
В. И., В. Т.

КА́РТА, в латышской мифологии богиня судьбы. Выступает вместе или чередуется с *Деклой* и *Лаймой* (иногда имя К. функционирует как эпитет Лаймы), образуя аналогию трём *паркам*. В народных песнях имя К. иногда связывается с латыш. kārt («вешать», в смысле «предназначать»); другая точка зрения связывает это имя с латыш. karta — «слой».
В. И., В. Т.

КАРУ́Н, в мусульманской мифологии враг и притеснитель *Мусы*. Упоминается в Коране вместе с *Фирауном* и Хаманом среди тех, кто в своём мирском благополучии бросал вызов аллаху (29:38; 40:25). Коранический рассказ о К. восходит к библейской истории Корея (Числ. 16). По свидетельству Корана, К. злочинствовал против Мусы, похваляясь своими сокровищами, которые были столь велики, что «ключи его отягчали толпу обладающих силой» (28:76). Сокровища К. вызывали зависть у других людей. Чтобы показать ничтожность земных богатств в сравнении с небесными благами, которые надо заслужить благочестием и щедростью, аллах заставил землю поглотить К. и его жилище. «И не оказалось у него толпы, которая защитила бы его от аллаха. И не оказался он получающим помощь» (28:81).

Мусульманское предание добавляет к кораническому рассказу ряд деталей, в основном повторяющих послебиблейские иудейские сюжеты. Мусульмане считали К. основателем алхимии; это представление, по-видимому, основывается на содержащемся в Коране утверждении К., что все богатства добыты им по его знанию (28:78). В Египте имя К., заменившее, вероятно, имя одного из божеств более древнего периода, связывалось с несколькими водоёмами.
М. П.

КАРУСКА́ЙБЕ, в мифах мундуруку бог-творец и культурный герой. Согласно одному из мифов, К. опустил в дыру в земле верёвку, по которой на поверхность выбрались люди, жившие до того под землёй. По другой версии, индейцы, негры и белые появились из расщелины там, где К. поставил ногу. Затем К. научил мундуруку выращивать и использовать маниок, маис, хлопок и другие культурные растения. По одному из мифов, К. создал солнце, превратив в него мужчину с красными глазами и белыми волосами. К. женат на женщине племени мундуруку, а его спутником и вечным врагом является броненосец Дайиру.
Л. Ф.

КАРЧИКАЛО́Й, в осетинской мифологии покровитель птиц. К. и покровитель зверей *Афсати* обменялись подарками. К. дал Афсати горную индейку, а тот ему — зайца. С тех пор при охоте на горную индейку стали обращаться с просьбой послать удачу к Афсати, а при охоте на зайца — к К.
Б. К.

КАРШИ́ПТАР (авест., «быстролетящий»), в иранской мифологии крылатое существо, владыка водной стихии. Образ К. восходит к архаичному евразийскому мифу о божестве-демиурге в облике водоплавающей птицы: К. олицетворял изначальность водной стихии. К. принёс закон Ахурамазды в *Вару* («Видевдат» II 42). Птица К.— царь пернатых в земном мире («Бундахишн» 14, 23; 19, 16; 24, 11), тогда как в духовном над ними царит *симург*. К. умел излагать «Авесту» на языке птиц, но владел и человеческой речью. Вместе с другими владыками животного мира наставлял пророка *Заратуштру* («Затспрам» 22, 4). Изобразительные материалы из Кой Крылган-калы (керамический барельеф на ритуальном сосуде 4 в. до н. э.) и Бартыма (серебряная чаша иранской или среднеазиатской работы, условно датируемая 3—4 вв. н. э.) отражают неизвестный письменным источникам миф о расчленении прабожества в облике К. одним из воплощений огня, что, видимо, было первым этапом мироздания.
Л. Л.

КАСИ́Н, к а т х э к с и́ н, в корейской мифологии общее обозначение домашних духов. Среди них: домовой (сонджу, букв. «хозяин домашней крепости»), покровитель земельного участка при жилом доме (тходжу), урожая и одежды (седжон), охранители кухни и пищи (чован), ворот, входа (мунсин), домашнего скарба и кладовых (обви), отхожего места и наказаний (чхыксин), конюшни и домашнего скота (мабусин), покровители сыновей и внуков четырёх поколений (чосансин), беременности и детства сыновей и внуков (сансин) и др. Для умиротворения К. совершались различные жертвоприношения; например, для тходжу ставился кувшин с зерном. При совершении большого домашнего обряда обычно участвовали шаманка (мудан), или слепой колдун (паксу), или гадалка.
Л. К.

КА́СКЕТ, персонаж многих кетских мифов и сказок, обладающий способностью чудесных превращений (в горностая, коня и других животных) и умением создавать лес для спасения от преследования. Распространён сюжет, в котором К.— сын (иногда приёмный) престарелых родителей; в одном цикле мифов он их снабжает продовольствием и оживляет после смерти, в другом — убивает отца, для того чтобы жениться на матери. В ряде сюжетов енисейской мифологии К. заменяется другими персонажами; так, в мифе о разорителе орлиных гнёзд в роли главного героя может выступать не К., а лисёнок.

В. И., В. Т.

КАССА́НДРА, в греческой мифологии дочь *Приама* и *Гекубы*. Даром провидения наделил К. домогавшийся её любви *Аполлон*, но, когда К. отказалась ответить ему взаимностью, Аполлон в отместку ей сделал так, что её вещие слова не стали принимать всерьёз (Aeschyl. Agam. 1202—12). По более позднему варианту мифа, К. вместе с братом-близнецом *Еленом* получила пророческий дар ещё в детстве от священных змей в храме Аполлона (на троянской равнине). К. первой опознала *Париса*, явившегося на состязания в Трою, и хотела его убить, чтобы избавить родину от бедствий, которые Парис потом навлёк на Трою. Она уговаривала Париса отказаться от бракосочетания с *Еленой*, а затем убеждала троянцев не верить словам Синона и не вводить в Трою деревянного коня (Apollod. epit. V 17), но её прорицаниям опять не поверили. В ночь падения Трои К. искала убежища у алтаря Афины, но была отторгнута от него *Аяксом*, сыном Оилея, который насильно овладел К. (V 22). Как пленница К. досталась в добычу *Агамемнону* и погибла вместе с ним от руки *Клитеместры*, увидевшей в ней соперницу (Hom. Od. XI 421—23; Aeschyl. Agam. 1256—63; 1438—47). В историческую эпоху в ряде мест Пелопоннеса указывали могилу и храм К., отождествляемой с местным божеством Александрой (Paus. II 16, 6; III 19, 6; III 26, 4).

Трагический образ К., вещающей в пророческом экстазе страшные видения будущего, запечатлён в «Агамемноне» Эсхила (1035—1330) и «Троянках» Еврипида (294—461), в то время как в поэме «Александра» поэта 3 в. до н. э. Ликофрона отражена сравнительно поздняя версия мифа, согласно которой Приам велел запереть безумную К., приставить к ней стража и поручил ему записывать пророчества К.

В. Н. Ярхо.

КАССИОПЕ́Я, в греческой мифологии эфиопская царица, жена царя *Кефея*, мать *Андромеды*. К. похвалялась перед нереидами своей красотой и тем самым навлекла гнев богинь и Посейдона, которые наслали на страну чудовище. Андромеда в виде искупительной жертвы была отдана на съедение чудовищу, но её спас Персей, увлёкшись красотой Андромеды (Apollod. II 4, 3), а К. была превращена в созвездие (Ps.-Eratosth. 16).

А. Т.-Г.

КАСТА́ЛИЯ, в греческой мифологии дельфийская нимфа, дочь *Ахелоя*, прыгнувшая в ручей на Парнасе, спасаясь от преследования Аполлона (Paus. X 8, 5). По другому варианту мифа, Кастальский ключ был подарен К. богом реки Кефисом. В этом ручье мыли волосы жрицы Аполлона и брали воду для окропления посетителей дельфийского храма. Ключ К. славился и как прорицалище Аполлона (Eur. Phoen. IV 163), отсюда его значение «источник вдохновения».

Г. Г.

КА́СТОР, в греческой мифологии один из *Диоскуров* (второй — Полидевк).

КАТЕ́, в мифологии бирманцев главное божество всех планет. К. представляет собой вместе с тем невидимую планету. К. очень чтут — даже во время буддийских обрядов изображение его устанавливают сразу после будды. Ездовым животным К. является самое чудесное «животное пяти совершенств», объединяющее в себе оленя, слона, льва, телёнка и рыбу. Каждой планете К. даёт свой день. В бирманской неделе 8 дней, т. к. среда разделена на два дня — первая половина среды принадлежит К.

Я. Ч.

КАТО́НДА, в мифах ганда демиург. К. создал мир, богов, людей. По одной из версий мифа, он породил *Кинту* и повелел ему вместе с женой спуститься на землю. К. называют «отцом богов», однако в пантеоне божеств ганда он играет второстепенную роль (ср. *Олорун, Имана, Вамара*).

Е. К.

КАТРЕ́Й, в греческой мифологии критский царь, сын *Миноса* и *Пасифаи*. Ему была предсказана смерть от руки одного из своих детей, поэтому он услал с Крита двух дочерей (*Аэропу* и *Климену*), а его сын Алтемен и третья дочь (Апемосина), чтобы не стать убийцами отца, покинули Крит и поселились на Родосе. Однако, когда в старости К. отправился на Родос за сыном, пастухи приняли его за пирата и вступили с ним в схватку, подоспевший на помощь пастухам Алтемен убил К. дротиком. Узнав потом о своём преступлении, сын взмолился богам и был поглощён разверзшейся землёй (Apollod. III 2, 1—2).

А. Т.-Г.

КА́УК, у вьетов божество в облике жабы, считавшееся подателем дождя. Вьеты до сих пор в шутку говорят, что жаба К. «самому Небесному властителю родня». На вьетских памятниках бронзового века сохранились фигурки обожествлявшейся жабы. Во вьетском стихотворении 15 в. «Жаба» сказано: «Было время, во храмах возносили тебе славословья». Образ жабы, грозно открывшей рот, запечатлён в бронзовой фигурке 14—16 вв. Популярна сказка о том, как К. в страшную засуху собрала зверей, повела их к Небесному властителю и заставила его ниспослать на землю дождь. Кроме того, Небесный властитель обязался делать это каждый раз, когда услышит кваканье К. Жаба как мифический персонаж известна у ряда народов Вьетнама, в т. ч. у горных кхмеров, с ней связаны представления о плодородии, богатстве, а также эротические культы. Дальнейшее переосмысление этого персонажа привело к возникновению таких мотивов в устном фольклоре и в народных картинках, как «Жаба — учитель конфуцианской премудрости».

Н. Н.

КА́УКАС, в мифах литовцев дух, приносящий добро дому, в частности деньги. Считается, что К. помогает мужчинам, тогда как *Дейве* — женщинам. К. живут под печью или под землёй; они связаны также с овином и стойлом; им дают молоко, пиво и другое питьё. К. можно купить. Немецкий историк 17 в. М. Преториус относит К. к божествам счастья. К. часто сравниваются с *Айтварасом*, иногда смешиваются с ним. Литовский автор Мажвидас и другие упоминают К. среди близких ему духов — Айтвараса, Жематписа (дух земли), Лаукосаргаса (дух полей). Польский автор 16 в. Я. Ласицкий считает К. душами усопших, что подтверждается таким значением литов. kaúkas, как «душа некрещёного ребёнка». Белемнит (атрибут громовержца *Перкунаса*) называют также «камнем К.» (kauko akmuo, kauka spenis). Генетически имя К. связано, вероятно, с болг. кукери (см. *Кукер*).

В. И., В. Т.

КАУМПУ́ЛИ, в мифах ганда бог чумы. Согласно мифам, отец К.— Кайемба, брат правителя Джуко, женился на женщине по имени Наку, вопреки предостережениям богов. Когда Наку родила К.— ребёнка без рук и ног, Кайемба испугался и отослал мать и дитя в лодке в соседнюю страну Бусо́га, однако там её не приняли и по совету жрецов отправили обратно. Долгое время её изгоняли отовсюду, пока, наконец, не позволили поселиться в Бугойя. После смерти К. стал богом чумы. В Булемези существовал храм К. Считалось, что К. находится внутри храма в глубокой яме. Чтобы не дать ему убежать и причинить вред людям, яму тщательно прикрывают стеблями бананов, затем — шкурами диких кошек, а сверху по краям закладывают камнями. Правителю Джуко запрещалось под страхом смерти смотреть в сторону Булемези. Следить за этим было поручено одной из его жён, но однажды она заболела, правитель взглянул в сторону холма, где находился храм К., и через несколько дней умер.

Существовал также храм няни и кормилицы К. Набузаны — покровительницы женщин, в особенности ожидающих ребёнка. Её жрицы — повивальные бабки.

Е. К.

КАУНДИ́НЬЯ, в мифологии кхмеров основатель древнейшего государства. Богом ему было обещано, что там, где упадёт его стрела, он создаст государство. В мифе он называется индийским брахманом. Его стрела упала в Фунани (Бапхноме). Здесь он встретил *нагу* Сому (т. е. нагу Луны) и вступил с ней в брак, основав династию. В одном из вариантов вместо К. и наги фигурируют герой солнечного происхождения Камбу Свайямбхува и *апсара* горы *Меру*. Образ К. представлен также в древних тямских мифах (Южный Вьетнам). Там он вонзил в землю волшебное копьё, полученное от сына, основал государство и женился на наге Соме.
Я. Ч.

КА́УРАВЫ (др.-инд. «потомки Куру»), герои древнеиндийского эпоса «Махабхарата», сто сыновей царя *Дхритараштры* и его жены Гандхари, двоюродные братья и антагонисты *пандавов*. Все К. во главе со старшим из них — *Дурьодханой* погибают в битве на *Курукшетре*. К. рассматриваются в эпосе как воплощение демонов-*асуров*.
П. Г.

КА́УСАР (араб. «обильный»), в мусульманской мифологии название одного из потоков, текущих в раю (*джанна*). Комментаторы Корана обычно пишут, что «вода его белее снега и вкуснее мёда». В поздних вариантах предания К. течёт меж золотых берегов по дну, усыпанному рубинами и жемчугами. Согласно одному из вариантов, в К. вливаются все райские реки.
М. П.

КАУТЕОВА́Н, Гаульчованг, в мифах коги верховное божество, великая мать, основа жизни и плодородия. Она породила культурных героев и четырёх жрецов — предков четырёх жреческих родов. Вначале К. имела бороду и усы и в построенном ею первом храме выполняла обязанности жреца. Затем она передала свойственные мужчинам особенности внешнего вида и знаки жреческого достоинства сыновьям; с тех пор женщинам запрещено входить в храм. От К. происходят также и злые духи.
Ю. Б.

КАФТЫСА́Р-ХУАНДО́Н-АЛДА́Р, в осетинском нартском эпосе повелитель рыб; относится к нартам то враждебно, то доброжелательно, именуется «чужеземцем». Когда виднейшие нарты *Урызмаг*, *Хамыц* и *Сослан* приехали к нему, чтобы получить войско для борьбы со своими кровниками из рода *Бората*, он поселил их в курятнике и потребовал, чтобы они участвовали в устраивавшихся на поминках состязаниях по стрельбе в цель и в скачках. В первый раз нартские герои заняли в них последние места, и за это их содержали в курятнике в течение года. В другой раз они одержали победу, и К.-х.-а. дал им войско и отпустил домой.
Б. К.

КАХАУ́СИ-БВА́РЕ, в мифах меланезийцев Соломоновых островов дух в облике змеи, прародительница всего живого, родоначальница ремёсел, воспитательница и хозяйка пищи. Живёт в пещере на склоне горы. Создаёт первых людей бессмертными. Но однажды К., оставшись стеречь ребёнка первой женщины, приходит в раздражение от его крика и плача и душит его своими кольцами — так люди познают смерть.
М. С. П.

КА́ХИЛ, Кахл («могучий» или «древний»), в древнеарабской мифологии бог в пантеоне самудских арабов. Вероятно, лунное божество. Во 2—3 вв. н. э. был главным божеством Киндитского царства, покровителем его столицы города Кариат. Арабской традиции неизвестен.
А. Г. Л.

КАХТА́Н, в мусульманской традиции предок-эпоним всех «южных» арабов, противопоставлявшихся «северным» арабам — потомкам *Аднана*. К. считался сыном Эбера (которого иногда отождествляли с *Худом*). В ряде случаев К. идентифицировали с библейским Йоктаном. Мусульманские легенды и родословия относили потомков К.— кахтанидов вместе с исчезнувшими аравийскими народами (*ад, самуд, тасм* и др.) к «коренным арабам», а потомков Аднана — аднанидов к «пришлым арабам». Потомки К. делились на две ветви — Химйар (оседлые) и Кахлан (кочевые).

Реальное противопоставление двух группировок арабских племён сложилось уже после создания халифата (в 7—8 вв.). Объединившиеся в политическом отношении племена Сирии и пришлые йеменские племена противопоставили себя племенам Центральной Аравии и избрали своим эпонимом реальное имя одного из древних племён Южной Аравии — кахтан. Отождествление с библейским Йоктаном и другие версии восходящие к Библии генеалогии появились в среде книжников, стремившихся привязать местные аравийские предания к библейской исторической схеме. В период формирования единой арабской народности получили распространение генеалогии, объединявшие линии К. и Аднана и объявлявшие всех арабов потомками *Исмаила* и *Ибрахима*. Нельзя исключать и того, что мусульманская традиция, противопоставлявшая эпонимы К. и Аднан, частично восходит к древнему противостоянию кочевых и оседлых племён.
М. П.

КАЧИ́НА, в мифах пуэбло, хопи, зуньи — духи предков, способствующие плодородию. По представлению хопи, К. обитают в горах Сан-Франциско, на юго-западе США, и дважды в год в результате молитв и жертвоприношений появляются над полями земледельцев. Согласно преданиям хопи, К. появились во время миграции племени: при переправе через реку некоторые дети в испуге вырвались из рук матерей и превратились в духов вод; проплыв вниз по реке, они основали селение К. и сделались покровителями соплеменников. Считалось, что существуют К. любых предметов и проявлений жизни: минералов, растений, животных, звёзд, облаков и т. д.

Изображаются в виде антропоморфных фигурок в масках, которые распознают по атрибутам и раскраске (всего выделено около 250 К.). Так, К. пчелы изображается с луком и стрелами, К. солнца — с еловой ветвью и колокольчиком; у каждой К. имеется на спине «табличка влажности», символизирующая способность вызывать дождь. У пуэбло существуют особые союзы посвящённых в культ К., которые участвуют в обрядовых плясках, связанных с земледелием. Считается, что члены этих союзов, если жизнь их была добродетельной, после смерти пополняют ряды К.
А. В.

КА́ШШУ (аккад. «кассит»), в касситской мифологии бог-покровитель и предок касситов. Почитался также в Вавилонии. Предполагают, что касситская форма его имени — Дуньяш [«подающий землю»(?)] или Шукамуна. В Вавилонии супруга К.— Кашиту (аккад. «касситка»), возможно, тождественная *Гештинанне* или *Шумалии*.

КА́ШЬЯПА (др.-инд. «черепаха»), в ведийской и индуистской мифологии божественный *риши*, участвовавший в творении мира. Согласно космогоническому мифу, изложенному в «Шатапатхабрахмане», *Праджапати* создал всё живое, воплотившись в космическую черепаху; «черепаха и есть К.; поэтому живые существа — потомки К.» (VII 5, I, 5). В эпосе и пуранах К.— сын *Брахмы* либо *Маричи*. Жёны К.— 8 (по другим версиям: 10 или 13) дочерей *Дакши*. От *Дити* он имел сыновей *дайтьев*, от *Дану* — *данавов*, от *Адити* — 33 бога (12 *адитьев*, 8 васу, 11 *рудр* и *Ашвинов*). Остальные его жёны: Синхика, Вината, Капила, Кадру, Муни и др. (имена их в различных версиях мифа не совпадают) — произвели на свет *гандхарвов, апсар, нагов, ракшасов*, животных и другие существа (Рам. VII 4, Мбх. I 59 и др.). Внук К. (от его сына *Вивасвата*) *Ману* стал прародителем людей. Будучи отцом богов и асур, людей и демонов, змей и птиц, К. как бы символизирует изначальное единство, предшествующее дуализму творения. В ряде текстов К. идентифицируется с Праджапати или Брахмой.
П. Г.

КА́ШЬЯПА, Махакашья́па, в буддийской мифологии ученик *Шакьямуни*. В текстах хинаяны К. считается одним из самых выдающихся *архатов*. К. был сыном брахмана Капилы и вёл жизнь обычного домохозяина. Однажды, когда К. пахал поле, он увидел, как птицы пожирали червячков за его плугом. Так как ему сказали, что вина за гибель этих живых существ останется на нём, К. и его жена приняли решение отказаться от мирской жизни и стать аскетами. К. стал учеником Шакьямуни и затем архатом. После смерти Шакьямуни К. председательствовал на первом буддийском соборе, где были установлены канонические тексты буддизма.

Образ К. занимает важное место и в некоторых текстах махаяны. В «Саддхармапундарика-сутре» он вместе с архатами *Субхути, Маудгальяяна* и *Катьяяна* обращается к Шакьямуни с жалобой, что не может достичь наивысшей *бодхи*. Но Шакьямуни предсказывает ему, что в далёком будущем К. всё же достигнет бодхи и станет *буддой* под именем Рашмипрабхаса. В «Кашьяпапариварте» Шакьямуни разъясняет К. путь *бодхисатвы*.

В дзен-буддизме К. считается первым индийским патриархом этой школы, ибо только он понял смысл прямой бессловесной передачи *дхармы* от учителя к ученику: так, Шакьямуни однажды взял цветок, показал ученикам и улыбнулся, и лишь К. понял смысл действий учителя. *Л. Э. Мялль.*

КАЩЕ́Й БЕССМЕ́РТНЫЙ, К о щ е́ й (заимствование из тюрк. Ko̊šči, «пленник», в период ранних славяно-тюркских связей), в восточнославянской мифологии злой чародей, смерть которого спрятана в нескольких вложенных друг в друга волшебных животных и предметах: «На море на океане есть остров, на том острове дуб стоит, под дубом сундук зарыт, в сундуке — заяц, в зайце — утка, в утке — яйцо», в яйце — смерть К. Б. Древность этого мотива подтверждается его наличием в русских заговорах и хеттских обрядовых текстах. В русских волшебных сказках К. Б. уносит героиню на край света в своё жилище. Та выпытывает у него, где скрыта Кащеева смерть, передаёт тайну герою-избавителю, который добывает смерть К. Б., и Кащей погибает. *В. И., В. Т.*

КАЭ, А э, в полинезийской мифологии чужеземец, прибывший к хозяину рыб и морских животных *Тинирау* (по некоторым вариантам, к *Хине*, мужем которой он становится), ставший при нём вождём-оратором (в мифах маори — жрецом). Затосковавшего по родине К. по приказу Тинирау доставляют на его родной остров киты (черепахи, акулы). К. платит неблагодарностью, убивая их; затем пытается скрыться от гнева хозяина животных. Но посланные Тинирау за К. опознают его по кривым зубам и жестоко наказывают. В западнополинезийской мифологии распространён сюжет о путешествии К. на край земли, к горизонту, где растёт чудесное говорящее дерево, и о борьбе К. с птицей-людоедкой. *М. С. П.*

КАЮМА́РС (фарси), в иранской мифологии и эпосе первочеловек, позже первый царь из династии *Пишдадидов*. Восходит к авестийскому Гайа Мартан (ср.-иран. *Гайомарт*).

Миф о происхождении первой человеческой пары Машйа и Машйана (*Мартйа и Мартйанаг*) из семени К. (Гайомарта) передан в «Бундахишне».

Образ первочеловека-первовождя К. сохранился в средневековых народных представлениях. О нём пишут арабоязычные авторы Табари, Масуди, Саалиби и др., Бируни, исторические хроники (Балами), Фирдоуси в «Шахнаме».

В «Шахнаме» К. титан, который вывел людей из тьмы пещер в жилые дома на горах, прообраз градостроителя. Он изображается и первым царём, правившим тридцать лет и давшим людям первозакон. Его сын, светлый душой юный Сиямак, погибает от руки чёрного дэва. Мстителем за смерть отца выступает сын Сиямака Хушанг (авест. Хаошйангха), который вместе со своим дедом К. убивает дэва и восстанавливает царство добра. В книге «Ноурузнома», приписываемой Омару Хайяму, рассказывается, что К. установил деление солнечного года на двенадцать месяцев и начало летоисчисления, после чего прожил сорок лет.

К. фигурирует во многих таджикских фантастических народных сказках как обладатель огромного бриллианта, хранящегося в заколдованном месте. В Хорезме сохранились легенды о покровителе мясников Джумарткассабе, прототипом которого служил К.-Гайомарт. *И. С. Брагинский.*

КАЮРУ́КРЕ И КА́МЕ, в мифах кайганг братья-близнецы, культурные герои. Каюрукре создал полезных животных, например тапира, а Каме — вредных: пуму, змей и др. В одном из мифов рассказывается, что когда-то люди кайганг не умели петь и танцевать. Однажды Каюрукре во время охоты увидел, как ветки танцуют у подножия дерева, а трещотка из тыквы аккомпанирует им. Каюрукре и его спутники взяли эти ветки и трещотку в селение и научили свой народ петь и танцевать. *Л. Ф.*

КВА́НДЖЕ («император Гуань»), К в а н с о н д ж е г у н («священный император военачальник Гуань»), К у а́ н - с с и («господин Гуань»), в поздней корейской даосской мифологии реальный китайский персонаж конца правления династии Хань (3 в.), выдающийся полководец, отличавшийся мудростью, отвагой и добродетелями *Гуань-ди*, который с 11 в. в Корее стал почитаться как дух войны, стоящий во главе загробного царства. Когда японские орды Хидэёси в 1592 вторглись в Корею и вошли в столицу, будто бы дух К. стал витать в воздухе, наводя страх на неприятеля. В честь К. в разных местах Кореи возведены кумирни. Его изображения помещаются и в буддийских храмах. К нему взывают и шаманки (мудан). *Л. К.*

КВАНКА́О, К х у а н к х а́ у, в мифах сиамцев и других тайских народов душа риса. Считается, что, кроме человека, только рис и буйволы обладают духовной субстанцией. У тайских народов Вьетнама после жатвы из соломы делают фигуру души риса и жертвуют ей курицу. Её внутренности вкладывают в чучело. Его с обрядами переносят в амбар, где К. засыпает до весны. В амбаре ставят и палочки с символическим изображением цветов риса. С первым весенним громом К. просыпается. В некоторых районах в амбаре на корзину, наполненную рисом, помещают большую тыкву. Соединение тыквы (мужское начало) с рисом (женское начало) даёт будущий урожай. Характер у К. очень непостоянен, поэтому весной вся семья просит душу риса не покидать их. *Я. Ч.*

КВАНСЕЫ́М, К в а н ы́ м, в корейской мифологии самый популярный буддийский бодхисатва. Восходит к *Авалокитешваре*. Первоначально мужское божество, но с периода Пэкче (6 в.) в Корее и с периода Сун (11 в.) в Китае в простонародном буддизме К. — женское божество, «Богиня милосердия», чьё могущество состоит во всевидении, сострадании и спасении от несчастий. Оно покровительствует также рождению и исцелению детей. К. могла пройти через 33 вида перерождений. Иконография К. обычно представлена в 6 формах, из которых в Корее наиболее распространены — К. с тысячью рук и тысячью глаз по одному в каждой ладони, спасающая всех и всюду от всяких напастей (влияние тантрического буддизма); одиннадцатиликая К., передающая различные эмоции: жалость, гнев и т. д., К. входила в одну из буддийских триад. К. располагалась слева от будды *Амитабхи* (кор. Амитхабуль). Её изображения сохранились в скульптурах периода Силла и Корё (7—14 вв.), в корейской скульптуре периода Нара (6 в.) в Японии, в корейской житийной и светской литературе. См. также *Гуань-инь* и *Каннон*. *Л. К.*

КВА́СИР (имя этимологически родственно рус. «квас»), в скандинавской мифологии маленький мудрый человечек, сделанный из слюны богов после окончания войны асов и *ванов*; первоначально, по-видимому, персонифицировавший хмельной напиток. Согласно «Младшей Эдде» К. много странствовал по свету и учил людей мудрости. По золе от сгоревшей рыболовной сети *Локи* догадался о назначении сгоревшего предмета и таким образом помог богам сделать сеть, в которую затем они поймали Локи. Однажды, когда К. пришёл в гости к карликам (цвергам), они убили его и из его крови сделали *мёд поэзии*. *Е. М.*

КВАТ, К в а т у, в мифах меланезийцев островов Банкс и Новые Гебриды культурный герой. Рождён матерью-камнем (более редкий вариант: смертной женщиной, согрешившей с духом), младший из двенадцати братьев. В ряде мифов К. — нетварное существо. Один или с помощью некоторых из братьев устраивает водоёмы; создаёт (или добывает у духов) растения, насекомых; выведывает у духов тайны собирательства, гончарства, плетения и рыболовства. Распространены сюжеты о борьбе К. с братьями; антагонистом К. выступает Тагаро (Тангаро) Глупый или Марава (иногда Марава — чудесный помощник К. из числа карликов — хозяев леса). В этой борьбе К. получает огонь, рыболовные крючки, узнаёт тайны плотницкого дела. Брат-антагонист К., скорее по глупости, чем по злому умыслу, приносит людям ночь, выпускает из-под земли старуху-смерть, делает некоторые травы и плоды горькими, создаёт (вылавливает) акулу, выпускает засаженных К. в горшок или калебасу москитов. В мифах островов Банкс К. выступает также патроном инициации юношей. *М. С. П.*

КВИ́РИА, у грузин божество. По представлениям горцев восточной Грузии, К. — предводитель хвтисшвили (локальных общинных божеств), посредник между верховным богом *Гмерти* и людьми; вершитель суда. Его эпитеты — карави́ани («имеющий шатёр»), хметмоура́ви («правитель суши»). В честь К. устраивались празднества с ночными бдениями, жертвоприношениями и культовыми пиршествами. Во время празднеств строились хижины из зелёных веток.

У горцев западной Грузии К. — мужское божество плодородия. Ему посвящался цикл ранневесенних праздников, во время которых пелись гимны и разыгрывались действа, выявлявшие фаллическую природу божества. В ряде песнопений горцев западной Грузии К. выступает также как высшее божество, ведающее небом и небесной водой. Гимн К. пели во время засухи, чтобы вызвать дождь. *И. С.*

КВИРИ́Н, в римской мифологии бог; вместе с Юпитером и Марсом составлял древнейшую триаду высших богов. Этимологию имени К. связывали либо с названием сабинского города Куры (Cures), либо с сабинским словом quiris («копьё»). Первоначально К. был богом, почитавшимся сабинами на холме Квиринале, вошедшим в римский пантеон после заключения Ромулом мира с царём сабинян Титом Тацием. Согласно исследованиям современных специалистов, в основе имени К. (как и в основе термина «курия») слово vir, «муж», «гражданин» (ср. co-viria, «собрание мужей»); К. — бог народного собрания, отсюда полное наименование римлян «римский народ квиритов» или просто «квириты». К. считался ипостасью *Марса* (в отличие от Марса военного, движущегося, он олицетворяет Марса мирного, Марса в покое), поэтому храм Марса был вовне, храм К. внутри городских стен (Serv. Verg. Aen. III 35; VI 859). Видимо, это представление соответствовало взаимосвязи народного ополчения и комиций. Впоследствии К. отождествлялся с *Ромулом* — учредителем важнейших институтов римской гражданской общины; на месте древних комиций была сооружена одна из величайших святынь Рима «гробница Ромула». Взаимообусловленность долга римлян как воинов и как граждан нашла также отражение в связи К. с Янусом, храм которому под именем Януса-К. как богу, ведающему войной и миром, посвятил царь Нума Помпилий (Serv. Verg. Aen. VII 610; Schol. Verg. Aen. VII 607), связь с Янусом, возможно, отражает взаимообусловленность земного (регулировавшегося К.) и космического порядка (регулировавшегося Янусом). Фламин К. наряду с фламинами Юпитера и Марса принадлежал к высшему рангу в иерархии жрецов. Фламин К. участвовал в культе Робиго — божества, отвращавшего от гибели урожай и другие грозившие гражданской общине бедствия (Ovid. Fast. IV 905; Aul. Gell. IV 6, 12) и в культе Акки Лаурентии как благодетельницы римского народа (Aul. Gell. VI 7). В более позднее время культ К., оттеснённый культом Юпитера и Марса, особой роли не играл. *Е. М. Штаерман.*

КВИСИ́Н, в корейской мифологии и народном пантеоне демоны и духи. Понятие К., прежде подразделявшееся на два компонента — кви и син, связывалось с древнекитайским натурфилософским учением об *инь и ян* — тёмном и светлом началах. В «Хэдон чамнок» («Разные записи о стране, что к востоку от моря», 16—17 вв.) сказано: «Человек после смерти становится квисином». Считалось, что раз К., как духи (призраки) умерших, обладают такими же ощущениями и восприятием мира, как и живые люди, они выполняют различные функции, участвуя во всех людских делах. К. вездесущи, всепроникающи. К. являются объектом почитания, преклонения и страха. К. нравятся тёмные углы: они селятся в старых брошенных строениях, в развалинах монастырей, крепостей, заросших прудах, пещерах.

О почитании К. у корейцев сообщают древнекитайские источники. «У трёх [племенных союзов] хан в миру почитали квисинов» («История Цзинь»); «В эпоху трёх государств устраивались жертвоприношения К. После окончания посевов в 5-ю луну и уборки урожая в 10-ю луну собирались мужчины и женщины, и при совершении жертвоприношения небу приносили таковые же и К.» («История Поздней Хань»). Из корейских исторических сочинений известен также обряд жертвоприношения «Сусин» («Сопровождение духов») в Когурё, когда по обе стороны дома возводились алтари и приносились жертвы К. Изображение К., сохранившееся на черепице периода Когурё, напоминает медведицу с человеческой женской грудью. У трёх племенных союзов хан на юге Кореи при обряде жертвоприношения духам (Сатосин) устанавливался столб, на который подвешивались бубенцы и барабан. Подобный же обряд существовал в Силла, когда с помощью шаманок изгонялись злые духи. К этой же группе принадлежат и более поздние обряды: жертвоприношение духу — хранителю селения (Сонандже), обряд, совершавшийся шаманкой для предотвращения несчастья (Пхудуккори), жертвоприношение К. с мольбой об устранении напастей (Коса) и др. Обращением к К. широко пользовались знахари в своих заговорах и заклинаниях для изгнания болезни. Во избежание вреда от К. использовали оберги в виде надписей, рисунков, чучел, амулетов. Фетишами К. служили глиняные горшки. К. условно подразделяются на духов стихии (чаёнсин), животных (тонмульсин), людей (инчхесин), домашних духов (касин), духов болезней (чильбёнсин), святых и будд (сонбульсин), злых духов (токкэби, чапсин или чапки). *Л. Р. Концевич.*

КВОТ, К о т т, К о т, в мифах нуэр первопредок, демиург, культурный герой. Создал солнце, людей, корову и дурру (хлебное сорго), а также диких животных, копьё, гарпун и др. Он посылает дождь (во время грозы бросают в воздух табак, чтобы усмирить К.), ведает жизнью и смертью. К. может являться во сне и предрекать беременность, смерть. *Е. К.*

КЕБЕКСЁНУФ, см. в ст. *Гора дети*.

КЕ́БХУТ, в египетской мифологии богиня прохладной чистой воды, покровительница 10-го нома и города Летополиса. Воплощалась в образе змеи и отождествлялась с богиней-змеёй *Уто*. Считалась дочерью *Анубиса* и была связана с культом мёртвых: К. совершала возлияние умершим, помогала им подняться на небо. *Р. Р.*

КЕ́ИК, К é и к с, в греческой мифологии: 1) друг и сподвижник *Геракла*, царь фессалийского города Трахины, у которого Геракл нашёл приют после нечаянного убийства Эвнома в Калидоне (Apollod. II 7, 6). 2) сын Эосфора, муж *Алкионы*. К. и Алкиона так любили друг друга, что, когда К. не вернулся из морского путешествия, Алкиона бросилась в волны. Боги превратили супругов в зимородков (вариант: К. стал чайкой, Алкиона — зимородком) (Ovid. Met. XI 410—748). По другой версии мифа, К. и Алкиона были превращены в птиц за то, что, гордясь своим супружеским счастьем, называли себя Зевсом и Герой (Apollod. I 7, 4). *М. Б.*

КЕЙЯНИ́ДЫ, К а й а н и́ д ы, в иранской мифологии и легендарной истории династия царей Ирана (в поздней «Авесте», пехлевийских и мусульманских источниках). Наименование династии происходит от названия жреческого сословия — *кави*. Число старших К. колеблется по источникам от трёх (Кави Кавад — *Кай Кубад*, Кави Усан — *Кай Кавус*, Хусрава — *Кай Хусроу*) до восьми царей, включая также Апиваху, Аршана, Пишинаха, Бияршана, *Сйаваршана* — Сиявуша. К младшим К. причислялись Аурватаспа (Лухрасп) и *Виштаспа* (изредка также — Спентодата — *Исфандияр* и Зариварай — *Зарер*). Последний К.— *Искандар*. Главное занятие К.— войны с враждебными племенами туранцев, возглавляемыми *Афрасиабом*. Младшим К. приписано насаждение во всём мире зороастризма. В поздней «Авесте» и «Денкарте» К. изображены борцами против сил зла и хаоса. На их стороне выступали божества *Ардвисура Анахита*, Дрваспа, *Вайю*, *Аши*. Наряду с этим в пехлевийских книгах К. иногда приписывается клятвопреступничество, вероломство, кровопролитие, даже богоборчество и колдовство («Шахнаме» также сохраняет двойственное отношение к К.). К.— великие цари Ирана, но своим могуществом и военными успехами они обязаны почти исключительно язычнику, а впоследствии врагу зороастризма *Рустаму*. Место правления К. указывается различно: в «Авесте» это окрестности мифических водоёмов (Ворукаша, Дайтья, Чайчаста), мифических гор (Эрзифья, Хараити и др.), бассейн Хильменда и озера Хамун в Дрангиане. Мусульманские источники называют Балх (в древности столица Бактрии), другие (Масуди, Бируни) считают их правителями Нововавилонского царства (кон. 7—6 вв. до н. э.). Исследователи расходятся в оценке достоверности предания о К. Одни усматривают в его основе зерно исторической действительности (А. Кристенсен, В. Хеннинг, И. М. Дьяконов и др.), другие полагают, что история К. вымышлена зороастрийским жречеством с целью противопоставить праведных К. подлинным и неправедным царям Ирана разных эпох (Ж. Дюмезиль, Р. Фрай, М. Моле и др.).

Л. А. Лелеков.

КЕКРОП, К е к р о́ п с, в греческой мифологии афинский царь, автохтон (рождённый землёй). Его внешний вид — получеловека и полузмея — указывает на глубокую древность и хтонизм образа. Став первым царём Аттики, К. назвал страну по своему имени Кекропия. При нём произошёл спор между Посейдоном и Афиной за обладание Аттикой; состязаясь в дарах жителям Аттики, Посейдон выбил источник воды, а Афина посадила оливу (Apollod. III 14, 1). К. и Аглавра — родители Эрисихтона (умер бездетным) и трёх дочерей: Аглавры, Герсы и Пандросы (III 14, 1—2), погибших в безумии (см. в ст. *Аглавра*).
А. Т.-Г.

КЕЛЕ́Й, в греческой мифологии элевсинский царь, автохтон (рождённый землёй), супруг Метаниры. У К. было четыре дочери, которые повстречались с Деметрой во время её поисков похищенной Аидом дочери и привели Деметру в дом к К., который радушно её принял. Деметра нянчила *Демофонта*, сына К. По воле богини К. воздвиг храм и жертвенник Деметре (Hymn. Hom. V 105—298). В образе К. явные хтонические черты, вводящие его в круг почитания Деметры и матери-земли.
А. Т.-Г.

КЕЛЕНО́, в греческой мифологии: 1) дочь Атланта и Плейоны, возлюбленная Посейдона, родившая ему сына *Лика* (Apollod. III 10, 1); 2) одна из *гарпий* (Verg. Aen. III 211).
М. Б.

КЕ́ЛПИ, в шотландской низшей мифологии водяной дух, обитающий во многих реках и озёрах. К. большей частью враждебны людям. Являются в облике пасущегося у воды коня, подставляющего путнику свою спину и затем увлекающего его в воду. Название К. скорее всего родственно ирл. calpach, «бычок», «жеребёнок».
С. Ш.

КЕМО́Ш, в западносемитской мифологии верховное божество в пантеоне государства Моав, возможно, бог войны. Надписью моавитского царя Меши (9 в. до н. э.) засвидетельствовано почитание Астар-К.; очевидно, К. в одной из своих ипостасей воспринял черты *Астара*. В Библии есть рассказ о том, как Меша, чтобы избежать поражения в войне, принёс в жертву К. своего первородного сына (4 Цар., 3, 26—27).
И. Ш.

КЕНАРЕ́И, в мифологии кхмеров полуженщины-полуптицы. Живут в густых лесах, прогуливаются там, держа в руках ароматные цветы. Они влюбчивы и разыскивают мужчин. От кхмеров образ К. под именем «киннари» заимствовали сиамцы. К К. у кхмеров близки крутхи, принимающие то образ птицы, то птицечеловека, иногда человека. Крутхи чаще фигурируют в сказках.
Я. Ч.

КЕНЕ́Й, в греческой мифологии великан, *лапиф*, сын Элата (букв. «ель») (Ovid. Met. XII 497); во время битвы лапифов с *кентаврами* последние, не сумев убить неуязвимого К., заживо погребли его, вдавив в землю стволами деревьев (Apoll. Rhod. I 57—64) или завалили скалами (Ovid. Met. XII 459—532). К.— участник *калидонской охоты* (Ovid. Met. XIII 305). Ко времени поздней античности относится миф о деве Кениде, которая, спасаясь от любви Посейдона, просила богов превратить её в мужчину. Сын К. Корон участвовал в походе аргонавтов; он выступает также царём лапифов (Apoll. Rhod. I 57 след.).
А. Т.-Г.

КЕНТА́ВРЫ, в греческой мифологии дикие существа, полулюди-полукони, обитатели гор и лесных чащ, отличаются буйным нравом и невоздержанностью. Их миксантропизм объясняется тем, что они рождены от *Иксиона* и тучи, принявшей по воле Зевса облик Геры, на которую покушался Иксион (Pind. Pyth. II 21—48). К. сражаются со своими соседями *лапифами* (кентавромахия), пытаясь похитить для себя жён из этого племени (Ovid. Met. XII 210—535). Особое место среди К. занимают два — Хирон и Фол, воплощающие мудрость и благожелательность. Хирон — сын Кроноса и нимфы Филиры-«липы» (Apollod. I 2, 4), Фол — сын Селена и нимфы Мелии-«ясеневой» (II 5, 4), т. е. их происхождение уходит в область растительного фетишизма и анимизма. После того как К. победил Геракл, они были вытеснены из Фессалии и расселились по всей Греции. Посейдон взял К. под своё покровительство. В героических мифах одни из К. являются воспитателями героев (Ясона, Ахилла), другие — враждебны миру героев (Эвритион) пытается похитить невесту *Пирифоя*, Несс покушается на *Деяниру* и является причиной гибели героя). К. смертны, бессмертен только Хирон, но и он, страдая от раны, нечаянно нанесённой ему Гераклом, жаждет умереть и отказывается от бессмертия в обмен на освобождение Зевсом Прометея (Apollod. II 5, 4).
А. Т.-Г.

КЕН ХВОН, Ч и н Х в о н, герой поздней корейской мифологии, основатель удельного государства Позднее Пэкче (Хубэкче), существовавшего в 892—936, в период феодальной раздробленности Силла. Жизнеописания К. Х., помещённых с некоторыми вариациями в «Самгук саги», «Самгук юса» и «Чеван унги» («Рифмованные записи об императорах и правителях», 1287), хотя и продолжают традиции древних мифов, но уже приобретают характер типового народного предания. Необычны здесь лишь два эпизода, связанные с рождением и детством героя. В первом сообщается, что у одного сельского богача (или земледельца, состоявшего в дальнем родстве с государевой семьей) была красивая дочь, к которой по ночам повадился приходить мужчина в тёмно-лиловом одеянии. По совету отца она приколола иголку с длинной ниткой к его одежде и утром по нитке обнаружила, что иголка оказалась воткнутой в туловище большого дождевого червя, прятавшегося под северной оградой. Вскоре она родила мальчика, который назвал себя Кёнхвоном (в одних источниках — это имя, в других — Кён — фамилия, которую он взял вместо прежней Ли). Во втором эпизоде рассказывается, что, когда К. Х. был младенцем, мать ненадолго оставила его в лесу, чтобы принести мужу обед в поле. Пока её не было, прилетела птица и согрела его своим телом, пришла тигрица и накормила его своим молоком и оттого он вырос непохожим на остальных людей, обладая величественной осанкой, щедрой душой и невиданным мужеством, т. е. с самого момента рождения ему как бы предназначалось быть государем, каковым он и стал. В отличие от ранних корейских мифов здесь творят чудеса не сверхъестественные силы, а земные существа — червь и тигр — типичные персонажи корейских народных сказок. В средневековой официальной историографии образ К. Х., бывшего соперником *Ван Гона*, символизировал деспота. В период маньчжурских нашествий в Корею в нач. 17 в. предание о К. Х. вновь получило распространение в народе как аллегория ненависти к Абахаю, основателю маньчжурской династии Цин в Китае.   *Л. Р. Концевич*.

КЕПЕНОПФУ́ (букв. «дух-мать»), в мифах ангами нага высшее божество, благожелательное к людям. К. живёт на небе в райской стране, куда отправляются души умерших. Когда подчинённые ей духи убивают быка-митхана, которым на небе представлен каждый живущий на земле человек, этот человек умирает. Души поднимаются в небо к К. по невидимой лестнице в высоких горах.   *Я. Ч.*

КЕРАО́Н И МАТТО́Н, в греческой мифологии демоны, отвечающие за смешивание вина — К. и вымешивание теста — М. Почитались в Спарте (Athen. II 39 c).   *Г. Г.*

КЕ́РБЕР, Ц е р б е р, в греческой мифологии пёс, страж *аида* (Hes. Theog. 769—774), чудовище с тремя головами, туловищем, усеянным головами змей, и змеиным хвостом. К. — порождение *Эхидны* и *Тифона*. Наряду с лернейской гидрой и немейским львом он относится к самому ужасному потомству Эхидны (306—313). В образе К. ярко выражен теротоморфизм, против которого борется героическая мифология; *Геракл* связал и вывел К. из аида, чуть не задушив его, но по приказу Эврисфея вновь водворил его на прежнее место (12-й подвиг Геракла) (Apollod. II 5, 12). *Орфей*, пытаясь спасти *Эвридику*, зачаровывает К. своим искусством. *Сибилла*, когда Эней спускался в царство мёртвых, бросила К. лепёшку со снотворной травой (Verg. Aen. VI 417—423). Из ядовитой пены лающего К. вырос цветок аконит, который заваривала *Медея* в своё колдовское зелье (Ovid. Met. VII 406—419).   *А. Т.-Г.*

КЕРЕМЕ́Т (от чуваш. *Киреметь*), Л у д, Ш а й т а́ н, в мифах удмуртов творец зла, противостоящий своему добродетельному брату *Инмару*. Моления К. совершались при эпидемиях и т. п. в священных рощах — кереметах (лудах), где специальный жрец приносил в жертву богу животных чёрной масти. Близкие представления о К. (и культ его) существовали в марийской мифологии, где К. — божество зла, брат и противник демиурга *Кугу-юмо*. Согласно поздней марийской легенде, К. задержал разговором старейшину марийцев Бедоя, когда тот шёл к богу, распределявшему религии среди народов земли; за это бог заставил марийцев поклоняться К.

КЕ́РИ И КА́МЕ, в мифах бакаири братья-близнецы, культурные герои; так же бакаири называют солнце и луну, но Кери и Каме не отождествляются с ними. Согласно мифам, К. и К. родились от женщины, которая, став женой ягуара, случайно проглотила косточки убитых им людей и от этого зачала близнецов. Близнецы от разных животных получили маниок, хлопчатник, гамаки и другие предметы и передали их индейцам бакаири, научив ими пользоваться всем этим. Кери изображается более глупым, и однажды его убивают, но Каме возвращает его к жизни. Совершив все свои деяния, братья-близнецы исчезают.   *Л. Ф.*

КЕРЕТКУ́Н, у чукчей дух — хозяин морских зверей. К. и его жена имеют чёрные лица; они носят особые головные повязки, одежду из кишок морских животных; питаются трупами утопленников. К. защищает человека от злых духов. Почти полное соответствие — эскимосский Касак. К. посвящаются осенние праздники.   *Е. М.*

КЕРИ́М, в древнекорейской мифологии название места, где родился *Ким Альджи*, предок рода Ким в древнекорейском государстве Силла. Первоначальное название Сирим («девственный лес»), видимо, было фонетической записью китайскими иероглифами корейского слова «сэ», «птица». В «Самгук юса» (13 в.) зафиксировано и другое название — Курим («голубиный лес»). Они были заменены на К., которое этимологизируется как «петушиный лес». К. называлось государство Силла, а позднее нередко и вся Корея. Очевидно, петух был тотемом у южнокорейских племён (ср. появление супруги основателя корейского государства Силла *Пак Хёккосе* от петушиного дракона).   *Л. К.*

КЕРКИО́Н, в греческой мифологии сын Посейдона (или прорицателя Бранха) и нимфы Аргиопы, владел Элевсином и наводил ужас своей жестокостью. Встречая путников между Элевсином и Мегарой, К. заставлял их бороться с ним, а затем убивал. Сам К. пал от руки Тесея (Apollod. epit. I 3; Bacchyl. XVII 26), который превзошёл К. не только силой, но и уменьем, положив начало искусству борьбы (Paus. I 39, 3). К. убил свою дочь *Алопу* за то, что она стала возлюбленной Посейдона.   *А. Т.-Г.*

КЕРКО́ПЫ, в греческой мифологии два брата, уродливые существа, занимавшиеся разбоем и убивавшие путников. Живших вблизи Эфеса К. поймал *Геракл* и связанными принёс к лидийской царице Омфале (Diod. IV 31, 7; Apollod. II 6, 3). По другому варианту мифа, К. — люди, за свои постоянные обманы превращённые Зевсом в обезьян, обитавших на острове Пифекуса (букв. «Обезьяний остров»); как нарушители клятвы они лишены речи (Ovid. Met. XIV 89—100). Вначале К. было двое и они не имели имён, затем число их увеличилось до пяти пар и каждый имел имя. К. относятся к хтоническим силам, с которыми борется Геракл, совершая подвиги.   *А. Т.-Г.*

КЕР-ОГЛЫ́, К ё р - о г л у́, Г ё р - о г л ы́, Г о р - о г л ы́, Г у р у г л и́, Г у р г у л и́, у азербайджанцев, турок, туркмен, узбеков, казахов, каракалпаков, таджиков, среднеазиатских арабов, грузин, армян, курдов герой-воин, поэт, певец и музыкант, центральный персонаж одноимённого эпоса. Его основное содержание — борьба К.-о. и его дружины против угнетателей. По туркменской, узбекской и таджикской версиям, мать К.-о. умирает, будучи беременной, и он рождается в могиле (одно из объяснений его имени — «сын могилы»). Отца (в туркменских вариантах — деда) К.-о. ослепляет хан (отсюда другое объяснение его имени — «сын слепого»), и герой растёт, мечтая отомстить ему. К.-о. наделён необычайной силой, ему покровительствуют пророк Хизр, святые *чильтаны*. Юношей он становится обладателем чудодейственного оружия, причём, согласно некоторым вариантам эпоса, эрены, духи-покровители, даруют ему меч, выкованный из небесного металла. Слепой отец (дед) взрастил для К.-о. крылатого коня Гыр-ата (Кыр-ата), наделённого чудесными свойствами. Возмужав, К.-о. убивает обидчика-хана и строит в горах неприступную крепость Чандыбиль (Чамбиль, Ченли-бель, Шимли-биль, Чамбули Мастон), где живёт со своей дружиной, не покоряясь правителям. В сказания о К.-о. входит история похищения врагами К.-о. коня Гыр-ата и его вызволения героем, добывания К.-о. жён для себя и своей дружины. В туркменской версии эпоса К.-о. женится на мудрой пери (пари) Ага-Юнус, советами которой всегда руководствуется. В узбекских дастанах у него три жены-пари: Юнис, Мискал и Гюльнар. Будучи бездетным, К.-о. похищает и усыновляет юношу Овеза (Аваза, Эйваза, Ховеза), который вскоре занимает одно из первых мест в дружине К.-о. В узбекском и туркменском вариантах эпоса присутствует и второй приёмный сын К.-о. — Хасан.

Сказания о смерти К.-о. мало распространены. По одному из вариантов, К.-о., уже старик, отправляется паломником в Мекку и в пути погибает в бою с враждебными ханами; по другому, — К.-о. не умирает, а в возрасте 120 лет удаляется в горную пещеру. Известна версия, согласно которой К.-о. перед смертью путешествует в подземный мир.

Специфика ряда сказаний о К.-о. (в частности, женитьба на пари) позволяет предположить, что одним из их источников послужили шаманские мифы. Можно предполагать, что образ эпического К.-о. отразил черты реального исторического лица, каким представляют К.-о. некоторые документы 16—17 вв.

В. Н. Басилов.

КЕ́РРА, в италийской мифологии (у осков, самнитов, пелигнов) высшая созидательная сила природы. В подчинении у К. множество божеств, обеспечивающих весь цикл жизни (Везкей, Флууса, Перна, Патана и др.). Почиталась в священных рощах.

А. Н.

КЕРСА́СПА, в иранской мифологии герой-дэвоборец, из рода *Самы*, сын *Триты*, «вооружённый палицей» («Ясна» IX). Иногда отождествлялся с Самой, иногда считался его предком или потомком. Имя К. отражает культ коня (аспа — «конь»). К. — победитель трёх драконов-дэвов. «Он убил чудовище Срувар, коней глотавшее, людей глотавшее, полное яда», который бил струёй вышиной в сажень. Он победил Гандарва, «стремившегося уничтожить вещественный мир справедливости» с помощью *Ардвисуры Анахиты*. Дракон Снавидка, рогатый и камнерукий, грозил низвергнуть с небес *Ахурамазду*, извлечь из преисподней *Ангро-Майнью* и заставить их обоих везти свою колесницу, но и его одолел К. («Яшт» XIX).

По одному из преданий, К. околдовала пэри Хнантаити («Видевдат» I, XIX) и он заснул вечным сном на восточной окраине Ирана (по другой версии, мёртвым сном уснул Сама). Но в день страшного суда К. (или Сама) должен пробудиться и убить *Ажи-Дахаку*, вырвавшегося из оков.

Первоначально единый образ К. (по предположению норвежского ираниста А. Кристенсена) раздвоился на образы царя династии *Пишдадидов* Гаршаспа (в «Шахнаме») и богатыря Гаршаспа (в других источниках). В пехлевийских сказаниях рассказывается, что душа Гаршаспа томится в аду из-за совершённого им преступления: он ударом палицы затушил огонь, нисходивший на хворост под котлом героя, из-за того, что огонь однажды опоздал. Гаршасп просит простить его, ссылаясь на четыре своих подвига: он убил дракона Аждаха, дэва Гандарба, усмирил дэва ветров пустыни (Вйавана), заставив его уйти в подземелье; убил птицу Камак, закрывающую свет солнца и луны. По заступничеству *Заратуштры* Гаршаспу был прощён его грех. Гаршаспу посвящена поэма на фарси «Гаршаспнаме» (составлена Асади Туси в 1006), где он изображается предком *Рустама* в духе аристократического рыцарского эпоса.

И. С. Брагинский.

КЕ́РЫ («смерть», «порча»), в греческой мифологии демонические существа, дети богини Никты (Ночи) (Hes. Theog. 211, 217), приносящие людям беды и смерть. К. находятся среди битвы, хватают раненых, тащат трупы, обагряясь кровью (Hom. Il. XVIII 535—538). Иногда К. сближали с *эриниями*.

А. Т.-Г.

КЕФА́Л, в греческой мифологии потомок *Девкалиона* (вариант: сын Гермеса, Apollod. III 14, 3), муж Прокриды, дочери царя Эрехфея (Apollod. I 9, 4). Прокрида изменила К. с Птелеонтом, соблазнившись золотым венцом, и затем бежала от гнева мужа к царю Миносу. Потом она примирилась с К., вернулась к нему и нечаянно была им убита на охоте тем самым копьём, которое она получила в дар от любившего её Миноса. За это решением ареопага К. был изгнан из страны (Apollod. III 15, 1). В К. была влюблена богиня *Эос*, похитившая его (I 9, 4).

КЕФЕ́И, в греческой мифологии: 1) эфиопский царь, сын *Бела* (Apollod. II 1, 4), супруг *Кассиопеи*, отец *Андромеды* (II 4, 3). По решению Афины, после спасения Андромеды Персеем, К. был превращён в созвездие (Ps.— Eratosth. 15); 2) царь Аркадии, отец двадцати сыновей. Геракл просил К. вместе с сыновьями участвовать в походе против Лакедемона. К. согласился после того, как Геракл дал его дочери локон Горгоны в медном кувшине, обладавший свойством отпугивать врагов. К. боялся покинуть город Тегею, опасаясь вторжения неприятеля. В походе К. и его сыновья погибли (Apollod. II 7, 3).

А. Т.-Г.

КЕХН, у нивхов дух-помощник шамана. Они зооморфны, антропоморфны или имеют вид огненного шара. К. происходили от морских (см. *тол ыз*), горных (*пал ыз*) или небесных духов (*тлы ыз*). К. помогали шаману отыскать украденную душу больного, изгоняли духов болезни из жилища или из тела больного и т. д.

Е. Н.

КЕЦАЛЬКОА́ТЛЬ («змей, покрытый зелёными перьями» или «драгоценный близнец»), у индейцев Центральной Америки одно из главных божеств, бог-творец мира, создатель человека и культуры, владыка стихий, бог утренней звезды, близнецов, покровитель жречества и науки, правитель столицы тольтеков — *Толлана*. Имел много ипостасей, из которых наиболее важные: Экатль (бог ветра), Тлауискальпантекутли (бог планеты Венера), Шолотль (бог близнецов и чудовищ), Се-Акатль и др. К. — сын *Мишкоатля* и Чимальмат (по др. варианту — Шочикецаль). Первые изображения К. относятся к 8—5 вв. до н. э. В этот период К. был олицетворением ветров с Атлантики, приносивших влагу на поля, и культурным героем, давшим людям маис. В 1—6 вв. н. э. культ К. распространился по всей Центральной Америке. Он стал верховным богом, творцом мира, создателем людей (см. в ст. *Миктлантекутли*) и основателем культуры. К. добывает людям пищу: превратившись в муравья, он проникает в муравейник, где спрятаны зёрна маиса, выкрадывает их и передаёт людям. К. научил людей находить и обрабатывать драгоценные камни, строить, создавать мозаики и перьев, следить за движением звёзд и вычислять даты по календарю. Он является установителем жертвоприношений, постов и молитв. В последующий период К. вступает в борьбу с *Тескатлипокой* за владычества над миром. Соблазнённый Тескатлипокой, к-рый однажды явился в Толлан, старый К. нарушает свои же запреты. Напившись октли (опьяняющий напиток из сока агавы), он совершает грех со своей сестрой. Протрезвившись, К. понимает, что потерял свою чистоту и удаляется в добровольное изгнание в страну Востока, где умирает, а тело его сжигают. По одному из мифов ацтеков, К. после поражения в Толлане удалился на плоте из змей в восточную заморскую страну Тлилан-Тлапаллан, обещав через некоторое время вернуться из-за океана. Поэтому, когда бородатые испанские завоеватели высадились на восточном побережье Мексики в год, посвящённый К., то первоначально ацтеки приняли предводителя испанцев Кортеса за возвратившегося К.

К. изображался в виде бородатого человека в маске, с огромными губами, или в виде змея, покрытого перьями. Число его изображений в рукописях и на памятниках скульптуры огромно. К ацтекам почитание К. пришло от хуастеков, поэтому в рукописях ацтеков он часто изображался в хуастекской одежде: высокая шапка из шкуры ягуара, такая же набедренная повязка, нагрудная пластина в виде большой раковины, плюмаж из перьев кецаля. Главное святилище находилось в Чолуле (Мексика). Имя К. стало титулом верховных жрецов, правителей реального Толлана (Тулы).

Р. В. Кинжалов.

КИА́НА, Циа́на, в греческой мифологии самая знаменитая из сицилийских нимф, водившая хороводы в свите Персефоны и попытавшаяся помешать Аиду её похитить. Аид пробил К. своим скипетром, спустился сквозь расступившуюся землю в тартар, а К. навсегда скрылась в потоке (Ovid. Met. V 409—437).

Г. Г.

КИА́Ф, Эвном, Эврином, в греческой мифологии родственник и виночерпий Ойнея (букв. «киаф» — «винный кубок»). Когда Геракл и Ойней пировали во Флиунте, К. для омовения рук подал Гераклу воду, предназначенную для мытья ног (вариант: неудачно протянул киаф); Геракл дал К. щелчок в лоб, от которого мальчик испустил дух. Хотя убийство К. было признано нечаянным, Геракл удалился в изгнание, посвятив К. на его родине в Этолии рощу, которую называли «рощей виночерпия» (Athen. IX 410; Paus. II 13, 8).

Г. Г.

КИБЕ́ЛА, в греческой мифологии богиня фригийского происхождения, близкая по своим функциям богине *Рее* и иногда отождествлявшаяся с ней. Носила также имена: Кивева, Диндимена, Идейская мать, Великая мать богов. Мифы о К. связаны с историей юного *Аттиса*. Богиня требует от своих служителей полного подчинения ей, забвения себя в безумном восторге и экстазе, когда жрецы К. наносят друг другу кровавые раны или когда неофиты оскопляют себя во имя К., уходя из мира обыденной жизни и предавая себя в руки мрачной и страшной богини. На золотой колеснице с зубчатой в виде башни короной К. появлялась всегда в окружении безумствующих *корибантов* и *куретов*, диких львов и пантер. Она — владычица гор, лесов и зверей, регулирующая их неиссякаемое плодородие. Культ К. в Риме был введён в 204 до н. э. в конце 2-й Пунической войны, в период активной экспансии Рима на Восток. Культ К. слился с чисто римским представлением о богине посевов и жатвы *Опс*. Празднества в честь К. были наиболее пышными в эпоху империи, когда особое развитие получил религиозный синкретизм и К. стала почитаться как покровительница благосостояния «городов» и всего государства. Овидий в «Фастах» подробно рассказывает об учреждении Мегалезийских игр в честь К. (Ovid. Fast. IV 179—372). Лукреций в поэме «О природе вещей» рисует картину шествия Идейской матери — защитницы городов, дарующей плоды земли (Lucr. II 600—643). *А. Т.-Г.*

КИБЕРО́Т, в мифах яруро женский злой дух, хозяйка подземного мира, где, по представлениям яруро, живут «народы», родственные людям, например каймана. К., проникая в тело человека, вызывает болезни, но *Кума* с помощью шамана может изгнать из человека злого духа. *Л. Ф.*

КИБУ́КА, в мифах ганда божество войны. Согласно мифам, К. — младший брат бога *Мукаса*; был послан им на помощь правителю Накибинге, воевавшему с ньоро. Во время сражения К. влетел в облако и оттуда поражал ньоро стрелами и копьями, благодаря чему ганда выиграли у ньоро первое сражение. Однако К. нарушил запрет Мукаса общаться с женщинами ньоро и увёл одну из пленниц в свою хижину. Выведав его секрет — кто он такой и где находится во время битвы, она ночью убежала к своим. Когда наутро сражение возобновилось, ньоро стали стрелять из луков по облакам и смертельно ранили К. Он спустился на облаке на большое дерево и умер, а Накибинге и множество войска были убиты. Тело К. спустили с дерева и похоронили. Согласно варианту, раненый К. уронил свой щит. Ньоро оставили его себе, за что были наказаны: среди них распространились ранее неведомая болезнь. Тогда ньоро вернули щит ганда, которые вместе с другими священными реликвиями поместили его в храме, построенном в честь К.

После смерти К. богами войны стали сыновья Мукаса — Ненде и Кирабира. Главный из них — Ненде, он даёт советы во время войны и посылает своих представителей в военные походы. У Ненде шесть посвящённых ему жён, которые никогда не покидают ограды храма. *Е. К.*

КИ́ГВА, в мифах ньяруанда предок и первый правитель, выступающий (наряду со своим братом Лутутси) в роли культурного героя. Происхождение К. связывают с божеством *Имана*. Имана создал две страны: верхнюю, которая находится над облаками, солнцем и звёздами, и нижнюю — землю. В верхней стране он сотворил полезные растения, деревья, животных и людей. Одна бесплодная женщина отправилась к Имана с просьбой дать ей детей. Он обещал помочь при условии, что она сохранит всё в тайне; взял глину, смочил её слюной и слепил человеческую фигурку; передав её женщине, велел положить в сосуд и в течение девяти месяцев наполнять его молоком утром и вечером. По прошествии этого срока женщина услышала плач, доносившийся из сосуда, вынула оттуда ребёнка, вымыла его и сказала мужу, что родился ребёнок (впоследствии названный К., а его мать стала именоваться Ньинакигва, «мать Кигва»). Затем она получила от Имана сына Лутутси и дочь Ньинабатутси («мать тутси»). К. и Лутутси стали искусными охотниками, а Ньинабатутси лучше всех плела циновки, изготовляла корзины, готовила пиво.

Однако Ньинакигва не сдержала слова, данного Имана; её сестра, которая также была бесплодной, выпытала у неё тайну появления детей. Разгневанный Имана покарал Ньинакигва, разлучив её с детьми, которых изгнал в нижнюю страну. Очутившись на земле, К., его брат и сестра десять дней страдали от холода, голода и болезней. Сжалившийся над ними Имана, к которому они обратили свои мольбы, послал им огонь — молнию, семена полезных растений, кузнечный молот и мехи, мотыгу и другие необходимые орудия. К. с братом и сестрой принялись за работу: К. срезал траву, Лутутси мотыжил, Ньинабатутси сеяла, и уже на другой день семена взошли, а через несколько дней был снят первый урожай.

Однажды один из жителей нижней страны, предки которых были некогда также изгнаны Имана, пришёл к хижине К. и увидел огонь, возделанные поля, засеянные невиданными до тех пор растениями. «Дети Имана» угостили его и дали ему немного еды с собой. Вслед за ним пришли просить пищу и другие. К. предложил помочь ему обрабатывать землю, за это дал им семена и необходимые орудия. К. был признан правителем Руанды. Когда мотыга износилась, К. и Лутутси стали плавить руду и ковать оружие. Они обучили кузнечному делу хуту, и с тех пор хуту изготовляют мотыги в Руанде. Когда тва, жившие в лесу, попросили у К. защиты от диких зверей, К. и Лутутси дали им копья и научили изготовлять луки и стрелы; и тва тоже подчинились К.

Имана через своего посыльного Мутабази передал К., Лутутси и Ньинабатутси скот — по паре животных каждого вида — и велел К. взять в жёны свою сестру. У них родились три сына и три дочери, старшая из которых впоследствии по приказанию Имана вышла замуж за Лутутси. Мутабази, ставший кровным братом К., остался жить на земле. Однако люди из зависти убили его. Имана воскресил Мутабази, но он не остался в нижней стране, а перенёсся по молнии к Имана. Оттуда он продолжает заботиться о благополучии Руанды, и когда наступает тяжёлое для страны время, дух Мутабази вселяется в одного из сыновей правителя.

Е. С. Котляр.

КИДА́ЛИЙ, К е д а л и о́ н, в греческой мифологии наксосец, которому Гера передала на воспитание новорождённого Гефеста. К. научил Гефеста кузнечному искусству и потом прислуживал ему в кузнице на Лемносе. Когда Орион, ослеплённый Ойнопионом, пришёл к Гефесту за помощью, тот дал ему К. в проводники: из-за больных ног К. Ориону пришлось нести его на плечах (Schol. Hom. Il. XIV 296). В ранних изображениях кузницы Гефеста К. предстаёт в облике старичка-карлика. *Г. Г.*

КИДЖА́ (корейское чтение китайского имени Цзицзы или Ци-цзы), в корейской мифологии культурный герой, легендарный основатель государства Чосон после более тысячелетнего правления *Тангуна*. Династия К. будто бы господствовала на северо-востоке Китая и севере Кореи 929 лет. К. — выходец из Китая. Его собственным именем было Сюй-юй, а Цзи-цзы происходит от названия владения Цзи (недалеко от современного Тайюаня, провинции Шаньси) и ранга знатности «цзы». В «Исторических записках» Сыма Цяня (1 в. до н. э.) встречается также его имя с заменой первого знака на иероглиф «кай» (кор. «кэ»), «открывать», по-видимому, из-за табу на иероглиф «цзи» в имени. Согласно легендам, записанным в китайских источниках начала н. э., К. был дядей последнего правителя династии Инь — Чжоу-синя (по традиционной хронологии 1154—1122 до н. э.). Попав к нему в немилость, К. был посажен в тюрьму. После разгрома иньцев чжоускими войсками, которыми руководил У-ван, он был освобождён из заточения, но отказался служить победителю. Со своими приближёнными К. ушёл на восток в земли

Чосон, где в 1121 до н. э. и основал государство, которое было признано домом Чжоу. Китайские источники («История Поздней Хань» Фань Е, 5 в., и др.) приписывают К. «культурную миссию»: он «научил народ [Чосон] обрядам и справедливости, земледелию и шелководству, установил восемь запретов, после чего не запирали дверей в домах и не было краж...». Прослышав о мудрости К., чжоуский У-ван стал расспрашивать его об управлении государством и народом, и тот поведал ему «Великий закон» (Хун фань) в 8 разделах, которыми устанавливались этические нормы и правила отношений между людьми (приводится в «Книге истории», 3 в. до н. э.). Многие современные корейские историки считают версию о приходе К. в Чосон несостоятельной: образ добродетельного и «просвещённого» правителя был канонизирован китайской и корейской конфуцианской историографией с целью обоснования прав ханьских переселенцев на владение ими земли в местах проживания древнекорейских племён. Поклонение «духу» К. было распространено в 1 в. до н. э. только в районах проживания потомков китайских переселенцев, первоначально в четырёх ханьских округах на территории бывшего Древнего Чосона, позже и в государстве Когурё. В период Корё (10—14 вв.), когда активизировался процесс освоения конфуцианских принципов государственного устройства, он вновь был воскрешён: в 1102 была сооружена гробница К. в Пхеньяне.

КИЙ, в восточнославянской мифологии герой. Согласно легенде (в «Повести временны́х лет») К. с младшими братьями Щеком и Хоривом — основатель Киева: каждый основал поселение на одном из трёх киевских холмов; Н. Я. Марр предполагал, что та же легенда известна также в древнеармянской передаче, где Киев назван Куаром. Возможно, имя К. происходит от *kūj-, обозначения божественного кузнеца, соратника громовержца в его поединке со змеем. Украинское предание связывает происхождение Днепра с божьим ковалем: кузнец победил змея, обложившего страну поборами, впряг его в плуг и вспахал землю; из борозд возникли Днепр, днепровские пороги и валы вдоль Днепра (Змиевы валы). Ср. др. предания об основании городов и культурных традиций братьями-генеалогическими героями (ср. *Видевут и Брутен*, Рюрик, Синеус и Трувор и др.). См. также *Лыбедь*, *Крак*.
В. И., В. Т.

КИКИ́МОРА, ш и ш и́ м о р а, в восточнославянской мифологии злой дух дома, маленькая женщина-невидимка (иногда считается женой домового). По ночам беспокоит маленьких детей, путает пряжу (сама любит прясть или плести кружева — звуки прядения К. в доме предвещают беду); может выжить хозяев из дому; враждебна мужчинам. Может вредить домашним животным, в частности курам. Основными атрибутами (связь с пряжей, сырыми местами — подызбицами, темнотой) К. схожа с мокушей, злым духом, продолжающим образ славянской богини *Мокоши*. Название «К.» — сложное слово, вторая часть которого — древнее имя женского персонажа *мары*, моры.
В. И., В. Т.

КИКЛО́ПЫ, ц и к л о́ п ы («круглоглазые»), в греческой мифологии сыновья *Урана* и *Геи*, великаны с одним глазом посреди лба. Их имена: Бронт — «гром», Стероп — «молния» и Арг — «перун» — указывают на связь К. со стихийными силами природы (Hes. Theog. 139—146). К. принадлежат к древнейшему поколению богов; они были сброшены Ураном в тартар, но Зевс освободил их и воспользовался их силой, мощью и сноровкой в борьбе с *титанами*, когда К. вручили ему громы, молнии и перуны (Apollod. I 2, 1). Они ковали Зевсу грозное оружие, но *Аполлон* перебил К., выковавших перун, которым Зевс поразил *Асклепия* (III 10, 3—4). У Вергилия К. — подручные Гефеста в недрах Этны, где они куют колесницу Марса, эгиду Паллады и доспехи Энея (Aen. VIII 416—453).

У Гомера К. — племя гордых и злых великанов, они обитают в глубоких пещерах, не знают законов и ремёсел, не пашут и не сеют, питаясь плодами, которые рождает сама земля. Единственное их богатство — стада. Знаменит рассказ Одиссея об ослеплении им К. *Полифема*, сына Посейдона (Od. IX 105—542). В эллинистической поэзии (у Феокрита в Идиллии XI) Полифем изображён в забавно-ироническом духе, влюблённым в нимфу *Галатею*.
А. Т.-Г.

КИКН («лебедь»), в греческой мифологии: 1) сын Аполлона и Фирии (Ant. Liber. 12) (вариант: Гирии), красавец-охотник, живший в окрестностях Калидона. Многие юноши хотели дружить с К., но он отталкивал всех своей надменностью и дурным нравом. Когда от К. отказался последний друг, он вместе с матерью бросился в Канопское озеро; Аполлон превратил обоих в лебедей (Ovid. Met. VII 371 след.); 2) сын Посейдона и Калики (Hyg. Fab. 157), отец Тенеса и Гемитеи. После смерти первой жены вступил в брак с Филономой, которая пыталась соблазнить пасынка Тенеса. Отвергнутая им мачеха оклеветала обоих детей. К. приказал Тенеса и его сестру поместить в ящик и сбросить в море. Ящик прибило к острову; Тенес стал царём этого острова и дал ему своё имя (Тенедос) (Apollod. epit. III 24; Paus. X 14, 2). Узнав, что он стал жертвой обмана, К. приказал закопать Филоному живой в землю. Отправившись на розыски сына, К. нашёл его на острове. К. и Тенес приняли участие в Троянской войне на стороне троянцев и погибли от руки Ахилла (Aristot. Rhetorica II 22). Овидий сообщает, что Тенес погиб при защите своего острова, а К. был превращён отцом в лебедя (Ovid. Met. XII 72—145); 3) сын Ареса и Пелопии (иногда Пирены). К. вызвал на единоборство Геракла; когда Арес стал поддерживать сына, Зевс, кинув посреди боровшихся перун, прекратил борьбу (Apollod. II 5, 11), и Арес превратил К. в лебедя (Hyg. Fab. 31); 4) сын Сфенелея, царь лигуров, друг *Фаэтона*, так оплакивавший его смерть, что Аполлон превратил его в лебедя (Verg. Aen. X 189 след.; Hyg. Fab. 154). К. был помещён как созвездие Лебедь на небо (Ovid. Met. II 367 след.); 5) один из женихов Пенелопы, убитых Одиссеем (Apollod. epit. VII 27). В мифах о К. отразился мотив о превращении убитых горем или погибших людей в птиц, крики которых казались печальными.
М. Б.

КИКО́НЫ, в греческой мифологии (Hom. Od. IX 39—61) народ, с которым столкнулись *Одиссей* и его спутники после отплытия из-под Трои. Корабли Одиссея были прибиты ветром к городу К. Исмару; город ахейцы разрушили, мужчин перебили, а женщин взяли в плен. Не вняв совету Одиссея тотчас же покинуть землю К., его спутники остались пировать на берегу и подверглись нападению К. из других городов, подоспевших на выручку своим соплеменникам. Встреча с К. — один из немногих эпизодов скитаний Одиссея, поддающихся достаточно достоверной локализации [видимо, речь идёт о фракийском племени К., жившем на северном побережье Эгейского моря, западнее реки Гебр (современная Марица)].
В. Я.

КИЛЛЕ́НА, в греческой мифологии нимфа, супруга *Пеласга*, мать *Ликаона*, царствовавшего в Аркадии и наказанного Зевсом вместе с 50 сыновьями за нечестивость и заносчивость (Apollod. III 8, 1). Гора в Аркадии, на которой родился Гермес, носила имя К. (Hymn. Hom. III 3).
А. Т.-Г.

КИМ АЛЬДЖИ́, в корейской мифологии предок рода Ким в древнекорейском государстве Силла. Миф о К. А. — один из архаичных мифов о первопредках родовых фамилий, по своему характеру близких к мифам об основателях государств. Сохранился в двух версиях. Согласно «Самгук саги», в 65 в 3-ю луну правитель Силла Сок Тхархэ, услышав ночью пение петуха в лесу Сирим, послал туда на рассвете князя Хогона («князь тыква», прозван так потому, что приплыл из Японии в Силла, привязав тыкву-горлянку к поясу). Вернувшись, тот сообщил, что на ветвях дерева подвешен сундук золотого цвета, а под ним — белый петух. Тогда правитель, отправившись туда, открыл сундук, в к-ром оказался мальчик необыкновенной красоты. С тех пор лес стал называться *Керим*. Мальчик был взят во дворец. Он отличался исключительными способностями. Его нарекли Альджи («дитя»), а фамилию дали Ким, потому что он появился из золотого сундука (Ким и слово «золото» — «кым» — пишутся одним и тем же иероглифом). Сок Тхархэ назначил К. А. министром, а потомок К. А. в седьмом колене, Мичху, в 262 стал правителем Силла, т. е. род Кимов начал с тех пор править страной. Отличающаяся деталями версия мифа о К. А. записана в «Самгук юса». С мифом связано топонимическое предание о происхождении названия страны Керим (Силла). Некоторые исследователи усматривают общность этого мифа с мифами о Кымвае («золотой лягушонок») у восточных пуё и о *Ким Суро* у племён кая. Возможно, во всех этих мифах иероглифом «ким/кым» первоначально передавалось корейское слово «старейшина», «жрец» и лишь потом фамилия правителей Силла. *Р. Л. Концевич.*

КИМБИ-ТЭВАН, К ы м б и, в корейской шаманской мифологии название духов основателей государств и предков. Идентифицируется с основателем династии — Великим предком (Тхэджо). Истоки названия К., возможно, восходят к индийскому «кумбхира», откуда и японское компира. *Л. К.*

КИМ КУЙ («золотая черепаха»), дух-покровитель, занимавший важное место в государственной символике Вьетнама. Черепаха символизировала долголетие и прочность: каменные стелы с надписями воздвигались на спинах каменных черепах. Кроме того, считалось, что черепаха связана с магией и предсказаниями судьбы; «начертанные» природой знаки на панцирях черепах иногда воспринимались как прорицания, поэтому о таких диковинных черепахах, преподносимых государю, упоминалось в исторических хрониках. Рассказ о К. К. связан со строительством государем Ан Зыонгом (258—207 до н. э.) крепости Колоа. К. К. изгнала злых духов, мешавших строительству крепости, и подарила государю свой коготь, из которого был выточен спусковой крючок для волшебного самострела. Этот сюжет перекликается с известным у мыонгов и некоторых других народов Вьетнама мифом о черепахе, научившей людей строить свайные дома. Образ черепахи — духа-покровителя появляется в популярной легенде о священном мече, с помощью которого полководец Ле Лои изгнал в начале 15 в. из Вьетнама китайских завоевателей. Черепахе Ле Лои возвратил священный меч на озере в Ханое, которое носит теперь название Озера возвращённого меча (Хо Хоанким). На этом озере в храме Нефритовой горы имеется изображение черепахи, уносящей священный меч. *Н. Н.*

КИМ СУРО, в корейской мифологии культурный герой, основатель государства у племён кая в нижнем течении реки Нактонган в районе Кимхэ (провинция Кёнсан-Пукто). Согласно мифу, помещённому в «Караккуки» («Записи о государстве Карак», сер. 11 в.) и вошедшему в «Самгук юса», людям племён кая, жившим после сотворения мира на юге Корейского полуострова, человеческий голос изнутри горы Пуккисон («Гора северной черепахи») сказал, что по повелению неба он прибыл основать государство. Когда жители исполнили ритуал встречи духа правителя, раздался страшный грохот, и с неба на верёвке темно-лилового цвета спустился золотой сундук, в котором оказалось шесть золотых яиц, круглых, как солнце. На следующий день из яиц появились мальчики величавой внешности. Через десять дней они стали ростом в 9 ча (1 ча — 30,3 см), внешностью походили на дракона, имели восьмицветные брови и двойные зрачки. Появившегося первым при жизни звали Суро, а после смерти — Сурын. Так как родился он из золотого яйца, он получил фамилию Ким (см. об этом в ст. *Ким Альджи*). Он стал правителем страны Тэгарак («Великий Карак»). Остальные братья ушли к другим кая и основали пять племенных государств (общин). К. С. отличался большой мудростью и будто бы прожил 158 лет. Возможно, под именем К. С. изображён один из реально существовавших вождей каяских общин позднего времени, но для обоснования более древнего происхождения этому образу

придана мифологическая окраска. Миф о К. С. относится к серии мифов о рождении первопредков из яйца. Рождение из яйца, олицетворяющего солнце, непременная связь героев с небом (сам К. С.) и водной стихией (его супруга) и другие черты сближают миф о К. С. с другими мифами об основателях корейского государства (см. *Тонмён*, *Пак Хёккосе*) и мифами народов Юго-Восточной Азии. И в других частях мифа о К. С. обнаруживается много общего как с ранними, так и с поздними корейскими мифами: в эпизодах состязания в искусстве перевоплощений между К. С. и Сок Тхархэ, прибытия из заморской страны будущей супруги К. С.— Хо Хванок, кончины К. С. и его супруги. В версии мифа в «Осан пурён» («Изображение будды на горе Осан — Рыбьей»), помещённом в «Самгук юса», говорится, что с неба упало на берег яйцо, превратившееся в человека, который стал управлять страной Карак. Это и был К. С. И далее в повествование вводятся дракон, злые духи в женском обличье, Будда и др. *Л. Р. Концевич.*

КИНГУ, в аккадской мифологии чудовище. Согласно космогонической поэме «Энума элиш», К. вместе с другими чудовищами и драконами был создан богиней *Тиамат*, стремившейся отомстить молодым богам за убийство её мужа Апсу (*Абзу*). Она делает К. своим мужем, вручает ему таблицы судеб (см. в ст. *Ме*) и отправляет сражаться с *Мардуком*. Но тот отнимает у К. таблицы судеб и убивает К., а затем, смешав глину с кровью убитого К., создаёт вместе с богом Эйей людей. *В. А.*

КИНИ, у лакцев, дидойцев (К и́ н е), даргинцев (К у́ н е), рутульцев (Т у ш е д р ы́ ш б е́), татов (Н у м н е г и́ р) мифологический персонаж — добрый дух, покровитель рода, семейного очага; приносит изобилие в дом. К. невидим, является в дом в пятницу (чтобы задобрить К., хозяйки смазывают в пятницу горячие печки жирным куском мяса или маслом).

По поверьям лакцев, К. выступает в зооморфном облике — в виде кошки, хомяка, змеи с ногами и золотыми рогами; на муке, которую хозяева насыпают для него в тарелку, оставляет следы; человеку, увидевшему К., суждено счастье. Звуки, издаваемые жуком-древоточцем, исходят, полагают лакцы, от К. и свидетельствуют о покровительстве духа дому. В одном из мифов («Женщина и змея») К. в облике змеи с человеческой головой живёт на хлебном поле одной благородной женщины; покровительствует урожаю.

По представлениям даргинцев, К.— женщина высокого роста, с большими грудями, с красными длинными до пят волосами, обычно невидимая людьми; обитает в центральном столбе дома. Её уход из дома предвещает беду, сама же она зла не причиняет.

В поверьях татов Нумнегир («имя, которое не произносишь») имеет облик ласки, большой крысы. Первоначально считался добрым духом; шкурка одного из этих животных, прибитая над постелью роженицы, больной, могла предохранить их от злых духов. Постепенно представления о Нумнегире модифицировались; он стал рассматриваться как предвестник несчастья (отсюда и его наименование). *Х. М. Халилов.*

КИНИ́Р, в греческой мифологии кипрский царь, сын *Аполлона* (вариант: Сандака, Apollod. III 14, 3), родоначальник Кинирадов — потомственных жрецов Афродиты Пафосской, учреждённый в городе Пафос культ этой богини (Tacit. Hist. II 3). К. обучил жителей острова музыке, танцам, а также литью бронзы и пользованию металлическими орудиями (Strab. XVI 2, 18) (вариант: К. был правителем города Библ, откуда перенёс финикийскую культуру на Кипр). Наиболее популярен миф о любовной связи К. и его дочери Мирры, приведшей к рождению *Адониса*; когда греховная связь К. была обнаружена, он покончил с собой (Ovid. Met. X 298 след.). *М. Б.*

КИННА́РЫ (др.-инд. «что за люди»), в индуистской мифологии класс полубожественных существ, представляемых либо как люди с конскими головами

(ср. греч. *кентавров*), либо как птицы с головами людей. К.— дети *Кашьяпы* или самого *Брахмы*, родившиеся из его стопы. К. принадлежат к свите бога *Куберы* и, как и *гандхарвы*, являются небесными певцами и музыкантами. В позднем индуизме К. отождествляются с кимпурушами — существами полубожественной-полуживотной природы.
П. Г.

КИНОРОХИНГАН И ВАРУНСАНСАДОН, в мифах кадазанов Сабаха (Восточная Малайзия) антропоморфные демиурги, муж и жена, появившиеся из изначальной скалы (ср. *Лумимуут*). Варунсансадон создала землю из комков грязи с собственного тела, а кузнец Кинорохинган (К.) выковал небо. Затем они создали из земли людей, которым, однако, нечего было есть. Тогда К. и В. из сострадания к людям убили свою дочь Тогоьянг, и из частей её тела возникли культурные растения (ср. *Хаинувеле*). К. обитает на седьмом ярусе неба. Утомлённый творением, он погружён в вечный сон, но, тем не менее, следит за поступками людей и посылает на землю души для тех, кто должен родиться.
М. Ч.

КИНР, м и л к, у нивхов злые духи — земные, морские и горные. Одни из них сбивают с пути охотников, мстят за свист в лесу, увлекают в подземный мир, другие — обкрадывают рыбаков, опустошают амбары или ловушки, третьи — похищают у людей душу или вызывают болезни. Обычно К. невидимы, но могут принимать облик людей, животных. См. также *гениях, чхарур*.
Е. Н.

КИНТУ, в мифах ганда первопредок, первый человек, пришедший на землю, культурный герой и обожествлённый правитель. В одном из вариантов К.— сын божества неба Гулу, в другом — сын бога *Катонда*. В ряде мифов повествуется о божественном, небесном происхождении не К., а его жены Намби — дочери Гулу. Прежде чем дать согласие на брак своей дочери с К., отец Намби подвергает его брачным испытаниям: предлагает ему съесть еду, приготовленную на 100 человек; разрубить скалу медным топором, набрать кувшин росы и др. К. успешно справляется с этим. Отправляясь вместе с женой на землю, К. взял с собой коров, козу, овцу, курицу, банановый корень, бататы, маис и др. Гулу предупреждает их, чтобы они ни в коем случае не возвращались, даже если что-нибудь забудут, т. к. брат Намби — Валумбе (смерть) хочет пойти вместе с ними. Однако Намби всё-таки вернулась с полпути, т. к. забыла зерно для курицы. Ей не удалось ускользнуть от Валумбе, он последовал за Намби на землю. Намби посадила принесённые с неба растения, земля покрылась маисом и бананами; скот размножился. У К. и Намби родилось много детей, но после ссоры с Валумбе дети стали умирать. Сжалившись над К., Гулу послал на землю другого брата Намби — Кайкузи, чтобы тот помешал Валумбе убивать. Кайкузи приказал всем оставаться в своих домах до тех пор, пока он не поймает Валумбе, и не шуметь, если они вдруг его увидят. Но когда Кайкузи выманил Валумбе из-под земли, дети нарушили запрет. Услышав их крики, Валумбе вернулся под землю. Кайкузи сказал К., что больше ничего нельзя сделать, и возвратился на небо. С тех пор смерть появилась среди людей.

К. научил людей изготовлять одежду, ввёл некоторые обряды, ритуальные предметы, установил пищевые табу и др. Согласно мифу, К.— родоначальник правящей династии ганда.

Вокруг К. циклизуются и мифы о кузнецах. Согласно одному мифу, первым кузнецом был сын К. Муланга. По другому варианту: первый кузнец пришёл из Ньоро и стал кузнецом при дворе правителя К., который и сам часто работал вместе с ним. Кузнец и его потомки завоевали важное положение при дворе.

По одному из вариантов, когда К. умер, вожди и жрецы объявили, что он скрылся в лесу, а сами тайно похоронили К. в могиле за его домом, обернув тело в коровью шкуру и прикрыв могилу от диких животных колючим кустарником.
Е. С. Котляр.

КИПАРИС, в греческой мифологии юноша, сын *Телефа*, любимец Аполлона. Овидий в «Метаморфозах» (Ovid. Met. X 106—142) рассказывает историю о привязанности К. к прекрасному оленю, которого он однажды случайно смертельно ранил и горько оплакивал. Боги, по просьбе К., превратили его в дерево печали, чтобы он мог вечно тосковать по своему другу; безутешен был и Аполлон. В образе К.— древние черты растительного демонизма и фетишистского оборотничества.
А. Т.-Г.

КИПАРИССА, в греческой мифологии дочь Борея, который вырастил первый кипарис на её могиле (Schol. Verg. Georg. II 84). К. называли дочерей Этеокла в Орхомене, которые, танцуя на празднике Деметры и Коры, упали в источник, но были превращены Геей в деревья.
Г. Г.

КИРЕЙН КРОИН, в низшей мифологии шотландцев гигантский водяной змей, считавшийся самым большим существом на свете.
С. Ш.

КИРЕМЕТЬ, у чувашей название категории духов, в которых превращались души почитаемых людей (в частности, предков, колдунов), а также название святилища, связанного с поклонением им. Некоторые исследователи термин «К.» производят от араб. карамат, «чудо», другие — от древнего названия духа или божества народов Евразии (ср. кёрмёс — низшие духи у алтайцев, кюрмюш — дух-покровитель дома у телеутов и т. д.). Считалось, что К. оказывают помощь и спасают от беды, но могут также принести несчастье. Некоторые К. считались враждебными духами, и их умилостивляли жертвоприношениями. Ряд К. (Валем-худжа, Вылари ырасем и др.) был широко известен чувашам, но большинство их почиталось лишь населением округи или даже одной деревни. Некоторые К. генетически связаны с мусульманским культом святых (напр., Балемхуджа).
В. Б.

КИРЕНА, в греческой мифологии фессалийская нимфа, дочь царя *лапифов* Гипсея, правнучка *Океана*. К.— обитательница лесов, охранительница стад, бесстрашная охотница, в которую влюбился Аполлон и увёз её в Ливию, где К. родила *Аристея*. К. считалась основательницей одноимённого города в Ливии. История любви Аполлона к К., приход бога к кентавру Хирону за советом, а также пророчество кентавра о счастливом будущем К. и её потомства рассказаны Пиндаром (Pind. Pyth. IX).
А. Т.-Г.

КИРИРИША («великая богиня»), в эламской мифологии богиня-мать. Первоначально почиталась лишь на юго-востоке Элама, в местности Лиян (Бушир). С кон. 3-го тыс. до н. э. её культ стал распространяться по всему Эламу. В нач. 2-го тыс. до н. э. заняла ведущее место в пантеоне как «мать богов». С сер. 2-го тыс. до н. э. во главе пантеона стал *Хумпан*, а К. получила титул его «великой супруги».
М. Д.

КИРКА, Ц и р ц е я, в греческой мифологии волшебница, дочь Гелиоса и Персеиды, сестра колхидского царя Ээта и жены Миноса *Пасифаи*, тётка *Медеи*. Обитает на острове Эя среди лесов в роскошном дворце. Дикие животные, населяющие остров, — это люди, испытавшие на себе магию К. Прибывших на остров спутников *Одиссея* К., опоив колдовским напитком, превращает в свиней. Одиссей, отправляющийся спасать спутников, получает от Гермеса волшебную траву «моли», которую необходимо бросить в напиток, приготовленный К., и, выхватив меч, разрушить её злые чары. Одиссей покоряет К., его спутники получают вновь человеческий облик. Проведя у К. целый год счастливой жизни, Одиссей, наставляемый ею, отправляется вопросить о своей судьбе Тиресия в царстве мёртвых (Hom. Od. X 207—574). От связи с Одиссеем у К. родился сын Телегон (букв. «далекорождённый»), впоследствии нечаянно убивший отца (Hyg. Fab. 127). К. очищает Медею и Ясона от совершённого ими убийства брата Медеи Апсирта, но изгоняет их из своих владений (Apoll. Rhod. IV 559—572). К. отличается коварством и ревностью. Она превращает в чудовище *Скиллу*. В мифе о К. заметны мотивы волшебной сказки.
А. Т.-Г.

КИСАКАИ-ХИМЭ (др.-япон., «дева — раковина с зазубринами»), в японской мифологии земная боги-

ня. Согласно «Идзумо-фудоки», дочь *Камимусуби* и родственница *О-тоси*. В «Кодзики» участвует в мифе об оживлении бога *О-кунинуси*. Бог О-кунинуси и его братья отправились просить руки богини Ями-химэ. Богиня, увидев их всех, согласилась стать женой только бога — О-кунинуси, а братья решили убрать его со своего пути. Они убили его, спустив на него с горы раскалённый камень. Мать О-кунинуси в слезах обратилась к Камимусуби за помощью, и тогда её дочь К. вместе с богиней *Умуги-химэ* оживила его.
Е. С.-Г.

КИ́ТЕЖ, Ки́теж-град, Ки́диш, в русских легендах город, чудесно спасшийся от завоевателей во время монголо-татарского нашествия 13 в. При приближении Батыя К. стал невидимым и опустился на дно озера Светлояр. Легенда о К., по-видимому, восходит к устным преданиям эпохи ордынского ига. Впоследствии была особенно распространена у старообрядцев, причём К. придавался характер убежища последователей старой веры. В утопических легендах К. считался населённым праведниками, нечестивцы туда не допускались, в городе царила социальная справедливость. Сказания о К. включали рассказы о людях, давших обет уйти в К. и писавших оттуда письма, о колокольном звоне, который можно слышать на берегу озера. Сходные средневековые легенды повествовали о фантастических благочестивых царствах (пресвитера Иоанна и т. п.), земном рае, островах блаженных; ср. также старообрядческие легенды о церквах «древнего благочестия», сохранившихся в далёком Опоносном (Японском?) царстве и других «далёких землях» (Беловодье, «Город Игната» и т. п.), «сокровенных местах», где можно спастись от *антихриста*.
А. В. Чернецов.

КИТОВРА́С, в древнерусских книжных легендах кентавр. В рукописных текстах К. фигурирует с 14 в. или как имя нарицательное, обозначающее чудовище, или как имя собственное, связанное с персонажем апокрифического сказания. Эти рус. апокрифы восходят к талмудическим легендам о царе *Соломоне* и его противнике *Асмодее*, которого в славянских легендах заменил К. Возможно, в представлениях о внешнем виде Асмодея какой-то группы еврейского населения, К. сближался с древневосточным керубом (ср. *херувимы*), а на Руси этот облик сблизили с известным здесь мотивом византийской иконографии, кентавром; при этом иногда К. наделялся крыльями. Согласно русской версии легенды, царь Соломон нуждался в помощи К. для того, чтобы построить Иерусалимский храм. При посредстве обмана и цепи с заклятием именем божьим К. ловят и приводят к Соломону. К. научает его как добыть у чудесной птицы шамир (шамур, по одним названиям — алмаз, по другим — волшебный червь), с помощью к-рого можно тесать камни, избегая, согласно ритуальным предписаниям, использования железных орудий. Характерны мотивы состязания К. и Соломона в мудрости. По завершении строительства Соломон говорит К., что его сила не превышает человеческой, так как его удалось поймать. В ответ К. просит снять с него цепь с заклятием и дать ему волшебный перстень Соломона. Когда это исполняется, К. забрасывает Соломона в далёкую страну, наказывая его таким образом за гордыню. Согласно другой легенде, К. привёл Соломону двухголового мужа. Впоследствии у этого человека родились два сына, двухголовый и обыкновенный. После смерти отца двухголовый сын требует двойную долю наследства; Соломон хитроумным способом доказывает, что оба сына имеют права на равные доли. Легенды о К. получили на Руси самостоятельное развитие. В них о К. рассказывается, что он был родным братом Соломона, сыном царя Давида. Поимка К. связывается с предательством его неверной жены (восточный сказочный мотив), которую К. носил в ухе. Ещё одна легенда, известная по списку 17 в., повествует о похищении К. жены царя Соломона. Здесь К. также брат Соломона, царь, правящий в соседнем граде. Он наделён чертами оборотня — днём в виде человека правит людьми, а ночью в виде «зверя К.» — зверьми. К. обманом похищает неверную жену Соломона. Последний отправляется за ней, спрятав войско в лесу. Жена узнаёт Соломона и предаёт его К. Соломон просит казнить его по-царски, перед повешением ему разрешено сыграть на рожке. Появляется войско Соломона и освобождают царя, а на приготовленной виселице вешают К. и неверную жену. В других русских рукописях вместо К. упомянут царь Пор, а в фольклоре — Василий Окульевич. Как легенда, в которой рассказывается о власти Соломона над демонами, сказание о Соломоне и К. входит в число повествований, к авторитету которых апеллировала средневековая магическая традиция (в частности, византийский «Завет Соломона»). Популярные черты кентавра-К. распространялись в древнерусской традиции и на другие персонажи. Они могли придаваться «девице Горгонии», части людей дивиих, смерти, апокалиптической чудовищной «саранче». В виде кентавра изображали также Полкана-богатыря из переводной повести о Бове-королевиче (в исходной версии — получеловек-полупёс). В народном русском искусстве Полкан получает конские копыта, а также, под влиянием популярного образа зодиакального кентавра-стрельца,— лук.
А. В. Чернецов.

КИФЕРО́Н, в греческой мифологии царь Платей, живший возле горы, получившей его имя (топонимический миф). Один из вариантов мифа приписывает К. примирение поссорившихся Геры и Зевса. К. посоветовал Зевсу положить себе на колесницу скрытую одеждами статую девушки. Когда ревнивая Гера, внезапно появившись, сорвала покровы с закутанной фигуры и убедилась, что её ревность не имеет оснований, она простила мужу прошлые измены. В память об этом событии платейцы справляли праздник дедалы (от названия деревянных изображений — «дедалы», Paus. IX 3, 2). Миф объясняет прозвища Зевс Киферонский (IX 2, 4) и Гера Киферонская (Plut. Arist. 11). Знаменитой своими пещерами гора Киферон считалась местом эриний и нимф.
М. Б.

КИЯМА́Т, Кияма́т тора́ (заимствование из араб., через татарское киямат, «воскресение из мёртвых»), в мифах марийцев загробный мир и имя его владыки, судьи загробного мира (иногда К. считали первого погребённого на кладбище). Марийцы ставили в головах умершего три свечи — К., его помощнику (Кияматсаус) и самому покойнику, желая ему добраться до иного мира. Мир мёртвых представляли разделённым на светлую и тёмную части; охраняли его адские собаки (в руки покойника вкладывалась палка, чтобы он мог отогнать собак). К. заставлял умершего проходить по жёрдочке над пропастью с котлом, наполненным кипящей серой: грешник падал в пропасть, оказываясь во мраке ада, хороший человек добирался до светлого мира, где продолжал обычную жизнь (в гроб марийцы клали шёлковую нить, чтобы умерший мог привязать себя к узкому мосту). К. мог отпустить умершего на ночь на землю, и тот требовал от живых сородичей соблюдения поминальных обрядов (марийцы верили, что умершие сами участвуют в поминках).
В. П.

КЛЕОПА́ТРА, в греческой мифологии: 1) дочь Борея и Орифии, сестра Зета, Калаида и Хионы, жена Финея (Apollod. III 15, 2—3); 2) дочь Идаса и Марпессы, жена *Мелеагра*. Когда Мелеагр, проклятый *Алфеей*, отказался оборонять Калидон от нападения куретов, К. убедила его принять участие в сражении. После гибели Мелеагра повесилась вместе с Алфеей (Hom. Il. IX 556; Apollod. I 8, 3); 3) дочери Даная; 4) жена Девкалиона (Tzetz. Schol. Lycophr. 431); 5) сестра Мидаса (Tzetz. Schol. Lycophr. 1397); 6) дочь Троя, сестра Ганимеда (Apollod. III 12, 2).
Г. Г.

КЛЕОПА́ТРА И ПЕРИБЕ́Я, в греческой мифологии первые девушки, которых должны были послать в Трою в качестве «молящих о защите» локрийцы за насилие *Аякса* над *Кассандрой* и оскорбление, нанесённое им этим Афине. Коротко остриженные, в одних хитонах и босые, они до конца жизни

оставались храмовыми рабынями, выполнявшими самую грязную работу (Apollod. epit. VI 20—21; Strab. XIII 600).
Г. Г.

КЛИМЕ́НА, в греческой мифологии океанида (Hes. Theog. 351), супруга титана *Иапета*, мать Прометея, Эпиметея, Атланта и Менетия (507—511). По другой версии, К.— жена Гелиоса, мать Фаэтона и гелиад.
А. Т.-Г.

КЛИО́, К л и́ я, в греческой мифологии одна из девяти олимпийских муз. Дочь Зевса и Мнемосины (Hes. Theog. 52—54, 77), муза, которая прославляет. С эллинистического времени считалась музой истории и изображалась со свитком и грифельной палочкой в руках.
А. Т.-Г.

КЛИТЕМЕ́СТРА, К л и т е м н е́ с т р а, в греческой мифологии дочь *Тиндарея* и *Леды*, супруга *Агамемнона*. Однажды отец К. забыл почтить жертвой Афродиту, и разгневанная богиня предсказала, что дочерям Тиндарея суждено быть двух- и трёхмужними. Первой эту судьбу испытала К.: она вышла замуж за *Тантала*, внука Пелопа, но Агамемнон, убив Тантала и новорождённого сына К., принудил её стать его женой (Eur. Iphig. A. 1148—1156). В новом браке К. родила трёх дочерей (Ифианассу, Хрисофемиду и Лаодику — согласно «Илиаде», IX 144 след.; в послегомеровской традиции вместо Ифианассы упоминается *Ифигения*, вместо Лаодики — *Электра*) и сына *Ореста*. Вражда К. к Агамемнону, возникшая после убийства её первого мужа и сына, вспыхнула с новой силой, когда Ифигения была принесена отцом в жертву, чтобы обеспечить благополучное отплытие ахейского флота под Трою. Отсутствием Агамемнона воспользовался *Эгисф*, который давно домогался любви К. (Hom. Od. III 248—275). Возвратившийся после победы в Троянской войне Агамемнон был убит Эгисфом. С сер. 6 в. до н. э. в литературной традиции в сюжете убийства Агамемнона возрастает роль К. Чаще всего она сама изображается непосредственной убийцей мужа, прикрывающей истинную причину преступления (измену с Эгисфом) местью за дочь Ифигению (Aeschyl. Agam. 1412—1421, 1521—1529, 1551—1559). Иногда сообщается, что К. пошла на убийство Агамемнона, боясь разоблачения в его глазах (Pind. Pyth. XI 22—29). Царствуя после этого в Микенах вместе с Эгисфом, К. в угоду ему всячески притесняет дочь Электру и со страхом ожидает возвращения на чужбине Ореста. Последние минуты жизни К., погибающей от руки сына, изображаются в афинских трагедиях 5 в. до н. э. по-разному. У Эсхила в «Хоэфорах» (887—891) она готова с оружием в руках защищать свою жизнь против Ореста, у Еврипида в «Электре» образ К. значительно смягчён, и убивший мать Орест чувствует себя глубоко подавленным, совершив новую кровавую месть.
В. Н. Ярхо.

КЛИ́ТИЯ, в греческой мифологии: 1) дочь Океана и титаниды Тефиды (Hes. Theog. 352). Влюбившись в Гелиоса, но не добившись взаимности, К. впала в безумие, отказывалась от воды и пищи и не могла оторвать взора от возлюбленного, поворачивая голову вслед за двигавшимся по небосклону солнцем. Она приросла к земле и превратилась в гелиотроп — цветок, который постоянно поворачивает венчик вслед за солнцем (Ovid. Met. IV 256—270); 2) дочь Пандарея (Paus. X 30, 2), наложница беотийского царя Аминтора, из-за которой тот стал пренебрегать своей женой. По просьбе последней их сын *Феникс* соблазнил К. Ревнивый отец проклял сына, призвав эриний и сделав так, чтобы у того никогда не было сына (Schol. Hom. Il. IX 448) (вариант: ослепил сына).
М. Б.

КЛОСТЕ́Р, в греческой мифологии сын Арахны, изобретатель веретена (Plin. Nat. hist. VII 57).
Г. Г.

КЛУ́ДДЕ, в низшей мифологии Фландрии и Брабанта лесной и полевой дух, часто превращающийся в дерево, пса или жабу. По поверьям, его узнавали по двум голубым огонькам и характерному крику «клудде».
С. Ш.

КЛУРА́КАН, в низшей мифологии ирландцев карлик-старичок, обитающий в винных погребах и следящий за сохранностью вина и пива. Благосклонный к людям, Б. мог указывать им места хранения спрятанных сокровищ. В ряде районов Ирландии отождествлялся с Лепрехуном.
С. Ш.

КОАТЛИКУ́Э («она в платье из змей»), К о а т л а н т о́ н а н («наша змеиная мать»), в мифах ацтеков богиня земли и смерти, мать *Уицилопочтли*. По мифу, К. была вдовой старого Солнца и жила вместе со своими сыновьями — Сенцон Уицнауа («400 южан-звёзд») и дочерью Койольшауки — богиней луны. Каждый день К. поднималась на гору Коатепек («змеиная гора»), чтобы принести жертву. Однажды на вершине горы к ней упал с неба шар из перьев, который она спрятала за пояс; этот шар мгновенно исчез. Вскоре К. почувствовала, что она беременна. Узнав об этом, дети пришли в ярость, и дочь посоветовала братьям убить опозорившую себя мать. Но дитя в чреве К. обещало защитить её. Когда убийцы приблизились, Уицилопочтли, родившись, напал на них и обратил в бегство, а Койольшауки отрезал голову. К. — олицетворение земли, из которой каждый день появляется солнце (Уицилопочтли), прогоняя луну и звёзды. Одновременно К. — богиня смерти, т. к. земля поглощает всё живущее.
Р. К.

КОБО́ЛЬДЫ, в германской низшей мифологии домовые, сходные с англ. *боггартами* и *брауни*. Изначально К. были, возможно, связаны с культом деревьев (этим объясняется изготовление фигурок К., служивших оберегами дома, из специально найденного и срубленного дерева). Обычно К. дружелюбны к людям, но способны на злые шутки и каверзы (порча еды, запрятывание домашней утвари и пр.). Существуют предания о К., обитающих в пещерах и заброшенных шахтах.
С. Ш.

КО́ДЕШ, К о р д е́ ш, у причерноморских адыгов (шапсугов) божество моря. Согласно мифологическим представлениям, К.— большая рыба, удерживающая море в своих берегах. К К. обращались рыбаки с мольбой о большом улове; в честь К. зимой устраивали праздник, участники которого обливали друг друга морской водой. В топонимике сохранились следы культа этого божества: селение Малое Псеушхо (Туапсинского района Краснодарского края) местными жителями называется Куадашахып («место приношения Кодешу»), мыс недалеко от города Туапсе именуется Кодош (Кодос, Кодеж). К. генетически связан, вероятно, с абхазским женским божеством Кодош.
М. М.

КОДР, в греческой мифологии последний царь Афин, сын *Меланфа*. Вторгшиеся в Аттику пелопоннесцы получили предсказание, что захватят Афины, если сохранят жизнь К. Афиняне через своего дельфийского шпиона тоже узнали об этом пророчестве, и тогда К., переодевшись в лохмотья, вышел за городские ворота, сделав вид, что идёт за дровами. В спровоцированной стычке с неприятелем К. был убит, и пелопоннесцы прекратили осаду. К. похоронили на акрополе, где был учреждён его культ. К К. возводили своё происхождение выдающиеся афиняне (Писистрат, Солон и Платон) (Herodot. I 147; V 65; Paus. VII 2, 1; 25, 2).
Г. Г.

КОДРИ́ЛЛЫ, в низшей мифологии центральных районов Франции таинственные и опасные для человека летающие змеи, никогда не показывающиеся людям. По поверью, положенная под первое мая в навоз ветка терновника должна была предохранить от отложенных там К. яиц.
С. Ш.

КОДЫНСИ́Н, в корейской мифологии дух основателя государства Когурё *Чумона*, которому жители страны сооружали алтарь и совершали жертвоприношения. К. близок Пуёсину, духу основателя государства Пуё (Фуюй).
Л. К.

КОЙ, в греческой мифологии титан, сын Урана и Геи, брат и муж титаниды Фебы, родившей *Лето* и Астерию, дед Аполлона, Артемиды и Гекаты. Участвовал в титаномахии и был вместе с братьями сброшен Зевсом в тартар (Hes. Theog. 134, 404—410, 717—735).
А. Т.-Г.

КОЙОТБЫЛЬ («медведь»), в кетской мифологии сын мужчины и медведицы, нашедшей своего будущего мужа мёртвым в старой берлоге и оживившей его. К. является персонажем, обратным по отноше-

нию к *Кайгусь* — сыну медведя и женщины. Миф о К. принадлежит к числу охотничьих промысловых (по происхождению тотемических) мифов. В мифах о К. и Кайгусь одна фратрия была представлена медведем (медведицей), другая — человеком, вступающим в брак с медведем.
В. И. и В. Т.

КОКА́Л, в греческой мифологии царь сиканов. Получил власть над Сицилией после гибели киклопов. Принял у себя в Камике (Инике) бежавшего с Крита *Дедала* и защитил его, когда Минос прибыл в Сицилию за Дедалом: К. и его дочери посадили Миноса в чан с кипятком, а критянам сказали, что их царь поскользнулся и сам упал туда (Herodot. VII 170; Diod. IV 77—79).
Г. Г.

КОКИ́Т, К о ц и́ т (*река плача*), в греческой мифологии одна из рек в аиде — царстве мёртвых, отличающаяся ледяным холодом. Чтобы попасть в аид, душам умерших необходимо было преодолеть К. и другие холодные реки (см. в ст. *Аид*).
А. Т.-Г.

КО́КИЯНГВУ́ТИ (*Паучиха*, *Бабка паучиха*), в мифах хопи существо, сотворённое творцом мира Тайовой для заселения земли различными живыми существами. К. представляется в виде паучихи, она воплощает земную мудрость и силы созидания. Смешав со слюной щепотку земли, К. создала братьев — близнецов Поканхойя и Полонгхойя, один из к-рых сотворил скалы, а другой наполнил мир звуками. Впоследствии К. служила братьям доброй советчицей. Образ Паучихи распространён также в мифах пуэбло, зуньи, лагуна, кайова и др. индейцев.
А. В.

КОЛАКСА́Й, в скифской мифологии младший из трёх сыновей *Таргитая*, брат *Липоксая* и *Арпоксая*, прародитель рода паралатов (Herodot. IV 5—7). Имя трактуется как «Солнце-царь», что в контексте имён других братьев приобретает космологическое звучание и позволяет видеть в К. воплощение верхней зоны мироздания. Единственный из трёх братьев сумел овладеть упавшими с неба золотыми воспламенившимися предметами: плугом с ярмом, секирой и чашей, олицетворяющими три сословно-кастовые группы скифского общества (рядовых общинников, воинов и жрецов), вследствие чего стал первым скифским царём. Разделил Скифию между своими сыновьями на три царства, в крупнейшем из которых сохраняются почитаемые золотые реликвии. У Валерия Флакка (VI 638—640) имеется глухое отражение мотива сражения К. с его братом Арпоксаем (Апром) и гибели К. Ведущий происхождение от К. род паралатов (соответствует др.-иран. «предустановленные, поставленные впереди») занимал высшее положение в трёхчленной структуре скифского общества (цари и военная аристократия); в скифской цветовой символике им соответствуют огненно-красные атрибуты К., описанные Валерием Флакком (VI 48—68).
Д. С. Раевский.

КОЛДУНЫ́, в е д у н ы́, в е д ь м а к и́, к у д е́ с н и к и, ч а р о в н и́ к и, ч е р н о к н и́ ж н и к и, в русских средневековых источниках — в о л х в ы́, в мифологических представлениях славян и др. народов люди, наделённые сверхъестественными способностями влиять на жизнь человека и явления природы (ср. *Ведьмы*). Считалось, что К. наводят порчу на людей и скот (порчельники), сеют раздоры между людьми, делают заломы в поле, губя урожай, насылают непогоду, мор и т. п. К. могут быть оборотнями (в т. ч. являться в виде *огненного змея* к любовнице-ведьме, ездить в поле в вихре и т. п., русское средневековое название К.— облакопрогонники) и превращать людей в животных. Распространены былички о К., разгневанном тем, что его не пригласили на свадьбу, и превратившем весь свадебный поезд в волков (см. также *Волкодлаки*). Сверхъестественными способностями К. наделяет нечистая сила: они заключают договор с *чёртом* (расписка пишется кровью), им служат чертенята, непрестанно требуя для себя работы; чтобы передохнуть, К. вынуждены давать чертям «трудные задачи» — вить верёвки из песка, собрать развеянную по ветру муку и т. п. Для заключения договора с чёртом и колдовства считалось необходимым ритуализованное инвертированное поведение: К. клали крест под пятку (ср. название К. у северных русских — еретики), чёрта вызывали в нечистом месте — в бане, на перекрёстке дорог; К. можно узнать в церкви — они стоят спиной к алтарю; К. срезают колосья в поле, уничтожая урожай, вниз головой — за ноги их держит нечистая сила. С приближением смерти нечистая сила мучит К., не давая им умереть, пока те не передадут своих способностей наследникам. После смерти нужно вбить в труп К. осиновый кол, чтобы К. не стал *упырем*.
В. Я. Петрухин.

КОЛЕСО́ БА́ЛСАГА, в осетинском нартском эпосе небожитель. Согласно одному из сказаний, К. Б., охваченное пламенем, несётся с неба на землю через леса и долины, обращая в пепел деревья, препятствующие его бегу, до самого Чёрного моря и там падает в воду. По другому варианту, Ацырхус, дочь Балсага (или Хура-солнца), оскорблённая *Сосланом*, идёт к отцу и просит отомстить Сослану. Балсаг посылает против него страшное, всё сокрушающее колесо. К. Б. ударяет Сослана в лоб и грудь, но они неуязвимы, и колесо спасается бегством. Преследуя К. Б., Сослан обращается с просьбой к различным деревьям преградить путь колесу. Лишь хмелю удалось обвиться вокруг К. Б. и остановить его, в этот момент Сослан выбивает стрелой и ему две спицы, затем хватает его. К. Б. просит пощады, и Сослан отпускает его с условием, что оно прекратит борьбу против него. Возвращаясь на небо, К. Б. встречается с *Сырдоном*, обратившимся в старика (в других случаях — старуху, девушку), который даёт ему совет поставить булатные спицы у кузнеца *Курдалагона* и снова идти на Сослана, после того как удастся застигнуть его врасплох и прокатиться через его колени. Только таким путём он может быть сражён. Когда Сослан усталый лежал после охоты, К. Б. настигло его и перебило ему колени.

В сказаниях осетин-дигорцев колесо, убившее Сослана, называется «колесо Ойнона», у осетин-иронцев — «колесо отца Иоанна (Фыд Иуане)», что означает в обоих случаях «колесо Иоанна Крестителя», связанного с солнечным культом. Ср. адыг. *Жаншарх*.
Б. А. Калоев.

КОЛЛИ́П, К о л л и́ п - т э г а́ м, К о л ь г у́ н, в корейской шаманской мифологии популярный дух низшего разряда. К. выполняет поручения домашних духов (*Касин*), в частности является посыльным Сонджосина в его связях с внешним миром. Передаваемый также словом кемен, К. буквально означает «Просить подаяние возле дорог», поскольку существовали бродячие шаманки и даже целые группы их, занимавшиеся камланием и сбором подаяний. По-видимому, восходит к древним языческим божествам. В старой Корее ему поклонялись в каждом доме. Во время обряда с целью ниспослания благополучия на жертвенник К. ставились соломенные туфли. Его фетишами могли быть связка старых сандалий, верёвка со старыми монетами, чистые лоскутки материи, подвешенные в тёмном углу при входе в дом. Различалось несколько видов К.— мужского пола (Намколлип) и женского (Е-коллип) и т. д.
Л. Р. Концевич.

КОЛЯДА́, К о л е́ д а (от лат. Calendae), в славянской мифологии воплощение новогоднего цикла в мифологическое существо, сходное с *Авсенем* (см. также *Божич*). Иногда К. изображал сноп, принесённый в дом на рождество (у поляков), или кукла «колед» (у хорватов). Упоминалась в величальных рождественских песнях — колядках («Пришла К. накануне Рождества» и т. п.), исполнявшихся ходившей по дворам молодёжью и содержавших магические заклятия — пожелания благополучия дому и семье, требования подарков (от хозяев), предрекавших разорение скупым. Иногда сами подарки — обрядовое печенье, *каравай* и т. п. назывались К. Колядование могло сопровождаться ряженьем в коня, козу, корову, медведя и других животных, воплощавших плодородие.
В. И. и В. Т.

КОМБЕ́НГИ, в мифологии восточных тораджей острова Сулавеси (Западная Индонезия) бог ночи и смерти. По поручению Лаи К. создаёт из камня первых людей и обманом вдыхает в них ветер вместо бессмертного дыхания Лаи. С тех пор люди

смертны, т. к. ветер стремится вырваться из них. К. — проводник душ умерших в страну мёртвых.
М. Ч.

КОМЕ́ТО, в греческой мифологии: 1) дочь Птерелая, влюбившаяся в *Амфитриона* и ради него погубившая отца, вырвав у него золотой волос — средоточие жизни; была убита Амфитрионом; 2) жрица Артемиды в Патрах, осквернившая храм богини тем, что сочеталась в нём любовью с Меланиппом, которому родители запретили на ней жениться. Пифия потребовала принести их обоих в жертву Артемиде и ежегодно возобновлять жертвоприношение, выбирая для этого самых красивых юношу и девушку, до тех пор пока иноземный царь не привезёт к ним новое божество: этим царём стал Эврипил, который после окончания Троянской войны привёз в Патры сделанную Гефестом статую Диониса (Paus. VII 19, 1—9).
Г. Г.

КОМО́КВА, у квакиутлей хозяин бесчисленных богатств. По внешнему виду тучный инвалид, не покидающий своей лежанки. Живёт в подводном доме, сделанном целиком из меди, что является символом достатка. Его стражи — гагары, а слуги — тюлени. Посредником между К. и людьми выступает лягушка (как земноводное существо, к-рая способна принести людям богатство. У хайда К. соответствует Квоноквада, у тлинкитов — Ленаксидек.
А. В.

КОМСИ́Н, в корейской мифологии дух культового лунарного животного «медведя» и тотем древнекорейских племён. Как и у народов северо-восточной Азии и Аляски, считался предком рода. Сохранившиеся в записи китайскими иероглифами корейское «кӓм ~ кӧм ~ кым», японское «каму ~ ками», айнское «камуй» близки фонетически и семантически (означая также «божество»). В древнекорейском языке К. означал также «старейшина», «жрец», «дух». Ряд корейских учёных видят в К. изначальное название корейского племени. Следы этого обнаруживаются в наличии К. в названиях родов, в мифе о рождении *Тангуна* от медведицы, в старинном свадебном обряде с использованием шкуры медведя, в обряде «поклонение духу пещеры Сухёль», совершавшемся в государстве Когурё в 10-ю луну. Компонент К. часто встречается в старых географических названиях провинции Чхунчхон-Намдо, где находилось государство Пэкче (Команару — «Медвежья переправа», Комасон — «Медвежья крепость» и др.), в японском названии Когурё — Кома, в китайском названии северных племён — кайма. Ныне медведь — символ провинции Канвондо. С К. у корейцев связаны представления о духах — *квисин*. В гробницах Когурё (4—6 вв.) найдены фигурки медведей. В древности у корейцев был медвежий праздник, от которого сохранился ритуальный танец в масках: при его исполнении танцор надевает жёлтую четырёхглазую маску и вывернутую шкуру медведя. К. считался существом двойственной природы: он мог принимать облик человека (например, в топонимическом предании о Медвежьей реке, в которой утонула красавица, превратившаяся до этого в медведицу). После 8 в. корейцы стали игнорировать священный характер К. как духа предков. В народных верованиях сохранились лишь магические, исцелительные свойства медведя и частей его тела.
Л. Р. Концевич.

КО́МФО АНО́ЧЕ, Око́мфо Ано́че [букв. «жрец Аноче (Аночи или Анокьи)»], эпический герой ашанти.

Для К. А. как эпического героя характерны: чудесное рождение (он родился, держа в руках снадобья и жезл — символ власти); чудесный рост (заговорил в шесть месяцев); чудесные способности (он умел вызывать дождь, предсказывал события, брошенный им в небо камень превращался в птицу) и т. п.; К. А. обладал чудесной силой (на пальме, на которую он взобрался, остались выемки от его сандалий; он мог пальцами делать лунки на камне), знанием магии, снадобий и амулетов. Юношей К. А. отправился странствовать, и те места, где ему был оказан хороший приём, получили его благословение, а те, где его принимали плохо, были им прокляты.

К. А. приписывают создание города Кумаси: он посадил дерево, которое выросло за один день, предложил всем ашанти поселиться под этим деревом, названным «Кум», и основать там столицу своего государства. Так появился город Кумаси («под деревом»). Когда в сражении с соседними домина был убит вождь Кумаси, а также жрец — брат К. А., на престол взошёл Осаи Туту (правитель ашанти в кон. 17 — нач. 18 вв.), а К. А. стал жрецом. Благодаря своим магическим способностям К. А. добился объединения ашанти: на встрече вождей ашанти он подмешал снадобье в пальмовое вино, и те, выпив его, попали в зависимость от Осаи Туту. К. А. предсказывал ход сражений и судьбу сражающихся, указывал табу, от соблюдения которого зависела победа. К. А. прибегает к магии, чтобы справиться с сыном правителя Осаи Туту вождём Нтима Гьякари. К. А. усыпил Нтима Гьякари и вынул его сердце.

Благодаря К. А. появился символ единства ашанти и вместилище души народа «золотой трон». К. А. взмахнул жезлом — раздался гром, небо разверзлось, и с него спустился «золотой трон». Вожди срезали ногти на своих руках, К. А. приготовил из них снадобье и сжёг его. Дым окутал трон, и вместе с дымом в него вошла душа народа ашанти. Согласно другому варианту, К. А. велел Осаи Туту найти резчика скамеечки. После изготовления скамеечки К. А. стал одержимым и начал танцевать. Нечто спустилось с неба; К. А. его поймал и вместе с золой сожжённого сердца Нтима Гьякари поместил в среднюю часть скамейки (трона). Затем К. А. приказал изготовить семь колокольчиков, которые подвесили к скамеечке. Эти колокольчики обозначали семь будущих правителей ашанти, при которых государство должно было оставаться могущественным.

С К. А. связан и мифологический сюжет о происхождении смерти. К. А. отправился на поиски средства против смерти, но люди не дождались его возвращения и нарушили запрет К. А. оплакивать его и совершать похоронные обряды. Из-за ашанти не получили средства против смерти, а К. А. покинул их навсегда.
Е. С. Котляр.

КОНКО́РДИЯ, в Риме персонифицированное и обожествлённое понятие согласия, понимавшегося как согласие между гражданами, народом и сенатом, в эпоху империи — между императорами и их соправителями. Первый храм К. был открыт на Форуме в 387 до н. э. М. Фурием Камиллом по случаю примирения патрициев и плебеев (Ovid. Fast. I 637; Plut. Camill. 42), затем отремонтирован и снова посвящён К. после подавления движения Гракхов (как об этом сообщает Аппиан в «Гражданских войнах» I 26), а затем Тиберием в знак согласия в императорской семье. Другие храмы К. сооружались по аналогичным случаям (напр., в 44 до н. э. в память достигнутого при Цезаре согласия между гражданами после окончания Гражданских войн). В эпоху империи К. с эпитетом Августа (как воплощение согласия в войске, между провинциями и Римом и пр.) часто изображалась на монетах и имела святилища в разных частях римского мира.
Е. Ш.

КОНО́ПА, в мифах кечуа дух — хранитель домашнего очага, домовой. К., как правило, не имели определённого образа. Обычно, по консультации со жрецом, индейцы считали К. какой-нибудь небольшой камень или любой предмет необычного вида (вплоть до обрывков ткани или осколков стекла). Лишь некоторые К. — охранители хозяйских посевов и скота имели определённую форму: каменные початки кукурузы или клубни картофеля, способствующие урожаю, фигура ламы и др.
С. Я. С.

КОНС, один из древнейших римских аграрных богов, почитавшихся вместе с богиней *Опс*, страж зерновых запасов, убиравшихся на зиму в подземные хранилища. Его закрытый подземный алтарь открывался только дважды в год (21 августа и 15 декабря) в праздник консуалий, когда ему приносились жертвы, устраивались бега, состязались пастухи, украшались венками лошади, мулы, ослы. По преданию, во время консуалий были похищены дочери приглашённых Ромулом на праздник сабинян. Впоследствии консуалии слились с праздником «конного» *Нептуна*, а сам К. по созвучию его имени со словом «совет» (consilium) считался богом добрых советов (Dion. Halic. II 31; Serv. Verg. Aen. VIII 636; Plut. Q. R. 48). *Е. Ш.*

КОНСЫГ-ОЙКА («когтистый старик»), Я л п у с-о́й к а, в мансийской мифологии медведь, предок фратрии Пор. Более древний образ тотемного предка (эпохи материнско-родового строя) — медведица; она родила первую женщину Пор, после чего была убита охотниками, взявшими девочек с собой. Мать, предвидя свою гибель, заповедала дочери обряды почитания медведя. Медведь считался покровителем людей Пор, в мифах выступал как культурный герой — от него люди получили огонь и лук. К.-о. был сыном *Нуми-Торума* (которому самому присущи черты медведя — когти, зубы) и жил в его доме на небе. Однажды, нарушив запрет бога, он вышел из дому и увидел внизу землю, покрытую лесами. Медведю захотелось на землю, а разгневанный Нуми-Торум, сделав люльку на железной цепи, стал спускать медведя вниз, раскачивая его между небом и землёй. На земле бог запретил К.-о. питаться человеческой пищей, научил его устраивать берлогу. В лесу К.-о. встретил и убил богатыря Узын-отыр-пых и стал насмехаться над убитым, подметая пол его лапами. Но Нуми-Торум позволил духу К.-о. воплотиться вновь, и тот, в облике пятнистого медведя, расправился с убийцей. По поверьям, медведь наказывал дурных и не почитающих его людей, убивая их и задирая их скот. Удачная охота на медведя завершалась у обских угров «медвежьим праздником». *В. П.*

КОПАЛА, локальное божество у хевсуров, из числа хвтисшвили (детей великого бога *Гмерти*). Народная этимология производит его имя от груз. «копали» («пастущий посох»). К. совместно с *Иахсари* борется против *дэвов* и одолевает их. В некоторых вариантах мифа К. сливается с Иахсари в один персонаж или выступает как двойник последнего. Главное святилище К. находится в Ликокском ущелье, на вершине горы Карати. По хевсурским поверьям, поклонение Карати джвари (название святилища и одно из имён самого К.) спасает утопающих и попавших под снежную лавину, с ним связывается излечение околдованных и душевнобольных и др. *Т. О.*

КО́РА («девушка»), в греческой мифологии одно из имён богини *Персефоны*.

КОРГОРУ́ШИ, к о л о в е́р ш и, в восточнославянской мифологии помощники *домового*; видом похожи на кошек. Согласно южнорусским поверьям, приносят своему хозяину припасы и деньги из других домов. *В. И., В. Т.*

КОРЕБ, в греческой мифологии: 1) юноша, убивший демона мщения Пойну, пожиравшего в Аргосе детей; Пойну послал Аполлон, разгневанный тем, что царь Аргоса *Кротоп* убил свою дочь Псамафу и бросил собакам *Лина* — её ребёнка, рождённого от Аполлона (вариант: Псамафа сама выбросила ребёнка, опасаясь гнева отца) (Stat. Theb. I 570 след.). В наказание за убийство К. было суждено носить священный треножник, пока он не выпадет из его рук. Треножник выпал на горе Герании, и К. основал здесь поселение Триподиский («Малые Треножники»), ставшее потом одним из крупнейших городов-государств Греции — Мегарами (Paus. I 43, 7); 2) фригиец, сватавшийся к дочери Приама Кассандре и предложивший за её руку помощь троянцам в борьбе с ахейцами; погиб при взятии Трои ахейцами (Eur. Rhes. 535; Paus. X 27, 1; Verg. Aen. II 341 след.); 3) афинянин, открывший горшечный ремесла (Plin. Nat. hist. VII 198); 4) легендарный победитель первого олимпийского забега (Paus. V 8, 6). *А. Т.-Г.*

КО́РИ, к о о р и, х о о р и́, в мифах нанайцев, орочей, ульчей, удэгейцев гигантская птица с железным оперением, сидящая на вершине мирового шаманского дерева. С К. связан миф о происхождении родовых названий: убивший птицу стрелок делит её мясо между людьми и даёт им имена по созвучию с названием полученных ими частей. Род, получивший гортань, становится главенствующим, а его члены обретают дар красноречия. К. входила в число шаманских духов-помощников: на её спине шаман отвозит души умерших в *буни*. Шаманы вырезали изображения К. на ритуальных деревьях. Изображения К. хранились под специальным навесом. По мифам орочей, если убить К. величиной с оленя, то получишь счастье, которое будет переходить в роду из поколения в поколение. *Е. Н.*

КОРИБА́НТЫ, в греческой мифологии спутники и служители Великой матери богов Реи-Кибелы. Культ К. малоазийского происхождения, имеет экстатический характер. В Греции распространён не ранее 7 в. до н. э. Имя К.— негреческое. По одному из мифов (Apollod. I 3, 4), К.— дети Аполлона и музы Талии. *А. Т.-Г.*

КОРИ́КИЯ, в греческой мифологии парнасская нимфа, родившая от Аполлона *Ликора*. Её именем называлась знаменитая Корикийская пещера — самая большая в Греции, местопребывание нимф и Пана, расположенная на полпути от Дельф до вершины Парнаса (Paus. X 32, 2—7). В другой пещере, названной в честь К., в Киликии *Тифон* спрятал сухожилия Зевса. *Г. Г.*

КОРИ́Т, К о р и́ф, в греческой мифологии: 1) сын Париса и Эноны, красотой превзошедший отца и убитый Парисом из-за того, что, явившись в Трою, стал возлюбленным Елены (Parthen. 24; Conon. 23); 2) аркадский царь, пастухи которого нашли и воспитали *Телефа* (Diod. IV 33); 3) иберием, возлюбленный Геракла, первым введший в употребление шлем с султаном (греч. «корит», Ptol. Hephaest. 2). *Г. Г.*

КОРКУ́Т, Х о р х у́т, в мифах ряда тюркоязычных народов первый шаман, покровитель шаманов и певцов, изобретатель струнного инструмента кобыз. До принятия ислама К.— божество. С утверждением ислама возник миф о смерти К. По наиболее распространённому его варианту, К. увидел во сне людей, рывших ему могилу. Желая спастись от смерти, он отправился странствовать, но он преследовал его. Наконец, решив, что смерть ждёт его только на земле, К. разостлал на поверхности Сырдарьи одеяло и стал день и ночь сидеть на нём, играя на кобызе. Когда усталость сломила К., и он заснул, смерть в образе ядовитой змеи ужалила его. «Могила» К. на обрывистом берегу Сырдарьи почиталась казахами ещё в начале 20 в. Чудесную силу приписывают мифы кобызу К.

Наиболее древние мифологические представления о К. содержатся в генеалогических преданиях огузов (записанных, в частности, Рашидаддином и Абулгази) и огузском эпосе 15 в. «Книга моего деда Коркута». В генеалогических преданиях К. выступает как проживший почти 300 лет патриарх племени, стоящий во главе старейшин и народа, избирающий и низлагающий ханов, которые оказывают ему почести и беспрекословно выполняют его советы. В эпосе певец К.— советник и помощник ханов и богатырей (многим из них он нарекает имя и даёт благословение), вещий старец, провидец будущего. Вскормленного львицей Бисата К. уговаривает вернуться в общество людей; отправляется послом к истребляющему огузов великану-людоеду Депе-Гёзу (убитому затем Бисатом); сватая богатырю Бамси-Бейреку невесту, путешествует в далёкую страну, сражается с её братом Карчаром, убивающим всех сватов, и побеждает его. Образ К. оказал влияние на формирование других мифологических персонажей — покровителей пения и музыки Баба-Гамбара (см. *Камбар*) и *Ашыкайдына*. Отголоски легенд о К. отмечены у туркмен, каракалпаков, башкир. В ритуальных песнопениях башкир К. упоминается как дух — покровитель колдуна, изгоняющий злых демонов. В средние века легенды о К. были известны в Малой Азии и на Кавказе. *В. Н. Басилов.*

КОРО́ВЬЯ СМЕРТЬ, Ч ё р н а я Н е́м о ч ь, у русских персонификация смерти рогатого скота. Появляется в виде коровы или кошки, чаще всего чёрной, или собаки, иногда в облике коровьего скелета (поздний символ, возникший по образцу популярного облика человечьей смерти). С К. С. борются различными обрядами: опахиванием селения, умерщвлением коровы, кошки, собаки или иного небольшого животного и петуха (чаще всего путём закапывания живьём), зажиганием «живого», т. е. добытого трением, огня (ср. *Огонь*), перегоном скота через ров или тоннель, вырытый в земле, тканьем «обыденного», т. е. вытканного в один день холста. При опахивании иногда поют, призывая К. С. выйти из села, т. к. в селе ходит св. Власий (покровитель скота).

Когда на Курщине и Орловщине при опахивании попадалось навстречу какое-нибудь животное (кошка или собака), то его тотчас убивали, как воплощение Смерти, спешащее укрыться в виде оборотня. В Нижегородской губернии для отвращения заразы крестьяне загоняли весь скот на один двор, запирали ворота и караулили до утра, а с рассветом разбирали коров; при этом лишняя, неизвестно кому принадлежащая корова, принимается за К. С.; её взваливают на поленницу и сжигают живьём.   *Н. Т.*

КОРОНИ́ДА, в греческой мифологии: 1) дочь фессалийца лапифа *Флегия*, возлюбленная *Аполлона*. К. изменяет ему со смертным человеком Исхием, ожидая рождения ребёнка от бога. Зевс убивает Исхия молнией, а Аполлон поражает К. стрелой, но вынимает ребёнка из чрева матери (Hyg. Fab. 202). Аполлон сжигает тело К., а младенца *Асклепия*, выхваченного из чрева горящей К., передаёт на воспитание кентавру Хирону (Ovid. Met. II 534—632); 2) дочь фокидского царя Коронея, которую преследовал Посейдона. Чтобы спасти её от любовных преследований бога, Афина превратила К. в ворону (Ovid. Met. II 551—588).   *А. Л.*

КО́РОПОК-ГУ́РУ («существа, обитающие внизу»), в айнской мифологии божества, имеющие облик карликов, обитающие на земле (в землянках). Согласно мифам, К.-г. жили на земле ещё до появления первых айнов, у них айнские женщины заимствовали обычай нанесения татуировки на лицо. Вероятно, мифы о них являются аргументом в пользу гипотезы о миграции айнов на Японские острова, населённые в этот период какими-то аборигенными племенами.   *Е. С.-Г.*

КОРРИГА́НЫ, в низшей мифологии кельтской Бретани духи источников, обитавшие в богато изукрашенных подземных пещерах. Являлись в образе прекрасных женщин в белых платьях. Принимали, по поверьям, также облик паука, змеи и др. К. песнями завлекали мужчин и заставляли становиться их супругами под угрозой смерти. Считалось, что на весеннюю пору приходились их празднества, на которых К. приобщались к тайнам поэзии и мудрости.   *С. Ш.*

КОРС-ТО́РУМ, К в о́ р ы с-Т о́ р у м (у манси), Н у м К у́ р ы с (у ханты), в обско-угорской мифологии родоначальник богов и создатель мира. После потопа роль верховного небесного божества перешла к его сыну *Нуми-Торуму*, сам К.-Т. полностью отошёл от земных дел. Существует вариант мифа, в котором К.-Т. и Нуми-Торум слиты в едином образе демиурга.   *Е. Х.*

КОС (эдомит.), К а й с, К а в с (араб., «лук»), в западносемитской мифологии бог, почитавшийся в государстве Эдом, очевидно, во 2-й половине 1-го тыс. до н. э. Тогда же был воспринят арабскими племенами Северной Аравии (набатеи, самуд, сафа). Известен только по теофорным именам. Вероятно, К. был ипостасью или вообще тождествен Йахве (см. *Йево*), о почитании которого в Эдоме говорит Флавий; можно предполагать также, что там произошло слияние представлений о первоначально самостоятельном К. и Йахве.   *А. Л., И. Ш.*

КОСА́АНА И УИЧАА́НА, в мифах сапотеков божественная пара, давшая начало всем вещам. Косаана соотносится с солнцем и небом, Уичаана — с землёй и водой. Как создатель диких зверей, Косаана был и бог охоты. Уичаана, давшая жизнь человеку и рыбам, считалась покровительницей новорождённых.   *В. Е. Б.*

КОСИ́ХО-ПИТА́О («великий Косихо»), в мифах сапотеков бог дождя и молнии (ср. ацтекского *Тлалока*); тесно связан с сельскохозяйственным календарём. От К.-П. зависит плодородие земли, поэтому ему приносили человеческие жертвы, чаще детей. К.-П. изображали в уродливой маске с глазами, очерченными толстыми складками кожи, носом в форме прямоугольника, широким ртом, крупными зубами, раздвоенным языком.   *В. Е. Б.*

КО́СМОС (греч. cosmos, «строй», «порядок», «украшение», «мировой порядок», «вселенная»). У Гомера мыслится телом, конечным в пространстве, т. е. имеющим определённую форму. Он поделён между Зевсом, Посейдоном и Аидом (Il. XV 187—193). Земля — общее владение трёх братьев, Зевс владычествует над небом, Посейдон — над морской стихией, Аид — над царством смерти. Гомеровский К. имеет форму яйца, немного сплющенного на полюсах и разделённого плоскостью земли на два полушария: верхнее — небо, смыкающееся с *Олимпом*, где обитают олимпийцы во главе с Зевсом, и нижнее — *тартар*, где находятся свергнутые олимпийцами старшие боги — *титаны* во главе с Кроносом (Il. VIII, 478—483). У Гесиода в «Теогонии» рисуется космический процесс (116—144), причем первыми потенциями выступают *хаос*, Гея (Земля), тартар и *Эрос*. В представлении греч. философской мысли К. не был лишён мифологич. и пластически-телесных элементов. Как всякое тело он должен был иметь твёрдоочерченные границы, поэтому для античности характерно учение о конечных пространственных границах К. Округлость и шаровидность считались признаками совершенного К. Возникновение античного К. связывалось с беспорядочным смешением физич. элементов. Однако Платон в «Тимее» вводит в свою космогонию демиурга — «мастера», «строителя», создавшего К. в виде живого тела из земли и огня (31 а), согласно некоему первообразу (29 а). Превращение хаоса — «нерасчленённой и грубой глыбы» в упорядоченный К. благодаря созидающей силе «некоего бога» рисуется Овидием (Met. I 5—88).   *А. Ф. Лосев.*

КОСТРОМА́, в восточнославянской мифологии воплощение весны и плодородия. В русских обрядах «проводов весны» («проводов К.») К. — молодая женщина, закутанная в белые простыни, с дубовой веткой в руках, идущая в сопровождении хоровода. При ритуальных похоронах К. её воплощает соломенное чучело женщины или мужчины. Чучело хоронят (сжигают, разрывают на части) с обрядовым оплакиванием и смехом (ср. похороны *Костроньки, Купалы, Германа, Ярилы* и т. п.), но К. воскресает. Ритуал призван был обеспечить плодородие. Название «К.» связывается с рус. «костерь», «костра» и другими обозначениями коры растений; ср. также чеш. kostroun, «скелет» (шутливое).   *В. И., В. Т.*

КОСТРУ́БОНЬКА, К о с т р у́ б, в восточнославянской мифологии воплощение плодородия. В украинских весенних ритуалах К. изображало чучело мужчины (с подчёркнутыми атрибутами пола, ср. *Ярила*) или женщины (укр. соответствие Костроме, ср. *Купалу* и др.). Ритуальные похороны К. знаменовали переход к весеннему циклу. Название «К.» родственно рус. коструб, «неряха»; ср. также этимологию названия *Кострома*.   *В. И., В. Т.*

КО́ТТРАВЕЙ, в дравидской мифологии богиня войны, охоты, победы. Культ её был распространён среди охотничьих племён и постепенно слился с культом *Дурги*, супруги *Шивы*. В «Повести о браслете» К. представляется в виде кровожадной женщины, стоящей на голове буйвола, покрытой шкурами слона и тигра, с мечом в руках. Определённо шиваитскими атрибутами являются змеи и полумесяц в волосах. Наряду с этим она обладает признаками *Вишну* — сапфироподобным телом, раковиной и диском, так как считается его сестрой. Поклонение носило оргиастический характер, сопровождалось кровавыми жертвами животных и нанесением себе телесных повреждений.   *А. Д.*

КОТХАДЖИ, в поздней корейской мифологии лучник. Согласно «Самгук юса», в конце 9 в. из корейского государства Силла в Китай было отправлено посольство, которое застал шторм на острове Кокто. Чтобы успокоить море, князь, возглавлявший посольство, совершил жертвоприношение духу озера на этом острове и оставил одного стрелка из лука. К лучнику вышел из озера старец, оказавшийся подводным владыкой западного моря, и попросил застрелить из лука монаха, который каждое утро спускался с небес, бормотал заклинания и съедал печень и потроха отпрысков владыки моря. К. убил монаха, который обернулся старым лисом, тут же испустившим дух. В благодарность морской владыка предложил К. свою дочь в жёны. К. согласился при условии, что тот превратит дочь в цветущую ветку и даст посольское судно в сопровождении двух драконов. Вернувшись на родину, К. вытащил из-за пазухи ветку с цветами, которая превратилась в девушку, ставшую его женой. *Л. Р. Концевич.*

КОЧАМАМА, в мифах кечуа божество моря. Почиталась как одна из главных богинь. Горные индейцы, спускаясь на побережье, приносили жертвы К. с просьбой о помощи и сохранении жизни. *С. Я. С.*

КРАК, в западнославянской мифологии генеалогический герой, основатель города Кракова. По польскому преданию, построил замок на горе Вавель и убил дракона, жившего на горе и пожиравшего людей и скот. Как и *Кий*, Крак может рассматриваться как продолжение образа змееборца в т. н. основном мифе славянской мифологии. По свидетельству арабских средневековых географов, Карпаты назывались «краковскими горами»; ср. также Крока — генеалогического героя чешских средневековых преданий; он — отец трёх дочерей-волшебниц, главная из которых — Либуше выбирает первого чешского князя Пшемысла. *В. И., В. Т.*

КРАНАЙ, в греческой мифологии один из первых царей Аттики, царствовавший после *Кекропа*, автохтон (рождённый землёй). При нём произошёл потоп. Был женат на Педиаде из Лакедемона, имел несколько дочерей; по имени одной из них, Аттиды, умершей ещё девушкой, назвал свою страну Аттикой (Apollod. III 14, 5). К. был изгнан *Амфиктионом* (III 14, 6), ставшим мужем дочери К. (Paus. I 2, 6). *А. Т.-Г.*

КРЕОНТ, в греческой мифологии: 1) брат фиванской царицы *Иокасты*; после гибели обоих сыновей *Эдипа* К. занимает фиванский престол и издаёт приказ о том, чтобы один из двух братьев Этеокл был похоронен со всеми почестями, а тело второго брата Полиника было оставлено без погребения. Когда *Антигона*, несмотря на запрет, совершает символические похороны Полиника, К. приговаривает её к смерти и только под влиянием прорицателя Тиресия меняет решение: распоряжается закопать в землю труп Полиника и хочет освободить из заточения Антигону, но опаздывает (Антигона повесилась, а обручённый с ней *Гемон*, сын К., закалывает себя мечом на глазах отца). Получив это известие, кончает с собой Эвридика, жена К., уже потерявшая до этого другого сына *Менекея*. К. остаётся в полном одиночестве, сражённый бедствиями, которые он своим неразумием сам обрушил на себя (наиболее обстоятельно миф изложен в «Антигоне» Софокла); 2) коринфский царь, давший приют Ясону и *Медее*. Когда Ясон хочет жениться на дочери К.— царевне *Главке*, Медея посылает ей в подарок пропитанный ядом венец и пеплос; надев их, девушка погибает в страшных мучениях, а К., пытаясь сорвать с дочери отравленный наряд, умирает вместе с ней (Eur. Med. 1181—1221). *В. Я.*

КРЕТЕЙ, в греческой мифологии сын Дора, брат Сисифа, Афаманта и Салмонея (Apollod. I 7, 3), взявший на воспитание дочь Салмонея Тиро (I 9, 8) и имевший от неё сыновей Эсона (отца Ясона), Амифаона и Ферета (I 9, 11), основатель фессалийского города Иолка. *Г. Г.*

КРЕУСА, в греческой мифологии: 1) дочь афинского царя *Эрехфея*. Выданная замуж за фессалийца *Ксуфа*, К. родит двух сыновей: Ахея и *Иона*. После смерти отца первый правит в Фессалии, второй в Северном Пелопоннесе, затем приходит на помощь афинянам в одной из войн и в благодарность за это получает царский престол в Афинах (Apollod. I 7, 3; Paus VII 1, 2—5). Другую версию см. в статье *Ион;* 2) дочь Приама и Гекубы, супруга *Энея*. В ночь захвата Трои К. таинственно исчезает из толпы троянцев, сопровождающих Энея. Когда тот бросается её разыскивать, ему является призрак К., предсказывающий далёкие странствия в поисках новой родины (Verg. Aen. II 735—794). Исчезновение К. делает возможным в дальнейшем сватовство Энея к италийской царевне Лавинии; 3) дочь коринфского царя Креонта, невеста Ясона (Schol. Eur. Med. 19); в других источниках она зовётся *Главкой.* *В. Я.*

КРИВ, в восточнославянской мифологии родоначальник племени кривичей. Название кривичей сходно с обозначением русских (krievisks, krievs) и России (Krievija) в латышском языке. Предполагается связь имени К. с обозначением криво́го и ле́вого (ср. греч. имя Лаий, букв. «левый»), а также с литовским наименованием верховного жреца *Криве*; левое, кривое и т. п. характеризует земных персонажей, людей, в противоположность небесным богам (ср. Правду на небе и Кривду на земле); ср. также Радима и Вятко — родоначальников племён радимичей и вятичей в др.-рус. «Повести Временных лет». *В. И., В. Т.*

КРИ́ВЕ, название мифологизированного родоначальника жреческой традиции у балтийских народов. Нем. авторы П. Дюсбург и Николаус фон Ерошин (14 в.) сообщают сведения о прусском первожреце К. (Criwe), живущем в общепрусском святилище Ромове и почитаемом как римский папа. Вещественный символ К.— кривая палица, отправляемый им культ связан с огнём и священным дубом в Ромове. Ещё подробнее сведения о К. (kirwait, kirwaido) — у С. Грунау и других авторов 16 в. В их описаниях мифологической эпохи у пруссов говорится о братьях *Видевуте и Брутене*. Брутен принял титул Crywo Cyrwaito и воздвиг в Рикойто жилище для богов *Патолса, Потримпса*, Перкунса (Перкунаса) и для себя. «Старец» Патолс и Потримпс — два близнечных божества — были изображены на священном дубе в Ромове (ср. почитание римских близнецов — основателей города и связи с ficus Ruminalis, «деревом Рима»). У пруссов во многих местах устанавливались столбы с изображением Видевута и Брутена, которые почитались как боги. В этом контексте, характеризуемом наличием двух богов-близнецов (старшего и младшего), двух братьев, один из которых вождь, а другой жрец с титулом Криве-Кривайтис, двух столбов, изображающих этих братьев, и т. п., можно предположить, что Криве-Кривайтис первоначально обозначал обоих братьев (характерно уменьшительное образование Kriv-ait — как обозначение младшего брата. Это имя известно и старым источникам по литовской мифологии. Криве-Кривайтис описывается как жрец Перкунаса в святилище, находившемся в долине Швинторога в Вильнюсе; он приносил в жертву богу животных (Грунау также сообщает о принесении К. в жертву козла). Позднее предание об основании Вильнюса сообщает, что верховный жрец Криве-Кривайтис — отец *Лиздейки*, подкинувший его младенцем князю Гедимину, который увидел мальчика плачущим в орлином гнезде. Лиздейко сам стал Криве-Кривайтисом и родоначальником фамилии Радзивиллов. Он истолковал сон, приснившийся Гедимину, предсказав основание Вильнюса. Сочетание мотивов «подкинутый мальчик в орлином гнезде» и «дар предсказания» — устойчивый признак мифов о воспитании шаманов. Нередко у ставшего шаманом оказывается брат-неудачник, что также указывает на тему близнечества, предполагаемого в связи с образом Криве-Кривайтиса. Реконструкция приводит к правдоподобному постулированию близнечной пары Kriv- и Kriv-ait-. Подобно тому как в Риме более короткое имя обозначало обоих братьев: Remi в значении Рем и Ромул, в балтийской традиции предпочтение было отдано основе Kriv-, откуда и происходит нейтральное обозначение верховного жреца. Ещё более существенно, что по имени героя-основателя, одного из близнецов, город получает своё название. Ср. Roma, Рим, при Romulus и Криве при названиях Кривой город, Krzywogород, Curvum castrum в Вильнюсе (древняя часть города). Таким образом, К. (литов. Krivė) выступает не только как основатель ритуальной традиции, но и как основатель древнего поселения, предшествующего историческому Вильнюсу. Сказанное о Криве-Кривайтисе и его близнечных истоках, как и глубоко укоренённая в балтийской традиции идея близнечества, проявляющаяся в мифологии и фольклоре, в орнаменте, украшениях, утвари, деталях дома, ритуальных сооружениях и даже в вегетативных символах (см. *Юмис*), позволяет сделать вывод о том, что парное имя Krive-Kriváitis отражает некогда существовавший близнечный образ. Существенно, что название жреца (литовский Krivis, Krivė, krivaitis) krivaitė, жрица-помощница Криве-Кривайтиса) соотносится с названием его основного атрибута — искривлённой палки, посоха, жезла.

В. В. Иванов, В. Н. Топоров.

КРИМИ́СС, К р и н и́ с, в греческой мифологии сицилийский речной бог, в облике медведя (вариант: пса) зачавший с троянкой Эгестой (изгнанной из Трои Лаомедонтом) Акеста (Эгеста), основателя сицилийского города Эгесты (Сегесты) (Tzetz. Schol. Lycophr 953).

Г. Г.

КРИМХИ́ЛЬДА, см. *Гудрун*.

КРИША́НУ («худой», «изможденный»; более точный анализ затруднителен), в ведийской мифологии лучник, видимо, враждебный богам. Единственный миф, в котором участвует К., известен в очень неполной версии (РВ IV 27; Айт.-бр. III 25), хотя, несомненно, он входил в состав древнего ядра индоиранских мифов о соме-хаоме. Некогда растение *сомы* росло на небе. Орёл, несмотря на сто железных крепостей, которые его стерегли, взлетел на небо, вырвал стебель сомы и, обгоняя ветры и умножая свою силу, полетел обратно. Когда орёл ринулся с неба вниз, «быстрый мыслью» стрелок К. спустил тетиву лука, но стрела поразила у орла только одно маховое перо. Орёл благополучно доставил *Индре* растение, из которого приготовили напиток бессмертия. Брахманы излагают этот сюжет с рядом подробностей. В частности, из поражённого К. орлиного пера (или когтя) выросло на земле дерево парна (палаша) или шальяки, приобретшее особую сакральность в связи с ритуалом, в котором оно играло важную роль. К. призывают вместе с *Рудрой* и другими стрелками; ему помогают *Ашвины*; иногда К. относят к *гандхарвам* (Тайтт.-Араньяка I 9,3). Имя К. неотделимо от авест. Кересан, имени вождя, связанного с *хаомой*. Сюжетно ближайшую параллель, отражающую общий индоиранский миф, составляет авестийская история стрелка *Керсаспы*. Сам миф о К. принадлежит к числу типологически распространённых схем в разных мифологических и фольклорных традициях.

В. Т.

КРИ́ШНА («чёрный», «тёмный», «тёмно-синий»), в индуистской мифологии сын *Васудевы* и *Деваки*, *аватара Вишну*. Цвет тела К.— тёмно-синий или тёмно-лиловый (реже он изображается совсем чёрным, тёмно-зелёным или тёмно-коричневым) и сравнивается с цветом дождевой тучи, несущей освобождение от смертоносной жары. Возможно, «чернота» К.— свидетельство южноиндийского, дравидского происхождения его образа. К. прежде всего — защитник, избавитель. Но для индийца в слове «Кришна», «Чёрный», есть также что-то недоброе, зловещее; это же имя носят (в ведах и позже) различные демоны-*асуры*. В мифологии джайнов и буддистов К.— фигура отрицательная (у буддистов К — глава чёрных демонов, врагов *Будды*). В индуистской мифологии недобрые свойства К. объясняются непостижимостью природы бога, его неподвластностью человеческим нормам и, как правило, оттеснены на второй план или переосмыслены.

Самое раннее упоминание о К., сыне Деваки,— в «Чхандогья-упанишаде» (III 17, 6), где он — ученик наставника Гхоры Ангирасы. Однако неясно, тот ли это К., деяния которого описаны в «Махабхарате», «Хариванше» и пуранах. В «Махабхарате» К. действует преимущественно как воитель и политик, союзник *пандавов*, мудрый, мужественный, но порой вероломный в отношениях с врагами. В «Бхагавад-гите» К.— колесничий *Арджуны* — перед битвой на *Курукшетре* являет ему себя как высшее божество (Вишну). В традиционном списке десяти аватар Вишну К. занимает восьмое место. Но иногда (напр., в «Гита-говинде» Джаядевы) К. считается более чем аватарой — полным проявлением Вишну, а его место в десятке аватар занимает *Баларама*. «Бхагавата-пурана» называет двадцать две аватары Вишну, в числе которых и К. (двадцатый), и Баларама (девятнадцатый). Согласно «Бхагавата-пуране» и другим пуранам, в *Матхуре* правил неправедный царь *Канса*. Чтобы избавить от него землю, Вишну решает родиться в человеческом облике. Канса, узнав предсказание о том, что умрёт от руки восьмого сына своей двоюродной сестры Деваки, убивает всех рождающихся у неё от Васудевы сыновей. Спасается лишь седьмой сын, Баларама, а восьмого сына, К., едва тот родился, Васудеве чудесным образом удаётся переправить на другой берег Ямуны, где он воспитывается в семье пастуха Нанды и его жены Яшоды. Канса, узнав об исчезновении новорождённого, приказывает убить всех младенцев в Матхуре. Детство К., его шалости (похищение масла у Яшоды, одежд у купающихся пастушек и др.) и подвиги (убийства демонов, которых подсылает Канса, поглощение пламени лесного пожара и спасение от него коров и пастухов, победа над повелителем змей Калией; поднятие над головой горы Говардхана, чтобы прикрыть от дождя пастухов, пастушек и их скот, и др.) — излюбленные темы индийской поэзии. Ещё более популярная тема — любовь пастушек к отроку К. Заслышав свирель пастуха К., пастушки, бросая мужей и домашние дела, бегут к нему и танцуют с ним в экстазе на берегу Ямуны. Пастушки и их влечение к К. трактуются индусами как символ человеческих душ, устремлённых к слиянию с богом. Но бог неуловим и недостижим: в конце концов, К. покидает пастушек, чтобы выполнить свой долг — убить Кансу. Убийством тирана завершается юность К. Из пастуха он превращается в воина и политика: восстанавливает справедливую власть в Матхуре и защищает город от демонов, мстящих за Кансу. При этом К. переводит всех жителей Матхуры — ядавов в *Двараку*, новый город, который по его приказу строится за одну ночь. Совершая дальнейшие подвиги, К. обретает сначала восьмерых жён (первая из них *Рукмини*), а затем ещё 16 100 жён. Обладая чудесной способностью пребывать одновременно со всеми жёнами, К. производит многочисленное потомство. После битвы на Курукшетре, которая завершает круг земных дел К.-Вишну, К., решив вернуться в божественные сферы, сначала уничтожает весь город ядавов, а затем и сам погибает от стрелы охотника, принявшего его за оленя.

С. Д. Серебряный.

КРОММ КРУА́Х, К р о м м К р о в а в ы й, в ирландской мифологии божество. По преданию почитался в форме золотого идола, вокруг которого располагались двенадцать меньшего размера. Ему приносились жертвы в виде первых плодов урожая и, по одной из версий мифа, первенцы от каждого семейства. В позднем фольклоре фигурирует под именем Кромм Дуб (Кромм Чёрный).

С. Ш.

КРО́НОС, К р о н, в греческой мифологии один из титанов, сын *Урана* и *Геи*. По наущению своей матери оскопил серпом Урана, чтобы прекратить его бесконечную плодовитость (Hes. Theog. 154—182). Воцарившись вместо отца, К. взял в супруги свою сестру *Рею*. По предсказанию Геи, его должен был лишить власти собственный сын, поэтому как только у Реи рождались дети, К. тотчас их проглатывал, желая избежать исполнения предсказания. Однако Рея обманула К., подложив ему вместо младшего сына *Зевса* запеленатый камень, который и был проглочен К. Зевс был тайно вскормлен в пещере на Крите (453—491). Возмужав, он по совету своей жены *Метиды* опоил К. волшебным питьём, благодаря которому К. изрыгнул на свет братьев и сестёр Зевса (Apollod I 2, 1). Под предводительством Зевса дети К. объявили войну титанам, длившуюся десять лет. Побеждённые титаны вместе с К. были сброшены в тартар и находились там под стражей *сторуких*, выведенных Зевсом из тартара (Hes. Theog. 675—740). Среди детей К. выделяется его сын от нимфы Филиры — мудрый кентавр *Хирон*. По орфической традиции К. примиряется с Зевсом и правит на островах блаженных, отсюда возникло понятие о царствовании К. как счастливом и благодатном времени. Народная этимология сблизила имя К. с наименованием времени — Хроносом. В римской мифологии К. известен под именем *Сатурна*, который воспринимался как символ неумолимого времени. К. были посвящены празднества кронии, в Риме — сатурналии, во время которых господа и слуги менялись своими обязанностями и воцарялось безудержное веселье карнавального типа.

А. Ф. Лосев.

КРОН ПÁЛИ, в мифологии кхмеров дух, создавший землю и её поддерживающий. Иногда его представляли крокодилом. В народной мифологии его смешивают с Прах Тхорни — женской персонификацией земли, и Прах Пхумом — мужской персонификацией поверхности земли, или даже с Прах Писнокаром (санскр. Вишвакарман) — божественным строителем, причём К. П. принимает на себя их функции. Считалось, что от К. П. зависит очерёдность сельскохозяйственных сезонов, успешное строительство домов и каналов. К. П. посвящены обряды, связанные с выбором местоположения жилищ, храмов, каналов.
Я. Ч.

КРОТÓП, в греческой мифологии сын Агенора, царь Аргоса, отец Псамафы, родившей от Аполлона *Лина*. В страхе перед К. Псамафа оставила сына в горах (где его подобрал и воспитывал пастух, но потом растерзали собаки). К. хотел предать Псамафу казни, но Аполлон наслал на аргосцев демона мщения Пойну и гневался до тех пор, пока К. не удалился из Аргоса и не основал в Мегариде поселение Триподиский («Малые Треножники»). Согласно другой версии, К. остался в Аргосе, а Триподиский был основан *Коребом* (Paus. I 43, 7). Аполлон низверг К. в тартар (Ovid. Ib. 573); по другой версии, не делал этого, потому что К. очистил его от скверны убийства Пифона (Stat. Theb. I 569—571).
Г. Г.

КСÁНЫ, в низшей испанской мифологии (прежде всего Астурии) феи. Представлялись прекрасными длинноволосыми женщинами маленького роста, обитавшими в пещерах и источниках. Считалось, что в день Святого Иоанна К. забавляются, играя золотыми украшениями и другими драгоценностями, щедро одаряя смертных, которым удаётся их расколдовать.
С. Ш.

КСУФ, К с у т, в греческой мифологии сын Эллина и нимфы Орсеиды, брат *Дора* и *Эола*. К. достался от отца Пелопоннес. Женой К. была дочь афинского царя Эрехфея *Креуса*, родившая ему сыновей Иона и Ахея, по именам которых были названы ионийцы и ахейцы (Apollod. I 7, 3). По другой версии, Ион — сын Креусы и Аполлона, усыновлённый К. (Еврипид «Ион»).
Л. Т-Г.

КУА-ФÝ (предположительно, «великан»), персонаж древнекитайской мифологии, связанный с миром мрака. К. был внуком *Хоу-ту* и обитал на севере на горе Чэндуцзайтянь, считавшейся местонахождением входа в подземный мир. К. представляли в виде великана, из ушей которого свешивались две жёлтые змеи, в руках он сжимал ещё по жёлтой змее. Однажды он побежал догонять солнце и настиг его в долине Юйгу, но его одолела жажда и он выпил всю воду из рек Хуанхэ и Вэйшуй, но не напился и побежал к Большому озеру — Дацзэ, однако, не достигнув его, умер от жажды. По другой версии, К. принимал участие на стороне *Чи-ю* в борьбе против *Хуан-ди* и был убит драконом Ин-луном. Обе версии изложены в «Книге гор и морей». По мнению некоторых учёных, К. — это целое племя великанов. К. — также название мифического зверя (вариант птицы), напоминающего обезьяну.
Б. Р.

КУБÁБА, в лувийской и хурритской мифологиях богиня. Во 2-м тыс. до н. э. К. поклонялись как местному божеству города Кархемиш (Северная Сирия). Наиболее раннее упоминание К. в Северной Сирии содержится в надписи 1-й половины 2-го тыс. до н. э., где названо лувийское имя её жрицы. В староассирийских документах из Малой Азии начала 2-го тыс. до н. э. есть указания на должность евнуха-жреца (аккад. Китчит) богини К. Предполагается связь К. с сирийским сакральным евнухом-жрецом (Комбабос). Увеличение хурритского влияния на хеттскую мифологию привело во 2-й половине 2-го тыс. до н. э. к включению К. в число основных божеств хеттского пантеона [новохеттский (13 в. до н. э.) список богов столицы хеттов города Хаттусаса]. После падения Хеттского царства (нач. 12 в. до н. э.) К. почиталась в области Хаттусаса (заселённой фригийцами) как Кубебе-Кибела, главное женское божество (Великая мать) фригийского пантеона, и была заимствована позднейшей греческой эллинистической мифологией (*Кибела*).

В иероглифических лувийских надписях начала 1-го тыс. до н. э. из Северной Сирии и южной Малой Азии К. — в числе главных лувийских божеств и её изображения упоминаются чрезвычайно часто; в надписи 9 в. до н. э. из Кархемиша сообщается, что правитель Катувас возродил в этом городе культ К. Кубаба упоминается и в ассирийских текстах рубежа 1—2-го тыс. до н. э. Изображения К. и позднейшей Кибелы, сидящей на троне между двух львов, продолжают традиции древнемалоазийского культа богини плодородия, восходящие к культуре Чатал-Хююка 6-го тыс. до н. э.
В. В. Иванов.

КУБÉРА (возможно, «имеющий уродливое тело»), К у в é р а, в индуистской мифологии бог богатства, владыка *якшей*, *киннаров* и *гухьяков*. К. — внук великого риши *Пуластьи*, сын мудреца Вишраваса (отсюда его второе имя Вайшравана, т. е. «сын Вишраваса») и дочери риши Бхарадваджи Деваварнини. В награду за благочестие и подвижничество *Брахма* приравнял К. к остальным богам, сделал его стражем скрытых в земле сокровищ и хранителем севера (одним из *локапалов*), а также подарил ему колесницу Пушпаку, способную летать по воздуху. Согласно мифу, изложенному в «Рамаяне» (VII 11), К. некогда владел островом *Ланка*, однако сводный брат К. *Равана* изгнал К. с Ланки, и он перенёс свою резиденцию в Гималаи; его столица — Алака, построенная божественным строителем *Вишвакарманом*. К. принадлежит заповедный сад Чайтраратха, находящийся на склоне горы *Меру*; его слуга Манибхадра — покровитель торговли; его жена Риддхи олицетворяет процветание. Близким другом и покровителем К. считается *Шива*. К., как и свита полубогов, его окружающих, был, видимо, первоначально хтоническим божеством; соответственно он постоянно ассоциируется с землёй, земными недрами и горами. Со временем К. приобрёл черты бога плодородия, на что указывает его внешний облик и атрибуты. У него большой шарообразный живот, две руки, три ноги, восемь зубов, один глаз. Согласно «Рамаяне» (VII 12, 22—24), второй глаз К. потерял по проклятию Умы (*Деви*) за то, что подглядывал за нею, когда она оставалась наедине с Шивой. Образ К. проник в народные верования и в буддийскую мифологию. Так в тибетский буддийский пантеон К. под именем Вайшраваны вошёл в качестве бога богатства и одного из главных «защитников религии».
П. А. Гринцер.

КУГУРÁК («старейшина»), К у р ы к к у г ы з á («горный старик»), в марийской мифологии бог (у некоторых марийских племён почитался как высший бог). По преданию луговых марийцев, К. был некогда земным вождём марийских племён. Обитает на небе, где возглавляет иерархию подвластных ему духов — «стражей» дома, стола, ворот и т. п.; иногда в их число включается и бог смерти *Азырен*, Водыж, а также злые духи (шырты).
В. П.

КУГУ́-ЮМО («Великий бог»), Ю м о, в марийской мифологии высший бог. Обитает на небе, где у него много скота. Возглавляет иерархию небесных богов (боги солнца, грома и т. д.) и низших земных богов (боги хлеба, скота и т. д.). По-видимому, К.-ю. — обожествлённое небо (родствен финскому *Юмале*); ветер — его дыхание, радуга — лук. Первоначально К.-ю. был далёк от людей. В космогонических мифах К.-ю. — демиург, противостоящий творцу зла, своему младшему брату *Керемету* (которого он, согласно некоторым мифам, изгнал с неба за непослушание). К.-ю. велел Керемету, плававшему в водах первичного океана в облике селезня, нырнуть и достать земли со дна. Керемет сделал это, но часть земли утаил в клюве. К.-ю. дуновением сотворил землю с равнинами, пастбищами, лесами, Керемет же выплюнул утаённую часть и создал горы. К.-ю. сотворил человека и поднялся на небо за душой для него, оставив сторожем собаку, не имевшую шкуры. Керемет соблазнил собаку шубой и оплевал человека. Возвратившись, бог проклял собаку, а человека вынужден был вывернуть наизнанку, и тот стал подвержен болезням и греху из-за оплёванных Кереметом внутренностей. К.-ю. сотворил также добрых духов из искр, высекаемых огнивом; Керемет подсмотрел способ творения и создал злых духов. *В. П.*

КУДИА́НИ, в низшей мифологии грузин злые духи, ведьмы. К. уродливы, горбаты, у них большие зубы или клыки, спускающиеся до земли волосы, перекинутые через плечи груди. Они подчиняются *Рокапи*. К. могут принимать любой облик и заколдовывать людей. Живут в тёмных пещерах, ездят на кошке, петухе, волке и других животных или пользуются для передвижения различными предметами домашнего обихода — кувшином, давильным чаном, метлой и т. п. По зову Рокапи К. собираются на горе Табакона. Ср. *Албасты*, *Ал паб*, *Нашгущузда*, *Кушкафтар*, *Баба-яга*. *М. К. Ч.*

КУ́ДО-ВО́ДЫЖ, К у́ д о - в а́ д ы ш («хранитель дома»), в марийской мифологии дух, покровитель дома и семьи. Оберегает от болезней, но может и насылать их на непочтительных хозяев. Фетиш К.-в. — пучок ветвей — хранился в переднем углу дома; ежегодно весной фетиш выбрасывали в поле (ср. слав. ритуалы похорон *Костромы*, *Марены* и др.), новый приносили в дом. *В. П.*

КУ́ДШУ, К а д е́ ш (ханаанейско-морейск.), в западносемитской мифологии богиня, очевидно, любви и плодородия. Почиталась также в Египте в период Нового царства. Известна главным образом по египетским, а также найденным в Сирии, Финикии и Палестине, в т. ч. в Угарите, культовым изображениям. Обычно представлялась обнажённой женщиной, стоящей на льве, в парике *Хатор* и ожерелье, с цветами или змеями в руках. Возможно, К. — ипостась *Астарты*, *Асират* или *Анат*. В Египте центр культа К. — Мемфис. Она отождествлялась с Хатор и почиталась как владычица неба, госпожа всех богов; ей молились о здравии. Считалась дочерью и (или) женой *Птаха*. *И. Ш.*

КУЕРАВА́ПЕРИ («которая рождает»), в мифах тарасков великая богиня, мать всех богов, сестра и супруга *Курикавери*, мать *Шаратанги*. Местом обитания К. считали район Синапекуаро (совр. штат Мичоакан в Мексике). Там вместе со своими дочерьми: Красной, Белой, Золотой и Чёрной тучами она создавала дождевые облака и рассылала их по всей земле. В её честь совершались особые церемонии вызывания дождя. Вместе с тем К. была и божеством смерти, голода. Потерявший сознание человек считался избранным ею для жертвоприношения. *В. Е. Б.*

КУ́ЖУХ, в хурритской мифологии бог луны. Обычно изображался с полумесяцем на головном уборе. Гарант клятвы (его эпитет — «господин клятвы»). Упоминается во фрагментарно сохранившемся мифе о Серебре, принадлежащем, по-видимому, к циклу мифов о *Кумарби*: Серебро, сторонник Кумарби, грозит приверженцам *Тешуба* К. и *Шимиге* смертью. Соответствует шумеро-аккадскому Сину-*Нанне*, хеттскому и лувийскому *Арма*, хаттскому Кашку (возможно, между их именами существует генетическая связь). *М. Л. Хачикян.*

КУЙ, в древнекитайской мифологии чудовище в виде одноногого безрогого пепельно-синего быка. К. мог свободно ходить по морю, при этом тотчас же поднимался сильный ветер и начинался ливень. Глаза К. излучали блеск, подобный свету солнца и луны. Согласно комментариям к «Повествованиям о царствах» (ок. 4 в. до н. э.), у К. одна задняя нога, лицо человека, туловище обезьяны, он умеет говорить. В некоторых памятниках указывается, что К. — одноногий дракон. Его устрашающий голос был слышен за 500 ли. *Хуан-ди* велел содрать с К. шкуру и сделать из неё чудесный барабан. К. — дух деревьев и камней, живущий в горах. Впоследствии образ чудовища К. был соединён с Куем, который ведал музыкой при *Яо* и *Шуне*. *Б. Р.*

КУЙКЫННЯ́КУ, К у т к ы н н я́ к у, К у́ й к и, К у́ т х и, см. в ст. *Ворон*.

КУЙ-СИ́Н («первая звезда»), в китайской мифологии божество — помощник бога литературы *Вэньчана*. Культ К. известен с 12—13 вв. Он отождествляется с первой звездой Большой Медведицы. (Считается, что образ К. восходит к древним представлениям о созвездии Куй — в ином иероглифическом написании — в западном секторе неба, напоминающем по форме иероглиф, почему и почиталось в качестве покровителя письменного слова, литературы.) К. изображается стоящим на правой ноге, левая — согнута в колене и приподнята кзади. В правой руке — кисть, в левой — казённая печать или ковш Большой Медведицы. Единственная одежда — повязка вокруг бёдер и развевающийся шарф на шее. Часто изображается стоящим на спине *Ао*. По преданию, у К. было безобразное лицо. Когда он выдержал первым экзамены на учёную степень, ему полагалась аудиенция у государя, но, увидев его, император отказал ему в этой чести. В отчаянии К. бросился в море, но Ао вынесла его на поверхность и спасла. Изображение К. ставилось в особой башне на экзаменационном дворе. *Б. Р.*

КУ́КЕР, в южнославянской мифологии воплощение плодородия. В весенних карнавальных обрядах (К. или кукувци в восточной Болгарии, джамалары, джамали в западной Болгарии; известны и другие обозначения, из которых многие турецкого происхождения) К. изображал мужчина в особой одежде (часто из козьей или овечьей шкуры), с зооморфной рогатой маской и деревянным фаллосом (ср. вост.-слав. *Ярилу*). Во время кукерских обрядов изображались грубые физиологические действия, обозначавшие брак К. с его женой, которая обычно представала затем беременной и симулировала роды; совершались ритуальная пахота и посев, также призванные обеспечить плодородие. Кукерское действо, кроме главного действующего лица К., включало многочисленные персонажи, среди которых был царь и его помощники. *В. В. Иванов, В. Н. Топоров.*

КУ́КСУ, в мифах майду, помо, винтун и др. индейцев Калифорнии первый человек, учитель людей. Ему посвящены тайные обряды, связанные с возрастными инициациями, проводимые зимой в большой круглой полуземлянке. Обрядовые танцы, связанные с культом К. (его называют также культом «большой головы», так как танцоры, изображая К., надевают громадный головной убор), призваны поддерживать продолжение рода. *А. В.*

КУКУЛЬКА́Н («змей, покрытый перьями кецаля»), в мифах майя одно из главных божеств. Считался богом ветра, подателем дождей, богом планеты Венера, основателем нескольких царских династий и крупных городов. В частности, патроном династии Кокомов в городе Майяпан. К. изображался в виде змея с человеческой головой. Ко времени испанского завоевания (16 в.) в нём слились легенды об историческом лице — предводителе тольтеков (вторгшихся в 10 в. на Юкатан), который считал себя императором *Кецалькоатля*, и тольтекские представления об этом божестве, а также более древние верования майя в связанных с культом дождя облачных змеев. *Р. К.*

КУКУМА́Ц («змей, покрытый перьями кецаля»), в мифах киче божество, супруг богини-матери *Тепев*. Судя по имени, К. восходит к образу бога *Кецалькоатля*. Культ его был принесён к киче вторгшимися на территорию Гватемалы тольтеками, но, возможно, этот тольтекский мифологический образ наложился на более древний, издавна существовавший у киче образ бога озёр и моря. Эпитеты К. — «сердце моря», «сердце озера». В эпосе киче «Пополь-Вух» К. играет важную роль в создании вселенной и человечества. *Р. К.*

КУ́ЛЛЕРВО, в финской и карельской мифологии герой-мститель. Согласно карельским и финским рунам, род К., сына Каллервы (Калевы), был истреблён братом Каллервы Унтамо; уцелел один лишь К., который не тонул в воде, не горел в огне и т. д. Сирота К. нанимается батраком (рабом) к врагам, ломает их лодку, рвёт сети, превращает в волков и медведей стадо хозяйки за то, что та запекла ему в хлеб камень (типичные поступки эпического богатыря в юности). В других рунах К. — богатырь-пахарь: его образ связан с представлениями о великанах-пахарях изначальных времён — калеванпойках (сам К. иногда называется Калеванпойка; ср. также пахоту *Калевипоэга*).

КУ́ЛСАН, также **Килен**, в этрусской мифологии божество, соответствующее римскому *Янусу*. Имел четыре лица, которые символизировали четыре небесных региона. Вероятно, считался богом всех начал и спутником Тина. *А. Н.*

КУЛУ́ЛУ (шумер.), в шумеро-аккадской мифологии спутник бога подземного мирового океана *Энки* (Эйя), получеловек-полурыба (с верхней частью тела человеческой, а нижней — рыбьей). В новоассирийской глиптике и рельефах в рыбоподобной одежде изображены жрецы — заклинатели культа этого бога. У историка Бероса (4—3 вв. до н. э.) в облике К. выступает первочеловек *Оаннес*. *В. А.*

КУЛЬ, 1) в мансийской мифологии злой дух. Войско К. подвластно владыке загробного мира *Куль-отыру* (поверья о них близки христианским представлениям о *чёрте*). Враги людей, К. опасны для них не столько своей сверхъестественной силой, сколько злобными проделками. Населяют леса и источники (см. *Вит-куль*), наделяются обликом собаки или собачьей головой. 2) В коми мифологии (коми-пермяки) творец зла, противник *Ена*. *М. Х.*

КУЛЬ-ОТЫ́Р, **Куль-оты́р**, **Хуль-оты́р** (от *куль* и *отыр*; отыр, «богатырь»), в мансийской мифологии бог подземного мира (Йол-нойер — «правитель низа»), третий из троицы главных богов, властитель злых духов кулей и болезней. Согласно космогоническим мифам, К.-о. участвовал в сотворении мира: в облике гагары он плавал по водам первичного океана; по приказу *Нуми-Торума* гагара ныряла на дно, чтобы принести в клюве землю для сотворения суши. Однако К.-о. выплюнул на поверхность океана не всю землю, а оставил часть в клюве. Когда по повелению Нуми-Торума земля, принесённая со дна, стала разрастаться и распирать клюв гагары, та выплюнула и её: из этой земли образовались горы, Уральский хребет (ср. марийского *Керемета*).

К.-о. — создатель пресмыкающихся, червей, жуков, комаров. Когда Нуми-Торум (по другим вариантам, Тапал-ойка) сделал из стволов лиственницы людей и оставил творение, чтобы найти дух для вселения в них, К.-о. подменил лиственничных людей глиняными. Из-за непрочности глины созданные из неё люди подвержены заболеваниям. По другому варианту мифа, Нуми-Торум сам послал К.-о. на землю распространять болезни, но с тем, чтобы наказать людей, но с целью воспрепятствовать их слишком быстрому размножению. К.-о. представляли в огромной чёрной шубе, от прикосновения этой шубы человек заболевал и умирал. Как владыка мёртвых К.-о. получает от Нуми-Торума списки тех, кто должен умереть и в тот же день отправиться в загробный мир: он же перевозит туда умерших. *М. Хоппал.*

КУ́МА, в мифах яруро божество луны и супруга солнца. К. создала мир и первых людей, сначала яруро, а потом другие племена. В сотворении мира К. помогали два брата Пуана — водяной змей, и Итсиаи — ягуар, создавшие землю и воду. Сын К. — Хачава, получивший знания от Пуаны, научил людей добыванию огня, изготовлению луков и стрел, охоте и рыболовству. К. поддерживает связь с людьми через шаманов, с их помощью она лечит болезни, которые насылаются злым духом — *Киберот*. К. также правит расположенным к западу от страны яруро миром умерших. На шаманских погремушках К. изображена в виде женщины с поднятыми руками. *Л. Ф.*

КУМА́РБИ [«(тот) Кумара(?)], в хурритской мифологии «отец богов», сын Ану (см. *Ан*), отец *Тешуба*. Супруга К. — Шалаш (Шалуш) Пидинская. Почитался К. (в хеттских источниках часто обозначается шумерограммой или хеттским словом «халки», «зерно»). На наскальном рельефе в Язылыкая близ Богазкёя К. отождествляется божеством с колосом в руке. Центр культа К. — город Уркеш (северная Месопотамия). Один из важнейших мифов, в которых действует К., — о царствовании на небесах, восходящий к вавилонским мифологическим представлениям о поколениях богов, последовательно правивших вселенной: на небесах царствовал Алалу (хтоническое божество месопотамского происхождения), его сверг Ану; К. оскопил и изгнал Ану, но из семени последнего, оставленного им в К., родился (вышел из головы К.) Тешуб, воцарившийся на небесном престоле. Другой миф из цикла о К. отражён в песне об *Уллукумме*. К. упоминается также в мифах о царствовании бога-хранителя, о змее Хедамму, о Серебре, приверженце К., грозящем *Шимиге* и *Кужуху* смертью, и о рождающейся горе *Васитта*. Отождествлялся с *Дагоном*, *Илу* и *Энлилем*. *М. Л. Хачикян.*

КУМБХА́НДА («имеющий тестикулы-горшки»), разряд мелких демонов в ведийской мифологии, в буддизме разряд уродливых духов (иногда карликов), обычно упоминаемых вместе с *асурами* и *гандхарвами* или с *ракшасами*, *пишачами* и т. п. В сутрах повелителем К. выступает *локапала* Вирудхака, но один раз назван *Рудра*. В «Лалитавистара» К. упоминаются среди пособников *Мары*, когда последний старался помешать Будде достичь просветления. В палийской же джатаке К. вместе с ракшасами подвластны *Кубере* и охраняют его манговое дерево. К. обычно враждебны людям, но в качестве свиты Вирудхаки они поклоняются *буддам* и *бодхисатвам*. В «Сутре благого закона» Вирудхака (как и остальные локапалы, повелевающие каждый своим разрядом демонов) произносит магическую формулу, которая лишает К. возможности вредить людям. Несмотря на довольно частое упоминание в сутрах, связанные с ними индивидуальные сюжетные линии отсутствуют. *О. Ф. Волкова.*

КУМИХО́, в корейской мифологии старая лиса с девятью хвостами, способная превращаться в человека. К. — символ коварства. *Л. К.*

КУНАПИ́ПИ, Гунапи́пи, Кадья́ри, Клиа́рин-Клиа́ри, в мифах северо-австралийских племён «старуха-мать», матриархальная прародительница, символизирующая плодовитую рождающую землю. Она порождает мужчин и женщин, растения и животных. К. — центральная фигура ритуалов, долженствующих обеспечить плодородие и плодовитость (мистерии, посвящённые К., разыгрывались перед началом дождливого сезона). В мифах К. совершает деяния демиурга во время своих странствий. Подготавливает приход К. и её сопровождает *Радужный змей*. Многочисленны версии мифов, в которых культ К. устанавливают другие матери-прародительницы, странствовавшие в ранние времена. У юленгоров (живущих в Арнемленде) прародительницами выступают сёстры Джункгова, приплывающие с С. по ими самими созданному морю. В лодке они привозят различные тотемы, развешивают их на деревьях для просушки, а затем прячут их на своём пути в различных местах. Из тотемов появляются люди. Сёстры делают для них палки-копалки, пояса из перьев и другие украшения, обучают употреблению огня, устанавливают виды пищи, дают им оружие, магические средства, создают солнце, вводят обряды инициации. После исчезновения Джункгова на З. появляются две сестры Ваувалук; они учреждают брачные классы, устанавливают культ К. В мистериях К. частично инсценируются их деяния, связанные с ними события — в частности, проглатывание и последующее выплёвывание Радужным змеем (символ инициации — временная смерть, обновление) тотемных животных, растений, самих сестёр и ребёнка одной из них. Сёстры Джункгова или сёстры Ваувалук — своего рода дублёры К.

В одном из мифов племени муринбата сама «старуха» (по имени Мутинга) проглатывает детей, вверенных ей ушедшими на поиски пищи родителями. После смерти «старухи» детей живыми высвобождают из её чрева. В мифе племенной группы мара «старуха» убивает и съедает юношей, привлечённых красотой её дочерей. В обеих версиях «старухой» искажены функции, которые в мифах юленгоров исполняет Радужный змей.

В мифах юго-восточных австралийских племён «старухе-матери», матриархальной прародительнице, по функциям соответствует «великий отец», патриархальный предок (*Байаме, Бунджиль, Дарамулун* и др.).   *Е. М. Мелетинский.*

КУНТИ́, П р и́ т х а, в древнеиндийском эпосе «Махабхарата» дочь правителя ядавов Шуры, сестра *Васудевы* и супруга *Панду*. В девичестве К. получила в дар от брахмана *Дурвасаса* заклинание, прибегая к которому могла иметь сына от любого бога. Сначала она вызвала *Сурью* и родила от него *Карну*. Выйдя замуж за Панду, который по проклятию не мог иметь детей, родила от богов *Дхармы, Ваю* и *Индры* соответственно *Юдхиштхиру, Бхиму* и *Арджуну*. Затем по просьбе Панду передала заклинание второй его жене Мадри, и та родила от *Ашвинов* близнецов Накулу и Сахадеву.   *П. Г.*

КУНУ́Н, в корейской шаманской мифологии общее название духов погибших полководцев и героев войны. Им посвящают шаманки отдельный цикл «кунун-кори» в полном обряде (см. *Кут*).   *Л. К.*

КУНЬЁ́, герой поздней корейской мифологии. В основе образа К.— мятежник периода политической раздробленности Кореи в 10 в. Рождение К. сопровождалось чудесным знамением: над домом, где он появился на свет, навис белый луч вроде радуги. Поэтому его имя трактуют как «сын радуги [лука]». Родился К. в день «двойной лошади» (Тано), т. е. 5-го числа 5-й луны, с развитыми зубами (версия «Самгук саги», или с двумя рядами зубов и двойным тембром голоса, версия «Чеван унги»). По совету предсказателя государь решил освободиться от необыкновенного младенца. Его бросили возле башни, и кормилица, тайком подобрав его, бежала. По дороге она нечаянно ткнула пальцем ему в глаз, и он стал одноглазым. Когда К. вырос, она поведала ему, кто он такой. К. постригся в монахи и принял имя Сонджон («добродетельный»). Предание гласит, как однажды на перевале чёрная ворона уронила ему в миску зубочистку (по другой версии, клочок бумаги) со знаком «ван» («государь»). Он поверил в предначертанную ему судьбу. Как правитель государства Тхэбон (или Позднее Когурё) К. в мифологии представлен в качестве идеального злодея, нарушающего конфуцианские нормы поведения.   *Л. Р. Концевич.*

КУНЬЛУ́НЬ, в древнекитайской мифологии священная гора, находившаяся где-то на западной окраине китайских земель. В основе мифов о К. лежит, видимо, представление о мировой горе. Считалось, что К. имеет высоту 11 тыс. ли 14 бу 7 чи и 6 цуней (более 7 тысяч километров), что из К. берёт начало главная река Древнего Китая — Хуанхэ. Путь к К. преграждали *Жошуй* и огнедышащие горы. К. представляли как нижнюю столицу *Шан-ди*. Там были висячие сады (саньпу), нефритовый источник (яошуй) с прозрачной водой, нефритовый пруд (яочи). Согласно «Книге гор и морей», дух Луу («дух холма»?), управитель К., имел туловище тигра, но человечье лицо, девять хвостов и тигриные когти. Луу управлял девятью пределами неба и садами Шан-ди. Там же были и зверьлюдоед тулоу, похожий на четырёхрогого барана, птица циньюань, подобная пчеле, но величиной с утку (она несла смерть зверям и пернатым, стоило ей клюнуть дерево, и оно засыхало), птица чунь (перепел), заведовавшая утварью Шан-ди, дерево шатан (песочное), похожее на дикую грушу, но с плодами вроде сливы без косточек, съев которые человек получал способность не тонуть, трава, которая снимает усталость. По более поздним преданиям, там же росло дерево бессмертия, плодоносившее раз в тысячу лет чудесными персиками, и другие волшебные деревья.

В результате контаминации образов Шан-ди и *Хуан-ди* появилось представление о К. как столице Хуан-ди, окружённой нефритовой стеной, с каждой стороны которой было по 9 колодцев и по 9 ворот. Внутри был дворец Хуан-ди, окружённый ещё 5 стенами с 12 башнями. На самом высоком месте подле дворца рос чудесный рисовый колос, высотой в 4 чжана (ок. 12 метров).

К. считалась также местом обитания *Си-ван-му* и бессмертных. В средневековых даосских легендах К.— земной рай (наряду с горой *Пэнлай*). После распространения в Китае в первых веках н. э. буддизма представления о К. отчасти слилось с индийскими представлениями о горе *Меру*. К. рассматривали также как место соединения неба и земли, где поочерёдно прятались солнце и луна, как своеобразная лестница на небо. На самой вершине К. жил девятиголовый зверь, открывающий рассвет,— *кайминшоу* ростом в 4 чжана.   *Б. Л. Рифтин.*

КУПА́ЛА, в восточнославянской мифологии главный персонаж праздника летнего солнцестояния (в ночь на Ивана Купалу — народное прозвище Иоанна Крестителя — с 23 на 24 июня по старому стилю). К. называли куклу или чучело (женщины или мужчины — ср. такую же куклу *Костромы*), которое в белорусских ритуалах называли также *Марой* (воплощение смерти), в рус. песнях — ведьмой (в ритуалах «ведьму», конский череп или кости скота сжигают на костре). Во время праздника К. топят в воде; разжигают священные костры, через которые прыгают участники обряда: ритуал призван обеспечить плодородие (от высоты прыжка или пламени костра зависит высота хлебов и т. п.). Как сами обряды, так и название Купала (от глагола купать, кипеть, родственно лат. cupido, Купидон, «стремление»: ср. индоевроп. корень kūp- со значением «кипеть, вскипать, страстно желать») указывает на соотнесение купальских ритуалов с огнём (земным и небесным — солнцем, в купальских ритуалах представленным колесом) и водой, которые выступают в купальских мифах как брат и сестра. В основе мифа, реконструируемого по многочисленным купальским песням и другим фольклорным текстам, лежит мотив кровосмесительного брака брата с сестрой, воплощаемых двуцветным цветком иван-да-марья — важнейшим символом купальских обрядов; жёлтый цвет воплощает одного из них, синий — другого. В одном из вариантов мифа брат собирается убить сестру-соблазнительницу, а она просит посадить цветы на её могиле. Три вида волшебных трав и цветов в купальских песнях (по поверьям, целебная сила трав была наибольшей в ночь на К., отсюда назв.— «Иван Травник») соотносятся с мотивами трёх змей и трёх дочерей К. Сходные обряды и поверья связываются с Ивановым днём во всех славянских традициях. Широко распространено предание о цветке, который раскрывается накануне этого дня (напр., папоротник) и огненным цветом указывает на клад и т. п. В Болгарии и белорусском Полесье совпадают обычаи добывания купальского «живого огня» трением двух кусков дерева. Сюжет кровосмесительного брака брата и сестры (первоначально близнецов), отдельные мотивы и имена персонажей (напр., Мара, Марена, позднее переосмысленное как Марья) могут относиться ко времени, предшествующему праславянскому, что видно из совпадений с балтийской мифологией и обрядами Иванова дня (Лиго). Сам сюжет об инцесте в своей древнейшей форме истолковывается как воплощение в мифе взаимосвязей основных полярных противоположностей — огонь/вода и т. п. Такие характерные для славянских обрядов и песен мотивы, как купальские змеи, скот, клад и др., позволяют связать купальский цикл мифов с основным мифом славянской мифологии о поединке громовержца *Перуна* со змеевидным противником, добыванием скота и богатств.

В. В. Иванов, В. Н. Топоров.

КУПИДО́Н (от лат. cupido, «сильная страсть»), в римской мифологии божество любви. Соответствует римскому Амуру и греческому *Эроту*.

КУР (шумер., букв. «гора», «горная страна», «чужеземная враждебная страна»), в шумеро-аккадской мифологии одно из названий подземного мира; другие его шумерские названия — ки-галь («великая земля», «великое место»), эден («степь»), иригаль, арали (значения неизвестны); аккадские параллели к этим терминам — эрцету («земля») и «церу» («степь»), вторичное название — кур-ну-ги («страна без возврата»). О положении и местонахождении К. чёткого представления нет. Иногда говорится, что К. удалён на 3600 двойных часов (от Ниппура как «центра мира»?), в нем не только спускаются и поднимаются, но и проваливаются. Границей К. служит подземная «река, которая отделяет от людей», через неё души погребённых переправляет в лодке перевозчик Ур-Шанаби или демон Хумут-Табал (души непогребённых возвращаются на землю и приносят беду). Попадающие в К. проходят через семь ворот, где их встречает привратник Нети. К. тёмен, полон пыли, его обитатели «как птицы, одеты одеждой крыльев». Хлеб умерших горек (иногда это нечистоты), вода солона (иногда питьё — помои), чистой воды и покоя в К. удостаиваются лишь души погребённых согласно обряду, а также павших в бою и многодетных. Владычица К. — *Эрешкигаль*, судьи — *ануннаки*, они выносят только смертные приговоры. Имена мёртвых заносят в таблицу женщина-писец Азиму или *Гештинанна* (у аккадцев — *Белет-цери*). В числе жителей К. — *Сумукан*, основатель III династии Ура Ур-Намму, *Гильгамеш* и другие легендарные герои.

По некоторым данным, воспринимается как персонифицированное существо.

В. А.

КУРДАЛА́ГОН («кузнец алан»), в осетинской мифологии покровитель кузнецов. В нартском эпосе он небесный кузнец, изготовляет боевые доспехи, снаряжение, чинит повреждённые черепа героев, закалил *Батрадза* и *Сослана*, вставил новые булатные спицы в *колесо Балсага* взамен выбитых Сосланом, изготовляет соху для пахоты, чтобы они каждую весну вспахивали свои пашни. К. пребывает на небе или в загробном мире. К нему обращаются с просьбой сделать подковы для лошади умершего, чтобы он мог путешествовать в стране мёртвых. К. участвует в нартовских пиршествах, у него подолгу гостят выдающиеся нарты. К. может обрушить свой гнев на тех, кто не выделяет припасов с общественного пиршества или поминок для сельских кузнецов.

Б. К.

КУРЕ́ТЫ, в греческой мифологии демонические существа, составляющие вместе с *корибантами* окружение Великой матери богов Реи-Кибелы и младенца Зевса на Крите. Заглушали его плач ударами копий о щиты, тимпанами, криками и плясками (Diod. V 70, 1; Strab. X 3, 7). Происхождение К. неясно. Они дети земли Геи (Diod. V 65) или Афины и Гелиоса (Strab. X 3, 12). Согласно одной из версий мифа, они выходцы с Эвбеи, во Фригии воспитали младенца Диониса (X 3, 11—12). Их часто отождествляли с *кабирами*, *дактилями* и *тельхинами*, празднества в честь К. смешивались с самофракийскими и лемносскими (X 3, 20). К. и корибантам посвящены орфические гимны (XXXVIII, XXXIX, XXXI). В период поздней античности К. и корибанты составляли окружение Афины, которая даже именовалась вождём К. (Procl. In Crat. 406 d. p. 112, 14 Pasquali). К. наставляли людей полезным занятиям: приручению животных, пчеловодству, постройке домов (Diod. V 65). К. наделены как культурными функциями (как дети Афины), так и функциями божеств плодородия, будучи хтонического происхождения (как дети земли).

А. Л.

КУРИКАВЕ́РИ («большой огонь»), в мифах тарасков бог солнца и огня. К. самый могущественный и щедрый, по его воле люди живут и имеют всё необходимое для существования. К. изображался как в антропоморфном, так и в зооморфном виде (орёл, индюк, койот и др.). К. считался покровителем воинов и правителей, для него жгли по праздникам огромные костры, а жрецы в храмах поддерживали постоянный огонь. В жертву К. приносили плоды, цветы, изделия из золота, которое считалось солнечного происхождения, а также животных и пленных. (Ср. ацтекского *Уицилопочтли*.)

В. Е. Б.

КУ́РКЕ, в прусской мифологии дух. Согласно древнейшему свидетельству (1249), пруссы изготовляли изображение К. (Curche) раз в год при сборе урожая и поклонялись ему. Немецкий хронист 16 в. С. Грунау определяет К. как божество еды. В других письменных источниках К. обычно помещается в списках богов по соседству с *Пушкайтсом* и *Пергрубрюсом*, т. е. как бы на границе между сферой леса и поля. Не исключено, что К. — злой дух, вредящий злакам и собственно зерну (ср. литов. Крумине и другие божества, ведающие зерновыми, урожаем и т. п.). Возможно, его действиям приписывали неурожай: ср. латыш. kurka для обозначения мелкого, сухого, съёжившегося зерна, kur̃kt, «высыхать» и т. п. Поздние авторы, в частности немецкий автор 17 в. М. Преториус, указывают обряды и заговоры, связанные с К. (Gurcho, Gurklio — искажения имени К.) и напоминающие, с одной стороны, жатвенные обряды в Прибалтике, Белоруссии и Польше (ср. польск. kurka zbożowa), а с другой — русские заговоры от лихорадки с участием Коркуши, злого духа, вредящего зерну.

В. И., В. Т.

КУРКИ́К ДЖАЛАЛИ́, в армянском эпосе «Сасна црер» («Давид Сасунский») чудесный конь, советник и помощник героев. Санасар (см. в ст. *Санасар и Багдасар*) раздобыл его, спустившись на дно морское (вариант: нашёл его на острове), конь был в сбруе и с мечом-молнией. Но К. Д. подверг Санасара испытаниям: поднял его к солнцу, чтобы сжечь, но Санасар спрятался под брюхо коня; К. Д. ринулся в пропасть, чтоб раздавить героя, но тот поднялся на спину коня. Тогда К. Д. смирился и стал верно служить Санасару. Согласно другому варианту, Санасар и Багдасар нашли под камнем на берегу моря уздечку, спустили её в море, и оттуда вышел К. Д. По другим версиям эпоса, коня выводит из конюшни своего деда Мгер Старший, сын Санасара, или Давид, сын Мгера Старшего (из пещеры дэвов). К. Д. давал мудрые советы чаще всего Давиду и Мгеру Младшему, воодушевлял их, помогал им истреблять врагов, действуя копытами как палицами, выпуская из своих ноздрей пламя.

С. Б. А.

КУРКЫ́Л, см. в ст. *Ворон*.

КУРН, в мифологии нивхов хозяин вселенной. Объезжая вселенную на оленьей упряжке, К. создал землю, реки и леса: там, где ступал олень, образовались долины, от ударов кнута появились реки, сам олень превратился в гору. К. может появляться перед человеком в облике старца, едущего на запряжённой волками нарте.

Е. Н.

КУРОНЪИ, в корейской мифологии большая змея. Считалось, что присутствие К. в доме — счастливое предзнаменование: она приносит богатство и долголетие дому, ибо в её голове зарождается сверкающий драгоценный камень, благодаря которому она живёт свыше тысячи лет. Фантастические змеи-стражи с четырьмя крыльями по бокам, с раздвоенными языками, длинными телами изображались на корейском боевом флаге. У древнекорейских племён змея была одним из тотемов. К. — также персонаж шаманской мифологии.

Л. К.

КУРУКШЕ́ТРА (др.-инд. «поле Куру»), равнина между городами Амбала и Дели, вблизи Панипата, почитающаяся в индийской мифологической традиции священной. «Шатапатха-брахмана» (XIV 1, 1, 2) упоминает, что на К. приносят жертвы боги. «Махабхарата» называет её «небесами на земле», куда раз в месяц приходят боги и *риши* во главе с *Брахмой* (III 83, 4, 191), и утверждает, что жители К. после смерти попадают не в «жилище *Ямы*», а прямо на небо (IX 53, 20). На К., по преданию, произошла длившаяся 18 дней «великая битва» потомков Бхараты (*пандавов* и *кауравов*) — Махабхарата, по которой и назван древнеиндийский эпос.

П. Г.

КУ́РЮКО, в мифах ингушей культурный герой, богоборец. Похищает у божества *Селы* для передачи людям овец, воду и тростник для строительства жилищ. В этом ему помогают семеро сыновей Селы, которые должны были охранять вход к нему. Разгневанный Села железными цепями приковал К. к горной скале (согласно некоторым поверьям, к вершине Казбека), и ежедневно по его приказанию прилетает орёл, чтобы клевать сердце К. Речь прикованного героя Села повелел своей жене Фурки. Она очертила на снежном конусе вершины горы магический круг, через который не осмеливается перешагнуть ни один смертный из страха быть сброшенным ею в пропасть. Сыновей же Села в наказание подвесил к небу, они и составили созвездие Большой Медведицы. Ср. *Амирани, Насренжаче*.

А. М., А. Т.

КУ́САР-И-ХА́СИС, Ку́сар-ва-Ха́сис («пригожий и мудрый»; прозвище, заменяющее, очевидно, запретное имя), в западносемитской мифологии бог-ремесленник. К.-и-Х. выступает прежде всего как кузнец-оружейник. В угаритских мифах он делает чудесный лук для *Акхита*, явившийся предметом вожделений *Анат*; палицы для *Балу*, при помощи которых тот победил *Йамму*. При этом К.-и-Х. сам даёт палицам имена и, обладая даром предвидения, предсказывает Балу победу. Он создаёт прекрасные вещи — скамеечку для ног, стол, туфли, чашу и др. К.-и-Х. строит для Балу дом из золота, серебра и дорогих камней (кирпичи для дворца он выковывает на костре из драгоценных металлов). Однако К.-и-Х. настаивает на том, чтобы сделать в доме окно; Балу противится, но в конце концов уступает; ср. Иерем. 9,21: через окно, очевидно, проникает смерть. К.-и-Х. делает дом и для Йамму. Мастерская К.-и-Х., куда к нему обращаются с просьбами, находится на острове Каптару (Крит); его резиденцией называют и Хикуптах (Египет); это, по-видимому, объясняется представлениями о заимствовании из этих стран ремёсел.

В поздней финикийской традиции К.-и-Х. именуется Хусор (от «Кусар»); «Хасис» трансформировалось в имя самостоятельного божества Усой. В космогонии Моха (2-е тыс. до н. э.) Хусор (истолковано как «отверзший») — устроитель космоса, демиург, порождённый Уломом («вечность»); возможно, именно он раскалывает мировое яйцо на две части, из которых возникли небо и земля.

И. Ш. Шифман.

КУСИНА́ДА-ХИ́МЭ (др.-япон. «чудесная дева из Инада»; «куси» также переводится как «гребень»), в японской мифологии земная богиня. Жена бога *Сусаноо*. В «Кодзики» и «Нихонги» фигурирует в мифе о единоборстве Сусаноо со змеем. Богиню К.-х., которую родители должны были отдать змею, он превратил в гребень и спрятал в свою причёску.

Е. С. -Г.

КУТ, в корейской мифологии общее название корейского шаманского обряда камлания, компонентами которого являются песенный сказ (понпхури) под аккомпанемент барабана и колокольчиков и представление (нори) с плясками и молением. Повествовательная часть песнопений во время К.— главн. источник корейской шаманской мифологии, сохраняющейся преимущественно в устной форме. Ранние записи о К. относятся к периоду Трёх древнекорейских государств (до 7 в.), когда шаманство составляло основу их нравов. Шаман в то время совмещал в себе функции жреца-управителя, знахаря и предсказателя. От периода Корё (10—14 вв.) дошло 7—8 шаманских песен («Песня Чхоёна» и др.). Ныне К. как домашний обряд взывания к духам совершается шаманками (мудан) в самых различных целях. К. имеет много разновидностей. В зависимости от места действа различались тыльк-кут (обряд, совершаемый в поле за деревней), мауль-кут (в деревне), чибан-кут (во дворе дома), ёнсин-кут (для умилостивления *Енвана*), нара-кут (совершаемый придворной шаманкой от имени государства), пёльсин-кут (совершаемый всей округой вместе с шаманкой, для вызова духов устанавливался длинный шест), тан-кут (совершаемый возле храма, воздвигнутого в честь какого-либо духа) и т. д. По целевому назначению различались такие обряды, как мом-кут (для освобождения человека от вселившегося в него злого духа), антхэк-кут (о ниспослании благополучия в доме), наксон-кут (ради счастливой жизни в новом доме), мама-кут (для изгнания духа натуральной оспы), ётхам-кут (для оповещения духов предков о счастливом семейном событии, например женитьбе), чиноги-кут (о ниспослании счастья душе в загробной жизни) и т. д. При совершении К. шаманки обращались поочерёдно к бесчисленным духам (мусин), как собственно шаманским, так и воспринятым из буддийского, даосского и конфуцианского пантеонов. В центральной Корее полный К. состоял из 12 кругов. В песнопениях содержались повествования о родословной того или иного духа, основанные на мифах. Совершая 1-й круг, шаманка отгоняла злых духов; со 2-го круга она начинала узнавать слова и мысли души умершей; в 3-м круге она обращалась к горному духу (сансиллён); в 4-м — к духу натуральной оспы (см. *Мама сонним*); в 5-м — к духу — покровителю усадьбы (Тэгамсин) в образе дерева или камня; в 6-м — к духу урожая (Чесоксин), восходящему к буддийскому *Индре*; в 7-м она вызывала владыку небесных миров (Чхонван); в 8-м — снова духа натуральной оспы; в 9-м — шаманских духов Кунун; в 10-м — духа бродячих комедиантов (Чханбу); в 11-м — шаманского духа Манмёна (духа матери знаменитого военачальника государства Силла Ким Юсина) и в 12-м круге устраивала проводы духов, завершавшиеся распределением жертвенной пищи. Только в шаманских песнопениях сохранились космогонические мифы творения, мифы о происхождении шаманства в Корее, мифы со специфическим набором духов и др.

Л. Р. Концевич.

КУТ, в якутской мифологии сверхъестественная жизненная сила, зародыш. К. попадает к людям при помощи *Нэлбэй Айысыт*, которая внедряет К. в темя мужчин. Иногда К. испрашивали от божеств *айы*. Похищение К. духами или шаманами вело к болезни и смерти.

Н. А.

КУТО́ИС («кровяной сгусток»), в мифах индейцев черноногих культурный герой. К. родился от только что убитого охотниками бизона и нашёл приют у престарелой пары — старика и старухи. Когда К. вырос, он избавил приёмных отца и мать от тирании их злого зятя, державшего стариков впроголодь. Затем К. отправился в путь, по дороге освобождая людей от различных злых напастей: людоедов, чудовищного медведя, змея и др. По завершении своих подвигов К. отбыл в страну духов.

А. В.

КУТХ, см. в ст. *Ворон*.

КУТЫ́СЬ, в удмуртской мифологии дух болезней. К. обитают в оврагах, у истоков ручьёв и рек: наводят ужас на людей и скот (иногда своими страшными криками), оставаясь невидимыми, насылают болезни (в основном кожные). Считалось, что откупиться от него можно, если бросить в речку кусочки пищи, петушиные перья, соль, монеты и уйти, не оглядываясь.

В. П.

КУХУ́ЛИН («пёс Куланна»), в ирландской мифо-эпической традиции герой, центральный персонаж многочисленных саг героического или т. н. уладского цикла. Традиция относит подвиги К. ко времени правления Конхобара в Эмайн Махе, столице королевства Улад (рубеж н. э.). Сын бога *Луга* и смертной Дехтире (по другой версии, плод инцеста Конхобара и его сестры Дехтире), К. в раннем возрасте отличился в обычных для ирландского эпического героя «детских деяниях», центральным из которых было убийство чудовищного пса кузнеца Куланна (имя К.— «Пёс Куланна» вместо прежнего Сетанта герой получил после того, как выказался заменить как сторож убитую им собаку). Это имя первоначально могло иметь тотемическое значение. Приняв оружие в семь лет, К. обучался боевой доблести и мудрости у чудесных наставниц Скатах, Уатах и Айфе (от Айфе у него был сын Конлайх, впоследствии неузнанным сразившийся с К. и павший от его руки). К., полюбивший *сиду* Фанд, проникает в потусторонний мир *Мананнана* сына Лера. Он героически противостоит войскам четырёх провинций Ирландии («Похищение быка из Куальнге»); здесь ярко выступают фантастические элементы образа К.— его способность к чудесным преображениям, владение магическими приёмами и пр. К. героически сражается с врагами, которым только с помощью волшебства удаётся добиться над ним победы (вызывают К. на единоборство, когда все остальные улады поражены магической болезнью; заставляют его с помощью волшебства нарушить запреты-табу — «гейсы», лежащие на К., в результате чего он лишается части своей силы, коня, копья); пронзённый насмерть врагами своим копьём, он умирает стоя, привязав себя к священному камню (сага «Смерть К.»). *С. В. Шкунаев.*

КУЧАВИВА (возможный перевод «воздушный силач»), в мифах чибча-муисков воплощение радуги или воздушного сияния в виде могучего мужчины. Появление радуги служило предзнаменованием смертей и бедствий, для отвращения чего К. приносились человеческие жертвы. В то же время К. помогал больным лихорадкой и беременным женщинам, которые приносили в его святилища золото, мелкий изумруд и бисер. К., видимо,— древнее божество, впоследствии вытесненное *Суэ* и *Бочикой*. *С. Я. С.*

КУШКАФТА́Р, в низшей мифологии табасаранцев, лезгин, рутульцев (к а ш к а ф т а р), цахуров (а л н а й е д), лакцев (к а в т а р к а р и) антропоморфный злой дух. Чаще всего имеет облик безобразной старухи с острыми торчащими изо рта клыками, горящими глазами, с нерасчёсанными длинными волосами, большими грудями. Считалось, что К. живёт с дочерью в лесу, похищает детей и сжирает их ночью. *Х. Х.*

КУЭЛЕБРЕ, в низшей мифологии и фольклоре крылатый змей, обитающий в лесах, пещерах и источниках. Существует множество преданий об охраняемых им сокровищах и заколдованных людях, пытавшихся их добыть. *С. Ш.*

КХАТТХА́НАМ, в мифологии лао царь королевства *нагов*. Однажды К. путешествовал по стране. Его подданные решили устроить в честь него празднество с ракетами, которые были сделаны из кусков бамбука, украшенных разноцветной бумагой и начинённых порохом. Сверкнув в небе, ракеты упали в разных концах Лаоса, вызвав появление гор, равнин, прудов и пещер. Разноцветные бумаги, повиснув на деревьях, превратились в орхидеи. С запусканием пороховых ракет у лао связан цикл обрядов плодородия. *Я. Ч.*

КХУН БОЛО́М, К х у н Б о х о́ м, К х у н Б о р о́ н, К х у н Б у л о м, в мифологии лао основатель династии, давший первым правителям морально-правовые заветы. Когда после потопа быт людей был устроен, они стали быстро размножаться. И чтобы был на земле порядок, высший бог *Тхен Факхын* послал на землю сначала Тхонга и Двадараси — устроителей земли, а затем своего сына К. Б. со свитой — с жёнами, чудесным конём, небесными духами, с *Пху Нго и Не Нгам*. В воскресенье К. Б. спустился в местности Нанойну (Мыонгтхен). Духи-посланцы отправились к богу доложить о благополучном прибытии. На земле обнаружилось тогда, что людей ещё не научили музыке, и Тхен Факхын тотчас послал учителя Си Кантхапа. И только

потом, чтобы предохранить небеса от докучливости людей, он перерезал мост из ротана, соединявший небо с землёй. К. Б. стал править на земле. У него появилось семь сыновей. Он разделил людей на семь групп и во главе каждой поставил своего сына. К. Б. завещал королям вести справедливую жизнь, не воевать, заботиться о народе. К. Б. распределил части Лаоса среди сыновей. *Я. Ч.*

КШИТИГА́РБХА («лоно земли»), *бодхисатва* в буддийской мифологии махаяны. К. упоминается в некоторых индийских сутрах среди восьми главных бодхисатв. Особенно популярным его культ стал в странах Восточной Азии. В Китае и Японии он считается вторым по значению бодхисатвой после Авалокитешвары. (См. также *Дицзан-ван, Дзидзо*.) Как все бодхисатвы, К. стремится спасти все живые существа, но его специальной функцией является спасение существ, находящихся в *нараке* (аду). Кроме этого, К. считается защитником путников, детей и (особенно в Японии) военных. В Индии К. изображают сидящим, его правая рука касается земли, а левая — держит лотос вместе с древом желаний. *Л. М.*

КЫЗЫ, в самодийской мифологии (у селькупов) главное злое божество. Происхождение образа К. относится, очевидно, к эпохе прасамодийской общности, о чём свидетельствует близость функций и свойств К. и злых божеств других самодийских народов (ненецкого *Нга*, энецкого *Тодоте*, нганасанского *Фаннида*; этимологическое различие их имён, вероятно, обусловлено неоднократными табуистическими заменами). К. противопоставляется *Нуму* и *Иче*. Его местопребывание — подземный мир или находящееся на севере «море мёртвых». К. причиняет людям с помощью подвластных ему злых духов *лозы* смертельные болезни, властвует над городом мёртвых. В некоторых мифах упоминается сын К.— Кызын ия, образ, параллельный сыну Нума Нун ия. Согласно одному из мифов, К.— двоюродный брат Ичи, рождённый на земле сын чужеземного богатыря Касы и селькупки (по другим данным, К., возможно, сын Нума). Между Ичей и К. идёт вечная битва (символизирующая борьбу добра и зла в мире), в которой ни один из них не может выйти победителем. *Е. Х.*

КЫЛДЫСИ́Н, К ы л д ы с и́ н-м у, К ы л ч и́ н, в удмуртской мифологии бог. Обитает на небе, откуда управляет вселенной. В древние времена жил на земле среди людей, любил появляться на полях земледельцев в образе старика в белой одежде, ходить по межам и поправлять колоски хлеба, упавшие на межи (ср. сходные русские представления об Илье-пророке). Люди, снедаемые жадностью, настолько расширили свои поля, что К. негде стало ходить; они перестали одеваться, как К., покрасив свои одежды в синий цвет, и оскорблённый бог удалился на небо (по другим версиям, под землю; ср. миф о двух К.— небесном и подземном, шайтане). Люди долго молили бога у священной берёзы спуститься к ним вновь. Наконец они умолили его хотя бы показаться им в каком-либо ином обличье. Тогда К. появился на вершине берёзы в образе красной белки. Удмурты-охотники, намереваясь вынудить бога остаться на земле, подстрелили белку, но та, падая, превратилась в рябчика, когда же подстрелили рябчика, тот превратился в тетерева, а в окуня и скрылся в реке (ср. шаманские мифы о превращениях). Среди фетишей, хранящихся у удмуртов в воршудном коробе (см. *Воршуд*),— беличья шкурка, щепа берёзы, крыло рябчика, перья тетерева и вяленая рыба — память о последнем возвращении К. В удмуртской мифологии образы К. и *Инмара* иногда сливались, отсюда — Инмар-Кылчин. *В. П.*

КЫМВА («Золотой лягушонок»), в корейской мифологии правитель государства Восточное Пуё, обладавший зооантропоморфной природой, муж Люхва и приёмный отец *Чумона*, наследовавший престол после *Хэбуру*. Миф о К., хронологически следующий после мифа о *Тангуне*, состоит из нескольких не очень связанных эпизодов и помещён с некоторыми вариациями в тексте мифа о Чумоне и *Тонмёне*.

Видимо, вокруг центрального мифического персонажа Тонмёна процесс циклизации различных мифов об основателях северокорейских племён. Иногда К. связывают с японским мифическим персонажем *Окунинуси*. Сходный персонаж имеется и во вьетнамском фольклоре.
Л. Р. Концевич.

КЫМГА́Н ЕКСА́, Кымганси́н, в корейской мифологии могущественные стражи буддийской веры. Восходят к *Ваджрапани*. Скульптурные фигуры К. е. с алмазными скипетрами ставились при входе в монастыри. В Корее особенно знамениты барельефы К. е. в пещерном храме Соккурам (8 в.). Позже они нередко смешивались с хранителями врат (инван) и духами *мунсин*.
Л. К.

КЫМГАНСА́Н СО́ННЕ, пхальсоннё («восемь фей»), чхоннё («небесные феи»), в корейской мифологии феи гор Кымгансан (Алмазных). Образы их восходят к даосским небесным феям (соннё, чхоннё), переплетённым с буддийскими и местными анимистическими образами. Согласно преданию, в провинции Канвондо жил со старой матерью сын-дровосек, которому пришла пора жениться. Однажды ему удалось спасти от преследования охотников косулю, и та отвела его к озеру в горах Кымгансан, где купались восемь фей, посоветовав припрятать одеяние с крыльями у одной из них. Он так и сделал, и фея стала его женой. У них должно было родиться четверо детей, прежде чем она могла вернуться на небеса. Когда появился третий ребёнок, она стала умолять мужа отдать ей крылья, и тот согласился. Крылья обрели волшебную силу, и она вместе с детьми, держа одного между ног, а остальных двух в руках, улетела на небо. Тогда дровосек снова обратился к косуле за помощью, и та посоветовала ему пойти к тому же озеру и незаметно залезть в бадью, которой феи черпали с небес воду из озера. Попав на небо, он встретил детей и супругу, которая оказалась дочерью Небесного владыки, и они зажили счастливо. Как-то он спустился на крылатом скакуне (вариант: конь-дракон) на землю, чтобы повидать мать. Мать приготовила похлёбку из риса и красной фасоли (вариант: рисовую кашу с тыквой), и сын нечаянно опрокинул горшок с горячей похлёбкой на спину коня. Конь испугался, коснулся копытами земли и уже не мог больше подняться в небо. Дровосек целыми днями плакал, глядя на небо, и вскоре умер, а дух его превратился в петуха. Традиция гласит, что петух потому и забирается на конёк крыши и поёт, вытянув шею к небу, что в нём сидит дух дровосека.

Сюжет этого мифологического предания известен и в форме сказки «Фея и дровосек», относящейся к широко распространённому типу сказок «Царевна-лебедь». Многие корейские фольклористы считают, что сходная японская сказка перенесена из Кореи. Это же предание послужило основой для ряда произведений фольклора («Девушка Пэчхо — Белая птица») и средневековой литературы Кореи, в т. ч. романа Ким Мандзуна (17 в.) «Куунмон» («Облачный сон девяти», в русском переводе 1985).
Л. Р. Концевич.

КЫО́НГ БА́О ДАЙ ВЫО́НГ («дерзновенный великий князь»), вьетнамский мифологический персонаж — богоборец. Разгневанное на него верховное божество Нгаук Хоанг посылало одного за другим своих слуг — бога молнии, бога воды, но благодаря тому, что бог очага всякий раз предупреждал К. Б. Д. В. об опасности, тот хитростью и силой всякий раз её преодолевал.
Н. Н.

КЫРК КЫЗ («сорок девушек»), у тюркоязычных народов Средней Азии праведницы, которых аллах по их просьбе превратил в камень (в других вариантах — скрыл в скалах), чтобы спасти от преследователей — «неверных». У каракалпаков К. к. — также девы-воительницы, героини одноимённого эпоса. Они живут на острове принадлежащей их общиной, возглавляемые мудрой и справедливой девой Гулаим. К. к. спасают каракалпаков от нашествия калмыкского хана. У узбеков Зеравшанской долины К. к. (чаще — кыркынкыз) — также особая категория духов, помощников шамана, слуги основных шаманских духов *пари*, иногда отождествляемые с *чильтанами*.

Образ К. к. таджикско-персидского происхождения. У таджиков сорок дев (чильдухтарон) выступают как мусульманские святые, и как шаманские духи-помощники. До принятия ислама К. к. почитались как добрые духи-покровительницы (к помощи которых прибегали и шаманы) в Средней Азии, Иране и ряде других стран, а затем обрели значение мусульманских святых. Древний пласт представлений о К. к. содержится в каракалпакском эпосе и поздних генеалогических преданиях киргизов (в них К. к. выступают как родоначальницы киргизов, давшие имя народу).
В. Н. Басилов.

КЭ́ЛЕ (чукот.), ка́ла (коряк.), ни́нвит (коряк.), ка́мак (коряк.), ка́на (ительменск.), в низшей мифологии северо-восточных палеоазиатов злые духи, несущие болезнь и смерть. Живут под землёй или в пустынных местах на Западе (но не на море). Проникают в очаг с левой стороны через дымовое отверстие, кусаются, похищают души людей, стрелами вместо болезни. Имеют облик животных или людей с острыми головами (иногда с несколькими головами), одноглазых, с длинными зубами и ногтями. Они держат чёрных собак (или вместо собак медведей). Их жизнь под землёй мыслится в обратной симметрии по отношению к жизни людей на земле (меняются местами «левое» и «правое»; когда на земле светло, у них темно; солнцу у них соответствует луна).
Е. М.

КЭШО́Т, в мифах эдэ во Вьетнаме дух смерти. Пожирает трупы и обладает способностью превращаться в различные предметы и животных. Наиболее частые его воплощения — слон или огненное пламя.
Н. Н.

КЯ́ЛА ЧИ́РИ («белая борода»), в низшей мифологии лакцев, аварцев (Бакараб рух, «голодный дух»), амбивалентный (добрый и злой) дух, приносящий в дом либо достаток, либо постоянную нужду. Большей частью выступает в облике мужчины с белой бородой в белоснежной одежде; у него тело белое, как снег (согласно некоторым аварским поверьям, К. ч.— женского пола). Верхом на коне К. ч. является в дома, требуя еды. Те, которые насытили его, вознаграждаются благополучием; отказавших ему в еде наказывает нищетой.
Х. Х.

ЛА, в тибетской мифологии «жизненная сила» человека. В конце и начале месяца Л. находится в левой пятке мужчин и правой пятке женщин, в полнолуние — в районе родничка. После смерти Л. святых по пятицветной радуге уходит в небо, у простых людей монах посредством специального обряда выводит Л. через родничок. Кроме Л., функционирует цхе — сила продолжения рода и сог-дыхание жизни.

Л. — душа. Человек, народ в состоянии иметь одну или несколько Л., пребывающими в деревьях, горах, птицах, зверях, озёрах, предметах. Л. тибетского народа — бирюза. В Гесериаде говорится, что Л. хоров, противников *Гесера*, живёт в куске железа, белом камне, дереве, рыбе. Чтобы победить хоров, надо отковать железо, разбить камень, срубить дерево, поймать рыбу. Три холма, на которых стоит Лхаса — Л. бодхисатв Ченрези (*Авалокитешвары*), чьим воплощением считается далай-лама, Чагдор (*Ваджрапани*), Джамбьянг (*Манджушри*). Индивидуальное Л., или лашинг (ла дерево), воплощается в можжевельнике или иве, связанных с рождением ребёнка. По преданию, на месте рождения Цзонкабы (1357—1419) выросло само собой дерево.

ЛАББУ, в аккадской мифологии чудовищный лев. По мифу (дошёл в нововавилонской традиции), *Энлиль* рисует на небе Л., и он оживает. На борьбу с Л., свирепствующим на земле, боги снаряжают *Тишпака*, который одерживает победу. *В. А.*

ЛАБДАК, в греческой мифологии фиванский царь, внук *Кадма*, отец *Лая*. У поздних античных авторов (Apollod. III 5, 5) сообщается о гибели Л., подобно *Пенфею*, от рук разъярённых вакханок. *В. Я.*

ЛАБИРИНТ, в греческой мифологии дворец, из которого невозможно найти выход. Самый знаменитый в Греции критский Л. был построен *Дедалом* для Миноса по образцу египетского Л., насчитывавшего 3 000 комнат под землёй и над землёй и где среди прочего находились гробницы священных крокодилов (Herodot. II 148—149). Дедал воспроизвёл лишь одну сотую египетского Л. и сам не знал выхода из него (Plin. Nat. Hist. XXXVI 13 и 90; Ovid. Met. VIII 158—167). На стенах в развалинах Кносского дворца, который отождествлялся с Л. уже в античности, имеются изображения культового двойного топора («лабрис»), к которому возводится происхождение слова Л. *Г. Г.*

ЛАВИНИЯ, в римской мифологии дочь царя *Латина* и *Аматы*. По желанию Аматы была помолвлена со своим двоюродным братом Турном. Однако, повинуясь предсказанию оракула, отец решил отдать её в жёны *Энею*, и это привело к войне между Турном и Энеем. Победив, Эней женился на Л. и построил город, названный в её честь Лавинием. После смерти Энея Л., преследуемая пасынком Асканием-Юлом, бежала в лес и родила сына Сильвия (ставшего родоначальником царей основанной Асканием Альба-Лонги, Dion. Halic. I 70; по другой версии, Сильвий был сыном Аскания, Liv. I 3). *Е. Ш*

ЛА ГАЛИ́ГО, И Ла Галиго, один из героев доисламской традиции бугийцев (о. Сулавеси), отражённой в цикле мифологических поэм «Ла Галиго» (первоначально передававшейся в устной форме). Л. Г. — князь, сын *Саверигадинга*; поэт, ему приписывается авторство большинства текстов цикла. Согласно поэмам, Л. Г. живёт на земле, которая ещё сохраняет тесные контакты с небом и подземным миром. Умный, храбрый, склонный к приключениям, в том числе любовным, Л. Г. неоднократно приходит в столкновение с богами. В ссору его с женой Караэттомпо (закончившейся уходом Л. Г. от жены) вмешивается богиня Ве Тэнриабенг, разгневанная разгульной жизнью Л. Г. — её племянника. Она велит Караэттомпо появиться во владениях Л. Г. в облике принца; предоставляет в её распоряжение флот небожителей с командой жриц, переодетых воинами. Происходит столкновение между Л. Г. и «принцем», вызвавшее битву, в которой дружина Л. Г. терпит поражение от войска Караэттомпо. После битвы спускается направленный Ве Тэнриабенг бог, воскрешает павших в бою, приказывает Караэттомпо сбросить мужскую одежду и после этого возвращается на небо. Вслед за этим происходит примирение Л. Г. с женой. *Ю. С.*

ЛАГУЛА́ГУ, То Лагула́гу, в мифах гунантуна (остров Новая Британия) дух-змей, демиург. Создал всё живое, людей — из глины, песка, земли (по другим версиям — из собственных экскрементов, крови). Л. — хозяин грома, молнии, дождя и радуги. Покровитель обрядов инициации. *М. С. П.*

ЛАДО́Н, в греческой мифологии: 1) речной бог в Аркадии, сын Океана и Тефиды (Hes. Theog. 344), отец Дафны; 2) дракон, рождённый морскими божествами Форкием и Кето, страж золотых яблок в саду *Гесперид* (Hes. Theog. 333—336). Добывая эти яблоки, Геракл убил Л. (Apollod. II 5, 11) с помощью стрелы, пропитанной ядом лернейской гидры (Apoll. Rhod. IV 1396—1405). По другому варианту, Л. — стоглавое порождение Тифона и Эхидны, брат Кербера, немейского льва, лернейской гидры, а также колхидского дракона (Apollod. II 5, 11). Изображался обвивающим дерево; 3) один из псов Актеона (Ovid. Met. III 216; Hyg. Fab. 181). *А. Т.-Г.*

ЛА́ЗАРЬ («бог помог») Четверодневный, в христианских преданиях человек, воскрешённый Иисусом Христом через четыре дня после погребения. По евангельскому повествованию (рассказ о воскрешении Л. приводится только в Евангелии от Иоанна, 11), Л. — житель Вифании, селения близ Иерусалима, брат Марии и Марфы, оказывавших Христу гостеприимство. Весть о болезни Л., особенно любимого Христом, и пророческое знание о его смерти заставляют Христа, несмотря на прямую опасность, направиться в Иудею. Марфа выходит к нему навстречу и, не смея прямо попросить о чуде воскрешения, говорит: «знаю, что чего ты попросишь у бога, даст тебе бог» (Ио. 11, 22). Христос требует от неё исповедания веры в то, что он есть «воскресение и жизнь», и получает его (11, 25—27). В ответ на приказ Христа отвалить камень от пещеры-склепа Марфа напоминает, что тело уже разлагается и смердит. Но Христос вызывает мертвеца словами: «Лазарь! Иди вон» (11, 43). Л. выходит, обвитый по рукам и ногам пеленами, с лицом, закрытым погребальным платом, и Христос велит развязать его. За трапезой в Вифании, на которой Мария помазала ноги Христа благовонным миром, Л. упомянут в числе «возлежавших» (12, 2). Воскрешение Иисусом Христом Л.— не единственное: воскрешены дочь Иаира (Матф. 9, 18—26, Мк. 5, 22—43, Лук. 8, 41—56) и сын вдовы из Наина (Лук. 7, 11—17), но оно имело особенно ярко выраженный характер публичного, торжественно данного мессианского «знамения». Это вызывало ожесточённую реакцию антагонистов Христа и приблизило расправу над ним: воскрешение Л. многозначительно предваряет «страсти Христовы».

Согласно средневековому преданию, Л. прожил после воскрешения 30 лет в строгом воздержании и был поставлен первым епископом города Китиона на острове Кипр. *С. С. Аверинцев.*

ЛА́ЗАРЬ Убогий, персонаж евангельской притчи и фольклорных текстов, образ бедности, получающего от бога награду в загробной жизни. Случай, когда действующее лицо притчи имеет имя собственное, необычен и, по-видимому, обусловлен семантикой имени, обозначающего «бог помог», в отличие от *Лазарь Четверодневный*. Притча повествует, что Л. был нищим, который валялся в струпьях у ворот некоего богача, ведшего роскошную жизнь, «и желал напитаться крошками, падающими со стола богача; и псы, приходя, лизали струпья его» (Лук. 16, 21). После смерти Л. отнесён ангелами на *лоно Авраамово*, а богач мучится в адском пламени и умоляет Авраама послать Л., чтобы тот омочил палец в воде и коснулся языка богача, облегчая его муку. Авраам отвечает: «Чадо! вспомни, что ты получил уже доброе твоё в жизни твоей, а Лазарь злое; ныне же он здесь утешается, а ты страдаешь» (16, 25). Тогда богач просит отправить Л. как свидетеля загробного воздаяния к братьям богача, чтобы те успели покаяться. Авраам возражает: «если Моисея и пророков не слушают, то, если бы кто и из мёртвых воскрес, не поверят» (16, 31).

Фигура Л. как воплощение надежды угнетённых на потустороннее восстановление попранной правды пользовалась большой популярностью в народе, а нищие певцы видели в нём как бы утверждение престижа своей профессии. В России он был настолько частой темой т. н. духовных стихов, что выражение «петь Лазаря» стало синонимом заунывного причитания нищих. Русский фольклор делает Л. родным братом жестокого богача, отрекающегося от родства. Л. молит бога о смерти и в смерти получает награду, которой не имел в жизни: «Сослал ему господь тихих ангелов, тихих и милостивых; вынули душеньку и хвально, и честно, в сахарные уста». Богач, напротив, молится о долгой жизни, но к нему посланы «грозные ангелы», вынимающие его душу сквозь рёбра железными крючьями. В некоторых вариантах Л. сам изрекает приговор богачу: «Что ни вольном свете себе вготовал, за то господь бог тебе заплатив». В некоторых славянских песнях Л. смешивается с Лазарем Четверодневным (так что его «серой свитке» поётся в канун лазаревой субботы, представляющей культовое воспоминание о воскрешении последнего) или вообще утрачивает всякую связь с евангельской топикой (вполне языческие по духу «лазарские» песни южных славян, например сербская: «Лази, лази, Лазаре, долази до мене»,— основанная на созвучии имени «Л.» со словом «лазить» и связанная с хороводными играми). *С. С. Аверинцев.*

ЛАЙ, Ла́ий, в греческой мифологии фиванский царь, сын Лабдака, отец *Эдипа*. Л., долго не имевший детей, обратился за советом к дельфийскому оракулу и получил ответ, что сын, который у него родится, убьёт его. Поэтому Л. приказал подбросить новорождённого ребёнка в дикой местности на горе Киферон (Eur. Phoen. 13—26). Много лет спустя Л. снова отправился в Дельфы, чтобы узнать, погиб ли его сын или ему следует опасаться встречи с ним. По пути он был убит в дорожной ссоре чужеземцем, который оказался его сыном (Эдип; Soph. O. R. 711—725). Еврипид в недошедшей трагедии «Хрисипп» объяснял бездетность Л. и его гибель от руки сына проклятием, которое на Л. обрушил *Пелоп* за то, что тот совратил его сына *Хрисиппа*. *В. Я.*

ЛА́ЙЛАПС, в греческой мифологии медная собака, изготовленная и оживлённая Гефестом для Зевса, который подарил её Европе, та — Миносу, от которого она перешла к Прокриде, потом к *Кефалу*. *Амфитрион*, собиравшийся в поход против телебоев, должен был помочь своим союзникам кадмейцам уничтожить чудовищную тевмесскую лисицу, раз в месяц пожиравшую оставленного для неё ребёнка, и попросил Кефала выпустить против лисицы Л. Богами было предопределено, что никто не уйдёт от собаки, но никто и не догонит лисицу, поэтому Зевс, увидав их на фиванской равнине, превратил обеих в камень (Ant. Liber. 41) или в созвездие (Hyg. Fab. 189; Ovid. Met. VII 771). *Г. Г.*

ЛА́ЙМА, Ла́йме (литов. láima, láime, латыш. laĩma, laĩme, «счастье»), в восточнобалтийской мифологии богиня счастья и судьбы; покровительница родов, охранительница коров и т. п. Л. предсказывает будущее, иногда она действует вместе с *Деклой* и *Картой*, наподобие трёх парк (см. *Мойры*). У литовцев Л. как счастье и жизнь противопоставляется *Гильтине*, несчастью и смерти (ср. славянские представления о *Доле* — Недоле). Считалось, что к новорождённому приходят две женщины — Л. и Гильтине. Л. помогает скромным девушкам выбрать жениха, сшить свадебное платье, ведёт жениха и невесту на свадьбу. У латышей Л. оберегает беременных женщин, стелет им сотканную ею простыню, чтобы роды были удачными. Л. подкладывает платок каждому новорождённому, что предопределяет его счастливую жизнь. В ряде мотивов Л. чередуется с девой Марией, а иногда и с *Марей* («Милая Маря, Л. коров»). По народной традиции, Л., как и святая Маря — дочь бога (*Диеваса*). Согласно сообщению М. Преториуса (17 в.), Л. наряду с *Окопирмсом* и *Перкунасом* относится к небесным богам. В латышских народных песнях Л. связана и с солнцем. *В. И., В. Т.*

ЛАК ЛА́УНГ КУА́Н («государь дракон Лак»), во вьетских мифах первопредок и культурный герой. Его происхождение возводилось в позднее время к китайскому богу земледелия *Шэнь-нуну* и царю драконов озера Дунтин. Компонент «лак» в имени связан, очевидно, с этнонимом древних вьетов — лаквьеты. Л. Л. К. обучил народ возделывать рис и разводить шелковичных червей, а также явился основоположником государственных установлений. Цикл мифов о Л. Л. К. носит историзованный характер: в одном из них борьба против китайского завоевания осмысляется как война Л. Л. К. с чужеземцами за красавицу-фею Эу Ко. Л. Л. К. борется с врагами, превратившись во множество чудовищ, духов, драконов, змей, тигров и слонов, что, очевидно, связано с представлениями о духах-покровителях вьетов и шаманизмом. Эу Ко в браке с Л. Л. К. породила мешок, он лопнул и в нём оказалось сто яиц, из каждого яйца вышло по сыну. Пятьдесят сыновей ушли с Л. Л. К. к морю, пятьдесят — с Эу Ко в горы. Один из них, став государем Хунгом, наследовал Л. Л. К. и правил государством Ванланг. *Н. Н.*

ЛА́КШМАНА, герой древнеиндийского эпоса «Рамаяна», сын царя *Дашаратхи* и его третьей жены Сумитры. В Л. воплотилась восьмая доля божественной природы *Вишну*. Л. — сводный брат и преданный друг *Рамы*, выполняющий в эпическом повествовании роль его субститута (подменителя). Юношей Л. по просьбе *риши Вишвамитры* уходит вместе с Рамой из Айодхьи, чтобы защитить от демонов обители отшельников, а позже добровольно присоединяется к Раме в его 14-летнем изгнании и разделяет с ним все опасности его лесных странствий и борьбы с *ракшасами*. Согласно одному из мифов, Л. умер, спасая Раму: зная, что ему придётся поплатиться за это жизнью, он прервал тайную беседу брата с *Калой* и доложил ему о внезапном прибытии грозного брахмана *Дурвасаса*, который проклял бы Раму, если бы тот не встретил его немедленно и с почтением. *П. Г.*

ЛАКШМИ (др.-инд., «знак», «добрый знак», «счастье», «красота»), в индийской мифологии богиня счастья, богатства и красоты. Другое её имя — Шри («процветание», «счастье», «слава»). Л. и Шри как две разные богини выступают в Яджурведе (по-видимому, заимствованы из доарийского субстрата). Л., вероятно, была богиней богатства и счастливых предзнаменований, Шри — богиней плодородия и изобилия. Два образа начинают сливаться в эпоху упанишад, но ещё в «Махабхарате» сохраняется некоторое различие между Л. и Шри как двумя ипостасями одной богини. Согласно наиболее распространённым представлениям, Л. — супруга Вишну. В «Махабхарате» (I 189) воплощением Л. считается *Драупади*. В «Хариванше» (200) бог любви *Кама* назван сыном Л. и *Дхармы*. Иногда Л. отождествляется с *Сарасвати*, богиней мудрости, но в некоторых текстах Л. и Сарасвати — две соперничающие между собой жены Брахмы.

Существует несколько мифов о рождении Л. Согласно одному из них, Л. — дочь *Бхригу* и *Кхьяти*. Согласно другому, когда боги и асуры пахтали океан, Л. появилась из него с лотосом в руках (или сидя на лотосе). По другой версии, Л. возникла в самом начале творения, всплыв из первозданных вод на цветке лотоса; отсюда такие её имена, как Падма или Камала («лотосная»). Другие её имена: Индира («прекрасная» или «могущественная»), Чанчала и Лола («непостоянная»), Локамата («мать мира»). Вишну и Л. олицетворяют основные начала и стихии бытия. В некоторых течениях вишнуизма Л. — *шакти* Вишну. Она сопровождает Вишну во всех его *аватарах*, воплощаясь в *Ситу*, супругу Рамы, в *Рукмини*, супругу Кришны (или в *Радху*, его возлюбленную) и т. д. *С. Д. Серебряный.*

ЛАМА (шумер., Ламáссу (аккад.), в шумероаккадской мифологии добрая богиня — покровительница и защитница. Л. — носительница личности человека, возможно, связанная с культом плаценты. Считалось, что свою Л. имеет каждый человек. *В. А.*

ЛАМАШТУ, в аккадской мифологии львиноголовая женщина-демон, поднимающаяся из подземного мира, насылающая на людей болезни, похищающая детей; демон детских болезней. Изображалась кормящей грудью свинью и собаку. Её атрибутами нередко являются гребень и веретено. Вместе с *Мамету* названа в одном тексте «дочерью Ана». В шумерской мифологии ей приблизительно соответствовала Димме. *В. А.*

ЛАМИЯ, 1) в греческой мифологии чудовище, дочь Посейдона. Некогда Л. была возлюбленной Зевса, от которого родила *Сибиллу* (ливийскую; Paus. X 12, 1). После того как ревнивая Гера убила детей Л., та была вынуждена укрыться в пещере и превратилась в кровавое чудовище, похищавшее и пожиравшее чужих детей. Так как Гера лишила её сна, она бродит по ночам. Сжалившийся над ней Зевс даровал ей возможность вынимать свои глаза, чтобы заснуть, и лишь тогда она безвредна (Suida, Hesych.). Л. назывались ночные привидения, высасывающие кровь из юношей (Strab. 1 2,8; Diod. XX 41). *А. Т.-Г.*

2) В низшей мифологии народов Европы злой дух, змея с головой и грудью красивой женщины. Образ восходит к греческой Ламии. Считалось, что Л. убивает детей, может соблазнять мужчин как суккуб (см. в ст. *Инкубы*) и пить их кровь. Живёт в лесах, оврагах, заброшенных замках. Ассоциировалась также с ночным кошмаром — *Марой*. У южных славян ламя — чудовище с телом змеи и собачьей головой; она тёмной тучей опускается на поля и сады, пожирает плоды земледельческого труда. *М. Ю.*

ЛАНКА, в индийской мифологии остров, примыкающий к Джамбу-двипе (см. в ст. *Двипа*), и город на нём, столица царства *ракшасов*. Согласно «Рамаяне» и «Махабхарате» (III 258—276), город Л. был построен из золота *Вишвакарманом* и подарен Брахмой *Кубере*. Но затем город и остров перешли во власть *Раваны*, который позже был убит *Рамой*. Согласно «Бхагавата-пуране», остров Л. был первоначально одной из вершин золотой горы *Меру*, которую оторвало ветром и унесло в море. Мифический остров Л. был отождествлён с островом Синхала (позже Цейлон), впервые — в буддистской хронике «Дипавамса». Современное государство, так же как и сам остров, носит название Шри Ланка («благословенная Ланка»). *С. С.*

ЛАНЬЁЙН И АМОНГ, в мифологии каренов в Бирме брат и сестра, первоначальная пара людей. Много сотен или тысяч лет они жили в местности Эла. Сетькя, сын небесного духа, дал им магический барабан. Когда в него стучали, убегали хищные звери и исполнялись желания. Однажды Амонг (А.) рассердилась на Ланьёйна (Л.) и коварно посоветовала ему сменить на барабане шкуру, после чего он потерял свою силу. Л. и А. перестали доверять друг другу и в конце концов расстались. А. ушла в местность Маунгла, где нашла себе мужа, и от неё произошли карены мепу. Её брат странствовал и благодаря своим выдающимся способностям стал императором Китая. В те давние дни женщины в Китае носили бронзовые кольца на ногах. Л. послал 12 пар сестре А., и поэтому карены мепу носят такие кольца. *Я. Ч.*

ЛАНЬ ЦАЙХЭ, см. *Восемь бессмертных*.

ЛАОДАМАНТ, в греческой мифологии: 1) сын *Этеокла*. За то, что Антигона и Исмена похоронили Полиника, Л. сжёг их заживо в храме Геры. После поражения, нанесённого фиванцам аргосцами, Л. бежал в Иллирию (вариант: Фессалию), но вернулся в Фивы и был убит Алкмеоном во время нападения *эпигонов* (Paus. I 39, 2; IX 5, 13; IX 8, 6; Apollod. III 7, 4); 2) сын царя феаков Алкиноя, подстрекавший *Одиссея* вступить в единоборство (Hom. Od. VIII 130, 207); 3) сын Гектора и Андромахи (Dict. III 20; VI 12). *Г. Г.*

ЛАОДАМИЯ, в греческой мифологии имя нескольких персонажей, в том числе: 1) дочь *Беллерофонта* (Hom. Il. VI 197 след.), родившая от союза с Зевсом *Сарпедона*; 2) дочь царя Акаста, супруга *Протесилая*. *В. Я.*

ЛАОДИКА, в греческой мифологии: 1) одна из дочерей Агамемнона и Клитеместры, сестра Ореста, Ифианассы и Хрисофемиды (Hom. Il. IX 145) (у Стесихора и афинских трагиков имя этой дочери Электра); 2) дочь Приама и Гекубы, «самая красивая», жена троянского царевича Геликаона (Hom. Il. III 123; VI 252); Л., после взятия Трои ахейцами спасавшаяся от преследований, была поглощена разверзшейся землёй. По одному из вариантов мифа, Л. влюбилась в троянского царевича *Акаманта*, который прибыл в Трою в составе посольства, требовавшего возвращения Елены, и родила от него сына Мунита (Parthen. 16); скончалась от горя после смерти укушенного змеёй сына; 3) девушка из страны *гипербореев*, которая привезла на остров Делос предметы культа Аполлона и почиталась там как одна из основательниц святилища этого бога (Herodot. IV 33). *М. Б.*

ЛАОКООН, Лаокоонт, в греческой мифологии троянский прорицатель (или жрец). Когда троянцы в недоумении и нерешительности рассматривали оставленного ахейцами деревянного коня, и некоторые предлагали ввести его в город, Л. яростно возражал против этого, предостерегая соотечественников от коварства греков. Однако троянцы, выслушав рассказ *Синона*, всё больше склонялись к тому, чтобы принять за этот дар ахейцев. В это время на Л., приносившего вместе с сыновьями жертву Посейдону, напали две приплывшие по морю змеи, растерзали детей Л. и задушили его самого, после чего укрылись в храме Афины. Троянцы поняли это как наказание Л. за непочтение к Афине и принесённому ей в дар коню и поспешили ввести деревянное чудовище в город, уготовив тем самым себе погибель (Verg. Aen. II 40—53 и 199—231). Другие источники объясняли гибель Л. иначе: Л. сошёлся со своей женой в храме Аполлона (на троянской равнине). За это он и был наказан богом, причём, по одному из вариантов мифа, змеями были задушены только дети Л. (произошло это в том же самом храме, где Л. оскорбил Аполлона), сам же он оставался в живых, чтобы вечно оплакивать свою судьбу (Quint. Smyrn. XII 444—497). *В. Н. Ярхо.*

ЛАОЛА́Н («почтенный юноша?»), Лаола́нь пуса́ («бодхисатва Лаолан»), в поздней китайской народной мифологии божество — покровитель актёров и певичек. Считается, что им Л. обожествлён танский император 8 в. Мин-хуан (Сюань-цзун), который прославился как покровитель актёрского искусства. В некоторых источниках бога актёров называют Эрланом, в таких случаях нередко происходит контаминация с одноимённым божеством вод. Обычно в старом Китае в каждом театре позади сцены устраивался небольшой киот с фигуркой или изображением Л. Актёры различных местных видов драмы, видимо, чтили в качестве Л. разных персонажей. *Б. Р.*

ЛАОМЕДО́НТ, в греческой мифологии царь Трои, сын Ила и *Эвридики*. Когда Аполлон и Посейдон построили для Л. стены Трои, он отказал им в обещанной плате. За это Посейдон наслал на Трою морское чудовище, пожиравшее жителей. Чтобы избавиться от него, Л. должен был отдать ему на съедение свою дочь *Гесиону*, но её спас Геракл, убив чудовище. Однако Л. снова не сдержал слова, отказавшись отдать Гераклу обещанных ему в награду волшебных коней. Спустя некоторое время Геракл пошёл походом на Трою, разорил город и убил Л. и всех его сыновей, кроме Подарка, известного затем под именем *Приама* (Hom. Il. XXI 441—457; Pind. Ol. VIII 31—45; Apollod. II 5, 9; 6, 4). *В. Я.*

ЛА́ОЦЗЫ («старый ребёнок»), Лао-цзю́нь, Тайша́н лао-цзю́нь, легендарный основатель даосизма в Китае, живший будто бы в конце 7 в. до н. э., которому приписывается «Даодэцзин» («Книга о Пути и его проявлениях»). Л. был обожествлён в первых веках н. э., в период становления религиозного даосизма. Согласно мифам, был зачат без отца от солнечной энергии, аккумулированной в пятицветной жемчужине, проглоченной его матерью Сюаньмяоюйнюй, пробыл в её утробе 81 (вариант — 72) год и вышел из левого подреберья. Он был рождён под сливовым деревом — отсюда его фамилия Ли («слива»). Через 9 дней он уже имел рост 9 чи (ок. 3 м) и все внешние признаки святого. В даосских трактатах Л. рассматривался как глава всех бессмертных, рождённый вместе с небом и землёй. Ему приписывались магические способности, в том числе смена облика (появление в городе Чэнду на овечьем базаре в облике чёрного барана). Прожив чуть ли не 200 лет, Л. верхом на чёрном быке был отправлен на запад. Проезжая пограничную заставу, он передал её начальнику книгу «Даодэцзин». В период соперничества с буддизмом (5—6 вв.) появилась легенда о том, что уехавший на запад Л. прибыл в Индию, чудесным образом оплодотворил спящую мать принца Гаутамы и таким образом стал отцом будды *Шакьямуни*. Официальный культ Л. известен со 2 в., особо почитался при династии Тан (618—910), императоры которой, носившие фамилию Ли, считали его своим прародителем. В поздней народной мифологии он почитался как глава заклинателей, а также как покровитель кузнецов, серебряных и золотых дел мастеров, точильщиков, изготовителей пиал и палочек для еды. Часто изображался в виде старца верхом на быке. *Б. Л. Рифтин.*

ЛАПИ́ФЫ, в греческой мифологии фессалийское племя, обитавшее в горах и лесах Оссы и Пелиона. Л. ведут своё происхождение от Пенея (бога одноимённой реки в Фессалии), дочь которого Стильба родила от Аполлона сына Лапифа. Дети Лапифа — Л. стали родоначальниками семей этого племени.

В преданиях о Л. (Diod. IV 69—70) тесно переплетаются исторические мотивы и мифология. Вероятно, существовало племя Л.— одно из древнейших постпеласгических племён Фессалии, изгнанных, по преданию, дорийцами. Само название Л. означает «каменные», «горные» или «дерзкие», имена их героев: *Флегий* («пылающий»), Пирифой («сияющий» или «быстрый, как струя»), Стильба («сияющая»), Перифат («сияющий окрест»), Астерион («звёздный»), Исхий («мощный»), Леонтей («львиный»), Коронида («ворона»), Элат («ель») и др. Л. родственны кентаврам (Лапиф и Кентавр — родные братья). Л. отличаются диким воинственным и независимым характером, который проявился во время их сражения с кентаврами, приглашёнными на свадьбу *Пирифоя с Гипподамией* и побеждёнными Л. (Ovid. Met. XII 210—523). Царь Л. Пирифой дерзнул отправиться вместе с *Тесеем* похитить богиню Персефону и за это был навеки прикован к скале в аиде (Apoll. Rhod. I 101—104). К Л. принадлежит великан-оборотень *Кеней*. Сын царя Л. Флегия — Иксион покушался на богиню Геру; сестра Иксиона *Коронида* изменила Аполлону со смертным Л.— участники *калидонской охоты* (Apollod. I 8, 2; Ovid. Med. VIII 303 след.) и похода *аргонавтов* (Apoll. Rhod. I 35—44). Их могущество было сломлено Эгимием — сыном Дора, родоначальника дорийцев, которому помогал *Геракл*. *А. Ф. Лосев.*

ЛАРА́Н, в этрусской мифологии бог войны. Соответствует греч. Аресу, рим. Марсу. На этрусских зеркалах изображается либо бородатым воином в панцире, со шлемом и мечом, либо обнажённым юношей в шлеме, с копьём в руке. *А. Н.*

ЛАРИ́ССА, в греческой мифологии аргосская (или фессалийская) нимфа, сестра *Кирены*, родившая от Посейдона сыновей Пеласга и Фтия. Во время игры в мяч упала в реку Пеней, и в её честь здесь был основан и назван город (Serv. Verg. Aen. II 197; Steph. Byz.). *Г. Г.*

ЛА́РЫ, в римской мифологии божества — покровители общин и их земель. Чаще почитались как недифференцированное целое отдельными семьями, соседскими общинами, гражданской общиной. Римляне выводили культ Л. из культа мёртвых (Serv. Verg. Aen. V 64; VI 152). Фамильные Л. были связаны с домашним очагом, семейной трапезой, с деревьями и рощами, посвящавшимися им в усадьбе. К ним обращались за помощью в связи с родами, бракосочетанием, смертью. Считалось, что они следят за соблюдением традиционных норм во взаимоотношениях членов фамилии, наказывают нарушителей, в частности господ, слишком жестоких к рабам. Рабы искали защиты от гнева хозяина у домашнего очага или алтаря Л. и активно участвовали в их культе, впоследствии преимущественно обслуживавшемся именно рабами. Глава фамилии был верховным жрецом культа Л.

Как покровителей соседской общины и добрососедских отношений Л. почитали на перекрёстках (compita, компитальные Л.), где сооружались святилища с числом отверстий, равным числу примыкавших к перекрёстку усадеб. Здесь главами семей развешивались куклы и шерстяные шары, изображавшие соответственно свободных членов семьи и рабов. Возможно, этот ритуал восходит к практике человеческих жертвоприношений Л. как хтоническим божествам, отсюда их неясная связь с хтонической Лapeнтой-Лapундой, Манией (см. *Маны*) и иногда отождествлявшейся с ней матерью Л., получавшей в виде жертвы бобовую кашу. Праздник компиталий сопровождался общей трапезой, шутками, песнями, плясками, состязаниями за призы. Новобрачная, переходя в фамилию и соседскую общину мужа, приносила монету домашним Л. и компитальным Л. Компиталии, в которых участвовали и рабы, и свободные, были наиболее демократическим из связывавшимся с «царём-народолюбцем», сыном рабыни и лара — Сервием Туллием. Обслуживали культ компитальных Л. коллегии плебеев и рабов. Август в 12 до н. э. реформировал культ Л., образовав его коллегии из рабов, отпущенников и плебеев в каждом квартале Рима и других городов, и соединил с культом своего *гения*. Однако в домах и имениях Л. продолжали почитаться коллегиями рабов и отпущенников вплоть до полного падения язычества. Изображались фамильные и соседские Л. в виде двух юношей в собачьих шкурах и с собакой (как бдительные хранители).

Своих Л. имела и римская гражданская община в целом. К ним как хранителям и защитникам наряду с *Марсом* обращалась коллегия жрецов — арвальских братьев, при ритуальном очистительном обходе территории города. Греки отождествляли Л. с героями, культ которых, возможно, ранее существовал в Риме. В пользу такого предположения говорят: надпись 4 в. до н. э., посвящённая «лару Энею» (т. е. герою Энею); толкование Л. как *индигетов*, как живущих в рощах душ предков, добродетельных, могучих мужей, ставших богами (Serv. Verg. Aen. I 441; III 169; III 302; VI 378). В провинциях Л. отождествлялись с божествами родоплеменных и сельских общин. Некоторые современные исследователи связывают Л. с предками, другие считают их духами растительности и земельных участков.

Е. М. Штаерман.

ЛАТИН, в римской мифологии сын *Фавна* и *Марики*, царь Лаврента (Liv. I 1), или, по греческой версии, сын *Одиссея* (или Телемаха) и *Кирки* (Serv. Verg. Aen. VII 47), муж *Аматы*, отец *Лавинии*; эпоним латинян. После исчезновения или гибели в бою Л. был обожествлён под именем Юпитера Латиариса; его святилище, общее для всех латинян, построенное римскими царями после разрушения Альбы, находилось на Альбанской горе (Plin. Nat. hist. III 68). Там ежегодно в т. н. латинский праздник сперва царями, затем консулами совершалось жертвоприношение (Dion. Halic. IV 49; VI 95). С Л. связан народный обычай качаться в праздник Либера на перекрёстках на качелях, якобы отыскивая на земле и на небе исчезнувшего Л. (Serv. Verg. Georg. II 383—389).

Е. Ш.

ЛАТУ́РЕ ДА́НЕ, в мифах ниасцев (Западная Индонезия) бог нижнего мира, источник болезней, смерти, непогоды и землетрясений. Его цвета — красный и чёрный, символы — змея, луна и тьма. Л. Д. — близнец-антагонист *Ловаланги*. Он появился из мирового древа Тороа, по другим мифам, рождён прародительницей Инада Самадуло Хэси. Между ним и братом разгорается спор о первородстве. Ловаланги тщетно пытается забросать Л. Д. скалами, а Л. Д., вызвав землетрясение, разрушает небесное обиталище брата. Спор выигрывает Л. Д., но за Ловаланги остаётся верхний мир. По одному из мифов, Л. Д. рождён без головы, а Ловаланги без нижней части тела, так что только вместе они составляют целое.

М. Ч.

ЛАУМА, Л а у м е, в восточнобалтийской мифологии первоначально богиня родов и земли; позже — злой дух, ведьма, летающая по небу. По ночам Л. душит спящих, вызывает кошмары; подменивает родителям детей, прячет конец нити у прях и т. п. В Л. можно видеть трансформированный образ жены громовержца *Перкунаса*, наказанной мужем за измену и низвергнутой на землю [ср. литов. laũmės papas, laũmės pirštas (spenỹs), «громовая стрела», белемнит — в народных верованиях оружие громовержца]. Ср. также название радуги как «пояса Л.» (литов. Laũmės júosta). Вместе с тем литов. laũmės sluota, латыш. laumas sluota (собств. «метла Л.»), «омела», литов. laũmės káulas, «нарост», «опухоль» (собств. «кость Л.»), латыш. laumêt, «колдовать», и т. п. значения указывают на связь Л. с землёй, растительностью, вредоносностью. По латышским поверьям, Л. доброжелательна к людям.

В. И., В. Т.

ЛА́УРУ, в низшей итальянской мифологии (прежде всего, южной Италии) домовой, являющийся в виде маленького человечка в нарядном бархатном платье. По преданиям, Л. соблазняет женщин и насылает на них по ночам кошмары, если они не бывают уступчивы.

С. Ш.

ЛА́ХА́МА, в шумерской мифологии демоны водной стихии, созданные богом *Энки в Абзу* (Энгурре). По мифу «Энки и мировой порядок», их 50. В мифе об Инанне и *ме* (см. в ст. *Инанна*) Энки посылает за ней пять лахама Энгурры. В космогонической аккадской поэме «Энума элиш» Лахму и Лахаму — чудовища-божества, дети первозданной стихии — Апсу и *Тиамат*, родители *Аншара и Кишар*. В одном из поздних аккадских списков богов именем Лахму назван получеловек-полурыба (ср. *Кулулу*), прислужник бога Эйя, а кроме того, — спутник богини-целительницы *Гулы*, имеющий вид получеловека-полусобаки.

В. А.

ЛАХАР И АШНАН, в шумерской мифологии богини скота (Лахар, возможно, древнее заимствование из общесемитского «овца», олицетворение «матушки-овцы») и зерна (Ашнан). В этиологическом мифе Л. и А. созданы, чтобы утолять голод и жажду богов ануннаков. Ануннаки едят зерно, пьют молоко, но никак не могут насытиться. Тогда по священному повелению богов *Энки и Энлиля* Л. и А. спускаются на землю и поселяются среди людей; на земле наступает изобилие. Выпив вина, богини затевают спор о превосходстве земледелия или скотоводства. Энки и Энлиль объявляют победительницей Ашнан.

В. А.

ЛА ЫЗ, в мифологии нивхов властелин ветра. По одним вариантам, ветер дует изо рта Л. ы., по другим, ветер вызывает женщина. Если она сидит дома и шьёт, стоит тихая и ясная погода, если выходит из дома и начинает бегать или танцевать, то от её развевающейся одежды поднимается ветер, хмурится небо; когда она танцует тихо, дует слабый ветер, когда танцует быстрее, ветер усиливается, когда она мочится, идёт дождь.

Е. Н.

ЛАЭРТ, в греческой мифологии отец *Одиссея*, внук Кефала — эпонима соседнего с Итакой острова Кефаллении. Согласно «Одиссее», после отплытия сына для участия в *Троянской войне* Л. жил с небольшим числом рабов в своём поместье вдали от города, ухаживая за садом и оплакивая пропавшего без вести Одиссея (XI 187—196; XV 353—360). Возвратившегося после долгих странствий сына Л. узнал по шраму на ноге и после того, как Одиссей сумел перечислить деревья, некогда подаренные ему Л. Афина, предвидя выступление против Одиссея родственников убитых им женихов Пенелопы, укрепила силы Л., который после этого ударом копья сразил отца Антиноя — предводителя женихов (XXIV 205—374; 516—525).

В. Я.

ЛЕБАРИСО́МПА («вельможа, перед которым падают ниц»), персонаж доисламской традиции бугийцев (о. Сулавеси), отражённой в цикле мифологических поэм «Ла Галиго», внук бога Батаракэллинга (из небесного пантеона). Согласно мифу, Л., грозный полководец (прозвища: «князь-вояка», «грозный»), из своего княжества, расположенного на юге острова, совершал многочисленные походы в другие области Сулавеси (часто лишь ради пополнения своего гарема). Пользуясь покровительством богов, Л. обычно одерживал победу. Однажды он отправился в страну Сэнриджава (некогда спущенную с неба, населённую, однако, обыкновенными смертными). Войско Л. было потеснено сэнриджавцами, во главе которых стоял молодой князь Ла Тэнриливэнг. На помощь Л. пришёл Батаракэллинг, сбросивший с неба на сэнриджавцев жгучую крапиву, напустивший на них кровожадных чудовищ, пославший одного из богов для командования поредевшим войском Л. Видя бесполезность дальнейшего боя, Ла Тэнриливэнг распустил своё войско. Л. обещал Ла Тэнриливэнгу сохранить жизнь и свободу, если он отдаст ему свою жену. Тот наотрез отказался. Состоялся поединок, в котором Ла Тэнриливэнг был убит. Однако его стойкость произвела впечатление на Л. Приказав похоронить Ла Тэнриливэнга как героя, с почестями, Л. со своим войском покинул Сэнриджаву, оставив в покое княгиню-вдову и не пополнив вообще своего гарема.

Ю. С.

ЛЕБЕ́, в мифах догон первый предок на земле, созданный восьмым и седьмым первопредками-*номмо*.

Л. был потомком восьмого первопредка, но, когда он умер, его под землёй проглотил седьмой первопредок, а затем изрыгнул его вместе с потоком воды. На том месте, где находилось тело Л., образовалось пять рек. Кости Л., выйдя из чрева первопредка, превратились в цветные камни — дуге (священные предметы культа). Л., в котором смешались жизненные силы восьмого первопредка, воплощавшего «слово», и седьмого — хозяина «слова», стал представителем «слова» на земле.

Согласно варианту генеалогического мифа, когда догон жили в Стране манде, Л. дал жизнь двум сыновьям. От старшего из них произошли племена догон — дион, домно и оно, а младший сын другого сына Л. стал основателем племени ару.

Когда Л. умер, его труп опустили в землю. Перед уходом из Страны манде догон решили взять с собой останки Л. Но, когда старший из них (Дион, «землекоп») вскрыл могилу, он обнаружил, что Л. воскрес — там находилась живая змея. Догон, захватив с собой немного земли с могилы, отправились подземным путём, ведомые змеёй. Придя в новую страну, Дион соорудил алтарь Л.: принесённую с собой землю положили под квадратный камень и прикрыли его ступкой. Дион стал огонём — жрецом культа Л. *Е. С. Котляр.*

ЛЕВИАФАН, в библейской мифологии морское животное, описываемое как крокодил, гигантский змей или чудовищный дракон. В Библии упоминается либо как пример (наряду с бегемотом) непостижимости божественного творения (Иов 40, 20—41, 26; Пс. 103/104, 26), либо в качестве враждебного богу могущественного существа, над которым он одерживает победу в начале времён (Пс. 73/74, 14; Ис. 27, 1). Известен и в западносемитской угаритской мифологии, где Л. (Латану), воплощающий разрушительные силы водного мира, предстаёт как могучее семиголовое чудовище, которое борется с *Балу* (Алиййану-Балу) и *Анат* и оказывается побеждённым. Возможна также более отдалённая связь Л. с вавилонской *Тиамат*, олицетворяющей морскую стихию и при разделении верхних и нижних вод рассечённой пополам богом Мардуком. Ср. содержащийся в кн. Еноха и других источниках мотив отделения друг от друга Л. и бегемота в качестве чудовищ мужского и женского пола, в состоянии первоначального хаоса слитых воедино. По-видимому, мифы о Л. восходят к представлениям об олицетворённом первобытном хаосе, враждебном богу-творцу и некогда им покорённом, ныне же пребывающем в состоянии сна, однако могущем быть разбуженным (Иов 3, 8). В Библии наряду с Л. названы близкие ему чудовища, поражаемые богом, — Раав и Таннин, а также рыба, проглотившая Иону.

Наиболее развёрнутое описание Л. содержится в книге Иова: «нет столь отважного, который осмелился бы потревожить его..., круг зубов его — ужас...; от его чихания показывается свет; глаза у него — как ресницы зари..., дыхание его раскаляет угли, из пасти его выходит пламя; он кипятит пучину, как котёл, и море претворяет в кипящую мазь; ... он царь над всеми сынами гордости» (41, 2—26). Как в Библии (напр., Иов 40—41), так и в позднейшей традиции Л. часто предстаёт вместе со своим сухопутным мифическим аналогом — бегемотом, у которого ноги, как медные трубы, кости, как железные прутья (Иов 40, 13—14). В апокрифах (в кн. Еноха, 4-й книге Ездры, «Апокалипсис Баруха») и в агаде встречается ряд гиперболических описаний невероятной величины Л. Так, дневной пищей Л. служит рыба с рогами на голове, длиной в 300 миль; пар, испускаемый Л., способен вскипятить весь океан. В агаде и в апокрифах бегемот и Л. упоминаются обычно в связи с мессианскими и апокалиптическими мотивами. Мясо обоих животных, поражённых богом или убивающих в схватке друг друга, послужит пищей на пиру праведников в день пришествия мессии. *М. Б. Мейлах, Н. Ш.*

ЛЕВК, в греческой мифологии сын *Талоса*, усыновлённый *Идоменеем*. Когда Идоменей находился под Троей, Л. совратил жену Идоменея Меду, а потом убил её и её дочь Клиситиру. Став тираном Крита, Л. не пустил на остров вернувшегося Идоменея (Apollod. epit. VI 9—10). *Г. Г.*

ЛЕВКА («белый»), в греческой мифологии: 1) дочь Океана, похищенная влюблённым в неё Плутоном и после смерти оставшаяся в элизиуме в облике тополя. С венком из ветвей этого дерева вышел из загробного царства Геракл (Serv. Verg. Ecl. VII 61); 2) один из островов блаженных, где после смерти обитал *Ахилл* вместе с *Еленой* и где у них родился сын Эвфорион (Pind. Nem. IV 49); по другим свидетельствам (Ant. Liber. 27), на Л. супругой Ахилла стала *Ифигения*, получившая там имя Орсилохии. По сообщению Павсания, с Л. отождествляли небольшой остров в Понте Евксинском (Чёрное море), у устья Дуная (Paus. II 5, 22). *А. Т.-Г.*

ЛЕВКИПП, в греческой мифологии: 1) правитель Мессении, сын Периера и дочери Персея Горгофоны, брат *Тиндарея* и *Икария* (Apollod. III 10, 3), отец Левкиппид — Фебы и Гилаейры — невест *Афаретидов* (Идаса и Линкея); 2) сын пелопоннесского царя *Эномая*, влюблённый в нимфу *Дафну*. Переодетый в женское платье, Л. преследовал её, но его хитрость была раскрыта и по приказу Аполлона он был убит спутницами нимфы (Paus. VIII 20, 2). *М. Б.*

ЛЕВКОФЕЯ («белая богиня»), в греческой мифологии морское божество, в которое превратилась *Ино*, бросившись в море. *А. Т.-Г.*

ЛЁГБА, в мифах фон божество-трикстер; младший (седьмой) сын *Маву-Лиза*. Согласно мифу, Л. победил в состязании, предложенном Маву-Лиза своим детям: он один сумел станцевать и одновременно сыграть на всех музыкальных инструментах. За это Маву-Лиза поставил его над всеми богами; поручил посещать царства его братьев и извещать обо всём в них происходящем. Л. — толмач богов, он один знает языки Маву-Лиза и всех своих братьев, каждому из которых Маву-Лиза дал особый язык. Как трикстер Л. постоянно сеет раздоры между богами, сталкивая их между собой.

Л. первым занялся гбо (магия, колдовство). Прежде боги не получали жертвоприношений и поэтому были голодны. Л. сделал змею, положил её у дороги, ведущей к рынку, и приказал жалить проходящих. После каждого укуса появлялся Л. и предлагал пострадавшему вылечить его за вознаграждение. Человек по имени Аве, заинтересовавшийся занятием Л., был приобщён им к магии: Л. обучил его лечению от змеиных укусов. Но Маву-Лиза запретил Л. раскрывать Аве другие секреты, а самого Л. сделал невидимым. Л. делил ложе с *Фа* и её дочерью *Миноной*, за что Маву-Лиза обрёк его на вечную неудовлетворённость. *Е. С. Котляр.*

ЛЕДА, в греческой мифологии супруга спартанского царя *Тиндарея*. По наиболее распространённому варианту мифа, Л. — дочь царя Фестия из Этолии, к которому бежал изгнанный из Спарты Тиндарей. За помощь, оказанную ему в отражении воинственных соседей, Фестий отдал Тиндарею в жёны Л. Детьми Л. были близнецы-*Диоскуры*, *Клитеместра* и *Елена*. Последняя считалась дочерью Зевса, который соединился с Л. в образе лебедя; от этого союза она родила яйцо, и из него появилась Елена (Apollod. III 10, 7; Eur. Hel. 16—22). Скорлупу яйца показывали в одном из храмов Спарты во 2 в. (Paus. III 16, 1). По другой версии мифа, Л. только сберегла у себя яйцо, снесённое богиней Немесидой от брака с Зевсом и найденное пастухом; когда из него появилась красавица-девочка, Л. воспитала её как собственную дочь (Apollod. III 10, 7). Существуют также различные сказания о количестве яиц, снесённых Л. (Schol. Pind. Nem. X 79—83). *В. Я.*

ЛЕЗА, Р е з а, у бантуязычных народов Тропической Африки (ила, тонга, биса, вемба, луба, субийя, каонде и др.), громовник, божество дождя. Согласно мифам, Л. живёт на небе, его проявления — дождь, молнии, гром. В мифах ила молнии — блеск глаз Л., когда он сердится (по другой версии, молнии исходят из его рта), гром — его голос, звёзды — глаза; когда Л. спускается на землю, происходит буря. Посредниками между Л. и людьми выступают духи предков. По-видимому, под влиянием культа предков у некоторых народов первоначальный образ Л.-громовника усложнился, заимствовав функции, типичные для культурных героев. По представлениям биса и вемба души умерших переходят в мир духов к Л. В мифах каонде Л.— громовник, демиург и культурный герой. Он создал первых людей — Мулонга и Мвинамбузи, которые сначала были бесполыми и только благодаря Л. превратились в мужчину и женщину. Для этой пары Л. передал медовой птице три калебасы (сосуды из тыквы): в двух были семена полезных растений, а в третьей — смерть, болезни, хищные звери. Он запретил открывать калебасы до своего прихода, но медовая птица нарушила запрет, что привело к появлению в мире смерти, болезней и хищных зверей. Наказав виновницу бед, Л. научил людей строить жилища для защиты от зверей, выделывать шкуры, добывать огонь трением, выплавлять железо из руды и изготовлять топоры, мотыги, копья и т. п.; ввёл обычай брачного выкупа за жён.

Е. С. Котляр.

ЛЕЙКПЬЯ, лейпбья («бабочка»), в мифологии бирманцев душа. По народному верованию, от Л. зависит жизнь и смерть, а также болезнь. Когда Л. улетает, знахари стараются её поймать, предлагая ей дары. Л. покидает также тело во сне. Л. у матери и ребёнка, жены и мужа соединены, поэтому со смертью кого-либо из них проводилась церемония разделения душ.

Я. Ч.

ЛЕКЕОН, Левиатан, у армян мифологический персонаж — огромная рыба, обвившая землю, плавающая в мировом океане. Л. тщетно пытается откусить свой хвост, полагая, что это часть чужого тела; если бы ему удалось поймать свой хвост, произошло бы крушение мира. От движений Л. происходят землетрясения. На голове Л. большой бриллиант, светящийся днём и ночью (со вспыхиванием бриллианта при движениях Л. связана зарница).

Согласно варианту мифа, Л. вращается вокруг большой горы (мировой горы) Кафар, находящейся в центре мирового океана. После полного оборота, совершённого в течение 6 месяцев, проголодавшийся Л. заглатывает в огромном количестве воду, которую затем извергает на вершину горы. Начинается потоп; всё живое и неживое, сметённое с горы, попадает в раскрытую пасть Л. Несъедобное Л. выдыхает, выплёвывает — поднимается ветер, подобный самуму. Ср. библ. *Левиафан.*

С. Б. А.

ЛЕЛЬВАНИ, в хеттской и хаттской мифологии божество подземного мира. В списках богов имя Л. следует за главными богами (солнца и грозы), перед богом плодородия *Телепинусом.* В хаттской и древнехеттской мифологии Л.— мужское божество, в более поздней хеттской — женское, ассоциировавшееся с аккадской богиней Аллатум (в более поздних новохеттских текстах Л. иногда называют этим именем). У хатти в домах (храмах), посвящённых хтоническим божествам, в честь Л. совершался праздник пурулли. Если царю угрожала беда, он совершал ритуал в честь Л., принося Л. жертву и предлагая другого человека вместо себя. Царица Пудухепа, жена Хаттусилиса III (13 в. до н. э.), молясь о здоровье мужа, обещает сделать статую для храма Л.

В. И.

ЛЕММИНКЯЙНЕН, Лемминкяйни, Каукомойнен, Каукомьели, в финском и карельском эпосе герой. Согласно рунам, совершает поездки на пир (реже для сватовства) во враждебную страну — Пяйвёлу («солнечная страна»), Хийтолу, Лоутолу и т. п. (ср. поездки *Вяйнямёйнена* и *Ильмаринена* в Похьёлу), куда отправляется, как правило, незваным. Мать предупреждает его об огненных преградах на пути, огненном орле на огненной берёзе, о волках и медведях, привязанных к воротам Пяйвёлы, предвещает Л. гибель. Л. обманывает орла, превратившись в берёзовую ветвь, вместо себя подставляет деревянную куклу (череп мертвеца), пригоняет для волков отару овец и т. д. В Пяйвёле герою подносят пиво со змеями и червями. Оскорб-

лённый, Л. в поединке убивает хозяина. Мать советует Л. укрыться от мстителей на «острове женщин». Согласно другим вариантам, Л. был убит в Пяйвёле: оскорблённый героем слепой старец поразил его побегом боли-голова и швырнул тело в реку Туони. Мать, узнавшая о смерти Л. по крови, текущей из гребня (или кольца крыши), отправляется в загробный мир Туонелу, где вылавливает тело сына из Туони граблями, вопрошает Л., сохранилась ли в нём жизнь. Тот отвечает, что его нельзя вернуть к жизни, и превращается в рыбу в Туони (ср. шаманские мифы о поисках души и её превращении в загробном мире).

ЛЕМУ́РЫ, ла́рвы, в римской мифологии вредоносные тени, призраки мертвецов, не получивших должного погребения, преступно убитых, злодеев и т. п., бродящие по ночам и насылающие на людей безумие. Им были посвящены дни 9, 11 и 13 мая — лемурии, когда закрывались храмы и не совершались браки. Чтобы выгнать Л. из дома, глава семьи должен был, встав ночью и трижды омыв руки, взять в рот чёрные бобы и, не оборачиваясь, бросать их через плечо, девять раз повторяя, что этими бобами он искупает себя и своих близких; затем, ударяя в медный таз, девять раз призвать призрак удалиться из дома. Установление лемуриев, якобы некогда именовавшихся ремуриями, связывалось с явлением Фаустулу и Акке Ларентии призрака убитого Рема, установившего этот обряд (Ovid. Fast. V 429—484).

Е. Ш.

ЛЕОНА́РД, в западноевропейской низшей мифологии один из главнейших демонов, воплощение дьявола в роли устроителя и главы *шабаша,* на котором Л. появлялся в обличье огромного чёрного козла с тремя рогами, лисьими ушами и овечьей бородой. Вместо зада имел ещё одно лицо, к которому прикладывались поклонявшиеся ему ведьмы.

С. Ш.

ЛЕПРЕХУ́Н, в ирландской низшей мифологии и фольклоре эльф (luchorpan, букв. «маленькое тело»). Народная этимология толкует имя Л. как «половина ботинка», отчего с Л. связывается занятие сапожным ремеслом. Считалось, что он стережёт множество зарытых сокровищ, открывая их тому, кто сумеет его поймать и выслушать не сводя с него глаз.

С. Ш.

ЛЕР, Лир (ирл., валлийск., «море»), в кельтской мифологии бог. Образ ирландского Л. мало разработан, он упоминается обычно лишь как отец *Мананнана.* Валлийский Л. (возможно, как имя, так и сам персонаж были заимствованы из Ирландии) упоминается в генеалогиях как один из предков короля *Артура.* Связь валлийского Л. с морской стихией подтверждается более чем вероятным соответствием его Ллуду с серебряной рукой, а того, в свою очередь,— божеству Нодонсу, изображённому на одной из мозаик римского времени с атрибутами бога моря. Король Лир из сочинения английского хрониста 12 в. Гальфрида Монмутского (Leir, от Легрецестра, где, по преданию, был погребён король Лир), к которому восходит соответствующий персонаж У. Шекспира, обязан валлийской традиции лишь именем, а не историей, не имеющей соответствия в ранних памятниках.

С. Ш.

ЛЕРАВУ́ЛАН («солнце-луна»), высшее божество у ламахолот (Восточная Индонезия). Л.— источник и начало всего сущего, он создал богиню земли Тана Экен, всплывшую по его повелению из-под воды, и на ней первых людей. Л. повелел людям воевать и ходить на охоту за головами, для того чтобы черепа приносились ему в жертву. Возможно, миф об Л. генетически связан с сюжетом (характерным для племенных верований Восточной Индонезии) о небесном или солнечном боге, вступающем в священный брак с хтонической богиней. Трансформация образа Л. от юнического божества до демиурга произошла как под влиянием мировых религий (христианства, ислама), так и в силу внутреннего развития общества ламахолот.

М. Ч.

ЛЕСТРИГО́НЫ, в греческой мифологии (Hom. Od. X 80—132) народ великанов-людоедов, с которым столкнулись *Одиссей* и его спутники, когда их корабли подплыли к «высокому городу» Ламоса. Один из трёх посланных Одиссеем на разведку спутников был проглочен царём Л. Антифатом. Затем Антифат призвал Л., которые уничтожали корабли пришельцев, бросая в них со скал огромные камни, а людей, как рыб, нанизали на колья и унесли на съедение в город. *В. Я.*

ЛЕ́ТА, в греческой мифологии персонификация забвения, дочь богини раздора Эриды (Hes. Theog. 226 след.). Именем Л. названа река в царстве мёртвых, испив воду которой, души умерших забывают свою былую земную жизнь (Verg. Aen. VI 705). Согласно сообщению Павсания (IX, 39, 8), вблизи пещеры *Трофония* в Лейбадее (Беотия) пришедшие вопросить знаменитый оракул предварительно пьют воду из двух источников: Л.— забвения, чтобы забыть о заботах и волнениях, и Мнемосины — памяти, чтобы запомнить услышанное и увиденное в пещере. *А. Т.-Г.*

ЛЕ́ТО, в греческой мифологии дочь титанов Коя и Фебы (Hes. Theog. 404—408), родившая от Зевса *Аполлона* и *Артемиду*. Имя Л. сближали с корнем led. leth, указывающим на «ночь» и «забвение», тем более, что мать её Феба — луна, а сестра Астерия — звезда. Однако, вероятнее всего,— это божество догреческого происхождения, и мифы о Л. восходят к догреческим малоазийским корням, а имя её связано с ликийским lada, «жена», «мать». По сообщению Страбона, на реке Ксанф в Ликии (Малая Азия) был храм Л. (XIV 3, 6), на острове Родос ей была посвящена роща (XIV 2, 2), на Крите город с догреческим населением, названный именем Л. Возможно, этим негреческим происхождением богини объясняется её незаконная связь с Зевсом, преследование её *Герой* и особенно трудности при рождении близнецов, когда ни один клочок суши не смел принять гонимую Герой Л. В мифах создан образ Л. как страдающей матери, «вечно милой», «самой кроткой» (Hes. Theog. 406—407), которая благодаря своим детям заняла почётное место на Олимпе. Л. изображается и прославляется как мать и жена (ср. *Лакшми, Лада*). В гомеровском гимне (Hymn. Hom. I) описывается картина долгих странствий богини по материку и островам греческого мира, её просьба к Делосу стать ей пристанищем и обещание прославить остров великолепным храмом. Девять дней мучается Л. в тяжелых схватках, вокруг неё «лучшие среди богинь» — Фемида, Рея, Амфитрита, Диона и др. Злобная Гера задержала богиню родов *Илифию* под облаками на Олимпе. Через Ириду богини одаривают Илифию ожерельем, и тогда с её помощью появляется на свет Аполлон (I 25—126). Опасаясь Геры, все отвергают Л., и только остров Астерия (первоначальное название Делоса) приютил богиню, став священнейшим из островов; там под пальмами Л. родила своих детей (Callim. Hymn. IV 55—274). Согласно Атенею (XIV, р. 614 в.), на Делосе находилось древнейшее изображение Л.— грубый фетиш в виде неотделанного полена. Л. особенно любима своими детьми, которые оберегают её и убивают тех, кто пытается оскорбить их мать (*Тития, Пифона*, детей *Ниобы*).

Л., Аполлон и Артемида вполне единодушны. Они вместе помогают троянцам в *Троянской войне*, что связано с их малоазийским происхождением. Аполлон спасает *Энея*, а Л. и Артемида возвращают герою мощь и красоту (Hom. Il. V 445—448). Гермес даже не пытается сразиться с Л., признавая себя заранее побеждённым. Сама же богиня, подобрав стрелы и лук Артемиды, побитой Герой, отправляется на Олимп, чтобы вместе с Зевсом утешить дочь (XXI 497—504). Великую гордость материнства испытывает Л., когда на Олимпе в доме Зевса появляется Аполлон. Она помогает сыну снять оружие, усаживает его в кресло. И пока все боги трепещут от страха, встав со своих мест, а Зевс подносит сыну в золотой чаше напиток, Л. веселится, сердцем радуясь, что родила столь сильного сына (Hymn. Hom. I 1—13). Образ Л.— это образ богини-матери, прославленной в детях. В римской мифологии Л. известна под именем *Латоны*. *А. Ф. Лосев.*

ЛЕ́ШИЙ, лесови́к, леша́к, лису́н, борови́к, в восточнославянской мифологии злой дух, воплощение леса, как враждебной человеку части пространства. Л.— хозяин леса и зверей, его представляют одетым в звериную шкуру, иногда со звериными атрибутами — рогами, копытами; Л. может изменить свой рост — становиться ниже травы или выше деревьев; перегоняет стада зверей из одного леса в другой; связь с волками объединяет его со святым Георгием — Юрием, волчьим пастырем Егорием русских духовных стихов и преданий. Наделён отрицательными атрибутами, связью с левым (признак нечистой силы): у него левая сторона одежды запахнута на правую, левый лапоть надет на правую ногу и т. п. (ср. сходный мотив в связи с хеттским *Телепинусом*, славянским водяным и т. п.). В быличках Л.— проклятый человек или заложный (вредоносный) покойник. Л. может пугать людей своим смехом, увести ребёнка, сбить с пути. Для защиты от Л. уведённый им человек ничего не должен есть или должен носить с собой лутовку (очищенный от коры кусок липового дерева), перевернуть стельки у обуви и т. п. Существуют также представления о женских духах леса — лисунках, лешачихах, с длинными грудями, закинутыми за спину. Сходные лесные духи известны в западнославянской и других традициях. *В. И., В. Т.*

ЛЕ́ШЬЯ («аура»), в джайнской мифологии ореол, окружающий всякое живое существо, но заметный только субъектам, находящимся на высоких ступенях духовного развития («гунастхана»). Л. обладает цветом, вкусом и запахом, но наиболее важной характеристикой является цвет, указывающий на нравственные качества личности: чем совершеннее *джива*, тем светлее его Л. 6 основных цветов Л.: чёрный, синий, серо-сизый, оранжевый, розовый, белый. У *сиддхов* Л. отсутствует. *А. А. Терентьев.*

ЛИА́НЖА, Лиа́нья, Иа́нья, Иа́нза, Лиа́ндза, центральный персонаж мифо-эпических преданий у народов группы монго-нкунду. Л.— сын Мбонгу, внука *Мбомбианда*, и Мбомбе, которую Мбомбианда создал для Мбонгу. Мать Л. характеризуется как мать-прародительница: она произвела на свет сначала насекомых, птиц, затем появились люди — лумбу, мболе, нкунду, элинга и другие и после всех — Л. и его сестра Нсонго. Действия Л. также мифологизированы: подобно культурному герою он добывает солнце. Отзвуки этого мотива обнаруживаются и в других эпизодах: Л. ловит солнце в ловушку, продлевая таким образом день; Л. закрывает солнце паутиной и дымом от рыбаков элинга, и они оказываются в темноте, в то время как для Л. солнце продолжает светить. С Л. предания связывают происхождение общности монго-нкунду и освоение их этнической территории. Л. расселяет людей на новых землях, определяя занятие для каждого из племён: элинга стали рыбаками, нкунду — охотниками, экота — земледельцами. Л. строит для людей хижины, устраивает поля. Затем Л. покидает землю, поднявшись по пальме в небо, и берёт с собой свою мать Мбомбе, брата Энтонто и сестру Нсонго. В некоторых вариантах фигурирует сравнительно поздний мифологический мотив о происхождении белых; их появление объясняют поступками либо Л., либо его потомков.

Для Л. как эпического героя характерно чудесное рождение: Л. говорит еще во чреве матери и сам выбирает способ рождения — он выходит из большой берцовой кости матери, с оружием, украшениями и амулетами своего отца, сразу же собирает войско, чтобы отомстить за его смерть; он обладает сверхъестественными способностями (умеет превращаться или «входить» — в мальчика, горящее полено, кобру, антилопу, плод; Л. забрасывает копьё так далеко в небо, что оно возвращается только на третий день) и магическим знанием (при помощи заклинаний переправляется через реку, затачивает топоры, от его заклятий сами собой валятся деревья, строятся хижины, зеленеют поля). Л. обладает магическим колокольчиком, ножом и т. п. Ему помогают духи предков. Л. мстит за смерть отца, побеждает огромного змея Индомбе, людоедов. Главный подвиг Л. в преданиях: он возглавил переселение племён монго-нкунду на земли в бассейне р. Конго; у монго-нкунду проводят ежегодную церемонию, «процессию Л.» — чучело Л. (или «предка») переносят из одной деревни в другую и всегда в одном и том же направлении: от верховьев к низовьям р. Конго (повторяя путь миграции племён во главе с Л.).

Е. С. Котляр.

ЛИ́БЕР, в римской мифологии древний бог плодородия и оплодотворяющей силы, затем виноградарства, отождествлявшийся с Вакхом-*Дионисом*. Его женская параллель — Либера, иногда отождествлявшаяся с *Ариадной*. Л., Либере и Церере в 494 до н. э. в Риме был построен греческими мастерами храм, ставший религиозным центром плебеев в период борьбы с патрициями. Эта плебейская триада богов противопоставлялась патрицианской триаде (Юпитер, Юнона и Минерва), почитавшейся в храме на Капитолии (Liv. III 55, 7). После уравнения сословий плебейская триада вошла в общеримский пантеон, а Л. стал богом свободных самоуправляющихся городов по созвучию имени Л. со словом libertas, свобода). В посвящённый Л. праздник либералий (17 марта) граждане собирались на перекрёстках, наряжались в маски из коры и листьев, раскачивали сделанный из цветов фаллос, совершали всякие «весёлые непристойности» и пели сложенные сатурнийским размером шуточные песни, ставшие одним из истоков римской комедии (Verg. Georg. III 380 след.; Serv. Verg. Georg. II 385, 387, 389). Л. пользовался широкой популярностью во всём римском мире, особенно в конце республики и в период империи, когда боровшиеся за власть политические деятели, а затем императоры отождествляли себя с Л.-Дионисом. В римских провинциях Л. отождествлялся с туземными богами плодородия и виноградарства.

Е. М. Штаерман.

ЛИ БИН, в китайской мифологии: 1) бог года. Л. Б. считался сыном Чжоу Синя, последнего государя династии Инь. По наущению своей наложницы Чжоу Синь убил мать Л. Б. и хотел убить и самого Л. Б., но тот сбежал и стал учеником некоего мудреца. Согласно средневековым легендам, он потерпел поражение в одной из битв, но Будда спас его, а маг Цзянтайгун возвёл его в ранг бога года (фантастическая эпопея «Фэн шэнь яньи», «Возвышение в ранг богов», 16 в.). Л. Б. считался свирепым божеством, ему приносили жертвы чиновники в начале весны, с которой на Дальнем Востоке начинается год; 2) своеобразный «поздний» вариант культурного героя. В основе образа Л. Б. лежат, видимо, представления об историческом древнем правителе местности Шу (Юго-Западный Китай) в 3 в. до н. э. Согласно преданию (в «Толковании нравов и обычаев», 2 в. н. э.), когда Л. Б. вступил в правление областью Шу, он приказал не искать в жёны богу реки девушек, как это было принято, чтобы избежать наводнений, а привёл на берег реки в храм бога двух своих дочерей. Л. Б. предложил божеству появиться из воды и отведать вина. Вино в чаше заколыхалось — это был знак появления божества. Тогда Л. Б. начал перечислять богу все его преступления. Божество разгневалось. Потом все увидели на берегу схватку двух зелёных быков — Л. Б. и бога реки. Сподручные Л. Б. помогли убить быка — воплощение бога реки. Так народ избавился не только от человеческих жертвоприношений богу реки, но и от угрозы постоянных наводнений. В более поздних преданиях Л. Б. и бог реки изображены в облике драконов. По некоторым вариантам, речной дракон был схвачен живьём и прикован цепями к проходу, который прорубил в скалах Л. Б., чтобы отвести воды реки Миньцзян, разделив её на два рукава. Победив божество, Л. Б. изготовил три каменные статуи, поставил их посредине реки и договорился с божеством реки, что в период засухи вода не будет опускаться ниже ног статуй, а во время половодья — подыматься выше их плечей. В средневековых преданиях фигурирует и сын Л. Б. Эрлан.

Б. Л. Рифтин.

ЛИБИТИ́НА, в римской мифологии богиня похорон. В святилище Л., находившемся в посвящённой этой богине роще, хранились похоронные принадлежности. По преданию, царь Сервий Туллий приказал вносить в святилище Л. по монете на каждые похороны, чтобы знать число умерших (Dion. Halic. IV 15). Впоследствии Л. слилась с Лубентией и на основе её имени (lubido, «страсть, вожделение») с Венерой (Serv. Verg. Aen. I 720).

Е. Ш.

ЛИБУ́ШЕ, в чешских легендах генеалогическая героиня. Согласно «Хронике» Козьмы Пражского (12 в.), Л. — одна из трёх дочерей чешского героя Крока, основавшего, по преданию, один из древнейших городов (ср. польского *Крака*, основателя Кракова). Её сестра Кази почиталась как искусная прорицательница и врачевательница. Тэтка — как учредительница культа духов («горных, лесных и водяных нимф»). Л. — мудрейшая из трёх сестёр — избирается вождём («судьёй») племени после смерти отца, указывает народу князя — пахаря Пржемысла, предрекает основание Праги. Мифологический мотив трёх сестёр — культурных героев соответствует восточнославянским и др. мотивам трёх братьев — генеалогических героев: ср. *Кия*, Щека и Хорива и сестру их *Лыбедь*, Чеха, *Ляха* и Руса в поздней книжной традиции и т. п.

В. П.

ЛИВ И ЛИ́ВТРАСИР («жизнь» и «пышущий жизнью»), в скандинавской мифологии человеческая пара (Лив — женщина, Ливтрасир — мужчина), спасшаяся во время гибели мира (см. *Рагнарёк*) от стужи (согласно «Речи Вафтруднира», «Старшая Эдда») или от пламени (по «Младшей Эдде») в роще Ходдмимир. От них снова пошёл человеческий род.

Е. М.

ЛИ́ВИЯ, Л и́ б и я, в греческой мифологии нимфа, дочь Эпафа (Hyg. Fab. 149), эпоним Ливии — страны к западу от Египта. Л. родила от Посейдона близнецов *Агенора* и *Бела* — царей Финикии и Египта (Apollod. II 1, 4; Hyg. Fab. 157).

М. Б.

ЛИ́ДЕРЦ, в венгерской мифологии злой дух. Появляется в виде блуждающего огонька на болотах, но может принимать антропоморфный облик и ночью вступать в любовную связь с людьми, которые из-за этого заболевают. С Л. связывают и ночные кошмары. Чаще всего в венгерских поверьях Л. — цыплёнок, вылупившийся из яйца, находившегося под мышкой у человека в течение 24 дней (ср. славянского *домового* и т. п.). Л. способен обогатить хозяина, выполняя за него разные работы, но связь с цыплёнком изнуряет человека. Освободиться от Л. можно, лишь дав ему невыполнимое задание — принести воды в решете, свет в мешке и т. п. Считают также, что Л. — блуждающий огонёк — отмечает место, где зарыт клад.

М. Х.

ЛИ́ЕТУОНИС, в латышской мифологии персонификация кошмара, удушья. Л. — дух, который по ночам гоняет лошадей до пота, способен проникать в жилище даже сквозь замочную скважину. По некоторым предположениям, образ Л. заимствован из славянской мифологии (укр. літун, польск. litun).

В. И., В. Т.

ЛИЗДЕ́ЙКА, Л и з д е́ й к о, в литовской мифологии основатель жреческой традиции в Вильнюсе. Легенда об основании Вильнюса князем Гедимином (нач. 14 в.), дошедшая в поздних и сильно романтизированных версиях (в западнорусских летописях и особенно у литовского автора М. Стрыйковского), рассказывает о том, как Гедимин во время охоты в лесах нашёл на холме (в месте Веркяй) в корзине, скрытой зеленью, младенца, разбуженного звуком охотничьих рогов и заплакавшего. Случившийся тут же верховный жрец, тайный отец ребёнка, даёт Гедимину совет взять мальчика к себе и воспитать его как будущего жреца. По другой версии, объясняющей имя Л. (от литов. lizdas, «гнездо»), Гедимин нашёл плачущего ребёнка в орлином гнезде. Мальчик был воспитан при княжеском дворе и впоследствии стал верховным жрецом — Криве-Кривайтисом, родоначальником рода Радзивиллов. Вероятно, именно в месте Веркяй еще до основания Вильнюса существовало святилище, и само урочище было священным. Мотив покинутого мальчика в орлином гнезде характерен для шаманских мифов и связан с приобретением шаманом способностей к предсказаниям, толкованию снов и т. п., обладателем которых оказался и Л. Когда Гедимину, заснувшему на Турьей горе над речкой Вильней, приснился сон (на Кривой горе стоит железный волк и ревёт, как сто волков), призванный истолковать сон Л. пояснил: «волк железный знаменует город столечный тут будет, а што в нем оунутри ревет то слава его будет слынути на вес свѣт» (Полное Собрание русских летописей, т. XVII, 261—262). После этого Г. заложил город. См. также ст. *Криве*.

В. И., В. Т.

ЛИК, в греческой мифологии: 1) фиванский царь, сын царя Гириея и нимфы Клонии (Apollod. III 10, 1; вариант: сын Хтония, Apollod. III 5, 5), брат *Никтея* (отца *Антиопы*), захвативший власть в городе и правивший в течение 20 лет, пока не был убит вместе с женой Диркой возмужавшими сыновьями Антиопы, которую он заключил в темницу (III 5, 5—6); 2) потомок Никтея. Убит Гераклом за то, что захватил власть в Фивах в отсутствие Геракла и изгнал оттуда его жену Мегару (трагедия Еврипида «Геракл»); 3) царь мариандинов в Малой Азии, эпоним Ликии; ему помог Геракл в войне с бебриками (Apoll. Rhod. II 752—814).

А. Т.-Г.

ЛИКАОН, в греческой мифологии: 1) аркадский царь, сын *Пеласга*. Л. и его 50 сыновей отличались нечестивостью, слухи о которой дошли до Зевса. Желая проверить справедливость этих обвинений, Зевс под видом странника посетил дом Л., который заподозрил божественное происхождение своего гостя и, чтобы это проверить, подал ему в качестве угощения мясо собственного сына (Clem. Alex. Protr. II 36) или внука Аркаса (Ps.-Eratosth. 8). Разгневанный Зевс опрокинул стол с безбожной снедью, а Л. вместе с сыновьями испепелил молнией (Apollod. III 8, 1); другой вариант: Л. выскочил из горящего дома и превратился в волка; на человеческий род Зевс наслал потоп (Ovid. Met. I 220—239). Культ (вероятно, догреческого происхождения) волка-оборотня существовал в районе аркадской горы Ликеона («волчья гора»); 2) юный сын *Приама*, убитый Ахиллом (Hom. Il. XXI 34—119).

В. Я.

ЛИКИМНИЙ, в греческой мифологии сын микенского царя *Электриона* и фригийской рабыни Медии, сводный брат *Алкмены*, дядя *Геракла*. Вместе с братьями участвовал в войне против сыновей Птерелая (царя обитавших на острове Тафос телебоев), претендовавших на часть земель микенского царства. Л. единственный из братьев остался в живых. После того как *Амфитрион* (будущий муж Алкмены) нечаянно убил Электриона, Л. бежал вместе с Алкменой и Амфитрионом к царю *Креонту* в Фивы (Apollod. II 4, 5—7). Женился на сестре Амфитриона Перимеде, от неё он имел сыновей, двое из которых сражались вместе с Гераклом и погибли в войне против Эврита (II 7, 7). После смерти Геракла Л. участвовал в походе *Гераклидов* против Эврисфея, а также в неудачном походе в Пелопоннес. Тлеполем (один из Гераклидов) нечаянно убил Л. (II 8, 2); по другой версии, Тлеполем убил Л. умышленно, после чего бежал на Родос (Hom. Il. II 653 след.).

М. Б.

ЛИКОМЕД, в греческой мифологии царь долопов на острове Скирос. К Л. бежал из Афин Тесей, когда власть там захватил Менесфей; но Л., из страха перед могущественным пришельцем или же желая угодить Менесфею, коварно столкнул его со скалы (Plut. Thes. 35; Apollod. epit. I 24). У Л. среди его дочерей Фетида спрятала юного Ахилла, желая спасти его от участия в Троянской войне. От тайной связи Ахилла с дочерью Л. Деидамией родился Пирр (Неоптолем) (Apollod. III 13, 8).

М. Б.

ЛИКОР, Л и к о р е й, в греческой мифологии сын Аполлона и парнасской нимфы Корикии (Paus. X 6, 2), основавший на Парнасе город, где после потопа высадился *Девкалион*. Согласно другой версии, люди спаслись после потопа благодаря тому, что шли на «вой волка» (букв. значение имени Л.), и в честь этого назвали город (Steph. Byz.).

Г. Г.

ЛИКУРГ, в греческой мифологии: 1) царь эдонов во Фракии, воспротивившийся введению культа *Диониса*. В «Илиаде» сообщается, что Л., прогнавший со своей земли младенца Диониса вместе с кормилицами, был в наказание за это ослеплён Зевсом (VI 130—140). В поздних источниках, восходящих, вероятно, к не сохранившимся афинским трагедиям 5 в. до н. э., сюжет столкновения Л. с Дионисом носит гораздо более трагический характер. У Эсхила (в первой части трилогии «Ликургия») изображалась, судя по фрагментам, встреча Л. с Дионисом в тот момент, когда бог и сопровождавшие его вакханки вторглись во Фракию; Л. отказывался признать бога в женоподобном юноше Дионисе и приказывал взять его вместе со спутницами под стражу в одном из покоев своего дворца. Вскоре, однако, дворец задрожал, как при землетрясении, и пленённый бог легко ему покинул. По Аполлодору (III, 5, 1), Дионис в отместку за непризнание наслал на Л. безумие: полагая, что он обрубает виноградную лозу, Л. убил топором своего сына Дрианта и изуродовал его тело, после чего к Л. вернулся рассудок. Однако земля, осквернённая пролитием родственной крови, перестала плодоносить и единственным средством вернуть ей плодородие было, по указанию богов, убийство Л. Эдоны отвели его на гору Пангей и связали; по желанию Диониса Л. был оставлен на растерзание лошадям. Миф о Л., как и миф о *Пенфее*, отражает то серьёзное сопротивление, которое встречал культ Диониса при распространении на различных территориях Греции; 2) царь Немеи, которому пираты продали *Гипсипилу* (Apollod. III 6, 4).

В. Н. Ярхо.

ЛИЛАЙ, Л и л и й, в греческой мифологии пастух, почитавший из всех богов одну *Селену* и отправлявший её ночной культ. Разгневанные боги наслали на Л. двух львов, которые растерзали его, но Селена превратила Л. в гору (Ps.-Plut. De fluv. 24).

Г. Г.

ЛИЛИТ, злой дух, обычно женского пола, в иудейской демонологии. В Библии упоминается однажды (Ис. 34, 14; лат. Lamia, см. *Ламия*). Имя восходит к именам трёх шумерских демонов: Лилу, Лилиту и Ардат Лили; первый и второй — инкуб и суккуб. В роли суккуба Л. выступает в еврейской традиции: она овладевает мужчинами против их воли с целью родить от них детей. Поэтому Талмуд («Шаббат» 151 б) не рекомендует мужчинам ночевать в доме одним. Адам и Ева, будучи в «отлучении» в течение 130 лет, породили духов, дивов и лилит (множ. число муж. рода), сожительствуя с ними («Берешит рабба» 20; «Эрубин» 18 б). Однако в иудейском быту Л. особенно известна как вредительница деторождения (ср. *Ламашту*). Считалось, что Л. не только наводит порчу на младенцев и изводит их, но похищает (пьёт кровь новорождённых и высасывает мозг из костей) и подменяет их; ей также приписывались порча рожениц и бесплодие женщин. Согласно Талмуду, Л. волосатая («Эрубин» 18 б), крылатая («Нидда» 24 б), она — мать Ахримана («Баба Батра» 73 а). В арамейском переводе кн. Иова (1, 15) слово «Саба» переведено как «Лилит, царица Змаргада» (изумруда; вероятно, отождествление с царицей Савской).

Согласно одному преданию, Л. была первой женой Адама: бог, сотворив Адама, сделал ему из глины жену и назвал её Л. У Адама с Л. сразу же возник спор. Л. утверждала, что они равны, так как оба сделаны из глины; не сумев убедить Адама, она улетела. В Красном море её настигли три ангела, посланные богом. Л. отказалась вернуться и заявила, что создана, чтобы вредить новорождённым. Ангелы взяли с неё клятву в том, что она не войдёт в дом, в котором увидит их самих или их имена. Она приняла на себя наказание: отныне будут ежедневно умирать сто из её детей. В одном из заговоров для рожениц и новорождённых в каббалистической книге «Разиэл», 13 в.), который повторяет этот сюжет, вместо Л. выступает Первая Ева. Первая Ева упоминается и в «Берешит рабба» 12: о ней говорится, что она обратилась в прах еще до сотворения Евы. Согласно «Зогар» (11, 267 б), Л. стала женой Самаэля, матерью демонов. Один из наиболее распространённых текстов заговоров для роженицы (известный на многих языках народов Ближнего Востока и Восточной Европы и применяемый позже против дурного глаза и разных болезней) рассказывает, как некий святой (Илья, Михаил, Сисиний и др.) в дороге (часто — спускаясь с горы) встретил ведьму (часто — у моря) и спросил, куда она направляется. Услышав, что она идёт в дом роженицы с целью повредить ей, он заставил её назвать все свои 9 (12, 40) имён и поклясться, что она не повредит роженице и младенцу, если увидит в доме все свои имена. Амулеты и заговоры для рожениц против Л. должны были содержать не только имена трёх ангелов (пытавшихся возвратить Л.), но и имена самой Л. [некоторые из них: Батна (евр.-арам., «чрево»), Одем («краснота»), Аморфо (греч., «не имеющий формы»), «Мать, удушающая дитя», имя из сирийского текста]. Тексты заклинаний арамейских и мандейских магических чаш используют против Л. формулу развода (свидетельство того, что Л. воспринималась и как суккуб). Лилиты во главе с их матерью и предводительницей Руха (дух) часто упоминаются в мандейских текстах.

Благодаря большому интересу к каббале в Европе эпохи Возрождения предание о Л. как первой жене Адама стало известно европейской литературе, где она обрела облик прекрасной, соблазнительной женщины. Такое представление о Л. появляется и в средневековой еврейской литературе (хотя в еврейской традиции красивая внешность Л. связана с её способностью менять свой облик). Известны, например, рассказы о том, как Л. в облике царицы Савской соблазнила бедняка из Вормса. О каббалисте Иосифе делла Рейна рассказывали, что он добровольно предался Л.
А. А. Папазян.

ЛИН, в греческой мифологии сын Аполлона и дочери аргосского царя Псамафы, отданный матерью на воспитание пастухам и разорванный собаками, за что бог наслал на Аргос страшную Месть, убивавшую детей (Paus. I 53, 7). Горестная судьба Л. стала темой жалобных песен (первоначально Л. называлась скорбная песнь об умершем) и традиционных припевов (айлинон, айлинон), т. е. френов, исполнявшихся во время ритуального действа в честь Л., когда ему приносили в жертву Даная. По другой версии, Л.— сын музы Урании и внук Посейдона, знаменитый музыкант и певец, живший в одной из пещер на Геликоне, соперник Аполлона, убитый им. Скорбь по Л. распространилась по всему свету, и песни о его страданиях пели не только греки, но и египтяне (Paus. IX 29, 7). Согласно ещё одному свидетельству Павсания (IX 29, 9), Л.— сын Исмения из Фив — обучал музыке юного *Геракла* и его брата Ификла. Когда Л. наказал Геракла, тот в гневе нанёс ему смертельный удар. Согласно Аполлодору (I. 3, 2), Л.— сын Эагра и музы Каллиопы.
А. Т.-Г.

ЛИ́НГА (др.-инд., «характеристика», «знак пола»), в древнеиндийской мифологии символ божественной производящей силы, обозначение мужского детородного органа. Поклонение Л., как одно из проявлений фаллического культа, восходит уже к протоиндийской цивилизации (изображения из Мохенджо-Даро и Хараппы) и засвидетельствовано в «Ригведе». Наибольшее распространение культ Л. получил в шиваизме (поклонение Л. и женскому символу — *йони как символам Шивы и Парвати*). Изображение Л. в виде каменного столба (обычно поднимающегося из йони) играет важную роль в ритуале различных шиваитских сект и служит предметом поклонения.

ЛИНКЕ́И, в греческой мифологии: 1) сын *Эгипта*, внук *Бела*, правнук *Посейдона*. По жребию получил в жёны одну из Данаид — *Гипермнестру*, которая не убила его в брачную ночь, как этого требовал её отец *Данай*. Л. правил в Аргосе после смерти Даная. Сыном Л. и Гипермнестры был *Абант*. Л.— прародитель великих героев Персея и Геракла (Apollod. II 1, 5; II 2, 1); 2) сын Афарея, один из *Афаретидов*, брат Идаса, двоюродный брат *Диоскуров* (Apollod. III 10, 3). Участвовал вместе с братом в *калидонской охоте* (I 8, 2) и в походе *аргонавтов* (I 9, 16). Отличался небывалой остротой зрения, видя под землёй и водой (III 10, 3). Вместе с братом сражался с Диоскурами и был убит Полидевком (III 11, 2).
А. Т.-Г.

ЛИНЛА́УН, в мифологии шанов Бирмы, громовник, бог дождя, обитающий на горе *Лойсаомонг*. Его оружие — молнии. Он судит людей и сам исполняет свои приговоры. Считается также божеством любви. У шанов образ Л. контаминируется с *Индрой* (Ингом). Л. были вызваны мировая засуха и последовавший потоп.
Я. Ч.

ЛИНЧЕ́ТТО, в низшей итальянской мифологии домовой, обитающий чаще всего в хозяйственных постройках вблизи дома. По поверьям, Л. помогает кормить любимых им домашних животных и насылает мор на тех, кто ему не по нраву. По ночам он спутывает гривы лошадей, насылает ночные кошмары на хозяев жилища.
С. Ш.

ЛИНЬЮ́Й («холм-рыба»), в древнекитайской мифологии существо с телом рыбы и с руками, ногами и головой человека. Образ Л. идентичен образу рыбы-дракона (луньюй). Предполагается, что позднее образ Л. трансформировался в образ прекрасной нимфы (цзяожэнь).
Б. Р.

ЛИО́НГО ФУ́МО («вождь Лионго»), центральный персонаж эпоса суахили. Как эпический герой Л. Ф. наделён сверхъестественной силой (когда он дует в рог, рог лопается), чудесным искусством воина, неуязвимостью, даром предвидения. Согласно некоторым версиям, противником Л. Ф. выступает правитель г. Шанга, или Шака (вариант — правитель Пате), Мрингвари (его брат), который пытается убить Л. Ф., видя в нём возможного узурпатора власти. С помощью своих людей он заточил Л. Ф. в тюрьму. Прибегнув к хитрости (по его просьбе мать прислала ему хлеб с запечённым внутри напильником, которым он распилил свои цепи и кандалы), Л. Ф. бежал из тюрьмы, найдя убежище у лесных охотников санье и дахало. Подкупленные Мрингвари, они безуспешно пытаются погубить Л. Ф. Тогда Мрингвари подсылает к Л. Ф. его сына, по другому варианту — сына его сестры (ближайшего родственника по нормам родства суахили), который выведывает у Л. Ф. его уязвимое место и ночью прокалывает медной иглой пупок спящего Л. Ф. Перед смертью Л. Ф. с луком и стрелами пришёл к источнику, из которого горожане брали воду, опустился на колено, натянул тетиву и умер. Люди, думая, что он жив, три дня не осмеливались подойти к источнику. Лишь после заклинаний подошедшей к Л. Ф. матери он упал.

Некоторые исследователи возводят образ Л. Ф. к реальному лицу — правителю и поэту 12—13 вв., принадлежащему к роду, правящему в Шака. Показывают «могилу Л. Ф.», неподалёку от Кипини (Танзания).
Е. С. Котляр.

ЛИПОКСА́Й, в скифской мифологии старший из трёх сыновей *Таргитая*, брат *Арпоксая* и *Колаксая*, прародитель скифского рода авхатов. После неудачной попытки овладеть упавшими с неба золотыми священными предметами уступил владычество над Скифией младшему брату (Herodot. IV 5—7). Имя Л., однокоренное с названием мифических Рипейских гор, якобы расположенных у северных пределов обитаемой земли, трактуется как «гора-царь», что в контексте имён других братьев приобретает космологическое звучание и позволяет видеть в Л. воплощение средней зоны космоса. У Валерия Флакка (IV 48—68) Л. фигурирует под именем Авх, идентичным названию представителя возводимого к нему рода. При социальном толковании природы скифских родов в потомках Л. следует видеть представителей жреческой сословно-кастовой группы, с чем согласуются упомянутые Валерием Флакком атрибуты Л.— белые волосы (в скифской и вообще индо-иранской цветовой символике белый цвет связан с жрецами) и специфический головной убор. Название «авхаты» трактуется как «благие». Однако, согласно иному толкованию, базирующемуся лишь на иной этимологии того же названия («сильные»), в авхатах видят воинов.
Д. С. Раевский.

ЛИ САНЬНЯН («Третья дочь Ли»), в китайской мифологии богиня — покровительница мельников. По традиции считается, что это обожествлённая жена Лю Чжиюаня, основавшего в 947 династию Поздняя Хань. Когда, ещё будучи молодым, Лю ушёл в армию и оставил Л. жить со своим старшим братом, жена брата сурово обращалась с Ли и заставляла её крутить вместо осла тяжёлый жернов, а также пыталась утопить её младенца, но тот был спасён соседом. Впоследствии Л. стала императрицей, а после смерти её стали почитать как богиню мельников.
Б. Р.

ЛИССА, в греческой мифологии божество безумия, порождение Никты (Ночи) от крови Урана. В трагедии Еврипида «Геракл» (815—874) Гера, ненавидя Геракла, посылает Л. в дом героя с приказом лишить его рассудка. В безумии Геракл убивает свою жену Мегару и детей. Приступ безумия прекращает Афина, ударом огромного камня повергающая Геракла в тяжёлый сон.
В. Я.

ЛИТЛÓНГ, в мифологии шанов Бирмы человек, спасшийся от потопа. Небесные божества во главе с *Линлауном* заметили его мудрость и велели построить плот. На него ему позволили взять только корову. Наводнение было устранено Хкангхкаком, богом водных потоков, крокодилов и всех водных существ, спустившимся с неба на облаке. После потопа в живых остался только Л. На обсохшей земле начался пожар, и Л. спасся тем, что рассек живот коровы и там укрылся. В её желудке он нашёл два семени тыквы и посадил их. Огромные тыквы были прожжены молнией Линлауна. Из одной вышли шаны, из других остальные народы, а также животные, птицы, полезные растения.
Я. Ч.

ЛИ-ТЯНЬВÁН («небесный князь Ли»), Л и Т о т а, Т о т а Л и («Ли, держащий пагоду»), в китайской мифологии модификация буддийского божества Вайшраваны (см. *Локапалы*). В китайских буддийских храмах изображения Л. со знаменем в правой руке и со ступой в левой и трёх других властителей первоначально помещались по четырём сторонам храма, затем они стали изображаться как своеобразные стражи врат храма. В этой же функции они встречаются и в храмах даосов, которые называли их Ли, Ма, Чжао и Вэнь. В народной традиции получил известность только один Л., изображающийся с пагодой в руках и известный как отец *Но-чжа*.
Б. Р.

ЛИХ, Л и́ х а с, в греческой мифологии спутник и вестник *Геракла*, участник его последних походов. Ревновавшая Геракла к Иоле *Деянира* передала мужу через Л. отравленный кровью кентавра Несса хитон. Когда яд начал действовать, Л. в припадке бешенства бросил Л. в море возле Эвбеи; Л. превратился в прибрежную скалу, которая получила его имя (Apollod. II 7, 7; Ovid. Met. IX 211 след.; Hyg. Fab. 36).
М. Б.

ЛИ́ХО, в восточнославянской мифологии персонифицированное воплощение злой доли (см. *Доля*), горя. В сказках Л. предстаёт в облике худой женщины без одного глаза, иногда — великанши, пожирающей людей, встреча с ней может привести к потере руки или гибели человека (ср. одноглазого *Полифема*, подобно которому ослеплённое Л. выпускает по одной овце, чтобы найти героя). Связь Л. с мифологическим противопоставлением чёт — нечет следует как из мифологических сюжетов, так и из этимологии слова (ср. рус. «лишний» и т. п.).
В. И., В. Т.

ЛИХОРÁДКИ, т р я с а в и́ ц ы, у русских демоны болезни в облике женщин. Л. бывают различные и общее число их, как правило, 12. В русских заговорах часто перечисляются их имена: в записи 18 в.— тресея, отпея, гладея, аввареуша, храпуша, пухлея, желтея, авея, немея, глухея, каркуша и др. Наличие этих имён только в заговорах, также как и весьма различный состав этих имён, среди которых немало греческих и с неясной этимологией, показывает, что Л. относятся к книжно-апокрифическому слою славянской и русской демонологии. Само число 12 и резко отрицательная семантика «сестёр-трясавиц» связаны с апокрифическим мотивом дочерей царя Ирода. Девы-Иродиады — простоволосые женщины дьявольского обличия. В некоторых заговорах их 7, 10, 40, 77, а в народных преданиях Л. может ходить и в одиночку. При этом из табуистических соображений её зовут ласкательно-приветливыми словами: добруха, кумоха, сестрица, тётка, гостьюшка, гостейка и др. Образ Л. в отличие от образа чумы в славянской традиции слабо выражен и поэтому не отражён в быличках, обрядах и поверьях.
Н. Т.

ЛИ ЧЖУ («приставленный(?) к жемчугу»), в древнекитайской мифологии трёхголовый человек, карауляший на священной горе *Куньлунь* волшебное дерево фуганшу, на котором созревает чудесный камень ланьгань (подобен нефриту и жемчугу).
Б. Р.

ЛИЯ, по ветхозаветному преданию старшая дочь Лавана, жена *Иакова*. Лаван обманным путём подменил ею на брачном ложе свою младшую дочь *Рахиль*, обещанную им в жёны Иакову, двоюродному брату обеих сестёр. Л. была слаба глазами и уступала в красоте Рахили, но отличалась от Рахили плодовитостью, родив Иакову шесть сыновей и дочь Дину. В агаде упоминается, что первоначально Л. была столь же красива, как Рахиль, и должна была выйти замуж за *Исава*, старшего брата Иакова, а Иаков — жениться на Рахили. Узнав, однако, о дурном поведении Исава, Л. так долго плакала, что повредила себе зрение. В традиции Л., как незрячая, но плодовитая, наделяется, в отличие от Рахили, даром углубленной внутренней жизни (ср. у Данте в «Божественной комедии» — «Чистилище», песнь 27; ср. у О. Э. Мандельштама: «Рахиль глядела в зеркало явлений, а Лия пела и плела венок» в стихотворении «Ему кавказские кричали горы»).

ЛО, в мифологии чёрных тай Вьетнама первоначальная страна. Она существовала тогда, когда боги ещё только создали семь скалистых гор и семь потоков вод. Поверхность земли была мала. Её прикрывало низко висевшее над землёй небольшое небо в форме гриба; когда толкли рис, небо мешало песту, когда пряли, оно мешало веретену. Зерно риса тогда было размером с тыкву. И его не убирали, оно само катилось в амбары. Одна вдова ножом перерезала связь, которой небо держалось у земли, и небо поднялось вверх. У белых тай считается, что сами люди просили небо подняться, чтобы оно не мешало.
Я. Ч.

ЛÓА (вероятно, «великий», «большой»), в мифах микронезийцев Маршалловых островов дух (божество)-демиург. Создаёт людей и существующий миропорядок, по некоторым версиям, также и острова в океане; по другой, более распространённой, Л. даёт корзину с землёй (или готовыми атоллами и островами) первому человеку, который, разбрасывая содержимое корзины по обе стороны от себя, создаёт цепи Ралик и Радак, образующие Маршаллы острова; из самой корзины возникает остров Кали.
М. С. П.

ЛОВАЛÁНГИ, в мифах ниасцев (Западная Индонезия) бог верхнего мира, источник жизни и добра, повелитель людей. Его цвета — жёлтый и золотой, символы — птица, солнце и свет. Л. присущи черты тотемического божества, птицы-носорога и петуха. Он изображается в виде фантастической птицы. Л. не изначален, рождён из мирового древа Тороа, по другой версии, от прародительницы богов и людей Инада Самадуло Хэси. Акт творения человека принимает форму сакрального спора за первородство между Л. и его близнецом-антагонистом *Латуре Дане*, с которым Л. составляет неразрывное единство. Л. удаётся создать людей и вдохнуть в них жизнь, но право первородства он уступает Латуре Дане. Наряду с духами предков Л. является главным объектом культа у ниасцев. С распространением христианства (кон. 19 в.) имя Л. стало применяться к Иисусу Христу.
М. Ч.

ЛÓЗЫ, в самодийской мифологии (у селькупов) общее наименование нескольких категорий духов: подчинённые *Кызы* злые духи и духи болезней [аналогичные энецким амукэ (амули), нганасанским нгамтэру, ненецким *нгылека*]; духи-хозяева (ма-

чиль лозы, «хозяин леса», «леший»; юткыль лозы, «хозяин воды», «водяной» и др.), духи — помощники шамана (аналогичные ненецким *тадебцо*, энецким самади, нганасанским дямада, камасинским пензют). К последним относятся животные: медведь, выдра, ящерица, змея, лягушка, гагара, журавль, а также чудовища в людском обличье и духи предков шамана. В их числе особенно важны саблерогие олени, рождённые от коня *Ичи*. У селькупов среди Л. присутствуют и духи — противники шамана, нападающие на него сзади — йеретта.
Е. Х.

ЛОЙСАОМОНГ, в мифологии шанов Бирмы мировая гора, которая мыслится центральным столбом мира, аналогичным горе *Меру* в индуистской и буддийской мифологиях. Гора Л. возникла из цветка лотоса, принесённого на землю богами. Из листьев лотоса образовались четыре обитаемых материка земли. Л. покоится на огромной рыбе. По другой версии, первоначальный мировой океан стал подниматься к небу и тогда боги послали вниз четырёх огромных пауков, которые создали четыре материка земли. Л. расположена на севере южного острова. Вокруг горы ходит солнце. На Л. сосредоточены все ветры. У её подножия живут драконы, а наверху птицы-галоны. Когда в мире много воды, то галоны крыльями её сбивают. Л. — обиталище *Линлауна*.
Я. Ч.

ЛОКА («мир», «свет»), в индийской космологии и мифологии обозначение мира как составной части вселенной. Наиболее популярна концепция вселенной как трёх миров — *трилока*: небо, земля, подземное царство (ад). Распространена и семичленная классификация верхнего и нижнего миров. Верхний мир: бхурлока (земля), бхуварлока (пространство между землёй и солнцем, обиталище мудрецов), сварлока (пространство между солнцем и Полярной звездой, небеса *Индры*), махарлока (местопребывание *Бхригу* и других святых), джаналока (местопребывание сыновей *Брахмы*), тапарлока (местопребывание божества *Вираджа*), сатьялока, или брахмалока (местопребывание Брахмы); первые три мира разрушаются в конце каждого дня (*кальпы*) Брахмы, а остальные — в конце его жизни (другие классификации предлагают несколько иные обозначения миров); нижний мир (*патала*), обитаемый *дайтьями*, *данавами*, *якшами*, *нагами* и т. п.: атала, витала, нитала, габхастимат, махатала, сутала и собственно патала («Вишну-пурана»); ср. вариант «Падма-пураны»: атала (в подчинении Махамайи), витала (владыка Хатакешвара, ипостась *Шивы*), сутала (владыка *Бали*), талатала (владыка *Майя*), махатала (местопребывание огромных змей), расатала (местопребывание дайтьев и данавов), патала (царство Васуки и нагов). В «Шива-пуране» нашёл отражение восьмичленный вариант нижнего мира.

В том или ином виде сходное понимание структурного состава вселенной было унаследовано джайнской и буддийской космологией и такими направлениями древнеиндийского умозрения, как санкхья или веданта. Ср. свойственную им систему восьми миров: брахмалока (мир высших божеств), питрилока (мир питаров, т. е. «отцов», предков), риши и т. п.), сомалока (луна и планеты), индралока (мир низших божеств), гандхарвалока (мир небесных духов), ракшасалока (мир ракшасов), якшалока (мир якшей), пишачалока (мир пишачей) Концепция Л. оказала влияние и на первые варианты индийской ранненаучной космографии.
В. Н. Топоров.

ЛОКАНТИКИ («на-рубеже-мира»), в джайнской мифологии племя божеств неба Брахмалоки (см. *Урдхвалока*), названное так потому, что в следующем воплощении они должны стать людьми и достичь освобождения (см. *Мокша*). Локантики имеют 8 родов: Сарасвата, Адитья, Вахни, Аруна, Гардатойя, Тушита, Авйябадха, Аришта. Они чужды чувственным удовольствиям и постоянно предаются медитации.
А. А. Терентьев.

ЛОКАПАЛЫ («охранители мира»), в индуистской мифологии божества — властители стран света, охраняющие их. Первоначально их четыре, позднее — восемь. У каждого Л. свой особый слон; эти космические слоны (*диггаджи*), также именующиеся Л., с четырёх (или с восьми) сторон поддерживают землю. Л. были поставлены *Брахмой* после свержения с небесного трона *Нахуши* и возвращения *Индры*. Индра получил восток, *Яма* — юг, *Варуна* — запад, *Кубера* — север; иногда (раньше) вместо Куберы выступают *Агни* или *Сома*. Впрочем, эти боги, как и некоторые другие, могут быть охранителями и других сторон света: Сома — северо-востока, *Сурья* — юго-востока, Агни — юго-запада, *Ваю* — северо-запада. Иногда в число Л. вводятся *Ниррити* (как охранитель юго-запада) и *Притхиви* или *Шива*, особенно под именем Ишаны. «Владыки» (как охранитель северо-востока). Каждая из этих сторон света описывается в качестве особого царства. Подобная система Л. имеет типологические соответствия в индоевропейской и во многих других традициях (напр., в Юго-Восточной Азии).
В. Н. Топоров.

В буддийской мифологии Л. — подгруппа *дхармапал*. В общебуддийской мифологии под Л. подразумеваются прежде всего четыре охранителя сторон света, другое их название — «четыре великих царя» (чатурмахараджи): Дхритараштра — на востоке, Вирудхака — на юге, Вирупакша — на западе и Вайшравана — на севере. Легенды, связанные с Л., содержатся в текстах всех основных направлений буддизма. Сутра «Суварнапрабхаса», например, излагает легенду о том, как Л. появились у будды *Шакьямуни* и обещали в будущем охранять текст сутры «Суварнапрабхаса».

Позднее, особенно в ваджраяне, словом «Л.» стали обозначать местные божества (охранителей гор, рек, племён и т. д.), которые были присоединены к буддийскому пантеону. Так, легенды о *Падмасамбхаве* рассказывают о включении тибетских божеств религии бон в буддизм и превращении их в Л.
Л. М.

ЛОКИ, в скандинавской мифологии бог из асов, который иногда вступает во враждебные отношения с другими богами, насмехается над ними, проявляя причудливо-злокозненный характер, хитрость и коварство; другие его имена: Лофт и Лодур.

Отец Л. — великан Фарбаути, мать — Лаувей (или Наль); жена Л. — Сигюн. В «Младшей Эдде» в качестве брата Л. называется Бюлейст или Хельблинди (эпитеты *Одина*). В «Перебранке Локи» («Старшая Эдда») говорится о кровном братстве Л. и Одина. Сигюн родила Л. двух сыновей Нари и Нарви, но, кроме того, Л. и великанша Ангрбода породили хтонических чудовищ — хозяйку царства мёртвых Хель, волка *Фенрира* и мирового змея *Ермунганда*. Изменив пол и превратившись в кобылу, Л. породил также Слейпнира — восьминогого коня Одина от жеребца Свадильфари, принадлежавшего строителю *Асгарда*. В «Младшей Эдде» рассказывается, что великан взялся с помощью своего коня построить богам-асам город в полтора года, с тем чтобы ему в виде платы отдали солнце, луну и богиню Фрейю. Л., приняв обличье кобылы, отвлекал коня от строительных работ, чтобы великан не мог завершить в срок постройку Асгарда и лишился обещанной «платы».

Вместе с Одином и Хёниром Л. (под именем Лодура) участвует в оживлении древесных прообразов людей (см. *Аск и Эмбла*). В сопровождении Одина и Хёнира он участвует также в приключениях с великаном Тьяцци. Последний в обличье орла не даёт изжарить бычьему мясу, которое готовят для своей трапезы странствующие асы, и требует себе дичи. Когда орёл хватает лучшие куски, Л. ударяет его палкой, но руки и палка пристают к телу орла. Тьяцци уносит Л. и соглашается его отпустить в обмен на богиню *Идунн* и её золотые яблоки, дарующие молодость. Л. заманивает Идунн в лес и отдаёт её во власть Тьяцци. Но боги, оставшись без «молодильных яблок», стали стареть и седеть; схватив Л., они стали угрожать ему смертью. Тогда Л. в соколином оперении полетел к Тьяцци, похитил Идунн, превратив её в орех, доставил в Асгард, а прилетевшего вслед Тьяцци-орла асы убили. За это осиротевшей дочери великана — Скади, пошедшей с оружием в руках мстить за отца, они должны были предоставить мужа из числа асов, причём Скади поставила также условием мира, чтобы её рассмешили. «Несмеяну» рассмешил Л., привязав бороду козла к своим половым органам.

В сопровождении Одина и Хёнира Л. добывает сокровище (роковое золото) карлика Андвари. Л. убил камнем выдру, но она оказалась сыном Хрейдмара, у которого асы заночевали, и им пришлось согласиться на большой выкуп золотом хозяину. Тогда Л. поймал сетью карлика Андвари, плававшего в воде в облике щуки, и отобрал его золотые сокровища, в том числе и кольцо, на которое Андвари наложил проклятие. Впоследствии это проклятие переходит на сыновей Хрейдмара — Фафнира и Регина, затем на Сигурда и нифлунгов (*нибелунгов*).

По инициативе Одина Л. похищает украшение Фрейи — *Брисингамен*, для чего ему приходится превратиться в блоху. За эту же драгоценность Л. и *Хеймдалль* в обличье тюленей боролись у камня Сингастейн. В качестве спутника Тора Л. участвует в его походах против великанов Трюма, Гейррёда и Скрюмира (см. в ст. *Тор*). Л. помогает Тору хитростью вернуть похищенный Трюмом молот Тора («Песнь о Трюме» в «Старшей Эдде»). В истории с великаном Гейррёдом Л., преобразившийся в птицу и пойманный Гейррёдом, вынужден по его требованию доставить в страну великанов безоружного Тора. Затем Л. срезает у Сив — жены Тора её золотые волосы, но из страха перед Тором добывает такие же волосы, заставив карликов-*цвергов* — искусных кузнецов их выковать. Л. бьётся об заклад, что цверги не выкуют лучших сокровищ для асов, а когда они выковывают сокровища, убегает от них при помощи башмаков, которые дают возможность быстро мчаться по воде и по воздуху (в других случаях Л. берёт соколиное оперение у богини Фригг или Фрейи или сам превращается в птицу). Когда Тор его хватает, Л. соглашается, чтобы ему отрезали голову, не касаясь щёк, и Тор ограничивается тем, что зашивает ему рот («Младшая Эдда»).

В указанных сюжетах Л. выступает прежде всего как добытчик-похититель, прибегающий к хитрости и обману, но действует он при этом добровольно или вынужденно то в интересах богов, то в ущерб богам — в интересах великанов (он как бы способствует циркуляции ценностей между различными мирами). Как явствует из «Перебранки Локи», Л. на пиру богов у морского великана Эгира нарушает ритуальный мир, убивает слугу и поносит всех богов, обвиняя их в трусости, распутстве и т. д. Боги страшно наказали Л., хотя он спрятался (превратившись в лосося) в водопаде Франанг, асы его поймали и связали кишками собственного сына Нари. Скади, дочь великана Тьяцци, повесила над лицом Л. ядовитую змею, и несмотря на то, что Сигюн, жена Л., подставляла чашу под капающий яд, капли его всё же попадали на Л. и он содрогался, вызывая землетрясение.

В «Младшей Эдде» рассказу о ловле богами Л. предшествует история изобретения Л. первой рыболовной сети. Боги ловят его сетью. История страшной мести богов Локи отнесена в «Прорицании вёльвы» и в «Младшей Эдде» ко времени после убийства *Бальдра*. В «Младшей Эдде» (в «Прорицании вёльвы» только смутные намёки) Л. рисуется «убийцей советом» Бальдра: Л. подсунул убийственный прут из омелы слепому богу Хёду, а затем в обличье великанши Тёкк отказался оплакивать убитого и тем самым не дал ему возможности вернуться из царства смерти хель. Боги изловили Л., а затем привязали накрепко к трём камням, где он и остаётся прикованным до конца мира; во время последней битвы богов и чудовищ (см. *Рагнарёк*) Л. приводит корабль мертвецов из хель для борьбы с богами, сражается с богом Хеймдаллем, причём Л. и его противник убивают друг друга.

Интерпретация образа Л. до сих пор является предметом дискуссии. В «Младшей Эдде» имя Л. связывается с Логи («огонь»), что породило ошибочную концепцию о том, что Л. — бог или демон огня, наподобие ведийского *Агни*. Другие противопоставляли «огневой» теории интерпретацию Л. как хтонического демона или как специального «эсхатологического» бога — виновника конца мира. В соответствии с теорией христианских корней скандинавской эсхатологии Л. связывали с Люцифером, с континентально-германскими демонами, не столько огневыми, сколько водяными и даже — с цвергами. Сходство имени Л. с шведско-норвежским Локки — духом очага, с датским — воздушное, блестящее существо и с шведским — сети паука объединило эти представления с образом культурного героя и хозяина воды или мифологического плута-трикстера. Л. как антропоморфный трикстер, возможно, развился из териоморфного трикстера-паука (паук во многих местах Скандинавии обозначается словом locke, а паук-трикстер — популярная фигура в фольклоре народов Америки, Африки, Океании, Индии).

Краткий обзор сюжетов, связанных с Л., подтверждает, что Л. не демон огня, а комически-демоническая фигура, отрицательный вариант культурного героя (положительный — Один) и мифологический плут-трикстер с отчётливой хтонически-шаманской окраской. Участие в оживлении первых людей, изобретение рыболовной сети, добывание сокровищ для богов у цвергов — всё это типичные деяния культурного героя, а «похищение» — типичная форма добывания культурных благ в архаической мифологии. В посреднической роли Л., так же как в его способности превращаться в рыб, птиц, насекомых, ластоногих, изменять свой пол, сказываются шаманские черты Трюки, с помощью которых Л. достигает цели, и его шутовские проделки и переодевания специфичны для трикстера. Л. — отец хтонических чудовищ, в том числе хозяйки подземного царства мёртвых, виновник и одновременно «козёл отпущения» в ритуальном убийстве Бальдра. Л. — двойник Одина в космологических и этиологических мифах и его антипод в эсхатологических. Роль Л. как спутника Тора, по-видимому, вторична.

Связь Л. с рыболовством и охотой на водяных животных, возможно, отражает некоторые контакты с финской мифологией, хотя предположения о прямой связи Л. с Лоухи или косвенной — с *Вяйнямёйненом* (сюжет рыбной ловли) весьма условны.

Е. М. Мелетинский.

ЛОНГОРИК И ЛОНГОЛАП, Ронгерик и Ронгелап («с большими щеками и с маленькими щеками»), в мифах микронезийцев Каролинских и Маршалловых островов культурные герои или духи, покровительствующие мореплаванию; братья (по некоторым вариантам, близнецы). Нередко противопоставляются: умный и глупый, удачник и неудачник. Не испросив разрешения духа — хозяина леса, они строят лодку, которая снова превращается в дерево (ср. *Рата* у полинезийцев). Получив согласие духов, Л. и Л. на построенной ими лодке отправляются в плавания, находят своих родных (Алулуэя, Пэлюлопа), открывают новые земли. В некоторых версиях Л. и Л. выступают изобретателями лодок с балансиром. В состав Маршалловых островов входят атоллы Ронгерик и Ронгелап, соотносимые с именами этих персонажей.

М. С. П.

ЛОНО АВРААМОВО, в позднеиудейских и христианских религиозно-мифологических представлениях потустороннее место блаженного упокоения умерших праведников (см. *Рай*). Образ Л. А. связан со взглядом на *Авраама* как на «отца верующих», не только породившего физически «избранный народ», но как бы усыновляющего лично каждого прозелита (в христианстве — каждого уверовавшего); «сидеть на Л. А.» — значит быть интимно соединённым с Авраамом, как дитя, сидящее на коленях отца, укрывающееся за его пазухой или даже мистически входящее в его «недра». Таким блаженным приютом, к которому умершего страдальца относят ангелы, выступает Л. А. в новозаветной притче о Лазаре убогом (Лук. 16, 19—31). В христианской иконографии Л. А. — чаще всего принадлежность композиций *страшного суда* (пример — фреска 12 в. в западном своде южного нефа Дмитриевского собора во Владимире); изображался восседающий Авраам, на коленях или за пазухой которого сидят души в виде детей. С. А.

ЛОПАМУ́ДРА, в ведийской и индуистской мифологии жена великого мудреца и подвижника *Агастьи*. Участвует в диалоге с Агастьей в «Ригведе» (I 179) — убеждает мужа отказаться от воздержания и произвести потомство. В «Махабхарате» (III) рассказывается история рождения ими необыкновенного сына. В. Т.

ЛОРЕЛЕ́Я, в европейской традиции обитающая на Рейне нимфа, которая своими песнями увлекает корабли на скалы. Образ Л. является созданием немецкого романтика К. Брентано, впоследствии пользовавшимся известностью как среди писателей и поэтов, так и в устной традиции. На Рейне есть скала, обладающая удивительным эхом и называемая Скалой Л. С. Ш.

ЛОТ, в ветхозаветном предании племянник *Авраама*, переселившийся вместе с ним из Месопотамии в Ханаан. После того как между пастухами их стад стали возникать распри из-за пастбищ, Л. по предложению Авраама переходит в плодородную и цветущую Иорданскую окрестность и обосновывается в Содоме (Быт. 13, 5—12). Во время похода эламского царя против отпавших от него заиорданских городов, в том числе Содома и Гоморры, Л. оказывается в плену; освобождённый Авраамом, он снова возвращается в Содом (14, 12 и 16). Однако эта местность за неправедность жителей Содома и Гоморры обречена богом на истребление. После явления Аврааму бога у дубравы Мамре в Содом направляются ангелы, чтобы убедиться, действительно ли столь грешны содомляне, и истребить город; Авраам, однако, умоляет бога пощадить город, если в нём найдётся хотя бы десять праведников. Лот оказывает гостеприимство ангелам и приглашает их в свой дом. Содомляне же окружают дом Л. и требуют вывести пришельцев, чтобы «познать их». Л. просит их не делать пришельцам зла и даже предлагает взамен двух своих дочерей, не познавших мужа (19, 7—8). Но ангелы поражают осаждающих дом слепотой, а Л. с женой и дочерьми выводят из обречённого города, запретив кому-либо из них оглядываться. Бог пролил на Содом и Гоморру дождём серу и огонь с неба и ниспроверг эти города, все их окрестности и всё живое вокруг. Жена Лотова, нарушив запрет, оглянулась и за это стала соляным столпом (мотив запретной оглядки как специфического случая нарушения запрета созерцать сакральное; ср. миф об *Орфее*, выводившем из ада Эвридику). Весь рассказ носит характер этиологического мифа, объясняющего особенности рельефа безжизненных южных берегов Мёртвого моря, которые сохранили следы вулканической деятельности и соляные столпы, очертаниями напоминающие человеческие фигуры. После спасения Л. с дочерьми поселяется в пещере. Дочери его, считая, что из всех людей только они остались в живых, ради восстановления рода вступают с отцом, напоив его вином, в инцестуальную связь и рождают сыновей Моава и Бен-Амми (родоначальники моавитян и аммонитян) (18, 20—33; 19).

Агадическая традиция либо объявляет Л. вслед за Библией тем праведником, во имя которого Авраам просил бога пощадить Содом и который сам всю ночь молился за осуждённый город, либо приписывает ему всевозможные пороки (споры с Авраамом по поводу пастбищ, сладострастие Л., чем и объясняется поступок дочерей и избрание им Содома местом жительства). Талмуд обвиняет Л. в ростовщичестве и стяжательстве, вследствие чего тот не торопится покинуть город. Жена же Лотова обращена была в соляной столп за то, что «согрешила солью», т. е. не желала давать её пришельцам (другой вариант: ходила по соседям и одалживала у них соль, чтобы при этом похвалиться гостями). Существовало поверье, что столп этот привлекает к себе диких животных и скот, уничтожающих его до основания, однако за ночь столп вырастает вновь.

ЛОТОФА́ГИ («поедатели лотоса»), в греческой мифологии (Hom. Od. IX 83—104) мирное племя, питающееся плодами лотоса. К земле Л. бурей прибило корабли *Одиссея*; посланные им разведчики были встречены Л. «дружелюбной лаской», их угостили сладко-медвяным лотосом, отведав который они позабыли обо всём и, утратив желание вернуться на родину, захотели навсегда остаться в стране Л. Одиссею пришлось силой вернуть их на корабли и привязать к корабельным скамьям. В основе этого мифа лежит распространённый сказочный мотив вкушения пищи, повергающей человека в забвение своего прошлого и родины. В. Я.

ЛО́ФИС, в греческой мифологии юноша из Галиарта. Отец Л. явился в Дельфы, вопрошая оракул, где взять воду для орошения в его безводной стране. Ему было велено принести в жертву первого, кто попадётся ему навстречу при возвращении домой. Отец, не задумываясь, заколол выбежавшего ему навстречу сына, и там, где Л. метался, умирая, забили родники (Paus. IX 33, 3—4). Г. Г.

ЛОХА́НЬ (кит. а л о х а́ н ь (кит. транскрипция от санскр. *архат*, архан; кор. нахан, арахан; япон. ракан, аракан), в китайской, корейской, японской, буддийской мифологии человек, достигший наивысшего духовного развития. Понятие о Л. как высшей ступени на пути к превращению в будду сливается с даосским представлением о мудром отшельнике (сяньжэнь), достигшем долголетия и бессмертия путём особого регламента и с помощью эликсира долголетия. Л. выступают обычно в составе более или менее обширных групп. Группа в 16 Л. впервые перечислена в «Путешествии на Запад при Великой Тан» Сюаньцзана (7 в.), в неё входят 16 индийских мифологических и легендарных деятелей буддизма, такие, как старший сын Шакьямуни и один из первых его учеников Рахула; Пиндола (кит. Биньтоу), задача которых — хранить учение Будды после ухода Шакьямуни в *нирвану* до появления в мире *Майтреи*; Асита (кит. Асыто, Ашидо) — отшельник, живший на горе Гридхракута и ставший последователем Будды после ознакомления с его учением. Группа шестнадцати сохраняется и позже в Корее и Японии. В Китае, однако, более популярной является группа в 18 Л., создание первых образцов описания и изображения которых приписывается поэту-отшельнику 9 — начала 10 вв. Гуаньсю. В этой группе 16 индийских деятелей первоначально были дополнены деятелями китайского буддизма Кумарадживой (конец 4 — нач. 5 вв.), покровителем буддизма императором династии Лян У-ди, ставшим в 527 буддийским монахом; в других, более поздних наборах, последние двое заменялись Будай-хэшаном, бодхисатвой *Гуаньинь*, монахом Дхарматратой (в Китае известном под именем Фацзю) и др. В поздних смешанных даосско-буддийских культах Л. индийского происхождения всё более заменяются, особенно в народных представлениях, персонажами, прообразами которых были реальные деятели китайского буддизма, такие, как Укэ, якобы устроивший себе жилище на кончиках ветвей дерева (откуда его прозвище — «вороньё гнездо»); поэты-отшельники 8 в. Ханьшань, Фэнгань, Шидэ; один из основателей школы «чистой земли» в Китае Хуйюань. Почитаются также *Кашьяпа*; великий буддийский поэт, автор «Жизни Будды» Ашвагхоша (кит. Ма-мин). Существуют и другие, гораздо более многочисленные наборы Л. вплоть до 300 Л. и 500 Л., скульптурные или живописные изображения которых нередко заполняют большую часть китайских буддийских и смешанных буддийско-даосских храмов. Изображения эти весьма многообразны: традиционно бесстрастные или улыбающиеся буддийские святые, подчёркнуто характерные отшельники даосского типа, люди в чиновничьей и даже императорской одежде, улыбающиеся, смеющиеся, суровые, отрешённые. Также разнообразны и позы: погрузившиеся в самосозерцание неподвижные фигуры; святые, с грустью взирающие на несовершенство мира; наставники, обращающиеся с проповедью к людям или ведущие задушевную беседу, и т. д. Столь же многочисленны и атрибуты: посохи, жезлы, цветы (чаще всего лотоса), чаши для подаяния и вина, чётки, мечи и т. д. Изображения Л. стали одним из излюбленных сюжетов китайского (корейского, японского) искусства; Л. наравне с даосскими отшельниками часто встречаются в качестве предсказателей, борцов против нечистой силы, поборников справедливости в произведениях простонародной повествовательной литературы.

Л. Н. Меньшиков.

ЛО-ЦЗУ́ («предок Ло»), Ло-цзу дасянь («великий святой Ло-цзу»), в китайской народной мифологии бог нищих и цирюльников. Считалось, что Л.-ц. — ученик *Лао-цзы*, вернувшийся в бренный мир и зарабатывающий себе на жизнь как уличный цирюльник. В старом Китае в домах вешали его изображения с красным лицом, голыми ногами и засученными рукавами. В храмах Л.-ц. изображали с книгой по брадобрейному искусству в руках.

Б. Р.

ЛО-ШЭНЬ («духи Ло»), в китайской мифологии духи — исцелители глаз, именуются также яньмусы («управители глаз») и минму-хоу («князья, просветляющие глаза»). Начало их культа связывают с цензором Фэн Энем (16 в.), который попал в немилость и был сослан в Гуандун. Там он увидел, что народ страдает от бесчинств пяти братьев Ло, которые, однако, вдруг раскаялись и покончили жизнь самоубийством. Когда Фэн Энь был помилован и собрался домой, у него появилась катаракта. Однажды во сне ему явились духи пяти братьев Ло, а когда он проснулся, то почувствовал, что зрение восстановилось. Фэн построил храм в их честь, и все, кто страдал болезнью глаз, приходили туда просить исцеления.

Б. Р.

ЛО-ШЭНЬ («божество [реки] Ло»), в китайской мифологии фея реки Ло. Считалась духом Фу-фэй — дочери мифического первопредка *Фу-си*, которая утопилась (или утонула) в реке Ло. Особую популярность образ Л.-ш. приобрёл благодаря поэме Цао Чжи «Фея реки Ло» (3 в.), в которой поэт описал любовное свидание во сне своего лирического героя и красавицы Л.-ш.

Б. Р.

ЛУ в мифах монгольских народов дракон, владыка водной стихии и громовержец (ср. *Хухэдэй-мерген*). Гром — это рёв (скрежет зубов) Л., а молния возникает тогда, когда он быстро свивает и распрямляет свой хвост. Эти представления о громовнике соответствуют восприятию монголами грозы, описанному Рашидаддином (14 в.): молнию якобы вызывает подобное дракону животное, падающее с неба, бьющее по земле хвостом и извергающее из пасти *пламя*. Громовержец Л. причисляется к небесным богам — *тенгри* (Лу-тенгри). Иногда Л. выступает локальным и хтоническим духом; чаще, однако, в этой роли фигурирует *лус* (первоначально множественное число от лу), но чёткое разграничение между этими двумя персонажами отсутствует. Лусы (лусут или лусат, лусын, лусан, лосон), как правило, — духи-хозяева прежде всего водоёмов, но также и гор, урочищ и других местностей. Представления о связи между Л. и лусом (лусут) и первичности Л. отразились в монгольском предании, согласно которому первый лусут Луван Луин Джалбо («государь» — «владыка змей») вылупился из змеиного яйца в виде Л. (дракона), но оставаться им не пожелал и был сделан богами управляющим всеми водами на земле и ханом 77 царств лусутов, которые, родившись от него, заселили все озёра, ручьи, колодцы и другие водоёмы.

Согласно другим версиям, Л. — лишь ездовые животные громовержца, который ездит на них летом, а зимой отдаёт их на хранение лусам. Связь между грозой, водоёмом, нижним миром прослеживается и в калмыцкой сказке: громовержец Лун-хан, относимый в ней к окружению властелина подземного царства *Эрлика*, поднимается верхом на чёрной туче из озера, которое при грозе высыхает. У дербетов Лун-ханом называется дух — хозяин местности вокруг Улангома.

Лусы бывают мужского и женского пола (бурят. лусут эхенер, «женщина-лусут», т. е. русалка), подобно людям, родятся, женятся, болеют, стареют, умирают. Лусы сказочно богаты. Обычно они не показываются человеку. Считалось, что лусы — это духи, принявшие буддизм, но «чёрные свирепые» лусы (докшин хара лусут) — духи, «не имеющие веры» (ср. *Докшиты*). По представлениям калмыков, «чёрные лусы» — это вообще духи природы.

В бурятской мифологии лусы связаны исключительно с водоёмами. По поверьям западных бурят, владыкой водяных ханов (духов-хозяев — ухан хан, ухан хат) является Уха лусан (Уха лосон, Уха лубсан), седобородый старец в белых одеждах, живущий на дне моря в серебряном дворце (ср. кит. *Лун-ван*).

Иногда лусы выступают как явно хтонические духи: они наделяются эпитетом «нижние», связываются со слоями земли, с царством Эрлика, подчёркивается их змееподобие. В монгольском эпосе лусы часто фигурируют как обитатели и хозяева нижнего (подземного, подводного) мира; по большей части они не враждебны герою, являются родственниками его матери или невесты.

Встречается и трансформированный образ луса: хтоническое чудовище, олицетворяющее хаос, источающее яд, грозящее гибелью и разрушениями; обитает в недрах земли или мирового океана (ср. *Аврага Могой*). В одном из мифов *Очирвани*, приняв облик птицы *Гаруды*, вытаскивает змея Лосуна из океана, трижды оборачивает его вокруг мировой горы Сумеру, а голову придавливает к вершине камнем, оставив хвост в воде.

На образы Л. и луса оказали влияние представления о лу в тибетской мифологии. Многие особенности Л. объясняются установившимся в центральноазиатском буддизме прямым соответствием между Л. и *нагами*, отчего «государь лу» (лу-хан, лун-хан, а также лусын-хан и лусут хан) иногда адекватен буддийскому Нагарадже («царю змей»), обитающему в мировом океане и как его владыка выступающему в качестве мирового змея.

С. Ю. Неклюдов.

ЛУ («те, кто плавают в воде и ползают по земле»), в тибетской мифологии божества из разряда *дрегпа*. Л. вылупились из шести яиц, снесённых золотой космической черепахой. Представляются существами с телом змеи и головами рыб, лягушек, головастиков, змей, скорпионов и др. Обитают в прудах, озёрах, источниках, местах слияний рек, ручьёв, на горных пастбищах. Л. ведают погодой, насылают засуху, проливные дожди, мороз, охраняют полезные ископаемые; насылают болезни на людей и животных.

Известен также чёрный Лудуд (муж. род), вылупившийся из чёрного космического яйца; он меняет ездовых животных по сезону: зимой у него чёрный бык, весной скорпион, летом чёрная змея (осенью божество живёт на альпийских лугах). Лу-женщины (Лумо), известные под другими именами, являются матерями тех или иных божеств (см. *Пехар*).

В мифологии *бон* появляется богиня Лумо в роли первосущества: из её головы возникает небо, из правого глаза — луна, из левого — солнце, из верхних зубов — планеты; когда богиня закрывает глаза, приходит ночь, когда открывает, настаёт день; из голоса Лумо рождается гром, из дыхания — облака, из слёз — дождь, из ноздрей — ветер, из вен — реки, из тела — земля и т. д. В пантеоне бон, среди восьми дебйа, Л. приносит дожди, способствует плодородию; покровительница женщин и девушек; одета в одежды из перьев и бесшумный водяной шёлк, воплощающий туман.

В Тибете во время засухи в монастырях носили по полям как тома буддийского канона, так и бонские книги Лубум. Л. призывались во время магических церемоний с целью наслать на врага проказу, чахотку, чесотку, а на его скот — сап, ящур. По цвету облаков, их форме и движению прорицатели определяли, какие обряды в честь Л. следует совершать.

Л. восприняты в монгольской мифологии (ср. *Эдзены*).

В буддизме Л. контаминировали с индийскими *нагами*.

Е. Д. Огнева.

ЛУАНЬНЯО, в древнекитайской мифологии чудесная птица. Л. изображали похожей на петуха, с красными, переходящими в многоцветные перьями (по другой версии, у Л. преобладал тёмный, сине-зелёный цвет). Л. могла воспроизводить все звуки, по другим источникам, её голос похож на звук колокольчика. Считалось, что Л. появляется только тогда, когда в государстве царят мир и спокойствие. В некоторых древних книгах утверждается, что Л.— это название птенца *фэнхуана*. Изображения Л. украшали в древности колесницу правителя, а также её стяг.
Б. Р.

ЛУ БАНЬ, в китайской народной мифологии бог-покровитель плотников и строителей. Обычно в древних источниках сообщается, что его настоящая фамилия Гуншу, а имя Бань и что он родился 7 числа 5-й луны 606 до н. э. в царстве Лу, хотя существуют версии его рождения и в другие эпохи. Имя Л. неоднократно упоминается в древних трактатах. В книге «Мо-цзы» (4 в. до н. э.), например, рассказывается о нём как об изобретателе «осадных лестниц» для взятия городских стен. Как позднему культурному герою Л. приписывают изобретение различных инструментов (пилы, рубанка, бурава и т. п.). Он научил людей навешивать двери. С его именем легенды связывают строительство в разные эпохи знаменитых архитектурных сооружений: Чжаочжоуского моста в Хэбэе, Хуацяо («Цветочного моста») в городе Гуйлинь, угловых башен Запретного императорского города в Пекине и др. По одной из легенд, Л. ходил к *лун-вану* Восточного моря и взял у него на время его прекрасный дворец, прикрепил его кольями к земле и оставил так навеки. С тех пор пошла в Китае мода строить дворцы с драконами на крышах. Древнее предание приписывает Л. изготовление летающей деревянной птицы (сороки, коршуна). По одной из версий, он сделал деревянного коршуна, на котором его отец приехал в Ухуэй (современный город Сучжоу), где люди убили старика, приняв его за оборотня. В гневе Л. смастерил деревянного человека, который указывал рукой на юго-восток, т. е. на Ухуэй, и там началась страшная засуха. Местные жители стали просить простить их. Тогда Л. отрубил у статуи руку, и пошёл дождь. Л. сделал для своей матери самодвижущуюся механическую деревянную повозку. Некоторые легенды приписывают чудесное мастерство и жене Л., а также его сёстрам. Однако, когда Л. минуло 40 лет, он удалился в горы Лишань (провинция Шаньдун), где изучал секреты магии. Ему приписывают постройку дворца для *Си-вану*, ремонт небесных столбов и т. п. При постройке зданий в его честь раньше зажигались ароматные курения, а даосские монахи читали молитвы в то время, когда рабочие клали балки. Его культ особенно усилился после 1403, когда император пожаловал ему титул Фугодаши («великий учитель, помогающий государству»). Именем Л. назван трактат «Лу Бань цзин» («Книга Л.») — основное пособие по строительству в старом Китае, содержащее краткое жизнеописание Л. и легенды о чудесном его рождении. Церемонии в честь Л. в Китае устраивались в разное время (особенно пышно в Кантоне), но чаще всего ему приносили жертвы 13 числа 5-й луны и 21 числа 7-й луны.

Крестьяне чтут Л. как создателя деревянного колеса для подъёма воды на поля, а корабелы как изобретателя лодки и весла. Его нередко почитали также кузнецы и гончары. Храмы Л. были по всей стране. В старом Пекине его день рождения (по местному поверью в 6-й луне) справляли в знаменитой Белой пагоде (Байтасы), которую он починил, когда эта пагода во времена династии Мин дала трещину и была готова обвалиться. Обе его жены — одна в чёрном одеянии, другая — в красном, считались покровительницами мастеров лаковых изделий (из чёрного и красного лака).
Б. Л. Рифтин.

ЛУГ (галльск. «сияющий»), **Ллеу** (ирл., валлийск.), в кельтской мифологии бог (по мнению ряда исследователей, бог света, связанный с солярным культом). О распространении почитания Л. в Галлии свидетельствуют многочисленные надписи и названия населённых пунктов (Лион, Лан, Лейден и др., от Лугдунум, «крепость Л.»). В ирландских мифологических повествованиях Л. изображался новопришельцем среди богов *Племён Богини Дану*, который попадает к ним, доказав свою искушённость (в отличие от других богов) сразу во многих «ремёслах» — в широком смысле слова; за это он получил эпитет Самилданах (ирл. «искусный во многих ремёслах»). Центральный эпизод связанных с ним ирландских мифов — сражение Л. с предводителем *фоморов* одноглазым *Балором*; Л. поражает Балора в глаз камнем из пращи (или магическим копьём Племён Богини Дану, или чудесным оружием, выкованным божественным кузнецом *Гоибниу*). С копьём Л., добытым ему «тремя богами ремесла» с таинственного острова Ассал, иногда связывался и другой эпитет бога — Ламфада (ирл., «с длинной рукой»). Представление о Л. как покровителе искусств и ремёсел подтверждается сходным эпитетом валлийского Л. («искусная рука»). Представление о Л. как покровителе ремёсел было также распространено в Галлии, если судить по сообщению Цезаря о культе Меркурия (ассоциировавшегося с Л.). Валлийский Л.— воспитанник провидца и мага Гвидиона; Арианрод, мать Л., не желала давать сыну имя, не разрешала ему носить оружие и иметь жену, но он при помощи Гвидиона добивается всего этого. В Ирландии Л. был посвящён ежегодный (1 авг.) праздник лугназад. По некоторым версиям, сыном Л. был *Кухулин*.
С. В. Шкунаев.

ЛУГАЛЬБАНДА, шумерский мифоэпический герой, полулегендарный четвёртый правитель первой династии Урука (ок. 28—27 вв. до н. э.). По царскому списку — сын *Энмеркара* и предшественник *Гильгамеша*; согласно легендарно-эпической традиции — отец (возможно, родовой бог) Гильгамеша, супруг богини Нинсун. В текстах из Фары (26 в. до н. э.) уже обожествлён и вместе с Гильгамешем упоминается среди богов подземного мира. Согласно шумерскому эпосу, Л. вместе с семью другими полководцами (братьями и друзьями) участвовал в походе воинов города Урука против Аратты (по многим данным,— реальный город на Иранском нагорье, с которым Урук вёл торговлю). В пути Л. заболевает, и войско оставляет его в горах Хуррум. Излечившись, Л. изобретает хитроумный способ вновь соединиться с войском. Он добивается расположения птицы *Анзуд* (украсив её гнездо и птенца ветками священного можжевельника и накормив птенца лакомствами); Анзуд в благодарность наделяет Л. даром скорохода. Вернувшийся к войску Л. отправляется, используя свой дар, гонцом Энмеркара к богине *Инанне* узнать о причинах неудач урукитов под Араттой и способах победить неприятеля. Он получает ответ: места культа Инанны в Уруке заброшены, Энмеркар должен привести их в порядок, срубить одинокий тамариск, выдолбить из него сосуд, поймать самую большую рыбу и принести её в жертву богине — и победа над Араттой будет обеспечена (на этом текст обрывается). *В. К. Афанасьева.*

ЛУГЕИЛАНГ, Лукеиланг, Лук, Иолофат Великий, в мифах микронезийцев Каролинских островов связан один из главных богов (духов). Л. связан родством с *Иолофатом* и *Энулапом* (неизменно более могучим, чем Л.). По некоторым версиям, Л. создаёт ряд островов, обучает людей ремёслам, даёт им огонь и пищу, покровительствует им в военных делах. Л., согласно одним мифам, всегда живёт на небе, согласно другим — после завершения процесса творения опускается на остров и остаётся там жить.
М. С. П.

ЛУКМАН, в мусульманской и древнеаравийской мифологии праведный мудрец. В доисламской Аравии был известен как долго живший древний и мудрый герой. Древнеаравийский цикл сказаний о Л. реконструируется на основе памятников доисламской поэзии и более поздних преданий. Л. принадлежал к народу *ад*. Когда этот народ за нечестивость постигла засуха, Л. был в числе тех адитов, которые были посланы в Мекку, чтобы молиться о дожде. Л. стал просить аллаха за себя и получил долгую жизнь, равную продолжительности жизни семи орлов. Вместе с последним орлом, Лубадом, умер и Л.

Коран, упоминая Л. (в одноимённой суре) как всем известного мудреца и вкладывая в его уста проповедь единобожия, приводит его благочестивые назидания сыну.

Предание связывало с Л. строительство Марибской плотины в Южной Аравии, обычаи побивать камнями за прелюбодеяние, отсекать руку за воровство и пр. Ещё в доисламский период Л. приписывали различные мудрые изречения, в частности распространённые на Ближнем Востоке речения вавилонского судьи-мудреца Ахикара. Мусульманское предание приписывает Л. множество афоризмов и поговорок, а также басни (из эзоповского цикла и др.). У многих народов, исповедующих ислам, с именем Л. связывались произведения местного фольклора. У народов Средней Азии Л.— великий лекарь, патрон (пир) врачевателей. Мусульманское предание и некоторые европейские исследователи отождествляли Л. с самыми различными историческими и мифическими персонажами — Валаамом (Баламом, сыном Бауры), Ахикаром, Эзопом и др.

М. П.

ЛУМА́УИГ, в мифах бонтоков и канканаи острова Лусон (Филиппины) культурный герой, придавший земле современный облик. Л. жил на земле и был женат на смертной женщине. Он научил людей добывать огонь, заниматься земледелием, познакомил с ритуалами и дал адат. Закончив свою деятельность на земле, он поднялся в верхний мир, на небо. Канканаи иногда почитают Л. как верховного бога. Следы культа Л. сохранились у христианизированных илоко в береговой части Лусона. *М. Ч.*

ЛУМИМУ́УТ, Эмпу́нг Луминӱут, в христианских мифах минахасов (северный Сулавеси, Западная Индонезия) богиня, прародительница богов и людей. Л. чудесным путём появилась из большого камня, стоявшего посреди пустынной земли. Родив от западного ветра солнечного бога Тоара, она рассталась с ним. Через некоторое время они встречаются вновь и, не узнав друг друга, вступают в брак, побуждаемые к тому произошедшей также из камня богиней-жрицей Кареимой. От этого брака происходят боги (в том числе Мунту-унту) и предки людей. Последние унаследовали от Л. землю, разделённую на четыре части, соответствующие четырём племенным делениям минахасов: тоумбулу, тонсеа, тонтембоан, тонтумарата. Связанная с Л. мифологема (одинокая богиня, самозарождающаяся из скалы или камня, её девственное зачатие с помощью ветра, последующий инцест с сыном) характерна для космогонических мифов Малайского архипелага. *М. Ч.*

ЛУН, в китайской мифологии фантастическое существо, дракон. Начертание иероглифа Л., представляющее собой пиктограмму, изображающую животное с длинным телом и головой, увенчанной рогами (или гребнем), обнаружено уже на гадательных костях эпохи Инь (с 14 в. до н. э.). Существуют предположения о том, что прообразом этих пиктограмм была ящерица, а также о связи образа Л. с крокодилом. В надписях на гадательных костях Л. связан с названиями прототибетских племён цян, населявших западную и центральную части современной провинции Хэнань и, возможно, южную часть провинции Шаньси.

Вероятно, Л. считался тотемом ряда древних племён, что является редким исключением в общемировой системе первобытных верований, в которой тотем — обычно существо реальное. Возможно, образ Л. заменил более ранние представления о тотеме — змее, ящерице или крокодиле. Ср. связанные с тотемическими представлениями обычай татуировки в виде Л. у племён юэ на восточном побережье, легенды о поедании мяса дракона и о разведении и кормлении драконов подобно домашним животным при дворах некоторых легендарных правителей; многочисленные предания о рождении мифических первопредков и государей от связи женщины с драконом (вариант: встреча женщины с драконом, один только взгляд на него или просто видение дракона во сне, а также появление дракона в небе над домом, где должен родиться герой; рождение героя из крови дракона, см. *Гуанди*); наличие драконовой меты (лун янь) на челе древних государей (в средневековом Китае Л.— символ императора, его изображали на троне, на халате государя).

Особенно велика роль Л. в древних космогонических представлениях. На одном бронзовом блюде эпохи Инь изображены два дракона: на дне — безногий, покрытый чешуйками, каждая из которых имеет рисунок спирали-молнии, а по краю — дракон с лапами, а также птица и рыба. Возможно, что во втором случае Л. олицетворяет землю (птица — небо и рыба — водную стихию). Связь Л. с землёй зафиксирована и в «Книге перемен». Однако с развитием мифологических и космогонических представлений Л. стал мыслиться как воплощение светлой, небесной мужской силы ян и утратил связь с землёй как воплощением тёмного женского начала инь (см. *Инь и ян*). Реликты древнейшей связи Л. с землёй заметны в некоторых преданиях, где Л. живут под землёй, в колодцах, стерегут там клады, знают расположение т. н. земных жил, помогают герою выбраться из подземелья, а также в представлении о зимней спячке драконов и змей под землёй. Согласно словарю 1 в. «Шовэнь» («Толкование знаков»), Л. весной поднимается в небо, а осенью опускается в пучину вод.

Как символ силы ян и небесного начала Л. часто изображается крылатым существом, повелителем облаков, туч, дождя, парящим в облаках или плывущим в волнах и объятым языками пламени,— видимо, символ грозы как соития неба и земли (в древнекитайской космогонии дождь есть слияние неба и земли). Ср. также цветовую характеристику крови Л.— «чёрно-жёлтая» [сюаньхуан, сюань — «чёрный» (цвет неба) и хуан — «жёлтый» (цвет земли)].

Впоследствии появилось представление о драконах пяти цветов: хуанлун — жёлтые, цинлун — зелёные, чилун — красные, байлун — белые и хэйлун — чёрные. В преданиях фигурируют главным образом цинлун (символ востока) и хуанлун, связанный с землёй и центром. Л. различались и по внешнему виду: цзяо — чешуйчатые, ин — крылатые, цю — рогатые, чи — безрогие («Бо я», «Описание изящного», 3 в. н. э.). Ван Чун («Критические суждения», 1 в.) сообщает, что художники его времени изображали Л. с головой коня и хвостом змеи. В некоторых древних преданиях есть упоминание о лунма («конь-дракон»), живущем в воде, о превращении Л. в коней и быков.

Герои древних мифов летали по небу на Л., в раннесредневековых преданиях герои-люди нередко подымаются в небо верхом на Л. В «Основных сведениях по фармакологии» (16 в.) Ли Шичжэня со ссылкой на Ван Фу (1—2 вв.) о Л. говорится: «Голова, как у верблюда, рога, как у оленя, глаза, как у зайца, уши, как у коровы, шея, как у змеи, живот, как у морского зверя шэнь, чешуя, как у карпа, когти, как у ястреба, лапы, как у тигра... На спине 81 шип, полностью девять девять, как подобает силе ян... под подбородком светящаяся жемчужина, а на голове гора Бошань» [Бошань, по-видимому, означает некий нарост в центре лба Л., именуемый также чиму (букв. «плотницкий аршин») и являющийся магическим знаком Л., благодаря которому он имеет возможность подыматься в небо]. В средневековой традиции Л. рассматривался как прародитель всех зверей и птиц, от которого пошли «пернатые, покрытые шерстью, чешуйчатые и панцирные» («Эръя» — «Пояснения к словарю Эръя», 11—12 вв.).

Л.— доброе существо, его появление рассматривается как благоприятный знак, хотя в древних мифах встречаются упоминания о злых Л. В средние века существовали представления о земных драконах, в наказание за дурные дела лишённых возможности подняться на небо.

Образ Л. чрезвычайно популярен в изобразительном и прикладном искусстве Китая. Он встречается в легендах и сказках, в средневековых новеллах, в поэзии. *Б. Л. Рифтин.*

ЛУ́НА, в римской мифологии богиня ночного света (Macrob. Sat. III 8, 3). Имела несколько святилищ, одно вместе с богом солнца. Культ Л. был вытеснен культом *Дианы*. Впоследствии с Л. связывались разные теории в астрологии и демонологии. *Е. Ш.*

ЛУН-ВАН («царь драконов»), в китайской мифологии хозяин водной стихии, глава драконов — *лун*. Согласно ранним текстам, Л.— существо, выделяющееся среди прочих драконов необычайными размерами — около 1 ли (примерно 0,5 км) в длину. Образ Л. сложился в первых веках н. э., возможно, под воздействием буддизма (при переводе на китайский язык буддийских сутр слово Нагараджа, «царь змей», было передано как Л.). Из буддийской литературы было заимствовано и число Л. (в китайском переводе сутры «Садхарма пундарика» их насчитывается восемь, по другим сочинениям,— десять). Однако распространение получила даосская трансформация этой классификации, узаконенная императорским указом 751 г.,— представление о Л. четырёх морей (в соответствии с древнекитайской космогонией): Гуандэ («увеличивающий добродетель») — Л. Восточного моря, Гуанли («увеличивающий богатство») — Южного, Гуанжунь («увеличивающий благосклонность») — Западного и Гуанцзэ («увеличивающий щедрость») — Северного. Все они считаются братьями Ао, старший из которых Гуандэ. В фантастической эпопее У Чэнъэня «Путешествие на запад» (16 в.) и других произведениях Л. носят несколько иные имена: Ао Гуан, Ао Цинь, Ао Шунь и Ао Жун. Существовало представление и о Л. четырёх главных рек Китая, а также о Л., живущих в больших озёрах.

В народных сказках и преданиях обычно фигурирует просто Л. (без имени) или Дунхай Л. («царь драконов Восточного моря»). В поздних народных верованиях Л. нередко рассматривается как владыка стихий, которому подчинены бог грома *Лэйгун*, богиня молнии *Дянь-му*, бог ветра Фэнбо и повелитель дождя *Юй-ши*. В поздней народной синкретической мифологической системе Л., как и другие божества, подчинён *Юй-ди*, в знак уважения Л. является в его дворец (считалось, что в это время и идут сильные дожди).

В поздней фольклорной традиции Л. обычно представляется старцем, живущим в хрустальном подводном дворце лунгун («драконов дворец», впервые также встречается в переводах буддийских сутр). Л.— хранитель несметных сокровищ, у него есть своё морское воинство: черепахи, каракатицы, креветки, рыбы и другие морские обитатели, имеющие способность к оборотничеству. Китайские художники нередко рисовали Л. в виде старца с посохом, набалдашник которого украшен головой дракона. Часто упоминаются и дети Л.— сын, реже дочь. Обычный сюжет этих произведений таков: сын Л. попадает в беду, его спасает юноша. Сын Л. приглашает юношу к себе во дворец отца и объясняет, какой подарок он должен просить у Л. перед возвращением на землю. Обычно это чудесный предмет, заключающий сокровища, или тыква-горлянка, дающая еду, или даже дочь Л., которая выходит замуж за героя, но, родив ему детей, по прошествии определённого количества лет возвращается обратно в подводное царство.

Культ Л. был чрезвычайно распространён в старом Китае. Храмы, посвящённые ему, были в городах, деревнях, близ рек, озёр, переправ и колодцев. Его заступничества просили моряки, рыбаки, земледельцы, а также водоносы, которые считали, что подземные источники в колодцах управляются Л. и соединяются под землёй с морем. Во время засухи статую Л. выносили из храма и ставили на солнцепёке, а во время наводнения её носили, чтобы показать Л. размеры бедствия и усовестить его. Если это не помогало, то статую топили в воде. Китайские императоры присваивали Л. различные титулы, а иногда понижали их в чине, издавали указы о ссылке Л. за проступки в дальние края и т. п. *Б. Л. Рифтин.*

ЛУНГ, лонг, лунк, тонк, юнк, в хантыйской мифологии название духов (ср. *куль* и *пупыг* в мансийской мифологии). Обычно Л. невидимы для человека (однако их видят животные, а также — через посредство своих зооморфных помощников — шаманы), но могут показываться в виде призраков, предметов и животных необычного вида. Имеются Л. локальные и обитающие повсюду, добрые и злые, антропоморфные и зооморфные и др. Так, в мифах восточных ханты представлены Вонт-Л. (лесной дух, помогающий животным спасаться от охотника, принимая их облик и приводя охотника в растерянность; он же в образе глухаря указывает заблудившимся дорогу домой), Иенк-Л. (водяной), Ват-Л. (дух ветра), Тохланг-ваях-Л. (живущий на юге владыка перелётных птиц), Кул-Л. (дух — хозяин рыб), Кул-тэттэ-Л. (дух — создатель рыб), Сарт-Л. (огромная щука, переворачивающая лодки); Рахам-Л. и Кат-Л. (духи — покровители семьи, дома), Кынь-Л. (дух болезней — ср. *Куль-Отыр*), Паям-Л. (дух голода), Вор-Л. (дух, устанавливающий уровень воды в реках) и др. *Е. Х.*

ЛУНГКИДЖИНГБА И ЛИЧАБА, в мифологии ао нага верховные божества. Лунгкиджингба считается создателем мира и обитает в небесах в каменном доме. Личаба («тот, кто трясёт землю») создал землю и великую реку Брахмапутру. Он посылает на землю дожди. Ему приносят жертвы, ему же посвящены обряды урожая. Личаба идентичен Литсаба у сема нага. Сема нага полагают, что тело Литсаба черно. Он дружит с кротом. У ао нага есть образ первого человека, рубившего лес для подсечно-огневых участков. Его зовут Лутаба. Земледельческое божество Личаба у нага почти вытеснило архаический образ небесного владыки Лунгкиджингба. *Я. Ч.*

ЛУН КУНГ, в мифах ман во Вьетнаме (группа мяо-яо) бог молнии. Миф о Л. К. связан и с мифом о всемирном потопе, а также с шаманистскими представлениями. Л. К., сражаясь с духом Тянг Локо, был пленён и превращён в петуха, но, обманув Тянг Локо; опять превратился в духа. Тянг Локо решил запрудить реки, чтобы вода поднялась до небес и он мог бы настигнуть Л. К. Когда Тянг Локо постучался в небесные ворота, Л. К. сумел разрушить плотины, вода опять потекла в море, её уровень понизился, а Тянг Локо упал и ударился головой о гору. *Н. Н.*

ЛУ́ННАЯ ДИНА́СТИЯ, в индуистской мифологии один из двух главных царских родов, к которым принадлежало большинство героев эпических и пуранических сказаний (ср. *Солнечная династия*). Прародитель Л. д.— бог луны (отсюда её название) *Сома*, или Чандра. Первым царём и основателем Л. д. был *Пуруравас*, сын *Будхи* и внук Сомы. В свою очередь, Пуруравас, женившийся на *апсаре Урваши*, имел от неё нескольких детей. Младшие его сыновья стали основателями царских домов в Каньякубдже (современный Канаудж), Каши (современный Варанаси) и некоторых других областях Индии, однако более известным было потомство его старшего сына Аюса. Сыном Аюса был *Нахуша*, а сыном Нахуши — *Яяти*, имевший пятерых сыновей: Яду, Турвасу, Друхью, Ану и Пуру, являвшихся родоначальниками многих племён и царских фамилий, упоминаемых как в мифологических, так и в исторических источниках Древней Индии. Так, потомками Друхью назывались цари Гандхары на севере Индии; потомками Ану — кекайи, мадры, яудхеи, сауверы, ушинары (на северо-западе Индии, в Пенджабе и Раджастхане), анги, ванги, калинги и пундры (в Бенгалии и на северо-востоке Декана); потомками Яду — племена хайхаев, бходжей, видарбхов, чеди (в Бераре и Декане), а также ядавы (в Гуджарате) — племя, в котором, по преданию, родился *Кришна*, и т. д. Наибольшей славы и могущества достигли, однако, потомство младшего сына Яяти — Пуру, которому отец завещал своё царство. В числе потомков Пуру (паyравов) индийские сказания называют племена бхаратов и панчалов, упоминаемые ещё в «Ригведе», царей Душьянту, героя легенды о *Шакунтале, Бхарату*, Куру, Шантану — мужа богини *Ганги*, наконец, *Панду* и *Дхритараштру*, чьи сыновья — *пандавы* и *кауравы*. Списки царей Л. д. содержатся в большинстве индийских пуран и, хотя последовательность имён в отдельных пуранах различна, в целом они достаточно единообразны. По-видимому, часть имён в этих списках, особенно в конце их, имеет не только мифологическую, но и историческую основу.

П. А. Гринцер.

ЛУСИ́Н («луна»), в армянских мифах антропоморфная персонификация луны. Однажды юноша Л. попросил у матери, державшей в руках тесто, булочку. Рассерженная мать дала пощёчину Л., от которой он взлетел на небо. До сих пор на его лице видны следы теста (другую версию о пощёчине, полученной Л., см. в ст. *Арэв*). По народным поверьям, фазы луны связаны с циклами жизни царя Л.: новолуние — с его юностью, полнолуние — со зрелостью, когда луна убывает и появляется полумесяц, наступает старость Л., который затем уходит в рай (умирает). Из рая он возвращается возрождённым (мифологема умирающего и воскресающего бога). Во многих мифах Л. и Арэв (персонификация солнца) выступают как брат и сестра. Культ луны у армян был широко распространён. Новолунию приписывалось магическое действие как благотворное (способность исцелить от ряда болезней и др.), так и вредное (дурное влияние на новорождённых); к нему приурочивались культовые церемонии и моления. Солнцу и луне были посвящены многие храмы, главный из которых находился в Армавире (столица и культовый центр древнеармянского государства).

С. Б. А.

ЛУСИ́Н (от лу, «чиновничье жалованье», и син, «звезда»), Лу-шэнь («божество карьеры»), Гуань-сь́н («звезда чиновников»), в поздней китайской мифологии божество карьеры, особо почитавшееся чиновниками. Одно из божеств триады *сансин*. В качестве Л. был обожествлён исторический Ши Фэн (2 в. до н. э.), который служил Лю Бану, основателю династии Хань. Л. изображается в виде старца верхом на олене [лу («олень») и лу («карьера», «чиновничье жалованье») — омонимы]. Иногда Л. отождествляется с богом литературы *Вэньчаном*.

Б. Р.

ЛУТ, в мусульманской мифологии персонаж, соответствующий библейскому *Лоту*. Коран называет Л. «посланным», «верным посланником», одним из тех пророков, увещеваниям которых не верили их соплеменники (22:43; 26:162; 37:113, 133). Кораническая история Л. (11:79—84; 15:58—74; 29:25—34) в основе своей восходит к библейскому сюжету. Согласно Корану, Л. был среди тех, кто уверовал в проповедь *Ибрахима* и вместе с ним покинул родину. Сообщается, что он поселился среди грешного и распутного народа. Подробно излагаются эпизоды: явление карающих ангелов, посланных аллахом; попытки людей напасть на ангелов; готовность Л. отдать людям своих дочерей; предупреждение ангелов о грядущей гибели жителей города и жены Л.; кара, ниспосланная аллахом на город («И схватил их вопль при восходе солнца. И обратили мы верх этого в низ и пролили на них дождь камней и глины», 15:73—74). Коран не называет места жительства Л., но трижды упоминает «опрокинутых», употребляя арабский термин, восходящий к библейскому обозначению Содома. Комментаторы дополняют коранический рассказ некоторыми деталями. Именем Л. арабы называют Мёртвое море — «Бахр Лут» («Море Лута»).

М. П.

ЛХА («бог»), в тибетской мифологии божества, обитающие в небе, они же горные божества, божества местности юллха. По одной из версий, Л. возникли из скорлупы *дунги гонгма*, первородного яйца. Человек посредством Л. устанавливает отношения со средой и защищён от воздействия среды. Каждого человека от рождения до смерти сопровождает группа из пяти Л. (см. *Далха*, *Тригумцэнпо*).

В мифологии бон Л. располагаются на 13 небесах. Л. бытия возник в результате взаимодействия двух цветов — жёлтого мужского и голубого женского. 13 сфер неба — это 13 поколений Л. Затем появляются вода и земля, на которых располагаются Л.-родители, от них через семь поколений родился первый тибетский царь Ньятицэнпо.

Л. как ландшафтные божества — чаще всего персонификации топографически значимых мест: горы, скалы, озёра и т. п. Гора — небо и его божество Л., а озеро — подземный мир и его божество *лу*. Некоторые мифы повествуют о браке двух локальных божеств (гора — озеро, гора — гора), в других говорится о вражде и битве между горами. Горы — это «колонны неба» и «гвозди земли». В эпосе о *Гесере* герой называется «колонной неба», а его страна — «пупом земли», противники героя — правители хоров — уподобляются белой, жёлтой и чёрной горам.

Е. Д. Огнева.

ЛХА́МО, Па́лдан Лха́мо, в мифологии тибетского буддизма богиня, одна из главных «защитниц учения» (см. *Дхармапала*, *Чойджин*) в разряде восьми *дагшед*; её облики — чёрное скелетообразное существо; тёмно-синяя, устрашающего вида всадница на трёхногом муле. Ей свойственны функции синкретической богини-матери, ипостасями которой выступают различные локальные божества, включённые в её свиту. Л. наделена созидательной функцией, при этом она выступает в виде Лумо (см. *Лу*), носящих различные имена и вошедших в её свиту; она — хозяйка времени (в её свите — богини четырёх сезонов года), судьбы — её гонцы, так же, как и *Циумарпо*, ловят арканом «последнее дыхание» умирающего и уносят его для наказания в особое помещение храма Джово в Лхасе; главная защитница столицы Тибета Лхасы и покровительница женщин; управляет погодой и светилами (одна из её спутниц, оседлавшая чёрную птицу, крошит руками солнце и луну, другая с мешком, полным града и молний, стоит на солнце правой ногой, а на луне — левой, в её свите — Кхябджуг, чьё тело покрыто глазами, а на животе — огромная пасть); повелительница жизни (в её свите богини, покровительствующие здоровью), «Пять сестриц долголетия», ман — богини-лекарство, богини, сеющие болезни); защитница границ — двенадцать богинь Танма, охраняющие границы, в её свите. В пятнадцатый день десятого месяца, в период осеннего восхода Плеяд, в Лхасе происходят торжественные шествия с изображением Л. Ср. монг. *Охин-Тенгри*.

Е. Д. Огнева.

ЛЫ́БЕДЬ, в восточнославянской мифологии генеалогический герой, сестра трёх братьев — родоначальников племени полян: Кия, Щека и Хорива. Древнерусское предание о происхождении полян (в «Повести временных лет») родственно мифологическому сюжету, в котором участвуют три брата и сестра: в русской сказке — богатырша Белая лебедь, владелица живой воды и молодильных яблок, за которыми посланы братья; её имя могло быть преобразовано из первоначального Л. под влиянием мифологического мотива превращения богатырши в птицу. Возможно, имя Л. связано с Lub, слав. * Lub, рус. лыб-, «верх» (лыб-онь, «верхняя часть головы животного»), ср. название холма — Девичь-гора над рекой Лыбедь под Киевом. Ср. также Либуше — генеалогическую героиню чешских преданий.

В. И., В. Т.

ЛЫМИЛА́Х, Нымила́х, Нымира́х, Шымира́х, у абхазов божество супружеского счастья. К нему обращали тайную мольбу юноши и девушки, собиравшиеся на гадания вечером в день, когда заканчивался цикл весенних обрядов, посвящённых *Айтару*. Поев пересоленных хлебцев и отказавшись от питья в этот вечер, каждый участник гадания, выйдя во двор, мысленно обращался к Л.: ночью жаждущему должен был присниться суженый.

Л. А.

ЛЫОНГ ВУНГ, в мифах ман во Вьетнаме (группа мяо-яо) волшебный стрелок. После всемирного потопа на небе появилось 12 светил: от их тепла земля быстро просохла. Но и после этого светила продолжали греть, и на земле засохли все растения. Тогда появился Л. В., который сбил стрелами все светила, кроме двух — луны и солнца.

Н. Н.

ЛЭЙ-ГУН («громовник»), в китайской мифологии бог грома. Согласно «Книге гор и морей» (3—2 вв. до н. э.), в Озере грома (Лэйцзэ) живёт дух грома; у него тело дракона, человечья голова, он бьёт по своему животу, как по барабану (по-видимому, наиболее архаическое представление о Л.). Возможно, он считался отцом первопредка *Фу-си*. В др.-кит. языке само понятие «удар грома» (чжэнь) этимологически связано с понятием «забеременеть», в чём можно увидеть реликты древних представлений, связывавших рождение первопредков с громом или громовником, «громовым драконом». Характерно, что Озеро грома именовалось также Чжэньцзе. Философ Ван Чун (1 в. н. э.) писал, что художники изображали гром в виде связки барабанов или силача Л., который левой рукой тянет связку барабанов, а правой ударяет в них билом. На древнем рельефе (предмогильный храм У Ляна в провинции Шаньдун, сер. 2 в. н. э.) Л. имеет облик человека, разъезжающего в облаках на колеснице и бьющего молотком по двум барабанам. В 7—10 вв. его описывали как свиноподобное крылатое существо чёрного цвета, с рогами и двумя когтями на передних и задних лапах, с каменным топором в передних лапах, поедающее красную змею («Тайпин гуанцзи», части 393—394). Впоследствии, по-видимому, под влиянием буддизма, в частности образа птицы *Гаруды*, Л. стал изображаться с чёрными крыльями летучей мыши, с птичьими когтями и головой (иногда с тремя глазами), туловищем человека синего цвета; он одет обычно только в штаны, на плечах связка барабанов, в правой руке деревянный молоток, который бьёт по ним. Л. почитался как божество, помогающее людям, поскольку он связан с божествами дождя, от которых зависит урожай. Храмы Л. известны с 7—10 вв.
Б. Л. Рифтин.

ЛЭЙ-ЦЗУ («гром-предок»), 1) в древнекитайской мифологии жена *Хуан-ди*, богиня грома (?). По преданию, родила сыновей Чанъи (проглотив горошину) и Сюаньсяо. Ей приписывается начало разведения шелкопрядов. Нередко знак лэй в её имени пишется другим иероглифом, так что отнесение её к божествам грома проблематично; 2) в китайской народной мифологии глава небесной управы грома (лэйбу), в которую помимо Л. входят *Лэй-гун*, богиня молнии *Дянь-му*, бог ветра Фэн-бо, бог дождя *Юй-ши*. Л. изображали с третьим глазом на лбу, из которого лился поток света. В храмах статую Л. помещали обычно в центре, среди его приближённых по управе грома, иногда, кроме того, особых богов грома: Цзютянь лэй-гуна («громовника девяти небес»), Уфан лэй-гуна («громовника пяти сторон света») и других. В народе, однако, редко делалось различие между Л. и Лэй-гуном. *Б. Р.*

ЛЮДИ ДИВИЯ, в древнерусских книжных легендах и раннеисторических описаниях монстры, обитатели далёких сказочных земель, прежде всего Индии. Среди них упоминаются многоглавые, люди с глазами на груди, со звериными (в частности, пёсоглавцы) или птичьими головами и ногами, с крыльями, люди, живущие в воде, и т. п. Рассказы о Л. д. связаны или с повестями о походах Александра Македонского, или со сказаниями о государстве индийского царя и попа Иоанна («Сказание об Индийском царстве», 15 в.). Л. д. являлись образом неверных, «нечистых» народов. Наиболее опасные народы были, по преданию, «заклёпаны» Александром Македонским в скалах, и им приписывалась важная роль в грядущих событиях накануне конца света, когда они выйдут на свободу — ср. ветхозаветных *Гога и Магога*, князя *Рош*. Наряду с образами, восходящими к переводным источникам, в русской книжной традиции известны оригинальные, относимые к сибирским народам. См. также *Див*.
А. Ч.

ЛЮЙ ДУНБИНЬ, см. *Восемь бессмертных*.

ЛЮ ХАЙ, Лю Хар, Лю Хайчжа́нь, в китайской даосской мифологии бог монет, входящий в свиту бога богатства (см. *Цай-шэнь*). Возможно, в основе образа Л. был реальный исторический деятель 8—9 вв. По одной версии, он служил яньскому князю Лю Шоу-гуану, а по другой, — с 917 императору Тай-цзу — основателю династии Ляо. Однажды к нему явился даос, назвавший себя Чжэнь-янцзы (прозвище Люй Дунбиня, одного из *восьми бессмертных*), который наставил Л. на путь даосского учения. Л. стал отшельником. Л. притворялся безумным, юродивым, пел и плясал (ему приписываются стихи-песни, а также философский трактат). По даосской легенде, он изготовил пилюлю вечной жизни и принял её, после чего тотчас же упал бездыханный, а тело его начало постепенно исчезать, он превратился в журавля и улетел в небо. По народной легенде, Люй Дунбинь однажды опустил свой пояс с привязанной на конце золотой монетой в колодец и велел Л. Х. удить в колодце жабу. Это был враг Л. Х., переродившийся жабой и бывший в прежней жизни стяжателем. Жаба закусила монету, и Л. Х. вытащил её из колодца. Поэтому он всегда изображался с трёхлапой жабой — эмблемой наживания денег [деньги — цянь (в диалектах чянь) звучат почти так же, как и жаба — чжань или чань]. На народных картинах бог монет обычно изображался в виде смеющегося человека с распущенными волосами (символ отрешения от мира), с открытыми вислыми грудями и животом (особенности даосского искусства, восходящие к буддийской иконографии, — символы святого, презревшего мир), одетого у чресл в лиственный покров и босого (признак отшельника, стремящегося стать небожителем). Одна нога у него поднята как бы для сильного и резкого движения, в руках шнур с нанизанными на него монетами, за последнюю из них держится, кусая её, трёхлапая жаба. Иногда бог монет стоит на жабе. Бог монет на народных картинах обычно изображается вместе с близнецами *Хэ-Хэ*. Часто изображается также разбрасывающим монеты.

Известен ещё один вариант легенды, по которому Л. Х. был дровосеком. Однажды он встретил плачущую деву, семья которой погибла. Л. Х. взял её в жёны. Как-то в горах его окликнул камень, сообщивший, что его жена — лиса-оборотень. Камень посоветовал дровосеку ночью, когда жена достанет изо рта красный шарик — волшебный талисман и положит его ему в рот, не возвращать ей его, а проглотить. Лиса без талисмана умрёт. Л. Х. так и сделал. Лиса пояснила Л. Х., что камень хотел потом убить его и завладеть шариком, чтобы подняться в небеса. Она посоветовала дровосеку разрубить камень, вытащить из него верёвку, на конце которой будет жаба, а затем встать или сесть на жабу (отсюда и изображения Л. Х. на жабе). Жаба и вознесёт самого дровосека в небеса. А верёвку он должен оставить матери, которая, когда надо, потрясёт её, и посыплются золотые монеты. Легенда эта объясняет связь Л. Х. с жабой и происхождение представления о нём как о боге монет. Существуют ещё легенды о явлении на земле Л. Х. в поздние времена, например в 1822, и творимых им чудесах.
Б. Л. Рифтин.

ЛЮХВА («Ивовый цвет»), в корейской мифологии дочь *Хабэка*, мать *Чумона*. В ранних китайских записях («Критические исследования» Ван Чуна, 1 в. до н. э.; «История Поздней Хань», 5 в., и др.) Л. выступает служанкой правителя царства северных варваров, которая зачала от духа, спустившегося с небес в форме куриного яйца, и родила сына. В мифе о *Чумоне*, дошедшем в корейской эпиграфике 5—6 вв. и китайских династийных историях 7 в. («История Северных династий» и др.), говорится, что государь царства Пуё добыл себе невиновенную жену — дочь божества реки и спрятал в комнате, где её освещал луч солнца (вариант: тень солнца следовала за ней), от которого она зачала и родила большое яйцо в пять сын (1 сын = 1,8 л). Государь бросил его собакам и свиньям, но те не ели его, затем бросил на дорогу, но быки и лошади обходили его; оставил в поле, но птицы прикрывали его пухом. Государь хотел разбить его, но не смог. Тогда он вернул яйцо матери, и вскоре из него вышел мальчик Чумон. В корейских источниках 12—13 вв. — «Самгук саги», «Самгук юса» и особенно в поэме Ли Гюбо «Государь Тонмён» предание о Л. соединено с преданием о *Кымва*. В пуёские земли спускается сын Небесного государя *Хэмосу*. Он добывает себе жену из другого мира. Встретив возле омута Унсим («Медвежье сердце») трёх дочерей Хабэка, он нарисовал на земле дворец, который тут же вырос. Девушки вошли в него, и Хэмосу удалось пленить старшую из них — Л. Хабэк разгневался. Тогда Хэмосу отправился к нему в подводное царство для совершения брачной церемонии. Он состязается с отцом Л. в искусстве превращений и побеждает его. После церемонии, возвращаясь на небо, Хэмосу бросает соблазнённую им Л. Хабэк приходит в гнев: в наказание за «незаконное сожительство» с сыном неба вытягивает Л. губы на три вершка и изгоняет её на реку Убальсу. Рыбаки изловили Л., обрезали ей губы, и она рассказала о себе. Кымва укрыл её в комнате, где она зачала от солнечного луча и родила (в поэме Ли Гюбо: из правой подмышки) большое яйцо. Это яйцо как предзнаменование беды бросили в конюшню, но лошади не затоптали его; отнесли в глухие горы; над ним всегда светил луч солнца и животные охраняли его. Тогда яйцо вернули Л., и из него вышел необыкновенный мальчик Чумон (он же *Тонмён*). В 24 до н. э. (по традиционной хронологии) осенью в 8-ю луну Л. скончалась в Восточном Пуё. Кымва похоронил её как вдовствующую государыню и приказал возвести священную усыпальницу. Её стали почитать как Тонсин сонмо — Священную матушку духа востока. Считалась покровительницей земледелия.

Л. Р. Концевич.

ЛЮЦИФЕ́Р, Л у́ ц и ф е р (лат., «утренняя звезда», т. е. планета Венера), в христианской традиции одно из обозначений *сатаны* как горделивого и бессильного подражателя тому свету, который составляет мистическую «славу» божества. Оно восходит к ветхозаветному пророчеству о гибели Вавилона, в котором с исторически актуальными аспектами переплетаются эсхатологические мотивы и царю Вавилона приданы черты языческого демона планеты Венера: «Как упал ты с неба, Денница, сын зари! Разбился о землю, попиравший народы. А говорил в сердце своём: „взойду на небо, выше звёзд божьих вознесу престол мой и сяду на горе в сонме богов, на краю севера; взойду на высоты облачные, буду подобен всевышнему". Но ты низвержен в ад, в глубины преисподней» (Ис. 14, 12—15). Традиционная экзегеза относила эти слова к мятежу и падению сатаны. Это нашло отражение в иконографии; например, на фреске 16 в. в трапезной монастыря Дионисия на Афоне под ногами архангелов, держащих, как знамя, медальон с ликом Христа-Эммануила, простёрта раскинувшая в изнеможении руки фигура с потемневшим лицом и надписью «Денница». Такое «светлое» обозначение сатаны не могло не быть парадоксальным (даже с учётом всей одиозности для христианства астральных культов), тем более что этот же символ употреблялся в совершенно противоположном смысле. В новозаветных текстах Христос именует себя самого: «Я есмь ... звезда светлая и утренняя» (Апок. 22, 16; ср. звезду из ветхозаветного пророчества *Валаама*, интерпретировавшуюся и иудейской, и христианской традицией как мессианский символ). Византийская церковная поэзия уподобляет и деву Марию «звезде, являющей солнце» («Акафист богородице», 6 или 7 в.). В этих случаях, по крайней мере, не употребляется само слово «Денница»; но Ориген (2—3 вв.) применил и его к *Иоанну Крестителю*: тот предвозвещает Христа, как утренняя звезда предвозвещает солнце.

Поэт-символист Вяч. Иванов противопоставлял друг другу два сатанинских начала — Л., «духа возмущения», «силу замыкающую», обожествление личной воли, и Ахримана (*Ангро-Майнью*), «духа растления», «силу разлагающую», распад личности.

С. С. Аверинцев.

ЛЯХ, в западнославянской мифологии генеалогический герой, предок поляков (ляхов), брат Чеха и Руса, согласно преданиям, записанным в хронике 14 в. Вероятно, имя Л. образовано от lędo, «пустошь», «новь», «необработанная земля».

В. И., В. Т.

М

МААТ, в египетской мифологии богиня истины и порядка. Считалась женой бога мудрости *Тота*, иногда — *Птаха*. Изображалась женщиной, сидящей на земле, с прижатыми к туловищу коленями. Символ М. — страусовое перо, прикреплённое на голове (иероглиф «маат» — страусовое перо). Видимо, распространение культа М. относится к началу Древнего царства, М. упоминается в «Текстах пирамид». Начиная с III династии (нач. 3-го тыс. до н. э.) фараоны включают имя М. в свои эпитеты («владыка М.»). М. считалась дочерью бога *Ра* и как таковая участвовала в сотворении мира, когда был уничтожен хаос и установлен порядок. Большую роль играла М. в загробном суде *Осириса*; на одну чашу весов клали сердце покойного, на другую — статуэтку М. Равновесие означало, что покойный оправдан и достоин блаженства на полях *Иару*. В противном случае его пожирало чудовище Амт (лев с головой крокодила). М. иногда называлась «Маати» (двойственное число), так как существовало представление о двух сёстрах М.; зал суда назывался «залой двух правд». Эмблемой судей была статуэтка М., которую они носили на груди. Жрецом М. был визир; центром культа — Фиванский некрополь.

Р. Р.

МААХИСЫ («жители земли»), м а а н в ä к и («земной народ»), м а а н а л а й с ы («подземные»), в финской мифологии подземные духи. М. антропоморфны, безобразны (одна ступня у них повёрнута назад и т. п.), но могут иметь красивых дочерей. Принимают вид лягушки, ящерицы, горностая, кошки и других животных. Населяют, помимо подземного мира, леса, горы, холмы, пустыри. Путь в их страну ведёт по муравьиным тропам, через озёра и источники. В подземном мире М. ходят вверх ногами по обратной поверхности земли; попавший в подземное царство не должен вкушать пищи М., иначе он не вернётся на землю или, вернувшись, обнаружит, что год у М. равен пятидесяти на земле. М. похищают детей и скот. Считалось, что заблудившемуся в лесу у М. следует вывернуть наизнанку одежду, чтобы левое на его пути не оказалось правым, а заночевавшему в лесу — оставить приношение М. у дерева или священного камня. Расположением М. пользуется тот, кто не мучает скота; М. — обладатели чудесного скота, и человек, завладевший коровой М., становится богатым. Тому, кто выдал дочь за М., они подносят богатые дары. По финским верованиям, прежде чем строить дом, надо выкупить землю у М., закопав в ней монету. В эстонской мифологии М. соответствуют маалусы.

МА-ВАН («князь лошадей»), в китайской народной мифологии бог — покровитель лошадей. Культ М. возник, видимо, в глубокой древности. М. считался воплощением созвездия Фан, которое, согласно астрологическим воззрениям, вершит судьбы коней. М. почитали военные (всадники), хозяева, державшие лошадей. Культ М. преобладал в Северном Китае. Можно предположить, что этот культ возник в результате слияния культов нескольких архаических божеств. Согласно древним сочинениям, летом, например, полагалось приносить жертвы Сянь-му («первому пастуху [коней]»), осенью Ма-шэ — первому всаднику, зимой Ма-бу — духу конских болезней и весной — Ма-цзу («конскому предку»), в качестве которого почиталось созвездие Фан или созвездие Тяньсы — небесная четвёрка (коней) (в европейской астрономии созвездие Покои).

В поздние времена Ма-цзу стало употребляться в одном значении с М., которого изображали в храмах в виде трёхликого существа, считая, что одно лицо символизирует Ма-цзу, другое — женское божество Сянь-му [праматерь (коней)], а третье — Ма-шэ. На лубочных иконах М. изображали как царя, сопровождаемого военачальниками. В таких случаях его называли Сыма дашэнь («великий бог, управляющий конями»). Иногда М. изображали и в виде коня, сопровождаемого драконом, фениксом и журавлём. В позднесредневековом Китае М. в день его рождения, 23 числа 6-й луны, приносили жертвы и в его честь даже устраивали театральные представления в храмах.

Б. Р.

МАВКИ, н а в к и, в восточнославянской мифологии злые духи (часто смертоносные), *русалки*. По украинским поверьям, в М. превращаются умершие до крещения дети; имя М. (навки) образовано от *навь*. М. спереди имеют человеческое тело, а спины у них нет, поэтому видны все внутренности.

В. И., В. Т.

МАВУ-ЛИЗА, в мифах фон глава политеистического пантеона богов; согласно основному варианту мифа о сотворении мира, — прародитель и демиург, андрогинное божество, породившее всех остальных богов: близнецов *Да Зоджи* и *Ньохве Анану*, *Хевиозо*, близнецов *Агбе* и *Наете*, *Аже*, *Гу*, *Дьо*, *Легба*. М.-Л. — абстрактное «небесное» божество (deus otiosus), связь которого с природными явлениями слабо выражена, более чётко выступает его функциональная роль вождя пантеона и прародителя. Он перепоручил управление природой и людьми остальным богам — его детям.

На роль прародителя и демиурга М.-Л. выдвинулся в пантеоне богов, по-видимому, в более поздних мифах фон, вытеснив персонажи архаических мифов (*Нана-Булуку*, *Айдо-Хведо*).

Согласно ранним мифам, Маву и Лиза — раздельные близнецы, порождённые Нана-Булуку, который передал им господство над миром. Маву (луна) живёт на западе, управляет ночью, Лиза (солнце) живёт на востоке, правит днём. Лунные и солнечные затмения вызваны супружескими отношениями Маву и Лиза. Маву олицетворяет мудрость мира, Лиза — силу. В одном из вариантов близнецы Маву и Лиза породили сына Дана. По некоторым мифам (мифы кузнецов), Лиза — сын демиурга Маву, создавшего землю, а затем удалившегося на небо. Маву, увидев сверху неблагополучие на земле из-за неумения людей пользоваться её благами, послал Лиза на землю для усовершенствования жизни на ней, вручив ему жезл (гугбаса). Лиза (как культурный герой) расчистил леса, научил людей пользоваться металлами, строить жилища, изготовлять одежду, добывать пищу. Вернувшись на небо и отдав отцу гугбаса, Лиза в награду за выполненное поручение получил от Маву во владение солнце, откуда он следит за вселенной.

Почитание М.-Л. было введено в 18 в. в правление Тегбезу и поддерживалось правящим родом. Согласно варианту мифа, культ М.-Л. появился благодаря Хванджиле, жрице М.-Л., матери правителя Тегбезу.
Е. С. Котляр.

МАГО́ ХАЛЬМИ́ («бабка Маго»), М а г в и́ х а́ л ь м о н и, в корейской мифологии фея. Генетически восходит к китайской *Ма-гу*. В корейском фольклоре выступает в образе великанши, спасающей людей от несчастий. В предании, распространённом на о-ве Канхвадо, говорится, что М. х. на старости лет прибыла из Китая в Корею, где её жилищем служили дольмены. Согласно другому преданию, на юге Кореи будто бы сохранились следы ног М. х., равные 100—500 ли (1 ли = 0,393 км).
Л. К.

МА-ГУ («конопляная дева»), в поздней китайской народной мифологии бессмертная фея, помогающая людям. По преданию, М. появилась на свете во 2 в. до н. э. По повелению бессмертного Ван Фанпина она оказалась в доме бессмертного Цай Цзина в виде прекрасной восемнадцатилетней девицы, но с длинными ногтями, напоминающими птичьи когти. Цай Цзину тут же пришло в голову, что ими хорошо чесать спину. Узнав об этих мыслях Цай Цзина, Ван Фанпин послал человека с плёткой, чтоб отхлестать его от разъяснить, что М.— бессмертная дева. Впоследствии М. чудесными заклинаниями заставила отступить море и вернула людям значительную часть побережья в провинции Цзянсу, превратив его тут же в тутовый лес.

По другой версии, М. жила в 4 в. н. э. (возможно, речь идёт о другом её перерождении) в провинции Аньхой, получившей наименование Магушань («гора конопляной девы»), где занималась приготовлением снадобья бессмертия. Живя на горе, М. изготовила чудесное вино, отведав которого, её слепой отец прозрел. С этой горы М. поднялась в небо, видимо, на огромной птице. Ещё по одной версии, М.— дочь военачальника 10 в. Ма Цю, помогавшая трудовому люду, изнывавшему от непосильного труда по постройке городских стен, и превратившаяся потом в бессмертную.

На народных лубках М. изображалась с символами счастья (летучей мышью) и долголетия — персиком, бабочкой (пожелание дожить до 90 лет), а также с волшебным грибом линчжи, дарующим бессмертие. Нередко рядом с М. рисовали маленького мальчика, в таких случаях М. выступает в функции феи, дарующей сыновей. В народных легендах М. нередко выступает как богиня — спасительница попавших в беду людей. В этом своём качестве её образ вошёл и в корейский фольклор, средневековую повествовательную литературу, где она известна под именем Маго хальми.
Б. Л. Рифтин.

МА́ДДЕР-А́ККА («земная женщина»), в саамской мифологии богиня земли. Иногда выступает как супруга бога Маддер-атче («отец земли»). В антропогоническом мифе скандинавских саами эти божества участвуют в космическом цикле рождения человека: «бог-сын» Радиэн-киэдде передаёт сотворённую им душу Маддер-атче; тот вкладывает душу себе в живот и, обойдя вокруг солнца, относит её М.-а. Она наделяет душу телом; если рождается мальчик, он поручается дочери М.-а. Укс-акке («дверная женщина»), обитает под порогом, следит за первыми шагами ребёнка, если девочка — другой дочери, Сар-акке («прядущая женщина»). По другим вариантам Сар-акка вкладывает ребёнка в чрево матери; она покровительствует родам у людей и животных, росту растений и т. п. Третья дочь М.-а. Юкс-акка («лук-женщина») может переменить пол ребёнка с женского на мужской, сделать мальчика хорошим охотником (по другим представлениям Юкс-акка — тролль или божество подземного мира). Ср. также трёх богинь судьбы в индоевропейских традициях — скандинавских *норн*, славянских *судениц* и т. п.
В. П.

МА́ДЖО («лошадиный предок»), в корейской мифологии покровитель лошадей. Генетически восходит к китайскому Мацзу. Звезде Чхонсасон, охраняющей дух М., в Корее, начиная с 10 в. и до конца 19 в., в середине весны, обычно во 2-ю луну, совершалось государственное жертвоприношение у алтаря к югу от столицы. Другими лошадиными духами были Мабо (кит. Мабу) — дух, наносящий вред лошадям, Сонмок (кит. Сяньму) — первый на земле пастух и др.
Л. К.

МАДЖУ́ДЖ, см. в ст. *Иаджудж и Маджудж.*

МАДХЬЯЛО́КА («Срединный мир»), Т и р и́ а г л о́ к а («Мир животных»), в джайнской мифологии один из образующих вселенную миров (см. *Аддхалока*). Имеет форму диска, в центре которого расположен круглый материк Джамбудвипа, пронизываемый как осью горой *Меру* (в поздних текстах Мандара). Высота этой горы 1040 йоджан, из которых только 40 йоджан возвышаются над поверхностью земли. Гора Меру состоит из золота, серебра, хрусталя и т. п. У основания и по склонам расположены райские рощи Бхадрашала, Нандана и Сауманаса. В каждой из них по четырём главным сторонам света стоят храмы, по промежуточным расположены по четыре лотосовых пруда. В Нандане и Сауманасе среди прудов стоят дворцы, принадлежащие божествам Шакре и Ишане. В роще на вершине Мандары — Пандаке вместо дворцов четыре скалы, называемые «скалами посвящения», на которых стоят троны и происходит посвящение *тиртханкаров*. Джамбудвипа имеет в диаметре 100 тысяч йоджан и разделён поперёк с запада на восток шестью горными цепями на семь земель: Бхарата, Хаймавата, Хари, Видеха, Рамйика, Хайраньват, Айравата. Разделяющие их горные хребты именуются, соответственно, Химават, Махахимават, Нишадха, Нила, Рукми, Шикхарин. Наиболее благоприятны для достижения освобождения (см. *Мокша*) местности, где люди кормятся трудом (кармабхуми), а не только дарами природы. Кармабхуми — это Бхарата, Айравата и Видеха, за исключением местностей Девакуру и Уттаракуру. В Уттаракуру растёт калпаврикша (дерево, исполняющее желания) Джамбу, имеющее по 8 йоджан в высоту и ширину, в Девакуру — калпаврикша Шалмали. По окружности Джамбудвипы возвышается алмазная стена высотой 8 йоджан, за ней идёт решётка из драгоценных камней. В стене и решётке расположены четверо ворот, ориентированных по сторонам света.

Джамбудвипу окружает океан Лаванода. На севере и юге горные цепи делят его пополам, и каждая половина повторяет строение Джамбудвипы. В середине каждой половины есть своя Махавидеха со своей горой Мандара (Меру), копией центральной Мандары, но меньших размеров.

Далее идёт океан Калода и континент Пушкарадвипа, который разделяется на две равные части круговой горной цепью Мануштотара. Внутренняя часть повторяет строение Дхатакикханды. Горы Мануштотара — граница мира людей. По ту сторону не живут ни люди, ни животные, а только божества, небесные тела стоят неподвижно, нет деления времени, нет огня, облаков, дождей, грома и молний, не произрастают растения.

В Джамбудвипе имеются 4 цепи островов, называемые Антарадвипа, а также острова, принадлежащие лунам, солнцам и божеству Лаваноды — Суштхите.

Далее идёт континент Дхатакикханда. На севере и юге горные цепи делят его пополам, и каждая половина повторяет строение Джамбудвипы. В середине каждой половины есть своя Махавидеха со своей горой Мандара (Меру), копией центральной Мандары, но меньших размеров.

Пушкарадвипу окружает океан Пушкарода, затем — кольцо континента Варунавара, окружённое океаном Варунода, континент Кширавара, океан Кширода.

Далее следуют многочисленные океаны и континенты, в основном копирующие друг друга. Крайний континент и океан называются Свайямбхурамана.
О. Ф. Волкова, А. А. Терентьев.

МА́ЗДА (авест., ср. авест., др.-перс. мазда, «мудрый»), в иранской мифологии одно из наименований (или составная часть наименования) главного божества (см. *Ахурамазда*). До последнего времени М. и Ахура Мазда рассматривались исключительно как частичное и полное название, слово «М.» понималось как эпитет к Ахура (т. е. «Мудрый Ахура», «Мудрый господин») или как существительное («мудрость», откуда Ахура Мазда, «господин мудрости»), которое, собственно, и является именем божества. В начале 20 в. была выдвинута точка зрения, что М.— это персонифицированное абстрактное понятие, означающее мудрость (ср. *Воху Мана*, *Армайти* и др.). Однако очень вероятно, что ни М., ни Ахура М. не были именами главного бога, но лишь нетабуированными его заменителями. Эпитет «мудрый» выделял главное божество среди других ахуров. Мудрость как особенность (видимо, основная) главного божества объясняется не только известной установкой на рационализм и мифопоэтический «логизм» иранской религиозной традиции, но и предысторией его образа. В архаической традиции мудрость нередко понималась как некий дар, с помощью которого достигается процветание, успех, удача. С помощью мудрости совершается медиация противопоставленных друг другу крайностей — телесного, материального низа и духовного, мыслительного верха — материальное, отрицательное, грешное преобразуется в духовное положительное, моральное (ср. также подчёркнутость этического аспекта в иранской религиозной мысли). Иранский главный бог в своей истории как раз и обнаруживает черты связи верха и низа (в реконструкции — добра и зла) и может быть восстановлен как божество, связанное с некой границей или порубежной ситуацией. Ср. среди прочего: М. или Ахура М. связан с творением земли и вод, с дневным и ночным небом, со здоровьем и болезнью, с распределением добра и зла, как и с преодолением сил и средств нижнего мира — демонов, врагов, несчастья, колдовства; он символ последнего суда («Ясна» 48).

На основании соответствия иранской пары Митра — Ахура М. (ср., напр., «Яшт» X 113, 145 и др.), ведийской Митра — Варуна выдвигается гипотеза о возможности отождествить для известного периода Варуну и Ахура М. Поскольку ведийский Варуна связан с нижним миром, с первозданными космическими водами, а позже (вместе с Митрой) стал медиатором между нижним и верхним царствами, такую же или сходную эволюцию можно предположить и для М. или Ахура М.

Совокупные данные индоиранской традиции, как и некоторые собственно авестийские данные (ср. «Ясна» 37, 3), делают вероятным предположение, согласно которому Ахура как имя главного божества предшествовало его обозначению как М. Тем не менее, в «Гатах» он чаще всего обозначается М. (116 раз) или Ахура (64 раза); М. Ахура отмечено 28 раз. В позднейших частях «Авесты» имя главного бога приобретает клишированную форму с инвертированным порядком элементов — Ahuro Mazda, обнаруживающее тенденцию к унификации и превращению в одно сложное слово. Возможно, именно Заратуштра усилил акцент на эпитете «мудрый», который позже послужил основой для формирования абстрактного деифицированного понятия мудрости.
В. Н. Топоров.

МАЗЭ КАМУ́РЧ, в мифах армян мост-волосинка, переброшенный через огромную реку, текущую возле ворот рая. Измученные в аду (размещён под землёй) души грешников, покинув ад, пытаются по М. к. подняться в рай, но под тяжестью их грехов мост рвётся, и души падают в огненную реку. Согласно другому мифу, М. к. протянут над адом. Когда наступит конец света и воскреснут все усопшие, каждый из них должен будет пройти по М. к.: грешники упадут с него в ад, а праведники перейдут в рай. Ср. иран. *чинват*.
С. Б. А.

МАЙН, м а й н, в мифах эвенков, нанайцев, негидальцев один из духов — хозяев (или хозяйки) верхнего мира. М. покровительствовал благополучию людей, шаманов и посылал удачу на охоте. У некоторых групп эвенков М. назывались также нити, за которые верховное божество держит души людей, деревьев и трав. Стоит почему-либо оборваться нити, человек начинает болеть и умирает, дерево сохнет, трава вянет.
Е. Н.

МА́ЙРА, в греческой мифологии: 1) дочь Прета, спутница Артемиды, убитая богиней за то, что сошлась с Зевсом (Schol. Hom. Od. XI 326; Paus. X 30, 5); 2) дочь Атланта (Paus. VIII 48, 6); 3) собака *Икария*, которая привела *Эригону* к его трупу (Apollod. III 14, 7). После самоубийства Эригоны М. бросилась в источник Онигр. Дионис (вариант Зевс) поместил М., Икария и Эригону среди звёзд (созвездие Малого Пса; Ovid. Fast. IV 939; Hyg. Astr. 2). По другой версии, М.— собака Ориона, астральной ипостасью которой является Сириус (Tzetz. Schol. Lycophr. 434).
Г. Г.

МАЙРА́, в мифах тенетехара культурный герой. М. принёс тенетехара маниок и маис, а также огонь, который он украл у коршуна, спрятав его в палке мягкого дерева — уруку (используемого индейцами для разведения огня).
Л. Ф.

МАЙТРЕ́Я («связанный с дружбой»), в буддийской мифологии *бодхисатва* и *будда* грядущего мирового порядка. М.— единственный бодхисатва, которого признают все основные направления буддизма. В «Трипитаке» упоминание о М. встречается только один раз (*Шакьямуни* предсказывает будущее прибытие М.). Имя М. часто упоминается в комментаторской литературе на пали (напр., в «Висуддхимагге» Буддагхоши). Оно встречается также в самых ранних произведениях махаяны («Лалитавистара», «Дивьявадана», «Махавасту») и в «Саддхармапундарике» и в «Вималакирти-нирдеше» М. ещё подчинён *Манджушри*, своему учителю. Самое полное описание М. приводится в «Майтрея-вьякаране», где М. выступает бодхисатвой девятого уровня. Считается, что М. в данный момент обитает в небе *тушита*, где ждёт времени своего вступления в качестве будды в мир людей. Он родится, когда длительность жизни людей достигнет 84 000 лет и весь мир будет находиться под управлением одного справедливого буддийского правителя. В ламаистской мифологии к М. восходит Майдар или Майдари, в китайском буддизме — Милэ, в японском — Мироку.

Культ М. был особенно популярен в странах Центральной Азии и в Гималаях, где в его честь сооружено много гигантских статуй. М. изображают сидящим на троне «на европейский лад», из золотого цвета, вместе с М. изображают колесо дхармы, ступу и вазу.
Л. Э. Мялль.

МА́ЙЯ, в греческой мифологии нимфа гор, старшая из семи *плеяд* — дочерей Атланта и Плейоны. В гроте аркадской горы Киллена М. сошлась с Зевсом, от которого родила Гермеса (Apollod. III 10, 1—2; Hes. Theog. 938 след.). Имя её («матушка», «кормилица») указывает на присущие ей функции вскармливания и воспитания; она воспитывала сына Зевса и нимфы Каллисто Аркада (Apollod. III 8, 2). Вместе с сёстрами-плеядами была превращена в одноимённое созвездие. Римляне отождествляли М. с италийской богиней Майей (Майестой), покровительницей плодоносной земли. Ей приносили 1 мая жертвы (Macrob. Sat. I 12); от её имени — название месяца мая в римском календаре. В эллинистическо-римскую эпоху считалась супругой Вулкана и матерью Меркурия, отождествлялась с римскими *Бона деа*, Фауной.
А. Т.-Г.

МА́ЙЯ, в ведийской мифологии способность к перевоплощению, свойственная сверхъестественным персонажам; иллюзия, обман. Применительно к богам М. обозначает положительную магическую силу, изменение вида, чудесную метаморфозу. Если М. принадлежит противникам богов — демонам, врагам, М. выступает как обман, хитрость, колдовское изменение вида, подмена. Амбивалентность значений этого слова в значительной степени определяет сходное размежевание в словаре *дева* и *асур*. В послеведийский период М. нередко выступает в персонифицированном виде как божественная женщина небесного происхождения, иногда отождествляемая с *Дургой*: Майя (или Майя-деви), Майя-вати, Махамайя, жена демона *Шамбары*, воспитавшая сына *Кришны* Прадьюмну (воплощение бога любви Камы), а затем ставшая его женой. В этой ипостаси М. идентифицируется с женой Камы *Рати*.

В вишнуизме, как и в целом ряде направлений древнеиндийского умозрения, М. обозначает иллюзорность бытия, вселенной, воплощённой в Вишну; действительность, понимаемую как грёзу божества, и мир как божественную игру (лила). М.— одно из ключевых понятий древнеиндийской модели мира, вошедшее и в европейскую философию.
В. Н. Топоров.

МА́ЙЯ, в индуистской мифологии зодчий *асур*, один из *дайтьев*. М.— сын Випрачити и *Дити*. Покинутый женой (апсарой Хема), М. живёт с дочерью Мандодари (у него есть также сын Ваджракама) в построенном им золотом дворце. Встретив в лесу *Равану*, он отдаёт ему свою дочь в жёны; у неё родится могучий сын Мегхананда («громогласный»), впоследствии получивший имя *Индраджит* (Рам. VII). Другой сюжет: М. испрашивает у *Брахмы* разрешение построить для асур город-крепость Трипуру; счастливая жизнь в ней; зловещий сон М.; раздоры в Трипуре; её упадок; боги, несмотря на все усилия М. спасти Трипуру, овладевают крепостью и разрушают её. Этот сюжет в разных вариантах излагается в «Матсья-пуране», «Махабхарате» (VIII), «Хариванше» и т. п. В «Махабхарате» рассказывается, что М. живёт в Девагири и возводит строения для дайтьев и для людей в расположенном неподалёку городе; в частности, он сооружает дворец для *пандавов*.
В. Т.

МАЙЯУЭ́ЛЬ, в мифах ацтеков первоначально одна из богинь плодородия, затем богиня агавы и изготовлявшегося из неё опьяняющего напитка октли. Супруга *Патекатля*. Изображалась в виде женщины с 400 грудями.
Р. К.

МАКАЛИ́ДУНГ, в мифах манобо (остров Минданао, Филиппины) бог, создатель земли. М. поставил землю на железных сваях и поселился с удавом в центральной из них. Будучи недоволен людьми, трясёт сваю, вызывая землетрясение. М. присущи черты змееобразного божества нижнего мира.
М. Ч.

МАКА́Р, Мака́рей («блаженный», «счастливец»), в греческой мифологии: 1) сын Гелиоса и Роды, вместе с братьями изгнавший с Родоса *тельхинов* (Nonn. Dion. XIV 44); 2) сын Эола, брат Канаки, покончивший с собой после того, как отец узнал о его кровосмесительном союзе с сестрой, приказал отдать их ребёнка на съедение волкам и принудил к самоубийству Канаку (Apollod. I 7, 3; Hyg. Fab. 238, 243; Ovid. Heroid. XI); 3) митиленский жрец Диониса, убивший отдавшего ему на хранение золото чужеземца и зарывший труп в храме. В наказание бог наслал безумие на его сыновей: подражая жертвоприношению, один заколол другого на домашнем алтаре, но был тут же убит матерью. Она ударила сына выхваченным из огня поленом, но М. поразил её тирсом, был схвачен, под пыткой сознался в убийстве чужеземца и казнён (Ael. Var. hist. XIII 2); 4) один из сыновей Ликаона (Apollod. III 8, 1); 5) муж Сфинкс (Schol. Eur. Phoen. 26).
Г. Г.

МА́КАРА, мифологический образ фантастического морского животного, известный в индийской традиции, а также у народов ряда районов, испытавших влияние индийской культуры. Иногда образ М. трактуется и как класс гибридных чудовищных животных с преобладанием черт водных существ. М. часто представляли животных огромных размеров (своего рода индийским *левиафаном*), близким по своему облику к крокодилу, акуле, дельфину; с головой крокодила, слона с поднятым кверху хоботом, рыбы или водного чудовища с открытой пастью; телом рептилии или чешуйчатой рыбы, с хвостом в виде рыбьего плавника, с двумя или четырьмя лапами. Некоторые типы М. имеют и другие зооморфные (слона, барана), а иногда и растительные (лотосового корневища) черты. Происхождение образа М. остаётся неясным. С 3—2 вв. до н. э. М. становятся постоянным мотивом скульптурных рельефов, на этом основании некоторые исследователи считают, что на облик М. определённое влияние оказали греческие изображения *Посейдона* и морского чудовища (*тритон*). Однако различимы и местные корни образа М., в частности присутствие различных типов М. на печатях древних городов долины Инда; существующие предположения о «растительном» происхождении образа М. основываются на том, что её челюсти и язык с закрученным придатком обнаруживают большое сходство с корневищем и цветком лотоса (ср. в индийской традиции лотос как символ женской жизненной силы, плодородия, тесно связанный с водой). В буддийской мифологии М. связывались с *якшами*, в джайнской — с Сувидхинатхой, девятым джайнским *тиртханкаром*. Общесимволическая роль М. коренится в представлении о том, что М. в целом моделирует и (или) символизирует жизнь и природу во всех её состояниях-стихиях. Символика составных элементов М. (хвост, голова, ноги) получает развитие в мифологических связях М. с божествами плодородия, жизненной силы и воды (одно из названий М.— «Джала-рупа», «водная форма»). Такова связь М. с якшами как вегетативными божествами, которые, в свою очередь, соотносятся с приносящим жизнь древесным соком или с речными богинями Нади-деватас, для которых М. служит опорой или ездовым животным — ваханой. М. связана и с божествами, которые в относительно позднее время стали выступать в качестве охранителей мира — локапал: с *Варуной*, *Сомой*, *Куберой* и *Индрой*. Для Варуны как водного бога и источника всего творения и для Сомы как лунного бога М. являются ваханами.

Среди девяти сокровищ Куберы есть М. Связь М. с Индрой обнаруживается во время некоторых ритуальных праздников. В эпоху Гуптов М. стала выступать и как вахана *Ганги* (парное изображение Ганги на М. и Ямуны на черепахе Курме на привратных колоннах в храме Кхаджурахо, Северная Индия, 10 в. н. э.). Неоднократно отмечена связь М. с *Лакшми*, с *Камой*. В индийском зодиаке М.— знак Козерога (изображение М. с головой и передними ногами антилопы, туловищем и хвостом рыбы).
В. Н. Топоров.

МАКА́РИЯ, в греческой мифологии единственная дочь Геракла от *Деяниры* (Paus. I 32, 6). Ради победы своих братьев *Гераклидов* над Эврисфеем М. покончила с собой, так как оракул предсказал, что победа будет возможна, если кто-нибудь из детей принесёт себя в жертву Персефоне. В память о М. источник, протекавший близ селения Марафон (Аттика), был назван её именем (Strab. VIII 6, 19).
М. Б.

МА́КВА, в мифологии лису (Китай и Бирма) владыка неба. М. послал потоп на землю. Перед этим он избрал одного человека, выращивающего тыквы, и дал ему свои семена. Из них выросла огромная тыква. Начался ливень. Тогда человек сделал из тыквы лодку и взял туда с собой младшую сестру. Они спаслись от потопа, пробыв в лодке девять дней. Для того чтобы узнать волю М., они пустили с горы два круглых каменных жёрнова, которые соединились. Тогда брат и сестра стали мужем и женой. От их девяти сыновей возродилось человечество. В мифе говорится, что эти сыновья женились на небесных девушках, а также на обезьянах.
Я. Ч.

МАКЕМА́КЕ (по-видимому, «свет», «светлый», «ясный») у рапануйцев (остров Пасхи) верховный бог. Выступает в облике морской крачки (реже в облике других морских птиц). М. создаёт острова, небесные светила, первых людей, по некоторым версиям — и животных. Повелевает молнией; гром — выражение его гнева. Близок по своим функциям общеполинезийскому богу *Тане*.
М. С. П.

МАКО́Н, в мифологии чинов Бирмы гигант, на плечах которого покоится мир. Основание мира — огромный плоский камень, на котором разлит мировой океан. В океане плавает рыба Нгазалон и носит на себе плоскую скалу — поверхность земли, где живут люди. Когда М. от усталости подставляет под всё мироздание то одно плечо, то другое, случаются землетрясения.
Я. Ч.

МАКРИ́ДА, Макри́на, Ма́крис, в греческой мифологии дочь Аристея, вскормившая мёдом Диониса, которого принёс на Эвбею Гермес. За это Гера прогнала М. с острова (впоследствии любимого острова Диониса), и М. нашла убежище на острове феаков, который стал называться в её честь Макридой. М. жила в пещере, впоследствии названной «пещерой Медеи». По другому варианту мифа, М. была кормилицей Геи на Эвбее (Schol. Hom. Il. II 535).
Г. Г.

МАКУИЛЬШОЧИТЛЬ («пять — цветок»), Шо́чипи́лли («владыка цветов»), в мифах ацтеков бог весенней растительности, любви, цветов, веселья, игры в мяч, сын *Тласольтеотль*, супруг *Шочикецаль*. Изображался в виде юноши, сидящего среди цветов и бабочек, со скипетром в руках, увенчанным сердцем. М. считался покровителем художников, певцов, ткачей, музыкантов и игроков в мяч.
Р. К.

МАЛА́ИКА, в мусульманской мифологии ангелы. По Корану, аллах сделал М. посланниками, «обладающими крыльями двойными, тройными и четверными» (35:1). М. во всём подчиняются аллаху, служат для связи аллаха с пророками, людьми. Когда был создан *Адам*, все М. по приказу аллаха пали перед ним ниц, кроме *Иблиса*, который вследствие этой измены превращается в дьявола (ср. также первоначальную нерасчленённость *сатаны* и *ангелов* в библейской книге Иова) и изгоняется с небес (2:32; 7:10; 15:31; 18:48; 38:74). Приближённые М. (ал-мукаррабун, 4:170) день и ночь славят аллаха (21:20). М. защищают небо от *джиннов* и *шайтанов*, следят за всеми поступками людей и записывают их (82:10—12), допрашивают людей в могилах и наказывают неверных (см. *Мункар и Накир*). В Коране выделяется особая категория М.— ангелов смерти (32:11; 79:1—5). Девятнадцать самых «сильных и грубых» М. во главе с Маликом сторожат *джаханнам* (ад). Один ангел охраняет сады *джанна* (рая). Два других ангела — *Харут и Марут* — согрешили на земле и обучили людей магии (2:96). Особенно важное место в коранической теме М. занимает *Джибрил*, который являлся Мухаммаду, Исе, Марйам и др., передавая им слова и приказания аллаха. В качестве М. того же ранга называется и Микал (2:92). Мусульманская традиция возводит к Мухаммаду (но не к Корану) представление, заимствованное из иудаизма и христианства, о том, что М. сотворены из света. Предание перечисляет многочисленные разряды М., наделяя именами и тех, которые лишь мимоходом упоминаются в Коране. В частности, ангел смерти получает имя Израил, ангел, стерегущий рай,— имя Ридван, и т. д. Появляется ангел — вестник страшного суда — Исрафил. Комментаторы вели споры о непогрешимости М., о различии природы М. и джиннов, о сравнительном совершенстве М. и пророков.

У народов Ирана и Средней Азии М. обычно называют фаришта (паришта). *М. Б. Пиотровский.*

МАЛАКБЕ́Л (арам., «посланец Бела»), в западносемитской мифологии бог солнца, почитавшийся в Пальмире; входил в триаду богов *Баалшамем* — М.— *Аглибол*. Параллелен, а возможно, тождествен *Йарихболу*. В эллинистический период отождествлялся с *Гелиосом*, возможно, *Гермесу*, почитавшемуся в Гелиополе. Известны римские изображения (2 в. н. э., с двуязычной надписью) сцен рождения из кипариса М., держащего на руках козлёнка; М., летящего на колеснице, запряжённой четырьмя грифонами; М., несомого в небе орлами в облике Гелиоса; его преображения ночью в *Сатурна*. Эти сцены, несомненно, воспроизводят эпизоды пальмирского мифа о М.
И. Ш.

МАЛА́КИ-ТА́УЗ (от араб., «ангел-павлин»), в мифологии езидов (исповедующих особую религию часть курдов) верховный ангел. Изображается в виде павлина (петуха). Слово «М.-т.» употребляется вместо имени Зазаил, которое обычно не произносится. Образ М.-т. складывался, испытывая влияние иудео-христианских, иранских, суфийских представлений. М.-т. — эманация верховного бога-демиурга, носитель активного начала в мире (демиург не вмешивается в земные дела и общается с миром через посредство семи ангелов; ср. суфийско-персидскую легенду о создании богом мирового духа в виде павлина). В то же время М.-т.— падший ангел, который, однако, будет непременно прощён богом (в других вариантах мифа он уже прощён). Абсолютизация этой ипостаси образа М.-т. способствовала формированию ошибочного представления о езидах как дьяволопоклонниках (в то время как езиды вообще отрицают существование зла как самостоятельного начала). Представления езидов о падении М.-т. отличаются как от иудео-христианского мифа о дьяволе, так и от зороастрийского и манихейского дуализма (с которым они, по-видимому, генетически связаны) с их известной автономностью злого начала. М.-т., видимо, был отринут богом вследствие своей связи с земным миром. По одному из вариантов мифа, М.-т., никогда не видевший лица бога, попросил его об этом. За это бог бросил его на тот свет и сделал царём рая, потому что на этом свете лица бога видеть нельзя. Отсюда явствует первоначальное присутствие М.-т. именно на «этом свете». М.-т. (в других вариантах — мученик Абрикий) уничтожает ад, где он томился, залив адский огонь своими слезами, которые в течение семи тысяч лет наполнили семь сосудов. В мифе о сотворении человека М.-т. играет роль, сходную с ролью библейского сатаны-искусителя. Бог поручает М.-т., сотворившему Еву, вывести прародителей из рая, чтобы их потомством населить землю. М.-т. побуждает их попробовать виноград (или пшеницу), отчего у них начинается боль в желудке и они узнают, что такое страдание. М.-т. пробивает в нижней части тел Адама и Евы необходимые отверстия (в другом варианте их проклёвывает птица); лишившиеся невинности прародители изгоняются из рая (ср. также восточную легенду о том, что дьявол предстал перед Евой в облике павлина).

М.-т. связан с солнечным началом: он отождествляется с солнцем — Шейх-Шемсом и (шире) со светоносным ангелом (ср. *Люцифер*). Изображение М.-т. в виде павлина соотносится с солярной символикой великой павлина в других мифологиях (напр., Юго-Восточной Азии). Иногда М.-т. называют ангелом веры, в этом качестве он сопоставим с иранским *Сраошей* — духом веры, послушания и дисциплины (священная птица Сраоши — петух). Вместе с М.-т., составляя своеобразную триаду, почитаются езидские святые шейх Ади и халиф Язид I, которые считаются его воплощениями. Манифестацией М.-т. езиды считают также Иисуса Христа.

Металлические изображения павлина — М.-т. (санджак) употребляются как оберег.
М. Б. Мейлах.

МАЛА́Х ГА-МА́ВЕТ (евр., «посланец смерти»), в иудаистической мифологии ангел смерти. Представление о М. Г.-М., оформившееся только в талмудической и агадической литературе, восходит, с одной стороны, к универсально распространённым мифологическим персонификациям смерти, а с другой — согласуется с иудаистической концепцией божественного всемогущества, делающей из М. Г.-М. именно вестника бога по преимуществу. Прообразы М. Г.-М. опознаются в ветхозаветных «ангелах-истребителях» (2 Царств 24, 16; 1 Парал. 21, 15), перешедших и в Апокалипсис; в «первенце смерти» из книги Иова («съест члены тела его первенец смерти» — 18, 13), сближаемом обычно с ястребообразными демонами — слугами *Нергала*, бога подземного царства шумеро-аккадской мифологии; наконец, в «ангелах возмездия» и «ангелах разрушения» в ранней апокрифической литературе, чьи образы оформились, очевидно, под влиянием иранского дуализма, в частности дэвов. Согласно Талмуду, М. Г.-М. причиняет смерть, невидимо для других перерезая горло умирающему; по другому варианту, при приближении часа смерти больного М. Г.-М. становится у его изголовья с обнажённым мечом, на острие которого висит капля желчи; увидев М. Г.-М., больной раскрывает от страха рот и умирает от падающей в рот капли. Всё существо М. Г.-М. покрыто бесчисленными глазами (ср. *Херувимы*).

МАЛИ́К, Ма́лка (арам., «царь»), древнеарабское божество, почитавшееся в государствах Набатея, Пальмира и Самуд как «добрый и благодетельный» бог. Функции М. не выяснены; в поздний период он отождествлялся с *Малакбелом*, в мусульманской традиции выступает как языческий бог — владыка царской власти, дающий и отбирающий её по своей воле. *А. Г. Л.*

МАЛЬ, Тирумаль, Недумаль («тёмный»), тамильское имя *Вишну* и его аватары *Кришны*. Первоначально М. — древнетамильское горное божество, покровитель дождя и плодородия, во многом близкое *Муругану*. *А. Д.*

МА́МА («бабка», «матушка», «старуха»), в шаманской мифологии маньчжуров духи, имеющие женский облик. Покровительница детей и потомства Омоси М. даёт жизнь растениям. В «Предании о нишанской шаманке» описано посещение шаманкой Тэтэкэ дворца Омоси М. в потустороннем мире. Её представляли в виде страшной старухи с белыми, как снег, волосами, длинным лицом, выпученными глазами, огромным ртом, багровыми зубами. Её помощницы (их было более десяти) непрерывно изготовляли маленьких детей; некоторые из них взваливали детей на плечи и уносили прочь. Среди М.: Сурэ М. — дух, охраняющий детей от оспы; Феху М. — дух гор, лесов и горных дорог. На шаманской иконе (в Музее антропологии и этнографии, Ленинград) изображены две седовласые маньчжурки в национальной одежде, одна из них Максирэ М. («бабка, ведающая плясками» или «дух плясок»), другая — Дайфу М. (вероятно, «дух врачевания»). *В. С. Стариков.*

МА́МА-ПЭДУ́РИИ, Шти́ма-пэду́рии («фея леса»), Вы́лва ко́друлуй («дух леса»), сура́те дин пэду́ре («лесная сестра»), Муша, Фа́та-пэдурии («лесная девушка»), Пэдура́нка, в восточнороманской мифологии покровительница леса. Предстаёт в виде прекрасной молодой девушки или уродливой старухи, с распущенными волосами до земли, глазами как горшок, зубами с ладонь, реже — великанши. Принимает также зоо- и фитоморфный облик: оборачивается буйволицей, зайцем, конём, коровой, собакой, гусем, деревом, пнём. Иногда описывается как получеловек-полудерево, полуженщина-полумужчина, с зооморфными частями тела (волчьи когти). Одежда её соткана из мха, цветов и листьев. Как и мужская ипостась духа леса (Татэл-пэдурии, Пэунашул кодрилор, ср. рус. *Лешего* и *лешачиху*), М.-п. покровительствует диким зверям, змеям, жабам, деревьям и травам; нападает на мужчин, попавших в лес, особенно ночью, сбивает с пути, заманивает в чащобу, калечит, пожирает. Её отношение к детям двойственно: она отбирает у них сон, после встречи с нею дети заболевают (ср. *Богинок*), с другой стороны, М.-п. выхаживает и спасает заблудившихся или брошенных детей. Для защиты жилища от М.-п. в порог втыкают серп, читают специальный заговор.

В сказках, подобно славянской *бабе-яге*, выступает в функциях антагониста героя и дарительницы: например, трём братьям (одному из братьев) удаётся спастись от М.-п., надев овечьи шкуры. Мачеха посылает падчерицу прясть к М.-п., девочка, рассказав мифологическую «Повесть конопли», получает от М.-п. подарки. Царскому сыну удаётся заполучить с помощью благодарных животных принадлежащую М.-п. волшебную кобылу и жеребца с девятью душами. *Г. И. Кабакова.*

МА́МА СОННИ́М («уважаемый гость оспа»; иногда инверсия — Сонним мама), Мама́, Хосо́н мама́, Хогу́ пёльсо́н («дух в образе женщины, распространяющей натуральную оспу»), Туси́н («дух натуральной оспы»), в корейской шаманской мифологии эвфемистическое название одного из самых страшных духов заразных болезней. Когда в каком-либо месте начиналась эпидемия натуральной оспы, считалось, что его посетил М. с. после длительной прогулки в Цзяннань (Китай). Духу воздавались различные почести: спешно сооружался алтарь, на который ставили вино, паровой рисовый хлеб с красной фасолью, фрукты, чтобы задобрить М. с. На 13-й день после начала болезни после жертвоприношения совершался обряд проводов духа (сонсин). Для этого изготавливалось соломенное чучело лошади, как олицетворение М. с., которое замещало больного; к нему обращались молитвы и заклинания. Затем чучело одевали, снабжали парой соломенных сандалий и деньгами, навьючивали жертвенными угощениями и относили на дорогу вдали от жилья, с тем чтобы дух мог вернуться туда, откуда пришёл, не причинив людям бедствия. Нередко для изгнания М. с. прибегали к помощи шаманки, которая совершала обряд мама-кут. В конце его она зачитывала родословную М. с., основанную на мифах. Духу М. с. шаманки отводили два круга в полном обряде *кут*. Трижды в году ему совершались малые жертвоприношения. *Л. К.*

МА́МБЕРИ, мифологический персонаж у горцев Западной Грузии (в частности, у сванов и рачинцев), повелитель волков. Когда М. был доволен людьми, он связывал пасти волкам, в гневе, наоборот, напускает их на скот. *И. С.*

МАМЕ́ТУ, Мами́ту, Мамми́ту («клятва», «обязательство»), в аккадской мифологии богиня подземного мира, одна из супруг *Нергала*, или *Эрры*, первоначально, видимо, персонификация клятвы и олицетворение наказания клятвопреступников. М. — судья подземного мира, вместе с *ануннаками* она приговаривает людей к смерти. В одной аккадской молитве М. вместе с демоном *Ламашту* названа «дочерью Ана». Возможно, с М. идентичны богини Мами и Мамме — супруги Нергала или Эрры. С богиней-матерью Мама (Мами) не имеет ничего общего. В представлениях о подземном царстве описывается как козьеголовая богиня. *В. А.*

МА́МОВ, у лакцев, андийцев, даргинцев-акушинцев (мому), татов (мому, момой), аварцев-андалальцев (хабучи) духи, ведающие рождением детей. Согласно первоначальным представлениям, являлись, по-видимому, покровительницами рожениц. По народным поверьям, М. — злобные, опасные духи, насылающие на детей болезни, смерть; имеют облик старух в белых или чёрных одеждах. Лакцы пугают непослушных детей словами: «Смотри, мамов идёт!». *Х. Х.*

МАМЫ́Ш, персонаж нартского эпоса адыгов — гадальщик на бараньей лопатке; сын провидицы *Уорсар*, брат богов *Тхагаледжа* и *Амыша*. Согласно одному из сказаний эпоса, М. нагадал появление на свет *Сосруко* и исчезновение из-за этого изобилия на земле. *М. М.*

МАН, в китайской мифологии огромный страшный змей. В древнем словаре «Эр я» М. определяется как царь змей (согласно древним комментариям, самый большой змей). Образ М., по-видимому, возник в южнокитайских областях. В средние века понятием М. стал обозначаться один из видов драконов — дракон с четырьмя когтями. При династиях Мин и Цин их изображали на парадных халатах, которые носили высшие сановники и придворные (император облачался в халат с выткаными драконами-лун с пятью когтями). Иногда по особому указу государя за заслуги кому-либо из сановников жаловалось право носить халат с вытканным М. о пяти когтях, в таких случаях к слову «М.» добавлялся эпитет учжуа — «пятикоготный». *Б. Р.*

МАНАБО́ЗО, Мича́бо, На-на-буш, Глускэп, в мифах алгонкинской группы культурный герой, создатель мира, трикстер. Изображался в виде зайца. М. родился от смертной женщины и западного ветра и, возмужав, отправился по свету, претерпевая чудесные приключения. М. сразился со своим отцом, победил великого кита, спас людей от всемирного потопа, подарил им огонь, похищенный у солнца. М. приписывается создание разнообразных ремёсел и искусств, в частности пикто-

графического письма оджибве. В борьбе со злыми духами-*мичибичи* М. одержал победу, за что был посвящён в тайны знахарских заклинаний, которые он затем передал людям, основав шаманское общество Мидевивин. Совершив все подвиги, М. уединился на далёком островке на востоке, где поселился со своей бабкой Нокомис.
А. В.

МА́НАЛА (фин.), Ма́на, Туо́нела, Туо́ни, эст. Тоо́нела, Тоо́ни, в финской мифологии загробный мир, его хозяева и река, отделяющая землю мёртвых от земли живых. М.— загробный мир — сумрачный и холодный двор, расположенный на северной окраине мира (ср. *Похъёлу*) и одновременно под землёй. М.-река протекает в глубоком ущелье, её воды — быстрый поток мечей и копий; через М. ведёт мост-нитка, на другом берегу умершего поджидает чудовищный страж с железными зубами и тремя псами. Погружение в воды М.— смерть: ср. гибель *Лемминкяйнена*. В карело-финских рунах М.-Туонела — иной мир, куда *Вяйнямёйнен* отправляется за недостающим инструментом для изготовления лодки, саней или заклинанием: он просит деву М. (Туони) перевезти его на лодке в М.
В. П.

МАНАННА́Н сын Ле́ра (ирл.), в кельтской мифологии божество, связанное (как и его отец *Лер*) с морской стихией; владыка потустороннего мира на острове блаженных, посещение которого традиция приписывала *Брану* и *Кухулину*. М. часто описывался как всадник, скачущий по морю или едущий по нему на колеснице. Владения М. связывались с островом Мэн (ирл. mana, mann, отсюда его имя; валлийское название острова manaw, отсюда — независимо от ирландской традиции — Манавидан сын Ллира. Стоявший особняком в архаическое время, в более поздних источниках М. был причислен к *Племенам Богини Дану*. После поражения Племён Богини Дану от Сыновей Миля и ухода их в чудесные холмы — сиды, М. даровал племенам три чуда: чары, благодаря которым они были невидимы («облик дикого зверя»); пир Гойбниу, делавший их вечно молодыми, и свиней М., которые не переводились, сколько бы их ни ели. Почитание М. в форме Маннан сохранялось на острове Мэн до 19 в.
С. Ш.

МАНА́С, мифо-эпический герой киргизов, центральный персонаж одноимённого эпоса, богатырь, совершающий подвиги во главе дружины из 40 витязей (кырк чоро). Необыкновенный мальчик-богатырь М. рождается по молитве престарелой бездетной четы Джакыпа и Чийырды, стыдящихся своего бесплодия (мифологический мотив чудесного рождения). Рождению богатыря предшествуют чудесные предзнаменования и сны, неестественно тяжёлые и продолжительные роды. М. рождается со сгустками крови на руках, его необычайная сила проявляется уже в колыбели: он не даёт себя пеленать, несколько мамок не могут его накормить. Счастливым именем М. нарекает святой-юродивый думана (*дивана*) (в других вариантах — четыре «праведных» халифа или пророк Хизр). М. неуязвим для любого оружия, так как носит чудодейственную боевую одежду. Ещё ребёнком он убивает чудовищного зверя.

Влияние мусульманского мировоззрения сказалось во включении в эпос эпизода обращения М. в ислам святым Хизром (или старцем Айкоджо), который передал ему дар Мухаммада — богатырское вооружение.

Девяти (по другим вариантам — шести) лет М. начинает борьбу против поработителей киргизов — калмыков и катайцев (киданей). Первые победы позволили М. объединить рассеянный киргизский народ, и дружина избирает его ханом Средней Азии. М. совершает ряд походов против соседей и постепенно подчиняет себе Среднюю Азию. В этих походах М. и его дружинники сражаются с вражескими богатырями, одноглазыми великанами, колдунами-аярами, драконами-ажыдарами и т. д.

Значительное место в сюжете эпоса занимает борьба М. с непокорными родичами. Наиболее разработан в эпической традиции рассказ о заговоре против М. сыновей Кёзкамана, одного из его родичей, которым удаётся тяжело ранить М. и захватить его ставку Талас. Спасает М. его жена Каныкей.

Ближайшие соратники М.— его названый брат Алмамбет, катайский царевич, отрёкшийся от язычества (в одной из версий он, подобно *Огуз-хану*, убивает своего отца, отказавшегося перейти в ислам), проводник М. в его походе на столицу Катая Бейджин, старец-богатырь Бакай, который отечески заботится о его благополучии и удерживает от необдуманных поступков, богатыри Чубак, Сыргак, Аджибай и др. Верная жена Каныкей выступает как мудрая помощница и советница М. В отсутствие М. она управляет народом, защищает Талас от поднявших восстание непокорных братьев М. Верно служат М. его богатырский конь Ак-Кула (по некоторым вариантам эпоса, он родился с ним в один день), рождённый от птицы чудесной охоты, быстроногий верблюд Джелмаян и белый кречет Акшумкар. Погибает М. во время победоносного похода на Бейджин.
В. Н. Басилов.

МА́НАСА, в индуистской мифологии богиня, дочь *Шивы*, рождённая его мыслью (манасом), и сестра царя змей *Шеши*. М. широко чтится среди деревенского населения Индии, особенно в Бенгалии. Считается, что она способна излечивать от змеиных укусов, и поэтому, в частности, зовётся Вишахарой, т. е. «избавляющей от яда».
П. Г.

МАНА́Т, Ману́ту («судьба», «рок», «смертный рок»), в древнеарабской мифологии богиня судьбы и возмездия, почитавшаяся во всей Северной и Центральной Аравии. М.— богиня подземного царства и хранительница могильного покоя, в государстве Набатея — покровительница погребений; в Набатее и Пальмире она отождествлялась с греческими богинями *Тиха* и *Немесида*. В пантеоне у арабов Сирийской пустыни М.— дочь *Аллаха* и *Аллат*, сестра *Уззы*; в Центральной Аравии — старшая дочь Аллаха, сестра Аллат и Уззы; на юге Центральной Аравии — дочь Уззы. М., видимо, была покровительницей и владыкой города Медина, её святилище являлось центром племенных собраний. Статуэтки М. служили домашними божками. Первоначально Мухаммад признавал божественную природу М., Аллат и Уззы.
А. Г. Л.

МАНА́Ф («высокий»), в древнеарабской мифологии божество, почитавшееся во всей Северной и Центральной Аравии. Возможно, астральное божество. Отождествлялся с Зевсом. В Мекке был одним из важнейших богов.
А. Г. Л.

МАНА́ХАН, Манага́, Манаха́й, Хан Ба́ян, Маниха́н, Цага́н Манха́н-тэ́нгри, в мифах монголов божество охоты. Входит в разряд *тенгри*, его эпитет — «белый». Выступает в облике человека огромного роста. Имеет признаки земного духа-хозяина (называется «богом земли и пространств»), владыка лесов и в особенности — диких животных, которые являются его «скотом». К нему обращаются с просьбами о ниспослании обильной добычи. Он именуется «богатый», «щедрый», «благодетель», «святой», «высокочтимый»; одно из постоянных определений — «имеющий серебряное (или злато-серебряное) тело».
С. Н.

МАНГАЛАБУ́ЛАН, у батаков (остров Суматра, Зап. Индонезия) бог из триады верховных богов (наряду с *Батара Гуру* и *Сорипада*). Был создан *Мула Джади* из яйца бабочки. М.— эманация Мула Джади в среднем мире (земля). М. злопамятен, мелочен и неопрятен. Живёт на втором небе в Банджар Торуан (нижнем городе), следит за здоровьем людей, умножением скота и полевыми работами. Спутники М.— пегая лошадь и пятнистая собака. Сын М., ящерообразный Туан Рума Ухир, муж *Сидеак Паруджар*,— первопредок людей; его дочь Сибору Сурантибонанг вырастила из гриба одного из перволюдей.
М. Ч.

МА́НГИ, мани́, в мифах эвенков, орочей, нанайцев, ульчей и др. предок, богатырь-охотник. Представлялся в облике медведя-великана, который преследует небесного лося Хэглен, похитившего солнце. Этот сюжет объясняет смену дня и ночи и происхождение созвездий: охотник и лось — это Большая

Медведица, а лыжный след охотника — Млечный путь. У орочей М. — сын культурного героя *Хадау*, гнавший по небу лосиху с лосёнком; кроме того он — первый умерший, добровольно ушедший в *буни*, чтобы предотвратить перенаселение земли. Орочи вырезали М. на посохе и др. шаманских атрибутах. Многие шаманы забайкальских эвенков, считая М. своим предком, вели от него свой род. Нанайцы называли М. деревянное антропоморфное изображение, которое они ставили рядом с «захороненной» головой медведя. У удэгейцев идол Мангани-сэвеки в виде большой деревянной фигуры с мечом и копьём стоял в доме против входа. Среди ритуальных предметов ульчей также встречаются изображения М. В сказках и мифах прибайкальских эвенков М. означает также медведя, великана, чудовище, людоеда.

Е. Н.

МАНГУС (монг., м а н г а д, м а н г а д х а́ й (бурят.), м а́ н г а с (халхаск., ойрат-калм.), м а н г а́ (халхаск.), м а н г э́ (дагурск.), м а н г у́ д з е (монгорск.), в мифах монгольских народов чудовища. В отличие от других демонических персонажей (*шулмас, чотгор* и др.), М. — в основном персонажи сказочно-эпической картины мира. Они осмысляются как участники неких отдалённых событий «эпической эпохи», впоследствии истреблённые (запертые в подземной пещере; ср. *Аврага Могой*) эпическим героем. По устной бурятской версии Гесериады, М. возникли из сброшенных на землю останков злого восточного *тенгри* Ата Улана. В ойратском эпосе 75 чёрных М. родились в виде лягушат от чудовищной чёрной бабы, возникшей из пены ядовитого жёлтого моря. Живут М. в труднодоступных областях среднего мира (в пустынных, голых, тёмных, холодных, смрадных и т. п. местах) «на краю земли», с нижним миром не связаны, хотя иногда и появляются там. Их жилища — кочевая юрта, укреплённая княжеская ставка, терем, дворец, а также хранительницами (в поздних сказаниях «феодализированного» эпоса). У М. отсутствуют имена, которые заменяются описательными прозвищами: «Пятнадцатиголовый Атгар Жёлтый мангас», «Двадцатипятиголовый Хотгор Чёрный мангас» и др. Судя по прозвищам (атгар, хотгор и др.; расшифровываются как «изогнутый», «свернувшийся», «переплетённый»), М. змееподобны, их отличительный признак — множество голов. Цветовые характеристики М. — преимущественно чёрный и жёлтый. М. огромны: пасть от земли до неба, утроба вмещает толпы проглоченных ими людей, стада и пр. Иногда фигурирует семья М., чаще всего — его мать или старшая сестра, выступающие «путевыми вредителями», а также хранительницами «внешних душ» М.; реже встречаются жена и дочь М. (которые часто именуются «шулма», «шулмас») — безобразные ведьмы, нападающие на героя; сын — неуязвимый младенец, лежащий в железной люльке или выходящий из утробы матери. М. разоряют родину, семейный очаг героев, похищают их имущество, стада, подданных, но прежде всего — жену (реже сестру или мать); похищение женщин, по-видимому, — основная функция М.

Под воздействием ламаистских представлений образ М. несколько трансформируется: множественность форм «внешней души» ассоциируется с множеством воплощений («манифестаций» — хулбиганов) отсюда, по-видимому, появление поздней черты образа М. — способность к оборотничеству (особенно в эпосе о *Гесере*). Под влиянием индийской и тибетской мифологий М. (главным образом сказочного типа) перенял ряд черт, свойственных индийским *ракшасам*, тибетскому сринпо и др. В монгольских шаманских призываниях фигурирует некое божество «всесильный М.-тенгри».

В калмыцком сказочно-эпическом фольклоре выступает персонаж, заменяющий М. или сосуществующий с ним — многоголовый, одноглазый демон мус. В калмыцкой низшей мифологии фигурирует кун-мус («человек-мус») — покрытый шерстью человекоподобный гигант, который после заката солнца выходит из камышовых зарослей, похищает людей, причиняет им вред. Ср. у ордосцев мус-эмеген («женщина-мус»), живущую, согласно поверьям, на луне.

Близкие М. наименования встречаются в фольклоре саларов, уйгуров, алтайцев, шорцев, тувинцев, якутов, тунгусов; однако под этими именами выступают не только отрицательные, подобно М., (враг, чудовище), но и положительные (герой, богатырь) персонажи. Наличие у тюрко-монгольских и тунгусо-маньчжурских народов аналогично звучащих названий «чужих» племён и самоназваний (манги, мангут, мангыт, мангас, мангиян и пр.) позволяет предположить двоякую интерпретацию древнего этнонима в зависимости от исторических условий: положительная («свой» герой — богатырь) и отрицательная (иноплеменник — враг, демон). В целом, однако, генезис образа М. (во всех разновидностях) и этимология неясны.

С. Ю. Неклюдов.

МА́НДАЛА («круг», «диск», «круглый», «круговой» и т. п.), один из основных сакральных символов в буддийской мифологии; ритуальный предмет, воплощающий символ; вид ритуального подношения (включая и жертву). Само слово «М.» отмечено уже в «Ригведе» во многих значениях (помимо указанных, ср. «колесо», «кольцо», «орбита», «шар», «округ», «страна», «пространство», «совокупность», «общество», «собрание», «одна из 10 частей Ригведы», «возлияние», «жертва», вид земли, вид растения и т. д.), которые в целом сводимы к понятию круглого, а в некоторых случаях обнаруживают тяготение к сфере сакрального (прежде всего в ритуале). Возникший на индийской почве буддизм усвоил понятие М. и передал его (как в целом ряде случаев и само слово) своим более поздним продолжениям, прежде всего разным вариантам северного буддизма (махаяна, ваджраяна, тантризм) в Тибете, Центральной Азии, Монголии, Китае, Японии начиная с первых веков нашей эры. В этих более поздних вариантах буддизма слово «М.» обычно сужает круг значений, но зато делается более терминологичным и унифицированным соответственно дальнейшей сакрализации и универсализации самого понятия и сопоставленных с ним ритуальных воплощений. Так, уже в тибетском буддизме конституируется два круга значений, один из которых соотносится со сферой буддийской космологии (вид кругового или сферического пространства, в частности земная сфера, а также огня и воды), а другой — со сферой ритуала (магическая диаграмма или фигуративное изображение из зерна или других жертвенных даров; ср. М. в монгольской языковой и культурно-религиозной традиции — «круглое блюдо с соответствующими символами, используемое при жертвоприношениях» при том, что сохраняется и исходное общее значение — «круг», «диск» и т. п.). М. принадлежит к числу геометрических знаков сложной структуры. Наиболее характерная схема М. представляет собой внешний круг с вписанным в него квадратом; в этот квадрат в свою очередь вписан внутренний круг, периферия которого обозначается обычно в виде восьмилепесткового лотоса или восьми членений, соответствующих этот круг. Квадрат ориентирован по сторонам света, связанного к тому же с соответствующим цветом примыкающего изнутри пространства квадрата (ср. в ламаизме М., где север — зелёный, восток — белый, юг — жёлтый, запад — красный; центр соотносится с голубым цветом, хотя в данном случае цвет мотивируется прежде всего объектом, изображаемым в центре). Посередине каждой из сторон квадрата находятся Т-образные врата, продолжающиеся вовне, уже за пределами квадрата крестообразными изображениями, иногда ограниченными малыми полукружиями. В центре внутреннего круга изображается сакральный объект почитания — божество, его атрибут или символ, метонимически используемый в ритуале, особенно часто *ваджра* в разных вариантах — одинарном, двойном, тройном и т. д. Этот основной вариант М. существует в целом ряде модификаций, их особенности определяются или объектом, находящимся в центре М., или некоторыми местными вариантами символики. Изображения М., как правило, многочисленны (иногда их стремятся воспроизводить в возможно большем количестве экземпляров) и помещаются в разных местах, признаваемых сакральными, например в храмах, на холсте, на жертвенных блюдах. М. изображаются живописно; изготовляются из камня, дерева, металла, глины, песка, теста и др.

Наиболее универсальна интерпретация М. как модели вселенной, «карты космоса», причём вселенная изображается в плане, как это характерно и для моделирования вселенной с помощью круга или квадрата. Объектом моделирования становятся некие идеализированные параметры вселенной, соотнесённые с системой высших сакральных ценностей (особенно явно это в буддизме); как правило, лишь внутри центрального круга появляются антропоморфные объекты с более конкретной семантикой. Космологическая интерпретация М. предполагает, что внешний круг обозначает всю вселенную в её целостности, очерчивает границу вселенной, её пределы в пространственном плане, а также моделирует временну́ю структуру вселенной. В этом внешнем кольце нередко изображаются 12 символических элементов — нидан, выражающих 12 соотнесённых друг с другом причин, «звеньев» цепи «взаимозависимого происхождения», вызывающих и обеспечивающих непрерывность жизненного потока. Эти 12 нидан на М. моделируют бесконечность и цикличность времени, «круг времени», в котором каждая единица определяет предыдущей и определяет последующую. Изоморфность основных частей М. и так называемой *калачакры* — «колеса времени», высшего и наиболее сокровенного из четырёх направлений ваджраяны, также актуализирует временно́й аспект М. Наконец, внешний круг М. вообще соотносится с календарными и хронологическими схемами северного буддизма и (шире) всей Центральной и Юго-Восточной Азии. Вместе с тем интерпретация М. или близких к ней схем типа «колеса времени» или «колеса бытия» (др.-инд. бхавачакра, монг. «сансарайн хурдэ» — «колесо *сансары*») и т. п. обычно предполагает и вычленение этических и/или аксиологических структур (изображение на «колесе» шести разрядов обитаемого мира с указанием зависимостей между типом поведения человека и ожидающим его в новом рождении воздаянием). Стороны квадрата, вписанного во внешний круг, моделируют основные направления, пространственные координаты вселенной, точки входа которых в обитаемый мир заслуживают особого внимания и охраны. Поэтому нередко именно в этих местах квадрата, в Т-образных вратах, помещаются так называемые *локапалы* или *махараджи* — «великие цари»: Вайшравана на севере, Дхритараштра на востоке, Вирудхака на юге, Вирупакша на западе. Тантрийские ритуальные М. соответственно изображают четырёх дхьяни-будд — *Амогхасиддхи, Акшобхья, Ратнасамбхава, Амитабха.* В этом случае в центре обычно помещается *Вайрочана.* Вписанный в квадрат внутренний восьмилепестковый круг (янтра) символизирует женское начало, детородное лоно, внутри которого часто помещается знак мужского начала — ваджра. Это соотношение геометрических символов в центре М. дублируется ритуально-мифологическим мотивом: призываемое божество опускается с небес в самый центр М., обозначенный лотосом, где оно и совершает акт, приносящий плодородие, изобилие, успех. В Тибете и Монголии М. вообще часто рассматривается как место обитания божества или божеств (ср. монг. хото мандала, т. е. «М. места обитания»; ср. обозначение конкретных М. по этому принципу: «Ямантакийн хото», «место *Ямантаки*» и т. п.). Прецедент нисхождения божества имел место, согласно преданию, в 8 в., когда *Падмасамбхава* — основатель буддийского тантризма, которому приписывается и изготовление первой М., нуждавшийся в божественной помощи, соорудил М. и вставал на семидневную молитву, после чего божество спускалось в центр М. и совершало то, ради чего оно призывалось. Этот мотив движения божества сверху вниз, с неба на землю, в центр М. вводит вертикальную координату в структуру М., хотя эта координата явно обнаруживается и даже актуализируется именно как основная только во время ритуала. Движение по вертикали, как и его последний, завершающий этап — божество в центре М., связываются с другими символами вертикальной структуры мира — мировой осью, мировым древом, горой *Меру*, ритуальным сооружением. Отсюда и соотнесение М. (в полном или частичном виде) со структурой (в плане) ритуальных сооружений — зиккуратов или мифического дворца *чакравартина*, ступы, царских дворцов и храмов в Юго-Восточной Азии и в Центральной Америке, чума и т. д. и даже с планировкой некоторых поселений городского типа. Структура социальной иерархии также часто строилась и описывалась по принципу М. Мегалитические сооружения Тибета и других мест (напр., знаменитый кромлех Стонхендж в Англии) имеют в своей основе принцип М. (или, наоборот: М. не что иное, как схема таких мегалитических сооружений). М. может быть сопоставлена и с другими символами вселенной: с китайскими бронзовыми зеркалами Ханьского периода, с изображёнными на них схемами вселенной; с шаманскими бубнами народов Северной Азии, несущими на себе рисунки, являющиеся картой вселенной. Принцип М. не только распространён гораздо шире, чем М. как таковая, но практически универсален и как модель вселенной (или её частей, ср. так называемые астрологические М.) и как средство достижения глубин подсознания в ритуале или индивидуальной медитации. Обе эти функции М. связаны воедино: тот, кто предаётся медитации или участвует в соответствующем ритуале в качестве ведущего, помещает себя в центр М. и ожидает божество, божественный дух, который должен снизойти на него. К. Г. Юнг подчёркивал универсальный характер М. как психокосмической системы, задающей особый вселенский ритм, объединяющий макро- и микрокосм и указывающий на то, что идея М. и сама её форма независимо была выработана не только самыми разными религиозными системами, но и творчески одарёнными людьми (прежде всего художниками; ср. также сочетание «круглых» и «квадратных» танцев, образующее «мандалический» танец с соответствующим переключением ритмов) или больными, страдающими разными формами душевных болезней, которые настраивают себя на выведение из собственного подсознания тех и иных архетипических комплексов и/или на собственную «космизацию», т. е. на выработку единого ритма человека и вселенной, на улавливание, восприятие и преобразование космической энергии. Эта идея лежит в основе некоторых современных теорий в медицине (психотерапия юнгианского толка), искусстве и искусствоведении.

В. Н. Топоров.

МА́НДАРА («огромная» или «твёрдая»), в индуистской мифологии священная гора, место обитания различных богов и полубогов (*якшей, гандхарвов, киннаров* и др.). Согласно «Махабхарате», М. поднимается над землёй на одиннадцать тысяч йоджан (йоджана = ок. 4 км) и на столько же уходит в глубь земли. Боги решили использовать М. как мутовку для пахтанья мирового океана, но никак не могли вырвать её из земли. В конце концов по просьбе Брахмы это сделал змей *Шеша*. Шива во время разрушения построенной асурой *Майей* крепости Трипуры использовал М. как ось для своей колесницы и как дугу для лука. М. отождествляют обычно с одной из вершин в Гималаях, около горы Кайласа. По другой версии, М. соотносят с одноимённой горой в Бихаре.

С. С.

МА́НДАХ, Му́ндах, в йеменской мифологии духи-покровители. В надписях всегда были связаны с автором текста и назывались «М. его (их)» или «М. их дома», что даёт основание считать их покровителями домашнего очага, охранявшими дом, семью, человека. Они обычно функционировали совместно, парами или группами. Вероятно, существовали и М. государства или области. Так, в одной из

надписей государства Саба назван М. области Иасран; иногда М. именовались и боги — *Астар, Варафу*, очевидно, и другие (ср. *Лары, Пенаты*). М. особо почитались в государствах Катабан и Химьяр. Некоторые исследователи считают М. духами орошения.
А. Г. Л.

МАНДЖУШРИ («красивое сияние»), в буддийской мифологии махаяны и ваджраяны *бодхисатва*. М. известен также под названиями Манджугхоша («красивый голос»), Манджунатха («красивый спаситель»), Вагишвара («господь речи») и т. д., его эпитет — Кумарабхута («бывший принц»). М. встречается уже в древнейшей махаянской литературе, что позволяет предположить, что его образ возник в последние века до н. э. М. занимает центральное место в «Саддхармапундарике» (где он упоминает деяния бывших *будд*) и в «Вималакиртинирдеше» (где он единственный ученик *Шакьямуни*, имеющий равную мудрость с бодхисатвой *Вималакирти*). В «Гандхавьюхе» М. — один из двух руководителей 500 бодхисатв и первый наставник главного героя этой сутры — Судханы. По мифологии махаяны, М. 70 мириад *кальп* тому назад был благочестивым королём в одной буддакшетре (см. в ст. *Будда*), которая находится на востоке (причём между этим миром и нашим миром — 7200 миллиардов миров). Он поднял дух просветления и решил быть бодхисатвой в *сансаре* до тех пор, пока не останется ни одного живого существа, нуждающегося в спасении. В ваджраяне М. вместе с *Авалокитешварой* и *Ваджрапани* — один из трёх главных бодхисатв. Он — центральная фигура одного из древнейших произведений ваджраяны — «Манджушримулакальпы». М. олицетворяет мудрость, и обычно его изображают красивым индийским царевичем, держащим в поднятой правой руке пылающий меч и в левой руке книгу «Праджняпарамиты». Культ М. был особенно популярным в Тибете и в Китае, где его образ встречается во многих легендах. В Тибете земным воплощением М. считался основатель школы гелукпа Цзонкаба (нач. 15 в.).
Л. Э. Мялль.

МАНДРАГОРА, в мифопоэтических представлениях (преимущественно в низшей мифологии), чудесное растение. Сверхъестественные качества приписывались М. в силу определённых снотворных и возбуждающих свойств, а также сходства его корня с нижней частью человеческого тела (Пифагор называл М. «человекоподобным растением», а Колумелла — «травой-получеловеком»). В некоторых народных традициях по виду корня М. различают растения мужского и женского пола и даже дают им (в духе народной этимологии) соответствующие названия: ср. англ. mandrake (от man, «мужчина») и womandrake (от woman, «женщина»). В старых травниках корни М. изображаются как мужские или женские формы, с пучком листьев, вырастающих из головы, иногда с собакой на цепи или агонирующей собакой. Согласно поверьям, тот, кто услышит стон, издаваемый М. при её выкапывании из земли, должен умереть; чтобы избежать смерти человека и вместе с тем утолить жажду крови, якобы присущую М., при выкапывании М. сажали на привязь собаку, которая, как считалось, погибает в агонии. Существовало поверье о происхождении М. из поллюции повешенного человека (ср. названия М.; нем. Galgenmännlein, букв. «висельничек»). Хильдегарда Бингенская (12 в.) считала, что М. возникла там, где был создан Адам. В украинских поверьях М. (переступень) вырастает из трупов детей, умерших без крещения, может превращаться в ребёнка и неожиданно исчезать. Глубокие корни имела вера в возбуждающую силу М. и её роль в зачатии плода; ср. библейское предание о мандрагоровых яблоках (плодах М.), которыми пользовались для обеспечения зачатия *Лия* и *Рахиль* (Быт. 30, 14—23). В Греции М. связывали с *Афродитой*, которая иногда получала соответствующий эпитет, и с Цирцеей (считалось, что с помощью колдовского снадобья из М. Цирцея возбуждает в людях влечение и любовь). Юноши носили иногда кусочки М. в качестве любовного амулета. В средние века представления о способности М. вызывать зачатие обусловили появление целой индустрии изготовления поддельных мандрагоровых корней.

Известны сюжеты, в которых М. связана с нечистой силой — с дьяволом (в Аравии распространено поверье, что ночью М. светится, в связи с чем её называют «свечой дьявола»), с *ведьмами* (в средние века М. в ряде европейских традиций именовалась «цветком ведьмы»), колдуньями (считалось, что с помощью М. они могут лишить человека красоты и рассудка, околдовать, причинить вред). Вместе с тем М. делает человека неуязвимым, помогает обнаруживать сокровища, клады, может использоваться для предсказаний и пр. Символические значения связывают М. с горячкой, возбуждением, мужским принципом, неуязвимостью, пуповиной; М. — знак редкого, необычного (таково значение М. в «языке цветов»). Отдельную «разновидность» М. составляет альраун — немецкое название корня М. или выступающего вместо него корня мха (в Уэльсе чёрный мох носил то же название, что и М.) и соответствующего полезного человеку духа, эльфа, домового.
В. Н. Топоров.

МАНДУЛИС, в мифологии Куша (древней Нубии) бог солнца. Почитался в греко-римский период на севере страны. Надписи на стенах его храма в Калабше воссоздают эпизоды египетских солярных мифов, отнесённых к М., отождествлявшемуся с *Ра*. Мифу о солнце, ночью совершающему плавание по подземным водам, а утром рождающемуся вновь, соответствуют два типа изображений М.: в виде взрослого человека и ребёнка. М. вводился в египетскую триаду *Исида, Осирис, Гор* на место Осириса или Гора — сына Исиды. Культ М., отождествлённого с Аполлоном, был распространён в римских войсках, находившихся в Северной Нубии.
Э. К.

МАНЗАН ГУРМЕ, персонаж мифов бурят — небесная добрая «бабушка», со своими 9 сыновьями и 9 дочерьми олицетворяющая положительное начало в природе. Противостоит небесной злой «бабушке» *Маяс Хара*. В отличие от других антропоморфных божеств бурятского пантеона (упоминающихся, как правило, с супругом или супругой из числа других божеств) М. Г. выступает всегда одна. Возможно, она осмыслялась как праматерь всех 55 добрых западных *тенгри* и их детей — ханов и нойонов. Согласно одной из версий мифа, М. Г. — дочь *Эхэбурхан*; участвовала в творении, создав отдельные элементы космоса, в частности Млечный путь: он возник из молока, которое М. Г. нацедила из своей груди и выплеснула вслед обманувшему её Абай Гесеру. Против сил зла М. Г. пускает в ход свой шерстобитный прутик хабай. В монгольской версии Гесериады М. Г. соответствует Абса Гурце.
Н. Ж.

МАНИ (ср.-иран.), мифологизированный образ иранского религиозного реформатора, вероучителя и пророка, основателя манихейства (216—277). Существует целый ряд фантастических этимологий и толкований его имени: ср. «сумасшедший», «маньяк», но и «драгоценный камень» (от санскр. mani; само название манихеев связывали с сирийск. «Мани живой»).

Образ М. мифологизировался в его собственных сочинениях и текстах, вышедших из манихейской среды; особую роль в этом отношении сыграли описания мученической смерти М. (согласно некоторым источникам, с М. была заживо содрана кожа, которую набили соломой и повесили на царских воротах; сам он был обезглавлен), и в ещё более многочисленных трудах, направленных против манихейства, рисующих М. как «воплощённого вредоносного демона», «дьявола», «исчадие тьмы» и т. д. В манихейской среде выработался определённый иконописный канон — словесный и изобразительный — образа М.

По учению М., изложенному, согласно традиции, им самим, в мире искони существовала и передавалась по традиции истина. Но она являлась в мир в своей очевидности и насущности лишь время от времени, когда приходили посланники, открывавшие (проявлявшие) эту истину. До М. истина передавалась в разных формах, всегда была частична. Такого рода истина была возвещена Адамом, Енохом, Ноем, Симом, Авраамом и др., но более всего тремя великими апостолами — Заратуштрой, Буддой и Иисусом Христом. Однако их роль проявлялась лишь на локально ограниченных пространствах. М. же не только «апостол Вавилонии» и современного ему поколения людей, последователь трёх великих апостолов, но и ойкуменический апостол последнего поколения людей, т. е. крайнее и высшее звено в цепи небесных посланников — открывателей истины, «печать пророков» (этот же эпитет позднее прилагался к Мухаммаду: Коран 33:40). М.— святой дух, параклет («утешитель»), просветитель. Свет истины, несомый М., целостен, абсолютен, ничем не затемнён и потому совершенен. Манихейское вероучение можно рассматривать как систему теософического синкретизма (хотя его долгое время, а отчасти и в наши дни интерпретировали как эклектическое), в которой элементы разных религиозных и философских систем объединены в монолитную конструкцию, где всё подчинено одной главной цели — спасению. Из зороастризма заимствованы дуалистическая концепция извечной борьбы двух начал — света и тьмы [которые могут воплощаться как в более общие (добро — зло), так и более специальные (дух — тело, материя) категории], трансформированные космологические схемы и основная эсхатологическая идея, так или иначе связанная с иранской концепцией вечного времени и попытками построения квазиисторического ряда; из буддизма — учение о перевоплощении душ (сансарические циклы; ср., например, представление о том, что осквернивший душу после смерти не освободится от оков плоти, а обречён на возрождение; сознание невыносимости существующего положения вещей и необходимости немедленного и постоянного поиска пути к спасению; из христианства — учение о параклете и образ Иисуса Христа; включены также элементы древневавилонского наследия, гностицизма [несомненно, манихейство с гностицизмом объединяет мысль о том, что зло связано с незнанием самого себя, с неумением объяснить состояние неудовлетворённости («тоски-страха»), укоренённой в самих основах человеческого существования].

Учение М. о спасении исходит из общей картины борьбы добра и зла в мире. Иранская концепция о безначальном и бесконечном времени преобразована в схему трёх времён, каждое из которых характеризуется особым соотношением двух высших и извечных принципов — света и тьмы (новое вероучение иногда обозначалось как «религия света» или «церковь справедливости»). В первоначальном времени существует идеальное равновесие: свет наверху, тьма внизу. В промежуточном (настоящем) времени идёт непримиримая борьба этих двух начал, свет и тьма перемешались, успех сопутствует то свету, то тьме. В конечном (завершающем) времени борьба закончится победой света, который окончательно возобладает над тьмой и отделится от неё, став навсегда чистым и беспримесным. Одно из наиболее известных воплощений дуализма в учении М.— древо жизни (или добра) и древо смерти. С первым связаны восток, запад и север, со вторым — только юг. В царстве света обитает Отец величия (Отец света, бог света). Он добрый повелитель этого царства, проявляющийся в четырёх формах: Божество, Свет, Сила, Мудрость. Иногда он соотносится с *Зерваном*, но чаще обозначается иначе. При нём пять Слав (Ум, Знание, Рассудок, Мысль, Осмотрительность) и 12 дев, персонифицированных добродетелей (Верховная Власть, Мудрость, Победа, Примирение, Чистота, Истина, Вера, Долготерпение, Прямота, Благодеяние, Справедливость, Свет). В царстве смерти (зла, материи) правит царь тьмы, в целом продолжающий образ Ахримана (см. *Ангро-Майнью*), он связан с тёмной землёй и пятью мирами — дыма, огня, ветра, воды и тьмы. У него в услужении мириады демонов, причастных к хаосу, смешению и возмущению, крайне агрессивных: именно они нарушили исходное равновесие вселенной и вторглись в царство света. Чтобы дать отпор силам тьмы, Отец света «вызывает» два духовных начала — Мать жизни и Первочеловека (в некоторых источниках — Ормизд); иногда сама Мать жизни вызывает его. Первочеловек, небесный прототип Адама, сам «вызывает» пятерых сыновей, они же пять светоносных богов или пять элементов (свет, ветер, огонь, вода и что-то подобное эфиру) в их дематериализованной форме, в отличие от пяти тёмных материальных элементов царства тьмы. Первочеловек и его сыновья вступают в сражение с силами тьмы, которые сначала имеют перевес, поглощая какую-то часть света. Тогда Отец света «вызывает» три других светоносных существа («второй вызов») — Друга света, Великого зодчего, будущего устроителя рая, и Живого (Жизненного) духа (Михрйазда; собственно, все они последовательно «вызывают» друг друга, и Живой дух «вызывает» ещё пятерых сыновей). Друг света освобождает Первочеловека и его пятерых сыновей от пут тьмы, а Живой дух и Мать жизни возвращают их на небо. Тем не менее в результате борьбы и временного пленения свет оказался смешанным с тьмой, и Отец света, чтобы освободить светлые элементы от примеси, должен сотворить видимый мир. Из шкур поверженных демонов создаются небеса, обычно десять, из костей — горы, из мяса и испражнений — земли, четыре или восемь. Из освобождённой силами тьмы части света создаются солнце и месяц (которые высвобождают и переносят частицы света к престолу Отца света и почитаются как величайшие носители света), а также (из света, затронутого тьмой) звёзды, ветер, огонь, вода, которые приводятся в движение. Но победа ещё не является полной и окончательной. Мать жизни, Первочеловек и Живой дух умоляют Отца света сделать «третий вызов». Появляется Третий посланник, во многом сходный с иранским *Митрой* и, несомненно, продолжающий его; вместе с тем Третий посланник предвосхищает уже и образ человеческого посланника сил света, самого М. Появление Третьего посланника и вызванных им 12 дев — решающий, переломный момент манихейской космологии и эсхатологии как поля битвы света и тьмы. Третий посланник вынуждает мужских демонов тьмы извергнуть семя (от семени, упавшего на землю, происходят растения, часть семени, упавшая в море, превращается в огромное чудовище, побеждённое одним из сыновей Живого духа), а женских — нерождённое потомство (давшее начало животному миру).

Но все эти «материальные» условия жизни содержат также элементы пленённого света. Силы тьмы (супруга царя тьмы, демоны Ашаклун и Намраэль) создают два пола (Адама и Еву), чтобы плоть продолжала поглощать и удерживать светлые элементы. Поэтому в человеке (микрокосме) воспроизводится та же ситуация двойной смешанной светло-тёмной природы, что и во вселенной (макрокосм). Но это соотношение двух начал не везде одинаково: если в Адаме преобладали светоносные частицы, то Ева была сотворена из элементов тьмы. Светоносный Иисус, «вызванный» Отцом света, разбудил Адама от глубокого сна, изгнал охранявших его демонов и дал ему вкусить плода от древа жизни и познать добро и зло. «Ветхий» человек пресуществился в «нового», открытие истины и спасение приблизились, но окончательно они были обретены лишь с появлением последнего посланника истины — М. Лишь теперь человек получил возможность осуществить свою главную телеологическую потенцию — отделить элементы света от элементов тьмы и помочь освобождённым, «искупленным» элементам света соединиться с самим светом. Освобождение элементов света на микрокосмическом (человеческом) уровне приводит к победе света и в макроскопическом плане. Окончательное освобождение духа от тела, света от тьмы произойдёт в последние времена, когда свершится страшный суд и земля будет объята пламенем в течение 1468 лет. Частицы света поднимутся к небу,

а материя и демоны окажутся в необъятной пропасти.
В. Н. Топоров.

МА́НИ, в скандинавской мифологии месяц, брат Соль (солнца), сын Мундильфари. М. воспитывает двух земных детей — Биля и Хьюки (возможно, пятна на луне). Он управляет ходом звёзд. Согласно «Младшей Эдде», перед гибелью мира (см. *Рагнарёк*) месяц будет проглочен волком.
Е. М.

МАНИТУ́, в мифах алгонкинов сверхъестественные силы или существа. М. обитают над землёй, на ней и под ней. В М. воплощаются неизвестные способности и силы действительности (см. ст. *Оренда* и *Вакан*); одновременно М.— магическая сила, невидимая сила или причина, которой могут обладать люди, животные и предметы неживой природы.
А. В.

МА́НИЯ, в греческой мифологии персонификация безумия, насылаемого на людей, преступивших установленные законы и обычаи. Иногда отождествлялась с эвменидами. На дороге из Аркадии в Мессению, там, где Орест лишился разума в наказание за убийство матери, был храм М.; её именем называлась местность вокруг храма (Paus. VIII 34, 1).
А. Т. Г.

МА́НКО КА́ПАК, в мифах кечуа основатель династии инков. По одному из мифов, четыре брата Айяр — Манко, Аука, Учу и Качи и четыре их сестры — Мама Уако, Мама Окльо, Мама Рауа и Мама Кора, бывшие одновременно и их жёнами, вышли из пещеры Пакаритампу и двинулись по направлению к долине Куско. Качи, олицетворявшего необузданную дикую силу, братья заманили обратно в пещеру и завалили выход камнями. По дороге Учу превратился в каменного идола, ставшего позже *уакой*, Аука также стал уакой в Куско, на том месте, где позднее был построен храм Кориканча — пантеон инков. Оставшиеся сёстры стали жёнами Манко, который принял титул капак («великий») и стал основателем династии инков. К кон. 15 в. образ М. К. приобрёл черты культурного героя. Согласно одной из поздних версий, М. К. и Мама Окльо посланы на землю их отцом-солнцем. По приходе в Куско они научили местных жителей ремеслу, ткачеству и др., и те добровольно им подчинились.
С. Я. С.

МАНН в германской мифологии первый человек, сын *Туисто*, отец родоначальников трёх племенных групп германцев — ингевонов, истевонов и герминонов (упоминаемых Тацитом).
Е. М.

МА́ННА (по народной этимологии — от «что это?», Исх. 16, 15), согласно ветхозаветному преданию, пища, которую «сыны Израилевы» получили с неба во время сорокалетнего странствования по пустыне на пути в «обетованную землю». Пища эта, описываемая как нечто «мелкое, круповидное, как иней на земле», «как кориандровое семя, белая, вкусом же как лепёшка с мёдом» (Исх. 16, 14 и 31), дана была богом израильтянам после того, как те возроптали на *Моисея*, выведшего их из Египта в Синайскую пустыню. М. являлась поутру с росой и каждый, сколько бы он ни собирал, мог собрать только одну меру, «и у того, кто собрал много, не было лишнего, и кто собрал мало, не было недостатка. Каждый собрал столько, сколько ему съесть» (16, 18). На солнечной жаре М. таяла, и до утра её нельзя было оставлять, так как в ней заводились черви, однако по пятницам собиралось двойное количество с запасом на субботу, она не портилась. Народ «ходил и собирал её, и молол в жерновах или толок в ступе, и варил в котле, и делал из неё лепёшки» (Чис. 11, 8). Чудесная пища, которой подкреплялся народ в пустыне, именуется в Псалмах «хлебом небесным» (Пс. 77, 24; 104, 40); ссылаясь на эпизод с М., Христос называет себя в Новом завете «истинным хлебом» с небес (Ио. 6, 32), наконец, Апокалипсис говорит о «сокровенной манне» (как символе вечной жизни), которую дух даст вкушать «побеждающему» (Апок. 2, 17).

Агадическая традиция дополняет предание о М. множеством легенд. Так, М. относится к тем десяти предметам, которые были сотворены в сумерки первой пятницы. М. падало столько, что ею можно было прокормить весь еврейский стан в течение двух тысяч лет, вместе с нею с неба падали драгоценные камни, яркий её блеск был виден всем царям востока и запада. Праведники получали М. у своих же шатров, нетвёрдым в вере приходилось собирать её подальше, а люди дурные находили её далеко за лагерем; согласно другому варианту, прилежные собирали М. в поле, возле своих шатров её находили менее трудолюбивые, а лентяям она падала прямо в постели.

Предание о М. восходит, видимо, к продукту жизнедеятельности особых насекомых, живущих на ветвях произрастающего в Синайской пустыне дикого тамариска. Вещество это по сей день собирается и употребляется в пищу под именем «манны небесной» синайскими бедуинами.
М. Б. Мейлах.

МАНО́И, Ла́нг, Куу́нг («вода»), в мифологии семангов первоначальное женское существо. М.— создательница мира. Иногда она изображается черепахой. Среди мирового океана с помощью своих внуков М. водрузила ветвь дерева рамбутана на спину подводного зверя. Земля появилась около дерева позднее, принесённая навозным жуком. В стадиально поздних вариантах мифа М. становится женой *Та Педна*, который путешествовал со своим братом по образовавшейся земле.
Я. Ч.

МАНТО́, в греческой мифологии дочь слепого фиванского прорицателя *Тиресия*, его поводырь, сообщавшая ему о различных приметах. М. сама обладала пророческими способностями и после смерти отца и взятия Фив *эпигонами* была отправлена ими в Дельфы, где получила указание оракула переселиться в Малую Азию и основать там город Кларос. Сыном М. был прорицатель *Мопс*, соперничавший с *Калхантом* (Paus. VII 3, 1—2; Apollod. epit. VI, 3—4).
В. Я.

МАНТУ́ЛИ, Ла́ки халлу́ («длинная коса»), у лакцев мифологический персонаж, добрый горный дух в облике девушки с длинными золотистыми волосами; живёт в пещере. М. помогает женщинам в их домашней работе, но об этом никто не должен знать. Согласно одному мифу, женщина, разболтавшая о помощи М., была жестоко наказана (разрушен её дом, умерли дети и, в конце концов, она сама).
X. X.

МА́НУ («человек»), в древнеиндийской мифологии первопредок, прародитель людей. В ведах М.— сын *Вивасвата* (солярного божества) и брат *Ямы*; в то время как Яма — первый человек, который умер, и царь предков, М.— первый человек, живший на земле, и царь людей (РВ VIII 52; AB VIII, 10; Шат.-бр. XIII 4, 3). Пураны и эпос насчитывают уже 14 М.: семь бывших и семь будущих. От каждого из них ведёт своё начало человечество в соответствующий мировой период — манвантару («период М.»), охватывающий 71 махаюгу, или 306720000 человеческих лет (см. в ст. *Юга*). Первый из 14 М.— М. Сваямбхува, сын Сваямбху («самосущего» (*Брахмы*) и его жены Шатарупы (по другой версии мифа, Сваямбху разделился на мужскую и женскую половины, от их союза родился *Вирадж*, а от Вираджа — М. Сваямбхува). М. Сваямбхува, царствовавший в эпоху критаюги, сотворил семь *Праджапати*, или великих *риши*. Из остальных 13 М. наиболее известны: М. Реванта («сверкающий»), сын Вивасвата и *Саранью* в её ипостаси кобылы (матери *Ашвинов*) — пятый М.; М. Чакшуша («различимый глазом»), сын *Тваштара* — шестой М.; М. Вайвасвата, сын Вивасвата и Саранью в её божественном облике, прародитель живущих в настоящее время людей — седьмой М.; М. Саварни, сын тени Саранью — Саварны — восьмой и первый из будущих М. С седьмым М., Вайвасватой, связана древнеиндийская легенда о потопе, сходная с соответствующими шумерским, семитским и греческим мифами. Впервые легенда изложена в «Шатапатха-брахмане» (Шат.-бр. I 8, 1): однажды во время ритуального омовения в руки М. попала маленькая рыба. Рыба попросила М. вырастить её, обещая, что спасёт его от грядущего потопа. Когда она превратилась в большую рыбу, М. отпустил её в море и снарядил по её совету ко-

рабль. Вскоре начался потоп; М. привязал корабль к рогу приплывшей рыбы, и она провела его к одиноко возвышавшейся над водами северной горе. Через некоторое время потоп схлынул, унеся с собой всё живое, и М. остался на земле один. Он принёс богам жертву, и из этой жертвы поднялась девушка — Ила (Ида). Ила стала его женой, и от неё он имел потомство — создал человеческий род, который и зовётся «родом Ману» (на санскрите «человек» — мануджа или манушья; букв. «рождённый Ману»). В «Махабхарате» (III 185) рыба, спасшая М., — воплощение Брахмы, а на корабле вместе с М. находятся ещё семь риши. По другой версии мифа, рыба — аватара *Вишну* и спасает она не одного М., а множество живых существ и семена разнообразных растений.
П. Г.

МА́НЫ, в римской мифологии боги загробного мира (Serv. Verg. Aen. I 143; III 63), затем обожествлённые духи предков. В честь М. в дни поминовения приносились жертвы: в Каристии, когда за трапезой собиралась вся родня и якобы присутствовали умершие родственники, на могилы приносили угощения; сами могилы украшались цветами; в паренталии открывался обычно закрытый «камнем М.» (lapis manalis) вход в подземелье — мундус, считавшийся входом в мир мёртвых (Ovid. Fast. IV 821 след.). М., в отличие от *лемуров*, назывались добрыми богами, но и они вызывали опасения; с ними была связана страшная подземная богиня Мания, насылавшая безумие, иногда отождествлявшаяся с матерью ларов, так же как впоследствии сами М., интерпретировавшиеся как души умерших, сливались с *ларами* и *гениями*. М. считались также хранителями гробниц. С конца республики вошло в обычай начинать эпитафии с посвящения М. с просьбой даровать покойному загробное блаженство за добродетельную жизнь.
Е. Ш.

МАНЬЮ́, в ведийской мифологии божество гнева, персонифицированный гнев (прежде всего *Индры*, ср. РВ X 83, 84). М. называют убийцей *Вритры* и *Дасью*, убийцей врагов, носителем *ваджры*, ваджрой Индры и т. п. Он — вождь войска, друг *марутов*, приносит добычу и защищает своих почитателей, связан с тапасом — «жаром». Иногда М. отождествляется с *Рудрой* (слёзы *Праджапати* упали на М., и тот превратился в Рудру, «Шатапатха-Брахмана»). Ср. авест. «майньюш», «дух», «душмайнью», «враг».
В. Т.

МАПО́НОС (лат.), в кельтской мифологии бог. Посвящения ему засвидетельствованы в Галлии и на севере Британии, где он отождествлён с Аполлоном. Мать М. — Матрона (богиня-мать) считалась покровительницей реки Марны. В валлийской традиции отцом М. называется Мелт («молния»), он известен как Мабон сын Модрона и включается в окружение легендарного короля *Артура*. История его похищения на третий день после рождения, таинственного заключения в Каер Лои (потусторонний мир) и освобождения Кеем и Бедуйром перешла вместе с именем М. (Mabuz, Mabenagrain) в континентальные повествования артуровского цикла. В ирландской традиции М. соответствует Мак Ок, сын бога *Дагда* и Боанд, превратившейся в реку.
С. Ш.

МА́РА («убивающий», «уничтожающий»), в буддийской мифологии божество, персонифицирующее зло и всё то, что приводит к смерти живые существа. Главной функцией М. считается создание препятствий *бодхисатвам*, стремящимся к просветлению. М. подчинено огромное количество злых божеств, которые составляют десять разрядов, представляющих негативные эмоции человека (желание, ненависть, сомнение и т. д.). М. имеет дочерей, воплощающих сексуальные страсти. Излюбленной темой многих буддийских легенд является искушение *Шакьямуни* Марой.
Л. М.

МА́РА, мару́ха, мо́ра, кики́мора, в славянской мифологии злой дух, первоначально, как и *Марена*, воплощение смерти, мора. Позднее М. отчасти утратила связь со смертью, но сохранила (в польских сказках и др.) свой вредный для человека характер, способность к оборотничеству и т. п. Белорус. мара — название нечисти, Мара — имя чучела, которое сжигают на костре в ночь на Ивана Купалу (см. *Купала*). Поэтому Марью в купальских песнях-легендах можно считать дальнейшей трансформацией образа М. и *Мокоши*.
В. И., В. Т.

МА́РА, в низшей мифологии народов Европы злой дух, воплощение ночного кошмара (отсюда франц. cauchemar, «кошмар», англ. nightmare). Садится ночью на грудь спящего и вызывает удушье. М. ассоциировались в средние века с *инкубами* и суккубами; считалось также, что кошмары насылали ведьмы или дьявол. Образ М. имеет индоевропейские истоки — ср. славянскую *Мару* и т. п.
М. Ю.

МАРА́Ф И ЭХЕДЕ́М, в греческой мифологии братья из Аркадии, помогавшие *Диоскурам* вернуть похищенную Тесеем их сестру *Елену*. Во исполнение пророчества М. добровольно принёс себя в жертву перед битвой и этим обеспечил победу Диоскурам. С тех пор имя М. носит местечко Марафон, а Э. — Академия, которая прежде называлась Экедемией (Plut. Thes. 32; Steph. Byz.); другой вариант см. в ст. *Академ*.
Г. Г.

МАРГИ́Т, персонаж приписываемого Гомеру сатирического эпоса (Suida, Hesych.). М. — уверенный в своём умственном превосходстве дурак, которому «многознание — во зло».
Г. Г.

МАРДАГА́ЙЛ («человек-волк»), в армянской низшей мифологии человек-оборотень (обычно женщина-оборотень), обладающий способностью превращаться в волка. Согласно поверьям, бог, желая наказать какую-нибудь женщину, заставляет её отведать предназначенную М. пищу (которая сыплется с неба, подобно граду). После этого с неба на неё падает волчья шкура и женщина становится М., бродит ночью вместе с волками, пожирает трупы, похищает детей и раздирает их. Днём М. снимает с себя шкуру, прячет её подальше и принимает женский облик. По прошествии семи лет волчья шкура возвращается в небо, и М. снова становится обычной женщиной. С М. связывалось происхождение Млечного пути: когда М. пыталась сожрать пришедшего к ней гостя, он её ударил кинжалом в грудь; молоко из груди разбрызгивалось по небу.
С. Б. А.

МАРДУ́К [аккад., возможно, от шумер. Амар-Уту(к), «телёнок *Уту*»; иногда имя этимологизируется как Мар-Дуку, «сын *Дуку*»], центральное божество вавилонского пантеона, главный бог города Вавилон. Первые письменные сведения об этом божестве восходят примерно к середине 3-го тыс. до н. э., как бог-покровитель Вавилона упоминается уже во время III династии Ура (22 в. до н. э.). Центральным божеством становится с возвышением Вавилонии во время I Вавилонской династии (19—16 вв. до н. э.), в связи с чем приобретает черты и эпитеты других божеств, в основном шумерских. Уже в прологе кодекса Хаммурапи М., первородному сыну Эйи (*Энки*), Ану (*Ан*) и *Энлиль* передают господство («энлильство») над людьми и возвышают над всеми *игигами*. Видимо, в это же время М. идентифицируется с шумерским *Асаллухи*. Среди многочисленных заимствованных эпитетов и качеств М. преобладают связанные с Энки и Асаллухи: подчёркиваются мудрость М., искусство врачевания, заклинательные силы. М. получает также функции водного божества и божества растительности. От бога Шамаша (*Уту*), чьим братом он иногда называется, к М. переходит титул «судья богов». Ко 2—1-му тыс. до н. э. М. сливается с Энлилем в единый образ «владыка» (*Бел*). Основные эпитеты М. — «владыка богов», «отец богов», с касситского периода (16—13 вв. до н. э.) — Бел. Супруга М. — *Царпаниту*, сын — *Набу*.

Наиболее последовательно возвышение М. проводится в аккадской космогонической поэме «Энума элиш», конечная цель создания которой — обосновать и утвердить право М. на господство над всеми древними богами и над вселенной, для чего М. получает шумерскую генеалогию и становится героем — победителем древних космических сил. Согласно поэме, М. был зачат Эйей в жилище «Апсу», возведённом Эйя над убитым им Апсу (см. *Абзу*); мать М.— богиня Дамкина (*Дамгальнуна*). М. описывается как «ребёнок-солнце», божественное дитя, во всём превосходящее предшествующие поколения богов. Когда *Тиамат*, супруга Апсу, намеревается отомстить богам за убийство мужа, всех богов охватывает страх; один М. согласен сразиться с войском Тиамат, но требует, чтобы его ввели в совет богов и сделали верховным божеством. Устраивается пиршество, на котором М. демонстрирует могущество своего «слова»: по его приказанию исчезает и вновь появляется звезда (в прежних толкованиях — одеяние). Боги, потрясённые могуществом М., избирают его своим главой и благословляют на битву. М. вооружается луком, дубинкой, сетью и в сопровождении четырёх небесных ветров и семи бурь, созданных им против одиннадцати чудовищ войска Тиамат, вступает в сражение. Он вгоняет в разинутую пасть Тиамат «злой ветер», так что та не может закрыть рот, поражает её стрелой, расправляется с её свитой, отнимает у убитого им *Кингу* таблицы судеб (см. в ст. *Ме*). Далее М. творит мир. Он рассекает тело Тиамат на две части, из нижней делает землю, из верхней небо (запирая его на засов и приставляя стражу, чтобы вода не могла просочиться вниз на землю). Богам Ану, Энлилю и Эйя М. определяет их владения, а небесным светилам — их пути, разделяет 600 богов на 300 верхних, небесных и 300 нижних, подземных. Смешав глину с кровью Кингу, создаёт вместе с Эйей людей. Благодарные боги строят М. «небесный Вавилон» с храмом Эсагила, провозглашают пятьдесят имён М. (в числе которых — «господин стран», титул Энлиля), передающих ему власть практически всех главных богов аккадского пантеона. М. является активным участником мифа об Эрре, который обманным путём отбирает у него власть и чинит страшные разрушения и убийства (изложение мифа см. в ст. *Эрра*).

С 14 в. до н. э. культ М. распространяется в Ассирии, но там ему противостоит местное божество *Ашшур*, нередко с М. идентифицирующееся и заменяющее его. Известны гимны и молитвы к М., а также стихотворное произведение времени царя Синаххериба (705—680 до н. э.).

Символы М.— секировидный топор, дракон *Мушхуш*. В тексте новоассирийского времени с частями тела М. сравниваются разные звери, растения и металлы, возможно, они играли определённую роль в его культе: «его главные внутренности — львы, его малые внутренности — собаки, его спинной хребет — кедр, его пальцы — тростник, его череп — серебро, излияние его семени — золото».

В. К. Афанасьева.

МАРЕ́НА, Мара́на, Море́на, Маржа́на, Маржёна, в славянской мифологии богиня, связанная (по первоначальному этимологическому сходству или по вторичному звуковому уподоблению) с воплощениями смерти (см. *Мара*), с сезонными ритуалами умирания и воскресения природы, а также с ритуалами вызывания дождя. В весенних обрядах западных славян М. называлось соломенное чучело — воплощение смерти (мора) и зимы, которое топили (разрывали, сжигали — ср. *Купалу*, *Кострому* и т. п.), что призвано было обеспечить урожай. В западнославянской мифологии известны сезонное божество Маржана, отождествляемое польским хронистом 15 в. Я. Длугошем с римской *Церерой*; Морана, отождествляемая в глоссах из «Mater verborum» с *Гекатой*, чеш. Mařena (по описаниям ритуалов 14 в.), словац. Morena, Muriena, Ma(r)muriena (в вост.-слав. традиции ср. укр. М.— соломенное чучело, рус. былинную ведьму Маринку и др. персонажи с фонетически сходными именами). Словацкие формы с удвоением Ma(r)muriena делают возможным лингвистическое сопоставление с древнейшими италийскими формами *Марса*, первоначально имевшего аграрные функции,— др.-лат. Marmor, оскское Mamers и т. п.; ср. римский обычай изгнания старого Марса (Mamurius Veturius) 14 марта. *В. И., В. Т.*

МА́РИКА, в римской мифологии богиня или нимфа, почитавшаяся у реки Лирис в районе Минтурн в посвящённой ей роще. Жена *Фавна*, мать *Латина*, отождествлявшаяся с Венерой (Serv. Verg. Aen. VII 47). *Е. Ш.*

МА́РИКА, в италийской мифологии богиня вод, почитавшаяся в священной роще и храме в долине Лириса около Минтурн. Соответствует римским богиням Деа Диа и Венере (Serv. Verg. Aen. VII 57). Существует версия, что М. посмертное имя *Кирки* (Serv. Verg. Aen. XII 264). *А. Н.*

МА́РИС, в этрусской мифологии божество, покровитель наступающего года. На одном из этрусских зеркал изображён младенцем, выходящим из пифоса, с тремя буллами на шее (очевидно, символизирующими три возраста). В пересказе этрусской легенды римским автором К. Элианом (кон. 2—3 вв.) М. (Мар) — получеловек-полуконь, проживший 123 года и дважды возвращавшийся к жизни. *А. Н.*

МА́РИЧИ («мерцающий огонёк», «луч света»), в древнеиндийской мифологии первый из десяти мудрецов *Праджапати*, праотцев человеческого рода; один из семи *риши*, вождь *марутов*. М.— старший сын *Брахмы* (из его души или плеча), или Сваямбху, или *Ману* Хайраньягарбха. Он же отец *Кашьяпы*. По другой версии, Кашьяпа — эманация М. (духа Брахмы — Праджапати). Именем М. у индийцев называется звезда η из созвездия Большой Медведицы. *В. Т.*

МАРИ́Я, Мариа́м, де́ва Мари́я, богоро́дица, богома́терь, ма́терь бо́жья, мадо́нна (итал. madonna, сокращённое от mia donna, «моя госпожа»; ср. франц. Notre Dame, англ. Our Lady), в христианских религиозно-мифологических представлениях земная мать *Иисуса Христа*, иудейская девственница, чудесно родившая без разрушения своей девственности. Этимология имени «М.» неясна (возможно, от корня MRH, «быть тучным», в переосмыслении — «сильная», «прекрасная»; ср. корень MRR, «быть горьким»).

О происхождении и детстве М. каноническое евангельское повествование (в котором вообще сведения о М. чрезвычайно скудны) не говорит ничего; источником данных, воспринятых литургической, иконографической и фольклорной традицией, явилось раннехристианское предание, около 200 зафиксированное в апокрифе «Книга о рождестве Марии» (позднее получившем название «Первоевангелие Иакова Младшего»), а затем — во множестве агиографических, гомилетических (проповеди) и гимнографических текстов, восходящих к этому первоисточнику. Согласно этой традиции, М. происходит из мессианского «колена» *Иуды* (смешивавшегося, как иногда добавлялось, со священническим «коленом» Левия), из царского рода *Давида*; её родители — праведники *Иоаким* и *Анна*, дожившие до пожилого возраста бездетными. Нежданное рождение М. как бы повторяет чудо рождения её предка *Исаака* от престарелых Авраама и Сарры. Предание говорит о воспитании М. в обстановке особой ритуальной чистоты, о первых шагах младенца по седьмому месяцу (тема византийской иконографии), наконец, о «введении во храм»; с трёх лёт М. воспитывается при иерусалимском храме, служа его святыням, занимаясь рукоделием и получая пищу из рук ангелов. К 12 годам она даёт обет вечного девства. Однако совершеннолетняя девственница не может оставаться при храме, и для неё ищут супруга, который охранял бы её, не прикасаясь к ней и уважая её обет; по чудесному знамению (голубица, вылетающая из посоха; ср. расцветающий жезл *Аарона*, Чис. 17, 8) из нескольких претендентов выбран престарелый *Иосиф* Обручник. В его доме М. работает над пурпурной пряжей для храмовой завесы (символ предстоящего «прядения» младенческого тела Иисуса Христа из «пурпура» материнской крови в утробе М.). Работа над пряжей ещё продолжается, когда происходит *благовещение* (с этого пункта события описываются в каноническом евангельском повествовании, лишь детализируемом и расцвечиваемом апокрифической версией): в галилейском городке Назарете (Северная Палестина) М. слышит от архангела *Гавриила*, что ей предстоит родить от *духа святого* сына, облечённого достоинством *мессии*; ей обещано чудо девственного материнства (Лук. 1, 26—38). Ожидая младенца, она направляется в дом *Захарии и Елисаветы*, своей родственницы, которая в это время уже 6-й месяц ожидает рождения *Иоанна Крестителя*. В гостях у Елисаветы М. остаётся около трёх месяцев, после чего возвращается в дом Иосифа (1, 56). Как только её беременность становится явной, огорчённый Иосиф лишь из жалости не хочет опозорить её публичным обвинением, но слова явившегося Иосифу ангела убеждают его в невиновности его «обручницы» (Матф. 1, 18—24). По апокрифической версии, нашедшей отражение в средневековой (особенно византийской) иконографии, М. была всенародно подвергнута испытанию таинственной «горькой водой, наводящей проклятие» на неверных жён, как это рекомендуется в Библии (Чис. 5, 11—31) и описывается в талмудическом трактате «Сота»; архаическая ордалия подтвердила её целомудрие. По провиденциальному стечению обстоятельств М. суждено родить Иисуса Христа в мессианском городке Вифлееме, на исконной родине Давидовой династии. Для бедной, усталой с пути роженицы нет места в гостинице (Лук. 2, 7), и случайный приют даёт ей чужой хлев, в ясли которого она укладывает новорождённого. Через 40 дней после родов М. должна совершить обряд ритуального очищения и принести младенца в храм; там её встречает Симеон Богоприимец, пророчествующий, между прочим, и о предстоящих страданиях М.: «и тебе самой оружие пройдёт душу» (Лук. 2, 35); отсюда позднекатолическая по своему происхождению иконография М., сердце которой пронзено мечом или семью мечами). Затем М., спасая от царя Ирода младенца, бежит с ним и с Иосифом в Египет, а после смерти Ирода возвращается в Назарет (Матф. 2, 21—23). Далее евангельские канонические тексты отмечают участие М. в паломничестве на праздник в Иерусалим, во время которого двенадцатилетний Иисус исчезает, так что М. и Иосифу приходится искать его (Лук. 2, 42—49), и её присутствие на свадьбе в Кане Галилейской, где по просьбе М. Христом сотворено чудо претворения воды в вино (Ио. 2, 1—10); с точки зрения православной и католической традиции, чудо это открыло бесконечный ряд милостей, из века в век оказываемых Христом по молитвам М., «ходатаицы», «молебницы» и «заступницы» за людей во всех их нуждах. Отношения между матерью и сыном описываются в тонах сурового, строгого отречения сына от природной любви матери во имя исполнения его миссии. Православная и особенно католическая традиция предполагает физическое или духовное присутствие М. при важнейших моментах страданий сына (напр., встреча с ним во время несения им креста, вычитываемая из Лук. 23, 27, играет важную роль в католической практике и иконографии «крестного пути»). Но евангельские тексты говорят только о присутствии М. на Голгофе: она стояла «при кресте Иисуса»; умирая, сын велит матери усыновить своего «любимого ученика» (Ио. 19, 25—27), которого церковное предание отождествляет с *Иоанном Богословом*. Православная и католическая традиция принимает, что по *воскресении* Христа прежде всего явился М. (хотя новозаветные тексты молчат об этом), а из отмечаемого каноническим повествованием пребывания М. среди апостольской общины в дни после *вознесения* Христа (Деян. 1, 14) выводит её присутствие как при самом вознесении, так и при «сошествии святого духа» на апостолов (здесь иконография отводит ей центральное место). Последние годы М. описываются только в апокрифах и агиографических текстах. По некоторым православным преданиям, М. участвовала в распределении между апостолами по жребию земель, куда они должны были направляться для проповеди; ей выпала по жребию Иверия (Грузия), с которой она оказалась впоследствии мистически связанной через свою «иверскую» икону, однако ангел указал ей вместо этого путь на Афон (которому предстояло стать мировым центром православного монашества, местом особого посвящения М.). По другой, более распространённой версии, она тихо жила в доме Иоанна Богослова, деля время между молитвами и трудами рукоделия, и посещала места, имеющие отношение к истории жизни Христа. События, связанные со смертью М. (успение), символически как бы повторяют важнейшие смысловые моменты её жизни: возвещение от архангела Гавриила о близкой смерти — новое благовещение, приятие в «небесную славу» (лат. assumptio) — новое «введение во храм». Как некогда М. держала на руках младенца Христа, так Христос в византийско-русской и отчасти западной (Дуччо) иконографии успения принимает на свои руки маленькую и хрупкую душу М.— младенца, родившегося в новую жизнь. За успением, т. е. разлучением души М. с телом, следует их чудесное воссоединение и уход воскресшего тела в потусторонний мир: апостолы, раскрывши гробницу для запоздавшего Фомы, обрели её пустой. Это представление о телесном вознесении М. на небо, восходящее к раннехристианским апокрифам, догматически сформулировано только в католицизме, и притом очень поздно (1950). Момент торжественного увенчания М. как «царицы небесной» характерен лишь для западной традиции; в 1964 католическая церковь объявила М. «матерью церкви».

Хотя представляется, что жизнь М. началась, как и у всех людей,— с её рождения (догматическая доктрина о «предсуществовании», аналогичная представлению о «предвечной» жизни Иисуса Христа в ипостаси Логоса, к М. неприложима), идеи «предвечного замысла» бога о рождении М., провиденциального «уготовления» её непорочности «от начала мира» и т. п. играют важную роль в символической образности и иконографии православия и католичества. Эти идеи раскрываются, в частности, через переосмысленную символику Ветхого завета: такие ветхозаветные образы, как *неопалимая купина*, лестница Иакова (Быт. 28, 12), чудесно орошённое руно *Гедеона* (Суд. 6, 37—38), понимаются как символы её девства, чуда девства, не нарушенного родами, и человеческой природы, не разрушенной присутствием бога, «огня поядающего» — Втор. 4, 24 и др.). Кульминацией всех «знамений» Ветхого завета о М. считаются слова пророка Исаии: «Господь сам даст вам знамение: се, дева во чреве зачнёт и родит сына, и нарекут имя ему: «С-нами-бог» (Ис. 7, 14), — отсюда иконография М., окружённой указующими на неё ветхозаветными пророками. Представление об особой «уготованности» М., её «очищенности» от «чрева матери», намеченное уже у сирийского церковного писателя 4 в. Афрема (Ефрема Сирина), в католицизме претворилось в особый догмат (окончательно принятый лишь в 1854) о «непорочном зачатии» самой М. в браке её родителей (а не только «девственном зачатии» ею Иисуса Христа, что является общехристианской догмой), т. е. о её полной изъятости из общечеловеческой наследственной греховности (см. *Грехопадение*), в этом смысле М.— как бы невинная Ева, пришедшая исправить дело «падшей» Евы; в ней снимается проклятие, постигшее за вину человека мир природы («землю», Быт, 3, 17—18), а потому с ней соотнесено вовлечение природной жизни и космических циклов в сферу христианской святости (православное песнопение называет её «всех стихий земных и небесных освящение», «всех времён года благословение»). Неортодоксальное заострение этого ортодоксального мотива в художественной литературе — слова персонажа Достоевского: «богородица — великая мать сыра земля есть»; ср. также характерную для западноевропейской иконографии позднего средневековья и Возрождения тему «мадонны смирения», сидящей на земле среди цветов, «М. на земляничной грядке» и т. п. В фольклоре эти аспекты образа М. контаминировались с пережитками натуралистического язычества, указующими на связь М. с мифологическими образами богини земли, природы, богини-матери; но их смысл в контексте христианских религиозно-доктринальных представлений уже иной, поскольку М. здесь не олицетворение природы как таковой, но «начаток», прообраз, первое явление преображённой, райской природы.

В легенде о Теофиле, восходящей к ранневизантийской среде, но особенно популярной во Франции 13 в. (горельефы тимпана Нотр-Дам в Париже, драматическое «Действо о Теофиле» поэта Рютбёфа), герой, состоящий на службе у епископа, устав от тягот жизни, продаёт свою душу дьяволу и быстро делает карьеру, однако раскаивается и обращается за помощью к М., которая отбирает у дьявола расписку Теофила. Здесь выступают два характерных мотива: М. как «прибежище грешников» и «взыскание погибших» (обозначения соответственно в католической и православной традиции), т. е. всепрощающая мать, к которой может обратиться самый безнадёжный грешник; М. как защитница христианина, своими руками отгоняющая от него дьявола (ср. картину Дж. да Монтерубиано, 1506, на которой М. грозит палицей бесу, пытающемуся вырвать из-под её покрова вверенного ей отрока). В византийском апокрифе «Хождение богородицы по мукам», получившем распространение и на Руси, М. испрашивает даже для окончательно осуждённых грешников в аду некоторое облегчение их участи. Целый ряд западных легенд повествует о пропащих людях, которых спасает только верно соблюдаемая среди блудной или воровской жизни привычка каждый день молиться «Ave Maria» (вор остаётся живым, провисев два дня на виселице, и может уйти в монастырь замаливать грехи, даже у отлучённого от церкви беспутного школяра после смерти на губах расцветает роза; в православной легенде о чудотворной иконе «Нечаянная радость» М. спасает душу молившегося ей каждодневно грешника, обратив его укоризной к покаянию). Жонглеру, представителю осуждённой церковью профессии, пытавшемуся угодить М. фокусами и уже после своего вступления в монастырь, М. милосердно отирает пот с лица. В своей материнской жалости она готова покрыть перед людьми вину падшей монахини (мотив, использованный М. Метерлинком в драме «Сестра Беатриса»). Западная куртуазная поэзия позднего средневековья подчёркивает в М. черты Прекрасной Дамы, вызывающей восторженный рыцарский энтузиазм (эта линия, с ещё большей дерзновенностью продолженная в культуре барокко, нашла отклик в стихотворении А. С. Пушкина «Жил на свете рыцарь бедный»: «Полон верой и любовью, /Верен набожной мечте,/ Ave, mater Dei кровью /Написал он на щите»); напротив, культура допетровской Руси и русский фольклор знают М. или как властную царицу, или как жалеющую мать. Однако и западная, и русская поэтическая традиция едина в отношении к М. как «тёплой заступнице мира холодного» (М. Ю. Лермонтов).

Истоки иконографии М. восходят к искусству римских катакомб (фрески Киметерия Присциллы, 3 в.— пророк Валаам перед М., кормящей младенца грудью, поклонение волхвов и др.), ещё продолжающем античный подход к предмету: черты аскетизма отсутствуют, подчёркнута сила и значительность материнского тела и энергия огромных чёрных глаз. Новый, более строгий образ М. даёт ранневизантийская мозаика 6 в. в Сант-Аполлинаре Нуово; М., одетая в пурпур, как императрица, с покрытой головой, как монахиня, на престоле, в торжественной фронтальной позе, в окружении четырёх ангелов, одетых, как константинопольские придворные, принимает поклонение волхвов, держа на руках благословляющего младенца. Царские и монашеские черты византийского образа М. собираются воедино в идеале выдержки, сдержанности, самообладания. Порой М. предстаёт как образ несокрушимой, почти воинской мощи в заступничестве за людей (мозаика в конхе центральной апсиды Софии Киевской, т. н. «Нерушимая стена», 11 в.). Наряду с этим византийское искусство всё последовательнее акцентирует одухотворённость лика и фигуры М., их тонкость и нежную хрупкость, особенно в иконографическом типе «Умиления» (М., склонённая к младенцу, прижавшемуся щекой к её щеке); самый замечательный пример этого типа — «Владимирская богоматерь» (1-я половина 12 в.), попавшая на Русь и оказавшая решающее влияние на разработку этого типа в русской иконописи. Другой византийско-русский иконографический тип — «Одигитрия» (греч. «Путеводительница»), где акцент перенесён на строгость духовной дисциплины, сдержанность, рассудительность. Голова М. всегда закрыта платом (мафорием), на котором сияют три звезды (на лбу и на плечах) как знак троякого девства М.— до рождения, в рождении и по рождении. Искусство западного средневековья проходит путь от властности и силы преромансских и романских изображений М. с их строжайшей стилизацией («Мадонна епископа Имада» в Падерборнском музее, середина 11 в.; фреска в апсиде церкви Сан-Клементе де Тауль в Каталонии, нач. 12 в.) к трепетной одухотворённости готической трактовки этого образа (скульптуры Реймсского собора, особенно «Посещение М. Елисаветы», 13 в., находящей позднее отголосок у С. Боттичелли («Магнификат», 1482—83). Ренессанс в Италии наделяет М. чертами античного стоического идеала невозмужимости (А. Мантенья, «Сретение»), на севере Европы — вводит в бытовую обстановку состоятельного бюргерства (Ян ван Эйк, Р. Ван дер Вейден и др. нидерландцы 15 в.; на картине Г. Давида М. кормит младенца с ложечки). Снижение образа М. у А. Дюрера, элиминирование всех аскетических и аристократических черт (серия гравюр «Жизнь Марии»), перенесение этого образа в сферу фольклорной сказочности у Л. Кранаха Старшего и А. Альтдорфера — симптом нового, протестантского отношения к М. В католической Италии Рафаэль создаёт тип мадонны, основанный на строго отмеренном равновесии земной красоты и величавого целомудрия, уюта и парадности, античного и христианского моментов («Мадонна в зелени», «Мадонна в кресле», «Сикстинская мадонна»); так была дана норма, жившая в классицизме 17 в. (например, у Н. Пуссена) и окончательно исчерпанная лишь к 19 в. (Д. Энгр, «М. перед св. дарами»). П. П. Рубенс нарушает равновесие и даёт перевес чувственности, а А. Корреджо — плебейскому вкусу к натуралистической детали. В Испании Б. Мурильо удаётся ценой несколько приторной миловидности ответить на запросы очень широких кругов и дать такой образ М., который был бы одновременно детски невинным и матерински доступным, притом без малейшего конфликта с барочной парадностью. Новые течения в искусстве 19—20 вв. дали чувственно экзальтированную М. английских «прерафаэлитов» (Д. Г. Россетти, «Благовещение»), экзотическую таитянскую М. Гогена, суровый и нежный символ надличных сил материнства, заставляющий вспомнить тяжеловесность романских мадонн, у Г. Мура («М. с младенцем»). Секуляризированное преобразование мотивов, связанных с иконографией М., заметно в творчестве К. С. Петрова-Водкина («Умиление злых сердец», «1918 год в Петрограде». *С. С. Аверинцев.*

МАРИЯ ЕГИПЕТСКАЯ, в христианских преданиях раскаявшаяся блудница, образ которой подвергался в популярной агиографии и фольклоре мифологизирующей стилизации. Предполагаемое время жизни — 5 в. По наиболее ранней версии, в 12 лет ушла от родителей из египетской деревни в Александрию, где 17 лет жила как блудница, сходясь со своими любовниками как за плату, так и добровольно. Заметив толпу паломников, направляющихся в Иерусалим на праздник воздвижения креста, она с нечистыми намерениями присоединяется к ним, платит своим телом корабельщикам за провоз, а затем продолжает блуд и в самом Иерусалиме. Когда наступает праздник и она пытается вместе со всеми войти в церковь, невидимая сила «трижды и четырежды» не впускает её. Вразумлённая таким наказанием, она даёт обет впредь жить в чистоте и просит икону девы Марии быть её поручительницей, после чего беспрепятственно входит и поклоняется кресту, на котором был распят Иисус Христос. Попросив деву Марию и впредь вести её, М. Е. слышит чей-то голос: «перейди Иордан и обретёшь блаженный покой», — и принимает его как поданный ей знак. Она покупает на милостыню три хлеба и с ними идёт в заиорданскую пустыню. Первые 17 лет её преследуют влекущие воспоминания о прежней жизни, о вине и разгульных песнях; затем все соблазны внезапно отступают, и для отшельницы наступает «великая тишина». Между тем сношенный гиматий распадается; М. Е. мучат летний жар и зимний холод, от которых ей нечем прикрыть своё нагое тело. Она кормится жёсткими травами пустыни, а позднее, по-видимому, вообще перестаёт нуждаться в пище. В полном уединении, не имея книг и притом не владея грамотой, она приобретает чудесное знание священных текстов. Стоя на молитве, она поднимается в воздух и повисает в невесомости примерно на полметра от земли (т. н. левитация). В течение 47 лет она не встречает ни человека, ни зверя; затем её видит монах и священник Зосима, который подаёт ей половину своего гиматия покрыть наготу, оказывается свидетелем чудес и выслушивает историю её жизни. При расставании она просит Зосиму через год на страстной четверг прийти на берег Иордана со святыми дарами; на его глазах переходит она реку «немокренно», причащается из его рук и возвращается снова посуху. Ещё через год Зосима находит её тело и погребает его с помощью вышедшего из пустыни льва.

Легенда о М. Е. стоит в ряду многочисленных популярных в средние века рассказов о покаявшихся блудницах и грешницах (*Мария Магдалина*, Пелагия, Таисия и др.). На Западе отдельные мотивы этой легенды (молитвенная левитация, нагота в пустыне) иногда переносились в легенду о Марии Магдалине.

С. С. Аверинцев.

МАРИ́Я МАГДАЛИ́НА (т. е. уроженка города Мигдал-Эль, ср. евр. migdāl, арам. magdalā, «башня»), в христианских преданиях женщина из Галилеи, последовательница Иисуса Христа; одна из мироносиц. Согласно евангельскому повествованию, была исцелена Иисусом Христом от одержимости семью бесами (Лук. 8, 2). После этого она следовала за Христом, служила ему, делясь своим достоянием (Мк. 15, 40—41, Лук. 8, 3), присутствовала на Голгофе при его кончине (Матф. 27, 56 и др.) и была свидетельницей его погребения (Матф. 27, 61 и др.). После того как минул субботний запрет на дела и передвижения, она с другими мироносицами пошла к могиле Христа, нашла её пустой и была извещена ангелом о воскресении Христа (Мк. 16, 1—8). Когда М. М. увидела своего воскресшего учителя, она не узнала его, приняв за садовника; после мгновенного узнавания и порывистого устремления к нему её остановили его слова: «Не прикасайся ко мне»; на неё была возложена миссия — возвестить о воскресении апостолам (Ио. 20, 14—18).

Византийская литература свидетельствует о прибытии М. М. в Эфес к *Иоанну Богослову*, об участии её в его апостольских трудах, о смерти от недуга, погребении и перенесении останков в 9—10 вв. в константинопольский монастырь святого Лазаря. Однако в западной традиции М. М. отождествляется с Марией, сестрой Марфы и *Лазаря* Четверодневного, принимавшей Христа в Вифании, а также с грешницей, в доме у некоего Симона возлившей на голову Христа миро, омывшей его ноги своими слезами и отёршей их своими волосами (Мк. 14, 3—9; Лук. 7, 37—50). Так М. М. становится образом кающейся блудницы. В то же время «башня» (буквальное значение топонима Мигдал) понимается как рыцарский замок и всё семейство принимает феодальные черты. В легенде сообщаются апокрифические подробности: имена родителей М. М. (Сир и Евхария) и др. Иногда рассказывается, что М. М. была невестой Иоанна Богослова, отвергшего брак с ней из любви к девственности и ради полного служения Христу. Особенно много повествуется о её проповеднической деятельности (в связи с которой она и в православной традиции получает прозвище «равноапостольной»). По западным преданиям, она вместе со святыми Максимианом, Мартеллом и Кидонием, а также со своими братом и сестрой направилась для проповеди христианства в Галлию и прибыла в Массилию (Марсель) или в устье Роны (где город Сент-Мари-де-ла-Мер традиционно связан с её почитанием). Затем она удалилась в пустыню, где предавалась строжайшей аскезе, оплакивая свои грехи (мотив, пришедший, возможно, из жития *Марии Египетской*); её распавшееся от ветхости одеяние было чудесно заменено волосами, скрывшими всё её тело, а изнеможение от лишений пустынной жизни столь же чудесно целилось тем, что ангелы возносили её в небесные высоты. Перед смертью её по воле провидения находит священник, которому она рассказывает свою жизнь и от которого принимает последнее причастие (ср. предсмертную встречу Марии Египетской с Зосимой). Местонахождение мощей М. М. западная традиция связывала с французским городом Везле. Ещё более позднее предание, распространявшееся в православных странах, заставляет М. М. в период её апостольской деятельности встретиться с римским императором Тиберием и поднести ему в дар крашеное пасхальное яичко со словами «Христос воскрес!».

Образ М. М. играет важную роль в литературе гностицизма («Пистис София», Евангелие от Филиппа), где она выступает как получательница высшего откровения. Наиболее устойчивый литературный и иконографический мотив, прослеживаемый от раннехристианского искусства до картины А. А. Иванова, от первых опытов средневекового театра и стихов Филиппа Гревского (12—13 вв.) до новейшей поэзии, — момент, когда воскресший Христос говорит М. М.: «не прикасайся ко мне».

С. С. Аверинцев.

МАРИА́М, в мусульманской мифологии мать *Исы*. Коранические эпизоды, связанные с М. (19:1—35; 3:31—42), в главных деталях и мотивах восходят к христианским преданиям о деве *Марии*, часто апокрифическим. Завещанная аллаху М. была отдана под присмотр *Закарии*, получившего право на опекунство по жребию. М. поместили в помещение при храме (михраб). Согласно Корану, «всякий раз, как Закария входил к ней в михраб, он находил у неё пропитание. Он сказал: „О Марйам! Откуда тебе это?" Она сказала: „Это от аллаха"» (3:32). Для рождения Исы М. удалилась «от своей семьи в место восточное» (19:16), где её оповестил о чудесном рождении Исы «в обличии совершенного человека» (19:17). «И привели её муки к стволу пальмы. Сказала она: „О если бы я умерла раньше этого и была забытою!" И воззвал он к ней из-под неё: „Не печалься: Господь твой сделал под тобой ручей. И потряси над собой ствол пальмы, он уронит к тебе спелые, свежие. Ешь и пей, и прохлади глаза!"» (19:23—27). Когда сограждане стали упрекать вернувшуюся к ним М., им ответил из колыбели Иса: «Я — раб аллаха, он дал мне писание и сделал меня пророком» (19:31). Комментаторы усматривали также в одном из коранических мотивов намёк на путешествие М. и Исы в Египет (сюжет, также восходящий к соответствующей христианской традиции): «И мы сделали сына Марйам и мать его знамением и дали им убежище с холма с покойным пребыванием и источником» (23:52).

М. П.

МАРМАРИ́НУ, в мифах арикена (группа пемо́н) чудовищная змея, проглотившая первых людей, созданных спустившимися с неба культурными героями — Пурой (солнцем) и Мурой (луной). М. проглотила и самих Пуру и Муру, но они спаслись, разрезав живот М.

Ю. Б.

МАРО́Н, в греческой мифологии сын или внук Диониса (по другим вариантам, Ойнопиона или силена; Nonn. Dion. XIV 99), жрец Аполлона на фракийском острове Исмаре. Одиссей и его спутники пощадили М. и его семью, и за это М. одарил Одиссея крепчайшим напитком, опьянявшим и при двадцатикратном разбавлении (Hom. Od. IX 210). С помощью этого вина Одиссей одолел Полифема (Hyg. Fab. 116, 125).

Г. Г.

МАРПЕ́ССА, в греческой мифологии дочь Эвена, которую во время сватовства Аполлона похитил Идас и увёз на подаренной ему Посейдоном крылатой колеснице. Бросившийся в погоню отец М. не мог догнать беглецов. В отчаянии Эвен заколол своих коней и бросился в реку, которая стала называться его именем. Аполлон настиг Идаса в Мессене, и тот осмелился вступить в схватку с богом. Зевс рознял сражающихся и предложил М. самой выбрать себе мужа. М., опасаясь, что Аполлон бросит её, когда она состарится, избрала Идаса (Apollod. I 7, 8—9). От него она родила Клеопатру — жену *Мелеагра* (Hom. Il. IX 558 след.).

М. Б.

МАРС, Мáворс, Мáрспитер («отец Марс»), один из древнейших богов Италии и Рима, входил в триаду богов, первоначально возглавлявших римский пантеон (Юпитер, М. и Квирин). Ему был посвящён март — первый месяц древнего календаря, когда совершался обряд изгнания зимы («старого М.») (Ovid. Fast. III 389 след.). Существуют различные мнения о первоначальной природе М.: его считают и хтоническим божеством плодородия и растительности, и богом дикой природы, и богом войны. М. были посвящены животные: дятел, конь, бык, волк (иногда хтонический трёхглавый); эти животные, по преданиям, вели родившихся весной юношей, по обычаю «священной весны», посвящённых М., указывая им места для поселений. М. сопровождал идущих на войну воинов. По некоторым преданиям, он был наделён тремя жизнями, что роднило его с сыном хтонической богини *Феронии* Эрилом, получившим от матери три жизни. К М., совершая ритуальный очистительный обход (люстрацию) своего имения, обращались земледельцы с просьбой дать плодородие полям, здоровье семьям, рабам, скоту. К нему же взывали при обряде очищения территории города арвальскими братьями и собравшиеся на Марсовом поле вооружённые граждане (Dion. Halic. IV 22). Как и богу лесов *Сильвану*, М. приносилась в лесу жертва — бык. Как отец Ромула, М. был родоначальником и хранителем Рима. Вместе с тем храм М. как бога войны был сооружён на Марсовом поле вне городских стен (померия), т. к. вооружённое войско не должно было входить на территорию города. Символом М. было копьё, хранившееся в жилище царя — регии (Aul. Gell. IV 6, 2), где помещалось также двенадцать щитов, один из которых, по преданию, упал с неба как залог непобедимости римлян, а одиннадцать его копий по приказу царя Нумы были сделаны искусным кузнецом Мамуррием, чтобы враги не могли распознать и украсть подлинник (Plut. Numa, 13). Полководец, отправляясь на войну, приводил в движение копьё и щиты, взывая к М. (Serv. Verg. Aen. VII 603; VIII 3). Предзнаменованием страшных бед считалось самопроизвольное их движение. Хранителем этих святынь была жреческая коллегия салиев, выносивших их на праздники М. его щиты и исполнявших в его честь воинские пляски. Ему были посвящены начинавшие и завершавшие сезон военных походов церемонии очищения коней, оружия, музыкальных инструментов. Когда кончались военные действия, М. приносился в жертву конь из победившей на бегах квадриги. За голову коня боролись два квартала, и в зависимости от исхода борьбы она, украшенная хлебами, водружалась либо в регии, либо на башне Мамилия в Субурре. Кровь коня, имевшая очистительную силу, хранилась в регии и храме Весты. Видимо, попытки точно фиксировать древнейшие функции М. остаются мало обоснованными, так как на соответственных стадиях развития религии бог — хранитель общины, каким был М., имел различные аспекты, помогая и в войне, и в мирное время, давая и победу, и изобилие, и благополучие. Однако позднее М. становится исключительно богом войны и как таковой был отождествлён с греческим *Аресом* (хотя это отождествление играло роль скорее в литературе, чем в религии). Женой М. считалась отождествлявшаяся с Венерой и Минервой Нерио или Нериене, первоначально «Доблесть М.» (Aul. Gell. XIII 23). В 366 до н. э. М. был посвящён храм у Капенских ворот, откуда войско выступало на войну, а всадники на ежегодный парад (Liv. VII 23, 8; Dion. Halic. VI 13). В центре форума Август посвятил роскошный храм М.-мстителю в благодарность за победу над убийцами Цезаря. В эпоху империи М. часто изображался на монетах, пользовался широкой популярностью в армии, часто вместе с *Гонор* и *Виртус*; наделялся эпитетами «победитель», «сражающийся», «расширяющий империю», «спутник Августа», «хранитель», «умиротворитель». В западных провинциях с М. часто отождествлялись главные боги племенных и территориальных общин и он наделялся эпитетами, производными от названий племён и поселений (напр., М. Латобий — от племени латобиков в Норике), а также «царь света», «мудрый» в Галлии, «царь общины» в Британии, М. Тингс (т. е. бог тинга — народного собрания) на Рейне и т. д. Это позволяет полагать, что ранние римские представления о М. как верховном боге общины продолжали существовать в народных верованиях.

Е. М. Штаерман.

МАРСИЙ, в греческой мифологии сатир или силен, сын *Эагра*, родом из Фригии. Древнее божество круга *Кибелы*, вытесненное *Аполлоном*. По мифу, М. подобрал флейту, брошенную Афиной (богиня бросила флейту, т. к. увидела, как безобразно раздуваются её щёки при игре) (Paus. I 24, 1). В игре на флейте М. достиг необычайного мастерства и, возгордясь, вызвал на состязание самого Аполлона. Дерзкое соперничество кончилось тем, что Аполлон, играя на кифаре, не только победил М., музыка которого отличалась чисто фригийским экстатически-исступлённым характером (флейта с бубнами, трещотками и пр. сопутствует оргиям Кибелы и Диониса), но и ободрал с несчастного кожу (Myth. Vat. I 125; II 115). По преданию, кожа М., содранная с него богом, висит во Фригии, в Келенах, у истоков реки Меандр (Herodot. VII 26; Xenoph. Anab. I 2, 8); при звуках флейты кожа начинает шевелиться, но недвижима при звуках песен в честь Аполлона (Ael. Var. hist. XIII 21). М. был оплакан нимфами, сатирами и лесными родичами. Его кровь превратилась в одноимённый поток (Ovid. Met. VI 382—400). Его флейта была унесена этим потоком в реку Меандр, выброшена из воды в Сикионии и принесена в дар Аполлону (Paus. II 7, 9). В мифе о состязании Аполлона и М. отразился начальный этап борьбы божеств-антагонистов Аполлона и Диониса.

А. Ф. Лосев.

МАРТÁНДА [«из мёртвого яйца (происходящий)», согласно комментарию Саяны, — «птица»], в древнеиндийской мифологии один из сыновей *Адити*, солнечное божество. М. упоминается в ведах, в брахманах, в эпосе; в «Ригведе» имя М. отмечено лишь трижды. М. — эпитет персонажа, который чаще обозначается другим эпитетом — *Вивасват*. Основной сюжет, известный в ряде версий (ср. изложение его в «Шатапатха-брахмане» III, «Маркандейя-пуране» 103, 1, 3—40; 105, 1—20, «Махабхарате» в комментариях Саяны и т. п.), является общим для М. и для Вивасвата, что, однако, ещё не даёт оснований для полного их отождествления. Сначала Адити бросает своего безобразного восьмого сына М., но потом приносит к себе. Старшие братья М. отсекают у него всё лишнее. Предполагается, что после этой операции М. стал солнцем (ср. древнеиндийские образы крылатого солнца, солнца как птицы, с одной стороны, и мотив птицы, рождённой из яйца, — с другой). Солнце называют сыном Адити (АВ XIII 2, 9, 37), а мотив бросания М. и его возвращения соотносится с мотивом заходящего и восходящего солнца. С М. связана идея умирания и нового рождения, определяющая, в частности, и границы временны́х членений. Эта преимущественно космологическая специализация М., видимо, объясняет обычное изъятие образа М. из сюжетов, связанных с Вивасватом.

Образ М. в конечном счёте восходит к мотиву мирового яйца. Некоторые параллели, например, с древнеиранским *Гайомартом* или со славянским «мёртвым» яйцом («яйцо, в котором заключена смерть Кощея») в одном варианте или мотивом яйца жар-птицы в другом, позволяют говорить не только о генетических связях указанной древнеиндийской мифологемы («солнце из мёртвого яйца»),

но и о реконструкции её более древней индоевропейской формы.
В. Н. Топоров.

МА́РТИА И МАРТИА́НАГ (авест.), Ма́тра и Матрайана, Ма́шйа и Машйа́на (среднеиран.), в иранской (зороастрийской) мифологии первая человеческая пара.

В наиболее полном виде миф о М. и М. изложен в 15-й главе «Бундахишна». *Гайомарт*, первопредок человечества, перед смертью из-за происков Ахримана (*Ангро-Майнью*) «выронил семя», одна треть которого досталась богине земли *Спандармат*. В результате через сорок лет из земли выросло растение ревень, а ещё через 15 лет оно превратилось в Машйа и Машйана. Из-за того, что они явились в мир сросшимися, нельзя было судить о том, сколько в них душ — одна или две. Сначала они признавали главенство Ормазда (*Ахурамазды*) в мире и назывались «лучшими из рождений Спандармат», т. е. выступали лучшими порождениями Благочестия. Затем в них вошёл дух противоречия и они объявили Ахримана творцом миропорядка, за что и поныне пребывают в аду, откуда выйдут только после страшного суда. Сначала М. и М. питались одной водой, но затем, развращаемые злым духом, перешли на козье молоко, потом убили овна, развели огонь трением двух пород дерева и изжарили мясо. Из шкуры овна они сделали одежду. Машйа в знак поклонения демонам вылил молоко на север, запретную сторону света ортодоксального зороастризма (в этом жесте, видимо, отразились древнейшие языческие ритуалы: предки иранских племён почитали север). Падение М. и М. завершилось познанием таинств супружества. Своих первенцев М. и М. съели. Остальных детей спасло вмешательство Ормазда. От потомков М. и М. населился весь обитаемый мир, причём помимо обычных людей М. и М. создали и монстров с ушами и глазами на груди, хвостатых, волосатых и т. д.
Л. А. Лелеков.

МА́РТУ (шумер.), Аму́рру (аккад., «морей», букв., «западный»), Иль-Аму́ррим (аккад., «бог амореев»), шумеро-аккадское имя бога амореев-кочевников (живших в степях Северной Месопотамии), очевидно, соответствующего аморейскому Эду (см. *Илу*). По месопотамским представлениям, М. — громовержец, насылающий бурю, кочевник, варвар. Согласно аккадскому мифологическому канону, его супруга — *Белет-Цери*, отец Ану (*Ан*). Известен шумерский миф старовавилонского периода (не позднее 17 в. до н. э.) о том, как М. женился на дочери Нумушды — верховного бога города Казаллу (в Северной Месопотамии). Согласно мифу, на пиру богов в Казаллу имеющий жену получает две порции мяса, имеющий сына — три порции. Из молодых богов, не имеющих жён, только М. получает две порции. Он воспринимает это как указание на то, что он должен жениться. М. идёт в храм Нумушды и в праздник выполняет все чёрные работы (видимо, у аморейских кочевников существовал обычай работы за невесту). Закончив, он собирается купить его дочь за серебро и лазурит. Боги отговаривают её от замужества, характеризуя М. как дикого варвара. Но дочь Нумушды решает выйти за М. Миф объясняет появление западносемитских племён в Двуречье и их ассимиляцию там; в определённой мере его возникновение связано также со стремлением оправдать включение М. в вавилонский пантеон. Существенно, что миф возник и записан в период, когда контакты с амореями в месопотамском обществе были ещё повседневными, и не является поздним осмыслением давних событий. Супругой М. считалась также Ашрату (см. *Асират*).
В. А., И. Ш.

МА́РУТЫ, в ведийской и индуистской мифологии божества бури, ветра, грома и молнии (в «Ригведе» к ним обращено 33 гимна). М. составляют целую группу божеств, их трижды семь, трижды шестьдесят (или всего семь: Ваювега, Ваюбала, Ваюха, Ваюмандала, Ваюджвала, Ваюретас и Ваючакра, разные виды ветров). Среди них нет старших и младших, они одинаковы, как близнецы, единодушны). М. — братья. Их отец — *Рудра*, отчего они называются иногда рудрами или рудриями; их мать — *Пришни* (букв. — «пёстрая», обозначение коровы), они рождены коровой, доят вымя Пришни. Их называют «пришниматарах», «имеющие Пришни матерью» или просто «гоматарах», «имеющие корову матерью». Вместе с тем они сыновья *Адити* (РВ X 77, 2), родились из молнии (I 23, 12) или даже сами возникли из себя (I 168, 2). М. изображаются прекрасными юношами, они огненны, могучи, на них сверкающие одежды; их оружие — золотые топоры, копья-молнии, луки и стрелы, дубинки, ножи; они мчатся на колесницах, запряжённых антилопами или лошадьми, по воздуху, по небу, через горы и деревья, от подземного царства до небесного. Тогда они ужасны, дики, полны гнева. Когда М. мчатся, раскалываются скалы и горы, гнутся деревья, сотрясаются крепости, ревёт небо, земля дрожит от страха, делается темно. М. изливают дождь (иногда фигурально: пот, мёд, молоко), подымают шум, вызывают гром и молнии, ветер, образуют туманы, заставляют течь водные потоки, громко поют (ср. связь их с певцами). У М. просят лечебных средств, дождя, богатств, скота, славы, освобождения, а также пощады от убийства. Толпа М. обычно сопровождает *Индру*, особенно на битву. М. — воины, но непосредственного участия в убийстве демонов не принимают, хотя и помогают Индре (VIII 7, 23—24). Они искусны в колдовстве, творят чудеса. М. сравнивают с солнцем, огнём, молнией, ветром, небом, водными потоками, горой, птицами, лебедями, соколом, антилопой, быком, буйволом, телятами, лошадьми, детьми, днями и т. п. Кроме связей с Рудрой и Индрой, М. входят в микромотивы с *Парджаньей, Ваю, Сомой, Тритой, Вишну*, Ушанасом, Парушни и др. В мифах М. играют вспомогательную роль (ср. эпизоды, связанные с битвами Индры против *Вритры, Валы, Раваны* и др.). Иногда М. покидают Индру в бою или даже вступают с ним в конфликт. Так, на основании «Ригведы» (I 170), «Тайттирия-брахманы» (II 7, 11, 1), «Катха-упанишады» (I 139, 13) восстанавливается следующий сюжет: певец-риши *Агастья* посвятил жертву М., но она была присвоена Индрой; М. возмутились и выступили против Индры; вмешательство Агастьи привело к примирению сторон. В «Рамаяне» Индра разбивает молнией нерождённого сына *Дити* на 49 кусков и превращает их в М. (сходный сюжет известен и в пуранах). При объяснении имени М. одни исходят из сочетания *mar-ut-/vat-, «веющий с моря», другие сопоставляют М. с италийским богом Марсом: лат. Mārs, Mart-, Māvort-, оскск. Māmert (Marut- из *Māvṛt-), третьи — с др.-инд. márya, «юноша».
В. Н. Топоров.

МА́РЯ, Ма́ршa, в латышской мифологии богиня — охранительница коров. К ней обращаются с просьбой о молоке, сыре, телятах, земле. «Большую М. коров» умоляют вырастить коров. Иногда М. совпадает с мифологизированным образом девы Марии; её день отмечается четырежды в году: зимой — святки, весной — день «капустной» Марии, когда сажают капусту, летом — 15 августа, осенью — 8 сентября. Мотивы, связанные с М., отражают двуприродность этого персонажа: ср. обычные обращения к ней типа: «Милая М. скота, мать Иисуса Христа, упаси от колдунов и ведьм!». Генетически в образе М. вскрывается более поздний слой (дева Мария) и более ранний, сопоставимый со славянскими представлениями о *Маре*, Марене и т. п. М. нередко контаминируется с Лаймой, матерью Лаймы.
В. И., В. Т.

МАСА́НГ, в тибетской мифологии существа, совмещающие функции духов-предков и горного бога. Представляются антропоморфными (старуха в бирюзовой шапке; герой, вооружённый луком, — в чехле из тигровой шкуры и стрелами — в колчане из леопардовой; всадник-богатырь в серебряном, медном и железном вооружении, в плаще из птичьих перьев) и зооантропоморфными (быкоголовый человек, сын коровы и человека). Возможно, «семь братьев М.» и «девять братьев М.» олицетворяют первоначальные человеческие существа в Тибете, затем побеждённые *жаза*; с этими группами свя-

344 МАСИ

зываются представления о появлении разнообразного оружия. М. входит в свиту горного бога Одегунгьел в качестве духа-предка. М., как горный бог,— божество мужчин и почитается теми, кто хочет приобрести большую физическую силу, его местом обитания считается пик Масанг — гора на границе Сиккима, Бутана и Тибета.

В тибетском буддизме М. входит в свиту буддийского «защитника религии» Доршесшуглана, М.— один из его эпитетов. Существует миф о том, как М. в облике старухи пытался остановить буддийского проповедника *Падмасамбхаву* на его пути в Тибет. Группа «семь братьев М.» считается легендарными предками иерархов буддийской школы сакья.

В эпосе и фольклоре М.— быкоголовое существо, сын коровы и человека, «Пегий бычок», который попадает к *лха* и помогает им в войне с демонами, убивая демона в облике чёрного яка; в награду на земле появляется царь, божество — правитель. В фольклоре М., спасаясь от демоницы, бросает вверх пять ячменных зёрен, дарованных лха, появляется железная цепь, но демоница бросает ядро, оно разрывает цепь на семь частей, которые становятся Большой Медведицей. В этом качестве данный персонаж (как Басанг) вошёл в мифологию монгольских народов (см. в ст. *Долон Эбуген*). В бурятской мифологии М. (Паханг) — первый человек.
Е. Д. Огнева.

МАСИ́, в мифах негидальцев и ульчей духи предков, покровители дома. Фигурки М. (мужа и жены) обычно ставили в углу за задней стенки жилища. Изредка их кормили сырым мясом или сырой рыбой. Во время ежегодных родовых молений фигурки М. устанавливали внутри ритуального шалаша из жердей.
Е. Н.

МАСИ́С, в армянских мифах гора (Арарат). По одному из мифов, М. поссорилась со своей сестрой *Арагац*, из-за чего была с ней разлучена. В древнейших мифах М.— жилище змей и *вишапов*. Согласно эпосу «Випасанк», у подножия М. живут потомки вишапов (вишапазунк, вишапиды). По некоторым вариантам, в одной из пещер М. *каджи* заковали в цепи *Артавазда*. На вершине М. находится царь змей с драгоценным камнем на голове. Раз в семь лет все змеи, обитающие вокруг М., являются к своему царю. В армянском переводе Библии в мифе о всемирном потопе ковчег Ксисутра (Ноя) остановился на горе М. С вершины М. Ксисутра спустился на землю.
С. Б. А.

МА́СЛЕНИЦА, в славянской мифологии персонаж, воплощающий плодородие и вместе с тем зиму и смерть. Название русского календарного праздника проводов зимы и встречи весны — М.— было перенесено на антропоморфный персонаж, который встречали с величальными песнями в начале праздника на горках. М. называли также чучело из соломы, обряженное в женское тряпьё, иногда с блином (от масляного блина — само название М.) или сковородой в руках; с ним вместе веселились, катались на тройках в течение масленичной недели, а затем хоронили или провожали в конце праздника, разрывая чучело на околице селения или (чаще) сжигая на костре, разводившемся на возвышенности (ср. похороны аналогичных персонажей славянской мифологии — болгарского *Германа*, русских *Костромы*, *Ярилу* и т. п.). Похороны М. сопровождались карнавальными процессиями, ряженьем, ритуальным смехом, призывами весны и поношением М. в специальных песнях, где та называется обманщицей (в связи с великим постом, который наступает сразу после масленичных пиршеств), объедалой, блиноелой и т. п. У западных и южных славян М. соответствовал польский запуст, менсопуст и болгарский *Кукер*. У чехов и словаков масопуст завершался обрядом «выноса смерти» — символа зимы: соломенное чучело, называемое смертью, мореной или марженой (имя восходит к древнеславянской богине смерти *Маре, Марене*), одетое в лохмотья или в праздничный костюм, выносили из селения, бросали в воду или разрывали на части; солому разбрасывали по полям, что должно было обеспечить их плодородие. Аналогичный М. персонаж низшей мифологии других народов Европы — Карнавал.
В. П.

МАССА́У'У, в мифах хопи один из важнейших духов-*качин*, страж подземного мира. М. встретился людям в эпоху Первотворения и потребовал, чтобы они совершили четыре миграции по четырём сторонам света, затем разделились и основали поселения. Для того чтобы люди не сбились с пути, М. снабдил старейшин родов хопи каменными табличками, на которых был обозначен путь каждого рода.
А. В.

МАТА́НГ, легендарная прародина микронезийцев островов Гилберта; локализуется с неопределённостью — на западе, реже отождествляется с подземным (подводным) миром. В М. отправляются духи умерших вождей, героев, отважных военачальников и других незаурядных людей. Обитатели М.— светлокожие духи. В М. растёт чудесное дерево (дерево М.), от которого, по некоторым мифам, произошли люди (см. в ст. *Нареау*); по другим версиям, М.— край вечного изобилия.
М. С. П.

МАТАРИ́ШВАН, в ведийской мифологии божественный персонаж, связанный с огнём, а позже — и с ветром. В «Ригведе» упоминается 27 раз (обычно в поздних частях). М.— тайное имя бога огня *Агни*, с которым он неоднократно отождествляется (РВ I 96, 4; III 3, 5; 26, 2); «когда Агни был создан в своей матери в качестве М., он [= Агни] стал быстрым порывом ветра» (III 29, 11). Но М. выступает и отдельно от Агни, часто в общих мотивах. Так, М., будучи посланцем *Вивасвата*, приносит с неба на землю огонь для того, чтобы мудрецы из рода Бхригу научили людей обращаться с ним (мотив, обычно сопоставляемый с подвигом *Прометея*); М. приносит Агни издалека; вместе с богами он создаёт Агни, добывает его трением; Агни является к М. и т. п. Один раз (I 190, 2) и *Брихаспати* отождествляется с М. В ряде текстов М. выступает как творец (*Индра* сравнивается с ним как с искусным ремесленником, X 105, 6) и старый жертвователь. К М. взывают с просьбой соединить сердца двух влюблённых. Иногда М. уподобляется *Соме*. Начиная с «Атхарваведы», на первое место выступает функция управления ветрами. Образ М. во многом остаётся неясным. Само слово толкуется обычно или как «растущий в матери» (mātarī-śvan), или как обозначение куска дерева для добывания огня с символикой полового акта.
В. Н. Топоров.

МА́ТЕР МАТУ́ТА, в римской мифологии, по-видимому, богиня зари; в её честь 11 июня справлялся праздник матралий, во время которого женщины молились за детей своих сестёр. Вход в храм М. М. был запрещён рабыням, но во время праздника в него приводили, а затем с побоями изгоняли рабыню (Ovid. Fast. VI 475 след.). М. М. была отождествлена с *Ино-Левкофеей*, и обряд объяснялся как воспоминание о том, что Ино воспитывала сына своей сестры Семелы *Диониса* и пострадала от рабыни — наложницы своего мужа. Сын Ино *Меликерт* был отождествлён с сыном М. М. Портуном — богом гаваней. М. М. связывалась также с утренней зарёй, и римские обряды в её честь, по мнению Ж. Дюмезиля, были отголоском индоевропейских обрядов в честь богини зари. Возможна и связь её с культом Юноны Сорории, установленным одним из братьев *Горациев* после убийства сестры. По некоторым предположениям, эти культы (М. М. и Юноны Сорории) могли быть реминисценциями древней и полностью забытой системы родства, тогда как изгнание из храма рабыни объяснялось характером М. М. как покровительницы брака (подобно Юноне) и соответственно ненавистницы рабынь — наложниц мужей.
Е. Ш.

МА́ТИТ, в египетской мифологии богиня-львица. Её культ был распространён в 12-м верхнеегипетском номе (Дейр-эль-Гебрави, недалеко от Сиута).
Р. Р.

МАТОВЕ́ЛИЯ, в мифах калифорнийских мохаве культурный герой. М., старший сын неба и земли, вывел людей и животных к каньону Эльдорадо, где, отмерив центр земли распростёртыми руками, построил им дом. Однако недальновидный М. оскор-

бил свою дочь-лягушку, злоумышлявшую против него, что и привело его к смерти. После него остался брат Мастамхо, продолжавший его дела и обучавший людей ремёслам.
А. В.

МА́ТРИ (др.-инд. «мать»), в индуистской мифологии божественные матери, олицетворяющие созидательные и губительные силы природы. Идея активного женского начала получила широкое признание в индуизме в связи с распространением культа *шакти*. М. рассматривались как женские персонификации творческой энергии великих богов: *Брахмы* — Брахми или Брахмани, *Шивы* — Махешвари, *Кумары* (*Сканды*) — Каумари, *Вишну* — Вайшнави, *Индры* — Индрани или Айндри, и т. д. Число М. колебалось от семи до шестнадцати; в некоторых текстах о них говорилось как о «великом множестве». Почитание М. отражено главным образом в шиваитском круге мифов: М. составляли свиту сына Шивы — Сканды, их культ нередко сливался с культом *Дурги*.
П. Г.

МАТУНГУ́ЛАН, в мифах ифугао (остров Лусон, Филиппины) группа из 168 основных божеств, обитающих во всех четырёх потусторонних мирах. Согласно мифам, некогда люди состояли в отношениях ритуального обмена с М. и получили от них всех домашних животных, орудия и знание ритуалов и адата. Один из главных богов из числа М.— Лидум ан Магидет, предок многих богов, первопредок людей, даровавший им нормы обычного права.
М. Ч.

МА́ТХУРА, в индуистской мифологии город, основанный *Лакшманой*, братом Рамы, на месте обители ракшаса Мадху. Столица ядавов, племени *Кришны*, вплоть до их переселения в *Двараку*. Индийский город М. (на правом берегу реки Ямуна между городами Дели и Агра) — один из главных центров паломничества индусов, центр культа Кришны. В древности этот город — важный центр буддизма и джайнизма.
С. С.

МАУДГАЛЬЯ́ЯНА, Могалла́на, в буддийской мифологии (наряду с *Шарипутрой*) главный ученик *Шакьямуни*. М. имел наибольшие магические способности. Он мог создавать разнообразные формы живых существ и сам принимать по желанию любой облик; видеть, не впадая ни в какое особое состояние психики, *претов* и других духов, не видимых для обыкновенного человеческого глаза; посещать небесные миры (где он, например, чтобы умерить гордыню *Шакры*, сотряс большим пальцем ноги его дворец). О М. сообщается, что он мог бы раздавить гору Сумеру (*Меру*), как фасолину, раскрутить землю, как гончарный круг, перевернуть её вверх дном или же возложить её на Сумеру, как купол зонтика на ручку. М. изгнал *Мару*, который однажды, желая досадить ему, проник к нему в живот. Он подчинил *нага* Ахиччханду. Самый известный его подвиг — укрощение царя нагов Нандопананды, который, разгневавшись, что ему помешали принимать пищу, обвился вокруг Сумеру и преградил путь на небо *Траястринса* Будде с 500 учениками. Только М. смог победить Нандопананду, состязаясь с ним в демонстрации магических способностей. Часто изображается рядом с Шакьямуни в выцветшей оранжевой тоге и с посохом странствующего монаха, имеющим набалдашник в виде ступы-чайтьи, составленной из металлических колец.
О. Ф. Волкова, Л. Э. Мялль.

МА́УИ, Моэа-Тикитик, Моэа, Мотиктик, Мотикитик, в мифологиях Океании герой-богатырь, культурный герой, трикстер. Рождается недоношенным от земной женщины (варианты: от духа; чудесным образом — из камня или из раковины). М. сразу теряет родителей. Своим чудесным спасением М. обязан духам (в полинезийской мифологии — богам), которые нянчат его, дают ему магические знания. Выросший до срока, М. находит своих родных (некоторые мифы повествуют об инцесте М. с матерью), затем совершает главные подвиги: устанавливает ход светил, ловит в специально изготовленную ловушку солнце, заставляя его светить дольше и тем самым увеличивая продолжительность дня, усмиряет ветры и вводит регулярную смену сезонов года, поднимает небо, с помощью особого рыболовного крючка извлекает с морского дна рыбу-остров. На этом острове поселяет людей, приносит им огонь, дарит батат, кокосовую пальму, таро, орудия труда, обучает ремёслам, спасает от чудовищ (людоедов). Разнообразны сюжеты о единоборстве М. с силачом-духом (с богами). Подвиги М. сопровождаются разного рода проделками и шутками (отсюда одно из имён героя — М. тысяча проделок).

В отличие от духов (богов), находящихся вне реального времени, М.— смертен. Он погибает в поединке с духом, чаще всего с хозяйкой смерти (при попытке добыть бессмертие людям). В ряде мифов умерший М. превращается в звезду, в некоторых — из его тела, погребённого в пещере, непрестанно рождается новый М. М.— брат (варианты: сын, реже муж) Хины, брат (сын, внук) персонажей, называемых «старшие Мауи» (хозяин огня, строитель мира, жрец и др.), родина которых — праздничный потусторонний мир.

Образ М. и мотивы сказаний о нём нашли отражение в играх, в особенности — в популярнейшей по всей Океании игре с плетением из шнуров фигур, изображавших его подвиги (М. считался изобретателем этой игры). Однотипны с М.: Муни (острова Тонга), Пили, или Лоси (острова Самоа), Уре-а-ваи-а-нухе, или Уре (о. Пасхи), Мата-ндуа (острова Фиджи), *Иолофат* (Микронезия).
Б. Н. Путилов, М. С. Полинская.

МА́УЛЬ, в корейской мифологии персонаж времён *Тангуна*. Согласно мифологическому преданию, по разные стороны от горы Тхэбэксан жили М. и Пэдан. Первый отличался мудростью, второй — силой и алчностью (ему платили дань 70 племён). У М. был ученик по имени Есуги. Однажды он расправился с огромным тигром, и слава о его отваре распространилась по всей округе. Задумал Есуги освободить народ от тирании Пэдана. Пришёл он к Пэдану помериться силой, но того не оказалось дома. М., зная, что Пэдан может убить Есуги, решил укрыть своего ученика в горах и пустить молву о его смерти, а возле его дома поставить большого железного коня. Пэдан стал всюду разыскивать Есуги. Ему сообщили, что тот умер. Увидев возле дома «покойного» Есуги железного коня, он спросил М., что это значит, М. печально ответил, что этим конём в три тысячи кын (фунтов) играл Есуги, подбрасывая его одной рукой под облака и ловя кончиком носа, а теперь он стоит без дела. Пэдан тоже решил поиграть железным конём. Едва он поднял его над головой, как тот свалился ему на нос. Истекая кровью Пэдан умер. С тех пор люди этих мест чтут М. как духа предков (чосансин), а Пэдана как горного духа (сансин).
Л. Р. Концевич.

МАУНГЛА́Й, в мифологии сиамцев король легендарного острова Кох-Лак. У его жены Рампунг родилась дочь Иомдод. Она выросла красавицей. К ней сватается китайский принц. Иомдод отказывает, но принц с помощью волшебных средств влюбляет в себя её и пытается увести. Чудовища-яксы преграждают им путь. М. настигает их и в гневе убивает дочь, принца и жену, которая была причастна к этому бегству. Сам М. и тела других героев этого мифа превратились в скалы.
Я. Ч.

МА́ФДЕТ, в египетской мифологии богиня-мстительница. Воплощалась в образе гепарда, её атрибуты — палка и нож. В мифах М. сражается со змеем, иногда — вместе с *Ра*. М. помогает больным, уничтожает змей, как карающий судья принимает участие в загробном суде, заботится об умерших в загробном царстве. Праздник дня рождения богини М. совпадал с днём рождения богини письма *Сешат*, возможно, они считались сёстрами-близнецами. Сешат нередко выступала в качестве ипостаси М.
Р. И. Рубинштейн.

МАФУСАИ́Л, в ветхозаветных преданиях один из *патриархов*, праотцев человечества (Быт. 5, 21— 27), прославившийся своим долголетием («мафусаилов век»): он прожил 969 лет. Рассказывается, что М. сражался со злыми духами шеддим (ср. аккад. шеду); народная этимология его имени — «умерщ-

вляющий мечом» (от евр. māwet, «смерть», и sělah, «меч»). М. доходил до «пределов земли», чтобы узнать от своего отца *Еноха* о предстоящем потопе и о спасении *Ноя*, внука М. (книга Еноха 111—112, Мидраш агада к Быт. 5, 25). Смерть М. наступила перед самым потопом (Быт. 5, 27; 7, 6). Согласно агаде, потоп был отсрочен на семь дней ради недельного траура по М. Он должен явиться на землю перед приходом мессии в числе «семи великих пастырей» (Сиф, Енох, М., Авраам, Иаков, Моисей, Давид).
Д. В. Щедровицкий.

МÁХА, в ирландской мифологии одна из богинь войны и разрушения, по функциям близка *Морриган* и *Бадб*. В одном из трёх главных покоев Эмайн Махи — столицы северного королевства висели посвящённые ей головы сражённых врагов, иногда называвшихся «жёлуди Махи».
С. Ш.

МАХАВИ́РА («великий герой»), В а р д х а м а́ н а, Г й а т а п у́ т р а, Н а т а п у́ т т а, в джайнской традиции мифологизированный образ вероучителя джайнизма, жившего в 6 в. до н. э. М. выступает как центральный персонаж мифо-исторического комплекса джайнской мифологии — последний из 24 *тиртханкаров* нашей авасарпини (нисходящего полуоборота колеса времени, см. *Калачакра*), живший в последние годы периода «плохой — хороший».

По поводу каждого из благих моментов в жизни М. (зачатие, рождение и т. п.) божества устраивали пышные торжества, проливая дождь из драгоценных камней, благовоний, цветов и т. п., и совершали поклонение М. С рождением М. связан сюжет о чудесном перенесении его плода из лона одной женщины в другую. Когда М. в одном из прошлых рождений был Маричи, внуком первого тиртханкара Ришабхадатты и сыном первого джайнского *чакраватина* Бхараты, он слышал от деда, что ему предопределено родиться 24-м тиртханкаром. Преисполнившийся гордыни и высокомерия, Маричи создал себе такую *карму*, чтобы родиться в брахманской семье. Поэтому, когда М. из своего предпоследнего существования спустился из верхнего мира на землю, он вошёл в лоно брахманки Девананды. Узнавший об этом Шакра (правитель-индра южной половины низшего из верхних миров Саудхармы) пришёл в волнение, ибо великие люди (63 «отмеченных» персонажа) всегда рождались и должны рождаться в кшатрийских, а не в низких и не в брахманских семьях. Он посылает на землю своего военачальника Харинайгамеши, и тот на 82-й день после зачатия переносит М. в лоно кшатрийки Тришалы. Тришала видит 14 знаменательных снов: прекраснейших белого слона, белого быка, белого льва, посвящение богини Шри, которую окропляют водой из своих хоботов мировые слоны, цветочную гирлянду, спускающуюся с неба, луну, солнце, знамя, драгоценный кувшин, лотосовое озеро, молочный океан, небесный дворец, груду драгоценных камней, огромное пламя, достигающее небосвода. Такие сны предвещают рождение чакраватина или тиртханкара. Родившегося в предместье города Вайшали (Бесарх) сына родители назвали Вардхамана («возрастающий, процветающий»), ибо с момента его появления в лоне Тришалы неизмеримо возросло процветание клана его отца — джнятриев, так как состоящие на службе у *Куберы* джримбхаки (разряд богов из класса вьянтара) по приказанию Шакры доставляли во дворец огромные количества сокрытых ранее богатств.

Мальчиком М. превосходит всех талантами и силой. После его победы над одним из богов, спустившимся на землю, чтобы испытать его отвагу, боги дали ему имя М. Он укрощает неистового слона и смело расправляется со змеёй, которой испугались игравшие с ним сверстники. Он отвечает на труднейшие вопросы переодетого брахманом Шакры. Не желая огорчать родителей, М. решил не уходить в монахи, пока они живы, и вёл жизнь мирянина: женился и имел дочь. Когда М. исполнилось 28 лет, родители, бывшие последователями предыдущего тиртханкара Паршвы, ушли из жизни, умертвив себя по обычаю правоверных джайнов голодом.

Через два года после их смерти М., получив разрешение старшего брата и предварительно раздарив всё своё имущество, уходит от мира и начинает жизнь странствующего нищего аскета. В отличие от джайнов секты шветамбаров («одетые в белое») дигамбары («одетые сторонами света») не признают перенесения плода М., а также считают, что он не был женат, что в 8 лет он принял обет джайна-мирянина и что, когда он уходил от мира, его мать была жива.

М. странствовал 12 лет, отказавшись через 13 месяцев от одежды, соблюдая обет молчания, питаясь подаянием, неоднократно соблюдая строжайший пост и стойко перенося тяготы бездомной жизни. Повествования об этом периоде жизни М. уделяют большое внимание описанию унижений и оскорблений, которые претерпел странствующий аскет, вызывающий подозрения и неприязнь людей. Его неоднократно избивали, травили собаками, принимая за вора или шпиона, и один раз даже хотели повесить, но верёвка чудесным образом семь раз обрывалась, и перепуганные крестьяне отпустили М. Божества также неоднократно выступают в роли испытателей или искусителей М., но вместе с тем, зная о его великом назначении, они поклоняются и почитают его и приходят к нему на помощь. Так, на 11-м году странствий М. Чамара (индра одного из классов божеств, т. н. южных асуракумаров) вознамерился начать войну против Шакры, но когда последний метнул в него громовую стрелу — ваджру, он спрятался у ног М., и Шакра с трудом смог догнать стрелу, чтобы она не причинила вреда святому.

На 43-м году жизни на берегу реки Риджупалики, возле города Джримбхикаграма М. достиг абсолютного всезнания и стал джиной («победитель» — один из титулов, присваиваемых вероучителям). Это произошло под деревом шала, которое считается поэтому священным деревом М. Другое дерево, связанное с М., — ашока, под которым он дал обет отречения от мира. Став джиной, М. продолжал свои странствия, но уже как проповедник и вероучитель, окружённый почётом и поклонением многочисленных последователей, среди которых были и цари. На 72-м году в городе Пава (или Павапури) — резиденции царя Хастипалы — М. достиг конечного освобождения, т. е. полностью уничтожил карму и стал совершенным — *сиддхой*. По одним источникам, это произошло в уединении, по другим, — при обширном стечении людей, которым М., сидя на сияющем бриллиантами троне в роскошном, специально выстроенном зале, в течение 6 суток неустанно читал свою последнюю проповедь. После ухода М. его тело (или то, что осталось, ибо, по некоторым легендам, тело, кроме ногтей и волос, исчезло в момент ухода в *нирвану*) было предано огню. Боги и цари устроили в честь М. гигантскую иллюминацию.

Иконографическим символом М. является лев. Его женские божества — спутницы и посланницы (шасанадеваты) — Матанга и Сиддхайика.
О. Ф. Волкова.

МАХАГИ́РИ, в мифологии бирманцев главный дух — нат. Считалось, что в прошлом в государстве Тагауна (11 в.) он был кузнецом. Когда М. стучал по наковальне — происходило землетрясение. Король, опасаясь столь сильного человека, приказал его схватить, но кузнецу удалось бежать. Король женился на красавице-сестре М. и обещал помиловать брата. Когда тот вернулся, его схватили и, привязав к дереву сага на берегу реки Иравади, сожгли на костре. Погибла и сестра, бросившаяся к брату в костёр. Оба стали натами дерева сага; всякого, кто приближался к нему, они убивали. Дерево удалось срубить. Оно приплыло в другое королевство в город Тхинликьяур. Король велел из ствола сделать изображение брата и сестры. В полнолуние изображения отнесли к горе Поупа. Брата стали называть М. или Мин Махагири («великая гора»), а сестру Шве Мьетна («золотое лицо»). В честь обоих на горе Поупа устраивалось ежегодное празднество.
Я. Ч.

МАХАКА́ЛА («великий чёрный»), в буддийской мифологии ваджраяны *идам* и *дхармапала*. В «Садханамале» описываются двурукий, шестирукий и шестнадцатирукий М.; все они тёмно-синего цвета и имеют угрожающий вид. В Тибете известно ещё больше вариаций М. На этом основании некоторые авторы считают слово «махакала» общим названием подгруппы дхармапал. Согласно одной из легенд, М. в глубокой древности был в Индии *махасиддхой* и принял обет защищать *дхарму* при помощи устрашения в случаях, когда сострадание окажется бессильным. Так он и остался в мире в облике гневного божества. *Л. М.*

МАХАО́Н, в греческой мифологии сын *Асклепия*, унаследовавший от него искусство врачевания. Вместе с братом Подалирием М. как претендент на руку Елены участвовал в Троянской войне, возглавив ополчение на 30 кораблях из городов западной Фессалии и северо-восточной Этолии (Hom. Il. II 729—732). Под Троей М. излечивает многих героев, пока его самого не ранит стрелой Парис. В дальнейшем М. снова участвует в сражениях и погибает от руки *Пенфесилеи* или *Эврипила*. *В. Я.*

МАХАПЕ́ЙННЕ, в мифологии бирманцев божество, помогающее людям добиваться успеха и побед. У него красное тело и голова слона. Прежде М. был *Брахмой*. Брахма предложил Тхагьямину, чтобы неделя была из восьми дней, а не из семи. За это тот отрубил ему голову, а на тело посадил золотую голову слона. *Я. Ч.*

МАХАПУРУШАЛА́КШАНА («признак великого человека»), в буддийской мифологии 32 признака тела, которыми отмечен *чакравартин* или *будда* (руки и ноги округлённые, пальцы рук длинные, пятки широкие, кожа золотистого цвета, плечи широкие, язык длинный, красивой формы, голос подобен голосу *Брахмы*, зубы ровные и т. д.). Наряду с М. имеются 80 второстепенных признаков будды. *Л. М.*

МАХАРА́ДЖА БУ́НО, в мифах нгаджу (остров Калимантан, Западная Индонезия) первопредок и культурный герой. Первые люди, созданные *Махаталой*, основывают первую деревню Бату Нинданг Таронг, где первая женщина рождает сначала свинью, собаку и курицу, а затем трёх братьев: М. Б., Махараджу Сангена и Махараджу Сангианга. Из крови, отошедшей при родах, появляется золотоалмазный слон, которого убивает М. Б. оружием из дарованного ему Махаталой настоящего железа. Из слона образуются золото и алмазы, символы земного богатства. М. Б. поселяется на земле и становится прародителем людей. *М. Ч.*

МАХАСИ́ДДХИ («великий достигший»), в буддийской мифологии ваджраяны полумифические лица, которые достигли совершенства путём йогической практики. Считается, что было 84 М. (Тилопа, Наропа, Сараха, Нагарджуна, Индрабхути и др.). В основе образов М. лежат, по-видимому, реальные люди, жившие в Индии с 7 по 11 вв. *Л. М.*

МАХАТА́ЛА, в мифах нгаджу (остров Калимантан, Западная Индонезия) демиург, бог верхнего мира. Выступает обычно в облике птицы-носорога. М. появился после самосотворения космоса от соприкосновения изначальных золотой и алмазной гор, плававших в первоокеане. Он восседает на вершине небесной горы, отделённой от земли 42 слоями облаков. М. вечен, так как обладает живой водой и постоянно оживляет себя, подобно фениксу. Он составляет дуалистическое антагонистическое единство со змееобразной богиней нижнего мира *Джатой*. Перед сотворением среднего мира — земли, М. призвал Джату на совет в верхний мир, затем создал из своей алмазной диадемы мировое древо. На ветви древа опустились птицы-носороги — самец и самка (воплощения верхнего и нижнего миров). В завязавшейся борьбе они уничтожили друг друга и само мировое древо, из их тел и обломков древа возникли элементы ландшафта и первые люди — мужчина и женщина. Беспомощные, они долго плавали по океану нижнего мира в золотой и алмазной лодках, пока М. не бросил им созданную из осколков солнца и луны горсть земли. Они поселились на ней и дали начало людям и духам. *М. Ч.*

МАХДИ́, в мусульманской мифологии «ведомый» (аллахом) человек, обновитель веры накануне страшного суда, своего рода *мессия*. Мусульманская традиция утверждает, что М., происходящий от потомков Мухаммада, появится за несколько лет до страшного суда, когда вся земля будет наполнена злом и неверием. Он убьёт *Даджжала* (в некоторых версиях эта роль отводилась *Исе*) и установит на земле царство справедливости, силой вернёт людей на путь аллаха, возродит общину, живущую по законам ислама. Его короткое царствование (от 3 до 9 лет) будет царством изобилия. После царствования М., одновременно с которым на землю вернётся и умрёт Иса, наступит воскресение мёртвых и страшный суд.

Концепция М., играющая второстепенную роль в суннитском исламе, является одной из основ догматики шиитов, воспринимающих М. как «скрытого имама», который один способен уничтожить зло и направить род человеческий на путь истины.

На протяжении веков многие деятели мусульманских стран (религиозно-социальные реформаторы, основатели династий и др.) объявляли себя М. Представление о М., возвращающем «золотой век», пользовалось особой популярностью среди широких масс и являлось идеологической оболочкой движений, направленных против местных и иноземных властей. *М. Б. Пиотровский.*

МА́ХЕС, в египетской мифологии кровожадный бог, сын *Баст*. Эпитеты М. — «дикосмотрящий лев», «он радуется крови». В поздний период считался богом грозы и бури, тьмы, ветра. Изображался в виде львиноголового человека с короной на голове. Древние греки называли М. Миисис. *Р. Р.*

МАХЕ́ШВА́РА, небесное божество, культ которого процветал у кхмеров в средневековой Кампучии и в предшествовавшей ей Фунани. Считалось, что он непрерывно спускался с неба на гору Мотан, порождая на земле все проявления жизни. М. особенно поклонялись при королевском дворе. Культ М. имел шиваистское происхождение, по некоторым данным, в его образе очень рано сказалось влияние буддизма. В синкретичной кхмерской мифологии М. трактовался как *бодхисатва*. *Я. Ч.*

МАХИ́ («большая», «великая», в частности как обозначение земли), древнеиндийское женское божество, олицетворение земли. Обычно упоминается (в гимнах апри) в составе триады с *Сарасвати* и *Илой* (PB I 13, 9; V 5, 8; Саяна; «Найгхантука» I 11), которые называются богинями, приносящими радость, и приглашаются расположиться на жертвенной соломе; иногда в этой триаде М. заменяется другим божеством — *Бхарати*. М. известна по ведийским текстам, но и здесь она встречается очень редко и без каких-либо индивидуальных характеристик. В ряде случаев трудно решить, идёт ли речь о персонифицированном образе земли или о земле и даже других космологических объектах вообще (ср.: PB I 80, 11; 159, 1 и др., где в двойственном числе слово «М.» обозначает небо и землю, или II 11, 2; V 45, 3 и др., где во множественном числе это слово обозначает воды, потоки); во всяком случае, может это слово «М.» также обозначать и почву, основу, страну и т. п. Слова того же происхождения, что и «М.», употребляются как определения земли и в некоторых других традициях. Ср. лат. Magna Terra или (отчасти) греч. «megalaiteai», «великие богини» (о *Деметре*, в имени которой скрыто слово «земля», и *Персефоне*). *В. Т.*

МА́ЦИЛИ, в грузинской низшей мифологии злые духи, обитающие в нижнем мире. Пугают путников и охотников, сбивая их с пути, умерщвляют младенцев, заколдовывают людей и скот. Истребляет М. палицей и стрелами, пущенными из лука, *Копала*. Мать М. иногда именуют также «матерью *дэвов*»; ей посвящена молельня в хевсурском селении Рошка, в которой женщины приносят в жертву животных. *З. К.*

МА-ЮАНЬШУА́Й («главнокомандующий Ма»), в поздней китайской народной мифологии трёхглазое

чудовище. М. считается воплощением духа Чжи Мяоцзи, приговорённого Буддой к перерождению за излишнюю жестокость в истреблении злых духов. Для того чтобы выполнить этот приказ, он проник в материнское лоно некой Ма Цзиньму (отсюда, вероятно, и его фамилия Ма) в виде пяти огненных шариков. После появления на свет М. в трёхдневном возрасте убил царя драконов *Лун-вана*. Впоследствии он овладел магическим искусством: мог повелевать ветром, громом, змеями, превращать в любой другой предмет свой чудесный талисман — треугольный камешек. Подчинив духов огня, ветра, различных драконов и т. п., он и получил титул главнокомандующего запада.
Б. Р.

МАЯВОКА, в мифах ябарана культурный герой. В борьбе с предком племени пиароа — людоедом Укара М. сначала превратил его в муравьеда, а затем разрезал на части. Из этих частей произошли животные, мясо которых съедобно. Брат М.— Очи открыл корзинку, где была спрятана птица-солнце, что привело к потопу и другим несчастьям. М. вывел людей из недр холма, поглотившего их в результате потопа, и научил их всем искусствам. После потопа и поимки птицы-солнца М. стал жить на западе, а Очи — на востоке. Грядущий мир блаженства и справедливости будет миром М.
Ю. Б.

МАЯС ХАРА («чёрная Маяс»), Манзан Хара, персонаж мифов бурят, небесная злая «бабушка», вместе со своими 13 сыновьями и 7 дочерьми олицетворяющая силы зла. Противостоит небесной доброй «бабушке» *Манзан Гурме*. Согласно некоторым версиям, от М. Х. произошли 44 злых восточных *тенгри*.
Н. Ж.

МБОМБИАНДА, Мбомбиванда, Вангиленга, Нзакомба, в мифах монго-нкунду демиург. М. невидим, как и души, которые попадают к нему после смерти. М. создал мир — сначала деревья и растения, потом солнце и луну, всех животных, птиц и рыб. Впоследствии он сотворил источник вод, породивший все реки и ручейки. М. создал женщину по имени Боала и заботился о ней, как о своей дочери. Забеременев чудесным образом, она родила мальчика, которого М. назвал Мбонгу. Когда Мбонгу вырос, М. создал для него женщину Мбомбе и велел ему уйти с неба на землю, жить вместе и рождать детей. Мбомбе родила сына *Лианжа*, а затем ещё близнецов-дочерей Нсонгомбембе и Локомбе-йонкунду.
Е. К.

МБОРИ, Мболи, Мбали, в мифах азанде первопредок и демиург. М. создал мир и всё сущее. Живёт в истоках рек (по другим версиям, находится под землёй). Зарождение ребёнка иногда приписывают М.; правителя после смерти называют «наш М.».
Е. К.

МБУЭ, неточно Буэ, в мифах микронезийцев островов Гилберта небесный дух, культурный герой, хозяин ветра и морских животных; сын Солнца. М. отправляется на поиски отца, совершает инцест с сестрой (вариант — с тёткой), живущей вместе с отцом; забирает у отца и побеждённой им хтонической старухи богатства, огонь, ветры и дождь, знание ремёсел. Вернувшись на свои острова, заселяет их людьми.
М. С. П.

МВАРИ («отец», «породивший»), Мвали, Мнвали, Унвали, Моари, Моали, Мнари, в мифах шона (междуречье Лимпопо и Замбези) божество, первопредок-громовник (аналогичен *Мулунгу*, *Калунге*). М. живёт на горе предков, в пещере, в месте погребения предков. М.— податель дождя (типичная для предков функция), может покарать засухой. М. приносят в жертву чёрный скот (чёрный — ритуальный цвет дождя). Посредниками между М. и людьми являются предки и цари. Он произвёл людей на дне озера Дзивоа, затем первые люди породили в подземных водах человечество и растения. М. как предок, выступающий в роли культурного героя, сопоставим с другими культурными героями-предками — с *Мукуру* (у гереро), *Моримо* (у суто), *Ункулункулу* (у зулу). Однако он уже в значительной мере обожествлён, стоит в центре организованного культа (что соответствует относительно высокой организации общества у шона, создателей государства Мономотапа). Согласно представлениям шона, земля принадлежит М., а управляет страной от имени М. вождь. Первый вождь племени произошёл от М. По одному из мифов, во главе народа по воле М. стал самый добродетельный из его сыновей — Чилуме, он получил от М. барабаны предков. Чилуме действует соответственно приказаниям М.

М. характеризуется иногда и как мифологический трикстер. Согласно одной версии, М. (Мнвали) попросил у человека по имени Кхари одеяло. Тот отказал М., но не смог прогнать его из своего дома. Когда же Кхари сжёг свою хижину, он услышал голос М. с дерева; приказал срубить дерево, голос М. раздался с крыши соседнего дома. Затем М. «вошёл» в одного быка, принадлежащего Кхари, и бык стал разговаривать. Четверо юношей по распоряжению Кхари убили быка, но его мясо не поддавалось жарке. И вдруг они увидели, что мясо, кости и шкура быка поднялись в небо, и они услышали, как М., засмеявшись, сказал: «Я получил больше, чем одеяло».
Е. С. Котляр.

МЕ («сущности», «сути»), в шумерской мифологии божественные таинственные силы, управляющие миром, всеми божественными и земными институтами. Считалось, что силами М. могли обладать города и храмы, они могли покидать их обладателя, воплощаться в предметы, сохраняя при этом свои незримые свойства. Один из главных мифов, дающих ключ к пониманию значения М.,— миф о похищении богиней *Инанной* у бога мудрости Энки М., хранившихся в *Абзу*. Инанна, желая облагодетельствовать свой город Урук, на пиру похищает М. у захмелевшего Энки. В мифе даётся перечень М., которые, по этому мифу, представляют своеобразный каталог культуры древней цивилизации,— олицетворяют жреческие и царские функции (одновременно и знаки власти), моральные установления и антиподы их, сексуальные понятия, искусства и ремёсла и т. д.

С обретением М., вероятно, были связаны какие-то обряды надевания одежд, украшений, явно имевшие магическое значение (в мифе о нисхождении Инанны в преисподнюю она снимает в каждых из семи ворот преисподней свои одежды и украшения, что лишает её магической силы и делает беспомощной). М.— обязательный атрибут богов, причём каждый бог обладает им в разной мере; например, *Ан* и *Энлиль* — боги, которые чаще всего наделяли этой силой других богов. Бог *Энмешарра* — «господин всех ме», передал Ану и Энлилю своё господство. Существовали М. подземного мира — установления, которые нельзя было изменить и которым должны были подчиняться все обитатели подземного мира.

С М. в какой-то мере связано (и, возможно, развилось из него) аккадское представление о таблицах судеб. Таблицы судеб определяли движение мира и мировых событий, обладание ими обеспечивало мировое господство или подтверждало его (в аккадской космогонической поэме «Энума элиш» ими первоначально владела *Тиамат*, затем *Кингу* и, наконец, *Мардук*). Известен аккадский миф о похищении таблиц судеб у Энлиля птицей Анзу (*Анзуд*), которые затем отнимает у неё *Нинурта* (*Нингирсу*). Писец таблиц судеб (и иногда их хранитель) — *Набу*.
В. К. Афанасьева.

МЕГАКЛО, в греческой мифологии лесбосская царевна, научившая своих семерых служанок (назвав их Музами) игре на кифаре и пению, чтобы смягчить грубый нрав царя. М. учредила на Лесбосе культ Муз, который, по местному преданию, потом распространился по всей Греции (FGH IV 457).
Г. Г.

МЕГАР, в греческой мифологии сын Зевса и одной из нимф, спасшийся во время потопа *Девкалиона* благодаря тому, что плыл на крик журавлей. М. доплыл до вершины горы Гераний (которая находится между Мегарами и Коринфом). Один из эпонимов города Мегары (Steph. Byz.).
Г. Г.

МЕГАРА, в греческой мифологии старшая дочь фиванского царя Креонта, который в благодарность за помощь в войне с орхоменцами отдал её в жёны Гераклу (Hom. Od. XI 269 след.). От Геракла М.

родила трёх сыновей — Теримаха, Креонтиада и Деикоонта (Apollod. II 4, 11—12); иногда упоминаются восемь сыновей (Pind. Isthm. IV 61 след.). В припадке безумия, насланного на него Герой, Геракл убил сыновей (Apollod. II 4, 12; вариант: и М. — Hyg. Fab. 241). По одной из распространённых версий мифа, когда Геракл решил жениться на Иоле, он отдал М. своему племяннику, другу и спутнику Иолаю (Apollod. II 6, 1). Еврипид использовал миф о М. в трагедии «Геракл», в которой рассказывается, что, когда герой отправился по приказу Эврисфея за Кербером, фиванский царь *Лик* сверг и убил Креонта и изгнал М. и её детей; возвратившийся Геракл убил Лика, а затем, впав в безумие, поразил стрелами своих сыновей и жену.
М. Б.

МЕГЕРА, в греческой мифологии одна из трёх *эриний*, сестра Алекто и Тисифоны. *А. Т.-Г.*

МЁД ПОЭЗИИ, в скандинавской мифологии священный напиток, дарующий мудрость и поэтическое вдохновение. История изготовления М. п. и добывания его *Одином* наиболее подробно изложена в «Младшей Эдде» в форме ответа бога-скальда *Браги* на вопрос великана Эгира: «откуда взялось искусство, что зовётся поэзией?». При заключении мира после войны асов и ванов (см. в ст. *Ваны*), рассказал Браги, боги совершили ритуальное смешение слюны в чаше, а затем сделали из неё мудрого человечка по имени *Квасир*. Карлики (цверги) Фьялар и Галар зазвали к себе и убили Квасира в гости и убили его, а из его крови, смешанной с пчелиным мёдом, приготовили в трёх сосудах — Одрёрир («приводящий дух в движение»), Сон («кровь») и Бодн М. п. Затем карлы откупились за себе и убили великана Гиллинга и его жену. Чтобы откупиться от сына Гиллинга — Суттунга, цвергам пришлось отдать ему М. п. Суттунг поставил свою дочь Гуннлёд сторожить мёд в скале Хнитбьёрг («сталкивающиеся скалы»). Один, стремясь завладеть М. п., устроил так, что работники Бауги, брата Суттунга, передрались из-за точила и поубивали друг друга, после чего Один поступил (под именем Бёльверк, букв. «злодей») вместо них в услужение к Бауги, испросив вместо платы за службу глоток мёда. Так как Суттунг не принял договора, то Один-Бёльверк достал бурав (рати) и заставил Бауги пробуравить скалу, за которой находились сосуды с мёдом, после чего пролез в обличье змеи в просверлённую дыру, провёл три ночи с Гуннлёд и с её разрешения осушил тремя глотками все три сосуда с мёдом. Затем, превратившись в орла, Один улетел в Асгард, где выплюнул весь мёд в чашу. Мёд Суттунга Один отдал асам и «...тем людям, которые умеют слагать стихи». В «Речах высокого» («Старшая Эдда» 104—110) содержатся отрывочные сведения об истории похищения Одином мёда у Суттунга и Гуннлёд (но священный мёд не называется там М. п.), а также описывается мучительная «шаманская» инициация Одина, пронзённого копьём и провисевшего в течение девяти дней на мировом древе (138—140). Эта история отчасти является параллелью к добыванию мёда у Суттунга, так как после испытания Один получает от великана Бёльторна (отца его матери) магические заклинания и пьёт из сосуда Одрёрир. Бёльторн соответствует Суттунгу, шаманское камлание (к которому священный мёд имеет прямое отношение как средство приведения в экстаз и которое предполагает путешествие души «шамана») — путешествию культурного героя. К строфам 138—140 «Речей высокого», в свою очередь, близка ситуация, описанная в «Речах Гримнира» («Старшая Эдда»), где Один после мучительного стояния между костров получает глоток мёда и начинает вещать. Наконец, «Прорицание вёльвы» («Старшая Эдда») намекает на то, что в другом источнике *Мимира* находится глаз Одина, отданный, возможно, за право пить из источника мудрости (версия «Младшей Эдды»). Во всех этих случаях священный мёд связан с Одином и символизирует экстатический источник как мудрости, так и обновления жизненных и магических сил. Мировое древо *Иггдрасиль* само покрыто медвяной росой и питает корни в медвяных источниках, из которых пьют мёд бог *Хеймдалль* и *Мимир*. Медвяным молоком козы Хейдрун поддерживают в Валхалле свои силы павшие воины (эйнхерии). М. п. имеет параллели в других мифологиях (напр., священный напиток *амрита* в индийской мифологии). Однако М. п. не обладает омолаживающей силой, подобно амрите. Эта функция перенесена на «молодильные» яблоки богини *Идунн*, но скорее всего первоначально этим свойством обладал сам священный мёд. *Е. М. Мелетинский.*

МЕДЕЯ, в греческой мифологии волшебница, дочь царя Колхиды Ээта и океаниды Идии, внучка Гелиоса, племянница Кирки (Hes. Theog. 956 след.; Apollod. I 9, 23) (вариант: мать М. — покровительница волшебниц Геката, сестра М. — Кирка, Diod. IV 45—46). Миф о М. связан с мифом об *аргонавтах*. Когда аргонавты во главе с Ясоном прибыли в Колхиду, покровительствовавшие им боги внушили М. страстную любовь к Ясону. За обещание жениться на ней М. помогла Ясону преодолеть испытания, которым его подверг Ээт. Усыпив волшебным зельем сторожившего золотое руно дракона, М. помогла Ясону овладеть сокровищем (Apollod. I 9, 23). Более древний вариант: Ясон убил дракона (Pind. Pyth. IV 249). Вместе с Ясоном М. бежала из Колхиды. Чтобы задержать преследовавшего беглецов Ээта, М. убила бежавшего с ней своего малолетнего брата Апсирта, а затем разбросала куски его тела по морю, понимая, что поражённый горем отец прекратит погоню, чтобы собрать части тела сына для погребения (Apollod. I 9, 24); вариант: Апсирт не бежал с М., а возглавил колхов, гнавшихся за аргонавтами. М. заманила брата в ловушку, и Ясон убил его (Apoll. Rhod. IV 452 след.). Когда М. и аргонавты достигли острова феаков, посланные Ээтом колхи потребовали выдачи М. Царь феаков *Алкиной* ответил, что выдаст беглянку, если она ещё не стала женой Ясона. Предупреждённые супругой Алкиноя *Аретой*, М. и Ясон поспешили сочетаться браком (IV 1100 след.). Когда аргонавты с руном вернулись в Иолк, М. помогла Ясону отомстить узурпатору *Пелию*, убившему его отца и брата. М. погубила Пелия, убедив его дочерей, что дряхлого отца можно омолодить. Для этого тело Пелия надо разрубить на части, сварить их в котле, а потом М. с помощью волшебных снадобий вернёт ему молодость. Чтобы убедить дочерей, она разрубила барана, сварила его в котле, а затем превратила в ягнёнка; когда дочери Пелия согласились разрубить отца, М. воскрешать его не стала (Paus. VIII 11, 2; Ovid. Met. VII 297 след.). После этого М. и Ясон были изгнаны из Иолка и поселились в Коринфе, где М. родила Ясону двух сыновей Мермера и Ферета. Когда Ясон задумал жениться на дочери коринфского царя Креонта *Главке* (вариант: Креусе), М., проклиная неблагодарного мужа, решила отомстить ему. Она послала сопернице пропитанный ядом пеплос (одеяние), надев который Главка сгорела заживо вместе с отцом, пытавшимся спасти дочь (Hyg. Fab. 25). Убив своих детей, М. улетела на колеснице, запряжённой крылатыми конями (вариант — драконами). По другому варианту мифа, М. оставила детей молящимися у алтаря Геры, мстя за Главку, убили их (Paus. II 3, 6—7; Diod. IV 55; Apollod. I 9, 28). Бежав из Коринфа, М. поселилась в Афинах и стала женой Эгея, родив ему сына Меда (Apollod. I 9, 28). Когда в Афины возвратился неузнанный отцом наследник Эгея Тесей, М., боясь, что он, а не Мед унаследует власть отца, убедила мужа попытаться погубить пришельца. Но Эгей узнал сына, раскрыл коварство М. и изгнал её из Афин (Plut. Thes. XII; Apollod. epit. I 5—6). После этого М. и её сын Мед возвратились в Колхиду, где к тому времени Ээт был свергнут с престола братом Персом. Мед убил Перса и воцарился в Колхиде, впоследствии завоевав значительную часть Азии (Strab. XI 13 10; Diod. IV 56 след.) [вариант: Мед погиб в походе против индов, М. сама убила Перса и вернула власть отцу (Apollod. I 9, 28)]. В дальнейшем М. была перенесена на острова блаженных, где стала женой Ахилла (Apoll. Rhod. IV 811 след.; Apollod. epit. V 5). Такие черты образа М., как способность оживлять мёртвых, летать по небу и пр., позволяют предполагать, что первоначально М. почиталась как богиня. Возможно, в образе М. слились черты почитавшейся в Колхиде солнечной богини, могущественной колдуньи фессалийских сказок (Иолк находился в Фессалии) и героини коринфского эпоса, в котором М. и её отец считались выходцами из Коринфа.

Сказочные черты М. претерпели существенные изменения в творчестве греческих и римских писателей. Тема неразделённой любви М. к *Ясону*, намеченная ещё Пиндаром, получила развитие в одноимённой трагедии Еврипида, где М. стала убийцей своих детей. У Сенеки (трагедия «Медея») она предстаёт как суровая мстительница, действующая с жестокой последовательностью.
М. Н. Ботвинник.

МЕ́ДНЫЙ ЗМЕЙ, в ветхозаветных преданиях изображение змеи, сделанное *Моисеем* в пустыне (после исхода из Египта) для защиты от «ядовитых змеев» (букв.— «огненных»), которые были насланы на него за малодушие и ропот во время скитаний по пустыне. После того как от укусов этих змей умерло множество людей, народ обратился к Моисею с покаянной просьбой помолиться Яхве о спасении от них. Моисей по указанию бога сделал «медного змея и выставил его на знамя, и когда змей жалил человека, он, взглянув на медного змея, оставался жив» (Чис. 21, 9). Эпизод этот следует связать с древними ближневосточными культами змеи с её амбивалентной семантикой, ассоциирующейся, с одной стороны, с плодородием, возрождением, исцелением, а с другой — с началами разрушения и зла, восходящими к вариантам змееборческого мифа. Амбивалентность эта зафиксирована в эпизоде с М. з. в своеобразном варианте исцеления «подобного подобным». На существование в околобиблейской мифологии культа змеи указывает, помимо эпизода с М. з., рассказ (4 Царств 18, 4) об истреблении царём Езекией, боровшимся с пережитками языческих культов, «медного змея, которого сделал Моисей,— потому что до самых тех дней сыны Израилевы кадили ему и называли его Нехуштан» (контаминация обоих созвучных слов, обозначающих М.з.). Высказывалась также точка зрения, подкрепляемая некоторыми данными библейской ономастики, что культ с М. з. связан с пережитками тотемизма. Приурочение культа М. з. к личности Моисея объясняется, очевидно, стремлением оправдать этот культ его высоким авторитетом. Остатки этого культа прослеживаются вплоть до христианско-гностической секты офитов (греч. ὄφις, «змея»). Агадическая традиция распространяет целительное действие М. з. на укушенных не только змей, но и всяким диким зверем, а также видит в эпизоде доказательство воскресения мёртвых. Новый завет содержит слова Иисуса Христа, уподобляющие его вознесение как несущее верующим вечную жизнь вознесению Моисеем змеи в пустыне (Ио. 3 14—15).
М. Б. Мейлах.

МЕДО́НТ, Медо́н, в греческой мифологии: 1) побочный сын *Оилея*, командовавший отрядами *Филоктета* под Троей (пока тот находился на Лемносе) (Hom. Il. II 716—728); погиб от руки Энея (XV 333—336); 2) глашатай женихов Пенелопы, раскрывший ей их заговор против Телемаха (Hom. Od. IV 675—679).
А. Т.-Г.

МЕДУНГА́СИ И СИМОТИ́НГ, в мифологии нага в северо-восточной Индии мужчина и женщина, оставшиеся после потопа. По-видимому, они были братом и сестрой. От их мужского потомства пошли разные народы.
Я. Ч.

МЕЗГУА́ШЕ, древнейшее божество адыгов, хозяйка плодов и съедобных трав; позднее приняла на себя также и функции богини охоты. С утверждением у адыгов патриархата М. вытесняется божеством мужского пола *Мезитхой*. По мнению некоторых исследователей, М.— астральное божество, по своим функциям близкое громовнику *Шибле*.
М. М.

МЕЗЕ́НЦИЙ, Мезе́нтий, в римской мифологии царь этрусского города Цере, жестокий тиран, изгнанный своими подданными и бежавший к Турну, на стороне которого воевал против *Энея*.

М. считался врагом богов, так как требовал, чтобы ему приносились предназначавшиеся богам первые плоды нового урожая; погиб в поединке с Энеем (или Асканием) (Verg. Aen. VIII 480 след.; X 689 след.).
Е. Ш.

МЕЗИ́ЛЬ, у адыгов мифологический антропоморфный персонаж с топорообразным выступом на груди. Обитает в лесах, пугает одиноких путников. Широко распространён сюжет — встреча охотника с М. (в нартском эпосе в роли охотника выступает *Уазырмес*). Охотник, разделив трапезу с М., хитростью одолел его: положил на своё ложе чурбан, накрыв его буркой, а сам скрылся в стороне. М. принял чурбан за спящего охотника, бросился на него и вонзил в него топор. В это время охотник выстрелил и ранил М. Ср. абх. *Абнауаю*, лакск. *Рикирал дак*.
М. М.

МЕЗИ́ТХА, у адыгов бог лесов и охоты, покровитель диких зверей; преимущественно антропоморфного облика. Сменил более архаическое божество женского пола *Мезгуаше*. М. разъезжает на свинье с золотой щетиной, постелью ему служит шкура лани, посудой — рога животных. М. разрешает споры между знаменитыми нартскими охотниками.
М. М.

МЕЛА́МП, Мела́мпод, в греческой мифологии прорицатель, сын Амифаона и Идоменеи, брат *Бианта* (Hom. Od. XV 225 след.). В послегомеровской традиции М.— основатель культа Диониса и фаллических шествий, перенесённых им из Египта в Элладу (Herodot. II 49). Он первым начал лечить болезни при помощи трав и очищений (Apollod. II 2, 2). Считался основателем жреческого рода Мелампидов. Получение М. пророческого дара связывается со следующим мифом: М. из разорённой змеиной норы взял змеёнышей и выкормил их; когда змеи выросли, они ночью вползли М. на плечи и своими языками прочистили ему уши, после чего он стал понимать язык животных и предсказывать будущее (I 9, 11). Благодаря своему пророческому дару помог брату Бианту получить в жёны Перо — дочь пилосского царя Нелея. По одной из версий мифа, М. исцелил также дочерей тиринфского царя Прета — Претид, которые за отказ участвовать в Дионисиях были поражены безумием (Herodot. IX 34, Strab. VIII 3, 19). За это М. получил от Прета часть его царства, которое разделил с братом (Apollod. I 9, 12; II 2, 2). О чудесах, совершённых М., рассказывалось в не дошедшей поэме «Мелампо́дия», приписываемой Гесиоду.
М. Б.

МЕЛАНИ́ПП, в греческой мифологии: 1) фиванский герой, сын Астака, защищавший родной город во время похода *семерых против Фив* (Aeschyl. Sept. 409). Смертельно ранил *Тидея* в живот и тут же сам пал от руки *Амфиарая* (Apollod. I 8, 5; Paus. IX 18, 1). Благосклонная к Тидею Афина хотела сделать его бессмертным, попросив для этого зелье у Зевса; Амфиарай же, ненавидевший Тидея за то, что тот убедил героев начать поход против Фив (вопреки мнению Амфиарая), и зная дикий нрав Тидея, отрубил голову М. и положил её на грудь раненого Тидея. Тот высосал мозг из черепа М. Ужаснувшаяся зверской жестокости Тидея, Афина отказалась от намерения даровать ему бессмертие (Apollod. III 6, 8). Миф о М. отражает пережитки каннибализма; 2) ахайский юноша, полюбивший жрицу Артемиды Комето, с которой он сходился в храме богини. Разгневанная кощунством, Артемида наслала на страну неурожай и мор. Чтобы умилостивить богиню, оракул приказал казнить М. и Комето и ежегодно приносить ей в жертву юношу и девушку (Paus. VII 19, 2 след.); 3) сын Ареса и богини Тритии, дочери Тритона. Основал в Ахайе город, который назвал по имени матери Тритией (Paus. VII 22, 8).
М. Б.

МЕЛАНИ́ППА, в греческой мифологии: 1) дочь Десмонта или Эола (сына Эллина), внучка кентавра Хирона, возлюбленная Посейдона, которому родила двух близнецов Беота и Эола (вариант: М.— нимфа, жена сына *Амфиктиона* Итона, мать близнецов Беота, Paus. IX 1, 1). Отец приказал заключить М. в темницу, а родившихся близнецов выбросить. Их подобрали и воспитали пастухи; когда мальчики выросли, они освободили мать (Hyg. Fab. 186). В основе мифа распространённый сюжет о брошенных и чудесным образом спасённых близнецах (ср. миф о *Ромуле* и Реме). В мифе сохранились следы тотемизма: Посейдон — бог коневодов; М.,— букв. греч. «чёрная кобыла». Миф о М. был разработан в двух недошедших трагедиях Еврипида, одна из которых — «Меланиппа скованная» известна в пересказе Гигина (Hyg. Fab. 186); 2) дочь Ареса, сестра царицы амазонок *Ипполиты* (иногда М. отождествляется с Ипполитой, или с Главкой, Apollod. epit. V 1—2). По одному из вариантов мифа, М. была захвачена в плен Гераклом и потом выкуплена сестрой, которая в обмен за сестру вручила герою свой пояс (Apoll. Rhod. II 966 след.). *М. Б.*

МЕЛА́НФ, М е л а́ н т, в греческой мифологии царь Мессены, сын Андропомпа, отец Кодра (Paus. VII 1, 9). Был изгнан из Мессены Гераклидами. Бежал в Пилос, потом по совету оракула отправился в Аттику, где участвовал в борьбе против беотийцев. М. вызвал на бой царя беотийцев Ксанфа. Во время поединка за спиной Ксанфа появился Дионис в козлиной шкуре; М. стал укорять Ксанфа, что он бьётся не один. Изумлённый Ксанф обернулся, и сразу же был убит М. (Strab. IX 1, 7). За то, что М. спас Аттику от нашествия беотийцев, он был избран царём, сменив последнего потомка *Эгея* (Herodot. V 65). В благодарность за оказанную богом помощь в бою М. построил святилище Диониса и учредил празднества в его честь. *М. Б.*

МЕЛА́НФИЙ, М е л а́ н т и й, в греческой мифологии раб *Одиссея*. Когда Одиссей вернулся из странствий, М. не узнал хозяина, одетого в лохмотья, оскорбил и ударил его (Hom. Od. XVII 212 след.; Apollod. epit. VII 32—33). В отсутствие хозяина М. принял сторону женихов Пенелопы и потом тщетно пытался передать им оружие. Одиссей жестоко расправился с М.: изрубил его на куски и бросил на съедение собакам (Hom. Od. XXII 474 след.). *М. Б.*

МЕЛА́НФО, в греческой мифологии: 1) дочь Девкалиона, с которой в облике дельфина сошёлся Посейдон. М. родила сына Дельфа (Ovid. Met. VI 120); 2) любимая воспитанница и неверная служанка *Пенелопы*, ставшая любовницей одного из её женихов (Hom. Od. XVIII 321—339) и повешенная вместе с другими рабынями по приказу Одиссея (XXII 465). *Г. Г.*

МЕЛЕА́ГР, в греческой мифологии герой, сын царя Калидона (города в Южной Этолии) Ойнея (Apollod. I 8, 2; вариант: Ареса — Hyg. Fab. 171) и *Алфеи*. Участник похода *аргонавтов* (Apollod. I 9, 16), по некоторым вариантам мифа, убил колхидского царя Ээта (Diod. IV 48); победитель в метании копья и дротика в общегреческих играх. Наибольшую славу принесло М. участие в *калидонской охоте*. *М. Б.*

МЕЛИА́ДЫ, М е́ л и и («ясеневые»), в греческой мифологии первые нимфы-ясени, выросшие из капель крови оскоплённого Урана. Считались прародительницами людей («плоды ясеня», «род людской», Hesych.; Schol. Hom. Od. XXII 127). *Г. Г.*

МЕЛИБЕ́Я, в греческой мифологии: 1) дочь *Ниобы*, пощажённая вместе с братом Амиклом за то, что взмолилась к *Лето*, но от страха навеки оставшаяся бледной (греч. хлорос) и получившая прозвище Хлориды (Paus. II 21, 10). По аркадскому преданию, М. дочь Океана, жена *Пеласга*, мать *Ликаона*; 2) жительница Эфеса. Пыталась покончить с собой из-за того, что родители отказались выдать её замуж за юношу Алексиду. М. бросилась с крыши, но была чудесным образом спасена и на лодке без руля и ветрил доставлена к пировавшему с друзьями Алексиду. М. и Алексид воздвигли святилище Афродиты Автоматы и Афродиты-приводящей на пир (Serv. Verg. Aen. I 720). *Г. Г.*

МЕЛИКЕ́РТ, в греческой мифологии младший сын *Афаманта* и *Ино*, вместе с которым обезумевшая мать бросилась в море. Боги превратили М. в божественного помощника моряков, терпящих бедствие, по имени Палемон (Ovid. Met. IV 416—31; 494—541), который в Риме почитался под именем Портун. По одному из преданий, погибший М. был перенесён дельфином на Коринфский перешеек, где М.-Палемону воздали почести и учредили в его честь истмийские игры (Paus. I 44, 7—8). *А. Т.-Г.*

МЕЛИ́ССА, М е л и́ т т а («пчела»), в греческой мифологии: 1) дочь критского царя Мелиссея, сестра Амалфеи, вскормившая младенца Зевса мёдом (Callim. Hymn. 46); 2) дочь Эпидамна (эпонима города), родившая от Посейдона Диррахия, иллирийская нимфа-прародительница пчёл (Steph. Byz.); 3) жрица Деметры на Истме, растерзанная соседками за то, что отказалась раскрыть им таинства богини. Деметра покарала преступниц; в останках М. завелись пчёлы (Serv. Verg. Aen. I 430). *Г. Г.*

МЕЛИТЕ́Й («вскормленный пчёлами»), в греческой мифологии сын Зевса и нимфы Офреиды. Опасаясь гнева Геры, Офреида унесла ребёнка в лес, где его выкармливали пчёлы, и он стал превосходить ростом и силой обыкновенных мальчиков. Сын Аполлона и Офреиды Фагр, которому было предсказано, что он должен спасти вскормленного пчёлами родича, подобрал ребёнка, дав ему имя. М. основал во Фтии город Мелиту (Ant. Liber. 13). *Г. Г.*

МЕ́ЛОС, в греческой мифологии: 1) делосец, бежавший на Кипр к *Киниру* и ставший товарищем *Адониса*. После гибели Адониса М. повесился на дереве, которое в честь него назвали мелос («яблоня»). М. первым стал стричь овец (греч.— мела) и обрабатывать шерсть (Serv. Verg. Ecl. VIII 37); 2) сын М.-старшего и племянницы Кинира Пелии. Эпоним города Мелос. *Г. Г.*

МЕЛЬКА́РТ (финик., «царь города»), в западносемитской мифологии (1-е тыс. до н. э.) верховный бог города Тир, повсеместно почитавшийся в Финикии и за её пределами (в частности, в Карфагене, а также в Дамаске) как покровитель мореплавания и «предводитель» финикийской, особенно тирской, колонизации. В теогонии Санхунйатона — Филона Библского М.— сын Зевса Демарунта. Отождествлялся с *Гераклом* и как таковой часто изображался в львиной шкуре. Согласно поздней античной традиции, Геракл (М.) борется в Ливии с Тифоном (*Йамму*) и гибнет, но затем воскресает благодаря Иолая (соответствовавшего, очевидно, *Эшмуну*). В Тире ежегодно в начале весны справлялся обряд пробуждения М. Мелькарт, таким образом, выступает как умирающий и воскресающий бог. Возможно, он воспринял некоторые черты Баал-Хаддада (см. *Балу*). Существует гипотеза, что М.— солнечное божество. *И. Ш.*

МЕЛЬПОМЕ́НА, в греческой мифологии муза трагедии, одна из девяти дочерей Зевса и Мнемосины (Hes. Theog. 75—77). Изображалась украшенной виноградными листьями, в венке из плюща, с трагической театральной маской в одной и палицей или мечом в другой руке. От бога реки Ахелоя родила *сирен*, прославившихся своим пением (Apollod. I 3, 4). *А. Т.-Г.*

МЕЛЬХИСЕДЕ́К, М а л к и ц е́ д е к («царь мой — праведность»), теофорное имя, включающее название общесемитского божества, в преданиях иудаизма и раннего христианства современник *Авраама*, царь Салима (Шалема, будущего Иерусалима), священнослужитель предмонотеистического культа Эльона (в русском переводе — «бога всевышнего»), отождествленного библейской традицией с Яхве. Библейские упоминания о М. скудны и загадочны. Одно из них сообщает, что когда Авраам возвращался с победоносной войны против союза четырёх царей во главе с Кедорлаомером, М. вышел навстречу Аврааму, вынес хлеб и вино, благословил его «от бога Эльона, владыки небес и земли», а затем и самого Эльона, благодаря его за победу Авраама; Авраам дал М. десятую часть того, что имел (Быт. 14, 18—20). Второе упоминание — обращение к царю с чертами мессии: «клялся Яхве, и не раскается: ты священник вовек по чину Мельхиседека» (Пс. 109/110, 4). По некоторым гипотезам, это изречение из времен Давида (интронизационное приветствие пророка Нафана?); очевидно, что оно обосновывает право царя в Иерусалиме, городе М., на какое-то особое, экстраординарное священство, отличное от священства касты потомков *Аарона*. Эти данные дают толчок для противоречивой традиции. Одна линия этой традиции относится к М. с большим почтением, как к образу древнейшей, доавраамовской праведности; например, он отождествляется с Симом, сыном Ноя (Псевдо-Ионафанов Таргум, Быт. 14, 18; талмудический трактат «Недарим», 32б и др.). Но этого мало: в качестве идеального явления царского и первосвященнического достоинства М. — прототип мессии. С наибольшей силой такая точка зрения выражена в кумранском тексте «Мидраш Мельхиседек», где избранники Яхве названы «людьми жребия Мельхиседека», мессианское время искупления обозначается как «год благоволения М.», а сам М. выступает как небожитель, глава «вечных ангелов» и совершитель эсхатологического возмездия. Эти возрения секты ессеев проникли и в раннехристианскую среду, для которой М. (отчасти в силу своего не названного, а потому таинственного происхождения) есть подобие Иисуса Христа: «Мельхиседек,... во-первых, по знаменованию имени — царь правды, а потом и царь Салима, то есть, царь мира, без отца, без матери, без родословия, не имеющий ни начала дней, ни конца жизни, уподобляясь сыну божию, пребывает священником навсегда. Видите, как велик тот, которому и Авраам патриарх дал десятину из лучших добыч своих» (Евр. 7, 1—4). Среди христиан были известны еретики-мельхиседекиане, приписывавшие М. богочеловеческое достоинство. Вторая линия представляет собой реакцию против возвеличения М. Талмуд усматривает в том, что М. сначала благословил Авраама, и лишь потом — Яхве, вину М. и основание для передачи священства на будущие времена потомкам Аарона («Недарим», 32б); в новозаветном тексте, напротив, священство Ааронидов принадлежит прошлому и уступает место вечному священству Христа «по чину М.» (Евр. 7, 5—24). Отсутствие родословия у М. тоже могло истолковываться не только как знак высокой тайны, но и как указание на низкое происхождение: по свидетельству христианского автора Епифания Кипрского, «иудеи повторяют, что... так как он был сыном блудницы, то мать его не упоминается, а отец его неизвестен». Возможно, что это предание — сниженный в духе евгемеризма отголосок ханаанейской мифологемы о сакральном персонаже — сыне богини плодородия (заменяемой на следующей стадии жрицей этой богини, блудницей). Но в кругах иудейских сектантов, чтивших М., версии о божественном и о постыдном происхождении М. примиряются на ином уровне. Согласно славянскому изводу книги *Еноха*, восходящему к ессейскому оригиналу, бесплодная и престарелая жена Нира, брата Ноя, чудесно зачала без плотского общения с мужем, была им обвинена в блуде, пала к его ногам, умерла и была положена в гроб, а Нир и Ной пошли рыть для нее могилу; по возвращении они нашли около гроба таинственного мальчика как бы трёх лет с печатью священства на груди; его облачили в священнические одежды и нарекли М. Через 40 дней архангел Гавриил уносит М. в Эдем, где тот должен пережить время потопа, чтобы исполнить свою миссию и быть священником вовек.

Свойство особой притягательности для воображения иудейских апокалиптиков, эсхатологически настроенных сектантов, ранних христиан ортодоксальной и еретической ориентации М. разделяет с такими фигурами, как *Сиф* и особенно *Енох*. В христианской иконографии М. выступает как прообраз христианского священника.   *С. С. Аверинцев.*

МЕЛЮЗИНА, М е л и з а́ н д а, в европейской низшей мифологии фея или демон-суккуб. Образ М. восходит, вероятно, к кельтской мифологии. К кон. 12 в. существовало несколько региональных вариантов предания, причём, насколько известно, впервые оно было зафиксировано письменно английским придворным автором Готье Мапом. Главный герой Мапа назван Энно Длиннозубым, фея по имени не названа, однако смысл повествования в главных чертах вполне определён: герой встречает необычайно красивую девушку, которая становится его супругой и дарит ему прекрасное потомство. Однако несоблюдение ею церковных обрядов наталкивает мать Энно на мысль подглядеть за невесткой, и она сквозь дыру в стене видит её купающейся в облике дракона. Энно окропил жену святой водой, и она со страшными криками улетела сквозь крышу. Отразившись с рядом вариаций в сочинениях Жерве из Тилбери, Элинанда де Фруамона и др. легенда о М. приобретает свою наиболее известную форму (а её героиня — имя) в сочинении Жана из Арраса (кон. 14 в.). Она связывается с историческим родом синьоров Лузиньян, один из представителей которого — Раймондин — встречает однажды у источника трёх девушек и среди них свою будущую супругу дочь короля Шотландии Элинаса и феи Пресины — М. Пресина запретила мужу наблюдать за её родами, но король нарушил запрет, и тогда мать забрала трёх родившихся дочерей на остров Авалон. Узнав о предательстве отца, выросшие дочери заточают его в недра горы. Мать их, всё ещё любящая короля, наказывает дочерей, причём М. по её воле должна по субботам превращаться в змею. Только женитьба на смертном может сделать её смертной и прекратить её вечную муку. М. приносит Раймондину богатство и потомство, но, мучимый ревностью и любопытством, он нарушает запрет не смотреть на М. по субботам и видит её в образе сирены. В гневе он говорит ей об этом, и М. вылетает в окно крылатой змеёй. По ночам она является посмотреть на своих сыновей. Образ М. имеет множество параллелей как в кельтской, так и других традициях.
С. В. Шкунаев.

МЕ́МНОН, в греческой мифологии царь Эфиопии, союзник троянцев в Троянской войне. Сын *Эос* и брата Приама Тифона (Hes. Theog. 984 след.). После гибели *Гектора* М. в доспехах, изготовленных Гефестом, приходит на помощь троянцам. Поединок М. с *Аяксом* Теламонидом не даёт перевеса ни одному из сражающихся; в другом бою М. видит Нестора, замешкавшегося на своей колеснице, и пытается его убить, но на защиту Нестора приходит *Антилох* (Pind. Pyth. VI 28—42), он сражается с М. и гибнет от его руки. Разгневанный *Ахилл* вступает в единоборство с М. (Procl. Chrest. II), причём матери обоих героев Фетида и Эос молят Зевса заступиться за их сыновей, и весы судьбы указывают Зевсу, что наступил смертный час М. Эос получает от Зевса разрешение похоронить тело сына на его родине, в Эфиопии. Поскольку греки, видевшие в Эфиопии сказочную страну, локализовали её достаточно неопределённо — где-то на юге, то родиной М. называли весьма отдалённые друг от друга районы Сирии, Сусианы (Herodot. V 53 след.; VII 151) и даже Египта: в Абидосе показывали дворец М.; в египетских Фивах М. был выстроен храм, по названию которого вся западная часть города получила название Мемнония (Strab. XV 3, 2; XVII 1, 37—42); одна из двух колоссальных фигур, воздвигнутых при фараоне Аменхотепе III, считалась изображением М. Повреждённая во время землетрясения статуя издавала на рассвете звук, который воспринимался как приветствие М. своей матери Эос (Paus. I 42, 3). Жители северной Фригии показывали могилу М. у устья реки Эсеп (Strab. XIII 1, 11); по их рассказам, чтобы оплакать гибель М., сюда ежегодно прилетают птицы-мемнониды, сотворённые Зевсом из праха М. (по другой версии, в птиц были превращены спутники М. под Троей); они устраивают над могилой кровавый бой, пока половина из них не погибнет. Миф о М. послужил сюжетом не дошедшей послегомеровской поэмы «Эфиопида». Наиболее подробное описание участия М. в Троянской войне и его погребения — у Квинта Смирнского в «Послегомеровском эпосе» (II 100—189, 235—266, 300—340, 395—660).   *В. Я.*

МЕН, фригийский лунный бог, почитавшийся в Анатолии. Различались Небесный М. и Подземный М. Как бог-целитель и покровитель могил М. имел культ в Греции и Риме (где также отождествлялся с *Аттисом*, имевшим эпитет Менотиран). Изображался в облике юноши или ребёнка с молодым месяцем за спиной (М. — по-гречески «месяц»), верхом на петухе, быке, льве, коне. *Г. Г.*

МЕНА́ДЫ («безумствующие»), в а к х а́ н к и, б а с с а р и́ д ы, в греческой мифологии спутницы *Диониса*. Следуя фиасами (толпами) за Дионисом, М., украшенные виноградными листьями, плющом, сокрушают всё на своём пути тирсами, увитыми тоже плющом. Полуобнажённые, в шкурах пятнистого оленя, со спутанными волосами, часто подпоясанные задушенными змеями, они в безумном восторге взывают к Дионису Бромию («Шумному») или к Дионису Плющевому, восклицая «Вакх, Эвое». Они растерзывают в лесах и горах диких животных и пьют их кровь, как бы приобщаясь к растерзанному божеству. Тирсами М. выбивают из скал и земли молоко и мёд, нередки человеческие жертвы. Они увлекают за собой женщин, призывая их к служению Дионису. Источником мифов о М. является трагедия Еврипида «Вакханки», но уже у Гомера Андромаха, узнавшая о гибели Гектора, названа «менадой с сильно бьющимся сердцем» (Hom. Il. XXII 460 след.). *А. Т.-Г.*

МЕ́НАКА, М е́ н а, в древнеиндийской мифологии божественная *апсара*, впервые упомянутая в «Яджурведе» (Ваджр.-самх. XV 15, 16). По указанию *Брахмы* соблазнила мудреца *Вишвамитру*, чтобы отвлечь его от аскетических подвигов, и имела от него дочь *Шакунталу* (Мбх. I 72). Другая дочь М. — Прамадвара, ставшая женой Руру, была рождена ею от царя *гандхарвов* Вишвавасу (I 8). В пуранической традиции М. — дочь Брахмы, жена *Химавата* и мать Майнаки, *Парвати* (Умы) и Ганги (Ваю-пур. 30, 28—29; «Брахманда-пурана» 2, 13 и др.). *П. Г.*

МЕНБУСИ́Н, в корейской шаманской мифологии дух, ведающий делами загробной жизни. По происхождению он относится к буддийским 10 великим правителям (сиптэван, махараджа). Считалось, что после смерти душа покойного тут же становится в очередь в павильон 10 великих правителей, где вершится суд над покойным. Совершавший добрые деяния при жизни, попадает в рай, где наслаждается в вечной благости; совершавший дурные поступки, отправляется в ад, где подвергается вечным испытаниям. *Л. К.*

МЕНЕ́КЕЙ, в греческой мифологии сын фиванского царя *Креонта*. В войне *семерых против Фив* во время осады города войском семи вождей М. узнал от прорицателя Тиресия, что, принеся себя в жертву, он спасёт город от разорения. Обманув бдительность отца, М. заколо́лся перед входом в пещеру, посвящённую богу войны Аресу (Eur. Phoen. 903—1018, 1090—1092, 1310—1319). Имя М. носил также отец Креонта и Иокасты. *В. Я.*

МЕНЕЛА́Й, в греческой мифологии сын *Атрея* и *Аэропы*, брат *Агамемнона*. После убийства Атрея *Эгисфом* М. и Агамемнон вынуждены были бежать из Микен. Они нашли приют в Спарте у царя *Тиндарея*, который выдал замуж за Агамемнона *Клитеместру* и помог ему вернуть царский трон в Микенах (Tzetz., Chil. I 456—465). М., избранному из нескольких десятков знатнейших героев всей Эллады в супруги *Елены*, Тиндарей вскоре уступил царскую власть в Спарте (Apollod. epit. II 16). Безмятежная жизнь М. с Еленой продолжалась около десяти лет, пока в Спарту не явился троянский царевич *Парис*. М. в это время отправился на Крит, чтобы участвовать в похоронах своего деда по матери Катрея. Узнав о похищении жены и сокровищ Парисом, М. призвал на помощь всех её бывших женихов, связанных совместной клятвой оберегать честь её супруга, и сам выставил ополчение на 60 кораблях (Hom. Il. II 581—590). До начала военных действий М. вместе с *Одиссеем* отправились в качестве послов в Трою, пытаясь уладить конфликт мирным путём, но Парис и его сторонники отказались вернуть Елену и сокровища, и война стала неизбежной (Apollod. epit. III 28). В единоборстве с Парисом М. явно берёт верх, и только вмешательство богини Афродиты спасает соперника М. (Hom. Il. III 324—382). Вскоре М. был ранен Пандаром стрелой из лука (IV 112—147). Ещё раз М. проявляет доблесть, обороняя от троянцев тело убитого *Патрокла* (XVII 1—69, 553—581, 702—761). М. входил в число греческих воинов, укрывавшихся в деревянном коне, и в ночь падения Трои убил троянского царевича Деифоба, ставшего мужем Елены после смерти Париса (Apollod. epit. V 22). Тотчас после победы над Троей М. вместе с возвращённой ему Еленой отплыл на родину, но уже у берегов Пелопоннеса попал в страшную бурю, которая отбросила его к берегам Крита. Во время восьмилетних скитаний М. попадает на Кипр, в Финикию и Египет, где приобретает большие сокровища (Hom. Od. III 276—312). С Египтом М. связывает версия мифа, по которой в Трое находился только призрак Елены, сама же она по воле Зевса была перенесена к берегам Нила и ожидала здесь во владениях Протея своего супруга (Eur. Hel. 1—760). Последний этап возвращения М. в Спарту после восьмилетнего отсутствия, согласно эпической традиции, протекал без осложнений. После долгих лет спокойной жизни с Еленой по возвращении в Спарту М. как зять Зевса удостоился поселения на Елисейских полях, куда античная традиция помещала легендарных героев прошлого (Hom. Od. IV 561—569). Поздние авторы называют имена нескольких сыновей М., рождённых им в отсутствие Елены наложницами (Apollod. III 11, 1); с одним из них (Мегапенфом) связан вариант сказания об изгнании Елены из Спарты после того, как М. был перенесён в обитель блаженных. Образ М. является плодом героического сказания, возможно, опирающегося на какие-то исторические воспоминания микенской эпохи. По преданию (Paus. VIII 23, 4), в Аркадии находился старый платан, посаженный М., когда он собирал войско для похода под Трою (аркадяне выставили, согласно гомеровскому каталогу, ополчение для 60 кораблей, Hom. Il. II 603—614). В Спарте показывали дом, в котором некогда жили М. с Еленой (Paus. III 14, 6); видимо, близ него в историческое время девичий хор исполнял обрядовый эпиталамий Елены наподобие засвидетельствованного в 18-й идиллии поэта 3 в. до н. э. Феокрита. *В. Н. Ярхо.*

МЕНЕ́Т, М е н о́ й т, в греческой мифологии пастух Аида, сообщивший *Гериону*, что его коров похитил Геракл (Apollod. II 5, 10). Находясь в аиде, Геракл, чтобы напитать души умерших кровью, убил одну из коров М.; пастух вызвал его на единоборство, но Геракл так сжал его, что переломал ему рёбра, и потом отпустил по просьбе Персефоны (II 5, 12). *Г. Г.*

МЕНЕ́ТИЙ, М е н о́ й т и й, в греческой мифологии: 1) сын титана Иапета и Климены, брат Прометея, Атланта и Эпиметея (Hes. Theog. 507—511). Во время титаномахии М. был поражён перуном Зевса и сброшен в тартар (Apollod. I 2, 3); 2) сын Актора (Hom. Il. XI 785), один из *аргонавтов*, отец Патрокла, родич и друг Пелея. *А. Т.-Г.*

МЕНЕХУ́НЕ, М а н а х у н е, в мифах полинезийцев Гавайских островов и Новой Зеландии духи-карлики, хозяева леса, живущие в пещерах. Иногда М. стрелами поражают путников. Поверья о карликах (под другими именами) распространены по всей Океании; возможно, мифы о них восходят к преданиям об автохтонных племенах, позднее вытесненных мигрантами. *Е. М.*

МЕНКВ, м е н к, в мифологии обских угров антропоморфные великаны-людоеды и оборотни. Сотворены *Нуми-Торумом* из стволов лиственниц; скрылись в лесу после того, как бог вдул в них жизнь (ср. великанов — алангасаров в удмуртских мифах). Относятся иногда к мифологизированной фратрии *Пор*). В мифологических сказках их облик отличают густые брови, иногда — острая голова. Тела их неуязвимы, слабое место человек может обнаружить лишь при помощи сверхъестественных сил; победить великана можно только хитростью. Из частей тел погибших великанов образуются острова, холмы, реки. М. владеют живой водой, способной воскресить умерших. *М. Х.*

МЕНКЕРО́Т, в египетской мифологии богиня-львица. М. — мать солнца, которое она в виде ребёнка

поднимает на небо. Отождествлялась с *Сехмет*. В заупокойных текстах М. поднимает на небо умерших.
Р. Р.

МЕ́НКЕТ, в египетской мифологии богиня, покровительствующая изготовлению пива. Совершала ритуальные возлияния, была связана с культом мёртвых.
Р. Р.

МЕ́НРВА, в этрусской мифологии богиня материнства, покровительница рожениц. Древнейшее материнское божество эгейско-анатолийского ареала. Позднее почиталась как покровительница ремесла и ремесленников и воительница. Считалась также защитницей этрусских городов и в городе Вейи почиталась как царица. Изображалась в полном вооружении и с копьём в руке. Вместе с *Тином* и *Уни* входила в этрусскую триаду богов, соответствовавшую римской триаде (Юпитер, Юнона, Минерва).
А. Н.

МЕНТ, в египетской мифологии богиня-львица. В греко-римский период отождествлялась с *Сехмет* и *Тефнут*.
Р. Р.

МЕ́НТА, М и́ н ф а, в греческой мифологии нимфа подземного царства, возлюбленная Аида, растерзанная из ревности Персефоной. На месте гибели М. выросла душистая трава мята. От реки Кокит в аиде получила имя Кокитиды.
Г. Г.

МЕ́НТОР, в греческой мифологии: 1) отец Имбрия; в облике М. Аполлон побудил к сражению Гектора (Hom. Il. XIII 171); 2) итакиец, друг Одиссея, принявший попечение над *Телемахом* и другими домочадцами отправившегося под Трою царя (Od. XXII 235; II 225 след.; XXIV 456). В облике М. обычно является Афина, когда ей нужно показаться Одиссею и не быть узнанной другими (XXII 205—240). Функция М.— «маска божества» — в литературе нового времени была вытеснена функцией «воспитателя» («Приключения Телемака» Ф. Фенелона, «Тилемахида» В. К. Тредиаковского). Имя М. вошло в обиход европейских языков как нарицательное со стилистическим оттенком одиозности («менторский тон»); 3) сын Эврисфея (Apollod. II 8, 1); 4) сын Геракла (II 7, 8).
Г. Ч. Гусейнов.

МЕНХЕ́П (от кит. Минцзя), в китайской и корейской мифологии волшебное дерево, согласно «Бо ху тун и» («Всеобъемлющее обсуждение в зале Белого тигра») китайского учёного Бань Гу (1 в.), будто бы росло во времена *Яо*. В 1-й половине месяца оно выпускало, а во 2-й половине месяца теряло по одному стручку каждый день. В новолуние только один стручок не отсыхал и не опадал. Отсюда другие корейские названия М.— Таллёкпхуль или Чхэннёкпхуль, «Лунная или календарная трава».
Л. К.

МЕ́НХИТ, в египетской мифологии богиня-львица. Жена *Хнума*. Почиталась в городе Летополис, очевидно, как богиня войны, её эпитет — «воинственная». Отождествлялась с *Сехмет, Тефнут, Небтуи*.
Р. Р.

МЕРЕ́М, у адыгов богиня земледелия, покровительница пчёл. Представления о М. сложились под влиянием образа христианской богоматери Марии (отсюда и её имя). В одной из молитв М. называют «матерью великого бога». Её внешний облик: «облачена в золото белое, имеет на челе луну, а вокруг себя — солнце». М. был посвящён осенний земледельческий праздник.
М. М.

МЕРИМУТЕ́Ф («возлюбленный своей матери»), в египетской мифологии бог в виде барана, почитавшийся в 11-м верхнеегипетском номе (город Хат, недалеко от Сиута).
Р. Р.

МЕРИО́Н, в греческой мифологии племянник *Идоменея*, приплывший вместе с ним под Трою. В «Илиаде» М. выступает как верный соратник Идоменея в битве за корабли (XIII 246—344; 526—575), а также помогает *Менелаю* отстоять тело *Патрокла* и затем принимает участие в погребальных играх памяти убитого, причём особенно отличается в стрельбе из лука (XXIII 850—897). Согласно поздней версии, М. после войны попадает в Сицилию и поселяется у выходцев с Крита в Гераклее Минойской, где в историческое время существовал культ М. (Diod. IV 79, 6).
В. Я.

МЕРИ́СА, у адыгов мифологический персонаж — покровительница пчёл. Имя М. восходит, скорее всего, к богине *Мерем* (возможно, вытеснило первоначальное адыгское имя божества). По мифу, однажды погибли все пчёлы и спаслась лишь одна, спрятавшаяся в рукаве М. От неё потом произошли все другие пчёлы. М. был посвящён один из летних праздников.
М. М.

МЕРИТСЕ́ГЕР («любящая тишину»), в египетской мифологии богиня, олицетворявшая Фиванский некрополь; считалось, что М. охраняет кладбище и покой умерших. Изображалась в виде женщины или льва с головой змеи. Центр культа М.— посёлок (в районе современного Дейр-эль-Медине), где жили ремесленники — строители гробниц. М. считалась их покровительницей.
Р. Р.

МЕРКУ́РИЙ (от «товар», «торговать»), в римской мифологии бог торговли, отождествлявшийся с *Гермесом*. В 495 до н. э. ему по решению народного собрания был посвящён храм у Великого цирка; одновременно была образована коллегия торговцев, находившаяся под его защитой (Liv. II 27, 5; Serv. Verg. Aen. IX 408). Матерью М. считалась Майя. Как бог прибыли и обогащения М. обычно изображался с кошельком и часто объединялся с *Фортуной*, носил эпитет «счастливый». В Риме и городах Италии существовали вербовавшиеся из плебеев и рабов коллегии почитателей М. (одного или с Майей), впоследствии ставшие коллегиями императорского культа. Считали, что М. может обеспечить не только торговую прибыль, но и указать зарытый клад. Отождествление М. с Гермесом привело к усложнению его образа, он становится проводником душ в мире мёртвых (Serv. Verg. Aen. I 741), вестником и прислужником богов (таким он выступает уже у Плавта в «Амфитрионе»), покровителем искусств и ремёсел, знатоком тайн магии и астрологии (Serv. Verg. Aen. I 741). Эти свойства М. обусловили его отождествление в западных провинциях с кельтским богом *Лугом*, нередко выступавшим также как главный бог племён и общин. Как таковой М. почитался с эпитетами Арверноикс — царь племени арвернов, Ханниний — бог племени ханниниев, Тевтат — царь общины туата, а также «знающий», «мудрый» и т. п.
Е. Ш.

МЕРЛИ́Н, в кельтской мифо-поэтической традиции и средневековых повествованиях «артуровского» цикла сюжетов поэт и провидец. Весьма вероятно, что конкретным прообразом М. был исторический валлийский бард Мирддин Дикий, живший в 6 в. и впервые упоминаемый в валлийских поэмах с 10 в. Эти поэмы, наряду с цитациями пророчеств, содержат рассказ о воине и барде короля Гвенддолеу, потерявшем разум после сокрушительного поражения и смерти своего господина в битве при Арфдеридд на севере Британии. После этого он жил в глуши леса Келиддон на западе шотландских предгорий. В 12 в. образ М. получил популярность через сочинения Гальфрида Монмутского, давшего жизнеописание и обширные пророчества М. Хотя они были плодом фантазии автора, многое было почерпнуто из валлийских поэм и преданий. Традиционная канва повествований о М. складывается с 13 в. (рождение М. от инкуба, удивительное детство, учреждение М. Круглого стола, помощь Артуру и др. вплоть до заточения М. феей Вивианой в воздушную темницу Броселианды). Образ М. бытовал, независимо от письменной традиции, в народной традиции, в частности бретонской (рассказы о маге Мурлу).
С. Ш.

МЕРО́ПА, в греческой мифологии: 1) супруга Гераклида Кресфонта, царя Мессении. Когда родственник Кресфонта Полифонт убил царя и двух его сыновей, захватил престол и принудил М. выйти за него замуж, ей удалось укрыть младшего сына, тоже Кресфонта (источники иногда называют его Эпитом), у друзей в Этолии (по другой версии — у отца М. Кипсела в Аркадии). Полифонт, зная о том, что сын М. жив, назначил большую награду за его голову. Однажды в Мессении появился незнакомец, сообщивший, что он убил Кресфонта-младшего. В это же время слуга, через которого М.

поддерживала связь с сыном, вернулся с известием, что юноша бесследно исчез. М., поверив, что незнакомец, гостящий у Полифонта, является убийцей её сына, решает отомстить ему. Ночью она проникает в спальню чужеземца и уже заносит над ним топор, когда сопровождающий её старый слуга по приметам узнаёт в спящем Кресфонта. Вместе с сыном М. составляет план убийства Полифонта, который удаётся осуществить тем легче, что население Мессении оставалось верным памяти старого царя. Миф о М. был обработан в трагедии Еврипида «Кресфонт» (сохранились отрывки, в том числе папирусные), содержание которой передают Гигин (Hyg. Fab. 137 и 184) и Аполлодор (II 8, 5).

2) Одна из плеяд, единственная из них вышедшая замуж за смертного, коринфского царя Сисифа; поэтому в созвездии Плеяд М. светит более слабым светом, чем сёстры (Ovid. Fast. IV 175); 3) коринфская царица, приёмная мать Эдипа (у Софокла в «Царе Эдипе»).

В. Н. Ярхо.

МЕРТ, в египетской мифологии богиня музыки и пения. Покровительствовала главным образом исполнению гимнов богам. Участвовала в празднествах тридцатилетнего юбилея царя («хеб-сед»). Изображалась в виде женщины, ладонями отбивающей такт. На голове М. помещали знак золота; святилище М. называли «золотой дом».

P. P.

МЕРУ́, в древнеиндийской мифологии огромная золотая гора, центр земли и вселенной; вокруг М. вращаются солнце, луна, планеты и звёзды, на ней живут высшие боги (*Брахма, Вишну, Шива, Индра* и др.), *гандхарвы, риши* и др. (ср. греч. *Олимп*). Ганга с небес стекает сначала на М., а потом — вниз, на землю. К югу от М. (по некоторым мифам,— вокруг М.) расположен Джамбудвипа (см. в ст. *Двипа*). По индуистским представлениям, М. находится где-то к северу, за Гималаями.

С. С.

В буддийских мифах М. представляется горой, окружённой семью горными хребтами, отделёнными друг от друга кольцевидными озёрами. За ними расположены четыре континента: на востоке — Пурвавидеха, на юге — Джамбудвипа (см. *Двипа*), на западе — Апарагодана, на севере — Уттаракуру. Каждый из них окружён 500 островами, омываемыми огромным мировым океаном. Мировой океан окружён скалистой стеной Чакравала. У людей, живущих на четырёх континентах, жизнь неодинакова: в Джамбудвипе — самая короткая, в Уттаракуру, где нет частной собственности, зерно созревает само собой и люди не работают,— наиболее счастливая; более удачливым считается рождение в Джамбудвипе (которая сопоставляется с Индией), где люди отличаются мужеством, острым умом и благочестием. Только в Джамбудвипе появляются *будды* и *чакравартины*. На континентах живут и животные, глубоко под поверхностью земли находятся *преты*, ещё глубже — различные ступени ада (см. *Нарака*). *Асуры* обитают главным образом в пещерах горы М. Отчасти на М., но преимущественно над ней живут боги (см. *Девалока*). Ниже всех находятся «четыре великих царя» (Чатурмахараджа) — Дхритараштра, Вирудхака, Вирупакша и Вайшравана, которые правят соответственно *гандхарвами, кумбхандами, нагами* и *якшами*. Над ними, на вершине М., расположено *траястринса*. Ещё выше, в воздушных дворцах (вимана), находятся небеса — яма, *тушита*, нирманарати и паранирмита-васавартин. Боги, которые живут в названных небесах, а также люди, животные, преты, асуры и обитатели нараки составляют т. н. сферу желаний (камавачара или камадхату), ибо главным мотивом их действий является стремление удовлетворить свои желания. Остальные боги и живые существа обитают в двух других сферах (см. *Брахмалока*). См. также *Сумеру*.

Л. Мялль.

МЕССИЯ («помазанник»), в религиозно-мифологических представлениях иудаизма идеальный царь эсхатологических времён, провиденциальный устроитель вечных судеб «народа божьего», посредник между богом и людьми и носитель высшего авторитета на земле, спаситель, приносящий с собой новое, исправленное состояние всего мирового бытия; в христианской религиозно-мифологической системе переосмысленный и обязательный преобразованный образ М. (М. = Иисус Христос) — её смысловой центр.

В Ветхом завете нет разработанной, более или менее однозначно интерпретируемой и обязательной в такой интерпретации доктрины о М. (положение меняется только на грани библейской и послебиблейской эпох). Употребление слова «М.» далеко от эсхатологической концепции М. (даже если иметь в виду, что мессианские образы обозначаются в библейских текстах различными терминами — «сын человеческий», Дан. 7, 13; отчасти «отрок Яхве» — Ис. 42). Слово «М.» имеет в Ветхом завете хотя и сакральный, но совершенно бытовой смысл, будучи прилагаемо к царям Израиля и Иудеи (напр., 1 Царств 12, 3 и 5; 16, 6; 2 Царств 19, 21; 2 Парал. 6, 42; Пс. 17, 51; 19, 7 и др.) или к первосвященникам (напр., Лев. 4, 3 — «священник помазанный» и др.), или даже к языческому царю Киру II как провиденциальному орудию Яхве, пользующемуся его помощью (Ис. 45, 1).

Сама идея М. кажется стоящей в противоречии с пафосом ветхозаветного монотеизма, не допускающего никаких «спасителей» рядом с Яхве и не благоприятствующего представлению о каком-либо посреднике между Яхве и его народом. Исходя из этого, в образе М. пришлось бы увидеть наносное заимствование (на мало подходящей для этого почве) из какого-то чуждого круга мифологем, скорее всего иранского (ср. *Саошьянт*), типологическую параллель языческим фигурам героев-спасителей, фигуре буддийского *Майтреи* и т. п. Но тогда непонятно, почему учение о М. не только заняло со временем очень заметное место в системе иудаизма, не только оказалось абсолютным центром христианских представлений, но и нашло буквальные соответствия в строго монотеистическом исламе (образ *Махди*, «скрытого имама» шиитов). Есть основания утверждать, что внутренняя неизбежность как самой идеи М., так и переосмысления в связи с этой идеей состава религиозных представлений в целом заложена в самой структуре религии Яхве, требующего от своего народа беспрекословной верности и особой «святости» на его историческом пути (особенно в будущие эсхатологические времена), недостижимых без вождя и проводника, без вмешательства сверхчеловечески сильного целителя, который обладал бы высшей мерой святости, то есть мессия. Древневосточная идеология обожествления царской власти закономерно трансформируется в контексте иудаистической религии Яхве (не царь как бог, но бог как царь) в мессианскую идеологию: именно потому, что вся власть принадлежит Яхве, полномочия царя действительны в меру того, насколько его власть есть власть Яхве, и оба они — как бы одно (ср. слова Христа: «Я и отец одно», Ио. 10, 30). Такова власть М., чей предок и прототип — *Давид* как первый «богоугодный» (после «неугодного» *Саула*) царь «народа божьего».

Поэтому первая внешняя подробность, конкретизирующая образ М.,— его происхождение из династии Давида. Его приход — как бы возвращение Давида: пророки (Иерем. 30, 9; Иезек. 34, 23—24; Ос. 3, 5) называют его метафорически просто Давидом. Психологический фон такого отождествления М. с Давидом — ностальгия по временам Давида как золотому веку еврейской государственности. Во всяком случае М.— «отрасль от корня Иессеева» (Иессей — отец Давида), как сказано в мессианском пророчестве Ветхого завета, возможно, принадлежащем ещё Исайе (8 в. до н. э.) и говорящем о владыке, власть которого будет до конца чиста от своеволия: «и будет судить не по взгляду очей своих, и не по слуху ушей своих будет решать дела» (Ис. 11, 3; ср. слова Христа — Ио. 5, 30: «Я ничего не могу творить сам от себя... ибо не ищу моей воли, но воли пославшего меня отца»). Образ этого владыки имеет исторические, политико-патриотические измерения, но перерастает их. М. мыслится не только как восстановитель своего народа, усмиритель его врагов, объединитель разделившихся Иудейского и Израильского царств (Ис. 11, 11—16), но и как «знамя для народов», установитель всечеловеческого примирения (11, 10). Оно распространится и на мир природы: «тогда волк будет жить вместе с ягнёнком, и барс будет лежать вместе с козлёнком; и телёнок, и молодой лев, и вол будут вместе, и малое дитя будет водить их. И корова будет пастись с медведицею, и детёныши их будут лежать вместе; и лев, как вол, будет есть солому. И младенец будет играть над норою аспида, и дитя протянет руку свою на логово змеи... ибо земля будет наполнена ведением Яхве, как воды наполняют море» (11, 6—9). Черты умиротворителя в облике мессианского царя подчёркивают и другие пророчества: «Торжествуй, дщерь Иерусалима: се, царь твой грядёт к тебе, праведный и спасающий, кроткий, сидящий на ослице и на молодом осле, сыне подъярёмной. Тогда истреблю колесницы у Ефрема (т. е. Израйля) и коней в Иерусалиме (т. е. Иудее), и сокрушён будет бранный лук; и он возвестит мир народам» (Зах. 9, 9—10); ослица с ослёнком — символ смиренного миролюбия в противоположность боевому коню, как в рассказе о въезде Христа в Иерусалим). Наряду с этим существует традиция воинственного образа М., топчущего врагов народа Яхве, как виноградарь гроздья (ср. Ис. 63, 1—6). Таргум Псевдо-Ионафана на Быт. 49, 10—12 говорит о М.: «Он препоясал чресла свои и выступил на битву против врагов своих, поражая царей с князьями их, и окрашивая горы кровью убиения и убеляя холмы туком сильных; и одеяния его погружены в кровь». В таком контексте М. рисуется всего лишь очень могущественным (и при этом «праведным») вождём своего народа, или, в универсалистской перспективе Исайи, вождём всего человечества, возможно, умиротворяющим его путём завоеваний. Виднейший представитель раввинистической учёности своего времени рабби Акиба признал М. отважного вождя патриотического антиримского восстания 132—135 Бар-Кохбу. Предельная точка политизирующего «приземления» образа М., возможная, правда, лишь у предателя своего народа, — перенесение Иосифом Флавием пророчеств о М. на римского императора Веспасиана.

В противовес этому в талмудической, и особенно мистико-апокалиптической, литературе выявляется (становящийся в центр системы христианства) мотив трансцендентного онтологического статуса М., в частности его предсуществования — то ли в предмирном замысле бога, то ли даже в некой надмирной реальности. Первая, более осторожная версия неоднократно повторена в Вавилонском Талмуде: имя М. входит (наряду с Эдемом, Геенной, престолом Яхве и т. п.) в число семи вещей, сотворённых на 2000 лет прежде мироздания («Песахим» 54 а; «Недарим» 39 б). В эфиопском изводе книги Еноха неоднократно говорится о предвечном и вечном М., который «был избран и сокрыт Яхве до сотворения мира и пребудет пред ним до скончания веков». М. или его «свет» (ср. *Фарн* в иранской мифологии) оказывается присутствующим при сотворении мира; равным образом «дух Яхве» как демиургическая сила приравнивается к духу М.: «„И дух божий носится над водою", это — дух царя Мессии» («Берешит рабба» 8, 1). В качестве «сына человеческого» (Дан. 7, 13), а в терминологии Филона — «небесного человека», т. е. некой идеальной парадигмы человеческого образа как микрокосма и соотнесённого с этим микрокосмом макрокосма, М. сближается с *Адамом* до грехопадения (ср. в Новом завете доктрину о Христе как «последнем Адаме», 1 Кор. 15, 45) и с *Адамом Кадмоном* каббалистической спекуляции, а за пределами иудаизма может быть сопоставлен с такими персонажами, как *Пуруша, Гайомарт, Антропос*. Как посредник между богом и миром, М. имеет черты *Метатрона* и через этот образ связан с *Енохом* — бессмертным солнечным царём правды начальных времён, дожидающимся у престола Яхве последних времён. В ессейских, отчасти иудео-христианских кругах М. по его свойству метаисторической надвременности ассоциировался и с *Мельхиседеком*, не имеющим «ни начала дней, ни конца жизни» (Евр. 7, 3). Важно представление, по которому М. уже существует, но «скрывается», так что ему предстоит не родиться, но «явиться», раскрыть свою тайну. Это представление не всегда связано с мыслью о небесном предсуществовании; часто утверждается, что он уже родился на земле, например в день разрушения Иерусалима 10 Аба 70 года (по версии, приводимой в Иерусалимском талмуде, «Беракот» II 5а), но вынужден скрываться из-за грехов народа. В прикреплении момента рождения М. к самой чёрной дате, которую могли представить талмудические авторитеты, выявляется мотив т. н. родовых мук М. — бед и страданий неслыханной силы, долженствующих предшествовать прорыву мессианского времени. Уже для ветхозаветных пророков характерно умозаключение к светлому будущему от максимально тёмного настоящего (ср. также в Новом завете обещание явления «сына человеческого, грядущего на облаке с силою и славою великою» в дни бедствий и попирания святыни, Лук. 21, 9—28). Однако приносимое М. избавление покупается муками не только народа, но и самого М. Страдальческий характер носит уже невозможность для него явиться и действовать прежде определённого ему срока, его временная связанность и полонённость силами зла. М. изображается иногда как прокажённый, сидящий среди нищих на мосту в Риме и непрерывно снимающий и надевающий повязки на своих ранах, чтобы в каждый миг быть готовым к выступлению по зову Яхве («Сангедрин» 98а). Рим фигурирует в этом и аналогичных текстах именно потому, что столица цезарей (а позднее — столица пап) воплощала для евреев средоточие враждебной им мощи: как *Моисей*, избавитель от египетского ярма, был воспитан в Египте, так и М., избавитель от ига Рима, откроется в Риме. Но и тогда, когда срок его ожидания окончится, ему грозит искупительная смерть (ср. Ис. 53, 8), в связи с чем в иудаистической традиции возникает даже версия о двух М. — гибнущем и торжествующем (ср. в христианском учении о двух «пришествиях» одного и того же Христа — сначала на муку, потом во славе). Версия эта намечается в Талмуде («Суккот» 52а со ссылкой на рабби Досу, 3 в.) и получает развитие в позднейшей литературе. Сначала ожидается явление «мессии, сына Иосифа», который восстановит Иудейское царство, храм и храмовое богослужение, но обречён пасть в битве с полчищами *Гога и Магога*; его тело будет лежать без погребения на улицах Иерусалима (или будет погребено ангелами). Лишь после этого сможет выступить «мессия, сын Давида», который одержит окончательную победу над враждебными силами и воскресит своего жертвенного предшественника. Важный момент мессианских событий — участие в них пророка *Илии*; вознесённый на огненной колеснице на небо, он дожидается своего часа, чтобы готовить народ к пришествию М. (ср. ветхозаветное пророчество: «Вот я пошлю к вам Илию-пророка пред наступлением дня Яхве, великого и страшного; и он обратит сердца отцов к детям и сердца детей к отцам их, чтобы я не поразил земли проклятием», Малах. 4, 5—6; христианство относило эти слова к *Иоанну Крестителю*, пришедшему «в духе и силе Илии», Лук. 1, 17, хотя и сам Илия является засвидетельствовать мессианское достоинство Христа в сцене Преображения). Илия накануне мессианского времени разрешит все споры о толковании Библии (талмудический трактат «Менахот» 45а и др.) Затем он сотворит семь чудес (приведёт к евреям Моисея и воскрешённое поколение пустыни; извлечёт Корея и его приверженцев из *шеола*; воскресит «Мессию, сына Иосифа»; явит утраченные ещё со времён вавилонского пленения священные предметы — ковчег завета, сосуд с манной и сосуд для елея; явит скипетр, полученный от бога; сокрушит горы; откроет великую тайну). Далее, по приказу М. он затрубит в рог (шофар), отчего вернётся свет, ушедший после *грехопадения* Адама и Евы, воскреснут мёртвые и явится *Шехина*. Архангел *Гавриил* убьёт чудищ левиафана и бегемота для пира праведных в честь М.

В истории еврейского народа неоднократно выступали деятели, притязавшие на мессианское достоинство; подробности их жизни подвергались в осмыслении их приверженцев сильной мифологизации.

В христианских религиозно-мифологических представлениях образ М. переосмыслен: политико-этнические аспекты элиминированы, предельно обобщены намеченные со времени Исаии универсалистские возможности. На место «избавителя» своего народа от его врагов христианство ставит «искупителя» человечества от его грехов. Исходной точкой христианства стал тезис, согласно которому прорыв в мессианское времени уже начался с выступления Иисуса Христа (т. е. М.), который пришёл «в последние времена» (1 Петр. 1, 20) и «победил мир» (Ио. 16, 33). Поскольку, однако, эмпирическая реальность истории продолжала существовать, образ эсхатологического «конца» в христианской традиции был подвергнут удвоению. М. первый раз приходит «в образе раба» как учитель, исцелитель и искупитель, причём отказывается «судить людей», второй раз он придёт «со славою судить живых и мёртвых» (текст Никейско-Константинопольского символа веры); спасение должно завершиться в эсхатологической перспективе загробного суда (см. *Страшный суд*) и загробной жизни. См. также ст. *Иисус Христос*. *С. С. Аверинцев.*

МЕ́СТРА, в греческой мифологии дочь *Эрисихтона*, который, пользуясь способностью дочери принимать любой облик и исчезать, многократно продавал её и на вырученные деньги покупал себе еду; однако способность М. истощилась, и Эрисихтон умер за пожиранием собственных членов (Ovid. Met. VIII 739—873). *Г. Г.*

МЕТА́Б, в греческой мифологии: 1) сын *Сисифа*, участник Троянской войны, прибывший под Трою с царём *Нестором*, основатель города Метапонта в Южной Италии (Steph. Byz.); 2) в римской мифологии царь города Приверна, отец *Камиллы* (Hyg. Fab. 252). *М. Б.*

МЕТАТРО́Н («стоящий у престола»), в иудаистической мифологии (агадической и талмудической) «запрестольный ангел», ближайший к богу, непосредственно от него получающий приказания. Сопутствующие названия — «князь предстояния», «князь лика божия» и «князь мира». В древнейших агадических произведениях именуется также «указующим перстом» бога; он, в частности, с вершины горы показал Моисею землю обетованную и шествовал впереди евреев в пустыне; он же истолковывает Аврааму священные слова, которыми бог сотворил мир, и обучает Моисея закону, когда тот сорок дней и ночей находится на горе Синайской. Как и архангел *Михаил*, с которым он отождествляется (в частности, в приведённых примерах), М. является ангелом милосердия, ходатаем перед лицом бога за израильский народ и, подобно ему же, выступает в функции божественного писца. В ряде талмудических источников М. отождествляется с *Енохом*, которого бог взял на небо и сделал верховным ангелом. С этим связывается характеристика М. как перешедшего из человеческой плоти в стихию огня (т. е. ангельскую). Исходящий от него свет — это часть сияния небесного престола (являющегося исходным пунктом в образе видения М.), на который он один имеет право садиться (по другой версии, он сидит позади престола). Под тем же престолом М. на высшем небе сохраняет души рано умерших детей, обучая их тайнам божественной премудрости. В некоторых источниках М. отождествляется с ангелом-покровителем всего человечества.

МЕТИ́ДА, Ме́тис («мысль»), в греческой мифологии океанида, дочь Океана и Тефиды (Hes. Theog. 359), мудрая богиня, первая супруга *Зевса*. Она помогла Зевсу вывести из утробы *Кроноса* проглоченных им своих детей — братьев и сестёр Зевса; приготовила волшебное зелье, выпив которое, Кронос изрыгнул сначала камень, а потом и детей (Apollod. I 2, 1). Зевс, узнав от Геи и Урана, что его сын от М. лишит его власти, проглотил свою беременную супругу, после чего из головы Зевса родилась мудрая *Афина*, в которой соединилась мудрость матери и отца. *А. Т.-Г.*

МЕТСАВА́ЙМЫ, в эстонской мифологии духи леса (одно из названий — метсахалдьяд, халдьяд, «хранители»). Они антропоморфны (М. можно увидеть в образе мальчика, пасущего зайцев) или полуантропоморфны (спереди — человекообразны, сзади могут иметь вид гнилого ствола, хвост и т. п.), могут принимать образ волка, медведя, змеи. Покровительствуют птицам, раненым и больным животным, способствуют росту деревьев. Живут в дуплах, семьями. Для людей неопасны, но могут наказывать нарушающих запреты (работающих в лесу в воскресенье), запутать дорогу, лишить охотника, оставляющего раненых животных, удачи. Известны также злые духи леса — ванахальбы («старый чёрт», ванасёге, «старый слепец»), аналогичные славянскому *лешему*. Ванахальбы запутывают дорогу, их голос — эхо, в облике седых старцев они пасут диких животных. Охотник, заключивший договор с ванахальбом, получает много добычи. *В. П.*

МЕФИ́ТИС, в италийской мифологии богиня вредных подземных испарений, почитавшаяся в Риме и других городах Италии (Verg. Aen. VII 82; Serv. Verg. Aen. VII 84). *А. Н.*

МЕХИ́Т («северный ветер»), в египетской мифологии богиня-львица. Почиталась в городе Тинис, считалась женой *Онуриса*. Сын М. — отождествлявшийся с Гором бог Инмутеф. В поздний период центр культа М. переместился в город Бехдет. Отождествлялась с *Уто* и *Мут*, в Бехдете — также с *Хатор*. *Р. Р.*

МЕЧ-КЛАДЕНЕ́Ц, с а м о с е́ к, в русском фольклоре и книжной средневековой традиции чудесное оружие, обеспечивающее победу над врагами. В сказании о Вавилоне-граде меч-самосек носит название «Аспид-змей» и наделён чертами оборотня (превращается в змея). Распространён мотив поиска меча, скрытого в земле, замурованного в стене и т. п., связанный с представлением о кладе (кладенец) или погребении (меч под головой убитого богатыря — см. *Еруслан Лазаревич*). *А. Ч.*

МЗЕТУНАХА́ВИ, у грузин златовласая красавица, чудесно родившаяся из растений. М. заперта в неприступной крепости (или за семью замками); герой, чтобы добиться её, должен выполнить малоосуществимое задание или отгадать её загадки. В ряде сюжетов она заколдована и превращена в лань, голубя, змею. После уничтожения злого духа, заколдовавшего её, М. благодаря магическим словам или действиям обретает свой прежний облик. М. добра и прозорлива. С помощью волшебных предметов она помогает герою, за которого затем выходит замуж. *М. К. Ч.*

МИА́ГР («мухолов»), в греческой мифологии аркадский герой, которому на празднике Афины приносились жертвы, чтобы избавиться от мух (Paus. VIII 26, 7). *Г. Г.*

МИДА́С, в греческой мифологии сын *Гордия*, царь Фригии, славившийся своим богатством (Herodot. VIII 138). Ещё ребёнку М. муравьи таскали пшеничные зёрна, предвещая будущее богатство (Цицерон, «О прорицании» I 36). Когда к М. привели связанного Силена, который сбился с пути во время шествия Диониса, царь радушно его принял, беседовал с ним и через десять дней возвратил Дионису (Ael. Var. hist. III 18). Вариант: М. сам поймал Силена, подмешав вино в воду источника, из которого тот пил (Paus. I 4, 5; Xenoph. Anab. I 2, 13). В награду за освобождение Силена Дионис предложил М. исполнить любое его пожелание. М. пожелал, чтобы всё, к чему он прикоснётся, превращалось в золото. Но в золото стала превращаться пища, что грозило М. голодной смертью, и он взмолился богу, чтобы тот снял чары. Дионис приказал М. искупаться в источнике Пактол, отчего источник стал золотоносным, а М. избавился от своего дара.

М. был судьёй на музыкальном состязании между Аполлоном и Паном (вариант: Марсием, Hyg. Fab. 191) и признал Аполлона побеждённым. Вариант: судьёй был Тмол, который присудил первенство Аполлону, а М. предпочёл Пана. За это Аполлон наделил М. ослиными ушами, которые царю приходилось прятать под фригийской шапочкой. Цирюльник М., увидев уши и мучаясь тайной, которую никому не мог рассказать, вырыл ямку в земле и шепнул туда: «У царя Мидаса ослиные уши!»,— и засыпал ямку. На этом месте вырос тростник, который прошелестел о тайне всему свету (Ovid. Met. XI 85—193). Возможно, М. почитался первоначально как спутник Диониса (или Кибелы, Diod. III 58) и миф об ослиных ушах связан с пережитками тотемизма. Вариант мифа о богатстве М. отражает представления греков о золотых сокровищах Малой Азии. *М. Н. Ботвинник.*

МИ́ДГАРД (букв. «среднее огороженное пространство»), в скандинавской мифологии «средняя», обитаемая человеком часть мира на земле. Термин «М.» известен также западным германцам. Создание богами М. ставится в связь с поднятием земли (вероятно, из первичного мирового океана). Согласно «Речам Гримнира» («Старшая Эдда»), стены М. сделаны из ресниц первосущества — великана *Имира*. За пределами «прекрасного» М. находится Утгард — внешний, пограничный мир, полуотождествлённый с Етунхеймом — пустынной страной великанов (ётунов) на краю земли. Земля окружена океаном, в котором плавает «змей М.» — *Ермунганд*. Главным защитником М. от ётунов и мирового змея является Тор. *Е. М.*

МИ́ИА, М и й о́, в греческой мифологии возлюбленная *Эндимиона*, превращённая ревнивой *Селеной* в муху (Лукиан, «Похвала мухе» 10). *Г. Г.*

МИКА́Л, в мусульманской мифологии один из четырёх (наряду с *Джибрилом, Израилом* и *Исрафилом*) приближённых к аллаху *малаика* (ангелов). Соответствует библейскому архангелу *Михаилу*. Предание называет М. (так же как Джибрила) среди первых ангелов, поклонившихся (в отличие от *Иблиса*) *Адаму*. Он же был среди тех, кто вскрыл грудь и очистил сердце *Мухаммада*. Вместе с другими ангелами М. пришёл на помощь мусульманам в битве против мекканцев при Бадре (624). Имя М. нашло широкое применение в магической практике мусульман (магические квадраты, заклинания джиннов и пр.). *М. П.*

МИКО́Н, М е к о́ н, в греческой мифологии прекрасный юноша, пожалевший Деметру во время её поисков Персефоны, и после смерти превращённый богиней в мак (Serv. Verg. Georg. I 212). Маковая головка была символом плодородия и утешения и атрибутом разных божеств (Афродиты, Paus. II 10, 5; Геры, Theocr. III 29; харит, Кибелы и др.). *Г. Г.*

МИКТЛА́Н, в мифах ацтеков загробный мир, делившийся на 9 преисподних. Путь туда длился четыре дня. Умерший должен был пройти между двумя грозившими раздавить его горами, при этом — избежать нападения змеи и гигантского крокодила, пересечь восемь пустынь, подняться на восемь гор, вынести морозный ветер, метавший в него камни и обсидиановые лезвия. Последнее препятствие — широкую реку покойник пересекал на спине маленькой красной собаки. Добравшись до правителя М.— *Миктлантекутли*, умерший подносил ему дары и получал своё место в одной из девяти преисподних. В М. попадали все, за исключением воинов, утопленников и женщин, умерших от родов. *Р. К.*

МИКТЛАНТЕКУ́ТЛИ («владыка Миктлана»), в мифах ацтеков бог подземного мира. М. изображался в виде скелета или человека с черепом вместо головы, его спутники — летучая мышь, паук и сова. Согласно мифу, *Кецалькоатль* спустился в девятую преисподнюю к М. за костями умерших, чтобы создать новых людей. Зная, что М. недоверчив и склонен к обману, Кецалькоатль, получив просимое, бросился бежать. Рассерженный М. приказал перепелу напасть на бога-творца. Торопясь, Кецалькоатль споткнулся, упал на кости, переломал их и с трудом ускользнул от преследователя, унося добычу. Окропив кости своей кровью, Кецалькоатль создал людей, но так как сломанные кости были разных размеров, то мужчины и женщины различаются по росту. *Р. К.*

МИКУ́ЛА СЕЛЯНИ́НОВИЧ, мифологизированный пахарь-богатырь в русских былинах. В былинах о Микуле и Вольге (см. *Волх*) крестьянин М. С. посрамляет князя с его дружиной, которые на конях не могут угнаться за его плугом, не могут вытащить оставленный им в земле сошник и т. д. Характерен мотив богатырской пахоты М. С., который дубы «в борозду валит». В другом былинном сюжете *Святогор* не может приподнять с земли сумочку, которую носит М. С.: в сумочке — «тяга земная». Другие богатыри не могут победить М. С., потому что его любит «мать сыра земля». «Культурная» деятельность пахаря противопоставлена сверхъестественным способностям Вольги, князя-оборотня, и сверхъестественной силе Святогора, богатыря-великана: ср. распространённый мифологический сюжет о пахаре, который вытесняет с земли поколение великанов. Для славянской традиции характерно возвеличивание крестьянского труда и сословного статуса: главный богатырь русского эпоса *Илья Муромец* — «крестьянский сын», в чешской средневековой хронике Козьмы Пражского (12 в.) первый князь Пржемысл — пахарь, польским князем становится сын пахаря Пяста, согласно хронике 12 в. Галла Анонима (ср. также морд. *Тюштяна* и т. п.). *В. П.*

МИ́ЛДА, в литовской мифологии богиня любви; известна из поздних источников, иногда недостоверных. Упоминается святилище М. в Вильнюсе. Имя М. связано с лит. mylėti, «любить». *В. И., В. Т.*

МИЛЬ, в ирландской легендарной традиции предок гойдельского населения острова Ирландии. Его дядя Ит первым увидел Ирландию с расположенной в Испании высокой башни и посетил её. Ит погиб от руки трёх королей *Племён Богини Дану* (Мак Куйла, Мак Кехта и Мак Грейне), когда они увидели, как ему понравилась страна. М., его сыновья (Сыновья Миля) и спутники на тридцати кораблях отправились в Ирландию и после целого ряда чудесных событий победили Племена Богини Дану в битвах при Слиаб Мис и Тальтиу. Оставшиеся в живых сыновья М. — Эбер и Эремон поделили между собой Ирландию. *С. Ш.*

МИЛЬКО́М, Мильк («царь», «хозяин»), в западносемитской мифологии верховное божество в пантеоне государства Аммон. Согласно библейской традиции, М. дал аммонитянам их страну. В надписи 2-й четверти 1-го тыс. до н. э. аммонитский царь сообщает М. о постройке стены вокруг столицы Аммона, что, по-видимому, было повелением М. Он упоминается также в угаритском списке богов. *И. Ш.*

МИЛЭ́ (кит. транскрипция санскр. имени *Майтрея*, кор. Мирык, япон. Мироку), один из самых популярных святых в дальневосточном буддизме. Можно думать, что М. первоначально историческое лицо, современник *Шакьямуни*. Легенды сообщают, что М. родился в государстве Варанси (Сев. Индия), в семье великого брахмана Бавари, прошёл у него обучение и путешествовал вместе с ним. Учитель послал М. к Шакьямуни. М. добывал пропитание изготовлением чёток. Шакьямуни предрёк, что М. станет грядущим буддой, и вручил ему одежду из золотых нитей. С этого времени М. принял имя Аджита («грядущий»). Легендарные сведения о М. соединяются с мифологическими, согласно которым он поселяется на небе *Доушуай-тянь*. М.— носитель грядущего благого начала, процветания, блаженства — в настоящее время пребывает на небе *тушита* и изображается в обличье *бодхисатвы*, восседающего на этом небе. Изготовление изображений М. в Китае зафиксировано впервые в 5 в. После этого установление статуй М. постоянно упоминается в жизнеописаниях деятелей китайского буддизма. Первоначально изображался в том же стиле, что *Гуаньинь*, но с 13—14 вв. приобретает свои особые черты в облике грядущего будды, получившего широчайшее распространение в китайской народной скульптуре (камень, фарфор, дерево), где именуется в просторечии *Будай-хэшаном*. В скульптурных группах — чаще всего в паре с *Шарипутрой*. В Корее, как

и в Китае, распространены гигантские статуи М., высеченные на скалах в безлюдных местах.
Л. Н. М.

МИМЕНГВИ́, ёгви, в корейской мифологии злые блуждающие духи. Ими становятся, согласно народной традиции, души людей, умерших насильственной или преждевременной смертью, и души девушек, умерших незамужними (торёнсин; см. *Аран, Сонкакси*), неженатых юношей и вдовцов, не оставивших потомства (муджагви).
Л. К.

МИ́МИР, в скандинавской мифологии великан, таинственный хозяин источника мудрости, находящегося у корней мирового древа *Иггдрасиль*. Происхождение М.— из богов или альвов — неясно. «Прорицание вёльвы» («Старшая Эдда») упоминает, что М. пьёт мёд из источника, в котором спрятан глаз *Одина*. Один отдал свой глаз М. за мудрость, содержащуюся в источнике. В «Саге об инглингах» рассказывается, что *ваны* отрезали у М. (бывшего у них заложником после войны асов и ванов) голову и послали её Одину, который её набальзамировал и с ней советовался, в частности, перед началом последней битвы богов и чудовищ, предшествовавшей концу мира (см. *Рагнарёк*). В «Младшей Эдде» говорится, что М. пьёт мёд источника из рога Гьяллархорн (по «Старшей Эдде» это рог *Хеймдалля*); он похитил глаз Одина в залог за то, что дал Одину напиться из источника мудрости.
Е. М.

МИН, в египетской мифологии бог плодородия, «производитель урожаев». Фаллическое божество. Изображался в виде плоской человеческой фигуры, одна рука которой поднята вверх, а другая держит плеть. На голове М. корона, увенчанная двумя перьями. Сохранившаяся статуя М. является самым ранним из дошедших до нас антропоморфных изображений египетских богов. М. покровительствовал рождению людей, размножению скота (и в связи с этим почитался также как бог скотоводства). Один из эпитетов М.— «поднимающий оружие». Фетиши М.— латук и особый столб, воздвигавшийся во время праздника М., в день начала жатвы. Праздничную процессию в этот день возглавлял увенчанный короной бык (персонификация М.). Фараон срезал золотым серпом первый сноп и клал его перед статуей М. Культ М. был распространён в Хеммисе, Коптосе, Омбосе, Нубии. С превращением Коптоса в торговый центр на караванном пути к Красному морю М. приобретает черты бога — покровителя торговли, караванов и восточной пустыни. М. рано отождествляется с другими богами: его называют «могучий Гор», «мститель за отца». Он, как и *Гор*, считается главой объединённого Египта. В других текстах Гор называется его сыном. С М. отождествляется также повелитель вод *Себек*. *Исида* одновременно считается матерью М. (отсюда его эпитет «телец своей матери») и его женой. В период Среднего царства культ М. сливается с культом *Амона*, М. приобретает черты бога, творца мира, его называют «царь богов». В городе Омбос М. выступает как Мин-Ях (М.-луна), его праздник справлялся в день новолуния в святилище — «доме луны».
Р. И. Рубинштейн.

МИНА́КШИ (др.-инд., «имеющая глаза рыбы»), в индуистской мифологии одна из богинь шиваитского пантеона. По одним мифам, она — дочь *Куберы*, по другим — восстала из жертвенного костра царя пандьев Малаядхваджи. С детства М. имела три груди и ей был свойствен острый рыбий запах. Однажды, уже ставшая царицей пандьев и великой завоевательницей, М. встретила *Шиву*, и сразу же запах, и третья её грудь исчезли. Это было знаком, по которому М. распознала в Шиве предназначенного ей богами супруга. М. в качестве ипостаси *Парвати* особенно чтится на юге Индии.
П. Г.

МИ́НДОРТ БА́ТОНИ («властелин полей»), в грузинских мифах покровитель полей и дикорастущих цветов. У М. Б. есть красавица-дочь, которая так легка, что ходит по цветам; она питается цветочной пыльцой и пьёт цветочный сок. По народным преданиям, дочь М. Б. погибает, когда её настигает человек.
З. К.

МИНЕ́РВА, в римской мифологии богиня, входившая наряду с *Юпитером* и *Юноной* в т. н. капитолийскую триаду, которой был посвящён храм на Капитолии. Соответствует этрусск. *Менрве*. Культ М., возможно, заимствован из города Фалерии, где М. издавна почиталась как покровительница ремёсел и искусств (Ovid. Fast. III 821). Такова же была её функция в Риме, где храм М. на Авентине стал центром ремесленных коллегий, а их праздник квинкватр справлялся в юбилей посвящения храма. В 207 до н. э. по ходатайству старейшего поэта и драматурга Ливия Андроника при храме М. была организована коллегия писателей и актёров (Liv. XXVII 37), покровительницей которых стала богиня. Впоследствии её почитали также музыканты, врачи и учителя. М. была отождествлена с *Афиной*, что сообщило ей черты богини мудрости, войны и городов. В римских провинциях М. отождествлялась с некоторыми туземными богинями: Суль в Британии, Сулевией в Галлии.
Е. Ш.

МИНИА́ДЫ, в греческой мифологии три дочери (Левкиппа, Арсиппа и Алкафоя) правившего в Орхомене Миния (родоначальника племени миниев). М. пренебрегли культом Диониса и отказались принимать участие в вакхических шествиях. Когда в горах начались празднества в честь Диониса, из всех женщин Орхомена только М. остались дома, продолжая прясть и заниматься другими домашними делами. Дионис пытался заставить их примкнуть к *менадам*, но М. упрямились, встретив предложение бога насмешками. Тогда Дионис наслал на М. безумие, в припадке которого они разорвали сына Левкиппы, приняв его за оленя. Дионис превратил М. в летучих мышей, по другой версии,— в птиц (Ovid. Met. IV 1 след.). Этот миф относится к числу мифов, связанных с историей становления культа Диониса.
М. Б.

МИНЛЕ́Й, в самодийской мифологии (у ненцев) гигантская птица с семью парами железных крыльев, которыми она по указанию *Нума* создаёт ветер. Один из мифов описывает происхождение М.: некогда мальчик во время игры заколол ножом свою сверстницу, за это отец девочки воткнул ему в пах два ножа и ударил по затылку. В результате мальчик превратился в М. (по другим данным, отец М.— Нум). В мифах М. враждебен человеку, может убить его или похитить и унести в своё гнездо на высокую гору за морем, однако особо могущественные шаманы могут победить М. и даже совершают на его спине воздушные путешествия. Т. Лехтисало считал, что М. связан с мировым древом, и составлял его с орлом мирового дерева ряда мифологий Евразии. Образ М. (сына *Нга*, повелителя ветров, связанного с огнём в чуме и «небесным огнём» — «солнцем») известен также энцам.
Е. Х.

МИНО́НА, у фон богиня женщин; в ранних мифах, вероятно, выступала как прародительница. М. находится в доме женщин, где занимается прядением. Заботится о тех, кто делает гбо (магия). У фон каждая женщина имела святилище М. Ей жертвовали первые плоды, чтобы обеспечить плодородие полей. В различных мифах она выступает дочерью либо матерью *Фа*, или матерью *Маву-Лиза*, или сестрой *Легба*.
Е. К.

МИ́НОС, в греческой мифологии один из трёх сыновей (наряду с *Сарпедоном* и *Радамантом*) Зевса и Европы, рождённых ею на Крите и усыновлённых критским царём Астерием. М. царствовал на Крите после смерти Астерия. Женой М. была Пасифая (дочь бога Гелиоса), которая навлекла на Крит бедствия, породив чудовищного *Минотавра*. М. заключил его в лабиринт (Apollod. III 1, 2—4). Когда сын М. и Пасифаи *Андрогей* был после победы на состязаниях в Афинах убит марафонским быком, М. потребовал от афинян постоянной дани: присылать на съедение Минотавру раз в девять лет семерых юношей и девушек. Однако Минотавра убил с помощью *Ариадны* (дочери М.) Тесей (III 15, 7—8). Другая дочь М. *Федра* впоследствии стала женой Тесея (Apollod. epit. I 17—19). Владея огромным флотом, М. стал господствовать на море. Он захватил Мегару, где царствовал Нис, которого предала дочь, влюбившаяся в М.; взяв город, М. утопил её (Apollod. III 15, 8). М. хотел наказать Дедала за его помощь Пасифае и Ариадне, но Дедал бежал в Сицилию, где М. был обманным путём умерщвлён дочерьми царя Кокала (см. в статье *Дедал*). М. дал критянам законы (III 1, 2). Раз в девять лет в Идейской пещере он беседует с Зевсом (Plat. Legg. 624 a—b). В аиде он вместе с Радаманфом и Эаком судит умерших, держа в руках золотой скипетр (Plat. Gorg. 526 c—d). Позднегреческая крито-микенская основа мифа (М.— царь, законодатель, глава морской державы) настолько возобладала над архаическими чертами, что М. даже стал восприниматься как полуисторическое лицо, тем более, что археологические раскопки на Крите дают некоторые основания сопоставить мифы о М. с историей острова 17—15 вв. до н. э. *А. А. Тахо-Годи.*

МИНОТАВР, в греческой мифологии чудовище-человекобык по имени Астерий («звёздный»), жившее на Крите. Рождён *Пасифаей* (дочерью Гелиоса), женой царя *Миноса*, от быка, посланного на Крит Посейдоном, или самого Посейдона. Был помещён в подземный лабиринт, построенный *Дедалом*, куда ему приносили в жертву (ежегодно или раз в несколько лет) семь юношей и девушек, посылаемых афинянами в качестве подати Миносу и в виде искупления за убийство сына Миноса в Аттике. Афинский царевич *Тесей* добровольно отправился на Крит в числе предназначенных на съедение М., убил чудовище и с помощью нити влюблённой в него царской дочери *Ариадны* выбрался из лабиринта (Apollod. III 1, 3—4; epit. I 7; Diod. IV 6, 1; Hyg. Fab. 40—42).

В мифе нашли выражение древние космические и зооморфные представления о М. (он звёздный или солнечный бык, внук Гелиоса и, может быть, сын Зевса), его связь с морем (он сын Посейдона) и с подземным миром (М. в лабиринте — ипостась Зевса Лабрандского, см. в ст. *Зевс*). Черты героической мифологии отразились в сюжете убийства М. Тесеем. *А. Л.*

МИРАДЖ, см. *Исра ва-л-мирадж*.

МИРИЗИР, в касситской мифологии богиня земли и плодородия. Имела функции богини-матери. В Вавилонии отождествлялась с *Нинлиль*. Касситский символ женского начала — ромб — широко представлен в глиптике. Существует предположение, что М. почиталась как богиня коневодства, покровительница лошадей.

МИРИНА, в греческой мифологии одна из *амазонок*, одерживавшая во главе своего войска множество побед. Она завоевала царство *атлантов*, сражалась с *горгонами*. М. завоевала Ливию, опустошила Аравию и Малую Азию, но была убита фракийским царём Мопсом и скифом Сипилом, а войско её истреблено. Гомер упоминает курган М. у стен Трои, который среди людей именуется Батиеей (Hom. Il. II 811—814). Подробное изложение походов амазонок во главе с М. в виде полулегендарной истории дано Диодором Сицилийским и является одним из примеров эвгемеристического толкования мифов (III 51—54). *А. Т.-Г.*

МИРМЕКС, Мирмика, в греческой мифологии юноша (или девушка), которому за скромность и старания покровительствовала Афина. Возгордившись, М. объявляет себя изобретателем плуга, и за это богиня превращает его в муравья. *Г. Г.*

МИРМИДОНЯНЕ, мирмидоны, в греческой мифологии ахейское племя в Фессалии, возглавлявшееся в походе под Трою *Ахиллом*. После ссоры Ахилла с Агамемноном М. не принимали участия в сражениях и вступили в бой только вместе с *Патроклом*. Мифологическая традиция, по которой Ахилл был внуком *Эака*, возводила название «М.» к тем муравьям (μύρμηκες, «муравьи»), из которых Зевс по просьбе Эака создал население острова Эгина (Ovid. Met. VII 614—660; Strab. VII 6, 16). В некоторых вариантах мифа название «М.» — от предка-эпонима, фессалийского героя Мирмидона, сына Зевса и прадеда Патрокла (Serv. Verg. Aen. II 7; Schol. Hom. Il. XVI 177). *В. Я.*

МИР-СУ́СНЭ-ХУМ (манси), Мир-шэ́тиви-хо (ханты), в мифологии обских угров одно из главных божеств. Буквальное значение имени — «смотрящий за миром». Эпитеты и описательные имена отражают различные признаки и ипостаси М.-с.-х.: «золотой богатырь», «всадник», «богатырь-старик», «властелин-старик», «властелин ханты», «повелитель», «сын золотого света», «сынок женщины» — Эква-Пыгрись и др., при этом у восточных ханты Кан-ики или Орт-ики — основное имя М.-с.-х.

Каждую ночь М.-с.-х. объезжает землю на крылатом всевидящем коне Товлынг-лув с золотой гривой и серебряными копытами, проверяя, всё ли в мире в порядке, и передавая людям наказы своего отца *Нуми-Торума*. Он выслушивает просьбы камлающих в тёмных чумах шаманов (рядом с местом камлания для копыт коня ставят четыре металлические тарелочки с изображениями солнца). М.-с.-х. помогает излечению болезней, отведению опасностей. Ему приписываются функции культурного героя (от него зависит изобилие, некогда царившее на земле; он победил враждебных людям существ, велел птицам прилетать летом в северные края и обучил людей охоте на птиц перемётом) и племенного покровителя манси и ханты.

Согласно мансийскому эпическому циклу, повествующему о жизни и деяниях М.-с.-х., он — младший из семи сыновей Нуми-Торума, рождённый между небом и землёй в тот момент, когда его мать, наказанная Нуми-Торумом за супружескую неверность, была сброшена с неба (в одних вариантах матерью М.-с.-х. признаётся *Калтащ-эква*, в других она считается воспитавшей его тёткой). Когда М.-с.-х. подрос на земле, он захотел повидать мир и своего небесного отца. На коне Товлынг-лув М.-с.-х. объезжает вселенную, включая подземное и подводное царство, всюду разрушая козни своих врагов и добывая себе жён (среди них — дочери *Вит-кана*, *Куль-отыра*, *Этпос-ойки*, хозяйки Птичьей страны Мортим-эквы). С помощью матери М.-с.-х. удаётся первому предстать перед Нуми-Торумом, благодаря чему он получает не принадлежавшее ему по рождению главенство над братьями и подтверждает его в поединках с «законным» претендентом Полум-Торумом (Тапал-ойкой). С этих пор земля и находится под присмотром М.-с.-х.

Он может менять облик: для спасения своей жизни в распрях с братьями он часто превращался в гуся (одно из его именований — Лунт-отыр, «гусь-богатырь»), в виде гуся он совершает полёт в птичью страну Мортим-ма. Власть над птицами М.-с.-х. приобрёл благодаря тому, что в детстве, забравшись в гнездо огромной птицы Товлынг-Карс, спас (пощадил?) его птенцов, после чего Товлынг-Карс стал помощником М.-с.-х., использовавшего его для дальнейших перелётов.

М.-с.-х. являлся одним из основных объектов религиозного культа у обских угров, имел идолов в человеческом или гусином облике. Конь (и конские жертвоприношения), металлы, солнце как атрибуты М.-с.-х. и его культа указывают, вероятно, на южное происхождение этого образа (по некоторым гипотезам, восточноиранское; ср. *Митра*, «озирающий всю землю», «Яшт» X 4, 13). Ряд признаков М.-с.-х. (сын божий, выросший на земле; посланник неба среди людей) способствовал отождествлению с Иисусом Христом в представлениях тех групп обских угров, которые были затронуты миссионерской деятельностью православной церкви. С другой стороны, в некоторых мансийских мифах и сказках (возможно, позднейших) имеется тенденция к интерпретации Эква-Пыгрися как культурного героя-трикстера, сходного с такими персонажами сибирских мифологий, как *Ича* у селькупов, *Альба* и Каскет у кетов. Иногда М.-с.-х. и Эква-Пыгрись рассматриваются как два различных персонажа. *Е. А. Хелимский.*

МИРТИЛ, в греческой мифологии сын *Гермеса*, возничий царя *Эномая*. Помог Пелопу победить Эномая в состязании на колесницах. Наиболее распространённая версия мифа (Apollod. epit. II 6—9) гласила, что Пелоп после победы сбросил М. в море

у Герейского мыса (южная оконечность острова Эвбея), и связывала с этим название Миртойского моря (простиравшегося от восточного побережья Пелопоннеса до островов Андрос, Тенос и Парос). Наряду с этим (Paus. VIII 14, 10 след.) жители Фенея в Аркадии показывали в своём городе могилу М. позади храма Гермеса, где М. приносили ежегодную жертву как местному аркадскому герою. После смерти М. был превращён Гермесом в созвездие Возничего.
В. Я.

МИРЫК (соответствует кит. *Милэ*), в корейской мифологии бодхисатва *Майтрея*. Считается, что М. будет пятым явлением будды в земном мире спустя 5 тыс. лет после погружения будды *Шакьямуни* в *нирвану*. В дальневосточном буддизме М.— самый значительный из бодхисатв после *Авалокитешвары* и *Манджушри*. Существует предположение, что на непритязательные по виду и исполнению каменные фигуры — стражи старинных гробниц и дорог как символы обитания антропоморфных духов, часто встречающиеся вдалеке от буддийских монастырей, было перенесено название М. после проникновения буддизма в Корею (4—5 вв.). Имеется общность между более архаичным культом дракона (*ёнван*) и поздним культом Майтреи. Об этом свидетельствует сходство между древнекорейским словом миры/мири («дракон») и китайско-корейским названием Майтреи — Мирык, а также вера в то, что в Корее будет создан «прекрасный мир Майтреи», восходящая к идеологии хваранов («юношей-цветов»), влиятельного социального института в государстве Силла (7—8 вв.).
Л. Р. Концевич.

МИС, М и с - х у м, в мифологии обских угров лесные антропоморфные великаны (превышающие рост деревьев), похожие на *менквов*, но доброжелательные к людям. Считалось, что дочери М., вступающие в связь с людьми, приносят богатство (при условии, если их не увидит посторонний). Женщины-М. в мифологических сказках — жёны богов, ассоциировавшихся с идолами (напр., Ур-миш-ней — жена *Мир-суснэ-хума*).
М. Х.

МИСЕН, в римской традиции сподвижник и трубач *Гектора*, а после его гибели спутник *Энея*, его рулевой и трубач. Однажды, когда корабли Энея стояли у берегов Кампании, М. стал хвалиться, что он лучший трубач, чем бессмертные боги. Тогда Тритон так затрубил в свою раковину, что сила звука сбросила М. в море, и он утонул (Verg. Aen. VI 163 след.). Он был похоронен на берегу Кумской гавани на мысе, который стал называться его именем [этиологический миф] (Strab. V 4, 5). Один из вариантов мифа называет М. спутником Одиссея (I 2, 18; V 4, 6).
М. Б.

МИТГ, в мифах ительменов рыбообразный морской бог, своего рода хозяин рыб; посылает рыб в реки.
Е. М.

МИТИ, мифологический персонаж у коряков, жена *Куйкыняку (Ворон).* Различны версии о происхождении М.: дочь верховного небесного божества или, возможно, тождественного ему Рассвета; дочь хозяина моря — морского паука (иногда выступает как жена хозяина моря, у которого Куйкынняку её отнимает); дочь сороки. Согласно варианту, М. падает в тундру с облака, и Куйкынняку считает её бездорой. По одному из мифов, маленькая М. была покинута на земле отцом Рассветом после неудачного китового праздника (убитый кит отказался вернуться домой, что грозило неудачей в морском промысле, голод); та же участь постигла и Куйкынняку. Обоим родители оставили кое-какие орудия для добывания пропитания. Однажды во время охоты Куйкынняку встретил М. и сделал её своей женой. У Куйкынняку и М., первых людей на земле, родились дети — Эмемкут и Йинианавыт. По другому варианту, М.— женщина-белый кит, на которой женится Куйкынняку, встретив её в устье реки (или в проруби). Их сын Эмемкут берёт в жёны также женщину-белого кита.
Е. М.

МИТРА, М и́ ф р а (авест. «договор», «согласие»), древнеиранский мифологический персонаж, связанный с идеей договора, а также выступающий как бог солнца. М. принадлежит по своему происхождению к индоиранскому пантеону (ср. вед. *Митра*), само имя восходит к индоевропейскому корню, имеющему отношение к обозначению идеи посредничества, взаимности, обмена (и меры), закономерности, согласия, состояния мира, дружбы, симпатии. Культ М. получил чрезвычайно широкое распространение; образ М. внедрился (в непосредственном или косвенном виде) в самые разные культурно-исторические традиции и религиозно-мифологические системы.

Древнейшие сведения о М. содержатся в «Авесте», прежде всего в «Яште» X [«Митра-(Михр-) Яшт»]. Первоначальность для авестийской традиции связи М. с договором, с присутствием при нём и как бы гарантией его соответствия космическому закону или даже понимание М. как воплощённого договора (А. Мейе и др.) подтверждаются многими примерами. Ср.: «Яшт» X 2, 3, 7, 24, 35, 45, 60, 91, 107, 109, 111, 116, 141 и др.

Договорная функция М. объясняет и ряд мотивов, в которых он упорядочивает, организует землю и жизнь на ней. М. гарантирует устойчивость и согласие между людьми, охраняет страну от раздора и несчастья, живёт в ней чтут договор, и разрушает страны и наказывает врагов, если они не чтут договор, нарушают его, служат лжи. М. объединяет людей, помещает их на их собственное, правильное (т. е. в соответствии с правилом, законом выбранное) место, защищает страны в зависимости от выбора правильного места по отношению к М. и уничтожает те страны, которые отказываются от этого выбора и бросают М. вызов (X 78). Один из наиболее интересных эпитетов М.— «выпрямитель линий (границ)» (X 61) не только намекает на возможную примиряющую роль М. при спорах о границах, но в конечном счёте — позволяет, очевидно, восстановить для него более древнюю функцию царя-жреца, принимающего участие в ритуальных уверениях, которые подтверждают следование универсальному закону, правде. Существенна посредническая роль М., функция различения добра и зла, правды и лжи. В этом смысле М.— божество, определяющее некую морально-нравственную границу.

С М. связано индоиранское божество Бага (см. *Бхага*), ведавшего распределением благ, доли, части. В свадебном ритуале М. и Бага, видимо, соперничают друг с другом и являются двумя гарантами брачного договора.

М.— устроитель не только социального, но и природного космоса. Он связан с водами, с солнцем, он хозяин широких пастбищ и наполнитель вод, благодаря ему идут дожди и вырастают растения (X 61), он «дающий жизнь» и «дающий сыновей», распределяет жир и стада, делает удобным и благоприятным существование, гарантирует собственность истины, исполняет мольбы и просьбы (X 65). М. обеспечивает домами, женщинами, колесницами (X 30), богатством, счастьем, телесным здоровьем, комфортом, потомством (X 108). В его окружении бог ветра (под разными названиями), *Веретрагна*. *Паренди*, *Чишта*. М. включается в число *ахуров* «Яшт» XVII называет родителями М. *Ахурамазду* и *Армайти*, он брат *Аши*, а также *Рашну* и *Сраоши*, вместе с которыми он выступает судьёй над душами мёртвых на мосту *Чинват*.

В авестийской мифологии мотивы связи М. с солнцем не могут считаться основными, в ней налицо лишь известные предпосылки для формирования солярной функции М. Тем не менее и в «Авесте» нельзя пройти мимо таких фактов, как эпитеты М. «исполненный собственного света», «сияющий» (X 44), «блестящий» и т. п. (ср. также «Яшт» X 142, 143; «Видевдат» 19, 28), мотивы бессонного, всегда бодрствующего (как и солнце) М. (X 7, ср. X 103, где М. неусыпно и бдительно стережёт творения Мазды, наблюдая за ними), смежности М. и солнца во времени (М. является раньше солнца на рассвете и остаётся позже его на закате, ср. X 95, 141), таких атрибутов М., как кони и колесница (ср. X 136). Одно из важнейших отклонений части восточно-иранской традиции от «Авесты» состояло в формировании новой ипостаси М.— бога солнца (при этом иногда у М. оставались и договорные функции, а в других случаях они более или менее автоматически передавались солнцу как трансформации М.). Солярная функция М. объясняет многочисленные примеры синкретических образов М.— *Гелиоса* в митраическом искусстве (иногда М. отождествлялся через мотив огня и с *Гефестом*). Показательно, что в парфянских и согдийских манихейских текстах Третий посланник (солнечное божество, которое должно завершить освобождение пленённого света) носит названия, связанные с именем М. Характерно обозначение манихейского Живого духа Михрйазд, особенно учитывая мотив М.— носителя жизни.

Исходным пунктом в выяснении мифологической предыстории образа М. следует считать наличие пары соответствующих божеств в иранской и индийской традициях: Митра — Ахурамазда в «Авесте» и Митра — *Варуна* в «Ригведе». В этой паре, связываемой с магико-юридической функцией (согласно выдвинутой Ж. Дюмезилем теории трёх функций богов) и поколением «старых богов», Ахурамазда (соответственно Варуна), видимо, моделировал в индоиранский период в основном космологические элементы вселенной, а М., очевидно, ведал социальной организацией людей и соответственно устройством «человеческой» вселенной, осуществлял медиационную (посредническую) функцию между верхом и низом, небом и землёй, внешним и внутренним пространством, божественным и человеческим. Подобная схема объясняет возникновение следующей по времени стадии в истории М.— превращение его в бога договора. В ходе подобной эволюции М. мог иногда приобретать и некоторые черты, первоначально присущие его соседу по божественной паре. Так, видимо, объясняется причастность авестийского М. к войне, к разрушительным, недружественным действиям, даже к убийству (таков, например, мотив убийства быка, ставший своего рода символом митраической мифологии к западу от Ирана), связь с водами, первоначально характерная для второго члена пары (ср. Варуну как повелителя первозданных вод), связь с ночным небом (одежда М. иногда изображается как звёздное небо), с глубиной и тайной (в «Яште» X 25 почтение воздаётся «глубокому ахуру»). В результате реформы Заратуштры Ахурамазда обрёл статус единственного главного бога, а М. потерял своё место рядом с ним, был исключён даже из круга его ближайших помощников *Амеша Спента* (имя М. не встречается в «Гатах») и нашёл себе место среди помощников Ахурамазды более низкого ранга, *язатов*. Тем не менее М., видимо, было выделено место в зороастрийском календаре (месяц жертвоприношений багаядиш). Среди других изменений характеристик М. после реформы Заратуштры — устранение у М. функций бога войны, актуализация тавроктонической темы (из крови убиваемого быка произрастают растения, она увеличивает плодородие и жизненную силу, ср. особую роль в культе М. жертвоприношения животных), появление образа «утроенного» М., т. е. большого М. с двумя малыми М. со светильниками (олицетворения утренней и вечерней зари Кауто и Каутопат), формирование мифологии солнце (свет) из камня (скалы), мотив конного М. и т. п. М. [возможно, как солнце, объятое космическими водами, ср. мотив золотого зародыша (яйца) в бездне мировых вод] отождествлялся с орфическим перворождным божеством Фанесом, рождённым из яйца, брошенного в воды. Об этом свидетельствуют некоторые посвятительные надписи (ср., например, формулу: «Зевсу — Гелиосу — Митре — Фанесу») произведения искусства, например барельеф с изображением юноши (М.-Фанеса) из Моденского музея. Многие изображения М. содержат также детали, объединяющие М. (и Фанеса) с богом времени *Зерваном*.

За пределами Ирана (особенно в Римской империи) широко распространились культ М. и посвящённые ему ритуалы, ритуальные сооружения, изображения и скульптуры, мотивы и сюжеты, языковые образы и имена с соответствующим корнем. В Дура-Европос почитали М. одновременно с *Юпитером*, в других случаях отождествляли с *Зевсом*. В Армении М. дал имя *Михру* и Мгеру.

В самом Иране эволюция образа М. не закончилась реформой Заратуштры. Ахемениды, несомненно, чтили М. Он упоминается вместе с Ахурамаздой и *Ардвисурой Анахитой* в надписях Артаксеркса II и III, Ксенофонт сообщает о поклонении М. Кира Младшего, Ктесий — о жертвоприношениях М., совершаемых персидскими царями, Курций Руф — о поклонении Дарием III М., солнцу и вечному огню. Сохранялся культ М. и в эпоху Сасанидов. На кушанско-сасанидских монетах, на ранних монетах Хормизда I М. вручает правителю символы власти (на более поздних это делает Ахурамазда). Иногда М. изображается стоящим на цветке лотоса (рельеф из Таге-Бостана), что обнаруживает тяготение к буддийским иконографическим приёмам; на греко-бактрийских монетах Деметрия (2 в. до н. э.) прослеживаются отчётливые следы синтеза образов *Геракла* и М. Монеты кушанских правителей Канишки и Хувишки (кон. 1—2 вв. н. э.) позволяют судить о формировании пантеона, в котором рядом с М. оказываются бог луны Мах, бог ветра Вадо, бог огня Атшо, иногда Фарро (см. *Фарн*) и т. п. Известно влияние образа М. на формирование некоторых аспектов раннехристианского учения и ряда предшествовавших ему концепций.

В. Н. Топоров.

МИТРА́ («друг», понимаемый как второй участник договора; в среднем роде — «дружба», «договор»), в ведийской мифологии бог, связанный с договором, людьми, солнцем, один из *адитьев*. В «Ригведе» ему посвящён один гимн (III 59). Гораздо чаще М. образует с *Варуной* пару, рассматриваемую как нечто единое. М. (как и Варуна) — сын *Адити* и *Дакши* (VII 66, 2; VIII 25, 5). М. (один или вместе с Варуной) заполняет воздушное пространство, удерживает небо и землю, укрепляет небо и солнце, заставляет его восходить (IV 13, 2; ср. призывы к М. при восходе солнца), охраняет оба мира, несёт богов (III 59, 8). Солнце — глаз М. и Варуны (VI 51, 1; VII 61, 1). Связь с солнцем и небом объясняет мотивы небесной езды (ср. также путь М., V 64, 3) и всевидения и ряд атрибутов — коней, колесницу, золотой трон, мёд, сому и т. п. (ср. связь с обильными молоком коровами, в частности как образом дождевых облаков). Особенно подчёркивается, что М.— бог дружбы (I 21, 3), он миролюбив и милосерден к людям, в частности к певцам; защищает их, приносит богатство. Основная функция М.— объединение людей (III 59, 1, 5; VII 36, 2 и др.) в особую социальную структуру и установление договора с ними. Этот договор соотносится с универсальным космическим законом *рита* и с движением М. следит за виной и её отсутствием (V 62, 1), карает за грехи, он господин истины (Майтр.-самх. II 6, 6) и руководитель людей в сфере социального и морального порядка (РВ I 139, 2). Вместе с Варуной М. воплощает магико-юридическую функцию [в частности, они стражи морального порядка — дхарманы (см. *Дхарма*) и обладатели магической асурской силы]; и прежде всего идею договора. Уже в ведийский период М. и Варуна различаются в ряде отношений. В брахманах эти различия превращаются в стройную систему противопоставлений: благой — неблагой, правый — левый, близкий (внутренний) — далёкий (внешний), восточный — западный, связанный с солнцем — с луной, с днём — с ночью, с летом — с зимой, с огнём — с водой (ср. два вида клятвы — при огне и при воде), белый — чёрный (ср. цвет жертв, приносимых М. и Варуне), видимый — невидимый, связанный с космосом — с хаосом, коллективный — индивидуальный, социальный — природный, юридический — магический. Таким образом, М. и Варуна в известной степени становятся классификаторами в модели мира древних индийцев. Вместе с тем между ними существуют и связи иного рода. Варуна объемлет космос извне. Всё остальное, в том числе солнце, огонь как образы М. помещены внутри (РВ V 85, 2). Именно Варуна проложил путь для солнца. На основании этих мотивов можно восстановить ядро космогонического мифа с участием М. и Варуны. В некоторых версиях мифа о *Пуруравасе* и *Урваши* (ср. Вишну-пур. IV) М. выступает как муж Урваши, любившей Варуну. Узнав об измене Урваши, М. изгоняет её с небес и проклинает, предсказав ей жизнь среди людей и брак со смертным. В «Тайттирия-самхите» «Яджурведы» (II 1, 9, 5) отмечен мотив — М. успокаивает Варуну, в «Рамаяне» (VII 56, 12, 23—26) М. помогает Варуне. Вообще, в более поздней литературе тесная связь М. и Варуны входит в пословицу (Мбх. XIV 59, 15; «Хариванша» II 101, 10). Из других связей М. подчёркиваются отношения с *Агни*, *Сомой* (вместе с другими богами принимает участие в убийстве Сомы), *Вач* (РВ 125, I), *Индрой*, который наказывает тех, кто грешит против закона М. и Варуны (X 89, 8—9). В упанишадах М. встречается только в перечислениях. Позже упоминается М. как мудрец, сын *Васиштхи*.

В. Н. Топоров.

МИФ ЫЗ, в мифологии нивхов дух-хозяин земли. По одним вариантам, М. ы. представляется в виде человека, лежащего на правом боку (о. Сахалин); голова его находится на севере и упирается в Охотское море (мыс Марии), а ноги образуют два полуострова на юге Сахалина (мысы Анива и Крильон). По другим вариантам, М. ы. — зооморфное существо: леса — его шерсть, а люди — насекомые, живущие в шерсти. В давние времена М. ы. лежал на другом боку, а затем перевернулся лицом к матери, в результате чего почти всё живое на земле погибло; оставшиеся в живых люди и звери, собравшись на совет, решили не убивать друг друга, чтобы возродить обитателей. Иногда М. ы. вновь начинает шевелиться или отряхиваться, как собака, тогда на земле происходят землетрясения.

Е. Н.

МИХАИЛ, в иудаистической, христианской, а также мусульманской (см. *Микал*) мифологиях великий ангел, архангел. Народная этимология даёт осмысление имени М. как «кто, как бог?». Имя это засвидетельствовано у семитских народов в древности. В Ветхом завете М. выступает как «князь» еврейского народа («князь великий, стоящий за сынов народа»; Дан. 12, 1), защищающий народ от соперничающего «князя» (т. е. ангела) «царства Персидского» (10, 13 и 21), и как «архистратиг», предводитель небесного воинства в окончательной эсхатологической битве против сил зла (12, 1). В последней функции он выступает и в Апокалипсисе (12, 7), где сражается с драконом (дьяволом, сатаной), что можно рассматривать как вариант древнего змееборческого мифа (см. *Змей*). В апокрифической эсхатологической литературе он изображается борющимся с ангелом зла Самаэлем (в более поздней традиции — с сатаной); вражда между ними началась с того момента, когда Самаэль, низвергнутый с небес, ухватился за крылья М., чтобы увлечь его в преисподнюю, однако М. был спасён богом. Агадическая традиция приписывает М. роль защитника: он спасает Авраама (а также *трёх отроков*) из огненной печи, выводит *Лота* из обречённого Содома, спасает «от смерти Исаака и ставит на его место барашка, является предводителем израильтян в пустыне во время их исхода из Египта и др. Помимо миссии воинственного заступничества М. выступает в роли ангела милосердия и просителя за людей перед богом. Он является также «ангелом предстояния», стоящим вместе с Гавриилом перед троном божьим (кн. Еноха 9, 1 и 40, 2; 90, 22; Таргум Иов 25, 2). Здесь, как и в функции предводителя и заступника, образ М. сливается с *Метатроном*, а в функции вестника (он сообщает Аврааму о пленении Лота, о рождении Исаака и др.) — с *Гавриилом*. Как предстоящий перед троном он является одновременно ангелом-писцом, заносящим имена праведников в книгу, а также хранителем таинственных письмён, и среди них — магических слов, которыми были сотворены небеса и земля (ср. кн. Еноха 60, 12). Отсюда его функция учителя. М. посвятил в чудеса мироздания Адама и Сифа («Апокалипсис Моисея» 3, 13), научил Адама земледелию, а Авраама богопознанию, он же был учителем Моисея, которому на горе Синай передал скрижали Закона. Здесь проясняется функция М. как посредника между богом и людьми. М. выступает также в роли психопомпа — проводника душ, которые он сопровождает к воротам небесного Иерусалима, помогая им их открыть, или же стоит со своей ратью у этих ворот, разрешая вход праведникам (эфиопский «Апокалипсис Баруха» 9, 5). М. было поручено взять душу Авраама («Завет Авраама» 19), он же «говорил с дьяволом, споря о Моисеевом теле» (Иуд. 9 и др.). В христианской традиции он несёт в облаках тело усопшей богоматери. В православном понимании М. играет гармонирующую с исконной ролью учителя роль культурного героя, обучающего людей скотоводству, хлебопашеству и ремёслам (ср. иконографию святых Флора и Лавра с конями, уздечки которых держит архангел М., клейма на иконах «Собора архангела М.»). Образ М. широко представлен в искусстве, в частности в древнерусском (считался покровителем князей и ратной славы). *М. Б. Мейлах.*

МИХР, М г е р (имя восходит к *Митре*), у армян бог небесного света и солнца, сын *Арамазда*.

В древней Армении М. были посвящены храм в Багааридже (на территории современной Турции), жертвенник Мхери дур («дверь Мхера») в горах близ города Ван, а также, по-видимому, и храм в Гарни (1 в. н. э.). Следы почитания М. обнаруживаются: в древнеармянском календаре в названиях восьмого дня каждого месяца — михр, седьмого месяца (февраль) — мехекан; в армянской ономастике (включая топонимику) — более 150 наименований, производных от имени М. Влияние культа М. после распространения христианства проявилось в армянских духовных песнях (шараканы), сложившихся в 5—8 вв. В них Христос отождествляется с божеством света, его называют «свет», «творец света», «излияние света», «солнце правды», «мысленный свет», «солнечный свет», «источник света».

В трансформированном виде образ М. перешёл в эпос «Сасна црер» («Давид Сасунский»), где вместо единого М. выступают Мгер Старший (дед) и Мгер Младший (внук). Мгер Старший, сын Санасара и Дехцун, дочери царя *каджей*, — исполин, наделённый богатырской силой. Подобно Митре, Мгер совершает ряд подвигов. Он вступает в бой с чудовищным львом, преградившим дорогу, по которой в Сасун доставляли хлеб; руками он раздирает льва на части (отсюда его прозвище «львораздиратель»), после этого жители Сасуна получили хлеб в изобилии. Мгер одолевает *дэвов*; убив чёрного быка (символ тьмы и преисподней) и лишив тем самым главного Белого дэва магической силы, Мгер одолевает его в битве.

Мгер Младший, сын Давида Сасунского и Хандут-хатун, проводит жизнь в странствиях, в постоянной борьбе с несправедливостью, со злыми силами. Он побеждает дэва Купа, старуху-людоедку, иноземные полчища, угрожавшие Сасуну; спасает город Джезиру от наводнения, сбросив утёс в протекшую через него реку и тем самым разделив её на два рукава. Встретив возвращающегося в Сасун Давида, Мгер, не ведая, что это его отец, вступает с ним в единоборство и валит его наземь (вариант: отца и сына разнимает *Габриел Хрештак*). Опозоренный Давид проклинает сына — он обрекает его на бессмертие и бездетность. Мгер оказался не в силах истребить несправедливость в мире; его больше не держит земля: Мгер и его конь (*Куркик Джалали*) вязнут в земле. Мгер идёт за решением своей судьбы к могилам родителей. Он слышит их голоса, предлагающие ему удалиться в скалу и ждать изменения мира. Согласно варианту, путь к скале Мгеру указывает посланник богов — вещий ворон (аграв), поэтому скала получила название Агравакар («воронова скала»). От удара меча Мгера скала разверзлась и приняла его вместе с конём. Один раз или дважды в год (вариант: в каждую субботу) Мгер выходит из скалы и пробует, не окрепла ли земля. Убедившись, что по-прежнему она не выдерживает его тяжести, Мгер возвращается в скалу. Одному пастуху, увидевшему Мгера в приоткрывшейся скале, он сказал, что совсем оставит скалу,

364 МИЧИБИЧИ

когда разрушится старый и будет создан справедливый мир, когда пшеничное зерно будет крупнее ореха, а ячменное — больше плода шиповника. Согласно отдельным версиям сказаний, в скале, в которой пребывает Мгер, горит вечная свеча (или лампада), вращается чархи-фалак («колесо судьбы»); когда колесо остановится, Мгер выйдет из скалы и разрушит несправедливый мир.

Существует вариант мифа, по которому Мгер Младший оказывается по воле верховного божества прикованным к скале и ворон клюёт его почки. Этот мотив возник, по-видимому, под влиянием представлений о богоборцах, об *Артавазде*, прикованном цепями в пещере, с которым древнеармянская мифология связывала спасение мира. Ср. груз. *Амирани*. *С. Б. Арутюнян.*

МИЧИБИЧИ, в мифах оджибве водные божества, враждебные человеку; представлялись в виде рогатой змеи или морской пантеры с плавниками, которая живёт на дне озёр и влияет на успех рыбной ловли. Чтобы задобрить М., ей приносили в жертву собаку, бросая её в воду. *А. В.*

МИЧИТ, Мечит, в мифах монгольских народов, а также алтайцев (Мечин) и других тюркских народов (Улькер) персонификация созвездия Плеяды. Название «М.», очевидно, восходит к слову, обозначающему «обезьяна» (монг. мечин, мн. ч.— мечит, мичит). На формирование мифов о М. оказали влияние представления, ассоциирующиеся с годом обезьяны (монг. мечин жил, алт. мечин дыл) — девятым годом двенадцатилетнего животного календарного цикла у тюрко-монгольских народов. Многие приметы года обезьяны — засуха, холодная ранняя зима, заболевания скота, прежде всего лошадей и верблюдов,— имеют довольно точное соответствие в мифологической семантике М.

М.— демонический персонаж. Считалось, что его перемещения с земли на небо и по небосводу вызывают невыносимый холод или жару, сезонные недомогания людей и животных, различные неприятности. По представлениям ойратов (элетов), с его исчезновением весной бледнеют лица, убывает мука в мешках и масло в посуде, падает скот. М. (Улькер) некогда жил на земле, на которой, по одним версиям (дербетской, урянхайской и др.), царило вечное тепло, по другим (алтайско-тюркским) — лютый мороз; по некоторым вариантам, М. вызывал снегопад, напускал голод и мор на скот. М., спящего в золе или на льду (связь со стихиями жары и холода), хотели раздавить верблюда, но М. выскользнул через зазор раздвоенного копыта и, разделившись на шесть звёзд, поднялся на небо, откуда зимой посылает холод. В алтайском варианте мифа Дьетиган (Большая Медведица), спустившийся с неба, поручает коню раздавить М., однако коня опережает корова. Ускользающий М. распадается на семь частей, превращающихся в семь демонов; одного из них Дьетигану удаётся захватить. С тех пор М. гонится за похитителем. В этом мифе отражён стойкий мотив о наличии у М. первоначально семи звёзд, одну из которых отняла Большая Медведица (см. *Долон эбуген*). По другим версиям, созвездие М. некогда включало двенадцать звёзд. Одно алтайское предание повествует о том, что созвездия Плеяды и Большой Медведицы когда-то были ханами, имевшими соответственно семь и шесть звёзд. Второй хан отобрал у первого одну звезду (теперь она — в хвосте Большой Медведицы), что вызвало небесную погоню за похитителем. Согласно калмыцким поверьям, отнятие звезды у М. спасло мир от гибели, так как уменьшило стужу, источаемую М.

Согласно более поздним мифам, происхождение созвездия Плеяд связано с семью чудесными искусниками, жену одного из которых захватил злой хан. Вызволив её из неволи, все семеро стали спорить о мере заслуг каждого в освобождении пленницы. Поссорившись, они разорвали женщину на части (находящиеся и ныне на луне — видны как пятна на ней), а сами превратились в звёзды. Муж женщины, одна из звёзд, был украден и убит ханом, но воскрешён товарищами (элетское предание).

МИШКОАТЛЬ («облачный змей»), Истак Мишкоатль («белый облачный змей»), Камаштли, в мифах ацтеков бог звёзд и туч, сын Сиуакоатль, отец *Уицилопочтли, Кецалькоатля, Теноча*. Первоначально у чичимеков М. был божеством охоты, почитавшимся в виде оленя. Позже у ацтеков связывается с культами Уицилопочтли и Кецалькоатля и рассматривается как прародитель племён науа. Изображался с копьеметалкой и дротиками в руках. *Р. К.*

МКАМГАРИЯ, Самкамгария, Скамгария, Акамгария, у абхазов божество, покровительствующее скотоводству, особенно разведению буйволов, а также плодородию вообще. Считалось, что М. обитает на скале на вершине горы, около которой расположено село Чхортоли (ныне в Гальском районе), где ему приносили жертвы. В честь М. совершались обряды во время стрижки овец, отёла буйволицы, когда терялся скот в лесу. Пастухи устраивали моления в честь М. каждые три года, некоторые семьи — ежегодно. *Л. А.*

МЛЫВО, в мифологии нивхов загробный мир. Входом в М. служило отверстие, местонахождение которого смертным не было известно, но душа умершего после совершения специального обряда (т. е. изготовления фигурки *как*) без труда находила туда дорогу. Жизнь в М. ничем не отличается от земной, только солнце светит там, когда на земле ночь, а луна — когда день. Жители М. живут в родовых поселениях, ловят рыбу, охотятся, женятся (когда оставшийся на земле супруг вступает в брак), рожают детей, болеют и умирают. Срок пребывания человека в М. значительно длиннее земного: мужчины умирают там ещё три раза, а женщины — четыре. Считается, что душа человека, умершего в М., переходит в следующий мир и так до тех пор, пока не превратится в траву, птицу, насекомое и др. *Е. Н.*

МНЕВИС, в египетской мифологии божество в виде чёрного быка. Центр его культа — Гелиополь. М. почитался как живое воплощение бога солнца и изображался с солнечным диском между рогами. Эпитет М.— «посредник Ра, который сообщает истину Атуму». Почитавшиеся М.-быки содержались в особом помещении, после смерти их бальзамировали и хоронили в специальном склепе. Матерью М. была корова Хесат. М. отождествлялся с обожествлённым быком *Бухисом*, считался *ба* — душой Ра, а также города Нехен (Иераконполь). *Р. Р.*

МНЕМОСИНА, Мнемозина, в греческой мифологии богиня памяти, дочь Урана и Геи, титанида (Hes. Theog. 135). От Зевса *муз* является её дочерей (915—917). Согласно сообщению Павсания (IX 39, 8), в Лейбадее (Беотия), вблизи пещеры Трофония, находились два источника: Леты — забвения и М.— памяти (см. в ст. *Лета*). *А. Т.-Г.*

МОДА-АВА, Мастор-ава (мода, мастор, «земля», ава, «мать, женщина»), в мордовской мифологии хозяйка «держательница» земли, воплощение земли и её плодородия. Её молили об урожае («что сеем в тебя — подними, вырасти»), но ей же приписывали и насылание порчи, болезни. Падение на землю считалось вызванным гневом М. В марийской мифологии М.-а. соответствует Мланде-ава.

МОИСЕЙ, Моше, в преданиях иудаизма и христианства первый пророк Яхве и основатель его религии, законодатель, религиозный наставник и политический вождь еврейских племён в т. н. исходе из Египта в Ханаан (Палестину). Исторические события, отражённые в легендах о М., имели место во 2-й половине 2-го тыс. до н. э. (предположительно, в период правления XIX династии в Египте, т. е. в 1305—1196 до н. э., не ранее 1230, ибо около этого времени египетское свидетельство удостоверяет присутствие племенного союза Израиль в Ханаане; впрочем, некоторые современные специалисты проводят различение между Израилем в целом и выходцами из Египта во главе с М.). Реконструировать точный облик этих событий едва ли возможно, ибо при наличии ряда косвенных данных литературного и археологического характера единственным прямым источником остаются библейские тексты, кодифицированные многими веками позднее.

Согласно библейскому повествованию, М. был евреем из колена Левия, сыном Амрама и Иохаведы, братом Аарона и Мариам Пророчицы; однако по стечению обстоятельств он получил египетское воспитание. Так как фараон приказал топить в Ниле всех еврейских новорождённых младенцев мужского пола, мать М. три месяца прячет его в своём доме, после чего кладёт дитя в засмолённую корзину и ставит её в заросли тростника на берегу Нила (распространённый мотив угрозы жизни провиденциального младенца, ср. сюжеты о Саргоне, Ромуле и Реме, а также о младенчестве Зевса). Дочь фараона приходит на реку купаться, видит красивого ребёнка и велит подобрать и отдать его кормилице, которой оказывается мать М. (Исх. 2, 9). М. вырастает при дочери фараона, любящей его, как сына. Однажды он видит, как на тяжёлых строительных работах египетский надсмотрщик избивает еврея, и убивает обидчика. Спасаясь от гнева фараона, М. бежит в Мидиан, где у колодца заступается за обижаемых пастухами дочерей жреца Иофора; Иофор принимает М. в дом и выдаёт за него дочь Сепфору. Между тем в Египте стенание угнетённого народа доходит до Яхве, и М. оказывается призван к своей освободительной миссии. Когда он пасёт овец тестя близ Хорив (на Синайском полуострове), ангел Яхве окликает его из тернового куста, объятого пламенем и не сгорающего (т. н. *неопалимая купина*), и говорит от имени Яхве: «Я бог отца твоего, бог Авраама, бог Исаака и бог Иакова» (3, 6) — чем устанавливается преемство будущей религии Яхве по отношению к преданиям времён праотцев; с другой стороны, подчёркивается (6, 3), что если праотцы не знали имени Яхве, и им бог являлся как «Шаддай», то М. вверено новое имя. Сама весть гласит: «Я пошлю тебя к фараону, и выведи из Египта народ мой, сынов Израилевых» (3, 10). Яхве наделяет М. способностью чудотворства и делает *Аарона* «устами» косноязычного М., его толмачом и вестником (3, 11—4, 17). Вместе с Аароном М. предстаёт перед фараоном и требует от лица Яхве: «отпусти народ мой, чтобы он совершил мне праздник в пустыне» (5, 1). Но фараон наказывает евреев новыми тяготами, так что народ ропщет на М., только ухудшившего его положение. Тогда Яхве ставит 80-летнего М. «богом фараону» (7, 1) и начинает творить его рукой грозные чудеса: на глазах фараона жезл Аарона превращается в змею и поглощает жезлы магов фараона. Затем посредством М. насылает на египтян «казни египетские», числом десять (ср. десять «да будет» в библейском рассказе о сотворении мира, десять заповедей и т. п.): вода Нила приобретает цвет крови и смрадный запах, делаясь непригодной для питья; Египет наполняется полчищами жаб, мошкары, песьих мух; идёт падёж скота; у скота и людей распространяются гнойные нарывы; повсюду, кроме Гесема, где живут евреи, проходит сокрушительный град; является саранча; в воздухе висит «осязаемая тьма»; по всему Египту умирают первенцы, исключая еврейские дома, дверные косяки которых отмечены кровью пасхального агнца — этиология пасхальной обрядности (7, 15—12, 30). Фараону приходится уступить, и евреи пускаются в путь: «Яхве же шёл пред ними днём в столпе облачном, показывая им путь, а ночью в столпе огненном, светя им, дабы идти им и днём и ночью» (13, 21). Фараон пускается в погоню во главе боевых колесниц своего войска; но евреям удаётся достичь моря. «И простёр Моисей руку свою на море, и гнал Яхве море сильным восточным ветром всю ночь, и сделал море сушею, и расступились воды; и пошли израильтяне среди моря по суше» (14, 21—22); когда же египтяне вступают на морское дно, вода накрывает их, избавляя преследуемых от погони (подобного рода феномены описаны для Сирбонского моря в греческой географической традиции, хотя легенда, по-видимому, не вполне точна в топографии происшествия). Переход через Красное («Чермное») море (т. е. через лиман этого моря на пути к Синайскому полуострову) — центральный момент всей истории исхода, ёмкий символ чудесного выхода из безвыходного положения (по позднейшей еврейской легенде, море не сразу расступилось под жезлом М., но ждало, когда первый уверовавший шагнёт прямо в пучину). М. воспевает Яхве торжественное славословие (15, 1—19). В пустыне, однако, народ начинает роптать на М., что затем повторяется не раз; тогда Яхве посылает ему через М. в пищу *манну* небесную, а для утоления жажды — воду из родника, ударившего из скалы от удара жезла М. (16, 2—17, 7). За этим следует первое военное столкновение с племенами амаликитян; битва решается молитвой М., стоящего на вершине холма и поднимающего в сакральном жесте руки (в одной из которых — всё тот же жезл); когда он не может бороться с усталостью, Аарон и Ор поддерживают его руки (17, 8—16). На третий месяц по исходе из Египта, в новолуние (сакральный момент) народ выходит к Синайской горе, избранной Яхве для своего центрального по смыслу явления и для заключения «завета» с Израилем.

М. восходит на гору Синай, где ему возвещено, что явление Яхве будет на третий день; народ обязывается не восходить на табуированную гору и блюсти ритуальное воздержание (19, 1—15). На установленный день разражается гроза, слышен таинственный трубный звук, гора дымится и колеблется. М. вторично восходит на гору и получает от Яхве десять заповедей (т. н. *декалог*, или *десятословие*) — запреты и повеления, регулирующие поведение человека перед богом. Народ, видя молнии, пламя и дым, слыша громы и звуки труб, в страхе отступает от горы, М. же «вступает во мрак, где бог» (20, 21). К десяти заповедям прибавляется множество более частных предписаний характера юридического, морального и ритуального. Затем наступает торжественный момент заключения «завета»: народ обещает исполнять слова Яхве, на двенадцати жертвенных камнях (по числу двенадцати колен Израилевых) приносится жертва, и М. кропит народ кровью со словами: «вот кровь завета, который Яхве заключил с вами о всех словах сих» (24, 8). М. снова уходит на гору на 40 дней и ночей (сакральный срок поста и уединения); ему даются обстоятельные наставления о центральных реалиях культа Яхве — об устройстве ковчега завета (священного ларца, над которым локализуется мистическое «присутствие» Яхве, ср. *Шехина*), скинии (шатра для священнодействий перед ковчегом), о посвящении Аарона и его потомков для священнического служения и т. д. (25—31). Конфликт между призванием пророка и косностью народа достигает предельной остроты: пока М. пребывает в многодневной беседе с Яхве, евреи и сам Аарон, только что заключившие «завет», нарушают его и совершают отступничество: народ требует зримого и вещественного «бога, который бы шёл пред нами», и Аарон изготовляет золотого тельца, в честь которого тотчас же начинается празднество (32, 1—6). Яхве предлагает М. истребить неверных и произвести новый народ из потомков самого М., но М. молится за народ и своим предстательством предотвращает его гибель (ср. мотив молитвы за других в легендах о *Ное*, упустившем этот долг, и Аврааме, исполнившем его). Но карательные меры М. по отношению к отступникам суровы: он уничтожает тельца и велит воинам из колена Левия предать казни наиболее виновных, не щадя самых близких (32, 7—35). Скрижали, т. е. две каменные доски, на которых рукою Яхве были написаны слова откровения (десять заповедей?), М. в гневе разбивает; затем он получает от Яхве новые скрижали (Исх. 34, 1—4). По особой милости М. явлена «вся слава» Яхве, но таким образом, что он видит Яхве сзади, ибо лицо бога нельзя видеть и не умереть (33, 18—23); после такой милости лицо самого М. сияет столь явственно, что к нему боятся подойти, и ему приходится носить на лице покрывало (34, 29—35). И всё же ропот против авторитета М. не прекращася. Зачинщиками выступают Корей, Дафан и Авирон, бросающие М. и Аарону упрёк: «почему вы ставите себя выше народа Яхве?» (Чис. 16, 3). М. предоставляет вопрос о прерогативах духовной власти божьему суду: Корея, Дафана и Авирона вместе с их семьями поглощает разверзшаяся земля, а их приверженцев, явившихся с кадильницами как знаком претензии на права священников, пожирает вышедшее из этих кадильниц пламя (16, 5—40). 40 лет предводительствует М. народом в его скитаниях по пустыне, но когда М. исполняется 120 лет, Яхве возвещает, что ему не суждено перейти Иордан и войти в ту самую «землю обетованную», к которой он вёл народ; эта чувствительная кара постигает его за погрешности в исполнении своего долга вождя и наставника народа (Втор. 31, 2; 32, 49—52), как ещё ранее постигла Аарона. Увенчание дела своей жизни М. должен передать другому — *Иисусу Навину*, которого «пред очами всех израильтян» (31, 7) ставит своим преемником. Затем он всенародно поёт песнь, напоминая о благодеяниях Яхве, укоряя его неверности ему, предсказывая в будущем и наказания, и милость от Яхве в самый тяжёлый час (32, 1—43). Перед смертью ему подарен последний взгляд на недостижимую для него «землю обетованную» с горы Нево (к востоку от Мёртвого моря, в земле Моав); там он и умирает (34, 1—5). Место его погребения близ моавитского города Вефегора, как подчёркивает библейский текст, осталось неизвестным.

Позднейшие легенды обращаются с особым интересом к темам рождения и кончины М. Будущее величие М., как обычно в таких случаях, предсказано пророчеством его сестры Мариам, сновидением его антагониста фараона и явлением света, осиявшего дом Авраама («Шемот рабба», 1 и др.). Младенец М., принесённый ко двору фараона, срывает с его головы венец и возлагает на собственную; ввиду такого знамения его решено умертвить, но оказавшийся тут же Иофор (!) советует испытать неразумие младенца, предложив ему на выбор золото и горящие угли; дитя тянется к золоту, но ангел направляет его ручку к углям, один из которых, отправленный в рот, делает М. на всю жизнь косноязычным. У Иосифа Флавия и в агадических текстах сохранилось предание о том, как молодой М. возглавлял египетское войско во время войны с Эфиопией, разбил неприятеля и женился на эфиопской царевне (ср. Чис. 12, 1); по другой версии, он восстановил на престоле Эфиопии законного царя, низложив узурпатора Валаама. Во время состязания в чудотворстве перед фараоном главными соперниками М. обрисованы сыновья Валаама маги Яннис и Ямврис («Менахот», 85а; «Шемот рабба», 9 и др.). Накануне исхода из Египта прочие евреи были заняты сборами в дорогу и побуждениями своей корысти, занимая у египтян серебряные и золотые вещи (ср. Исх. 3, 22), но М. три дня подряд ищет гроб Иосифа Прекрасного, чтобы исполнить его завещание и взять его останки в Ханаан. В награду за это Яхве позаботился о М. в смертный час последнего, отнял у него жизнь своим целованием и сам предал погребению. Ангел смерти Самаил напрасно дожидается момента власти над М.: ему не достаётся его добычи; божественный поцелуй в присутствии архангелов Михаила (поправляющего смертное ложе), Гавриила (набрасывающего виссон на его главу) и ещё одного ангела (накрывающего его ноги) сам вынимает душу М. («Дебарим рабба», 6 и 11; «Недарим» 39в и др.). Могила М. таинственно утаена от людей: по преданию, люди «нечестивого царствия», т. е. римляне, разделившись на два отряда, искали её, но те, кто был на холме, видели её в долине, а те, кто был в долине, — на холме (гемара к трактату «Сота», 14а). Спор Михаила архангела с сатаной о теле М., описанный в иудейском апокрифе «Вознесение М.» (конец 1 в. до н. э. или начало 1 в. н. э.), упомянут в новозаветной литературе (Иуд. 9). В целом М. для иудаизма — первоучитель веры (формула «М., учитель наш»), к которому возводили и написание Пятикнижия, и устную традицию (раввинистическую и каббалистическую). В христианском рассказе о преображении Иисуса Христа М. как свидетель мессии представляет «Закон», а *Илия* — пророческую линию Ветхого завета.

Литературная стилизация образа М. в духе светских идеалов началась в эпоху эллинизма, когда грекоязычные еврейские писатели отождествляют М. с *Мусеем* и рассматривают его в качестве культурного героя — изобретателя алфавита, строительного искусства, философии, государственной мудрости и т. п. (Эвполл, Артапан). Александрийский стихотворец сер. 2 в. до н. э. Иезекииль сделал М. героем трагедии «Исход» в духе греческих жанровых канонов. Стоическая философия, особенно интересовавшаяся фигурой законодателя как воспитателя народа, по сознательной программе формирующего нравы, и интерпретировавшая соответствующим образом исторические или полумифические образы греко-римских законодателей вроде Ликурга, Солона, Нумы Помпилия и т. п., стимулировала такой же подход и к М., ощутимый, например, у Иосифа Флавия. Новоевропейская культура поставила на первый план трагический гнев пророка, спорящего с косной чернью.

С. С. Аверинцев.

МОЙРЫ (мойра, букв. «часть», «доля», отсюда «участь», которую получает каждый при рождении), в греческой мифологии богини судьбы. В первоначальных представлениях мойра-судьба каждого воплощается в некоем материальном предмете — фетише, носителе жизненных потенций. Так, мойра *Мелеагра* заключена в оставшейся от жертвенного костра головёшке, спрятанной матерью героя. Желая погубить сына, мать вынула головёшку и бросила её в огонь, где та сгорела, вызвав тем самым мучительную смерть Мелеагра (Apollod. I 8, 2—3). Когда возобладали анимистические представления, магическая сила, заключённая в фетише, стала представляться самостоятельным божеством, которое наделяет той или иной участью человека, изрекает ему свою волю, определяет его дальнейшую жизнь. М. понимаются теперь как рок («то, что изречено») и судьба («то, что суждено»), хотя для этих понятий в греческом языке вырабатываются специальные термины, наряду с названием «М.». М. — это тёмная невидимая сила, она не имеет отчётливого антропоморфного облика, изображение М. в античном искусстве редко. С развитием олимпийской мифологии устойчивыми стали представления об одной (Hom. Il. V 613), или двух (Paus. X 24, 4), или трёх М. Наиболее распространённый миф — о трёх сёстрах-М. Архаические М. — дочери ночи, также породившей смерть, сон, Немесиду, Эриду и Гесперид (Hes. Theog. 211—225). Их имена — Лахесис («дающая жребий»), Клото («прядущая»), Атропос («неотвратимая»). Лахесис назначает жребий ещё до рождения человека, Клото прядёт нить его жизни, Атропос неотвратимо приближает будущее. Платон считает, что эти три М. — дочери богини *Ананке* («необходимости»), вращающей мировое веретено (Plat. R. P. X 617 b—е). Отношения между М. и олимпийскими богами сложные. Как результат архаики — зависимость богов от М. и незнание ими предназначенного. Так, Зевс, желая узнать веление судьбы, взвешивает жребии человеческих жизней на золотых весах (Hom. Il. XXII 209—214). Однако существует вариант мифа, согласно которому олимпийский Зевс был отцом М., рождённых Фемидой (Hes. Theog. 901—906).

М. сопричастны Зевсу (Pind. Ol. VIII 22), он именуется Морием (Soph. O. C. 705). Зевс и Аполлон называются также Мойрагетами («водителями М.»). Эпитет Зевса «вершитель судеб» (надпись на жертвеннике в Олимпии) означает (по словам Павсания), что бог «знает человеческие дела и всё то, что назначили М., и всё, в чём они отказали» (Paus. V 15, 5). В храме Зевса Олимпийского в Афинах над головой статуи Зевса находилось изображение М., и всем было очевидно, что «предопределение и судьба повинуются одному только Зевсу» (Paus. I 40, 4). В эллинистическую эпоху с М. конкурирует богиня *Тиха* (богиня случая), характеризующая неустойчивость и изменчивость жизни. М. соответствуют римские *парки*.

А. Ф. Лосев.

МОКОШЬ, в восточнославянской мифологии богиня. М.— единственное женское божество древнерусского пантеона, чей идол в Киеве стоял на вершине холма рядом с кумирами Перуна и других божеств. При перечислении кумиров богов Киевской Руси в «Повести временны́х лет» (980) М. замыкает список, начинающийся с *Перуна*. Обособленное место занимает она и в последующих списках языческих богов, хотя в них М., при сохранении её противопоставления мужским богам, может быть выдвинута на первое место. Память о М. на Украине сохранялась до сер. 19 в. По данным северорусской этнографии, М. представлялась как женщина с большой головой и длинными руками, прядущая по ночам в избе: поверья запрещают оставлять кудель, «а то Мокоша опрядёт». Непосредственным продолжением образа М. после принятия православия стала Параскева Пятница. Пятницу в украинских ритуалах 19 в. представляла женщина с распущенными волосами, которую водили по деревням. Пятнице приносили жертву, бросая в колодец пряжу, кудель; название этого обряда — «мокрида», как и имя М., связано с корнем «мокрый», «мокнуть» (вместе с тем возможна и связь с *mokos, «прядение»). Ср. также русскую Среду, Середу — женский мифологический персонаж, связанный, как и Пятница, с нечетом, женским (враждебным) началом: считалось, что Среда помогала ткать и белить холсты, наказывала тех, кто работал в среду. На общеславянский характер М. указывает словенская сказка о колдунье Mokoška, зап.-слав. топонимы типа Mokošin vrch («Мокошин верх», ср. положение кумира М. на вершине холма), полабского Mukeš, старолужицк. Mococize и др. Типологически М. близка греческим *мойрам*, германским *норнам*, прядущим нити судьбы, хеттским богиням подземного мира — пряхам, иран. *Ардвисуре Анахите* (ср. Мать Сыра Земля) и т. п. и продолжает древний образ женского божества — жены (или женского соответствия) громовержца *Перуна* в славянской мифологии. Ср. также топонимы соседних урочищ в землях полабских славян, отражающих имена Перуна и М.,— Prohn и Muuks, а также сниженные образы М. В славянской традиции — *мара*, *Марена* и т. п.

В. В. Иванов, В. Н. Топоров.

МОКША («Освобождение»), религиозный идеал джайнизма, называемый также *нирваной* и понимаемый как освобождение *дживы* от кармического вещества (см. *Карма*), то есть превращение сансарного дживы в *сиддху*. Освобождение от уз *сансары* достигается путём «трёх сокровищ» джайнизма: правильного воззрения, правильного познания, правильного поведения. Практический путь к спасению сводится к строжайшему соблюдению этических предписаний и суровой аскезе.

А. А. Т.

МОЛИ, в греческой мифологии волшебная трава, которую Гермес дал *Одиссею* как противоядие от чародейства *Кирки*; вырывать М. из земли с корнем могли только боги (Hom. Od. X 281—347). Уже в древности в М. видели аллегорию воспитания, корни которого горьки, а плоды сладки.

Г. Г.

МОЛИОНИДЫ, в греческой мифологии братья-близнецы из Элиды, сыновья Актора (или Посейдона) и Молионы (вариант: матери Алоадов) — *Эврит* и Ктеат. Родились из серебряного яйца со сросшимися туловищами. Будучи племянниками царя *Авгия*, М. сражались вместе с ним против Геракла и были им убиты (Apollod. II 7, 2; Paus. V 2, 2; VIII 14, 6). М. были женаты на сестрах-близнецах дочерях царя Дексамена — Феронике и Ферефоне. Среди объяснений имени М. был вариант, что их имя (греч. «оскверняющие», «скверные») указывает на несправедливость их многочисленных побед на играх, в которых они выступали вдвоём против одного соперника (Schol. Hom. Il. XI 709).

Г. Г.

МОЛОСС, в греческой мифологии сын *Неоптолема* и *Андромахи* (ставшей наложницей Неоптолема после взятия ахейцами Трои). После смерти Неоптолема в Дельфах Андромаха вместе с М. переселилась в Эпир и стала женой *Елена*, от которого М. унаследовал царскую власть в Эпире. М. являлся героем-эпонимом соответствующей области в Эпире и населявших её племён молоссов. В литературе сказание о М. впервые засвидетельствовано в трагедии Еврипида «Андромаха» (1243—1252).

В. Я.

МОЛОХ (греч.), Молех (евр.). До сер. 20 в. считалось (на основании Библии), что М.— это почитавшееся в Палестине, Финикии и Карфагене божество, которому приносились человеческие жертвы, особенно дети. Существовала гипотеза, что М. и аммонитский *Милькóм* — одно и то же божество («мерзость аммонитская», ср. 1 Царств 11, 5 и 11, 7); характерно, что и другие божества, в которых есть корень mlk («царь»), упоминаются в Ветхом завете, как правило, в связи с жертвоприношениями детей (напр., 2 Царств 17, 31); ряд учёных отождествлял с М. и *Мелькарта*. Предполагалось также, что за библейским М. скрывается сам *Яхве*, которому в добиблейской традиции приносились человеческие жертвы.

На основании изучения неопунических надписей (конца 1-го тыс. до н. э.— первых веков н. э.) было выдвинуто предположение, что М. (molk) — обозначение самого ритуала жертвенного сжигания людей или животных, позже принятое за имя божества. Принесение в жертву детей воспринималось как наиболее угодная богам жертва (ср. *Кемош*). Местом отправления культа в Палестине был, по Библии, тофет в долине Хинном (Иерем. 32, 35; см. *Геенна*). В иудаистической традиции человеческие жертвоприношения были запрещены; иудейский царь Иосия уничтожил тофет (2 Царств 23, 10); человеческие жертвоприношения совершали, согласно библейской традиции, лишь цари-отступники, как Ахаз (2 Царств 16, 3) и Манассия (2 Царств 21, 6). Но в финикийских обществах и в Карфагене этот обычай сохранялся, по-видимому, до конца 1-го тыс. до н. э. Филон Библский (кон. 1 — нач. 2 вв. н. э.) и Порфирий (3 — нач. 4 вв. н. э.) приводят миф, очевидно, обосновывавший эту практику: Кронос (Эл; см. *Илу*) в момент катастрофы принёс в жертву своему отцу Урану (*Баалшамему*) единственного сына — Йеуда.

И. Ш. Шифман.

МОМ, в греческой мифологии божество злословия. Сын Никты, брат Танатоса, Гипноса, *Гесперид*, *мойр*, Немесиды и Эриды, т. е. связан с мрачными и вредоносными космическими силами (Hes. Theog. 211—225). По совету М. Зевс вызвал войну (*Троянская война*), с тем чтобы, истребив человеческий род, облегчить бремя земли. М. порицал Зевса (Luc. Ver. hist. 2, 3) и Афину, Гефеста и Посейдона за их дары людям (Luc. Hermot. 20). В конце концов Зевс изгнал М. с Олимпа за его постоянное злословие против богов (Зевса, Афины, Прометея) (Fabulae Aesopicae, 102).

А. Т.-Г.

МОМО, Мама («бабушка»), у таджиков и некоторых групп узбеков (в частности, южного Казахстана) женские духи. М.— патронессы повитух, помощницы шаманок. По таджикским поверьям, имеют облик благообразных матрон, одетых в белое. Термином «М.» узбеки нередко заменяют обозначения других категорий духов (преимущественно шаманских). В знак уважения слово «М.» часто прилагается к именам других мифологических персонажей, например М.-Кульдурок (дух, производящий гром), М.-Хаво («прабабушка — Ева»).

В. Б., И. Б.

МОНДАМИН, в мифах алгонкинов, оджибве божество маиса. Изображается в облике молодого воина в наряде из зелёных листьев. Согласно мифам, однажды М. появился перед юношей, долго соблюдавшим пост и обращавшимся к богам с просьбой об облегчении существования людей. М. вызвал юношу на борьбу. Состязание продолжалось четыре дня, после чего, согласно наставлениям М., юноша похоронил его и ухаживал за могилой до тех пор, пока М. возродился вновь в виде маиса и стал служить людям пищей.

А. В.

МОНТУ, в египетской мифологии бог войны. Священное животное М.— сокол. Изображался в виде человека с головой сокола, увенчанной короной

с двумя голубыми перьями и солнечным диском. Один из основных атрибутов М.— копьё. Считалось, что М. дарует фараону победу над врагами. Отождествлённый с *Ра* и *Гором* в имени Монту-Ра-Гарахути, М. борется с врагами солнца. В «Текстах пирамид» сокол-М. возносит умершего царя на небо. Жёнами М. считались богини *Рат-тауи* и *Тененет*. Культ М. был сосредоточен в Фивах, Гермонтисе, Медамуде, Тоде. Отождествлялся с *Бухисом*. При царях XI династии (21 в. до н. э.) М. считался одним из главных богов пантеона (теофорное имя царей этой династии Ментухотеп означает «Монту доволен»). С воцарением XII династии образ М. слился с *Амоном* в имени Амон-Ра-Монту. Впоследствии культ Амона почти полностью вытеснил культ М., который сохранился только в Медамуде, где отмечался праздник в честь М.
Р. Р.

МОПС, в греческой мифологии два прорицателя: 1) лапиф из Фессалии (Strab. IX 5, 22), сын Ампика и нимфы Хлориды, получивший пророческий дар от Аполлона (вариант: Аполлон — отец). Принимал участие в *калидонской охоте* (Ovid. Met. VIII 316; Hyg. Fab. 173), в борьбе лапифов с *кентаврами* (Ovid. Met. XII 456), как прорицатель сопровождал аргонавтов (Pind. Pyth. IV 190). М. умер от укуса змеи в Ливии (Hyg. Fab. 14), где почитался как герой и имел свой оракул (Tzetz. Schol. Lycophr. 881). Эпоним фессалийского города Мопсион; 2) сын *Манто*, отцом М. считался критянин Ракий (Paus. VII 3, 2; IX 33, 1) (вариант: Аполлон, Apollod. epit. VI 3—4). М. почитали как героя, и он имел свой оракул в окрестностях Колофона и в городе Малл (Киликия), основанном им вместе с *Амфилохом* Младшим; они сражались друг с другом за обладание этим оракулом и оба погибли (Apollod. epit. VI 19; Strab. XIV 5, 16). По одному из вариантов мифа, М. состязался с прорицателем *Калхантом*, который, потерпев поражение, умер от огорчения (Apollod. epit. VI 3—4; Strab. XIV 1, 27 со ссылкой на Гесиода).
М. Б.

МОРГА́НА, в европейских средневековых повествованиях «артуровского» цикла сюжетов — фея. Впервые появляется у Гальфрида Монмутского (12 в.) в «Жизни Мерлина» в качестве главной из девяти сестёр, хозяек чудесного «яблоневого острова» (характерный признак кельтских представлений о потустороннем мире). Образ М. несомненно принадлежит кельтской мифопоэтической традиции, хотя сопоставление М. с ирландской *Морриган* неправомерно по лингвистическим и общекультурным соображениям. Не может считаться доказанной и идентичность М. с валлийской полумифической Модрон (восходящей к кельтской богине Матроне, давшей название реке Марне во Франции и связанной с культом вод), хотя интересно, что и М. несомненно связана с культом воды (первоначальная форма её имени у Гальфрида Morgen, «рождённая морем»; часто встречающиеся выражения «М. богиня», наряду с «М. фея»). В устной форме легенды о М. бытовали в Бретани (где М. назывались чудесные морские девы), откуда они распространились вплоть до Сицилии (уже в 19 в. миражи в Мессинском проливе получили название Фата Моргана).
С. Ш.

МОРИ́МО («дух предка»), М у р и́ м о, М о д и́ м о, М о л и́ м о, М л и́ м о, в мифах суто-чвана первопредок, первый человек. Согласно одному варианту, М. вышел из пещеры вместе с первыми людьми и животными. По другому — М. живёт в земле. Он заставил все племена выйти из тростникового болота. Каждое племя получило свой тотем. Согласно некоторым мифам, М.— отец *Хувеане*. В версиях, записанных позднее, М. под влиянием христианских представлений выступает как небесное божество. М. аналогичен *Мукуру* (у гереро) и *Ункулункулу* (у зулу).
Е. К.

МОРО́З, М о р о́ з к о, персонаж славянского сказочного и обрядового фольклора; культ М. косвенно отражён во всех славянских традициях (главным образом в пословицах и поговорках). У восточных славян представлен сказочный образ М.— богатыря, кузнеца, который сковывает воду «железными» морозами (калинниками, по народной этимологии связанными с «калить»); сходные представления отражены в чешских и сербо-хорватских фразеологических оборотах и обычаях, связанных с кузнецами. Возможно, что сказочный образ М. (Трескуна, Студенца), в русской сказке идущего с Солнцем и Ветром и угрожающего заморозить встретившегося им мужика, может быть сопоставлен с образом М., живущего в ледяной избушке и одаривающего (в функции сказочного помощника) пришедшего к нему.

Обрядовые представления, лежащие в основе этих образов, сохранялись у восточных славян в ритуале кормления М. накануне Рождества и в Велик день. В каждой семье старший должен был выйти на порог или высунуться в волоковое окно с печи и предложить М. ложку киселя или кутьи со словами: «Мороз, Мороз! приходи кисель есть; Мороз, Мороз! не бей наш овёс!»; затем следовало перечисление растений и злаков, которые М. не должен был побить (ср. обычай кормления *дедов*-покойников и сочетание Дед-М.). В восточнославянской низшей мифологии М.— старичок низенького роста, с длинной седой бородой, бегающий по полям и стуком вызывающий трескучие морозы; от удара М. по углу избы трескается бревно.

Дальнейшая трансформация обрядов, связанных с М., в городской среде вызвана влиянием западноевропейских рождественских обычаев: Дед-М.— рождественский дед; ср. Санта-Клаус, Пэр-Ноэль и т. п.
В. И., В. Т.

МОРРИГА́Н (букв. Великая королева), в ирландской мифологии богиня войны и разрушения. Обычно выступала с двумя близкими по функциям богинями Немайн и *Махой* как три Морриган, обычно в облике воронов. По некоторым из преданий, супруга бога *Дагда*. Иногда М. смешивалась с *Бадб*. М. посвящались головы павших в битве. Играет большую роль в цикле сказаний о *Кухулине*, где вначале выступает его противницей, а потом пытается уберечь от неминуемой смерти.
С. Ш.

МОРСКИ́Е ДЕ́ВЫ, в западноевропейской низшей мифологии таинственные обитательницы морских глубин, являющиеся людям в облике прекрасных женщин, но способные превращаться в различных животных и рыб. М. д., по поверьям, обитали на дне моря во дворцах и вели обычный человеческий образ жизни, стремясь привлечь приглянувшихся им смертных, прежде всего моряков; иногда, щедро одарив, они отпускали их.
С. Ш.

МОРСКИ́Е МУЖИ́, в западноевропейской низшей мифологии сверхъестественные существа, обитающие в море (часто вместе с *Морскими девами*). Считалось, что им подвластны морская стихия и ветры, которые они насылают, чтобы заполучить в свои дворцы утонувших. Представлялись в облике длиннобородых старцев, в Средиземноморье — в облике полурыбы-получеловека, в Ирландии им приписывался особенно уродливый вид.
С. Ш.

МОРФЕ́Й, в греческой мифологии крылатое божество, один из сыновей *Гипноса* (сна). Принимая разные человеческие формы (греч. morphē, «форма»), он является людям во сне. Овидий, рисуя пещеру Гипноса в Киммерийской земле, среди сыновей этого бога выделяет трёх: М., подражающего людям, и его братьев, подражающих животным и явлениям природы (Ovid. Met. XI 633—649).
А. Т.-Г.

МОСЬ, м о ш, в мифологии обских угров одна из двух фратрий (родовых объединений) наряду с *Пор*. Предками М. считались добрые духи *Мис* (в другом варианте, первые М., как и Мис — дети *Калташ-эквы*). С фратрией М. связаны гусь, лягушка, лошадь как священные животные (ср. атрибуты *Мир-сусне-хума*), а также созвездие Плеяд («женщины дома Мось-человека»). Напротив, от участия в медвежьих ритуалах М. были в значительной мере отстранены: согласно мифу, М.— человек, принявший участие в медвежьем празднике, был унесён менквами (с которыми отождествлялись люди Пор) в лес на пляску семи медведей и еле вырвался из их когтей.
Е. Х.

МОУ-НЯМЫ («земля-мать»), в самодийской мифологии (у нганасан) родительница и покровительница всего живого, наиболее почитаемое из женских божеств — матерей природы. Обычно представляется в виде огромного существа, на котором обитают все люди и животные, подобно насекомым в шкуре зверя; шкура М.-н. (трава, мох) «линяет» (обновляется) каждую весну. Согласно одному из космогонических мифов, вначале эта шкура была покрыта льдом; дети М.-н., зооморфные духи дямада, послали птичку ущипнуть её и обратить её внимание на то, как ей холодно и неудобно жить. М.-н. сблизилась с «солнцем-матерью» Коу-нямы — лёд растаял и установился современный климат. Из шкуры М.-н. выползли голые черви кальсио — первые люди. Согласно другим мифологическим представлениям, М.-н.— демиург, совместно с «сиротой-богом» Дёйба-нгуо (по некоторым данным, её братом или мужем) или «огнём-матерью» Туй-нямы устраивающий землю (убирает глину под воду, создаёт лес, помещает в реки рыбу и т. д.). М.-н.— подательница глаз, она даёт их ещё при зачатии, затем они обрастают плотью (ср. обязательный для нганасан ритуал вырезания глаз у убитого на охоте животного и предания их земле; считалось, что это позволяет М.-н. использовать глаза повторно). С представлением о земле как о живом существе, способном чувствовать боль, связаны запреты колоть её ножом, забивать в неё колья и т. д. К М.-н. обращались с просьбами об удачном промысле на диких оленей, о благополучном исходе родов; при этом совершались жертвоприношения: землю «кормили» кровью и некоторыми органами жертвенных животных, совершались особые обряды с идолами (койка), представлявшими М.-н. В ряде отношений образ М.-н. сходен со старухой-покровительницей в мифологиях других самодийских народностей [ср. Ылэнта-кота у селькупов, Я-небя (Я-мюня) у ненцев, Дя-меню'о (Дя-сой) у энцев] и, вероятно, отражает прасамодийские представления, модифицированные в духе характерных для ряда субарктических мифологий анимизма и культа матерей природы.
Е. А. Хелимский.

МОХИНИ (др.-инд. «сводящая с ума», «чаровница»), в индуистской мифологии одна из *аватар* Вишну, воплотившегося в прекрасную женщину. Согласно пуранам (Бхаг.-пур. VIII 8—9; Вишну-пур. I 9 и др.), Вишну принял вид М. во время пахтанья океана богами и *асурами*, когда асуры овладели появившейся из океана чашей с *амритой* и начали спорить, кому из них должно принадлежать право первого глотка. Пленённые красотой М., асуры предоставили ей решение спора, обязавшись беспрекословно повиноваться. М. распорядилась, чтобы первыми отведали амриты боги, а затем, обманув асуров, тщетно ожидавших своей очереди, исчезла вместе с чашей. Согласно другому мифу, красота М. настолько восхитила *Шиву*, что он упросил Вишну вновь принять эту форму. Охваченный вожделением, Шива обнял М.-Вишну, и в результате на свет появилось божество, названное по имени обоих богов — Вишну (Хари) и Шивы (Хары) — *Харихара*.
П. Г.

МСИНКОАЛИКАН, М'синг, Мезинг, в мифах делаваров лесной дух, ведающий дичью, покровитель охоты. Изображается в одежде из шкур с красно-синей маской на голове. Изображение М. помещается на центральном столбе внутри особых обрядовых помещений.
А. В.

МУГДЫ, душа умершего, дух предков в мифах эвенков, м у г д э у нанайцев и орочей. Эвенки называли М. изображения духов-предков, которые якобы защищали их от недоброжелательных духов чужих шаманов, от болезней, а также от злых духов нижнего мира (*буни*). М. являлись покровителями шаманов, они помогали им в подборе людей для посвящения в шаманы, в осуществлении инициации, а затем в их практике. У нанайцев М. называли антропоморфное изображение величиной меньше человеческого роста, которое изготавливалось для шаманского обряда проводов души в буни. У орочей М. в виде столбиков с изображением человеческо-

го лица ставили на могилах шаманов и близнецов.
Е. Н.

МУЗЫ, м у́ с ы («мыслящие»), а о н и́ д ы, а о н и́ й с к и е сёстры, п а р н а с и́ д ы, к а с т а л и́ д ы, и п о к р е н и́ д ы, п и э р и́ д ы (прозвища от мест обитания М.), в греческой мифологии дочери Зевса и *Мнемосины*. М.— богини поэзии, искусств и наук, девять сестёр, рождённых в Пиэрии и носящих имя «олимпийские» (Hes. Theog. 52—54, 915—917; Hymn. Hom. III 429 след.). Их имена: Каллиопа, Клио, Мельпомена, Эвтерпа, Эрато, Терпсихора, Талия, Полигимния, Урания; все они, за исключением Урании («небесная») и Клио («дарующая славу»), указывают на связь с пением, танцем, музыкой, наслаждением. Эти олимпийские М. восходят к архаическим М.— хтоническим существам. По сообщению Павсания, первыми, кто почтил М. и принёс им жертвы на Геликоне, были не поэты и певцы, а великаны *алоады* — От и Эфиальт. Они ввели культ М. и дали им имена, считая, что М. только три: Мелета («опытность»), Мнема («память»), Аойда («песня»). С течением времени в Македонии прибыл Пиэр (по имени которого была названа гора), он установил число М. (девять) и дал им имена. Поэт Мимнерм утверждал, что были старшие М.— дочери Урана (неба) и Геи (земли) и младшие — дочери Зевса (Paus. IX 29 1—5).

О хтоническом прошлом М. свидетельствует также то потомство, которое М., будучи дочерьми земли Геи, рождали и от Зевса, и от Аполлона. От Зевса и Каллиопы [(Strab. X 3, 19), по другой версии,— от Талии и Аполлона (Apollod. I 3, 4)] родились *корибанты*. Детьми зооморфического Зевса-коршуна и Талии были сицилийские *палики*. От брака Мельпомены и речного бога Ахелоя рождаются *сирены* — миксантропические чудовищные существа, своим пением привлекающие путников и пожирающие их (Apollod. I 3, 4). Архаические М. назывались «бурные», «неистовые» (греч. thoyrides, одного корня с лат. furia), как об этом сообщает Гесихий (v. thoyrides). М. именовали кормилицами Диониса (Eustath. 1816, 4) и спутницами его странствий (Diod. IV 4), подобно *менадам*. М. и менады иногда ставятся в один ряд (напр., царь Ликург был наказан Дионисом за преследование менад и М., Soph. Antig. 962 след.). В геликонской надписи сопоставляются Терпсихора и Дионис Бромий, ей присущи дар вдохновения и плющ, ему — умение чаровать и флейта. *Орфей*, установивший мистерии Диониса, сын Каллиопы и Эагра (Apollod. I 3, 2—3). Певец *Лин*, сын Каллиопы (или Урании) и Амфимара, сына Посейдона. Бурных и экстатических М. возглавлял Дионис Мусагет — «водитель М.». Диониса Мельпомена (CIA III 274) почитали в Ахарнах (Paus. I 31, 6), он, подобно *Аполлону*, вёл за собой хороводы (I 2, 5). М. жестоки и сурово наказывали каждого, кто осмелится с ними соперничать. Они ослепили и лишили дара пения и игры на кифаре *Фамирида* (Apollod. I 3, 3).

Олимпийские М. классической мифологии — дочери Зевса, они обитают на Геликоне, воспевая все поколения богов — Гею, Кроноса, Океана, Ночь, Гелиоса, самого Зевса и его потомство, т. е. они связывают прошлое и настоящее. Им ведомо прошлое, настоящее и будущее. Они покровители певцов и музыкантов, передают им свой дар. Они наставляют и утешают людей, увещевательным словом, воспевают законы и славят добрые нравы богов. Классические М. неотделимы от упорядоченности и гармонии олимпийского мира (Hes. Theog. 1—103).

Функции М. постепенно разграничивались по мере дифференциации искусств, и в эллинистическую эпоху М. превратились в символические образы: Эрато — М. лирической поэзии с лирой в руках, Эвтерпа с флейтой сопровождает лирическую песнь, Каллиопа — М. эпической поэзии и знания со свитком и палочкой для письма, Клио — М. истории с теми же атрибутами, Мельпомена — М. трагедии с трагической маской и венком из плюща, Полигимния — М. серьёзной гимнической поэзии, Терпсихора — М. танца с лирой и плектром, Талия — М.

комедии с комической маской, Урания — М. астрономии с небесным сводом и циркулем. Выступают М. обычно под водительством бога искусств Аполлона, получившего имя Мусагет (I 2, 5).
А. Ф. Лосев.

МУКА́СА, в мифах ганда божество. В одних мифах М.— сын Ванема, сына *Мусиси*, в других — сын самого Мусиси, старший брат бога войны *Кибука*. Мать М. (Намбуби) дала новорождённому имя Селванга. Когда его отняли от груди, он отказывался от обычной пищи, ел только сердце и печень животных и пил их кровь. Ребёнком он скрылся из дома. Впоследствии его обнаружили на острове Бубембе (на озере Виктория) сидящим под большим деревом на берегу и назвали его М. («человек с острова Букаса»), решив, что он с острова Букаса. Человек по имени Семагумба унёс М. и поместил его на скале. Люди не пускали М. в свой дом, полагая, что он — дух, и ему построили возле этой скалы хижину, а заботился о нём Семагумба. М. отказывался от еды, которую ему предлагали. Но однажды, когда убили быка, М. потребовал его кровь, печень и сердце. Люди решили, что он — бог, и обращались к нему за советами. Семагумба стал главным жрецом М., а Гугу и Себадиде — его помощниками. Всех последующих жрецов М. называли их именами. М. прожил на острове много лет (по некоторым версиям,— 14 поколений) вместе с тремя жёнами — Налванга, Найембе и Наку (Налванга — главная жена М.— питон, сестра *Селванга*; пришла с острова Банга; её основная функция — давать детей бесплодным женщинам). Согласно одному варианту, М. умер и похоронен на острове в лесу, возле посвящённого ему храма; по другому,— М. скрылся так же внезапно, как и появился. Сыновья М. Ненде и Кирабира после смерти Кибука заменили его, став богами войны.

Связь М. с озером (его появление на озёрном острове; власть М. над бурями на озере, зависимость от него размножения рыб, хорошего улова и т. п., весло как священный символ М. в храмах) позволяет предположить, что первоначально он был божеством озера. Эти представления перекрещиваются с более архаичными представлениями о боге-питоне, хозяине озера (воды) Селванга. В дальнейшем, очевидно, М. стали ассоциировать с плодородием и плодовитостью вообще: от М. ожидали хорошего урожая, приплода скота, рождения детей. М. считался покровителем правящего рода.
Е. С. Котляр.

МУКУ́РУ («очень, очень старый», «прапредок»), у гереро мифологический персонаж — первопредок, культурный герой, демиург. Согласно мифам, первые люди — М. и его жена — вместе с крупным рогатым скотом вышли из священного дерева Омумборомбонга. В некоторых вариантах М. не отождествляется с первыми людьми: он повелел людям и животным выйти из дерева, а птицам и рыбам — из горы. М. ввёл жертвоприношения, табу, обрезание, церемонии инициации, передал своим потомкам священную утварь. М. аналогичны *Ункулункулу* и *Моримо*.
Е. К.

МУ́ЛА ДЖА́ДИ (санскр. «начало становления»), в мифах батаков (остров Суматра, Западная Индонезия) бог, демиург. М. Д. извечен и правит тремя мирами: верхним (небо), разделённым на 7 слоёв, средним (земля) и нижним (подземный океан). По одному из мифов, М. Д. триедин в ипостасях, соответствующих трём мирам: Туан Буби на Болон — правитель и сущность верхнего мира, чудовище Раджа Пинангкабо, свисающее в деревянной клетке с ветвей мирового древа,— повелитель среднего мира и змей Нага Падоха (или *Пане на Болон*) — властелин подземелья. Божественная триада *Батара Гуру*, *Мангалабулан* и *Сорипада*, сотворённая М. Д., считается также и его эманация. Противоречивое единство трёх миров воплощено в образе мирового древа и собственно М. Д. Один из эпитетов М. Д.— Асиаси («милосердный»); иногда осмысляется как автономное божество. Действует М. Д. по поручению божественной триады и подчинён ей. М. Д. восседает на вершине седьмого слоя неба над царством мёртвых душ. Перед его домом стоит дерево Джамбубарус, на листьях которого написана судьба будущих людей, вручаемая двумя женщинами душам (тонди), отправляющимся на землю. М. Д. сотворил мир при помощи птиц: ласточек-посланцев, курицы, снёсшей яйца в ветвях мирового древа, из которых вылупились жёны божественной триады (по другим версиям, вместо курицы — бабочка), и др. По некоторым мифам, М. Д. выступает и как создатель людей, по другим,— эту функцию выполняют его внучки *Сидеак Паруджар* и Сибору Сурантибонанг (см. в ст. *Мангалабулан*).
М. А. Членов.

МУЛУ́А САТЕ́НЕ, в мифах вемале (Восточная Индонезия) богиня смерти, одна из триады божественных дев (М. С., *Хаинувеле*, *Рабие*). Согласно мифу, бог Тувале создал из цветка банана на вершине горы *Нунусаку* одновременно первых людей и М. С., которая стала их повелительницей. В наказание за убийство Хаинувеле М. С. осудила людей, заставив их пройти к ней сквозь девятиступенчатый спиралевидный лабиринт (символизирующий у многих народов смерть). В конце его М. С. прикосновением одной из рук убитой превращала тех, кто прошёл через препятствие, в смертных; не прошедших через лабиринт — в зверей и духов. Суд М. С., по представлениям вемале,— последнее звено в цепи мифических событий, завершившее установление существующего миропорядка. После суда М. С. уходит от людей и становится повелительницей мёртвых на горе Салахуа (на юго-западе Серама). Каждый раз, когда душа умершего добирается до М. С., повелительница мёртвых рождает новое дитя. Суд М. С. воспроизводился в инициационных обрядах тайного союза Вапулане на Сераме.
М. Ч.

МУЛУ́НГУ, Млу́нгу, Муру́нгу, Мру́нгу, Умлу́нгу, Мву́нгу, Муу́нгу, Му́нгу, первопредок и громовник в мифах бантуязычных народов Восточной Африки.

Распространение почитания М. на обширной территории Восточной Африки связано, по-видимому, с его контактами между населяющими её бантуязычными народами, расширения зоны употребления языка суахили. Имя М. вытесняло имена прежних богов в мифологиях этих народов или сосуществовало с ними в качестве «хвалебного». Вероятно, первичным было представление о М. как о первопредке. Характеру предка соответствует и созидательная деятельность М. (ср. *Мукуру*, *Ункулункулу*). Согласно мифологическим представлениям макуа, М.— демиург: вызывает из отверстий в земле сначала людей, а потом другие создания. В мифах камба М. спустил одну человеческую пару из туч на скалу, где ещё остались их следы. Другая пара вышла из термитника (местожительство предков).

В мифах сена и ньяса в большей степени акцентируется связь М. с дождём (М. живёт в небе, иногда спускается на землю; о дожде говорят: «М. идёт», о громе — «М. гремит»), в чём сказалось влияние мифов народов соседних регионов — ила и вемба, главное божество которых *Леза* — громовник. Сближение представлений о М. и Леза обусловлено природой образа обожествлённого предка как предка-дождедателя.
Е. С. Котляр.

МУЛЬКВИСИ́Н, суси́н, в корейской мифологии общее название водяных духов, обитавших в морях, реках, прудах, болотах, колодцах. Считалось, что душа утопленника становилась М. В разных местах Кореи приносились жертвы духам четырёх морей — Тонхэсину (духу восточного моря) в Янъяне, Сохэсину (духу западного моря) в Пхунчхоне, Намхэсину (духу южного моря) в Наджу и Пукхэсину (духу северного моря) в Кёнсоне. Кроме того, весной и осенью во избежание наводнений и для спокойствия в стране совершались жертвоприношения духам семи водоёмов (Чхильдоксин) в виде пятицветных ритуальных денег, которые бросали в воду.
Л. К.

МУЛЯ́НЬ (кит. транскрипция санскр. имени Маудгальяяна), один из десяти первых учеников *Шакья-*

муни. М. был сыном брахмана из рода Колита (Сев. Индия). За семь дней он освоил учение будды Шакьямуни и обратил на путь истины 250 человек. За месяц достиг уровня *архата*. За остроту ума был прозван «Первым во всепроникновении», за скорость ходьбы «Лёгким на ногу». Вместе с Шакьямуни поднимался на небо *Доушуай-тянь*. Со своим другом *Шарипутрой* восстановил монашескую общину, разрушенную *Девадаттой*. В Китае распространилась легенда о М., зафиксированная впервые в 9 в. и потом ставшая основой многих литературных произведений. Источником легенды служит «Сутра об Улламбане» (сохранилась только в китайском переводе), где описывается жертвоприношение М. для спасения матери от мук преисподней, предпринятое по совету Будды. По китайской легенде, М. был сыном родителей, принявших обет не убивать ничего живого. После смерти переродился в небожителя, а мать ела мясо и, нарушив этим обет, стала обитательницей преисподней, где подвергалась различным казням. Когда М., став учеником Будды, погрузился в медитацию, он узнал, что среди праведников на небесах есть только его отец. В поисках матери М. проходит по небесам, а потом по преисподней и обнаруживает её. За её грехи пища и питьё превращаются у неё в огонь. М. обращается с молением к Будде, и тот советует М. сделать необходимые приношения, после чего М., избавившись от части грехов, выходит из преисподней и превращается в собаку в столице Магадхи — городе Жилище царя (Раджагриха). Потом М. усердным чтением сутр добивается снятия с матери и остальных грехов, после чего она снова принимает облик женщины. Публичное чтение сказаний о М. приурочивалось к 15-му дню 7-й луны по китайскому лунному календарю, который посвящался молениям об освобождении от грехов усопших предков. В пантеоне Ваджраяны М. располагался в верхнем ряду по правую руку от Будды четвёртым, восседающим на красном лотосе в облике монаха, левая рука которого сжимает угол монашеского одеяния. В китайское предание о М. включены некоторые факты из биографии реального исторического деятеля китайского буддизма 7 в. Фу Лобу, монашеское имя которого было Мулянь. Кроме Китая, легенда о М. нашла распространение также в Монголии, где он под именем Молон-тойна стал героем сказаний.
Л. Н. Меньшиков.

МУ́ММУ (этимология имени неясна; в греческой передаче М у́ м и с, «воплощающий благоразумие и принципы порядка»?), в аккадской мифологии (поэма «Энума элиш») советник божества-прародителя Апсу (см. *Абзу*), олицетворённой первозданной стихии. Эйя (см. *Энки*), убив М., берёт себе его ауру — «лучи сияния» и присваивает тем самым его сущность и имя (М.— эпитет Эйи, а затем Мардука, когда тот воспринял от Эйи функцию бога-созидателя).
В. А.

МУНКА́Р И НАКИ́Р, в мусульманской мифологии *малаика* (ангелы), которые допрашивают и наказывают мёртвых в могилах. Верующих они оставляют в покое до воскресения, а неверных избивают столько времени, сколько пожелает аллах. Имена М. и Н. появляются только в предании. В Коране мотив наказания в могилах излагается без указания имён ангелов: «Если бы ты видел, как завершают жизнь те, которые не веровали, ангелы — они бьют их по лицу и по спинам: ,,Вкусите наказание пожара!"» (8:52; ср. также 6:93; 47:29 и др.).
М. П.

МУНСИ́Н, с у м у н с и́ н, в корейской мифологии духи — хранители главных ворот, относившиеся к домашним духам (см. *Касин*). М.— даосские по происхождению, генетически близки к *мэнь-шэнь*. К ним относятся *инван* и *кымгансин*.
Л. К.

МУНСУ́, П о с а́ л ь, в корейской буддийской мифологии популярный бодхисатва *Манджушри*. Изображение его со свитком в руке располагается в буддийской триаде справа от *Шакьямуни* и символизирует мудрость.
Л. К.

МУ́НТУУ́НТУ, в дохристианских мифах минахасов (северный Сулавеси, Западная Индонезия) верховное божество, правитель неба, бог солнца. Хотя М. считается предшествующим всему, он — один из сыновей *Лумимуут*, родившихся от её брака с солнечным богом Тоаром. Судя по его эпитетам (Синиэма-интана, «создающий землю», и Эмпунг-вайланвангко, «всемогущий бог»), М., по-видимому, аналогичен восточноиндонезийским небесным и солнечным богам (*Упулере*, Алахатала).
М. Ч.

МУРДЖИ́ЛЭ, МЬЕЗИ́ЛЭ, ЗОРИ́ЛЭ, в восточнороманских верованиях и сказках персонификации вечерних сумерек, полуночи и утренней зари или трёх звёзд. Другие названия: Серилэ (от рум. «вечер»), Де-ку-сяра («с вечера»), Мьязэноапте («полночь»), Ноптилэ (от рум. «ночь»); Зорь-де-зи («рассвет»). В наиболее архаичных представлениях выступают в виде волов: Зорилэ везёт солнце с захода, а Мурджилэ помогает светилу добраться на тот свет. В другом варианте они рогами перебрасывают друг другу солнце. Во власти Мурджилэ продлить ночь, а Зорилэ может удлинить день. Вол (бык) в солярном культе и культе громовержца известен и многим другим народам (ср. быков хурритского бога грозы Тешуба — Хурри, «утро», и Шери, «вечер». Выступают также в облике змей, лесных великанов, пожирающих людей, похищающих по ночам девушек, в антропоморфном виде.

В волшебных сказках герой вынужден связать их, чтобы продлить ночь (мотив пленения духа ночи в аналогичных сказочных сюжетах известен грекам, албанцам, сербам и венграм). Иногда они сами выступают в роли героев-братьев, наделённых волшебными умениями: быстрым бегом, острым глазом, тонким слухом, благодаря которым возвращают украденные змеем созвездия, ключи от рая, солнечный свет, выручают царских дочерей. Ср. также *Вечорку, Зорьку и Полуночку* в русских сказках.
Г. И. Кабакова.

МУ́РУГАН, у тамилов бог плодородия, охоты, войны, победы; сын *Коттравей*. Первоначально, видимо, был божеством горных племён. Связан с растительностью, а также с почитанием огня, солнца (одно из имён «Красный»). Его атрибуты — алое копьё, гирлянды цветов, павлин, слон. Культ М. слился с культом *Сканды*, сына Шивы; но в тамильских мифах М. сохранил черты самобытности; некоторые связанные с М. сюжеты (например, женитьба на Валли, дочери охотника) имеются только у тамилов.
А. Д.

МУСА́, в мусульманской мифологии пророк. Соответствует библейскому *Моисею*. Коранический рассказ о М. (см. 2:48—130; 7:101—160; 10:76—88; 20:8—97; 26:9—67; 28:2—76; 40:24—56) следует в основном библейскому. Основные эпизоды: чудесное спасение М.-ребёнка, его воспитание при дворе *Фирауна*, женитьба в Мидиане, борьба с Фирауном. Много внимания уделяется чудесам (чудо с посохом, с прокажённой рукой и др.), рассказывается о переходе через море и гибели преследователей, о поклонении тельцу, о ниспослании скитающимся в пустыне «манны и перепелов». Ниспосланное М. писание предвосхищает писание *Исы*.

В Коране, в отличие от библейского рассказа, М. спасает жена Фирауна. Появляются мотивы наущения шайтана в эпизоде убийства М. египтянина (28:14), мотив желания М. разжечь факел от божественного огня (20:10; 28:29), эпизод заступничества за М. некоего благочестивого человека при дворе Фирауна (40:29—31). Особое место занимает рассказ о путешествии М. вместе с неким «рабом аллаха» (18:59—81), божеская мудрость в поступках которого М. не мог поначалу понять (с ним идентифицируется *Хадир* или, иногда, *Илийас*). Впрочем, многие комментаторы считали, что в этом эпизоде идёт речь о другом М.

Коран видит в М., так же как в Исе и других пророках, предшественника Мухаммада, учившего тому же (42:11); поэтому проводятся прямые параллели между отношением неверных к М. и Му-

372 МУСЕЙ

хаммаду (73:15). Как и Мухаммада, М. называют колдуном (7:106) и безумцем (26:26), ему отказываются верить, так как он просто человек (23:49) (ср. также отношение к *Нуху, Ибрахиму*).

В послекораническом предании разрабатываются сказочные и волшебные мотивы о посохе М. и др., а также мотивы, связывающие М. с Ибрахимом, *Йакубом, Каруном, Фирауном, Харуном*.
М. Б. Пиотровский.

МУСЕ́Й, в греческой мифологии ученик (или сын) *Орфея*, получивший в наследство его лиру. По одной версии, афинянин, прорицатель, основатель Элевсинских мистерий, получивший в дар от Борея способность летать (Paus. I 22, 7; X 12, 11); был погребён на холме, получившем его имя и находившемся вблизи акрополя (I 25, 8). По другой версии, фиванский волшебник.
Г. Г.

МУСИ́СИ, в мифах ганда бог землетрясений (происходит от его перемещений), сын бога *Ванга*. Живёт в центре земли. М.— отец *Вамалы, Мукасы* (в вариантах — дед Мукасы), *Кибуки*.
Е. К.

МУ́СО КОРО́НИ КУ́НДЬЕ, в мифах бамбара первая женщина, сотворённая *Пемба*, ставшая его супругой, участвовавшая вместе с ним в творении. Была названа М. К. К.— «маленькая старуха с белой головой»: маленькая, т. к. произошла от Пемба; старуха, т. е. древняя, так как была эманацией Пемба — равной ему по времени; белая, так как была чистой, как он. Согласно мифам, у М. К. К.— голова с большими остроконечными ушами, грудь и хвост животного. Пемба вложил в неё душу — дыхание (ни) и создал нематериальный двойник (дья), который доверил *Фаро* (страж дья). М. К. К. получила от Пемба множество семян и породила растения и животных. Когда на земле появились человеческие существа, созданные Фаро, Пемба стал обладать всеми женщинами. Узнав об этом, М. К. К. обезумела и начала разрушать всё созданное ею вместе с Пемба. Пемба проклял её и оттолкнул, когда она хотела к нему вернуться. Оставшись одна, М. К. К. носилась по небесным и земным пространствам, втыкая в почву кусочки дерева в надежде, что они превратятся в дерево баланса (одно из земных воплощений Пемба). Во время своих одиноких странствий М. К. К. вступила в связь с пембеле (древесный брус, воплощавший Пемба в начальный период творения) и была им искалечена. Свою ярость М. К. К. сорвала на людях, подвергнув мужчин обрезанию, а женщин — эксцизии. М. К. К. открыла людям всё то, что узнала от Пемба и что должно было оставаться в тайне.

Пемба (и Фаро по его просьбе) тщетно преследовал М. К. К., чтобы отобрать у неё власть и знание. Перед тем как умереть, она научила людей земледелию.

Предав Пемба, М. К. К. стала нечистой и оскверняла всё, к чему прикасалась; нечистой стала и земля. Таким образом М. К. К. внесла беспорядок в созидание и ввела зло в мир.
Е. С. Котляр.

МУ́СПЕЛЛЬ, Муспелльсхейм, в скандинавской мифологии огненная страна, которая существовала ещё до начала творения. В «Прорицании вёльвы» («Старшая Эдда»), а затем и в «Младшей Эдде» говорится о «сынах Муспелля» или «людях Муспелля» и их участии в эсхатологической битве с богами (см. *Рагнарёк*); они скачут по мосту Биврёст, и мост под ними проваливается. М. иногда отождествляется с огненным великаном *Суртом*. В немецких раннесредневековых христианских поэмах («Муспилли», «Хелианд») термин «М.» употребляется в смысле конца мира и страшного суда.
Е. М.

МУСТА́-ГУДА́РГ, у ингушей божество дождя в облике козла. Следы почитания М.-Г. сохранились в бытовании до недавнего времени обряде вызывания дождя — «Мустагударга»: процессия людей во главе с юношей, ряженым в козлиную шкуру, с культовыми песнопениями обходила дворы селений; хозяева обливали ряженого водой и одаривали участников процессии различными лакомствами; считалось, что умилостивленный таким образом М.-Г. пошлёт долгожданный дождь.
А. М.

МУСУ́БИ, Мусу́би-но ка́ми (от мусу, убу, «рождать»), в японской мифологии класс божеств рождения и плодородия; способны также наделять душой, жизненной силой. К М. относятся два бога из первой триады божеств японского пантеона — *Такамимусуби* и *Камимусуби*, а также Икумусуби («живой бог рождающий»), Тарумусуби («обильный рождающий») и др. В мифах с М. связывается также происхождение культурных растений и шелковичных червей.
Л. М. Ермакова.

МУСУ́Н, мухун, мушун, мусан, в мифах эвенков и эвенов духи-хозяева. Считалось, что ими обладали природные явления (ветер, дождь, тучи, течение реки), различные природные объекты (горы, обвалы, оползни), предметы, изготовленные руками человека (напр., самострел), человеческое слово, когда оно влекло за собой действие, а также одарённые сказители и шаманы. М. представлялись в виде живых людей, напр. М.: огня (бабушка, живущая под очагом), жилища (старик, живущий под малу — местом в доме, которое расположено против входа за очагом), реки (живёт у порогов, водоворотов), гор (живёт на трудных перевалах) и др. Некоторые М. были женаты и имели детей, другие не имели жён; на хорошие отношения человека они отвечали добром, первые первый кусочки мяса, первые капли вина отдавали М. огня или М. жилища, а во время кочёвок М. рек и перекатов всегда одаряли (табаком, полоской ткани и др.). М. называли также священную силу духа-хозяина верхнего мира (*сэвэки, буга* и др.) и духа-хозяина охотничьих угодий *Синкэна*, которую шаманы добывали у них и вводили в посвящаемого оленя, идола, охотничье снаряжение и т. д.
Е. Н.

МУТ («мать»), в египетской мифологии богиня неба, жена *Амона* и мать *Хонсу*. Считалась «владычицей озера Ашеру» около Фив, на берегу которого стоял её храм. Изображалась в виде женщины. Священное животное М.— корова. Имя М. писали иероглифом коршуна, который читался «мут». Эпитет М.— «мать матерей». М. сближалась с различными богинями-матерями — *Нехбет, Уто, Нут* и др. Так как Амон отождествлялся с *Птахом*, на М. были перенесены образ и функции жены Птаха богини-львицы *Сехмет* (много львиноголовых статуй Сехмет стояло в фиванском храме М.). Отождествляли М. и с другими богинями-львицами — *Хатор, Тефнут, Мехит*, с кошкой *Баст*. Поскольку Амон был объединён в единый образ с *Ра*, М. иногда называли Раит («жена Ра»).
Р. Р.

МУТИБНА́ТИАН («податель влаги»), в йеменской мифологии бог — покровитель и владыка города-государства Харам, видимо, и бог — предок народа. М.— бог плодородия и орошения, вероятно, олицетворял планету Венера. Ипостасью М. был Мутибкабат, податель урожая, почитавшийся в государстве Маин. По характеру и функциям М. (так же как и Мутибкабат) близок *Астару*, может быть, одна из его ипостасей. Возможно, М. является североарабским божеством (в Хараме, расположенном на севере Древнего Йемена в стране Амир, жило, очевидно, население североарабского происхождения, вовлечённое в сферу древнейеменской культуры; ср. *Зу-Самави*).
А. Г. Л.

МУ́ТУ, Мот («смерть»), в западносемитской мифологии бог смерти и подземного царства мёртвых, воплощение хаоса, насылающий засуху и бесплодие; главный противник *Балу*. В угаритских мифах М.— божество огромного роста, пожирает всё живое, раскрывая пасть от земли до неба, его язык достигает звёзд. В царство М. уходят мёртвые или он сам приходит за умирающими, например к *Карату*, спасти которого смогла лишь божественная целительница Шаатикат, созданная *Илу* и победившая М. Смерть (т. е. М.) может проникнуть в дом через окно (Иерем. 9, 21); не случайно, по-видимому, Балу противится намерению *Кусар-и-Хасиса* сделать окно в доме Балу. Один из основных претендентов на власть над миром, М. убивает Балу, что приводит к засухе и опустошению, но М. и сам гибнет от руки *Анат*; через семь лет он возвращается к жизни и борется с Балу, но не остаётся побеждённым (ср. семилетний земледельческий цикл с оставлением земли под парами на седьмой год; Лев. 25, 3—4; 26, 34—35 и 43). Схватка между М. и Балу постоянно возобновляется. Смерть М. (как и воскресение Балу) связывается с жизнью и плодородием на земле; возможно, что М. (умерший?) наделялся одновременно и плодоносящей силой. Не случайно Анат размалывает М. и рассеивает его останки по полю подобно зерну, после чего возрождается жизнь, а с нею и Балу. В теогонии Санхуньятона — Филона Библского М. предстаёт в виде ила, как смерть и одновременно плодоносная жизненная сила; он порождён ветром и желанием, от него произошли все ещё не существовавшие элементы мироздания. М., очевидно, соответствует почитавшийся в Пальмире бог Рабасирэ (арам.) — владыка мёртвых и потустороннего мира.

И. Ш. Шифман.

МУТУ́М, М у т а́, Ф р а, в мифологии качинов в Бирме дух — создатель мира. Иногда это сонм божеств. Согласно мифу, до начала деятельности М. существовал только безбрежный океан, где плавала огромная рыба. На неё М. насыпал землю. Женский дух отложил на землю гигантское яйцо. Оно разделилось на нижнюю половину, оставшуюся на земле, и верхнюю, ставшую небесным сводом. По некоторым вариантам, земля насыпана не на рыбе, а на крабе или крокодиле Ширутуу. Когда крокодил ворочается, происходят землетрясения. М. остался править на небесах, от него зависят жизнь и смерть. М. считается также божеством солнца, давшим людям зёрна культурных растений. Семьи качинских феодальных вождей вели своё происхождение от осколков земной половины яйца.

Я. Ч.

МУХА́ММАД, М у х а́ м м е д, М о х а́ м м е д, М а г о м е́ т, М а г о м е́ д, в мусульманской традиции мифологизированный образ основателя ислама и мусульманского государства (ок. 570—632). Ядро мусульманских представлений о М. составляет его деятельность как религиозного проповедника, отвергшего языческие верования и противопоставившего им учение о едином и всемогущем боге.

Мусульманская традиция рассматривает Коран — главную священную книгу ислама, как сборник проповедей, вложенных в уста М. аллахом; текст Корана, якобы хранящегося на небесах у престола аллаха, «открывает» Мухаммеду во время его ночных бдений на горе Хира (близ Мекки) Джибрил. В Коране М.— «посланник» аллаха и его пророк. Как и прежние пророки, М.— обыкновенный смертный человек; он не учён, от него не следует требовать чудес; он только «предостерегатель» и «вестник» («благовеститель»), «светильник освещающий» (33:44—45), избранный аллахом для того, чтобы донести до людей истину: «Скажи: „Ведь я человек, такой же, как и вы; мне было возвещено, что бог ваш — бог единый"» (41:5). Поначалу М. и сам сомневается в истинности приходящего к нему откровения. Сходство М. с прежними пророками подчёркнуто тем, что Коран часто вкладывает в уста противников пророков прошлого те же обвинения, которые выдвигались в адрес М. (ср. *Ибрахим, Муса*). Для жизнеописаний М. характерны постоянные параллели с библейскими сюжетами. Его переселение в Медину приобрело в мусульманской традиции типичные черты бегства пророка (ср. *Давид, Моисей* в библейской мифологии).

Одновременно М. выделяется среди других пророков; он замыкает их ряд и, будучи последним, подтверждает учения предшественников (Коран называет его «печатью пророков»; 33:40). М. возрождает «веру Ибрахима», которая провозглашается «истинной верой» для всех людей. Он восстанавливает роль Каабы, превращённой язычниками в место поклонения своим ложным богам, как места поклонения единому богу, связывающего земной мир с миром небесным. Согласно мусульманской традиции, евангелические тексты содержат (или содержали изначально) указания на грядущий приход М. Проповедь М., таким образом, связывается с иудаистическими и христианскими представлениями; одновременно утверждается её превосходство над последними. Широкое распространение получила легенда о христианском монахе Бахире, который, встретив М. ещё мальчиком, по движению солнца, облаков и деревьев и на основании «неискажённых» текстов христианских книг, узнал в нём будущего пророка (в христианской традиции мотив встречи М. с Бахирой упоминается в апокрифическом «Апокалипсисе Бахиры»).

В принципе Коран отвергает чудо как способ подтверждения истинности пророческой миссии; главным чудом ислама является сам Коран. Однако намёки на чудесные события в жизни М. присутствуют в коранических текстах. Фраза Корана: «Разве мы не раскрыли тебе твою грудь?» (94:1) — позднее трактовалась мусульманскими комментаторами как указание на то, что однажды ангелы по приказанию аллаха вынули из груди М. сердце и очистили его (см. также в ст. *Микал*). На основе неясных сообщений Корана возникло предание о «ночном путешествии» М. в Иерусалим и на небеса (см. *Исра ва-л-мирадж*).

Мифологические черты образа М. получили широкое распространение в представлениях народов Ближнего и Среднего Востока (рассказы о совершавшихся М. чудесных исцелениях, открытии источников воды, оживлении бесплодных земель и т. п.). Мусульманские мистики создали образ М.— «совершенного человека», обладавшего особыми качествами и ближе всех стоявшего к аллаху. Культ М. нашёл отражение и в популярном у мусульман многих стран празднике «рождества пророка».

М. Б. Пиотровский.

МУ́ШХУШ («огненно-красный дракон»), М у́ ш р у ш, С и́ р у ш, в аккадской мифологии дракон, одно из чудовищ, созданных *Тиамат*; эмблема бога *Мардука*. Сочетал в себе черты льва, орла, змеи, скорпиона.

В. А.

МЫКАЛГАБЫРТА (от Мыкал-Архангел и Габырта-Гавриил), в осетинской мифологии божество, владыка изобилия, покровитель древнего рода Царазоновых в Алагирском ущелье (Сев. Осетия). К нему обращались с просьбой послать богатый урожай хлебов, увеличить стада, избавить жителей от болезней и других невзгод. В нартовском эпосе М.— одна из трёх слезинок, пролитых богом по поводу смерти *Батрадза*; от них образовались три святилища: Мыкалгабырта, *Реком* и *Таранджелоз*. В эпосе М. небожитель, часто встречается на нартовских пиршествах.

Б. К.

МЫСТА́Н КЕМПИ́Р, у казахов безобразная ведьма. М. к.— причина всех злоключений героя, она подменяет детей, во время состязаний пытается хитростью обогнать бегуна, пожирает узников, которых содержит в подземном царстве, и т. д. Представления о М. к., очевидно, восходят к культу матери-покровительницы, отражая позднюю стадию развития этого персонажа (ср. близкую ей *жалмауыз кемпир*). Образ М. к. сохранился преимущественно в сфере волшебной сказки. У киргизов мастан кемпир — демоническое существо, старуха, сосущая кровь из пятки человека. Образ М. к. встречается также в волшебных сказках западносибирских татар (мускортка) и татар, проживающих в Калмыцкой АССР (мустан-башлык), а также узбеков (мастон-кампир).

В. Б.

МЫТА́РСТВА («таможни», «места взимания пошлины»), в православно-христианских представлениях испытания, угрожающие душе после смерти, но до окончательного решения её участи на *страшном суде*. По этим представлениям, души искупают в М. свою греховность муками, среди которых важнейшая — встреча лицом к лицу с бесами, волю которых человек исполнял в прижизненных грехах. Пространственная зона этих испытаний — между землёй и небом, где действуют «духи злобы поднебесные» (Ефес. 6, 12) — на границе миров материального и духовного, «земного» и «небесного», понимаемая христианской эсхатологией как опасная демоническая зона нечистой, падшей духовности, космических сил зла (см. *Архонты*). Согласно ряду византийских текстов, вышедшая из тела душа видит страшные чёрные демонские обличия («муринов», или «эфиопов»); проходя сквозь них в сопровождении ангелов, она в определённых местах воздушного пространства подвергается задержанию и допросу относительно отдельных грехов. Видение преподобной Феодоры из византийского жития Василия Нового (10 в.) насчитывает 20 таких грехов (празднословие, лень, тунеядство, воровство, убийство и т. д.) и соответственно 20 М. Не подвергаются М. души людей, отличавшихся особой святостью, безупречно принятой мученической смертью, раскаявшихся грешников, получивших особую милость бога,— их души беспрепятственно идут в рай (ср. слова Иисуса Христа, обращённые к «благоразумному разбойнику»: «сегодня же будешь со мною в раю». Лук. 23, 43). См. также *Чистилище*.

С. С. Аверинцев.

МЫХ-ИМИ́, Мыг-и́ми («земли старуха»), в хантыйской мифологии богиня, помогающая предупреждать болезни людей. М.-и. живёт в земле и с помощью котлов, которые специально приносятся ей в жертву (закапываются в землю), затыкает отверстия, ведущие из подземного мира на поверхность, и преграждает тем самым путь духам болезней. Один из её помощников — дух земли Мых-Лунг, создатель (прародитель) медведей.

Е. Х.

МЭН ТЯНЬ, в поздней китайской народной мифологии бог кистей для письма. В основе этого образа реальный полководец 3 в. до н. э. М. Т., который служил при дворе Цинь Ши-хуана. М. Т. приписывается изобретение кисти для письма.

Б. Р.

МЭНЬ-ШЭНЬ (от мэнь, «ворота», и шэнь, «божество»), в китайской мифологии духи — хранители ворот. В «Книге обрядов» (4—2 вв. до н. э.) упоминаются жертвоприношения в честь духов дверей и ворот, которые связывались соответственно со светлым и тёмным началом (см. *Инь и ян*). Впоследствии в качестве М.-ш. стали выступать древние хранители врат в царстве духов. В «Книге гор и морей» (4—2 вв. до н. э.) сказано: «Посреди океана есть гора Душо, на ней большое персиковое дерево, раскинувшее ветви на 3 тысячи ли. На северо-востоке меж его ветвей находятся врата духов, через которые проходят сонмы духов. У врат стоят двое святых: Шэньту и Юйлэй. Они проверяют каждого из духов, и если увидят зловредного, связывают его тростниковой верёвкой и отдают на съедение тигру». В древности к 30-летию людям дарили деревянные изображения Шэньту и Юйлэя с верёвкой в руках. Фигурки ставились по обе стороны от ворот, а на воротах рисовали огромного тигра, который должен был охранять дом от нечисти, пожирая её. В 12—14 вв. в качестве М.-ш. были обожествлены полководцы 7 в. Цинь Шубао и Ху Цзиндэ (настоящая фамилия Юйчи). Согласно «Запискам о поисках духов трёх религий», они вызвались встать в карауле у дверей спальни танского императора Тай-цзуна, которого будто бы беспокоили призраки; после того как ночь для императора прошла спокойно, он приказал живописцам нарисовать портреты обоих сановников и вывесить их на дверях во дворце. О печатных изображениях М.-ш. упоминают уже памятники 12 в., впоследствии М.-ш. стали едва ли не самыми популярными персонажами новогодних народных лубков. Цинь Шубао и Ху Цзиндэ нарисованы на них в виде грозных полководцев с алебардами, для разных местностей были характерны разные типы изображений. Лубки с М.-ш. вешались на дверях общественных зданий, храмов (кроме буддийских), частных домов. Образы Цинь Шубао и Ху Цзиндэ находили своё воплощение в повествовательной прозе [«Путешествие на Запад» У Чэнъэня (16 в.) и др.]. Иногда в роли М.-ш. выступают и другие обожествлённые герои, например полководцы Вэнь Цюн (2 в.) и Юэ Фэй (12 в.).

Б. Л. Рифтин.

МЮЮЗДЮ́У ЭНЕ́, Мюйузды́у байбичё́ («рогатая мать»), у киргизов прародительница племени бугу («олень»). Существует предание о том, как два охотника в горах среди стада оленей увидели двух детей с оленьими рогами: девочку (М. э.) и мальчика. Мальчика они убили (за что М. э. проклятием лишила их потомства), а М. э. предводитель племени выдал замуж за своего внука. (По другой версии, охотники в горах собирались убить оленя, но их остановила красивая девушка — М. э., объяснившая, что олень — её единственный брат. Охотники пощадили оленя, и в благодарность М. э. вышла замуж за их брата.) От сына М. э. пошло племя бугу. В одном из мифов М. э.— дочь кайыпа, божественного покровителя диких жвачных животных. М. э. славилась мудростью и способностью творить чудеса: например, её служанка родила сына оттого, что выпила воду, в которой М. э. мыла голову; М. э. благословила её потомство. М. э. запрещала мужу смотреть на неё, когда она мыла голову. Однажды он нарушил запрет и увидел её внутренности (ср. *ювха*). После этого М. э. умерла, и её тело ночью исчезло (иногда охотники встречают её в горах). В другом варианте М. просила мужа не входить в юрту без предупреждения. Когда же он заглянул туда тайком, то увидел оленя, а войдя, обнаружил, что юрта пуста (аналогичный сюжет встречается в мифах западносибирских татар о *пицене*). М. э. не вернулась, но через некоторое время в юрте оказалась колыбель с её сыном. По данным Ч. Ч. Валиханова, М. э. считалась покровительницей озера Иссык-Куль; ей приносили жертвы. Шаманы призывали М. э. (ак марал) как духа-покровителя.

В. В.

МЯ́НДАШ, Мя́ндаш-парнь («М.-парень»), Мя́ндаш-пы́рре («М.-благо»), в саамской мифологии чудесный олень-оборотень, тотем — родоначальник саамов. В некоторых мифах М.— сын нойды (шаманки) Коддь-акки («дикарьей старухи»), зачавшей М. в облике важенки от дикого оленя. Коддь-акка обернулась женщиной, но ребёнок родился оленем; узнав, кто его отец, М. уходит в тундру. С появлением М. среди диких оленей человек получил возможность охотиться на них. Другой вариант мифа: М.— сын Мяндаш-девы, важенки, способной, как и он, превращаться в человека. М. ведёт образ жизни человека, охотится, заготавливает дрова и т. д. Вежа М. построена из оленьих костей и шкур, в веже М.— человек, вне вежи — олень. М. просит мать сосватать невесту из человеческого рода: из трёх невест-сестёр лишь младшая не нарушает запретов Мяндаш-девы, заклинаниями высушивает Мяндаш-йог, кровавую реку из внутренностей оленей, отделяющую землю людей от жилища М., ласково обращается с оленями и становится женой М. У них рождаются дети, но когда младший сын мочит постель из оленьих шкур (нарушение охотничьего табу), М. уходит из вежи в тундру с другими оленями. Жена его в облике важенки следует за ним. По другим вариантам, в оленей превращаются дети М., жена его сохраняет человеческий облик и напутствует детей, чтобы те не давали убивать себя плохим людям. Сама она вновь вышла замуж за человека, но жила впроголодь. М., сжалившись над людьми, явился жене во сне и обещал ей, что её муж сможет подстрелить М. (ср. одно из названий М.— аннтуг, «дающийся»). С тех пор охота для людей стала удачливой. М. научил людей искусству охоты, дал им лук, запретил истреблять важенок (ср. представления о культурном герое, хозяине животных и т. п.). Рог, оброненный М. (чёрввечутл), отмечал места, где водились стада оленей. В саамском эсхатологическом мифе М. принимал космические размеры; его тропа — тропа солнца. На златорогого белого оленя-М. охотится громовник Айеке-Тиермес; когда в оленя попадёт первая стрела, горы извергнут огонь, реки потекут вспять, иссякнут источники. Когда вторая стрела вопьётся М. в лоб, огонь охватит землю, лёд закипит. Когда же собаки Тиермеса схватят оленя и бог вонзит в его сердце нож, звёзды падут с небес, утонет солнце, потухнет луна, на земле останется прах.

В жертву М. приносили обетного оленя на охотничьей трапезе-причастии, укладывали рога возле жертвенных камней — сейд. Это должно было обеспечить удачную охоту. После трапезы кости оленя накрывались шкурой: охотники верили, что олень (или его душа) вновь живым вернётся на землю (миф об умирающем и воскресающем звере).

В. Я. Петрухин.

МЯЦКÁЙ, **мэцкэ́й**, **купкын**, у тобольских татар злой демон, дух умершего колдуна, покинувший кладбище и продолжающий жить среди людей. Считалось, что внешне он неотличим от живых, но иногда можно заметить, что у него длинный, свисающий до земли красный язык. М. летает по ночам в виде огненного шара над землёй, пьёт кровь из людей, насылает болезни, эпидемии. Отмечены представления, что М. человек мог стать и при жизни, «если он проглотит пяре» (т. е. злого духа) или «его проглотил пяре». Демон мяскай известен также некоторым группам башкир. Аналогичный персонаж имеется у ряда тюркоязычных народов: татар и башкир (*убыр*, увыр), чувашей (*вупар*), карачаевцев, крымских татар и гагаузов (обур). Ср. также *упырь*.

В. Б.

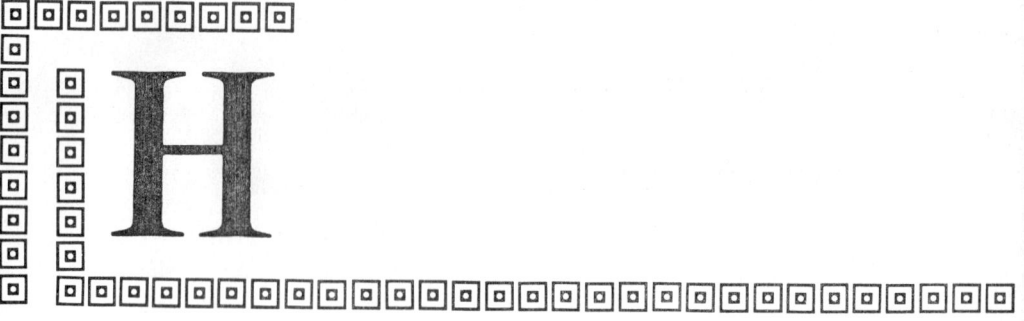

НА́БУ, в аккадской мифологии бог писцового искусства и мудрости, покровитель писцов; бог — покровитель Борсиппы, пригорода Вавилона (главный храм Н.— Эзида). Сын *Мардука* и Зерпанитум (*Царпаниту*). В 15 в. до н. э. культовыми центрами Н. становятся также Ниневия и Калху. Культ Н., в котором он поднимается до уровня космических божеств, прослеживается вплоть до селевкидского времени. К рангу высших божеств Н. причисляется и как писец таблиц судеб (см. в ст. *Ме*), иногда он считается их обладателем и тогда наделяется эпитетами Мардука. В одном из новоассирийских текстов Н. называют «открывающий источники» и «руководитель роста урожая» (снова перенос на Н. космических черт Мардука). На статуе 8 в. до н. э. есть характерная надпись: «доверяйся Набу и никакому другому богу». Особенно почитался в нововавилонский период, когда постепенно стал вытеснять Мардука. В мифах, как сравнительно поздно появившийся бог, Н. не встречается. В одном заклинании из Ашшура Н. назван сыном Эйи (Энки) и фигурирует в функции *Асаллухи*-Мардука. Супруга Н.— богиня судьбы Ташмету. Символ Н., как и шумерской богини *Нисабы* (в 1-м тыс. до н. э.— супруги Н.),— писцовый грифель. Часто его изображают стоящим на священном пьедестале, установленном на рыбокозле или драконе *Мушхуше*. *В. А.*

НА́ВПЛИЙ, в греческой мифологии: 1) сын Посейдона и *Амимоны*, эпоним города Навплий в Арголидском заливе (Paus. II 38, 2; Apollod. II 1, 5); 2) царь Эвбеи, отец *Паламеда*. Узнав о казни сына, клеветнически обвинённого Одиссеем в измене, Н. отправляется в лагерь ахейцев под Трою, чтобы снять с Паламеда ложное обвинение и получить удовлетворение за его гибель, но не добивается ни того, ни другого. Тогда он посещает поочерёдно жён ушедших в поход героев, побуждая их к измене мужьям (Apollod. epit. VI 8—10). При возвращении флота из-под Трои Н. зажигает ложные огни маяка на Кафарейском мысе (южная оконечность острова Эвбея), в результате чего многие корабли разбиваются о прибрежные скалы (Eur. Hel. 766 след.; 1126—1131; Soph. frg. 425—438; Sen. Agam. 557—575). Против отождествления обоих Н. возражал уже в древности Страбон (VIII 6, 2). *В. Я.*

НАВПРЕСТИ́ДЫ, в греческой мифологии три троянки (Этилла, Астиоха и Медесикаста), дочери *Лаомедонта*, сёстры *Приама*. После взятия Трои ахейцами вместе с другими пленницами оказались в Италии и из опасения быть проданными в рабство в Грецию сожгли ахейские корабли в устье реки, которая стала называться Наветом (греч., «пылающие корабли»). Вместе со своими пленницами, прозванными Н. («спалившие корабли»), остались в Италии ахейские воины (Apollod. epit. VI 15). *Г. Г.*

НАВСИКА́Я, в греческой мифологии дочь царя феаков *Алкиноя* и *Ареты*. Афина является Н. во сне под видом её подруги и побуждает девушку отправиться со служанками на берег моря, чтобы заняться стиркой белья. Пока выстиранное бельё сохнет на берегу, девушки затевают игру в мяч, который напоследок не без вмешательства Афины попадает в воду. Девичий крик пробуждает *Одиссея*, выброшенного накануне бурей на остров феаков и спавшего в прибрежных кустах. Подруги Н., увидев появившегося Одиссея, покрытого тиной и грязью, в страхе разбегаются, сама же она выслушивает его просьбу о помощи, велит дать ему чистые одежды, накормить и напоить, а затем объясняет, как достигнуть дворца Алкиноя и добиться от феаков помощи в возвращении домой (Hom. Od. VI 12—322).

Существовал также вариант мифа, по которому *Телемаху* после смерти Одиссея удалось попасть на остров феаков, где он женился на Н. и имел от неё сына, названного в память о деде Персептолис («разрушитель городов», частое определение Одиссея у Гомера) (Aristot. frg. 506 Rose, 1554 a, 32 след.). *В. Я.*

НАВСИФО́Й, Н а в с и т о́ й, в греческой мифологии: 1) сын Посейдона и Перибеи, царь феаков на острове Схерия, отец *Алкиноя* (Hom. Od. VI 7—12); 2) кормчий *Тесея* во время его плавания на Крит (Plut. Thes. 17); 3) один из сыновей Одиссея и нимфы *Калипсо* (Hes. Theog. 1017 след.). *А. Т.-Г.*

НАВЬ, в славянской мифологии воплощение смерти, первоначально связанное, по-видимому, с представлением о погребальной ладье, на которой плывут в царство мёртвых. Общеславянским является также представление о навьей косточке, которая считается причиной смерти и сохраняется в разлагающемся трупе: старочеш. kost návná, чеш. návní kost (ср. литов. navì-kaulis, «навья косточка», латыш. nāves celiņš, «роковой знак на лице ребёнка»,— свидетельства балтославянских истоков этого представления. Родственное Н. имя самостоятельного божества — Nya (Nyja) в списке польских богов у Я. Длугоша (15 в.), отождествляемый с римским Плутоном. У русских славянских народов к представлениям о Н. восходят целые классы мифологических существ, связанных со смертью: украинские навки, *мавки*, болгарские нави (навы, навляци) — злые духи, двенадцать колдуний, которые сосут кровь у родильниц. В «Повести временны́х лет» (1092) эпидемии в Полоцке приписывается мертвецам, скачущим на невидимых конях по улицам: «навье бьют полочаны». У восточных славян существовал особый Навий день, день поминовения умерших, позднее приуроченный к последнему четвергу великого поста (укр. Навский велик-день, Мавський велик-день, Мертвецький велик-день; соответствующий день в балтийской традиции приходится на осень — см. в ст. *Велс*). *В. И., В. Т.*

НАГАСА́РИ, в индуистской мифологии балийцев, яванцев и малайцев (Западная Индонезия и Малайзия) древо мировое, из которого при участии мужского божества рождается пара первопредков — Дармадева и Дармадеви, созданных соответственно Висну и Брамой из цветов Н. Согласно средневеко-

вым мифологическим представлениям яванцев, Н. (как символ вечности и духовного начала) в переплетении с древом раджаса (символ царской власти и мировой мудрости) составляет образ космического древа, мировой оси.
Г. Б.

НА́ГИ, в индуистской мифологии полубожественные существа со змеиным туловищем и одной или несколькими человеческими головами. Н.— дети Кадру, жены *Кашьяпы*; постоянно враждовали с птицами и их царём *Гарудой*, рождённым другой женой Кашьяпы — Винатой. Н. принадлежит подземный мир — *патала*, где находится их столица Бхогавати и где они стерегут несметные сокровища земли. Н. чтутся как мудрецы и маги, способные оживлять мёртвых и менять свой внешний вид. В человеческом облике Н. часто живут среди людей, причём их женщины — нагини, славящиеся своей красотой, нередко становятся жёнами смертных царей и героев. Так, на девушке-нагини женился герой «Махабхараты» Ашваттхаман, сын *Дроны*; царевна-нагини Улупи была женой *Арджуны*, а нагини Кумудвати — женой Куши, сына *Рамы*. Среди царей Н. наиболее известны тысячеголовый змей *Шеша*, поддерживающий землю; Васуки, использованный богами и *асурами* в качестве верёвки при пахтанье мирового океана; Такшака, убивший царя Парикшита, отца Джанамеджайи, за что Джанамеджайя (согласно 1-й книге «Махабхараты», где имеется обширный цикл сказаний о Н.) совершил великое жертвоприношение змей, при котором погибли тысячи Н. Жертвоприношение остановил брахман Астика (племянник Васуки), воспользовавшийся правом высказать любое желание (это право предоставил ему Джанамеджайя за то, что Астика его благословил) (Мбх. I 13—54). По одному из мифов «Махабхараты» этого цикла, Н. получили бессмертие, отведав *амриты*, но при этом их языки раздвоились, ибо им пришлось слизывать амриту с острых стеблей травы куши (I 30).

В индийских источниках представление о Н.— божественных змеях — смешивается с представлением о Н.— исторических племенах, живших на северо-западе Индии ещё до прихода туда ариев. «Нагадвипа» («страна нагов») рассматривалась как одна из девяти областей Бхаратаварши, т. е. Индии (Вишну-пур. II 3, 6); с корнем «нага» связано большое число индийских топонимов. Предполагается, что реальные Н. были племенами монголоидной расы, имевшими своим тотемом змею (кобру), и что мифологическая интерпретация была, таким образом, наложена на историческую основу.
П. А. Гринцер.

В буддийской мифологии Н.— змееподобные полубожества. По всей вероятности, Н. играли важную роль в мифологии доарийской Индии, и во включении их в буддийскую мифологию некоторые буддологи видят даже признак неарийского происхождения буддизма. Описания Н. встречаются во многих канонических текстах, например в «Джатаках». Н. разделяются на два класса — живущих в воде (в реках и морях) и на суше. Н. могут превращаться и в человека. Нередко они вступают в любовные отношения как с женщинами, так и с мужчинами, потомки этих связей чрезвычайно нежны, так как имеют «водяную сущность». Н. часто гневаются; считается, что их дыхание ядовито, а взгляд может принести смерть. К буддизму Н. относятся благосклонно и часто выступают его горячими приверженцами. Сам *Шакьямуни*, ещё до того как стать буддой, несколько раз перерождался в образе нага. В мифологии махаяны распространены легенды, повествующие о том, как философ Нагарджуна добыл у Н. сутру «Праджняпарамиту», которая ими охранялась до тех пор, пока люди не созрели до её понимания. Вне Индии Н. сопоставлялись с местными змееподобными божествами (как, напр., с *лу* в Тибете).
Л. Э. Мялль.

В мон-кхмерской мифологии Н. обитают под землёй и в водных источниках; могут превращаться в красивых женщин. По одному из мифов, основатель кхмерского государства Прах Тхон смог проникнуть в их мир, сидя на дереве, которое каждую ночь опускалось под землю. Там он женился на дочери их царя, который дал ему сампот (поясную одежду) с изображением Н. Женщина-Н.— центральный образ кхмерских династийных мифов. Согласно одному из них, кхмерский король должен был проводить ночи вместе с многоголовой Н. и от этого зависело благосостояние страны. В одном буддийском мифе Мучилинде-Н. принадлежит заслуга спасения будды Шакьямуни во время потопа, в другом — Н. обманным путём стал учеником Шакьямуни и был разоблачён.

У лао особенно выражена функция Н. как духов — защитников страны. Так, считалось, что столицу Лаоса Луангпрабанг охраняют двенадцать Н. во главе с Тхао Бунсонгом и Тхао Тонгкхуангом. По указанию Н. был построен Вьентьян. Н. в дождливый сезон обитает в прудах и на рисовых полях, залитых водой, а в сухой — плавают в реках и тогда бывают злы. С наступлением сезона дождей устраивались обряды с целью облегчить Н. переход из рек во внутренние водоёмы для обеспечения плодородия полей. Н. обитают также в скалах. По средневековым лаосским манускриптам, существует пятнадцать царей Н. (прайя нак). Они живут в слияний рек, на порогах. Эти духи вод могут превращаться в людей. Согласно этим данным, наиболее могучие Н.— Пха Сыа, охраняющий север страны, и Паксопроп.
Я. В. Чеснов.

НА́ГЛЬФАР, в скандинавской мифологии корабль, сделанный из ногтей мертвецов; на нём мертвецы приплывают из царства мёртвых хель, чтобы принять участие в эсхатологической битве перед концом мира (см. *Рагнарёк*) с богами и эйнхериями. Н. управляет отец хтонических чудовищ *Локи* (согласно «Прорицанию вёльвы» в «Старшей Эдде») или великан Хрюм (согласно «Младшей Эдде»).
Е. М.

НА́ГУАЛЬ, на́уаль, в мифах ацтеков дух-двойник, покровитель новорождённого. Обычно Н. мыслился в териоморфном облике. Для определения Н. около хижины новорождённого рассыпали песок; появившиеся утром на нём следы и указывали животное. Н. имели и боги; так, у *Кецалькоатля* Н. был Шолотль, у *Тескатлипоки* — ягуар, у *Тонатиу* — орёл.
Р. К.

НАЙРЬО-СА́НГХА, в иранской мифологии («Младшая Авеста») божество, вестник и ходатай *Ахурамазды* («Видевдат» 19, 34). Был тесно связан с огнём либо отождествлялся с ним («Ясна» 17, 11; ср. РВ III 29 11, где Нарашанса — эпитет божества огня *Агни*). По-видимому, образ Н.-С. возник в результате обожествления молитвы, произносившейся перед алтарём огня. Когда Ахурамазда сам не смог справиться с наводнившим мир болезнями *Ангро-Майнью*, Н.-С. был послан просить помощи у *Айрьямана* («Видевдат» 22, 7, 13). По более поздним источникам, Н.-С. заведовал церемониалом при дворе Ахурамазды («Денкарт» V 4, 6). Он же получил на хранение священную сперму *Гайомарта* или *Заратуштры* («Бундахишн» 15, 1; 32, 8). Наиболее употребительные эпитеты Н.-С: «хорошо сложенный», «красноречивый», «убеждающий [противников в споре]», «искусный», «ловкий». Н.-С. не упоминается в официальных текстах Ахеменидов, однако был известен в их державе, как явствует из деловых документов персепольского архива.
Л. Л.

НАЙТЕРКО́Б, Найтерико́п, Найтероко́б, Найтерого́в, мифологический персонаж у масаев. По одному мифу, Н.— жена первого пришедшего с неба человека Маитумбе (или Масани, ед. ч. от масаи). Она была «первой на земле» (т. е., вероятно, женщиной древнего народа, ставшей женой первого масаи). В другом варианте Н.— мужчина, один из двух первых масаев, посланных с неба. Согласно некоторым мифам, Н.— богиня земли и прародительница племени (была оплодотворена небом, своим супругом). В вариантах мифов масаев Н. выступает как посредник между богом и людьми и как культурный герой (способствует размножению людей, обучает их животноводству и т. п.). Иногда (вероятно, в сравнительно поздних мифах) Н. фигурирует вместо *Нгаи*.
Е. К.

НАЙ-ЭКВА (мансийск., «огненная женщина»), **Нэ́й-а́нки** (хантыйск., «мать огня»), **Нэ́й-и́ми** (хантыйск., «огненная старуха»), в мифологии обских угров богиня, хозяйка огня. Представляется в виде «семиязычной» женщины в красном платье; во многих мифах требует возмездия за нарушение традиционных запретов, связанных с огнём. Н.-э. обычно признаётся дочерью *Корс-Торума*; ей покровительствуют её брат *Нуми-Торум* и семь его сыновей, которые считаются «богатырями — защитниками огня».
Е. Х.

НАКРА́Х, Накра́хам, в йеменской мифологии божество, почитавшееся в государстве Маин; в официальном пантеоне занимает место после *Астара* и *Вадда*. Н., — по-видимому, солнечное божество мужского пола, Н. известен только по упоминаниям в надписях.
А. Г. Л.

НА́КШАТРЫ, в индуистской мифологии 27 (или 28) дочерей *Дакши*, отождествляемых с 27 (или 28) созвездиями на эклиптике Луны. Дакша выдал Н. замуж за бога луны *Сому*, а тот явное предпочтение среди них отдавал *Рохини* (олицетворяющей созвездие Тельца). Остальные Н. пожаловались отцу, и Дакша после трёхкратного предостережения проклял Сому, наслав на него чахотку. От этого, согласно мифу, и происходит регулярное убывание луны.
П. Г.

НА́ЛА, Наль, в древнеиндийском эпосе царь страны нишадхов. Согласно сказанию «Махабхараты» (III 50—78), Н. и Дамаянти, царевна Видарбхи, полюбили друг друга, ни разу не видевшись, но зная друг о друге только по слухам. Чтобы встретиться с любимым, Дамаянти попросила своего отца назначить ей сваямвару (свободный выбор жениха невестой) и выбрала на ней Н., отвергнув других соискателей её руки, в том числе богов *Индру, Агни, Варуну* и *Яму*. Несколько лет Н. и Дамаянти счастливо прожили вместе, но затем Н. овладел злой демон Кали и он пристрастился к игре в кости. Н. проиграл своему младшему брату Пушкаре царство и должен был нищим уйти в изгнание. Дамаянти добровольно последовала за ним, однако Н., не желая подвергать жену лишениям, однажды оставил её в лесу одну. Он повстречал змея Каркотаку, который своим укусом превратил Н. в карлика. В облике карлика Н. поступил на службу к царю Ритупарне, обучившего его в награду за усердие тайным игры в кости. Между тем Дамаянти после многих приключений вернулась домой. Несмотря на обиду, она терпеливо разыскивала Н. и, наконец, назначила свою вторую сваямвару, надеясь, что, если Н. жив, он непременно на неё явится. Н. прибыл на сваямвару в свите царя Ритупарны, и Дамаянти, несмотря на уродливую внешность Н., узнала мужа. Н. обрёл свой прежний облик, а затем отыграл у Пушкары своё царство и богатства.
П. А. Гринцер.

НА́ММУ, в шумерской мифологии богиня-прародительница, «мать, создавшая небо и землю», «мать, давшая жизнь всем богам» (постоянный эпитет). Возможно, олицетворение мировых подземных вод (её имя пишется знаком, близким знаку слова «Энгурра», синонима *Абзу*). Особо важную роль играла в круге богов города Эреду(г). Н. — мать бога *Энки*. В мифе об Энки и Нинмах помогает богине *Нинмах* в создании людей из глины Абзу.
В. А.

НАМ ТА́О И БАК ДА́У, в мифах вьетов божества созвездий Южного Креста и Большой Медведицы. Н. Т. и Б. Д. по повелению верховного божества *Нгаук Хоанга* ведали соответственно жизнью и смертью людей, а также перевоплощениями душ умерших. Н. Т. и Б. Д. — близнецы: их мать родила два комка мяса, из которых через сто дней вышли два крепких смекалистых юноши, отличавшихся такой удивительной памятью, что помнили всё происходившее когда-либо на земле. Нгаук Хоанг постоянно держал их рядом с собой: Нам Тао находился с южной стороны, а Бак Дау — с северной. Отсюда и местоположение соответствующих созвездий на небесном своде.
Н. Н.

НАМТА́Р (шумер., «отрезающий», «резатель», то есть судьба), в шумеро-аккадской мифологии персонификация судьбы. Посол и визирь-советник богини подземного царства *Эрешкигаль*. Сын Энлиля и Эрешкигаль (согласно тексту «Злые демоны утукку»). Супруга Н. — Хушбиша, а также Намтарту (аккадское параллельное образование женского рода к имени Н.). Н. — существо злобное, враждебное людям, несущее им смерть.
В. А.

НАМУ́ЧИ, в древнеиндийской мифологии демон, сын *Дану*. В «Ригведе» упоминается 9 раз. Иногда его называют первым из *асуров*. Он непобедимый воин. *Индра* заключил с Н. союз; они поклялись не наносить друг другу удара ни днём, ни ночью, ни на суше, ни на воде, ни сухим оружием, ни мокрым. Н. опоил Индру *сомой*, смешанной с хмельной *сурой*, и лишил его силы. По совету *Ашвинов* Индра вступил в поединок с Н. в сумерки, на самом берегу океана и поразил его *ваджрой*, покрытой морской пеной (оружием ни сухим, ни мокрым). Из крови Н. Ашвины приготовили лекарство, вернувшее Индре силу (ср. РВ, Шат.-бр., Мбх.).
В. Т.

НА́НА-БУЛУ́КУ, у фон, согласно одному из вариантов мифа о творении (сложившемуся под влиянием жрецов культа неба), андрогинное божество-демиург, создавшее мир. Н.-Б. породил близнецов Маву и Лиза (см. в ст. *Маву-Лиза*), которым поручил закончить процесс созидания и уступил господство над миром. Н.-Б. пребывает безвыходно в посвящённом ему святилище (к северо-западу от города Абомей, в деревне Думе), узнаёт обо всём, что творится в мире, от приходящих к нему Маву (ночью) и Лиза (днём).

НАНА́Я, в аккадской мифологии богиня. Имеет черты богини плотской любви и богини войны; близка *Инанне* и *Иштар* (может быть, второе имя Иштар). Засвидетельствована со времени III династии Ура. В одном старовавилонском гимне говорится, что «отец её Ану возвысил её главу между другими богинями». В 1-м тыс. до н. э. идентифицируется с Ташмету, супругой бога *Набу*. В эллинистическое время культ Н. распространяется за пределами Месопотамии — в Сирии и Иране.
В. А.

НАНГ КАНГРИ́, в мифологии лао дочь духа, прибывшего в Лаос с острова Ланка. На ней женился местный принц. Они жили долго. Когда они умерли, их кости стали горным хребтом на правом берегу Меконга напротив Луангпрабанга. По другой версии, Н. К. — могучая *нага*, её дети — духи - хранители отдельных местностей страны.
Я. Ч.

НАНГ КАУХИЛУ́НГ («кристальная дама великой вульвы»), в мифологии сиамцев божество природы. Н. К. обитает на холме около города Чиангмай. С холма стекает поток, который, по преданию, раз в месяц становился красным. После того как Н. К. стала старой, поток всегда чист. Мужчины и женщины, желающие иметь детей, делают на этом холме жертвоприношения Н. К.
Я. Ч.

НАНГ КХАСО́П, в мифологии лао душа риса. Н. К. очень боязлива и, если её обижают, она покидает людей. Это вызвано тем, что некогда люди плохо обращались с рисом. Его зерно было размером с тыкву. Чтобы взять нужную порцию, люди пользовались топором. Рассерженная Н. К. ушла от людей. Праздник после уборки урожая имеет своей целью умилостивить Н. К. и вернуть её. На поле, где исполняют обряд, из соломы делают женскую фигуру, изображающую душу риса.
Я. Ч.

НАНГ ПА́О, в мифологии лао южных районов Лаоса устроительница обрядов жертвоприношения буйволов духам для ниспослания дождей. Н. П. была правительницей древнего княжества. В её страну пришёл соседний принц охотиться на слонах. Они полюбили друг друга. У Н. П. должен был появиться ребёнок. Перед родами она приказала, чтобы отныне соблазнённые девушки-матери делали жертвоприношения буйволов два раза в год — перед пахотой и в засуху, чтобы не высох поливной рис, а суходольный не погиб в колосе.
Я. Ч.

НА́НДИН («счастливый»), в индуистской мифологии слуга, привратник и друг *Шивы*, сопровождаю-

щий музыкой космический танец (тандаву) бога. Н.— ездовое животное (вахана) Шивы, обычно изображается в виде белого быка или существом с бычьей головой. На индийских монетах начала н. э. Шива нередко представлен в виде быка, поэтому Н., вероятно, можно рассматривать как зооморфную ипостась самого Шивы.
П. Г.

НА́ННА, Нанна́р (шумер.), Зуэ́н (староаккад., «владыка знания»), Син (аккад.), Суи́н (староассирийск.), в шумеро-аккадской мифологии лунное божество, «тот, чей подъём — сияние» (шумер. Ашимбабар, аккад. Нарамсит, второе имя бога). Впервые встречается уже в архаических текстах из Урука (возможно, также и в аккадском варианте самостоятельно), в текстах из Фары 26 в. до н. э. определённо засвидетельствован и в шумерском, и в аккадском вариантах. Имя Син часто пишется клинописным знаком, обозначающим число 30. Главное место культа лунного бога — святилище Экишнугаль в Уре, чьим божеством-покровителем являлся Н., второй важный культовый центр — в Харране, на севере Двуречья (здесь он почитался вместе с богом огня и света *Нуску*, считавшимся в новоассирийский период сыном Сина).

Н.— первенец *Энлиля* и *Нинлиль*, рождённый ею в подземном мире; получает возможность вознестись на небеса после того, как Энлиль зачинает трёх богов подземного мира, которые и остаются под землёй заменой Н., Нинлиль и самого Энлиля. Супруга Н.— *Нингаль*, дети — солнечный бог *Уту* (Шамаш) и планета Венера (*Инанна*, *Иштар*), иногда также Нумушда (бог — покровитель города Казаллу на среднем Евфрате).

При большой распространённости культа луны в Двуречье (особенно в период III династии Ура и в старовавилонский период) всегда подчёркивается подчинённое положение бога луны по отношению к его отцу Энлилю. Так, Н., покровитель Ура, отправляется в Ниппур на корабле, нагруженном дарами для Энлиля, чтобы просить отца наделить реки, леса, поля Ура плодородием и богатством; Энлиль выполняет просьбу сына и благословляет его.

Видимо, очень рано сложилось представление о «барке Наннара», в которой тот путешествует ночью по небу, а днём — по подземному царству. С Н. ассоциируется (также с ранних времён) бык, рога которого образуют полумесяц; один из наиболее распространённых эпитетов Н.— «бык с лазуритовой бородой» (скульптурные золотые головы быков с лазуритовой бородой и рогами украшали резонаторы арф, обнаруженные в т. н. царских гробницах I династии Ура, примерно 26 в. до н. э.). Как специфически астральное божество Н. выступает в мифе о лунном затмении (см. в ст. *Ан*, *«Семёрка»*). Вместе с Уту (Шамашем) Н.— владыка оракулов и предрешений. Видимо, от Уту на Н. переходит титул «судьи богов». Знак Н.— полумесяц (на цилиндрических печатях и пограничных камнях кудурру).
В. К. Афанасьева.

НАННА́К, Анна́к, в греческой мифологии фригийский царь, прорицатель, знавший, что после его смерти будет уничтожен человеческий род, и проживший, под причитания нескольких поколений соплеменников (отсюда поговорка «оплакивать Наннака»), более 300 лет. После смерти Н. случился Девкалионов потоп (см. *Девкалион*; CPG Zenob. VI 10).
Г. Г.

НА́НШЕ, в шумерской мифологии богиня города Лагаш (главное место культа — район Нина-Сирара в округе Лагаш); богиня предсказаний, толковательница снов. В шумеро-аккадской заклинательной серии «Злые демоны утукку» имя Н. названо рядом с *Намму*. Н.— дочь Энки, сестра *Нингирсу* и *Нисабы*. Супруг её — перевозчик подземного мира Ур-Шанаби. Возможно, как дочь Энки, Н. как-то связана с рыбой (написание её имени включает в себя знак рыбы).
В. А.

НАНЭ́, Нана́, у армян богиня, дочь верховного божества *Арамазда*. Имя Н. восходит к имени аккадской богини *Нанайи*. Возможно, в Армении почитание Н. было перенято от сирийцев. Культ Н. переплетался, по-видимому, с культом богини-матери *Анахит*, Н. чтилась также как Великая мать (в народной армянской речи имя Н. приобрело нарицательное значение — бабушка, мать). Скорее всего, Н. были присущи функции богини войны: в эллинистическую эпоху она отождествлялась с греческой Афиной.
С. Б. А.

НАР, Нара́н («солнце»), Эх-нар, Эке-на-ра́н («мать-солнце»), Алта́н-нар («золотое солнце»), в мифах монгольских народов солярное божество. Культ Н. относится к числу древнейших у монголоязычных кочевников Центральной Азии: сяньби (1—5 вв.) и кидань (4—12 вв.). Эке наран упоминается в монгольской хронике 13 в. «Сокровенное сказание»; согласно записям Плано Карпини (13 в.), считалась матерью луны — «великого императора». С Н. связывали плодородие, производительность; изображения солнца и луны входили в свадебную символику (в монгольском свадебном обряде при прибытии невесты в дом жениха он садился на изображение солнца, а она — на изображение месяца). Прослеживается также параллелизм солнца и домашнего очага (которому придавалась округлая форма), т. е. огня небесного и земного (см. в ст. *Отхан-Галахан*); ср. общемонгольский обычай поклонения невесты родовому очагу жениха. В калмыцкой сказочной традиции Н. иногда называется «началом всех начал».

В одном из бурятских мифов и солнце, и луна — персонажи мужской природы — отцы светлых и тёмных божеств; чаще, однако, в поздних традициях, в том числе и бурятских, луна — женского пола, а солнце — мужского. Солнце является объектом, а не персонажем в мифе об *Эрхий-мергене*, сбившем выстрелом лишние светила, в позднем мифе индийского происхождения о добывании богом (или богами) светил из мирового океана путём пахтания длинной палкой (у дербетов Монголии) или горой *Сумеру* (в калмыцкой версии). В монголоязычных версиях мифа о *Раху* Н. (или солнце и луна) — центральный персонаж (либо объект).
С. Ю. Неклюдов.

НА́РА («человек», «мужчина», «муж»), в древнеиндийской мифологии божественный мудрец (*риши*), всегда выступающий в паре с риши *Нараяной*. В «Рамаяне» (7, 53) *Рама* предсказывает будущее рождение Н. и Нараяны ради блага человечества. Поклонением Н. и Нараяне открывается «Махабхарата», в которой *Арджуна* идентифицируется с Н. В пуранах (Вишну-пур. 5, 37, 34—37; Бхаг.-пур. 1, 3, 8 и др.; Вамана-пур. 2 и др.) Н.-Нараяна провозглашены двуединым воплощением Вишну, сыновьями Дхармы и Ахимсы (или Мурти, дочери Дакши).
С. С.

НА́РАДА, в древнеиндийской мифологии божественный мудрец, которому приписывается несколько гимнов «Ригведы». Он — сын *Брахмы*, либо Вишвамитры, либо Кашьяпы и одной из дочерей Дакши. Н. иногда причисляют к семи великим *риши*, он исполняет функции посредника между богами и людьми. В некоторых мифах Н.— глава *гандхарвов* и изобретатель первого струнного инструмента — вины. В вишнуитской мифологии имя Н. связывается с *Кришне*. Он становится одним из воплощений *Вишну*; предрекает *Кансе* грядущее рождение Кришны; раскрывает тайну тождества Кришны и *Арджуны* с Нараяной и Нарой (VIII 96; XII 344). Вытеснение в индуизме культа Брахмы культом Кришны нашло отражение в одной из легенд о Н.: однажды, когда Брахма посоветовал Н., своему сыну, жениться, тот назвал отца лжеучителем и объявил, что лишь почитание Кришны способно даровать счастье. За это Брахма проклял Н., обрекая его на плотскую жизнь в подчинении у женщин. Н. тоже ответил проклятием, согласно которому Брахме предстояло испытать страсть к собственной дочери и лишиться всех своих приверженцев.
П. Г.

НА́РАКА, в древнеиндийской мифологии ад или совокупность адов. О «подземном доме», в котором демоны терзают грешников, впервые говорится в «Атхарваведе» (II 14; V 19). По более поздним представлениям, Н. разделён на 7, или на 21 («Законы Ману», IV 88—90), или на 28, или на 50 кругов, расположенных друг на друге под подземным миром *паталой*. На границе с паталой находится столица владыки Н. *Ямы* — Ямапура, где определяется участь умершего. В соответствии с семичленным делением Н. первый круг (пут) отведён для бездетных; второй (авичи) — для душ, ожидающих нового воплощения; в третьем (самхате) и четвёртом (тамисре) наказывают за сравнительно незначительные проступки; последние три круга, погружённые в вечную тьму, предназначены для злостных преступников. В пятом круге (риджише) их непрерывно терзают змеи, ядовитые насекомые, дикие звери и птицы, как бы воплощающие в себе укоры совести. Через шестой круг (кудмалу) течёт подземная река Вайтарани, полная крови и нечистот, в которых грешники задыхаются. А ещё ниже лежит седьмой круг, бездонная какола, или собственно Н. Здесь в кромешной тьме светится одна только пылающая яма, в ней горят и не могут сгореть до конца преступники; рядом демоны раздирают их на части раскалёнными щипцами, сбрасывают на остроконечные деревья, варят в масле и т. п. Пытки особенно мучительны из-за того, что все чувства грешников предельно обострены. И самое главное: в отличие от тех, кто пребывает в верхних шести кругах и кто по истечении определённого срока мучений получает новое рождение на земле, обитатели седьмого круга должны страдать до конца *кальпы*, т. е. до тех пор, пока не погибнет вся вселенная (Брахма-пур. 22; Вишну-пур. II 6 и др.).

П. А. Гринцер.

В буддийской мифологии Н. — одна из шести сфер бытия в *сансаре*. Н. — самое неблагоприятное место для перерождения, но все адские мучения не считаются вечными, так как после преодоления плодов неудачной кармы любое существо может возродиться в более высоких сферах и даже достичь *нирваны*. Более того, *будды* и *бодхисатвы* могут, побуждённые состраданием, сами отправиться в Н., чтобы избавить тамошних обитателей от страданий и направить их в более высокие состояния вплоть до нирваны. Таким образом, несмотря на то что описания Н. напоминают описания христианского *ада*, в сотериологическом контексте Н. соответствует скорее католическому *чистилищу*. В Н. живые существа (в том числе и люди) попадают за тяжкие преступления: убийства (включая животных), обман, самоубийства, клевету на будд и бодхисатв и т. д. Категории мучений различаются в зависимости от вида Н. (разрезание, сжигание, раздавливание, замораживание и т. д.). Однако после смерти мучившиеся в Н. существа оживают и жизнь начинается снова. Общее описание Н. одинаково во всех основных школах буддизма. Главными Н. считают восемь жарких и восемь холодных. Кроме того, имеются ещё второстепенные, т. н. соседствующие и случайные Н. Жаркие расположены под Джамбудвипой (мифологическое название Индии) один под другим, причём ужасающие свойства их нарастают в соответствии с удалённостью от поверхности земли (самым ужасным считается авичи). В четырёх сторонах от жарких Н. находятся соседствующие ады (напр., наполненная кипятком и пеплом река Вайтарани). Холодные Н. расположены на краях мира, случайные Н. могут находиться в любых местах (в горах, в реках, пустынях и т. п.). Продолжительность пребывания в Н. колеблется от относительно малого количества лет в случайных до целых *кальп* в авичи. В народном буддизме Н. считаются реально существующими, но в философском буддизме (особенно в ваджраяне) их рассматривают как сотворение собственной психики.

Л. Э. Мялль.

В джайнской мифологии ад и существа, обитающие в адах. Ады описываются как ямы, усеивающие каждую из земель Нижнего мира (см. *Аддхалока*) и являющиеся их единственной достопримечательностью, т. к. кроме этих ям на нижних землях нет ничего — «ни гор, ни морей, ни островов, ни городов, ни деревень, ни людей, ни богов». 3 миллиона адов расположены на земле Ратнапрабха, 2,5 млн. — в Шаркарапрабха, 1,5 млн. — в Валукапрабха, 1 млн. — в Панкапрабха, 300 тыс. адов — в Дхумапрабха, 95995 — в Тамахпрабха и 5 адов — в Махатамахпрабха, итого 8 400 000 адов. Ады трёх верхних земель горячие, затем следуют две земли, где есть и горячие, и холодные ады, а в тёмных нижних землях ады только холодные.

Н., обитатели адов, живущие там в результате греховных деяний прошлой жизни, испытывают страдания от жары или холода, а также и от своих товарищей по несчастью: внешность и нравы их настолько омерзительны, что, не вынося друг друга, Н. подвергают своих собратьев разнообразным пыткам, усугубляя тем самым и свои собственные муки. Бесполые, дурнопахнущие, похожие на чёрных ощипанных птиц, живущие в постоянном страхе взаимного преследования, они вдобавок подвергаются гнёту бывающих на первых четырёх землях Нижнего мира асуров (см. *Деви и асуры*). Хотя время пребывания в адах и ограничено кармой, тянется оно чрезвычайно долго — миллионы и миллионы лет. Каждая земля имеет свои пределы удержания грешников в адах, причём максимальное время пребывания в адах одной земли равно минимальному времени пребывания в нижележащей.

А. А. Терентьев.

НАРА́ЯНА, в древнеиндийской мифологии: 1) высшее божество. В ведийских гимнах ещё не встречается. Возможно, Н. был неарийским божеством, позднее включённым в индуистскую мифологию. В «Шатапатха-брахмане» (12, 3, 4 и др.) Н. — мировой дух, идентичный *Пуруше*. В эпосе Н. отождествляется с *Вишну*; осмысливается как одно из имён Вишну. В других текстах, например в «Законах Ману» (I 10—11), имя Н. связывается с Брахмой. У джайнов Н. — один из мифических тиртханкаров, предшественников основоположника джайнизма Махавиры Джины; 2) божественный мудрец (*риши*), всегда выступающий в паре с другим риши — *Нарой*. Согласно пураническому мифу, Нара и Н. испугали богов своей аскезой, и Индра, чтобы ввести их в соблазн, послал к ним *апсар*. Однако Н. сорвал цветок и положил его на своё бедро — на свет появилась *Урваши*, затмившая своей красотой апсар (Бхаг.-пур. 10 1—4; Вамака-пур. и др.). В пуранах Нара-Н. провозглашается двуединым воплощением Вишну. В «Махабхарате» Н. идентифицируется с *Кришной*. Идентичность имени риши и одного из имён Вишну, а также их онтологическое единство обусловили смешение этих двух образов как в индийских текстах, так и в некоторых работах европейских исследователей.

С. С.

НАРДЖХЕ́У, герой абхазского нартского эпоса, могучий богатырь. Когда Н. явился к *нартам*, чтобы увезти у них единственную сестру — красавицу Гунду, нарты, понимая, что им не одолеть Н. силой, решили его отравить: опустили в вино мелко разрубленную красную змею. Но Н. отказался пить первым. Старший из нартов Сит (по варианту, первой выпила *Сатаней-Гуаша*) выпил бокал вина и упал наземь. Н. процедил вино через свои стальные усы и остался невредим. Н. схватил Гунду, посадил её на коня и умчался. Согласно одной версии, по заклинанию Сатаней-Гуаши Н. окаменел вместе с Гундой. По другому варианту, Н., увозившего Гунду, настиг её жених *Хважарпыс*. В поединке между ними победил Н., стрелой расколовший голову Хважарпыса. Проклятие матери Хважарпыса, услышавшей вопль умирающего сына, настигло Н. — он, Гунда и конь окаменели. Постепенно они погружаются в землю; когда Н. полностью войдёт в землю, наступит конец света.

Ш. С.

НА-РЕ́АУ («господин паук»), Тикити́ки, у микронезийцев островов Гилберта главное божество (дух) в облике паука (реже камня), демиург и трикстер. Из створок двойной раковины Н. создаёт небо и землю, первоначально неразделённые. Н. или его внук (На-реау младший) осуществляет затем отделение неба от земли, прибегая к помощи угря *Риики* (Риги). Создав мир, Н. велит сотворённым им песку и воде соединиться; от их союза появляется всё живое и неживое. По другой версии, первые мужчина и женщина появляются от инцеста Н. с собственной дочерью. В ряде мифов солнце и луну делает На-реау младший из глаз своего отца, убитого им по указанию Н., а затем он сажает на Самоа дерево Кап-и-тику-аба (ведущее своё происхождение из потустороннего мира Матанг), из загнивших ветвей которого, по некоторым мифам, возникают люди. После появления людей появляется необходимость в новых землях; их вылавливает из-под воды либо сам Н., либо его сын Матуаранг, отправившийся на поиски потерянного рыболовного крючка, подарка отца.

М. С. П.

НА́РТЫ, герои древних эпических сказаний многих кавказских народов — осетин, абхазов, абазин, адыгов, убыхов, карачаевцев, балкарцев, чеченцев и ингушей. Н. упоминаются в фольклоре некоторых народов Дагестана (напр., у тюркоязычных кумыков) и отдельных грузинских этнических групп — сванов, рачинцев, хевсуров.

Многие образы и имена Н., сюжеты в национальных версиях эпоса почти идентичны: *Сосруко* — у адыгов и абазин, *Сасрыква* — у абхазов, *Сослан* (*Созрыко*) — у осетин, *Сосрук* — у балкарцев, *Сосурка* — у карачаевцев, *Сеска Солса* — у чеченцев и ингушей. Сходны имена и ряда других Н., например: Ацамаз (осет.), Ашамез (адыг.), Щамаз (абазинск.), Ачамаз (чеч.-ингуш.), Ачемез (карачаево-балкар.). Иногда только в одной какой-нибудь национальной традиции встречается имя того или иного персонажа (напр., у осетин — Сырдон, *Уархаг*, Ахсар, Ахсартаг, у адыгов — *Адиюх*, *Ахумида*, Дзахуш, у абхазов — *Цвицв*, *Нарджхеу*, и др.), хотя близкие им по функциям персонажи имеются и в других версиях.

В национальных эпосах Н.— могучие воины-богатыри, носители позитивного начала. Они занимаются и мирным трудом, земледелием. Существенно отличаются образы Н. в чечено-ингушском эпосе, сохранившемся в фрагментах. В сказаниях чеченцев и ингушей выступают нярты и орстхойцы (орхустойцы). Возможно, это две группы: высоконравственные — нярты, и злые, коварные — орхустойцы. Но, скорее всего, наименования «нярты» и «орхустойцы» («орхустойцы») — различные обозначения одной и той же категории героев. Нарт-орстхойцы Сеска Солса, Боткий Ширтка, Ачамаз, Хамчи Патраз (Хамчи Патраз, Хамчий Патараз, Хамчи Патриж) и др. чаще выступают злокозненными насильниками, совершающими набеги на мирных людей, притесняющими безвинных. Им, пришельцам, противостоят местные герои (Колой Кант, Горжай, Кинда Шоа и др.) — богатыри, занимающиеся главным образом мирным трудом. Однако в ингушских вариантах эпоса иногда нарт-орстхойцы вместе с ними охраняют ингушские земли от врагов, наступающих с равнин; роднятся с местными героями (напр., Сеска Солса выдал свою дочь за Кинда Шоа).

В абхазской версии ярче всего обнаруживаются следы матриархата. Большую семью Н.— из ста братьев и сестры Гунды — возглавляет их мать безмужняя *Сатаней-Гуаша*, обладающая неограниченным авторитетом (упоминаемый в отдельных вариантах эпоса муж Сатаней-Гуаши ни в каких событиях участия не принимает. Им, пришельцам, в осетинской и адыгской версиях мать Н. *Сатана* (адыг. *Сатаней*) также играет важную роль. Н. пользуются её мудрыми советами, но она ими не верховодит; решения по важным делам принимаются на мужском совете (нихас у осетин, хаса у адыгов) без её участия. В осетинской версии у Н., живущих родами (*Алагата*, *Бората*, *Ахсартагката*), проявляются черты военной демократии (Н. входят в единую боевую дружину).

В образах Н. обнаруживаются черты мифологических персонажей. Н., воспринимаемые носителями эпоса как предки их народа, в какой-то мере сопоставимы с мифическим племенем первых людей. Век их существования, «героический век», — это мифическое время; так, в период создания неба и земли Сосруко был мужчиной в зрелых летах, в период образования гор и рек — стариком, но ещё полным

сил. Н. выступают в роли культурных героев. Сосруко, Сасрыква отнимают у чудовищ огонь; *Пхармат* (чеч.) похищает его у бога *Селы*; Сосруко возвращает (что равносильно добыванию) семена проса, захваченные хтоническими существами, одаривает Н. напитком *сано*; Сатана изобретает пиво, Сырдон изготавливает для Н. двенадцатиструнную арфу; Кетуан (абх.) изобрёл свирель; благодаря Цвицву у Н. появились фруктовые деревья; Боткий Ширтка (по другому варианту — Селий Пира) из подземного мира принёс плуг и водяную мельницу. С Сатаной связано появление первого коня и первой собаки. Н. борются с хтоническими чудовищами — драконами, великанами (осет. *уаигами*, адыг. *бляго*, *иныжами*, *Еминежом*, абх. *адау*, *агулшапом* и др.). Смелые Н. прибегают не только к физической силе, но также и к помощи магии. Сатана, Сатаней-Гуаша способны изменять погоду; по просьбе Сатаней останавливается солнце; Сатана благодаря чудесному (небесному) зеркалу видит всё, что происходит на земле; Сасрыква сбивает с неба звезду, чтоб обогреть братьев; Сосруко насылает стужу, чтоб одолеть иныжа, туман — чтоб победить Тотреша; Сеска Солса ударом плети по тазовой кости великана оживляет его, он же способен превратить Терек в полноводную реку; Ацамаз игрой на чудесной свирели, полученной его отцом от небожителя *Афсати*, пробуждает природу; Ашамез с помощью свирели может не только возродить всё живое на земле, но и вызвать его гибель; Бидох (адыг.) исцеляет своим дыханием; проклятие матери Хваджарпыса (абх., по другому варианту — по заклинанию Сатаней-Гуаши) приводит к окаменению Нарджхеу и Гунды. Многие Н. обладают даром перевоплощения, например, Сырдон оборачивается стариком, старухой, молодой девушкой, шапкой, *Дзераса* (осет.) принимает облик голубя. Н. понимают язык птиц, животных. Помощники героев — чудесные кони (осет. Арфан, адыг. авсург *Тхожей*, абх. *араш* Бзоу). Отдельные Н. [Батраз (адыг.), Сасрыква, Боткий Ширтка, Сеска Солса] спускаются в подземный мир и возвращаются из него.

Н. вступают в тесные отношения с богами, которые принимают в их жизни активное, непосредственное участие. В осетинском эпосе божества нередко сидят за одним столом с Н., иногда Н. гостят у них на небе; небожители принимают участие в походах Н. В адыгском эпосе Тлепш, Тхагаледж, Амыш присутствуют на хасе; ежегодно боги приглашают на свой пир (саноплие) одного из Н.; мать Тхагаледжа и Амыша помогает Н. советами. *Курдалагон* (осет.), Тлепш, Айнар-ижьы (абх.) изготавливают Н. боевые доспехи, снаряжение, орудия труда, чинят повреждённые бёдра, черепа, закаляют тела (в осет. эпосе — Батрадз, Сослан). Некоторые Н. находятся в родственных отношениях с богами. Дзераса — дочь *Донбеттыра*; отец Сатаны *Уастырджи*; Дзахуш (адыг.) — сын Тлепша; *Уазырмес* (адыг.) — сын дочери морской богини; Сасрыква женится на дочери божества Аерга; по одному варианту, жена Сосруко — дочь Тлепша; Села Сата (ингуш.) рождена нарт-орстхойской девушкой от бога Селы.

В осетинском эпосе богоборческие мотивы в первую очередь связаны с *Батраздом*, который борется с *Уациллой*, Уастырджи, здами и дауагами. В адыгской версии Н. также выступают богоборцами (Насрен-жаче, Уазырмес), иногда одерживают в этой борьбе победу, например убивают *Пако*; по одному варианту сказаний, Батразу удаётся вызволить Насрен-жаче, прикованного богами к Ошхамахо в наказание за дерзость. В чечено-ингушском эпосе нарт-орстхойцы угоняют стада баранов местного героя Горжая, которому покровительствует Села, при этом Сеска Солса вступает в единоборство с божеством и переламывает ему рёбра; в сказании о *Села Сате* Сеска Солса ранит Селу и обращает его в бегство.

Природа образов некоторых Н. связана, по-видимому, с солярными мифами. Сослан женат на дочери солнца, с помощью солнца, солнечных лучей сокрушает своих врагов; гибнет от солнечного божества (*Колесо Балсага*). Подобно солнечному сиянию, излучают свет рука Адиюх — жены одного из Н., тело (грудь) нартской красавицы *Акуанды* (адыг.), мизинец жены Сасрыквы. Вероятно, солярного происхождения образ Сосруко, а по мнению некоторых исследователей,— и Сатаней-Гуаши.

В адыгских и осетинских сказаниях об Ашамазе и Ацамазе, возрождающих природу, о Сосруко, продолжающем жизнь под землёй и каждой весной стремящемся вырваться на поверхность, прослеживается связь с календарными мифами. В осетинском и адыгском эпосах гибель Н. связана с волей богов. Поставленные перед выбором между бесславным существованием и посмертной вечной славой, они отдали предпочтение славе. В чечено-ингушских сказаниях — несколько версий исчезновения Н. В большинстве из них они гибнут, выпив расплавленную медь, но мотивировка этого поступка в них различна: раскаяние Н. в своих злодеяниях; кара богов, обрекших их за разбой на голодную смерть; в отдельных версиях — семилетний неурожай; в одном из чечено-ингушских вариантов Н. истребил голод, который наслал на них бог за их дерзкую попытку оживить убитого Хамчи Патарза. В абхазской версии говорится лишь о гибели главного героя Сасрыквы.

Б. А. Калоев, М. И. Мижаев, Ш. Х. Салакая
(использованы материалы
по чечено-ингушскому эпосу А. Х. Танкиева).

НАРЦВЫ, в абхазских мифах потусторонний, загробный мир; согласно другим, более распространённым мифологическим представлениям, Н.— рай, которого достигает душа умершего человека, лишь переправившись по волосяному мосту. Препятствует переходу в Н. враждебная человеку кошка, смазывающая мост маслом; помогает душе собака, которая слизывает масло языком. *Л. А.*

НАРЦИСС, Н а р к и с с, в греческой мифологии прекрасный юноша, сын беотийского речного бога Кефисса и нимфы Лириопы (вариант: Лириоэссы, Eustath. I 1). По наиболее распространённой версии мифа, родители Н. вопросили прорицателя Тиресия о будущем ребёнка и получили ответ, что Н. проживёт до старости, если никогда не увидит своего лица. Н. вырос юношей необычайной красоты, и его любви добивались многие женщины, но он был безразличен ко всем. Когда в него влюбилась нимфа Эхо, Н. отверг её страсть. От горя Эхо высохла так, что от неё остался только голос. Отвергнутые Н. женщины потребовали наказать его. Богиня правосудия Немесида вняла их мольбам. Возвращаясь с охоты, Н. заглянул в незамутнённый источник, и, увидев в воде своё отражение, влюбился в него. Он не мог оторваться от лицезрения самого себя и умер от любви к себе. На месте его гибели вырос цветок, названный нарциссом (Ovid. Met. III 341—510; Paus. IX 31, 7). Этот этиологический миф возник, чтобы объяснить происхождение распространённого в Греции красивого, но холодного цветка. Судя по имени героя, миф о Н. догреческого происхождения; народная этимология сблизила имя Н. с греч. глаголом «цепенеть», «столбенеть», и это сближение, возможно, послужило одним из источников мифа. В вариантах мифа версия о нимфе Эхо не упоминается. Стремясь осмыслить миф рационалистически, историю Н. излагали следующим образом: у Н. была любимая сестра-близнец. Когда девушка неожиданно умерла, тоскующий без неё Н. увидел своё отражение в источнике и, приняв его за образ сестры, стал постоянно глядеть в воду и умер от горя (Paus. IX 31, 8). Известен вариант мифа о смерти Н., посланной ему в наказание за то, что он отверг любовь юноши Аминия, из-за этого покончившего с собой. Н. влюбился в собственное отражение и, понимая безнадёжность этой любви, заколол себя. Из капель крови Н. выросли нарциссы. Вероятно, Н.— древнее растительное божество умирающей и воскресающей природы (цветок нарцисс упоминается в мифе о похищении Персефоны; его возлагали на умерших). Возникновение же мифа связано с характерной для первобытной магии боязнью древнего человека увидеть своё отражение (отражение является как бы двойником человека, его вторым «я», находящимся вне его). *М. Н. Ботвинник.*

НÁСАТЬЯ, эпитет, относящийся в древнеиндийской мифологии к обоим близнецам *Ашвинам* (Н. и Дасра) или к первому из них. Само слово значит, видимо, «исцеляющий», «освобождающий» и т. п., хотя народно-этимологическая традиция выделяет здесь элемент nāsa, «нос» (ср. мотив рождения Ашвинов из носа кобылы). Имя «Н.» засвидетельствовано уже в 14 в. до н. э. на Ближнем Востоке — Našattiia-(nna). *В. Т.*

НАСР (иногда во множ. ч.— Н и с в а р, «орёл»), в йеменской мифологии божество, почитавшееся в государствах Саба и Катабан. Бог — предок, покровитель и владыка оазиса Джуба (к югу от столицы Сабы Мариба). В официальные пантеоны не входил. Позднее был отождествлён с богом луны — *Алмакахом* в Сабе и *Аммом* в Катабане. Изображения орла, частые в древнейеменской иконографии, возможно, связаны с Н. как с лунным божеством.

Н. известен также в древнеарабской мифологии (по теофорным именам, широко распространённым в Центральной и Северной Аравии). Мусульманская традиция причисляет его к богам, которым поклонялись сородичи *Нуха* (Коран 71:23). *А. Г. Л.*

НАСРЕ́Н-ЖА́ЧЕ («Насрен-борода»), в адыгском нартском эпосе глава (тхамада) *нартов*, в некоторых вариантах сказаний муж *Сатаней*; Н.-ж., седобородый старик,— патриарх, организатор мирной и военной жизни нартов, пользуется среди них и богов большим авторитетом. Согласно одному из сказаний, Н.-ж. восстал против владычества бога *Тха*; по вариантам, пытался проникнуть на *Ошхамахо*, чтобы проникнуть в тайны Тха; вступил в схватку с богом зла *Пако*, похитившим огонь у нартов. Разгневанный Тха (вариант: Пако) приковал его к вершине Ошхамахо цепями. Орёл рвёт клювом сердце богоборца. При попытке Н.-ж. освободиться от оков «стук цепей гремит громом, искры от удара звена о звено блещут молнией, тяжёлое дыхание старика бушует на земле ураганом, от стонов его ревут глубины земли, и слёзы его льются бурным потоком вниз со снеговых вершин и разливаются шумящей рекой». Освободил Н.-ж. и вернул огонь нартам нарт Батраз. Аналогичны Н.-ж. абхазский *Абрскил*, грузинский *Амирани*. *М. М.*

НА́СУ (авест. «труп»), в иранской мифологии демон смерти. Представлялся в облике отвратительной трупной мухи, «прилетающей с севера» вскоре после смерти человека, исповедующего зороастризм, чтобы завладеть его душой и осквернить тело («Видевдат» 7, 2; 8, 71). Родственники умершего должны противодействовать Н., распевая священные тексты и произнося вслух имена *Амеша Спента*. Наиболее действенным средством против Н. считался взгляд «жёлтой четырёхглазой [с пятнами над глазами] собаки», священного животного у последователей маздаизма («Видевдат» 8, 16—18). *Л. Л.*

НА́ХИ, Н у х а й, в древнеарабской мифологии верховное божество в пантеоне самудских арабов (наряду с *Рудой*), бог мудрости. Возможно, был также божеством луны. Выступает как бог — предок и покровитель народа, владыка страны, защитник верблюдов и колодцев. В оазисе Думат находилась статуя Н. *А. Г. Л.*

НА́ХУША, в индуистской мифологии царь Лунной династии, сын Аюса, внук *Пурураваса* и отец *Яяти*. Согласно известному мифу «Махабхараты» и пуран, Н. прославился аскетическими подвигами, и когда *Индра* после победы над *Вритрой* искупал грех убийства брахмана, Н. занял на небе его место царя богов, получив власть над тремя мирами. Однако в своём высокомерии Н. не только возжелал жену Индры Шачи, но и принуждал *риши* нести по воздуху его паланкин. При этом однажды он ударил ногой *Агастью*, и по проклятию Агастьи (или *Бхригу* — Мбх. XIII 102—103) был сброшен на землю и на десять тысяч лет превращён в змея (Мбх. III 176—178). *П. Г.*

НАЦИЛИА́НИ («владеющий долей»), согласно мифологическим представлениям грузин, человек или животное, наделённые священными знаками (долями) божеств. Божество неба или солнца одаривает избранника крестом или изображением солнца, божество луны — знаком месяца и т. п. Н. должны скрывать свои «доли», расположенные у них под лопатками в виде светящегося знака или свечи. Представления о Н. возникли, вероятно, ещё в глубокой древности, о чём свидетельствуют археологические памятники периода бронзы и раннего железа: в мифологических сценах, изображённых на бронзовых поясах, фигурируют люди с астральными знаками на плечах и бёдрах. Почитание Н. находило отражение в ритуалах приобщения детей к астральным божествам. С представлениями о Н., вероятно, связана традиция изображения астральных символов на одежде и доспехах царей и представителей знати (приобщение их, по-видимому, к Н.).

И. С.

НАЧА́ЛА, в христианских представлениях один из *девяти чинов ангельских*. Упоминается в Новом завете (Рим., 8, 38; Кол. 1, 16). По классификации Псевдо-Дионисия Ареопагита (5 — нач. 6 вв.) — седьмой чин, составляющий вместе с архангелами и ангелами третью триаду.

О. Н.

НА́ЧИКЕТАС («незнающий» и, как предполагается, поэтому ищущий знания, пути к нему), древнеиндийский мифологический персонаж, известный из поздневедийской литературы. История Н. с некоторыми вариациями рассказана в «Тайттирия-брахмане» (III 11, 8) и в «Катха-упанишаде» (I 1—3), продолжающих, видимо, одну и ту же традицию, связанную с «Чёрной Яджурведой». Отец Н., праведный брахман Ваджашраваса (другие его имена — Готама и Ауддалака Аруни), приносит в жертву всё своё состояние. Н., полагая, что отец собирается принести в жертву и его, трижды обращается с вопросом: «Отец, кому ты меня отдашь?» Отец в гневе отвечает: «Смерти я тебя отдам!», т. е. хозяину царства мёртвых *Яме*. Н. отправляется к нему и проводит три ночи в обители Ямы, не получив пропитания. Возвратившись к себе, Яма находит Н., принимает его как почётного гостя и предлагает выбрать три дара. Н. просит сделать так, чтобы отец стал милостивым к нему. Яма обещает выполнить эту просьбу. Н. просит рассказать ему о небесном огне и о том, как, преодолев голод и жажду, обитатели небесного мира наслаждаются бессмертием, не зная ни страха, ни старости, ни смерти. Яма рассказывает Н. об огне как начале мира и об устройстве жертвенного алтаря — составе его частей и их порядке (можно думать, что этот последний мотив как-то связан с возможностью народно-этимологического соотнесения имени Н. с звуковым комплексом na-cik-, где cik- одна из основ глагола ci-, обозначающего устройство жертвенного алтаря, приведение его в порядок, возведение его). Н. повторяет Яме сказанное им, и умилостивленный Яма даёт Н. дополнительный дар: он называет небесный огонь именем Н. Трижды возжёгший этот огонь и познавший эту триаду совершает три действия: преодолевает рождение и смерть; отбрасывая страх и печаль, достигает бесконечного покоя и радуется в небесном мире. Но Н. спрашивает Яму о самом главном, что беспокоило его ещё на земле с самого детства, — о том, что ожидает человека после смерти. Яма пытается уклониться от ответа на этот вопрос, он предлагает Н. в дар сыновей, внуков, скот, золото, долгую жизнь, красавиц на колесницах, сопровождаемых музыкой, и т. п. Н. отказывается от всех этих даров; «... Не должен человек радоваться богатству: разве сможем мы владеть богатством, увидев тебя... Кто из подверженных уничтожению и смерти внизу на земле, приблизившись к уничтожимости и бессмертию, узнав и поразмыслив об удовольствиях, — станет радоваться слишком долгой жизни? Скажи нам, смерть, о том, в чем сомневаются, что (заключено) в великом переходе, — этот дар ..., и не иной, выбирает Начикетас» (Катхауп. I 1, 26—29). Яма вынужден дать ответ и на эту, третью просьбу Н., потому что Н. заслужил этого. Яма противопоставляет приятное, к которому стремятся глупые ради мирского благополучия, благо-

му, которому привержены разумные люди, стремящиеся к знанию. Только они могут постичь этот переход от жизни к смерти и самую высшую реальность. Но это постигается не рассудком, а самосозерцанием, преодолением и отказом от радости и от горя. Яма рассказывает Н., как от незнания перейти к знанию, и сравнивает этот переход с разожжённым огнём начикетасом («С помощью преходящих вещей я достиг непреходящего», I 2, 10). Далее Яма говорит о священном слоге Ом и его символике, о постижении высшего *атмана*, который сравнивается с владельцем колесницы, тогда как тело — с колесницей, рассудок — с колесничим, разум — с поводьями, чувства — с конями, предметы, восприятия — с дорогой (I 3, 3—4), о иерархии (снизу вверх: чувства — воспринимаемые ими предметы — разум — рассудок — атман — непроявленное — *Пуруша*; ср.: «Нет ничего выше Пуруши. Это конечная цель. Это высший путь», I 3, 11).

История Н. представляет собой образец философского мифа с сильными элементами рационалистического умозрения. В этом смысле он соприкасается с другими образцами древнеиндийского умозрения, знания (veda), принадлежащими уже к философско-религиозной традиции и к сфере «преднаучных» сочинений. Вместе с тем в ней отчётливо обнаруживаются фольклорные элементы: необдуманный гнев, дающий начало всему действию; нисхождение живого человека (юноши) в царство смерти; «прение» со смертью; три дара — три желания; «умные» вопросы — желания (как инверсия «умных» ответов); достижение бессмертия через смерть (с её помощью). В истории Н. обнаруживается присутствие элементов и фольклорной техники (диалог в царстве мёртвых, очень существенная роль числа три, сравнения и уподобления и т. п.). Исследования обеих версий истории Н. показали, что при всей их близости, они, видимо, восходят к более древнему источнику, который мог довольно значительно отличаться от засвидетельствованных текстов. Одним из отражений общего первоисточника и, следовательно, текстом, родственным позднейшим версиям истории о Н., возможно, следует считать гимн — разговор мальчика с умершим отцом (РВ Х 135), в котором в перевёрнутом по сравнению с сюжетом Н. виде выступает та же схема. Ср.: «Под дерево с прекрасными листьями, где пьёт с богами Яма, туда наш отец устремляется к предкам» (Х 135, 1); здесь же сравнение с колесницей, диалог отца с сыном, философизирующая тенденция (авторская тема).

В. Н. Топоров.

НАШГУШИ́ДЗА, Нагучи́ца, у адыгов мифологический персонаж — уродливая, дряхлая, горбатая старуха, с железными зубами, с грудями, закинутыми за спину; олицетворяет враждебные человеку силы. Н. — коварная и жестокая женщина, похитительница детей, людоедка. Живёт в избушке в лесу, чаще одна (согласно некоторым сюжетам, — с единственной дочерью, помогающей спастись девушке, пленённой Н.). В адыгском нартском эпосе от Н. происходит карликовое племя *испы*.

Иногда Н. играет положительную роль. Если герою удаётся, незаметно подкравшись, коснуться губами её груди (отголоски в мифе обычая усыновления), Н. становится его советчицей (указывает, например, герою, как победить великана), одаривает его чудесным конём (предварительно подвергнув героя испытанию: он должен стеречь её табун в течение трёх ночей). Таким образом завладел конём *Тхожеем* Сосруко.

В фольклоре западных адыгов наряду с Н. фигурирует Цеунеж — старуха с длинными железными зубами, живущая в отдалённом лесу, людоедка; она даёт людям вредные для них советы. Цеунеж иногда выступает как мать ста сыновей-людоедов.

М. М.

НАЯ́ДЫ, в греческой мифологии *нимфы* источников, ручьёв и родников. Видимо, они относятся к потомкам Океана и Тефиды; насчитывают их до трёх тысяч; «все имена их назвать никому из людей не под силу. Знает название потока лишь тот, кто вблизи обитает» (Hes. Theog. 369 след.). Н. — древ-

ние божества, в одном ряду с хтоническими божествами, они упоминаются вместе с *сатирами, куретами, корибантами, тельхинами* и др. (Strab. X 3, 7; X 3, 10). Они хранительницы вод и обладают благодетельными функциями. Есть Н.-целительницы (Orph. Hymn. LI 15) и врачующие, купание в их воде даёт исцеление от болезней (Paus. VI 22, 7). Одна из Н.— Мента (или Минта, Мята) носила имя Кокитиды и была связана с водой царства мёртвых и являлась возлюбленной Аида (VIII 3, 14). Воды источников, где обитали Н., имели очистительные и прорицательные функции (IX 29, 5) и даже обладали способностью даровать бессмертие (Schol. Plat. R. P. X 611 c).
А. Т.-Г.

НГА, в самодийской мифологии божество. 1) В мифологии энцев (в зафиксированном Б. О. Долгих варианте пантеона, близком нганасанскому) и нганасан (н г у о, н г о) общее название божеств, принадлежащих высшему уровню пантеона. У энцев к Н. относятся живущий в небесном мире Тено-нга («умный бог», его другое имя — Оне-нга, «настоящий бог»), старуха — покровительница рождений и женщин Дя-меню'о («земли старуха»), покровитель оленеводства Ирео-понеде («ведающий богатством-стадом»), верховный покровитель энцев и охотничьего промысла Дюба-нга («сирота бог»), главное злое божество *Тодоте*, подземные божества Сураба-нга («дьяволы льда»), повелитель северного ветра («бог севера») Уму-нга, живущий в лесу бог юга Педу-нга, обитающий на юге Кео-нга («бог грома») и др. Некоторые персонажи энецкого пантеона имеют соответствия у нганасан: Дёйба-нгуо, «сирота бог» (демиург, покровитель нганасан), Сырада-нгуо, «дьяволы льда», Кодюонгуо, «бог грома». Нганасаны почитали также обитавшего на седьмом ярусе неба создателя вселенной Нылытыа-нгуо, его жену Нгуо-ням [«неба мать» (?)], доброжелательного к людям хозяина земли Бойкуо-нгуо («старик-бог»), бога зла Фаннида, с раскрытой пастью караулящего под землёй умирающих; ведающего переселением душ из умерших в новорождённых Бондуптуо-нгуо; хозяина растительности Тоттыадуо, одинокого старика, питающегося землёй и остатками пролитой на землю пищи; хозяев огня супругов Хюде Хуонка и Дяли Хэлла; Быда-нгуо («бога воды»), покровителя семьи и жилища Туй-нгуо («бога огня») и др.

2) В описанном Е. Д. Прокофьевой варианте энецкого пантеона, сформировавшемся, очевидно, позднее, под влиянием культурно-языковых контактов с ненцами, Н.— верховное божество-демиург, живущее на седьмом ярусе неба. Отождествляется с *Нумом* ненцев и селькупов (возможно, предпосылкой этого явилась общность нарицательных значений слов «нум» и «нга»: «небо», «погода»). По некоторым данным, его жена — старуха-покровительница Дя-меню'о, старшие сыновья — *Тодоте, Минлей*, младшие — духи-покровители каха.

3) Н. в мифологии ненцев — главное злое божество, противостоящее Нуму, олицетворение злого начала. Происхождение его образа относится, видимо, к эпохе прасамодийской общности (ср. его соответствия: селькупский *Кызы*, энецкий Тодоте, нганасанский Фаннида). В некоторых мифах Н.— сын или своях Нума, местопребывание Н.— подземный мир. Через своих слуг, злых духов *нгылека*, Н. насылает на людей болезни, а сам пожирает души умирающих. В некоторых космогонических мифах Н. наряду с Нумом как демиург участвует в сотворении и упорядочении мира, причём может играть как негативную роль (крадёт у Нума зачаток земли — ком глины, делает человека смертным), так и созидательную (придаёт земле устойчивость, подложив под неё кита, а сверху водрузив гигантский камень — Уральские горы). В другом мифе Н. создаёт Уральские горы, превратив в каменные глыбы аргиш (олений обоз), который вела дочь Нума (передовой олень — это священная для ненцев гора Минисей).

Многие мифы отражают противоборство Н. и Нума: о грозе как поединке двух божеств, о борьбе Н. и Нума за обладание солнцем и луной, унесённом Н. в подземное царство, и т. д. Известен миф, в котором Н. просит Нума выделить ему столько места для жилья, сколько займёт кончик палки. Нум соглашается, но хитрый Н. протыкает палкой поверхность земли и завладевает всем нижним миром. Антагонизм Н. и Нума проявлялся в ритуалах жертвоприношений.
Е. А. Хелимский.

НГАИ, Э н г а и, 1) у масаев божество неба, громовник, одновременно племенной бог войны (у него просят удачи в военных походах).

В мифах Н. выступает в различных ипостасях: Энгаи-Нарок («Энгаи чёрный») и Энгаи-Наньокье («Энгаи красный»). Энгаи-Нарок — доброе божество, проявляется в синем небе. Его голос — отдалённые раскаты грома. Энгаи-Наньокье — злое божество, проявляется в близких, оглушительных раскатах грома и молниях, которыми он убивает. Ему приносят в жертву чёрную овцу. В некоторых вариантах это не две ипостаси одного и того же божества, а два брата. Энгаи-Наньокье, стремящийся истребить людей, отказывается подчиниться власти Энгаи-Нарока. Согласно другому варианту, Н. выступает в трёх ипостасях: Н.-Наньюги («красный бог») — красный, как утренняя и вечерняя заря; Н.-Набор («белый бог») — облачное небо; Н.-Нарок («чёрный бог») — безоблачное, синее небо. Молитвы обращают к Н.-Нарок. По одной из версий, некогда существовало четыре бога: чёрный добрый бог (собственно обожествлённый предок); белый бог (отдалённое небесное божество); красный злой бог и серый бог. Чёрный бог одиноко жил на снежной вершине, другие боги дали ему в спутники юношу. Когда чёрный бог и юноша взяли в жёны женщин окрестного народа и породили масаев, серый и красный боги, раздосадованные тем, что люди расплодились, наслали засуху. Тогда юноша отправился в небо, и, поборов богов, достал там дождь — засуха прекратилась. Юноша считается родоначальником масаев. Позже красный, серый и чёрный боги умерли, остался только белый.

В некоторых, вероятно, более поздних мифах, вместо Н. фигурирует *Найтеркоб*.

2) В мифах кикуйю и камба, заимствовавших у масаев имя божества, громовник, божество дождя. Дождь, молнии, гром, радуга — проявления Н. От него зависят здоровье и жизнь людей и животных. Стихийные бедствия, засухи, эпидемии и т. п. объясняются гневом Н. Для его умилостивления совершаются жертвоприношения. Спускаясь на землю, Н. останавливается отдохнуть в своих временных жилищах на высоких горах, чаще всего — на горе Кения (на языке кикуйю — «гора сияния»), которую он сам и создал. Соответственно кикуйю называют его Мвене-Ньяга («сияющий»). Жилища Н. находятся также на «горе большого дождя» (на востоке), «горе ясного неба» (на юге), «горе сна или тайного убежища» (на западе).

Н. выступает в мифах как культурный герой, демиург. Когда человечество только начало заселять землю, Н. призвал первого человека, Кикуйю, и дал ему его долю — страну, где стали жить кикуйю. От Н. Кикуйю получил жену Моомби. Н. научил Кикуйю, каким образом следует обращаться к нему за помощью. Затем Н. послал женихов для девяти дочерей Кикуйю. Образовавшиеся девять семей положили начало девяти главным кланам кикуйю; их общее родовое имя было «дети Моомби» (или «племя Моомби»). Н. научил людей добывать железо; установил их занятия: для кикуйю и камба — земледелие, для масаев — скотоводство, для ндоробо — охота. Н. аналогичен *Леза*.
Е. С. Котляр.

НГАМОНДИ, н г а м о́ н д р и, в мифах западных эвенков культурный герой, предок. По представлениям эвенков, Н. в облике медведя встретил девушку и велел ей убить его, освежевать и разместить голову, сердце, почки и др. внутренние органы в чуме, а шерсть и кишки вынести наружу. Утром жилище оказалось наполненным домочадцами (голова превратилась в старика, почки в детей и т. д.), а вокруг чума возникли олени и их упряжь.
Е. Н.

НГАТХЕЙН, Г н а т х е́ й н, П о́ к л и, П о́ х л и, в мифологии кхьенгов в Бирме и Бангладеш властитель райской страны счастья и судья умерших. Свой суд он правит под деревом. Люди, совершавшие добрые поступки, после смерти находят в его стране всевозможные удовольствия. Чтобы души умерших благополучно достигли владений Н., нужны особые обряды — на дороге туда души подстерегают и губят гусеницы. Петух, привязанный к ноге умершего, должен отпугивать этих гусениц. Меч, положенный на голову, должен отпугивать злых духов. По дороге к Н. душа должна пересечь реку Пузаутуибо по нитяному мосту. Души плохих людей не могут попасть в небесный рай. Н. отправляет их в железный котёл с кипящей водой. Если душа грешника убегает, то собака Н. её ловит. Если эта душа пытается спрятаться в кроне дерева, то она становится жертвой птицы Хакгьи. *Г. Я.*

НГАУК ХОАНГ, в мифах вьетов верховное божество. Имя Н. Х. восходит к китайскому имени Юй-хуан (Юй-Ди), но образ Н. Х. вобрал и черты исконно вьетских божеств: считается, что он перевоплощение бога Тхэн Чу Чёя, упорядочившего вселенную. Н. Х. породил женские божества солнца и луны, вылепил всех животных, начиная со слона, носорога, тигра и кончая мельчайшими букашками. Потом с помощью двенадцати женских божеств — баму (каждая из которых искусна в чём-либо одном: создании рук, глаз, ушей и т. д.) Н. Х. вылепил человека из самого чистого материала. Он сотворил рис и хлопок. Н. Х. правит делами вселенной, окружённый сонмом божеств и духов. Н. Х. гневается на нерасторопность своих помощников и наказывает их: на одного небесного духа он прикрикнул так, что тот со страху свалился с небес на землю; другого за провинность сослал на землю и превратил в жука. Каждый раз перед новым годом по лунному календарю Н. Х. выслушивает доклады духов домашнего очага о добрых и дурных делах людей. *Н. Н.*

НГЕКТАР, н г е в и, в тунгусо-маньчжурской мифологии мир нерождённых душ. Находился у подножия горы верхнего шаманского мира. Души — оми жили на ветвях деревьев. На землю они попадали в виде пушинок и хвоинок. Когда женщина не могла родить, шаман устраивал камлание — добывание души. Во время пения он уходил в верхний мир и крал души, затем возвращался и бросал их в виде хвоинок на платок, который дети держали за углы. Платок складывали и хранили. *Г. В.*

НГЫЛЕКА, в самодийской мифологии (у ненцев) невидимые злые духи, подчинённые *Нга*. По велению Нга Н. насылает на людей болезни. Термин «Н.» этимологически связан с корнем нгыл («низ»), что отражает их связь как злого начала с нижним миром. В мифологиях других самодийских народов Н. соответствуют энецкие амукэ (амули), нганасанские нгамтэру, одна из категорий селькупских лозы. *Е. Х.*

НДАРА, в мифах восточных тораджей острова Сулавеси (Западная Индонезия) богиня подземного мира. Н. несёт землю на голове и руках; когда она чешется, на земле происходят землетрясения. Под именем Индо-и-Тулади Н. выступает как богиня земли и земледелия. Её муж, могучий буйвол То-ара-Линдо («тот, кто под землёй»), держит на себе землю.

В образе Н. соединены черты западноиндонезийского змееобразного божества подземного мира (ср. *Джата*, *Латуре Дане*) и восточноиндонезийской богини земли (ср. *Дева*).

НДЕНГЕИ, в мифах меланезийцев острова Фиджи дух (божество) — гигантский змей. Н.— либо нетварное существо, либо родился из камня. Живёт в пещере, скрытой в горе на острове Вити-леву. Н.— демиург, культурный герой. Создаёт день и ночь, рельеф островов Фиджи (вариант: Н. посылает в странствие по островам одного из своих сыновей, за которым волочится его одежда — так возникают горы и камни), водные потоки; творит первых людей. Н. устанавливает миропорядок, людей разделил на родственные группы. Обучает людей плотницкому ремеслу (назначая сына мастером-плотником), навигации, воинскому делу (наделяя их оружием). Н.— хозяин грома, молнии, дождя, землетрясения;

насылает на людей потоп в наказание за убийство священной птицы Туру-кава. Согласно поверьям, дух умершего человека должен предстать перед Н., чтобы пройти «очищение». *М. С. П.*

НДО ТЫ, верховное божество в мифах мео (группа мяо-яо) во Вьетнаме. Н. Т. сотворил небо и землю, десять солнц (женских божеств), девять лун (мужских божеств) и мириады звёзд. Солнца, луны и звёзды предназначались для того, чтобы просушить и освещать землю, поэтому на земле в течение семи лет сиял день и не было ночи. Когда она просохла, Н. Т. сотворил деревья и травы, животных, вылепил человека и вдохнул ему душу в живот, даровал язык и дыхание. Поскольку людям стало жарко на земле, они сделали из огромных деревьев лук со стрелами и сбили лишние солнца и луны с небес. После потопа спасшиеся в деревянном барабане брат и сестра по повелению Н. Т. сочетались браком и продолжили людской род. Люди мео ушли в холодные края, где вечные льды и ночь тянется шесть месяцев, и лишь впоследствии стали постепенно двигаться на юг. *Н. Н.*

НДУ, в мифологии ма, срэ, банаров и других мон-кхмерских народов на юге Вьетнама верховное божество — демиург. Часто он выступает в образе красной птицы. В подземном мире Брах Тинге Н. создал для людей огонь, а также каменные орудия. Впоследствии люди вышли из Брах Тинга через отверстие в земле, в котором после них застрял огромный буйвол с двумя головами. Этот буйвол превратился в скалу, видную до сих пор. Н. дал людям буйволов, свиней и кур. *Я. Ч.*

НЕАК ТА, в мифологии кхмеров духи — хранители местности. Живут на возвышенных местах в деревнях и в водоёмах. В древности почитание Н. Т. дало почву королевским культам горы. *Я. Ч.*

НЕБТУИ («владычица полей»), в египетской мифологии богиня города Латополиса, олицетворяющая плодородие. Жена *Хнума*. Отождествлялась с *Исидой*, *Хатор*, *Менхит*. Впоследствии почитание Н. было оттеснено культом *Нейт*. *Р. Р.*

НЕЙТ, в египетской мифологии богиня города Саис. Культ Н. возник в западной части дельты Нила и в Ливии, впоследствии распространился по всему Египту. Наивысший расцвет её культа относится ко времени XXVI (Саисской) династии (7—6 вв. до н. э.). Н. изображали в виде женщины в короне Нижнего Египта, часто — кормящей грудью двух маленьких крокодилов. Её фетиш — щит с двумя перекрещенными стрелами. На острове Элефантина и в Латополе (где она вытеснила местную богиню *Небтуи*) Н. считалась женой *Хнума*. Иногда отождествлялась с *Хатор*. В Н. соединялись одновременно мужское и женское начало, она имела функции демиурга. Н. является создательницей семени богов и людей. Её называли «отец отцов и мать матерей». Один из эпитетов Н. — «открывательница путей» (на запад). В древнейший период Н. — богиня войны и охоты; как богиня воды и моря она — мать бога-крокодила *Себека*, а также вообще всех крокодилов. Связана с заупокойным культом (один из эпитетов «госпожа бальзамирования»), вместе с *Исидой*, *Нефтидой* и *Серкет* изображалась на саркофагах и ящиках для канон. Считалось также, что Н. обладает магической силой: лечит больных, отгоняет злые силы, поэтому она часто изображалась на подголовнике ложа. Геродот отождествлял Н. с *Афиной* (II 59). *Р. Р.*

НЕЛЕЙ, в греческой мифологии сын Посейдона и Тиро, брат-близнец *Пелия*. Тайно рождённые Тиро и брошенные ею, Н. и Пелий были подобраны пастухами. Когда близнецы выросли и узнали, кто их мать, они убили свою мачеху Сидеро, оскорбившую Тиро. Позднее братья стали враждовать друг с другом, и изгнанный Н., прибыв в Мессению, основал город Пилос. От Хлориды Н. имел дочь Перо и двенадцать сыновей, одиннадцать из которых погибли от руки Геракла, когда тот опустошал Пилос; уцелел только *Нестор* (Apollod. I 9, 8—9). По одной из версий мифа, Н. был убит вместе с сыновьями, по другой,— умер от болезни в Коринфе и там же был похоронен (Paus. II 2, 2). *В. Я.*

НЕМЕСИ́ДА, Немези́да, в греческой мифологии богиня, дочь Никты (ночи) (Hes. Theog. 223 след.), именуемая также *Адрастеей* («неотвратимой») и близкая по своим функциям богине *Дике*. Н. наблюдает за справедливым распределением благ среди людей (греч. nemō, «разделяю») и обрушивает свой гнев (греч. nemesaō, «справедливо негодую») на тех, кто преступает закон; Н.— богиня мести. Любимые богами *гипербореи* никогда не испытывают гнев Н. (Pind. Pyth. 44). Она немедленно запоминает любую человеческую несправедливость (Callim. Hymn. VI 56). По одному из мифов, Н.— мать *Елены* от Зевса. Спасаясь от преследований бога, она превратилась в гусыню, тогда как он стал лебедем. Снесённое Н. яйцо было найдено пастухом, принесено Леде, спрятавшей его в ларец. Из этого яйца и вылупилась Елена (Apollod. III 10, 7), воплощение мести богов человеческому роду. Наиболее известен храм Н. в Рамнунте, близ Марафона, где находилась Н., изваянная Фидием (Paus. I 33, 2—8). Почиталась также в Риме. Изображалась с атрибутами равновесия, наказания и быстроты (весы, уздечка, меч или плеть, крылья, колесница, запряжённая грифонами).
А. Т-Г.

НЕМРУ́Т, в армянских мифах иноземный царь, вторгшийся в Армению. Чтобы возвеличить себя, Н. воздвиг на вершине горы великолепный дворец необычайной высоты. Решив убить бога, Н. поднялся на крышу дворца и прицелился из лука в небо. Бог подставил большую рыбу под стрелу, пущенную Н. Увидев кровь, Н. и его приближённые возликовали, уверенные, что бог убит. Бог разгневался — ударила молния, и Н. вместе с дворцом провалился в разверзшуюся пропасть, в которой образовалось озеро. Гора стала называться Немрут (современный вулкан Немрут расположен у западного берега озера Ван, в его кратере находится озеро). По другому варианту, Н. создал гору из земли, чтобы, поднявшись на неё, вступить с богом в борьбу, но бог низвергнул его в недра земли.

Отождествление в древнеармянской литературе Бэла, соперника *Хайка*, с библейским *Нимвродом* привело к возникновению мифа, где вместо Н. выступает Бэл. Деспот Бэл с многочисленными войсками вторгся в Армению, но был разбит. Труп Бэла, убитого армянским царём, подняли на вершину горы и сожгли. По воле бога оставшийся от него пепел превратился в воду, а воины Бэла и караваны его верблюдов от страха окаменели.
С. Б. А.

НЕ́МТИ (устаревшее прочтение — А́нти), в египетской мифологии бог в образе сокола. Центр его культа — 12-й верхнеегипетский ном (город Иераконполь). В «Текстах пирамид» назван «начальником своего нома» или «главой восточного нома». Н.— бог восточной пустыни и караванного пути к Красному морю, охраняет путешествующих, покровительствует разработкам минералов в восточной пустыне; участвует в борьбе *Гора* — сына Исиды (с которым отождествлялся) с *Сетом*. На Синайском полуострове идентифицировался с Сетом. Древние греки отождествляли Н. с Антеем.
Р. Р.

НЕНКАТАКО́А («медведь полей и столбов»), в мифологии чибча-муисков бог ритуальных попоек и хмельного напитка чичи, покровитель живописцев и ткачей. Помогал при доставке стволов деревьев с окрестных гор в посёлки тем, что устраивал перемежавшиеся с физической работой попойки. Во время празднеств изображались приход Н. и участие его в торжестве. Чибча-муиски представляли себе Н. в виде медведя, одетого в тканый плащ, из-под которого торчал хвост; иногда в виде лиса — откуда другое имя Н.— Фо («лисица»). Единственной известной формой почитания Н. было питьё в его честь на праздниках.
С. Я. С.

НЕОПАЛИ́МАЯ КУПИНА́ [«куст, не снедаемый (огнём)»], в ветхозаветном предании горящий, но не сгорающий терновый куст, в котором бог Яхве (через «ангела Яхве») явился *Моисею*, пасшему овец в пустыне близ горы Хорив. Когда Моисей подошёл к кусту, чтобы посмотреть, «отчего куст горит огнём, но не сгорает» (Исх. 3, 2), бог из горящего куста воззвал к нему, призвав вывести израильский народ из Египта в обетованную землю. Христианская традиция (нашедшая отражение в иконографии) видит в Н. прообраз богоматери, непорочно зачавшей и родившей «сына божьего» — Иисуса Христа. Реальный прообраз Н. к.— растение, встречающееся на Синайском полуострове, выделяющее летучее эфирное масло, которое легко воспламеняется на солнце.
М. Б. Мейлах.

НЕОПТОЛЕ́М, в греческой мифологии сын *Ахилла*, рождённый ему *Деидамией*. Когда ахейцам стало известно от троянского прорицателя *Елена*, что одним из условий их победы над троянцами является участие Н. в войне на стороне ахейцев, Одиссей и Феникс отправились на остров Скирос и привезли Н. под Трою (Apollod. epit. V 10—11). Одиссей уступил Н. доспехи Ахилла. Н. принимал активное участие в боях и убил много троянцев. От его руки пал также Эврипил, сын Телефа, прибывший на помощь Приаму с большим ополчением мисийцев. Н. входил в число отборных ахейских воинов, спрятавшихся в деревянном коне (Hom. Od. XI 506—537). В ночь взятия Трои он отличался особой жестокостью: убил старого *Приама*, искавшего спасения в священной ограде у алтаря Зевса (Verg. Aen. II 533—558). Когда греки получили предсказание, что для благополучного возвращения на родину необходимо умилостивить тень Ахилла кровью *Поликсены*, Н. совершил это жертвоприношение (Eur. Hec. 523—568). Вместе с Еленом и вдовой Гектора *Андромахой*, полученной им в добычу после захвата Трои, Н. направился в Эпир, покорил здесь местных жителей молоссов и стал царствовать над ними (Apollod. epit. VI 12). Вскоре после этого он совершил путешествие в Дельфы, во время которого был убит. О причине гибели Н. существуют разные версии. По одной, убийство Н. было подстроено *Орестом*, возненавидевшим Н. за то, что *Менелай* выдал за него замуж *Гермиону*, некогда обещанную в жёны Оресту. По другой,— Н. вызвал негодование дельфийских жрецов своими упрёками Аполлону, который под Троей помог *Парису* сразить Ахилла. По третьей,— Н. допустил по незнанию ошибку во время жертвоприношения, вступил из-за этого в спор с местными жителями и был ими убит (Hom. Od. IV 3—9; Apollod. epit. VI 14). Могилу Н. показывали в священном участке Дельф вплоть до поздней античности (Paus. X 24, 6). Имя Н., образованное от греческих слов neos, «новый», и ptolemos, «война», обозначает «участник новой войны» и указывает, что образ Н.— относительно поздний в героическом эпосе. По-видимому, первоначальным именем Н. было Пирр — мужской вариант женского имени Пирра («рыжеволосая»), под которым скрывался на Скиросе переодетый девушкой Ахилл. Имя Пирр засвидетельствовано уже в «Киприях», но широкое применение получает только в эллинистическое и римское время. От традиционного образа Н.— свирепого воина — существенно отличается его изображение в трагедии Софокла «Филоктет». Здесь Н. представлен благородным юношей, не способным ко лжи и притворству и выше всего ставящим следование законам чести.
В. Н. Ярхо.

НЕ́ПЕРИ, Не́при (от «непер», «зерно»), в египетской мифологии бог зерна. Изображался толстым человеком с туловищем, разрисованным колосьями. Сын *Рененутет* (иногда их обоих отождествляли с *Исидой* и *Гором*). В период Нового царства была создана сопутствующая ему богиня Непит. В ранних текстах Н. называется «молодой водой», т. е. началом разлива, оплодотворяющего землю. Н. связан с загробным культом: олицетворяя семя, которое, будучи посеянным, всходит, он помогает умершему возродиться. В заклинаниях о снабжении умерших пищей Н. выступает также как бог пива, необходимого для ритуальных возлияний. День рождения Н. праздновали в первый день жатвы.
Р. Р.

НЕПТУ́Н, один из древнейших римских богов; первоначальная природа и культ Н. известны мало, но, видимо, он всегда был связан с водой, что обусловило его отождествление с *Посейдоном* (не позднее начала 3 в. до н. э.). Праздник Н.— нептуналии справлялся 23 июля с целью предотвращения засухи (во время праздника строились хижины из листьев). К кругу Н. принадлежали Салация и Винилия (Aul. Gell. XIII 23, 2; Serv. Verg. Aen. X 76). Салация (от salum, «движение моря») считалась женой морского бога Н. и отождествлялась с Фетидой и Амфитритой; Винилия — нимфа, персонификация волны прибоя, мать Турна (Serv. Verg. Aen. VI 90). Морской Н. почитался людьми, связанными с морем или отправлявшимися в морское путешествие, иногда с божествами-персонификациями бури, ветров, штиля, хорошей погоды. Отождествление его с Посейдоном обусловило связь Н. с лошадьми и его эпитет «конный», роль Н. как бога всаднического сословия; введение культа Н., как и учреждение праздника конного Н., приписывалось Ромулу (Liv. I 9). Затем этот праздник слился с консуалиями (см. в статье *Конс*). В провинциях с Н. отождествлялись местные боги вод и моря.

Е. Ш.

НЕРГАЛ (шумер.), в шумеро-аккадской мифологии бог — владыка подземного царства, супруг богини подземного царства *Эрешкигаль*; первоначально, видимо, небесный бог. Почитался в городах Кута и Апиак. По шумерской традиции, сын *Энлиля* и *Нинлиль*, по аккадской,— Энлиля и богини-матери Белет-или. В шумерской традиции его брат — *Ниназу*. Имеет ряд имён или идентификаций: Месламтеа («вышедший из святилища Е-Меслам», главного святилища Н. в Куте), Лугальгирра (в текстах часто брат-близнец Месламтеи), возможно также Гугальанна («дикий бык небес»), Лугальапиак, «царь Куты». Супруги Н., кроме Эрешкигаль,— Лас, или Ласу (из ла асу, «никакого выхода», символ подземного царства), Мами, Мамме и *Мамету* (чаще супруга Эрры); в одном из текстов — *Ниншубура*. Советчик и посол — *Ишум*. Как надземное божество Н.— олицетворение палящего солнца (но никогда не солнечный бог вообще). Н., как и *Эрра*, приносит людям и скоту лихорадку и чуму. Как и его брат Нинурта, Н.— божество войны, сокрушающее враждебные страны. Аккадский миф о Н. и Эрешкигаль объясняет причину попадания Н. в подземное царство. Н. не проявляет должного почтения к послу Эрешкигаль *Намтару*, явившемуся на пир богов за её долей. Разгневанная Эрешкигаль требует прислать к ней Н., чтобы предать его смерти. По совету Эйи (*Энки*) Н. берёт с собой в подземный мир волшебные предметы-фетиши, одолевает Эрешкигаль, становится её супругом и владыкой подземного царства. Сохранилась и расширенная версия мифа, включающая фольклорно-сказочные мотивы неузнанного божества, превращения возлюбленного в урода, живой воды, запрета на пищу подземного царства и др.; мотив захвата власти силой заменяется любовным мотивом: Н. спускается в подземное царство, соединяется с Эрешкигаль, проводит с ней семь ночей, а затем бежит. По требованию богов, напуганных угрозой Эрешкигаль выпустить мертвецов из подземного царства на землю, Н. возвращается в подземное царство, снова соединяется в любовной ласке с царицей; после семи дней Ану (?) приказывает Н. оставаться под землёй с Эрешкигаль навеки. Характерно, что Н. приходит в подземный мир под именем бога Эрры; уходя, он снова становится Н., как бы являясь заменой самого себя (ср. миф о нисхождении *Инанны*). Н. изображён на одной из старовавилонских печатей с серповидным мечом и дубинкой, с двумя львиными головами; он стоит на горе, наступив ногой на поверженного врага.

В. К. Афанасьева

НЕРЕИДЫ, в греческой мифологии морские божества, дочери *Нерея* и океаниды Дориды (Hes. Theog. 240—242). Их пятьдесят (244—264; Apollod. I 2, 7), имена указывают на изменчивость, глубину, стремительность и прихотливость моря. Н. благожелательны к людям и помогают им в бедствиях. Среди Н. выделяются *Амфитрита*, супруга Посейдона; *Фетида*, мать Ахилла; *Галатея*, в которую влюбился Полифем; Немертея.

А. Т.-Г.

НЕРЕЙ, в греческой мифологии божество моря, отец *нереид*. Именуется также «морским старцем». Н.— сын Геи и Понта. Он ненавидит ложь и даёт добрые советы (Hes. Theog. 233—236). Н. обладает даром предвидения, но для того чтобы он дал прорицание, им надо овладеть, так как он, подобно морской стихии, меняет свой облик; так, Геракл, связав Н., заставил его указать путь к саду Гесперид (Apollod. II 5, 11).

А. Т.-Г.

НЕРИТ, в греческой мифологии сын *Нерея*, брат *нереид*, возлюбленный Афродиты, когда она обитала в подводном царстве. Собираясь покинуть море, Афродита дала Н. крылья, но тот отверг их, и тогда Афродита превратила его в моллюска, а крылья отдала *Эроту* (Fulg. II 7). По одной из версий, Посейдон и Н. породили Антерота (Ael. De nat. hist. XIV 28).

Г. Г.

НЕРТУС, в древнегерманской мифологии богиня плодородия, растительности, возможно, богиня земли (ср. сканд. *Ерд* — мать *Тора*). В ритуале изображение Н. возили на телеге, в которую были впряжены коровы. Н.— точный женский эквивалент имени *Ньёрд* (сканд. бога) (возможно, в генезисе Н. и Ньёрд — ритуальная пара).

Е. М.

НЕСС, в греческой мифологии один из *кентавров*, известный своим коварством. После битвы *Геракла* с кентаврами жил у реки Эвен, перевозивший за плату путников. Когда переправлялся через реку Геракл, Н., перевозивший молодую жену Геракла *Деяниру*, покусился на её честь, и Геракл, переплывший реку вплавь, пронзил Н. стрелой. Умирающий кентавр, желая отомстить Гераклу, посоветовал Деянире собрать его кровь, так как она якобы поможет ей сохранить любовь мужа (Apollod. II 7, 6; Soph. Trach. 555—587) (впоследствии Деянира использовала это средство, что привело к гибели Геракла).

А. Т.-Г.

НЕСТИС, в италийской мифологии (у сикулов) богиня подземной влаги. У греч. философа Эмпедокла (5 в. до н. э.) Н. упоминается как символ влажного элемента мироздания, выступая в соединении с Гефестом (как прозрачная Нестида, вошедшая в белый костяк земли), то в паре с Аидонеем (как смертный поток Нестиды).

А. Н.

НЕСТОР, в греческой мифологии царь Пилоса, сын *Нелея*. Единственный из двенадцати сыновей Нелея, уцелевший после войны пилосцев с Гераклом. В источниках это объясняется большей частью тем, что Н. находился в это время вдали от родины, в Герении (поселение на северо-восточном побережье Мессенского залива) (Apollod. I 9, 9); отсюда производили частое в эпосе прозвище Н. «конник Геренский». В «Илиаде» Н. изображается старцем, славящимся мудростью и житейским опытом, в трудные моменты к нему обращаются за советом самые храбрые вожди. В прошлом Н. и сам отличался мужеством: он неоднократно возглавлял своих соплеменников в сражениях с соседями-эпейцами, одолел в единоборстве могучего аркадского героя Эревфалиона (Hom. Il. XI 669—760; VII 132—156), принимал участие в сражении *лапифов* с *кентаврами*, в *калидонской охоте* и (по более поздним источникам) в походе *аргонавтов*. Он сыграл огромную роль в сборе ахейского войска для похода под Трою и сам явился во главе 90 боевых кораблей в сопровождении сыновей *Антилоха* и *Фрасимеда*. Во время осады Трои он подвергся атаке со стороны *Мемнона* и уцелел только благодаря вмешательству Антилоха (Hom. Od. IV 187 след.; Pind. Pyth. VI 28—42). После войны Н. в числе немногих ахейских героев вернулся невредимым на родину (Hom. Od. III 4—485). Исходя из данных «Одиссеи», Страбон (VIII 3, 26) отождествил столицу царства Н. с городом Пилос в Трифилии (область на западном побережье Пелопоннеса, между Элидой и Мессенией). Однако, как показали раскопки 30—50-х годов 20 в., центром древнего микенского государства был Пилос на побережье Мессении; здесь был раскопан дворцовый комплекс с фресковой живописью и архив глиняных табличек с надписями на линейном письме Б. Поскольку этот дворец погиб от пожара ок. 1200 до н. э., то, возможно, что в сознании автора «Одиссеи» воспоминания о некогда богатом мессенском Пилосе совместились с местонахождением более скромного микенского поселения в Трифилии. *В. Н. Ярхо.*

НЕФЕ́ЛА («облако»), в греческой мифологии богиня облаков. Н.— первая супруга *Афаманта*, мать Фрикса и Геллы, которых хотела погубить Ино (Apollod. I 9, 1). *А. Т.-Г.*

НЕФЕРТУ́М, в египетской мифологии бог растительности. Центр его культа — Мемфис. Считался сыном *Птаха* и *Сехмет*, но в некоторых текстах говорится, что он вырос из тела богини полей. Изображался юношей в головном уборе в виде цветка лотоса, из которого поднимаются два пера. Атрибут Н.— лотос, символ рождения, процветания. В «Текстах пирамид» он назван «лотос из носа Ра» (ср. рождение *Ра* из цветка лотоса). *Р. Р.*

НЕФЕРХОТЕ́П («прекрасный доволен»), в египетской мифологии бог луны. Центр культа Н.— Фивы. Имя Н. обычно присоединялось к имени *Хонсу* как эпитет. *Р. Р.*

НЕФТИ́ДА (греч.), **Небетхе́т** (егип., «владычица дома»), в египетской мифологии младшая из детей *Геба* и *Нут* (*Осирис, Исида, Сет,* Н.). Изображалась в образе женщины с иероглифом своего имени на голове. Считалась женой Сета, но, судя по текстам, очень мало с ним связана. Её сущность в египетской религиозной литературе почти не раскрыта. Н. выступает вместе с Исидой в мистериях Осириса и во всех заупокойных магических обрядах. Она вместе с Исидой оплакивает Осириса, участвует в поисках его тела, охраняет его мумию, стоя у изголовья его ложа. Обе сестры у восточного неба встречают умершего. Изображения Н. (вместе с Исидой, *Нейт, Серкет*) часто помещали на саркофагах и ящиках для канон. Н. (как и Исида) выступает также покровительницей роженицы. Согласно «Текстам пирамид», Н. плавает в ночной барке (Исида в дневной). Н. и Исида отождествляются с соколицами, поэтому их часто изображают крылатыми женщинами. Отсутствие самостоятельной роли у Н. создаёт впечатление искусственно придуманной богини, служащей парой для Сета. Плутарх отождествляет Н. с неплодородными землями (Исида олицетворяла плодородные земли). В качестве ипостаса Н. нередко выступала *Сешат*. *Р. Р.*

НЕ́ФУНС, в этрусской мифологии божество вод, прежде всего морской стихии. Соответствует греч. Посейдону, рим. Нептуну. Считался прародителем царской династии в Вейях и покровителем Ветулонии. Изображался на зеркалах, геммах, монетах бородатым мужем с трезубцем, дельфином и якорем. *А. Н.*

НЕХБЕ́Т, **Нехе́бт**, в египетской мифологии богиня царской власти. Центр культа Н.— город Нехен (Иераконполь), столица Верхнего Египта. Священное животное Н.— коршун, её изображали в виде женщины с хохолком коршуна на голове, в белой короне Верхнего Египта. Н. считалась символом Верхнего Египта, её имя (как и имя богини Нижнего Египта *Уто*) вошло в титулатуру фараонов объединённого Египта. Иногда, отождествляя с Уто, воплощавшейся в образе кобры, Н. изображали в виде змееголового коршуна. Эпитет Н.— «белая из Нехена». В «Текстах пирамид» Н. называется «глазом Гора», в поздних текстах «солнечным Оком» (и отождествлялась с другими богинями, почитавшимися как Око *Ра*, например *Сехмет*). Н. почиталась как олицетворение могущества фараона, считалось, что она обеспечивает ему победу над врагами. Являлась также владычицей восточной пустыни, покровительницей горных работ (добычи золота и серебра), имела функции богини-матери (в этом качестве отождествлялась с *Мут*), помогала при родах (поэтому её сближали с богиней плодородия *Хекет*). Во время праздника 30-летнего юбилея фараона «Хеб-сед» изображение Н. устанавливали на носу царской ладьи. *Р. Р.*

НЕХЕБКА́У («подающий души»), в египетской мифологии бог в образе змеи. Почитался как бог времени, плодородия и податель пищи. Связан с загробным культом, считалось, что Н. стоит у входа в подземное царство. Обычно в источниках выступает как помощник *Ра*. В «Текстах пирамид» упоминается, что он был связан *Атумом* при подавлении последним мятежа в Гермополе. *Р. Р.*

НЕЧИ́СТАЯ СИ́ЛА, нечисть, у восточных славян общее название для всех низших демонологических существ и духов, синонимичное таким названиям, как злые духи, черти, дьяволы, бесы и т. п. Народные представления о Н. с. отчётливо отражают христианский дуализм божественного и бесовского начала, которому подчинились и дохристианские верования о природных духах. Общим для всех персонажей низшей мифологии является их принадлежность к «отрицательному», «нечистому», «нездешнему», потустороннему миру (иногда более чётко — к аду, преисподней) и связанная с этим противопоставленность положительному, здешнему миру; их злокозненность по отношению к людям (при наличии персонажей амбивалентного характера).

По народным верованиям, восходящим к книжной, апокрифической традиции (прежде всего легенды о сотворении мира), Н. с. создана самим Богом (из его отражения в воде, из плевка, из ангелов-отступников или согрешивших ангелов, изгнанных Богом с неба на землю и в преисподнюю) или Сатаной (см. *Сатанаил*), создавшим в противоборстве с Богом свою армию нечисти. Ср. такие народные названия Н. с., как рус. ангел с рожками, Антихрист, бог с рогами, сатана, еретик и т. п. Менее связаны с книжной традицией поверья о том, что разного рода демонологические существа появляются из т. н. заложных покойников (некрещёных детей, самоубийц, умерших неестественной смертью), детей, проклятых родителями, людей, похищенных Н. с. (*лешим, водяным, русалками* и т. д.), детей, рождённых от сношения с Н.с. Широко распространено у славян верование, что Н.с. (дьявол, чёрт) может вылупиться из петушиного яйца, носимого под мышкой слева (ср. *Домовой*). Н.с. вездесуща, однако её собственным пространством являются лишь нечистые места: пустоши, дебри, чащобы, трясины, непроходимые болота; перекрёстки, росстани дорог; мосты, границы сёл, полей; пещеры, ямы, все виды водоёмов, особенно водовороты, омуты; колодцы, сосуды с водой; нечистые деревья — верба, орех, груша и т. п.; подполья и чердаки, место за и под печью; баня, овины, хлев и т. д. Место обитания — один из главных признаков номинации Н.с.: леший, боровой, лозатый, моховик, полевик, луговик, межник, водяной, омутник, вировник, болотник, зыбочник, веретник, травник, стоговой, дворовой, домовой, овинник, банник, амбарник, гуменник, хлебник, запечник, подпольник, голбешник и т. д.

Н. с. имеет наибольшие возможности действия и наиболее опасна для людей в нечистое время года и суток: в т. н. некрещёные, или поганые дни рождественских святок, в ночь на Ивана Купалу (см. *Купала*) и т. п., в полночь (глухую ночь) и полдень, после захода и до восхода солнца; в определённые, нечистые периоды жизненного цикла — от рождения до крещения, от родов до «ввода» в церковь (см. *Богинки*) и т. п. Ср. названия *полудница, ночницы, святочницы* и т. п. Для отдельных персонажей существуют свои особые периоды: для русалок — русальная (троицкая) неделя, для шуликунов — рождественские святки и т. д.

Для внешнего облика Н.с. характерна расплывчатость, многоликость, неопределённость и изменчивость, способность к перевоплощениям, выраженная у разных демонов по-разному. Так, для лешего характерна резкая изменчивость роста (то выше леса, то ниже травы), для русалки — устойчивый женский (реже детский) облик, для домового — антропоморфность или зооморфность и т. д. Наиболее распространён антропоморфный облик Н.с. (в виде старика, старухи, женщины, девушки, мужчины, парня, ребёнка), однако с постоянно выраженным некоторым аномальным для человека (звериным) признаком чаще всего это: остроголовость, рогатость, хвостатость, хромота (беспятость — ср. *Анчутка*), звериные ноги, когти, отвислые груди, отсутствие спины, бескостность, большеголовость, волосатость, косматость, чёрный цвет шерсти и т. д. Ср. сев.-рус. названия белый дедушка, синий, чёрный, зелёный, кривой, рогатый, голенький, беспятый, хвостатый, лысый, косматка, волосатик, русоволос, красноволос, немытик, нечистик и т. п. Антропоморфная Н.с. отличается либо наготой, либо чёрной или белой одеждой с некоторыми характерными деталями: остроконечной шапкой, солдатским мундиром с яркими пуговицами и др. Нередко Н.с. принимает и зооморфный облик, как правило, небольших животных — ласка, белка, заяц, кошка, собака, свинья, мышь, лягушка, змея, рыба (чаще щука), сорока и др.

Н.с. может появляться в виде неодушевлённых предметов и явлений: катящегося клубка, вороха сена, камней; огненного, водяного или пыльного столба, колеса, вихря и т. п. Кроме антропоморфного, зооморфного и предметного воплощения, Н.с. может представляться бесплотной.

К внешним признакам Н.с. относятся также характерные аномальные (для человека) проявления: сиплый, громкий голос, шум, треск, гул, вой; скорость перемещения, стремительные вращательные движения, быстрые смены облика. Для отдельных персонажей характерны свои специфические формы поведения и образа жизни: черти пируют, пьют вино, играют в карты, женятся и устраивают свадьбы; русалки танцуют, поют, раскачиваются на деревьях, расчёсывают волосы и т. д.; леший пасёт волков, плетёт лапти, у него есть маленькие дети; домовой ухаживает за скотиной, предсказывает смерть и т. п.

Отношение Н.с. к людям неоднозначно: наряду со злокозненными демонами, коих большинство, есть и амбивалентные и даже доброхоты (напр., леший может сообщить сверхзнание, научить знахарству; домовой может возлюбить скотину и ухаживать за ней и т. п.), но в целом люди относятся к Н.с. со страхом. Даже упоминание Н.с. считается опасным, при необходимости назвать какого-нибудь демона плюют, крестятся, пользуются эвфемизмами (задабривающими или указательными названиями): тот, он, не наш, нежить, красавец, соседушко, хозяин, царь, господин, князь и т. п.; широко употребительны названия по родству и социальным отношениям: баба, матерь, дед (ср. *Деды*), дядя, сестрицы, подруга, помощники, сотрудники, гость и т. д. Злокозненность Н.с. по отношению к человеку проявляется в самых разных видах. Наиболее типичные действия: демоны пугают людей звуком (стуком, гулом, воем, треском), прикосновением (мохнатой лапы), давят во сне (см. *Мара*), душат человека, насылают бессонницу, щекочут до смерти; «водят» людей, сбивают их с пути, увлекая в чащобу или топь; учиняют беспорядок: переворачивают предметы, сдвигают их с места; наведывают на людей болезни (особенно душевные); искушают людей, смущают соблазнами, толкают на грех, побуждают к самоубийству, соблазняют женщин, похищают и обменивают детей, мучают скотину, отнимают молоко и т. д. Многие из этих действий являются специфическими функциями отдельных персонажей: леший «водит», сбивает с пути людей и скотину, домовой пугает стуком, прикосновением, русалка — щекочет, упырь соблазняет женщин, богинки крадут и подменивают детей и т. д., что нередко отражается и в именах нечисти: жмара, лизун, ломея, обдериха, водило, лоскотуха, щекотун, игрец, смутитель, костолом, кожедер, обмениха, летавец, икотница, лиходей, баловница, ведун, облакогонитель, опрокидень, перевертух, перекидчик, крапуша, шепотник, обертень и т. д. Наименее специализированным (наиболее обобщённым) персонажем низшей мифологии у славян является чёрт, выступающий нередко как видовое понятие по отношению к остальным, частным персонажам: лешему, водяному, баннику, русалке и т. д. При этом, однако, чёрт — всегда воплощение злого начала.

Страх перед кознями Н.с. заставляет людей прежде всего избегать нечистых мест и нечистого времени, напр. не купаться в реке до и после определённого времени, не ходить в лес и в поле в русальную неделю, не выходить из дому в полночь, остерегаться святок и т. п.; не оставлять открытой посуды с водой и едой, закрывать колыбель, заслонять в нужное время печь, окна, трубу, завешивать зеркало и т. п., а также совершать специальные действия-обереги: чтение молитвы, заамининивание Н.с., очерчивание круга и т. п. Н.с. боится крестного знамени, чётных чисел, пения петуха и др. Для отпугивания Н.с. может применяться также эффект «чуда», т. е. рассказ о какой-нибудь чудесной истории (свадьба брата и сестры, рождения ребенка у 7-летней девочки и т. п.). Применяются также растения-обереги, особенно мак, полынь, крапива и др., железные колющие и режущие предметы и др. Вместе с тем люди иногда сознательно вступают в союз с Н.с., напр. совершают гадания, для чего снимают с себя крест, идут на перекрёсток дорог, в баню или другие нечистые места; лечат с помощью заговоров, насылают порчу и т. п. Промежуточное положение между миром Н.с. и миром людей занимают лица, знающиеся с Н.с., «продавшие душу чёрту» — ведьмы, колдуны, знахари и т. п.

В славянском фольклоре сюжеты и мотивы, связанные с Н.с., представлены прежде всего в быличках, бывальщинах, сказках и легендах книжного, апокрифического происхождения. *С. М. Толстая.*

НИÁЛ, в мифах нуэр божество, демиург. Н. — небесный бык, посылающий на землю живительный дождь (ср. *Джуок* у шиллук, *Денгбит* у динка). Н. уступает по значению более популярному божеству нуэр *Квот*. *Е. К.*

НИБЕЛУ́НГИ, н у ф л и́ н г и, в германо-скандинавской мифологии и эпосе имя, употребляемое в разных (не всегда достаточно ясных) значениях.

Этимология имени Н., несмотря на многочисленные попытки её расшифровки, остаётся спорной. Предполагалось, что Н. — бургундское родовое имя, заимствованное у них франками. Имя Н. связывали также с др.-исл. Нифльхем — мир мрака, загробный мир, т. е. истолковывали как «подземные хранители клада». В немецкой «Песни о Н.» Н. названы: первоначальные обладатели клада, которым затем завладел Зигфрид (сканд. *Сигурд*) — король «страны нибелунгов», его сыновья Шильбунк и Нибелунг, их дружинники, сказочные существа (великаны или люди огромного роста и необычайной силы); бургундские короли Гибихунги (сканд. Гьюкунги, сыновья Гьюки) — Гунтер (сканд. Гуннар) и его братья — после перехода в их руки клада. Таким образом, это имя связано с обладанием золотым кладом. Поскольку Зигфрид завоёвывает не один, а два клада (кроме клада нибелунгов, хранимого альвом Альберихом, — также клад дракона *Фафнира*), сокровища Н. оказываются генетически связанными с преданием о золотом кладе карлика *Андвари*. Этот клад включал и золотое кольцо, обладавшее волшебным свойством умножать богатство, но Андвари наложил на золото проклятие: оно будет стоить жизни всякому, кто им завладеет. Клад поочерёдно попадает к Локи, Хрейдмару, сыновьям Хрейдмара Фафниру и Регину и, наконец, Сигурду (Зигфриду), и всем он несёт смерть (подробнее см. в ст. *Локи, Сигурд*). Сокровища бургундов были идентифицированы легендой с кладом Зигфрида, и убийство его бургундами — Гибихунгами порождало мысль, что Н., убийцы Зигфрида, — черные альвы (на кладе лежало проклятие, и альвы должны были отомстить). Особое положение среди них занимает Хёгни (Хаген). В скандинавской версии сказания о Н. Хёгни не виновен в смерти Сигурда, но в некоторых других версиях (особенно отчётливо в «Саге о Тидреке») Хаген — не родной брат бургундских королей, а сводный, рождённый их матерью от альва, и именно Хаген предательски убивает Зигфрида. Сына Хёгни, мстящего *Атли* за смерть отца, также зовут Нифлунгом (Хнифлунгом).

Тема клада, приносящего несчастье его обладателю, занимает видное место в германо-скандинавском эпосе: наряду с циклом о Н. (героические песни «Старшей Эдды», прозаическая «Сага о Вёльсунгах», нем. «Песнь о Н.» и др.), она встречается и в «Беовульфе», где герой погибает, отобрав сокровища у сторожившего их дракона (см. *Беовульф*). В легенде о Н. сокровища трактуются как воплощение власти: могущество принадлежит тому, кто владеет золотом. Представление о том, что богатства властителя представляют собой его магически материализованное «счастье», «удачу», принадлежало к центральным идеям германцев и скандинавов.

Наиболее распространённый мотив в «Песни о Н.» (ок. 1200) — история отношений Зигфрида с бургундскими королями, включая его убийство, и история гибели бургундов — Н., вызванной местью Кримхильды (сканд. Гудрун), вдовы Зигфрида, заманившей их в гуннскую державу Этцеля (Атли). В исландской «Песни об Атли» (9 в.?) и в «Речах Атли» (12 в.?) Н. погибают, попав в ловушку, в которую их завлёк Атли, муж Гудрун: у Хёгни вырезано сердце, Гуннар, брошенный в ров со змеями, умирает от укуса змеи. Гудрун мстит Атли за братьев (в «Песни о Н.» Кримхильда, напротив, мстит братьям за Зигфрида). *А. Я. Гуревич.*

НИБО, в мифологии ади на северо-востоке Индии создатель мира и людей. Злых духов породил Рибо. Н. был одарён высоким разумом. Он занимался возделыванием полей на холмах. Рибо охотился в равнинных болотистых джунглях. Рибо завидовал Н. и обманом похитил у него мудрость и умение чародействовать. Миф о Н. представляет собой пример дуалистического близнечного мифа. *Я. Ч.*

НИГОДА, н и г о й я, в джайнской мифологии души-дживы, находящиеся на самой низкой ступени иерархии сансарных (см. *Сансара*) существ — мельчайшие по своим размерам и потому не воспринимаемые органами чувств растительные души, обладающие одним чувством (тактильным) и заполняющие собой весь мир. Мириадные скопления Н. выступают как некий депозитарий душ, которые хотя и относятся к сансаре, но не обладают развитием и бесконечно проходят через повторяющиеся тождественные существования, пока некий импульс не выведет их из этого состояния и не даст им возможность включиться в мировой процесс. Н. полярно противоположны *сиддхам*: первые ещё, а последние уже не подвержены законам *кармы*. По недогматическим представлениям, Н. суть нечто вроде «проклятых» душ, обречённых практически на вечные мучения за совершённые ужасные злодеяния; они помещаются в самом низу мира, ниже ужаснейшего ада Махатамахпрабха. *О. Ф. Волкова.*

НИКЕ, Н и к а («победа»), в греческой мифологии персонификация победы. Н. — дочь океаниды Стикс и Палланта — сына титана Крия (Hes. Theog. 383 след.). Крылатая Н. — непременный атрибут Зевса и Афины, которые изображались с фигуркой Н. в руках; Зевс работы Фидия в храме Зевса в Олимпии держал в правой руке Н. из золота и слоновой кости. У каждой ножки трона тоже были изображены танцующие фигурки Н. Ей соответствует римская *Виктория*.

Н. — один из эпитетов Афины как богини победы. На афинском акрополе был храм Афины Н. *А. Т.-Г.*

НИКИППА, в греческой мифологии: 1) дочь Пелопса и Гипподамии, жена Сфенела, мать Эврисфея (Apollod. II 4, 5); 2) жрица Деметры. В облике Н. богиня явилась в священную рощу, чтобы предупредить о грядущей каре *Эрисихтона* (Callim. Hymn. Cer. 43); 3) одна из дочерей Теспия. *Г. Г.*

НИККОЛА, в мифологии осетин-дигорцев божество хлебных злаков и урожая. Имя происходит от святого Николая, известного аланам из Византии. Н. упоминается в нартском эпосе вместе с другими небожителями — христианскими святыми. С упадком христианства в Осетии Н. стал народным божеством. В песнях дигорцев Н. изображается пахарем и вместе с другими полухристианскими-полуязыческими божествами (*Уастырджи, Уацилла, Мадымайрам*) участвует в пахоте: то погоняет волов, то сеет, то проводит боронование. *Б. К.*

НИКОДИМ, в христианском предании тайный ученик Иисуса Христа из числа фарисеев и «начальников иудейских». Он ночью приходит к Иисусу, и тот учит его (Ио. 3, 1—21); открыто заступается за Христа перед фарисеями (7, 50—51); вместе с Иосифом Аримафейским он участвует в снятии с креста тела Иисуса и положении во гроб (19, 39—42). Часто изображается в сцене оплакивания Христа.

Именем Н. названо апокрифическое Евангелие («Евангелие Никодима», нач. 5 в., основывается, вероятно, на более древних источниках), где описывается суд над Христом, его распятие и события, последовавшие за воскресением, а также *сошествие во ад*. *О. Н.*

НИКОЛА, М и к о л а, в славянской мифологии обозначение святого Николая (иногда и других святых), восходящее к персонажу языческой эпохи, или название злого духа. Таковы лесной дух ńikolaj у кашубов, задающий загадки заблудившимся (отгадавших выводит на дорогу, не отгадавшие продают душу чёрту); злой дух Mikoláj: ср. восточнославянские представления о Николе Дуплянском, обитающем в дупле в лесу, о связи Н. с охотой, *лешим*. На связь с демоническими персонажами указывает также хромота или слепота (кривизна) Н. Для позднего пласта восточнославянской демонологии характерен обычай завивания «бородки» Н. («Миколина бородка», «бородка Микуле»), восходящий к древним представлениям о завивании бороды Волосу — *Велесу*. С Велесом Н. связывают также функции покровителя скотоводства и земледелия, хозяина земных вод. В народных верованиях Н. противопоставляется Илье-пророку как милостивый земной святой грозному небесному громовнику (ср. противопоставление громовержца *Перуна* его земному противнику в славянской мифологии). Ср. также Санта Клауса (Св. Николая) — рождественского деда в поздней западноевропейской традиции, которого сопровождает демоническая свита. *В. И., В. Т.*

НИКОЛАЙ Ч у д о т в о́ р е ц (греч., «побеждающий народ»), Н и к о́ л а (древнерусская форма, удержанная старообрядческой и фольклорной традицией); Н и к о л а́ й У г о́ д н и к, Н и к о л а́ й М и р л и к и́ й с к и й, в христианских преданиях святой из разряда т. н. святителей (церковных иерархов), образ которого подвергся сильной фольклорной мифологизации, послужив соединительным звеном между дохристианскими персонификациями благодетельных сил и новейшей рождественско-новогодней «мифологией» (Санта Клаус — искажение голландского Синте Клаас, Sinte Klaas, «святой Н.»; его модификации — англ. Father Christmas, «батюшка Рождество», Дед Мороз). Время жизни Н. предание относит к 1-й половине 4 в., самое раннее житие о нём на полтысячелетия моложе; таким образом, Н. с самого начала вступает в литературу как персонаж далёких времён, в котором типические черты христианской святости (и специально — идеального священника как «ревнителя» о вере и «печальника» о людях) полностью заслонили всё индивидуальное. Предания рассказывают, как уже в младенчестве Н. являет себя образцом аскетической добродетели, до сумерек воздерживаясь от материнской груди по средам и пятницам, а по более поздней версии — обнаруживая чудесную способность стоять сразу же после рождения (распространённый мотив русской иконографии). Получив родительское наследство, Н. раздаёт его нуждающимся; особенно популярна история о впавшем в нищету отце трёх дочерей, уже готовом с отчаяния сделать из них блудниц, которому Н. тайно подбрасывает в окно три узелка с золотом — на приданое каждой (в связи с этим эпизодом, где Н. фигурирует как неведомый благодетель, на Западе возник обычай потихоньку подкладывать детям подарки в чулок от лица Санта Клауса). Избрание Н. епископом города Мира в Ликии (юго-запад Малой Азии; отсюда обозначение Н. как «Мирликийского») сопровождается знамениями и видениями; в одном из них Иисус Христос и дева Мария подносят Н. знаки его сана — соответственно евангелие и епископское облачение — омофор (именно с такими знаками отличия Н. чаще всего изображается на русских иконах). Ко временам правления римского императора Константина отнесены многочисленные рассказы о заступничестве Н. за несправедливо осуждённых; явившись на место казни трёх горожан Миры, Н. выхватывает меч из рук палача и всенародно обличает подкупленного судью; когда же под неправедный приговор подпадают три полководца в Константинополе, Н., находящийся в это время в своём городе, вдали от дворца, является императору во сне и разъясняет ему его ошибку. Аналогичным образом он во время бесхлебицы снится некоему хлеботорговцу и властно велит ему везти свой товар к Миру. Легенды рассказывают о творимых Н. (как при жизни, так и после кончины) многочисленных чудесах избавления мореплавателей и утопающих (характерная для Н. власть над морской стихией впервые проявляется во время его паломничества в Палестину), а также вызволений заключённых и пленников. Фольклор, в котором образ Н. занимает большое место (он — персонаж многих русских сказок, добавляет к этому гротескные мотивы оживления школяров, разрезанных на части злым владельцем постоялого двора, или даже больных, расчленяемых самим Н. или его спутником с целью лечения (эпизод, засвидетельствованный в греческой мифологии применительно к *Асклепию*). Греческий моряк видел в Н. помощника и защитника в повседневном труде (он считался патроном — покровителем моряков, а также школяров), русский крестьянин — близкого, участливого, не боящегося замарать своих риз соучастника забот; культ его на Руси вплоть до 18 в. был низовым, плебейским, сливаясь на периферии с реликтами языческих медвежьих культов.

В отличие от католической иконографии, в которой Н.— безликий персонаж, выражающий холодноватое достоинство епископского сана и опознаваемый лишь по атрибутам и житийным эпизодам, православная традиция знает очень характерный «портретный» облик Н. (высокий лоб, мягко круглящиеся линии лика, заботливый взгляд «пастыря», в котором преобладает то мягкость, то строгая проницательность).

С. С. Аверинцев.

НИКСЫ, в германской низшей мифологии водяные существа, сходные с *русалками*. По поверьям, обитают в подводных дворцах, могут являться людям как в облике древних старух, так и в виде прекрасных девушек, увлекающих соблазнённых ими в воду и топящих их. Считалось, что Н. не могут обойтись без хотя бы одной жертвы в год. По иным поверьям, они ведут похожую на человеческую жизнь, могут иметь смертных мужей и потомство от них. Считалось, что Н. подменяют новорождённых в колыбели.

С. Ш.

НИКТА, Никс («ночь»), в греческой мифологии божество, персонификация ночи, противопоставляемая Гемере (Дню). Н. родилась из Хаоса, вместе с Эребом (Мраком). Эфиром и Гемерой (Hes. Theog. 123—125), является одной из первичных мирообразующих потенций. Н. породила *Танатоса* (Смерть), *Гипноса* (Сон), *мойр, Геспериб, Эриду, Немесиду* и *Мома* (211—225) — силы, скрывающие в себе тайны жизни и смерти, вызывающие дисгармоничность в бытии мира, без которой, однако, не мыслим мир, ни его конечная гармония. Жилище Н. расположено в бездне тартара; там встречаются Н. и День, сменяя друг друга и попеременно обходя землю. Рядом дома сыновей Н. Сна и Смерти, на которые никогда не смотрит Гелиос. Здесь же обитают Аид и Персефона (744—768).

А. Л.

НИКТЕЙ, в греческой мифологии сын Хтония («земляного»), рождённого из посеянных Кадмом зубов убитого им дракона (вариант: сын Гириея и Клонии, Apollod. III 10, 1). Вместе с братом Ликом в своё время убили Флегия, сына Ареса, и бежали из Эвбеи (возможно, город Эвбея в Беотии), став гражданами Фив, родины их отца. Дочь Н. *Антиопа* тайно сошлась с Зевсом и, боясь гнева отца, бежала в Сикион. Н. в горе покончил с собой, поручив Лику наказать Антиопу, что в дальнейшем привело к гибели самого Лика от руки сыновей Антиопы и внуков Н. (Apollod. III 5, 5).

А. Т.-Г.

НИЛ, в греческой мифологии божество одноимённой реки в Египте. Н. — сын Океана и Тефиды (Hes. Theog. 337 след.). Связан с мифами, восходящими к кругу *Ио*, благодаря браку Эпафа (сына Ио) с Мемфидой (дочерью Н.) (Apollod. II 1, 4). Н. соответствует египетскому *Хапи*.

А. Т.-Г.

НИМВРОД, Нимрод, Немврод, в ветхозаветной мифологии богатырь и охотник, сын Хуша (Куша) и внук Хама. В книге Бытия приводится поговорка: «сильный звероловл, как Н., пред господом [богом]»; его царство помещается в Месопотамии (10, 9—10); «земля Н.» в книге пророка Михея (5, 6) отождествляется с Ассирией (некоторые исследователи возводят имя Н. к имени шумеро-аккадского бога войны и охоты *Нинурты*, возможно, контаминированного в образе Н. с реальным ассирийским царём Тукульти-Нинуртой I, захватившим Северную Месопотамию). Народная этимология связала имя Н. со значением «восставать», «противиться» (корень mrd). Отсюда толкование его имени — «возмутивший весь народ против Яхве» в агадической традиции, где он предстаёт в качестве первого охотника и первого, кто начал воевать с другими народами. Удачу в охоте ему приносят сшитые богом для прикрытия наготы Адама и Евы кожаные одежды; завидев эти одежды, звери становятся перед Н. на колени, и тот их легко убивает, народ же, видя это, провозглашает его своим царём. Н. выступает как ярый идолопоклонник, руководящий постройкой *Вавилонской башни* — «дома Н.». Возвратившись после разрушения башни в своё царство, он преследует приверженцев Яхве, ввергая в раскалённую печь *Авраама*. Согласно агаде, Н. погибает от руки соперничавшего с ним *Исава*, который, выследив его, отрубает Н. и его спутникам головы и завладевает одеждами Н.

В мусульманской мифологии Н. — олицетворение насильника. Он с огромными полчищами терпит поражение от Ибрахима (Авраама), который один вышел против него на битву, тем не менее всё войско Н. поражено тучами налетевших комаров. Потерпев неудачу в строительстве Вавилонской башни, Н. пытается взлететь в небо в ящике на четырёх орлах, вскормленных мясом. Потеряв из виду землю, Н. пускает в небо стрелы; их ему возвращает, окрасив кровью, ангел Джибрил (Гавриил), и Н. думает, что он ранил самого бога. Н. ещё четыреста лет продолжает вести нечестивый образ жизни; ангел предлагает ему покаяться в грехах, в ответ на это Н. вызывает бога на бой. Но полчища Н. вновь рассеяны тучами комаров, а один из них проникает через нос в мозг Н., отчего он терпит муки сорок лет, получая облегчение только в моменты, когда ударяют молотом о наковальне.

М. Б. Мейлах.

НИМФЫ («девы»), в греческой мифологии божества природы, её живительных и плодоносных сил. Различают Н. рек, морей, источников (водные Н.: океаниды, *нереиды, наяды*), озёр и болот (лимнады), гор (агростины, орестиады), рощ (альсеиды), деревьев (*дриады, гамадриады*) и отдельных пород (мелиады — Н. ясеня). Иные из них смертны, как, например, гамадриады, которые неотделимы от дерева, в котором они обитают. Главными Н. считались водные, по античным лексикографам, слово «нимфа» означает «источник» (Suida, v. nymphē). Н. — очень древние божества. Самые древние Н. — мелиады, или мелийские Н., родившиеся из капель крови оскоплённого Урана (Hes. Theog. 187). Океаниды — дочери Океана и Тефиды, нереиды — дочери Нерея и океаниды Дориды. Имена водяных Н. большей частью указывают на то или иное свойство или качество водной стихии (каталог океанид у Hes. Theog. 346—360 и нереид, там же, 240—262). Некоторые Н. имеют вполне антропоморфный облик (напр. *Калипсо*). От браков Н. с богами (Зевс и Фетида, Зевс и Эгина) рождаются герои. Н. обитают вдали от Олимпа, но по приказу Зевса призываются во дворец отца богов и людей (Hom. Il. XX 4—12). Они обладательницы древней мудрости, тайн жизни и смерти (напр., Мента — возлюбленная Аида). Они врачуют и исцеляют (Paus. VI 22, 7), предсказывают будущее (IX 3, 9). На месте дельфийского оракула был оракул Геи, а затем *Дафны* — одной из горных нимф (X 5, 5). Н. насылают безумие, приобщая человека к тайным силам природы; именуются вакханками (Soph. Antig. 1130). Святилища Н. находились в пещерах и гротах, рощах и лесах. Гомеровское описание пещеры нимф на Итаке (Hom. Od. XIII 102—112) получило символическое толкование как средоточие космических сил у философа Порфирия в трактате «О пещере нимф». Изображались в виде прекрасных обнажённых или полуобнажённых девушек.

А. А. Тахо-Годи.

НИНАЗУ («госпожа-знание»), в шумерской мифологии бог подземного царства, сын *Эрешкигаль*; по другой версии, сын *Энлиля* и *Нинлиль*, брат *Нергала*, отец *Нингишзиды*. Н.— бог-целитель, божество ритуальных омовений. Однако, как и его брат *Нинурта*, имеет черты военного божества, поражающего враждебные страны. Место его культа во времени III династии Ура — город Эшнунна (впоследствии там почитался бог *Тишпак*). *В. А.*

НИНГАЛЬ (шумер., «великая госпожа»), в шумеро-аккадской мифологии супруга бога луны *Нанны*, мать солнечного бога *Уту* (Шамаша). Культ Н. уже в кон. 3-го тыс. до н. э. распространился в Сирии. Там её имя возродилось в форме, близкой наиболее ранней шумерской: Никкаль (из шумер. Нин-каль); под этим именем известна в угаритском пантеоне, где существовал миф о её священном браке с *Йарихом*, а сама Никкаль считалась дочерью «царя летних плодов» Хархабби (возможно, хурритского происхождения). *В. А., И. Ш.*

НИНГИРСУ [шумер., «владыка (владычица) Гирсу»], в шумеро-аккадской мифологии божество круга богов города Лагаш. Впервые появляется в списках богов из Фары 26 в. до н. э. как «бог Гирсу», округа Лагаша. Н.— сын *Энлиля* и *Дингирмах* (*Нинмах*). К лагашскому кругу богов принадлежат и супруга Н. *Бау* (Баба), сёстры *Нанше* и *Нисаба* (в ряде текстов супругой Н. считается *Гула*). Видимо, Н. идентичен с *Нинуртой*. Н.— верховный пахарь Энлиля», «владыка земледелия». Он следит за порядком на полях и каналах. Наиболее подробные сведения о Н. содержатся в гимнах правителя Гудеи (22 в. до н. э.) о храмовых постройках в Лагаше. Храм Н. в Лагаше — Энинну («храм пятидесяти»). В гимнах у Н. появляется титул «жрец — очиститель Ану». Как божество, устанавливающее справедливость, Н. сравнивается с богом-судьёй Иштараном (*Сатараном*). Эмблема и символический зверь Н.— львиноголовый орёл *Анзуд*, победителем которого в более старовавилонская версия мифа. Как и Нинурта, Н. связан с бурей, владеет оружием богов *шарур*. Н. победитель злого демона Асага (Асакку). В гимне Гудеи говорится о победах Н. над шестиголовой овцой, семиголовым львом, «добрым драконом», «львом, ужасом богов» и др. *В. А.*

НИНГИШЗИДА, Гишзида [«владычица (владыка?) чистого (святого) древа»], в шумерской мифологии хтоническое божество, сын бога подземного царства *Ниназу*. Его частый эпитет — «прислужник далёкой земли» (т. е. подземного царства). В сказании о смерти *Гильгамеша* тот встречает в подземном мире Н. вместе с *Думузи*. В шумерском тексте, посвящённом Ур-Намму, супруга Н.— Азимуа, в лагашском круге богов — *Гештинанна*. Он сторож всех демонов, сосланных в подземный мир (аккадское заклинание), страж (вместе с Думузи) небесных врат бога Ану (аккадский миф об *Адапе*). Символическое животное Н.— рогатая змея. На одной цилиндрической печати Гудеи изображено, как Н., бог — защитник Гудеи (опознаётся по двум рогатым змеям, растущим из его плеч), ведёт его к трону *Энки*. Созвездие Н.— Гидра. Не исключено, что Н., подобно своему отцу, является также богом-целителем, о чём свидетельствуют и его хтонический характер, и изображение змеи при нём. *В. А.*

НИНИГИ, Хико-но ниниги-но микото («юноша — бог изобилия рисовых колосьев»), в японской мифологии божество. Н. получает от своей прародительницы *Аматэрасу* нити с нанизанными на них резными бусинами-магатама, зеркало, с помощью которого Аматэрасу выманили из грота, и меч, извлечённый *Сусаноо* из хвоста восьмиглавого змея *Ямата-но Ороти* и подаренный им Аматэрасу, т. е. те предметы, которые впоследствии стали символами священной власти японских императоров, ведущих своё происхождение от Н. («Кодзики», св. I). Несколько иначе этот сюжет выглядит в «Нихонги»: Аматэрасу вручает Н. рисовый колос, сорванный со священного поля богов, и с этим колосом Н. совершает нисхождение на землю («Эпоха богов», св. I). Вероятно, этот мифологический сюжет послужил основой для празднования дня «первого колоса», т. е. поднесения богам пищи из риса, совершавшегося в императорском дворце.

Боги, сопровождающие Н. в его сошествии на землю,— Амэ-но-коянэ, Футодама, Амэ-но удзумэ, Исикоридомэ и Тамано я.

Оставив своё «небесное прочное сидение» и пробившись сквозь восемь гряд облаков, Н. спустился на пик горы Такатихо в Цукуси (древнее название острова Кюсю). На земле Н. женится на дочери бога *О-ямацуми* Конохана-сакуя-химэ; они порождают троих сыновей, двое из которых, Ходэри и Хоори, становятся героями особого цикла мифов.

Е. М. Пинус.

НИНИНСИНА («госпожа Исина»), в шумерской мифологии богиня — покровительница города Исин. Со старовавилонского периода как богиня-целительница отождествлялась с *Гулой*, *Бау*, *Нинтинуггой*; была приравнена к *Инанне* (с возвышением 1-й династии Исина), приобрела многие её эпитеты и функции, в т. ч. воительницы, считалась дочерью *Ана*. Супруг Н.— Пабильсаг, сын — Даму. *В. А.*

НИНКАРРАК [шумер., «владычица набережной» (?)], в аккадской мифологии богиня-врачевательница. Отождествлялась с *Гулой*. Иногда изображалась в виде собаки. В эпилоге кодекса Хаммурапи её призывают как божество, насылающее на клятвопреступника тяжёлые болезни. *В. А.*

НИНЛИЛЬ (шумер., «госпожа-ветер»?), в шумеро-аккадской мифологии супруга Энлиля (имя «Н.»— параллельное женское образование к мужскому «Энлиль»). Возможно, первоначально — одна из ипостасей богини-матери; со старовавилонского периода отчётливо выступает как самостоятельный образ. По мере роста её значения как богини-супруги в образе Н. всё явственнее проступают черты советчицы, помощницы Энлиля, милостивой богини, смягчающей гнев своего грозного супруга. В Ашшуре, где на месте Энлиля стоит *Ашшур*, Н.— его супруга (наряду с богиней *Иштар*). В мифе об Энлиле и Н. рассказывается, как Энлиль овладел юной Н. и был изгнан за это в подземный мир; Н. последовала за ним и родила ему бога луны *Нанну* и трёх хтонических божеств (см. в ст. *Энлиль*). *В. А.*

НИНМАХ, Мах (шумер., с детерминативом Дингир — «госпожа величайшее»), в шумеро-аккадской мифологии богиня-мать. Отмечена ещё со времени правителя Меслима (ок. 26 в. до н. э.) в городе Адаба, где был её храм Эмах («дом Мах»). В шумерском мифе «Энки и Н.» выступает как создательница людей. Согласно мифу, Энки и Н. лепят человека из глины *Абзу*, подземного мирового океана, привлекая к процессу создания богиню *Намму*. Когда человек изготовлен, боги определяют ему судьбу и устраивают по этому случаю пир. На пиру захмелевшие Энки и Н. вновь начинают лепить людей, но у них получаются уроды: женщина, не способная рожать, бесполое существо и т. д. В аккадском мифе о птице Анзу (*Анзуд*) Н. (Дингирмах) — мать *Нингирсу*, победителя птицы. В этом мифе Н. мыслится супругой *Энлиля*. *В. А.*

НИНТИНУГГА («госпожа, оживляющая мёртвых», «владычица жизни-смерти»), в шумерской мифологии богиня-врачевательница. Встречается начи-

ная с текстов из Фары (26 в. до н. э.). Священное животное Н.— собака. С конца старовавилонского периода отождествлялась с *Гулой* и *Нининсиной*.
В. А.

НИНУ́РТА (шумер., «владыка земли»), в шумеро-аккадской мифологии бог-герой, сын *Энлиля* (в Ассирии — *Ашшура*). Почитался вместе с Энлилем в Ниппуре. Близок к богу *Нингирсу* (возможно, это ипостаси одного и того же божества. Идентифицируются друг с другом уже к старовавилонскому периоду: имеют одинаковую генеалогию, оба являются богами растительности и плодородия, а также войны; связаны с бурей, владеют оружием богов — шаруром. Братья Н.— боги подземного царства *Нергал* и *Ниназу*. Н.— покровитель плодородия полей, скота и рыболовства, его эпитет — «земледелец Энлиля» (шумер. гимны), который наставляет своего сына, учит разнообразной хозяйственной деятельности («Поучение Нинурте»). Черты Н. как бога растительности наиболее древние. В функции бога войны он сражается в первую очередь с горными народами; гнев Н. (в отличие от Ана и от Энлиля) никогда не направлен на города Вавилонии. О подвигах Н. рассказывают две шумеро-аккадские билингвы: «Созданный по подобию Ана» и «Владыка, чей блеск ужасен». К этому же жанру относятся фрагментарные тексты о победе Н. над рядом мифических существ (в том числе над семиголовой гидрой), из которых особое значение имеет миф о победе Н. над злым демоном Асагом (аккад. Асакку), олицетворяющим жителей горных стран, угрожающих Шумеру. По аккадскому мифу о птице Анзу (*Анзуд*), Н. отнимает у неё таблицы судеб (по старовавилонской версии, это делает Нингирсу). Супруга Н. — со старовавилонского времени — *Гула* или *Бау* (Баба). Н. известен в хурритской и хеттской традициях, где с ним отождествляли бога войны *Аштаби*.
В. К. Афанасьева.

НИНХУРСА́Г, Н и н х у р с а́ н г а (шумер., «владычица лесистой горы»), в шумеро-аккадской мифологии богиня-мать. Встречается уже в ранних списках богов. Её постоянные эпитеты — «мать всех богов», «мать всех детей». Многие правители Двуречья (Месилим, Эаннатум, Хаммурапи, Навуходоносор) называют Н. своей матерью. В вавилонских текстах идентифицируется с Дамкиной (*Дамгальнуной*).

Н.— главный персонаж одного из древнейших шумерских мифов — «Энки и Н.», действие которого происходит на блаженном острове *Тильмун*. После того, как бог солнца *Уту* по приказанию *Энки* доставляет сюда воду с земли и орошает остров, Н. выращивает восемь чудесных растений. Появление их на свет связано с выполнением ряда магических действий, благодаря чему рождается три последовательно производящих друг друга поколения богинь, каждая из которых зачинается Энки и символизирует очередное растение; основательницей рода выступает Н. Энки приказывает своему посланцу и визирю Исимуду сорвать все восемь растений и съедает их, после чего заболевает — болезнь поражает восемь органов его тела. Н. проклинает Энки и покидает остров. С болезнью Энки мир начинает гибнуть. Возвращённая на остров с помощью лисы Н. лечит Энки: он называет больную часть тела (челюсть, зуб, ребро), а Н. производит на свет соответствующее божество. Так, чтобы вылечить ребро, она рождает богиню Нин-ти («владычица ребра», но одновременно и «жизнь»: значение шумерского слова «ти» — «ребро», «стрела», «жизнь»). Во время родов Н. болями мучается Энки. Оба божества недвусмысленно выступают в мифе в роли божеств плодородия. В мифе, насыщенном не вполне понятными символическими образами и действиями, отчётливо выступает сходство с библейскими мотивами (блаженный остров Тильмун и библейский Эдем, запретный плод, изгнание из рая; библейский рассказ о создании женщины из ребра мужчины толкуется многими исследователями как неправильно понятый и переосмысленный шумерский миф о Н. и Энки, см. *Адам*, «*Грехопадение*»). В одном из вариантов шумерского мифа о сотворении человека Н. выступает как и богиня — создательница людей (но обычно эта роль приписывается другой богине-матери — *Нинмах*).
В. К. Афанасьева.

НИНШУ́БУРА (шумер., «госпожа свинья», или «хозяйка свиньи»), в шумеро-аккадской мифологии спутник, посол, визирь богини *Инанны* (гермафродит?). Некоторые исследователи рассматривают Н. как женское божество. В одном из шумерских гимнов Н.— супруга бога подземного царства *Нергала*, однако это единичное упоминание. В мифе об *Адапе* Н.— посол Ана (уже явно мужского рода). Староассирийская версия даёт Н. аккадскую параллель — Иллабрат. Позднее Н. идентифицируется с послом и привратником богов Папсукалом (в мифе о нисхождении *Иштар*). Старовавилонский список богов называет Н. в группе подземных богинь.
В. А.

НИО́БА, Н и о б е́ я, в греческой мифологии дочь *Тантала*, жена царя Фив *Амфиона*. Обладала многочисленным потомством (согласно Гомеру, у Н. было шесть сыновей и шесть дочерей; по Гесиоду и Пиндару, десять сыновей и десять дочерей; начиная с афинских трагиков, Н. приписывали семь сыновей и семь дочерей, Aul. Gell. XX 7), Н. возгордилась перед *Лето*, имевшей только двоих детей: *Аполлона* и *Артемиду*. Разгневанная богиня пожаловалась на Н. своим детям, которые стрелами из луков убили всех детей Н. (Ниобидов): Аполлон поразил юношей, Артемида — девушек. Потрясённый гибелью детей, Амфион покончил с собой, а сама Н. окаменела от горя. Существовала версия мифа, согласно которой Артемида сжалилась над старшей дочерью Н., а также вариант: в живых остался младший сын Амикл (Apollod. III 5, 6; Paus. II 21, 9; V 16, 4).

Согласно одной из версий мифа, Н. после гибели детей и мужа вернулась на родину; увидев отца, обречённого богами на мучительное испытание (пребывание под нависающей над ним скалой), не могла более переносить все выпавшие на её долю страдания и взмолилась Зевсу, чтобы он превратил её в камень (Apollod. III 5, 6). По другой версии, Н. оцепенела без божественного вмешательства, как только увидела гибель детей; ветер унёс её окаменевшую фигуру на вершину горы Сипил в Лидии, где из глаз Н. продолжали вечно литься слёзы (Ovid. Met. VI 302—312).

Лидийская родословная Н. и негреческий характер её имени указывают на малоазийское происхождение образа Н. Поскольку не вызывает сомнения и принадлежность Лето к малоазийской (ликийской) религии, то в основе сказания о Н. лежит, вероятно, культовое соперничество двух женских божеств. Превращение же Н. в камень на вершине скалы отражает распространённый в фольклоре многих народов мотив отождествления скалы, напоминающей по форме человеческую фигуру, с окаменевшей женщиной (Paus. I 21, 3).
В. Н. Ярхо.

НИ́РАХ (апеллятив к шумер. слову «гадюка»), в шумерской мифологии божество, олицетворение змею. Почитался в городе Дер как посол бога *Сатарана*. В староаккадское время (23—22 вв. до н. э.) на цилиндрических печатях встречается изображение бога со змеиной нижней частью тела, не исключено, что это Н. На одном из штандартов это божество обозначено знаками «Дингир-Муш», т. е. «бог-змея». Более всего с образом Н. связывается изображение змеи возле символа бога на средневавилонских межевых камнях «кудурру».
В. А.

НИРВА́НА («угасание»), в буддийской религиозно-мифологической системе одно из основных понятий, обозначает наивысшее состояние сознания, противоположное *сансаре*, когда отсутствуют перерождения и переходы от одной сферы сансарного существования к другой. Из сансарных существ только человек может достичь Н. и стать *буддой*. По теории буддизма, о Н. нельзя сказать ничего определённого, кроме как, что это состояние свободы, покоя и блаженства (хотя все эти слова неадекватны для описания Н.). Считается, что Н. можно достичь и при жизни, но полностью она достигается лишь после смерти (т. н. паринирвана). Существа, которые ушли в Н. (т. е. будды), теоретически не могут вернуться в сансару, но в мифологии буддизма нередко встречаются сюжеты, в которых «нирванические существа» помогают людям и другим существам вырваться из оков сансары. В мифологии махаяны так поступают эманации будд — *бодхисатвы*. Сами будды могут перевоплотиться в человека (так, например, *Амитабха* перевоплощается в панчен-ламу).

В мифологии махаяны различается несколько уровней Н. Нирвана сторонников хинаяны (т. н. нирвана шраваков и пратьекабудд) считается более низкой по сравнению с Н., которой достигают бодхисатвы.
Л. М.

НИРМАНАРАТИ, н и м м а́ н а р а т и («наслаждающиеся собственными магическими творениями»), в буддийской мифологии класс божеств, обитающих в 5-м небесном мире «сферы желаний» (см. *Девалока*), расположенном над *тушитой*, на расстоянии 640 тыс. йоджан (мера длины ок. 4 км) над вершиной *Меру*. День у Н. длится 800 человеческих лет, жизнь — 8000 лет. Зачатие происходит через взаимную улыбку, и дети чудесно возникают на коленях у матери. Владыка Н.— Сунирмита. Его женой переродилась Вишакха — главная ученица будды *Шакьямуни*.
О. Ф. Волкова.

НИРРИТИ (связано с *нарака*, «ад»), в индийской мифологии персонифицированное разрушение, распад, смерть. Н.— жена или дочь Адхармы. Появляется уже в *Ригведе*, встречается и в эпосе. Как *локапала* бог *Кубера* правит и над найрритами (демонами), рождёнными Н.
В. Т.

НИС, в греческой мифологии: 1) воспитатель Диониса, давший ему имя (Hyg. Fab. 167, 179). Отправившись в поход в Индию, Дионис оставил Н. до своего возвращения правителем Фив, но Н. не захотел вернуть власть вернувшемуся воспитаннику. Потерпев три года, Дионис послал в Фивы вакханок (или воинов, одетых как вакханки), пленил Н. и вернул Фивы (131); 2) царь Мегары, сын *Пандиона* (Apollod. III 15, 5). Ему приписывается постройка Нисеи — гавани Мегары. На голове Н. рос пурпурный (вариант: золотой) волос, от которого зависела его жизнь. Влюбившаяся в критского царя *Миноса*, осадившего Мегару, дочь Н. *Скилла* погубила отца, вырвав у спящего волос бессмертия (Aeschyl. Cho. 612—620). Миф о Миносе и Н.— вариант распространённого сюжета о волшебной силе, заключённой в волосах (ср. мифы об Амфитрионе и Комето, о Самсоне и Далиле); 3) отец Эвриномы, дед Агенора и Беллерофонта (Hyg. Fab. 157); 4) сын Гиртака, спутник Энея, известный своей дружбой с *Эвриалом*, с которым погиб во время ночного нападения на лагерь рутулов (Verg. Aen. IX 176—445).
М. Б.

НИСАБА (шумер.), в шумеро-аккадской мифологии богиня урожая (клинописный знак, обозначающий её имя, включает знак колоса с зёрнами или состоит только из знака зерна), позднее — богиня писцового искусства, чисел, науки, архитектуры, астрономии. Засвидетельствована с периода Фары (26 в. до н. э.). Дочь *Ана*; в лагашском пантеоне — дочь Энлиля, сестра *Нингирсу*. Супруг Н. во времена III династии Ура — бог Хайя (имя раньше читали как Хани), вместе с которым её призывали на помощь писцы, изучающие клинопись; в 1-м тыс. до н. э. супруг Н.— аккадский бог писцового искусства *Набу*. Н. прославляется как «мудрость Энки», как «та, что открывает людям уши» (разум, понимание, даёт мудрость). Эмблема Н.— писцовый грифель. Места культа — в досаргоновский период — Умма и Эреш (не локализован), позднее — Лагаш. В иконографии (предположительно) Н.— богиня, изображённая на серебряной вазе царя Энметены. Она сидит с распущенными волосами, с колосьями, украшающими рогатую тиару; из её плеч растут злаки, в руке она держит плод финика.
В. А.

НИТНЕ КАМУЙ МОСИРИ («подземный мир дьяволов»), Т е́ й н е п о́ к л а м о с и́ р и («мокрый подземный мир»), в айнской мифологии подземный мир, расположенный под *Канна мосири*, в одном ярусе с *Камуй мосири*. Это сырой мир, в который попадают в наказание после смерти злые люди.
Е. С.-Г.

НИФЛЬХЕ́ЙМ («тёмный мир»), в скандинавской мифологии мир мрака, существовавший до начала творения; в нём — поток Хвергельмир.
Е. М.

НИ́ФЛЬХЕЛЬ, в скандинавской мифологии обозначение царства мёртвых наряду с хель.

НИФО-ЛОА, Н и ф о н у и («длинноязыбый»), в низшей мифологии полинезийцев (преимущественно западных) злой дух, живущий на земле. Выступает в облике цапли и других птиц с длинным клювом (клюв отождествляется с зубом), а также в облике белой свиньи. Укус Н. смертоносен.
М. С. П.

НИШКЕ, Н и́ ш к е - п а з, В е́ р е - п а з («высший бог»), в мордовской (эрзя) мифологии высший бог. Иногда представлялся сыном Чам-паза (Чи-паза), бога солнца и демиурга. Н. создал небо и землю, пустил в мировой океан трёх рыб, на которых держится земля, насадил леса, сотворил человеческий род (эрзю), повелел мужчинам заниматься земледелием, женщинам — домашней работой. Н.— глава пантеона: он собирает всех богов на пир под яблоней. У Н. две дочери (Кастарго и Вецорго), которых призывают в заговорах от болезней, и жена Нишке-ава. Н. женит сына (иногда — *Пургине-паза*) на земной женщине (Азравке), он поднимает её на небо в серебряной люльке. На небе у Н. семь амбаров: в одном — дед Мороз (Морозатя), в другом — дед Мякина, в третьем — пятница, в четвёртом — воскресенье, в пятом — зима, в шестом — лето, в седьмом, который не велено открывать Азравке, видна земля с родителями невестки Н. В народных песнях предстаёт сидящим на дубе с богом плодородия Норов-пазом и Николой (Николай Угодник) и раздающим людям счастье. Н. молили об урожае, о здоровье людей и скота, поминали в заговорах. В нек-рых мифах отождествлялся с покровителем пчеловодства (Инешке-паз). Ср. также *Шкая*.
В. П.

НОГ, н о г у й, и н о г, др.-рус. название грифона. В средневековой книжности с образом Н. связан мотив полёта героев по воздуху (Александр Македонский, пророк Аввакум). Подобно Соловью-разбойнику Н. вьёт гнездо на 12 дубах.
А. Ч.

НОГ-ДЗУ́АР, в осетинской мифологии покровитель селения Кани (Сев. Осетия). Предполагается, что Н.-д. имеет человеческий облик. Н.-д. оберегает жителей от всяких невзгод, в то же время он не прощает тех, кто осуждает его действия и строго следит за соблюдением жертвоприношений в его честь.
Б. К.

НОЙНСОНСИ́Н («дух звезды старца»), С у с о н с и н, в корейской мифологии дух звезды долголетия. Происхождение и культ Н. восходят к китайскому даосскому *Шоу-син*. У корейцев в средние века это был особенно почитаемый дух, но обычно ассоциировался с духом Южной Полярной звезды (Намгыксонсин). В корейской шаманской мифологии считается одним из главных добрых духов.
Л. К.

НОЙ, в преданиях иудаизма и христианства герой повествования о всемирном потопе, спасённый праведник и строитель ковчега (ср. *Зиусудра*, *Атрахасис* и *Ут-Напишти* в шумеро-аккадской традиции, *Девкалион* в греческой традиции); спаситель мира зверей и птиц, через своих сыновей *Сима*, *Хама*, *Иафета* родоначальник всего послепотопного человечества. Согласно библейскому повествованию, когда от браков «сынов божьих» (т. е. падших ангелов) с «дочерями человеческими» явилась новая порода исполинов, бог нашёл всех людей развратившимися и преданными злу, и только один человек «обрёл благодать пред очами Яхве» (6, 1—8); этот единственный избранник и был Н., потомок *Адама* в девятом колене, правнук *Еноха*. Его возраст исчисляется в таких же огромных числах, как и долголетие других начальных прародителей человечества: ко времени рождения сыновей ему было 500 лет, а ко времени потопа — 600 лет. Бог, решивший наслать на людей за их развращение потоп, предупреждает Н., который «ходил пред богом», был «человек праведный и непорочный в поколении своём» (6, 9), о предстоящей катастрофе и велит построить ковчег, давая точные предписания относительно материала, устройства (важен мотив трёх ярусов ковчега, отвечающих тройственному по вертикали членению мироздания, мирового древа и т. п.; по послебиблейскому объяснению, нижний ярус занимали пресмыкающиеся и звери, средний — люди, верхний — птицы) и размеров (6, 13—16). Для обозначения «ковчега» употребляется то же слово, что и для просмолённой корзинки, послужившей для спасения младенца *Моисея* на водах Нила (Исх. 2, 3), между тем как «ковчег завета» (таинственный ларец, с которым связывалось «присутствие» Яхве) обозначен поеврейски совсем иным словом. Н. вводит в ковчег то ли по одной паре всех наземных животных (Быт. 6, 19), то ли по семь пар ритуально чистых животных и по одной паре нечистых (7, 2—3), а затем входит сам с женой, сыновьями и жёнами сыновей (всего восемь человек). Непрерывный дождь продолжался 40 дней и ночей, высокие горы покрываются водой, и всё живущее на земле гибнет (7, 17—24); вода прибывает 150 дней, затем начинает убывать, и ковчег останавливается «на горах Араратских» (8, 1—4). По прошествии ещё 40 дней Н. выпускает в окно ковчега ворона, но тот не находит себе места и возвращается; так же неудачно вылетает голубь. Но семью днями спустя голубь возвращается со свежим листом маслины в клюве — знак того, что вода уже сошла; ещё через семь дней голубь уже не возвращается; земля постепенно обсыхает, и через 365 дней от начала потопа люди и звери могут выйти из ковчега (8, 14—19). Н. приносит Яхве жертву всесожжения (первое жертвоприношение в библейском рассказе о «праотцах»), и наступает торжественный час: Яхве заключает с Н. и его семьёй «завет». Бог начинает с того, что обещает наказанной за человека земле правильное круговращение времён года впредь: «во все дни земли сеяние и жатва, холод и зной, лето и зима, день и ночь не прекратятся» (8, 22). Н. стоит перед Яхве как прародитель будущего человечества и постольку как новый Адам и получает для начала то же благословение: «плодитесь и размножайтесь, и наполняйте землю» (9, 1, ср. 1, 28). Дарованная Адаму власть над животными не только подтверждена, но и усилена (вероятно, ввиду роли животных в спасении животного мира) дозволением употреблять в пищу мясо, хотя непременно ритуально обескровленное (что мотивировано мистическим характером крови как материализации души 9, 4). В связи с этим табуированием крови поставлен торжественный запрет на убиение человека под страхом смертной казни: «кто прольёт кровь человеческую, того кровь прольётся рукою человека: ибо человек создан по образу божию» (9, 6). Знаком «завета» с Н., гарантирующего, между прочим, невозможность в будущем нового потопа, объявляется радуга (9, 8—17). Как партнер торжественного договора с Яхве, Н. как бы стоит между Адамом, с одной стороны, и *Авраамом* и Моисеем, с другой.

Н. начинает заниматься земледелием; он (по-видимому, впервые на земле) насадил виноградник. Выпив вина, он опьянел и лежал нагим, что было осмеяно Хамом, между тем как оба других сына Н., отвернувшись и не глядя на наготу отца, почтительно прикрыли её. Узнав о происшедшем, Н. благословил Сима и Иафета и проклял Ханаана, сына Хама и родоначальника хананеян, определив последним рабский удел (9, 20—27). Так, Н. выступает как культурный герой, изобретатель виноделия и учредитель института рабства (что с неодобрением отмечается послебиблейской традицией, ср. мидраш «Танхума Берешит» 20). Ещё по одной версии, Н. первым сделал плуг и серп, что расширяет его роль культурного героя; говорится также о его небывалых дотоле пальцах, приспособленных для быстрой физической работы. Умер Н. в возрасте 950 лет (Быт. 9, 29).

Позднейшие легенды группируются по преимуществу вокруг нескольких моментов жизни Н. Первый из них — рождение: тело новорождённого озаряет ярким светом весь дом, младенец сейчас же встаёт на ноги и начинает молиться, после чего его дед *Мафусаил* идёт к пределам земли для встречи с Енохом, узнаёт от него будущую судьбу мальчика и нарекает его Н. (согласно эфиопскому изводу книги Еноха). Позднее отцовство Н. легенды объясняют тем, что он предвидел гибель человечества, не желал иметь детей и женился по велению Яхве («Танхума Берешит» 39 и др.); жену Н. обычно отождествляют с Ноемой, сестрой Тувал-Каина («Берешит рабба» 23, 4). Много легенд относится к плаванию ковчега. Особо отмечена отеческая забота Н. о животных, которых он самолично кормил из своих рук подходящим для них кормом и в подходящее для них время, так что не знал покоя ни днём, ни ночью целый год («Танхума 15а»). Сказочные подробности касаются спасения великана Ога, который не уместился в ковчеге, но получал еду тоже от Н. Но традиция укоряет Н. за то, что он упустил случай молить бога о спасении человечества от погибели; научённые примером Н., праведники в последующем молились о спасении грешников, как Авраам — о спасении жителей Содома, а Моисей — о помиловании своего народа. Впрочем, не выступив предстателем за грешных современников, Н. предупреждал их о предстоящем потопе (сюда восходит представление о пророческом достоинстве Н.) и даже, по некоторым версиям, намеренно затягивал строительство ковчега, чтобы у них было время покаяться. Важную роль играет в раввинистической литературе концепция «завета» Яхве с Н. и закона, данного через Н. всем его потомкам, т. е. всему человечеству, и составляющего некий минимум, через соблюдение которого может спастись «хороший» язычник. Наконец, тема, которой легенды уделяли большое внимание, — виноградарство Н., его опьянение и грех Хама. Откуда Н. взял лозу на земле, разорённой потопом? По версии Псевдо-Ионафанова таргума на Быт. 9, 20, она была принесена рекой из Эдема; по другой версии, однако, райское происхождение винограда подвергалось дискредитации, поскольку он отождествлялся с древом познания добра и зла. Грех Хама интерпретировался в раввинской экзегезе как оскопление отца (ср. оскопление *Урана* Кроном и другие аналогичные мотивы); проклятие Хама не в его собственном лице, но в лице его сына мотивировали тем, что он воспрепятствовал отцу породить нового сына (вавилонский Талмуд, трактат «Сангедрин» 70а; «Берешит рабба» 36, 7). Возникал ещё вопрос, почему срок жизни Н. не добирает 50 лет до красиво округлённого тысячелетия, которое он достоин был бы прожить за свою безупречность? Предполагали, что он добровольно пожертвовал 50 лет жизни имеющему некогда родиться Моисею (как до него Адам подарил Моисею 70 своих лет).

Н. — популярный персонаж раннехристианского искусства, являющий вместе с *тремя отроками*, *Даниилом* среди львов и другими аналогичными фигурами идеальный пример бодрого доверия к богу в самом средоточии непреодолимой катастрофы. Ковчег, принимающий в себя спасаемых среди гибнущего мира, — для христиан выразительный символ назначения церкви.

С. С. Аверинцев.

НОММО, в мифах догон божества воды, близнецы (обоего пола). В древнейших мифах ассоциировались, по-видимому, с рыбой. Н. порождены землёй от второго соития с ней *Амма*. Н. — это вода морей, рек, дождей, а также и свет (солнечные лучи). Н. — полулюди-полузмеи. У них красные глаза и раздвоенные языки, гибкие конечности, без суставов, а их тела — гладкие, сияющие, как поверхность воды, покрытые короткими зелёными волокнами. У Н. — восемь верхних и нижних конечностей. Увидев с неба мать-землю нагой и лишённой речи, Н. из десяти пучков (по числу своих пальцев) волокон небесных растений сделали своей матери юбку (положили начало растительности земли).

Н. передали земле речь, первый язык мира. Н. воплощают порядок, плодовитость, воду, свет, жизнь. Они в мифах противопоставляются *Йуругу*, олицетворяющему беспорядок; для нормального течения жизни в равной степени необходимы Н. и Йуругу.

Е. С. Котляр.

НОРЕА́Й, Прах Нореа́й (от санскр. Нараяна), в мифологии кхмеров божество, близкое *Вишну*. Н.— соперник *Брахмы*, однако вместе с ним был подчинён Эйсором (Шивой). Миф о Н., спустившемся с неба и ставшем Реамом (Рамой), был очень популярен в древней Кампучии. В храме Мебон была воздвигнута колоссальная бронзовая статуя божества. Среди атрибутов Н., в отличие от изображения лотоса у Вишну в Индии, здесь изображали символ земли. На ангкорских рельефах часты изображения Н. на *Гаруде*.

Я. Ч.

НО́РНЫ, в скандинавской мифологии низшие женские божества, определяющие судьбу людей при рождении (по более ранним мифологическим представлениям, вероятно, и помогающие при родах). Отчасти родственны *валькириям* (которые, в отличие от Н., участвуют в определении только судьбы воинов в битвах) и составляют вместе с ними категорию низших женских божеств — *дис*. В «Прорицании вёльвы» и в «Младшей Эдде» названы три Н.— Урд («судьба»), Верданди («становление») и Скульд («долг»), живущие у источника Урд в корнях мирового древа *Иггдрасиль*, которое они (по «Младшей Эдде») ежедневно опрыскивают влагой из источника. Образ Н. вобрал в себя представления о «хозяйках» мирового древа и орошающих его источников. Н. определяют судьбу людей, вырезывая руны. В «Первой песни о Хельги...» («Старшая Эдда») Н. при рождении героя прядут нить его судьбы, предсказывая славное будущее. В «Речах Фафнира» («Старшая Эдда») говорится о многочисленных Н., ведущих свой род от богов, *альвов* или *цвергов*. По своей основной функции Н. аналогичны *мойрам* (паркам) из античной мифологии, имеют параллели и в мифологии других народов.

Е. М.

НОРОВ-А́ВА, Паксьа́ва, в мордовской мифологии хозяйка поля. Н.-а. молили об урожае, просили о помощи в полевых работах, оставляли для неё в поле несжатые полоски, хлеб и т. п. Считалось, что Н.-а. может испортить урожай, наказать человека солнечным ударом. Во время цветения ржи Н.-а. предвещала урожай ночным свистом, а неурожай — воплем. Она охраняла посевы, в том числе от хозяйки ветров *Варма-авы*. В марийской мифологии Н.-а. соответствовала Пасу-ава.

В. П.

НО́РТИЯ, в этрусской мифологии богиня судьбы; почиталась в Вольсиниях, где в её храме происходила ежегодная церемония вбивания гвоздя, что должно было символизировать неотвратимость рока (Liv. VII 3, 7; Juvenal. X 74). Изображалась молодой женщиной с крыльями за спиной, молотком и большим гвоздём в руках.

А. Н.

НОТ, в греческой мифологии божество южного ветра, сын Астрея и Эос (Hes. Theog. 378—380). Брат Борея, Зефира, Эвра. Изображается обычно с бородой и крыльями (Ovid. Met. I 264—267). Он приносит с собой влажный туман (Hom. Il. III 10) и именуется «быстрым» (XXI 334).

А. Т.-Г.

НО́ЧЖА, Но́чжа, Ночжа тайцзы (Царевич Ночжа), в поздней китайской мифологии герой-богатырь, третий сын Ли Цзина (см. *Литяньван*). Впервые его имя встречается в буддийских текстах 10 в., где он назван сыном Вайшраваны — хранителя Севера, модификацией которого впоследствии стал считаться Ли Тота (Ли Цзин). Предания о Н. наиболее полное воплощение получили в фантастическом эпопее «Фэн шэнь яньи», «Возвышение в ранг духов», 16 в.). Н. родился в виде круглого кома мяса, из которого вышел младенец трёх с половиной лет, с золотым браслетом — цянькуньцюань («браслет неба и земли») на правой руке и полоской красного шёлка — хуньтяньлин («шёлк, баламутящий небо») на поясе. С помощью этих волшебных талисманов Н. мог побеждать своих противников. Забросив в море хуньтяньлин и болтая его, Н. нарушил покой *Лунвана*. Посланцы Лунвана не смогли усмирить его. Явившийся к отцу героя Лунван потребовал смерти Н., и Н. покончил с собой, чтобы искупить свою вину. Впоследствии дух Н. вселился в глиняную статую в храме, а когда его отец разбил статую, даосский святой, покровитель Н. по имени Тайи чжэньжэнь при помощи магических средств создал из лотоса нового Н. Воскресший Н. пытался отомстить своему отцу за вынужденное самоубийство, но отца взял под своё заступничество бодхисатва *Вэньшу*, который с помощью изящно сделанной пагоды усмирил неистового Н., а затем подарил пагоду Ли Цзину, чтобы он в любой момент мог сделать это сам (отсюда прозвище Ли Цзина — Ли Тота, «Ли, держащий пагоду»). Не исключено, однако, что образ святого Ли Тота был создан в народной мифологии ранее легенд о Н. и первоначально мог не иметь с ними связи. Образ Н. популярен и в народной драме, сказания о нём бытовали не только у китайцев, но и, например, у восточных монголов.

Б. Л. Рифтин.

НОЧНИ́ЦЫ, у славян ночные демоны. Нападают гл. образом на детей (иногда только новорождённых, до крещения) и не дают им спать (ср. также криксы, плачки, бабицы, моры, вештицы и др.). Н.— неопределённого вида существа, невидимые или похожие на птиц, летучих мышей, червей; привидения, блуждающие огни; реже — женщины с длинными волосами в чёрной одежде. Проникают в дом через окно или дверь, пролезают под колыбелью, стоят у изголовья или залезают в колыбель, бьют, щиплют, дёргают дитя, так что оно плачет и не может спать. Дают младенцам грудь и отравляют их своим молоком или сами сосут грудь ребёнка. Н. также лазят ночью по птичьим гнёздам, выпивают яйца и душат птенцов. Н. становятся после смерти женщины-ведьмы, не имевшие детей.

Из страха перед Н. матери остерегаются после захода солнца оставлять на дворе пелёнки, выходить из дома и выносить ребёнка; не оставляют открытой и не качают пустую колыбель, применяют различные оберéги колыбели (растения, иголку и т. п.); не купают детей и не стирают пелёнок и белья в «ночной» (простоявшей ночь) воде.

Для избавления детей от Н. купают их в настое различных (нередко называющихся ночник, полуночник и т. п.) растений или окуривают этими растениями; делают из тряпок или пелёнок кукол, ставят их по 2—3 на каждое окно, подбрасывают в чужие телеги на базаре и т. п. Изгнание Н. обычно сопровождается ритуальным диалогом, произносимым через порог, окно или печь женщинами: одна делает ножом насечки на стенках или льёт кипяток на гребень, на веретёна, щётку, иголки и т. п., кипятит воду в котле, обрезает прядь волос у ребёнка, а мать ребёнка спрашивает: «Что ты делаешь?». Женщина отвечает: «Изгоняю (режу, парю, варю и т. п.) ночниц (крикс)». Мать завершает диалог: «Гони (вари, парь, режь и т. п.), чтобы их никогда не было (чтобы они никогда не возвращались и т. п.)».

С. М. Толстая.

НУА́ДУ, в ирландской мифологии один из богов *Племён богини Дану*; имя предположительно объясняется как «собиратель облаков». В одном из сражений Н. потерял руку, и *Диан Кехт* сделал ему серебряную. Выступал под множеством обличий и с разными эпитетами. Существовало предание, что от него ведут свой род ирландцы. Перед второй битвой при Маг Туиред Н. уступил главенство по Племенами богини Дану *Лугу*. У кельтов Уэльса почитался под именем Нудд. В римской Британии известно родственное божество Нодонс (Ноденс), связанное с культом вод и источников.

С. Ш.

НУБЕ́РО (от исп. nube, «облако»), в низшей испанской мифологии уродливый злокозненный дух, представлявшийся старцем в одежде из шкур, летящим верхом на облаке. По традиционным представлениям его жилище находилось в Египте на окутанной облаками таинственной горе. Считалось,

что появление Н. может привести к гибели урожая.
С. Ш.

НУКУ́З И КИЯ́Н — мифические родоначальники монголов. Согласно «Сборнику летописей» Рашидаддина, иранского историографа при дворе Хулагуидов (14 в.), Н. и К., уцелевшие после истребительной межплеменной войны, скрывались со своими семьями в недоступном урочище Эргунекун (вероятно, долина р. Аргунь). Спустя много лет, разросшееся племя, которому уже не хватало места для жизни, вышло из теснины, расплавив содержащий руду горный кряж. Миф о Н. и К. воспроизводится в тюркской генеалогической традиции среднеазиатских царевичей-чингисидов («Родословная туркмен» Абулгази, 17 в.), но он не был воспринят монгольской феодальной историографией, ведущей счёт поколений «золотого рода» *Чингисхана* с первопредков *Борте-Чино* и *Хо-Марал* (см. также *Бодончар*).
С. Н.

НУМ, в самодийской мифологии [у ненцев, селькупов (также Н о м, Н о п, Н у п, Л о м), камасинцев, карагасов, моторов, тайгийцев] верховное божество. Существует предположение, что термин «Н.» как обозначение высшего божественного начала самодийцев был воспринят из согдийского языка (nwm, «вера, религиозный закон», возможно, через посредство тюркского слова с тем же значением nom). В позднейшие времена на представления о Н. мог повлиять христианский монотеизм.

По представлениям ненцев и селькупов, Н. — демиург, находящийся в отдалении от созданного им мира (часто — обитающий на седьмом ярусе неба) и управляющий им при помощи других божеств и духов. Н. часто отождествляется (или отождествлялся ранее) с самим небом. По некоторым ненецким мифам, жена Н. — старуха-покровительница Я-небя (Я-мюня), в селькупских мифах часто упоминается сын Н. — Нун ия, нередко отождествлявшийся с *Ичей*. В ненецких мифах сыновьями Н. называются *Нга* (в других мифах — свояк Н.), *Минлей*, духи-покровители *хэхэ*. По некоторым данным, у ненцев с Н. отождествлялся бог — покровитель оленеводства Иилебям пэртя («Ведающий богатством — стадом»).

В ненецкой мифологии сильно развит мотив противоборства Н. и Нга. Известен миф об их борьбе за небесные светила. Некогда Нга пожаловался свояку Н. на темноту нижнего мира, вследствие которой он постоянно натыкается на острые углы своего жилища — семь слоёв вечной мерзлоты, и Н. подарил ему для освещения солнце и луну. Однако без света стали гибнуть люди и животные на земле, и Н. по совету богов отправился в гости к Нга, чтобы хитростью вернуть светила. Воспользовавшись тем, что Нга оказался не в силах выполнить его просьбу: отдать свою тень, которая стала бы собеседником Н. в его скучной жизни на небе, — Н. отобрал подаренные ранее светила и возвратил их на небо. Гроза нередко интерпретируется как битва Н. и Нга. Антагонизм Н. и Нга нашёл отражение и в ритуалах принесения им жертв.
Е. А. Хелимский.

НУ́МИ-ТО́РУМ (букв. «верхний бог»), Н у́ м-Т о́-р у м, Т о́ р у м, в мифологии обских угров верховное божество, бог неба, демиург. Среди большого числа параллельных имён и постоянных эпитетов Н.-Т.: «большой (великий) бог», «белый бог», «золотой свет», «верхний мир» и др. Распространено представление о Н.-Т. как о третьем из наследующих один другому небесных божеств: у манси он сын *Корс-Торума* и внук Косяр-Торума, которые занимают соответственно второй и третий ярусы верхнего мира, у северных хантов — сын Нум-Курыса и внук Нум-Сивеса. При этом братьями и сёстрами Н.-Т. признаются божества солнца (*Хотал-эква*), луны (*Этпос-ойка*), огня (*Най-эква*), подземного мира (*Куль-отыр*), а также высшее женское божество *Калташ-эква* (одновременно жена Н.-Т.). Из семи сыновей Н.-Т. шесть выступают преимущественно как локальные божества, посланные небесным отцом в разные уголки земли, младший — *Мир-сусиэ-хум* приобрёл главенство. В ряде мифов Н.-Т. изображается как величественный старик в роскошной, сверкающей золотом одежде, живущий в огромном, светлом доме «на седьмом небе», который полон богатств. В этом доме находятся сосуды с живой и мёртвой водой, водой для наводнений. Н.-Т. наблюдает за происходящим на земле в отверстие, через которое на железной цепи он спускает вниз своих посланников или поднимает земных героев, удостоившихся чести лицезреть его.

Н.-Т. выступает в роли *демиурга*, его помощником является Куль-отыр в образе гагары, доставший зачаток земли со дна первичного океана. Н.-Т. придал земле устойчивость с помощью тяжёлого пояса, превратившегося в Уральские горы, создал животных, послал в мир болезни и смерть, научил человека рыболовству, охоте и изготовлению одежды (таким образом, Н.-Т. свойственны и функции культурного героя). Известен вариант мифа, в котором создание вселенной приписывается Корс-Торуму, а Н.-Т. выступает как воссоздатель и устроитель земли после потопа (выкупавшись в его водах, Н.-Т. омолодился и родил семерых сыновей). С Н.-Т. связываются запреты инцеста, жестоких и массовых убийств, регуляция отношений между людьми и медведями (см. *Консыг-ойка*), установление законов религиозного культа.

Н.-Т. почитался как божество, создавшее и посылающее на землю дневной свет, устанавливающее продолжительность жизни человека. Сведения о роли Н.-Т. в ниспослании удачи, установлении погоды, наделении человека шаманским даром не всегда идентичны: по одним версиям (более характерным для манси), он непосредственно занимается этими земными делами или направляет деятельность соответствующих духов, по другим же (чаще представленным у хантов), — после сотворения мира Н.-Т. отрешился от дел, передоверив их младшим членам своей семьи или отдельным духам. В связи с этим непосредственные жертвоприношения Н.-Т. практиковались не повсеместно или же были редки; считалось, что любая жертва второстепенному божеству или духу является одновременно знаком почитания Н.-Т. или что небесное божество не нуждается в подарках человека. В ритуалах с Н.-Т. ассоциировались белый цвет, возвышенность, берёза как священное дерево. В тех районах, где велась активная миссионерская деятельность, образ Н.-Т. сливался в представлениях аборигенов с образом христианского бога, что, по некоторым данным, вело к активизации культа Н.-Т. и к практике прямых обращений к нему с мольбами.
Е. А. Хелимский.

НУН, в египетской мифологии олицетворение первозданного водного хаоса, изначальное космическое божество. Н. и его жена Наунет (олицетворение неба, по которому солнце плавает ночью) — первая пара богов, от них произошли все боги. Они члены гермопольской *огдоады*, от Н. произошёл *Атум*, глава гелиопольской *эннеады*. Эпитет Н. — «отец богов», его считали отцом *Хапи*, *Хнума*, иногда — *Хепри* и Атума. В Мемфисе Н. отождествлялся с *Птахом*, в Фивах — с *Амоном*. В мифе об истреблении людей Н. (или Атум) возглавляет совет богов, на котором богине-львице *Хатор-Сехмет* поручено наказать людей, замысливших зло против *Ра*.
Р. Р.

НУНГУ́И, в мифах хиваро покровительница земледелия, плодородия. Одна женщина, искавшая пропитание, попала к Н., которая послала к ней девочку (эта девочка — та же Н.), научившую хиваро обрабатывать поля, делать глиняную посуду и пр. Но злые дети женщины обидели девочку (Н.), и она ушла, спустившись по стволу бамбука к своему отцу — Унд Нунгуи.
Ю. Б.

НУНУСА́КУ, в мифах алуне и вемале острова Серам мировое древо, священное дерево — варингин. Согласно мифу, Н. стоит на вершине одноимённой горы в западной части острова. Из-под трёх огромных ветвей Н. вытекают три главные реки Серама — Эти, Тала и Сапалева, давшие название трём подразделениям вемале и алуне. В кроне Н. обитает змей Ниту Элаке, покровитель тайного союза Какихан, и души первопредков. Н. окружает таинственность; хотя никто его не видел, реальность дерева не подвергается сомнению. Н. стал своеобразным национальным символом народов центральной части Молуккских островов. *М. Ч.*

НУ́СКУ (шумер.), в шумеро-аккадской мифологии божество. Сын и советник *Энлиля*. В аккадских текстах — в первую очередь божество света и огня. В заклинательных текстах средневавилонского времени Н. сжигает ведьм и колдунов. В новоассирийский период культ Н. распространяется в Харране, где его считали сыном лунного бога Сина (*Нанны*), особенно там почитавшегося. В молитвах к Н. новоассирийского времени его называют «богом великим», т. е. возводят в более высокий ранг. Не исключено, что изображение светильника на пограничных межевых камнях среднеассирийского времени — символ Н., хотя, возможно, это символ бога огня *Гибила*-Гирры (по некоторым аккадским текстам, сына Н.). *В. А.*

НУТ, в египетской мифологии богиня неба. Входит в гелиопольскую *эннеаду*, дочь *Шу* и *Тефнут*, жена (одновременно сестра) *Геба*. Дети Н.— звёзды, движением которых она управляет, и солнце — *Ра*. Н. ежедневно проглатывает их, а затем рождает снова (так происходит смена дня и ночи). Согласно мифу, Геб поссорился с пожиравшей детей Н., и Шу разъединил супругов, оставив Геба внизу, а Н. подняв наверх. В Гелиополе детьми Н. являлись также *Осирис* и *Сет*, *Исида* и *Нефтида*. Эпитеты Н.— «великая», «огромная мать звёзд», «рождающая богов». В Н. заключена тысяча душ. Будучи матерью Исиды и Осириса, Н. связана с культом мёртвых. Она поднимает умерших на небо и охраняет их в гробнице. Изображение Н., как бы смотрящей на мумию, нередко помещалось на внутренней стороне крышки саркофага. Н. часто отождествлялась с другими богинями-матерями: *Мут*, *Таурт*, небесными коровами *Хатор*, *Ихет* и др.
Р. И. Рубинштейн.

НУХ, в мусульманской мифологии пророк. Соответствует библейскому *Ною*. В Коране называется также «увещевателем ясным» своих грешных соплеменников (11 : 27; 71 : 2), «благодарным рабом» (17 : 3), «верным посланником» аллаха (26 : 107). Согласно Корану, Н. был послан аллахом к нечестивым людям, не желавшим слушать его проповеди (сура 71 «Нух»). Аллах приказал Н. строить ковчег, потом «закипела печь» (11 : 42; 23 : 27), и потоп поглотил всех неверных, включая жену Н. и его сына Канана (66 : 10). Ковчег пристал к горе ал-Джуди (11 : 27—51; 26 : 105—122). Для коранической истории Н. характерен постоянный параллелизм с историей *Мухаммада*. Сходны их миссии (42 : 11). В уста Н. вкладываются слова, соответствующие словам проповеди Мухаммада (10 : 72—74; 11 : 29—37; 26 : 111; 71 : 29), а враги Н. употребляют те же слова и аргументы, что и враги Мухаммада (23 : 24—25; 54 : 9). Имеются также параллели истории Н. с историей *Мусы* и *Ибрахима*.

Послекораническая литература содержит подробные повествования о Н., изобилующие сюжетами и мотивами, почерпнутыми из иудейской традиции (потоп, сыновья Н., его пьянство и др.). У народов Средней Азии Н.— патрон (пир) плотников. *М. П.*

НФА́НВА, в мифологии качинов Бирмы существо, создавшее первоначальный мир. Сначала Н. населил землю духами и чудовищами. После них появились женский дух Сиксаун (солнце), который главенствовал на небе, и мужской дух Хрипжкрауп, правивший на земле. От этих двух существ родились духи Чанум и *Вайшун*, создавшие современный мир. *Я. Ч.*

НЬА́ДЬЫ ДЬА́НГХА́, Ньаадьы́ дьянха́, в якутской мифологии покровительница телят и детей, маленький дух женского пола; дочь небожителя, главы злых духов *Улу тойона*. Она спустилась на землю и поселилась среди людей. Н. д. обитает на левой стороне дома или между жилым помещением и хлевом. Для сохранения её благосклонности якуты приносили жертвы при переезде с зимника на летник и обратно, а также при отёле коров. *Н. А.*

НЬЕРД, в скандинавской мифологии бог из числа *ванов*, отец *Фрейра* и *Фрейи*. Н. представляет ветер и морскую стихию, но, как и другие ваны, прежде всего является богом плодородия. После войны асов и ванов он стал заложником у асов (в «Младшей Эдде» уже часто причисляется к асам) и женился на *Скади*, с которой он живёт по девять суток в своём жилище Ноатун («Корабельный двор»), согласно «Младшей Эдде», на небе, но вместе с тем у моря и столько же в Трюмхейме, в горах, так как Скади — дочь великана Тьяцци любит горы и волков. В «Речах Вафтруднира» («Старшая Эдда») говорится, что Н. вернётся к ванам в конце мира. Он богат, имеет власть над морем, ветром и огнём, покровительствует мореплаванию, рыболовству, охоте на морских животных. Н. и *Нертус* — такая же ритуальная пара, как Фрейр и Фрейя (в «Саге об Инглингах» имеется намёк на то, что в стране ванов Н. сожительствовал с сестрой). *Е. М.*

НЬИКА́НГ, в мифах шиллук предок правящего рода. С распространением культа Н. и превращением его в общеплеменной древние обряды вызывания дождя начали совершать в святилище Н., а сам Н. стал рассматриваться как посредник между *Джуоком*, считавшимся дождедателем, и людьми.

Н. выступает как культурный герой; с ним связывают появление первых людей: он выловил их из воды с помощью гарпуна и удочки (по другой версии, люди вышли из открытой им тыквы). По одному из вариантов мифа о Н., первая пара людей и животных появилась из тыквы, которую вынесла белая (светло-серая) корова, вышедшая из воды. Оква — один из трёх людей, порождённых первым человеком Коло, поймал в реке двух красивых девушек (полулюдей-полукрокодилов) и сделал их своими жёнами. Н.— сын одной из них (Ньакайо). Н. вёл борьбу против брата и одержал над ним верх, сражался с солнцем. В дальнейшем Н. исчез вместе с ветром (вариант: Н. удавился). Перед исчезновением Н. повелел установить в его честь культ. В святилище Н. хранились царские регалии: священный трон, фетиш, называемый именем Н. При вступлении на престол нового правителя фетиш помещали на трон, а правителю ему приносили быка. После этого фетиш уносили, а на трон придворные сажали нового правителя. Шиллук почитали правителя как воплощение Н. *Е. К.*

НЬЯЛИЧ («наверху»), у динка божество неба, демиург. По некоторым мифам, Н.— отец *Денгдита*. *Е. К.*

НЬЯ́МБЕ, Н з а́ м б и, Н д ь а́ м б и, Н д ь а́ м б и - К а́ л у н г а, в мифах многих бантуязычных народов Южной и Центральной Африки первопредок, демиург и культурный герой.

Согласно мифам луйи, лунда, Н. создал всю живую и неживую природу. В мифах лунда упоминается река Катукангоньи, или Катокангоньи (в Конго), где Н. (Нзамби) создал животных, деревья, сотворил или породил первых людей, дал людям собаку и т. п. Сначала люди жили там, где были созданы, а потом, по совету Н., все, кроме предков лунда, разошлись в разные стороны, перед уходом посадив дерево предков — муйомбо. Н. запретил людям спать при луне; из-за нарушения ими запрета появилась на земле смерть. По мифу луйи, Н. жил когда-то под землёй, но затем, испугавшись, что *Камону*, первый человек, убьёт его, он поднялся в небо, где живёт, спускаясь на землю по радуге. В фольклоре Н. нередко выступает в качестве трикстера (ср. с *Мвари*).

Н., по-видимому, фигурировал первоначально в мифах акан как «отец предков». Широкое распространение имени Н. в мифах других бантуязычных народов в значительной мере связано с деятельностью христианских миссионеров, которые использовали его для обозначения христианского бога.
Е. К.

НЬЯ́МЕ, О н ь я м е («сияющий»), у ашанти бог неба, демиург. Его «хвалебные имена» — Одоманкома, Ньянкопон, или Оньянкопон («истинно великий

Н.»), Анансе Кокуроко («великий паук») и др.— отображают различные ипостаси Н. Каждая ипостась имеет свой символ; один из символов Н.— паук (анансе). Н., подобно пауку, сотворил (сплёл) свой мир, в центре которого и живёт. С Н. связывают появление солнца, дождя, происхождение людей. Согласно мифу, некогда Н. жил на земле, но потом удалился на небо. На землю он послал своих сыновей — богов рек *Тано* и *Биа*, бога озера Босомтве, бога моря Опо и др. Супруга Н.— богиня земли *Асасе Афуа*. По некоторым вариантам мифов, Н.— богиня. Существует культ Н.— посвящённые ему святилища, алтари («дерево Н.»), жрецы.

Е. К.

НЭЛБЭЙ АЙЫСЫТ, Н э л б э́ й а й ы с ы́ т («широко рассевшаяся»), в якутской мифологии первоначально покровительница рождения детей, позже — божество плодородия. Н. а.— степенная госпожа, одетая в дорожные одежды. Она живёт на восточной стороне земли за пределами обитания людей. Н. а. имеет власть дарить или не дарить ребёнка, и поэтому у якутов существовал обряд «испрашивания детей». Н. а. внедряет в темя мужчины души (*кут* и *сюр*) ребёнка, которые переходят в женщину при соитии её с мужчиной, и она беременеет. Считалось, что Н. а. присутствует при родах, поэтому в доме надо говорить шёпотом и ходить тихо, иначе Н. а. может обидеться и отнять жизнь у младенца или у роженицы. После родов Н. а. приносили в жертву какое-нибудь животное и совершали обряд проводов, в котором участвовали одни женщины. В этом культе Н. а. обнаруживает весьма архаичные черты, уходящие своими корнями в эпоху матриархата (ср. также обычай шаманов одеваться в женскую одежду при обращении к светлым духам *айы*).

Н. А.

НЭ-НО КА́ТАСУ КУ́НИ («страна прочных корней»), в японской мифологии иной мир, противоречиво характеризующийся в источниках. Согласно одной версии, Н. названы *Сусаноо* страной его матери (хотя он был рождён Идзанаки без участия матери); там он поселяется со своей дочерью Сусэри-бимэ. Явившийся к Сусаноо в Н. *О-кунинуси*, пройдя испытания, женится на Сусэри-бимэ и начинает устраивать мир; отсюда и возможная интерпретация Н. как страны Идзумо (где Сусаноо и О-кунинуси выступают как аграрные боги и культурные герои). Существует предположение, что Н.— полузабытая прародина японцев. Иногда Н. отождествляют с Нирайканай, миром по ту сторону моря; согласно «Нихонги» — с *Еми-но куни*. В молитвословиях норито Н.— обиталище злых духов; отсюда на землю являются прегрешения и бедствия.

Л. М. Ермакова.

НЮ-ВА́Н («князь волов»), Б а о-н ю́ д а-в а́ н («великий князь охранитель волов»), Н ю-л а́ н ь д а-в а́ н («великий князь воловьего загона»), в китайской народной мифологии бог — покровитель крупного рогатого скота. Считалось, что он предохраняет волов и коров от эпизоотий. Согласно одной из традиций, Н. по происхождению был учёным, жившим в 13 в. в конце династии Сун. Будучи разорённым и лишённым привычных занятий вследствие установления монгольской династии Юань (с 1280), он, став земледельцем, никогда не бил своего вола, на котором пахал. Если вол останавливался, учёный опускался перед ним на колени, и вол тянул плуг дальше. По другим традициям, в качестве Н. выступает некто Цзинь Дашэн (отсюда, возможно, и эпитет цзинь, «золотой», часто прилагаемый к Н.) с гор Мэйшань (провинция Чжэцзян), обожествлённый в качестве духа звезды Тяньвэнь («небесного мора»), который часто принимал облик вола. Н. известен также под именем Цзиньню («золотой вол»). В одном из мифов Цзиньню остановил наводнение на реке Цяньтан в 332 н. э.

В Китае 18 — нач. 20 вв. были широко популярны лубочные антропоморфные изображения Н. (иногда вместе с *Ма-ваном*). Их вешали подле конюшни или в помещениях для скота с охранительной целью.

Б. Л. Рифтин.

НЮЙВА́ (в старых европейских сочинениях часто неточно Н ю й - г у а́), в древнекитайской мифологии архаическое женское божество. Элемент «нюй» означает «женщина», элемент «ва» плохо поддаётся дешифровке. «Ва» может толковаться как «лягушка», исходя из того, что первоначально Н. могла почитаться как дух дождевых лужи, представляемый в виде мокрых, скользких тварей. По другой версии, имя Н. этимологизируется как женская ипостась тыквы-горлянки, что увязывается с широко распространёнными у народов Восточной и Юго-Восточной Азии мифами о чудесном рождении первопредков из тыквы.

Однако и в поэме «Вопросы к небу» Цюй Юаня (4 в. до н. э.), где впервые упоминается Н., и в более поздних памятниках данные, подтверждающие обе гипотезы, отсутствуют. Во всех памятниках рубежа н. э., как и в изобразительном искусстве, Н. имеет облик полуженщины-полузмеи (в некоторых описаниях у неё ещё голова быка). Очевидно, первоначально она почиталась как прародительница племён и, в основе её культа, вероятно, лежит культ змеи, связанный с культом матери-прародительницы. Согласно варианту мифа (в «Хуайнань-цзы», 2 в. до н. э.), Н., видимо, порождала людей как некую бесформенную, нерасчленённую массу, а другие мифические герои помогали ей, создавая отдельные части тела и органы: Шанпянь — глаза и уши, Санлинь — руки и т. п. По стадиально более поздней версии («Толкование нравов и обычаев» Ин Шао, 2 в. н. э.), Н. лепила людей из глины, но так как работа была крайне сложна и трудоёмка, она стала опускать в глиняную жижу верёвку и, выдёргивая, стряхивала её. Из летевших на землю комочков и получались люди, от которых пошли бедные и низкородные. Знатные и богатые произошли от тех, кого Н. вылепила своими руками. В том же памятнике Н. приписывается установление бракосочетаний. Как богине бракосочетаний под именем Гао-мэй (Гао, «высокий», мэй — жертвоприношение с молением о даровании детей) ей поклонялись, чтобы избавиться от бесплодия и обрести потомство, в её честь исполнялись танцы, по-видимому, эротического характера.

Н. приписывается также восстановление космического равновесия, нарушенного какой-то катастрофой, когда обрушились четыре предела земли (по одной из версий, от удара духа вод *Гун-гуна* о гору *Бучжоушань*). Н. расплавила разноцветные камни и зачинила ими дыру в небе, затем отрубила ноги у черепахи *Ао* и подпёрла ими небо с четырёх сторон земли. Одновременно она боролась и с разлившимися водами, пытаясь устроить запруды из тростниковой золы, и убила чёрного дракона — воплощение нечисти («Хуайнань-цзы»). В «Критических суждениях» Ван Чуна (1 в. н. э.) и в более поздних источниках эти мифы соединены между собой.

На рельефах начала н. э. Н. изображается в большинстве случаев вместе с *Фуси*, в облике человеко-змеев, причём хвосты их переплетены — символ супружеской близости. Очевидно, соединение Фуси и Н. в супружескую пару произошло относительно поздно (может быть, к рубежу н. э.), но только в 9 в. у поэта Лу Туна Н. названа женой Фуси. Согласно «Описанию неповторимого и странного» Ли Жуна (примерно 9 в.), когда вселенная была только что создана, Н. жила со своим братом (подразумевается Фуси) в горах *Куньлунь*. Они решили стать мужем и женой, но устыдились. Тогда брат привёл Н. на вершину Куньлуня и произнёс заклинание: «Если небу угодно, чтобы мы поженились, пусть дым устремится столбом ввысь; если нет, — пусть дым рассеется». Дым поднялся столбом. Согласно мифам, зафиксированным в нач. 60-х гг. 20 в. в изустном бытовании у китайцев Сычуани, они брат и сестра, спасшиеся от потопа и затем вступившие в брак, чтобы возродить погибшее человечество. В некоторых поздних устных вариантах говорится просто о сестре Фуси, что также свидетельствует о «непрочности» и позднем характере соединения этих образов.

Атрибутом Н. на древних рельефах является либо тростниковый губной органчик — шэн, изобретение которого ей приписывается, либо угольник — символ квадрата, т. е. земли, а также диск луны в руках — символ женского начала — инь (см. *Инь и ян*). Миф о Н. послужил основой для рассказа Лу Синя «Починка неба» (сб. «Старые легенды в новой редакции»).

Б. Л. Рифтин.

НЮ-ЛАН («Волопас»), в древнекитайской мифологии герой, воплощение одноимённой звезды из созвездия Орла. В народных преданиях, бытующих и по сей день, рассказывается, что Н. был бедным сиротой, жившим со старшим братом и его женой, которая относилась к Н. крайне плохо, а потом потребовала выделить его, отдав лишь старого вола. По совету вола Н. отправился к Серебряной реке (Млечный путь), которая тогда соединяла небо и землю, и похитил одежду у купавшейся в реке *Чжи-нюй* — внучки *Тянь-ди*. Та осталась с ним и стала женой Н., родила ему сына и дочь. Когда Тянь-ди узнал об этом, он потребовал привести её обратно на небо. Н. с детьми остались на земле. Вол перед смертью велел Н. снять с него шкуру и завернуться в неё вместе с детьми, шкура отнесла их на небо (по другим вариантам, Н. сам, посадив детей в корзины, отнёс их на коромысле к матери). Но её бабушка Ванмуняннян (видимо, *Сиванму*) бросила свою золотую шпильку, и бурная небесная река (Тяньхэ, ещё одно название Млечного пути) разделила супругов, которые могли лишь глядеть друг на друга и плакать. Впоследствии их чувства тронули Тянь-ди, и он разрешил супругам встречаться один раз в году.

Б. Р.

НЯННЯН (от кит. простонародного няннян, «государыня», «императрица», восходящего к корню нян, «матушка»), в поздней китайской мифологии класс божеств. Ср. Сун-цзы няннян («государыня, приносящая сыновей») — богиня-чадоподательница, храмы которой назывались в просторечье няннянмяо, Яньгуан няннян («государыня божественного зрения»), охраняющая младенцев от глазных болезней, Цуй-шэн няннян — матушка, ускоряющая роды, и т. п.

Б. Р.

О

ОА́ННЕС, в шумеро-аккадской мифологии первочеловек в образе полурыбы-получеловека, культурный герой [О. — грецизированная форма его имени, приводимая историком Беросом, 4—3 вв. до н. э.; шумерское или аккадское имя неизвестно; О.— возможно, от аккад. умману, «мастер», эпитет бога *Энки* (Эйя)]. Согласно Беросу (миф, лежащий в основе его рассказа, пока не обнаружен), люди жили, как животные, до тех пор, пока полурыба-получеловек по имени О. не вышел из моря и не научил жителей Вавилонии письму, наукам, строительству городов и храмов, земледелию и т. д. Судя по мифу о похищении *Инанной* у Энки божественных сил *ме*, традиция, указывающая на море как место, откуда началась цивилизация Двуречья, очень древняя. Ср. миф «Энки и Шумер», представления о спутнике Энки получеловеке-полурыбе *Кулулу*, обитающих в *Абзу* мудрецах-абгалиях. *В. А.*

ОБА́Н СИНДЖА́Н, П а н в и с и́ н, в корейской мифологии духи, охраняющие пять или четыре (сабан синджан) стороны света. Верховный дух зелёного цвета (Чхонван) находится на востоке, красный (Чокче) — на юге, белый (Пэкче) — на западе, чёрный (Хыкче) — на севере и жёлтый (Хванджё) — в центре. О. с. нашли отражение на боевых знамёнах средневековой Кореи, которые различались по цветам и направлениям; символические знаки пяти направлений ставились при выборе участка под строение, на входных воротах для изгнания злого духа оспы (*Мама сонним*); при совершении народного обряда чангундже 15-го числа 1-й луны у входа в селение устанавливали фигуры О. с., сделанные из камня или дерева и напоминающие столбы *чансын*. Имеют аналоги в древнекитайской мифологии и восходят к индийским махараджам (кор. *Сачхонван*). Сходны с *Сасин*. *Л. К.*

ОБА́СИ-НСИ́, в мифах экои божество земли (иногда мужского, иногда женского пола). О.-Н. обеспечивает плодородие. Как божество нижнего мира О.-Н. живёт под землёй, куда уходят умершие. Согласно некоторым мифам, О.-Н., богиня земли, и бог неба *Обаси-Оса* породили мир и все вещи; затем они разъединились. Солнце и луна — дети О.-Н. *Е. К.*

ОБА́СИ-О́СА, в мифах экои бог неба, громовник. От него исходят молнии, гром, разрушительные ливни, он — хозяин всех вод; он же посылает горячие солнечные лучи; солнце — его вестник. О.-О.— демиург, создавший мир; привёл на землю первую созданную им человеческую пару и научил их всему, в том числе половым сношениям. На земле сначала не было воды, и первые семь дней эта человеческая пара пила дождевую воду. Затем О. послал на землю в калебасе (сосуд из тыквы) семь чудесных камней; люди стали бросать их — и возникли моря, реки и водоёмы. Согласно другому варианту, когда первые люди, Этим-Не («старик») и его жена Эджау («дикая кошка»), пришли на землю, там не было ни воды, ни огня. Первый человек добыл воду для своих потомков и поручил «хромому мальчику» (тип культурного героя) украсть огонь в небе у О.-О. Мальчик унёс огонь, спрятав его под своей набедренной повязкой, из дома жены бога, где он гостил, а О.-О. проклял его и наказал хромотой. По другим версиям, мир породили бог неба О.-О. и богиня земли *Обаси-Нси*. При жертвоприношениях экои обращались к О.-О. и Обаси-Нси как к отцу и матери. Каждое утро молились солнцу, вестнику О.-О., протягивая руки в калебасе вверх — к небу (для О.-О.) и наливая её на землю (для Обаси-Нси). *Е. С. Котляр.*

ОБА́ТАЛА (на языке йоруба — «господин белой одежды»), в мифах йоруба бог, управляющий небесным сводом и миром. О. был создан «хозяином неба» *Олоруном*, который затем передал ему управление. О. выступает как демиург. Вместе с женой *Одудува* О. породил божества земли и воды, от союза которых произошёл *Орунган*, бог воздуха. О. сделал из глины первых людей — мужчину и женщину. О. создаёт ребёнка в чреве матери. Белый цвет считается посвящённым О. В некоторых вариантах мифов роль О. играет *Ориша Нла*. *Е. К.*

ОБЕРО́Н, в европейской средневековой легендарной и литературной традиции король эльфов. Во французском повествовании «Гюон из Бордо» О.— правитель эльфов, живущий во дворце за широкой рекой, с прекрасным лицом, но уродливо скрюченным телом. Он — сын феи Морганы и Юлия Цезаря (лицо, наделённое удивительной властью, одно из чудес света). В английской традиции с 15 в. известны случаи призывания в магических целях Обериона или Оберикома. В англ. литературе (у У. Шекспира и др.) О.— грациозный и непостоянный дух, размером и грозным могуществом уступающий своим легендарным прототипам. *С. Ш.*

ОБУ́МО, в мифах ибибио громовник; по некоторым мифам,— верховный бог, который создал небо и землю, а затем передал управление миром другим божествам и духам, оставив за собой распределение сезонов и др. О.— сын и супруг *Эка Абаси* (согласно другой версии, её супруг — *Эте Абаси*). Вместе они породили всё сущее, в том числе предков всех народов земли. О. покинул землю в давние времена и поднялся в небо. Из своего жилища в облаках он направляет на землю посыльных — дождь, ураган, молнию, гром, орла и др. О. приносили человеческие жертвы во время празднеств, посвящённых первому урожаю ямса. *Е. К.*

ОВИ́ННИК, п о д о в и́ н н и к, о в и́ н н ы й ж и́ х а р ь, д е́ д у ш к о - п о д о в и́ н н у ш к о, о в и́ н н ы й б а́ т ю ш к а, о в и́ н н у ш к о, ц а р ь о в и́ н н ы й, у русских (преимущественно на Севере) домашний демон (дух). Имеет вид старика. Живёт в овине (гумне), оберегает его и хлеб от всякой напасти, беды и нечисти, часто даёт хороший примолот. На Смоленщине «гуменщик» появляется в облике барана. Там же гадали, обращаясь к О.: «Хозяин овина, скажи, откуда будет мой суженый?» и делали ему подношения. На Вологодчине в день Кузьмы и Демьяна его поздравляли и приносили каши.

В Архангельских краях подовинник обитает в овине вместе со своей супругой или подругой — овинницей, подобно другим домашним духам, живущим в доме и во дворе парами («домовой — домовая» или «хозяин с хозяюшкой», «подпольщик — подпольщица», «дворовой — дворовая», «банщик — банщица»). Их зовут также «подовинник батюшка и подовинница матушка». О. иногда дерётся с банником, вообще же он, по народным поверьям, «такой же, как домовой». О. может предсказывать девушкам судьбу, если они гадают в овине или у овина; при этом если О. мохнатой рукой прикоснётся к обнажённому девичьему заду, девушка в этом же году выйдет замуж. Костромской «овинянник» может показаться покойником. У него часто возникает желание побороться и тогда он зовёт: «Давай и обратаемся!». Белорусский О. (евник или осетник) — угрюм и молчалив, описывается ютящимся в овинной сушилке, где сидит в углу.

Н. И. Толстой.

ОГБОРА, Огбо́ва, у бини верховный бог. В сотворении неба и земли О. помогал его сын Оса, которому впоследствии О. уступил своё место, оставив за собой надзор за «нижним миром». Молитвы к О. обращают через Оса.
Е. К.

ОГДОАДА, в египетской мифологии восемь изначальных богов города Гермополя (егип. Хемену, букв. «восемь»). В О. входили четыре пары космических божеств, из которых возник мир. Боги изображались с головами лягушек, а богини — с головами змей. Их имена известны из «Текстов саркофагов»: *Нун* и Наунет (водная стихия), Ху и Хаухет (бесконечность в пространстве), Кук и Каукет (мрак), *Амон* и Амаунет (сокрытое). Последняя пара, по-видимому, заменила богов Ниау и Ниаут (отрицание, ничто) и была внесена в О. фиванскими жрецами. С превращением в период Нового царства Амона в главного бога Египта был создан миф о возникновении О. во главе с Амоном в Фивах. В птолемеевскую эпоху возник миф о путешествии Амона с целью утверждения О. из Фив вниз по Нилу и его возвращении (вместе с О.) в Фивы.
Р. Р.

ОГИВУ, у бини бог молнии, приносящий смерть. О. вместе со своим отцом *Оса* участвовал в создании людей, дав первым людям кровь; растениям он дал соки. Его сестра (дочь Оса) и супруга — Обиеми; отличается добротой (её называют «наша мать»), женщины обращаются к ней с просьбой даровать им материнство.
Е. К.

ОГИГ, в греческой мифологии царь первых жителей Фиваиды ектинов, по имени которого Фивы в древности назывались Огигией, а древнейшие ворота города — Огигийскими (Paus. IX 5, 1; 8, 5). По одному из вариантов мифа, О. построил Фивы перед потопом, по другому — ектины и О. погибли от моровой язвы (Paus. IX 5, 1; Tzetz. Schol. Lycophr. 1206). О. считался также автохтоном Аттики, отцом Элевсина (Paus. I 38, 7).
Г. Г.

ОГИГИЯ, в греческой мифологии: 1) нимфа, давшая имя волшебному острову *Калипсо* (Apollod. epit. VII 23); 2) одна из Ниобид (Apollod. III 5, 6).
Г. Г.

ОГМА (ирл.), О́гмий (галльск.), в кельтской мифологии бог. Огмий изображался старцем, одетым в звериную шкуру, с палицей в руке; уши стоявших рядом с ним людей соединялись с языком бога тонкими цепочками. В ирландской традиции О.— один из *Племён Богини Дану* (пал во второй битве при Мойтуре с *фоморами*). Назывался «Солнечноликим», сочетал огромную физическую силу с провидческим даром и искусством в поэтическом ремесле. Традиция приписывала ему изобретение так называемого огамического письма.
С. Ш.

ОГНЕННЫЙ ЗМЕЙ, в славянской мифологии змеевидный демон, наделённый антропоморфными чертами. Цикл мифов об О. З. отразился в сербских эпических песнях, древнерусской повести о Петре и Февронии Муромских, русских былинах и заговорах, а также в преданиях, сохранившихся в древнеславянских традициях. О. З. вступает в брак с женщиной (или насилует её), после чего родится существо змеиной породы (см. также *Змей Огненный Волк*); сын О. З. вступает в единоборство с отцом и побеждает его. О. З.— воплощение стихии огня: эта его функция, как и связь с кладами и богатствами, которые он приносит в дом, куда летает (Налетник или Летучий у восточных славян, Pjeneżny Zmij у лужицких сербов), сближает его с *жар-птицей* восточнославянских сказок. В заговорах О. З. призывается как волшебное существо, способное внушить страсть женщине. В О. З. могут превращаться *колдуны*. См. также *Змей, Айтварас*.
В. И., В. Т.

ОГОНЬ, царь Огонь (рус.), одно из имён персонифицированного грома в русской и белорусской сказке. О. (Гром, Перун) — муж царицы Молоньи (рус. Маланьица, белорус. Молонья и т. п.); эта супружеская пара преследует Змея (царя *Змиулана*) и сжигает его стада в той же последовательности, что и в древнем ритуале сожжения разных видов домашних животных в качестве жертвы богу грозы (в разных индо-европейских традициях). Возможно, что это специфическое употребление имени О. непосредственно восходит к общеславянскому мифологическому имени, родственному др.-инд. Агни (ср. русский заговор: «Огонь, Огонь! возьми свой огник!» с таким же ведийским, обращённым к Агни, которому приносят в жертву пять видов животных), балтийским (литовским) наименованиям бога огня, производным от этого корня, и лат. ignis в выражениях типа ignis Vestae, «огонь Весты». Ср. «живой огонь» или «святой огонь», возжигаемый на *Купалу*, и сербский ритуал очищения скота живым огнём (живе ватре).
В. И., В. Т.

ОГУЗ-ХАН, Огу́з-кага́н, в мифологии огузов герой-прародитель. Образ О.-х. имеет черты культурного героя. Наиболее древние представления об О.-х. зафиксированы в уйгурской рукописи 15 в. «Огуз-наме» [содержит карлукско-уйгурскую (13—14 вв.) версию мифа]. В ней говорится, что О.-х. был зачат матерью от лучей света (мифологический мотив чудесного рождения) и уже родился богатырём. Уже в юности О.-х. победил страшное чудовище — пожиравшего табуны единорога. Внешность О.-х. отражает тотемические представления древних тюрок: «ноги его... подобны ногам быка, поясница — пояснице волка, плечи — подобны плечам соболя, а грудь — груди медведя». Чудесный помощник О.-х., указывающий дорогу его войску и приносящий ему победу,— говорящий человеческим языком сивый волк. Проявив себя как богатырь, О.-х. вступает в брак с небесной девой, спустившейся к нему в лучах света. От неё у него рождаются три старших сына — Кун (солнце), Ай (луна) и Юлдуз (звезда). От другой жены — земной красавицы — три младших сына — Кёк (небо), Таг (гора) и Тениз (море). Объявив себя каганом, О. совершает завоевательные походы против соседей. Завершив завоевания, он устраивает великий пир и распределяет свои владения между старшими и младшими сыновьями. Это разделение связывается с чудесными дарами богов: золотым луком и тремя серебряными стрелами, ниспосланными О.-х. небом. О.-х. отдаёт лук, разломив его на три части, трём старшим сыновьям, а стрелы — трём младшим. Племена, которые произойдут от старших сыновей, он повелевает назвать «бозук» (что значит «ломать на части»), а от трёх младших — «учук» (что значит стрелы»). Так объясняется разделение огузов на два «крыла».

С принятием ислама возникают новые варианты мифа об О.-х. (отражённые в сочинениях Рашидаддина, Абулгази, Языджыоглу Али). О. представляется в них потомком Яфеса [библейского Яфета (у Языджыоглу и Абулгази)] и правоверным мусульманином.

Образ О.-х. как героя-прародителя известен и многим современным тюркоязычным народам: туркам, азербайджанцам, туркменам, узбекам, каракалпакам и др. (с конца 19 в. сохраняется главным образом как литературный персонаж).
В. Н. Басилов.

ОГУН, в мифах йоруба бог железа и войны, покровитель воинов, кузнецов, охотников (как и *Шанго*).

О. порождён *Орунганом*. Железо и земля (поскольку в ней находят железо) считались посвящёнными О. Его символ — нож (в судах клялись на ноже), если клялись именем О., то обычно притрагивались языком к железному оружию. Обычно в жертву О. приносили собаку, но в особо важных случаях, например перед началом войны, совершали человеческое жертвоприношение. В мифологии фон ему соответствует *Гу*.

Е. К.

О-ГЭЦУ-ХИМЭ, О-гэцу-химэ-но ками («великое божество — дева еды»), Ука-но митама-но ками («божество священной еды»), Укэмоти-но ками, в японской мифологии богиня злаков и пищи, рождённая *Идзанаки* и *Идзанами*. Согласно «Кодзики», после извлечения богини солнца *Аматэрасу* из грота, послужившего причиной временного сокрытия солнца, *Сусаноо* изгоняется из *Такама-но хара*. Он просит еды у О., которая вынимает яства изо рта, носа, зада. Сочтя пищу попорченной, С. убивает Ё. Из головы умершей рождаются шелковичные черви, из глаз — рис, из ушей — просо, из носа — красная фасоль, из гениталий — пшеница, из зада — соевые бобы. Связь божества пищи с Сусаноо обнаруживается в другом мифе «Кодзики»; среди детей, рождённых Сусаноо от Каму-оити-Ука-но митама-но ками («божество священной еды»). В «Нихонги» богиня пищи Укэмоти-но ками подносит богу луны *Цукуёми* еду (варёный рис, рыбу, животные), извлечённую из своего рта. Цукуёми убивает богиню. Из её головы рождается домашний скот, изо лба — просо, из бровей — шелковичные черви, из глаз — сорная трава, из живота — рис, из гениталий — пшеница, соевые бобы и красная фасоль.

Л. Е.

ОД («исступление» и «поэзия»), в скандинавской мифологии бог, муж *Фрейи*, которая оплакивает золотыми слезами его отсутствие (он в дальних странствиях). «Од» этимологически совпадает с *Одином* и, вероятно, представляет собой его ипостась.

Е. М.

ОДЖУЗ, Оджиз, Кампир Оджуз, у таджиков старуха-мороз. Семь (иногда меньше) дней до наступления нового года (ноуруза) назывались днями старухи-О. или в некоторых районах — «старуха в пещере» (считалось, что холодный ветер загнал О. в пещеру). См. также *Кампир*. Туркам известен демон оджу (мекир), принимающий облик кошки, собаки, козлёнка, пугающий ночных путников, вскакивая к ним на лошадь.

В. Б., И. В.

ОДИН, в скандинавской мифологии верховный бог, соответствующий Водану (Вотану) у конт. германцев. Этимология имени О. указывает на возбуждение и поэтическое вдохновение, на шаманский экстаз. Водан соответствует римскому Меркурию, тот же самый день недели (среда) называется с его именем («Германия», IX). Во Втором мерзебургском заклинании (на охромение коня) (записано в 10 в.) Водан выступает как основная фигура, как носитель магической силы. Имеются свидетельства почитания Водана германскими племенами — франками, саксами, англами, вандалами, готами. В «Истории лангобардов» Павла Диакона (8 в.) рассказывается о том, что перед битвой винилов с вандалами первые просили о победе у жены Водана Фрии (*Фригг*), а вторые — у самого Водана. Водан предсказал победу тем, кого увидит первыми. Это были жёны винилов, которые по совету его жены сделали из волос бороды (объяснение названия «лангобарды» — длиннобороды). О споре Одина и Фригг из-за своих любимцев рассказывается и во введении к «Речам Гримнира» («Старшая Эдда»). В позднейших немецких легендах он фигурирует как водитель «дикой охоты» — душ мёртвых воинов.

По-видимому, Водан в генезисе — хтонический демон, покровитель воинских союзов и воинских инициаций и бог-колдун (шаман). Первоначально Водан — Один не входил в небесный пантеон богов, а представлял духовную власть и мудрость как первую функцию богов в трёхфункциональной системе (другие функции — военная сила и богатство-плодородие).

Превращение Водана — Одина в небесного и верховного бога связано не только с укреплением воинских союзов и повышением удельного веса бога — покровителя военных дружин, но и с расщеплением первоначального представления о загробном мире и с перенесением на небо особого царства мёртвых для избранных — смелых воинов, павших в бою. В качестве «хозяина» такого воинского «рая» (*вальхаллы*) О. оказался важнейшим небесным божеством и сильно потеснил и Тюра, и Тора в функции богов и неба, и войны.

В скандинавской мифологии О. — глава пантеона, первый и главный ас (см. *Асы*), сын Бора (как и его братья Вили и Ве) и Бестлы, дочери великана Бёльторна, муж Фригг и отец других богов из рода асов. В частности, от Фригг у него сын *Бальдр*, а от любовных связей с Ринд и Грид сыновья Вали и Видар. Тор также считается сыном О.

О. выступает под многочисленными именами и прозвищами: Альфёдр («всеотец»), Хар («высокий»), Игг («страшный»), Гримнир («скрывающийся под маской»), Хрофт, Херьян («воитель», глава *эйнхериев*), Харбард («седая борода»), Хникар («сеятель раздоров») и др. (перечень имён О. дан в «Речах Гримнира», «Старшая Эдда»). О. часто меняет обличья (т. н. хамингья). Он живёт в Асгарде в небесном, крытом серебром жилище, называемом Валяскьяльв или Глядсхейм, восседая там на престоле Хлидскьяльв.

У О. черты хтонического демона, ему служат хтонические звери — вороны и волки (известны, напр., имена его воронов — Хугин и Мунин, «думающий» и «помнящий»; волков — Гери и Фреки, «жадный» и «прожорливый»; О. кормит их мясом в вальхалле); хтонические черты имеет и его восьминогий конь Слейпнир («скользящий»), на котором сын О. — Хермод скачет в царство мёртвых хель. О. — одноглазый (а судя по некоторым эпитетам, даже слеп), ходит в синем плаще и надвинутой на лоб широкополой шляпе. В небесном царстве мёртвых, где живёт его дружина — павшие воины, ему подчинены воинственные *валькирии*, распределяющие по его приказу победы и поражения в битвах. О. — бог войны и военной дружины, даровавший победы и поражения (военной судьбы), покровитель героев (в том числе Сигмунда и Сигурда), сеятель военных раздоров. О., по-видимому, — инициатор первой войны (войны между асами и ванами; см. в ст. *Ваны*), он кидает копьё в войско ванов. Копьё (не дающий промаха Гунгнир) — символ военной власти и военной магии — постоянный атрибут О.

О. является покровителем воинских инициаций и жертвоприношений (особенно в форме пронзания копьём и повешения).

О. сам себя приносит в жертву, когда, пронзённый собственным копьём, девять дней висит на мировом древе *Иггдрасиль*, после чего утоляет жажду священным мёдом из рук деда по матери — великана Бёльторна и получает от него руны — носители мудрости. Это «жертвоприношение» О., описанное в «Речах высокого» в «Старшей Эдде», представляет, однако, не столько воинскую, сколько шаманскую инициацию. Шаманистский аспект О. сильно разрастается под влиянием финско-саамского этнокультурного окружения. Шаманский характер имеет поездка О. в хель, где он пробуждает вёльву (пророчицу), спящую смертным сном, и выпытывает у неё судьбу богов [«Старшая Эдда», «Прорицание вёльвы» и «Песнь о Вегтаме» (или «Сны Бальдра»)]. Функция шаманского посредничества между богами и людьми сближает О. с мировым древом, соединяющим различные миры. Последнее даже носит имя Иггдрасиль, что буквально означает «конь Игга» (т. е. конь О.). О. — отец колдовства и колдовских заклинаний (гальдр), владелец магических рун, бог мудрости. Мудрость О. отчасти обязана шаманскому экстазу и возбуждающему вдохновение шаманского мёду, который иногда называется *мёдом поэзии*; его О. добыл у великанов. Соответственно О. мыслится и как бог поэзии, покровитель скальдов. В «Прорицании вёльвы» есть намёк на то, что О. отдал свой глаз великану *Мимиру* за мудрость, содержащуюся в его медовом источнике. Правда, одновременно говорится и о Мимире, пьющем мёд из источника, в котором скрыт глаз Одина, так что можно понять, что сам глаз О., в свою очередь,— источник мудрости; О. советуется с мёртвой головой мудреца Мимира. Мудрость оказывается в чём-то сродни хтоническим силам, ибо ею обладает мёртвый Мимир, пробуждённая от смертного сна вёльва, сам О. после смертных мук на дереве. В мудрости О. имеется, однако, не только шаманское, но и строго интеллектуальное начало. О.— божественный тул, т. е. знаток рун, преданий, мифических каталогов, жрец. В «Речах высокого» он вещает с «престола тула». Соревнуясь в мудрости, О. побеждает мудрейшего великана Вафтруднира.

О.— воплощение ума, не отделённого от шаманской «интуиции» и магического искусства, но хитрости и коварства. В «Песни о Харбарде» («Старшая Эдда») О. умно и зло насмехается и издевается над простодушным силачом Тором, стоящим на другом берегу реки и потому неопасным для О. (последний под видом перевозчика Харбарда отказывается перевезти Тора через реку). Хитрость и коварство О. резко отличают его от Тора и сближают с Локи. Именно по инициативе О. Локи похищает *Брисингамен* у *Фрейи*.

О. вместе с другими «сынами Бора» участвует в поднятии земли и устройстве *Мидгарда*, в составе троицы асов (вместе с Хёниром и Лодуром) находит и оживляет древесные прообразы первых людей (см. *Аск и Эмбла*). Кроме участия в космо- и антропогенезе, О. выступает также в качестве культурного героя, добывающего мёд поэзии. В «Младшей Эдде» также рассказывается о соревновании О. в конной скачке с великаном Хрунгниром и об участии (совместно с Локи и Хёниром) в добывании клада карлика Андвари. В эсхатологической последней битве (см. *Рагнарёк*) О. сражается с волком Фенриром и побеждён в этом поединке (волк проглатывает О.); за него мстит сын Видар. С О. в какой-то степени связаны и мотивы плодородия, о чём свидетельствует такой его атрибут, как кольцо Драупнир («копающий»), порождающее себе подобные.

В «Деяниях датчан» Саксона Грамматика (нач. 13 в.) О. и другие боги предстают древнейшими королями. От Водана ведут свой род англосаксонские короли. Датский королевский род Скьёльдунгов (согласно англосаксонскому эпосу о Беовульфе) ведёт своё происхождение от Скьёльда — сына О. Согласно «Саге о Вёльсунгах», О. стоит и у начала легендарного королевского рода Вёльсунгов, к которому принадлежит и Сигурд — знаменитый герой общегерманского эпоса (см. *Нибелунги*).

Е. М. Мелетинский.

ОДИССЕЙ, У л и с с (лат.), в греческой мифологии царь острова Итака, сын *Лаэрта* и *Антиклеи* (Hom. Il. IX 308). Генеалогия О. тесно связана с общим характером героя — умного и хитрого. По некоторым вариантам мифа, О.— сын *Сисифа* (Soph. Philoct. 417, 1311; Eur. Iphig. A. 524), который соблазнил Антиклею ещё до её брака с Лаэртом (Schol. Soph. Ai. 190). Более того, отец Антиклеи Автолик — «великий клятвопреступник и вор» (Hom. Od. XIX 396 след.) был сыном Гермеса и помогал ему во всех хитростях (396—398); отсюда наследственные, идущие от Гермеса, ум, практицизм, ловкость О.

Биография О. первоначально не была связана с событиями Троянской войны, а с развитой героико-мифологической основой и явилась достоянием авантюрно-сказочных сюжетов в духе распространённых фольклорных мотивов: дальнее морское путешествие, ежеминутно грозящее гибелью; пребывание героя в «ином» мире; возвращение мужа в тот момент, когда жене грозит заключение нового брака. Именно ионийская ступень гомеровского эпоса о Троянской войне преобразила эти мотивы, внеся в них ряд важных идей: возвращение на родину, самоотверженную любовь к родному очагу, страдание героя, испытавшего гнев богов; отсюда имя О. (греч. odyssomai, «гневаюсь», «испытываю гнев») — человек «божеского гнева» (Hom. Od. XIX 407 след., «ненавистный» богам).

Включение О. в число вождей Троянской войны приводит к формированию представлений о воинских подвигах О., о решающей его роли во взятии Трои (мотив придуманного О. деревянного коня) и к героизированию фольклорного хитреца как «разрушителя городов» (Hom. Od. I 2; XXII 230; Hom. Il. II 278; X 363). О.— самая яркая фигура именно ионийской ступени эпоса. Он — носитель практической разумности, неустанной энергии, дальновидной способности ориентироваться в сложных обстоятельствах, умения красноречиво и убедительно говорить, искусства обхождения с людьми. Здесь по сравнению с героями более ранних мифологических напластований, такими, как *Диомед*, *Аякс* Теламонид или даже *Ахилл*, явная новизна О., побеждающего не только оружием, но словом и умом. Он отправляется вместе с Диомедом к лагерю троянцев (X кн. «Илиады» — т. н. Долония). Однако, приводя к покорности воинов, соблазнённых Терситом (Hom. Il. II 244—336), О. не только бьёт и выставляет на посмешище Терсита, но и произносит вдохновенную речь, возбуждая боевой пыл войск. Ещё более О. соответствует героике «Илиады», когда он отправляется одним из послов к Ахиллу (IX) или когда выступает в совете, и слова устремляются из его уст, как снежная вьюга, так, что с ним не может состязаться ни один из смертных (III 221—224). О.— «славен копьём» (XI 396), «велик душой» (Hom. Od. XV 2) и «сердцем» (IV 143). В стрельбе из лука его превосходил только *Филоктет* (VIII 179—181). Подчёркивается его «безупречность» (II 225). Однако он сам признаётся царю Алкиною, что славен хитрыми измышлениями среди людей (IX 19 след.). Афина подтверждает, что в хитростях, измышлениях и коварстве с О. трудно состязаться даже богу (XIII 291—295). В ионийском цикле на первый план выдвигается умный герой; эпитет О. «многоумный» включает всю гамму переходов от элементарной хитрости к выработке сложнейших интеллектуальных построений. О. обретает подлинное место в «Одиссее» — поэме о возвращении, где совмещаются в качественно новое единство авантюрно-сказочные мотивы и обогащённый героическим содержанием образ О.

О. проявляет себя ещё до того, как началась Троянская война. Находясь среди многочисленных женихов царицы *Елены*, О. сватает её двоюродную сестру *Пенелопу* — племянницу Тиндарея и берёт ее в жёны. Тем не менее после похищения Елены Парисом О. должен принять участие в походе под Трою. Не желая оставлять любимую супругу и только что родившегося сына Телемаха, О. притворяется безумным, но его изобличает в притворстве Паламед (за это впоследствии погубленный О.), испытав О. на его любви к сыну (Apollod. epit. III 7; Philostr. Heroic. XI 2). Под Трою О. отправляется с 12 кораблями (Hom. Il. II 631—637). В свою очередь, он помогает грекам установить местонахождение Ахилла, спрятанного Фетидой на острове Скирос, и обнаружить его среди служанок *Деидамии*, дочери царя Ликомеда (Apollod. III 13, 8). Затем О. поручается доставить в Авлиду обречённую на заклание Артемиде Ифигению (Eur. Iphig. T. 24 след.). По его же совету греки оставляют на острове Лемнос раненого Филоктета (которого впоследствии на десятом году войны он привозит вместе с луком под Трою).

До начала военных действий О. вместе с Менелаем направляется в Трою, безуспешно пытаясь уладить дело миром (Hom. Il. III 205—224). Во время осады города О. коварным способом мстит Паламеду, считая его своим врагом. В последний год войны О. вместе с Диомедом берут в плен троянского разведчика Долона и совершают ночную вылазку против только что прибывшего на помощь троянцам фракийского царя Реса (X 339—514). После смерти Ахилла ему присуждаются доспехи погибшего героя, на которые претендует Аякс Теламонид (Hom. Od. XI 543—564). Захватив троянского прорицателя Гелена, О. узнаёт от него, что одним из условий победы является обладание статуей Афины Паллады (палладием), находящейся в её храме в Трое. Под видом нищего О. проникает в осаждённый город и похищает палладий (Apollod. epit. V 13). О. поручается доставить с острова Скирос Неоптолема; ему же принадлежит, по одной из версий, мысль о постройке деревянного коня (V 14).

Авантюрно-сказочные сюжеты биографии О. пронизаны драматическим мотивом страдания О. Он «многострадальный», и это знают боги (I 59—62). При постоянном своём благочестии О. попадает в такие ситуации, когда это благочестие нарушается либо им самим, либо его спутниками, и это приводит к новым страданиям и смертям (V 423; XIX 275 след., 363—367).

Жестокость и суровость О.— достояние архаической героики, поэтому они отступают на задний план, давая место новому интеллектуальному героизму, которому постоянно покровительствует Афина как своему любимому детищу и который направлен на познание мира и его чудес. Характерно противопоставляются в «Одиссее» — древний страшный мир, где царят людоеды, колдуны, магия, дикий Посейдон с таким же диким сыном Полифемом, и умная, острая, богатая замыслами Афина, ведущая героя на родину вопреки всем препятствиям. Ведомый Афиной, О. спасается из мира увлекающих его опасных чудес, находящихся или на грани иной жизни, как остров Калипсо («та, что скрывает»), или рассматриваемых как мир потустороннего блаженного бытия (феаки) или злой магии (Кирка). О. помогают не только олимпийцы, как Гермес с его волшебной травой, но он заставляет себе служить, обращая в благо, злое чародейство Кирки, отправляясь бесстрашно в аид с полным сознанием своей будущей судьбы. Недаром боги опасаются, что, если они не вернут домой О., он «вопреки судьбе» вернётся сам. Так авантюрно-сказочный сюжет, попав в сферу героического повествования, приобретает серьёзные облагороженные черты. И это объединение способствует формированию сложного, выходящего за чисто эпические рамки, образа героя нового склада с присущими утончённой и развитой гомеровской мифологии драматизмом, юмором, лирическими мотивами.

А. Ф. Лосев.

Десятилетнее возвращение О. и его спутников на родину начинается после падения Трои. Странствиям О. посвящены кн. 5—12 гомеровской «Одиссеи». Буря забросила корабли О. на землю киконов (на фракийском побережье), где О. вступает с ними в сражение и разоряет город Исмар, но затем отступает под натиском противника, теряя свыше 70 человек (Hom. Od. IX 39—61). Через девять дней после этого О. попадает к лотофагам (IX 82—104), затем в страну киклопов, где вместе с 12 спутниками оказывается пленником одноглазого людоеда-великана Полифема. Потеряв здесь шестерых из своих товарищей, О. спаивает Полифема фракийским вином и, когда тот уснул, выкалывает ему единственный глаз заострённым колом. Сам О. и его товарищи выбираются из пещеры, вцепившись руками в густую шерсть на брюхе баранов, которых Полифем выпускает утром на пастбище. Уже находясь на своём корабле, О. называет себя ослеплённому великану, и Полифем призывает на него проклятия своего отца бога Посейдона, чей гнев в дальнейшем преследует О. до самого возвращения на родину (IX 105—542). На острове бога ветров Эола О. получает в подарок от хозяина мех, в котором завязаны противные ветры, чтобы облегчить О. и его спутникам возвращение на родину. Попутные ветры быстро приближают флот О. к Итаке, но тут его спутники из любопытства развязывают мех; вырвавшиеся на свободу ветры прибивают флот снова к острову Эола, который отказывает О. в дальнейшей помощи (X 1—75). После нападения на флот О. великанов-людоедов лестригонов из 12 кораблей спасается только один корабль О. (X 80—132), пристающий со временем к острову Эя, где царит волшебница Кирка (X 133—574). Ей удаётся превратить в свиней половину спутников О.,

отправленных им на разведку; та же участь постигла бы и самого О., если бы Гермес не вооружил его чудодейственным корнем по названию «моли», отвращающим действие всякого волшебства. О. вынуждает Кирку вернуть человеческий облик его пострадавшим товарищам, и они проводят год на её острове. По совету Кирки О. посещает подземное царство, где от тени умершего прорицателя Тиресия узнаёт об опасностях, ожидающих его по пути на родину и в собственном доме на Итаке (XI). Покинув остров, корабль О. проплывает мимо побережья, где сладкоголосые сирены завлекают своим пением мореплавателей на острые прибрежные скалы. О. удаётся избежать опасности, заткнув своим спутникам уши воском; сам он слышит пение сирен, крепко привязанный к мачте (XII 166—200). Корабль О. проходит невредимым между плавающими в море и сталкивающимися скалами и через узкий пролив между Сциллой и Харибдой (XII 201—259); шестиглавое чудовище Сцилла успевает схватить с корабля и сожрать шестерых его спутников. Новое испытание ожидает О. на острове Тринакия, где пасутся священные коровы бога Гелиоса (XII 260—398). Предупреждённый Тиресием, О. всячески предостерегает товарищей от покушения на священных животных, но те, мучимые голодом, воспользовавшись сном О., убивают несколько коров и поедают их мясо, несмотря на мрачные предзнаменования, сопровождающие трапезу. В наказание за богохульство Зевс бросает молнию в вышедший в открытое море корабль О., отчего гибнут его спутники, а сам он спасается на обвалившейся мачте, и после нескольких дней скитаний по морю его прибивает к острову Огигия (399—450). Живущая здесь нимфа Калипсо удерживает у себя О. в течение семи лет, пока боги по настоянию Афины, покровительствующей О., не приказывают ей отпустить пленника на родину (VI 269). На искусно сколоченном им самим плоту О. пускается в плавание и через 17 дней уже видит перед собой сушу, как вдруг Посейдон замечает ненавистного ему героя и обрушивает бурю на его плот, так что О. приходится прибегнуть к последнему средству и воспользоваться волшебным покрывалом, которым ему успела снабдить Левкофея. Вплавь О. достигает берега острова Схерия, где живёт безмятежный народ феаков. С помощью царевны Навсикаи О. находит путь к дворцу феакийского царя Алкиноя, где становится участником пира, на котором сказитель Демодок исполняет песнь о взятии Трои. Под наплывом воспоминаний О. не может скрыть слёз, называет себя и рассказывает обо всём, что ему пришлось пережить за минувшие годы. Феаки собирают для О. богатые дары и на быстроходном корабле доставляют его на родину (V 270—V II 347; IX 1—38).

Здесь О., преображённый Афиной в старого нищего, находит сначала приют у верного слуги — пастуха Эвмея. Он даёт опознать себя Телемаху, а затем приходит в свой дом и, никем больше не узнанный, становится свидетелем бесчинств женихов, вынуждающих Пенелопу выбрать себе нового мужа. О. приходится вступить в борьбу с нищим Иром и испытать на себе всяческие издевательства со стороны женихов. Выдав себя в беседе с Пенелопой за критянина, встречавшего некогда О., он старается внушить ей уверенность в возвращении супруга. Между тем старая нянька Эвриклея, которой Пенелопа поручает вымыть ноги страннику, узнаёт О. по шраму на ноге, но под страхом наказания хранит тайну. В день, когда Пенелопа по внушению Афины устраивает для женихов состязание в стрельбе из лука, принадлежавшего О., и никто из них даже не в состоянии натянуть тетиву, О. завладевает луком и стрелами и вместе с Телемахом с помощью Афины убивает всех своих оскорбителей. Пенелопе и Лаэрту, потерявшим всякую надежду на возвращение, О. даёт себя узнать по только им известным приметам. С согласия Зевса Афина устанавливает мир между О. и родственниками убитых женихов, и О. остаётся мирно царствовать на Итаке.

Во время одной из отлучек О. на Итаку прибывает Телегон (сын О. и Кирки), посланный матерью на розыски отца. Между пришельцем и вернувшимся О. происходит сражение. Прежде чем противники успевают назвать друг друга, Телегон смертельно ранит не узнанного им отца. После запоздалого опознания Телегон забирает тело О. для погребения на остров к Кирке (Apollod. epit. VII 36). По другим версиям, О. мирно умер в Этолии или Эпире, где почитался как герой, наделённый даром посмертного прорицания. Возможно, что здесь издавна существовал местный культ О., распространившийся затем в Италии. *В. Н. Ярхо.*

ОДНОГЛА́ЗКА, сказочный персонаж в русском фольклоре, противопоставляемый Двуглазке (которой не хватает обычных двух глаз для решения чудесной задачи) и Трёхглазке (у которой третий глаз всё видит, когда два других спят; архаический мотив преимущества числа три, известный в индоевропейской мифологии). О.— один из вариантов мифологического образа *Лиха*, изображаемого у восточных славян в виде одноглазой женщины, встреча с которой приводит к потере парных частей тела. *В. И., В. Т.*

ОДУДУ́ВА, О д у́ а, в мифах йоруба жена *Обаталы*, богиня плодородия и любви. Обычно её изображали женщиной, сидящей с ребёнком. О. и Обатала породили божества земли и воды (от которых родился бог воздуха *Орунган*). В более поздних мифах с О. связывают происхождение предков правящих семей различных племён йоруба. В этих мифах О. выступает как божество мужского пола. Согласно одному из вариантов, бог (*Олорун?*) послал О. с неба в лодке. У О. были пятипалый цыплёнок и мешок песка, который он высыпал в воду. Цыплёнок наскрёб этот песок и затем его разбросал — так появилась первая суша. Согласно другому варианту, землю создавал брат О. *Ориша Нла*, но работу творения не закончил, ибо, спустившись вторично на землю, он утолил жажду пальмовым вином и заснул. И тогда бог (Олорун?) послал О. продолжить работу созидания. Ориша Нла был оттеснён О., который стал сам владеть землёй и был первым правителем города Ифе (согласно варианту мифа, первым правителем могущественного города-государства Ойо был младший сын О.— Ораньян). *Е. К.*

ОИЛЕ́Й, в греческой мифологии царь локров в Опунте, отец *Аякса* Оилида, участник похода аргонавтов (Apoll. Rhod. I 75), во время которого он был ранен в плечо медным пером стимфалийских птиц (II 1036—1041). *А. Т.-Г.*

ОЙ ИЯСЕ́, у казанских и западносибирских татар, башкир (о й э й я х е́) «хозяин» дома, домовой, особая разновидность духов *зе*. У башкир и казанских татар О. и. покровитель семьи. Его другое название «хозяин двора»: йорт иясе (тат.), йорт эйяхе (башк.). Часто отождествлялся с *абзар иясе*. Представлялся в образе старика с длинными волосами, считалось, что он живёт под полом дома (куда ему ставили угощение). По ночам О. и. выходит оттуда, иногда работает: прядёт оставшуюся на прялке пряжу (это плохое предзнаменование), просеивает через решето муку (это добрый знак); оповещает семью о ближайшем будущем. Представления казанских татар и башкир об О. и. близки воззрениям о домовом финно-язычных народов Поволжья и восточных славян и, видимо, генетически связаны с мифологическими традициями местного финно-угорского населения. У западносибирских татар О. и.— злой дух в виде безобразной старухи. О. и. ночами, невидимая, бегает по дому, шуршит, плачет, всячески беспокоит людей. Считалось, что кто-нибудь заболеет или умрёт, если в доме заведётся О. и. Женский облик отражает раннюю стадию развития образа (ср. приписывание О. и. женских занятий у башкир и казанских татар).

У других тюркоязычных народов образ домового встречается также у татар-мишарей (*йорт иясе*), карачаевцев (юй ийеси), чувашей (*херт-сурт*), турок (*эв бекчиси*), якутов, ногайцев (уьй иеси).

В. Н. Басилов.

ОЙНЕ́Й, Э н е́ й, в греческой мифологии потомок *Девкалиона*, этолийский герой — учредитель виноделия. *Г. Г.*

ОЙНОТРО́ФЫ, Э н о т р о́ ф ы, в греческой мифологии дочери *Ания* (Элайо, Спермо и Ойно). Дионис одарил их способностью получать из земли масло (Элайо), зерно (Спермо) и вино (Ойно). По другой версии, О. всякое кушанье превращали в вино (Schol. Hom. Od. VI 164). *Г. Г.*

ОЙТОСИ́Р, Г о й т о с и́ р, Г о н г о с и́ р, в скифской мифологии бог; согласно Геродоту (IV 59), О. тождествен греч. *Аполлону* и вместе с *Артимпасой*, *Аресом*, *Гераклом* составлял третий разряд божеств семибожного скифского пантеона. Сущность образа неясна ввиду отсутствия сведений и неясности этимологии имени; во второй части имени опознаётся иран. корень со значением «мощный». Позиция в структуре пантеона позволяет предполагать связь О. со средней зоной космоса. *Д. С. Р.*

О-КАМУДЗУ́МИ, О - к а м у д з у м и н о м и к о́ т о (др.-япон., «великие божественные плоды-боги»), в японской мифологии три персика, обратившие в бегство фурий царства смерти во время бегстве бога Идзанаки (см. *Идзанаки и Идзанами*) из *ёми-но-куни* («Кодзики», св. 1). Мотив персиков возник, по-видимому, под китайским влиянием (в сочинении «Цзо Чжуань» упоминается персик, который спасал от злых наговоров). Из дерева персика в древней Японии изготовлялся амулет удзути («заячий молоточек»), которым прогоняли злых духов в «день зайца» (в январе по европейскому календарю). Верой в магическую силу персика объясняется и обычай отгонять злых духов во время ежегодных праздников, стреляя из лука, сделанного из персикового дерева. *Е. М. Пинус.*

ОКЕА́Н, в греческой мифологии божество одноимённой реки, омывающей землю. Титан, сын Урана и Геи (Hes. Theog. 133), брат и супруг Тефиды, с которой он породил три тысячи дочерей — океанид (346—364) и столько же сыновей — речных потоков (367—370). О. не участвовал в битве титанов против Зевса и сохранил свою власть, а также доверие олимпийцев. Он отец Метиды — мудрой супруги Зевса (Apollod. I 2, 1). Известен своим миролюбием и добротой (О. пытался безуспешно примирить Прометея с Зевсом; Aeschyl. Prom. 284—396). Он омывает на крайнем западе границы между миром жизни и смерти. *А. Т.-Г.*

ОКИКУРУ́МИ, у айнов божество, главный персонаж топонимических мифов. С ним связывают происхождение названий многих местностей. Например, согласно мифу, название Итанки дано местности потому, что здесь однажды О. собрался выпить воды из пиалы для риса (айнск., итанки), но набежавшая волна подхватила и разбила пиалу. Имеется миф о неразделённой любви О. к айнской женщине; излечила его от этой любви трясогузка (почитающаяся как покровительница влюблённых; о её роли демиурга см. в ст. *Пасе камуй*). Судя по тому, что поздняя японская традиция отождествляет О. с японским полководцем Есицунэ Минамото (2-я пол. 12 в.), мифы об О. сложились, скорее всего, в период наибольших контактов айнов с японцами. *Е. С.-Г.*

ОКНХА МАУ́, в мифах самре в Кампучии доброе божество. От О. М. зависит смена сезонов, рост растений. Он же посылает людям любовь. Считается, что он активен только в дневное время. По-видимому, О. М.— божество солнца и света. Он же — покровитель поселений, но обитает на лесной опушке. У него есть жена Нанг Панг, живущая на горе. Проявлением гнева О. М. считаются грозы. Его антагонист — *Окнха Меас*, который вызывает лихорадку и другие болезни. Окнха Меас часто воплощается в тигра, змею. Его супруга Нанг Вар также очень вредит людям. *Я. Ч.*

ОКОПИ́РМС, в прусской мифологии высший бог. В латинских и немецких источниках (между 1530 и 1615) О. всегда стоит на первом месте в списках богов, тогда как второе место обычно занимают или бог света *Звайгстикс*, или бог моря *Аутримпс*. В О. смешивались две функции, отражашие две традиции. С одной стороны, он — вседержитель и всё, что есть в мире, подвластно ему («бог неба и земли»). С другой стороны, при описании прусского пантеона в связи с вертикальной структурой мира О.— бог самой верхней из сфер («бог неба и звёзд»). Поскольку О., будучи всегда на первом месте в списках прусских богов, тем не менее никогда не фигурирует в текстах иного рода (в отличие от подавляющего большинства других божеств), можно с большой вероятностью предположить, что О. выступал в той же функции, что и *Диевас-Диевс* в восточнобалтийской традиции. Это предположение подтверждается и этимологией имени О.— из прус. uka- и pirms, «из всех первый». Как и Диевас-Диевс, О., видимо, представлял собой абстрактное божество и характеризовался малой актуальностью, отсутствием конкретных действий и мифологических мотивов. В одном из источников О. сопоставляется с *Сатурном*.

В. И., В. Т.

О-КУНИНУСИ, О-кунинуси-но ками [др.-япон. «бог — хозяин большой (великой) страны»], в японской мифологии земное божество. По мифической генеалогии «Кодзики», считается потомком *Сусаноо* и *Кусинадахимэ* в шестом поколении. Его отцом был бог Амэ-но-фуюкину-но ками, матерью — богиня Сасикуни-вака-химэ. По генеалогии «Нихонги», он — сын Сусаноо. Ни одно из божеств японской мифологии не имеет такого количества имён, как О.-к.— семь (по-видимому, вследствие его значимости в мифологическом комплексе и его популярности).

О.-к.— главное божество провинции Идзумо. В мифах он предстаёт как добрый и гуманный бог, всегда добивающийся успеха. Он выступает целителем *Акахада-но усаги*. От О.-к. стремятся избавиться его старшие братья («множество богов»), после того, как при их сватовстве Ягами-химе отдаёт предпочтение ему. Они убивают О.-к. раскалённым камнем (его оживляют богини *Умуги-химэ* и *Кисакаи-химэ*); затем забивают в огромное дерево клин, помещают О.-к. в образовавшуюся щель, выбивают клин, и О.-к. оказывается раздавленным (снова боги воскрешают его). Спасшись от стрел преследующих его братьев, О.-к. решает укрыться в *Нэ-но катасукуни* у Сусаноо. Приблизившись к дворцу Сусаноо, О. встречает Сусэрибимэ — дочь Сусаноо, с которой обменивается взглядами, означающими, что отныне между ними заключён брачный союз. Сусаноо не даёт согласия на этот брак и устраивает О. ряд испытаний. Сначала он посылает О. ночевать в помещении, полном ос и сороконожек, и снова его защищает волшебный шарф, который ему украдкой дала Сусэри-бимэ. На вторую ночь он должен спать в помещении, полном ос и сороконожек, и снова его защищает волшебный шарф. Наконец, О. должен отыскать в горящей траве на лугу стрелу, пущенную Сусаноо. От огня его спасает в своей норе мышь. Она же выносит из огня и вручает ему стрелу. Разгневанный успехами О., Сусаноо приказывает О. вычистить из его волос ядовитых насекомых. Во время этой процедуры Сусаноо засыпает. О. берёт меч, лук и кото (лютню), принадлежащие Сусаноо, сажает на спину Сусэрибимэ и бежит из Нэ-но катасукуни, предварительно крепко привязав Сусаноо за волосы к стропилам дворца. По дороге кото задевает за дерево, и разбуженный звоном струн Сусаноо устремляется в погоню. Он преследует беглецов до прохода из страны мрака в страну света и, не догнав, сменяет гнев на милость, благословляет новобрачных и призывает О. использовать меч и лук для усмирения враждебных земных божеств, что тот и делает. В мифах о чудесном возрождении О. и о трудных и опасных испытаниях, которым он подвергался, нашли отражение древние обряды инициации.

О.-к. занимается устройством мира с помощью бога *Сукунабикона*. Они сажают деревья и травы, обучают человека врачеванию, знакомят со средствами защиты от бедствий, причиняемых птицами, зверями и пресмыкающимися, т. е. выступают в функции культурных героев. (В «Харима-фудоки» эти два бога представлены как одно божество Онамути-сукунахиконэ-но микото, также занимающееся устройством мира.)

Некоторое время, до решения небесных богов распространить свою власть на землю, О.-к. управляет землёй. После нескольких неудачных попыток отобрать управление у О.-к. (небесные посланцы оставались жить на земле, не вступая в борьбу с О.-к.) небесные боги отправляют на землю *Такэмикадзути* и Амэ-но-торифунэ-но ками (согласно «Кодзики»; в «Нихонги» второй бог назван Амэ-но-фуцунуси-но ками). Согласно «Нихонги», О.-к. и его сын Котосиронуси добровольно передают управление землёй небесным богам. В «Кодзики» же Котосиронуси прячется от прибывших богов, а другой сын О.-к. Такэминаката вступает в единоборство с Такэмикадзути. Последний одерживает верх, и земля передаётся небесным богам. Согласно «Когосюи», небесные посланцы подчинили всех, кто сопротивлялся их божественным войскам, и только после этого О.-к. и его сын уступают бразды правления землёй. О.-к.— один из немногих явно персонифицированных богов японской мифологии. Именно ему посвящено первое святилище, напоминающее своей архитектурой человеческое жилище.

Е. К. Симонова-Гудзенко.

ОКХВАН САНДЖЕ («Нефритовый владыка»), в корейской шаманской мифологии высшее божество. Восходит к китайскому даосскому божеству *Юй-ди*. О. с. выступал в трёх ипостасях: Тхэчхон — «Великая чистота», Санчхон — «Высшая чистота» и Окчхон — «Нефритовая чистота». В народных культах часто смешивается с *Ханынимом*.

Л. К.

ОЛЕГ ВЕЩИЙ, древнерусский легендарный князь (воевода). Герой нескольких мифо-эпических сюжетов, вошедших в «Повесть временных лет»: он хитростью (прикинувшись купцом) захватывает Киев (по летописи — 882), убивая правивших там Аскольда и Дира (по поздним книжным вариантам — Кия, Щека и Хорива), и сажает на престол законного князя Игоря — сына Рюрика (см. *Рюрик, Синеус и Трувор*). В походе на Царьград О. В., поставив корабли на колёса, под парусами по суше подходит к стенам Царьграда (сходные эпизоды приводятся в «Деяниях датчан» датского хрониста 12 в. Саксона Грамматика и в др., в т. ч. фольклорных, текстах). Олег отказывается принять у побеждённых греков отравленную снедь (в т. ч.— дар провидца, «Вещего»; само имя «Олег» имеет скандинавское происхождение и близкую семантику — ср. *Хельги*) и прибивает щит к вратам Царьграда, «показуя победу» (ритуал имеет древневосточные параллели — ср. «дом щита» — храм урартского бога Халди). Как князь-воитель О. В. связан с культом *Перуна*: при заключении договора с греками он и его мужи клянутся на оружии «Перуном, богом своим, и Волосом, скотьим богом»; на миниатюре Радзивилловской летописи О. В. изображён не нужщимся рядом с антропоморфным идолом Перуна, у ног же стоящего за Олегом мужа прорисована змея — вероятное воплощение *Велеса*. В связи с этим мотив смерти О. В. от змеи может рассматриваться в связи с реконструируемым противопоставлением Перуна и Велеса в славянской мифологии. Волхвы предсказали Олегу гибель от собственного коня. Князь велит увести коня, а когда через четыре года узнаёт о его смерти, насмехается над предсказанием и хочет увидеть кости животного; он наступает на череп, из черепа выползает змея и жалит Олега в ногу. Князь умирает на тридцать третьем году правления (характерное эпическое число). Ближайшая параллель мотиву смерти Олега известна в исландской саге об Орваре Одде (13 в.): герой получает то же предсказание от оскорблённой им вещуньи и убивает своего коня; будучи уже стариком, он спотыкается о конский череп и ударяет его копьём; выползшая оттуда змея жалит Одда. Мотив предсказания судьбы (в т. ч. неизбежной смерти от животного или предмета) широко распространён в мировом фольклоре, однако на славянской почве этот мотив, очевидно, связан

408 ОЛИМП

с Велесом, атрибутами которого являются конский череп и змея.

В. Я. Петрухин.

ОЛИ́МП, в греческой мифологии гора в Фессалии, на которой обитают боги. Название О. догреческого происхождения (возможна связь с индоевропейским корнем ulu< uelu, «вращать», т. е. указание на округлость вершин) и принадлежит ряду гор Греции и Малой Азии. На О. находятся дворцы Зевса и других богов, построенные и украшенные *Гефестом*. Ворота О. открывают и закрывают *горы*, когда боги выезжают на золотых колесницах. О. мыслится символом верховной власти нового поколения богов-олимпийцев, победивших *титанов*.

А. Т.-Г.

ОЛОКУ́Н, в мифах йоруба бог моря. Иногда выступает как женское божество. О. порождён *Орунганом*, его жена — Олоса, богиня лагуны Оса. О. живёт в огромном дворце в море, морские духи — его слуги. Однажды О., разгневавшись на людей, решил уничтожить их, затопив землю. И многие погибли, не вмешайся *Обатала* и спас остальных людей. Он связал О. семью железными цепями и вернул его во дворец. О. особенно почитали рыбаки и жители побережья.

Е. К.

ОЛОКУ́Н, у бини бог (богиня) реки Бенин и моря (персонаж, заимствованный у йоруба). О.— сын (или дочь) бога *Оса*. Посылает дождь, даёт богатство. С установлением у бини культа обожествлённых правителей (оба) государства О. стал почитаться как их покровитель: от расположения О. зависело богатство и могущество оба.

Е. К.

ОЛОРУ́Н («хозяин неба»), в мифах йоруба глава пантеона богов (ориша). О. передал управление небесным сводом и миром созданному им *Обатале*. Как божество, не вмешивающееся в дела людей (deus otiosus), О. сходен с главами пантеонов других африканских народов (см., напр., *Мау-Лиза*).

Е. К.

ОМА́О И СОА́О, в мифах санема культурные герои-близнецы. Их мать съел ягуар, но жаба вынула из чрева матери детей и воспитала их. Когда братья выросли, они убили ягуара. Затем О. и С. принялись изготавливать людей, вырезая их из дерева. Из-за того, что Соао выбрал непрочную древесину, люди стали умирать. Однажды О. и С. поймали рыбу, превратившуюся в женщину, и Омао взял её в жёны, но бестолковый Соао дал ей убежать. Рассердившись на брата, Омао удалился на небо.

Ю. Б.

О́МИ, о́мия, в мифах эвенков, нанайцев, негидальцев, орочей, ульчей душа человека (зародыша и ребёнка до года) и животного. Считалось, что до рождения ребёнка о. в виде птичек обитали на ветвях мирового дерева во владениях покровительницы деторождения Омсон-мамы (у нанайцев); в истоках мировой реки *Энгдекит* (у эвенков Енисея); на звезде Чалбон (Венера), на лиственницах, где О. простых людей обитали в виде птенцов синичек, а О. будущих шаманов — птенцов перелётных птиц: орлов, лебедей, гагар и др. (у эвенков-орочёнов). Орочи считали, что О. находятся на луне под наблюдением одной или двух старух: «тигровой» (О. людей и животных) или «медвежьей» (О. людей). Из мира нерождённых душ О. спускаются на землю в виде птичек (у нанайцев), хвоинок или пушинок (у эвенков), гриба-дождевика (у орочей) и др. Попадая в женщину, О. даёт начало жизни ребёнка. Если ребёнок умирал до года, то его О. возвращалась в мир нерождённых душ и могла через некоторое время вновь вселиться в мать. Если женщина оставалась бездетной или у неё постоянно умирали дети, шаман проводил обряд «добывания души»: он уходил в мир нерождённых душ, выпрашивал или выкрадывал О. и, вернувшись на землю, передавал её матери, или укладывал в люльку с изображением ребёнка, или прятал в душехранилище (омирук). По представлениям тунгусо-маньчжуров, О. животных находилась в той части тела, которая участвует в добывании средств к жизни: у оленя — в резцах, у пушных зверей — в носу, у медведя — в лапе, и т. д. Если животное умирало от старости или было убито с соблюдением правил охоты, его душа возвращалась на небо и могла дать начало новому циклу его жизнедеятельности. У эвенков О. назывались также фигурки человека (вылепленные творцом вселенной *Сэвэки* из глины и камня) или жизненная сила, которую он ввёл в эти фигурки.

Е. Н.

Первоначально О. называлось изваяние человека из камня и глины, которое изготовил один (младший) из двух братьев — создателей вселенной, позже получивший название *Сэвэки*. Сотворив изваяние, он ввёл в него О. Для временного хранения О. членов семьи шаман изготовлял омирук (коробочку, сумочку, колыбель), куда помещал О. родственников больного для его выздоровления. После смерти человека шаман отправлял О. в мир мёртвых, чтобы О. не навредила живым. О. животного помещалась в той части его тела, которая участвовала в добывании средств к жизни: у оленей — в резцах, у пушных зверей — в носу, у медведя О. помещалась в лапе, и т. д.

Г. М. Василевич.

ОМОГО́Й БАЙ, Омобо́й ба́ай, в якутской мифологии один из прародителей якутов. Благодаря совету шамана из южной прародины, передавшего О. б. приглашение духа — хозяйки той местности, где нынче стоит Якутск, он первым поселился в долине р. Лены. Особенно широко распространены мифы о браке старшей дочери О. б. с *Эллэем*, от сыновей которых произошла будто бы большая часть якутских родов.

Н. А.

ОМОИКАНЭ́, Омоиканэ́-но ка́ми, в японской мифологии размышляющий бог, сын бога *Такамимусуби*. В мифе об извлечении *Аматэрасу* из грота этому богу «наказали размышлять» (о способах выманить богиню наружу). Он же по приказу восьмисот мириад богов, собравшихся в долине Ясунокава («Небесная спокойная река»), размышляет о том, кого из потомков Аматэрасу следует послать управлять землёй («Кодзики», св. I). Именно он называет имена богов, которых одного за другим посылают отбирать управление страной у бога *Окунинуси*. В мифе о нисхождении на землю *Ниниги* Аматэрасу наказала О. «принять на себя» её дела (на земле) и «управлять ими» («Кодзики»). Возможно, этот наказ касался установления на земле культа Аматэрасу.

Е. П.

О́МОЛЬ, Куль, в коми мифологии творец зла. О. противостоит своему брату-демиургу *Ену*, создавая злых духов, и т. п. По некоторым вариантам мифа, О. и Ен в облике лягушек обитают в первозданном болоте; О. зряч и хитёр, Ен слеп и глуп. Из крови О. возникают животные и женщина, ставшая его женой. После неудачной попытки похитить жену О. Ен решил отгородиться от О. и создал небо, где поселился со своими голубями. Но голубей погубили вороны О., лишь один вернулся с тиной в клюве, и, когда ворон попытался вырвать тину, Ен придушил его. Из тины возникла земля: вода, пролившаяся из глотки ворона, стала морями и океанами. О. же проник на небо, когда там не было Ена, и разжёг пламя у входа. Однако жена О. дала Ену шёлковый лоскут, и тот, сшив рукавицу, отбросил пламя к небесному жилищу О., так что О. упал на землю со своими тварями, оглохнув от падения. Женщина осталась на небе, родив Ену близнецов — богов Иому (в фольклоре коми её образ снижен до роли злой колдуньи, бабы-яги) и Войпеля (бог северного ветра, букв. «северное ухо»). О. уговорил женщину приоткрыть двери неба и, ворвавшись в дом Ена, сбросил жену и детей его на землю (от них произошли люди). Сам же, взяв волшебную рукавицу, полез на дерево за солнцем, от которого оторвал половину. Однако О. зацепился за сук и, будучи проклят Еном, выпустил половину солнца, так что та соединилась с другой половиной, но оставил на солнце пятна — следы пальцев. Затем О. упал на землю с обломившимся суком, который превратился в хвост. Скучающий в одиночестве Ен спустился на землю, где застал сына Войпеля за лепкой горшков. Ему удалось заманить в горшки О. и орду его злых духов. Ен поместил горшки в преисподнюю: гул и землетрясения происходят от попыток О. вырваться на волю. Он должен освободиться и вступить в схватку с Еном. См. также *Куль*.

О-МОНО-НУСИ, О-м о́ н о - н у́ с и - н о к а́ м и («великий бог — хозяин духов»), О - м и́ в а - н о - о - к а́ - м и («великий бог великой Мива»), в японской мифологии териоморфное божество, хозяин горы Мива. Согласно «Кодзики», О. принимает вид стрелы, покрытой красным лаком, чтобы «уколоть в тайное место» деву Сэятатара-химэ. Та берёт стрелу, кладёт с собой в постель; стрела превращается в прекрасного юношу. От их брака рождается дева, ставшая из-за своего божественного происхождения супругой *Дзимму-тэнно*. В версии «Нихонги» О. является в облике змейки к принцессе Ямато-тото-момо-со-химэ, чтобы жениться; от волнения принцесса укалывает себя в «тайное место» и умирает. В «Кодзики» не названной по имени бог по ночам посещает деву Икутамаёри-химэ. Чтобы выведать, кто её тайный гость, дева втыкает в его одежду иглу с нитью. Наутро обнаруживается, что нить, пройдя через замочную скважину, протянулась до горы Мива, к храму божества горы. Многочисленны мифы о браках О. с женщинами окрестных сёл. По одному из вариантов «Нихонги» О.— один из имён *О-кунинуси*.
Л. Е.

ОМОСИ-МАМА, в мифах маньчжуров покровительница деторождения и потомства. Согласно «Сказанию о нишанской шаманке», О.-м. представлялась в облике старухи с белыми, как снег, волосами, длинным лицом, выпученными глазами, торчащим подбородком и огромным ртом с багровыми зубами. О.-м. пребывает в царстве мёртвых в грозной башне среди пятицветных облаков. Окружающие её женщины без устали изготовляют детей. Здесь же возникают все живые существа: черви, рыбы, птицы, звери, домашние животные.
Е. Н.

ОМФА́Л, О м ф а́ л о с («пуп», «пупок»), в греческой мифологии упавший с неба камень, принадлежавший к числу древнейших культовых объектов Эгеиды. Самый знаменитый О. находился в Дельфах, в святилище Аполлона. Он считался надгробием Пифона (по другому варианту — Диониса) и центром мира: над этим камнем встретились два орла, пущенные Зевсом с востока и запада для определения центра мира; их золотые изображения были укреплены на штыре, вбитом в дельфийский О. Восседающим на О. изображался Аполлон (Aeschyl. Eum. 40; Paus. X 16, 3; Pind. Pyth. IV 3—5).
Г. Г.

ОМФА́ЛА, в греческой мифологии царица Лидии, вдова Тмола (сына Тантала), к которой по приказанию дельфийского оракула в наказание за убийство *Ифита* был отдан в рабство Геракл на год (Soph. Trach. 253 след.) (вариант: на три года; Apollod. II 6, 2—3; Hyg. Fab. 32). По прихоти О. Геракла наряжали в женские одежды, и он вместе со служанками прял шерсть и выполнял домашние работы, сама же О. облачалась в львиную шкуру и носила палицу героя (Stat. Theb. X 646 след.). О. считалась также женой Геракла и матерью его сына Лама (Ovid. Heroid. IX 53 след.; вариант: Агелая, Apollod. II 7, 8). В Малой Азии О. считалась богиней — покровительницей женщин.
М. Б.

ОНА́РЫ, н а́ р ы, в марийской мифологии *великаны*, обитавшие на земле в изначальные времена. Леса были им по колено, они вырывали дубы с корнями; из песка, вытряхиваемого О. из обуви, возникали курганы. Впервые встретив человека (пахаря), онар принял его за насекомое и отнёс матери вместе с сохой и лошадью. Ср. удм. *алангасаров* и т. п.

ОНГ КУТ («господин обрубок»), в мифах вьетов водяной дух, владыка обитавших в реке рыб, креветок, крабов, змей и т. п. О. К. имел облик змеи без хвоста, который ему нечаянно обрубили. Отличался злобным нравом, топил и грабил проплывавшие корабли, забирал в неволю людей.
Н. Н.

ОНГО́НЫ (онгон, «чистый», «священный», «первоначальный», «девственный»), в шаманской мифологии монгольских народов умершие предки и их духи. Материальным воплощением О., вместилищем духов умерших предков считаются их изображения (также называемые О.); делаются из дерева, шерсти, меха, кожи, войлока, металла и ткани. Различаются О. мужские и женские, родовые и семейные (из них позднее выделились индивидуальные), скотоводческие, кузнечные и др. Первоначально О. в основном — предки тотемного происхождения (О. волка, медведя, коня и др.), в дальнейшем — преимущественно антропоморфные предки, наиболее почитаемые из них — О. великих шаманов. Шаманы призывали О. во время камланий. Хранились родовые О. в священных местах (рощах, горах, пещерах), куда не допускали женщин; семейные О., которыми ведали женщины,— в небольших деревянных ящиках или мешочках, подвешенных к дымовому отверстию в юрте, над косяком двери в домах или амбарах. О. подкармливали, задабривали, им посвящали животных и рабов. В мифологии тувинцев, алтайцев О. аналогичны онгут, эмегендер.
Н. Ж.

ОНДЖО́, в корейской мифологии основатель древнего государства Пэкче. Согласно «Самгук саги», О.— младший сын первопредка *Чумона*, рождённый от второй жены. После прибытия в Когурё из Северного Пуё наследного принца, сына от первой жены Чумона, О. вместе со старшим братом Пирю и десятью сановниками переправились на юг. К югу от реки Хансу (ныне Ханган?) О. основал столицу в крепости Виресон (ныне Кванджу) и назвал страну Сипче («десять переправившихся»). Поскольку народ («сто фамилий») приветствовал его возвращение, страна была переименована в Пэкче («сто переправившихся»). По другой версии, сообщённой в «Самгук саги», основателем Пэкче считается Пирю, который вместе с О. назван сыном Утхэ, младшего внука Хэбуру. Существует также версия (по китайским источникам «История династии Чжоу», и др.), что возможным основателем Пэкче был Кутхэ, или Кудэ (кит. Цзютай), один из потомков *Тонмёна*.
Л. К.

ОНИ́НИ, у ашанти мифологический персонаж — питон, посланный на землю богом неба Ньяме и обосновавшийся в реке Босоммуру. С ним связывают начало деторождения. Согласно мифу, некогда одна человеческая пара спустилась с неба, а другая вышла из земли. У них не было детей, и О. предложил им свою помощь. После того как он произвёл над обеими парами магические действия, женщины забеременели и родили первых людей. Они и их потомки составили нторо (клан) Босоммуру. Принадлежащие к этому нторо не убивают питонов. Существуют сходные мифы о происхождении других нторо, в них вместо питона выступают крокодил, голубь, антропоморфный бог озера и др. О. типологически близок *Селванга* у ганда.
Е. К.

ОННИО́НТ, в мифах гуронов гигантский змей с рогом на голове, обладавшим способностью пробивать горы. Рог О. считался талисманом, обеспечивавшим удачу на войне и охоте.
А. В.

ОНУ́РИС (греч.), А н х у́ р, И н х а́ р (егип.), в египетской мифологии бог охоты; почитался также и как бог войны. Центр культа О.— город Тинис, где он считался творцом вселенной. Жена О.— *Мехит*, сын — отождествлявшийся с *Гором* Инмутеф. В мифах чаще всего выступает как солнечный змееборец: помогает *Ра* в борьбе с *Апопом*, Гору Бехдетскому в битве с *Сетом*. Связан с мифом о возвращении солнечного Ока *Тефнут* в Египет: по одному из ранних вариантов, Ра посылает за ней в Нубию О. (отсюда эпитет О. «тот, кто приводит издалека»). О. отождествлялся с Гором, *Шу*, у греков — с *Аресом*. Почитался также в Куше (древней Нубии).
Р. Р.

ОП, о́ б в а н, о́ б в и, о́ п ч у, в корейской мифологии один из главных домашних духов (см. *Касин*), ведающий хозяйственными пристройками и приносящий богатство дому. Первоначально О.— дух амбара (сачхансин), которым выступал дух кормильца семьи. Считается, что О. воплощается как в облике человека, так и в виде свиньи, жабы, змеи и колонка. О. живёт в амбаре, скирде или на крыше. В провинции Кёнгидо на заднем дворе крестьянских домов для О. и тходжу держат две скирды рисовой соломы. В Центральной и Южной Корее фетишем О. является глиняный кувшин с зерном или соевыми бобами, накрытый тряпкой. В шаманской мифологии О. (обван-тэгам) выполняет функции духа имущества. О. считается также духом, способствующим служебной карьере человека.

Л. К.

ОПС, в римской мифологии богиня плодородия, богатой жатвы, посевов. Её эпитет Консивия («сеятельница») и праздник опиконсивия (25 августа), возможно, связаны с близостью культа О. культу римского аграрного бога *Конса*. Во время праздника ей приносили жертвы в доме царя — регии, куда имели доступ только весталки и великий понтифик. Другой праздник О.— опалии (19 декабря). С 3 в. до н. э. отождествляется с Реей и считается женой Сатурна. Окружавшая её культ таинственность вызвала представление об О. как о богине, покровительнице Рима, имя которой было табуировано (Macrob. Sat. III 9, 4). В О. видели также аналогичную Теллус богиню земли и Кибелу. Посвящённые ей надписи единичны. В Риме на Капитолии и на форуме были храмы О.

Е. Ш.

ОРАНЬЯН, в мифах йоруба правитель древнейшего города-государства йоруба Ифе (в варианте: правитель государства Ойо), могучий воин; младший сын *Одудува*. По одному из вариантов, сыном О. был громовник *Шанго*, ставший правителем Ойо.

Согласно мифу, О., правитель Ифе, состарившись, удалился в священную рощу, но при нападении на йоруба соседних племён на время покидал своё убежище и расправлялся с врагами. Однажды во время празднества, когда горол был переполнен пьяными, один человек завопил, что на йоруба напали враги, и призвал на помощь О. Явившийся верхом на коне О. со всей своей мощью обрушился на людей, пока не взмолились, чтобы он перестал убивать своих подданных. Возмущённый, О. воткнул свой жезл (символ власти) в землю, сказав, что отныне сражаться за йоруба больше не будет. И жезл, и сам О. с женой превратились в камень. И ныне в Ифе показывают каменный столб высотой около 20 футов, который считается жезлом О.

Е. К.

ОРЕНДА, в мифах ирокезов сверхъестественная магическая сила, то же, что *вакан* у сиу-дакотов, *манту* у алгонкинов.

ОРЕСТ, в греческой мифологии сын *Агамемнона* и *Клитеместры*. После того как Агамемнон был убит Клитеместрой и *Эгисфом*, сестра О. Электра (или его кормилица) спасла его из рокового дома. Он вырос в Фокиде у царя Строфия, женатого на тётке О.— Анаксибии. Здесь возникла дружба между О. и его сверстником *Пиладом*, сыном Строфия. Когда О. стал совершеннолетним, он получил от дельфийского оракула приказ отомстить за смерть отца. Согласно «Орестее» Эсхила, О., преследуемый за пролитие им крови матери богинями мести *эриниями*, обращается по совету Аполлона за помощью к Афине, которая передаёт дело об убийстве Клитеместры на рассмотрение созываемого ею специального суда афинских старейшин (ареопага) на холме Ареса в Афинах. Благодаря заступничеству самой Афины, отстаивающей главенствующую роль мужчины в семье и государстве, голоса делятся поровну, что по условиям афинского суда означает оправдание О. По другому варианту, О. должен был для своего оправдания доставить в Грецию из Таврии (где встретился с сестрой *Ифигенией*) деревянный кумир богини Артемиды (Eur. Iphig. T. 77—92). В других трагедиях Еврипида («Электра», «Орест») поступок О. лишается всякого героического ореола и сам он изображается душевнобольным человеком, способным на новые акты бессмысленной жестокости. О. царствовал после Менелая в Спарте, а поздние источники (Apollod. epit. 6, 28) сообщают о смерти О. от укуса змеи в Аркадии. Возможно, в этой области существовал древний культ О. как местного героя. Считалось, что останки О. хранились в аркадском городе Тегея ещё в историческое время

и в 6 в. до н. э., вопреки воле местных жителей, были перенесены в Спарту (Herodot. I 67 след.).

Миф об О. отразил процесс преодоления архаического закона кровной мести, происходивший на фоне смены матриархального уклада патриархатом: эринии, преследующие О. за пролитие крови матери, безразличны к преступлению самой Клитеместры, так как она не находилась со своим мужем в кровном родстве. По закону кровной мести убийство О. матери должно повлечь за собой гибель самого О., но он не несёт наказания, так как за него вступается государство в лице ареопага.

В. Н. Ярхо.

ОРИОН, в греческой мифологии великан, сын Посейдона и Эвриалы или одной Геи (земли). Славился как охотник. Был наделён Посейдоном способностью ходить по морю. Потерял зрение, так как его ослепил, напоив пьяным, Ойнопион, к дочери которого сватался О. Посадив себе на плечи одного из учеников Гефеста, он приказал тому подсказывать ему путь к восходу солнца. Придя туда, он подставил глаза лучам восходящего солнца и прозрел. Был похищен богиней Эос, влюбившейся в него. Погиб от стрел Артемиды, то ли из-за своей дерзости (вызвал богиню на состязание), то ли оттого, что совершил насилие над гиперборейской девой Опис (Apollod. I 4, 3—5; Hom. Od. V 121—124). В мифах об О. нашли отражение мотивы столкновения догреческого хтонического великана с олимпийским миром, элементы фетишистской магии (ослепление — исцеление от огня) и поздней сказки.

А. Т.-Г.

ОРИША НЛА («великий бог»), в мифах йоруба глава всех божеств, подчинённый, однако, *Олоруну* (в некоторых вариантах в роли О. Н. выступает *Обатала*). Вначале мир был болотистым и пустынным, а боги во главе с Олоруном жили на небе, откуда спускались вниз по паутине. Однажды Олорун поручил О. Н. создать сушу. Он дал ему раковину улитки, в которой была рыхлая земля, голубя и пятипалую курицу. Спустившись в болото, О. Н. высыпал землю из раковины, а голубь и курица стали скрести и разбрасывать землю по болоту, и болото превратилось в сушу. О. Н. создавал землю в течение четырёх дней (йоруба установили четырёхдневную неделю, каждый день которой посвящён какому-либо божеству, а пятый день — день почитания О. Н.), а затем вернулся в небо. Место, с которого началось сотворение земли, назвали Ифе, «широкий», «обширный»; Ифе — священный город йоруба и древнейшее из йорубских городов-государств. О. Н. снова был послан Олоруном на землю, чтобы посадить деревья и дать людям пищу и богатство. Олорун дал О. Н. орех от первого пальмового дерева (которое давало масло и вино). О. Н. участвовал в создании людей: он формировал из земли тела человеческих существ, а оживлял их Олорун. О. Н. спрятался, чтобы подсмотреть, как он это делает, но всезнающий Олорун наслал на О. Н. сон, и тот проснулся лишь тогда, когда человеческие существа уже ожили. Согласно варианту, первую сушу (с помощью мешка, песка и цыплёнка) создал *Одудува*. По другому варианту, Одудува, брат О. Н., закончил работу созидания, оттеснил О. Н. и стал первым правителем Ифе.

Е. К.

ОРИША ОКО, в мифах йоруба бог земледелия; рождён *Орунганом*. Символы О. О.— железный жезл и флейта из слоновой кости. Жрицы О. О. считались его жёнами, они жили в святилищах О. О. Его слуги — пчёлы. О. О. изображали в виде человека с огромным фаллосом. Это божество популярно у земледельцев и почиталось в большинстве городов йоруба, в особенности в Ибадане (Нигерия), где ему посвящался главный праздник года — празднество во время уборки урожая ямса.

Е. К.

ОРК, Оркус, в римской мифологии божество смерти, а также само царство мёртвых. Соответствует греческому *Аиду*.

ОРО, у полинезийцев (прежде всего на островах Общества) одно из верховных божеств. По некото-

рым версиям, сын *Тангароа*. Покровительствует военным действиям, дальним плаваниям. Соотносится с мужским началом, оплодотворяющей силой. Своей гневливостью и мощью устрашает людей. С культом О., возникшим, скорее всего, не ранее 18 в., связано складывание полутайных оргиастических союзов.
М. С. П.

ОРОТА́ЛТ, в древнеарабской мифологии божество, упоминаемое под этим именем Геродотом, который называет его и *Аллат* единственными богами, почитавшимися арабами, и отождествляет О. с *Дионисом* (III 8). Идентификация О. с каким-либо арабским божеством, известным по другим источникам, затруднительна; возможно, ему соответствует *Душара*.
А. Г. Л.

ОРУНГА́Н, в мифах йоруба бог воздуха. Произошёл от божеств земли и воды, порождённых *Обатала* и *Одудува*. От связи о. с матерью были рождены 15 основных божеств пантеона, вышедших из её разорвавшегося тела (согласно одному мифу, в местности, где это случилось, образован город Ифе): Дада (божество растительности), *Шанго*, *Огун*, *Олокун*, Олоса, Ойя, Ошун и Оба (богини рек Нигер, Ошун и Оба), *Ориша Око*, Ошоси (божество охотников), Оке (бог гор), Адже Шалуга (божество богатства), Шанкпанна, или Шопона (бог оспы), Орун (бог солнца), Ошу (богиня луны).
Е. К.

ОРФ, Орт, Ортр, в греческой мифологии двуглавый пес *Гериона* (Hes. Theog. 293; Apollod. II 5, 10), порождение Тифона и Эхидны, брат *Кербера*. От О. Эхидна родила Фикс (*Сфинкс*; Hes. Theog. 326). Вариант мифа (Tzetz. Schol. Lycophr. 653): кроме двух собачьих голов, у О. еще семь глав дракона. По Поллуксу (V 46), в Иберии, где имя О. Гаргеттий (или Тартеттий), у пса было святилище. Этимология имени О. варьируется от простого эпитета Кербера («ранний», «утренний», или «всегда-настраже») до демона *Вритры* в мифе об Индре. Гибель О. от руки Геракла, уводившего коров Гериона, — сюжет, представленный на многочисленных вазах.
Г. Ч. Гусейнов.

ОРФЕ́Й, в греческой мифологии сын фракийского речного бога Эагра (вариант: Аполлона, Clem. Rom. Hom. V 15) и музы Каллиопы (Apollod. I 3, 2). О. славился как певец и музыкант, наделённый магической силой искусства, которой покорялись не только люди, но и боги, и даже природа. Он участвует в походе *аргонавтов*, игрой на форминге и молитвами усмиряя волны и помогая гребцам корабля «Арго» (Diod. 43, 1; 48, 6). Его музыка успокаивает гнев мощного Идаса (Apollod. Rhod. I 492—515). О. женат на *Эвридике* и, когда она внезапно умерла от укуса змеи, отправляется за ней в царство мёртвых. Пёс аида Кербер, эринии, Персефона и Аид покорены игрой О. Аид обещает О. вернуть Эвридику на землю, если он исполнит его просьбу — не взглянет на свою жену, прежде чем войдёт в свой дом. Счастливый О. возвращается с женой, но нарушает запрет, обернувшись к жене, которая тут же исчезает в царстве смерти (Ovid. Met. X 1—63).

О. не почитал Диониса, считая величайшим богом Гелиоса и называя его Аполлоном. Разгневанный Дионис наслал на О. менад. Они растерзали О., разбросав повсюду части его тела, собранные и погребённые затем музами (Ps.-Eratosth. 24). Смерть О., погибшего от дикого неистовства вакханок, оплакивали птицы, звери, леса, камни, деревья, очарованные его музыкой. Голова его по реке Гебр плывёт к острову Лесбос, где её принимает Аполлон. Тень О. спускается в аид, где соединяется с Эвридикой (Ovid. Met. XI 1—66). На Лесбосе голова О. пророчествовала и творила чудеса (Orph. Vit. frg. 115, 118—119). По версии, изложенной Овидием (Ovid. Met. XI 67—84), вакханки растерзали О. и были за это наказаны Дионисом: превращены в дубовые деревья.

В мифах об О. объединяется целый ряд древних мотивов (ср. волшебное воздействие музыки О. и миф об Амфионе, нисхождении О. в аид и миф о Геракле в аиде, гибель О. от рук вакханок и растерзание Загрея). О. близок музам (Eur. Rhes. 943), он — брат певца Лина (Apollod. I 3, 2). О. — учредитель вакхических оргий (Eur. Hippol. 953) и древних религиозных обрядов (Aristoph. Ran. 1032). Он посвящён в Самофракийские мистерии (Diod. 43, 1). С именем О. связана система религиозно-философских взглядов (орфизм), возникшая на основе аполлоно-дионисовского синтеза в 6 в. до н. э. в Аттике.
А. Ф. Лосев.

О́СА, О́санова, О́салогбора («Оса, сын Огбора»), у бини божество, сын верховного бога *Огбора*, которому он помогал в сотворении неба и земли. О. вместе со своим сыном *Огиву* участвовал в создании первых людей: он дал им дыхание, а Огиву — кровь. В дальнейшем Огбора уступил О. своё место. О. живёт на небе. Через него люди обращают свои молитвы к Огбора. О. дарует людям долгую жизнь. Дети О. — Обиеме (см. в ст. *Огиву*), Олокун, Эсу.
Е. К.

ОСИ́РИС (греч.), Уси́р (егип.), в египетской мифологии бог производительных сил природы, царь загробного мира. Согласно упоминаниям в древнеегипетских текстах и рассказу Плутарха, О. был старшим сыном бога земли *Геба* и богини неба *Нут*, братом и мужем *Исиды*, братом *Нефтиды*, *Сета*, отцом *Гора*. Входил в гелиопольскую *эннеаду* богов. В «Текстах пирамид» создателем О. назван *Атум-Хепри*. Ба (души) О. — *Хнум*, *Бену*, *Сокар* (также его мумия-сах). О. был четвёртым из богов, царствовавших на земле в изначальные времена, унаследовав власть *Ра*, *Шу* и *Геба*. Царствуя над Египтом, он отучил людей от дикого образа жизни и людоедства, научил сеять злаки (ячмень и полбу), сажать виноградники, выпекать хлеб, изготовлять пиво и вино, а также добывать и обрабатывать медную и золотую руды. Он обучил людей врачебному искусству, строительству городов, учредил культ богов. Сет, желавший править вместо него, придумывал способ погубить О. После победоносного возвращения из похода в Азию О. устроил пир. Сет, явившийся на пир со своими 72 соумышленниками, велел внести роскошно украшенный ящик (очевидно, саркофаг) и заявил, что он будет подарен тому, кому придётся впору. Когда очередь дошла до О. и он лёг на дно ящика (сделанного специально по его мерке), заговорщики захлопнули крышку, залили её свинцом и бросили ящик в воды Нила. Течением ящик прибило к берегу, и растущий там куст вереска охватил его своими ветвями. Верная супруга О. — Исида нашла тело мужа, извлекла чудесным образом скрытую в нём жизненную силу и зачала от мёртвого О. сына, названного Гором. Когда Гор вырос, он победил Сета. Вырванное у него Сетом в начале битвы Око Гор дал проглотить мёртвому отцу. О. ожил, но не захотел оставаться на земле, а, оставив трон Гору, стал царствовать и вершить суд в загробном мире. По одной из версий мифа, Сет не заключил О. в ящик, а разрубил его тело на 14 частей и разбросал эти части по всему Египту; Исида, собрав их воедино, погребла. Вариант мифа о 14 частях тела О., видимо, возник для того, чтобы объяснить существование гробниц О. в разных городах Египта. В каждой из них якобы покоилась лишь одна часть божественного тела. Этому толкованию, однако, противоречило повествование о том, что Исида собрала все члены тела О. (кроме фаллоса) и погребла в Абидосе. Плутарх в трактате «Об Исиде и Осирисе» совмещает обе версии: Сет расправляется с О. дважды. По некоторым версиям, О. оживлял не Гор, а Исида (сама или с помощью сестры Нефтиды). Погребение О. приписывалось то Исиде, то *Анубису*.

Обычно О. изображали сидящим среди деревьев или с виноградной лозой, иногда обвивающей его фигуру. Его тело всегда окрашивали в зелёный цвет. Считалось, что, подобно всему растительному миру, О. ежегодно умирает и возрождается к новой жизни, жизненная сила всегда в нём сохраняется, даже в мёртвом. На изображениях сквозь гроб О. прорастает дерево или из О.-мумии выросли стебли

412 ОСИРАСАМА

злаков, которые поливает жрец. В погребениях иногда помещалось натянутое на раму полотно с лежащей на нём фигурой О. из земли, засеянной зёрнами полбы или ячменя: если прорастёт зеленью О.— оживёт умерший. В конце последнего зимнего месяца «хойяк» — начале первого весеннего месяца «тиби» совершались мистерии О. Жрицы в образах Исиды и Нефтиды воспроизводили поиски, оплакивание и погребение бога (воплощённого в своей статуе), происходил «великий бой» между Гором и Сетом. Представление завершалось водружением фетиша О. столба «джед», символизировавшего возрождение бога и, опосредованно,— всей природы. О. отождествлялся с умершим царём. В «Текстах пирамид» фараон после смерти уподобляется О., его называют именем О. Он оживает подобно О. В дни мистерий О. справлялись коронационные обряды, в которых молодой фараон выступал в роли Гора, а умерший изображался О. на троне. Начиная с эпохи Среднего царства, каждый умерший египтянин стал отождествляться с О. (т. е. считалось, что, подобно О., умерший оживёт после смерти, и во всех более поздних заупокойных текстах перед именем умершего стоит имя О.).

Как бог мёртвых и царь загробного мира, О. воспринимался верховным судьёй загробного мира. Перед О. происходит психостасия: взвешивание сердца умершего на весах, уравновешенных истиной (*Маат*). Оправданный попадал на «райские поля» *Иару*.

Первоначально, видимо, О. был местным богом города Джеду (Бусирис) в восточной части дельты Нила; отождествлённый с другим богом города — *Анджети*, он стал изображаться с его атрибутами (посохом и бичом или хлопушкой). Заняв центральное место в царском культе, О. стал особенно почитаться в Абидосе — месте погребений фараонов, где он заменил бога мёртвых Анубиса, ставшего его спутником и помощником. Как сын бога земли Геба, уходящий после смерти под землю, О. стал считаться богом земных глубин, на его плечах покоится вся вселенная, из пота его рук вытекает Нил. С конца Нового царства О. связали с Ра (Ра-О.) и стали изображать с солнечным диском на голове. С О. сближали *Птаха* и *Сокара* (Птах-Сокар-Осирис), *Саха* (Орион), *Хентиехтаи* (Осирис-Хентихети), *Сепу, Упуата, Яха* (Осирис-Ях). В эллинистический период культ О. сливается с культом посвящённого ему священного быка *Аписа* в образе синкретического *Сераписа*.

Культ О. распространился в завоёванных Египтом Куше (где с ним отождествлялись *Апедемак, Аренснупис, Дедун, Мандулис, Себуимекер*) и других странах. В греко-римскую эпоху культ О. (наряду с другими греко-восточными культами богов умирающей и воскресающей природы — *Аттиса, Адониса, Таммуза*) получил широкое распространение в Западной Азии и в Европе, включая Северное Причерноморье.
Д. Г. Редер.

ОСИРАСАМА, в японских народных верованиях области Тохоку двойное божество. Его обычное культовое изображение — две, мужская (с головой лошади) и женская, фигурки, вырезанные из тутового дерева, рисованные тушью, просто скрученные из полотна. Выступает охранителем дома. Обряды перед изображением О. совершаются слепой жрицей (по-видимому, раньше это было прерогативой хозяйки дома).
Л. Е.

ОССА, в греческой мифологии персонификация молвы. О.— вестница Зевса, по его воле она побуждает ахейцев под Троей собраться на военный совет и решить судьбу войска (Hom. Il. II 93 след.). Обычно О. быстро приносит людям известия от Зевса; например, Телемаху — о его отце Одиссее (Od. I 281—283; II 216). Она разглашает по Итаке слух о гибели женихов Пенелопы (XXIV 413—415). Аналогичные функции имеет Фама (у Софокла Ф.— молва, божественный голос, «дитя золотой надежды», O. R. 158).
А. Т.-Г.

ОТАУ, в мифах бини богиня земли и плодородия. В центре культа О.— дерево икхими (сажалось возле каждого дома), под которым бини обращались к О. с молитвой об урожае.
Е. К.

О-ТОСИ, О-то́си-но ка́ми [др.-япон., «бог великой жатвы», «бог великого (урожайного) года»], в японской мифологии божество, рождённое *Сусаноо* и богиней Каму-о-ити-химэ («божественная дева из Оити»). О-т.— отец 16 детей, среди которых такие божества, как О-куни-митама («бог — священный дух великой страны») и Окицу-химэ («дева — богиня тлеющих углей») и О-бэ-химэ — богиня большого очага»), которая, согласно «Кодзики», почитаема всем народом (св. I). В числе детей, рождённых О-т., упоминается также О-ямакуи («бог больших горных столбов»), который держит звенящую стрелу (нарикабура) (св. I).
Е. П.

ОТХАН-ГАЛАХАН («хан огня Отхан»), О т г а л а́ х а н («хан огня От»), Отхан-Гала́хан э́х е («матушка Отхан-Галахан»), Эл-Гала́хан э́х е («матушка хан огня Эл»), Га́л-эх е («матушка-огонь»), О т э́х е, О д э́х е, У т э́х е («матушка От»), Галтэ́н г р и («огонь-тенгри»), в мифах монгольских народов божество огня, персонификация огня, очажного пламени. Предстаёт в мужском и в женском облике. Этимология имени Отхан (от тюрк. от, «огонь», и хан, «государь») указывает на тюркский компонент в генезисе образа.

Обнаруживается соответствие и с аналогичным персонажем тибетской мифологии, которого также называют «бог огня», «государь богов огня». Образ О.-Г. складывался на основе представлений о духах родового и семейного очага, выступавших в зависимости от различных племенных традиций в мужском или женском облике (отсюда то мужская, то женская ипостась божества).

В обрядово-мифологических сюжетах синтезируются ранние представления о небесном происхождении огня (очевидно, от удара молнии, который иногда интерпретируется как зачатие при космическом браке) и более поздние — о его искусственном добывании (высекании, которое на монгольских языках передаётся тем же словом, что и вспышка молнии). Создание огня связывается с эпохой первотворения: когда гора (Алтай, Хангай, *Бурхан-халдун*, Сумеру) была холмом, дерево (вяз, ива) — побегом, горный козёл — козлёнком, ястреб и жаворонок — птенцами, царь-лев — детёнышем и т. д. В вариантах огонь возникает благодаря начальному космогоническому акту — отделению неба от земли. Участие космических начал в порождении О.-г. многократно подчёркивается: огонь появился от 99 вечных тенгри, от *Хормусты*, от ханатенгри и матери Этуген («возник из её стопы») и т. д. В качестве его творцов упоминаются также гора, железо. Семантика порождения сохраняется при описании искусственного добывания огня, порождённого отцом-железом (сталью) и матерью-камнем (кремнем, галькой), образом, параллельным «матери-земле», а также горе).

При складывании культа *Чингисхана* его родовой огонь осмысляется как владыка над всеми духами очагов и затем — как огонь вообще. Согласно различным версиям, первый огонь был высечен Чингисханом и раздут его женой, высечен его отцом Есухей-багатуром и раздут его матерью Оэлун, высечен его сыном Чагадаем и раздут супругой Чагадая Чанхулан (ср. *Сахядай-нойон*); таким образом мотив мифологического порождения выражен в распределении функций между мужским («высекание») и женским («раздувание») началом.

Позднее под влиянием буддизма происхождение О.-Г. связывается с именами ламаистских божеств: Бурхан-бакши (*Шакьямуни*), Вайрочаны, Махешвары (*Шивы*) и др. В качестве мистического источника огня часто называется буква «ра», «арам»), одна из семи магических букв, по традиционной грамматической классификации относящаяся к стихии огня. Влияние тибетской традиции сказывается в версии о создании огня *Падмасамбхавой* (в тибетской мифологии именно он учредает культ божества огня). О.-Г. проявляется в целом сонме обитающих в очаге духов, объединённых семейными связями и олицетворяющих центр очага и различные его стороны. В призываниях к О.-Г. фигурирует его «очень старый» дед — Тала; отец («Победоносный огонь-господин»); Всевышняя матушка-лус (из разряда земных духов-хозяев, см. *Лу*; по модели космического порождения мать огня всегда связана с землёй); сыновья или братья (иногда числом 5), носящие общее имя Белое сердце огня; сёстры-врачевательницы — «огненные девы», олицетворяющие либо центр очага (Огненное центр-сердце), либо его стороны, цвета их тел соответствуют цветам утреннего, полдневного, вечернего и ночного солнца: фея восточного огня — сияюще-белая, южного — красно-жёлтая, западного — тёмно-красная, северного — чёрная (это распределение цветов почти полностью соответствует буддийской космологической символике; ср. *Тара*).

О.-Г. как божество огня имеет один глаз (реже три), всегда смотрящий вверх, в небо, ослепительно-белое лицо, густую белую бороду, медные брови, оскаленные раковинно-белые зубы. Наиболее частые его эпитеты — «красный», «масляный» и «шёлковый». У него жемчужный топор, кувшин, чётки, барабан, крюк, сеть, жемчужные подвески, хрустальный пояс на бёдрах. Облик и атрибуты божества огня и его семейства сложились под прямым влиянием буддийской иконографии.

Как персонификация огня О.-Г. связан с космическим центром (ср. центральное положение очага в юрте) и с мировой вертикалью: его блеск достигает неба, дым проникает сквозь 99 небесных слоёв (или покрывает их), жар пронизывает насквозь землю, согревает её 77 слоёв. Столь же несомненна связь с солнцем (огнём небесным). Очагу придавалась округлая форма (солнечный диск), а к новогоднему ритуалу приурочивались проводы О.-Г. старого года и встреча О.-Г. нового года. С этим же, очевидно, связан запрет выносить огонь из юрты в ночное время — после захода и до восхода солнца.

Общей для образов О.-Г. и солнца является идея производительности. При новогоднем ритуале поклонения О.-Г. у него испрашивают счастье, благую часть, жизненную силу. В обряде используется репейник, связанный с темой плодородия, а в качестве жертвенного животного — белая (или белая с жёлтой головой) овца, вообще символизирующая счастье и благополучие. Особую роль в культе О.-Г. играет козёл — универсальное олицетворение плодородия: кастрированный козёл — ездовое животное О.-Г., горный козёл фигурирует при описании возникновения О.-Г. Новогодние жертвы огню приносят женщины, которые просят детей, исключены участие в ритуале беременных женщин (напр., у ордосцев).

На связь огня с будущим потомством указывают: запрет у бурят выносить из юрты родовой огонь, если в доме есть дети возрастом до года, поклонение невесты родовому очагу жениха (хотя это прежде всего — испрашивание покровительства нового для неё родового духа, каковым выступает божество огня). Родовой огонь приравнивается к родственнику; по бурятским поверьям, его, как сына или сородича, нельзя отдать в чужой род, а погасить его — всё равно что убить родственника. При перекочёвке на новое место переносятся и непогашенные угли, сохраняющие родовой огонь, что рассматривается как гарантия продолжения рода. Одна из функций О.-Г.— очистительная: огнём очищали юрту, в которой лежал покойник, и находящиеся там вещи; невесту очищали перед вступлением в род жениха, проводя её между двумя кострами (по сообщению Плано Карпини, такой же процедуре подвергались послы, прибывшие к хану). Пожар, а также некоторые (прежде всего кожные) болезни — следствие гнева О.-Г., вызванного дурным обращением с очажным пламенем, нарушением запретов (перешагивать через очаг, подталкивать ногой топливо, помешивать угли острым предметом, пле-

вать в огонь, лить воду, бросать нечистоты, волосы, произносить перед очагом слово «волк» и т. д.). Существует у бурят поверье, что О.-Г. окривел из-за помешивания углей в очаге острым предметом.

С. Ю. Неклюдов.

ОФАНИ́М (евр., «колёса»), в послебиблейской иудаистической мифологии один из десяти (по другим вариантам — двенадцати) разрядов ангельской иерархии. Образ О., формировавшийся в тесной связи с общей символикой *круга*, восходит к описанию боговидения пророком Иезекиилем (см. *Иезекииля видение*). Описываемые здесь таинственные самодвижущиеся колёса с ободьями, полными глаз (Иезек. 1, 15—20; 10, 12—13), традиционно истолковываемые как символ божественного всеведения и всевидения, в апокрифической книге Еноха предстают как ангелы, окружающие вместе с *херувимами* и *серафимами* охваченный вечным огнём хрустальный трон бога; они «не дремлют и охраняют трон его славы» среди тысяч и десятков тысяч других ангелов (71, 7). Раввинистическая традиция помещает О. вместе с серафимами и хайот («жизни») на седьмое небо, где обретаются праведники, святые, ангелы-прислужники и трон славы. Позднейшие предания варьируют лишь место, какое О. занимают по отношению к другим ангельским чинам, отводя им обычно второе место после серафимов. Во главе О. ставится ангел Офаниэль, который, однако, от них отделяется и в качестве блюстителя лунного круга вместе с ангелом-хранителем круга солнечного, а также хранителями планет и звёзд помещается ниже семи небес — в т. н. Велоне. Каббалистическая традиция ставит над О. наравне с Офаниэлем архангела Рафаила.

М. Б. Мейлах.

ОФИО́Н, Офионе́й, в греческой мифологии: 1) первый владыка Олимпа, царствовавший вместе с океанидой Эвриномой, но уступивший Кроносу и Рее и низвергнутый в глубь Океана (Apoll. Rhod. I 503—506). В поздней мифологии отождествлялся с Океаном (или Нереем, Myth. Vat. I 204); 2) самый могучий из гигантов, которого Зевс завалил огромной горой, названной Офионием (Schol. Hom. Il. VIII 479).

Г. Г.

ОХИ́Н-ТЕ́НГРИ (монг.), Окон-те́нгри (калм. «дева-тенгри», «дева-небо»), У́хин Ха́ра-те́нгри (бурят. «дева чёрный тенгри» или «дева тёмное небо»), в мифах монгольских народов небесное божество (*тенгри*), идентичное тантрическому божеству Лхамо (тибет.), *Деви* (санскр.). О.-т. упоминается в группе четырёх (восьми, десяти) докшитов, относится к разряду чойджинов (*дхармапал*), квалифицируется как гневное воплощение богини Цаган Дар-эке («белая *Тара*», см. *Тара*), иногда осмысляется как супруга Чойджала (*Эрлика*). Наделена функциями божества времени (её сопровождают богини четырёх времён года), судьбы (связана со смертью и загробным судилищем); в буддийской иконографии устрашающего вида. О.-т. воспринимается и как всеобщая прародительница (в монг. шаманских призываниях её называют «единственной матерью»). У калмыков с Окон-тенгри связываются плодородие и возрождение жизни. Популярен сюжет о её похищении *мангусами*. Окон-тенгри, чтобы подать весть о себе, пишет своё имя на крыле луны, почитавшегося калмыками священной птицей. Победа над мангусами и возвращение Окон-тенгри связывались с концом зимы, с новогодним праздником цаган сар («белый месяц»); на храмовых торжествах устраивалась встреча её статуи. В бурятской шаманской мифологии Ухин Хара-тенгри относится, напротив, к восточным, тёмным, враждебным людям тенгри, вызывает болезни, падёж скота, смерть и бесплодие, особенно опасна для беременных женщин.

С. Н.

ОЧИРВА́НИ (от санскр. Ваджрапани), в мифах монгольских народов бурхан грозное божество (*докшит*), громовержец. В иконографии имеет тёмно-синий цвет. Его эпитеты: «имеющий великую силу», «свирепый». О. представляется сначала злым, а за-

тем укрощённым (принявшим буддизм). С О. связаны демоноборческие и змееборческие сюжеты: в облике птицы *Гаруды* О. побеждает мирового змея лосуна (см. в ст. *Лу*). Однако, по другой версии, О. как божество погоды, особенно дождя,— покровитель змеевидных лу и защитник их от Гаруды. О. наделён функциями демиурга и культурного героя: он творит землю (из принесённой со дна океана щепотки), участвует в изготовлении напитка бессмертия (в монгольских мифах о *Раху*). Его постоянный атрибут — очир (ваджра), с его помощью О. забрасывает на небо огонь, который становится солнцем; от удара очиром по океану на небе появляется месяц; очир, брошенный вслед Раху, рассекает его пополам.
С. Н.

ОЧОКО́ЧИ («козёл-человек»), у грузин мифологический персонаж — злой лесной дух. Имеет антропозооморфный облик. Лишён дара речи, но звуки его голоса наводят на людей панический ужас. О. огромного роста, с телом, покрытым шерстью цвета ржавчины. У него длинные и острые когти, на груди имеется топорообразный выступ, которым О. рассекает надвое своих противников. Сражённый выстрелом охотника, О. оживает после повторного выстрела. Распространены сюжеты о домогательстве О. любви *Ткаши-мапа*. Ср. адыг. *Мезиль*, абх. *Абнауаю*.
А. Ц.

ОЧОПИ́НТЕ, О ч о п и́ н т р е, у грузин мужское божество охоты, покровитель и предводитель диких животных. О. владеет душой каждого животного. Охотник, перед тем как отправиться на охоту (и во время охоты), вымаливает у О. удачу и позволение убить зверя.
А. Ц.

ОШХАМА́ХО, в мифах и нартском эпосе адыгов гора (Эльбрус), местопребывание богов. К О. *Тха* (вариант: *Пако*) приковал в наказание богоборца *Насрен-жаче*.

О-ЯМА́ЦУМИ, О́-я ма́цуми-но ками (др.-япон., «бог — дух больших гор», «великий бог — дух гор»), в японской мифологии небесное горное божество, рождённое *Идзанаки* и *Идзанами*. Управляет всеми земными горными божествами (напр., вулканическими божествами, рождёнными *Кагуцути*).
Е. П.

ПАВАХТУ́НЫ, в мифах майя четыре бога ветра, связанные со сторонами света. П. рано слились с чаками (см. *Чак*), а в 15 в. с *бакабами*. После христианизации населения были идентифицированы со святыми Домиником, Гавриилом, Иаковом и Марией Магдалиной.

Р. К.

ПА́ВЕЛ (греч. как передача лат., «малый»), в христианской традиции «апостол язычников», не знавший Иисуса Христа во время его земной жизни и не входивший в число *двенадцати апостолов*, но в силу особого призвания и чрезвычайных миссионерско-богословских заслуг почитаемый как «первопрестольный апостол» и «учитель вселенной» сразу после *Петра* и вместе с ним. П. происходит из колена Вениамина, родился в малоазийском городе Тарс (в Киликии); он — наследственный римский гражданин (Деян. 22, 25—29), с чем связано его римское имя (евр. имя П.— Саул, в традиционной передаче Савл, дано в честь царя *Саула*, также происходившего из колена Вениамина). П. зарабатывал на жизнь изготовлением палаток (18, 3). Был воспитан в строгой фарисейской традиции (26, 5), учился в Иерусалиме у известного рабби Гамалиила Старшего (22, 3). Преданность консервативному иудаизму внушила ему ненависть к первым христианам, составлявшим иерусалимскую общину. В молодые годы он участвовал в убийстве диакона Стефана, забитого камнями (7, 58, 8, 1), в арестах христиан в Иерусалиме (8, 3). Намереваясь начать широкое преследование бежавших из Иерусалима членов общины, он направляется в Дамаск (9, 1—2). Однако на пути в Дамаск он испытал чудесное явление света с неба, от которого пал на землю и потерял зрение; голос укорил его «Савл, Савл! Что ты гонишь меня?», 9, 4) и велел слушаться тех, кто скажет ему в Дамаске, что делать. «Видение в Дамаске» стало поворотным событием в жизни П. Исцелившись от слепоты по молитве христианина Анании, П. принимает крещение и начинает проповедь христианства в Аравии (Гал. 1, 17), затем в Дамаске, откуда ему пришлось бежать, спустившись ночью по городской стене в корзине (Деян. 9, 24—25). Но по-настоящему его миссионерские пути начинаются с Антиохии, культурной столицы эллинизма. Далее он проповедует христианство в Киликии, на Кипре, в Галатии, Македонии, Афинах (он «возмутился духом при виде этого города, полного идолов», 17, 16), Коринфе, Эфесе, Испании. Нередко его встречают враждебно — побивают камнями, избивают палками, бросают в темницу (откуда П., воззвав к богу, чудесно освобождён: «вдруг сделалось великое землетрясение, так что поколебались основание темницы», 16, 26). В доказательство правоты нового вероучения П., «исполнившись духа святого» (13, 9 и др.), творит чудеса: насылает слепоту на «волхва лжепророка» (13, 6—12), исцеляет хромого (это имело среди язычников неожиданный эффект: они начали кричать: «боги в образе человеческом сошли к нам» и намеревались принести жертвы П. и его спутнику, которым пришлось убеждать толпу в том, что они простые люди, желающие обратить их «от богов ложных» к «богу живому», 14, 8—18) и даже воскрешает умерших (20, 9—12). Несмотря на неблагоприятное предсказание, П. отправляется в Иерусалим, где он схвачен иудеями, закован в цепи и чуть было не убит, но как римский гражданин отправлен в Кесарею к римскому наместнику, а оттуда по морю в Рим (П. предрекает кораблекрушение, что и сбывается, однако П. и его спутники чудесно спасены); ядовитая змея не причиняет ему вреда (28, 3—6). В Риме, проповедуя, он живёт два года (28, 30—31). О казни П. в новозаветных текстах не сообщается; последующее предание относит её ко времени гонений Нерона на христиан (ок. 65); он был казнён в Риме вместе с апостолом Петром. Рассказывается о чудесах, сопровождавших его смерть: его отрубленная голова выговаривает в последний раз имя Иисуса Христа; на том месте, где она упала, начинают бить три родника (откуда название римского монастыря Тре Фонтане), и т. п.

П. приписывается авторство 14 посланий, входящих в Новый завет (большинство современных исследователей считает большую часть посланий действительно принадлежащими П., а его — подлинным историческим лицом, история жизни которого подверглась мифологизации). Апокрифический «Апокалипсис Павла» (возник ок. 400) описывает видения П. во время его вознесения «до третьего неба» (ср. 2 Кор. 12, 2), посещение им места обитания праведников и ада.

С. С. Аверинцев.

ПАГИ́РНЕЙС, Паги́рейс, Паги́рмис, в литовской мифологии «домашний» бог, связанный с помолом, жерновами (от литов. gírnos, «жернова», культом камней (ср. литов. gírnų akmuõ, «камень жерновов») и т. п. Мужчины приносили ему в жертву свинью, иногда и быка, женщины — петухов (трижды в год). Идентифицируется с литовским божеством муки Дугнай, упомянутым Я. Ласицким (16 в.): имя Дугнай связано с литов. dugnas, «дно, под» и pādugnes, «осадок, гуща, тесто», восходящими к индоевропейской основе *budh- и соответствующим мифологическим персонажам, воплощающим нижний мир (напр., слав. *Бадняк*), а также муку, тесто.

В. И., В. Т.

ПАДМАСАМБХА́ВА (санскр., «возникший из лотоса»), **Падмапжу́нба** (тибет.), персонаж в буддийской мифологии Тибета. В основе образа П.— по-видимому, реальный человек, который содействовал распространению буддизма в Тибете. По легенде, П. родился из лотоса как эманация будды *Амитабхи*, он воспитывался в доме Индрабхути (одного из *махасиддх*), правителя страны Одияны (по мнению некоторых буддологов, в долине реки Сват в Кашмире). После достижения совершеннолетия П. путешествовал по Индии, изучая с помощью *дакини* методы ваджраяны. По приглашению тибетского царя Тисонгдцэна (755—791) он отправился в Тибет, чтобы помогать философу Шантаракшите распространять там буддизм. Искусный в магии, П. превращал местных божеств и демонов в защитников буддизма. П. считается основателем древнейшей тибетской буддийской школы ньинма. *Л. М.*

ПАК, в английской низшей мифологии, фольклоре и литературе домовой, сходный с *брауни*. *С. Ш.*

ПА́КО, в нартском эпосе адыгов бог зла. П. антропоморфен, мужского пола (его эпитет — «козлиная борода»). Пребывает то на земле, то на небе. Его телохранители — орёл и дракон. Как космическое божество П. посылает на землю удары грома, заливает её ливнем или иссушает суховеем. Его действия направлены против *нартов*; он отнимает у них огонь, вызывает бесплодие женщин и животных. Огонь, похищенный П., пытается вернуть нарту *Насрен-жаче*. П. приковывает его к *Ошхамахо*. Освобождает Насрен-жаче и возвращает нартам огонь нарт Батраз. От П. нартов избавил *Уазырмес*. Он настиг П. в небе в его дворце и отрубил ему голову. *М. М.*

ПАКС, в римской мифологии персонификация мира. Культ был введён Августом, посвятившим П. по решению сената в 9 до н. э. алтарь на Марсовом поле в знак установленного им на земле мира и благоденствия. С эпитетами Августа, Вечная и пр. изображения П. в виде женщины с кадуцеем, рогом изобилия, колосьями, оливковой ветвью часто встречаются на монетах времён империи. *Е. Ш.*

ПАК ХЕККОСЕ́, в корейской мифологии основатель древнего государства Силла. Согласно «Самгук юса», в 69 до н. э. (по традиционной хронологии) старейшины шести поселений племени чинхан собрались, чтобы найти достойного правителя. В южной стороне под горой Янсан (в «Самгук саги»: посреди леса на склоне горы Янсан), у колодца Наджон, они увидели пар, озарявший землю подобно блеску молнии, и стоявшую на коленях и кланявшуюся (в «Самгук саги»: плакавшую) белую лошадь, возле которой лежало пурпурное (по другой версии, большое синее) яйцо. Заметив старейшин, лошадь заржала и поднялась в небо. В яйце нашли отрока, тело которого испускало сияние, птицы и звери, танцуя, ходили за ним, а солнце и луна блистали чистейшим светом. Поэтому его и нарекли Хёккосе (кит. запись древнекор. имени Пульгонэ, «озаряющий мир»), родовой же фамилией сделали Пак, потому что он родился из яйца, похожего на тыкву-горлянку («пак»). В тот же день (в «Самгук саги»: лишь на пятом году правления П. Х.) обнаружили и будущую супругу П. Х. В 13 лет он получил титул «косоган» (от «альджи косоган» — «младенец-государь», как он назвал себя, когда впервые заговорил) и стал править царством Сораболь, или Соболь («новая страна»), позже переименованным в Силла. П. Х. правил 61 год, а потом вознёсся на небо. Спустя семь дней его тело, расчленённое на части, упало на землю. Люди царства хотели собрать вместе части тела П. Х. и похоронить, но этому помешала большая змея. Тогда они похоронили пять частей в отдельных могилах, получивших название «Змеиного кургана». Согласно записи мифа в «Чеван унги» (13 в.), с тёмно-синего неба на красной верви спустилось яйцо, подобное тыкве, и царская фамилия Пак была приготовлена небом, так как П. Х. до того долго жил в протоке («пак»). Эта запись, видимо, является контаминацией мифа о *Ким Суро*, основателе государства Карак. П. Х. приписывали культурные деяния — приобщение силласких общинников к полеводству, шелководству и т. д. *Л. Р. Концевич.*

ПАЛАМЕ́Д, в греческой мифологии сын *Навплия* и Климены (варианты: Гесионы или Филиры, Apollod. II 1, 5). Ему приписывается изобретение (или упорядочение) алфавита, введение чисел, мер длины и веса, также счёта времени по годам, месяцам и дням. Он научил людей наблюдать за движением небесных светил и определять по ним курс кораблей, а также распределять ежедневный приём пищи на три раза. П. ввёл трёхступенчатое деление войска; чтобы скрасить воинам однообразие лагерной жизни, также изобрёл игру в шашки и кости (Schol. Eur. Orest. 432). Таким образом, П. сближается с другими греческими культурными героями и богами (Афина, Дионис, Гермес, Прометей, Кадм), которым приписывались важные для людей изобретения. Во время похода против Трои П. оказывает грекам важные услуги, несколько раз спасая их от голода. Однако это не помешало им поверить Одиссею, оклеветавшему его (некогда П. разоблачил Одиссея, который, чтобы не участвовать в войне, прикинулся сумасшедшим). По приказу Одиссея в палатке П. было зарыто золото, а затем с помощью пленного троянца подброшено подложное письмо, якобы адресованное *Приамом* П., из текста которого следовало, что П. готов за большую сумму предать греков. Когда в палатке П. обнаруживают золото, его обвиняют в измене и побивают камнями (Apollod. epit. III 8).

По другим вариантам мифа, Одиссей вместе с *Диомедом* убивают П., заманив его хитростью в ловушку (Paus. X 31, 2). Образ П. как невинно пострадавшего героя нашёл отражение у афинских трагиков 5 в. до н. э. (не дошедшие трагедии «П.» Эсхила, Софокла и Еврипида) и в «Апологии» софиста Горгия. *В. Н. Ярхо.*

ПА́ЛЕС, в римской мифологии пастушеское божество, покровитель коз и овец. Сохранились посвящения П. и как женскому, и как мужскому божеству, но чаще выступает как божество женского рода (Serv. Verg. Georg. III 1). Видимо, в процессе синойкизма общин П. слилась с почитавшейся на Палатине Палатуей, имевшей своего фламина (Varr. VII 45). По преданию, Рим был основан в день праздника в честь П. — палилии или парилии (21 апреля), поэтому одни считали П. тайной покровительницей Рима, другие причисляли её к *пенатам* Рима (Serv. Verg. Aen. II 325). Её отождествляли также с Матерью-землёй, Вестой, Венерой (Serv. Verg. Georg. III 1). В палилии богине приносили мёд и молоко, убирали и украшали венками и гирляндами стойла, разжигали из серы и разных трав костры, между которыми проводили для очищения стада, а пастухи трижды через них прыгали и просили П. защитить людей, скот, собак, снять с пастухов и животных скверну, навлечённую невольной провинностью против сельских святилищ, рощ, могил и вод, дать плодовитость скоту и изобилие растительности, защитить от вредных фавнов и нимф (Ovid. Fast. IV 721 след.). Заканчивался обряд весёлым пиром. П. с эпитетом Матута («утренняя» или «дающая созревание») консул М. Атилий Регул посвятил во время 1-й Пунической войны (264—241 до н. э.) храм. Палилии впоследствии в период империи справлялись и как день рождения Рима. *Е. Ш.*

ПА́ЛИКИ, в италийской мифологии (у сикулов) боги-близнецы хтонического типа. Святилище П. близ города Леонтины, у серного озера, вода которого, оставаясь холодной, казалась кипящей, было самым значительным сакральным центром сикулов (Macrob. Sat. VI 2, 9; Strab. V 19, 19). Наиболее вероятной считается объяснение имени от лат. основы pal, от которой образовано имя богини *Палес*. Греческие авторы объясняли имя П. от греч. palin, «опять», «вновь» и связывали его с мифом о рождении П. По преданию, П. — это двое близнецов родом из Сицилии, родившихся от Зевса и музы Талии или от Гефеста и Этны. Забеременев и опасаясь гнева Геры, нимфа скрылась глубоко в недрах земли, но фонтаны выбросили родившихся близнецов на поверхность. П. обладают губительными функциями, наказывая клятвопреступников, и благодетельными, помогая несправедливо обиженным; так стихийные функции земли трансформируются в мифе о П. в социальные функции божеств, покровителей гонимых.

ПАЛИНУ́Р, в римской мифологии спутник и кормчий *Энея*, эпоним мыса Палинур в Южной Италии (Verg. Aen. III 202 след.; V 12 след.). Когда корабли троянцев отплыли из Сицилии, Венера предупредила Энея, что плавание будет успешным только после того, как погибнет один из спутников (V 814 след.). П., стоявшего у руля, охватила дремота, и при повороте корабля он, не удержавшись,

упал вместе с кормовым веслом за борт. Волны прибили его к берегу. П. выбрался на сушу, но его схватили и убили местные жители — луканцы, а тело оставили без погребения. Во время нисхождения в преисподнюю Эней увидел тень П., которую Харон отказывался перевезти через Стикс, как и других непогребённых героев. Эней похоронил П. на месте его гибели, и мыс стал именоваться Палинур (Verg. Aen. VI 337—380; Horat. Od. III 4, 28).
М. Б.

ПАЛЛА́ДИЙ, в греческой мифологии небольшого размера деревянный истукан вооружённого божества, служивший общегосударственным амулетом. Наиболее знаменитый: первый П. Афины в Трое. Согласно мифу, этот П. был подарком (знамением) Зевса для Дардана или его сына Ила. Представлял собой небольшую фигуру с сомкнутыми ногами, копьём в правой, прялкой и веретеном в левой руке. Его изготовила Афина в память о дочери Тритона Палладе, с которой она занималась воинскими упражнениями (Apollod. III 12, 3). По другой версии, троянский П. был сделан из костей сына Тантала Пелопса и продан троянцам скифом Абарисом (FGH II 9). Диомед и Одиссей, выкравшие П., обеспечили этим захват города (Serv. Verg. Aen. II 166). Почти все города, обладавшие П. (Афины, Спарта, Аргос, Гераклея и др.), гордились тем, что именно их П.— троянский. В Риме (где функции П. выполняли также щиты-анцилии, Ovid, Fast. III 357) считалось, что римский П. был вывезен Энеем из Трои, а другой был доставлен Диомедом в Аргос.
Г. Г.

ПАЛЛА́НТ, Палла́с, в греческой мифологии: 1) сын титана Крия и Эврибии, брат Астрея и Перса (Hes. Theog. 375—377). От брака с океанидой Стикс родились Нике («Победа»), Сила, Мощь и Зависть (383—385); 2) гигант, убитый Афиной в гигантомахии, с которого она содрала кожу и прикрывалась ею, как щитом (Apollod. I 6, 2); 3) младший сын афинского царя *Пандиона*, брат *Эгея* и дядя *Тесея*, убитый им (Apollod. III 25, 5; Plut. Thes. 13).
А. Т.-Г.

ПАЛЛАНТИ́ДЫ, в греческой мифологии пятьдесят сыновей *Палланта*, внуки *Пандиона*, двоюродные братья царя *Тесея*. П. оспаривали власть Эгея, считая его приёмным сыном Пандиона, и не признали Тесея, когда тот явился неожиданно из Трезена, чтобы получить власть после смерти Эгея. В борьбе с Тесеем П. были побеждены и перебиты (Plut. Thes. 13). После убийства П. Тесей и Федра получили очищение в Трезене (Paus. I 22, 2).
А. Т.-Г.

ПАЛ ЫЗ («горный хозяин, горный человек»), в мифологии нивхов добрые духи горной тайги, промысловых животных, податели удачи на охоте. По одним вариантам, П. ы. живёт на самой высокой горе во главе целого селения родичей, а собаками у него служат медведи. В ответ на жертвоприношения П. ы. посылает людям животных. По другим версиям, П. ы. племя таёжных людей — медведей. Каждый из девяти родов П. ы. обитает в отдельном жилище и связан кровным родством с определённым видом нивхов. Нивхи совершают жертвоприношения П. ы., а те спускаются к людям в виде медведя, который даёт себя убить, и после совершения обрядов медвежьего праздника возвращается с богатыми подарками к своим лесным сородичам. Считается, что человек, оцарапанный медведем или погибший во время схватки с ним,— это избранник полюбившей его горной женщины — духа; после смерти он переселяется в селение П. ы. и оказывает всяческое содействие своим земным сородичам. В результате сожительства женщин с П. ы. рождаются близнецы, которые также после смерти превращаются в П. ы.
Е. Н.

ПАМУ́ЛАК МАНО́БО, в мифах багобо (остров Минданао, Филиппины) бог-демиург. П. М. создал землю, небесные тела, животных, растения и из комьев грязи — первых людей. Он сотворил угря, который обвивается вокруг земли и иногда сотрясает её.
М. Ч.

ПАН, в греческой мифологии божество стад, лесов и полей. П. наделён ярко выраженными хтоническими чертами, выявляющимися как в происхождении П., так и в его облике. П.— сын нимфы *Дриопы* (дочери Дриопа «дубовидного») и Гермеса (вариант: сын Пенелопы и Гермеса; Apollod epit. VII 38). Он родился в Аркадии. Дриопа ужаснулась, увидев сына, заросшего волосами и бородатого. Однако Гермеса и богов-олимпийцев его вид развеселил, и они нарекли младенца П. (т. е. «понравившийся всем», греч. pan «всё», Hymn. Hom. XIX). В действительности имя П. происходит от индоевропейского корня pus-, paus-, «делать плодородным», что соответствует истинным функциям этого божества и сближает его с *Дионисом*. Вместе с сатирами и силенами П. в числе демонов стихийных плодоносных сил земли входит в свиту Диониса. Как истинный спутник Диониса, П.— миксантропичен: он козлоног, с козлиными рожками, покрыт шерстью (Hymn. Hom. XI 37). Он известен своим пристрастием к вину и веселью. Он полон страстной влюблённости и преследует нимф. Нимфа Сиринга (букв. «свирель») в страхе перед П. превратилась в тростник (Ovid. Met. I 689—712), из которого П. сделал свирель. Он ценитель и судья пастушеских состязаний в игре на свирели (таким он обычно изображается в идиллиях Феокрита). П. даже вызвал на состязание Аполлона, но был им побеждён, и у царя *Мидаса* — судьи этого состязания, не оценившего Аполлона, выросли в наказание ослиные уши (XI 153—179). П. как божество стихийных сил природы наводит на людей беспричинный, т. н. панический, страх, особенно во время летнего полдня, когда замирают леса и поля. П.— помощник в битвах, он наводит страх на врагов. Он помог Зевсу в борьбе с титанами (Ps.-Eratosth. 27). Сохранилась легенда о явлении П. грекам перед марафонской битвой (Herodot. VI 105) и при Саламине (Aeschyl. Pers. 447—455). П. особенно почитался в Аркадии, где была священная гора П. (Paus. VIII 36, 8). Известны также знаменитые святилища П. в пещере на склоне афинского акрополя (Herodot. VI 105) и в Филе (Аттика), где он почитался вместе с нимфами (Menandri Dyscolos 2, 12, 401). П. входит в число олимпийских богов, он упоминается вместе с Зевсом и Аполлоном (Aeschyl. Agam. 56). В античной философии П. представлялся как божество, всё объединяющее (Hymn. Orph. XI). В предании, изложенном Плутархом, о смерти Великого П. он показан как символ уходящего античного мира (De def. or. 27). Раннее христианство причисляло П. к бесовскому миру, именуя его «бесом полуденным», соблазняющим и пугающим людей. В римской мифологии П. соответствуют *Фавн* (покровитель стад) и *Сильван* (демон лесов).
А. Ф. Лосев.

ПАНАКЕ́Я, Панаце́я, в греческой мифологии персонификация исцеления. Дочь *Асклепия*, её братья — знаменитые врачи, исцеляющие героев Троянской войны,— *Махаон* и *Подалирий* (Hom. Il. IV 208—219), её сёстры — Гигиея «здоровье» и Иасо («лечение»). В святилище Амфиарая в Оропе находился жертвенник, одна из частей которого была посвящена П., Иасо, Гигиее и Афине Пеонии («целительнице»).
А. Т.-Г.

ПАНБЭКСИ́Н, в корейской мифологии дух, охраняющий направления в пути движения сил Тьмы и Света (см. *Инь и Ян*). В буддийском учении ему соответствует Маван (индийск. *Мара*), владыка демонов шестого неба в «сфере желаний» *Девалоки*. Направление, где пребывает П., считается несчастливым. Находясь в Небесном дворце, он вносит беспорядок в жизнь девяти миров буддийского рая. Поэтому П. ещё называют Кумавансия, злым духом девяти миров. В определённые годы в 12-летнем цикле П. охраняет соответствующие стороны света; в годы «мыши», «дракона» и «обезьяны» — северное направление, в годы «быка», «змеи» и «курицы» — западное, в годы «зайца», «овцы» и «свиньи» — восточное и в годы «тигра», «лошади» и «собаки» — южное направление.
Л. К.

ПА́НДАВЫ, главные герои древнеиндийского эпоса «Махабхарата» — пять сыновей царя *Панду*: Юд-

хиштхира, *Бхима*, *Арджуна*, Накула и Сахадева. Панду лишь номинально считался отцом П.: из-за наложенного на него проклятия он не мог иметь детей, и его первая жена *Кунти* родила Юдхиштхиру, Бхиму и Арджуну соответственно от богов *Дхармы, Ваю и Индры*, а вторая — Мадри близнецов Накулу и Сахадеву от *Ашвинов*. На П. в эпосе частично перенесены мифологические характеристики их божественных отцов.

Согласно «Махабхарате», П. воспитывались вместе со своими двоюродными братьями *кауравами* при дворе царя *Дхритараштры* в Хастинапуре. С детства кауравы, и особенно старший среди них — *Дурьодхана*, завидовали П. и преследовали их. Так, когда П. находились на празднестве в городе Варанавате, Дурьодхана пытался сжечь их в построенном по его приказу смоляном доме, но, предупреждённые своим дядей Видурой, П. покинули западню. После сваямвары *Драупади* П. получили её себе в жёны. Дхритараштра отдал им западную половину своего царства, и П. выстроили себе новую столицу — Индрапрастху. Однако спустя несколько лет Дурьодхана послал Юдхиштхире вызов на игру в кости, и Юдхиштхира проиграл кауравам царство, братьев, самого себя и Драупади. Драупади удалось добиться от Дхритараштры свободы для себя и своих мужей, но вскоре Юдхиштхира вторично был втянут в игру и, проиграв и на сей раз, был вынужден уйти вместе с братьями на 13 лет в изгнание. 12 лет изгнания П. провели в лесу, а последний год — в услужении у царя племени матсьев Вираты. По окончании срока изгнания П. потребовали вернуть им царство, но Дурьодхана отклонил их требование, и спор их смогла решить лишь братоубийственная война; в ней приняли участие почти все цари Индии. Сражение, в котором П. помогал своими советами *Кришна*, произошло на *Курукшетре*. От войска кауравов осталось в живых лишь три человека, но ночью после битвы эти трое во главе с Ашваттхаманом пробрались в лагерь П. и истребили всех спящих там воинов. Спаслись лишь пять братьев-П. и Кришна. Юдхиштхира становится царём в Хастинапуре, но спустя несколько лет покидает вместе с братьями и Драупади царство, совершает паломничество в Гималаи, во время которого П. один за другим умирают. После смерти П. удостаиваются небесного блаженства.

Рассказ о борьбе П. и кауравов составляет главное содержание «Махабхараты», которое по-разному интерпретируется исследователями. Учёные, принадлежащие к мифологической школе, рассматривали его как солнечный миф (А. Людвиг, Л. Дхар), как гуманизированную версию ведийского мифа о борьбе богов и *асуров* (А. К. Кумарасвами), как трансплантацию мифологических представлений, связанных с трёхчленным функциональным делением индоевропейского пантеона (Ж. Дюмезиль, М. Викандер) и т. п. С другой стороны, специалисты, придерживающиеся взглядов исторической школы (К. Лассен, А. Макдонелл, Э. У. Хопкинс, М. Винтерниц, В. Рубен и др.), убеждены в реальной исторической основе событий, описанных в эпосе.

П. А. Гринцер.

ПА́НДАР, в греческой мифологии союзник троянцев, предводитель ополчения из Зелии на реке Эсеп. П. выступает как искусный стрелок из лука; побуждаемый *Афиной*, он ранит *Менелая* и этим нарушает договор о перемирии, заключённый перед поединком Менелая с *Парисом* (Hom. Il. IV 86—147). В другой раз П. стреляет в *Диомеда*, который благодаря вмешательству Афины отделывается лёгкой раной и вскоре убивает П. ударом копья в лицо (V 95—120 и 166—296). По происхождению П. является ликийским героем, имевшим культ в Пинаре; в «Илиаде» воспоминание об этом сохраняется в имени отца П.— Ликаона, героя-эпонима Ликии, и в близости П. к Аполлону — «славному ликийскому лучнику» (IV 101 и 119). *В. Я.*

ПАНДИО́Н, в греческой мифологии: 1) сын афинского царя Эрихтония, отец Эрехфея, *Бута*, Филомелы и *Прокны*, которую он отдал в жёны фракийцу Терею. Умер от горя после несчастий Прокны. При нём в Аттику прибыли Деметра и Дионис. После смерти П. царскую власть унаследовал Эрехфей, а жреческий сан — Бут (Apollod. III 14,7—15,1); 2) правнук предыдущих, сын Кекропа, царь Аттики (при нём туда явился для очищения от убийства *Орест*). Изгнанный своими родичами, бежал в Мегару, где женился на царской дочери Пилии, от которой имел четырёх сыновей и среди них *Эгея* и *Палланта* (Apollod. III 15, 5). *А. Т.-Г.*

ПАНДО́РА («всем одарённая»), в греческой мифологии первая женщина, созданная Афиной и Гефестом. Зевс, разгневанный тем, что Прометей похитил для людей огонь у богов, решил отомстить людям и приказал создать женщину. Гефест слепил её, смешав землю с водой, Афина одела её в серебряное платье и увенчала золотым венцом (Hes. Theog. 567—590). П. должна была по замыслу Зевса принести людям соблазны и несчастья. По другой версии Гесиода, её одаривают *хариты*. Пейто («убеждение»), *горы*; Гермес вкладывает ей в грудь лживую и хитрую душу. Женщину назвали П., так как все боги оделили её дарами. П. соблазнила недалёкого Эпиметея — брата Прометея, который уговаривал Эпиметея ничего не принимать от Зевса. Когда П. открыла сосуд, вручённый ей богами, в который были заключены все людские пороки и несчастья, по земле расползлись болезни и бедствия. Только надежда осталась на дне сосуда, так как П. захлопнула крышку; так люди были лишены даже надежды на лучшую жизнь (Hes. Opp. 50—105).

Дочь П. и Эпиметея — Пирра и сын Прометея *Девкалион* стали супругами и по воле богов пережили потоп (Ovid. Met. I 318—417). В мифе о П.— очевидная дискредитация женского начала как губительного и лживого в эпоху утверждения патриархата. *А. Т.-Г.*

ПАНДРО́СА, в греческой мифологии одна из трёх дочерей *Кекропа и Аглавры*. П. и её сёстрам Афина дала на хранение ларец с младенцем *Эрихтонием*, который они ослушались открыть, за что были ввергнуты Афиной в безумие. Имя П., «всевлажная», указывает на её древнее растительное родство и связь с хтонической Афиной (Apollod. III 14,2; 14,6). *А. Т.-Г.*

ПА́НДУ (др.-инд., «бледный»), герой древнеиндийского эпоса «Махабхарата», сын мудреца *Вьясы* и вдовы царя Вичитравирьи Амбалики. Мать П. побледнела от ужаса при приближении безобразного Вьясы, и поэтому её сын от Вьясы имел от рождения необычно бледную кожу (отсюда его имя). За убийство пары антилоп в момент их соития П., согласно наложенному на него проклятию, должен был умереть в объятиях своей супруги. Он долго оставался бездетным, пока две его жены, *Кунти* и Мадри, не родили ему пятерых сыновей, *пандавов*, от богов *Дхармы, Ваю, Индры и Ашвинов*. П. умер, когда забыв о проклятии, попытался обнять свою жену Мадри. *П. Г.*

ПА́НЕ НА БО́ЛОН, в мифах батаков (остров Суматра, Западная Индонезия) рогатый змей, повелитель нижнего мира и морской стихии. Иногда отождествляется с *Нага Падоха* (см. в ст. *Сидеак Паруджар*). За год он оборачивается вокруг земного диска, насылая в пути на землю войны, эпидемии и другие несчастья. *М. Ч.*

ПА́НИ, в древнеиндийской мифологии: 1) в единственном числе имя одного из вождей демонов; Индра захватывает его коров (РВ X 108), то же делают *Агни* и *Сома* (I 93, 4); Агни делит добычу, принадлежащую П. (VI 13, 3); 2) во множественном числе название группы демонов или демонского племени, врагов Индры. В «Ригведе» П. упоминаются около 20 раз. П. угоняют коров на край света, за реку Расу, и укрывают их в горной пещере. Иные версии говорят об Агни как открывателе врат П., о сокровищах П., о скрытом ими в коровах жире, о Соме, отбирающем у П. быков, и т. п. П. изображаются как лживые, лишённые веры и культа существа. *В. Т.*

ПА́НИКС, П́о́нике, мифологизированный образ огня у пруссов, огонь очага, по-видимому, «новый» или «живой» огонь, полученный во время особого ритуала. Его называли святым (schwante panicke, swente panike, szwenta ponyke), и с ним связывался ряд ритуалов и ритуальных запретов: ср. живой (святой) огонь в славянских ритуалах — см. *Огонь*. Видимо, П. имел два образа — мужской и женский. К П. обращались с молитвами и просьбами. Само имя П. обозначает огонь и имеет надёжные индоевропейские параллели в хеттском, тохарском, германских и других языках. Согласно Длугошу (15 в., «История Польши», кн. XII), в храме в Вильнюсе был жрец Зинч, наблюдавший за неугасимым святым огнём и занимавшийся гаданием и узнаванием (видимо, толкованием знамений). К. Буга предложил правдоподобную конъектуру названия Зинч — *žiniz, литов. žynys, от žinoti, «знать» (по сходному принципу образуется и название жреца — вайделота у пруссов: из waid-, «ведать», «знать»). Из-за ошибки в «Хронике» Гванини (1578) *ziniz (у Длугоша) превратилось в znicz, и это название стало рассматриваться как обозначение самого священного огня. *В. И., В. Т.*

ПАНЬГУ́ (пань, «блюдо», гу, «древний»), в древнекитайской мифологии первопредок, первый человек на земле. Мифы о П. зафиксированы письменно только в 3 в. н. э. Предполагают, что образ П. первоначально возник у южных племён — предков современных народов мяо и яо. Согласно «Сань у ли цзи» («Исторические записи о трёх правителях и пяти императорах») Сюй Чжэна (3 в. н. э.), вселенная первоначально представляла собой некое подобие содержимого куриного яйца. В это время родился П. По мере роста П. в течение 18 тысяч лет светлое начало (ян) образовало небо, а мутное (инь) — землю (см. *Инь и ян*). С П. связывается и происхождение явлений природы: ветер — его вдох, гром и молнии — выдох, когда он открывает глаза — наступает день, закрывает — ночь. П. вырастал на 1 чжан (ок. 3 м) в день. П. вытянулся до гигантских размеров — расстояние, на которое небо отстоит от земли (90 тысяч ли, т. е. около 45 тысяч км). По другим средневековым источникам, смерть П. и части его трупа дали начало конкретным космическим явлениям и элементам рельефа. Дыхание П. стало ветром и облаками, голос — громом, левый глаз — солнцем, правый — луной, четыре конечности и пять частей тела — четырьмя пределами земли (четырьмя сторонами света) и пятью священными горами, кровь — реками, жилы и вены — дорогами на земле, плоть — почвой на полях, волосы на голове и усы — созвездиями, растительность на теле — травами и деревьями, зубы и кости — золотом и каменьями, костный мозг — жемчугом и нефритом, пот — дождём и росой. После смерти П. паразиты, жившие на его теле, превратились в людей. По другим записям, в древности ясную погоду объясняли хорошим настроением П., а плохую — дурным. Согласно древним верованиям, «душа» П. захоронена в Наньхае. Как сообщал писатель Жэнь Фан (6 в.), в то время был жрец в Гуйлине (южный Китай) был храм П., где ему приносилась жертвенная еда и совершались моления («Шу и цзи», «Записи удивительного»).

В позднесредневековые времена П. изображали обычно с топором и зубилом в руках в момент отделения им неба от земли. Иногда П. рисовали с солнцем в одной руке и луной в другой, что объясняют соответствующей легендой, согласно которой, создавая вселенную, П. неверно расположил солнце и луну, которые одновременно скрылись за морем, оставив людей во мраке. Тогда государь повелел П. исправить ошибку. П. написал на левой ладони иероглиф «солнце», а на правой — «луна». Вытянув вперёд левую руку, он позвал солнце, потом вытянул правую и позвал луну. Так он повторил 7 раз, после чего солнце и луна поделили время суток между собой.

В позднем религиозном даосизме П. — один из верховных персонажей, член триады (первоначально вместе с *Лао-цзы* и *Хуан-ди*, а затем вместе с *Юй-ди* и Лао-цзы). Некоторые учёные непосредственно связывают образ П. с образом первопредка народов мяо и яо — Пань-ху или Пань-вана.

Б. Л. Рифтин.

ПАНЬГУА́НЬ («судья»), Пар, Пхар, Шэнь-пань («божественный судья»), в поздней китайской народной мифологии: 1) общее название «секретарей» главы загробного мира *Янь-вана*, ведущих записи в Книге судеб, а также гражданских или военных чиновников в свите какого-либо божества; 2) божество, ведающее судьбами людей. Часто рассматривается как помощник бога города — *Чэн-хуана*, — творящий суд над душами живых людей. Его статуи ставились в храмах Чэн-хуана. По традиции считается, что в качестве П. обожествлён учёный Цуй Цзюэ, правитель области, ставший впоследствии министром церемоний, а после смерти — П. Согласно преданию, основное знаменитое деяние П. — продление жизни императора Тай-цзуна (7 в.). П. исправил единицу на тройку в записи о сроке жизни Тай-цзуна, и благодаря этому тот прожил лишние 20 лет.

В поздних верованиях и связанных с ними народных картинах П. обычно контаминируется с *Чжун Куем*, выступая в роли усмирителя нечисти, спускающегося из небесного дворца на землю. На народных картинах П. обычно рисовали в красном халате с поясом, украшенным нефритом, с магическим мечом с изображением семи звёзд (Большой Медведицы) в руке, замахивающимся на летучую мышь, что истолковывалось как выражение досады по поводу того, что счастье (кит. фу — омоним слова «фу», «летучая мышь») пришло слишком поздно. Сочетание гражданского халата с кольчугой, в которую он облачён (признак военного чиновника), означает полное совершенство П. и в гражданских, и в военных делах, его всестороннее могущество. Его изображают то разрубающим мечом чертей, то в виде веселящегося повелителя бесов, коему последние выражают всяческое послушание, ублажая П.: катают его на повозке, угощают вином, танцуют перед ним или разыгрывают пьесы. Существует даже особая разновидность народных картин «у гуй нао Пань» («Пять бесов веселят П.»). Нередко на народных картинах П. рисовали с обнажённым большим животом — символом полного довольства. Изображения П. вешали на створках дверей, считая, что таким образом можно защитить комнату от проникновения нечисти.

Б. Л. Рифтин.

ПАНЬТА́О [от пань, «извиваться» (?) и тао, «персик»], линта́о («чудесный персик»), сянтао («персик бессмертия»), в китайской мифологии персик, дарующий бессмертие. В наиболее архаических версиях мифов персиковое дерево (таошу) наделяется чертами мирового древа. В «Книге гор и морей» упомянуто огромное персиковое дерево на горе Душо, в ветвях которого, изгибающихся на 3 тысячи ли, находятся ворота духов (гуймэнь). Стрелок *И* был убит палицей из персикового дерева и стал божеством, отвращающим нечисть. Существовало поверье, что этого дерева боятся злые духи. В древности вырезанные из него фигурки богов дверей ставили у входа в дом. С первых веков н. э. из персикового дерева даосами вырезались различные талисманы-обереги. Ветками дерева хлестали больного лихорадкой, чтобы изгнать духа болезни.

В даосской религиозно-мифологической системе (рубеж н. э.) появляется представление о П. как о плоде, дарующем долголетие и бессмертие. В «Книге о божественном и удивительном» говорится о растущем на северо-востоке большом персиковом дереве, плоды которого в поперечнике составляют более 3 чи (около 1 м). П. прочно связывается с *Си-ванму*. В её садах растут персиковые деревья, которые цветут и дают плоды раз в три тысячи лет. Си-ванму в свой день рождения 3 числа 3-й луны угощает П. всех главных божеств и бессмертных. По представлениям, отражённым в фантастической эпопее У Чэнъэня «Путешествие на Запад», 16 в., в саду Си-ванму из 3600 деревьев на одной трети плоды созревают раз в 3 тысячи лет, на другой — раз в 6 тысяч лет, на последней — раз в 9 тысяч лет; соответственно отведавшие плодов становятся либо бессмертными, познавшими истину, либо вечно юными и могущими свободно летать на облаках, либо равными небу и земле и вечными, как солнце и луна. Одновременно существовали и предания о похитителях чудесных персиков (Дунфан Шо и царь обезьян Сунь Укун). Ср. также обычаи у даосов пить сок персикового дерева (таоцзяо) или отвар из персиков (таотан) на новый год, есть в день рождения особые хлебцы в форме персиков, вывешивать в первый день нового года на воротах дощечки из персикового дерева для ниспослании счастья. С персиком в руках обычно изображался бог долголетия *Шоу-син*, иногда его рисовали выходящим из огромного персика.

Б. Л. Рифтин.

ПАНЯ́, душа человека в мифах нанайцев, ороков, ульчей, **ханян** у негидальцев, орочей, удэгейцев, **ханян**, **хэян**, **анан** у эвенков. По одним вариантам, П., душа человека, появляющаяся у него в момент рождения и сопутствующая ему в течение всей жизни, по другим — П. появляется у ребёнка, когда он начинает ходить и разговаривать. Внешне П.— точная копия человека, в солнечную погоду её можно увидеть (в виде тени, отражения в зеркале и т. д.). Во время сна П. может покидать тело и удаляться на далёкие расстояния, что и вызывает сновидения (поэтому спящего нельзя резко будить, чтобы П. успела вернуться). П. могла быть похищенной злыми духами (в т. ч. духом умершего или духом-помощником враждебного шамана), что ведёт к болезни человека. В этом случае приглашали шамана, который отыскивал П., забирал её у духов путём уговоров, задаривания или силой и водворял на место. У нанайцев П. называлось также изображение покойного в виде деревянной фигурки на подставке с треугольной головой и отверстием на месте рта. Эту фигурку на ночь укладывали спать, а днём кормили, ставя перед ней еду, в отверстие рта вставляли предварительно раскуренную трубку. Фигурка П. служила пристанищем души умершего, до тех пор пока шаман не переселял в неё *мугды* перед отправкой в мир мёртвых (*буни*). У ряда групп эвенков П. (ханян, хэян) означала духа предка, в т. ч. предка, призвавшего своего потомка к шаманскому служению и ставшего его покровителем (см. также *майин, оми*).

Е. Н.

ПА́ПА («камень», «основа», «фундамент»), Фаахоту, Хахахоту, Хоохоку, в полинезийской мифологии обожествлённая земля, мать-земля (нередко П. ассоциируется с островами вулканического происхождения, а Фаахоту с коралловыми атоллами). С П. и *Ранги* (отец-небо) во многих мифах Восточной Полинезии связывается начало космогонического процесса. Они порождают основных богов (духов). Разделить крепко обнимающих друг друга Ранги и П. удаётся одному из рождённых ими богов (духов), в ряде мифов это совершает *Тане, Мауи*.

В мифах Гавайских островов мужем П. выступает предок — вождь Вакеа (*Atea*).

Е. М.

ПАПА́Й, в скифской мифологии один из богов семибожного пантеона, составляющий вместе со своей супругой *Апи* второй разряд божеств и отождествлявшийся с греч. Зевсом (Herodot. IV 59). Имя трактуется как «отец» (другое толкование — «защитник»). Функционально соответствует небесному божеству, в космологической структуре олицетворяет верхнюю зону космоса. В изложениях скифского генеалогического мифа фигурирует под именем своего греч. (Herodot. IV 5; Diod. II 43) или рим. (Val. Flac. VI 48—68) аналога как супруг хтонического женского божества и отец первочеловека (см. *Таргитай*). Почитался скифскими царями в качестве их предка (Herodot. IV 127).

Д. С. Р.

ПАРАДА́ТА, герои архаических общеиранских мифов о первой существовавшей на земле династии, учредители социума и цивилизации. Одно из вероятных значений термина — «первозаконники», «установители первых социальных норм». Неоднократно упоминаются в «Авесте», где их число непостоянно, в эламоязычных ахеменидских текстах и у Геродота (IV 5—7: цари, называемые паралатами). Чаще всего термин «П.» прилагался к *Хаошйангхе*. На индоиранские истоки мифа о П. указывает фрагмент «Видевдата» (20, 1), где в их число включён *Трита*, известный и авторам «Ригведы». Враждебное с точки зрения «Ригведы» (VI 61, 1) племя паравата может быть чуть искажённым вариантом П. Контекст всех упоминаний о П. влечёт за собой гипотезу о П. как скорее социальной (военная аристократия), нежели этнической группировке. «Авеста» подчёркивает дозороастрийский, языческий характер верований П.: они, например, не поклонялись *Амеша Спента*, а первый из них, *Йима*, открыто противился культу *Ахурамазды* («Видевдат» 2, 3). В «Шахнаме» П. соответствуют *Пишдадиды*.

Л. Л.

ПАРАДИ́З (европеизированная форма авест. термина паиридааза), в иранской мифологии (в младоавестийских и ахеменидских преданиях) место блаженства и успокоения духа. Времяпрепровождение в П. выступало синонимом блаженства, с усилением религиозно-символической интерпретации П. превратился в образ рая и благого воздаяния. У ранних иранцев П.— охотничий парк в квадратной ограде. Иранская и иноплеменная иранизированная знать возводила реальные роскошные П., порождавшие ассоциации с райским садом. Древнемидийские и ахеменидские П. были известны Ксенофонту («Киропедия» I 4, 5, 11; «Анабасис» I 2, 7), Ктесию (5—4 вв. до н. э.) и другим авторам. Подобный П. раскопан вблизи городища Топрак-Кала в древнем Хорезме (3 в. н. э.). Через греческое посредство авестийский термин проник в культурное наследие Европы. Омейядские замки в Мшатте, Каср эль-Хайре, Аммане были продолжением традиции иранских П.— попытками воплотить в архитектурных формах образ земного рая.

Л. Л.

ПАРА́МИТА, в мифологии и религиозно-философских воззрениях индийцев одно из основных понятий. Значение слова не совсем ясно, и большинство европейских учёных переводят его как «совершенство»; его тибетский эквивалент имеет значение «ушедший в противоположный берег». П. можно, таким образом, понимать как «то, при помощи чего достигается *нирвана*». В буддийских текстах обычно перечисляют 6 (иногда и 10) П.: щедрость (дана), нравственность (шила), терпеливость (кшанти), мужественность (вирья), способность к созерцанию (дхьяна), мудрость (праджня). Они воплощаются в деяниях *бодхисатв*. Буддийская литература изобилует легендами о том, как бодхисатвы (особенно *Шакьямуни*) осуществляли ту или иную П. Так, следуя данапарамите, бодхисатвы могут жертвовать всем, в том числе жизнью (известны легенды, в которых бодхисатвы жертвовали своё тело голодающим животным). Кшантипарамита требует, чтобы бодхисатва при любых обстоятельствах (напр., под пыткой) оставался невозмутимым и сохранял добрые намерения даже по отношению к своим врагам.

Л. М.

ПАРАШУРА́МА (др.-инд. «Рама с топором»), в индуистской мифологии шестая *аватара* Вишну, в которой его миссия на земле состояла в избавлении *варны* брахманов от тирании кшатриев. П. (названный так по оружию — топору, полученному им от бога *Шивы*) был сыном *риши* Джамадагни из рода Бхригу. В «Махабхарате» и пуранах рассказана легенда о том, как царь хайхаев Картавирья украл из обители Джамадагни *Сурабхи* (или её телёнка); по приказанию отца П. убил Картавирью, но в отместку сыновья Картавирьи умертвили Джамадагни; это послужило причиной ненависти П. к кшатриям, и он «трижды по семь раз очищал землю от кшатриев, наполнив их кровью пять озёр» (Мхб. III 117, 9); после истребления варны кшатриев П. передал землю во владение брахманам, а сам удалился жить на гору Махендру.

П. Г.

ПА́РВАТИ (др.-инд. «Горная»), в индуистской мифологии одна из ипостасей *Деви*, жены *Шивы*. Согласно мифу, первая жена Шивы *Сати* после самосожжения на священном огне спустя некоторое время возродилась в образе П. (или Умы), дочери царя гор *Химавата* и *апсары Менаки* (Мены). Чтобы завоевать сердце Шивы, П. поселилась рядом с ним

на горе *Кайласе*, однако Шива, предававшийся суровой аскезе, отверг её домогания. Боги, желая, чтобы у Шивы родился сын, способный сокрушить *асуру* Тараку, врага *Индры*, послали *Каму* возбудить у Шивы любовь к П., но Шива сжёг его огнём своего третьего глаза. Тогда П. сама предалась аскезе ради Шивы. Испытывая её, Шива пришёл к ней в виде юного брахмана и стал хулить самого себя. П. отвергла клевету и, тронутый её преданностью и красотой, Шива женился на ней. От этого брака родились победитель Тараки *Сканда* (или *Кумара*) и слоноподобный бог *Ганеша*.
П. Г.

ПАРДЖА́НЬЯ («дождевая туча»), в древнеиндийской мифологии бог грозовой тучи и дождя. В «Ригведе» ему посвящено 3 гимна, он упоминается около 30 раз. П. слабо персонифицирован, в ряде случаев не отличим от тучи (ср. РВ I 164, 51), в чём следует видеть глубокий архаизм. П. появляется в сопровождении грома и молнии (V 83 и др.), он гремит и ревёт, как бык, изливает потоки дождя (его называют богом дождя и богом погоды), орошает оба мира, его связаны с водой, источниками, его колесница полна воды. Громом он поражает демонов, злых людей, деревья и наводит ужас на всех; вместе с тем он предоставляет защиту (X 169, 2), приносит мёд и молоко (IV 57, 8). Наиболее тесно как атмосферное божество П. связан с богом ветра *Вата* (X 66, 10); несколько раз вместе с П. призываются и *маруты*. Функционально П. весьма близок к *Индре*; в поздней литературе имя П. иногда прилагается к Индре. В «Ригведе» есть упоминание о связи П. с *Брихаспати*, заставившим его излить дождь (X 98, 1), и с *Агни*.

Как бог дождя П. имеет непосредственное отношение к плодородию. Он оживляет землю своими семенами (= дождём), производит скот и семена растений и выращивает растения, идущие в пищу (РВ V 83, 4—5; 10; VI 50, 12; 52, 6; АВ IV 15, 2—3, 15; VIII 7, 21); он помещает семя не только в растения, но и в коров, лошадей, женщин (РВ VII 102, 2); П. не раз сравнивается с такими символами производительной силы, как бык или буйвол (ср., в частности, мотив: буйвол, рождённый П., приносит дочь *Сурье*). По этой же причине П. часто называют отцом. В частности, он отец *Сомы* (IX 82, 3), который возрастает благодаря ему (IX 113, 3). Жена П.— Земля в «Атхарваведе» (XII 1, 12) Земля называется матерью, а П.— отцом. В этом отношении П. аналогичен *Дьяусу* и может рассматриваться как действующее лицо архаичной мифологемы — бог грома и дождя оплодотворяет Землю. В более позднее время П. выступает как один из 12 *адитьев*, как бог-хранитель, повелевающий тучами и дождём.

Роль П. в индуистском пантеоне крайне незначительна, что резко контрастирует с тем местом, которое занимал носитель соответствующего имени в древней индоевропейской мифологии. В имени П. скрывается название индоевропейского громовержца; ср. литов. *Перкунас*, латыш. *Перконс*, слав. *Перун*, др.-исл. *Фьёргюн*, хетт. *Пирва* (ср. греч. «скала») и т. д.
В. Н. Топоров.

ПАРЕ́НДИ (авест., «полнота», «изобилие»), в иранской мифологии повелительница женщин, дарительница изобилия, хранительница кладов и спрятанных сокровищ. По изложению «Ясны Семи глав» (38, 2), П — одна из девяти жён *Ахурамазды*. Развёрнутых мифологических циклов о П. не сохранилось. Эпитеты П.— «быстрая», «стремительная» и «владеющая быстрой колесницей». На своей колеснице П. сопровождает более значительных богов, *Митру* («Яшт» X 66) и *Тиштрйу* (VIII 38), в составе их свиты. П. благословила *Виштаспу* после того, как он принял учение Заратуштры. Почитание П. зародилось в эпоху индоиранской общности (ср. др.-инд. *Пурамдхи*).
Л. Л.

ПАРИ́, пе́ри, пэ́ри, в иранской мифологии один из духов. Термин «П.», возможно, восходит к реконструируемому индоевропейскому пер, «производить на свет, рожать», или пеле, «наполнять». В «Авесте» П.-паирика — злокозненные существа женского пола. *Тиштрйа* сражается с паирика небес, «захватывает паирика, которые падают, словно выстреленные звёзды, между небом и землёй» («Яшт» VIII 8). *Митра* после захода солнца «сокрушает паирика» («Яшт» X 26). В «Бундахишне» (5, 25) «воровка» Мушпар П. (авест. Муш паирика, «мышь-П.», «Ясна» XVI 8) в образе летучей мыши пожелала затмить свет солнца и луны, но была одолена солнцем, присоединившим её к своему сиянию. Известны запретительные формулы против паирика, приближающихся к огню, воде, скоту и растениям («Видевдат» II 9). Выделяются паирика — персонификации отрицательных явлений, например засухи и неурожая, паирика-крыса — демон чувственности. Существовал миф о паирика, жившей в лесу в образе собаки. Когда герой разрубает её, появляются две собаки и т. д. Другие паирика имели человеческий образ и своей красотой обманывали или обольщали людей и героев. Вместе с тем образ П. имел положительную нагрузку, ср. зороастрийское жреческое имя Парик. В средневековой персидско-таджикской поэзии изобилуют положительные значения слова «П.»; П. бывает невидимкой, а когда появляется — «очень красива и мила», чаровывает (в этом качестве образ П. вошёл в европейскую литературу), иногда творит добро, но способна к лишению сознания, разума. Колдуны (парибанд, париафсой) призывают на помощь П. или изгоняют их.

Образ П. сохранился в преданиях таджиков, в т. ч. памирских, афганцев, персов, белуджей и др., проник к дардоязычным и тюркоязычным народам. П. у таджиков выступают в антропоморфном и зооморфном обликах. Доброжелательные П. являются в виде красивых птиц, бобра или неядовитой, белой и жёлтой, змеи, а злые — в облике ядовитых змей, лягушек, черепах, диких, в т. ч. хищных, зверей, в частности тигра. В антропоморфном облике доброжелательные П.— красивые девушки или молодые женщины в белой, синей или красной одежде, юноши или мужчины, причастные отправлению культа, злые П. имеют отталкивающую наружность и грязную одежду. У П. есть свой «шах», старшие и т. д. Они вступают в сексуальную связь с людьми, от таких браков рождаются необыкновенные люди. П. могут уносить с собой людей и летать с ними по воздуху. Мужчины — избранники П., становятся шаманами, а сами П. выступают как шаманские духи-помощники. П. в таджикском фольклоре нередко связаны с горными козлами (козами) и деревьями (ср. распространённую на Ближнем и Среднем Востоке с глубочайшей древности мифологему дерево — фея — горный козёл). В одном из селений Бартанга (Памир) жители считали себя потомками охотника Байга и П., разводившей горных коз. Когда Байг, за которым следовал его односельчанин с собакой, возвращался к П. из селения, П. и её родственницы доили коз. Испугавшись козы разбежались, молоко пролилось, а разгневанная П. покинула мужа. В Гильгите П. считаются воплощениями божества Маркум — владелицы горных козлов (иногда и баранов), помогающей при родах, хранящей мать и дитя. К архаическому слою представлений о П. относятся также подчёркивающие их ночной характер, утрату ими активности при свете дня, связь П. с водой — источником плодородия (таджикские, памирские, персидские верования) и с цветами (они падают изо рта П., когда она смеётся, памирские верования).
Б. А. Литвинский.

У тюркоязычных народов Малой и Средней Азии, Казахстана, Северного Кавказа и Поволжья П.— один из духов. Чаще всего представлялись в человеческом образе (как мужчин, так и женщин), но считалось, что они могут также принимать вид голубя, других животных, пламени и т. п. Иногда П., выступая в человеческом облике, имеют и некоторые зооморфные черты (напр., представляются девушками с птичьими ногами). Образ П. восходит к древним пластам иранской мифологии, упоминается в тюркских литературных памятниках 11 в. («Кудатку-билиг»). В большинстве мифов П. благосклонны к людям, в человеческом облике вступают в любовную связь с ними, похищают молодых женщин и девушек. Некоторые П. считались жёнами героя

Кёр-оглы (Ага-Юнус в туркменских и таджикских вариантах эпоса, Юнис-пари, Мискал-пари и Гюльнар-пари — в узбекских вариантах). По представлениям турок, П. рассказывают людям, с которыми состоят в любовной связи, о судьбе пропавшего человека, животного, вещи и т. п.; западносибирских татар — помогают по дому. Однако П. могут приносить и вред, известно представление о них как враждебной силе (напр., духи джин-пери у киргизов, казахов, татар Поволжья, тобольских татар и отчасти узбеков). У большинства народов Средней Азии П.— также главные духи — помощники шаманов, составляющие их «войско» [Абдуррахман-ав-пари (начальник «войска»), Джунус (Юнус)-пари, Юлдуз-пари, Кундуз-пари, Мискал-пари; Рахман-пари, Мулла-пари и др.]. Туркменско-узбекское название шамана «порхан» и таджикско-уйгурское «парихон» означают «отчитывающий П.». У уйгуров шаманский сеанс называется «пари уйнатмак», букв. «заставить П. играть». Шаманский дар у узбеков и таджиков нередко объяснялся сексуальной связью человека с П. С утверждением ислама П. стали делиться на мусульман и «неверных» (кафир), иногда выделялись П. индуисты и иудаисты.

В некоторых мифах П. имеют связь с водной стихией, существует даже их особая разновидность — водяные П. (у узбеков — су пари, азербайджанцев — су пяриси, туркмен — сув-периси и т. д.), имеющие характер «хозяев воды». В Поволжье П. обычно сближаются с *дэвами* и объединяются с ними в единый образ (духи *диюпэрие*), иногда выступают и как самостоятельные персонажи (ср. башкирских духов — хозяев ветров пярей).
В. Н. Басилов.

В низшей мифологии лакцев, аварцев, лезгин, цахуров П.— духи, покровительствующие избранному ими человеку. Выступают в облике красивых женщин. Согласно широко распространённым в прошлом поверьям, П. влюбляются в человека, вступают с ним в любовную связь. Мужчина, не принявший любви П., наказывается болезнью. Своего избранника П. награждают способностью изгонять злых духов, предугадывать судьбу, излечивать болезни. В лакском эпосе — избранница нартов Бархху и Арин, живёт на вершине снежной горы во дворце из хрусталя. В лиро-эпической любовной песне аварцев и лакцев герой полюбил Парил Мисиду («золотая дочь П.»), обитающую в хрустальном дворце румского царя.
Х. Х.

ПАРИАКАКА, в мифах яуйо бог-громовник, победитель чудовищ, даритель плодородия. Вместе со своими братьями (или сыновьями) он рождается из яиц. П. сражается с врагом племени яуйо, божеством юнка — Уальяльо Каруинчо и изгоняет его. Затем П. и его братья (сыновья) изгоняют и самих юнка, заливая дождём их деревни. В одном из селений животные по приказанию П. строят канал. Сестра П. Чаупиньямка — богиня плодородия. Оба они почитались в виде снежных вершин.
Ю. Б.

ПАРИ-КОНДЖУ («брошенная принцесса»), П а р и с е г и, М а л ь м и, в корейской шаманской мифологии родоначальница и покровительница шаманок. В мифе о ней, воспроизводящемся во время обряда чиногви на 49-й день после смерти человека для проводов души покойного в рай, сообщается, что единственному наследнику государя предсказатели предрекли, что если он женится в плохой год, у него родятся семь дочерей, а в хороший — семь сыновей. Не поверив, он женился в неудачный год в 7-й день 7-й луны. И у него родились шесть дочерей. Он надеялся, что седьмым будет сын, но родилась дочь. Государь, разгневавшись, велел бросить её за дворцом, но вороны и сороки обогревали её крыльями. Тогда дочь поместили в нефритовый ларец и бросили его в воду в жертву царю драконов четырёх морей. Ларец подхватила золотая черепаха и унесла в Восточное море. Там девочку спас будда *Шакьямуни* и отдал её на воспитание «бабушке-благодетельнице Пири» и «дедушке-благодетелю Пири». От них она однажды узнала, что её отец — гигантский бамбук, а мать — дерево павлония на ближайшем холме. П. стала молиться у этого дерева, в это же время родители П. тяжело заболели. Гадатели предсказали им смерть, если они не найдут дочь и святую воду у великана-божества Мусансина. Когда посланец государя наконец нашёл П., она не поверила ему. Но он протянул ей поднос, на котором были капли крови её родителей, и взял у ней немного крови из пальца. Над подносом образовалось облачко, и все кровинки смешались в одну. Чтобы спасти родителей от смерти, П. отправляется на поиски святой воды. Когда она, наконец, попала в Индию, Будда посоветовал П. добраться до трёх гор-островов, которыми управлял великан Мусансин. После того как П. прослужила у него 9 лет, родила ему 7 сыновей, Мусансин дал ей святую воду, которой она окропила останки своих родителей (к тому времени уже умерших), и родители ожили. С тех пор П. стала патронессой всех шаманских духов. Согласно другой версии, принцесса, достигнув зрелости, однажды увидела сон, будто синий и зелёный журавли влетели в неё через рот. После этого она держала рот закрытым, отчего забеременела и родила двух близнецов, у которых затем родилось по четыре дочери. Обученные секретам волшебства, они были направлены в каждую из восьми провинций, где стали первыми шаманками.
Л. Р. Концевич.

ПАРИКШИТ, в древнеиндийской мифологии царь, упоминаемый впервые в «Атхарваведе» (XX 127) и брахманах. В «Махабхарате» П.— внук *Арджуны*. Ещё в чреве матери П. был убит Ашваттхаманом вскоре после битвы на *Курукшетре*, но его возродил к жизни *Кришна*. Когда *Юдхиштхира* удалился к мирской жизни, П. унаследовал от него трон в Хастинапуре. П. был убит змеем Такшакой, и, мстя за его убийство, сын П. Джанамеджая устроил великое змеиное жертвоприношение. Согласно пуранам, с царствования П. начинается последний и длящийся до сих пор период мировой истории — калиюга (см. в ст. *Юга*).
П. Г.

ПАРИС, в греческой мифологии троянский царевич, сын *Приама* и *Гекубы*. Когда Гекуба была беременна вторым ребёнком, ей приснился страшный сон, будто она родила пылающий факел, от которого сгорела Троя. Прорицатели (чаще всего среди них называют *Эсака*) объяснили сон царицы так: ожидаемый ею сын будет виновником гибели Трои. Когда мальчик родился, Приам велел бросить его на горе Иде, надеясь, что там он будет растерзан зверями. Однако ребёнок уцелел и был воспитан пастухом, давшим ему имя П. Позднее, когда юноша П. храбро отразил нападение на стадо шайки разбойников, он получил прозвище Александр («отражающий мужей») (Apollod. III 12, 5). Ко времени пребывания П. на Иде источники относят его брак с нимфой *Эноной* и знаменитый суд П. над тремя богинями, заспорившими о своей красоте. Желая склонить П. на свою сторону, *Гера* обещала сделать его самым могущественным из земных царей, *Афина* — самым храбрым героем, *Афродита* — обладателем самой красивой женщины. Он признал прекраснейшей из богинь Афродиту, которая и помогла ему потом увлечь *Елену* и сделать её своей женой (Hom. II. XXIV 25—30; Eur. Andr. 274—308, Troad. 924—931). Однако прежде чем это случилось, произошло узнавание П. родителями и его возвращение в Трою в качестве царевича: во время спортивных состязаний в Трое [в которых П. решился принять участие, несмотря на своё (мнимо) низкое происхождение] он одолел всех соперников, включая сыновей Приама, и был опознан сестрой — пророчицей *Кассандрой*, пытавшейся убить П., чтобы спасти Трою. Однако родители, обрадованные тем, что нашли сына, давно им оплаканного, с радостью приняли его в дом (Hyg. fab. 91). Затем П. отправился в Грецию, где, воспользовавшись гостеприимством спартанского царя *Менелая*, похитил его жену — красавицу Елену и большие сокровища. Коварный поступок П. послужил причиной Троянской войны, в которой сам П., согласно «Илиаде», не принимал активного участия: в единоборстве с Менелаем он был побеждён, сохранил жизнь только благодаря вмешательству Афродиты (III 340—461), и к новому вступлению в бой его вынужден был побуждать *Гектор* (VI 321

341, 517—525). Впоследствии от его стрелы, направляемой *Аполлоном*, погибает *Ахилл* (Eur. Andr. 655; Verg. Aen. VI 56—58), в то время как и сам П. не может избежать отравленной стрелы *Филоктета*, приносящей ему смерть (Apollod. epit. V 8).

Значение имени П. (по-фригийски «борец»), а также роль, которую П. играет в сказании о Троянской войне (как её зачинщик и победитель ахейского героя Ахилла), указывают на первоначально гораздо более важное место П. в предании по сравнению с «Илиадой».

В. Н. Ярхо.

ПА́РКИ, в римской мифологии богини судьбы. Видимо, первоначальным было представление об одной П. — богине рождения, сходной с *Карментой* (Plut. Romulus 21). Затем из эпитетов Карменты возникли три П., носившие имена Нона, Децима (покровительствующие рождению ребёнка на девятом или десятом месяце), Морта (от mors, «смерть») (Aul. Gell. III 16). Утроение П. обусловило их отождествление с греч. *мойрами*, прядущими и обрезающими нить жизни. П. отождествлялись также с римскими фатами.

Е. Ш.

ПАРНА́С, Парна́сс, в греческой мифологии: 1) место обитания Аполлона и муз. Идентифицируется с горным массивом в Фокиде. У подножия П. находились фокидские города Криса и Дельфы со знаменитым оракулом в храме Аполлона, а также Кастальский ключ — источник поэтического вдохновения. Пещеры горы считались местом обитания нимф (Strab. IX 3, 1). Спасшийся от потопа *Девкалион* высадился на П. (Ovid. Met. I 316 след.); 2) эпоним одноимённой горы Парнас; сын Посейдона (вариант: смертного Клеопомпа) и нимфы Клеодоры. Считался основателем древнего оракула Пифо, впоследствии посвящённого Аполлону, а также изобретателем гадания по полёту птиц (Paus. X 6, 1).

М. Б.

ПАРФЕНО́ПА, Партено́па, в греческой мифологии: 1) одна из *сирен*, дочь Ахелоя и музы Мельпомены (Apollod. I 3, 4). Вместе с сёстрами губила своим пением плывущих мимо моряков, но когда Одиссею со спутниками удалось благополучно миновать сирен, те бросились в море (Hom. Od. XII 158 след.). По другому мифу, П. и её сёстры погибли после того, как мимо них благополучно проплыли аргонавты. Тело П. было выброшено на берег, где возле её могилы возник город, названный в честь П. Парфенопеей (древнее название Неаполя; Strab. I 2, 13 и 18); 2) дочь Стимфала, возлюбленная Геракла, мать Эвера (Apollod. II 7, 8).

М. Б.

ПАРФЕНОПЕ́Й, Партенопе́й, в греческой мифологии сын аркадской нимфы *Аталанты*, участник похода *семерых против Фив*. Аттическая трагедия рисует его совсем юным, но в то же время достаточно кичливым и заносчивым: на его щите изображена Сфинкс, терзающая фиванца, что должно служить для обороняющихся напоминанием о наиболее позорной странице в их прошлом; сам П. клянётся, что разорит Фивы даже вопреки воле Зевса (Aeschyl. Sept. 526—549). П. погибает во время штурма города (Eur. Phoen. 1153—1162). Эти же авторы (Aeschyl. Sept. 547 след.; Eur. Suppl. 888—900) изображают П. пришельцем в Аргосе, который участием в войне как бы платит долг аргивянам за своё воспитание (у Еврипида, в соответствии с общей тенденцией трагедии, даётся и более благоприятная характеристика П.). По другой версии, П. — брат Адраста (Apollod. I 9, 13; Schol. Soph. O. C. 1320).

В. Я.

ПАРФЕ́НОС, Парте́нос, Парфе́на («дева»), в греческой мифологии: 1) прозвище (эпиклеса) Афины, от которого произошло название главного афинского храма Парфенон; 2) дочь Стафила, сына Диониса, и Хрисофемиды, дочери Агамемнона и Клитеместры. Отец доверил П. и её сестре Мальпадии сторожить погреб, в котором хранились сосуды с дорогим вином. Сёстры заснули, и свиньи, пасшиеся у дома, опрокинули погреб, перебив все сосуды. Боясь гнева отца, девушки в отчаянии бросились со скалы в море, но были спасены покровительствовавшим им Аполлоном и перенесены в Херсонес Карийский, где они почитались как местные божества (Diod. V 62). К принесению жертв П. и её сестре не допускались люди, касавшиеся свиней или употреблявшие в пищу свинину; 3) прозвище *Дике* (или *Астреи*), а также дочери Икария *Эригоны*, взятых на небо и помещённых среди звёзд как созвездие Девы (Ovid. Met. I 149—150; Hyg. Astr. II 25), Ифигении (Herodot. IV 103—107) и других девственниц; 4) в Северном Причерноморье имя главной богини Херсонеса Таврического, часто встречающееся в надписях и на монетах. Греки отождествляли П. с Артемидой или с её жрицей Ифигенией.

М. Б.

ПА́РШВА (На́тха), в джайнской мифологии 23-й, предпоследний *тиртханкара* джайнизма, живший приблизительно за 250 лет до *Махавиры*. Его жизнеописание резко отличается от стандартизированных жизнеописаний предшествовавших тиртханкаров и изобилует таким количеством реальных деталей, что позволяет рассматривать П. как историческую личность. В частности, утверждается, что он был сыном раджи Бенареса Ашвасены, победил в битве раджу Явана (на санскрите — грек) из Калинги и был женат на Прабхавати, дочери раджи Прасенаджита, в 30 лет стал аскетом. В жизнеописании Махавиры говорится, что его родители были последователями учения П., а также упоминается, что уже после достижения всеведения Махавира встречался со сторонниками П. и обращал их в свою версию джайнизма.

А. А. Терентьев.

ПА́СЕ КА́МУЙ («создатель и владетель земель»), Кота́н ка́ра ка́муй («божество — создатель миров»), Моси́ри ка́ра ка́муй («создатель земель»), Ка́ндо ка́ра ка́муй («божество — владетель неба»), в айнской мифологии верховный бог. Живёт со своими помощниками в самом верхнем небесном мире (небо имеет шесть ярусов). П. к. — демиург. Согласно космогоническому мифу, первоначально суша не была отделена от воды, и все элементы сущего были перепутаны. Земля напоминала огромное болото. Задумав создать мир, П. к. прибег к помощи трясогузки (тотем айнов). Спустившись с неба, она стала бить крыльями по воде, месить лапками, работать хвостом. В конце концов, благодаря её усилиям, вода превратилась в океан, а на нём появились дрейфующие участки суши (острова); так был создан верхний земной мир (*канна мосири*), который затем был населён людьми. По другой версии, П. к. создал мир сам, при помощи каменных мотыг, трясогузка потом лишь разровняла землю. Из мотыг, которые, использовав, П. к. бросил, возникло множество злых божеств. Через посредство добрых божеств (о происхождении которых нет сообщений в мифах) П. к. заботится о людях. В одном из мифов П. к. препятствует поглощению солнца злым божеством: он посылает ворону, которая залетает в рот злому богу, таким образом спасая солнце, мир и покой на земле.

Е. К. Симонова-Гудзенко.

ПАСИФА́Я, в греческой мифологии дочь *Гелиоса*, супруга критского царя *Миноса*. Когда Минос, вопреки своему обещанию, отказался принести в жертву Посейдону великолепного быка, посланного на Крит самим Посейдоном, тот внушил П. противоестественное влечение к животному (Apollod. III 1, 3—4). По другой версии, любовь к быку возникла у П. под влиянием Афродиты, которая таким образом отомстила П. и её отцу *Гелиосу* за то, что он открыл Гефесту измену Афродиты с Аресом. В результате этой связи родился *Минотавр* (чудовище с головой быка), заключённый Миносом в лабиринт.

В мифе о связи П. с быком нашли отражение древнейшие тотемистические верования, восходящие к почитанию животных — родоначальников племён; на Ближнем Востоке и в южном Средиземноморье в роли тотема-покровителя часто выступал бык (ср. «небесного быка» в шумерской мифологии; греческий миф о превращении Зевса в быка при похищении Европы).

В. Я.

ПАСКУ́НДЖИ, в грузинских мифах и фольклоре драконообразная птица. Образ П. испытал значительное влияние иранских представлений о птице симург. П. отличается могучей силой и прожорливостью. Её крылья наделены магическими свойствами. Прикосновение пера П. излечивает раны. Сожжением пера можно вызвать её самоё. Живя в нижнем мире, П. в знак благодарности за спасение своих детей от гвелешапи (дракона) выводит героя в верхний мир.

В фольклоре П. уподобляется человеческому существу. Согласно некоторым поверьям, П.— злые птицы, которые, подобно *дэвам*, враждуют с людьми и причиняют им вред.

М. К. Ч.

ПА́ТАЛА, в индуистской мифологии подземный мир, разделённый на семь областей, в которых живут *дайтьи, данавы, наги* и другие божества, противостоящие богам, обитающим в небе. Названия этих областей разнятся в источниках (см. Матсьяпур. 246 75—76; Вишну-пур. II 6; Бхаг.-пур. V 24 и др.), и только нижняя среди них постоянно именуется тоже П., или Нагалока («мир нагов»). П., или Нагалока,— прекраснейшее место в мире и, по словам великого *риши Нарады*, превосходит своей красотой и богатством небо *Индры* (*Сваргу*). Столица Нагалоки — Бхогавати выложена золотом, а посредине её высится сложенный из драгоценных камней дворец царя нагов Васуки.

П. Г.

ПАТЕ́КАТЛЬ («он из страны лекарств»), в мифах ацтеков божество, олицетворение трав и корней, необходимых для приготовления вина октли, супруг *Майяуэль*. Изображался с топором и щитом или с листом агавы и копательной палкой в руках. Первоначально был божеством хуастеков, одного из племён майя.

Р. К.

ПА́ТОЛС, Па́толюс, в прусской мифологии бог подземного мира и смерти. Впервые упомянут в «Callatio episcopi Warmiensis» (1418) среди других демонов и богов («постыдных призраков») в паре с Натримпе — *Потримпсом*, богом плодородия. Эти божества противопоставляются как по мифологическим функциям, так и по языковой форме: имя П.—*Patul(a)s — в реконструкции объясняется из сложения префикса pa-(po-), «под», и корня *tula-, «земля, тло», и отражает основное локальное свойство этого божества — «подземный». Одно из характерных действий Натримпе (префикс na-/no-, «на») — топтание, попирание земли (ср. литов. trēmpti, «топтать»); таким образом, земная поверхность отделяет царство П. от царства Натримпе. В «Хронике» С. Грунау (16 в.), сведения которого безосновательно считались фальсификацией, П. упомянут третьим в описании прусского знамени с изображениями черноборо́дого Перкунса (*Перкунаса*), безбородого юноши Потримпса и мертвенно бледного старца П. с большой седой бородой, покрытого белым платком. Третьим он предстаёт и в описании вечнозелёного дуба в святилище Ромове, разделённого на три части, в каждой из которых устроено оконце с кумирами Перкунса, Потримпса и П.: атрибутами П. были мёртвые головы (их изображения?) человека, лошади и коровы. Грунау характеризует П. как высшего идола и ложного бога пруссов, страшного бога ночных привидений и мертвецов, с которым связаны определённые погребальные обряды и, видимо, специальный класс жрецов. Триада богов, описываемая как по горизонтали (слева — Потримпс, в центре — Перкунс, как главный бог, справа — П.), так и по вертикали, соотносится с пространственной моделью мира (верх — середина — низ: небо — земля — преисподняя) и со структурой времени, так как разные члены триады воплощают различные моменты жизненного цикла (юность, зрелый возраст, старость). В некоторых источниках 16—17 вв. П. соседствует с *Бардойтсом* («бородатым»), что позволяет видеть в имени этого божества изначальный эпитет П., атрибутом которого была борода. Бардойтс и Потримпс сопоставляются с римскими Кастором и Поллуксом как божественные близнецы, каковыми, видимо, и считались П. и Потримпс — старый и юный, связанные со смертью и жизнью, и т. д. В некоторых списках богов П. отсутствует, зато упомянут бог чертей Поколс, часто в соседстве с *Пеколсом*, богом ада и тьмы. С языковой точки зрения имя *Pokols — результат взаимодействия имён *Potols — П. и Pekols — Пеколс. Вероятно, П. и Пеколс — Поколс первоначально служили наименованиями одного божества и дифференцировались на позднем этапе развития мифологии, получив специализированные функции. У восточных балтов божества подземного мира — *Велс, Велняс*.

В. В. Иванов, В. Н. Топоров.

ПАТРИА́РХИ, п р а́ о т ц ы, в ветхозаветных преданиях прародители всего человечества — от Адама до Ноя (Быт. 5); народов, родственных по языку или по месту обитания — потомки сыновей Ноя (Быт. 10); евреев (Авраам, Исаак, Иаков, *Двенадцать сыновей Иакова*). «Родословия» (toladōt) П. как бы продолжают библейскую картину миротворения на уровне истории человечества [ср.: «Вот происхождение (букв. родословие) неба и земли при сотворении их»,— 2, 4]. Согласно агадическим легендам, по цепочке П.— от Адама до Авраама — передавались сакральные знания о творце вселенной, начала этики и священный язык, с помощью которого был сотворён мир («Берешит рабба» 12, 6). Предания приписывают П. важнейшую роль в возникновении всех элементов цивилизации. При этом потомки братоубийцы Каина — Иавал, Иувал, Тувал-Каин и их сестра Ноема («приятная») считаются изобретателями торговли, сладострастной музыки, смертоносного оружия, косметики и украшений (Быт. 4, 20—22, ср. «Берешит рабба» 23, 4); их научили всему этому падшие ангелы (книга Еноха 8, 1—4). Потомки богобоязненного *Сифа*, «двойника» убитого Авеля, напротив, изобрели все полезные науки. П. отличались необычным долголетием (дольше всех — 969 лет — жил *Мафусаил*), но ни один из них не прожил целого тысячелетия. Агадические легенды объясняют это тем, что Адам был обречён на смерть в «день вкушения» запретного плода, у бога же один день равен тысяче лет; вслед за Адамом этой каре — смерти в течение «тысячелетнего дня» — подверглись и его потомки — последующие П. («Берешит рабба» 16, 10). Из них один только Енох за свою праведность «не увидел смерти» и был взят живым на небо (Быт. 5, 24).

Иногда П. именуются только праотцы Израиля — Авраам, Исаак и Иаков; им соответствуют четыре праматери — Сарра, Ревекка, Рахиль и Лия. В мусульманских легендах П.— носители чистого первоначального монотеизма, свободного от позднейших наслоений и искажений (Коран 2: 129—134).

Д. В. Щедровицкий.

ПАТРО́КЛ, в греческой мифологии сын одного из аргонавтов *Менетия*, соратник *Ахилла* в Троянской войне. По происхождению П.— местный фессалийский герой, чем и объясняется его дружба с Ахиллом (Hom. Il. XI 764—790), который был сыном царя Фтии *Пелея* в Фессалии. Прославленное искусство П. в управлении колесницами и его забота об упряжке Ахилла (Hom. Il. XXIII 280—284) дают основание видеть в нём первоначально возницу Пелея. Ввиду того, что генеалогия деда П. Актора была в мифологической традиции не очень устойчивой, связывая Актора то с Фтией (Фессалия), то с Опунтом (Локрида), возникло стремление увязать между собой эти два географических пункта в легендарной биографии П. Так сложилась версия, по которой Менетий сначала переселился из Фессалии в Локриду, но со временем должен был спасать отсюда своего сына (во время игр П. нечаянно убил одного из своих сверстников, и ему угрожала месть родных убитого). Тогда отец отвёз П. во Фтию и отдал Пелею; здесь П. вырос вместе с Ахиллом (XXIV 24, 84—90). Чтобы ещё больше сблизить двух знаменитых героев, был использован вариант мифа, согласно которому нимфа Эгина, родив от Зевса Эака — отца Пелея, стала затем женой Актора (Pind. Ol. IX 68—70).

Хотя источники называют П. среди женихов *Елены* (Apollod. III 10, 8; Paus. III 24, 10), его присутствие под Троей объясняется главным образом дружбой с Ахиллом. Когда Ахилл отстранился от участия в боях и положение греков стало крити-

ческим, П. убедил Ахилла разрешить ему сражаться. Облачённый в доспехи своего друга, на его колеснице, запряжённой бессмертными конями, П. обратил троянцев в бегство и сразил свыше 20 троянских воинов, в том числе знаменитого героя Сарпедона. Увлечённый боем, П. забыл завет Ахилла, приказавшего ему вернуться, как только противник будет оттеснён от ахейского лагеря. П. преследовал троянцев до самых стен Трои и там погиб от руки *Гектора*, которому помог Аполлон. Описанию подвигов и гибели П. посвящена 16-я кн. «Илиады». В завязавшейся схватке над убитым П. Гектору удалось совлечь с него доспехи, тело же П. ахейцы, возглавляемые Менелаем и Аяксами, отбили и унесли в лагерь. Здесь Ахилл устроил П. торжественные похороны: над погребальным костром в жертву герою было принесено 12 пленных троянских юношей. Затем начались погребальные игры, в которых участвовали все наиболее выдающиеся ахейские вожди. По одному из вариантов мифа (Paus. III 19, 13), П. было даровано бессмертие, и он был перенесён на остров Левка, где после смерти обитал и Ахилл.
В. Н. Ярхо.

ПАУПАУ НАНЧАУНГ И ЧАНГКО́, в мифах качинов Бирмы брат и сестра, спасшиеся от потопа в большой лодке. На девятый день их плавания они пристали к скале. Там в пещере они нашли двух духов — натов, которые заставили П. Н. и Ч. служить себе. Через некоторое время Чангко родила от Паупау Нанчаунг ребёнка. Духи погубили его, а тело дали съесть матери. Чангко молила великого духа вернуть дитя, и великий дух послал ей девять сыновей, ставших предками народов. В одном из вариантов говорится только о женщине, которая стала первопредком всех людей. Аналогичные мифы о потопе представлены и у лису, ака и др.
Я. Ч.

ПАХАПА́Н ХРЕШТА́К, у армян мифологический персонаж — ангел-хранитель. Два П. х. сопровождают человека с момента его рождения; один охраняет душу, другой — тело человека. По другим поверьям, человеку сопутствует один П. х. — добрый ангел, сидящий на его правом плече, записывающий его хорошие поступки и побуждающий его к добрые дела. Антипод П. х. — располагающийся на левом плече злой ангел, регистрирующий дурные поступки человека, толкающий его на зло. Иногда П. х. отождествляется с ангелом смерти (Хогеар, см. *Грох*), он ведёт в потустороннем мире душу умершего на судилище.
С. Б. А.

ПАХТ, в египетской мифологии богиня-львица. Её эпитет — «обладательница зорких глаз и острых когтей». Культ П. был распространён в Бени-Хасане, где она считалась владычицей восточной пустыни. Часто отождествлялась с другими богинями-львицами.
Р. Р.

ПАЧАКА́МАК («держатель вселенной»), бог-создатель у индейцев Побережья Перу, у кечуа П. отождествлялся с *Виракочей*. Согласно мифу, П. — сын солнца, был оскорблён тем, что первая женщина обратилась за помощью не к нему, а к его отцу. Когда у неё родился ребёнок, тоже сын солнца, П. разорвал его на части и сделал из них съедобные растения. Однако бог солнца воскресил младенца и назвал его Вича́мой, Вичама вырос и ушёл путешествовать, в его отсутствие П. убил его мать и создал людей. Разгневавшись, Вичама вместе с солнцем превратил людей П. в камни, а нынешние индейцы произошли из посланных солнцем золотого, серебряного и медного яиц. Как даритель плодородия, П. почитался выше всех божеств. По одному из мифов, П. — супруг *Пачамамы*.
Ю. Б.

ПАЧАМА́МА, Ма́ма Па́ча («мать-земля»), в мифологии кечуа одно из главных женских божеств. По некоторым мифам, из лона П. вышли все люди. Каждое поле имело идола П. в виде продолговатого камня. При пахоте совершалось возлияние в честь П. кукурузным пивом — чичей, идол посыпался кукурузной мукой для того, чтобы П. дала хороший урожай.
С. Я. С.

ПАШУ́ПАТИ [«владыка зверей (скота)», «господин тварей»], в древнеиндийской мифологии эпитет *Рудры* и *Шивы*, особая их ипостась.
В. Т.

ПЕА́НТ, в греческой мифологии отец *Филоктета* (Hom. Od. III 190), аргонавт, убивший на Крите *Талоса* метким выстрелом в лодыжку. В поисках своего украденного стада в окрестностях горы Ойты П. наткнулся на Геракла, разложившего погребальный костёр, и единственный согласился поджечь его. За это Геракл отдал ему свои лук и стрелы (Apollod. II 7, 7).
Г. Г.

ПЕГА́С, в греческой мифологии крылатый конь. П. как плод связи горгоны Медузы с Посейдоном появился из капель крови Медузы, когда её убил Персей. Имя П. получил оттого, что родился у истоков Океана (греч. pege, «источник»). Он вознёсся на Олимп и доставляет там громы и молнии Зевсу (Hes. Theog. 280—286). По другому мифу, боги подарили П. *Беллерофонту* (Pind. Ol. XIII 63 след.), и тот, взлетев на нём, убил крылатое чудовище химеру, опустошавшее страну (Hes. Theog. 325). Ударом копыта П. выбил на Геликоне источник *Гиппокрену* («лошадиный источник») (Paus. IX 31, 3), вода которого дарует вдохновение поэтам.
А. Т.-Г.

ПЕЙ, в мифах тамилов дьяволицы страшного облика, с развевающимися волосами. П. устраивают дикие пляски на полях битв или в местах погребений и поедают трупы. Составляют свиту *Коттравей, Шивы* или *Муругана*.
А. Д.

ПЕ́ЙВЕ («солнце»), в саамской мифологии бог солнца. Утром П. едет по небу на медведе, в полдень — на олене-быке, вечером — на важенке. В жертву ему приносят белого оленя. В мифе о небесной свадьбе сватает своему сыну Пейвельке лунную деву; Луна отказывает П., т. к. её дочь принадлежит иному миру: она — невеста сполоха Найнаса (воплощение северного сияния). Тогда начинается борьба стихий — земля ходит ходуном, горы громоздятся хребтами, жар солнца становится невыносимым; на стороне Луны выступают воды, загробное воинство во главе со сполохами, дикие звери, на стороне П. — птицы, олени и козы. Космическую борьбу прекращает старец в образе моржа (возможно, инкарнация высшего божества) — он посылает на землю ночь; горы и воздух застывают на своих местах. Луна соглашается на свадьбу дочери с Пейвельке.
В. П.

ПЕ́КЛО (церковнослав. пькъл, «смола», возможно, из лат. picula, «смола», или pix, «смола, деготь»), в славянской мифологии ад, преисподняя. Представления о П., по-видимому, сложились под влиянием христианского учения об *аде*. Предполагаемые связи П. с вост.-слав. обозначением пекельного (адского) змея и словацк. pikulnik («мужичок-с-ноготок», домовой, одетый в красное и приносящий деньги хозяину и здоровье его лошадям), вероятно, установились позднее в силу народной этимологии.
В. И., В Т

ПЕ́КО, Пе́кко, в эстонской мифологии бог плодородия. Почитался этнографической группой эстонцев сету как домашний бог, бог урожая; назывался также «древним богом», «старым идолом». Идол П. изготовлялся из воска или дерева, зимой хранился специальным жрецом в амбаре, на время сева его выносили на поля. П. молили об урожае, плодовитости скота, благополучии семьи, о защите от непогоды. Праздник, посвящённый П., проводился тайно мужской общиной в конце августа — начале сентября: на священной трапезе избирался жрец П. Ср. фин. Пеллонпеко и метсика (эст. «дикий»), его называли maa-kuningas, «царь земли»), персонажа, воплощённого соломенным чучелом мужчины (иногда — женщины) с подчёркнутыми признаками пола, которое носили по полям, чтобы получить урожай, а затем оставляли в лесу (ср. также славянские персонажи, изображения которых воплощали плодородие, — *Германа, Кострому* и др.).
В. П.

ПЕ́КОЛС, Пи́кулюс, в прусской мифологии бог подземного царства и тьмы. Наиболее достоверно реконструируемая форма — *Pikulas; ср. др.-прус.

pikūls, «чёрт»; латыш. pikuls, pīkals, литов. piktas, «злой, плохой»; peĩkti, «порицать, хулить»; pỹkti, «сердиться, гневаться»; paikti, «глупеть, дуреть»; paikas, «глупый», и т. п., а также праслав. *рькълъ, «чёрт» (см. также *Пекло*), и др. На образ П. повлияли христианские представления о чёрте и адепекле. В списках прусских богов 16—17 вв. вслед за П. выступает Поколс (Pocols, Pocclus, Poccolus) — божество, наименование которого возникло путём взаимодействия имён *Pikul(a)s — П. и *Potols — Патолс (см. в ст. *Патолс*). Вторичное божество Поколс продолжает функции П.: в «Constitutiones Synodales» (1530) Поколс и П. сопоставляются с римскими фуриями и Плутоном. Согласно «Судавской книжечке» (1563), П.— бог преисподней и тьмы, Поколс (Поклус) — летучие духи и черти или их божество. Для Поколса характерна тенденция к обозначению целого класса злых духов: у Бреткунаса (кон. 16 в.) — Pecolli, Pekelle, Pikoliuni, у М. Преториуса (17 в.) — кобольды и т. п. В списках богов 17 в. Поколс следуют за Перкунсом (*Перкунасом*) и, по-видимому, замещают Патолса, занимающего ту же позицию в других списках, что позволяет предположить изначальное единство Патолса и Пеколса-Поколса как божества подземного мира, повелителя мёртвых. По-видимому, в восточнобалтийской мифологии, помимо главных божеств преисподней — Велса, Велняса, — известен был персонаж, аналогичный П.: ср. обозначение злой души, чёрта в источнике 1573 — pikùlas, упоминание Преториусом П. как бога гнева и несчастья, вызывающего страх у людей (ему подвластен дух Дребкулис, производящий землетрясения), а также упоминания бога гнева в источниках 18 в.— Pikuls у Бродовского, Pikullus у Руига, современные местные литовские названия чёрта — pikčius, pikčiukos. Появление горного божества Pihkols, Pihkals в сочинениях по латышской мифологии Я. Ланге и Г. Ф. Стендера (18 в.) объясняется смешением старого названия чёрта, злого духа, с латыш. piekalne, «предгорье».   *В. В. Иванов, В. Н. Топоров.*

ПЕКОНЧИКОРОГУРУ («тот, кто обладает чашей с водой»), в айнской мифологии божество воды, являющееся людям из-за гор в облике большой чёрной тучи.   *Е. С.-Г.*

ПЕЛАСГ, Пелазг, в греческой мифологии эпоним пеласгов (древнейшего населения Греции), рождён землёй (Hes. frg. 160); вариант: сын Зевса и Ниобы, брат Аргоса (Apollod. II 1, 1), отец царя Аркадии *Ликаона* (III 8, 1).   *В. Я.*

ПЕЛЕ, Пере, Паре, в мифах восточных полинезийцев (преимущественно *Гавайских островов*) богиня огня и вулканов. Отличается скоростью, поспешностью во всём. Её эпитет — «быстроногая», «быстрая»; её цвет — красный. П. приплывает на Гавайи с запада, с легендарной прародины гаваййцев Полапола и вступает в войну с Кама-пуаа («человек-свинья»): в ряде версий войне предшествует сватовство Кама-пуаа к П. В этой непрекращающейся борьбе П. символизирует силы разрушения (огонь), а её противник — силы созидания, роста. Согласно одному из мифов, П. влюбляется в вождя Лохиау и посылает за ним свою младшую сестру, которая после многих приключений является к нему. Лохиау и сестра П., полюбив друг друга, тем не менее, решают подчиниться воле П. Однако, не умеющая ждать П., подозревая сестру в обмане, в момент, когда влюблённые прощаются на склоне вулкана, в котором живёт П., сжигает их в бешенстве Лохиау.   *М. С. П.*

ПЕЛЕЙ, в греческой мифологии сын *Эака*, отец *Ахилла*. Убив нечаянно своего сводного брата Фока, П. должен был бежать с острова Эгина и нашёл приют во Фтии у царя Эвритиона, который совершил над ним обряд очищения и выдал за П. свою дочь Антигону. Во время *калидонской охоты* П. неумышленно поразил насмерть копьём своего тестя и снова должен был искать очищения. На этот раз он нашёл его в Иолке у царя *Акаста*. Жена Акаста воспылала страстью к П., но была им отвергнута и оклеветала П. перед его женой и своим супругом. Антигона в отчаянии повесилась, а Акаст, не решаясь поднять руку на гостя, пригласил его принять участие в охоте на горе Пелион; здесь он похитил у уснувшего П. охотничий нож, и П. был бы убит населявшими гору кентаврами, если бы его не спас подоспевший *Хирон* (Apollod. III 12, 6; 13, 1—3; Pind. Nem. IV 57—61). Впоследствии П. (по одному из вариантов) отомстил Акасту, завоевав его город и подвергнув жену Акаста мучительной казни (Pind. Nem. IV 54—56; Apollod. III 13, 7); самому же П. в награду за целомудрие Зевс дал в жёны морскую нимфу *Фетиду*. Согласно другим вариантам мифа, Фетида была отдана П. либо потому, что отказалась уступить настояниям домогавшегося её любви Зевса, либо потому, что от неё должен был родиться сын сильнее своего отца (в случае брака Фетиды с Зевсом это угрожало бы его власти). Наиболее древней версией является рассказ о насильственном для Фетиды браке с П.: охваченный страстью к прекрасной нереиде, П. настиг её на морском берегу и после длительной борьбы, во время которой Фетида превращалась в змею, льва, огонь, воду, овладел ею. Позднее бракосочетание П. и Фетиды было перенесено в пещеру Хирона на Пелионе; его почтили своим присутствием все боги и богини Олимпа, и Аполлон пел свадебный гимн (Pind. Nem. IV 62—68; Aeschyl. fr. 350; Apollod. III 13, 5). Покинутый вскоре после рождения Ахилла Фетидой, П. отдаёт сына на воспитание Хирону. В конце жизни, уже после окончания Троянской войны, П. был изгнан из Фтии Акастом или его сыновьями и умер во время морского странствия, не дождавшись встречи со своим внуком *Неоптолемом* (Eur. Troad. 1126—1128; Apollod. epit. VI 13). Иначе эта версия изложена в «Андромахе» Еврипида, где П. приходит на помощь Андромахе и её маленькому сыну от Неоптолема, которым угрожает гибелью *Гермионы* (545—765).

Древнейшее ядро мифа о П. составляет его борьба с Фетидой, отражающая распространённый фольклорный сюжет о победе героя над морской царевной (у мыса Сепия в Фессалии, где П. почитался как исконный местный герой). Романтическая история, происходившая с П. при дворе Акаста, представляет разновидность мотива, засвидетельствованного в библейском рассказе об *Иосифе* и жене Пентефрия и в греческом — о *Беллерофонте* и Сфенебее.   *В. Н. Ярхо.*

ПЕЛИЙ, в греческой мифологии фессалийский герой, сын Посейдона и Тиро (дочери *Салмонея*, жены царя Иолка Кретея). Когда Тиро полюбила речного бога Энипея, Посейдон принял его облик, и от него она родила близнецов П. и Нелея (Hom. Od. XI 236 след.). Желая сохранить свой союз с Посейдоном в тайне, Тиро бросила детей. Пастухи в это время гнали табун и кобылица наткнулась на близнецов, задев одного из них копытом, отчего на лице его осталось тёмное пятно (греч. pelios, «тёмный»), поэтому мальчика назвали П. Детей воспитали пастухи. Когда братья выросли, то пришли на помощь своей матери, которую притесняла ненавидевшая её мачеха Сидеро, П. заколол Сидеро в храме Геры у самого алтаря богини, чем навлёк на себя её гнев (Apollod. I 9, 8; Diod. IV 68). Впоследствии между братьями начались раздоры, и Нелей отправился в Мессению, где стал основателем Пилоса и родоначальником пилосских царей (Paus. IV 2, 5). П. захватил власть в Иолке, устранив своего брата (сына Тиро от царя Кретея) Эсона. П. женился на Анаксибии, дочери Бианта (вариант: Филомахе, дочери Амфиона) и стал отцом *Акаста* и четырёх дочерей Алкестиды, Пейсидики, Пелопии и Гиппотои (Apollod. I 9, 10). Миф о П. и Нелее — типичный вариант близнечных мифов (ср. *Амфион и Зет*, *Ромул и Рем*).

Опасаясь сына Эсона *Ясона* и его претензий на престол царя Иолка, П. отправил его за золотым руном, пообещав вернуть власть в Иолке, если он добудет руно. За время отсутствия Ясона П. погубил его семью. Когда же Ясон вернулся с золотым руном, П. отказался выполнить обещание. Жена Ясона волшебница *Медея* решила покарать П.

По её наущению дочери П. (Пелиады) зарезали отца и сварили его в котле, поверив Медее, что П. после этого воскреснет омоложенным (Ovid. Met. VII 297 след.). Когда П. погиб, Медея и Ясон были изгнаны, а в Иолке воцарился сын П. Акаст (Apollod. I 9, 27—28).

С П. связан миф о замужестве его дочери *Алкестиды*. П. препятствовал Алкестиде выйти замуж, требуя, чтобы тот, кто захочет стать её мужем, запряг в колесницу диких зверей — львов и вепрей. С помощью Аполлона это сделал *Адмет* (Hyg. Fab. 50).
М. Н. Ботвинник.

ПЕЛОП, Πέλοψ, в греческой мифологии герой, сын *Тантала*. Убив П., Тантал пригласил богов на пир и подал им угощение, приготовленное из тела П. Разгневанные боги, отвергнув эту нечестивую трапезу, приказали *Гермесу* вернуть П. к жизни. Гермес выполнил волю богов, погрузив разрозненные члены П. в котёл с кипящей водой; юноша вышел из него наделённым необычайной красотой (Pind. Ol. I 37—50). Только одно его плечо (которое в задумчивости съела *Деметра*, опечаленная исчезновением дочери *Персефоны*) пришлось изготовить из слоновой кости; с тех пор у потомков П. на левом плече сохранилось белое пятно. П. унаследовал от отца власть над областью Сипила, но, теснимый троянским царём Илом, решил переправиться в Грецию, захватив с собой свои несметные сокровища. Для этой цели его покровитель *Посейдон* подарил ему золотую колесницу, запряжённую крылатыми конями; при переправе через море кони мчались так легко, что оси колесницы не касались волн. В Греции П. стал свататься к *Гипподамии*, дочери *Эномая*, царствовавшего в Писе (Элида). Эномай, которому была предсказана смерть от будущего зятя, заставлял претендентов на руку Гипподамии состязаться с ним в беге на колесницах. Он давал своему сопернику преимущество во времени, а затем без труда нагонял его и поражал ударом копья в спину. К моменту появления П. в Писе Эномаем было убито 12 или 13 человек; их могилы показывали в Олимпии ещё во 2 в. н. э. (Paus. VI 21, 9). Согласно одной версии мифа (Pind. Ol. I 67—88), П. легко выиграл состязание (или похитил Гипподамию) благодаря своим крылатым коням. Более распространён другой вариант мифа, по которому П. воспользовался помощью *Миртила*, возницы Эномая: он пообещал Миртилу, влюблённому в Гипподамию, но не дерзнувшему вступить в состязание с Эномаем, половину царства Эномая и обладание Гипподамией в течение одной ночи. Миртил заменил металлическую чеку в колеснице Эномая восковой, вследствие чего колесница разбилась и Эномай погиб (Apollod. epit. II 3—9; Paus. VIII 14, 10—12). П., который хотел избавиться от свидетеля его коварной победы, столкнул его в море; Миртил, падая, проклял П. и его род. Это «проклятие Пелопидов» считалось одной из причин трагических испытаний, выпавших на долю сыновей П. — *Атрея* и *Фиеста* и их потомков (Soph. El. 504—515; Eur. Orest. 988—994). Очищенный Гефестом от крови Миртила, П. унаследовал власть в Элиде и распространил её на всю южную Грецию, которая вместо прежнего названия «Апия» стали называться Пелопоннесом («остров П.»). Среди его сыновей традиция называла: Трезена — героя-эпонима одноимённого города в северном Пелопоннесе, Алкафоя — деда Аякса, Питфея — деда Тесея. С именем П. в античности связывали установление Олимпийских игр. На территории Альтиса в Олимпии находились священный участок П. и святилище Гипподамии, в которых совершались ежегодные обряды и жертвоприношения; к состязанию П. с Эномаем возводили бега на колесницах, входившие в программу Олимпийских игр. В мифе о П. широко распространённый мотив похищения невесты или состязания за невесту сплёлся с историческими воспоминаниями о древних связях южной Греции с малоазийскими племенами, восходящими к сер. 2-го тыс. до н. э.
В. Н. Ярхо.

ПЕМБА, в мифах бамбара демиург, произошедший от духа Йо. П., перемещаясь в пространстве в вихревом движении, через семь лет опустился на землю и превратился в семя. Из этого семени выросло дерево баланза, которое вскоре засохло. Остался только древесный брус — пембеле, воплощавший П. Когда П. (пембеле) стал передвигаться, ветер пригнал скопившиеся под ним продукты его гниения к груде земли П. с помощью своей слюны замесил эту массу, придал ей форму, вложил в неё душу — дыхание. На пятый день П. создал таким образом *Мусо Корони Кундье* и сделал её своей женой. Она породила растения и животных. Чтобы продолжить работу созидания, П. попросил Мусо Корони Кундье посадить его в землю, тут же пустил корни и материализовался в виде дерева (баланза). С этого момента П. стали называть Баланза.

В начале творения П. создал божество *Фаро* (по другим версиям, Фаро старше П.). Однажды люди, рождённые Фаро, придя к дереву баланза увидели, что оно остаётся зелёным и в сухой сезон. Это вызвало почитание Баланза. Он обучил людей добыванию огня посредством трения двух камней. Ему начали приносить в жертву ореховое масло, а в дальнейшем (когда распространилась на земле жизнь), по его требованию — человечью кровь; дважды в год ею окропляли ствол дерева, и оно возрождалось. Баланза же обновлял и омолаживал людей. По его приказу люди вырезали из дерева фаллос и поместили его на стволе. Баланза (П.) стал обладать всеми женщинами, что привело к его разрыву с Мусо Корони Кундье. Жертвоприношение кровью очень истощало людей; кроме того, возрастающее число людей вызвало голод. На помощь людям пришёл Фаро, восставший против могущества Баланза. Долгая и ожесточённая борьба между Фаро и Баланза (который вырвал себя с корнем и пошёл навстречу Фаро) кончилась победой Фаро. Люди покинули Баланза и были им прокляты (начались болезни, возникли раздоры). Тогда восемь старейших принесли в жертву Баланза свою кровь. Баланза возвестил им приход на землю смерти, но уберёг их от неё, превратив в птиц татугу конони («маленькие птицы огня»), которых почитают кузнецы, гончары и другие как имеющих власть над огнём. Так из-за проклятия Баланза среди людей появилась смерть.
Е. С. Котляр.

ПЕНАТЫ (от penetralia — внутренняя, потайная часть жилища, храма), в римской мифологии божества-хранители. П. — фамильные или «отеческие» хранители дома и прежде всего запасов продовольствия; впоследствии П. назывались все почитавшиеся фамилией боги дома, домашнего очага (Serv. Verg. Aen. II 514). Как и *лары*, с которыми П. иногда отождествляются (Arnobius III 40), были символом родного дома и домашнего очага.

П. государственные, П. римского народа считались одной из главных святынь Рима, залогом его непобедимости и вечности. В торжественных клятвах П. призывались вместе с Юпитером. Считалось, что они были привезены Энеем из Трои сначала в город Лавиний, а потом были помещены в Риме во внутренней части храма Весты. Имена П. и их изображения хранились в тайне от непосвящённых, приближаться к ним могли только жрецы и весталки (Serv. Verg. Aen. III 12), что породило самые различные толкования сущности и происхождения П. Считалось, что это деревянные или мраморные фигурки великих богов самофракийских мистерий, некогда полученные родоначальником троянцев Дарданом от Афины (вместе с палладием, также хранившимся в храме Весты). Для служения им Дардан создал коллегию салиев. Нигидий Фигул считал П. Аполлона и Нептуна, строивших стены Трои (Serv. Verg. Aen. I 379; VIII 285). Некоторые причисляли к П. Весту, поскольку полководцы, отправляясь в провинцию, а магистраты, слагая свою должность, приносили им общую трапезу в Лавинии, другие — великих богов, от которых всё произошло (небо и земля), или Юпитера, Юнону, Минерву (как дающих людям тело, дыхание и разум) и Меркурия (как бога речи), которых соединил Тарквиний Древний, посвящённый в самофракийские мистерии. Этруски считали П. Цереру, Палес и Фортуну (Macrob.

Sat. I 10, 16; III 4, 11; III 14, 6—13; Serv. Verg. Aen. II 296; VIII 679). Отождествляли с П. Диоскуров, также почитавшихся на Самофракии и изображавшихся в общедоступном храме у Форума в виде двух вооружённых копьями сидящих юношей (Dion. Halic. I 68; Liv. XIV 16, 5). Согласно греческому историку 3 в. до н. э. Тимею, П. — два бронзовых кадуцея и троянский глиняный сосуд (Dion. Halic. I 67); перевезённые в Рим, они дважды возвращались в храм Лавиний и поразили молнией одну из двух спавших там девушек, которая не была целомудренной (Serv. Verg. Aen. III 12). В надписях П. упоминаются редко.
Е. М. Штаерман.

ПЕНЕЛО́ПА, в греческой мифологии дочь спартанца Икария и нимфы Перибеи, супруга *Одиссея*. Явившись в Спарту в числе претендентов на руку *Елены*, Одиссей предпочёл взять в жёны её двоюродную сестру — П. [по одной версии (Paus. III 12, 1), получил П. в жёны в качестве награды за победу в беге; по другой (Apollod. III 10, 9), отец Елены Тиндарей убедил Икария выдать П. за Одиссея, который помог ему своим советом при выборе мужа для Елены]. В «Одиссее» П. — верная жена, преданно ожидающая возвращения мужа. Осаждаемая во время его двадцатилетнего отсутствия многочисленными женихами, П. всячески уклоняется от выбора нового мужа. Сначала она откладывает решение под тем предлогом, что должна соткать погребальный саван для свёкра Лаэрта и, работая днём, ночью распускает готовую ткань. Так П. обманывает женихов в течение трёх лет. Затем она долго отказывается сделать выбор, несмотря на то, что пирующие женихи истребляют её состояние. По внушению Афины П. обещает выйти замуж за победителя в назначенном ею состязании в стрельбе из лука Одиссея. Однако с помощью этого лука женихов убивает сам Одиссей, тайно вернувшийся на Итаку и наблюдавший за всем, что происходит в его доме. Хотя П. успевает проникнуться симпатией к незнакомцу, похожему на Одиссея, она признаёт в нём своего мужа только после того, как убеждается, что он владеет известной лишь им двоим тайной (Hom. Od. XXIII 173—230). Согласно послегомеровской традиции (Apollod. epit. VII 37), Телегон (сын Одиссея и Кирки), случайно убивший Одиссея, берёт П. себе в жёны; Кирка дарует им обоим бессмертие и переносит их на острова блаженных. Встречающаяся в поздних источниках версия, обвиняющая П. в неверности и даже приписывающая ей рождение от союза с Гермесом бога Пана (Apollod. epit. VII 38), возникла либо от смешения гомеровской П. с каким-либо одноимённым пелопоннесским женским божеством, либо из желания объяснить существование в Мантинее могилы П. (Paus. VIII 12, 5—6; версия — отправленная Одиссеем к отцу в Спарту П. умерла в Мантинее).
В. Н. Ярхо.

ПЕНФЕ́Й, П е н т е́ й, в греческой мифологии фиванский царь, сын Эхиона (Paus. IX 2, 4), одного из спартов (воинов, рождённых землёй из зубов дракона), и *Агавы*, дочери Кадма, власть которого в Фивах унаследовал П. (вариант: после Кадма в Фивах царствовал Полидор — сын Кадма, но П. обладал большой властью, Paus. IX 5, 4). *Дионис*, который установил свой культ и мистерии в Малой Азии, затем прибыл в Фивы, чтобы и здесь утвердить свои таинства. Жители Фив, откуда происходила мать Диониса Семела, отказались признать Диониса, а сёстры его матери утверждали, что Дионис не божественного происхождения и что Семела лгала о своей связи с Зевсом. За это Дионис поразил фиванских женщин безумием, заставил их покинуть свои дома и предаться вакхическим оргиям на склонах горы Киферон. П., пренебрегая предостережением прорицателя Тиресия, стал препятствовать отправлению культа Диониса, запрещая женщинам чествовать бога. Но Дионис наслал на П. безумие. П. в одежде вакханки последовал за женщинами на гору Киферон, чтобы, спрятавшись, увидеть своими глазами оргии вакханок. Вакханки обнаружили П. и, приняв его за дикого зверя, растерзали. Первыми набросились на П. его мать Агава и её сёстры Ино и Автоноя (Ovid. Met. III 511—733). Миф разработан Еврипидом в трагедии «Вакханки» и Эсхилом в утраченной трагедии «П.». В мифе о П. — искупление нечестия Эхиона через страдание сына (имя П. связано с греч. словами «страдать», «страдание»), а также вины Кадма, убившего дракона, посвящённого Аресу. История П. связана с мифами об установлении культа экстатического божества, пришедшего извне (из Малой Азии, Фракии) и враждебно встреченного в Греции.
А. Т.-Г.

ПЕНФЕСИЛЕ́Я, П е н т е с и л е́ я, в греческой мифологии царица *амазонок*, дочь бога Ареса и Отреры (Hyg. Fab. 112). Во время Троянской войны П. с амазонками пришла на помощь троянцам и пала в поединке с Ахиллом (Diod. II 46, 5). Ахилл был очарован красотой мёртвой П., что вызвало насмешки Терсита, тут же на месте убитого Ахиллом (Tzetz. Posthom. 100—211).
А. Т.-Г.

ПЕО́Н, П е а́ н, в греческой мифологии: 1) врачеватель богов, исцелил Аида и Ареса (Hom. Il. V 401 и 899); 2) одно из прозвищ *Аполлона*, связанное с его даром врачевания (Eur. Alc. 92 след.; Soph. O. R. 154).
М. Б.

ПЕРГА́М, в греческой мифологии младший сын Неоптолема и Андромахи (Paus. I 11, 1). После смерти Неоптолема П. и Андромаха переселились в Малую Азию, где П. основал город, названный им Пергамом (версия: переименовал в Пергам мисийский город Тевфраний после того, как убил в поединке царя Арея, I 11, 2). П. также называлась цитадель Трои (Илиона) (Pind. Ol. VIII 42).
М. Б.

ПЕРГРУ́БРЮС, в прусской мифологии бог весны и растительности. Согласно «Судавской книжечке» (1563), от П. зависит рост листьев и травы, в «Хронике» Бреткунаса (16 в.) добавлено, что П. — бог земных растений, у Я. Малецкого и Я. Ласицкого П. — бог весны. Входит в тетрады божеств, наделённых природно-хозяйственными функциями, наряду с *Аушаутсом*, *Пильвитсом* и *Пушкайтсом*, которому противопоставляется как божество поля божеству леса. В списке Бреткунаса следует за верховным богом *Окопирмсом*, что связано, по-видимому, с тем, что П. был посвящён первый календарный праздник (пергрубии?), открывающий весну, когда на поле вывозят плуг и возглашают имена богов, в первую очередь П., великого, могучего бога, прогоняющего зиму, дающего траву и листву. Его просят послать хороший урожай, заглушить сорняки. Празднество сопровождалось обильными возлияниями пивом, гимнами и жертвоприношениями телёнка, овцы, барана или петуха; ср. весенние аграрные праздники типа дня святого Георгия — Юрия, Ярилы и т. п.; возможно, что существовал и осенний праздник в честь П. Характерно, что М. Преториус относит П. к «рабочим богам»; однако он приводит и другую точку зрения о том, что название П. относится к празднику чествования земли и её воплощения — Жеминеле. Учитывая этимологию имени П. (ср. литов. grũblas, grubùs, grubiùs и т. п. в связи с идеей неровности, шероховатости, грубоватости), можно думать, что первоначально имя П. было эпитетом весеннего божества типа славянского *Ярилы*.
В. В. Иванов, В. Н. Топоров.

ПЕРЕПЛУ́Т (рус. церковнослав. Переплуть, от рус. «плут», «плутать», или «переплыть», если П. имел отношение к мореходству), восточнославянское божество, упоминаемое вместе с *берегинями* в «словах» против язычества. По гипотезе В. Пизани — восточнославянское соответствие Вакха-Диониса. Данные о П. недостаточны для точного определения его функций. Не исключена связь с именами богов балтийских славян типа Поренут, Поревит и с табуированными именами, производными от *Peru (*Перун*).
В. И., В. Т.

ПЕРИБЕ́Я, в греческой мифологии: 1) дочь царя гигантов Эвримедонта, возлюбленная Посейдона, родившая от него сына *Навсифоя*, первого царя феаков (Hom. Od. VII 56 след.); 2) дочь Гиппоноя, ставшая второй женой калидонского царя Ойнея после гибели его первой жены *Алфеи* (Apollod. I 8, 4) (вариант: Гиппоной отослал П. к Ойнею после того, как её соблазнил бог Арес — Diod. IV

35); 3) нимфа, жена *Икария*, родившая ему нескольких сыновей и дочь Пенелопу (Apollod. III 10, 6); 4) жена бездетного коринфского царя Полиба, которая приняла ребёнком Эдипа, вылечила его и стала его приёмной матерью (Apollod. III 5, 7; у Софокла в трагедии «Царь Эдип» её имя — Меропа); 5) дочь царя Мегар Алкафоя, жена Теламона и мать *Аякса* Теламонида (Apollod. III 12, 6). По одной из версий, после рождения Аякса стала женой Тесея (Plut. Thes. XXIX). *М. Б.*

ПЕРИКЛИМЕН, в греческой мифологии: 1) фиванский полководец, сын Посейдона. Во время похода *семерых против Фив* П. убивает одного из них — *Парфенопея*, сбросив на него с городской стены огромный камень; затем преследует спасающегося бегством на колеснице *Амфиарая* и почти настигает его, но в этот момент земля разверзается от удара молнии и поглощает Амфиарая вместе с колесницей (Apollod. III 6, 8); 2) сын пилосского царя *Нелея*, основавшего Пилос. Получил от своего деда Посейдона способность к превращениям. Когда Геракл опустошал Пилос, П. во время сражения принимал образ то льва, то змеи, то пчелы, пока Геракл не убил его (Apollod. I 9, 9; Ovid. Met. XII 556—572). *В. Я.*

ПЕРИФЕТ, в греческой мифологии сын Гефеста, известный своим разбойничьим нравом; убивал путников, просивших у него в Эпидавре приюта, железной дубиной (отсюда его прозвище «дубинщик»). Убит Тесеем (Apollod. III 16, 1). *А. Т.-Г.*

ПЕРКУНАС (литов.), **Перконс** (латыш.), в балтийской мифологии бог грома, молнии, дождя. Буквальное значение имени — «гром, гроза». Восходит к образу индоевропейского громовержца, имевшего родственное наименование с основой *Per(k); ближайшие параллели — славянский *Перун* (ср. также белорусского *Пяруна*, которому присущи многие черты П.), древнеиндийский *Парджанья*, хеттский *Пирва*. Из балтийского было заимствовано имя мордовского громовника *Пурьгине-паза*, финское и саамское обозначение чёрта — Перкеле. Характерно, что и одно из имён жены громовержца — Perkúnija, образованное от того же корня, совпадает с литовским обозначением грозы и русским топонимом Перынь, святилищем Перуна на возвышенности у Новгорода, др.-исл. Fjǫrgyn, именем матери громовержца Тора (ср. галльск. Ἀρκυνία ὄρη, Hercunia silva, латино-герм. Fergunna, древневерхненем. Virgunnia как обозначение соответствующего топонима — горы или леса на возвышенности, ср. лат. fairguni, «гора», хетт. perune, «скала», др.-инд. párvata-, «гора», и т. п., что указывает на связь имени громовержца с горой, возвышенностью. Вместе с тем его имя часто связывается с индоевропейским названием дуба — ср. лат. quercus из *perkuus и т. п. Древнейшие известия — русский перевод «Хроники» Иоанна Малалы (2-я половина 13 в.), где говорится о поклонении «Перкоуновы рекше громоу», и «Лифляндская рифмованная хроника» (ок. 1290) с упоминанием идола Perkune. Особое положение занимает П.-Перкунс в прусском пантеоне. Симон Грунау («Хроника», нач. 16 в.) в описании прусского знамени помещает Перкунаса, изображённого в облике гневного мужчины средних лет с вьющейся чёрной бородой, увенчанного пламенем, между юношей *Потримпсом* и старцем *Патолсом*. То же центральное положение занимает П. в описании священного дуба в святилище Ромове; перед ним горел неугасимый огонь — символ бога. П. посылает дождь, гром и молнию, пруссы взывают к нему при молениях, ему служат специальные жрецы. В сочинении «Constitutiones Synodales» (1530) П. упомянут в списке богов перед богом преисподней *Пеколсом* и отождествляется с римским Юпитером, как и в «Судавской книжечке», где П. (Parkuns) упоминается в связи с ритуалом чествования козла — животного П. У Я. Малецкого и Я. Ласицкого (16 в.) П. (Pargnum) — бог громов и бурь. В триаде прусских богов П. символизирует высший подъём производящих сил (в том числе вегетативный,— ср. связь П. с летом, дубом), мужество, успех, а также верхний мир, небо, дождь, гром, небесный огонь (молнию) как космологические элементы, в отличие от Потримпса (земля, урожай, злаки) и Патолса (преисподняя, смерть). Как небесное (атмосферное) божество прусский П., по-видимому, помощник и исполнитель воли Диевса — *Окопирмса*, но превосходит высшего бога по актуальности для человека и конкретности мифологических функций.

В восточнобалтийской традиции описания П. как злого духа, демона, идола встречаются в христианских сочинениях: в «Хронике» Малалы, хронике Я. Длугоша (15 в.), где П. отождествляется с Юпитером, почитаемым в виде молнии, и др. Главный источник реконструкции образа П. и связанных с ним мифологических сюжетов — народные песни. По песням о «небесной свадьбе» реконструируется вариант мифа, где солнце Сауле изменяет П. с месяцем, за что П. разрубает месяц мечом. Согласно другим вариантам, месяц покидает солнце после свадьбы, и П. наказывает его; П. (или сын бога Dieviņš) присутствует на свадьбе зари *Аушры* или дочери солнца; раздражённый П. по дороге на свадьбу разбивает дуб солнца; в поездке на свадьбу его сопровождает солнце с приданым; П. подносит дубу золотой пояс и т. п. Иногда в этих сюжетах П. заменяет бог *Диевас* или упоминается вместе с громовником пляшущим (на свадьбе?), а также фигурируют сыновья Диеваса — мотив, параллельный мифам о детях или сыновьях П. (ср. также Перкуна тете — Perkuna tete у Ласицкого — «тётка П.», мать грома и молнии, омывающая запылённое солнце, прежде чем выпустить его в небо на следующий день). Упоминается четверо сыновей П., что, по-видимому, связано с его сезонными ипостасями (ср. литовскую формулу: «Перкунасов четверо: восточный, западный, южный и северный», причём нередко эти П. называются братьями), или семеро (могут соотноситься с днями недели), девять и просто много (ср. литов. Perkūnų yra daug, что точно соответствует др.-рус. «Перунъ есть многъ»). Помимо соотнесённости с четырьмя сторонами света и временами года П. связан с четвергом, днём П. (день громовержца во многих традициях: ср. полабск. Peräune-dån, «день Перуна», литов. Perkūno diena, «день П.», соотнесение латыш. ceturdiena, «четверг», с днём грома, в старых источниках — с Юпитером, серединой недели, днём гроз и дождей, а также свадеб. Согласно данным фольклора, П. хотел жениться в четверг, но чёрт в этот день похитил его жену (Вайву, ср. литов. vaiva, «радуга»), или, в реконструкции, *Жемину*; показательно, что некоторые женские занятия табуированы в четверг, с тем чтобы избежать вмешательства чёрта). Чёрт (латыш. velns, литов. vélnias) в народных песнях — сниженный и христианизированный образ противника громовержца, бога преисподней и смерти *Велса, Велняса*. П. изгоняет за измену жену, а в некоторых вариантах и детей, сам остаётся на небе или, напротив, Диевас поднимает П. с земли на небо. На небе находятся камни П.— мотив, связанный с индоевропейской мифологемой каменного неба. Жилище П. на земле приурочивается к возвышенности, высокой или каменной горе: ср. литов. топонимы типа Perkūnkalnis, «гора П.», или Griausmo kalnas, «гора грома». На горе иногда упоминается дуб П. (ср. этимологическую связь имени П. с горой и дубом, а также литов. Perkuno ąžuolas, латыш. Perkona ozols, «дуб П.» в источник 1-й половины 19 в.). В дубе прячется чёрт, а П. раскаливает его молнией; в заговорах под дубом помещается змеиное гнездо (змеи — ипостась противника П.). П. преследует громами противника — чёрта, в реконструкции — Велса, Велняса, похитителя плодородия и скота. Тот прячется в дереве, камне, превращается в различных хтонических или демонических животных — чёрную кошку, собаку, свинью, козла, в зооморфных представителей трёх стихий (воздуха, земли и воды) — голубя, ягнёнка и щуку, в корову (ср. латышские представления о чёрте с коровьими копытами) и человека. П. гонится за противником по небу (по каменным горам) на колеснице, каменной, огненной (литов. ugnies rātai), иногда железной, красной, запряжённой парой (реже четвёркой, тройкой) коней (козлов) красной и белой (чёрной и белой) масти, в возке или в карете. (Ср. литовское божество коней и колесницы Ратайнича — у Ласицкого Ratainicza, от литов. rātai «колесница»; мифологизированный образ колесницы — Большая Медведица.) Согласно жемайтским представлениям, П. может выступать и как всадник на огненном коне. На небесной колеснице П. предстаёт в облике седого старика с большой бородой (разных цветов, в том числе медного), в белых и чёрных одеждах, держащим козла на верёвке в одной руке и рог или топор — в другой. Оружие П.— топор или молот, камни, меч, бьющий молниями, лук и стрелы, пули, палица, розги (бичи, ср. название П. Dievo rykštė, «бич бога», Диверикъзъ русской летописи), нож; оно может быть каменным, железным, медным, огненным. Распря П. с противником может объясняться иногда и кражей у громовержца оружия, укрытием его под камнями. П. сам выступает как творец оружия (Akmeninis kalvis, «каменный кузнец») или ему помогает небесный кузнец *Телявель*. По некоторым представлениям, молнии испускаются небесными жерновами (ср. общий индоевропейский корень *mel/ə| для балтийских слов со значением «молния», «молот», «молотьба»). Противник П. прячется в дупло дерева, камень (атрибуты П.); урочища и рельеф местности возникают во время преследования П. чёрта: ср. топонимы типа «река П.», «гора П.», «озеро П.» с одной стороны, и «болото чёрта», «камень чёрта», «озеро чёрта» — с другой. Кульминационный момент преследования громовержцем противника — гроза; она не только очищает землю от нечисти и возвращает украденный скот, оружие и т. п., но и означает возвращение на землю плодородия, возрастающего (а не утаённого) богатства. С запретами и предписаниями, регулирующими поведение во время грозы, связаны табуированные звукоподражательные имена П.— литов. Dundulis, Dundulis, Dūdų senis. Tarškulis, Tarškutis, Blizgulis и т. п. Судя по описаниям ритуалов в честь П., громовержец занимал первенствующее место среди балтийских божеств в сфере культа и наделялся универсальными функциями, прежде всего носителя плодородия. Ср., например, ритуал вызывания дождя в Латвии (латинский источник 1610), совершавшийся на холме в роще, с жертвоприношением животных чёрного цвета, трапезой, возлияниями, призыванием П., соотносимого с огнём, и близкие южнославянские (ср. *Додола*, Перуруда) и другие индоевропейские параллели, свидетельствующие о наибольшем развитии индоевропейского культа и мифологии громовержца именно в балтийской традиции.

В. В. Иванов, В. Н. Топоров.

ПЕРСЕЙ, в греческой мифологии сын аргосской царевны *Данаи* и Зевса. Золотым дождём Зевс проник в медный терем, где была заперта Даная её отцом Акрисием, знавшим о своей смерти от руки внука. Даная с П. были в ящике брошены в море разгневанным царём, но выловлены рыбаком *Диктисом* у острова Сериф. П. был воспитан в доме Диктиса, а затем отправлен царём острова *Полидектом*, влюбившимся в Данаю, на розыски горгоны Медузы. П. помогли Афина и Гермес. По совету богов П. достиг сначала пределов крайнего запада, где обитали *граи*, имевшие на трёх сестёр один зуб и один глаз. Овладев и зубом, и глазом, он вернул их граям в обмен на указание пути к нимфам, обладавшим крылатыми сандалиями, шапкой-невидимкой и заплечной сумкой. П. получил от нимф эти дары и вооружился острым кривым ножом, подарком Гермеса. Поднявшись в воздух на крылатых сандалиях, П. отрубил голову смертной Медузе, одной из трёх сестёр-горгон, глядясь в блестящий щит, протянутый Афиной, чтобы не встретиться взглядом с глазами Медузы, превращавшими всё живое в камень. От других горгон П. скрылся с помощью шапки-невидимки, спрятав голову Медузы в заплечной сумке. В Эфиопии П. спас Андромеду, царскую дочь, отданную на съедение морскому чудовищу, и взял Андромеду в жёны, раскрыв заговор её родича, отвергнутого жениха, превращённого вместе со своими сообщниками в камень. Вернувшись на остров Сериф, П. спас свою мать от притязаний Полидекта, превратив его и всех его приверженцев в каменные статуи и сделав Диктиса правителем острова. П. с Андромедой явились в Аргос, откуда бежал Акрисий, спасаясь в Лариссе. Тут, участвуя в состязаниях, П. нечаянно диском убил своего деда, после чего, не желая править в Аргосе, перебрался в Тиринф, оставив в обмен своему тиринфскому родичу наследие деда. Дары, с помощью которых П. совершил свои подвиги, были возвращены Гермесу и нимфам. Голову Медузы водрузила на свою эгиду Афина (Apollod. II 4, 1—4).

Мифы о П. типичны для становления героической мифологии и утверждения власти олимпийцев на земле через своих потомков. Заметны черты сказочных сюжетов (освобождение царской дочери и награда), а также древних фетишистских мотивов (шапка-невидимка, крылатые сандалии и др.).

А. А. Тахо-Годи.

ПЕРСЕФО́НА, К о́ р а («девушка», «дева»), в греческой мифологии богиня царства мёртвых. Дочь Зевса и Деметры, супруга Аида, который с разрешения Зевса похитил её (Hes. Theog. 912—914). В гомеровском гимне «К Деметре» рассказывается о том, как П. вместе с подругами играла на лугу, собирала цветы. Из расселины земли появился Аид и умчал П. на золотой колеснице в царство мёртвых (Hymn. Hom. V 1—20, 414—433). Горевавшая Деметра наслала на землю засуху и неурожай, и Зевс был вынужден послать Гермеса с приказанием Аиду вывести П. на свет. Аид отправил П. к матери, но дал вкусить ей насильно зёрнышко граната, чтобы П. не забыла царство смерти и снова вернулась к нему. Деметра, узнав о коварстве Аида, поняла, что отныне её дочь треть года будет находиться среди мёртвых, а две трети с матерью, радость которой вернёт земле изобилие (360—413). П. мудро правит царством мёртвых, куда время от времени проникают герои. Царь лапифов *Пирифой* пытался вместе с Тесеем похитить П. За это он был прикован к скале, а Гераклу П. разрешила вернуть Тесея на землю. По просьбе П. Геракл оставил в живых пастуха Аида (Apollod. II 5, 12). П. была растрогана музыкой Орфея и вернула ему Эвридику (однако по вине Орфея та осталась в царстве мёртвых; Ovid. Met. X 46—57). По просьбе Афродиты П. спрятала у себя младенца Адониса и не пожелала вернуть его Афродите; по решению Зевса Адонис треть года должен был проводить в царстве мёртвых (Apollod. III 14, 4). П. играет особую роль в орфическом культе Диониса-Загрея. От Зевса, обернувшегося змеем, она рождает Загрея (Hymn. Orph. XXXXVI; Nonn. Dion. V 562—570; VI 155—165), впоследствии связанная с элевсинским культом Деметры. В П. тесно переплетены черты хтонического древнего божества и классическо-олимпийского. Она против собственной воли царствует в аиде, но вместе с тем чувствует там себя вполне законной и мудрой повелительницей. Она уничтожила, буквально растоптав, своих соперниц — возлюбленных Аида: нимфу Кокитиду и нимфу Минту. Вместе с тем П. помогает героям и не может забыть землю с её родителями. П. как супруга хтонического Зевса-змея относится к глубокой архаике, когда сам Зевс был ещё «Подземным» царём царства мёртвых. Рудиментом этой связи Зевса Хтония и П. является желание Зевса, чтобы Аид похитил П. вопреки воле самой П. и её матери. В римской мифологии ей соответствует Прозерпина — дочь Цереры (греч. Деметра).

А. Ф. Лосев.

ПЕРУ́Н (др.-рус. Перунъ, общеслав. *Perunъ), в славянской мифологии бог грозы (грома). Общеславянский культ П. восходит к культу бога грозы (грома) в индоевропейской мифологии и имеет много общих черт с аналогичным культом *Перкунаса* в балтийской мифологии. Бог грозы уже в индоевропейской традиции связывался с военной функцией и соответственно считался покровителем военной дружины и её предводителя (у славян — князя), особенно на Руси. Его представляли в виде немолодого мужа:

по древнерусскому летописному описанию голова его деревянного идола была серебряной (седина?), а усы — золотыми. По данным других индоевропейских традиций особое мифологическое значение имела борода громовержца, что косвенно отразилось в русских фольклорных формулах, относящихся к «бороде Ильи», образ которого заменил П. в эпоху двоеверия. Главным оружием П. были камни (польск. kamień piorunowy, название белемнита) и стрелы (др.-рус. о стрълъ громнъе и — «о громовой стреле», польск. strzała piorunowa, «громовая стрела»), а также топоры, являвшиеся, как и стрелы, предметами языческого культа (в древнерусских христианских текстах — «богомерзкие вещи»). Миф о П. частично восстанавливается по его следам в белорусской и некоторых других славянских традициях, где громовержец соотнесён ещё с самим П. (белорус. пярун, «гром»), и по многочисленным сказочным, былинным и другим фольклорным трансформациям, где П. заменяют Илья и другие персонажи с позднейшими именами. П., первоначально в образе всадника на коне или на колеснице (ср. позднейшую иконографию Ильи-пророка), поражает своим оружием змеевидного врага (в изначальном варианте мифа — его мифологическое существо, которому соответствует Волос-Велес, в поздних текстах — сказочный Змиулан и т. п.), последовательно прячущегося от него в дереве, камне, в человеке, животных, в воде. При дальнейших трансформациях мифа может изменяться имя (но не облик) П. и его противника, но основная сюжетная схема остаётся неизменной. После победы П. над врагом освобождаются воды (в архаических и поздних трансформациях мифа скот, женщина, похищенная противником П.— см. Додола, Марена, Мокошь) и проливается дождь. Поэтому наиболее очевидной интерпретацией мифа о П. (имеющего у славян и другие возможные истолкования) является его истолкование как этиологического мифа о происхождении грома, грозы, плодородного дождя. Этому мифу соответствуют общеславянские ритуалы, само название которых указывает на связь с культом П.: болг. пеперуна с многочисленными табуистическими и звукоподражательными вариациями типа пеперуда, перперуга, преперуда, сербохорв. пророруша, возможно, связанные и со слав. *pors-, «порошить», и т. п.; такое же объяснение предлагается и для названий аналогичных ритуалов типа болг. и серб.-хорв. додола, ввиду широко распространённой связи корня *dhu в балтийской и других мифологиях с персонажем, родственным П. (например, Дундер: сербо-лужицкая поговорка о П., храпящем в дикой яблоне, вероятно, связана с представлениями о раскатах грома; эпитет Перкунаса Dundulis позволяет предположить в и Дундере ранний эпитет П.). Эти ритуалы вызывания дождя включают обливание женщины, возможно, первоначально связанной с жертвами П. Характерной чертой мифов и ритуалов, связанных с П., является её соотнесение с дубами и дубовыми рощами (ср. «Перунов дуб» в средневековой западноукраинской грамоте) и с возвышенностями, на которых ставили в древности идолы П. (в Киеве и Новгороде) и его святилища. Соответственно по всей древней области расселения славян известны названия возвышенностей и гор, которые происходят от имени П. Связь П. с горами и дубовыми рощами восходит к индоевропейскому периоду. В балтийской и славянской мифологиях П. приурочивается к четырём сторонам света, в том числе, в частности, и из названия четверга как «дня П.» в полабской традиции, и из четырёх(восьми)-членной структуры святилища П. на Перыни под Новгородом (название святилища из слав. *Perūñi, древнее соответствие готск. fairguni, «скала», др.-исл. Fjǫrgynn, Фьёргюн, мать громовержца Тора). Согласно древнерусскому источнику «Перунов много» (Перун есть мног), что относилось к наличию нескольких географических и сезонных ипостасей П., каждая из которых в мифологии балтийских славян, по-видимому, нашла продолжение лишь одну из ипостасей П. (ср. Прове). В пантеоне Киевской Руси П. почитался как высший бог, что видно и по его месту в списках богов.

В. В. Иванов, В. Н. Топоров.

ПЕРШЕНБЕ́-КАРЫ́ («четверг-женщина»), у турок дух. Считалось, что накануне у мусульманских праздников П.-к. обходит дома и следит, чтобы никто не сидел за пряжей, а виновных наказывает (например, бросает в котёл). У некоторых групп турок известна как Чаршамбе-кары (сы), «среда-женщина». Персонажи с аналогичными функциями имеются у гагаузов: Чаршамба-карысы (бабасы), «старуха (дед)-среда», Джума-карысы (бабасы), «старуха (дед)-пятница», Пазар-аны, «воскресенье-мать». Высказывалось мнение, что образ П.-к. заимствован из христианства (Параскева-пятница), однако более вероятно, что П.-к. и другие персонажи, связанные названием с днями недели, восходят к дохристианским и домусульманским традициям. Ср. также *Биби-Сешанби*.

В. Б.

ПЕТА́РА, в мифах ибанов Саравака (Восточная Малайзия) бог-демиург, повелитель верхнего мира. Первоначально П. восседал на гигантском буйволе Лумбу, затем создал при помощи птиц землю и водрузил её на его спину. По некоторым мифам, помимо П., повелевающего верхним миром и имеющего облик как человека, так и птицы, существует Петара — повелитель нижнего мира, иногда принимающий облик змеи.

М. Ч.

ПЕТЕСУ́ХОС [«данный Сухосом» (*Себеком*)], в египетской мифологии божество Нила. Центр его культа — главный город Файюмского оазиса Крокодилополь.

Р. Р.

ПЁТР (греч., перевод арам. Ки́фа, «камень»), в христианских преданиях один из *двенадцати апостолов*, брат *Андрея*. Первоначальное имя — Симон, Кифой наречён Иисусом Христом в момент призвания или избрания двенадцати апостолов (Ио. 1, 42; Мк. 3, 16; Матф. 16, 18). П.— сын Ионы (Матф. 16, 17) или Иоанна (Ио. 1, 42, 21, 15 и др.), происходил из города Вифсаида в Галилее (Ио. 1, 44), до встречи с Христом жил в Капернауме (Мк. 1, 21 и 29), занимаясь рыболовством (Мк. 1, 16). История призвания П. излагается по-разному: Христос увидел Симона, рыбачившего вместе с Андреем на море Галилейском, и позвал обоих за собой, прибавив: «Я сделаю, что вы будете ловцами человеков» (Мк. 1, 16—18; мотив рыболовства обретает сакральный смысл, смежаясь с архетипами воды и рыбы, важными для христианской символики); Симона привёл к Христу Андрей, первым последовавший за Христом (Ио. 1, 40—42).

П. занимает особое положение среди апостолов: его именем открывается перечень двенадцати избранных (Матф. 10, 2; Мк. 3, 16; Лук. 6, 14), о нём Иисус Христос говорит: «Ты Пётр, и на сем камне я создам церковь мою, и врата ада не одолеют её», ему предназначает ключи небесного царства (Матф. 16, 18—19); ему Христос учреждает пастырем над своими «агнцами» (Ио. 21, 15—17). По преданию евангелистов, П. непрестанно свидетельствует Христу свою любовь и преданность, но по свершении тайной вечери Христос предрекает его троекратное отречение «в эту ночь, прежде нежели пропоёт петух» (Матф. 26, 34—35; ср. Мк. 14, 27—31; Лук. 22, 31—34; Ио. 13, 37—38). Уже во время молитвы Христа в Гефсиманском саду, начальной точке крестного пути, трое ближайших учеников (в их числе П.) подпали сонливости и укоряемы Христом (Матф. 26, 37—46; ср. Мк. 14, 33—42; Лук. 22, 40—46). Когда же Христос был схвачен и приведён к первосвященнику Каиафе, П., последовавший за учителем и узнанный людьми, не только трижды отрекается, но клянётся и божится, что не знает Иисуса. Пение петуха напоминает ему пророчество Христа и вызывает слёзы раскаяния (Матф. 26, 69—75; Мк. 14, 66—72; Лук. 22, 56—62; Ио. 18, 17 и 25—27). Некоторые новозаветные тексты указывают, что П. был первым из апостолов, кому является по воскресении Христос (Лук. 24, 34; 1 Кор. 15, 5). Христос облекает его пастырской властью — после троекратного вопрошания о любви, снимающего троекратность отречения П. (Ио. 21, 14—17). В дальнейшем П. проповедует, крестит новообращённых, совершает чудесные исцеления, воскрешает из мёртвых благочестивую девицу Тавифу (Деян. 9, 36—42). Ирод Агриппа, желая угодить иудеям, заключает П. в темницу, откуда его чудесно выводит ангел (12, 1—11; 5, 17—23; 16, 22—26). Проповедническая деятельность П. разворачивается преимущественно на востоке: по традиции считается, что П.— учитель иудеев, а Павел — язычников (Гал. 2, 7—8) и что П. некоторое время занимал антиохийскую кафедру. Апокрифические предания прочерчивают последующий путь П. из Сирии в Каппадокию, Галатию и Понт, где он длительное время епископствует в Синопе вместе с Андреем и откуда, расставшись с братом, отправляется в Рим. Подвижничество и мученическая смерть П. в Риме — источник многих легенд. С начала 3 в. у церковных писателей встречаются упоминания легенды о состязании П. с самаритянским магом Симоном (*Симон маг*), который с демонской помощью показывал римлянам чудеса магии, выдавая себя за бога, и был посрамлён П. В первоначальном виде легенда содержалась в апокрифических «Деяниях Петра», породивших ряд позднейших апокрифов, повествующих также о мученичестве П. Согласно последним, П., отвращая своей проповедью многих женщин от брака и порочной жизни, навлекает на себя ненависть римских властей (обычный для древней агиографии мотив). Поддавшись уговорам учеников, предупредивших его об опасности, П. ночью покидает Рим. За городскими воротами он встречает Иисуса Христа, обращается к нему с вопросом: «Куда идёшь, господи?» (лат.: Quo vadis, Domine?) и слышит в ответ: «В Рим, чтобы быть снова распяту». С этими словами Христос возносится на небо, а П., поняв, что этим предрекается его собственная мученическая смерть, возвращается в Рим. Здесь он схвачен и приговорён к кресту. Не желая оскорбить бога, уподобившись ему в роде смерти, П. просит распять его вниз головой. Будучи распят, П. обращается к народу с проповедью тайны креста: крест обращённый (перевёрнутый) — символ Адама, грехопадение которого извратило божественный строй, а прямостоящий — символ Христа, восстановившего этот изначальный порядок; вертикальный устой крестного дерева символизирует логос, слово, божественное в богочеловеке, а горизонтальная перекладина — человеческую природу в нём. Окончив проповедь, П. испускает дух. Мученичество П. и Павла относят обычно к эпохе нероновых гонений. Римское (как и антиохийское) предание рассматривало П. как основателя местной епископии (преемство по отношению к «князю апостолов» было истолковано западной традицией как обоснование примата папы среди епископов).

Помимо «Деяний П.» известно ещё несколько древних апокрифов, носящих его имя: «Евангелие от П.», «Откровение П.», «Керигма П.» и др.

Христианская иконография часто совмещает образы П. и Павла. К 4 в. окончательно складывается иконографический тип, в соответствии с которым П. изображается с широким лицом, курчавыми волосами и округлой бородкой (в отличие от узколицего, лысого и длиннобородого Павла). Одиночные изображения П. в восточной иконографии почти не встречаются, зато постоянны на Западе. Западное средневековье, видящее в П. основоположника римской церкви, изображает его в папском облачении, а позже — в тиаре (напр., статуя на северном портале Шартрского собора, нач. 13 в.). Древний атрибут П.— пастырский посох с крестом — с нач. 5 в. вытесняется ключами, обычно — двумя (от райских и адских врат), редко — тремя. Вручение Иисусом Христом ключей П. (лат. traditio clavium) — постоянный мотив иконографии (напр., мозаика в мавзолее Констанцы, 4 в., Рим; средневековые миниатюры). Не менее важен образ П.— привратника и ключаря небесного для такого жанра средневековой литературы, как видения загробного мира, и фольклора (ср. фаблио о виллане, пробравшемся в рай). В западном фольклоре П. выступает также спутником в странствиях явившегося на землю Христа [в русских сказках эта роль отводится обычно Николаю Угоднику или апостолу Иоанну; ср. учение исмаилитов в исламе, где П. (Бутрус) как «самит» (араб. «молчащий») сопровождает Христа (Ису) как «натика» (араб. «говорящий»), что соответствует роли Аарона при Моисее и Али при Мухаммаде].
О. Е. Нестерова.

ПЕХА́Р, в тибетской мифологии божество — владыка *тхеурангов*; *далха* всех мужчин; известно также под именем «Белое тхеу неба», «Бог белого неба». Представляется в облике горного всадника в белом как снег панцире, шлеме из алмазов, в высоких сапогах. Атрибуты П.— боевое копьё, гадательная стрела; два его спутника — «Чёрное тхеу земли» и «Пёстрое тхеу среднего мира». По одной версии, П. родился с головой птицы Кхйунг и телом человека, вылупившись из яйца, которое отложила богиня Лумо (см. *Лу*), живущая в озере Манасаровар. По другой версии, родители П.— отец «Белый бог чеба» или «Белое небо» и мать «Лумо — хранительница богатства» (персонификация одной из функций лу). Считается, что в прошлом П. жил на высоком небе и был правителем 33 небес.

В памятниках религии бон П.— хранитель страны Шаншун (западный Тибет), по другим источникам, П.— божество страны Захор; уйгуры и хоры называли его «Белое облачное небо», «Белый бог неба». С распространением в Тибете буддизма П. был включён в буддийский пантеон. Считается, что буддийский проповедник Падмасамбхава сделал П. хранителем сокровищ монастыря Самье. В буддийской мифологии начальник божеств — «хранителей мира». В тибетской Гесериаде П.— покровитель владык стран Лджан и Мон. Оба они потерпели поражение от *Гесера*, правителя Линга. По другим вариантам, П., спасаясь бегством от принца Муругулнпо, поддерживаемого богом богатства Вайшраваной, обратился в грифа (или голубя). Его сбил стрелой один из спутников Вайшраваны.

Считается, что П. воплощается в оракулов-прорицателей — чхойххйонгов в монастыре Нейчун и др. В определённые праздники эти оракулы во время специальных церемоний впадают в транс и от имени П. предсказывают будущее. *Е. Д. Огнева.*

ПИ, ф и, у сиамцев, духи. П. делятся на три класса: духи умерших людей, земные духи, не связанные с человеческим существом по происхождению; духи неземных миров. Считалось, что наиболее опасны земные духи, особенно духи джунглей. Обезвредить их можно, умилостивив жертвоприношением на специальных алтарях. Некоторые из земных духов хорошо относятся к людям, как, например, П. Руен, дух — хранитель жилого дома, П. Паун, могущий стать слугой человека, П. Нанг тани, женский дух, дающий советы в азартных играх, и т. д. Духов неземных миров возглавляет Тауветсуван, живущий в небе свирепый великан с железной дубиной. Эти духи насылают болезни и смерть. У других тайских народов эти имена именуются ори или пхи. *Я. Ч.*

ПИГМАЛИО́Н, в греческой мифологии: 1) легендарный царь Кипра (Apollod. III 14, 3). Жил одиноко, избегая женщин Кипра, торговавших своим телом. В своём уединении П. сделал из слоновой кости статую прекрасной женщины и влюбился в неё. Он обратился с мольбой к Афродите, чтобы богиня вдохнула жизнь в статую. Тронутая такой любовью, Афродита оживила статую; она стала женой П. по имени Галатея и родила ему дочь Пафос, ставшую эпонимом города на южном берегу Кипра, центра культа Афродиты. Миф связан с культом Афродиты (или Астарты), жрецом которой был П. (Ovid. Met. X 243 след.). По некоторым данным, П. тождествен с кипрским Адонисом-Пигмайем, возлюбленным Афродиты и персонификацией весны (Nonn. Dion. XXXII 212). По другой версии мифа, П. влюбился в изображение самой Афродиты (Clem. Alex. Protr. XLIV 32).

2) Легендарный царь Тира, брат *Дидоны* (Элиссы). Убил мужа своей сестры Сихея (или Акербаса), чтобы завладеть его богатством, после чего Дидона бежала в Африку, где основала на земле

Ярба Карфаген (Ovid. Fast. III 574 след.; Verg. Aen. I 343 след.).
М. Б.

ПИГМЕИ («кулачки», от греч. «кулак» или «расстояние от кулака до локтя»), п и х и е и (от греч. «локоть»), к у б и т а́ л ы (лат.), в греческой мифологии племя карликов, обитавшее к югу от Египта (Гекатей, FGH I, 328 в), или в Малой Азии (Plin. Nat. hist. V 109), или в Индии (FGH II 423). Размером П. от муравья до мартышки. У Страбона (II 71; XV 711) они перечисляются вместе с полупсами, большеголовыми, гнездоухими, безустыми, безносыми, одноглазыми и крючкопалыми. У Геродота (II 32, 6) П.— особое племя, обитающее в Африке в верховьях Нила. П. тесно связаны с культом бога плодородия Нила и отождествляются с карликами пихиеями, в окружении которых изображался Нил (Philostr. Imag. I 5). Отсюда представление о П. как о земледельческом племени (Philostr. Imag. II 22), волосатых и чёрных человечках, обитающих в «жирном», т. е. родящем растения, слое земли. Наиболее распространённые мотивы: геранномахия и гераклмахия. Геранномахия (букв. «Война с журавлями»), которую П. ведут каждый год верхом на куропатках, баранах или козлах (Plin. Nat. hist. VII 26) с целью похитить или разбить их яйца (Hom. Il. III 5—7). Некоторые мифографы (Атеней IX 390 в) объясняют вражду между П. и журавлями стародавним превращением в журавля пигмейской девушки, враждовавшей с племенем. Геранномахия — тема росписи многочисленных ваз, мозаик, помпейских фресок, гемм. Нападение П. на Геракла, отдыхающего после убийства Антея (брата П.) — один из вариантов гераклмахии (ср. *Керкопы*). Геракл собрал П. в шкуру немейского льва и отнес к Эврисфею. Изображения П., дружелюбно окружающих одних великанов (Нил, гиппопотамы) и воинственно — других (Геракл, крокодилы), встречаются на фресках в Помпеях и Геркулануме.
Г. Ч. Гусейнов.

ПИК, П и́ к у с («дятел»), в римской мифологии лесное божество, дававшее оракулы. Супруг *Помоны*, возлюбленный *Кирки*, был превращён ею в дятла за то, что отверг её любовь. Один из царей Лаврента, сын Пилумна, отец *Фавна* (Serv. Verg. Aen. VII 190; X 76; Ovid. Met. XIV 320). Эпоним племени пиценов, которых привёл в места их обитания. У римских авгуров П. как священная птица бога Марса считался особенно пригодным для гадания по поведению птиц.
Е. Ш.

ПИКОЛО́Й, П и к о́ л, в греческой мифологии гигант, бежавший с поля битвы на остров *Кирки* и убитый Гелиосом за то, что пытался прогнать хозяйку. Из крови П. выросла трава *моли*, название которой, по этому преданию, связывает с единоборством (греч. молос) П. и Кирки (Schol. Hom. Od. X 305): цветок её сияет, как луч Гелиоса, а корень чёрн, как кровь гиганта.
Г. Г.

ПИ́КСИ, в английской низшей мифологии (особенно в юго-восточной Англии) одна из разновидностей эльфов. Согласно преданиям, П.— потомки друидов, не принявших христианство. Являются людям в разных обличьях: красивыми или уродливыми, обнажёнными или в зелёном платье. Редко дружественны к людям (увлекают путников в болото или чащу, крадут лошадей, портят продукты, подменивают новорождённых и т. д.). П. имеют короля и живут в густых лесах, на берегах рек, в горах.
Сходны с *энгл. паками*.
С. Ш.

ПИЛА́Д, в греческой мифологии сын *Строфия*, царя Фокиды, в доме которого воспитывался спасённый после убийства *Агамемнона* его малолетний сын *Орест* (Apollod. epit. VI 24 след.). В афинской трагедии 5 в. до н. э. П. неизменно выступает как верный друг Ореста, поддерживающий его и в момент совершения мести над убийцами его отца, и в выпавших затем на долю Ореста испытаниях. Особенно значительна его роль в трагедиях Еврипида «Ифигения в Тавриде» (здесь П. готов пожертвовать своей жизнью ради спасения Ореста) и «Орест» (где П. приходит на помощь другу, осуждённому гражданами Аргоса на смерть за убийство родной матери). После разрешения конфликта П. женился на сестре Ореста *Электре*. Имя П. в сочетании с именем Ореста стало символом верной и преданной дружбы.
В. Я.

ПИЛУ́МН И ПИКУ́МН, П и л у́ м н и П и т у́ м н, в римской мифологии братья, боги брака и рождения. Перед домом роженицы этим богам ставилось ложе, убиравшееся после того, как отец признает новорождённого. Считалось, что Пилумн (от pilum, «пест для дробления зерна») с богинями Интерцедоной (от intercidere, «рубить») и Деверрой (от diverro, «мести») защищают роженицу и младенца от бога дикой природы *Сильвана*.

Пилумн — царь Лаврента, отец *Пика*, культурный герой, особенно почитавшийся хлебопёками, так как он изобрёл пест для дробления зерна. Его брат Пикумн ввёл унавоживание полей, поэтому назывался также Стеркутий или Стеркулин (от stercus, «навоз»). Иногда их отождествляли с *Диоскурами*. Считались также богами славы, заслуженной похвалы (Serv. Verg. Aen. IX 4).
Е. Ш.

ПИЛЬВИТС, П и́ л ь в и т и с, П и́ л ь в и т у с, в прусской мифологии божество богатства, избытка. По «Судавской книжечке» (1563) и «Хронике» Бреткунаса (кон. 16 в.), П. делает богатым и «заполняет сараи»; отождествляется с римскими Плутосом и Церерой. В зависимости от того, какую форму имени П. считать первичной, определяются два круга ассоциаций: с литов. pilvas, «живот», прус. *pilv(a) s, или с литов. pilnas, «полный» (pilti, «наливать, насыпать», в частности, зерно), латыш. pilns, прус. pilnan. Входит в тетраду богов, связанных с природно-хозяйственными функциями, наряду с *Пушкайтсом*, *Пергрубрюсом* и *Аушаутсом*, которому противопоставлен как бог материального благополучия богу здоровья. Отнесён М. Преториусом (16 в.) к «рабочим божествам» и не всегда чётко отграничивался от других подобных божеств, например от Жеминеле, обеспечивающей плодородие земли. В последний период существования прусской мифологии (во всяком случае, в «кабинетных» опытах Г. Ф. Стендера и Я. Ланге, кон. 18 в.) П. дал начало двум божествам — Пильниту, связанному с избытком, богатством (сравнивается с греческим Плутосом), и Пельвиксу (Pelwihks), богу вод и топей (сравнивается с римским Портуном); ср. латыш. peldēt, «плавать». Никаких следов П. как мифологического персонажа в народных верованиях не обнаружено.
В. В. Иванов, В. Н. Топоров.

ПИЛЯ́ЧУЧ, Б и л ю к а й, в мифах ительменов хозяин земных зверей, покровитель диких оленей, громовник. Живёт в облаках, связан с облачными духами (камули, камуда). Выступает в облике маленького человечка. Носит россомашью парку и ездит на птицах (главным образом на куропатках). П. как хозяину зверей соответствует корякско-чукотский *Писвусъын*.
Е. М.

ПИР, у татар-мишарей злой дух. Считалось, что П. могут лишить человека рассудка, а чтобы излечиться, надо совершить жертвоприношение на развилке трёх дорог. Разновидностью П. считались *бичура* и *шурале*.
В. Б.

ПИ́РА, П и р о в, у ингушей мифологический персонаж, смертный человек, стремящийся сравняться с верховным богом Дялой. По одному из мифов, П. создал на краю мира над землёй бронзовое (медное) небо и по нему стал катать бочки с водой; они грохотали, из них на землю лилась вода, а П. восклицал: «Разве я не бог — я произвожу гром и посылаю дождь». В более поздних мифах Дяла проявил снисходительность по отношению к П. из-за того, что тот был наделён тремя главными добродетелями (уважение к старикам, ласковость к детям, бережливое отношение к зерну, пище). Согласно некоторым версиям, Дяла по тайной мольбе П. совершал в назначенное время чудо (останавливал солнце, устраивал затмение, посылал дождь и т. п.), о котором П. заранее уведомлял людей и приписывал его себе; таким образом П. убеждал всех в своём божественном могуществе. В одном из вариантов, П. прожил 500 лет; его коварно погубили злые духи (*гамсилг*), убедив отказаться от своих главных добродетелей, чтобы не быть смешным в глазах людей. Как только П. от них отказался, он погиб. *А. М., А. Т.*

ПИРА́М, в античной мифологии вавилонский юноша, возлюбленный Фисбы. Они жили в Вавилоне в соседних домах, но родители не разрешали им встречаться. В стене, разделявшей дома, была щель, и через неё юноша и девушка глядели друг на друга и беседовали по ночам. Однажды они условились о встрече ночью в уединённом месте у могилы легендарного основателя ассирийского царства Нина. Первой пришла Фисба и увидела у гробницы львицу с окровавленной мордой. Бросившись бежать, Фисба обронила своё покрывало. Львица разорвала его и удалилась. Опоздавший на свидание П. увидел при лунном свете следы зверя и разорванное, измазанное кровью покрывало. Решив, что возлюбленная погибла, он заколол себя. Вернувшись к месту свидания, Фисба нашла тело возлюбленного и, не желая пережить его, убила себя тем же мечом. Белые ягоды росшего у гробницы тутового дерева стали от их крови красными и с той поры сохраняют этот цвет. Миф, изложенный у Овидия (Met. IV 55—166), является типичным этиологическим мифом, созданным для объяснения существования различных по цвету плодов шелковицы. *М. Б.*

ПИ́РВА, древнехеттское божество индоевропейского происхождения. Входит в пантеоны первых столиц Хеттского царства — Несы (Канеса) и Хаттусаса. Среди наиболее ранних памятников древнехеттской поэзии сохранилось обрядовое стихотворение, в котором П. («воин молодой») упоминается вместе с царской дружиной и собранием дружинников (видимо, П. входил в число богов-защитников царя). Священная птица П. — орёл. Изображался на лошади; связывался с возвышенностью (скалой, ср. хетт. peruna, «скала», индоевропейские названия и атрибуты бога грозы: Перун, Перкунас и т. п.). Позднее, в период взаимодействия хеттских и месопотамско-хурритских мифологических представлений П. отождествлялся с хурритским божеством *Шавушка* в образе воина на коне. *В. В. Иванов.*

ПИРЕ́НА, в греческой мифологии: 1) одна из двенадцати дочерей речного бога *Ахелоя* (вариант: речного бога *Асопа*; Diod. IV 72), возлюбленная Посейдона, от которого имела двоих детей — Лехея и Кенхрея, эпонимов двух главных портов Коринфа (Paus. II 2, 3). Артемида на охоте случайно убила одного из сыновей Кенхрея, и П. в горе лила так много слёз, что превратилась в источник, из которого коринфяне добывали питьевую воду (II 3, 2). По одной из версий мифа, возле источника П. Беллерофонт поймал крылатого коня Пегаса (Pind. Ol. XIII 57 след.); 2) одна из пятидесяти данаид (Apollod. II 1, 5). *М. Б.*

ПИРИФО́Й, Пирито́й, в греческой мифологии царь *лапифов*, сын Иксиона и Дии (Apollod. I 8, 2; вариант: Зевса и Дии, Hom. Il. II 741). С именем П. связан ряд мифов. На свадьбе П. и Гипподамии произошла битва лапифов с кентаврами (Ovid. Met. XII 210—340). Полипойт, сын от брака П. и Гипподамии, один из претендентов на руку Елены (Apollod. III 10, 8). П. — участник калидонской охоты (Apollod. I 8, 2; Ovid. Met. VIII 304), куда прибыл вместе с *Тесеем*. Дружба с Тесеем была неразрывной. П. помог Тесею похитить двенадцатилетнюю Елену и привезти её в Афидны (Apollod. III 10, 7; epit. I 23). П. и Тесей вместе пытались похитить Персефону из аида и были наказаны; в дальнейшем Геракл освободил Тесея, а П. так и остался в наказание прикованным к камню у входа в аид (Apollod. II 5, 12), поэтому в походе аргонавтов оба друга не участвовали (Apoll. Rhod. I 101—104). П. и Тесей похитили также царицу амазонок Антиопу, ставшую супругой Тесея (Paus. I 2, 1), пытались похитить жену царя феспротов, но были взяты в плен, а в это время Диоскуры овладели Афиднами (I 17, 4—5). П. и Тесей ходили также походом на Лакедемон (I 18, 5), дав друг другу клятву верности. В Афинах вблизи академии было святилище П. и Тесея (I 30, 4). *А. Т.-Г.*

ПИ́РКУШИ («сумрачнолицый»), мифологический персонаж у грузин — божественный кузнец. Имя и эпитет «огнепламенный» указывают на связь П. с хтоническими силами (*дэвами, каджами* и др.). Захваченный в плен дэвами, он куёт для них оружие, золотые и серебряные вещи. Из плена П. выручает *Иахсари* с условием изготовить ему колокол. *З. К.*

ПИ́РЫ (перс. ед. ч.— пир, «старец»), у тюркоязычных народов Малой и Средней Азии покровители различных занятий. Представления о патронах профессий восходят к доисламским традициям, наибольшее развитие получили у турок. С утверждением ислама роль П. приобрели многие персонажи мусульманской мифологии: *Нух* в Средней Азии почитался как патрон плотников; *Дауд* — как покровитель ремёсел, связанных с обработкой металла; *Фатима* (Биби Фатима у узбеков и таджиков, Биби Патма у туркмен, Батма — Зуура у киргизов) — как покровительница женских занятий; Дюльдюль (Дюльдюль-ата) — обожествлённый конь *Али* — как покровитель коневодства у туркмен и т. д. Некоторые П. по происхождению — местные доисламские божества — *Амбар-она, Бобо-Дехкон, Коркут,* Аймуш (покровитель овцеводства у карачаевцев), Зенги-баба (покровитель крупного рогатого скота у народов Средней Азии), Жылкы-ата (покровитель коневодства у казахов) и т. д. Ряд древних божеств-покровителей был замещён мусульманскими персонажами, воспринявшими их функции. Например, функции почитавшегося в Средней Азии божества — покровителя овцеводства (Чопан-ата у узбеков, Шопан-ата у казахов, Чолпон-ата у киргизов) у туркмен перешли к *Мусе*. Один и тот же персонаж мусульманской мифологии у разных народов может являться П. разных профессий: так, Увейс Карани в Средней Азии почитался как патрон верблюдоводства (Ваис-бобо, Султан-бобо у узбеков, Вейс-баба, Вейсель-кара у туркмен, Ойсул-ата у киргизов, Ойсыл-ата или Ойсыл-кара у казахов), а в Турции — как покровитель шорников и мастеров — изготовителей бидонов. Популярными П. являлись также *Буркут-баба, Ашыкайдын, Камбар*, Мир-Хайдар (Хайдар-баба) — хозяин ветра у туркмен, некоторых групп казахов и узбеков, Жаланташ-ата — хозяин ветра у некоторых групп казахов, Наилодж-бобо (Наладж-баба) — покровитель чигирных работ у узбеков и туркмен Хорезмского оазиса, Чекчек-ата — покровитель разведения коз у киргизов, и др.

В суфизме П.— старец-наставник. *В. Н. Басилов.*

ПИСВУСЪЫ́Н, в мифах коряков и чукчей хозяин зверей, прежде всего — оленей, хозяин охоты. П.— маленького роста, разъезжает на коршунах и мышах; сам ассоциируется с птицами или мышами; питается запахом. Согласно мифологическим представлениям прибрежных чукчей, власть П. распространяется и на морских зверей. *Е. М.*

ПИТА́О-КОСО́БИ, в мифах сапотеков бог кукурузы. Как божество растительности находился в тесной связи с богом дождя и молнии *Косихо-Питао*. Изображался с хоботообразным носом. Ему поклонялись и как символу в виде крупного початка кукурузы. *В. Е.*

ПИТА́О-ШО́О, в мифах сапотеков бог-ягуар, бог землетрясений. П.-Ш. считается богом-пророком, голосом которого является горное эхо. П.-Ш. представляли в виде атланта, держащего на плечах землю; когда он шевелится, земля двигается и происходят землетрясения. *В. Е. Б.*

ПИТА́РЫ («отцы»), в древнеиндийской мифологии обожествляемые умершие предки, пребывающие на третьем небе. Культ П. играл особую роль в погребальных обрядах, относящихся к богу смерти *Яме*, «господину над П.». В «Ригведе» П. посвящены два гимна (X 15, 54). Под П. обычно понимают первых, древних прародителей, проложивших путь, по которому следуют и недавно умершие. П. упоминаются в связи с третьим шагом *Вишну*. Различают разные группы П.: вайрупы, навагвы, ангирасы, атхарваны, бхригу, васиштхи. Особенно близкое отношение к Яме имеют ангирасы. Согласно «Атхарваведе» (XVIII 2, 49), П. населяют воздух, землю и небеса. Они пируют с Ямой и другими богами (РВ X 14, 10; АВ XVIII 4, 10), участ-

вуют в жертвоприношении *сомы* (подчёркивается их любовь к напитку). К ним обращаются с просьбами о богатстве, потомстве, долгой жизни. П. бессмертны (AB VI 41, 3), и о них говорят, как о богах. Иногда им приписываются и космические действия (они украшают небо звёздами, устанавливают тьму и свет, порождают зарю, обнаруживают спрятанный свет и т. п.). Путь П. отличен от пути богов, подобно тому как мир П. (питрилока) противопоставлен миру богов (сварга лока) (Шат.-бр. VI 6, 2, 4). Тем не менее, согласно «Ваю-пуране» и «Хариванше», первые П. были сыновьями богов, тогда как сами боги, пренебрёгшие *Брахмой*, были прокляты им и обращены в безумцев. Иногда П. называют десятерых *Праджапати*, прародителей людей.
В. Т.

ПИ́ТИС, в греческой мифологии нимфа, отвергшая домогательства Пана и превращённая в сосну, венок из ветвей которой стал атрибутом Пана (Nonn. Dion. II 108, 118).
Г. Г.

ПИТФЕ́Й, в греческой мифологии сын *Пелопа* и *Гипподамии*, брат Фиеста и Атрея; царь Трезен, обладатель вещего дара. П. понял смысл ответа оракула царю Эгею, возвращавшемуся, будет ли у него потомство; напоив Эгея, П. уложил его спать со своей дочерью Эфрой, которая родила от Эгея Тесея (вариант мифа о рождении героя; Apollod. III 15, 6—7; 16, 1).
А. Т.-Г.

ПИФО́Н, Д е л ь ф и́ н и й, в греческой мифологии чудовищный змей, рождённый землёй Геей. Опустошал окрестности Дельф и сторожил древнее прорицалище Геи и Фемиды в Дельфах (Paus. X 6, 6). Гера поручила П. воспитание чудовищного Тифона. Аполлон, убив П., основал на месте древнего прорицалища храм и учредил Пифийские игры (Hymn. Hom. II 115—196; Callim. Hymn. II 100—104); в этом мифе получила отражение смена хтонического архаизма новым, олимпийским божеством.
А. Т.-Г.

ПИЦЕ́Н, б и ч е́ н, п и ч а́ н, п е ч а́ н, п и ц и́ н, е н, е н п е р и́, у р м а́ н и я с е́, у западносибирских татар дух — хозяин леса. Считалось, что может и приносить удачу, и причинять зло, заводя в глухие дебри. Представлялся в образе человека (в частности, благообразного старца с длинным посохом и котомкой за плечами), а также различных зверей (например, обезьяны). П. живёт в заброшенных охотничьих избушках, любит лошадей, катается на них, путает гриву, мажет её смолой. В облике красивой женщины вступает в любовную связь с человеком. Один из рассказов о П. гласит, что однажды охотник в лесу встретил женщину (в облике которой перед ним предстал П.), женился на ней и зажил богато. Однако, придя домой раньше положенного, вместо красавицы-жены он увидел страшилище с торчащими изо рта клыками. Из своих распущенных волос она вытаскивала ящериц и поедала их. Охотник в ужасе закричал, и сразу всё пропало — и жена, и его богатство.

У других тюркоязычных народов П. соответствуют *арсури* у чувашей, *шурале* у казанских татар и башкир. У тобольских и омских татар близки волосатые, неприятно пахнущие «лесные люди» йыш-кеше (ср. также *агач киши*), которые завлекают путников в лес, женят их на себе. По ночам души йыш-кеше выходят наружу через дыру под мышкой (ср. *Убыр*).
В. Б.

ПИША́ЧИ, в древнеиндийской мифологии злобные и вредоносные демоны, насылающие болезни, нападающие на людей и питающиеся их мясом и кровью. В поздневедийской мифологии П.— один из трёх классов демонов (наряду с *ракшасами*, с которыми они иногда идентифицируются, и *асурами*), противостоящих трём классам благих существ: богам, людям и *питарам* (Тайт.-самх. II 4, 1). П. обычно рассматриваются как проклятые души питаров. Согласно другим мифам, П.— дети *Кашьяпы* и его жены Пишачи либо же сотворены Брахмой из своего гнева (Вишну-пур. I 5, 42). Упоминания особого, присущего П. языка — пайшачи, конкретного места их пребывания — в горах Виндхья, дают основание предполагать, что миф о П. имеет историческую основу: возможно, П.— какое-то враждебное ариям племя аборигенов.
П. Г.

ПИШДАДИ́ДЫ, п е ш д а д и́ д ы, в иранской мифологии и эпосе первая царская династия Ирана. Соответствует древним *Парадата*. Династия П. включает (по «Шахнаме») десять царей: *Каюмарс*, Хушанг (см. *Хаошйангха*), Тахмурас (см. *Тахма-Урупа*), Джамшид, Заххак, Фаридун (см. *Траэтаона*), Манучехр, Навзар, Зутахмасп-Зав и Гаршасп (см. *Керсаспа*). Цикл сказаний о П. (первоначально они существовали раздельно), очевидно, позднего происхождения, носит компилятивный характер и, возможно, возник в эпоху парфянского царя Вологеса I (1 в.). Однако легенды о П. содержат и некоторый реальный древний исторический фон: П. поклоняются светилам — солнцу, луне, планетам и другим элементам мироздания [Бируни; аналогичные описания древнеиранских верований содержатся у Геродота (I 131)]. Схемы легендарных династий, П. и *Кейянидов*, создают хронологическую панораму священной истории с образом Заратуштры в центре.
Л. Л.

ПИЭРИ́ДЫ, П и е р и́ д ы, в греческой мифологии одно из названий *муз*. По одной из версий мифа, музы получили название П. по имени Пиера, прибывшего из Македонии и давшего также название местности Пиерии во Фракии, где обитали музы; он установил число муз и дал имена каждой из девяти (Paus. IX 29, 3). По другому мифу, П.— девять дочерей Пиера, носивших те же имена, что и музы; они вызвали на состязание в пении самих муз и были побеждены и наказаны ими за дерзость (музы превратили П. в сорок) (Ovid. Met. V 300—678). В мифе о П. отразилось воспоминание о победе, одержанной младшими музами (олимпийскими) над их более древними, местными предшественницами старшими музами П., имена которых затем были приданы младшим музам.
А. Т.-Г.

ПЛАКУ́Н-ТРАВА́, в русских духовных стихах сказочная трава, выросшая из слёз Богородицы, пролитых во время крестных мук *Иисуса Христа*. Согласно *Голубиной книге* П.— «всем травам мати». Упоминается в заговорах как чародейское средство, позволяющее повелевать духами, овладевать кладами (ср. *Разрыв-трава*). Корень П.-т. мог служить материалом для амулетов, в том числе — крестительников. В разных местностях П. отождествляется с различными растениями.
А. П.

ПЛАНЕ́ТНИКИ, у южных и западных славян мифические существа, пребывающие в дождевых и градовых тучах, управляющие движением туч, осадками, ветром, погодой. Характерны для демонологических представлений польско-южнославянского ареала. В южнослав. (особ. сербской) традиции власть над тучами приписывается так наз. погибалцам, т. е. «нечистым», «заложным» покойникам (людям, умершим внезапной и неестественной смертью), прежде всего утопленникам и висельникам, которые гонят по небу тучи — «стада говяд» (коров). Кроме того, предводители туч могут представляться в виде орла, змея, дракона (см. *Хала*). В польской традиции эта функция принадлежит П., или хмурникам, которые тянут тучи по небу, держат их, чтобы не шёл дождь; сбивают туман в тучу, наполняют тучи водой с помощью радуги, толкут железными цепями лёд, превращая его в град, посылают на землю ливень, наказывают градом за грехи (рождение и умерщвление внебрачного ребёнка, сожительство дочери с отцом и т. п.). П. имеют антропоморфный облик; в них превращаются дети, умершие некрещёными, скинутые или приспанные матерью, отравленные или умерщвлённые; утопленники, висельники и др. нечистые покойники, дети *богинок* и стригонов (*упырей*). П. могли также становиться *двоедушники*, которые во время грозы, бури переносились на небо. Иногда П. спадали на землю с туч вместе с ливнем или сходили на землю, чтобы поправить оборвавшуюся верёвку. П. мог опуститься только на границу села, шёл к ближайшему селу и просил у первого встречного молока от чёрной коровы и яйца от чёрной курицы, а затем возвращался на границу и оттуда вместе с туманом возносился на свою тучу. П.

бывали дружественны по отношению к встречным людям, предупреждали их о буре и граде. Считается, что П. питаются в облаках мукой, которую люди бросают на ветер или в огонь, чтобы защититься от града. П. могли называть и обыкновенных людей, умевших предсказывать погоду и отгонять тучи от своего села (с помощью острых железных орудий, особой палки, которой разнимали лягушку и ужа; специального заговора — молитвы и т. п.). П. близки серб. *здухач*, др.-рус. *облакопрогонник*, *облакогонитель*.
С. М. Толстая.

ПЛАНКТЫ И СИМПЛЕГАДЫ («блуждающие и сдвигающиеся»), в греческой мифологии плавучие скалы, о которые разбивались корабли. П. находились на западе (Apoll. Rhod. IV 860—864), С. — на востоке (у входа в Геллеспонт). Через П. должны были пролетать семь голубей, приносивших амброзию младенцу Зевсу: только шесть благополучно преодолевали этот путь, а седьмого Зевс каждый раз заменял новым (Hom. Od. XII 61—72). Аргонавтов между П. провела Фетида (Apollod. I 9, 25), С. они проскочили с помощью Геры; после этого С. стали неподвижными (I 9, 22).
Г. Г.

ПЛЕМЕНА БОГИНИ ДАНУ (ирл.), в кельтской мифологии основная группа богов. В средневековых ирландских псевдоисторических компиляциях изображались одной из «рас» — завоевательниц Ирландии; они прибыли с таинственных северных островов и, победив демонов-*фоморов*, в свою очередь уступили господство над Ирландией «сыновьям Миля». Дану (Ану, ср. ирл. *апае*, «богатство», «процветание»; валлийск. Дон) признавалась матерью — прародительницей богов, среди которых наиболее известны *Дагда*, *Нуаду*, *Диан Кехт*, *Луг*, *Гойбниу*, *Огма*. В валлийской традиции супругом Дон был Бели (видимо, связанный с галльским солнечным богом Беленусом), от которого вели свою родословную крупнейшие валлийские исторические династии. В валлийских генеалогиях Дану — Дон превращается в Анну, что характерно и для бретонской традиции, где Анна повелевает народом мёртвых — анаон (ср. валлийское название потустороннего мира — аннон).
С. Ш.

ПЛЕЯДЫ, в греческой мифологии семь дочерей титана Атланта и океаниды Плейоны: Алкиона, Меропа, Келено, Электра, Стеропа, Тайгета, Майя. Все сёстры сочетались с богами, за исключением Меропы, которая стала женой Сисифа. П. преследовал охотник Орион (Hes. Opp. 619), пока они не превратились в голубей. Зевс же вознёс их в виде созвездия на небо. Шесть звёзд из этого созвездия сияют ярко, а седьмую, Меропу, почти не видно, так как ей стыдно, что она вышла замуж за смертного (Ps.-Eratosth. 23) (вариант: П. превратились в созвездие после смерти их брата Гиада и сестёр Гиад, Hyg. Fab. 192).
А. Т.-Г.

ПЛИМНЕЙ, в греческой мифологии внук Посейдона, царь Сикиона, дети которого умирали, как только начинали плакать. Деметра сжалилась над П. и, придя в Сикион в облике чужеземки, воспитала сына П. Орфополида, который стал продолжателем царского рода (Paus. II 5, 8).
Г. Г.

ПЛИСФЕН, в греческой мифологии один из представителей рода *Пелопа*. Различные источники называют П. либо сыном Атрея (Apollod. III 2, 2; тогда *Агамемнон* и *Менелай* становятся внуками Атрея), либо непосредственно сыном Пелопа.
В. Я.

ПЛУТОН, в греческой мифологии одно из имён бога — владыки царства мёртвых *аида*.
А. Т.-Г.

ПЛУТОС, в греческой мифологии бог богатства, сын Деметры и *Иасиона*, родившийся на Крите (Hes. Theog. 969—974). П. в своей более ранней форме связан с Деметрой и Персефоной. Всякий, кто удостоился любви этих богинь, попадает под покровительство П., дарующего людям обилие запасов и стад (Hymn. Hom. V 486—489). Объединение с элевсинским культом обеих богинь привело также к отождествлению П. и Плутона (Аида), т. к. божество мёртвых мыслилось обладателем несметных подземных богатств. П. посвящена комедия Аристофана «Плутос», где бог изображён слепым старцем, не ведающим справедливого распределения бо-

гатства. Исцелённый в храме Асклепия, П. наделяет богатством бедняков и отнимает его у богачей. Эта ситуация производит невероятные комические изменения в обществе, где никто не желает работать и боги в нищенском виде нанимаются подёнщиками к разбогатевшему бедняку. В классической античности П. стал восприниматься как некая персонификация богатства.
А. Т.-Г.

ПЛЯСКА СМЕРТИ, в европейской средневековой традиции изображение гротескного и одновременно ужасного танца, в котором Смерть в обличье скелета с косой или дудкой-волынкой ведёт хоровод представителей всех званий и состояний общества. Представления о П.С. появились в кон. 14 в. (прежде всего во французских и германских землях) после опустошительной чумы в обстановке обострения эсхатологических представлений.
С. Ш.

ПО, в полинезийской мифологии тьма, ночь. Символизирует изначальный хаос, постепенно преодолеваемый в ходе космогонического процесса. Эквивалент П. — Коре (пустота, ничто).

П. — также подземный мир (ассоциирующийся с тьмой), царство духов умерших. В П. господствует хозяйка (хозяин) мёртвых Миру (Милу). Духи большинства умерших попадают в П. и с течением времени погибают; духи же вождей и героев отправляются на запад: в невидимый край *Пулоту* (по представлениям западных полинезийцев) или возвращаются на легендарную прародину *Гавайки*.
Е. М.

ПО, в мифах полинезийцев Новой Зеландии верховное божество. Образ сложился, по-видимому, сравнительно поздно, под влиянием христианства.
Е. М.

ПОБУ-ХВАСАН, в корейской шаманской мифологии дух — родоначальник шаманизма в Корее. Ассоциируется с реальным буддийским монахом, жившим в конце Силла (10 в.) в горах Чирисан. Однажды он увидел полноводный ручей, хотя не было дождей. Чтобы отыскать источник, П. поднялся на вершину Чхонванбон («Пик Небесного владыки»). Там он встретил великаншу, которая назвалась Владычицей неба Священной матушкой (Сонмо чхонван) духа горы Чирисан. Оказывается, она и произвела «гидромагическое» действие с целью привлечь монаха. Они поженились, и у них родились 8 дочерей, которых обучили секретам шаманского искусства. Став профессиональными шаманками, дочери разъехались по всем восьми провинциям, где и положили начало шаманизму в Корее. П. почитается шаманками (мудан) как дух-первопредок.
Л. Р. Концевич.

ПОДАГА (лат. Podaga у средневековых авторов), у балтийских славян божество, имевшее, согласно хронике Гельмгольда (12 в.), храм с идолом в Плуне. Возможно, имя П. тождественно польск. Pogoda, упоминаемому у Я. Длугоша (15 в.) как одно из имён божеств сезонного типа. Предполагалось возведение имени П. к рус. корню «жечь» («пожечь»), лит. pa-dėg-ti, что позволило бы связать его с культом огня; предполагавшиеся сближения с именем *Дажьбога* остаются проблематичными.
В. И., В. Т.

ПОДАЛИРИЙ, в греческой мифологии сын Асклепия, унаследовавший вместе с братом *Махаоном* от отца искусство врачевания. В историческое время почитался как герой-исцелитель главным образом в Фессалии, Карии и Южной Италии (Hom. Il. II 729—733, Paus. III 26, 10; Strab. VI 284).
В. Я.

ПОДМЕНЫШИ, в западноевропейской низшей мифологии дети фей или старые эльфы, которыми подменивают в колыбели человеческих младенцев. По поверьям, сверхъестественные существа разного рода время от времени нуждались в связи с лучшими из смертных, чем и объяснялись их действия. П. узнавали по сморщенным тельцам и личикам, дурному нраву и необычайной прожорливости. Представлялось, что избавиться от П. можно либо дурным обращением с ними (тогда эльфы или феи забирали их обратно), либо заставив их выдать свой

истинный возраст. Средневековые церковные деятели связывали П. с кознями дьявола.
С. Ш.

ПОДЯ́, дух-хозяин огня и домашнего очага в мифах негидальцев, нанайцев, п у д я — у орочей, ульчей, удэгейцев, т о г о м у с у н — у эвенков, т о й м у р а н и — у эвенов, т а в а э д е н и — у ороков, т о э д е н и — у орочей. Эвенки и нанайцы представляли П. в облике очень старой женщины; эвены считали мужчиной и называли огонь-отец; орочи населяли очаг целой семьёй П. — это старик, его жена, дети, собака; негидальцы изображали П. (мужа и жену) в виде антропоморфных деревянных фигурок без ног (потому что дух показывался людям из огня только по пояс) и т. д. П. считался главной домашней святыней. Он обладал силой изгонять злых духов (им очищали жилища, охотничье снаряжение, перед камланием — шаманские атрибуты), способствовал благополучию хозяйственной деятельности (удачной охоте, здоровью оленей), предупреждал о предстоящих событиях (треском горящих дров, вспышкой пламени, отскочившим угольком, полётом искр). Почитание П. выражалось в многочисленных запретах: нельзя бросать в очаг острые предметы или рубить дрова близко от костра, чтобы не поранить духа, проливать воду в огонь, плевать и др. Перед трапезой П. «кормили», бросая в пламя кусочки еды. Охотники в тайге угощали П., прося послать зверя, поскольку от П. успех зависел не меньше, чем от духа — хозяина охоты (считалось, что П. идёт впереди, и если он не поймает душу зверя, тот станет добычей охотника).
Е. Н.

ПО́КНА МОСИ́РИ («нижний мир»), в айнской мифологии четвёртый земной мир; информации о его назначении в мифах не сохранилось. Под ним расположен пятый земной мир (название и назначение которого в мифах не сохранились).
Е. С.-Г.

ПОЛА́ЗНИК (укр. полажайник, польск. podźaźnik, болг. палезник, словац. polaznik, словен. polažič, polazař, хорв. poležaj), в славянской мифологии и новогодней обрядности персонаж, приносящий плодородие и счастье, и соответствующий ему ритуал. П. — первый посетитель дома в наступившем Новом году (реже — животное, вводимое в дом, — вол, овца, коза; у поляков подлазник — название рождественской ёлки). С ним связаны ритуалы гадания: если П. — удачливый человек (серб. сре́ћан — ср. Среча), год будет счастливым; если П. — мужчина, родятся дети и животные мужского пола, женщина — женского и т. п. В честь П. устраивают пиршество, он совершает магические акты с рождественским поленом (см. *Бадняк*), произнося заклинания о размножении скота, здоровье людей.
В. И., В. Т.

ПОЛЕВИ́К, п о л е в о́ й, у восточных славян демон, связанный с хлебопашеством и земледелием. Полевики чаще имеют облик маленьких и уродливых человечков, живущих в хлебных полях, наделённых человеческой речью и способностью поражать жнецов и жниц солнечным ударом во время жатвы. Обычно они появляются в полдень (ср. *Полудница*) в отличие от других демонов (см. *Чёрт, Каракочжул* и т. п.), активизация которых связана с полночью. П. сродни «житный дед», сидящий в кукурузе, украинская «залізна баба» и другие злые нивы, выступающие в зооморфном облике козла, быка и иных животных. Европейская традиция богата представлениями о духе нивы или хлеба, прячущемся в дожиночный сноп или пучок колосьев, остающимся несжатым и имеющим название «божьей бороды», «бороды св. Ильи» и т. п. П. охраняет хлебные поля от беды, сглаза, вредоносной силы, и это роднит его с *русалками*, появляющимися в жите во время его цветения. На Рязанщине П. подобно *лешему* сидит на кочке и ковыряет лапти, но в то же время он похож на *водяного*, т. к. может утопить человека. На Орловщине П. воспринимался почти как *домовой* и звали его «полевым домовым», выделяя ещё и «межевого» — хозяина полей в облике старика с бородой из колосьев. В сев. Белоруссии каждый П. имел своё поле — поля и луга то одной, то нескольких смежных деревень, не разделённых друг от друга лесом или водой. На русском Севере П. — белый человек, часто дующий, свищущий и тем насылающий ветер, или молодой мужик с длинными ногами, быстро бегающий, имеющий рожки и хвост с кистью на конце, которым он поднимает пыль, чтобы себя скрыть. Его тело покрыто шерстью огненного цвета и потому при беге он кажется искрой и увидеть его трудно (виден в жаркие летние дни, а иногда и в лунные ночи). В поле помимо П. могут появляться также полудница, ряжица, кудельница.
Н. И. Толстой.

ПОЛИ́Б, в греческой мифологии: 1) царь египетских Фив, принимавший у себя занесённых в Египет по пути из-под Трои *Менелая* и *Елену* (Hom. Od. IV 125 след.); 2) сикионский царь, дед *Адраста* по матери (Herodot. V 67); 3) коринфский царь, приёмный отец *Эдипа* (Soph. O. R. 774 след., 1014—1022). Поскольку, по некоторым версиям, младенец Эдип был подобран в Сикионе, этого П. иногда отождествляли с П. из Сикиона.
В. Я.

ПОЛИГИ́МНИЯ, П о л и́ м н и я, в греческой мифологии одна из девяти *муз*, дочь Зевса и Мнемосины (Hes. Theog. 78). Она — муза серьёзной гимнической поэзии, ей приписывали изобретение лиры. П. помогала «запоминать схваченное» (Myth. Vat. II 24). Имя П. указывает на то, что поэты приобрели созданными ими гимнами бессмертную славу (Diod. V 7). П. изображается со свитком в руках, в задумчивой позе.
А. Т.-Г.

ПОЛИДАМА́НТ, в греческой мифологии: 1) прорицатель, друг и советчик *Гектора*, родившийся с ним в один день и прославившийся мудрыми речами, как Гектор — подвигами (Hom. Il. XVIII 251—253). Отказавшись следовать советам П., Гектор приблизил поражение троянцев и собственную гибель; 2) товарищ Мемнона, союзник троянцев, убитый Аяксом Теламонидом.
Г. Г.

ПОЛИДЕ́КТ, в греческой мифологии внук царя Эола и сын Магнета (Apollod. I 9, 6). Царствовал на острове Сериф, где *Диктис* — его брат выловил из моря ящик с Данаей и младенцем Персеем. П., влюбившись в Данаю, пытался силой овладеть ею и отправил возмужавшего Персея на розыски горгоны Медузы, чтобы избавиться от него. Вернувшись победителем, Персей застал мать, спасающуюся у алтаря от преследований П. Персей головой Медузы превратил П. и его приверженцев в каменные статуи (Apollod. II 4, 2—3).
А. Т.-Г.

ПОЛИДО́Р, в греческой мифологии троянский царевич, сын *Приама*. Согласно «Илиаде», матерью П. была Лаофоя и погиб он в бою, сражённый Ахиллом (XX 407—418; XXI 88—91). По более поздней версии, вероятно, фракийского происхождения, обработанной в «Гекубе» Еврипида, матерью П. являлась *Гекуба*. Чтобы уберечь юного П. от гибели во время Троянской войны, родители отослали его из Трои с большими сокровищами к фракийскому царю Полиместору. Тот же после взятия Трои ахейцами, то ли польстившись на сокровища, то ли желая оказать услугу победителям, убил П. и бросил его тело в море. Прибило к берегу как раз возле того места, где Гекуба вместе с другими пленными троянскими женщинами ожидала своей участи. Гекуба, воспользовавшись пребыванием Полиместора в ахейском лагере, заманила его с детьми к себе и при помощи своих служанок убила детей Полиместора, а его самого ослепила. По другой версии, П. был похоронен на фракийском берегу Полиместором (Verg. Aen. III 22—68). Когда здесь остановился бежавший из Трои *Эней* и пытался срубить для жертвоприношения ветви с куста, росшего на безымянном холме, с ветвей закапала кровь, и голос убитого П. раскрыл тайну его смерти. Троянцы совершили здесь новое погребение и жертвоприношение.

П. звали также сына Кадма (основателя Фив) и Гармонии, прадеда Эдипа (Hes. Theog. 978; Soph. O. R. 265 след.).
В. Н. Ярхо.

ПОЛИКСЕ́НА, в греческой мифологии дочь *Приама* и *Гекубы*. Когда ахейцы после взятия Трои намеревались вернуться домой, над могилой *Ахилла* появилась его тень, потребовавшая принесения ему в жертву П. Заклание П. произвёл сын Ахилла *Неоптолем*, причём П. гордо подставила себя под удар меча и умерла с достоинством. Сказание о П., засвидетельствованное в киклическом эпосе, лирике и афинской трагедии, восходит к древнему обычаю погребать вместе с героем его жену, наложниц, любимых слуг, коня и др. Поздняя версия объясняла гибель П. на романтический лад: влюблённый в П. Ахилл был коварно убит, придя безоружным для переговоров о свадьбе, и после смерти он зовёт к себе наречённую (Hyg. Fab. 110). *В. Я.*

ПОЛИМЕ́СТОР, в греческой мифологии фракийский царь, зять *Приама*, убивший троянского царевича *Полидора*. *В. Я.*

ПОЛИНИ́К, в греческой мифологии сын фиванского царя *Эдипа* и *Иокасты*, брат *Этеокла* и *Антигоны*. По наиболее древней версии мифа, содержавшейся в эпической поэме «Фиваида», после саморазоблачения Эдипа сыновья потеряли к нему уважение, и однажды П. подал отцу вино в золотом кубке *Лая*, напомнившем Эдипу о совершённом им преступлении. В другой раз братья послали Эдипу не подобающую ему долю мяса (Schol. Soph. O. C. 1375). Разгневанный Эдип дважды проклял сыновей, завещав им делить наследство с мечом в руках, т. е. вступить друг с другом в смертельное единоборство (Aeschyl. Sept. 785—790; Eur. Phoen. 66—68, 874—877; Soph. O. C. 789 след.). Поэтому П. условился с Этеоклом, что они будут царствовать в Фивах поочерёдно. Однако Этеокл, выступающий чаще как старший из двух, не уступил трона П., а изгнал его из Фив. По другой версии, П. был старшим и во время своего правления изгнал из Фив Эдипа (Soph. O. C. 1352—1359) или, во всяком случае, не мешал его изгнанию; затем сам П. был изгнан Этеоклом. В результате П. нашёл прибежище в Аргосе у *Адраста*, богатыми подарками привлёк на свою сторону его дочь, женился на ней (по другой версии, Адраст сам выдал дочь замуж за П.) и убедил тестя организовать поход против Фив, чтобы вернуть утраченную царскую власть (Eur. Phoen. 69—80, 473—493; Apollod. III 6, 1—3; Hyg. Fab. 67) (см. *Семеро против Фив*). Как инициатор захватнической войны против родного города П. изображён Эсхилом (Sept. 580—586, 658—671) и Софоклом (O. C. 1370—1392), и само его имя толкуется как «ищущий брани». Только Еврипид в «Финикиянках» с известным сочувствием рисует П. как жертву несправедливости, вынудившей его к применению силы. В единоборстве у стен осаждённых Фив погибают оба брата (Aeschyl. Sept. 792—802; Eur. Phoen. 1339—1424). *В. Н. Ярхо.*

ПОЛИФЕ́М, в греческой мифологии: 1) *киклоп*, сын Посейдона и нимфы Тоосы, дочери морского божества Форкия (Hom. Od. I 71—73). Кровожадный великан с одним глазом П.-пастух живёт в пещере, где у него сложен очаг, он доит коз, делает творог, питается сырым мясом. IX песнь «Одиссеи» Гомера посвящена приключениям *Одиссея* в пещере П., который во время опьянения и сна был ослеплён героем, избежавшим участи своих спутников, съеденных П. Не зная настоящего имени своего обидчика, так как Одиссей назвал себя «никто», ослеплённый великан, на зов которого сбежались соседи киклопы, кричит, приводя их в замешательство, что его ослепил «никто». Узнав от отплывающего Одиссея его подлинное имя, П. в ярости от того, что свершилось давнее предсказание оракула о его ослеплении именно Одиссеем, сбрасывает скалы на его корабли.

В эллинистической литературе у Феокрита (идиллия XI) П.— вполне мирный пастух, над безобразием которого смеются девицы и который тщетно ухаживает за нимфой *Галатеей*, горюя о недостижимой любви. Миф о неудачной любви П. к Галатее и его грозной и страшной мести её возлюбленному Акиду — у Овидия (Met. XIII 750—897); 2) лапиф, сын Элата, брат *Кенея* (Hom. Il. I 264). П.— участник битвы кентавров и лапифов, а также поход аргонавтов (Apoll. Rhod. I 40—44). Однако не добрался до Колхиды; помогая Гераклу разыскивать *Гиласа*, он не успел попасть на корабль, остался в Мисии, основал город Киос, где стал царствовать, а Геракл вернулся в Аргос (Apollod. I 9, 19). *А. А. Тахо-Годи.*

ПОЛУ́ДНИЦЫ (рус. «полудница», польск. poludnica, чеш. и словац. polednice, словен. poludnica и др.), в славянской мифологии полевые духи, в частности воплощение солнечного удара. П. представляли в виде девушки в белом платье, с длинными волосами или косматой старухи, появляющейся в поле (обычно во ржи: другое русское название П.— «ржаница») и преследующей тех, кто работает в поле. П. может свернуть шею, похитить ребенка, оставленного в поле; в сниженном варианте П. пугают детей, забирающихся в огороды. Образ П. в народных верованиях иногда сливается с образом *русалок*. *В. И., В. Т.*

ПОМО́НА (от pomo, «древесный плод»), в римской мифологии богиня плодов. Жена *Пика*, *Вертумна* и др. О древности культа свидетельствуют священная роща П., наличие у неё фламина и праздник в её честь — помональ. В надписях культ П. не засвидетельствован. *Е. Ш.*

ПОНМАКЬИ́, в мифологии бирманцев божество, покровитель урожая. Предполагается, что П.— искажение слова «Побба-кьяй» («звезда пятницы», т. е. Венера). П. представляют как женщину с большими грудями и огромным животом. По-видимому, П.— первоначально женское божество плодородия, ассоциировалась затем с планетой Венера. В Бирме после сбора урожая в одиннадцатый месяц бирманского года женщины всю ночь пекут белые и красные пироги и с наступлением утра предлагают их П. *Я. Ч.*

ПО́ПЕЛ, Пе́пел, в западнославянской раннеисторической традиции легендарный князь, изгнанный за неправедность своими соперниками из рода Котышки и заеденный мышами (ср. западноевропейский мотив смерти епископа Гаттона). Архаические истоки легенды обнаруживаются в сопоставлении с восточнославянской сказкой об Иване Попялове, который двенадцать лет лежал в пепле, затем, стряхнув с себя шесть пудов пепла, убил «змеиху», а пепел её рассыпал (типичное для мифа повторение основного мотива, выраженного в имени героя). Змееборец превращается в кота, подслушивая разговор змеихи с её дочерьми: ср. имя Котышки в польской легенде и мотивы противопоставления кота и мышей, восставших из пепла богатыря и слепоты, связанной с пеплом (в польской легенде князь Мешко из рода Котышки был слеп семь лет). *В. И., В. Т.*

ПОР, в мифологии обских угров одна из двух фратрий (родовых объединений) наряду с *Мось*. Согласно тотемическому преданию, первая женщина Пор родилась от медведицы, съевшей зонтичное растение порых (откуда, по мифу, и идёт название фратрии). Представители П. занимали ведущее положение в отправлении культа медведя — покровителя П. (см. *Консыг-ойка*). Древние П.-люди изображаются жестокими людоедами (в отличие от Мось) и часто отождествляются с *менквами*. *Е. Х.*

ПОРТУ́Н (от portus, «порт»), в римской мифологии бог дверей (возможно, близкий *Янусу*), но главным образом входа в реку или море, бог гавани (Verg. Aen. V 241). Имел фламина и праздник — портуналии, справлявшийся на Тибре 17 августа. *Е. Ш.*

ПОСЕЙДО́Н, в греческой мифологии один из главных олимпийских богов, владыка моря, сын Кроноса и Реи, брат Зевса и Аида (Hes. Theog. 453—457), с которыми он поделил господство над миром. По жребию он получил в удел море (Hom. Il. XV 187—194). Древнейшее представление о П. связано с плодородием земли, пропитанной влагой. Эпитеты П.— «колебатель земли» (Hom. Od. V 366), «земледержец» (I 68). С другой стороны, древнейший П. связан с индоевропейским зооморфным демоном плодородия, выступающим в облике коня или быка, и таким образом сближается с неиссякаемой порождающей силой земных недр, а значит, и с водной стихией. С расселением греческих племён на островах П. стали отождествлять не только с влагой, дарующей жизнь земле, но и с просторами моря. Олимпийский П. неразрывно связан именно с морской стихией, сохранив в качестве рудиментов эпитеты, указывающие на былую связь с землёй, мифы о зооморфных ипостасях П.— коне и быке и предания о П., своим трезубцем выбивающем из земли пресную влагу источников.

Архаические черты у олимпийского П. находят выражение в его буйном нраве, попытках сохранить свою независимость. Вынужденный признать главенство Зевса, он считает себя равным ему (Hom. Il. XV 185 след., 194—199). П. участвует в мятеже против Зевса, и его спасает от оков Фетида (I 398—400). Он в союзе с Герой, воспользовавшись сном Зевса, помогает ахейцам, вызывая гнев громовержца, и угрожает ему непримиримой враждой (XV 212—217). П. идёт на помощь ахейцам с мечом, схожим с молнией, предводительствуя их воинством (XIV 384—388). П. ненавидит троянцев, царь которых *Лаомедонт* в своё время не заплатил ему и Аполлону обусловленной платы. П. наслал на Трою страшное морское чудовище, угрожавшее царской дочери *Гесионе*, спасённой Гераклом (Apollod. II 5, 9).

Он один идёт против решения олимпийцев возвратить домой Одиссея, ненавидя его за ослепление Полифема (Hom. Od. I 68—75), хотя Зевс уверен, что П. не может спорить со всеми бессмертными и поступать самовластно (I 77—79). Однако П. не успокаивается и насылает на Одиссея страшную бурю, разбивая его плот и своим трезубцем взбудораживая море, тучи и ветры (V 291—319). П. яростно действует своим трезубцем, желая или поднять бурю, или погубить кого-либо из героев. Он разбивает скалу и губит *Аякса* Оилида за его нечестивую похвальбу (IV 505—511). Трезубец П.— некий древний фетиш, наделённый магической силой. Именно в споре с Афиной П. выбивает трезубцем источник, даруя его жителям Аттики (Ovid. Met. VI 75—77). Но П. было вполне достаточно крепко ударить ладонью по кораблю феаков, чтобы превратить его в скалу и втиснуть эту скалу в морское дно (Hom. Od. XIII 162—164). П. не живёт на Олимпе, владея собственным роскошным дворцом на дне моря в Эгах (V 381). П. мчится на колеснице, запряжённой длинногривыми конями, по морю (V 380). Морская тёмно-синяя бурливая волна и есть сам П., постоянно именуемый «синекудрым», «темновласым» (Hom. Il. XIV 390). Облик П. страшен, могуч и стихиен. Под его стопой трепещут леса. Своего дворца в Эгах он достигает, сделав три-четыре шага с фракийских гор (XIII 10—31). П.— супруг нереиды *Амфитриты* (Hes. Theog. 930). От неё у него сын Тритон — владыка морских глубин (XIII 931 след.). П.— отец множества детей, и все они стихийны, ужасны и чудовищны. Это великаны *Сарпедон* (Apollod. II 5, 9), *Орион* и *Алоады*, царь бебриков, кулачный боец Амик — от нимфы Мелии («ясеневой»; Apoll. Rhod. II 1—3), великан Антей — от Земли, киклоп Полифем, царь Бусирис, убивающий всех чужестранцев (Apollod. II 5, 11), разбойники Керкион (Hyg. Fab. 187) и Скирон (Apollod. epit. I 2); от медузы Горгоны у него Хрисаор («златомеч») и Пегас (Hes. Theog. 280—283). Деметра в образе эринии родила от П. коня Арейона (Apollod. III 6, 8), что дополняет сведения о зооморфной сущности П. Он выслал из моря на Крит прекрасного быка, своей собственной ипостась, который вместе с Пасифаей породил Минотавра (Apollod. III 1, 3—4). Однако были слабые попытки связать П. с героическим миром, хотя и здесь П. является в облике водной стихии. Приняв облик речного бога, П. вступил в брак с Тиро, породившей Пелея и Нелея, отца мудрого Нестора (Hom. Od. XI 241—254).

П. считается божественным отцом Тесея (Bacchyl. XVII 33—37), сына афинского царя Эгея. Доказывая своё божественное происхождение, Тесей бросился в море, чтобы достать туда Миносом золотое кольцо, добыл его у Амфитриты и вернулся победителем (Paus. I 17, 3; Bacchyl. XVII). Именно Тесей — героический сын П. убивает Минотавра — тоже сына П., только чудовищного. Среди аргонавтов есть сыновья П.— Эвфем, Эргин и Анкей (Apoll. Rhod. I 179—189), не играющие, однако, существенной роли в походе. Вряд ли П. можно считать основателем и защитником полисов; он оспаривал у Гелиоса Коринф и потерпел поражение, с острова Эгина его вытеснил Зевс, с Наксоса — Дионис, из Дельф — Аполлон, из Трезена — Афина (Plut. Quest. conv. IX 6). Она же оказалась победительницей в Афинах, посадив там маслину вопреки П. Гера забрала себе Аргос, за что П. наслал сначала засуху, а затем море. Единственная страна, где царили П. и его потомки, которых Зевс покарал за нечестие,— остров Атлантида (Plat. Critias).

Культ П. связан с почитанием его как божества моря, источников (его эпитеты: Кренух, «держатель источника»; Нимфагет, «водитель нимф») и землетрясений. Страбон сообщает (I 3, 16), что родосцы после землетрясения вблизи острова Фера воздвигли храм П. Асфалию — «дарующему безопасность». П. почитался по всей Греции также как Фитальмий, наряду с Дионисом Дендритом, «древесным», и им обоим была посвящена сосна (Plut. Quest. conv. V 3, 1). Культ П. Гиппия — «конного» преимущественно фессалийский. В Аргосе был храм П. Проклистия — «причиняющему наводнение» в память спора Геры и П., когда отвергнутый аргосцами П. наслал на Арголиду море (Paus. I 29, 4). На акрополе у святилища Эрехфея почитался источник солоноватой воды, якобы выбитый трезубцем П. (Herodot. VIII 55). В Трезене, несмотря на поражение П. от Афины «могучей», почитают П. «царя» (Paus. II 30, 6). Там же храм П. Фитальмия в память бесплодия, посланного П. на землю, пропитавшуюся морской солью, и милости П., прекратившего гнев (II 32, 8). Культ П. всюду связан с бедствиями, сопровождавшими его гнев, сменяемый затем на прощение.

П.— древнее мужское хтоническое божество, обладавшее универсальной властью, на более поздней героической ступени было вытеснено мужским патриархальным божеством, возглавившим олимпийцев, Зевсом, и больше уже не заняло главенствующего положения, оставаясь в неизменной оппозиции к Олимпу.

В римской мифологии отождествлялся с *Нептуном*.

А. Ф. Лосев.

ПОТА́ЛА, в буддийской мифологии рай, где обитают *Авалокитешвара* и *Тара*. По индийским и тибетским источникам, находится на вершине горы на побережье Индийского океана, в китайском буддизме — на острове в Восточно-Китайском море (см. *Путо*). Согласно тибетской традиции, в П. Будда произнёс основную тантру Авалокитешвары, а также по просьбе *Манджушри* (чтобы излечить от проказы царя Ишварарабху) один из двух специальных магических текстов (дхарани) Авалокитешвары. П. называется также дворец далай-лам в Лхасе.

О. Ф. Волкова.

ПОТРИ́МПС, П о т р и́ м п у с, в прусской мифологии бог. В письменных источниках 16—17 вв. назван богом рек и источников. Согласно немецкому хронисту 16 в. Грунау, П. вместе с *Патолсом* и *Перкунасом* составляли триаду богов, изображавшихся на прусском знамени: считалось, что П. приносил удачу в сражениях. П.— безбородый юноша в венке из колосьев, в противоположность Патолсу, старцу с длинной бородой. Вероятно, П. имел также отношение к весне и плодородию. Образ П. сложился, по-видимому, через раздвоение древнего бога плодородия *Тримпса* на бога моря *Аутримпса* и П.

В. И., В. Т.

ПО ТХЁН, П у Т х ё н, П х а я П х о́ н, в мифах чёрных тхай и других родственных им народов Лаоса и Северного Вьетнама владыка неба и глава небесных духов — тхенов. В ходе сотворения мира П. Т. устраивает потоп, погубивший древнее человечество, от которого остались только *Кап и Ке*. В стране П. Т. находится мир мёртвых человеческих душ, которые возделывают там рисовые поля и подсечно-огневые участки.

Я. Ч.

ПОУ́ПА («цветущая»), у бирманцев священная гора, обитель богов. Расположена в Нижней Бирме. П. поднялась среди равнины после землетрясения и вулканического извержения. Считалось, что она является домом духов — натов и их главы *Махагири*; в её пещерах живут феи, которые питаются цветами. Район горы П. считается также прародиной многих тибето-бирманских народов Бирмы. *Я. Ч.*

ПОХЬЕЛА, С а р и о́ л а, П и м е н т о́ л а, У н т а м о́ л а («тёмное царство»), в финской и карельской мифологии северная страна, иной мир («страна людоедов», «злая страна»). Расположена там, где небосвод смыкается с землёй; ассоциируется с подземным загробным миром — *Маналой*. Умершие пересекают поток Маналы и попадают в сумрачный холодный двор со скрипучими железными воротами — селение П. Хозяйка П. Лоухи (по А. Турунену, Лоухи в конструкции Louhi Pohjolan emanto, «Лоухи Похьёлы хозяйка»,— эпитет П., а не имя хозяйки: ср. фин. louhi, «скала», «камень», и постоянный эпитет П.— «скалистая П.») — старуха-колдунья, антагонист *Вяйнямёйнена*, *Ильмаринена* и других героев карело-финских рун. Она похищает солнце и месяц, огонь из очагов страны Калевалы, *сампо*, прячет похищенное в основании скалы П. Вероятно, первоначально хозяйка П.— хранительница культурных благ, которые добывают в ином мире культурные герои. В П. герои ездят свататься (распространённый фольклорный сюжет поисков невесты в ином мире). *А. Ю. Айхенвальд.*

ПРАБХА́ («свет», «сияние»), в древнеиндийской мифологии персонифицированный свет (сияние) в виде жены солнца, или жены Кальпы, или в виде *Дурги*; П. употребляется в эпосе как имя целого ряда персонажей — Шакти, дочери Сварбхану и матери *Нахуши*, одной *апсары*, а также как одно из названий города *Куберы*. *В. Т.*

ПРАДЖА́ПАТИ [«господин потомства» (творения)], в древнеиндийской мифологии божество — творец всего сущего. С таким приуроченном это имя появляется в «Ригведе» четырежды (кроме этого, П.— эпитет *Савитара*, IV 53, 2, и *Сомы*, IX 5, 9): П.— единственный, кто охватывает все существа (X 121, 10), способствует рождению детей (X 85, 43), загоняет коров в стойло (X 169, 4), вливает семя (X 184, 1). В знаменитом гимне неизвестному богу, где П. назван лишь в самом конце, говорится, что он возник как золотой зародыш, стал единственным господином творения (ср. *Вишвакарман* как ипостась П.), поддержал землю и небо, укрепил солнце, измерил пространство, дал жизнь и силу; П. властвует над двуногими и четвероногими, его руки — стороны света. Эта функция высшего бога и создателя творения ещё более полно засвидетельствована «Атхарваведой», «Ваджасанейи-самхитой Яджурведы» и особенно брахманами. Здесь П.— главный бог и отец богов (Шат.-бр. II 1, 6, 14; Тайтт.-бр. VIII 1, 3, 4 и др.), единственный, кто существовал вначале (Шат.-бр. II 2, 4, 1), творец *асуров* (Тайтт.-бр. II 2, 3), установитель жертвоприношения (Шат.-бр. II 4, 4, 1; VI 2, 3, 1). Упанишады сохраняют именно этот образ П., придавая ему, однако, черты универсального безличного принципа, абсолюта. Уже в сутрах П. отождествляется с *Брахмой*. В эпосе П. становится эпитетом Брахмы (и некоторых других богов-творцов) или даже его особой ипостасью. Тем не менее именно Брахма и другие боги-творцы вытесняют образ П. во всех его прежних функциях. Зато некоторые дополнительные детали выясняются из связей П. не только с Брахмой, но и с *Вишну*, *Ямой* и *Варуной*. Именем П. позже называют мудрецов (Мбх. X 21), праотцев человеческого рода, а также одну из восьми узаконенных форм брака. Основной сюжет с участием П. обнаруживает своё ядро в «Ригведе» (I 71, 5; X 61, 5—7) и в том или ином виде отражён в «Майтрайяни-самхите» (IV 2, 12), «Шатапатха-брахмане» (I 7, 4, 1), «Айтарейя-брахмане» (III 33) и др.: П. воспылал страстью к собственной дочери *Ушас*; пытаясь спастись, она обернулась ланью-самкой, а П. обернулся самцом; увидавший это *Рудра* пришёл в ярость и собрался поразить П., но тот обещал Рудре отдать ему власть над зверями. «Каушика-брахмана» (VI) предлагает иную версию: когда боги, сыновья П., увидели на востоке свою сестру Ушас, у них выпало семя; П. собрал его в золотой сосуд, и из этого семени родился Рудра. Тот же сюжет уже в ведийские времена передавался и в астральном плане: П. отождествлялся с созвездием Мригаширша, Ушас — с созвездием Рохини (Тельца), Рудра — с Ардра. *В. Н. Топоров.*

ПРАДЖНЯ́ («мудрость», «понимание»), в буддийской мифологии ваджраяны женское соответствие *будд*, *бодхисатв*, *идамов* и прочих мифологических персонажей. Некоторые П., как, например, *Тара*, Ваджраварахи, Курукулла, выступают и самостоятельно (выполняя при этом функции бодхисатв и идамов). П., которых изображают в угрожающем виде, называются *Дакини*. *Л. М.*

ПРАКРИ́ТИ, в древнеиндийской мифологии и умозрении первоначальная субстанция, природные условия чего-либо, материальная причина, первопричина мира объектов. В мифологии П. воплощает высшую волю творца; идентифицируется с *майей* — иллюзией, *шакти* — божественной женской энергией. В ряде философских школ противостоит *пуруше*, понимаемому как «Я», отличному от тела, ума и чувств. П. состоит из трёх субстанций — гун, которые, постоянно изменяясь, порождают страдание, радость, безразличие. П. характеризуется необусловленностью, вечностью, вездесущностью. Соединившись с пурушей, П. нарушает равновесие и вызывает эволюцию мира. *В. Т.*

ПРАКСИФЕ́Я, П р а к с и т е́ я, в греческой мифологии: 1) дочь Теспия, родившая от Геракла Нефа (Apollod. II 7, 8); 2) жена афинского царя *Эрехфея*, пожертвовавшая своими дочерями ради победы афинян в войне с Элевсином (Lycurg. 98 след.); 3) наяда, жена афинского царя Эрихтония, мать Пандиона (Apollod. III 14, 6). *А. Т.-Г.*

ПРАТЬЕКАБУ́ДДА («будда для самого себя»), в буддийской мифологии тот, кто достиг *нирваны*, но не проповедует *дхарму*. П. появляются в те же самые *кальпы*, что и *будды*, но они никогда не встречают будд. Одновременно может существовать неограниченное число П. *Л. М.*

ПРАХ КЕТ МЕАЛЕ́А, в кхмерской мифологии принц, для которого был выстроен ансамбль Ангкора. Сын правителя Индрапасты (здесь как название Кампучии) П. К. М. обладал изумительной красотой и моральными совершенствами. Сам Энтреа (*Индра*) спустился к нему на землю и забрал его на небо. Но райские существа теводы (*деваты*) не могли перенести запаха человека. Тогда Энтреа велел божественному архитектору Пуснук (Прах Писнокару) воздвигнуть на земле дворец, аналогичный небесному. Бык Нандин указал на холме Бакхенг место для строительства. Пятибашенный храм Ангкор Ват стал обиталищем П. К. М. *Я. Ч.*

ПРАХЛА́ДА (др.-инд. «радость», «восторг»), в индуистской мифологии сын *асуры Хираньякашипу*, дед асуры *Бали*. Наиболее подробно миф о П. излагается пуранами; отдельные эпизоды мифа содержатся также в «Махабхарате». Вопреки воле отца, возгордившегося своим могуществом, П. с детства стал почитателем *Вишну*. Хираньякашипу сначала пытается разубедить сына, затем в гневе хочет его убить: приказывает зарубить П., напускает на него змей, слонов, брахманов с заклинаниями, травит его ядом, топит в океане, обрушивает на него скалы и т. д.,— но П. неуязвим, так как его охраняет Вишну. После того как Вишну в образе человеко-льва (см. в ст. *Аватара*) убил Хираньякашипу, П. становится царём асуров. Но его могущество, основанное на его добродетели, беспокоит богов. *Индра* является к П. в виде брахмана и просит у него в дар добродетель. П. не может ни в чём отказать брахману и расстаётся со своей добродетелью, тем самым успокаивая богов. *С. С.*

ПРЕСТО́ЛЫ, в христианских представлениях один из *девяти чинов ангельских*. Упоминается в Новом завете (Кол. 1, 16). По классификации Псевдо-Дионисия Ареопагита (5 — нач. 6 вв.) — третий чин, составляющий вместе с серафимами и херувимами первую триаду. Данте в «Божественной комедии» («Рай», песнь 9, 61) трактует П. как зерцала бо-

жественного промысла, читая в которых, райские души предрекают будущее. Но чаще П. понимают в более буквальном смысле как некие седалища божества.
О. Н.

ПРЕТ, П р о й т, в греческой мифологии царь Тиринфа в Арголиде, сын *Абанта*, брат-близнец *Акрисия*, отец Претид (Лисиппы, Ифианассы и Ифинои) и Мегапента (Apollod. II 2, 1—2). П. и Акрисий враждовали уже в чреве матери (вариант: Акрисий возненавидел брата после того, как тот соблазнил его дочь Данаю, II 4, 1). После смерти отца братья стали бороться за царскую власть в Арголиде. В этой борьбе П. потерпел поражение и бежал к ликийскому царю Иобату (вариант: к Амфианаксу, Apollod. II 2, 1; к Афиду — III 9, 1), женился на его дочери *Сфенебее* (вариант: Антее — Hom. Il. VI 160) и, получив помощь тестя, возобновил войну с Акрисием. После долгой борьбы братья пришли к соглашению: Акрисий остался править в Аргосе, а П. получил во владение Тиринф. Ему приписывали сооружение киклопических стен вокруг города (Apollod. II 2, 1—2; Paus. II 25, 7). Возможно, в мифе отразился исторический факт — соперничество властителей крито-микенской эпохи. Во время войны между П. и Акрисием был изобретён щит (Apollod. II 2, 1). С П. связан также миф о *Беллерофонте*, жившем после изгнания из Коринфа в Арголиде. Когда отвергнутая Беллерофонтом Сфенебея оклеветала его перед П., тот, поверив жене, что Беллерофонт покушался на её честь, послал его к Иобату с письмом, в котором просил убить подателя (Apollod. II 3, 1). С П. связан также миф о Претидах и прорицателе Мелампе, который вылечил девушек от безумия и получил за это для себя и своего брата *Бианта* часть царства П. Меламп и Биант женились на дочерях П. Лисиппе и Ифианассе (II 2, 2). Овидий приводит миф о том, как во время осады Аргоса Персей превратил П. в камень (Met. V 236).
М. Н. Ботвинник.

ПРЕ́ТЫ (др.-инд. «ушедший»), 1) в древнеиндийской мифологии духи умерших, в течение некоторого периода после смерти (от нескольких недель до года) остающиеся жить среди людей. За это время людям необходимо совершить определённый ритуал (сапиндикарану), чтобы П. не стали *бхутами*, демонами из свиты *Шивы*, но соединились с *питарами* в небесном царстве (РВ X 14, 8). Тем не менее, в народных суевериях П. часто отождествляются с бхутами и рассматриваются как существа, враждебные людям.
П. Г.

2) В буддийской мифологии духи, которые не могут удовлетворить своих желаний. Так, например, несмотря на изобилие пищи в преталоке (одна из шести сфер *сансары*, где П. живут), П. не могут насытиться, ибо животы у них огромные, а рты не больше чем игольное ушко. П. рождаются те, кто в прошлой жизни были скупыми, жестокими и прожорливыми.
Л. М.

ПРИА́М, в греческой мифологии последний царь Трои. Сын *Лаомедонта*. Когда Геракл убил Лаомедонта и его сыновей, отомстив ему за обман, он позволил дочери Лаомедонта *Гесионе* оставить при себе одного из братьев. Выбор девушки пал на младшего, носившего имя Подарк. Геракл согласился даровать ему свободу при условии, что Гесиона выкупит брата из рабства; Гесиона отдала за брата своё покрывало, после чего Геракл оставил юношу царствовать в Трое под именем П. (античная этимология производила его от греч. глагола priasthai, «покупать»; отсюда П., «купленный») (Apollod. II 6, 4; Hyg. Fab. 89). В «Илиаде» П. — престарелый царь, глава многочисленного семейства, насчитывающего 50 сыновей и 12 дочерей (VI 242—252).

Во время Троянской войны П. потерял многих из своих сыновей, в т. ч. старшего и самого храброго — *Гектора*. Сцена, в которой убитый горем П. просит у Ахилла отдать ему за большой выкуп тело Гектора, принадлежит к числу наиболее известных и волнующих эпизодов «Илиады» (XXIV 169—676). В ночь взятия Трои П. пытался вооружиться и выйти в бой, но *Гекуба* уговорила его искать спасения у домашнего алтаря Зевса. Здесь его настиг и безжалостно убил *Неоптолем* (Eur. Troad. 481—483; Verg. Aen. 533—558).
В. Я.

ПРИА́П, в античной мифологии итифаллическое божество производительных сил природы (изначально собственно фаллос). Место происхождения культа П. неизвестно, локализация его в Лампсаке (Троада) вторична (Strab. XIII 1, 12; Paus. IX 31, 2). Жители Лампсаки считали П. основателем их города, но в соперничающих городах и на островах утверждали, что П. был изгнан из города за небывалый по размерам фаллос (Serv. Verg. Aen. IV 111). На ранней стадии (до конца 4 в. до н. э.) П. почитался в виде древесного сучка и осла; мифы о П. и осле у Овидия (Fast. I 391—456), Гигина (Astr. II 23) и др. После походов Александра Македонского культ П. широко распространяется по всему Восточному Средиземноморью и включается в мифологию *Диониса*. Возникает миф о происхождении П. от Диониса и Адониса (по другим вариантам — от Зевса или Гермеса). Матерью П. была либо одна из нимф (Schol. Theocr. I 21), либо Афродита (Paus. IX 31, 2). По одной версии (Schol. Apoll. Rhod. I 932), Афродита, беременная П. от Диониса, сошлась с Адонисом; вороньба ревнивой Геры сделала ребёнка уродцем (уродство состояло в наличии у П. двух фаллосов, что объясняется двойным отцовством — Диониса и Адониса). По другой версии (Suida, 3), П. — сын Афродиты и Зевса, из-за насланного Герой уродства он был оставлен в горах и подобран пастухами или нимфами, силеном и сатиром.

В римскую эпоху культ П. достигает наивысшего расцвета. П. был включён в круг римских божеств плодородия (Помоны, Сильвана и др.). Добрый сельский божок (Ovid. Tristia I 10, 26), страж садов (Diod. IV 6, 4), следящий за чистотой родников и правильным межеванием земли (ср. *Термин*), покровитель рыбаков и матросов, проституток, развратников и евнухов, сводник, кутила и педераст, он — «учитель Вакха», помощник Геракла, олицетворение «порождающего логоса» стоиков, создатель моря и суши, тождественный Эроту, Пану и Доброму демону (Cornut. 27), и Всебог (Pantheos; CIL III 1139). П. — «священен», он — «отец», «царь», «благодетель и защитник», удостоившийся неумирающего жанра как настенной (надпись из Тиволи, CIL XIV 3565), так и книжной (Катулл, Гораций, Вергилий, Марциал) поэзии — т. н. приапей. Изображения П. (в основном относящиеся к эпохе империи) находились в лесах, садах, виноградниках, на дорогах, пасеках, пристанях и в публичных домах по всей Греции, Италии, Германии, Галлии, в Далмации, Фракии, Африке и Испании. Атрибуты П.: рог изобилия, тирс, факел, маска, кошель, садовый инвентарь и музыкальные инструменты (главным образом двойная флейта). Кроме цветочных венков и гирлянд, овощей, фруктов, мёда, бобов и вина, П. приносили в жертву кровь бычков, козлов, ягнят, поросят, голубей и рыб, окропляя ею изображения П. (пурпурный или густо-шафранный хитон подарила младенцу П. мать, чтобы сгладить уродство сына, Кассиодор, Varia VI 21, 2). Каждая кухня считалась святилищем П. (Verg. Ecl. VII 33 в.). Праздники в честь П. в марте и июне сопровождались сексуальным неистовством и весельем; как простонародный культовый персонаж П. участвовал в праздниках Деметры, Диониса и Доброй богини (Bona Dea).

Наиболее распространённый иконографический тип П. — старичок с фаллообразной головой (один из эпитетов П. — triphallus, третий фаллос — голова П.), одной рукой поддерживающий полу или корзину с овощами, фруктами и зеленью, а другой — фаллос (бесчисленные терракотовые статуэтки, мраморные рельефы, геммы, фрески; также амулеты). Кроме изображений П. на могильных камнях, большой интерес представляют распространённые от Галлии до Фригии фаллические амулеты и статуэтки, на которых умершие предстают в облике П. В Риме П. отождествлялся с божеством Мутуном Титином.
Г. Ч. Гусейнов.

ПРИПА́РШИС (от paršas, «поросёнок», и префикс pri), в литовской мифологии божество, связанное со свиньями. Упоминается в описании жемайтских богов у Я. Ласицкого (1615) — Priparsis, а также в источниках 19 в. Ср. других «свиных» богов у Ласицкого — Кремата, Крукис.
В. И., В. Т.

ПРИ́ТХИ, П р и́ т х у, в древнеиндийской мифологии первый царь, потомок *Ману Сваямбхувы*. Упоминается в «Ригведе» и «Атхарваведе», но окончательно оформились мифы, связанные с его именем, в пуранах. Согласно «Вишну-пуране» (I 13) отца П. тирана Вену оскорблённые им *риши* убили стеблями травы куши. Затем они потёрли правую руку убитого, и из неё появился П., «сияющий, как Агни». Риши помазали его царём, но земля, разорённая беззакониями его отца, приняв вид коровы, попыталась убежать от него. П. догнал её, и земля обещала ему покориться, если он подарит ей телёнка. П. сделал телёнком Ману Вайвасвату и принялся доить землю, которая отдала ему свои плоды. Тем самым земля как бы получила из рук П. новое рождение и стала в его честь называться *Притхиви*. В вишнуитской мифологии П. считается 22-й *аватарой* Вишну.
П. Г.

ПРИ́ТХИВИ («широкая»), в древнеиндийской мифологии обожествлённая и персонифицированная земля. В «Ригведе» и «Атхарваведе» ей посвящено по одному гимну (V 84; XII 1); обычно же П.-земля прославляется с *Дьяусом*-небом. Персонификация П. весьма слабая: она изобильна, несёт на себе тяжесть гор, поддерживает деревья; к ней приходят умершие; она мать всех существ. Согласно ведам, есть три Земли, Земля людей называется Бхуми, иногда и Урви («широкая»). Нередко П. появляется и в послеведийской литературе. Так, П. приютила у себя хайхаев в сказании о *Парашураме* (Мбх. III, Вишну-Пур. IV); богине *Кали* П. дала бёдра («Маркандейя-пурана»); имя П. производят от имени *Притхи*.
В. Т.

ПРИ́ШНИ («пёстрая»), ведийский мифологический персонаж, женское божество, имеющее облик коровы; само слово в единственном числе может обозначать и корову, и быка, а во множественном числе относится к коровам, которые дали *Соме* молоко для *Индры* (РВ I 84, 10—11; VIII 8, 19; 7, 10; 58, 3). П.— жена *Рудры*; из своего сияющего вымени она произвела на свет сыновей *марутов* (II 34, 2). Не раз упоминаются в «Ригведе» вымя и молоко П., однажды (IV 5, 10) говорится о её тайном укрытии (вымени?). Обычно образ П. понимается как метафора пёстрой (во всяком случае, неоднородной по цвету) грозовой тучи, иногда — пламенеющих туч (рождённые П. маруты не случайно сравниваются с огнями, ср. VI 66, 1—3), уподобляемых разбухшему вымени. Вообще с П. связана символика воды как плодородной силы. Так, в одном из гимнов «Ригведы» (VII 35, 13) П., называемая «богонимой», восхваляется вслед за другими персонификациями вод (в частности, подземного царства: *Аджа Экапад*, *Ахи Будхнья*, Океан, *Апам Напат*; ср. также название реки Пришни (другой вариант — Парушни). Эта особенность П. позволяет с уверенностью ввести её в круг божеств, связанных с плодородием, и наметить её мифологические связи и аналогии. Так, оказывается возможным сопоставить имя П. с глаголами, обозначающими разбрызгивание воды, порошение дождя в хеттском, тохарском, чешском языках, с сербской Прпорушей. Разумеется, следует иметь в виду и другие аналогии — как внутри древнеиндийской мифологии (само имя носят несколько женских персонажей: так, о Деваки, жене *Васудевы* и матери *Кришны*, говорится, что она была рождена вновь как Пришни; ср. также мифологический персонаж Пришнигу, «имеющий пёстрых коров», РВ I 112, 7; название племени, враждебного ариям, VII 18, 10), так и в ближайшей родственной иранской мифологии (ср. авест. «паршат-гхуш», «обладающий пёстрыми коровами» в соотнесении с вед. «пришад-ашва», «обладающий пёстрыми конями»).
В. Н. Топоров.

ПРО́ВЕ, у балтийских славян бог. Почитался как высшее божество в Старгарде (Вагрия). Связан со священными дубами, лесами и рощами, где и почитался во время празднеств, проводившихся во второй день недели жрецом П. Не имел идола. Имя П. сопоставляется с именем бога Поревита у балтийских славян и с Porvata, отождествляемой с Прозерпиной в списке польских богов у Я. Длугоша (15 в.). Согласно одной из гипотез, имя П.— видоизменение общеславянского имени бога грозы *Перуна* (ср. связь с дубом — деревом громовержца). По другой гипотезе (В. Пизани), имя П.— один из эпитетов Перуна — *prav, «правый, справедливый», искажённый при передаче. Согласно третьему объяснению, П.— бог плодородия, как и Поревит, чьи имена родственны слав. *рога, «изобилие, плодородие».
В. И., В. Т.

ПРО́КНА, в греческой мифологии дочь афинского царя *Пандиона*, выданная им замуж за фракийского царя Терея. Терей влюбился в сестру П. Филомелу. Уверив Филомелу в смерти П. (скрытой им в глуши), он женился на Филомеле, но затем отрезал ей язык и заточил её. Филомела выткала на пеплосе письмо к П., и та разыскала сестру, убила своего сына Итиса от Терея и его мясом накормила Терея, бежав вместе с сестрой. Узнавший истину Терей бросился преследовать сестёр, но они взмолились к богам, и те превратили их в птиц: П. в соловья, Филомелу в ласточку, а Терея в удода (Apollod. III 14, 8; Ovid. Met. VI 424—674).
А. Т.-Г.

ПРОКРИ́ДА, в греческой мифологии дочь *Эрехфея*, жена *Кефала*. Уличённая мужем в измене с Птелеонтом, бежала на Крит к Миносу (который страдал насланным *Пасифаей* недугом: испуская змей, скорпионов и сколопендр, он убивал сходившихся с ним смертных женщин). П. осталась жива, выпив настой корня травы *моли*, а потом излечила Миноса от бесплодия, заставив его испустить скверну в мочевой пузырь козы, а потом сойтись с Пасифаей. За это Минос подарил П. пса Лайлапса и бьющее без промаха копьё. Вернувшись в Аттику к Кефалу, П. была нечаянно им убита на охоте этим самым копьём (Ant. Lib. 41; Apollod. III 15, 1—2).
Г. Г.

ПРОКРУ́СТ, в греческой мифологии знаменитый разбойник (известен также под именами Дамаста и Полипемона), подстерегавший путников на дороге между Мегарой и Афинами. Он изготовил два ложа; на большое ложе укладывал небольших ростом путников и бил их молотом, чтобы растянуть тела, на маленькое — высоких ростом и отпиливал те части тела, которые там не помещались. П. был убит вблизи реки Кефис *Тесеем*, когда тот, устанавливая порядок в Аттике, очистил её от чудовищ и преступников (Apollod. epit. I 4; Bacchyl. XVIII 27 след.; Paus. I 38, 5).
А. Т.-Г.

ПРОМЕТЕ́Й, в греческой мифологии сын титана *Иапета*, двоюродный брат Зевса. Мать П.— океанида Климена (Hes. Theog. 507 след.; по другим вариантам: богиня правосудия Фемида, Aeschyl. Prom. 18, или океанида Асия, Apollod. I 2, 3). Братья П. (Hes. Theog. 509—518) — *Менетий* (сброшен Зевсом в тартар после титаномахии), *Атлант* (в наказание поддерживает небесный свод), *Эпиметей* (супруг *Пандоры*). Среди детей П. *Девкалион* (сын П. и Пандоры, Schol. Apoll. Rhod. III 1086), супруг Пирры (дочери Эпиметея и Пандоры) (Apollod. I 7, 2).

Имя П. означает «мыслящий прежде», «предвидящий» (в противоположность Эпиметею, «мыслящему после», «крепкому задним умом»). В образе П. несомненны черты древнего доолимпийского божества, коренящегося в балканском субстрате, покровителя местного автохтонного населения. П. олимпийского периода греческой мифологии объединяет черты архаического божественного покровителя племени (согласно Schol. Apoll. Rhod. III 1086, Эллин — сын Девкалиона и Пирры) с перекрывшими древний субстрат образами богов. Он сохраняет свои первоначальные благодетельные функции и включается в систему родственных отношений новых богов. П. не участвует в титаномахии, противится насильственным действиям титанов против олимпийцев и даже вступает с олимпийцами в союз (Aeschyl. Prom. 202—208), тем самым противопоставляя себя бывшим сородичам.

ПРОМЕТЕЙ 443

От своего прошлого П. сохраняет независимое положение в отношении новых владык, сознание своего хтонического происхождения (по его собственным словам, он — сын Геи — Земли, отождествляемой с Фемидой, Aeschyl. Prom. 209—210). Мудрость (18), полученную им от своих прародителей (известно, что он пользуется советом Геи вступить в союз с Зевсом и осилить его хитростью, 211—218), дерзость (30), граничащую с ловким обманом (62), он использует, покровительствуя жалкому роду людей (11), создателем которых он является по целому ряду свидетельств. П. действует на заре олимпийского периода греческой мифологии в процессе её трудного становления и борьбы с «чудовищами прежних времён» (Aeschyl. Prom. 151). Недаром П., несмотря на своё небывалое превосходство над хтоническими сородичами, жалеет и Атланта, и *Тифона*, жестоко наказанных Зевсом (347—355). Древнее хитроумие П. в олимпийской системе приобретает черты мудрости, в которой нуждается сам Зевс. С другой стороны, классическая олимпийская мифология не может терпеть двух создателей человечества и носителей справедливости — П. и Зевса. Поэтому П. обязательно должен противопоставить себя Зевсу, но не грубо и чисто физически, как это было с титанами, а занять позицию, при которой он превосходил бы самого Зевса, т. е. занять позицию мученика, пожертвовавшего собой ради людей. Зевс же действует против соперника, пользуясь грубыми приёмами насилия, памятуя свои победы над титанами, когда он одержал верх благодаря именно физическому превосходству, мощи своих перунов и неукротимости своих союзников — сторуких (219—221).

Мифы о П. связаны с подступами к героическому веку. Это время битвы Зевса с титанами, установления новой власти Зевса (Aeschyl. Prom. 148—150), создания рода человеческого. Согласно ряду источников, П. как древнейшее божество вылепил первых людей из земли и воды (Apollod. I 7, 1), да ещё создал их смотрящими в небо, по подобию богов (Ovid. Met. I 81—88), но сделал это П. по воле Зевса (Fabulae Aesopicae 228 Hausrath.). Более того, есть указания на то, что люди и животные были созданы богами в глубине земли из смеси огня и земли, а П. и Эпиметею боги поручили распределить способности между ними. Именно Эпиметей виноват в беззащитности людей, так как истратил все способности к жизни на земле на животных, поэтому П. должен был позаботиться о людях. Увидев, что все животные заботливо всем снабжены, а человек «наг и не обут, без ложа и без оружия», П. крадёт «премудрое умение Гефеста и Афины вместе с огнём, потому что без огня никто не мог бы им владеть или пользоваться» (так в виде огня, украденного им из мастерской Гефеста и Афины, П. дарует человечеству технический прогресс; Plat. Prot. 320 d — 321 e). Согласно Эсхилу (Prom. 506), «все искусства у людей от П.», причём, оказывается, что П. наделил разумом слепых, жалких людей, живших, как муравьи в пещерах, научил их строить дома, корабли, заниматься ремёслами, носить одежды, считать, писать и читать, различать времена года, приносить жертвы богам и гадать (442—504). Однако в других источниках о роли П. в культурном развитии человечества даже не упоминается (Soph. Antig. 332—375). Начала государственности и порядка, а также нравственные качества человека связаны не с дарами П., а с деятельностью Зевса (Hes. Theog. 96, Opp. 256—264). Научить людей жить обществом П. не сумел, так как не мог войти во владения Зевса, обладавшего этим умением (321 d). Не сумел он им вложить стыд и правду, которые ввёл среди людей Зевс через Гермеса (322 b—d). Однако совершенствовать род людей, им созданный, Зевс не пожелал, а решил уничтожить его и насадить новый.

Известен миф о том, как Зевс, рассердившись, уничтожил род человеческий, послав потоп. Но оставленная Зевсом единственная пара — супруги Девкалион и Пирра (т. е. сын П. и дочь Эпиметея) создали новый род человеческий, бросая камни себе за спину (Ovid. Met. I 390—413). Так П., теперь уже через сына, снова принял участие в создании рода человеческого. Это П. осмелился пожалеть людей и добыл для них огонь, передав его в полом тростнике (Hes. Theog. 535—566). В мифах П. — благодетель человечества, созданного при его участии, и снисходительный покровитель своих созданий в ещё догероическую пору, Зевс же — неумолим и суров; он не раз уничтожает поколения людей, не снисходя к их ничтожеству. Зевс — родоначальник поколения героев развитого патриархата, в котором П. займёт очень скромное место рядом с крупнейшими фигурами Гефеста и Афины. С Гефестом П. роднила их общая связь с огнём, причём Гефесту тоже приписывались просветительские функции среди людей (Hymn. Hom. XX). Афина играла большую роль в создании людей, вдохнув в них душу. Именно П. (а не Афине и Гефесту) приписывается создание первой женщины (Plotin IV 3, 14; Fulg. II 9). Афина даже помогает П. похитить огонь (Serv. Verg. Buc. VI 42). Есть сведения о том, что и наказан-то П. был не за свои благодеяния людям, а потому, что влюбился в Афину (Schol. Apoll. Rhod. II 1249), или потому, что был внебрачным сыном Геры и одного из титанов Эвримедонта. Зевс сбросил Эвримедонта в тартар, а П. приковал к скале на Кавказе (Eustath. Schol. Il. p. 987, 4 след.). П. вселил в людей «слепые надежды», но не дал им способности предвидеть свою судьбу и тем самым развил в них стремление к постоянной деятельности и забвение горестей (Aeschyl. Prom. 248—250). П. — это древний культурный герой, идущий ради своих подопечных на обман Зевса, на открытую дерзость и страдание. Даже введение обычая приносить богам в качестве пожертвования не лучшие куски мяса, а кости, покрытые жиром, — заслуга П., обманувшего Зевса в Меконе, когда устанавливался жертвенный ритуал, а значит, и взаимоотношения богов и людей (Hes. Theog. 535—560). Характерно, что Зевс, разгадавший обман П., допустил его, чтобы иметь повод наказать людей и П. В результате Зевс лишает людей огня. П. в свою очередь опять-таки обманом добывает его, но теперь П. подстерегает главное наказание: он прикован к горам Кавказа в пределах Скифии, где орёл выклёвывает ему печень, ежедневно вырастающую вновь (Apollod. I 7, 1). В отместку людям и П. боги посылают на землю первую женщину, носительницу бед, Пандору. П. внутренне торжествует над Зевсом, будучи хранителем древней тайны: он знает, что женитьба Зевса на богине Фетиде приведёт к рождению мощного сына, который свергнет Зевса. П. сознаёт, что власть Зевса невечна, как и власть его предшественников, ибо это воля «трёхликих» мойр и «памятливых» эриний (Aeschyl. Prom. 515—519). Именно незнание будущего страшит Зевса, и он освобождает П. в обмен на раскрытие тайны. Зевс отправляет на подвиг своего великого сына *Геракла*, чтобы, освободив П., тот ещё больше прославил себя (Hes. Theog. 527—531). Освобождение П. Гераклом происходит на пути Геракла к своему одиннадцатому подвигу — добыче золотых яблок в саду Гесперид. Помощь приходит к П. и от кентавра *Хирона*, сына Кроноса. Бессмертный Хирон ранен отравленной стрелой Гераклом, он испытывает страшные муки и жаждет смерти. За возможность сойти в аид Хирон предлагает Зевсу отдать П. своё бессмертно (Apollod. II 5, 4). Пока совершаются деяния знаменитых героев, П., которому нет места в мире классического героизма, прикован, и аргонавты слышат его стоны, проплывая вблизи Кавказских гор (Apoll. Rhod. II 1248—1258). Освобождение П. получает за поколение до Троянской войны, а его собственные благодеяния людям совершаются ещё до рождения великих героев. В эпоху же Троянской войны П. — уже давнее прошлое, поэтому Гомер не вспоминает о нём (к этому времени Зевс прочно занял место владыки людей и богов, дарователя всех благ и покровителя героев). У Гесиода П. — хитрый, но добрый к людям обманщик Зевса, не без оснований им наказанный. Образ того П. (как символа человеческой цивилизации), который является героем эсхиловской трилогии (дошедшей до нас лишь в виде одной части «Прикованный П.» и в разрозненных фрагментах),— попытка в конечном итоге привести к примирению дополисное прошлое и полисное настоящее, архаического благодетеля людей П. и олимпийского владыки над людьми и богами Зевса, представить в гармоничном единстве два исторических периода. П. так и не стал олимпийским божеством, обладая, однако, чрезвычайно важными для формирования олимпийской ступени мифологии функциями. Более того, в античности существовала традиция осудительного изображения П., причём она принадлежит римским авторам. Для Горация дерзкий П. совершил «злой обман», принеся огонь, что послужило развитию губительных последствий (Carm. I 3, 27—33). Создавая человека, он вложил в него «злобу» и «безумие» льва (I 16, 13—16); П. заботился только о его теле, и отсюда все беды человеческой жизни и вражда среди людей (Propert. III 5, 7—12).

Следы культа П. должны были бы прежде всего сохраниться среди ремесленников, но это сословие посвящено не П., а Гефесту и Афине (Plat. Legg. XI 920 d). У Павсания сохранилось сообщение о том, что в Афинской академии был жертвенник П.; от него начинался бег до города через Керамик с зажжёнными факелами, которые бегуны должны были сохранить горящими (I 30, 2). В Афинах проходили празднества в честь П., справляемые ежегодно горшечниками, чьим покровителем был П. Они устраивали бег с факелами, зажжёнными от жертвенника П. в академии. Однако бег с факелами был и в честь Афины на панафинеях и Гефеста на гефестиях (Schol. Aristoph. Ran. 131).

А. Ф. Лосев.

ПРО́МЫ, в мифологии кхмеров небесные существа, ставшие родоначальниками людей. По древнекхмерской космогонии, вокруг горы Сомеру (*Меру*) находятся в океане четыре острова, один из которых Чумпуйтвип (Джамбудвипа) населён людьми. Над горой Сомеру находится райский мир красивых долгоживущих существ — тевода (*деваты*). Ещё выше — меньший по размеру мир более совершенных существ — П. Наконец, последний, двадцать седьмой, небесный мир Нипеау (*нирвана*), где живёт только Будда.

Земной мир уже был населён людьми, но их из-за грехов погубили тевода. Землю сначала жгло семь солнц, потом всё залил потоп. Когда вода стала сбывать, на землю были посланы в качестве стражей восемь П. Они попробовали на вкус морскую пену. Захотели есть и ели землю, а когда появились растения, стали питаться ими. По другой версии, они ели сначала грибы, затем плоды лианы и, наконец, рис. От последнего их животы наполнились экскрементами, и в их телах открылось по два отверстия. Когда это произошло, П. разделились на мужчин и женщин, и от них пошли другие люди. *Я. Ч.*

ПРОТЕ́Й, в греческой мифологии морское божество. Как сын Посейдона (Apollod. II 5, 9) П. наделён всеми традиционными чертами морских богов (ср. *Главк*, *Нерей*, Фок): старостью, обилием детей (протидов) или подопечных (тюленей), способностью принимать облик различных существ и многознанием; он — пастух тюленьих стад (Verg. Georg. IV 387; Ovid. Amor. II 15, 10). Как сын Египта (Apollod. II 1, 5) и супруг Псаматы (Eur. Hel. 6) П. царствует в Мемфисе; Геродот (II 112; 116—118) считает имя П. титулом «па-рути» («фараон»). П. скрывает свой пророческий дар от всякого, кто не сумеет поймать его истинный облик. У П. в Египте находилась настоящая *Елена* (в то время как Парису достался только её призрак, поскольку Зевс или Гера подменили подлинную Елену; Lycophr. 112; Eur. Hel. 1—20; Herodot. II 112—121). После падения Трои П. рассказывает Менелаю о судьбе греческого войска; Менелай добился этого с помощью дочери (или жены) П.— Эйдотеи (Hom. Od. IV 387; или Эйдо, Aeschyl. frg. 212), предупредившей, что, хотя П. и будет превращаться в разных зверей (льва, пантеру, змею, быка, кабана, птицу и обезьяну), потом в огонь, воду и дерево, его нужно держать до тех пор, пока он не остановится на собственном облике — сонливого старичка (Philostr. Imag. II 17, 10). Эпизод «Одиссеи» (IV 351—424) уже в античности стал объектом аллегорических толкований: стоики (Schol. Hom. Od. IV 384) видели в П. аллегорию материи (ср. «П., или Материя» Ф. Бэкона), оформляемой Эйдотеей (букв. «богиня формы»).

Г. Ч. Гусейнов.

ПРОТЕСИЛА́Й, в греческой мифологии сын царя фессалийского города Филаки Ификла. Будучи в прошлом одним из женихов *Елены* (Hes. frg. 199, 6), П. принял участие в *Троянской войне*, выступив против Трои во главе ополчения на 40 кораблях. Несмотря на предсказание, что первый ахеец, высадившийся на берег Трои, погибнет, П. первым соскочил с корабля и был убит *Гектором* (Hom. Il. II 695—702; Apollod. epit. III 30). Согласно одной из версий мифа, П. в связи со сборами не успел даже принести положенные жертвы Афродите, и её гневом источники иногда объясняют гибель П. Дома у П. осталась супруга *Лаодамия*, с которой он вступил в брак за несколько дней до отъезда под Трою. После смерти П. продолжал питать столь страстную любовь к оставленной супруге, что боги разрешили ему вернуться к ней на одну ночь. Когда Лаодамия поняла, что теперь П. уходит навсегда в царство мёртвых, она закололась мечом. По другому варианту, Лаодамия, тоскуя по П., изготовила из воска его статую и брала с собой в постель каждую ночь; когда отец потребовал сжечь статую, Лаодамия бросилась вслед за ней в костёр (Ovid. Heroid. XIII; Apollod. epit. III 30; Hyg. fab. 104).

Возвращение П. из преисподней и дионисовский ритуал, которым Лаодамия чтит его статую, указывают на близость П. к кругу фракийских сказаний о боге *Дионисе*. Исторически засвидетельствован культ П. в Филаке (Pind. Isthm. I 59) и в Элеунте, где была гробница П. (Herodot. IX 116). *В. Я.*

ПСАЛАКА́НФА, в греческой мифологии нимфа с острова Икария, обещавшая Дионису помочь сойтись с *Ариадной*, если он прежде согласится возлечь с П. После отказа Диониса П. безуспешно пыталась отговорить Ариадну от союза с ним. За это бог превратил её в растение, которое Ариадна вплела в свой венок из льна и обрывков нити, данной ею потом Тесею («нить Ариадны») (Ptol. Hephaest. 5).

Г. Г.

ПСАМА́ФА, П с а м а т а, в греческой мифологии: 1) нереида, чтобы избежать объятий *Эака*, превратилась в тюленя (Hes. Theog. 260; Ant. Lib. 38); мать Фока, убитого сводными братьями Пелеем и Теламоном. За это П. наслала на стада Пелея чудовищного болотного волка. Фетида умолила П. унять гнев, и волк вместе с одним из зарезанных им быков был превращён в мраморную глыбу (Apollod. III 12, 6; Ovid. Met. XI 365—409); 2) дочь *Кротопа*, родившая от Аполлона Лина (Paus. I 43, 7). *Г. Г.*

ПСА́ТХА, у адыгов хозяин души. В пантеоне богов по своему значению следует за *Тха* и *Тхашхо*. Вместе с Тха он раздаёт души и ведает ими. Пребывает на небе. Возглавляет устраиваемый ежегодно на *Оикамахо* пир богов. П. вездесущ, способен воздействовать на природу — усмирять ураганы, бураны, бушующий океан. П. посвящались общенародные празднества, вокруг деревянного фетиша П. совершались обряды с плясками, в жертву приносили белую козу. *М. М.*

ПСИХЕ́Я, П с и́ х е («душа, дыхание»), в греческой мифологии олицетворение души, дыхания. П. отождествлялась с тем или иным живым существом, с отдельными функциями живого организма и его частями. Дыхание человека сближалось с дуновением, ветром, вихрем, крылатостью. Души умерших представляются вихрем призраков вокруг *Гекаты*, призрак Ахилла под Троей является в сопровождении вихря (Philostr. Heroic. III 26). П. представлялась на памятниках изобразительного искусства в виде бабочки, то вылетающей из погребального костра, то отправляющейся в аид. Иногда бабочка прямо отождествлялась с умершим (Ovid. Met. XV 374).

Греческое слово «П.» означает «душа» и «бабочка» (Аристотель, История животных, IV 7). П. представлялась и как летящая птица. Души умерших в аиде рисуются летающими (Hom. Od. XI 37, 605), они слетаются на кровь (XI 36—43), порхают в виде теней и сновидений (XI 217—222). Душа Патрокла удаляется с «писком» (Hom. Il. XXIII 100), причём употребляется глагол «щебетать», «пищать». Души убитых Одиссеем женихов также уходят в аид с писком нетопырей (Hom. Od. XXIV 5—9). П. представлялась в виде орла, устремляющего ввысь свой полёт. В ряде текстов Гомера диафрагма воспринимается как П.— душа (Hom. Il. XVI 530; Od. I 322). Кровь — тоже носитель души; у раненого выходит через рану вместе с кровью (Hom. Il. XIV 518 след.) или её вырывают вместе с остриём копья (XVI 505). По Пифагору П. питается кровью; кровь — «седалище души» (Serv. Verg. Aen. V 79).

Объединив различные мифы о П., Апулей создал поэтическую сказку о странствиях человеческой души, жаждущей слиться с любовью (Apul. Met. IV 28 — VI 24). С помощью Зефира Амур получил в жёны царскую дочь П. Однако П. нарушила запрет никогда не видеть лица своего загадочного супруга. Ночью, сгорая от любопытства, она зажигает светильник и восхищённо смотрит на юного бога, не замечая горячей капли масла, упавшей на нежную кожу Амура. Амур исчезает, и П. должна вернуть его себе, пройдя множество испытаний. Преодолев их и даже спустившись в аид за живой водой, П. после мучительных страданий вновь обретает Амура, который просит у Зевса разрешения на брак с возлюбленной и примиряется с Афродитой, злобно преследовавшей П. Рассказ Апулея имеет явно фольклорные и мифологические истоки.
А. Ф. Лосев.

ПСЫХО-ГУАША, у адыгов мифологический персонаж — хозяйка рек. Первоначально П.-г. была богиней, равной по значению *Шибле*, наряду с ним она ведала дождями. В поверьях П.-г. выступает персонажем низшей мифологии: она имеет облик красивой женщины с длинными волосами, обладает магическим гребнем. Иногда вступает в любовную связь с мужчинами. П.-г. одолевает человека, если он пугается при встрече с ней. *М. М.*

ПТАХ, П т а, в египетской мифологии бог города Мемфис. Культ П. имел общеегипетский характер, был распространён также в Нубии, Палестине, на Синае. П. изображался в виде человека в одеянии, плотно облегающем и закрывающем его, кроме кистей рук, держащих посох «уас». Согласно богословскому произведению мемфисских жрецов (т. н. «Памятник мемфисской теологии»), П.— демиург, создавший первых восемь богов (своих ипостасей — Птахов), мир и всё в нём существующее (животных, растения, людей, города, храмы, ремёсла, искусства и т. д.), задумав творение в своём сердце и назвав задуманное языком. Он стоит во главе мемфисской эннеады (девятки) богов. П.— язык и сердце эннеады, в нём заключены все боги. Глава гелиопольской эннеады *Атум* также происходит от П., таким образом, к П. восходят и девять богов Гелиополя. П. считался покровителем ремёсел (поэтому в Древней Греции он отождествлялся с *Гефестом*), искусств, а также богом истины и справедливости. Женой П. была *Сехмет*, сыном — *Нефертум*. В поздний период его сыном называли также *Имхотепа* (мудреца и врачевателя, обожествлённого верховного сановника фараона Джосера и строителя его пирамиды, 28 в. до н. э.). Жёнами П. иногда назывались также *Маат, Баст, Тефнут, Хатор, Кудшу* (также дочь П.). Душа (*ба*) П.— *Апис*, язык — *Тот*. В имени Птах-Татенен с П. был отождествлён бог земли *Татенен*. Новое синкретическое божество почиталось как дающее пищу. Получив, слившись с Татененом, связь с почвой и плодородием, П. был объединён с богом плодородия и покровителем умерших *Сокаром* (Птах-Сокар), а затем с *Осирисом* (Птах-Сокар-Осирис). Птах-Сокар-Осирис имел функции бога загробного царства. С развитием религиозного синкретизма П. был отождествлён и с большинством других египетских богов:

Нуном, Тотом, Атумом, Амоном, Ра, Себеком-Ра и др. Как демиург он сближался с *Хнумом*.
Р. И. Рубинштейн.

ПУ́ГОС, П у́ х о с, А н к и - П у́ г о с, в хантыйской мифологии богиня-жизнедательница. По представлениям восточных хантов, П. ведает рождением детей. Считалось, что П. посылает в чрево женщин маленьких детей, при рождении даёт младенцу жизненную силу (ильт) и опекает его в первые месяцы жизни (согласно поверьям, ребёнок, лопоча, общается с П.). П.— дочь (по другим вариантам — мать) *Нуми-Торума*. *Е. Х.*

ПУГЫ́Н, П у г у́ н, в корейской мифологии фаллический дух. В святилищах, посвящённых Л., вывешивались на стене изготовленный из дерева фаллос и ритуальные бумажные деньги. Этот древний культ был настолько распространён, что в 1517 был издан государев указ о его запрещении, но он сохранялся до начала 20 в. В Корее встречаются также деревья П. (Пугын наму), под которыми молились о ниспослании счастья женщины и мужчины.
Л. К.

ПУ́КЕ, П у́ к и с (жен. род — Пукиене), в латышской мифологии летучий дух, дракон. Упомянут П. Эйнгорном (нач. 17 в.). В народных сказках — огнедышащий многоголовый змей, противник героя, обитающий в воде или возле воды. В поверьях латышей П.— дух, приносящий в дом богатства (ср. литов. *Айтвараса*): хозяева хуторов покупают или заполучают его, продав собственную душу и души близких чёрту. П. крадёт по ночам у соседей деньги и съестные припасы, переносит их по воздуху хозяину в хвосте-мешке, сам принимает вид летящего пламени. Обитает в хозяйственных постройках. Ср. также др.-исл. púke, «чёрт», др.-англ. púca, «кобольд».
В. И., В. Т.

ПУКТУ́ ЧХИЛЬСОНСИ́Н, Ч х и л ь с о н с и́ н, в корейской мифологии дух созвездия Большой Медведицы, от которого зависят долголетие человека и сила его деяний. Изображение 7 звёзд Большой Медведицы встречается уже в настенной живописи гробниц в государстве Когурё (5—7 вв.). В обряде жертвоприношения П. Ч., который проводился в полночь 7-го числа 1-й луны дома, на горе или берегу реки, вначале было разрешено участвовать только мужчинам, позже — и женщинам. Духу П. Ч. поклонялись также во время осеннего обряда «спокойствия дома» в 10-ю луну. Перед домашним алтарём приносились дары этому духу в виде риса нового урожая, лепёшек, вина, материи и сосуда с чистой водой. Во дворе около колодца находилось «небесное место», где устанавливалось 7 горшков и корзин с жертвоприношениями, и слепой колдун (пансу), приглашённый для совершения обряда, угадывал судьбы живущих в доме. Затем в священные горшки клали 7 кусков материи, перед воротами натягивали верёвку на бамбуковые шесты и ставили два больших и один маленький сосуды, перед которыми раскладывали разные яства. У П. Ч. испрашивали спокойствие дому, семье и долголетие — всем её членам. К нему обращались также в случае болезней детей и бездетности. Культ П. Ч. был приспособлен к своим нуждам даосами и буддистами. У последних его считают началом эзотерического учения, согласно которому это созвездие приносило счастье и исполняло все желания. В каждом буддийском монастыре наряду с ракой горному духу (*Сансин*) была и молельня с изображением П. Ч. Культ П. Ч. наложил отпечаток и на похоронные обряды корейцев. После обряжения тело покойника кладут на «доску Семи звёзд» (Чхильсонпхан), в которой в изголовье просверлены семь дырок, символизирующих созвездие Большой Медведицы.
Л. Р. Концевич.

ПУ ЛАНСЕ́НГ, в мифологии лао бог — устроитель земли и культурный герой. П. Л. был королём ещё до потопа. Когда верховный бог *Тхен Факхын* послал потоп, П. Л. вместе с двумя другими добродетельными королями спасся на плоту. Вода подняла их плот до неба, и там три короля упросили его позволить людям снова заселить землю. Бог дал им с собой буйвола. В Мыонгтхане (местность, расположенная в Дьенбьенфу во Вьетнаме) они стали возделывать рисовые поля. Через три года буйвол умер. Из его ноздрей выросли две огромные лианы, на которых созрели тыквы. П. Л. пронзил тыкву куском железа, и через отверстие вышли первые люди. Выходя, они испачкались в угле, и поэтому горцы имеют тёмную кожу. П. Л. расширил отверстие ножом, и вышли ещё люди — лаотянцы и другие тайские народы, светлые и более высокого роста. П. Л. научил всех людей ремёслам, строительству домов, обрядам, почитанию родителей и предков.

Я. Ч.

ПУЛАСТЬЯ, в индуистской мифологии один из *Праджапати*, сыновей *Брахмы*. Потомками П. были ванары (обезьяны), *киннары*, *ракшасы* (Мбх. I 60, 7) и среди них герои «Рамаяны» — *Равана*, Кумбхакарна, Шурпанакха и Вибхишана, которые, как и *Кубера*, были детьми Вишраваса, старшего сына П. Через П. Брахмой были переданы людям многие пураны.

П. Г.

ПУЛО́ТУ, Б у л о́ т у, М б у р о́ т у, М б у́ л у, Б у́ л у, в мифологии Западной Полинезии и Фиджи потусторонний, невидимый мир, обитель духов. Локализуется с неопределённостью — под водой (реже — под землёй) и на западе. На островах Зап. Полинезии и Фиджи точкой отправления духов и умерших в П. (откуда они ныряют в океан или на волне уплывают в П.) считается некая расположенная на западе местность. В П. попадают после смерти духи вождей, героев, однако помимо них имеются и духи более высокого ранга — искони населяющие П. (их происхождение не поясняется). П. фигурирует обычно как тёмный край, нередко его обитатели — людоеды. Дух умершего прежде, чем попасть в П., проходит ряд испытаний (повторяющих земную инициацию). Хозяин П.— могущественный дух Хикулео (нередко он же и кормчий лодки смерти, доставляющей, по некоторым версиям, духов умерших на место). П.— прародина культурных растений, домашней птицы, иногда — свиней. От П. ведут начало ремёсла, искусство мореходства, изготовление кавы. В мифах островов Самоа наряду с П. фигурирует аналогичный мир Фафа. П. сходен с *Гавайки*.

М. С. П.

ПУЛУ́ГУ, Б и́ л и к у, в мифах андаманцев олицетворение разрушительного северо-восточного муссона, выступающего то в женском, то в мужском образе. Считается, что П. обитает где-то на северо-востоке, жилищем ему служит пещера или дом из камня на небесах. П. приносит на острова штормы и бури, разрушительная сила которых истолковывается как гнев П., вызванный нарушением традиционных запретов, иногда неясного происхождения (нельзя шуметь во время пения цикады, нельзя умерщвлять цикаду и некоторых рыб и птиц, растапливать пчелиный воск и т. д.). В одном из мифов рассказывается о том, как П. наслал на людей бурю за то, что они потревожили цикаду во время её пения. Виновные были унесены в океан и превратились в рыб, а те, которые были унесены ветром, превратились в птиц. В мифах П. часто выступает как создатель мира и первого человека — Томо. П. многому научил Тома и его жену Миту, в т. ч. добывать огонь и пользоваться им. Вместе с анимистическими представлениями с образом П. связаны некоторые тотемистические верования. В мифах прослеживается родство П. с некоторыми птицами, рыбами и другими животными. Культа П. на Андаманах никогда не было. Лишь отдельными заклинаниями люди пытались испугать П., чтобы предотвратить дождь, бурю. За П. стоял целый класс духов, отличающихся друг от друга как местными названиями, так и своими функциями.

А. Н. С.

ПУ́ЛЬГАСАРИ («пожирающий железо»), в поздней корейской мифологии животное с туловищем медведя, хоботом слона, глазами буйвола, хвостом коровы и лапами тигра; питается железом и изгоняет наваждения и кошмары у людей. Образ П. стал известен с периода Корё (10—14 вв.).

Л. К.

ПУЛЬКЭ́, Х в а г у́, в корейской мифологии «огненные собаки», пожиравшие Солнце и Луну, виновники солнечных и лунных затмений. Согласно космогоническому мифу, в стране Мрака (Камак нара), находящейся над небесами, много свирепых собак, которые питаются огнём. Царь этой страны ненавидел тьму и решил послать украсть Солнце самую злую П., которая имела всевмещающую пасть и не боялась огня. П. пыталась схватить дневное светило, но обожгла пасть. Тогда царь отправил другую П. украсть Луну, но Луна оказалась для неё слишком студёной. Сколько ни старался царь страны Мрака осуществить свою затею, посылая каждый год П. украсть Солнце или Луну, у него ничего не вышло. Но куски Солнца, откусанные П., не светились, отгрызанные куски Луны лишали её округлости, что и являлось причиной затмений. Чтобы предотвратить затмения, жители страны Света (Кванмёный нара) наливали в большой таз воду, разводили в ней чёрную краску и имитировали то мгновение, когда П. кусали одно из светил.

Л. Р. Концевич.

ПУ НЕН И НАНГ БЫОН, в мифологии белых тхай Вьетнама божества, которые катят по небу огромные шары, сделанные из золота и серебра. Пу Нен («господин солнца») вечером скатывает солнце на землю и скрывает его под плотным покрывалом, а ночью катит его на восток по южному краю земли. Луна идёт по тому же пути, но в обратном направлении. Нанг Быон («дама луны») длинным шарфом в разные дни то сильнее, то слабее обматывает луну. Солнечные или лунные затмения бывают оттого, что небесные юноши и девушки встречаются для любви, и чтобы их не видели, скатывают светила и закрывают их покрывалами.

Я. Ч.

ПУНТА́Н, в мифах чаморро (Марианские о-ва) нетварное божество, существовавшее в пустоте (в ряде мифов вместе с П. в пустоте живёт его сестра). П. создаёт из космического яйца или двустворчатой раковины вселенной, затем творит из своих испражнений, волос, крови острова, из слёз — океан, из дыхания — ветер. Разделяет сутки на день и ночь. По некоторым версиям, П. умирает и перед смертью велит сестре сделать из его глаз солнце и луну, из бровей — радугу, из крови — океан, из тела — землю. П.— хозяин ночных ветров и океанских течений, покровитель мореплавания.

М. С. П.

ПУ́ПЫГ, п у́ п и, тов, то́ви, в мансийской мифологии духи-хранители и духи предков (в отличие от злых духов, см. *Куль*). 77 П., посланных *Нуми-Торумом* на землю в помощь людям, стали вместо этого уничтожать людей, за что были заточены в преисподнюю. В хантыйской мифологии П. в целом называются лунг.

Е. Х.

ПУ́РАМДХИ, в древнеиндийской мифологии божество, персонифицирующее изобилие и полноту даров, щедрость, исполнение желаний. В «Ригведе» (Х 39, 7) упоминается женщина по имени П., которой *Ашвины* дали лёгкие роды; поэтому характерно употребление этого слова в «Ригведе» как имени нарицательного для обозначения плодовитой женщины (то же — в пракритах). Первоначальное значение имени П.— «творящая (дающая) дары». Ближайшая параллель — авест. *Паренди*.

В. Т.

ПУРУРА́ВАС, в индуистской мифологии первый царь *Лунной династии*, сын Илы и Будхи. Согласно ведийскому (РВ Х 95; Шат.-бр. XI 5, 1) и пураническому мифу, П. полюбила *апсара Урваши* и согласилась жить с ним на земле, но с условием, что никогда не увидит его без одежды. Между тем *гандхарвы*, обеспокоенные, что Урваши слишком долго остаётся среди людей, решили разлучить её с П. Среди ночи они похитили двух барашков, привязанных к ложу Урваши, а когда П. бросился за ними в погоню, они сверкнули молнией, и Урваши увидела его обнажённым. В тот же миг Урваши исчезла. Скитаясь по земле в поисках супруги, П. пришёл к некоему озеру, где в облике лебедей купались апсары. Узнав среди них Урваши, П. стал молить её не покидать его больше. Урваши сначала отказывалась, а затем пригласила его прийти снова к озеру ровно через год, когда у неё родится сын от П. (будущий царь Аюс). Через год Урваши посоветовала П. попросить у гандхарвов дар — сделать его гандхарвой. П. последовал её совету, и гандхарвы дали ему жаровню со священным огнём, на котором П. должен был принести жертву, чтобы стать их сородичем. Однако П. потерял жаровню и ему пришлось добывать огонь заново — трением друг о друга двух дощечек, выстроганных из смоковницы (дерево ашваттха). Принеся на этом огне жертву, П. стал гандхарвой и соединился с Урваши. Добывание П. священного огня послужило, согласно мифологической традиции, прообразом добывания огня при ведийском жертвоприношении. «Махабхарата» утверждает при этом, что П. был первым смертным, который учредил три рода священного огня: для домашних обрядов, для жертвоприношений и для возлияний (I 70, 21).

П. А. Гринцер.

ПУ́РУША («человек», от глагола со значением «наполнять»), в древнеиндийской мифологии первочеловек, из которого возникли элементы космоса, вселенская душа, «Я»; в некоторых философских системах (напр., санкхья) П.— вечное, сознающее, но инертное начало, соединяющееся с *пракрити*, в результате чего возникает мир множественности (вещей). П. посвящён гимн в «Ригведе» (X 90). В нём П. выступает в функции материального «заполнителя» вселенной. Для П. характерны: многочисленность или многосоставность (он тысячеглаз, тысяченог, тысячеглав), большие размеры (он повсюду, со всех сторон покрывает землю, четверть его — все существа, три четверти — бессмертное на небе), власть над бессмертием, свойство «быть единым» своих родителей» (от П. родилась *Вирадж*, а от неё — П.) и ряд особенностей как первожертвы. Он приносится в жертву богам путём расчленения на составные части, из которых возникают основные элементы социальной и космической организации: рот →брахманы — жрецы, руки →раджаньи или кшатрии — воины, бёдра →вайшьи — земледельцы, ноги →шудры — низшее сословие (отражение сословной структуры варн); дух →луна, глаз →солнце, уста →*Индра* и *Агни*, дыхание →ветер, пуп →воздушное пространство →небо, ноги →земля, ухо →стороны света и т. д. Тем самым П. стал образом перехода от единой целостности к множественной расчленённости, он тот, кто нейтрализует противопоставление «быть единым» — «быть многим». Расчленение П. создаёт новый тип космической организации — вселенную широких пространств, место спасения от косного и обуженного хаоса. Мотивы П. в «Атхарваведе» (X 2), «Шатапатха-брахмане» (VI 1, 1, 8), упанишадах (ср. особенно «Айтареяупанишада») в совокупности с текстами, посвящёнными жертвоприношению П. (ритуал пурушамедха), позволяют реконструировать исходный обряд жертвоприношения человека, расчленения на части и отождествления их с элементами космоса. Одновременно П. предстаёт и как космический разум: он «знаток вед», в него «вложена мысль». Действия и людей, и богов — проявления его всеобъемлющей активности.

Более поздние ведийские тексты предлагают ряд новых отождествлений: П.— это *Праджапати*, Праджапати — это год, этот П.— тот же самый как в эфире, так и в небе (Джайм.-бр. II 56); П.— время (Гоп.-бр. V 23); П.— на солнце, на земле, он — жизнь, он — Праджапати (Джайм.-бр. II 62). Далее П. идентифицируется с *Брахманом* (ср. Шат.-бр. X 6, 3, 2). В упанишадах П.— жизненный принцип, одушевляющий людей и другие существа (иногда П отождествляется с Атманом). Таким образом, П. постепенно становится важным понятием древнеиндийского умозрения, в частности при классификациях; мифологические же функции П. передаются другим персонажам (ср. видение мудреца Маркандейи в «Матсья-пуране»: древний П. и *Вишну-Нараяна* или П. как имя *Брахмы*).

В. Н. Топоров.

ПУ́РЫГИНЕ-ПА́З, в мордовской (эрзя) мифологии бог грома. Имя и образ П.-п. возникли под влиянием балтийской мифологии (ср. балт. *Перкунаса*). Под воздействием христианства П.-п. приобрёл некоторые атрибуты Ильи-пророка: он разъезжает по небу на колеснице, запряжённой тремя огненными конями, колёса колесницы высекают молнии (иногда молнии представляли в виде самостоятельного божества — Ендол-паза). В левой руке П.-п.— гром, в правой — дождь. По нек-рым мифам П.-п.— сын бога солнца Чи-паза и богини плодородия Анге-патяй — рождается хромым: когда бог спотыкается о тучи — гремит гром. Родители сбросили его на землю, где он женился на земной девушке Сырте (по др. вариантам он — зять *Нишке*). У мордвы-мокши громовник — Атям. Вооружённый луком-радугой и каменными стрелами, он преследует шайтанов, которые его передразнивают, прячась в дупле дуба и т. п.

В.П.

ПУСА́, путиса́до (кит. транскрипция от санскр. *бодхисатва*), в китайском буддизме махаяны и в синкретических буддийско-даосских вероучениях святые, достигшие наивысшего прозрения, но не ставшие *буддами*, а посвятившие себя вспомоществованию и защите всех живущих, а также наставлению на путь прозрения истины. Наиболее часто встречаются П.: *Гуаньинь*, Пусянь, Вэньшу, Дашичжи и Милэ. В народных культах П. нередко назывались наиболее прославленные реальные деятели китайского буддизма, буддийские и даосские отшельники, такие как знаменитый путешественник и переводчик Сюаньцзан (602—664), основатель учения чань (дхьяна) Бодхидхарма (ум. в 536) и др. В этих случаях титул П. равнозначен *лохань*, цзюйши (отшельник). В Корее П. называются посаль, в Японии — босацу.

Л. Н. М.

ПУСЯ́НЬ (кит. перевод санскр. имени *Самантабхадра*, кор. Похён; япон. Фукэн), в буддийской мифологии в Китае, Корее и Японии один из наиболее популярных *бодхисатв*. П.— распространитель и защитник учения будды *Шакьямуни*, исполняющий это согласно десяти великим пожеланиям. Восседая на лотосе, применяет все возможные средства для приведения живущих во врата закона Будды. В Лотосовой сутре воспринимает сутру от *Вэньшу* и, объезжая на белом слоне земли остальных бодхисатв, читает её для всех живущих. Изображается или на лотосе-троне и с цветком лотоса в руке, или на слоне, в этом случае — в паре с восседающим на тигре Вэньшу. Почитается как основатель школы и один из 13 божественных учителей буддизма.

Л. Н. М.

ПУТО́ (япон. Буда, кор. Потха, от санскр. Поталака), в мифологии дальневосточного буддизма место в древнем государстве Малакута на Малабарском побережье (в Индии), где появлялся бодхисатва *Авалокитешвара* (*Гуаньинь*); впоследствии название Поталака (Потала, П.) было перенесено на другие местности в Китае и Тибете, где якобы является Гуаньинь. Наиболее знаменит остров П. в Восточно-Китайском море, к югу от устья залива Ханчжоувань, который был назван так после того, как японский монах-паломник Эгаку в 858 оставил здесь статую Гуаньинь с горы Утай. Монастыри, носящие имя П., встречаются в странах Дальнего Востока повсеместно. В Тибете далай-ламы считаются перерождением Авалокитешвары, поэтому главный их монастырь в Лхасе носит название Потала. Из других наиболее известны П. на горе Утай (Китай, Шаньси), в Чэндэ (Китай, Хэбэй), в Янъяне (Корея, Канвондо).

Л. Н. М.

ПУТХЕ́Н, в мифологии народа куки на северо-востоке Индии и в Бангладеш верховное божество. П. благожелателен к людям. Там, где он обитает — где-то на севере, по-видимому в Тибете, находится рай. Туда П. пропускает только достойных. Сын П. по имени Гхумокши — злое божество.

Я. Ч.

ПУША́Н (вероятно, от глагола «расцветать»), в древнеиндийской мифологии божество, связанное с солнцем, с плодородием, с путём. В ряде случаев отмечаются антропоморфные черты П. и портретные детали (топчущая нога, правая рука, взлохмаченные волосы и борода, беззубость); его атрибуты — золотой топор, шило, стрекало, колесница, запряжённая козлами вместо коней. О солнечной природе П. свидетельствуют его нахождение на небе, постоянное движение, наблюдение за всеми существами. Золотой корабль П. движется в небесном море (РВ VI 58, 3). Небесный путь П. цикличен, он связан с вечным повторением, у него два пространствен временных фокуса: П. родился на высоте и вторично — в глубине, в яме; рождение было в ночи года (VI 58, 1), в середине ночного часа, на юге; в другой раз он родился в середине года на севере.

Эти два положения П. (зенит и надир) определяют два направления — вниз и вверх и вертикаль, соединяющую их и символизируемую образом *Аджа Экапада*; в названии последнего скрыто обозначение козла, животного П. Сюжетно П. также связан с солнцем: он женится на дочери солнца, является послом солнечной *Сурьи* и т. д. Одна из основных черт П. — его отношение к пути: он — «повелитель пути» (VI 53, 1), охранитель дорог, спаситель от ложных путей. П. знает пути истины, находит путь к богатству, провожает умерших по пути предков (РВ X 17, 3—5; АВ XVI 9, 2; XVIII 2, 53; отсюда связь с *Ямой* и просьбы типа: «Пусть Яма, П. защитят нас от смерти», АВ XIX 20, 1). Путь П. приводит к избавлению от амхас, хаотического обуживающего начала, к выходу в мир широкого космического пространства, поэтому его называют «избавителем», «освободителем», «сыном избавления». П. заполняет воздушное пространство. Он приносит пищу, богатство, успех, открывает сокровища, предоставляет убежище, он — хранитель скота и пастух всего сущего, он щедр, доброжелателен (в частности, к поэтам, покровителем которых он считается, ср. РВ II 40, 6; VI 55, 3, 5; VIII 4, 16; IX 67, 10); П. связан узами дружбы со всеми богами, всегда готов прийти на помощь; он защищает своих приверженцев и враждует с клеветниками, ворами, разбойниками. П. вручает невесту жениху (РВ X 85; ср. АВ XIV 1, 15, 33 — о роли П. в свадебном ритуале). Идея максимального плодородия, особой сексуальной силы отражена в мотивах инцеста, относящихся к П.: он — любовник своей сестры и претендует на то, чтобы стать женихом своей матери (АВ VI 55, 4—5), ср. мотив обилия волос и отсутствия зубов (IV 30, 24) у П. Беззубость П. объясняется в истории жертвоприношения *Дакши* (Шат.-бр. I 7, 4, 1—9; Тайтт.-бр. II 6, 8, 3—5; «Каушика-брахмана» VI 13, ср. также эпические версии): не приглашённый на жертвоприношение *Рудра* выбивает концом своего лука зубы П. (а потом, смилостивившись, возвращает их ему). Есть основание усматривать в этом эпизоде переосмысление одного из мотивов архаической схемы — наказание П. за некий грех (нарушение пищевого запрета? — отсюда каша как еда П.) частичным поражением. Есть свидетельства ещё одного мотива — помощь П. своему другу и брату *Индре* во время его битвы с *Вритрой* (ср. РВ VI 57, 1—3). П. связан и с *Ашвинами* и *Праджапати*, выступающими как его отцы; с *Вач*, которая несёт его, с *Ваю*. Позднее роль П. становится менее значительной; его имя появляется всё реже и реже. В ритуале П. ведёт жертвенную лошадь к месту жертвоприношения. В целом для П. характерно сочетание небесных и хтонических (он друг неба и земли, VI 58, 4), антропоморфных и териоморфных черт. Индоевропейские истоки П. очевидны, ср. др.-греч. *Пан*, прус. *Пушкайтс* и косвенно имя авест. демона *Апаоша*.

В. Т.

ПУШКА́ЙТС, Пуша́йтс, Пуша́йтис, в прусской мифологии божество, связанное с землёй и находящееся под священной бузиной (в описании ритуалов древней Судавии, 1547). Согласно «Хронике» Бреткунаса (кон. 16 в.), П.— божество, владеющее плодами земли, в частности злаками, по Я. Малецкому (позже — по Я. Ласицкому),— покровитель священных рощ. П. входит в тетраду богов с природно-хозяйственными функциями, наряду с *Аушаутсом*, *Пильвитсом* и *Перргрубрюсом*, которому П. противопоставлен. Согласно «Судавской книжечке» (1563), к бузине, под которой живёт П., приносят хлеб, пиво и другие продукты, просят прислать *бардуков* и маркополей, гномов, находящихся в услужении у П., чтобы они помогли наполнить амбары зерном и сохранить хлеб. Ночью в амбаре устанавливался стол с хлебом, сыром, маслом, пивом, устраивалось пиршество: считалось, что съеденная пища — залог обильного урожая. Ритуал обнаружения вора, описанный там же, сопровождался призыванием *Окопирмса* (небо) и П. (земля). М. Стрыйковский (кон. 16 в.) видел ритуалы поклонения «чёрту» Пушайту в Самландии, Курляндии, Лифляндии и Жемайтии: считалось, что он живёт в бузине; дважды в год (видимо, весной и осенью) устраивали ритуалы в его честь с установлением стола в риге и т. д. В Пруссии, согласно Стрыйковскому, ещё чтили бузину как священное дерево, с которым связаны подземные человечки (krasnie ludzie) ростом с локоть (ср. «мужичок с ноготок, борода с локоток» в русской сказке). Они показываются при луне, особенно больным. Главный из двух праздников в честь П. приходится на октябрь, когда урожай уже собран (сходен с ритуалами в честь Перргрубрюса). Поздние источники упоминают культ П. не только в Пруссии, но и в Жемайтии, Ливонии, России (Я. Ласицкий и др.). М. Преториус (17 в.) относит П. к «земным богам» и подробно описывает его помощников. Гупель (2-я половина 18 в.) упоминает среди латышских богов подземного царства Пушкейса, лесного бога. У Г. Ф. Стендера и Я. Ланге (кон. 18 в.) упомянут Puschkeitis, Putschkehtis, божество зелёных рощ (сопоставляемое с рим. Сильваном) и одновременно божество воздуха, уподобляемое быстрой птице. Ключевым моментом, позволяющим объяснить образ П., является его связь с бузиной (в поздних источниках бардуки превращаются в Bezdukkai под влиянием польск. bez, «бузина»), растением, связанным в разных традициях с плодородием и подземным царством. Название П., живущего в бузине, сопоставимо с латыш. puškuot, puškuot, «украшение, убирание цветами» (ср. литов. puškúoti), а также со словами, передающими значение «опушаться, распушаться, расцветать» и т. п. (соцветие бузины имеет вид метёлки с пушистыми веточками). Ср. также рус. «пухнуть», «пушиться», «пушистый» и т. п.: «пушное жито», весенние взывания типа — «Боже, роди жито пушистое». Эта этимологическая связь имени П. позволяет соотнести его с рядом мифологических персонажей других индоевропейских традиций, чьи имена содержат тот же корень *pus-/*puos-. Ср. др.-инд. *Пушана* (Pūṣán, puṣyati, «цветёт»), авест. дэва Апаоши (Araoša из *A-ruš, «лишённый процветания»), др.-греч. *Пан* и т. п. Это языковое сродство объясняет общность мифологических характеристик: хтоничность, плодородие, иногда (с подчёркнутой сексуальностью (мотив козла, например, хорошо известный в связи с Пушаном и Паном: ср. связь козла с бузиной и с почитания козла, которая предшествует в «Судавской книжечке» главе о П.), «распушённость», волосатость, всклокоченность, роль снов и дивинаций (часто — дурных) и т. п. Всё это даёт основания говорить об индоевропейских истоках образа П., хотя в народных верованиях балтов он не засвидетельствован.

В. В. Иванов, В. Н. Топоров.

ПХА́РМАТ, у чеченцев герой мифа и сказаний, культурный герой. П. на выращенном им с большим трудом богатырском коне достигает вершины Башлама (Казбек) и похищает из очага *Селы* головешку, чтобы доставить огонь нарт-орстхойцам. Разгневанный Села посылает вслед П. погоню, но ему не удаётся настичь героя. Когда в наказание за похищение огня Села насылает на людей холод и другие несчастья, П., стремясь избавить их от напастей, добровольно возвращается к Селе, и тот обрекает его на вечные муки. Он приказывает приковать П. бронзовыми цепями к вершине Казбека. Каждое утро к прикованному П. прилетает птица (князь всех птиц) Ида и призывает его к раскаянию в содеянном, обещая за это оставить его в покое. П., давший людям огонь, тепло, счастье, от раскаяния отказывается, и Ида, наточив свой стальной клюв о кремневую скалу, вновь и вновь клюёт печень П. По поверьям чеченцев, с тех пор на вершине Казбека всегда есть лёд и снег — они принесены Селой со всех ущелий и расселин для того, чтобы П. страдал от отсутствия тепла (в ущельях же, в низинах, на склонах гор стало теплее). В образе П. прослеживаются отголоски древнего культа кузнецов (чеч.-ингуш. пхьар — «кузнец»). В одной версии сказаний П.—

искусный кузнец, за доброе слово изготавливающий нарт-орстхойцам из бронзы шашки, щиты, кольчуги. Ср. *Амирани, Абрскил.*

А. У. Мальсагов, А. Х. Танкиев.

ПХАТУВЧУ́НГ, в мифологии ахомов (северо-восточная Индия) высшее божество, создатель мира. Первоначально ничего не существовало, кроме мирового океана и сияния света, которое и было П. Открывший глаза П. вынул из своей груди бога Кхунтхивкхама, который преклонился перед П. Из одной половины тела этого бога П. создал краба, опустившегося на дно, чтобы поддерживать прекрасный остров, созданный П.,— землю. Из другой — мировую змею Лака. Змея обвила землю. На севере земли П. создал мировую белую гору Канпхрапхук. Ахомский миф включает также вариант, по которому небо соткал из золотых нитей паук, а земля появилась из его экскрементов. С неба на землю П. опустил тысячи сверкающих нитей, чтобы связать небо и землю. По нитям с неба на землю опустились души живых существ. *Я. Ч.*

ПХИБА́ («дух деревни»), в мифологии лао дух — хранитель местности. Его называют также Пхихакбан («дух, любящий деревню») или Пхилаксабан («дух, защищающий деревню»). Ежегодно П. получал жертвоприношения в виде буйволов. *Я. Ч.*

ПХРА ИН, Пра Ин, Пха Ин, Пхья Ин (от санскр. Индра), в мифологии лао и других тайских народов высшее благое божество. Оно окружено сонмом божеств — *девата,* духов — хранителей различных местностей. В народном буддизме тайских народов П. И. иногда рассматривается как божество, стоящее рангом ниже Будды, его защитник. *Я. Ч.*

ПХРА ПХУМ, в мифах лы божество. Считается, что некогда П. П. был более могучим богом, чем *Пхра Ин.* П. П. спустился на землю, после того как она была опустошена жаром семи солнц. Он оставил только одно солнце, разделил годы на месяцы и дни. Его антагонист Пхра Ин позвал женских духов семи планет и пообещал жениться на них, если они убьют П. П. Из волоса Пхра Ин был сделан лук, и пущенная из него стрела отсекла голову П. П. На тело П. П. поместили голову слона. Боги отсоветовали Пхра Ину жениться на семи сёстрах. Они так и остались с головой П. П., держа её по очереди в течение года. *Я. Ч.*

ПХУ НГО И НЕ НГАМ, в мифологии лао, лы и других тайских народов Лаоса божества — устроители земли. На земле выросла огромная лиана, которая достигла неба и затенила всю поверхность земли. Никто из людей без приказа *Кхун Болома* не решалась срубить лиану. Но в конце концов престарелая пара — Пху Нго (П. Н.) и его жена Не Нгам (Н. Н.) решилась срубить лиану. Людей они просили, чтобы те после их смерти воздавали им почести, призывая в начале трапезы. Через три месяца и три дня лиана была срублена и обрушилась на землю, похоронив под собой П. Н. и Н. Н. Но солнце снова засияло. Другое наименование П. Н. и Н. Н. — Пху Тхао Йо и Ме Я Нгам. Иногда обоих супругов называют Йо. *Я. Ч.*

ПХУНСИ́Н, в корейской мифологии общее название духов ветра. Генетически, видимо, близко к китайскому *Фэйляню.* П. относится к небесным духам и связан с земледельческой культурой древних корейцев. В мифе о *Тангуне* этот дух, именуемый Пхунбоком (кит. Фэнбо), помогает *Хвануну* в ведении дел на земле. П. часто встречается в народных сказках, средневековых рассказах о духах и повестях («Хон Гильдон» и др.), преданиях. См. также *Ендын, Ильмунгван парамун.* *Л. К.*

ПШИША́Н, у адыгов божество — покровитель скота. В представлениях разных этнических групп адыгов его функции несколько различались: одни почитали П. как покровителя коров, другие — овец и коз, некоторые — лошадей. *М. М.*

ПЭКТУСА́Н (кит. Байтоуша́нь, «гора с белой шапкой»), в корейской мифологии священная гора, ассоциируемая с одноимённой главной вершиной хребта Чанбэк. В корейских и китайских мифах и преданиях называлась также Тхэбэксан («великая белая»), Пэксан («белая») или Чанбэксан («вечно белая»). Согласно мифу о *Тангуне,* здесь жили первопредки корейцев, к которым спустился с небес *Хванун* и возвёл Священный град (Синси). П. — символ независимой Кореи. *Л. К.*

ПЭН, в древнекитайской мифологии гигантская птица, её спина простирается на несколько тысяч ли (ли — ок. 0,5 км), крылья П. напоминают нависшие тучи. Одним махом П. может пролететь 90 тысяч ли. В книге философа 4 в. до н. э. Чжуанцзы, где впервые упоминается П., рассказывается, что некая гигантская рыба кунь (кит?) превращается в птицу и так получается П., который летит в некую местность Наньмин («южный мрак»), т. е. Небесный пруд. Во время её полёта волны в океане вздымаются на 3 тысячи ли. Некоторые древние комментаторы считали, что название «П.» — фонетический вариант названия птицы фэн (см. *Фэнхуан*), отсюда возможное отождествление П. с божеством ветра. *Б. Р.*

ПЭЛЮЛО́П, Палу́лоп, Палео́лап («великий мореход»), в мифах микронезийцев Каролинских и Маршалловых островов небесный дух, патрон навигации и рыболовства, хранитель мореходных тайн, знаток морских течений. П. — хозяин и капитан самой быстрой лодки, секреты вождения которой он передаёт *Лонгорику и Лонголапу* (последнего за невнимательность наказывает крушением). В мифах острова Яп П. (Палеолап) — главный среди духов, создатель небесных светил (П. нагревает и магической силой разрывает на части раскалённый камень, из которого и получаются солнце, луна, звёзды). На ряде Каролинских о-вов П. почитается также как дух радуги. *М. С. П.*

ПЭНЛА́Й, Пэнла́йдао («остров Пэнлай»), в даосской китайской мифологии один из островов бессмертных, вариант даосского рая. (Всего, по даосским верованиям, насчитывается 36 пещер и 72 счастливые страны, которые рассматриваются как райская обитель.) Среди них П. является самым знаменитым местом обитания бессмертных (*сянь*). П. именуется также Пэнлайшань (шань, «гора»), гора-остров, плавающая в Восточном море или заливе Бохай. Название «П.» представляет собой, по-видимому, т. н. скользящий топоним, так как Пэнлай — название местности на полуострове Шаньдун («пэн» — густая трава артемизия, а «лай» — древний этноним, название племени, известного по надписям на гадальных костях, т. е. примерно с 14 в. до н. э.). Наиболее подробное описание П. содержится в трактате «Ле-цзы», где рассказывается, что в бездне *Гуйсюй* некогда плавали пять гор: Дайсюй, Юаньцзяо, Фанчжан, Инчжоу и П. Окружность каждой из них — 30 тысяч ли (ли — ок. 0,5 км), плато на вершине — 9 тысяч ли, горы отстоят друг от друга на 70 тысяч ли. Все строения там из золота и нефрита, все звери и птицы белого (т. е. священного) цвета, деревья, на которых зреют жемчуг и белые драгоценные камни, растут кущами, плоды имеют удивительный аромат. Тот, кому довелось их отведать, не старел и не умирал. На островах жили бессмертные. Однако острова носило по волнам, и это причиняло бессмертным беспокойство. Тогда бессмертные обратились с жалобой к *Шан-ди.* Тот послал в море гигантских черепах, которые они и держали горы на головах. Великан Лун-бо поймал на крючок шесть черепах, две горы — Юаньцзяо и Дайсюй унесло в северный океан, остались П., Фанчжан и Инчжоу на спине *Ао.* В Древнем Китае некоторые императоры снаряжали специальные экспедиции на поиски П. Существовало представление о том, что П. и другие горы издали напоминают тучи, когда люди приближаются к ним, горы-острова уходят под воду.

Б. Л. Рифтин.

ПЭН-ЦЗУ́ («старец Пэн»), в древнекитайской мифологии знаменитый долгожитель, праправнук мифического государя Чжуаньсюя. Считается, что П. носил фамилию Цзянь и имя Кэн. Он жил уже будто бы во времена совершенномудрого правителя *Яо* (по традиционной хронологии, правил в 2356—2255 до н. э.), пережил легендарную династию Ся и дожил до конца династии Инь (т. е. до 12—11 вв. до н. э.). По легенде, он прожил более 800 лет. В «Вопросах к небу» поэта Цюй Юаня (4 в. до н. э.) говорится, что П. поднёс фазаний суп Верховному небесному владыке (по другим толкованиям, правителю *Яо*). И за это был награждён необычайным долголетием. Согласно «Жизнеописанию П.» Гэ Хуна (4 в.) П. в трёхлетнем возрасте потерял мать, потом попал в плен к племенам цюаньжунов и более 100 лет скитался в западном крае, потеряв 49 жён и 54 сына. П. проповедовал отказ от мирских удовольствий («пять звуков ведут к глухоте, пять вкусов портят рот»). Ему приписывается учение о жизненной силе (цзин), которая вырабатывается в организме человека. Когда её становится мало, человек заболевает, когда она иссякает, человек умирает. Восполнение этой силы происходит во время полового акта. П. также приписывается учение о тренировке дыхания с целью обеспечения долголетия. По преданию, некая дева Цай-нюй выспросила у П. секрет долголетия и передала его иньскому государю. Тот воспользовался им, но потом отдал приказ казнить всех, кто будет распространять учение П. Узнав об этом, П. ушёл из страны неизвестно куда. Но через 70 с лишним лет его будто бы встретили на западе, в стране зыбучих песков (Люша). У некоторых средневековых авторов образ П. контаминирован с образом *Лао-цзы*. По некоторым версиям, П. женился на Цай-нюй, у них родилось два сына У и И, по названию горы Уишань, на которой жил П. Образ П. постоянно встречается в китайской литературе.

Б. Л. Рифтин.

ПЯ́ТНИЦА, персонаж в восточнославянской и отчасти южнославянской традиции, продолжение главного женского божества славянского пантеона — *Мокоши*. Позднее культ П., соединяющийся с христианским культом святой Параскевы-Пятницы у восточных и святой Петки у южных славян, сохраняет некоторые черты исходного языческого образа в народной демонологии. У восточных славян П. — персонифицированное представление нечётного дня недели, следующего за чётным днём, четвергом, посвящённым различным ипостасям громовержца *Перуна*. В паре Четверг—Пятница, воспроизводящей более древнюю Перун—Мокошь, особенно ясна взаимная связь противопоставлений чёт — нечет и мужской — женский. П. иначе называлась льняницей (покровительницей пряжи и льна, который женщины начинали мять с 28 октября старого стиля — дня, посвящённого П.), «бабьей святой», занимающейся повоем. В день П. запрещено прясть, по пятницам нельзя купать детей, кто не постится в святую пятницу, может утонуть. По украинским поверьям, П. ходит исколотая иглами и изверченная веретёнами (до 19 в. на Украине сохранялся обычай «водить П.» — женщину с распущенными волосами), потому что нечестивые женщины шьют и прядут в посвящённые ей дни (по другому поверью, прядут не лён, а волосы Недели, отождествляемой или соединяемой с П.). Согласно «Стоглаву» (16 в.) и другим древнерусским текстам, в день П. женщины не пряли и не стирали («мыли») платья, а мужчины не пахали, чтобы не запылить П. и не засорить ей глаз. В случае нарушения запретов П. может покарать болезнями глаз и другими бедами. В болгарской песне с жалобами на нарушающих запреты, связанные с П., обращаются к Илье-громовнику дева Мария и Мария Магдалина. Соединение женского мифического персонажа с водой и пряжей отражено в общеславянском мотиве: в восточнославянском варианте баба-яга задаёт героине работу — прясть, а та убегает от неё, причём путь погоне преграждает река; в южнославянском варианте Параська (ср. Параскева-П.), взятая в плен турками, осталась непреклонной и бежала из гарема, охраняемая ангелом; спасаясь от погони, она превратилась в чистую криницу. У восточных славян деревянные скульптуры П. ставились на колодцах, ей приносили жертвы, бросая в колодец ткани, льняную кудель, выпряденные нитки и овечью шерсть (название обряда — мокрида — непосредственно связано с основой *mok-rъ, от которого образовано имя Мокоши, соединяющее мотивы пряжи и влаги-воды). Сохранились ранние свидетельства почитания восточными славянами двенадцати П., которые в своей негативной функции могут быть соотнесены с двенадцатью лихорадками (в частности, есть поверье, что от лихорадки избавляется тот, кто постится в шестую П.); как двенадцать сестёр выступают и полуночницы, сходные по функции с Мокошью и П. И у восточных, и у южных славян П. (святая Петка) связывается с мышами. В украинских сказках святая П. вместе с Понедельником и Средой выступает в качестве трёх персонажей, по функции сходных с тремя Ягишнами — дочерьми бабы-яги, несущими службу на подступах к городу. В духовных стихах П. описывается как женщина со свечой, дающая заповедь поститься в свой день. На старых северорусских иконах (в частности, на новгородской иконе второй половины 13 в., предназначенной для женского монастыря) П. может изображаться на обороте образа богоматери. Типологически славянские параллели о П. имеют общие черты с таджикской *Биби-Сешанби* («госпожа вторник»), а также с мифологическими образами женщин, прядущих пряжу судьбы типа греческих *мойр*, исландских *норн*, хеттских ткачих.

В. В. Иванов, В. Н. Топоров.

Р

РА, Ре, в египетской мифологии бог солнца. Центр его культа — город Гелиополь (егип. Иуну). Как и многие другие солнечные божества, воплощался в образе сокола (иногда также — огромного кота), изображался человеком с головой сокола, увенчанной солнечным диском. Фетиш Р. — столб-обелиск «Бен бен» (он же фетиш *Бену*, в эпоху V династии был сооружён храм Р. в виде четырёхгранного обелиска). Во многих текстах Р. называют дневным солнцем (в отличие от *Атума* — вечернего, и *Хепри* — утреннего). В «Текстах пирамид» Р. выступает также как бог умершего царя. Позднее в заупокойном культе он был оттеснён *Осирисом*, продолжая играть значительную роль в загробном мире: участвовал в загробном суде, давал тепло и свет для умерших, которые днём совершают выход из гробницы, чтобы видеть Р. С возвышением V династии Древнего царства (26—25 вв. до н. э.), происходившей из Гелиополя, Р. стал главным богом пантеона и его культ приобрёл общеегипетский характер. Почитание Р. распространилось и в Нубии, где с ним отождествляли *Мандулиса*. Р. оттеснил более древнего гелиопольского демиурга Атума и, отождествлённый с ним (Ра-Атум), стал во главе *эннеады* богов. Его стали считать создателем мира и людей (возникших из его слёз), отцом богов, отцом царя, что отражено в титуле фараона «са Ра», т. е. «сын Ра». Р. был отождествлён с *Гором* (Ра-Гарахути; Гор Бехдетский считался также его сыном), *Амоном* (Амон Ра, оставшимся верховным богом и в период Нового царства), *Монту*, *Птахом*, *Осирисом*, *Хнумом*, *Хепри*, *Себеком* и др. С Р. связываются и многие другие божества. *Тот*-луна создан Р. как его заместитель ночью (Тот также выступал как сердце Р.). *Ба* (души) Р. — *Апис*, *Бену*, *Хнум*, а также *Мневис* — «посредник Ра, докладывающий истину Атуму». Дочери Р., помогающие ему поражать врагов, — *Серкет*, почитавшиеся как его Око *Сехмет*, *Тефнут*, *Хатор*. Хранительница Р. — огнедышащая змея *Уто* (также считавшаяся его Оком). Женой Р. (Амона-Ра) — Раит иногда называли *Мут*. В период Нового царства дочерьми Р. считали также западно-семитских богинь *Анат* и *Астарту*.

Согласно мифу, днём Р., освещая землю, плывёт по небесному Нилу в барке Манджет, вечером пересаживается в барку Месектет и спускается в преисподнюю, где, сражаясь с силами мрака, плывёт по подземному Нилу, а утром вновь появляется на горизонте. Вместе с фараоном Р. вкушает блаженство на полях *Иару*. По другим мифам, *Нут* каждый вечер проглатывает Р. и утром рождает его вновь либо Р. появляется из цветка лотоса на холме, поднявшемся из первобытного хаоса — *Нуна* (в другом варианте Р. появился из яйца, снесённого на холме птицей «великий Гоготун»). В «Текстах пирамид» говорится о Р. как о «золотом телёнке», рождённом коровой-небом. Известен миф, согласно которому, Р. возник из огненного острова, давшего ему силу уничтожить хаос и мрак и создать в мире порядок, основанный на истине и справедливости (воплощение её — дочь Р. *Маат*, стоящая на носу его барки). Р. правит миром подобно царю. Со своей барки он видит всё, что делается на земле, разбирает жалобы, через бога божественного слова Ху и богиню мудрости *Сиа* отдаёт распоряжения, а Тот, являющийся его верховным сановником, пишет указы и запечатывает письма. Цикл мифов посвящён борьбе Р. с силами мрака (как правило, воплощёнными в образе змея *Апопа*; свита Р. — солнечное Око, Гор, Монту, *Шу*, *Онурис*, *Мафдет*, *Серкет* и др.). Ряд мифов о Р. связан с представлениями о смене времён года. Весенний расцвет природы возвещает возвращение Ока Ра Тефнут (Хатор) и её вступление в брак с Шу. Летний зной связывался с гневом Р. на людей. Согласно мифу, когда Р. состарился, люди перестали его почитать и даже «замыслили против него злые дела». Р. собрал совет богов во главе с Нуном (или Атумом), на котором было решено наказать людей. Око Р. Сехмет (Хатор) в образе львицы убивала и пожирала людей до тех пор, пока её хитростью не удалось напоить красным как кровь пивом. Опьянев, она уснула и забыла о мести, а Р., провозгласив своим заместителем на земле *Геба*, поднялся на спину небесной коровы и оттуда продолжал править миром. С ослаблением солнечного жара связан миф о том, как Р. ужалила змея, насланная *Исидой*. Древние греки отождествляли Р. с *Гелиосом*.

Р. И. Рубинштейн.

РААВ (греч.), Раха́в (евр., «быть широким»?), 1) в иудаистской мифологии имя одного из чудовищ, с которым сражался Яхве; 2) в библейском предании (Иис. Нав. 2, 1—21; 6, 16 и 21—24) иерихонская блудница (по некоторым данным — хозяйка постоялого двора); в её доме в городской стене укрылось двое юношей, посланных *Иисусом Навином* на разведку в город. Когда царь иерихонский, которому сообщили об этом, потребовал выдачи лазутчиков, Р. спрятала их в снопах льна на кровле своего дома, а преследователей навела на ложный след. Р., уверовавшая в Яхве, взяла с юношей клятву, что при взятии города всех её родных пощадят. Затем Р. спустила юношей по верёвке через окно, которое по их совету пометила красным шнуром — по ней осаждающие нашли дом блудницы и вывели Р. со всеми её родными из города, немедленно после этого сожжённого.

Согласно агадической традиции, Р., которая была одной из четырёх красивейших женщин на свете, в течение сорока лет, что евреи странствовали по пустыне (на пути из Египта в землю обетованную), вела безнравственную жизнь, принимая всех окрестных царей, так что была прекрасно осведомлена обо всём, что происходило вокруг. После взятия Иерихона Р. приняла иудейство и вышла замуж за Иисуса Навина, став прародительницей восьми пророков. За её твёрдость в вере Яхве обещал Р., что один из её потомков увидит то, что не было дано видеть ни одному пророку, — им и был Иезекииль (см. *Иезекииля видение*).

Новозаветная традиция (Матф. 1, 5) включает Р. в родословную *Иосифа* Обручника (а соответственно и царя Давида). Её история приводится то как пример «оправдания делами» (Иаков 2, 25), то как пример спасения верой (Евр. 11, 31) — мысль, получившая развитие в протестантской теологии.

М. Б. Мейлах.

РАБИЕ, в мифах вемале (Восточная Индонезия) богиня луны, одна из триады божественных дев (Р., *Хаинувеле*, *Мулуа Сатене*). Р. вначале жила вместе с первыми людьми на земле. Когда она вступила в «мулуа» (брачный возрастной класс девушек), в неё влюбился солнечный бог *Тувале*, но родители Р. не дали согласия на брак и вместо неё привели ему свинью. Разгневанный Тувале на следующий день похитил Р., утащив её под землю. Вскоре Р. появилась на небе в виде луны, супруги Тувале. *М. Ч.*

РА́ВАНА (др.-инд. «ревущий»), в индуистской мифологии царь *ракшасов* и антагонист *Рамы*, главного героя эпоса «Рамаяна». Он наделён чертами мифологического дракона: имеет десять голов, способен передвигаться по воздуху на своей колеснице Пушпаке, живёт среди вод на острове *Ланка*, разоряет земли, пожирает живые существа, похищает женщин. Согласно «Рамаяне», Р. десять тысяч лет предавался суровому подвижничеству, чтобы умилостивить *Брахму*, и за это Брахма наградил его даром неуязвимости для богов и демонов. В силу этого дара Р. получил власть над *трилокой*, изгнал своего сводного брата *Куберу* с Ланки и основал там царство ракшасов, победил *Индру*, заставил богов прислуживать себе в его доме (*Агни* был его поваром, *Варуна* доставлял ему воду, *Кубера* — пропитание, *Ваю* мёл пол и т. д.). Чтобы избавиться от тирании Р., боги попросили *Вишну* родиться в облике смертного человека — *Рамы*. Рама убил Р. в битве под Ланкой, поразив его в сердце стрелой Брахмы (до этого Рама тщетно отсекал у Р. голову за головой, но они мгновенно вырастали снова). Этимологию имени Р. раскрывает миф о его соперничестве с *Шивой* (Рам. VII 16): однажды Р. попытался сокрушить гору *Кайласа*, на которой покоились Шива и *Парвати*, но Шива прижал к земле гору (а вместе с ней и Р.) большим пальцем своей ноги; от боли Р. издал рёв, сотрясший миры, и Шива, спустя некоторое время отпустивший Р., назвал его «Ревущий». Главной супругой Р. была Мандодари. Она вместе с другими его жёнами сожгла себя по обычаю сати на погребальном костре мужа.

П. А. Гринцер.

РА́ГАНА, в мифологических представлениях литовцев и латышей ведьма. Образовано от глагола со значением «видеть», и имеет ту же внутреннюю форму, что и рус. «ведьма» (от рус. «ведать», «видеть»). В народной этимологии наблюдаются попытки осмыслить название Р. в связи с обозначением рога; этому способствует связь Р. с рогатым чёртом или с рогатыми животными (так, Г. Стендер в 18 в. описывает Р. как летающую по воздуху ведьму, которая превращается в козу и разъезжает на козле). Названия Р. у балтийских народов очень разнообразны (собств. «знахарка», «чаровница», «колдунья» и т. п.), как и весьма популярные народные поверья, рассказы типа быличек и т. п. По народным представлениям, Р. принадлежит к категории людей со сверхъестественными способностями. Одна из основных особенностей Р.— их оборотничество: Р. может превращаться в кошку, свинью, собаку, козу, лошадь, рыбу (особенно в щуку), в пресмыкающегося, в жабу, в червя, даже в птицу (сороку, ворону, куропатку, ласточку). Р. служит чёрту, выполняя его приказы (иногда чёрт называется «царём» Р.). Нередко сожительствует с чёртом. Р. не тонет в воде (если только при ней нет иглы или какого-нибудь железного предмета) и обычно не горит в огне. В литовских сказаниях упоминается о шабаше Р., якобы существовавшей в Германии (ср. поверья о *шабашах* на горе Броккен в Германии). Основная функция Р.— вредить людям и скотине (отмечаются изредка и невредоносные действия Р., например, они помогают найти вора или излечивают болезни). Чаще всего Р. насылают на людей (обычно через еду, какие-либо предметы) болезнь и смерть или превращают их в зверей и птиц. Р. портят домашних животных (особенно в день святого Ионаса — Иванов день, 24 июня): выдаивают коров, портят молоко, ездят по ночам на лошадях, мучая их, стригут овец, заколдовывают скотину и т. п. Они портят и растения, прежде всего зерновые и огородные, но также и траву (поражают градом), после чего случается неурожай. По жемайтским источникам, шабаши Р. устраиваются на горе Шатрия; иногда в этой связи говорится и о Киеве. Обычно шабаши справляют в ночь на святого Ионаса — Яниса, но иногда и на благовещение, в самый короткий день и самую длинную ночь. Р. слетаются на мётлах, ступах, мялках для льна, смазывая себе подмышки мазью. На шабашах они пляшут, поют, бражничают, рассказывают чертям, угощающим их, о своих злых поступках. Любимое угощение Р.— горох.

В. В. Иванов, В. Н. Топоров.

РАГНА́РЕК [«судьба (гибель) богов»], в скандинавской мифологии гибель богов и всего мира, следующая за последней битвой богов и хтонических чудовищ. Предвестием Р. являются смерть юного бога *Бальдра*, а затем нарушение родовых норм, кровавые распри родичей («детей сестёр»), моральный хаос. В «Речах Вафтруднира» («Старшая Эдда») и в «Младшей Эдде» упоминается также трёхгодичная «великанская зима» (фимбульветер), предшествующая Р. Волк (Фенрир?) глотает солнце, другой волк похищает месяц. В «Прорицании вёльвы» говорится, что солнце «чернеет», звёзды падают с неба. Происходят землетрясения, дрожит и гудит мировой ясень *Иггдрасиль*, вода заливает землю (или земля погружается в море). Все эти природные явления (а также нестерпимый жар) следуют за последней битвой богов с хтоническими силами (в «Младшей Эдде» предшествуют этой битве), собственно, и приводящей к гибели богов. На свободу вырываются хтонические чудовища, прежде всего волк Фенрир и мировой змей *Ермунганд*, а также их отец *Локи*. Из хель (царства мёртвых) приплывает корабль мертвецов Нагльфар. Согласно «Прорицанию вёльвы», рулём правит Локи; в «Младшей Эдде» корабль ведёт великан Хрюм (в «Прорицании вёльвы» он не связан с Нагльфаром). Появляются также «инеистые великаны» (хримтурсы), войско сынов *Муспелля* скачет по мосту Биврёст, который при этом рушится. Великан Сурт приближается с юга с мечом, который «ярче солнца» (огонь).

Страж богов Хеймдалль, трубя в рог Гьяллархорн («громкий рог»), будит богов-асов во главе с Одином и его дружину из павших воинов (эйнхериев). Вслед за тем Один скачет к Мимиру, хозяину источника мудрости, испрашивая у него совета перед боем. На поле битвы выезжают боги и эйнхерии, возглавляемые Одином. Место битвы названо или Вигрид [по «Речам Вафтруднира» («Старшая Эдда»)], или Оскопнир («Речи Фафнира»). Один сражается с Фенриром, Тор с Ермунгандом, бог Тюр с демоническим псом Гармом, Хеймдалль с Локи, бог *Фрейр* с Суртом. Фенрир убивает Одина, но сына Одина Видар тут же разрывает волку пасть (или пронзает его мечом). Сурт убивает Фрейра (так как, объясняет «Младшая Эдда», он отдал свой меч слуге Скрирниру); другие участники поединков убивают друг друга. Сурт сжигает огнём мир. При этом погибают и все люди. Но за гибелью мира последует его возрождение: выживают и селятся на месте, где ранее был Асгард (жилище богов), представители «младшего поколения» богов — Видар и Вали (сыновья Одина), Магни и Моди (сыновья Тора; они наследуют его молот Мьёлльнир); возвращаются из царства мёртвых и примиряются между собой Бальдр и его убийца — слепой бог Хёд. Выживут, укрывшись в роще Ходдмимир, и два человека — Лив и Ливтрасир, они вновь дадут начало человеческому роду («Старшая Эдда», «Речи Вафтруднира»).

Е. М. Мелетинский.

РАГУИ́Л («друг бога»), в иудаистской послебиблейской мифологии один из семи великих ангелов (архангелов). В апокрифической книге Еноха Р.— «один из святых ангелов, следующих за всеми светилами» (20, 4). Во второй книге Еноха и позднее имя Р. часто смешивается с именем огненного ангела Разиила (Разиэля, razī'ēl, «божьи тайны»), небесного путеводителя Еноха. В агадической ангелологии образ Р. = Разиила получает значительное развитие. Позднейшая легенда о вознесении на небо *Моисея* описывает Р. как ангела, простирающего свои крылья над ангельским чином хайот («жизни»), дабы прочие ангелы, прислуживающие богу, не были истреблены их огненным дыханием («Песикта раббати» 20). В средневековой мифологии Р. предстаёт как родоначальник практической каббалы и ангел магии, давший людям знание астрологии, гаданий и амулетов. Средневековая «Книга Разиила» представляет собой собрание всевозможных тайн о сотворении мира, устройстве небес, именах ангелов, амулетах и заклинаниях, якобы переданных Разиилом Адаму после изгнания того из рая (по другой версии,— Ною при входе его в ковчег). Книга эта дошла якобы до царя Соломона. По существующему поверью, дом, в котором она хранится, не подвержен пожару.

РАДАМА́НФ, Радама́нт, в греческой мифологии сын Зевса и Европы, брат *Миноса* и *Сарпедона*. Р. родился на Крите, куда прибыл Зевс, похитивший, приняв облик быка, дочь финикийского царя Европу. Когда критский царь Астерий вступал в брак с Европой, он усыновил её детей. Р. дал критянам законы, но затем бежал в Беотию и женился на Алкмене (Apollod. III 1, 1—2), оставшейся вдовой после гибели Амфитриона. Будучи самым справедливым из всех людей, Р. после смерти стал вместе с Миносом и Эаком судьёй над мёртвыми в аиде (III 1, 2; Pind. Ol. II 75). О блаженной жизни Р. на елисейских полях и о его поездке на остров Эвбея к великану *Титию* сообщается у Гомера (Hom. Od. IV 563—565, VII 321—324). Сыновья Р. Гортин и Эритр — эпонимы городов Гортины на Крите и Эритры в Беотии.
А. Т.-Г.

РА́ДЖИ, в мифах нгаджу острова Калимантан (Западная Индонезия) пять повелителей духов, персонифицирующих отдельные свойства амбивалентного божественного начала *Махаталы-Джаты*. Один из них Пали, или Ньяро, громовержец, следит за соблюдением людьми норм обычного права и многочисленных табу («пали»); Онтонг приносит людям счастье и удачу в их начинаниях; Сиал насылает на людей беды и злосчастье; Перес — повелитель оспы, болезней и эпидемий; Ханту — господин злых духов и волшебства, действующий через своих помощников, колдунов (хантуэнов), живущих среди людей. Пали принадлежит к верхнему миру *Махаталы*, Перес и Ханту — к нижнему миру Джаты, а два остальных Р. связаны с обоими мирами.
М. Ч.

РА́ДИЭН («господь»), в саамской мифологии высший бог. Под христианским влиянием у саами Скандинавии возникли представления о боге-отце Р.-атче и боге-сыне Р.-кыэдде. В одном из мифов отец поручает творение мира сыну, а тот перепоручает его богине земли *Маддер-акке*. Иногда ассоциировался с громовником Горагаллесом (ср. Айеке). Более архаичный образ верховного бога у скандинавских саами — Веральден-ольмай (Веральден-радиэн) — «Муж (господин) вселенной» (веральден — один из эпитетов скандинавского бога *Фрейра*): считалось, что Веральден-ольмай поддерживает небесный свод, под его алтарём ставилось дерево или столб — опора неба; он считался покровителем оленей. Представления о верховном божестве различались у разных групп саами: помимо Р. и Юбмела, восходящего к общефинскому божеству *Юмале*, у саами восточного Лаппмаркена известен был *Укко*, у терских саами — Каврай, покровитель шаманов.
В. П.

РА́ДУЖНЫЙ ЗМЕИ, змей-радуга, у австралийских племён распространённый мифологический персонаж (типа евразийского *дракона*). В образе Р. з. объединяются представления о духе воды, змее-чудовище, магическом кристалле (в котором отражается радужный спектр), который используется колдунами; радуга ассоциируется с дождём и магией плодородия. В мифах часто Р. з. выступает как могучий предок, «отец». Например, у племени муринбата Р. з. Кунмангур — отец одной и отец матери другой «половины» (фратрии) племени. У юленгоров в мифах цикла «Кунапипи» Р. з. сопровождает Кунапипи в её странствиях, участвует в делах творения, проглатывает и выплёвывает сестёр-прародительниц и их детей; мотив проглатывания Р. з. и выплёвывания им сестёр одновременно отражает символику инициации (временная смерть и новое рождение) и эротическую символику, связанную с магией плодородия.

Ряд мифов выявляет демонический аспект Р. з.— Р. з. или его сын совершает деструктивные деяния, нарушает строгие табу, например сын Кунмангура смертельно ранит отца, совершает инцестуальное насилие над сёстрами.
Е. М.

РА́ДХА, в индуистской мифологии пастушка, возлюбленная *Кришны*. В «Бхагавата-пуране» Кришна из множества пастушек выделяет одну, которая пользуется его особым расположением, но имени её не сообщается. Один из наиболее ранних и наиболее известных текстов, в которых Р. выступает главной и даже единственной возлюбленной Кришны,— санскритская поэма Джаядевы «Гита-говинда» (12 в.). Некоторые кришнаитские секты почитают Р. как воплощение *Лакшми*, супруги *Вишну*, ибо Кришна — воплощение Вишну, другие секты считают воплощением Лакшми не Р., а первую «законную» супругу Кришны — Рукмини.
С. С.

РАЗИА́ЙКЕ, в саамской мифологии богиня травы и пастбищ, покровительница оленей. Согласно одному из мифов, под её покровительством олени так размножились, что съели всю траву и стали погибать. Тогда бог Каврай создал волков, чтобы те очистили землю от падали и сократили число оленей, человеку же дал собаку. Ср. Рана-нейдду («Р.-дева»), небесную деву, покровительницу первой травы, появляющейся на возвышенностях весной, и Равдну, богиню земли у финских саами, которой приносили в жертву оленей.
В. П.

РАЗРЫ́В-ТРАВА́, в русских поверьях чудесное средство, разрушающее всевозможные запоры и узы, а также позволяющее овладевать кладами (ср. *Плакун-трава*). Предания о Р.-т. перекликаются с легендами о цветке папоротника, распускающемся в ночь на Ивана Купалу (см. *Купала*).
А. Ч.

РАЙ (не вполне ясная этимология Р. слова связывается с авест. «богатство, счастье» и др.-инд. «дар, владение»), парадиз (греч. «сад, парк», от др.-иран. «отовсюду огороженное место»; из греч.— лат. paradisus и обозначение Р. во всех зап.-европ. языках), в христианских представлениях место вечного блаженства, обещанное праведникам в будущей жизни. С точки зрения строгой теологии и мистики о Р. известно только одно — что там человек всегда с богом (раскаявшемуся разбойнику Христос обещает не просто Р., но говорит: «ныне же будешь со мною в Р.», Лук. 23, 43); он соединяется с богом, созерцает его лицом к лицу (то, что на латыни схоластов называется visio beatifica, «видение, дарующее блаженство»). Возможности человеческой фантазии блаженство Р. заведомо превышает: «не видел того глаз, не слышало ухо, и не приходило на сердце человеку, что приготовил бог любящим его» (1 Кор. 2, 9, переосмысленная цитата Ис. 64, 4). Новый завет (в отличие от Корана) не даёт чувственных и наглядных образов Р. (ср. *Джанна*), но или чисто метафорическую образность притч о браке, о брачном пире и т. п. (Матф. 25, 1—12; Лук. 14, 16—24 и др.), или формулы без всякой образности вообще (например, «войти в радость господина своего», Матф. 25, 21), дающие понять, что самая природа человека и его бытие «в воскресении» радикально переменятся («в воскресении ни женятся ни выходят замуж, но пребывают, как ангелы божии на небесах», Матф. 22, 30; «мы теперь дети бога, но еще не открылось, что будем; знаем только, что, когда откроется, будем подобны ему, потому что увидим его, как он есть», I Ио. 3, 2). Ещё путь Данте по Р. в конечном счёте ведёт к узрению *троицы* («Р.», XXXIII).

Что касается мифологизирующей, наглядно опредмечивающей разработки образов Р. в христианской литературной, иконографической и фольклорной традиции, то она идёт по трём линиям: Р. как сад; Р. как город; Р. как небеса. Для каждой линии исходной точкой служат библейские или околобиблейские тексты: для первой — ветхозаветное описание Эдема (Быт. 2, 8—3, 24); для второй — новозаветное описание Небесного Иерусалима (Апок. 21,2—22,5); для третьей — апокрифические описания надстроенных один над другим и населённых ангелами небесных ярусов (начиная с «Книг Еноха Праведного»). Каждая линия имеет своё отношение к человеческой истории: Эдем — невинное начало пути человечества; Небесный Иерусалим — эсхатологический конец этого пути, напротив, небеса противостоят пути человечества, как неизменное — переменчивому, истинное — превратному, ясное знание — заблуждению, а потому правдивое свидетельство — беспорядочному и беззаконному деянию (тот же *Енох* ведёт на небесах летопись всем делам людей от начальных до конечных времён). Эквивалентность образов «сада» и «города» для архаического мышления выражена уже в языке (слав. град означало и «город» и «сад, огород», ср. *градарь*, *садовник*, вертоград, нем. Garten, «сад»). Они эквивалентны как образы пространства «отовсюду ограждённого» (ср. выше этимологию слова «парадиз») и постольку умиротворённого, укрытого, упорядоченного и украшенного, обжитого и дружественного человеку — в противоположность «тьме внешней» (Матф. 22, 13), лежащей за стенами *хаоса* (ср. в скандинавской мифологии оппозицию миров *Мидгард*-*Утгард*).

Ограждённости и замкнутость Эдема, у врат которого после грехопадения Адама и Евы (см. «*Грехопадение*») поставлен на страже херувим с огненным мечом (Быт. 3, 24), ощутима тем сильнее, что для ближневосточных климатических условий сад — всегда более или менее оазис, орошаемый проточной водой (Быт. 2, 10, ср. проточную воду как символ благодати, Пс. 1, 3) и резко отличный от бесплодных земель вокруг, как бы миниатюрный мир со своим особым воздухом (в поэзии сирийского автора 4 в. Ефрема Сирина подчёркивается качество ветров Р., сравнительно с которыми дуновения обычного воздуха — зачумлённые и тлетворные). Поскольку Эдем — «земной Р.», имеющий географическую локализацию «на востоке» (Быт. 2, 9), в ареале северной Месопотамии (хотя локализация эта через понятие «востока» связана с солнцем и постольку с небом, поскольку восток — эквивалент верха), заведомо материальный, дающий представление о том, какой должна была быть земля, не постигнутая проклятием за грех Адама и Евы, мысль о нём связана для христианства (сирийского, византийского и русского) с идеей освящения вещественного, телесного начала. Тот же Ефрем, опираясь на ветхозаветное упоминание четырёх рек, вытекающих из Эдема (Быт. 2, 11), говорит о водах Р., таинственно подмешивающихся к водам земли и подслащивающих их горечь. В легендах о деве Марии и о святых (от повара Евфросина, ранняя Византия, — до Серафима Саровского, Россия, 18—19 вв.) возникает мотив занесённых из Р. целящих или утешающих плодов, иногда хлебов (эти яства, как и воды у Ефрема, символически соотнесены с евхаристией, «хлебом ангелов» — недаром в житии Евфросина плоды кладут на дискос — и стоят в одном ряду с *Граалем*). В качестве места, произращающего чудесные плоды, Р. можно сопоставить с садом *Гесперид* в греческой мифологии и с *Аваллоном* в кельтской мифологии. В «Послании архиепископа Новгородского Василия ко владыке Тверскому Федору» (14 в.) рассказывается, что новгородские мореплаватели во главе с неким Моислаевым были занесены ветром к высоким горам, за которыми лежал Р., на одной из гор виднелось нерукотворное изображение «Деисуса» (Христос, дева Мария, Иоанн Креститель), из-за гор лился необычайный свет и слышались «веселия гласы», а к горам подходила небесная твердь, сходясь с землёй. Секуляризация темы Р. как сада в западноевропейском искусстве, начиная с позднего северного средневековья, идёт по линии чувствительной идиллии среди зелени, с натуралистическим изображением цветов, источника, грядок и т. п.; позднее сад все больше превращается в лес, на подаче которого оттачивается чувство ландшафта.

Линия Р. как города имеет за собой очень древние и широко распространённые представления о «круглых» и «квадратных» святых городах (ср. «квадратный Рим», основанный *Ромулом*), отражающих своим геометрически регулярным планом устроение вселенной («круг земель»); Р. как сад, сближаясь и в этом с Р. как городом, тоже мог давать в плане правильный круг (как на миниатюре братьев Лимбург в «Богатейшем часослове герцога Беррийского», нач. 15 в.). Новозаветный Небесный Иерусалим квадратен; каждая сторона этого квадрата имеет по 12 000 стадий (ок. 2220 км), то есть её протяжённость представляет собой результат умножения чисел 12 (число избранничества и «народа божьего», см. *Двенадцать сыновей Иакова* и *Двенадцать апостолов*) и 1000 (полноты, космического множества); стороны ориентированы строго на 4 страны света, выявляя мистическое тождество срединного города и круга земель, причём каждая из них имеет по 3 ворот, показывая на каждую страну света образ троицы (Апок. 21, 13—16). Материалы, из которых выстроен город, светоносны; они уподобляются то «чистому золоту» и «прозрачному стеклу» (ср. соединение золота и стекла в технике христианских искусств — византийской мозаики и западноевропейского витража), то 12 самоцветам из нагрудного украшения, которое должен был носить древнееврейский первосвященник, то жемчугу, символизировавшему духовный свет (Апок. 21; 18—21). Поскольку весь город осиян «славой божией», сходной с яспиcом, и освящён реальным присутствием бога, он уже не нуждается в храме как особом святом месте (22). Истекающая от престола бога «река воды жизни» и растущее «по ту и другую сторону реки» древо жизни (Апок. 22, 1—2), ещё раз обнаруживают в Небесном Иерусалиме черты сада Эдема. В ирландском «Видении Тнугдала» (сер. 12 в.) образ Р. как города подвергается утроению: иерархия Серебряного города, Золотого города и Города драгоценных камней, соответствующая иерархии населяющих эти города святых. Если новоевропейская секуляризация темы Р. как сада вела к идеализированному образу природы, т. е. к идеологии натурализма, то секуляризация темы Р. как города вела к идеализированному образу общества и цивилизации, т. е. к идеологии утопии (урбанистические фантазии, начиная с позднего Возрождения; «Город Солнца» Т. Кампанеллы, «Христианополис» И. В. Андрэе, где связь с новозаветным прототипом особенно очевидна, и т. п.).

Напротив, Р. как небеса есть принципиальная противоположность всего «земного» и, следовательно, трансцендирование природы и цивилизации. Конкретные образы, в которых воплощалась эта тема, заданы той или иной космологией: в ранних или низовых текстах — ближневосточной (небеса, надстроенные над плоской землёй), но обычно аристотелевско-птолемеевской (концентрические сферы вокруг земного шара, сфера Луны как граница между дольним миром тления и беспорядочного движения и горним миром нетления и размеренного шествия светил, огневое небо Эмпирея, объемлющее прочие сферы и руководящее их движением, как абсолютный верх космоса и предельное явление божественного присутствия). Во втором случае христианская фантазия имела языческий образец — «Сновидение Сципиона» из диалога Цицерона «О государстве», рисующее блаженный путь отрешённой от земли и тела души к звёздам.

С. С. Аверинцев.

РА́КШАСЫ (др.-инд. «те, кто охраняет» или «те, от кого хоронятся»), в древнеиндийской мифологии один из основных классов демонов. В отличие от *асуров*, являющихся соперниками богов, Р. выступают главным образом врагами людей.

В ведах Р.— ночные чудовища, преследующие людей и мешающие жертвоприношениям; они либо сами имеют устрашающий вид: одноглазые, с несколькими головами, рогатые (АВ VIII 6), либо принимают обличье зловещих зверей и птиц (РВ VII 104). В эпосе и пуранах Р.— великаны-людоеды, длиннорукие, с огненными глазами, огромными животами, проваленными ртами, окровавленными клыками. Согласно «Махабхарате» (I 66), Р.— потомки *Пуластьи*; по другим версиям, их создал *Брахма*, чтобы «охранять» (ракшас их имя) первозданные воды. В «Рамаяне» (VII 4—34) царь Р.— *Равана*; их столица — город *Ланка*. Во многих мифах Р., вследствие дурных деяний или по проклятию, становятся смертные люди, *гандхарвы* и другие полубожественные существа. Так, Рама и Лакшмана закапывают в землю неуязвимого для любого рода оружия ракшаса Вирадху. Но как только они его закопали, из могильного холма поднялся прекрасный гандхарва, объяснивший, что он стал Р. по проклятию *Куберы*, а теперь, благодаря Раме, навсегда избавился от своего ужасного облика («Рамаяна» III 3—4). В другой раз Рама сжигает ракшасу Кабандху, представлявшего собой бесформенную глыбу мяса, с зияющей пастью посреди брюха и одним глазом в груди. И здесь из пламени появился гандхарва, божественный сын *Лакшми*, превращённый в Р. ударом ваджры *Индры* (Рам. III 71). Среди многих эпитетов Р. наиболее употребительны нишичары («странствующие в ночи») и ятудханы («бродяги»). С Р. часто идентифицируются другие виды злых духов, например *пишачи*.

В мифах о Р., возможно, сохранились следы переосмысленных представлений об аборигенных народностях Индии. *П. А. Гринцер.*

РА́МА (др.-инд. «тёмный»), Р а м а ч а н д р а [«Рама (прекрасный, как) месяц»], в индуистской мифологии седьмая *аватара Вишну*, в которой он избавляет богов и людей от тирании царя *ракшасов Раваны*. Земными родителями Р. были царь Айодхьи *Дашаратха* и его жена Каусалья. Прадед Р.— Рагху, царь *Солнечной династии*; поэтому Р. часто именуют Рагхава («потомок Рагху»). Р. женился на царевне из Видехи *Сите*, пройдя ради Ситы через брачное испытание и сломав на нём лук *Шивы*, который до неё не мог даже согнуть ни один из претендентов на руку царевны. Дашаратха решил провозгласить Р. своим наследником. Однако его вторая жена Кайкейи, которой некогда Дашаратха обещал выполнить два её желания, потребовала от него, чтобы на 14 лет изгнал Р. из Айодхьи, а наследником сделал её сына — Бхарату. Вместе с Рамой в изгнание уходит его сводный брат *Лакшмана* и Сита, а Дашаратха вскоре умирает, не перенеся разлуки с любимым сыном. Ведя отшельническую жизнь в лесу, Р. и Лакшмана совершают многие подвиги и убивают несколько могучих ракшасов, вызвав этим гнев Раваны. Равана похищает Ситу и уносит её на колеснице по воздуху в свою столицу на остров *Ланка*. После долгих и бесплодных поисков Ситы Р. заключает союз с царём обезьян Сугривой. Мудрый советник Сугривы *Хануман* проникает на Ланку и обнаруживает там Ситу. Он сообщает об этом Р., и Р., возглавив войско обезьян и медведей, строит мост через океан и осаждает Ланку. В последовавшей битве Р. и Лакшмана убивают военачальников ракшасов, а в заключительном поединке Р. побеждает Равану. Освободив Ситу, Р. возвращается с ней в Айодхью, и Бхарата добровольно уступает ему царство. В седьмой книге «Рамаяны» рассказано о завершении жизни Р.: в Айодхье, послушный ропоту подданных, обвиняющих Ситу в неверности, Р. изгоняет её в лес; Сита находит там убежище в обители аскета *Вальмики*. Р. находит там своих сыновей Кушу и Лаву, призывает к себе Ситу, но Ситу по её просьбе поглощает мать-Земля, и супругам было суждено соединиться лишь на небе по окончании срока земной жизни Р.

Как аватара Вишну Р. представлен только в поздних, первой и седьмой, книгах «Рамаяны», которая окончательно сложилась в устной традиции приблизительно к 3 в. н. э. В остальных книгах поэмы, а также в «Дашаратха-джатаке» буддийского канона «Типитаки», где впервые изложена часть сказания о Р., Р.— ещё смертный, хотя и богоравный герой. Но начиная с 11 в. культ Р. становится одним из двух (наряду с кришнаизмом) важнейших культов индуизма. В североиндийском вишнуизме Р.— высшее божество и рассматривается как единственное и всеобъемлющее воплощение творческого начала абсолюта, высшей объективной реальности — *Брахмана*. *П. А. Гринцер.*

РА́НГДА («вдова»), персонаж низшей мифологии балийцев (Зап. Индонезия) — царица ведьм и чёрной магии, повелевающая лейяками (вредоносными духами-оборотнями). Р. насылает чуму и голод на людей. Под покровом ночи Р. вырывает трупы из могил, пожирает детей и т. п. Силой, противостоящей Р. и стремящейся её усмирить, считается повелитель лесных демонов — Баронг (Банаспати Раджа, «господин леса»), извечный антипод Р., связанный с торжеством света, добра, небесного начала. Устрашающий облик Р. отражён в сакральной маске, которая надевается участником традиционной мистерии «Рангда-Баронг», происходящей при главных святилищах культа предков. *Г. Б.*

РА́НГИ, Л а н г и, Л а н и, в мифологии Центральной и Восточной Полинезии обожествлённое небо, отец-небо, супруг матери-земли *Папа*. С ними связано начало космогонического процесса. Р. и Папа порождают основных богов (духов) полинезийского пантеона: *Тангароа, Тане, Ту, Ронго*, Таухири (Тафири) и других; по многим мифам — также и первых богов. Боги рождаются в темноте, но Тане (или другое божество) с помощью *Рииии* удаётся разделить родителей — поднять Р. над землёй (Папа); таким образом появляется свет. Люди, ходившие до этого согнувшись или на четвереньках, получают возможность выпрямиться. Разъединению Р. и Папа сопротивляется бог ветра Таухири — не братья его усмиряют. *Е. М.*

РА́НГХА (авест.), в иранской мифологии мировая река. Омывала одну сторону мира и выступала символом края света, максимальной удалённости. Образ Р., видимо,— один из древнейших в иранской мифологической традиции. Обычный эпитет Р.— «исток и устье которой пребывают далеко (отсюда)». Глубина в тысячу раз превышала рост человека («Яшт» V 63, 81; X 104; XIV 29). В её бассейне обитали «безголовые» племена («Видевдат» I 19). В Р. водится гигантская благая рыба Кара (19, 42; «Бундахишн» 18, 3). Ряд исследователей (в частности, В. И. Абаев) отождествляют Р. с Волгой. В «Ригведе» Р. соответствует река Раса. *Л. Л.*

РАПАИ́ТЫ (угарит., финик., евр.), в древнесемитской мифологии обитатели царства мёртвых (ср. с ветхозаветными *рефаимами*). В северной Африке в романизованной пунийской среде Р. отождествлялись с римскими *манами*. Среди угаритских мифопоэтических преданий об *Акхите* сохранились фрагменты о Р., участвующих вместе с богами в каких-то работах и трапезах бога *Илу*. В мифоэпическом предании о *Карату* Р.— сообщество, действующее вместе с народным собранием. В одном из обрядовых текстов вместе с народным собранием участвуют в ритуальном жертвоприношении, при этом даже называются по именам, к участию в жертвоприношении призываются также «Р. прежние», т. е. бывшие таковыми в предшествующих поколениях. *Данниилу* именуется мужем рапаитским. Можно предположить, что Р.— это категория людей, прошедших специальный обряд посвящения — квазисмерть, уравнивавший их с обитателями царства мёртвых; в результате этого обряда посвящённые Р. приобщались к тайнам богов. Этимология слова (от «исцелять») даёт основание считать, что Р. была свойственна целительная сила. *И. Ш.*

РА́РОГ, Р а р а ш е к (чеш. и словац.), р а р и г (укр.), в славянской мифологии огненный дух, связанный с культом очага. Согласно чешским поверьям, Р. может появиться на свет из яйца, которое девять дней и ночей высиживает человек на печи. Р. представляли в образе птицы (обычно хищной — ср.

чеш. raroh, «сокол») или дракона с искрящимся телом, пламенеющими волосами и сиянием, вырывающимся изо рта, а также в виде огненного вихря (ср. огненного змея и литовского *Айтвараса*). Возможно, образ Р. генетически связан с древнерусским *Сварогом* и русским *Рахом* (Страх — Рах русских заговоров, воплощение огневого ветра — суховея), а также с иранским божеством *Веретрагной*, одна из инкарнаций которого — сокол. Табуированием и преобразованием того же имени можно объяснить и кашубск. Twarog и т. п. По-видимому, образ Р. как огненного духа (ранее, возможно, и божества) был общеславянским.

В. И., В. Т.

РА́ТА, Ла́та, в полинезийской мифологии герой, сын Вахинероа, внук *Тафаки*. В мифах Восточной Полинезии (в первую очередь у маори) Р. мстит некоему Пуна за смерть Вахинероа. С этой целью с помощью лесных духов строит лодку; по пути уничтожает морских чудовищ, съевших его отца; наконец, убивает Пуна и спасает свою мать, которую Пуна после убийства Вахинероа сделал своей наложницей. Р. — типичный сказочный богатырь. В Полинезии распространён сюжет, согласно которому Р. строит себе огромную лодку, не испросив позволения у духов — хозяев леса; из-за этого лодка либо превращается снова в дерево, либо терпит крушение. После того, как Р. искупает свою вину (проходит испытания, спасает, например, от духа-змея священных белых птиц), он получает от лесных духов новую, чудесную лодку.

Е. М., М. С. П.

РА́ТИ (др.-инд. «удовольствие», «наслаждение»), в индуистской мифологии богиня любовной страсти, супруга бога любви *Камы*; иногда идентифицируется с *Майей* (Майя-деви, Майя-вата), женой демона *Шамбары*. Согласно известному мифу, когда *Шива* испепелил Каму, Р. обратилась с мольбами к *Парвати*, и Шива возродил её мужа. Приняв облик смертной женщины, Р. вырастила Каму (родившегося в образе Прадьюмны, сына *Кришны* и Рукмини) и затем открыла ему связывающие их узы, снова стала его женой и родила от него сына Анируддху. Наряду с Камой, Р. занимает важное место в соответствующем культе; в Южной Индии засвидетельствованы особые церемонии, во время которых исполняется плач Р. по своему супругу.

П. Г.

РАТНАСАМБХА́ВА [«тот (из которого) возникают драгоценности»], в буддийской мифологии ваджраяны один из т. н. дхьяни-будд (см. *Будда*). Р. является главой семьи ратна. Р. упоминается впервые в «Гухьясамаджатантре» (3 в. н. э.). По некоторым легендам, Р. порождены т. н. Ратнарая (три драгоценности) — основные компоненты буддизма — Будда *Шакьямуни*, *дхарма* и *сангха*.

Л. М.

РАТ-ТА́УИ, «Рат — форма женского рода от имени *Ра*, *Тауи*, букв. «обе земли»), в египетской мифологии богиня, родившая Монту — ребёнка-солнце Гора-па-Ра. Связана с культом Ра, отождествлялась с *Иунит*, *Тененет*. Ипостасью Р.-Т. нередко являлась *Сешат*.

Р. Р.

РАУГУПА́ТИС, в литовской мифологии божество, ведающее брожением и ферментацией (с его помощью получают кислое тесто, пиво и т. п.). Ему приносят в жертву пёстрых молодых кур. Р. (Rangupatis у М. Преториуса, 18 в.) имеет несколько отличные имена у авторов 16 в., ср. Rauguzemapati у Я. Ласицкого, Ruguczis у М. Стрыйковского, происходящие от литов. rugìnti, «квасить» (rugpienis, «кислое молоко»), raugti, «квасить» (рус. «рыгать», «отрыжка»), и т. п. Таким образом, имя Р. обозначает «господин (повелитель) брожения, квашения».

В. И., В. Т.

РАФАИ́Л («исцели, боже»), в послебиблейской мифологии один из семи великих ангелов (архангелов). Апокрифическая книга Еноха (40, 9) признаёт его вторым в ряду архангелов (после Михаила). В неканонической книге Товита он выступает в роли ангела-целителя, посланного богом, чтобы вернуть Товиту зрение и избавить от одержимости злым духом *Асмодеем* девицу, предназначенную в жёны Товии (сыну Товита), и называется одним из «семи святых ангелов, которые возносят молитвы святых и восходят пред славу святого» (Тов. 12, 12—15). Вместе с *Гавриилом* он наказывает ангелов-повстанцев Шемихазая и *Азазеля* (книга Еноха). Выступая наравне с другими архангелами в функции просветителя (ср. *Михаил*), Р. научает Ноя распознавать целебные травы, передаёт Адаму книги тайных знаний (позднее, в «Потерянном рае» Дж. Мильтона, Р. представлен учителем Адама и Евы). Как и они, Р. сокрушает злых духов, склоняющих людей к порокам и преступлениям, особенно же насылающих болезни. Отголоски представлений о Р. как целителе прослеживаются в описанной Цельсом и Оригеном символике гностической секты офитов, представлявших семерых архангелов в образах животных, среди них Р. в образе змеи (дракона), связанной в ряде мифологий с врачеванием. Каббалистические представления ставят Р. во главе одной из высших ангельских иерархий — *офаним*.

М. Б. Мейлах

РАФА́РА («дева», «младшая дочь»), Фа́ра, Фа́равари, в мифах малагасийцев водяное божество, повелительница водной стихии. Антропоморфна, с длинными волосами цвета пламени. Живёт во дворце в водном царстве — Зелёная вода; властвует над живущими там змеями, крокодилами, ящерицами. Сначала Р. жила на земле и не хотела выходить замуж. Однажды она опустила в воду яйцо, из которого чудесным образом появился бык. Её родители, прибегнув к хитрости, убили его; после чего разгневанная Р. бросается в воду и остаётся там жить. Когда Р. выходит из воды, герой Андриамбахуака обманом овладевает ею и берёт в жёны. Р. рождает сына, который отказывается разговаривать. Взбешённый муж бьёт её; рыдая, в образовавшемся потоке слёз она уплывает обратно в Зелёную воду. Мужу и сыну Р. в конце концов удаётся проникнуть в водное царство, в котором они и остаются. В некоторых мифах Р. господствует над страной мёртвых, с которой ассоциируется водная стихия (имплицитно представляющая в малагасийской мифологии как особый, отделённый от земли и неба, мир). Согласно древним представлениям малагасийцев о посмертном существовании (фанаки), из трупной жидкости зарождается червяк, превращающийся затем в угря, крокодила, змею или семиглавого змея Фанампитулуху, т. е. в обитателей водного мира. Фанампитулуху (персонаж, аналогичный морскому змею, повелителю нижнего мира в мифах Индонезии) занимает в водном царстве Р. особое место, являясь перевоплощением убитого героя. В отмщение за убийство он обвивается вокруг обидчика, его деревни или всего мира, пожирая своих недругов. По одному из мифов, Андриамбахуака добровольно отдаёт себя и свою семью на съедение Фанампитулуху. С Р. и водным царством связан другой мифологический персонаж — ящерообразный оракул Рамахавали, покровитель государства Мерна.

М. А. Членов

РАХИ́ЛЬ («овца»), в ветхозаветном предании (Быт. 29—35) младшая дочь Лавана Арамеянина, сестра *Лии*, двоюродная сестра и жена *Иакова*. Иаков впервые встречает Р. у колодца близ Харрана в Месопотамии. Когда Р. подошла к колодцу, чтобы напоить скот, который она пасла, Иаков, отвалив камень от его устья, напоил овец, поцеловал Р. и заплакал (в мотиве колодца с его символикой плодородия, возрождения, священного брака, новой жизни воспроизводится сцена сватовства *Ревекки*, Быт. 24). Иаков, полюбивший красивую станом и лицом Р., вынужден служить Лавану в течение семи лет, чтобы получить Р. в жёны. Во время свадьбы Лаван ввёл к Иакову свою старшую дочь — некрасивую Лию. После традиционных семидневных празднеств отдал ему и Р., за которую Иаков служил ещё семь лет. Р., тайно уходя с Иаковом, всеми его домочадцами и слугами из дома Лавана в Ханаан, захватывает с собой статуэтки домашних богов своего отца; тот, догнав беглецов, требует идолов обратно. Иаков, ничего не знавший о краже, обещает Лавану, что похититель будет казнён, но Р. кладёт идолов под верблюжье седло и, ссылаясь на недомогание, остаётся сидеть на нём во всё время поисков, так что они оказываются безуспешными. Умерла Р. во время родов Вениамина и погребена по дороге в Ефрафу (Вифлеем; 35, 19). В дальнейшей библейской традиции Р. и Лия выступают как праматери всего дома Израилева (Руфь 4, 11; Иерем. 31, 15, повторено у Матф. 2, 17—18). Это повествование, как показали клинописные находки (в частности, документы из Нузи), содержит множество реликтов правовых отношений, бытовавших в Северной Месопотамии сер. 2-го тыс. до н. э., которые поясняют значение некоторых фрагментов предания.

В агадических толкованиях предпочтение нередко отдаётся Лии перед Р., хотя чаще утверждается их равенство. Так, обе сестры считаются прародительницами царей, пророков, судей и героев. Из четырёх видов растений, применяющихся для культовых целей во время праздника Кущей и символизирующих четыре праматери — Еву, Сарру, Р. и Лию, как умершая самой молодой, олицетворяется речной вербой, вянущей раньше остальных.

М. Б. Мейлах.

РАХУ́ (Ráhú), в древнеиндийской мифологии *асура*, сын царя *дайтьев* Викпрачитти и дочери *Дакши* Симхики. Р. считался также планетой, вызывающей солнечные и лунные затмения. Когда боги вкушали *амриту*, Р. удалось обманом получить к ней доступ и отпить несколько глотков. Но едва амрита дошла до его горла, солнце и луна заметили Р. в толпе богов и донесли о нём *Вишну*. Вишну срезал голову Р. своим диском, но так как голова демона от амриты стала бессмертной, она не погибла, а вознеслась на небо. С тех пор, желая отомстить луне и солнцу, голова Р. время от времени их заглатывает (Мбх. I 17, 4—9).

П. Г.

В монгольских письменных источниках в основном сохранился индийский мифологический сюжет о Р. Приняв облик бога луны, Р. проникает к *тенгри*, которым бог солнца (или *Хормуста*) вернул ранее захваченный асурами напиток бессмертия (аршан); отведав его, Р. становится бессмертным, прежде чем *Очирвани* удаётся разрубить Р. пополам. С тех пор в отместку Р. периодически заглатывает луну и солнце. В устных традициях монголов (калмыцкая и халхаская версии) Р. (Араха) выпивает аршан и мочится в сосуд (вариант: проглатывает напиток вместе с сосудом). Замена аршана (как дождевой влаги) мочой демона грозит истреблением всего живого на земле. Чтобы не допустить этого, Арья-Бала выпивает содержимое сосуда, отчего весь чернеет, Араху же разгневанное божество рассекает посохом или очиром (оружие *Очирвани*) надвое. Нижняя часть демона проваливается в нижний мир, где становится причиной извержения вулканов, или распадается на заполнивших землю насекомых и пресмыкающихся. Верхняя часть демона (голова) прячется за месяцем (за тучей, деревом), но благодаря солнцу и луне её обнаруживает божество и приковывает к телеге на луне (чем объясняются лунные пятна), к горной вершине, к скале. Голова Арахи периодически заглатывает солнце и луну, вызывая затмения. В мифе тункинских бурят божество преследует Р. за то, что он съел шерсть на только что созданном человеке; иногда он квалифицируется как изобретатель водки. В некоторых бурятских версиях образ Р. раздваивается: Алха, глотающий луну, и Архан-шутхер («дьявол Архан»), глотающий солнце. По представлениям эхиритов и булагатов, Архан-шутхер — маленький волосатый дух, который дразнит *Хухедей-мергена*, навлекая на себя и на своё царство удар громовой стрелы (ангын сум). В некоторых бурятских сюжетах Архан появляется из отрезанной головы поверженного в космической схватке вождя тёмных восточных тенгри Ата Улана. По ордосской версии, Р. — девятиглавое чудовище с десятью тысячами глаз и змеиным хвостом. Когда Р. приближается к солнцу и смрад проникает в 18 ворот находящегося там стеклянного города, его жители запирают ворота, и земля погружается во мрак. В другом ордосском варианте мифа верхняя часть туловища, разорванного надвое Очирвани, находится на солнце, а нижняя — на луне (либо наоборот: у смотрящего на солнце глаза слезятся из-за того, что ему стыдно созерцать нижнюю обнажённую часть тела демона). В дербетской версии Арахи — передняя часть мангуса-людоеда, разрубленного верховным божеством; зад чудовища виден на солнце (это пятна на нём). Арахи же борется с месяцем. В одном халхаском сюжете верхнюю часть чудовища за палочку, продетую в его ноздри, держат солнце и месяц. Имеется халхаское поверье, согласно которому Р. (Арах) сам наделён функцией громовержца и именуется одной из звёзд семизвездия, которая вызывает затмения.

С. Ю. Неклюдов.

РАХШ (фарси, восходит к корню, означающему «свет», «сияние»), в иранском эпосе богатырский конь *Рустама*. Р. избран Рустамом, потому что он один выдерживает тяжесть его руки (известный эпический мотив выбора и испытания коня). Р. — верный товарищ и помощник Рустама: в согдийском тексте о Рустаме (5 в.) он будит его при приближении врагов, в «Шахнаме» во время похода Рустама в Мазендеран Р. убивает дикого льва. Образ Р. вошёл в персидские и таджикские сказки.

И. Б.

РАША́П, Р е́ ш е ф («пламя»), в западносемитской мифологии бог огня и молний, губитель, насылающий мор. Иногда предстаёт как бог войны, покровитель оружия. Отождествлялся с шумеро-аккадским *Нергалом*, в эллинистическую эпоху — с *Аполлоном*. В теогонии Санхуниатона — Филона Библского Р., очевидно, соответствуют «свет», «огонь» и «пламя» — потомки Геноса и Генеи, открывшие людям способ добывания и использования огня; от них происходят гиганты. Р. вошёл в египетский пантеон; почитался также на Кипре. Согласно египетским источникам, Р. носит короткое одеяние, перетянутое ремнями, высокую конусообразную шапку, в руках у него щит, копьё и боевой топор. Одной из ипостасей Р., возможно, являлся палестинско-ханаанейский бог Миккаль. Почитался также хурритами (Иршаппа).

И. Ш.

РА́ШИ (восходит к имени коня *Рахш* в иранском эпосе), в грузинском эпосе быстрые, всемогущие кони героев. Появление Р. необычно: они рождаются из мышц человека, выходят из моря, вырастают из земли. Различаются земные, морские и небесные Р. Земные Р. наделены добрыми функциями, обладают вещим даром, прозорливостью; помогают герою. У морских Р. дикий нрав; герой выводит их из пучины или волшебными удилами, или с помощью земных Р. Молоко морских Р. обладает целебными свойствами, но получение его сопряжено с опасностями. Небесные Р. обычно крылаты, огнедышащи; приручаются с большим трудом, но приручённые становятся верными помощниками героя.

М. К. Ч.

РА́ШНУ (авест.), Р а ш н (среднеиран.), в иранской мифологии дух праведности. Сын *Ахурамазды* и *Армайти*, брат *Аши*, *Митры*, *Сраоши* («Яшт» XVII 16). Вместе с Митрой и Сраошей судья над душами умерших на мосту *Чинват*. Для нелицеприятного взвешивания благих и злых деяний ему доверены весы. Р. — постоянный спутник Митры, вездесущ и всеведущ, часто упоминается в связи с мировой рекой Рангхой как местом его обитания, на вершине мировой горы («Яшт» XII 25).

Л. Л.

РЕВЕ́ККА (греч.); Р и́ в к а (евр.), по ветхозаветному преданию, жена *Исаака*, родившая ему близнецов *Иакова* и *Исава*, одна из четырёх прародительниц еврейского народа. Дочь Вафуила Арамеянина, племянника Авраама, сестра Лавана. Рождение её в арамейской семье города Харрана (одного из культурных центров Северной Месопотамии) указывает на родство евреев с арамейцами, их связь с цивилизацией Двуречья. Р. покидает языческий Харран, повторяя путь Авраама. Но, в отличие от Авраама, призванного в Ханаан непосредственно голосом свыше, Р., как женщина, получает указание через Елеазара, домоправителя Авраама, посланного Авраамом на его родину за женой для сына его Исаака. Сопровождаемый караваном верблюдов, везущих свадебные подарки, Елеазар останавливается у колодца и молится о ниспослании ему знамения — девица, предназначенная в жёны Исааку, должна начерпать воды для всего каравана. Ею оказывается Р., девица «прекрасная видом» (Быт., 24, 16), родственница Исаака. Сопровождаемая пророческим благословением Лавана: «Сестра наша, да родятся от тебя тысячи тысяч!» (24, 60), Р. отправляется в Ханаан и становится женой сорокалетнего Исаака. Вначале Р. была неплодна, но после усиленных молитв Исаака зачала. К великому её удивлению, «сыновья в утробе стали биться» (согласно более поздней легенде, будущий праведник Иаков приходил в движение, когда Р. проходила мимо святых мест, а нечестивый Исав радовался, почувствовав близость идольских капищ. — «Берешит рабба», 63, 6). По преданию (мидраш Га-Гадол к Быт. 25, 32) Исав родился первым потому, что ещё в утробе Р. пригрозил Иакову, что убьёт мать, если тот не уступит ему первородство. Впоследствии Р., полюбившая Иакова за кротость, научила его хитростью возвратить утраченное первородство, а потом, опасаясь мести Исава, уговорила мужа отправить Иакова к своим родным в Харран. В позднейших представлениях Р. выступает защитницей своих потомков перед небесным престолом, как некогда она защитила Иакова от Исава.

Д. В. Щедровицкий.

РЕИТИЯ, в италийской мифологии (у венетов) богиня-целительница и покровительница охоты. О распространении культа свидетельствуют упоминания её имени в венетских надписях.

А. Н.

РЕКОМ, в осетинской мифологии божество плодородия, один из покровителей рода Царазоновых в Алагирском ущелье (Сев. Осетия), позднее божество иронской и туальской этнических групп осетин. Считалось, что храм Р. (в Цейской котловине, близ селения Цей) построен им самим из брёвен, не поддающихся гниению, которые погружались сами собой в арбы, и волы везли их без проводника по назначенной дороге. В храме хранились зрительная труба Р., его шлем, стрелы и другие предметы, обладавшие чудотворной силой. В честь Р. в определённый день в году приносили в жертву баранов, быков, варили пиво и другие напитки и устраивали пир, на котором имели право присутствовать только мужчины. Однажды в день праздника к храму Р. шла женщина, несла на руках ребёнка и гнала перед собой барана, предназначенного в жертву Р. Когда женщина приблизилась к храму, вдруг задул сильный ветер, превративший её, ребёнка и барана в каменные изваяния. Р. приносит изобилие, урожай, охраняет скот, луга, отгоняет чертей и разные болезни, но может и наказать за ослушание. Р. требовал также, чтобы каждый охотник, убивший тура, оставлял его рога в храме, а из мяса животного приготовлял шашлык в честь святого, иначе охотник больше не сможет убить даже дичи. В нартском эпосе Р. возник одновременно с *Мыкалгабырта* и *Таранджелозом* из трёх слезинок бога, пролитых им по поводу гибели нарта *Батрадза*.

Б. К.

РЕНЕНУТЕТ (егип.), Термутис (греч.), в египетской мифологии богиня, охраняющая собранный урожай. Воплощалась в образе змеи, изображалась в виде змеи или женщины со змеёй на голове. Эпитеты Р. — «владычица плодородия», «правительница закромов». Сын Р. — бог зерна *Непери* (иногда их обоих отождествляли с *Исидой* и *Гором*). Считалось, что змея-Р. появляется на поле во время жатвы, следя за тщательностью уборки урожая. Р. дарует изобилие, удачу, богатство, счастье, помогает при родах. Впоследствии она, как и бог урожая винограда *Шаи*, стала почитаться как богиня судьбы. Р., часто вместе с Шаи, упоминается в добрых пожеланиях. Праздник Р., во время которого фараон приносил ей благодарственную жертву, отмечался в день окончания жатвы.

Р. Р.

РЕС, в греческой мифологии фракийский царь, союзник троянцев. Р. на десятый год войны прибывает в троянский лагерь и в первую же ночь становится жертвой *Диомеда* и *Одиссея* (которые нападают на спящих фракийцев, убивают Р. и 12 его соратников и угоняют знаменитых коней Р.) (Hom. Il. X 433—445 и 470—531). По другому варианту (Pind. frg. 262), Р. в первый же день пребывания под Троей сражает в бою столько ахейцев, что Афина побуждает Диомеда и Одиссея пробраться ночью во вражеский лагерь и устранить Р. По происхождению Р., скорее всего, — речное божество, эпоним одноимённой реки в Троаде, его распространение на европейском материке относится к сравнительно позднему времени (здесь отцом Р. считался речной бог Стримон, в то время как малоазийская традиция называла отцом Р. некоего Эионея). Миф о Р. получил обработку в трагедии «Р.», приписываемой Еврипиду, но относящейся, скорее всего, к 4 в. до н. э., и в переложении позднеэллинистического автора Парфения из Никеи (1 в. до н. э.).

В. Я.

РЕФАИМ, в ветхозаветных преданиях древнейшие обитатели Ханаана, люди исполинского роста и огромной физической силы. Они были покорены родственными евреям моавитянами и аммонитянами (Втор. 2, 10—21), а ко времени исхода из Египта почти полностью исчезли с лица земли, сохранились очень немногие из них, например Ог, царь Васанский, железный одр которого «и теперь в Равве у сынов Аммоновых, длина его девять локтей, а ширина его четыре локтя» (3, 11). Ещё во времена Давида существовали «сыны Рафы» (легендарного предка Р.) — четыре брата, имевшие по шесть пальцев на руках и ногах и обладавшие гигантской силой (2 Царств 21, 16—22). Одним из них был великан Голиаф, сражённый юным *Давидом*. С течением веков исчезнувшие Р. стали отождествляться с обитателями подземного или подводного мира (Иов 26, 5), заточённые за грехи «в глубине преисподней» (шеола), с могущественными царями древних идолопоклонников, попавшими в ад. Их подземные судороги — причина землетрясений. Лишь при воскресении мёртвых окончатся их мучения — «восстанут мёртвые тела,... земля извергнет рефаимов» (Ис. 26, 19).

В апокрифических сказаниях (книга Еноха 7, 2—3) Р. отождествляются с «исполинами», рождёнными смертными женщинами от падших ангелов (ср. Быт. 6, 2—5). Страшные чудовища, ростом в 18 локтей, с 16 рядами зубов, они впервые стали вкушать мясную пищу, а от убийства животных перешли к истреблению людей; именно Р. изобрели оружие и начали кровопролитные войны (Мидраш Агада к Быт. 10, 9). Благодаря опасным знаниям, унаследованным от падших ангелов, Р. получили колоссальную власть над природой: они умели «охватывать небесный свод, способствуя низведению дождей» («Берешит рабба» 26, 17; «Сота» 34б). Особую разновидность Р. составляли анаким — великаны с непомерно длинной шеей (народная этимология от 'ănāq, «шея»). Р. погибли «от неразумия своего» («Барух» 3, 26—28), истребляя друг друга, и после смерти стали злыми духами, ненавидящими людей. Лишь некоторые из них, успевшие родить детей, сохранили свой облик в потомстве (книга Еноха 15, 8; книга Юбилеев 7, 29).

Конец «губившим землю» гигантам положил всемирный потоп. Из них одному только Огу удалось спастись в ноевом ковчеге. Исполинский рост унаследовал от Р. также богатырь и охотник *Нимрод*.

Д. В. Щедровицкий.

РЕЯ, в греческой мифологии древняя богиня, титанида, дочь Урана и Геи (Hes. Theog. 135), супруга *Кроноса*, родившая ему Гестию, Деметру, Геру, Аида, Посейдона и Зевса. Кронос, боясь быть лишённым власти, пожирал своих детей, но Р. по совету родителей спасла Зевса. Кроносу вместо сына она подложила запелёнатый камень, который он и проглотил, а сына в тайне от отца отправила на Крит, на гору Дикта (453—486). По одному из вариантов мифа, Р. обманула Кроноса при рождении Посейдона. Она спрятала сына среди пасущихся овец, а Кроносу дала проглотить жеребёнка; сославшись на то, что именно его она и родила (Paus. VIII 8, 2). В период поздней античности Р. отождествлялась с фригийской Великой матерью богов и получила имя Р.-*Кибелы*, культ которой отличался оргиастическим характером. Свиту Р. на Крите составляли куреты и корибанты. *А. Т.-Г.*

РЕ́Я СИ́ЛЬВИЯ, С и́ л ь в и я, И л и́ я, в римской мифологии мать *Ромула* и Рема. По одной версии, приближавшей основание Рима к прибытию в Италию *Энея*, Р. С. была его дочерью или внучкой; по другой, более распространённой,— дочерью царя Альбы-Лонги Нумитора (отсюда вторая часть имени Р. С. от silvius, «лесовик» — прозвище или родовое имя всех царей Альбы-Лонги), изгнанного своим захватившим власть братом Амулием. Амулий, чтобы у Р. С. не было детей, сделал её весталкой. Однако Р. С. родила двух близнецов от полюбившего её Марса (есть версия, что от Амулия в облике Марса). Согласно одним преданиям, Р. С. потом была убита Амулием, согласно другим,— заточена в темницу, откуда её освободили, свергнув Амулия, сыновья, согласно третьим,— она бросилась в Тибр, была спасена богом Тиберином и стала его женой (Liv. I 3; Dion. Halic. I 71; Ovid. Fast. II 598 след.).
Е. Ш.

РИАНГО́МБЕ, Л и а н г о́ м б е, К и р а́ н г а-Р и а н г о́ м б е, мифологический персонаж у бантуязычных народов Межозерья. В легендах Р.— могущественный правитель и сын правителя. По некоторым мифам, он спустился на землю с неба и породил всех правителей. После смерти Р. его душа вернулась в небо. Согласно мифологическим представлениям, Р.— основатель тайного общества Имандва, связанного с культом предков правящего рода (по другим версиям, он унаследовал функции жреца и главы культа от своего деда Бабинга ба Нундо). В одном из мифов, Р. однажды отправился на охоту, чтобы исполнить просьбу жены, дочери великого *Руганзу*,— раздобыть ей шкуру буйвола (вариант: антилопы). Он ранил буйвола, но сам был им убит. Перед смертью Р. приказал всем вступить в общество Имандва и совершать ему ежедневные жертвоприношения и молитвы (последователям культа Р. запрещено есть мясо буйвола); затем Р. удалился на вулкан Мухавура (считающийся его местопребыванием) и стал выращивать на его склонах табак. Узнав, что его плантациям угрожает могущественный Нирагонго, Р. предложил ему встретиться под деревом муко, посвящённым Имандва. Когда тот отказался прийти, Р. с помощью божества *Имана* отвёл своим огненным мечом воду, питавшую земли Нирагонго, и горящими углями зажёг вулкан — жилище Нирагонго. После этого Имана передал Р. управление и власть над людьми, поручив ему заботу об их благополучии.

По другому варианту, Р. при жизни был правителем Мухавура. Один из подчинённых ему вождей — Нирагонго выступил против него. Тогда Р. мечом рассёк его пополам и принудил удалиться на вулкан, верхушку которого он срезал своим огненным мечом. Сбросив туда своего противника, он забросал его головешками. Этот вулкан стал называться Нирагонго.

Существует представление, что некоторые люди могут быть одержимыми Р., то есть представлять Р.; им приносят дары, жертвы. *Е. С. Котляр.*

РИБХУ́ («искусный»), в древнеиндийской мифологии класс низших божеств или полубогов, вызывающих плодородие и богатство. Р. образуют триаду: Рибху (или Рибхукшан, «предводитель Р.»), Вибху (Вибхван), Ваджа. Отец Р. — Судханван, потомок *Ангираса* (однажды к Р. обращаются как к сыну *Индры*, РВ IV 37, 4). Р. достигли божественности из-за их приверженности к добрым делам. Их приглашают на жертвоприношение, испробовать *сому*. Р. особенно тесно связаны с Индрой: они подобны ему (IV 37, 5), помогают вместе с ним смертному одержать победу (V 31), делают для него колесницу и т. д. Вообще, подчёркивается искусность Р., у них хорошие руки. Р. по виду подобны солнцу, у них сияющая колесница и жирные кони, металлические шлемы. Р. поддерживают небо. В «Атхарваведе» (III 30, 2) указывается, что Р. некогда были людьми, которые благодаря *тапасу* приобщились к богам. Боги высоко оценили их труды и сделали их божественными ремесленниками: Ваджу у богов, Рибхукшана у Индры, Вибхвана у *Варуны*. *В. Т.*

РИ́ЙКИ, Р и́ г и, в мифах микронезийцев островов Гилберта дух в облике угря, держатель небес (см. в ст. *На-реау*), повелитель морских рыб, хозяин кокосов (считается, что кокосовый орех, наколотый для питья, напоминает личину угря). Согласно одному из мифов, Млечный путь — тело измученного разделением неба и земли Р. Р. иногда принимает облик мотылька. Р. считается создателем некоторых ручьёв (русло которых извивается подобно телу угря). *М. С. П.*

РИКИРА́Л ДАК («топорогрудый»), мифологический персонаж у лакцев и дидойцев (чалхулчи) — злой лесной дух антропоморфного облика, из груди которого торчит топор. По представлениям лакцев, Р. д. покрыт густой длинной шерстью. Отличается большой силой, неуязвим; однако идёт в услужение к человеку, сумевшему с помощью хитрости вырвать у него клок шерсти.

Р. д. аналогичен кумыкский кылыч тёш («саблегрудый») или темир тёш («железногрудый»). По некоторым поверьям кумыков, кылыч тёш одноглаз; сожительствует с похищаемыми им женщинами, от этих связей рождаются одноглазые дети. Кылыч тёша можно перехитрить. Во дворе в пень втыкают остриём вверх саблю и накрывают её буркой. Полагая, что ею укрыт спящий человек, кылыч тёш, чтобы рассечь его своей саблей, грудью бросается на бурку и напарывается на саблю и погибает. Ср. абх. *Абнауаю*. *Х. Х.*

РИТА́, обозначение универсального космического закона, одно из ключевых понятий древнеиндийского мифологического умозрения. Р. определяет преобразование неупорядоченного состояния в упорядоченное и обеспечивает сохранение основных условий существования вселенной, человека, нравственности. Посредством Р. достигается порядок круговращения вселенной. Поскольку этот порядок совпадает с истиной, то и Р. толковалась как истина в самом широком смысле. Противоположность Р.— анрита, неупорядоченность как лишённость Р. Всеобщий характер Р. проявляется в том, что она управляет и вселенной, и ритуалом; она определяет и физический, и нравственный аспект жизни. Р. была установлена *адитьями*, которые и охраняют её. Более всех богов связан с Р. *Варуна* (и *Митра*), именно он контролирует соответствие между Р. и поступками людей. Р. не видима смертными: «закон сокрыт законом» (РВ V 62, 1), т. е. Р. определяется не извне, а из самой себя; иначе говоря, она определяет всё, включая и самоё себя. Даже деяния богов — не более чем частные проявления Р. Посредством Р. регулируются движение солнца, дождь, жизнь растений, животных, людей, действия богов. В послеведийскую эпоху усиливается этическая интерпретация Р. Понятие Р. восходит к индо-иранским истокам (ср. авест. «аша») и находит себе немало типологических параллелей, ср. др.-греч. *Дике* и т. п. *В. Н. Топоров.*

РИ́ШИ, в древнеиндийской мифологии мудрец, провидец. Особенно известны (уже в «Ригведе») т. н. «семь Р.». Они божественны и сами связаны с богами. Их имена в «Шатапатха-брахмане» (XIV 5, 2, 6): Готама, Бхарадваджа, *Вишвамитра*, Джамад-агни, Васиштха, *Кашьяпа*, *Атри* (ср. Бриход.-уп. II 2, 6), в «Махабхарате»: Маричи, Атри, *Ангирас*, Пулаха, Крату, *Пуластья*, Васиштха. К этим именам добавляются в «Ваю-пуране» *Бхригу*, а в «Вишну-пуране» Бхригу и Дакша (в «Вишну-пуране» «девять Брахмариши»). Среди других имён Р. упоминаются ещё *Вьяса*, *Гаутама*, Канва, *Вальмики*, Ману, Вибхандака. Своим сотворением семь великих Р. или семь *Праджапати* обязаны *Ману Сваямбхуве*. Согласно «Шатапатха-брахмане» (II 1, 2, 4) и другим источникам «семь Р.» были некогда медведями («рикша»), а потом образовали семичленное созвездие Большой Медведицы. Этот мотив, возможно, вызван к жизни сходством древнеиндийских слов для Р. и медведя и числовым показателем 7. Видимо, те же «семь Р.» иногда выступают как семь древних жрецов, про-

славляющих Индру, или семь хотаров, которые вместе с *Ману* принесли первую жертву богам. Наряду с мифологическими Р.— ср. создание ими чудовища для борьбы против врагов (Джайм.-бр. III — сказание о Чьяване) — известны и полулегендарные (напр., те, которым приписывается составление отдельных частей «Ригведы») и реальные Р. (основатели философских систем, аскеты, грамматики и др.).
В. Т.

РО́БИГ (от «ржавчина, поражающая колосья»), в римской мифологии божество мужского (реже женского) пола, защищающее урожай от болезней колосьев и — вместе с богом Авверунком («отвращающим») — римскую общину от бедствий. В таком случае искупительные жертвы приносились Р. в посвящённой ему роще фламином Квирина (Aul. Gell. IV 6; V 12). В праздник робигалии (23 апреля) процессия одетых в белое граждан во главе с фламином Квирина направлялась в рощу Р., где приносили ему в жертву рыжую собаку (воплощение солнечного жара или ржавчины) и ягнёнка с просьбой охранять колосья.
Е. Ш.

РОД, в древнерусских поучениях против язычества (11—12 вв.) мифологический персонаж, воплощающий единство рода. Упоминается вслед за главными языческими богами вместе с женскими персонажами — рожаницами. Р. и рожаницам совершали особые жертвоприношения едой (кашами, хлебами, сырами) и питьём (мёдом). Культ рожаниц, как и других женских персонажей, упоминаемых в форме множественного числа (*берегини, лихорадки* и т. п.) связан с женской средой, представлениями о продолжении рода и судьбе новорождённого, к-рому рожаницы (ср. хорв. роженицы и т. п.) определяют долю. Р. и рожаницам близки образы *Суда* и *судениц* у южных славян.
В. И., В. Т.

РО́ДА, в греческой мифологии: 1) дочь Посейдона (вариант: Асопа) и Амфитриты, сестра Тритона, жена Гелиоса (Apollod. I 4, 5), эпоним острова Родос, где главным культом был культ Гелиоса; 2) одна из кормилиц Диониса (Nonn. Dion. XIV 227); 3) одна из Данаид (Apollod. II 1, 5).
Г. Г.

РО́ДАСИ (от слова «родас», «земля»), в древнеиндийской мифологии: 1) жена *Рудры*; ближайшая подруга *марутов*, находящаяся на их колеснице и несущая удовольствия; у неё распущенные косы; подчёркивается её молодость и асурская природа (см. *Асуры*), упоминаются её сыновья; 2) в двойственном числе парный образ неба и земли: Р. подобны двум юным девицам, непобедимы, исполнены благ. Р.— родители *Сомы*.
В. Т.

РОКА́ПИ, персонаж низшей мифологии грузин; олицетворяет силы зла, возглавляет *кудиани*. В вариантах Р. выступает в облике костлявой старухи с большими зубами, длинным хвостом, огненными глазами. Наказанный богом Р. прикован к железному шесту, вбитому глубоко в землю. Р. каждый год пытается вырвать шест и освободиться из плена, но когда это ему почти удаётся, на шест садится птичка; Р. замахивается на неё палкой, птичка улетает, а шест снова уходит в землю. Ср. *Амирани*, *Абрскил*.
М. К. Ч.

РО́МА, в римской мифологии богиня, персонификация города Рима. Впервые изображения Р., увенчанной *Фидес*, появляются в 204 до н. э. на монетах южноиталийских Локр. Во 2 в. до н. э. её культ стали учреждать попавшие под власть Рима города восточных провинций. Статуи Р. восточные города и народы посвящали также Юпитеру Капитолийскому. Иногда культ Р. сочетался с культом римских полководцев, например Т. Фламинина (Plut. Flamininus 16). В правление Августа культ Р. как на востоке, так и на западе соединяется с почитанием обожествлённого Цезаря и самого Августа. Август и Р. получают общие храмы и общих жрецов. Император Адриан посвятил богине сопровождавшийся играми праздник.
Е. Ш.

РОМИ́-КУМУ́ («женщина-шаман»), в мифах тукано великая богиня-прародительница, у араваков известна под именами Сеуси или Кодидио («бабушка дней»). Р.-К. отождествляется с Плеядами.
Ю. Б.

РО́МУЛ, в римской мифологии основатель и эпоним Рима. О происхождении Р. и его брата-близнеца Рема существовали различные версии: они — сыновья или внуки *Энея*; сыновья рабыни албанского царя Тархетия и духа домашнего очага *Лара*; сыновья *Реи Сильвии* и *Марса* (Plut. Romulus 1—2; Serv. Verg. Aen. VI 774). Близнецов, брошенных по приказу царя Амулия (дяди Реи Сильвии) в Тибр, вынесло на берег под смоковницей, посвящённой Румине, богине вскармливания новорождённых. Там их охраняли и кормили дятел и волчица, потом дети были найдены пастухом Фаустулом, который вместе со своей женой *Аккой Ларентией* воспитал их. Став взрослыми и узнав о своём происхождении, близнецы собрали отряд беглецов и разбойников, убили Амулия, вернули власть в Альба-Лонге деду Нумитору, а сами решили основать новый город. Братьям, ожидавшим необходимого для начала всякого дела знака воли богов — авгурия, явились коршуны: шесть — Рему на Авентине и двенадцать — Р. на Палатине, что предвещало двенадцать веков существования города. С этим связывалось установление в Риме авгурий — гаданий по полёту и поведению птиц. Первым авгуром считался Р.; его авгуральный жезл, которым авгуры отмечали на небе зоны будущего полёта птиц, хранился как особая святыня в курии салиев и якобы не сгорел при её пожаре (Cic. De divinatione I 17). Рем, завидуя предпочтению, оказанному богами брату, стал над ним насмехаться и в разгоревшейся ссоре был убит. Городу, основанному согласно этрусским правилам, Р. дал своё имя и стал его первым царём, учредителем его основных институтов (сената, всадничества, деления народа на патрициев и плебеев, патроната первых над вторыми, легионов и пр.). Для увеличения населения Р. учредил в священной роще бога Лукариса убежище для беглецов, свободных и рабов, массами стекавшихся в Рим. Так как окрестные племена не желали выдавать за них замуж своих дочерей, Р. пригласил на праздник в честь бога *Конса* соседних сабинян с их жёнами и дочерьми и дал приказ римлянам по условному знаку хватать девушек. Сам Р. женился на *Герсилии*. Похищение сабинянок привело к войне с царём сабинян Титом Тацием и его союзником царём Ценина Акроном. Убив последнего в поединке, Р. посвятил его доспехи (spolia opima — доспехи и оружие убитого царя) у священного дуба Юпитеру Феретрию («сражающему»), устроив праздник и торжественное шествие, предвосхищавшее триумф. Храм он посвятил Юпитеру Статору («останавливающему») в благодарность за то, что бог остановил его обратившееся было в бегство войско. При посредничестве Герсилии и других сабинянок с сабинянами был заключён мир и союз. Р. разделил власть с Титом Тацием, и их объединившийся народ стал называться «римский народ квиритов» (по имени Р. и родины Тация города Куры). Они стали почитать общих римских и сабинских богов, повиноваться общим законам. Народ был разделён на три трибы: Рамнов (в честь Р.), Луцеров (по одной версии, происхождение этого названия неизвестно, по другой,— оно было дано в честь союзника Р. этруска Лукумона) и Татиев (или Тициев) (в честь Тита Тация). После смерти Тация Р. стал править один, ведя победоносные войны с соседями и раздавая народу завоёванные земли, что настроило против него патрициев. Когда на 38-м году царствования Р. внезапно исчез, народ, думая, что его убили сенаторы, был готов к возмущению (с этим связывали установление праздника поплифугии, «бегство народа»). Однако Р. явился некоему Юлию Прокулу и велел передать народу, что он вернулся на небо к своему отцу и стал теперь богом *Квирином*, покровителем Рима. Он призывает римлян и их потомков быть мужественными и упражняться в военном деле, что даст им невиданное могущество, и тогда никто не сможет противостоять римскому оружию (Plut. Romulus; Ovid. Fast. I 3—16). С именем Р. были связаны древнейшие святыни и ритуалы Рима («хижина Р.», «гробница Р.» — на месте древних комиций, руминальская смоковница, бег луперков вокруг Палатина, в котором участвовали некогда Р. и Рем, живя у Фаустула; коллегия Арвальских братьев, в которую Р. входил вместе с одиннадцатью сыновьями Акки Ларентии). Миф о Р. впитал различные элементы: древнейшие мотивы близнечных мифов, общеиталийские мотивы об основателях городов (напр., о Цекуле, об основателе города Куры) и общеиндоевропейские представления (по мнению Ж. Дюмезиля) о борьбе и союзе богов трёх социальных функций (Р., Лукумон и Тит Таций). По мере развития «римского мифа» миф о Р. обогащался идеями о богоизбранности римского народа и о предначертанном ему господстве над миром.

Е. М. Штаерман.

РÓНГО, Лóнго, Лóно, Рó'о, Óно, один из главных богов полинезийского пантеона, громовник, хозяин дождя, водных потоков, бог земледелия; у маори как бог мира противостоит воинственному *Ту*. В ряде восточнополинезийских мифов Р.— близнец *Тане* или *Тангароа*, однако чаще он — один из братьев-богов, последовательно рождённых матерью-землёй (*Папа*) и отцом-небом (*Ранги*). В противовес другим богам, создающим всё красное (тёмное), Р.— творец светлого. Согласно некоторым мифам (например, на о. Таити), Р.— дух заклинаний, изгоняющий злых духов. В мифах гавайцев, Р. (Лоно) спускается по радуге на землю в поисках земной жены, находит её, но вскоре убивает из ревности. В горе уплывает он прочь на плавучем острове, чтобы когда-нибудь вновь вернуться (за Р., светлокожего бога, был принят капитан Кук).

Е. М.

РÓХИНИ (от корня со значением «красный»), в древнеиндийской мифологии обозначение: 1) дочери *Кашьяпы* и *Сурабхи* и матери рогатого скота; 2) дочери *Дакши*, вступившего с ней в связь в виде козла (Р. стала антилопой); другой сюжет связан с Р. как любимой женой *Сомы*; 3) жены *Кришны*; 4) двух жён *Васудевы* (отца Кришны) и матери *Баларамы*; 5) дочери *Хираньякашипу*; 6) девятой *накшатры*; дочери *Праджапати* и т. п.

В. Т.

РОШ, Рос (греч.), в греческом и славянском переводе Ветхого завета северный варварский народ (страна), относимый Гогу, «князю Роша, Мешеха и Фувала» (Иезек. 38) — см. *Гог и Магог*. В др.-евр. оригинале Гог назван «князем главой» (др.-евр. неси-рош), но титул был понят в переводе как имя собственное. В раннеисторической традиции (сирийский автор 6 в. Псевдо-Захария Ритор) народ Рос помещён среди др. мифических народов монстров (амазратов-карликов, амазонок, людей-псов, «чёрных народов» — ср. люди дивии и т. п.) к С. от Кавказа. Люди Рос имели такие огромные конечности, что их не могли носить кони. Греки отождествили с народом Р. Русь, совершавшую походы на Византию в 9—10 вв.; видимо, к тому же названию восходит хоронимы византийского происхождения — Росия (с 15 в.— Россия). К ветхозаветным персонажам возводила название реальных топонимов и русская книжная традиция: ср. возведение названия «Москва» к именам легендарного потомка Иафета Мосоха и царицы Квы и т. п.

РУГÁНЗУ, Лугáнзу, в мифах народов Руанды культурный герой. Р. ввёл различные полезные растения — фасоль, батат, банан, в стране появились домашние животные. Р. научил людей плавить руду, строить дома, варить пиво. С ним связано возникновение водопадов, скал. Благодаря ему образовался естественный мост на реке Рузизи (соединяющей озёра Киви и Танганьика). Великан Ньянгара, засадив бананами одну сторону реки, решил перебраться на другой её берег и там продолжить свою работу. Едва он вошёл в воду, Р. бросил ему в спину свой жезл, чтобы заставить его вернуться. Но жезл соскользнул в воду и превратился в скалу. Ньянгара вступил на этот «мост», и с тех пор по нему перебираются через Рузизи.

Р. выступает также в роли мифического правителя, способствовавшего объединению государства Руанда. Ко временам Р. относят установление различных обычаев и обрядов (напр., культ *Риангомбе*, культ мёртвых). Согласно одному из мифов, дочь Р. стала женой *Риангомбе*.

Е. К.

РУДÁ («земная»), в древнеарабской мифологии богиня, почитавшаяся во всей Северной и Центральной Аравии; в пантеоне самудских арабов — верховное божество (наряду с *Нахи*). Р., однако, не упоминается в южных самудских надписях; в них фигурирует *Узза*, что может свидетельствовать о тождестве этих богинь. Очевидно, Р.— богиня земли и плодородия. В сафских надписях упоминания о ней сопровождаются изображениями обнажённой богини плодородия; в самудских — сообщается о принесении в жертву Р. первинок урожая. По другой гипотезе, Р.— «милостивая» — богиня солнца или планеты Венера. Р. являлась также богиней подземного царства, владыкой мёртвых; её эпитет — «госпожа смерти». В оазисе Думат находилась статуя Р. Известно, что Мухаммад приказал разрушить святилище Р., принадлежавшее племени тамим. Возможно, Р. родственно почитавшееся в Пальмире божество земли Арцу, иногда называвшееся Арцубель (Арцу-владыка).

А. Г. Л.

РУДРÁ (объясняется по-разному от глагола «реветь», в связи с «родас», «земля»), в древнеиндийской мифологии божество, персонифицирующее грозу, ярость, гнев; ведийский предшественник *Шивы*. В «Ригведе» ему посвящено три гимна. Подчёркивается разрушительная сила Р., его яростный нрав (Р. считается отцом *марутов* — рудриев). Р.— убийца (один из эпитетов — «мужеубийца»); к нему обращаются с просьбой не убивать ни большого, ни малого, ни выросшего, ни отца, ни матери, не наносить вреда телу, семени, лицам, коровам и лошадям. Смерть насылается Р. и непосредственно, и через яд, через лихорадку. Живёт он на севере, с которым, как и с западом, связано в древнеиндийской модели мира всё плохое. Р. юн, быстр, силён, неуязвим, у него твёрдые члены, спутанные волосы, прекрасные губы; он улыбается, как молния. Вместе с тем он свиреп и разрушителен, как ужасный зверь (РВ II 33, 11), он — «красный вепрь неба» (II 33, 7) и бык, отец мира (VI 49, 10) и великий *асура* небес (II 1, 6). У него колесница, в руке — молния или палица, лук и стрелы (в «Атхарваведе» он не раз называется лучником). В поздних самхитах он тысячеглаз (АВ II 2, 2, 7; Вадж.-самх. XVI 7); его живот чёрен, а спина красна (АВ XV 1, 7—8), у него синяя шея (Вадж.-самх. XVI 7); он медного цвета (или красного), носит шкуру, живёт в горах (III 36; XVI 2—4, 51). Он — многоформен. Связанный со смертью, Р. может и отвращать смерть: его просят о лекарствах, дающих долгую жизнь, его называют исцелителем и лучшим из врачей. Оргиастические черты Р. неотделимы от связываемых с ним представлений о плодородии и жизни. Он окружён зооморфными символами сексуальной силы. Оплодотворяющий дождь — одно из средств Р. против слабости. К Р. обращаются с просьбой: «Да размножимся мы, о Р., через детей» (II 33, 1); о нём говорят: «Да создаст он благо нашему скакуну, здоровье барану и овце, мужчинам и женщинам, быку». С Р. связывают понятие жизненной силы (VII 36, 5), упоминают о его милости, дружбе, готовности защищать и творить благо. Таким образом, Р. соотносим со всеми членами комплекса «смерть — плодородие — жизнь»; недаром его называют Трьямбака, «имеющий трёх матерей» (т. е. три космических царства). Преимущественные связи Р.— с марутами, *Сомой* (в «Ригведе» ещё и с *Агни, Вач, Вишну*). Жена Р., она же подруга марутов,— *Родаси* (как жена упоминается и Рудрани), букв. «земля и небо» (ср. мифологический мотив превращения Р. в быка, брака с землёй, принявшей облик пятнистой коровы, рождения 37 сыновей-воинов — марутов, ставших спутниками *Индры*).

Наиболее известный миф о Р., дошедший в разных версиях, в т. ч. и более поздних, связан с историей жертвоприношения *Дакши*. В другом мифе боги сами призывают Р., чтобы покарать *Праджапати* за его преследования собственной дочери *Рохини* (наконец, иногда и сам Р. рассматривается как плод кровосмесительной связи). Р. участвует как предводитель богов в битве с асурами, возглавлявшимися Ушанасом, из-за *Тары* (Вишну-пур. IV и др.). Тем самым Р. выступает в качестве покровителя рода *Ангирасов* (сам Ангирас, как иногда и Р., считается сыном *Брахмы*; Р. вышел из его головы).

В послеведийской мифологии из культа Р. развивается культ *Шивы*. Само имя Р. (и его эпитеты Пашупати, «хозяин скота», Шарва и т. д.) стало одним из прозвищ Шивы. Иконография Шивы также позволяет разъяснить некоторые черты Р. Рудра возник на индо-арийской почве, хотя некоторые сходные черты прослеживаются и в соседних ареалах (к северо-западу от Индии) или в других культурах (напр., в древнейшей цивилизации долины Инда). Из типологических параллелей особенно интересны: Рудра и крот — Аполлон и мыши (Аполлон Сминфей — «мышиный»).
В. Н. Топоров.

РУ́ДРЫ, в древнеиндийской мифологии класс божеств, связанных с *Рудрой*; первоначально Р. было восемь: Бхава, Шарва, Пашупати, Угра, Махадева, Рудра, Ишана, Ашани; потом одиннадцать: Махан, Махатман, Матхан, Бхишана, Бхаямкара, Ритудхваджа, Урдхвакеша, Пингалакша, Ручи, Шучи, Рудра (Айт.-бр., Шат.-бр.) и тридцать три (Тайтт.-самх. I 4, 11, 1). Обычно отцом Р. считается Рудра. Иногда с Р. отождествляются *маруты*.
В. Т.

РУЕВИ́Т, в мифологии балтийских славян бог войны, отождествляемый западноевропейскими хронистами с римским Марсом. Его атрибуты — семь мечей у пояса и восьмой в правой руке. Дубовый идол Р. имел семь ликов. В культовом центре Коренице на юге острова Рюген из трёх храмов — Р., Поревита и Поренута — главным считался храм Р.; в одном из перечислений богов в др.-исл. «Книтлингасага» Р. стоит на первом месте.
В. И., В. Т.

РУИМО́Н, в осетинской мифологии змеевидное чудовище. Р. рождён от оленя слепым, однако он может стать зрячим и уничтожить людей. Чтобы этого не случилось, небесные духи поднимают его цепью на небо, там отрубают от него мечом куски и раздают их умершим, отчего последние снова молодеют и принимают тот возраст, в котором умерли.
Б. К.

РУ́КМИНИ (др.-инд., «золотая», «украшенная золотом»), в индуистской мифологии первая жена *Кришны*, дочь царя Бхишмаки из страны Видарбха (современный Бирар). По настоянию своего брата Рукмы Р. должна была стать женой Шишупалы (двоюродный брат Кришны), но в день свадьбы Кришна украл её и, победив армии Рукмы и Шишупалы, увёз в *Двараку*, где и женился на ней. У Р. и Кришны было десять сыновей (из которых первый, Прадьюмна, считается воплощением *Камы*) и одна дочь. После смерти Кришны Р. вместе с семью другими его жёнами сожгла себя на погребальном костре мужа. Некоторые кришнаитские секты считают Р. следующим после *Ситы* воплощением *Лакшми*, супруги Вишну.
С. С.

РУЛА́КЬЕ («рождённый из рога»), в тибетской мифологии первый министр в перечне мудрых министров и благородных царей, культурный герой. Его родители: мать — вдова царя *Тригумцэнпо*, отец — горный бог Ярлхашампо. После гибели царя Тригумцэнпо царице приснился сон о Ярлхашампо, который в облике огромного белого яка взошёл на её ложе. Восемь месяцев спустя царица родила сгусток крови, спрятала его в рог от дикого яка и обернула рог в одежды. Заглянув туда несколько дней спустя, она обнаружила маленького мальчика, которого назвали мальчик Япджан, «рождённый из рога».

Р. согнал с трона убийцу царя Тригумцэнпо и пригласил на царство Джа, «Птицу сына царя». Став министром, он одомашнил животных, научил тибетцев заготавливать сено впрок, с именем Р. связывают возникновение пашни, сбор урожая. По другим версиям, Р. обучил тибетцев плавить металлы (золото, серебро, медь, железо), обжигать древесный уголь, изобрёл плуг и ярмо (проделав отверстие в куске дерева), прорыл каналы и осушил землю, через непреодолимые реки построил мосты. По некоторым версиям, функции Р. приписываются другим мудрым министрам.
Е. Д. Огнева.

РУМ («утроба»), в тибетской мифологии представление о мире, откуда всё берёт своё начало и куда всё возвращается, там есть верх и низ, небо и земля, ми — люди и мимаин — нелюдь, сонпо — живые и мисонпо — мёртвые; у живых есть ла, мёртвые делятся на цхун, живущих в могилах (предки, родственники по мужской и женской линии), и тхе, тхеу, живущих в небе; цхун — божества — покровители дома. Мир может представляться также в виде шатра с восемью шестами, образующими небо, которое может вращаться вокруг оси, воображаемой в виде ледяной горы Тисе (*Кайласа*). Вершина горы проходит через центральное отверстие шатра или неба, сквозь которое луна, солнце, звёзды получают свой свет. Для пригималайской и восточной зон Тибета вселенная представляется в виде материка, плавающего в океане на спине огромной рыбы или черепахи, придавленной для большей устойчивости горой (у лепча — это гора Канченджунга), у основания которой иногда находится змей Бегша. В Кхаме, расположенном, по преданию, над головой рыбы, часты землетрясения, от того что, устав держать землю, рыба вертит головой. Согласно буддийской версии, вначале была пустота, но затем со всех сторон поднялся ветер и двигающийся воздух сгустился в крестообразную *ваджру*. Затем хлынули воды и возник внешний океан. Из океана появилась пена, превратившаяся в золотую плёнку. На ней явилось солёное озеро, в середине озера — гора Лхунпо (*Меру*), окружённое семью цепями золотых гор и семью зачаровывающими морями. В морях появились четыре материка со своими спутниками. Всё окружено грядой железных гор. Сквозь Лхунпо прорастало волшебное дерево, чьи плоды — предмет ссоры богов и *асуров*. Боги победили, почтив группу девяти *далха*, обретя взамен девять видов оружия, явившегося само собой.
Е. Д. Огнева.

РУ́НГИС, Ру́дзу ру́нгитис («ржаной Р.»), в латышской мифологии дух зерна, который приносит и насыпает зерно. Р. принадлежит к числу домашних духов; часто он принимает вид чёрной кошки [чему, видимо, способствует близость латыш. rung'is, собств. «круглый, ядрёный» (о человеке или животном) к латыш. runcis, «кот»]. Упоминается как мифологический персонаж уже у Г. Стендера (18 в.). Ср. *Пуке* и т. п.
В. И., В. Т.

РУПАВАЧА́РА, в буддийской мифологии класс божеств, обитающих в *Рупадхату*. Р. не нуждаются в пище, одежде (они рождаются вместе с тончайшим покровом), доме (который также возникает одновременно с их рождением). Хотя запах и вкус в Рупадхату отсутствуют, у Р. есть рот и нос, чтобы они не выглядели уродливыми. Органов деторождения у Р. нет, но нет и полной бесполости. Р. рождаются чудесным образом, их родителями считаются те, кто в этот момент оказался наиболее близко.
О. Ф. Волкова.

РУПАДХА́ТУ («мир имеющих форму»), в буддийской мифологии один из миров, расположенный над «миром желания» Камадхату и под «миром не имеющих формы» — Арупадхату (см. *Брахмалока*, *Девалока*). Описание Р. смоделировано на основании внутреннего йогического медитативного опыта, перенесённого во внешний план существования. В Р. отсутствуют два наиболее грубых чувственных явления — вкус и запах и соответствующие вкусовое и обонятельное сознания. Зрение и слух имеют необыкновенную силу. Р. делится на четыре уровня, соотнесённых с четырьмя ступенями дхьяны — йогического транса. Земной человек, оставаясь телом на земле, может путём дхьянической практики достигать видения определённых уровней Р. и переживания реальности Р. в народных верованиях Р. обычно понимается материально как один из высших миров, в которых перерождаются после смерти люди, овладевшие соответствующей ступенью дхьяны. Четвёртый уровень Р. — это низший уровень мира, не подвергающийся разрушению в самвартакальпе (период разрушения мира огнём, водой и ветром в конце *кальпы*).
О. Ф. Волкова.

РУ́ПЕ, Л у́ п е («голубь»), в полинезийской мифологии дух — покровитель мира и покоя, помощник, глашатай и посланец верховных духов (богов). Выступает в западнополинезийских мифах в облике голубя, женщины (нередко с голубиной головой), в восточнополинезийских — чаще в облике мужчины. Как вездесущая птица Р. связан с разными мирами: подземным, верхним небесным и с земным миром людей (помогает своим родственникам и свойственникам в голод и засуху). В некоторых версиях Р. (в облике голубя) сторожит жилища духов или вход в подземный мир; возвещает духам (богам) наступление дня и ночи. Согласно некоторым версиям Западной Полинезии, Р.— соглядатай, соперник верховных вождей, страж порядка. В восточнополинезийских версиях Р.— предок или брат *Мауи*, его помощник; предок, приёмный отец или брат *Хины*, защищающий её от обидчиков, спасающий от похитителей.

М. С. П.

РУСА́ЛКИ, к у п а́ л к и, в о д я н и́ ц ы, л о с к о т у́ х и и другие, в славянской мифологии существа, как правило вредоносные, в которых превращались умершие девушки, преимущественно утопленницы, некрещёные дети (ср. *Мавки*). Представляются в виде красивых девушек с длинными распущенными зелёными волосами (ср. южнославянских *вил*, западноевропейских *ундин*, реже — в виде косматых безобразных женщин (у северных русских). В русальную неделю, следующую за троицей, выходят из воды, бегают по полям, качаются на деревьях, могут защекотать встречных до смерти или увлечь в воду. Особенно опасны в четверг — русальчин велик день. Поэтому в русальную неделю нельзя было купаться, а выходя из деревни, брали с собой полынь, которой Р. якобы боятся. На просьбы Р. дать им одежду женщины вешали на деревья пряжу, полотенца, нитки, девушки — венки. Всю троицкую неделю пели русальные песни, в воскресенье (русальное заговенье) изгоняли, «провожали» Р. (или весну). Р. обычно изображала девушка, которой распускали волосы, надевали венок и с песнями провожали в рожь. Вталкивая её в рожь, с криками разбегались, а Р. догоняла их. Часто Р. изображали в виде чучела (иногда — обряженного ржаного снопа), несли его в поле и там оставляли на меже или разрывали и разбрасывали по полю. Известны случаи потопления чучела, сопровождавшиеся имитацией церковного отпевания. В этом варианте обряд проводов Р. испытал очевидное влияние «похорон Костромы». В южнорусских и поволжских областях известен ритуал «вождения русалки».

Образ Р. связан одновременно с водой и растительностью, сочетает черты водных духов (иногда Р. представляли в свите *водяного*) и карнавальных персонажей, воплощающих плодородие, типа Костромы, *Ярилы* и т. п., смерть которых гарантировала урожай. Отсюда вероятна и связь Р. с миром мёртвых; по-видимому, под влиянием христианства Р. стали отождествлять лишь с вредоносными «заложными» покойниками, умершими неестественной смертью. Возможно, название Р. восходит к древнерусским языческим игрищам русалиям, известным по церковно-обличительной литературе. Возможно наименование Р. заимствовано славянами на Балканах, где античные поминальные обряды носили название розалии.

РУСТА́М (фарси; восходит к ср.-иран. Ротастахм «богатырь»), герой иранского эпоса, богатырь. Образ Р. принадлежит к систанскому, или сакско-согдийскому, эпическому циклу и отсутствует в «Авесте». В ряде источников Р. выступает как противник зороастризма. Первое сохранившееся письменное упоминание о Р. содержится в согдийском фрагменте 5 в., повествующем о битве Р. с *дэвами*. Как Ротастахм Р. фигурирует в среднеиранских поэмах «Ядгар Зареран» и «Драхт Асурик», в «Бахман-Яште» (в нём он — борец против арабского нашествия). В «Шахнаме» Р.— чудесно родившийся сын богатыря Заля и Рудабы, дочери кабульского владыки Мехраба из рода *Заххака*. Дед Р.— богатырь из рода *Джамшида* и Сама-Самы (сын Гаршаспа-Керсаспы и внук Исрита-*Триты*) Нариман (также Сам, прославившийся своими подвигами на службе у Фаридуна (см. *Траэтаона*). Богатырская мощь Р. проявляется уже в детстве: он убивает булавой дикого белого слона, выбирает себе могучего коня *Рахша*. Выросши, Р. становится главной опорой иранских царей в борьбе против туранцев, возглавляемых *Афрасиабом*. Р. возводит на престол первого царя династии Кейянидов *Кай Кубада*, неоднократно спасает *Кай Кавуса*. При спасении Кай Кавуса, попавшего во время похода в Мазендеран в плен к белому дэву, Р. совершает семь подвигов: убивает дикого льва, дракона-аждарха, чародейку-ведьму, белого дэва, находит чудесный источник, берёт в плен разбойника Авлада, умерщвляет мазендеранского шаха Аржанг-дэва. Р.— воспитатель Сиявуша (см. *Сйаваршан*); мстя за его смерть, Р. вместе с его сыном *Кай Хусроу* идёт войной на Афрасиаба, в которой тот погибает (во время боёв с туранцами Р. убивает чудовищного Акван-дэва). В Самангане Р. влюбляется в дочь царя — красавицу Тахмину, которая после его отъезда рождает от него сына — богатыря *Сухраба*, служащего Афрасиабу. Во время похода Сухраба в Иран по воле рока происходит трёхкратный поединок не опознавших друг друга Р. и Сухраба. В третьем поединке Р. хитростью одолевает и убивает Сухраба, и лишь после этого узнаёт сына. Также волей рока Р. вынужден вступить в бой со своим внуком *Барзу*, любимым другом Исфандияром. С помощью хитроумного Заля, наученного *Симургом*, Р. узнаёт, что глаз — единственное уязвимое место Исфандияра, и пронзает его отравленной стрелой. Невольный убийца сына и друга, Р. погибает, попав в волчью яму, приготовленную его коварным братом Шагадом.

И. С. Брагинский.

РУФЬ, в ветхозаветных преданиях моавитянка, прабабка царя *Давида*. Из любви и сострадания к своей свекрови Ноемини, переселившейся во время голода из Иудеи в Моав и лишившейся там мужа и двоих сыновей (один из которых был мужем Р.), Р. вместе с ней отправляется в Вифлеем Иудейский, где она делит с Ноеминью все тяготы жизни, собирая в поле колосья и принося их свекрови (Руфь 2, 2—3). Владелец поля, знатный вифлеемлянин Вооз, дальний родственник её умершего мужа, восхищённый благородством Р., берёт её в жёны. У них рождается сын Овид, которого Ноеминь нянчит, как своего ребёнка (4, 16—17). Согласно агаде, Р. в награду за своё человеколюбие дожила до дней своего праправнука, царя Соломона, и дивилась его мудрости, сидя справа от него во время суда («Рут рабба», 2, 2).

Д. В. Щедровицкий.

РУХА́НГА, в мифах ньоро божество, демиург и культурный герой. По приказанию Р. его брат Нкья стал первым обитателем земли. В те времена небо было очень близко к земле, оно опиралось на дерево и столб, скреплённые между собой железным стержнем. Р. велел Нкья обломать ветви дерева, чтобы построить жилище. Но тот не смог даже согнуть ветви. Р. подбросил камень так, что он раскололся на три части, ставшие ножом, топором и колотушкой. Отдав их брату, Р. показал ему, как срезать деревья и травы и как построить себе хижину. Однажды Нкья спросил у Р., зачем он сделал ни для чего непригодное тело и желудок. Тогда Р. создал коров и, срезав дерево, выдолбил из древесины сосуд для молока. Затем он создал растение, на котором тотчас же в изобилии выросли тыквы.

По другому варианту мифа, у Р. было двое сыновей-близнецов, посланных им на землю. Один из них, Кагаба, участвовал в творении вместе с Р. и служил посредником между ним и людьми. Другой сын стал первым человеком и получил от Р. жену. Оба брата жили на земле, окутанной тьмой и холодным туманом, пока Кагаба не создал солнце, луну, ночь и сон. Затем Кагаба, соорудив хижину и снабдив оставшегося на земле брата семенами тыквы для посева, вернулся на небо. С неба он послал брату огонь в виде молнии, которая упала на сухую траву. Первый человек стал варить на огне плоды тыквы. Своих трёх сыновей он послал к Кагаба, чтобы тот дал им имена. На своём пути они нашли голову коровы, верёвку для привязывания коров во время доения и корзину элевзины. Старший схватил корзину с элевзиной и стал первым земледельцем; второй взял верёвку и стал первым пастухом; а младший забрал голову коровы и стал вождём; от него произошёл род вождей ньоро.

Е. С. Котляр.

РЫНЫБАРДУАГ, в осетинской мифологии повелитель болезней. Представлялся в облике страшного чудовища. Р. всё видит и замечает, где и как усердно люди молятся ему, и в зависимости от этого он избавляет их от болезней. Во время эпидемий и эпизоотий молодые люди группами обходили селения, которым угрожали болезни и распевали песни во славу Р. Люди давали им овец и коров, которых затем приносили в жертву, чтобы избавить людей и скот от страшной гибели. В ряде сёл Осетии есть святилища Р., одно из них в селении Цамат Дагомысского ущелья.

РЮБЕЦА́ЛЬ, в германской низшей мифологии горный дух, воплощение горной непогоды и обвалов. Являлся людям в образе серого монаха, хорошим помогал, плохих сбивал с пути, заманивал в пропасть.

М. Ю.

РЮ́РИК, СИ́НЕУС И ТРУ́ВОР, в древнерусских легендах генеалогические герои, первые русские князья. Согласно т. н. легенде о призвании варягов (полный текст в «Повести Временных лет» под 859—62) приходившие «из-за моря» (Балтийского) варяги (др.-рус. название скандинавских викингов) собирали дань с племён чуди, веси, словен и кривичей, чинили им насилие и были изгнаны ими. Из-за возникших усобиц эти племена решили поискать себе князя, который владел бы ими «по праву». Они отправились к варягам, звавшимся русь, и призвали их на княжение: «Земля наша велика и обильна, а порядка в ней нет. Придите княжить и владеть нами» (этот летописный пассаж совпадает с формулой призвания саксов бриттами, согласно «Деяниям саксов» хрониста 10 в. Видукинда Корвейского, что позволяет предполагать для этих формул призвания общий эпический источник). На княжение избрались три брата, Р., С. и Т. «с родами своими» и, взяв с собой «всю русь» (характерное обозначение дружины как «всего народа»), утвердились в города: старший Рюрик в Новгороде (по др. версии первоначально в Ладоге), Синеус в Белоозере, Трувор в Изборске. Братья Рюрика вскоре умерли, он же стал основателем династии (см. также *Олег Вещий*). Существует «народная этимология» имен Р., С. и Т., приписывающая образы братьев Рюрика домыслу летописца, неверно понявшего предполагаемый скандинавский текст легенды: Рюрик пришел «со своим домом» («сине-хус») и «верной дружиной» («тру-воринг»). Однако древнерусская легенда соотносится со сказаниями других народов о переселении части (обычно трети) племени во главе с тремя (или двумя) братьями в далекую страну: ср. книжное предание о переселении асов из Азии в Скандинавию во главе с *Одином* и двумя его братьями, предание о призвании потомков Одина саксов Хенгиста и Хорсы «из-за моря» в Британию (они отправились туда на трех кораблях) и т. п. Предания о призвании князей — широко распространённый сюжет, как и основание культовых, государственных, генеалогических традиций культурными героями — братьями: ср. *Кия, Щека и Хорива* в предании об основании Киева, Сима, Хама и Иавета, как первопредков всех народов (упомянутых и в начале «Повести Временных лет»), а также традиционное в средневековье деление мира на три части — Европу, Азию, Африку, известия восточных источников о «трёх видах русов» и т. п.

В. Я. Петрухин.

СА, согласно мифологическим представлениям чеченцев и ингушей, душа, которую имеют все объекты и явления живой и неживой природы; ассоциируется со светом. День связан с появлением С., ночь — с её сокращением до минимальных размеров (С. «находится в кулаке»). В более поздних поверьях лишь живые создания наделены С. В человеке сочетаются С. (духовное начало) и кровь (материальное начало). У спящего человека С. в облике какого-нибудь существа (в одном мифе — в облике мухи) временно покидает тело человека, чтобы попутешествовать. Проснувшийся воспринимает это «путешествие» как приснившийся ему чудесный сон (который бывает пророческим). *А. Т.*

САБА́ЗИЙ, С а б а́ с и й, фригийское божество, которое в греческой мифологии отождествляется с Дионисом-Загреем, сыном Зевса-змея и Персефоны (Diod. IV 4, 1). Культ С. распространился в Греции в 5 в. до н. э., затем в Риме, где слился с культом Юпитера. Священным животным С. была змея. *А. Т.-Г.*

САБА́КТ, СМАРА́Г, СИНТРИ́Б, в греческой мифологии три злых демона, заставляющих трескаться посуду в горшечных мастерских и металл в кузницах. Чтобы умилостивить демонов, в кузницах держали непристойные статуэтки-апотропеи (Hom. Epigr. XIV 8—10; Poll. VII 108). *Г. Г.*

САБАЛЕЙПБЬЯ («бабочка риса»), в мифологии каренов, таунгу и других народов Бирмы божество, дающее урожай риса. С. очень пуглив и может улететь от людей. Во время сева проводили обряд привлечения С.: разбрызгивали воду над кучами камней, чтобы с дождём появился С. *Я. Ч.*

САБДА́Г («владетель земли»), в тибетской мифологии локальные божества, имеющие антропоморфный облик (старухи с мешком, с посохом, старухи, сидящей верхом на баране), зооантропоморфный (тело человека с головой мыши, крысы, сурка, свиньи, кабана) либо не имеющие никакого иконографического облика. С. обитают на земле, в пещерах, расселинах на севере и северо-востоке, в домах; в их число входят лха, ньян, обитающие на деревьях и скалах, шибдаг — «владетели места». Считалось, что С. оказывают влияние при постройке дома, его ремонте, во время путешествия; они насылают чуму, моровую язву (С. с мордой мыши, крысы, сурка). Но враждебность С. нейтрализуется с помощью обрядов, обращённых к С. со свиной и кабаньей мордой (эпидемии, путешествия, эпизоотии) и к «Матери всех С.» («хранительнице дверей земли», «старой матери гневной»), которая покрыта восемьюдесятью морщинами, едет верхом на баране, одета в жёлтые одежды. Её небесный аналог — «царица зенита-небесный сурок», у которой складки век, носа и рта покрывают нос, рот и подбородок. Её земляной аналог — богиня «чёрная куча взрыхлённой земли» в облике чёрной женщины с серпом в правой руке и мешком, полным болезней,— в левой. С. Нанглха, домовой, в разное время года живёт в разных частях дома, в самое холодное время — в очаге. С. холма Марпори, на котором находится *Потала*, считается горный бог Ньянчентханлха. Название С. как земного духа-хозяина (*эдзен*, гадзын эдзен, «владыка земли» — возможно, калька с тибетского) перешло в мифологию монгольских народов. *Е. Д. Огнева.*

СА́ВА, С а́ в в а (сербохорв. Свети Сава); образ восходит к реальному историческому лицу, жившему в 12 — нач. 13 вв. и канонизированному православной церковью), персонаж южнославянской мифологии. В сербском фольклоре С. связан с возвышенными местами. Ему приписывается оживление мёртвых, исцеление слепых, несгораемость его собственного тела, способность превращать борзых в волков (ср. общеславянский образ волчьего пастыря — Юрия, Георгия), людей в животных, иссечение железной воды из камня. С. создаёт кошку для борьбы с мышами (общеславянский мифологический сюжет, ср. *Попел* и т. п.). С. отнимает солнце у дьявола, предводительствует тучами, несущими град; гром, гремящий в день святого С., считается важным предзнаменованием. Связь С. со скотом и тучами объясняет, в частности, представление о тучах как о скоте С. В пост на день святого С., называвшийся савицей, не едят мяса четвероногих животных, чтобы уберечь их от волков. Роль С. как покровителя животных позволяет связать его с общеславянским богом скота *Велесом*. *В. И., В. Т.*

САВАО́Ф, Ц е б а о́ т, одно из имён бога в иудаистической и христианской традициях. В библейских пророческих книгах встречается в сочетании «Господь воинств», что по-гречески передаётся двояко: «вседержитель», «владыка сил» (воинств). Под «воинством» С. подразумеваются солнце, луна и звёзды, «всё воинство небесное» (Втор. 4, 19), выступающие стройно и послушные «уставам неба» (Иов 38, 32—33). «Цебаот» означает также бесчисленные сонмы пророческих ангелов (книга Еноха 72, 1; Берахот 11б; Пирке рабби Елиезер 4), объединённых в четыре сонма (воинства) под начальством Михаила, Гавриила, Уриила и Рафаила. По образу небесного создано и «земное воинство», поддерживая которое (Исх. 12, 41 и др.), не только ангелы, но и «звёзды с путей своих» сражаются с врагами (Суд. 5, 20). На помощь пророкам нисходят с небес «колесницы огненные» (4 Царств 6, 17). Имя С. часто упоминается в связи с *херувимами*, осеняющими ковчег завета — символ божественного присутствия на земле. В имени С., таким образом, выражена идея единства всех «воинств» вселенной, построенных по принципу иерархии и соединённых в акте славословия С. (Пс. 148). *Д. В. Щедровицкий.*

САВЕРИГА́ДИНГ, в доисламской мифологии бугийцев острова Сулавеси эпический герой, внук *Батара Гуру* и *Ве Ньилитимо*. В цикле мифологических поэм «Ла Галиго» С. в молодости совершает далёкие морские путешествия. Он посещает также небо и страну мёртвых (Валиала). В стране Чина (т. е. в земле бугийцев) он находит принцессу Ве Чудаи, на которой женится. После земной жизни С. и Ве

Чудаи отправляются в нижний, подводный мир, где С. принимает от *Гуруурисэллэнга* престол и титул владыки океана (Опусамуда).
Ю. С.

САВИТА́Р (от «су-», букв. «порождающий»), в древнеиндийской мифологии солярное божество. В «Ригведе» ему посвящено 11 гимнов. С. особенно тесно связан с *Сурьей*, иногда эти оба имени обозначают попеременно одно и то же божество, в других случаях С. отождествляется с Сурьей [(РВ V 81, 2—3); ср. также отождествления с *Бхагой* (VII 37, 8), *Митрой* (V 81, 4), *Пушаном* (V 81, 5)]; наконец, С. (X 85) — отец Сурьи. Как солнечное божество С. разъезжает на колеснице, запряжённой конями, по небу или между небом и землёй, восходит на небесные высоты, пробуждает по утрам весь мир и богов, приводит ночь и ночной покой, предшествует дню и ночи, членит время (в частности, определяет сроки жертвоприношения). С. торопит солнце, которое подчиняется ему (как и ветер). Универсальное определение С.— «золотой» (таковы его глаза, язык, руки, волосы, одежда, колесница, кони). С. обладает и другими космологическими функциями: он заполняет воздушное пространство (IV 52, 2—3; VII 45, 1), управляет миром (его называют господином творения и господином мира, IV 53, 6), приводит в покой землю и укрепляет небо (X 149, 1), удерживает небо (IV 53, 2), охватывает тройное воздушное и небесное пространство, приводит в движение три неба, три земли, охраняет людей тремя обетами (IV 53, 5; число три особенно характерно для С.). С. простирает руки (он — «широкорукий») и даёт свет, указывает путь водам; боги, которым он предписывает бессмертие (IV 54, 2), следуют его советам (II 38, 9). С. приносит и распределяет дары, богатство, сокровища, счастье (он — «бог счастья», V 82, 3), силу, даёт долгую жизнь (назначает жизненный срок; его молят о детях), изгоняет болезни, лечит от истощения, ограждает от колдовства, защищает жертвователя, забирает грехи. С.— «мудрейший из мудрых» (V 42, 3), он знает источник океана, возбуждает мысли; он может принимать все формы (V 81, 2); он — *асура* и иногда причисляется к *адитьям* (VIII 18, 3). В «Ригведе» С. связан ещё с *Сомой*, *Ушас*, *Апам Напатом*; упоминается (X 130, 4), что он соединился с Ушних — кобылой солнца. У С. есть дочь — Сурья. Некогда отец прочил её в жёны Соме, но в состязании за право обладать Сурьей победили *Ашвины*, и она стала их подругой. В «Тайттирийя-брахмане» дочь С.— Сита, любившая Сому, но Сома был привязан к *Шраддхе*. С. дал дочери средство, с помощью которого Сома полюбил её (II 3, 10, 1—3). В истории жертвоприношения *Дакши Рудра* лишил С. рук, но потом вернул их ему. В ранней версии («Каушика-брахмана») боги дали С. золотые руки. В «Махабхарате» и пуранах С. изображается одноруким. В эпосе С. выступает в эпизоде битвы богов с *Раваной* и его спутниками: когда боги были близки к поражению, С. раздробил колесницу предводителя *ракшасов* Сумалина и поразил его самого, обратив в прах, после чего ракшасы отступили. Тем не менее в эпосе значение С. заметно падает.

Индийская традиция рассматривает С. как образ восходящего и заходящего солнца; некоторые видят в С. один из аспектов *Варуны*; есть точка зрения, согласно которой С. первоначально был персонификацией абстрактного принципа стимулирования; связь его с солнцем — результат позднейшего развития.
В. Н. Топоров.

СА́ВИТРИ (др.-инд., «солнечная»), в древнеиндийской мифологии: 1) персонификация священного ведийского метра гаятри, дочь бога *Сурьи*, которую он отдал в жёны Брахме, или дочь и жена Брахмы, идентифицируемая с богиней *Гаятри*; 2) героиня одного из мифов «*Махабхараты*», дочь царя мадров Ашвапати. С. избрала себе в супруги Сатьявана (сына слепого царя Дьюматсены, лишившегося своего трона), хотя *Нарада* предупредил её, что Сатьявану осталось жить только один год. Когда настал предсказанный день смерти Сатьявана, С. последовала за мужем в лес, где он рубил дрова, и Сатьяван умер у неё на коленях. В тот же момент С. увидела бога смерти *Яму*; он извлёк из тела Сатьявана душу и понёс её на юг, в обитель мёртвых. С. пошла вслед за Ямой, не отставая от него ни на шаг; тронутый её преданностью мужу, Яма задал ей несколько вопросов. Она отвечала на них столь мудро и благочестиво, что в награду Яма сначала подарил её свёкру зрение и царство, затем обещал, что у неё родится сто сыновей, и, наконец, вернул Сатьявану жизнь (Мбх. III 273—283). В индийской традиции С. почитается образцом верной и мудрой жены.
П. Г.

СА́ВСКАЯ ЦАРИ́ЦА, легендарная царица Сабейского царства (Сабы) в Южной Аравии. Согласно ветхозаветному преданию, С. ц., услышав о славе царя Соломона, пришла в Иерусалим испытать его загадками и изумилась его мудрости (3 Царств 10, 1—13). В легендах агады государства С. ц.— волшебная страна, где песок дороже золота, растут деревья из Эдемского сада, а люди не знают войны. Соломон, в случае отказа С. ц. явиться к нему, угрожает наслать на неё «царей с пехотой и колесницами», имея в виду подвластных ему демонов, зверей и птиц (Мидраш к Притч. 1, 4). По некоторым преданиям, у С. ц. были козлиные ноги (вероятно, отголоски мифа о зооморфной богине луны Южной Аравии); чтобы проверить, так ли это, Соломон заставляет её пройти по хрустальному полу, принятому С. ц. за озеро. В Новом завете С. ц. именуется «царицей южной» и противопоставляется тем, кто не желает внимать мудрости Иисуса (Матф. 12, 42). В мусульманских легендах имя С. — *Билкис*. В эфиопских преданиях Соломон и С. ц. — родоначальники трёхтысячелетней династии императоров Абиссинии (ср. Деян. 8, 27).
Д. В. Щедровицкий.

СА́ГАРА, в индуистской мифологии царь *Солнечной династии*. Одна из жён С. Кешини родила ему сына Асаманджу; другая, Сумати, родила огромную тыкву, 60 000 семян которой С. поместил в сосуды с молоком, со временем из каждого семени вырос юный царевич. Своим сыновьям С. поручил охранять коня, предназначенного для царского жертвоприношения. Но коня похитил *Индра*, и царевичи нигде на земле не могли его найти. Тогда они вырыли гигантское ущелье и по нему проникли в подземный мир — *паталу*. Увидев там коня, пасшегося неподалёку от мудреца Капилы, они посчитали Капилу вором и оскорбили его. Разгневанный Капила своим огненным взором сжёг их. Потом сыновей С. обнаружил Аншуман — сын Асаманджу. Он умилостивил Капилу, и тот предсказал, что потомок Аншумана возродит сыновей С. к жизни, если сведёт с неба реку *Ганга* и она омоет их прах. Силой своего покаяния внук Аншумана Бхагиратха низвёл Гангу на землю, и как только она коснулась останков сыновей С., царевичи обрели тело и живыми взошли на небо. Протекая по земле, воды Ганги заполнили ущелье, вырытое сыновьями С., и с тех пор оно стало в их честь называться Сагарой, т. е. океаном.
П. Г.

САГУНДЖА́ («четверо благородных»), в корейской мифологии священные растения (слива, орхидея, хризантема и бамбук), символизирующие мужество, дружбу, честность и творческую молодость.
Л. К.

САДЖИКСИ́Н, в корейской мифологии высшие духи, покровители земли и злаков. Генетически восходят к древнекитайским Шэ цзи. Впервые культ С. распространился в древнекорейском государстве Когурё в 4 в. В 783 в Силла был принят официально культ С., возведённый конфуцианством в государственный. С воцарением династии Ли в столичном городе Хансоне (ныне Сеул) под горой Инвансан были сооружены два храма духам земли (Куксадан) и злаков (Кукчиктан), которые считались опорой государства. Один символизировал восток, другой — запад. Возле них в направлении с севера на юг возвышались два столба, воплощавшие тело духов С. Трижды в году — в первых числах 2-й, 8-й и 12-й луны в столице в присутствии государя совершались великие жертвоприношения.
Л. К.

САДКО́, русский былинный герой, сохранивший мифологические черты. По гипотезе сторонников исторической школы, образ С. восходит к летописному новгородскому купцу Сотко Сытиничу. Согласно

новгородским былинам, гусляр С., игра которого полюбилась Морскому царю, бьётся об заклад с новгородскими купцами о том, что выловит рыбу «золотые перья» в Ильмень-озере, с помощью Морского царя выигрывает заклад и становится «богатым гостем». С. снаряжает торговые корабли, но не останавливаются в море: гусляр должен спуститься по жребию на морское дно. Оказавшись в палатах Морского царя, С. играет для него, тот пускается в пляс, отчего волнуется море, гибнут мореплаватели. С., по совету явившегося ему Миколы Угодника, прекращает игру, обрывая струны гуслей. Морской царь предлагает С. жениться на морской девице, и гусляр выбирает, по совету Миколы, Чернаву (ср. распространённый фольклорный сюжет о женитьбе у водяного). С. засыпает после свадебного пира и просыпается на берегу реки Чернава. Одновременно возвращаются его корабли, и С. в благодарность возводит церкви в Новгороде. По-видимому, образ С. является результатом поздней трансформации индоевропейского образа мифического жениха дочери океана.
В. В. Иванов, В. Н. Топоров.

САККА, в мифах нанайцев, орочей и др. тунгусо-маньчжурских народов Приамурья злой дух. В С. превращается душа человека, не попавшая в мир мёртвых (*буни*) из-за нарушения экзогамных запретов, или ребёнка, родившегося от кровосмесительных связей. С. представляют в виде маленького уродца, блудливого и жестокого развратника, который преследует женщин и детей. Для изгнания С. изготовляли фигурку из дерева или травы (иногда неприличного вида), в которую шаман заманивал С., а затем, засунув её в мешок или сеть, уносил из жилища подальше в лес.
Е. Н.

САЛАМАНДРА, по древним представлениям животное, способное жить в огне, не сгорая, своего рода субстанция огня. В то же время считалось, что С. способна затушить пламя необыкновенным холодом своего тела. В средневековой магии и алхимии С. считалась духом огня, составленным из его чистейших частиц, воплощением этой субстанции и символом философского камня в его красном воплощении. В средневековой иконографии С. символизировала праведника, хранящего покой души и веру среди превратностей и ужасов мира. Согласно некоторым каббалистическим трактатам, для подчинения С. и овладения его сущностью следовало свести в стеклянном сосуд солнечные лучи при помощи системы зеркал, где из них кристаллизовалась солнечная субстанция.
С. Ш.

САЛИХ, в мусульманской мифологии пророк, посланный аллахом к народу *самуд* с увещеваниями. Большинство самудян сочло его «очарованным» (26:153), смеялось над ним и его проповедями (54:24—25; 69:4). После того как аллах послал самудянам знамение — верблюдицу, С. просил, чтобы они оставили её пастись на их землях и поили из своих колодцев (7:71, 26:155; 14:28). Однако самудяне предпочли заколоть верблюдицу, поручив это «злочастнейшему» из них (7:75; 11:68; 26:157; 54:29; 91:12), и говорили потом С.: «Приведи к нам то, что ты обещаешь, если ты посланник» (7:75). За их нечестивость аллах через три дня послал «на них единый вопль, и они стали, как трава строителя оград» (54:31), «... и постигло их сотрясение, и наутро оказались они в своём жилье поверженными ниц» (7:76).

Рассказ о С., подобно всем кораническим рассказам о пророках (ср. *Муса, Нух*), содержит много параллелей к начальному периоду пророческой деятельности Мухаммада, но в данном случае они более конкретны и осязаемы, чем в историях, восходящих к Библии, что объясняется местным аравийским происхождением образа С. Однако доисламский пласт соответствующих аравийских преданий ещё не поддаётся достоверной реконструкции. Позднее предание добавляет к кораническому рассказу дополнительные детали и объяснения. В частности, в предании зафиксировано представление, что С. сам создал верблюдицу из скалы.
М. Б. Пиотровский.

САЛМОНЕЙ, в греческой мифологии сын Эола (родоначальника племени эолийцев) и Энареты, брат Кретея, *Сисифа* и *Афаманта* (Apollod. I 7, 3). От Алкидики имел дочь Тиро (Hom. Od. XI 234). С. переселился из Фессалии в Элиду, где основал город Салмону. Возгордившись, С. стал уподоблять себя самому Зевсу и присваивать приносимые богу жертвы. Влача за колесницей высушенные шкуры вместе с медными кувшинами, он заявлял, что производит гром, а бросая в небо зажжённые факелы, имитировал молнии. За дерзость Зевс поразил его перуном и уничтожил Салмону вместе со всеми жителями (Apollod. I 9, 7; Verg. Aen. VI 585 след.).
М. Б.

САЛЬМЕ, в эстонской мифологии дева, «невеста звезды». Согласно народным песням, С. вылупилась из яйца, снесённого курицей. В сюжете небесной свадьбы к С. сватаются солнце, луна и звезда, старший сын Полярной звезды. С. отказывает солнцу и луне, потому что солнце портит посевы в засуху, а у луны слишком много обязанностей: она рано встаёт и следит за всем, что происходит. С. выбирает звезду за скромный нрав, и та уводит невесту, обещая спрятать её за облаками, превратить в вечернюю зарю. Образ С. возник под влиянием балтийских мифов о небесной свадьбе — ср. *Аушра*.
А. А.

САЛЮС («здоровье»), в римской мифологии богиня здоровья, благополучия, процветания. Возможно, некогда почиталась на вершине Салютаре (одной из вершин холма Квиринал), после синойкизма став общеримской. С ней был связан древний, возобновлённый Августом обряд augurium Salutis — в период прекращения военных действий ежегодные обращения к богам с вопросом, дозволено ли просить о благополучии Рима. С. имела несколько храмов и жрецов, иногда обслуживавших также культ Spes Bona («надежды на лучшее»). Как С. Августа, С. римского народа, С. войска изображалась на монетах императоров.
Е. Ш.

САМА (авест., пехл.), **Сам** (фарси), **Сом** (тадж.), персонаж иранской мифологии. В «Авесте» С. — родоначальник Самов (Самидов), «сильнейший» из которых — *Трита*. В среднеиранских источниках С. — потомок *Йимы*, победитель дэвов и чудовищ (в т. ч. *Ажи-Дахаки*), подготовляющий окончательную победу добра над злом. С. отождествляется с *Керсаспой* (Гаршаспом), иногда считается его предком, иногда — потомком. В «Шахнаме», «Сам-наме» С. — богатырь на службе у шахов Ирана (обычно — у Манучехра), он — отец Заля (Дастана), дед *Рустама*, брат (или сын) Наримана.
И. Б.

САМАНТАБХАДРА («всецело добрый»), в буддийской мифологии: 1) *бодхисатва*. Образ и имя С. встречаются во многих сутрах махаяны, как, например, в «Суварнапрабхасе», в некоторых текстах цикла «Праджняпарамиты». В «Саддхармапундарике» описывается чудесное явление его перед буддой *Шакьямуни*, где он обещает защищать учение будды и поддерживать тех, кто следует буддизму. В «Гандавьюхасутре» главный герой сутры Судхана только от С. получает наивысшие поучения. С. упоминается в списке восьми главных бодхисатв махаяны. В ваджраяне С. считается эманацией будды *Вайрочаны*. Обычно его изображают сидящим на шестиголовом слоне, число его рук и находящихся в них предметных символов бывает разное, но всегда он держит лотос; 2) *будда*. Как будда, имеющий своё «поле будды» (*Акаништха*), С. упоминается и в некоторых произведениях махаяны «Махавасту», «Ланкаватара», но центральное место образ С. занимает в мифологии ваджраяны (особенно тибетской школы ньинма), где С. выступает в роли *ади-будды* (его тибетское название Кунтузангпо). С. изображают обычно вместе со своей *праджней* Самантабхадри; он тёмно-синего цвета, сидит в позе медитации, не имеет ни одежды, ни одного предметного символа. Считается, что у С. на небе Акаништха побывал мифический основатель школы ньинма *Падмасамбхава*.
Л. Э. Мялль.

САМАЭЛЬ, **Саммаэль**, в иудейской демонологии злой дух, демон, часто отождествляемый с *сатаной*. Согласно «Мидраш Рабба» к Второзаконию (11, 10) С. — глава всех сатанов. Славянская «Книга

Баруха» называет С. Сатаниилом. Другое имя (или эпитет) С.— Малхира, «ангел» или «царь зла». В послебиблейской литературе известны предания о соблазнении Евы (см. в ст. *Грехопадение*) С., принявшим облик змея. Согласно *Пирке рабби Елиэзер* (21) Каин был зачат Евой от С. «Таргум Псевдо-Ионафана» к Быт. 3, 6 рассказывает, что, как только Ева вкусила плод, перед ней появился ангел смерти С. В роли ангела смерти С. выступает и в мидрашистской истории о смерти Моисея: посланный отнять жизнь у престарелого Моисея, С., потерпев поражение от него в споре, удаляется. Бог отправляет его снова, но Моисей ударяет его жезлом, и С. улетает. В коптских гностических текстах С. выступает в роли злого демиурга. Он великий демон, владыка нижней части преисподней и хаоса («Трёхобразная Первая мысль»). Отождествляемый с враждебным ветхозаветным богом-творцом, С. иногда называется *Саваофом*, иногда же Саваоф считается сыном С. Имена С. толкуются в коптских текстах обычно на почве арамейского языка; С.— «слепой бог» или «бог слепых», Сакла — «глупый», Иалдабаот — «родивший Саваофа» (в коптских текстах иногда Аваоф) или «дитя хаоса».

В тексте, называемом «О происхождении Мира», где С. именуется также «Первый отец», содержится народная этимология имени Иалдабаот: по воле Пистис София появился архонт из воды (в других текстах, «Сущность архонтов», «Трёхобразная Первая мысль» Пистис София родила его сама). Увидев его, она сказала: «О, дитя, приди сюда». Поэтому он стал называться Иалдабаот. С. создал семь других существ, один из которых — Саваоф. Обладая большой властью и не зная своего происхождения и никого, кроме себя, С. объявил, что он есть бог и нет другого бога, кроме него. Но появилась Пистис София и показала ему ошибочность его заявления. Тогда Саваоф возненавидел отца своего, Мрак, и мать — Бездну, и сестру — Мысль Первого отца. Когда Пистис София основала царство для Саваофа, С., завидуя последнему, породил Смерть, который будучи двуполым, создал семь сыновей. Те, в свою очередь, породили каждый по семь отпрысков. Таким образом, были созданы 49 демонов (Зависть, Гнев, Плач, Похоть и др.), в противовес им Зоэ (Жизнь), дочь Пистис София, отданная Саваофу, родила 7 сыновей, которые породили каждый по 7 добрых демонов. «Сущность архонтов» рассказывает также, что Зоэ дунула в лицо С., и её дыхание превратилось в огненного ангела, который связал С. и бросил его в тартар, под бездну.
А. А. Папазян.

СА́МБАРИС, литовское божество плодородия. Литовский автор Бродовский в нач. 18 в. сообщает, что ежегодно на пасху С. подносят на белом платке три горсти семян и три куска от каждого блюда; еда пожирается собаками, а семена разбрасываются на землю. Важный элемент ритуала — варение пива, которое связано с образом С. (ср. его название Alus Samberinnis, «пиво С.»). Другой автор 18 в., Руиг, указывает две ипостаси этого божества: Žembarys — бог земли, соотносимый с римским Плутоном (это же отождествление есть и у Бродовского), и Zemberinnis Allus — олицетворённое и мифологизированное пиво, связанное с С. Иногда высказывается мнение, что сближение С. с римским Плутоном вторично. Действительно, название «С.» происходит от литов. sámbaris, «складчина», «ссыпчина», крестьянский праздник по окончании уборки урожая; об этом празднике подробно пишет М. Преториус в 18 в., другое название праздника — «трижды девять», так как от каждого злака берут девять горстей, каждую из которых делят на три части, после чего 27 раз бросают зёрна в общую кучу). Тем не менее мотив связи С. с землёй весьма правдоподобен: пиво должно было соотноситься с божеством зерновой ферментации, связи которого с землёй несомненны: ср. *Раугупатис*, Раугу-земепатис. Таким образом, возможна реконструкция, согласно которой С. сначала обозначал ритуал, а позже был персонифицирован.
В. И., В. Т.

САМБУ́ЛЬ-ЧЕСО́К, в корейской шаманской мифологии один из главных небесных духов. Его название восходит к буддийской троице будд — *Шакьямуни*, олицетворяющему небо, *Авалокитешваре*, олицетворяющему настоящую жизнь, и *Кшитигарбхе*, олицетворяющему грядущую жизнь в подземном мире. Согласно шаманскому мифу, девушка Тангым, оставшись однажды дома без родителей, не должна была никому отворять 12 ворот. Вдруг появился молодой монах, который попросил у неё милостыню. Тангым отказалась впустить его в дом, но монах был духом, спустившимся с неба, и обладал чудесной силой. Все 12 ворот открылись перед ним, и Тангым оказалась в последнем прибежище — амбаре с рисом. Монах протянул ей мешок, в который она насыпала рис. Мешок не имел дна, и Тангым стала по зёрнышку собирать рис. Монах схватил её за запястье и трижды ударил по нему (вариант: трижды погладил её по голове). От этого Тангым зачала. Уходя, монах подарил ей три тыквенных семечка с тем, чтобы она отдала их сыновьям, когда спросят об отце. Родные, узнав о её беременности, отправили Тангым в пещеру (вариант: посадили в каменный ящик на вершине горы). Там она родила трёх сыновей. Их рождение сопровождалось золотым сиянием, звуками волшебной музыки. Три лебедя, спустившись с неба, обогрели младенцев. В 7 лет мальчики спросили Тангым об отце. Она отдала им семена, которые они посадили в землю. Тут же из ростков появились плети, которые потянулись в горы. Мальчики пошли за ними и в горном храме обнаружили отца. После ряда испытаний, в том числе «на кровь», отец признал их сыновьями. В конце земной жизни они стали духами, пекущимися о благе детей, а сама Тангым превратилась в троицу С. Она ведает рождением детей. С. изображена на веере шаманки (мудан). См. также *Чесоксин*.
Л. Р. Концевич.

САМВА́РА, Ча́красамва́ра («выбор»), тибет. Дэмчог, «высшее благо»), *идам* в буддийской мифологии ваджраяны. Обитает на горе *Кайласа*. Считается эманацией дхьяни-будды *Акшобхьи*. С. изображается синего цвета, обычно с четырьмя лицами и двенадцатью руками. Его *праджня* — Ваджраварахи. Во многих индийских и тибетских легендах С. появляется перед великими буддистами (в т. ч. перед *махасиддхами* Луипа, Гхантапа, Наропа и др.), чтобы передать им новые наставления.
Л. М.

СА́МДЗИМАРИ, мифологический персонаж у горцев Восточной Грузии — женщина-кадж, похищенная из страны *каджей* Каджети. Похищение С. связывается с именем *Гиорги* Хахматского (прозвище дано по названию местности в Хевсурети). В этом представлении, так же как и в сюжете о последующем крещении, нашёл отражение распространённый мотив избавления святым Георгием языческого царя и обращения его в христианскую веру. С. является людям во сне. Иногда, приняв облик смертной женщины, С. заставляет мужчину полюбить себя и невестой входит в его дом, принося ему и членам его семьи изобилие и удачу. Когда же обнаруживается, что она не смертная женщина, С. покидает дом.
З. К.

СА́МИ («слышащий»), в йеменской мифологии бог луны, почитавшийся в оазисе Рагван как бог-предок, покровитель и владыка страны (наряду с *Зат-Химйам*), а также в городе Райда области Бакил. Возможно, С.— ипостась *Илу*; слово «С.», очевидно, заменяло первоначально запретное имя бога. После включения оазиса в государство Саба в результате синойкизма С. вошёл в официальный сабейский пантеон, но как второстепенное божество. Священное животное С.— бык. Культ С. позднее был вытеснен культом *Алмакаха*.
А. Г.-Л.

СА́МПО, в финской и карельской мифологии источник изобилия, чудесная мельница. Согласно рунам, С. выковал Ильмаринен «из пушинки лебединой, из кусочка веретёнца, и из молока коровы, и из ячменя крупинки» в качестве свадебного выкупа (вена) за дочь хозяйки Похьёлы, к которой сватался кузнец (иногда выкуп платится за *Вяйня-*

мёйнена, который попал во власть хозяйки Похьёлы). С. намалывает столько хлеба, соли и денег, что хватает на еду, припасы и устройство пиров. Похищение С. из Похьёлы — центральный сюжет финского и карельского эпоса (ср. добывание культурных благ у хозяев иного мира *Одином* и др.): Вяйнямёйнен отправляется в Похьёлу в сопровождении Ильмаринена, Еукахайнена и др., усыпляет её жителей и добывает С. из-под горы (с глубины в «девять саженей»). Он увозит С. на лодке, но пробуждающаяся хозяйка Похьёлы настигает похитителей; во время борьбы С. разбивается, обломки тонут в море (потому море, согласно народным верованиям, богаче, чем суша). По другому варианту, часть обломков прибивает к земле: они влияют на урожай.

Руны о С. исполнялись во время календарных праздников. По мнению У. Харва и других исследователей, представления о С. соотносятся с образом мирового столпа в финно-угорской мифологии (ср. также мотив пахтанья океана горой *Мандара* в индуистской мифологии).

САМСИН, в корейской мифологии: 1) название трёх духов в мифе о *Тангуне* — владыка неба Хванин, посредник между небесным миром и миром людей Хванун и первопредок корейцев Тангун-Вангом; 2) один из добрых домашних духов (другое название Самсин хальмони, «бабушка Самсин») (см. *Касин*) женской половины дома. С. считается духом сил тьмы и света (*инь и ян*). К С. обращались также женщины, желавшие иметь ребёнка. *Л. Р. Концевич*.

САМСИНСАН, в корейской мифологии: 1) священная гора, на которую спустился с неба Хванун в мифе о *Тангуне*; с ней отождествляют гору Пэктусан или гору Мёхянсан; 2) три мифические горы-острова, восходящие к китайской даосской мифологии, — Пэнлай, Фанчжан и Инчжоу. В корейском фольклоре с ними иногда ассоциируются реальные горы Кореи: с Пэнлай — горы Кымгансан (Алмазные), с Фанчжан — горы Чирисан и с Инчжоу — гора Халласан (о. Чеджудо). *Л. К.*

САМСОН, Ш и м ш о́ н (предположительно «служитель» или «солнечный»), герой ветхозаветных преданий (Суд. 13—16), наделённый невиданной физической силой; двенадцатый из «судей израилевых». Сын Маноя из колена Данова, из города Цора. Ко времени С. над сынами израилевыми, продолжавшими «делать злое пред очами господа», уже сорок лет тяготело иго филистимлян. Рождение С., которому суждено «спасать Израиля от руки филистимлян» (13, 5), Маною и его жене, долго бывшим бездетными, предрекает ангел. Этим С. (как Исаак, Самуил и др.) избирается на служение богу «от чрева матери», причём даётся повеление — подготовить ребёнка к пожизненному назорейству (обет, состоящий в соблюдении ритуальной чистоты и в воздержании от вина для всецелого посвящения себя богу; внешний признак назорея — длинные волосы, которые запрещено стричь, — Чис. 6, 1—5). Ангел возносится на небо в пламени сжигаемой Маноем жертвы (13, 20—21). С самого детства на С. в решающие моменты жизни нисходит «дух господень», дающий ему чудесную силу, с помощью которой С. одолевает любых врагов. Все поступки С. имеют скрытый смысл, непонятный для окружающих. Так, юноша С. вопреки воле родителей решает жениться на филистимлянке. При этом им руководит тайное желание найти случай отомстить филистимлянам (14, 3—4) На пути в Фимнафу, где жила невеста С., на него нападает молодой лев, но С., исполнившись «духа господня», раздирает его, как козлёнка (14, 6). Позже С. находит в трупе этого льва пчелиный рой и насыщается оттуда мёдом (14, 8). Это даёт ему повод на брачном пиру задать тридцати филистимлянам — «брачным друзьям» — неразрешимую загадку: «Из ядущего вышло ядомое, и из сильного вышло сладкое» (14, 14). С. поспорил на тридцать рубашек и тридцать перемен одежд, что брачные друзья не найдут разгадки, и они, ничего не придумав за семь дней пира, пригрозили жене С., что сожгут её дом, если С. «оберёт их». Поддавшись просьбам жены, С. сообщает ей разгадку — и тут же слышит её из уст филистимлян: «Что слаще мёда, и что сильнее льва?». Тогда, осуществляя первый акт своей мести, С. поражает тридцать филистимских воинов и отдаёт их одежды брачным друзьям. Гнев С. и его возвращение в Цор расцениваются женой как развод, и она выходит за одного из брачных друзей (14, 17—20). Это служит поводом для нового акта мести филистимлянам: поймав триста лисиц, С. связывает их попарно хвостами, привязывает к ним горящие факелы и выпускает на жатву филистимлян, предавая огню весь урожай (15, 4—5). За это филистимляне сжигают жену С. и её отца, а в ответ на новое нападение С. целое филистимское войско вторгается в Иудею. Три тысячи иудейских посланников просят С. сдаться филистимлянам и отвратить этим от Иудеи угрозу опустошения. С. разрешает им связать себя и выдать филистимлянам. Однако в стане врагов «сошёл на него дух господень, и верёвки... упали... с рук его» (15, 14). Тут же С., подняв с земли ослиную челюсть, поражает ею тысячу воинов-филистимлян. После битвы по молитве изнемогшего от жажды С. из земли пробивается родник, получивший имя «источник воззвавшего» (Эйн-Гакорэ), а вся местность в честь битвы наречена Рамат-Лехи («Нагорье челюсти») (15, 15—19). После этих подвигов С. всенародно избирается «судьёй израилевым» и правит двадцать лет.

Когда жители Газы Филистимской, оповещённые о том, что С. проведёт ночь в доме блудницы, запирают городские ворота, дабы не выпустить его живым из города, С., встав в полночь, вырывает ворота из земли, взваливает на плечи и, пройдя с ними половину Ханаана, водружает их на вершине горы близ Хеврона (16, 3).

Виновницей гибели С. становится его возлюбленная — филистимлянка Далила из долины Сорек. Подкупленная «властителями филистимскими», она трижды пытается выведать у С. источник его чудесной силы, но С. трижды обманывает её, говоря, что он станет бессильным, если его свяжут семью сырыми тетивами, или опутают новыми верёвками, или воткут его волосы в ткань. По ночам Далила осуществляет всё это, но С., просыпаясь, с лёгкостью разрывает любые путы (16, 6—13). Наконец, устав от упрёков Далилы в нелюбви и недоверии к ней, С. «открыл ей всё сердце своё»: он назорей божий от чрева матери, и, если остричь ему волосы, обет нарушится, сила покинет его и он станет, «как прочие люди» (16, 17). Ночью филистимляне остригают «семь кос головы» спящего С., и, просыпаясь на крик Далилы: «филистимляне на тебя, Самсон!», — он чувствует, что сила отступила от него. Враги ослепляют С., заковывают его в цепи и заставляют вращать мельничные жернова в темнице Газы. Между тем волосы его постепенно отрастают. Чтобы насладиться унижением С., филистимляне приводят его на праздник в храм Дагона и заставляют «забавлять» собравшихся. С. просит отрока-поводыря подвести его к центральным столбам храма, чтобы опереться на них. Вознеся к богу молитву, С., вновь обретший силу, сдвигает с места два средних столба храма и с возгласом «Да умрёт душа моя с филистимлянами!» обрушивает всё здание на собравшихся, убивая в миг своей смерти больше врагов, чем за всю жизнь.

В агаде имя С. этимологизируется как «солнечный», что толкуется как свидетельство его близости к богу, который «есть солнце и щит» (Пс. 83, 12). Когда на С. сходил «дух господень», он обретал такую силу, что, поднимая две горы, высекал из них огонь, как из кремней; делая один шаг, преодолевал расстояние между двумя городами («Вайикра рабба» 8, 2). Праотец Иаков, предрекая будущее колена Данова словами: «Дан будет судить народ свой... Дан будет змеем на дороге...» (Быт. 49, 16—17), имел в виду времена судьи С. А он подобен змею: оба живут одиноко, у обоих вся сила в голове, оба мстительны, оба, умирая, убивают врагов («Берешит рабба» 98, 18—19). С. прощались все грехи за то, что он никогда не произносил имя божие всуе; но открыв Далиле, что он назорей, С. тотчас был наказан: ему вменились все прежние

470 САМУД

грехи — и он, который «следовал влечению очей своих» (любодействовал), был ослеплён. Сила возвратилась к нему перед смертью в награду за смирение: будучи судьёй израилевым, он ни разу не возгордился и не превознёсся ни над кем («Сота» 10а).

Образ С. типологически сопоставляется с такими эпическими героями, как шумеро-аккадский Гильгамеш, греческие Геракл и Орион и др. Подобно им, С. обладает сверхъестественной силой, совершает богатырские подвиги, в том числе вступает в единоборство со львом. Потеря чудесной силы (или гибель) в результате женского коварства также характерна для ряда эпических героев. Представители старой солярно-метеорологической школы видели в С. олицетворение солнца, на что, по их мнению, указывает имя С. («солнечный»); волосы С. будто бы символизируют солнечные лучи, «срезаемые» ночной тьмой (Далила рассматривается как олицетворение ночи, её имя частью учёных производится от евр. lājla, «ночь»); лисицы, поджигающие хлебные поля, — дни летней засухи и т. д.   *Д. В. Щедровицкий.*

САМУ́Д, в мусульманской мифологии один из «коренных», исчезнувших народов Аравии. В Коране о самудянах говорится: «и из долин её (земли) вы устраиваете замки, а горы высекаете, как дома» (7:72). Они жили «среди садов, и источников, и посевов, и пальм, плоды которых нежны» (26:147—148). Благоденствуя, самудяне не оценили милость к ним аллаха, отказались следовать увещеваниям и запретам посланного к ним пророком *Салиха*, убили «верблюдицу аллаха», бывшую для них знамением, и были за свои прегрешения уничтожены. Считают, что потомки уцелевших самудян — *асхаб ар-расс*.

Коранический рассказ о самудянах носит назидательный характер. Однако за мифологизированным сюжетом стоят, видимо, события реальной истории Аравии. Убийство самудянами-земледельцами молочной верблюдицы, возможно, символизирует конфликт оседлых и кочевых племён Аравии в начале н. э. («бедуинизация»). Согласно античным источникам, племя самудян обитало на севере Хиджаза, в том же районе, который указывает и наиболее распространённая мусульманская традиция. В этих местах находятся многочисленные пещерные захоронения и постройки набатеев (ср. *Ирам зат алимад*), которые могли послужить реальной основой для описаний Корана. Коран содержит указание на знакомство аудитории Мухаммада со следами жизни самудян и адитов (см. *Ад*): «и ясны для вас их жилища» (29:3). Картина гибели С. [«сотрясение» (7:76), «молниеносный удар» (41:12, 16)] напоминает описание землетрясения.   *М. П.*

САМУИ́Л («имя бога»?), в ветхозаветных преданиях великий пророк, последний из «судей израилевых». Рождение С. у Елканы и Анны описывается как чудо: Анна, будучи бездетной, изливала свою скорбь в Силоме перед скинией завета и услышала от первосвященника Илия предсказание о рождении сына (1 Царств 1). С малых лет С. был посвящён в назореи (см. в ст. *Самсон*) и стал служить при скинии завета, помогая Илию. Однажды С. услышал голос бога, возвестивший будущее, и вскоре становится известным, что С. удостоен быть пророком (1 Царств 3). Пророчество С. сбывается: в битве с филистимлянами ковчег завета попадает в руки врагов, сыновья Илия погибают, а сам Илий, узнав об этом, умирает (4, 11—18). Однако ковчег несёт филистимлянам беду: статуя их бога Дагона падает ниц перед ковчегом и разбивается, а жителей поражают болезни и мор; напуганные этим, филистимляне возвращают евреям ковчег (1 Царств 5—6). Тогда С. начал проповедь в народе, в результате чего были удалены чужие боги и «весь Израиль обратился к господу» (7, 4). В решающей битве с филистимлянами по молитве С. возгремел сильный гром, что повергает их в ужас и приносит евреям победу. С. становится судьёй Израиля. Он помазал в цари *Саула*. Когда же бог отверг Саула, впавшего в «противление», С. тайно помазал в цари *Давида*. С. создал в родном своём городе Раме пророческую школу, в стенах которой скрывался Давид, преследуемый Саулом (19, 18—20). В иудаистической традиции С. считается автором «Книги судей» и «Книги Руфи», а также 1-й и 2-й книг Самуила (1 и 2 Царств).

СА́МЫЛЛА, в корейской мифологии три духа, основавшие государство Тхамна. Согласно записи мифа в «Истории Корё» (15 в.), во времена изначального Великого хаоса из горы Халласан на острове Чеджудо вышли три духа в облике людей (по другой версии, сюда спустился божественный животворящий эфир и три небожителя переродились в людей). Их звали Янылла, Коылла и Пуылла. Они занимались охотой. Однажды к берегу Восточного (Японского) моря прибило запечатанный деревянный ящик, внутри которого находился каменный сундук. Появившийся вдруг небесный посланец открыл сундук, и в нём оказались три девушки в синих платьях, жеребята, телята и зёрна пяти злаков. Девушки были японскими принцессами и прибыли в Тхамна, чтобы вступить в брак с тремя духами. С. взяли их в жёны, установили три столицы в тех местах, где опустились пущенные каждым из С. стрелы, и стали заниматься земледелием и скотоводством. С. считаются предками трёх самых распространённых на острове фамильных родов Ян, Ко и Пу. В мифе о С. видны элементы охотничьей и позднеземледельческой культуры.   *Л. К.*

САНАСА́Р И БАГДАСА́Р, Санаса́р и Абамели́к (Аслимели́к, Аднамели́к), в армянском эпосе «Сасна црер» («Давид Сасунский») братья-близнецы, зачатые матерью *Цовинар* от выпитых ею двух пригоршней морской воды; от полной пригоршни родился Санасар (С.), во всём превосходящий своего брата, от неполной (из-за того, что иссяк морской источник) — Багдасар (Б.) (по более позднему варианту, они родились от двух пшеничных зёрен). С. и Б. уже в пять-шесть лет отличались богатырской силой. Багдадский халиф (вариант: ассирийский царь Сенекерим), супруг Цовинар, хотел убить С. и Б. как незаконнорождённых (вариант: принести их в жертву своим идолам). Братья покинули дом халифа и отправились в армянские земли. Когда они пришли к морю, давшему им жизнь, С. бросился в море. Воды расступились перед ним, и он посуху спустился на дно морское. В подводном царстве он добыл чудесного коня *Куркик Джалали*, меч-молнию, чудесные доспехи. Искупавшись там в водоёме и испив ключевой воды, С. стал таким исполином, что Б. не узнал брата, когда тот вышел на сушу. Мифологичность образа С. сказывается в его тесных связях с живительной плодотворной стихией — водой. Он рождён от воды; чудесные доспехи, коня он получил от воды; испив воды, стал исполином.

После долгих странствий С. и Б. у истока чудесного ручья в высоких горах выстроили из огромных каменных глыб крепость и город Сасун (согласно народному толкованию слова, «ярость»), который заселили 40 семьями (построив для них 40 домов). Так они положили начало государству Сасун. С. женился на красавице Дехцун, дочери царя страны каджей Пхынце Кахака («медный город»), из-за которой ему пришлось воевать с *вишапами* (чтобы удовлетворить требования Пхынце Кахака — достать золотой перстень из пасти находящегося в море вишапа) и пехлеванами (богатырями). С.— родоначальник нескольких поколений сасунских героев, у него и Дехцун родилось три сына, среди них Мгер Старший (см. *Михр*).

С. Б. Арутюнян.

СА́НГА (санскр., тамил. «общество», «собрание»), в мифах тамилов поэтическая академия, с которой связывается возникновение тамильской поэтической традиции. Первая С. существовала с незапамятных времён на материке Лемурия, и главой её был *Шива*. Она просуществовала 4400 лет и погибла вместе с материком, затопленным океаном. Её преемницей стала С. в городе Кападапурам, которая также погибла во время потопа спустя 3700 лет. Затем поэтическую традицию поддерживала С. в Северной Мадуре (возможно, существовала реально, но прямых доказательств этому нет). Именно с ней связывается самая ранняя тамильская поэзия из дошедших до нас «Восьми антологий» и «Десяти поэм» (1—3 вв. н. э.). В состав С., по легенде, входили поэты, знатоки поэзии, придворная знать и цари. *А. Д.*

САНГЕН, в мифах нгаджу острова Калимантан (Западная Индонезия) сверхъестественные существа, хранители порядка мироздания. С.— потомки Махараджи Сангена, брата *Махараджи Буно*. После расселения С. остались жить в изначальной деревне Бату Нинданг Таронг. Они не оказывают непосредственного влияния на жизнь людей. Цикл мифов о С. включает архаичные сюжеты, например миф о С. Мангко Амате и его супруге Ньяи Джайе, погибших насильственной смертью и превратившихся в культурные растения (ср. *Хаинувеле*). *М. Ч.*

САНГИАНГ, в мифах нгаджу острова Калимантан (Западная Индонезия) сверхъестественные антропоморфные существа, потомки Махараджи Сингианга, брата *Махараджи Буно*, поселившиеся после расселения перволюдей в верхнем мире над туманным морем в стране, орошаемой 160 реками. Они покровительствуют людям, защищая их от происков злых *раджей*. *М. Ч.*

САНГКАН, в мифологии сиамцев и других тайских народов Таиланда король, с которым связано начало годичных циклов. Когда двенадцать его дочерей были ещё детьми, он сделал старшей из них игрушку, изображающую крысу. Год её рождения стал называться именем этого животного. В преклонном возрасте он решил оставить землю и улететь на небо. Но поднялась буря и у короля оторвалась голова. Упала на земли, населённые людьми. Дочери её выкупили, и каждая из них держит её по году вместе со своим любимым животным. *Я. Ч.*

САНГХА («группа, собрание»), в буддийской мифологии одно из т. н. трёх сокровищ — буддийская община (два других — *Будда* и *дхарма*). Первоначально словом «С.» обозначали совокупность всех учеников *Шакьямуни* (*Ананда, Кашьяпа, Маудгальяяна, Субхути, Шарипутра* и др.), мифические или полумифические деяния которых занимают важное место в буддийских легендах. В последующие времена членом С. мог стать каждый человек, который принял определённые обеты (мирянина или монаха). К числу членов С. могут быть отнесены и чисто мифические персонажи. *Л. М.*

САНГ ХЬЯНГ ТУНГГАЛ («первоединый бог»), Тинтья (балийск. «всемогущий», «изначальный»), у яванцев и балийцев (Зап. Индонезия) высшее божество, от которого произошли главные боги-демиурги: *Семар* (балийск. Твален, или Хьянг Исмайя), *Батара Гуру*. С. Х. Т. выступает то как самосущее начало, то как сын Санг Хьянг Венанга (всемогущего бога, одного из полузабытых богов яванского пантеона), иногда отождествляется с Семаром. У балийцев Тинтья изображался в виде обнажённого человека, источниками из тела языки пламени. *Г. Б.*

САНИБА, в осетинской мифологии дух плодородия; культ был распространён у иронской и туальской этнических групп, особенно — в Тагауре. Перед началом сенокоса и уборки хлебов в честь С. устраивали празднества с жертвоприношениями и пиршествами, на которых у С. просили ниспослать дождь, тепло, урожай хлебов, уберечь людей и скот от болезней. *Б. К.*

САНО, в нартском эпосе адыгов божественный хмельной напиток. Первоначально С. пили лишь боги; ежегодно они устраивали на *Ошхамахо* ради этого пир, на который звали одного из *нартов* — самого сильного и храброго. *Сосруко*, побывавший на пиру и вкусивший С., сделал его вопреки воле богов достоянием нартов: он сбросил с Ошхамахо бочонок, наполненный напитком; из бочонка, разбившегося на земле, потекло С., а семена, находившиеся на дне, коснувшись земли, произросли, превратившись в лозы, покрытые ягодами (виноград). *М. М.*

САНСАРА («блуждание», «переход через различные состояния», «круговорот»), в этико-религиозных воззрениях индийцев обозначение мирского бытия, связанного с цепью рождений и переходом из одного существования в другое, а также — населённых живыми существами миров, в которых происходит этот переход. Идея С. и её преодоления, выхода из цепи существований занимает центральное место в ряде этико-религиозных систем, созданных в Индии (в индуизме, джайнизме, буддизме). Характерен образ переправы через океан С. как метафорическое описание преодоления мирской суеты, спасения. В натурфилософском аспекте идея С. связана с представлением о периодическом возникновении и уничтожении миров (см. *Кальпа, Юга*).

В буддийских религиозно-мифологических представлениях С. обозначает бытие, которое неизбежно связано со страданиями и перерождениями живых существ. С. противопоставляется *нирване*. Мифологический аспект понятия сансары таков: в безначально существующей С. есть шесть видов существ — боги (см. *Девалока*), *асуры*, люди, животные, *преты* и обитатели *нараки*. Хотя способ существования в этих шести воплощениях по внешним проявлениям неодинаковый (первые три считаются относительно благоприятными, последние три — неблагоприятными), суть всех их одинакова — страдание. Вся С. представляет замкнутую систему: после смерти существа перерождаются или в своей прежней сфере, или в более благоприятной, или в менее благоприятных сферах в зависимости от совершённых ими поступков (*карма*): например, тот, кто в этой жизни является человеком, может после смерти переродиться в бога, в следующем рождении — в обитателя нараки, затем стать претой, животным, асурой и т. д. Цепь перерождений является безначальной, но она может иметь конец, которым и служит нирвана. Достичь нирваны в состоянии только люди, поэтому рождение в облике человека считается особенно благоприятным (хотя жизнь богов кажется более счастливой). Считается, что нирвана находится вне системы С. и не имеет с ней причинно-следственной связи. Тем не менее мифологические представления буддистов допускают вмешательство (и даже вступление) нирванических существ в С.: так, дхьяни-будды эманируются в С. в виде *бодхисатв* и земных *будд*, особо выдающиеся личности могут в исключительных случаях иметь контакты даже с *Ади-буддой* (как, напр., *махасиддха* Тилопа и *Падмасамбхава*). *Л. М.*

САНСИН, сансиллён, сангун («повелитель гор»), в корейской мифологии духи гор. Древнекорейские племена когурё во время большого собрания Тонмэн в 10-ю луну ставили деревянное изображение духа пещеры Сухёль («проход в подземное царство») на священное сидение и сам правитель приносил ему дары. Нередко с духом гор ассоциировался дух тигра (Хосин), хозяина гор. В праздник мучхон («танцы небу») у племён йе молились духу тигра как хозяину гор, чтобы обезопасить горные дороги и селения («История Троецарствия», 5 в.). В государстве Пэкче поклонялись духам горных ущелий («Старая история династии Тан», 10 в.). В государстве Объединённое Силла во дворце совершались дары духам трёх гор и пяти пиков (Самсан оаксин), ассоциировавшихся с реальными горами. В Корё (10—14 вв.) поклонялись духам четырёх гор — Токчоксан, Пэгаксан, Сонак и Монмёк. При династии Ли (кон. 14 — нач. 20 вв.) особенно почитаемы были духи четырёх вершин (Сааксин): Чирисан на юге, Самгак в центре, Сонак на западе и Пибэк на севере. В 20-х гг. 20 в. из 522 обрядов жертвоприношений по всей Корее 176 были посвящены С. В буддийских храмах на правой стене у главного алтаря среди изображений буддийских святых непременно были старец или монах в сопровождении тигра. Конфуцианцы также чествовали С. В деревнях обращались к С. при молении о дожде и потомстве. У корейцев была распространена вера в то, что горы были местом обитания духов мифических предков. *Тангун, Сок Тхархэ* и некоторые другие первопредки после жизни в мире людей стали С. Обычно С.— духи-покровители мужского

пола, но в предании о Пак Чесане («Самгук саги», 12 в., «Самгук юса», 13 в.) встречается женский С. В средние века считалось, что в С. могли превратиться правители, полководцы, знаменитые конфуцианцы.
Л. Р. Концевич.

САНЬ ГУАНЬ («три чиновника»), в китайской даосской и поздней народной мифологии божества трёх стихий: Тянь-гуань («небесный чиновник»), Ди-гуань («чиновник земли») и Шуй-гуань («чиновник воды»). Считалось, что Тянь-гуань дарует счастье, Ди-гуань отпускает грехи, а Шуй-гуань отвращает беду. В даосизме идея С. г. нередко контаминировалась с представлением о Сань юань («три начала»), в соответствии с которым священными считались 15-е числа 1-й, 7-й и 10-й луны, связывавшиеся соответственно с небом, землёй и водой. Поэтому 15-е числа этих месяцев стали считаться праздниками, посвящёнными С. г. В главный из них (в 1-ю луну), совпадавший с праздником фонарей, в честь Тянь-гуаня и его «коллег» возжигали курения, им подносили пирожки в форме черепахи (символ долголетия) или напоминающие цепочку.

С. г. изображались обычно стоящими или сидящими втроём в костюмах чиновников и с деревянными дощечками для записей в руках. Чаще всего встречается изображение одного Тянь-гуаня со свитком в руках, на котором обычно видна надпись: «Небесный чиновник дарует счастье» — иконографический тип, навеянный, возможно, китайскими театральными представлениями. Изображения Тянь-гуаня, сделанные из бумаги, имелись раньше во многих домах.

В даосских сочинениях С. иногда ассоциируются с верными сановниками чжоуского царя Ю-вана: Тан Хуном, Гэ Юном, Чжоу Ши. В народной традиции образ Тянь-гуаня часто контаминировался с образом бога счастья *Фу-сина*.
Б. Л. Рифтин.

САНЬ МÁО («трое Мао»), Сань-Мáо-цзюнь («три государя Мао»), в поздней китайской народной мифологии братья по фамилии Мао — Ин, Гу и Чжун, популярные святые даосского толка. По преданию, они жили при династии Хань во 2 в. до н. э. Когда старшему Мао Ину исполнилось 18 лет, он ушёл от родителей и поселился на горе Хэншань. Там он сделался учеником святого Ван-цзюня, перенимая искусство воспитания духа, с помощью которого человек становится лёгким и не нуждается в еде. Постигнув законы дао и путь самосовершенствования к 49 годам, Мао Ин вернулся в родной дом. Отец хотел поколотить сына палкой за его уход из дома, но палка разлетелась на куски, которые вошли в стену. Вскоре Мао Ин покинул дом и поселился на горе Цзюйцюйшань, где встретил святого, передавшего ему секреты магии, и Мао смог летать и подыматься высоко в небо. Когда за ним явился посланец бессмертных (*сянь*), Мао Ин сел на облако и улетел. Его братья, узнав об этом, отправились на гору Цзюйцюйшань. Старший брат преподал им секреты долголетия, братья поселились на пиках этой горы, которая впоследствии стала называться Саньмаошань («гора трёх Мао»). Через несколько лет Гу и Чжун на жёлтых журавлях средь бела дня вознеслись на небеса. На горе Цзюйцюйшань был построен храм в их честь. К С. М. обращались с мольбой о даровании потомства. Учитель Мао Ина, прибывший в своё время с горы *Тайшань*, впоследствии выдал за него свою племянницу Юйнюй («Нефритовую деву»), которая иногда ассоциируется с богиней горы Тайшань *Бися юаньцзюнь*. С тех пор Мао Ин стал летать на белом журавле между этими двумя горами с юга на север. При сунском императоре Тай-цзуне (10 в.) Мао Ин был канонизирован под именем Ю-шэн чжэньцзюнь («истинный государь, помогающий совершенномудрым»). Считается, что сам *Лао-цзы* назначил Мао Ина ведать судьбами людей, дав ему титул Сымин чжэньцзюнь («истинный государь управитель судеб»; возможно, он контаминирован с древним божеством *Сымином*), Мао Гу был сделан Динлу чжэньцзюнем («истинным государем, устанавливающим чины в мире бессмертных»), а Мао Чжун — Баошэн чжэньцзюнем («истинным государем, охраняющим жизнь»). Братья Мао изображались на народных лубочных картинах всегда втроём с нимбами над головой.
Б. Л. Рифтин.

САНЬ ХУÁН («три государя», «три властителя»), в древнекитайской мифологии три мифических правителя. Представление о С. х. сложилось примерно к 4 в. до н. э. и, видимо, связано с троичной классификацией в древнем Китае (небо, земля, человек; небо, горы, воды; дерево, огонь, вода и т. п.). По одной версии, это первопредок *Фуси*, изобретатель огня *Суйжэнь* и покровитель земледелия *Шэньнун*; по другой, — Фуси, прародительница *Нюйва*, Шэнь-нун; по третьей, — Фуси, бог огня *Чжужун* и Шэнь-нун; в некоторых памятниках вместо Чжужуна упоминается бог вод *Гунгун*. Апокрифические сочинения рубежа и первых веков н. э. описывают Тянь-хуана («властитель неба») с 13 головами, Ди-хуана («властитель земли») с 11 головами и Жэнь-хуана («властитель людей») с 9 головами. В сочинении «Дун шэнь ба ди мяо цзин цзин» («Сокровенная книга о восьми государях — пещерных духах») описываются уже не три, а девять владык. Маленькие владыки древнейшего периода: Чу тянь хуан цзюнь («первый владыка — государь неба»), в зелёного (тёмно-синего?) цвета парчовой накидке и юбке, в украшенном нефритом головном уборе и с нефритовой пластиной (для записей) в руках; Чу ди хуан цзюнь («первый владыка — государь земли») и Чу жэнь хуан цзюнь («первый владыка — государь людей»), одетые соответственно во всё белое и жёлтое. Затем идут С. х. среднего периода: Чжун тянь хуан цзюнь («средний владыка — небесный государь») со змеиным телом и тринадцатью человечьими головами, ему подчинено 100 миллионов 9 тысяч небесных воинов, спускающихся с тёмных туч, он правит 120 злыми облачными духами, 1200 бродячими неприкаянными душами — *гуй*, 12 000 демонами; Чжун ди хуан цзюнь («средний владыка — государь земли») — змей с одинадцатью человечьими головами, ему подчинено 100 миллионов 9 тысяч горных воинов с пяти священных пиков, он правит всеми драконами, змеями, крокодилами и черепахами, живущими в восьми пустошах, у четырёх пределов земли, в трёх великих реках, четырёх морях, в горах, реках и долинах; Чжун жэнь хуан цзюнь («средний владыка — государь людей») с туловищем дракона и девятью человечьими головами, ему подчинены три *Сань гуани* (см. *Сань гуань*) и 100 миллионов 9 тысяч воинов, он правит душами всех предков семи поколений, бесами и добрыми духами, душами убитых и погибших от хищных зверей и птиц, убитых палицей или камнями, казнённых в тюрьме или погибших от меча на войне. Последний разряд — поздние С. х.: Хоу тянь хуан цзюнь («поздний владыка — государь неба»), с телом змеи, но человечьей головой по фамилии Фэн и по имени Паоси (т. е. отождествляемый с мифическим первопредком Фуси); Хоу ди хуан цзюнь («поздний владыка — государь земли»), отождествляемый с богиней-прародительницей Нюйва, называемый ещё Нюйхуан («женщина-владыка») и описываемый как существо со змеиным телом и человечьей головой, и, наконец, Хоу жэнь хуан цзюнь («поздний владыка — государь людей»), отождествляемый с Шэнь-нуном и изображаемый существом с телом человека, но с головой быка.

В поздней официальной, а также народной традиции начиная с конца 1-го в. до н. э. С. х. — обычно три мифических государя: Фуси, Шэньнун и *Хуанди*, рассматриваемые не как первопредки и культурные герои, а как покровители лекарского искусства. Причины зачисления в эту триаду Фуси не очень ясны, хотя в народе его зачисление в покровители медицины объясняют тем, что Фуси научил людей варить мясо и тем самым избавил от болезней живота. Храмы этих покровителей медицины были широко распространены в старом Китае, с соответствующими скульптурными изображениями С. х.
Б. Л. Рифтин.

САНЬ-ЦЗÉ («Три мира», от санскр. *Трилока*), в китайской буддийской мифологии три расположенных друг над другом мира, составляющие систему вселенной. Располагаются ярусами вокруг центра вселенной горы *Сумеру*. С. состоят из двадцати восьми небес (см. *Эр-ши-ба тянь*). Низший из миров — Мир желаний (Юй-цзе, Камадхату), все существа в нём наделены всеми чувствами и всеми видами восприятия внешних объектов (зрение, слух, обоняние, вкус, осязание, осмысление), а также устремлениями или желаниями к получению соответствующих ощущений. Включает два земных яруса и восемь небесных. Выше расположен Мир формы (Сэ-цзе, *Рупадхату*), где совершается подготовка для перехода в верхний мир — Мир отсутствия форм (У-сэ-цзе, Арупадхату) (см. *Девалока, Брахмалока*). В китайском буддизме сохраняется общебуддийское понятие «Трёх миров», но из небес практически функционируют лишь некоторые. *Л. Н. Меньшиков.*

САНЬ ЦИН («три чистоты»), в китайской даосской космогонии три сферы высшего мира: Юйцин («нефритовая чистота»), Шанцин («верхняя чистота») и Тайцин («великая чистота»). Юйцин доступна совершенномудрым (шэн), Шанцин — святым (чжэнь), Тайцин — даосским бессмертным (сянь). В позднем религиозном даосизме эти сферы имели одноимённых богов. В некоторых источниках они имеют особые названия. Божество Юйцина именуется обычно Юаньши тяньцзунь («изначальный небесный владыка») или носит титул Тяньбао («небесная драгоценность»). Его резиденция находится на горе Юйшань («нефритовая гора»), а ворота его дворца сделаны из золота. Во многих сочинениях и в народной традиции Юйцин и её божество отождествляется с высшим божеством синкретического народного пантеона *Юй-ди*. Божество Шанцина носит титул Линбао тяньцзунь («небесный владыка чудесной драгоценности») или Тайшан Дао-цзюнь («верховный государь Дао»). Оно занимается измерениями времени, делит его на периоды. Оно обитает подле Северного предела универсума и контролирует взаимодействие тёмных и светлых сил — *инь и ян*. Божество третьей сферы называется Тайшан Лао-цзюнь («верховный старый государь») и ассоциируется с основателем даосизма *Лао-цзы*, его называют также Шэньбао («божественная драгоценность»). Представления об этих трёх божествах оформились, видимо, под влиянием буддийских образов. Считается, что Юаньши тяньцзунь соответствует духовной природе Будды, Линбао тяньцзунь — прославленной форме Будды, а Тайшан Лаоцзюнь — земной ипостаси Будды. *Б. Л. Рифтин.*

САНЬЧЖУШУ («тройное жемчужное дерево»), в древнекитайской мифологии чудесное дерево с тремя стволами. В «Книге гор и морей» говорится: «Саньчжушу растёт у реки Чишуй (Красная)... Оно похоже на кипарис, но вместо иголок — жемчужины... Оно подобно хвосту кометы». Изображения С. найдены на каменных (могильных) рельефах эпохи Хань (рубеж н. э.), в частности в провинции Шаньдун. Предполагается, что, согласно мифу, С. выросло из чудесной жемчужины, потерянной мифическим государем *Хуан-ди* на берегу реки Чишуй. *Б. Р.*

САОПАНГ, в мифологии шанов Бирмы бог ясного неба. По поручению громовника *Линлауна* С. благоустроил землю после потопа для обитания на ней нового поколения людей, родившихся из тыквы (см. *Литлонг*). Людям С. сообщил, что до сих пор он жил в их телах, но теперь он должен умереть. Молния Линлауна ударила в него, и части тела С. превратились в духов лесов, рек, прудов и полей. Из его правого глаза возникло солнце, из левого — луна, язык стал огнём, а нос превратился в золото и серебро. С. приносили в жертву быков и буйволов. *Я. Ч.*

САОЦИН-НЯН («матушка, разметающая [тучи и делающая] вёдро»), в поздней китайской народной мифологии богиня хорошей погоды. С.-н. описывается как женщина, засучившая рукава, поднявшая подол нижней одежды и орудующая веником. Такие изображения С.-н. вывешивались на домах (стихотворение Ли Цзюньминя, 13 в.). Согласно более поздним источникам, в период затяжных дождей изображения С.-н., вырезанные из бумаги (силуэт женщины с веником), вешали под стрехой дома и молили его о хорошей погоде. *Б. Р.*

САОШЬЯНТ (авест., причастие будущего времени от глагола «спасать»), в иранской мифологии мессия, эсхатологический спаситель человечества. В иранской традиции устойчиво представление об одном или нескольких С., которым предначертано в конце веков вершить страшный суд, истребить носителей зла, воскресить праведников и ради их бессмертия закончить мировую историю последней искупительной жертвой быка. Авестийский «Фарвардин-яшт» (129) разъясняет: «он называется) Саошьянт потому, что ему предстоит воскресить весь телесный мир». В зороастрийской священной истории *Гайомарт* выступал предтечей и прообразом её центрального действующего лица, *Заратуштры*, преемником и завершителем миссии пророка являлся С. («Фарвардин-яшт» 145, «Саддар» 80, 4 и др.). Согласно пехлевийскому сочинению «Датастан-и-Деник» (2, 9—12), «трое суть наилучших тех, что пребывают в начале, середине и конце творения». Чаще всего С. называли трёх сыновей Заратуштры, чудесно рождённых после его смерти. Тайны откровения призван возвестить им *Сраоша*. В «Гатах», приписываемых самому Заратуштре, слово «С.» встречается как в единственном числе (очевидно, применительно к самому Заратуштре 45, 11; 48, 9; 53, 2), так и во множественном (34, 13; 46, 3; 48, 12) и употребляется скорее как эпитет, соотносимый с учительско-дидактической деятельностью. В «Хом-яште» («Ясна» 9, 2) речь идёт лишь об одном С., персонаже прошедшего времени. Возможно, как С. здесь выведен *Митра*, а само слово было первоначально его культовым эпитетом. Иногда С. называли себя, видимо, подражая Заратуштре, жрецы поздней эпохи («Будем мы саошьянтами, будем мы победоносными», «Ясна» 70, 4). Очевидно, за С. выдавали себя некоторые цари из династии Ахеменидов. Предполагается, что образ С. оказал влияние на иудео-христианские и гностические эсхатологические представления, при этом не исключается и позднее частичное обратное воздействие.

Л. А. Лелеков.

САРАМА («быстрая»), в древнеиндийской мифологии: 1) собака *Индры* (РВ X 108, 2, 4). Позже С. — мать двух чудовищных псов Шарбаров, охраняющих царство *Ямы*; они же называются Сарамеями (букв. «собака»). С. открывает следы *Дасью* и участвует в мифе о *Вале*: Индра посылает С. на поиски коров, украденных *Пани*, она переходит реку Раса и находит их в пещере, но Пани прогоняют её прочь; 2) дочь *Дакши* и прародительница диких животных («Бхагавата-пурана»); 3) жена Вибхишаны, заботившаяся о *Сите*, когда она была в плену у *Раваны* («Рамаяна»). *В. Т.*

САРАМАМА, в мифологии кечуа женское божество, покровительница кукурузы. Изображалась в виде стеблей кукурузы, одетых в женское платье («мать маиса», зачинающая и порождающая новый урожай); высеченных из камня початков кукурузы, хранившихся в домах; двойного початка, подвешивавшегося на поле между стеблей кукурузы, который индейцы с песнями и танцами заклинали дать хороший урожай, а потом торжественно сжигали; початка необычной окраски или с зёрнами, расположенными спиралью (водружался в амбаре поверх собранных початков для охраны). *С. Я. С.*

САРАНЬЮ («быстрый», «проворный»), в древнеиндийской мифологии дочь *Тваштара*, мать *Ашвинов* и близнецов *Ямы* и *Ями*. Иногда она выступает в зооморфном облике; в других случаях её пытаются отождествить с солнечной девой *Сурьей* или *Ушас*. У жены Тваштара родилась С., её выдали замуж за *Вивасвата*, которому она родила близнецов Яму и Ями; после этого С. бежала от нелюбимого мужа, приняв облик кобылицы. Вивасват в образе коня настигает С. и примиряется с ней; результат примирения — появление на свет двух братьев-близнецов Ашвинов и нескольких мудрецов-*Ману*. Позже С. называли Санджня. *В. Т.*

САРАСВАТИ («относящаяся к воде», «изящная»), в древнеиндийской мифологии река (главная для ведийских ариев) и её богиня. В основе этого образа — река С. в северо-западной Индии (считают, что это название — результат перенесения иранского гидронима, ср. авест. Харахваити), важный рубеж в истории миграции ариев. Есть мнение, что С.— сакральное название Инда.

В «Ригведе» С. является наиболее почитаемой рекой (ей посвящены три гимна). Она упоминается в ряду Сараю и Синдху как великий поток, а также вместе с *Гангой*, Ямуной, Шутудри, Парушни и др. Синдху называется матерью С. В «Ригведе» рассказывается о царях и людях, живущих по берегам С. Она благодатна, полноводна, стремительна; течёт из горы к морю (VI 61, 2; VII 95, 2); её поток величием превосходит все другие воды; вода её чиста, своими волнами С. разрушает горные вершины. Она семичленна, и у неё семь сестёр (VI 61, 10, 12), она — мать потоков (VII 36, 6), лучшая из матерей (I 164, 49; VI 61, 14); она создаёт телесный плод (X 184, 2) и она убийца врагов (II 1, 11 и др.). У С. золотая колесница, она богата лошадьми, защищает певцов (VI 49, 7; VII 95, 5), связана с поэзией (I 3, 12; II 3, 8), она — богиня священной речи (I 3, 10—11). Не случайно, что уже в брахманах С. отождествляется с *Вач*, речью (Шат.-бр. III 9, 17; Айт.-бр. III 1, 10), а в послеведийский период вообще становится богиней красноречия и мудрости, супругой *Брахмы*, изобретательницей санскрита и алфавита деванагари, покровительницей искусств и наук (подчёркиваются красота, изящество, простота, белизна С.). В ведах С. связана с мужским партнёром Сарасватом (упоминаются его оплодотворяющие воды, он сравнивается с освежающим дождём), с *Агни* и *марутами*, с Индрой и *Ашвинами* (она — жена их, Ваджр.-самх. XIX 94), с Вадхрьяшвой, которому она даровала сына Диводасу (РВ VI 61, 1). С *Илой* и *Бхарати* (иногда — с *Махи* и *Хотрой*) С. образует триаду, восседающую на жертвенной подстилке.

В послеведийскую эпоху изменение функций и облика С. соотносится с появлением новых сюжетных связей. С., дочь *Дакши*, очаровывает стражей небесной *сомы гандхарвов* и, выманивает у них сому, сама же уходит к богам (в «Шатапатха-брахмане» этот сюжет связан с Вач). В других случаях С.— дочь Брахмы или его жена; наконец, позже называют и женой *Вишну*, на основании чего образ С. обнаруживает тенденцию к смешению с образом *Лакшми*. В сюжете нашествия ракшасов на север (Рам. VII) С. навевает Брахмы сон для брата Раваны Кумбхакарны. Сыну *Шивы* С. подносит перо для письма и цветные чернила («Брихаддхармапурана») и т. д. Часто С. выступает под другими именами: Брахми, Бхарати, Шарада, Вагишвари, Путкари.
В. Н. Топоров.

САРГОН Древний, Шаррукен, Шаррукин, Шуррукин (аккад.), герой шумерской и аккадской легенд (последняя известна в новоассирийской и нововавилонской версиях). В основе образа — реальный царь (24 в. до н. э.), основатель обширной державы в Двуречье с центром в Аккаде. Фрагменты шумерского эпоса рассказывают историю чудесного возвышения С., спасения его от ловушек, подстроенных царём Киша Урзабабой, которому было дано знамение о гибели его царства от С., о помощи С. богини *Инанны*, явившейся ему во сне. Согласно аккадской легенде, возможно, составлявшей единое целое с шумерской, мать С. (предполагают, что она была жрицей, которой не разрешалось иметь детей) тайно родила его и, положив новорождённого в просмолённую тростниковую корзину, пустила её по реке Евфрат. Водонос

Акки выловил корзину и воспитал ребёнка. С., ставшего садовником, полюбила богиня *Иштар*, которая помогла ему сделаться царём (мотив «садовник — богиня» ср. с шумерским мифом об Инанне и садовнике Шукалитудде и с аккадским мифом о садовнике Ишуллану). Аккадская легенда о С. послужила, по-видимому, источником позднего предания о *Гильгамеше* как ребёнке-подкидыше. Мотив чудесного спасения младенца имеет многочисленные параллели (в семитской традиции — ср. библейский рассказ о *Моисее*).
В. А.

САРКИС, у армян мифологический персонаж, идентифицируемый (после принятия армянами христианства) с одноимённым христианским святым. Большинство связанных с ним сюжетов и мотивов имеют дохристианское происхождение. С. перенял функции древнего божества ветра и бури; он также — повелитель зооморфных духов тумана, хозяин волков (когда возникает угроза нападения волков, люди обращаются с молитвами к С.). С.— красавец, вооружённый всадник, выступающий на быстроходном белом коне; поднимает ветер, бурю, метель. Душит тех, кто его не почитает, помогает взывающим к нему о помощи. С. питается мукой. По поверьям, в последнюю ночь посвящённого ему поста (в феврале) С. со своей возлюбленной посещает дома всех армян; для него выставляют на крышах или за дверями муку из жареной пшеницы или кашу, приготовленные из этой муки. Добрая примета — обнаружить на муке или каше след копыта коня С. В эту же ночь С. навевает девушкам и юношам сны, в которых показывает им их суженых. С. всегда содействует влюблённым, которые обращаются к нему за помощью (поэтому С. часто называют «осуществляющим заветную мечту»). В эпосе «Сасна црер» («Давид Сасунский») С.— помощник и покровитель сасунских богатырей.
С. Б. А.

САРМАК, у чеченцев и ингушей мифологический персонаж — дракон. Обвивая своим телом водные источники, С. за пользование водой требует от людей дани, как правило, девушек. Открывает свободный доступ к источнику, вызволяет девушек, убив С., эпический герой.

По другим мифам, верховное божество *Дяла* на цепях спускает с неба на землю несколько С., чтобы покарать грешных людей, а затем возвращает их на небо. Существует сюжет, согласно которому два С. отнимают друг у друга солнце. Когда солнце попадает в пасть одного из них, происходит затмение.
А. М., А. Т.

САРПЕДОН, в греческой мифологии: 1) гигант, сын Посейдона, убитый *Гераклом* (Apollod. II 5, 9); 2) один из трёх братьев, рождённых *Европой* от *Зевса* на острове Крит. Изгнанный братом *Миносом* с Крита, он переселился в Ликию (Herodot. I 173). По одним мифам, Зевс даровал ему продолжительность жизни в три человеческих поколения; 3) предводитель ликийцев во время Троянской войны, один из наиболее могущественных союзников *Приама*. «Илиада» называет его сыном *Зевса* и *Лаодамии* (VI 198 след.). С. отличается в нападении на ахейский лагерь (XII 290—413), а впоследствии погибает от руки *Патрокла*. С.— единственный сын Зевса, принимающий участие в Троянской войне, поэтому Зевс пытается спасти ему жизнь вопреки предначертаниям судьбы, но встречает решительное сопротивление *Геры*. В знак печали Зевс перед схваткой С. с Патроклом посылает на землю кровавый дождь, а затем велит Аполлону похитить тело убитого С. и передать близнецам Смерти и Сну, чтобы они перенесли его в Ликию (XVI 419—683). Так как С.— брат Миноса и С.— участник Троянской войны считались оба сыновьями Зевса, мифологическая традиция часто объединяла их в одном лице, не заботясь о возникавших из этого хронологических трудностях (Эсхил в недошедшей трагедии «Карийцы или Европа»).
В. Я.

САРРА, в ветхозаветных преданиях: 1) жена *Авраама*, мать *Исаака*. Оставаясь бесплодной в течение многих лет супружества, С. сама предлагает Аврааму в наложницы свою служанку *Агарь* (Быт. 16, 2). Бог обещает, что от С. произойдут «народы и цари народов». Через трёх ангелов, посетивших Авраама С. в дубраве Мамре, бог предрекает, что у С. родится сын. В том же году у С., которой к этому времени было около 90 лет, рождается сын Исаак (21, 1—3). Конфликты С. с Агарью приводят к изгнанию Агари и её сына Измаила из дома Авраама. С. умирает в Хевроне, прожив 127 лет. Для её погребения Авраам покупает у «сынов хеттовых» пещеру Махпела.

Согласно агадическим легендам, перед рождением Исаака к С. вернулась молодость, не покидавшая её до самой смерти; шатёр С. осеняло чудесное облако, с её смертью исчезнувшее, но появившееся вновь, когда Исаак ввёл в шатёр *Ревекку* («Берешит рабба» 60, 15); во время жертвоприношения Авраама С. явился сатана, сообщивший матери о мнимой смерти Исаака, что и послужило причиной смерти С., и др.; 2) иудейская девица из Экбатаны, спасённая с помощью ангела Рафаила от посягательств Асмодея благочестивым Товией и ставшая его женой (Тов. 3, 7—8, 9). См. *Товит.*

Д. В. Щедровицкий.

САРУ́ДА-ХИ́КО, С а р у́ д а-х и́ к о-н о-о́ к а́ м и, С о к о д о́ к у-м и т а́ м а, Ц у б у т а́ ц у-м и т а́ м а, А в а́-с а к у-м и т а́ м а (др.-япон. «юноша-бог из Саруда»), божество. При нисхождении на землю потомка *Аматэрасу* бога *Ниниги* С.-х., находясь на восьми небесных перекрёстках, освещал вверху — равнину высокого неба, внизу — тростниковую равнину — срединную страну (т. е. землю). Аматэрасу повелела богине *Амэ-но удзумэ* узнать, кто находится на пути Ниниги. С.-х. назвал своё имя и заявил, что он — земной бог и явился сюда, услышав о нисхождении потомка небесных богов, чтобы послужить ему проводником («Кодзики», св. I). Ниниги приказывает Амэ-но Удзумэ служить С.-х., а также, «взяв себе его (т. е. С.-х.) имя», служить самому Ниниги. Согласно «Нихонги», С.-х. — огромного роста, с длинным носом, углы рта у него светятся, каждый глаз подобен огромному зеркалу и пылает, словно красные плоды кагати (пузырника) («Нихонги», св. II, вариант). В «Нихонги» встречается также под именем «Бога развилок дорог». Мифы «Кодзики» объясняют происхождение других имён этого божества: как-то во время рыбной ловли раковина хирабу защемила ему руку, отчего С.-х. ушёл под воду и утонул. Погрузившись на дно, он получил имя Сокодоку-митама, «священный дух, достигший дна»; от его погружения на поверхности воды появились пузырьки пены, отчего имя Цубутацу-митама — «священный дух вскипающей пены»; когда же С.-х. выплыл на поверхность и вода покрылась обильной пеной, он получил имя Авасаку-митама, «священный дух образующейся пены» («Кодзики», св. I).

Е. М. Пинус.

СА́СИКУ́НИ-ВА́КА-ХИ́МЭ (др.-япон. «молодая дева Сасикуни», возможно, от топонима Сасе — села в провинции Идзумо), в японской мифологии богиня, по генеалогии «Кодзики» — мать *О-кунинуси.* С. фигурирует в мифе о первом оживлении О-кунинуси. Именно она обращается с просьбой к небесным богам вернуть жизнь её сыну, убитому братьями.

Е. С.-Г.

САСИ́Н, С а с у́, в корейской мифологии четыре священных животных, духи — хранители сторон света: Чхоннён («зелёный дракон», кит. *Цинлун*) — востока, Пэкхо («белый тигр», кит. *Байху*) — запада, Чуджак («красная птица», кит. *Чжуцяо*) — юга и Хёнму («чёрный воин», кит. *Сюаньу*) — севера. Генетически восходят к китайским Сышэнь, или Сышоу. Их символика возникла под влиянием древнекитайского натурфилософского учения об *инь и ян* и пяти первоэлементах или стихиях (у син), с которыми ассоциировались и стороны света. Они являлись соответственно символами духов Юпитера, Венеры, Марса и Луны, у каждого из которых в подчинении были стихии: дерево, металл, огонь и вода. Чхоннён имел длинное тело, подобное пресмыкающемуся, с четырьмя конечностями с острыми когтями, с пастью, извергающей пламя; Пэкхо похож на дракона, но голова у него круглая; Чуджак своим видом напоминает красного петуха или фазана с высоким хохолком, распластанными крыльями и пышным хвостом; Хёнму имел облик черепахи, обвитой змеей, с противостоящими друг другу головами с высунутыми языками.

Изображения С. сохранились в настенной живописи гробниц 5—7 вв. на территории древнекорейских государств Когурё и Пэкче. Драконы и птицы, похожие на фениксов, часто встречаются на изразцах и черепице периода Объединённого Силла (7—10 вв.). В Корё (10—14 вв.) и начале династии Ли при захоронении государей было принято, как и в Китае при династии Северная Вэй (386—534), наносить барельефы С. по бокам каменных гробов. Из С. черепаха и тигр были наиболее популярными персонажами в народной живописи в старой Корее. Черепаха выступала как один из четырёх духов — священных животных (сарён), приносивших удачу. Тигр, будучи связанным с силой ян (свет), почитался как царь зверей. Он был вершителем добрых и злых дел. В Корее тигр нередко выступал вестником духа гор (сансин) или отождествлялся с ним, считался также символом удачи. Поэтому его изображение часто можно встретить на мечах и регалиях представителей аристократии. В 19 в. С. изображались также на больших военных знамёнах пяти направлений.

Л. Р. Концевич.

САСРЫКВА, главный герой нартского эпоса абхазов, наделённый чертами культурного героя. С. рождается чудесным образом: пленившийся красотой *Санатей-Гуаши* нартский пастух (вариант: Сатаней-Гуаша воспылала сама к нему страстью), не смогший перебраться к ней через разделявшую их реку, пустил в Сатаней-Гуашу со своего берега стрелу (семя). Вонзившись в прибрежный камень (скалу), она оплодотворила его — на камне обозначился человеческий образ. Этот зародыш мальчика по поручению Сатаней-Гуаши был кузнецом высечен из камня. Приложенный к телу Сатаней-Гуаши, через некоторое время он превратился в человека и был назван С. Был закалён в горниле кузницы нартским кузнецом Айнар-ижьи. Первым подвигом С. было укрощение коня (араша) Бзоу, появившегося на свет (как и пёс Х. Худыш) в день рождения С. и ставшего его чудесным помощником (гибель Бзоу во многом предопределила и гибель С.). В древнейших циклах героя неизменно и ревностно оберегает от всевозможных опасностей, прежде всего от козней других сыновей, не признающих С. своим родным братом, Сатаней-Гуаша. Подвиги и победы С., как правило, совершались при постоянной поддержке матери-чародейки. Многие подвиги С. направлены на спасение братьев от неминуемой гибели, тем не менее они испытывают к нему ненависть из-за того, что своей славой он их затмевает. С. согревает коченеющих от холода братьев (по заклятию Сатаней-Гуаши настигнутых в горах страшным бураном), сбив с неба звезду; затем ради них же совершает свой главный подвиг — похищает огонь у *адау*; с помощью Бзоу и Худыша вызволяет всех своих 99 братьев, проглоченных страшной лесной женщиной. Когда неблагодарные братья, стремящиеся избавиться от С., сталкивают его в бездонную пропасть, он попадает в подземный мир, где уничтожает *агулшапа* (дракона), завладевшего водными источниками. Признательные жители подземного мира с помощью орлицы доставляют С. на поверхность земли. С. женится на дочери божества Аирга (Аерг), обладающей божественным даром — излучать солнечный свет мизинцем.

В конце концов братья с помощью злой ведьмы-старухи выведывают уязвимое место С. — оставшееся незакалённым колено правой ноги, за которое держал щипцами нартский кузнец, когда закалял в горниле тело героя. Сбросив на С. огромный валун с высокой горы и предложив ему отразить камень именно правой ногой, нарты губят своего младшего брата. К умирающему С. стекаются разные звери, птицы (волк, ворон, голубь и др.), одних из которых он благословляет, других проклинает; его заклинаниями и объясняются повадки и внешние приметы многих животных и птиц (крепкая шея у волка, красные ноги голубя, карканье ворон и т. д.).

В более поздних слоях нартского эпоса героем, соперничающим с С., выступает *Цвицв*, которому С. оказывается обязанным многими своими победами. Соответствия С.: осетинский *Сослан*, адыгский *Сосруко*.
Ш. Х. Салакая.

САТА, в мифах якутов волшебный камень. Его находят в желудке и печени лошади, коровы, лося, оленя и глухаря. По форме С. напоминал лик или фигуру человека, с глазами, носом, ртом. Считалось, что при помощи С. можно резко изменить погоду: летом и весной вызвать снег, холодный ветер, бурю, дождь, а зимой устроить потепление. Ср. *Яда*.
Н. А.

САТАНА́, в религиозно-мифологических представлениях иудаизма и христианства главный антагонист бога и всех верных ему сил на небесах и на земле, враг человеческого рода, царь *ада* и повелитель *бесов*. Как существо, воля и действие которого есть центр и источник мирового зла, С. представляет собой известную аналогию *Ангро-Майнью (Ахриману)* иранской мифологии; принципиальное различие состоит в том, что, с ортодоксальной точки зрения (оспаривавшейся, впрочем, дуалистическими ересями среди средневековых богомилов), С. не противостоит богу не на равных основаниях, не как божество или антибожество зла, но как падшее творение бога и мятежный подданный его державы, который только и может, что обращать против бога силу, полученную от него же, и против собственной воли в конечном счёте содействовать выполнению божьего замысла. Поэтому противник С. на его уровне бытия — не бог, а архангел *Михаил*, предводитель добрых *ангелов* и заступник верующих в священной борьбе.

В Ветхом завете слово «С.» — ещё имя нарицательное, употреблявшееся во всех перечисленных выше смыслах; в специальном применении к С. оно воспринимается как прозвище безымянного врага, у которого могут быть и другие прозвища сходного значения, например, как в апокрифе 2 в. до н. э. «Книга Юбилеев» (17, 18), Мастема («вражда»); ср. в евангельских текстах обозначения типа «Лукавый» (греч. ponerós, напр. Матф. 6, 13; 12, 19 и 38), «Враг» и т. п. По своей природе С. подобен ангелам («сынам *Элохима*», в кругу которых предстаёт пред лицом *Яхве* (Иов 1, 6). Его отношения с Яхве поначалу не ясны, хотя очевидно, что он зависим от Яхве и боится его запретов (Иов 1, 12; 2, 6; Зах. 3, 2); но человеку он во всяком случае враг и порочит его перед Яхве (Иов 1, 9—10), что даёт ему роль не то прокурора на суде Яхве, не то интригана и наушника при его дворе. С особой враждой он относится к носителям сакральной власти в «избранном народе», будь то царь *Давид* (1 Парал. 21, 4) или первосвященник Иегошуа (Зах. 1, 2), искушая их и вводя в грех, ставя на их пути препятствия и оковы. Позднеиудейская литература развивает и систематизирует эти черты. Поведение С. как космического провокатора, подстрекателя и соблазнителя и прежде сближало его образ с образом змия из истории *«грехопадения»* Адама и Евы, но только теперь их отождествление эксплицитно формулируется (Прем. Сол. 2, 23—24 и др.). Здесь С. выступает уже не только как клеветник на человека перед Яхве, но и как клеветник на Яхве перед человеком, «приносящий ябеду на творца своего» («Таргум Псевдо-Ионафана» к Быт. 3, 4). Ряд легенд приписывает С., именуемому также *Самаэль*, плотскую связь с Евой и зачатие *Каина* («Пирке рабби Елиэзер», 21, ср. библейский рассказ о греховном зачатии рода исполинов от соитий «дочерей человеческих» с «сынами Элохима» — смысловую инверсию языческих мифов о рождении полубога от связи смертной с богом; взгляд на Еву как на пособницу и подругу С. подчёркнут в легенде «Ялкут Берешит», 1, 23, согласно которой они были сотворены одновременно; ср. в статье Ева возможную этимологию её имени). Внушениям С. приписываются все чёрные дела из истории «избранного народа», например поклонение израильтян *золотому тельцу* (специальная месть С. за получение ими закона Яхве на Синае, см. *Моисей*; «Шаббат», 89 а и др.), прелюбодеяние Давида с Вирсавией («Санхедрин», 95 а), указ Амана об уничтожении иудеев, даже написанный на пергаменте из рук С. («Эстер рабба», 7).

К С. восходит всё моральное зло мира; внеобразный эквивалент его образа — характерное для Талмуда понятие «злого помысла». Поскольку же порождение греха, сродное с ним и необходимо из него вытекающее, есть смерть (новозаветная формулировка этой ветхозаветной аксиомы — Иаков 1, 15; ср. в рассказе о грехопадении предупреждение Адаму — «смертию умрёшь», Быт. 2, 17), С. часто сливается в позднеиудейских легендах и толкованиях с ангелом смерти, «вынимающим» душу человека (напр., «Баба Батра», 16 а). Воинство враждебных человеку духов состоит под властью С. (апокрифы «Мученичество Исаии», 2, 2, и «Житие Адама и Евы», 16), подобно тому как *дэвы* служат под началом Ангро-Майнью. Остаётся неясным отношение между С. и такими «начальниками» и «князьями» бесов, как *Азазель*, Велиар, Вельзевул и т. п.; они или тождественны ему, или его соратники. Поскольку иудейский монотеизм в противоположность иранскому дуализму энергично настаивал на принципе «всё от Яхве» («Я образую свет и творю тьму, делаю мир, и произвожу бедствия», Ис. 45, 7), бытие С. представляло для него проблему, в пределах иудаизма едва ли однозначно разрешённую. Напрашивались два пути нейтрализации этой проблемы. Во-первых, можно было акцентировать слабость С., неравный характер его борьбы с Яхве, страх, внушаемый ему первосозданным светом *мессии*, его бессильную зависть (согласно версии, намеченной в позднеиудейских текстах и перешедшей в Коран, само отпадение С. от Яхве было вызвано этой завистью) к человеческому роду, победу над С. в культовых актах, например в покаянном празднике иом-кипур (сумма цифровых значений букв имени С. по-еврейски потому даёт 364 = = 365—1, что над одним днём в году С. не властен). Этот путь был вполне ортодоксальным для различных направлений иудаизма и оказался приемлем также для христианства, где осмеяние С. связывается с победой над ним Христа. Но в мистике иудаизма возможен иной, противоположный и сомнительный путь, на котором С. ставится в большую близость к богу как порождение атрибута гнева, вышедшего из божественной всеполноты и обособившегося. Основания для этого искали в библейских текстах: если одно и то же событие мотивируется в более раннем тексте «гневом Яхве» (2 Царств 24, 1: «Гнев Яхве... возбудил Давида сказать: пойди, исчисли Израиля и Иуду»), а в более позднем тексте — действием С. (1 Парал. 21, 1: «С... возбудил Давида сделать счисление израильтян»), открывалась возможность для интерпретации, делающей С. как бы олицетворением «гнева Яхве». Эту возможность наиболее явно реализуют каббалисты, учащие о некой «левой» или «северной» стороне божества, которая имеет свою эманацию, и эманация эта состоит под знаком Самаэля, или С. Божественная полнота оказывается у них интегрирующей силу зла как один из своих моментов, причём внутри божества это даже не зло, но становится злом вне его. В различных формах еретической трансформации библейского монотеизма варьируется модель, выявившаяся впервые в иранском зерванизме, где *Зерван* есть родитель не только Ормазда, но и Ахримана; например, средневековые богомилы (ересь на христианской почве, типологически близкая манихейству) говорили о Сатанаиле (С. + 'el, «бог») как сыне бога и брате Иисуса Христа. Но и на более ортодоксальной иудейской почве С. рассматривается как персонаж, едва ли до конца отторгнутый от общения с Яхве. Он свободно восходит на небеса, чтобы обвинять человека перед Яхве (ситуация пролога книги Иова), и сходит с небес, чтобы ввести человека в соблазн, а после снова подняться.

Напротив, прямая полемика против всех попыток выявить корни зла в самом боге звучит в новозаветном тезисе: «Бог есть свет, и нет в нем никакой тьмы» (Иаков 1, 5). Раннехристианские тексты описывают пришествие Христа как второе — после упомянутого у Ис. 14, 12 и отнесённого к *Люциферу*-С.— и окончательное низвержение С., выявление его отторженности от горнего мира. Когда ученики Христа впервые выходят на проповедь, Христос видит «С., спадшего с неба, как молния» (Лук. 10, 18). У раннехристианского писателя 2 в. Иринея Лионского зафиксировано предание, согласно которому С. и бесы достигли полной меры в злобе и отчаянии именно в результате прихода, деятельности, жертвенной смерти и воскресения Христа, до конца обнаруживших духовную поляризацию добра и зла в мире. С тех пор С. очевидным образом «осуждён» (Ио. 16, 11) и может только, оставаясь до поры «князем мира сего» (Ио. 12, 31 и др., см. *Архонты*), вести безнадёжную игру дольнего против горнего и времени против вечности. Даже в своём собственном обиталище он посрамлён сошествием Христа во ад. В будущем С. предстоит кратковременный реванш во времена *антихриста* и затем окончательное заключение в аду.

Осталось не вполне выясненным, как к этой перспективе относится сковывание архангелом Михаилом С. на срок тысячелетнего царства праведных с последующим выходом С. из темницы и войной инспирируемых им *Гога и Магога* против «стана святых и города возлюбленного» (Апок. 20, 1—10). Раннехристианский мыслитель 2—3 вв. Ориген учил, что в конце времён все отпавшие от бога существа, включая С., обратятся и будут спасены (т. н. апокатастасис), но эта доктрина Оригена не получила признания.

Новозаветные тексты полностью отказываются от каких бы то ни было наглядных образов С. Напротив, средневековая фантазия изощрялась в детализации таких образов, наделяя С. исполинским телом неимоверных размеров, чудовищным смешением антропоморфных и животных черт, многорукостью и т. п. Пасть С. часто оказывается тождественной с входом в ад, так что попасть в ад значит быть сожранным С.
С. С. Аверинцев.

САТÁНА, Шатáна (старое аланское женское имя), героиня осетинского нартского эпоса; дочь *Уастырджи*, рождённая мёртвой *Дзерассой*. За месяц она вырастала, как за год, а за год — словно за три года. Среди нартских девушек ей не было равной по красоте. От света её лица тёмная ночь превращалась в день, а её слова были прямее солнечных лучей и острее меча. С. выбирает себе в женихи доблестного и умного *Урызмага*, своего брата по матери. Получив отказ Урызмага, который был женат, С. хитростью добивается своего. С. считается матерью двух народных сыновей — *Сослана* и *Батрадза*. По зову С. Батрадз приходил на помощь нартам. С.— щедрая, гостеприимная хозяйка, распределительница всех припасов. Она спасает нартов от голодной смерти, устраивает пир, на который созывает всех жителей нартского села, ей принадлежит заслуга в изобретении двух популярных напитков осетин — пива и ронга. В эпосе ронг — самый любимый напиток нартов. Без С. не обходится ни одно важное событие, она — защитница интересов и безопасности нартов. Так, когда *Бораты* решили убить старого Урызмага, пригласив его для этого на свой пир, С. дала ему платок и велела, в случае опасности, бросить его на пол. Почувствовав, что Бораты решили осуществить своё намерение, Урызмаг бросил платок, и немедленно на помощь ему явился Батрадз. В другой раз С. разгадала тайный смысл Урызмагова послания, в котором он просил нартов прислать за него выкуп — сто сотен однорогих быков, столько же двурогих, трёхрогих, четырёхрогих и пятирогих. Она сказала, что Урызмаг просит не выкуп, а войско, причём разное количество рогов означает разные виды вооружения. Надевая мужские доспехи, С. сражается как воин. Ничто не ускользает от её глаза и небесного зеркала, с помощью которого она всё узнает, сидя на семиярусной башне. С. может изменить погоду (вызвать снег, бурю), разговаривать с птицами, появляться в облике старухи или молодой, обаятельной женщины. С. бессмертна, как народ, в эпосе даже намёка нет на её смерть. Имя С. соответствует *Сатаней* у адыгов, балкарцев, карачаевцев, абазин, *Сатаней-Гуаша* — у абхазов.
Б. А. Калоев.

САТАНÁИЛ, Сатанá, в славянских апокрифических сказаниях злой дух. Имя С. восходит к христианскому *сатане*, однако функции С. связаны с архаическими дуалистическими мифологиями. В дуалистической космогонии С.— противник *Бога*-демиурга. В средневековом южнославянском и русском «Сказании о Тивериадском море» Тивериадское (Генисаретское) озеро представлено как первичный безбрежный океан. Бог опускается по воздуху на море (ср. космогонический сюжет в книге Бытия) и видит С., плавающего в облике гоголя. С. называет себя богом, но признаёт истинного бога «господом над господами». Бог велит С. нырнуть на дно, вынести песку и кремень. Песок бог рассыпал по морю, создав землю, кремень же разломил, правую часть оставив у себя, левую отдав С. (ср. оппозицию правого и левого как воплощения благого и злого). Ударяя посохом о кремень, бог создал ангелов и архангелов, С. же создал своё бесовское воинство.

Подобные мифы вплоть до 20 в. сохранялись у болгар, украинцев и русских: сатана — обитатель первичного океана (в виде водоплавающей птицы, чёрта в пене, в лодке; в некоторых сказаниях бог создаёт сатану в своей тени); бог велит ему нырять за землёй (иногда сатана сам предлагает богу создать землю). Сатана трижды ныряет, но лишь на третий раз, помянув божье имя, достаёт земли, утаив часть во рту. Бог творит землю, которая начинает расти на море и во рту у сатаны; тот выплёвывает утаённую часть, из неё возникают холмы и горы. По другим вариантам, бог засыпает на сотворённой земле, сатана пытается сбросить его в воду, тащит его в одну сторону, потом в другую — так по всем сторонам света, но земля разрастается, и сатане не удаётся утопить бога; напротив, он невольно совершает ритуал благословения земли, начертав крест во время своих попыток. Наиболее архаичный вариант дуалистических сказаний, записанный в Заонежье, представляет Саваофа в виде белого гоголя, сатану в виде чёрного (ср. *Белобога* и *Чернобога*).

После творения земли, ангелов и бесов возгордившийся сатана пытается создать собственное небо, но архангел Михаил низвергает его и всю *нечистую силу* на землю — так появились нечисть и черти на земле. В сербскохорватских дуалистических сказаниях сатана и падшие ангелы захватывают с собой солнце (или оно изначально находится в руках противника бога — Дуклиана, мифологизированного императора Диоклетиана, гонителя христиан: ср. изначальное пребывание светил у хозяйки иного мира *Лоухи* в финской мифологии и т. п.). Архангел (или Иоанн Креститель) затевает с сатаной ныряние в море, и когда дьявол (или Дуклиан) ныряет, покрывает море льдом и уносит солнце на небо. Дьявол пробивает лёд, но настигает архангела уже на небе, вырвав часть его ступни (с тех пор у людей выемка в ступне).

Продолжением дуалистических космогоний с участием С. являются антропогонические мифы. Древнейший из них пересказан в «Повести временных лет» (1071): волхвы (языческие жрецы) поведали о том, как бог мылся в бане, вспотел и отёрся «ветошкой», которую сбросил с небес на землю. Сатана стал спорить с богом, кому из неё сотворить человека (сам он сотворил тело, бог вложил душу). С тех пор тело остаётся в земле, душа после смерти отправляется к богу. В позднейших восточнославянских и болгарских вариантах творение человека более приближено к ветхозаветному мифу: бог создаёт человека из глины и уходит на небо за душой, оставляя сторожем собаку, ещё не наделённую шкурой; сатана соблазняет собаку шубой или хлебом (усыпляет холодом) и оплёвывает человека. По возвращении бог выворачивает своё творение наизнанку — из-за оплёванных внутренностей человек становится подверженным болезням. По болгарским сказаниям, дьявол истыкал человека пальцем (шилом), чтобы душа в нём не держалась; бог заткнул все отверстия травами (которые стали лечебными), кроме одного, из которого исходит душа со смертью. По другим вариантам, дьявол тщится создать человека, подобного сотворённому богом, но у него получается волк, которого оживляет бог (волк откусывает дьяволу часть ноги, поэтому он хром). Такими же неудачами завершается подражание в творении овса — дьявол сеет сорняки; вместо коровы у него выходит коза и т. д.

В дуалистических поверьях славян очевидно влияние иранской мифологии (ср. *Ахурамазду* и *Ангро-Майнью*), проводником которого на позднейшем этапе была богомильская ересь; славянские дуалистические мифы, в свою очередь, оказали сильнейшее влияние на финно-угорскую мифологию (см. *Кугу Юмо* и *Керемета* у марийцев, *Ена* и *Омоля* у коми и т. п.).
В. Я. Петрухин.

САТАНЕЙ, героиня адыгского нартского эпоса, мать и воспитательница *Сосруко*, мудрая наставница и советчица *нартов*, распорядительница нартского хозяйства, женщина неувядающей красоты. С. — глава нартского общества, её авторитет непререкаем, хотя она не допускается на хасу — совет мужчин, на котором решаются наиболее важные дела. Однако многие существенные события в жизни нартов свершаются при непосредственном её участии либо под её влиянием. Нартам удаётся вернуть похищенные у них *Еминежем* семена проса лишь благодаря С.; следуя мудрым советам С., Сосруко побеждает *Тотреша*. С. — провидица (предвидела гибель Сосруко); обладает магической силой (по её просьбе останавливается солнце), нередко, уподобляясь *удам*, выступает и как мастерица готовить ядовитые зелья. В эпизодических мотивах брачных отношений главенствует всегда С., а не её супруг, в роли которого выступают *Тлепш*, нарты Сос, *Насрен-жаче, Уазырмес*. С. бессмертна. И лишь в единственной записи сказаний говорится о том, что С. умирает, вдохнув свою душу в тело мёртвого Сосруко. Встречаются упоминания о том, что она — из рода Алиджевых (варианты: Есоковых, Шаохужевых), мать её — Лалуха-Гуаша, а отец — Озрокатхо или Ордаш; воспитана Кардановыми.

С именем С. связаны различные топонимические поверья: в верховьях Псыжа был камень, который именовался печью С. Ср. *Сатана* у осетин, *Сатаней-Гуаша* у абхазов.
М. И. Мижаев.

САТАНЕЙ-ГУАША, центральный персонаж абхазского нартского эпоса, прародительница и глава большого нартского семейства; мать ста братьев-*нартов* и их единственной сестры Гунды-красавицы. В древнейших циклах С.-Г. — не имеющая мужа, нестареющая обольстительная женщина (в более поздних сказаниях упоминается отец нартов — безымянный, дряхлый, больной, иногда слепой, старец, не играющий существенной роли в жизни нартов). Власть С.-Г. над нартами неограничена.

С.-Г. обладает огромной физической силой: ударом пятки она валит бук, в огромном вывернутом ею валуне большим пальцем просверливает отверстие. Главная роль С.-Г. заключается в заботе о сохранности сыновей, в воспитании младшего, любимейшего сына *Сасрыквы*. С.-Г. — прорицательница и чародейка; чудесным образом всегда узнаёт об опасностях, подстерегающих её сыновей, и выручает их; способна изменять погоду. Сасрыква погибает тогда, когда лишается покровительства матери, которая в поздних сказаниях незаметно исчезает. В процессе длительного бытования эпоса образ С.-Г. претерпел значительную эволюцию. В поздних вариантах сказаний С.-Г. предстаёт слабой, мстительной, коварной женщиной. Так, в сказании о *Нарджхеу*, умыкнувшем Гунду-красавицу, слово С.-Г. — уже не закон для нартов (они, напр., не обращают внимания на её призыв оставить игру в мяч и во избежание беды встретить Нарджхеу с подобающими почестями); она тщетно пытается отравить Нарджхеу; вынужденная сама выпить бокал отравленного вина, С.-Г. падает замертво.
Ш. Х. Салакая.

САТАРА́Н, точнее **Ишта́ра́н**, бог неизвестного (возможно, эламского) происхождения, культ которого распространился и в Вавилонии; покровитель города Дер в пограничной с Эламом области. В месопотамских источниках встречается уже в личных теофорных именах текстов из Фары (26 в. до н. э.). В надписи Месилима (27 в. до н. э.) Иштаран — божество-свидетель и судья в споре о пограничной области между Уммой и Лагашем. В роли бога-судьи выступает и в текстах Гудеи, где ему близок *Нингирсу*. В старовавилонское время встречается определение «Иштаран врач», что позволяет предполагать в нём бога-целителя (это подтверждается и тем, что посол его — змееподобный бог *Нирах*, змея же — часто символ врачевания).
В. А.

СА́ТИ (др.-инд., «сущая»), в древнеиндийской мифологии дочь *Дакши* и жена *Шивы* (Рудры). В мифе о С. отражено начальное противостояние брахманизма и культа Шивы. По этому мифу, Дакша, устраивая сваямвару («выбор мужа») своей дочери, не пригласил на неё Шиву, которого не признавал богом. С., однако, не хотела другого мужа, и когда она подбросила в воздух гирлянду, предназначавшуюся для жениха, та, в согласии с её желанием, упала на шею внезапно появившегося Шивы. Не примирившись с выбором С., Дакша отстранил Шиву от жертвоприношения, на котором присутствовали остальные боги. Оскорблённая С. потребовала, чтобы Шива помешал жертвоприношению, а сама, не стерпев унижения, бросилась в священный огонь и сгорела (в этой связи термин «сати» прилагался в Индии к вдовам, сжигающим себя на погребальном костре мужа). С обгоревшим телом С. Шива долго блуждал по миру, пока *Вишну* не разрубил его на множество кусков и не разбросал останки, сделав места, куда они упали, центрами паломничества. Спустя некоторое время С. возродилась как *Парвати*, новая жена Шивы (Лингапур. I 100; Бхаг.-пур. IV 5 и др.).
П. А. Гринцер.

САТИ́РЫ, в греческой мифологии демоны плодородия, составляющие вместе с *силенами* свиту *Диониса*. Они териоморфны и миксантропичны, покрыты шерстью, длинноволосы, бородаты, с копытами (козлиными или лошадиными), лошадиными хвостами, с рожками или лошадиными ушами, однако торс и голова у них человеческие, символом их неиссякаемого плодородия является фаллос. Они задиристы, похотливы, влюбчивы, наглы, преследуют *нимф* и *менад* (Hymn. Hom. IV 262 след.). Они забияки, любят вино. С течением времени их изображали в более антропоморфном виде, сохраняя от древнего животного облика пышный лошадиный хвост. Часто отождествляются с силенами. Известен миф о С. или силене *Марсии*, состязавшемся с Аполлоном. Хор С. — непременный участник т. н. сатировских драм (напр., «Киклоп» Еврипида, «Следопыты» Софокла). Павсаний (I 23, 5—6) сообщает о диком племени, обитавшем на островах Сатиридах и имевшем лошадиные хвосты.
А. Т.-Г.

СА́ТИС, в египетской мифологии богиня прохладной воды. Дочь *Ра*, жена *Хнума*, мать *Анукет*. Культ С. был распространён в районе 1-го порога Нила, на острове Элефантина и в Нубии. В эпоху Среднего царства имела эпитет «владычица Элефантины». Изображалась женщиной с рогами антилопы, в короне Верхнего Египта. С. — защитница Ра и фараонов; согласно «Текстам пирамид», она очищает умерших. В период Нового царства С. приписывались функции богини южной границы и Нубии. Отождествлялась с *Сопдет*.
Р. Р.

САТРА́ДЖИТ (др.-инд., «всюду побеждающий»), персонаж индуистской мифологии («Махабхарата», «Хариванша», пураны). С. получил от бога солнца *Сурьи* в дар волшебный камень сьямантака. Для добродетельного владельца сьямантака был неисчерпаемым источником золота и защитником от всех бед, но на дурного владельца он навлекал гибель.

С., боясь, что *Кришна* может отнять у него волшебный камень, отдал его своему брату Прасену (Прасенаджиту). Затем сьямантакой владели лев, убивший Прасену, и царь медведей Джамбават, убивший этого льва. Кришна после долгой борьбы отнял волшебный камень у Джамбавата и вернул его С. В благодарность С. отдал Кришне в жёны свою дочь Сатьябхаму. Один из претендентов на руку Сатьябхамы Шатадханван убил С. во время сна и унёс сьямантаку. Впоследствии Кришна убил Шатадханвана, а хранителем волшебного камня стал Акрура, дядя Кришны.
С. С.

СА́ТРЕ, в этрусской мифологии божество, с именем которого связано представление о золотом веке — эпохе изобилия и всеобщего равенства. На этрусской модели бронзовой овечьей печени из Пьяченцы его имя помещено в самом центре. Отождествлялся с римским *Сатурном*.
А. Н.

САТУ́РН, один из древнейших римских богов (уже в 497 до н.э. ему был посвящён храм на Форуме на месте бывшего там алтаря). Происхождение имени С., связывавшееся в народной этимологии с корнем sat, «сеять» (что делает его богом посева, семян, Varr. V 64; Macrob. Sat. I 10, 10), современными исследователями отвергается, как и определение его как хтонического божества мира мёртвых. Не позже начала 3 в. до н. э. стал отождествляться с *Кроносом* (пожирающим своих детей), что дало повод интерпретировать его как неумолимое время, поглощающее то, что породило, или как семя, возвращающееся в породившую его землю. Под влиянием представлений о Кроносе С., каковы бы ни были его первоначальные функции, стал почитаться как бог золотого века, один из первых царей Лация (куда, согласно версии мифа, он бежал, низложенный своим сыном Юпитером, и где был принят правившим там Янусом, разделившим с ним власть). С. научил своих подданных земледелию, виноградарству и цивилизованной жизни, почему вся страна стала называться «землёй С.» (Serv. Verg. Aen. VIII 319; 322; Macrob. Sat. I 7; 27—36; 8, 4—5). Посвящённый С. праздник сатурналии (17 декабря), первоначальный характер которого неизвестен, был в 217 до н. э. преобразован по образцу греческих кроний (Liv. XXII 1, 19). Во время праздника господа и слуги менялись своими обязанностями, воцарялось безудержное веселье карнавального типа, люди обменивались подарками — светильниками и глиняными фигурками, избирался шуточный царь сатурналий; эти праздники рассматривались как воспоминание о веке изобилия, всеобщей свободы и равенства, пользовались большой популярностью и постепенно растягивались до 5—7 дней. В храме С. хранилась государственная казна. Его паредре (женскому соответствию) Луа (Aul. Gell. XIII 23, 2) посвящалось оружие убитых врагов, возможно, для искупления пролитой крови и для отвращения её вредного влияния на посевы (Liv. VIII 1; Serv. Verg. Aen. III 139). Впоследствии женой С. считалась отождествлённая с Реей *Опс*. Культ С. был мало распространён в основном в Африке, где слился с местными ваалами и имел многочисленных жрецов и коллегии почитателей, главным образом из простого народа. В астрологии планета С. считалась холодной, мрачной планетой, наделявшей соответственными качествами людей.
Е. М. Штаерман.

СА́У БА́РАДЖИ ДЗУА́Р, в осетинской мифологии ангел, покровитель разбойников, чёрный всадник («дзуар Саубарäг»). С. б. д. обитает в пещере, откуда наблюдает за искателями ночной добычи и всяких приключений. Считалось, что С. б. д. едет на вороном коне впереди воров и грабителей, идущих на разбой. Если поход оказывался неудачным, это означало, что они чем-то не угодили С. б. д.
Б. К.

СА́У ДЗУА́Р («чёрный святой»), в осетинской мифологии покровитель лесов и рощ. С. д. охраняет леса от пожара и от непрошеных порубщиков. Он считается владельцем всего, что есть в лесах: дичи, птиц, плодов, ягод. Только С. д. может дарить их людям, но для этого его нужно умилостивить. Ежегодно в определённый день в честь С. д. устраивали праздник с жертвоприношениями. С. д. схож с восточнославянским *лешим*.

САУ́Л («испрошенный»), первый царь израильско-иудейского государства (кон. 11 в. до н. э.), в ветхозаветном повествовании (1 Царств 8—31) воплощение правителя, поставленного на царство по воле бога, но ставшего ему «неугодным». Сын Киса, «человека знатного», из колена Вениаминова, из города Гивы. Повествование о С. начинается в переломный момент жизни народа, когда бог повелевает составившемуся пророку *Самуилу* поставить царя — на этом настаивают израильские старейшины, хотя Самуил рисует тягостную картину деспотической власти монарха. Выйдя из отцовского дома на поиски пропавших ослиц, С. обращается к «человеку божию» (а им оказывается Самуил) с вопросом о своей пропаже. В ответ Самуил (которому бог открывает, что С. и есть тот человек, который должен стать царём) предсказывает С. его будущее и, внезапно возливая на его голову священный елей, «помазывает» в правители. Так С., вышедший искать ослиц, обретает царство. По пути домой С., в осуществление предсказания Самуила, встречает сонм поющих пророков. При этом на него самого нисходит «дух господень», и С. всенародно пророчествует, что приводит окружающих в изумление: «неужели и Саул во пророках?» (1 Царств 10, 11). После этого Самуил, собрав весь народ, предлагает избрать царя по жребию. Происходит чудо: жребий последовательно выпадает колену Вениаминову, племени Матриеву, Саулу, сыну Кисову. Смущённый С. прячется в обозе, откуда его торжественно выводят, и народ, восхищённый его красотой («от плеч своих был он выше всего народа»), восклицает: «Да живёт царь!» (10, 24). Поначалу С. отказывается от царских почестей и в мирное время сам пашет на своём поле (11, 4). Но через некоторое время он, преступая повеления Самуила, осмеливается самовольно возглавить общественное жертвоприношение. В наказание за это чувства С. помрачаются, он даже готов предать смерти своего сына Ионафана, героически одолевшего филистимлян, но нарушившего по незнанию всенародный пост, назначенный перед сражением. Народу едва удаётся спасти Ионафана (14, 43—45). Однако С. всё ещё сопутствует божье благословение, и он ведёт победоносные войны — до того момента, когда, дерзко нарушая повеление свыше, он оставляет в живых жестокого царя амаликитян Агага и присваивает его неправедные богатства, которые должен был истребить (15, 9—11). Тогда бог «отступает» от С., повелевая Самуилу втайне помазать на царство юного Давида. Не зная об этом, С. приближает юношу к себе. Единственное, что помогает Давиду отгонять злого духа, который стал мучить царя с тех пор, как его покинул «дух господень», это вдохновенная игра Давида на арфе. Военные подвиги Давида вскоре приносят ему популярность в народе, превышающую царскую, что вызывает зависть и гнев С. Далее следует полное драматизма повествование о преследовании Давида Саулом (см. в ст. *Давид*). А безумие С. всё возрастает: он готов своей рукой убить Ионафана, оправдывающего Давида, варварски расправляется со священниками из Номвы, оказавшими Давиду гостеприимство, ожесточается настолько, что приказывает умертвить без всякого предлога гаваонитян, потомков аморреев среди Израиля (2 Царств 21, 1). Перед решающим сражением с филистимлянами на С. нападает страх, и он, некогда изгнавший из страны всех языческих гадателей, решается обратиться к ворожбе. Последняя волшебница, вызывательница мёртвых, прятавшаяся в Эйн-Доре (Аэндоре), просит переодетого С. «не выдавать её царю» и вызывает по его просьбе тень умершего Самуила. Раздаются слова: «... предаст господь Израиль вместе с тобою в руки филистимлянам; завтра ты и сыны твои будете со мною» (1 Царств 28, 19). Наутро израильское войско терпит жестокое поражение, и С., оказавшись в окружении, закалывается, пав на свой меч (31, 4). Давид оплакивает смерть С. и его сына Ионафана (2 Царств. 1, 19—27). Тела С. и трёх его убитых в бою сыновей, вывешенные филистимлянами на позор

на городской стене, выкрадывают и предают погребению жители Иависа Галаадского, некогда спасённые С. от бесчестья.
Д. В. Щедровицкий.

САУНА́У, С а у р о́ у, С ы у с а́ н а, мифологический персонаж у абхазов, покровитель ручного помола зерна. Упоминается в старинных трудовых мельничных песнях. Помол зерна на ручной мельнице был исключительно женским занятием, соответственно и покровительница этого ремесла мыслилась существом женского пола.
А. А.

САФА́, в осетинской мифологии создатель и покровитель надочажной цепи. Считалось, что, если цепь трогают нечистыми руками, С. может наслать на детей кожные болезни. Во время брачного обряда шафер три раза обводил молодую вокруг надочажной цепи и обращался к С. с просьбой принять молодую в новую семью. С. призывали на помощь во время сильной грозы. Имя С. входило в формулу клятвы, при произнесении которой дающий клятву держался за цепь.
Б. К.

САХ (егип.), **Орио́н** (греч.), в египетской мифологии персонификация созвездия Орион. Считался царём звёзд и изображался человеком в короне Верхнего Египта. В заупокойной литературе выступает как покровитель умерших. Близок *Осирису*, которого часто называли Орионом.

САХ, в касситской мифологии бог солнца. В Вавилонии отождествлялся с Шамашем (*Уту*). Символ С.— крест — встречается на вавилонских печатях касситского периода, луристанской керамике и бронзе. Эпитет С.— Шурияш [«озаритель (?) земли»; ряд исследователей считает его самостоятельным божеством индоевропейского происхождения и сближает с древнеиндийским *Сурья*].

СА́ХИМО́ТИ, С а́ х и м о́ т и - н о к а́ м и (др.-япон. «бог, вооружённый кинжалом»), в японской мифологии божество, имеющее облик волшебного животного *Вани*. В «Кодзики», в мифе о двух братьях рыбаке *Ходэри* и охотнике *Хоори*, С. вывозит на своей спине Хоори из владений бога морей на землю. В благодарность Хоори дарит ему свой кинжал, откуда и происходит имя этого бога. В «Нихонги» упоминается также о том, как брат первого императора Дзимму-тэнно, потерпев кораблекрушение и считая повинным в этом несчастье С.— морское чудовище, нападает на него.
Е. С.-Г.

СА́ХЛИС АНГЕЛО́ЗИ («ангел дома», «домовой»), в грузинской низшей мифологии дух, покровительствующий семье, охраняющий супружеские отношения. Ссора между членами семьи приписывалась гневу С. А. В этом случае ему приносили в жертву овцу или поросёнка, окропляя кровью жертвенного животного двери и стены дома.
М. К. Ч.

САХЯДА́Й-НО́ЙОН, С а х а д а́ - н о й о н, С а г а д а́ - н о́ й о н, С а г а д а́ й - у б у г у́ н («старец Сагадай»), Г а л и э́ ж е н С а х я д а́ й у б г э́ н («владыка огня старец Сахядай»), в мифах бурят божество огня, покровительствующее семье, деторождению, домашнему очагу; предок всех многочисленных и безымянных духов огня, обитающих в каждом очаге. Вместе со своей женой Санхалан-хатун (Сахала, Сахали, Санхурун, Занхалан) С.-н. является почитаемым *онгоном* — иконическим «вместилищем» духа родового огня и одновременно его конкретной персонификацией; его представляли человеком красного цвета.

С.-н. называют «старший сын земли», «средний сын дневного неба» (*тенгри*) и «младший сын ночного (звёздного) неба», что соответствует монгольским шаманским представлениям о рождении огня при отделении неба от земли. По другим поверьям, С.-н.— сын *Эсэге Малан-тенгри* либо его внук (сын божества зимнего снежного неба Будургу Саган-тенгри), брат *Буха нойон бабая* и божества планеты Венера Солбона (монг. *Цолмон*). Согласно преданию, С.-н. был ниспослан с неба на землю западными тенгри, чтобы защитить людей от насылаемых восточными тенгри зимних холодов, ночных хищников и кровососущих насекомых (отражение универсальной охранительной функции огня). Он женился на дочери духа земли, охотничьего божества, хозяина тайги Баян-Хангая («богатый обширный»). По алларскому мифу, Баян-Хангай в качестве выкупа за невесту взял солнце и луну (затем они были вызволены из плена). Другой аларский миф повествует о ссоре С.-н. с духом воды Герел-нойоном, который просил у него дочь в жёны своему сыну, чем вызвал гнев хозяина огня, расценившего подобный брак как противоестественный (нарушающий экзогамию: оба принадлежали к одному роду). С тех пор огонь не терпит воды.

Имя С.-н. является производным от сахиха — «блеснуть» (о молнии), «высечь» (огонь с помощью кремня и огнива). По другой гипотезе, имена С.-н. и Санхалан-хатун восходят к именам сына *Чингисхана* Чагадая и его жены Чанхулан. Чагадай, хранитель и жрец родового очага, после смерти был отождествлён с его духом-хозяином, который, будучи божеством семейного огня сакрализованной императорской фамилии, осмыслялся как глава всех духов огня и, таким образом,— как обобщённое божество огня. Ср. также легенду, по которой С.-н. некогда был человеком — хранителем огня, а после смерти стал его духом-хозяином. Встречается мотив раздувания С.-н. и его женой огня (очевидно, первого), что больше соответствует функции не божества огня, но его создателя (см. в ст. *Отхан Галахан*).
С. Ю. Неклюдов.

САЧХОНВА́Н, в корейской буддийской мифологии четыре небесных владыки — стража сторон света. Генетически восходят к индийским махараджам или *локапалам*. На востоке находится страж, охраняющий царство; на западе — ясновидящий страж; на юге — страж роста и прибавления; на севере — вездесущий страж, считающийся божеством изобилия. В их честь в древнекорейском государстве Силла близ столицы (ныне город Кёнджу) в 679 был возведён монастырь Сачхонванса. С. воплощены в настенной живописи, рельефах, на иконах и в глиняных статуях. В даосской интерпретации эти С. соответственно несут пагоду, меч, два меча и дубинку с шипом. Скульптурные изображения С. представлены в пещерном храме Соккурам (8 в.).
Л. Р. Концевич.

СВАРГА́ (др.-инд., «небо»), в индуистской мифологии рай *Индры* (индралока), расположенный на вершине горы *Меру* в *антарикше*. Столица С.— *Амаравати*, где находится дворец Индры Пушкарамалини. В нём Индре прислуживают *маруты*, *риши* и сонмы богов, а *апсары* и *гандхарвы* услаждают его музыкой и танцами (Мбх. II 7). Дворец окружён парком Нанданой, где живёт корова *Сурабхи*, растут «кальпаврикши» — деревья, исполняющие желания, а рядом с ними легендарное дерево с золотой корой — *Париджата*, добытое при пахтанье океана богами и *асурами*. Париджата наполняет благоуханием всю С. и особо любимо женой Индры и апсарами. Его попытался однажды похитить асура *Андхака*, но был убит *Шивой*. Помимо богов и божественных риши, С. по приглашению Индры могут посещать смертные герои (напр., *Арджуна*), а после смерти сюда попадают храбрые воины, павшие на поле битвы. Они наслаждаются жизнью в С. до тех пор, пока не придёт срок их новому рождению на земле.
П. Г.

СВАРО́Г, С в а р о́ ж и ч, в славянской мифологии бог огня. По данным древнерусских поучений против язычества, культ Сварожича был связан с культом огня: язычники «огневи моляться се, зовуще его сварожичем» («Слово некоего христолюбца»). В славянском переводе хроники Иоанна Малалы (12 в.) С. отождествлён с древнегреческим Гефестом. В древнерусском пантеоне особо тесные связи соединяли С. с Дажь-богом, названным в летописи сыном С. («... сего ради прозваша и богъ Сварогъ... и по семь царствова сынъ его именемъ Солнце, его же наричуть Дажьбогъ... Солнце царь сынъ Сваро́гъ еже есть Дажьбогъ», Ипатьевская летопись 1114 г.). Отрывок о Свароге, отце солнца, связан с вставкой о Совии в «Хронике» Иоанна Малалы. Оба эти текста, видимо, отражают общую культурную традицию, связанную с введением трупосожжения (см. *Совий*). У балтийских славян Сварожич (иначе называвшийся Радгостом, Radegast, Radi-

gast, Redigost, Riedigost) почитался в культовом центре редариев Ретре-Радгосте как один из главных богов, атрибутами которого были конь и копья (ср. *Свентовита*), а также огромный вепрь, согласно легенде, выходивший из моря (ср. вепрь как зооморфный символ солнца). У чехов, словаков и украинцев со С. можно связать огненного духа *Рарога*; ср. также Страха (Раха) в восточнославянских заговорах.
В. И., В. Т.

СВА́СТИКА (др.-инд., от «су» — «связанное с благом»), один из наиболее архаичных символов, встречающийся уже в неолитических изображениях, в орнаменте многих народов в разных частях света. С. — обозначение благоприятного, счастливого объекта, изображается в виде креста с загнутыми (под углом или овально; чаще — в направлении часовой стрелки) концами. С. с древнейших времён весьма распространена в индийской культуре, где традиционно толковалась как солярный символ, знак света и щедрости. Засвидетельствована в традиционной символике Китая, Древнего Египта, в раннем христианстве (т. н. «гаммированный крест») и т. д. В новейшее время С. использовалась немецкими фашистами в качестве эмблемы «арийского» начала, что придало С. одиозный характер в современном восприятии. *А. Я. Сыркин.*

СВАХА́, в древнеиндийской мифологии слово, употребляемое как восклицание при жертвоприношении богам (типа: «Да будет благо!», «Во здравие!», «Благослови!» и т. п.); слово, обозначающее то, что приносится в жертву *Агни, Индре* и другим богам; персонифицированный образ жертвоприношения. Как восклицание, возглас, имеющий междометийный характер, С. употребляется с целью приглашения богов на предстоящее жертвоприношение. При этом существенно, что этот возглас предполагает всех богов, в отличие, например, от возгласа «Вашат», обращаемого к отдельным божествам. Происхождение возгласа С. описывается в «Шатапатхабрахмане» (II 2, 4, 1—8), где рассказывается о том, что *Праджапати* породил из своих уст Агни, которому нечего было есть, так как земля в это время была ещё голой; Праджапати решил создать для Агни пищу из самого себя и предпринял для этого определённые действия; не будучи уверенным в том, что полученное им подходит для жертвы, он вдруг услышал голос, сказавший: «жертвуй это!», и понял, что его (своё, др.-инд. «сва») величие сказало («аха») это; после чего Праджапати произнёс: свахá и принёс первую жертву; с тех пор при жертвоприношении произносилось это ритуальное слово; здесь же содержится и первая попытка этимологического объяснения слова. Возглас «С.», видимо, должен толковаться как «су», «хорошо» и «аха», «сказал» и, следовательно, представляет собой обычный тип благопожелания. В качестве вариантов этого восклицания используются несколько отличные формы, подвергшиеся дополнительным осмыслениям (ср. свадхá или свагá). Параллелизм между С. и свадха продолжается и на уровне персонифицированных образов: С., как и Свадха, определяется как дочь *Дакши* и *Прасути*; и та и другая как-то связаны с Агни: С. жена Вахни, огня, или Абхимани (одна из ипостасей Агни), которому она родила троих сыновей огненной природы (Павака, Павамана, Шучи); Свадха же, по одной версии, дочь Агни; кроме того, она связана с *питарами* (в частности, она жена Кави или одного из подразделений питаров и мать части питаров). Основной сюжет, связанный с С., представлен в «Махабхарате» (III 213 и след.): С. воспылала страстью к Агни, но не находит никаких путей к её удовлетворению. Когда Агни удаляется в лес, мучимый желанием к жёнам семи мудрецов (риши), С. решает принять образ этих жён и пойти к Агни и обмануть его. В образе Шивы, жены *Ангираса*, одного из семи *риши* она достигает перед Агни и добивается своей цели. Взяв его семя, С. оборачивается птицей *Гаруда*, прилетает на высокую гору и бросает семя в золотой сосуд. Затем поочерёдно С. принимает образ жён других из семи мудрецов и шестикратно сочетается с Агни (лишь образ Арундхати, особенно преданной своему мужу, С. не удаётся принять), шестикратно бросая семя в сосуд. Через некоторое время рождается *Сканда* (по матери — Свахея). Известен вариант этой истории, где вместо Агни выступает *Шива*, а вместо С. — *Ума* (ср., напр., версии «Матсья-пураны» или поэмы Калидасы «Кумарачарита»). По другим источникам, считается, что С. руководит жертвоприношениями, связанными с огнём; что её тело состоит из четырёх вед, а её члены понимаются как шесть членений вед (Анга); что она может выступать и как жена *Рудры* или *Пашупати*. Образ С. в древнеиндийской мифологии представляет собой интересный пример создания мифологического персонажа и целого мифологического сюжета на основе ритуального словоупотребления.
В. Н. Топоров.

СВЕНТОВИ́Т («святой, священный»), в западнославянской мифологии «бог богов», упоминаемый Гельмольдом и Саксоном Грамматиком (12 в.). С. — высший бог, связан с войной и победами; его атрибуты — меч, знамя, боевые значки, в т. ч. изображавшие орла, и копья. Культовый центр С. — четырёхстолпный храм в балтийско-славянском городе Арконa. Символический цвет С. — красный: его храм был увенчан красной кровлей, в капище был пурпурный занавес, в сундуках — множество пурпурных одежд. Белый священный конь при храме С. после ночи оказывался покрытый грязью: верили, что ночью он выезжал для борьбы с врагами. При гаданиях коня подводили к трём рядам копий, и если он спотыкался на левую ногу, это считалось дурным предзнаменованием, если же ступал с правой ноги — добрым. Ответы оракула С. считались наиболее весомыми. Идол С. имел четыре головы, расположенные справа, спереди и сзади (это описание сопоставляется с четырёхглавым Збручским идолом), что позволяет соотнести С. и его четырёхстолпный храм с четырёхчленной (север — юг — запад — восток) моделью мира в славянской мифологии. Четырёхчленность С. находит многочисленные параллели в других традициях с четырёхглавыми божествами и четвёрками богов, охранителей стран света. Имя С., очевидно, представляет собой эпитет. Есть основания думать о глубинной первоначальной связи С. с громовержцем (см. *Перун*), в образе которого особенно подчёркнута воинская функция (эпитет «святой» относится, в частности, к балт. *Перкунасу*). *В. В. Иванов, В. Н. Топоров.*

СВЭКСВЭ́, Свэ́хве, в мифах сэлишей, квакиутлей и других племён тихоокеанского побережья Сев. Америки небесные духи, спустившиеся на землю и поселившиеся на дне глубокого озера. С. обычно изображались в виде масок с длинным высунутым языком и выдвинутыми вперёд глазами. У квакиутлей С. ассоциируются с землетрясениями.
А. В.

СВЯТОГО́Р, русский былинный богатырь. В русском былинном эпосе тяжести его не выносит «мать сыра земля», но сам он не может превозмочь тяги земной, заключённой в суме; пытаясь поднять суму, он уходит ногами в землю. В. Я. Пропп считал С. воплощением допотопной силы (его первая встреча с Ильёй Муромцем, которого С. кладёт в карман вместе с конём, — типичное деяние древнего *великана*), неприменимой и поэтому обречённой на гибель. Илья и С, примеряют гроб, встреченный ими на пути, тот оказывается впору С, который не может снять крышки. Перед смертью С. с дыханием передаёт Илье лишь часть своей силы (герою нужна человеческая, а не великанская сила).

Гибель С. при безуспешной попытке вытянуть из земли «суму перемётную» и смерть в каменном гробу связаны с землей: С. не может осилить земли, земля не может носить С. Земля и С. в некотором роде антагонисты; недаром С. похваляется: «Как бы я тяги нашёл, так я бы всю землю поднял». Вместе с тем С. связан с землёй, с её тёмными хтоническими силами: он лежит на земле или на горе (иногда — сам как гора) и, как правило, спит; он ложится в землю в каменный гроб. Обладатель хтонической силы, он не в состоянии ни совладать с ней (отсюда мотивы хвастовства и бессмысленной демонстрации силы: С. позволяет Илье Муромцу трижды ударить его со всей богатырской силой, сравнивая эти удары с укусом комарика), ни найти этой силе применения — героически-воинского (как у Ильи Муромца и других русских богатырей, охраняющих границу) или хозяйственно-производительного (как у Микулы Селяниновича). С. изолирован от других героев былинного эпоса; Илья Муромец нужен только для того, чтобы присутствовать при гибели С. и как бы усвоить пагубные уроки чрезмерной и нецеленаправленной силы), не совершает никаких подвигов. В отличие от других богатырей С. неподвижен, привязан к одному локусу (Святые горы). Святые горы, как и их обитатель и хозяин, противопоставлены в былинах Святой Руси. В одном из вариантов былины С. сообщает своему отцу, что был далеко на Святой Руси, но ничего не видел и не слышал, а только привёз оттуда богатыря (характерно, что отец С.— «тёмный», т. е. слепой,— признак существа иного мира, ср. *Вий*). Совпадения названия места и мифологического персонажа (Святая гора: Святогор), неравнозначение деятеля и места глубоко архаично. Связь С. с горой может оказаться непервичной. К тому же эта гора должна пониматься не как самое высокое святое место, а как преграда на пути, место неосвоенное, дикое. В этом смысле С. находится в одном ряду с такими же бесполезными хтоническими богатырями русских сказок, как Горыня, Дубыня и Усыня: не случайно в одной из былин С. назван Горынычем, что соотносит его и с Горыней и со Змеем Горынычем. В реконструкции С.— хтоническое существо, возможно, открыто враждебное людям. В поздних версиях С. щадит Илью Муромца, передаёт ему свою силу (хотя и предлагает Илье третий раз вдохнуть его дух или лизнуть кровавую пену, что привело бы к гибели Ильи), сознаёт свою обречённость и проявляет покорность судьбе. В этом «улучшении» образа С. сыграл роль и внешний фактор — эпитет «святой». Но сам этот эпитет, как и всё имя С., является, видимо, результатом народно-этимологического «выпрямления» первоначального имени, близкому названиям типа Вострогор, Вострогот, принадлежащим мифологической птице, связанной с горами в *Голубиной книге* («Вострогор — от птица да всем птицам птица»; «Вострогор птица вострепещется, а Фаорот гора вся да восколеблется» и т. п.). Другие формы, типа русского «веретник» (существо птицезмеиной природы, вампир), делают возможным предположение о связи этих имён и имени С. с иранским божеством *Веретрагной*, одна из инкарнаций которого — сокол; ср. также птицу *Рарога*. В этом контексте не только имя С., но и отдельные черты его (хвастовство, сверхсила, смерть, связанная с камнем или землёй, присутствие другого богатыря, не поддавшегося той же смерти) находят точные параллели в иранском мифе о каменном (камнеруком) богатыре Снавидке, погибшем от хвастовства (ср. «Яшт» XIX 43—44). *В. В. Иванов, В. Н. Топоров.*

СВЯТО́Е СЕМЕ́ЙСТВО, в христианских представлениях семья, в которой родился Иисус Христос, ближайшее окружение Иисуса в детстве, включающее его мать деву *Марию* и её мужа *Иосифа*.
О. Е. Нестерова.

СЕ, в древнекитайской мифологии и легендарной истории культурный герой основатель династии Шан. Матерью С. была *Цзяньди*: она зачала его, проглотив яйцо ласточки. С. вышел из спины матери. В исторической традиции С. считался идеальным правителем, который помогал великому *Юю* в усмирении потопа. С., по одной версии, занимал должность блюстителя нравов и обычаев при *Шуне*.
Б. Р.

СЕ́БЕК (егип.), С у́ х о с (греч.), в египетской мифологии бог воды и разлива Нила. Согласно «Текстам пирамид», С.— сын *Нейт*. Его священное животное — крокодил. Он изображался в виде человека, крокодила или человека с головой крокодила. Центр культа С.— Файюмский оазис, город Крокодилополь. Расцвет культа С. относится к периоду правления XII династии (19—18 вв. до н. э.), столица которой находилась вблизи Файюма. Имя С. входило в качестве компонента в теофорные имена фараонов XIII династии. Считалось, что С. даёт изобилие и плодородие. В ряде текстов С. рассматривается как защитник богов и людей, однако нередко он выступает как бог, враждебный *Ра* и *Осирису*. С развитием религиозного синкретизма С. отождествлялся с Ра, *Хнумом*, *Амоном*, *Хонсу*, *Мином*. С С. связана богиня *Тененет*. В поздний период появилась сопутствующая С. богиня — «великая владычица Себектет».
Р. Р.

СЕБУИМЕ́КЕР, в мифологии Куша (древний Нубии) бог-демиург. Известен по надписи в храме Мусавварат-эс-Суфры (3 в. до н. э.), рядом с его антропоморфным изображением высечен известный по египетским источникам гимн *Осирису*. В египетской триаде Исида-Осирис-Гор, очевидно, замещал Осириса.
Э. К.

СЕ́ДНА («она там внизу»), морское божество, хозяйка морских животных в мифах эскимосов Баффиновой земли; Н у л и а ю к («женоподобная») у эскимосов нетсилик; А р н а р к у а г с с а к («старая женщина») у эскимосов Зап. Гренландии; И м а п и н у а («мать моря») у эскимосов Вост. Гренландии; У и н и р у м а й у и т у к («не желавшая мужа») у эскимосов иглулик. Несмотря на различие в именах, образ С. одинаков повсюду. Её представляли в виде старой женщины, живущей на дне моря и повелевающей морскими животными, которых она время от времени даёт людям. Если люди грешат, их грехи как грязь запутываются в волосах С., тогда она гневается, держит моржей и тюленей вдали от берега и в эскимосских селениях наступает голод. Необходимо вмешательство шамана, чтобы её умилостивить. По мифам некоторых эскимосских групп, С. повелевает не только морскими животными, но и речными рыбами, и оленями карибу, и птицами. У медных эскимосов и у нетсилик С. считается самым всесильным и могучим из духов. Она правит и погодой, и загробным миром, и др. Как и др. женские божества, С. враждебна мужчинам. По одним мифам, у неё совсем нет мужа, по другим — мужчина, находящийся у неё в подчинении, это кобель, с которым С. поселилась на о-ве и родила детей, ставших прародителями индейцев и белых людей, а также злых духов, собакообразных монстров. О происхождении С. есть много версий. Согласно одной из них, какую-то одну девочку-сироту бросили в море. Она пыталась ухватиться за борт каяка, но ей обрубили пальцы, и в тот же миг они превратились в морских зверей, а девочка опустилась на дно и стала матерью всей дичи на земле и всех зверей в море. По другой версии, отец С., Савирконг («человек с ножом») приезжает на о-в и, поссорившись с зятем, убивает его, после чего сажает дочь в лодку, чтобы отвезти её домой. По дороге море начинает волноваться и грозит потопить их. Отец решает принести С. в жертву морю и сбрасывает её за борт. С. хватается за борт байдары, но отец обрубает ей фаланги пальцев, которые, падая в море, превращаются в разных морских животных, а С. становится морским божеством. Её боятся больше всех других божеств, т. к. хотя она и посылает людям пищу и изобилие, но и лишает их всего, если разгневается.
Л. А. Файнберг.

СЕ́ЛА, С е́ л и, С т е́ л а, у ингушей и чеченцев бог грома и молнии, отец бога *Елта*, *Села Саты*, муж богини воды Фурки. С. подвластны люди, боги; в его бурдюках заключены стихии: из одного он выпускает снежную вьюгу, из другого — мороз, и т. д. Радуга — это лук С., который он вешает на небо, молнии — его стрелы. Из-за непослушания ему окривел *Елта*; он обрекает на вечные муки героя *Курюко*, выкравшего у С. овец, воду, растения для людей, и героя *Пхармата*, похитившего у него огонь для нарт-орстхойцев. Согласно более поздним представлениям, С. не столь всемогущ. Предводитель нарт-орстхойцев *Сеска Солса*, вступив с ним в единоборство, поломал ему рёбра, и нарт-орстхойцы угнали стадо белых баранов у Горжая, который ежегодно совершал в честь С. жертвоприношения. В весенний месяц сели-бут («месяц С.») по

ингушскому народному календарю в святилищах С. совершали жертвоприношения; в молитвенных песнопениях, обращённых к нему, просили дождя и хорошего урожая.
А. Т.

СЕЛ-А́НЯ (букв. «мать ветра»), в венгерской мифологии хозяйка ветра. Согласно одному из вариантов мифа, ветер дует из дыры, которая находится на высокой горе где-то за семью горами, а С.-а. стережёт эту дыру. По другим представлениям, жилище С.-а. находится среди ветвей мирового древа, от движения которых и поднимается ветер. Имеется поверье, по которому сильный ветер поднимается в том случае, когда умирает старая ведьма-*босоркань*. Предполагалось, что ведьма или С.-а. находится внутри вихря.
М. Х.

СЕ́ЛА СА́ТА, Се́ли и Са́та, в мифах ингушей дочь бога *Селы*, рождённая смертной женщиной. Согласно сказанию, среди нарт-орстхойцев жила девушка необычайной красоты. Многие нарт-орстхойцы хотели жениться на ней. Тщетно домогался её любви и Сели. Перед смертью она просила нарт-орстхойцев стеречь её могилу в течение трёх дней, чтобы помешать влюблённому Сели удовлетворить своё желание. Но караулившиий её предводитель нарт-орстхойцев *Сеска Солса* задремал к концу третьей ночи. Сели вскрыл могилу и осквернил труп девушки, у которой тотчас же родилась дочь. Нарт-орстхойцы назвали её С. С. («дочь Селы»). С. С. вышла замуж за небожителя; покровительствует людям, выступая их заступницей перед Селой.

Древние мифы связывают с ней происхождение Млечного пути и трёх звёзд (Вега, Денеб, Альтаир), составляющих на небе треугольник. Млечный путь — это след от соломы, которую С. С. пронесла для брачного ложа. Перед тем как выйти из дома за соломой, она подготовила из теста треугольный хлеб и сунула его в золу с угольками, чтобы он испёкся. Пока она ходила, два угла хлеба сгорели, уцелел лишь один. И вот теперь на небе видны три звезды, из которых одна (Вега) много ярче двух других. Ингуши называют их «треугольным хлебом Саты» (Сати божолг).
А. Т.

СЕЛВА́НГА, в мифах ганда бог-питон, хозяин воды, рек, рыбы. Он дарует также детей (те же функции и у его сестры Налванга, жены божества *Мукаса*). К С. обращались бесплодные женщины; его благословения просили вступающие в брак. В более поздних мифах представления об архаическом хозяине воды С. сливаются с представлениями о Мукаса. С. типологически близок питону-тотему Онини в мифах ашанти.
Е. К.

СЕЛВА́НС, в этрусской мифологии бог растительности. На этрусской модели бронзовой овечьей печени из Пьяченцы он упоминается рядом с богами неба. Одно из посвящений С.— «С. небесному».
А. Н.

СЕЛЕ́МН, в греческой мифологии ахейский юноша, возлюбленный нимфы Аргиры. Когда С. возмужал, нимфа разлюбила его, С. умер от тоски и был превращён Афродитой в реку. По воле Афродиты но забыл Аргиру, поэтому, по поверью, купание в реке Селемн излечивает от любви (Paus. VII 23 2—4).
Г. Г.

СЕЛЕ́НА, в греческой мифологии олицетворение луны (греч. selas, «свет», «сияние»), дочь титанов *Гипериона* и Тейи, сестра *Гелиоса* и *Эос* (Hes. Theog. 371—374). Известен миф о любви С. к прекрасному *Эндимиону*, которого она посещает ночью в Латмийской пещере в Карии. С. обольстил Пан, подарив ей стадо белоснежных ягнят (Verg. Georg. III 391—393). С. отождествлялась с Артемидой и Гекатой (поэтому к ней обращали слова заклятий, желая привлечь возлюбленного, Theocr. II 10—12, 49). Считалось, что колдовские манипуляции особенно действенны при полном сиянии С. (Ovid. Met. VII 177—183). Ей соответствует римская *Диана*.
А. Т.-Г.

СЕМА́Р, Тва́лен (балийск.), в индуистской мифологии яванцев и балийцев (Западная Индонезия) могущественный бог-демиург с чертами трикстера. С. (под именем Хьянг Исмайя) — сын *Санг Хьянг Тунггал*, брат и антипод *Батара Гуру*. С.— носитель и воплощение тёмного, чувственного земного начала, праха. Он — отец богов, непосредственно сопричастных смене жизни и смерти (бога любви Санг Хьянг Камаджайи и божества смерти Батара Ямадипати). В яванской традиции он — отец солнечного бога Сурьи. Позднее в народной мифологии С. предстаёт как сверхъестественное существо, ниспосланное на землю с миссией покровительства простым смертным и как воспитатель и советник потомков богов. С. имеет уродливую внешность, символизирующую все несовершенства земного, одно из его прозвищ — пандак («карлик»). В этом облике С. бытует как персонаж театра вайянг, как глава панакаванов (шутов-слуг).
Г. Б.

СЕМА́РГЛ, Сима́ргл (др.-рус. Семарьглъ, Сима́рьглъ, Сим-Рьглъ), в восточнославянской мифологии божество, входившее в число семи (или восьми) божеств древнерусского пантеона, идолы которых были установлены в Киеве при князе Владимире (980). Имя С. восходит, по-видимому, к древнему *Sedmor(o)-golvъ*, «Семиглав» (ср. характерную для славянских богов полицефалию, в частности семиглавого *Руевита*). Согласно другой, более спорной гипотезе (К. В. Тревер и др.), имя и образ С.— иранское заимствование, восходит к мифической птице Сэнмурв. Д. Ворт связывает С. с птицей *Див*. Функции С. неясны; вероятно, они связаны с сакральным числом семь и воплощением семичленного древнерусского пантеона. Характерно, что в некоторых текстах «Куликова цикла» имя С. искажено в Раклий, и это божество рассматривается как языческое, татарское.
В. И., В. Т.

СЕМЕ́ЛА, в греческой мифологии фиванская царевна, дочь *Кадма* и *Гармонии* (Hes. Theog. 975—978). Полюбивший С. Зевс спускался к ней с Олимпа под покровом ночи. Охваченная ревностью, Гера внушила С. мысль попросить Зевса явиться к ней во всём своём божественном величии. Тот, представ перед ней в сверкании молний, испепелил огнём смертную С. и её спальню. Недоношенного С. шестимесячного ребёнка Зевс выхватил из пламени и зашил в своё бедро (Hes. Theog. 940—942; Eur. Bacch. 1—9, 88—98, 286—297). Родившийся через три месяца мальчик был богом *Дионисом*, который, достигнув зрелости, разыскал мать, после чего С. была перенесена на Олимп (Pind. Ol. II 25—28; Paus. II 37, 5). Завистливые сёстры С. истолковали её смерть как наказание, посланное Зевсом за то, что она отдавалась смертному. Впоследствии Зевс отомстил сёстрам С., наслав всякого рода бедствия на их сыновей.

Имя С. фригийского происхождения, оно значит «земля»; вероятно, С. была фригийско-фракийским божеством земли. Миф же о рождении Диониса от Зевса должен был обеспечить введение в олимпийский пантеон бога, первоначально к нему не принадлежавшего.
В. Я.

«СЕМЕРКА», и м и н а - б и (шумер., «их семь»), с е - б é т т у, с и б и́ т т и (аккад. «семёрка», «семеро»), в шумеро-аккадской мифологии категория демонов, преимущественно злых. Воспринимается как единое целое. В своей злой ипостаси «С.» — порождение бога *Ана* (Ану). По аккадскому мифу о боге чумы *Эрре*, Ану вместе с землёй (Эрцету) создал «С.», определил ей судьбу и дал в помощники Эрре. На происхождение «С.» от *Ану* и Ураш («земля») указывает и отрывок из шумерской композиции о *Лугальбанде* в горах Хуррум. В мифе о лунном затмении Ан посылает «С.» против бога луны (Сина-Нанны), чтобы окружить его и затемнить. Энки вместе с богом огня Гибилом пытается проникнуть в тайну «С.», чтобы найти против неё действенное заклинание. Серия заклинаний «Злые демоны утукку» идентифицирует «С.» с утукку. В некоторых заклинательных текстах под «семью и семью» добрыми демонами подразумеваются, видимо, семь детей *Энмешарры* и семь мудрецов (абгалей; см. в ст. *Абзу*). Не совсем ясно, следует ли «семь детей богини *Ишхары*» толковать как злых демонов, или их надо причислить к детям Энмешарры. В ряде заклинательных текстов «С.» названа как доброе божество — воитель против злых демонов вместе с сест-

рой своей Наруду. Как астральное божество «С.» олицетворяет Плеяды.
В. А.

СЕ́МЕРО ПРО́ТИВ ФИВ, в греческой мифологии поход против Фив; одно из важнейших событий, предшествовавших *Троянской войне*. Вражда между сыновьями *Эдипа* — правившим в Фивах Этеоклом и претендовавшим на этот престол Полиником явилась основной причиной похода С. п. Ф. Изгнанный Этеоклом из Фив Полиник получил убежище у аргосского царя *Адраста*, женился на его дочери Аргии и убедил своего тестя возглавить объединённое войско, состоявшее из семи отрядов под командованием семи полководцев (по числу ворот в Фивах) (Eur. Suppl. 131—154; Phoen. 408—434; Apollod. III 6, 1). Имена вождей в различных источниках несколько варьируются, прежде всего в зависимости от того, выступает ли сам Адраст как верховный главнокомандующий или в числе семи. У всех авторов участниками похода называются Полиник, *Тидей* (второй зять Адраста), *Амфиарай*, *Капаней* и *Парфенопей*; обычно вместе с ними упоминаются также *Гиппомедонт* и Этеокл-аргосец (Aeschyl. Sept. 375—596; Eur. Suppl. 860—908; Apollod. III 6, 3). В классическую и более позднюю эпохи эти вожди представлялись так или иначе связанными с Адрастом узами родства. Первоначально же они происходили из разных областей Греции, где считались местными героями или божествами.

Начало похода происходит при неблагоприятных обстоятельствах: Амфиарай, обладающий пророческим даром, заранее знает, что никто из вождей, кроме Адраста, не вернётся живым, и безуспешно пытается отговорить его участников от выступления. Не предвещает ничего хорошего и полёт птиц; Зевс не шлёт гарантирующей победу молнии, а, напротив, даёт предостерегающие знамения. Когда войско проходит через Немею, нянька местного царевича Офельта (по версии Еврипида, этой нянькой была попавшая в рабство лемносская царевна Гипсипила) готова показать воинам источник питьевой воды. Ребёнок, оставленный без присмотра, погибает в это время от укуса змеи. Вожди убивают змею и учреждают в память о погибшем царском сыне Немейские игры. Случившееся Амфиарай считает новым дурным предзнаменованием (Bacchyl. IX 10—20; Apollod. III 6, 2 и 4). Затем под стенами Фив Амфиарай, ссылаясь на плохие знамения, старается удержать участников от перехода через реку Исмен, являвшуюся последней преградой перед штурмом (Aeschyl. Sept. 378 след.).

Согласно описанию Эсхила («Семеро против Фив»), семеро вождей поклялись разрушить до основания город *Кадма*, совершили жертвоприношения богам Аресу и Фебу, а затем, собравшись у колесницы Адраста и увенчав её (на случай гибели) памятными знаками для родителей, бросили жребий, кому из них к каким воротам вести войско (Aeschyl. Sept. 42—58). Характеристика Эсхила существенно отличается от обрисовки героев в эпосе; в «Семерых против Фив» общей для всех аргосских вождей, кроме Амфиарая, чертой является их надменность, кичливость, готовность взять Фивы даже вопреки воле богов и самого Зевса. Еврипид в «Финикиянках» описывает вступление в бой и гибель Парфенопея и Капанея, но главное внимание уделяет единоборству братьев Этеокла и Полиника (1377—1424). После безуспешных взаимных атак Этеокл применяет фессалийский приём, т. е. припав на левую ногу, из-под щита смертельно ранит снизу в живот Полиника. Считая врага сражённым насмерть, он начинает снимать с него доспехи, но в этот момент Полиник, собрав последние силы, пронзает мечом грудь брата. Благодаря тому, что фиванский царевич *Менекей* приносит себя в жертву родному городу (узнав из пророчества, что таким образом он спасёт Фивы от разорения — Eur. Phoen. 904—1018), все вожди, пришедшие под Фивы со своими войсками, погибают, кроме Адраста, которого выносит с поля боя его божественный конь Арейон. Упоённые победой, фиванцы отказываются выдать матерям и жёнам погибших тела их близких, и несчастные женщины обращаются за помощью к *Тесею*. По одной версии, ему удаётся уладить спор мирным путём, по другой — ему приходится вступить с фиванцами в сражение, чтобы отбить у них тела убитых вождей и похоронить их с подобающими почестями (этот вариант мифа получил разработку в «Просительницах» Еврипида). Особо складывается посмертная судьба Полиника: по приказу ли взявшего власть в свои руки Креонта (так у Софокла в «Антигоне»), по завещанию ли самого Этеокла (так у Еврипида в «Финикиянках») новый царь велит бросить его тело без погребения хищным зверям и птицам, и только вмешательство *Антигоны* заставляет Креонта изменить решение.

Новый этап борьбы за Фивы разыгрывается в следующем поколении, когда детям павших вождей (эпигонам) удаётся взять и разорить город. Это событие, согласно преданию, происходит незадолго до начала Троянской войны, и уже в нём проявляют себя некоторые будущие её участники (Hom. Il. IV 403—410).

В основе сказания о С. п. Ф. и последующем взятии Фив лежит воспоминание о военных столкновениях между отдельными царствами микенского времени незадолго до их упадка. Археологические раскопки разрушенной фиванской крепости Кадмеи подтверждают справедливость данных, содержащихся в гомеровском «каталоге кораблей»: среди 28 перечисляемых городов Беотии не названы разорённые к тому времени Фивы, а все упомянутые оказываются способными снарядить в общей сложности всего 50 кораблей (Hom. Il. II 494—510). Главным источником для афинских драматургов 5 в. до н. э. и более поздних авторов послужила не дошедшая до нас эпическая поэма «Фиваида» (7 в. до н. э.) и местные (в т. ч. аттическая) версии мифа. Отсутствие памятников крепостного строительства микенского времени в Фивах способствовало тому, что семь фиванских ворот, о которых говорит предание, представляли себе расположенными по всей окружности городской стены и соответственно делили всё войско на семь отрядов. Между тем, как показали раскопки ряда микенских крепостей, они имели не более двух-трёх входных ворот; в Фивах же, по-видимому, была развита система фортификаций с применением т. н. протейхисмат, т. е. предстенных укреплений с поставленными друг за другом несколькими башнями. Поэтому с учётом внутренних ворот их общее число в Фивах могло доходить до семи.

СЕМИРАМИ́ДА, в греческой мифологии дочь сирийской богини Деркето (Luc. De dea syr. XIV 39). Оставленную в горах С. вскормили голуби, воспитали пастухи и взял в жёны сначала советник царя, а потом и сам вавилонский царь Нин. После смерти С. превратилась в голубку (Diod. II 4—20; Гесихий считает, что С. — по-гречески «горная голубка»). Связь с богиней Деркето и миф о превращении С. — позднее мифологическое обрамление предания о вавилонской царице (некогда рабыне советника царя), в правление которой были построены знаменитые ирригационные (Herodot I 184) и оборонительные (III 155) сооружения. Мифологизация исторической С. (предполагается, что ею была вавилонская царица Шаммурамат, конец 9 в. до н. э.) берёт начало с Ктесия Книдского, греческого врача при дворе Артаксеркса II (конец 5 в. до н. э.). Восходящее к Ктесию (FGH III 688) и Берозу (680) предание о висячих садах С. — одном из семи чудес света не имеет отношения к исторической царице Шаммурамат, так как они были построены только в 6 в. до н. э. Навуходоносором II.
Г. Ч. Гусейнов.

СЕМО́НЫ, в римской мифологии божества посевов, связанные с древними богинями земледелия Сеей, Сегетией, Мессией, Тутулиной и Салюс (имевшей также эпитет Семония). Поздние римские авторы причисляли их к земным божествам, полубогам, стоявшим ниже небесных богов.
Е. Ш.

СЕ́МО СА́НКУС, Са́нгус, в италийской мифологии (у сабинян) верховный бог неба, прародитель

сабинян (Dion. Halic. II 49). В Риме почитался на холмах, первоначально заселённых сабинянами.
А. Н.

«СЕМЬ БОГОВ СЧА́СТЬЯ», в японской мифологии божества, приносящие счастье, дарующие высокие добродетели: *Эбису, Дайкоку-тэн, Хотэй, Дзюродзин,* Фукурoдзю, *Бисямон-тэн, Бэнсай-тэн.* Культ «С.б.с.» начал складываться в 15 в. среди городского населения под влиянием синтоистских (собственно японских), китайских и индийских верований. Идея сообщества семи божеств возникла под воздействием представлений о китайских «семи мудрецах из бамбуковой рощи» — персонажей многочисленных историй и произведений живописи. В трактовке «С.б.с.» как божеств, способствующих долголетию и благополучию людей в их земной жизни, прослеживаются даосские мотивы, сказывается также характерное для японцев восприятие буддизма: божества буддийского пантеона должны обеспечивать «блага в этом мире». Наиболее раннее изображение «С.б.с.» принадлежит буддийскому монаху 15 в. Как правило, «С.б.с.» изображается плывущими на «корабле сокровищ» — такарабунэ (он перевозит в лучший мир — по ту сторону моря); считается, что такарабунэ при исполнении в начале года определённых ритуалов обеспечивает человеку благоденствие на год. В нач. 17 в. по приказу японского правителя Токугава Изясу буддийским монахом Тэнкай были установлены 7 видов счастья (долгая жизнь, материальное благоденствие, честность, удовлетворённость жизнью, известность, мудрость, сила), каждый из которых связывался с определённым божеством. Но для основной массы поклоняющихся «С.б.с.» остались полифункциональными богами.
А. Н. Игнатович.

СЕМЬ СПЯЩИХ О́ТРОКОВ эфе́сских, по христианской легенде, юноши-христиане из Эфеса: Максимилиан, Иамвлих, Мартиниан, Иоанн, Дионисий, Ексакустодиан (Константин) и Антонин (западная традиция называет другие имена), заснувшие более чем на 300 лет. Согласно легенде, они укрылись в пещере на горе Селион от преследований римского императора Деция (249—251), пытками и казнями понуждавшего христиан к идолопоклонству. Обнаружив их убежище, Деций приказал завалить камнями вход в пещеру, где спали юноши, предоставив им погибнуть от голода. Но при благочестивом императоре Феодосии II (408—450) они проснулись, и чудо их пробуждения способствовало укреплению веры в воскресение плоти (средневековые авторы, сообразуясь с хронологией правления императоров, сокращают срок сна до 193 или 187 лет). Примечательно, что спящие юноши как бы выпадают из времени и, пробудившись, становятся живым символом перехода от эпохи гонений на христианство ко времени торжества: историческая длительность заменяется вневременной единократностью чуда (ср. аналогичный мотив в Талмуде: легенда о Хони, спавшем с момента разрушения Иерусалимского храма до конца вавилонского пленения). Уже в 5 в. легенда о С. с. о. широко распространилась в Малой Азии и Сирии (наиболее раннее упоминание — у агиографа начала 5 в. Иоанна Колоба). На Западе легенда известна с 6 в. (её сообщает, в частности, Григорий Турский, опирающийся на сирийский источник); особой популярности она достигает во времена крестовых походов (тогда же появляется много литературных переложений сказания, напр. в «Золотой легенде» Иакова Ворагинского). Благодаря восточному происхождению легенда проникает и в мусульманский мир (см. *Асхаб ал-кахф*).
О. Е. Нестерова.

СЕ́ПА, С е п, в египетской мифологии бог — покровитель умерших. Священное животное С.— тысяченожка. Центр его культа — Гелиополь. С. отождествлялся с *Осирисом.*
Р. Р.

СЕРА́ПИС, С а р а́ п и с (греч.), один из богов эллинистического мира. Культ С. как бога столицы Египта Александрии был введён основателем династии Птолемеев в Египте Птолемеем I Сотером (правил в 305—283 до н. э.) при содействии египетского жреца Манефона и афинянина жреческого рода Тимофея. Новое божество было создано для сближения египетского и греческого населения Египта на религиозной почве, однако почитание его распространилось преимущественно в греко-римской, а не египетской среде. В образе и имени С. были соединены популярные египетские боги *Осирис* и *Апис* (первоначально произносилось Осарапис). Подобно Апису и Осирису, он являлся богом плодородия, был связан с загробным культом, считался богом мёртвых (и поэтому отождествлялся древними греками с *Аидом*). С. был объявлен повелителем стихий и явлений природы, ему были приданы функции водного божества, владыки наводнений (в этом качестве он сближался с *Посейдоном,* изображения С. помещали на носах кораблей) и бога солнца (что повлекло его отождествление с *Аполлоном*). Отождествляли С. и с *Зевсом.* С. почитался как спаситель от несчастий, предсказатель будущего, целитель больных [в этой функции он близок Имхотепу (в древнегреческом произношении Имутесу), верховному сановнику фараона Джосера и строителю его пирамиды (28 в. до н. э.), обожествлённому как мудрец и врачеватель и отождествлённому греками с *Асклепием*]. Иконография С. чужда египетской традиции и напоминает образы Плутона и Зевса. Его изображали человеком средних лет в греческом одеянии, с пышной причёской и бородой, на голове — корзина, наполненная плодами.
Р. И. Рубинштейн.

СЕРАФИ́МЫ («огненные», «пламенеющие», от корня $śrp$ со значением «гореть», «сжигать», «обжигать»), в иудаистической и христианской мифологиях ангелы, особо приближённые к престолу бога и его прославляющие. Их описание содержится в ветхозаветной Книге пророка Исайи (Ис. 6, 2—3): «у каждого из них по шести крыл; двумя закрывал каждый лицо своё, и двумя закрывал ноги свои, двумя летал...». Один из С. очищает уста пророка, коснувшись его горящим углем, который он берёт клещами с жертвенника, и этим приготовляет его к служению (6, 6—7). Этот образ составил один из распространённых сюжетов христианской иконографии. В русской литературе сюжет использован в стихотворении А. С. Пушкина «Пророк».

Подобно *херувимам,* С. отражают древнейшие ближневосточные представления о крылатых сверхъестественных существах с охранительными функциями. Этимологическая связь С. (в их близости богу) с огнём, пыланием осложняется их ассоциацией со змеями, также, в свою очередь, многообразно связываемыми с огнём и обозначаемыми (Чис. 21) тем же словом (в т. ч. *Медный змей*), более того — с крылатыми драконами (Ис. 14, 29; 30, 6). Древневавилонская параллель к С.— шестикрылый демон, в каждой руке держащий по змее (изображение на рельефе, найденном в Тель-Халафе, Северная Сирия).

«Книга Еноха», насыщенная описаниями ангельских чинов, помещает С. вместе с херувимами на шестое небо и передаёт их в ведение архангела Гавриила. В христианской традиции — по классификации Псевдо-Дионисия Ареопагита (5 — нач. 6 вв.) С.— первый чин, составляющий вместе с херувимами и престолами первую триаду, характеризуемую непосредственной близостью к богу. См. *Девять чинов ангельских.*
М. Б. Мейлах.

СЕРВА́НЫ, в низшей мифологии Швейцарии и северной Италии домовые, устраивающие себе жилища вблизи очагов. Считалось, что они могут оказывать помощь в хозяйстве, помогать выращивать урожай, но чаще строят козни против людей, портят продукты, спутывают хвостами коней и коров, прячут и разбивают домашнюю утварь и пр.
С. Ш.

СЕ́РКЕТ, С е́ л к е т, в египетской мифологии богиня — покровительница мёртвых, дочь *Ра,* помогающая ему поражать врагов. Особенно почиталась в Нижнем Египте. Священное животное С.— скорпион. Изображения С. в виде женщины со скорпионом на голове часто помещали (вместе с изображениями *Исиды, Нефтиды* и *Нейт*) на саркофагах и ящиках для каноп.
Р. Р.

СЕ́СКА СО́ЛСА, Си́ска Со́лса, Со́лса, в чечено-ингушском эпосе предводитель нарт-орстхойцев (см. в ст. *Нарты*). С. С. родился из камня, оплодотворённого неким пастухом, возбудившимся при виде красивой девушки (ср. адыг. *Сосруко*, осет. *Сослан*, абхаз. *Сасрыква*), имел стальное тело. С. С. владел магией: ударом плети оживлял великана, был способен превратить Терек в полноводную реку. С ним связано появление табака, распространение курения. Как правило, С. С.— злокозненный персонаж; во главе с ним нарт-орстхойцы совершали набеги на мирных людей, притесняли их. Они угнали, например, стада баранов местного героя Горжая, имевшего своим покровителем бога *Села*. С. С. неоднократно вступал в единоборство с Селой; переломал ему рёбра; по одной из версий, гром — это урчание в животе Селы, раненного стрелой С. С. Согласно варианту, *дунен беркат* (земная благодать) исчезла из-за разбоя на земле нарт-орстхойцев во главе с С. С. Однако в ингушских версиях эпоса С. С. со своими нарт-орстхойцами характеризуется как защитник ингушских земель от врагов (в горной Ингушетии его чтили, имелись святилища С. С.). С. С. породнился с местными героями (выдал дочь замуж за Кинда Шоа). Согласно одному сказанию, С. С. и все нарт-орстхойцы предпочли покорности воле богов смерть. Выпили по чашке расплавленной меди и погибли, только С. С., выпивший три чашки, долго не мог умереть, его раскалившееся тело причиняло ему нестерпимые муки. Из всех зверей и птиц лишь лесной голубь сжалился над ним и облегчил его предсмертные страдания, принеся в клюве каплю воды. В благодарность С. С. обвязал шею голубя золотой нитью (отсюда перья голубиной шеи золотистые) и назвал его своим именем (лесной голубь называется солса кхокха, «голубь Солсы»). Воркование голубя — поминальная песнь, посвящённая С. С.

А. У. Мальсагов.

СЕТ, Сетх, Суте́х, в египетской мифологии бог «чужих стран» (пустыни), олицетворение злого начала, убийца *Осириса*. Входит в гелиопольскую *эннеаду*, один из четырёх детей Геба и Нут (Осирис, Исида, С., Нефтида — она же жена С.). Священными животными С. были свинья («отвращение для богов»), антилопа, окапи (жираф) и др., главным был осёл. С. в пластике и рисунках изображался человеком с тонким длинным туловищем и головой осла. Местами первоначального распространения его культа считаются на юге Египта Омбос (там его впоследствии вытеснил *Хнум*), на севере — около Гераклеополя — Дельта. В период Древнего царства С. наряду с Гором считался богом — покровителем царской власти, что отражено в «Текстах пирамид» и в титулатуре фараонов II династии (сочетание имён С. и Гора означает «царь»). При гиксосах С. был отождествлён с Балу, местом его культа как главного бога стал город Аварис. В начале периода Нового царства имена «Сети» встречаются ещё достаточно часто; эти имена носили фараоны XIX династии: Сети, Сетнахт; С. давался эпитет «могучий». В договоре Рамсеса II с хеттами С. упоминается наряду с хеттскими богами. В период Нового царства в египетский пантеон вошли считавшиеся жёнами С. (и дочерьми *Ра*) западно-семитские богини *Анат* и *Астарта* (Иштар).

В период Древнего царства С. приписывалось спасение Ра от змея *Апопа* (С. пронзил Апопа гарпуном). Вместе с тем С. воплощал и злое начало — как божество пустыни, бог чужеземцев. К именам священных животных, связанных с С., прибавлялись такие эпитеты, как «буря», «ураган», «мятежник», «восстание». Начиная с 8 в. до н. э. эта сущность С. стала единственной. Иногда С. даже называли Апопом. Особое место в мифах занимает борьба С. и *Гора*. Гор Бехдетский и Гор — сын Исиды уничтожают С.— предводителя чудовищ, врагов Ра. Борясь за престол Осириса, Гор — сын Исиды лишает С. мужского начала, С. вырывает у Гора глаз. В ходе борьбы Исида помогает сыну. С С. отождествлялись *Бебан*, у ливийцев *Аш*, на Синайском полуострове *Немти*, у хурритов *Тешуб*, у греков *Тифон*.

Р. И. Рубинштейн.

СЕТ, Сет Сам Брам, в мифологии банар, седанг и др. мон-кхмерских народов на юге Вьетнама культурный герой. Со старшим братом Роком они сыновья небесного божества *Глаиха*. С. устраняет из жизни всякое зло, чудовищ. Он враждует со своим злым братом Роком, которого в конце концов убивает (у некоторых групп банаров, напротив, положительный герой — Рок). Потомки С. от различных матерей — банары и другие народы.

Я. Ч.

СЕ-ТЯНЬЦЗЮ́НЬ («Се небесный правитель»), в поздней китайской народной мифологии бог планеты Хосин («звезда огня», т. е. Марс). С. первоначально был хотя и необычным, но земным человеком и назывался Се Шижун. Родился он будто бы в период правления танского императора Тайцзуна (627—649). Рождению С. сопутствовали необычайные явления природы: с неба спустились огненные круги, напоминающие колёса (впоследствии они стали его неотъемлемым атрибутом), озарив провинцию Шаньдун, место его рождения, ярким светом. Се Шижун обладал необузданным, раздражительным и вспыльчивым характером, ему чуждо было чувство страха. Став взрослым, он был назначен начальником уезда Шаньинь. На этом посту у него возник конфликт с вышестоящим сановником из Ляодуна. Желая получить от новичка взятку, сановник потребовал от С. преждевременно собрать налоги с жителей уезда Шаньинь и передать их ему. Однако С. подал на него жалобу и сановнику выразили порицание. Когда сановник потребовал от Се Шижуня шлем и латы, сделанные С. из ртути, тот изготовил и послал ему доспехи из кожи быка с прикреплёнными к ней пластинками из олова, что было насмешкой над чиновником. В следующий раз вельможа, желая поставить его в трудное положение, предложил правителю провинции поставить С. во главе войск, направляемых против мятежников. Но С. блестяще справился со своей миссией: он разбил мятежников и с триумфом вернулся домой. В награду за доблесть, смелость и честность *Юй-ди* после смерти С. присвоил ему титул Хо-дэ тяньцзюнь — «небесный правитель благодетельной планеты Марс», а точнее «небесный правитель, обладающий магической силой огня». С. стал богом (духом) Марса и в храмах, посвящённых этой планете, почитался наравне с Чжужуном.

На народных картинах С. обычно изображают в даосском головном уборе, стоящим на огненных колёсах, с золотой плетью или мечом в руке; встречаются изображения, на которых у него три головы (три лица) и три пары рук.

Н. П. Свистунова.

СЕФЛА́НС, в этрусской мифологии бог подземного огня, соответствующий греч. Гефесту и рим. Вулкану. Изображался во фригийской шапочке с орудиями кузнечного ремесла.

А. Н.

СЕ́ХМЕТ, Са́хмет, Со́хмет («могучая»), в египетской мифологии богиня войны и палящего солнца. Священное животное С.— львица. Изображалась в виде женщины с головой львицы. Центр культа С.— Мемфис, её почитание было распространено во всём Египте. С.— дочь Ра (его грозное Око), жена *Птаха*, мать *Нефертума*. С. уничтожает врагов Ра и *Осириса* (*Сета*, *Апопа* и др.), в мифе о наказании Ра человеческого рода за грехи она истребляет людей. Вместе с *Уто* и *Нехбет* (с которыми её отождествляли) С. охраняет фараона. Находясь рядом с ним во время битвы, она повергает врагов к его ногам. Её вид наводит ужас на противника, а пламя её дыхания уничтожает всё. Обладая магической силой, С. может убить человека, напустить на него болезнь. Вместе с тем С.— богиня-целительница. Она покровительствовала врачам, считавшимся её жрецами. С. очень рано была отождествлена с *Тефнут* и *Хатор*, отождествлялась с *Мут*, *Баст*, а также со многими богинями-львицами (*Менкерот*, *Мент*, *Менхит*, *Шесеммет* и др.), иногда с *Астартой* (Иштар).

Р. Р.

СЕШАТ (женский род от «сеш», «писец»), в египетской мифологии богиня письма. Дочь или сестра (жена) *Тота*. Изображалась женщиной в шкуре пантеры, накинутой поверх рубашки, с семиконечной звездой на голове. Почитание С. зародилось в Саисе, но центром её культа стал Гермополь. С.— глава «дома жизни», т. е. собрания рукописей, архива, на листьях дерева «шед» (её фетиша) она записывает годы жизни и правления фараона, ведает искусством счёта (главным образом подсчёта военных трофеев, пленных, даров, дани), составлением строительных планов, покровительствует строительным работам. Поскольку день рождения С. праздновался в один день с днём рождения *Мафдет*, возможно, С. считалась её сестрой-близнецом. С. нередко выступала как ипостась Мафдет, *Тефнут, Рат-тауи, Нефтиды*. *Р. Р.*

СИА, в египетской мифологии богиня познания и мудрости. Изображалась в виде женщины, помещалась справа от *Тота*. Близко связана с богом Ху — олицетворением божественного слова. *Р. Р.*

СИАКОУ, в мифах ментавайцев (Западная Индонезия) один из могущественных злых духов, обладающий некоторыми чертами культурного героя и трикстера. В одних мифах имеет антропоморфный, в других териоморфный облик. С. долгое время сражался с другими духами — швырял в них скалы, тщетно пытался метнуть в них солнце. В ярости схватил бамбук, который от его удара расщепился; из него выбежали первые четыре человека. С. пожалел их, приняв облик варана, стал охранять их поля от мышей и обезьян. Однако люди убили его и съели. Двое из них после этого умерли в страшных мучениях, а двое других стали прародителями ментавейцев. *М. Ч.*

СИБИДЖИСИН, в корейской мифологии общее название 12 духов «земных ветвей» в виде человеческих фигур с головами животных (мышь, бык, тигр, заяц, дракон, змея, лошадь, овца, обезьяна, курица, собака, свинья), соотносящихся с двенадцатиричным циклом летосчисления (см. *Шиэр Шэнсяошэнь*). В Корее принято считать дни с 1 по 12 число 1-й луны по названиям циклических животных. С. широко использовались в корейской геомантии и гороскопе. К ним приспосабливались и некоторые обычаи. Например, в «день дракона» (ённаль) крестьянки спешили к колодцам. По преданию, в этот день дракон спускается с неба и откладывает яйцо в колодце. Считалось, что если зачерпнуть воду из колодца раньше других и сварить в ней кашу, то год будет благополучным. Если же вымыть голову в этот день, то волосы вырастут пышные и длинные, как у дракона. В период Объединённого Силла (7—10 вв.) С. нередко изображались на барельефах охранных камней у гробниц. Самые ранние стоящие С. сохранились на гробнице объединителя трёх древнекорейских государств Ким Юсина (7 в.) в Кёнджу. В Корё (10—14 вв.) и позже стали встречаться сидящие фигуры С. В настенной живописи погребальных камер С. выполняли роль духов — защитников могилы. Изображения С. можно видеть на пагодах и стенах буддийских монастырей (например, Хванбокса). *Л. Р. Концевич.*

СИБИЛЛЫ, с и в и́ л л ы, в греческой мифологии пророчицы, прорицательницы, в экстазе предрекающие будущее (обычно бедствия). Имя «С.» (этимология его неясна), по свидетельству Плутарха (De Pyth. orac. — Об оракулах пифии, 6), впервые встречается у Гераклита. Первоначально С.— собственное имя одной из прорицательниц (Plat. Phaedr. 244 b; Aristoph. Pax 1095). По традиции первой С., от которой получили своё имя остальные пророчицы, была троянка, дочь Дардана и Несо (Eustath. 266; вариант: дочь Зевса и Ламии, имя которой впервые дано ливийцами, Paus. X 12, 1). Эти легенды и этимология имени С. позволяют предполагать восточное происхождение мифа, хотя в пифийском рассказе, приводимом Павсанием (X 12, 1—3), С. названа греческим именем *Герофила* и её происхождение связывается с Аполлоном и музами (Plut. De Pyth. orac. 9). Позднее возникли легенды о странствиях Герофилы по Средиземноморью; она жила в Эрифрах, на Геллеспонте, в Малой Азии — Кларосе и Колофоне, на островах Самос и Делос, в Дельфах, а потом в Троаде, где была похоронена в роще Аполлона Сминфейского (Paus. X 12, 5). В эллинистическое и римское время возникли представления о двух, четырёх и даже десяти С. Этих С. называли по месту их обитания; некоторые С. имели собственные имена, хотя имя Герофилы часто переносилось на С., происходивших из других мест. В Малой Азии обитали фригийская, колофонская, эрифрейская С., на островах Самос и Делос — самосская и делосская С., в текстах упоминается также персидская, халдейская, египетская, палестинская С. В Древней Греции наиболее известна была дельфийская С., в Древнем Риме — куманская, тибуртинская (Альбунея) и римская (Карментa). Прорицания С. не были связаны с определённым оракулом или местностью, не ограничивались точным сроком. Известно предсказание С., что спартанка Елена принесёт гибель Трое (Paus. X 12, 2). Считалось, что С. может предсказывать на тысячу лет вперёд, она якобы предсказала извержение Везувия (Plut. De Pyth. orac. 9), указала место битвы, положившей конец независимости Древней Греции. С. покровительствовала бежавшему из разрушенной Трои Энею: она предупредила его о грядущих бедах, помогла ему спуститься в подземное царство, чтобы увидеть умершего отца, и предсказала великое будущее основанному им городу (Verg. Aen. VI 9 след.). В Греции, а затем в Риме мифы о С. переплетаются с мифами об Аполлоне. Куманская С. получила от влюблённого в неё Аполлона дар прорицания, испросила у него долголетие, но, позабыв вымолить себе вечную молодость, через несколько столетий превратилась в высохшую старушку (Ovid. Met. XIV 103—153). Подобно оракулам, дававшимся пифией, предсказания С. делались обычно в стихотворной форме — гекзаметром. Впоследствии предсказания куманской С. были записаны на пальмовых листьях и составили девять книг — сивиллиных книг (Serv. Verg. Aen. III 444). Куманская С. предложила римскому царю Тарквинию Приску купить у неё эти книги, а когда царь отказался, пророчица сожгла три книги; затем она повторила своё предложение и при вторичном отказе сожгла ещё три книги. Тогда царь по совету авгуров купил уцелевшие книги (Dion. Halic. IV 62). Впоследствии к этим книгам были добавлены прорицания тибуртинской С. и др. Сгоревшие в 83 до н. э. книги были возобновлены при Августе и Тиберии. Сивиллины книги, считавшиеся тайными, хранились особой жреческой коллегией в храме Юпитера Капитолийского, и ими пользовались до 5 в. н. э. Содержание сивиллиных книг представляло собой причудливое смешение греко-римских, этрусских, иудейских и христианских воззрений и верований. *М. Н. Ботвинник.*

СИВ, в скандинавской мифологии богиня, обладающая чудесными золотыми волосами (символ плодородия), жена *Тора*. Имеется миф о том, как Локи срезал её волосы, а затем по требованию Тора заставил карликов-цвергов выковать точно такие же (и они тотчас приросли к её голове, как настоящие). *Е. М.*

СИ-ВАНМУ́ («владычица Запада»), в древнекитайской мифологии женское божество, хозяйка запада, обладательница снадобья бессмертия. В архаических мифах С. была богиней страны мёртвых, которая располагалась на западе. Согласно «Книге гор и морей» (4—2 вв. до н. э.), С. похожа на человека, но имеет хвост барса и клыки тигра; она любит свистеть, в её растрёпанных волосах торчит заколка — шэн; она ведает небесными карами и пятью наказаниями. С. живёт в пещере, пищу ей приносят три синие птицы (см. в ст. *Ванму шичжэ*). Согласно комментариям Го Пу (3—4 вв.) к «Книге гор и морей», С. считалась также божеством, насылающим эпидемии, болезни и стихийные бедствия. По «Бо у чжи» («Описание всех вещей», 3 в.), С. подвластна жизнь всех людей, кроме мудрецов, святых и даосов (слова, приписываемые *Лао-цзы*). Согласно древнейшим представлениям о С., она была божеством смерти и болезней. По другим мифам, С. живёт на горе *Куньлунь*, где стоит её дворец и имеются висячие сады (сяньпу), по некоторым — на горе Байюйшань; на пути к её жилищу — река *Жошуй*.

Образ С. претерпел существенную трансформацию. В некоторых текстах рубежа н. э. её уже изображают красавицей, царицей западной страны (в «Жизнеописании сына неба Му» датировка спорна: 4 в. до н. э.— 4 в. н. э.), которой чжоуский царь Му-ван преподносит шелка, пьёт с ней вино на берегу Яшмового пруда (Яочи), слушает её песни. На каменных плитах входа в Инаньскую гробницу (провинция Шаньдун, не позднее 193 н. э.) С. имеет вполне антропоморфный вид; в волосах у неё большая заколка. Она сидит на центральном пике горы. Ниже шагает тигр *Бай-ху*, который как бы представляет зооморфизм С., рядом с С. зайцы, толкущие в ступах снадобье бессмертия. Добывание его у С. составило один из сюжетов цикла о стрелке *И*. Однако из официальных исторических сочинений («История Хань» Бань Гу, 1 в. н. э.), видно, что на рубеже н. э. С. продолжали почитать как богиню, ведающую небесными карами. В год страшной засухи в Китае (3 до н. э.) в честь С. повсюду совершались жертвоприношения, сопровождавшиеся молениями о помощи бедствующим.

С превращением примерно на рубеже н. э. даосизма из философской системы в религиозное учение С. становится родившимся из эфира — ци воплощением женского начала — инь (см. *Инь и ян*), у неё появляется супруг *Дун-вангун*. Согласно одному преданию, С. встречается с ним один раз в году на крыле гигантской птицы. Так как в соответствии с системой чередования пяти первоэлементов западу соответствует элемент «металл», С. получает второе имя Цзиньму («матушка металла» или «золотая матушка»). В даосской традиции её называют ещё Гоу Вань-лин или Ян Хуэй. В псевдоисторических повестях Бань Гу(?) «Старинные истории о Ханьском У-ди» и «Частное жизнеописание Ханьского У-ди» описывается приезд С. в гости к императору У-ди (царствовал в 141—87 до н. э.) в пурпурной колеснице, которой правили небесные феи. Ей прислуживали две синие птицы (прекрасные девы в синих одеждах — в «Частном жизнеописании»). С. подносит У-ди персики бессмертия — *паньтао*. (Возможно, сюжет этот навеян не дошедшими до нас преданиями о приезде С. в гости к *Шуню*, глухое упоминание о котором сохранилось в древних «Бамбуковых анналах».)

В средневековом даосизме и фольклоре С.— хозяйка своеобразного рая бессмертных (*сянь*) на горе Кунь-лунь, где растут персики бессмертия. Бессмертные регулярно съезжаются к ней на торжества. Считалось, что она и её муж хранят списки бессмертных, повелевают ими, награждают или наказывают их за проступки. На средневековых картинах С. обычно изображали красивой молодой женщиной в придворном костюме, с заколкой в голове, часто в сопровождении павлина, иногда даже сидящей на павлине; на лубочных картинах (предназначались для сжигания, чтобы помочь умершим в загробном мире) — рядом с её супругом. Её изображения полагалось дарить женщинам к 50-летию. В некоторых областях Китая, например в окрестностях Пекина, крестьяне, гадая по погоде, обычно обращались к С. с просьбой о предсказаниях к С., называя её Ванму-нянянь («владычица-матушка»). Согласно преданию, у С. было 9 сыновей и 24 дочери. Образ С. вошёл в средневековые книжные эпопеи и романы более позднего времени (напр., «Путешествие на Запад» У Чэнъэня, 16 в.; «Цветы в зеркале» Ли Жу-чжэня, 19 в.), а также в корейскую и монгольскую литературу. Широко популярен он и в дальневосточной поэзии. В некоторых древних текстах С. толкуется также как название племени.

Б. Л. Рифтин.

СИ́ГУРД (др.-исл.), З и г ф р и д (нем.; этимологич. основа — «победа»), в германо-скандинавской мифологии и эпосе герой. Подвиги С. воспеты в ряде песен «Старшей Эдды», о них повествуют «Младшая Эдда», «Сага о Вёльсунгах», «Сага о Тидреке», «Песнь о нибелунгах» и др. памятники. Зигфрид — центральный герой первой части немецкой «Песни о нибелунгах» (вторая часть посвящена мести его вдовы Кримхильды за его убийство), упоминается он в средневерхненемецкой эпической поэзии, в «Песни о роговом Зейфриде». Мифы и сказания, составляющие сюжет эпоса, возникли на континенте и лишь впоследствии проникли на север, подвергнувшись там переработке и, возможно, архаизации. Попытки некоторых учёных обнаружить историческую основу сказания (путём идентификации С. с древнегерманским героем Арминием либо с одним из франкских или бургундских королей 6 в. по имени Сигерик, Сигиберт) малоубедительны.

Характерной для мифологического героя является неясность происхождения. В большинстве версий С. назван сыном Сигмунда, сына Вёльсунга, имя же Вёльси — одно из имён *Одина*. Но в «Речах Фафнира» («Старшая Эдда») С. на вопрос поверженного им чудовища, чей он сын, отвечает: «Я зверь благородный, был я всю жизнь сыном без матери; нет и отца, как у людей, всегда одинок я». В словах С. о своём одиночестве и безродности (правда, раньше он признаётся, что его отец Сигмунд) допустимо видеть реликт представлений о богатыре-родоначальнике, «первом человеке» (о С.-найдёныше, приплывшем по волнам в стеклянном сосуде, повествует и «Сага о Тидреке»). Главный подвиг С.— умерщвление дракона *Фафнира* («Речи Фафнира») можно трактовать как акт культурного героя, одолевающего силы хаоса. Прежде чем убить Фафнира, С. воспитывался у сказочного колдуна-кузнеца Регина, брата дракона, и Регин выковал ему меч Грам, которым С. рассек его наковальню. Регин подстрекает С. убить Фафнира, зарясь на клад, которым тот обладал (этот клад, магическое средство изобилия — сокровища карликов и богов,— превращается в роковое богатство, приносящее несчастье его обладателям). Когда кровь Фафнира попала С. на язык, ему стали понятны речи птиц и от них он узнал о замысле Регина умертвить его, после чего С. убивает и Регина, добывает сокровища Фафнира из его логова и едет на вершину Хиндарфьялль, где лежит окружённая огненными щитами и усыплённая Одином *валькирия* Сигрдрива, наказанная Одином за то, что даровала победу в битве не тому, кому он предназначил. Пробудив валькирию, С. получает от неё мудрые советы и обручается с нею. Согласно скандинавской версии сказания, С. с помощью Одина мстит сыновьям Хундинга — убийцы его отца Сигмунда.

Следующий подвиг С.— его сватовство к *Брюнхильд* по поручению короля бургундов Гуннара — известен лишь из более поздних версий («Сага о Вёльсунгах», «Песнь о нибелунгах»), в которых этот сюжет более или менее переработан. В «Саге о Вёльсунгах» Сигрдрива отождествлена с Брюнхильд. Хотя С. и Брюнхильд обменялись клятвами верности, он забывает о ней после того, как Гримхильд, мать *Гудрун* и других Гьюкунгов (правящего рода бургундов) — Гуннара, Хёгни и Готторма, к которым приехал С., дала испить ему напиток забвения. С. женится на Гудрун и заключает побратимство с Гуннаром и Хёгни. Гуннар сватается к Брюнхильд, но так как та дала клятву выйти замуж только за того, кто одолеет окружающий её чертог огненный вал, а на подобный подвиг оказывается способным один С., то С. на время испытания меняется обличьем с Гуннаром и проезжает через огненный вал. Он проводит у Брюнхильд три ночи, положив между нею и собой обнажённый отравленный меч. После свадьбы Гуннара с Брюнхильд С. вспоминает о клятвах, которыми он с ней обменялся. Во время спора между Гудрун и Брюнхильд о том, чей муж более могуч, обман, связанный со сватовством, открывается (Гудрун показывает Брюнхильд её перстень, полученный от С.), и разгневанная Брюнхильд требует от Гуннара убить С., как нарушителя обетов (в «Песни о нибелунгах» эта ссора переосмысляется в категориях вассальной зависимости — Зигфрид изображён вассалом Гунте-

ра = Гуннара). Подстрекаемый женой, честь которой оскорблена, Гуннар решается на убийство С. Хёгни пытается удержать его от этого шага [в «Песни о нибелунгах» Хаген (Хёгни) — убийца Зигфрида], и этот замысел исполняет Готторм, не связанный с С. клятвой побратимства. С. убит, по одной из версий, в лесу, по другой — в постели, по третьей — на тинге (народном собрании); согласно «Песни о нибелунгах», его убивают в лесу во время охоты. По некоторым версиям эпоса, С. был убит во время охоты на вепря и убийцы по возвращении домой утверждали, что его умертвил вепрь. В «Песни о нибелунгах» мотивировка убийства Зигфрида усложняется: требование Брюнхильд — не решающая его причина; Зигфрид, продемонстрировавший своими подвигами превосходство над Гунтером (к тому же и сам Зигфрид здесь — нидерландский принц), представляет угрозу для власти бургундов, и Хаген — вассал Гунтера устраняет его. Юношеские подвиги С. (борьба с драконом, а также добывание клада и плаща-невидимки) не изображены в «Песни о нибелунгах», но лишь упоминаются в рассказе Хагена при появлении героя в бургундском дворе.
А. Я. Гуревич.

СИ́ДДХИ (др.-инд., «совершенный»), 1) в индуистской мифологии полубожественные существа, обитающие в воздушном пространстве — Антарикше и отличающиеся чистотой и святостью. Согласно пуранам, число С. доходит до 88 000 и они владеют восемью сверхъестественными свойствами: становиться бесконечно малыми или большими, предельно лёгкими или тяжёлыми, мгновенно перемещаться в любую точку пространства, достигать желаемого силой мысли, подчинять своей воле предметы и время и добиваться верховной власти над миром.
П. А. Гринцер.

2) В джайнской мифологии *дживы*, достигшие освобождения (см. *Мокша*). Отделяясь от кармического вещества, С. лишаются всех качеств, за исключением «абсолютной праведности», «абсолютного воззрения» (т. е. абсолютно правильного воззрения — джайнского), «абсолютного познания» и «сиддхости» (т. е. «достигнутости»), невозможности пасть назад в сансару. Несмотря на «абсолютность» («кевала») своих атрибутов, С. сохраняют индивидуальность, а не сливаются с какого-либо рода «абсолютным духом», Богом и т. п. Индуистские представления о первоначале, творце мира и т. д. подвергаются уничтожающей критике джайнскими авторами. По их мнению, сохраняющие индивидуальность С. по достижении освобождения взлетают вертикально вверх до высшей точки вселенной, «места С.», Сиддхакшетры. Эта обитель освобождённых душ, именуемая также Сиддхашила и Ишатпрагбхара, располагается над небесами Ануттарах (см. *Урдхвалока*) и имеет форму диска диаметром в одну йоджану.
А. А. Терентьев.

СИДЕ́АК ПАРУ́ДЖАР, в мифах батаков (остров Суматра, Западная Индонезия) богиня, создательница земли. С. П. — дочь *Батара Гуру*, по другим версиям, — *Мула Джади*. Мула Джади принуждает её выйти замуж за ящерообразного Туан Рума Ухира, сына *Мангалабулана*. Под разными предлогами избегая этого брака, С. П. попадает из верхнего мира в безжизненный, покрытый водой срединный мир. Мула Джади бросает ей с неба горсть земли, растревожившую змея Нага Падоху, повелителя нижнего мира и водной стихии. В завязавшейся борьбе С. П. вонзает меч в Нага Падоху и усмиряет его, после чего заново творит землю из 17 горстей, брошенных ей Мула Джади. Через некоторое время Туан Рума Ухир меняет свой облик на человеческий, спускается на землю и женится на С. П. От их брака рождаются первые люди. С. П. с мужем убивают голубя, сидящего в ветвях мирового древа, и в его желудке находят семена культурных растений (ср. *Хаинувеле*). По другим версиям, С. П. после акта творения удаляется на луну. В мифе о С. П., подобно большинству мифологий Западной Индонезии, творение оказывается следствием сакрального спора между верхним и нижним мирами.
М. А. Членов.

СИ́ДЫ (ирл.), в кельтской мифологии божественные существа, обитавшие под землёй в холмах (также называвшихся С.), в пещерах, расщелинах скал, а иногда на чудесных островах в океане. В ирландской мифологии — множество сюжетов о соперничестве смертных и С., проникновении героев в их мир с целью сватовства или добывания чудесных предметов. С., устройство мира которых напоминало мир людей, сами нередко соперничали друг с другом. В эпоху утверждения христианства в число С. попали как боги, так и сверхъестественные существа более низкого уровня, отличавшиеся от смертных (хотя некоторые С. сами были смертны, но не обладали даром долголетия) главным образом преисполненностью магической мудрости. Представления о С. отразились в образе фей более поздней традиции, а также некоторых других сверхъестественных существ фольклора и народных преданий (бретонские корриган, корниканед, корилы, пульпиканы и т. д.; среди этих существ, как и среди С., были персонажи обоего пола).
С. В. Шкунаев.

СИЛЕ́ВЕ НАЦАРА́ТА, в мифологии ниасцев (Западная Индонезия) трикстер, покровительница жречества, супруга *Ловаланги*. Вначале, не желая выходить замуж, С. Н. устроила землетрясение верхнего мира, но затем, передумав, создала для себя и мужа землю из комочков грязи с собственного тела. Из кольца она сотворила змею, поддерживающую землю (ср. *Сидеак Паруджар, Латуре Данэ*). Впоследствии С. Н. научила людей делать идолов и поклоняться им. Поведение С. Н. крайне амбивалентно, она помощница людей и богов, но одновременно приносит им вред. Возможно, С. Н. — центральная фигура ниасского пантеона, выражающая единство противоположных начал Ловаланги и Латуре Данэ и целостность мироздания. С. Н. изображается в виде янусообразного двуполого идола Аду Хэрэ.
М. Ч.

СИЛЕ́НЫ, в греческой мифологии демоны плодородия, воплощение стихийных сил природы. Составляют вместе с сатирами (от которых их часто трудно отличить) свиту Диониса. С. миксантропичны, уродливы, курносы, толстогубы, с глазами навыкате, с лошадиным хвостом и копытами. Они славятся задиристым нравом, страстью к вину, ухаживанием за нимфами. Изображаются или в буйном танце с непристойными движениями, или сидящими на осле в полном опьянении, потягивающими вино из меха. В ряде мифов изображаются мудрые С.: мудрый С. у Вергилия в полусонном и полупьяном виде излагает в песне пастухам легенды древней космогонии, рождение мира, царство Сатурна, подвиг Прометея, историю гелиад и др. (Verg. Ecl. VI). В Македонии показывали место, именуемое Садами Мидаса, где Мидас поймал С. (Herodot. VIII 138), подмешав вино в воду источника, из которого тот пил (Xenoph. Anab. I 2, 13). Часто отождествляются с *сатирами*.
А. Т.-Г.

СИ́ЛЫ, в христианских представлениях один из *девяти чинов ангельских*. Упоминается в Новом завете (Рим. 8, 38). По классификации Псевдо-Дионисия Ареопагита (5 — нач. 6 вв.) — пятый чин, составляющий вместе с *господствами* и *властями* вторую триаду.

СИЛЬВА́Н (от «лес»), в римской мифологии первоначально бог лесов и дикой природы; отождествлялся с *Паном*. С. не имел официального культа и был мало известен в период Римской республики. В период империи самый популярный бог плебеев и рабов. Он стал покровителем и даже инициатором культурного земледелия (Serv. Verg. Georg. I 20), хранителем дома, усадьбы, имения и его границ, где ему посвящалась роща (Horat. Ep. II 21), защитником земельных владений от покушений захватчиков, божеством растительности, животных, гор, скал, металлов и вместе с тем могучим верховным богом — «спасителем, борцом, непобедимым, небесным, пантеем», а также человеком (по одной версии, сыном раба и козы, по другой — тускуланки Валерии от кровосмесительной связи с отцом), подобно Гераклу заслужившим апофеоз за труд на благо людей. Чрезвычайно многочисленны были культовые коллегии С., имевшие своих жрецов, справлявшие в его честь весенние праздники растительности, воздвигавшие ему святилища, не только за свой счёт, но и своим трудом, приносившие ему в дар лесные и садовые участки, фонтаны, сосуды, колонны, статуи бога, изображавшегося в крестьянской одежде, с серпом, плодами, деревом, собакой, козой, змеёй — хранительницей дома. В надписях часто упоминаются посланные С. сны, видения. Его благодарили за исцеление, удачу, освобождение от рабства, от него ждали награды в загробной жизни за честную трудовую жизнь, символизировавшуюся уровнем и угломером, также иногда фигурировавшими в дарах С. Противостоя богам официального пантеона, он как бы воплощал протест народа и рабов против морали и культуры высших классов. Последние же причисляли С. к «черни земных богов», трактовали его как мятежника, врага богов небесных, как низкую материю, «отброс всех элементов» (Serv. Verg. Aen. VIII 601). Культ С. был широко распространён в западных провинциях, где с ним отождествлялись боги сходного характера. В митраизме С. считался душой убитого Митрой быка, поднявшейся на небо и ставшей богом стад.

Е. М. Штаерман.

СИ́ЛЬВИЙ, в римской мифологии первый царь Альба-Лонги, сын *Лавинии*, родившей его в лесу (отсюда его имя silvius, «лесовик», Dion. Halic. I 70), по другой версии,— сын Аскания (Liv. I 3). Цари Альбы — его потомки — также именовались Сильвиями (Serv. Verg. Aen. VI 762), что, по мнению Дж. Фрейзера, свидетельствует о древнем культе леса и деревьев, связи культа царей с духами растительности.

Е. Ш.

СИМ, ХАМ, ИАФЕ́Т (греч.), Ш е м, Х а м, И е ф е т (евр.), в ветхозаветных преданиях сыновья *Ноя*, которые спаслись со своими жёнами в ковчеге во время потопа и от которых затем «населилась вся земля» (Быт. 9, 19). Когда Ной опьянел и лежал обнажённый, Хам насмеялся над ним, Сим же и Иафет проявили сыновнюю почтительность, они не смотрели на отца и прикрыли его одеждой. За это Ной благословил Сима и Иафета, Ханаана же, сына Хама, проклял и обрёк на рабство (9, 20—27). Талмудические предания объясняют позднее появление на свет С., Х., И. (Ною было уже 500 лет — Быт. 5, 32) тем, что, узнав о предстоящем потопе, Ной решил не иметь детей, и лишь получив заверение свыше о спасении своего потомства, женился («Берешит рабба» 23, 4 и др.).

В ветхозаветной родословии «сынов Ноевых», именуемом в научной литературе «Таблицей народов» (Быт. 10), перечисляются потомки С., Х., И. Они сами, их сыновья и внуки представлены родоначальниками-эпонимами больших языковых и этнических групп народов, отдельных племён, земель, государств: народов Элама, Двуречья, Сирии, евреев и родственных им племён (семитские народы — от эпонима «Сим»); народов Африки, а также ханаанеев (хамитские народы — от эпонима «Хам»); народов, расселившихся к северу от потомков Сима и впоследствии отождествлявшихся с индоевропейскими народами, «яфетидов».

Согласно агаде, С., Х., И. получили имена, соответствовавшие будущим свойствам их потомков: «Шем» означает «имя» и «славу», так как сыны Сима призваны прославлять имя божье, «Хам» — «жаркий», так как сыны Хама населяют жаркие страны и обладают пылким характером, «Иафет» — «прекрасный», так как сыны Иафета (его потомками считали и древних греков) одарены способностью ко всем искусствам и владеют прекрасными языками.

Сим (в ветхозаветных текстах он — старший сын Ноя, в агаде — младший) выступает в сказаниях как пророк и священник — именно он приносит благодарственную жертву по окончании потопа вместо своего отца, раненного в ковчеге львом («Сангедрин» 108б, «Берешит рабба» 30, 6). Сим же получает от великого ангела Рафаила «Книгу исцелений», по которой затем учились врачи всех народов. Сим отождествляется с *Мельхиседеком*. При царе Соломоне в храме приносились в жертву 70 тельцов в память С., Х., И., дабы между 70 народами, происходящими от них, царил мир (Чис. 29, «Берешит рабба» 56, 16). Иафет отождествлялся впоследствии с титаном *Иапетом*, отцом Прометея (армянский писатель Мовсес Хоренаци).

Д. В. Щедровицкий.

СИ́МОН МАГ, С и м о н в о л х в, в христианских преданиях самарийский чародей, антагонист апостола *Петра*. Согласно «Деяниям апостолов» (8, 9—24), С. м., «выдавая себя за кого-то великого», снискал волхвованием чрезвычайную славу в народе, но проповедь апостола Филиппа поколебала его авторитет и он принял крещение. Из зависти к могуществу апостолов С. м. предлагает пришедшему в Самарию вслед за Филиппом Петру деньги в обмен на апостольское достоинство, но тот проклинает его как помыслившего купить дар божий (отсюда термин «симония» — практика продажи и покупки церковных должностей). О дальнейшей судьбе С. м. повествуют многочисленные легенды, касающиеся подвижничества Петра в Риме. В них усугубляется мотив соперничества апостола и чародея (которое подчёркивается совпадением имён Симона = Петра и С. м.). Раз за разом Пётр изобличает волхва, пока не одерживает над ним окончательной победы, утверждая торжество веры над суеверием. Например, существует рассказ о том, как С. м., присвоив себе имя Христа, поместил у входа в своё жилище огромного пса («пёс чёрен» — традиционное обличье «нечистой силы») и угрожал, что тот разорвёт всякого, кто не верит в него Христос. Пётр молитвой обращает ярость пса против его хозяина (по иной версии, пёс страшным голосом уличает чародея во лжи). В другой раз С. м. объявляет себя бессмертным и в доказательство кладёт голову на плаху, но в последний момент подставляет вместо себя овна, сам же, проведя три дня в укромном месте, с триумфом возвращается ко двору императора. Но и этот обман открыт Петром, и С. м., чувствуя силу соперника, решается имитировать вознесение, чтобы со славой покинуть Рим. По этому случаю на форуме (или на Марсовом поле) воздвигается высокая деревянная башня, с которой С. м. бросается вниз; демоны подхватывают его, но Пётр приказывает им отступиться, и колдун разбивается о камни (ср. значение имени Пётр — «камень»). Мотив самозванства, фальшивого притязания на уподобление Христу присутствует и в самой ранней версии легенды о кончине чародея (впервые зафиксированной у Ипполита, нач. 3 в.), по которой С. м. приказывает зарыть себя заживо в землю, обещая воскреснуть на третий день. Таким образом, С. м. оказывается антагонистом не только апостола, но, в более глубоком смысле, и самого Христа, предтечей самозванца последних времён — антихриста.

С. м. выступает также как проповедник доктрины, противостоящей христианской ортодоксии. Ранние церковные писатели (начиная с Юстина Мученика, 2 в.), сообщающие некоторые подробности биографии С. м. (в частности, что он был уроженцем местечка Гитта), называют его основоположником гностицизма (секта «симониан»). Симон отождествлял себя с высшей божественной силой, а странствовавшую с ним блудницу по имени *Елена* — с космической праматерью Премудростью (София).

О. Е. Нестерова.

СИМПЛЕГА́ДЫ, см. *Планкты и Симплегады*.

СИМУ́РГ (фарси), в иранской мифологии вещая птица. Название восходит к авестийскому обозначению орлоподобной птицы мэрэгхо саэно (ср. «Яшт» XIV 41). Иногда С. выступал орудием судьбы («Шахнаме»). По одним источникам, он обладал двумя натурами — хорошей и дурной, по другим (включая «Шахнаме»), было два С.— благой и демонический. Благой С. нашёл в пустыне младенца Заля, отца *Рустама*, и вскормил его в своём гнезде (универсальный мотив мирового фольклора). Он же исцелил Рустама и помог ему сразить заговорённой стрелой Исфандияра. Демонического С. убил Исфандияр, который в ранних версиях эпоса, видимо, вообще выступает как противник С. Способность С. исцелять — отголосок древнейшего евразийского мифа об орле, принёсшем на землю побег древа жизни с неба или со священной горы. Отрицательная ипостась С. тоже, видимо, евразийского происхождения (ср., например, великана в орлином обличье Тьяцци скандинавских преданий). Перья С. использовались при гадании и магических действиях (ср. наставления *Ахурамазды* о магической действенности птичьих перьев, «Яшт» XIV 35). После воцарения династии Сефевидов изображение С. стало эмблемой Ирана наряду с его государственным гербом. К авестийскому обозначению С. восходит также сэнмурв — обитающий на мировом древе (древе всех семян) «царь птиц», фантастическое существо с головой и лапами пса, с крыльями и в рыбьей чешуе (что символизировало его господство на земле, в воздухе и воде). *Л. А. Лелеков.*

СИН, см. *Нанна*.

СИН, Сайи́н (от аккад. «Син», «Суин», «Зуэн»), в йеменской мифологии бог луны, почитавшийся в государстве Хадрамаут, бог-предок, покровитель и владыка страны. Возможно, ипостась *Илу*; слово «С.», вероятно, заменяло первоначально запретное имя бога. Супругой С. была, по-видимому, богиня Хавл. Хадрамаутское государство обозначалось как «С. и Хавл и ... (имя правителя) и Хадрамаут»; хадрамаутцы называли «детьми С.». Центральный храм С. Алам находился в столице Хадрамаута Шабве. Священным животным С. был бык, символом — серп луны. *А. Г. Л.*

СИНАНЁВТ, см. *Тинианавыт*.

СИНГА́ЛАНГ БУ́РОНГ, в мифах ибанов Саравака (Восточная Малайзия) териоморфное божество, покровитель ауспиций; бог войны и охоты за головами. Обычно принимает облик сокола или птицы-носорога. *М. Ч.*

СИНДА́НСУ, в корейской мифологии священное дерево — алтарь духам, по своим функциям напоминающее мировое древо. В мифе о *Тангуне* С. находилось на вершине горы Тхэбэксан, и это место назвали «священным градом» или «обителью духов» (синси). Позднее С. стало означать священное место, где совершались обряды с жертвоприношениями духам. С ним, видимо, связаны Петушиный лес (*Керим*), Лес небесной границы (Чхонгённым), Лес гульбищ духов (Синюрим), а также столбы в «сотто» (обрядовая территория) и священные деревья у алтарей *Сонан*. *Л. К.*

СИ́НИС, Сини́д, в греческой мифологии разбойник по прозвищу Питиокампт («сосносгибатель»), сын Прокруста и Силеи («разбойницы», дочери Коринфа). Живя на Истме, С. проигравших ему в единоборстве привязывал к вершинам согнутых сосен, которые при выпрямлении разрывали жертву. Тесей одолел С. и подверг его такой же казни (Paus. II 1, 4; Diod. IV 69; Apollod. III 16, 2). *Г. Г.*

СИНИСЕРАНГУ́РУ («тот, кто спустился с самого высшего неба»), в айнской мифологии бог, управляющий самым верхним небесным миром; небо — шестиярусное), в котором обитают верховный бог *Пасе камуй* и его ближайшие помощники (пять небесных миров, расположенных ниже, населяют второстепенные божества). С., по-видимому, очень древнее божество; о его функциях, кроме того, что он — управитель, данных в мифах нет. Его жена — Синисиранмат. *Е. С.-Г.*

СИНКЭН, хинкэн, шинкэн, в мифах эвенков, негидальцев, орочей дух — хозяин промысла, покровитель охоты и диких зверей. У эвенков был известен и под др. именами: Баянай, Баянча, Дагачан, Магун, Урэтка, Яку и др. Считалось, что С. находится у основания ствола дерева, в долине или у хребта, иногда его помещали на нижнем слое неба (орочи) или на лунной земле. С. представлялся в антропоморфном облике, его ездовыми животными служили тигры, медведи и др. звери. В ряде мифов С. предстаёт в облике молодой женщины, от её расположения зависит удачная охота. С. называли также охотничий талисман, приносящий удачу. У эвенков назывался сункэ или су, у орочей — сукке, у нанайцев — с у. С. служили те части тела животных, которые считались вместилищами души, — *оми* (кусочки шерсти животных, перья птиц, зубы или когти и др. предметы, имеющие сходство с частями тела животного). *Е. Н.*

СИ́НМО, трак сӣнмо («ведьма»), в тибетской мифологии демоническое существо, воплощающее добуддийский Тибет: водные источники — её слёзы, земля — её мясо, трава — её волосы. В буддийской обработке, чтобы удержать С. в повиновении, «двенадцать когтей неподвижности» вонзаются в её распростёршееся тело, строятся двенадцать храмов, а Джово Кханг, главный храм Лхасы, выстроен на озере ведьмы. В фольклоре герою помогает бороться с С. пёстрая корова, которую, по её просьбе, после исчезновения С., герой убивает. Он расстилает шкуру, посредине кладёт сердце, по сторонам втыкает отрубленные ноги, внутренности раскладывает по краям шкуры, белые волосы бросает на солнечную сторону, чёрные — на теневую, пегие кладёт посредине, спать ложится, положив почки в ноги. Когда герой просыпается утром, шкура становится шатром, белые волосы — овцами, чёрные — коровами, пегие — лошадьми, там, где было оставлено сердце, стоит красавица. См. также *Жаза*. *Е. Д. Огнева.*

СИНО́Н, в греческой мифологии внук Автолика, двоюродный брат Одиссея, участник Троянской войны. Сумел обмануть троянцев и убедить их ввезти в город деревянного коня. После этого для отправления обряда зажёг на могиле Ахилла сигнальный огонь для ахейцев (Apollod. epit. V 15—19). *Г. Г.*

СИ́НОШ, у чеченцев и ингушей духи умерших, обитающие в *Еле* в виде бестелесных теней. Живые родственники перед трапезой совершали обряд «кормления» С. (синнел). *А. М., А. Т.*

СИНТЕО́ТЛЬ («бог кукурузы»), в мифах ацтеков божество молодой кукурузы, сын *Тласольтеотль* (или супруг *Шочикецаль*). Изображался в виде юноши с наполненной кукурузными початками сумкой за спиной и палкой-копалкой или початками в руках. В некоторых мифах выступает в женском обличье. В древности, до ольмеков, С. почитался у всех жителей Месоамерики под разными именами; ацтеки заимствовали его культ у хуастеков. С. считался покровителем земледельцев и золотых дел мастеров, живших в Шочимилько. *Р. К.*

СИН-ТЯНЬ («отрубленная голова»), в древнекитайской мифологии великан. По «Книге гор и морей» С. воевал с *Хуан-ди* за право на власть над духами. Тот отрубил С. голову и закопал у горы Чанъяншань, тогда обезглавленный великан сделал из своих сосцов глаза, из пупа — рот, взял в руки щит и копьё и стал исполнять воинственный танец. Предположение об этимологии имени С. основано на начертании знака «тянь» — «небо» на погребальных костях и бронзовых сосудах, где этот знак напоминает рисунок человечка с большой головой. *Б. Р.*

СИНТЯНЬ («наказанное небо»?), персонаж древнекитайской мифологии, приближённый *Янь-ди*. Согласно «Книге гор и морей» (4—2 вв. до н. э.), С. вступил в борьбу с [верховным] владыкой (возможно, *Хуан-ди*) за право на власть над духами, а владыка отрубил С. голову и зарыл её под горой Чанъянь, тогда С. превратил сосцы в глаза, а пупок в рот, схватил в руки щит и боевой топор и стал исполнять [воинственный] танец. *Б. Л. Рифтин.*

СИНЬ СИН-ГОУЮА́НЬШУА́Й («главнокомандующий Синь Сингоу»), в поздней китайской даосской и народной мифологии один из богов грома, даосская имитация древнекитайского *Лэй-гуна*. Согласно преданию, бедный дровосек С. С. из Юнчжоу однажды собирал хворост на горе Шэньлэйшань («гора божественного грома») и на дне глубокого ущелья увидел пять петухов. Он принёс их домой и отдал матери. Когда мать хотела зарезать одного петуха, тот вдруг заговорил человеческим голосом. Петух сказал, что он есть гром, и попросил о снисхождении. Однако мать дровосека не обратила внимания на его слова. Тут раздался удар грома, и старая женщина от страха умерла. Когда С. С. вошёл в дом и нашёл труп матери, он обнял её и зарыдал. Громовый петух хотел убить и С. С., но тот загнал петуха в комнату и запер. Гром хотел поразить С. С., но пожалел его за сыновье благо-

честие. Приняв облик даоса, он дал С. С. 12 «огненных пилюль» и велел проглотить их. И тут облик С. С. стал меняться: его голова вытянулась и на ней образовался клюв, за плечами выросли крылья, а на ногах когти, в левой руке появилось зубило, а в правой — молоток. Под ногами у него оказались пять барабанов (древнекитайское представление о божестве грома связано с ударами в барабаны, молоток и зубило — в поздней мифологии атрибуты *Паньгу*, здесь, вероятно, орудия высекания молнии). По повелению Тянь-си (см. *Шан-ди*) ему был пожалован титул Лэймэнь Гоу-юаньшуай («главнокомандующий Гоу из управы грома») и поручено вместе с главнокомандующим Би (Би-юаньшуай) наблюдать за действиями нечисти и злых духов всех сторон света. Их изображения часто помещались в храмах духа севера *Сюаньу*.
Б. Л. Рифтин.

СИОЦУТИ, Сио-цути-но ками, в японской мифологии бог морских дорог или морских течений. В мифе о братьях *Ходэри* и *Хоори* С. помогает Хоори отправиться во владения бога моря для того, чтобы отыскать рыболовный крючок старшего брата. В «Нихонги» фигурирует также в описании восточного похода *Дзиммутэнно*. Выступает в роли божества — прорицателя, указывающего благоприятные земли и охраняющего морские пути к ним.
Е. С.-Г.

СИПАКТЛИ, в мифах ацтеков чудовище, олицетворение земли, имевшее вид аллигатора или рыбы. *Кецалькоатль* и *Тескатлипока*, изловив С., создали из неё землю. Другое олицетворение земли — Тлальтекутли, имевшее облик полужабы-полуаллигатора, было мужским; по некоторым мифам, С.— жена Тлальтекутли.
Р. К.

СИП ЧАНСЭН (от кит. Ши чжаншэн, «10 бессмертных»), в китайской и корейской мифологии 10 даосских символов вечной жизни. К С. Ч. относятся солнце, гора, вода, камень, облака, сосна, «трава бессмертия» (пуллочхо), водяная черепаха (кобук), живущая до 10 тысяч лет, журавль (туруми) и олень-марал (сасым), живущий до тысячи лет. Впервые эти символы встречаются в Корее с 12 в.
Л. К.

СИРЕНЫ, в греческой мифологии демонические существа, рождённые рекой *Ахелоем* и одной из муз: Мельпоменой (Apollod. I 3, 4), Терпсихорой (Apoll. Rhod. IV 893—896) или дочерью Стеропа (Apollod. I 7, 10). С. миксантропичны по природе, это полуптицы-полуженщины, унаследовавшие от отца дикую стихийность, а от матери-музы — божественный голос. Число их колеблется от двух-трёх до целого множества (Apoll. Rhod. IV 892 след.). Они обитают на скалах острова, усеянных костями и высохшей кожей их жертв, которых С. заманивают пением. С. ублажали некогда богиню Деметру (IV 896—898). Мимо острова С. проплыл *Одиссей*, привязав себя к мачте корабля и залив воском уши своих товарищей (Hom. Od. XII 166—200). Когда аргонавты плыли мимо острова С., *Орфей* заглушил их голоса своим пением и игрой на форминге (или лире); один из аргонавтов Бут бросился на их зов в море, но был спасён Афродитой, поселившей его в Лилибее (Apoll. Rhod. IV 900—919). С. сближали с *гарпиями* и *керами*; они воспринимались даже как музы иного мира — их изображали на надгробных памятниках. В классической античности дикие хтонические С. превращаются в сладкоголосых мудрых С., каждая из которых сидит на одной из восьми небесных сфер мирового веретена богини Ананке, создавая своим пением величавую гармонию космоса (Plat. R. P. X 617 b).
А. Ф. Лосев.

СИРИН, в средневековой мифологии райская птица-дева, образ которой восходит к древнегреческим *сиренам*. В русских духовных стихах С., спускаясь из рая на землю, зачаровывает людей своим пением. В западноевропейских легендах С.— воплощение несчастной души. В русском искусстве С. и *алконост* — традиционный изобразительный сюжет.
В. И., В. Т.

СИРИНГА, Сиринкс («свирель»), в греческой мифологии нимфа-*гамадриада*, обитавшая в Аркадии. С. почитала Артемиду и строго хранила свою девственность. Боги и сатиры не раз преследовали прекрасную С. Однажды С. повстречал Пан и пытался преследовать её, но С. бросилась к реке Ладон и умолила своих сестёр-наяд спасти её. Наяды превратили С. в тростник, который от дуновения ветра, издавал жалобный звук. Пан сделал из тростника свирель, носящую имя нимфы, больше всего возлюбив этот неприхотливый инструмент (Ovid. Met. I 689—712). В мифе о С. — мотивы древнего оборотничества, трансформированные в поздней античности в жанр метаморфоз, и этиологические мотивы.
А. Т.-Г.

СИСИФ, Сизиф, в греческой мифологии сын царя эолян Эола и Энареты, внук Эллина, брат Кретея, Афаманта, Салмонея и других героев, супруг плеяды Меропы, отец Главка, дед Беллерофонта (Apollod. I 7, 3; I 9, 3; Paus. IX 34, 7). С. считался строителем Эфиры (первоначальное название Коринфа — Hom. Il. VI 153). По одной из версий мифа, власть в Коринфе С. передала *Медея* (Paus. II 3, 11). Мифы рисуют С. хитрецом, способным обмануть даже богов и вступающим с ними в конфликты. Когда Зевс похитил дочь речного бога *Асопа* Эгину, С. назвал отцу имя похитителя и указал место, где она была укрыта, и за это потребовал, чтобы Асоп дал воду основанному С. храму и городу (Paus. II 5, 1; Apollod. I 9, 3; III 12, 6). Разгневанный Зевс послал за С. богиню смерти Танатос, но С. не только не пошёл за нею, но, обманув, сумел заковать её в цепи и держал в плену несколько лет, поэтому люди не умирали. Только Арес сумел освободить Танатос, которая первой своей жертвой избрала С. Но и в аиде С. сумел обмануть богов: он оказался единственным умершим, возвратившимся на землю (Theogn. 701 след.). Уходя с Танатос в аид, С. запретил жене совершать после его смерти погребальные обряды и приносить богам жертвы. В аиде С. умолил Персефону разрешить ему вернуться на землю, чтобы наказать жену, нарушившую священные обычаи. Боги отпустили С., но он обманул их и остался среди живых. За ним пришлось посылать Гермеса (Schol. Hom. Il. VI 153). Одна из послегомеровских версий мифа считает С. (а не Лаэрта) отцом Одиссея: Автолик попытался похитить коров С., но был уличён, так как С. тайно пометил своих животных под копытами особым знаком (Hyg. Fab. 201). Чтобы отомстить, С. принял образ жениха дочери Автолика Антиклеи и овладел ею. От этого союза родился Одиссей (Eur. Iphig. A. 524; Soph. Philoct. 417). Традиция рисует С. хитрым стяжателем, презирающим законы богов и людей. Ненавидя своего брата Салмонея, С. замыслил убить его и запросил оракул Аполлона, как это совершить. Оракул ответил, что Салмонея могут погубить только дети его дочери Тиро, если они родятся от С. Тогда С. стал любовником Тиро, и от этой связи родились близнецы. Предупреждённая оракулом Тиро, узнав о замысле отца, убила своих детей (Hyg. Fab. 60). Кроме того, С. совершал беззаконные набеги на Аттику, нападал на путников и убивал их, придавливая огромным камнем (Schol. Stat. Theb. II 380). За свои преступления С. сурово наказан в аиде. Он должен вкатывать в гору тяжёлый камень, который, достигая вершины, срывается вниз, так что всю работу надо начинать сначала (Hom. Od. XI 593 след.). Это наказание символизирует тщетность попыток С. одержать верх над богами. С. считался основателем Истмийских игр, учреждённых им в честь племянника Меликерта, тело которого он нашёл на берегу близ Коринфа и похоронил (Paus. II 1, 3; Hyg. Fab. 273). В Коринфе существовали культ и святилище С. (Diod. XX 103; Strab. VIII 6, 21). Образ С., хитрого, корыстолюбивого героя, отражает представления греков о жителях крупнейшего торгового центра материковой Греции — Коринфа. Другая традиция (сохранила трагедия Крития) рисует С. героем-богоборцем, противостоящим своей изворотливостью произволу богов.
М. Н. Ботвинник.

СИСИЮТЛЬ, в мифах квакиутлей и др. племён сев.-зап. побережья Сев. Америки гигантский морской змей с двумя головами (по одной на каждом конце туловища) со смертоносным взглядом. Победить С. можно лишь силой духа, внутренней чистотой. С. находится в постоянной вражде с *Тсоона*.

А. В.

СИ́ТА (др.-инд., «борозда»), в ведийской мифологии богиня пашни (РВ IV 57, 6—7; сутры), в древнеиндийском эпосе «Рамаяна» супруга *Рамы*. Согласно «Рамаяне», С. появилась на свет из борозды на вспаханном поле (отсюда её имя) и была удочерена царём города Митхила Джанакой (в джайнских «Рамаянах», малайской, кампучийской, тибетской, хотанской и некоторых других версиях сказания о Раме С.— дочь *Раваны*, покинутая своими родителями). Став женой Рамы, С. ушла вместе с ним в изгнание и была похищена Раваной, который держал её в заточении на *Ланке*. Разыскивая С., Рама осадил Ланку и убил Равану. Однако прежде чем Рама принял её обратно, С., доказывая свою верность супругу, должна была пройти испытание огнём. По возвращении в Айодхью Рама, узнав, что его подданные продолжают подозревать С. в измене, высылает её в лес. Там она находит себе прибежище у аскета *Вальмики*, который воспитывает двух её сыновей Кушу и Лаву. Когда сыновья С. выросли, Вальмики возвращает её Раме, но при свидании с Рамой С. по её просьбе поглощает её мать — Земля. В вишнуистской мифологии С. рассматривается как *аватара* жены Вишну *Лакшми*. Исходя, однако, из сближения ведийской и эпической С., а также из мифологических реминисценций её образа в «Рамаяне» (обстоятельств её рождения и смерти и др.), можно заключить, что первоначально С. была супругой Индры-Парджаньи (бога дождя *Парджаньи*), и тогда в эпическом конфликте Рамы и Раваны из-за С. просматриваются следы ведийского мифа об Индре и *Вритре* и (шире) — календарной, или земледельческой, мифологии.

П. Г.

СИТЯ́НЬ («западное небо», «страна под западным небом»), в буддийской мифологии в Китае вариант *Сукхавати*. В С., земле наивысшей радости, расположенной на крайнем западе, живут люди, избавившиеся от страданий. Страна украшена драгоценностями, с неба идёт дождь из цветов, звучат музыка и пение необыкновенных птиц. Во главе страны стоит будда *Амитабха* (Амито-фо, в Японии — *Амида*). Люди обретают перерождение в этой стране за наивысшие благие деяния. Согласно «Сукхативьюха-сутре», подобные страны есть на севере, востоке, юге и в направлениях верх и низ. Канон изображения С.: обширный сонм святых, сидящих вокруг будды Амитабхи и двух его помощников — пуса *Гуаньинь* и Дашичжи (Махастханапрабха); перед буддой пруд с лотосами, вокруг которого разгуливают птицы, играют музыканты и пляшут танцоры. Представление о С. является вульгаризированным вариантом буддизма с обожествлением будды Амитабхи (амитоизм). Учение о *нирване*, достигаемой в результате благих деяний в бесконечной цепи перерождений, заменяется новым рождением в сонме святых в С., где человек остаётся неопределённо долго, испытывая постоянное блаженство и ожидая своего вхождения в нирвану. Некоторые ответвления школы Счастливой страны вообще отождествляют С. и нирвану. С. приобретает черты рая, где вечно пребывают в блаженстве те, кто заслужил это своими благими деяниями. Сложные дисциплинарные положения буддизма замещаются простыми молитвами, в основном призываниями будды Амитабхи. Удостоившиеся пребывания в С. могут предварительно проходить очищение от мирской грязи с помощью заключения на некоторый срок в бутоне лотоса — символа чистоты, не загрязняемой мирской скверной. В храмах, особенно часто ламаистских, постоянно встречаются живописные композиции и панорамы со скульптурными группами, изображающие С. Амитабха нередко именуется также Ситянь-цзяочжу («наставник и повелитель в С.»).

Л. Н. Меньшиков.

СИУАКО́АТЛЬ («женщина-змея»), Тонаци́н («наша мать»), Кила́стли («орлица»), Ила́матеку́тли, одно из древнейших божеств у индейцев Центральной Америки, у ацтеков — богиня земли, деторождения и войны, мать *Мишкоатля*. Изображается в виде молодой женщины с ребёнком на руках или в белой одежде, с черепом вместо головы, вооружённой копьеметалкой и щитом; иногда двухголовой. С.— покровительница повивальных бабок, повелительница духов женщин, умерших при первых родах. Культ С. был особенно популярен в ипостаси Тонацин.

Р. К.

СИФ, в ветхозаветной традиции третий сын Адама и Евы, от которого происходят все народы (Быт. 4, 25—5). В Библии и послебиблейской иудаистической литературе С. появляется только эпизодически, но в гностической и апокрифической литературе занимает значительное место. Книга Бытия (4, 25) содержит народную этимологию имени С. от глагола šyt, «ставить», «основывать» («... и назвала его С., ибо (сказала): положил мне бог семя другое вместо Авеля, которого убил Каин»). С выражением «семя другое», вероятно, связано имя Аллогенес (греч., «инакородный»), часто применяемое в гностической литературе к С. Комментарий этого выражения («Она поняла, что это семя из другого века. И кто это? Это царь мессия») попал в «Берешит рабба» 23 из гностической среды, где С. обычно рассматривается как *мессия*. Некоторые из гностических сект называли себя «дети» или «облик С.», что соответствует, вероятно, сетианам, о которых сообщают отцы церкви. Иосиф Флавий в «Иудейских древностях» (I 71) сообщает легенду, согласно которой С. и его потомки, открывшие науку астрологии, знали от Адама, что человечество будет истреблено дважды: потопом и огнём; поэтому они оставили своё знание написанным на двух стелах: одна — из камня, который может пережить потоп, другая — из кирпича, способного выдержать огонь. Представление о трёх стелах, контаминированное с неоплатонической концепцией троичности природы бога, лежит, вероятно, в основе названия коптского текста «Три стелы С.». Другой коптский текст «Откровение Адама его сыну С.», также представляющий собой изложение гностического учения, начинается с рассказа Адама о том, как явившиеся ему трое приказали «проснуться от сна смерти» и послушать об *эоне* и семени человека, которому принадлежит жизнь и который произойдёт от Адама и Евы. В разных апокрифических книгах об Адаме рассказывается, как после убийства Авеля Каином Адам не приближался в течение 130 лет к своей жене. Явившийся после этого ангел сообщил ему, что у них с Евой родится сын, который будет иметь многочисленное потомство, которому, однако, не следует смешаться с семенем Каина. Из апокрифической литературы известна история соблазнения сыновей С. дочерьми Каина (см. в ст. *Каин*). В апокрифе об Адаме повествуется, как С. по просьбе умирающего Адама отправился вместе с Евой в Эдем просить для отца «масло жизни» и «древа милосердия». В армян. книге «Слово Адама С.» излагается миф о том, как С., услышав от отца историю *«грехопадения»*, постился 40 дней. Явившийся по завершении поста ангел вручил ему «ветвь радости». С. принёс её Адаму, который, прозрев, узнал в ней ветвь от древа познания добра и зла. Другой апокрифический сюжет повествует о том, как оплакивающая Адама Ева призвала С. смотреть чудесное видение: вознесение души Адама и ангелов, молящих бога о прощении сотворённого им, С., отвечая на вопросы Евы, растолковывал ей происходящее. Затем снизошёл сон и на Еву, и С., единственному из смертных, было предоставлено видеть величие божьего творения. Во многих апокрифических книгах говорится, что С., подобно Авелю, был пастырем овец. Некоторые тексты сообщают, что С. передал сыну Эношу (Еносу) историю Адама и Евы.

В мандейском пантеоне С. занимает одно из центральных мест. Он — архетип духовно непорочной человеческой души, иногда — сама религия. Он встречает души на их пути к крещению.

А. А. Папазян.

СИХИ́РТЯ, си́ртя, в самодийской мифологии (у ненцев) антропоморфные существа маленького роста, живущие под землёй. Некогда С. жили на земле, в подземном мире они владеют стадами мамонтов («земляных оленей»), а выходя на поверхность, избегают встреч с людьми. Иногда отождествлялись с русской чудью. Существует предположение, что в образе С. отражены воспоминания ненцев о досамодийском населении тундры. Аналогичный С. образ известен также энцам: сииите.

Е. Х.

СИХЭ, в древнекитайской мифологии мать и одновременно возница солнц, живущая за Юго-Вост. морем. В «Книге гор и морей» (4—2 вв. до н. э.) говорится: «Среди сладких источников есть страна Сихэ, там живёт женщина Сихэ, там солнца омываются в сладком источнике. Сихэ — жена Ди-цзюня, которая родила 10 солнц». По древним представлениям, С. по очереди вывозила своих детей-солнц на небо в колеснице, запряжённой шестёркой драконов. В комментариях к «Книге гор и морей» говорится, что С.— повелитель Солнца и Луны (возможно, в мужском облике). Согласно преданию, во время *Яо* была учреждена должность чиновника С., который ведал четырьмя временами года.

Б. Р.

СИ-ШЭНЬ («бог радости», «дух радости»), в китайской народной мифологии божество радости, наслаждения; покровитель бракосочетания. Одно из первых упоминаний о С. в «Комментарии к „Книге перемен"» Лу Цзи (3 в. н. э.). По некоторым поверьям, С. отождествляется в определённом аспекте с Чжоу-ваном — последним государем династии Шан, прославившимся своим любвеобилием. С. имеет облик человека, несущего корзину или (чаще) решето с тремя стрелами из персикового дерева, которыми отгоняет злых духов. Считается также, что С., как Чжоу-ван, обитает на планете Венера. С. часто включали в свиту бога богатства — *цай-шэня* и изображали на народных картинах позади бога богатства со свитком бумаги, на котором крупно написан иероглиф «си», «радость». Особый иконографический тип — С. в зелёном одеянии (цвет весны и растительности, отсюда цвет радости наряду с красным), с иероглифом «радость» в руке или сгребающим с улыбкой золотые и серебряные слитки в большую корзину.

Б. Л. Рифтин.

СИАВА́РШАН (авест., «чёрный конь»), С и я в а́ х ш, С и я в у́ ш (поздние формы имени), герой иранского эпоса. Включался в династию *Кейянидов*. Сын *Кай Кавуса*, воспитанный *Рустамом*, юный царевич С. был ложно обвинён своей мачехой Судабой, воспылавшей к нему страстью, в покушении на её честь, но опроверг обвинение, пройдя испытание огнём. С. уезжает к туранскому царю *Франграсиану* (*Афрасиабу*), который сначала ласково встречает его, выдаёт за него замуж свою дочь Фарангис, но затем коварно убивает его. За С. мстит его сын Хусрава (*Кай Хусроу*). В «Шахнаме» С.— сторонник прекращения войны между Ираном и Тураном. В мифологических представлениях народов Средней Азии С. нередко воспринимался как умирающее и воскресающее божество, обладающее солярными функциями. С именем С. связывались также постройка волшебного города на головах подвластных ему демонов («Айаткар и джамаспик» 7, 2) и появление чудесного цветка из его пролитой крови. «Кровью С.» назывались смола драконова дерева и выделения разных видов семейства лилейных. К С. возводила свою родословную раннесредневековая хорезмийская династия Афригидов, хотя «Яшт» (XIX 71—72), вопреки многочисленным среднеазиатским преданиям, помещает С. в Систан. Этот же текст, а вслед за ним и другие изводы эпоса присваивают С. эпитет «счастливый», видимо, в смысле «сполна отмщённый».

Л. А. Лелеков.

СКА́ДИ, в скандинавской мифологии богиня — охотница и лыжница. С.— дочь великана *Тьяцци*, жена бога *Ньёрда*. В «Младшей Эдде» рассказывается, что после убийства асами её отца она надела шлем и кольчугу и явилась к асам мстить за него. С. согласилась заключить с ними мир на том условии, что асы рассмешат её (это удаётся сделать Локи) и дадут ей мужа. По условию, выдвинутому асами, С. выбирает мужа по ногам и указывает на Ньёрда (думая, что перед ней прекрасный *Бальдр*).

В «Саге об Инглингах» упоминается и брак С. с Одином. С. принимает участие в наказании Локи, подвесив над ним ядовитую змею (см. в ст. *Локи*). Как богиню — лыжницу и охотницу С. сопоставляют с богом лыжником *Уллем*.

Е. М.

СКАЛЬСА́, в литовской мифологии рог изобилия, воплощение счастья, процветания (ср. литов. skalsa — «спорость», «спорина», «прибыль», «рост», «обилие», восклицание skalsa! равносильно приветствию «хлеб да соль», ср. также skalse, «спорынья»); согласно источникам 18 в. (М. Преториус и др.) — аналог рим. Cornu Copiae, «рог изобилия». Персонифицированный образ С. как плодородия — урожая принадлежит к кругу персонажей типа вост.-слав. *спорыш*. Преториус описывает особое празднество С., приуроченное к первому урожаю.

В. И., В. Т.

СКАМА́НДР, в греческой мифологии бог одноимённой реки на троянской равнине (другое название — К с а н ф), связанный с царским родом: он — отец *Тевкра*, чья дочь Батия стала женой *Дардана*; дочь С. Каллироя стала женой *Троса*, а другая дочь Стримо — *Лаомедонта* (Apollod. III 12, 1—3). В Троянской войне С. сочувствует своим потомкам-троянцам: в негодовании на свирепствующего Ахилла, завалившего реку трупами убитых, С. выходит из берегов и пытается поглотить Ахилла, но вынужден смириться перед Гефестом, направившим на С. вал огня (Hom. Il. XXI 130—138; 211—384).

В. Я.

СКА́НДА (др.-инд., «излитый»), в индуистской мифологии предводитель войска богов, иногда осмысливаемый как бог войны (был включён в индуистский пантеон на рубеже нашей эры). По одному из мифов, С. был сыном *Агни* и *Свахи*. Соединяясь с Агни, Сваха последовательно принимала облик шести жён великих *риши*. Соответственно С. родился с шестью головами, двенадцатью руками и ногами (Мбх. III 213—216; «Сканда-пурана» I 27, 44: «Шива-пурана» II 4, 2). Согласно другому мифу, С. был сыном *Шивы* и *Парвати*, рождённым ради уничтожения *асуры* Тараки, которого, по слову *Брахмы*, не мог убить никто, кроме сына Шивы. При зачатии С. семя Шивы упало в огонь, но бог огня Агни не смог удержать его и бросил в *Гангу*. Ганга, в свою очередь, отнесла семя на гору Химават, где родившегося мальчика воспитали шесть Криттик — звёзд Плеяды, отчего вторым его именем стало Карттикея (Мбх. IX 43—46; Рам. I 36—37; Мат.-пур. 146, 158; «Шива-пурана» II 4, 1—2). Со временем С. возглавил войско богов, убил Тараку и многих других асуров. В большинстве мифов С.— юноша (ещё одно его имя — Кумара, «мальчик»): он не женат или имеет женой Девасену — олицетворение небесного воинства; ездовое животное (вахана) С.— павлин, а его постоянные атрибуты: копьё, лук и петух, изображённый на его знамени. Культ С. особенно распространён в Южной Индии, где он был отождествлён с древнетамильским богом войны *Муруганом* и чтится под именем Субрахманья («расположенный и к брахманам»). С. считается также богом — покровителем воров.

П. А. Гринцер.

СКИ́ЛЛА, С ци́лла, в греческой мифологии: 1) морское чудовище, подстерегавшее мореходов в пещере, на крутой скале узкого пролива (по другую сторону которого жило другое чудовище *Харибда*). У С. шесть собачьих голов на шести шеях, зубы в три ряда и двенадцать ног. Она дочь морского божества Форкия или Кратеиса (варианты: Гекаты, Эхидны и т. д.). Мимо С. и Харибды сумел проплыть Одиссей (Hom. Od. XII 85—100, 245—250). По Овидию, С. миксантропична: у неё женское лицо и туловище, опоясанное псами (Ovid. Met. XIII 730—733). Некогда прекрасная дева, она отвергла всех женихов и влюблённого в неё морского бога Главка (XIII 734—737; 900—968), который испросил помощи у волшебницы Кирки. Но влюблённая в Главка Кирка из мести ему превратила С. в чудовище (XIV 1—69); 2) дочь царя Мегары *Ниса*, влюблённая в царя Миноса, осадившего их город. Она вырвала у отца пурпурный волос, делавший его бессмертным, чтобы предать город Миносу, обещавшему жениться на С. Минос захватил

Мегару, но потом утопил С., опасаясь её (Apollod. III 15, 8). По другой версии, С. бросилась в море вслед за отплывающим кораблём Миноса, и, когда превращённый в орла Нис стал преследовать дочь, её тело обросло перьями и она стала птицей (Ovid. Met. VIII 6—152). *А. Т.-Г.*

СКИРО́Н, в греческой мифологии сын Посейдона (вариант: Пелопса), разбойник. Он убивал путников на дороге между Афинами и Мегарой, сбрасывал их в море, где их пожирала чудовищная черепаха (Apollod. epit. I 1—2). По другому варианту мифа, С.— сын мегарского царя, женившийся на дочери царя *Пандиона*, когда тот находился в изгнании в Мегаре. С. спорил с Нисом, сыном Пандиона, о власти, которую Эак отдал Нису и его потомкам (Paus. I 39, 6). *А. Т.-Г.*

СКИФ, в эллинизованных версиях скифского генеалогического мифа эпонимическое обозначение различных персонажей, очевидно, заменившее в процессе обработки мифа в греч. среде подлинное имя соответствующего героя. По месту в сюжете иногда соответствует первочеловеку *Таргитаю* (Diod. II 43), иногда — младшему из его сыновей *Колаксаю* (Herodot. IV 9—10). В этом варианте мифа С.— один из трёх братьев (*Агафирс, Гелон*), единственный сумел выполнить предложенное отцом сакральное испытание — натянуть отцовский лук и опоясаться его поясом, в результате чего стал первым царём Скифии.

СЛЕ́ЙПНИР («скользящий»), в скандинавской мифологии восьминогий конь бога *Одина*. Родился от Свадильфари (коня строителя жилища богов — Асгарда) и (превратившегося в кобылу) бога Локи (см. в ст. *Локи*). Один на С. соревнуется в конной скачке с великаном Хрунгниром. Сын Одина Хермод скачет на С. в царство мёртвых хель, чтобы вернуть оттуда своего брата *Бальдра*. В С. очевидны хтонические черты, связанные с шаманизмом. *Е. М.*

СМИ́РНА, в греческой мифологии: 1) амазонка, захватившая Эфес и давшая городу своё имя (Steph. Byz.); 2) дочь ассирийского царя Тианта, не желавшая оказывать почести Афродите. За это богиня внушила С. страсть к отцу, и С. двенадцать ночей разделяла ложе с ничего не подозревавшим Тиантом. Узнав о содеянном, Тиант бросился за С. с мечом, но боги превратили её в мировое дерево, которое в положенный срок треснуло и выпустило на свет Адониса (Apollod. III 14, 4; по другому варианту, матерью Адониса была дочь кипрского царя Кинира Мирра, Ant. Liber. 34). *Г. Г.*

СО́ВИЙ, в литовской мифологии основатель традиции трупосожжения и проводник душ. Трупосожжение, бытовавшее у балтов и других народов в 1-м — нач. 2-го тыс. н. э., считалось наиболее лёгким способом помочь душе достичь небесного царства и обрести там новую жизнь, воскреснуть. С. упомянут западнорусским переписчиком во вставке 1261 к русскому переводу «Хроники» Иоанна Малалы: С. однажды поймал вепря и велел его девять селезёнок сыновьям, чтобы те их испекли. Узнав, что дети съели их, разгневанный С. решил сойти в ад, но смог проникнуть туда лишь через девятые ворота, которые указал ему один из сыновей. Затем сын сам отправился на поиски отца и, найдя его, похоронил в земле. Восставший наутро С. поведал сыну, что он изъеден червями и гадами. Тогда сын положил С. в дерево, но тот наутро был изъеден комарами и пчёлами. Лишь после сожжения С. сказал сыну, что «крепко спал, яко детище в колыбели». Литовцы, ятвяги, пруссы и др. названы в рассказе «совицею», а С.— проводником в ад, который ввёл трупосожжение, «чтобы они приносили жертву... Андаю и Перкунасу, и Жворуне... и Телявелю-кузнецу, который ему солнце выковал». Связь С. с *Телявелем* и солнцем позволяет сопоставить балтийский миф с распространённым сказочным мотивом о кузнеце, воскресившем умершего (омолодившем старика; AT 753), и предположить его солярную символику. Ср. огонь погребального костра и небесный солнечный огонь, вепря, пойманного С., как зооморфное воплощение солнца («свинка, золотая щетинка»), девять врат, которые можно толковать как девять солнечных «домов» зодиака, соответствующих девяти месяцам от весеннего равноденствия до порождения нового солнца, девяти колесницам солнца в литовских песнях. Девять селезёнок вепря дублируют тему девяти врат (по сообщению автора 18 в. М. Преториуса, жители Надравии гадали по селезёнке жертвенной свиньи о будущем годе, урожае и т. п.) и делают вероятным предположение о девяти сыновьях С., из которых девятый указал ему девятые врата ада. Таким образом, весь сюжет о С. может быть соотнесён с годовым движением солнца. В Ипатьевской летописи (1144), цитирующей «Хронику» Малалы, говорится о боге *Свароге* — Соварого, отождествляемом с кузнецом Гефестом, и сыне его Солнце. Характерно, что индоевропейский корень для обозначения солнца *sāue- (*sū-, *sue-) близок форме имени С. См. также *Швинторог*. *В. И., В. Т.*

СО́ГИН («каменные люди»), в корейской мифологии духи — стражи могил. Среди них различались гражданские (мунсок) и военные (мусок) стражи. Первые были одеты в ритуальный халат или в форменную одежду; в руках у них была табличка с фамилией покойного, на голове возвышалась ритуальная шляпа. Вторые были одеты в латы и вооружены мечом в ножнах, подвешенным спереди на пояснице. Обеими руками военные стражи опирались на меч. Каменные фигуры С. ставились у усыпальниц государей и могил высокопоставленных сановников начиная с периода Объединённого Силла (7—10 вв.) и до 20 в. Возле могил нередко можно видеть также изваяния других стражей — животных (соксу) — реальных (бык, лошадь, баран, заяц, обезьяна, лев, петух, черепаха, змея) и мифических (дракон и др.). Как стражи могил они впервые начали употребляться в Китае в период «Борющихся царств» (с 6 в. до н. э.), а в Корее тогда же, когда и С. *Л. Р. Концевич.*

СОДО́М И ГОМО́РРА, в ветхозаветном предании два города, жители которых погрязли в распутстве и были за это испепелены огнём, посланным с неба. Библия локализует С. и Г. «в долине Сиддим, где ныне море Солёное» (Быт. 14, 3) и называет их в числе ханаанских городов пятиградья, отпавших от Элама, а затем потерпевших поражение от царя эламского и его союзников (Быт. 10, 19; 14, 2—24). Согласно преданию, «жители Содомские были нечестивы и весьма грешны перед господом» (13, 13); «греху содомскому» были подвержены также жители Гоморры и окрестных городов, «подобно им блудодействовавшие и ходившие за иной плотью» (Иуд. 7). «Вопль Содомский и Гоморрский» доносится до бога, который направляет туда ангелов, чтобы убедиться, действительно ли жители обоих городов «поступают так, каков вопль на них», и убедиться, ибо там не находится не только пятидесяти, но даже и десяти праведников, ради которых бог пощадил бы города по заступничеству *Авраама* (18, 20—33). Ангелов принимает поселившийся в Содоме племянник Авраама *Лот*, однако содомляне осаждают его дом, требуя выдать пришельцев, дабы «познать» их (19, 5; подобная же сцена — Суд. 19, 22). Ангелы поражают осаждающих дом слепотой, а Лота с семьёй выводят из обречённого города. «...И пролил господь на Содом и Гоморру дождём серу и огонь от господа с неба», и ниспроверг эти города, их окрестность и всех жителей. Когда Авраам посмотрел в сторону С. и Г., то увидел, что там лишь дым поднимается с земли (19, 24—28). В последующей библейской традиции С. и Г.— символ крайней степени греховности, навлекающей на себя божественный гнев (ср. Втор. 29, 33; Иезек. 16, 49; Иуд. 7; Апок. 11, 8).

Предание о С. и Г. имеет, по-видимому, исторически достоверные корни, отразив в памяти народа образ какого-то стихийного бедствия, случившегося в древние времена в районе Мёртвого моря. Местность эта, характеризуемая в Библии как некогда («прежде, нежели истребил господь Содом и Гоморру» — Быт. 13, 10) цветущая, ещё в библейские времена была затоплена водами Мёртвого моря (14, 3), которое 3-я (2-я) книга Ездры именует

«морем Содомским» (5, 7). Его безжизненные южные берега, хранящие следы вулканической деятельности, изобилуют выходами и месторождениями серы, нефти и газа («смоляными ямами» — Быт. 14, 10), вследствие воспламенения которых могла произойти описываемая в Библии, а также античными авторами (Strab. XV 2; Иосиф Флавий, «Иудейская война» VI, 8, 4; Тацит, «История» V 7) катастрофа, по косвенным географическим источникам датируемая началом 2-го тыс. до н. э. На реальность существования (уже около сер. 3-го тыс. до н. э.) Гоморры указывают клинописные тексты из открытого недавно архива города Эбла (современный Тель-Мардих). «Содомский грех» (отсюда термин «содомия») трактуется рационалистической критикой как отражение древнеханаанских культовых обрядов в честь местных богов плодородия.
М. Б. Мейлах.

СОДОН («ямсовый мальчик»), персонаж поздней корейской мифологии, неправомерно отождествляемый в «Самгук юса» с предпоследним правителем государства Пэкче Муваном. Мать С. была вдовой, вступившей в связь с драконом Южного пруда (Намджи). В детстве С. жил в бедности. Копал ямс (батат) и продавал его. Услышав, что у государя Силла Чинпхёна третья дочь Сонхва — красавица, С. влюбляется в неё. Использовав детскую песенку, порочившую принцессу, он добивается изгнания её из дома. С. женится на ней и обретает богатства. Золото, которое он видел в детстве там, где копал ямс, теперь с помощью духов С. переправляет во дворец, к родителям Сонхва. В «Обозрении достопримечательностей Восточного государства» (кн. 33) помещены три предания: о пруде Марёнджи (Лошади-дракона), где жила мать С., о монастыре Огымса (Пяти металлов) в провинции Чолла-Пукто, построенном государем на том месте, где С. копал ямс и обнаружил золото, и усыпальнице Саннын, где будто бы погребены С. с супругой Сонхва.
Л. Р. Концевич.

СОЗЕРЕ́Ш, у адыгов божество земледелия. Фетиш С.— деревянный обрубок с семью сучьями — хранился в хлебном амбаре каждой семьи; после уборки урожая, в т. н. «ночь С.», фетиш переносили домой и совершали моление. По более поздним представлениям, С. являлся также покровителем скота, домашнего благополучия.
М. М.

СОКА́Р, в египетской мифологии бог плодородия и покровитель мёртвых. Центр его культа — Мемфис. Эпитет С.— «из Ра-сетау», т. е. из царства мёртвых. Изображался в виде сокола, нередко — сидящим на холме некрополя. Отождествлялся с *Птахом* (Птах-Сокар), *Осирисом* (Осирис-Сокар) и считался его ба (душой) и мумией — сах (впоследствии культ Осириса оттеснил в Мемфисе почитание С.). С эпохи Среднего царства известен синкретический бог загробного царства Птах — Сокар — Осирис. Праздник С. в птолемеевский период связывали с поворотом солнца к весне.
Р. Р.

СОКО́, в мифах народа нупе божество неба, демиург. С ним связывают появление дождя, а также гадания. К С. обращаются, называя его «наш господин (хозяин)». Посредником между С. и людьми в некоторых вариантах мифов выступает легендарный первый правитель нупе Тсоеде (или Едеги, Едиги), выполняющий роль культурного героя.
Е. К.

СОК ТХАРХЭ́, в корейской мифологии правитель государства Силла. Согласно «Самгук юса», его отец Хамдальпха был царём мифической страны Енсон («драконья крепость»; в «Самгук саги» — страны Тапхана, видимо, на острове Чеджудо), его мать, принцесса царства Егук, спустя семь лет беременности родила большое яйцо, которое Хамдальпха велел поместить в ларец (в «Самгук саги»: выбросил, но жена подобрала, завернула яйцо в шёлк, положила его в сундук и пустила его по морю) вместе со слугами и семью драгоценностями, поставить на ладью и пустить по морю. Красный дракон охранял ладью от напастей. Сначала ладья оказалась у берегов страны Карак (в «Самгук саги» — сундук прибило к берегу страны Кымгван, но жители не захотели взять его). Затем она, как птица, унеслась в бухту Аджинпхо (современный Енъиль) на востоке страны Керим. Старуха, жившая на берегу, увидела, что в море появилось что-то похожее на скалу, на которую слетались сороки. Когда она подплыла на лодке, то обнаружила ладью с ларцом и доставила её к берегу. Старуха прочла заклинание, и ларец отворился (в «Самгук саги»: она сама открыла сундук). В нём восседал отрок ростом в девять вершков (по другим записям — в три вершка и с головой в один вершок) в окружении слуг. Семь дней старуха носила ему пищу, а на восьмой день отрок взошёл на гору Тхохамсан (к востоку от Кёнджу) и пролежал там семь дней. Сверху он высмотрел себе жилище некоего Хогона («князь-тыква») около горы Янсан, которым решил завладеть. Ночью закопав возле дома точильный камень и горсть древесного угля, он наутро пришёл к хозяину и заявил, что тот живёт в доме его предков из рода кузнецов. Улики были налицо, и князь вынужден был оставить дом. Впоследствии на этом месте возник Лунный град — Вольсон (см. *Ким Альджи*). Прослышав о хитроумии С. Т., государь отдал за него старшую дочь и завещал престол. С. Т. мудростью превосходил людей и обладал даром чудесных превращений. Процарствовав 23 года, С. Т. умер и стал богом горы Тонак («Восточный пик»). Позже его прах перенесли на гору Тхохамсан, духом-покровителем (*сансин*) которой он считается. Одни считают, будто фамилия Сок обозначает иероглиф «сорока», у которого отбросили часть знака со значением «птица», так как благодаря сорокам была обнаружена ладья с ларцом. Другие считают, что ее фамилией стал иероглиф «Сок» («прежний»), так как дом Хогона прежде принадлежал кузнецу. Имя Тхархэ («освободившийся») ему дали потому, что он появился из яйца (корейск. тхар-) и вышел из ларца (хэ). По другой версии, Сок произошло от слова «новый» (корейск. сэ), а имя Тхархэ разлагается на два компонента: тхар «земляной вал» и хэ — частица после имён. Вероятно, в процессе мифотворчества произошла персонификация некоторых территориальных обозначений, которые превратились в личные имена. Миф о С. Т. принадлежит к южной ветви мифологии.
Л. Р. Концевич.

СО́ЛНЕЧНАЯ ДИНА́СТИЯ, в индуистской мифологии один из двух главных царских родов (ср. *Лунная династия*). Основателем С. д. был *Икшваку*, царствовавший в городе Айодхья (совр. Аудх). Ему наследовал старший сын Викукши, в то время как другой сын Ними стал основателем династии в городе Митхила (страна Видеха). Среди потомков Викукши прославлены в эпических и пуранических легендах цари Притху, Кувала ясва, и *Дхундхумара*, Мандхатри, Сатьяврата, *Харишчандра*, *Сагара*, Дилипа и др., но прежде всего — *Рама*, шестьдесят первый по «Вишну-пуране» преемник Икшваку, *аватара* бога Вишну. Ближайшие предки Рамы: его прадед Рагху, вступивший в единоборство с богами *Индрой* и *Куберой* и покоривший все страны света; дед Аджа, умерший из-за скорби по безвременно погибшей жене Индумати; отец *Дашаратха*, участвовавший на стороне богов в их битвах с *асурами*. К потомкам Ними — младшей ветви С. д.— принадлежит царь Митхилы Джанака, приёмный отец *Ситы*, ставшей женой Рамы. Списки царей С. д., включённые в различных вариантах во многие пураны, иногда содержат имена исторических личностей. До сих пор некоторые индийские раджи возводят свой род к С. д.
П. Г.

СОЛОВЕ́Й-РАЗБО́ЙНИК, в восточнославянской мифологии и былинном эпосе антропоморфный чудовищный противник героя, поражающий врагов страшным посвистом. Родствен Змею — рогатому Соколу (Соловью) в белорусском эпосе. Сидя в своём гнезде (на двенадцати дубах и т. п.), С.-р. преграждает дорогу (в Киев); герой (Илья Муромец в русских былинах) поражает С.-р. в правый глаз; поединок завершается разрубанием С.-р. на части и сожжением его, что напоминает миф о поединке громовержца *Перуна* с его змеевидным противником. Само имя С.-р. связано если не генетической, то анаграмматической связью (намеренным звуковым сходством, сопровождавшим сходство смысловое) с именем бога Волоса, противника громовержца.

В. И., В. Т.

СОЛОМОН, Ше́ло́мо («мирный», «благодатный»), третий царь Израильско-Иудейского государства (ок. 965—928 до н. э.), изображённый в ветхозаветных книгах величайшим мудрецом всех времён; герой многих легенд. Его отец — царь *Давид*, мать — Вирсавия. Уже при рождении С. «господь возлюбил его», и Давид назначил С. наследником престола в обход старших сыновей (2 Царств 12, 24; 3 Царств 1, 30—35). Бога, явившегося С. во сне и обещавшего исполнить любое его желание, С. просит даровать ему «сердце разумное, чтобы судить народ». За то, что он не испросил никаких земных благ, С. наделяется не только мудростью, но и невиданным богатством и славой: «Подобного тебе не было прежде тебя, и после тебя не восстанет...» (3 Царств 3, 9—13). Мудрость С. проявляется при первом же его суде, когда, сделав вид, что хочет разрубить младенца и разделить его между двумя претендовавшими на него женщинами, царь узнаёт, кто из них настоящая мать (3, 16—28). С. собрал несметные богатства, так что серебро стало в его царстве равноценным простому камню. Все цари и мудрецы земли (в том числе и *Савская царица*) приходили к С. с дарами, чтобы внимать его мудрости (4, 34; 10, 24). С. изрёк три тысячи притчей и тысячу пять песней, в которых описал свойства всех растений, зверей и птиц (4, 32—33). «Художница всего — Премудрость» (ср. *София*) позволила С. познать «устройство мира, начало, конец и средину времён. ...Всё сокровенное и явное» (Прем. Сол. 7, 17). Миротворцу С. бог повелел выстроить храм в Иерусалиме («храм С.»), в то время как Давиду, ведшему кровопролитные войны, строить храм не было дано (3 Царств 5, 3). Храм возводили десятки тысяч людей в течение семи лет, и при этом работы велись совершенно бесшумно. В наказание за то, что С. взял множество чужестранных жён, разрешил им отправлять языческие культы и даже сам в старости склонился «к иным богам», царство С. после его смерти разделилось между его сыном Ровоамом и рабом Иеровоамом (11, 1—13). С. приписывается авторство двух библейских Псалмов (71 и 126), а также книг Притчей Соломоновых, Екклесиаста, Песни Песней, девтероканонической книги «Премудрость С.», апокрифических «Завета С.» и «Псалмов С.».

Согласно агаде, С. попросил руки Премудрости, дочери царя небесного, и получил в приданое весь мир. Мудрости С. искали люди, звери и духи. На судах С. читал мысли тяжущихся и не нуждался в свидетелях. Когда к С. явился потомок Каина из подземного мира с требованием выделить ему из наследства отца двойную долю на том основании, что у него две головы, С. приказал лить воду на одну из этих голов и по возгласам другой установил, что в теле чудовища всё же одна душа. Звери, птицы и рыбы являлись на суд С. и творили его волю («Шир-Гаширим рабба» 1; «Шемот рабба» 15, 20). Бесшумное строительство храма объяснялось тем, что для обтёсывания камней С. использовал волшебного червя шамир, проедающего скалы, которого принёс ему гриф из Эдемского сада («Сота», 48б). Трон С. был украшен золотыми львами, которые оживали и впоследствии не дали ни одному завоевателю воссесть на этот трон (таргум Шейни). С. владел чудесным перстнем («Соломонова печать»), с помощью которого он укрощал демонов и покорил даже их главу *Асмодея*, который помогал С. строить храм. Возгордившийся своей властью над духами С. был наказан: Асмодей «забросил» его в дальнюю землю, сам же принял образ С. и правил в Иерусалиме. С. это время должен был скитаться, искупая свою гордость, и учить народ смирению, говоря: «Я, проповедник, был царём над Израилем...» (ср. Екк. 1, 12). Раскаявшийся С. был возвращён на царство, а оборотень исчез («Гитин» 67—68а). В тот час, когда С. взял в жёны дочь фараона, с неба сошёл Гавриил и посадил в море стебелёк, вокруг которого с течением веков вырос огромный полуостров и на нём — город Рим, чьи войска впоследствии разрушили Иерусалим («Шаббат» 56). С. царствовал над множеством миров, переносился по воздуху, путешествовал во времени. Зная, что храм будет разрушен, С. заготовил подземный тайник, где пророк Иеремия спрятал впоследствии ковчег завета.

Легенды о С. легли в основу многих средневековых литературных произведений (напр., поэтическое произведение на нем. языке «Соломон и Морольф», 12 в.). Всевозможные легенды о С. были популярны на Руси. Древнерусские предания рисуют состязание С. с демоном Китоврасом как борьбу равных по силе «мудрости света» и «мудрости тьмы». Согласно этим преданиям, царь Езекия сжёг «целительные» книги С., потому что люди, лечившиеся по ним, переставали молиться богу о своём исцелении. Чаша С. была покрыта таинственной надписью, содержавшей предсказания об Иисусе Христе и указывавшей на число лет от С. до Христа. Мусульманские предания о С. см. в ст. *Сулайман*.

Д. В. Щедровицкий.

СОЛЬ («солнце»), в скандинавской мифологии персонификация солнца. С. — дочь Мундильфари и сестра Мани (месяца), жена человека по имени Глен. Согласно «Младшей Эдде», боги за гордыню отправили С. и Мани на небо, повелев С. править двумя конями, впряжёнными в её колесницу. С. освещает мир за счёт искр, вылетающих из Муспелльсхейма (см. *Муспелль*). Волки-великаны преследуют С., и один из них перед гибелью мира (см. *Рагнарёк*) проглотит С. Персонификация солнца у континентальных германцев — Сунна.

Е. М.

СОЛЬ, в римской мифологии бог солнца. В древности почитался как С. Индигет. Культ С. и *Луны* до 2 в. был распространён в основном среди крестьян, затем он становится одним из ведущих в империи, когда в образе С. сочетались: религиозно-философские учения о Солнце как верховном боге; представления о Солнце как блюстителе справедливости; пропаганда идеи особой близости к С. императоров, изображавшихся в солнечной короне и, как и С., именовавшихся «непобедимыми». На культ С. большое влияние оказали восточные солярные культы. *Е. Ш.*

СОМА (от глагола «выжимать»), в древнеиндийской мифологии священный напиток и божество этого напитка (позже и луны) — Сома Павамана («очищающийся»). По числу упоминаний в «Ригведе» С. стоит среди богов на третьем месте (после *Индры* и *Агни*). Мифологический образ С., как и культ растения и напитка, индоиранского происхождения (см. *Хаома*).

В древнеиндийской религиозной практике приготовление сока С. составляло содержание особого ритуала. Стебли сомы (растение точно идентифицировать не удаётся) вымачивали в воде, выжимали с помощью давильных камней, процеживали через сито из овечьей шерсти, разбавляли водой, смешивали с молоком или ячменём и разливали по деревянным сосудам. Питьё С. (видимо, галлюциногенного напитка), в отличие от суры (хмельного напитка), вызывало экстатическое состояние; С. жертвовали богам, особенно Индре, полагая, что она даёт бессмертие и силу для подвигов. В «Ригведе» говорится, что С. происходит с неба, но растёт на земле, на горах; его мать — Синдху; у него сочный, обильный молоком стебель; он называется ванаспати («господин леса»).

Небесный С. (персонифицированный образ напитка) не всегда чётко отличим от С.-напитка. С. как бог наделяется сотнями эпитетов («всевозбуждающий», «всезнающий», «небесный», «возлюбленный»); говорится о его силе, славе, мудрости, оружии. С. — господин мира, царь мира, бог над всеми богами (РВ IX 42, 2; 65, 2); господин неба, первый творец. Он носит небо и родитель неба; вместе с тем он — дитя неба; небо и земля несут его, и он же носитель земли, господин вод, господин вод как солнце. Находясь над всеми мирами (IX 54, 3; 66, 2), С. озирает творение богов и людей, заставляет сиять солнце, входит как друг в океан, соревнуется с солнцем и т. п. С. связан с законом (он — господин закона), приносит богатство, счастье, жизненную силу, еду, находит путь, приводит воду, увеличивает блага, приходит на помощь, награждает певцов, одаряя их мастерством. С. удаляет болезни, побеждает неприятеля, убивает чудовищ, поражает злоречивых.

Связь С. с луной обнаруживается уже в ведийский период. В брахманах и позже эта связь становится особенно очевидной, и С. превращается в бога луны, покровителя растительности (считается, что лунный свет способствует росту растений, сама луна связана с росой, влагой и т. п.). В эпосе С. становится *локапалой* северо-востока. В «Ригведе», как правило, упоминаются лишь отдельные мотивы: С. принесён орлом (для *Ману*) или соколом с высочайшего неба, со скалы, где он был укрыт; его рождение было на высоте; его открывают (как взращённой *Парджаньей*) быка его приводит дочь *Сурьи*, его приводят *гандхарвы*, РВ IX 113, 3). С. находит на небе напиток богов (IV 44, 23), коров в укрытии (X 108, 11), сокровища *Пани* (IX 111, 12); он поражает *Вритру* (IX 61, 20), С.— «убийца Вритры» (IX 25, 3; 28, 3; 37, 5), в битве с которым он участвует на стороне *Индры*, вскормлённого сомой. Индре удаётся выпить напиток с избытком даже тогда, когда хранитель С. *Тваштар* за убийство его сына *Вишварупы* отказывается пригласить Индру на питьё этого напитка; из С. и огня Тваштара создаёт дракона Вритру. В свадебном гимне «Ригведы» С.— жених Сурьи, дочери *Савитара* (X 85). Показательно, что С.— дитя Парджаньи, бога, связанного с грозой. Жена Парджаньи и, следовательно, видимо, мать С.— земля (в другом месте мать С.— Паджра). Этой генеалогией можно объяснить посредническую (между землёй и небом) функцию С. В эпосе отец С.— Атри, второй сын *Брахмы*, мать — Анасуя; иногда отцом С. называют *Дхарму*, Прабхакару и др. Брахма отдаёт во власть С. планеты, звёзды, растения, жертвоприношения и жрецов. С. первым совершает обряд посвящения на царство (раджасуя), но презрев благие обеты, С. похищает у своего двоюродного брата *Брихаспати* его жену *Тару*, у которой вскоре рождается сын *Будха* (Вишну-пур. IV). Известен сюжет и о 27 жёнах С., дочерях *Дакши*. В некоторых текстах С. отождествляется с *Ямой*. В эпосе же повествуется о вражде С. с демоном *Раху*, пытающимся проглотить луну. В «Рамаяне» рассказывается, как *Равана* на небесах приближается к обители С., как он, скованный холодом луны, пускает стрелы в неё и как Брахма приходит на помощь С., умиротворив Равану.

В. Н. Топоров.

СОН, в корейской мифологии один из квисинов, летающий по четырём направлениям света в зависимости от дня месяца и препятствующий деятельности человека. Он наносит вред человеку в течение двух дней на каждом из четырёх основных направлений: в 1 и 2 число лунного месяца он находится на востоке, 3 и 4 — на юге, 5 и 6 — на западе, 7 и 8 — на севере, а 9, 10, 19, 29 и 30 поднимается на небо, поэтому в эти дни С. отсутствует на каком-либо из направлений. С давних времён в Корее существовал обычай при перемене места жительства и перед дальней дорогой выбирать день, когда С. не бывает в данном направлении. Ср. *Панбэксин*.

Л. К.

СОНА́Н, Сона́нсин, Сонхва́нсин («дух крепостных стен»), в корейской мифологии дух — покровитель городов и селений. Места обитания С.— груды мелких камней — алтари С. (Сонандан, Куксудан или Хальмидан), иногда сложенные пирамидками, под священным деревом или кустарником у обочины дороги, у входа в деревню или монастырь, или чаще на перекрёстке дорог на горе, защищающей данную местность с севера. К С. женщины обращались с просьбой о ниспослании потомства, торговцы — об увеличении доходов, невесты — о благополучии в семье родителей после переезда к мужу, моряки — о предотвращении кораблекрушения и т. д. В шаманской мифологии С.— также почитаемый дух. Возле алтарей шаманки совершали различные обряды с благодарственными воздаяниями С. Культ С. в Корее восходит к кит. *Чэнхуану*, официально он начался при корейском государе Мунджоне (1047—82) и вскоре распространился по всей стране. При династии Ли (1392—1910) стал подразделяться на государственный и народный.

Л. Р. Концевич.

СОНДЖУ́ («хозяин домашней крепости»), Сонджуси́н, Сонджоси́н, Саннянси́н («дух большой балки»), в корейской мифологии главный домашний дух (*касин*), в преданиях и народных верованиях С.— также домовой, дух — покровитель земельного участка под домом (дух Тходжу), дух 10-го месяца по лунному календарю, шаманский дух. Фетишем С. является глиняный горшок с ячменём или рисом, установленный в углу главной комнаты с деревянным полом, символом — лента белой бумаги, свёрнутая в несколько слоёв (иногда сушёная рыба или сосновая ветка), в ленту белой бумаги вкладывали медную монетку, смачивали водой и прикрепляли к наружной стороне большой балки главной комнаты, затем посыпали рисовой крупой. Считалось, что от С. зависят покой, счастье, долголетие и отсутствие болезней. Ежегодно в 10-ю луну в один из «счастливых дней», обычно в день «лошади», ему посвящался обряд жертвоприношения риса (сонджукут). В обрядах сонджукут и сонджупаджи (совершался при постройке нового дома или перенесении старого на новое место) участвовали шаманки (мудан). Существует записанный в провинции Кёнгидо шаманский миф о том, как искусный плотник Хван Уян, починивший рухнувший небесный дворец, после смерти стал духом С. Есть и другие шаманские мифы о родословной С.

Л. Р. Концевич.

СОНДОЛЬСИ́Н, в поздней корейской мифологии один из духов ветра (пхунсин). Согласно преданию, паромщик Сондоль был несправедливо казнён одним из правителей Корё за то, что предупредил правителя, направлявшегося на остров Канхвадо, о надвигавшейся буре, в которую тот не поверил. Душа казнённого Сондоля стала духом ветра, и буря произошла. См. также *Ендын*.

Л. К.

СОН-КА́КСИ («невеста Сон»), Сон-мальмён, в корейской мифологии злой дух (квисин) девушки, умершей незамужней. Согласно традиции, будто бы имел место «реальный» случай с девушкой по фамилии Сон. С. может набрасываться на других незамужних девушек или растворяться в теле замужней женщины, нанося им вред (см. *Аран, Вонгви, Мимёнгви*).

Л. К.

СОНМУНДЭ́ ХА́ЛЬМАН («бабушка Сонмундэ»), в корейской мифологии великанша-*чан*ɟин. Согласно одному из мифов, старуха С. Х. насыпала землю в подол юбки и сбрасывала её в море; и вскоре получился остров Чеджудо. Когда она в последний раз принесла землю, из основной её массы образовалась гора Халласан, а из комков — холмы. Эта гора служила для С. Х. изголовьем. Когда она ложилась отдыхать, то ногами упиралась в бухту Сонсанпхо и болтала ногами в воде, отчего поднимались волны. В ряде преданий описывается, будто на острове сохранились скала от касания пальцев С. Х., три скалы (в селении Сонданни), служившие ей подставкой для котла, в котором она варила пищу.

Л. К.

СО́ПДЕТ (егип.), Со́тис (греч.), в египетской мифологии богиня звезды Сириус, покровительница умерших. Изображалась в виде коровы или женщины с коровьими рогами. Первый утренний восход Сириуса после зимнего перерыва совпадал с началом нового года по египетскому календарю и разлива Нила, поэтому С. почиталась также как богиня наступающего года, наводнений и чистой воды (С. очищает умерших). С. отождествляли с *Исидой* и *Сатис*.

Р. Р.

СО́ПДУ, в египетской мифологии бог в образе сокола. Охраняет восточную границу и борется с врагами Египта. Центр его культа — восточная дельта Нила. Изображался в длинной одежде, с двумя перьями на голове, с длинными волосами и бородой. Фетиш С.— зубы, эпитет (в период Древнего царства) — «владыка чужеземных стран». Как соколиное бо-

жество отождествлялся с *Гором* (Гор-Сопду) и Гором-ахути, участвовал в битве с Сетом.
Р. Р.

СО́РДЕН, в мифологии ма, срэ и других мон-кхмерских народов на юге Вьетнама культурный герой. Научившись от солнца, спустившегося на землю, изготовлять топоры, лесные ножи, арбалеты, он передал людям это мастерство. Обучив первое поколение людей, С. поднялся на небо. Он и разместил созвездия так, чтобы по форме их расположения люди умели делать нужные вещи. Плеяды воспринимались, например, как ступа и женщины, обрушивающие в ней рис, созвездие Девы — как плуг, Большая Медведица — как лодка, и т. д. Потомки С.— народы ма и срэ. В одном из вариантов мифа С., обиженный тем, что у него нет отца (его мать — дочь солнца, забеременела от жвачки-бетеля), целится из арбалета в солнце. Солнце уговорило его уйти на запад.
Я. Ч.

СОРИПА́ДА, у батаков острова Суматра (Западная Индонезия) один из триады верховных богов. С., сын *Мула Джади* и младший брат *Батара Гуру*, появился на свет из яйца бабочки. Живёт на втором небе в Банджар Тонгатонга (среднем городе). С.— заступник людей перед Батара Гуру. Он яростен и вспыльчив. Спутники С.— белая лошадь и коричневый пёс.
М. Ч.

СОСЛА́Н, С о з р ы́ к о, в осетинском нартском эпосе герой. С. родился из камня, оплодотворённого пастухом (по другому варианту — *Уастырджи*, или Бесом, или Сайнаг-Алдаром) при виде обнажённой *Сатаны* на берегу реки. Кузнец *Курдалагон* разбил камень и оттуда вынули младенца. Сатана дала ему имя и вырастила героя. Решив стать непобедимым, С. потребовал, чтобы его закалили. Раскалённого на дубовых углях С. Курдалагон бросил в колоду (по вине *Сырдона* она оказалась короткой), наполненную волчьим молоком. Тело С. до колен превратилось в чистый булат, а колени остались уязвимы. С. выходит победителем всех нартских состязаний. По одному из вариантов, С. истребил весь род *Алагата*. Однажды, спасая нартские стада от гибели, он перегоняет их во владения великана Алдара Мукары. Встретившись с этим великаном, С. убил его. Семь раз С. сватался к красавице Бедохе (по другому варианту — *Агунде*) и каждый раз получал отказ. Тогда он взял её силой, убив отца Бедоху. После её смерти он решил жениться на дочери Хура (солнца) — Ацырухс. Однако за неё потребовали большой выкуп — построить железный замок на берегу моря, пригнать триста диких животных, а главное — достать листья растущего в стране мёртвых дерева Аза. После долгого путешествия С. встретил в стране мёртвых Бедоху. Она дала С. *Барастыра* листья и предупредила С., чтобы на обратном пути он не брал никаких сокровищ. Но С. поднял на дороге шапку и сунул её за пазуху. Это был обратившийся в шапку Сырдон, который узнал из разговора С. со своим конём о тайне их смерти. Конь С. гибнет от стрел, пущенных из-под земли чертями, которых подговорил Сырдон, С.— от *колеса Балсага*.

С. соответствует у адыгов — Сосруко, у абхазов — Сасрыква. Ср. также Сеску-Солсу у чеченцев и ингушей.
Б. А. Калоев.

СОСРУ́КО, герой нартского эпоса адыгов. С. рождён из камня, который оплодотворил пастух, воспылавший страстью к *Сатаней*. По просьбе Сатаней Тлепш извлёк из камня раскалённого железного мальчика и окунул его семь раз в воду; только бёдра (вариант: колени), схваченные клещами, остались незакалёнными. По одному из вариантов, С.— муж дочери Тлепша, по другому — муж *Адиюх*. С. выступает как культурный герой. Он возвращает (что равносильно добыванию) *нартам* огонь (похищенный *иныжем*) и семена проса (украденные *Еминежем*), одаривает людей напитком *сано*, отнятым им у богов. С. часто действует, прибегая к хитрости, а также с помощью магии (таким образом ему удаётся, например, победить нарта *Тотреша*). В образе С. проявляются черты солярного божества: верх его шапки — солнце, он — обладатель талисмана, сверкающего, как солнце. У С. прослеживаются также в рудиментарной форме некоторые функции демиурга, свойственные богу солнца (см. *Тха* и *Тхашхо*). Покидая земной мир, С. наделяет (вариант: просит Тха наделить) характерными особенностями некоторых животных и птиц. Целебные воды Кавказа — это слёзы С., плачущего от невозможности вернуться из-под земли на землю.

С. и его коня *Тхожея* губят нарты (варианты: нарты совместно с иныжами; иныжи), выведавшие их уязвимые места через старуху Барамбух (вариант — *Уорсар*), превратившуюся в золотой шлем (или плеть), который поднимает с дороги С. и надевает на голову. Из разговора С. с Тхожеем Барамбух узнаёт их тайну. Когда С. явился к месту состязания (Харама-ошха, «Харама-гора»), нарты предложили ему отразить *жан-шарх* коленями (бёдрами). С. подставляет колени, и жан-шарх перерезает его ноги. Нарты закапывают С. живым в землю (вариант: добивая раненого С.), и С. продолжает жить под землёй. Каждую весну он стремится вырваться в земной мир, чтобы уничтожить всех, кто чинит на земле несправедливость.

Поверья связывают с именем С. огромные камни в верховьях Инжиджа, в верховьях Псыжа, одну из канав в Баксанском ущелье, сохранивших якобы следы меча С., копыт его коня. Род Карданоковых (Кабарда) считает С. своим предком (при упоминании имени героя в знак почитания его все встают). У старшей женщины рода хранится «полотенце С.» (которым герой перевязал свои раненые колени), обладающее, как считают, магической силой (исцелять больного, вызывать дождь).

Соответствия С.: абхазский *Сасрыква*, осетинский *Сослан*.
М. И. Мижаев.

СОФИ́Я, П р е м у́ д р о с т ь (греч., «мастерство», «знание», «мудрость», евр. hoch^emāh), в иудаистических и христианских религиозно-мифологических представлениях олицетворённая мудрость божества. Термин «С.», возникший в Древней Греции, употреблялся там как отвлечённое, умозрительное понятие, хотя первоначально у Гомера (Hom. Il. XV 411—412) он встречается в комбинации с именем богини Афины — применительно к делу строительства и упорядочения, художества и рукомесла. Сама Афина имеет много общего с последующей С.; и всё же если мифологема греческой Афины как богини мудрости (но без приложения к ней термина «С.») есть олицетворение мудрости, то мудрость в греческой мифологии не есть лицо. Иначе в ветхозаветной традиции, где понятие Премудрости — в силу самой специфики иудаистической мифологии — приобретает личностный облик: самораскрытие бога в мире должно было принимать характер «лица» (или «как бы лица») — как второго и подчинённого «Я» бога. Позднебиблейская дидактическая литература (книга «Премудрость Соломона», «Книга притчей Соломоновых», «Премудрость Иисуса сына Сирахова») даёт образ «Премудрости божией», описанной как личное, олицетворённое существо. Она выступает как девственное порождение верховного отца, до тождества с ним близкая: «Она есть дыхание силы божией и чистое излияние славы вседержителя» (Прем. Сол. 7, 25 след.), вышедшее «из уст всевышнего» (Иис. Сир. 24, 3); ср. образ Афины — тоже девственницы, появляющейся из головы Зевса; по устойчивой схеме мифа, мудрость принадлежит деве. Как греческое слово «С.», так и соответствующее ему древнееврейское слово — женского рода, и в пассивном образе «чистого зеркала действия божия» (как определяется С.) угадываются женские черты. Премудрость в своём отношении к богу есть его демиургическая, мироустрояющая воля. Она описывается (Притч. 8, 27—31) как «художница», по законам божественного ремесла строящая мир (что снова сближает её с Афиной); в природу этой космогонической С.-«художницы» входит «веселие». Специфику С. составляет женственная пассивность, сопряжённая с материнской многоплодностью, её «веселие», а также глубинная связь не только с космосом, но и с человечеством (Притч. 8, 31 и др.), за которое она заступается. Если по отношению к богу С.— пассивно зачинающее лоно, «зеркало славы божией», то по отношению к миру это — строительница, созидающая мир, как плотник или зодчий складывает дом как образ обжитого и упорядоченного мира, ограждённого стенами от безбрежных пространств хаоса; дом — один из главных символов библейской Премудрости (Притч. 9, 1 и др.).

Христианство усваивает личностное понимание С. Ориген описывает её как хотя и «бестелесное бытие многообразных мыслей, объемлющее логосы мирового целого», но в то же время как «одушевлённое и как бы живое». В раннюю эпоху развития христианства представление о С. сближалось с ликом Христа-Логоса (1 Кор. 1, 24 прямо определяет Иисуса Христа как «божию силу и божию премудрость»), а затем и с третьей ипостасью *троицы* — духом святым (понятие женского рода в семитических языках и близкое С. в аспектах игры, веселья, праздничности), подчёркиваются также аспекты С., связанные с идеей человеческой общности. В латинской христианской литературе термин «С.» вытесняется почти синонимическим обозначением мистическим понятий «церкви», и поэтому собственно «софиологии» католическая традиция почти не знает. Иначе в Византии, где большое значение получило развитие образа С. как символа теократического принципа, и на Руси, куда христианство пришло под знаком С. (митрополит Илларион описывает крещение Руси как приход «премудрости божией», т. е. С.; Софии были посвящены построенные в 11 в. три главные русские церкви — в Киеве, Новгороде и Полоцке). На русской почве к 15—16 вв. складывается богатая иконография С. С. имеет облик ангела; её лик и руки — огненного цвета, за спиной — два крыла. Она одета в царское облачение (далматик, бармы), на голове — золотой венец. Ей предстоят (как Христу в иконографии «*Деисуса*») молящиеся дева Мария и Иоанн Креститель; над её головой виден по пояс благословляющий Христос (т. о., не тождественный с С., но являющий собой её «главу», примерно так, как он же есть, по новозаветному учению, «глава» церкви). Личный облик С. как в византийско-русской, так и в католической (например, у немецкого мистика 14 в. Г. Сузо) традиции постепенно сближается с образом девы *Марии* как просветлённой твари, в которой становится «софийным», облагораживается весь космос.

В христианской агиографической традиции имя «С.» носит также мученица, казнённая в Риме во 2 в. вместе со своими дочерьми Верой, Надеждой и Любовью (имена символичны — «Мудрость» как мать трёх «теологических добродетелей»).

СОФРОНИСТИР («вразумляющий»), в греческой мифологии камень, который бросила Афина в Геракла, когда тот в бешенстве намеревался убить Амфитриона; Геракл уснул. С. считался одной из фиванских достопримечательностей (Paus. IX II, 2—7) (ср. *Омфал*).
Г. Г.

СОШЕСТВИЕ ВО АД, в христианских преданиях посещение Иисусом Христом преисподней после смерти на кресте и погребения, знаменующее его торжество над смертью и силами сатаны.

В новозаветном каноне есть лишь отдельные указания на С. в. а. (1 Петр. 3, 18—20; ср. Матф. 12, 40; Деян. 2, 23—28; Рим. 10, 7; Ефес. 4, 8—10). Более подробно С. в. а. описывается в апокрифах. Так, «Евангелие от Никодима» содержит рассказ Карина и Левкия (двух воскресших сыновей Симеона Богоприимца), «очевидцев» чудес, совершённых Христом в аду. Согласно преданию, «облистанный» ярким сиянием («ее луч от источника света вечного») Христос, сокрушив «врата медные» и «вереи железные», появляется в преисподней, откуда он, повергнув сатану и поправ смерть, изводит ветхозаветных праведников. В раю эту процессию встречают архангел Михаил, Енох и Илия. У райских врат ожидает и «благоразумный разбойник» Рах со знамением креста, данным ему Иисусом в знак истинности своих слов: «ныне же будешь со мною в раю» (Лук. 23, 43).
О. Е. Нестерова.

СПАНДАРАМЕ́Т, С а н д а р а м е́ т («земля», «недра земли»), у армян мифологический персонаж — дух подземного мира, а также и сам подземный мир. Возможно, С. был наделён и функциями божества плодородия и растительности. Восходит к богине Спента Армайти, *Арматай*. В народных сказаниях, земля — постоялый двор бога С.
С. Б. А.

СПАНДАРМА́Т (среднеиран.), в иранской мифологии олицетворение возделанной земли и религиозного благочестия, прародительница жизни. Описывалась и, возможно, изображалась красивой рассудительной женщиной с мускусной розой в руке, поучающей царей. Восходит к дозороастрийской матери-земле, супруге бога неба (в «Авесте» — *Армайти*). Почитание С. — древней хтонической праматери продолжалось и в зороастрийскую эпоху (ср. особенно «Видевдат» 2, 10 и 18; 3, 35; 18, 51; «Гаты» 47, 3); сохранялась её связь с запретным в зороастризме обрядом ингумации (ср. «Гаты» 30, 7, где ей предписано обеспечить неистребимость праведной плоти; «Ясна» 16, 10, где она названа обиталищем праведников). Фрагмент «Видевдата» (3, 35), содержащий угрозу ввергнуть нечестивца во «тьму С.», возможно, указывает на практику человеческих жертвоприношений [ср. утверждение Геродота (VII 114) о том, что Ксеркс и его жена Аместрида приказывали закапывать людей заживо, чтобы угодить подземному божеству, об отправлении этого же ритуала Камбисом (III 35)]. Древний облик слабо персонифицированной земли С. сохраняла и в пехлевийской традиции: Зардушт (Заратуштра) узрел в мистическом трансе всю С., «покрытую растениями, и все их виды, и корень каждого в земле — С.» («Бахман-Яшт» 2, 8, 31 и 48); когда в апокалиптическом будущем восторжествует неправда и насилие, «земля-С. разверзнется и обнажатся самоцветы, золото, серебро, медь, олово и свинец» (2, 48). В скифской мифологии С. соответствует *Апи*, в митраизме — Мать-земля, в манихействе — Мать жизни. В армянской мифологии к С. восходит *Спандарамет*.
Л. Л.

СПА́РТЫ («посеянные»), в греческой мифологии богатыри, выросшие из земли, которую основатель Фив *Кадм* засеял зубами убитого им дракона. Появившись на свет в полном вооружении, С. сразу же стали сражаться друг с другом, пока их не осталось пятеро: Хтоний (земляной человек), Удей (подземный человек), Пелор (великан), Гиперион (сверхмощный), Эхион (человек-змея) (Paus. IX 5, 3; Apollod. III 4, 1). За последнего из них Кадм выдал свою дочь *Агаву*. К С. возводили своё происхождение знатнейшие фиванские роды.
В. Я.

СПЕНИ́ШТА (авест., «святейший»), в иранской мифологии (зороастризме) один из пяти видов природных огней. В отличие от солнца, «пылающего пред господом на небесах» (Берсизава), огня, одушевляющего животных и человека (Вохуфрйана), огня, пребывающего в дереве (Урвазишта), и молнии (Вазишта), С. — «видимое божество», зримый образ других огней («Ясна» 17, «Бундахишн» 17, 5—8, «Затспрам» 11, 8—10). Ср. также *Атар*.
Л. Л.

СПЕНТА-МАЙНЬЮ (авест., «дух святости»), в иранской мифологии одно из божеств *Амеша Спента*, дух-творец. С.-М. вдохновляет *Заратуштру*, в конце мировой истории он должен уничтожить «духа зла» *Ангро-Майнью* («Яшты XIII 3; XVIII 2). Согласно одной концепции образа, обычно считающейся более древней, С.-М. вместе со своим братом-близнецом Ангро-Майнью порождены *Ахурамаздой* и оба действуют как демиурги земного творения на уровне телесной осязаемой реальности «гетик», тогда как Ахурамазда пребывает в сфере чистой духовности «менок»; С.-М. создаёт благую часть мира, а его брат — плохую («Бундахишн» 1, 8 и др. источники). Согласно «Яшту» (VIII 48), все творения С.-М. — «Те, что живут под землёй, на земле, в воде, летают, рыщут по равнинам, все те, что населяют безграничный и бесконечный мир С.-М.». Вместе с Огнём С.-М. наблюдает за исполнением решений и приговоров, вынесенных Ахурамаздой («Ясна Семи глав», 36, 1).

По второй концепции образа, С.-М.— ипостась, творческий аспект Ахурамазды.

Образ С.-М. рано привлёк внимание греческих философов. Уже в схолии (Гермодора?) к диалогу Платона «Алкивиад» (I 122а) содержится соответствие понятию С.-М., в конце 4 в. до н. э. Гекатею Абдерскому была известна авестийская мифологема о С.-М. как источнике вдохновения Заратуштры. Типологически и функционально С.-М. близок ветхозаветному *духу святому*, что издавна побуждало специалистов (Ш. Арле, Ж. Дармстетер и др.) к гипотезам об исторической взаимозависимости обоих образов.
Л. Л.

СПЕНТОДА́ТА [авест. «созданный (дарованный) благочестием», т. е. богиней *Армайти*, землёй, следовательно, сын земли], в иранской мифологии один из наиболее древних персонажей. Упомянут уже в «Фарвардин-яште» (103). Поздние формы имени — Спентадат, Испандат, Спанддат, Исфендиад и *Исфандияр*. Иногда включается в династию *Кейянидов*. В среднеиранских текстах братья С.— Виштасп-*Виштаспа* и Зариварай-*Зарер*. В силу своего происхождения С. неуязвим для обычного оружия. Постоянный эпитет «бронзовотелый», видимо, унаследован С. из общеиндоевропейского мифа о герое, родившемся в доспехах или повитом в броню сразу после рождения (ср., например, индийский *Карна*). Как большинство подобных героев, С. мог быть убит только заколдованным оружием («говорённой стрелой») по наущению злых сил. В «Яште» (V 116—118) сам С. не назван, но действуют убитые им в «Шахнаме» Арджадаспа и Вандарманиш. В позднем пехлевийском сочинении 9 в. «Шиканд Гуманик Вачар» (10, 67) сказано, что С. и Зариварай «вере покорились как ярму» и были зачинщиками кровопролитных усобиц. Имя С., судя по сообщениям элефантинских папирусов 5 в. до н. э. и Ктесия (2-я половина 5 в.— 1-я половина 4 в. до н. э.), употреблялось в ахеменидской ономастике применительно к реальным лицам. «Бундахишн» (34, 7—8) называет сыном С. царя из династии Ахеменидов Артаксеркса I Долгорукого.
Л. Л.

СПЕРХИЙ, в греческой мифологии бог одноимённой реки в Фессалии. С.— сын Океана и Тефиды (Hes. Theog. 376 след.). Этимология имени С. указывает на быстроту («стремительный», «быстрый»), характерный признак водного потока. С.— древнее стихийное божество, генеалогически, однако, связанное уже с героической мифологией. С.— зять Пелея, отец Менесфия, участника Троянской войны (Hom Il. XVI 173—176). Ахилл обещал посвятить С. свои волосы, если вернётся невредимым на родину (но принёс их в жертву у погребального костра Патрокла, XXIII 141—151).
А. Т.-Г.

СПОРЫ́Ш (рус.), С п а р ы́ ш (белорус.), в восточнославянской мифологии воплощение плодородия. С. представляли в виде белого кудрявого человека, который ходит по полю (иногда вместе с богом и Раем). Первоначально наименованием С. обозначали двойное зерно или двойной колос, который в восточно- и южнославянской традициях рассматривался как близнечный символ плодородия, называемый «царь-колос». При отправлении архаичных аграрных обрядов из двойных колосьев — С. плели венки, варили общее («братское») пиво, откусывали эти колосья зубами. В Псковской области из сдвоенных колосьев изготовлялась особая кукла — спорынья. Из них сплеталась и пожинальная «борода», посвящавшаяся святым, культ которых продолжал общеславянский культ близнецов — покровителей сельского хозяйства: Флору и Лавру, Козьме и Демьяну, Зосиме и Савве. С. может считаться продолжением общеславянского мифологического близнечного божества, родственного балтийскому *Юмису*, древнеиндийским *Ашвинам*.
В. И., В. Т.

СПРИГГА́НЫ, в низшей английской мифологии (Корнуолл) разновидность эльфов, которым традиция приписывает связь с мегалитическими сооружениями (менгирами и дольменами). Считалось, что они охраняют зарытые сокровища, подчиняют своей воле ветры. Обычно небольшого роста, они вырастали до гигантских размеров и наводили ужас на людей.
С. Ш.

СРАО́ША (авест.), С р о ш (среднеиран.), в иранской мифологии дух религиозного послушания и порядка. Ему посвящены «Срош-яшт» и 57-я глава «Ясны». Предположительно, С. заместил одного из более древних богов (напр., *Арьямана*, *Митру*). В «Яште» (XVII 16) С. сын *Ахурамазды* и *Армайти*, брат *Аши*, *Рашну*, Митры. Антагонист С.— *Айшма*. С., испытав истинность убеждений *Заратуштры*, благословляет пророка («Гаты» 43, 12 и 15). С.— благовестник, посланец Ахурамазды, его священная птица — петух («Видевдат», 18). С. призван отвращать заблуждения и ложные помыслы верующих, стеречь их от происков нечистой силы, «как овчарка», чинить по ночам расправу злым духам. Для этого он вооружён булавой, копьём, боевым топором. С. предстоит возвестить тайны откровения трём грядущим спасителям человечества (*саошьянтам*), будущим сыновьям Заратуштры. Смертным С. является в телесном облике, он воздвиг особый дом — убежище для бедняков («Ясна» 57, 2). Видимо, в позднюю (эллинистическую?) эпоху получил распространение миф о С. и Рашну как сподвижниках Митры, выступающих вместе с ним судьями над душами умерших на мосту *Чинват*. В поздних зороастрийских текстах С. за мзду печёных хлебцев препровождает на тот свет души умерших (в «Гатах» 46, 10 и 11 это делает Заратуштра). Согласно «Бундахишну» (34, 23), С. выступает против дракона *Ажи-Дахаки* в решающем поединке.
Л. Л.

СТА́РКАД, в скандинавской мифологии и эпосе герой, могучий воин-викинг, с именем которого связано множество подвигов, совершённых в Дании и Швеции. В «Деяниях датчан» Саксона Грамматика С. называется сыном Сторверка («человек великого деяния»; в рус. пер. «Сила Подвигович») и изображается как уродливый клыкастый человек гигантского роста. У него было шесть рук, враг великанов *Тор* сделал его двуруким, отрубив ему остальные. С., дабы завоевать расположение *Одина*, умертвил по его повелению своего вождя, норвежского короля Викара, удавив его и поразив мечом. По одной версии, С. намеревался совершить лишь символическое жертвоприношение, надев Викару на шею петлю и прикоснувшись к его телу стеблем камыша, но петля впилась в горло, а камыш превратился в копьё и умертвил короля (ср. превращение омелы в копьё в мифе об убийстве *Бальдра*). Заклание Викара представляет собой воспроизведение жертвоприношения Одина (см. в ст. *Один*).

Один покровительствует С. В ночь накануне жертвоприношения С., разбуженный своим воспитателем, прибывает вместе с ним на остров, где на лесной поляне видит 11 человек, восседающих на престолах; 12-й престол занимает воспитатель С., и присутствовавшие (видимо, боги) приветствуют его как Одина. Один предопределяет судьбу С. Он дарует С. три жизни, великолепное оружие и сокровища, сообщает ему дар поэзии, обещает уважение знати (в благодарность за это С. и производит культовое жертвоприношение Викара). Тор, противник С., предрекает, что он совершит злодеяние в каждую из трёх дарованных ему жизней, никогда не приобретёт земли и не будет удовлетворён тем, чем владеет, не запомнит ничего из сочинённого им и испытает ненависть простонародья.

Когда С. состарился и почти ослеп, он, чтобы не умереть в постели, но погибнуть от меча (ибо только при этом условии можно было получить доступ в *вальхаллу* к Одину), соблазняет убийцу кошелём с золотом и, наконец, погибает от руки Хатера (Хёда?), отца которого умертвил. По др. варианту, С. пал в битве против Хельги. В более поздних версиях сказаний (напр., в «Пряди о Норнагесте», «Пряди о Торстейне»), он приобретает гротескно-сатирические черты. В битве с *Сигурдом* С. обращается в бегство, а догоняющий его Сигурд выбивает ему рукоятью меча клыки; в аду Сигурд мужественнее всех переносит адские муки, С. же, у которого из огня торчат лишь ступни, кричит громче всех.

А. Я. Гуревич.

СТАРУ́ХА ИЗ БЭ́РА, персонаж ирландской и шотландской низшей мифологии, фольклора и литературы. Называлась так потому, что воспитала 50 приёмных детей на острове Бэра у западного побережья Ирландии. Имеет дар возрождающейся молодости и огромное количество возлюбленных. По преданию, смогла постареть только после того, как сто лет носила монашеское покрывало, данное ей Куммине из Клонферта. Существует множество легенд о её необыкновенной мудрости и могуществе. Ей приписывались разные природные явления Ирландии и Шотландии (напр., Гебридские острова возникли из выпавших из её фартука камней). Известна с 10 в. из посвящённой ей ирландской поэмы. Считалось, что её также звали Дирри или Дигди.

С. Ш.

СТА́ФИА, Стихие, в верованиях восточнороманских народов привидение. По происхождению С.— тень человека (животного, птицы) или мерка с нее, снятая (колдуном и т. п.) с помощью тростника, замурованные в стену при строительстве. Лишённое тени существо погибает и становится С. С. представляют в виде уродливой великанши с распущенными волосами, железными грудями, которая может принять облик собаки, кошки, овцы, быка, козла, свиньи, коня, лисы. Она появляется ночью у того места, где была заточена тень. Причиняет зло: мучает, душит во сне (ср. *Мара*), пожирает людей; но также сохраняет дом, стережёт клады. Чтобы умилостивить С. хозяин приносит ей подношения (вино, воду, молоко, хлеб, мамалыгу, мясо). Аналогичный комплекс представлений, связанных с мифологемой строительной жертвы (замурованной в стену), известен и другим балканским народам: у болгар — таласм, у сербов — таласон (из греч. телесма, «жертва, оброк»), у греков — пергалил, которые могут выступать и в виде домашней змеи — другой ипостаси духа — покровителя дома.

Г. И. Кабакова.

СТЕ́НТОР, в греческой мифологии (в «Илиаде») греческий воин, способный кричать столь же громко, как кричат одновременно 50 человек (Hom. Il. V 785—786).

В. Я.

СТЕРО́ПА, Астеропа («вспышка», «молния»), в греческой мифологии: 1) дочь титана Атланта, одна из *плеяд*; 2) дочь аркадского царя Кефея, получившая от Геракла локон Горгоны, обладавший свойством отпугивать врагов; 3) супруга Ахелоя, мать *сирен* (Apollod. I 7, 10).

Г. Г.

СТИКС («ненавистная»), в греческой мифологии божество одноимённой реки в царстве мёртвых. С.— одна из старших дочерей Океана и Тефиды (Hes. Theog. 361), по другой версии, она — дочь Ночи и Эреба (Hyg. Fab. Praef. 1). Во время раздоров богов по приказу Зевса произносятся клятвы над водой С., принесённой Иридой. Бог, нарушивший клятву, год лежит бездыханным, девять лет живёт вдали от Олимпа и только на десятый год возвращается в сонм олимпийцев. Клятва водой С.— самая страшная (Hes. Theog. 775—806). От брака с Паллантом С. родила Зависть (Ревность, Рвение), Нике (Победа), Силу (Власть) и Мощь. Дети С. особенно дороги Зевсу, так как они всегда ему сопутствуют. Во время титаномахии С. поспешила стать на сторону Зевса и сохранила свой исконный почёт и удел, получила от него щедрые дары, а имя её стало великой клятвой (382—403). Существует миф о том, что Персефона — дочь Зевса и С. (Apollod. I 3, 1). С. фигурирует в числе других нимф и богинь, игравших с Персефоной на лугу, когда её похитил Аид (Hymn. Hom. V 424). В образе С.— попытка объединения олимпийскую мифологию с доолимпийским хтонизмом, осмысленным в качественно новых функциях (помощь С. Зевсу).

А. Т.-Г.

СТИ́ЛЬБА («блеск»), в греческой мифологии: 1) дочь речного бога Пенея и нимфы Креусы, родившая от Аполлона лапифа и кентавра (Schol. Hom Il. I 266); 2) дочь Эосфора, родившая от Гермеса Автолика, от Кефея — Каллисто (Schol. Hom. Il. X 266).

Г. Г.

СТОРУ́КИЕ, гекатонхе́йры, в греческой мифологии чудовища, порождённые Геей и Ураном (Котт, Бриарей и Гиес). У каждого из них — пятьдесят голов и сотня рук (Hes. Theog. 147—153). Бриарей именуется людьми Эгеон (Hom. Il. I 403). Уран, ненавидящий своих ужасных потомков, отправлял их в недра земли (Hes. Theog. 154—158, 617—620). Благодаря С., выведенным Зевсом по совету Геи на землю (626—628), он одержал победу над титанами (666—673). После низвержения титанов в тартар их там охраняют С. (729—735). Призванные дружественной Зевсу Фетидой, С. вновь помогли Зевсу, когда против него задумали восстать Гера, Посейдон и Афина. Боги пришли в ужас от одного вида С. и отступились от Зевса (Hom. Il. I 396—406). С.— пример объединения олимпийской мощи Зевса и древних стихийных сил (ср. роль Геи или Фетиды в мифах о Зевсе).

А. Т.-Г.

СТРА́ШНЫЙ СУД, в христианской эсхатологии предстоящий в «конце времён» суд вторично пришедшего *Иисуса Христа* над всеми когда-либо жившими людьми, воскресающими во плоти для этого суда и получающими по приговору судьи сообразно со своими делами вечное блаженство в раю или вечное наказание в аду. Уже в египетской мифологии известен мотив взвешивания на весах во время загробного суда добрых и злых дел каждого человека перед лицом *Осириса* (ср. в западноевропейской иконографии С. с. архангела *Михаила*, держащего весы). В ветхозаветной традиции получила развитие идея «дня Яхве» — полного и окончательного торжества Яхве над своими врагами на земле (ср. Ис. 13, 2—9; Иезек. 30, 3 и др.). По мере усиления эсхатологических интересов (отразившихся, например, в ветхозаветной «Книге Даниила», 2 в. до н. э.) и распространения веры в воскресение мёртвых «день Яхве» всё более отчётливо понимается как С. с. В новозаветных текстах неоднократно описывается, чаще всего в аллегорической форме, конечное отделение злых людей от добрых («козлов» от «овец», «плевелов» от «пшеницы», Матф. 13, 30; 25, 32—33 и др.). Упоминается эсхатологическое явление «сына человеческого, грядущего на облаках небесных с силою и славою великою», под громогласные звуки ангельской трубы (Матф. 24, 30—31; «труба» — несомненно, шофар, т. е. музыкальный инструмент из бараньего рога. В присутствии всех ангелов судья воссядет на престоле, перед которым соберутся «все народы» (Матф. 25, 31—32), и свершится суд: оправданные станут по правую руку от судьи (счастливая сторона), осуждённые — по левую (Матф. 25, 34—46). Эти образы были систематизированы и приведены в связную, наглядную картину раннехристианскими и средневековыми писателями, среди которых особую роль сыграл Ефрем Сирин (4 в.): земля и море, звери, птицы, рыбы и гроба отдают назад поглощённые ими тела мертвецов; человек, очнувшийся от смертного сна, со страхом видит грозную славу Христа и ждёт своего приговора; раскрываются книги, символизирующие полноту знания бога обо всём содеянном и выстраданном людьми (этот мотив есть уже в «Книге Даниила», 7, 10; по некоторым апокрифическим версиям, эту всеобъемлющую мировую хронику ведёт вознесённый на небеса *Енох*); праведники, приветствуемые ангелами, шествуют в рай, между тем как грешники насильно увлекаемы глумливыми бесами в ад. Фоном С. с. служит космическая катастрофа, знаменующая конец мира: солнце и луна меркнут, звёзды спадают с неба, само небо свёртывается, как свиток (Матф. 24, 29 и Апок. 6, 12—14), от престола судьи льётся огненная река (Дан. 7, 10).

С. С. Аверинцев.

СТРЕЛО́К-СО́ЛНЦЕ и два хозяина стихий (Воды и Земли), персонажи реконструированного архаического корейского солярного мифа. Сохранились только отрывочные формы этого мифа в государственных и аграрных ритуалах, связанных с изгнанием врага (например, в Силла, 7—10 вв.), в буддийских преданиях о наставниках Вольмёне и Вольгване, правителе Пичо-ване, лучнике *Котхаджи*, записанных в «Самгук юса», в средневековой повести о Хон Гильдоне. Персонажи мифа и их олицетворения — Стрелок (Солнце), Лис (Земля или Гора) и Змей или Дракон (Вода). Каждый из них занимает своё место в пространстве: С.-С. — юг и восток, Лис и Змей — север и запад. В мифе реконструируются две ситуации. Если агрессором выступает Змей, вторгающийся в северные пределы Лиса, появляется С.-С. и убивает Змея, а Лис за это женит С.-С. на своей дочери. Если же Лис нападает на Змея, Змей обращается за помощью к С.-С., и тот убивает Лиса и женится на дочери Змея. Хозяева стихий имеют облик животных, стары и многодетны. Каждый из них женит на своей дочери С.-С., который молод и холост, С.-С., приходя на помощь одному из хозяев стихий, как бы приводит в гармонию мир. Этот миф, видимо, менее существен для древней и средневековой культуры Кореи, чем миф о *Женщине-Солнце* и её родителях. Аналоги этого мифа встречаются в китайской, японской и некоторых др. культурах Дальнего Востока.

Л. Р. Концевич.

СТРЕФИ́Л, в русских духовных стихах о Голубиной книге — «всем птицам мать». Происходит от греческого слова, обозначающего страуса. Живёт среди моря-окиана, подобно *алконосту*. Поутру, после того, как С. «вострепещется», по всей земле начинают петь петухи.

СТРИБО́Г (др.-рус. Стрибогъ), в восточнославянской мифологии божество древнерусского пантеона, кумир которого был установлен в Киеве в 980. В «Слове о полку Игореве» ветры названы Стрибожьими внуками, которые стрелами веют с моря, что, видимо, указывает на атмосферные функции С. В древнерусских текстах имя С. постоянно сочетается с именем *Дажьбога*, что даёт основание противопоставлять или сближать их функции и значение (дать — распространить долю, благо). *В. И., В. Т.*

СТРИ́ГИ, с т р и́ н г и, в римской мифологии ведьмы, крылатые существа, происходившие от *гарпий* и принимавшие облик сипух, чтобы ночью нападать на младенцев. По одному из вариантов, С. — кровопийцы (Ovid. Fast. VI 138); по другому, они похищают детей, взамен оставляя соломенное чучело (Петроний, Сатирикон 63). Оберегом от С. служит белый терновник (Ovid. Fast. VI 165). *Г. Г.*

СТРО́ФИЙ, в греческой мифологии царь Крисы в Фокиде, женатый на Анаксибии, сестре *Агамемнона*. В доме С. воспитывался вместе с его сыном *Пиладом* сын Агамемнона *Орест*, спрятанный здесь от *Эгисфа* (Aeschyl. Agam. 877—885; Apollod. epit. VI 24). *В. Я.*

СУ АНАСЫ («мать воды»), у казанских, западносибирских татар, татар-мишарей, кумыков (с у в а н а с ы), карачаевцев (с у у а н а с ы) дух воды. У татар С. а. — разновидность духов *су иясе* (су иясе — нередко также другое название С. а.) представлялась в человеческом облике. У С. а. есть муж, су бабасы («водяной дед»), и дети (сыновья иногда тоже называются су иясе). Она моет своих детей, выходя в полночь на мостик над водой. Людям С. а. показывается на берегу реки, расчёсывая, подобно *албасты*, волосы гребнем. Считалось, что С. а. может наслать засуху, болезнь, утопить человека. У тобольских татар С. а. (соу короткоях) считалась главой соу-пяре, злых духов, затаскивающих людей в воду. Представлялась её в образе старухи с длинными седыми распущенными волосами, обычными атрибутами считались золотые вёдра или золотая гребёнка. *В. Н. Басилов.*

СУБХАДЕ́ВА, ш у б х а д е́ в а («блаженные божества»), в буддийской мифологии разряд божеств класса *рупавачара*, обитающий на третьем уровне *Рупадхату*. Разделяются на паритасуха («обладатели ограниченного блаженства»), аппаманасубха («обладатели безмерного блаженства») и субхакинха («целокуженные»). Продолжительность жизни переродившихся среди С., соответственно, 16, 32 и 64 *кальпы*. В период разрушения мира (самвартакальпа) уровень субхакинха есть предел, выше которого не поднимается вода. *О. Ф. Волкова.*

СУБХУ́ТИ, в буддийской мифологии ученик *Шакьямуни*. В основе образа С., по-видимому, реальное историческое лицо. С. упоминается в текстах всех основных направлений буддизма, но в «Типитаке» он занимает второстепенное место по сравнению с такими учениками Шакьямуни, как *Ананда, Шарипутра* и *Маудгальяяна*. Тем не менее уже там его считают первым среди «живущих в уединении» (отшельников-аскетов). В махаяне С. — один из главных учеников Шакьямуни, притом — самый способный. Нередко он объясняет другим ученикам сложные проблемы вероучения. В «Саддхармапундарика-сутре» С. обращается к Шакьямуни с жалобой на то, что он не может достичь наивысшей *бодхи*, а Шакьямуни успокаивает его, говоря, что в будущем С. станет *буддой* под именем Шашикету.

Л. М.

СУД, У с у́ д (рус. Суд, сербо-хорв. Усуд, родственно рус. «суд», «судьба»), в славянской мифологии существо, управляющее судьбой. В сербской сказке Усуд посылает Сречу или Несречу — воплощения судьбы-доли (см. в статье *Доля*). В дни, когда Усуд рассыпает в своём дворце золото, рождаются те, кому суждено быть богатыми; когда Усуд рассыпает в хижине черепки — рождаются бедняки. С С. связаны также персонифицированные воплощения судьбы — суденицы (суда женского рода: сербохорв. cojеница, cyjеница; чеш. sudice; рус. «судинушка» (главным образом в плачах). Лежащая в основе имени С. мифопоэтическая формула отражена также в общеславянских именах типа *sъ-dě-slavъ (др.-рус. Суди-славъ, чеш. Sudi-slav, польск. Sędzi-sław, сербохорв. Здеслав и т. п.), воспроизводящих ещё более ранний индоевропейский источник (обрядовая формула со значением «добывать славу» — «делать знаменитым», ср. общеиндоевропейскую формулу «присуждения славы»: др.-инд. śravah dhā-, «получать славу», и т. п.). Наличие такого источника для славянского С. доказывается также родственной хеттской глагольной формулой šān dai-, «проявлять благоволение (по отношению к богам)» и т. п. К тому же корню восходит имя греческой *Фемиды*, поэтому персонифицированное воплощение С. можно считать архаизмом славянской мифологической предправовой традиции, воспроизводящей существенные черты общеиндоевропейской.

В. В. Иванов, В. Н. Топоров.

СУ́ДЕНИЦЫ, у славян мифические существа женского пола, определяющие судьбу человека при его рождении. С. ходят вместе как три сестры, младшей из которых лет 20, а старшей — 30—35. Они бессмертны и приходят издалека, обычно в полночь на третий (реже — на первый или седьмой) день после рождения ребёнка в его дом, чтобы «судить» или «наречь» ему жизненную судьбу. Согласно болгарской традиции, этот «суд» происходит так, что сначала нарекает судьбу младшая из С., затем средняя и, наконец, старшая и её слово оказывается самым вещим и определяющим. В сербской же традиции считалось, что старшая обычно предлагала новорождённому смерть, средняя — физические недостатки, а младшая, по желанию которой обычно и сбывалась судьба, оказывалась самой милостивой и говорила, сколько жить ребёнку, когда ему идти к венцу, с чем столкнуться в жизни и каким счастьем обладать. Установленная судьба оказывалась неумолимой. Верили, что эту судьбу С. писали младенцу на лбу (ср. рус.: «Так ему на роду написано»). По представлениям чехов, С. приходят в белых одеждах со свечами. У восточных славян образ С. сохранился бледно, почти исключительно в быличках и народных новеллах. У греков С. соответствуют мойры — пожилые женщины, одетые во всё чёрное, посещающие новорождённого на третью, а иногда и на пятую ночь (в древнегреческой мифологии такие существа определяют судьбу ребёнка до его рождения). Существа, подобные С., были известны римлянам (парки), балтийским (Декла, Карта, Лайма), германским (норны), кавказским и др. народам. *Н. И. Толстой.*

СУДИКА-МБА́МБИ, в фольклоре мбунду эпический герой архаического типа, в характеристике которого значительна роль мифологических элементов. С.-М. заговорил, как только родился: он велел матери посадить килембе — дерево его жизни. Ребёнком он совершает подвиги. С.-М. обладает сверхъестественными способностями: он укрепил один кол — и сразу был построен дом его родителям, он связал охапку травы — остальная трава сама собралась в связки; начав делать крышу, он положил одну связку травы — и вся крыша составилась сама. Один из основных подвигов С.-М. — добывание невесты: он женится на дочери *Калунга*, владыки нижнего мира, после того как выполняет брачное условие (убивает многоголовое чудовище Киниока, похитившее невесту, и с помощью своего младшего брата уничтожает чудовище-крокодила, захватившего скот Калунга). В раскатах грома слышны голоса С.-М. и его младшего брата; поссорившись, они скрестили мечи, но не сумев одолеть друг друга, разошлись в разные стороны.   *Е. К.*

СУ ИЯСЕ́, у казанских и западносибирских татар, казахов (с у и е с и́), башкир (х ы у́ э й я х е́) антропоморфные духи — хозяева воды, разновидность духов *зе*. У казанских и западносибирских татар различались С. и. — мужчины (су бабасы), женщины (су анасы). Однако нередко С. и. понималось как другое название су анасы или су бабасы.
Согласно представлениям башкир, С. и. семьями живут в воде, они очень богаты. Вход в их чертоги находится на дне водоёма, под камнем. Они не причиняют людям вреда.   *В. Б.*

СУЙЖЭНЬ («человек, добывший огонь трением»), в древнекитайской мифологии изобретатель огня. Имя его происходит от корня «суй», означающего деревянное орудие добывания огня трением. Хотя в древних памятниках добывание огня приписывается *Хуан-ди* и *Фуси*, это деяние в последующей традиции закрепляется за С. В философском трактате «Хань Фэй-цзы» (3 в. до н. э.) говорится о том, что в глубокой древности люди болели от сырой пищи и тогда появился святой мудрец, который добыл огонь трением (суй), народ обрадовался этому и поставил его править Поднебесной, дав ему прозвание Суйжэнь-ши (букв. «род Суй-жэня»). У Сыма Чжяня (8 в. н. э.) С. — непосредственный предшественник первопредка Фуси. В некоторых памятниках С. включается в число *Сань хуан*. В средневековой традиции есть упоминание и о четырёх помощниках С.: Минъю («понимающий причины»), Бию («непременно обучающий»), Чэнбо («установившийся в обширных знаниях») и Юньцю («низвергнутый холм»), или Юньли («низвергнутый и стоящий»). В отличие от С., который будто бы спустился с неба, его помощники считаются вышедшими из-под земли (Тао Юаньмин, 4 в. н. э., «Шэн сянь цюнь фу лу» — «О сонме совершенномудрых и мудрых»). В «Ши и цзи» («Записях о забытых событиях») Ван Цзя (4 в. н. э.) говорится о некой стране Суймин, где растёт огромное дерево суй («огненное»?), ветви которого раскинулись на десять тысяч цинов. Птица (сова, скопа?) своим клювом долбит дерево, и из него исходит огонь. Это и навело С. на мысль взять маленькую веточку и, буравя дерево, добыть огонь, после чего люди стали питаться варёной пищей и перестали мучиться животом.   *Б. Л. Рифтин.*

СУКУНАБИКО́НА, С у к у́ н а б и к о́ н а - н о   к а́ м и (др.-япон. «бог, обладающий маленьким именем», или «маленький муж», или «молодой человек»), в японской мифологии бог, по генеалогии «Кодзики» его мать — *Камимусуби*, в «Нихонсёки» мать не упоминается, а отец *Такамимусуби*. В том и другом случае он является прямым потомком самых древних богов Мусуби — «божеств брака, рождения, земледелия». С. в крошечной лодочке из стручка растения кагамио (или кагами) на гребне волны прибыл в провинцию Тоса, одетый в птичье оперение. С. помогал *О-кунинуси* в устройстве страны. Миф, зафиксированный только в «Нихонсёки», повествует о его исчезновении. С. взобрался на вершину просяного колоса, и упругий стебель забросил его в «дальнюю страну», в потусторонний мир, в страну смерти.   *Е. С.-Г.*

СУКХАВА́ТИ («счастливая страна»), в буддийской мифологии страна, т. н. «поле будды» *Амитабхи*, которая находится на чрезвычайно дальнем расстоянии от нашего мира (между С. и нашим миром — целые мириады миров). Описание С. приводится в «Сукхативьюхасутре» (2—3 вв. н. э.). В С. сансара проявляется только в двух аспектах — в образе людей и богов (и между ними нет коренных различий), *нарака*, *преты*, *асуры* и животные в С. отсутствуют. Почва и вода в С. благородны, все постройки выполнены из золота, серебра, кораллов и драгоценных камней. Все обитатели С. рождаются из лотоса; они *бодхисаттвы* высшего уровня, которые там же достигают *нирваны*. Они живут «неизмеримо долго» и наслаждаются беспредельным счастьем. С. была сотворена умственным усилием Амитабхи, чтобы ускорить путь существ в нирвану (по легенде Амитабха, когда он ещё был бодхисатвой по имени Дхармакара, дал обет создать такой мир после достижения им состояния будды).   *Л. М.*

СУЛАЙМА́Н, в мусульманской мифологии сын *Дауда*. Соответствует библейскому *Соломону*. В Коране говорится, что мудрый С. участвовал в разрешении сложных споров вместе со своим отцом и иногда превосходил его в мудрости (21:78—79). Наследовав Дауду, С. стал великим правителем, обладавшим множеством сверхъестественных способностей. Ему подчинялся могучий ветер (21:81; 38:35) и был понятен язык птиц (27:17). Однажды С. изменил путь войска, чтобы не раздавить муравьёв, разговор которых он услышал и понял (27:18—19). По приказу аллаха С. служили джинны (34:11), которые ныряли для него за жемчугом, строили здания и водохранилища, делали скульптуры, изготовляли чаши и котлы (21:82; 38:36; 34:12). Подчинялись С. и птицы; одна из них — ухлуд (удод) принесла ему известие о царице Билкис (см. *Билкис*) и носила ей его письма к ней с увещеваниями покориться аллаху (27:20—45). Когда С. умер, этого поначалу никто не заметил, так как он стоял, опираясь на посох. Только когда червь проел посох, тело С. упало на землю (34:13).

С. — один из наиболее популярных персонажей мусульманских преданий. Большое место занимает мотив перстня С., дававшего ему власть и силу. С помощью этого перстня вазир Сулаймана перенёс трон Билкис из Йемена в Иерусалим. Развивая коранический мотив утраты С. своего трона в наказание за какие-то проступки (38:33—34, 39), предание повествует о том, что однажды перстнем С. завладел *шайтан* Сахр, ставший благодаря этому на сорок дней царём вместо С. Потом Сахр потерял перстень в море, а С. нашёл его в чреве рыбы и вернул себе власть. Это временное низложение С. мотивируется склонностью его супруги к язычеству. Перстень С. с печатью, имевшей форму шестиконечной звезды, считался у мусульман сильнейшим талисманом.

Известны также мотивы волшебного ковра, волшебного зеркала, драгоценного стола С. Согласно преданию, С. наказывал непокорных джиннов, заточая их, в частности, в запечатанные сосуды. Популярны сюжеты, связанные со строительной деятельностью джиннов. С. приписывается множество древних построек в Сирии и Палестине, в частности основание Пальмиры. Эфиопское предание возводит к С. и Билкис династию эфиопских царей.

М. Б. Пиотровский.

СУЛТИ́-ТУРА́, Т у р а́ - т а л а́, в мифологии чувашей высшее божество. Термин «тура», возможно, восходит к *тенгри*. С.-т. — небесный бог-творец; он подаёт дождь на поля, дарует урожаи людям. Считалось, что при нём находились боги — создатели душ (Чун суратакан тура), детей (Ывалхер суратакан тура), домашних животных (Выльахчерлех суратакан тура), жилищ (Сурт суратакан тура), богатств (Мул суратакан тура), пчёл (Хурт суратакан тура), цветов (Чечек суратакан тура), производитель хлебов (Тырпул суратакан тура), ниспосылающий силу и крепость (Хурас антаракан) и др., а также божества-служители. С С.-т. часто отождествлялось божество судьбы Султи-кепе. *В. Б.*

СУ́ЛЬДЕ («дух», «жизненная сила»), в мифах монгольских народов одна из душ человека, с которой связана его жизненная и духовная сила. С. правителя является духом — хранителем народа; его материальное воплощение — знамя правителя, которое само по себе становится объектом культа, оберегается подданными правителя. Во время войн для поднятия ратного духа армии С.-знамёнам приносились кровавые, иногда человеческие жертвы. Особо почитались С.-знамёна Чингисхана (Хара С. и Цаган С. — чёрное и белое знамёна) и некоторых других ханов. Персонаж шаманского пантеона монголов С.-тенгри, покровитель людей, по-видимому, связан генетически с С. Чингисхана. *Н. Ж.*

СУМЕ́РУ, Су́мбер-ул («гора Сумеру»), А́лтан Су́мбер-ул («золотая гора Сумеру»), Сэ́мбэр, в мифах монгольских народов мировая гора. Образ генетически связан с буддийской мифологией (санскр. Меру, Сумеру). Согласно ламаистской космогонии, С. (которую называют «царём гор») возникла первой в процессе космогенеза из «верхних волн» первозданного мирового океана (Великого внешнего моря) и должна последней разрушиться при конце света. У С., именуемой «великолепной», «величественной», восточная сторона из серебра, южная — из лазурита, западная — из яхонта, северная — из золота. С. возвышается над уровнем моря на столько же, на сколько уходит под воду. Окружена восемью малыми и четырьмя большими континентами (ср. *двипа*); собственно миром людей является южный — *Джамбудвипа*. С. ассоциируется с мировым столбом; иногда представляется в виде четырёхсторонней пирамиды (с 3, 4, 7 ступенями). В калмыцкой версии космогонического мифа во время первотворения С. используется как мутовка при пахтании мирового океана для добывания из него светил. Совмещение вершины С. с Полярной звездой (*Алтан гадас*) вызывает сдвиг горы к северу (соответствует буддийской космографии, согласно которой мир людей расположен к югу от Меру). Как изначальный и центральный космический объект С. часто фигурирует в монгольском героическом эпосе, прежде всего — в зачинах сказаний.   *С. Н. Неклюдов.*

СУМИЕ́СИ, Сумиёси-но ками, Суминоэ-но ками, в японской мифологии тройственное божество, которое составили боги мореплавания: Сокоцуцу-но о («муж — дух дна»), Накацуцу-но о («муж — дух середины») и Увацуцу-но о («муж — дух поверхности»). Согласно «Кодзики» и «Нихонги», они последовательно появились при ритуальном омовении Идзанаки после его возвращения из *Ёми-но куни*. Впоследствии С. вселился в императрицу Дзингу и повелел ей идти войной против корейских княжеств Сираги и Кудара. «Мягкая душа» в облике яшмового ожерелья охраняла жизнь императрицы на судне, «грубая душа» в виде копья вела за собой военный флот. По-видимому, под влиянием мифа о походе Дзингу С. контаминировался с богом войны и стал именоваться также Сангун даймёдзин («великое светлое божество трёх армий»). Возможно, некогда С. поклонялись приморские племена о. Кюсю, совершавшие в 8—9 вв. набеги на побережье Кореи и Китая. Позднее С. почитался и как один из богов традиционной поэзии пятистиший.   *Л. Е.*

СУММА́Н, в римской мифологии древний бог ночных молний. Хотя в историческое время существовал его храм, сам С. был практически забыт, и его функции перешли к *Юпитеру*.   *Е. Ш.*

СУМУ́КАН, Ша́ккан, шумеро-аккадское божество, покровитель и защитник диких зверей и скота, «царь гор». Получает власть от бога *Энки* (шумерский миф «Энки и Шумер»). С С. (который представлялся нагим или одетым в шкуру) сравнивается внешний вид героя *Энкиду*. В своём предсмертном сне Энкиду встречается с С. в преисподней (аккадский эпос о *Гильгамеше*). В преисподней же встречает С. Гильгамеш (шумерский текст «Смерть Гильгамеша»).   *В. А.*

СУ́НДА И УПАСУ́НДА, в индуистской мифологии братья-асуры, известные привязанностью друг к другу. Своим подвижничеством братья снискали милость *Брахмы*, и тот дал им власть над тремя мирами, обещав, что им некого будет в них бояться, кроме как самих себя. Они во зло употребили дар Брахмы: изгнали с неба богов, преследовали *гандхарвов* и *нагов*, убивали брахманов. Тогда Брахма повелел *Вишвакарману* создать прекрасную апсару Тилоттаму и послал её к братьям. Когда братья увидели Тилоттаму, ими овладела безудержная страсть к ней. Они вступили из-за неё в яростный спор, который перешёл в поединок, закончившийся тем, что они убили друг друга палицами (Мбх. I 201—204). Этот миф был дублирован в пуранической легенде о братьях-асурах Сумбхе (или Шумбхе) и Нисумбхе (или Нишумбхе). Но в этой версии братья пренебрегли любовью апсар Тилоттамы и Рамбхи, посланных к ним богами, и продолжали своё подвижничество ради получения бессмертия. Тогда по совету *Шивы* к Сумбхе и Нисумбхе явилась богиня *Кали*. Она обещала им, что тот, кто победит её в бою, станет её мужем. И когда соблазнённые её обещаниями братья выступили против неё со своим войском, Кали с помощью других богов истребила войско асуров, а Сумбху и Нисумбху убила собственноручно.   *П. А. Гринцер.*

СУНДЬЯ́ТА, Сундиа́та, Сунья́та, Маридья́та, эпический герой мандинго. С. рождён чудесной женщиной-буйволом Соголон от правителя Маган Кон Фатта, покровителем рода которого был лев. Рождение С. сопровождалось знамениями: чёрные тучи закрыли солнце, раздались удары грома, небо озарила молния, полил дождь. Ребёнком С. был немощным калекой — до семи лет волочил ноги по земле. Когда настало время, С. встал и пошёл шагами великана. Посланный за листьями баобаба, он вырвал дерево одним взмахом руки, взвалил его на плечи. Его лук никто кроме него не мог натянуть. После смерти отца стал вызывать зависть других наследников и был вынужден бежать вместе с матерью и сестрой из своей страны. В изгнании С. в совершенстве овладел военным искусством и был обучен магии. Призванный мандинго, С. возглавил борьбу с завоевавшим их страну Сумаоро Канте. Сумаоро — прямой потомок кузнецов и, как все мастера огня, — великий колдун, владевший магией, неуязвимый для железа: он ловил стрелы, пущенные в него С., и копья отскакивали от его груди. Он мог принимать 69 различных обличий; в разгар битвы ускользал от врагов, превращаясь в муху либо растворяясь в воздухе. С. удалось одолеть Сумаоро после того, как он узнал от своей сестры, ставшей женой Сумаоро, что его может сразить только стрела с наконечником из шпоры белого петуха (духа — покровителя Сумаоро). Победив Сумаоро, С. восстановил государство своих отцов. Он проявил себя как справедливый и мудрый правитель. Распределил земли между племенами и установил их права.

Сказания о С. связывают с именем реального правителя середины 13 в. из правящего рода Кейта, возглавившего государство мандинго. *Е. С. Котляр.*

СУНС, су́несун (монг.), су́мсен (калм.), ху́нэхе, ху́нэхэн (бурят.), по мифологическим представлениям монгольских народов душа человека. По наиболее распространённой у монголов, бурят и др. традиции, человек наделён несколькими (двумя или тремя) душами: бессмертная («хорошая») душа (*сульде*), свободно покидает тело (во время сна, болезни, испуга, у шамана — при камлании), отлетает после смерти, становясь предком ребёнка или возвращаясь на небо (см. в ст. *Дзаячи*); «телесная» («дурная», способна вызывать кошмары) не оставляет человека при жизни, удерживается в трупе (или подле него) до его полного разложения (49 дней; три года и более), а затем превращается в смерч и исчезает (может также стать злокозненным духом). Однако существуют отклонения от общих представлений, несовпадения в отдельных традициях. Согласно верованиям некоторых бурят, у человека помимо высшей и низшей («дурной», которая остаётся в доме покойного в качестве домового) имеется «средняя» душа; покинув умершего, она становится бродячим (бесприютным) духом (бохолдой).

По бурятским поверьям, душа — точное подобие человека со всеми его признаками, свойствами и атрибутами (включая и его имущественное положение и одежду); она независима от тела человека, хотя, покидая его, скучает по нему; в отдельных случаях некоторым дана даже возможность её увидеть. По калмыцким верованиям, душа — маленькая копия человека, свободно циркулирующая по его телу (ср. «жизненную силу» *ла* в мифологических представлениях тибетцев).

Одна из причин болезни человека — похищение его души злыми духами. Её вызволяет шаман, вступающий в контакт с потусторонним миром, отправляющий туда свою душу или вселяющий в себя своего духа-покровителя; он борется с похитителем или договаривается с ним (об искупительной жертве, даре, замене и т. д.). От успешности действий шамана зависит выздоровление человека.

В соответствии с антропогоническими представлениями монгольского шаманизма (согласно которым формирующей силой в процессе творения было земное материнское начало, а одухотворяющей — небесное отцовское начало, и монголы различают у человека материнскую «душу плоти» и отцовскую «душу кости» (располагается в отверстии тазовой кости, раскалывание кости тождественно убийству этой души). По мифологическим концепциям халха, ойратов, бурят и других, человека (первую супружескую пару) изготавливают из земли; душу даёт либо небесное божество, либо «отрицательный» культурный герой — *шулмас, чотгор*, владыка подземного мира *Эрлик* (в силу этого он получает право возвращать себе души умерших).
С. Н. Неклюдов.

СУНЦЗЫ НЯННЯН [«матушка, приносящая сыновей» (детей)»], С у н ц з ы - н а й н а й [«бабушка, приносящая сыновей (детей)»], в поздней китайской народной мифологии богиня-чадоподательница. В качестве С. н. была обожествлена супруга легендарного Вэнь-вана, основателя династии Чжоу, у которого будто бы было более ста сыновей. В некоторых храмах С. н. изображается рядом с Вэнь-ваном, им поклонялись как счастливым супругам. В храмах С. н. обычно восседает в окружении кукол-приношений. К С. н. женщины обращались с мольбой о даровании сыновей; они брали с собой из храма одну из кукол, изображающих мальчика, в качестве талисмана и после рождения сына приносили в храм подобные куклы. Считалось также, что С. н. наделяет новобрачных даром плодовитости, поэтому во время свадебной церемонии музыканты исполняли особый гимн в её честь. Культ С. н. нередко сливался с культами *Бися юаньцзюнь* и *Гуаньинь*.
Б. Р.

СУНЬ БИНЬ, в поздней китайской народной мифологии бог — покровитель сапожников, чеботарей и шорников. В основе образа С. Б. реальное историческое лицо — стратег 4 в. до н. э. Сунь Бинь, потомок основателя военной науки в Китае Суньцзы. Согласно преданию, С. Б., обучавшийся военному делу, был ложно обвинён в преступлении, за которое по одному ему отрубили ноги (ступни ног?), по другой версии, у него отняли коленные чашечки и бросили в темницу. С. Б. сумел дать о себе знать послу царства Ци, который увёз его к своему князю, и тот назначил С. Б. военным советником. С. Б. сделал себе кожаные сапоги — своеобразные кожаные протезы, и следовал за войском в повозке. По другой версии, поскольку ему было трудно вскакивать на коня, он изобрёл седло. На народных картинах его изображали опирающимся на костыли и в сапогах с высокими голенищами. В народной традиции он считался учеником философа — мага *Гуйгу-цзы*. С. Б. считался также искусным гадателем [Гань Бао (4 в.), «Записки о поисках духов»]. Известно предание о том, как ханьский государь У-ди явился к нему инкогнито и попросил погадать о судьбе *Дунфан Шо*, посланного за море в поисках сокровищ. С. Б. приступил к гаданию, определил, что перед ним государь и точно предсказал срок возвращения Дунфан Шо.
Б. Р.

СУНЬ СЫМЯО, в поздней китайской народной мифологии бог — покровитель лекарей, аптекарей и торговцев снадобьями. В основе образа — медик Сунь Сымяо (581—682), который с детства славился своей памятью, он заучивал по тысяче слов в день, в юности преуспел в изучении даосских классиков *Лао-цзы* и *Чжуан-цзы*, жил отшельником на горе Тайбайшань. Преуспел в лечении недугов.

Согласно легенде, однажды С. С., когда ему был 101 год, совершив омовение и приведя в порядок одежду и шапку, сказал, что он отправляется путешествовать в неведомые земли. Тут дыхание его прервалось. Больше месяца его тело лежало, не подвергаясь тлению, его положили в гроб, но когда заглянули туда, то увидели лишь одежду. Рассказывали, что в годы под девизом Кай-юань (713—741) С. С. будто бы видели в горах Чжуннаньшань. В это время некий буддийский монах, выходец из Средней Азии, устраивая моления о дожде, ранил дракона озера Куньминху, и тот, явившись в облике старца к С. С., попросил излечить его. С. С. поставил условие — дать ему описание тридцати священных рецептов, хранящихся у дракона в подводном дворце. Дракон, несмотря на строжайший запрет *Шан-ди* передавать эти рецепты, выдал их С. С. и тот включил по одному из них во все 30 глав своего трактата по медицине — «Тысяча золотых рецептов с комментариями». По более поздней версии, С. С. увидел однажды пастуха, пытающегося убить змею. С. С. спас змею, отдав пастуху свой плащ, смазал змее раны и отпустил в траву. Через 10 дней перед ним появился всадник на белом коне, который от имени своего отца пригласил С. С. в гости. Он посадил С. С. на своего коня, и через мгновение они очутились в каком-то чудесном граде. Так, С. С. оказался в подводном дворце *Лун-вана*, который пытался одарить его драгоценными каменьями и золотом, но С. С. отказался их взять, после чего царь драконов поднёс ему медицинское сочинение «Лун цзан» [«Корзина (собрание) знаний дракона»], которое он и включил в трактат. Ещё по одной легенде, С. С. явился во сне императору Сюань-цзуну и попросил 80 лянов (1 лян = = 30—50 г) порошка из камня сюнхуан (оперимент), которым исцелился от укуса ядовитой змеи. Проснувшись, государь послал человека с порошком в горы, и тот будто бы встретил С. С. и вручил ему дар. С. С. указал пальцем на лежащий рядом камень, и на том тотчас же проступили киноварно-красные иероглифы — благодарность императору. Пока посол переписывал её, С. С. исчез.

В народно-религиозной традиции С. С. почитался как *Яо-ван*. С. С. входил также в число 10 богов — покровителей медиков (Ши-дай мин и). Его изображения часто встречаются на народных картинах и в виде скульптур в храмах (нередко рядом с ним два юных помощника, один из которых держит тыкву-горлянку с чудотворными пилюлями, а другой — листья целебных растений).
Б. Л. Рифтин.

СУПАРНА́ («прекраснокрылый», «прекраснопёрый»), мифологизированный образ птицы, широко распространённый в ведийской и индуистской мифологии, в символике северного и южного буддизма. С. относится к сверхъестественной, сказочной (напр., к *Гаруде* или соответствующим персонификациям; ср. С. как воплощение риши, дева-*гандхарвы, асуры*), или к реальной хищной птице (орёл, коршун и т. п.), или, наконец, к метонимически построенным образам [напр., к солнцу или луне как «крылатым» или же «снабжённым лучами», к облакам, к лучу, к семи огненным языкам («Грихьясутра»), к *соме*, коню, горе, реке и т. п.]. В «Ригведе» С. упоминается как большая хищная птица, сын орла (X 144, 4); С. приносит сому с неба (VIII 100, 8; IX 48, 3). В послеведийских текстах С., как и Гарутмант, — одно из наименований Гаруды. *Валакхильи*, обиженные Индрой, сотворили орла, крадущего сому (С. Сомахартар), чтобы навредить Индре. В эпосе выступает коллективный мифологический персонаж, образующий особый класс — супарны. В «Махабхарате» (I) содержится история происхождения двух прародителей супарнов. *Дакша* выдаёт своих многочисленных дочерей замуж за риши

Кашьяпу, который предлагает двум из них — Кадру и Винате — выбрать себе потомство. Кадру хочет иметь тысячу сыновей, Вината — только двух, но таких, которые превосходили бы достоинствами сыновей своей сестры Кадру. Через некоторое время у Кадру появляется тысяча яиц, а у Винаты два яйца. Через пятьсот лет из яиц Кадру вылупляется тысяча змей-*нагов*. Вината разбивает одно яйцо и обнаруживает в нём сына, названного *Аруной*. Через пятьсот лет у Винаты рождается из яйца гигантский орёл Гаруда (вместе с Аруной они называются С.), который добывает у богов *амриту*.

В. Н. Топоров.

СУ́РА («хмельной напиток»), в древнеиндийской мифологии: 1) персонификация суры, хмельного напитка (она же — Сура-деви; в пуранах — Варуни, жена или дочь *Варуны*. При пахтанье океана (Мбх. I, Вишну-пур. I и др.) из него вышла С., принятая богами, но отвергнута сыновьями *Дити* и *Дану*, которые с тех пор стали называться *асурами* («не принимающий суры»); 2) эпитет богов, начиная с упанишад, ср. противопоставление: сура — а-сура («бог» — «не-бог»).

В. Т.

СУ́РА, в мифологии шанов Бирмы божество невидимой тёмной планеты, вызывающей затмения. С., солнце и луна были братьями. Они делали жертвоприношения верховному богу. Для этого они накануне сварили котёл риса. Солнце поднялось рано и предложило богу горячий рис сверху, и просило, чтобы оно сияло ярко и горячо. Луна взяла рис из середины и просила, чтобы она была мирным, красивым и холодным светилом. С. спал долго, и ему достался горелый рис со дна; он попросил в свою очередь сделать его больше его братьев. С. стал с ними враждовать. Другая причина этого ещё в том, что солнце и луна похитили у С. эликсир бессмертия и С. стал гоняться за ними. Когда он настигает их, происходят затмения.

Я. Ч.

СУРА́БХИ (др.-инд., «сладко пахнущая»), К ам а д х е́ н у («корова желаний»), в индуистской мифологии божественная корова, исполняющая любые желания своего владельца. По одним мифам, С. была дочерью *Дакши* и женой риши *Кашьяпы*, по другим, — она появилась на свет во время пахтанья океана богами и *асурами*. Боги подарили С. риши Васиштхе, а затем она стала собственностью риши Джамадагни. Её (или её телёнка) у риши царь Картавирья, за что был убит сыном Джамадагни *Парашурамой*. С тех пор С. постоянно живёт в раю Индры — *сварге*.

П. Г.

СУРТ («чёрный»), в скандинавской мифологии огненный великан. В «Прорицании вёльвы» («Старшая Эдда») рассказывается, что перед концом мира (см. *Рагнарёк*) С. приходит с юга, в последней битве богов и хтонических сил он убивает бога Фрейра, а затем сжигает мир. В «Младшей Эдде» С. выступает предводителем сынов *Муспелля*.

Е. М.

СУ́РЬЯ, в древнеиндийской мифологии: 1) С у р ь я (муж. род, букв. «солнце»), солнечное божество. В «Ригведе» ему посвящено 10 гимнов. В ряде случаев трудно решить, идёт ли речь о божестве или о самом солнце. С. малоантропоморфен, но он сам — глаз, всевидящее око богов, особенно *Митры* и *Варуны*, иногда *Агни*. Он — всезнающий и всевидящий, озирающий весь мир, взирающий на добро и зло, у него быстрый взгляд. Он рождается на востоке, приветствуемый певцами, выходит из небесных врат и в течение дня обходит землю и небо, ограничивая день и ночь (РВ I 50, 7). С. движется по небу без коней и упряжи (I 152, 5), хотя не раз упоминаются его кони, семь коней (V 45, 9), колесо (VII 63, 2); иногда С. изображается в виде птицы или даже летящего ежа. Основное действие С. — излияние света, сияния, им он озаряет мир и разгоняет тьму, болезни, врагов. Его лучи уподобляются семи кобылицам, везущим его колесницу. С. исцеляет людей при помощи «медовой» терапии — «мадхувидья» (I 191); его просят о богатстве, здоровье, процветании, потомстве. Он поддерживает небо («столп неба», IV 13, 5), его создали боги, которые поместили его на небо («сын неба»; X 37, 1, 5, 7), после того как он был скрыт в океане.

Путь С. указан *адитьями* (он сам иногда называется этим именем), этот путь приготовлен Варуной, *Пушан* — его посланец. Отец С. — *Дьяус*, мать — *Адити*. *Ушас* упоминается как его жена (VII 75, 5), за которой он следует; иногда же говорится, что С. рождён вместе с Ушас. Дочь С. — *Сурья* (см. 2). Теснее всего С. связан с адитьями, Ушас, Агни, а также с *Сомой*, который однажды назван родителем С. (IX 96, 5). В ряде случаев функции С. и *Савитара* полностью совпадают. В «Ригведе» есть упоминания о победе над ним *Индры* (X 43, 5) и похищении им его колесницы (I 175, 4; IV 30, 4). Этот мотив обычно толкуется как образ затмения солнца грозовой тучей. В послеведийскую эпоху С. постепенно становится *локапалой* юго-востока.

В эпосе С. получает многочисленные новые наименования (Дхаумья перечисляет 108 из них, Мбх. III 3) и входит в значительное число сюжетов. Один из них связывает С. с *Раху*, преследующего его. С. в гневе грозит испепелить своими лучами весь мир. Богов охватывает страх, и *Брахма* велит *Гаруде* взять своего брата *Аруну* и поместить его на колеснице С., чтобы он своим телом заслонил мир от жгучих лучей С. Аруна становится колесничим С. и божеством утренней зари (Мбх. I). Сыном С. от Кунти был Карна («Махабхарата»); в эпизоде с участием С. и Джамадагни солнце спускается с белым зонтом, чтобы успокоить разгневанного мудреца (XIII 95). В «Рамаяне» С. включается в новые родственные связи; так, упоминается его жена Сурчала, сыновья Сугрива, Швета и Джьотирмукха. В одном из эпизодов *Равана* поднимается на небо и ищет поединка с самим С. (Рам. VII); С. принадлежит небесный конь Уччайхшравас, вышедший из *амриты* при пахтанье океана. Наблюдаются и некоторые сближения С. с *Вишну*. В частности, Лакшми, обычно выступающая как жена Вишну, иногда оказывается женой С.

Образ С. находит мифологические и языковые параллели в древнеиранской и древнегреческой традициях; 2) С у́ р ь я (жен. род), дочь солнечного божества Сурьи (см. 1) или Савитара. *Ашвины* — её мужья и, возможно, именно к ней должно относиться имя Ашвини. С. посвящён в «Ригведе» свадебный гимн (X 85), в котором описывается свадьба С. и Сомы.

В. Н. Топоров.

СУСА́НОО, Т а к э́ х а я С у с а́ н о о н о м и к о́ т о («доблестный, быстрый ярый бог-муж из Суса», иначе: «доблестный быстрый бог-муж»), в японской мифологии божество, рождённое Идзанаки (см. *Идзанаки и Идзанами*) из капель воды, омывших его нос во время очищения по возвращении из *ёми-но куни* (страны мёртвых). Распределяя свои владения между тремя рождёнными им в это время «высокими» детьми: *Аматэрасу, Цукуёми* и С., Идзанаки отводит С. равнину моря. Недовольный разделом, С. «плачет в голос», пока борода не нарастает у него до середины груди, а от его плача засыхают зелёные горы, иссякают реки и моря. С. высказывает желание удалиться в «страну его матери» Идзанами — страну мёртвых, за что Идзанаки изгоняет его из *такама-но хара*. С. решает попрощаться со своей сестрой Аматэрасу. Демонстрируя напуганной его шумным приближением богине своё миролюбие, С. предлагает ей вместе произвести на свет детей. От его меча, раскушенного Аматэрасу, рождаются девушки-богини, а от ожерелья-магатама, принадлежащего Аматэрасу и раскушенного С., рождаются божества мужского пола. На радостях, С. позволяет себе поступки, относившиеся в древней Японии к числу «восьми небесных прегрешений»: разорить межи и каналы на полях, возделанных Аматэрасу, осквернить испражнениями священные покои, предназначаемые для празднования поднесения богам «первой пищи», и, наконец, бросить шкуру, содранную с живой лошади, в комнату, где богиня вместе с небесными ткачихами изготовляет ритуальную одежду. Изгнанный из такама-но хара, С. совершает нисхождение к верховьям реки Хи в Идзумо. Затем С. выступает как культурный герой, спасающий людей от чудовища — восьмиголового и восьмихвостого змея *Яма-*

та-но Ороти. Женившись на спасённой им *Кусинада-химэ*, С. строит брачные покои и при этом складывает песню о «покоях в восемь оград», подобных восьмислойным облакам в Идзумо (песня, сложенная С. в форме пятистишия-танка, ставшего затем канонической формой, по традиции считается древнейшим произведением японской поэзии). Среди его потомков через несколько поколений рождается бог *О-кунинуси*, которому потом приходится «уступить» страну богу *Ниниги*, прямому потомку Аматэрасу.

Возможно, первоначально С. был одним из божеств, персонифицировавших бурю и водную стихию. Однако позднее появилось представление о С. как о божественном предке родов, связанных с местностью Идзумо, и культурном герое, приходящем на помощь людям. Подобная модификация С. позволяет предположить, что в его образе соединились несколько разных богов, тем более что С. предстаёт также и как божество страны мёртвых. В одном из вариантов «Нихонги» небесные боги объявляют С., что за совершённые им прегрешения он должен отправиться в страну мёртвых. Соорудив себе накидку из травы, С. скитается и просит убежища у разных богов, но они отказывают ему как изгнаннику и он вынужден удалиться в страну мёртвых («Нихонги», св. I, «Эпоха богов», вариант). Миф же о рождении в теле убитой С. *О-гэцухимэ* семян риса, пшеницы, бобов, фасоли обнаруживает в С. черты бога плодородия. Согласно мифу в «Идзумо фудоки», С. дал своё имя селу, назвав его Суса, и выделил для людей «большое поле и малое поле».
Е. М. Пинус.

СУТКЪАТЫН, у кумыков лесной дух. Представлялся в образе женщины, которая по ночам бродит в окрестностях селений. К С. обращались во время обрядов вызывания дождя. В основе образа, видимо, древнее божество плодородия, следы веры в которое сохранились у ряда тюркоязычных народов [покровительница дождя у узбеков Сус-хотин (известна также таджикам); Сюйт-хатын (также Тюй-татын, Сюйт-газан) — название обряда вызывания дождя у туркмен; покровительница женщин мусульманская святая Сют-падишахим у уйгуров].
В. Б.

СУХАСУ́ЛУ, л у́ т у, в низшей мифологии лакцев, аварцев (к е г и́ л у), лезгин (к в а л, к в а р ц), рутульцев (х в а р г), табасаранцев (х в а р с), цахуров (к у р ч е л) злой дух. Согласно поверьям, С. имеет облик старухи в лохмотьях, с большими дряблыми грудями, распущенными волосами; живёт за закромами, наваливается на спящего человека и душит его. С. служит человеку, которому удалось внезапно схватить её ожерелье. Квал (кварц) принимает облик старика или чёрных домашних животных (кошки, собаки, козла и др.), хварц — кошки; хварс — антропоморфное существо с одной ноздрёй (считалось, что тот, кто завладеет шапкой-невидимкой, которую хварс, входя в комнату, кладёт на кувшин с водой, становится его повелителем). Вероятно, в более архаичных представлениях лакцев С. являлся хозяином урожая, изобилия, отсюда — и его место обитания.
Х. Х.

СУХРА́Б (фарси), герой иранского эпоса, сын *Рустама*. Мать С. Тахмина, дочь саманганского царя из рода *Заххака*, рождает его после отъезда Рустама из Самангана, Рустам не знает сына. С. служит туранскому царю *Афрасиабу*, который приказывает ему выступить против Ирана. С. вступает в бой с охраняющим пограничный Белый замок богатырём Хаджером и пленит его с богатырской девой Гурдофарид, которая хитростью спасается от одолевшего её С. Однако происходя от сил зла, С. обречён роком на гибель. Происходит трёхкратный поединок Рустама и С., не опознавших друг друга (сюжет мирового фольклора: бой отца с сыном). Хитростью Рустам в третьем поединке одолевает и убивает С. и лишь после этого, по его предсмертному слову и ониксу Тахмины на его руке, узнаёт сына. Сын С. — *Барзу*.
И. Б.

СУЦЕ́ЛЛ (лат. «хорошо ударяющий»?), в галльской мифологии бог. Письменные памятники о нём отсутствуют (не считая единичных посвящений). Изображения С. (скульптура, барельефы) или отдельных его атрибутов (весьма романизированные), найденные на территории современной Швейцарии, показывают его стоящим с чашей в одной руке и молотом на длинной рукояти в другой. Иногда С. отождествляется с римским *Сильваном*. Весьма вероятна ассоциация С. с ирландским *Дагда*, атрибутами которого были магический котёл и палица.
С. Ш.

СУЭ́ («солнце»), С у г у н с у́ а («палящее солнце»), С у а т и́ в а («солнце — военный вождь»), в чибча-муисков мифологии антропоморфное солярное божество. По преданию, бытовавшему на севере области чибча-муисков, вождь селения Согамосо, прародитель чибча, превратил в солнце своего племянника, а сам стал луной. В другом мифе говорится, что демиург *Чиминигагуа* в конце сотворения мира превратил самого красивого мужчину в солнце, а самую красивую женщину — в луну. Многие вожди чибча возводили свой род к С. С. приносились жертвы обученными говорить попугаями и людьми (особенно младенцами), чьи трупы оставлялись на вершинах холмов, чтобы С. съело их и набралось новых сил.
С. Я. С.

СФЕНЕБЕ́Я, С т е н о б е я, в греческой мифологии дочь ликийского царя Иобата (или аркадского Афида, Apollod. III 9, 1), супруга тиринфского царя *Прета* (согласно варианту, женой Прета была Антея, Hom. Il. VI 160 след.), мать Лисиппы, Ифианассы, Ифинои, впавших в зрелом возрасте в безумие (Apollod. II 2, 1—2). С. тщетно пыталась соблазнить *Беллерофонта*, которому Прет предоставил убежище.
М. Б.

СФЕНЕ́Л, в греческой мифологии сын *Капанея* и Эвадны. Вместе с *Диомедом* принимает участие в походе эпигонов и как один из женихов Елены (Apollod. III 10, 8) в Троянской войне (Hom. Il. IV 367, 403—410), командуя частью флота из Аргоса (Hom. Il. II 564; Hyg. Fab. 97, 4). Раненный в первом походе в ногу, сражается только с колесницы: выступает помощником Диомеда и его возничий. По преданию, из взятой Трои С. вывез деревянную статую Зевса, стоявшую в доме Приама, и установил её в храме Зевса в Ларисе близ Аргоса (Paus. II 24, 3). С этой статуей, вероятно, связывались воспоминания о С. как старинном аргосском герое. Имя С., сближаемое с греч. словом stenos, «сила», носят ещё некоторые второстепенные греческие персонажи (в т. ч. отец Эврисфея).
В. Я.

СФИНКС, С ф и́ н г а, в греческой мифологии чудовище, порождённое Тифоном и Эхидной, с лицом и грудью женщины, телом льва и крыльями птицы. Насланная Герой на Фивы в наказание за совращение *Лаем* юного Хрисиппа (Schol. Eur. Phoen. 1760), С. расположилась на горе близ Фив (или на городской площади) и задавала каждому проходившему загадку («Кто из живых существ утром ходит на четырёх ногах, днём на двух, а вечером на трёх?»). Не сумевшего дать разгадку С. убивала и таким образом погубила многих знатных фиванцев, включая сына царя Креонта (Apollod. III 5, 8). Удручённый горем Креонт объявил, что отдаст царство и руку своей сестры Иокасты тому, кто избавит Фивы от С. (Eur. Phoen., 45—49). Загадку разгадал *Эдип*, С. в отчаянии бросилась в пропасть и разбилась насмерть. Этот вариант мифа вытеснил более древнюю версию, в которой первоначальным были хищники, обитавшей в Беотии на горе Фикион, было Фикс (Hes. Theog. 319—327; здесь её родителями названы Орф и Эхидна). Имя С. возникло из сближения с глаголом «сжимать», «удушать», а сам образ — под влиянием малоазийского образа крылатой полудевы-полульвицы. Древняя Фикс была свирепым чудовищем, способным заглатывать добычу; её одолел Эдип с оружием в руках в ходе жестокого сражения (Paus. IX 26, 2).

Сохранилось сообщение о сатировской драме Эсхила «Сфинкс», где самой С. приходилось отгадывать загадку, заданную ей Силеном: «Что находится у него в руке, спрятанной за спиной,— живое существо или мёртвое?». Так как Силен прятал в ладони птичку, которой быстро мог свернуть шею, то С. не имела шансов дать верный ответ и должна была признать своё поражение.

В. Н. Ярхо.

СЫ ДА ТЯНЬ ВАН («Четыре великих небесных царя», от санскр. Чатурмахараджа), в китайской буддийской мифологии четыре небесных стража, охраняющие небесные врата, расположенные по четырём сторонам света и ведущие из земных слоёв мира в небесные слои (см. *Эр-ши-ба тянь*). Имена С. д. т. в.: на востоке Чиго («Поддерживающий страну», Дхритараштра), на юге Цзэнчан («Увеличивающийся в росте», Вирудхака), на западе Гуанму («Выпучивающий очи», Вирупакша), на севере Довэнь («Многослышащий», Вайшравана или Дхананда). Низший из небесных слоёв, где С. д. т. в. обитают и которыми управляют, называется Небом С. д. т. в. Изображаются в виде четырёх воинов устрашающего вида в полном вооружении, чтобы отпугивать нечистые силы и низшие существа, пытающиеся проникнуть на небеса. В китайской иконографии часто группируются по двое. В собственно китайской мифологии со временем сливаются с духами — защитниками дверей *мэнь-шэнями* как функционально, так и иконографически.

Л. Н. Меньшиков.

СЫ ЛИН («четыре духа»), в древнекитайской мифологии четыре священных животных: единорог — *цилинь*, феникс — *фэнхуан*, дракон — *лун* и черепаха — *гуй*.

Б. Р.

СЫЗГАРИН ДЗУ́АР («золотой святой»), в осетинской мифологии покровитель жителей Сбийского ущелья (юж. Осетия). Святилище С. д. находится на высокой горе, недалеко от селения Сба. Раз в году, летом, в день праздника С. д. к нему посылали двух стариков, чтобы получить благословение на завершение сельскохоз. работ. В дар С. д. приносили пули и металлические фигурки.

Б. К.

СЫМА СЯНЖУ́ в поздней китайской народной мифологии один из богов — покровителей торговцев вином, наряду с *Ду Каном*. В основе образа — поэт Сыма Сянжу (ок. 179—117 до н. э.); эпизод из его биографии послужил основанием для выбора его в качестве покровителя торговцев вином, которые поклонялись ему в надежде разбогатеть подобно С., открывшему в тяжёлое для него время на взятые в долг деньги винную лавку, в которой трудились он и его красавица-жена.

Б. Л. Рифтин.

СЫМИ́Н («управитель жизни», «повелевающий судьбой»), в древнекитайской и даосской мифологии божество, от которого зависит жизнь человека; одновременно название звезды, дарующей долголетие. Согласно старинным комментариям, мелкие духи и бесы, живущие в мире людей, следят за людскими ошибками и доносят о них С. Он не считался, видимо, небесным божеством, так как жертвоприношения ему совершались во дворце, а не под открытым небом.

По другим источникам, например по песнопениям Цюй Юаня (4 в. до н. э), в древнекитайском царстве Чу существовало разделение С. на Да С. (Да, «большой») и Шао С. (Шао, «маленький»). Первый ведал жизнью и смертью взрослых, а от второго зависело наличие или отсутствие детей и внуков. Судя по песням Цюй Юаня, Да С. в облике нежной молодой женщины мыслился живущим на небесах. Открываются небесные врата, и Да С. вылетает оттуда на чёрной туче, повелевая ветрами и дождями; Шао С., вооружённый мечом, летает на ветре и облаках, отгоняя кометы, появление которых считалось дурным знаком.

По даосским представлениям, С. живёт во дворце нефритовой пустоты, ведёт список заслуг и проступков людей, сокращая жизнь тем, кто много грешит, и продлевая её тем, кто творит добрые дела; соответствующие ходатайства С. представляет верховному божеству *Тай-и*. Даосы считали также, что С. пребывает в теле человека, имея своим жилищем сюаньши («таинственную палату»). В средние века С. иногда называли также духа очага *Цзао-вана*.

Б. Л. Рифтин.

СЫРДО́Н, в осетинском нартском эпосе герой, сын Гатага и *Дзерассы*. Когда С. подрос, он покинул подводную страну и пришёл к нартам. Узрев в нём что-то дьявольское, хитрое, нарты не приняли его в своё общество, и С. поселился в лабиринте. Приходя ежедневно на нартский нихас (место собраний и игр), С. натравливал нартов друг на друга, а потом внезапно исчезал. Нарты назвали С. коварством неба и хитростью земли; С. своим красноречием мог разрушить гранитную скалу, он знал всё, что было, и мог заранее определить, что будет. Он часто обманывал нартов. Тем не менее, отправляясь в поход, нарты непременно брали с собой находчивого и остроумного С. Из-за козней С. *Курдалагон* укоротил колоду, где закаливали *Сослана*. Обратившись в шапку, С. подслушал разговор Сослана со своим конём. Первым узнав о рождении *Сатаны* от мёртвой Дзерассы, С. объявил об этом на нихасе, чтобы опозорить *Урызмага* и *Хамыца*. С. изобрёл музыкальный инструмент — фандыр (арфа). Хамыц, у которого С. украл корову, проник в его потайной дом, убил жену С. и двенадцать сыновей и положил их в горячий котёл вместо мяса. С., поражённый горем, взял кисть руки старшего сына и натянул на неё двенадцать струн, сделанных из жил сыновей. С. подарил свой фандыр нартам и был принят в их общество. Умирая, С. просил нартов похоронить его там, где не слышно говора людей и мычания скота. Но назло ему нарты похоронили его на нихасе. Лишь убедившись, что С. и после смерти вредит им,— нарты непроизвольно клялись его именем — его выкопали и бросили в море. С. попал в дом Донбеттыра, который воскресил его, и С. снова явился на нартский нихас.

Б. К.

СЭВЭ́КИ, хэвики́, шэвики́, сэвки́, в мифах эвенков, эвенов и негидальцев творец земли, животных и человека, дух — хозяин верхнего мира, покровитель людей и оленей; другие его имена: Амака («дед»), Эксери (Экшери), *Буга*. Согласно мифам, вначале были только вода, С. и его старший брат *Харги*. С. достал со дна немного земли (по вариантам, это сделали по его указанию гагара и гоголь или лягушка *баха*), положил на поверхность воды и заснул. Харги, желая уничтожить землю, стал вытаскивать её из-под брата, но лишь растянул её настолько, что она приняла современные размеры. Создав камень и дерево, С. велел им расти, но они, заспорив, кто будет выше, грозили подпереть небо, тогда С. смахнул рукой лишнее, и с тех пор скалы осыпаются, а переросшие деревья сохнут с вершины. Потом братья изготовили фигуры животных (С. — полезных человеку, съедобных, а старший брат — вредных); С. вылепил ещё из глины и камня фигурки людей и, оставив их под присмотром караульщика (ворон, собака или медведь), удалился в верхний мир, откуда продолжал следить за поведением людей через своих помощников. Представления о внешнем облике С. очень разноречивы — старик, старуха, лось или лосиха. Считалось, что во время весеннего ежегодного обряда (сэвекан, иконипке) С. давал священную силу (мусун) и души (оми) диких животных и домашних оленей, обеспечивающих оживление природы, удачную охоту, здоровье людей и лосиных стад. В случае болезни и неудач С. посвящали оленя светлой масти (сэвэк).

Е. Н.

СЭВЭ́Н, в мифах эвенков, эвенов (хэвук), нанайцев, негидальцев, ороков, орочей, ульчей (сэвон), удэгейцев дух — помощник шамана. С. представлялись в зооморфном виде (зверя, птицы, рыбы, пресмыкающегося), но имели антропоморфные лица и могли понимать речь шамана, отвечая ему, выполнять его поручения. Размещались С. обычно на притоках шаманской реки *Энгдекит* и на зов шамана каждый из С. шёл своей дорогой — ночной, полуденной, верхней или нижней. Функции С. распределялись в зависимости от задания шамана: розыски души по воздуху поручались птицам, по воде — рыбам; в проводах души покойного в *буни* шаману помогали рыбы, олени, собаки. Переноску шамана по воздуху осуществляли гагары, орлы, чайки, по воде — таймени, по суше — лоси, тигры. У нанайцев и др. тунгусо-маньчжурских народов Приамурья С. называли также амулеты, обереги и изображения духа-помощника на костюме и ритуальных принадлежностях шамана.

Е. Н.

СЭИСИ, в японской буддийской мифологии бодхисатва, почитаемый наряду с *Каннон* как сподвижник будды *Амиды*. В то время как Каннон воплощает сострадание будды, С. олицетворяет его мудрость. Культ С. получил распространение уже в эпоху Хакухо-Нара (646—794), на что указывает настенная роспись храма Хорюдзи (7—8 вв.). Обычно С. изображается справа от Амиды. Считается, что С., как и Каннон, после смерти встречает праведников и сопровождает их в рай «чистой земли» (Дзёдо), поэтому культ С. получил особую популярность в эпоху Камакура (1185—1333) с распространением влияния буддийских сект Дзёдо-сю и Дзёдо-Син-сю.
Г. Г. Свиридов.

СЭЛИ (хэли́, шэли́), хэли́р, кали́р, в мифах эвенков мамонт, помощник творца, принимавший участие в сотворении земли. Вместе со змеем (см. *Дябдар*), по вариантам — в процессе их драки, С. осушил землю, выворачивая со дна песок, глину и камни, которые превращались в равнины, горы и утёсы. Затем С. и дябдар провалились под землю, став духами — охранителями входа в нижний мир. С. вошёл в число основных духов — помощников шаманов. Металлические изображения С., совмещавшие черты лося и рыбы, пришивались к спине костюма шамана, а деревянные (иногда двухголовые) фигуры ставились перед входом в шаманский чум.
Е. Н.

СЮАНЬМИН («Сокровенная темнота»), в древнекитайской мифологии божество, помощник *Чжуаньсюя*. Согласно «Хуайнань-цзы» (2 в. до н. э.) Чжуаньсюй вместе с С. управляют северными землями, простирающимися на 12 тысяч ли (ли = ок. 0,5 км). По разъяснению Го Пу (276—324) С. — второе имя божества моря и ветра *Юйцяна* (Юйцзяна), внука *Хуан-ди*, по другой версии, восходящей к «Толкованию нравов и обычаев» Ин Шао (2 в.), С. — повелитель дождя.
Б. Р.

СЮАНЬУ («тёмная воинственность»), в китайской мифологии божество севера. В астрологии С. — созвездие из семи звёзд в северной части неба. Первоначально, видимо, С. представляли в виде зооморфной эмблемы стороны света — черепаха, обвитая змеёй (совокупляющаяся с ней) (ср. *Бай-ху*). Предположительно, этот образ связан с древними натурфилософскими представлениями о брачном союзе земли и неба. В старинных комментариях поясняется, что понятие «С.» сложилось в связи с представлением о цвете сюань (цвет неба — чёрный с красным оттенком) и о черепахе как существе с панцирем-бронёй (отсюда «у», «воинственность»). Черепаха, перевитая змеёй, изображалась на северной стороне погребальных сооружений (эпоха Хань, кон. 3 в. до н. э. — нач. 3 в. н. э.), а в более ранние времена — на чёрном флаге, который во время походов несли позади войска. По-видимому, постепенно произошла контаминация образа повелителя севера *Хэй-ди* с С. В средние века С. именовался Сюань-тянь шан-ди, «верховный государь тёмного неба»). С кон. 10 в. С. стал именоваться также Чжэньу («истинная воинственность»), поскольку знак «сюань» был табуирован, так как входил в личное имя государя.

Поскольку север в соответствии с учением о пяти стихиях связан с водой, то С. стал считаться одновременно божеством вод. По некоторым источникам, С. — это воплощение духа Хэй-ди. В средние века С. представляли таким, каким он будто явился сунскому императору Хуэй-цзуну (1100—1125): с важным прекрасным лицом, с распущенными волосами, ниспадающими на плечи, в чёрном халате, с золотой кольчугой и поясом, украшенных нефритом, с мечом в руке, но босым. Над головой — нимб. Обычно позади него рисовали оруженосца, держащего чёрный стяг, сам он стоит на черепахе, обвитой змеёй, которая плывёт по воде. В некоторых местностях С. почтительно называли Бэй-е («дедушка Севера», «господин Севера»), а змею и черепаху — гэ — «братишки». Грозный обликом С. считался в народной традиции также изгонителем злых духов.

С. был включён в даосский пантеон. Согласно одному из даосских преданий, С. родился у жены князя страны Цзинлэго («страна чистой радости», цзинлэ — буддийское понятие «рай», перенесённое здесь на землю) после того, как она проглотила солнечный луч. Через 14 месяцев она родила мальчика, который не пожелал наследовать престол отца, а решил посвятить себя самосовершенствованию и служению *Юй-ди*, поклявшись искоренить на земле всю нечисть. После 42 лет отшельнической жизни на горе Уданшань (провинция Хубэй) он средь бела дня поднялся в небо. Юй-ди, прослышав о его воинственности и мужестве, поручил ему ведать севером и искоренять всю нечисть в Поднебесной. С. спустился в мир людей и за семь дней уничтожил на земле всех оборотней и бесов.

Культ С. был весьма популярен у даосов, храмы, посвящённые ему, существовали в Китае, Корее, Вьетнаме. Во многих храмах С. по обе стороны от его трона изображались восемь разбойников, бросивших своё ремесло и ставших учениками С., и шесть царей-демонов, побеждённых в битве с С. (по другой версии, четыре военных и два гражданских чиновника из свиты С.).

В китайской средневековой литературе образ С. нашёл отражение в фантастической эпопее «Фэн шэнь яньи» («Возвышение в ранг духов», 16 в.) Сюй Чжун-линя, романе «Бэй ю цзи» («Путешествие на север», 16—17 вв.) и некоторых даосских сочинениях («Записки о поисках духов трёх религий», 16 в., и другие произведения).
Б. Л. Рифтин.

СЮГЭ ТОЙОН («господин топор»), в якутской мифологии бог грома, относящийся к разряду *айы*. С. т. преследует злых духов на небе и земле, поражая их молниями. Считалось, что под деревом, поражённым молнией, можно найти камень («топор грома»), являющийся амулетом, обеспечивающим счастье. С. т. имеет много эпитетов: «грозный распорядитель», «резвый удалец» и др.
Н. А.

СЮЙ-ЧЖЭНЬЦЗЮНЬ («истинный государь Сюй», «праведный владыка Сюй»), в китайской даосской мифологии могущественный герой, победитель драконов и усмиритель наводнений. С., родившийся чудесным образом (мать С. забеременела от жемчужины, упавшей ей за пазуху из клюва золотого феникса, которого она увидела во сне), с юных лет обучался даосским наукам, потом был назначен начальником уезда. В голодный год С. метил кистью осколки черепицы, и они превращались в золото, и простой народ смог внести налог. С помощью магических заклинаний он спас от моровой болезни несколько тысяч человек. Однажды С. встретил дракона-оборотня (цзяо), имевшего вид юноши, который насылал ежегодные наводнения в провинции Цзянси. Поняв, что он узнан, дракон-оборотень превратился в жёлтого быка и пустился наутёк. С. преследовал его, приняв облик чёрного быка. В конце концов С. казнил дракона с помощью небесного воинства, а двух его сыновей, родившихся от дочери правителя Таньчжоу, на которой дракон был женат, окропив водой, обратил в дракончиков с красной гривой. 1-го числа 8-й луны 374 г. в возрасте 136 лет вместе со всеми домочадцами (42 человека) взошёл на Западную гору за городской стеной и средь бела дня вознёсся в небо; за ним последовали петухи и собаки. На этом месте был тотчас воздвигнут храм, а оставленные им 120 стихотворений стали использовать как гадательные тексты.

Согласно другому преданию, изгнанный С. дракон забрался в дом, где вынудил молодую женщину к сожительству с ним. Когда ей пришло время рожать, С. под видом даосского монаха привёл в их дом повивальную бабку, которая и приняла дракончика. С. обезглавил его, а затем отрубил головы ещё восьми драконам, последний хотел улететь, но всё время оглядывался на свою мать, и С., чтя его сыновние чувства, оставил его в живых, отрубив только хвост. Все эти предания о С. свидетельствуют, что он воспринимался в народной традиции как своеобразный поздний культурный герой (ср. *Ли Бин*), ставивший себе целью истребление драконов, насылающих наводнения. Образ С. сложился в раннем средневековье. Его жизнеописание было

помещено в «Шиэр чжэньцзюнь чжуань» («Жизнеописания 12 праведных владык», не позже 10 в.).
Б. Л. Рифтин.

СЮЛЛЮКЮН, в якутской мифологии духи, обитающие в глубине вод. Считалось, что внешне С. похожи на людей, отличаются лишь отсутствием бровей и малым ростом. Они, так же как и люди, живут семьями, разводят скот и т. п. С. появляются на земле (выходя из прорубей) во время святок, ночуют в пустых домах и на кладбищах. Они богаты и очень любят играть в карты, но выигранные у С. деньги при дневном свете обращаются в мох. В ряде мифов рассказывается о том, что С. уводят в свой мир бабу-повитуху, чтобы она помогала рожать их жёнам. За услуги С. платили очень щедро, но деньги, данные ими, со временем превращались в мусор.
Н. А.

СЮР, в якутской мифологии сверхъестественное олицетворение жизненной энергии, воли. В сочетании с *кут* означает совокупность психической сущности человека. Лишение С. приводит к болезни, смерти.
Н. А.

СЯНЬ («бессмертный»), с я н ь ж э́ н ь («бессмертный человек»), ш э н ь с я н ь («божественный бессмертный»), т я н ь с я н ь («небесный бессмертный», «небожитель»), в китайской даосской и поздней народной мифологии разряд святых. По мнению китайских учёных, представление о С. сложилось примерно в 5—4 вв. до н. э. в царствах Ци (на полуострове Шаньдун) и Янь (район современного Пекина) в результате трансформации веры в бессмертие души, поднимающейся в небо в момент сожжения трупа умершего. Согласно древнему преданию, *Чисун-цзы*, например, мог входить в огонь и сжигать себя, постоянно таким образом поднимаясь на гору *Куньлунь*. Постепенно достижение состояния С. стало ставиться в зависимость от принятия снадобий растительного происхождения (из хризантемы, стологоловника и др.), минералов (нефрита, золота, киновари), некоторых древесных грибов и т. п., от особого типа физических и дыхательных упражнений, а также от ряда пищевых запретов и особых способов удержания спермы. Даосская система постепенного превращения человека в бессмертного отличалась от более ранних представлений о мгновенном переходе в состояние бессмертия при сожжении или разрубании тела.

Одновременно появляется и представление о С. как о святых отшельниках, живущих в глухих местах в горах (сам иероглиф С. состоит из 2 частей — «человек» и «гора», и согласно толкованию древних словарей означал человека, ушедшего в горы) и среди озёр. По-видимому, значительно позднее рождается миф о С., которые обитают на горах (*Пэнлай* и др.), плавающих в море, или на горе Куньлунь. В старинных даосских сочинениях называются 24 уединённых места (чжи), главным образом горные приюты, где можно стать С. Особенность жизни С. — их постоянные полёты на журавлях (*хэ*; сяньхэ, «журавль бессмертных»), умение мчаться на облаках. В даосском сочинении «Юньцзи ци цянь» говорится о девяти С., населяющих высшую сферу Тайцин (см. *Сань цин*). Существует также представление о тяньсянь, небесных или летающих С., и дисянь (земных С.).

Понятие С. включало в себя более древние представления о шэньжэнь («божественном человеке»), о котором говорится в древних даосских трактатах. Чжуан-цзы, например, говорил о «божественном человеке» (или «божественных людях»): его кожа напоминает лёд и снег, он не ест злаков, вдыхает ветер, пьёт росу, ездит на облаках, управляя летающими драконами, и странствует за пределами Четырёх морей (т. е. Китая). В ранних текстах на С. нередко переносились и некоторые черты мифических первопредков, отсюда, например, название дажэнь («большой человек», «великан»), предания об огромных следах С., напоминающие миф о рождении *Фуси*.

В китайских народных преданиях и сказках образ С. функционально близок доброму волшебнику европейских сказок. С. чаще всего имеет облик белобородого старца (реже старухи), предсказывающего судьбу, помогающего герою в безвыходной ситуации и мгновенно исчезающего. В изобразительном искусстве С. нередко изображается с атрибутами или символами бессмертия или долголетия (чудодейственный гриб — чжи, сосна, олень, журавль), с открытыми вислыми грудями и животом, распущенными волосами, босыми ногами и т. п. признаками свободы от мирской суеты и условностей. В некоторых буддийских памятниках даосское понятие С. использовалось для обозначения святых. См. также ст. *Восемь бессмертных*.
Б. Л. Рифтин.

СЯНЬНЮЙ («бессмертная дева», «святая дева»), Ш э н ь н ю й («божественная дева»), Ю й н ю й («нефритовая дева»), Т я н ь н ю й («небесная дева»), в китайской мифологии категория женских божеств. С. функционально близка понятию «фея» (в поэтическом языке С. означает «необыкновенная красавица»). В устной народной традиции образ С., первоначально связанный с даосским учением о бессмертии и бессмертных (*сянь*), слился с архаическими образами хозяек стихий и чудесных жён или заместил их. В позднем фольклоре образ С. нередко контаминируется или сближается с образом девы-оборотня (см. *Цзин*). Термином «С.» обозначались также дочери различных божеств (напр., *Тянь-ди*).
Б. Л. Рифтин.

СЯНЬЧИ («общий пруд», «солёное озеро», «солёный пруд»), в китайской мифологии пруд, в котором купается восходящее солнце; вероятно, то же, что Ганьюань («сладкий омут»). *Си-хэ* купает десять своих сыновей-солнц в Ганьюане. Десять солнце-воронов живут на ветвях дерева *фусан*, которое растёт в бурлящем море. Это место находилось за Восточным морем, к северу от Страны чернозубых, и называлось Кипящая долина — Тангу, Долина света — Янгу, Долина горячих ключей — Вэньюаньгу. Солнца появлялись на небе строго по очереди. Их появление сопровождалось петушиными возгласами. Когда ночь начинала рассеиваться, первым кукарекал яшмовый петух на дереве фусан. Ему вторил золотой петух на персиковом дереве, растущем на горе Персиковой столицы — Таодушань. Вслед за ним кричали каменные петухи знаменитых гор и рек, а затем и все петухи Поднебесной. После этого начинался прилив и появлялось солнце. Когда солнце омывалось в С., перебиралось с нижних ветвей на вершину дерева фусан, наступало утро.

С. — также имя небесного божества, название звезды, музыки государя *Яо*, а также танца, который исполнялся при чжоуском дворе в день летнего солнцестояния на квадратном алтаре посреди пруда.
Б. Р.

СЯО-ГУН («князь Сяо», «повелитель Сяо»), в поздней китайской народной мифологии божество — покровитель вод: рек, озёр, морей. Считается, что в качестве С. был обожествлён некий человек по фамилии Сяо и по имени Босюань, живший в 13 в. У него были драконовы брови, курчавые волосы, красивые усы, но безобразное лицо. Он отличался твёрдостью и прямотой характера, исключительным самообладанием; его считали справедливым человеком. После смерти его душа вселилась в одного мальчика (по некоторым версиям, — в его сына), и тот предсказывал людям грядущее счастье. Односельчане построили в Тайянчжоу (провинция Цзянси, уезд Синьгань) храм С. как покровителю реки и помощнику окрестного люда. В этом храме приносили жертвоприношения и его сыну Сяо Сяншу, и внуку Сяо Тяньжэню, наследовавшим сверхъестественную мощь С. В 1419 император присвоил С. титул Шуйфу линтун гуанцзи инъю хоу («Чудотворный, повсеместно спасающий, откликающийся на просьбы, славный и оказывающий помощь Князь Водной управы»). По-видимому, с этих пор культ С. распространился по многим местностям Китая. Изображения С. известны на народных картинах.
Б. Л. Рифтин.

ТААВТ, в западносемитской мифологии бог мудрости, создатель письменности, известный по поздней финикийской традиции. Верили, что Т. — автор книги о сотворении мира, хранившейся, очевидно, в беритском храме *Иево* и записанной, по-видимому, библской псевдоиероглификой. Она, возможно, совпадает со священными «письменами аммунеев», которые, согласно Филону Библскому, использовал Санхуньятон при создании своего сочинения о возникновении вселенной. Образ Т. сложился под влиянием мифов о *Тоте*.
И. Ш.

ТА́АРА (эст.), Т́оора, Т́ууури (финск. и карельск.), в прибалтийско-финской мифологии бог неба и грома. Первое упоминание о культе Т., покровителя сражений, встречается в «Хронике» Генриха Латвийского (13 в.): Т. родился на горе в красивой роще; к нему обращались осаждённые крестоносцами эсты с возгласом «Таарепи та!» — «Т., помоги!», приносили в жертву скот в священных рощах. В западной Эстонии в честь Т. устраивались ритуальные бои и танцы. В финской мифологии Туури участвует в сюжете заклания гигантского быка или свиньи. На образ Т. оказал влияние германо-скандинавский *Тор*: ср. заимствование эстонцами таких черт культа Тора, как почитание четверга — дня громовержца и т. п., а также эстонск. тооруумеес, «колдун, человек Тоора». Существует также предположение об общефинно-угорском происхождении имени Т. (ср. обско-угорское Торум, *Нуми-Торум*) и о позднейшей конвергенции исконного культа Таара и заимствованного Тоора у эстов. Ср. также *Укко*.
А. Ю. Айхенвальд.

ТАБИ́ТИ, в скифской мифологии богиня, почитавшаяся более всех прочих, составлявшая (в единственном числе) первый из трёх разрядов семибожного пантеона и отождествлявшаяся с греч. *Гестией* (Herodot. IV 59). Имя трактуется как «согревающая» или «пламенная». Т. интерпретируют обычно как богиню домашнего очага, но её можно рассматривать как божество огня во всех его проявлениях. Указание Геродота (IV 68) на существование некоего множества «царских Гестий», клятва к-рыми является высшей клятвой у скифов, согласуется с общим для индоиранских народов представлением об огне как стихии, связанной со всеми тремя зонами космоса, как об универсальном первовеществе в процессе космогенеза. Как множественные воплощения Т. можно рассматривать упавшие с неба золотые, способные к воспламенению предметы: плуг с ярмом, секиру и чашу, символизирующие три социальные группы скифского общества, а через их прародителей *Липоксая, Арпоксая* и *Колаксая* — три олицетворённых в них зоны мироздания. Именование Т. (скифской Гестии) «царицей скифов» (Herodot. IV 127) косвенно указывает на её роль супруги царя, т. е. на существование у скифов ритуала символического бракосочетания царя с Т., призванного подтвердить сакральный характер царской власти. Отражением того же ритуала является рассказ Геродота (IV 7) об овладении первоцарём скифов Колаксаем золотыми предметами.
Д. С. Раевский.

ТАВИСКА́РОН, в мифах могауков и др. ирокезских племён божество зимы, холода и мрака; брат-близнец и антагонист *Таронхайавагона*, у гуронов — Иоскехи (см. *Иоскеха и Тавискарон*). Т. часто ассоциируется с кремнем, а также с кремневыми великанами-людоедами, живущими на севере (олицетворение голода).
А. В.

ТАВМА́НТ, в греческой мифологии сын Понта и Геи (или Фетиды; Apollod. I 2, 6; Orph. frg. 114, 117), брат *Нерея* и др. (Hes. Theog. 237), супруг океаниды Электры (265—267) или Озомены (Hyg. Fab. XIV 47, 16), отец гарпий и богини Ириды.
Г. Г.

ТАГ, в этрусской мифологии ребёнок, обладавший мудростью пророка и опытный в искусстве гадания. Был выпахан в окрестностях города Тарквиний из земли и умер после того, как предсказал этрускам будущее и обучил их своей науке. Имя Т. производили от греческого слова «земля», но более вероятно, что это латинская форма этрусского или пеласгского слова. В Фессалии, заселённой некогда пеласгами, Т. был титулом верховного правителя. Учение Т. (книги Т.), первоначально изложенное на этрусском языке, было переведено в стихотворной форме на латинский язык. Поздние римские авторы считают, что учение Т. было изложено в книгах гаруспиков, ритуальных книгах и др. и наряду с правилами гадания оно содержало сведения о молниях, землетрясениях и чудесах плодородия. Т. отождествлялся с «подземным Гермесом», считался сыном Гения и внуком Юпитера.
А. Н.

ТАГА́РО, Тангаро, Такаро, в мифах меланезийцев островов Новые Гебриды: 1) культурный герой, трикстер. Т. — младший из 12 братьев (рождённых из расколовшегося камня), носящих одно общее имя — Тагаро, различающихся только эпитетами (Тагаро Старший, Тагаро Глупый, Тагаро Слабый, Тагаро Сильный и др.). Сверхъестественными качествами наделён преимущественно Тагаро Младший (Т.). Остальные братья (или некоторые из них) выступают его антагонистами. Т. очень близок другому персонажу *Квату* (в некоторых версиях младший из 12 братьев именуется не Т., а Кват). Т. добывает для людей культурные растения, орудия труда (палка-копалка, рыболовный крючок, сеть, резцы и каменные ножи), покровительствует ремёслам. Во время путешествия в подземный мир Т. отнимает огонь и пищу у хтонической старухи. В ряде мифов Т. загоняет смерть под землю, но его глупые братья выпускают её, поэтому люди становятся смертными. В некоторых версиях подвиги и проделки совершает Т. не в одиночку, а все 12 братьев вместе.

Жена Т., обиженная им, поднялась на небо. Т. отправляется за ней по лозе (верёвке, лестнице), находит её, но не испрашивает у жены прощения, и она, плача, остаётся на небе. Из её слёз образуются облака и дождь.

2) Дух; в ряде мифов нетварное существо, живущее на небе, либо на земле — в раковине или в пещере. Устав от одиночества, Т. лепит из глины и песка первых людей и заселяет ими острова, затем участ-

вует в мироустройстве. Т. близок полинезийскому *Тангароа*.
М. С. Полинская.

ТАГИМАСА́Д, Т а г и м а́ с а, в скифской мифологии божество, согласно Геродоту (IV 59), не входившее в общескифский семибожный пантеон, а почитавшееся лишь царскими скифами и отождествлённое с греч. *Посейдоном*. Этимология имени и функции неясны. Предполагается, что причиной для отождествления послужила присущая Посейдону роль покровителя коневодства, игравшего важную роль в быту и хозяйстве скифов; не исключена и определённая связь Т. с водной стихией.
Д. С. Р.

ТА́ДЕБЦО («то, что используется шаманом»), в самодийской мифологии (у ненцев) духи — помощники шамана. Считалось, что Т., как правило, переходят к шаману от его предшественника. Обычно Т. зооморфны (напр., Т.-олени, невидимыми ремнями привязанные к шаману), но упоминаются и антропоморфные Т.— духи предков шамана (нгытарма). По данным архимандрита Вениамина, Т. подразделялись на белых, обитающих в воздухе, и зелёных и чёрных, живущих на земле. В мифологиях других самодийских народностей Т. соответствуют самади у энцев, дямады у нганасан, одна из категорий *лозы* у селькупов, пензют у камасинцев.
Е. Х.

ТА́Е, в мифах тукуна женское божество верхнего мира. Т. наказывает грешные души умерших, возвращая их на землю, где они превращаются в маленьких лягушек и умирают.
Л. Ф.

ТАИТ, в египетской мифологии богиня ткачества. Покровительствовала ткачам, охраняла одежды богов (их статуй в храмах), царей и мёртвых. Функции охраны царской одежды сближали Т. с богиней — хранительницей фараона *Уто*.
Р. Р.

ТАИ́ («великая единица», «великое единство», «великий единственный»), в китайской мифологии верховное божество. В песне Цюй Юаня (4 в. до н. э.) — наиболее раннем упоминании о Т.— он описывается как небесное божество, держащее в руках длинный меч, ножны которого украшены сверкающим нефритом. На Т. подвески из нефрита, мелодично позванивающие на ветру. Древние комментаторы полагали, что в царстве Чу Т. выступал как верховное небесное божество, связанное с Востоком. Известно, что в древности государь весной и осенью совершал жертвоприношения. (По мнению китайского исследователя Сюнь Сяо-е, Т. почитался чусцами как бог войны, дарующий победу.) В общекитайской традиции, однако, Т.— скорее абстрактное верховное божество; философ Чжуан-цзы (4 в. до н. э.) сообщает, что он правит всем.

В текстах эпохи Хань (206 до н. э.— 220 н. э.) Т.— название звезды и духа этой звезды (комментарии к «Историческим запискам» Сыма Цяня). Согласно «Описанию жертвоприношений» в «Истории династии Хань» Бань Гу (1 в. н. э.), Т. главенствует над 5 государями сторон света (см. *У ди*). По другим источникам, Т. повелевает 16 драконами, знает, когда будет ветер и дождь, наводнение и засуха, голод, война и моровые болезни. В ту же эпоху рождается представление о Сань и «Трёх единственных»: Тянь-и («небесном единственном»), Ди-и («земном единственном») и Тай-и («великом единственном»). В ряде случаев культ Т. стал сочетаться с культом *Хоуту*, а затем после 3 в. н. э. Т. стал упоминаться как один из многих сподвижников пяти государей сторон света (У ди). В народных преданиях 3–10 вв. Т. выступает как посланец Небесного государя (Тянь-ди), являющийся на землю в облике старца.

В средневековых даосских сочинениях Т.— отец Дао, предшествующий небу и земле, находящийся над всеми девятью небесами, в великой чистоте (см. *Сань цин*), вне шести мраков. Это — некое первоначальное дыхание, дающее миру и всем существам жизнь. Несмотря на такое абстрактное понимание божества, Т. описывается как существо с телом петуха и человеческой головой. Считалось, что Т. находится в человеческом мозге. Несколько раз в году Т. и Трое единственных вместе с божествами пяти основных внутренних органов «смешиваются» и превращаются в одного большого бога, который именуется по-разному. В 1-м лунном месяце в два определённых дня между 5 и 7 часами утра он находится в сердце, в 6-м месяце в один из дней с 7 до 9 часов утра находится в печени, в 7-м месяце — в селезёнке, в 8-м — лёгких, в 9-м — в почках, в 11-м месяце — в мозгу во дворце Нихуань (инд. Нирвана?). В 3-м и 4-м месяцах это единое божество разделяется вновь и распространяется через все кости человека, которые оно укрепляет.

По другой версии, Т. находится в теле человека во дворце таинственной киновари (Сюаньданьгун). Он считается повелителем всех частей тела. Он живёт в пурпурной палате (ср. «Хуайнань-цзы», где говорится, что Т. обитает на Пурпурной звезде — Цзывэй) в голубом жилище, наполненном киноварным паром. Он имеет вид новорождённого, сидящего на золотом троне, украшенном нефритом, в шёлковой одежде с пурпурной вышивкой. К его поясу подвешена погремушка из жидкого огня, которая не имеет субстанции, а представляет собой только красный свет, звук её слышен за 10 тысяч ли. В левой руке у него рукоятка Большой Медведицы, а в правой — Полярная звезда.

В эпоху Сун, при императоре Жэньцзуне (1022—1063) считалось, что на Полярной звезде живёт не один Т., а 10 духов Т. В 11 в. Ли Гунлинь создал портрет Т., на котором написал стихотворное посвящение поэт Хань Цзюй. Судя по этому стихотворению, как предполагает китайский писатель и исследователь Сюй Дишань, образ Т. в это время подвергся заметному влиянию образа *Кришны*. При династии Мин (с 14 в.) чествование Т. проходило вместе с церемонией поклонения духам ветра, облаков, грома и дождя.
Б. Л. Рифтин.

ТАЙКОМО́Л, в мифах юки, хучном и др. племён Калифорнии (Сев. Америка) верховное божество, демиург, культурный герой. Т. дважды создавал землю, а из палок делал людей, но в первый раз землю залило водой, а во второй — Т. сам сжёг своё творение, видя его несовершенство. На третий раз созданная им земля была столь легка, что качалась, и, чтобы укрепить её, он послал к северному краю земли койота, лося и оленя; на их спинах земля покоится и поныне, а когда они шевелятся, возникают землетрясения. После этого Т. даровал первым людям священные пляски, обеспечивающие благополучие и долголетие народа.

ТАЙ-МЕ, в мифах кайова покровитель племени. Изображается в виде человеческой фигуры из камня. Согласно мифу, Т. спас племя кайова от голода. Однажды в голодные времена Т. явился охотнику в виде существа с ногами оленя, в одеянии из белых перьев и одним пером на макушке и принёс ему большую добычу. Т.— центральная святыня во время обрядов Пляски Солнца.
А. В.

ТА́ЙНАЯ ВЕ́ЧЕРЯ, п о с л е́ д н я я   в е́ ч е р я, в христианских представлениях последняя совместная трапеза (ужин) Иисуса Христа и двенадцати апостолов в канун «страстной пятницы», дня крестной смерти Христа. Т. в. совершается в первый день иудейской пасхи (Матф. 26, 17; Мк. 14, 12; Лук. 22, 7; по Ио. 13, 1; 18, 28 — накануне пасхи), отмечается ритуальным закланием и вкушением агнца (символическая параллель с образом Христа как «агнца божьего», добровольно принёсшего себя в жертву). Вечером, во время праздничной трапезы, приготовленной учениками в доме, указанном им Христом, он предрекает, что один из них предаст его. В присутствии *Иуды Искариота* опечаленные ученики спрашивают Христа: «не я ли, господи?». Иуде Христос отвечает утвердительным «ты сказал», остальным называет знак, по которому они могут опознать предателя: «опустивший со мною руку в блюдо, этот предаст меня...» (Матф. 26, 20—25; ср. Мк. 14, 18—20; Лук. 22, 21). В Евангелии от Иоанна Пётр просит Иоанна узнать, о ком из учеников говорит Христос; Иисус указывает на Иуду Искариота, обмакнув кусок хлеба и подав ему, а затем произносит: «что делаешь, делай скорее» (Ио. 13, 24—27), после чего Иуда встаёт и выходит. С его уходом Христос, ещё прежде совершивший обряд омовения ног ученикам (рассматриваемый как последнее свидетельство любви и пример взаимного служения), обращается к ним с последней заповедью: «да любите друг друга» (Ио. 13, 3—16 и 34, 35).

Преломив хлеб, Иисус Христос даёт вкусить от него ученикам со словами: «сие есть тело моё», затем даёт им испить из чаши с вином, говоря: «сие есть кровь моя нового завета за многих изливаемая» (Матф. 26, 26—28; Мк. 14, 22—24, ср. Лук. 22, 19—20). Он завещает ученикам и впредь совершать это в память о нём, учреждая тем самым таинство евхаристии. Т. в. является также прообразом совместных трапез древних христиан, именовавшихся агапы (от греч., «братская любовь»).

В иконографии мотив Т. в. появляется ок. 5 в.; определилось два типа изображений Т. в. Один акцентирует момент евхаристии (фигура Христа часто симметрически удваивается: на одной половине изображения Христос преломляет хлеб, на другой — наливает вино, по обеим сторонам часто изображаются апостолы); второй, встречающийся наиболее часто, представляет картину собственно трапезы (участники её, в соответствии с древней традицией, возлежат за столом, причём Христос помещается на почётном месте — слева или в центре изображения); иногда эти мотивы совмещаются.
О. Е. Нестерова.

ТАЙРНАНД, в мифологии нивхов морское божество. Т. представляли в виде глубокого старика, который живёт со своей старухой в подводном жилище (или на острове далеко в море). Под нарами у них — рыбы и морские животные, в амбаре — запасы икры, а в большом селении поодаль от их жилища — люди, которые погибли в море. Согласно мифу Т. ехал по Сахалину верхом на олене: там, где прошёл олень, возникли реки, где он отдыхал — долины, где Т. взмахнул прутом, — образовались протоки; когда олень упал от усталости, он превратился в камень. Поднявшись на гору, Т. набрал там песка и высыпал его в море, поэтому кета начала подниматься к песчаным верховьям рек. Млечный путь считался дорогой Т., по которой он ходит с моря на небо. Т. является хозяином грома. От благорасположения Т. зависит успех в рыбной ловле и добыче морских животных.
Е. Н.

ТАЙ-СУИ («великое божество времени»), в китайской мифологии планета и её повелитель — божество времени. Т. соответствует планете Суй-син («планета времени», т. е. Юпитер), совершающей почти двенадцатилетний цикл обращения вокруг солнца. В трактате Ван Чуна «Лунь хэн» («Критические суждения», 1 в. н. э.) говорится, что и противодействие божеству Т., и стремление обрести его расположение приводит к несчастью. По-видимому, именно в это время и возникает представление о Т. как грозном полководце (дацзянцзюнь), но развитие его культа относится в основном к 11 в. В честь Т. совершались жертвоприношения перед началом всех значительных работ (строительных и т. д.). В поздней мифологии Т. почитался главой ведомства времени, управляющего временами года, месяцами, днями. На старинных гравюрах он изображался с секирой и кубком или с копьём и колокольчиком, улавливающим души.
Э. С. Стулова.

ТАЙЦЗИ («высшее начало», «великий предел»), в китайской космологии, мифологии и натурфилософии одно из основополагающих понятий. В космологических представлениях 2-й половины 1-го тыс. до н. э. Т. выступает в качестве исходной точки возникновения тьмы вещей, всей вселенной. В трактате «Приложенные изречения. Комментарий к „И цзину"» (5—3 вв. до н. э.) говорится: Т. рождает две (элементарные) формы (силы *инь и ян*), которые рождают четыре (вторичные) формы (сильное и слабое инь, сильное и слабое ян, порождающие восемь гуа (небо, пар, огонь, гром, ветер, вода, гора, земля; см. *Ба гуа*). Комментарии, написанные в 3 и 7 вв. н. э., поясняют, что Т. рождает две элементарные формы, ибо бытие непременно начинается в небытии. Т. существовал до разделения неба и земли, когда первоначальная жизненная энергия (эфир) находилась в смешанном (хаотичном) состоянии и была единой, т. е. являлась «великим началом», «великим единством (Тайи)». Отождествление Т. с *Тайи*, с одним из высших божеств, объектом поклонения и жертвоприношений в древнем, а затем в танском (8 в. н. э.) Китае, непосредственно связывает Т. с мифологией.

Дальнейшее развитие концепция Т. получила в средние века у сунских неоконфуцианцев, особенно у Чжоу Дунь-и (1017—73), Шао Юна (1011—1077), Лу Цзю-юаня (1139—93) и Чжу Си (1130—1200). Интерпретация и изложение Чжу Си понятия Т. завершили его разработку. Независимо от возникновения при этом полярного расхождения между материалистической или близкой к таковой трактовкой *Ицзина* у Чжоу Дунь-и и идеалистической у Чжу Си в обоих направлениях Т. является праначалом космогонического процесса, создавшего всю вселенную, включая человека. В своём графическом выражении понятие Т. широко распространилось в народных верованиях и мифологии, где самостоятельно либо чаще вместе с восемью триграммами стало картин-талисманов, оберегающих людей от нечистой силы. Очень часты изображения символов Т. вместе с фигурами мифических персонажей или животных; они встречаются в орнаменте тканей и одежды, а также на монетах. Понятие и эмблема Т. проникли также и в соседние страны Дальнего Востока, в особенности в Японию (тайкёку).
С. Кучера.

ТАЙШАНЬ («великая гора», Д у н ъ ю э («восточный пик»), в китайской мифологии священная гора (находится на полуострове Шаньдун). Как место жертвоприношений небу Т. связывается с мифическим правителем *Шунем* («Книга истории», древнейшие части 14—11 вв. до н. э.) и даже с первопредком *Фуси* («Исторические записки» Сыма Цяня, 2—1 вв. до н. э.). В апокрифических текстах рубежа н. э. Т. (её дух) рассматривается как внук верховного небесного государя, который призывает к себе души умерших людей. Считалось, что на Т. хранятся золотые шкатулки с нефритовыми пластинами, на которых записаны сроки жизни людей. К первым векам н. э. относятся представления о Т. как подобии загробного мира, мифологические предания о встречах с владыкой Т. — Тайшань фуцзюнем («управитель Т.»); считалось, что недалеко от Т., у холма Хаоли, собирались души умерших. В поздней мифологии Т. воспринималась как посредник между повелителем людей и верховным небесным божеством; под горой Т. в глубоких пещерах, вход в которые помещался на горных вершинах, находился как бы другой, подземный Китай. Божество Т. рассматривалось как божество рождения (возможно, это связано с представлением о Т. как о восточном пике, восток же ассоциировался с восходом солнца и началом жизни) и смерти; считалось, что особые амулеты — камни с горы Т. (шигандан), положенные перед входом в дом или у начала улицы, защищают от злых духов.

В «Записках о поисках духов трёх религий» (16 в.) владыка Т. назван внуком неба и земли, его родословную возводят к *Паньгу* и женщине из рода Цзиньхун («золотая радуга»). Он ассоциируется ещё с *Тайсуй* (планета Юпитер и соответственно её дух), так как Фуси дал владыке Т. титул Тайсуй, повелев ведать списками небесных бессмертных (сянь) и носить фамилию Суй (букв. «год») и посмертное имя Чун (букв. «поклонение»). Во времена мифического *Шэнь-нуна* ему был пожалован чиновничий пост, а при ханьском императоре Мин-ди (57—75) — титул юаньшуай («главнокомандующий»): он стал ведать судьбами людей, распределением знатности и богатства, 18 (по другим источникам, 16) судилищами загробного мира (см. *Диюй*) и 75 управами в нём. В народных верованиях владыка Т. именуется Тайшаньван («князь горы Т.») и почитается также как глава 7-го судилища ада. Согласно этому же источнику, у владыки Т. есть жена Шумин куньду хуанхоу («кроткая и мудрая государыня, владычица сил земли»), пять сыновей и дочь, которой обычно считают богиню *Бися юаньцзюнь*.

Даосские сочинения в свите владыки Т. также называют Дунъюэ шанцин сымин чжэньго чжэнь-цзюня («истинный государь, сановник высшего ранга и вершитель судеб, поддерживающий порядок в стране») — старшего из братьев *Сань Мао*, два божества, ведающие счастьем, — Цзэн-фу («добавляющий счастье») и Люэ-фу («убавляющий счастье»), Дунъюэ цзысунь цзютянь вэйфан шэнму юаньцзюнь («совершенномудрая матрона Восточного пика, богиня девяти небес, охранительница женских покоев, дарующая сыновей и внуков»), т. е., по-видимому, чадоподательницу *Сунцзы няннян*, и др.

Храмы, посвящённые горе Т. и её духу, были распространены по всему Китаю, культ этого божества в Пекине был одним из наиболее популярных. День рождения владыки Т. Дунъюэ дади отмечают 28-го числа 3-й луны. *Б. Л. Рифтин.*

ТАКАМА́-НО ХА́РА (др.-япон. «равнина высокого неба»), в японской мифологии верхний небесный мир, место обитания небесных богов, божественных предков, в отличие от земли — места обитания земных духов и людей. Здесь владычествует богиня *Аматэрасу*, расположены её дом, рисовые поля. *Е. С.-Г.*

ТАКАМИМУ́СУБИ, Така́мимусуби-но ка́ми («высокий бог рождающий»), Така́ки-но ка́ми («бог высоких деревьев»), в японской мифологии одно из божеств *мусуби*. Входит в число трёх первых богов японского пантеона, явившихся как божества-одиночки (без пары), но затем не выступает как родитель других богов. Обитая в верхнем небесном мире (*Такама-но хара*), он вместе с *Аматэрасу* отправляет поочерёдно разных богов управлять землёй. Успешно справляется с задачей лишь внук Аматэрасу и Т. *Ниниги*. *Л. М. Ермакова.*

ТАКУШКАНШКАН, в мифах сиудакских духи ветра и одновременно один ветер, объединяющий в себе четыре — по четырём сторонам света. Т. ассоциируется с югом, его ритуальный цвет — чёрный, символизирующий небо.

ТАКХА́Й, в мифах белых и чёрных тай Вьетнама небесная река (Млечный путь), отделяющая мир живых от мира мёртвых. Она вытекает из грота на небе, расположенного рядом с гротом, откуда выходит солнце, течёт ниже путей солнца и вливается в другой грот. Темноту в гроте охраняет Сису, каждый вечер он постепенно открывает дверь «небесной темноты» — на земле и небе наступает ночь. Вечером он выпускает тёмную вуаль — темноту и звёзды, а утром возвращает их в грот. Считается, что мир небесной воды, где появляются темнота и звёзды, устроили *Таосуонг* и *Таонган*. *Я. Ч.*

ТАКЭМИКАДЗУ́ТИ, Такэ́микадзу́ти-но о́ ка́ми (др.-япон. «доблестный устрашающий бог-муж»), Такэ́фуцу-но ка́ми (фуцу — «удар, наносимый мечом»), Тоэ́фуцу-но ка́ми («бог могучего удара мечом»), божество японской мифологии. Бог Идзанаки убил мечом бога огня *Кагуцути*, и из крови убитого, сбежавшей на гряду скал, рождается Т. («Кодзики», св. 1).

Обстоятельства рождения Т., а также его имена указывают на функцию этого бога. Богиня *Аматэрасу*, желая привести к покорности небесным богам землю людей, которой правит *О-кунинуси*, посылает Т. на землю. В мифе рассказывается о единоборстве Т. с сыном О-кунинуси, богом Такэминаката. Спустившись на землю, Т. и посланный с ним вместе Амэ-но Торифунэ, прежде чем начать переговоры с О-кунинуси, обнажив меч и, поставив его остриём вверх на гребне волны, усаживаются на нём, скрестив ноги. Это действие, очевидно, имеет целью продемонстрировать земным богам чудесную силу посланцев небесных богов (согласно древним народным верованиям, боги часто спускались с небес на остриё меча). Явившийся вместо О-кунинуси для борьбы с Т. Такэминаката (мотив такой замены часто встречается в японских мифах) предлагает Т. помериться силой. Т. даёт ему взять себя за руку, но тут же превращает свою руку сначала в ледяную сосульку, а затем в лезвие меча («Кодзики», св. 1). В этом мифе Т. именуется сыном бога Амэ-но охабари — «Небесного расширяющегося клинка», как Идзанаки нарёк меч, которым отсек голову богу огня. *Е. М. Пинус.*

ТА́ЛАБ, в йеменской мифологии бог луны, бог — предок, покровитель и владыка страны народа сумай (в Центральном Йемене), божество дождя и орошения, покровитель пастбищ и скота. Т.— глава особого пантеона страны сумай, в который входили также его супруга, богиня загробного мира Навшум, бог Кайнан и богиня солнца *Шамс*. Прозвище Т.— Рийам («высокий»). Священным животным Т. был горный баран. Т. почитался во многих ипостасях, связанных с различными храмами. Наиболее значительными центрами его культа были храмы Зубйан и Турат, который к рубежу н. э. стал главным храмом Т. Он находился в местности Рийам, его территория считалась священной — там запрещались охота и пастьба скота, в нём собирали храмовую десятину; в Турате помещался оракул Т.; он был центром паломничества, сопровождавшегося ритуальными трапезами. В 4 в. н. э. культ Т. был вытеснен монотеистическими учениями, но слава об оракуле в Турате сохранилась до 9 в. *А. Г. Л.*

ТА́ЛИЯ, Фа́лия (от thallo, «цвету», «разрастаюсь»), в греческой мифологии: 1) муза, одна из дочерей Зевса и Мнемосины (Hes. Theog. 77); покровительница комедии. Изображалась с комической маской в руках и венком из плюща на голове. От Т. и Аполлона родились *корибанты* (Apollod. I 3, 4). Зевс, превратившись в коршуна, взял в жёны Т. Из страха перед ревностью Геры Т. скрылась в недрах земли, где у неё родились демонические существа — палики (в этом мифе Т. именуется нимфой Этны); 2) одна из харит; 3) одна из нереид; участвовала в плаче нереид вместе с Ахиллом по погибшему Патроклу (Hom. Il. XVIII 39). *А. Т.-Г.*

ТА́ЛОС, Тал, в греческой мифологии: 1) герои критских легенд, медный великан, сын Креса (Paus. VIII 53, 5). В некоторых мифах сделанный Гефестом Т. называется медным человеком, в других — медным быком (Apollod. I 9, 26). Т. был подарен Зевсом Миносу (вариант: Европе) для охраны Крита. Три раза в день Т. обходил остров и, когда приближались корабли чужеземцев, бросал в них огромные камни (Apoll. Rhod. IV 1640 след.; Apollod. I 9, 26). У Т. была только одна жила, наполненная ихором (кровью богов), она тянулась от головы до лодыжки, где её затыкал медный гвоздь. Это было единственное уязвимое место Т. Когда аргонавты приплыли к Криту, Медея своими чарами наслала на Т. безумие, в припадке которого великан задел ногой острый камень — кровь вытекла, он умер (Apoll. Rhod. IV 1680 след.). Вариант: Т. поверил в обещание Медеи сделать его бессмертным и позволил ей вытащить гвоздь. По другой версии, Т. был убит аргонавтом Пеантом, отцом *Филоктета*, выстрелившим в него из лука Геракла и попавшим в лодыжку (Apollod. I 9, 26). Происхождение мифа, возможно, связано с огромными медными статуями людей и быков, которые греки впервые увидели на острове Крит; 2) племянник *Дедала* (у Гигина — имя племянника — Пердикс, Hyg. Fab. 39) и его ученик. Т. превзошёл в мастерстве своего учителя. Т.— изобретатель гончарного круга и других орудий. Из зависти Дедал сбросил Т. с акрополя (Apollod. III 15, 9). *М. Н. Ботвинник.*

ТАЛУ́Т, в мусульманской мифологии персонаж, соответствующий библейскому *Саулу*. Возможно, имя Т. означает «высокий» и связано с представлением о большом росте как признаке права на царскую власть (ср. 1 Царств 10—23). Согласно Корану (2:248—252), аллах назначил Т. царём над сынами Исраила, но они его не признали. Тогда их пророк, идентифицируемый комментаторами с библейским *Самуилом*, доказал им, что Т. обладает силой и мудростью, присущими царю, что знамение его власти — возвращение ковчега. Т. выступил с воинами против *Джалута*, предварительно испытав их водой реки: те воины, которые отказались пить её, остались с Т. (в Библии сходный мотив отнесён к Гедеону; Суд. 7, 5—7). С помощью *Дауда* Джалут был побеждён.

Предание развивает сюжеты и мотивы, связанные с высоким ростом Т., с содержанием ковчега и др. Повествуется также о попытках Т. убить Дауда.

М. П.

ТАЛФИ́БИЙ, Т а л т и́ б и й, в греческой мифологии вестник *Агамемнона*, участвующий вместе с ним в Троянской войне и выполняющий его поручения (Apollod. epit. III 22; Hom Il. I 320; Eur. Troad. 235—277).

В Спарте находилось святилище Т.— покровителя глашатаев, считавшихся его потомками и выступавших в качестве послов от имени государства (Herodot. VII 134; Paus. II 12,7).

В. Я.

ТАМЕ́Й ТИ́НГЕЙ, в мифологии кенья и каянов острова Калимантан (Западная Индонезия) бог верхнего мира. Восседает вместе со своей супругой Унианг Тенанган в верхнем ярусе космоса. Определяет ход жизни людей и следит за соблюдением адата. Согласно космогоническим представлениям кенья и каянов, первоначально существовал большой камень, упавший с неба в воду. Черви точат его и из песка и экскрементов создают на нём землю. Затем на неё падает с неба рукоять меча (или щипцы) и вырастает мировое древо, оплодотворяемое падающей с неба лианой. От этого союза рождаются первопредки — безрукие и безногие монстры, давшие начало божествам нижнего мира (см. в ст. *Амей Авинг*). Сам Т. Т. рождается из листьев мирового древа; становится повелителем сонма добрых и злых духов, по его приказанию награждающих или карающих людей.

М. Ч.

ТАММУ́З (евр., арам.), Д у́ м у з и (шумер.), Д у́ у з у (аккад.), у ряда народов Передней Азии божество с отчётливо выраженными чертами бога плодородия. Согласно шумерским мифологическим текстам (известным уже с 3-го тыс. до н. э.), бог-пастух, возлюбленный и супруг богини Инанны, отданный ей в подземное царство в «замену» её самой; умирающий и воскресающий бог Думузи проводит под землёй каждые полгода (подробнее см. в ст. *Думузи, Инанна*).

Культ Думузи-Т., вероятно, вследствие интенсивного месопотамского влияния (особенно в 3—2-м тыс. до н. э.) получил распространение в сиро-палестинском регионе, где он сохранялся в течение длительного времени. Согласно Библии (Иезек. 8, 14), у северных ворот Иерусалимского храма Яхве женщины оплакивали Т. (Фаммуза). По-видимому, этот культ отправляло и сиро-арамейское население Сирии и Месопотамии в 1-м тыс. до н. э.— 1-м тыс. н. э. По свидетельству арабского автора 10 в. Надима, обряд, аналогичный описанному в Библии, существовал ещё и в 10 в. у сабиев в Харране (Северная Месопотамия); женщины оплакивали Т., которого его владыка убил, размолол его кости и пустил их по ветру; во время церемонии ели сырое зерно, фрукты и овощи. У сирийских авторов сер. 1-го тыс. н. э. упоминается имевший хождение в сиро-палестинском регионе миф, согласно которому Т. была дана в жёны Балтин, но её полюбил Баалшамин (*Баалшамем*), и Т. вынужден был бежать, а Балтин сожгла Харран. В некоторых литературных традициях (напр., у Оригена) Т. отождествлялся с *Адонисом*.

В. А., И. Ш.

ТАМОАНЧА́Н, в мифах индейцев Центральной Америки земной рай, расположенный на западе, место происхождения растений и бога кукурузы.

Р. К.

ТАНА́ИС, в греческой мифологии сын Океана и Тефиды (вариант: амазонки Лисиппы). Т. из всех богов почитал только Ареса, и за это Афродита наделила его страстью к собственной матери; чтобы не поддаться соблазну, Т. бросился в реку Амазоний, где купались амазонки, которая с тех пор называлась Танаисом (совр. Дон).

Г. Г.

ТА́НАТОС, Ф а́ н а т, в греческой мифологии олицетворение смерти (Hes. Theog. 211 след.; Hom. Il. XIV 231 след.). В трагедии Еврипида «Алкестида» излагается миф о том, как Геракл отбил от Т. Алкестиду. Хитрому Сисифу удалось заковать Т. и продержать в плену несколько лет, в течение которых люди перестали умирать.

А. Т.-Г.

ТАНГАРО́А, Т а н г а л о́ а, Т а н а о́ а, Т а а р о́ а, К а н а л о́ а, у полинезийцев и микронезийцев (острова Гилберта) небесное божество (в ряде мифов Западной и Центральной Полинезии Т.— само небо, а также радуга, дождь). Т.— бог морской стихии (со всеми обитателями океана — рыбами, пресмыкающимися, морскими животными и др.). По некоторым мифам, Т.— нетварное существо, по другим — создаёт себя сам, пребывая во тьме (*По*) в космической раковине (или в космическом яйце); в некоторых вариантах сюжета Т. в дальнейшем из створок раковины создаёт небо и землю. В мифах маори Т.— один из сыновей *Ранги* (отец-небо) и *Папа* (мать-земля). Согласно многим мифам, от соития Т. с Папа рождаются первые о-ва в океане. По другим версиям, Т. создаёт сушу, скинув с неба в океан камни и глину, или творит земли из собственного тела; затем сбрасывает (или отправляет с порождённой им птицей) на них первые растения. Из остатков скопившихся на земле и сгнивших растений Т. делает первых людей (вариант: лепит их из глины и земли). Согласно ряду мифов, первые люди появляются из союза Т. с Папа; в мифах маори оспаривают отцовство по отношению к сыну Папа Т. и Вакеа; Папа разрешает спор, разрубив ребёнка пополам: из полученной половины Т. создаёт луну, а его соперник — солнце.

Т. обучает первых людей ремёслам, даёт им орудия труда (отсюда распространяются представления о Т. как патроне рыболовства, плотничества, плетения).

В мифах гавайцев Т.— хтоническое существо, владеет тайнами колдовства, как «тёмный» бог противостоит «светлым» богам и духам. В мифах острова Мангайя мир разделён между близнецами Т. и Ронго. Т.— создатель и хозяин всего «красного», первопредок светловолосых людей; Ронго принадлежит всё остальное, его потомки — темноволосые люди.

Т. воплощается в угре, акуле, в тюлене (в мифах острова Пасхи), различных морских птицах. Сыновья Т.— *Оро*, *Мауи* (варианты: Мауи — младший брат, внук или соперник Т.), *Тинирау* (хозяин морских животных и рыб).

Е. М. Мелетинский, М. С. Полинская.

ТАНГУ́Н, в корейской мифологии родоначальник корейцев, основатель корейского государства Древний Чосон.

Записи мифа в фрагментах сохранились только в корейских памятниках 13—15 вв. Согласно «Самгук юса», Т.— сын *Хвануна*. История рождения Т. изложена в ст. о Хвануне. По версии в «Ындже сиджу» Квон Нама (15 в.), Хванун отождествляется с Т.: дух в облике человека, спустившийся под дерево Тан на горе Тхэбэксан, был возведён людьми в государи и назван Тангуном. Согласно «Чеван унги», внучка небесного владыки съела снадобье и стала женщиной, затем вышла замуж за духа дерева Тан и родила Т. На 50-м году правления легендарного китайского Яо Т. основал столицу в крепости Пхёньансон и назвал страну Чосон. (В «Чеван унги»: «Обосновавшись в землях Чосон, он стал правителем. Поэтому [племена] сира, коре, южные и северные окчо, восточные и северные пуё, йе и мэк — все они были в управлении Тангуна».) Он правил ею 1500 (в других источниках —1038) лет. Т. сначала перенёс столицу в Асадаль у горы Пэгак, а в конце земной жизни, когда *Киджа* будто бы получил владения в Чосоне, он снова перенёс столицу в Чанданген, потом вернулся в Асадаль и в возрасте 1908 (в «Ындже сиджу» — 1048) лет стал горным духом. В «Ындже сиджу» и «Седжон силлок» сообщается также, что Т. женился на дочери речного божества Писоап (см. *Хабэк*), которая родила сына по имени Пуру (см. *Хэбуру*), ставшего правителем Восточного Пуё. Когда Юй, преемник Шуня, собрал владетельных князей в Тушане, Т. отправил туда Пуру. В этих же памятниках указывается время перехода Т. в духа горы Асадаль: 8-й год правления шанского Удина. Миф о Т.— один из наиболее спорных в корейской мифологии, в нём привнесены позднейшие наслоения: например, на древнейшие мотивы мирового дерева и верховного небесного владыки наложены буддийские мотивы духа-дерева Тан и Индры в образе Хванина; деяния Т. соотнесены с периодом правления древнекитайских государей; вымышленные географические названия идентифицированы с современными. Наконец, стремление связать узами родства Т. с *Тонмёном* и *Чумоном* через Пуру следует считать либо заимствованием из поздних мифов, либо контаминацией нескольких разноплеменных мифов, вызванной процессом циклизации мифов вокруг главных персонажей Пуё и Когурё — Тонмёна и Чумона. Миф о Т. изначально был мифом о предке какого-то племени периода Древнего Чосона. До 13 в. традиции мифа сохранялись где-то на периферии. И лишь когда государство Корё стало переживать трудности из-за внутренних неурядиц и иноземных нашествий, этот генеалогический миф был вызван к жизни с целью консолидации страны. С тех пор Т. стали считать общим предком корейцев и поклоняться ему как божеству. С легендарной даты основания т. государства Чосон — 2333 до н. э. велось традиционное корейское летосчисление. 3-го числа 10-й луны праздновался день рождения Т.

Т. — мифический персонаж с чертами тотемного предка и культурного героя неолитической эпохи. Имя Т. некоторые учёные возводят к древнеалтайскому слову со значением «шаманский царь». Дух Т. — Камансин почитался корейскими шаманками. Вероятно, «Т.» было не личным именем, а общим нарицательным названием верховного жреца (Т.) и вождя (Вангом) древнего племени чосон, причём не реального лица, а духа — защитника первобытного коллектива, которому поклонялись жрецы. Миф о Т., видимо, создан был племенем, предком-тотемом которого был медведь и которое одержало победу над племенем с тотемом «тигр».

Миф о Т. оказал большое влияние на культуру Кореи. Многие поэты и художники воплотили образ Т. в своих произведениях. Живописец 6 в. Сольго будто бы нарисовал Т. после того, как к нему во сне снизошёл дух родоначальника. Поэт 13 в. Ли Гюбо, увидев картину Сольго, написал поэму о Т. (не сохранилась). Ли Сынху (13 в.) в «Чеван унги» воспроизвёл в стихах миф о Т.   *Л. Р. Концевич.*

ТА́НЕ, Ка́не («человек», «муж»), в пантеоне богов Полинезии (кроме Западной Полинезии) божество леса, лесных зверей и птиц. Т. ассоциируется со светом, солнцем, с «живой водой»; в мифах Гавайских островов Т. — антипод Каналоа (*Тангароа*). В ряде мифов Т. разделяет обнимающих друг друга отца-небо (*Ранги*) и мать-землю (*Папа*). По некоторым мифам, Т. создаёт из глины первых мужчину (Тики) и женщину (Ио-вахине), которая становится женой Т.; согласно вариантам, начало человеческому роду положил инцест Т. (или Тики) с дочерью; иногда первое, что порождает Т., — это космическое яйцо. В некоторых мифах с Т. связано происхождение каннибализма. Т. — носитель сакрального знания, принесённого им с неба, в этом качестве он выступает как патрон ремёсел. У гавайцев Кане — также прародитель вождей.   *Е. М., М. С. П.*

ТА́ННАМУ КВИ́СИН, Мо́кквисин, в корейской мифологии общее название древесных духов. По анимистическим представлениям древних корейцев старые деревья были вместилищами духов. Почитание дерева как священного алтаря (см. *Синдансу*) отражено в мифе о *Тангуне* и связано с мировым деревом. Рождение *Сок Тхархэ, Ким Альджи* и других основателей древнекитайских государств и родов нередко привязано к Т. К. К этим духам обращались с мольбой о чадородии матери, дети которых потом прославлялись на всю страну. Корейские записи о Т. К. и священных деревьях имеют аналоги в древнекитайских мифах о солнечном дереве *Фусан* (корейск. Пусан), о большом персиковом дереве на горе Душоушань, около которого было скопище духов и тень от которого падала на 3 тыс. вёрст. До недавнего времени в Корее сохранялся культ больших старых деревьев как духов — хранителей данной местности (тансу). В народной мифологии считалось, что у каждого дерева свой дух и что старые деревья являются местом рождения и обитания духов. Обращаясь с мольбой к Т. К., люди верили, что это излечит их от недугов, принесёт им счастье и т. д.   *Л. Р. Концевич.*

ТА́НО, в мифах ашанти бог реки Тано; один из сыновей бога неба *Ньяме*, покинувшего землю, отославшего на неё с неба Т. и его братьев. Согласно мифу, однажды Т. боем барабанов привлёк внимание вошедшего в пальмовый лес охотника на слонов Туо. Испуганный охотник, углубившись в чащу, оказался у истоков реки Агьентоа, где его окликнул невидимый им Т. и повелел ему прийти к этому месту ещё раз. Туо пришёл вместе с людьми, которые также услышали голос Т. Затем Т. вошёл в сестру Туо Анаа, которая объявила себя одержимой Т.; она стала танцевать и пророчествовать. Через Анаа Т. передал свою волю людям; выполняя её, люди основали деревню близ истоков реки Агьентоа (в честь бога переименованную в Тано) и установили культ Т.   *Е. К.*

ТА́-НО КА́МИ (япон., «божество поля»), в поздней народной японской мифологии божество, охраняющее посевы и обеспечивающее богатый урожай. В северо-восточном районе Японии Тохоку его называют Ногами («бог земледелия»), в префектурах Яманаси и Нагано — Сакугами («бог урожая»); в западных районах божество поля отождествляется с богом двора (усадьбы), именуемым Дзигами («божество земли»), в других местах — с богом гор Яма-но ками, охраняющим людей, работающих в горах. На островах Сикоку и Кюсю много местностей, где чтят как божество поля Дайкоку — божество трапезы, позднее модифицировавшегося в бога богатства (связанного прежде всего с урожаем, с запасами риса). Распространён обычай ставить изображение Дайкоку на кухне, где варится рис и совершается трапеза.

Т.-н. к. предстаёт также как божество воды. На празднествах, посвящённых богу поля, возле источника воды (колодца и др.) насыпают немного земли и укрепляют ветку дерева, цветок, кладут камень или ставят каменное изображение божества, держащего черпак для риса. Считается, что Т.-н. к. сходит на крестьянское поле с гор в январе или феврале, в ноябре возвращается домой, в горы. Однако главные празднества в его честь наступают во время посадки риса, в мае. Роль Т.-н. к. на этих празднествах исполняется синтоистским жрецом в особой маске. В древнейшие времена Т.-н. к. приносились человеческие жертвы — девушки, позже этот обычай заменился чисто символическими действиями: девушек обмазывают грязью, взятой с рисового поля.   *Е. М. Пинус.*

ТА́НТАЛ, в греческой мифологии герой, сын Зевса и Плуто, царствовавший в области горы Сипила в южной Фригии (Малая Азия) и славившийся своим богатством. По одной из версий мифа, он был женат на дочери бога златоносной реки Пактола. Пользуясь благосклонностью олимпийских богов, он был удостоен чести принимать участие в их пирах, но отплатил им за это неблагодарностью: по различным вариантам мифа, он разгласил среди людей услышанные им тайны олимпийских или раздал своим близким похищенные на пиру у богов нектар и амбросию (Pind. Ol. I 55—64, Eur. Orest. 4—10). Чтобы испытать всеведение богов, Т. пригласил их к себе и в качестве угощения подал им мясо своего убитого сына Пелопа. Среди преступлений Т. против богов называют также похищение (или укрывательство похищенной) золотой собаки из храма Зевса на Крите и клятвопреступное отпирательство в содеянном (Schol. Pind. Ol. I 60). За свои преступления Т. был наказан в подземном царстве вечными мучениями: стоя по горло в воде, он не может напиться, так как вода тотчас отступает от губ; с окружающих его деревьев свисают отягощённые плодами ветви, которые вздымаются вверх, как только Т. протягивает к ним руку («Танталовы муки»). Над его головой нависает скала, ежеминутно грозящая падением (Hom. Od. XI 582—592; Apollod. epit. II 1). Миф о Т. был обработан Софоклом (не сохранившаяся трагедия «Тантал»), его упоминали Платон (Crat. 395 de) и поздние греческие и римские мифографы.

Исторически Т. принадлежит к кругу доолимпийских горных божеств, чем объясняется в некоторых вариантах мифа его связь с материковыми греческими центрами (главным образом Аргосом). По одной из версий мифа, Т. похоронен под городом Сипил (Paus. II 22, 3; V 13, 7).
В. Н. Ярхо.

ТА́О КУЭ́Н, во вьетнамских мифах божество земли. В народных представлениях Т. К. часто отождествляется с Тхэн Бепом, духом домашнего очага. Т. К. имеет облик дракона, нередко — старца. Считалось, что он знает о всех людских делах. За семь дней до нового года по лунному календарю Т. К. покидает землю и отправляется на небо к верховному божеству Нгаук Хоангу; земля в это время отдыхает и люди не смеют её тревожить не только плугом и бороной, но и мотыгой. С возвращением Т. К. на землю перед первым днём нового года пробуждается земля.
Н. Н.

ТАОСУО́НГ И ТАОНГА́Н, в мифах белых и чёрных тай Вьетнама божества — устроители земли после потопа. Они были посланы для этого верховным богом, который снабдил их восемью тыквами и восемью медными палками — саокамфа («палка, поддерживающая небо»). Внутри тыкв были помещены люди 330 народностей, семена 330 сортов риса, разные книги для предсказателей и жрецов. Спускаясь, Т. и Т. сначала достигли стран Мыонгум и Мыонгай, которые находятся между небом и землёй, и увидели, что земля ещё не совсем освободилась от воды. Но когда вода ушла, на землю сошёл только Таосуонг. Он распределил тыквы в разных странах и с помощью палок проткнул их. Из тыкв вышли разные народы.
Я. Ч.

ТА́ПАС («тепло», «жар», «пыл», «мучение» и т. п.), в древнеиндийской мифологии космический жар как универсальный космогонический принцип. Он лежит и в основе мироздания (из Т. родились закон и истина, ночь, океан, из океана — год, распределяющий дни и ночи, и т. д., PB X 190), и в основе религиозного поведения — умерщвление плоти, аскезы, которая также является отражением Т. Вместе с *Маньо* Т. защищает своих почитателей и убивает их врагов. Позже Т. стал одним из важных понятий в ряде систем древнеиндийского умозрения.
В. Т.

ТА ПЕДН, К е́ т о, М о л ь т е́ к, А н г л а́ й, П л е, в мифах семангов небесное божество. Иногда говорят, что он живёт в солнечном свете или что Т. П. и есть солнце. Иногда образ Т. П. сливается с образом *Карея*. Согласно социально позднему варианту, Т. П. живёт на востоке, его младший брат — на западе. У Т. П. есть жена *Манои*. Функции создателя мира нечётко разделены между женским божеством Манои и мужским божеством Т. П.
Я. Ч.

ТА ПИА́ГО И ТА ТА́НГОЙ, в мифах семангов культурные герои. Они муж и жена. Некогда они жили на земле. Та Пиаго был плодовым деревом перахом, Та Тангой — плодовым деревом рамбутаном. Они преподали людям искусство наносить орнамент по оружию и на гребнях. Та Тангой научила женщин быть привлекательными с помощью украшений, бамбуковых гребней и пр.
Я. Ч.

ТА́ПИО, в финской и карельской мифологии бог леса. Согласно М. Агриколе (16 в.), Т.— финское божество, посылает удачу охотникам. В лесу Т. оставляли мелкие приношения (у пня — «стола Т.»). В карело-финских рунах Т.— хозяин лесной страны Тапиолы (Метсолы), изображается седобородым стариком. Его жена — Мизликки (Меттики) — хозяйка леса. В шведском источнике 17 в. известна богиня Тапиатар. Т. противопоставляется *Хийси*, злому духу леса, иногда отождествляется с ним.

ТА́РА («спасательница»), в буддийской мифологии *бодхисатва*, *идам* и *праджня*, наиболее популярный женский мифологический образ, воплощение беспредельного сострадания. В текстах хинаяны Т. не упоминается, в махаяне она занимает второстепенное место, но в ваджраяне и особенно в народном буддизме в ареалах, где распространена ваджраяна

(в Тибете, Монголии, Непале), культ Т. в популярности не уступает культам *Авалокитешвары*, *Амитабхи*, *Ваджрапани*, *Ямантаки* и других главных бодхисатв, *будд* и идамов. В пантеоне ваджраяны насчитывается 21 Т. (с разными именами). Они представляются одетыми в платье индийской царевны и различаются по цвету, положению рук и ног. Все Т. имеют одну и ту же мантру (молитву). Самые известные — Зелёная Т. (Сяматара) и Белая Т. (Ситатара). Это милостивые ипостаси, остальные же — гневные.

Время и место возникновения образа Т. неизвестны, можно предположить, что он появился в 1-й половине 1-го тыс. н. э. в Индии. Первые европейские миссионеры, видевшие изображения Т. в Индии, отождествляли её с девой Марией. В Тибете, куда культ Т. начал проникать в 11 в. и достиг кульминации в 14 в., записано несколько мифов, повествующих о происхождении Т. По одной версии, Т. родилась от слезы Авалокитешвары, когда тот оплакивал страдания мира. В «Историях идамов» излагается версия, согласно которой многие *кальпы* тому назад жила принцесса, обретшая дух просветления (бодхичитта). Поэтому монахи сказали, что ей следовало бы в новом рождении появиться в облике мужчины. Принцесса отвергла эту версию, заявив, что не существует таких *дхарм*, как мужчина и женщина, и поэтому ей всё равно, чей у неё облик; кроме того, многие хотят в облике мужчины достичь нирваны, но очень мало найдётся тех, кто пожелает превратить женственность в средство достижения просветления. После этого она на многие кальпы погрузилась в созерцание и наконец дала перед буддой *Амогхасиддхи* клятвенное обещание избавлять все существа от мук *сансары*. Она стала Т. и, начиная с этого момента, спасает каждый день мириады существ. Т. вошла также в добуддийский миф о происхождении тибетского народа от обезьяны (позднее признанной манифестацией Авалокитешвары) и похотливой горной демоницы, грозившей пожирать каждый день тысячи людей, если обезьяна не уступит её домогаваниям. Демоница позднее была признана инкарнацией Т. Как праджня Т. выступает вместе с Авалокитешварой и с Амогхасиддхой. К Т. нередко обращались и как к идаму. В Тибете верили, что даже простое упоминание её имени может спасти от многих бедствий.

Ряд исторических лиц считался воплощением Т., например жёны тибетского царя Сронцзангамбо — непальская принцесса — воплощением Зелёной Т., китайская принцесса — Белой Т.; российская императрица Екатерина II была объявлена бурятами-ламаистами воплощением Белой Т.; жена 8-го богдо-гэгэна Монголии считалась воплощением Зелёной Т.
Л. Э. Мялль.

ТА́РА (др.-инд. «звезда»), в индуистской мифологии жена наставника богов *Брихаспати*. Её похитил у Брихаспати бог луны *Сома*, и это вызвало войну между богами, пришедшими на помощь Брихаспати, и *асурами*, вставшими на сторону Сомы. Брахма возвратил Т. её супругу, но тем временем она родила от Сомы сына *Будху*.
П. Г.

ТАРАКСИ́ПП («ужас коней»), в греческой мифологии: 1) злой демон и посвящённый ему алтарь, который находился на Олимпийском ипподроме и также назывался Т. Во время состязаний лошади без видимой причины пугались Т., колесницы разбивались, возникали калечения. Считалось, что в Т. перевоплотился погибший герой, имя же его, согласно различным мифам, варьируется: Эномай, погубленный во время состязаний возничим Миртилом; Миртил, убитый Пелопом; местный наездник Олений (или Дамеон); Алкаф — убитый Эномаем претендент на руку Гипподамии (Paus. VI 20, 15—18); внук Гермеса Исхен, принёсший себя в жертву, чтобы спасти страну от голода (Lycophr. 42 след.). Колесничие, чтобы умилостивить Т., приносили ему жертвы.

Другой Т. почитался на ипподроме, на котором происходили Истмийские игры. Его считали перевоплотившимся сыном Сисифа — Главком, который был разорван своими конями на погребальных играх, устроенных в честь Пелия его сыном Акастом (Hyg. Fab. 250; Paus. VI 20, 19); 2) одно из прозвищ Посейдона-Гиппия («конного») (Dion. Chrys. Orat. 32, 76). *М. Б.*

ТА́РАМЫ, в низшей мифологии ингушей и чеченцев невидимые духи-хранители. По одним поверьям, каждый человек имеет своего Т., всюду его сопровождающего. По другим поверьям, Т.— домашние духи, защищающие дом от всяких бедствий. Как охранители дома Т. генетически связаны с культом предков. Существовало также представление, что все природные объекты охраняются своими невидимыми Т. *А. Т.*

ТАРА́НДЖЕЛОЗ, в осетинской мифологии божество плодородия в Трусовском ущелье в верховьях Терека и в селении Тиб в Мамисонском ущелье в верховьях Ардона. Ежегодно в мае в честь Т. трусовцы устраивали пиршество, на которое каждый хозяин приводил белого барашка и приносил его в жертву. На пиршестве горцы обращались к Т. с просьбой о ниспослании счастья, благополучия, здоровья, хорошего урожая, увеличения поголовья скота (за исключением свиней и ишаков, которых Т. считал «нечистыми»). В нартском эпосе святилище Т. возникло одновременно с *Мыкалгабырта* и *Реком*. Они считались тремя слезинками бога, пролитыми им в разных местах по поводу гибели нарта *Батрадза*. *Б. К.*

ТАРА́НИС (лат., «громовержец»), в кельтской мифологии бог. Упоминается у римского поэта 1 в. Лукана и в т. н. Бернских схолиях к нему (10 в.), где отождествлялся с римским Дитом. Из них же известно, что жертвы Т. сжигались. Галльские памятники римской эпохи представляют Т. бородатым гигантом, держащим колесо (или несколько спиралей). Особняком стоят памятники в форме колонн, которые венчает скульптура Т., попирающего гиганта со змеевидными нижними конечностями (Рейнская область и Бретань). Спорным является вопрос, составлял ли Т.— бог грома и небесного огня (иногда отождествлялся с римским Юпитером) вместе с *Тевтатом* и *Езусом* органическую божественную триаду в доримское время. *С. Ш.*

ТАРАСКА́, в низшей мифологии и фольклоре юга Франции (Прованс) ужасное чудовище (полузверь-полурыба), обитавшее в лесу близ реки Роны и пожиравшее путников, а также моряков с проплывавших мимо судов. По преданию, его усмирила святая Марта (сестра Марии Магдалины) при помощи знака креста и святой воды. Изображения Т. вплоть до настоящего времени фигурируют в карнавальных процессиях. *С. Ш.*

ТАРГИТА́Й, в скифской мифологии первочеловек, прародитель скифов, сын *Папая* и дочери реки *Борисфен* (Herodot. IV 5—7). В эллинизированных версиях скифского генеалогического мифа (Herodot. IV 8—10; Inscriptiones Graecae XIV 1293a, строки 94—97) персонаж, аналогичный Т., именуется *Гераклом*. Божество, под этим же греч. именем фигурирующее в описании скифского семибожного пантеона у Геродота (IV 59), где оно вместе с *Артимпасой*, *Аресом* и *Ойтосиром* составляет третий разряд богов, специфически связанный со средним миром, очевидно, тот же Т. В изложении этого мифа у Диодора (II 43) персонаж, аналогичный по месту в сюжете Т., именуется *Скифом*. В ряде версий мифа герой, функционально тождественный Т., выступает в роли супруга хтонической богини (см. *Апи*), идентичной по облику и функциям его собственной матери, что позволяет предполагать наличие в скифском мифе мотива инцеста, совершённого первочеловеком. Т.— отец *Липоксая*, *Арпоксая* и *Колаксая*, положивших начало разделению скифского общества на роды. В эллинизированных версиях мифа эти три родоначальника замещены прародителями трёх разл. народов (*Агафирсом*, *Гелоном* и *Скифом*). *Д. С. Р.*

ТАРИАКУ́РИ («жрец воздуха»), в мифах тарасков бог ветра и культурный герой. В образе Т. слились представления о божестве ветра и легенды об историческом основателе государственного объединения тарасков, созданного в 14—15 вв. с центром в Цин-цунцане (совр. шт. Мичоакан, Мексика). Образ Т. близок ацтекскому *Кецалькоатлю*. *В. Е. Б.*

ТАРКШЬЯ, в древнеиндийской мифологии божественный конь, дважды упоминаемый в «Ригведе». Он быстр, могуч, победоносен, спешит на битву. Его призывают как дар *Индры*. В поздневедийских текстах Т.— птица; в эпической и последующей литературе Т. идентифицируется с *Гарудой*. Предполагают, что первоначально Т. считался воплощением солнца. *В. Т.*

ТА́РНЕК, в мифах эскимосов душа человека, а также животного. По внешнему виду Т. является маленькой копией своего владельца, человека или животного. Т. может прекратить существование одновременно со смертью человека, иногда остаётся на месте смерти или погребения её владельца, а иногда переходит к новорождённому тёзке умершего. *Л. Ф.*

ТАРОНХАИАВА́ГОН («тот, кто поддерживает небесный свод»), в мифах могауков и др. ирокезских племён демиург, покровитель охоты. Т.— один из братьев-близнецов, внуков Атаентсик (богини земли, мрака и смерти). Брат-антагонист Т.— *Тавискарон*, божество зимы, холода и мрака. Согласно мифу, Т. и Тавискарон начали создавать мир каждый по своему разумению: Т.— слишком хорошим, его брат — слишком плохим, что окончилось поединком между братьями, в котором Тавискарон был убит. Т. победил племя великанов-людоедов и Великого горбуна — *Хадуигона*. Т. изображался в виде антропоморфного существа мужского пола в плаще из окрашенных в голубой цвет собачьих шкур; ассоциировался с громом и оленем. Во время новогодней церемонии Т. приносят в жертву белую собаку. В мифах гуронов Т. выступает под именем Иоскеха (см. ст. *Иоскеха и Тавискарон*). *А. В.*

ТАРПЕ́Я, в римской мифологии дочь Спурия Тарпея, которому во время войны *Ромула* с сабинянами была вверена оборона римской цитадели в Капитолии. Царь сабинян Тит Таций, то ли соблазнив Т. любовью, то ли подкупив обещанием дать ей то, что сабинские воины носили на руке (т. е. золотые браслеты и кольца), уговорил её отворить ему ворота крепости. По одной версии, царь сабинян приказал потом своим воинам забросать Т. щитами (которые они тоже носили на руке), презирая её за предательство; по другой, более распространённой,— Ромул приказал сбросить её со скалы, получившей название Тарпейской. С этой скалы потом сбрасывали виновных в наиболее тяжёлых преступлениях (Liv. I II; Plut. Romulus 17). *Е. Ш.*

ТА́РТАР, в греческой мифологии пространство, находящееся в самой глубине космоса, ниже аида. Т. на столько отстоит от аида, на сколько земля от неба. Если бросить медную наковальню с неба на землю, то она долетела бы до земли за девять дней. Столько же потребовалось бы ей, чтобы долететь с земли до Т. В Т. залегают корни земли и моря, все концы и начала. Он огорожен медной стеной, и ночь окружает его в три ряда. В Т.— жилище Никты (Ночи). Великой бездны Т. страшатся даже боги. В Т. были низринуты титаны, побеждённые Зевсом. Там они томятся за медной дверью, которую стерегут сторукие (Hes. Theog. 717—745). На Олимпе обитают боги нового поколения — дети свергнутых титанов; в Т.— боги прошлого поколения, отцы победителей. Т.— это нижнее небо (в противоположность Олимпу — верхнему небу). В дальнейшем Т. был переосмыслен как самое отдалённое место ада, где несут наказание святотатцы и дерзкие герои — Алоады, Пирифой, Иксион, Салмоней (Verg. Aen. VI 580—601), Сисиф, Титий, Тантал (ср. Hom. Od. XI 576—600). В «Теогонии» Гесиода Т. персонифицирован. Он — в числе четырёх первопотенций (наряду с Хаосом, Геей и Эросом) (116—120). Гея порождает от Т. чудовищного Тифона (821 след.). Дочерью Т. и Геи, по одному из мифов, была Эхидна (Apollod. II 1, 2). *А. Т.-Г.*

ТА́РХОН, в этрусской мифологии герой, сын Тиррена (по другой версии, Телефа), основатель городов (Тарквинии, Мантуя, Пиза и др.), устроитель этрусского двенадцатиградья, союзник *Энея*, про-

тивник *Кака* (Strab. V 219; Verg. Aen. X 153; Serv. Verg. Aen. X 198).
А. Н.

ТАСМ, в мусульманской мифологии одно из «коренных» племён Аравии. Популярно предание о гибели Т. и их соседей — племени джадис. Один из тасмитов был правителем над джадис, которых всячески притеснял, в частности введя для себя право первой ночи. По призыву брата одной из невест люди из племени джадис решили отомстить правителю. Они пригласили всех его соплеменников на свадебный пир и перебили их, достав спрятанное в песке оружие. Спасся только один из тасмитов, бежавший за помощью к йеменскому царю Хасану — союзнику Т. Хасан собрал большое войско и двинулся в Восточную Аравию, где, по преданию, жили племена Т. и джадис. В трёх днях пути от столицы джадиситов города ал-Джаув йеменские воины в целях маскировки взяли в руки ветви деревьев. Но несмотря на это, их обнаружила отличавшаяся острым зрением девушка из племени джадис по имени ал-Иамама. Она предупредила соотечественников о движущемся к ним лесе. Однако джадиситы не поверили ей, были застигнуты врасплох и перебиты. По приказу Хасана зоркой девушке выкололи глаза, а сама она была распята на воротах города, который с тех пор стал называться её именем — ал-Йамама.
М. П.

ТАТАРТУ́П ДЗУ́АР («святой Татартуп»), в осетинской мифологии аграрное божество, покровитель равнинной Осетии и соседней Кабарды. По представлению осетин, Т. д. способствовал получению высоких урожаев хлеба не только в равнинной Осетии, но и в горной, где особенно остро ощущался его недостаток. В этом было превосходство Т. д. над горными божествами (см. *Уацилла*, *Хохы дзуар*). От Т. д. зависел не только хороший урожай, но и обилие скота и избавление людей от недугов. Чтобы умилостивить Т. д., жители окрестных сёл в Осетии и Кабарде после окончания сельскохоз. работ устраивали пиршество около его святилища, расположенного близ сел. Эльхотово.
Б. К.

ТАТЕ́НЕН («поднимающаяся земля»), в египетской мифологии бог земли. Хтоническое антропоморфное божество. Центр культа Т. — город Мемфис. Т. — демиург, сотворивший из первобытного хаоса мир, богов и людей, бог времени, обеспечивающий царю долгую жизнь; ему принадлежат глубины земли, ночью к нему спускается солнце, он владеет минералами, из него вырастают растения. Очень рано функции Т. были перенесены на *Птаха*, впоследствии имя Т. стало приставкой к имени Птах или эпитетом Птаха. Синкретический бог Птах-Т. почитался как дающий пищу.
Р. Р.

ТАТХА́ГАТА, в буддийской мифологии хинаяны эпитет Будды *Шакьямуни*, который мог также употребляться по отношению к любому *архату*; в махаянских текстах выступает как синоним слова *будда*. Истолкования слова «Т.» различны; наиболее распространены: «так (обретя просветление) пришедший», «так (как прошлые будды) ушедший», «постигший таковость (т. е. истинную сущность)».
О. Ф. Волкова.

ТА́УРТ, в египетской мифологии богиня — покровительница женщин и детей. Священное животное Т. — гиппопотам. Изображалась в виде стоящей беременной самки гиппопотама с женскими руками и грудью и львиными задними лапами (иногда и головой львицы). Центр культа Т. — Фивы, но её почитание было широко распространено по всему Египту. Эпитет Т. — «великая», атрибут — иероглиф «са», означающий «защита». Т. помогала при родах, лечила от бесплодия. Связана с загробным культом, вместе с богиней *Хатор* она встречает умершего на пороге подземного царства и зажигает огонь, чтобы отогнать злых духов. Часто отождествлялась с *Нут*, Хатор, *Исидой*. Амулеты с маленькими изображениями Т., считалось, охраняли от злых сил, способствовали плодородию, изобилию молока у кормящих матерей. Изображения Т. также часто помещали на подголовниках, кроватях и других домашних предметах.
Р. Р.

ТАФА́КИ, в мифах маори герой. Т. и его брат Карихи — внуки небесного людоеда Каи-тангата и спустившейся с неба людоедки Фаити-ри («гром»), сыновья Хемы и Пунги. После рождения Т. Хема был захвачен злыми духами (понатури). Т. — отец Вахиероа и дед (реже сын) *Рата*. Т. необычайно красив, обладает огромной силой, умеет перехитрить своих многочисленных соперников, отомстить им за подлость. Узнав о судьбе отца, Т. отправляется на его поиски. Пользуясь советами своей слепой бабки (которой он вернул зрение), Т. поднимается на небо по лозе (паутине, верёвке, радуге, с помощью ястреба), где, прибегнув к хитрости, уничтожает светом понатури (которые могут существовать только во тьме), освобождает отца (либо находит его кости). Т. женится на женщине-духе, которая покидает его из-за его грубого отношения к их первенцу. Т. отправляется на её поиски и воссоединяется с ней в небесном мире. Неудачным подражателем или недоброжелателем Т. выступает Карихи.
Е. М.

ТАФИ́РИ, Тафи́ри-мате́а, в мифах маори дух ветра, сын *Ранги* (отец-небо) и *Папа* (мать-земля). Разгневанный желанием своих братьев — богов и духов — разделить слитых в объятие родителей, Т. начинает войну с ними, пытается сдуть их с лица земли.
М. С. П.

ТА́ХМА-УРУ́ПА [авест., тахма, «бдительный», «сильный»; урупа трактуется либо как производное от реконструируемой индоевропейской праформы лупе, «волк», «лисица», либо от Арпо-/Арфа- (ср. имена *Арпоксай*, *Арфаксад*), либо как «лукавый», «чародей»], Та х му́р а́с (фарси), герой иранского эпоса. В «Авесте» впервые упоминается в «Яште» XV 11—12. Обычно считается вторым или третьим царём династии *Пишдадидов*. Т.-У. — победитель «князя тьмы» *Ангро-Майнью*. Он заставил его принять облик чёрной лошади и ездил на нём верхом из конца в конец вселенной, покуда не был предан своей женой во власть Ангро-Майнью и проглочен им. Согласно «Меног-и Храт» (27, 23), Т.-У. принудил Ангро-Майнью открыть человечеству тщательно скрываемый демонами секрет письменности. В «Денкарте» (7, 1 и 19) сообщается, что Т.-У. первым на земле искоренил идолопоклонничество и основал город Нишапур.
Л. Л.

ТАХТЬ, в мифологии нивхов душа человека, убитого чужеродцами. Изображением Т. служил пень, поставленный корнями вверх на месте сожжения убитого. С одной стороны пня вырезали голову чёрной птицы с красным клювом, обращённую в сторону селения убийцы, с другой стороны вешали нож; в рот птицы иногда вставляли деревянную фигурку человека, изображающую убийцу. Считалось, что пока душа убитого не отомщена, Т. летает по селению, издавая по ночам ужасные крики и требуя крови. Если душа убитого оставалась неотмщённой, Т. могла стать причиной болезней и смерти сородичей убитого (так объясняли лёгочные кровотечения).
Е. Н.

ТВА́ША (авест.), в иранской мифологии персонификация космического пространства, отделяющего твердотелое (каменное или металлическое) небо от обитаемой земли. «Ясна» (72, 10) указывает на связь Т. с идеей времени (ср. *Зерван*). Эпитет Т. — «всецело самостоятельное (начало бытия)». Образ Т., связывающего пространство и время, близок некоторым идеям греческой натурфилософии.
Л. Л.

ТВА́ШТАР (от «твакш-», «производить», «создавать»), в древнеиндийской мифологии бог-демиург, творец всех существ и форм. В «Ригведе» упоминается около 65 раз (он — «прекраснорукий», РВ III 54, 12; VI 49, 9; его руки искусны; в руке у него — нож или топор, VIII 29, 3); в «Атхарваведе» Т. изображается как старец с чашей *сомы* в руках. Т. именуют «господином форм», «творцом форм» (РВ I 13, 10; V 42, 13; ср. Шат.-бр. II 4, 3, 3; Тайтт.-бр. I 4, 7, 1; АВ II 26, 1 и др.). Сам он многоформен и обладает «всеми формами» (отсюда его эпитет Вишварупа). Т. выковал для *Индры* палицу-*ваджру* и колесницу; для напитка сомы — чудесную чашу (луну), для Брихаспати — железное оружие и т. д.

Он создал мужа и жену, жениха и невесту (AB VI 78, 3; Тайтт.-бр. III 7, 4, 3), зверей, коней, он приносит семя, сыновей, богатство, помогает беременным. Позднее он отождествляется и вытесняется образом Праджапати как *Вишвакармана*. Т., одиннадцатый сын *Адити*, имел жену-демоницу из асурского рода, которая родила ему трёхглавого *Вишварупу* и дочь *Саранью* в облике кобылицы. Т. пришёл в ярость, узнав об убийстве Индрой Вишварупы, и ещё более, когда Индра без приглашения напился сомы, которой ведал Т. Чтобы отомстить Индре, Т. создал из сомы и огня чудовище *Вритру*. Из других мотивов существенны создание Т. *Агни* и *Брихаспати*, золотых рук *Савитара*. Само имя Т.— скорее эпитет, имеющий, однако, индоевропейские корни (ср. авест. Твор(дх)штар, «творец», и др.). *В. Н. Топоров.*

ТЕВКР, в греческой мифологии: 1) сын *Теламона* и дочери троянского царя *Гесионы*, воспитанный отцом на острове Саламин (Hom. Il. VIII 281—285). Участвует вместе с братом *Аяксом* Теламонидом в Троянской войне, прославившись в стрельбе из лука. Репутацию лучшего стрелка он подтверждает в погребальных состязаниях в честь Ахилла (Apollod. epit. V 5). Т. во время спора о доспехах Ахилла находится вне лагеря ахейцев и не успевает спасти Аякса от самоубийства. С тем большей энергии он добивается от Атридов должного погребения брата (Soph. Ai. 1093—1184, 1266—1315, 1381—1417). Вместе с другими греческими воинами Т. проникает в деревянном коне в Трою. По возвращении Т. после окончания войны на остров Саламин, Теламон изгоняет его из дома, обвиняя Т. в том, что он не уберёг от гибели Аякса и не отомстил за него (Eur. Hel. 87—104). В конце своих скитаний (разные версии называют различные места — от Иберии до Киликии в Малой Азии) Т. попадает на остров Кипр, где основывает город Саламин; 2) сын речного бога *Скамандра*, эпоним фригийского племени тевкров. Дочь Т. Батия стала женой *Дардана*, и таким образом Т. стал родоначальником троянского царского рода (Apollod. III 12, 1; Diod. IV 75). К этой традиции восходит, вероятно, и позднейшая версия о происхождении Т., сына Теламона, от троянской царевны.

Возникшая в дальнейшем связь Т. с Саламином нашла отражение в аттической легенде о Т., защищающемся от обвинений Теламона, стоя на палубе корабля. С этим мифом связывают судебную процедуру в судилище, устраивавшемся греками неподалёку от Пирея: обвинённый в преступлении и осуждённый за него на изгнание был вправе, подплыв на корабле к берегу, произнести речь в свою защиту, не сходя на сушу; судьи же слушали его, находясь на земле (Aristot. Rep. Athen. 57, 3).
В. Н. Ярхо.

ТЕВМЕ́ССКАЯ ПЕЩЕ́РА, в греческой мифологии пещера на пути из Фив в Халкиду. В пещере Зевс прятал Европу, находившуюся под защитой пса *Лайлапса*, выросла тевмесская лисица (чудовище, разорявшее окрестности Фив, уничтожить которое взялся *Амфитрион*) и обитали тельхины (Paus. IX 19, 1). *Г. Г.*

ТЕВТА́Т (от галльск., ирл., «племя»), в кельтской мифологии бог. Этимология его имени восходит к слову «племя» и позволяет считать Т. богом племенного коллектива, покровителем военной и мирной деятельности. Предположение об общегалльской распространённости Т. спорно. Римский поэт 1 в. Лукан упоминает Т. наряду с *Таранисом* и *Езусом*; приносившиеся Т. жертвы топились в воде (согласно т. н. Бернским схолиям к Лукану, 10 в.). В галло-римское время Т. ассоциировался с Марсом. *С. Ш.*

ТЕДО́РЕ, Т е в д о́ р е, христианский святой (святой Фёдор), под именем которого грузины после распространения христианства продолжали почитать одноимённое архаическое аграрное божество — покровителя земледелия, а также и лошадей. Эпитет Т.— «смуглый», соответствует чёрному цвету земли. Т. посвящён весенний календарный праздник Тедороба (Тевдороба), который приходится на субботу первой недели великого поста. В этот день пекли обрядовые хлебы с изображением сельскохозяйственных культур, орудий и животных (лошадей, волов), производили ритуальный сев. *Н. Б.*

ТЕЕ́ЛЬ-КУСА́М («с ногами ласточки»), в мифах майя богиня-оракул на острове Косумель. *Р. К.*

ТЕЗА́Н, Ф е с а́ н, в этрусской мифологии богиня утренней зари. Её имя сохранилось на трёх этрусских зеркалах и погребальных пеленах загребской мумии. Изображалась в виде молодой привлекательной женщины рядом с богом *Тином*, богом Нефунсом, богиней Менрвой, богом солнца Узилом. *А. Н.*

ТЕ́ИЯ, Ф е́ й я, в греческой мифологии: 1) титанида, дочь Урана и Геи, родившая от Гипериона Эос, Селену и Гелиоса (Apollod. I 1́, 3; I 2, 2; Hes. Theog. 135); 2) жена (дочь) Океана, родившая от него керкопов (Tzetz. Lycophr. 91). *Г. Г.*

ТЕКМЕ́ССА, в греческой мифологии дочь фригийского царя Телевта, взятая в плен *Аяксом* Теламонидом, ставшая его наложницей и родившая ему сына Эврисака (Soph. Ai. 284—595). *В. Я.*

ТЕЛАМО́Н, в греческой мифологии саламинский герой, отец *Аякса*. По древней версии, сын Актея и Главки, дочери саламинского царя Кихрея. Согласно более поздней мифологической традиции, Т.— сын *Эака*; он появился на острове Саламин, будучи изгнан отцом с острова Эгина после убийства единокровного брата Фока (по одним вариантам, совершённого им, по другим — его братом Пелеем; Ovid. Met. XI 266—270; Apollod. III, 12, 6). Впоследствии пытался оправдаться перед Эаком, но тот запретил ему ступать на землю Эгины. Т. построил в море близ берега дамбу, с которой произнёс речь в свою защиту; однако его доводы не были приняты Эаком, и он велел Т. возвращаться на Саламин (дамбу около Эгины показывали ещё во времена Павсания, Paus. II 29, 10). Т. участвовал в калидонской охоте, в походе аргонавтов (Apollod. I 8, 2; 9, 16). Прославился как сподвижник Геракла в походе против троянского царя Лаомедонта. Т. первым ворвался в осаждённую Трою, но острожным ответом смягчил гнев Геракла, усмотревшего в успехе Т. угрозу своей репутации победителя и храбрейшего воина. В награду за доблесть Геракл отдал Т. в жёны дочь Лаомедонта *Гесиону* (Apollod. II 6, 4). От неё Т. имел сына *Тевкра*, а от Перибеи, дочери Алкафоя,— сына Аякса (III 10, 8); оба сына участвовали в Троянской войне.

Т. и Аякс почитались как покровители Саламина; накануне морского сражения 480 до н. э. греки в молитве призывали их на помощь (Herodot. VIII 64). *В. Н. Ярхо.*

ТЕЛЕГО́Н («рождённый вдали»), в греческой мифологии сын *Одиссея* и *Кирки*. Возмужав, Т. отправляется по указанию матери на розыски отца, достигает острова Итака и (возможно, не зная, куда прибило его корабль) нападает на пасущиеся здесь стада. Одиссей выходит во главе вооружённого отряда на защиту своего имущества. Т. смертельно ранит неузнанного им Одиссея копьём, заканчивающимся вместо медного наконечника шипом от ската (по другой версии — от аканфа). Оплакав нечаянное убийство отца, Т. увозит тело Одиссея на остров Кирки; его сопровождает Пенелопа, которую он берёт в жёны. Кирка дарует им бессмертие и переносит обоих на острова блаженных (Apollod. epit. VII 10, 36—37). В мифе о Т. получил отражение всемирно распространённый сюжет о бое отца с сыном, родившимся в результате матрилокального брака далеко от постоянного места жительства героя. На глубокую древность мифа о Т. указывает его оружие, свидетельствующее о незнакомстве с обработкой металла.

В римской мифологии Т.— основатель городов Пренесте (современная Палестрина) и Тускулума (близ современного города Фраскати); к нему возводил своё происхождение род Мамилиев (Dion. Halic. IV 45; Horat. Carm. III 29, 8). *В. Я.*

ТЕЛЕМА́Х, Т е л е м а́ к, в греческой мифологии сын *Одиссея* и *Пенелопы*. Когда Одиссей отплывает под Трою, Т. в младенческом возрасте остаётся на попечении матери и Ментора, старого друга отца. В «Одиссее» Т.— уже двадцатилетний юноша, хозяин дома, которому подчиняется мать (XXI 344—358). Когда многочисленные знатные мужи с Итаки и окрестных островов, считая Одиссея погибшим, домогаются руки Пенелопы, бесчинствуя в доме Одиссея и истребляя наследственное имущество Т., он тщетно пытается их обуздать. Т. отправляется за сведениями об отце к его соратникам по Троянской войне — *Нестору* и *Менелаю*. Ему удаётся узнать только, что несколькими годами ранее Одиссей находился в плену у нимфы Калипсо (Hom. Od. I—IV). В путешествии Т. оказывает постоянную помощь Афина, дающая ему во сне совет возвращаться домой кружным путём, чтобы избежать засады, устроенной женихами. Вернувшись на Итаку, в доме свинопаса Эвмея Т. встречает нищего странника, под видом которого скрывается Одиссей, вскоре позволяющий сыну узнать себя. Вместе с Т. Одиссей составляет план мести женихам; затем участвует в подготовке расправы и избиении женихов (XVI—XXII). В послегомеровской традиции содержатся различные версии о дальнейшей судьбе Т. По одной из них, во время пребывания Т. у Нестора в Пилосе он соединяется с его дочерью Поликастой, которая рождает ему сына, названного Персеполисом (Hes. frg. 221). По другой версии, после гибели Одиссея Т. попадает к Кирке и женится на ней. От этого брака родится Латин, эпоним латинян в Италии (Hyg. Fab. 127). *В. Н. Ярхо.*

ТЕЛЕПИ́НУС, Т е л е п и́ н у (хетт.), Т а л и п и́ н у (хатт., «сын Тали», или «его сын»), в хеттской и хаттской мифологии бог плодородия, сын бога грозы (Тару) и богини-матери. Т.— главный персонаж цикла хаттских и хеттских мифов об исчезающем и возвращающемся боге. Исчезновение Т. связывается с его гневом. С уходом Т. из дома очаги, жертвенные столы окутывает дым [облако (пчелиного) роя], домашний скот перестаёт приносить потомство, начинается засуха, в полях не растут злаки (Т. уносит с собой богиню зерна и полей Каит). Боги собираются на пир, но не могут утолить голод. Они тщетно пытаются найти Т., бог солнца посылает за ним орла, но и он не находит бога. На поиски отправляется бог грозы, он разбивает рукоятку своего молота о ворота города — резиденции Т., но не может их открыть. Тогда богиня-мать (Ханнаханна) посылает на поиски пчелу (вопреки богу грозы, утверждающему, что она слишком мала). Пчела находит Т. спящим на поляне у священного города Лихцина. Она жалит Т., он пробуждается ещё более разгневанным и навлекает разрушение и уничтожение на людей, скот и всю страну. Однако богиня *Камрусепа*, совершив обряд заклинания, смягчает гнев Т. Т. возвращается, принося с собой плодородие. Миф о Т. в различных версиях сохранился в составе текстов 14—13 вв. до н. э., он входил в ритуалы, совершаемые с целью предотвращения зла. В ряде других хеттских мифов (восходящих к хаттским) Т. помогает вернуть исчезнувшего бога. Так, согласно хаттскому и хеттскому солярному мифу, Т. по приказу бога грозы отправляется к *Аруне* (океану), похитившему бога солнца. Испуганный Аруна отдаёт Т. не только бога солнца, но и свою дочь в жёны.

Миф о Т. принадлежит к широко распространённым в восточном Средиземноморье сюжетам об исчезающем и возвращающемся божестве плодородия, следы его влияния обнаруживаются в различных культурах, от греческой (в ранних традициях к Т., возможно, возводился *Телеф*) до закавказских (у сванов сохранились ритуальные формулы с именем Т.). Предполагается, что и у славян в специальной терминологии, связанной с культом пчёл, отразился, возможно, через посредство кавказской традиции, культ Т.   *В. В. Иванов.*

ТЕЛЕ́Ф («сосущий лань»), в греческой мифологии сын Геракла и Авги, дочери аркадского царя Алея (Apollod. II 7, 8). Дельфийский оракул предсказал Алею, что его сыновья погибнут от руки внука, рождённого Авгой. Поэтому Алей обрёк дочь на безбрачие, сделав её жрицей Афины. Прибывший к Алею Геракл соблазнил (вариант: изнасиловал, Hyg. Fab. 99) Авгу, и она родила сына. Боясь отца, Авга спрятала ребёнка в храме Афины. Разгневанная богиня наслала на страну чуму. Пытаясь узнать причину бедствия, Алей зашёл в храм и там нашёл младенца. Согласно Еврипиду, царь приказал своему другу Навплию заключить мать и ребёнка в ящик и бросить в море. Ящик прибило к берегу Мисии, царь которой Тевфрант женился на Авге и усыновил ребёнка (TGF 579 след.; Strab. XIII 1, 69; вариант: удочерил Авгу, Hyg. Fab. 99).

По другой версии, восходящей, по-видимому, к Софоклу, Авга была разлучена с сыном и продана Навплием в Мисию, где на ней женился Тевфрант. Отобранный у неё младенец был брошен в лесу на горе Парфении, вскормлен ланью, а затем найден пастухами, назвавшими его Т. (Apollod. II 7, 4). Когда Т. вырос, в одном из сражений он убил сыновей Алея (Алеадов), исполнив тем самым предсказание оракула (Hyg. Fab. 244). Следуя указанию оракула, Т. отправился на поиски матери в Мисию. Был усыновлён Тевфрантом и после его смерти стал царём Мисии (Apollod. III 9, 1). По другому варианту, прибывший в Мисию Т. оказал Тевфранту помощь в борьбе против теснивших его страну врагов; и тот в благодарность обещал выдать за Т. свою приёмную дочь Авгу и сделать его своим наследником. Но Авга после Геракла не желала принадлежать никому из смертных и попыталась убить Т. Боги предотвратили убийство и помогли Авге и Т. узнать, что он — её сын. Т. унаследовал от Тевфранта царский престол (Hyg. Fab. 100). Дальнейшая судьба Т. связывается с Троянской войной: не зная пути в Трою, греки по ошибке приплыли в Мисию и стали опустошать страну. Т. отразил нападение, но был ранен копьём Ахилла. Рана Т. не заживала. Получив от Аполлона указание, что исцелить его может только тот, кто нанёс рану, Т. под видом нищего отправился в Аргос и умолил Ахилла излечить его рану ржавчиной своего копья. За это Т. указал грекам морской путь в Трою (Apollod. epit. III 17, 20). Сам Т. участия в Троянской войне не принимал. Позднее, однако, на стороне троянцев выступал его сын Эврипил, павший от руки Неоптолема (Hom. Od. XI 519). Культ Т. был распространён в Аркадии (Apollod. I 8, 6) и в Пергаме, где его считали родоначальником местных царей Атталидов. События из жизни Т. изображены на малом фризе Пергамского алтаря. *М. Н. Ботвинник.*

ТЕЛЛУ́С («мать-земля»), в римской мифологии богиня земли-кормилицы и её производительных сил. Призывалась понтификами вместе с Теллумоном, Альтором (кормильцем) и Рузором (возобновляющим плоды земли). Праздник Фордицидии (15 апреля) в честь Т. был якобы установлен Нумой по предписанию Фавна, явившегося царю во сне в священном лесу, где он спал, чтобы узнать причину неурожаев. Во время Фордицидий жрецы отдельных курий и понтифик на Капитолии приносили Т. в жертву стельную корову (Ovid. Fast. IV 629 след.). Т. вместе с Церерой в декабре посвящался праздник, когда во имя защиты зимних посевов фламин приносил богиням жертву, призывая двенадцать богов, ведавших отдельными этапами работы хлебопашца (Ovid. Fast. I 657; Serv. Verg. Georg. I 21). Перед жатвой обеим богиням приносили в жертву свинью, что имело также целью искупить возможные нарушения каких-либо религиозных запретов (Aul. Gell. IV 6, 7). Т. призывалась также при заключении браков (Serv. Verg. Aen. IV 166). Как богине подземного мира ей приносилась очистительная жертва фамилией, член которой умирал; её, так же как *манов*, призывали, обрекая врагов подземным богам (Liv. VIII 6, 10; X 28, 13). Дающие клятву именем Юпитера и Т. касались земли при упоминании Т. (Macrob. Sat. III 9, 11). Т. отождествляли с Церерой, Вестой, Юноной. Её культ, вытесненный культом Цереры, судя по памятникам, особого распространения не имел, но она нередко упоминается в литературе (Вергилий называет её «первой из богов», Aen. VII 136). Как символ дарованного Августом гражданам изобилия Т. изображена на алтаре Мира. *Е. М. Штаерман.*

ТЕЛЬФУ́СА, в греческой мифологии нимфа одноимённого источника в Беотии. Вблизи её источника собирался основать святилище *Аполлон*, но Т., не желая уступать место и славу великому богу, убедила его отправиться в Дельфы, где Аполлон и основал храм, но лишь после того, как убил Пифона. Поняв хитрость Т., Аполлон, гневаясь, вернулся к её источнику, завалил его скалой и соорудил жертвенник себе под именем Аполлона Тельфусийского. Миф свидетельствует о вытеснении древнего хтонического демонизма новым олимпийским божеством (Hymn. Hom. II 65—98; 197—209). *А. Т.-Г.*

ТЕЛЬХИ́НЫ, в греческой мифологии демонические существа, локализация которых связана с островом Родос (остров называли даже Тельхинида). Т.— колдуны и волшебники. Они губят животных и растения, поливая их водой из Стикса, смешанной с серой. Но существует версия о том, что Т. оклеветаны соперниками, завидовавшими их мастерству. Они — прекрасные кузнецы, и серп для оскопления Урана — дело их рук (Strab. XIV 2, 7). Т. было девять, и некоторые из них, сопровождавшие Рею и младенца Зевса на Крит, получили имя *куретов* (X 3, 19). Миф о Т. связан с историями хтонических мудрых божеств, которые превратились в спутников и помощников олимпийских божеств.

ТЕЛЯВЕ́ЛЬ, Т е л я в е́ л и к, в литовской (ятвяжской) мифологии божественный кузнец. В Волынской летописи (1252) упомянут один из богов, которым втайне поклоняются литовцы: «первому Нънадею, и Телявелю и Диверикъзу». Во вставке (1261) западнорусского переписчика перевода «Хроники» Иоанна Малалы перечисляются «скверные» боги, которым язычники приносили жертву: «Андаю и Перкунасу... и Телявелю-кузнецу, сковавшему ему солнце и установившему ему на небе солнце». Т. дважды оказывается в непосредственном соседстве с верховным богом Диевсом-*Диевасом* (его эпитеты — Нънадей, Андай) и однажды с громовержцем *Перкунасом*, для которого он, видимо, и выковал солнце (другой вариант — для *Совия*). Справедливо заключение, что Т. был кузнецом — помощником Перкунаса (ср. связь кузнецов с громовержцем: их объединяет отношение к воде и огню, наиболее громкие акусмы — гром и ковка металла и т. п.; в древнем Вильнюсе кузнецы работали в соседстве с культовым центром Перкунаса), подобно тому, как сам Перкунас нередко выступает как кузнец Диевса: ср. «Перкунас — старый кузнец», «Когда гремит гром, это кузнец Брузгулис (эпитет Перкунаса) из пушек стреляет чертей» и т. п. речения в литовской традиции. Т. аналогичен небесному кузнецу *Кальвису* латышских народных песен, финскому *Ильмаринену* и трём братьям-исполинам белорусской сказки, укрепившим месяц на дубе — мировом дереве. Существует предположение, что с Т. связан упоминаемый Я. Ласицким (16 в.) Тавваль, бог — творец богатств. *В. В. Иванов, В. Н. Топоров.*

ТЕМЕ́Н, в греческой мифологии: 1) сын Аристомаха, правнук Гилла, сына Геракла. Принадлежал к поколению Гераклидов, которому оракул предсказал победоносное возвращение в Пелопоннес. После одержанной Гераклидами победы над потомками Агамемнона Т. достался Аргос. Т., пренебрегая сыновьями, отдавал предпочтение своей дочери Гирнефо и её мужу Деифонту. Сыновья решили убить Т., чтобы передать царством. Однако после гибели Т. войско передало власть Гирнефо и Деифонту (Apollod. II 8, 2—5); по другой версии, в Арголиде удержались сыновья Т. (Paus. II 19, 1; II 26, 2); 2) сын Пеласга, герой аркадской легенды, согласно которой Т. воспитал Геру и приютил её в Стимфале, когда она рассорилась с Зевсом. В честь Геры Т. основал три храма: Геры-ребёнка, Геры-зрелой и Геры-одинокой (Paus. VIII 22, 2). *М. Б.*

ТЕНАНТОМГЫ́Н, в мифах северо-восточных палеоазиатов божественный творец. В заклинаниях коряков против злых духов под именем Т. фигурирует Куйкынняку, т. е. *Ворон* (практически и совершающий дела творения в мифах северо-восточных палеоазиатов). У чукчей Т. имеет довольно аморфный характер. Его основные определения — «существо», «сила» (корякс. вагыйнын, чукот. наргынэн); Т. представляется как высшее существо, моделирующее космос, космический порядок в целом и одновременно противопоставляющее внешний мир человеческому микрокосму; Т. характеризуется: «некто наверху», «верхнее существо» (корякс. гычголен, чукот. гырголвагыргын), что указывает на небесную локализацию; «надзиратель», «наблюдатель» (гинагитальын), т. е. наблюдающий за жизнью людей с известной дистанции; «громовник» (корякс. кигигыльын; у ительменов с громом связан *Пилячуч*). В некоторых мифах чукчей небесный хозяин отождествляется с «оленьим существом» (коравагыргын), которое следит за стадом и ассоциируется с определённым духом-амулетом. Божество ассоциируется также с некоторыми явлениями и небесными светилами — рассветом, полднем, зенитом или прямо с солнцем, Полярной звездой. Одна из функций небесного хозяина, согласно старинным верованиям коряков,— посылка душ (уйичит, упырыт) умерших родственников в чрево матери.

Е. М. Мелетинский.

ТЕ́НГРИ (алтайск. т е н г р и́, т е н г е р и́; шорск. т е г р и́; хакасск. т и г и́ р, т е р; тувинск. д э э́ р; чуваш. т у р а́; якутск. т а н г а р а́; монг. тэ́нгэр; бурят. тэ́нгэри, тэ́нгри; калм. тэ́нгер). Термин «Т.» принадлежит древнейшему мифологическому фонду народов Центральной Азии и, возможно, был представлен в языке хунну (3 в. до н. э. и раньше). Его сближают с хуннуским ченли («небо»); предлагаются и более широкие параллели (кит. тянь, шумер. дингир, «небо»). Представление о Т. складывалось на основе анимистических верований о небесном духе-хозяине, причём небо мыслилось и его непосредственным проявлением, и местом его обитания.

Т. как неперсонифицированное мужское божественное начало, распоряжающееся судьбами человека, народа и государства, выступает в древнетюркской мифологии. Возникший, возможно, ещё в дотюркскую эпоху, в почти неизменном виде фигурирует Т. у средневековых монголов (Монхе-тенгри, «вечное небо»). Позднее образ единого благодетельного, всезнающего, правосудного божественного неба (Т.) в наибольшей мере сохранился у хакасов и у монгоров.

Поклонение персонифицированному божеству Т.-хану наблюдалось у западных тюрок — савиров (7 в.). Т.-хан мыслился огромных размеров, что отражало космические масштабы небесного бога, тождественного самому небу, а титул «хан» указывал на главенствующее положение — во вселенной или в пантеоне богов. Эти представления оказались весьма стойкими. В монгольских шаманских текстах встречается наименование Хан-тенгри; титул «хан» обычен для поздних ипостасей Вечного неба. Хотя в монгольских преданиях название «Т.» иногда прилагается к верховному небесному божеству, чаще оно обозначает бога вообще (также в буддийских, манихейских, мусульманских текстах); место верховного бога в шаманской мифологии у тюрок и особенно у монголов обычно занимают другие персонажи (*Ульгень*, *Хормуста*), а термин «Т.» закрепляется за классом небесных богов. Если распределение небесных богов по ярусам неба (более характерное для тюркской мифологии) в принципе иерархично, то связь с различными его областями (у монгольских народов) отражает дихотомию светлого и тёмного, благожелательного и демонического. В бурятской мифологии есть противопоставление светлых (сагаан) западных и тёмных (хара) восточных Т., на мотиве изначального родства и последующей вражды которых построено много мифологических сюжетов.

Множественность Т. у монголов выражается различными числовыми характеристиками, среди них важнейшая — 9 и производные от неё, в первую очередь 99. В русле раннего буддийского влияния (до 16 в.) возникает представление о 33 Т. во главе с Хормустой — слепок с мифологического образа *Индры* и его окружения. Встречаются и иные количественные характеристики классов Т., например «77 нижних Т.» со своим владыкой вечно белым Т., «12 Т.» и др. Обычно эти числа не имеют конкретного наполнения, многие Т. упоминаются то как один персонаж, то как целая группа. Т. наделяются прозвищами, персонифицирующими различные области и проявления неба, звёзды и созвездия, направления и страны света, природные и сверхъестественные силы, человеческие чувства и страсти, отдельные части жилища и пр.

Наряду с Хормустой в монгольском шаманизме сохраняется и более аморфный образ верховного Т., наделяемого прозвищами Хан Монхе-тенгри [Хухе Монхе-тенгри; «хан вечное (синее вечное) небо»], Эрхету-тенгри («могущественное небо»), Дегере-тенгри («высшее небо»), Милиян-тенгри (Малиян-тенгри; соответствующий *Эсеге Малан-тенгри* бурятского пантеона), Атага-тенгри (Хан Атаган; соответствует Атай Улан-тенгри, главе 44 тёмных восточных Т. бурятского пантеона), Багатур-тенгри и Хисага-тенгри. Главой 99 Т. называется также Дархан Гуджир-тенгри — бог-кузнец, отождествляемый с *Махакалой*. Верховным Т. является и Дзаягачи-тенгри (см. *Дзяячи*). Багатур-тенгри осмысливается как защитник людей, бог храбрости, вселяющий мужество в воинов, начальник небесных войск, вооружённый стальным мечом; он столь могуч, что сокрушает скалы, а весьма сходный с ним Хисага-тенгри считается защитником души и имущества человека, дающим победу в бою, выступающим в облике вооружённого всадника. Специфические функции божеств войны обнаруживают у *Сульде*-тенгри и Дайчин-тенгри (Дайсун-тенгри; соответствует тибет. Далха, см. *Лха*). Роль громовержца, в которой чаще выступают особые категории духов (см. *Лу, Хухедей-мерген*), отводится также в монгольских шаманских призываниях и верховному Т. (обладающему «молниевым телом», «сильным ясным громовым голосом», «началом в тучах» — Атага-тенгри, Багатур-тенгри, Хисага-тенгри); ср. персонификацию молнии Цахилган-тенгри («молния-тенгри»).

Большинство Т. фигурирует лишь в общих перечнях божеств внутри обрядовых текстов и наделяется весьма широким кругом полномочий: защита от злых духов, врагов и разбойников; дарование жизненной силы людям и скоту, благополучия, воинской и охотничьей удачи; покровительство семье, домашнему хозяйству. Некоторые Т. локализуются в пространстве (Хормуста — всегда в центре неба, Хисага-тенгри — на западе и т. д.). Верховные Т., включая Дархан Гуджир-тенгри и в особенности Дзаягачи-тенгри, характеризуются как демиурги (их называют «создателями всего»); ими (или по их соизволению) рождены Чингисхан, Хубилай и другие канонизированные в монгольском шаманстве государи; они (прежде всего Хормуста, но также и Будда, либо тот и другой) порождают самих Т. В других вариантах верховный Т. не участвует в создании других Т.; то или иное божество появляется самостоятельно; иногда говорится о происхождении Т. от матери *Этуген* и моря. Часто употребляется по отношению к Т. буддийский эпитет «самовозникший». Различные Т. называются «возникшими, не показывая себя», «не имеющими рук и ног» (что соответствует слабой персонифицированности древнего небесного божества).
С. Ю. Неклюдов.

ТЕНЕНЕ́Т, Чененéт, в египетской мифологии богиня города Гермонта. Жена *Монту*, связана с *Себеком*. Изображалась в виде женщины, отождествлялась с *Рат-тауи*.
Р. Р.

ТЕНО́Ч, в мифах ацтеков культурный герой, сын бога Истак-Мишкоатля (см. *Мишкоатль*). В образе Т. слились легенды об историческом лице, предводителе ацтеков во время их переселения в долину Мехико. При нём ацтеки основали на острове посреди озера Тескоко свою столицу, названную в честь Т. Теночтитланом.
Р. К.

ТЕПЕ́В («могущественная»), в мифах киче богиня — творец мира, супруга и помощница *Кукумаца*. Имя Т., заимствованное у тольтеков, вероятно, скрывает более древнее майяское божество, восходящее генетически к «богине с косами».
Р. К.

ТЕПЕГЕ́З, д е п е г ё з («темя-глаз»), у гагаузов демоны в образе одноглазых великанов (*дэвов*), враждебных людям. Распространён рассказ о Т., который загоняет человека в пещеру, своё логово, и собирается съесть его, но человек ослепляет Т., вонзив ему в глаз острие, и, накинув на себя овечью шкуру, выбирается из пещеры. Образ Т. восходит к великану-людоеду Депе-Гёзу, персонажу огузского эпоса «Книга моего деда Коркута». Депе-Гёза, которому ежедневно доставляли на съедение двоих огузов, ослепляет и затем убивает) богатырь Бисат. Сюжет об ослеплении одноглазого великана широко распространён в мировом фольклоре.
В. Б.

ТЕРМИ́Н, в римской мифологии божество границ, межевых знаков, разделявших земельные участки. В праздник Терминалий (23 января) соседи сообща приносили жертвы своим Т., выливая мёд и молоко в сделанную около межевого камня яму (что указывает на хтоническую природу Т.), умащивали и увенчивали камень, разжигали от огня своих очагов костры, в которые дети бросали первинки плодов, а затем пировали (Ovid. Fast. II 637 след.). При межевании земли и установке межевого камня Т. также приносились жертвы. Учреждение культа Т. приписывалось Нуме и связано с представлением о святости и нерушимости частного владения, отразившемся в культе *Сильвана*. Сдвинувшего межевой камень с целью захвата чужой земли в древнейшее время предавали проклятию, впоследствии он нёс за это ответственность как за уголовное преступление. Кроме большого числа Т., существовал культ одного Т.; изображавший его камень был помещён в Капитолийском храме (Ovid. Fast. II 667 след.), что символизировало нерушимость границ Рима и их постоянное расширение. Согласно легенде, этот Т. вместе с Ювентой остались на Капитолии, когда царь Тарквиний Древний решил заложить храм Юпитеру на Капитолии и жившие там божества удалились.
Е. Ш.

ТЕРПСИХО́РА, в греческой мифологии *муза* танца (Hes. Theog. 78); изображалась с лирой и плектром в руках. Она — наслаждающаяся хороводами. По одному из мифов, Т. родила от бога реки Ахелоя сирен (Apoll. Rhod. IV 892—896); вариант: сирены — дети Мельпомены). Существует миф, согласно которому Т.— мать певца Лина (по другой версии, его мать — Урания). Т. связывают с Дионисом, приписывая ей атрибут этого бога — плющ (о чём гласит надпись на Геликоне, посвящённая Т.).
А. Т-Г.

ТЕРСИ́Т, Ферси́т, в греческой мифологии незнатный воин, участвующий в Троянской войне на стороне ахейцев, враг Ахилла и Одиссея. На собрании войска под Троей Т. набрасывается с оскорблениями на Агамемнона, обвиняя его в том, что он несправедливо захватывает бо́льшую долю добычи. За это Одиссей жестоко избивает Т. (Hom. Il. II 212—270). В выступлении Т. отразилась попытка простых воинов защитить свои права от посягательств знати. «Илиада» изображает Т. безобразным, горбатым, хромоногим, косым, лысым, болтливым. Согласно послегомеровской традиции (схолии к «Илиаде»; «Эфиопида» и у более поздних авторов) — знатного этолийского происхождения, сын царя Агрия. Существует точка зрения, что первоначально в мифах фигурировали два Т.— знатный, родич Диомеда, убитый Ахиллом, и простой воин, выступивший против Агамемнона. Впоследствии оба персонажа были отождествлены. По одной из версий мифа, Т. был убит Ахиллом за насмешки над ним и надругательство над телом павшей в поединке царицы амазонок Пенфесилеи (Apollod. epit. V 1; Tzetz. Posthom 100—211). Т. изображён Полигнотом (5 в. до н. э.) в стенной росписи лесхи в Дельфах: вместе с другими врагами Одиссея он играет в кости (Paus. X 31, 1).
М. Б.

ТЕСЕ́Й, Тезе́й, в греческой мифологии сын афинского царя *Эгея* и Эфры. Имя Т. указывает на силу (возможно, от догреческого пеласгического: têu- > thēso-, «быть сильным»). Т. принадлежит к поколению героев до Троянской войны (в ней участвуют уже сыновья великих героев прошлого). Для старика Нестора Т., «на бессмертных похожий», сильнее и храбрее героев периода Троянской войны (Hom. Il. I 260—274). Т. скорее аттический, а не общегреческий герой (как *Геракл*), но приписываемая ему преобразовательная деятельность, как считали древние, стала образцом для всей Греции и положила начало тому демократическому духу и первенству Афин среди полисов, которыми они славились в историческое время. Мифологический герой Т. приобрёл черты легендарно-исторической личности (античная традиция деятельность Т. относит приблизительно к 13 в. до н. э.).

Рождение Т. необычно, хотя оно не было подготовлено столь грандиозно, как у Геракла. Со стороны отца Т. имел среди предков автохтона Эрихтония, рождённого из семени Гефеста землёй и воспитанного Афиной, и автохтонов Краная и первого аттического царя Кекропа. Предки Т.— миксантрические чудища, мудрые полузмеи-полулюди. Однако сам Т.— представитель чистого героизма, он одновременно сын человека и бога (при этом одного из самых диких и хтонических, Посейдона). Со стороны матери Т. происходит от Пелопа, отца Питфея, Атрея и Фиеста, а значит, от Тантала и, наконец, от самого Зевса. Будучи бездетным, Эгей отправился к оракулу, но не мог разгадать его ответ. Зато оракул был разгадан трезенским царём Питфеем, который понял, что власть в Афинах будет принадлежать потомкам Эгея, и, напоив гостя пьяным, уложил его спать вместе со своей дочерью Эфрой. В эту же ночь с ней сблизился Посейдон (Apollod. III 15, 6—7) или же сочетался с ней накануне на острове Сферос (Paus. II 33, 1). Таким образом, сын, рождённый Эфрой, имел (как положено великому герою) двух отцов — земного Эгея и божественного Посейдона.

Уходя от Эфры, Эгей просил воспитать будущего сына, не называя имени отца, и оставил ему свой меч и сандалии, с тем чтобы, возмужав, Т. в сандалиях отца и с его мечом отправился в Афины к Эгею, но так, чтобы об этом никто не знал, так как Эгей боялся козней Паллантидов (детей младшего брата Палланта, претендовавших на власть из-за бездетности Эгея). Эфра скрывала истинное происхождение Т., и Питфей распространил слух, что мальчик рождён от Посейдона (самого почитаемого в Трезене бога). Когда Т. вырос, Эфра открыла ему тайну его рождения и велела, взяв вещи Эгея, отправляться в Афины к отцу (вооружившись мечом Эгея, Т. как бы приобщился к магической силе предшествующих поколений, владевших этим мечом и направляющих теперь его действия). Ещё до ухода из Трезена Т., став юношей, посвятил прядь волос богу Аполлону в Дельфах (Plut. Thes. 5), тем самым как бы вручая богу самого себя и заключая с ним союз. Т. отправился в Афины не лёгким путём — морем, а по суше, через Коринфский перешеек, по особенно опасной дороге, где от Мегары до Афин путников подстерегали разбойники, дети и потомки хтонических чудовищ. Т. убил Перифета, Синиса, кроммионскую свинью, Скирона, Керкиона и Дамаста (он же Полипемон) (Apollod. epit. I 1; Plut. Thes. 8—11). Путь Т., отправляемого матерью к неведомому ему отцу, является одним из вариантов распространённого фольклорного мотива — розыски сыном отца (ср. розыски Телемахом Одиссея). На пути в Афины Т. как бы выполняет функции Геракла (находившегося в это время в Лидии у царицы Омфалы).

В Афинах царь Эгей попал под власть волшебницы Медеи, нашедшей у него приют и надеявшейся, что её сын от Эгея Мед получит право на престол. Т. явился в восьмой день месяца гекатомбеона в Афины как освободитель от чудовищ, прекрасный юный герой, однако не был узнан Эгеем, которому Медея внушила опасения к пришельцу и заставила Эгея опоить юношу ядом. За трапезой Т. вытащил свой меч, чтобы разрезать мясо. Отец узнал сына и отшвырнул чашу с ядом (Plut. Thes. 12). По иной версии, Эгей отправил незнакомца сначала на охоту за марафонским быком, разорявшим поля. Когда Т. одолел его и вернулся, Эгей на пиру преподнёс ему чашу с ядом, но тут же узнал сына и изгнал Медею (Apollod. epit. I 5—6). К этому походу Т. относится его встреча с Гекалой, в честь которой установил празднества — гекалесии (Callim frg. 230—377 Pf.).

Т. пришлось также бороться с 50 Паллантидами, которым он устроил засаду. Истребив двоюродных братьев и изгнав их союзников, Т. утвердил себя как сын и наследник афинского царя. Т. прославил себя как достойный наследник царской власти и во время столкновения Афин с царём Миносом, требовавшим раз в девять лет дани семерыми юношами и семерыми девушками как искупления за смерть своего сына Андрогея, будто бы коварно подстроенную Эгеем (Apollod. III 15—7). Когда Минос приехал в третий раз за данью, Т. решил отправиться сам на Крит, чтобы помериться силой с чудовищным Минотавром, на съедение которому обрекали жертвы. Корабль отправился под чёрным парусом, но Т. повёз с собой запасный белый, под которым он должен был вернуться домой после победы над чудовищем (Plut. Thes. 17). По пути на Крит Т. доказал Миносу своё происхождение от Посейдона, достав со дна моря перстень, брошенный Миносом (Bacchyl. XVII Maehl). Т. и его спутники были помещены в лабиринт, где Т. убил Минотавра. Из лабиринта Т. и его спутники вышли благодаря помощи *Ариадны*, влюбившейся в Т. Ночью Т. с афинской молодёжью и Ариадной тайно бежали на остров Наксос. Однако там Ариадна была похищена влюблённым в неё Дионисом (по одной из версий, оставлена Т.). Огорчённый Т. отправился дальше, забыв переменить паруса, что и стало причиной гибели Эгея, бросившегося в море, когда он увидел чёрный парус и тем самым уверился в смерти сына (Apollod. epit. I 7—11).

Подобно другим героям, Т. сражался с амазонками, напавшими на Аттику. Он либо участвовал в походе Геракла, либо сам пошёл походом на амазонок, похитив царицу Антиопу (вариант: Меланиппу или Ипполиту). Амазонки, желая освободить царицу, напали на Афины и взяли их приступом, если бы не посредничество жены Т.— амазонки (Plut. Thes. 27). Она родила Т. сына *Ипполита*, в которого влюбилась вторая жена Т., сестра Ариадны — *Федра*, родившая Т. двух сыновей — Акаманта и Демофонта.

Т. участвовал в битве с кентаврами, бесчинствовавшими на свадьбе лапифа Пирифоя, ближайшего друга Т. (Apollod. epit. I 21). Т.— участник *калидонской охоты* (Ovid. Met. 303). Но его не было среди аргонавтов, так как в это время он помогал Пирифою добыть себе в жёны богиню царства мёртвых Персефону (Apoll. Rhod. I 101—104). Этим поступком Т. переступил меру возможного, установленную богами для героев, и тем самым стал ослушником и дерзостным героем. Он бы так и остался в аиде, где навеки был прикован к скале Пирифой, если бы не Геракл, который спас его и отправил его в Афины (Apollod. epit. I 23). Столь же дерзким поступком Т. было похищение им Елены. Однако в отсутствие Т., отправившегося с Пирифоем за Персефоной, Диоскуры отбили сестру, захватив в плен Эфру — мать Т. и передав власть в Афинах его родичу Менесфею (I 23), изгнанному Т. Вернувшись из своего похода в царство аида, он нашёл престол занятым Менесфеем (I 24). Т. вынужден был отправиться в изгнание, не сумев усмирить своих врагов. Он тайно переправил детей на Эвбею, а сам, прокляв афинян, отплыл на остров Скирос, где у отца Т. когда-то были земли. Но царь Скироса Ликомед, не желая расстаться со своей землёй, коварно убил Т., столкнув его со скалы (подобно тому, как сам Т. сбросил в море злодея Скирона, сына Посейдона).

Античная традиция приписывает Т. объединение всех жителей Аттики в единый народ (синойкизм) и единое государство (полис) Афины, учреждение праздников панафиней и синойкий, первое социальное деление граждан Афин на евпатридов, геоморов и демиургов (Plut. Thes. 24—25). Все эти реформы

были проведены Т. в расцвете лет. Он снискал у греков репутацию неподкупного и справедливого арбитра в труднейших спорах. Он помог похоронить тела семерых вождей (см. *Семеро против Фив*), помог Гераклу, впавшему в безумие, и очистил его от невинно пролитой крови, дал приют гонимому Эдипу и его дочерям (Plut. Thes. 29). Афиняне вспомнили и признали его героем во время греко-персидских войн, когда во время битвы при Марафоне (490 до н. э.) он явился воинам в полном вооружении (35). Пифия предписала грекам найти прах Т. и достойно похоронить его. В 476 до н. э. останки Т. с копьём и мечом были перенесены с острова Скирос и торжественно погребены в Афинах. Место погребения Т. считалось в Афинах убежищем для рабов, бедных и угнетённых. В честь Т. были установлены празднество восьмого Пианепсиона (т. е. в день освобождения афинской молодёжи от Минотавра), а также ежемесячные праздники по восьмым числам Т. как сыну Посейдона — бога, которому приносят жертвы именно в это время (Plut. Thes. 36).
А. А. Тахо-Годи.

ТЕСКАТЛИПОКА («дымящееся зеркало»), одно из трёх главных божеств у индейцев Центральной Америки, вобравшее в себя черты многих древнейших богов; главный бог науа и майя. Он выступает и как бог ночи, покровитель разбойников, колдунов, жрецов; его эпитеты: Иаотль («враг»), Мойокойоцин («капризный владыка»), Титлакауан («тот, чьи рабы — все мы») и др. В ипостаси Иоалла-Ээкатль («ночной ветер») Т. странствует ночью по улицам, разыскивая преступников, как Ицтли («обсидиан») — олицетворяет жертвенный нож, как Чальчиутотолин («нефритовый индюк») — кровь жертвы, в ипостаси Ицтла-колиуки («кривой обсидиановый нож») Т. — звёздный бог холода, льда и наказаний, как Несауалпилли («голодный владыка») — покровитель банкетов, как Тельпочтли («юноша-воин») — повелитель школ мальчиков, как Некокйаотль («враг с обеих сторон») — бог-воин, в последней ипостаси Т. первым прибывал на праздники, когда боги собирались на земле. Самой древней ипостасью Т. был Тепейолотль («сердце гор») — ягуароликий бог пещер, землетрясений и несчастий, эхо.

В ацтекских мифах Т. часто выступает как противник или соперник *Кецалькоатля* и как двойник и сотоварищ *Уицилопочтли* в их деяниях. По представлениям ацтеков, Т. олицетворял зиму, север, ночное звёздное небо, поэтому он изображался с чёрным лицом, покрытым жёлтыми поперечными полосами, или в виде своего духа-двойника ягуара (уподобление пятнистого меха звёздному небу). По некоторым мифам, Т. превращается в Полярную звезду, чтобы добыть огонь; он становится созвездием Большой Медведицы. В тропиках это созвездие стоит в зените, поэтому жители Месоамерики воспринимали его как изображение одноногого человека и часто изображали с оторванной ногой. Отличительные атрибуты Т.: зеркало с отходящим от него завитком дыма (отсюда его имя), укреплённое или на виске, или на обрубке ноги; в нём он мог видеть всё, что происходит на свете. Этому же служит и магическая палка с круглым отверстием в одном конце, которую он держит в руках, через неё Т. видит всё сокрытое и тайное. Кроме того, круглое кожаное кольцо (символ вечности), висящее на жёлтой ленте на груди. Такое же кольцо есть и у трёх его братьев: Кецалькоатля, Уицилопочтли и Шипе-Тотека. У ацтеков возник и светлый двойник Т. — красный Т. (синкретизация с богом *Шипе-Тотеком*).

Т. считался как благодетельным, так и зловредным божеством: он был бог — творцом мира и его разрушителем, глазом, видящим всё в ночи, судьёй и мстителем за всё злое, всезнающим и вездесущим, беспощадным, полным неожиданностей. Его эпитеты: «тот, кто распоряжается по своему усмотрению», «тот, рабами которого мы все являемся». Он мог дать счастливую жизнь и благополучие, но часто обижался и становился злым разрушителем. Так, например, он поступил с тольтеками (см. в ст. *Толлан*). Чтобы испытать мужество молодых воинов, Т. принимал ночью причудливый облик и вызывал их на бой. Воин, победивший Т., получал в качестве выкупа несколько шипов агавы, предвещавших количество пленников, которых он захватит в ближайшей битве. Особо страшным обликом Т. считалось тело без головы, с двумя дверцами в груди, которые то открывались, то закрывались, издавая звук, похожий на стук топора по дереву. Фигурки Т. в этом облике были найдены в Теотиуакане.

Т., вероятно, в основе был хтоническим богом подземных сил, вулканов и обсидиана. Позже он сливается с божеством звёздного неба, севера и холода, отсюда он — старое солнце первой эры. Т. широко почитался, ему приносилось много жертв. У ацтеков каждый год избирался имперсонатор Т. — красивый юноша, не имевший физических недостатков. С имперсонатором обращались как с божеством, удовлетворяя любые его желания, по прошествии года его торжественно приносили в жертву.
Р. В. Кинжалов.

ТЕ́СПИЙ, Фе́спий, Те́стий, в греческой мифологии сын Эрехфея (Paus. IX 26, 6, по другим вариантам: Тевфранта или Кефея, Schol. Hom. Il. II 498). Чтобы иметь в роду наследников Геракла, Т. возвёл на его ложе 50 своих дочерей; за 50 (или 7, Athen. XIII 556 e) ночей Геракл сошёлся со всеми Теспиадами, думая, что сходится с одной (Apollod. II 5, 10); Теспиады родили сыновей, а старшая и младшая — по двойне. Одна из них отказалась возлечь с Гераклом, и тот в наказание отдал её в служительницы храма (Paus. IX 27, 7).
F. Г.

ТЕФИ́ДА, Те́фия, Те́тия, Ти́фия, в греческой мифологии одно из древнейших божеств, титанида, дочь Геи и Урана (Hes. Theog. 136), супруга своего брата Океана, с которым породила все реки и три тысячи океанид (337—346, 364). На плодовитость Т. и заботы её о бесчисленном потомстве указывает имя богини, связанное с индоевропейским tēta, «мать» (ср. греч. tete, «бабушка», tetis, «тётка»). Т. и Океан обитают на краю света, и туда не раз, чтобы примирить ссорившихся супругов, отправлялась Гера, которую они по просьбе Реи приютили во время борьбы Зевса с Кроном (Hom. Il. XIV 200—210).
А. Т.-Г.

ТЕФНУ́Т, в египетской мифологии богиня влаги. Входит в гелиопольскую *эннеаду*. Её земное воплощение — львица. Центр культа Т. — Гелиополь, согласно гелиопольскому мифу, Т. и её муж *Шу* — первая пара богов-близнецов, порождённых *Атумом* (Ра-Атумом). Их дети — *Геб* и *Нут*. Иногда Т. называют женой *Птаха*. Т. — также дочь *Ра*, его любимое Око. Когда Ра утром всходит над горизонтом, Т. огненным оком сияет у него во лбу и сжигает врагов великого бога. В этом качестве Т. отождествлялась с богиней *Уто* (Уреем). Ипостасью Т. являлась богиня пламени *Упес*, другой её ипостасью нередко выступает богиня письма *Сешат*. Известен миф, согласно которому Т. — Око Ра, рассорившись со своим отцом, царствовавшим в Египте, удалилась в Нубию, в область Бугем (и в Египте наступил период засухи), а затем по просьбе Ра, пославшего за ней *Тота* и Шу (в другом варианте — *Онуриса*), которые в образе павианов песнями и танцами завлекали её в Египет, вернулась обратно. Приход Т. из Нубии и последовавшее за этим вступление её в брак с Шу предвещает расцвет природы. Т. отождествлялась с *Мут*, *Баст*, а также с *Хатор*, *Сехмет* и другими богинями-львицами (*Менхит*, *Мент*), почитавшимися в Египте.
Р. Р.

ТЕХН, в мифологии нивхов душа, присущая всем живым существам и деревьям. Т. человека обитает в волосах макушки, кроме того, некоторые части тела имеют свои собственные Т. Т. дерева пребывает в его сердцевине. У промысловых животных Т. находится в костях; если они все остаются неповреждёнными, Т. добытого животного возвращается после совершения определённых обрядов к своим сородичам. После смерти младенца, его Т. улетает на небо, а затем вновь вселяется в чрево матери. Т. взрослого в момент смерти выходит из тела и во время сожжения трупа греется у огня; затем она поселяется в любимой собаке умершего (по другим вариантам, бродит вокруг дома) до изготовления деревянной фигурки как и помещения её в домик на родовом кладбище, после чего уходит в селение мёртвых *млыво*. Т. убитого превращается в птицу *тахть*, Т. человека, задранного медведем,— в горного духа, Т. утонувшего — сначала в злого духа, который обитает в прилегающих к его селению водах, а после соответствующих обрядов уходит к морским духам (см. *Тол ыз*), где живёт три-четыре поколения.

Е. Н.

ТЕШУ́Б, Т е ш у́ б (хуррит.), Т е й ш е́ б а (урарт.), хуррито-урартский бог грозы. Имя Т. в хурритском и урартском языках, видимо, генетически восходит к общему прототипу; возможно, родственно хаттскому и хеттскому «зиф», «зипа», «шепа» в именах богов и имеет соответствия в названиях божеств в нахско-дагестанских языках. Священный город и резиденция Т.— Куммия (первоначальное значение, по-видимому, «священный»), его жена — Хебат (урарт. Хуба, ряд исследователей предполагает их генетическую общность). В хурритской мифологии Т. возглавляет богов актуального настоящего. Согласно теогоническому циклу о смене поколений богов, отец Т.— *Кумарби* (бог Ану, побеждённый Кумарби, оставляет в нём своё семя, в результате Т. выходит из головы Кумарби), Т. свергает его с небесного престола. Кумарби родит сына-мстителя *Улликумме*, призванного вернуть ему власть на небесах. Т. побеждает Улликумме, а затем захватившего власть бога-хранителя и приверженца Кумарби бога Серебро. По мере распространения хурритского культурного влияния мифы о Т., обрядовые изображения Т. (в частности, в образе быка) и богов его свиты (брата Ташмишу и др.) широко распространились в пределах Хеттского царства. Т. и сопутствующие ему божества изображены на рельефах святилища Язылыкая близ Богазкёя.

В. В. Иванов.

ТИА́МАТ («море»), в аккадской мифологии (космогоническая поэма «Энума элиш») персонификация первозданной стихии, воплощение мирового хаоса. Т., создательница вместе со своим супругом Апсу (см. *Абзу*) первых богов Лахму и Лахаму (см. в ст. *Лахама*), в космической битве между поколением старших богов (возглавленных Т.) и младших богов во главе с *Мардуком* убита Мардуком; он рассекает тело Т. на две части, делая из первой небо, из второй — землю. Изображалась (предположительно) в виде чудовищного дракона или семиголовой гидры.

В. А.

ТИБЕРИ́Н, в римской мифологии бог реки Тибр, сын Януса (Serv. Verg. Aen. VIII 330). По другой версии, один из царей Альбы, утонувший в реке Альбула, получившей потом название Тиберин (Liv. I 3, 8; Ovid. Fast. IV 47 след.), или царь Вей, погибший в битве с сыном Миноса Главком. Явившись во сне Энею, посоветовал ему заключить союз с Эвандром (Serv. Verg. Aen. VIII 72). Ему было посвящён храм на острове реки Тибр и праздник рыбаков.

Е. Ш.

ТИДЕ́Й, в греческой мифологии сын Ойнея, царя Этолии, отец *Диомеда*. Вследствие совершённого им убийства (возможно, невольного) одного из родственников Т. вынужден бежать из дому. Он находит убежище и получает очищение у Адраста, царя Аргоса, к которому в это же время прибывает изгнанный из Фив Полиник. Согласно версии, встречающейся у Еврипида (Suppl. 131—150; Phoen. 408—423), между Т. и Полиником возникает ссора. Адраст, застигнув противников с оружием в руках, мирит их и выдаёт за них замуж двух своих дочерей. Т. становится участником похода *семерых против Фив*. «Илиада» рассказывает о каком-то посольстве Т. в Фивы, во время которого он побеждает в состязании многих кадмейцев, а при возвращении подвергается нападению из засады 50 фиванцев и всех, кроме одного, убивает (IV 382—399; V 801—807). Идёт ли речь о попытке семерых уладить дело миром до выступления в поход или уже перед самым штурмом, неясно. Вероятно, к этому эпизоду относится также убийство Т. Исмены у городского колодца. Древняя традиция изображает Т. человеком невысокого роста, подчёркивает его воинственный пыл и дикую свирепость. Он не желает слушать никаких уговоров Амфиарая, предостерегающего вождей от битвы, и рвётся в бой (Aeschyl. Sept. 377—394). В решающем сражении фиванский полководец Меланипп смертельно ранит Т., но перед смертью успевает убить противника; затем Т. раскалывает голову Меланиппа и высасывает из черепа мозги. При виде этого акта жестокости Афина, обещавшая своему любимцу Т. бессмертие, в негодовании покидает его (Apollod. III 6, 8).

В. Н. Ярхо.

ТИ́КИ, в полинезийской мифологии: 1) нетварное божество, добывающее острова со дна океана (ср. *Мауи*); 2) первый человек. В некоторых мифах его создаёт из песка и глины *Тане*, в других — *Тангароа, Ронго, Атеа*. Эти же боги создают первую женщину. По некоторым вариантам, человеческий род появляется в результате инцеста Т. со своей дочерью.

Е. М., М. С. П.

ТИ́ЛЛА, в восточнохурритском пантеоне бог. Вероятно, генетически связан с урартским богом Тура. Соответствует сыну *Тешуба* и *Хебат* «бычку Тешуба» Шарруме в западнохурритском пантеоне. В песне об *Улликумме* выступает в паре с Шерри (см. *Хурри и Шерри*). В дворцовом святилище в Нузи три божества, очевидно, Тешуб, Хебат (выступающая под именем *Иштар* Ниневийской) и Т. изображены в виде быка, коровы и телёнка. На наскальном рельефе из Язылыкая близ Богазкёя Шарруме, следующий за Хебат, изображён стоящим на пантере с топором в левой руке и упряжью в правой.

М. Л. Х.

ТИЛОТТА́МА [«превосходная в (каждой своей) частице»], в индуистской мифологии одна из *апсар*. По одним мифам, Т. сначала была женой брахмана, но за купание в неположенное время в следующем рождении стала апсарой. По другим мифам, её сотворил из драгоценных камней *Вишвакарман* (или Брахма), чтобы она соблазнила асуров *Сунду и Упасунду*. Т. была столь прекрасна, что, когда она впервые обходила собрание богов, Шива, любуясь ею, сделался четырёхликим, а у Индры проступила на теле тысяча глаз (Мбх. I 203, 20—27).

ТИ́ЛУИТ ТЕГ, в валлийской низшей мифологии разновидность эльфов (Т. Т.— букв. «доброе семейство»). Считалось, что Т. Т. одеваются в белые одежды и испытывали особое расположение к смертным со светлыми волосами; входы в их жилища располагались под огромными валунами, в пещерах, по берегам рек и т. д. Безбоязненно проникнуть туда люди могли только в первый день мая (соответствующий древнему кельтскому празднику Бельтан). Дружественные к людям, они были опасны для светловолосых детей, которых выкрадывали из колыбели.

С. Ш.

ТИ́ЛЬМУ́Н, Ди́льму́н (шумер.), в шумеро-аккадской мифологии блаженный остров неведения (идентифицируется с островами Бахрейн). На Т. восходит солнце; Т.— первозданная страна, где не было змей, скорпионов, львов, диких собак и волков; Т.— «чистая», «непорочная», «светлая» страна, «страна живых», не знающая ни болезней, ни смерти. Но здесь не было пресной воды, которую бог солнца *Уту* доставляет по приказу бога *Энки* с земли. После этого богиня-мать Нинхурсаг выращивает здесь восемь чудесных растений (подробнее изложение мифа см. в ст. *Нинхурсаг*). На Т. поселён после потопа *Зиусудра*. Хотя Т. предстаёт скорее божественным, чем человеческим обиталищем, его характеристика содержит многочисленные параллели с библейским повествованием об Эдеме. К острову Т. имела отношение богиня-целительница *Нининсина*. Главные боги Т.— Энзак и Мескидак (по мифу об Энки и Нинхурсаг). В одном из аккадских списков Энзак назван «Набу острова Тильмун», а богиня Лахамун — «Царпаниту острова Тильмун».

В. А.

ТИН, Ти́ния, Ти́на, в этрусской мифологии бог неба, громовержец, повелевавший тремя пучками молний: первым — предостерегал людей, вторым пользовался, посоветовавшись с 12-ю другими бога-

ми, третьим карал, лишь получив согласие избранных богов. На этрусских зеркалах Т. изображён в сценах рождения *Менрвы*, в любовной сцене с *Уни*, в качестве арбитра в спорах между Турмс и *Аплу*, Лазой и Марис. Иногда изображался безбородым юношей, подобно Зевсу-ребёнку и юноше у древних критян.
А. Н.

ТИНДАРЕ́Й, в греческой мифологии царь Спарты, супруг *Леды*. Его отцом называют спартанского царя Ойбала или мессенского героя Периера, матерью — наяду Батию или дочь Персея Горгофону (Paus. III 1, 4; Apollod. I 9, 5; III 10, 3—4). Изгнанный своим (возможно, сводным) братом Гиппокоонтом из Спарты, Т. бежал в Этолию к царю Фестию, помог ему в отражении воинственных соседей и получил в награду руку его дочери Леды. Когда Геракл, оскорблённый Гиппокоонтом, убил его вместе с сыновьями, спартанский трон был возвращён Т. От брака с Ледой Т. имел, кроме других детей, двух сыновей-близнецов *Диоскуров* (Полидевка и Кастора), а также дочерей *Клитеместру* и *Елену* (но, по более распространённому мифу, Елена и Полидевк считались детьми Леды и Зевса). По совету Одиссея Т. связал всех женихов, добивавшихся руки Елены, совместной клятвой — защищать в случае необходимости честь её будущего супруга (Hes. frg. 204, 78—85; Apollod. III 10, 5—9). Впоследствии это дало Менелаю, мужу Елены, возможность привлечь их к Троянскому походу. После гибели и обожествления Диоскуров Т. передал царский престол Менелаю (Apollod. III 11, 2; epit. II 16). В трагедии Еврипида «Орест» Т. выступает обвинителем Ореста, убившего Клитеместру (470—629).
В. Я.

ТИНИАНА́ВЫТ (корякск.), **Синане́вт** (ительменск.), в мифах коряков и ительменов старшая дочь *Ворона*, один из центральных персонажей многочисленных мифов. Во многих версиях Т. (Синаневт) вступает в инцестуальный брак с братом *Эмемкутом*. Чаще всего в мифах муж Т. — облачный человек. Этот счастливый брак способствует связям семейства Ворона с облачными людьми (детьми хозяина неба), от которых зависит погода, морской промысел, рыбная охота, семейное благополучие.
Е. М.

ТИНИРА́У, Тингира́у, Тингила́у, Синила́у, в полинезийской мифологии дух — хозяин океанских рыб и морских животных. Воплощается в человеке, ките, акуле или морской черепахе. Т. — сын или свойственник *Тангароа* (варианты — сын Солнца, сын земных родителей). По разным вариантам, Т. — возлюбленный, муж, брат, свёкор или сын *Хины*. По моногим версиям, Т., против своей воли расставшийся со своей женой Хиной, отправляется на её поиски и долго путешествует по разным местностям либо островам, пока не находит её. В скитаниях ему помогают меньшие духи океана и морские животные, рыбы. Т. — культурный герой: учит людей различать обычных и хищных рыб, знакомит с искусством разведения рыб в специальных затонах, устанавливает пищевые табу. Распространён сюжет о Т. и *Каэ*: по распоряжению Т. Каэ отвозят на его родной остров киты (черепахи или акулы), либо воспитанные самим Т., либо находящиеся у него в услужении. Каэ, убившего китов, Т. жестоко наказывает.
Е. М., М. С. П.

ТИННЙТ, Танит, в западносемитской мифологии одно из верховных божеств карфагенского пантеона, богиня-дева. Почиталась в паре с *Баал-Хаммоном*. Очевидно, богиня луны или неба, плодородия, подательница животворной росы, покровительница деторождения; видимо, выступала также как богиня-охотница. Символами Т. были полумесяц, голубь и египетский иероглиф жизни (анх); позднее она изображалась в виде крылатой женщины с лунным диском в руках, прижатых к груди. В эллинистический период отождествлялась с *Юноной*, *Афродитой* Уранией и *Артемидой*. Наиболее частый эпитет Т. — «украшение (лик) Баала»; именовалась также «небесная дева», «небесная Юнона», реже — «великая мать». Вероятно, на мифологию Т. повлияли представления об *Асират* и *Астарте*, отчасти *Анат*. Не исключено также, что с культом Т. слился культ *Дидоны*, основательницы Карфагена. В теофорных именах часто встречается сочетание Циди-Тиннит, очевидно, имя одной из ипостасей Т., с чертами *Цида*. Храм Т. находился на месте первого поселения карфагенян (между Бирсой и восточной гаванью).
И. Ш.

ТИР, у армян бог письменности, наук и искусств, писец бога *Арамазда*, прорицатель судьбы. Т. навевает сны людям, открывающие им их будущее. В храме Т. (между городами Вагаршапатом и Арташатом) жрецы толковали эти сны, там же обучались наукам и искусствам. По-видимому, Т. считался также и проводником душ в подземное царство. В эллинистическую эпоху Т. отождествлялся с Аполлоном. Арташес I (2 в. до н. э.), основав город Арташат, ставший столицей Великой Армении, перенёс сюда из культового центра Багаран статую Т. (Аполлона). Вероятно, к имени Т. восходит название четвёртого месяца древнеармянского календаря — трэ.
С. Б. А.

ТИ́РА, Ти́рос, в греческой мифологии финикийская нимфа, возлюбленная Геракла. Собака Геракла во время охоты измазалась пурпурным соком улитки-багрянки. Цвет так понравился Т., что Гераклу пришлось разыскивать улиток по всей Финикии, чтобы выкрасить наряды возлюбленной; так было положено начало традиционному промыслу (Poll. I 45—47).
Г. Г.

ТИРА́НА МОСИ́РИ («самый нижний мир»), в айнской мифологии подземный мир на самом нижнем уровне, светлая и прекрасная страна.
Е. С.-Г.

ТИРЕ́СИЙ, в греческой мифологии сын нимфы Харикло, потомок *спартов*, фиванский прорицатель. По одной из версий, изложенной в гимне Каллимаха «На омовение Паллады», Т., будучи юношей, случайно увидел Афину обнажённой во время её купания и был за это ослеплён богиней, но затем по просьбе Харикло Афина возместила Т. потерю зрения даром прорицания. По другой версии, Т., увидев спаривающихся змей, ударил их палкой, и за это был превращён в женщину; вновь стать мужчиной ему удалось только после того, как спустя семь лет он снова подстерёг двух змей в том же состоянии (Ovid. Met. VII 326—327) и ударил их (Apollod. III 6, 7). Поэтому, когда между Зевсом и Герой возник спор о том, какая из двух сторон получает большее наслаждение при половом общении, они попросили Т. рассудить их, так как он знает свойства обоих полов. Т. ответил, что наслаждение, испытываемое женщиной, в девять раз превышает ощущения мужчины, и за это был ослеплён разгневанной Герой, а Зевс наделил его даром прорицания и продолжительностью жизни, в семь раз превышающей обычную (Hes. frg. 275, 276). Существенна роль престарелого Т. как прорицателя в «Царе Эдипе» и «Антигоне» Софокла, в «Финикиянках» Еврипида. Т. не утратил пророческих способностей и после смерти, настигшей его при бегстве из Фив во время похода эпигонов (Apollod. III 7, 3); Одиссей спускается в подземный мир, чтобы услышать от Т. предсказание о своём будущем (Hom. Od. XI 90—139).
В. Я.

ТИРО́, в греческой мифологии дочь *Салмонея*, мать Пелия и Нелея (от Посейдона), Эсона, Амифаона и Ферета (от Кретея).

ТИРС, в греческой мифологии жезл Диониса и менад, увитый плющом и увенчанный еловой шишкой. Считалось, что еловая шишка символизирует огонь, в котором сгорела *Семела*, а младенца Диониса, вокруг которого, чтобы уберечь его от пламени, в тот же миг стал виться плющ (Eur. Phoen. 645—655; Philostr. Imag. I 14).
Г. Г.

ТИРТХАНКА́РА («создатель брода», в позднейшей интерпретации «создатель церкви»), в джайнской мифологии титул основополагающих вероучителей джайнизма, основных персонажей мифо-исторического комплекса, почитаемых как «боги богов». За каждый полуоборот колеса времени в кармовых землях (землях, где кормятся трудом) появляются 24 Т. Пять благих моментов в жизни Т. (зачатие, рождение, уход от мира, обретение абсолютного

знания и конечное освобождение) происходят всегда (кроме жизни *Махавиры*) под одним созвездием (накшатра) и сопровождаются чудесными явлениями. Матери Т. при зачатии видят 14 (у шветамбаров) и 16 (у дигамбаров) вещих снов. Новорождённого Т. боги забирают у матери, погрузив её в глубокий сон и подложив ей копию ребёнка, и уносят на гору *Мандару*, где совершается церемония посвящения Т. Наиболее подробно в джайнской литературе описывается житие Махавиры. Жития остальных Т., как правило, изображаются по той же схеме. Каждый Т. имеет свой символ, цвет и размер тела, двух «сопровождающих божеств» и т. д. Тело Т. наделено 34, а речь 35 особыми признаками.
О. Ф. Волкова.

ТИСАМЕ́Н, в греческой мифологии: 1) сын Ореста и *Гермионы* (вариант: *Эригоны*), правивший в Спарте и убитый в борьбе с Гераклидами (Apollod. II 8, 2—3). По другой версии, Гераклиды изгнали Т. из Аргоса и Спарты, и он просил приюта у ионян, которые ему отказали в этом, боясь, что он подчинит их своей власти. В сражении с ионянами Т. был убит (Paus. VII 1, 7—8); 2) сын Ферсандра (Терсандра) и Демонассы, дочери Амфиарая; внук Полиника и правнук царя Эдипа. Т. царствовал в Фивах (Paus. IX 5, 15).
А. Т.-Г.

ТИСИФО́НА, в греческой мифологии: 1) одна из *эриний*. Т. крылата, волосы её перевиты змеями. В тартаре Т. бьёт бичом преступников и устрашает их змеями, полная мстительного гнева (Verg. Aen. VI 570—572). Существует предание о любви Т. к царю Киферону. Когда Киферон отверг её любовь, Т. умертвила его своим змеиным волосом (Plut. De fluv. et mont. nomin II 2); 2) в трагедии Еврипида «Алкмеон в Коринфе» Т.— дочь Алкмеона, рождённая *Манто*. Вместе с братом была отдана отцом на воспитание коринфскому царю Креонту. Она выросла такой красивой, что жена Креонта, опасаясь, как бы её супруг не сделал Т. своей женой, продала её в рабство. Алкмеон купил Т., не подозревая, что это — его дочь; лишь позднее, когда он явился в Коринф за своими детьми, он узнал истину (Apollod. III 7, 7).
А. Т.-Г.

ТИТА́НЫ, в греческой мифологии боги первого поколения, рождённые землёй Геей и небом Ураном; их шесть братьев (Океан, Кой, Крий, Гиперион, Иапет, Кронос) и шесть сестёр-титанид (Тефида, Феба, Мнемосина, Тейя, Фемида, Рея), вступивших в брак между собой и породивших новое поколение богов: Прометей, Гелиос, музы, Лето и др. (Hes. Theog. 132—138). Имя Т., связанное, возможно, с солнечным жаром или владычеством, догреческого происхождения. Младший из Т. *Кронос* по наущению матери Геи серпом оскопил Урана, чтобы прекратить его бесконечную плодовитость (154—182), и занял место верховного бога среди Т. Родившемуся от Кроноса и Реи Зевсу, в свою очередь, суждено лишить власти отца и стать во главе нового поколения богов — олимпийцев (453—457). Т. (кроме Океана) выступили с Офрийской горы; боги, рождённые Кроносом и Реей,— с Олимпа (отсюда их название олимпийцы); сражение (титаномахия) между Т. и олимпийцами длилось десять лет, пока на помощь Зевсу не пришли *сторукие*. Побеждённые Т. были низринуты в тартар, где их стражами стали сторукие (629—735).

Т.— архаические боги, олицетворявшие стихии природы со всеми её катастрофами. Т. не ведают разумности, упорядоченности и меры, их орудие — грубая сила. Поэтому они не слушают советов Прометея и Геи-Фемиды, чтобы хитростью поладить с Зевсом (Aeschyl. Prom. 199—213). Первобытная дикость Т. уступает место героизму и мудрой гармонии космоса олимпийского периода греческой мифологии; в этом процессе отразилась борьба догреческих богов балканского субстрата с новыми богами вторгшихся с севера греческих племён.
А. Ф. Лосев.

ТИ́ТИЙ, в греческой мифологии великан, рождённый Зевсом и Эларой, дочерью Орхомена (сына Миния, родоначальника племени миниев) или Миния (Apollod. I 4, 1; вариант: Т.— сын Геи, Hom. Od. XI 576). Т.— хтонического происхождения: рождён в недрах земли, куда Зевс скрыл от гнева ревнивой Геры свою возлюбленную. Позднее мстительная Гера внушила Т. страсть к любимой Зевсом Лето; великан пытался ею овладеть, но дети Лето Аполлон и Артемида пронзили Т. из лука (Apollod. I 4, 1, Apoll. Rhod. I 761 и схолии к нему). По другому варианту, за попытку Т. обесчестить Лето Зевс поразил его молнией и низверг в аид. Там два коршуна терзают печень распростёртого Т. (Hom. Od. XI 576—580).
А. Т.-Г.

ТИТО́Н, Т и ф о́ н, в греческой мифологии божество света, первоначально собственно «полдень» (Schol. Lycophr. 18), «начало конца дня» (Schol. Hom. Od. V 1) и даже «свет, но уже погасший» (Hom. Od. V 1). Т.— сын (вариант: брат) Лаомедонта (Hom. Il. XX 237), брат Приама, отец Мемнона и Фаэтона, супруг (вариант: сын; Apollod. III 14, 3) Эос (Hom. Il. XI 1; Hes. Theog. 984 след.; Verg. Georg. I 447), которая, полюбив Т., унесла его к себе, попросив для него у Зевса бессмертие, но забыла о вечной молодости (Hymn. Hom. IV 220—224); хотя Эос убит и давала Т. нектар и амброзию (IV 232), он состарился (ср. поговорку «пережить Т.») и сделался сверчком.
Г. Гусейнов.

ТИ́ФИЙ, в греческой мифологии: 1) знаменитый звездочёт, аргонавт, кормчий «Арго» на пути в Колхиду; провёл корабль между Симплегадами и спас аргонавтов от других напастей (Apoll. Rhod. I 105—108; II 854); 2) демон ночных кошмаров и лихорадки (Schol. Aristoph. Vesp. 1033).
Г. Г.

ТИФО́Н, в греческой мифологии чудовищный сын земли Геи и Тартара (Hes. Theog. 820—822; Apollod. I 6, 3). По другой версии, Т. рождён Герой, ударившей рукой о землю, когда она решила в отместку Зевсу, родившему Афину, тоже самостоятельно произвести на свет потомство. Гера отдала Т. на воспитание Пифону, убитому затем Аполлоном (Hymn. Hom. II 127—177). Т.— хтоническое териоморфное существо: у него сотня драконьих голов, часть туловища до бёдер — человеческая. Ниже бёдер вместо ног у Т.— извивающиеся кольца змей. Тело покрыто перьями. Он бородат и волосат (Apollod. I 6, 3). Каждая из глоток Т. издаёт вопли быков, львов, псов (Hes. Theog. 829—835). Т. мог бы стать владыкой мира, если бы Зевс не вступил с ним в борьбу: он испепелил Т. молниями, поразил его перунами и забросил его в тартар (837—868). По другой версии мифа, победа далась Зевсу с огромным трудом: Т. охватил Зевса кольцами змей, перерезал ему сухожилия, запер его в Корикийской пещере в Киликии, где Зевса стерегла дракоица Дельфина. Но Гермес и Эгипан выкрали спрятанные в пещере сухожилия Зевса, вставили их ему, и он, обретя снова силу, стал преследовать Т. Мойры обманули Т., убедив его отведать т. н. однодневные плоды («ядовитое растение «однодневка»), якобы для увеличения силы (Apollod. I 6, 3). Зевс навалил на Т. огромную гору Этна в Сицилии, и оттуда Т. изрыгает пламя (Aeshyl. Prom. 365—372). Т. и Эхидна породили многих чудовищ (собаку Орфа, пса Кербера, лернейскую гидру, химеру, Hes. Theog. 306—325).
А. Ф. Лосев.

ТИ́ХА, Т и́ х е («случайность»), то, что выпало по жребию), в греческой мифологии божество случая; не встречается в классической мифологии, выдвинуто в эпоху эллинизма как сознательное противопоставление древнему представлению о неизменной судьбе. Т. символизирует изменчивость мира, его неустойчивость и случайность любого факта личной и общественной жизни. Имя Т., океаниды и спутницы Персефоны, впервые встречается в гомеровском гимне к Деметре (V 420), но этот персонаж не имеет ничего общего с богиней Т. У Архилоха (frg. 8 Diel) Т. находится рядом с Мойрой; у Пиндара она — дочь Зевса (Pind. Ol. XII) и тоже близка мойрам (Paus. VII 26, 8). Т. персонифицируется в драмах Еврипида и выступает важной движущей силой в эллинистической драме.
А. Т.-Г.

ТИШПА́К, бог неизвестного происхождения, вошедший в аккадский пантеон (возможно, это эламская форма *Тешуба*, хурритского бога бури и грозы).

Бог-покровитель города Эшнунна, где ранее, в старовавилонский период почитался *Ниназу*. Аккадский эпитет «предводитель войск» недостаточен для того, чтобы считать его богом войны, хотя такой аспект типичен для бога бури. Т. — победитель чудовища *Лаббу*.
В. А.

ТИШТРИА [авест., от индоевропейского «относящийся к созвездию из трёх светил» (имеется в виду пояс Ориона)], в иранской мифологии (в «Младшей Авесте») божество, олицетворение звезды Сириус, предводитель всех созвездий ночного неба. Образ Т. восходит к эпохе индоиранской общности: ср. ведийский *Тишья*. Теофорные имена, содержащие имя Т., известны с раннеахеменидского времени. Эпитет Т. ауруша переводят либо как «белый», либо как «красный». Т. посвящён т. н. «Тир-яшт» («Яшт» VIII). Главная функция Т. — низведение на иссушенную летним зноем землю благодетельных вод. Как и древнеиндийский Тишья, Т. почитался как стрелок, он способен принимать различные облики (юноша, златорогий бык, белый конь). Лук Т. (или его воплощения — им, видимо, был стрелок Эрехша, см. *Араш*, VIII 6, 37—38) являлся орудием богов. Т. поклонялся *Ахурамазда* (VIII 25). Т. сопровождает *Паренди* (VIII 38). Т. поражает падающие звёзды — колдуний-паирика (см. *Пари*). Центральный эпизод «Тир-яшта» посвящён поединку Т. с демоном засухи *Апаошей*. Т. сражается в облике прекрасного белого коня с жёлтыми ушами и золотыми удилами, а Апаоша — безобразной чёрной лысой лошади. После трёх суток битвы Апаоша изгоняет Т. из озера Ворукаша. Тогда Т. обращается за помощью к Ахурамазде, который даёт ему силу десяти коней, верблюдов, быков, гор и рек. Бой вновь разгорается, и Т. побеждает. Воды освобождаются, и начинается дождь. (Ср. общеиндоевропейский мифологический сюжет освобождения мировых вод в результате поединка бога-громовержца с демоническим противником; видимо, общеиндоевропейский характер носит и связь лошади с водой; ср., например, коней *Посейдона*.) Существует гипотеза о влиянии на мифы о Т. египетской и месопотамской традиций (ср. египетское олицетворение Сириуса — *Сопдет*, божество чистой воды и наводнений; в Двуречье зодиакальный знак начала сезона дождей — человек-скорпион с луком).
Л. А. Лелеков.

ТИШЬЯ, в древнеиндийской мифологии название звезды Сириус и некоего персонажа, видимо, божественного стрелка. Дважды упоминается в «Ригведе». Название Т. связывается с калиюгой (см. *Юга*). Ведийский Т. восходит к индоевропейскому слову, означающему «относящийся к созвездию из трёх светил», и может быть сопоставлен с авестийским *Тиштриа*.
В. Т.

ТКАШИ-МАПА, у мегрельцев богиня, хозяйка лесов, диких животных. По народным представлениям, Т. — златовласая (иногда черноволосая) красавица, живущая в лесу. От неё зависит удача охотников. Т. вступает в тайную любовную связь с охотником; в случае разглашения охотником тайны она губит его (иногда превращает в камень), а на его семью насылает разорение. Любви Т. домогается *Очокочи*, от насилия которого она погибает (либо спасается при содействии охотника). Ряд исследователей сближает образ Т. с образами *Дали* и безымянной «лесной женщины», действующей в преданиях, быличках и ритуальных песнях, записанных в различных районах Грузии.
А. Ц.

ТЛАЛОК («заставляющий расти»), в мифах ацтеков бог дождя и грома, повелитель всех съедобных растений; у майя — *Чак*, у тотонаков — Тахин, у миштеков — Цави, у сапотеков — Косихо-Питао. Его культ получил распространение со 2 в. до н. э., потеснив более древний культ *Кецалькоатля*. Т. изображался антропоморфным, но с глазами совы или кругами (в виде стилизованных змей) вокруг глаз (иногда такие круги помещались и на его лбу), с клыками ягуара и змеиными завитками перед носом. На голове Т. — зубчатая корона, тело — чёрного цвета, в руках — змееподобный, усаженный зубами посох (молния) или стебель маиса, или кувшин с водой.

По представлениям ацтеков, Т. — по природе благодетельное божество, но может вызвать наводнения, засухи, град, заморозки, удары молнией. Считалось, что он живёт на вершинах гор или во дворце над Мексиканским заливом, где образуются облака. В его жилище, на внутреннем дворе, в каждом из четырёх углов стоит по большому кувшину, в которых содержатся благотворящий дождь, засуха, болезни растений и разрушительные ливни (поэтому Т. иногда изображался в виде кувшина). Жрецы считали его единым божеством, но, по более ранним народным представлениям, существовало множество отдельных карликообразных Т. («мальчиков дождя»), владычествовавших над дождём, горными вершинами, градом и снегом; в их жилище были и реки, и озёра. С Т. были связаны лягушки и змеи. Т. насылал на людей ревматизм, подагру и водянку. Поэтому в Тлалокан (его владение на небе) попадали убитые молнией, утопленники, прокажённые и подагрики. В Тлалокане было изобилие воды, пищи и цветов. Первой женой Т. была *Шочикецаль*, а затем *Чальчиутликуэ*. В честь Т. совершались обряды над глубокими омутами озера Тескоко. На горе Тлалок близ Теночтитлана была воздвигнута большая статуя Т. из белой лавы с углублением в голове. В дождливое время года туда вкладывались семена всех съедобных растений.
Р. В. Кинжалов.

ТЛАСОЛЬТЕОТЛЬ [«богиня — пожирательница грязи (экскрементов)»], в мифах ацтеков богиня земли, плодородия, сексуальных грехов, покаяния (отсюда её имя: пожирая грязь, она очищает человечество от прегрешений); владычица ночи. Мать *Макуиль-Шочитля* и *Синтеотля*. Т. — одно из древнейших божеств Месоамерики, восходит к «богине с косами». Ацтеки, вероятно, заимствовали её культ у хуастеков. Т. известна также под другими именами: Тоси («наша бабушка»), Тлалли-ипало («сердце земли»), Тетеоиннан («мать богов»), Чикунавиакатль («девять тростник») и др. Т. изображалась то нагой, то в одежде; отличительные признаки — носовая вставка в виде полулуния, головной убор из перьев перепёлки с куском ваты и двумя веретёнами, окраска лица жёлтая; символ Т. — метла или человек, поглощающий экскременты. На празднике в честь Т. приносили в жертву девушку, из её кожи изготовляли куртку, которую надевал жрец, олицетворявший богиню. Затем следовало символическое её воссоединение с богом войны и солнца *Уицилопочтли* и рождение бога молодого маиса. В годы засухи Т. (в ипостаси Ишкуины) приносили в жертву мужчину. Привязав его к столбу, в него метали дротики (капающая кровь символизировала дождь).
Р. К.

ТЛЕПОЛЕМ, в греческой мифологии сын *Геракла* от Астиохи, дочери царя феспротов. После смерти Геракла Т. жил в Аргосе, но вынужден был бежать оттуда из-за непреднамеренного убийства своего двоюродного деда Ликимния. Поселившись на острове Родос, Т. основал там города Линд, Иалис и Камир. Т. находился среди претендентов на руку Елены и поэтому должен был принять участие в Троянской войне, где и пал от руки Сарпедона (Apollod. II 7, 6; 8, 2; Apollod. epit. III 13).
В. Я.

ТЛЕПШ, в мифах и нартском эпосе адыгов бог кузнечного ремесла, ученик *Дебеча*, культурный герой; отец *Дзахуша* и жены *Сосруко*; по некоторым версиям сказаний, муж *Сатаней*. На хасе (высшем совете *нартов*) занимает одно из почётных мест. В пантеоне богов следует за *Тхагаледжем*. По-видимому, первоначально был богом огня. Согласно нартским сказаниям, от Т. нарты получили изготовленные из железа орудия труда (серп, коса, молот, клещи), боевое снаряжение и доспехи (меч, сабля, стрелы, кольчуга). Т. чинил нартам покалеченные в схватках стальные бёдра и черепа; себе он приделал железные ноги вместо отсечённых мечом его же изготовления. Наковальня Т. была вбита в седьмое дно земли; пошатнувший её нарт считался возмужавшим. Её смог вырвать лишь Сосруко, появившийся на свет благодаря Т., который извлёк его из камня; затем закалил Сосруко (раскалённого железного мальчика) в своей кузнице, окунув его

7 раз в воду. Т. ковал в закрытой кузнице. Когда люди ухитрились заглянуть в его рукав, Т. оставил своё ремесло. Странствуя по свету в поисках знаний для нартов, Т. встретил мудрую *Жиг-гуашу*, которая родила от него солнечного мальчика. По некоторым вариантам, Т. умер от ран, полученных им при отсечении его ног мечом. Ср. с осетинским Курдалагоном.
М. М.

ТЛОКЕ-НАУАКЕ («тот, кто содержит всё в себе»), И п а л ь н е м о у а́ н и («тот, кем мы все живём»), в мифах ацтеков верховное божество. Первоначально Т.-Н.— один из эпитетов бога-творца *Тонакатекутли* и бога огня *Шиутекутли*, позже жреческая школа Тескоко стала олицетворять его с верховным творческим духом и воздвигла ему специальный храм.
Р. К.

ТЛЫ ЫЗ, т л ы н и в х, в мифологии нивхов дух-хозяин неба и небесный человек-дух. Считается, что небо населено целыми племенами Т. ы. Они видят всё, что происходит на земле, отмечают всех новорождённых и назначают сроки их жизни. Часть Т. ы. благожелательна к людям, другие, шутки ради, могут зацепить человека сброшенным с неба крючком и утащить его наверх. Считается, что когда Т. ы. кроят шкуры зверей на обувь и одежду, то обрезки падают на землю и превращаются в лис, зайцев, белок и др.
Е. Н.

ТМЕЛОГО́Д, в мифах микронезийцев острова Палау культурный герой, принёсший людям огонь и важнейшие ремёсла. Т., по некоторым версиям, родился не от земной женщины, а из камня. По одному из мифов, Т. в поисках потерянного перламутрового крючка добирается до хтонической старухи, у которой застрял в горле его крючок. Старуха отдаёт Т. крючок, учит его рыбной ловле, объясняет, каким образом добыть со дна океана новые сокровища.
М. С. П.

ТОВИ́Т и Т о́ в и я, персонажи ветхозаветного предания, изложенного в «Книге Товита» (написана, вероятно, в нач. 2 в. до н. э. на арамейском или древнееврейском языке). Книга вошла в библейский канон лишь восточных христианских церквей, поэтому основным её текстом является греческий.

Действие происходит в 8 в. до н. э. Благочестивый Т., остававшийся верным богу даже тогда, когда всё колено Неффалимово, к которому он принадлежал, было отведено в плен в Ниневию ассирийским царём Салманасаром. Живя среди язычников, он сохраняет благочестие, раздавая милостыню и погребая тела других пленников, казнённых по приказу царя. После одного такого погребения он слепнет. Впав в большую нужду, Т. обращается к богу с молитвой. Одновременно в мидийском городе Экбатане подобную же молитву возносит его племянница Сарра, любимая злым духом *Асмодеем*, который умерщвлял одного за другим семь её женихов, прежде чем они входили к ней на брачное ложе. Бог посылает ангела *Рафаила* помочь им обоим. Тем временем Т., просивший скорой смерти у бога, вспоминает о серебре, которое он когда-то оставил в Мидии, и снаряжает за ним своего сына Товию, наняв ему в провожатые некоего Азарию, который на самом деле есть не кто иной, как архангел Рафаил. Они трогаются в путь в сопровождении собаки Товии. По дороге Товия по совету ангела вылавливает в Тигре рыбу, пытавшуюся его проглотить, и сберегает её печень и желчь. Дорогой Рафаил побуждает Товию жениться на Сарре и указывает ему способ изгнания Асмодея с помощью курения, сделанного из сердца и печени рыбы. От запаха курения демон бежит в Египет, где Рафаил, настигнув, связывает его. С молодой женой, чудесным помощником, собакой и серебром возвращается Товия к родителям. Он прикладывает к глазам Т. (снова по наущению ангела) рыбью желчь, и тот прозревает. Отец и сын хотят щедро наградить провожатого, дав ему половину состояния, но тот открывается им, сказав, что был послан богом помочь Т. и его невестке в награду за благочестие Т.

Наряду со значительным слоем чисто иудаистической мифологической образности история Т. использует распространённые фольклорные сюжеты.
М. Б. Мейлах.

ТО́ДОТЕ, в самодийской мифологии (у энцев) главное злое божество. Представления о Т., очевидно, возникли ещё в эпоху прасамодийской общности (ср. его соответствия: немецкий *Нга*, селькупский *Кызы*, нганасанский *Фаннида*). Т. живёт под землёй и питается людьми, охотясь на них при помощи подвластных ему злых духов амукэ (амули), как люди охотятся на животных. Людей в пищу Т. определяет верховный бог Нга и ведущая книгу судеб старуха-покровительница Дя-меню́ (по некоторым данным, его отец и мать). Т. вдувает в рот намеченной жертве своё дыхание, и человек заболевает и умирает.
Е. Х.

ТОЕТА́МА-ХИМЭ́ (др.-япон. «дева обильных жемчужин» или «дева обильного божественного духа»), в японской мифологии богиня, дочь морского бога Ватацуми-но ками. В мифе о братьях рыбаке и охотнике *Хоори* и *Ходэри* — жена Хоори. Готовясь к родам, Т.-х. выходит из моря, с тем чтобы остаться на земле вместе с мужем и ребёнком. Хоори нарушает запрет смотреть на жену во время родов и видит, что его сына Угаяфукиаэдзу-но-микото на свет производит морское чудовище (по одним источникам, крокодил, по другим — кашалот). Т.-х. вынуждена покинуть землю и вечно жить в глубине моря. В мифе о Т.-х. нашло отражение экзогамное табуирование браков между мужчиной и женщиной, имеющих общий тотем, в данном мифе — крокодила или кашалота.
Е. С.-Г.

ТОИЕКУ́НРА, в айнской мифологии злые божества. Т., как правило, хтонического происхождения. Прародительница Т.— богиня болот и трясин Нитатунарабе. Т. обитают в основном в горах, олицетворяют опасности, подстерегающие человека; иногда нападают на добрых богов (миф о похищении солнца). Имеют чётко определённый облик (в отличие от незримых добрых божеств) — какого-нибудь животного или птицы. Кинасутунгуру («обитающий в траве») выступает в образе змеи, Иваоропенерег («тот, который разрушает горы»), услышав голос которого, человек умирает от ужаса,— страшной ночной птицы, Цуриканда-камуй («очень жестокий») и Иваесангуру («тот, который спустился с гор») — медведя-людоеда, Иваисепо («горный заяц») — огромного зайца и т. п.

В отдельных случаях действия Т. направлены не против человека, а против его врага (демона, разъярённого медведя и др.). Так, при опасности быть убитым медведем, охотник призывает бога из числа Т.— Тоипокунчири («подземная птица»), при нападении других диких животных — пару Тоикунраригуру и Тоикунраримат («тот и та, которые отдыхают на земле»). Т. управляют ветрами (Икаменашрера — юго-восточными, по поверьям, самыми опасными; Пикататопоматнеп — западными; Менашоккайвенъук — восточными; Шумеравенъук — южными; Матнаувенъук — северными; Мотенай — северо-восточными; Тиукопоиерера или Венрера — вихрями) и другими природными стихиями (Упасруямбевенъук — снегопадами; Апторуясибевенъук — ливнями; Руясибенитнеп — штормами).
Е. К. Симонова-Гудзенко.

ТОККЭ́БИ, Токка́кви («одноногий бес»), Хо́джу («хозяин пустоты»), Ымхо́ги («дух тьмы и пустоты»), Мання́н, в корейской мифологии нечистая сила из разряда *квисин*. Согласно одному из описаний на голове Т. рог, борода его красноватого цвета, тело зелёное, но бесплотное. Обладал свойствами силы тьмы (см. *Инь и ян*) и появлялся в безлюдных местах и в сумерки. Народная мифология и фольклор содержат большое число разновидностей Т. В Т. превращаются предметы домашнего обихода и вещи, бывшие в долгом употреблении (веник, кочерга, сито, осколки гончарных изделий, тряпьё). С людьми Т. поддерживает дружеские отношения, хотя и любит проделывать шутки над ними. Особенно он привязан к тем, кто носит фамилию Ким. Поэтому его нередко величают «Учитель Ким». С помощью волшебных сил он может превратить болото в равнину, перейти через бескрайнее море, проникнуть в запертое помещение, влезть в закрытый горшок и т. д. *Л. К.*

ТОЛ-АВА (тол, «огонь», ава, «женщина, мать»), в мордовской мифологии хозяйка огня. Т.-а. — виновница пожаров, особенно опасная в союзе с хозяйкой ветров *Варма-авой*. К Т.-а. обращались с мольбами об излечении от ожогов, бросали в огонь приношения. В марийской мифологии Т.-а. соответствовала Тул-ава.

ТОЛЫЗ («морской хозяин»), **тол нивх** («морской человек»), в мифологии нивхов духи-хозяева моря, морских зверей и рыб. Т. ы. представляются в облике седовласых старика и старухи, живут они в море, стены их жилища увешаны водорослями. Зимой Т. ы. ездят на собаках белой масти, а летом на лодках. В ответ на жертвоприношения Т. ы. посылают людям стаи рыб и морских животных. Т. ы. могут принимать облик касаток, которые гонят на берег или к лодкам охотников дельфинов, тюленей, китов. Считалось, что касатки иногда выходят поиграть на берег, сбросив с себя кожу; при этом оказывалось, что среди них находятся утонувшие люди, превратившиеся в Т. ы. *Е. Н.*

ТОЛЛАН («место тростников»), в мифах индейцев Центральной Америки главный город тольтеков — столица, которой правил добрый бог *Кецалькоатль*. Т. представляли местом изобилия и красоты, где растут самые огромные початки маиса, цветной хлопок и другие диковинные растения, стоят дворцы из бирюзы, нефрита и перьев кецаля. Однажды в Т. явился соперник Кецалькоатля — *Тескатлипока*. Он убедил Кецалькоатля отведать октли (опьяняющий напиток из сока агавы). Пьяный Кецалькоатль совершил грех со своей сестрой. Протрезвившись, он понял, что потерял свою чистоту, и удалился в добровольное изгнание. Тескатлипока же наслал на Т. многочисленные бедствия. По другому варианту мифа, последний правитель Т. Уэмак играл как-то в мяч с богом *Тлалоком*. После проигрыша Тлалок предложил Уэмаку зёрна маиса, но тот потребовал драгоценностей: нефрита и перьев птицы кецаль. Тлалок дал их, но предупредил Уэмака, что листья маиса — самые драгоценные перья, а початки ценнее нефрита. В результате кладовые Т. были наполнены драгоценностями, но маис перестал расти и Т. охватил страшный голод. Миф о Т. как о своеобразном рае сложился, очевидно, ещё во времена ольмеков. Впоследствии это название переносилось многими народами на свои столицы или древние, или уже прекратившие существование города. Можно предполагать, что в разное время Т. называли Теотиуакан, Шочикалько, Тулу, Чолулу, Чичен-Ицу и другие города-государства. «Летопись какчикелей» (майский источник 16 в.) говорит, что было несколько Т.
Р. В. Кинжалов.

ТОМЭМ (кет., «мать жара»), в кетской мифологии женское божество, воплощающее положительное начало. Т. находится на небе под солнцем или где-то на юге, в верховьях Енисея, откуда приходит весна. Часто Т. даже отождествляется с солнцем, о ней говорят, что Т. «горит как огонь». С Т. связан приход весны и возвещающий о ней прилёт птиц, особенно лебедей, которых она пожирает. Мотив «дыры Еся» (отверстие между небом и землёй), через которую весной прилетают птицы, связывает Т. с *Есем*, мотив птиц и движения вдоль Енисея объединяет Т. с *Дохом*. *В. И., В. Т.*

ТОНАКАТЕКУТЛИ («владыка нашего существования»), Ометекутли, Ситлалатонак, Тлоке-Науаке, в мифах ацтеков верховный бог. Т. вместе со своей женой Тонакасиуатль считались творцами мира, первой божественной и человеческой парой, владыками Омейокана — самого верхнего (тринадцатого) неба. Т. и его жена не имели специального культа. *Р. К.*

ТОНАТИУ («солнце»), Куаутемок («нисходящий орёл»), Пильцинтекутли («юный владыка»), Тотек («наш вождь»), Шипилли («бирюзовый царевич»), в мифах ацтеков бог солнца. Изображался в виде юноши с лицом красного цвета и пламенными волосами, чаще всего в сидячей позе, с солнечным диском или полудиском за спиной. Для поддержания сил и сохранения молодости Т. должен каждый день получать кровь жертв, иначе во время путешествия ночью по подземному миру он может умереть, поэтому каждый день его путь до зенита сопровождается душами принесённых в жертву воинов, павших в битве. По представлениям ацтеков, вселенная пережила несколько эр, во время которых солнцем были различные боги. В текущей, пятой эре им стал Т. под календарным именем Науи Олин («четыре движения»). О происхождении солнца у ацтеков имелось много мифов, наиболее распространённым был следующий: после сотворения мира (или в начале пятой эры) собрались боги, чтобы решить, кто из них станет богом солнца. Для этого они развели костёр, куда должен был броситься избранный, но все боялись страшного жара. Наконец, Нанауатль («усыпанный бубонами»), страдая от страшной болезни, кинулся в пламя, где начал «потрескивать, как жарящееся на угольях мясо». Нанауатль стал солнцем. Т. — покровитель союза «воинов-орлов», его символ — орёл. Культ Т. был одним из самых важных в ацтекском обществе. *Р. В. Кинжалов.*

ТОНМЕН, в корейской мифологии основатель государства Пуё. Согласно трактату китайского философа Ван Чуна («Критические рассуждения», 1 в.), служанка правителя царства Тханни (в других источниках: Сэнни, Сори, Кори) забеременела, когда тот был в отъезде. Правитель хотел её убить, но служанка поведала ему, что зачала она оттого, что к ней спустился с небес воздух (облачко) величиной с куриное яйцо. Она родила сына, которого правитель приказал бросить в свинарник. Свиньи обогревали его своим дыханием, и он не умер. Тогда кинули его в конюшню, но лошади дышали на него и он не погиб. Опасаясь, не является ли ребёнок сыном неба, правитель велел матери взять его и вырастить из него раба. Он дал мальчику имя Т. Когда Т. вырос, правитель послал его пасти коров и лошадей. Т. хорошо стрелял из лука, но правитель опасался, как бы тот не отнял у него царство, и хотел убить его. Т. бежал на юг и подошёл к реке Омхосу (Сиомсу, Омдэсу). Он ударил луком по воде — всплыли рыбы и черепахи, образовав собою мост, по которому Т. переправился. Т. пришёл в Пуё, основал столицу и стал править там. Миф о Т., претерпев со временем значительную эволюцию, положил начало единому циклу мифов об основателях древнекорейских государств с тремя генеалогическими ответвлениями — Пуё, Когурё и Пэкче. В корейских исторических и литературных сочинениях 12—13 вв. («Самгук саги», «Самгук юса» и др.) происходит контаминация мифа о Т. с мифом о *Чумоне*. Мифы о Т. и Чумоне, возникшие на общей фольклорной основе, отражают разные этапы этнической истории родственных народов Пуё и Когурё. Имя Т., которое обычно этимологизируют как «[несущий] свет с востока», было превращено в посмертное храмовое имя Чумона. Культ Т. сохранялся и в древние века. *Л. Р. Концевич.*

ТОПАЛЛАНРОВЕ («творец»), в доисламских мифах бугийцев острова Сулавеси (Западная Индонезия) бог-демиург, правитель верхнего мира (неба). Вместе с Гуруриcэллэнгом создал землю в среднем мире, послав туда своего сына *Батара Гуру*. У него девять детей, властвующих над разными частями неба. *Ю. С.*

ТОР, Донар (древнегерм. «громовник»), в германоскандинавской мифологии бог грома, бури и плодородия, богатырь, защищающий богов и людей от великанов и страшных чудовищ. Донара сравнивают с римским Геркулесом. В области распространения германских языков Донару был посвящён тот же день недели, что в Риме Юпитеру (т. е. четверг; нем. доннерстаг). Однако если римский Юпитер объединял все основные функции бога неба, то в германской мифологии эти функции оказались разделёнными (рядом с Донаром — Т. был Тиу — Тюр, впоследствии сильно потеснённый Одином). Донара — Т. сравнивают также, с одной стороны, с индоевропейскими богами *Индрой*, *Таранисом*,

Перкунасом (Перуном), а с другой — финно-угорскими богами грома и неба (*Укко*, *Таара* и т. д.). Первоначально Т. мыслился и как бог неба. В верованиях скандинавских саамов «громовой старик», которому приносят в жертву миниатюрные молоты, непосредственно отражает скандинавский культ Т. эпохи бронзы. О более широком диапазоне функций Т. в прошлом свидетельствуют и наскальные изображения в Южной Скандинавии бога с топором (иногда — с молотом) и колесом (солярный знак), рядом — предполагаемое изображение козла. У западных германцев имеются следы культа Донара: кроме названия дня недели, упоминания Thunaer рядом с Wodan (Воданом) в саксонской заклинательной формуле, Wigiponar рядом с Wodan в надписи, происходящих из земли франков, топонимика у франков и в Англии, где имя громовника большей частью связано с обозначением поля, что указывает на функцию плодородия. Весьма обильна топонимика Т., следы культовых мест, отражение его имени в личных именах и т. п. в Скандинавии, особенно в Норвегии. Имеются следы связи Т. с культом дуба, указывающие на первоначальную связь громовника с мировым древом. По-видимому, от мирового древа его постепенно оттеснил Один.

В скандинавской мифологии Т. (выступающий также под прозвищем Веор, Вингнир, Хлориди) — бог из рода *асов*, второй по значению (после Одина), сын Одина и *Ёрд* (либо Хлодюн, либо Фьёргюн). Т. — муж Сив, богини с золотыми волосами (что подчёркивает отношение Т. к плодородию). У Т. — дочь Труд и сыновья Магни и Моди, причём Магни рождён великаншей Ярнсаксой. По-видимому, имена сыновей (Магни — букв. «сильный», Моди — букв. «смелый») персонифицируют «силу» Т. Небесное жилище Т. — Трудхейм. Т. рисуется рыжебородым богатырём, вооружённым боевым молотом Мьёлльниром. Т. ездит в повозке, запряжённой козлами. Молот (Мьёлльнир) — исконное оружие громовника, первоначально мыслился каменным, но в «Младшей Эдде» в истории изготовления кузнецами — цвергами (карликами) сокровищ асов речь идёт уже о железном молоте. В мифах — это главным образом боевой топор (возвращающийся к владельцу, как бумеранг), которым Т. побивает ётунов (великанов). Молот — специфическое оружие Т., как копьё Одина, меч Тюра. Великаны стремятся похитить молот (или добиться того, чтобы Т. прибыл в их страну без молота и пояса силы). Имена козлов Тора — Тангниостр (Tanngniostr) и Тангриснир (Tanngrisnir) указывают на скрежетание зубов и явно восходят к самому феномену грозы, но козёл одновременно имеет отношение и к плодородию. В «Младшей Эдде» козлы Т. Тангниостр и Тангриснир выступают не только в роли его «коней», но и служат источником неисчерпаемой пищи. Т., останавливаясь на ночлег, убивает и жарит на ужин козлов (оставляя нетронутыми только кости), а затем возвращает их к жизни. Когда *Тьяльви* и его сестра Рёсква, у которых Т. остановился на ночлег, лакомились мясом, Тьяльви нарушил запрет и стал грызть кости, из-за чего один из козлов слегка охромел; в виде выкупа Тьяльви с сестрой вынуждены были стать слугами Т. Тьяльви часто фигурирует в качестве спутника Т., иногда вместо Тьяльви в этой роли выступает Локи, а один раз даже Тюр.

Т. — прежде всего культурный герой или богатырь, защищающий Мидгард (мир людей) и Асгард (небесное селение богов) от великанов (ётунов); он противник мирового змея *Ермунганда*. Т. выполняет, таким образом, и воинскую функцию в защите «своих» от «чужих», людей от великанов и чудовищ, как бы моделируя при этом вооружённый народ, в отличие от Одина — покровителя воинской дружины. Согласно «Прорицанию вёльвы» («Старшая Эдда»), в последней битве перед концом мира (*Рагнарёк*) Т. сражается с Ермунгандом, убивает его и после этого, успев сделать девять шагов, сам умирает от его ядовитых укусов. Возможно, что драконоборство Т. — прообраз драконоборства германских эпических героев — Беовульфа, Сигмунда и *Сигурда*.

Большинство сюжетов, связанных с Т., повествует о походах Т. на восток в страну великанов — Етунхейм, или Утгард. После похищения великаном Трюмом молота Т. — Мьёлльнира Т. отправляется в страну великанов к Трюму в одежде богини Фрейи — якобы невесты, предназначенной Трюму, и в сопровождении Локи, одетого служанкой. На пиру «невеста» (т. е. Т.) проявляет богатырский аппетит, сильно смутив этим жениха, а затем, получив молот (который приносят для освящения свадебного обряда), избивает великанов («Песнь о Трюме», «Старшая Эдда»). В «Песни о Хюмире» («Старшая Эдда») повествуется о добывании Т. (и сопровождавшим его Тюром) у великана Хюмира котла для варки пива, необходимого на пиру богов у морского великана Эгира. Выполняя трудные задания Хюмира, Т. побеждает быка и делает из его головы наживку для рыбной ловли, а вместо рыбы чуть не вытаскивает со дна моря мирового змея.

В «Младшей Эдде» рассказывается о походе Т. к великану Гейррёду. Поймав Локи, великан требует, чтобы тот привёл к нему Т. без молота и пояса силы. Т., однако, побеждает Гейррёда с помощью чудесного посоха и железных перчаток, данных ему (вместе с поясом силы) великаншей Грид. Благодаря поясу силы и посоху, Т. счастливо перебирается через реку Вимур, ухватившись в последний момент за рябиновый куст. С помощью волшебного посоха. удерживается на чудесной скамье и давит при этом скамьёй дочерей Гейррёда. Железными рукавицами Т. ловит брошенный в него раскалённый брусок железа и убивает Гейррёда.

В «Младшей Эдде» рассказывается о борьбе Т. с великаном Хрунгниром. Хрунгнир, опередив в конном состязании Одина, стал похваляться перед асами в Асгарде, что убьёт богов и уведёт богинь Фрейю и Сив. Тогда боги кличут Т., и тот вместе с Тьяльви отправляется к Хрунгниру в Етунхейм. В поединке с Хрунгниром Т. побеждает, раскроив ему череп своим молотом, а Тьяльви сваливает глиняного великана Меккуркальви, слепленного для борьбы с Т. Однако сам Т. оказался раненным в голову жёрновом (точилом, кремнем), а нога убитого Хрунгнира придавила ему горло. Ногу Хрунгнира удаётся скинуть сыну Т. — Магни, богатырю «в возрасте трёх ночей», а осколок кремня почти вынула из головы Т. волшебница Гроа, но не до конца, так как от радости перестала заклинать, узнав от Т., что скоро вернётся её муж Аурвандиль (Т. вынес его из земли великанов на своих плечах); осколки точила так и остались в голове Т. Во время похода Т. в сопровождении Тьяльви и Локи к великанам в Утгард Т., замороченный владыкой Утгарда Утгард-Локи (назвавшимся при встрече с Т. Скрюмиром), как бы попадает всё время впросак: он ночует в перчатке Скрюмира, не может развязать его суму. Т. и его спутники как бы не выдерживают испытаний: Т. не может ни выпить рог, наполненный влагой, ни побороть Элли, ни высоко поднять с земли кошку; Хуги обгоняет Тьяльви, а Логи ест быстрее, чем Локи. Но в конце концов выясняется, что Хуги — это мысль, Логи — огонь, Элли — старость, кошка — мировой змей, вода в роге — целый океан («Младшая Эдда»). В этом и других сюжетах Т. представлен в виде простодушного и благородного силача-богатыря; его простодушие отчасти компенсируется сообразительностью его спутников, особенно Локи. В этом же плане Т. резко противопоставлен Одину в «Песни о Харбарде» («Старшая Эдда»). Не узнанный Тором Один, принявший вид перевозчика, отказывается перевезти через пролив вернувшегося из Етунхейма могучего Т. и всячески над ним потешается. В «Речах Альвиса» («Старшая Эдда») хитрость и коварство проявляет сам Т.: он «проверяет» мифологические познания карлика Альвиса (букв. «всезнайка»), сватающегося к дочери Т., пока не наступает рассвет, когда карлик должен окаменеть.

Е. М. Мелетинский.

ТОРГАНЭЙ, Торгандри, Торгани, в мифах восточных эвенков и эвенов предок медведей. Со-

гласно мифам, женщина провалилась в берлогу и родила затем двух детей — медвежонка и мальчика. Когда они подросли, юноша Т. вступил в борьбу с братом-медведем и убил его. Перед смертью медведь сказал Т., что теперь на земле станет много медведей и люди смогут охотиться на них, а также завещал Т. правила проведения медвежьего праздника (см. в ст. *Дуэнте*) и запреты для женщин на поедание определённых частей туши.
Е. Н.

ТОРИ-НО ИВАКУСУБУНЭ, Тори-но ивакусубунэ-но, ками (др.-япон., «бог прочных, как скалы, быстрых, как птица, лодок из кусу»), Амэ-но Торифунэ «небесная птица-лодка»), в японской мифологии божество, рождённое четой *Идзанаки* и *Идзанами*. В мифе о нисхождении на землю бога *Такэмикадзути* Т.-н. и. помогает Такэмикадзути одержать победу над сыновьями *О-кунинуси* («Кодзики», св. 1).
Е. М. Пинус.

ТОРК АНГЕХ, Турк Ангех, Турк Ангехеа, Торг Ангех, у армян бог, правнук *Хайка*. Культ Т. А. сложился, вероятно, в результате слияния представлений о богах Ангехе и Тарку. Древнеармянскому богу Ангеху поклонялись в землях бассейна озера Ван. В армянском переводе Библии именем Ангех заменено упоминаемое имя шумеро-аккадского бога *Нергал*. Ангех («гриф»), видимо, связывался с тотемическими представлениями армян. Район распространения культа этого божества называли Ангех-тун («дом Ангеха»). Вероятно, на той же территории почитался Тарку, или Тургу (скорее всего, митаннийско-хеттского происхождения), бог плодородия и растительности. В дальнейшем появилась новая форма имени — Турк, или Торк (согласно народной этимологии, турк — «дар»). Вследствие общности района поклонения обоим богам Турк стал отождествляться с Ангехом или рассматриваться как его потомок; утвердилось его наименование Турк Ангехеа («дар Ангеха»). Позднее эпитет Ангехеа был переосмыслен как «безобразный» (от тгех, «некрасивый»), и Т. А. стали связывать не с Ангехом, а с великаном Хайком.

Согласно мифам, Т. А. — исполин безобразной наружности: с грубыми чертами лица, со сплюснутым носом, ввалившимися глазами, диким взглядом, неуклюжий. Т. А. — каменотёс-ваятель; руками откалывает гранитные скалы, ногтями обтёсывает их, создавая гладкие плиты, на которых ногтями же гравирует рисунок (изображения орлов и др.). Разъярившись, он отламывает огромные скалы и швыряет их в корабли недругов.
С. Б. Арутюнян.

ТОРНАЙТ, злые духи в мифах эскимосов Лабрадора, Торрайт — у медных эскимосов Аляски; тугныгат — у азиатских эскимосов. Т. представляют в виде антропоморфных великанов или карликов, или людей с одной рукой и ногой, или в виде существ самых фантастич. форм. Они живут в уединённых местах и при встрече с людьми могут причинять им болезни и др. несчастья. Духи — помощники шаманов происходят из числа Т.
Л. Ф.

ТОРНГАРСОАК, Торнрак, дух-хозяин морских животных в мифологии эскимосов Лабрадора. Его представляют в образе белого медведя, который живёт в пещере в горах на северной оконечности Лабрадора. По нек-рым мифам Т. повелевает не только морскими животными, но и оленями карибу. Однако и те и другие созданы не им, а его женой Супергуксоак. В большинстве мифов Супергуксоак выступает не только создательницей, но и хозяйкой оленей карибу.
Л. Ф.

ТОТ, Джехути, в египетской мифологии бог мудрости, счёта и письма. Женой Т. считалась богиня истины и порядка *Маат*. Происхождение культа Т. относится к древнейшему периоду, отсюда эпитеты Т. — «владыка бедуинов», «владыка чужеземных стран». Центром культа был город Шмун (Хемену, букв. «восемь»; греч. Гермополь) 15-го Заячьего нома. Из почитавшихся там священных животных (лягушки, зайца, змеи и павиана) только павиан сохранился как священное животное Т. и его функции ведущего в праздниках фараона были перенесены на Т.

Т. посвящены пять добавочных дней вне 12 месяцев года. Жрецами Т. были гермопольские номархи. В кон. 2-го тыс. до н. э. они носили титул сыновей Т. Священным животным Т. был также ибис (Т. обычно изображали в виде человека с головой ибиса). Прилёт ибиса-Т. связывали с разливами Нила. Т. возвращает в Египет *Тефнут* (*Хатор*), и природа расцветает. Как божество астральное Т. отождествлялся с луной, он считался сердцем бога *Ра* и изображался позади Ра-солнца (считалось, что Т. создан Ра как его заместитель ночью). В позднем Египте Т. называли «серебряный Атон», «серебряный диск»). С Т. отождествлялись другие боги луны — Хонсу (Хонсу-Тот), Ях (Тот-Ях).

Т. приписывалось создание всей интеллектуальной жизни Египта. «Владыка времени», он разделил его на годы, месяцы, дни и вёл им счёт. Он записывал дни рождения и смерти людей и вёл летописи. Т. создал письменность и научил людей счёту и письму. Дочь или сестра (жена) Т. — богиня письма *Сешат*, атрибут Т. — палетка писца. Писцы считали его своим покровителем и перед началом работы совершали ему возлияния. Под покровительством Т. находились все архивы и знаменитая библиотека Гермополя. Т. — верховный сановник Ра, записывает его указы и запечатывает письма. Владыка великих чар и целитель, он магическими заклинаниями исцелил младенца *Гора*, укушенного змеёй. Т. «управлял всеми языками» и сам считался языком бога *Птаха* (с которым его отождествляли). В эллинистический период Т. приписывалось создание священных книг, в том числе «Книги дыхания», которую вместе с «Книгой мёртвых» клали в гробницу как имеющую магическую силу. В культе мёртвых и в погребальном ритуале Т. принадлежала ведущая роль. Как везир богов и писец *эннеады* богов Т. присутствовал на суде *Осириса*. В «Книге мёртвых» Т. изображался около весов записывающим результат взвешивания сердца. Поскольку Т. участвовал в оправдании Осириса и давал приказ о его бальзамировании, он принимает участие в погребальном ритуале всякого египтянина. Т. выступает защитником Осириса, прекращает борьбу *Сета* с Гором. Т. охраняет каждого покойного и ведёт его в царство мёртвых. На этом основании Т. идентифицировался с богом *Гермесом*, который считался психопомпом («ведущим души»). В религиозно-мистической литературе древних греков отождествлённый с Гермесом Т. выступал под именем Трисмегиста («трижды величайшего»). Отождествлялся с римским *Меркурием*. Почитался также в Куше (древней Нубии). Мифы о Т. повлияли на формирование образа финикийского *Таавта*.
Р. И. Рубинштейн.

ТОТРАДЗ, герой осетинского нартского эпоса, сын Албега из рода *Алагата*. Ещё в колыбели Т. узнаёт о предстоящем состязании нартов. Надев кольчугу и шлем отца и оседлав его коня, Т. является на игровое поле и вступает в единоборство с кровным врагом рода — Сосланом. Подняв Сослана на остриё копья, Т. носит его в таком положении целый день. Сослан умоляет не позорить его и предлагает продолжить единоборство в следующую пятницу. От *Сатаны* Сослан узнаёт, что конь Албега взращён «далимонами» (чертями) и не выносит волчьих шкур. При новой встрече Сослан нарядил своего коня в волчьи шкуры, при виде которых конь Т. захрапел и понёс своего всадника. Т. не мог остановить коня, воспользовавшись этим, Сослан убивает Т. ударом в спину.
Б. К.

ТОТРЕШ, герой нартского эпоса адыгов, сын Альбека и Барамбух, двоюродный брат *Сосруко*. Т. — один из сильнейших соперников Сосруко. В поединке Т. поднял Сосруко в небо, как пушинку, бросил наземь так, что он не вспахал плечом землю подстать семи волам (вариант: вышиб из него пот восьми пашущих волов), сломал рёбра, выдавил из него материнское молоко, одним ударом вогнал его в землю по пояс. Когда Т. собрался снести голову Сосруко, последний попросил его сохранить ему жизнь и назначить повторный поединок. Т. великодушно согласился на это. Новый поединок на Харама-ошха закончился гибелью Т. Он был повержен Сосруко хитростью. По совету *Сатаней*, Сосруко, обвесив своего коня колокольчиками и наслав туман, незаметно подъехал к Т. Испуганный звоном колокольчиков конь Т. бросился в сторону, а всадник, желая остановить его, рванул поводья и разорвал ему челюсти. Конь и Т. упали, и налетевший Сосруко снёс Т. голову, отклонив его просьбу отсрочить поединок.

Т. соответствует абх. Татраш, осет. *Тотрадз*.

М. М.

ТОХИ́ЛЬ («грозовик»), в мифах киче бог грозы и разрушения, покровитель племени киче. Обычно изображался в виде воина с копьём в руках. *Р. К.*

ТРА́СГО, в низшей испанской мифологии домовой, представлявшийся маленьким человечком, одетым в красное. Настроенный добродушно, Т. мог помогать хозяевам дома, в противном случае по ночам ломал мебель, разбивал посуду и пр. Считалось, что Т. сопровождает хозяев при переезде в новое жильё. *С. Ш.*

ТРА́ТИТАС КИРБИ́КСТУ, в литовской мифологии домашнее божество, которое гасит искры в жилище. У польского автора 16 в. Я. Ласицкого Tratiass Kirbixtu, но следует читать Trotytojas kibirksciu (-stu), «уничтожитель искр». М. Преториус (17 в.) указывает другой вариант имени — Tartois Kibiksztu, т. е. «заговариватель искр» (от литов. tarti, «произнести», «сказать»), божество, противостоящее огню в его разрушительной функции.

В. И., В. Т.

ТРАЭТАО́НА, Т р а й т а о́ н а (авест.), Ф р е т о́ н (ср.-иран.), Ф а р и д у́ н, Ф е р и д у́ н (фарси), в иранской мифологии божество, убийца дракона *Ажи-Дахаки*, сын *Атвйи*. В «Авесте» ядром мифа о Т. является его поединок с Ажи Дахакой. То, что Ажи Дахака — друдж (авест. «ложь»), позволяет предположить связь Т. с аша («правда»). Имя Т. мотивируется исходя из сакральной роли числительного «третий», от которого оно происходит (ср. Трита в «Авесте» и «Ригведе» и особенно ведийский Траитана, РВ I 158, 5). Мотив троичности присутствует во всех эпизодах мифа о Т. Трижды Т. обезглавливает дракона (трёхголового), его подвиг трёхкратен. На основании ряда авестийских фрагментов восстанавливается мифологический мотив освобождения Т., третьим из братьев (в «Шахнаме» два других — Пормайе и Кеянуш), которые его предали, пленённых Ажи Дахакой сестёр *Йимы* Арнавач (см. *Арнаваз*) и Сахавач, на которых он женится. В «Шахнаме» главный мотив поединка вводится в более широкий контекст: преследования *Заххаком* (Ажи Дахакой) Атибина (Атвйи), отца Фаридуна,— рождение Фаридуна — скитание в пустыне — встреча с сёстрами Джамшида (Йимы) Арнаваз и Шахриназ — победа (с помощью кузнеца *Кавы*) над Заххаком — освобождение сестёр (иногда говорится о дочерях Джамшида; в пехлевийских источниках упоминаются три сестры) — испытание Фаридуном сыновей [их трое — Салм, Тур (см. *Тура*) и Эрадж] — раздел мира между сыновьями [Салму достаются Рум и запад, Туру — Чин (Китайский Туркестан) и Туран, Эраджу — Иран и Арабистан] — их междоусобная вражда — убийство третьего (младшего) из них Эраджа (с этого начинается борьба между Ираном и Тураном) — месть убийцам внуком Эраджа Манучехром — смерть Фаридуна. Мифологическая в своей основе борьба Фаридуна с Заххаком «историофицируется» и вводится в рамки подлинных конфликтов иранцев с семитами (Заххак — сын арабского царя). Вместе с тем происходит и процесс символического высветления и переосмысления двух противопоставленных друг другу персонажей: Заххак — тиран и чужеземец-завоеватель, Фаридун — тираноборец и освободитель.

В. Н. Топоров.

ТРАЯСТРИ́НСА, т а в а т и́ м с а («тридцать три»), в буддийской мифологии название второго небесного мира в «сфере желаний» (см. *Девалока*) и обитающих в нём богов. Находится на вершине горы *Меру*. Происхождение названия связано с рождением в Т. благочестивого брахмана Магхи и его 32 товарищей. Переродившись *Шакрой*, Магха напоил обитавших ранее на Меру *асуров* и сбросил их к её подножию. Для защиты от асуров Т. окружают пять стен, охраняемых *нагами*, *супарнами*, *кумбхандами*, *якшами* и чатурмахараджиками. В Т. растёт гигантское дерево Париятра (пали Париччхата), под которым *Шакьямуни* проповедовал *дхарму* своей матери, переродившейся божеством в Т., и другим обитателям Т. Все *будды* проводят в Т. сезон дождей после «ямакапратихария» («парного чуда» — одновременного сотворения противоположных феноменов, например огня и воды). Многократно пребывал в Т. *Маудгальяяна*, слушавший от обитателей Т. истории их прошлых рождений и пересказывавший их в поучение людям на земле. Боги Т.— ревностные последователи буддизма. Главное место почитания — чайтья, где находятся волосы Шакьямуни, срезанные им в момент отречения от мира, и его зуб из останков после кремации. Иногда боги Т. спускаются на землю, чтобы принять участие в земных торжествах. Достопримечательности Т. — четыре парка, дворец Шакры и зал собраний. В одном из парков растёт лиана асавати, которая раз в тысячу лет приносит плоды, содержащие божественный хмельной напиток — опьянение от него продолжается четыре месяца. *О. Ф. Волкова.*

ТРИ О́ТРОКА в п е ч и, герои ветхозаветного предания. Иудейские юноши Анания, Мисаил и Азария, товарищи *Даниила*, вместе с которым они во время вавилонского плена были отобраны для службы «в чертогах царских» (Дан. 1, 4). Будучи представлены ко дворцу царя вавилонского Навуходоносора, они в соответствии с обычаем получили новые имена — Седрах, Мисах и Авденаго (истолковываются как нарочито искажённые теофорные аккадские имена). После вещего истолкования Даниилом сна Навуходоносора тот по просьбе Даниила ставит отроков «над делами страны Вавилонской» (2, 49). Навуходоносор, сделавший золотого истукана, требует, чтобы все должностные лица пришли на торжественное открытие истукана и при звуках музыкальных орудий пали и поклонились ему, «а кто не падёт и не поклонится, тотчас брошен будет в печь, раскалённую огнём» (3, 6). Когда отроки, верные своей вере, запрещающей идолопоклонство, отказываются, царь приказывает бросить их в печь, разожжённую в семь раз сильнее, чем обычно, но пламя убивает бросивших Т. о. людей, сами же отроки остаются невредимы. При этом царь замечает, что в печи среди огня ходят не три, а «четыре мужа», «и вид четвертого подобен сыну божию» (3, 25). Апокрифический текст этой версии (принятой каноном восточной церкви) содержит более подробный рассказ: юноши «ходили посреди пламени, воспевая бога... Ангел господень сошёл в печь вместе с Азариею и бывшими с ним. И выбросил пламень огня из печи, и сделал, что в середине печи был как бы шумящий влажный ветер, и огонь нисколько не прикоснулся к ним, и не повредил им, и не смутил их». Изумлённый совершившимся чудом Навуходоносор благословляет бога, спасшего отроков, которых он возвышает в стране Вавилонской (Дан. 3, 30). *М. Б. Мейлах.*

ТРИГЛА́В, в мифологии балтийских славян триглавое божество. Согласно средневековым западноевропейским авторам (Эббон, Герборд и др.), три головы символизировали власть Т. над тремя царствами — небом, землёй и преисподней, у Эббона он назван высшим богом. Т. последовательно связан с троичной символикой: в Щецине его триглавый идол стоял на главном из трёх священных холмов, при гаданиях воронного коня Т. трижды водили через девять копий, положенных на землю (идол имел на глазах повязку из золота, что, по-видимому, связано с причастностью Т. к гаданиям). В южнославянской и, возможно, восточнославянской традициях триглавый персонаж — Троян. В сербской сказке одна из голов Трояна пожирает людей, другая — скот, третья — рыбу (жертвы — представители трёх царств), путешествует он ночью, так как боится солнечного света. Ср. связь триглавых (трёхликих) божеств с ночью и преисподней в античной (*Геката*, Гермес Трисмегист) и кельтской мифологиях. *В. П.*

ТРИГУ́МЦЭНПО («царь, убивший себя ножом»), в тибетской мифологии первый тибетский царь, погибший на земле, для которого потребовалась могила; до него все цари спускались на землю по верёвке «му», ночью возвращались на небо, после смерти превращались в свет. Т. происками своего конюшенного по имени Лонам лишился своих *далха* и в поединке с Лонамом нечаянно перерезал ножом верёвку «му», соединявшую его с небом. Труп Т. положили в медный ящик (или медный кувшин) и пустили вниз по реке. Он попал в брюхо богини Лумо, у которой его выкупили за жертву-заместителя три его сына. *Е. Д. Огнева.*

ТРИКА́Я («три тела»), одно из основных понятий в буддийской мифологии махаяны и ваджраяны. Согласно концепции Т., принцип просветления (достижения состояния *будды*) имеет три уровня: абсолютный (дхармакая), идеальный (самбхогакая) и конкретный (нирманакая). Со временем эти первоначально абстрактные «три тела» персонифицировались и на их основе возникли образы *Ади-будды*, дхьяни-будд, *бодхисатв*. В ваджраяне делались попытки переинтерпретировать в рамках концепции Т. весь пантеон. *Л. М.*

ТРИЛО́КА («три мира»), трёхчленная вселенная древнеиндийской космологии и мифологии; включает в себя небо, землю и подземное царство (ад). См. *Лока*. *В. Т.*

ТРИМПС, в прусской мифологии бог плодородия. Имя Т. реконструируется на основе имён богов *Аутримпса* и *Потримпса* (ау-, ро- префиксы), представления о которых, по-видимому, — результат позднего раздвоения Т. (возможно, под воздействием внешних влияний). Этимологически имя Т. связано с литов. trẽmpti, «топтать», «попирать». Попирание земли ногой характерно для мифологических персонажей с функцией плодородия. *В. И., В. Т.*

ТРИМУ́РТИ [др.-инд. «тройственный образ» или «обладающий (-ая) тремя обликами»], в индуистской мифологии божественная триада *Брахмы*, *Вишну* и *Шивы*, мыслимых в онтологическом и функциональном единстве. Представления о Т. сложились в эпоху пуран, однако сама идея троичности божественных сил прослеживается с древнейших слоёв древнеиндийской мифологии. В ведах боги нередко объединяются в группы, в т. ч. по трое, например *Агни* — *Индра* (или *Ваю*) — *Сурья*. В «Махабхарате» сам Агни провозглашается имеющим три ипостаси (огонь — молния — солнце) — создателем, разрушителем и хранителем мира (напр., Мбх. I 220, 22 след.). Развёрнутое описание Т. (в различных вариантах) дают пураны: Брахма — творец мира, Вишну — его хранитель, Шива — разрушитель. Различные секты толкуют Т. как три ипостаси единого верховного бога, который в таком случае обычно получает имя одного из членов триады (чаще всего Вишну — Нараяны или Шивы, реже Брахмы) и объединяет в одном лице три функции (творения, хранения и разрушения).

На скульптурных изображениях члены Т. или стоят рядом друг с другом (памятники Эллоры и др.), или тела их как бы вырастают одно из другого (южноиндийские шиваитские храмы). Прежде за Т. ошибочно принимали изображения Шивы-Махешвары (напр., на острове Элефанта около Бомбея) с тремя лицами, соответствующими трём собственным ипостасям этого божества.
 С. Д. Серебряный.

ТРИПТОЛЕ́М, в греческой мифологии сын элевсинского царя Келея, герой (Hymn. Hom. V 153, 474), которому *Деметра* подарила золотую колесницу с крылатыми драконами и дала зёрна пшеницы. Разъезжая по всему свету, Т. засеял землю и обучил этому людей (Apollod. I 5, 2; Hyg. fab. 147). Иногда Т. встречал сопротивление (как это бывало, когда боги и герои вводили новые культы, обычаи и законы. Paus. VII 18, 3). За свою праведность Т. в аиде судит вместе с Миносом, Радамантом и Эаком мёртвых (Plat. Apol. 41a). Миф о Т. и Деметре относится к ряду мифов о культурных героях и наставниках человечества. *А. Т.-Г.*

ТРИСТА́Н, в европейской мифо-эпической традиции возлюбленный *Изольды*, племянник короля Марка. Имя Т. (в формах Drust, Drost, Drostan, Drystan) пиктского происхождения и встречается в средневековых ирландских и валлийских источниках начиная с 6 в., в бретонских — с кон. 10 в. С севера Британии имя и, возможно, основа легенды были заимствованы кельтской средой Уэльса и Корнуолла, где она пережила решающую стадию оформления по образцу местных традиций, отразившихся в ирландских сагах на тему сватовства и похищения возлюбленной. Из валлийских и корнских письменных источников легенда о Дристане, сыне Таллуха, попала на континент, где окончательно разрабатывалась французскими, а затем и германскими авторами. *С. Ш.*

ТРИ́ТА, в древнеиндийской мифологии: 1) *риши*, которому посвящён гимн «Ригведы» (I 105). Т. на дне глубокого колодца, он страшится прекращения своего рода, так как бездетен, просит о спасении *Агни* и *Варуну*, жалуется на судьбу, наконец получает избавление от *Брихаспати*. В других местах «Ригведы» сообщается, что у Т. *Индра* пил *сому*, он пригнал для него коров; сам Т. поразил вепря; его жёны (= пальцы) гонят, приводят в движение сому. Выступая как прообраз жреца, совершающего первое жертвоприношение, Т. обнаруживает генетические связи с одноимёнными персонажами; 2) Трита Аптья (Т. А., «Т., связанный с водой»), одно из второстепенных «атмосферных» божеств. В «Ригведе» Т. А. упоминается 40 раз в 29 гимнах. Подчёркивается его отношение к воде (он сидит, расширяясь в реках, несёт к морю Варуну, восхваляет *Апам Напата* и т. п.) и к огню (Т. А. раздувает огонь на небе, запрягает коня-солнце, сюжетно и в ритуале связан с Агни и т. п.); он же имеет отношение и к небу. В функции соединения бездны и неба (воды и огня), природного и божественного Т. А. может, видимо, рассматриваться как прообраз Т., мифического риши, который пытается решить ту же проблему в нравственном аспекте («что справедливо и что несправедливо»). Из других деяний Т. А. отмечаются расчленение *Вритры* по суставам (в битве, где Т. А. помогает Индре), освобождение коров, возжигание огня, подношение сомы Индре; ср. связь Т. А. с Сомой, Варуной, грехами, дурными снами; 3) (возможно, связано с др.-инд. «тритийя», «третий») один из трёх братьев, о котором сообщается в Махабхарате (IX 36, 8 сл.), «Джаймини-брахмане» (I 184 и др.). Восстанавливается сюжет: о братьях, рождённых из золы, брошенной Агни в воду; предательский поступок двух братьев по отношению к третьему (Т.), брошенному ими в колодец; спасение Т. Возможность восстановления общего сюжета и объединения всех трёх носителей имени Т. позволяет говорить о мифологеме, имеющей ближайшие аналогии в иранской традиции (ср. иранский *Трита*) и, возможно, за её пределами (ср. др.-греч. *Тритон* и т. п.). *В. Н. Топоров.*

ТРИ́ТА, Фри́та (авест., «третий»), в иранской мифологии третий человек, приготовивший напиток *хаому* («Ясна» 9, 10, «Видевдат» 20, 2). О Т. рассказывает *Заратуштре* сам Хаома (божество этого напитка), называя его «сильнейшим из рода Самов» (см. *Сама*). В награду Хаома даровал Т. двух сыновей — Урвахшаю, ставшего судьёй, устанавливающим законы, и *Керсаспу*, поразившего дракона. Т. выступает в «Авесте» и как первый целитель из числа первозаконников — *парадата*, получивший от *Ахурамазды* десять тысяч лекарственных растений, белую хаому и древо бессмертия. Упоминается, что Т. обитает в Апам-Напат. В ведийской мифологии Т. соответствует *Трита*. Возможно, отцом Т. был первозаконник *Атвйа*, выжавший хаому вторым. Эта реконструкция полностью подтверждается ведийским Трита Аптья, «Трита, связанный с водой», единым мифологическим персонажем. Как и для древнеиндийского Триты, видимо, восстанавливается, в соответствии с мифологемой о трёх братьях, сюжет: Т., «третий», самый младший брат, был предан своими братьями, бросившими его в воду (Т. Водный), побывал в подземном («третьем») царстве, где обрёл напиток (или другое средство) бессмертия (хаома или древо бессмертия), давший ему возможность вернуться на землю [ср. Иван Третей (Иван Водович) русских сказок типа АТ 301, в иранской традиции — *Траэтаона*]. Не исключено, что образ Т. или аналогичного ему по функциям персонажа стоял в центре ритуала, в частности связанного с водой. К образу Т. восходит богатырь Исрит, предок *Рустама*. *В. Н. Топоров.*

ТРИТО́Н, в греческой мифологии морское божество, сын Посейдона и одной из нереид *Амфитриты*. Он обитает в глубинах моря в золотом доме (Hes. Theog. 930—933). Сестра Т. — нимфа Рода, супруга Гелиоса (Apollod. I 4, 6). Существуют мифы о Т. как божестве Тритонийского озера в Ливии, куда буря отнесла корабль *аргонавтов*. Т. помог аргонавтам выплыть в море и подарил ком земли (Apoll. Rhod. IV 1551—1586), из которого в дальнейшем появился остров Каллиста (Фера) (1756—1758). Т. также называются морские миксантропические существа, резвящиеся и дующие в раковины, сопровождая Амфитриту и Посейдона. *А. Т.-Г.*

ТРОИ́Л, в греческой мифологии троянский царевич, сын *Приама* (по другой версии — Аполлона: Apollod. III 12, 5) и *Гекубы*, убитый на троянской равнине *Ахиллом* (Verg. Aen. I 474—478). По наиболее распространённому варианту мифа, это происходит в самом начале войны, когда Троя ещё не подвергалась осаде и Т. выходит в поле, чтобы напоить лошадей (Apollod. epit. III 32). Здесь его видит Ахилл, настигает в бегстве и убивает. По другому варианту, убийство Т. относится к последнему году войны, непосредственно предшествует гибели Ахилла. В обоих случаях в сказании фигурирует храм Аполлона: здесь либо тщетно ищет убежища Т., либо его подстерегает Ахилл; таким образом, последующее участие Аполлона в убийстве Ахилла рассматривается как месть за осквернение его святыни. *В. Я.*

ТРО́ИЦА, в христианских теологических представлениях бог, сущность которого едина, но бытие которого есть личностное отношение трёх ипостасей: Отца — безначального Первоначала, Сына — Логоса, то есть абсолютного Смысла (воплотившегося в *Иисусе Христе*) и Духа святого — «животворящего» начала. Само по себе учение о том, что на божественном уровне бытие троичность и единичность оказываются в каком-то смысле тождественными, не специфично для христианства; это устойчивый мотив самых различных религиозно-мифологических систем (ср. *Тримурти* — триединство *Брахмы*, *Шивы* и *Вишну* — в индуистской мифологии; многочисленные группировки божеств по 3 или по 9 = 3 × 3 — в различных мифах и культах; образы 3 *мойр*, 3 или 9 *муз*, трёхликой *Гекаты* — в греческой мифологии; «семейные» триады *Юпитер* — *Юнона* — *Минерва* и *Церера* — *Либера* — *Либер* в римском культе и т. п.). Однако ипостаси или лица христианской Т. — не взаимозаменимые двойники или маски единой безличной стихии, их единство не есть ни рядоположность, ни слитность, неразличенность личностей, не до конца вычленившихся из родовой бессознательности политеистического божественного коллектива; напротив, они проницаемы друг для друга лишь благодаря полному личному самостоянию и обладают самостоянием только благодаря полной взаимной прозрачности, ибо эта проницаемость есть чисто личное отношение любви. Различие между триадами язычества и Т. христианства — это различие между взаимопереходом стихий и взаимоотражением личностей, между двойничеством и диалогом (именно диалог, тихая беседа без слов до конца раскрытых друг другу в жертвенной самоотдаче собеседников — тема «Т.» Андрея Рублёва). Т. в христианстве не есть и последовательность нисходящих ступеней абсолюта, какова философская триада неоплатонизма; все три лица «равночестны». Все они участвуют в сотворении и бытии космоса по следующей формуле: всё от Отца (ибо наделён от него бытием), через Сына (ибо устроено через его оформляющую энергию смысла) и в Духе (ибо получает от него жизненную целостность). Нередки аналогии с 3 грамматическими лицами (завершение Ты и Я в Он), 3 способностями души (памятью, мыслью и любовью), тройным делением времени (прошедшее, настоящее и будущее). По православной доктрине, 3-я ипостась «исходит» от 1-й, как единственной бытийственной праосновы, по католической — от 1-й и 2-й, как реальность соединяющей их любви.

Т. долго не была предметом изображения в искусстве; теология настаивала на том, что бог изобразим только в лице Иисуса Христа, ибо лишь в этом лице сделал себя зримым и явленным; всё прочее — предосудительные фантазии. Однако явление трёх ангелов *Аврааму*, изображённое ещё на мозаиках 5—6 вв. (Санта-Мариа Маджоре в Риме, Сан-Витале в Равенне), истолковывается как явление Т.; так возникает иконографический тип «Т. ветхозаветной», доведённой до совершенства художником Андреем Рублёвым.

С другой стороны, ещё в Византии изображали, сначала робко (не на фреске или на иконе, но на миниатюре) т. н. «Т. новозаветную» — Отца в виде старца, Христа как отрока на его лоне (этот тип специально называется «Отечество») или взрослого мужа, сидящего по правую руку от него, и Духа — над ними обоими в виде голубя, как он явился, согласно Евангелиям, в момент крещения Иисуса Христа. Несмотря на запрещения, эта иконография широко распространилась на русской почве в последние века допетровской культуры. Что касается католического Запада, там изображения седовласого *Саваофа* и Христа, которые в присутствии реющего голубем Духа участвуют в некоем торжественном акте (например, присутствуют при диспуте теологов на фреске Рафаэля в Станца делла Сеньятура в Ватикане, возлагают венец на голову девы *Марии*, приемлют в небеса душу того или иного святого или просто являются созерцателю религиозной картины или фрески для поклонения), делаются со времён Ренессанса всё более частыми. Ещё раньше, с 12 в., в западном искусстве развивается специальный тип изображения Т., акцентирующий сострадание Отца к мукам воплотившегося Сына: он держит перед собой, восседая на престоле, Христа на кресте, кладёт себе на колени его безжизненное тело и т. п. («престол милосердия»). Столь важные моменты христианской доктрины, как «единосущие» трёх лиц и их равенство, «равночестность», оказываются при этом утраченными (очевидно, например, что Дух в виде голубя не может быть художественно равнозначным двум другим лицам Т., представленным в человеческом облике); для Рублёва, напротив, именно они служили вдохновляющей темой.
С. С. Аверинцев.

ТРО́ЛЛИ, в германо-скандинавской мифологии великаны. Обитают внутри гор, где хранят свои сокровища. Они уродливы, обладают огромной силой, но глупы. В отличие от мифических противников богов — *ётунов*, в фольклоре Т., как правило, вредят людям, похищают их и скот, оказываются людоедами. В позднейшей традиции Т. ассоциировались с различными демоническими существами, в т. ч. с гномами. *М. Ю.*

ТРОС, Т р о й, в греческой мифологии внук *Дардана*, сын Эрихтония, основатель и первый царь Трои (Hom. Il. XX 220—230). От брака с Каллироей, дочерью Скамандра, имел сыновей Ила, Ассарака и Ганимеда (Apollod. III 12, 1—3; по другой версии мифа, основателем Трои был сын Т. Ил, от имени которого другое название Трои — Илион). *В. Я.*

ТРОФО́НИЙ, в греческой мифологии беотийский герой, сын Эргина. Вместе с братом *Агамедом* воздвиг ряд храмов Посейдона в Мантинее (Paus. VIII 10, 2), входной порог Дельфийского храма (Hymn. Hom. II 117—119), дворец Амфитриона (Paus. IX 11, 1). Т. был особенно известен как прорицатель, дававший оракулы в Лейбадейской пещере, где узнававший свою судьбу погружался в состояние ужаса. На этом основании говорили, что Т. — сын Аполлона и что он вместе с братом выстроил своему божественному отцу не только порог, но весь Дельфийский храм целиком и сокровищницу царю Гириею в Беотии. С ней связана история гибели Т. и Агамеда. В сокровищнице братья сделали тайный лаз и добывали оттуда золото и серебро, не трогая замков. Когда Агамед попался в поставленный там капкан, Т. отрубил ему голову, чтобы скрыть личность преступника. Однако расступившаяся земля поглотила Т. (IX 37, 5—7).

А. Т.-Г.

ТРОЯН, божество в древнерусской книжной традиции. В апокрифическом «Хождении богородицы по мукам» (12 в.) отнесён к восточнославянским богам наряду с *Хорсом*, *Велесом* и *Перуном*. В «Слове о полку Игореве» мифический певец *Боян* достигает поэтического вдохновения, «рыща по тропе Т.»; Русская земля в «Слове» названа «землёй Трояней»: в эту землю вступает «дева обида», вставшая «в силах Дажьбожья внука» (см. *Дажьбог*) — видимо, среди русского народа. В «Слове» связан как с мифологемой пространства, так и с мифологемой времени: «века Т.» — обозначение языческой эпохи и времени княжения первых русских князей-героев (ср. *Владимир Красное Солнышко*); седьмой (последний) век Т. относится к правлению Всеслава Полоцкого (11 в.), последнего мифологизированного князя-оборотня (см. *Волх*).

В южнославянском фольклоре Т. — демонический герой, царь с козлиными ушами (ср. *Мидас*) и ногами, иногда — трёхглавый: в сербской сказке одна голова Т. пожирает людей, другая — скот, третья — рыбу; видимо, жертвы Т. символизируют его связь с тремя космическими зонами, тремя царствами и т. п. (ср. функции балтийско-славянского *Триглава*). В сербском фольклоре царь Т. — ночной демон: он навещает свою возлюбленную по ночам и покидает её, пока кони съедают весь корм, а петухи поют на рассвете; брат любовницы Т. насыпает коням песка вместо овса, у петухов вырывает языки; Т. задерживается до рассвета и на обратном пути его растапливает солнце. Ср. сходные мотивы, связанные с персонажами, воплощающими ночь (зиму) — саамским Найнаса (сполох, северное сияние), которого задерживают в доме невесты до восхода, и он погибает; в «Слове о полку Игореве» князь Всеслав достигает Тмутаракани «до кур» (до пения петухов).

На представления о Т., особенно о царе Т. в южнославянском фольклоре, повлиял образ римского императора Траяна (98—117); некоторыми исследователями «тропа Т.» отождествляется с памятником — трофеем Траяна в Добрудже.

В. Н. Топоров.

ТРОЯНСКАЯ ВОЙНА, одно из центральных событий в греческой мифологии. Возникновение Т. в. античные источники объясняют волей *Зевса*, пожелавшего либо «уменьшить бремя земли» (Eur. Hel. 36—41; Procl. Chrest. 1), либо дать возможность прославиться божественным героям, либо сохранить в памяти потомства красоту своей дочери *Елены* (Apollod. epit. III 1). Толчком к войне послужил спор между тремя богинями — *Герой*, *Афиной* и *Афродитой* за обладание яблоком, которое подбросила им *Эрида* с надписью «прекраснейшей» («яблоко раздора») (Apollod. epit. III 2). По-видимому, уже достаточно рано мифологическая традиция приурочила это событие к свадьбе *Пелея* и *Фетиды*, на которую были приглашены все боги, кроме Эриды (Hyg. Fab. 92). Чтобы рассудить заспоривших богинь, Зевс поручил Гермесу отвести их на гору Иду (в Троаде), где пас стада юный *Парис*. Поставленный перед необходимостью выбора и прельщённый обещанием Афродиты дать ему любовь Елены, Парис признал Афродиту прекраснейшей из богинь (Eur. Troad. 924—932), чем снискал себе в дальнейшем её помощь, но навеки сделал своими врагами Геру и Афину (Hom. Il. XXIV 25—30). Этим объясняется поддержка, которую Афродита в ходе войны оказывает троянцам, а Гера и Афина — их противникам ахейцам. Затем Парис приплыл на корабле в Грецию, остановился в доме *Менелая* и, воспользовавшись его отъездом, при содействии Афродиты убедил Елену бросить Спарту и мужа и стать его женой (Apollod. epit. III 3). Похищение Елены и явилось прямым поводом Т. в. При поддержке своего брата *Агамемнона* Менелай собрал большое войско, так как бывшие женихи Елены были связаны совместной клятвой мстить в случае необходимости за оскорбление её супруга (Hes. frg. 204, 78—85; Eur. Iphig. A. 57—71). В составе ахейского войска оказались знатнейшие герои: *Одиссей*, *Филоктет*, оба *Аякса*, *Диомед*, *Сфенел*, *Протесилай* и др. Удалось привлечь к походу также *Ахилла* (Hyg. Fab. 96), хотя он не участвовал в соискании руки Елены (Hes. frg. 204, 87—92). Ахейский флот, собравшийся в беотийской гавани Авлиде, насчитывал свыше тысячи кораблей (1013 — Apollod. epit. III 14; 1186 — Hom. Il. II). Предводителем всего войска был избран Агамемнон, как самый могущественный из ахейских царей.

Ко времени пребывания ахейского войска в Авлиде источники относят два события. Первое — знамение, посланное ахейцам богами у алтаря Аполлона: появление змеи, похитившей из гнезда восемь птенцов вместе с их матерью. Калхант объяснил это явление так: Т. в. будет продолжаться девять лет и окончится победой греков только на десятом году осады (Hom. Il. II 299—330). Второе знамение — жертвоприношение *Ифигении*. По одному из вариантов сказания, эти два события отделены друг от друга десятью годами: отплыв из Авлиды в первый раз, ахейцы попали якобы не в Трою, а в лежащую южнее Троады Мисию. Плывя отсюда после столкновения с царём мисийцев Телефом, греки попали в бурю и вернулись каждый в свои родные места. Только по прошествии десяти лет с момента похищения Елены ахейское войско снова собралось в Авлиде, и тогда-то Агамемнону пришлось принести в жертву Артемиде свою дочь Ифигению, чтобы обеспечить благополучное прибытие флота под Трою (Apollod. epit. III 17—23). В этом случае разорение Трои следует отнести к двадцатому году после похищения Елены (Hom. Il. XXIV 765 след.). Поскольку, однако, столь значительный интервал между началом Т. в. и падением Трои существенно нарушает всю остальную эпическую хронологию, первая экспедиция принимается в расчёт далеко не во всех источниках.

По пути в Трою греки остановились на острове Тенедосе, где Ахилл убил царя Тенеса, а Филоктет укусила змея, и он был оставлен на острове Лемнос (Apollod. epit. III 26—27; Plut. Quest. graec. 28). Перед высадкой на троянской равнине греки отправили Одиссея и Менелая для переговоров с троянцами о выдаче Елены и возвращении сокровищ. Посольство закончилось неудачно, и война стала неизбежной (Hom. Il. III 205—224; XI 138—142).

Основные события Т. в. развернулись на её десятом году. Временное самоустранение от боёв Ахилла (оскорблённого тем, что Агамемнон отнял у него пленницу Брисеиду) даёт возможность проявить свою доблесть остальным ахейским вождям (Диомеду, Агамемнону, Менелаю, Одиссею, Нестору и его сыну Антилоху, Аяксу Теламониду). Среди троянцев главным героем является *Гектор*, поскольку царь Трои Приам был слишком стар для того, чтобы возглавить защиту города. Так как после отказа Ахилла участвовать в военных действиях успех явно склоняется на сторону троянцев, подступающих к самым ахейским кораблям (кн. XV «Илиады»), Ахилл разрешает своему лучшему другу и побратиму *Патроклу* вступить в бой. Патрокл приостанавливает натиск троянцев, но сам гибнет от руки Гектора, поддерживаемого Аполлоном (кн. XVI). Ахилл, одержимый жаждой мести, сражает множество врагов; в поединке с ним гибнет и Гектор (кн. XX—XXII). Однако, как явствует уже из послегомеровских источников, и после этого у троянцев ещё достаточно сил, чтобы противостоять грекам. Хотя Ахилл и убивает в сражении пришедших на помощь троянцам предводительницу амазонок Пенфесилею и царя эфиопов Мемнона, сам он погибает от стрелы Париса, направляемой Аполлоном. За оружие погибшего героя разгорается спор между Одиссеем и Аяксом Теламонидом, завершающийся самоубийством оскорблённого Аякса (Apollod. epit. V 6—7; Soph. Ai).

Новый этап Т. в. связан с прибытием под Трою Филоктета с Лемноса и Неоптолема со Скироса. От стрелы первого гибнет Парис, второй сражает мисийца Эврипила. После этого троянцы больше не рискуют выходить на битву в открытом поле, но для греков остаются всё ещё неодолимым препятствием мощные стены Трои. Выход из положения находит Одиссей; по его совету мастер Эпей строит огромного деревянного коня, в полое нутро которого прячется отборный отряд ахейских воинов, а остальное войско инсценирует возвращение на родину: сжигает лагерь на равнине, затем флот отплывает от троянского побережья и укрывается на острове Тенедос. На берегу ахейцы оставляют Синона, который побуждает троянцев ввести в город деревянного коня как дар Афине. Ночью спрятанные в чреве коня греки выбираются наружу и открывают городские ворота своим воинам, возвратившимся с острова Тенедос. Начинается избиение застигнутых врасплох троянцев. Всё мужское население погибает, за исключением Энея с несколькими соратниками, получающего от богов указание бежать из взятой Трои, чтобы возродить её славу в другом месте (Verg. Aen. II). Женщин Трои также ждёт горестная доля: *Андромаха* становится пленницей Неоптолема, *Кассандру* отдают в наложницы Агамемнону, *Поликсену* приносят в жертву на могиле Ахилла (Eur. Troad. 240—291). Город гибнет в страшном пожаре.

В лагере ахейцев сразу же после падения Трои возникают распри (Apollod. epit. VI 1). Аякс Оилеид, осквернив насилием над Кассандрой алтарь Афины, навлекает на отплывший ахейский флот гнев богини (Eur. Troad. 69—94). Во время страшной бури многие корабли гибнут от волн и ветра, другие разбиваются на прибрежных скалах, обманутые ложным сигналом Навплия. Менелая и Одиссея буря заносит в далёкие страны, после чего начинаются их долголетние скитания. Агамемнон же по возвращении домой становится жертвой заговора своей жены Клитеместры и Эгисфа. Миф о Т. в. представляет собой сложный комплекс фольклорных мотивов и героических преданий. Такие традиционные сюжеты, как *похищение жены*, спор за неё (сражение Менелая с Парисом в III кн. «Илиады»), богатырский поединок (Гектора и Аякса в VII кн., Ахилла и Гектора в XXII кн.), оплакивание героя и погребальные игры (в честь Патрокла в кн. XXIII) объединились в сказании о Т. в. с воспоминаниями об исторических событиях, имевших место в последнее столетие существования микенской цивилизации. Поселение Троя (известное в древности чаще под назв. Илион), возникшее ещё в кон. 4-го тыс. до н. э., в силу своего стратегического положения на пути из Средиземного в Чёрное море неоднократно становилось объектом нападения соседних и отдалённых племён. Разрушение её в сер. 13 в. до н. э. в результате войны троянцев и их союзников с объединением ахейских государств запечатлелось в памяти потомства как крупнейшее событие прошлого, причём на гомеровскую Трою могли быть перенесены представления и о её предшественнике — богатом городе, также погибшем в огне пожара в конце 3-го тыс. до н. э.

Из установления историчности целого ряда сражений за область Троады во 2-м тыс. до н. э. не следует делать вывод о такой же исторической достоверности описания Т. в. и её участников в древнегреческом эпосе, окончательное оформление которого произошло в 8—7 вв. до н. э. и отделено от описываемых там событий 4—5 столетиями. При формировании древнегреческого эпоса действовали общие для героической поэзии всех народов законы концентрации действия вокруг единого сюжетного центра и принципы типизации героических образов.

Наряду с «Илиадой» события Т. в. были отражены в не сохранившихся, но известных в поздних пересказах «киклических» поэмах 7—6 вв. до н. э. («Эфиопида», «Разрушение Илиона» и «Малая Илиада»), использованных, вероятно, Вергилием во 2-й кн. «Энеиды» и поздним поэтом Квинтом Смирнским (4 в. н. э.) в компилятивной поэме «Продолжение Гомера». Из афинских трагедий 5 в. до н. э., обильно черпавших материал из киклического эпоса, разорению Трои посвящены «Троянки» Еврипида, использованные в одноимённой трагедии Сенеки. Для средневековой Европы одним из источников служили позднеантичные повести «Дневник Троянской войны» и «О гибели Трои».
В. Н. Ярхо.

ТСООНА («Птица грома»), культурный герой в мифах тлинкитов, квакиутлей и др. индейцев сев.-зап. побережья Сев. Америки, Вокеон у сиу, Тлануна у чероки. Т. научила индейцев строить многосемейные дома, ставить тотемные столбы (которые часто увенчаны её изображением с распростёртыми крыльями). По представлениям индейцев, грозы являются результатом единоборства Т. с *Сисиютлем*.
А. В.

ТСУНГХИ, в мифах хиваро богиня вод. Однажды её увидел охотник и предложил выйти за него замуж. Т. согласилась, но, опасаясь ревности первой жены охотника, придя к нему в дом, превратилась в змею и спряталась в корзине. В отсутствие мужа женщина хиваро нашла корзину и бросила змею в огонь. Т. тотчас же стала водой и залила не только очаг и хижину, но и всю страну. Тонувших людей пожирали крокодилы — дети Т. Спасся только её муж с дочерью, забравшись на высокую пальму на вершине горы. От этой пары произошли новые люди. По другому варианту, спаслись два брата, и когда потоп кончился, они женились на девушке-попугае и стали предками хиваро.
Ю. Б.

ТУ, в мифах банар (Южный Вьетнам) обладатель волшебного меча. Меч этот спустился с неба. С его помощью Т. защищал свою страну от врагов, и весь народ процветал. Но однажды Т. направил свой меч против тайфуна. Меч у Т. сломался, у Т. осталась только рукоять. Лезвие упало в реку Ба и было унесено на равнину к вьетам. Как залог взаимной дружбы последние хранили лезвие, а банар — рукоять. Аналогичный миф у соседнего индонезийского по языку народа джараев гласит, что меч хранится у джараев, а ножны у кхмеров. По версии мнонгов, ножны волшебного меча хранятся в Кампучии, рукоять в Таиланде, а лезвие у джараев. Вариант мифа о раздельно хранимом мече бытует у кхмеров.
Я. Ч.

ТУ, Ку (от «стоять», «ставить», «устраивать»), у полинезийцев бог войны (которому приносят человеческие жертвы). Т. и другие высшие боги (*Тангароа, Тане, Ронго* и др.) — дети *Ранги* (отец-небо) и *Папы* (мать-земля); в некоторых версиях они — нетварные боги. Вместе с братьями Т. участвует в мироустройстве. В некоторых версиях ему приписывается подвиг подъёма неба над землёй. В мифах маори Т. занимает наиболее воинственную позицию в выборе способа отделения неба от земли, предлагая убить отца и мать. Отказ братьев сделать это вызывает дикую ярость Т. В ряде мифов Восточной Полинезии Т. выступает покровителем военных действий. Цвет Т. — красный, посланец Т. — ястреб. Согласно большей части мифов, Т. живёт на небе, в отдельных вариантах — в подземном мире или в воде. В мифах Гавайских островов Ку связывается с мужским началом, жизненной силой, долголетием, здоровьем.
Е. М., М. С. П.

ТУ-БО («дядюшка земли», «князь земли»), в древнекитайской мифологии хтонические существа, хранители врат в позднем царстве мрака Юду («столица мрака»), подчинённые (вассалы, князья) Хонту. Их представляли в виде могучих рогатых трёхглазых существ с искривлённым туловищем (тело с девятью изгибами?), с головой тигра, по другим версиям, с туловищем вола. Т. передвигаются очень быстро, преследуя людей и кропя их кровью своих ладоней.
Б. Л. Рифтин.

ТУВАЛЕ, в мифах вемале острова Серам (Восточная Индонезия) солнечный бог. Согласно мифу, является людям в облике безобразного, покрытого сыпью человека. Первоначально, возможно, был персонификацией неба, в соитии с землёй создавшего весь материальный мир («сакральный брак»). В дальнейшем Т. предстаёт только в роли творца людей и *Мулуа Сатене*, которых он создаёт из плодов и цветка банана. В большинстве мифов Т. выступает в качестве солнечного божества, похитителя и супруга лунной богини *Рабие*. Он постоянно преследует её на небе, а когда настигает, то начинается полнолуние, символ их супружеского единения.

М. Ч.

ТУГА́РИН, в русских былинах и сказках мифологизированный образ злого, вредоносного существа змеиной природы. Другие его имена обычно включают мотив «змеиности»: Змей Тугарин, Змей Тугаретин, Тугарин Змеевич, Змеище Тугарище и т. п. Главный текст, в котором выступает Т.,— былина о бое *Алёши Поповича* с Т. в разных её вариантах. При выезде на поединок Т. его конь ржёт по-звериному, Т. свистит по-змеиному. Вокруг Т. оплетаются змеи огненные. Очевидна причастность Т. к огню, который в разных видах выступает как его главное оружие: он грозит Алёше Поповичу задушить его дымом, засыпать искрами, опалить огнём-пламенем, застрелить головнями. Т. связан и со стихией, и бой с Алёшей Поповичем обычно происходит у реки Сафат. Но вместе с тем Т. и летающий змей. Он носится по поднебесью на своих бумажных крыльях, которые отказывают ему, когда оказываются вымокшими под дождём. Победитель Т. Алёша Попович рассёк труп и разметал его по чистому полю. В отдельных былинах намечается мотив любовных связей Т. с женой князя Владимира: Т. сажают на кровать Владимировой жены и т.д. Когда же она узнала об убийстве Т., то опечалилась и упрекнула Алёшу Поповича, разлучившего её с «другом милым».

Т.— хтонический персонаж древнего змееборческого мифа, родственный Змею Горынычу, *Змею Огненному* и т. п. В Киевской Руси в эпоху борьбы с кочевниками стал символом дикой степи, исходящей от неё опасности, язычества. Само имя Т. соотносится с упоминаемым в летописи половецким ханом Тугорканом (11 в.). *В. Н. Топоров, В. В. Иванов.*

ТУГР ЫЗ И ТУГР МАМ, в мифологии нивхов хозяин и хозяйка огня. Местом обитания им служил очаг жилища. Т. ы. имеет облик старика, а Т. м.— старухи с короткими курчавыми волосами в одежде из рыбьей кожи. Они охраняют здоровье и благополучие людей, варят для них пищу, кипятят воду, а также обеспечивают удачную охоту (считалось, что пока охотник спит, Т. ы. отправляется на промысел; если он добывал зверя, охота у человека была удачной). У каждого рода нивхов были свои Т. ы. и Т. м.; при разделении рода или при отъезде сородича на новое место, разламывали пополам берёзовые поленья.

Е. Н.

ТУДИ́ (букв.— «земля»), или Туди́-шэнь («бог земли»), Туди́ лаое или Туди гун (гун гун) («господин земли»), в поздней китайской мифологии божество данной местности и деревни. Т. подвластны все строения данной местности, он считался охранителем жителей от всякого зла, включая и хищников (тигров, барсов), ему молились об урожае, о выздоровлении, благополучном путешествии. В древности культ Т. был весьма пышным, но постепенно ослаб и стал не столь значимым. Считалось, что Т. после смерти человека делает в особой книге отметку про душу умершего. Он сообщает о ней своему начальнику *Чэнхуану*. В качестве Т. нередко почитались исторические деятели, например историк и теоретик поэзии Шэнь Юэ (441—513), литератор Хань Юй (768—814), полководец Юэ Фэй (1103—1141). Последний стал Т. императорской академии, когда она была в 13 в. переведена в Ханчжоу в дом, где он некогда жил. Считалось, что Т. может быть смещён и заменён другим, если он плохо выполняет свои обязанности. Изображается Т. в виде старика в шапке гражданского чиновника древних времён. Рядом с ним один или два прислужника. Изображения Т. наклеивались на стену комнаты, фигурку Т. (иногда деревянную дощечку с его именем) ставили на стол. В новый год в жертву Т. приносили ощипанного петуха и живую рыбу в сосуде с водой. 2-го числа 2-й луны отмечался день рождения Т. Поклонялись и супруге Т. Туди-по, которую нередко изображали на народных картинах сидящей рядом с ним.

Б. Л. Рифтин.

ТУЗА́НДИ, в мифах палаунов Северо-Восточной Бирмы девушка-нага (см. *Наги*), от которой происходят народы и династии. Т. жила в волшебном озере в холмах Могока. Принц Схурия (от санскр. Сурья, «солнце»), сын солнца, полюбил её, они вступили в брак. Т. родила три яйца. Принц покинул её, и в гневе Т. бросила два яйца в реку Иравади. Одно яйцо выловил садовник, и из него родился мальчик, который, когда вырос, женился на принцессе из соседнего княжества тайского народа шан. Один его сын стал китайским императором. Другой, страдая проказой, поселился в горных местах, где основал город и стал предком древней палаунской династии. Из второго яйца, выловленного супругами-прачками, родился будущий правитель качинского государства в Бирме. Третье яйцо, разбившись, дало месторождения драгоценных камней. Эта версия известна в хронике палаунского рода, правившего в княжестве Таунпене. В народных вариантах человек, родившийся из яйца, женится на девушке-наге, которую увидел в человеческом образе. Однажды их дочь узнав, когда мать купалась в реке, что у той тело змеи-наги. Мать не отважилась вернуться в дом к мужу и дочери, а на память о себе оставила дочери платье с переливающимися красками и головной убор в виде капюшона кобры. Женский костюм палаунов до сих пор сохраняет этот вид и символику.

Я. Ч.

ТУЙ́СТО (двойное, двуполое существо, ср. сканд. *Имир*), в древнегерманской мифологии (по Тациту) земнородное божество, сыном которого является *Манн*, первый человек. *Е. М.*

ТУ́ЛЕ, в мифах занде демиург, культурный герой. С ним связывают создание первого человека. Т. хитростью добывает воду у старухи — хранительницы воды, крадёт огонь у владеющего им кузнеца и уносит его в своём переднике. По приказанию Т. огонь вошёл в три дерева, из древесины которых впоследствии стали изготовлять палочки для добывания огня. У занде существует и иной миф о получении огня: некий человек пошёл в лес и увидел зверей, сидящих у огня, он украл его у них, с тех пор люди стали готовить пищу на огне; звери послали курицу и собаку, чтобы отобрать огонь, но те остались с людьми и стали домашними.

Однотипными с Т. персонажами являются Тере у банда, Мба у бабуа, Нвене у могванди, Азапане у мангбету, Лех у барамбо. *Е. К.*

ТУЛЕ́ПИА-МЕ́ЛИА, у горцев Западной Грузии божество плодородия. По своим функциям Т.-М. близок к божеству хеттов Телепинусу. Часть имени божества Мелиа («лиса»), вероятно, свидетельствует о зооморфном облике Т.-М. Культ Т.-М. постепенно слился с культом *Квириа*. Обряд, связанный с почитанием Т.-М., приуроченный к пробуждению природы, в качестве самостоятельного элемента входил в празднество, посвящённое Квириа (после принятия христианства — в первой неделе великого поста).

И. С.

ТУ́НКАН, в мифах сиу-дакотов духи земли, связанные с культом плодородия, олицетворяют одну из четырёх стихий. Т. ассоциируются с севером, их ритуальный цвет — синий (по другим источникам — белый). *А. В.*

ТУОНГЛУ́ОНГ, в мифах тхай Вьетнама божество воды. Оно имеет образ змеи или дракона, обитающего в самых глубоких местах водоёмов. *Я. Ч.*

ТУ́РА (авест.), Тур (фарси), в иранской мифологии родоначальник туранцев (сначала под ними понимались кочевые восточноиранские народы, а затем тюркские). Первоначально Т.— сын *Имы*. В «Шахнаме» он сын Фаридуна (*Траэтаоны*). Когда Фаридун делит своё царство между сыновьями, Т. достаются Чин и Туран. Вместе со своим братом

Салмом Т. убивает младшего, любимого сына Фаридуна Эраджа, которому завещаны Иран и Арабистан; это убийство стало причиной вражды Ирана и Турана. Мстя за его гибель, Т. и Салма убивает внук Эраджа Манучехр. *И. Б.*

ТУ́РАН, в этрусской мифологии богиня любви и плодоносных сил природы. Соответствует *Астарте*, *Афродите*. На архаических рисунках Т. изображается с крыльями, с голубем в руке, обвитая змеёй, рядом с пантерами. Считалась покровительницей царской власти в этрус. городах. *А. Н.*

ТУРЕ́ХУ, в мифах маори: 1) духи предков, предстающие в облике светлокожих и светловолосых людей (легендарных первопоселенцев Новой Зеландии); во многих мифах выступают покровителями территориально-родственной группы. В некоторых версиях Т. покидают временно подземный мир, блуждают по земле, причиняя зло людям; 2) духи — хозяева деревьев и трав. Близки к европ. *феям* и *эльфам*. *М. С. П.*

ТУ́РИ, Ту́ли, Ту́и, в мифах полинезийцев (особенно Западной Полинезии) дух, участвующий в процессе творения. Сын (реже дочь) *Тангароа*. Выступает (в облике птицы) гонцом Тангароа и других высших духов (богов). Тангароа (или связанный с ним дух) отправляет Т. на только что сотворённую землю. По велению Тангароа Т. делает людей, даёт имена им и частям их тела; создаёт рельеф островов. *М. С. П.*

ТУ́РСЫ, в древнегерманской, в частности скандинавской, мифологии великаны; другое обозначение — *ётуны*. *Е. М.*

ТУ́СА (авест.), Тус (фарси), герой иранского эпоса. В «Ардвисур-яште» «восседающему на коне» Т. *Ардвисура Анахита* дарует победу «над туранскими землями». В «Шахнаме» Т. — один из богатырей, сын царя Навзара, отец богатыря Густахма. *И. Б.*

ТУТЫ́Р, в осетинской мифологии властелин волков. Считалось, что Т. — пастух волков; волки, услышав имя Т., которого люди призывали на помощь при встрече с ними, убегают. Т. по своему усмотрению придаёт волкам храбрость или трусость. Разгневавшись на волков, Т. затыкает их глотки камнями и таким образом морит их голодом, а некоторых отдаёт в руки человека. Осенью Т. приносили в жертву козла или барана. По поверьям, нарушивших этот обычай Т. жестоко наказывает: велит волкам истребить их стада, а иногда и их самих. В нартском эпосе Т. — покровитель нартов, дружелюбно относится к нартам и его подопечные. Так, нарт Сауайя был вскормлен волчьим молоком, а *Сослан* закалён в нём. *Б. К.*

ТУХУ́ЛХА, в этрусской мифологии демон подземного царства. Т. и Харун часто изображаются как стражи, въерошенными волосами и змеями на голове, острыми ушами, крючковатым носом. *А. Н.*

ТУ́ШИТА («удовлетворённый, радостный, довольный»), в буддийской мифологии четвёртая из шести низших *девалок*. Жизнь богов в Т. длится 4000 лет, причём один день равняется 400 земным годам. В Т. *бодхисатвы* проводят свою предпоследнюю жизнь, перед тем как спуститься на землю и стать *буддами*. *Шакьямуни*, спускаясь из Т. в мир людей, возложил свою корону на голову будды грядущего мирового порядка *Майтрею*, проповедует там *дхарму* богам и ждёт времени, когда сможет спуститься на землю. *Л. М.*

ТУШО́ЛИ, у ингушей и чеченцев богиня плодородия, заступница людей перед своим отцом *Дяла*. В системе более ранних верований Т. занимала господствующее положение, её просили о здоровом потомстве, об обильном урожае, умножении скота. Т. — единственное у чеченцев и ингушей божество, которое имело изображение: деревянная (ранее — серебряная) поясная скульптура женщины со слезой на щеке (согласно поверью, слёзы Т. были вызваны попыткой *Ерда* её изнасиловать). В честь Т. устраивались праздники, её именем в ингушском календаре назывался месяц (апрель), когда начиналась пахота и выгонялся скот на пастбища. Священная птица Т. — удод. В дальнейшем Т. оставалась главным образом объектом поклонения бездетных женщин. *А. Т.*

ТХА, у адыгов верховное божество, демиург (в одной из формул клятвы он характеризуется как «создатель этого мира»). Генетически связан с архаическим божеством солнца (его имя происходит от адыг. дыгъэ, тыгъэ, «солнце»). Т. пребывает на небе (вариант — на *Ошхамахо*). Связан с любой сферой жизнедеятельности человека. Постепенно функции Т. перенимает в значительной мере или разделяет с ним *Тхашхо*. С принятием ислама и Т., и Тхашхо частично идентифицировались с аллахом. Термин «Т.» играет также роль нарицательного имени «бог» и входит как составной элемент в имена божеств — *Псатха*, *Мезитха* и др. *М. М.*

ТХАГАЛЕ́ДЖ, у адыгов бог плодородия и земледелия. Т. — могучий старик-пахарь, с белой до пояса бородой и с золотым посохом в руке. Его чувяки сшиты из кожи девяноста зубров. Он съедает сразу бульон, сваренный из десяти быков, и кашу из проса, собранного с восьмисот десятин земли. В нартском эпосе Т. — сын провидицы *Уорсар*, брат *Амыша* и Мамыша. Т. близок к верховному божеству *Тхашхо*, который всегда идёт ему навстречу (по просьбе Т. Тхашхо сделал василистник не боящимся засухи и не поддающимся косе). На хасе, вышнем совете нартов, Т. вместе с *Тлепшем* отводятся самые почётные места. Во время пиров нарты посвящают Т. первую заздравную чашу. Т. — первый пахарь. Как культурный герой дал нартам семена проса, научил их обрабатывать землю, пахать и сеять. Т. подарил нартам золотое дерево, на котором за один день созревает яблоко, наполовину белое, наполовину алое. Женщина, страдающая бесплодием, съев его белую половину, рождает дочь, алую — сына. Под влиянием Т. отказался от праздного образа жизни *Дзахуш*. Почти все земледельческие обряды адыгов связывались с именем Т. *М. И. Мижаев.*

ТХАГЬЯМИ́Н («всё знающий и слышащий господин»), в мифологии бирманцев глава богов. С Т. связан праздник нового года. Считается, что в последние дни старого года Т. спускается на землю и два-три дня проводит в чьей-либо семье. Т. приносит с собой две большие книги, одну в золотом переплёте, другую — переплётённую в собачью кожу. В первую он записывает добрые дела людей, во вторую — плохие. Впервые Т. спустился на землю, когда на ней поселились дети *Брахмы*, попробовали на вкус землю и превратились в людей. Их тела перестали испускать свет, и в темноте они кричали от страха. И Т. утешил их. Т. научил людей полезным делам. Будда перед смертью хотел утвердить своё учение на земле на 2500 лет. Но Т. просил увеличить этот срок вдвое. *Я. Ч.*

ТХАЙ БАТЬ, в мифах вьетов дух — покровитель растений, деревьев. Выступает в облике старой женщины. Согласно одному из мифов, однажды горный дух *Шон Тинь* стал рубить огромное вековое дерево. Прорубив целый день, он не закончил работу. Когда же наутро Шон Тинь вернулся к этому дереву, то нашёл его целым и невредимым. Шон Тинь начал рубить заново. История повторялась три дня; после чего выяснилось, что раны на дереве заживляла Т. Б. с помощью своего волшебного посоха. Т. Б. взяла с Шон Тиня клятву не рубить больше деревья и подарила ему посох, прибегая к которому, можно возвращать жизнь умершим. *Н. Н.*

ТХАМА́ЛА И ВИМА́ЛА, в мифах монов Бирмы основатели монского города-государства Хантавади (Пегу). Близнецы, их мать и отец родились от драконов. После двадцатилетнего правления Тхамала (Т.) престол занял Вимала (В.), который женился на вдове Т. по имени Золотая тыква. Сын Т. был изгнан. В некоторых версиях королева Золотая тыква происходила из народа каренов. Во время правления В. на город напали индийцы во главе с великаном Ламба, с которым смог справиться только сын Т., воспитанный в лесу буйволицей. *Я. Ч.*

542 ТХАУХУДЫ

ТХАУХУ́ДЫ, у адыгов мифологический персонаж — добрые духи в облике красивых девушек. Бескорыстно помогают героям; выступают бесстрашными воительницами. Владеют даром быстро заживлять раны.
М. М.

ТХА́ШХО, у адыгов мифологический персонаж — верховное божество, демиург. Т. — результат эволюции представлений о *Тха*. В обрядовых церемониях его величают вместе с Тха и другими божествами. Т. выступает абстрактным творцом всего; его эпитеты: «великий», «от кого исходят богатые дары», «кого все просят, но сам никого не просит» и др. Ежегодное всенародное ритуальное представление, проводившееся первоначально в честь *Псатха*, а затем Т., сопровождалось плясками и жертвоприношениями.
М. М.

ТХЕН ФАКХЫН, в мифах лао верховный бог. Т. Ф. возглавляет иерархию божеств. Наиболее близки к нему четыре духа тао катулок, которые судят людей. После их смерти за поступками живых людей следит богиня Нанг Меккхала. Рядом с ней находится Нанг Тхорани, богиня священных вод. Т. Ф. послал на землю своего сына *Кхун Болома*.
Я. Ч.

ТХЕУРА́НГ, в тибетской мифологии божества в облике одноруких, одноногих, одноглазых существ: по преданию, родились из жира космической черепахи, олицетворяют различные атмосферные явления; обитают в нижних слоях неба. Владыка — *Пехар*. Группа из 9 братьев-Т. насылает снежные бури, штормы, град, вызывает ссоры.
Е. Д. Огнева.

ТХОДЖУ́, Тходжуси́н, Чиси́н («дух земли»), Чиптхо́й чуджэси́н («дух, управляющий участком под домом»), в корейской мифологии один из домашних духов (*касин*), охранитель земельного участка под домом. В иерархии домашних духов Т. стоит сразу же после *Сонджу*. Он считался также главным духом среди земных духов пяти направлений (*Обан синджан*). Фетишем Т. была небольшая бутылка с рисом, прикрытая соломой и поставленная в углу кладовой или на заднем дворе. Прежде чем начинать строительство нового дома, совершали дары. В шаманской мифологии его величают Тходжу-тэгам (см. *Тэгам*).
Л. Р. Концевич.

ТХОЖЕ́Й, в нартском эпосе адыгов чудесный, обладающий даром речи конь *Сосруко*, его советчик и помощник. Т. рождён в морской пучине (как и треногий конь *Еминежа*) кобылицей Тхож. У него лишь одно уязвимое место — мягкие подошвы, не выдерживающие длительной скачки по мелким камням.
М. М.

ТХОНГ И ДВАДАРА́СИ, в мифологии лао небесные отшельники, первые устроители земли Лаоса. Их называют также Тхен Тен и Писсанукей. Они спустились с неба у слияния Меконга с Намканом, где росло огромное дерево с красными цветами. Они определили границы будущей страны. Оросили скалы небесной святой водой — её богиня-хранительница Нанг Тхорани. Остатки воды укрыли в пещере на правом берегу Меконга. В средние века считалось, что этой водой освящались короли. Царям *нагов* они поручили охранять страну. Затем Т. и Д. поднялись на небо к *Пхра Ину* и доложили, что на земле всё готово к приходу *Кхун Болома*.
Я. Ч.

ТХОРАНИ́И (от санскр. дхарани, «земля»), Мее Тхорани́и («мать Тхорании»), в мифологии сиамцев богиня земли и любви. Будда *Шакьямуни* прибегнул к помощи земли, персонифицировавшейся в образе прекрасной девушки, которая раскрыла недра, и в них утонули враги. В Таиланде Т. считается покровительницей в любовных делах и при родах.
Я. Ч.

ТХЭБЭКСА́Н, в корейской мифологии священная гора. На неё спустился с неба отец *Тангуна* — Хванун. Этимологически название Т. возводят к «светлой горе» и связывают с культом солнца. Т. почитается как самая высокая светлая гора, с которой иногда отождествляют современную гору Пэктусан. В «Самгук юса» Т. связывали с горой Мёхянсан, но это относилось к средневековому периоду, когда Пэктусан была занята чжурчжэньскими племенами.
Л. К.

ТХЭДЖАГВИ́ («дух наследника престола»), Мёндо, в корейской шаманской мифологии дух умершего от натуральной оспы ребёнка, обычно девочки. Т. не имеет очертаний, о его присутствии говорит только человеческий крик, раздающийся в воздухе. Считалось, что Т. был хорошо осведомлён о всех прошлых и будущих делах того, перед кем он явился. Особенно в него верят женщины.
Л. К.

ТХЭН БЕП, во вьетнамских мифах дух домашнего очага. Часто в народных представлениях Т. Б. объединяется с Тао Куэном, божеством земли. Считается, что накануне нового года по лунному календарю Т. Б. улетает на карпе, превращающемся в дракона, к верховному божеству *Нгаук Хоангу* и докладывает о делах дома, в котором Т. Б. обитает.
Н. Н.

ТХЭН БИЕ́Н, во вьетнамских мифах божество моря в облике гигантской черепахи, которая покоится на дне моря. Если Т. Б. делает вдох, вода вливается ему внутрь, делает выдох — выливается, оттого и происходят морские отливы и приливы. Если же Т. Б. ворочается, то на море поднимаются сильные волнение и бури.
Н. Н.

ТХЭН ЗО, во вьетнамских мифах божество ветров в виде человеческой фигуры без головы. Вызывал ветер с помощью волшебного веера по повелению верховного божества *Нгаук Хоанга*.
Н. Н.

ТХЭН ЛЫА, во вьетнамских мифах божество огня в облике злой безобразной старухи. Т. Л. — хранительница чудесного огня, обладавшего волшебной силой: пустой котёл, поставленный на этот огонь, наполнялся вкусными яствами. Согласно одному из мифов, Т. Л. выследила старика, которому удалось унести уголёк из её костра, и, когда в доме старика никого не было, залила волшебный огонь. Вместе со своей свитой Т. Л. поджигает дома людей, опустошает поля и сады.
Н. Н.

ТХЭН ЛЮА, во вьетнамских мифах бог риса в облике седовласого и седобородого старца. Дом, селение или округа, которые Т. Л., разобидевшись, покидал, страдали от неурожая. Если Т. Л. появлялся в лохмотьях, то это предвещало хороший урожай, а если он, занятый самим собой, был одет щёгольски, то виды на урожай были скверные.
Н. Н.

ТХЭН МАТ ЧАНГ И ТХЭН МАТ ЧЕЙ, во вьетнамских мифах женские божества луны и солнца. По одной из версий, они — дочери верховного божества *Нгаук Хоанга*, а их муж — обитающий на небесах медведь. Когда он соединяется с какой-либо из своих жён, на земле происходит солнечное или лунное затмение; отсюда обычай: во время солнечных или лунных затмений бить в колотушки, барабаны и гонги, стучать пестами о ступы, чтобы спугнуть медведя (считалось, что затмения вредны для урожая). По небесному своду Тхэн Мат Чей движется в паланкине. Когда его несут юноши, которые отвлекаются в пути на разные забавы и поэтому идут медленно, день становится длиннее; когда же паланкин поручают нести пожилым мужчинам, то те делают своё дело быстро и день становится короче.
Н. Н.

ТХЭН СЭТ, во вьетнамских мифах бог грома и молнии. Отличается свирепой наружностью и громовым голосом, в руках держит каменный топор. По повелению верховного божества *Нгаук Хоанга* Т. С. вершит суд и расправу. Т. С. часто карает невиновных, за что однажды он понёс наказание: Нгаук Хоанг велел заключить его в путы, и петух стал клевать тело Т. С. С тех пор Т. С. боится петухов и петушиного крика.
Н. Н.

ТХЭН ЧУ ЧЕЙ, во вьетнамских мифах божество-демиург, гигантского роста. Поднявшись на ноги, Т. Ч. Ч. головой поднял над землёй небо, а потом насыпал из камней, земли и глины высокий, громадный столп, чтобы подпереть им небеса. С тех пор земля стала плоской, будто квадратный поднос, а небо — как опрокинутая чаша. Когда свод небес и земля высохли, Т. Ч. Ч. разрушил столп и разбросал повсюду камни, землю и глину; камни превратились в горы или острова, а глина и земля — в холмы и плоскогорья. На том месте, где Т. Ч. Ч. брал камни для столпа, образовалось углубление, заполнившееся водой,— море. Считается, что гора Тхатьмон во Вьетнаме представляет собой остатки столпа, некогда подпиравшего небо.   *Н. Н.*

ТХЮЙ ТИНЬ, в мифах вьетов дух — хозяин водной стихии, от которой вьетам приходится постоянно обороняться. Т. Т. вступил в борьбу с горным духом *Шон Тинем* за невесту — принцессу Ми Ныонг, дочь государя Хунга. Превратившись в ливневые тучи, бушующие волны, Т. Т. безуспешно пытается залить землю и горы.   *Н. Н.*

ТЫВ ЫЗ, в мифологии нивхов духи-хозяева жилища. Т. ы. отождествлялись с одним из умерших предков, к-рый при жизни отличался силой, удачливостью или мудростью и др. Считалось, что Т. ы. защищали дом от злых духов, содействовали в охотничьем промысле, охраняли здоровье детей и т. д. Поэтому на опорных столбах дома вырубали их изображения или делали идолов, хранившихся на полке над задней почётной нарой.   *Е. Н.*

ТЫЫНТ, в мифологии нивхов духи грома и молнии. Представляются в виде птиц, изо рта которых выходит огонь-молния, а от взмахов крыльев раздаётся гром. Т. находится во враждебных отношениях с горными духами (см. *Пал ыз*). Т. может поразить и человека, который не заметил, что горный дух спрятался в его одежде.   *Е. Н.*

ТЬЯЛЬВИ, в скандинавской мифологии слуга *Тора*, его спутник в походах в страну великанов — к Хрунгниру и к Утгард-Локи. Т. и его сестра Рёсква стали слугами Тора после того, как Т., нарушив запрет, надкусил вкусную кость зарезанного Тором козла (воскрешённый затем козёл из-за этого охромел). В скандинавской традиции известен также Тьяльвар — культурный герой, который добыл огонь и, обнеся его вокруг острова Готланд, помешал острову периодически погружаться в море.   *Е. М.*

ТЬЯЦЦИ, в скандинавской мифологии великан, отец *Скади*, похититель *Идунн* и её золотых яблок. Один забрасывает глаза Т. на небо, и они превращаются в звёзды.   *Е. М.*

ТЭГАМ, Тэгамсин, в корейской мифологии шаманский дух богатства и удачи. До недавнего времени был распространён древний обряд в честь Т. (тэгамнори), самый хлопотный среди шаманских обрядов. Поскольку название Т. восходит к почтительному названию военного чина периода Силла (7—10 вв.), шаманки для совершения обряда одевали форму высшего военного чиновника или военную накидку и исполняли песню о Т. с мифологическим содержанием. Т. был алчным духом. Ему ставились в качестве даров кувшин с зерном, жертвенное вино и коровья голова или нога. В шаманских мифах, рассказываемых при проведении большого обряда из 12 кругов (маданкут), название Т. часто использовалось как вежливое обращение к различным духам. Оно добавлялось к их названиям как гонорифическое слово со значением «Ваше высокоблагородие» (напр., Тходжу-тэгам, Сонджу-тэгам).   *Л. К.*

ТЭЭ, в мифах риунгов острова Флорес (Восточная Индонезия) прародительница людей, культурный герой. Т. создала сама себя посреди скалы в океане. На скале выросло дерево, и лист с него оплодотворил Т. От этого союза родился сын Лена, за которого Т. вышла замуж. Их потомки стали прародителями риунгов. Двоих из детей, Ракау и Руата, Лена убил и из их мяса и костей создал культурные растения.   *М. Ч.*

ТЭМПОН ТЭЛОН, в мифах нгаджу острова Калимантан (Западная Индонезия) герой, самый сильный и свирепый из обитателей верхнего мира — *сангиангов*. Однажды у одной из женщин, принадлежавших к сангиангам, был выкидыш в виде сгустка крови, который она решила скрыть, сбросив в воду. Его выловила другая сангианг и придала ему человеческий облик; так появился на свет Т. Т. Приёмная мать открыла Т. Т. его происхождение, после чего Т. Т. спас от домогательств сангианга Маньямаи свою кросс-кузину (дочь брата матери) Тэмпон Тиавон, предназначавшуюся по характеру родства (кросс-кузенный брак) ему в жёны. Одолев Маньямаи, Т. Т. затем овладел страной сангиангов. Т. Т. сопровождает души умерших, отправляющихся в царство мёртвых.   *М. Ч.*

ТЭМУ, тэ́му эдени, в мифах ороков, орочей, ульчей, удэгейцев; му тэмуни у нанайцев, таамуни у негидальцев, мудико у эвенков дух-хозяин водной стихии, рыб, морских животных. В мифах Т. чаще предстаёт в облике антропоморфной четы — старика и старухи, которые живут далеко в море; они выпускают рыбу из озера, находящегося в их доме (по вариантам, в рыбу превращается чешуя, которую Т. бросает в море). От воли Т. зависит количество рыбы в реках и успех охоты на морских животных, поэтому перед началом рыболовного промысла, обычно весной и осенью, устраивались обряды «кормления воды»: в воду опускали блюда с ягодами, кашей, травой, табаком и др. Т. называли также касатку, считавшуюся морским духом (или лодкой морского духа), помощником или сородичем Т.; по приказу Т. касатки гонят на берег стаи рыб, нерпу, тюленей, облегчая людям охоту и рыбалку.   *Е. Н.*

ТЭНГУ (от кит. *Тянь-хоу*), в японской мифологии тератологическое существо; выступает в облике мужчины огромного роста с красным лицом, длинным носом, с крыльями (в волшебной сказке летает с помощью взмахов чудесного веера), в одежде горного отшельника (ямабуси); наделён огромной силой, враждебной плодородию. В легенде кон. 11 в. утаскивает в горы хозяина озера — дракона, чтобы уморить его, лишив воды. Спасает дракона буддийский монах. Т. любит селиться в старых деревьях с искривлёнными стволами. В одной из легенд кон. 19 в. люди, срубившие сосну Т., умерли. Т. любит чистоту, не терпит приближения людей, морочит путников в горах, лесорубов, пугает их громовым хохотом или изображает треск срубленных деревьев. В поздних сказках Т.— существо наподобие лешего. По народным поверьям, после смерти в Т. может превратиться гордец или человек, не избавившийся при жизни от злобы.   *В. С. Санович.*

ТЮР, Тиу, в германо-скандинавской мифологии бог-хранитель воинских правил, покровитель воен. собраний и поединков; у саксов и англов обозначался как Сакснот. В генезисе Т.— индоевропейский бог, этимологически соответствующий *Дьяусу — Зевсу*. Первоначально Т. был богом неба, сравнивался с Марсом, что указывает на его военные функции. В «Младшей Эдде» говорится, что Т. мудрый и самый смелый, его призывают в бою и поединках; один из кеннингов Т. — «бог битвы». В мифе об обуздании богами чудовища-волка Фенрира («Младшая Эдда») Т. в подтверждение того, что надетая богами на Фенрира цепь не принесёт ему вреда, кладёт в пасть волку свою правую руку, которую Фенрир сразу же откусывает (отсюда эпитет Т.— «однорукий»). В мифе о походе *Тора* к великану Хюмиру за котлом для пива Т. сопровождает Тора и назван сыном Хюмира (в других источниках он, как все основные асы, считается сыном Одина). В последней битве перед концом мира (см. *Рагнарёк*) Т. сражается с демонским псом Гармом, и они убивают друг друга. В скандинавской мифологии Один, несомненно, очень потеснил Т. и как небесного, и как военного бога, но если Один — бог военной магии, то Т. сохранил функции, связанные с военным правовым обычаем. Имя Т. Тиу — Тюра иногда отождествляют с германским божеством *Ирмином*. Близким аналогом Т. является кельтский бог Нуаду, также вооружённый мечом и однорукий.   *Е. М.*

ТЮШТЯН, Тюштéнь, Тюштя, в мордовской мифологии культурный герой, основатель светской власти. Т.— пахарь-богатырь, избранный эрзянь кирди («правителем эрзи») или инязором (от ине, «великий», азор, «хозяин») на совете семи старейшин эрзи. По преданию, когда *Нишке* создал землю и народ эрзю, эрзяне сильно умножились и стали спорить из-за земли. Т. согласился поделить угодья, если получит священный знак: сухая палка, воткнутая в землю, должна зазеленеть во время его пахоты. Т. стал справедливым правителем; при помощи колдовства и богатырской силы он одолевал врагов мордвы. Время его правления — «золотой век» («век Т.»), когда рождались одни мальчики. У мокши Тюштень-оцязор (оцю, «большой», азор, «хозяин»), каназор (от тюрк. хан) обитает на восходе солнца на вершине горы (ср. образ священного царя на мировой горе) в серебряных палатах в золотой одежде. Он руководит собраниями народа, строит города. По поверьям мордвы, Т. может послать неурожай и стихийные бедствие; если он вновь выступит против своих врагов, начнётся последняя война, которая погубит мир.

В. П.

ТЯНЬ («небо»), одно из важнейших понятий китайской (особенно древнекитайской) космогонии, мифологии, философии и религиозных верований. Иероглифу Т. даются разные этимологические объяснения. Вероятнее всего, иероглиф восходит к рисунку небосвода, находящегося над человеком, поэтому уже в ранних (1-е тыс. до н. э.) текстах Т. выступает в двух основных значениях: небо, небесная твердь (отсюда и одно из названий Китая — Тянься: «то, что находится под небом, т. е. Поднебесный») и Небо — верховный дух, высочайший правитель, стоящий во главе иерархически организованного сонма духов, мандат которого (Тянь мин — мандат Неба) даёт земному властителю (Тянь-цзы — «сын неба») право управлять страной; высшая божественная сила, распорядительница человеческих судеб, ниспосылающая на землю награды и кары. О возникновении неба повествуется в одном из мифов о *Паньгу*: небо образовалось из содержимого космического яйца, когда всё лёгкое и чистое поднялось вверх и образовало небесную твердь, а тяжёлое и грязное опустилось вниз и создало землю. По более ранним философско-космогоническим концепциям, вселенная образовалась из Изначального хаоса, по другой версии — из Великого предела (см. *Тайцзи*). Хотя представление о Небе, как о божественной силе, появилось позже, чем понимание неба как тверди, находящейся над головой людей, всё же его следует считать весьма архаическим. Вероятно, оно сложилось у племени чжоу до того, как в результате победы над иньцами это племя стало править Китаем, т. е. ранее 11 в. до н. э. Не исключено также, что оно сначала возникло среди северных и северо-западных кочевников — предков тюркских и монгольских народностей и примерно со 2-го тыс. до н. э. проникло в Китай. После того как чжоусцы овладели Китаем, произошло смешение шан-иньской и чжоуской культур, отразившееся также и в области религиозных представлений — в контаминации чжоуского культа Неба и шан-иньского культа верховного божества *Шан-ди*. Отправление общегосударственного культа неба (жертвоприношения на круглом алтаре к югу от столицы) вплоть до революции 1911 производилось императором.

В религиозно-космологических представлениях древних китайцев Небо было создателем всего сущего: народа, его правителя, пяти движущих начал — металла, дерева, воды, огня и земли. От связи с Землёй оно порождало «тьму вещей». Ему приписывался ряд других, иногда гипертрофированных, человеческих черт: оно руководит всем, что происходит на земле, всезнающе и всемогуще, милосердно и справедливо в распределении наград и наказаний, оно благожелательно и заслуживает доверия, на него можно положиться, оно в то же время его следует бояться, ему нужно следовать и подчиняться, ибо только так можно заручиться его благосклонностью и обеспечить себе счастье и удачу. К этому Небу и обращался поэт Цюй Юань (340—278 до н. э.) в своей поэме «Вопросы к небу», его он восхвалял в «Лисао».

В поздней средневековой китайской народной мифологии распространено представление о Т. как о месте пребывания огромного пантеона божеств во главе с *Юй-ди*. В этом плане оно мыслилось как территория, на которой находились великолепные дворцы, конюшни для небесных коней, включая *восемь скакунов*, рысака *Гуань-ди*; помещения для небесных воинов, парки и сады, в т. ч. персиковый сад *Сивану* (см. *Паньтао*), и наконец, Небесный дворец (Небесные чертоги), резиденция Юй-ди.

С. Кучера.

ТЯНЬГОУ («небесная собака», «небесный пёс»), в древнекитайской мифологии существо, похожее на лисицу, но с белой головой, способное отвращать всякие беды, напасти, отпугивать своим лаем разбойников. Появление Т. знаменует мир и спокойствие. В китайской астрологии Т. также одно из созвездий из семи звёзд (созвездие Пёс в созвездии Корабль), будто бы охраняющее богатство. Т. также злое божество, живущее на Луне. Т. означает ещё и особый тип звёзд, падающих с блеском и треском, которые на земле видом своим напоминают собаку. Появление такой падающей звезды будто бы предвещает войну.

Б. Л. Рифтин.

ТЯНЬ-ДИ («небесный правитель», «небесный государь», «небесный император»), в китайской поздней народной мифологии верховное божество, глава божеств и духов. По существу является синонимом *Тянь* и *Шан-ди* (хотя между ними имеются определённые различия этимологического и семантического характера). Как предмет поклонения и религиозных обрядов Т. играл порой менее значительную роль, чем подчинённые ему божества (например, *Цай-шэнь, Цзао-ван*).

С. Кучера.

ТЯНЬ-ХОУ («небесная императрица»), богиня моря в поздней китайской мифологии. Культ её зародился в 10—11 вв. в прибрежных районах Фуцзяни в результате обожествления, видимо, реальной девицы по фамилии Линь, жившей в 8 или 10—11 вв., которая якобы умела плавать по морю на циновке, переправляться на острова на облаках. Она летала спасать братьев, терпящих бедствие на море. В 1156 по приказу императора был воздвигнут храм в её честь. Государи награждали её пышными титулами. С 13 в. её стали называть Тянь-фэй («небесная наложница»), а с кон. 17 в. — Т. Ей молились перед выходом в море. Т. изображается восседающей на волнах, на облаках или на троне. У неё два помощника: у первого рука приложена к уху, у другого поднесена к глазам. Культ Т. особенно популярен в провинции Фуцзянь, на Тайване; храмы в её честь имеются и во Вьетнаме (г. Хошимин).

Б. Р.

ТЯНЬЮЙ ЮАНЬШУАЙ («главнокомандующий Тяньюй»), в поздней китайской народной мифологии сын *Цинлуна*. Родился в поле во время сильного дождя, поэтому и был назван Тяньюй (тянь, «поле», юй, «дождь»). По преданию, бессмертный даос Цыцзи чжэньжэнь («истинный человек милосердная помощь»), преследовавший бежавшего зелёного дракона, вредящего людям, в поле настиг его жену — красавицу Пан. Цыцзи чжэньжэнь своим волшебным мечом вызвал неистовый гром и яростный дождь, во время которого Пан, ждавшая ребёнка, разрешилась от бремени. У новорождённого тело было человеческое, а голова дракона. Когда мальчику исполнилось шесть лет, он стал учеником бессмертного Чжан чжэньжэня («истинный человек Чжана»). Наставник научил Т. Ю. вызывать гром и молнию и дал ему прозвище Цюаньлин («полный одухотворённости»). Т. Ю., узнав, кто его родители, сделал себе боевое знамя и два года искал мать и рыскал по небесам в поисках врагов отца. Знамя Т. Ю., развевающееся на ветру, громыхало, словно гром, а из его слюны образовались облака. Однажды он вступил в бой с двенадцатью демонами. Но *Юй-ди* посоветовал Т. Ю. отказаться от мести Цыцзи чжэньжэню, который преследовал зелёного дракона ради блага людей, и простить двенадцать демонов, помешавших ему отомстить за отца. Юй-ди дал Т. Ю. титул Сянъяо цюйсе юаньшуай («главнокомандующий, побеждающий демонов и рассеивающий злые силы»). Т. Ю. изображается с гром-камнем в левой руке и жёлтым знаменем в правой.

Э. С. Стулова.

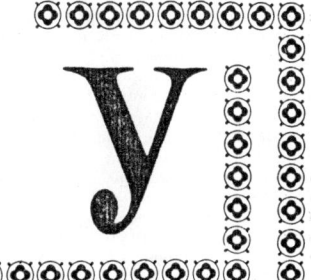

УАЗЫРМЕ́С, герой нартского эпоса адыгов. Сын нарта Пизгаша и красавицы Мигазеш, дочери морской богини. У.— брат и муж *Сатаней*, отец Бадыноко. У., мудрый старец с золотыми усами, с золотой палкой, выступает предводителем *нартов*, но по своему значению уступает *Насрен-жаче*. С помощью У. нарты освободили Сатаней, похищенную *испами*. У. убивает злого бога *Пако*, настигнув его в небе в его дворце. У. соответствует осетинскому *Урызмагу*.

М. М.

УА́ЙГИ, в а́ю г и, в осетинской мифологии великаны. В нартском эпосе У.: одноглазый великан-циклоп, великан с пёстрой бородой и даже семиголовый великан. У. населяют башни, замки, пещеры, ведут борьбу с нартами и терпят от них поражение, так как глупы и неуклюжи. Они высокого роста, в чёрных бурках, часто селятся в жилом доме, причиняя неприятности его обитателям. В эпосе известны У.: Тыхыфырт Мукара (предкам которого нарты платили дань девушками), живёт на берегу моря в башне, юный Батрадз в единоборстве убивает его; Сайнаг-Алдар, которому Батрадз отсек правую руку за кровь отца; Алаф, повадившийся ходить к нартам на танцы, где он ломает ноги нартской молодёжи.

Б. К.

УА́КА, в мифологии кечуа дух, святыня, обладающая сверхъестественной силой. У. может быть любого вида — храм, идол, ритуальный сосуд, камень необычной формы и др. Личная У. была как бы духовным двойником человека, общинная У.— средоточием духовной жизни селения.

С. Я. С.

УАРХА́Г (староосет., «волк»), в осетинском нартском эпосе родоначальник нартов. К старости у У. родились два сына-близнеца. В честь новорождённых У. с женой Сайнагон устроили большой пир, длившийся семь дней и ночей. Присутствовавший там кузнец *Курдалагон* подарил нартам чудесную свирель и дал имена сыновьям У., старшему — Ахсар, а младшему — Ахсартаг. Дети за день вырастали на вершок, а за ночь на целую пядь. Ахсартаг женился на красавице Дзерассе, но вскоре сыновья У. погибли (см. в ст. *Дзерасса*). У. долго ждал их возвращения, нарты же издевались над ним, заставляя его бесcменно пасти скот. Мстя нартам, У. угонял их стада, топил в море, бросал с вершины крутой скалы. У. был вызволен своими внуками *Урызмагом* и *Хамыцом* — сыновьями Ахсартага и Дзерассы, которые привели У. в старинную родовую башню, постригли ему волосы и бороду и обнаружили, что их дед выглядит моложаво. Решив остаться жить с ним, внуки отправились за Дзерассой, находившейся в доме Донбеттыра, и привели её к У., который взял её в жёны.

Б. К.

УАСТЫРДЖИ́, У а́ с г е р г и, в осетинской мифологии покровитель мужчин, путников и воинов. Соответствует святому Георгию. В нартском эпосе У.— небожитель, отец *Сатаны*. У. изображается на белом коне, в белой бурке. Считалось, что У. постоянно разъезжает, носит оружие и пускает его в ход так же, как люди, но гораздо быстрее их. Чаще других небожителей он спускается на землю на своём трёхногом коне Авсурге, чтобы узнать, помогают ли люди друг другу в нужде и горе. Среди людей он появляется в облике нищего. Женщины боялись произносить имя У. и говорили о нём иносказательно «лагты дзуар» — «бог мужчин». У. сравнивают с аланским богом войны. На войне или в пути непременно призывали на помощь У. Он считается врагом воров, мошенников, клятвопреступников, убийц; покровителем честных, благородных людей, посредником между богом и людьми. В Осетии имеется много святилищ, посвящённых У.

Б. К.

УА́СХО, в осетинской мифологии покровитель многих родов осетин-тагаурцев. У тагаурцев существовал обычай собираться в святилище У. в горах Тагаурии и давать клятву о соблюдении дружбы между родами. В случае нарушения клятвы У. истреблял род виновного.

Б. К.

УАЦАМО́НГА, Н а р т а м о́ н г а, А м о́ н г а («указательница»), в осетинском нартском эпосе волшебная четырёхугольная чаша, присутствующая на пирах. У. хранится в доме *Алагата*, где обычно совершаются нартовские пиршества. Она была неиссякаема, постоянно наполнялась вкуснейшими напитками. Если кто-либо из пирующих говорил правду о своих ратных подвигах, У. сама поднималась к его губам, если же хвастался понапрасну, У. не трогалась с места. На одном из пиров У. поднялась лишь к *Батрадзу*, после того как он рассказал о сражении с небесными силами, в котором умертвил семь дауагов, зэдов, а также сына владыки хлебов Хоралдара-Бурхор-али. Затем по велению Батрадза У., наполненная хлебной брагой, поднялась и к губам *Хамыца*, но когда он захотел хлебнуть из чаши, на поверхность всплыли и устремились в его рот ящерицы, змеи, лягушки и прочие гады. Согласно балкарскому варианту, на пирах перед каждым нартом стоял бочонок, наполовину наполненный хмельным. Если подвиги, которыми похвалялся какой-либо нарт, были велики, бочонок трижды переливался через край. У скифов свойствами У. обладал золотой кубок, упавший с неба. Из него могли пить только те, кто убил врага.

Б. К.

УАЦИ́ЛЛА (уац, «божество», «божественный»; Илла, имя Ильи-пророка), в осетинской мифологии бог-громовержец, покровитель хлебных злаков и плодородия. В нартском эпосе У.— небожитель, но как христианизированное божество борется с ними. У. разъезжает по небу и направляет свои стрелы (фат) — громовые удары на землю, истребляя злых духов. Во избежание гнева У., убитого громом не оплакивали, а водили вокруг него хоровод с песнями, и затем хоронили на месте смерти. Загоревшийся от громового удара дом или стог хлеба не полагалось тушить. По представлениям осетин, У. защищает поля от града и ливней, распоряжается дождевыми тучами, способствует произрастанию

злаков и трав. К У. обращались во время засухи или продолжительной непогоды. Для этого в его честь резали баранов, быков и устраивали общественное моление. В народных песнях У. изображается пахарем, выползняющим в одном случае функции плугаря, в другом — сеятеля.
Б. К.

У БИСКУРО́М, в мифах кхаси (северо-восточная Индия) культурный герой. Вначале у людей не было орудий, они жили на небе и не работали. Это увидел с неба бог и послал юношу У Б. научить людей искусствам. От У Б. люди получили умение делать орудия, добывать металлы. Однажды люди сделали глиняного человека и потребовали его оживить. Но сам У Б. так долго оставался на земле, что забыл, как это делать. С помощью воздушного змея (реликт шаманских представлений) он полетел к небесному божеству, но тот назад его не отпустил.
Я. Ч.

У БЛЕЙ У НОНГБУ́Х НОНГТХА́У («бог создатель мира»), в мифах кхаси (северо-восточная Индия) высшее божество. Некогда на небе с ним жили 16 семей людей. Создатель мира и эти люди посещали ꞌемлю по особой тропе. Злой дух уговорил семь семей остаться на земле и порвать связь с создателем. В одной из версий путь на небо был морским.
Я. Ч.

УБЫ́Р, у казанских татар, татар-мишарей, западносибирских татар (также увыр, *мяцкай*) и башкир (у некоторых групп — также мяскай) кровожадное демоническое существо. У. заменяет колдуну душу (которую тот, по поверьям башкир, продал шайтану) и управляет им при жизни (у западносибирских татар У. — дух умершего колдуна или самоубийцы). Колдуна, в котором поселился У., называли убырлы кеше или убырлы карчык. В поверьях казанских татар и башкир убырлы кеше особенно опасен для беременных женщин, так как похищает детей из материнской утробы и прячет их. По ночам У. иногда покидает тело колдуна, обычно через дыру, которую тот имеет под мышкой. Тогда У. принимает образ огненного шара, огненного колеса, собаки, кошки, свиньи, иногда — человека, не имеющего, по поверьям башкир, сзади плоти. Он ворует детёнышей домашнего скота, сосёт молоко у коров и кобылиц, отчего те болеют, пьёт кровь у скота, насылает болезни на людей. Если ранить ночью У., наутро в том же месте рана обнаружится у убырлы кеше. После смерти убырлы кеше У. живёт в его могиле, выходя по ночам наружу через отверстие в ней (по поверьям татар-мишарей — бродит по земле), и продолжает приносить вред (в частности, проглатывая облака, он вызывает засуху). Считалось, для того чтобы уничтожить У., надо вбить в могилу, где он живёт, дубовый кол или вонзить в ступню умершего иглу. Близкий У. персонаж имеется у ряда тюркоязычных народов: *вупар* у чувашей, обур у карачаевцев, крымских татар и гагаузов, хохан (хортлак) — у турок. Ср. также вувер у марийцев, убыр у удмуртов, упыр у коми-зырян, *упырь* у восточных славян, вампир у сербов. В сказочном фольклоре казанских татар У. в образе старухи (Убырлы-карчык) соответствует русской бабе-яге.
В. Б.

УДА́Й ЮАНЬШУА́Й («главнокомандующий пяти династий»), в поздней китайской народной мифологии бог — покровитель музыкантов. Происхождение этого образа предание связывает с грубой шуткой, которую сыграли над молодым учёным, жившим во времена Пяти династий (907—960), его школьные друзья. Однажды, во время послеобеденного сна студента, шутники нарисовали у него на лбу краба, как уши ему воткнули две ивовые ветки (вариант: перья фазаньего хвоста). Проснувшись и увидев себя в таком виде, студент был так огорчён, что покончил с собой. Его дух почитают как главным образом в провинции Фуцзянь, где его отождествляют со знаменитым танским музыкантом Лэй Хайцином (Лэй Хайцин погиб от рук грабителей и получил прозвище главнокомандующего). У. Ю. изображают обычно в храмах (статуи) или на картинах вместе с аккомпанирующими ему музыкантами, двумя мужчинами и двумя женщинами. Чтобы вызвать духа У. Ю., его статую ставят на специальный постамент, на лбу рисуют небольшое пятно красной краской, воскуряют благовония перед ним, зажигают свечи, читают молитвы. Обычно к У. Ю. обращаются с просьбой избавить детей от ран, нарывов, фурункулов.
Э. С. Стулова.

УДЗИГА́МИ (др.-япон., «божества рода»), в японской мифологии божества — покровители рода. «Кодзики» и «Нихонги» содержат упоминания о том, какого из богов почитал в качестве своего предка-покровителя тот или иной древний род. Так, бог *Футодама* выступает как предок — покровитель жреческого рода Имибэ (Имубэ), божественными предками и покровителями мурадзи (высших членов) рода Адзуми считаются три морских божества, явившихся во время очистительного омовения, которое совершил Идзанаки (см. в ст. *Идзанаки и Идзанами*) после пребывания в подземном царстве, род Мунаката, обитавший в местности Мунаката на острове Кюсю и владевший этой местностью, почитает в качестве У. своего рода трёх морских богинь, явившихся из меча *Сусаноо* во время его соревнования с *Аматэрасу* в рождении детей, богиня *Амэ-но удзумэ* играет роль предка — покровителя высших членов рода Сарумэ и т. п. («Кодзики», св. 1, «Нихонги», св. 1, «Эпоха богов»).

В феодальной Японии государственные чиновники весной (в конце февраля или в апреле) и осенью (в ноябре) получали отпуск для поклонения своим У. Но, так как государство запрещало считать кого-либо из У. богом — покровителем лишь одного кровного рода, разными родами почитался один и тот же У. В настоящее время в роли У. выступают обычно местные божества (именуются также «убусуна», «божества родных мест»), возможно, обожествлённые после смерти родовые старейшины.
Е. П.

У ДИ («пять императоров», «пять государей», «пять божеств»), У т а й («пять великих»), в китайской мифологии собирательное понятие для обозначения пяти мифологических персонажей. Разные древние авторы по-разному расшифровывали это понятие, упоминаемое уже в «Чжоуской книге обрядов», где говорится о жертвоприношениях У д. По одной версии, У д. — это пять псевдоисторических (точнее — мифологических) правителей древности, по другой — пять небесных государей, по третьей — духи пяти стихий. По первой версии, в число У д. входят *Шао-хао, Чжуань-сюй, Ди-ку, Яо* и его преемник *Шунь*. В других источниках под У д. понимают *Хуан-ди, Чжуань-сюй, Ди-ку, Яо* и *Шуня*, или Тай-хао, *Янь-ди*, Хуан-ди, Шао-хао и Чжуань-сюя. В некоторых древних сочинениях У д. — это *Фу-си, Шэнь-нун*, Хуан-ди, Яо и Шунь. Существуют и другие варианты.

По версии, сложившейся, видимо, к 3 в. до н. э., У д. — это пять небесных государей, символизирующих пять направлений (четыре стороны света и центр): владыка востока Цан-ди («зелёный государь»), то есть дух по имени Линвэйян («чудотворный, могущественный, глядящий вверх»), воплощением его духа считается *Цинлун* (владыка юга), Чи-ди («красный государь»), то есть дух по имени Чибяюу («красное пламя»), воплощением его духа считается *Чжуняо* («красная птица») — символ юга, владыка центра Хуан-ди, то есть дух по имени Ханьшуню («заглотивший стержень»), воплощением его духа считается единорог *цилинь* — символ центра, владыка запада *Байди*, то есть дух по имени Байчжаоцзюй («белый призывающий и отталкивающий»?), воплощением его духа считается *Байху*, владыка севера *Хэй-ди*, то есть дух по имени Сегуанцзы («запись гармонии и света»?), воплощением которого считается *сюаньу* (черепаха, перевитая змеёй). У каждого из У д. есть свой помощник, соответственно: у владыки востока — Гоуман, у владыки юга — Чжужун, у владыки центра — Хоуту, у владыки запада — Жушоу, у владыки севера — Сюаньмин.

Термин «У д.» употребляется также как обозначение абстрактных божеств пяти стихий, так как считалось, что пяти стихиям (дерево, огонь, земля, металл, вода) на небе соответствуют У д., а на земле у шэнь («пять духов»). У д. в первом значении (как пять мифических государей-первопредков) обычно употребляется в паре с понятием Сань хуан («три государя») в выражении «сань хуан у ди».

Б. Л. Рифтин.

У́ДЫ, в низшей мифологии адыгов ведьмы, оборотни. Выступают в облике уродливой старухи, чёрной кошки. Живут в заброшенных местах, устраивают сборища и готовят магические снадобья на вершинах гор. Преследуют рожениц, душат новорождённых, насылают болезни. В нартском эпосе одна из У. (иногда под именем Барамбух) вредит герою (см. в ст. *Сосруко*). *М. М.*

У́ЗЗА, а л - У́ з з а («всемогущая»), в древнеарабской мифологии богиня планеты Венера. Известна уже в 1-м тыс. до н. э., в частности на Синае, в государствах Набатея, Лихьян (под именем Хан-Уззай), у самудских арабов (кроме северных районов; это может свидетельствовать о том, что У. здесь тождественна *Руде*, не упоминающейся в южных надписях); её культ проник и в Южную Аравию до Катабана (Уззайан, «всемогущая»), где она, видимо, выступает как женская ипостась *Астара*. К 5—6 вв. У. заняла положение одного из верховных божеств Аравии; она почиталась также и в государстве Лахмидов в Ираке. В пантеонах арабов Сирийской пустыни У.— дочь *Аллаха* и *Аллат*, сестра *Манат*; у арабов центральной Аравии (в частности, в Мекке) она наряду с Аллат и Манат входила в триаду богинь, почитавшихся как дочери Аллаха, и считалась младшей из них; вместе с тем на юге центральной Аравии У. выступает как супруга Аллаха, мать Аллат и Манат. В Мекке У.— одновременно верховная богиня (наряду с *Хубалом*) в пантеоне племени курайш (из которого происходил *Мухаммад*), ей был посвящён их ежегодный праздник, впоследствии включённый в мусульманское паломничество. По преданию, Мухаммад до выступления с проповедью принёс в жертву У. белую овцу. Первоначально он признавал божественную природу У., Аллат и Манат как дочерей Аллаха. В Нахле, к северу от Мекки, находилось одно из святилищ У., известное своим оракулом и игравшее роль, сравнимую с мекканской каабой. У. почиталась также в каабе племени гатафан. Христианские авторы (Прокопий Кесарийский и др.) сообщают о человеческих жертвоприношениях У.

А. Г. Л.

УИНКТЕ́ХИ, у н к т а́ х е, в мифах сиу-дакотов духи воды, подводного и подземного мира, олицетворяют одну из четырёх стихий. У.— хитрые заклинатели, мастера священных видений и колдовства, находятся в постоянной вражде с птицей грома — Вокеон (см. *Вакиньян*). У. ассоциируются с западом, их ритуальный цвет — жёлтый. *А. В.*

УИТА́КА («хранительница полей»), в мифологии чибча-муисков первоначально божество плодородия, покровительница женской плодотворящей силы. Позднее образ У. контаминировался с образами других женских земледельческих божеств (возможно, заимствованных у соседей) — *Чиа* («луна») и *Юбекайгуайя* («свет звезды») и стал одной из ипостасей единого женского троичного божества, лишь функционально разделённого на три лица, но единого по значению — женского начала жизни. У. отводилась роль покровительницы чувственных наслаждений. Согласно мифу, У. была красивой женщиной и учила людей пьяному веселью и разгулу, за что культурный герой и устроитель общества *Бочика* превратил её в сову, по другому варианту в луну. Иногда У. сравнивается с *Бачуэ*, обе, действительно, связаны с культом плодородия, но их генезис и функции различны. *С. Я. С.*

УИЦИЛОПО́ЧТЛИ («колибри левой стороны» или «колибри-левша»), в мифах ацтеков верховное божество; сын *Коатликуэ* и *Мишкоатля*. Первоначально У. был племенным богом ацтеков (колибри часто выступает как олицетворение солнца у многих индейских племён Центральной Америки). У. обещал ацтекам, что приведёт их в благословенное место, где они станут его избранным народом. Это произошло при вожде *Теноче*. Позже У. вбирает в себя черты более древних божеств, а также бога солнца *Тонатиу* и *Тескатлипоки* (иногда выступает как его двойник). Он становится богом голубого ясного неба, молодого солнца, войны и охоты, специальным покровителем народившейся ацтекской знати. В некоторых вариантах мифа У. связывается со старыми божествами плодородия. В других мифах У. выступает как воин, побеждающий ежедневно силы ночи и не допускающий, чтобы они умертвили солнце; отсюда его связь с культовыми объединениями «воинов-орлов». У. изображалась антропоморфно в шлеме, имеющем форму колибри, со щитом, украшенным пятью пуховыми шариками, и луком или с копьеметалкой и дротиками. У.— одно из наиболее почитаемых божеств; ему приносились кровавые человеческие жертвы; в честь У. сооружён храм в Теночтитлане. Во время устраивавшихся два раза в год торжественных праздников изготовлялось огромное изображение У. из хлебного теста с мёдом; это изображение после религиозных обрядов разламывалось на куски и съедалось всеми участниками праздника. *Р. К.*

УИШТОСИУА́ТЛЬ («соляная женщина»), в мифах ацтеков богиня соли и солёных вод, старшая сестра бога дождя *Тлалока*. Один из источников называет У. женой бога смерти *Миктлантекутли*. Считалась покровительницей распутства. Изображалась в одежде, покрытой волнистыми линиями, с белым щитом и камышовым посохом в руках. *Р. К.*

У́ККО (карельск. и финск.), Й́сянен, У́ку (эстонск.), В а н а м е́ е с, В а́ н е м («старик, дед, старший»), Т а е в а т а́ а т («небесный дед»), В а́ н а т а́ а т, В а н а́ й с а, в прибалтийско-финской мифологии верховный бог, громовержец. Ср. также Пикне, Кыу, Эйке — персонификации грома и персонификация грома и молнии, с которыми мог отождествляться Уку у эстонцев. У.— старик с седой бородой, в голубой накидке, разъезжающий на колеснице по каменной небесной дороге. Основной атрибут У.— молния, гром, меч и т. п. Облик его вторичный характер. «Громовые когти» У. связаны с архаичным представлением о птице-громовержце. У. катает небесные камни (гром) и поражает громом и молнией злых духов, которые могут скрыться от него только в воде. Он — хранитель скота, помогает молоть хлеб; известны молитвы 17 в., обращённые к грому с просьбой об урожае. Святилищами У. были рощи и камни, которым молились об излечении от болезней и о хорошем урожае. М. Агрикола (16 в.) упоминает У. как покровителя урожая. Агрикола описывает священный брак У. и его жены Рауни. Когда жена У. ругается, бог начинает сердиться, гремит гром, идёт плодородный дождь, обеспечивающий урожай. По-видимому, имя У.: ранний эпитет У.: ср. финск. raunio, «куча камней» (камни — атрибут У.); по другой этимологии, финск. rauni восстанавливается из герм. *fraujan, ср. готск. frauja, «господин» (ср. скандинавский *Фрейю*). Образ У. близок образам громовержцев в индоевропейских мифологиях — балтийскому *Перкунасу*, скандинавскому *Тору* и т. п. Культ У.- старика связан также с культом предков. Иногда имя У. выступает в функции обращения к любому божеству и сближается со значением *Юмала*. *А. А.*

УЛИ́СС, латинская форма имени *Одиссея*. *В. Я.*

УЛЛИКУ́ММЕ («разрушитель Куммии», священного города *Тешуба*), в хурритской мифологии слепое и глухое каменное чудовище, порождённое *Кумарби*, сочетавшимся со Скалой, чтобы свергнуть с небесного престола Тешуба и вернуть утраченную власть на небесах. По поручению Кумарби боги Иршырры кладут У. на плечо Убеллури — гиганта, поддерживающего вселенную. Через 15 дней У. вырастает до неба. *Шавушка* безуспешно пытается сразить У. своими чарами. Боги во главе с Тешубом готовятся к битве, но они бессильны перед У. Эа (шумер. *Энки*) принадлежащим богам низа резаком (которым земля была отделена от неба) отрезает У. от Убеллури и лишает силы, обеспечив победу Тешубу. *М. Л. Хачикян.*

УЛЛЬ, в скандинавской мифологии один из *асов*, сын *Сив* и пасынок *Тора*. Он прекрасный стрелок из лука и лыжник. В кеннингах (поэтических иносказаниях) он фигурирует как «ас-лучник», «ас-лыжник», «ас щита» (щит называют «ясенем» или «кораблём Улля»). Как бог-лыжник У. неоднократно сопоставлялся и сближался со *Скади*.   *Е. М.*

УЛУ́ ТОЙО́Н («великий господин»), в якутской мифологии глава злых духов верхнего мира, родоначальник большого племени *абасы*. Согласно мифам, он дал людям душу (*сюр*), послал им через ворона огонь. У. т. считался покровителем ряда якутских родов, отцом и духом — покровителем воронов, а также наиболее могущественных шаманов. К У. т., как к высшему судье, часто обращаются шаманы с жалобой на обиды людей и за разрешением того или иного спора. Суд У. т. очень строгий, решения его жестоки, но справедливы. У. т. представлялся антропоморфным божеством, главой большой семьи. Он недоступен лицезрению смертных, но в некоторых мифах его видят в образе какого-нибудь крупного животного. Так, приняв образ большого чёрного быка или чёрного жеребца, громадного медведя или лося, он с рёвом и шумом пробегает по земле. Жена У. т. — Буус Дьалкын хотун («ледяная госпожа с развалистой походкой»). Дети его считались главами девяти племён духов, живущих на южном небе. Имена детей часто встречаются в мифах, они ассоциируются с животными: *Хара суорун*, *Хара сылгылах* («владеющий чёрными лошадьми»), *Маган кырдай* («белая ястребица»). По некоторым мифам, У. т. и его дети владели табунами коней, причём у каждого из них кони были одной определённой масти. Иногда сыновья спускались на белых и серых конях с неба на землю и вступали в любовные связи с девушками.

Н. А. Алексеев.

УЛЬГЕ́НЬ, в мифах алтайцев и шорцев верховное божество, демиург и громовержец, глава светлых небесных духов. Эпитеты У. — «светлый», «белый светлейший государь», «молниеносец», «громовержец», «палящий», «двигающий солнце и луну», «синий», «богатый», «обильный». У. восседает на золотом престоле в золотом дворце с золотыми воротами, находящемся над всеми светилами в высшей и центральной точке мироздания (вершина мировой горы; 9-й, 12-й, 15-й ярусы неба). Иногда У. представляется длиннобородым старцем (у шорцев), трёхликим, имеющим трёх или семь сыновей и семь (девять, двенадцать) дочерей. Зафиксировано большое количество имён сыновей У. (божеств-покровителей родов алтайцев); к ним иногда причисляется Дьайык (Яйык) — часть божественной сущности У., посредник между ним и людьми, персонаж эсхатологических мифов (о всемирном потопе, светопреставлении). Мать У. — Таз-каан (у алтайцев), жена — Чаашин или Солтон (у челканцев).

У. противостоит и подчинён *Эрлик* (в частности, карает он по распоряжению У.). Иногда У. — брат Эрлика (старший или младший), иногда создатель либо его создание. Согласно одному из мифов, У. парит над безбрежным первобытным океаном и не находит островка суши или садится на единственный торчащий из воды камень; очевидно, он имеет облик птицы (утки). Эрлик, также в образе птицы, по поручению У. (или сам) ныряет за землёй на дно океана. Иногда У., наученный обитающей в мировом океане Белой матерью (Ак эне), создаёт землю, небо, всех тварей и трёх гигантских рыб, на которых держится земля. В шорском варианте У., находящийся вместе с Эрликом в пустоте, «от скуки» изготавливает небо, солнце, луну, звёзды и ровную землю, а Эрлик воздвигает на ней горы, одну из которых, самую высокую и красивую (Пустаг, Мустаг, Согра), У. выбирает в качестве своего местопребывания. В некоторых алтайских мифах У. творит, находясь на «Золотой горе» (Алтын ту), а Эрлик по злому умыслу или неумению портит землю, покрывая её кочками и топями. Существует миф, согласно которому У. (как и Эрлик) — один из семи братьев-праведников, спасшихся от всемирного потопа, устраивающий обновлённую землю. Аналогично дополняют друг друга У. и Эрлик в антропогонических мифах (Эрлик вдувает в сотворённого У. человека душу). По некоторым мифам, У. добывает огонь, чтобы отогнать гадов и насекомых, вызванных к жизни Эрликом, но не сообщает секрет его добывания людям (они узнают его от коростеля; в других мифах добыванию огня У. учат лягушка или сыч).

С. Ю. Неклюдов.

УМА́Й, в мифологии древних тюрок богиня, олицетворяющая женское, земное начало и плодородие. Покровительствует воинам и супруге кагана, которая обликом подобна У. Видимо, считалась супругой *Тенгри* (неба). Упоминается в рунических текстах 7—8 вв. Некоторые исследователи предполагают, что образ У. генетически связан с иранской мифологической птицей Хумай, которая, бросая свою тень на человека, делает его счастливым. Пережитки веры в У. сохранялись у ряда тюркоязычных народов. Например, у огузов У. считалась духом — покровителем младенца во чреве матери. У шорцев У. (Май) — дух — хранитель младенцев, принимающий также души умерших. У телеутов У. (Май-энэси, Май-энзы) и казахов (Умайене) — дух — хранитель детей. Киргизы считали, что У. дарует богатый урожай и умножает скот, является покровительницей домашнего очага и охранительницей детей. С утверждением ислама У. у киргизов отождествлялась с *Фатимой* (Батма Зуурой). У турок У. трансформировалась в Омаджи, духа, которым пугали детей.

В. Б.

УМУ́ГИ-ХИ́МЭ (др.-япон., «дева-моллюск»), в японской мифологии богиня. В мифе о первом воскресении *О-кунинуси* вместе с *Кисакаи-химэ* У.-х. оживляет О-кунинуси, поскоблив свою раковину и помазав его этим порошком, «как материнским молоком», отчего он оживает в облике прекрасного юноши.

Е. С.-Г.

УНДИ́НЫ (от лат., «волна»), в низшей мифологии народов Европы духи воды, русалки. Прекрасные девушки (иногда с рыбьими хвостами), выходящие из воды и расчёсывающие волосы. Своим пением и красотой завлекают путников вглубь, могут погубить их или сделать возлюбленными в подводном царстве. У. могут обрести бессмертную человеческую душу, полюбив и родив ребёнка на земле (ср. мифы о *Мелюзине*). У средневековых алхимиков У. — духи, управляющие водной стихией, подобно тому как саламандры — духи огня, сильфы — воздуха, гномы — подземного мира.

М. Ю.

У́НИ, в этрусской мифологии богиня-покровительница царской власти. Почиталась во многих городах этрусков (Пиргах, Кортоне, Волатеррах, Капуе, Вейях и др.). Соответствовала греческой *Гере* и римской *Юноной*. Вместе с *Тином* и *Менрвой* составляла триаду этрусских богов, которая соответствовала римской триаде (Юпитер, Юнона, Минерва).

УНКУЛУНКУ́ЛУ («очень, очень старый»), в мифах зулу первопредок, культурный герой. Выйдя из тростника, У. как двуполое существо порождает первых людей. По другому мифу, тростник породил первых людей: У. и его жену. В некоторых вариантах У. вызывает первых людей из тростника. У. научил людей добывать огонь, пользоваться орудиями, возделывать поля. Люди получили от У. скот, стали есть мясо и пить молоко. У. дал названия всему сущему (солнцу, луне, огню и др.). Он определил занятия мужчин и женщин; установил обычаи и порядки; ввёл обрезание, обряд жертвоприношения. С У. также связывают происхождение смерти. У. отправил к людям хамелеона с вестью о том, что они не будут умирать, а вслед за ним ящерицу с противоположным сообщением. Так как хамелеон задержался в пути, ящерица пришла первой.

Е. К.

УН-НА́НА, у ингушей дух эпидемий и болезней. Выступает в облике пожилой, некрасивой, плохо одетой женщины; в её котомке — заразные болезни. Бранясь, она разбрасывает их там, где её забыли и недостаточно почитают. Для умилостивления У.-н. устраивались посвящённые ей пиршества, сопровождавшиеся музыкой и танцами.

А. М.

УНРУССИБА́ЛИ, А д ж и Л а й д е, один из героев доисламской традиции бугийцев (остров Сулавеси), отражённой в цикле мифологических поэм «Ла Галиго». У.— сын князя *Ла Галиго*. Он настолько храбр, что отваживается воевать с небожителями. Однажды во владения У. попадает случайно слетевший с неба на землю боевой петух бога Ла Макаракки. В это время у У. гостят два молодых князя, отцов которых оскорбил и убил Ла Макаракка. У. поддерживает стремление гостей исполнить долг кровной мести и решает, что прилёт петуха — подходящий повод для объявления войны богу Ла Макаракке. В начавшейся войне на землю обрушиваются небесные полчища, в состав которых входят кровожадные чудовища. Но они не в силах одолеть У. и его друзей, владеющих в совершенстве военным искусством. Однако землянам не дано убить небожителей. После тяжёлых безрезультатных боёв сам Ла Макаракка спускается к У.; заключается мир, и войска небожителей возвращаются на небо.
Ю. С.

У́НУТ, в египетской мифологии богиня в образе зайца, покровительница пятнадцатого («заячьего») нома и города Гермополя.
Р. Р.

УОРСА́Р, мифологический персонаж у адыгов — старуха-провидица, покровительница домашнего очага; мать *Тхагаледжа, Амыша* и *Мамыша*. В адыгских нартских сказаниях У. помогает нартам; так, она даёт им мудрый совет, как вызволить Сатаней, похищенную *испами*. Но порой она недружелюбна по отношению к нартам: отказывается научить их изготовлению серпа. Согласно одному варианту, У. выступила в роли ведьмы, она раскрыла врагам *Сосруко* тайну уязвимых мест его и его коня *Тхожея*.

У́ПЕС, в египетской мифологии богиня пламени, сжигающая врагов богов; одна из ипостасей *Тефнут*. Центр её культа — остров Биге. Изображалась женщиной со змеёй на голове.
Р. Р.

УПУА́Т, В е п у а́ т («открыватель путей»), в египетской мифологии бог в образе волка. Центр его культа — город Сиут (греч. Ликополь, «волчий город»). От Сиута начинался крупный караванный путь, и У. почитался как бог-проводник, разведчик. Его эпитет — «вожатый» («ведущий»). У.— воинственное божество, его атрибуты — булава и лук. Имел также функции покровителя умерших, его называли «первый боец Осириса» и иногда отождествляли с ним. У.-волк часто отождествлялся с шакалом *Анубисом*. Штандарты с атрибутами и изображениями У. выносили перед выходом фараона, несли во главе процессии во время мистерий *Осириса* в Абидосе.
Р. Р.

УПУЛЕ́РЕ («господин солнце»), в мифах летийцев и бабарцев (Юго-Западные острова, Восточная Индонезия) солнечный бог. Согласно мифу, У. ежегодно вступает в сакральный брак с богиней земли Упунуса, нисходя к ней через священное дерево (варингин), Нуну (ср. *Нунусаку*), и оплодотворяет землю, растения, животных и людей. В честь этого события раз в 7 лет устраивался оргиастический праздник «порка».
М. Ч.

УПЫ́РЬ, в славянской мифологии мертвец, нападающий на людей и животных; образ У. заимствован народами Западной Европы у славян (см. *Вампир*). Согласно древнерусским поучениям против язычников, им клали требу (приношения) и берегиням до того, как стали поклоняться Перуну. По позднейшим поверьям, У. становится после смерти человек, рождённый от нечистой силы или испорченный ею (ребёнка У. можно узнать по двойным рядам зубов), умерший, через гроб которого перескочила чёрная кошка (чёрт), чаще — нечистый («заложный») покойник, самоубийца, умерший неестественной смертью, особенно колдун. По ночам У. встаёт из могилы и в облике налитого кровью мертвеца или зооморфного существа убивает людей и животных, реже высасывает кровь, после чего жертва погибает и сама может стать У.; известны поверья о целых селениях У. В литературе, начиная с Пушкина, У. неточно отождествляли с вурдалаком, волком-оборотнем (см. *Волкодлаки*).
В. П.

УРА́Н, в греческой мифологии божество, олицетворяющее небо; супруг земли Геи, принадлежащий к первому, самому древнему поколению богов. Гея родила У. (Hes. Theog. 126 след.) и, вступив с ним в брак, породила горы, нимф, море Понт, титанов, киклопов, сторуких (126—153). У. обладал бесконечной плодовитостью. Дети его были ужасны видом и отцу своему ненавистны; он прятал их в утробе Геи, тяжко от этого страдавшей (154—159). Земля задумала облегчить свою судьбу, и по её просьбе младший сын Кронос серпом оскопил У. (160—181). Из капель крови У., упавших на землю, родились гиганты, эринии, нимфы Мелии («ясеневые») и богиня Афродита (182—201). Так У. оказался отстранённым от продолжения рода богов-чудовищ, уступив власть своему сыну Кроносу. Ниспровержение У. в свою очередь открывало возможность дальнейшей смены поколений богов и совершенствования божественных властителей мира в духе антропоморфизма, упорядоченности и правопорядка. Миф об У.— свидетельство архаических истоков классической мифологии. Небо и земля мыслятся одним целым, которое затем в космогоническом процессе разделяется на две сущности. Из них У.— мужское начало, одновременно является и сыновним началом, вторичным по отношению к Гее. У. нуждается в лоне земли как восприемницы его плодоносной силы. Земля же, пережив период бурного и непроизвольного продолжения рода, устраняет У. Она рождает потомство и вступает в другие браки, руководствуясь собственными замыслами и целенаправленной волей, что указывает на первичность именно мифологии земли, а не неба.
А. Ф. Лосев.

УРА́НИЯ, в греческой мифологии одна из девяти олимпийских муз, муза астрономии. Дочь Зевса и Мнемосины (Hes. Theog. 78). Изображалась с глобусом и указательной палочкой в руках.
А. Т.-Г.

УРА́СИМА, У р а́ с и м а - Т а́ р о, в японской мифологии рыбак, посетивший дворец морского царя. Однажды У. спас морскую черепаху, и та в благодарность за своё спасение предложила ему посетить владения правителя морей *Ватацуми-но куни*. Там его встретила дочь морского царя Ото-химэ и показала ему чудеса дворца: палаты, украшенные драгоценными камнями, и сад, на восточной стороне которого царила весна, на южной — лето, на западной — осень, на северной — зима. Увлечённый принцессой, У. не замечал, как летело время, но однажды, вспомнив родной дом и отца с матерью, решил вернуться на землю. На прощание Ото-химэ подарила ему отделанную яшмой шкатулку, наказав не открывать её, что бы с ним ни случилось. Когда У. вернулся на родной берег, он ничего не смог узнать. Дома его встретили незнакомые люди, которые сказали, что У. жил здесь 700 лет назад. У. вернулся на берег моря и вспомнил о шкатулке. Открыв крышку, он превратился из юноши в дряхлого старика и умер. Ср. миф о Хоори.
Е. К. Симонова-Гудзенко.

У́РВАШИ, в древнеиндийской мифологии *апсара*, впервые упоминаемая в «Ригведе» (V 41, 19; X 95, 17). По одним версиям, У., как и остальные апсары, была дочерью *Брахмы*, по другим, она родилась из бедра *Нараяны* (Вишну). Своей красотой У. соблазнила многих богов и *риши*. Из семени *Митры* и *Варуны*, извергнутого ими при виде У., родились риши *Агастья* и *Васиштха* (Рам. VII 56, 57). Митра проклял соблазнительницу, и по его проклятию У. должна была жить на земле, где стала женой смертного *Пурураваса*. От Пурураваса У. имела шесть (или восемь) сыновей, царей *Лунной династии*. У. пыталась обольстить *Арджуну*, когда тот был на небе в качестве гостя *Индры*. Однако Арджуна отверг её домогательства, сославшись на то, что, будучи женой Пурураваса, она стала прародительницей его рода. У. предала Арджуну проклятию, по которому он стал евнухом, но *Индра* ограничил срок проклятия одним годом (Мбх. III 45—46).
П. Г.

УРДХВАЛО́КА («Верхний мир»), в джайнской мифологии один из составляющих вселенную миров (см. в ст. *Аддхалока*). Выше Срединного мира одно над другим располагаются небеса, населённые божествами племени *Вайманика*. Нижнее из небес, Саудхарма, начинается всего на волос выше горы Меру. Небеса делятся на основные группы: Калпа включает 8 нижних небес, следующие 9 небес именуются Гравейака («горловые»), что связано с популярным джайнским изображением структуры мироздания в виде стоящей женщины: небеса Гравейака находятся на уровне её шеи. Пять высших небес именуются Ануттара — «Высочайшие», однако ещё выше их располагается обитель освободившихся *джив* — Сиддхакшетра. В традиции дигамбаров между небесами Гравейака и Ануттара введены ещё 9 небес под названием Анудиша. Каждое из небес дробится на «этажи», уровни, причём дигамбары и шветамбары расходятся в мнении относительно числа этих уровней. Важной характеристикой каждого из небес считается цвет *лешья* и способ совокупления божеств, которые его населяют.

А. А. Терентьев.

УРИИЛ («свет божий», «пламя божье»), в иудаистической и христианской мифологии один из старших *ангелов*. Он является проводником Еноха в его видениях, предстаёт царём ангелов, наблюдает за адом, исполняет роль божественного посланца, оповещающего Ноя о приближении конца света («Книга Еноха» 9, 1; 10, 1; 19—21 и др.). В другом апокрифе (3-я книга Ездры) У. с помощью парадоксальных вопросов в духе книги Иова, пронизанных космической образностью, наставляет Ездру, вследствие торжества зла охваченного сомнениями в божественной справедливости. Так, он предлагает ему взвесить тяжесть огня (ср. значение имени У.), измерить дуновение ветра и т. п. (4, 7—12). Агадическая традиция, связывающая У. с огнём и светом, делает его покровителем первого (солнечного) дня недели, возлагает на него ответственность за зимнее тепло. В «Книге Еноха» У. выступает в роли просветителя, обучающего вселенским тайнам (72—80); в этом значении его имя употреблялось на средневековых амулетах.
М. Б. Мейлах.

УРСУЛА, героиня христианской агиографической легенды, широко распространённой в средние века в западноевропейских странах. Согласно легенде (возможно, восходящей к действительным событиям 5 в., но подвергшейся к 9 в. очень сильной мифологизации), дочь британского короля У., славившаяся красотой, мудростью и правдивостью, стремясь избежать ненавистного замужества и вместе с тем оградить своего отца от угроз могущественного претендента на её руку, дала согласие на брак, но лишь по истечении трёх лет и при условии, что жених примет христианство. Сама же она со свитой отправилась в Рим. К У. присоединились девственницы, посвятившие себя, как и она, Христу; их число достигло одиннадцати тысяч. В Риме У. принял папа Кириак (мифический персонаж), знавший об уготованном У. и её спутницам мученичестве и пожелавший разделить его с ними; он рассказал всем о своём решении, торжественно сложил с себя сан и присоединился к странницам. На обратном пути из Кёльна на паломниц напали гунны. Ненавидящие христианство, возмущённые принятым девами обетом безбрачия, они их всех истребили. Последней погибла У., отказавшаяся стать женой пленённого её красотой вождя гуннов. Образ У. включает традиционные черты водного божества. Блуждание целой стаи отвергнутых брак дев (в самом раннем эпиграфическом источнике говорится всего о 10 сопровождающих У. девицах) напоминает подвижное бытие спутниц девственных богинь. *О. Е. Нестерова.*

УРУАКА́НЫ, у р в а к а́ н ы («призраки»), в армянской низшей мифологии духи умерших. К У. относятся и *горнапштикнер*.
С. Б. А.

УРЫЗМА́Г, У р а з м е́ г, в осетинском нартском эпосе близнечный брат *Хамыца*. Отцом У. был Ахартаг, матерью — *Дзерасса*. Когда У. возмужал, он женился на красавице Эльде из рода *Алагата*. Вскоре появилась сестра У. *Сатана*, которая решила выйти замуж за У., и ей удалось хитростью добиться этого. У них появилось 17 сыновей, из которых 16 погибло от руки У.; семнадцатый, отданный на воспитание к Донбеттыру, также был убит У. Урызмаг — постоянный предводитель нартских походов за добычей, всегда возглавлял совет именитых нартов на нихасе и нартские пиры. С годами У. одряхлел. Чувствуя, что стал обузой, он попросил нартов положить его в сундук и бросить в море. После долгого колебания нарты исполнили его желание. Через некоторое время сундук был обнаружен на берегу моря слугами великого Сайнаг-Алдара. У. подсказал Сайнаг-Алдару, что тот может получить за него выкуп от нартов: сто раз по сто однорогих быков, столько же двурогих, трёхрогих, четырёхрогих и пятирогих. Когда нарты узнали об этом, то Сатана разгадала, что У. указывает, какое войско нужно снарядить, чтобы победить Алдара: быки однорогие — пешее войско, двурогие — конница, и т. д. После победы над врагом старый У. снова вернулся к нартам. Погиб он вместе с другими нартами в борьбе с богом. Ср. также адыгского *Уазермеса*.
Б. К.

УРЭ́Р, Н г у р э́ р, в самодийской мифологии (у ненцев) шаман, поднявшийся в результате семидневного камлания на луну. Согласно мифу, У. вместе с женой оделся перед камланием в новые одежды, но у его жены осталась одна старая тесёмка, и она не смогла подняться достаточно высоко. Считается, что тёмные пятна на луне — это У., его пимы и бубен. В энецком мифе лунные пятна — это шаман Пянтуку (другое имя — Ирио-каса, «лунный человек»), который своим камланием заставил месяц приблизиться к земле. Наступили сильные холода, прекратившиеся лишь после того, как Пянтуку был затянут на луну и прилип к ней, а светило вернулось на место. Представления о «лунном шамане» характерны и для других народов севера Евразии.
Е. Х.

У́СИНЬШ, в латышской мифологии покровитель лошадей. Самое раннее упоминание — сообщение иезуита И. Стрибинга (1606), где У. назван богом лошадей; ему приносят в жертву, в частности, два хлеба и кусок жира, бросаемые в огонь. В источник 1725 У. именуется «господином лошадей», в народных песнях — «отцом лошадей». У. выращивает хороших коней и охраняет их вместе с пастухами. У. едет на девяти конях (или его конь бежит по девяти дорогам), покупает их, славит. У. открывает лошадиный загон, конюшню. Иногда он почти неотличим от лошадей как лучший из них (ср. восклицания — «Ах, Усиньш!» при виде хорошего коня или «Ой, Усиньш коней!»).

У. посвящён особый день, когда лошадей первый раз после зимы выгоняют на пастбище (обычно он совпадает с Юрьевым днём). В песнях у У. два сына с красными головками; одного У. посылает в ночное, другого — в поле с сохою. Эти данные (ср. два хлеба как приношение У.) позволяют говорить о близнечном мотиве в связи с У.: как близнецы («два У.») и как дети брак У. сопоставим и с *Ашвинами*, всадниками, и с *Диоскурами*, покровителями коней. Вероятно, первоначальным фетишем У. была пара коней, сопоставимая с парными коньками крыши, связанными с близнечными мифами. С солярной символикой, видимо, связан танец У. или его коня, который сопоставим с мотивом танца («играния») солнца. У. и солнце нередко появляются в одних и тех же текстовых ситуациях: вокруг горы движется солнце (или У.), ища пигульников (ночных пастухов). Сам У. — «зажигатель огня», «охранитель огня», с ним связаны петух, кулик, особенно жаворонок — зооморфные символы солнца, число девять — ср. девять солнечных домов Зодиака (см. в ст. *Совий*). У. — сын бога *Диеваса* (неба), он возрождается каждую весну (ср. связь У. с началом годового и суточного цикла) на возвышенном месте (латыш. Ūsina kalns, «гора У.»). Это отличает У. от близких ему в других отношениях персонажей (ср. в народной песне: «У. на горе, Тенис в долине»). Как и солнце, У. рыщет по дорогам, загоняя коней, в то время как пигульники спят в стороне от дороги. В солярном контексте отчасти проясняется и связь У. с золотой росой, с мёдом (нем. автор 18 в. Г. Стендер называет У. «пчелиным богом»), хотя эта связь, возможно, вторична (ср. наличие особой матери пчёл — Bisu māte), и с пивом (он приготовляет пиво в конском следе) и т. п. Весьма возможно, что связь У. с восходящим солнцем подтверждается и этимологией его имени. Видимо, Ūsiņš отражает один из вариантов корня *aus-, ср. латыш. aust, «рассветать» (литов. aūšti), àustra, «заря», austrums, «восток» (литов. aušrà): в таком случае У. связан по происхождению с такими персонажами, как латыш. *Ауseklis* — утренняя звезда, *Аушра* — денница и др. По своему имени и, возможно, по первоначальной функции (объясняющей и вторичную, «лошадиную» — ср. солнце или зарю, выезжающих на конях) У. может быть сопоставлен с древнеиндийской богиней зари Ушас, древнегреческой *Эос*, римской *Авророй* и др. В образе У. можно видеть позднее отражение общеиндоевропейского божества зари, рассвета с основой имени на *aus- (со следами частичной деградации и вторичных мотивировок — ср., например, усатость У., при латыш. ūsain/i/s, «усатый»). Вероятно, родственным У. является ещё более вырожденный образ славянского Усеня — *Авсеня*.

В. В. Иванов, В. Н. Топоров.

УСУ́Н-ХА́ДЫН Э́ЗЕН («владыка хозяев воды»), в мифах калмыков дух-хозяин водной стихии. Для его умилостивления прибегали к серебряным монетам (отражение мифологических взглядов о связи серебра с водой), редко приносились кровавые жертвы. В сказке У.-х. э. изображается седым стариком; его дочь, выходящая из озера и спасённая героем, имеет облик змеи (что соответствует общемонгольским мифологическим представлениям о змееподобии хозяев урочищ и водоёмов). См. также в ст. *Лу*.

С. Н.

УТА́Н, персонаж китайской мифологии. В «Мелких заметках из Юяна» Дуань Чэнши (9 в.) говорится, что на луне есть гигантское коричное дерево высотой в 500 чжанов (1 чжан более 5 м), под ним У., человек из Хэси, который изучал даосскую науку о постижении бессмертия, но совершил какой-то проступок, и был сослан на луну рубить коричное дерево, на котором каждая зарубка тут же зарастает.

Б. Л. Рифтин.

У́ТГАРД, в скандинавской мифологии окраинная зона земли, где обитают демоны и великаны (ётуны), примерно совпадает с Етунхеймом.

Е. М.

УТЛЕЙГО́Н, в мифах ительменов дух-творец, хозяин моря.

Е. М.

У́ТО, У а́ д ж и т, «зелёная», в египетской мифологии богиня — хранительница *Ра* и фараона. Воплощалась в образе кобры, её второе священное животное — ихневмон. У. — покровительница города Буто (центр её культа) и Нижнего Египта. Символ У. — стебель папируса — эмблема Нижнего Египта. Имя У., как и имя богини Верхнего Египта *Нехбет*, вошло в титулатуру фараонов объединённого Египта. У. и Нехбет, змея и коршун, изображались как хранительницы царя на его короне. Иногда, отождествляя с Нехбет, У. изображали в виде коршуна со змеиной головой. Огнедышащая змея, У. обладает колдовской силой, она считалась солнечным Оком, сжигающим своим огнём врагов Ра и фараона, Уреем, извергающей яд и пламя первозданной змеёй, изображение которой укреплялось на лбу царя в знак его власти на небе и на земле. В ряде текстов У. — богиня, творящая добро: она даёт мази для бальзамирования, огнём своего дыхания удлиняет жизнь, как «зелёная» способствует произрастанию растений, охраняет укрытого *Исидой* в зарослях папируса младенца *Гора* от козней *Сета*. Как Око Ра рано стала отождествляться с *Сехмет* и *Тефнут* (также считавшимися его Оком и почитавшимися в образе львицы). В поздний период У. изображалась львиноголовой женщиной с солнечным диском на голове. Как богиня-мать отождествлялась с *Мут*. С У. отождествлялись также *Баст*, *Кебхут*, *Мехит*. У. близка *Таит*.

Р. Р.

У́ТУ (шумер., «светлый», «сияющий», «день»), Ш а́ м а ш (аккад., «солнце»; общесемитское в том же значении — ш а м с, ш а п с, см. *Шамшу, Шамс*), в шумеро-аккадской мифологии солнечный бог,

сын бога луны *Нанны* (аккад. Син), брат *Инанны* (*Иштар*); иногда его братом называется *Мардук*. Супруга его — шумерская Шенирда (или Суданга), аккадская Айя (имеет постоянный эпитет «Айя — невеста»), посол — Бунене. В ежедневном странствии по небу У.-Шамаш вечером скрывается, а утром снова выходит из-за гор (по аккадской традиции, из-за гор Машу). Обычно этот выход ему открывают два бога-стража. Ночью У.-Шамаш путешествует по подземному миру, принося мертвецам свет, питьё, еду (его аккадский эпитет — «солнце мёртвых душ»). Как божество всевидящего света У.-Шамаш — судья, хранитель справедливости и истины. Уже с периода Фары (26 в. до н. э.) отмечены имена типа «Уту — мой судья». У. — также бог-защитник и податель оракулов. Губительность, палящий зной солнечных лучей ассоциируются не с У.-Шамашем, а с *Нергалом* или с *Гибилом*. Роль Шамаша в аккадском культе значительнее роли шумерского У., на подчинённом положении которого сказывается зависимость его от лунного бога (соответственно лунный культ играл более существенную роль, чем солнечный). Культ У. как местного божества был развит в городе Уруке. По традиции, У. — основатель I династии Урука. Отсюда — значительность роли У. в мифоэпической традиции Урука (мифы цикла «Инанна — Думузи», где он помогает *Думузи*, эпосы о считавшихся его потомками *Энмеркаре, Лугальбанде* и *Гильгамеше*). У. — помощник, личный бог-хранитель эпических героев первой династии Урука. В аккадском мифе об *Этане* Шамаш — судья, помогающий змее отомстить орлу за нарушение клятвы, но одновременно и помощник Этаны, спасающего орла. Места культа божества солнца — Сиппар на севере и Ларса на юге. В Ашшуре у Шамаша был общий храм с лунным божеством. В иконографии на рельефах и в глиптике особенно часто изображается выход бога солнца из-за гор, а также суд У.-Шамаша над разными мифическими существами. Отличительные признаки бога — лучи за спиной и серповидный зубчатый нож в руке.

В. К. Афанасьева.

У ФАН ШЭНЬ («духи пяти сторон»), в китайской мифологии духи пяти главных направлений: востока, запада, юга, севера и центра. Каждой из сторон света соответствовали определённые стихии (или первоэлементы), цвета, живые существа (по словарю «Эръя», 6—2 вв. до н. э.): востоку — дерево, зелёный цвет, бимуюй (пара одноглазых рыб со сросшимися хвостами); западу — металл, белый цвет, бицзяньшоу (полумышь-полузаяц), югу — огонь, красный цвет, *бинняо*, северу — вода, чёрный цвет, бицзяньминь (человек, имеющий половину тела и по одному глазу, ноге и руке); центру — земля, жёлтый цвет, чжишоушэ (двуглавая змея). Главные направления и соответствующие им первоэлементы в средневековой традиции были соотнесены с пятью мифическими управами (огня, воды, дерева и т. д.) при дворе *Юй-ди*; их главы со временем и стали почитаться в качестве У. ф. ш. В «Записках о поисках духов трёх религий» (16 в.) духами У. ф. ш. названы духи четырёх морей (Сы хай) и реки Хуанхэ (см. *Хэ-бо*). Понятие У. ф. ш. нередко контаминировалось с понятием У шэнь («пять духов»), как именовались помощники пяти мифических государей (см. *У ди*). В легенде, отражённой в сочинении 10 в., духов пяти сторон света зовут *Чжужун*, *Сюаньмин, Гоуман, Жушоу* и *Хэбо*.

Даосы наделили духов пяти сторон света полномочиями помощников князя лекарств — *Яо-вана*.

Э. С. Стулова.

УХЛАКА́НЬЯНА («маленький хитрец», «ловкач»), К ц а и ж а н а - Б о г ц о н о н о, М а х л а б и н д о д а и с э м и, персонаж фольклора зулу — ласка, трикстер. Образ У. по сравнению с другими трикстерами африканской животной сказки более архаичен, связан с мифологическими представлениями. У. рождён женой вождя, но не был ею зачат, лишь вошёл в свою мать. Как «чудесный герой» У. начал говорить в чреве матери, сам перерезал свою пуповину; едва родившись, он, как взрослый мужчина, сел есть вместе со старейшинами. У. наделён магическими способностями. Спасаясь от преследования, превращается в палку-копалку или в камень зернотёрки, который преследователи, не подозревающие, что это и есть У., перебрасывают через реку. *Е. К.*

У ЦЗЫСЮЙ, в китайской мифологии бог приливов. В основе образа реальное историческое лицо — сановник, советник правителей различных древнекитайских царств (5 в. до н. э.). Князь царства У, которому служил У Ц., поверив клевете придворных, послал У Ц. меч и велел ему покончить жизнь самоубийством. Перед смертью У Ц. предсказал падение царства У под натиском войск из царства Юэ. Тело У Ц. в мешке из рыбьей кожи бросили в реку Янцзы. Жители царства У соорудили храм в его честь («Исторические записки» Сыма Цяня, 2—1 вв. до н. э.). Согласно комментатору «Исторических записок» Чжан Шоуцзе (8 в.), когда войска царства Юэ вторглись в У, дух У Ц. погнал водяные валы на столицу У, ворота города открылись и вместе с водой в город хлынули стаи рыб пуфу (по некоторым толкованиям,— морских свинок). Многочисленные предания первых веков н. э. рассказывают о явлении духа У Ц. путешественникам, переправляющимся через реку, о жертвоприношениях в его честь. Культ У Ц. продолжал существовать и в средневековье. По некоторым преданиям, У Ц. заставил отступить прилив, грозивший городу Ханчжоу. В 1299 У Ц. был официально пожалован титул Чжунсяо вэйхуэй сяньшэн-ван («верный долгу и почтительный к родителям, грозный и милостивый, являющий чудеса совершенномудрый князь»). Согласно позднесредневековым представлениям, У Ц. является людям в колеснице, запряжённой белым конём, выходящим из вод вместе с приливом. *Б. Л. Рифтин.*

УШАС («утренний свет»), в древнеиндийской мифологии божество утренней зари. У. посвящено 20 гимнов «Ригведы». Она изображается в виде прекрасной девицы, одетой в сверкающий наряд; У. показывает себя всей вселенной, обнажает грудь, украшает себя, как танцовщица; её называют сияющей, блестящей, яркой, золотистой, одетой в свет, красующейся и т. д. У. выезжает перед восходом солнца на ослепительной колеснице, запряжённой алыми конями или быками, открывает небесные врата (врата тьмы), наполняет вселенную светом, освещает царства всей вселенной, пробуждает всех, приносит богатство, дары, коров, коней, детей (в частности, сыновей), жизнь, славу, даёт убежище и защиту. Руководство У. певцами подчёркивается особо: она дарует мастерство (РВ I 48, 12), наставляет, вдохновляет певца. У. производит на свет солнце (VII 78, 3), готовит ему путь (I 113, 16), приводит его; появляется с лучами солнца, с Сурьей, приходит к нему, выходит из сестры-ночи (IV 52, 1), сменяя её (X 127, 3). У. прокладывает путь и людям: она приготавливает дороги, осматривает их, освещает. Сама У. живёт в твердыне на горе. Она — дочь неба, но в то же время рождена Сурьей (II 23, 2), и она его жена (VII 75, 5). Вместе с тем У.— мать *Ашвинов* (III 39, 3), богов (I 113, 19), коров и даже мать сложения гимнов (V 47, 1); она — сестра ночи и богов, в частности *Адитьев*, любовница своего отца, Сурьи, Солнца, видимо, *Пушана* (V 55); особенное значение придаётся инцестуозным отношениям с отцом-небом. Наиболее тесны связи У. с солярными божествами (Сурья, *Савитар*, Ашвины, *Агни* и т. п.). У. — «наиболее подобная *Индре*» (VII 79, 3), и вместе с тем именно с Индрой возникает у неё конфликт: опьянённый *сомой*, Индра разбивает *ваджрой* колесницу У., но она сама успевает скрыться. В «Айтарее-брахмане» (VII) *Шунахшепа* возносит мольбы к У. Вне «Ригведы» она появляется очень редко и вскоре в послеведийскую эпоху полностью исчезает, хотя её весьма косвенные следы видят в образе помощника солнца Уши. Архаичность образа У. несомненна; её сравнивали с ипостасями женских божеств типа Великой матери, засвидетельствованных в текстах и в изобразительном искусстве, в частности в Индии времён Мохенджо-Даро. Образ У. восходит к индоевропейскому представлению о заре. *В. Н. Топоров.*

УШЭН ЛАОМУ («почтенная матушка, вышедшая из перевоплощений»), в китайской поздней народной мифологии божество. По преданию, У. л.— мать 96 миллионов «изначальных сынов», посланных ею на землю. Здесь они погрязли в пороках бренного мира, утратили свою изначальную природу; они обречены на вечные страдания цепи перевоплощений, не могут вернуться к У. л. Прародиной их считается священная гора Линшань, которая иногда отождествляется с горой *Куньлунь*. У. л.— хозяйка персикового сада *Паньтао*. Из Золотого дворца девяти лотосов она взирает на своих детей то гневно, то с состраданием. Но сострадание берёт верх — У. л. хочет спасти своих детей из моря страданий и вернуть их в родной дом. Для этого она посылает на землю учение, не делающее различия между богатыми и бедными, знатными и низкими, мужчинами и женщинами; оно проповедуется тремя буддами в течение трёх периодов: буддой прошедшего Жаньдэном (другое имя — Уцзи шэнцзу), спасшим два миллиона даосских монахов и монахинь, буддой настоящего *Шакьямуни* (Тайцзы гуфо), спасшим два миллиона буддийских монахов и монахинь, и буддой грядущего периода *Майтреей* (Хуанцзи гуфо), которому предстоит спасти оставшиеся 92 миллиона «изначальных сынов».

У. л. обнаруживает много общего с божеством Си-ванму и Гуаньинь. Видимо, для сектантов У. л. и Гуаньинь были ипостасями одного божества.
Э. С. Стулова.

УЭУЭКОЙОТЛЬ («почтенный старый койот»), в мифах ацтеков бог песен и танцев, одна из ипостасей *Макуильшочитля* (Шочипили); по происхождению, очевидно, божество племени отоми. Изображался в виде сидящего койота или в антропоморфном облике с музыкальными инструментами в руках. *Р. К.*

УЭУЭТЕОТЛЬ («очень старый бог»), в мифах ацтеков ипостась бога *Шиутекутли*; изображался в виде сидящего старика с чашей-курильницей на голове. *Р. К.*

У ЮЭ («пять пиков», «пять гор»), в китайской мифологии пять священных гор: Дунъюэ («Восточный пик») — гора *Тайшань*, Бэйюэ («Северный пик») — гора Хэншань (провинция Шаньси), Чжунъюэ («Срединный пик») — гора Суншань (провинция Хэнань), Наньюэ («Южный пик») — гора Хэншань (провинция Хунань), Сиюэ («Западный пик») — гора *Хуашань*. Не исключено, что представлениям о У ю. предшествовал древний миф о пяти священных горах, плававших в море к востоку от залива Бохай. При династии Тан гора Хэншань была заменена в этом перечне на гору Хошань (провинция Аньхой). Культ У ю. возник у Китае в глубокой древности. В «Чжоуской книге документов» (4 в. до н. э.) и в «Книге обрядов» (4—1 вв. до н. э.) говорится, что жертвоприношения У ю. совершал сам государь. В период средневековья основной из У ю. считалась гора Тайшань. С раннего средневековья культ У ю. вошёл в систему религиозного даосизма, позднее они стали священными и для китайских буддистов, включивших их в систему девяти священных гор. Практически, однако, гора Хуашань осталась чисто даосским святилищем. В даосской традиции известно, что божество восточного пика ведало судьбами людей, западного — всеми металлами, их плавкой, а также пернатыми; срединного — болотами, протоками, арыками на земле, а также деревьями; северного — реками, а также дикими зверями, пресмыкающимися и насекомыми; южного — полями на земле, звёздами на небе, а также рыбами и драконами.

С 11 в. божества У ю. носят титулы шэнди («святые государи»), иногда дади («великие государи»). В некоторых средневековых сочинениях они имеют личные имена: владыка восточного пика именуется Юань Чанлун, южного — Дань Линчжи, западного — Хао Юйшоу, северного — Дэн Вэйтин и центрального — Шоу Ицюнь. Божества У ю. изображаются и в фантастической эпопее 16 в. «Возвышение в ранг духов». В поздней народной традиции духи У ю. ассоциировались также с *вэнь-шэнь*.
Б. Л. Рифтин.

Ф

ФА, Гбаду, в мифах фон божество гадания. Согласно варианту мифа, Ф.— андрогинное божество, рождённое *Маву-Лиза*. Ф. живёт на небе, на вершине пальмового дерева. У неё шестнадцать глаз, которые по утрам открывает ей *Легба*.

Ф.— обладательница ключа от дверей в будущее (дом с 16 дверями, по числу глаз Ф.), полученного от Маву-Лиза. Когда началась война в царствах моря, земли и неба, Маву-Лиза послала сыновей Ф.— Дуво, Кити и Зосе на землю, чтобы они обучили людей языку Маву-Лиза (т. е. системе гадания Фа). После их возвращения Маву-Лиза отправила на землю всех детей Ф. в сопровождении Легба. Ф. дала Зосе имя Фалувоно («владеющий тайной Фа»). По мифам фон, культ Ф. и система гадания Фа пришли к фон от йоруба, из священного города Ифе. Введение культа Ф. приписывается правителю (в 1728—75) Дагомеи, сыну правителя Агаджа. Он был отправлен в Ойо как часть дани, ежегодно взыскиваемой йоруба с фон. По возвращении на родину он принёс в Дагомею систему гадания Фа. Другая версия связывает появление в Дагомее культа Ф. и некоторых других божеств с женой Агаджа и матерью Тегбезу. Ф. аналогичен *Ифа* в мифологии йоруба.
Е. С. Котляр.

ФАВН (от favere, «помогать», также от fatuor, «быть одержимым», fando, «пророчествовать»), в римской мифологии бог полей, лесов, пастбищ, животных. Существовали представления как о множественности Ф., так и об одном Ф., женским соответствием которому была Фавна, Фатуя, впоследствии считавшаяся его дочерью и известная как Бона деа (Serv. Verg. Aen. VII 47; VIII 314). При шуме леса или во сне Ф. давал предсказания, сложенные сатурнийским стихом (Dion. Halic. V 16). Хитростью пойманный Нумой вместе с *Пиком*, вынужден был открыть ему, как следует отвращать молнию Юпитера (Ovid. Fast. III 291 след.; Plut. Numa 15). Ф. считался лукавым духом, воровавшим детей, посылавшим болезни и кошмары (Serv. Verg. Aen. VI 775). Как Инуй или Инкуб вступал в связь со всеми животными и соблазнял женщин. Учреждение культа Ф., отождествлявшегося с аркадским *Паном*, приписывалось *Эвандру* (Serv. Verg. Georg. I 10). Он отправлялся в гроте на склоне Палатина, называвшемся Луперкалий (от lupus, «волк») (Dion. Halic. I 31; Serv. Verg. Aen. VIII 345) и обслуживался коллегией луперков. В праздник луперкалий (15 февраля) луперки приносили Ф. жертву — собаку и козла. После жертвоприношения луперки, обнажённые, с козьей шкурой на бёдрах бежали вокруг Палатина, стегая вырезанными из кожи жертвенного козла ремнями встречных женщин, что должно было сделать их плодовитыми. Луперкалии были пастушеским праздником очищения и плодородия, отвращения от стад волков и, возможно, были связаны некогда с культом волка, выступавшего как бог Луперк и затем слившегося с Ф. Особенно почитался Ф. крестьянами как покровитель скотоводства и сельской жизни (Ovid. Fast. II 193; III 315). Считался также одним из царей Лаврента, сыном Пика, отцом Латина (Serv. Verg. Aen. VIII 314). *Е. М. Штаерман.*

ФАЛАНГ, в греческой мифологии брат Арахны, обученный Афиной военному искусству. За связь с сестрой был превращён в насекомое-фалангу, а Арахна — в паука (более распространённый вариант мифа см. в ст. *Арахна*).
Г. Г.

ФАЛВАРА (искажённое от Флор и Лавра), в осетинской мифологии покровитель мелкого рогатого скота; в нартском эпосе Ф.— небожитель, хозяин домашнего скота. В осетинском пантеоне Ф.— самое доброе и мирное божество: на празднике в его честь не совершались жертвоприношения. Ф. изображается без левого глаза: считается, что *Тутыр* в мирной беседе с Ф. выбил ему глаз, чтобы дать возможность своим волкам подкрадываться к стадам с левой стороны.
В. К.

ФАМА, в античной мифологии персонификация молвы, репутации.
Е. Ш.

ФАМИРИД, Тамирис, Тамир, в греческой мифологии фракийский певец, сын музыканта Филаммона и нимфы Аргиопы (Paus. IV 33, 3), считался наряду с Орфеем одним из отцов эпической поэзии. Ф. отличался необыкновенной красотой и искусством игры на кифаре; он одержал ряд побед на Пифийских играх (X 7, 2). По одной из версий мифа, Ф. влюбился в красавца-юношу Гиакинфа, положив тем самым начало однополой любви (Apollod. I 3, 3). Наиболее известен рассказ о дерзком поведении Ф., вызвавшем на соревнование самих *муз*. В случае победы Ф. потребовал права стать возлюбленным каждой из них, а в случае поражения музы могли взять у него всё, что пожелают. Музы-победительницы в наказание за дерзость ослепили Ф. и лишили его голоса и умения играть на кифаре (Hom. Il. II 594 след.).
М. Б.

ФАОН, в греческой мифологии лесбосец, который, перевозя богиню Афродиту, не взял с неё платы и получил в награду чудесное снадобье, сделавшее его юным и прекрасным, так что все женщины в него влюблялись (Ael. Var. hist. XII 18). По версии, изложенной Овидием, в Ф. влюбилась Сапфо и, отвергнутая им, бросилась в море с левкадской скалы (Ovid. Heroid. XV).
А. Т.-Г.

ФАРАН, Фаранг, Фарам, Фаранмака, Фаранмака Боте, эпический герой мифологизированных преданий сорко (этнической группы сонгаи), предок-эпоним сорко-фаран. Его могущество заключается в магическом знании, полученном от духов. Ф. помогает мать-дух или жена-дух, или божества, ему покровительствующие. Духи передали Ф. магические предметы, обучили обрядам, необходимым для отправления культа духа грозы. Получив также от духов первые гарпуны, Ф. стал великим рыболовом. Благодаря магическому знанию Ф. побеждает своих противников.

Согласно наиболее полной версии предания, отец Ф., богатырь Кобе-така, ещё до рождения Ф. отпра-

вился в Гурма, чтобы сразиться с богатыршей Фатимата-Белле, и погиб от руки её сына Ахали. Выросший Ф., отличавшийся богатырской силой, узнав о причине смерти отца, решил, заручившись благословением божеств, отомстить за отца. Он убил Фатимата-Белле и её сыновей. После женитьбы Ф. его жена и её мать-колдунья пытались извести Ф. В конце концов Ф. с помощью своего «сына» (племянника) убил жену. Тёща уговорила кузнецов диос отомстить за смерть её дочери, но Ф. победил их (так кузнецы диос попали в зависимость от сорко). Прибегая к магии, Ф. одолел Корару, завладел его магической гитарой, обеспечивавшей рыбную ловлю: на её звуки обитатели рек сами выходили из воды; убил Гиену и прогнал Си (правитель сусу), пытавшихся отнять у него гитару; одержал верх над Гондо, своим тучным телом перегородившим реку. Предания о Ф. в мифологической форме отражают борьбу племён рыбаков среднего Нигера с различными племенами.
Е. С. Котляр.

ФАРАОНКИ, в русском фольклоре название полурыбы-полудевы. Название Ф. связано с вторичным осмыслением традиционного образа русалки под влиянием легендарного цикла, сложившегося вокруг библейских мифов. Ф., в русской деревянной резьбе, иногда сопровождаемые персонажами мужского пола, «фараонами», воспринимались как представители египетского воинства, преследовавшего уходивших из Египта евреев и чудесно потопленного в водах Чермного моря. Согласно русской легенде, известной с 16 в., египетское войско в воде превратилось в полулюдей-полурыб, а их кони — в полуконей-полурыб.
А. Ч.

ФА́РА-ХА́ЗИЛГ («благодатная птица»), у ингушей мифологический персонаж, птица-носительница благодати. Там, где Ф.-х. совьёт гнездо, появляется изобилие (богатый урожай зерна, многочисленный приплод скота и т. п.); в местности, оставленной Ф.-х., наступает оскудение. Так, согласно мифу, исчезла благодать на земле мецхальцев, после того как они разорили гнездо и изгнали Ф.-х., и появилось изобилие в местах, которых коснулась своим крылом при полёте чудесная птица.

В другом распространённом сюжете с благодатью ассоциируются помимо Ф.-х. также Миха-седка («звезда ветров») и Лихья («змея»). Они втроём всегда живут вместе; Ф.-х. обеспечивает большой урожай, Миха-седка не даёт ветрам дуть в неурочное время, Лихья охраняет благополучие в доме, оберегает скот от диких зверей. Как-то один горец-крестьянин, в доме которого поселились все трое, оставив детей под присмотром Лихьи, отправился на пастбище. А тем временем дома его сын, играя с ней, нечаянно отсек ей кончик хвоста. Убив мальчика, Лихья, Ф.-х. и Миха-седка покинули дом. Безуспешно умолял крестьянин змею оставить нору, в которую она уползла, и вернуться в его дом. Отказавшись, змея отвечала: «Ты будешь помнить о своем сыне, а я не забуду о кончике хвоста».
А. У. Мальсагов.

ФАРН [восходит к др.-иран. хварна, обычно трактуемому как обозначение солнечного сияющего начала, божественного огня, его материальной эманации (ср. вед. свар, «свет», «сияние», «блеск», «солнце»), прибывающей силы, нечто желанное, достигнутое. Ср. авест. хварэна, «слава», «величие», «блеск», «сияние», «харизма» и т. п., др.-перс. фарна, ср.-перс. хварра, «царская слава», «царское величество», перс. фарр, «блеск», «великолепие», «пышность» и т. п.], в иранской мифопоэтической традиции божественная сущность, приносящая богатство, власть и могущество. Видимо, Ф. выступал и как неперсонифицированное сакральное начало, и как персонифицированный божественный персонаж. В «Авесте» Ф.— обычно некая сакральная благая доля, «хорошая вещь» («Яшт» XVII 6). Им могут владеть божественные персонажи, дарующие его людям («Датастан-и-деник»), сами люди, для которых Ф. обычно воплощается в богатстве («Яшт» X 8, «Ясна» 60 2, 4), доме, жене, детях, скоте, здоровье («Яшт» XV 56). Ф. имеет общие атрибуты с едой, пищей, которая в иранских языках может обозначаться тем же словом, что и Ф., или его производными. Ф. выступает и как добрый дух — охранитель дома, в случае смерти хозяина он покидает дом, если не соблюдены некоторые условия. Особым Ф. обладает селение, область, страна, народ. В ряде случаев говорится о Ф., скрытом в глубине вод («Яшт» XIX 51—64), о Ф., связанном с водами и реками, с солнцем, выступающим как даритель Ф. («Денкарт»). Иногда Ф. реализуется не столько в материальном виде, сколько символически — как счастье, доля, судьба (в этом смысле он сопоставим с греческой *Тихэ*, римскими *Фортуной*, *гением* и т. п.). Именно такой Ф. свойствен, видимо, ариям в целом, жрецам-кави, Заратуштре («Яшт» X 105). Тот, у кого есть Ф.,— «обладатель благой судьбы». Ф.— объект восхвалений («Яшт» XIX), он непобедим и могуществен: он спутник победы, являющийся в виде сияющего огня («Яшт» X 127). Образ сияющего Ф., высшей божественной доли, находящейся в обладании верховной власти (царя), получил воплощение в царском нимбе. Более поздняя традиция усвоила образ Ф. как символ незыблемости шахской власти в Иране. Ф. как доля, судьба связывался с брачными и похоронными обрядами. Иранской религиозно-мифологической традиции не было чуждо и представление о плохом Ф., откуда авестийское «обладающий плохим Ф.». Основная мифологема о том, как Ф. оставляет своего обладателя, связана с *Йимой*, от которого Ф. отлетел в облике птицы варэгна (сокол Варган, инкарнация *Веретрагны*, «Яшт» XIX 32). Тот же мотив встречается и позже. Ф. не только связан с животными, но и нередко трансформируется в зооморфные образы. Реконструируется (Г. В. Бейли) представление о Ф. в виде газели. Широкое распространение, особенно в сасанидском искусстве, получил образ барана как воплощенного Ф. Это также связывает Ф. с Веретрагной, воплощавшимся в образе барана. В иранской традиции есть немало примеров, когда Ф. изображался в человеческом облике. Вероятно, Ф. как особое божество входил в состав согдийского пантеона. В Бактрии у кушан Ф. изображался в виде человека в царской одежде. Широко известны изображения мужского божества Фар(р)о на кушанских монетах.
В. Н. Топоров.

ФА́РНИДЖИ ДУ́АГ («святой Фарнига»), в осетинской мифологии покровитель жителей Геналдонского ущелья в Сев. Осетии. В ущелье имелось определённое место, где Ф. д. приносили жертвы в день его праздника. Считалось, что если убийца, спасавшийся бегством, успевал достичь этого места и просил заступничества у Ф. д., то преследователи смирялись и оставляли убийцу без отмщения. *Б. К.*

ФАРО́, в мифологии бамбара божество воды, громовник, демиург. Вероятно, первоначально в мифологии народа бозо выступал духом реки Нигер и лишь позднее приобрёл более широкое значение. Основное местонахождение Ф.— Нигер; но он вездесущ, посещает все воды.

Согласно некоторым мифам, Ф. был сотворён *Пемба*. По другому варианту, Ф.— старший. У Ф. уши прикрыты двумя плавниками, перепончатый хвост. Ф. создал небо (семь небес), породил духа воздуха Телико, в виде воды пролил жизнь на землю. Когда Ф. растёкся по земле и увидел, что создание земли, начатое Пемба, не закончено, он наполнил водой пустоты, образовав источники. Оплодотворённой вибрацией, Ф. на пустынном холме породил двух близнецов; с их рождением выросла первая трава, появились скорпионы, которые должны были защищать близнецов. Затем на холм упала обильная роса и образовала источник, из него вытек ручей, течение которого направляла рыба кокони. Другая рыба кокони понесла Ф. и его детей на своей спине; поток увлек их в водяное жилище. Ф. создал также рыб, населил моря и реки пресмыкающимися и другими животными.

Когда на земле начался голод из-за непомерно возросшего числа людей и истощение их усиливалось от потери крови во время жертвоприношений Пемба (Баланза), Ф. научил людей есть дикорастущие томаты, вложив в них основной элемент человеческого существа (принцип жизни), представляемый числом «семь» (три и четыре: три — символ мужского начала, четыре — женского). Ф. стал подмешивать томаты в воду, которую пили женщины из реки, и таким образом происходило оплодотворение женщин, производивших близнецов с гибкими конечностями (без суставов); так Ф. восстал против власти Пемба и положил конец рождению людей от союза женщин с деревом Баланза (воплощение Пемба). В единоборстве с Пемба Ф. победил. В ответ Пемба проклял людей, наслав на них болезни и смерть. Люди обратились за помощью к Ф., который обещал давать им дождь, но потребовал почитания воды. Чтобы люди были пригодны к физическому труду, Ф. снабдил их суставами. Он отменил рождение близнецов, наделив каждое существо двойником (дья), находящимся в воде. Ф. обучил людей речи; определил четыре страны света и установил границы вселенной, измерил высоту неба, глубину земли, расстояние между странами света; учредил время, ввёл сезоны и заменил первоначальный мрак регулярной сменой дня и ночи. Землю он разделил на семь частей, которые соответствуют семи небесам; на земле создал морскую бездну, вырыл первые колодцы, водоёмы, русла рек; ввёл режим дождей. Ф. классифицировал животных и растения; людей распределил по расам и кастам, начиная с рабов. Назначил каждому виду живых существ, чтобы предохранить их от вырождения, род пищи и пищевые запреты. Через кузнецов Ф. дал человеку восемь зёрен злаков, созданных одновременно с людьми, но хранившихся тайно на небе. Эти восемь зёрен — основа пропитания и основа человеческого существа, люди носят их в ключицах. За всеобщим порядком наблюдают представителя Ф.— духи; с их помощью Ф. руководит всеми видами деятельности.

Е. С. Котляр.

ФА́ТИМА, в мусульманской традиции мифологизированный образ дочери *Мухаммада*. Небогатая событиями история жизни реальной Ф. (умерла в 633) дополняется в мусульманском предании эпизодами, призванными свидетельствовать о «святости» Ф. и творимых ею «чудесах». Её рождение объявляется чудом, а брак с *Али* результатом решения аллаха. Согласно преданию, в день страшного суда Ф. будет занимать почётное место и из её потомков будет происходить *махди*. Считается, что Ф. способна защищать людей от злых сил. По преданию, ещё Мухаммад смог уберечься от заклинаний врагов, окружив себя членами семьи Ф. Традиционный символ-оберег — рука с разведёнными в стороны пальцами — часто называется «рукой Ф.». В 10—12 вв., в период правления в Северной Африке и Египте династии потомков Али (Фатимидов), начало складываться (возможно, под влиянием христианского культа девы Марии) некое подобие культа Ф. К Ф. возводили свою генеалогию шиитские имамы и многие династии в странах распространения ислама. У мусульман Средней Азии и Поволжья Ф. (как и жена Мухаммада Айша) покровительница женщин и женских занятий.

М. П.

ФА́ТУМ («рок», «предопределение», «судьба»). В римской мифологии и религии понятие Ф. отсутствовало (оно играло большую роль в философии); фатами бывают божества, подобные *мой рам* (Aul. Gell. III 6, 19). Эти фаты часто встречаются в надписях в женском и мужском роде; официального культа не имели.

Е. Ш.

ФА́ФНИР, в скандинавской мифологии и эпосе дракон, стерегущий клад; сын *Хрейдмара* и брат кузнеца Регина, воспитателя героя *Сигурда*. Ф. завладел чудесным кладом (золотом *Андвари*, убив отца. Сам был убит Сигурдом по наущению Регина.

Е. М.

ФАЦБА́ДАН («сидящий на поляне»), в осетинской мифологии покровитель жителей Стыр-Дигорского прихода в Дигорском ущелье. Появление Ф. связывали с избавлением жителей прихода от чумы, которая явилась сюда в человеческом облике и поселилась в доме одного селянина. Узнав об этом, стыр-дигорцы разбежались в панике, но затем обратились за помощью к *Уастырджи* (по другому варианту — к дауагу), который избавил их от страшной смерти.

Б. К.

ФАЭТО́Н, в греческой мифологии сын Гелиоса и нимфы Климены (Ovid. Met. II 19) или Эос и Кефала (Hes. Theog. 984—986), брат *Гелиад*. Чтобы доказать своё происхождение от Гелиоса, Ф. взялся управлять солнечной колесницей Гелиоса и погиб, испепелённый огненным жаром, чуть не погубив в страшном пламени землю (Ovid. Met. II 19—366).

А. Т.-Г.

ФЕА́КИ, в греческой мифологии обитатели сказочного острова Схерия. Отличаясь гостеприимством и исключительным мастерством в кораблевождении, Ф. считают своим долгом отправлять на родину мореходов, попавших к ним в результате кораблекрушения. На остров Ф. попадает заброшенный бурей *Одиссей*, здесь он встречает радушный приём у царя *Алкиноя* и его жены *Ареты* (Hom. Od. VII 139—328), получает дорогие подарки (XIII 4—15), и Ф. доставляют его на своём быстроходном корабле на родину. На обратном пути корабль Ф. замечает Посейдон и перед самым входом в гавань превращает его вместе с экипажем в скалу (XIII 125—187). В изображении Ф. в «Одиссее» соединилось несколько мотивов: беззаботная жизнь Ф. соответствует представлению о золотом веке (ср. непрестанно плодоносящие сады Алкиноя, VII 112—128) с чертами патриархального рабства (царевна *Навсикая* на море стирает бельё вместе со служанками, которых считает своими подругами, VI 25—109). Корабли Ф. достигают цели без помощи руля и мчатся с неимоверной быстротой; Одиссей в течение всего путешествия находится в состоянии глубокого сна, похожего на смерть (Hom. Od. VIII 557—562; XIII 78—92), что побуждает некоторых исследователей рассматривать корабль Ф. как корабль смерти или корабль пришельцев из заколдованной страны.

В. Я.

ФЕАНО́, Теано́, в греческой мифологии: 1) одна из Данаид, обручённая с Фантом, сыном Египта (Apollod. II 1, 5); 2) дочь фракийского царя Киссея, жена троянца *Антенора*, сочувствовавшего ахейцам. В Трое Ф. была жрицей Афины (Hom. Il. VI 297 след.). Позднейшая традиция приписывала Ф. и Антенору помощь в похищении ахейцами священного палладия, поэтому после падения Трои победители пощадили Ф. с мужем и детьми (Paus. X 27, 3—4); 3) жена царя Икарии Метапонта. У Ф. не было детей, и муж собирался с ней расстаться. Тогда Ф., обманув супруга, выдала за своих детей двух найденных пастухами близнецов (сыновей Посейдона и Меланиппы). Вскоре Ф. родила тоже двух близнецов и решила убить найдёнышей, но из-за вмешательства Посейдона погибли её собственные сыновья. Ф. покончила с собой (Hyg. Fab. 186).

М. Б.

ФЕ́БА, в греческой мифологии: 1) титанида, дочь Урана и Геи, сестра и жена *Коя*, мать Лето и Астерии (Hes. Theog. 136, 404; Apollod. I 1, 3), бабка Аполлона и Артемиды. Ф. считалась основательницей храма и оракула в Дельфах, который затем подарила внуку (Aeschyl. Eum. 6 след.); 2) дочь Левкиппа, невеста Идаса. Ф. и её сестра Гилаейра были похищены *Диоскурами* (Paus. III 16, 2—3; Apollod. III 10, 3). Ф. стала женой Полидевка, и у них родился сын Мнесилей (Apollod. III 11, 2; вариант: Мнасин — Paus. II 22, 5); 3) дочь Тиндарея и Леды, сестра Клитеместры и Елены (Eur. Iphig. A. 50; Ovid. Heroid. VIII 77); 4) в римской мифологии одно из прозвищ Дианы (Verg. Aen. X 215; Ovid. Met. I 476).

М. Н. Ботвинник.

ФЕ́БРИС, в римской мифологии богиня лихорадки. Известны посвящения богиням Ф. Тертиане и Ф. Квартане (лихорадка с приступами раз в три и четыре дня). Ф. имела святилище на Палатине, где ей посвящались даваемые больным лекарства. По смыслу близким был культ Мефитис, вызывавших лихорадку болотных испарений.

Е. Ш.

ФЕ́ДРА, в греческой мифологии дочь критского царя Миноса и Пасифаи, внучка солнца Гелиоса, сестра Ариадны; вторая жена афинского царя Тесея, влюбившаяся в пасынка *Ипполита* (изложение мифа о Ф. см. в статье *Ипполит*). *А. Т.-Г.*

ФЕИ, в низшей мифологии народов Западной Европы сверхъестественные существа, волшебницы, обитающие в лесах, источниках и т. п. Как правило, имеют вид красивых женщин, иногда с крыльями, способны к оборотничеству. Проводят время в веселье и танцах.

ФЕКЛА, в христианских преданиях дева из Иконии, ученица и спутница апостола *Павла*. Случайно услышав проповедь пришедшего в Иконию апостола, восхвалявшего аскетический образ жизни и целибат, Ф. исполняется решимости сохранить чистоту девственности. По доносу её оскорблённого жениха Павел брошен в темницу. Подкупив сторожей, Ф. проникает туда и проводит всю ночь у ног апостола в душеспасительной беседе. Её мать настаивает на том, чтобы Павел был изгнан из города, а сама Ф. сожжена в назидание прочим девицам. Однако Ф., сподобившись видения Христа, смело восходит на костёр, но устрашающий ливень гасит пламя. Догнав Павла, Ф. направляется с ним вместе в Антиохию. В Антиохии красота Ф. привлекает Александра Сириарха, Ф. противится его домогательствам и с позором изгоняет его из своего дома. За это она отдана на растерзание диким зверям. Но свирепая львица кротко лижет ей ноги, а затем самоотверженно защищает её от других зверей. Когда львица гибнет, Ф., заметив рядом с собой водоём, бросается в него со словами: «Во имя Иисуса Христа в свой последний день я крещу себя». В тот же миг небесный огонь облекает её и молнии поражают хищников. Найдя Павла, она рассказывает ему о своём чудесном крещении, и он благословляет её, после чего Ф. возвращается в Иконию. Её долгая проповедническая деятельность оканчивается в Селевкии, где она умирает в преклонных годах.

Основной источник многочисленных версий этого предания — апокрифические «Деяния Павла и Ф.» получил широкое распространение в христианском мире. Позднейшие версии содержат рассказ о чудесных событиях последних лет жизни, проведённых в пустыне (напр., о том, как разверзшаяся скала укрывает Ф. от преследователей), о её предсмертном путешествии в Рим к Павлу, которого она не застаёт в живых. В Средние века история Павла и Ф. воспринималась как благочестивый роман о чистой, небесной любви. Иконография обращалась к сценам мученичества Ф., в окружении диких зверей, Ф. «в славе». *О. Е. Нестерова.*

ФЕМИ́ДА, Темида, Темис, в греческой мифологии богиня правосудия, дочь Урана и Геи (Hes. Theog. 135), титанида, вторая законная супруга Зевса, мать гор и мойр (901—906). По одной из версий, Ф. является матерью Прометея (Aeschyl. Prom. 18), при этом она явно сближается с землёй Геей и мыслится одним божеством под разными именами (209 след.). Обладая даром прорицания, Ф. открывает Прометею тайну, что женитьба Зевса на Фетиде приведёт к рождению сына, который свергнет Зевса (873 след.). От матери Геи она получила Дельфийский оракул, который передала своей сестре Фебе, та отдала его прорицалище Аполлону — своему внуку (Aeschyl. Eum. 2—8). В Олимпии вблизи алтаря Геи с её оракулом и алтаря Зевса находился жертвенник Ф. (Paus. V 14, 10). Как богиня олимпийской мифологии Ф. уже не отождествляется с землёй, а является её порождением, а также супругой Зевса в качестве основы правопорядка. *А. Л.*

ФЕМОНО́Я, Фимоноя, в греческой мифологии первая жрица в храме Аполлона в Дельфах, произносившая прорицания гексаметром (Paus. X 5, 4; 12, 5). Ф. принадлежит изречение: «Познай себя!». Иногда отождествлялась с кумской Сивиллой (Serv. Verg. Aen. III 445). *Г. Г.*

ФЕ́НИКС, Фо́йник, в греческой мифологии: 1) волшебная птица. Место её происхождения связывали с Эфиопией; считалось, что название ей дали ассирийцы. Ф. живёт 500 лет (варианты: 1460 лет или 12 954 года), имеет вид орла и великолепную окраску красно-золотых и огненных тонов. Предвидя свой конец, Ф. сжигает себя в гнезде, полном ароматических трав, но здесь же из пепла рождается новый Ф. По другой версии, Ф. умирает, вдыхая ароматы трав, и из его семени рождается новая птица, которая переносит тело своего отца в Египет, где жрецы солнца его сжигают (Ovid. Met. XV 393—407). По версии, изложенной Геродотом (II 73), Ф. из Аравии переносит прах отца в яйце, вылепленном из смирны, в Гелиополь, в Египте, где жрецы сжигают его; 2) один из сыновей финикийского царя *Агенора*, брат Кадма, Килика и Европы. Посланный отцом вместе с братьями на поиски Европы, Ф. после долгих блужданий поселился на земле, которую назвал Финикией, основав город Сидон (Apollod. III 1, 1); 3) сын беотийского царя Аминтора. По наиболее распространённой версии, наложница его отца Фтия (или Клития) пытается соблазнить Ф., но не добившись успеха, ложно обвиняет его перед Аминтором (Apollod. III 13, 8). По другой версии (Hom. Il. IX 447—461), Ф. на самом деле овладевает наложницей отца, но делает это по просьбе матери, желающей из ревности отомстить своему супругу. Разгневанный Аминтор ослепляет Ф., который находит убежище у *Пелея* (у Гомера ослепление и исцеление Ф. заменены проклятием со стороны Аминтора). Пелей поручает Ф. воспитание Ахилла и со временем отдаёт ему власть над долопами. Под Троей, куда Ф. отправляется вместе с Ахиллом, он пытается примирить Ахилла с Агамемноном (Hom. Il. IX 474—605). После взятия Трои Ф. отправляется вместе с Неоптолемом кружным путём в своё царство, но на пути умирает в стране молоссов (в Эпире) (Apollod. Epit. VI 12). *А. А. Тахо-Годи.*

ФЕ́НРИР, в скандинавской мифологии гигантский волк, одно из трёх хтонических чудовищ, порождённых в лесу Ярнвид великаншей Ангрбодой от *Локи*. В «Младшей Эдде» рассказывается, как боги сначала держали Ф. у себя, причём только *Тюр* решался его кормить. Так как все пророчества говорили о том, что Ф. создан им на погибель, боги надели на него цепь, но Ф. её легко порвал, так же как и другую цепь. Карлики (чёрные альвы, или *цверги*) сделали по просьбе богов крепчайшую цепь Глейпнир (из шума кошачьих шагов, женской бороды, корней гор, медвежьих жил, рыбьего дыхания и птичьей слюны), и боги надели на него эту цепь и приковали волка, причём он откусил правую руку Тюру. В «Старшей Эдде» и в «Младшей Эдде» описывается, как перед концом мира (см. *Рагнарёк*) Ф. вырывается из пут и в последней битве хтонических чудовищ и великанов с богами проглатывает Одина. *Видар*, сын Одина, мстя за отца, разрывает Ф. пасть (или пронзает мечом сердце). Согласно «Речам Вафтруднира» («Старшая Эдда»), Ф. проглатывает солнце. Эсхатологический демон Ф., несомненно, связан прежде всего «с одинической» мифологией, в которой волки занимают большое место (ср. волков Гери и Фреки, служащих Одину). Своеобразным двойником Ф. является демонический пёс *Гарм*. *Е. М.*

ФЕОКЛИМЕ́Н, в греческой мифологии: 1) в «Одиссее» Ф. — прорицатель родом из Аргоса, вынужденный покинуть родину из-за совершённого им убийства. В Пилосе он встречает *Телемаха*, который даёт ему убежище и привозит с собой на Итаку. Здесь Ф. предсказывает Телемаху и Пенелопе скорое возвращение Одиссея, а женихам Пенелопы — неминуемую грозящую им гибель (Hom. Od. XV 256—281, 525—534; XVII 151—161; XX 350—370); 2) в трагедии Еврипида «Елена» Ф. — сын египетского царя Протея, под защитой которого находилась *Елена* (в то время как Парис владел лишь призраком). После смерти отца Ф. принуждает Елену вступить с ним в брак, а всякого оказавшегося на египетской земле эллина велит казнить. Занесённому бурей в Египет *Менелаю* удаётся обмануть Ф. и скрыться с женой благодаря помощи *Диоскуров*. *В. Я.*

ФЕОНО́Я, в греческой мифологии дочь египетского царя Протея, сестра *Феоклимена*. Обладает пророческим даром. Не сочувствуя желанию брата взять в жёны Елену, Ф. скрывает от него намерение Елены бежать вместе с Менелаем, занесённым бурей в Египет. Когда их бегство удаётся, Феоклимен обвиняет Ф. в заговоре и хочет её казнить. Ф. спасает от смерти вмешательство *Диоскуров* (Eur. Hel. 865—1029, 1624—1657).
В. Я.

ФЕОФА́НА, Теофа́на, в греческой мифологии возлюбленная Посейдона, спрятанная им на острове Кримисса (одна из этимологий — «Овечий источник») в облике овцы, от которой Посейдон, превратившись в барана, породил златорунного барашка (этого барашка спас от волков *Афамант*, потом на нём полетели в Колхиду Гелла и Фрикс. За золотым руном его отправились аргонавты).
Г. Г.

ФЕРЕ́Т, в греческой мифологии сын Тиро от смертного супруга Кретея (Apollod. I 9, 11), царь и эпоним города Фер в Фессалии, отец *Адмета*. В трагедии Еврипида «Алкестида» (675—733) Ф. изображён жизнелюбивым эгоистом, отказывающимся, несмотря на преклонный возраст, сойти в подземный мир вместо сына.
В. Я.

ФЕРО́НИЯ, в римской мифологии богиня полей, лесов, целебных трав, подземного царства, близкая *Бона Деа*. В Италии главными местами её культа были роща в Капене и храм в Таррацине, где она считалась супругой Юпитера и отождествлялась с Юноной (Serv. Verg. Aen. VII 799). В этом храме, где стояла скамья с надписью «пусть сядет достойный раб и встанет свободным», производился отпуск на волю рабов, что сделало Ф. особенно популярной среди рабов и отпущенников. В 217 до н. э. в связи с нашествием Ганнибала отпущенницы по указанию сивиллиных книг собрали деньги на подарок Ф. одновременно с даром Юноне матрон (Liv. XXII 1, 18).
Е. Ш.

ФЕТИ́ДА, в греческой мифологии дочь *Нерея* и Дориды, наиболее известная из *нереид*. Став женой *Пелея*, Ф. — сама бессмертная, пыталась сделать бессмертными и своих детей. Желая проверить, унаследовали ли они от матери способность жить под водой, Ф. опускала их в чан с водой, но дети захлёбывались и тонули (Hes. frg. 185). В более позднем варианте мифа вместо пробы водой выступало испытание огнём, но результат оказывался столь же плачевным. Только *Ахилл* остался в живых благодаря неожиданному вмешательству Пелея. По более распространённой версии мифа, Ахилл был единственным сыном Ф. Застигнутая Пелеем при попытке сделать Ахилла бессмертным, Ф. оставила мужа и вернулась в дом своего отца Нерея, но продолжала заботиться о сыне (Apoll. Rhod. IV 865—879; Apollod. III 13, 6). Во время сборов ахейских вождей под Трою Ф. скрыла Ахилла на острове Скирос (Apollod. III 13, 8). «Илиада» повествует о помощи, оказанной Ф. сыну во время войны: она передаёт Зевсу просьбу Ахилла отомстить ахейцам за нанесённое ему оскорбление, утешает Ахилла после гибели его друга Патрокла, а затем доставляет ему новые доспехи, изготовленные по её просьбе богом Гефестом (Hom. Il. XVIII 35—147, 369—467, XIX 1—39). Сохранившиеся в «Илиаде» воспоминания об услугах, оказанных Ф. Дионису (Hom. Il. VI 136), Гефесту (XVIII 394—401) и самому Зевсу (I 396—406), равно как и миф о предполагавшемся брачном союзе Ф. с Зевсом (Pind. Isthm. 8, 26—41), дают основание утверждать, что, вероятно, в древнейшие времена Ф. играла более значительную роль в мифологической традиции и только с формированием олимпийского пантеона отступила на задний план.
В. Н. Ярхо.

ФИ́ВА, в греческой мифологии: 1) дочь правнучки *Девкалиона* Иодамы — жрицы Афины. В честь неё назван город Фивы в Беотии (Paus. IX 34, 1); 2) дочь реки Асоп, также связывается с основанием Фив (Paus. II 5, 2; V 22, 6). Видимо, она — супруга Зета (Apollod. III 5, 6); 3) киликийская царевна, руки которой добился Геракл, победив её в беге колесниц и основав в Киликии город Фивы (Schol. Hom. Il. IX 383).
А. Т.-Г.

ФИ́ДЕС, в римской мифологии одна из древних богинь, олицетворявшая гарантированную божеством верность клятве. Установление культа Ф., в котором участвовали три главных фламина, приписывалось Нуме (Liv. I 21, 1—4; Plut. Numa, 16; Serv. Verg. Aen. I 252; VIII 636). Вместе с Пиетас (божеством исполнения долга перед богами, родиной, родителями) Ф. считалась основой общества и добродетелей римлян, гордившихся своей исключительной верностью клятве (Polyb. VI 56, 14). Ф. была тесно связана с призывавшимся при клятве Юпитером и слившимся с ним божеством верности Диус Фидиус, а также с понятием foedus, «союз», который заключался с торжественными жертвоприношениями главой коллегии фециалов с другими общинами (Liv. I 24, 6). Ф. играла большую роль во всех сферах жизни римлян. В 1-ю Пуническую войну Ф. был посвящён на Капитолии храм, ставший архивом международных договоров. Фламины приносили жертву Ф., покрыв тканью правую руку, посвящённую богине (Serv. Verg. Aen. III 608), так как соединение правых рук (часто изображавшееся на монетах с Ф.) символизировало верность заключённому договору. В период империи Ф. часто изображалась на монетах как Ф. Августа, Ф. войска, Ф. конницы и т. д.
Е. Ш.

ФИЕ́СТ, Тиест, в греческой мифологии сын *Пелопа* и *Гипподамии*, брат *Атрея*. Чтобы доказать своё право на царский престол в Микенах, Ф. соблазнил жену Атрея *Аэропу* и при её помощи выкрал из стада Атрея златорунную овечку, обладатель которой должен был получить царскую власть. Однако обман был разоблачён богами, а Атрей отомстил Ф., подав ему в качестве угощения мясо его собственных детей (Eur. El. 699—725; Orest. 995—1000, Apollod. epit. II 10—12). Ф. проклял род Атрея и обратился к дельфийскому оракулу с просьбой указать ему средство отмщения. Оракул велел ему вступить в сношение с собственной дочерью Пелопией, от которой родится будущий мститель — *Эгисф*. Не узнанный дочерью, Ф. овладел ею, после чего Пелопия, воспитывавшаяся в Сикионе у царя Феспрота, была выдана замуж за овдовевшего Атрея. Рождённого ею сына она велела подбросить, но воспитанный пастухами юноша Эгисф привлёк внимание Атрея; он усыновил его и вскоре затем велел ему убить захваченного Ф., для чего вооружил Эгисфа мечом, который Пелопия в ночь совершённого над ней насилия вырвала из ножен у Ф. По этому мечу Ф. узнал в Эгисфе своего сына и раскрыл перед ним преступление Атрея, который и погиб от руки Эгисфа (Hyg. Fab. 87, 88, 258; Apollod. epit. II 13—14). Ф. стал царём Микен, но впоследствии был изгнан царём Спарты *Тиндареем*, возвратившим царский трон в Микенах сыну Атрея *Агамемнону* (Tzetz. Chil. I 456—465). Могилу Ф. ещё в 2 в. показывали по дороге из Микен в Аргос (Paus. II 18, 1).
В. Я.

ФИЛЕМО́Н И БАВКИ́ДА, в греческой мифологии благочестивая супружеская чета из Фригии. Однажды селение, где жили супруги, посетили под видом странников Зевс и Гермес, но ни в один из домов их не пустили; только Ф. и Б. гостеприимно открыли двери своей хижины и поделились всем, что имели. Боги покарали всех жителей селения за нечестивость, затопив их дома. Только хижина Ф. и Б. уцелела и превратилась в великолепный храм, жрецами которого стали супруги. В награду за гостеприимство боги исполнили желание Ф. и Б., наградив их долголетием и дав им возможность умереть одновременно. Когда наступило время смерти, Ф. и Б. превратились в деревья, растущие из одного корня. Жители Фригии почитали эти деревья, украшая их венками (Ovid. Met. VIII 626—726).
М. Б.

ФИЛЛИ́ДА, в греческой мифологии дочь фракийского царя Сифона, жена Демофонта, проклявшая его и покончившая с собой (изложение мифа см. в статье *Демофонт*). По другой версии мифа, Ф. девять раз ходила на берег моря встречать Демофонта и, не дождавшись его, умерла от горя. Перекрёсток, к которому ходила Ф., стал называться «Девять путей» (Ovid. Heroid. II 1—148). На могиле Ф. выросли деревья, которые в месяц её смерти засыхают и осыпаются; отсюда происходит греческое название осыпающей листвы — phyllas. *М. Б.*

ФИЛОКТЕ́Т, в греческой мифологии царь города Мелибеи. В «Илиаде» (II 716—720) он назван предводителем воинов из городов Мефоны, Мелибеи и Олизона (на юге полуострова Магнесия в Фессалии). Ф., как своему лучшему другу, *Геракл* доверил поджечь его погребальный костёр на горе Эте (в Эхалии) и подарил ему свой лук и не знающие промаха стрелы (Soph. Phil. 801—803). Будучи одним из женихов *Елены*, Ф. потом принял участие в походе под Трою, возглавив ополчение на семи кораблях. Однако в пути его ужалила змея, и так как от незаживающей раны исходило нестерпимое зловоние, ахейцы вынуждены были оставить его на острове Лемнос. По одним источникам, это случилось на острове Тенедос (змея ужалила Ф. во время жертвоприношения, которое ахейцы совершали в священном участке Аполлона, или во время последовавшего затем пира, Apollod. epit. III 27), по другим — на маленьком острове Хриса близ Лемноса (Ф. случайно забрёл в участок местной богини, который охраняла змея, Soph. Phil. 263—270, 1326—1328). В историческое время (вплоть до 1 в.) на острове существовал алтарь Ф. с возложенными на нём медным изображением змеи и луком. Почти десять лет томился Ф. от болей в одиночестве, добывая себе пропитание охотой на диких птиц. На десятом году Троянской войны жрец *Калхант* (или пленённый ахейцами *Елен*) объявил, что Троя не может быть взята без лука и стрел Геракла, при помощи которых она однажды была завоёвана. Тогда греки отправили на Лемнос *Одиссея* и *Диомеда*, которые хитростью вошли в доверие к одинокому Ф. и, воспользовавшись его забытьём во время одного из приступов боли, овладели его оружием. Потом им удалось убедить ф. следовать вместе с ними под Трою, где Ф. был вылечен одним из сыновей *Асклепия* (источники называют то Махаона, то Подалирия), а затем в бою насмерть сразил своей стрелой *Париса* (Apollod. epit. V 8). При захвате Трои Ф., однако, играет второстепенную роль. По окончании Троянской войны Ф. уплыл в Южную Италию, после сражения с луканами поселился в Кримиссе (на западном побережье Тарентского залива), где он в память о своих скитаниях основал святилище Аполлона-странника и посвятил богу свой лук (Apollod. epit. VI 15). Указание на то, что Ф. является выходцем из Фессалии (где разыгралась также история *Пелея* и *Фетиды*), свидетельствует об очень древнем происхождении образа Ф. Возможно, что до включения в историю Троянской войны эпизода с деревянным конём (троянский конь), Ф. был именно тем героем, который возглавлял решающий штурм Трои.

Миф о Ф. был обработан в одноимённых трагедиях Эсхила, Софокла и Еврипида, затем римским поэтом Акцием. Сохранилась только трагедия Софокла, в которой на Лемнос отправляется не Диомед, а *Неоптолем*. *В. Н. Ярхо.*

ФИМЫО́НГ, Пхимыо́нг, в мифологии чёрных тай и других тайских групп северо-восточного Индокитая наиболее могущественное божество территориально-феодального владения. Возглавляет иерархию деревенских божеств фибанов (у лао — пхибаны). Ф. было посвящено особое дерево, считавшееся его местопребыванием. В честь подчинённых Ф. фибанов на полях устанавливали памятники в виде поднятого камня. С культом Ф. у чёрных тай было связано самое крупное празднество года (в июле — августе), когда ему в жертву приносили буйволов. Системе богов, возглавляемых Ф., противостоял у чёрных тай культ лакмыонга — личного божества князя. Лакмыонг также считался покровителем земли владения. В честь его устанавливали в столице владения деревянную колонну. *Я. Ч.*

ФИНЕ́Й, в греческой мифологии: 1) слепой прорицатель, сын Агенора (вариант: Посейдона), царь города Салмидесса во Фракии (Apollod. I 9, 21). Ф. был женат на дочери Борея Клеопатре, от которой имел сыновей Плексиппа и Пандиона. Разойдясь с Клеопатрой, Ф. женился на дочери Дардана Идее. По навету новой жены Ф. ослепил сыновей (вариант: жестоко истязал их; Diod. IV 43). В наказание Зевс ослепил Ф. (вариант: это сделал Посейдон за то, что Ф. указал детям Фрикса морской путь из Колхиды в Элладу; Apollod. I 9, 21; III 15, 3). Боги наслали на Ф. крылатых *гарпий*, которые похищали и грязнили его пищу, и Ф. терзал постоянный голод. От гарпий Ф. избавили аргонавты Зет и Калаид (Бореады). В благодарность за это Ф. рассказал аргонавтам, как проплыть мимо сдвигающихся скал Симплегад (Apollod. I 9, 22; Hyg. Fab. 19). По одной из версий, Ф. ослепили Бореады — братья его отвергнутой первой жены Клеопатры, за жестокое обращение с их племянниками (Serv. Verg. Aen. III 209). По другому мифу, за это же его убил Геракл (Diod. IV 44); 2) один из пятидесяти сыновей аркадского царя Ликаона, отличавшийся, как и его братья, нечестивостью и заносчивостью. За это он был поражён молнией Зевса (Apollod. III 8, 1); 3) сын Бела и Анхинои (дочери Нила), внук Посейдона, брат Кефея (Apollod. II 1, 4). Когда Персей получил в жёны спасённую им Андромеду, ранее обручённый с ней Ф. составил против Персея заговор. Тогда, показав Ф. голову медузы Горгоны, Персей обратил его в камень (Apollod. II 4, 3). *М. Б.*

ФИНИ́СТ Я́СНЫЙ СО́КОЛ, персонаж русской сказки, чудесный супруг в облике сокола, тайно посещавший возлюбленную. Фигурирует в сказочном сюжете, представляющем собой вариацию мифа об Амуре и Психее. Младшая дочь просит отца подарить ей перо Ф. Я. С. (или аленький цветочек). Перо по ночам превращается в прекрасного царевича. Неблюдение тайны свиданий (зависть сестёр или мачехи, уставляющих ножами окно, на которое прилетает Ф. Я. С.) приводит к тому, что Ф. покидает возлюбленную, и она вновь обретает его лишь после долгих странствий и тяжёлых испытаний (она должна стоптать три пары железных сапог, съесть три каменных просвиры) в тридевятом царстве. Имя Финист представляет собой искажённое греч. феникс (др.-рус. «финикс»). Ср. также образ сокола-жениха в русском восточном фольклоре. *А. Ч.*

ФИНН (от ирл. fis, «тайное знание»), в ирландской мифо-эпической традиции герой; мудрец и провидец. Сын Кумалла и *сиды* Блаи. Традиция относит подвиги Ф. и его фиана (отрядов воинов-охотников, для вступления в которые требовалось пройти изощрённые инициационные испытания) к 3 в. н. э., однако повествования о них сложились позднее сказаний о древних правителях Ирландии и *Кухулине*, а окончательно оформились к 12 в. Образ Ф. поэтому в значительной степени демифологизировался, хотя и сохранил немало древних представлений. Ф. наделён сверхъестественной мудростью, которую он приобрёл (ещё нося юношеское имя Демне) от капли чудесного напитка, попавшей на его большой палец (с тех пор, положив его в рот, он приобщался к скрытым тайнам), по другим версиям, — отведав лосося мудрости, после чего получил имя Ф. Центральный эпизод сказаний о Ф. — его победа над чудовищным одноглазым противником (в разных вариантах — Голл, Аэд, Аиллен мак Мидна). Однажды Ф., упирая в лоб магическое копьё, смог противостоять действию волшебных напевов Аиллена мак Мидна, который каждый год на Самайн сжигал королевский двор в Таре, предварительно усыпив его обитателей; в единоборстве Ф. побеждает своего божественного противника. Овдовев, Ф. сватается к Граинне, дочери короля Ирландии, но она предпочитает ему более молодого воина Диармаита (сага, рассказывающая о бегстве Граинне с Диармаитом, послужила одним из источников средневековой легенды о Тристане и Изольде). По традиции фении распространили свою власть на всю Ирландию, кроме Ольстера, восстановив против себя правителей Тары. Королю Каирпре удалось разбить фениев в 283, остатки их отрядов

разбрелись по лесам (сам Ф. умер в 252 или 286). По преданию, сын Ф.— Ойсин (Оссиан шотландца Д. Макферсона, который, опубликовав в 1760 вымышленные «Поэмы Оссиана», способствовал возрождению популярности этих героев) дожил до времён святого Патрика (5 в.) и вместе со своим соратником Каилте сопровождал его в путешествии по Ирландии, посещая достопамятные места, связанные с былыми подвигами. По мнению большинства исследователей, саги о Ф. не имеют исторического зерна, скорее всего, Ф.— древний мифический образ, поздно и своеобразно оживший в фольклорном творчестве.
С. В. Шкунаев.

ФИРА́УН (араб., «фараон»), в мусульманской мифологии царь, при котором жил *Муса*. Согласно Корану, Ф. требовал, чтобы ему поклонялись как богу, преследовал верующих в аллаха, притеснял Мусу. Своему везиру он приказал построить башню до небес (28:36—40; 40:38—40), чтобы подняться к богу Мусы, т. е. аллаху. За свою гордыню Ф. был наказан аллахом: «И схватили мы его и его войска и бросили их в море. Посмотри, каков был конец тиранов!» (28:40). Убедившись в силе аллаха, который спас народ Мусы, Ф. покаялся и был спасён. «И сегодня мы спасём тебя с твоим телом» (10:90—92); этот стих Корана комментаторы трактуют также и в том смысле, что мёртвое тело Ф. было просто выброшено на берег.

Дважды в Коране Ф. называется «имеющим колышки палатки» (38:11; 89:6). Существует теория, что в этом определении отразилась глубинная мифологическая символика Корана, затем обросла восходящими к Библии «историческими» мотивами легенды о Моисее. Согласно этой теории, коранический Ф.— бог-царь потустороннего (загробного) мира, символизируемого «колоннами» (ср. *Ирам зат ал-имад*) или «колышками».

В комментариях фигурируют и другие фараоны. Появляются дополнительные детали в сюжете о строительстве башни. Поднявшись на её вершину, Ф. выстрелил вверх. Аллах вернул стрелу, которая оказалась окрашенной в красный цвет. Посланный аллахом *Джибрил* крылом разбил башню и загнал войско Ф. в море, и когда Ф. стал каяться, заткнул ему рот, чтобы аллах не услышал Ф. и не проявил к нему милосердия.
М. Б. Пиотровский.

ФИР БОЛГ, в ирландской мифологической и псевдоисторической традиции одна из групп завоевателей острова Ирландия (последней из которых были Сыновья *Миля*). Ф. Б. попали в Ирландию после спутников бога Банба, людей Партолона и Немеда. При Ф. Б. страна получила своё традиционное пятичастное деление, была упорядочена королевская власть и военная организация. Сыновья одного из Ф. Б.— Дела стали королями ирландских «пятин». Их имя, значащее «люди мешков или сумок», имеет легендарное обоснование, однако чаще всего интерпретируется как «надувшиеся», «бешеные». В первом сражении при Маг Туиред были побеждены *Племенами богини Дану*.
С. Ш.

ФИ́РО, Хи́ро, Йро («дурной», «злой»), в мифах восточных полинезийцев, в первую очередь у маори, дух зла, повелитель темноты, хозяин смерти. Ф. переходит из местности в местность в поисках новых жертв, отсюда распространённое представление о нём как о путешественнике. В мифах отдельных островов Полинезии часто Ф. связывается с хтоническими силами.
М. С. П.

ФЛЕ́ГИЙ, в греческой мифологии сын Ареса, отец *Иксиона* и *Корониды*. Хотя в «Илиаде» (XIII 301 след.) племя флегийцев локализуется в Фессалии, большинство поздних источников называют Ф. царём беотийского Орхомена (Paus. IX 36, 1—2).

Ф. приписываются всякого рода нечестивые поступки: попытка ограбить храм Аполлона в Дельфах (Paus. IX 36,2, за это он, видимо, терпит мучения в аиде, Verg. Aen. VI 618—620); подготовка разбойничьего нападения на Пелопоннес, для чего Ф. совершает путешествие со шпионской целью (Paus. II 26, 3). Сопровождающая его Коронида разрешается от бремени Асклепием в Эпидавре (II 26, 4—8, здесь в историческое время было святилище Асклепия).
В. Я.

ФЛО́РА (от flos, «цветок»), в римской мифологии богиня цветения колосьев, цветов, садов. Учреждение культа Ф. приписывали Титу Тацию, который воздвиг ей алтарь и дал фламина. В праздник в честь Ф. флоралии на её алтарь приносили цветущие колосья. По какой-то причине праздник пришёл в забвение и был восстановлен по указанию сивиллиных книг в связи с неурожаями в 173 до н. э. Игры в честь Ф. сопровождались весёлой разнузданностью, при участии простого народа и проституток (Ovid. Fast. V 278 след.).
Е. Ш.

ФОК («тюлень»), в греческой мифологии: 1) коринфянин, сын Орнитиона, сына Сисифа (вариант: сын Посейдона), герой-эпоним Фокиды (Paus. II 4, 3); Ф. излечил от безумия *Антиопу* (наказанную за убийство её сыновьями *Дирки*) и взял её в жёны. У Ф. и Антиопы была общая могила в Тифорее, которую местные жители должны были посыпать землёй с могилы сыновей Антиопы, погребённых в окрестностях Фив. Жертвоприношения на могиле Ф. совершали, выливая кровь жертвы в специально прорытую дыру и съедая всё мясо (Paus. X 4, 10); 2) сын Эака и *Псамафы*, сводный брат Пелея и Теламона, лучший атлет на Эгине. Завидуя Ф., братья составили заговор, и когда Теламону выпал жребий состязаться с Ф. в метании диска, он убил Ф., а потом закопал в лесу (Apollod. III 12, 6); 3) беотиец, отец Каллирои, к которой сватались 30 женихов. За то, что Ф. решил обратиться за советом о зяте к дельфийскому оракулу, женихи убили его, а Каллирою похитили. В тот день, когда фиванцы отняли Каллирою у женихов, побив их камнями, на могиле Ф. вырос шафран (CPG Zenob. VI 37).
Г. Г.

ФОЛЛЕ́ТТИ, в итальянской низшей мифологии собирательное название разновидности духов, нередко смешиваемых с *инкубами*. Представлялись Ф. в вечном движении, ростом с маленьких детей, иногда с ногами какого-либо животного. По большей части недружественные к людям, они могли вступать в тайную связь с женщинами и мучить их кошмарами, наводить порчу на домашний скот, лишать людей разума. В разных районах и городах Италии были свои варианты Ф.
С. Ш.

ФОМА́, в христианских преданиях один из двенадцати апостолов. Ф. не было с учениками, когда к ним приходил воскресший *Иисус Христос* (Ио. 20, 24), и он отказывается поверить в воскресение Христа, пока сам не увидит ран от гвоздей и не вложит в них перста (имя «неверного», т. е. «неверующего», Ф. становится нарицательным). Несколько дней спустя Иисус вновь приходит к ученикам и предлагает Ф. прикоснуться к ранам на своём теле (20, 27), укоряя его: «ты поверил, потому что увидел меня, блаженны не видевшие и уверовавшие» (20, 29). Гностическая традиция, обыгрывая образ Ф. как «близнеца» Иисуса Христа, нередко представляет Ф. единственным из апостолов, кто удостоился откровения о тайном смысле учения Христа (см., например, «Евангелие от Ф.», «Книгу Ф. Атлета»). Наряду с другими апокрифами гностического происхождения большой интерес представляют «Деяния Ф.». По преданию, явившийся Ф. в видении Христос велит ему отправиться к индийскому царю Гондоферу, который ищет искусного зодчего для постройки дворца (в христианском искусстве угольник становится атрибутом Ф.). Ф. предоставляет Гондоферу чертежи сказочно прекрасного дворца. Наградив апостола и оставив его надзирать за строительством, царь отбывает; Ф. раздаёт сокровище нищим и в отсутствие царя занимается проповедью слова божьего. Узнав об этом, Гондофер заключает его в темницу. Но умерший брат царя Гад воскресает в четвёртый день и рассказывает, что ангелы отнесли его в рай и, явив ему великолепную храмину из золота, серебра и самоцветов, которую Ф. воздвиг на небесах для оказавшегося недостойным её царя, сказали, что Гад будет владеть ею, возместив брату деньги, которые тот считает потраченными впустую. Исполнившись раскаяния, царь просит прощения у Ф., который предлагает ему уверовать в Христа и креститься. В северо-западной Индии Ф. навлекает на себя гонение, обратив жену местного царя и побудив её избегать супружеского ложа. Ф. подвергают разнообразным пыткам, но он остаётся невредим. Царь пытается принудить его к идолопоклонству, но Ф. приказывает бесу покинуть кумир и сокрушить его. При виде разбившегося кумира верховный жрец в ярости пронзает Ф. мечом. Христиане с почестями погребают тело (уже в 4 в. одна из монашеских общин в Индии носила имя Ф., а сами индийские христиане называли себя «христианами апостола Ф.»). По преданию, в 3 в. император Александр переносит мощи Ф. в город Эдессу, становящийся с этого времени центром почитания апостола; однако его пустая гробница в районе Малабарского побережья остаётся до сих пор важнейшим центром местного христианского культа. Иоанн Златоуст сообщает легенду, согласно которой Ф. посетил страну волхвов, крестил этих мудрых мужей и сделал их столпами веры (крещение волхвов изображено на одной из створок алтаря Фомы Аквинского в церкви Санкт-Юрген, Висмар, 15 в.). По другой версии, апостол проповедовал парфянам, мидийцам и персам и принял мученическую смерть, пронзённый пикой.

О. Е. Нестерова.

ФОМАГАТА («чужой светоносный зверь» или «чужой огненосный бог»), в мифологии чибча-муисков вождь селения Тунха (Хунса), потомок солнца; по одному из вариантов, ближайший помощник культурного героя Гаранчачи, сына солнца. Солярная природа Ф. подчёркивается и его одноглазостью. В облике Ф. сохранились, вероятно, признаки и тотемных божеств: он имел фигуру человека, хвост ягуара и четыре уха. Согласно мифу, Ф. каждую ночь обходит местные святилища и воздаёт почести солнцу (мотив «ночного солнца»). Солнечный бог *Суэ* за это наделяет Ф. способностью превращать людей в камни или в животных. Для того чтобы Ф. был предан только солнцу, Суэ лишил его его огородной силы.

С. Я. С.

ФОМО́РЫ (ирл., «нижние демоны»), в ирландской мифологии демонические существа, побеждённые *Племенами богини Дану* во второй битве при Маг Туиред. Ф., как и их противники, ассоциировались с островным потусторонним миром («остров со стеклянной башней»), и край блаженных на западе океана нередко назывался владениями Тетры (одного из правителей Ф.); Ф. (как и Племена богини Дану) часто назывались «герои из *сидов*» и т. д. Первоначально Ф. были, видимо, божествами типа скандинавских *ванов*, связанными с плодородием и магическим искусством. В период переосмысления ирландских историко-мифологических традиций позднейшими составителями рукописей соперничество Ф. и Племён богини Дану стало фоном одного из ирландских вариантов индоевропейского мифа — о поединке Сияющего бога (связанного с громовержцем) с его противником (*Луга с Балором*).

С. Ш.

ФОНС («водный источник»), в римской мифологии бог водных источников; сын Януса и нимфы Ютурны. В праздник Ф. фонтаналии (13 октября) в источники бросали цветочные гирлянды и украшали колодцы. Особенно Ф. почитался ремесленниками (Serv. Verg. Aen. XII 139); как кормилец фамилии, он был популярен у рабов, из среды которых вербовались служители его культа.

Е. Ш.

ФОРКИС, в греческой мифологии морское божество, сын земли Геи и моря Понта (Hes. Theog. 237 след.). От брака Ф. с его сестрой Кето (букв. «морское чудовище») родилось множество чудовищ, среди них горгоны, граи, Эхидна, змей — страж золотых яблок (270—274; 295—297; 333—336). Ф.— отец нимфы Фоосы и дед Полифема (Hom. Od. I 69—73). На Итаке — родине Одиссея находилась гавань Ф.— «морского старца» со священной оливой вблизи пещеры нимф — наяд (XIII 96 след.). Среди морских божеств Ф.— олицетворение морской бездны.

А. Т.-Г.

ФО́РНАКС («печь»), в римской мифологии богиня очага и печей для сушки зерна. Праздник форнакалии (в феврале), установленный в её честь, справлялся отдельными куриями, возможно, некогда имевшими общие печи (Ovid. Fast. II 525 след.).

Е. Ш.

ФОРОНЕ́Й, в греческой мифологии сын бога реки Инаха и нимфы Мелии («ясеневой»). Первый человек, живший в Пелопоннесе (Apollod. II 1, 1), его царь, научивший людей жить сообществами и пользоваться ремёслами (Paus. II 15, 5). Жители Аргоса отрицали, что огонь дал людям Прометей, и изобретение огня приписывали Ф. (II 19, 5).

А. Т.-Г.

ФО́РСЕТИ («председатель»), в скандинавской мифологии бог из *асов*, разрешающий споры (председатель тинга), сын *Бальдра* и Нанны.

Е. М.

ФОРТУ́НА, в римской мифологии богиня счастья, случая и удачи. В классическое время Ф. идентифицировалась с греческой *Тихе*. Первоначально богиня урожая (об этом свидетельствует происхождение её имени — от глагола ferre, «носить»), материнства, женщин. Как богиню плодов Ф. почитали садоводы, её праздник (11 июня) совпадал с днём богини плодородия и деторождения *Матер Матуты*. Ф. с эпитетом «девственная» посвящали свою одежду невесты. Ф.— защитница женщин, культ которой был введён матронами в благодарность за то, что по их просьбе Кориолан пощадил Рим, покровительствовала женщинам, бывшим лишь раз замужем (Serv. Verg. Aen. IV 19). Впоследствии, возможно, под влиянием пренестинского культа Ф. Примигении («первородной») Ф. стала богиней судьбы, счастливого случая. Введение культа Ф. связывалось с царём Сервием Туллием, ставшим благодаря любви Ф. из сына рабыни царём и воздвигшим ей несколько святилищ (Ovid. Fast. VI 569). Ф. почитали как Ф.-«судьбу сегодняшнего дня», «данного места», «частных дел», «общественных дел», «доброй судьбы», «злой судьбы», «мужской судьбы», «милостивую» и пр. Из надписей императорского времени известно о существовании алтарей Ф.-покровительницы, воздвигнутых отдельными легионами, корпорациями, ремесленными коллегиями, фамилиями, лицами. Она изображалась на монетах почти всех римских императоров. Её культу были близки богиня Фелицитас — персонификация счастья, Bonus Eventus — хорошего исхода, Mens Bona — стойкости духа. Сближалась Ф. также с *Исидой* и *Немесидой*. Изображалась с рогом изобилия, иногда на шаре или колесе (символ изменчивости счастья) или с повязкой на глазах.

Е. Ш.

ФРАВА́ШИ (авест.), **фрава́рти** (зап.-иран.), в иранской мифологии и эпосе олицетворение души. Вначале Ф. были связаны с представлениями об умерших предках, продолжающих загробное существование. В зороастрийском пантеоне Ф.— пред- и постсуществующий по отношению к человеку элемент его сущности. Почитание Ф. зафиксировано у мидян (ср. имена типа Фравартиш), в государстве Ахеменидов, при Аршакидах.

Ф. созданы *Ахурамаздой*, который сам имеет Ф. («Фарвардин-яшт» 80). Ф. жалки и велики, уборы и могущественны. Они создали мир, украсили небосвод звёздами (5—7); реют в небесах, закованные в металлические доспехи, и поражают нечистую силу (45). Упоминается, что Ф. женского пола (29).

Л. Л.

ФРАНГРАСИА́Н (авест.), **Фрасйак** (пехл.), **Афрасиа́б** (фарси), в иранской мифологии и эпосе внук *Траэтаоны*, царь Турана, непримиримый враг иранских царей. Эпитет Ф.— «воин». Он поклонялся *Ардвисуре Анахите*, *Вайю*, обладал хварно (фарном), нисходившим только на избранников Ахурамазды («Яшт» XIX 93, «Денкарт» VII 11, 3) или пытался похитить его («Яшт» V 41, XIX 56). Ардвисура Анахита отказывает Ф. в помощи; он трижды безуспешно ныряет на дно озера Ворукаша, куда опустился хварно. В пехлевийских источниках имеет черты культурного героя. Ф. проводит оросительные каналы в гористых местностях и на равнинах («Бундахишн» 20, 17 и др.); ревностный огнепоклонник, он воздвиг храм огня в Дрангиане (и молился в храме огня в Кундузе). Ф.-

повелитель небесных тел и стихий; он обладает подземной обителью на семи колоннах, в которой светят звёзды, солнце и луна; в ней исполняются все его желания. Ф. неоднократно наносил поражения иранцам, на двенадцать лет захватил власть в Иране, но был побеждён *Хусравой*. См. также *Афрасиаб*.
Л. Л.

ФРАСИМЕ́Д, в греческой мифологии сын Нестора, прибывший вместе с отцом и братом *Антилохом* под Трою. Он командует 15 кораблями (Hyg. Fab. 97, 5) и принимает участие во многих битвах (Hom. Il. XIV 10—11; XVI 317—325). В послегомеровском эпосе Ф. фигурирует среди героев, сражавшихся за тело убитого Антилоха, и входит в число воинов, проникших в Трою в чреве деревянного коня. Ф. благополучно возвратился в Пилос (Hom. Od. III 442—450), близ которого показывали его могилу (Paus. IV 36, 2).
В. Я.

ФРЕЙР (др.-исл., «господин»), в скандинавской мифологии бог из числа *ванов*, олицетворяющий растительность, урожай, богатство и мир. Адам Бременский сообщает, что в языческом комплексе в Упсале (Швеция) был храм, посвящённый Ф. с его изображением, свидетельствующим о фаллическом культе (типичном для богов плодородия). В древнескандинавских литературных источниках Ф.— сын *Ньёрда* и брат *Фрейи*, с которой находился в кровосмесительной связи. Попав (после войны асов и ванов) заложником к асам, Ф. становится мужем богини Герд, согласия которой на брак добивается угрожающими заклинаниями слуга Ф.— Скирнир («сияющий») с мечом Ф. в руке. Не исключено, что Герд — вариант богини земли и речь идёт о культовом браке в рамках календарного цикла. Лишение Ф. меча может быть связано с его ритуальным «миролюбием». В «Младшей Эдде» упоминается, что лишившись меча, он убивает великана Бели оленьим рогом. Ф.— владелец чудесного вепря Гуллинбурсти («золотая щетинка») или Слидруггтанни, на котором он скачет на похороны *Бальдра*; согласно «Младшей Эдде», Гуллинбурсти изготовлен цвергами (карликами) вместе с другими сокровищами богов. Другой атрибут Ф. (также изготовленный цвергами) — чудесный корабль Скидбладнир («сложенный из тонких досочек») всегда имеет попутный ветер, вмещает любое количество воинов и может быть свёрнут, как платок. Этот атрибут указывает на близость Ф. к Ньёрду — покровителю мореплавания. Под именем Ингви-Ф. Ф. фигурирует в «Саге об Инглингах» в качестве шведского короля — предка королевского рода Инглингов. Там сообщается, что в царствование Ф. (Ингви-Ф.) был богатый урожай; Ф. был тайно похоронен в холме, откуда затем три года подряд выходили золото, серебро и железо; в царствование Ф. якобы началось длительное состояние мира («мир Фроди»). По-видимому, Ф. и Фроди тождественны. В «Младшей Эдде» есть рассказ о том, как кончился «мир Фроди». В битве перед концом мира (см. *Рагнарёк*) Ф., согласно «Прорицанию вёльвы» («Старшая Эдда»), погибает в поединке с великаном Суртом. Датский конунг Фроди имел мельницу Гротти, которая молола всё, что пожелает её владелец. Фроди приобрёл в Швеции у конунга Фьёльнира двух сильных рабынь (Фенья и Менья), и они мололи ему золото, мир и счастье. Но так как он не давал им отдыха, то рабыни намололи войско против Фроди. Явился морской конунг по имени Мюссинг и убил Фроди. Для Мюссинга рабыни мололи соль на корабле, пока корабль не затонул, а море не стало солёным. Чудесная мельница Гротти имеет оригинальную параллель в образе Сампо финской мифологии и эпоса.
Е. М. Мелетинский

ФРЕ́ЙЯ (др.-исл., «госпожа»), в скандинавской мифологии богиня плодородия, любви, красоты. По некоторым вариантам мифов Ф. отнесена к асам, по другим — к *ванам* (в отличие от очень близкой ей по характеристике *Фригг*) и считается дочерью *Ньёрда* и сестрой *Фрейра*. В общине асов Ф. является женой Ода (возможно, ипостась Одина — мужа Фригг); когда он отправляется в дальние странствия, Ф. оплакивает его золотыми слезами и путеше-

ствует по неведомым странам в поисках Ода. Она — мать дочерей: Хнос («драгоценный камень») и Герсими («сокровище»). Атрибуты Ф.— соколиное ожерелье (так же, как у Фригг) и особенно *Брисингамен*. Ф. приезжает на похороны *Бальдра* в упряжке кошек («Младшая Эдда»). Как и другие ваны, она — знаток магии сейдр. Вместе с тем Ф. ежедневно делит и выбирает с Одином убитых воинов, т. е. осуществляет функции *валькирии*, что противоречит характеристике Ф. как богини из ванов и что, возможно, свидетельствует о смешении Ф. и Фригг. Ф.— объект постоянного вожделения *ётунов* (великанов) — Трюма, Хрунгнира, строителя *Асгарда*.
Е. М.

ФРИГГ, Фри́я (древневерхненем., «возлюбленная»), в германо-скандинавской мифологии богиня, жена *Одина* (Водана). В качестве подруги Водана и сестры Фоллы Ф. (Фрия) упоминается во Втором мерзебургском заклинании.

В «Истории лангобардов» Павла Диакона в этнонимической легенде о происхождении имени «лангобардов» (букв. «длиннобородых») фигурируют Ф. и Водан, причём Водан покровительствует вандалам, а Ф.— винилам, она советует своим любимцам сделать так, чтобы женщины винилов вышли перед битвой раньше и привязали свои волосы, как бороды. Т. к. Водан предсказал победу тем, кто раньше окажется на поле боя, то победили винилы. Сходный мотив повторяется в прозаическом введении к «Речам Гримнира» («Старшая Эдда»), где Ф. покровительствует молодому Агнару, а Один — Гейррёду. В скандинавской мифологии Ф.— богиня брака, любви, семейного очага, деторождения; её атрибутом является соколиное ожерелье. К Ф. близка *Фрейя*. «Младшая Эдда» называет Ф. дочерью *Фьёргюна*.— мать *Бальдра*, которого она сначала пытается уберечь от смерти (заклиная все живые существа не наносить ему вреда), а затем горько оплакивает. Локи в «Перебранке Локи» («Старшая Эдда») упрекает Ф. в том, что она сожительствовала с братьями мужа — Вили и Ве.
Е. М.

ФРИ́И, Три́и, в греческой мифологии три крылатые нимфы, дочери Зевса, обитавшие на Парнасе и учредившие гадания с помощью камешков. Считались воспитательницами Аполлона. Пророческий дар просыпался у Ф., когда они пьянели от мёда (Hom. Hymn. III 552—566). «Фриями» назывались камешки для гадания, пользуясь которыми произносила первые прорицания Пифия. После длительного сосуществования в культе Аполлона искусства гадания и искусства прорицания Ф. и гадания по камешкам были отвергнуты Аполлоном (в обмен на свирель Аполлон передал их самих и гадательные камешки Гермесу) (Apollod. III 10, 2; I 9, 16; Schol. Callim. Hymn. II 45). По другому варианту мифа, гадание на фриях учредила Афина, научившаяся этому искусству у Зевса (CPG Zenob. II 44).
Г. Г.

ФУГЭ́Н, Фугэ́н боса́цу (санскр. Самантабхадра), в японской мифологии бодхисатва. В эсотерическом буддизме Ф. воплощает дух просветления (япон. бодай, санскр. *бодхи*). Обычно Ф. изображается верхом на белом слоне. Вместе с бодхисатвой Мондзю (санскр. *Манджушри*) Ф. входит в одну из триад будды *Амида*. В народном буддизме известна модификация Ф.— Фугэн Эммэй босацу (приносит удачу и долголетие).
Г. С.

ФУ́ЛЛА, в скандинавской мифологии богиня, дева с распущенными волосами и золотой повязкой на голове, прислуживает *Фригг* (носит её ларец, хранит обувь) и знает её сокровенные помыслы. Во Втором мерзебургском заклинании — сестра Фрии (Фригг).
Е. М.

ФУ́РИИ (от furire, «неистовствовать»), в римской мифологии богини мести и угрызений совести, наказывающие человека за совершённые грехи. Ф.— аналог греческих *эриний*.
М. Б.

ФУ́РКИ, Да́рдза-на́нилг («мать вьюг»), у ингушей богиня водной стихии и ветра, жена бога Селы. По более поздним мифологическим представлениям, Ф. (Дардза-нанилг) обитает вместе с Селой на снежной вершине Казбека, повелевая вьюгами и снегопадом. На снежном конусе Казбека Ф. начертала магический круг, через который не осмеливается перешагнуть ни один смертный, боясь быть сброшенным богиней с кручи. По распоряжению Селы Ф. караулит прикованного цепями к скале богоборца *Курюко*. А семь сыновей, рождённых ею от Селы, за помощь Курюко наказаны отцом — они подвешены к небу и составляют собой созвездие Большой медведицы. Перед тем, как навсегда покинуть Ф. и отправиться на небо, её сыновья сочли необходимым обеспечить мать негасимым огнём в очаге и неубывающей пищей; соответственно, у Ф. в очаге всегда горят три полена, имеются вечно возобновляющиеся хлеб и варёная баранья ляжка. Для умилостивления Ф. в жертву приносились турьи и козьи рога, скот. *А. М.*

ФУРРИНА, в италийской и римской мифологиях богиня или нимфа подземного мира, почитавшаяся в священных рощах. В Риме культ Ф. ведал особый жрец, отмечался праздник Фурриналии. Отождествлялась с греч. *эриниями* и рим. *фуриями*.
А. Н.

ФУСА́Н («поддерживающее тутовое дерево»), в древнекитайской мифологии: 1) чудесное дерево, вариант мирового древа, согласно «Хуайнань-цзы» (2 в. до н. э.) растёт в долине Тангу (Янгу), где обитают 10 солнц. Омывшись в Сяньчи, они поднимаются на Ф. и оттуда начинают свой путь по небу, причём 9 располагаются на нижних ветвях Ф., а 1 на верхних. По одним раннесредневековым источникам («Шэнь и цзин» — «Книга божественного и удивительного») высота Ф. 80 чжанов (чжан — более 3м), каждый лист длиной в 1 чжан, шириной в 6 чи (чи — более 30 см), по другим «Шичжоу цзи» — «Записки о 10 сушах») высота Ф. несколько тысяч чжанов, толщина более 2 тысяч обхватов, от одного корня растут два ствола, которые поддерживают друг друга, отсюда и название Ф.; 2) чудесный остров в Бирюзовом море, где растёт дерево Ф. и живут бессмертные, которые питаются плодами Ф., напоминающими шелковицу и созревающими 1 раз в 9 тысяч лет.
Б. Л. Рифтин.

ФУСИ́, Паоси́, Баоси́, в древнекитайской мифологии первопредок и культурный герой. Имя Ф. расшифровывают как «устроивший засаду на жертвенных животных» или «поставляющий на кухню жертвенных животных». Предполагают, что первоначально Ф. был первопредком племён восточных и (предположительно аустронезийских, район полуострова Шаньдун), которые представляли его, по-видимому, в облике человеко-птицы. Первые упоминания о Ф. в памятниках примерно 4 в. до н. э. сообщают о ряде его культурных деяний; он научил людей охоте и рыболовству, варить мясо; создал *ба гуа*, изобрёл гусли, силки, рыболовные сети и другие предметы; установил правила женитьбы. Ф. приписывается и создание иероглифической письменности, заменившей узелковое письмо.

Согласно относительно позднему преданию, Ф. зачала его мать Хуасюй, наступив на болоте грома — Лэйцзэ на след великана (видимо, самого громовника) с телом дракона, но человечьей головой). На рубеже н. э. Ф. представляли как существо с телом змеи (дракона) и головой (или верхней частью туловища) человека, аналогично прародительнице *Нюйва*, которая, видимо, с этого времени (возможно, под влиянием мифологии южных племён) стала считаться его сестрой и одновременно женой. Ф. изображался обычно с циркулем в одной руке и диском солнца в другой. Циркуль — символ круга, т. е. неба, а солнце — воплощение мужского начала ян (см. *Инь и ян*) обычно в паре с Нюйва. Однако в неофициальных апокрифических сочинениях того времени сохраняются реликты его более древнего птичьего облика.

Ф. почитался в качестве божества востока, считалось, что он правит под покровительством стихии дерева. В историзованной конфуцианской традиции Ф.— правитель, бывший у власти с 2852 по 2737 до н. э. Как государь Ф. известен также под именем Тайхао. У него был помощник *Гоуман*. В средневековом Китае Ф. почитался как один из августейших владык (см. *Сань хуан*), позднее также в качестве одного из божественных патронов медицины.
Б. Л. Рифтин.

ФУ-СИН («звезда счастья»), в китайской мифологии звезда в центральной части неба, считавшаяся местом нахождения счастья. В поздней китайской народной мифологии божество счастья, одно из божеств триады звёздных духов — Саньсин («три звезды»): божества счастья *Фу-син*, карьеры — *Лу-син* и долголетия — *Шоу-син*. В народных верованиях образа Ф. нередко контаминируется с образом небесного чиновника Тянь-гуаня, ниспосылающего счастье. В таких случаях Ф. изображают в одеянии гражданского чиновника с развёрнутым свитком в руках, на котором написано «Небо ниспосылает счастье».
Б. Р.

ФУТО́ДАМА́, Футо́дама́-но микото [др.-япон., «бог, приносящий (дары)»], в японской мифологии божество, сын *Такамимусуби*. В мифе о возвращении *Аматэрасу* из грота Ф. вместе с *Амэ-но-коянэ* выворачивает лопатку у оленя-самца с горы Амэ-но Кагуяма, а также приносит с этой горы дерево Хахака и исполняет гадание. Он же держит приготовленные для подношения Аматэрасу священные предметы. Ф. протягивает за спиной Аматэрасу, вышедшей из грота, верёвку-заграждение и предлагает ей больше в него не возвращаться («Кодзики», св. I; «Нихонги», св. I, «Эпоха богов»). Таким образом, Ф. представлен выполняющим жреческие функции.
Е. П.

ФУФЛУ́НС, в этрусской мифологии божество растительности и плодородия. Отождествлялся с греческим *Дионисом* и римским *Либером*. С культом Ф. связано распространение в Этрурии вакханалий, против которых в нач. 2 в. до н. э. римский сенат принял жестокие меры.

ФУ ХАИ, в мифах ман во Вьетнаме первопредок людей. Ф. Х. и его младшая сестра, предупреждённые чудесной птицей о грядущем потопе, укрылись в огромной тыкве, захватив с собой животных и семена растений. Когда после потопа схлынула вода, тыква оказалась на вершине горы. Поскольку в живых из всего людского рода остались только Ф. Х. с сестрой, они по совету черепахи и бамбукового деревца сочетались браком. Ф. Х. разрезал тыкву, а его жена посадила в землю семечки, из каждого выросло по человеку, которые разошлись в разные стороны и дали начало племенам и народам.
Н. Н.

ФЫРЫ ДЗУАР («святой барана»), в осетинской мифологии покровитель жителей сел Даргавса. Ф. д., как и налы дзуар («святой самец»), почитавшийся жителями сел. Фаснал Даргавского ущелья, представлялся в облике барана. К Ф. д. и налы дзуар обращались молодые женщины и даже несватанные девушки с просьбой о даровании им детей, а также женщины, рожавшие одних девочек и просившие мальчиков. Оба святых имели свои святилища.
Б. К.

ФЬЕРГЮН, в скандинавской мифологии божество, упоминаемое либо как мать *Тора*, либо как отец *Фригг*. Так как Тор в ряде случаев называется сыном Ерд (земли), то Ф. иногда отождествляют с землёй. Однако убедительнее этимологическое совпадение с именем балто-славянского бога-громовника Перкунаса — *Перуна*.
Е. М.

ФЭЙЛЯ́НЬ (от фэй, «летать», и лянь, «бескорыстный»), в китайской мифологии один из богов ветра. В «Комментариях к „Книге вод"» Ли Даоюаня (6 в.) Ф. описывается как существо с телом оленя, головой птицы, но с рогами, хвостом змеи и пятнами барса. В первые века н. э. Ф., по-видимому, отождествился с другим богом ветра — Фэн-бо («дядюшка-ветер»). В астрологии рассматривался как дух, соответствующий циклическому знаку сюй — северо-западу.
Б. Р.

ФЭНЪИ (в другом иероглифическом написании Бинъи), Фэнъсю, в древнекитайской мифологии божество вод, по другой версии — божество дождя. Согласно даосскому преданию, Ф. принял чудесное снадобье, чтобы стать бессмертным, и превратился в духа, свободно плавающего по воде. Считалось, что

у него рыбье туловище, но человечье лицо. В средние века Ф. отождествлялся с *Хэ-бо*.
Б. Р.

ФЭНХУА́Н, в древнекитайской мифологии чудесная царь-птица. В западноевропейской и русской литературе Ф. обычно переводится как птица феникс. Наиболее ранние упоминания о Ф. встречаются уже на иньских гадательных надписях (ок. 15 в. до н. э.). Как предполагают исследователи, слово фэн (чудесная птица) первоначально было обозначением божества ветра (не исключено, что понятие «фэн» связано с фонетически близкими в древности словами «ветер» и птица *Пэн*) — посланца *Тянь-ди*. Не исключено, что большое значение, которое древние китайцы придавали Ф., связано и с архаическими представлениями части иньских племён (особенно на п-ове Шаньдун), считавшей своим тотемом ласточку (см. *Се*). Этимология понятия хуан довольно сложна. Хуан — изначально название особого гребня на голове птицы фэн, графически представляющего собой изображение восходящего солнца, лучи которого напоминают трезубец. Ещё одним свидетельством солярной природы образа птицы фэн может быть соотнесённость Ф. со стихией огня в классификационной системе по пяти первоэлементам. В более поздних текстах фэн толкуется как самец, а хуан как самка. К рубежу н. э. появляются подробные описания внешнего облика Ф. Так, согласно словарю 1 в. «Толкование знаков», у Ф. клюв петуха, зоб ласточки, шея змеи, на туловище узоры, как у дракона, хвост рыбы, спереди как лебедь, сзади как единорог-*цилинь*, спина черепахи. По древним преданиям, Ф.— птица с разноцветным оперением — живёт в Дунфанцзюньцзычжиго («восточном царстве совершенных людей»); вылетая оттуда, она парит за пределами Четырёх морей (Сы хай), пролетает через гору *Кунь-лунь*, пьёт воду у горы Чжичжу, стоящей средь водной стремнины, мочит крылья в водах *Жошуй*. Появление Ф. считалось знаком наступления великого мира в Поднебесной. В качестве птицы, сопутствующей миру и процветанию, Ф. упоминается в легендах о *Хуан-ди, Шуне* и т. п. *Фуси* по случаю прилёта Ф. создал специальную музыку. По некоторым косвенным данным прилёт Ф., видимо, отождествлялся с началом дождей. Считалось, что Ф. знает сезоны года, и поэтому правитель Шаохао назвал чиновника, ведающего календарём,— Фэнняо-ши («род птицы фэн»). Ф. считался в средневековом Китае символом человеколюбия (жэнь) и одновременно — государя (наряду с драконом — *лун*), но чаще государыни-императрицы, а также невесты.

Солярный характер образа Ф. и указания в древних источниках на то, что Ф. живёт (или рождается) в Даньсюэ (киноварной пещере), соотнесённой с югом, привело к контаминации образа Ф. с образом *Чжуняо*. В средние века образ Ф. часто использовался и в даосизме; сообщалось о святых, разъезжающих по небу на Ф., рассказывалось о явлении женщинам во сне птицы Ф., после чего те рожали выдающихся сыновей. По-видимому, Ф. связывалась со светлым началом ян (см. *Инь и ян*).

Образ Ф. чрезвычайно популярен в китайском искусстве с глубокой древности. Примерно с эпохи Шан-Инь до нас дошли бронзовые сосуды с рельефами, изображающими Ф. как птицу с пышным хвостом, огромными глазами и гребнем типа трезубца на длинной ножке на голове. Вероятно, определённое влияние на формирование образа Ф. оказало представление о павлине. В старом Китае изготовление картин с изображением Ф. было сосредоточено в городе Фэнхуанфу провинции Аньхуэй, что было связано с легендой о появлении Ф. в этом городе, где Ф. пропела на могиле отца Чжу Юаньчжана, после чего Чжу Юаньчжану удалось основать национальную династию Мин.
Б. Л. Рифтин.

ХАБЭ́К, в корейской мифологии речное божество. Генетически восходит к древнекитайскому *Хэ-бо*. В мифах о *Тонмёне* и *Чумоне* Х. выступает как отец их матери *Люхва*.
Л. К.

ХА́ВБАС, в йеменской мифологии богиня, супруга *Астара* и ипостась *Астара*, олицетворение планеты Венера. До объединения в кон. 2-го тыс. до н. э. племенных союзов Саба и Файшан и возникновения сабейского государства была главным божеством племенного союза Файшан (наряду с *Алмакахом*), затем стала главной богиней сабейского пантеона. Выступала участницей священного брака правителей-мукаррибов. Культ Х. сохранялся долгое время, её имя было известно арабскому историку 10 в. ал-Хамдани. Х. почиталась также в Эфиопии, по-видимому, переселенцами из Йемена.
А. Г. Л.

ХАВВА́, в мусульманской мифологии супруга *Адама*. Соответствует библейской *Еве*. В Коране упоминается без имени (7:18). Мусульманское предание рассказывает о её сотворении из ребра Адама, о том, как она поддалась увещеваниям *Иблиса*, напоила Адама вином и уговорила вкусить запретный плод. После изгнания из рая Х. оказалась в Аравии, около Джидды, с Адамом встретилась в долине Арафат (*Арафа*), где жила с ним, умерла вскоре после мужа и была вместе с ним похоронена. Согласно преданию, ежегодно рождая сына и дочь, Х. произвела на свет семьдесят пар близнецов, положивших начало человеческому роду.
М. П.

ХАВКА́М, в йеменской мифологии ипостась *Анбайа*, его супруга. В пантеоне государства Катабан занимала (вместе с Анбайем) третье место. Была связана с *Аммом*. Покровительница столицы Катабана Тимна, сельская округа которой называлась «орошёнными землями Х.». Культ Х. отправлялся в храме Анбайа Расафум и некоторых других катабанских храмах.
А. Г. Л.

ХАГА́Р-КАХА́М («яростный защитник»), в йеменской мифологии бог — предок, покровитель и владыка страны в области Гайман в Центральном Йемене (в государстве Саба), бог войны, олицетворяющий воинскую ярость. Имя Х.-К. ранее ошибочно толковали как «чёрный камень», что связывалось с культом чёрного камня в мекканском храме (Кааба). В государстве Маин Хагар («яростный») — эпитет *Астара*; возможно, что Х.-К. почитался здесь как ипостась Астара.
А. Г. Л.

ХАДА́У, Х а д а́ в у, Х о д а́ й, Х а д о́, Х а д у́, в мифах нанайцев, орочей, ороков, ульчей, удэгейцев культурный герой. Х. спас землю от гибели, убив из лука два лишних солнца. У орочей Х. — непосредственный помощник *Буга* или *Эндури*. По поручению последнего Х. разделил землю на три материка, убил два солнца из трёх (старшую и младшую сестёр, оставив в живых среднюю), создал животных, растения и людей, установил экзогамные запреты, открыл дорогу в мир мёртвых *буни*, когда умер его сын *Манги* (до этого отверстие в буни было закрыто котлом, а Х. заменил его дырявым). Х. научил людей добывать огонь, шить одежду, дал им в помощники собаку и создал вместе с женой шаманов: Х. выковал их души и основные шаманские атрибуты на наковальне, а жена вынянчила души шаманов в каменной люльке и отправила их на землю. В нанайских версиях Х., рождённый чудесным образом на берёзе и вскормленный птицами, женится на девушке Мамельди, а после смерти их сына Дюльчу уходит в буни и добывает там растущие на мировом дереве шаманские атрибуты, дав тем самым начало шаманству. В других вариантах, Х. действует по научению сестры — Мамельди, которая создаёт людей из капелек крови, капавших с порезанного пальца, а затем посылает брата убить лишние солнца и проложить дорогу в мир мёртвых. Х. и члены его семьи вошли в пантеон шаманских духов-предков, а также считались родоначальниками некоторых нанайских родов.
Е. Н.

ХА́ДДИНГ, в скандинавской мифологии и эпосе герой, сын датского короля Грама. Жизнь и подвиги Х. описывает в «Деяниях датчан» (нач. 13 в.) Саксон Грамматик, использовавший древние сказания. Х. воспитывался в Швеции у великанов, причём его воспитательница, обучившая его магии, в частности искусству заставлять говорить мертвецов, принудила его вступить с ней в связь. Х. пользовался покровительством *Одина*, являвшегося ему в облике одноглазого старика. Х. совершает ряд подвигов, в т. ч. мстит за убийство своего отца. В наказание за умерщвление некоего существа, оказавшегося божеством изобилия, Х. испытывает многие невзгоды, но ему удаётся умилостивить богов, принеся жертвы *Фрейру* (тем самым он положил начало ежегодным «жертвоприношениям Фрейру», как называли их шведы). Х. убивает великана, избавляя от его притязаний дочь норвежского короля, которую затем берёт себе в жёны. Х. посещает подземное царство мёртвых (он попадает туда, ведомый некой женщиной). Миновав места, покрытые мрачными туманами, он приходит на плодородные поля, где видит роскошно одетых людей благородного облика. По мосту Х. переходит через стремительный поток, в котором плавало оружие. На берегу сражались два войска, то были, как объяснила ему его проводница, воины, павшие на поле боя и постоянно повторявшие подвиги своей прежней жизни.

Возвратившись в мир живых, Х. возобновляет свои воинские подвиги. Один, которого он принял на свой корабль, обучает его боевому строю («свинья») и предсказывает, что Х. умрёт от собственной руки. Друг Х., король Швеции Хундинг, получив ложную весть о его смерти, устроил пир в его память и утонул в бочке с пивом; услышав о гибели друга, Х. повесился в присутствии всего народа. Смерть Х. напоминает жертвоприношение самого Одина (см. в ст. *Один*), под чьим покровительством находился этот герой. Но Х. связан и с *ванами*. Подобно Фрейру и Ньёрду, Х. женится на великанше, которая узнала своего жениха по ногам (таким же образом великанша Скади выбрала себе в мужья Ньёрда, увидев одни лишь его ноги). Х. сильнее связан с миром богов и

великанов, чем с миром людей, и представляет собой фигуру, переходную от мифа к эпосу.
А. Я. Гуревич.

ХА́ДИР, ал-Ха́дир, ал-Хидр, в мусульманской мифологии персонаж, вобравший в себя черты разных мифологических персонажей доисламского Ближнего Востока. В Коране не упоминается, но комментаторы почти единодушно отождествляют его с «рабом аллаха» — действующим лицом коранического рассказа о путешествии *Мусы* (18:59—81). Муса вместе с помощником направляется на поиски места «слияния двух морей». По дороге он теряет свой припас — рыбу, которая ожила и уплыла в море, и встречает «раба аллаха», наделённого знанием сокровенного. Муса просит разрешения сопровождать его, чтобы научиться всему, что тому известно. «Раб аллаха» предупреждает, что у Мусы не хватит терпения, так как слишком многое ему будет непонятно. Действительно, Муса каждый раз возмущается поступками своего учителя. Тот проделывает пробоину в днище корабля, на котором они плыли, убивает встретившегося им мальчика, без вознаграждения чинит стену в селении, где им отказали в гостеприимстве, и, наконец, расстаётся с не выдержавшим испытания Мусой, предварительно объяснив, что его поступки направлялись аллахом. Корабль он испортил, чтобы тот не достался царю, отнимавшему все суда у рыбаков; мальчика убил потому, что тот мог увлечь в неверие своих благочестивых родителей, которым будет дарован богобоязненный сын; стена, которую он исправил, принадлежала двум сиротам, и в ней был спрятан предназначенный для них клад. Кораническая легенда восходит к древним эпическим циклам о поисках «живой воды» и об испытании веры (ср. шумеро-аккадский эпос о *Гильгамеше*), а её непосредственными источниками послужили роман об Александре и иудейское предание о Иешуа бен Леви.

Образ Х. получил широкое распространение как в мусульманском книжном предании, так и в народных верованиях. Согласно мусульманской традиции, главным качеством Х. является бессмертие, вследствие чего его часто отождествляют с *Илйасом*, а также *Идрисом*, вместе с тем в мусульманских странах почитается несколько «могил» бессмертного Х. Х. считается наставником и советником многих пророков, в т. ч. и Мухаммада. Имя Х. (букв. «зелёный») указывает на его связь с растительным миром, что, впрочем, слабо отражено в мусульманских представлениях, и с морской стихией. Мусульмане считают Х. покровителем путешествий по морю. В Индии под именем ходжа Хидр (Хизр) он почитается как дух речных вод и колодцев. В Средней Азии Х. (Хазрати Хызр) представлялся в облике благочестивого старца, одаривающего изобилием и счастьем тех, кто воочию увидит его. Во многих мусульманских странах Х. считается защитником от пожаров, наводнений и краж, от укусов змей и скорпионов и т. д.
М. Б. Пиотровский.

ХАДУИГО́НА, в мифах ирокезов великан, великий горбун, воплощение болезней и смерти. В пору первоустройства мира выступил против *Таронхайавагона* и проиграл ему спор о могуществе: Х. не смог сдвинуть с места огромную скалу (в отличие от Таронхайавагона), и она, надвинувшись, расколола лицо Х., искривив нос. По некоторым вариантам мифов, в обличье Х. скрывался *Тавискарон*. В качестве Великого знахаря Сагодиве Х. выступает повелителем обширной группы духов, т. н. «ложных лиц», исцеляющих болезни. Х. изображается в виде экспрессивной маски с искривлённым ртом и свёрнутым набок носом.

ХАЗАРА́Н БЛБУЛ (иран., «поющий соловей»), в армянских мифах чудесная птица. От её пения расцветают засохшие сады, горы и долины покрываются растительностью.
С. Б. А.

ХА́ЗЗИ И НА́МНИ (предположительно, «север» и «юг»), в хурритской мифологии обожествлённые горы, спутники *Тешуба*. С горы Хаззи Тешуб с братом Ташмишу и сестрой *Шавушкой* наблюдают чудовище *Улликумме*. На наскальном рельефе из Язылыкая близ Богазкёя Тешуб изображён стоящим на двух горах, видимо, Х. и Н. Хаззи соответствует западносемитский Цапану (библейский Цафон, античный Касиус), Намни — античный Аманус.
М. Л. Х.

ХАИНУВЕ́ЛЕ («стебелёк кокосового ореха»), центральный персонаж в мифах вемале острова Серам (Восточная Индонезия), одна из триады божественных дев (Х., *Мулуа Сатене, Рабие*). Согласно мифу, один из переволюдей, живший в селении Таменесива (на вершине *Нунусаку*), Амета (букв. «чёрный») убил на охоте свинью, на клыке у которой висел первый в мире кокосовый орех. А. посадил орех в землю и через шесть дней полез на выросшую из него пальму, чтобы достать цветы, но при этом порезался, и капля его крови попала на завязь цветка. Ещё через девять дней в этом цветке появилась маленькая девочка, названная Аметой Х. Она обладала способностью создавать драгоценности. Завистливые односельчане решили убить Х. Однажды из родов Тамене-сива в течение девяти ночей танцевали, двигаясь по девятивитковой спирали. В центр круга посадили Х., чтобы она одаривала танцующих. В последнюю ночь люди столкнули Х. во время танца в яму и затоптали её. Наутро Амета нашёл тело Х. и разрубил его пополам. Одну половину захоронил, а вторую рассек на мелкие куски и закопал их в разных местах. Из этих кусков вскоре выросли разнообразные корнеплоды и клубнеплоды, которые с тех пор люди употребляют в пищу. Две руки Х. Амета понёс к Мулуа Сатене и потребовал от Мулуа Сатене суда над ними. В наказание за убийство Х. Мулуа Сатене сделала людей смертными, а часть их превратила в зверей и духов. Х. — особый тип культурного героя, чья деятельность знаменует собой конец мифологического и начало профанного периода. Решающим моментом в развитии мифа является гибель героя, в результате которой смертное существование заступает место бессмертия, принося с собой плодородие.
М. Ч.

ХАЙК, Гайк (по народной этимологии, «исполин»), в армянских мифах герой, первопредок — один из эпонимов армян. Согласно древним представлениям, Х. — астральный герой (в переводе Библии на армянский язык созвездие Орион названо Хайком), лучник-охотник божественного происхождения, великан, красавец. Х. слыл также распорядителем времени: месяцы древнеармянского календаря считались сыновьями и дочерьми Х. (о чём упоминает космограф 7 в. Анания Ширакаци). В эпосе, переданном Мовсесом Хоренаци (5 в.) и епископом Себеосом (7 в.), Х. выступает героем, родоначальником армян. Когда после вавилонского столпотворения деспот Бэл (восходит к семитскому богу *Белу*), воцарившийся в Вавилоне, вознамерился подчинить себе всех людей на земле и стал требовать, чтобы его почитали как бога, Х. воспротивился этому. После рождения у Х. в Вавилоне сына Арменака он со своим потомством (включавшим около 300 мужчин) отправляется из Вавилона на север в земли к юго-востоку от озера Ван. Построив у подножия одной горы дом, он оставляет его Кадмосу, сыну Арменака, а сам отправляется дальше на север. На горной равнине Харк («отцы») Х. основывает селение Хайкашен («построенное Хайком»). Бэл требует от Хайка признать его власть и вернуться в Вавилон. Непреклонность Х. вызывает гнев Бэла, и он со своими войсками является к дому Кадмоса. Х., извещённый внуком, выступает против полчищ Бэла. Туго натянув свой огромный («широкий, как озеро») лук, Х. пронзает стрелой Бэла и обращает его войска в бегство. На месте сражения Х. создаёт поселение Хайк, давшее название всей стране. *С. Б. Арутюнян.*

ХАЙНЭ, в мифологии бушменов хадзапи (район озера Эяси в Танзании) один из главных персонажей, персонификация луны, демиург (наряду с *Ишоко*), культурный герой. В мифах Х. предстаёт то как мужчина, то как женщина. Когда Х. идёт — земля дрожит. Возвращаясь с охоты, он привязывает к своим ногам убитых носорогов, к каждому бедру — по слону, а третьего слона взваливает на свои плечи. После смерти X. поднялся на небо.

X. как культурный герой дал хадзапи антилоп свали, из шкур которых научил людей делать одежду; диких свиней — бородавочников, из шкуры которых хадзапи изготовляли сандалии; антилоп кана. X. обучил хадзапи охоте и дал им собак. Он сделал людям колени, чтобы они могли сидеть; научил их добывать огонь трением. Однажды люди стали играть в слонов (обламывали ветви деревьев, размахивали ими, подражая слонам) и не оставляли своей игры, несмотря на недовольство X. и его жены Ишоко. Тогда X. наказал их, превратив в слонов, а остальных хадзапи обучил охоте на них. В большей части мифов демиургом, главным культурным героем выступает Ишоко, а X. лишь выполняет поручения Ишоко. *Е. С. Котляр.*

ХАЙОЦ ЛЭРНЭР, в армянских мифах персонифицированные горы. X. л. некогда были людьми, братьями-исполинами. Ранним утром, после пробуждения, они затягивали свои пояса и приветствовали друг друга. Постарев, они перестали рано вставать и, здороваясь, не затягивали ремни. За нарушение старого обычая бог наказал братьев, превратив их в горы, их пояса — в зелёные долины, их слёзы — в родники. *С. В. А.*

ХАИТ, у абхазов бог восхода и захода солнца. Согласно древним мифологическим представлениям, X. — повелитель морского царства, в которое через огромную дыру стекаются с гор все реки и из этой же дыры по подземным каналам возвращаются обратно. По поверьям, после того, как X. погибнет, Абрскил освободится из заточения в пещере и перевернёт весь мир.

Женское соответствие X. — Кодош, культ которой был распространён в прибрежной полосе Абхазии и у некоторых соседних адыгских племён (напр., у шапсугов), выражался в почитании посвящённых ей рощ и отдельных деревьев. *Л. А.*

ХАЙФИ, в мифах чаморро (Марианские о-ва) хозяин и страж подземного мира духов Сасалагуана. Уводит духов умерших с земли и вырезает (поздний вариант: выковывает) новых духов. В ряде мифов X. противопоставляется хозяину солнечного мира, локализованного с неопределённостью в океане или на небе. *М. С. П.*

ХАЛА, а́ла (от турецк. балк. «змея»), у южных славян дракон или змей. Известна в сербской, болгарской и македонской традициях. X. — огромный змей (иногда многоголовый) длиной в 5—6 шагов, толстый, как человеческая ляжка, с крыльями под коленями и лошадиными глазами, или змей с огромной головой, находящейся в облаках, и хвостом, спускающимся до земли. Иногда приобретает облик орла. У болгар есть представление, что X. — шестипалый с 12 хвостами. Она может пасть на землю в виде густой мглы или тумана, препятствующего созреванию хлеба. Обладает огромной силой и ненасытностью, предводительствует чёрными тучами, градоносными облаками, приводит бури и ураганы и уничтожает посевы и фруктовые сады. С ними борются св. Илья, а также змеи (в представлениях Вост. Сербии и Зап. Болгарии) и *здухачи*, охраняющие плодородие своих полей и садов. X. также дерутся за волшебный жезл и стараются поразить друг друга ледяными пулями, и тогда сверкает молния или бьёт град. Раненая X. может упасть на землю, и тогда её следует отпаивать молоком на подойника или ведра. В некоторых локальных традициях X., подобно змеям и здухачам, оборонят свои угодья от нападения чужих X. X. могут нападать на солнце и луну, заслонять их своими крыльями (тогда происходят затмения) или стараются их пожрать (тогда от укуса X. солнце, обливаясь кровью, краснеет, а когда побеждена X. — бледнеет и синет). X. могут, чаще всего в канун больших праздников, водить хоровод («коло»), и тогда поднимается вихрь (ср. представление о двух чертях в вихре). Человек, захваченный таким вихрем, может сойти с ума. X. иногда превращаются в людей и животных, при этом видеть их может только шестипалый человек.

Близкий к X. мифологический персонаж — ламя (ср. *Ламия*) известен в македонской традиции. Она алчна и кровожадна. Она имеет вид огромной ящерицы с собачьей головой и с крыльями, живёт в пещерах и у источников и связана со стихией воды (может упасть на землю туманом, остановить воду, требуя человеческой жертвы, и т. п.) и богатством (охраняет клады). *Н. И. Толстой.*

ХАМЧИ ПАТАРЗ, Ха́мчи Па́траз, Ха́мчий Па́тарас, Ха́мчий Па́траз, Ха́мчи Па́триж, в нарт-орстхойском эпосе ингушей герой, невольный виновник исчезновения земной благодати (*дунен, беркат*). До рождения X. П. земля была такой жирной, что из неё можно было выжимать масло; с появлением X. П. земля оскудела. Узнав, что он — причина несчастий человечества, X. П. неоднократно пытается покончить с собой, чтобы вернуть людям былую благодать. Он велит людям сжечь его на огромном костре; но, раскалившись, тем не менее не умирает (т. к., оказывается, у него стальное тело). Он просит людей сбросить его с высокой скалы в воду, но от этого раскалённое тело лишь закаляется. Тогда X. П. с помощью *Боткия Ширтки* проникает в подземный мир мёртвых Ел. Однако владыка Ела *Ел-да* отказывается принять X. П., ибо он явился преждевременно (будучи ещё живым). X. П. соглашается вернуться в мир живых лишь при условии уничтожения на земле владыкой подземного мира скудости. Ел-да обещает уменьшить скудость на земле на одну треть, но при условии, что X. П. вернётся назад к людям до захода солнца. X. П. успевает появиться на земле в момент, когда солнечные лучи ещё золотят вершины гор (вечернюю зарю ингуши называют «свет Хамчи Патарза»).

В некоторых версиях X. П. обладает магической способностью самому превращаться или превращать других в животных. *А. У. Мульсагов.*

ХАМЫЦ, в осетинском нартском эпосе близнечный брат *Урызмага*; часто его называют булатноусый. X. не совершал подвигов, был легкомыслен. X. женился на женщине из племени водного царства Бценов. Её отдали за X. при условии, что, если её увидят нарты, она покинет мужа и вернётся в родительский дом. Молодая жена днём превращалась в лягушку, и X. носил её с собой в кармане или за пазухой. Как-то X. пришёл с ней на большой нартский нихас. *Сырдон* догадался, что с ним жена, и высмеял его перед нартами. Из-за такого позора дочь Бценов решила вернуться домой. Перед уходом она дохнула X. в спину, и у него между лопатками появилась небольшая опухоль, из которой выскочил раскалённый младенец *Батрадз*. X. обладал чудодейственным зубом, подаренным его тёткой (по другому варианту — богом Аркызом). При виде этого зуба никакая женщина не могла устоять перед X., поэтому многие были в обиде на него и прежде всего уаиг Сайнаг-Алдар. Однажды, подстрекаемый *Бората*, он убил X. *Б. К.*

ХАНЕКА́СА, в мифах индейцев санема женщины, живущие отдельно от мужчин в особых селениях (эквивалент загробного мира). X. питаются плесенью. Если индеец встретит и убьёт X., умирает женщина в соседнем племени. *Ю. Б.*

ХАНУМА́Н, в индуистской мифологии божественная обезьяна, сын бога ветра *Ваю*, или Маруты (отсюда его второе имя — Маруты, «сын Маруты»), и обезьяны Анджаны. X. способен летать по воздуху, менять свой облик и размеры, обладает силой, позволяющей ему вырывать из земли холмы и горы. По одному из мифов, сразу же после рождения X. схватил солнце, приняв его за нечто съедобное. На защиту солнца выступил *Индра* и поразил X. в челюсть своим перуном. Отсюда X. получил имя, значащее «имеющий (разбитую) челюсть».

В «Рамаяне» X. — один из главных героев, он мудрый советник царя обезьян Сугривы и преданный друг *Рамы* и *Ситы*. В поисках Ситы X. одним прыжком перелетает на *Ланку*, убив по дороге чудовищ Сурасу и Симхику, и там, вступив в сражение с полчищами *ракшасов*, поджигает город. Затем Х. возвращается к Раме и вместе с ним принимает участие в походе на Ланку. Он совершает множество воинских подвигов, убивает сына *Раваны* Акшу, спасает от гибели Раму и *Лакшману*. После победы над ракшасами Х. возвращается с Рамой в Айодхью, и Рама вознаграждает его за помощь даром вечной молодости. Согласно «Махабхарате», во время пребывания *пандавов* в изгнании с Х. встречается в лесу *Бхима* и не может даже приподнять хвост Х., которым тот преградил ему дорогу. Х. объявляет Бхиме, что он его брат (Бхима — тоже сын бога Ваю), и возвещает ему учение о четырёх югах (см. *Юга*) и об обязанностях четырёх *варн* (Мбх. III 146—151). Х. чтится как наставник в науках и покровитель деревенской жизни. На многочисленных изображениях Х. обычно представлен в почтительной позе (на коленях, со сложенными руками) перед Рамой или Ситой либо в воинственном облике, с дубиной в руке, ногой попирающим богиню — хранительницу Ланки. Из Индии культ Х. (и обезьян вообще) распространился на всю Восточную Азию вплоть до Китая.

П. Г.

ХАН-ХАРАНГУЙ («государь мрак», «наимнейший»), у монгольских народов эпический герой, осмысляемый как грозное божество, как дух, покровительствующий эпической поэзии. По некоторым поверьям, эпос о Х.-Х. можно исполнять только при сальной свече, выпачканной сажей. Мрачность и гневность героя проявляется поминутно: он убивает посланника своей наречённой; не узнав в первую минуту своего брата, он собирается заколоть его копьём. Х.-Х. появился из растрескавшегося камня (мотив порождённости землёй), способен противостоять земле и бороться с небом (*тенгри*).

Как правило, покровителями Х.-Х. выступают буддийские божества (*бурханы Махакала, Авалокитешвара, Тара*), а все враждебные ему силы связаны с небом (тенгри): небесные силачи, драконы-громовержцы, демоны. Враждебностью героя духам грозы мотивируется возможность исполнения эпоса зимой (а не летом), когда *лу* спят.

Хтоничностью Х.-Х. обусловлена солярно-ураническая семантика образов солнцеподобной невесты Х.-Х. и её родни. «Небесным», «сыном неба» или даже «сыном *Хормусты*» называется соперник Х.-Х. — Эрхим-Хара. С хтоничностью Х.-Х. согласуется и его роль как духа-хозяина (государя) эпической поэзии (источник и местом первоначального нахождения героических повествований, согласно ряду свидетельств, является нижний мир). Иногда Х.-Х. считается братом *Эрхий-мергена*.

С. Ю. Неклюдов.

ХАНЫНИМ (от ханыль, «небо», и ним — суффикс вежливости), Синмён («всевышний»), Санджé («всевышний владыка»), Чхонджé («владыка неба»), Чхонван («небесный государь»), Чхонсин («небесный дух»), Санчхон («верховный небесный владыка»), Окхван санджé («нефритовый верховный владыка»), в корейской мифологии высшее божество, приносящее человеку, влияющее на его душевное состояние. Обителью Х. считалась звезда Тхэыльсон (кит. *Тай-и*). Корейцы издревле верили, что урожай зависит от каприза Х. Обряд жертвоприношения небу совершали племена пуё (ёнго), когурёсцы (тонмэн), племена йе (мучхон). У южнокорейских племён хан жрец, ведавший дарами духу неба, назывался Чхонгуном («небесным князем»). В период Корё (10—14 вв.) Х. был возведён алтарь в Кёнсоне (Сеул), при династии Ли (15 в.) — алтарь Вондан в селении Содонни на р. Ханган. В шаманских мифах Х. именуется Чхонним («повелитель неба»), а в религиозной секте чхондогё — Ханулним. Корейцы, исповедующие христианство, переносят имя Х. на Иисуса Христа.

Л. К.

ХАОМА, ха́ума (авест., от hav-, «выжимать»), в иранской мифологии обожествлённый галлюциногенный напиток, божество, персонифицирующее этот напиток, и растение, из которого он изготовлялся. Все три воплощения Х. образуют несомнен-

ное единство. Культ Х. восходит к древнеиранскому периоду, образ Х. имеет точное соответствие с индийским *Сома*. Наиболее полные данные о Х. содержатся в «Авесте», прежде всего в «Яште о Х.» («Хом-Яшт», «Ясна» 9), следы Х. обнаруживаются и в иных иранских традициях. Высказывается мнение, что, по крайней мере, часть скифов и сарматов почитала Х. Несмотря на то что существует ряд гипотез о растении, из которого мог быть приготовлен напиток сома-хаома (кузьмичёва трава, конопля, гриб мухомор, ревень, эфедра и др.), ничего определённого о растении Х. сказать нельзя. Другое название напитка Х. в «Авесте» — мада. Растёт древо жизни Х. у подножия мировой горы Хукарья, посреди озера Ворукаша или рядом с ним, у источника Ардви, его охраняет рыба Кара («Бундахишн», «Меног-и Храт»).

Торжественное жертвоприношение Х.— ясна гарантировало в зороастрийском ритуале бессмертие для верующих, а также устойчивость миропорядка. Ясна начиналась жертвоприношением быка, затем Х. растирали и смешивали с молоком. Полученный напиток бессмертия посвящался *Ахурамазде*. Момент смешения сока Х. с молоком символизировал чудесное явление в мир Заратуштры. С последней в мировой истории ясной, которую сотворят *саошьянты*, мир вернётся в изначальное совершенное состояние всеобщего бессмертия. Приготовление Х. составляло часть ритуала и, как можно судить по косвенным данным, опиралось на миф о гибели божества Х., расчленённого другими богами, растёртого и употреблённого на приготовление божественного напитка, преодолевающего смерть [обычно эпитет Х. «дураоша» толкуют как «отвращающий (преодолевающий) смерть» (в последнее время наметилась тенденция определять его исходное значение как «острый (резкий) на вкус»]. Один из галлюциногенных эффектов Х. состоял в изменении (или даже «перевёрнутости») восприятия пространственно-временных и субъектно-объектных отношений. На мифологическом уровне этому могли соответствовать такие парадоксы, как одновременное нахождение Х. на небе и на земле и особенно совмещение в Х. ипостасей бога (в частности, *Митры* — носителя и стража мирового закона), жреца, приносящего ему жертву, и самой жертвы (напр., «Ясна» 9, 1—32). Вместе с тем *Заратуштра* обращается к Х. и как к человеку («Ясна» 9, 1).

Х. просит Заратуштру, чтобы тот выжал его попить («Ясна» 9, 2). Воздав хвалу Х., Заратуштра узнаёт от него, какую награду получили те, кто его выжал. Вивахванту, первым выжавшему Х., был дан сын *Йима*; у Атвйи родился сын *Траэтаона*, поразивший *Ажи Дахаку*; у Триты родились два сына: Урвахшая, судья, дающий законы, и дэвоборец *Керсаспа*; у Пурушаспы родился Заратуштра (4—13). Таким образом, вся древнеиранская священная история строится как результат последовательных выжимок Х.

Заратуштра восхваляет Х. за то, что он, опьяняя, воодушевляет, дарует силу страсти, способность к обороне, здоровье, целительную силу, развитие, рост, мощь, распространяющуюся на всё тело, знание (17). Благодаря этим дарам Заратуштра побеждает «вражду всех враждебных дэвов и смертных» (18). Х. характеризуется также как прекраснейший из всего материального мира (1), бледно-жёлтый (30), золотистого цвета и с гибкими побегами (16), хороший, прекрасно и правильно созданный, оказывающий приятное действие, врачующий, победоносный, творец (16), свободный в силу своей мощи (25), он препятствует смерти (7), побеждает вражду, ложь (17), лучше всего приготовляет путь для души, даёт силу упряжке лошадей в состязании, счастливых сыновей и исполненное верой потомство родителям, святость и знание прилежно занимающимся, супруга и попечителя девицам (22—23). Х. почитают как господина — властителя дома, общины, округа, страны (27—28) и просят устранить вражду недоброжелателей, покусительства рассерженных, отнять силу из ног, вырвать уши, разрушить дух у обладающих двумя преступлениями (28). Х. призывают ударить оружием по телу жёлтого дракона, страшного и разбрызгивающего яд, грозящего гибелью верующим в мировой закон — ашу; ударить по телу могучего и кровожадного разбойника, лживого человека, того, кто разрушает жизнь другого, кто не помнит веры в ашу; ударить по телу женщины-колдуньи, вызывающей сладострастие (30—32). Х. прогнал из своего царства Кересану, уничтожавшего всё, что растёт, и препятствовавшего изучению священных текстов (24). Х. опоясался принесённым ему *Маздой* поясом, изготовленным духами, украшенным звёздами, и стал поддержкой и опорой священного слова и благой веры в Мазду (26). Популярность ритуалов, включающих Х., видимо, заставила Заратуштру ввести его в своё учение, Х. был сделан творцом материальных благ вселенной, а его действия мотивированы появлением самого Заратуштры. Тем не менее есть основания полагать, что отдельные черты культа Х. (в частности, кровавое жертвоприношение быка или лошади, учреждённое Иимой) не пользовались симпатией Заратуштры (ср. его отказ от напитка Х. в «Ясне» 32, 14). Этим можно объяснить постепенное вытеснение Х. из пантеона. Культ Х. не пережил древнеиранскую эпоху, лишь на иранской периферии (а иногда, видимо, и за её пределами, но там, где были сильны иранские влияния) сохранялись кое-где и в вырожденном виде его следы и само слово «Х.». В настоящее время культ Х., изготовляемого из эфедры, существует у парсов и гебров.

В. Н. Топоров.

ХАОС (греч., chaos, от корня cha-, отсюда chaino, chasco, «зеваю», «разеваю»; Х. поэтому означает прежде всего «зев», «зевание», «зияние», «разверстое пространство», «пустое протяжение»). Согласно Гесиоду, Х. располагается среди первопотенций наряду с Геей, тартаром и Эросом (Theog. 116); им даётся одновременно и физическое (Х. как бесконечное и пустое мировое пространство; 700), и мифологическое понимание Х. (он порождает из себя Эреб и Ночь, а они Эфир и Гелиру-день, Theog. 123—124). У схолиастов Х. мыслится то как вода (с фантастической этимологией от cheô, «лью», «разливаю»), то как разлитой воздух (со ссылкой на Вакхилида и Зенодота), то по-платоновски как место разделения и расчленения стихий. Из досократиков Акусилай (9B2D) и Ферекид (7B1a) считали Х. началом всякого бытия. Ни Гомер, ни Пиндар, ни Эсхил, ни Софокл ни разу не употребляют этот термин. У Еврипида Х. является пространством между небом и землёй (TGF, frg. 448 N.-Sn.), а Проб, который приводит этот фрагмент из Еврипида, считает Х. воздухом, заполняющим место между небом и землёй.

В космогонии Аристофана («Птицы», 691—702) Х. фигурирует в качестве первопотенции наряду с Эребом, Ночью и тартаром. От Эреба и Ночи — мировое яйцо, а из мирового яйца — Эрос. Эрос же из смеси всего порождает Землю, небо, море, богов и людей. От Х. Эрос порождает в тартаре птиц, которые тоже, очевидно, понимаются здесь как одно из первых космогонических начал (так, Х. у Аристофана выступает уже как мифологический персонаж, порождающий мировую жизнь, на пародийном языке Аристофана — птиц). В «Облаках» Х. вместе с Облаками и Языком является богом Сократа (Nub. 424), и тот даже им клянётся (627). Так, к концу классического периода в Греции существуют две концепции Х., исходящие из гесиодовской концепции. Одна выдвигает на первый план понятие Х. как физического пространства, пустого или чем-нибудь наполненного; а другая понимает Х. как нечто живое и животворное, как основу мировой жизни.

Первая концепция углубляется Аристотелем и ещё больше Платоном. Аристотель («Физика» IV 208 b 31) понимает Х. Гесиода просто как физическое место, где находятся те или другие физические тела. Платон же, хотя сам и не использует этого понятия (в Conv. 178 b он говорит о гесиодовском Х.), по свидетельству гесиодовского схолиаста, под Х. понимал свою «всеприемлющую природу», т. е. то, что обычно называется у Платона материей (Plat. Tim. 50 bc). Это — то невидимое и неосязаемое, лишённое всяких физических качеств начало, которое получается после исключения из физического тела всех его реальных свойств, то, что нельзя даже назвать каким-нибудь именем, ибо всякое имя предмета всегда приписывает ему то или иное свойство. Это — чистая материя, самый факт существования тела, не зависимый ни от каких его реальных свойств. Х. — не какое-нибудь тело, но принцип непрерывного становления тела.

Стоики не вышли за пределы классического определения Х. Хаос объявлялся либо «влагой», либо просто «водой» (натуралистическое понимание Х.). Зенон так понимал гесиодовский Х.: из оседания Х., по его мнению, получался ил, из отвердения его — земля (Stoicorum veterum fragmenta, SVF, I frg. 103—104 Arn., II frg. 564). Другое понимание стоиками Х. как пространства — вместилища вещей (ср. у Секста Эмпирика «Против учёных» X 11—12: «...Хаос есть место, вмещающее в себя целое. Именно, если бы он не лежал в основании, то ни земля, ни вода, ни прочие элементы, ни весь космос не могли бы и возникнуть. Даже если мы по примышлению устраним всё, то не устранится место, в котором всё бы было. Но оно останется, содержа три измерения: длину, глубину и ширину, не считая сопротивления»). У ряда авторов обе точки зрения совмещены, т. е. Х. есть вещество, первоэлемент, но вода путём сгущения или разрежения превращается в разные тела, так что сам по себе «Хаос есть расчленение и разделение на элементы» (SVF II frg. 564) и, по Корнуту (Ibid. I frg. 103), — «Хаос есть возникшая до разделения влага».

Понимание Х. как бесконечной протяжённости, причём не относительно пространства, как обычно, а времени, встречается у Марка Аврелия (IV 3): «Обрати внимание на то, как быстро всё предаётся забвению, на Хаос времени, беспредельного в ту и другую сторону...», Х. мыслится как некоего рода вечность.

Далее Х. понимается как беспорядочное состояние материи. Этот момент в скрытом виде находился во всех тех учениях, которые вообще понимали Х. как принцип становления. Досократики Эмпедокл или Анаксагор и поэт Аполлоний Родосский (I 494—500) уже оперируют с первозданной беспорядочной смесью материальных стихий.

Но у Овидия его мироздание прямо начинается с хаоса вещей и сам Х. трактуется как «нерасчленённая и грубая глыба», хотя уже с животворными функциями (Ovid. Met. I 5—9).

Античная мысль вообще двигалась в направлении тех формул, которые можно было бы привлечь для характеристики Х. как принципа становления. Стали замечать, что в Х. содержится своего рода единство противоположностей: Х. всё раскрывает и всё развёртывает, всему даёт возможность выйти наружу; но в то же самое время он и всё поглощает, всё нивелирует, всё прячет вовнутрь. Образ Х. в виде двуликого Януса, выступающего как творческое начало, имеется у Овидия (Fast. I 89—144). Янус называет себя res prisca (103, «древняя вещь») и Хаосом. Когда все стихии распределились по своим местам и образовался стройный космос, то Янус, который раньше был globus et sine imagine moles (111, «глыба и безликая громада»), получил определённый facies (113, «лик») и достойный бога вид (112—114). Но и теперь, говорит он, имеется у него остаток прежнего состояния, а именно: способность видеть всё вперёд и назад. Кроме того, Янус своей собственной рукой всё открывает и закрывает, являясь как бы мировой дверью. Он может развернуть мир во всей его красоте и может предать его уничтожению.

Античная концепция Х. выдвигала на первый план творческие и животворные моменты этого понятия. У орфиков Х. оказался в самом близком отношении к мировому яйцу, породившему из себя весь мир. Интересно рассуждение у Климента Римского («Беседы» VI 3—4), излагающего эти древние учения: «Орфей уподобляет Хаос яйцу. Ведь в яйце — слияние первых элементов. Гесиод предположительно называет Хаосом то, что Орфей называет порождённым яйцом, выброшенным из безграничности материи». Климент Римский пишет о первоначальном беспорядочном состоянии материи, которое постепенно превратилось в этот Х.-яйцо, а отсюда появляются и все реальные формы мира. О гесиодовском Х. у Симпликия в Комментарии на «Физику» Аристотеля (IV 1) говорится: «Ясно, однако, что это — не пространство, но беспредельная и изобильная причина богов, которую Орфей назвал страшной бездной». Симпликий развивает мысль, что Эфир и Х. являются теми тезисом и антитезисом, из слияния которых образуется всё бытие: из Эфира — эманации богов, а из Бездны-Х. возникает вся беспредельность. В окончательной форме эта концепция сформулирована у Гермия Александрийского (Комментарий к «Федру» Платона 246е): монада — Эфир, диада — Х., триада — яйцо. Следовательно, Х. диадичен в орфико-пифагорейском смысле этого слова. Однако исходным пунктом является здесь не диада, а монада, и уже в монаде заключено в свёрнутом виде всё развёртываемое в диаде. Поэтому и неоплатоники представляли Х. как монаду. В Комментарии к «Государству» Платона (II 138, 19—24) Прокл говорит о noēton chaos, т. е. об «умопостигаемом Х.» как об исходном пункте всех эманаций и как о той конечной точке, к которой возвращаются все эманации (ср. о нисхождении и восхождении душ из Х. и в Х. — II 141, 21—28).

Учение о совпадении начал и концов в Х. для античного мышления — одна из типичнейших тем. Из этого видно, что Х. действительно есть принцип непрерывного, неразличимого и бесконечного становления, т. е. то, что пифагорейцы и орфики называли диадой и без чего невозможно существование ни богов, ни мира, ни людей, ни божественно-мировой жизни вообще.

Х. получил яркое развитие и в качестве мифологического персонажа, начиная ещё с Гесиода. У орфиков Х. вместе с Эфиром был порождением Хроноса, но сам Хронос рисовался как крылатый дракон с головой быка и льва и с лицом бога, который к тому же именовался ещё и Гераклом (Дамаский, «О первых принципах», 317, 21—318, 2). С другой стороны, Х. и Эфир порождали из себя некоего Андрогина, муже-женское начало, являвшееся началом всех вещей, сам же Х. у орфиков трактовался как «страшная бездна» (chasma pelorion).

Отсюда уже очень близко до того нового значения слова «хаос», которое встречается по преимуществу в римской литературе и которое либо очень близко связывает Х. с аидом, либо прямо отождествляет его с ним. Х. есть та бездна, в которой разрушается всё оформленное и превращается в некоторого рода сплошное и неразличимое становление, в ту «ужасную бездну», где коренятся только первоначальные истоки жизни, но не сама жизнь. Римляне прибавили к этому ещё и острый субъективизм переживания, какой-то ужасающий аффект и трагический пафос перед этой бесформенной и всепоглощающей бездной. Уже у Вергилия перед самоубийством Дидоны жрица взывает к богам, Эребу и Х. — характерная близость Х. к подземному миру (Aen. IV 509—511, VI 264 след.). У Овидия (Met. X 29—31) Х. прямо отождествляется с аидом. У Сенеки Х. — общемировая бездна, в которой всё разрушается и тонет (Sen. Thyest. 830—835). В других текстах Сенеки Х. понимается как аид.

Х. представляется как величественный, трагический образ космического первоединства, где расплавлено всё бытие, из которого оно появляется и в котором оно погибает; поэтому Х. есть универсальный принцип сплошного и непрерывного, бесконечного и беспредельного становления. Античный Х. есть предельное разрежение и распыление материи, и потому он — вечная смерть для всего живого. Но он является также и предельным сгущением всякой материи. Он — континуум, лишённый всяких разрывов, всяких пустых промежутков и даже вообще всяких различий. И потому он — принцип и источник всякого становления, вечно творящее живое лоно для всех жизненных оформлений. Античный Х. всемогущ и безлик, он всё оформляет, но сам бесформен. Он — мировое чудовище, сущность которого есть пустота и ничто. Но это такое ничто, которое стало мировым чудовищем, это — бесконечность и нуль одновременно. Все элементы слиты в одно нераздельное целое, в этом и заключается разгадка одного из самых оригинальных образов античного мифологически-философского мышления.

А. Ф. Лосев.

ХАОШИАНГХА (авест.), Хушанг (фарси), в иранской мифологии и эпосе один из родоначальников иранцев («Бундахишн» 15, 28). В древнейшем списке легендарных царей («Яшт» XIII 130—138) стоит последним по счёту, но затем помещался на первое место (как первый царь династии *Парадата*). Возможно иноземное происхождение образа Х. Х. действует как устроитель социума и герой-цивилизатор («Бундахишн» 15, 28—30), он открыл огонь, железо, обучил народ орошению и земледелию, построил города Сузы, Вавилон, Дамган. Согласно «Яшту» XIX 26, у него в течение длительного времени пребывал символ царского суверенитета хварно (*фарн*). Х. погубил *Ангро-Майнью*, ополчившийся на созданный им идеальный миропорядок. В «Шахнаме» Х. — внук *Каюмарса*, вместе с ним, мстя за своего отца — Сиямака, убивает чёрного дэва и восстанавливает царство добра. *Л. Л.*

ХАПИ, в египетской мифологии бог Нила, податель влаги и урожая. Космическое бытие Х. — первобытный океан *Нун*. Бог Нилов Верхнего и Нижнего Египта (его атрибуты — лотос, эмблема Верхнего Египта, и папирус, эмблема Нижнего Египта), Х. почитался во всём Египте, но центром его культа было ущелье Гебель-Сильсиле, место, где, как считалось, из подземного царства (*дуат*) выходят «ключи Нила», и южная оконечность острова Элефантина. Изображался жирным человеком с большим животом и женской грудью, на голове — тиара из папирусов, в руках — сосуды с водой. Праздник Х. был приурочен к началу разлива Нила. В этот день ему приносили жертвы, в реку бросали свитки папируса с написанными на них перечислениями даров. В скалах Гебель-Сильсиле были высечены гимны Х. Иногда Х. отождествляли с *Амоном* (Амон-Хапи). Почитался также в Куше (древней Нубии). *Р. Р.*

ХАПИ, см. в статье *Гора дети*.

ХАРА СУОРУН («чёрный непреклонный», «чёрный ворон»), в якутской мифологии дух — покровитель ряда якутских родов, предок девяти шаманских родов, сын *Улу тойона*. Согласно мифам, младший сын Х. с. был вороном, поэтому его нельзя было убивать. Однако если ворон очень досаждал охотнику, его мог убить его, вложив потом в клюв ворона кусочек шкурки зайца или горностая, что являлось подтверждением вины ворона, когда охотник являлся к Х. с. с жалобой на обидчика. Увидев в клюве ворона кусочек шкурки, Х. с. прощал охотнику убийство его сына. *Н. А.*

ХАРГИ, в мифах эвенков дух — хозяин нижнего мира, старший брат *Сэвэки*, соперничавший с ним в актах творения. Х. создал вредных для человека животных и кровососущих насекомых, испортил вылепленные братом фигурки людей: соблазнив караульщика фигурок пищей (или тёплой одеждой) и получив доступ к фигуркам, он плюнул (дунул, разбил) на изваяния, из-за чего люди стали болеть и умирать. Уйдя после ссоры с Сэвэки в нижний мир, Х. продолжает посылать на землю своих помощников — злых духов, которые мешают людям охотиться, приносят болезни и др. У некоторых групп эвенков Х. называли также духов-помощников шаманов, имевших зоо-антропоморфный облик и сопровождавших его во время путешествий в нижний мир. *Е. Н.*

ХАРИБДА, в греческой мифологии чудовище в виде страшного водоворота, трижды в день поглощаю-

щего и извергающего чёрные воды узкого пролива, на другом берегу которого в пещере обитает шестиглавая *Скилла*. Даже Посейдон не в силах спасти от гибели человека, попавшего между Х. и Скиллой, где, однако, всё-таки проплыл Одиссей (Hom. Od. XII 85—107, 234—250). Одиссею пришлось вторично спасаться от Х., когда он потерпел кораблекрушение. Ухватившись за ветки смоковницы, он висел над бездной, изрыгнувшей мачту его корабля, примостившись на которой Одиссей поплыл дальше (XII 430—446). Между Х. и Скиллой с помощью Фетиды и её сестёр проплыли аргонавты (Apoll. Rhod. IV 922—938).
А. Т.-Г.

ХАРИ́ТЫ, в греческой мифологии — благодетельные богини, воплощающие доброе, радостное и вечно юное начало жизни (греч., «милость», «доброта»). Х.— дочери Зевса и океаниды Эвриномы (вариант: Гелиоса и Эглы, Paus. IX 35, 5), прекрасные видом. Их имена: Аглая («сияющая»), Евфросина («благомыслящая»), Талия («цветущая») (Hes. Theog. 907—911). Имена Х., их происхождение и число в вариантах мифов различны. Гомер знает одну Х., супругу Гефеста (Hom. Il. XVIII 382—392) или некую младшую из Х.— Пасифею, обещанную Герой в жёны богу сна (XIV 267—269). Известны имена двух Х.— Клета («желанная») и Фаенна («сияющая»), а также одна Х.— Пейто («убеждение»). Иногда Х. совмещают с *горами*, именуя их — Ауксо («приумножающая»), Карпо («плодоносящая»), Талло («цветение»), Гегемона («руководительница») (Paus. IX 35, 1—2). В мифах Х. заметна их связь с вегетативными силами природы и упорядочением человеческой жизни, трудовой и художественной деятельностью. Х. близки Аполлону. В Делосском храме он держит на ладони трёх Х., а в пифийском храме Аполлона (Пергам) было и изображение, как и в Афинах перед входом в акрополь (Paus. IX 35, 3). Х. соответствуют римские грации.
А. Т.-Г.

ХАРИХА́РА, в индуистской мифологии божество, объединяющее в себе черты *Вишну* (Хари) и *Шивы* (Хара). Упоминается впервые в пуранах. Согласно одному преданию, *Лакшми* и *Дурга* спорили, чей муж более велик, и Вишну, чтобы доказать, что они равны, вошёл в тело Шивы, соединившись с ним. По другой версии, Шива упросил Вишну превратиться в прекрасную женщину и воспылал к ней страстью. Вишну пустился в бегство и принял свой обычный облик, но Шива, нагнав его, так крепко обнял, что тела их слились, в результате появилось божество Х. На изображениях Х. одна (левая) половина тела — белая и обладает прочими признаками Шивы (спутанные волосы, змеи, шкура тигра и т. д.), другая (правая) половина — тёмно-синяя или чёрная и также обладает прочими атрибутами Вишну (корона на голове, в руках — раковина и т. д.).
С. С.

ХАРИШЧА́НДРА, в древнеиндийской мифологии царь *Солнечной династии*, известный добродетелью и щедростью. Впервые упоминается в «Айтарейя-брахмане» (VII 13) в мифе о *Шунахшепе*. Согласно «Маркандейя-пуране» (VII 80), Х. отдал мудрецу *Вишвамитре* по его просьбе все свои богатства и земли. Не удовлетворившись этим, Вишвамитра потребовал, чтобы Х. продал в рабство самого себя, жену и сына и отдал ему вырученные деньги. Х. выполнил и это требование; он попал в услужение к чандале (человеку из низшей касты) и был послан им на кладбище красть саваны. На кладбище Х. встретил свою жену, пришедшую хоронить их умершего сына, и оба они решили сжечь себя на погребальном костре. Однако осуществлению этого решения помешали боги: они явились все вместе на кладбище и объяснили Х., что всё случившееся с ним было задумано как испытание его благочестия (при этом чандалой, нанявшим Х., был не кто иной, как *Дхарма*). Боги предложили в награду Х. рай *Индры*, но Х. согласился войти в рай лишь после того, как вместе с ним были взяты на небо его родичи, друзья и подданные.
П. Г.

ХАРО́Н, в греческой мифологии перевозчик мёртвых в *аиде*. Изображался мрачным старцем в рубище; Х. перевозит умерших по водам подземных рек, получая за это плату в один обол (по погребальному обряду находящийся у покойников под языком). Он перевозит только тех умерших, чьи кости обрели покой в могиле (Verg. Aen. VI 295—330). Геракл, Пирифой и Тесей насильно заставили Х. перевезти их в аид (VI 385—397). Только золотая ветвь, сорванная в роще Персефоны, открывает живому человеку путь в царство смерти (VI 201—211). Показав Х. золотую ветвь, Сибилла заставила его перевезти Энея (VI 403—416).
А. Т.-Г.

ХА́РУ, в этрусской мифологии демон царства мёртвых. Изображался в облике человека с молотком, иногда со свитком. В Риме во время гладиаторских игр в маске и с атрибутами Х. выходил на арену палач, добивавший тяжело раненных гладиаторов.
А. Н.

ХАРУ́Н, в мусульманской мифологии младший брат и помощник *Мусы*, посланный ему аллахом (Коран 20:30—34; 25:37). Соответствует библейскому *Аарону*. Согласно Корану, Х. был красноречивее Мусы (28:34—35). Он руководил израильтянами, пока Муса был на горе Синай (7:138), но не сумел удержать их от поклонения тельцу (7:149; 20:92—95).

Послекоранические предания особо подчёркивают любовь израильтян к Х., которые после его исчезновения обвинили Мусу в смерти брата. Святилище на вершине горы около Петры (Иордания), называемое могилой Х., является объектом паломничества мусульман. Прозвище Х.— Абул-Фарадж («отец утешения»).
М. П.

ХА́РУТ И МА́РУТ, в мусульманской мифологии ангелы (*малаика*), согрешившие на земле. В Коране говорится: «... они оба не обучали никого, пока не говорили: „Мы — искушение, не будь же неверным". И те научились от них, чем разлучать мужа от жены,— но они не вредили этим никому иначе, как с дозволения аллаха» (2:96).

Мусульманское предание, развивая коранический сюжет, рассказывает, что ангелы на небе порицали греховные поступки людей и утверждали, что сами они никогда бы не поддались искушениям. Двое из них — Х. и М. были посланы аллахом на землю для испытания людей и, не выдержав земных соблазнов и согрешили, не устояв перед прекрасной женщиной. Лишённые крыльев (т. е. возможности вернуться на небо), Х. и М. подвергаются мучительному наказанию в подземной темнице в Вавилоне. Поскольку, согласно преданию, Х. и М. обучали людей колдовству, имена их стали у мусульман символами волшебства и колдовства и широко употреблялись в магической практике.
М. П.

ХАТИМА́Н (др.-япон., «множество флагов»), в японской мифологии бог — покровитель воинов. Имя Х. ведёт своё происхождение от древнего обычая ставить флаги в честь богов. Зарождение культа Х. связывается с местностью Уса (остров Кюсю, префектура Оита); он почитался под именем Хатиман-Дайбосацу, вместе с двумя другими божествами — Химэгами и Отараси-химэ-но микото. Со временем культ трёх божеств слился в культ Х., а в период Хэйан (9—12 вв.) под именем Х. был обожествлён правитель страны Одзин (согласно «Нихонги», пятнадцатый император Японии, правивший в 270—312). Тогда же Х. стали почитать как хранителя императорской цитадели и в конечном счёте как покровителя императорского рода, а позднее — как покровителя самураев из рода Минамото, т. е. в качестве *удзигами* — божества рода. В эпоху Камакура (13 в.) Х. выступает как покровитель основанного Минамото сёгуната (военного правительства), а с усилением воинского сословия — самураев по всей стране широко распространился культ Х. как «бога лука и стрел», т. е. покровителя воинов, или бога войны.

Сохранились легенды о явлениях Х. в облике старого кузнеца, трёхлетнего ребёнка и др. и оказании им помощи людям. Х. поклоняются в храме местности Уса (Хатиман-но мия), в городе Явата (префектура Киото) и др.
Е. М. Пинус.

ХАТМЕХИТ, в египетской мифологии богиня города Мендес. Её священное животное — рыба, эпитет — «первая среди рыб». Изображалась женщиной с рыбой на голове. В поздний период X. сближалась с *Исидой*: считалось, что она помогла Исиде собирать части тела убитого *Сетом Осириса*.
Р. И. Рубинштейн.

ХАТОР, Х а т х о́ р («дом Гора», т. е. «небо»), в египетской мифологии богиня неба. В древнейший период почиталась как небесная корова, родившая солнце. Впоследствии изображалась женщиной с рогами и иногда ушами коровы, но в некоторых местностях сохранила облик коровы (ср. одну из ипостасей X. — корову Мехурет). Фетиши X. — столб, увенчанный двуликой головой X. с коровьими ушами (в ранний период — головой коровы), и малахит. Центр культа X. — город Дендера (её эпитет — «владычица Дендеры»), но её почитание было распространено по всему Египту, а также в Нубии, Библе, Пунте, на Синае.

X. является женой *Гора* Бехдетского, матерью *Гора-Сематауи* (в Мемфисе иногда её мужем называли *Птаха*). С X. отождествляли *Ихет*, *Мут*, *Нут*. С возвышением культа *Ра* X. стала считаться его дочерью, солнечным Оком, она отождествляется с дочерьми Ра *Сехмет* и *Тефнут* и почитается в образе львицы. В этом качестве X. занимает место центрального персонажа мифов о приносящем весну возвращении солнечного Ока (Тефнут-Хатор) из Нубии, об истреблении людей в наказание за их грехи по приказу Ра око́м (Сехмет-Хатор). Как и Гор, X. охраняет фараона, дарует плодородие, выступает как богиня-мать. С X. связан культ деревьев — финиковой пальмы, сикоморы (их образ она принимала). Выступая из ветвей сикоморы загробного мира, X. поит души умерших живительной влагой. С X. отождествлялась воплощавшаяся в акации богиня *Иусат*.

X. почиталась также и как богиня любви, веселья, музыки, пляски (её атрибутом был музыкальный инструмент систр, изображения которого часто носили в качестве амулета, охраняющего от злых духов). Один из распространённых её эпитетов — «золотая». В Дендере сыном X. и Гора Бехдетского считался бог музыки *Ихи*. Древние греки отождествляли X. с Афродитой. X. связана с заупокойным культом, она вместе с богиней *Таурт* встречает умерших на пороге подземного царства. Как «владычица прекрасного запада» в период Нового царства отождествлялась с *Аментет*. В поздний период X. отождествлялась с *Исидой*, X. также отождествлялись Таурт, *Нейт*, *Баст*, *Небтуи*, *Кудшу*.
Р. И. Рубинштейн.

ХАУМЕА, в мифах полинезийцев Гавайских островов богиня плодородия; иногда отождествляется с богиней земли (*Папа*). Покровительствует повитухам.
Е. М.

ХАУМИА, в мифах маори бог плодородия, покровитель папоротника и батата. Сын (по другим вариантам — внук) *Ранги* и *Папы*. Один из наиболее миролюбивых их детей, X. пытается обуздать гнев духа ветра *Тафири*, который разгневанный желанием своих братьев разделить слитых в единстве родителей, начинает войну с ними, пытается сдуть их с лица земли.
М. С. П.

ХАШХАВИЛО, мифологический персонаж адыгов — чудовище с головой собаки и туловищем быка. Пребывает на морском побережье, в оврагах, затонах. Оглянувшийся на X. человек гибнет. Согласно одному из сказаний, X. пытался рёвом и хохотом заставить оглянуться *нарта* Псабиду, которого завидовавшие его мужеству недруги отправили за целебным яблоком с золотого дерева. Предупреждённый о злокозненности X. Псабида не оглянулся и избежал гибели.
М. М.

ХАЯГРИ́ВА («имеющий шею лошади»), 1) в древнеиндийской мифологии *дайтья*, который выкрал из уст *Брахмы*, когда тот спал в конце *кальпы*, четыре веды. Вишну в своей *аватаре* рыбы убил X. и возвратил веды Брахме. В более поздних мифах X., напротив, сам становится воплощением Вишну и спасает веды, украденные дайтьями Мадху и Кайтабхой (Бхаг.-пур. II 7, 11; «Брахманда-пурана» II 6, 10; Ваю-пур. 68, 10).
П. Г.

2) В буддийской мифологии ваджраяны *идам* и *дхармапала*, эманация будды *Акшобхьи*. Описание X. встречается уже в индийских садханах (напр., в «Садханамале», где его изображают в виде гневного божества, имеющего три головы и восемь рук), но чрезвычайно популярным мифологическим персонажем под именами Дамдин и Халнхирва X. стал в Тибете и в Монголии, где издревле был известен культ лошади. В тибетских и монгольских (а отчасти и непальских) изображениях X. (в отличие от индийских канонических) в волосах его помещают небольшую лошадиную голову. Имя и образ X. особенно часты в тибетских мифах и легендах, связанных с великими учителями школы ньинма.
Л. М.

ХВАЖАРПЫ́С (от хуажэ, «рододендрон» и арпыс, «молодец»), герой абхазского нартского эпоса. Согласно сказаниям, X. выступил одним из претендентов на руку красавицы Гунды — единственной сестры ста братьев-нартов. Всех притязавших на брак с нею Гунда подвергала испытанию: претендент должен был побороть её в поединке. 99 богатырей потерпели в бою поражение. Лишь X. удалось одолеть Гунду в единоборстве; так он стал её женихом. Однако его невеста была похищена *Нарджхеу*. Нагнавший похитителя X. вступает с ним в поединке. Стрела Нарджхеу отколола часть черепа X. Дважды нартский кузнец чинил ему голову с помощью медных пластинок. Но третья стрела Нарджхеу оказалась для X. смертельной. Вопль умирающего X. дошёл до его матери, проклявшей Нарджхеу (он, Гунда и конь окаменели и стали постепенно погружаться в землю), а X. по её заклинанию превратился в рододендрон.
Ш. С.

ХВАНИ́Н, в корейской мифологии верховный небесный владыка, аналог *Ханынима*. В мифе о *Тангуне* (X. приходится ему дедом), записанном в «Самгук юса», на древний мотив верховного божества — Неба был наложен более поздний, буддийский мотив могущественного индоарийского царя богов Индры, названного в корейском источнике Повелевающим небесами (Чесок). X. отправил с культурной миссией в мир людей своего сына *Хвануна*, даровав ему три небесные печати. В конфуцианских сочинениях название X. было заменено более общим — Верховный владыка (Сандже).
Л. К.

ХВАНУ́Н, У н, С и н у́ н («божественный Ун»), в корейской мифологии культурный герой, побочный (младший) сын верховного небесного владыки Хванина (в источнике отождествляемого с *Индрой*) в мифе о *Тангуне* в «Самгук юса» (в «Ындже сиджу» Квон Нама назван внучатым племянником Хванина).

Замыслив попасть в мир людей, X. получил в подарок от Хванина три небесные печати и с трёхтысячной свитой [духов] спустился под дерево к жертвеннику духам (в других источниках: под священное дерево Тан, откуда также имя X. — Танун, см. *Синдансу*) на горе *Тхэбэксан*. Это место назвали Обителью духов (Синси), а X. — небесным владыкой. Он с помощью духов ветра, дождя и туч ведал всеми 360 земными делами: управлял людскими судьбами, исцелял хвори, устанавливал меру наказания и т. п. В ту пору в пещере жили медведь и тигр. Они молились X., чтобы тот превратил их в людей. X. дал им съесть по стебельку полыни и 20 чесночин и сказал, чтобы они избегали солнечного света сто дней. Лишь медведь выдержал обет до трижды седьмого дня и превратился в женщину. Каждый день та приходила под дерево и просила духов ниспослать ей ребёнка. Тогда X., обернувшись человеком, женился на ней. У них родился сын, прозванный Тангун-Вангомом. X. почитается как одно из высших божеств в религиозной секте тэджонё.
Л. К.

ХВЕ́РГЕЛЬМИР («кипящий котёл»), в скандинавской мифологии поток в Нифльхейме («страна мрака»). Из него вытекают различные подземные реки, в т. ч. Гьёлль, которая течёт около хель (царства мёртвых). В X. падает влага с рогов стоящего на *Вальхалле* оленя Эйктюрнира (по «Младшей Эдде»).

ХЕ́БАТ, в хурритской мифологии богиня, «госпожа небес», супруга *Тешуба*. Имеет функции богини-матери, её дети — сын Шаррума, «бычок Тешуба» (в восточнохурритском пантеоне ему соответствует *Тилла*), дочери Аланзу и Кунзишалли. Служанка X. — Дарра-Дакита. В период Новохеттского царства отождествлялась с хеттской богиней солнца города Аринны (см. *Вурунсему*). Центр культа X. — сирийский город Халпа (современный Халеб). Самостоятельной роли в мифах не играет. В одной из табличек «Песни об Уилликумме» описывается тревога X. по поводу исхода битвы между Тешубом и *Уилликумме*. На рельефе из Язылыкая близ Богазкёя X. изображена стоящей на пантере, в длинной одежде и с круглой шапкой на голове. В глиптике встречаются изображения X., восседающей на троне. В урартском пантеоне X. соответствует супруга Тейшебы Хуба, генетически связанная с X. Высказывавшееся предположение о связи X. с библейской Евой (Хаввой) лингвистический анализ не подтверждает.   *М. Л. Хачикян.*

ХЕВА́ДЖРА («о, *ваджра!*»), в буддийской мифологии ваджраяны *идам*. X. олицетворяет мудрость и сострадание, по некоторым текстам («Хеваджратантра» и др.), он — первопричина всего бытия. X. считают эманацией *Акшобхьи* и обычно изображают с восемью лицами, шестнадцатью руками и четырьмя ногами. Его *праджня* Найратмя символизирует отсутствие эгоизма.   *Л. М.*

ХЕВИО́ЗО, Со, Со́гбо, в мифах фон андрогинное божество, громовник, глава пантеона богов грома. Иногда в мифах X. именуется Агболгу (на языке фон — «огромный баран»), так как может принимать вид барана (символ громовника). X. — хозяин неба, вершит верховный суд, так как знает нужды мира. Он посылает жару и дождь, убивает людей и разрушает дома, уничтожает деревья и поля; но вместе с тем дарует плодовитость людям, плодородие — полям. В пантеоне, возглавляемый X., входят его дети (ведающие молниями): Агбе (сын X. — по одной из версий мифа, что вызвано, по-видимому, стремлением к циклизации вокруг X. всех связанных с водой персонажей и явлений), Аден, Аколомбе, Аджаката, Гбвезу, Акеле, Алаза, *Гбаде*. Аден принял на себя роль старшего ввиду того, что Агбе не живёт на небе. Он посылает плодоносный дождь, он — страж плодовых деревьев. Аколомбе регулирует тепло и холод в мире, насылает град, повинен в разливе рек. Аджаката приносит сильный дождь, всегда спешит. Гбвезу всегда находится при X.; не приближается к земле и не убивает людей; его голос — отдалённое ворчание грома у горизонта. Акеле также не убивает; он держит верёвку дождя; его обязанность — забирать воду из моря, из которой затем делается дождь. Алаза живёт в лесу, где вершит суд; никто не входит туда без сопровождения жрецов. Алаза помогает искать воров. Алаза пришёл к людям, чтобы поведать им о царстве неба и царстве земли. Он обучил людей тому, как надо почитать X. (Со) и его детей.   *Е. С. Котляр.*

ХЕГНИ, Ха́ген (нем.), один из героев германо-скандинавского эпического цикла о *нибелунгах*. В эддических песнях и в «Саге о вёльсунгах» он — родной брат бургундского короля Гуннара, в норвежской «Саге о Тидреке» X. — сводный брат, рождённый их матерью — королевой бургундов от *альва*; в немецкой «Песни о нибелунгах» X. — старший вассал короля Гунтера (Гуннара). В эддических песнях X. трактуется как безупречный герой; он пытается отвратить Гуннара от убийства Сигурда, и, оказавшись в руках гуннского короля Атли, мужественно выдерживает мучительную казнь, смеётся, когда у него вырезают сердце. В «Саге о Тидреке» и особенно в «Песни о нибелунгах» X. наделён чертами демонизма, он — виновник убийства Зигфрида (Сигурда), наносящий ему предательский удар, поэтому он является главным объектом ненависти вдовы Зигфрида Кримхильды (Гудрун) (к тому же именно он утопил золотой клад Зигфрида в водах Рейна); он возглавляет борьбу бургундов с гуннами, завершающуюся гибелью бургундов и его самого. Когда X. и Гуннар оказываются в плену у Атли и тот требует от Гуннара выдачи клада нибелунгов, Гуннар, согласно эддической «Песни об Атли», ставит условием выдачи клада умерщвление X. В «Песни о нибелунгах» X. ставит подобное же условие Кримхильде и смеётся над ней, когда та приносит отрубленную голову Гунтера, после чего Кримхильда убивает и X.   *А. Я. Гуревич.*

ХЕД (др.-исл. «боец»), в скандинавской мифологии слепой бог (из *асов*), убийца светлого бога Бальдра (изложение мифа см. в ст. *Бальдр*). Убитый *Вали*, отомстившим за убийство Бальдра, X. в обновлённом мире (после *Рагнарёк*) оживает и примиряется с Бальдром. X. тесно связан с мифологией Одина («Младшая Эдда» называет его «сыном Одина»).   *Е. М.*

ХЕДА́ММУ, в хурритской мифологии чудовище, рождённое *Кумарби* и дочерью моря Шертапшухури. Фрагментарно сохранившийся миф рассказывает о ненасытности X., пожирающего людей и разрушающего города и страны. *Иштар* Ниневийской (Шавушке) удаётся покорить X. своими чарами.   *М. Л. X.*

ХЕДИ́ХАТИ («дающий полотно»), в египетской мифологии божество ткачества. X. покровительствует в основном изготовлению белого полотна для пелён мумий, значительна роль X. в культе мёртвых. Впервые появляется в источниках периода Среднего царства. Сначала изображался мужчиной, потом женщиной.   *Р. Р.*

ХЕ́ЙМДАЛЛЬ, в скандинавской мифологии бог из числа *асов*. Обозначается как «светлейший из асов», «предвидящий будущее подобно ванам»; его прозвища — «златорогий» и «златозубый», конь его — «золотая чёлка». X. — «страж богов» («Старшая Эдда», «сын девяти сестёр», «дитя девяти матерей» («Заклинание Хеймдалля» в «Младшей Эдде»). X. считается сыном Одина. Жилище X. называется Химинбьёрг («небесные горы») и локализуется «Младшей Эддой» вблизи моста Биврёст, соединяющего небо с землёй. Как страж богов, X. отличается острым зрением и слухом, его слух (по другому толкованию — рог) спрятан, как сообщается в «Прорицании вёльвы» («Старшая Эдда») под корнями мирового ясеня *Иггдрасиль* (возможно, там же, где глаз Одина). Перед концом мира (см. *Рагнарёк*) X. трубит в рог Гьяллархорн («громкий рог»), призывая богов к последней битве. В «Речах Гримнира» («Старшая Эдда») сообщается, что X. пьёт мёд (в «Младшей Эдде» из рога Гьяллархорн мёд пьёт *Мимир*, таинственный хозяин источника мудрости). В скальдических кеннингах (иносказаниях) меч называется головой X., а голова — мечом X. В «Младшей Эдде» сообщается о борьбе X. и Локи (принявших обличье тюленей) за драгоценность Фрейи — *Брисингамен* у камня Сингастейн. В битве перед концом мира X. и Локи снова сражаются и убивают друг друга. В «Прорицании вёльвы» люди называются детьми X., а в прозаическом вступлении к «Песне о Риге» («Старшая Эдда») X. отождествляется с Ригом — первопредком и культурным героем, отцом родоначальников трёх социальных групп — конунга, свободного крестьянина и раба.

Образ X. крайне труден для понимания из-за отрывочности информации и отсутствия связного мифа о нём. Учёные 19 в. считали «светлейшего из асов» персонификацией радуги (или млечного пути, небесного свода, зари, солярным или лунарным божеством и т. д.); его сравнивали как с Христом или архангелом Михаилом (трубит в рог), так и с различными «звериными» демонами — либо имеющими рога (козёл), либо воспринимаемыми как стражи (петух) или как духи дерева (дятел); была и попытка противопоставить X. как «бога начала» Локи как «богу конца», а также отождествить X. с каким-либо другим скандинавским богом — Тором, Видаром, Фрейром. X. считали также персонификацией мирового древа или мирового столпа. «Девять матерей» Х.— это «девять миров» (упоминаемых в «Прорицании вёльвы» «Старшей Эдды»). В солярной интерпретации, где Х. борется с Локи (в обличье тюленя) за драгоценность Фрейи — Брисингамен,— это иносказание солнца, солнечный бог рождается из моря и его девять матерей — волны и одновременно девять месяцев беременности моря солнцем; первопредки (Риг) — якобы всегда солнечные боги, меч Х.— солнечные лучи, а рог Х.— лунарный символ (как и глаз Одина). Наиболее вероятным представляется интерпретация Х. как стража богов и хранителя мирового древа, антропоморфной персонификацией которого он, возможно, и является. Не исключено, что рог Х. и прозвище «златорогий» первоначально связаны с его зооморфной ипостасью. С мировым древом связана и культовая община, откуда, возможно, и идёт представление о Х. как первопредке. Не исключён и дополнительный солярный символизм. Образ Х., трубящего в рог перед концом мира, скорее всего, обязан христианскому влиянию. *Е. М. Мелетинский.*

ХЕЙОКА, в мифах сиу-дакотов божество грома, покровитель охоты. Радостный Х. обильно проливает слёзы, удручённый — смеётся; зной действует на него, как стужа, и наоборот. По представлениям сиу, после грозы мир обновляется поэтому следует заранее приветствовать его весельем и, поступая наоборот, предупреждать несчастья. *А. В.*

ХЕЙТСИ-ЭЙБИБ, Хейгейн, Хейсеб, Хейсегейб, Кабип, Тсуи-Гоаб, Тиква, центральный персонаж в мифах готтентотов (нама, корана и др.), предок, дождедатель [бог (?) дождя], культурный герой, трикстер, имя Х.-Э. (Хейгейп, Хейсиб, Кабип), возможно, истолковывается как «имеющий вид дерева», «большое дерево».

Согласно мифам, от Х.-Э. произошли все готтентотские племена (его называют отцом наших отцов, отцом, нашим господином). По мифу нама, он сделал скалы и камни, из которых вышли предки готтентотов; по мифу корана, он сделал первого мужчину и первую женщину. Х.-Э. даёт дождь (когда гремит гром, говорят, что Х.-Э. бранит людей) и создаёт облака (считают также, что он живёт в облаках); заставляет траву расти, даёт плодовитость скоту. Х.-Э.— могущественный вождь и воин, завоевавший и уничтоживший всех своих врагов. Живёт на востоке, владеет множеством скота. Х.-Э.— великий колдун, он мудр и умеет предсказывать будущее; наделён магической властью, способностью перевоплощаться, проходить сквозь горы, через реки. Умирает и вновь воскресает; так, согласно одному мифу, после смерти он вернулся к жизни в виде быка, которого будили от травы, зачавшая его мать. Готтентоты показывают множество «могил» Х.-Э.; забрасывают их ветками, кусками шкур, камнями. По одной версии, Х.-Э. рождён девушкой, забеременевшей от сока травы, которую она жевала. Впоследствии он совершил инцест, вступив в брачные отношения с матерью. Х.-Э. убил множество злых чудовищ; одолел могучих львов, что повлекло за собой вражду между людьми и львами. Х.-Э. проклял льва, гиену, ястреба, отсюда — их дурной нрав. Х.-Э. установил обычаи и обряды готтентотов.

Имя Тсуи-Гоаб («раненое колено») Х.-Э. получил после битвы с другим вождём, Гаунабом (которого иногда отождествляют со смертью), убившим многих людей. Х.-Э. Сначала побеждал Гаунаб, но Х.-Э. становился после каждой схватки всё сильнее и, наконец, убил Гаунаба, ударив его за ухом. Умирая, Гаунаб успел стукнуть Х.-Э. по колену; с тех пор Х.-Э. стал хромым. Согласно варианту, битва между Х.-Э. (Тсуи-Гоаб) и Гаунабом повторяется ежегодно. По мифу нама, Х.-Э. живёт в чистом небе, Гаунаб — в тёмном; по мифу корана, первый живёт в красном небе, второй — в чёрном.

Существует также предположение, что Х.-Э. и Тсуи-Гоаб — два различных персонажа: Х.-Э.— трикстер, вокруг которого циклизуется множество мифов, а Тсуи-Гоаб (фигурирующий только в мифе о битве с Гаунабом) — бог дождя и демиург, пользующийся большим почитанием, чем Х.-Э.

Типологически Х.-Э. близок *Цагну* в мифологии бушменов. *Е. С. Котляр.*

ХЕКЕТ, в египетской мифологии богиня плодородия. Её священное животное — лягушка. Изображалась в виде лягушки или женщины с лягушкой на голове. Х. помогала роженицам (в этом качестве она сближалась с *Нехбет*), в загробном царстве — умершим. Подобно *Хнуму*, она сотворила людей. Изображения Х. часто помещали на саркофагах. *Р. Р.*

ХЕЛЬ, Нифльхель, в скандинавской мифологии царство мёртвых (в подземном мире) и хозяйка этого царства — одно из трёх хтонических чудовищ, порождённых великаншей Ангрбодой от *Локи*. Х. помещается под одним из корней ясеня *Иггдрасиль*. У врат Х. течёт река Гьёлль, мост через которую охраняет дева Модгуд. Одновременно (в горизонтальной проекции скандинавской пространственной модели) Х. помещается на севере («Младшая Эдда»). «Младшая Эдда» красочно описывает хозяйку мёртвых и её селения с высокими оградами и крепкими решётками. Она сама — наполовину синяя, наполовину — цвета мяса; она сутулится и имеет свирепый вид. Её палаты зовутся Мокрая морось. *Один* отправляется в Х. узнать судьбу своего сына *Бальдра*, а Хермод (брат Бальдра) — с просьбой отпустить того из Х. как подземное царство для мёртвых противопоставляется небесному царству мёртвых для избранных — Вальхалле. В битве перед концом мира (см. *Рагнарёк*) корабль мертвецов, ведомый Локи или великаном Хрюмом, плывёт к месту последней битвы, в которой мертвецы из Х. выступают на стороне хтонических сил, а павшие воины — эйнхерии из Вальхаллы — на стороне богов. *Е. М.*

ХЕЛЬГИ (др.-исл., «священный», «посвящённый»), герой скандинавской мифологии и эпоса. Согласно датским преданиям (сохранившим черты наиболее архаического образа Х.), Х.— отец легендарного конунга из династии Скьёльдунгов Хрольва Жердинки, родившегося от брака Х. с собственной дочерью; этот Х. близок мифологическому типу «предка», «родоначальника». В «Старшей Эдде» Х.— брат *Сигурда* (результат втягивания Х. в цикл вёльсунгов — нибелунгов). В эддических песнях и в сагах фигурируют, собственно, несколько Х., которые в «Старшей Эдде» частично сближены, однако в песнях осталось немало противоречий и расходящихся между собой мотивов.

В центре внимания эддических песней о Х.— его воинские подвиги (их главные мотивы — родовая месть, добывание невесты). Он побеждает и умерщвляет другого героя — Хундинга. Х. пользуется покровительством *валькирий* — богатырских девовоительниц, из их числа и его возлюбленная (Сигрун, Свава). Ряд признаков указывает на происхождение сказаний о Х. из богатырской сказки: детство героя (по одной версии, раннее возмужание, по другой,— запоздалое), ритуальное посвящение героя и наречение его именем, которое даёт ему дух-хранитель (у Х.— это валькирия, которая затем и защищает героя в битвах); героическое добывание невесты. Х. гибнет в бою с «кровными» врагами (по одной из песней, убийца Х.— сын убитого им конунга Хродмара, по другой,— брат Сигрун); вслед за героем гибнет и его возлюбленная Сигрун. Возможно, что Х.— культовое имя жреца; возлюбленная Х.— жрица, руководящая жертвоприношениями, а убийство Х., совершаемое копьём Одина, символизирует обновление королевской власти при посредстве ритуальной жертвы. Мотив смерти и вторичного рождения Х. и его возлюбленной отражает, возможно, представления об *эйнхериях* — павших в бою героях, и о хьяднингах, которых валькирии возрождают для новых битв. *А. Я. Гуревич.*

ХЕНИР, в скандинавской мифологии бог из асов. После войны асов и ванов (см. в ст. *Ваны*) его отдают ванам в качестве заложника («Младшая Эдда»). Х. вместе с Одином и Локи (Лодуром) участвует в оживлении древесных прообразов первых людей (см. *Аск и Эмбля*) и в истории с великаном Тьяцци (см. в ст. *Локи*). Согласно «Прорицанию

вёльвы» («Старшая Эдда»), Х. остаётся жить после гибели богов и мира (Рагнарёк) в обновлённом мире. В поэтических иносказаниях (кеннингах) Х. фигурирует как «сотрапезник, попутчик и собеседник Одина», «проворный ас», «длинная нога» и «блистательный (другое чтение — «глиняный», «водяной») конунг».
А. В.

ХЕ́НО, в мифах ирокезов бог грома и молний, покровитель плодородия. Представлялся в виде антропоморфного божества в одежде воина с пером, корзиной и громовыми стрелами за плечами, плывущим по небу на туче.
А. В.

ХЕНТИАМЕ́НТИ («первый из страны Запада», т. е. из царства мёртвых), в египетской мифологии первоначально бог Абидосского некрополя. Х. изображался в облике лежащей собаки. Его самостоятельное значение было невелико, имя Х. стало эпитетом бога *Анубиса*. В период Среднего царства, когда богом загробного царства стал *Осирис*, заменив Анубиса, эпитет Х. был перенесён на Осириса.
Р. Р.

ХЕНТИХЕ́ТИ, в египетской мифологии бог города Атрибис. Воплощался в образе сокола и отождествлялся с *Гором* (Гор-Хентихети). Участвовал в битве с *Сетом*. В эпоху XXVI династии (7—6 вв. до н. э.) иногда изображался в виде крокодила; другое воплощение Х. — бык. Сблизив быка-Х. с быком *Осириса Аписом*, египтяне создали синкретическое божество Осирис-Хентихети, атрибутами которого являлись белая корона (Осириса) и рога быка.

ХЕ́ПРИ («возникший»), в египетской мифологии бог солнца. Один из древнейших богов. Во многих текстах Х. называется утренним, восходящим солнцем (в отличие от *Ра* — дневного и *Атума* — вечернего). Как и другие солнечные божества, имел функции демиурга (но был подчинён Атуму). Воплощался в образе навозного жука, скарабея. Считалось, что Х. возник сам из себя («он возник в своём имени»), иногда его отцом называют «отца богов» *Нуна*. Отождествлялся с Атумом (Атум-Хепри в «Текстах пирамид» назван создателем *Осириса*), Ра, *Амоном*.
Р. Р.

ХЕРИШЕ́Ф («находящийся на своём озере»), в египетской мифологии бог города Гераклеополь. Изображался человеком с головой барана. Х. — владыка канала, соединяющего Нил и Файюмское озеро, он орошает землю и хранит истоки вод. Расцвет его культа относится ко времени правления IX—X династий (23—21 вв. до н. э.), столицей которых был Гераклеополь. В этот период он почитался как бог-творец, царь богов.
Р. Р.

ХЕ́РМОД (др.-исл., «мужественный»), в скандинавской мифологии сын *Одина* и брат Бальдра. Он скачет на коне Одина Слейпнире в царство мёртвых хель, пытаясь вернуть оттуда убитого брата (см. *Бальдр*).
Е. М.

ХЕРТ-СУРТ, у чувашей дух — покровитель дома и семьи. Образ Х.-с. нетюркского происхождения и связан, видимо, с мифологией финноязычного населения Восточной Европы. (Тождественные Х.-с. по функциям духи с близкими названиями почитались финноязычными народами Поволжья, например покровительница двора Кардаз-ава у мордвы.) Слово «сурт» в имени Х.-с., возможно, родственно русскому «чёрт». Считалось, что Х.-с. обычно невидим, а показываясь людям, принимает облик женщины или девушки в белом. Живёт Х.-с. на печке (по некоторым поверьям, на печке обитает мать Х.-с., Херт-сурт амаше, а сама Х.-с. живёт в конюшне). По ночам Х.-с. прядёт пряжу и просеивает муку, на конюшне заплетает косички в гривах любимых лошадей, ухаживает за скотом. Предчувствуя беду, Х.-с. стонет или стучит. Х.-с. не любит ссор и ругани в семье; если Х.-с. покинет нелюбимого хозяина, счастья в его доме больше не будет. Х.-с. у других тюркоязычных народов соответствуют тат. *ой иясе, йорт иясе*, башк. йорт эйяхе, карачаевск. юй ийеси. Ср. также домовых в мифологиях финноязычных народов Поволжья и восточных славян.
В. Н. Басилов.

ХЕРУВИ́МЫ, в иудаистической и христианской мифологии ангелоподобные существа-стражи. После изгнания богом Адама и Евы из рая Х. поставлен охранять пути к древу жизни (Быт. 3, 24). Охранительная функция Х. отмечена в культовой символике: бог велит увенчать крышку ковчега завета двумя золотыми Х. (Исх. 25, 18—22). В храме Соломона Х. призваны охранять содержимое ковчега — скрижали завета (3 Царств 6, 23—35; 8, 6—7). В одном из видений пророком Иезекиилем нового храма описываются двуликие Х., у которых с одной стороны лицо человеческое, а с другой — львиное (Иезек. 41, 18—19). Образ Х. имеет параллели с широко распространёнными на Ближнем Востоке образами антропоморфно-зооморфных существ с охранительной функцией, сочетающих черты человека, птицы, быка и льва: египетский сфинкс, с которым Х. сравнивал Филон, хеттские и греческие грифоны и особенно ассиро-вавилонские karūbu (аккад. «заступник»; с ними Х. могут быть сопоставлены и этимологически), представляемые в облике крылатых львов, быков с человеческими головами, охраняющих царские дворцы, храмы, священные деревья, сокровища и т. д. Под влиянием подобной образности оформились, несомненно, представления о Х. в той форме, в какой они появляются в *Иезекиила видении*, где они служат седалищем бога (ср. изображение Ахирама, царя Гебала, из Библа, восседающего наподобие Х., и аналогичные существа на алтарях из Таанаха и Медигго, а также некоторые ассирийские изображения, где такие существа поддерживают свод с троном божества. Представление о боге, восседающем на Х. (ср. 1 Царств 4, 4; Ис. 37, 16 и др.), формировалось под влиянием концепции местопребывания «славы божьей» над осенённым Х. ковчегом завета и святая святых храма; *Моисей* «слышал голос, говорящий ему с крыши, которая над ковчегом откровения между двух херувимов, и он говорил ему» (Чис. 7, 88). В видениях Иезекииля «слава божья» покидает храм и возвращается в него на Х. (Иезек. 10; 43, 2—5). Сближение со стихией воздуха [«И воссел (бог) херувимов и полетел, и понёсся на крыльях ветра» (Пс. 17, 11)] дополняется их тесной ассоциацией с огнём (ср.: «и вид этих животных был как вид горящих углей, как вид лампад; огонь ходил между животными, и сияние от огня и молния исходила от огня. И животные быстро двигались туда и сюда, как сверкает молния.» — Иезек. 1, 13—14, ср. 10, 2 и 7; 28, 14 и 16, а также образ Х. «с пламенным мечом обращающимся» из Быт. 3, 24).

Подобные иезекиилевым Х. образы покрытых очами животных, шестикрылых, как и серафимы, воспроизводятся в апокалиптическом видении Иоанна Богослова (Апок. 4, 6—8). Апокрифическая «2-я книга Еноха» описывает их как ангелов шестого и седьмого неба, вместе с серафимами поющих хвалу богу возле его престола (19, 6; 20; 1). Агадическая традиция представляет Х. как существа, созданные богом в третий день творения и вследствие этого аморфные и андрогинные, способные принимать разные обличья (Берешит рабба, 21), либо как первые, сотворённые богом существа. Мифология каббалы отводит им третье место в иерархии ангелов, ставя над ними начальником архангела Херувиила.
М. Б. Мейлах.

ХЕТА́ДЖИ ДЗУА́Р, в осетинской мифологии аграрное божество, посылающее урожай хлебных злаков, а также покровитель путников и воинов. Согласно легенде, Хетаг, сын кабардинского князя, преследуемый своими братьями-иноверцами, бежал в Осетию. Близ селения Суадаг неприятели начали настигать его, и Хетаг, собрав последние силы, приготовился отразить их нападение. В это время он услышал из ближайшего леса голос: «Хетаг, в лес, в лес!». Поскольку до леса было ещё далеко, Хетаг, видя, что не сможет добраться до него, попросил лес выйти к нему навстречу. И вдруг отделился участок леса на склоне горы Суадаг и накрыл Хетага. С тех пор этот лес носит имя Х. д. и считается святилищем. Х. д. почитали как мужское божество, чьё имя никогда не произносили женщины.
Б. К.

ХЕ́ТЕЛЬ И ХИ́ЛЬДА, Хе́дин и Хильд («мехом одетый воин» и «битва»), персонажи германо-скандинавского мифо-эпического сказания. Оно известно из немецкого эпоса «Кудрун» (нач. 13 в.), исландской скальдической поэзии («Песнь в честь Рагнара Кожаные Штаны» скальда Браги), «Младшей Эдды», «Деяний датчан» Саксона Грамматика и некоторых других источников.

Конунги Хёгни и Хедин побратались после того, как испытали силы друг друга и сочли себя в равной мере могучими. В отсутствие Хёгни Хедин похищает его дочь Хильд с её согласия. Отец отправляется в погоню и настигает беглецов на острове. Хильд предпринимает попытку примирить мужчин (больше для видимости), но не достигает успеха. В схватке гибнут и Хедин, и Хёгни, а вместе с ними и все их дружинники. Однако на следующую ночь Хильд с помощью колдовства пробуждает всех погибших, и они возобновляют бой, длящийся до утра. И эта борьба будет происходить еженощно, вплоть до конца света.

По одному из толкований, *Хёгни* (Хаген) — демон смерти. Он похитил Хильд, богиню плодородия, а юный бог Хедин её освободил. Согласно этой точке зрения, мотив возобновляющейся битвы погибших воинов вторичен, он привнесён в германский эпос на скандинавском севере. Хьяднинги, отряд Хедина, — боевой мужской союз, стоявший под властью и покровительством Одина, воспитавшего Хедина. Но Один выступает и на стороне демона Хёгни, даруя сражающимся одновременно и непобедимость, и гибель. Героический эпос о X. и X. возник, возможно, путём перетолкования мифа: миф и культ оптимистичны (бог Хедин побеждает демона — похитителя Хильд и освобождает деву), тогда как героические эпические песни проникнуты мрачным трагизмом (погибают и Хедин, и Хаген, а демонизированная Хильд пробуждает павших бойцов к новой битве). *А. Я. Гуревич.*

ХИЗКИЛ, в мусульманской мифологии персонаж, соответствующий библейскому Иезекиилю. Комментаторы относят к X. коранический стих о том, как аллах по своей воле умертвил, а потом оживил тысячи людей (2:244, ср. Иезек. 37, 1—10). По преданию, после гибели людей от чумы X. обратился к аллаху с мольбой о спасении и аллах оживил их всех. Некий X. появляется и в легендах о *Мусе*. Будучи одним из слуг *Фирауна*, он тайно помогает пророку. *М. П.*

ХИЙСИ (карельск. и финск.), хийс (эстонск.), Лембо, Лемпо, в прибалтийско-финской мифологии лесной дух, великан, чёрт. Первоначально X. — название священной рощи, в которой производились захоронения; там запрещалось ломать ветки, рубить деревья; ср. финск. Хиитола, эстонск. Хииделa — царство мёртвых, наряду с *Манала*. М. Агрикола (16 в.) упоминает X. как духа леса, приносящего удачу в охоте. В поздних финских мифологических сюжетах X. — привидение, дух умершего, появление которого предвещает смерть, или великан. Иногда X. считается покровителем или губителем скота. Его атрибуты — жеребёнок, лось: в рунах об охоте на гигантского лося X.-охотник не может догнать его даже на волшебных лыжах или упускает зверя, размечтавшись о шкуре. Наблюдается тенденция к употреблению имени X. как обозначения злого духа вообще. В эстонской мифологии производные имени означают «леший, лесной великан». *А. Ю. А.*

ХИКУ (у гавайцев), Хуту, Мата-ора (у маори), в мифах полинезийских культурный герой, к-рый из подземного мира принес на землю искусство татуировки, плетения и др., а также культурные растения. *С. П.*

ХИКУЛЕО, Сиулео, Икулео («страж нижнего мира»), в мифологии западных полинезийцев дух-страж и хозяин потустороннего мира (*Пулоту*). Ассоциируется с хтоническими силами; иногда причисляется к духам океана. По некоторым мифам, X. рождается от земных родителей, превращаясь в могущественного духа после смерти (или изгнания); по другим — появляется из сгустка крови, рождённого земной женщиной от союза с духом или приплывшего по океану «из ниоткуда». X. — людоед; по одной из версий, поедает своих братьев и сестёр, пока младший из них не прогоняет его в Пулоту. Оттуда X., когда возникает нужда, выходит сам на помощь своим родственникам или посылает свою дочь (дочерей) — покровительницу военных действий. Из нижнего мира X. направляет посланцев на землю за человеческим мясом; причина смерти человека — принесение его в жертву людоеду X. Стены дома X. в Пулоту выложены остекленевшими глазами её жертв. Посыльным у X. служит жёлтая птица (цвет смерти — жёлтый), обычно — попугай, иногда считающийся воплощением самого X. Воплощением X. выступает также морская змея [народная этимология имени X. — «оберегающий (свой) хвост»]. X. — хозяин культурных растений на земле. В определённый час X. направляется на землю; если люди его ублажили, он разрешает своим растениям плодоносить.

X. соответствуют у маори — Pay-а-мако, у фиджийцев — Рату-маи-мбулу. *М. С. П.*

ХИМАВАТ (др.-инд., «снежный»), Химала́й, в древнеиндийской мифологии бог, персонифицирующий вершину Гималаев, обитель *ракшасов*, *пишачей* и *якшей*. X. был мужем апсары *Менаки* (Мены), от которой имел сына Майнаку (единственного из горных пиков, оставшегося крылатым, после того как *Индра* отрезал у гор крылья) и дочерей *Парвати*, жену *Шивы*, и *Гангу*. *П. Г.*

ХИМЕРА, в греческой мифологии чудовище, рождённое Эхидной и Тифоном, опустошавшее страну. X. — тератоморфное существо с тремя головами: льва, козы и змеи. У неё туловище: спереди — льва, в середине — козье, сзади — змеи. Она изрыгает пламя (Hes. Theog. 319—324). Была убита *Беллерофонтом*, поднявшимся в воздух на крылатом Пегасе (325; Apollod. I 9, 3) и тем самым выполнившим волю ликийского царя Иобата (Hom. Il. VI 179—182). *А. Т.-Г.*

ХИНА («белая»), Хи́не, Си́на, Йна, в полинезийской мифологии первая женщина. В некоторых мифах X. — богиня жизни и смерти. Существует миф о том, как X., плавая на лодке, достигла луны и осталась там жить; в некоторых мифах луна называется Хиной. Чаще всего X. связывается с небесным мифом — живёт на нижнем небе, откуда следит за женскими ремёслами, которым она покровительствует. В редких версиях домом X. называется подземный мир. Различно определяются мифами родственные и брачные отношения X.: жена *Тане*, жена жреца *Каэ*, сестра или мать, реже жена *Мауи*; согласно наиболее распространённым версиям, X. — возлюбленная или жена *Тинирау* (реже — его сестра, невестка, мать). Сюжет сватовства Тинирау к X., её ссора со старшими его жёнами (от которых её защищает брат Рупе, принимающий вид голубя), изгнания X. с ребёнком в лес и последующего примирения супругов имеет сказочный характер. *Е. М.*

ХИОНА, в греческой мифологии: 1) дочь Борея и Орифии, внучка афинского царя Эрехфея, сестра Клеопатры и Бореадов — Калаида и Зета (Apollod. III 15, 2). От Посейдона родила сына Эвмолпа. Боясь гнева отца, X. бросила ребёнка в море, но его спас Посейдон и перенёс в Эфиопию (III 15, 4); 2) дочь царя Дедалиона, родившая одновременно *Автолика* от Гермеса и певца Филаммона — от Аполлона. Была убита Артемидой за то, что, бахвалясь, утверждала, что она красивее богини (Ovid. Met. XI 291—345; Hyg. Fab. 200); 3) мать Приапа, которого родила от Диониса (Schol. Theocr. I 21). *М. Б.*

ХИОУ, Фио́у, О́у, Ио́у, в мифах микронезийцев Каролинских островов ленивый герой, пользующийся благосклонностью духов, посылающих ему лучшие кушанья, плетения, строящих для него дом и т. д. В ряде мифов X. — брат *Иолофата*, противопоставляется ему как глупый и бездеятельный умному и деятельному (реже как неудачливый герой удачливому). *М. С. П.*

ХИРАНЬЯГАРБХА, в древнеиндийской мифологии яйцеобразный золотой зародыш, плававший в космических водах и давший начало вселенной. X. — ядро одной из ранних концепций творения. В ряде случаев отождествляется с солнцем. В «Ригведе»

(X 121) X.— первоначальная форма *Праджапати* (ср. также X 129; AB X 7, 28). В брахманах, упанишадах, эпосе версия X. получает дальнейшую конкретизацию: из хаоса выделяются воды, породившие огонь — X.; через год из него возникает *Брахма*. Концепция X. даёт начало теме космического яйца в классическом индуизме.   В. Т.

ХИРАНЬЯКАШИПУ (др.-инд., «имеющий золотую одежду»), в индуистской мифологии царь *асуров*, сын *Кашьяпы* и *Дити* и брат-близнец *Хираньякши*. Согласно распространённому в эпосе и пуранах мифу, X. не мог быть убит ни человеком, ни животным, ни оружием, ни голыми руками, ни днём, ни ночью, ни внутри дома, ни вне его. Благодаря этому дару *Брахмы* X. захватил власть над тремя мирами, подчинил себе богов и поселился во дворце *Индры* на небе. Чтобы избавить богов от тирании X., *Вишну* воплотился в нарасинху — получеловека-полульва (см. в ст. *Аватара*). X. преследовал своего сына *Прахладу*, ревностного почитателя Вишну, заточил его в темницу, пытался убить и т. п. Согласно одной из версий мифа, однажды в споре с Прахладой, X. стал утверждать, что Вишну не вездесущ, поскольку его нет в дворцовой колонне, и презрительно ударил по колонне мечом. В тот же момент из неё вышел Вишну в виде нарасинхи и растерзал X. когтями (Бхаг.-пур. VII 1—8; Вишну-пур. I 17—20 и др.).   П. Г.

ХИРАНЬЯКША (др.-инд., «имеющий золотой глаз»), Хираньянетра, Хираньялочана, в индуистской мифологии могущественный *асура*, сын *Кашьяпы* и *Дити* и брат-близнец *Хираньякашипу*. X., согласно распространённому мифу, был непримиримым врагом богов и, желая показать им свою силу, стащил землю на дно мирового океана (по другому варианту, земля сама погрузилась в океан, не вынеся бремени живых существ). Боги обратились за помощью к *Вишну*, тот воплотился в вепря (см. в ст. *Аватара*), поднял землю вверх на своих клыках, а X., пытавшегося помешать ему, убил после тысячелетней битвы. Борьба Вишну в аватаре вепря с X., по-видимому, является пураническим вариантом к космогоническому в своей основе мифу об «извлечении» земли из первичных вод (Мбх. III 141; Вишну-пур. I 4; Бхаг.-пур. III 13—19; Вараха-пурана 113—115 и др.).   П. Г.

ХИРОН, в греческой мифологии *кентавр*, сын Кроноса и океаниды Филиры (Apollod. I 2, 4), втайне от Реи сочетавшихся в браке. X. родился полуконём-получеловеком, так как Кронос, застигнутый Реей, принял вид коня (Apoll. Rhod. II 1231—1241). X. (как и Фол), в отличие от других кентавров, выделяется мудростью и благожелательностью и является воспитателем героев (Тесея, Ясона, Диоскуров); как лекарь обучал врачеванию Асклепия. Имя X. указывает на искусные руки (греч. cheir, «рука»). При отъезде аргонавтов маленький Ахилл находится на руках X. и его супруги (Apoll. Rhod. I 552—558). Самого Пелея X. научил, как овладеть Фетидой, меняющей свой облик. Он подарил Пелею знаменитое копьё из пелионского ясеня (Apollod. III 13, 5). Изгнанный *лапифами* с Пелиона, X. поселился вблизи мыса Малеи, где и был нечаянно ранен отравленной ядом лернейской гидры стрелой Геракла, сражавшегося с кентаврами. Страдая от неизлечимой раны, бессмертный X. жаждет смерти и отказывается от бессмертия в обмен на освобождение Зевсом *Прометея* (II 5, 4; эта связь X. с Прометеем не ясна, ибо Прометей столь же бессмертен, как и X.; в данном случае у позднего мифографа Аполлодора несомненно переосмысление Прометея, как получившего бессмертие именно от Зевса). X. наделён чертами архаического миксантропического божества, причём свой род ведёт не по отцу Кроносу, а по матери Филире с её явно вегетативным происхождением (греч. «Филира», «липа») и обычно именуется Филиридом. X. принадлежит к числу тех архаических божеств, которые вступили в союз с героическим миром, но вместе с тем вынуждены были невольно погибнуть от руки героев.   А. А. Тахо-Годи.

ХКУН ХСАНГ Л'РЕНГ, в мон-кхмерских мифах ва (северо-восточная Бирма) герой. Претворял на земле волю небесных божеств. Основное его деяние в том, что он расколол две гигантские тыквы, для того чтобы первоначальные существа Ятаун и Ятай позволили ему жениться на их дочери-тигре. Согласно одному из вариантов мифа, эти тыквы выросли из семян той тыквы, которую небесное божество дало съесть Ятаун и Ятай, чтобы они познали любовную страсть.

После этого у них и родилась дочь. С помощью волшебного меча X. X. Л. расколол первую тыкву. Из неё вышли краб и заяц. Где X. X. Л. бросил краба, образовалось озеро, очень чтимое ва. На его берегах стоит город Мыонгмай. X. X. Л. сделал затем страну ва богатой металлами и солью. Из второй тыквы вышли четыре группы народов, питающихся рисом, кукурузой, мясом и кореньями. Это были предки ва, шанов, каренов и других народов северной и восточной Бирмы. Один из потомков самого X. X. Л. вступил в брак с *нагой* и был отцом короля-тигра, основавшего город Вингмай. С циклом мифов народа ва о тыкве, тигре, Ятаун и Ятай оказались связанными образы индуизма и буддизма. Буддисты считают X. X. Л. *бодхисатвой*.   Я. В. Чеснов.

ХЛИНЕУ, в мифологии чинов Бирмы и кьенгов Бирмы и Бангладеш женское божество. В начале мира, после того как появились солнце, луна и звёзды, земля породила X. Та отложила сто яиц, высидела их, и вышло из них сто основателей народов земли. После этого у неё появилось расписное яйцо. X. долго любовалась им, но высиживать не захотела, а решила предоставить его судьбе. Вода с крыши дома смыла яйцо в реку, там оно застряло в корнях дерева. Птица *Ашну* нашла его и высидела. Из него вышли брат и сестра. Они разошлись в разные стороны. Брат женился на собаке, а сестру унёс медведь. Пчела привела сестру к брату. Они попросили у X. разрешения жениться. За это они обязаны были сделать жертвоприношение, посвящённое собаке. С тех пор существует обычай чинов и кьенгов приносить в жертву духам собаку.   Я. Ч.

ХМОЧ КЕНТУ, у банаров и других народов Центрального Вьетнама муравей, давший рис. Событие связано с потопом, вызванным тем, что ворон (или коршун) обидел краба. В барабане спаслись брат и сестра, от которых впоследствии произошли люди. У брата и сестры был только варёный рис. После потопа муравей принёс им два зерна (или колос). Рис, выросший из них на следующий день, был огромного размера. Одного зерна хватало на обед. Растения не возделывали; созрев, они сами мчались в амбары. Так было до тех пор, пока женщина по имени Со Крок не прогнала рис в поле. Образ муравья, давшего людям рис, встречается в мифологии других народов Индокитая.   Я. Ч.

ХНУМ, в египетской мифологии бог плодородия. Центр его культа — остров Элефантина, но X. почитался во всём Египте, а также в Нубии. В древности изображался в виде барана с закруглёнными горизонтальными рогами, затем — в виде человека с головой барана. Отец X. — *Нун*, дочь — *Ануке́т*. Его жёнами считались *Менхит, Сатис, Нейт, Небтуи*. X. помогал при родах, он создал из глины на гончарном круге человека, его духовного двойника — *ка*, имел власть над человеческой судьбой. В греко-римский период X. — демиург, создавший на гончарном круге весь мир. X. считался подателем воды, хранителем истоков Нила (его эпитет — «владыка катарактов», т. е. порогов Нила), как бог войны он отражает нападения врагов. Поскольку слова «баран» и *ба* по-египетски звучали одинаково, X. считался воплощением душ многих богов (напр., *Геба, Шу, Осириса, Ра*). Как демиург сближался с *Птахом*, отождествлялся с *Амоном, Ра, Себеком*.   Р. Р.

ХО БУ («управа огня»), в поздней китайской даосской мифологии одна из небесных управ, в которой служат все божества огня (*Хо-шэнь*). Главой этой управы считается Ло Сюань, имеющий титул Ходэ синцзюнь («государь звезды Огня», т. е. планеты Марс). Его помощниками выступают 5 божеств: Чжу Чжао, Гао Чжэнь, Фан Гуй, Ван Цзяо и Лю Хуань, первые четыре — божества звёзд, а 5-й имеет титул Цзехо тяньцзюнь («принимающий огонь небесный государь»). К Х. б. относят также духа Чи-цзинцзы, древнейшего бога огня *Чжужуна*, а также некоторых местных божеств огня, почитавшихся древними китайцами, например Хуэйлу, которому приносили жертвы и которого иногда отождествляют с неким У Хуэем, младшим братом Чжужуна. К этому же ведомству относятся ещё *Се-тянь-цзюнь* и братья Чун и Ли, внуки мифического государя Чжу-аньсюя.

Считается, что глава Х. б. Ло Сюань — даос, именуемый также Яньчжун-сянь («бессмертный из пламени»), происходит с острова Холундао («огненного дракона»). Его представляют трёхглазым с красными волосами и красной бородой, кроваво-красным лицом, страшными стальными клыками, в ярко-красной одежде, украшенной изображениями *ба гуа*. Его боевой конь красной масти изрыгает огонь.

В позднесредневековых преданиях, изложенных в фантастической эпопее «Возвышение в ранг духов» (16 в.), Ло Сюань воюет на стороне Инь Цзяо — сына последнего правителя династии Инь Чжоу-синя (11 в. до н. э.). Он обладает способностью во время боя превращаться в шестирукого и трёхглазого исполина, причём в каждой руке его оказывается магическое оружие: небесная печать, огненное колесо пяти драконов, кувшин десяти тысяч огненных воронов, трубка (?), с помощью которой можно насылать облака и дым, а в двух руках по летающему клинку, испускающему огонь и дым.

Ло Сюань являет всё своё магическое искусство в битве при городе Сици, но прибывшая на помощь кудеснику Цзян-тайгуну дочь *Си-ванму* принцесса Лунцзи насылает дождь, окончательно добивает его появившийся *Ли-тяньван*. Лю Хуань, один из пяти помощников Ло Сюаня, изображался с жёлтым лицом, в чёрном одеянии.

По некоторым другим источникам, Ходэ синцзюнь — это дух древнего божества юга *Янь-ди*, в свою очередь отождествляемого с *Шэнь-нуном*. Ходэ синцзюню приносили жертвы как богу огня, моля избавить от пожара. Дух Чи-цзинцзы («красный дух») рассматривается в даосской космогонии как воплощение огня. Считается, что он родился на юге на горе Шитан, у него красное тело, красные волосы и борода, на нём одежда из красных листьев (в одежде из листьев позднесредневековые китайские художники изображали большинство первопредков). Согласно «Шэнь-сянь тунцзянь» («Зеркало бессмертных»), он добыл огонь (трением?) из шелковицы и этот огонь в соединении с водой дал жизнь росткам земной жизни. *Б. Л. Рифтин.*

ХОГУКСИН, в корейской мифологии духи — защитники страны. У древнекорейских племён было распространено поклонение Х. У племён йе и мэк олицетворением Х. был медведь (ком). Культ Х. приобрёл общегосударственный характер со времени Объединённого Силла (7 в.). Считалось, что в Х. превращались души знаменитых полководцев, государей, мудрецов. В шаманской мифологии в роли Х. выступают стражи небесного мира — Чхонсинджан. *Л. К.*

ХОДЭРИ, Ходэ́ри-но мико́то (др.-япон., условно: «бог-светящий огонь»), в японской мифологии божество, рождённое в браке *Ниниги* с Коно-хана-Сакуя-химэ. Имя этого бога связано с обстоятельствами его рождения: услышав от жены, что она собирается произвести на свет дитя, Ниниги заподозрил, что отец ребёнка не он, а земной бог, «потому что Сакуя-химэ затяжелела за одну ночь». В доказательство того, что будущий ребёнок — дитя потомка небесных богов, Сакуя-химэ разрешается от бремени в покоях, объятых огнём. На свет появляются три божества: Х., Хосусэри-но микото (линия этого бога не получает развития в мифах) и *Хоори*. Х. становится рыбаком, а Хоори охотником. Между Х. и Хоори разгорелась борьба. Хоори одержал верх над Х., отводя воду с его заливных полей и заливая водой его суходольные поля («Кодзики», св. I, «Нихонги», св. II, «Эпоха богов», окончание). В «Нихонги» Х. выступает под именем Хо-но Сусори-но микото, считается предком племени хаято.

В мифе о братьях-богах можно видеть отражение межплеменной борьбы, а также древний фольклорный сюжет о борьбе двух братьев — старшего и младшего, один из которых связан с морем, рекой, водой, а другой — с землёй, лесом, встречающийся в мифологии многих народов мира. *Е. М. Пинус.*

ХОЖДЕ́НИЕ БОГОРО́ДИЦЫ ПО МУ́КАМ. Апокрифическое сказание о посещении девой Марией места мучения грешников. «Хождение богородицы по мукам», или «Апокалипсис пресвятой богородицы» воплотило некоторые эсхатологические представления средневекового христианства. Согласно версии, восходящей к греческим рукописям 9 в. и получившей особенно широкое распространение (древнейший русский список относится к 12 в.), богородица, войдя на Масличную гору (место Гефсиманского сада), обратилась к Христу с молитвой, желая узнать и увидеть, какие есть муки и сколько их. Посланный Христом архангел Михаил являет богородице ад и несказанные мучения, постигшие повинных в тяжких прегрешениях. Это зрелище повергает богородицу в великую скорбь, и, представ перед престолом небесного отца, она со слезами просит Христа помиловать грешников. Но лишь после того как к молитве её присоединяют свои голоса все ангелы и праведники, мучимым за грехи даруется — ради слёз богородицы — послабление: с этих пор на время со дня Воскресения (христианской Пасхи) и до Пятидесятницы (день празднования Троицы) они избавлены от мучений. (Мотив возможного послабления мучающимся до свершения Страшного суда возникает очень рано.) Сказание о Х. б. по м. использовалось также в назидательных целях, являя устрашающий перечень всевозможных прегрешений и соответствующих им мук. Картина «места мучного», предстающая в этом сказании, в общих чертах соответствует евангельскому образу геенны огненной и «мук геенских»: огня неугасимого, тартара лютого, червя неусыпного и тьмы кромешной,— понятых с живописной конкретностью. Идея иерархического строения ада, столь важная для западного средневековья и нашедшая завершающее воплощение у Данте, едва прослеживается в звучащих рефреном словах архангела Михаила, обращённых к Марии: «Ты ещё не видела великих мук». *О. Е. Нестерова.*

ХО́ЛЬДА, фра́у Хо́лле, Перхта, Берта, в германской низшей мифологии рождественский персонаж. Старуха-ведьма (у южных немцев, австрийцев), проносящаяся в новогодние ночи по небу во главе *дикой охоты* (ср. олицетворения зимы и смерти типа славянской Марены, а также обычай «жечь фрау Холле» — разжигать новогодний огонь), или, напротив, добрая женщина в белых одеяниях, разносящая подарки хорошим людям и наказывающая плохих, особенно нерадивых прях (ср. австрийских ряженых — «красивых и ужасных перхт» с зооморфными чертами, «матушку Метелицу» нем. сказок). Х.— покровительница младенцев, умерших некрещёными. Реликты древнего образа божества природы — связь Х. с источниками, по некоторым поверьям, она обитает, и атмосферными явлениями: когда Х. выбивает перину — идёт снег, когда после долгих дождей появляется солнце — Х. сушит своё покрывало и т. п. Ср. также *Бефану*. *М. Ю.*

ХОМПОРУ́УН ХОТО́Й («горбоносый орёл»), в якутской мифологии покровитель птиц, отец орлов, прародитель ряда якутских родов, божество, относящееся к разряду *айы*. В среднем мире Х. х. появляется в виде тёмно-сизого орла. Согласно мифам, Х. х. наказывал тех, кто убил орла или непочтительно к орлам относился. Х. х. сводил виновника с ума или насылал неизлечимые кожные болезни и т. п. Человек, спасший орла от гибели, мог получить от Х. х. «камень счастья», дающий богатство и благополучие. Иногда Х. х. даровал людям скот тёмно-сизой масти, а бездетным женщинам — души детей. *Н. А.*

578 ХОНСУ

ХОНСУ («проходящий»), в египетской мифологии бог луны, сын *Амона* и *Мут*. Имел также функции бога времени и его счёта. Центром культа X. были Фивы, где (в Карнаке) находился его главный храм. Изображался юношей с серпом и диском луны на голове, иногда — как бог-ребёнок с пальцем у рта и «локоном молодости» (который мальчики носили сбоку головы до совершеннолетия; в этом случае часто смешивался с *Гор-па-хердом*). Отождествлялся с *Тотом* (Хонсу-Тот), Яхом (Хонсу-Ях), *Себеком*. Как эпитет к его имени часто присоединяли имя бога луны *Неферхотепа*.
Р. Р.

ХООРИ, Хо́о́ри-но микото (др.-япон., «бог, пригибающий огонь» или «ослабевающая сила огня»), Амацу-хитака-хикохо-ходэми-но микото («некто, поднявшийся до высот»), в японской мифологии божество. Согласно «Кодзики» и «Нихонги», его отцом был *Ниниги*, а матерью — Конохана Сакуя-химэ (Каму-атацу-химэ). Как и его старший брат *Ходэри*, X. рождается в покоях, объятых пламенем (с чем и связано его имя). Однажды X.-охотник предлагает брату-рыбаку поменяться занятиями. Ходэри отдаёт ему свой рыболовный крючок, но X. не удаётся поймать ни одной рыбёшки, и в довершение всего он роняет крючок в море. Ходэри отказывается взять взамен предложенные ему пять сотен других крючков. С помощью морского божества *Сиоцути* X. попадает во дворец морского царя Ватацуми-но ками (см. *Ватацуми-но куни*). Он женится на его дочери Тоётама-бимэ. Ватацуми-но ками находит крючок в одной из рыбьих глоток и вручает его X., а также дарит ему две жемчужины, управляющие приливом и отливом. Ходэри, получив заколдованный крючок, становится всё беднее и беднее и, наконец, решает убить X., в котором он видит виновника своих несчастий. В борьбе со старшим братом X. прибегает к помощи волшебной жемчужины, но в последний момент, когда Ходэри едва не тонет, настигаемый приливом, дарует ему жизнь, и тот клянётся ему в вечной покорности. Между тем Тоётама-бимэ должна родить сына. Она просит X. построить для неё на берегу моря специальные покои и не смотреть на неё во время родов. X. нарушает запрет жены, и та принимает свой первоначальный облик морского чудовища и, оставив мужа и сына, возвращается в море. Сын X. и Тоётама-бимэ, согласно мифической генеалогии, был отцом первого японского императора *Дзимму-тэнно*. Миф о двух братьях, рыбаке и охотнике, во многом напоминает народную сказку об *Урасима* из Мидзуноэ.
Е. К. Симонова-Гудзенко

ХОРАЛДАР, Хуарелдари (дигорск.), в осетинской мифологии божество урожая; в нартском эпосе X. — хлебодержец, небожитель, живёт в доме бога; у аланов был известен под именем Зегиман — бог хлебов. В фольклоре X. на двух бычках (чёрном и белом), подаренных ему *Фалвара*, вспахал все пахотные угодья осетин.
Б. К.

ХОРИДОЙ, Хо́ри-мерге́н, в бурятских мифах прародитель хоринских бурят. Согласно мифу, однажды бродивший по острову Ольхон охотник X. увидел, как три спустившихся на берег озера лебедя превратились в трёх девиц и стали купаться в озере. X. похитил лебединое одеяние одной из них, и она не смогла вновь превратиться в лебедя и улететь вместе со своими подругами. Оставшись на земле, девица-лебедь (именовалась Хабоши-хатун) вышла замуж за X. и родила ему одиннадцать сыновей, от которых пошли одиннадцать хоринских родов. Когда X. и его жена состарились, она попросила у него своё старое лебединое одеяние, чтобы его примерить. Переодевшись, Хабоши-хатун превратилась в лебедя и через дымовое отверстие юрты улетела. X., чистивший в это время котёл, попытался удержать жену. Он схватил птицу за лапы рукавицей, перепачканной сажей, но Хабоши-хатун вырвалась. С тех пор у лебедей чёрные лапы. С мифом связан обычай хоринцев брызгать вверх чаем и молоком, когда пролетают лебеди; по-видимому, он восходит к тотемическому почитанию лебедя хоринцами; однако существует мнение, что миф — позднего происхождения, возник лишь для мифологического обоснования выделения хоринцев из состава баргутов в самостоятельную группу. X. — олицетворение племени хори и титул его предводителей на протяжении многих поколений.
Н. Ж.

ХОРМУСТА, Хормуста-тéнгри, Хормуста-хан, Хурмáст, Хан Хюрмáс (Тюрмáс, Хирмýс, Хирмáс, Хёрмос)-тéнгери (бурят.), Курбýсту (тувинск.), Уч Курбýстан, Курбустáн-аакáй (алт.), Хормýсда (маньчж.), в мифах монгольских народов верховное небесное божество. Восходит к согдийскому Хурмазта (см. в ст. *Мазда*), который при принятии согдийцами буддизма был отождествлён с Шакрой (*Индра*), возглавляющим сонм 33 небесных богов. Хурмазта (Хурмуста) был воспринят средневековыми уйгурами-буддистами и затем (не позднее 15 в.) — монголами.

В ламаистской космологии X. — главный среди 33 *тенгри*, пребывающих на вершине *Сумеру* и ведущих постоянную войну с *асурами*. Ему подчинены также четыре махараджи — хранители сторон света (*локапалы*); он — покровитель земли, всего видимого мира и обитающих в нём живых существ (по некоторым представлениям, его лоб украшает золотой диск в виде луны).

В средневековье X., очевидно, быстро сливается с центральным небесным божеством государственного шаманистского культа — Вечным небом (см. в ст. *Тенгри*), вплоть до полного отождествления (Хормуста-тенгри иногда осмысляется как «небо»), и в таком качестве он фигурирует как отец (или создатель) *Чингисхана*. X. — небесный отец Гесера, по повелению *Шакьямуни* посылающий своего сына на землю. В монгольских шаманских призываниях X. — глава 33 или 99 тенгри; по некоторым версиям, он участвовал в творении верховных небесных богов. В поздних преданиях X. иногда выступает в роли демиурга. С природой небесного божества связаны его функции громовержца. Согласно сказочно-эпической мифологии, X. — владыка верхнего мира (в одной шаманской легенде описывается как старец, имеющий синюю шёлковую шубу), отец многочисленного семейства. В бурятской мифологии X. — глава добрых западных 55 тенгри (версия балаганских бурят), а также повелитель тёплых дождей, необходимых для травостоя, покровитель кузнечного ремесла. Помимо тенгри, ему подчинены их дети и внуки (ханы, эжины, заяны). Оружие бурятского X.: копьё из чёрного дерева, серебряный колчан со стрелами и жёлтый бухарский лук в серебряном футляре, петля с 13 узлами, кнут с 88 узлами и 99 пуговицами. Его воинское облачение составляют три слоя доспехов; на голове шлем в виде белой шапки, лучезарный, как звезда. Ездит X. на тёмно-гнедом коне величиной с гору.

С X. связан ряд сюжетных линий в бурятском эпосе о Гесере: X. борется с Ата Улан-тенгри, главой злых восточных тенгри, из-за обладания Саган Себдеком, нейтральным божеством, не примыкающим ни к западным, ни к восточным тенгри; он посылает на землю своего сына (в земном перерождении — Абай Гесер Богдо), который сражается со злыми силами, возникшими из тела низвергнутого на землю Ата Улана. В результате модификации формы «Хормустан» появляется божество Уч Курбустан (уч — «три» вместо исходного 33) у алтайцев, функционально сходное с *Ульгенем*, но в отличие от него встречающееся прежде всего не в шаманской мифологии, а в повествовательно-фольклорных сюжетах. Уч Курбустан фигурирует то как один персонаж, то как трое небесных владык (иногда — три брата, восседающие на трёх золотых престолах); урянхайское поверье называет их: Эрлик-хан (вопреки обычному отнесению этого персонажа к нижнему миру; см. *Эрлик*), Орус-хан («русский царь») и Эджен-хан («государь-владыка» — китайский император). Теонним Хормос, который у алтайцев приобретает форму «кöрмöс», становится термином для обозначения обширной категории шаманских духов — злых, тёмных, нечистых; демонов преисподней, обитающих в нижнем мире, а также духов предков (напр., алт. кан адалар körмöс — духи предков по мужской линии).

С. Ю. Неклюдов, Н. Л. Жуковская.

ХОРОН, в западносемитской мифологии бог. В угаритских мифах предстаёт как защитник царской власти (так, *Карату* призывает на своего взбунтовавшегося сына Иаццибы гнев Х., выступающего в паре с *Астартой*) и изображается в виде коршуна. Согласно египетским источникам, отражающим палестинско-ханаанейские представления, Х., очевидно, является богом подземного мира. Почитание Х. глубоко укоренилось в ханаанейской среде; поклонение этому богу было засвидетельствовано в палестинском городе Иамния ещё в эпоху эллинизма (ср. сохранившееся название местности Хауран по имени Х.).
И. Ш.

ХОРС, др.-рус. Хърсъ, древнерусское божество т. н. Владимирова пантеона. Согласно наиболее ранней версии (в «Повести временных лет» под 980) Х. почитался в Киеве наряду с другими богами; идол Х. стоял на холме, здесь же совершались жертвоприношения. Есть мнение, что имя Х. в этом списке было введено позже редактором летописного свода игуменом Никоном (умер в 1088 или 1089), который узнал об этом божестве во время своего пребывания в Тьмутаракани (стоящее по соседству имя Дажьбога в этом случае могло бы пониматься как пояснение имени Х.). Х. упоминается в апокрифе «Хождение богородицы по мукам» («...Трояна, Хорса, Велеса, Перуна на богы обратиша»), в «Слове о полку Игореве» (в отрывке о князе Всеславе, который «...самъ въ ночь влъкомъ рыскаше: из Кыева дорискаше до куръ Тмутороканя, великому Хръсови влъкомъ путь прерыскаше»), в различных сочинениях церковной литературы, направленных против языческих пережитков (ср.: «и вѣроують въ Пероуна и въ Хърса», «Слово некоего христолюбца»; «тѣмъ же богомъ требоу кладоуть... Пероуноу, Хърсу»..., «Слово о томъ, како погани суще языци кланялися идоломъ»; «мняще богы многы, Перуна и Хорса», «Слово и откровение св. апостолъ»; «два ангела громная есть: елленский старецъ Перунъ и Хорсъ жидовинъ», «Беседа трех святых» и др.), а также в ещё более поздних источниках. Показательны трансформации имени Х. в текстах Куликовского цикла, где Х. относят к богам, почитаемым «безбожным» Мамаем (Гурсъ, Гуркъ, Гусъ). В большинстве списков Х. соседствует с Перуном (небесные боги, соотносимые соответственно с солнцем и громом/молнией); Х. выступает также в сочетании с Дажьбогом, что также обычно интерпретируют как их принадлежность к солярным божествам. Вместе с тем существует точка зрения, согласно которой Х. связан не с солнцем, а с месяцем, в доказательство чего приводят мотив оборотничества Всеслава (связь волка с месяцем подтверждается многими примерами, ср. волкодлаки). За пределами Руси у других славян он неизвестен (существует ст.-сербское собственное имя Хрсь). Несомненно восточное происхождение этого божества, попавшего на Русь через сарматские (и/или тюркские) влияния. Об иранском источнике Х. можно судить по персидскому обозначению обожествлённого сияющего солнца — Xuršēt, в конечном счёте восходящему к авест. hvarə xšaētəm (см. *Фарн*; в связи с этим обозначением солнца упоминается его путь, что соответствует образу пути Хорса в «Слове о полку Игореве»). Этот же иранский мифологизированный образ вошёл в пантеон ряда других народов: ср. обско-угорское божество солярного круга Корес, Курес, Кворес и его сына *Мир-сусна-хума* или Шорни пос, «золотой луч»; показательно, что обычное в списках богов сочетание Перун — Хорс также могло бы быть соотнесено с парным теофорным именем у обских угров Нуми-Кворес (см. *Нуми-Торум*).
В. В. Иванов, В. Н. Топоров.

ХОСЕДЭМ (кет.), в кетской мифологии главное женское божество, носительница зла. Принадлежность к классу богинь-матерей подчёркивается языковой формой имени (-эм, «мать»), иногда Х. называют Хоседэбоам (боам, «старуха»). Х. описывается как отвратительная, вызывающая страх старуха типа *бабы-яги* (Х.— четырёхпала). По одним сведениям, Х. живёт на земле, по другим — на далёком северном острове в устье Енисея или в океане, на скале, где находится её чум. Некогда Х. была женой высшего бога *Еся* и жила с ним на небе. По одной версии, она в чём-то провинилась перед мужем и была изгнана с неба; по другой — она сама ушла от Еся к Месяцу (есть сказка, в которой представлен мотив преследования со стороны Х. Месяца, спустившегося с неба, где у него осталась жена — Солнце). Основная черта Х.— её вредоносность: от неё — мор, болезни, порча, непогода и даже смерть, так как Х. пожирает души людей — ульвей. В этом ей помогают связанные с ней носители зла: дотэтэм, лютысь, *Калбесэм* и др. В сюжете поединка Х. с *Альбэ* она выступает в ипостаси бобра; из тела сожжённой Х. возникают лягушки, комары. Как сила зла, Х. противопоставлена не только Есю, но и женскому божеству из класса богинь-матерей — *Томэм*. С Х. связан целый ряд мифологических сюжетов и сказочных текстов: о борьбе Х. с первым шаманом *Дохом* (верх одерживает то Х., то Дох), о том, как Альбэ преследует Х. вдоль Енисея, и др.
В. В. Иванов, В. Н. Топоров.

ХО-СИН («звезда огня»), в поздней китайской народной мифологии один из духов огня (см. *Хо бу*), обожествлённая планета Марс. Обычно изображается в храмах и на народных лубочных картинках в виде свирепого трёхглазого антропоморфного существа с красным лицом и шестью руками. В каждой руке Х.-с. держит оружие (меч, алебарду и т. п.). Другое лицо Х.-с., помещённое на затылке, красивое и благодушное. Наличие двух противоположных лиц истолковывалось т. о., что на поле брани Х.-с. принимает ложно свирепый вид, а в остальное время он добрый дух. Его постоянные атрибуты — огненные колесо, лук и стрелы. К Х.-с. обращались с мольбой о предотвращении пожара. Считалось, что если повелитель бесов *Чжан Тянь-ши* останавливался где-либо на ночлег, то враждовавший с ним Х.-с. устраивал там пожар. В народных верованиях образ Х.-с. нередко контаминировался с образом *Се-тяньцзюня*, который также считался воплощением планеты Марс.
Б. Р.

ХОТАЛ-ЭКВА (у манси, Катл-и́ми (у ханты), в мифологии обских угров женское божество солнца. Днём Х.-э. проезжает по небу на крылатом олене, пылающем золотым пламенем, а на закате купается в озере живой воды. Обычно считается, что Х.-э.— дочь *Корс-Торума* и сестра месяца-старика; в одном из хантыйских мифов выступает как жена последнего (см. *Этпос-ойка*). В мифах упоминается и дочь Х.-э.— Хотал-аги, взятая в жёны Мир-сусна-хумом или земным героем.
Е. Х.

ХОТЭЙ («полотняный мешок»), в японской мифологии один из *семи богов счастья*, бог изобилия, олицетворяющий также общительность и весёлость. Прототип Х.— китайский буддийский монах 9-10 вв., который прославился предсказаниями счастливых знамений и считался земным воплощением *Майтреи*; он имел необычный вид (маленький рост, большой выпяченный живот), отличался своеобразным поведением (ходил по монастырям в полуголом виде с полотняным мешком за спиной). Благодаря широкому распространению в Японии многочисленных изображений этого монаха его личность приобрела легендарный характер. В 15 в. под именем Х. он был включён в число «семи богов счастья».
А. Н. Игнатович.

ХОУ-ТУ́, в китайской мифологии божество земли. Первые упоминания о Х. имеются в «Книге обрядов» (4—2 вв. до н. э.) и «Книге исторических преданий» (древнейшие части 14—11 вв. до н. э.). Х. считался праправнуком *Янь-ди*. В некоторых текстах он — сын *Гун-гуна* по имени Канхуэй. По книге обрядов Х. — помощник *Хуан-ди* — божество земли всей страны в отличие от духов земли отдельных местностей (*Туди*). Официальные жертвоприношения Х. были введены в 113 до н. э., проводились в северном предместье столицы. Х. изображали с

верёвкой в руках, считалось, что он управляет сторонами света. Его же считали правителем столицы мрака (в загробном мире). В более поздние времена X. стал восприниматься как женское божество, к имени X. в народе стали добавлять титул няннян («матушка»).
Б. Р.

ХОУ-ЦЗИ (условно «государь просо», «государь зерно»), в древнекитайской мифологии культурный герой, божественный прародитель чжоуского племени.

В наиболее архаических версиях преданий о X. рассказывается, что его мать — девушка из рода Ютай по имени *Цзян Юань* однажды, гуляя в поле, наступила на след великана, зачала и родила X. (возможно, что след великана в первобытном мышлении ассоциировался со следами представителей верхнего небесного мира или его владыки, ср. рождение культурного героя *Фу-си*).

В детские годы X. любил, играя, сажать коноплю и бобы. Став взрослым, X. начал возделывать землю и собирать богатые урожаи. Государь *Яо* пригласил X. на должность управителя земледелия. По другим версиям, X. прославился при государях *Шуне* и *Юе*. Это явное свидетельство того, что присоединение преданий о X.— прародителе чжоусцев к рассказам о правлении идеальных государей глубочайшей древности есть явление более поздней исторической мифологии. При этой историзации, например, исчезло и зафиксированное в «Книге песен» и «Книге гор и морей» представление о том, что X. получил семена злаков из верхнего, небесного мира. По песням можно сделать вывод, что в период засухи чжоусцы обращались к X. с молениями так же, как и к Верховному владыке — *Шанди*. Трудясь над посевами злаков, X. умер у горы и был погребён на равнине Дугуан неподалёку от небесной лестницы дерева *Цзяньму*, по которой в мифические времена герои-первопредки подымались на небо и спускались на землю.

Образ X., по своей сути культурного героя, научившего людей сеять злаки, близок образу *Шэнь-нуна*. По всей вероятности, Шэнь-нун был божеством земледелия иньцев, а образ X. сложился у чжоусцев, первоначально скотоводов, при переходе к оседлому земледелию. В древних легендах искусными земледельцами называются также сын X. по имени Бу-ку, брат X.— Тайси и сын Тайси — Шуцюнь, который предложил использовать быков для пахоты. В этих преданиях, по-видимому, отразились представления о целом роде земледельцев, образовавшемся среди чжоуского племени.
Б. Л. Рифтин.

ХОХЫ ДЗУАР, в осетинской мифологии покровитель гор и легендарного рода Хетага в Нартской котловине. X. д. выступает и как аграрное божество, он посылает урожаи хлебных злаков, оберегает домашних животных от болезней, а также насылает непогоду: ливневые дожди, град. Считалось, что X. д. пребывает в своём святилище, в ущелье Гуркумтыком, высоко на горе, где в честь него летом устраивается общее пиршество.
Б. К.

ХО-ШЭНЬ («божество огня»), в китайской мифологии название божеств огня: *Чжужуна*, Хуйлу, Югуана, *Цзао-вана* и др. (напр., Саньлана, сына бога горы *Тайшань*, который повелевает огнём). См. *Хо бу* и *Хо-син*.

ХРАФСТРА (авест.), в иранской мифологии олицетворение пресмыкающихся, насекомых. Эпитет X.— «дикий», «яростный». Все виды X. считались порождением сил тьмы и подлежали истреблению праведными зороастрийцами. Метафорически термин X. прилагался к противникам зороастризма.
Л. Л.

ХРЕЙДМАР, в скандинавской мифологии хозяин двора, у которого заночевали боги Один, Хёнир и Локи, «могущественный человек, изрядно сведущий в колдовстве» («Младшая Эдда»); отец Отра, Регина и Фафнира, получивший выкуп от *Локи*.
Е. М.

ХРИС, в греческой мифологии: 1) жрец — эпоним храма Аполлона Сминфейского в Хрисе в юго-западной Фригии. Когда *Агамемнон* отказался выдать X. его дочь Хрисеиду, захваченную ахейцами в плен, X. взмолился о мести к Аполлону, и бог наслал на греческое войско моровую язву, которую он прекратил также по просьбе X., как только Агамемнон вернул X. дочь (Hom. Il. I 9—43; 430—457). В историческое время в Хрисе находился храм Аполлона со статуей работы Скопаса (Strab. XIII 1, 604); 2) внук X. (1), сын Агамемнона и Хрисеиды, которая выдавала его за сына Аполлона. Во время бегства Ореста и Ифигении из Тавриды X. старший, у которого они искали прибежища, хотел выдать беглецов преследовавшему их царю тавров Фоанту, но, узнав от дочери, что X.— брат Ореста и Ифигении по отцу, помог им спастись. Сюжет был обработан в не дошедшей трагедии Софокла «X.».
В. Я.

ХРИСАОР («златомеч»), в греческой мифологии сын Посейдона и горгоны Медузы, появившийся на свет, когда горгону обезглавил Персей (Hes. Theog. 278—283). X. и океанида Каллироя — родители чудовищного трёхголового *Гериона* (287 след.).
А. Т.-Г.

ХРИСИПП, в греческой мифологии сын *Пелопа* и нимфы Аксиохи. По одной версии мифа, его похитил и соблазнил *Лай*; опозоренный X. наложил на себя руки, а Пелоп проклял Лая и весь его род (Apollod. III 5, 5; Schol. Eur. Phoe. 1760). По другой версии, X. убили его сводные братья *Атрей* и *Фиест*, которых подговорила к этому их мать *Гипподамия*, боявшаяся, что X. как старший сын Пелопа лишит наследства её сыновей. За убийство X. Пелоп изгнал и Атрея и Фиеста.
В. Я.

ХРИСОФЕМИДА, в греческой мифологии дочь *Агамемнона* и *Клитеместры*. Упоминается в «Илиаде» (IX 145). В позднейшей мифологической традиции X. существенной роли не играет; в трагедии Софокла «Электра» робкая и покорная Эгисфу X. противопоставлена непреклонной в своём стремлении к мести *Электре*.
В. Я.

ХРИСТОФОР (букв. «христоносец»), в христианских преданиях мученик, пострадавший ок. 250 в Ликии при императоре Деции; последующая традиция подвергает его образ сильной мифологизирующей стилизации. Согласно преданию, X. был выходцем из земли ханаанейской и отличался гигантским ростом и могучим телосложением. Первоначально звался Репрев (греч. Ρεπρέβος; ср. лат. Reprobus, «отверженный», «осуждённый», «дурной»); будучи крещён антиохийским епископом — мучеником Вавилой, получил имя X. Некоторые источники (напр., поэма Вальтера Шпейерского, 10 в.) указывают на чудесные обстоятельства его крещения, ниспосланного с небес и произошедшего при посредстве источнённой облаком влаги; оно сопровождалось знамением: сухой посох X. расцвёл (ср. ветхозаветное предание о жезле *Аарона*, Чис. 17). Его проповедническая деятельность, отмеченная чудесами (напр., ангел прикасается к устам X., и он, не знавший дотоле по-гречески, проповедует жителям Ликии на этом языке; ср. священную глоссолалию апостолов, Деян. 2, 4—12), навлекает на него ненависть императора Деция, гонителя христиан. Подвергнув X. ужасным пыткам, Деций приказывает обезглавить мученика, чьё тело уже пронзили многочисленные стрелы. Позднейшие западные версии, в которых преследователь X. выступает под именем Дагнус, повествуют о том, как приобщение крови святого исцеляет императора от внезапной слепоты и обращает его на путь истинной веры.

Древние предания (как восточные, так и западные) говорят о X. как псеглавце. Многие версии называют его уроженцем страны кинокефалов и антропофагов (иногда отождествляемой с Ханааном); при этом предполагается, что, приняв крещение, он вместе с новым именем обретает и человеческий облик. Другие источники объясняют его псоглавость чудом, которое бог совершил по его молитве и дабы сделать проповедь его убедительной для язычников (ср. позднюю кипрскую легенду, согласно которой X. испросил себе собачью голову, дабы не прельщать своей красотой поселянок).

Православная иконографическая традиция удерживает образ X. Кинокефала ещё на протяжении многих веков (впрочем, наряду с этим типом, византийская иконография знает и антропоморфный тип X.-воина). Напротив, для западной иконографии определяющими становятся мотивы, получившие распространение благодаря «Золотой легенде» Иакова Ворагинского.

Согласно версии, представленной в «Золотой легенде», X., простодушный великан и храбрец, ищет самого могущественного и великого властелина, чтобы поступить к нему на службу. Но он покидает службу у царя, который боится дьявола, и предлагает свои услуги последнему; обнаружив же, что дьявол трепещет при виде креста, вступает на путь служения Иисусу Христу (поиски того, кто сильнее всех, начинающиеся с ничтожно малого и постепенно приводящие к богу, — распространённый фольклорный мотив; ср. легенду об *Аврааме*). По совету некоего отшельника берётся переносить путников через речной поток, желая послужить этим богу. Однажды его просит переправить через реку ребёнок. Дойдя до середины брода, X. ощущает на своих плечах невыносимую тяжесть, ему представляется, что он несёт не младенца, а целый мир. Ребёнок, оказывающийся Христом, объясняет ему, что он держит не только весь мир, но и того, кто сотворил этот мир (в основании легенды лежат два уравновешивающих друг друга парадокса: могущественнейший властелин, которому служит X., оказывается младенцем, воплощением слабости и беззащитности; с другой стороны, этот младенец весомее и значительней всей вселенной).

Начиная с 12 в. этот сюжет оказывает огромное влияние на западную иконографию, неизменно изображающую X. с младенцем Христом в момент переправы через реку (рельеф капители колонны в церкви святого Христофора в Рио-Мау, Португалия, 12 в.; миниатюра в Псалтири 12 в. из Вестминстерского аббатства, Лондон, Британский музей; картины К. Массиса, X. Босха, Пинтуриккьо; гравюры А. Дюрера, И. Аммана и др.), и отчасти на православную. С именем X., покровителя путников, моряков, врачебного искусства и пр., связано следующее поверье: достаточно увидеть его изображение, чтобы в этот день не подвергнуться внезапной смерти.

О. Е. Нестерова.

ХРУНГНИР, в скандинавской мифологии один из великанов — противников богов-*асов*. У X. — каменные сердце и голова, ему служит глиняный великан Мёккуркальви. X. соревнуется в конной скачке с богом Одином, угрожает убить асов и увести богинь Фрейю и Сив, но гибнет в поединке с *Тором*.

Е. М.

ХУАН-ДИ («жёлтый предок», «жёлтый государь», «жёлтый император»), в древнекитайской мифологии культурный герой. Возможно, что X. как «жёлтый государь» есть относительно более поздняя интерпретация омонимического сочетания Хуан, означающего «блестящий (испускающий свет) государь», «правитель августейшего Неба». Вместе с тем X. считался олицетворением магических сил земли, отсюда его связь с жёлтым цветом лёссовых почв. Высказывались предположения, что X. связан с тотемами медведя, цзяо, «червь», «вид дракона», юань, «большая черепаха», «драконоподобная ящерица». По некоторым предположениям, культ X. первоначально сложился у рода Чэнь, где X. почитался в качестве драконоподобного божества грома и дождя. В различных описаниях X. в сочинениях рубежа н. э., где говорится о зачатии его от грома (луча молнии), есть черты, роднящие его с драконом, как одним из основных тотемов предков китайцев.

Считается, что родовой фамилией X. была Гунсунь, его имя — Сюаньюань (от сюань, «колесница», и юань, «оглобля»). Возможно, что в этом имени зафиксирован один из подвигов X. — изобретение колесницы. Некоторые учёные, однако, видят здесь связь с астральными представлениями о X. как о созвездии, напоминающем большую колесницу. X., родившись, сразу начал говорить. Он был высокого роста (более девяти чи — ок. 3 м), имел лик дракона, солнечный рог, четыре глаза или четыре лица. Четырёхглазость или четырёхликость X. может быть истолкована как отражение четырёхчленной модели мира. Вместе с тем четырёхглазость X., возможно, указывает на изначально шаманский характер этого образа (связь с четырёхглазой шаманской маской древних китайцев). По системе представлений, сложившихся к 6 в. до н. э., X. — один из пяти богов, правителей сторон света — божество центра, фактически верховное небесное божество. Вероятно, здесь произошла контаминация образа первопредка X. с образом безымянного верховного владыки *Шан-ди*. Одновременно земная столица X. как верховного божества стала локализоваться в священных горах *Куньлунь*.

X. приписывается изобретение топора, ступки, лука и стрел, платья и туфель. Он научил людей отливать колокола и треножники, бурить колодцы, мастерить телеги и лодки, некоторые музыкальные инструменты (считалось, что он сделал чудесный барабан из шкуры драконоподобного бога грома). С его именем традиция связывает также продолжение деятельности *Шэнь-нуна* по определению лекарственных свойств растений и начало врачевания и медицины как науки (первый медицинский трактат древнего Китая назван «Книга X. о внутреннем»). Сподвижник X. *Цан-цзе* изобрёл иероглифическую письменность, а *Жун Чэн* создал календарь. По некоторым источникам, X. первый установил различия в одежде для мужчин и женщин («Хуайнань-цзы», 2 в. до н. э.). X. был искусен во владении копьём и щитом и собирался покарать всех правителей, не явившихся к нему с данью. Однако, узнав о его намерениях, все пришли с дарами. Один только правитель юга — бог солнца Янь-ди (по некоторым версиям, сводный брат X.) не пожелал подчиниться. Тогда X. собрал тигров, барсов, медведей и других хищных зверей и сразился с Янь-ди под Баньцюань. X. вышел победителем. В философских текстах эта война интерпретировалась как война между дождём, водой и огнём (X. — вода, Янь-ди — огонь, «Вёсны и осени Люя», 3 в. до н. э), что, возможно, отражает древнейшие мифологические воззрения. После победы над Янь-ди непокорённым остался лишь один *Чию*, которого X. победил в битве при Чжолу и казнил.

X. никогда не пребывал в покое, он расчищал горные склоны для посевов, прокладывал дороги. X. женился на *Лэй-цзу*. Всего от разных жён у X. было 25 сыновей, 14 из них стали основателями новых родов. В историзованной традиции X. почитался как мудрый правитель, наследовавший *Шэнь-нуну* и правивший будто бы с 2698 по 2598 до н. э. С X. как с первого «реального» правителя начинает свои «Исторические записки» Сыма Цянь. По некоторым легендам, X. жил 300 лет. В конце его жизни на земле появились единорог (*цилинь*) и феникс (*фэнхуан*) — знак мудрого правления. По одной версии («Хуайнань-цзы», «Критические суждения» Ван Чуна, 1 в. н. э.), X. в конце жизни собрал медь на горе Цзиншань и отлил треножник. Когда работа была закончена, с неба спустился дракон. X. ухватился за его ус, сел верхом и улетел в небеса. По даосским версиям, X. постиг дао, сделался бессмертным и улетел на драконе. Сподвижники X. стреляли в дракона из луков, думая заставить его опуститься, но не добились успеха («Хуайнань-цзы»). Считается, что X. погребён на горе Цяошань в провинции Шэньси. Однако, по даосским преданиям, в могиле погребена его лишь одежда X., которая осталась после того, как он, сделавшись бессмертным, вознёсся на небо («История династии Хань» Бань Гу, 1 в. н. э.). В средние века даосы почитали X. как одного из зачинателей своего учения (наряду с *Лао-цзы*), в народе X. чтили как божество планеты Земля (Сатурн), как бога — покровителя портных (по другой версии, бога архитектуры), а также как одного из богов медицины (наряду с *Фу-си* и Шэнь-нуном).

Б. Л. Рифтин.

ХУАШАНЬ («цветущая гора»), в китайской мифологии одна из пяти священных гор (см. *У юэ*), где,

по преданию, *Шунь*, объезжая свои владения, приносил жертвы небу. Реальная гора Х. (находится в провинции Шэньси) у даосов была местом отправления культов чадоподательниц: *Сунцзы няннян*, или *Шэнму* («святая матушка»), изображавшейся верхом на лошади; *Бися юаньцзюнь* и др., а также бодхисатвы *Гуаньинь*.
Б. Р.

ХУБА́Л, в древнеарабской мифологии бог мекканского племени курайш (из которого происходил Мухаммад), очевидно, бог-предок и покровитель курайшитов, бог небес или луны. Х. — главное божество мекканской каабы. Там помещалось его изображение в облике человека — каменная статуя с золотой правой рукой. Находившийся в каабе чёрный камень (видимо, метеорит; его почитание было в переосмысленном виде воспринято исламом, вероятно, также олицетворял Х. В качестве главного божества Мекки Х., по-видимому, отождествлялся с *Аллахом*. Примечательно, что в Коране отсутствуют какие-либо упоминания о Х. или о борьбе с его культом. Мусульманская традиция (согласно которой культ Х. был воспринят в Мекке из государства Моав) не сообщает и о разрушении статуи Х. Хубал почитался также самудскими арабами, в государствах Набатея и Пальмира.
А. Г. Л.

ХУВЕА́НЕ, Хубеа́не, Хобиа́не, Чувеа́не, Кхутсоа́не, Кудья́не-Коса́не, в мифах южных банту божество («великий бог»), первопредок («первый человек»), демиург, трикстер. Имя отца — Хуве, или Хове (отсюда и Хувеане — уменьшительное от Хове); в других вариантах отца Х. зовут Ходи, Ривимби или Левиви; по иным версиям, Х. — сын *Моримо*. Жилище Х. — в небе, но он спустился с неба, чтобы сделать землю и людей, затем поднялся вверх по вбитым в небо колышкам. Согласно одному из мифов, Х. создал ребёнка из глины и вдохнул в него жизнь (вариант: ребёнок появился благодаря тому, что Х. проглотил нечто, предназначавшееся его матери). Х. прятал его в дупле дерева и каждое утро тайно поил молоком. Отец выследил Х., забрал ребёнка, и вместе с женой они спрятали его среди дров — под навесом хижины. Не найдя ребёнка, опечаленный Х. вернулся домой. Пожалев Х., мать послала его за дровами, где он и обнаружил своё дитя. Х. назвал его «Тот, кто причиняет много хлопот». Так как никто не знал, откуда у Х. ребёнок, стали говорить о том, что Х. занимается колдовством. Если овца или коза в стаде отца, которое пас Х., приносила двойню, Х. прятал одного из детёнышей в пустом термитнике. Кто-то сообщил об этом отцу Х., и тот, обнаружив спрятанных ягнят и козлят, хотел вернуть их в стадо. Но Х. ударил его прутом. Когда они перегоняли скот домой, соседи снова заговорили о магии и колдовстве Х. Требуя от отца избавиться от Х., пока тот не околдовал всю деревню, они снабдили его ядом. Мать подала Х. чашку молока с ядом, но он вылил молоко на землю, и все дальнейшие попытки извести Х. оказались тщетными. Люди, поняв, что не в силах перехитрить Х., оставили его в покое. С тех пор Х. стал дурачить их, притворяясь глупцом, совершая абсурдные поступки (якобы по совету односельчан). Иногда жертвой проделок Х. становится его отец (так, Х., съев его ужин, объясняет исчезновение еды «магией»). В конце концов родители Х. и соседи решили жить с ним в мире.

В вариантах мифа в роли трикстера выступает уже не сам Х., а его сын Хутсване. Согласно некоторым мифологическим представлениям, Хутсване когда-нибудь вернётся, принеся людям счастье и благополучие. Проделки Х. напоминают другого трикстера *Ухлаканьяну* зулусского фольклора.
Е. С. Котляр

ХУД, в мусульманской мифологии пророк. Х. был послан аллахом наставить на праведный путь народ *ад*, из которого он сам происходил. Согласно Корану, отвергнувшие увещевания Х. адиты были уничтожены, остались лишь те, кто последовал за ним. В предании говорится, что, спасаясь от преследований врагов, Х. попросил у аллаха защиты. Перед ним разверзлась скала, в которую он и вошёл. Затем она закрылась, оставив лишь небольшую щель. Скала с трещиной, расположенная в восточной части долины Хадрамаут в Южной Аравии (т. н. «могила Х.»), является объектом ежегодного паломничества мусульман; находящийся рядом большой камень почитается как окаменевшая верблюдица Х. Иногда отождествляется с Эбером, отцом *Кахтана*.
М. П.

ХУДЕ́НА-ХУДЕЛЛУ́РА, Хуте́на-Хутеллу́ра (от хуррито-урартского хут-, «писать», «назначать»), в хурритской мифологии богини судьбы. Им родственно, по-видимому, урартское божество Хутуине.
М. Л. Х.

ХУ́МБАБА (новоассирийское), Хува́ва (шумер., старовавил., хуррит., хетт.), в шумеро-аккадской мифологии и эпосе чудовище, страж кедрового леса (в горах Ливана), приставленный богом *Энлилем*. В шумерском сказании о *Гильгамеше* и Х. («Гильгамеш и гора бессмертных») и в аккадском эпосе о Гильгамеше герои с помощью волшебства убивают Х., за что *Энкиду* (по аккадской версии) несёт наказание: разгневанные боги посылают ему болезнь и смерть. В шумерском сказании Х. называет «гору Хуррум» своим отцом и матерью (не исключено, что название горы, как и имя самого Х., связано с воспоминаниями о первых знакомствах вавилонян с хурритами в кон. 3-го тыс. до н. э.). Представлялся в виде многоногого и многорукого существа, а также окружённым магическими лучами сияния. Как дух дерева мог мыслиться в виде дерева (в шумерском сказании спутники Гильгамеша рубят деревья и одновременно сучья-руки самого Х.).
В. А.

ХУМПА́Н (возможно, от хупа, «повелевать»), в эламской мифологии (с сер. 2-го тыс. до н. э.) верховное божество, «повелитель неба». Супруг богини *Киририши*, отец бога Хутрана. Стоял во главе пантеона и после захвата Элама персами (6 в.). Вавилоняне отождествляли Х. с *Мардуком*.
М. Д.

ХУН-АХПУ́ И ШБАЛАНКЕ́ («один стрелок из сарбакана» и «маленький ягуар — олень»), в мифах киче братья-близнецы, культурные герои. Согласно мифу, однажды Хун-Хун-Ахпу и его брат Вукуб-Хун-Ахпу были приглашены владыками *Шибальбы* (подземного мира) поиграть в мяч, но по прибытии туда были умерщвлены. Голову Хун-Хун-Ахпу владыки преисподней поместили на дерево. Проходившая мимо девушка Шкик заглянулась на странный «плод», и голова Хун-Хун-Ахпу плюнула ей на ладонь, от этого Шкик забеременела. Разгневанный отец девушки хотел предать её смерти. Тогда Шкик бежала из Шибальбы и нашла приют у матери Хун-Хун-Ахпу, где и родила двух близнецов Х.-А. и Ш. В детстве и ранней юности братья совершают много чудес и подвигов. Узнав о печальной участи своего отца и дяди, близнецы отправляются в Шибальбу, где владыки преисподней подвергают их страшным испытаниям и затем сжигают. Но Х.-А. и Ш. воскресают на пятый день. В образе бродячих фокусников они снова отправляются в Шибальбу, где побеждают и убивают её владык — Вукуб-Каме и Хун-Каме. После этого близнецы становятся солнцем и луной. В эпосе киче «Пополь-Вух» запечатлён очень древний миф о происхождении и приключениях божественных близнецов, распространённый некогда почти у всех племён индейцев Центральной и Южной Америки.
Р. В. Кинжалов

ХУ́НСАГ («человек леса»), Хунстаг, в низшей мифологии чеченцев и ингушей дух-покровитель леса и лесных животных. По поверьям, стремится погубить всякого охотника, встретившегося с ним в лесу. Из его груди торчит костяной топор, который он вонзает в свою жертву. На защиту Х. встают лесные звери, птицы, деревья, трава. Лишь прибегнув к хитрости, охотнику удаётся его одолеть. Согласно распространённому сюжету, охотник не без умысла сообщает Х., что зовут «Я сам себя»; затем, когда Х. отходит за водой, накрывает чурбан своей буркой и прячется за дерево. Вернувшийся Х., приняв чурбан, покрытый буркой, за охотника, вонзает в него свой топор. Охотник же выстрелом смертельно ранит Х. На крики Х. сбегаются все обитатели леса, однако, услышав от Х. в ответ на их вопрос, кто его ранил, — «Я сам себя», расходятся, объясняя ему, что в таком случае помочь ему не могут. *А. Т.*

ХУНЬ, в китайских мифологических представлениях душа (наряду с по, лин и др.). Считалось, что душа Х. связана с силами ян, а душа «по» с инь (см. *Инь и ян*). Х. управляет духом человека, а «по» — его телом. Предполагали, что после смерти человека Х. улетает на небо, а «по» уходит в землю или рассеивается. В древних сочинениях сведения о массовых весенних обрядах призывания душ Х. и «по», т. к. верили, что их объединение даёт жизнь и соответственно плодородие.

В древнем Китае был широко распространён и обряд призывания Х. после смерти человека. Известны и особые жертвоприношения Х. после смерти человека. По более поздним мифологическим представлениям считалось, что после смерти человека «по» остаётся в комнате умершего, откуда ей не дают выйти *Мэнь-шэнь*, а Х., уведённая служителями *Чэн-хуана*, начинают свой путь в загробный мир и к будущим перерождениям. Предполагали, что с помощью особой церемонии можно заставить Х. умершего человека покинуть загробный мир, выйти из мира мрака и подняться в сияющее небо во дворец Южной вершины, чтобы стать бессмертным (см. *Сянь*). В этом «раю», посреди дворца бьёт источник жидкого огня, в котором купаются души. Их плоть там растворяется, и, когда они выходят из источника, Верховный владыка создаёт для них «новое жизненное тело». *Б. Л. Рифтин.*

ХУНЬДУНЬ («хаос»), в древнекитайской мифологии: 1) первозданный хаос; первоначально Х.— это, видимо, водяной хаос (судя по начертанию иероглифов хунь и дунь), для которого характерен полный мрак, напоминающий взболтанное содержимое куриного яйца; согласно «Хуайнань-цзы» (2 в. до н. э.), когда не было ещё ни неба, ни земли, и бесформенные образы блуждали в кромешной тьме, из хаоса возникли два божества; 2) некое живое существо с признаками первозданной нерасчленённости. Признаки нерасчленённости (сросшиеся ноги, зубы) обнаруживаются также у ряда мифических первопредков. В книге «Чжуан-цзы» (4 в. до н. э.) говорится, что Х.— это бог середины, у которого часто встречались бог Южного моря Шу и бог Северного моря Ху. Они задумали отблагодарить Х. за доброту и сказали: «У всех людей есть семь отверстий (в голове), чтобы видеть, слышать, есть и дышать, и только у Х. нет ни одного». Они принялись сверлить отверстия, делая каждый день по одному, на Х. умер; 3) мифический зверь, тоже с признаками нерасчленённости, хотя заметно ослабленными. В «Шэнь и цзин» («Книге о чудесном и необычайном») (приписывают Дунфан Шо, 2—1 вв. до н. э., видимо, реально 5—6 вв. н. э.) говорится, что к западу от горы *Куньлунь* водится зверь, похожий на длинношёрстую собаку с медвежьими лапами, но без когтей. «У него есть глаза, но он не видит, ходить не умеет, есть уши, но он не слышит, зато чует приближение человека. В брюхе у него нет внутренностей, есть пищи, прямая кишка и вся пища проходит насквозь. На добродетельных он кидается, к злодеям льнёт...»; 4) мифическая птица. В «Книге гор и морей» упоминается некая птица, напоминающая мешок, (испускающий?) киноварно-красный огонь, с шестью ногами и четырьмя крыльями, но без лица и глаз, которую зовут Дицзян. С концепцией Х. связываются древнекитайские предания о государях, стрелявших в кожаный мешок, наполненный кровью, и приговаривавших, что расстреливают небо. Можно предположить, что это — реликт архаических представлений о небе и первозданном нерасчленённом хаосе; 5) в стадиально более поздней историзованной мифологии — несколько отрицательных антропоморфных персонажей, в том числе беспутный и злой сын мифического государя Ди-хуна. *Б. Л. Рифтин.*

ХУОНЫ, в мифологии тайских народов Индокитая души человека. Их у человека от 32 (как у лао и шанов Бирмы, они называют их соответственно кванами и кхванами) до 120 (у красных тай Вьетнама). Большинство Х. человек получает от отца, меньше от матери. Существуют Х. головы, лба, носа, локтя, лёгкого, печени и т. д., а также Х. смеха, печали, веселья, раздумья, различных навыков. Главный Х.— Хуонтон находится в голове. Х. могут случайно отставать, теряться, и тогда человек чувствует усталость или заболевает. У стариков Х. во время сна играют с духами и богами в шахматы. После смерти человека Х. гибнут, но часть из них превращается в три духа «пи». *Я. Ч.*

ХУР («солнце»), в осетинском нартском эпосе божество. Его дочь Ацырхус, жившая в пещерном семиярусном замке под охраной семьи уаигов, решила стать женой *Сослана*, после уплаты им огромного выкупа; по другому варианту, Сослан отбивает её у жениха. За оскорбление дочери Х. посылает на Сослана *колесо Балсага*, от которого он гибнет. *Батрадз* также гибнет от Х. По просьбе *ездов* и *дауагов*, которым Батрадз устроил побоище, бог велит Х. послать на землю за один день весь тот жар, который он должен отдать за целый год. Х. выполнил просьбу бога, и от посланного им жара стальное тело Батрадза расплавилось. *Б. К.*

ХУР И ДЖУР, Крак и Джур, в армянских мифах персонифицированные огонь (Х.) и вода (Д.), близнецы: Х.— сестра, Д.— брат. Между Х. и Д. — вечная вражда. С огнём связаны культовые ритуалы во время свадеб и крестин. По одному из мифов, Х. высек сатана, ударивший железом по кремню, и этим огнём стали пользоваться люди. Разгневанный бог в противовес создал молнию — Астцу крак («огонь божий»); ею он карает людей за пользование сатанинским огнём. *С. Б. А.*

ХУРАКАН («одноногий»), в мифах киче одно из главных божеств, творец и повелитель мира, податель дочерей и сыновей, владыка грозы, ветра и ураганов. В образе Х. у киче слились старые представления майя о богах ветра и грозы вместе с образом древнего божества *Тескатлипоки*. Имел три ипостаси: Какулха-Х., Чипи-Какулха, Раша-Какулха, все связанные с молниями. Наиболее распространённые его эпитеты: «сердце неба», «сердце земли». *Р. К.*

ХУРРИ И ШЕРРИ («утро», «восток» и «вечер», «запад»), в хурритской мифологии священные быки, спутники *Тешуба*. Разрушенные вражеские города объявлялись пастбищами Х. и Ш. Шерри и *Тилла* везут колесницу Тешуба, отправляющегося на сражение с *Уллику́мме*. На наскальном рельефе из Язылыкая близ Богазкёя Х. и Ш., ведомые за упряжь, изображены в островерхих шапках как антропоморфные боги. *М. Л. Х.*

ХУСАЙН, ал-Хусайн, в мусульманской традиции мифологизированный образ сына *Али* и *Фатимы*. Убитый (в 680) в стычке с войсками халифа Иазида I Х. почитается шиитами как святой мученик, а его могила в Кербеле (Ирак) является одной из главных шиитских святынь. Ежегодно в дни поминовения Х. (ашура) совершаются мистерии (та зийа), содержание которых составляют эпизоды различных мусульманских легенд, возвеличивающие Х. Центральное место занимает изображение гибели Х. и траурной процессии (европейское название — шахсей-вахсей). У народов Малой и Средней Азии мученики Х. и его брат Хасан считаются близнецами. *М. П.*

ХУСРАВА, Хосрава, Кави Хосрава (авест.), Кай Хусрόу (фарси), герой иранского эпоса, сын *Сйаваршана*, царь из династии *Кейанидов*. Судя по древним фрагментам «Авесты», образ Х. индоиранского происхождения. Х. в них не называется Кейанидом, а просит у *Ардвисуры Анахиты* власть «над богами и людьми» («Яшт» V 49—50), «озером Хусравы» называется один из заливов мирового океана («Яшт» XIX 56). Эпитет Х. — «медведь (?) арийских стран». Возможно, образ Х. сохранился и в «Ригведе»: Сушравас (I 53, 10). В более поздних разделах «Авесты», как и в «Шахнаме», Х. одолел царя Турана злодея *Франграсиана* (Афрасиаба) и завершил историю старших Кей-

янидов («Яшт» IX 21, XIII 132; XV 32, XVII 41, XIX 74). Главный подвиг Х.— разрушение капищ на озере Чайчаста (Урмии): если бы Х. этого не сделал, злой дух навеки возобладал бы в мире (Меног и Храт 2, 94—95). Х. приписывалось основание храма Атур-Гушнасп — одного из трёх главных храмов огня в древнем Иране. Судьба Х. завершается его отречением от престола и удалением на таинственную гору, его верные богатыри погибают. См. также *Кай Хусроу*.
Л. Л.

ХУ́ТХА, в касситской мифологии бог грозы. В Вавилонии отождествлялся с *Ададом*. Эпитеты Х.— Убрияш и Буриящ [«владыка (?) земли»]; некоторые исследователи считают его самостоятельным божеством индоевропейского происхождения.

ХУХЕДЕ́Й-МЕРГЕ́Н («небесный стрелок»), Кокоде́, Хугде́, в мифах монгольских народов, прежде всего у бурят (Х.-м. или Хо́хосо), и тюркоязычных алтайцев и тувинцев (Когуде́й, Когольде́й, Когол-ма́йман) громовержец, первопредок, герой этиологического сюжета о происхождении созвездия Орион, охотничье и военное божество. Х.-м. борется с нечистой силой на земле. По бурятскому преданию, Х.-м. прежде был земным человеком, метким стрелком, хорошим охотником. Состарившись, он покинул дом, в конце своих странствий попал к неким четырём юношам, которые оставили его сторожем их жилища, запретив при этом открывать ящик, наполненный продолговатыми разноцветными камнями в форме наконечников (громовые стрелы), и надевать одежды с крыльями. Несмотря на то, что Х.-м. дважды нарушал запрет, его оставили хранителем громовых стрел, приказав пускать их в ход лишь по распоряжению богов. Согласно другим представлениям бурят, Х.-м.— один из девяти сыновей верховного божества Оёр Мунхын-тенгри («дно вечное небо») или сын *Эсеге Малан-тенгри*. В версии эхиритов Х.-м.— глава 77 северных тенгри. В ряде поверий обязанности громовержца с Х.-м. разделяют его два брата, западные тенгри — Яшил Саган-тенгри («бронзовый метеорит светлый тенгри») и Сарь Саган-тенгри Сахилгата Будал («сияюще-белый молниевый тенгри»), персонифицирующие молнии различного цвета, а также четыре неких крылатых существа. Х.-м.— глава подчинённого ему семейства, в которое входят его супруга Хултей-хатан, сын Хурсай-Саган (Хорсо-мерген) или, по варианту, множество детей (девять дочерей, девять сыновей), олицетворяющие громы и молнии.

Х.-м. выступает и как первопредок. В эпосе и шаманских текстах бурят Х.-м. называют бабаем («батюшкой»). В мифе о созвездии Орион Х.-м. именуется старцем или сиротой [отражение мифологического мотива первого человека (?)], что, возможно, также связано с представлениями о прародителе; в версиях алтайцев Когол-майман выступает родовым предком. В астральном мифе, в котором фигурирует иногда не Орион, а другое созвездие — Большая Медведица, Млечный путь и др., Х.-м. гонится за тремя оленухами (или за оленухой с двумя оленятами), которые в конце концов поднимаются на небо и становятся созвездием Орион (тюрк. Уч мыйгак, монг. Гурбан марал, «три оленухи»). Иногда Х.-м. осмысливается как охотничье божество.
С. Ю. Неклюдов.

ХУХЕ́ МУНХЕ́ ТЕ́НГРИ («синее вечное небо»), в мифах монгольских народов обожествлённое небо, неперсонифицированное божество неба. Его партнёрша — Этуген (Этуген-эке, «мать-земля»). Сведения о культе Х. М. т. содержат средневековые памятники монгольской письменности, записи европ. путешественников, послов, армянских, китайских историков. Монголы 13 в. клялись «силою Вечного неба», Чингисхан считал себя исполнителем воли Х. М. т. Х. М. т. божество безначальное, несотворённое, создатель всего сущего, властелин мира; определяет судьбы человека, санкционирует государственную власть. См. также в ст. *Тенгри*.
Н. Ж., С. Н.

ХУЦА́У, в осетинской мифологии единый великий бог, творец земли, мать земли, небожитель, невидимое божество. Х. всё видит, всё замечает, всё знает о происходящем на земле. О нуждах и заботах людей ему доносят *зэды* и *дауаги*, *Уацилла* и особенно часто наиболее любимый им *Уастырджи*. Уастырджи является посредником Х. между небом и землёй. Х. изредка спускается на землю. В нартских сказаниях Х. остаётся на небе, часто приходя на помощь небожителям в борьбе с нартами. Однажды после жалобы небожителей Х. наслал на Батрадза солнце и Батрадз погиб. Однако пока Х. не уронил на Батрадза три слезы, зэды и дауаги не могли его внести в склеп. По совету *Сырдона* нарты перестали почитать Х. и сделали в своих домах высокие входные двери, чтобы не нагибаться, иначе Х. подумает, что они ему кланяются. Наконец, нарты потребовали от Х., чтобы он открыто вышел ему навстречу и померился с ними силой. Тогда Х. проклял непокорных нартов. С тех пор сколько бы копён хлеба они ни обмолачивали, больше одного мешка зерна не получали. Так, просуществовав год, нарты, наказанные Х., погибли голодной смертью.
Б. А. Калоев.

ХША́ТРА ВА́ИРЬЯ (авест. «власть», «благое царствование»), Шахрева́р (пехл.), в иранской мифологии одно из божеств *Амеша Спента*. Образ Х. В. воплощает идею торжества правильного порядка вещей, истины. Антагонист Х. В. в лагере сил зла — олицетворение лжи (*Друг*). Х. В. считается покровителем металлов. Дарий I отождествлял понятие Х. В. со своим царством.
Л. Л.

ХЭ («журавль»), сяньхэ («журавль бессмертных», «бессмертный журавль»), линхэ («чудесный журавль»), (Х. нередко ошибочно переводится как «аист»), в китайской мифологии птица, связанная, по древним представлениям, со светлым началом ян (см. *Инь и ян*). Х. питается субстанцией огня и металла, поэтому в 7 лет с Х. происходят «малые изменения», в 16 лет «большие», в 160-летнем возрасте изменения завершаются, тело Х. становится белым и чистым, а крик Х. может быть услышан небом. Х. приписывается исключительное долголетие. Белый Х. (бай хэ) в возрасте тысячи лет становится синим (зелёным) (цан хэ), а ещё через тысячу лет — чёрным (сюан хэ). Считалось, что белые Х. искусны в танцах, а чёрные тонко чувствуют музыку. В легендах упоминаются ещё жёлтые и изредка красные Х. Как символ долголетия Х. часто изображаются в китайской живописи, нередко в паре с сосной (также символом долголетия). С начала н. э. Х. (особенно белые) стали считаться птицами, на которых ездят бессмертные — *сянь*.
Б. Р.

ХЭ-БО́ («дядюшка реки»), известен также под именем Бинъи, Фэнъи, Уи, в древнекитайской мифологии дух реки Хуанхэ, которого представляли в виде существа с белым человечьим лицом, но рыбьим туловищем («Ши-цзы», 4 в. до н. э.). Считается, что имя Х. первоначально было Бинъи или Фэнъи. Согласно стихотворению Цюй Юаня (4 в. до н. э.) «Повелителю рек», Х. ездил по воде в колеснице, запряжённой двумя драконами, в сопровождении ещё двух драконов. Мифы отмечают и определённые эротические наклонности Х., он был окружён девицами. В «Вопросах к небу» Цюй Юаня упоминается жена Х. по имени Лопинь. Там говорится, что стрелок *И* убил из лука Х. и женился на Лопинь. Согласно одной версии, И стрелой выбил один глаз у Х., который развлекался в реке, приняв облик белого дракона [комментарии Ван И (1 в. н. э.) к «Вопросам к небу»]. В древности существовал обряд жертвоприношения (в жёны) Х. красивейшей девушки. В поздних памятниках Х.— уроженец местности Тишоу в Хуаяне, который принимал особое снадобье, чтобы свободно плавать в реках. Приняв 8 мер снадобья, он превратился в духа водяного духа. По другой версии, он переправлялся через реку, утонул и превратился в духа реки (обычное для китайской мифологии объяснение происхождения водяного духа).
Б. Л. Рифтин.

ХЭБУ́РУ, Пуру́, в корейской мифологии правитель страны Пуё. Х. считается сыном *Тангуна*, рождённым от дочери божества Западной реки. Х. стал правителем Северного Пуё. До старости Х. был бездетен. Он молил духов гор и рек о наследнике. Однажды X. подъехал к озеру Конён и увидел на берегу большой камень, источавший слёзы. Когда перевернули камень, под ним нашли дитя, похожее на лягушонка, которое отливало золотистым цветом. X. счёл его наследником, посланным небом, и назвал *Кымва*. Вскоре министру *Аранбулю* приснился Небесный владыка, приказавший передать X., чтобы тот переселился на равнину Касобвон на берегу Восточного (Японского) моря. X. основал на новых землях страну Восточное Пуё, а в его прежней столице объявился *Хэмосу*, назвавшийся сыном Небесного владыки. После кончины X. на престол вступил Кымва, у которого приёмным сыном от *Люхва* был *Чумон*. Имя «Пуру» автор «Самгук юса» толкует как «родить мальчика».

Л. К.

ХЭГЛЭН (у эвенков, негидальцев), хэвлôн (у эвенов), пэулé (у орочей, ороков, нанайцев, ульчей), персонификация Большой Медведицы в мифах тунгусо-маньчжурских народов. В большинстве вариантов X.— гигантский небесный лось, похитивший солнце, или лосиха с лосёнком, которых преследует богатырь-охотник (*Манги*, Чангит, Чакипитылан и др.) или три охотника (напр., кет, эвенк и русский). Охота, следы которой видны на небе в виде звёзд Б. Медведицы и Млечного пути (лыжный след охотника), объясняет также происхождение дня и ночи. Лосёнок, метнувшийся после выстрела охотника с перепугу в сторону и упавший через отверстие в небе (Полярную звезду) на землю, дал начало земным лосям (по вариантам, лосиха бросила на землю косточку недоеденного Манги-медведем лосёнка, а сама ушла за море и превратилась в мамонта *сэли*). У народов Приамурья (нанайцев, орочей, ульчей) созвездие Б. Медведицы — X. считались небесный амбаром или вешалами для сушки юколы, которые небесный старик велел построить своему зятю.

Е. Н.

ХЭЙ-ДИ («чёрный государь»), в древнекитайской мифологии один из пяти небесных государей (*У ди*), владыка севера. В источниках начала н. э. (Ван Фу) X. отождествляется с мифическим правителем Чжуаньсюем. В апокрифических сочинениях (вэйшу) того же периода говорится, что имя X. Е Гуанцзи и он ассоциируется с основателем Иньской династии — Чэн-таном (или Тан-ваном). Сближение Тан-вана и X. основано гл. обр. на одной из классификаций, распространённых в эпоху Хань (3 в. до н. э.—3 в. н. э.), по которой династия Инь связана со стихией воды и соответственно чёрным цветом. По некоторым данным, культ X. как божества планеты воды (Меркурия) существовал и в позднейшие времена.

Б. Р.

ХЭМОСУ́, в корейской мифологии сын Небесного владыки, посланный Небесным владыкой в земли Пуё, которыми владел *Хэбуру*. X. спустился с небес в колеснице, запряжённой пятёркой драконов. *Л. К.*

ХЭ-ХЭ («согласие и единение»), Хэ-Хэ эрсянь, Хэ-Хээршэн («два святых Хэ-хэ»), в китайской поздней даосской и народной мифологии бессмертные гении, божества, входящие в свиту бога монет *Лю Хая*. Согласно легенде, в эпоху Тан, в 7 в., жил некий Чжан, брат которого служил в столице Чанъани, далеко от родных мест. Родители послали Чжана проведать брата, и тот обернулся за один день, покрыв при этом расстояние более 10 тысяч ли (ок. 5 тысяч км). Он получил прозвище Ваньхуэй гэгэ («брат, вернувшийся из-за 10 тысяч ли») и впоследствии был обожествлён как бог согласия-единения с растрёпанными волосами и смеющимся лицом, в зелёной одежде, с барабаном и палкой в левой руке. Считалось, что если принести ему жертву, то человек, посланный в дальнее путешествие, непременно вернётся обратно. Однако в более поздней традиции X.— божественные двойники. X. часто изображали на народных картинах улыбающимися, с распущенными волосами, блаженным взглядом, с рядом черт, напоминающих Лю Хая. Их постоянные атрибуты — лотос (хэ) и коробка (хэ) с сокровищами или деньгами; их изображения вешали во время свадьбы с целью пожелания согласия-единения супругам. Нередко X. держат чудесное монетное дерево — яоцяньшу, поднос с драгоценностями, таз сокровищ — цзюйбаопэнь и т. п. Согласно поздней народной легенде, X.— братья от разных отцов, которые вели совместно торговое дело, приносившее большую прибыль. Потом один из братьев присвоил себе всё богатство, и между ними началась жестокая вражда, не утихавшая до седьмого их перерождения, когда некий спустившийся на землю небожитель помирил их и превратил из недругов в бессмертных духов единения-согласия и космической гармонии.

В. Л. Рифтин.

Ц

ЦАГА́Н ЭБУГЕ́Н («белый старец»), Цага́н убге́н (бурят.), Цага́н авга́, Делка́н Цага́н овго́н (калм.), у монгольских народов мифологический персонаж, входящий в разряд «хозяев» (эдзенов, эжинов, сабдаков) земли, их глава (хан). Его тибет. соответствие — Гамбо Гарбо («белый старец»), популярный персонаж буддийской мистерии цам. Иногда осмысливается как мифологический партнёр *Этугена*. Почитался как покровитель долголетия, богатства, счастья, семейного благополучия. По одному из мифов, Ц. Э. родился стариком, так как его мать, будучи на сносях, отказалась дать напиться *бурханам*, в отместку замкнувшим её чрево на сто лет. Ц. Э. в 18 в. был включён в ламаистский пантеон божеств. Согласно сутре «Воскурение и приношение Белому старцу», Будда во время прогулки со своими учениками встретил белобородого старца в белой одежде в окружении животных. Поговорив с ним и убедившись в его мудрости и могуществе, Будда повелел ученикам почитать его. По другому ламаистскому сюжету, два охотника, Хара Эбуген (тибет. Гамбо Лоджу) и Ц. Э. (тибет. Серин намджу), преследуя оленей, попали в пещеру отшельника Милараибы (Миляр ава), который убедил их отказаться от охоты на живых существ и принять буддийское учение. Маска Ц. Э. изображает добродушного лысого старца с белой бородой. Атрибуты Ц. Э.: персиковое дерево, олень, посох, книга судеб — символы долголетия. Ц. Э. аналогичны по функциям и изображениям *Шоу-сину* (у китайцев), *Пехар* (у тибетцев). *Н. Л. Жуковская.*

ЦАГН, Цга́нг, Цгаа́ген, центральный персонаж мифологии многих бушменских племён, тотемический культурный герой, демиург, прародитель, а также трикстер. Сам он — кузнечик-богомол, его жена — даман (её зовут, согласно различным вариантам, Хунту, Хуну, Катт, Каттен, Коти), сестра — голубой журавль, приёмная дочь — дикобраз Цо (её муж Квамманга), существо, которое можно видеть в радуге), один из сыновей которой — ихневмон (мангуст) Ни. Кроме того, у Ц. — два сына Гоуну-Тсацоу и Ц.-младший (в варианте Когас и Гкви). Во многих мифах партнёром Ц. выступает ихневмон Ни (в варианте эту роль выполняет сын Ц. Когас). До того как стать животными, все они (как и небесные светила и явления природы) некогда были людьми «древнего народа», жившего в стране до бушменов. С ними (наряду с Ц.) нередко связывают сотворение мира. По другим мифам, Ц. был первым, он создал всё — солнце, луну и ночь, звёзды, горы, животных, птиц. Одно из имён Ц. — «господин (хозяин) всех вещей», он вызывает жизнь и смерть. Ц. даёт или отказывает в дожде (по другой версии, существует «бык дождя», живущий в водоёме: когда он выходит, то там, куда он отправился, идёт дождь). Ц. изготовил ловушки, капканы, оружие; от него зависит удача на охоте; дал людям песни, научил их «танцу крови» (ритуальный танец бушменов, связанный с обрядами посвящения юношей), ввёл различные табу. От Ц. люди узнали названия местностей. Он дал имена отдельным видам антилоп, наделил их различной окраской, особой меткой (отличительной формой уха, хвоста и др.); антилопы находятся под особым покровительством Ц. Согласно одному мифу, бушмены ранее были антилопами, но Ц. превратил их в людей. По другим мифам, Ц. создал антилопу канна из сандалии Квамманги. Антилопа канна и красная антилопа, которых особенно любит Ц., обладают магическими свойствами. В проделках и трюках Ц. как трикстера проявляются не столько ум или хитрость (свойственные трикстеру классической животной сказки), сколько его сверхъестественные способности. Ц. видит магические сны, предвосхищающие развитие событий или объясняющие уже свершившееся. Магическую силу имеет и зуб Ц.: он предупреждает сына Ц. об опасности. Ц. обладает даром превращения (например, в антилопу); когда он «входит» в животных, их невозможно убить.

В фольклоре бушменов образ Ц. — это старик, постоянно попадающий впросак, вызывающий нарекания своих близких. Кульминацией является взрыв гнева Ц. Тогда он сбрасывает личину смешного старика. С этого момента Ц. действует как мифологический персонаж.

Во многом соотносим с Ц. демиург и трикстер *Цуе*.
Е. С. Котляр.

ЦАИ-ШЭНЬ («бог богатства», «боги богатства»), в поздней китайской народной мифологии боги богатства. Ц. особо почитали торговцы. Ц., как и китайские чиновники, делились на гражданских и военных. Как гражданского Ц. в одних местах (напр., в северных и северо-западных провинциях) чтили легендарного героя *Биганя*, а в других знаменитого богача 3 в. н. э. Ши Чуна, славившегося также и своей учёностью. В качестве основного военного Ц. в большинстве районов Китая, но особенно на юге, чтили полководца 3 в. н. э. Гуань Юя (см. *Гуань-ди*), но в некоторых местах в качестве военного Ц. выступал полководец и сановник 8 в. Го Цзыи. На народных картинах обычно изображали одновременно обоих Ц. (одного в одежде полководца вверху, другого в одеянии сановника — внизу) или встречу гражданским Ц. как хозяином дома военного Ц. Такое изображение сулило им двойное богатство. В качестве Ц. почитался также некто Чжао Гунмин или Чжаоюаньшуай; его называют также Чжао Сюаньтань, Сюаньтань Чжаоюаньшуай («главнокомандующий Чжао Тёмной террасы»). Сюань — чёрный цвет с красным отливом считался цветом севера, и на северной террасе (алтаре) ему приносились жертвы. В некоторых местностях, например в провинции Цзянсу, его называли *бодхисатвой* Тёмной террасы и считали гражданским Ц. Там он почитался более других Ц. На народных картинах его изображали в виде страшного черноликого человека с волосами и бородой, торчащими за ушами, с бянь (оружие типа плети, напоминающее тонкий меч, похожий на бамбуковую палку) в руке, сидящим верхом на драконе или чёрном тигре. Иногда Чжао изображали, подобно другим божествам, сидящим за длинным жертвенным столом, на котором лежат слитки серебра и стоит курильница. В некоторых местностях Китая, например в Пекине, провинциях Цзянсу, Сычуань, этот Ц. считается мусульманином, поэтому в качестве жертвенных угощений ему не подают свинину. Мусульманский Ц. изображается обычно похожим не на китайца, а на иноземца. Такой Ц. в народе зовётся хуэйхуэй Ц. («мусульманский Ц.»).

По даосской мифологии, на небесах существует министерство финансов (богатства), во главе которого стоят Чжаобао тяньцзюнь («небесный государь, призывающий сокровища») и Нацянь тяньцзюнь («небесный государь, приносящий деньги»), иногда считается, что во главе этого министерства главнокомандующий Чжао, которому помогают два сановника: Сяо Шэн и Цао Бао — реальные исторические деятели, канонизированные после смерти. Однако все эти персонажи, кроме Чжао, мало популярны. Гораздо более известен Цзэнфу Ц. («бог богатства, прибавляющий счастья»), который в одних местностях ассоциируется с Биганем (Пекин), в других с Чжао Гунмином (провинция Сычуань), в третьих выступает как особое божество (провинция Цзянсу). Цзэнфу Ц. нередко входит в свиту более значительного бога богатства, наряду с Лиши сянгуанем («бессмертный чиновник торговых прибылей») и Чжаоцай тунцзы («отрок, призывающий богатства»). К свите Ц. принадлежит также бог монет Лю Хай и бессмертные двойники Хэ-Хэ. На народных картинах Ц. нередко изображается вместе с супругой Цай-му («матушка богатства»), часто рисуется встреча Ц. хозяином дома, что отражает реально существовавший обычай, приуроченный к началу лунного года. В некоторых местностях, например в провинции Фуцзянь, считалось, что Ц. возвращается на землю вместе с Тянь-гуанем («небесным чиновником», приносящим счастье, и Сишэнем («духом радости»).

Постоянные атрибуты Ц., набор которых изображался на народных картинах: дракон, составленный из монет (цзяньлун), или дракон, изрыгающий деньги, конь, приносящий сокровища (баома), цзюйбаопэнь, слитки серебра (юаньбао), по форме напоминающие туфельку или пельмени, дерево, на котором растут монеты (яоцяньшу), ветки кораллов, жемчужины и пр. Часто изображается, как весёлые мальчуганы (видимо, из свиты бога богатства) трясут яоцяньшу, и монеты сыплются дождём. Не исключено, что образ яоцяньшу восходит к буддийским представлениям о различного рода чудесных деревьях с золотыми плодами или плодами, которые, падая, превращаются в золото.

Особый тип Ц. называется Улу Ц. («бог богатства пяти дорог» или «пяти направлений»). Существуют весьма различные истолкования этого образа. По одной версии, этот образ восходит к некоему человеку по имени Улу («пять дорог») и по фамилии Хэ (14 в.), который был убит разбойниками и потом стал объектом культа. По другой версии, речь идёт не об одном божестве, а о пяти сразу и связывается с именами пяти сыновей евнуха Гу Сифэна (6 в.), культ которых был популярен на протяжении веков. По третьей версии, речь идёт о пяти раскаявшихся разбойниках, облагодетельствовавших окрестное население. Существует и толкование этого понятия как связанного с пятью направлениями (четыре стороны света и центр) и даже как собирательное обозначение пяти категорий домашних духов-хранителей: духов дома, дверей, очага, переулка (или торгового ряда) и центра жилища. Культ Улу Ц. распространён главным образом в Центральном и Южном Китае. Поскольку изображения Ц. нередко вывешивались под новый год на дверях домов, то Ц. иногда рассматривают и как особый вид богов дверей — мэньшэней.
Б. Л. Рифтин.

ЦАНЦЗЕ, в древнекитайской мифологии культурный герой, сподвижник Хуан-ди (по другим версиям, Фу-си, Шэнь-нуна). Имел четыре глаза (на древних рельефах и средневековых гравюрах по два глаза один над другим) — символ особой прозорливости. Проникнув в глубинный смысл следов птиц и зверей, изобрёл иероглифическую письменность (Сюй Шэнь, 1 в. н. э., Предисловие к словарю «Шо вэнь»). В поздних легендах Ц. упоминается в качестве члена Небесной медицинской управы (Тяньиюань), завершившего дело Шэнь-нуна по определению лекарственных свойств растений.
Б. Р.

ЦАНЬ-ШЭНЬ («божество шелководства»), Цаньнюй («девица-шелкопряд»), Матоунян («девушка с лошадиной головой»), Мамин шэнму («ржущая, как лошадь, святая матушка»), в китайской мифологии богиня шелководства и охранительница тутовых деревьев. В «Книге гор и морей» (4—2 вв. до н. э.) упоминается некая девица, стоящая на коленях подле дерева и выплёвывающая шёлковую нить. Комментаторы связывают это упоминание с преданием о девице, получившей прозвище Цань-нюй. Согласно «Юаньхуа чуань ши и» (не позднее 9 в. н. э.), один человек был увезён иноплеменниками, а конь его остался дома. Жена этого человека как-то поклялась, что отдаст свою дочь замуж за того, кто вернёт ей мужа. Вдруг конь встрепенулся и умчался. Через несколько дней он доставил домой своего хозяина. С тех пор конь перестал пить и есть. Хозяин удивился, и жена рассказала ему о своей клятве. Тогда он убил стрелой коня, содрал с него шкуру и положил сушить на дворе. Когда его дочь проходила мимо, шкура вдруг подскочила, обернулась вокруг девушки и улетела. Потом она опустилась на ветки тутового дерева, и девушка превратилась в шелковичного червя, который ел листья и выплёвывал шёлковую нить. По более поздним вариантам, через некоторое время родители увидали свою дочь, плывущую по небу на том же коне в сопровождении свиты. Она спустилась вниз и сообщила отцу и матери, что возведена в ранг небесной феи и оставлена жить на небесах. Культ Ц., вероятно, зародился в районе провинции Сычуань, где сосредоточено наибольшее количество храмов в честь Ц. Ц. изображалась одетой в конскую шкуру, нередко с конской головой, иногда — верхом на белом коне или стоящей подле коня.
Б. Л. Рифтин.

ЦАРПАНИТУ, Сарпанита («сверкающая серебром»), в аккадской мифологии супруга Мардука, мать Набу, главная богиня города Вавилон. Помощница при беременности и родах (под своим вторым именем Эруа). Народная этимология толковала её имя как Зерпанитум, «создательница семени», что сближает Ц. с образом богини-матери.
В. А.

ЦВЕРГИ, в германо-скандинавской мифологии карлики. В более поздних скандинавских народных поверьях они смешиваются с альвами и другими природными духами. Иногда Ц. называют чёрными альвами, в отличие от остальных альвов — белых (светлых). Они, согласно «Младшей Эдде», первоначально были червями в теле великана Имира, из которого произошёл мир, а по «Прорицанию вёльвы» («Старшая Эдда»), они были созданы из крови и костей Бримира — Блаина (вероятно, тот же Имир). Живя в земле и камнях, подобно червям, Ц. боятся света, он для них губителен (при лучах солнца они превращаются в камень). В «Речах Альвиса» («Старшая Эдда») Тор задаёт мудрому карлику Альвису, сватающемуся к его дочери, вопросы вплоть до рассвета, к-рый его погубит. Ц. — искусные кузнецы. Согласно «Младшей Эдде» и другим источникам, они изготовили сокровища богов-асов — их главные атрибуты: Брисинги — ожерелье (Брисингамен) для богини Фрейи; Ц. «сыновья Ивальди» по просьбе Локи — золотые волосы для богини Сив, а также волшебный корабль Скидбладнир для Фрейра и копьё для Одина Гунгнир; карлики — братья Брокк и Эйтри (с которыми Локи поспорил, заложив свою голову, что они не сделают трёх равноценных этим сокровищ) изготовили вепря с золотой щетиной для Фрейра, золотое кольцо Драупнир для Одина и молот Мьелльнир для Тора, выиграв спор (из-за того, что Локи, принявший обличье мухи, мешал кузнецам, рукоятка получилась коротковата, но всё же боги признали молот лучшим произведением карликов). Карлики Фьялар и Галар

изготовили из крови *Квасира* и пчелиного мёда священный *мёд поэзии*. Четыре Ц., названные по странам света Нордри («северный»), Судри («южный»), Аустри («восточный»), Вестри («западный»), поддерживают небо по четырём углам земли (мотив, широко распространённый в мифологии различных народов).
Е. М.

ЦВИЦВ («стружка»), один из центральных героев поздних сказаний абхазской версии нартского эпоса; сын *нарта* Куна и Зилхи, принадлежавшей к племени *ацанов* (карликов), воспитанник *Санатей-Гуаши* (в отдельных вариантах Ц.— младший из ста братьев-нартов, в других — старший брат). Оскорблённая мужем Зилха разрезала своё чрево и извлекла из него недоношенного ребёнка, это и был Ц.; оставив его в семье нартов, она вернулась к родным. Нарты назвали его Ц. потому, что он с детства целыми днями сидел у очага и строгал палочки. Прикидываясь в дневное время никчёмным дураком, Ц. ночами выезжал на коне, тайно сопровождал нартов в их походах, оказывая им помощь в самые трудные моменты; храбрейшие из нартов, в т. ч. и *Сасрыкеа*, были обязаны Ц. многими своими победами. Чтобы скрыть от нартов героические деяния, Ц. окрашивал своё лицо, волосы, одежду, а коня — с одной стороны в белый цвет, с другой — в чёрный (отсюда его прозвище Бжейкуа-Бжашла, «получёрный-полусерый»).

Главнейший из его подвигов — взятие крепости великанов Баталакла (по другим вариантам — Гвинтвинт), которую тщетно осаждал Сасрыква. По одним вариантам, нарты зарядили неузнанным ими Ц. пушку (или пустили его в качестве стрелы из лука) и выстрелили в крепостную стену. Пробив стену, Ц. попадает в глубокую яму, заблаговременно вырытую защитниками крепости. По другим вариантам, нарты перебрасывают Ц., покрытого густым слоем пихтовой смолы, через крепостную стену. Ц. выбирается из засады с помощью меча (или чудесного ножа, который был подарен ему в начале его жизненного пути матерью). Брёвна, которыми защитники крепости забрасывали Ц. в яме, ударившись об остриё меча, переламывались надвое, а камни отлетали в сторону. Подымаясь по этим камням и брёвнам всё выше, Ц. выбрался наверх, расправился с врагами и открыл ворота крепости нартам. Уступив все захваченные богатства нартам и оставшись неизвестным, Ц. вернулся домой.

Ц. аналогичен адыгскому Патразу и осетинскому *Батрадзу*.
Ш. Х. Салакая.

ЦЕКУЛ, в римской мифологии основатель города Пренесте. Сын девушки и духа домашнего очага или Вулкана. Подброшенный матерью к храму Юпитера, был подобран шедшими мимо женщинами, назвавшими его Ц., т. к. у него были маленькие, повреждённые дымом глаза. Когда Ц. вырос, он собрал толпу разбойников, с которыми основал Пренесте. Созвав на праздник соседние племена, уговаривал их перейти жить к нему, т. к. он сын Вулкана, в подтверждение чего бог окружил собравшихся пламенем. Убеждённые знамением соседи стали жить под властью Ц. (Serv. Verg. Aen. VII 678).
Е. Ш.

ЦЕЛАНЬ-ШЭНЬ (от целань — сокращ. кит. транскр. санскр. сангхарама — «обитель, монастырь»; шэнь, «дух»), в китайской мифологии духи — хранители монастырей и храмов. Изображались в виде вооружённых воинов устрашающего вида, попирающих ногами демонов. Статуи Ц. располагались у входа в буддийские обители и храмы. В число Ц. нередко включаются и другие духи-хранители: четыре небесных царя, *Вэйто*. Со временем к Ц. стали относить также различных небуддийских персонажей: Вэнь-чана, Цзао-шэня, *Гуань-ди*. С Ц. сближаются также *мэньшэнь*, Чжун Куй, Эр-лан и другое небесное воинство.
Л. Н. М.

ЦЕРЕ́РА, древнейшая италийская и римская хтоническая богиня производительных сил земли, произрастания и созревания злаков, подземного мира, насылавшая на людей безумие, богиня материнства и брака (по закону Ромула ей посвящалась половина имущества мужа, без причин разведшегося с женой). Почиталась как хранительница сельской общины (пага), защитница его урожая от грабителей (ей посвящался казнённый за ночную кражу урожая). Впоследствии Ц. считалась только богиней злаков и урожая, пользуясь как таковая большим почётом, особенно среди крестьян, справлявших посвящённые ей цереалии и призывавших её во время паганалий — праздника пагов. В эпоху борьбы патрициев и плебеев Ц. возглавляла плебейскую триаду (Ц., Либер и Либера) богов, которой в 493 до н. э. был сооружён кампанскими мастерами храм в долине между Палатином и Авентином, где плебеи издавна почитали земледельческих богов Сею, Сегетию, Мессию, Тутулину, которых Ц. вытеснила, и где был подземный алтарь Конса. Есть мнение, что Ц. всегда была богиней плебса, т. к. её фламин был плебей, возможно, жрец плебейской общины, а цереалии были включены в календарь Нумы в связи с приобщением части плебеев к римской общине. Храм плебейской триады богов стал центром борьбы плебеев с патрициями, архивом плебейских магистратов, убежищем для преследуемых плебеев, местом раздачи им хлеба (Ц. отождествлялась с богиней Пандой или Эмпандой, в храме которой кормили голодных; Aul. Gell. XIII 22; Serv. Verg. Georg. I 7). После примирения патрициев и плебеев Ц. стала почитаться как общая богиня, но её старая роль ожила с обострением противоречий между народом и нобилитетом, когда Ц. была противопоставлена богиня нобилитета *Кибела*. Ц. вместе с *Теллус* были посвящены праздники жатвы, а также зимнего посева (сементивы, 13 декабря) и цереалии (19 апреля). Цереалии сопровождались цирковыми и сценическими играми, травлей лисиц, к которым привязывались горящие факелы, и разбрасыванием орехов (Ovid. Fast. IV 681 след.), что должно было защитить от зноя посевы и стимулировать их рост. В 3 в. до н. э. Ц. сближается с *Деметрой*, Либера с Прозерпиной — Персефоной. Культ Ц. эллинизируется, появляются женские мистерии Ц., праздник встречи Ц. с вернувшейся от Плутона дочерью, которому предшествовал девятидневный пост и воздержание (Serv. Verg. Georg. I 344). С Ц. (как и с греч. Деметрой) связывается введение земледелия и законов, приобщивших людей к цивилизации.
Е. М. Штаерман.

ЦЕРНУ́НН (лат. «Рогатый»), в мифологии кельтов Галлии бог. Письменные свидетельства о нём отсутствуют. Он изображался сидящим в т. н. буддийской позе с ветвистыми оленьими рогами или с оленем и быком у ног; с короткими бычьими рогами с торквесами (подобие ожерелья) на них; в «буддийской» позе, держащим в одной руке змею, а другой подносящим торквес стоящему рядом оленю. Как элементы кельтской религиозно-мифологической символики, так и ассоциации римского типа (рог изобилия и др. в его изображениях рядом с римскими божествами) характеризуют его как господина подземного царства, связанного с циклами умирания и возрождения природы. Исходя из толкования сцен на котле из Гундеструпа (единственного чисто кельтского памятника, где Ц. выступает в связи с другими богами), ряд исследователей считают его воплощением *Езуса*.
Е. М.

ЦЕРО́КЛИС, в латышской мифологии бог полей и злаков. В сообщении кардинала Валенти (1604) Coracle идентифицируется с чёртом-велнсом (см. *Велнс*). Согласно автору нач. 17 в. Стрибиньшу, Ц. жертвуют в лесу чёрных быка, курицу и поросёнка; упоминается также хмельной напиток в бочках. С культом Ц. связывается большой хлеб в форме змеи с раскрытой пастью и поднятым хвостом, хлебные изделия в форме собаки и свиньи, два яйца, приносимые к дубу, и т. п. В отчёте иезуитов от 1619 сообщается, что при еде на землю для Ц. бросают первый кусок и проливают глоток питья. Автор 18 в. Ростовский называет Ц. богом гостеприимства. Имя Ц. производят от латыш. cerot, «куститься» (ср. связь Ц. со злаками), что подтверждается наличием в фольклоре (где Ц. отсутствует)

Церу мате, «матери кустов». Ср. также *Юмиса* и *Лауку мате*, «мать полей». *В. И., В. Т.*

ЦЗÁО-ВАН («князь очага»), Цзао-шэнь («бог очага»), Цзао-цзюнь («повелитель очага»), Цзао-пуса («бодхисатва очага»), Дунчу сымин чжу [«повелитель судеб восточного (угла) кухни»], в китайской мифологии популярное божество домашнего очага. Само понятие «очаг» (в современном произношении цзао) записывается иероглифом, представляющим собой пещеру с сидящей в ней лягушкой. Хотя семантика древних представлений об очаге остаётся неразгаданной, можно предположить, что первоначально у китайцев существовала вера в духа очага в облике лягушки, затем в облике женщины (в период господства материнского рода), а в более позднюю эпоху — в мужском обличии. Вероятно, культ Ц. сложился на основе исчезнувших древнейших представлений в 1-м тыс. н. э. Согласно поздним преданиям, Ц. следит за всем, что происходит в доме, и в конце года — 23-го или 24-го числа 12-й луны по лунному календарю отправляется на небо к *Юй-ди*, которому докладывает о всех делах, происшедших в своём доме. Считалось, что Ц. возвращается обратно 1-го числа Нового года.

Судя по анонимному сочинению 7—9 вв. «Нянься суйши цзи» («Записки о временах года в столице»), обычай задабривать Ц. уже существовал в то время. Тогда окропляли очаг вином, что называлось «опьянять повелителя жизни». Это упоминание о Повелителе жизни (*Сымин*) свидетельствует о весьма ранней контаминации архаического образа Сымина и Ц., со временем приведшей к полному их слиянию и передаче функций Сымина Ц., который становится в период позднего средневековья уже фактическим хранителем семейного благополучия. Со временем Ц. стали почитать также в качестве бога — покровителя поваров и официантов. Нередко Ц. именуется ещё Наньфан ход-ицзюнь («южный государь огня»), возможно, что в этом прозвище сохраняется представление о боге очага как о боге огня.

В позднесредневековом фольклоре в Ц. превратился некий бедный лентяй Чжан, который кормился за счёт жены. Под Новый год послала его к своим родителям за рисом, а те, жалея бедствующую дочь, положили на дно мешка серебро. Лентяю надоело тащить тяжёлую ношу, и он отдал мешок встречному нищему. Разъярённая жена забила его насмерть, но так как дело было в новогоднюю ночь, временно закопала труп под очагом. Сожалея о содеянном, она потом повесила над очагом поминальную табличку с именем мужа и стала молиться перед ней. С тех пор обычай почитания Чжана в качестве Ц. распространился, по преданию, по всему Китаю. Существуют и другие версии этого сюжета. В религиозных текстах, отражающих верования различных сект, происхождение Ц. объясняется таким образом: в ответ на жалобы людей, что им трудно уследить за делами людей, *Юй-ди* пригласил святого Чжан Чжаня с горы *Куньлунь* и повелел ему стать Ц. Получив это повеление, Чжан преобразился в 5 владык очага, соответствующих 4 сторонам света и центру, те в свою очередь превратились в 10 тысяч Ц., которые и стали наблюдать за людьми во всех домах («Цзао-цзюнь баоцзюань» — «Драгоценный свиток о боге очага»). В других произведениях того же жанра баоцзюань Ц. выступает в виде доброго старца, спасающего людей и наставляющего их на путь добродетели. Образ Ц. чрезвычайно популярен в народном искусстве, бумажные картины с изображением Ц., его супруги и помощников печатались с досок в большом количестве экземпляров. Существовали и картины с портретом одного Ц., ибо некоторые китайцы верили, что если повесить картину Ц. с его супругой, то в доме не будет согласия.

Б. Л. Рифтин.

ЦЗИН (в первом значении «очищенный рис», отсюда «эссенция», «экстракт»), в китайской мифологии: 1) субстанция, заключающаяся в каждом живом существе. Согласно даосской концепции, в момент рождения человека в результате соединения идущего извне жизненного дыхания с субстанцией Ц. образуется дух (*шэнь*), являющийся как бы душой. Со смертью человека Ц. исчезает. Воспроизводство Ц. происходит в цзинши («комната Ц.») — вблизи т. н. «нижнего киноварного поля» — напротив пупка, на уровне 19-го позвонка (по другой версии — в почках). Когда Ц. мало — человек болеет, когда Ц. исчезает — наступает смерть. Считалось, что у мужчин восполнение недостачи Ц. возможно за счёт женского начала инь (см. *Инь и ян*) путём полового сношения, но при условии знания особой сексуальной техники; 2) общее название оборотней. В трактате «Бао Пу-цзы» даосского философа Гэ Хуна (4 в.) утверждается, что лисицы, волки, шакалы, прожившие 500 лет, могут принимать человеческий вид, а тигры, олени и зайцы меняют свой цвет на белый и приобретают способность к оборотничеству; птицы, прожившие тысячу лет (или даже 10 тысяч), приобретают лишь человеческое лицо. В преданиях и народных сказках цвет есть неизменный знак, остающийся у Ц., несмотря на изменение облика (чёрная рыбка превращается именно в чёрного человека).

На основе рассказов о Ц., составивших многочисленные сборники коротких новелл 3—4 вв., строятся многие т. н. танские, сунские и минские новеллы (7—17 вв.), которые использовал и развил новеллист 17—18 вв. Пу Сунлин. Образы Ц. весьма популярны и в дунганском сказочном эпосе (дунганск. Чжин).

Б. Л. Рифтин.

ЦЗИНВЭЙ, в древнекитайской мифологии зооморфный персонаж, дочь *Янь-ди*, носившая имя Нюйва (иероглифическая запись отличается от имени прародительницы Нюйва), которая купалась в Восточном море, утонув, превратилась в птицу, получившую имя Ц. Согласно «Книге гор и морей» (4—2 вв. до н. э.), Ц. похожа на ворону, но с пёстрой головой, белым клювом, красными лапами. Она носит в клюве ветки и камни, пытаясь засыпать Восточное море. В более поздних источниках («Описание удивительного», 4—5 вв.) говорится, что Ц. рождает птенцов, спариваясь с самцом чайки, причём женские особи похожи на Ц., а мужские на чаек. Можно предположить, что в мифе о засыпании моря отразилось в «перевёрнутом» виде широко популярное у многих народов Евразии и Северной Америки представление о добывании птицей (гагарой) или другим существом земли со дна моря.

Б. Л. Рифтин.

ЦЗИН-ТУ́ («Земля чистоты», «Земля очищения», «Чистая земля», от санскр. Сукхавати), в китайской буддийской мифологии земля, которую посетили и где вели свою проповедь *будды* и *бодхисатвы*. Совершенство их таково, что ни сами они, ни их речи не могут быть запятнаны мирской скверной, подобно лотосу, который вырастает из грязи, но сам остаётся чистым. Поэтому, явившись в мир и распространяя своё учение, будды и бодхисатвы обращают к истинному прозрению всех живущих и тем способствуют очищению как этих земель, так и всех в них живущих от всяческой грязи и скверны. В сочинениях буддийского канона можно встретить множество описаний Ц., связанных с различными буддами и бодхисатвами и всегда характеризуемых как чистые сверкающие и лучащиеся земли, составленные из драгоценностей. В то же время различные Ц. населяются совершенными существами разного вида, характеристик, размеров тела для каждого Ц. Некоторые из Ц. в поздней мифологии приобрели особое значение, из них наиболее важные: *Доушуай-тянь*, *Ситянь*, Индия (Таньчжуэ, где родился и проповедовал будда *Шакьямуни*).

Л. Н. Меньшиков.

ЦЗЫ-ГУ́ («пурпурная дева»), Кэнсань-гу («третья дева ямы»), Сань-гу («третья дева»), Ци-гу («седьмая дева» или «дева [по фамилии] Ци»), в поздней китайской народной мифологии богиня отхожих мест. Известен целый ряд преданий о девушках, взятых в наложницы и убитых ревнивой первой женой именно в отхожем месте, после чего по воле Небесного владыки они почитались в качестве Цэ-шэнь («дух отхожего места»). Первые записи таких преданий относятся к 5 в. Характерно, что во всех вариантах убийство происходит в день праздника фонарей (15 числа 1-й луны). Именно в праздничную ночь устраивались обряды встречи Ц. и моления с жертвоприношениями в виде конского помёта. Верховный владыка пожалел Ц. и сделал божеством уборных.

По-видимому, в результате ошибочного истолкования одного из имён Ц.— Кэн-саньгу (не как «третья дева ямы», а как «три девы ямы») в период позднего средневековья родилось представление о трёх девах — Юнь-сяо, Цюн-сяо и Би-сяо, которые, используя даосские магические приёмы, творили зло; за это они были приговорены Верховным владыкой Тайшан Лао-цзюнем (см. *Лао-цзы*) к смерти и назначены после смерти духами отхожих мест.

Б. Л. Рифтин.

ЦЗЮЙБАОПЭНЬ [«ваза (таз), собирающая сокровища»], в поздней китайской народной мифологии волшебный предмет, своеобразный вариант рога изобилия. Согласно одному из преданий, рыбак из Нанкина Шэнь Ваньсань ловил рыбу в реке Янцзы. В сети ему попалась плоская ваза для цветов (по другим версиям, глиняный горшок, шкатулка). Рыбак подобрал вазу и решил кормить из неё собаку. Положит туда корм, собака ест, а еды не убывает. Однажды его старуха наклонилась над вазой и уронила туда золотую шпильку, и ваза тотчас же наполнилась до краёв золотыми шпильками. Бросили в вазу монету, и она тотчас же наполнилась деньгами. Вазу перенесли в дом и стали ею пользоваться для добывания денег и ценностей. Собрав огромное богатство, старики стали помогать своим близким, за что старик был назван живым *цайшэнем*. Не исключено, что представление о Ц. восходит к буддийских образу патры, так как в китайских буддийских храмах в качестве бога богатства часто почитается толстобрюхий *Милэ* со слитком серебра в руке, у ног которого стоит Ц. Ц. иногда приписывались и другие магические свойства, например усмирение с её помощью нечисти.

Б. Л. Рифтин.

ЦЗЮЙЛИН («огромный холм»), в древнекитайской мифологии: 1) водное божество, титан, менявший течение рек. Согласно «Дунь цзя кай шань ту» (ок. 1 в. н. э.), Ц. родился вместе с первоначальной субстанцией (юаньци). Ему приписывается магическое знание законов земли и умение создавать горы и реки. В средневековых источниках, не связанных с даосской традицией, Ц.— божество реки. Некогда гора *Хуашань* преграждала путь течению Хуанхэ. Ц., расшатывая гору руками и пиная её ногами, расколол её надвое. Отпечатки его ладоней и ступней долго сохранялись на склонах горы. 2) Имя всеведущего карлика, присланного, согласно преданию, ханьскому императору У-ди (2—1 вв. до н. э.) из Восточной области и объявившего государю, что сановник *Дунфан Шо* — даосский бессмертный, изгнанный на землю.

Б. Р.

ЦЗЮ ТЯНЬ («девять небес»), в китайской космогонии и мифологии девять небесных сфер, расположенных друг над другом и составляющих небо. Одновременно с представлением об этой вертикальной модели неба существовало представление о горизонтальной модели, по которой Ц. т.— это девять частей неба, разделённого согласно 8 направлениям (стороны света + северо-восток, северо-запад, юго-восток, юго-запад и центр), именуемые также цзю е («девять полей»), каждое из которых имеет своё направление: центральное — цзюнь тянь («ровное небо»), восточное — цан тянь («синее небо»), вариант хао Тянь — «ясное» или «великое» небо, северное — сюань тянь [«чёрное» (с красноватым отливом) небо], южное — янь тянь («огненное небо») и т. п. древним космогоническим представлениям, Ц. т. соответствовало на земле цзю чжоу — 9 областей, на которые ещё в древности мифическим *Юем* был разделён Китай. По средневековым даосским представлениям, каждая из сфер имеет ворота, охраняемые тиграми и барсами, а также привратником небесного государя (Ди-хунь). В нижней сфере — ворота Чанхэ, где проходит граница земного и небесного миров. Через них на землю спускается, например, злой западный ветер; через них можно войти на небо и начать восхождение на небеса. На следующей сфере в центральной области звёздного неба находится дворец Цзывэйгун (Цзывэй — название одного из созвездий), в нём обитает *Тянь-ди* (он же *Шан-ди*).

Существовало также представление о Цзю тянь чжэньване («подлинный царь девяти небес»), который именовался также Юань-ши тяньван, он будто бы появился в период изначального хаоса, когда после отделения Темноты и Света (см. *Инь и ян*) родилось 9 «дыханий», каждое из них отстояло от другого на 99 990 лет. Чистые «дыхания» поднялись вверх, а нечистые распространились внизу, затем 9 «дыханий» сгустились и образовали Ц. т., которыми и стал править Ц. т. чжэньван.

Б. Л. Рифтин.

ЦЗЯН-ТАЙГУН, Тайгун Ван, Цзян Цзыя, Люй Шан, Люй Ван, тайгун, в древнекитайских мифологических преданиях мудрый советник. По популярной версии легенды, князь Вэнь-ван (основатель династии Чжоу) однажды, собираясь на охоту, обратился к астрологу с просьбой совершить гадание — удачной ли будет охота. Ответ был таков: «Когда ты будешь охотиться на южном берегу реки Вэй, получишь крупную добычу. Это будет не дракон, не тигр и не медведь... Небо подарит тебе наставника». По другому варианту, Небесный государь явился Вэнь-вану во сне и сказал, что дарует ему советника. Вэнь-ван отправился к реке Вэй и встретил там старца, удившего рыбу. Вэнь-ван побеседовал с ним и воскликнул: «Вы действительно тот самый человек, появление которого предрекал мой отец, я давно уже вас жду». Он усадил мудреца в свою колесницу, сам сел на место кучера и повёз к себе, дал ему титул тайгун («великий князь») и прозвище Ван («долгожданный» или «смотрящий вдаль»). Согласно древнему апокрифическому преданию, Ц., сев в колесницу, повелел Вэнь-вану самому впрячься и везти её. Тот осилил лишь 800 шагов, что вызвало горестный вздох мудреца, разъяснившего Вэнь-вану, что сколько он сделал шагов, столько лет и будет править его династия. По одной из легенд, Вэнь-ван сперва назначил Ц. правителем небольшого городка Гуаньтань, где он сделал покорным даже ветер. Тогда князь назначил Ц. главнокомандующим войсками (Гань Бао, 4 в. н. э.) и стал одерживать над иньцами одну победу за другой. Образ Ц. чрезвычайно популярен и в средневековых мифологических сказаниях, связанных с фантастической эпопеей 16 в. «Фэн шэнь яньи» («Возвышение в ранг духов»). Там Ц. отведена особая роль бога богов, который по приказу Верховного Небесного владыки назначает всех богов и духов на соответствующие должности. По поздним народным легендам, Ц. не позаботился только о себе самом и, когда явился в Небесный дворец с просьбой к *Юй-ди*, то оказалось, что вакансий уже нет, и государь повелел Ц. сидеть на не троне, а на уголке глинобитной стены. В народных же верованиях Ц., помогший некогда своему князю разгромить последнего правителя династии Инь тирана Чжоу Синя и завоевать всю страну, превратился в могущественнейшего мага, заклинателя злых духов. На народных картинах его изображали часто в виде старца верхом на сказочном монстре с желтым знаменем, творящим чудеса по его воле, и скипетром жуи (исполнение желаний) в руках. Надпись на картине свидетельствовала о его мощи и бесстрашии и о повелении злым духам убираться прочь. Поскольку Вэнь-ван встретил Ц., когда тот удил рыбу, то Ц. китайские рыбаки почитали также своим богом-покровителем.

Б. Л. Рифтин.

ЦЗЯН ЦЗЫЯ, см. *Цзян-тайгун*.

ЦЗЯНЬДИ, в древнекитайской мифологии мать первопредка иньцев *Се*. Ц. была второй женой мифического государя *Ди-ку*. Согласно «Вёснам и осеням Люя» (составлены Люй Бу-вэем в 3 в. до н. э.), Ц. вместе с сестрой жила в девятиярусной башне. Вер-

ховный правитель приказал ласточке полететь и посмотреть на них. Птица понравилась сёстрам, и те, поймав её, посадили в нефритовую клетку. Спустя некоторое время ласточка улетела, оставив в шкатулке два яичка, из одного из которых родился Се. По версии Сыма Цяня (2 в. до н. э.), Ц. пошла купаться и увидела ласточку, уронившую яйцо. Она проглотила его, забеременела, и (после того, как ей, по одной из версий, разрезали спину) на свет появился Се.
Б. Р.

ЦЗЯНЬМУ, в древнекитайской мифологии чудесное дерево, вариант мирового древа. Ц. растёт на равнине Дугуан, являя собой как бы центр неба и земли, по Ц. все великие предки (ди) подымались на небо и опускались на землю. Ц. не отбрасывает тени, не даёт эха («Хуайнань-цзы», 2 в. до н. э.). Согласно «Книге гор и морей» (4—2 вв. до н. э.), Ц. будто бы напоминает своими очертаниями быка, кора Ц. похожа на ленту или жёлтую змею, листья подобны ячейкам (?) рыболовных сетей, плоды подобны плодам мыльного дерева, ствол, как у колючего вяза (?). По другой записи в том же источнике, у Ц. тёмно-зелёные листья, фиолетовый ствол, чёрные с красным отливом цветы, жёлтые плоды. Местоположение Ц. в разных источниках указывается по-разному.
Б. Р.

ЦЗЯН ЮАНЬ, в древнекитайской мифологии мать культурного героя *Хоу-цзи*. Родив Хоу-цзи, Ц. Ю. бросила его в пруд, и хотя дело было летом, в 6-м месяце, пруд вдруг покрылся льдом и ребёнок не утонул и не замёрз, т. к. его укрыли птицы. С тех пор якобы у берега пруда близ шаньсийской деревни Винчицунь («Деревня ледяного пруда») каждый год в 6-м месяце один раз появляется корочка льда. Жители деревни, узнав о том, что Ц. Ю. выбросила младенца в пруд, и считая это дурным предзнаменованием, толпой бросились к ней, чтобы её избить. Она пыталась ускакать от них на муле, но тот не трогался с места. В это время налетел ураган, который дул 3 дня и 3 ночи и принёс тучи жёлтой пыли, образовавшей огромный холм, который и стал называться Могилой Ц. Ю., поскольку сама она исчезла.

Народные верования наделяют Ц. Ю. магической силой покровительницы детей: считается, что достаточно потерять медную монету у стелы на её могиле и повесить эту монетку на тело ребёнка, чтобы предохранить его от напастей и сохранить здоровье. Культ Ц. Ю. сохранился в Китае до 20 в., особенно в провинциях Шаньси и Шэньси, где имеется ряд топонимов, связанных с Ц. Ю.
Б. Л. Рифтин.

ЦИД («охотник»), в западносемитской мифологии бог, очевидно, охоты и рыболовства. Вероятно, считался основателем и владыкой города Сидон (финик. Цидон, «цидов»). Известен по теофорным именам, главным образом в сочетаниях Циди-Мелькарт и Циди-Тиннит.
И. Ш.

ЦИЛИНЬ, линь, в древнекитайской мифологии чудесный зверь — единорог. Входит в четвёрку священных животных *сы лин*. По аналогии с термином *фэнхуан*, Ц. истолковывается как соединение двух понятий: ци — «самец-единорог» и линь — «самка». Существуют различные описания Ц., отличающиеся в деталях, но все они составлены по архаическому принципу уподобления отдельных частей Ц. частям тела реальных животных: у Ц. тело оленя, но меньше размером, шея волка, хвост быка, один рог, заканчивающийся мягкой шишкой (мясным наростом), копыта коня, разноцветная (по другим версиям, бурая) шерсть (упоминаются также белые и зелёные Ц.). Когда Ц. идёт по земле, он не сломает травинки, не раздавит букашки, он не ест живых тварей, а питается чудесными злаками. По некоторым представлениям, Ц. может даже летать или ходить по воде. В древних текстах Ц. часто упоминается наряду с оленями как их вожак. Ц. считался главным из всех зверей (наряду с фэнхуаном — главным среди птиц). Отличительным признаком Ц. является его неострый рог, которым он не может причинить вреда. Древние авторы рассматривают Ц. как воплощение морально-этической категории — жэнь («человеколюбие», «гуман-

ность»). По одним толкованиям, наличие у Ц. одного рога — это символ объединения страны в единое государство, по другим, — символ единовластия государя.

В даосских преданиях на белых Ц. ездят бессмертные, свита *Си-ванму*. В древности существовало много легенд о появлении и поимке Ц. — и то и другое считалось знаком идеального, мудрого и гуманного правления. Словами «поймали линя», вошедшими в поговорку, заканчивает Конфуций свою летопись «Вёсны и осени». Считалось, что появление Ц. несло с собой умиротворение и процветание природе, было знаком предстоящего рождения мудреца. Так, согласно «Ши и цзи» («Записи о забытом», ок. 6 в.), рождению Конфуция предшествовало появление Ц., который изрыгнул изо рта нефритовое письмо с пророческими словами о правлении дома Чжоу (появление Ц. маркировало и смерть Конфуция, так же как и крушение некоторых царств). В народных верованиях Ц. прочно ассоциировался с рождением сыновей: спускающийся с неба Ц. приносит сына — традиционный сюжет благопожелательных лубков, народных вырезок из цветной бумаги.
Б. Л. Рифтин.

ЦИНЛУН, Цанлун («зелёный дракон»), в китайской мифологии дух — символ Востока. Поскольку Восток ассоциировался с весной, то и символ его был дракон цвета зелёной весенней травы (часто неточно переводится как «синий дракон»). Цинлун — также название созвездия (по некоторым версиям — другое название планеты Суй-син, Юпитера), имеющего на древних рельефах особое графическое изображение, которое напоминает дракона (звёзды обозначались кружками и входили в контур дракона). Изображение Ц. с древности имело благопожелательный смысл, появление Ц. считалось счастливым предзнаменованием. Ц. изображали в древности на знамёнах, при этом во время следования войска знамя с изображением *Чжуняо* — символом юга — несли спереди, *Сюаньу* — символом севера — сзади, Ц. — слева, а *Байху* — символом запада — справа. Изображения Ц. находят на могильных рельефах рубежа н. э. (одновременно с символами трёх других сторон света). В средние века Ц. в паре с Байху почитается как дух — страж дверей. Изображения Ц. в зооморфном виде встречаются на поздних народных картинах, имеющих заклинательный (оберегает дом от нечисти) и благопожелательный смысл: извивающийся в разноцветных (благовещих) облаках Ц., например, сыплет чудесными, источниками пламя, жемчужинами, золотом, серебром, кораллами в «вазу, собирающую сокровища» (см. *Цзюйбаопэнь*), выступая в данном случае в качестве помощника *цай-шэня*. Ц. также имя чудесного рослого скакуна.
Б. Л. Рифтин.

ЦИ-СЯНЬНЮЙ («Седьмая фея»), в китайской поздней народной мифологии одна из дочерей *Юй-ди*. Согласно широко известному преданию, бедный юноша Дун Юн продал себя в рабство, чтобы получить деньги, необходимые для похорон отца. Ц.-с. пожалела юношу, самовольно спустилась с небес и стала его женой. За 100 дней она наткала столько прекрасной парчи, что Дун Юн смог выкупить себя, однако им не суждено было зажить счастливой жизнью, т. к. Юй-ди потребовал возвращения дочери в небесный дворец. В наиболее ранней записи предания (3 в.) имя Ц.-с. ещё не называется, там фигурирует безымянная «шэнь-нюй» («божественная дева».
Б. Л. Рифтин.

ЦИУМАРПО («красный сок»), в тибетской мифологии царь далха, божество, выступающее в трёх ипостасях: главы древней тибетской группы божеств — «семи пылающих братьев»; владыки цэнов (божеств, обитающих в среднем мире); судьи человеческих душ. Добонский субстрат представлений о Ц. отражён в мифе о группе «семи пылающих братьев» (они же «семь братьев медных гор» или «дикие цэны»). Согласно одной из версий этого мифа, из утробы богини «Краснолицей», дочери царя цэнов, или предка цэнов, выпало кровавое яйцо. Первым из яйца вылупился Ц., а из частей его тела возникли братья: из головы — чёрный Дуцэн, из костей —

белый Лха, из теплоты тела — кроваво-красный Цхагчэн, из крови — Рицэн, из мочи — коричневый Луцэн, из мяса — Дицэн. По другой версии, каждый из братьев вылупился из отдельного яйца. Группа описывается в виде красных всадников на красных конях, которые мчатся, как ветер. В их свиту входят 360 цэнов, 6 собакоголовых богинь, которые насылают ужасные болезни. В мифологии бон цэн — бог огня, мгновенной разрушительной силы, покровитель воинов и бандитов, особенно активен на закате.

В своей третьей ипостаси — судьи человеческих душ — Ц. представляется в облике богатыря свирепого вида, скачущего на чёрном коне с белыми копытами; атрибуты этого Ц.: справа — копьё с красным флажком, слева — верёвка-цэн, которой он ловит «дыхание» жизни человека, на голове кожаный шлем с султаном из перьев грифа, на груди броня из скорпионового панциря. Свиту составляют 100 000 цэнов, 20 000 *лу*, бесчисленные *тхеуранги*, множество соколов, орлов, леопардов, тигров.

Включение Ц. в буддийский пантеон связывается с именем *Падмасамбхавы*. Ц. был включён в разряд «хранителей мира» и стал наследником *Пехара* в его роли защитника буддийского монастыря Самье. В качестве судьи человеческих душ Ц. близок *Яме*, однако он не владыка ада и его судилище находится в среднем мире, в сфере обитания людей.

Е. Д. Огнева.

ЦОВИНÁР, Цовя́н («морская»), в армянских мифах дух грозы, персонификация молнии или зарницы. Согласно мифам, Ц. — гневная огненная женщина, во время грозы скачущая на огненном коне в облаках; она посылает людям живительный дождь или вредоносный град.

В эпосе «Сасна Црер» («Давид Сасунский») Ц. — мать близнецов *Санасара и Багдасара*. Согласно сказанию, красавица Ц., дочь армянского царя, ради спасения своего народа от иноземного ига согласилась стать женой иноверца — правителя вражеской страны — багдадского халифа (вариант: ассирийского царя Сенекерима). При этом она поставила условие, чтобы муж к ней не прикасался. Однажды во время прогулки Ц. выпила две пригоршни воды из морского ключа, забившего из-под скалы, и забеременела (вариант: зачатие происходит от двух пшеничных зёрен, подаренных ей армянским католикосом). Родившихся Санасара и Багдасара супруг Ц. несколько раз хотел убить, но Ц. отводила опасность. Когда сыновья выросли, они бежали от мужа Ц. (вариант: убили его в храме) и вместе с матерью вернулись в армянские земли.

С. Б. А.

ЦОГТÁЙ-ХАН, Цокта́й-ба́тюшка [цогтай, «обладающий жаром» (угольным, очажным), в переносном смысле — «жизненной силой»], в мифах ойратов хранитель чудесных знаний, прежде всего искусства добывания огня (ср. *Шидургу-хаган*). По легенде кукунорских элетов, Ц.-х., страдавший запором из-за того, что сел на шапку, подаренную далай-ламой, лечился чаем, в котором по его приказу варили отобранных у матерей трёхлетних детей. Батур-мусу («демону-богатырю»), посланному Гегéн-ханом («светлейшим государем») прекратить злодеяния, Ц.-х. в качестве выкупа за жизнь предложил открыть магические секреты: застёгивать землю, арканом спускать с неба солнце и луну, находить в пустыне воду, преодолевать огромные расстояния. Он научил Батур-мусу искусству добывания огня, но всё же был им обезглавлен. С тех пор люди могут высекать огонь из камня. Прозвище Ц.-х. «с большим фаллосом» — очевидно, указывает на символику производительности, свойственную духам огня. Возможно, не случайно сходство имени Ц.-х. с именем сына *Чингисхана* Чагатая (см. *Сахадай-нойон*), а также с персонажем бурятской мифологии, имя которого почти совпадает с именем Ц.-х.: Сокто-мерген, сын Солбона (*Цолмона*).

С. Н.

ЦОКШИН («собрание дарующих прибежище»), в тибетской мифологии образ, воплощающий буддийскую концепцию спасения в виде древа (горы, лестницы), произрастающего из первозданного океана. Известны цокшины будды *Шакьямуни* (лестница), *Падмасамбхавы* (гора), *Цзонхавы* (древо), окружённых персонажами буддийской мифологии. Цокшин — своеобразное древо познания, один из вариантов мирового древа.

Е. Д. Огнева.

ЦОЛМÓН, Со́лбон (бурят.), Со́лбан (хакас.), Чо́лмон (алт.), Чо́лбан, или Шо́лбан (тувинск.), Чо́лбон (якут., эвенкийск.), Цо́лви (ойрат-калм.), в мифах монгольских народов, сибирских тюрок и некоторых тунгусских народов персонификация планеты Венера, небесное божество. Выступает в ипостасях утренней и вечерней звезды. В алтайской шаманской мифологии утренняя звезда (Тапах Чолмон) характеризуется как солнечная, а вечерняя (Иныр Чолмон) — как лунная.

В некоторых монгольских традициях вечерняя звезда — женщина; в эвенкийской — также женщина, а утренняя — мужчина (хозяин всех звёзд). Согласно монгольским мифам, Ц., находясь на небе, вызывает войны; оказавшись на земле, может установить мир; чародей Шидургу предлагает изловить Ц. (спустить с небес), чтобы на земле не было войн. В якутской мифологии Чолбон насылает холод на землю; первый якут — шаман Чачыгар Таас пытался обрубить закрепу, с помощью которой Чолбон держится на небе, чтобы тот провалился в нижний мир, но не довёл дело до конца. По ойратским поверьям, в Ц. сосредоточена производительная сила; женщины тогутов просят Ц. о детях (в развёрнутой метафоре он уподоблён «фаллосу отца *Цогтая*»). Эвенки считают Чолбона могучим и грозным божеством (нельзя рассказывать сказки, когда он находится на небе). В хакасском шаманском призывании Солбана называют «владыка-небо». В алтайском эпосе Чолмон живёт на «дне неба»; в «белого Чолмона» превращается чудесный покровитель героя — старец в золотой шубе с золотым костылём; облик «белого Чолмона» принимает также вознёсшийся на небо конь героя (аналогичные мотивы имеются и в монгольском эпосе). Для Ц. специфична связь с лошадьми, буряты почитают Солбона как покровителя лошадей (и детей?).

У бурят Солбон относится к светлым западным богам (*тенгри*), он — сын Заян Саган-тенгри (см. в ст. *Дзаячи*) или Эсеге Малан-тенгри (в этом случае является братом *Сахадая-нойона*). Солбон — небесный пастух стада Эсеге Малан-тенгри, либо сам — владелец табунов небесных коней, имеющий в услужении табунщика Токлока (в традиции балаганских бурят) или чаще Добёдоя (Добидоя, Догёдоя). Солбона, как и Добёдоя, изображают всадником с арканом в руках. Солбону посвящают чубарого или каурого коня (балаганские буряты посвящают чубарого коня Токлоку). По версии балаганских бурят, Солбон имел любовную связь с Хатун-Малган, женой Хан-Баты, с тех пор преследующего её за неверность. От этой связи родился заян Хитаран-зарин.

С. Ю. Неклюдов.

ЦУ́Е, Шу́е, у бушменов кунг мифологический персонаж, демиург и трикстер. Согласно мифам, Ц., как и его сын, делает людей — бушменов, гереро и др., а также и не убивает их. Ц. «делает» дождь и прекращает его. Он научил людей получать огонь и пользоваться им. Ц. даёт бушменам их пищу; изготовил для них лук, стрелы и колчан. Согласно мифу о происхождении смерти, луна уверяла зайца в том, что люди, подобно ей, умирают временно (в варианте спорят луна и ребёнок, оплакивающий умершую мать). Заяц не поверил луне потому, что люди, в отличие от луны, умирая, издают дурной запах. Заяц продолжал настаивать на своём и после смерти своего сына. Ц. стал смеяться над зайцем, оплакивающим сына, а потом разбил ему голову. Разгневанная жена зайца заострённым концом своей палки-копалки проткнула Ц. живот и глаза; затем заяц и его жена убили Ц., но он воскрес. Луна и его жена тоже несколько раз пытались умертвить Ц., но он, подобно луне, вновь воскресал. Ц. во многом аналогичен *Цагну*.

Е. С. Котляр.

ЦУКУЕМИ, Цукуёми-но микóто, Цукиёми-но микóто (др.-япон. «бог счёта лун», т. е. божество, связанное с лунным календарём; другие варианты: «луна, видимая ночью»; «изогнутый лук луны»), в японской мифологии божество, рождённое богом Идзанаки (см. *Идзанаки и Идзанами*) во время очищения, которое тот совершает по возвращении из *ёми-но куни*, из капель воды, омыв ими свой правый глаз. Распределяя свои владения — вселенную — между тремя рождёнными им «высокими» детьми: *Аматэрасу*, Ц. и *Сусаноо*, Идзанаки поручает Ц. ведать страной, где властвует ночь («Кодзики», св. I), вариант — «вместе с солнцем ведать небом» («Нихонги»). Согласно этому варианту, Аматэрасу, находясь на небе, приказывает Ц. спуститься в *Асихара-но накацукуни* (т. е. на землю), где богиня пищи Укэмоти-но ками предлагает лунному богу еду, вынутую изо рта, и оскорблённый Ц. убивает её. Рассерженная его поступком, Аматэрасу заявляет, что отныне она и бог луны «не должны быть видимы вместе». С тех пор солнце и луна живут раздельно («Нихонги», св. I, «Эпоха богов»). Согласно другой версии, Идзанаки поручает Ц. ведать равниной моря, что, вероятно, отражает представления древних японцев о связи приливов и отливов с луной.
Е. М. Пинус.

ЦЮНСАН («далёкое тутовое дерево»), в древнекитайской мифологии гигантское дерево, растущее на берегу Западного моря. Его высота — тысяча сюней, листья красные, ягоды растут гроздьями, плодоносит Ц. раз в тысячу лет. Тот, кто поест его плодов, не стареет. См. также *Фусан*.
Б. Р.

ЧАК («топор»), ч á к и, в мифах майя бог дождя и молнии. Первоначально Ч. был, очевидно, богом рубки деревьев, очищения участка леса для поля (отсюда его имя), но позднее стал божеством дождя, полей и растущей кукурузы. Обычные атрибуты Ч.— топор или пылающий факел (символ сжигания срубленных деревьев).

Ч. мыслился как в единственном числе, так и во множественном (четыре Ч., связанные со сторонами света и цветовой символикой: восток — красный, север — белый, запад — чёрный, юг — жёлтый). В народных представлениях упоминается множество Ч. Аналогично тлалокам (см. *Тлалок*) Ч. держит воду в тыквенном сосуде или четырёх сосудах, расставленных по углам своего дома. Многочисленные Ч. живут в лесах, пещерах, естественных колодцах (сенотах). Почитание Ч. до сих пор сохранилось у юкатанских майя.

Р. К.

ЧАКРАВАТИН, ч а к р а в á р т и н («тот, который поворачивает колесо»), в буддийской мифологии идеальный царь, устанавливающий во всём мире царство справедливости. Ч. рождаются в кальпе, когда *будды* не появляются в мире. Они, как и будды, имеют *махапурушалакшаны*, и их рождение сопровождается теми же чудесами, что и рождение будд. Каждый Ч. имеет т. н. семь сокровищ: колесо, летающее по воздуху, при помощи которого Ч. и его войско могут достигать любой точки мира; слона и коня, обладающих сверхъестественными способностями; драгоценный камень, излучающий свет на далёкие расстояния; царевну, отличающуюся красотой и внутренним достоинством и высоким происхождением; мудрого советника и удачливого полководца, в качестве которого выступает старший сын Ч. (вообще, Ч. имеет сто сыновей).

Л. М.

В джайнской мифологии мировой император, владыка мира. В числе «63 замечательных людей» нашей эпохи появились следующие 12 Ч.: Бхарата, Сагара, Магхаван, Санаткумара, Шанти, Кунтху, Ара, Субхума, Махападма, Харисена, Джаясена, Брахмадатта. Жизни их описываются стереотипно: кармическая предназначенность к данной роли, 14 пророческих снов матери, достижение власти с помощью высших сил и, в частности, «14 волшебных драгоценностей» и т. д. Однако завершаются их судьбы по-разному: одни Ч. попадают в ады, другие — на небеса, третьи впоследствии достигают освобождения и становятся *тиртханкарами*.

А. А. Т.

ЧАЛЬЧИУТЛИКУЭ («она в одежде из нефрита»), М а т л а л ь к у é й е («она в голубой одежде»), в мифах ацтеков богиня пресной воды, озёр, морей и рек, супруга *Тлалока*, сестра тлалоков, мать Сенцон-Мимишкоа (звёзд северной части неба). Изображалась в облике молодой женщины, сидящей среди водного потока, в головном уборе из синих и белых лент, с двумя большими прядями волос вдоль щёк. Ч.— покровительница путешествующих по воде.

Р. К.

ЧАНЕ́КЕ, в мифах пополуко, соке и масатеков маленькие существа, живущие в лесу. Ч. имеют вид старообразных карликов, в общем благосклонных к людям, но порой шаловливых; их надо умилостивлять жертвами. Ч. являются рудиментами доиспанских представлений о тлалоках (см. *Тлалок*) или чаках (см. *Чак*).

Р. К.

ЧАНСЫ́Н, П о к с у́, в корейской мифологии могущественные духи, защищающие селения от нечистой силы и напастей. В качестве фетишей изображения Ч. устанавливались у входа в селение или монастырь, на обочине или у развилки дорог деревянные, позже каменные столбы, в верхней части которых вырезались мужские и женские головы с выпученными глазами, оскалом зубов. Происхождение столбов — фетишей Ч. возводят к фаллической символике либо к обители духов-сотто, выполнявших функции духа-покровителя и его фетиша, и каменным идолам (ипсок). По своим функциям Ч. сходны с Сонан и горными духами (*сансин*). В позднюю эпоху служили также пограничными знаками.

Л. К.

ЧАНЪИ́Н, в корейской мифологии великаны. Сохранилось много мифологических сюжетов о Ч. и их деяниях по созданию островов и рельефа Кореи (о Маго хальми, *Сонмундэ хальман*). В китайской «Новой истории династии Тан» записано предание о высокорослых антропоморфных существах Ч., обитавших на территории государства Силла. Согласно этому преданию, Ч. ростом были в 30 футов, зубы у них, как у пилы, лапы крюком; тело обросло чёрной шерстью.

Л. К.

ЧАНЪЭ́, более древнее Х э н ъ э, в древнекитайской мифологии жена стрелка *И*, богиня луны. Согласно мифу, изложенному в «Хуайнаньцзы» (2 в. до н. э.), Ч. тайком одна приняла снадобье бессмертия, полученное её мужем у *Си-ванму*, и унеслась на луну. Вероятно, ещё до н. э. было распространено и представление о том, что Ч. на луне превратилась в жабу-чань (которая позднее стала изображаться трёхлапой), по некоторым источникам, толкущую в ступе снадобье бессмертия. Вместе с ней на луне живёт *Юэ ту* («лунный заяц»). Наиболее ранняя фиксация образов лунных зайца и жабы — изображение на похоронном стяге 2 в. до н. э. из кургана Мавандуй. Можно думать, что образ Ч. генетически связан с образом древней богини луны Чан-си. Средневековые авторы рассматривали жабу как воплощение ян, а зайца — инь (см. *Инь и ян*).

Б. Р.

ЧАОТХИ́, П х р а П х у м Ч а о т х и́, в мифологии сиамцев дух — хозяин земли или места. В прошлом Ч. божество — защитник каждой деревни. На севере Таиланда Ч. (Каутхи) иногда отождествляется с Фаньянагом — змееобразным духом местности, иногда с духом — олицетворением земли *Тхорании*.

Я. Ч.

ЧА́РКИ («злые»), в низшей мифологии армян злые духи. Существует большое число разновидностей Ч.: швот (дух зимы), айсы (духи сильного ветра), шидарк, сводящие человека с ума ударом, и др. Термин

«чарк» употребляется и как определение одной из категорий злых духов: антропозооморфных существ с вывороченными (пятками вперёд) ступнями, напоминающими козлиные. Часто Ч. отождествляют с *каджами*.
С. Б. Х.

ЧА́ССАЖИ, мифологический персонаж у лакцев — хозяйка ветров; антропоморфного облика, с длинными растрёпанными волосами. Живёт в доме, находящемся в безлюдном месте. Покровительствует обездоленным, сиротам, беспощадна к лентяям. На людей, совершивших дурные поступки, насылает ветер, сметающий всё на своём пути, иссушает землю (вариант: сильный ветер насылает Мурчал Адимина, «ветряной мужчина»). Для её умилостивления вытапливали на огне сало жертвенного барана. Образ Ч. вошёл и в волшебную сказку о трудолюбивой девушке, преследуемой злой мачехой.
Х. Х.

ЧЕРНОБО́Г, в балтийско-славянской мифологии злой бог, приносящий несчастье. В «Славянской хронике» автора 12 в. Гельмольда описан ритуал пиршества, на котором пускали вкруговую чашу и произносили заклинания от имени двух богов — доброго и злого, «чёрного бога». На основе этого противопоставления реконструируется пара Белобог — Ч., воплощение противопоставлений «счастье — несчастье, белый — чёрный» и т. д. В менее достоверном источнике — древнеисландской Книтлингасаге — упомянут бог Черноголов, имевший идола с серебряными усами и связанный с воинской функцией; вероятно, Черноголов тождествен Ч. По некоторым признакам (чёрный цвет, гадания), Ч. связан с *Триглавом*.
В. И., В. Т.

ЧЕРТ (рус. «чёрт», «чорт», укр., белорус. чорт, словен. crt, чеш., словац. čert, польск. czart, вероятно, из праслав. *sьrt, «проклятый»), в славянской мифологии злой дух. Образ Ч. дохристианского происхождения, но христианские представления о *дьяволе* оказали решающее воздействие на его позднейший облик: в фольклоре и народных картинках Ч. — антропоморфные существа, покрытые чёрной шерстью, с рогами, хвостами и копытами. В русской средневековой живописи облик Ч. отличается от человеческого остроголовостью (или волосами, стоящими дыбом — шишом: отсюда эвфемизмы типа шиш, шишига), иногда — крыльями за спиной. У восточных славян Ч. — родовое понятие, часто включающее всю *нечистую силу* («нежить», «нечистики»): водяных, леших, домовых и т. д. Само происхождение нечисти в народных легендах связывается с ветхозаветным мифом о падших ангелах (в русских легендах Ч. — ангелы, уставшие славить бога): сброшенные с неба, они попадали кто в воду, кто в лес, кто в поле, превратившись в духов отдельных урочищ. Вместе с тем собственно Ч. отличаются от прочей нечисти и местами своего обитания (преисподняя, где они мучают грешников, болото, перекрёстки и развилки дорог), и свободой передвижения (повсюду, вплоть до церкви ночью), и способностью к оборотничеству: превращаются в чёрную кошку, собаку, свинью, змея, чаще — в человека, странника, младенца, кузнеца, мельника, могут принимать облик знакомого — соседа, мужа и т. п.). С вездесущностью Ч. связаны запреты поминать их и многочисленные эвфемизмы: лукавый, враг, шут, окаянка, чёрный, немытик, анчутка, куцый, корнахвостик, лысой, пралик и др. Ч. в народных верованиях постоянно вмешиваются в жизнь людей, причиняют мелкие неприятности, принуждают к неоправданным поступкам («вводят во грех»), насылают морок, заставляют плутать пьяных, провоцируют на преступление, самоубийство (самоубийца — «чёрту баран» или лошадь), пытаются заполучить душу человека; свои души продают Ч. колдуны и ведьмы (чертихи). Ч. могут жить семьями, по другим поверьям — соблазняют женщин, отчего рождаются уродливые дети, *упыри* (ср. западноевропейских *инкубов*). Когда Ч. вселяется в человека, тот заболевает, начинает кликушествовать. Ч. могут также насылать непогоду, метель, сами превращаются в вихрь, срывающий крыши, приносящий болезни, уносящий проклятых детей; вихри — беснующиеся Ч., чёртовы сваты («чёрт с ведьмой венчается»); если бросить в вихрь нож, он окрасится кровью. Ч. особенно опасны в «нечистых» местах и определённое время суток (от полночи до первых петухов, реже — в полдень) или года (на святки и в канун *Купалы*). В эти периоды возможно общение с нечистой силой и иным миром: тогда Ч. призываются в заговорах, во время гаданий и т. п.

ЧЕСОКСИ́Н, Седжо́н, в корейской мифологии один из главных домашних духов (см. *Касин*). Фетишем Ч. служил глиняный кувшин с чумизой или рисом, накрытый белой бумагой. Записи о Ч. имеются уже в «Самгук юса» (13 в.). В шаманской мифологии Ч. называется Самбуль-Чесок; первая часть его имени (Самбуль) восходит к буддийской триаде (*Амитабха*, *Авалокитешвара* и Махашама), а вторая (Чесок) — к *Индре*. Здесь он выступает в функциях духа предков (Чосансин), — покровителя урожая, духа деторождения (*Самсин*) и долголетия.
Л. К.

ЧЖАН-СЯНЬ («Святой Чжан»), в поздней китайской мифологии божество, дарующее мужское потомство. Культ его возник в Сычуани и распространился по всему Китаю примерно с 11 в. В Древнем Китае существовал обычай по случаю рождения мальчика вывешивать на левой створке дверей [левая сторона считалась наиболее почётной и связывалась с мужским началом ян (см. *Инь и ян*)] лук, из которого потом стреляли в небо, землю и четыре стороны света, чтобы охранить ребёнка от несчастья. Этот обычай долго сохранялся в Сычуани, где в средние века перерос в культ Ч., именуемого ещё Чжан-гуном («господин Чжан»), что произносится также как чжан гун — «натягивать лук».
Б. Р.

ЧЖАН-ТЯНЬШИ́ («небесный наставник Чжан»), в китайской даосской и поздней народной мифологии главный маг и повелитель бесов. В основе образа мифического Ч. лежит представление о главе даосской церкви Чжан Даолине (3 в. н. э.), которому (как и его прямым потомкам) был присвоен в 5 в. почётный титул тяньши («небесный наставник»). Согласно преданию, Чжан Даолин, путешествуя по стране, добрался до гор в уезде Синьаньсянь провинции Цзянси, где занялся изготовлением пилюли бессмертия. Когда пилюля была готова, он принял её, и, хотя Чжан Даолину было в то время 60 лет, он превратился в молодого человека; одновременно он получил магические тайные сочинения и приобрёл могущество (благодаря которому мог изгонять бесов и оборотней), а также проник в тайны превращений. После этого Чжан Даолин вознёсся на небо, оставив своим детям и внукам сочинения по магии, заклинания, печать и чудесный меч (по другой версии, он, приняв полтаблетки снадобья, стал земным бессмертным). От имени Ч. веками издавались указы против нечисти, распространявшиеся по всей стране. Ч. приписывалась власть над обитающими в земле животными, которые могут повредить особо почитаемым в Китае могилам предков. Одновременно «специальностью» Ч. считалась и борьба с ядоносами, т. е. скорпионами, змеями, ядовитыми пауками и т. п.

Считалось, что Ч. подчинены также 5 громов, по его приказу убивающих нечисть, поэтому на картинах вокруг его фигуры Ч. рисовались 5 огнедышащих барабанов — символов этих громов. Поскольку функции Ч. близки функциям *Чжун Куя*, то их изображения и атрибуты нередко смешивались.
Б. Л. Рифтин.

ЧЖИ, линчжи́ («чудесный чжи»), шэньчжи́ («волшебный чжи»), линцао («чудесная трава»), в китайской народной мифологии волшебный гриб. Наиболее ранние упоминания о Ч. встречаются в 3 в. н. э. (стихи Цао Чжи). Считалось, что Ч. дарует долголетие и даже может возвращать к жизни умерших. В ранних записях Ч. — красного цвета, в средневековых сочинениях упоминаются зелёные, красные, жёлтые, белые, пурпурные Ч. Волшебный пятицветный Ч. считался знаком совершенномудрого князя. Различались также шичжи («ка-

менные Ч.»), растущие будто бы на скалах, жоучжи («мясистые Ч.») и др. Особо почитались Ч., растущие на тысячелетних деревьях, либо подле их корней, обладающие целебными свойствами. Изображения Ч. как символа долголетия чрезвычайно популярны в китайской живописи.
Б. Р.

ЧЖИ-НЮЙ («ткачиха»), в древнекитайской мифологии дочь (внучка) *Тянь-ди* («небесного правителя»), ассоциировавшаяся со звездой Ткачихи (Вега) из созвездия Лиры. Первое упоминание о ней содержится в оде «Великий Восток» из «Шицзина» («Книги песен», 11—7 вв. до н. э.). Предания о Ч., впервые зафиксированные в сочинениях 3—5 вв. н. э., бытуют в народе и по сей день. Основное содержание древнейших версий: Ч. трудилась круглый год в небесном дворце и ткала из облаков небесную парчу. Отец пожалел её и выдал замуж за Ню-лана («волопаса»), который ассоциировался со звездой Пастуха из созвездия Орла. После замужества Ч. перестала ткать. Тянь-ди рассердился, приказал ей вернуться в отчий дом и впредь разрешал видеться с мужем лишь раз в году — 7-го числа 7-й луны. Мужа её он поселил на другом берегу Небесной реки (Тяньхэ) — Млечного Пути. В назначенный день со всего света слетались сороки и образовывали мост через Небесную реку из своих хвостов, где и встречались Волопас и Ткачиха. С древних времён 7-й день 7-й луны считался днём встречи влюблённых.

В поздних версиях этот сюжет разрабатывается в духе волшебной сказки. В поздней народной мифологии Ч. почиталась как богиня — покровительница ткачей.

Образ Ч. чрезвычайно популярен в китайской литературе (особенно в поэзии).
Б. Л. Рифтин.

ЧЖУАНЬСЮЙ, в древнекитайской мифологии божество-первопредок, внук (по другой версии, правнук) *Хуан-ди*. Этимология имени Ч. не совсем ясна: по одним предположениям, восходящим к словарю «Толкование знаков» (1 в.), словосочетание «чжуаньсюй» означает «настороженный облик», считается, что подобный облик Ч. унаследовал от своего отца Цянь Хуана (Хань Лю), по другой версии, это имя означает «первопредок», «первый государь», по третьей, весьма традиционной — «истинный человек», «человек, следующий по истинному пути», по четвёртой — «человек с ровной, словно выточенной из нефрита, головой» (признак мудреца).

Существуют предания о чудесном рождении Ч. от луча звезды, пронзившего луну, словно радуга (по древнекитайским мифологическим представлениям, радуга — дракон с головами по обоим концам, и не исключено, что за этим скрыто представление о рождении первопредка как от тотема-дракона как от водяного существа). Ч. родился со щитом и копьём на голове (возможная модификация рогов первопредка). В облике Ч., судя по описаниям в апокрифических сочинениях рубежа н. э., прослеживаются крайне архаические черты, отражённые в нерасчленённости частей тела, конечностей и т. п. (сросшиеся ноги, вариант — сросшиеся рёбра, сросшиеся брови). В «Вёснах и осенях Люя» (3 в. до н. э.) говорится, что Ч. до 10 лет воспитывался у *Шаохао*, а в 20 лет взошёл на престол и мудро правил 78 лет. Он правил, используя магическую силу воды и давая по названиям вод (рек) названия должностей своим помощникам. Он поручил своему внуку духу Чжуну править югом, воде и духами, а север отдал под власть другого внука — духа Ли, поручив ему править землёй и людьми. Таким образом, люди и боги не смешивались и всюду царил порядок. Видимо, по приказу Ч. Чжун и Ли прервали сообщение между небом и землёй (первый поднял небо вверх, а второй придавил землю книзу), чтобы люди не могли больше подыматься на небеса. Ч. поручил Фэйлуну («летящему дракону»), подражая свисту ветрам восьми направлений, создать новые мелодии и музыку для жертвоприношений *Шан-ди*. Согласно «Хуайнань-цзы» (2 в. до н. э.), Ч. воевал с богом вод *Гун-гуном*. По другим источникам, он вёл войны с мифическим родом девяти Ли, а также с племенем мяо. Ч. приписывается изобретение одной из систем счёта времени (т. н. «календарь Ч.»), а также введение установлений, определяющих подчинённое положение женщины в обществе. При Ч., видимо, были введены наказания и за инцест (Гань Бао, «Записки о поисках духов», 4 в. н. э.). В историографической традиции даётся характеристика Ч. как идеального правителя (Сыма Цянь).

В древних памятниках упоминаются три сына Ч. и другие его потомки, например племя трёхликих и одноруких, или праправнук Ч. *Пэн-цзу*.
В. Л. Рифтин.

ЧЖУЖУН (иногда не совсем точно транскрибируется Чжу-юн), в древнекитайской мифологии божество огня. Согласно древним комментариям, Ч. означает «большой свет», по историографу Бань Гу (1 в. н. э.) — «продолжатель [дела мифических государей древности]». Ч. может быть расшифрован как «огненная змея». Согласно «Книге гор и морей», Ч. — существо с туловищем зверя и лицом человека (по некоторым расшифровкам, у него глаза пчелы и свиное рыло). Он считался управителем юга (т. к. юг связан с огнём), разъезжал на двух драконах. Однажды Ч. спустился с неба на землю, поселился на реке Цзян и породил духа вод *Гун-гуна*, борьба с которым занимала, видимо, большое место в древней мифологии (возможно, здесь отражён традиционный мотив боя отца с сыном). В древнекитайской летописной традиции Ч. — внук *Чжуаньсюя*, образ его контаминируется с повелителем огня Ли. Ч. почитали также и в качестве помощника *Янь-ди* — божества лета и в качестве божества Южного моря.
В. Л. Рифтин.

ЧЖУН КУЙ, в поздней китайской мифологии повелитель демонов. Образ Ч. К. возник, по-видимому, в глубокой древности (не позже 7—6 вв. до н. э.) и первоначально ассоциировался с палицей из персикового дерева, отгоняющей нечисть (по некоторым толкованиям чжун и куй означают «палица»). В средние века его заменил антропоморфный образ предводителя бесов. По средневековому преданию, император Мин-хуан (712—756) увидел во сне, как большой бес вырывает и глотает глаз маленького беса. На вопрос императора большой бес ответил, что он Ч. К., провалившийся на придворных экзаменах и давший клятву истреблять нечисть во имя Его величества. Проснувшись, государь повелел знаменитому художнику У Даоцзы нарисовать портрет Ч. К. по его рассказу. Тот выполнил его задание искусно, и с тех пор вошло в обычай рисовать киноварью (эта краска, по поверью, отгоняет бесов) Ч. К., хватающего бесов, и вывешивать его с магическими целями. На народных лубках Ч. К. обычно в костюме чиновника, в позе, угрожающей бесам. Такие лубки часто наклеивались на обе створки двери. В народе образ Ч. К. часто контаминируется с образом *Пань-гуаня*.
В. Л. Рифтин.

ЧЖУЛУН («Дракон со свечой»), чжуинь («Освещающий мрак»), в древнекитайской мифологии божество, освещающее мрак. Согласно «Книге гор и морей», у Ч. змеиное красное тело длиной в тысячу ли (вёрст), лицо человечье. Когда Ч. закрывает глаза, наступает мрак, когда открывает, становится светло. Ч. не ест, не спит, не отдыхает. Когда Ч. дует, наступает зима, когда выдыхает, стоит лето. Ч. освещает «девять мраков». По другим источникам, поскольку на северо-западе не хватает неба, там обитает дракон, держащий во рту огонь, которым он освещает небесные врата. Предполагается, что это и есть Ч.
В. Л. Рифтин.

ЧЖУНЯО, Чжуцяо («Красная птица»), в древнекитайских мифологических представлениях символ юга (огня), связанный с аналогичным названием птицеобразного созвездия из 7 звёзд, расположенного в южной части неба. Существуют многочисленные изображения Ч. на могильных рельефах рубежа и начала н. э. в виде птицы, напоминающей *фэнхуана*. Ч. входила в четвёрку зооморфных символов сторон света наряду с *Цинлуном*, *Байху* и *Сюанью*. Ч. в древности изображалась на знамёнах, которые несли впереди войска (юг считался наиболее почётной страной света).
Б. Р.

ЧИ, Чу́ку [«великий(ая) Чи»], Чи́неке («создатель», наименование, появившееся после введения христианства), в мифах игбо божество женского пола (в вариантах — мужского пола), породившее главных богов. Ч. создала людей и животных. Её дочь — богиня земли *Але*, сыновья — громовник Амаде Онхиа (по некоторым вариантам, супруг Але) и небесное божество Игве. Согласно другим версиям, Ч. (в этом случае мужского пола) — супруг Але.

ЧИА («луна»), в мифах чибча-муисков богиня луны. *Чиминигагуа* в конце творения мира превратил самую красивую женщину в луну, а самого красивого мужчину — в солнце. По другому мифологическому сюжету, в луну преобразился творец людей, прародитель чибча — касик селения Согамосо. Образ Ч. контаминировался (вероятно, при объединении племён) с другими божествами плодородия — *Уитакой* и Юбекайгуайя, причём каждая из ипостасей приняла на себя отдельную функцию. Ч. способствовала большему плодородию земли тем, что создавала тучи и вызывала дожди; Уитака стала эротическим божеством; Юбекайгуайя указывала сроки начала пахоты и охраняла урожаи. Все три находились при этом в неразрывном единстве и часто почитались вместе, причём составное астральное божество плодородия могло называться любым из трёх имён, но чаще всего — Ч. *С. Я. С.*

ЧИБРАФРУ́ИМЕ, в мифах чибча-муисков бог войны, покровитель сословия воинов. Считался помощником *Бочики*. *С. А. Созина.*

ЧИБЧАКУ́М, Чибчачу́м («опора», «сила чибча»), в мифах чибча-муисков бог природных сил, хранитель земли чибча, никуда не отлучающийся из её пределов. Однажды Ч., рассердившись на людей за несоблюдение установленных им обычаев, запрудил течение рек Сопо и Тивито и затопил долину Боготы. *Бочика*, который по просьбе чибча избавил их от наводнения, обязал Ч. держать на плечах землю. Время от времени Ч., чтобы отдохнуть, перекладывает землю с одного плеча на другое, поэтому происходят землетрясения. Ч. особенно почитался земледельцами, золотых дел мастерами и торговцами. В жертву Ч. приносили главным образом золото. *С. Я. С.*

ЧИКОМО́СТОК («семь пещер»), в мифах ацтеков легендарная прародина племён науа, расположенная на северо-западе от долины Мехико. *Р. К.*

ЧИЛЬТА́Н, кырк чильта́н, кырк бир чильта́н, кырык шильте́н (чильтан — перс., тадж. «сорок людей»), в мифологических представлениях народов Средней Азии категория духов. Образ таджикско-персидского происхождения. Согласно наиболее распространённым представлениям, Ч. — сорок могущественных святых, управляющих миром. Ч. могут быть невидимы для людей, а могут в человеческом облике жить среди них (нередко принимая образ бедного, презираемого окружающими человека). Если кто-то из Ч. умирает, оставшиеся избирают из людей достойного занять его место. Обычный эпитет Ч. — гайиб эрен («невидимые святые»; у киргизов духи кайып эрен — покровители диких жвачных животных, иногда отождествляемые с Ч.) или эрен, арангляр («святые»). По казахско-узбекскому мифу, Ч. живут на острове среди моря, куда людям доступ закрыт, по другим версиям, они собираются обсуждать свои дела в безлюдных местах (на кладбищах, вдали от жилья); где их может увидеть случайный прохожий. В некоторых районах таджики считали, что Ч. по ночам воруют младенцев и скот и уносят их в свои горные пристанища. У узбеков и туркмен Ч. — также покровители юношей, в Хорезмском оазисе — покровители воды и (как у горных таджиков) патроны кондитеров, у уйгуров — также первые шаманы и покровители шаманов. Согласно представлениям некоторых групп узбеков и таджиков, Ч. — шаманские духи-помощники, близкие *кырк кыз* (у узбеков иногда отождествляются с Ч.), в таджикских мифах Ч. и сорок дев вместе гуляют и танцуют в период цветения растений). *В. Б.*

ЧИМАЛЬКА́Н, Цоциха́-Чималька́н («прекрасная змея» или «прекрасная змея рода летучих мышей»), в мифах какчикелей божество, первоначально почитавшееся под видом летучей мыши. Позднее его образ слился с *Кецалькоатлем*, принесённым тольтеками, и уже представлялся в виде пернатой змеи. К нач. 16 в. Ч. почти слился с *Тохилем*. *Р. К.*

ЧИМИНИГА́ГУА, в мифах чибча-муисков бог-демиург. В начале времён, когда была тьма и не было мира, свет был заключён в нечто огромное, что называлось Ч. Постепенно Ч. стал излучать свет и творить мир. Первыми он создал больших чёрных птиц и послал их разнести по миру свет в клювах. В освещённом мире Ч. сотворил людей, животных, растения, солнце и луну. *С. Я. С.*

ЧИ́НВАТ (авест.), в иранской мифологии мост через водную преграду, разделяющую царства живых и мёртвых. В зороастризме распорядителем судеб на мосту Ч. становится Заратуштра, провожающий по нему души праведных («Ясна» 46, 10—11; 51, 3). В поздней традиции Ч. — «мост судебного разбора», вершимого над душами умерших *Митрой*, *Рашну* и *Сраошей*. Под стопой грешника Ч. становится узким, «как лезвие бритвы», праведнику кажется шириной «в девять копий или двадцать семь стрел» («Саддар» 46, 1—2). *Л. Л.*

ЧИНГИСХА́Н, мифологический персонаж у монгольских народов, чей образ восходит к реальному лицу — полководцу, основателю монгольской империи 13 в. Роду Ч. приписывается небесное происхождение (см. *Бодончар*). Культ Ч. был учреждён его внуком Хубилаем, основателем Юаньской династии. Мифологический Ч. вписался в традицию почитания у монголов духов предков (см. *Онгоны*). Ч. был объявлен великим предком рода монгольских великих ханов, ему было установлено святилище, известное под названием «Восемь белых шатров». Внутри культа Ч. существовал культ его *сульде* — его военного духа (гения), воплощённого в знамени. Особо почитались Цаган сульде («белое знамя»), Хара сульде («чёрное знамя»). Для знамён Чингисхана были построены специальные святилища, разработан ритуал жертвоприношений. Имеется предположение, что Хара сульде и Цаган сульде — вымышленные имена реальных приближённых Чингисхана. С культом Ч. связан культ членов его семьи: матери, жён, сыновей и др.

Образ Ч. претерпел эволюцию с распространением ламаизма в 16—18 вв. По преданиям, Ч. как грозное божество был укрощён панчен-ламой, который запретил кровавое жертвоприношение в его честь, запер гроб с костями Ч. и ключи увёз в Тибет. Ч. был включён в число охранительных божеств монгольского буддизма. В ряде молитв к нему обращались как к «белому носителю обета». Ламаистская традиция ведёт родословную Ч. от мифического индийского царя Маха Самади.

В мифах монгольских народов Ч. выступает как культурный герой, учредитель некоторых свадебных обрядов, изобретатель водки, кумыса и табака, покровитель кузнечного дела и т. д. Топонимические сюжеты объясняют происхождение названий местностей, исходя из деятельности реального Ч.: Алтан улгий («золотая колыбель») — место его рождения; Тогон Шулун («каменный котел») и Санага («черпак») — места забытых его воинами вещей; гора Дёш («наковальня») в окрестностях Новоселенгинска (Бурятская АССР) — место, где Ч. ковал железо, стоя одной ногой на правом, другой — на левом берегу реки Чикой, закаливая в ней своё оружие. Ряд мифов посвящено предполагаемому месту нахождения могилы Ч.: на одном специально отведённого русла реки; в одной из пещер общемонгольской святыни — горы *Бурхан-халдун* и др. *Н. Л. Жуковская.*

ЧИСТИ́ЛИЩЕ, в католическо-христианских представлениях место, где души умерших подвергаются очищению искупительным огнём для того, чтобы затем войти в рай. Другие ветви христианства (православие, протестантизм) идею Ч. отвергают. Ни в первоначальном, евангельском христианстве, ни в построениях богословов раннего Средневековья Ч. не фигурирует. Однако в рассказах о странствиях душ временно умерших по загробному миру (распространённый на протяжении Средневековья жанр «видений», начало которого восходит к «Апокалипсису», завершением же его является «Божественная комедия» Данте) уже в 6—8 вв. наряду с «нижним адом», из которого нет исхода во веки веков, упоминаются отсеки ада, в которых души испытывают муки, завершающиеся после очищения от грехов. В эти места попадают души «не вполне злых» и «не вполне добрых», им фантазия визионеров оставляла возможность искупления. Поскольку церковь проповедовала, что подавляющее большинство грешников обречено на ад, у верующих возникла потребность дифференцировать представление об аде таким образом, чтобы пребывание в нём не для всех исключало надежды на искупление. Возникнув как место внутри ада, Ч. затем становится преддверием рая. Вплоть до последней четверти 12 в. Ч., которое существовало в народной фантазии и в литературе «видений», не получало признания теологов, т. к. его не предусматривало Евангелие. Однако давление верующих побудило богословов и схоластов признать наличие на том свете, наряду с адом и раем, «третьего места» — Ч.: в 70-е — 80-е гг. 12 в. в текстах появляется лат. обозначение Ч. — purgatorium. В 1254 догмат о Ч. был официально провозглашён папством.

Представления о Ч. существенно изменили картину загробной жизни. В христианском учении оставалось неясным, происходит ли загробное воздаяние немедленно после кончины человека или состоится «в конце времён» (см. *Страшный суд*). Официальная доктрина придерживалась последней точки зрения, между тем как в «видениях» и «примерах» — нравоучительных рассказах, которые включались в проповедь, но впитали в себя распространённые в народе верования, рассказывалось о том, как из-за души умирающего разыгрывается тяжба между ангелами и бесами, после чего душа тотчас попадает в ад или в рай. В сознании верующих парадоксально сосуществовали обе версии суда — всеобщего, над родом людским, и индивидуального, над душой отдельного человека, и в соответствии с этими двумя эсхатологиями, всеобщей и индивидуальной, время суда колебалось между отдалённым будущим (Вторым пришествием) и моментом кончины индивида. Представление о Ч. обострили это противоречие, поскольку Ч. существует лишь до Страшного суда, после которого осуждённые будут навеки в аду, а избранники божьи — в раю. Тем самым актуализировался элемент современности в представлениях о потустороннем мире, и наряду с вечностью одним из его параметров стало время, что отражало возросшее внимание ко времени в западноевропейской культуре.

При этом сформировалось представление, согласно которому душе грешника, пребывающей в огне Ч., можно оказать помощь: заупокойные мессы, молитвы за души умерших, «добрые дела» — раздача имущества и подаяний бедным, покупка индульгенций, основание богоугодных заведений — должно было способствовать сокращению сроков пребывания души в Ч. В 14—15 вв., когда распространяется практика завещаний, в них, как правило, упоминается требование отслужить возможно большее число месс за душу завещателя (нередко сотни и даже тысячи месс), причём эти мессы должны быть отслужены сразу же после его кончины, с тем чтобы его душа как можно скорее перешла из Ч. в рай. С верой в Ч. в отношения посюстороннего и загробного миров вносятся счёт и расчёт (в нём усматриваются симптомы нового коммерческого духа, характерного для развивавшегося городского населения Западной Европы).

В этот период на Западе возникает ряд преданий о Ч., в частности повествование о «Чистилище святого Патрика», в ряде которого локализовали на одном из островов близ Ирландии. Рассказы о посещениях Ч. людьми, которые затем возвратились к жизни, пользовались широкой популярностью. Венцом и вместе с тем преодолением литературного жанра «видений» или «хождений по тому свету» стала «Божественная комедия», но у Данте Ч., как и весь загробный мир, из факта, который принимался как безусловная данность, перерастает в аллегорию.

А. Я. Гуревич.

Данте помещает Ч. на земле (в соответствии с некоторыми преданиями средневековья). Оно высится в центре океана южного полушария огромной горой, имеющей форму усечённого конуса и образовавшейся при низвержении Люцифера с неба в преисподнюю. В Ч. — семь кругов, в каждом из которых с чела грешника смывается печать одного из семи смертных грехов; достигнув земного рая на вершине горы Ч., очищенные души возносятся на небеса. Расположенная в южной точке земного диаметра гора Ч. геометрически противополагается Иерусалиму, находящемуся в северной точке, так как совершённый в земном раю первородный грех Адама был искуплен на Голгофе кровью Христа (Чистилище, песнь II 1—6). См. также *Мытарства*.

Д. В. Щедровицкий.

ЧИСУ́Н-ЦЗЫ, в древнекитайской мифологии бессмертный наставник *Шэнь-нуна* (в других источниках *Ди-ку*). Согласно «Лесянь чжуань» («Житии бессмертных»), Ч.-ц. — повелитель дождей (*Юй-ши*), который принимал «жидкий нефрит» («горный хрусталь»?), потом входил в огонь и сжигал себя (наиболее раннее для Китая представление о превращении в бессмертные). Он часто посещал *Кунь-лунь*, бывал в пещере *Си-ванму*. Он поднимался вверх с ветром и опускался с дождём. В более поздних сочинениях (Гань Бао, «Записки о поисках духов», 4 в.) в результате забвения древнейших представлений текст предания несколько изменён, и Ч.-ц. приписывается умение, приняв пилюлю из «ледяного нефрита», входить в огонь и не сгорать.

Б. Л. Рифтин.

ЧИ́ШТА (авест.), «обращённая», «наставница на путь истинный», в иранской мифологии (в «Младшей Авесте») персонификация праведного выбора. Ч. посвящён «Яшт» XVI («Дин-яшт»). Ч. облачена в белое жреческое одеяние, она санкционирует власть жрецов и благочестивых монархов, даровала Заратуштре физическую силу и остроту зрения. Во время путешествия *Митры* на чудесной колеснице через вселенную с востока на запад и обратно входит в его свиту («Михр-яшт» 126). На существование развёрнутого мифологического цикла, связанного с Ч., указывают её многочисленные эпитеты: «знаменитая», «далеко прославленная», «обладающая благими путями», «с благим восходом» (два последних, возможно, указывают на астральную символику образа) и др. Имя Ч. вошло в теофорный антропоним Пуручишта («многократно обученная», «получившая много наставлений») — имя дочери Заратуштры.

Л. Л.

ЧИЮ́, в древнекитайской мифологии герой-мятежник, которого в древности, видимо, почитали и в качестве бога войны. В «Гуй цзан» (4 в. до н. э.) говорится, что у Ч. 8 рук и ног. На рельефе в храме Улянцы (2 в.) изображён в виде полузверя-получеловека с головой барса и когтями тигра, над головой щит (вариант — рога), в одной руке топор, в другой — меч, левой ногой стоит на самостреле, в когтях правой ноги — секира. В «Шу и цзи» («Описании удивительного») Жэнь Фана (5 в.) даётся несколько иная версия: у Ч. тело человека, копыта быка, четыре глаза и шесть рук, волосы за ушами торчат словно клинки и копья, на голове рога.

В древних сочинениях рассказывается, что Ч. был потомком *Янь-ди*. Победив Янь-ди и захватив южные земли, Ч. начал войну с *Хуан-ди* (по другим вариантам, Ч. пошёл войной на Хуан-ди, мстя за Янь-ди). Он призвал на помощь духа ветра Фэн-бо и повелителя дождя *Юй-ши*, но Хуан-ди приказал Ба остановить дождь и убил Ч.

В преданиях 3 в. до н. э. — 3 в. н. э. говорилось, что Ч. бодал своими рогами Хуан-ди. Отсюда де пошла популярная в Северном Китае до 20 в. игра в Ч. Её участники надевали маски с рогами и бодали друг друга. Культ Ч. был, видимо, особо распространён на севере Китая, жертвоприношения в его честь здесь совершались ещё в 6 в. Его изображения делались на ритуальных сосудах, пряжках, где Ч. изображался в виде маски чудовища Таоте. В первых веках н. э. изображения Ч. использовались по аналогии с *Чжун Куем* как охраняющие от злых духов. Ч. приписываются связь со стихией железа и изобретение различных видов оружия (топоры, пики, секиры и т. п.). В средние века Ч. обычно трактовался как мятежник, выступивший против гуманного правителя Хуан-ди. Его образ не раз использовался в литературе, например в драме 13—14 вв. Существует представление о звероподобных братьях Ч. (72 или 81), которые говорят по-человечьи, у них медные головы, железные лбы, питаются песком и камнями. По мнению некоторых исследователей, Ч.— это племя великанов.

Б. Л. Рифтин.

ЧИЯ, в мифах муисков богиня луны, жена солнца, по нек-рым источникам тождественна прародительнице *Бачуэ*. За призыв к нарушению людьми социальных норм *Бочика* превратил Ч. в сову, по другой версии, поместил её на небо. Ч. пыталась устроить потоп, но Бочика прорубил в скале выход водам (по другой версии, потоп устраивает *Чибчакум*).

Ю. Б.

ЧОЙДЖИНЫ (от тибет. «хранитель учения», соответствие санскрит. *дхармапала*), с а́ х и у с ы, в буддийской мифологии монгольских народов и тибетцев разряд грозных божеств, входящих в категорию *докшитов*, совпадающий с ней или перекрывающий её. В тибетской мифологии число Ч. пополняется за счёт местных духов (см. *Джамсаран*).

Монголами особенно почитается группа «пять Ч.» (или пять богов, возглавляемых Ч.) — «пять великих государей» (монг. табун хаган), защитников храма. Их культ тесно переплетается с культом *Падмасамбхавы*, которому они дали обет охранять религию. Их (или их повелителя) перерождением считается настоятель Лхасского храма, выступающий как государственный оракул, почитающийся одновременно и как воплощение *Пехара*.

В процессе синтеза шаманской и буддийской мифологии представления о Ч. (или о «пяти Ч.») трансформируются. Ч. воспринимаются как свирепые воинственные охранительные духи, побеждающие демонов болезни.

С. Ю. Неклюдов.

ЧОРОС, Ц о́ р о с, в ойрат-калмыцких мифах предок дербетских и джунгарских княжеских родов, найдёныш сверхъестественного происхождения, которого избирает князем часть племени, уцелевшая после кровопролитной войны и бежавшая в безлюдные, недоступные места. Ч. ребёнком лежал под деревом (под двумя деревьями, чьи вершины соединялись) или в дупле дерева (имя Цорос иногда осмысливается как производное от цорго, «дупло») и питался стекающим ему из-под древесным соком, а наверху летала сова. В некоторых вариантах дерево с наростом (или сам нарост на дереве — урун, или три дерева) и сова оказываются родителями Ч., при этом в одних текстах в роли отца выступает дерево, а матери — сова, в других — наоборот, или же само дерево происходит от совы. Обычно Ч. наделён прозвищем Удун Бадан (Удунтай Бадантай); удун — «ива» (хотя в ряде версий ребёнок лежит под берёзой), второй компонент имени (бадан) якобы объясняется с помощью слова будун — «мгла, туман, непогода», обступавшая младенца. Ойратский миф о происхождении героя от дерева тесно связан с мифом о происхождении кыпчаков, рассказанный в легенде об Огузхане у Рашидаддина, Абулгази и др.

С этими архаическими мотивами сливается более поздний, обосновывающий небесное происхождение Ч.; в нём используются, однако, и тотемические образы (ср. *Борте-Чино* и *Хо-Марал*) прежде всего лебедя (ср. генеалогический миф о *Хоридое*). Отцом Ч. выступает жёлтый лебедь с четырьмя жёлтыми головами, сын неба (*тенгри*), а его матерью — фея (дагини, см. *Дакини*) Золотая рыба, дочь водяного владыки (хана лусов, см. *Лу*). По другому варианту, Цорос родится от связи жены богатыря Иобогон-мергена («пеший стрелок»?), предка рода хойт, жившего за 3 поколения до *Чингисхана*, с чародеем Бо-ханом [Бо-нойоном — «государем (или «князем») шаманом»?] или Лусим-ханом (очевидно, Лусын-ханом, т. е. «ханом лусов»).

В дальнейшем, очевидно, появляется миф о поисках после смерти бездетного джунгарского хана — преемника престола, им и оказывается Ч.

С. Ю. Неклюдов.

ЧОСАНСИН, Ч о р ё н, в корейской мифологии духи предков. Обычно Ч. считаются женскими духами, относящимися к разряду домашних (см. *Касин*). Фетиш бестелесных духов Ч. — небольшой глиняный горшок с ячменём или рисом, накрытый бумагой. Почти во всех корейских мифах об основателях герои становятся духами первопредка рода или страны. С упрочением конфуцианства в конце 11 в. культ Ч. был канонизирован. Во время шаманского обряда Чосанкут шаманка вызывала Ч., именуя его Чосан-тэгамом.

Л. К.

ЧОТГОРЫ, ш у́ д х е р (бурят.), ч у́ т к е р (калмыцк.), в мифах монгольских народов злой дух, бесприютная душа умершего неестественной смертью (ср. якутск. *Юёр*), демон болезни, похищающий душу человека либо вселяющийся в тело больного. В шаманских призываниях Ч. (как и *шулмасы*, альбины, ада, алээ и пр.) — собирательное наименование злых духов.

По буддийским поверьям, Ч. — категория злых духов, которыми становятся люди, совершившие при жизни «10 чёрных грехов»; их владыка — хан Дамба Дорджи. В этом смысле Ч. — мужской вариант ведьмы-шулмаса. Иногда Ч. называют оборотня, принявшего вид какого-либо человека (ср. китайск. *цзин*), а также покойника, продолжающего земное существование в качестве демона. По другим (очевидно, более поздним) представлениям, Ч. — это персонификация зла вообще, глава всех враждебных человеку сил (но не обитатель подземного мира), аналогичный демону-шулмасу. Встречается сочетание «Ч.-шулмас» в собирательном значении «злые духи». К Ч. относится терен (от тибет. *тхеуранг*), одноногий и однорукий демон, который является к человеку по вызову и верно ему служит, а затем завладевает его душой. Ч. как антагонист *тенгри* (т. е. как дьявол) появляется в некоторых мифологических (зачастую — поздних, заимствованных) сюжетах.

С. Ю. Неклюдов.

ЧУАН-ШЭНЬ, в поздней китайской мифологии божество кровати. Чуангун — господин кровати. Чуанму, или Чуанпо — матушка кровати. В их обязанность входило охранять спальню и даровать потомство. Культ Ч. известен с 10—13 вв.

Б. Р.

ЧУДЬ, в северно-русских преданиях древний народ, населявший С. Восточной Европы до времени русской колонизации. Ч. изображается как дикий народ «белоглазые племена», живший грабежом, иногда как великаны (на месте битв с Ч. находят огромные кости) и людоеды. В одной из былин «белоглазая Ч.» осаждает Иерусалим при царе Соломоне. Скрываясь от преследования (христианизации), Ч. живёт в ямах в лесу (исчезает в ямах), прячет там свои сокровища (клады), которые невозможно добыть, т. к. они «закляты». Ч. Земляные бугры и курганы называются «чудскими могилами». Сходные предания о Ч. известны и коми и саами. Те же мотивы в русских преданиях связываются с «панами», которые, однако, считаются предками русских переселенцев.

В. П.

ЧУМОН (архаичные варианты личного имени: Ч х у м о́, Ч х у м о́ н, Ч ж у м о́, С а н х э́) в корейской мифологии основатель государства Когурё, предок рода Ко. Миф о Ч., видимо, является более поздней иноплеменной интерпретацией мифа о *Тонмёне*. В ранних записях (стела Квангэтхо-вана, 5 в., «Вэй шу», 6 в.) миф о Ч. существовал отдельно от мифа о Тонмёне. Но в корейских источниках 12—13 вв. оба мифа слились в один, в миф о Тонмёне-Чумоне в качестве пролога были ещё введены мифы о *Хэбуру* и *Кымва*, о *Хэмосу* и *Люхва*.

Как сообщается в поэме Ли Гюбо «Тонмён-ван» (12 в.), Люхва родила яйцо. Его бросили в конюшню, но лощади не затоптали его; яйцо отнесли в глухие горы, но животные охраняли его, и всегда над ним сиял луч. Яйцо вернули матери, и из него вышел мальчик необыкновенной внешности. С раннего детства он научился метко стрелять из лука, и ему дали имя Ч. (на языке Пуё — «искусный стрелок из лука»). Сыновья его приёмного отца, пуёского правителя Кымва, из зависти однажды привязали Ч. к дереву и отняли добычу. Вырвав дерево с корнем, юноша вернулся домой. Тогда они решили убить его. Ч. хитростью получил отличного скакуна и, предупреждённый матерью о нависшей над ним беде, бежал вместе с тремя друзьями из пуёских земель на юг. Путь им преградила река. Сказав реке, кто он, Ч. ударил кнутом по воде — и тотчас рыбы и черепахи составили мост, переправившись через который он и его спутники спаслись от погони. Вскоре мать послала Ч. зёрна пяти злаков с голубями. Ч. убил горлиц, вытащил у них из горла зёрна, а потом, окропив водой, оживил их. Ч. прибыл в Чольбончхон (в «Вэй шу»: Хыльсынгольсон), где основал столицу. В год «капсин» по традиционному циклическому летосчислению, т. е. в 37 г. до н. э., Ч. 22 лет от роду взошёл на престол, государство назвал Когурё, а вместо прежнего родового имени Хэ взял Ко («высокий»), потому что зачат был от солнца, находившегося в зените. Ч. вынужден был покориться правитель соседней страны Сонъян. В 7-й луне над Соколиным перевалом (Коллён) поднялось чёрное облако и послышалось, будто там копают землю. Когда облако рассеялось, на перевале оказался воздвигнутый для Ч. город. В 9-й луне 19-го года правления Ч. поднялся на небо и не сошёл обратно. Нашли его плеть и погребли её на Драконьей горе (Енсан). По велению Неба старший сын Ч.— Юри наследовал престол.

Миф о Ч. являет собой сравнительно поздний этап развития мифов о культурных героях и принадлежит к северной ветви мифологии кочевых скотоводческих племён. В 6 в. в Пхеньяне был сооружён храм в честь духа Ч.— Кодынсина. В период Корё (10—14 вв.) ему поклонялись как духу предков.
Л. Р. Концевич.

ЧУН-ВАН («князь насекомых»), в поздней китайской народной мифологии божество — повелитель вредных насекомых, гадов, земноводных, червей. Изображается иногда в виде пожилого, иногда в виде молодого сановника с вазой в руках, в которой он держит насекомых и гадов, или с жезлом исполнения желаний (жуи) в руках. Считалось, что у Ч. есть два спутника, изображения которых также делались в храмах Ч.
Б. Р.

ЧУНМИН («двойной свет», «двойная ясность»), Чунминнїа («птица двойной свет»), в древнекитайской мифологии чудесная птица. Рассказывалось, что во времена *Яо* из страны Чжичжи ему прислали в дар Ч.— птицу с двойными зрачками, которую называли также шуанцзин («двойной глаз»). Ч. напоминала петуха, но пела как *фэнхуан*. Когда наступало время линять, она сбрасывала оперение и улетала. Ч. могла биться с волками, тиграми, при ней нечисть и всякое зло не могли вредить людям. Если она не прилетала вовремя, то люди делали её изображение из дерева или металла и ставили в воротах для того, чтобы отыскать злых духов. Позже (к 4—5 вв.) изображения Ч., включая и рисунки, стали ставить на окнах в первый день Нового года с такими же целями. Ч.— также эпитет (имя) *Шуня*, имевшего в каждом глазу по два зрачка.
Б. Р.

ЧУФ КАМУИ, в айнской мифологии бог всех светил. Живёт на луне. В течение каждого лунного месяца заново проживает целую жизнь: рождается, вырастает, старится и умирает.
Е. С.-Г.

ЧУЧУНА, с у ч у н а, в мифах северных якутов мужские антропоморфные существа, относящиеся к дикому племени, обитающему где-то на севере. Ч. огромного роста (с громадную лиственницу), лицо и тело у них чёрные, сильно заросшие волосами; одеваются в звериные шкуры, огнём не пользуются, мясо употребляют сырым. Ч. вооружены простым луком, копьём и плохим железным ножом. В ряде мифов говорится, что Ч. одноногие, одноглазые, однорукие, передвигаются прыжками, быстрее чем олень. Ч. пугают охотников и пастухов сильным свистом, бросают в них камни, стреляют из лука. Иногда Ч. связывают тальником ноги оленей, или воруют их и юколу, изредка похищают женщин. Считалось, что Ч. можно убить, но если на одежду или руки убившего попадала кровь Ч., то сам убивший и его семья сходили с ума и через несколько дней умирали. То же самое происходило и в тех случаях, когда убивший забирал себе нож Ч.
Н. А.

ЧХАРУР, в мифологии нивхов морские злые духи. По одним вариантам, Ч.— безголовые чудовища с глазами на груди и длинными ногами, по другим вариантам, имеют вид обыкновенных людей, одетых как нивхи. Ч. живут в море и подстерегают лодки охотников на морского зверя. Подплывая к охотникам, Ч. заводят разговоры с ними, чтобы потом их убить. Необходимо показать Ч. заячью шкурку или сказать: «Зайцев едим, заячью кожу надеваем», тогда Ч. отстанут, потому что боятся зайцев.
Е. Н.

ЧХАЯ («тень»), в древнеиндийской мифологии и умозрении космическая субстанция, заполняющая вселенную при её сотворении; эквивалент *Агни* (РВ I 73, 8). Это же имя носит в послеведийской мифологии служанка Санджни, жены солнца. *В. Т.*

ЧХОЕН в поздней корейской мифологии персонаж, изображение (маска) которого использовалось для изгнания злых духов. Миф о Ч. вставлен в буддийское предание о монастыре Манхэса в «Самгук юса» (13 в.). Государь Силла Хонган-ван (9 в.), возвращаясь со свитой с прогулки в Бухту рассеявшихся облаков (Кэунпхо) на Восточном (Японском) море, сбился в тумане с пути. Придворный астролог сказал, что это проделки дракона Восточного моря. Тогда Хонган-ван приказал возвести храм в честь дракона, и туман рассеялся. Явившийся перед государем дракон с семью сыновьями дал ему одного из них, чтобы помочь в управлении страной. Это и был Ч. Государь женил Ч. на красавице и пожаловал ему высокий чин. Дух лихорадки (ёксин) влюбился в жену Ч. и, обернувшись человеком, тайно приходил к ней ночью. Ч., обнаружив это, однажды пропел магическую песню (хянга), исполнил танец и удалился. Дух был потрясён тем, что Ч. не поддался искушению убить возлюбленного своей жены. Тогда дух поклялся не входить впредь в ворота, на которых будет висеть изображение Ч. У буддистов Ч.— воплощение Рахулы, старшего из 16 последователей Будды, ибо он обладал качествами *бодхисативы* терпения.

Ч. сопоставлялся также с индийским демоном *Раху*.
Л. Р. Концевич.

ЧЭНХУАН (от чэн, «городская стена», и хуан, «ров под стеной»), в поздней китайской мифологии бог города. Ч., по-видимому, есть поздняя модификация древнего бога земли Шэ. Наиболее старый храм Ч. был построен в 239 в местности Уху (провинция Аньхой).

Поклонение Ч. распространилось в 7—8 вв. по всему Китаю. В 1382 его храмы были объявлены государственной собственностью, и жертвоприношения ему стали обязательными. Ч. вершит правосудие над душами умерших. Он также контролирует духов своей области, заставляя их охранять город от засухи и эпидемий.

Ч. обычно изображался в облике чиновника высшего ранга. В качестве Ч. в каждом городе почитали какого-либо деятеля, спасшего данный город или прославившегося своей службой в нём.
Б. Р.

ШÁБАШ, в зап.-европ. демонологии, начиная с эпохи средневековья, сборища колдуний, ведьм, оборотней и пр. Согласно легендам, Ш. устраивались по субботам (реже по средам и пятницам) в уединённых и диких местностях, куда верхом на натёртом магической мазью помеле или некоторых животных слетались около полуночи ведьмы и прочая нечистая сила. Возглавляемый *Леонардом* или Урианом (на горе Брокен), Ш. включал ритуал поклонения дьяволу, пир, где подавались жабы, плоть повешенных и т. д. (по другим вариантам, изысканные блюда на роскошной посуде), чтение богохульных текстов, метились дьявольской метой принесённые ведьмами дети, предназначенные стать подручными нечистой силы, разнузданные оргии и танцы. Надрезая кору деревьев, обычно дубов, дьявол извлекал оттуда вино, которым опьянялись присутствующие. Одна из колдуний избиралась дьяволом королевой Ш. Считалось, что на Ш. дьявол наделяет властью колдунов и ведьм, распределяет местности между оборотнями, а также творит суд над нечистой силой, награждая верных себе слуг разодетыми в бархат жабами с колокольчиками на шее и лапках. На Ш. нечистая сила затевала козни против людей. *С. Ш.*

ШÁВУШКА (возможно, однокоренное с хуррит. шаури, «оружие»), в хурритской мифологии богиня любви и плодородия. Сестра *Тешуба*. Функционально соответствовала и отождествлялась с вавилоно-ассирийской *Иштар*. Свита Ш.— богини Ниннатта, Кулитта. Священное животное Ш.— лев. Главный центр её культа — город Самуха (верхний Евфрат?). От расположения Ш. зависит семейное счастье и благополучие, она может лишать мужчин силы. Магическая власть, которой обладает Ш. (к ней часто обращались в заклинаниях), свидетельствует о её связи с хтоническими, подземными силами, восходящей к шумерским представлениям (ср. нисхождение Иштар в преисподнюю). Ш.— воительница («Иштар поля битвы»), в хуррито-хеттских религиозных текстах неоднократно упоминается её оружие. Иногда выступает в мужской ипостаси (с Ш. в образе воина на коне отождествлялся хеттский *Пирва*). Ш.— самая деятельная из хурритских богинь: она побеждает своими чарами змея *Хедамму*, активно выступает на стороне Тешуба в битве с *Улликумме* и т. д. Хеттский царь Хаттусилис III (13 в. до н. э.) считал Ш. своей покровительницей. *М. Л. Хачикян.*

ШАДРÁПА, в западносемитской мифологии демон-врачеватель. Его культ засвидетельствован с сер. 1-го тыс. до н. э. Изображался в сопровождении змей и скорпионов.

ШÁИ, в египетской мифологии бог виноградной лозы. С образом Ш. связаны представления о довольстве, изобилии, богатстве (ср. близкую ему *Рененутет*). Имя Ш. часто встречается в добрых пожеланиях. Впоследствии Ш. стал божеством судьбы, определяющим срок человеческой жизни. *Р. Р.*

ШАЙТÁН, а ш-ш а й т á н, в мусульманской мифологии одно из имён дьявола (см. *Иблис*), а также одна из категорий *джиннов*. Слово «Ш.» родственно библейскому термину *сатана*. По представлениям мусульман, каждого человека сопровождают ангел и Ш., побуждающие его соответственно к добрым и нечестивым поступкам. Ш. могут появляться в человеческом обличье, иногда имеют имена. Было распространено поверье, что поэты и прорицатели повторяют слова, внушаемые им Ш. Возможно, что в представлениях о Ш. ислам сохранил память о некоторых древних божествах Аравии. *М. П.*

ШÁКРА, в буддийской мифологии главный бог в *девалоке* тридцати трёх богов (*траястринса*). По мнению многих исследователей, Ш. идентичен с ведийским *Индрой* (один из эпитетов Ш.— «князь богов»). Образ Ш. встречается в произведениях как хинаяны, так и махаяны. Считается, что он во главе огромного числа богов и *девапутр* появляется в мире людей, чтобы слушать проповеди будды *Шакьямуни* и оказывать помощь последователям будды и добрым людям. *Л. М.*

ШÁКТИ (др.-инд. «сила»), в индуистской мифологии творческая энергия божества, персонифицированная в образе его супруги. В индийских мистических учениях женское начало рассматривается как активный принцип; благодаря ему бог-супруг манифестирует свои потенциальные качества. Дуальная концепция пассивного и активного, скрытого и явного, созерцательного и творческого аспектов божественной пары в первую очередь выявляется в представлениях о *Шиве* и его супруге, которая в различных своих ипостасях (*Деви, Сати, Дургу, Парвати* и др.) иногда выступает в качестве верховного божества — Ш. В шактистских культах почитается женское начало во всех его проявлениях. Ш. считается воплощением супружеской верности (Сати) и сексуальной, плодотворящей страсти (*йони*, женский орган,— важнейший символ Ш.), творческой (Джаганматри — богиня-мать) и разрушительной (Дурга, Кали) силы. *П. Г.*

ШАКУ́НТАЛА, в индуистской мифологии дочь риши *Вишвамитры* и *апсары Менаки*, мать царя *Бхараты*. Менака оставила только что родившуюся Ш. в лесу, где её охраняли от хищников птицы «шакунта» (отсюда её имя), а затем её нашёл и воспитал в своей обители отшельник Канва. Однажды во время охоты в обитель Канвы попал царь Душьянта, они с Ш. полюбили друг друга и сочетались браком *гандхарвов* (т. е. браком по взаимному согласию, без соблюдения формальных обрядов). Когда Душьянта, повинуясь царскому долгу, покидал обитель, он оставил Ш. своё кольцо в качестве залога любви. Поглощённая мыслями об уехавшем Душьянте, Ш. не заметила приближения брахмана *Дурвасаса*, и тот проклял её, предсказав, что она будет забыта своим супругом, который снова признает её лишь тогда, когда увидит своё кольцо. Затем Канва отправил Ш. к Душьянте, но по дороге, совершая омовение в Ганге, она уронила в реку кольцо. Царь не узнал Ш. и отверг её, а Менака унесла её на озеро апсар, где Ш. родила сына от Душьянты — *Бхарату*. Между тем слуги Душьянты приносят ему кольцо, обнаруженное в брюхе выловленной из Ганга рыбы. Царь сразу же вспоминает о своей возлюбленной и горько раскаивается в содеянном. После многих лет поисков ему удаётся найти Ш. на небе, и вместе с ней и сыном он возвращается к себе в столицу. Легенда о Ш. в двух отличающихся друг от друга вариантах изложена в «Махабхарате» (I 62—69) и «Падма-пуране». *П. А. Гринцер.*

ШАКЬЯМУНИ [«мудрец (из племени) шакья»], известен также как Сиддхартха (собственное имя) и Гаутама (родовое имя), в буддийской мифологии последний земной *будда*, проповедовавший *дхарму*, на основе которой сложилось буддийское вероучение. В буддийских текстах нередко вместо перечисленных имён используются разные эпитеты (которые, кстати, являются и эпитетами всех будд): бхагават («благословенный»), *татхагата* («так ушедший»), сугата («в добре ушедший»), джина («победитель») и т. д. В основе мифологического образа Ш., несомненно, лежит реальный человек, основатель буддизма, который жил в Северной Индии в 566—476 или в 563—473 до н. э. Его жизнеописание начало наполняться мифическим содержанием, по-видимому, уже при жизни; в последующие столетия мифологизация его образа возрастала вплоть до появления на рубеже нашей эры канонического образа, зафиксированного в буддийских канонических текстах.

Ни в одном каноническом тексте легенда о Шакьямуни не излагается полностью. «Махапаринирвана-сутра», напр., содержит только сведения о последних месяцах его жизни и о смерти, в «Дхармачакраправартана-сутре» описывается его первая проповедь, так что первым произведением, где жизнь Ш. описывается с рождения до смерти, является «Буддхачарита» [«Жизнь Будды» Ашвагхоши (1 в. н. э.)]. Вместе с тем эта легенда в основных чертах одинакова во всех течениях буддизма, хотя жизнь Ш. и принято разделять на периоды, число которых в разных традициях различно. В тибетской традиции, например, выделяют 12 этапов: принятие решения родиться в мире людей; схождение с неба *тушита*; вхождение в лоно матери; рождение; накопление мирских знаний; жизнь в удовольствиях; уход из дворца; аскетические упражнения; победа над *Марой*; достижение состояния будды; проповедь дхармы; вхождение в *нирвану*.

Общебуддийское содержание легенды таково: в течение многих *кальп* Ш. перерождался в качестве *бодхисаттвы*, принимая облик всевозможных существ. Накопив за это время нужные свойства для достижения состояния будды, он провёл предпоследнее своё рождение в небе тушита. Поскольку мир людей погрузился в мрак неведения, боги просили Ш. родиться в облике человека, чтобы он мог стать буддой и проповедовать дхарму. Бодхисатва согласился на это и выбрал местом своего рождения маленькую страну племени шакьев в Северной Индии, а родителями — царя Шуддходану и царевну Майядеву. В это время Майядеве приснилось, что в её лоно вошёл белый слон. Этот сон был истолкован как знак того, что она станет матерью великого человека. Ш. родился в роще Лумбини близ столицы шакьев Капилавасту. Он имел все *махапурушалакшаны*, и учёные-брахманы предсказали, что он станет или буддой, или *чакравартином*. Отец предпочитал второе: он дал сыну всестороннее светское образование и делал всё, что мог, чтобы Ш. видел только положительные стороны жизни. Ш. жил в специально построенном для него дворце, в наслаждениях и удовольствиях. Он женился на своей кузине Яшодхаре, и, казалось, что всё идёт к исполнению мечты отца.

Но однажды Ш. увидел в городе четыре знамения. Первые три (старик, больной, труп) показали ему неустойчивость *сансары*, а последнее (монах) показало ему путь к освобождению. Он решился на бегство и после рождения своего сына Рахулы покинул дворец и присоединился к аскетам. Через несколько лет он понял, что их методы (особенно крайний аскетизм) не ведут к спасению. Ш. сидел у подножия дерева бодхи и решил не вставать прежде, чем он достигнет совершенства. Несмотря на искушения Мары, на 49-й день (в возрасте 35 лет) Ш. достиг *бодхи* и стал буддой. Первую проповедь он произнёс в парке Ришипатана близ Варанаси для пяти бывших своих товарищей-аскетов, которые и стали его первыми учениками. Скоро вокруг Ш. собралась большая *сангха*, и лучшие его ученики (*Шарипутра, Маудгальяяна, Кашьяпа, Субхути* и др.) достигли состояния *архата*. Преодолев угрозу заговора *Девадатты*, Ш. в возрасте 80 лет ушёл в полную нирвану.

В махаяне и ваджраяне образ Ш. имеет некоторые специфические черты. Так, например, считается, что в мире явилось лишь его нирманакая (см. *Трикая*), в то время как самбхогакая осталось в небесах.

В зависимости от умственных способностей слушателей Ш. проповедовал разные по сложности дхармы. Индо-тибетская махаянская традиция считает, что он совершил три т. н. «поворота колеса дхармы». На первом этапе он проповедовал хинаяну, затем — праджняпарамиту, и наконец — виджнянаваду (последние две составляют махаяну). *Л. Э. Мялль.*

ШАЛАКА-ПУРУША («замечательные люди», также: лакшана-пуруша, маха-пуруша), в джайнской мифологии 63 выдающихся личности, регулярно появляющиеся на каждом полуобороте «колеса времени» (см. *Калачакра*). В это число входят 24 *тиртханкаров*, 12 *чакравартинов* и 9 триад *баладев, васудев* и *пративасудев*. *А. А. Т.*

ШАЛИММУ И ШАХАРУ (Шалимму, позднее Шалим, «вечерняя заря»; Шахару, позднее Шахар, «утренняя заря»), в западносемитской мифологии боги (соответственно) вечерней и утренней зари, боги благополучия.

В Палестине Шалимму считался, по-видимому, основателем и покровителем (наряду с Эльоном, возможно, являвшимся ипостасью Илу) Иерусалима (на иврите Иерушалем, «построенный Шалиммом»). *И. Ш.*

ШАМАШ, см. *Уту*.

ШАМБАРА, в древнеиндийской мифологии демон из рода *Дасов*, противник *Индры*. *В. Т.*

ШАМБХАЛА, в буддийской мифологии ваджраяны страна. Описание Ш. содержится в «Калачакра-тантре», а также в других текстах системы *калачакры*. Ш. находится севернее реки Сита (отождествляемой или с Таримом, или с Амударьёй, или с Сырдарьёй). Ш. окружают восемь снежных гор, которые напоминают лепестки лотоса. В центре их — столица Ш., где располагается дворец царя — Калапа. Первым великим царём-жрецом считался Сучандра, в правление которого Ш. стала главным центром учения калачакры (в парке дворца Сучандра построил огромную *мандалу* калачакры). После Сучандры в Ш. правили ещё шесть царей-жрецов, им последовали и последуют двадцать пять правителей по имени Кальки, каждый из них правит сто лет. *Л. М.*

ШАМИРАМ, в армянских мифах богиня любви и сладострастия (перенявшая функции *Астхик* и *Анахит*), царица Ассирии. Её имя, вероятно, восходит к имени реально существовавшей в 9 в. до н. э. царицы Ассирии Шаммурамат — невестки царя Салманасара III, воевавшего с царями Урарту. Согласно эпосу, сладострастная Ш. возжелала иметь своим мужем *Ара Гехецика*, властелина Армении. Когда все её ухищрения добиться любви оказались тщетными, оскорблённая, она идёт на Армению войной. После гибели на поле брани Ара Гехецика Ш. продолжает вести распутный образ жизни (вариант: по приказу Ш., *аралезы* оживляют Ара Гехецика; по другой версии, Ш. лишь распускает слух о его воскрешении). Сыновей, выразивших недовольство её поведением, она приказывает умертвить, оставив в живых лишь младшего сына Ниния. В покорённой Армении Ш. строит на берегу озера Ван великолепную летнюю резиденцию (город Ван), названную Шамирамакертом (с её именем эпос связывает и многие другие сооружения, приписывает ей также стелы с урартскими надписями). Когда Ш. отправлялась в Армению, управление страной она передавала остававшемуся в Ниневии родоначальнику мидян магу Зрадашту. Во время одной из отлучек Ш. он решает захватить царскую власть. Начавшая против него войну Ш. терпит поражение. Спасения она ищет в Армении, но там её убивает сын Ниний. Согласно варианту Ш., убегающая от Зрадашта в Армению, изнемогая от жажды, останавливается по пути в поисках, где бы напиться. Её настигают воины Зрадашта близ моря (озеро Ван), тогда она забрасывает в море своё ожерелье-талисман, а сама превращается в камень (существовала песнь, связанная с этим мифом, «Ожерелье Ш. в море»). Существует версия мифа (записанная в 19 в.), согласно которой, один из старейших советников Ш. задумал освободить людей от её злодеяний. Однажды он, будучи при Ш. в городе Артамеде, выхватил у неё из рук ожерелье-талисман и убежал. Взбешенная Ш. погналась за ним. Она использовала свои длинные волосы как пращу; от тяжести огромного камня, который она метнула вслед советнику, волосы её были выдраны, а камень упал в яму. Советник успел добежать до моря (оз. Ван) и забросить в него ожерелье, таким образом лишив Ш. её магической силы. *С. Б. Арутюнян.*

ШАМС («солнце»), в йеменской мифологии ипостась богини солнца или самостоятельное солнечное божество. Имя Ш. упоминается редко, как правило, вместе с именами других богов. Ей посвящались ритуалы обхода кайфа, священная охота и другие обряды. Значительно чаще, чем сама Ш., упоминаются её локальные ипостаси, к именам которых добавлялась формула «Шамс их владычица... (храма, местности или общности)». Они нередко занимают ведущее место в локальных пантеонах, как Шамс Алийат («высокая») в области Радман или Шамс Тануф, владычица Гадрана. Ипостасями Ш. являются, вероятно, богини *Зат-Захран*, *Зат-Сантим*, *Зат-Бадан*, *Зат-Химйам*. Слово «Шамс» в двойственном или множественном числе (ашмас) является также обозначением особой категории божеств-покровителей (ср. *Мандах*).

В древнеарабской мифологии Ш. — бог солнца, почитавшийся самудскими, сафскими племенами и в государстве Лихьян. Арабская традиция считает Ш. богом племени тамим.

Ш. родственны западносемитский *Шамшу* и аккадский *Шамаш*. *А. Г. Л.*

ШАМШУ (библ. Ш́е́меш), в западносемитской мифологии бог солнца. Палестинско-ханаанейские мифы о Ш. лежат в основе библейских представлений о небесном воинстве (солнце, луна, звёзды), созданном в четвёртый день творения (Быт. 1, 14—19). Большее светило — солнце — управляет днём, меньшее — луна — ночью. Светила отделяют свет от тьмы. Солнце имеет жилище, откуда оно выходит утром и куда возвращается вечером. По-видимому, с Ш. связан и библейский *Самсон* (Шимшон). Культ Ш. отправлялся в иудейском обществе ещё в сер. 1-го тыс. до н. э. Не исключено, что в Угарите Ш. составлял пару с богиней солнца *Шапаш*. В Пальмире Ш. изображался с венцом из лучей вокруг головы и с горящим факелом в руке.

Ш. родственен аккадскому *Шамашу* и йеменской *Шамс*. Возможно, все они восходят к древнему общесемитскому божеству. *И. Ш.*

ШАНГО, в мифах йоруба бог грома и молнии, а также бог охоты и грабежа. Согласно мифам, Ш. порождён *Оруганом*. Живёт в облаках, в огромном сияющем медном дворце. У него большая свита и много лошадей. За нарушение клятвы и ложь Ш. наказывает молнией (дома, в которые ударяла молния, немедленно подвергались грабежу жрецами и почитателями Ш.; хозяев домов, кроме того, ещё и штрафовали за то, что они разгневали Ш.; людей, потерявших сознание от удара молнии, убивали и не хоронили, так как полагали, что они нужны Ш.). Из своего дворца Ш. бросает раскалённые камни (одно из его имён — «Бросающий камни») в тех, кто вызывает его гнев. Его слуги — Афефе («ветер») и Ошумаре («радуга»), которая носит воду с земли во дворец Ш. (Согласно другой версии, божество радуги Ошумаре — великая змея подземного мира, иногда выходящая из земли пить воду с неба.) Жёны Ш. — Ойа (богиня реки Нигер), Ошун (богиня реки Ошун) и Оба (богиня реки Оба). Ш. обычно изображают стоящим с луком и мечом в окружении трёх жён, держащих ладони сложенными перед грудью. Согласно более поздним мифам, Ш. — сын Ораньяна (младшего сына *Одудува*) и древний правитель могущественного города-государства йоруба — Ойо. *Е. С. Котляр.*

ШАН-ДИ («верховный владыка», «высший предок», «высшее божество»; в древнейших текстах часто просто Ди), в древнекитайской мифологии и народной религии верховное божество. Представление о Ш., по-видимому, зародилось в недрах шаньинского общества во 2-м тыс. до н. э. Как полагают некоторые учёные, «ди», первоначально означавшее жертвоприношение (сожжение жертвы), позднее стало названием божества, которому приносили жертву «ди», по-видимому, служил также обозначением умерших предков царствующего дома, включая мифических, являвшихся его тотемом). В поздний период правления династии Шан-Инь (ок. 13—11 в. до н. э.) наряду с «ди» появился термин «Ш.» для обозначения верховного божества, а также, вероятно, первого из предков. Постепенно «ди» превратилось в бога — покровителя всего шан-иньского государственного образования. После покорения Инь чжоусцами произошла контаминация их культа неба с представлением о Ш. В текстах 1-го тыс. до н. э. Ш. — синоним понятий *Тянь* и *Тянь-ди*. Термин «Ш.» был воспринят даосской философией и религией, где он фигурирует как великий предок Дао — Пути («Хуайнань-цзы», 2 в. до н. э.), в средние века титул Ш. был пожалован императором Хуэй-цзуном (начало 12 в.) верховному владыке даосского и народного пантеона *Юй-ди*. После появления в Китае европейских миссионеров в их проповедях и в переводах библии на китайский язык термин «Ш.» стал использоваться для обозначения христианского понятия «бог».

С. Кучера.

ШАОХАО [«младший безбрежный (как небо)»], в древнекитайской мифологии правитель, по некоторым историзованным версиям, внук или правнук *Хуан-ди*, наследовавший его престол. Согласно преданиям, мать Ш. по имени Нюйцзе зачала после того, как увидала во сне огромную звезду, опустившуюся на землю; по другой версии, мать Ш. по имени Хуанъэ была небесной ткачихой, которая ткала по ночам, а днём плавала на плоту по водным просторам (видимо, соединявшим небо и землю). Во время этих странствий она повстречала сына *Бай-ди*, от которого и родила Ш. По преданиям, Ш. основал царство в бездне (см. *Гуйсюй*) за Восточным морем, по другим версиям, Ш. правил на Крайнем западе, где ему были подвластны земли в 12 тысяч ли, по третьим, он живёт на горе Чанлю и управляет заходом солнца.

В древних исторических сочинениях говорится о том, что Ш. давал своим чиновникам наименования по названиям птиц. Можно предположить, что и сам Ш. в архаических мифах мыслился как птица и правил в царстве птиц. Как дух запада Ш. именовался также Цзиньтяньши: от цзинь, «металл», тянь, «небо», и ши, «фамилия», «урождённый») он правил, используя магическую силу металла (Цай Юн, 2 в. н. э.), и ему подвластна осень. В некоторых текстах Ш. сам называется Белым государем — Бай-ди («Книга гор и морей») и входит в число *У ди*. Считалось, что столицей Ш. был город Цюйфу (пров. Шаньдун), родина Конфуция

(подле Цюйфу находится и его «символическая» могила).
Б. Л. Рифтин.

ША́ПАШ, в западносемитской мифологии богиня солнца, известная по угаритским мифам. Наделённая даром всевидения, Ш. помогает *Анат* найти тело *Балу* и похоронить его на горе Цапану; увидев Балу, сражающегося с *Муту*, она запугивает Муту наказанием со стороны *Илу*. Балу одерживает победу. Ш. фигурирует и в других угаритских мифах. Возможно, составляла пару с *Шамшу*.
И. Ш.

ШАРАТА́НГА («которая находится везде»), в мифах тарасков богиня луны, земли, урожая и деторождения (ср. ацтекск. *Сиуакоатль*). По значению Ш. не уступает богу солнца *Курикавери* и своей матери *Куеравапери*. Ш., как и Курикавери, приносили в жертву пленников, а также серебро, считавшееся металлом лунного происхождения. От Ш. зависели лёгкие роды. Ш. изображалась старой женщиной, с седой головой, в одеянии из растительных волокон.
В. Е. Б.

ШАРГА́Й-НОЙО́Н, Хан Шаргай-нойо́н, в мифах прибайкальских бурят один из ханов (или хатов) — детей *тенгри*. Согласно наиболее распространённой версии (в мифах балаганских бурят), Ш.-н. — сын *Эсеге Малан-тенгри*, спустившийся с небес на землю, чтобы защитить бурят от происков злых сил: чёрных заянов (см. в ст *Заячи*), восточных тенгри и др. В мифах кудинских бурят он выступает также в роли освободителя и свата своей сестры, похищенной восточными тенгри, чтобы отвлечь Ш.-н. от борьбы со злом (в этом сюжете вместе с Ш.-н. действует *Буха-нойон бабай*, на дочери которого Эрхе Субен женат Ш.-н.). В мифах разных групп бурят, Ш.-н. — то сын Хухе Мунхе-тенгри («синего вечного неба»), то фигурирует как сын всех 99 тенгри, а то является лишь батором (богатырь) из воинства *Хормусты*. В эпоху утверждения буддизма возникла легенда об укрощении Ш.-н. буддийским святителем и превращении его в охранительное божество.
Н. Ж.

ШАРИПУ́ТРА, в буддийской мифологии один из двух (второй — *Маудгальяяна*) главных учеников *Шакьямуни*. В мифологии хинаяны Ш. наделён наивысшей способностью понимания, в махаяне же он уступает в этом отношении другому ученику Шакьямуни — *Субхути*. Ш. умер за несколько месяцев до смерти Шакьямуни.
Л. М.

ШАРКА́НЬ, у венгров дракон со змеевидным телом и крыльями. Можно разграничить два слоя представлений о Ш. Один из них, связанный с европейской традицией, представлен преимущественно в сказках, где Ш. — свирепое чудовище с большим количеством (три, семь, девять, двенадцать) голов, противник героя в битве, часто — обитатель волшебного замка. С другой стороны, известны поверья об одноголовом Ш. как об одном из помощников колдуна (шамана) талтоша.
Е. Х.

ША́САНА-ДЕВА́ТА, в джайнской мифологии пара божеств из числа *якшей*, которые являются охранителями, сопровождающими каждого из *тиртханкаров*. Причём каждому тиртханкаре служат особые Ш.
А. А. Т.

ШВИНТОРО́Г, в литовской мифологии и легендарной истории культурный герой, князь, основатель особой погребальной традиции. Согласно русским летописям и «Хронике» М. Стрыйковского (16 в.), Ш. стал править в 13 в. по смерти отца Утенуса в Великом княжестве Литовском, Жемайтском и Русском. Перед смертью он попросил своего сына Скирмонта сжечь его на мысу, где река Вильня (Вильна) впадает в Велью (Вилию), в долине, называемой с тех пор Швинтороговой (Swintoroh с лит. švéntas, «священный», и rãgas, «рог, мыс, нос»). Так должны были хоронить и других литовских князей. Скирмонт приказывал срубить лес в долине и вместе со своими жрецами приносит в жертву богам домашних животных. На большом костре сжигают Ш. с его оружием, конём, соколом, охотничьими собаками, любимым слугой. В костёр бросают рыси и медвежьи когти, чтобы Ш. смог в судный день подняться на крутую гору, на которой будет восседать бог. Предание о Ш. служит связующим звеном между мифологизированной историей Литвы и её князей, потомков легендарного римлянина Палемона (родственник Нерона), который со своими спутниками прибыл к устью Немана и дал начало родословию литовских князей; ср. связь трупосожжения в легендах о Ш. с языческой римской традицией), и предысторией, где впервые выступают князья с бесспорно литовскими именами, а со Скирмонтом связываются уже реальные исторические события. Возможно, что источником имени Ш. было название места впадения Вильни в Велью (ср. литов. топоним Šventrãgis и т. п.). В Швинтороговой долине горел вечный огонь и находилось капище Перкунаса, атрибутом которого был рог (ср. рогатого Перкунаса, его рогатый скот, топонимы типа «рог Перкунаса», и т. п.). Есть основания предположить связь Ш., как основателя земной традиции, внизу (в долине) и *Перкунаса* вверху (на горе или на небе), уподобление Ш. Перкунасу или служение громовержцу. Сокол, конь и собака, сожжённые вместе с Ш., по-видимому, — классификаторы трёх зон космоса (небо — земля — преисподняя), которые стали доступны Ш. после смерти.
В. И., В. Т.

ШЕДИ́М, в ветхозаветных преданиях злые духи, демоны, бесы, которым приносили в жертву животных и даже своих детей (Втор. 32, 17; Пс. 105, 37). На их зооморфный облик указывает название «косматые» (śĕ ʿīrīm; о тождестве śe ʿīrīm и šedim см. Левит рабба, 22), в синодальном переводе переданное как «лешие» (Ис. 34, 14). Позднейшие предания считают, что у Ш. птичьи лапы. Ш. вредоносны: они входят в людей, наводят безумие и порчу, учат колдовству. Согласно агаде, Ш. были сотворены в сумерки шестого дня творения и наступившая суббота помешала облечь их души плотью («Абот» 5, 6). По другому сказанию, Ш. — дети *Лилит*, царицы демонов, от Адама. По некоторым апокрифам, ими стали души исполинов, рождённых смертными женщинами от падших ангелов («Книга Еноха» 15, 8; ср. *Рефаим*). По народным поверьям, в Ш. превращаются души нечестивцев.
Д. В. Щедровицкий.

ШЕ́НРАБ-МИ́БО, в тибетской мифологии основатель *бон*, жизнь которого датируется временем до прихода буддизма в Тибет, по преданию, после смерти царя *Тригумцэнпо*. По одной версии, он родился на горе Ярлхашампо, по другой, возник из утробы «Небесной матери, царицы зенита», по третьей, в Олмолунрин, в стране Шаншун или Тагзиг, его дерево — тополь или ива; явился на свет после того, как головы отца и матери пронзили лучи света, первый в виде стрелы, второй в виде веретена. Ш. выступает в трёх ипостасях: 1) Ш. из рода Шен, в котором родился мальчик с ослиными ушами, в 12—13 лет украденный злыми духами — дрэ и пробывший с ними 12—13 лет, странствуя по всему Тибету; потом вернулся к людям и стал их охранять от дрэ, помня места их обитания и имена; 2) Ш. — эманация света, его божество-покровитель — бог-шен «Белый свет»; 3) Ш. — будда *Шакьямуни*, который, чтобы покорить бон в Шаншуне, воплотился в Ш., выполнил 12 действий бон (12 подвигов принца Сиддартхи). Ш. отождествляется также с *Акшобхьей*.
Е. Д. Огнева.

ШЕО́Л, в иудаистской мифологии царство мёртвых, загробный, «нижний», или «низший», мир, противополагаемый небу (Пс. 138, 8; Амос 9, 2; Иов 11, 8). Ш. представляется одушевлённым существом, страшным чудовищем, во многом аналогичным *Тиамат* в аккадской мифологии. Ш. проглатывает мёртвых, смыкая над ними свои гигантские челюсти, утроба Ш. вечно ненасытима, а душа его расширяется и волнуется в предчувствии добычи (Ис. 5, 14; 14, 9; Авв. 2, 5; Пс. 140, 7; Притч. 27, 20; Иов 24, 19). Различные наименования Ш. — «страна безмолвия», «земля забвения», «долина смертной тени», «погибель» (ср. *Аваддон*), «низший мир», «источник истребления», «врата смерти» (Пс. 22, 4; Пс. 106, 18 и др.).

Ранние библейские тексты рассматривают Ш. как место обитания всех умерших (Быт. 37, 35 и 44, 31).

Лишь наиболее страшные грешники, такие, как Корей, дерзнувший восстать против самого *Моисея*, проваливаются сквозь землю и нисходят в Ш. живыми (Чис. 16, 30—33; ср. Пс. 54, 16; Притч. 1, 12). Позже, однако, распространяются представления о Ш. как месте заключения и наказания грешных душ, которые при жизни «уподобились животным» (Пс. 48, 15). Заключённые в Ш. души нечестивых испытывают мучения: они «окованы скорбью и железом», пребывают в непроницаемой тьме, в хаотическом «неустройстве» (Пс. 17, 6; 106, 10; Иов 10, 21—22). Согласно пророческим книгам, преступных царей — тиранов в Ш. заживо поедают черви (Ис. 14, 5—20; Иезек. 32, 21—27). Богопротивниками тёмные силы Ш. овладевают еще при жизни, на них набрасывается «первенец смерти» и низводит их к демоническому «царю ужасов» (Иов 18, 13—14). Человеконенавистники предаются в Ш. огню ярости бога (Втор. 32, 22; Ис. 66, 24), обычных же грешников бог «низводит в Ш. и возводит» (1 Царств 2, 6), наказанием очистив их от грехов. Кроме умерших грешников, в Ш. обитают *рефаимы*, злые духи «шеддим», а также «ангелы-мучители». В ветхозаветных апокрифах Ш. часто отождествляется с *гееной*, он предстаёт «огненной бездной», где текут пламенные реки для «исцеления духа» грешников («Книга Еноха» 10, 13 и 61, 8; 3-я книга Ездры 7). В «Уставе» кумранской общины упоминается «позор гибели в огне мрачных областей», который противоположен «жизни в вечном свете».

Согласно талмудическим сказаниям, Ш. находится не под землёй, а как бы в ином пространстве, за «горами тьмы», так что из Ш. виден рай, и наоборот («Эрубин» 32). Ш. уподоблен «огненному мечу», охраняющему путь к древу жизни (ср. Быт. 3, 24), дабы злые не приобщились к вечности и этим не увековечили зло. В Ш. ведут трое врат: одни близ Иерусалима, вторые — в пустыне, а третьи — на дне морском; в то же время у Ш. 40 тысяч входов и он в 60 раз больше рая и в 3600 раз больше земного шара («Таанит» 10а). Путешественники, приближающиеся в море или в пустыне к вратам Ш., слышат душераздирающие вопли терзаемых там грешников («Шевет-Мусар» 26). Ш. состоит из семи отделений (прообраз «кругов ада» в христианских воззрениях), и в каждом последующем огонь в 61 раз жарче, чем в предыдущем. Глубина каждого отделения — 300 лет ходьбы («Сота» 10).

Ш.— это своеобразное чистилище, и мучения в нём способствуют лишь избавлению от злобы и нечистоты. Только закоренелые грешники мучаются в Ш. больше года, причём половину этого очистительного срока душа проводит в огне, а половину — во льду («Берахот» 28; «Ялкут Деварим» 8, 92). Виды наказаний в Ш. символизируют караемые ими грехи. Огненная река исходит из-под Престола славы и, обойдя вселенную, нисходит на грешников в Ш. («Комментарий Авен-Эзры к Дан. 7, 9—10). Наиболее преступные души, отправляемые в «ссылку» к двум ледяным горам, тайно приносят оттуда снег и рассыпают его вокруг, уменьшая силу пламени, и умудряются тем самым грешить даже в Ш. На субботу и другие праздники души освобождаются от мук Ш., в будущем же (в эсхатологические времена) великие ангелы Михаил и Гавриил, посланные богом, отворят врата Ш. и «выведут за руку» всех провалившихся туда (Масехат-Гихеном к Ис. 26, 19).

Д. В. Щедровицкий.

ШЕСЕМТЕТ, в египетской мифологии богиня-львица. Её имя происходит от украшавшего её пояс минерала «шесемт», который был её атрибутом и, возможно, фетишем. Уже в период Древнего царства была отождествлена с *Сехмет*. Центр культа Ш.— остров Элефантина, она почиталась также в Пунте.

Р. Р.

ШЕСЕМУ, в египетской мифологии бог, покровительствующий виноделию и изготовлению масла для притираний и бальзамирования. Связан с загробным культом: охранял мумию от повреждений, наказывал грешников. Его атрибут — пресс для виноделия.

Р. Р.

ШЕХИНА («пребывание»), в религиозно-мифологических представлениях иудаизма одно из имён бога, выражающее идею его присутствия в мире. Уже в Ветхом завете речь идёт о месте, которое изберёт бог, «...чтобы пребывать имени его там» (Втор. 12, 5); оно связывается с осенённым *херувимами* ковчегом завета, находящимся во святая святых скинии *Моисея*, потом храма *Соломона* (Исх. 25, 8 и далее, 3 Царств 8, 12—13). На формирование понятия Ш. оказали влияние библейские описания теофании (богоявления) — Моисею в *неопалимой купине* (Исх. 3), в облачном и огненном столпе (13, 17—18), в облаке на горе Синай (13, 19—34), Илии в веянии тихого ветра (3 Царств 19, 12), Исайе — в окружении серафимов (Ис. 6), Иезекиилю — на колеснице херувимов (Иезек. 1). Среди других формирующих влияний — представления об *ангелах* как посланцах бога (в том числе Аврааму, Быт. 18, 1—2), а также о «лице» бога (Быт. 32, 30, Пс. 24, 6), суммированные в образе «ангела лица его» (ангела присутствия) пророка Исайи (63, 9). Ближе всего к концепции Ш. стоит, однако, выражаемое рядом терминов библейское понятие «славы божьей», наполняющей скинии (Исх. 40, 34—35) и святая святых храма. В эпоху, последовавшую за разрушением храма, формируется более универсальное понятие Ш. как формы проявления в мире трансцендентного и вездесущего бога. Оформляется, однако, это понятие только ок. 1 в. н. э., когда оно начинает употребляться в таргумах — переводах книг Библии на арамейский разговорный язык, в которых систематически употребляется слово «Ш.» для именования бога (напр., Быт. 28, 16, Исх. 33, 14—15). Агадическая традиция непосредственно изъясняет значение Ш. как одного из атрибутов бога, выражающего его действенное присутствие. После разрушения храма Ш. не перестаёт проявляться в мире, где её удерживают люди благочестивые. После «грехопадения» Адама и Евы Ш. поднимается всё дальше от земли, достигая седьмого неба, однако семь праведников от Авраама до Моисея своими благочестивыми делами возвращают её обратно (Gen. Rabbah 19, 7). В средневековых традициях, в том числе в каббале, Ш. тяготеет к выделению в самостоятельную сущность, начиная играть роль посредника между богом и людьми, что вызывает оппозицию со стороны ортодоксии. Концепция Ш. наряду с понятиями Слова (Логоса), Премудрости божьей (Софии) и Святым духом лежит в основе христологии Нового завета, который вообще обнаруживает много разнообразных точек соприкосновения с этой концепцией, в частности в связи с понятиями «славы божьей» и прославления — в сцене преображения (Матф. 17, 1—8), повсеместно в евангелии от Иоанна и др.

М. Б. Мейлах.

ШЁША, в индуистской мифологии тысячеголовый змей, который поддерживает землю и служит ложем для *Вишну*, когда тот спит в океане в интервалах между творениями мира. В конце каждой *кальпы* Ш. извергает ядовитый огонь, уничтожающий вселенную. Постоянный эпитет Ш.— Ананта («бесконечный»), и под этим именем он является символом бесконечности. В ряде мифов Ш. рассматривается как эманация или часть (анша) *самого* Вишну; в свою очередь, старший брат *Кришны* — Баларама, в котором частично воплотился Вишну, почитается инкарнацией Ш. После смерти Баларамы Ш. покинул его тело и ушёл под землю (Мбх. I 67, 152; XVI 4, 13 и др.). Ш.— царь змей, или *нагов*, живущих в подземном мире (*патала*). Другие цари нагов (Такшака, Васуки) либо его братья, либо идентифицируются с ним. В мифе о пахтанье океана (см. в ст. *Амрита*) боги с помощью Ш. вырвали из земли гору *Мандару*, а затем использовали её как мутовку, обмотав вокруг неё Ш. (или Васуки) в качестве верёвки. Ш. изображается в пурпурном одеянии, с белым ожерельем вокруг шеи, в одной руке он держит мутовку, а в другой —

плуг (атрибут Баларамы). По народным поверьям, землетрясения вызываются зевотой Ш.   *П. Г.*

ШИБАЛЬБА́ («исчезающее»), в мифах киче подземный мир, а также обозначение богов преисподней. Ш. представлялась многослойной, вероятнее всего, она насчитывала девять слоёв или этажей; вход находился на земной поверхности. У киче сохранился миф о путешествии божественных близнецов *Хун-Ахпу и Шбаланке* в Ш., где они победили её владык (см. *Вукуб-Каме*) и освободили своего отца и дядю.   *Р. К.*

ШИ́БЛЕ («гром»), у адыгов бог грома и молнии. С распространением христианства Ш. стал отождествляться с ветхозаветным *Илиёй* (Елá), под влиянием ислама — с аллахом. Погибнуть от молнии считалось милостью Ш.; покойника не оплакивали, к нему относились как к святому и хоронили с большими почестями; чтили и могилы убитых молнией.   *М. М.*

ШИ́ВА (др.-инд., «благой», «приносящий счастье»), в индуистской мифологии один из верховных богов, входящий вместе с *Брахмой* и *Вишну* в т. н. божественную триаду (*тримурти*). В качестве самостоятельного божества Ш. был включён в пантеон сравнительно поздно (ок. 200 до н. э.), однако истоки его культа уходят в глубокую древность. На печатях, найденных при раскопках городов долины Инда (3—2-е тысяч. до н. э.), имеется изображение трёхликого и рогатого божества, окружённого зверями, в котором можно усмотреть прототип Ш. в его функции «хозяина животных» (Пашупати). Многие атрибуты Ш. были присущи ведийскому *Рудре*; в дальнейшем один из эвфемистических эпитетов Рудры — Ш. стал основным именем бога, и, наоборот, его былое имя Рудра — эпитетом. О позднем и не вполне органичном вхождении Ш. в индуистский пантеон рассказывает миф о жертвоприношении *Дакши*. Согласно одной из версий этого мифа (Мбх. XII 283—4; Ваю-пур. 30; Вишну-пур. I 8, и др.), Ш. первоначально был отстранён от жертвоприношения богов, но однажды, не приглашённый на жертвоприношение Дакши, в гневе уничтожил жертву и согласился восстановить её лишь после того, как ему была обещана в ней постоянная доля. В процессе длительной ассимиляции в Ш. были синтезированы черты различных арийских и неарийских богов с их собственными культами и функциями. Эти черты иногда противоречиво переплетаются в образе Ш. и отражены в его эпитетах. Ш.— «яростный» (Угра) и «милостивый» (Шамбху), воплощение времени (Кала) и водной стихии (Джаламурти); ему приносят человеческие жертвы (Мбх. II 20), и он — истребитель демонов, уничтоживший одной стрелой крепость *асуров* — Трипуру (Шат.-бр. III 4, 4; Мбх. VIII 24; Матсья-пур. 125, 40; Шива-пур. II 5). Вместе с тем для своих адептов-шиваитов, представляющих одно из двух главных направлений в индуизме, Ш.— высшее существо, олицетворяющее созидающие и разрушающие силы в универсуме: Махадева («великий бог»), Махешвара («великий господин»), Бхава («сущее») и т. п.

Воплощением космической энергии Ш., регулирующей мировой порядок, является его оргиастический танец — «тандава», который Ш. в качестве Натараджи («царя танца») исполняет вместе со своей женой *Деви* на теле убитого им *асуры* Апасмары (ср. дионисийский культ). Согласно одному из пуранических мифов, змей *Шеша* покинул Вишну и много лет совершал покаяние, чтобы быть допущенным к танцу Ш. По другому мифу, Ш. покорил своим танцем 10 000 враждебных ему аскетов. Те вначале пытались ему противиться и сотворили свирепого тигра, бросившегося на Ш., но Ш. содрал с него шкуру и сделал из неё для себя накидку; они наслали на него змею и антилопу, но Ш. надел змею на шею, как ожерелье, а антилопу навечно зажал в своей левой руке. Аскеты, а за ними и все боги признали над собой власть Ш. Представление о созидающей энергии Ш. воплощено в его основном символе — *линге*-фаллосе. Изображения линги в виде каменной колонны, покоящейся на *йони* — женском символе, распространены по всей Индии и являются главным объектом культа Ш. В «Махабхарате» (XIII 14, 33) мудрец Упаманью говорит, что знак творения — не лотос (эмблема *Лакшми*), не диск (Вишну), не ваджра (Индра), но линга и йони, и потому Ш.— верховный бог и творец мира. Согласно другому мифу, во время спора Брахмы и Вишну, кого из них почитать творцом, перед ними вдруг возник пылающий линга необозримой величины. Пытаясь найти его начало и конец, Вишну в виде кабана спустился под землю, а Брахма в виде гуся взлетел в небо, но оба не достигли цели. Тогда они признали Ш. величайшим из богов (Линга-пур. I 17; Шива-пур. II 5; Ваю-пур. 55, 21—61). Сходный аспект культа Ш. отражён также в представлении о нём как о двуполом существе — Ардханаришваре, с правой — мужской и левой — женской половинами (Матсья-пур. 260, 1—10, и др.).

Будучи богом-созидателем, Ш.— одновременно и бог-разрушитель; в частности в этой функции он по преимуществу выступает в верховной индуистской триаде, где ему отведена роль уничтожителя мира и богов в конце каждой *кальпы*. С этим связаны многие устрашающие черты облика и культа Ш. Свиту Ш. составляют праматхи («мучители»), *бхуты, веталы* и *пишачи* — злые духи и оборотни, живущие на кладбищах и питающиеся человеческим мясом. Ещё более грозны существа, представляющие собой эманации духа Ш.: тысячеголовый и тысячерукий Вирабхадра, исторгнутый изо рта Ш. ради разрушения жертвоприношения Дакши; имеющий львиную голову Киртимукха, рождённый гневом Ш. для уничтожения *Раху*; Бхайрава («ужасный») — чудовище с гигантскими клыками, опоясанное черепами и змеями, которое Ш. сотворил из своего лба, чтобы отомстить Брахме. По одному из мифов, Ш., разгневавшись на Брахму, отсек у него пятую голову, но за это был осуждён на вечный аскетизм. В качестве «великого аскета» (Махайогина) Ш. изображается голым, с телом, покрытым золой, со вставшими копной волосами, с серьгами из змей и ожерельем из черепов, сидящим на тигровой шкуре и погружённым в глубокую медитацию.

Посредине лба Ш.— третий глаз, который появился у него, когда жена Ш. *Парвати*, подойдя к нему сзади, закрыла ладонями два других глаза. Этот глаз Ш. особенно губителен: его пламенем он сжёг бога любви *Каму*, когда тот пытался отвлечь его от аскетических подвигов. Волосы Ш. украшает серп месяца, и сквозь них протекает река *Ганга*, которую Ш., когда она падала с неба, подхватил себе на голову, чтобы тяжестью своих вод она не разрушила землю. С тех пор как Ш. во время пахтанья богами океана выпил яд калакуту, способный отравить и сжечь вселенную, его шея — синего цвета, а тело окружено огненным полукружьем. На многих изображениях Ш. у него пять (или четыре) лиц и четыре руки. В руках он держит трезубец (тришул), маленький барабан в форме песочных часов (дамару), боевой топор или дубинку с черепом у основания (кхатвангу), лук (аджагаву), сеть (пашу), антилопу и т. д. Со своей женой, имеющей множество имён и ипостасей (*Деви, Парвати, Дурга, Кали, Ума* и др.), Ш. живёт на вершине *Кайласы*. У него два сына: бог войны *Сканда* и предводитель его свиты (ганы) слоноподобный бог *Ганеша*. Ездовое животное (вахана) Ш. и его постоянный помощник — бык *Нандин*. В пуранах перечисляются 1008 имён, или эпитетов, Ш. Помимо названных ранее, среди них наиболее известны: Бхутешвара («господин бхутов»), Вишванатха («владыка всего»), Гангадхара («носящий Гангу»), Гириша («властитель гор»), Джатадхара («носящий копну (волос)»], Ишана («властитель»), Ишвара («господин»), Капаламалин («с гирляндой из черепов»), Махеша («великий владыка»), Нилакантха («с синей шеей»), Панчанана («пятиликий»), Стхану («твёрдый»), Трилочана («трёхглазый»), Чандрашехара («увенчанный месяцем»), Хара («уносящий»), Шанкара («благодетельный») и др.   *П. Г.*

ШИВА-БУ́ДДА, синкретическое божество яванцев, сочетающее в себе аспекты *Шивы* (Махагуру, Бхайравы) и *Будды* махаянического пантеона (Акшобхья и др.). Ш.-Б. занял одно из центральных мест в доисламской религии индонезийских государств Сингосари и Маджапахита (Ява, 13—15 вв.) и был связан с культом царя-бога и предков династии. У яванцев в предысламское время (15—16 вв.) Ш.-Б. отождествлялся с *Батара Гуру*. *Г. Б.*

ШИДУРГУ́-ХАГА́Н, Шитыр тульгун-хан, в монгольских мифах тангутский государь, волшебник и знаток природных тайн (аналогичен *Цогтай-хану*). В сюжетах о *Чингисхане* Ш.-х.— его антагонист; причина конфликта между ними — посягательство Чингисхана, подстрекаемого приближёнными, на жену Ш.-х.— Гурбельджин-гоа («ящерица-краса»). Ш.-х. трудно победить: он владеет чудесной собакой, предсказывающей будущее и сообщающей о наступлении вражеских войск; границы его государства охраняет старуха-волшебница (её убивает Хасар, брат Чингисхана); Ш.-х. неуязвим и может быть убит известным лишь ему способом (с помощью пёстрого шнура, находящегося у него в подошве). Он — оборотень, принимающий в течение дня облик ядовитой жёлто-пёстрой змеи, рыже-пёстрого тигра и затем — прекрасного светловолосого юноши (только в этом облике он и уловим). Чингисхан вступает с ним в шаманский поединок, превращаясь соответственно в птицу *Гаруду*, во льва, в могучего старца (или в *Хормусту*), и побеждает. Ш.-х. пытается откупиться своими знаниями о природных тайнах: он поднимает на небосводе звезду *Цолмон*, чтобы никогда не было холодно, созвездие Мечин, чтобы не было голода (вариант: предлагает изловить Мечин, чтобы не было холодно, и Цолмон, чтобы не было войны); он готов поделиться умением находить воду в безводной пустыне. И, хотя он обучает добыванию огня, его тем не менее убивают. Доставшись победителю, Гурбельджин-гоа кончает с собой, бросившись в реку (вариант: перед самоубийством оскопляет Чингисхана щипцами, что и оказывается причиной его смерти).

Исторический прототип Ш.-х.— последний тангутский государь, умерщвлённый по распоряжению Чингисхана после разгрома тангутского государства Си-ся. Перед смертью его нарекли Шидургу («прямодушный, правдивый»). В процессе мифологизации он сближается с тибетским государем Сронцзан Гамбо (7 в.), канонизированным в центральноазиатском буддизме под монгольски Шидургу Толген Номун-хан («правдиво предугадывающий царь учения»). *С. Ю. Неклюдов.*

ШИЛО́НЕН («мать молодого маиса»), Шкани́ль («кукурузница» у киче), в мифах ацтеков богиня молодого маиса. Изображалась в виде девушки, одетой в жёлто-красное платье. Считалась покровительницей бедняков. *Р. К.*

ШИМИ́ГЕ, в хурритской мифологии бог солнца. Изображался с крылатым солнечным диском на головном уборе. Ш.— верховный судья над людьми. В сказке о боге солнца, корове и рыбачьей чете Ш. сочетается с коровой и рождает человека, этого младенца он посылает бездетному рыбаку; в сказке про *Аппу* Ш. также помогает бездетным супругам. В битвах богов стоит на стороне *Тешуба*. Ш. первым замечает чудовище *Улликумме* и сообщает о нём Тешубу («Песнь об Улликумме»), в мифе о Серебре приверженец *Кумарби* Серебро грозит Ш. и *Кужуху* смертью. Ш. соответствует Шамашу (*Уту*) в шумеро-аккадской мифологии, возможно, Шивини в урартской мифологии. Супруга Ш.— богиня аккадского происхождения Айя (супруга Шамаша). *М. Л. Хачикян.*

ШИ́НДЖЕ («владыка смерти»), в мифологии тибетского буддизма хозяин ада (см. *Яма*), он же Чойгиал, «царь закона», судья мёртвых; располагается в центре ада, держит в руках меч и лейчжи мелонг, «зеркало *кармы*», отражающее жизнь умершего; его помощники: 1. с бычьей головой, в чьих руках зеркало правды; 2. с мордой обезьяны, взвешивающий на весах добрые и злые дела в виде белых и чёрных шариков; 3. с мордой вепря, считающий на счётах добро и зло; 4. тигроголовый, пишущий на свитке приговор, которым определяется мера содеянного при жизни и определяется судьба и ад умершего. В поздней редакции разгневанного Ш., грозящего обезлюдить весь мир, усмиряет Шинджешед, «Убивающий владыку смерти» (см. *Ямантака*), гневная ипостась бодхисатвы *Манджушри*, в числе воплощений которого в Тибете был царь Тисрондецан и основатель школы гэлукпа Цзонхава (14—15 вв.). У тюркских и монгольских народов ему соответствует *Эрлик*. *Е. Д. Огнева.*

ШИ́ПЕ-ТО́ТЕК («наш вождь ободранный»), Тлатау́ки Тескатлипока («красный Тескатлипока»), Ицтапалько́тек («наш вождь плоского камня»), в мифах ацтеков божество, восходящее к древним божествам весенней растительности и посева. Ш.-Т. был связан как с весенним обновлением природы, так и со сбором урожая и с опьяняющим напитком октли. Чаще всего Ш.-Т. изображается в куртке из содранной человеческой кожи, зашнурованной на спине; от локтей свисают руки жертвы с растопыренными пальцами. На лице Ш.-Т. маска из человеческой кожи (характерны получающиеся из-за этого двойные губы), на голове — коническая шапка с двумя украшениями в виде ласточкина хвоста, в руках — фигурный жезл с погремушкой наверху и щит. У всех народов Центральной Америки существовал праздник с обрядом жертвоприношения Ш.-Т., на котором жрецы, облачившись в кожу принесённых в жертву людей, торжественно танцевали вместе с воинами, захватившими пленных.

Ш.-Т. был покровителем золотых дел мастеров. В процессе синкретизации Ш.-Т. частично слился с *Тескатлипокой* в виде его красной ипостаси. *Р. К.*

ШИППА́УН АЙА́УНГ, в мифологии качинов Бирмы божественный первопредок. В качестве местообитания Ш. А. качины называют гору Майаушинграпум, с которой стекают большие реки: Иравади, Малика и Нмайка. Непосредственно качины ведут своё происхождение от его внука Вакьетва, который был уже смертен. От других внуков Ш. А. пошли родственные племена, постепенно слившиеся с качинами. *Я. Ч.*

ШИУТЕКУ́ТЛИ (ацтекск., «владыка года»), в мифах индейцев Центральной Америки бог огня и вулканов. Культ Ш. и его изображения засвидетельствованы ещё в доольмекское время. Ш. был богом огня, как небесного, так и подземного, жестокого, всепожирающего, но одновременно и богом домашнего очага, о чём свидетельствуют его другие имена и ипостаси: Цонкастли («желтоволосый»), Куэцальцин («пламя»), Тота, «наш отец», *Уэуэтеотль*, Тлоке-Науаке, Тлальшиктеника («сидящий в пупе земли») и др. У ацтеков Ш. изображался с лицом, раскрашенным наполовину красной, наполовину чёрной краской, головное украшение составляли два тростника или бабочка, в руках у него или жезл и щит, или копал (курительная смола) и кадильница. На праздниках его статуя всегда приносилась последней, так как он стар и ходит очень медленно. *Р. К.*

ШИЭ́Р ШЭНСЯ́О-ШЭНЬ («духи животных 12-летнего цикла»), в поздней китайской народной мифологии духи годов 12-летнего животного цикла летосчисления. Счёт годов по 12-летним циклам появился в Китае, видимо, в весьма отдалённые времена. В «Книге гор и морей» упоминается потомок Янь-ди, сын *Хоу-ту* по имени Е-мин, «породивший годы числом 12». Впоследствии каждый из годов получил обозначение с помощью системы особых, т. н. циклических, знаков (шиэр чжи — «12 ветвей»): цзы, чоу, инь и т. д. (этими же знаками обозначалось и время суток, разделённое на 12 отрезков). Существовала также система счёта по «10 пням» («ши гань»), которая состояла из набора других 10 циклических знаков: цзя, и, бин, дин и т. д. Сочетанием знаков из этих двух рядов обозначали дни месяца и годы 60-летнего цикла (например, первый год 60-летнего цикла назывался Цзяцзы, т. е. «первый год цзы», и т. д.).

Можно предположить, что соотнесение 12-летнего цикла с животными было заимствовано китайцами от тюрко-монгольских племён сюнну (гунны), с которыми в эпоху Хань (3 в. до н. э.— 3 в. н. э.) они находились в непосредственном соседстве. (В ханьскую эпоху существовало представление о 12 духах в зверином облике, которых изображали во время магических плясок, но какие животные входили в это число неизвестно.) На заимствованный характер этой системы указывает, в частности, несовпадение символики включённых в неё животных с традиционными древнекитайскими представлениями: так западу соответствует не тигр (см. *Бай-ху*), а курица (петух) и т. п. К рубежу н. э. в Китае, видимо, сложились и различные, связанные с этими животными представления, в соответствии с которыми, например, человек, родившийся в год мыши, не должен был убивать мышей, родившийся в год курицы,— есть курятину и т. п. Особо широко эта система применялась гадателями, определявшими по особым таблицам, будет ли благополучной жизнь молодых людей, вступающих в брак. Так, например, юноша, родившийся в год мыши, не должен был жениться на девушке, родившейся в год тигра (допускались лишь нейтральные сочетания, вроде курица и заяц и т. п.).

Постепенно представления о животных, соответствующих годам 12-летнего цикла, трансформировались в представления о 12 божествах цикла, а общее движение китайской мифологии по пути антропоморфизации зооморфных персонажей привело к тому, что уже к эпохе Тан (7—10 вв.) появляются выразительные зооантропоморфные скульптуры Ш. ш., на которых все персонажи имеют человечьи тела, но звериные головы (погребальная скульптура 8 в. из пров. Шэньси). В средние века Ш. ш. получают и соответствующие человеческие имена и фамилии, напр. в энциклопедии Ван Ци «Сань цай тухуэй» («Собрание иллюстраций, рисующих небо, землю и человека», 16 в.). 12-летний животный цикл распространён не только у китайцев, но и у корейцев и у других народов Дальнего Востока и Центральной Азии. В Корее духи животного цикла назывались *Сибыджисин*. Везде цикл начинается с года мыши. Согласно китайскому мифологическому преданию (пров. Чжэцзян), счёт годов по животным установил *Юй-ди*.
В. Л. Рифтин.

ШКАЙ (морд.-мокшанск., «бог»), Ôцю шкай («великий бог»), Вя́рде шкай («высший бог», вярде, «верхний»), Шкабаваз (паваз, «бог»), в мордовской (мокша) мифологии высший бог, демиург. Имя Ш., возможно, родственно эрзянскому *Нишке*. Согласно мордовскому дуалистическому мифу, Ш. изначально обитал на камне (на лодке) в водах первичного океана; из его плевка в воде появился шайтан (тюрк. заимствование, см. *Шайтан*, более древний образ — птица), которому бог велел нырнуть на дно и достать земли (ср. *Нуми-Торума* и *Куль-отыра* у обских угров, удм. *Инмара* и *Керемета* и т. п.). Шайтан, принёсши земли, утаил кусок во рту, и когда по велению Ш. земля стала разрастаться на поверхности океана, часть земли стала разрывать голову шайтану. Тот выплюнул её, сотворив таким образом горы и неровности почвы. Ш. проклял шайтана, и тот стал вредить богу в деле творения: шайтан послал тучи на небо, но бог сотворил в них плодородный дождь, в горы вложил драгоценные металлы и т. д.

ШКАКА́У («подательница какао»), в мифах киче богиня — покровительница бобов какао; единственное божество какао у всех народов Центральной Америки.
Р. К.

ШОН ТИНЬ, в мифах вьетов горный дух (также и дух священной горы Танвиен). Сын *Лак Лаунг Куана*. Ш. Т. вместе с отцом и сорока девятью братьями отправился к морю и поселился в подводном царстве; однако жизнь там не пришлась ему по вкусу, и он вернулся в горы (обосновавшись на горе Танвиен). Ш. Т. вступает в борьбу с хозяином водной стихии *Тхюи Тинем* за невесту — принцессу Ми Ньонг, дочь государя Хунга. Тхюи Тинь устраивает потоп, пытаясь залить землю и горы. Однако Ш. Т. одерживает над ним победу. Образ Ш. Т. воплощает упорную многовековую борьбу вьетов с постоянно угрожающей им водной стихией.
Н. Н.

ШО́У-СИН («звезда долголетия», соответствует звезде Канопус в европейской астрономии), Наньцзи лаожэнь («старец Южного полюса», Наньдоу («Южный ковш»), в китайской мифологии божество долголетия, а также название самой звезды Ш. Появление этой звезды предвещает долгоденствие государю и стране, отсутствие её на небосводе — войны и бедствия. Храмы в честь Ш. появились в Китае ещё в древности.

Ш. был популярен в народе. У стоящего Ш. обычно в одной руке посох с привязанными к нему тыквой-горлянкой (символ процветания потомства) и бумажным свитком (символ долголетия), а в другой — персик (также символ долголетия).
Б. Р.

ШОЧИКЕЦА́ЛЬ («цветочное перо»), Се атль («один вода»), Масатео́тль («оленья богиня»), в мифах ацтеков богиня любви, плодородия, цветов, беременности, домашних дел. Ш. обычно изображалась в виде молодой женщины в клетчатой юбке, с двумя косами или двумя пучками перьев кецаля в волосах. Ш.— одна из позднейших ипостасей «богини с косами», поэтому мифы о ней очень разнообразны: она — первая женщина, пришедшая с Пильцинтекутли (см. *Тонатиу*) из земного рая *Тамоанчана*; в других источниках Ш.— супруга *Тлалока*, похищенная у него *Тескатлипокой*; супруга *Макуильшочитля* и *Шочипилли*. Испанские источники 16 в. сравнивают её с римской Венерой. У ацтеков Ш. считалась покровительницей жён, ткачей, любящих, художников, распутниц, скульпторов.
Р. К.

ШРА́ДДХА («вера»), в древнеиндийской мифологии божество, персонификация веры (ср. РВ X 151). С помощью Ш. возжигают огонь, совершают жертвоприношение, достигают богатства. Ш.— дочь солнца (Шат.-бр. XII 7, 3, 11) или *Праджапати* (Тайтт.-бр. II 3, 10, 1). В эпосе упоминается Ш.— дочь мудреца *Дакши*, жена бога *Дхармы* и мать *Камы*.
В. Т.

ШУ («пустота», «свет»), в египетской мифологии бог воздуха, разделяющий небо и землю. Обычно изображался человеком, стоящим на одном колене с поднятыми руками, которыми он поддерживает небо над землёй. Входит в гелиопольскую *эннеаду* богов, его отец — *Атум* (Ра-Атум), сестра и жена — *Тефнут*. Ба («душа») Ш.— *Хнум*. Дети Ш.: *Геб* — земля и *Нут* — небо; их он разъединил, подняв Нут наверх, а Геба оставив внизу. Спутник и защитник Атума-Ра, солнечный змеебыстрый. Согласно «Книге мёртвых», Ш.— один из судей над умершими. В мифе о возвращении Тефнут — солнечного Ока из Нубии Ш. вместе с *Тотом*, приняв облик павиана, пением и плясками заманивает её в Египет. Последующее вступление Тефнут в брак с Ш. предвещает весенний расцвет природы. Отождествлялся с *Онурисом*, в Куше — с *Аренснуписом*.
Р. Р.

ШУА́ЙБ, в мусульманской мифологии пророк; один из предшественников *Мухаммада*. Согласно Корану, Ш. был одним из мидианитов и проповедовал им и «тем, кто в роще» (ал-Айка) (26:176—189; 15:78; 38:12; 50:13). Он учил их не обольщаться сегодняшним благополучием, уверовать в аллаха, соблюдать правильной «меры и веса», не ходить по земле, «распространяя нечестие». Однако соплеменники сочли Ш. лжецом, «очарованным» и грозили побить каменьями и изгнать. В наказание за это их «постиг вопль, и оказались они наутро в своих жилищах павшими ниц, точно никогда там и не жили» (11:85—98; 7:83—91; 26:176—189; 29:35—36). Спасён был лишь Ш. и те немногие, кто уверовал вместе с ним.

Комментаторы пытались отождествлять Ш. с мидианитским тестем *Мусы*, упоминающимся в Коране (28:21—29).
М. П.

ШУКАМУ́НА, Шугаму́на, Шуму́, Шуга́б, в касситской мифологии бог земли, покровитель царской династии. Почитался также в Вавилонии, где отождествлялся с *Нергалом*, *Нуску* и одной из ипостасей *Мардука*. Возможно, почитался также как бог подземного огня. Ипостасью Ш., может быть, являлся Дур, олицетворявший силы плодородия (предположительно, также бог подземного мира). Существует мнение, что Ш. идентичен *Кашшу*. Супруга Ш. — *Шумалия*.

ШУ́КРА (др.-инд., «светлый»), в индуистской мифологии наставник и жрец *асуров*, сын *Бхригу*. Согласно «Махабхарате», асуры в войне с богами за господство над миром сначала брали верх, ибо не ведали смерти (благодаря искусству Ш. оживляя убитых). Чтобы выведать у Ш. его тайну, Кача, сын наставника богов *Брихаспати*, стал учеником Ш. Асуры убили Качу, изрубили его тело на части и бросили шакалам, но Ш. оживил Качу своим заклинанием. Тогда асуры сожгли Качу, растворили пепел в вине, а вино дали выпить Ш. На сей раз Ш. не мог воскресить Качу, не убив самого себя. Тем не менее он его воскресил, но вынужден был сообщить ему магическое заклинание, чтобы Кача, став живым, в свою очередь оживил Ш. Кача так и сделал, а затем передал заклинание богам. Ш. же запретил всем брахманам отныне пить вино (Мбх. I 71—72). Иная версия этого же мифа изложена в пуранах. По ней Ш., чтобы сделать асуров непобедимыми, совершил тысячелетнее подвижничество: висел вниз головой над жертвенным костром и вдыхал его дым. Когда подвижничество успешно завершилось, боги послали к Ш. дочь *Индры* Джаянти, чтобы она отвлекла и задержала его своей любовью, а тем временем к асурам в облике Ш. явился Брихаспати. Вскоре возвратился и сам Ш., но асуры провозгласили своим наставником не его, а мнимого Ш.— Брихаспати, и подвижничество Ш. оказалось бесплодным. Когда боги завладели миром, а асуры, соблазнённые Брихаспати, стали приверженцами лживых учений, под которыми компиляторы мифа имеют в виду буддизм и джайнизм (Падма-пур. V 13; Вишну-пур. IV 9, 1—22; Матсья-пур. 47 и др.). В мифах Ш. выступает также под именем Ушанас и Кавья («Сын Кави», т. е. Бхригу) и отождествляется с планетой Венера. Дочь Ш. Деваяни стала женой царя *Яяти*.
П. А. Гринцер.

ШУЛИКУ́НЫ, шилику́ны, шулюку́ны, шлику́ны (возможно, от др.-слав. шуй, «левый, плохой, нечистый» с двойным суффиксом «-ик-» и «-ун»), у северных русских сезонные демоны. Ш., связанные со стихией воды и огня, появляются в Сочельник из трубы (иногда на Игнатьев день 2 янв. нов. стиля) и уходят назад под воду на Крещенье. Бегают по улицам, часть с горячими углями на железной сковороде или железным калёным крюком в руках, к-рым они могут захватить людей («закрючить и сжечь»), либо ездят на конях, на тройках, на ступах или «калёных» печах. Ростом они нередко с кулачок, иногда побольше, могут иметь конские ноги и заострённую голову (ср. *Чёрт*), изо рта у них пылает огонь, носят белые самотканные кафтаны с кушаками и островерхие шапки. Ш. на Святки толкутся на перекрёстках дорог или около прорубей, встречаются и в лесу (отсюда формула пугания детей «Не ходи в лес — Ш. пылает»), дразнят пьяных, кружат их и толкают в грязь, не причиняя при этом большого вреда, но могут заманить в прорубь и утопить в реке. Кое-где Ш. носили в клеть прялку с куделью и веретеном, чтобы те напряли шёлку. Ш. способны утащить кудельку у ленивых прядильщиц, подкараулить и унести всё, что положено без благословения, забраться в дома и амбары и незаметно извести или своровать припасы. По вологодским представлениям, Ш. становятся проклятые или погубленные матерями младенцы. Живут Ш. нередко в заброшенных и пустых сараях, всегда артелями, но могут забраться и в избу (если хозяйка не оградится крестом из хлеба и т. п.) и тогда их выгнать трудно. На русском севере Ш.— также название святочных ряженых. Ш. родственны другим славянским демонам — караконджалам, кикиморам и демонам неславянских народов Поволжья и Сибири.
Н. И. Толстой.

ШУ́ЛМАСЫ, шу́мнасы, ши́мнусы, шо́лмосы (бурят.), шу́лмы (калм.), шулбы́сы, чулмы́сы (алтайск.), шулбу́сы, чулбу́сы (тувин.), чулме́ (хакас.), в мифах монгольских народов и саяно-алтайских тюрок злые духи, демоны. Этимология термина восходит к слову шимну — согдийская форма имени иранского божества Ангро-Майнью, при принятии согдийцами буддизма отождествлённого ими с демоном *Марой*; название шимну (шумну) вошло в буддийскую мифологию уйгуров, а затем — монголов. В ней фигурируют множество Ш., их царство, хан Ш. Прежде всего Ш.— демон-искуситель человека; он пытался отвратить от праведного пути Будду. По преданию, хан Ш., чтобы противостоять буддийской проповеди, изготавливает водку, а из утробной крови женщины-Ш. вырастает табак. Ш. способны принимать облик как женщин, так и мужчин. У калмыков наделяется как зооморфными чертами (козлиные ноги или борода, хвост верблюда вместо косы, голова лягушки), так и антропоморфными (принимает облик прекрасной девушки, угощающей путников отравленным питьём).

В монгольских мифах Ш. иногда выступает как неразмножающаяся, нестареющая и неумирающая ведьма, боящаяся козлов и колючек. Её магическая сила заключена в золотом волосе (у калмыков — в пучке волос на затылке, завладевший им человек вынуждает Ш. исполнять свои желания. Возможно, этот образ восходит к тибетской богине Ралчиеме из свиты *Лхамо* (монг. Охин-тенгри) — одноногой «женщине с пучком волос» (см. в ст. *Тхеуранг*). Ср. также *албасы*).

Генетически связанный с иранским божеством тьмы, Ш. (или хан Ш.) выступает как персонификация тёмного начала, противостоящего светлому, которое олицетворяет *Хормуста*. Иногда Ш. называются подручные *Эрлика*. В качестве демонов-губителей, выполняющих поручение богов, Ш. часто фигурируют в сказочно-эпических повествованиях. Нередко в них термины «Ш.» и «*мангус*» синонимичны, хотя в некоторых эпических традициях (в частности, южномонгольских) значение обоих терминов различно: Ш. именуется жена, дочь или мать мангуса.
С. Ю. Неклюдов.

ШУМАЛИ́Я, Шимали́я, Шиба́рру, в касситской мифологии богиня горных вершин, покровительница местности Намар (среднее течение реки Дияла). Почиталась также в Вавилонии. Супруга *Шукамуны*, покровительница царской династии. Предполагают, что Ш. идентична супруга *Кашшу* Кашшиту. Ряд исследователей приписывает Ш. индоевропейское происхождение, сближая с индийским божеством Хималай.

ШУНАХШЕ́ПА («собачий хвост»), в древнеиндийской мифологии мудрец и знаток жертвоприношений. Однажды царь Харишчандра просил *Варуну* даровать ему сына, которого он по обету принесёт Варуне в жертву. Когда же сын (по имени Рохита) родился, царь всё время откладывал срок жертвоприношения. Подросши, Рохита скрылся в лесах, где вёл подвижническую жизнь. За нарушение обета Варуна наслал на царя водянку. Несколько раз Рохита пытался вернуться к отцу, чтобы помочь ему, но *Индра* не позволял ему сделать это. Встретив однажды в лесу брахмана Аджигарту («голодающий», в «Рамаяне» — Ричика), Рохита попросил его отдать ему одного из троих сыновей, чтобы принести в жертву Варуне. За это брахману, томившемуся голодом, было обещано сто коров. К жертвоприношению был назначен средний сын брахмана — Ш., которого привязали к жертвенному столбу. Однако жрец отказался совершить заклание, и сделать это должен был сам Аджигарта. «Они хотят заклать меня, будто я не человек»,— сетовал Ш. Потом по совету риши Вишвамитры он воззвал с мольбой о помощи к *Ушас*, путы с него спали, и он был освобождён (одновременно и Харишчандра излечился от водянки).
В. Т.

ШУНЬ, в древнекитайской мифологии один из мудрых идеальных правителей (наряду с *Яо*). Мать Ш. зачала его, увидев на небе большую радугу (поскольку радуга ассоциировалась с драконом, можно предполагать типичный для китайской мифологии мотив чудесного зачатия героя от дракона). Ш. представлялся в виде горбатого человека с чёрным цветом кожи, большим лбом и особой драконовой метой посередине лба — характерным знаком большинства древних правителей, подчёркивающим их связь с тотемом. Его прозвище Чунхуа («двойной блеск», «двойное цветение») или Чунмин («двойная ясность», «двойной свет») связано с наличием у Ш. двух зрачков в каждом глазу (ср. птицу *чунмин*), что, возможно, свидетельствует о существовании в древности представления о птичьей ипостаси Ш. В древних памятниках он часто называется Юй Ш. (юй «ведающий угодьями» или «ведающий горами и болотами»); в этом эпитете зафиксировано, как предполагается, наиболее древнее представление о Ш. как охотнике. В стадиально поздних версиях Ш. представлялся, видимо, земледельцем (на поздних народных картинах он изображается пашущим на слоне), примерно в 6—4 вв. до н. э. Ш. приобретает черты идеального в конфуцианском смысле правителя «золотого века» древности.

Ш. являл собой образец сыновнего благочестия. Со временем Ш. ушёл из дома и занимался земледелием, рыболовством, а затем гончарным ремеслом. Слух о добродетельном Ш. дошёл до правителя Яо, и тот вознамерился уступить ему свой престол, но прежде решил испытать Ш., отдав ему в жёны двух своих дочерей. Сводный брат Ш. — Сян («слон») задумал погубить Ш., чтобы завладеть его красавицами-жёнами и всем имуществом, полученным Ш. от Яо. Отец велел Ш. починить крышу амбара, а Сян и родители подожгли строение, но Ш. из двух соломенных шляп смастерил крылья и, подобно птице, спустился вниз. Сян пытался погубить брата и другими способами, но тот с помощью своих жён, владевших магией, или благодаря помощи чудесных сил каждый раз оставался жив, и ещё не держал злобу на брата, мачеху и послушного ей отца. Ш. приписывается усмирение четырёх мифических злодеев (Сы сюн) — Хуньдуня, Цюнци, Таоу и Таоте (Ш. сослал их в отдалённые окраинные земли, повелев им охранять границы от призраков и бесов, нападавших на людей), а также распространение правил почтительного поведения. Только после успешного завершения всех этих деяний Яо уступил престол Ш. Ш. умер, пробыв на престоле 39 лет. Останки Ш. похоронили в местности Цанъу на горе, получившей название Цзюишань («гора девяти сомнений»), где люди часто сбивались с пути и где водились двуглавые змеи *вэйшэ*. Однако в архаических текстах («Книга гор и морей», 4—2 вв. до н. э.) говорится о другой жене Ш. по имени Дэнби-ши, которая родила дочерей Сяомин («Ночной свет») и Чжучуан («Свет свечи»), которые освещали всё на сотню ли (0,5 км), что наводит на мысль о первоначальном представлении о Ш. как о небесном божестве.

Б. Л. Рифтин.

ШУРАЛЕ́, шурали́, урма́н ияси́, у казанских татар и башкир (шура́ли, ярымты́к) дух леса, леший. Термин «Ш.», видимо, восходит к древнему названию божества, близкого образу духа почитаемого предка щур (чур) в славянской мифологии. У татар представляется в образе волосатого мужчины с рогом на лбу или голой женщины с длинными грудями, закинутыми, как и у *албасты*, за плечи назад (в обоих обликах имеет очень длинные руки с длинными пальцами, нередко — только тремя); у башкир — часто также человекоподобным существом с одним глазом во лбу, на одной ноге, иногда — бревном. Ш. занимается охотой, любит ездить на лошадях, имеет жён и детей. Ряд башкирских преданий говорит о происхождении отдельных родов (в частности, группы «шайтан-кудей») от брака человека с женой или дочерью Ш. В одном лесу могут жить несколько Ш. Шурале сбивает людей с пути, заманивая в чащу, может защекотать до смерти. Боится воды: считалось, чтобы спастись от него, надо перескочить через ручей. Ш. можно поймать, уговорив засунуть палец в расщеплённое дерево, а затем выдернув клин. У татар-мишарей Ш. — разновидность злых духов-*пиров*. У других тюркоязычных народов Ш. соответствуют *арсури* у чувашей, *пицен* у западносибирских татар. Термин «Ш.» в различных вариантах распространён среди народов Урало-Поволжья.

В. Б.

ШУ́ШНА (от «шус» — «сохнуть», «сушить»), в древнеиндийской мифологии демон засухи, побеждённый *Индрой*, один из *daca* или *асуров*. Ш. представляли рогатым (РВ I 33, 12) змеем-пожирателем, шипящим (I 54, 5), откладывающим яйца (VIII 40, 10—11). Один из его эпитетов — «вызывающий плохой урожай».

В. Т.

ШЭНЬ, в древнекитайской мифологии и космологии особая категория, в известной мере соответствующая понятиям «дух», «божество», «душа». Под Ш. подразумевались и небесные духи, противопоставляемые злым духам, бесам — *гуй*, и некое одухотворяющее начало, управляющее каждым живым существом. Существовали жертвоприношения небесным духам: тянь-шэнь, считалось, что т. о. приносятся жертвы *У-ди*, а также солнцу, луне и звёздам. Термин «Ш.» означает также светлая (ян) душа человека (хунь), противопоставляемая тёмной (инь; см. *Инь и ян*) душе (по). В средневековых текстах можно найти рассуждения также о наличии Ш. как особого типа «жизненной силы» в каждом из внутренних органов человека [и особо — в сердце, Ш., которая представлялась в виде красной птицы (*Чжуняо*)]. Согласно учению о первоэлементах, Ш. связана с огнём; поэтому Ш. в небе является жаркая погода, на земле — огонь. В поздней народной мифологии Ш. — обычно просто добрые духи, божества.

Б. Р.

ШЭНЬ-НУН («божественный земледелец»), в древнекитайской мифологии один из центральных культурных героев, с именем которого связывается начало земледелия, мудрый правитель. Образ его, видимо, ещё на весьма ранней стадии контаминировался с образом *Янь-ди*. По преданию, мать Ш. — Нюйдэн зачала его после того, как увидела чудесного дракона. Представляется, что Ш. имел такой же облик, как и другие мифические первопредки (*Нюйва, Фуси*), — змеиное тело, человечье лицо, бычью голову (что связано с его функцией бога земледелия) и нос тигра. Считается, что Ш. зелёного цвета (цвет растительности). Когда Ш. родился, в земле сами собой появились 9 колодцев. При нём с неба выпало дождём просо, и Ш. тут же стал пахать землю и сеять его. Ему же приписывается изобретение сельскохозяйственных орудий.

Ш. считают первым «фармакологом». Он ходил с красным кнутом и стегал травы, определяя их целебные свойства, вкусовые качества. У него был специальный треножник, на котором готовились целебные отвары. Жители Байминьго («царство белых людей») поднесли Ш. животное яошоу («лекарственный зверь»). Когда кто-нибудь заболевал, стоило только погладить зверя по спине и сказать ему об этом, как он тут же мчался в поля и приносил в зубах нужную для исцеления траву. Однажды Ш. проглотил стоножку, каждая нога которой превратилась в червя, и умер.

С Ш. связывается также начало торговли (он устроил первые меновые базары). В поздней народной мифологии Ш. — один из *сань хуан* — покровителей медицины. Иногда он именуется *Яо-ван* («царь лекарств»). Ш. также название чудесной травы, растущей на горе Чаншань, которая, если её положить в дверях, каждую ночь будет орать на людей.

В. Л. Рифтин.

ЭА́ГР, в греческой мифологии бог одноимённой реки во Фракии, супруг музы Каллиопы и отец Орфея и Лина (Apollod. I 3, 2). *А. Т.-Г.*

ЭА́К, в греческой мифологии сын *Зевса* и речной нимфы *Эгины*. От дочери *Скирона* Э. имел сыновей *Пелея* и *Теламона*, от нереиды Псамафы — сына Фока. Среди греков Э. слыл самым справедливым и благочестивым, поэтому во время долгой засухи, поразившей Элладу, посланцы со всех концов страны прибыли к Э., чтобы он попросил у Зевса дождя. Зевс внял мольбам сына. В святилище Э. на Эгине ещё во 2 в. до н. э. находилась картина, изображающая посольство греков к Э. Вместе с Аполлоном и Посейдоном Э. строил стены Трои для царя *Лаомедонта* (Pind. Ol. VIII 31 след.). Согласно версии, восходящей к Платону («Горгий», 523 e), Э. после смерти был за свою справедливость сделан одним из трёх (вместе с Миносом и Радамантом) судей в подземном царстве (гомеровский эпос знает в загробном мире только одного судью — Радаманфа).

По происхождению Э. является местным эгинским героем, и присоединение к нему на родственных правах саламинского героя Теламона указывает на стремление эгинетов в историческую эпоху обосновать своё право на остров Саламин. *В. Я.*

ЭБИ́СУ, в японской мифологии один из *«семи богов счастья»*. Первоначально Э. поклонялись в рыбацких посёлках как божеству богатого улова. С дальнейшим распространением культа Э. его стали почитать как бога, способствующего процветанию торговли. Изображался в охотничьей одежде, с удилищем в правой руке, с рыбой, прикреплённой к левому боку. Отождествлялся (под именем Хируко) с третьим сыном *Идзанаки* и *Идзанами*. *А. И.*

ЭВА́ДНА, в греческой мифологии супруга *Капанея*. Э. не захотела пережить смерть мужа и бросилась в его погребальный костёр. Этот мотив, впервые обработанный Еврипидом (Suppl. 980—1075), затем многократно использовался античными авторами как образец супружеской верности. Сыном Капанея и Э. был Сфенел, который участвовал в Троянской войне. *В. Я.*

ЭВА́НДР, в римской мифологии внук или сын аркадского царя Палланта (вариант: Гермеса) и Никостраты (вариант: *Карменты*). Убив его по наущению матери, бежал со своими спутниками в Италию и, изгнав аборигенов или получив от их царя Фавна землю, по совету Карменты построил укреплённый город на холме, названном им Палаттином то ли в честь отца, то ли в честь дочери Паланты, соблазнённой Геркулесом и там погребённой. Ввёл культы аркадского Пана под именем Фавна, Карменты, Цереры, Конного Нептуна, Виктории, Геркулеса Непобедимого (Dion. Halic. I 33; 40, 2; Serv. Verg. Aen. VIII 296). Принимал у себя Геркулеса и *Энея*, которому предсказал великую судьбу Рима (Serv. Verg. Aen. VIII 51; 157; 282; 343—345). Став союзником Энея в войне с вождём местного племени рутулов Турном, Э. дал ему отряд под командой своего сына Палланта, павшего в бою. Э. был посвящён алтарь у Авентина, где ему ежегодно приносились жертвы (Dion. Halic. I 31). *Е. Ш.*

ЭВ БЕКЧИСИ́, у турок злой дух, домовой. Людям показывается в облике змеи либо уродливого чернокожего человека со свисающей до живота нижней губой, горящими как уголья большими глазами, спутанными волосами, спускающимися до пят. По поверьям, Э. б. обитают также в заброшенных строениях. В мифологических представлениях других тюркоязычных народов образ домового имеется у татар (*ой иясе, йорт иясе*), башкир (*ой эйяхе*), карачаевцев (*юй иеси*), чувашей (*херт-сурт*), якутов. *В. Б.*

ЭВБУЛЕ́Й, Е в б у л е́ й, в греческой мифологии: 1) брат *Триптолема* и сын жреца Деметры Трохила, бежавшего из Аргоса в Аттику. По другой версии, Э. и Триптолем — сыновья Дисавла, получившие от Деметры семена для посева в благодарность за их сообщение об участи Персефоны. Как и Триптолем, Эвбулей связан с элевсинскими мистериями (Paus. I 14, 2—3); 2) пастух, часть стада которого была поглощена землёй, когда Аид похитил Персефону. В память этого события в Беотии около Потний у рощи Деметры и Персефоны Э. приносят поросят, пряча их под землю и полагая, что через год они появляются на свет в Додоне (Paus. IX 8, 1); вероятно, речь идёт об отождествлении Э.-пастуха и Аида, носящего эпитет Э. *А. Т.-Г.*

ЭВМЕ́Й, Е в м е́ й, в греческой мифологии (в «Одиссее») старший свинопас, один из немногих слуг, сохранивших верность *Одиссею* во время его отсутствия. К нему в отдалённый от города дом направился по совету Афины Одиссей, вернувшись на родину. Похищенный в детстве пиратами и проданный ими *Лаэрту*, Э. рос при царском доме и был назначен *Антиклеей* смотрителем свиных стад. Э. проводил странника в город; в день состязания женихов *Пенелопы* в стрельбе из лука Одиссей открылся Э., и тот помог в расправе с женихами. *В. Я.*

ЭВМО́ЛП, Е в м о́ л п, в греческой мифологии фракийский царь, сын Посейдона и *Хионы* (Paus. I 38, 2; Apollod. III 15, 4), пришедший на помощь Элевсину в войне с Афинами. Э. остался в Элевсине (Paus. II 14, 3) и считался основателем элевсинских мистерий (в историческое время в Элевсине существовал жреческий род Эвмолпидов). По версии Гигина, Э. был убит афинянами в этой войне, после чего Посейдон потребовал от Зевса убить молнией их царя Эрехфея (Hyg. Fab. 46). От Э. получил очищение Геракл после убийства им кентавров (Apollod. II 5, 12). Э. считался известным певцом (Hyg. Fab. 273, ср. его имя «прекрасное пение»), отцом или сыном певца Мусея. *А. Т.-Г.*

ЭВР, Е в р, в греческой мифологии божество юго-восточного ветра. В то время как другие ветры — дети Астрея и Эос, происхождение Э. неясно. Э. часто наносит вред кораблям, вместе с Нотом или Зефиром вызывая бури (Hom. Il. II 145 след.; Verg. Aen. I 131—135). Образ Э. лишён антропоморфизма. *А. Т.-Г.*

ЭВРИÁЛ, в греческой мифологии: 1) сын Мекистея, правнук Бианта (Apollod. I 9, 13), участник Троянской войны. Прибыл под Трою на аргосских кораблях под предводительством Диомеда. Искусный кулачный боец (Hom. Il. II 559—568; VI 20—28; XXIII 676 след.; Apollod. I 9, 16). В вариантах мифов Э. является участником похода аргонавтов (Apollod. I 9, 16), а также похода эпигонов против Фив под предводительством Алкмеона (Apollod. III 7, 2); 2) сын Мелана. Э. вместе с братьями был убит *Тидеем* за то, что злоумышлял против отца Тидея Ойнея (Apollod. I 8, 5); 3) сын Одиссея и Эвиппы (дочери эпирского царя Тиримма). Согласно послегомеровскому мифу, Одиссей, убив женихов Пенелопы, отправился в Эпир для того, чтобы очиститься от убийства, где сошёлся с Эвиппой. Э. родился уже после отъезда Одиссея из Эпира. Когда юноша возмужал, мать послала его на остров Итака, снабдив письмом к отцу. Однако, когда Э. прибыл, Одиссей отсутствовал, а мучимая ревностью Пенелопа сказала возвратившемуся мужу, что юноша подослан, чтобы умертвить его. Разгневанный Одиссей убил Э. (Parthen. III — по недошедшему «Эвриалу» Софокла); вариант: Э. убил Телемах (Eustath. ad Hom. Od. XVI 118 след.); 4) спутник Энея, прекрасный юноша, известный своей дружбой с Нисом. Был убит в битве с рутулами (Verg. Aen. IX 179 след.).

М. Б.

ЭВРИДИ́КА, в греческой мифологии: 1) жена фракийского певца *Орфея*. Однажды, когда Э. с подругами-нимфами водила хороводы в лесу, её ужалила змея и Э. умерла. Чтобы вернуть любимую жену, Орфей спустился в аид. Звуками своей лиры он укротил Кербера и растрогал Аида и Персефону, которые разрешили Орфею вывести Э. на землю при условии, что он не взглянет на неё прежде, чем придёт в свой дом. Орфей нарушил запрет и навсегда потерял Э. (Apollod. I 3, 2; Verg. Georg. IV 454—527; Ovid. Met. X 1—77); 2) дочь Адраста, супруга Ила, мать царя Трои Лаомедонта (Apollod. III 12, 3); 3) одна из пятидесяти дочерей Даная (Apollod. II 1, 5); 4) дочь Лакедемона и Спарты, супруга аргосского царя Акрисия, мать Данаи (Apollod. II 2, 2; III 10, 3); 5) жена царя Немеи Ликурга, мать Офелета (Архемора), в честь которого были учреждены Немейские игры (Apollod. I 9, 14; III 6, 4); 6) жена фиванского царя Креонта (Soph. Antig. 1180 след.).

М. Б.

ЭВРИНО́М, в греческой мифологии один из демонов подземного царства, съедавший мясо мертвецов и оставлявший нетронутым скелет. Изображался в виде оскалившегося чудовища цвета мясной мухи, оседлавшего распластанного коршуна (Paus. X 28, 4).

Г. Г.

ЭВРИНО́МА, в греческой мифологии дочь Океана (Hes. Theog. 358), царившая на Олимпе вместе с *Офионом*, пока власть не захватили Кронос и Рея, низвергшие Э. и Офиона в тартар (океан, Apoll. Rhod. I 503—507). Э. родила от Зевса харит, также Асопа (по одной из версий, Apollod. III 12, 6).

Г. Г.

ЭВРИПИ́Л, Е в р и п и́л, в греческой мифологии: 1) царь Орменион в Фессалии, один из храбрейших участников Троянской войны, приведший под Трою 40 кораблей (Apollod. III 10, 8; epit. III 14). Э. сразил многих троянских героев, но был ранен Парисом (Hom. Il. II 735 след.; V 75 след.; XI 575 след.); рану Э. излечил Патрокл (Hom. Il. XV 390 след.); 2) царь острова Кос, сын Посейдона и Астипалеи. Убит Гераклом, возвращавшимся морем из-под Трои (Hom. Il. II 677 след.; Apollod. II 7, 1); 3) сын мисийского царя Телефа и Астиохи, сестры Приама (Hom. Od. XI 519), союзник троянцев, приведший на помощь Приаму большое войско мисийцев. При падении Трои был убит сыном Ахилла Неоптолемом (Apollod. epit. V 12; Hyg. Fab. 112); 4) сын одного из Гераклидов Темена (Apollod. II 8, 5).

М. Б.

ЭВРИСФЕ́Й, в греческой мифологии царь Тиринфа и Микен, правнук Зевса, внук Персея, сын Сфенела и Никиппы, родившийся раньше *Геракла* и получивший поэтому власть над Микенами и соседними народами. Геракл, выполняя приказы Э., совершил свои двенадцать подвигов. После того как Геракл вознёсся на Олимп, Э. стал преследовать его мать *Алкмену* и сыновей Геракла *Гераклидов*; в завязавшейся битве Э. и его сыновья (Александр, Ифимедонт, Эврибий, Ментор и Перимед) были убиты (Apollod. II 8, 1).

М. Б.

ЭВРИ́Т, в греческой мифологии: 1) один из *гигантов*; 2) отец *Иолы* и *Ифита*; 3) сын Гермеса, участник похода аргонавтов (Apollod. I 9, 16); 4) сын Актора (вариант: Посейдона) и Молионы, один из Молионидов — племянников царя *Авгия*. Э. и его брат-близнец Ктеат сражались с Гераклом и были им убиты (Apollod. II 7, 2); 5) один из сыновей Гиппокоонта, захватившего власть в Лакедемоне. Вместе с отцом и братьями Э. был убит Гераклом (Apollod. III 10, 5).

М. Б.

ЭВТÉРПА, в греческой мифологии одна из муз, дочь Зевса и Мнемосины (Hes. Theog. 77), покровительница лирической поэзии. Изображается с двойной флейтой. От Э. и бога реки Стримон родился *Рес* (Apollod. I 3, 4).

А. Т.-Г.

ЭГÉЙ, в греческой мифологии афинский царь, сын *Пандиона* и отец *Тесея*. После смерти Пандиона его сыновья отправились походом на Афины, чтобы изгнать оттуда сыновей Метиона, в своё время удаливших из Афин их отца. Верховная власть в Афинах досталась Э. Однако он ни от одной из двух жён не имел наследников и, опасаясь своих братьев, отправился к пифии узнать свою судьбу. Загадочные слова оракула были поняты мудрым царём Питфеем, у которого в Трезенах остановился Э. Напоив гостя, Питфей уложил его спать вместе со своей дочерью Эфрой, к которой в эту же ночь сошёл сам Посейдон. Таким образом сын Эфры и Э. — Тесей оказался одновременно и сыном бога. Уйдя в Афины, Э. положил под камень меч и сандалии, которые, возмужав, должен был добыть его сын. У Э. в Афинах нашла приют *Медея*, родившая Э. сына Меда. Когда неожиданно появился Тесей, Медея решила его отравить, но Э. узнал сына по рукоятке его меча. Ожидая Тесея с Крита, где тот должен был убить чудовищного Минотавра, Э. условился с сыном, что в случае победы он вернётся домой под белыми парусами. Когда Э. увидел корабль Тесея под чёрными парусами (в спешке Тесей забыл переменить паруса), он с горя бросился в море, названное поэтому Эгейским (Apollod. epit. I 10).

А. Т.-Г.

ЭГÉРИЯ, в римской мифологии пророчица-нимфа ручья в посвящённой Карменте роще, из которого весталки черпали воду для храма Весты. Возлюбленная и наставница царя Нумы.

Е. Ш.

ЭГИÁЛА, в греческой мифологии дочь (или внучка) *Адраста*, жена *Диомеда* (Apollod. I 8, 6). В отсутствие Диомеда, который был занят то в войне с Фивами, то в Троянской войне, Э., долго хранившая ему верность, в конце концов нарушила свой супружеский долг с юным Кометом, сыном *Сфенела*. В мифах это объясняется либо вмешательством Афродиты, мстившей Диомеду за её ранение под Троей, либо местью Навплия за гибель сына *Паламеда* (Apollod. epit. VI 8—9).

В. Я.

ЭГИ́ДА, в греческой мифологии щит Зевса и Афины. По одному из вариантов мифа, Э. была изготовлена Афиной из шкуры порождённого Геей чудовища, напоминавшего Химеру (Diod. III 70; Tzetz. Schol. Lycophr. 335). По другому варианту, Э. была изготовлена Гефестом для Зевса (Hom. Il. XV 306—310) (в центре щита — изображение Фобоса или Горгоны). Потрясая Э. (уже это действие отождествлённой с грозовыми тучами: греч. aisso — потрясать, стремительно грянуть), Зевс наводит ужас на богов и людей. Народная этимология (Э.— козья шкура, Hesych.; Schol. Hom. Il. II 157) связывает Э. со шкурой козы *Амалфеи*, из которой Зевс изготовил себе щит. Добившись господства над людьми и богами, Э. отдал п. Афине (Ps.-Eratosth. 13). Слово Э. усвоено европейскими языками как имя нарицательное со значением «защита», «покровительство».

Г. Г.

ЭГИ́НА, в греческой мифологии дочь речного бога Асопа (река Асоп протекает на юге Беотии), по-

хищенная *Зевсом* и родившая ему *Эака*. Соединение Зевса с Э. античные источники локализовали на острове Эгина, который раньше якобы назывался Эноной.
В. Я.

ЭГИ́ПТ, Еги́пет, в греческой мифологии сын *Бела*, брат *Даная* и эпоним Египта. Отец 50 сыновей — Эгиптиад, которые силой взяли в жёны *Данаид* — дочерей Даная. В брачную ночь Данаиды убили своих преследователей (Apollod. II 1, 4); после этого Э. бежал в Ликию, где в Патрах показывали в историческое время его могилу (Paus. VII 21, 13).
А. Т.-Г.

ЭГИ́Р, в скандинавской мифологии морской великан (возможно, Гюмир, Хлер — другие имена Э.). Э. — муж Ран. В «Старшей Эдде» («Песнь о Хюмире», «Перебранка Локи») описывается пир богов у Э., который, по-видимому, имел ритуальный характер. В «Младшей Эдде» Э. упоминается как «гость богов». В ней Снорри Стурлусон разъясняет иносказание (кеннинг) «огонь Эгира» как золото (Э. освещал пиршественный зал блестящим золотом).
Е. М.

ЭГИ́СФ, в греческой мифологии сын *Фиеста*. По одной версии мифа, Э. — единственный из сыновей Фиеста, избежавший мести *Атрея*. По другой, — Э. явился плодом насилия, по неведению совершённого Фиестом над своей собственной дочерью Пелопией. Выданная вскоре замуж за овдовевшего Атрея, Пелопия велела подбросить новорождённого, который был выкормлен козой (отсюда имя Э. в объяснений имени от греч. корней слов «коза» и «сила») и воспитан пастухами. Впоследствии Э. обратил на себя внимание Атрея, был им усыновлён и получил приказ убить Фиеста, заключённого в темнице, для чего Атрей дал Э. меч, который, как оказалось, был вырван Пелопией в ночь насилия из ножен у Фиеста. По этому мечу Фиест опознал в Э. своего сына и велел привести к нему мать, после чего Пелопия закололась здесь же мечом Фиеста, а Э., узнав от отца о преступлениях Атрея и выждав удобный случай, убил Атрея (Hyg. Fab. 88). Когда власть в Микенах перешла в руки *Агамемнона* (сына Атрея), Э. должен был бежать, но после отправления греческого войска в поход под Трою вернулся в Микены, обольстил жену Агамемнона *Клитеместру* и по возвращении Агамемнона убил его (Hom. Od. 3, 248—275; 4, 524—537). После семи лет царствования Э. был убит вместе с Клитеместрой выросшим в изгнании *Орестом*, сыном Агамемнона.
В. Я.

ЭДА́О, в мифах микронезийцев Маршалловых островов культурный герой, трикстер, ловко дурачащий враждебных человеку духов. Распространённый сюжет: уход Э. от духа-людоеда, которому он оставляет вместо себя камень (варианты: рыбу, завёрнутую в листья, кусок циновки). Э. крадёт у злых духов для людей огонь, культурные растения, рыбу и рыболовные снасти. Э. — патрон татуировки; либо он первым из маршалльцев подвергся ей, либо хитростью вывел её тайны у духов.
М. С. П.

ЭДЗЕНЫ («хозяева»), э́дзеты, э́жены (бурят.); э́зены (калм.), ха́ны, ха́ты («государи»), но́йоны (ед. ч. нойон, «господин»), в низшей мифологии монгольских народов духи — хозяева определённой местности, ландшафтных объектов, жилищ, инвентаря; покровители различных видов деятельности человека (ср. хозяин зе) В «Сокровенном сказании» (13 в.) Э. — владыки земли и воды (Гадзар усуно эдзет хат); ср. тюрк. *йер-су*. Позднее Э. обозначают тибетскими терминами: *сабдаг*, шибдаг («владыка земли», «владыка местности»), дебджит («благоподатель»). В монгольских шаманских призываниях перечисляются Э. отдельных скал, рек, болот; упоминаются «восемь родов Э.», 24 Э., 49 Э., а наряду с ними «Государь земля-вода» (хан Гадзар усун), являющийся либо обобщённым образом ландшафтных духов, либо их главой. Ряд локальных Э. чтутся как общемонгольские (например, дух-хозяин Хангая — Хангай, Э. ойратской земли, а хребта Танну — Э. Монголии), приближающиеся к категории земных божеств.

Некоторые Э. не персонифицированы; однако согласно народным поверьям, иногда появляется Э. в облике белого человека в белых одеждах на белом коне; глава Э., *Цаган Эбуген* — седобородый старец. В бурятских мифах, например, Орболи Саган-нойон, один из лесных Э. — старик огромного роста, ездит на лосе (по другим представлениям, Э. людям вообще не показываются).

Э. богаты, их молят об увеличении благосостояния. Э. властвуют над растениями и животными, выступая как охотничьи (и отчасти скотоводческие) божества (у бурят владельцем лосиных и оленьих стад считается Орболи Саган-нойон). Э. вод и их властелин (бурят. Уха Лосон, Уха Лусан, калм. Усун хадын ээзн) — хозяева рыб и духи речного промысла. По монгольскому поверью, восемь дебджитов, возглавляемых Нансаруном, ведают дождём, снегом, градом, ветром и грозой, следуя воле *Хормусты*. Как духи среднего мира, соприкасающиеся с людьми, они могут выступать посредниками между ними и *тенгри*. В бурятской мифологии ханы, хаты, нойоны осмысливаются как дети и внуки тенгри, спустившиеся с неба.

Чаще представление о возникновении Э. связано с культом предков. По монгольским поверьям, Э. становятся души именитых людей, шаманов и колдунов. С культом предков у бурят связано прозвище Э.: бабай, «батюшка». У бурят Э. подразделяются на добрых и злых. Благожелательны к людям западные ханы и хаты (вариант: 90 хатов) — Э. Саянских, Тункинских гор и др. местностей Прибайкалья. Им противостоят злые «холодные» восточные ханы — Э. восточных гор, ездящие на чёрных повозках, запряжённых вороными конями. Злых Э. возглавляет Эрлен-хан (см. *Эрлик*).
С. Ю. Неклюдов.

ЭДИ́П, в греческой мифологии сын фиванского царя *Лая* и *Иокасты*. Так как Лаю была предсказана Аполлоном смерть от руки собственного сына, он велел бросить новорождённого на горе Кифероне, проколов ему булавкой сухожилия у лодыжек. Однако пастух, получивший ребёнка от царицы Иокасты и не знавший истинной причины такого решения, сжалился над новорождённым и отдал коринфскому пастуху, с которым встречался на горных выгонах. Тот отнёс ребёнка своему бездетному царю Полибу, назвавшему мальчика Э. («с опухшими ногами») и воспитавшему его как родного сына. Однажды, когда Э. уже был взрослым юношей, какой-то подгулявший житель Коринфа обозвал его подкидышем, и, хотя приёмные родители всячески успокаивали сына и не открыли ему тайну его рождения, Э. решил отправиться в Дельфы, чтобы спросить оракул Аполлона о своём происхождении. Оракул вместо ответа дал Э. прорицание, что ему суждено убить отца и жениться на матери. Не смея вернуться в Коринф, который он считал своей родиной, Э. отправился искать счастье на чужбине. По пути из Дельф, на перекрёстке трёх дорог, ему повстречался какой-то знатный мужчина на колеснице в сопровождении слуг. В завязавшейся дорожной ссоре незнакомец ударил Э. по голове тяжёлым скипетром, и в ответ разъярённый юноша дорожным посохом убил нападающего, его возницу и всех, как ему казалось, слуг. Однако один человек из свиты Лая (ибо это был он) спасся, вернулся в Фивы и рассказал, что царь погиб от рук разбойников. Э., продолжая путь, подошёл к Фивам и отгадал загадку обосновавшейся у городских стен чудовищной *Сфинкс*. В благодарность за избавление Фив от продолжительного бедствия фиванские граждане сделали Э. своим царём и дали ему в жёны вдову Лая. Единственный свидетель встречи Э. с Лаем — слуга, принёсший известие о нападении разбойников, после воцарения Э. в Фивах отпросился у Иокасты на дальнее пастбище и больше в городе не показывался. Так исполнилось пророчество, данное Э. в Дельфах, хотя ни он сам, ни Иокаста об этом не подозревали и около 20 лет вели счастливую супружескую жизнь, во время которой родились четверо детей: *Полиник*, *Этеокл*, *Антигона*, *Исмена*. Только по прошествии длительного срока, когда Фивы были поражены моровой язвой и дельфийский оракул потребовал изгнания из Фив неразысканного убийцы Лая, Э. в процессе выяснения обстоятельств давнего преступления сумел установить, чей он сын, кого убил и с кем находился в браке. Он выколол себе глаза золотой застёжкой, снятой с платья повесившейся Иокасты, и со временем был изгнан из Фив. Сопровождать слепого отца вызвалась преданная ему, несмотря на весь открывшийся позор, Антигона. После долгих скитаний Э. доходит до священной рощи Эвменид в аттическом поселении Колон, где ему по давнему предсказанию суждено проститься с жизнью. Приютившему его Тесею Э. открывает тайну, что в грядущих столкновениях афинян с фиванцами победа будет принадлежать той стороне, в чьей земле Э. найдёт последнее прибежище. Пытающемуся увлечь Э. обратно на родину брат Иокасты Креонт получает суровый отпор со стороны Тесея. Не находит сочувствия у Э. и Полиник, явившийся к нему за благословением в борьбе против брата Этеокла; Э. проклинает обоих сыновей, изгнавших его из Фив, и предсказывает им взаимную гибель в предстоящем сражении. Удары грома дают понять Э., что его ждут владыки подземного мира. Ведомый какой-то силой свыше, он сам находит путь к месту своего успокоения и разрешает лишь Тесею присутствовать при своей безболезненной кончине: Э. поглощает разверзшаяся земля, и место, где это произошло, остаётся вечной тайной, которую Тесей имеет право только перед смертью передать своему наследнику. В таком варианте миф об Э. известен по трагедиям Софокла «Царь Э.» и «Э. в Колоне». Другие источники сохранили более ранние или местные версии мифа. В одном из вариантов мифа родители не подбрасывают Э. на Кифероне, а опускают в ковчежке в море, и волна прибивает его к берегу у того же Коринфа или у Сикиона; здесь ребёнка подбирает жена местного царя, занятая стиркой белья (Schol. Eur. Phoen. 26—28, Hyg. Fab. 66, 67). Способ спасения Э., изложенный Софоклом (передача ребёнка одним пастухом другому), является изобретением поэта; по другим версиям, Э. находят пастухи (среди которых он вырастает) или случайный прохожий, т. е. люди, не знающие о тайне его рождения. Существенно различаются и обстоятельства его встречи с Лаем и прибытия в Фивы. Согласно одному из вариантов, Э. отправляется на поиски упряжки, похищенной у коринфского царя, которого он считает отцом, при этом он сталкивается с незнакомым ему Лаем и убивает его, после чего благополучно возвращается к Полибу, сняв с убитого пояс и меч. Впоследствии, уже став царём Фив, Э. однажды проезжает с Иокастой мимо места, где произошло убийство, сообщает о нём жене и в доказательство показывает взятые тогда трофеи. Иокаста узнаёт в своём новом супруге убийцу прежнего, но не открывает ему тайну и тем более не подозревает в нём некогда подброшенного сына (Schol. Eur. Phoen. 1760). В этой связи особое значение приобретает версия, в которой применительно к Э. разрабатывается мотив богатырского сватовства: Креонт, оставшийся правителем Фив после гибели Лая, назначает руку овдовевшей царицы вместе с царским престолом в награду тому, кто избавит город от Сфинкс. На этот призыв откликается Э. и побеждает чудовище в сражении (Eur. Phoen. 45—52). Состязание со Сфинкс в умственных способностях заменяет первоначальную физическую победу над ней, вероятно, не раньше 7 в. до н. э., в эпоху расцвета нравоучительных жанров и всякого рода загадок и фольклорных головоломок.

Значительно отличаются от софокловой версии также варианты предания о происхождении детей Э. Согласно «Одиссее» (XI 271—280), боги скоро открыли тайну кровосмесительного брака Э., вследствие чего его мать (у Гомера она зовётся Эпикастой) повесилась, а Э. продолжал царствовать в Фивах и умер, преследуемый эриниями. Вторую жену Э. аттический автор нач. 5 в. до н. э. Ферекид (frg. 48) называет Эвриганией и от этого брака производит четырёх детей Э., упомянутых выше.

Первоначальным ядром мифа об Э. следует, очевидно, считать древнейший фольклорный мотив о сражении не узнавших друг друга отца с сыном, в том его варианте, при котором сын побеждает отца как более молодой и сильный соперник. Этот сюжет восходит к периоду матрилокального брака, когда сын не может знать своего отца, ибо воспитывается в роду матери, при достижении зрелости отправляется на поиски отца и, не узнав его, вступает в сражение с ним. На греческой почве такой мотив в наиболее чистом виде засвидетельствован в мифе о гибели Одиссея в сражении с Телегоном, его не узнанным сыном от Кирки; вариантом того же мотива можно считать смерть Акрисия от руки его внука Персея, выросшего на чужбине.

В случае с Э. матрилокальный брак заменяется воспитанием подброшенного младенца вдали от места рождения, что в конечном счёте приводит к тому же результату; обычному в таких случаях посмертному «узнаванию» отца в упомянутых выше вариантах мифа об Э. соответствует опознание Иокастой в Э. убийцы её первого мужа. *В. Н. Ярхо.*

ЭЁ, э ё́, и я́, и й é, и é, э я́ («хозяин»), у тюркоязычных народов Поволжья, Средней Азии, Северного Кавказа, Западной Сибири, Алтая и Саян духи, постоянно пребывающие в каком-либо месте. Вера в Э. восходит к мифологии древних тюрок. У казанских и западносибирских татар и башкир Э. связываются с определёнными элементами природы, жилищем и образуют особые категории духов: водяной (*су иясе*), леший (*урман иясе*), домовой (*ой иясе, йорт иясе*). У других народов Э. представляются духами-хозяевами различных мест и предметов. Напр., хотя народы Алтая и Саян и выделяли среди всех Э. хозяина гор и тайги таг-ээзи, в их представлениях Э. — духи, обитающие в любом урочище (приобретающие характер покровителей рода). Близкие представления об Э. (*иччи*) характерны для якутов. Западносибирские татары наделяли духами-хозяевами заброшенные дома, овраги, болота. В исламизированных мифологических представлениях туркмен Э. превратились в злых духов, джиннов, обитающих в определённом месте.

У чувашей Э. (ийе, видимо, от татарск. ия, «хозяин») — чёрт, живущий в домах под печкой, в банях. *В. Н. Басилов.*

ЭЙНХЕ́РИИ, в скандинавской мифологии мёртвые воины, живущие в небесной *вальхалле* и составляющие дружину бога *Одина*. Они непрерывно сражаются, а затем пируют в вальхалле. Э. сопоставляют с хьяднингами — войсками вечно воюющих между собой конунгов Хедина и Хёгни; ночью после битвы *валькирия* Хильд — дочь Хёгни и жена Хедина — воскрешает павших, и бой продолжается (см. в ст. *Хетель и Хильда*). Э. и хьяднингов сравнивают также с наводящими ужас ночными походами мёртвых воинов хариев и с проносившимися по небу мертвецами во главе с Вотаном (сканд. Один) (см. *Дикая охота*). *Е. М.*

ЭЙРЕ́НА, И ре́на («мир»), в греческой мифологии божество, персонификация мира. В древнейшее время Э. не имела своего культа и не упоминалась в мифах. Гесиод называет Э., наряду с Эвномией и *Дике*, в числе трёх *гор*, родившихся от союза Зевса и Фемиды и ведавших сменой времён года и плодородием полей (Hes. Theog. 901 след.; Apollod. I 3, 1). Как богиня мира Э. стала почитаться в Афинах с сер. 5 в. до н. э. В 374 до н. э. на востоке в Афинах был воздвигнут алтарь Э. Образ Э. часто встречается в греческой поэзии и драматургии. С Э. отождествлялась римская *Пакс*. *М. Б.*

ЭКА АБА́СИ («богиня-мать»), в мифах ибибио божество, прародительница. В эзотерических мифах Э. А. — подлинная глава пантеона. Вместе со своим первенцем громовником *Обумо* Э. А. породила предков всех народов земли (в варианте её супругом является *Эте Абаси*). С Э. А. связана плодородность. По одному из мифов, женщины были бесплодны и тогда Э. А. послала к ним белую птицу, которая оставила им светящееся яйцо, символ плодородия, и улетела в небо. *Е. К.*

ЭЛАГАБА́Л («Эл горный», т. е. «бог горный», см. *Илу*), Гелиогаба́л («солнце гор»; народная этимология: «гелио», греч. «солнце», «габал», семит. «горный»), в западносемитской мифологии бог. Культ Э. сложился, по-видимому, в арамейский период (1-е тыс. до н. э. — 1-й в. н. э.) и получил наибольшее значение в римское время. Очевидно, бог солнца и плодоносящих сил природы. Отождествлялся с *Гелиосом* (отсюда «Гелиогабал») и *Юпитером*. Культовый центр Э. находился в городе Эмеса, где ему был воздвигнут огромный, богато украшенный храм. Э. почитался в облике большого чёрного камня конической формы, закруглённого снизу и острого вверху; считалось, что он упал с неба и был нерукотворным изображением солнца. Для культа Э. были характерны пышные оргиастические обряды. Элагабал, римский император в 218—222, являвшийся жрецом Э. (отсюда его имя в историографии, первоначально — Варий Авит), пытался возвести Э. в «ранг» верховного божества римского официального пантеона. На Палатине был построен храм Э., куда Элагабал пытался перенести изображения и других богов. Он объявил женой Э. *Афину* Палладу, а затем, поскольку Э. «отверг» её, Уранию (*Таннит*), как лунное божество.
И. Ш. Шифман.

ЭЛА́РА, в греческой мифологии дочь Орхомена, возлюбленная Зевса, спрятанная им от Геры под землю и там погибшая при родах: её сыном был *Титий*, вышедший из земли на Эвбее, где показывали пещеру — «чрево Э.» (Schol. Apoll. Rhod. I 761; Strab. IX 423; Schol. Hom. Od. VII 324).
Г. Г.

ЭЛЕ́ГБА, Элегба́ра, Э́шу, в мифах йоруба фаллическое божество, наделённое функциями трикстера, в более поздних мифах персонификация зла. Э. выступает как посыльный богов. С Э. связывали обряд инициации.
Е. К.

ЭЛЕ́КТРА, в греческой мифологии: 1) дочь *Океана* и *Тефиды*, мать вестницы богов Ириды и *Гарпий*; 2) одна из *плеяд*, родившая от брака с Зевсом *Дардана*, основателя царской династии в Трое; 3) дочь *Агамемнона* и *Клитеместры*. В «Илиаде» (IX 144 след.) её имя не названо, но уже в мифологической традиции 6 в. до н. э. (не сохранившаяся «Орестея» Стесихора, памятники изобразительного искусства) она играет существенную роль в спасении малолетнего *Ореста* и затем оказывает ему помощь в убийстве *Эгисфа* и Клитеместры. Из дошедших произведений греческой литературы наиболее ярко Э. изображена в «Хоэфорах» Эсхила (2-я часть трилогии «Орестея») и в названных её именем трагедиях Софокла и Еврипида. При известном различии в оттенках основным содержанием образа Э. у афинских трагиков 5 в. до н. э. является поглощающая всё её существо жажда мести убийцам Агамемнона и страстное ожидание Ореста, который сможет осуществить эту месть. Встреча Э. с Орестом, по-разному изображённая Софоклом и Еврипидом, представляет собой одну из самых волнующих сцен в афинской трагедии. Активно побуждая Ореста к отмщению убийцам, Э. руководствуется как чувством долга к погибшему отцу, так и ненавистью к воцарившемуся в Микенах Эгисфу: он содержит Э. взаперти во дворце на положении рабыни и не позволяет ей вступить в брак, опасаясь рождения мстителя. У Еврипида введён мотив насильственной выдачи Э. за простого земледельца. Однако благодаря благородству супруга Э. этот брак оказывается фиктивным и после свершения мести не является препятствием для бракосочетания Э. с *Пиладом*.
В. Я.

ЭЛЕКТРИО́Н, в греческой мифологии сын Персея и Андромеды, отец *Алкмены*, царь Микен. Воевал против обитавших на острове Тафос телебоев. Был нечаянно убит племянником *Амфитрионом* (Apollod. II 4, 6).
М. Б.

ЭЛЛИ́Н, Ге́ллен, в греческой мифологии царь Фессалии, внук Прометея, сын Девкалиона (вариант: сын Зевса) и Пирры. От нимфы Орсеиды Э. имел сыновей Эола, Дора и Ксуфа (Apollod. I 7, 2—3). Э. — мифический родоначальник эллинов, эпоним Эллады, а его сыновья и внуки — эпонимы основных греческих племён. В этиологическом мифе об Э. подчёркивается общее происхождение греческих племён.
М. Б.

ЭЛЛЭ́Й, в мифах якутов главный первопредок. Считается, что ещё на своей южной прародине Э. отличался мудростью. Прибыв в долину р. Лена, Э. стал работником у *Омогой бая*, а затем женился на его старшей нелюбимой дочери. Э. и его сыновья являются культурными героями, один из них — Лабынгха Сююрюк был первым шаманом от божеств *айыы*, другой — первым кузнецом. Э. изобрёл все виды якутской деревянной посуды для молочных продуктов, он же учредил праздник — ысыах, посвящённый айы (отмечался во второй половине июня), на котором испрашивали счастье и богатство, принося в жертву молочные продукты. Э. часто выступает с эпитетом Эр Сототох, т. е. «одинокий», что сближает его с эпическим героем Эр Сототохом из олонхо.
Н. А.

ЭЛОХИ́М, Элоги́м, одно из обозначений бога в ветхозаветной мифологии (встречается в Библии до 2 тысяч раз). Слово «Э.», будучи формой множественного числа, несёт в себе отчасти память о древнейшем многобожии еврейских племён. Однако сама эта форма, согласующаяся в Библии почти всегда с глаголами и прилагательными в единственном числе, выражает, скорее, значение квинтэссенции, высшей степени качества, полноты божественности в лице единого бога, вобравшего в себя всех до того бывших богов (ср. «Бог богов» — ’ĕlōhēy hāĕlōhîm — Втор. 10, 17). Подобная форма множественного числа слов — обозначений бога встречается и в других, более древних семитских мифологиях, например в аккадской, где она свидетельствовала о предпочтении данному богу среди прочих богов; однако в русле иудаистского монотеизма такая форма была переосмыслена как обозначение единого бога. В греческом переводе Библии — Септуагинте слово «Э.» передаётся существительным единственного числа — «бог». Корень слова «Э.» — ’ēl (Эл) представляет собой вариант общесемитского обозначения бога (см. *Илу, Аллах*). Имя Эл также встречается в Библии как самостоятельно, так и в составе божественных имён (напр., во вложенной в уста *Мельхиседека* формуле ’ēl ’elîōn — «бог всевышний», Быт. 14, 18, отражающей реальное бытование обоих компонентов у западносемитских народов) и имён теофорных [напр., Михаил (Михаэл), Рафаил (Рафаэл) и др.].

Предполагается, что вследствие того, что слово ’ēl обозначало у семитских народов верховное божество, главу пантеона, особенно в завоёванном иудеями Ханаане, ими была принята форма Э., которую они этому слову противопоставили как обозначающую бога единого. Архаизирующая библейская поэтическая образность сохранила, однако, некоторые реликты древнейших семитских представлений об Эле как крылатом солнечном боге, известные на почве Финикии, Гебала (Библа); таковы образы бога, простирающего свои крылья над своими птенцами (Втор. 32, 11—12) или в Псалмах.

Имя Э., первоначально служившее, таким образом, обозначением бога, переосмысленным в духе иудаистского монотеизма, но восходящим к общесемитскому употреблению, постепенно приобретает в библейских текстах статус имени собственного. В полноте первого значения это имя предстаёт, например, в словах пророка Илии к взывающемуся народу: «Если господь [яхве] есть бог [-Э.], то последуйте ему; а если Ваал, то ему последуйте» (3 Царств 18, 21). Второе употребление утверждается в религиозной практике в тем большей степени, что на собственно имя бога, открытое им Моисею (см. *Яхве*), иудаизм накладывает суровые ограничения.
М. Б. Мейлах.

Э́ЛЬФЫ, в низшей мифологии германских народов духи. Представления об Э. восходят к германо-скандинавским *альвам*, подобно им Э. иногда делятся на светлых и тёмных. Светлые Э. в средневековой демонологии — духи воздуха, атмосферы, красивые маленькие человечки (ростом с дюйм — ср. андерсеновскую Дюймовочку) в шапочках из цветков. Могут обитать в деревьях, которые в таком случае нельзя рубить. Любят водить хороводы при лунном свете; их музыка зачаровывает слушателей, заставляя танцевать даже неживую природу; музыкант не может прервать мелодию Э., пока ему не сломают скрипку. Занятия светлых Э.— прядение и ткачество; их нитки — летающая паутина.

В ряде поверий Э. имеют своих королей, ведут войны и т. п. Тёмные Э.— *гномы*, подземные кузнецы, хранящие в горах сокровища. Иногда в средневековой демонологии и алхимии Э. называли всех низших духов природных стихий: саламандр (духов огня), сильфов (духов воздуха), ундин (духов воды), гномов (духов земли).

В. П.

ЭМЕГÉЛЬДЖИ, Эмегéльчи, Эмегéльджин, Эмегéльджи-эджи, Эмеген («прабабушка», «бабушка»); Эмегéльджи-дзая́чи («прабабушка-создательница»), у монгольских народов, а также тувинцев домашнее божество типа богини-матери; Э. называются и *онгоны* семейных и родовых предков-женщин. Э.— покровительница детей, их счастья и здоровья. У тувинцев, например, онгону Э. молятся, когда нет детей или они рано умирают. У алтайцев аналогичные онгоны известны как Эмегендер (Энекелер) и «бабушки»; это духи предков-женщин, их воплощения — тряпичные куклы — передаются по наследству по женской линии.

С. Н.

ЭМЕМКУ́Т, в мифах коряков и ительменов старший сын *Ворона*, борец со злыми духами (кала). В мифологических сказках о брачных приключениях Э. обычно описываются два брака — сначала неудачный, а затем удачный. Э., как и другие дети Ворона, отказывается от инцестуального брака, а также с бесполезными существами ради брака с существами полезными, представляющими природные силы, от которых зависит хозяйственное благополучие (с женщиной-травой или чермшой; с морской хозяйкой в облике белого кита или улитки, которая подставляет морских зверей, своих родичей, под удар гарпуна мужа; с облачной женщиной — хозяйкой погоды). Аналогичны рассказы о браках сестры Э. *Тинианавыт*.

Е. М.

ЭММА, Э́мма-о, в японском буддизме популярное божество, властитель царства мёртвых (соответствует *Яме*). Попадающие в царство мёртвых грешники подвергаются там справедливому суду Э., который подытоживает все добрые и дурные деяния умершего и определяет меру наказания. Иногда Э. может помиловать человека и отправить его назад на землю. В легендах (с конца 8 в.) Э. отождествляется с бодхисатвой *Дзидзо*, который почитается в Японии как защитник умерших.

Г. С., А. М.

ЭМПУ́СА, Эмпу́за, в греческой мифологии чудовище из окружения *Гекаты*. Увлекает жертвы, принимая вид или прекрасной девы, или страшного призрака, лицо её пылает жаром, одна нога у неё медная (Aristoph. Ran. 294 след.).

А. Т.-Г.

ЭНГДЕКИ́Т, в мифах западных эвенков шаманская река, соединяющая верхний и нижний миры. На истоках Э. у подножия горы верхнего мира находились мир нерождённых душ (нгектар), а чуть ниже, на большом ягельном пастбище — мир нерождённых оленей (кутурук). В средней части Э.— множество притоков, каждый из которых принадлежал шаману определённого рода. На притоках размещались *сээвэны* — духи-помощники шаманов, стерегущие проходы с Э. на среднюю землю (входом туда служили водовороты рек, протекающих в мире людей). В нижней половине Э. помещался мир мёртвых (*буни*): на скалах в устье каждого притока жили предки, передавшие шаману свой дар, ниже, на плёсах — родовые селения мёртвых, а в устье самой Э.— первые шаманки. За устьем Э. находился нижний мир, откуда не возвращались, в него попадали только души покойников, умерших в буни. Нижнее течение Э. перерезали семь (по вариантам, девять) порогов, где жили злые духи, приносящие смерть. Считалось, что шаман во время камланий поднимался в верхний мир по Э. за душами детей или оленей и затем по дереву-лестнице к духу-хозяину верхнего мира; в нижний мир на поиски души заболевшего шаман также спускался по своей реке, но ниже четвёртого порога он обычно посылал своих духов-помощников. При проводах души умершего дорога шамана шла вниз от устья его реки по Э. в родовое селение мёртвых.

Е. Н.

ЭНДИМИО́Н, в греческой мифологии прекрасный юноша, сын Аэтлия и Калики (дочери Эола), заселивший эолийцами из Фессалии Элиду (Apollod. I 7, 5). Взятый Зевсом на небо Э. попытался овладеть Герой, за что Зевс обрёк его на вечный сон в пещере карийской горы Латмос (Schol. Apoll. Rhod. IV 57; Schol. Theocr. III 49). По более распространённому варианту мифа, усыпить Э., сохранив ему вечную молодость, Зевса уговорила влюблённая в него *Селена* (Apollod. I 7, 5), родившая Э. впоследствии 50 дочерей (Paus. V 1, 5).

Г. Г.

ЭНДУ́РИ, энду́р, в мифах негидальцев, орочей, ульчей, нанайцев, маньчжуров высшее божество, хозяин неба. Э. подвластны все живые существа и вся природа. По представлениям орочей, Э.— высокий, в три человеческих роста, благообразный старик, который через своих многочисленных помощников управляет вселенной. У нанайцев выделялись два главных Э.— божество неба и божество земли; термин Э. применялся ими к солнцу, луне, а также к различным ритуальным объектам родового и семейного культа. У маньчжуров Э. означал духа вообще, верховное существо, душу, пророка. Сравни *Буга*, *Сэвэки*.

Е. Н.

ЭНЕ́Й, в греческой и римской мифологиях сын *Анхиса* и Афродиты (рим. Венеры). Рождённый богиней на горе Ида или на берегу Симоента, Э. до пяти лет воспитывался у горных нимф. Он сначала не принимает участия в обороне Трои и присоединяется к троянцам только после того, как был изгнан Ахиллом из родных мест (Hom. Il. XX 89—96 и 187—194). Имя Э. называется в «Илиаде» среди славнейших троянских героев (XI 56—58), он участвует во многих важных сражениях, хотя в решающих встречах с Диомедом и Ахиллом Э. терпит поражение и избегает гибели только благодаря вмешательству Афродиты, Аполлона и Посейдона (V 297—317, 432—448; XX 79—352); настроенный обычно враждебно к троянцам, Посейдон спасает Э., т. к. тому предназначена судьбой родоначальником царский род *Дардана* (XX 302—308; Hymn. Hom. IV 196—199). Этот мотив получил развитие в киклической поэме «Разорение Илиона», где было изображено, как Э., увидев зловещее предзнаменование в гибели Лаокоона, ушёл из Трои ещё до нападения ахейцев; он, по-видимому, продолжал царствовать в предгорьях Иды либо на восточном берегу Геллеспонта, близ города Дардан. В более поздних источниках появился мотив бегства Э. из разорённой Трои. Один из таких вариантов проник не позже рубежа 6—5 вв. до н. э. к этрускам и лёг в основу мифа о переселении Э. в Италию и основании им Рима. Эта версия, вобравшая в себя в течение нескольких столетий дополнительные эпизоды и местные италийские легенды, стала господствующей к середине 1 в. до н. э. и получила окончательную обработку у Вергилия в «Энеиде». По Вергилию, в последнюю ночь Трои Э. пытался сражаться с проникшими в город ахейцами, но получил от богов приказ оставить Трою вместе с престарелым Анхисом и малолетним сыном Асканием (Юлом); жена Э. *Креуса* по воле тех же богов исчезла в самом начале пути из Трои. Захватив с собой священные изображения троянских богов, Э. в сопровождении спутников на 20 кораблях отправляется на поиски новой родины. По пути он попадает во Фракию и Македонию, на Крит и остров Делос, в Лаконию и Аркадию, на острова Ионийского моря и в Эпир, где встречает Андромаху, вышедшую замуж за Елена. Дважды Э. заносит в Сицилию, где умирает Анхис и Э. устраивает на его могиле погребальные игры. Страшная буря, обрушившись на корабли Э., уничтожает большую их часть, а самого Э. забрасывает в Карфаген. Здесь его гостеприимно встречает царица *Дидона*, любовь которой надолго задерживает Э. в Карфагене. Когда, наконец, по велению богов Э. отправляется дальше в путь, он достигает итальянского города Кумы и, совершая с помощью местной пророчицы — кумской сивиллы нисхождение в царство мёртвых, получает предсказание о своей судьбе и будущем своих потомков. Дальнейший путь ведёт Э. в Лаций, где местный царь Латин готов отдать Э. руку своей дочери Лавинии и предоставить место для основания нового города, но для этого Э. приходится вступить в тяжёлую борьбу с Турном — вождём местного племени рутулов, также претендующим на руку Лавинии. Э. побеждает в поединке Турна, и троянские божества получают новое пристанище на италийской земле, которая становится преемницей славы троянцев. Если на эолийском побережье М. Азии в 8—7 вв. до н. э. генеалогия Э., сына Афродиты, возводившего к тому же своё происхождение со стороны отца к самому Зевсу (Hom. Il. XX 208—241), отражала династические претензии знатного рода Энеадов (намёки на соперничество между родом Приама и родом Энея встречаются в «Илиаде», XIII 459—461; XX 302—307), то в Риме последних десятилетий 1 в. до н. э. имя Э. приобрело особую популярность в связи с тем, что потомками его сына Аскания (Юла) считали себя представители рода Юлиев (в т. ч. Юлий Цезарь и Август). Поскольку между традиционными датами падения Трои (1184 до н. э.) и основания Рима (754 до н. э.) возникал промежуток в несколько столетий, это последнее событие стали приписывать не Э., а его далёким потомкам, завершавшим список царей Альба-Лонги, который якобы был заложен Асканием. *В. Н. Ярхо.*

ЭНИО́, в греческой мифологии богиня войны, спутница *Ареса*, его дочь или сестра. Э. вносит в битву смятение (Hom. Il. V 592 след.). С ней отождествляется римская *Беллона*. *А. Т.-Г.*

ЭНКИ (шумер., «владыка земли», «владыка низа»), Э й я, Э а, X á й а (аккад.), одно из главных божеств шумеро-аккадского пантеона. Бог — покровитель города Эреду(г), одного из древнейших культовых центров. Э.— хозяин *Абзу*, подземного мирового океана пресных вод, а также поверхностных земных вод, бог мудрости и заклинаний, владыка божественных сил *ме*, часто защитник людей перед богами, помощник людей и богов во всех трудных делах. Первые письменные сведения об Э. восходят к 27—26 вв. до н. э.

Мать Э.— богиня-прародительница *Намму*, супруга — *Дамгальнуна* (аккад. Дамкина), сын — бог-целитель *Асаллухи*, в аккадской мифологии — *Мардук* (которого он зачинает, убив Апсу, см. в ст. *Абзу*), а также бог *Гибил*, возможно, *Думузи*, в поздней традиции — смертный *Адапа*, дочь Э.— богиня *Нанше*. Посол — двуполое (?) божество Исимуд, спутник — получеловек-полурыба *Кулулу*. В аккадский период получает эпитет *Мумму*.

В мифах Э. выступает в первую очередь как бог плодородия, носитель культуры, создатель мировых ценностей.

Э.— создатель людей (миф «Э. и *Нинмах*»), создатель — вместе с *Энлилем* — скота и зерна (миф о *Лахар* и *Ашнан*), вместе с *Нинхурсаг* — чудесных растений на острове *Тильмун*, хранитель основ цивилизации, божественных сил *ме* (миф о похищении ме у Э. богиней *Инанной*), помогает (вместе с Гибилом) луне освободиться от власти злых сил (текст «Злые демоны утукку»).

В мифе «Энки и Шумер» (другое название — «Энки и мироздание») Э. выступает как устроитель мирового порядка на земле. Он отправляется в путешествие по земле, оплодотворяет её и «определяет судьбу» городам и странам; поднимаясь вверх по течению Тигра и Евфрата, Э. приносит земле благоденствие. Он создаёт плуг, мотыгу, форму для кирпича, поручает каждую область хозяйства заботам какого-либо божества: богу Энкимду («Энки создал») наказывает заботиться о рвах и каналах; заполнив долины растительной и животной жизнью, отдаёт их во власть «царя гор» *Сумукана*; пастуха Думузи делает хозяином в овчарнях и стойлах, предварительно создав в них изобилие молока и масла. Согласно мифу «Энки и Эреду(г)», он создаёт город Эреду(г) и поднимает его из водной пучины Абзу, а затем плывёт в Ниппур к Энлилю, чтобы тот освятил его (Энлиль в этом тексте именуется «отцом бога Э.»). Кроме того, Э. объявляется (в разных текстах) изобретателем садоводства, огородничества, льноводства, медицинских трав. Э. (Эа) почитался также хеттами и хурритами. *В. А.*

ЭНКИ́ДУ (шумер., «владыка, создавший землю», но, возможно, и от «Энкидугга», «Энки велик», «Энки благостен»), в шумерской мифо-эпической традиции слуга, раб *Гильгамеша*, в аккадской — герой, соратник и друг Гильгамеша, его побратим. По этой версии, Э. создаётся из глины (т. е. так, как был создан первый человек) богиней *Аруру* по просьбе богов как соперник (и двойник?) Гильгамеша. Тело Э. покрыто шерстью (как у *Сумукана*), он не знает цивилизации, живёт в степи, близок диким животным, защищает их от охотников. Соприкоснувшись с цивилизованной жизнью (Э. соблазняет блудница, он вкушает хлеб и вино), Э., подобно деревенским пастухам, защищает стада от диких зверей с оружием в руках. Встреча с Гильгамешем, героем, равным ему по силе, преображает Э. Он принимает участие в подвигах Гильгамеша, призывает Гильгамеша к героическим поступкам и в результате оказывается искупительной жертвой за своего побратима: боги, разгневанные убийством Хувавы (см. *Хумбаба*), посылают ему болезнь и смерть (Э. умирает, может быть, вместо Гильгамеша). *В. А.*

ЭНЛИЛЬ (шумер., «владыка-ветер»?), Э л л и л ь (аккад.), один из главных богов шумеро-аккадского пантеона. Э.— бог-покровитель Ниппура, древнейшего центра шумерского племенного союза, очень рано стал общешумерским богом. Его имя зафиксировано уже в древнейших пиктографических текстах из Джемдет-Наср (рубеж 4—3 тыс. до н. э.). В списках богов из Фары (26 в. до н. э.) Э. занимает второе место после своего отца бога неба *Ана*, которого он в ряде случаев превосходит [так, в мифе «Энки и Эреду(г)» Энки приезжает за благословением не к Ану, «отцу богов», а к Э.]. Главные эпитеты Э.: Кур-галь («Великая гора», «Могучий утёс» — главный храм Э. в Ниппуре носил название «Экур», то есть «дом Горы»), «владыка всех стран», а также «отец богов» (титул Ана); «владыка, определяющий судьбы», «господин, чьи слова неизменны». В аккадский период Э. получает семитский эпитет *Бел*, сливается в единый образ «владыка» — Бел с *Мардуком* и Ашшуром (в Ассирии). Термин «энлильство» означает «господство», и этим качеством может обладать любой могущественный бог (так, «энлильство над богами» получают Мардук и Ашшур, отсюда эпитет Э.— «Энлиль всех богов». Супруга Э.— *Нинлиль* (его женская параллель), сыновья — его первенец лунный бог *Нанна*, боги войны *Нинурта* и *Нингирсу* (по мифу о птице *Анзуд* — от *Нинмах*), бог бури (Им?, по другим версиям, он — сын Ана), бог палящего солнца и преисподней *Нергал*, бог-судьба *Намтар* (сын Э. и владычицы подземного мира *Эрешкигаль*), бог солнца и огня *Нуску*, бог подземного мира *Ниназу*, дочери — богини *Нисаба*, иногда *Инанна*.

В мифах об Э. проявляется его сущность как божества плодородия и жизненных сил, а также необузданной стихийной силы (бог бури, воздуха). В мифе об Э. и *Нинлиль* Э. выступает в качестве умирающего и воскресающего бога. «Старуха города» Нунбаршегуну намерена выдать за Э. свою дочь юную Нинлиль, которая поначалу как будто противится этому. Э. овладевает Нинлиль в барке на воде и за это изгоняется сонмом «старших богов» в подземный мир. Нинлиль, которая уже носит в чреве его младенца (будущего бога луны Нанну), следует за своим супругом. Э. трижды меняет свой облик и трижды соединяется со своей женой под видом трёх стражей подземного мира: «стража ворот», «человека подземной реки» и «перевозчика», после чего Нинлиль производит на свет трёх подземных богов, которым суждено жить под землёй. В гимнах и молитвах к Э. его сравнивают с диким быком, с ревущим ветром. В текстах нередко подчёркивается его злобность по отношению к людям.

Так, именно Э., по всей видимости, больше других богов виноват во всемирном потопе (VI таблица эпоса о Гильгамеше). Его постоянно раздражает шум людской жизни, и он насылает на человечество бедствия — чуму, засуху, засоление и, наконец, снова потоп (эпос об *Атрахасисе*); Э. и Ана богиня Нингаль считает ответственным за гибель города Ура (текст «Плач о разрушении города Ура»). Э. гневается и, видимо, собирается покарать *Гильгамеша* и *Энкиду* за убийство ими стража кедрового леса Хувавы (*Хумбабы*). При этом в образе Э. довольно отчётливо выражены и черты носителя культуры, создателя вселенной. Э. «забрал себе» (создал) землю, подобно тому как Ан — небо (мифологическая запевка в тексте «Гильгамеш, Энкиду и подземный мир»), отделил землю от небес, он создал мотыгу, колесо, топор, богов скотоводства Эмеша и Энтена, богинь *Лахар и Ашнан* (скот и зерно) — вместе с Энки. Символ Э. тот же, что символ Ана,— рогатая тиара, стоящая на священном алтаре.
В. К. Афанасьева.

ЭНМЕРКА́Р, шумерский мифо-эпический герой, полулегендарный царь Урука, сын основателя I династии Урука Мескингашара (последний, по легендарной традиции, отмеченной шумерским «царским списком» 21 в. до н. э.,— сын солнечного бога *Уту*). Правил, согласно этому списку, 420 лет. Имеет черты культурного героя: считался создателем градостроения и письменности. Сохранилось два эпических предания об Э. Оба посвящены войнам-спорам этого правителя с владыкой Аратты. *В. А.*

ЭНМЕША́РРА (шумер., «господин всех *ме*»), в шумеро-аккадской мифологии бог подземного царства, один из древнейших богов. Э. и его супруга Нинмешарра считались предками *Ана* и *Энлиля*. Согласно новоассирийскому заклинанию 1 тыс. до н. э., Э. «передал Ану и Энлилю скипетр и господство». У Э. — семеро детей (см. «*Семёрка*»). *В. А.*

ЭННЕА́ДА, д е в я́ т к а   б о г о́ в, в египетской мифологии девять изначальных богов города Гелиополь: *Атум, Шу, Тефнут, Геб, Нут, Осирис, Исида, Сет, Нефтида*. Боги Э. считались первыми царями Египта.
По образцу гелиопольской в других городах создавались свои девятки богов. *Р. Р.*

ЭНОМА́Й, в греческой мифологии царь Писы в Элиде, сын *Ареса*, отец *Гипподамии*, погибший во время состязания на колесницах с *Пелопом*. *В. Я.*

ЭНО́НА, в греческой мифологии нимфа, первая супруга *Париса*, имевшая от него сына Корифа. Э., обладавшая даром предвидения, всячески удерживала Париса от путешествия за *Еленой*, так как знала, что новый брак будет причиной гибели Париса. Однако Парис не внял уговорам Э.; при прощании с мужем Э. посоветовала ему в случае ранения обратиться к ней за исцелением. Раненный на десятом году Троянской войны стрелой *Филоктета*, Парис прибег к её помощи. Но та, всё ещё терзаемая ревностью, отказала ему в помощи; когда же Э. овладело раскаяние и она поспешила в Трою, Парис уже умер. В отчаянии повесилась (или бросилась в его погребальный костёр). Могилу Э. и Париса показывали в историческое время в долине реки Кебрен (Strab. 13, 596). По другой версии мифа, Э. подослала в Трою выросшего Корифа, который пленил красотой Елену и стал соперником Париса, не узнавшего в нём собственного сына. Застав Корифа в спальне Елены, Парис убил его, и Э. впоследствии из чувства мести отказалась вылечить Париса от раны. Миф об Э., принадлежащий к числу местных эолийских сказаний и впервые засвидетельствованный у Гелланика (5 в. до н. э.), получил литературную обработку у эллинистических и римских поэтов (Ovid. Heroid. V). *В. Я.*

ЭНУЛА́П, А н у л а́ п, О н о л а́ п, в мифах микронезийцев Каролинских островов одно из главных божеств (духов). Отец (старший брат или дядя) *Лугеиланга*; в некоторых мифах соперник Лугеиланга и Иолофата. Живёт на небе, либо вообще не сходя на землю, либо спускаясь на неё крайне редко. По некоторым мифам, Э. создаёт землю (по другим — земля существует извечно) из сброшенного с неба или выловленного из-под воды камня (варианты: из сгустка крови, из собственных испражнений или слюны). Э.— хозяин ветра, дождя, радуги. При одном из своих спусков на землю Э. вступает в любовную связь с земной женщиной, которая рождает от него людей (варианты — рыб, растения). Отдавая распоряжения с неба, либо непосредственно сам, либо через гонцов (птиц или духов в облике человека) на землю, Э. формирует рельеф местности, засаживает землю первыми растениями, создаёт на ней первые посёлки. Э. обучает людей строить дома, изготавливать лодки (согласно вариантам, он — патрон мореплавания, покровитель плотников), ловить рыбу. Заселив землю, Э. устанавливает на ней мировой порядок, делит людей на родственные и территориальные группы, назначает (вариант: посылает на землю с неба) первых вождей. *М. С. П.*

ЭО́Л, в греческой мифологии: 1) родоначальник племени эолийцев, сын *Эллина* и нимфы Орсеиды, внук Девкалиона и Пирры, правнук Прометея, брат Дора и Ксуфа (Apollod. I 7, 2—3). Э. воцарился в Фессалии и от Энареты имел семерых сыновей и пятерых дочерей, среди них: Сисиф, Афамант, Салмоней и Алкиона; 2) владыка ветров, обитавший на острове Эолия, отец шестерых сыновей и шестерых дочерей (Hom. Od. X 1—75). Э. вручает *Одиссею* завязанный мешок с бурными ветрами, оставляя провожатым Зефира. Однако спутники Одиссея развязали мешок и навлекли страшную бурю, прибившую корабль Одиссея снова к берегам Эолии, откуда Э. уже изгоняет Одиссея. *А. Т.-Г.*

ЭО́Н (греч., «век, вечность»), в мифологических представлениях позднеантичного язычества, испытавшего влияние иранской мифологии, персонификация времени (ср. *Зерван*). В эпоху распространения в Римской империи культа Митры складывается иконография Э.: мощный старец с львиной головой, скалящей пасть, вокруг тела которого обвилась змея. В эсхатологии иудаизма и христианства термин Э. выступает как греч. передача евр. ⁽ōlām («век») и означает очень продолжительное, но принципиально конечное состояние времени и всего мира во времени. Вся история человечества со всеми её страданиями и несправедливостями составляет один Э. В представлениях христианского гностицизма 2 в. Э. — как бы некое духовное существо, персонифицирующее один из аспектов абсолютного божества. Совокупность всех Э. — плерома (греч., «полнота»). *С. А.*

ЭО́С, в греческой мифологии богиня утренней зари, дочь титана Гипериона и титаниды Тейи, сестра Гелиоса и Селены (Hes. Theog. 371—374). Э. с Астреем породили ветры: Борея, Нота и Зефира, также звёзды (378—82). Гомер описывает богиню Э. «розоперстую» (Hom. Il. I 477), поднимающуюся со своего ложа, где она почивала вместе с возлюбленным Титоном (Hom. Od. I 1 след.), прекраснейшим сыном троянского царя Лаомедонта, от которого она родила Мемнона (Apollod. III 12, 4). Афродита отомстила Э. за то, что она разделила ложе с Аресом, и вселила в неё постоянное желание. Она похитила Ориона (I 4, 4) и Кефала. *А. Т.-Г.*

ЭПА́Ф, Е п а́ ф, в греческой мифологии сын Зевса (букв. «дитя «прикосновения» Зевса») и Ио, которая родила его на берегу Нила, приняв там снова человеческий облик после преследований Геры (Aeschyl. Prom. 846—69). Э. унаследовал власть в Египте после смерти мужа Ио Телегона, ставшего приёмным отцом Э. От брака Э. и Мемфиды — дочь Ливия, родившая от Посейдона Агенора и Бела, родоначальников великих фиванских и аргосских героев (Apollod. II 1, 3—4). *А. Т.-Г.*

ЭПЕ́Й, в греческой мифологии участник *Троянской войны*, строитель деревянного коня. Образ Э. отмечен в античной традиции некоторой противоречивостью. Он один из наименее уважаемых ахейских воинов, отличающийся лишь грубой физической силой; на погребальных играх в честь Патрокла он одерживает победу в кулачном бою, но терпит позорное поражение в метании диска (Hom. Il. XXIII 653—99, 838—40). По Стесихору (frg. 23), Э. носил воду Атридам. Согласно «Малой Илиаде», к строительству коня Э. побудила Афина, желая таким образом возвысить его среди других героев. По другой версии (Apollod. epit. V 14), восходящей, вероятно, к «Эфиопиде», идея создания деревянного коня принадлежит *Одиссею*, который избирает Э. как уже известного мастера. Платон («Ион» IV 533а) называет Э. скульптором; в храме Аполлона Ликейского в Аргосе в историческое время показывали статую Гермеса работы Э. (Paus. II 19, 6).

В. Я.

ЭПИГОНЫ («потомки»), в греческой мифологии сыновья вождей, выступивших в поход против Фив и погибших под стенами этого города (см. *Семеро против Фив*). Э. отправляются в новый поход на Фивы, чтобы отомстить за смерть отцов. Обычно в источниках даётся интервал в десять лет между походом семерых и походом Э. В отличие от похода семерых, поход Э. начинается при благоприятных предзнаменованиях, указывающих на готовность богов помогать Э.; в ответ на это Э. обещают посвятить в Дельфы лучшую часть захваченной добычи. Состав Э. варьируется в зависимости от того, кто был включён в число семерых. Непременными участниками похода являются возглавляющий его *Алкмеон* (сын Амфиарая), Эгиалей (сын Адраста), Ферсандр (сын Полиника), Диомед (сын Тидея), Сфенел (сын Капанея). Если из похода семерых в живых остаётся лишь *Адраст*, то в походе Э. погибает только Эгиалей, которого сражает Лаодамант, сын Этеокла; его, в свою очередь, убивает Алкмеон. После этого фиванцы по совету Тиресия посылают к аргивянам вестника для переговоров о мире, а сами под прикрытием ночи покидают город. Обнаружив это, Э. разоряют город и отправляют в Дельфы захваченную ими дочь Тиресия Манто с частью добычи (Apollod. III 7, 2—5). О дальнейшей судьбе жителей Фив существуют различные версии: по одной — они обосновались в Фессалии, по другой — в Иллирии, по третьей — часть их вернулась в Фивы и признала царём Ферсандра (Paus. IX 8, 6—7).

В. Я.

ЭПИМЕТЕЙ, в греческой мифологии сын титана *Иапета* и океаниды Климены, брат *Прометея*, Атланта и Менетия (Hes. Theog. 507—511). Э. отличался недалёким умом (букв. «крепкий задним умом») и взял в жёны посланную ему Зевсом *Пандору*, забыв о наставлениях Прометея ничего не принимать от Зевса (Hes. Opp. 83—89). Дочь Э. и Пандоры Пирра стала супругой сына Прометея Девкалиона.

А. Т.-Г.

ЭПИТ, в греческой мифологии: 1) аркадский царь, сын Гиппофоя, отец Кипсела. Э. осмелился войти в святилище Посейдона в Мантинее, что было запрещено людям. Нарушив запрет, Э. ослеп и вскоре умер (Paus. VIII 5, 4—5); 2) правнук первого, младший сын царя Мессении, одного из *Гераклидов* Кресфонта и Меропы, дочери Кипсела. Кресфонт был убит вместе со своими старшими сыновьями, а Э. отдан матерью (насильственно взятой в жёны узурпатором Полифонтом) на воспитание деду Кипселу. Когда Э. вырос, он тайно возвратился в Мессению, убил Полифонта и вернул себе отцовский трон. Э. так мудро правил страной, что его потомков стали называть не Гераклидами, а Эпитидами (Apollod. III 8, 5; Paus. IV 3, 6—8). Миф о мести Э. положен Гигином по не дошедшей до нас трагедии Еврипида «Кресфонт» (но сын Меропы там назван Телефонтом; Hyg. Fab. 137); 3) аркадский царь, сын Элата. Погиб во время от укуса змеи и был похоронен на месте своей гибели (Hom. Il. II 603 след.).

М. Б.

ЭПОНА, Е п о н а (от еро, equo, «лошадь»), в мифологии кельтов Галлии богиня. Изображения её (стоящей у лошади или сидящей на ней) распространены у континентальных кельтов.

Е. Ш.

ЭПОПЕЙ, в греческой мифологии: 1) царь Сикиона, сын Алоэя (вариант: Посейдона и Канаки; Apollod. I 7, 4), внук Гелиоса. Э. приютил бежавшую от гнева отца, фиванского царя Никтея, *Антиопу* — мать детей Зевса Зета и Амфиона (Paus. II 6, 4). Антиопа стала женой Э. По завещанию отца Антиопы его брат Лик должен был наказать её за то, что она опозорила семью; Лик взял Сикион, убил Э., а Антиопу обратил в рабство (Apollod. III 5, 5; Hyg. Fab. 8); 2) царь острова Лесбос, ставший возлюбленным собственной дочери Никтилены; Афина, чтобы спасти Никтилену от позора, превратила её в ночную птицу (Ovid. Met. II 589 след.; Hyg. Fab. 204).

М. Б.

ЭРГИН, в греческой мифологии: 1) царь Орхомена (Беотия), сын Климена. Мстя за отца (убитого фиванцами), Э. и его братья начали войну против Фив и в битве убили многих фиванцев. По заключённому миру Э. обязал Фивы ежегодно доставлять ему в течение двадцати лет 100 быков. Однако Геракл, возвращаясь с охоты на киферонского льва, стал на сторону Фив, нанёс орхоменцам поражение и убил Э.; побеждённые орхоменцы должны были платить дань Фивам в двойном размере (Diod. IV 10; Apollod. II 4, 11). По другой версии мифа Э. не был убит, а лишь вынужден был заключить мир и отказаться от наложенной на Фивы дани (Paus. IX 37, 1). Э. был отцом зодчих *Агамеда* и *Трофония*; 2) сын Посейдона, один из *аргонавтов*, прибывший к Ясону из Милета и ставший кормчим корабля «Арго» (после Тифия) (Apollod. I 9, 16; Hyg. Fab. 14; Apoll. Rhod. I 185 след.).

М. Б.

ЭРЕБ, в греческой мифологии персонификация мрака, сын *Хаоса* и брат Ночи. Вместе с Э. Ночь породила Гемеру (День) и Эфир (Hes. Theog. 123—125).

ЭРЕХФЕЙ, Э р е х т е́ й, в греческой мифологии афинский царь, сын Пандиона и Зевксиппы, внук Эрихтония (Apollod. III 14, 8). После смерти отца Э. и его брат-близнец *Бут* поделили власть: Э. стал царём, Бут — верховным жрецом (III 15, 1). Сёстрами Э. были Филомела и Прокна. Э., возможно, ввёл Панафинеи и привил в Аттике культуру пшеницы. Имел много дочерей от *Праксифеи*. Ради победы афинян в войне с Элевсином принёс в жертву Посейдону дочь Хтонию, другие дочери сами принесли себя в жертву (Hyg. Fab. 46; Lycurg. 98 след.). Э. был убит молнией Зевса по требованию Посейдона за то, что сам убил союзника элевсинцев и сына Посейдона и Хионы своего внука *Эвмолпа* (Hyg. Fab. 46).

А. Т.-Г.

ЭРЕШКИГАЛЬ [шумер. «хозяйка (?) большой земли»], в шумеро-аккадской мифологии богиня — владычица подземного царства; одно из её имён — Кигаль («большая земля», т. е. подземный мир). Э. «подарена» в подземный мир (*кур*; космогоническое введение к шумерской эпической поэме «Гильгамеш, Энкиду и подземный мир»). Э. — старшая сестра и соперница *Инанны*, богини любви и плодородия (характерная деталь: погибает богиня рождения Инанна, и Э. мучается родами в подземном царстве). Под властью Э. — семь (иногда больше) судей подземного мира *ануннаков*. На входящего в подземный мир Э. направляет «взгляд смерти». Супруг Э. — *Нергал*, иногда — *Эрра*; в тексте о нисхождении Инанны (другое имя Нергала), посол и визирь — сын от Энлиля Намтир, другой сын — *Ниназу*.

В. А.

ЭРИГОНА, в греческой мифологии: 1) дочь Икария (Hyg. Fab. 254) — эпонима поселения близ Марафона в Аттике. Научившись виноделию у Диониса, Икарий отнёс мех с вином пастухам. Те, опьянев, убили Икария и зарыли его тело. Э. разыскивала отца, и, когда собака Икария Майра нашла его могилу, Э. от скорби и тоски повесилась (Hyg. Fab. 130; Apollod. III 14, 7); 2) дочь Эгисфа и Клитеместры, которая была спасена от мести Ореста Артемидой и стала жрицей богини в Аттике (Hyg. Fab. 122). По другой версии (Apollod. epit. VI 25, 28), Э. стала возлюбленной Ореста и имела от него сына Тисамена (сюжет, обычно связываемый с *Гермионой*).

М. Б.

ЭРИДА, в греческой мифологии персонификация раздора. Э. — среди первичных космогонических сил, она дочь Ночи, внучка Хаоса (Hes. Theog. 224 след.). Хотя Э. породила голод, скорби, битвы, убийства, споры, тяжбы, беззаконие, она же породила труд (226—232). Отсюда у Гесиода две Э.: одна вызывает войны и вражду и нелюбима людьми, другая — полезна людям, заставляя их состязаться в труде. Эту Э. Зевс поместил между корнями земли, т. е. заставил служить людям (Hes. Opp. 11—26). Э. стала причиной губительного соперничества Афродиты, Афины и Геры в *Троянской войне*, бросив на свадьбе Пелея и Фетиды яблоко с надписью «Прекраснейшей» (яблоко раздора). *А. Т.-Г.*

ЭРИДА́Н, в греческой мифологии река, рождённая Океаном и Тефидой (Hes. Theog. 338), протекающая на крайнем западе, где побывал *Геракл*, вопрошая у нимф дорогу к саду Гесперид (Apollod. II 5, 11). По Э., в который впадает Родан, плыли *аргонавты* (Apoll. Rhod. IV 596), вдыхая ужасный смрад от пожара, вызванного падением в Э. Фаэтона. Э. славится янтарём, в который превратились то ли слёзы Аполлона, потерявшего Асклепия, то ли слёзы *Гелиад*, сестёр Фаэтона (605—626). Позднее древние греки отождествляли Э. с рекой По, Родан с рекой Роной. *А. Т.-Г.*

ЭРИКС, Э р и к, в греческой мифологии сын аргонавта *Бута* (вариант: Посейдона; Apollod. II 5, 10) и Афродиты. Геракл после того, как захватил коров Гериона, прогонял стадо через область, где правил Э. Кичившийся своей славой борца, Э. вызвал Геракла на поединок: они договорились, что в случае победы Э. получит коров Гериона, а Геракл — землю Э. (Diod. IV 23; Paus. III 16, 4). По другой версии мифа, у Геракла отбился от стада бык, и Э. взял его в своё стадо. Он предложил Гераклу, что быка получит тот, кто победит в борьбе. Геракл трижды одержал верх и убил Э. (Apollod. II 5, 10). *М. Б.*

ЭРИМА́НФ, Э р и м а́ н т, в греческой мифологии: 1) сын Аполлона, ослеплённый Афродитой, когда он невольно увидел нагую богиню; Аполлон в отместку убил *Адониса*; 2) божество одноимённой реки в Аркадии (Paus. VIII 24, 3 след.).
 А. Т.-Г.

ЭРИ́НИИ, э р и́ н н и и, э в м е н и́ д ы, в греческой мифологии богини мести, рождённые Геей, впитавшей кровь оскоплённого Урана (Hes. Theog. 184—186). На хтонизм Э. указывает также другой миф о рождении их от Ночи и Эреба (Aeschyl. Eum. 69, 321 след.). Э. три: Алекто, Тисифона, Мегера (Apollod. I 1, 4). Они обитают в царстве Аида и Персефоны (Verg. Aen. VI 280, VII 563—571), появляясь на земле, чтобы возбудить месть, безумие, злобу. Э. Алекто, напоённая ядом горгоны, вливает злобу в сердце царицы латинов Аматы, проникает в её грудь в виде змеи и делает её безумной (VII 341—384). В образе страшной старухи Алекто возбуждает к бою Турна — вождя рутулов и вызывает кровопролитие (VII 415—545). Вид Э. отвратителен: это старухи с развевающимися змеями вместо волос, с зажжёнными факелами в руках. Из их пасти каплет кровь. Э. — хтонические божества, охранительницы материнского права. Они преследуют *Ореста* за убийство матери и спорят с Афиной и Аполлоном, защитниками Ореста. Эсхил в «Эвменидах» изображает безумие охваченной Э. Ореста, суд в ареопаге и примирение Э. с новыми богами, после чего Э. получают имя эвмениды («благомыслящие»), тем самым меняя свою злобную сущность на функцию покровительниц законности. Отсюда представление в греческой натурфилософии, у Гераклита, об Э. как «блюстительницах правды», ибо без их воли даже «солнце не преступит своей меры» (В 94D). Образ Э. прошёл путь от хтонических божеств, охраняющих права мёртвых, до устроительниц космического порядка. С Э. отождествляются римские фурии («безумные», «яростные»).
 А. Ф. Лосев.

ЭРИСИХТО́Н, в греческой мифологии: 1) сын фессалийского царя Триопа. Обуянный безбожной дерзостью, Э. вырубает священную рощу Деметры, невзирая на предупреждение богини, являющейся к нему под видом жрицы. За это Деметра наказывает Э. чувством неутолимого голода. Миф об Э. сохранился в обработке Каллимаха («Гимн Деметре», 24—117) и Овидия («Метаморфозы», VIII 738—878). Каллимах фиксирует внимание на бытовых деталях. Овидий, обстоятельно описывая порубку священного дерева Деметры, вводит также новый персонаж — дочь Э., которую тот, пользуясь её способностью принимать разные обличья, многократно продаёт, а вырученные деньги проедает, пока, наконец, не начинает поедать собственное тело. *В. Я.*

ЭРИУ́, в ирландской мифологии одна из богинь *Племён богини Дану*, эпоним Ирландии. *С. Ш.*

ЭРИФИ́ЛА, в греческой мифологии дочь аргосского царя Талая, сестра *Адраста* и жена прорицателя-царя *Амфиарая* (Apollod. I 9, 13). Когда Амфиарай отказался участвовать в походе *семерых против Фив*, предвидя гибельный исход войны, Полиник, сын Эдипа, зная (по прорицанию), что помощь Амфиарая необходима, подкупил Э. ожерельем, принадлежавшим некогда *Гармонии*, и Э. уговорила мужа отправиться в поход. Амфиарай же просил сына Алкмеона отомстить за него матери, если он не вернётся (III 6, 2). По одному из более поздних вариантов мифа, Э. также заставила Алкмеона участвовать в походе эпигонов против Фив, подкупленная сыном Полиника, подарившим ей пеплос Гармонии. Вернувшись из похода, Алкмеон убил мать, а сам после тяжких преследований эриниями и скитаний нашёл очищение от пролитой крови матери у бога реки Ахелоя (Hyg. Fab. 73; Apollod. III 7, 2—5). Сыновья Алкмеона после его гибели посвятили, по совету Ахелоя, ожерелье и пеплос в Дельфы (III 7, 7). *А. Т.-Г.*

ЭРИХТО́НИЙ, Э р и х ф о́ н и й, в греческой мифологии один из первых аттических царей, автохтон, рождённый землёй Геей от семени Гефеста и имевший полузмеиное-получеловеческое тело. Его имя указывает на связь с землёй (греч. chthōn, «земля»). Спрятанный в ларец Афины, он был отдан на хранение дочерям Кекропса — автохтона и полузмея. Однако *Аглавра* и её сёстры заглянули в ларец и пришли в ужас от увиденного там чудовища. Разгневанная Афина наслала на них безумие (Apollod. III 14, 6). Э. был воспитан в храме самой Афиной. Возмужав, он изгнал из страны захватившего власть *Амфиктиона* и воцарился в Афинах (Paus. I 2, 4—6). Э. женился на наяде Пракситее, имел сына *Пандиона*. На акрополе Э. воздвиг деревянную статую Афины, установил Панафинеи (Apollod. III 14, 6). Пандион похоронил отца на священном участке храма Афины (III 14, 7). В мифе об Э. отразились предания об исконности власти аттических царей, получавших силу и власть от земли и Афины и сочетавших тем самым хтонизм с цивилизаторством великой богини. *А. Т.-Г.*

ЭР-ЛА́Н («второй сын»), Э р-л а н-ш э н ь («божество второй сын»), Г у а н ь к о́ у Э р-л а н («второй сын из Гуанькоу»), Г у а н ь к о́ у-ш э н ь («божество из Гуанькоу»), в поздней китайской народной мифологии одно из божеств вод, а также дамб, защищающее людей от разливов рек и наводнений. По наиболее распространённой версии, Э.-л. — сын Ли Бина. Имя Э.-л. появляется в письменных памятниках лишь с 12 в. Не исключено, что первоначально термином «Э.-л.» обозначался сам Ли Бин, в некоторых памятниках упоминаются Ли Бин и его сын. Постепенно культ Э.-л. как сына Ли Бина затмевает или почти вытесняет культ отца, ему же в преданиях приписываются и подвиги, аналогичные подвигам Ли Бина.

Храмы Э.-л. были построены вдоль всего течения Янцзы. В них он изображался молодым человеком свирепого вида с третьим глазом на лбу. Согласно местному поверью, этот глаз обычно закрыт и открывается лишь в момент битвы, чтобы придать Э.-л. воинственный вид. У Э.-л. тёмное лицо, красные волосы. Э.-л. приносили в жертву многочисленных баранов. Образ Э.-л. встречается и в литературе, например в фантастических эпопеях «Путешествие на Запад» У Чэнъэня (16 в.) и «Повествование о 4 путешествиях» Ян Чжихэ (16 в.). Именем Э.-л. называют и *Лао-лана*. По другим версиям в качестве Э.-л. обожествлён правитель области Цзячжоу (кон. 6 — нач. 7 вв.) Чжао Юй, избавивший население от злого водяного дракона, которого он победил, бесстрашно бросившись в воды реки. Потом Чжао бросил должность и исчез, когда же в Цзячжоу вновь поднялась вода в реке, жители увидели Чжао, сидящего верхом на белом коне среди облаков и тумана. После этого был построен храм в его честь и учреждён культ как Гуанькоу Э-л.

Б. Л. Рифтин.

ЭРЛИК, Эрлик-хан, Эрлен-хан (бурят.), Эрлик Номун-хан (монг.), Эрлик Номин-хан (калм.), Эрли́к Лову́н-хан (тувинск.), Ирли́к (хакасск.), в мифах монгольских народов и саяно-алтайских тюрок владыка царства мёртвых, верховный судья в загробном мире, дьявол, демиург или первое живое существо, созданное демиургом. Имя восходит к древнеуйгурскому Эрклиг каган («могучий государь») — эпитету владыки буддийского ада *Ямы*. Прозвище Номун-хан — монгольская калька титула Ямы — «царь закона», «владыка веры»; кроме того, в Монголии Э. часто именуется Чойджалом (от тибет. чойгьал, «царь закона»; см. *Шиндже*). Согласно буддийским преданиям, в прошлом Э. был монахом, достигшим высокой степени святости и обретшим сверхъестественное могущество, однако он был казнён по ложному обвинению в воровстве или же убит грабителями, поскольку оказался невольным свидетелем их преступления. Обезглавленный, но оставшийся живым, он приставил себе бычью голову и стал ужасным демоном-губителем. Его укротил «победитель смерти» Ямандаг (санскр. *Ямантака*), который низверг его в подземный мир, где Э. стал владыкой и судьёй в загробном царстве. Несмотря на своё противостояние, Э. и Ямандаг иконографически сходны, в Монголии часто отождествляются.

Чойджал в буддийской иконографии изображается синим (цвет грозного божества), имеющим рогатую бычью голову с тремя глазами, проникающими прошлое, настоящее и будущее, в ореоле языков пламени. На нём — ожерелье из черепов, в руках жезл, увенчанный черепом, аркан для ловли душ, меч и драгоценный талисман, указывающий на его власть над подземными сокровищами. Атрибуты Э. как вершителя загробного суда — весы, книга судеб, а также зеркало, в котором видны прегрешения человека.

Как правило, царство Э. расположено под землёй. Однако иногда «тот свет» локализуется где-то в стороне от мира живых (например, у калмыков — на западе), беспредельно далеко от него или как бы в ином измерении. Изредка Э. причисляется к небесным богам. В алтайских мифах Э.— брат *Ульгеня* (старший или младший), его создатель или его создание, первый человек. Э. помогает Ульгеню творить мир (в облике утки добывает со дна океана комок глины, из которого создаётся земля) или, напротив, мешает ему (по злому умыслу или неумению делает на ровной земле горы, топи и болота, без ведома Ульгеня и против его воли наделяет человека душой, чем обеспечивает себе право забирать её после смерти. Иногда Э. творит «тёмное» человечество параллельно с Ульгенем, создающим «светлое» человечество; иногда выковывает на наковальне чертей, своих слуг, а также создаёт некоторых зверей (медведя, барсука, крота), вытаскивает из земли кабана, змею, лягушку и других гадов.

У алтайцев Э., проклятый Ульгенем, проваливается в преисподнюю или низвержен им туда. Первое время он ночами выходит из-под земли, убивает самых красивых женщин и мужчин и делает их своими работниками, но вновь изгоняется под землю. Однако и поныне Э. заставляет души умерших служить себе или отправляет их на землю творить зло. Он насылает болезни на людей, чтобы вынудить их к жертвоприношению. Он кровожаден: питается кровавой, красной пищей, пьёт внутреннюю лёгочную кровь. Э. представляется могучим старцем огромного роста, с раздвоенной бородой до колен, со взлохмаченными волосами, с закинутыми за уши чёрными закрученными усами, чёрными бровями и глазами. Он ездит на чёрно-лысом быке, чёрном иноходце, чёрной лодке без вёсел, имеет чёрную змею вместо плети и бобровое одеяло. Его дворец из чёрной грязи или чёрного железа стоит на берегу подземного моря Бай-Тенгис или около слияния девяти рек в одну, текущую человеческими слезами, через которую переброшен мост из конского волоса, никем не преодолимый в обратном направлении.

С. Ю. Неклюдов.

В бурятской мифологии Э. (Эрлен-хан) не только владыка подземного мира и судья в царстве мёртвых, но и глава злых восточных ханов, или хатов (см. *Эдзены*). Его отец — тёмное восточное божество Гужир-тенгри; жена — Эхе Нур-хатун («госпожа мать озера»).

В подчинении у Э. девять присутственных мест (сугланы) и 99 (или 88) темниц; главными сугланом и темницей Э. управляет сам, а остальными — его главный помощник — восточный чёрный заян (см. *Дзаячи*) Хурмен-эжин.

Н. Ж.

ЭРО́Т, Э́рос («любовь»), в греческой мифологии бог любви. Одно из четырёх космогонических первоначал, наряду с Хаосом, Геей и Тартаром (Hes. Theog. 116—122). По мифографу 5 в. до н. э. Акусилаю, Э., Эфир и Метида («мысль») — дети Эреба и Ночи, происшедших от Хаоса. У Парменида Э. мыслится также древнейшим божеством, которое создала Афродита. У орфиков он Протогон («перворождённый»), Фанет («явленный»), Фаэтон («сияющий»); Э.— смелый стрелок, крылатый, многоискусный, владыка ключей эфира, неба, моря, земли, царства мёртвых и тартара (Hymn. Orph. 58 Quandt.). По Ферекиду (6 в. до н. э.), сам Зевс, создавая мир, превратился в Э. Эрот, таким образом, мыслится всевластной мировой силой. Традиция классической поэзии делает Э. сыном Зевса (Eur. Hippol. 533), порождением Ириды и Зефира (Alc. frg. 8D), сыном Афродиты и Ареса (Simonid. frg. 24), так что он постепенно принимает черты «златокрылого» (Aristoph. Av. 1738), «золотоволосого» (Anacr. frg. 5), «подобного ветру» (Sapph. frg. 50) бога, знаменуя постепенный переход к изящному, лёгкому, капризному Э. эллинистической поэзии. У Аполлония Родосского это хитроумный, но жестокосердный малыш, помыкаемый Афродитой, своей матерью (III 111—159). Классика создаёт также своеобразную мифологическую символику бога любви. Оригинальный миф об Э. не божестве, а демоне, спутнике Афродиты, выражающем вечное стремление к прекрасному, даётся Платоном. У него Э.— сын Бедности и Богатства, зачатый в день рождения Афродиты и получивший в наследство от родителей жажду обладания, стойкость, отвагу, бездомность (Conv. 203 b-e). Однако даже в поздней античности существовал архаический культ Э., которого почитали в Феспиях (Беотия) в виде необработанного камня (Paus. IX 27, 1); в Феспиях же находились изваянные Праксителем и Лисиппом статуи Э., изображавшие его в виде прекрасного юноши (IX 27, 1 след.). Характерно, что для Павсания (2 в.) не возникает сомнения, что Э.— самый юный из богов и сын Афродиты, хотя существовали разные генеалогии Э. (напр., сын Афродиты и Гермеса, Артемиды и Гермеса и др., Cic. De nat. deor. III 23, 59 след.). Символическо-аллегорическое изображение Э. даётся Апулеем в «Метаморфозах» (см. в ст. *Психея*). Э. соответствуют римские Амур и Купидон.

А. А. Тахо-Годи.

ЭРРА, Йрра, в аккадской мифологии бог войны и чумы. Имя засвидетельствовано со староаккадского периода в теофорных именах собственных. Вплоть до старовавилонского времени писалось без детерминатива бога, видимо, как имя чужеземного божества. Возможно, с его именем связано имя хеттского бога чумы *Нергалу*, у обоих богов был общий храм Е-Меслам в городе Куту (Северная Месопотамия). По принятии Э. в вавилонский пантеон его отцом был объявлен Ану (*Ан*). Супруги — богини Мами, Мамме, *Мамету*, иногда — владычица подземного мира *Эрешкигаль*. Аккадский миф об Э., засвидетельствованный, видимо, с 11 в. до н. э., описывает, как *семёрка*, созданная Аном и землёй (или небом и землёй), подстрекает Э. на злобные дела. *Ишум*, герольд и советчик Э., пытается умилостивить его и удержать от преступлений, но Э. решает уничтожить людей, ибо те забросили его культы. Обманным путём он отбирает у «отца богов* Мардука* власть — тот должен очистить при помощи бога огня Гирры (*Гибила*) свои загрязнившиеся инсигнии, для чего Мардук оставляет свой трон и передаёт временно власть Э., уверенный, что тот не допустит никаких злоупотреблений, а сам спускается в подземное царство. Э. нарушает слово и несёт на землю чуму, хаос и разруху. Пострадала вся Вавилония, и даже сам Вавилон, город Мардука, не избег этой участи. Только насытившись бедой, Э. внемлет, наконец, увещаниям Ишума, прекращает погром и даже признаёт свою вину.

В. К. Афанасьева.

ЭРХИ́Й-МЕ́РГЕН («стрелок Большой палец»), Т а р б а г а н - м е́ р г е н («стрелок-сурок»), в мифологии монголов и ойратов, иногда также тувинцев и алтайцев чудесный охотник-лучник, культурный герой. Он сбивает выстрелом лишние солнца, которых первоначально было несколько: два, три, четыре и т. д.; не попав в последнее, превращается в степного сурка — тарбагана. В вариантах мифа, где отсутствует объяснение выстрела необходимостью уничтожить лишние солнца, мишенью Э.-м. является единственное солнце. Мир спасает вмешательство бога. Он прерывает разрушительную деятельность Э.-м. сразу (отрубает ему палец, превращает в тарбагана) или обманным путем: предлагает герою, решившему стрелять по солнцу и луне, сначала для пробы попасть в созвездие *Мичит*, а сам тайком убирает из созвездия одну звезду; когда же Э.-м. метким выстрелом сбивает одну из звёзд, бог незаметно возвращает на её место спрятанную ранее и убеждает стрелка, что тот промахнулся. Согласно другим сюжетам, замечательный стрелок был обращён в тарбагана за то, что дерзнул состязаться в стрельбе с богом и проиграл, но и поныне он продолжает это состязание: его подземные стрелы (чума) страшнее небесных. Поэтому в него нельзя стрелять из лука: он утащит стрелу в нору и станет оборотнем (монг. оролон). Иногда снимается и космический масштаб события: герой стреляет не в светило, а в птицу, обычно — в ласточку, но промахивается, задев стрелой лишь кончик её хвоста, с тех пор оставшийся расщеплённым. Сам не зарывается в землю, превратившись в тарбагана (часто — во исполнение заклятия, наложенного на себя перед выстрелом).

С. Ю. Неклюдов.

ЭР-ШИ-БА́ ТЯНЬ («двадцать восемь небес»), в китайской буддийской мифологии двадцать восемь земных и небесных слоёв, являющихся ступенями на пути прозрения от полного непрозрения в низших слоях, не позволяющего живому существу вырваться из круговорота жизни и смерти, страданий и греховных действий, вплоть до достижения полного прозрения и конечного вхождения в *нирвану*. Расположены ярусами вокруг центра мира горы *Сумеру* и распределяются по трём мирам (*Сань-цзе*). Из всех небес в поздней китайской буддийской мифологии приобрели особое значение: низший земной слой, населённый демонами и душами умерших грешников и приобретающий черты преисподней (*Ди-юй*); верхний земной слой, «пустота» между небом и землёю, мир земного существования, в верхней его части расположен мир будды *Амитабхи* (*Ситянь*); нижний небесный слой — небо Четырёх великих небесных царей (гатурмахараджей), охраняющих по четырём сторонам света ведущие на небе врата, и *Доушуай тянь*.

Л. Н. Меньшиков.

ЭРЭКЭ-ДЖЭРЭКЭ («семьдесят разряженных девиц», «девяносто разукрашенных парней»), в якутской мифологии духи — хозяева деревьев и трав, дети хозяйки земли *Ан Дархан хотун*. Иногда Э.-д. по поручению Ан Дархан хотун определяли судьбы новорождённых детей.

Н. А.

ЭСЕГЕ МАЛА́Н-ТЕ́НГРИ [«отец плешивое (лысое, широколобое) небо»], Э с е г е М а л а́ н б а б а́ й («отец плешивый батюшка»), в мифах бурят один из 55 западных (добрых) *тенгри*, по другим версиям, глава всех 99 тенгри. Олицетворяет ясную, солнечную погоду как одно из свойств неба. Э. М-т. — сын Хухе Мунхе-тенгри («синего вечного неба»), выражает его волю. Согласно некоторым мифам, Э. М.-т., до того как стать небожителем, обитал на земле. Как культурный герой он ввёл ярмо для быков, упряжь для лошадей, переселение невесты во время свадебной церемонии в дом жениха (до этого жених переходил в дом невесты). С его именем связывают обычай умерщвления стариков, достигших 70 лет. По одному из мифов, Э. М.-т. спас солнце и луну, запрятанные в подземелье хозяина земли. Женат Э. М.-т. на Эхе Юрин-хатун (Эхе Юрен), имеет девять сыновей и девять дочерей (вариант: трёх сыновей и девять дочерей). Среди его сыновей — *Шаргай-нойон* и *Сахядай-нойон*.

Исследователями высказывается мнение, что в бурятской мифологии Э. М.-т. — это обожествлённый после смерти *Чингисхан*, который ещё при жизни почитался как сын Хухе Мунхе-тенгри, а Эхе Юринхатун — жена Чингисхана Борте, имевшая почётное прозвище Эхе Юджин («мать супруга»). См. также *Сахядай-нойон*.

Н. Л. Жуковская.

ЭСКУЛА́П, в римской мифологии бог врачевания, соответствующий греч. *Асклепию*, культ которого был перенесён в Рим согласно совету дельфийского оракула для прекращения эпидемии чумы. По преданию, бог был привезён из Эпидавра в виде змеи. Когда вёзший его корабль вошёл в Тибр, змея соскользнула в реку и приплыла на остров в Тибре, где Э. в 291 до н. э. был посвящён храм. В храме находились священные змеи и собаки; больные получали в храме во сне исцеление или узнавали способы лечения. В период империи Э. почитался вместе с *Гигиеей*.

Е. Ш.

Э́СУ, в мифах бини бог, олицетворяющий зло и беспорядок, посыльный других богов. В некоторых вариантах Э. — сын *Оса*. Представление об Э. заимствовано бини у йоруба.

Е. К.

ЭСФИ́РЬ, Е с ф и́ р ь, в иудаистической мифологии героиня, спасшая свой народ в эпоху владычества персидского царя Ксеркса (именуемого в Библии Артаксерксом); главный персонаж Книги Есфири, вошедшей в иудейский (ветхозаветный) канон, которая читается в праздник пурим. Иудейка Э. (её имя также было Гадасса), будучи сиротой, жила в Сузах и воспитывалась родственником Мардохеем (греч., в оригинале: Мордехай). После того как царь, разгневанный на царицу Астинь (греч., в оригинале: Вашти), отказавшуюся явиться на званый царский пир, её устранил и приказал собрать прекрасных девиц со всего царства, его выбор пал на Э., избранную им царицей. Через неё Мардохей извещает царя о готовящемся против него заговоре и тем самым спасает ему жизнь, о чём царь приказывает записать в памятной книге. Как правоверный иудей, Мардохей отказывается кланяться царскому любимцу визирю Аману, который этим уязвлён настолько, что замышляет погубить весь иудейский народ и добивается от царя рассылки по всем подвластным областям приказа о поголовном их истреблении. Мардохей взывает о помощи к Э., и та после трёхдневного поста и молитвы незваной является к царю (за что ей грозит смертная казнь). Однако царь проявляет к ней милость и обещает исполнить любое её желание, но Э. ограничивается приглашением его вместе с Аманом к себе на пир. На пиру царь повторяет своё обещание, но она лишь снова зовёт их к себе назавтра. Аман, исполненный гордости, решает просить царя повесить Мардохея и готовит виселицу вышиной в пятьдесят локтей. В эту ночь царю не спится, и он приказывает читать ему памятную книгу. Прочитав о разоблачении заговора Мардохеем, царь решает почтить его и наутро приказывает Аману провести его по городу в царском облачении и верхом на царском коне.

Вечером на пиру Э. открывает своё желание, прося царя пощадить её вместе с её народом, и называет Амана своим врагом. Царь в гневе выходит в сад, а Аман припадает к ложу Э., моля её о заступничестве; увидев это, вернувшийся царь решает, что тот насилует царицу. Амана вешают на виселице, уготованной им Мардохею, который занимает его место при дворе и рассылает по областям письма, отменяющие избиение иудеев, а дни, когда оно было назначено, объявляются праздником пурим («днём празднества и веселья») (Есф. 9, 17). Приурочение

изложенных событий к празднику пурим (неясного происхождения) объясняется тем, что Аман, выбирая день для истребления иудеев, бросал жребий — пур (Есф. 9, 24—26; ср. 3, 7).
М. Б. Мейлах.

ЭТА́НА, герой шумеро-аккадского предания, легендарный правитель города Киша. Согласно «царскому списку» (ок. 21 в. до н. э.), содержащему как мифические, так и исторические данные, Э. — 12-й правитель династии Киша, правившей «после потопа», «пастырь, который поднимался на небо и устроил все страны», по другой традиции — первый царь. Аккадское сказание, дошедшее в версиях начала, середины, конца 2-го тыс. и начала 1-го тыс. до н. э., очень фрагментарно.

Орёл, заключив союз о дружбе со змеёй, нарушает его, пожирая одного из её детёнышей, за что несёт кару, как нарушитель «клятвы Шамаша», судьи и хранителя договоров. Змея по совету Шамаша (*Уту*) прячется в туше быка и нападает на орла, подлетевшего к туше. Она швыряет его в яму, ощипав перья и пух, «чтобы умер он жадной и голодной смертью». Э. по совету Шамаша спасает орла. В благодарность орёл обещает поднять его на небо и достать «траву рождения», ибо жена Э. не может разродиться. Эта часть текста особенно фрагментарна, поэтому нет единого мнения в трактовке рассказа. Текст включает также рассказ о снах Э. Возможно, что был не один, а два (три) полёта и последний — гибельный. «Трава рождения» всё-таки была добыта, ибо в традиции упоминается сын Э. по имени Балих (Палих). Есть точка зрения, что сказание о полёте Э. передаёт в трансформированном виде рассказ о поисках шаманом-знахарем духа-покровителя в образе животного. В ассирийской версии эпоса о *Гильгамеше Энкиду* встречает Э. среди обитателей подземного царства. У Элиана (3 в. н. э.) полёт на орле приписывается Гильгамешу.
В. К. Афанасьева.

ЭТА́ША (от корня «эта-», «пёстрый»), в древнеиндийской мифологии существо, видимо, конской природы, связываемое с *Сурьей*. Само слово иногда обозначает «быстрый», чаще (в Ригведе) — «конь», во множественном числе — «солнечные кони» (VII 62, 2; X 37, 3; 49, 7). Э. как имя собственное относится к персонажу, борющемуся за солнце, и к солнечному коню.
В. Т.

ЭТЕ АБА́СИ («бог-отец»), в мифах ибибио божество. Согласно некоторым мифам, мир сотворён Э. А. и его супругой *Эка Абаси*. Они оба живут в небе. Э. А. создал человека, а Эка Абаси впоследствии стала формировать детей в чреве матери. Э. А. обеспечивает урожай, а его жена даёт плодовитость.
Е. К.

ЭТЕО́КЛ, в греческой мифологии сын *Эдипа* и *Иокасты*, брат *Полиника* и Антигоны. Изгнав из Фив Полиника, который после этого организовал поход *семерых против Фив* с целью вернуть себе царский престол, Э. оказался перед необходимостью возглавить оборону осаждённого города. В трагедии Эсхила «Семеро против Фив» Э. изображён как мужественный воин, озабоченный прежде всего спасением отчизны; тяготеющее над ним отцовское проклятие Э. воспринимает как неизбежную реальность, которая не может отклонить его от исполнения, даже ценой жизни, его воинского и гражданского долга. Напротив, у Еврипида в «Финикиянках» Э. лишён всякого героического ореола, представлен тщеславным и честолюбивым властелином. В «Финикиянках» подробно описан поединок Э. с Полиником, завершившийся их гибелью (1359—1424).
В. Я.

ЭТО́Л, в греческой мифологии сын элидского царя *Эндимиона* и Ифианассы (Apollod. I 7, 6) (варианты: Астеродии, Гиперипы или Хромии; Paus. V 1, 4), отец Плеврона и Калидона, эпонимов городов в Этолии (Apollod. I 7, 7). После того как Э. неумышленно убил сына Форонея Аписа (сбил его колесницей во время погребальных игр; Paus. V 1, 8), он, страшась мести сыновей убитого, бежал из Пелопоннеса в страну куретов. Убив там приютивших его Фтии и Аполлона — *Дора*, Лаодока и Полипойта, он назвал землю в свою честь Этолией (Apollod. I 7, 6).
М. Б.

ЭТПО́С-О́ЙКА (мансийск., «месяц-старик»), Йки (хантыйск., «месяц, луна», «старик»), в мифологии обских угров бог луны. В очертаниях большого пятна на луне обские угры видели силуэт Э.-о.; малые пятна считались детьми, которые некогда дразнили Э.-о. и в наказание были пожраны им. Обычно считается, что Э.-о. — сын *Корс-Торума* и брат солнца-женщины *Хотал-эквы*.
Е. Х.

ЭТСА, в мифах хиваро культурный герой, солнце. Однажды людоед Ивиа напал на семью хиваро, всех съел, а только красивую девушку взял в жёны, но вскоре убил и жену, оставив в живых её сыновей — Э. и Янгуами. Когда они выросли, Янгуами забрался по лозе на небо и превратился в звезду. Э. остался жить у Ивиа. Как-то горлинка рассказала Э., как Ивиа убил его мать. Тогда Э. стал бороться с Ивиа и, наконец, перехитрил его. Когда Ивиа пошёл на охоту, Э. велел птицам притвориться мёртвыми. Людоед набрал мнимо убитых птиц, которые вдруг ожили и подняли его к небу. Затем Ивиа связали и опустили в реку, оттуда раздаются его стоны, а люди слышат раскаты грома и подземный гул. В другом мифе Э. выступает как сын богов-создателей, от брака Э. и Нанту (луны) родился первый хиваро.
Ю. Б.

ЭТУ́ГЕН, Этуген-эхе («мать-земля»), в мифах монголов обожествлённая земля, неперсонифицированное божество земли. Упоминается средневековыми европейскими путешественниками под именами Итога (у Плано Карпини, ср. форму Ирога у Джона Мандевилла), Натигай (у Марко Поло; ср. форму Начигай-эке в монгольском тексте той же эпохи) как объект шаманского культа, всемогущий бог природы. Э. составляет пару с неперсонифицированным небесным божеством или обожествлённым небом (см. *Тенгри*); от этого космического брака, возможно, рождается всё сущее. Э. — воплощение земли как плодородящего женского чрева. Постепенно Э. отождествляется с землёй как частью мироздания. С другой стороны, она заменяется или оттесняется множеством Э. (77 слоёв Э.; соответствует множеству тенгри). У бурят Э. соответствует Улгэн («широкая, необъятная») — Улгэн эхе — «мать-земля», Улгэн делхей — «широкая земля». Эквивалент Э. в древнетюркской мифологии — *Умай*. В якутской мифологии утуген — преисподняя.
С. Н.

ЭУ КО, во вьетских мифах супруга первопредка Лак Лаунг Куэна. Она породила мешок, в котором, когда он лопнул, оказалось сто яиц, в каждом из них по сыну. Впоследствии пятьдесят сыновей ушли с Лак Лаунг Куэном к морю, а пятьдесят — с Э. К. в горы.
Н. Н.

ЭФАЛИ́Д, Эталид, в греческой мифологии сын Гермеса и Эвполемии (дочери фессалийского героя Мирмидона) (Apoll. Rhod. I 51), глашатай аргонавтов. Гермес дал Э. свой скипетр и память, которую он не утратил в аиде (I 640—650): после смерти душа Э. один день проводила в загробном царстве, другой — на земле (Schol. Apoll. Rhod. I 645); 2) один из тирренских пиратов, превращённых Дионисом в дельфинов (Hyg. Fab. 134).
Г. Г.

ЭФИО́ПЫ («опалённоликие»), в греческой мифологии племена, населяющие южные пределы земли. Подобно северянам *гипербореям*, Э. особенно любезны богам, пирующим с ними вместе (Hom. Od. I 21 35; Il. I 423; XXIII 206) там, где океан образует небольшой залив или болото и куда опускается Гелиос, чтобы остыть и отдохнуть (Aeschyl. frg. 67). Большое войско Э. во главе с царём Мемноном пришло на помощь Приаму в войне против ахейцев (Hom. Od. IV 187—188; Apollod. epit. V 3).
Г. Г.

Э́ФРА, Этра, в греческой мифологии: 1) дочь *Питфея*, к которой безуспешно сватался Беллерофонт (Paus. II 31, 9) и которая стала женой *Эгея* и матерью *Тесея*. Когда Тесей находился в аиде, Э. похитили Диоскуры и увезли её в Спарту, где она стала служанкой Елены (Apollod. III 10, 7), вместе с которой потом оказалась в Трое, где воспитала своего правнука Мунита (сына Акаманта и Лаодики) (Parthen. 16). После захвата Трои ахейцами Э. увезли домой в Афины внуки Акамант и Демофонт

(Apollod. epit. V 23); 2) океанида, мать Гиад (Ovid. Fast. V 171); 3) согласно одному из вариантов, жена Гипериона, мать Солнца, Луны и Авроры.

Г. Г.

ЭХЕ-БУ́РХАН («мать-богиня»), в мифах бурят праматерь всех богов, демиург. Согласно версии унгинских бурят, сначала Э.-б. обитала во мраке и первобытном хаосе. Она сделала дикую утку, которая нырнула в воду и принесла на клюве грязь. Э.-б. слепила землю-матушку Ульген (Ульгень, Улгэн эхэ; см. в ст. *Этуген*), затем сотворила на ней растения и животных. От солнца Э.-б. родила добрую *Манзан Гурме*, от месяца — злую *Маяс Хара*. На стороне заката солнца она создала женское начало, на стороне восхода — мужское. Они встретились, соединились, и родились первые мужчина и женщина (брат и сестра) — Паханг (ср. тибет. *масанг*) и Туя («луч»).

Н. Ж.

ЭХЕ́Т («хваткий»), в греческой мифологии сицилийский или фессалийский царь (восходит к местному итакийскому божеству смерти). Э., прежде чем отдать на съедение псам своих гостей, отрубал им носы и уши. Медные резаки Э. пользовались такой славой, что соседи присылали к нему приговорённых к казни (Hom. Od. XVIII 84—87; Schol. Hom. Od. XXIII 308).

Г. Г.

ЭХИ́ДНА, Е х и́ д н а, в греческой мифологии чудовище, полудева-полузмея, дочь Форкия и Кето, внучка земли Геи и моря Понта (Hes. Theog. 295—299). Э. прекрасна ликом, но ужасна в своей змеиной сущности, залегая в пещере под землёй, вдали от богов и людей (300—305). Э. — родоначальница чудовищ, рождённых ею от *Тифона* и *Гериона*; это — собака Орф, Кербер, лернейская гидра, химера, Сфинкс. От своего сына Орфа Э. родила немейского льва (306—327). Э. — хтоническое божество, сила которого, воплощённая в его потомках, была уничтожена великими героями Гераклом, Беллерофонтом, Эдипом, знаменуя победу героической мифологии над териоморфизмом.

А. Т.-Г.

ЭХО́, в греческой мифологии нимфа, с именем которой связывали происхождение эха. Нимфа, наказанная Герой за болтовню, умела произносить только концы слов, не зная их начала. У Овидия рассказана история Э., влюблённой в *Нарцисса* и истаявшей от любви, но сохранившей голос, постоянно звучащий отзвуком чужих слов (Met. III 359—401).

А. Т.-Г.

ЭШМУ́Н (от шем, «имя»; апеллятив, заменяющий запретное имя бога), в западносемитской мифологии умирающий и воскресающий бог растительности, бог-целитель, наделённый властью воскрешать мёртвых, почитавшийся в Финикии и Карфагене. Символом Э. было изображение змея на шесте. В эллинистический период он отождествлялся с *Асклепием*. В Берите существовала священная роща, посвящённая Э. Дамаский (6 в. н. э.) приводит беритский миф о том, как Э., смертный сын финикийского бога Садика («праведный»), прекрасный и добрый, возбудил любовь матери богов Астронои (*Астарты*), которая узрела его на охоте. Она преследовала его; во время бегства Э. оскопил себя и умер, но Астроноя возвратила его к жизни своим животворящим теплом и сделала богом (Migne, Patrologia Graeca, 103, 1304). Недалеко от Сидона находился храм Э., расположенный на вершине горы, в садах на берегу реки. В Тире и Карфагене Э. считался спутником *Мелькарта* и был отождествлён с *Иолаем* (в Бирсе находился его храм); согласно поздней античной традиции, Мелькарт, погибший в схватке с Тифоном, был воскрешён Э.

И. Ш.

ЭЭТ, в греческой мифологии царь страны Эа (позднее отождествлённой с Колхидой), сын Гелиоса и Персеиды (вариант: Персы, Apollod. epit. VII 14), брат Кирки, Пасифаи и Перса, отец *Медеи*, Халкиопы и Апсирта (Hes. Theog. 956 след.; Apollod. I 9, 23). Когда Фрикс на златорунном баране прибыл к Э., тот приютил его и дал в жёны Халкиопы (Apollod. I 9, 1). Фрикс принёс в жертву барана, а золотое руно повесил на дереве в роще, охраняемой драконом. В поисках золотого руна в Колхиду прибыли *аргонавты*. Э. обещал Ясону отдать руно, если тот запряжёт в плуг огнедышащих быков и засеет землю зубами дракона (вариант: Э. потребовал, чтобы Ясон помог ему вести войну против брата Перса; Val. Flac. VI 1 след.). Хотя Ясон прошёл все испытания и выполнил все требования, Э. нарушил своё обещание, решив сжечь корабль «Арго» и перебить аргонавтов. С помощью Медеи аргонавтам удалось усыпить дракона, похитить руно и бежать (Apoll. Rhod. IV 11 след.; Apollod. I 9, 23). Когда Э. стал преследовать аргонавтов, Медея, чтобы задержать его, убила брата Апсирта и куски тела разбросала по морю. Э. прекратил погоню, чтобы собрать тело сына и предать его погребению. Другие попытки колхов, посланных Э., чтобы догнать и возвратить беглецов, тоже не увенчались успехом (Apollod. I 9, 24—25). После отъезда аргонавтов Э. был свергнут своим братом Персом; не вернувшаяся Медея и её сын Мед убили Перса и вернули власть Э. (I 9, 28). Вариант: после свержения Перса правителем Колхиды стал не Э., а Мед (Diod. IV 56).

М. Б.

ЭЭТИ́ОН, в греческой мифологии царь мисийского города Фивы Плакийские, отец *Андромахи*. Во время Троянской войны Фивы были взяты и разорены Ахиллом, который убил Э. и семерых его сыновей (Hom. Il. VI 413—424).

В. Я.

Иллюстрации

1

2

3

1. АВРААМ, САРРА И ТРИ АНГЕЛА. ВИДЕНИЕ АВРААМА ПОД МАМРИЙСКИМ ДУБОМ.
Мозаика. 432—440. Рим, церковь Санта-Мария Маджоре.

2. АМИТАБХА АППАРИМИТАЙЮ.
Масло. 19 в. Улан-Батор, Музей изобразительных искусств.

3. АД.
Фреска Л. Синьорелли из цикла "Страшный суд". 1499—1503. Собор в Орвието.

4. ПЕРСЕЙ И АНДРОМЕДА.
Фреска из дома Диоскуров в Помпеях. 65—70-е гг. н. э. Неаполь, Национальный музей.

5. АНГЕЛЫ.
Фрагмент росписи "Алтаря Страшного суда". Рогира ван дер Вейдена. 1446—48. Бонн, Музей земли Рейнланд.

6. ИЗГНАНИЕ АДАМА И ЕВЫ ИЗ РАЯ.
Фреска Мазаччо. 1427—28. Флоренция, церковь Санта-Мария дель Кармине, капелла Бранкаччи.

4

5

6

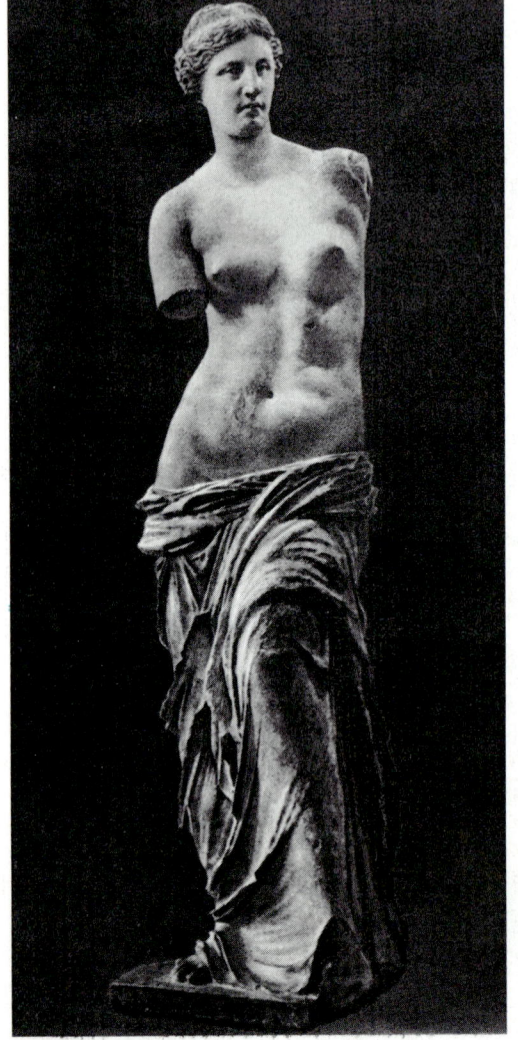

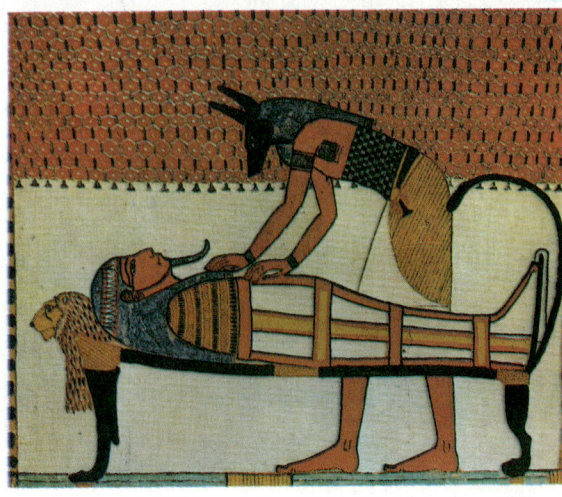

1. АФРОДИТА.
Фрагмент росписи краснофигурного килика "художника Лиандра". Ок. 460 до н. э. Флоренция, Археологический музей.

2. БРИСЕИДУ УВОДЯТ ОТ АХИЛЛА.
Фреска из дома Трагического поэта в Помпеях. 1 в. н. э. Неаполь, Национальный музей.

3. ВЕНЕРА МЕЛОССКАЯ.
Мрамор. Ок. 120 до н. э. Париж, Лувр.

4. ВАЛААМ И АНГЕЛ, ПРЕГРАЖДАЮЩИЙ ЕМУ ДОРОГУ.
Фреска 4 в. Рим, Катакомбы на Виа Латина.

5. АНУБИС ИЗВЛЕКАЕТ СЕРДЦЕ УМЕРШЕГО, ЧТОБЫ ВЗВЕСИТЬ ЕГО НА СУДЕ ОСИРИСА.
Фрагмент росписи из гробницы Сеннеджема в Фивах. 13 в. до н. э.

6. АПОЛЛОН ИЗ ПЬОМБИНО.
Бронза. Ок. 475 до н. э. Париж, Лувр.

7. ГЕРАКЛ И АФИНА.
Фрагмент росписи краснофигурного килика Дуриса. Ок. 480 до н. э. Мюнхен, Музей античного прикладного искусства.

8. ОДИССЕЙ И ДИОМЕД НАХОДЯТ АХИЛЛА НА ОСТРОВЕ СКИРОС.
Фреска из дома Диоскуров в Помпеях. 1 в. н. э. Неаполь, Национальный музей.

9. БЛАГОВЕЩЕНИЕ.
Створка алтаря "Мастера жизни Марии". Ок. 1460. Мюнхен, Старая пинакотека.

1

2

3

4

5

1. ВАВИЛОНСКАЯ БАШНЯ.
Картина П. Брейгеля Старшего. 1563.
Вена, Музей истории искусств.

2. БИТВА ГЕРАКЛА С ГЕРИОНОМ.
Фрагмент росписи чернофигурной амфоры. Ок. 540 до н. э. Париж, Национальная библиотека.

3. ГАЙАВАТА И ДЕГАНАВИДА ПЕРЕД АТОТАРХО.
Рисунок индейского художника. 1-я пол. 19 в.

4. ПОКЛОНЕНИЕ ВОЛХВОВ.
Фреска Джотто. Ок. 1305.
Падуя, капелла дель Арена.

5. МЛАДЕНЕЦ ГЕРАКЛ ДУШИТ ЗМЕЙ.
Фреска в доме Веттиев в Помпеях. 50—79-е гг. н. э.

6. РОЖДЕНИЕ ВЕНЕРЫ.
Картина С. Боттичелли. Фрагмент.
Флоренция, галерея Уффици.

7. БИТВА СВЯТОГО ГЕОРГИЯ С ДРАКОНОМ.
Картина П. Уччелло. 1450-е гг.
Лондон, Национальная галерея.

1

2

3

4

5

6

1. МАСТЕРСКАЯ ГЕФЕСТА
(Гефест показывает Фетиде щит, изготовленный для Ахилла). Фреска из Помпей. Ок. 70 н. э. Неаполь, Национальный музей.

2. ГУАНЬ-ИНЬ.
Бронза, золочение, литье. 11 в. Москва, Музей искусства народов Востока.

3. ГИЛЬГАМЕШ.
8 в. до н. э. Париж, Лувр.

4. РАСПЯТИЕ.
Картина Антонелло да Мессина. 1475. Антверпен, Королевский музей изящных искусств.

5. ЗЕВС.
Мрамор, 1 в. н. э. Кирена, музей.

6. ДИОНИС.
Фрагмент росписи краснофигурной амфоры "мастера Клеофрада". Ок. 500 до н. э. Мюнхен, Музей античного прикладного искусства.

7. ДАНАЯ.
Картина Рембрандта. 1636. Ленинград, Эрмитаж.

8. ГОЛОВА МЕДУЗЫ.
Картина Караваджо. Ок. 1600. Флоренция, галерея Уффици.

9. ГРЕХОПАДЕНИЕ.
Фреска Микеланджело на плафоне Сикстинской капеллы, 1508—12. Рим, Ватикан.

10. ПОХИЩЕНИЕ ЕВРОПЫ.
Роспись краснофигурного кратера "берлинского художника". Ок. 490 до н. э. Тарквиния, Археологический музей.

11. ДАВИД С ГОЛОВОЙ ГОЛИАФА.
Картина Караваджо. 1605—10. Рим, галерея Боргезе.

1

2

3

4

1. ВСТРЕЧА МАРИИ И ЕЛИСАВЕТЫ.
Створка алтаря работы кельнского мастера (т. н. Мастера жизни Марии). 1460—70. Мюнхен, Старая пинакотека.

2. ЯВЛЕНИЕ ХРИСТА МАРИИ МАГДАЛИНЕ.
Картина М. Шонгауэра. 2-я пол. 15 в. Кольмар, музей Унтерлинден.

3. ДЕВУШКА С ЕДИНОРОГОМ.
Деталь фрески Доменико Вампьери. 1602—08. Рим, палаццо Фарнезе.

4. БЕГСТВО В ЕГИПЕТ.
Фреска Джотто. Ок. 1305. Падуя, капелла дель Арена.

5. РОЖДЕСТВО.
Картина Робера Кампена. Ок. 1425. Дижон, Музей изящных искусств.

6. ВЗЯТИЕ ИЕРИХОНА.
Миниатюра Ж. Фуке. 1470-е гг. Париж, Национальная библиотека.

7. ВЪЕЗД ХРИСТА В ИЕРУСАЛИМ.
Неизвестный французский мастер. 15 в. Ленинград, Эрмитаж.

1

2

3

4

5

1. ТАЙНАЯ ВЕЧЕРЯ.
Центральное панно алтаря работы
Д. Баутса. 1464—67. Левен,
Церковь святого Петра.

2. ВСТРЕЧА ИОАКИМА И АННЫ
У ЗОЛОТЫХ ВОРОТ.
Фреска Джотто. Ок. 1305. Падуя,
капелла дель Арена.

3. ИОАНН КРЕСТИТЕЛЬ В ПУСТЫНЕ.
Картина Гертгена тот Синт-Янса.
1485—90. Западный Берлин,
Государственные музеи.

4. ЖЕРТВОПРИНОШЕНИЕ ИФИГЕНИИ.
Фреска из дома Трагического
поэта в Помпеях. 1 в. н. э.
Неаполь, Национальный музей.

5. ПОЦЕЛУЙ ИУДЫ.
Фреска Джотто. Ок. 1305. Падуя,
капелла дель Арена.

6. ИОСИФ И ЖЕНА ПОТИФАРА.
Мозаика. Кон. 12—нач. 13 вв.
Венеция, собор Сен-Марко.

7. ИСААК БЛАГОСЛОВЛЯЕТ ИАКОВА.
Мозаика. 1-я пол. 13 в.
Монреале (Сицилия), собор.

8. ПАЛЛАДА И КЕНТАВР.
Картина С. Боттичелли. 1480-е гг.
Флоренция, галерея Уффици.

1. ИСИДА ВЕДЕТ ЦАРИЦУ НЕФЕРТАРИ.
Роспись в гробнице Нефертари в Фивах. XIX династия.

2. БОГИНЯ ИШТАР НА ЛЬВЕ, ЕЕ СИМВОЛИЧЕСКОМ ЗВЕРЕ.
Рельеф из Эшнунны. Париж, Лувр.

3. БОГИНЯ КРАСОТЫ И СЧАСТЬЯ ЛАКШМИ.
2—1 в. до н. э.

4. КРИШНА, ПОДНИМАЮЩИЙ ГОРУ ГОВАРДХАН.
Миниатюра. 18 в. Кангра.

5. ПОХИЩЕНИЕ ОДЕЖД КРИШНОЙ.
Миниатюра. 18 в. Кангра.

6. АПСАРА.
Бхубанешвар, 12 в.

7. КРЫЛАТАЯ ДЕМОНИЦА (ЛИЛИТ?).
Нач. 2-го тыс. до н. э. Париж, Лувр.

8. ЛАО-ЦЗЫ УЕЗЖАЕТ НА ЗАПАД.
Статуэтка.

9. КЕЦАЛЬКОАТЛЬ.
Рисунок из Бурбонского кодекса.

10. ПОБЕДА КРИШНЫ НАД ЗМЕЕМ КАЛИЕЙ.
Миниатюра. 19 в. Кангра.

11. МАНДЖУШРИ, ОТСЕКАЮЩИЙ ПУТЫ НЕЗНАНИЯ ПЛАМЕНЕЮЩИМ МЕЧОМ
на лотосе—книга "Праджняпарамита", внизу—Цаган Дар-эхе (Белая Тара) и Очирвани (Ваджрапани). Ленинград, Музей антропологии и этнографии имени Петра Великого.

6

7

8

9

10

11

1. ПОЛИДЕВК И ЛЕДА.
Фрагмент росписи чернофигурной амфоры Эксекия. 530—525 до н. э. Рим, Ватиканские музеи.

2. МААТ И ТОТ В ОБРАЗЕ ИБИСА.
7—6 вв. до н. э. Ганновер, Музей Кестнера.

3. МАКУИЛЬШОЧИТЛЬ (ШОЧИПИЛИ) — БОГ ВЕСНЫ.
Туф. Ацтеки. Мехико, Национальный музей антропологии.

4. БОГ СМЕРТИ МИКТЛАНТЕКУТЛИ.
Глиняная ваза-треножник из Монте-Альбана. 7—9 вв. Мехико, Национальный музей антропологии.

5. МАНДРАГОРА.
Средневековый рисунок. Лондон, Британский музей.

6. ЛЕВИАФАН.
Гравюра на дереве по рисунку Г. Доре к Библии. 1864—66.

7. ЛХАМО, ТИБЕТСКАЯ БОГИНЯ.
Тибетская танка. 18 в.

8. МЕНАДА.
Роспись на дне краснофигурного килика "мастера Брига". Ок. 490 до н. э. Мюнхен, Музей античного прикладного искусства.

9. МАНДАЛА.
Изображение на полу.

10. ГИБЕЛЬ ЛАОКООНА И ЕГО СЫНОВЕЙ.
Мрамор. Ок. 50 до н. э. Рим, Ватиканские музеи.

11. МАРС И ВЕНЕРА.
Фреска из Помпей. 1 в. Неаполь, Национальный музей.

1

2

3

4

5

6

7

1. **МЕЛЬХИСЕДЕК ПРИНОСИТ ДАРЫ АВРААМУ.**
Мозаика. 432—440. Рим, церковь Санта-Мария Маджоре.

2. **МОИСЕЙ ВЫСЕКАЕТ ВОДУ ИЗ СКАЛЫ.**
Мозаика кон. 12—нач. 13 вв. Венеция, собор Сан-Марко.

3. **ИСИДА И НЕФТИДА ПЕРЕД СИМВОЛОМ ОСИРИСА—СТОЛБОМ "ДЖЕД"**
(над ним эмблема вечной жизни "анх", поддерживающая восходящее солнце). Рисунок из "Книги мертвых" Ани. Ок. 1450 до н. э. Лондон, Британский музей.

4. **МИКТЛАНТЕКУТЛИ**
из Веракруса. Глина. Ок. 9 в. н. э. Мехико, Национальный музей.

5. **МЕРКУРИЙ.**
Скульптура Джамболоньи. Бронза. 1564. Болонья, Городской музей.

6. **МИКТЛАНТЕКУТЛИ.**
Рисунок из "Кодекса Борджа". Чолутеки. 15 в. Рим, Ватиканская библиотека.

7. **НЕХБЕТ.**
Украшение из гробницы фараона Тутанхамона. Ок. 1350 до н. э. Каир, Египетский музей.

8. **КАЛЛИОПА, ТЕРПСИХОРА, МЕЛЬПОМЕНА, ТАЛИЯ, КЛИО.**
Римские мраморные копии. С греческих оригиналов 3—2 вв. до н. э. Ленинград, Эрмитаж.

9. **МУЗЫ.**
Фрагменты росписи белофонного лекифа "художника Ахилла". Ок. 440 до н. э. Частное собрание.

10. **НЕХБЕТ.**
Пектораль из гробницы фараона Тутанхамона. Ок. 1350 до н. э. Каир, Египетский музей.

1. ЯВЛЕНИЕ ХРИСТА НАРОДУ. Картина А. А. Иванова. 1837—57. Москва, Третьяковская галерея.

2. МАДОННА С МЛАДЕНЦЕМ (МАДОННА ЛИТТА). Картина Леонардо да Винчи. Ок. 1485—90. Ленинград, Эрмитаж.

3. БОГОМАТЕРЬ ОРАНТА. Русская икона ярославской школы. Ок. 1220. Москва, Третьяковская галерея.

4. АРХАНГЕЛ МИХАИЛ. Икона А. Рублева. Ок. 1400. Москва, Третьяковская галерея.

5. МЕДНЫЙ ЗМИЙ. Картина Ф. А. Бруни. 1827—41. Ленинград, Русский музей.

3

4

5

1. НОЕВ КОВЧЕГ НА ГОРЕ АРАРАТ.
Часть триптиха "Потоп" Х. Босха.
Роттердам, Музей Бойманса ван
Бенингена.

2. ОДИССЕЙ В ПЕЩЕРЕ ПОЛИФЕМА.
Картина Я. Йорданса. 1630-е гг.
Москва, Музей изобразительных
искусств им. А. С. Пушкина.

3. ПАРНАС.
Картина А. Р. Менгса. 1761.
Ленинград, Эрмитаж.

4. НОЙ ВЫПУСКАЕТ ГОЛУБЯ
ИЗ КОВЧЕГА.
Фрагмент мозаики конца 12—начала
13 вв. Венеция, собор Сан-Марко.

5. ОРЕСТ И ПИЛАД.
Фреска из Помпей. 1 в. Неаполь,
Национальный музей.

6. ОРФЕЙ, ИГРАЮЩИЙ НА ЛИРЕ.
Мозаика. 3 в. Палермо,
Национальный музей.

7. СУД ПАРИСА.
Картина П. П. Рубенса. 1638—39.
Мадрид, Прадо.

3

4

5

6

7

1. ГОР ВЕДЕТ УМЕРШЕГО К ТРОНУ ОСИРИСА. ПЕРЕД ОСИРИСОМ — ЛОТОС С ЧЕТЫРЬМЯ СЫНОВЬЯМИ ГОРА, ЗА НИМ — ИСИДА И НЕФТИДА.
Рисунок из "Книги мертвых" Ани.
Ок. 1450 до н. э. Лондон, Британский музей.

2. АХИЛЛ ПРИНОСИТ В ЖЕРТВУ ТРОЯНСКИХ ПЛЕННИКОВ ПРИ ПОГРЕБЕНИИ ПАТРОКЛА.
Фреска гробницы Франсуа в Вульчи. 2—1 вв. до н. э.

3. ПОКЛОНЕНИЕ РА-ГАРАХУТИ.
Раскрашенная стела.
Ок. 1100 до н. э. Париж, Лувр.

4. РАЙСКИЙ САД.
Левая створка триптиха Х. Босха "Сад наслаждений". Мадрид, Прадо.

5. КАПИТОЛИЙСКАЯ ВОЛЧИЦА, КОРМЯЩАЯ РОМУЛА И РЕМА.
Бронза. Нач. 5 в. до н. э. Рим, Капитолийские музеи.

6. АПОСТОЛЫ ПЕТР И ПАВЕЛ.
Картина Эль-Греко. 1614. Ленинград, Эрмитаж.

7. ЛЕГЕНДА О ПРОМЕТЕЕ.
Картина Пьеро ди Козимо.
Ок. 1500. Страсбур, Музей.

8. ПОВЕЛИТЕЛЬ БЕСОВ ПАНЬ-ГУАНЬ.
Китайская лубочная картина.
Кон. 19 — нач. 20 вв. Ленинград, Музей истории религии и атеизма. Коллекция академика В. М. Алексеева.

9. ПЕЛИЙ С ДОЧЕРЬМИ.
Фреска из Помпей, 20—30-е гг. 1 в. Неаполь, Национальный музей.

5

6

7

8

9

1. САТУРН, ПОЖИРАЮЩИЙ СВОИХ ДЕТЕЙ.
Офорт Ф. Гойи. 1821—23.
Мадрид, Прадо.

2. САВАОФ В ВИДЕ ЗОДЧЕГО.
Миниатюра Библии. Франция, сер. 13 в. Вена, Национальная библиотека.

3. СВЯТОЕ СЕМЕЙСТВО (МАДОННА С БЕЗБОРОДЫМ ИОСИФОМ).
Картина Рафаэля. 1506. Ленинград, Эрмитаж.

4. СОШЕСТВИЕ ВО АД.
Мозаика. Ок. 1200. Венеция, собор Сан-Марко.

5. ПОСЕЩЕНИЕ ЦАРИЦЕЙ САВСКОЙ ЦАРЯ СОЛОМОНА.
Центральная часть фрески Пьеро делла Франчески. 1452—66. Ареццо, церковь Сан-Франческо.

6. СИЛЕН И САТИРЫ.
Фреска виллы Мистерий в Помпеях. Сер. 1 в. до н. э.

7—9. ЛИВИЙСКАЯ, ЭРИТРЕЙСКАЯ И ДЕЛЬФИЙСКАЯ СИБИЛЛЫ.
Фрески на плафоне Сикстинской капеллы. 1508—12. Рим, Ватикан.

4

5

6

7

8

9

1

2

3

4

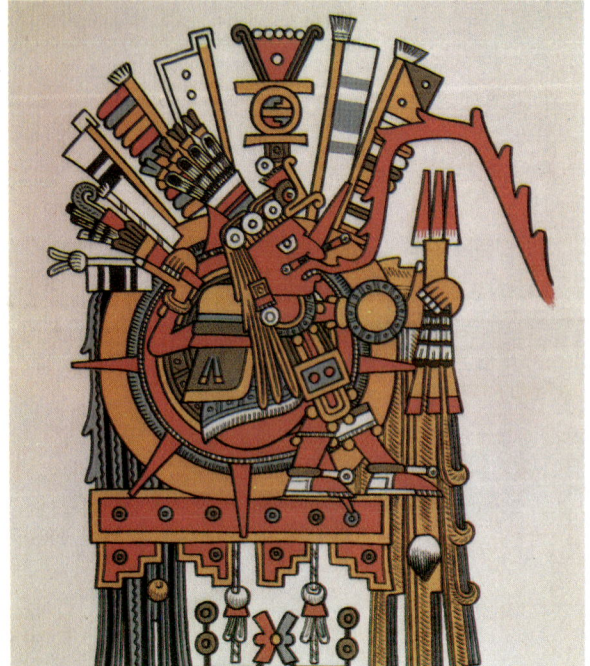

5

6

7

8

1. ТАЙНАЯ ВЕЧЕРЯ.
Фреска Леонардо да Винчи. 1495—97. Милан, трапезная монастыря Санта-Мария делле Грацие.

2. ШИЛОНЕН.
Рисунок из "Кодекса Борбоникус". Ацтеки, 16 в. Париж, Библиотека Бурбонского дворца.

3. ТЛАЛОК.
Рисунок из "Кодекса Ватиканус 3773". Чолутеки. 15 в. Рим, Ватиканская библиотека.

4. ТАУРТ.
Позолоченное дерево. Украшение ложа из гробницы фараона Тутанхамона. Ок. 1350 до н. э. Каир, Египетский музей.

5. ТОНАТИУ.
Рисунок из "Кодекса Борджа". Чолутеки. 15 в. Рим, Ватиканская библиотека.

6. ТЛАСОЛЬТЕОТЛЬ.
Рисунок из "Кодекса Борбоникус". Ацтеки, 16 в. Париж, Библиотека Бурбонского дворца.

7. ФАНАГОРЕЙСКИЙ СФИНКС.
Керамический сосуд. Конец 5 в. до н. э. Ленинград, Эрмитаж.

8. ЦАГАН ДАР-ЭХЕ (БЕЛАЯ ТАРА).
Дерево. Ленинград, Музей антропологии и этнографии имени Петра Великого.

9. ФАОН И НИМФЫ.
Фрагмент росписи краснофигурной гидрии Мидия. Ок. 410 до н. э. Флоренция, Археологический музей.

10. ТЕСЕЙ, ОДЕРЖАВШИЙ ПОБЕДУ НАД МИНОТАВРОМ.
Фреска из Помпей. Ок. 70 н. э. Неаполь, Национальный музей.

9

10

1. СООРУЖЕНИЕ ТРОЯНСКОГО КОНЯ.
Картина Д. Б. Тьеполо. 1757—1762.
Лондон, Национальная галерея.

2. ЦЗЯН-ТАЙГУН ВЕРХОМ НА
ФАНТАСТИЧЕСКОМ ЕДИНОРОГЕ.
Китайская лубочная картина.
Кон. 19—нач. 20 вв.
Ленинград, Музей истории религии
и атеизма. Коллекция академика
В. М. Алексеева.

3. ЧЖАН ТЯНЬ-ШИ НА ТИГРЕ.
Китайская лубочная картина.
Кон. 19—нач. 20 вв. Ленинград,
Музей истории религии и атеизма.
Коллекция академика
В. М. Алексеева.

4. УТО, БАРАНОГОЛОВЫЙ БОГ И
МААТ.
Рисунок из "Книги мертвых". Ок. 950
до н. э. Каир, Египетский музей.

5. ШЕСТЬ ДНЕЙ ТВОРЕНИЯ.
СОТВОРЕНИЕ ЖИВОТНЫХ.
Створка Грабовского алтаря
мастера Бертрама. 1379.
Гамбург, Кунстхалле.

1. ЭДИП И СФИНКС.
Картина Ж. Энгра. Ок. 1827.
Париж, Лувр.

2. ЮПИТЕР.
Мрамор. 1 в. Ленинград, Эрмитаж.

3. ЭГЕЙ, ВОПРОШАЮЩИЙ ОРАКУЛА.
Фрагмент росписи краснофигурного килика. 440—430 до н. э. Западный Берлин, Государственные музеи.

4. ЮДИФЬ.
Картина Джорджоне. 1504—05.
Ленинград, Эрмитаж.

Ю

ЮВЕ́НТА («юность»), в Риме богиня возрастного класса юношей (Dion. Halic. IV 11), делавших взнос в её кассу по достижении возраста мужей. Почиталась на Капитолии вместе с Юпитером, что символизировало вечную молодость Рима. Отождествлялась с греч. *Гебой* (Liv. XXI 62, 9).
Е. Ш.

ЮВХА́, у туркмен и узбеков Хорезма, башкир и казанских татар (Юха) демонический персонаж, связанный с водной стихией. Ю.— прекрасная девушка, в которую превращается, прожив много (у татар — 100 или 1000) лет, дракон *аждарха*. Согласно представлениям туркмен и узбеков Хорезма, Ю. выходит замуж за человека, поставив ему предварительно ряд условий, например не смотреть, как она расчёсывает волосы, не гладить по спине, не совершать омовение после близости. Нарушив условия, муж обнаруживает змеиную чешую на её спине, видит, как, расчёсывая волосы, она снимает голову. Если не погубить Ю., она съест своего мужа, но убить её можно только в безводном месте. Подобный персонаж известен также уйгурам.
В. Н. Басилов.

ЮГА («упряжка», «пара», «поколение»), в индуистской мифологии обозначение мирового периода. Древняя космографическая традиция насчитывала 4 Ю., часто описывавшихся в эпической литературе: 1) критаюга (также сатьяюга, «благой век»), когда люди наделены всевозможными достоинствами, не знают горя и болезней; царит всеобщее равенство, все поклоняются одному божеству, и существует лишь одна веда; 2) третаюга, когда справедливость постепенно уменьшается; появляются пороки, но все строго соблюдают религиозные обязанности; получают распространение всевозможные жертвоприношения; 3) двапараюга, когда в мире начинают преобладать зло и пороки; единая веда делится на 4 части, и уже не все способны постичь и исполнять её; людей поражают недуги; 4) калиюга, когда добродетель приходит в полный упадок, жизнь людей становится коротка, полна зла и грехов, они истребляют друг друга в войнах; цари грабят подданных, праведники бедствуют, а преступники процветают, женщины предаются распутству; в человеческих взаимоотношениях царят ложь, злоба, алчность; веды — в полном пренебрежении.

Названия Ю. заимствованы из игры в кости (что, видимо, связано с важной ролью жребия в жизни архаического общества) — так назывались стороны игральной косточки, соответственно содержащие 4, 3, 2 и 1 метку и считавшиеся всё менее благоприятными. Учение о Ю. развёртывает эту символику в дальнейших аналогиях: в смене Ю. закон (*дхарма*) постепенно теряет опору: вначале он держится на 4 «стопах», затем — на 3, на 2 и, наконец,— на 1; продолжительность Ю. также стоит в отношении 4:3:2:1 — они длятся соответственно 1 728 000 — 1 296 000 — 864 000 — 432 000 лет. 4 Ю. составляют 1 махаюгу («большую Ю.» — 4 320 000 лет), а 1000 махаюг, повторяющихся друг за другом,— 1 *кальпу* или 1 день *Брахмы*; кальпа, в свою очередь, делится на 14 манвантар («периодов *Ману*»), в каждой из них правит один из законоучителей, носящих это имя. В конце каждой кальпы на небе появляются 12 (по другой версии — 7) солнц, они дотла сжигают миры, которые возрождаются затем в новой кальпе. Жизнь Брахмы длится 100 божественных лет, по прошествии их уничтожаются не только миры, но и все существа, включая самого Брахму, а затем после 100 божественных лет хаоса рождается новый Брахма. Согласно традиции, сейчас идёт шестое тысячелетие периода калиюги, начавшейся в пересчёте на наше летосчисление в полночь с 17 на 18 февраля 3102 года до н. э.; она входит в 28-ю махаюгу 7-й манвантары (которой правит Ману Вайвасвата, почитающийся творцом «Законов Ману») нынешней кальпы — последняя называется вараха («вепрь» — так как *Вишну* воплотился в ней в этом виде) и является первым днём 51-го года жизни нынешнего Брахмы.
В. Н. Топоров.

ЮДИ́ФЬ, И у д и́ ф ь, в ветхозаветной апокрифической традиции благочестивая вдова, спасающая свой город от нашествия ассирийцев; главный персонаж Книги Юдифи. Когда полководец ассирийского царя Навуходоносора Олоферн осаждает город Иудеи Ветилуй и в городе иссякают запасы воды, прекрасная Ю., надев свои лучшие одежды и захватив с собой провизию и служанку, выходит из города и направляется во вражеский стан. Там она предстаёт пред изумлённым её красотой Олоферном, которому говорит, что пришла помочь ему овладеть впавшим в грех городом, указав ему момент, когда город будет передан богом в руки Олоферна. Полководец оказывает Ю. прекрасный приём, и она остаётся в его стане, питаясь принесённой с собой едой и по ночам выходя в долину для омовения и молитвы. На четвёртый день Олоферн устраивает пир, на который приглашает Ю. Когда же они остаются одни в шатре и опьяневший Олоферн, мечтавший овладеть Ю., падает на своё ложе, Ю. его же мечом отрубает ему голову и кладёт в корзину со съестными припасами. В полночь она по обыкновению выходит из стана и направляется в свой город. Голову Олоферна выставляют на городской стене. Утром в стане ассирийцев происходит замешательство, и ополчение города гонит вражеское войско до Дамаска.
М. Б. Мейлах.

ЮДУ́ («столица мрака»), в древней китайской мифологии столица подземного мира, расположенная на крайнем севере и управляемая *Хоу-ту*. Предполагали, что врата, ведущие в Ю., находятся на северо-западе в горе *Бучжоушань*. Судя по «Хуайнань-цзы» (2 в. до н. э.), Ю. часто обозначало просто крайнюю точку на севере.
Б. Р.

ЮДХИ́ШТХИРА, герой древнеиндийского эпоса «Махабхарата», старший среди *пандавов*, сын жены царя *Панду Кунти* от бога *Дхармы*. Ю.— воплощение дхармы — закона, долга, справедливости. Он олицетворяет собой тип «священного царя», и его царство рисуется царством довольства и благоденствия всех подданных. Подвиги Ю. в эпосе не столько воинские, сколько подвиги мудрости и чести. Когда *Дурьодхана*, желая погубить пандавов, приказывает поджечь смоляной дом, в котором они жили, Ю. разгадывает его замысел и выводит братьев через заранее прорытый подземный ход. Во время пребывания пандавов в лесу Ю. освобождает *Бхиму* от смертельных объятий змея *Нахуши*, ответив на вопросы, которые тот задаёт. В другой раз он разрешает загадки *якши*, умертвившего четырёх братьев, и возвращает их к жизни. Даже страсть Ю. к игре в кости, которую использует Дурьодхана и из-за которой после проигрыша Ю. дяде кауравов Шакуни пандавы должны были удалиться в изгнание, рассматривается в эпосе как признак его высокого разума. Ю. постоянно удерживает братьев от нападения на *кауравов* до истечения условленного срока изгнания, предпочитает мир войне с ними. Но когда война, несмотря на все его усилия, начинается, он, безоружный, приходит в стан кауравов, чтобы испросить у старейшин рода прощение за предстоящее кровопролитие. После окончания войны Ю. становится царём в Хастинапуре. Он совершает *ашвамедху* и покоряет всех царей земли; однако решает покинуть мирскую жизнь, оставив на троне *Парикшита*. Вместе с братьями и *Драупади* Ю. уходит в Гималаи. В пути его спутники гибнут, а сам Ю. попадает в царство *Индры*, где он и его родичи удостаиваются небесного блаженства.

П. А. Гринцер.

ЮЕР, у́ор, в мифах якутов злой дух, в которого превращались после смерти самоубийцы, сумасшедшие и шаманы, причинившие зло людям. Ю. могли наслать на людей сумасшествие и различные беды.

Н. А.

ЮЙ, Да Юй («великий Юй»), Ся Юй («сяский Юй»), в древнекитайской мифологии культурный герой, усмиритель потопа. Существует предположение, что культ Ю. сложился в основном в бассейне реки Янцзы, т. к. многие деяния Ю. связаны с различными местностями в современных провинциях Чжэцзян и Сычуань. Есть основания полагать, что этимологически имя Юй имеет отношение к земноводным существам. Ю. родился из тела своего отца *Гуня*. Выйдя из чрева умершего отца, Ю. имел облик двурогого дракона цю. В памятниках начала н. э. мать рождает Ю. от проглоченной ею чудесной жемчужины в Каменной впадине — Шияо. Миф о Ю. можно реконструировать по отдельным фрагментам примерно в таком виде: Верховный владыка приказал Ю. завершить дело отца, дав ему сижан — «саморастущую землю». Когда Ю. стал проводить каналы и исправлять русла рек, ему помогал дракон Инлун (по другим вариантам — жёлтый дракон, который полз впереди и волочил свой хвост, черта направление для будущих потоков воды). За Ю. полза черепаха, таща на спине тёмную глину (предположительно, сижан). Ю. умел менять свой облик: чтобы прорыть проход сквозь одну из гор, он обратился в медведя.

Когда, усмиряя воды, Ю. дошёл до реки Хуанхэ, из неё вышел дух реки *Хэбо* и дал ему карту рек, благодаря которой Ю. догадался, как нужно бороться с потопом. Когда он буравил проход сквозь гору Лунмынь («ворота дракона»), то существо со светящейся жемчужиной во рту (по одной версии, кабан, по другой — чёрная змея) освещало ему путь. В пещере он встретил также божество со змеиным туловищем, которое вручило ему нефритовую пластинку длиной 1 чи и 2 цуня для измерения неба и земли (его постоянный атрибут). Ю. приписываются и разделение одной из гор, мешающей течению Хуанхэ, на три части (совр. Саньмэнься). Усмиряя потоп, Ю. трижды доходил до горы Тунбо (на юго-западе совр. провинции Хэнань), но не мог справиться с бушевавшей там стихией. Он призвал в помощь богов Поднебесной, считая, что во всём виноваты чудовища и злые духи. Только так он справился с стихией. Землеустроительная функция Ю. постоянно сочеталась и с характерной для архаического мифического героя очистительной функцией: отводя воду, он уничтожал всякую нечисть

(убил великана Фанфэн-ши, водяного духа Сянлю, прогнал Гунгуна, усмирил чудовище Учжици).

Усмиряя потоп, Ю. обошёл весь Китай и другие земли. Ю. приписывается разделение Китая на 9 областей (уделов) (Цзю чжоу), прокладка 9 основных дорог, ограждение насыпями 9 озёр и измерение 9 горных вершин. Ю. велел своим помощникам Тайчжану и Шухаю измерить землю. Он приказал выдать народу рис и сеять его в низинах, установил перечень и размер податей с разных местностей страны. Собрав всю бронзу, которую поднесли Ю. правители уделов, он отлил 9 громадных треножников, каждый из которых могли сдвинуть с места лишь 90 тысяч человек. На треножниках были изображения многочисленных злых духов для того, чтобы люди при встрече с нечистью сразу же распознавали её и могли избежать напасти.

Государь *Шунь*, восхищаясь мудростью и трудолюбием Ю., передал ему престол, и Ю. стал основателем легендарной династии Ся. Его атрибутами считались уровень и верёвка, всегда находившиеся у него слева, а также циркуль и угольник, находившиеся справа.

Б. Л. Рифтин.

ЮЙ-ДИ, Юй-хуа́н («нефритовый государь»), Юй-хуа́н шан-ди («верховный владыка нефритовый государь»), в китайской даосской и поздней народной мифологии Верховный владыка, которому подчинены все вселенная: небеса, земля и подземный мир, а также все божества и духи. В даосском пантеоне Юй-хуан — второй из трёх высших божеств *Сань цин*. Образ Ю. сложился, видимо, примерно в 10 в. Предполагают, что на сложение этого образа определённое влияние оказал образ *Индры* (кит. Ши-ди), пришедший в Китай с буддизмом.

Ю. представляют обычно сидящим на троне в церемониальном императорском халате с вышитыми драконами, в царском головном уборе-мянь, с нефритовой дощечкой в руках. Лицо его, обрамлённое бородой и усами, лишено всякого выражения (даосский знак истинного величия). Считается, что Ю. живёт в небесном дворце, который находится на самом высшем из 36 небес — небе Дало, откуда управляет всеми небесами, землёй и подземным миром. У ворот дворца в качестве привратника стоит *Ван Лингуань*. Ю. повелевает всеми божествами и духами. При дворе Ю. существуют своеобразные управы (министерства): грома, огня, моровых поветрий, Пяти священных пиков (см. *У юэ*), богатства и т. п.

У Ю. есть жена (о которой упоминается крайне редко), одной из его второстепенных жён считается богиня шелководства Матоунян. Его дочь Цигунян («седьмая девица») — фигура популярная в народных сказках и верованиях (её дух вызывали девушки, гадая о суженом). По некоторым даосским версиям, Ю. появился в момент творения и создания неба и земли, а живёт он во дворце на горе Юйцзиншань.

Б. Л. Рифтин.

ЮЙЦЗЯН, Юйцзин, в древнекитайской мифологии божество моря, по некоторым версиям, также ветра, внук *Хуан-ди*. Согласно «Книге гор и морей» (4—2 вв. до н. э.), Ю. живёт в море на севере, у него человечье лицо, но туловище птицы, чёрное (некоторые исследователи предполагают, что должно быть «рыбье») тело, руки и ноги, из ушей у него свешиваются по зелёной (тёмно-синей) змее, стоит на двух красных змеях. На средневековых рисунках Ю.— антропоморфное существо с крыльями, восседающее сразу на двух парящих в небе драконах. Не исключено, что в качестве духа ветра Ю. почитали и как злого духа моровых поветрий.

Б. Л. Рифтин.

ЮЙШИ («повелитель дождей»), в китайской мифологии божество дождя по имени Пинъи, культ которого сохранился с глубокой древности до 20 в. В ряде памятников идентифицировался с Сюаньмином, сыном древнего божества *Гунгуна*, по другим источникам, считался божеством созвездия Би, иногда отождествлялся с одноногой птицей Шанъян, которая могла то увеличиваться, то уменьшаться, и когда втягивала в себя воздух, то пересыхали моря.

В комментариях к «Книге гор и морей» (4—2 вв. до н. э.) говорится, что Ю. имел облик куколки насекомого. Впоследствии Ю. получил вполне антропоморфный облик и стал изображаться в храмах в виде могучего военачальника в жёлтых доспехах, с чёрной бородой, держащего в левой руке чашу, в которой находится дракон, а правой он как бы разбрызгивает дождь (в других случаях в правой руке у него меч семи звёзд, им он направляет дожди).
Б. Р.

ЮЛ, А с к а́ н и й, в римской мифологии сын *Энея* и *Креусы*, прибывший с отцом в Италию. После смерти Энея он, по одной версии, оставил Лавиний и освободившийся после смерти Латина престол в Лавренте Лавинии и её сыну от Энея Сильвию, а сам стал править в основанной им Альбе-Лонге; по другой — Сильвий был сыном Ю. и наследовал от него царство; по третьей — Лавиния бежала от притеснений Ю. в лес, где родила Сильвия, ставшего царём Альбы, тогда как Ю. стал главой культа (Liv. I 3). От Ю. вёл свою родословную род Юлиев.
Е. Ш.

ЮМАЛА, в прибалтийско-финской мифологии общее наименование божества, сверхъестественного существа, прежде всего духа неба (часто использовалось во множественном числе для обозначения класса духов). После христианизации у прибалтийских народов имя Ю. стало обозначать христианского бога.

ЮМИС (латыш., «двойчатка», в частности сросшиеся друг с другом колосья — спорыши, плоды — картофелины, яблоки, орехи и т. п.), у латышей полевое божество или дух, персонификация удачного урожая. Различали ржаной, ячменный, льняной и др. Ю., чей персонифицированный образ близок немецкому «жатвенному человеку», «ржаному человеку». В латышских народных песнях Ю. большую часть года спит в поле под камнем или под дёрном. Во время сбора урожая Хозяйка-мать «совместных уборочных работ», в образе которой отчётливо проступают черты древней жрицы, руководящей архаичным аграрным ритуалом, обнаруживает прячущегося, его начинают преследовать по всему полю, пленяют его, валяют по ниве, бьют, рвут волосы, отрезают голову, заталкивают в воду и т. д. После этого Ю. приводят в дом (обычный его путь: сноп — скирда — койка — клеть — закрома), приглашают его остаться здесь, предлагают ему хлеб, горох, пиво. Хозяйке же надевают венок из двойных колосьев, который потом вешают на стену клети. У Ю. есть семья — жена Юмала (Юмаленя, Юмите, Юме, Юма и т. п.) и сын Юмалень (или дети), но обычно они разъединены: Ю. в пашне или на холме, Юмала и дети внизу, в глубине закрома, но они откликаются на зов Ю. Преследование Ю. с последовательным его укрыванием в объектах, являющихся символом богатства, урожая, и битьё Ю., попытки его расчленить напоминают соответствующие мотивы «основного» мифа, где громовержец *Перкунас* так же поступает со своим противником. Семья Ю. представляет собой как бы реплику семьи громовержца. Есть и другие мотивы, связанные с Ю. и отсылающие к схеме «основного» мифа: Ю. куёт шпоры на камне и прячется под камнем, у него кони (девять или шесть), его жертвенное животное — козёл, и т. п. Вероятно, Ю. представляет собой трансформацию архаичного индоевропейского образа двойственности (близнечества), который дал начало др.-инд. *Яме*, авест. *Йиме*, др.-исл. *Имиру* и др.
В. В. Иванов, В. Н. Топоров.

ЮМ-КААШ («владыка лесов»), в мифах майя молодой бог кукурузы, известен также под именем Иум-Виила. Генетически восходит к «толстому богу». Изображался в виде юноши или подростка с головой, переходящей в початок, или с волнистыми, зачёсанными наверх волосами, подобными листьям маиса. Культ его был необычайно популярен.
Р. К.

ЮНО́НА, в римской мифологии богиня брака, материнства, женщин и женской производительной силы. Считалось, что каждая женщина имеет свою Ю. (как каждый мужчина — своего *Гения*). Супруга *Юпитера*, отождествлявшаяся с греч. *Герой*. С завоеванием Римом Италии культ Ю. из италийских городов переместился в Рим, что придало ей новые функции и эпитеты: «царица», Луцина («светлая»), «выводящая ребёнка на свет» («родовспомогательница»), Соспита («вспомоществующая»), воинственная Популона и Куритис, изображающаяся на боевой колеснице, в козьей шкуре, с щитом и копьём; Календария — богиня начала каждого месяца — календ, Румина («кормилица»), Фульгура («молниемечущая»), Монета («советница»), в храме которой чеканились деньги, Оссипага («дающая скелет зародышу»). Вместе с Юпитером и *Минервой* входила в Капитолийскую триаду, которой был посвящён храм на Капитолии (Macrob. Sat. VII 16, 27; Dion. Halic. I 50). Культ Ю. осуществлялся гл. обр. матронами; конкубинам прикасаться к её алтарю запрещалось (Aul. Gell. IV 3, 3). Женскими праздниками считались посвящённые Ю.-Луцине Матроналии (1 марта) и неясного происхождения Ноны Капротины (7 июля), в последнем участвовали и рабыни, принося совместно со свободными жертву Ю. под священной смоковницей. Она призывалась при заключении браков, ей приносили благодарственные жертвы после родов, а приближавшиеся к её храму не должны были иметь на себе узлы, как затрудняющие роды (Serv. Verg. Aen. IV 518; Ovid. Fast. III 257). Как богиню плодовитости Ю. связывали с *Фавном* (Macrob. Sat. I 13, 3). В провинциях Ю. отождествлялась с другими богинями, имевшими сходные функции. В философских теориях Ю. отождествлялась с землёй или воздухом, лежащим ниже Юпитера-эфира.
Е. М. Штаерман.

ЮПИТЕР, в римской мифологии бог неба, дневного света, грозы (его эпитеты: «молниеносный», «гремящий», «дождливый»), царь богов, отождествляющийся с греч. *Зевсом*. По теории Ж. Дюмезиля, Ю. — индоевропейский бог магической царской власти в древней триаде Ю., *Марс, Квирин*. По мнению Дж. Фрейзера, Ю. — дух дуба и вообще деревьев, откуда его эпитеты: фругифер («плодоносный»), фагутал («бук»), румин («смоковница»), вимин («тростник»). В песне салиев его эпитет Луцетий (от lux, «свет»), ему были посвящены дни полнолуний — иды (Macrob. Sat. I 15, 14). Почитался на возвышенностях и в виде камня (Ю. Лапис) (Serv. Verg. Aen. VIII 641). Функции Ю. были разнообразны, т. к. он совместил в себе черты местных италийских богов. Он покровительствовал земледелию, ему были посвящены праздники сбора винограда виналии (Ovid. Fast. IV 683), ему перед посевом устраивал трапезу (daps) земледелец, откуда Ю. Дапалис, и как таковой он мог быть покровителем отдельных имений, пагов. Он считался гарантом верности клятве (Dius Fidius; Aul. Gell. I 21, 4); как Ю. Термин — хранителем границ, как Ю. Либертас и Ю. Либер — защитником свободы. Как Феретрий, Статор, Непобедимый, Победитель, Мститель он был богом войны и победы, что связало с ним обычай триумфа, когда победоносный полководец в одежде и с инсигниями Ю. с выкрашенным в красный цвет лицом (как у статуи бога) на квадриге в сопровождении солдат и граждан отправлялся на Капитолий, чтобы в храме принести Ю. благодарственную жертву из взятой на войне добычи и сложить к его ногам свой лавровый венок. С триумфом и победами были связаны и посвящённые ему Великие, позже Римские игры. Как царь богов Ю. имел при себе совет из богов, «сотрудничающих, помогающих» и решал все земные дела, посылая авгурам знаки своей воли. Культ Ю. был очень древен, о чём свидетельствуют многочисленные табу, наложенные на фламина Ю. Значение культа Ю. особенно возросло после открытия храма на Капитолии, посвящённого Ю., Юноне и Минерве. Ю. с эпитетом «наилучший, величайший» (Optimus, Maximus) становится богом римского государства, его власти и мощи. Подчинённые Риму города приносили ему жертвы на Капитолии и воздвигали у себя храмы Капитолийской триаде. При империи Ю. стал покровителем императоров, что способство-

вало распространению его культа во всех провинциях и в войске. С ним отождествлялись туземные верховные небесные боги, а с распространением восточных культов боги Сирии, М. Азии и др. По мере усиления монотеистических тенденций Ю. рассматривался не только как верховный, но как единственный бог («все полно Ю.»), как душа или разум мира, эфир, всё порождающий и принимающий в себя.
Е. М. Штаерман.

ЮРУПАРИ, У а л ь р и́, К о́ в а и, в мифах тукано и араваков главное мужское божество; у тупи — злой лесной дух. Ассоциируется со змеем, муравьедом, ленивцем и одновременно с солнцем. Ю. проглотил группу обидевших его мальчиков, за что был сожжён. Из его пепла выросла пальма, из коры и древесины к-рой были изготовлены трубы и флейты, сохранившие голос Ю. Попытка женщин во главе с *Роми-Куму* завладеть этими инструментами не удалась, и с тех пор ими пользуются только мужчины.
Ю. Б.

ЮРЮНГ АЙЫ ТОЙОН («белый создатель господин»), в якутской мифологии творец вселенной, верховное божество, глава обитающих в верхнем мире божеств *айы*. Это почтенный старец, облачённый в дорогие меха, источающие жару и свет. Возможно, что в образе Ю. а. т. персонифицировано солнце. У вилюйских якутов, Ю. а. т. обитал на самом верхнем небе, где было два белых солнца. Ю. а. т. раздвинул их и сотворил третье, повесив его между небом и землёй, чтобы оно сияло якутам. Жену Ю. а. т. называли Кюн Кюбэй хотун, «солнечная добродетельная госпожа».
Н. А.

ЮСТИЦИЯ («правосудие», «право»), в Риме со времени императора Тиберия (1 в.) обожествлённое понятие. Имела храм и жрецов, но была менее популярна, чем близкая ей Эквитас (Aequitas, «справедливость»), часто изображавшаяся женщиной с весами.
Е. Ш.

ЮТУ́РНА, в римской мифологии нимфа ручья в Лавинии, ставшая затем нимфой ручья у храма Весты. В честь Ю. справлялись ютурналии, ей был посвящён храм в Риме (Serv. Verg. Aen. XII 139). Имя Ю. производилось от iuvare, «помогать», т. к. её ручей считался целебным (Varr. IV 71). Ю.— жена *Януса*, мать *Фонса*. По другой версии, сестра легендарного царя рутулов Турна и возлюбленная Юпитера (Verg. Aen. XII 134, 222, 446; Ovid. Fast. I 583).
Е. Ш.

ЮЭ-СЯ ЛАОЖЭНЬ («Подлунный старец»), в поздней китайской народной мифологии божество бракосочетаний. Согласно поверью, зафиксированному в 8 в., Ю.— старец с мешком, в котором хранятся красные нити (красный цвет — цвет огня, рождённого молнией, освещающей брачный союз Неба и Земли, отсюда свадебный цвет). Этими нитями он связывает ноги тех, кому суждено стать супругами, узнавая предопределение небес из книги бракосочетаний, которую он изучает при свете луны.
Б. Л. Рифтин.

ЮЭ ТУ́ («лунный заяц»), л и н т у («чудесный заяц»), ю й т у («нефритовый заяц»), б а й т у («белый заяц»), в древнекитайской мифологии заяц, живущий на луне, под растущим там коричным деревом, и круглый год толкущий в ступке снадобье бессмертия. Первые упоминания о Ю. Т. встречаются в литературе лишь с 3 в. н. э. Однако, судя по памятникам изобразительного искусства, представление о Ю. Т. существовало уже во 2—1 вв. до н. э. В поздних изображениях (народные картины, игрушки) Ю. Т. нередко имеет антропоморфный облик.
Б. Р.

ЯДА́, в древнетюркской мифологии магический камень, с помощью которого можно вызвать или прекратить непогоду: дождь, снег и т. д. Термин Я. иранского происхождения. В ряде источников обладатели Я.— шаманы (камы), согласно материалам других источников, Я. не связан с шаманством. По одной из легенд, камень Я. получил от Яфета *Огуз-хан*. По другой средневековой версии, предки огузов отобрали дождевые камни у животных (те держали их во рту, и прямо над ними появлялись облака). Связь Я. с животными отражена в мифологических представлениях киргизов, веривших, что его можно найти в желудках овец или коров. Ср. также представления якутов о волшебном камне *сата*. Связанный с употреблением Я. сюжет нашёл отражение в «Шахнаме» Фирдоуси. *В. Б.*

ЯЗА́ТЫ [авест. язата «(тот), кому подобает поклонение»], в иранской мифологии класс божеств — помощников Ахурамазды. Термин «Я.» дозороастрийского происхождения: ср. осет. izaed. В древнеперсидском пантеоне Я. соответствует термин *бага* («бог», «господин»). К числу Я. в «Младшей Авесте» отнесены, видимо, как уступка народным верованиям, *Митра*, *Ардвисура Анахита*, *Веретрагна*, *Мах* и другие божества рангом ниже Ахурамазды и *Амеша Спента*, не упоминаемые Заратуштрой в «Гатах». В расширительном значении как «божество», «небожитель» Я. включают Амеша Спента и Ахурамазду. *Л. Л.*

ЯЙЯН КА́МУЙ («ближние и дальние божества»), у айнов божества, воплощающие отдельные стихии и элементы мироздания, равные между собой, независимые друг от друга (кроме Я. к. имеется особая группа богов — *коропок-гуру*). Возглавляет пантеон богов верховный бог *Пасе камуй*. Я. к. чётко подразделяются на добрых и злых, чем они существенно отличаются от богов японского пантеона, которые так определённо не делятся на добрых и злых).

Добрые божества преимущественно небесного происхождения; незримы; населяют все шесть небесных миров, подземный мир *Камуй мосири* и земные горы. В число добрых богов входят *Синисеран-гуру*, *Аиойна* и *Турешмат*, *Окикуруми*, *Чуф камуй*, богиня огня Фудзи (Ундзи) и др.

Злые божества, как правило, хтонического происхождения; в отличие от добрых, принимают определённый зримый облик. Носят общее имя — *Тоиекунра*.

И добрые и злые божества часто выступают парами, в их именах в этом случае отличается лишь заключительная часть; например, таковы добрые боги растительности — Тоикурупуникуру («тот, который поднимает своё лицо от земли») и Тоикурупунимат («та, которая поднимает своё лицо от земли»). Эта парность, по-видимому, подчёркивает порождающую силу богов. *Е. С.-Г.*

ЯКШИ, в древнеиндийской мифологии полубожественные существа. Отец Я.— либо *Пуластья*, либо *Брахма*, из стопы которого, согласно «Вишну-пуране», они родились одновременно с *ракшасами*. Однако, в отличие от ракшасов, с которыми они обычно враждуют, Я., как правило, благожелательны к людям. К ним прилагаются эпитеты «итараджана» — «другие люди» и «пуньяджана» — «чистые люди», впервые встречающиеся в «Атхарваведе» (VIII 10, 28; XI 9, 24 и др.). Судя по внешнему облику (Я. изображаются иногда сильными и прекрасными юношами, иногда — карликами с отвислыми животами и короткими ногами и руками), а также по некоторым функциям (они — слуги бога богатства *Куберы*, охраняют его заповедные сады на горе *Кайласе* и сокровища, зарытые в земле и горных пещерах). Я.— божества хтонического происхождения, имеющие отношение к плодородию.

В буддийской мифологии группа полубожеств во главе с *локапалой* Вайшраваной. Считается, что особенно опасны людям Я. женского пола (якшини), которые едят человеческое мясо и пьют кровь детей.

Я́МА, в древнеиндийской мифологии владыка царства мёртвых, сын *Вивасвата*, солярного божества, и *Саранью*. Изначальное значение имени Я., по-видимому, «близнец», и «Ригведа» содержит гимн-диалог Я. и его сестры-близнеца Ями, в котором Ями предлагает Я. инцест, чтобы иметь потомство, но он отказывается, ссылаясь на их кровное родство (РВ X 10; АВ XVIII 33, 14). Гимн представляет собой вариант архаического близнечного мифа о прародителях человечества (одноимённые герои иранской «Авесты» Йима и Йимак женятся и становятся первопредками людей; ср. древнеегипетских *Осириса* и *Исиду*, древнегреческих *Девкалиона* и *Пирру* и т. п.), тогда как в ведийской трактовке, отражающей сравнительную зрелость этических и религиозных воззрений, инцест отвергается и осуждается. Место Я. в ведийском пантеоне не вполне определённое: хотя его имя фигурирует в перечислениях богов, сам он богом нигде не назван, а только «царём мёртвых». Вероятно, вначале Я. мыслился смертным. Согласно «Ригведе», он был «первым, кто умер» и открыл путь смерти для других (X 14, 1—2; ср. АВ XVIII 3, 13), а потому он — «собиратель людей», который готовит «место упокоения» для усопших (РВ X 14, 9; 18, 13). Его смерть оплакивает Ями (ср. плачи Нанны о Бальдре в скандинавской «Эдде», Исиды об Осирисе в египетской мифологии). Поскольку в то время ещё не существовало ночи и Ями всё время повторяла: «Только сегодня он умер», боги создали ночь, чтобы даровать ей забвение (Майтр.-самх. I 5, 12). Я. добивается бессмертия в борьбе с богами, которые признают, что «он стал таким, как мы» (Тайт.-самх. II 5, 11); при этом *Агни*, пребывающий в загробном мире, уступает этот мир Я., чтобы самому быть жрецом богов (Тайт.-самх. II 6, 6). Я., ставшего владыкой обители мёртвых, сопровождают в качестве его стражей и вестников два четырёхглазых пса с широкими ноздрями (ср. четырёх псов у авест. Йимы, др.-греч. *Кербера* и др.), которые бродят среди людей, высматривая свою добычу

(РВ X 14, 10—12). Согласно ведам, Я. молят о долгой жизни и избавлении от смерти (РВ X 14, 14; АВ XIX 35, 34 и др.); труп при погребении кладут головой на юг, где находилось царство Я.; жрецу, совершавшему погребение, приносилась в дар корова, которая бы переправила умершего через реку *Вайтарани* (ср. др.-греч. *Стикс*), отделяющую царство Я. от мира живых. В эпосе и пуранах представления о царстве Я. конкретизируются. Я. живёт в нижнем мире, в своей столице Ямапуре. Он восседает на троне, и когда его посланцы приводят душу умершего, писец Читрагупта докладывает о всех его делах и поступках на земле. Согласно этому отчёту, Я. выносит решение, и душа умершего либо поселяется в раю предков, либо попадает в один из кругов ада (см. в ст. *Нарака*), либо возрождается на земле в другой телесной оболочке. Будучи не только владыкой, но и судьёй царства мёртвых, Я. обычно отождествляется с *Дхармой*, богом справедливости; в этой своей ипостаси Я. перенимает функции ведийского *Варуны*, причём его власть простирается не только на мир мёртвых, но и живых. В то же время в индуистской мифологии иногда как ипостаси Я., а иногда как его агенты выступают боги Кала («время»), Антака («умертвляющий») и Мритью («смерть»), символизирующие специфические аспекты божественной активности Я. Изображается Я. одетым в красное платье, его ездовое животное (вахана) — чёрный буйвол, его оружие — дубинка и петля, с помощью которой он вынимает душу из тела (ср. с *Варуной*). Различные (и архаические, и более поздние) слои мифа о Я. в известной мере синтезированы в пуранической легенде о том, как Я. стал царём загробного мира (Мат.-пур. XI 12; Марканд.-пур. CIII 1; CV 1; Вишну-пур. III 2; «Хариванша» IX 32 и др.). Здесь Я., как и в «Ригведе», — сын Вивасвата и Саранью (или Санджни) и имеет сестру Ями и брата *Ману*. Когда Саранью покинула Вивасвата, детей воспитывала её служанка (или тень) — Саварна (или Чхая). Саварна дурно обращалась с Я., и тот однажды поднял на неё ногу. За это по проклятию Саварны нога у Я. должна отпасть. Но Вивасват смягчает проклятие: нога лишь усыхает, лишившись мяса и сухожилий (переосмысленный мотив смерти Я.), а сам Я., известный своей добродетелью, становится, по слову Вивасвата, *локапалой* — хранителем юга и царём умерших предков, в то время как его брат Ману — царём людей. *П. А. Гринцер.*

В буддийской мифологии бог смерти, в некоторых аспектах идентичный индуистскому Яме. По буддийским религиозно-мифологическим представлениям, после смерти существа должны предстать перед Я., который решает, заслуживают ли они рая. Во многих текстах говорится о нескольких (двух, четырёх) Я. В ваджраяне Я. нередко перечисляется среди главных *дхармапал*. *Л. М.*

ЯМАНТАКА [«покончивший с (богом) Ямой»], Я м а́ р и («враг Ямы»), в мифологии ваджраяны один из основных *идамов*. Я. упоминается впервые в «Гухьясамаджа-тантре» (3 в.), в «Манджушримулакальпе» он связан с бодхисатвой *Манджушри*, гневным аспектом которого он в поздней мифологии и считается. (Как и Манджушри, Я. эманируется от дхьяни-будды *Акшобхья*). В «Садханамале» упоминаются разные типы Я.: Рактаямари («красный Ямари»), Кришнаямари («чёрный Ямари»), который выступает в разных формах: двурукий, четырёхрукий, шестирукий. Наиболее известной формой Я. является Ваджрабхайрава («угрожающая ваджра»), который упоминается первый раз в «Манджушримулакальпе». Полное описание Ваджрабхайравы дано в «Ваджрабхайраватантре» (8 в.): он тёмно-синего цвета, имеет 9 голов (одна из которых бычья), 34 руки и 16 ног. Обычно Я. выступает вместе со своей *праджней* Ваджраветали. Тибетское название Я. — Шинджепе. *Л. Мялль.*

ЯМАТА-НО ОРОТИ (др.-япон., «змей-страшилище восьмихвостый-восьмиголовый»), в японской мифологии ужасное чудовище в мифе о *Сусаноо*. Встреченные Сусаноо на земле первые люди Асинадзути и Тэнадзути рассказывают богу об Я.-н. о., съевшем их семерых дочерей. Сусаноо просит старика отдать *Кусинада-химэ* ему в жёны. Получив согласие, он превращает девушку в гребень и втыкает его в свою причёску, а старикам наказывает сварить восемь раз очищенное сакэ (рисовую водку), возвести ограду, в ограде открыть восемь ворот, у каждых ворот соорудить помост, и на каждый помост поставить по бочонку, полному сакэ. Замысел Сусаноо оказывается успешным: явившись за девушкой, Я.-н. о. засовывает свои головы в бочонки с сакэ и, напившись, засыпает. Сусаноо разрубает змея мечом на куски, «отчего река Хи вместо воды кровью потекла». В среднем хвосте змея Сусаноо обнаруживает булатный меч и, «сочтя его диковинным», преподносит богине *Аматэрасу* («Кодзики», св. I, «Нихонги», св. I; «Эпоха богов»). *Е. М. Пинус.*

ЯМБА, Й а м б а, в греческой мифологии дочь Пана и нимфы Эхо (Etym. Magn.), служанка в доме элевсинских царей Келея и Метаниры. «Многоумная» Я. сумела развеселить своими остротами и не совсем пристойными шутками печальную Деметру, разыскивающую свою дочь, и с тех пор стала причастна к таинствам богини (Hymn. Hom. V 202—205). Ср. функцию Я. с ролью *Баубо*. *А. Т. Г.*

ЯНУС (от ianua, «двери», «ворота»), в римской мифологии бог входов и выходов, дверей (эпитеты: «отпирающий» и «запирающий»), и всякого начала (первого месяца года, первого дня всякого месяца, начала жизни человека, Serv. Verg. Aen. I 292). При обращении к богам имя Я. призывалось первым. Он считался первым царём Лация, жившим на Яникуле, научившим людей кораблестроению, возделыванию земли и выращиванию овощей. Он принял у себя Сатурна и поделился с ним властью. Его праздник — агонии справлялся 9 января в жилище царя-регии (Ovid. Fast. I 318), а жрецом его был заменявший царя «царь священнодействий» (rex sacrorum), возглавлявший иерархию римских жрецов. Я. изображался с ключами, 365 пальцами по числу дней в году, который он начинал, и с двумя смотрящими в разные стороны лицами, откуда его эпитет «двойной» (Geminus). Так же называлась и посвящённая Я. царём Нумой Помпилием двойная арка на форуме, крытая бронзой и опиравшаяся на колонны, образуя ворота, которые должны были отпираться во время войны и запираться во время мира (Liv. I 19, 2). Я. считался также богом договоров, союзов (напр., союза *Ромула* с Титом Тацием). Его двуликость объясняли тем, что двери ведут и внутрь, и вовне дома (Ovid. Fast. I 135), а также тем, что он знает и прошлое, и будущее (Macrob. Sat. I 9, 7). В песне салиев Я. именовался «богом богов», «добрым создателем» (I 9, 14—18). Впоследствии он трактовался как «мир» — mundus (Serv. Verg. Aen. VII 610; Macrob. Sat. I 7, 18—28), как первобытный хаос, из которого возник упорядоченный космос, а сам он при этом из бесформенного шара превратился в бога и блюстителя порядка, мира, вращающим его ось (Ovid. Fast. I 104 след.). Возможно, что то были отголоски некогда существовавшего мифа о Я. как творце мира. В пользу этого предположения свидетельствует древность песни салиев, высокое положение жреца Я. и то обстоятельство, что у других народов имелись древнейшие двуликие боги неба, мыслившегося как металлический свод, подобный арке Я. Об этом же говорит связь Я. с *Квирином*; Я.-Квирину якобы воздвиг храм Нума Помпилий, он же призывался фециалами при объявлении войны (Liv. I 32, 12), что могло знаменовать не только связь мира и войны, но и космического и земного порядка, олицетворённого в римской общине. Культ Я. в массах распространения не получил (что тоже обычно для древнейших космических богов-демиургов). *Е. М. Штаерман.*

ЯН ЦЗЯНЦЗЮНЬ («полководец Ян»), Я н С ы ц з я н ц з ю н ь («полководец Ян Четвёртый»), в поздней китайской народной мифологии одно из водных божеств, покровитель лодочников и плотогонов, а также торговцев деньгами. На деревянных скульптурах в одной руке Я. ц. держит топор, а другой рукой сжимает повелителя водной стихии дракона.

У него белое спокойное лицо, напоминающее лицо школяра, однако иногда его изображают с гневным лицом (такие статуи носили в дома больных для изгнания злых духов).

ЯНЬ-ВАН, Я н ь л о́ - в а н (от инд. *Яма*, и кит. *ван*, «князь»), в китайской народной мифологии владыка загробного мира; в официальном культе Я. глава пятого судилища ада (см. в ст. *Дийю*). В его подчинении находятся чиновники, стражники — бесы (*гуй*) и их князья (гуй-ван), судья ада *Паньгуань*, главы различных управ загробного мира. *Б. Р.*

ЯНЬГУА́Н, Я н ь г у а́ н п у с а́ («бодхисатва зрения»), Я н ь г у а́ н н я н н я́ н («матушка зрения»), в поздней китайской народной мифологии богиня зрения, исцелительница глазных болезней, а также охранительница от них. В старом Китае существовали храмы в её честь, её изображения часто встречаются на народных лубочных картинах. Её рисовали с человеческим глазом в руках или в чашке, стоящей у неё на коленях. Я. входит в свиту *Бися юаньцзюнь*, а иногда и *Гуаньинь*. Нередко её изображали на одной картине вместе с *Гуань-ди* и тремя чиновниками (*Сань гуань*), что должно было иметь, видимо, благопожелательный смысл. *Б. Р.*

ЯНЬ-ГУ́Н («князь Янь»), в китайской народной мифологии один из водяных духов, покровитель моряков. Согласно одной версии, в качестве Я. был обожествлён некий Янь Сюйцзы, который служил сановником при дворе монгольских правителей во времена династии Юань (13 в.), но заболел, был отпущен со службы домой и утонул во время бури. Его слуги положили труп в гроб, но в тот же день Я. явился жителям родного уезда. Родители, сочтя, что он стал святым, воздвигли храм в его честь. С тех пор моряки и торговцы, перевозившие на лодках свои товары, стали просить у него защиты во время шторма. Во 2-й половине 14 в. первый император Минской династии пожаловал ему почётный титул «сяньи́нь пинла́н-хо́у» («князя, чудотворного усмирителя волн»). Я. предание приписывает и чудесное спасение Шанхая в 1522 от нападения морских пиратов (японцев?), когда в полночь через страшный морской прилив потопил 80 разбойников и осада города была снята. Я. почитают и рыбаки. *Б. Р.*

ЯНЬ-ДИ («повелитель пламени»), Ч и - д и («красный государь»), в древнекитайской мифологии бог солнца, повелитель Юга, пламени, бог лета. В некоторых текстах Я.-д. назван единоутробным братом *Хуан-ди*, с которым они поделили пополам Поднебесную. Согласно «Речам царств» (4 в. до н. э.), Я. и Хуан-ди — дети мифического правителя Шао-дяня, правившие под знаком разных стихий и имеющие разные родовые фамилии (фамилия Я. — Цзян гипотетически связывается с западными, возможно, скотоводческими племенами). Существует предположение: Я. и Хуан-ди — мифические прародители двух фратрий. В древних сочинениях упоминается и миф о жестокой битве Я. и Хуан-ди, победителем в которой вышел Хуан-ди (можно предположить, что в основе мифа лежит представление о борьбе огня и земли, связанное с подсечно-огневым земледелием). Сохранился также сюжет, который приписывает богу огня и начало земледелия: согласно преданиям, при Я. появилась красная птица с девятью колосками злаков в клюве, которая роняла их на землю, а Я. подбирал зернышки и сажал в землю; вкусивший выросшие злаки становился бессмертным. Образ Я. рано контаминировался с образом божества земледелия Шэньнуна, и мифы о них крайне трудно поддаются разграничению. Я. правил южными землями совместно со своим потомком богом огня *Чжужуном*. Помощником Я. считался Чжумин («красный свет»), который управлял летней погодой. *Б. Р.*

ЯО (предположительно, «высоченный»), в древнекитайской мифологии и легендарной истории совершенномудрый правитель. Царствование Я. представлялось конфуцианцами как «золотой век» древности. По традиции считалось, что он правил в 2356—2255 до н. э., а затем уступил престол *Шуню*, не желая передавать его своему непутёвому сыну Дань-чжу. Отцом Я. считался верховный владыка *Ди-ку* (по другим версиям — *Ди-цзюнь*), а матерью — дочь повелителя огня Хо-ди (возможно, *Янь-ди*), родившаяся во время грозы из камня. Мать Я. Цинду гуляла у истоков реки и вдруг увидала вышедшего из реки красного дракона, на спине которого была картина с изображением человека в красной одежде, с блестящим лицом, восьмицветными бровями и длинными усами. Внезапно налетел «тёмный» вихрь, и Цинду соединилась с драконом. От этой связи и родился Я., напоминавший обликом человека, изображённого на картине. Восьмицветные брови (ба цай) Я., согласно конфуцианским сочинениям, — знак мудрости, умения наблюдать ход небесных светил в связи с календарём. Иногда говорится о трёх зрачках в глазах Я. (символ прозорливости; ср. появившуюся в конце его царствования двузрачковую птицу *чунмин*). Я. ассоциировался также с Чиди, имевшим тело красной птицы (*чжуняо*) — возможный реликт древнейших представлений о Я. как о предке в облике солярной птицы.

В царствование Я. трава во дворе превратилась в злаки, там поселились птицы *фэнхуан*, на ступеньках дома выросло дерево миньцзя («календарное дерево», на котором каждый день с начала месяца вырастало, а с середины месяца опадало по одному стручку), на кухне — дерево шапу, охлаждающее помещение. Я. был поразительно скромен; зимой он носил оленью шкуру, летом — пеньковую одежду; питался он из глиняной посуды, заботясь о всех страждущих в Поднебесной. Я. выдал дочерей замуж за Шуня. *Б. Л. Рифтин.*

ЯО-ВА́Н («князь лекарств», «царь лекарей»), в даосской и поздней китайской народной мифологии бог — покровитель аптекарей и врачевателей («Я.» также почётный титул знаменитых медиков древности). Согласно популярной версии, Я. — обожествлённый танский врач и алхимик *Сунь Сымяо* [по другим версиям — буддийский монах, индиец-врачеватель Вэй Гудао (8 в.), или Вэй Шанцзюнь, или лекарь *Бянь Цяо*]. Иногда Я. считали и *Шэньнуна*. *Б. Р.*

ЯРИЛА, Я р и́ л о (рус.), Я р ы́ л о (белорус.), славянский мифологический и ритуальный персонаж, связанный с идеей плодородия, прежде всего весенней, сексуальной мощи. Имя Я. производится от корня «яр-» (*jar), с которым соотносятся представления о яри как высшем проявлении производительных сил, обеспечивающем максимум плодородия, прибытка, урожая. Я. принадлежит особая роль в сельскохозяйственной обрядности, особенно весенней. Единственное свидетельство, относящееся к Белоруссии (конец первой половины 19 в.), — описание ритуала, приурочивавшегося к 27 апреля, центральной фигурой которого был Я. Его изображала женщина, наряженная молодым красивым босоногим мужчиной в белой рубахе; в правой руке она держала человеческую голову, в левой — ржаные колосья, на голове был венок из полевых цветов. Девушку, изображавшую Я., сажали на белого коня, привязанного к столбу. Вокруг неё девицы в венках водили хоровод (иногда по засеянной ниве) и пели песни. Сохранилось начало одной из них: «Волочился Я. по всему свету, полю жито родил, людям детей плодил. А где он ногою, там жито копою, а где он взглянет, там колос зацветает». Иные источники относятся к великорусским данным. Они также описывают празднество, посвящённое Я.; в частности, одно из ранних свидетельств («Жизнеописание Тихона Задонского») описывает, каким образом в 1765 был положен конец этим празднествам. Главным героем праздника, называвшегося Ярило и отмечавшегося ежегодно перед заговеньем Петрова поста (вплоть до вторника самого поста) в Воронеже, на площади за старыми воротами, куда сходились городские и окрестные сельские жители на ярмарку, был «юноша в бумажном колпаке, украшенном бубенцами, лентами и цветами, с набеленным и нарумяненным лицом, изображавший собою Ярило». Под его руководством происходили неистовые пляски. Тут же совершались игры, угощение, пьянство, кулачные драки, кончавшиеся увечьями, а иногда и убийствами. В увещании воронежцам Тихон писал: «Из всех обстоятельств праздника сего видно, что древний некакий был идол, называемый именем Ярило, который в сих странах за бога почитаем был. /.../ А иные праздник сей /.../ называют игрищем»; далее, со ссылкой на старину, сообщается, что люди ожидают этот праздник как годовое торжество, одеваются в лучшее платье и предаются бесчинству. Другие свидетельства также сообщают о гуляниях с песнями и плясками, продолжавшимися иногда всю ночь вокруг костров, горевших на возвышенном месте. Нередко отмечается, что эти гуляния, кое-где называемые ярилками (ярильным днём и т. д.), носили «разнузданный характер», что молодые девицы приходили на них «поневеститься». Эротический аспект культа Я. проявляется в отмечаемом в некоторых местах обычае хоронить Я. («погребать Я.», «погребать Ярилину плешь»). Обычно это делалось на холме, на особом месте, называемом Ярилина плешь. Есть сведения, что кое-где изготавливали из глины фигуры Я. и Ярилихи, которые потом разбивались и сбрасывались в воду. На вопрос о том, кем был Я., известен ответ: «Он, Ярила, любовь очень одобрял». Образ плеши Я. отсылает и к фаллической теме и к мотиву старости (плешивый старик). В этом контексте проясняется противопоставление молодого и старого Я., как называют два смежных праздника, из которых один отмечается за неделю до Иванова дня (ср. *Купала*), а другой — непосредственно перед Ивановым днём. Эротическая символика Я. проявляется и в непристойностях, сопровождающих его праздник, в речениях, пословицах, загадках [ср.: «Выбежал Ярилко из-за печного столба, зачал бабу ярить, только палка стучит» (— Помело); «Шла плешь на гору, шла плешь под гору... Ту же плешь на здоровье съешь».— (— Блины) и т. п.]. Для ритуалов, связанных с Я., правдоподобно реконструируется карнавальная нейтрализация противопоставлений жизнь (рождение) — смерть, молодость — старость, иногда и мужское — женский. Наличие двух Я. отсылает к теме божественных близнецов, сыновей Неба, а связь Я. с конём делает оправданным сравнение двух Я. с др.-инд. *Ашвинами* или др.-греч. *Диоскурами*.

Я. трудно отделять от некоторых других персонажей подобного типа (ср. *Герман*, *Кострома* и т. п.) или носящих сходное имя. В этой связи обращают на себя внимание Яровит у балтийских славян и некоторые топономастические данные (ср. Ярун, название идола, упоминаемое в Переяславском летописце, при Ярун, имени воеводы, Ярынь, река в басс. Припяти и т. п.). У сербов кое-где именем Јарило обозначают праздник и изготовляемую к нему ритуальную куклу. Я. близок более поздний ритуально-мифологический образ Юрия — Егория (св. Георгия), открывающий приход весны.

Характерно, что при всей популярности Я. как ритуального персонажа вплоть до 20 в., он никогда не зачислялся в разряд богов, и официальные источники не упоминают его вообще среди русских божеств. Напротив, он выступает как персонаж неофициальной «низшей» обрядности с сильным развитием обсценных черт. Тем не менее, многое говорит в пользу исконного божественного статуса Ярилы. Как предполагают, это имя служило эпитетом, определявшим, видимо, громовержца *Перуна*, который, как и ряд других аналогичных персонажей, сочетал в себе функции бога плодородия с воинскими функциями.

В. В. Иванов, В. Н. Топоров.

ЯРОВИТ, Геровит, у балтийских славян бог. В латинских средневековых сочинениях отождествлялся с *Марсом*. Атрибут Я.— щит с золотыми бляхами на стене святилища в Вольгасте — нельзя было сдвигать с места в мирное время; в дни войны щит несли перед войском. Культовый центр Я. во время праздника в его честь был окружён знамёнами. Я. был посвящён также весенний праздник плодородия; в одном из источников приводится речь жреца Я., согласно которой Я. властвует над зеленью и плодами земли; эти функции и имя Я. позволяет сближать его с восточнославянским *Ярилой*. Ср. также *Руевита*.

ЯСОН, Язон, Иасон, в греческой мифологии герой, правнук бога ветров Эола, сын царя Иолка *Эсона* и Полимеды (Apollod. I 9, 16) (варианты: Алкимеды; Apoll. Rhod. I 232; Hyg. Fab. 13; Амфиномы, Diod. IV 50). Участник *Калидонской охоты* (Ovid. Met. VIII 302; Apollod. I 8, 2; Hyg. Fab. 173), предводитель *аргонавтов*. Когда *Пелий* сверг своего брата Эсона с престола, тот, опасаясь козней узурпатора, отдал Я. на воспитание кентавру Хирону, который научил его искусству врачевания (Hes. Theog. 1002 след.; Pind. Isthm. III 53) (этиологический миф, объясняющий имя Я., означающее «целитель»). Согласно Пиндару, Я., когда ему исполнилось 20 лет, вернулся в Иолк. Переправляясь через реку Анавр, Я. потерял сандалию с левой ноги. Когда Пелий увидел Я., он испугался, так как ему было предсказано, что его погубит человек, пришедший к нему в одной сандалии. На вопрос о его происхождении Я. ответил Пелию, что он сын свергнутого царя Эсона, и пришёл вернуть отцу законную власть. Пелий обещал возвратить царство Эсону, но сказал, что прежде (для искупления тяготевшего над родом Эолидов проклятия) надо умилостивить тень Фрикса и вернуть из Колхиды в Иолк золотое руно (Pind. Pyth. IV 70 след.; Diod. IV 40 след.). По позднейшей версии, сам Я. на вопрос Пелия, как бы он поступил с человеком, который, как было предсказано, принесёт ему смерть, ответил, что он потребовал бы от него доставить из Колхиды золотое руно. Тогда Пелий приказал Я. совершить этот подвиг. Чтобы помочь Я. добыть золотое руно, собрались герои со всей Эллады. Был построен корабль, названный в честь его строителя Арго, и участники похода стали называться аргонавтами (Apollod. I 9, 16). По пути в Колхиду Я. вступил в связь с царицей острова Лемнос *Гипсипилой*, которая родила ему сыновей Эвнея и Неброфона (I 9, 17). Испытав множество приключений, аргонавты с помощью покровительствовавших им Геры и Афины достигли Колхиды, где правил царь Ээт. Царь согласился отдать золотое руно, если Я. запряжёт в плуг медноногих изрыгающих пламя огромных быков (дар Гефеста), вспашет поле и засеет его зубами дракона (по другой версии, Ээт сначала потребовал от Я., чтобы он помог ему в войне против брата Перса; Valer. Flac. VI 1 след.). Бог любви Эрот по просьбе Афины и Геры вселил в сердце дочери Ээта волшебницы *Медеи* любовь к герою. Я. обещал Медее жениться на ней и с её помощью выполнил все требования Ээта. Хотя Я. сумел засеять поле зубами дракона и перебить выросших из зубов воинов, Ээт не отдал руна, а замыслил сжечь Арго и убить аргонавтов. Однако Медея усыпила охранявшего золотое руно дракона и помогла его похитить Я. (вариант: Я. убил дракона; Pind. Pyth. IV 240 след.). Медея со своим братом Апсиртом и аргонавтами бежала из Колхиды (Apoll. Rhod. IV 452 след.). Дорогой, чтобы задержать преследователей, Медея убила брата и разбросала куски его тела по морю. Сражённый горем Ээт прекратил погоню, чтобы собрать части тела сына и предать их погребению (Apollod. I 9, 23—24). Когда Я. и Медея приплыли к острову феаков, где царствовал Алкиной, их настигли преследователи. По совету жены Алкиноя Ареты Я. и Медея поспешно сочетались браком, чтобы у феаков не было оснований возвратить Медею отцу (Apollod. I 9, 25). Вернувшись в Иолк, Я. узнал, что за время его отсутствия Пелий убил его отца и всех родственников. Благодаря хитрости Медеи, убедившей дочерей Пелия, что для возвращения отцу молодости его следует разрубить на части, Я. жестоко отомстил обидчику (Ovid. Met. VII 297—349). Я. и Медея были изгнаны из Иолка и поселились в Коринфе у царя Креонта. Где счастливо прожили 10 лет. У них родились два сына Мермер и Ферет. Когда Я. решил вступить в новый брак с дочерью царя Креонта *Главкой* (вариант: *Креусой*), возмущённая изменой Медея прислала в дар новобрачной отравленное одеяние, и та умерла в страшных мучениях. Малолетних сыновей Я. Мермера и Ферета Медея убила, а сама унеслась на колеснице, запряжённой крылатыми конями (вариант: драконами). Я. покончил жизнь самоубийством (Diod. IV 55), по другой версии, он погиб под обломками обветшавшего корабля Арго (Schol. Eur. Med. 9, 20, 277).

М. Н. Ботвинник.

ЯХ, в египетской мифологии бог луны. Центр его культа — Фивы. Изображался в виде человека с лунным диском и серпом на голове. Отождествлялся с *Хонсу* (Хонсу-Ях), *Тотом* (Тот-Ях), *Осирисом* (Осирис-Ях), *Мином* (Мин-Ях).

Р. Р.

ЯХВЕ, Иа́хве, Я́гве, в иудаизме непроизносимое имя бога. Согласно ветхозаветному преданию, было открыто богом *Моисею* в богоявлении при горе Хорив. Когда Моисей, которому бог явился в *неопалимой купине*, спрашивает его, «как ему имя», бог отвечает речением: «Я есмь сущий» (Исх. 3, 14). Далее бог говорит Моисею: «Являлся я Аврааму, Исааку и Иакову [как, то есть под именем]: «Бог всемогущий (Эль-Шаддай, ʾēl šaddāy), а под именем моим „Господь" [Яхве, YHWH] не открылся им» (6, 3) — раскрытие этого имени рассматривается, таким образом, как знак особого откровения, данного Моисею. В богоявлении на горе Синай бог, как он обещал Моисею (Исх. 33, 19), «сошёл... в облаке, и остановился там близ него, и провозгласил имя Яхве» (34, 5).

В соответствии с запретом в практике иудаизма (фиксированным десятью заповедями) на произнесение имени бога «всуе» (Исх. 20, 7; Втор. 5, 11), имя Я., пишущееся по законам еврейской письменности четырьмя согласными буквами — YHWH (т. н. тетраграмматон), долгое время, по преданию, произносилось вслух неслышно для окружающих раз в году (в День очищения) первосвященником, причём тайна его звучания устно передавалась по старшей линии первосвященнического рода. С 3 в. до н. э. произнесение этого имени было полностью табуировано, там же, где оно встречается в текстах, вместо него произносится Адонай (в русском переводе, исходящем из греческого перевода Библии, т. н. Септуагинты, передаётся как «Господь»). Это привело к тому, что при огласовке библейского текста, произведённой в 7 в. н. э. масоретами, священной тетраграмме YHWH, встречающейся в Библии около 7 тысяч раз, были приданы гласные звуки слова «Адонай». Отсюда в эпоху позднего средневековья в среде христианских богословов возникло чтение «Иегова».

Традиционное истолкование и принятое в новое время (подтверждаемое древними внебиблейскими — греческими, ассиро-вавилонскими и другими источниками) чтение тетраграммы как Я. исходит в первую очередь из её пояснения в приведённых словах бога — «Я есмь сущий», связывающих её с глаголом hyh (hwh) со значением «быть» и «жить». Буквальное значение имени может быть понято, в зависимости от значения грамматического, либо как «Он есть» (в смысле действенного присутствия), либо как «Он есть (бог) живой», либо как «Он даёт жизнь» (возможно также соответствующее номинальное истолкование — как «бытие», «присутствие» или же «создатель», «творец»). Предложены были и иные толкования, связывающие имя Я. со значением дуновения, дыхания, опять-таки творящего, или объясняющие его как «роняющий молнии и дождь», т. е. громовержец, бог плодородия, наконец,— как «бог говорящий».

Истоки имени Я. прослеживаются, однако, в гораздо более раннюю эпоху. На древнейшее употребление имени Я. может указывать стих Библии, относящийся ко времени «допотопных» патриархов: «Тогда начали призывать имя Яхве» (Быт. 4, 26). Культ бога под именем Я. существовал в древности у различных западносемитских племён (см. *Иево*).

По мнению различных исследователей, бог по имени Я. первоначально почитался в качестве бога только одним из древнееврейских племён — коленом Иуды и лишь позднее стал главным божеством, богом — покровителем древнеизраильского союза племён.

М. Б. Мейлах.

ЯЯТИ, в индуистской мифологии царь *Лунной династии*, сын *Нахуши*. От своей жены Деваяни и её служанки Шармиштхи Я. имел пятерых сыновей, в т. ч. Яду (родоначальника племени ядавов, к которому принадлежал Кришна) и Пуру (предка *пандавов* и *кауравов*). Когда Деваяни узнала, что отцом детей Шармиштхи был её муж Я., она пожаловалась на его неверность своему отцу — могущественному брахману *Шукре*. По проклятию Шукры Я. сразу же стал дряхлым и немощным, но Шукра ограничил действие проклятия, разрешив Я. передать свою старость другому, если тот на это согласится. По очереди предлагал Я. своим сыновьям отдать ему свою молодость. Четверо старших отказались, и только младший, Пуру, согласился на эту жертву. Тысячу лет наслаждался Я. его юностью, а затем возвратил Пуру его дар и вместе с ним передал ему своё царство (Мбх. I 71—81). Миф о Я. излагается и во многих пуранах.

П. Г.

ОБЩЕЕ ПОНЯТИЕ МИФА И МИФОЛОГИИ

Слово «миф» греческое и буквально означает предание, сказание. Обычно подразумеваются сказания о богах, духах, обожествлённых или связанных с богами своим происхождением героях, о первопредках, действовавших в начале времени и участвовавших прямо или косвенно в создании самого мира, его элементов как природных, так и культурных. Мифология есть совокупность подобных сказаний о богах и героях и, в то же время, система фантастических представлений о мире. Мифологией называют и науку о мифах. Мифотворчество рассматривается как важнейшее явление в культурной истории человечества. В первобытном обществе мифология представляла основной способ понимания мира, а миф выражал мироощущение и миропонимание эпохи его создания. «Миф как первоначальная форма духовной культуры человечества представляет природу и сами общественные формы, уже переработанные бессознательно-художественным образом народной фантазией» (М а р к с К., см. Маркс К. и Энгельс Ф., Соч., 2 изд., т. 12, стр. 737). Главными предпосылками своеобразной мифологической «логики» являлось, во-первых, то, что первобытный человек не выделял себя из окружающей природной и социальной среды, и, во-вторых, то, что мышление сохраняло черты диффузности и нерасчленённости, было почти неотделимо от эмоциональной аффектной, моторной сферы. Следствием этого явилось наивное очеловечивание всей природы, всеобщая персонификация, «метафорическое» сопоставление природных, социальных, культурных объектов. На природные объекты переносились человеческие свойства, им приписывалась одушевлённость, разумность, человеческие чувства, часто и внешняя антропоморфность и, наоборот, мифологическим предкам могли быть присвоены черты природных объектов, особенно животных. Выражение сил, свойств и фрагментов космоса в качестве одушевлённых и конкретно-чувственных образов порождает причудливую мифологическую фантастику. Определённые силы и способности могли быть пластически выражены многорукостью, многоглазостью, самыми диковинными трансформациями внешнего облика; болезни могли быть представлены чудовищами — пожирателями людей, космос — мировым древом или живым великаном, родоплеменные предки — существами двойной — зооморфной и антропоморфной — природы, чему способствовало тотемическое представление о родстве и частичном тождестве социальных групп с видами животных. Для мифа характерно, что различные духи, боги (а тем самым и представленные ими стихии и природные объекты) и герои связаны семейно-родовыми отношениями.

В мифе форма тождественна содержанию и поэтому символический образ представляет то, что он моделирует. Мифологическое мышление выражается в неотчётливом разделении субъекта и объекта, предмета и знака, вещи и слова, существа и его имени, вещи и её атрибутов, единичного и множественного, пространственных и временных отношений, начала и принципа, то есть происхождения и сущности. Эта диффузность проявляется в сфере воображения и обобщения.

Для мифа чрезвычайно специфичны отождествление генезиса и сущности, то есть собственно замена причинно-следственных связей прецедентом. В принципе, в мифе совпадает описание модели мира и повествование о возникновении его отдельных элементов, природных и культурных объектов, о деяниях богов и героев, определивших его нынешнее состояние (а затем уже об иных событиях, биографии мифологических персонажей). Нынешнее состояние мира — рельеф, небесные светила, породы животных и виды растений, образ жизни, социальные группировки, религиозные установления, орудия труда, приёмы охоты и приготовление пищи и т. д. и т. п. — всё это оказывается следствием событий давно прошедшего времени и действий мифологических героев, предков, богов. Рассказ о событиях прошлого служит в мифе средством описания устройства мира, способом объяснения его нынешнего состояния. Мифические события оказываются «кирпичиками» мифической модели мира. **Мифическое время** есть время «начальное», «раннее», «первое», это «правремя», время до времени, то есть до начала исторического отсчёта текущего времени. Это время первопредков, первотворения, первопредметов, «время сновидений» (по терминологии некоторых австралийских племён, то есть время откровения в снах), сакральное время в отличие от последующего профанного, эмпирического, исторического времени. Мифическое время и заполняющие его события, действия предков и богов являются сферой первопричин всего последующего, источником архетипических первообразов, образцом для всех последующих действий. Реальные достижения культуры, формирование социальных отношений в историческое время и т. п. проецируется мифом в мифическое время и сводится к однократным актам творения. Важнейшая функция мифического времени и самого мифа — создание модели, примера, образца. Оставляя образцы для подражания и воспроизведения, мифическое время и мифические герои одновременно источают магические духовные силы, которые продолжают поддерживать установленный порядок в природе и обществе; поддержание такого порядка также является важной функцией мифа. Эта функция осуществляется с помощью ритуалов, которые часто прямо инсценируют события мифического времени и даже включают иногда рецитирование мифов. В ритуалах мифическое время и его герои не только изображаются, но как бы возрождаются с их магической силой, события повторяются и реактуализируются. Ритуалы обеспечивают их «вечное возвращение» и магическое влияние, гарантирующее непрерывность природных и жизненных циклов, сохранение некогда установленного порядка. Миф и ритуал составляют две стороны — как бы теоретическую и практическую — того же феномена. Однако наряду с мифами, имеющими ритуальный эквивалент, есть мифы, не имеющие такого эквивалента, равно как и ритуалы, лишённые своего мифологического двойника.

Категория мифического времени особенно характерна для архаических мифологий, но трансформированные представления об особой начальной эпохе встречаются и в высших мифологиях, иногда как идеальный «золотой век» или, наоборот, как время хаоса, подлежащее последующей космизации. В принципе, миф нацелен на изображение превращения хаоса в космос.

Впоследствии, в эпических памятниках мифическое время преобразуется в славную героическую эпоху единства народа, могучей государственности, великих войн и т. п. В мифологиях, связанных с высшими религиями, мифическое время преобразуется в эпоху жизни и деятельности обожествлённых пророков, основателей религиозной системы и общины. Наряду с временем начальным в мифы проникает и представление о конечном времени, о конце мира (эсхатологические мифы). Возникают «биографии» богов и героев, описывается их жизненный цикл и главные подвиги и т. п. Однако мифическое время остаётся основной категорией мифа, также как мифы творения и мифы объяснительные (этиологические) являются важнейшим, наиболее фундаментальным и типичным видом мифотворчества.

Мифология является самым древним, архаическим, идеологическим образованием, имеющим синкретический характер. В мифе переплетены зародышевые элементы религии, философии, науки, искусства. Органическая связь мифа с ритуалом, осуществлявшаяся музыкально-хореографическими, «предтеатральными» и словесными средствами, имела свою скрытую, не осознанную эстетику. Искусство, даже полностью эмансипировавшись от мифа и ритуала, сохранило специфическое соединение обобщений с конкретными образами (не говоря уже о широком оперировании мифологическими темами и мотивами). С другой стороны, миф и особенно ритуал имели прямое отношение к магии и религии. Религия с самого своего возникновения включила в себя мифы и обряды. Философия развивалась, постепенно преодолевая мифологическое наследие. Но и после обособления различных идеологий и даже после значительного прогресса науки и техники, мифология не остаётся исключительно памятником первобытного мировоззрения и архаических форм повествования. Не говоря уже о тесной связи религии с мифологией, некоторые особенности мифологического сознания могут сохраняться на протяжении истории в массовом сознании рядом с элементами философского и научного знания, рядом с использованием строгой научной логики.

КАТЕГОРИИ МИФОВ

Мифы этиологические (букв. «причинные», т. е. объяснительные) — это мифы, объясняющие появление различных природных и культурных особенностей и социальных объектов. В принципе, этиологическая функция присуща большинству мифов и специфична для мифа как такового. Практически под этиологическими мифами понимаются прежде всего рассказы о происхождении некоторых животных и растений (или их частных свойств), гор и морей, небесных светил и метеорологических явлений, отдельных социальных и религиозных институтов, видов хозяйственной деятельности, а также огня, смерти и др. Подобные мифы широко распространены у первобытных народов, они часто слабо сакрализованы. Как особую разновидность этиологических мифов можно выделить мифы к у л ь т о в ы е, объясняющие происхождение обряда, культового действия. В случае эзотеричности культового мифа, он может быть сильно сакрализован.

Мифы к о с м о г о н и ч е с к и е (большей частью менее архаические и более сакрализованные, чем этиологические) повествуют о происхождении космоса в целом и его частей, связанных в единой системе. В космогонических мифах особенно отчётливо актуализируется характерный для мифологии пафос превращения хаоса в космос. В них непосредственно отражаются космологические представления о структуре космоса (обычно трёхчастной вертикально и четырёхчастной горизонтально), описывается его вегетативная (мировое древо), зооморфная или антропоморфная модель. Космогония обычно включает разъединение и выделение основных стихий (огонь, вода, земля, воздух), отделение неба от земли, появление земной тверди из мирового океана, установление мирового древа, мировой горы, укрепление на небе светил и т. п., затем создание ландшафта, растений, животных, человека.

Мир может возникнуть из первоэлемента, например, из мирового яйца или из антропоморфного первосущества-великана. Различные космические объекты могут быть найдены, даже похищены и перенесены культурными героями (см. ниже), порождены биологически богами или их волей, их магическим словом.

Частью космогонических мифов являются мифы а н т р о п о г о н и ч е с к и е — о происхождении человека, первых людей, или племенных первопредков (племя в мифах часто отождествляется с «настоящими людьми», с человечеством). Происхождение человека может объясняться в мифах как трансформация тотемных животных, как отделение от других существ, как усовершенствование (самопроизвольное или силами богов) неких несовершенных существ, «доделывание», как биологическое порождение богами или как изготовление божественными демиургами из земли, глины, дерева и т. п., как перемещение неких существ из нижнего мира на поверхность земли. Происхождение женщин иногда описывается иначе, чем происхождение мужчин (из другого материала и т. п.). Первый человек в ряде мифов трактуется как первый смертный, ибо уже существовавшие ранее боги или духи были бессмертны.

К космогоническими мифам примыкают мифы астральные, солярные и лунарные, отражающие архаические представления о звёздах, солнце, луне и их мифологических персонификациях.

Мифы а с т р а л ь н ы е — о звёздах и планетах. В архаических мифологических системах звёзды или целые созвездия часто представляют в виде животных, реже деревьев, в виде небесного охотника, преследующего зверя, и т. п. Ряд мифов заканчивается перемещением героев на небо и превращением их в звёзды или, напротив, изгнанием с неба не выдержавших испытания, нарушивших запрет (жён или сыновей жителей неба). Расположение звёзд на небе может трактоваться и как символическая сцена, своеобразная иллюстрация к тому или иному мифу. По мере разработки небесной мифологии звёзды и планеты строго прикрепляются (отождествляются) к определённым богам.

На основе строгого отождествления созвездий с животными в некоторых ареалах (на Ближнем Востоке, в Китае, у части американских индейцев и др.) складывались закономерные картины движения небесных светил. Представление о воздействии движения небесных светил на судьбу отдельных людей и всего мира создало мифологические предпосылки для астрологии.

Мифы с о л я р н ы е и л у н а р н ы е в принципе являются разновидностью астральных. В архаических мифологиях Луна и Солнце часто выступают в виде близнечной пары культурных героев или брата и сестры, мужа и жены, реже родителя и ребёнка. Луна и Солнце — типичные персонажи д у а л и с т и ч е с к и х мифов, построенных на противопоставлении мифологических символов, причём Луна (Месяц) большей частью маркирована отрицательно, а Солнце — положительно. Они представляют оппозиции двух тотемных «половин» племени, ночи и дня, женского и мужского начала и т. д. В более архаических лунарных мифах месяц представляется чаще в виде мужского начала, а в более развитых — женского (зооморфного или антропоморфного). Небесному существованию Луны и Солнца (как и в случае со звёздами) иногда предшествуют земные приключения пары мифологических героев. Некоторые специально лунарные мифы объясняют происхождение пятен на Луне («Лунный человек»). Собственно солярные мифы лучше представлены в развитых мифологиях, в архаических — популярны мифы о происхождении Солнца или об уничтожении лишних солнц из первоначального их множества. Солнечное божество тяготеет к тому, чтобы стать главным, особенно в древних обществах, возглавляемых обожествлённым царём-жрецом. Представление о движении солнца часто ассоциируется с колесом, с колесницей, в которую впряжены кони, с борьбой против хтонических чудовищ или богом грозы. Суточный цикл также отражается в мифологическом мотиве исчезающего и возвращающегося солнечного божества. Уход и приход могут быть перенесены с суток на сезоны. Универсальный характер имеет миф о дочери солнца.

Мифы близнечные — о чудесных существах, представляемых в виде близнецов и часто выступающих в качестве родоначальников племени или культурных героев. Истоки близнечных мифов прослеживаются в представлениях о неестественности близнечного рождения, которое у большинства народов мира считалось уродливым. Наиболее ранний пласт близнечных представлений наблюдается в зооморфных близнечных мифах, предполагающих родство между животными и близнецами. В мифах о близнецах-братьях они, как правило, выступали сначала соперниками, а позднее становились союзниками. В некоторых дуалистических мифах братья-близнецы не антагонистичны друг другу, а являются воплощением разных начал (см. выше мифы солярные). Есть мифы о близнецах брате и сестре, но встречаются и усложнённые варианты, где в кровосмесительных браках брата и сестры предпочитается наличие нескольких братьев. Особенностью многих африканских близнечных мифов является совмещение обоих рядов мифологических противоположностей в одном мифологическом образе (т. е. близнечные существа — двуполые).

Мифы тотемические составляют непременную часть комплекса тотемических верований и обрядов родоплеменного общества; в основе этих мифов лежат представления о фантастическом сверхъестественном родстве между определённой группой людей (родом и др.) и т. н. тотемами, т. е. видами животных и растений. По содержанию тотемические мифы очень просты. Основные персонажи наделены в них чертами и человека, и животного. В наиболее типичном виде тотемические мифы известны у австралийцев и африканских народов. Тотемические черты ясно видны в образах богов и культурных героев в мифологии народов Центральной и Южной Америки (таковы *Уицилопочтли, Кецалькоатль, Кукулькан*). Остатки тотемизма сохранились в египетской мифологии, и в греческих мифах о племени *мирмидонян*, и в часто встречающемся мотиве превращения людей в животных или растения (напр., миф о *Нарциссе*).

Календарные мифы теснейшим образом связаны с циклом календарных обрядов, как правило с аграрной магией, ориентированной на регулярную смену времён года, в особенности на возрождение растительности весной (сюда вплетаются и солярные мотивы), на обеспечение урожая. В древних средиземноморских земледельческих культурах господствует миф, символизирующий судьбу духа растительности, зерна, урожая. Распространён календарный миф об уходящем и возвращающемся или умирающем и воскресающем герое (ср. мифы об *Осирисе, Таммузе, Балу, Адонисе, Аттисе, Дионисе* и др.). В результате конфликта с хтоническим демоном, богиней-матерью или божественной сестрой-женой герой исчезает или погибает или терпит физический урон, но затем его мать (сестра, жена, сын) ищет и находит, воскрешает, и тот убивает своего демонического противника. Структура календарных мифов имеет много общего с композицией мифов, связанных с ритуалами инициации или интронизации царя-жреца. В свою очередь они оказали влияние на некоторые героические мифы и эпические предания, на мифы эсхатологические.

Мифы героические фиксируют важнейшие моменты жизненного цикла, строятся вокруг биографии героя и могут включать его чудесное рождение, испытания со стороны старших родичей или враждебных демонов, поиски жены и брачные испытания, борьбу с чудовищами и другие подвиги, смерть героя. Биографическое начало в героическом мифе в принципе аналогично космическому началу в мифе космогоническом; только здесь упорядочивание хаоса отнесено к формированию личности героя, способного в дальнейшем поддержать своими силами космический порядок. Отражением инициации в героическом мифе является обязательный уход или изгнание героя из своего социума и странствия в иных мирах, где он приобретает духов-помощников и побеждает демонических духов-противников, где ему иногда приходится пройти через временную смерть (проглатывание и выплёвывание чудовищем; смерть и воскрешение — инициационные символы). Инициатором испытаний (принимающих иногда форму выполнения «трудной задачи») может быть отец, или дядя героя, или будущий тесть, или племенной вождь, небесное божество, например бог-Солнце, и т. п. Изгнание героя иногда мотивируется его проступками, нарушением табу, в частности, инцестом (кровосмешением с сестрой или женой отца, дяди), также угрозой для власти отца-вождя. Герой как термин греческой мифологии означает сына или потомка божества и смертного человека. В Греции имел место культ умерших героев. Героический миф — важнейший источник формирования как героического эпоса, так и сказки.

Мифы эсхатологические о «последних» вещах, о конце мира возникают относительно поздно и опираются на модели мифов календарных, мифов о смене эпох, мифов космогонических. В противоположность космогоническим мифам, эсхатологические рассказывают не о возникновении мира и его элементов, а об их уничтожении — гибель суши во всемирном потопе, хаотизация космоса и др. Трудно отделить мифы о катастрофах, сопровождавших смену эпох (о гибели великанов или старшего поколения богов, живших до появления человека, о периодических катастрофах и обновлении мира), от мифов о конечной гибели мира. Более или менее развитую эсхатологию находим в мифах аборигенов Америки, в мифологиях древнескандинавской, индуистской, иранской, христианской (евангельский «Апокалипсис»). Эсхатологическим катастрофам часто предшествуют нарушение права и морали, распри, преступления людей, требующие возмездия богов. Мир погибает в огне, потопе, в результате космических сражений с демоническими силами, от голода, жары, холода и т. п.

Многие известные европейскому читателю мифы — античные, библейские и некоторые другие не умещаются в перечисленные категории, а являются включенными в мифологический цикл легендами и преданиями. Иногда очень трудно провести границу между мифом, легендой, преданием. Например, мифы о Троянской войне и другие подобные мифы, впоследствии обработанные в форме эпоса, являются мифологизированными историческими преданиями, в которых действуют не только герои, имеющие божественное происхождение, но и сами боги. На стыке подлинного мифа и исторического предания складывается и священная история типа библейских повествований. Здесь «раннее время» растягивается: включает события, находящиеся на значительной хронологической дистанции друг от друга, а исторические воспоминания мифологизируются и сакрализуются. Вообще предания, как правило, воспроизводят мифологические схемы, прикрепляя их к историческим или квазиисторическим событиям. То же относится и к легендам, трудно отделимым от преданий; легенды в большей мере сакрализованы, в большей мере склонны к фантастике, например, изображению «чудес». Классическим примером легенд являются рассказы о христианских святых или буддийских перевоплощениях.

КАТЕГОРИИ МИФИЧЕСКИХ ГЕРОЕВ

Наиболее архаичны комплексные образы первопредков — культурных героев-демиургов. Впрочем, каждая из этих категорий может встречаться и самостоятельно или в качестве элемента образа того или иного божества.

П е р в о п р е д к и обычно мыслятся как прародители родов и племён, они моделируют родовую общину как социальную группу, противостоящую другим общинам и природным силам. В архаических мифологиях (классический пример — австралийская) первопредки строго отнесены к мифическому «раннему» времени; их странствия и действия определяют рельеф местности, социальные институты, обычаи и обряды, всё нынешнее состояние мира, т. е. повествование о них имеет парадигматический характер.

Тотемные предки, если роды имеют тотемом то или иное животное, часто предстают в виде существ двойной, зооантропоморфной природы. Умирая, сами первопредки могут превращаться в природные предметы или животных, а также в духов. Надтотемный предок, «всеобщий отец», может развиться в образ бога-творца, а женские первопредки участвуют в формировании образа богини-матери, воплощающей рождающее начало и земное плодородие. Первопредок иногда отождествляется с первым человеком или первичным антропоморфным существом, из членов которого создаётся Вселенная. Однако первопредков не надо путать с умершими старшими родственниками, то есть предками, жившими уже в эмпирическое время и часто становящимися объектом семейного культа.

К у л ь т у р н ы е г е р о и — мифические персонажи, которые добывают или впервые создают для людей различные предметы культуры (огонь, культурные растения, орудия труда), учат их охотничьим приёмам, возделыванию земли, ремёслам, искусствам, вводят социальные и религиозные установления, ритуалы и праздники, брачные правила и т. п. В силу недифференцированности представлений о природе и культуре в первобытном сознании культурным героям часто приписывается участие в общем мироустройстве, вылавливание земли из первичного океана и отделение неба от земли, установление небесных светил, урегулирование смены дня и ночи, времени года, прилива и отлива, участие в формировании и воспитании первых людей. В наиболее архаических версиях мифов культурные герои добывают готовые блага культуры, а порой и элементы природы путём простой находки или похищения у первоначального хранителя (так действуют полинезийский *Мауи*, палеоазиатский *Ворон*, древнегреческий *Прометей* и многие другие).

Культурные герои-демиурги (эти образы возникают позднее) изготовляют культурные и природные объекты (элементы мироздания, людей, первые орудия труда и др.) с помощью гончарных, кузнечных и иных инструментов (ср. чудесные кузнецы типа *Гефеста* или *Ильмаринена*, чудесные кузнецы в африканских мифологиях и т. п.). На более поздней стадии мифотворчества культурные герои также представляются борцами с чудовищами, с хтоническими, демоническими силами природы, представляющими начало хаоса и мешающими упорядоченному мироустройству. В этом случае культурные герои приобретают богатырскую окраску (ср. *Геракл, Персей, Тесей* и др.).

Культурный герой в ходе эволюции может развиваться и в сторону бога-творца (как и первопредок), и в сторону эпического героя.

Культурный герой, особенно в архаических мифологиях (например, у аборигенов Океании и Америки), иногда является одним из братьев, особенно часто одним из братьев-близнецов. Братья-близнецы (персонажи близнечного мифа) или помогают друг другу (особенно в борьбе с чудовищами) или враждуют между собой, или один из них (негативный вариант) неудачно подражает другому в делах творения и вольно или невольно становится причиной появления всякого рода отрицательных природных объектов и явлений (вредных растений и животных, гористого ландшафта, воды, смерти). От культурного героя как бы отпочковывается образ первобытного плута — т р и к с т е р а, являющегося либо его братом, либо его «вторым лицом» (в таком случае ему приписываются и культурные деяния, и плутовские проделки, например, индейским Ворону, Койоту и др.). Трикстер сочетает черты демонизма и комизма. Он не только неудачно подражает или мешает культурному герою, но совершает коварные и смешные проделки с целью удовлетворения голода или похоти. Если от культурного героя путь лежит к герою эпическому, то от трикстера — к хитрецу сказки о животных (вроде лисы).

В мифах фигурируют различные духи и боги.

Д у х и — мифологические существа, находящиеся в постоянном взаимодействии с человеком. Известны духи — покровители человека, родовые духи, духи предков, духи болезней, шаманские духи-помощники и духи-хозяева, представляющие различные объекты, участки, силы природы. С представлением о духах известным образом соотносится понятие души, или душ как духовного «двойника» или «двойников» человека. Духи фигурируют в многочисленных мифах и мифологических быличках. Былички в форме фабулатов и меморатов фиксируют якобы имевшие место с конкретными людьми в современности «случаи» встречи и контакта с духами. Представление о духах участвовало в формировании образов богов. В развитых мифологиях образы богов и духов сосуществуют, но духи относятся к более низким уровням мифологической системы.

Б о г и — могущественные сверхъестественные существа, являются важнейшими персонажами в развитых религиозных мифологиях. В образе богов сливаются черты культурных героев-демиургов, покровителей обрядов инициации, различных духов; творческие функции сочетаются с управлением отдельными силами природы и космоса в целом, руководством жизнью природы и человечества. Представление о верховном божестве политеистического пантеона эволюционирует в высших религиях к монотеистическому образу единого бога-творца и властителя Вселенной.

МИФ И ЛИТЕРАТУРА

Миф стоит у истоков словесного искусства, мифологические представления и сюжеты занимают значительное место в устной фольклорной традиции различных народов. Мифологические мотивы сыграли большую роль в генезисе литературных сюжетов, мифологические темы, образы, персонажи используются и переосмысляются в литературе почти на всём протяжении её истории.

Непосредственно из мифов выросли с к а з к и о животных (прежде всего о зверях-трикстерах, очень близкие к тотемическим мифам и мифам о трикстерах — негативных вариантах культурных героев) и волшебные сказки с их фантастикой. Не вызывает сомнений генезис из тотемического мифа универсально распространённой сказки о браке героя с чудесной женой (мужем), временно выступающей в звериной оболочке (АТ 400, 425 и др.). Популярные сказки о группе детей, попадающих во власть людоеда (АТ 327 и др.), или об убийстве могучего змея — хтонического демона (АТ 300 и др.) воспроизводят инициационные мотивы, специфичные для героических мифов и др. Характерные для классической волшебной сказки предварительные испытания будущим помощником героя также восходят к мотивам инициации (помощник, даритель — это дух-покровитель или шаманский дух-помощник). В архаическом фольклоре культурноотсталых народов существующая терминология отличает мифы безусловно достоверные, сакральные, порой связанные ещё с ритуалами, и эзотерические, от сказок на те же сюжеты.

В процессе превращения мифа в сказку происходит десакрализация, деритуализация, отказ от этиологизма и замена мифического времени неопределённо-сказочным, замена первичного добывания культурным героем различных объектов их перераспределением (привилегированными объектами добывания оказываются чудесные предметы и брачные партнёры), сужение космических масштабов до семейно-социальных. Брачные связи в мифах были только средством для получения поддержки со стороны тотемных зверей, духов-хозяев и т. п. существ, представляющих природные силы, а в сказках они становятся главной целью, так как повышают социальный статус героя.

В отличие от мифа, в котором прежде всего отражаются ритуалы инициации, в сказке отражены многие элементы брачных обрядов. Волшебная сказка своим излюбленным героем выбирает социально-обездоленного (сиротку, падчерицу).

На стилистическом уровне сказка противостоит мифу специальными словесными формулами, указывающими на неопределённость времени действия и на недостоверность (вместо указания в мифе вначале на мифическое время, а в конце на этиологический результат). Архаические формы героического э п о с а также уходят корнями в миф. Здесь эпический фон ещё заполнен богами и духами, а эпическое время совпадает с мифическим временем первотворения, эпическими врагами часто являются хтонические чудовища, и сам герой часто наделён реликтовыми чертами первопредка (первого человека, не имеющего родителей, спущенного с неба, и т. д.), и культурного героя, добывающего некоторые природные или культурные объекты (огонь, орудия рыболовства или земледелия, музыкальные инструменты и др.) и потом уже очищающего землю от «чудовищ». В образах эпических героев колдовские способности ещё часто преобладают над чисто богатырскими, воинскими. В ранних эпосах имеются и следы образов трикстеров (скандинавский *Локи*, осетинский *Сырдон*). Такой архаичный характер имеют карело-финские руны, мифологические песни скандинавской «Эдды», северокавказский эпос о нартах, тюрко-монгольские эпосы Сибири, отчётливые отголоски архаики можно обнаружить в «Гильгамеше», «Одиссее», «Рамаяне», «Гесериаде» и др.

На классической стадии в истории эпоса воинские сила и храбрость, «неистовый» героический характер полностью заслоняют колдовство и магию. Историческое п р е д а н и е постепенно оттесняет миф, мифическое раннее время преобразуется в славную эпоху ранней могучей государственности. Впрочем, отдельные черты мифа могут сохраняться и в самых развитых эпосах.

В средние века в Европе десакрализация античных и варварских «языческих» мифов сопровождалась достаточно серьёзным (одновременно религиозным и поэтическим) обращением к мифологии христианства, включая сюда и агиографию (жития святых). В эпоху Возрождения в связи с общей тенденцией к «Возрождению классической древности» усиливается использование рационально-упорядоченной античной мифологии, но одновременно активизируется и народная демонология (так называемая «низшая мифология» средневековых суеверий). В творчестве многих писателей Возрождения художественно используется народная «карнавальная культура», связанная с богатыми пародией и гротесками неофициальными праздничными ритуалами и «играми» (у Рабле, Шекспира и многих других). В 17 в., отчасти в связи с Реформацией, оживляются и широко эксплуатируются библейские темы и мотивы (особенно в литературе барокко, например, у Мильтона), а античные сильно формализуются (особенно в литературе классицизма).

Литература Просвещения в 18 в. использует мифологические сюжеты большей частью как условные фабулы, в которые вкладывается совершенно новое философское содержание.

Традиционные сюжеты господствовали в литературе на Западе до начала 18 в., а на Востоке — и до более позднего времени. Эти сюжеты генетически восходили к мифам и широко оперировали определёнными мотивами (в Европе — античными и библейскими, на Ближнем Востоке — индуистскими, буддийскими, даосийскими, синтоистскими и т. д.). Глубинная демифологизация (в смысле десакрализации, ослабления веры и «достоверности») сопровождалась широкой интерпретацией мифов как элементов художественной знаковой системы и как мотивов декоративных.

Одновременно, в 18 в. открывается простор для свободного сюжетосложения (особенно в романе). Романтизм 19 в. (особенно немецкий, отчасти английский) проявил большой неформальный интерес к мифологиям (античной, христианской, «низшей», восточной) в связи с философскими спекуляциями о природе, о народном духе или национальном гении, в связи с мистическими тенденциями. Но романтическая интерпретация мифов является крайне вольной, нетрадиционной, творческой, становится инструментом самостоятельного мифологизирования. Реализм 19 в. является вершиной процесса демифологизации, так как он стремится к научно-детерминированному описанию современной жизни.

Модернистские течения конца века в области философии и искусства (музыка Р. Вагнера, «философия жизни» Ф. Ницше, религиозная философия Вл. Соловьёва, символизм, неоромантизм и т. п.) крайне оживили интерес к мифу (и античному, и христианскому, и восточному) и породили его своеобразные творческие, индивидуальные обработки и интерпретации. В романе и драме 10—30-х годов 20 в. (романисты — Т. Манн, Дж. Джойс, Ф. Кафка, У. Фолкнер, позднее латиноамериканские и африканские писатели, франц. драматурги Ж. Ануй, Ж. Кокто, Ж. Жироду и др.) широко развёртываются мифотворческие тенденции. Возникает особый «роман-миф», в котором различные мифологические традиции используются синкретически в качестве материала для поэтической реконструкции неких исходных мифологических архетипов (не без влияния психоанализа, особенно К. Юнга). С совершенно иных позиций мифологические мотивы иногда используются в советской литературе (М. Булгаков, Ч. Айтматов, отчасти В. Распутин и др.).

Е. М. Мелетинский.

БИБЛИОГРАФИЯ*

Источники и изложения содержания мифов**: Алпамыш. Узбекский народный эпос, Л., 1982; А с в а г о ш а, Жизнь Будды, (пер. с пали), М., 1913; Беовульф. Старшая Эдда. Песнь о нибелунгах, М., 1975; Всходы вечности. Ассиро-вавилонская поэзия. В переводах В. К. Шилейко, М., 1987; Г а н а л а н я н А. Т., Армянские предания, пер. с арм., Ер., 1979; Героический эпос народов СССР, т. 1—2, М., 1975; Героглы, Ашгабад, 1958; Грузинские народные предания и легенды, М., 1973; Грузинские народные сказки и мифы, пер. с груз., Тб., 1985; Гэсэр. Бурятский героический эпос, (М., 1973); Да услышит меня земля и небо. Из ведийской поэзии, М., 1984; Давид Сасунский, М., 1982; Джангар. Калмыцкий героический эпос, т. 1—2, М., 1978; Добрыня Никитич и Алеша Попович, М., 1974; Дхаммапада, пер. с пали, М., 1960; Каталог гор и морей (Шань хай цзин), предисл., пер. и коммент. Э. М. Яншиной, М., 1977; Кероглу, Баку, 1959; Киргизский героический эпос "Манас", М., 1961; Книга моего деда Коркута, М.—Л., 1962; Коми легенды и предания, Сыктывкар, 1984; Коран, пер. и коммент. И. Ю. Крачковского, М., 1963; 2 изд., М., 1986; Корейские предания и легенды из средневековых книг, М., 1980; К о с и д о в с к и й З., Сказания евангелистов, (пер. с польск.), 2 изд., М., 1979; е г о ж е, Библейские сказания, (пер. с польск.), 5 изд., М., 1987; К у д и н о в В. М, Кудинов а М. В., Сумка Кенгуру. Мифы и легенды Австралии, М., 1987; К у н Н. А., Легенды и мифы Древней Греции, 5 изд., М., 1975; Кхмерские мифы и легенды, М., 1981; Легенды и мифы Севера, М., 1985; Легенды и предания мордвы, Саранск, 1982; Легенды и сказания Древней Греции и Древнего Рима, М., 1987; Легенды и сказки индейцев Латинской Америки, Л., 1987; Луна, упавшая с неба. Древняя литература Малой Азии, пер. с древнемалоазиатских языков, М., 1977; М а к к о н н е л У., Мифы мункан, пер. с англ., М., 1981; М а т ь е М. Э., Древнеегипетские мифы. (Исследования и переводы текстов и коммент.), М., 1956; Мифологические рассказы русского населения Восточной Сибири, Новосиб., 1987; Мифологические сказки и исторические предания нганасан, М., 1976; Мифологические сказки и исторические предания энцев, М., 1961; Мифы и предания папуасов маринд-аним, М., 1981; Мифы и сказки Австралии. Собраны К. Ланглоу-Паркер, пер. с англ., М., 1965; Мифы и сказки бушменов, пер. с англ., М., 1983; Мифы, легенды и сказки удмуртского народа, Устинов, 1986; Мифы, предания и легенды острова Пасхи, (пер.), М., 1978 (библ.); Мифы, предания и сказки Западной Полинезии, (пер.), М., 1986 (библ.); Младшая Эдда, пер. О. А. Смирницкой, прим. и послесл. М. И. Стеблин-Каменского, Л., 1970; М о и с е й Х о р е н с к и й, История Армении, М., 1893; Народные русские сказки А. Н. Афанасьева, т. 1—3, М., 1984—85; Нарты. Адыгский героический эпос, М., 1974; Новгородские былины, М., 1978; Остров красавицы Си Мелю. Мифы, легенды и сказки острова Сималур, пер. с нем., М., 1964; Попольвух, пер. с киев., М.—Л., 1959; Похищение быка из Куальнге, М., 1985; Поэзия и проза Древнего Востока, М., 1973; Сказания о нартах. Осетинский эпос, (пер. с осет.), М., 1978; Сказки и легенды маори. Из собрания А. Рида, (пер. с англ.), М., 1981; Сказки и мифы народов Филиппин, М., 1975; Сказки и мифы Чукотки и Камчатки, М., 1974; Сказки и мифы Океании, (пер.), М., 1970; Сказки и мифы папуасов киваи, М., 1977; Сказки и мифы эскимосов Сибири, Аляски, Канады и Гренландии, М., 1985; Сквозь волшебное кольцо. Британские легенды и сказки, М., 1987; Старшая Эдда, пер. А. И. Корсун, ред., вступ. ст. и коммент. М. И. Стеблин-Каменского, М.—Л., 1963; Сундьята. Мандингский эпос, пер. с франц., М.—Л., 1963; Т е м к и н Э. Н., Э р м а н В. Г., Мифы Древней Индии, 3 изд., М., 1985; Т р е н ч е н и В а л ь д а п ф е л ь И., Мифология, пер. с венг., 1959; Ф и р д о у с и, Шахнаме, пер. с фарси, т. 1—5, М., 1957—84; Хишам ибн Мухаммад ал-Калби, Книга об идолах, пер. с араб., М., 1984; Ч а р н о л у с с к и й В. В., Саамские сказки, пер. с саамского, М., 1962; Шицзин. Книга песен и гимнов, пер. с кит., М., 1987; Эпические сказания народов Южного Китая, пер., М.—Л., 1956; Эпос о Гильгамеше, пер. и коммент. И. М. Дьяконова, М.—Л., 1961; Ю а н ь К э, Мифы Древнего Китая, М., 1987; Я открою тебе сокровенное слово. Литература Вавилонии и Ассирии, пер. с аккадского, М., 1981.

Словари и энциклопедии: Ботвинник М. Н., Коган М. А., Рабинович М. В., Селецкий Б. П., Мифологический словарь, 4 изд., Л., 1985; Мифы народов мира. Энциклопедия, т. 1—2, 1980—82; 2 изд., М., 1987—88 (библ.); К у л и ш и ћ Ш., П е т р о в и ћ П. Ж., П а н т е л и ћ Н., Српски митолошки речник, Београд, 1970;

Юань Кэ, Чжунго шэньхуа чуаньшэ цыдянь (Словарь китайских мифов и преданий), Шанхай, 1985 (на кит. яз.); Ausfuhrliches Lexikon der griechischen und romischen Mythologie, hrsg. von W. Roscher, Bd 1—6, Lpz., 1884—1937; то же, 2 Aufl., Bd 1—7, Hildesheim, 1965; Bibel-Lexicon, Lpz., 1969; B i e d e r m a n n H., Handlexikon der magischen Kunste von der Spatantike bis zum 19. Jahrhundert, Bd 1—2, Graz, 1986; B o n n e t H., Reallexikon der agyptischen Religionsgeschichte, B., 1952; A dictionary of Hinduism, its mythology, folklore and development, ed. by M. and J. Stutley, L., 1985; Dictionnaire des mythologies et des religions..., t. 1—2, P., 1981; D o w s o n J., A classical dictionary of Hindu mythology and religion, 9 ed., L., 1957; Enzyklopadie des Marchens, Bd 1—5, B. — N.Y., 1977—87; Encyclopaedia of Buddhism, v. 1—3, (Ceylon), 1961—72; The encyclopaedia of Islam, v. 1—6—, Leiden — L., 1954—87—; Encyclopaedia of religion and ethics, 3 ed., v. 1—12+Indexes, Edin.—N.Y., 1952—55; Encyclopedia of world mythology, L., 1975; Funk and Wagnalls standard dictionary of folklore, mythology and legend, ed. by M. Leach, N.Y., 1972; G r i m a l P., Dictionnaire de la mythologie greco-romaine, 2 ed., P., 1958; H a r t G., A dictionary of Egyptian gods and goddesses, L.—N.Y., 1987; Herder-Lexicon. Germanische und keltische Mythologie, Freiburg, 1982; Historia religionim, v. 1—2, Leiden, 1969—71; H u n g e r H., Lexikon der griechischen und romischen Mythologie, W., 1963; J o b e s G., Dictionary of mythology, folklore and symbols, v. 1—2, N.Y., 1961; Der Kleine Pauly. Lexikon der Antike, Bd 1—5, Stuttg., 1964—75; Lexicon iconographicum mythologiae classicae, Bd 1—3, Zurich—Munch., 1981—86; L u r k e r M., Worterbuch biblischer Bilder und Sumbole, Munch., 1973; The mythology of all races, v. 1—13, Boston, 1916—32; The new century handbook of Greek mythology and legend, ed. by C. B. Avery, N.Y., 1972; Realencyklopadie der Klassischen Altertumswissenschaft Pauly-Wissowa, Bd 1—34, Stuttg., 1893—1972; Suppl.-Bd 1—15, 1903—78; Register, Munch., 1980; R o b b i n s R. H., The encyclopaedia of witchcraft and demonology, N.Y., 1959; R o b i n s o n H. S., W i l s o n K., The encyclopaedia of myths and legends of all nations, rev. ed., L., 1972; U n g e r M. F., Bible dictionary, Chi., 1957; W a l k e r B., Hindu world. An encyclopedic survey of Hinduism, v. 1—2, L., 1968; W e r n e r E. T. C., A dictionary of Chinese mythology, Shanghai, 1932; Worterbuch des deutschen Aberglaubens, Bd 1—10, B.—N.Y., 1987; Worterbuch der Mythologie, hrsg. von H. W. Haussig, Abt. 1—, Bd 1—2, Stuttg., 1965—73—.

Исследования. А б е г я н М., История древнеармянской литературы, пер. с арм., Ер., 1975; А б р а м я н Л. А., Первобытный праздник и мифология, Ер., 1983; А й х е н в а л ь д А. Ю., П е т р у х и н В. Я., Хелимский Е. А., К реконструкции мифологических представлений финно-угорских народов, в кн.: Балто-славянские исследования, 1981, М., 1982; А к а б а Л. Х., Из мифологии абхазов, Сухуми, 1976; А л е к с е е в Н. А., Традиционные религиозные верования якутов в XIX — нач. XX в., Новосиб., 1975; е г о ж е, Шаманизм тюркоязычных народов Сибири, Новосиб., 1984; А м у с и н И. Д., Рукописи Мертвого моря, М., 1960; е г о ж е, Кумранская община, М., 1983; Ардзинба В. Г., Ритуалы и мифы древней Анатолии, М., 1982; А ф а н а с ь е в А. Н., Древо жизни, М., 1983; А ф а н а с ь е в а В. К., Гильгамеш и Энкиду. Эпические образы в искусстве, М., 1979; Басилов В. Н., Культ святых в исламе, М., 1970; е г о ж е, Избранники духов, М., 1984; Баялиева Т. Д., Доисламские верования и их пережитки у киргизов, Фр., 1972; Березкин Ю. Е., Сюжеты южноамериканской мифологии, в кн.: Исторические судьбы американских индейцев, М., 1985; е г о ж е, Голос дьявола среди снегов и джунглей, Л., 1987; Бойс М., Зороастрийцы, пер. с англ., М., 1987; Брагинский И. С., Из истории персидской и таджикской литератур, М., 1972; Буддизм и традиционные верования народов в Центральной Азии, Новосиб., 1981; Вейнберг И. П., Человек в культуре древнего Ближнего Востока, М., 1986 (библ.); Веселовский А. Н., Историческая поэтика, Л., 1940; Вирсаладзе Е. Б., Грузинский охотничий миф и поэзия, М., 1976; Галданова Г. Р., Доламаистские верования бурят, Новосиб., 1987; Г а м к р е л и д з е Т. В., Иванов В. В., Индоевропейский язык и индоевропейцы, кн. 1—2, Тб., 1984; Г о л о с о в к е р Я. Э., Логика мифа, послесл. Н. В. Брагинского, М., 1987; Гемуев И. Н., Сагалаев А. М., Религия народа манси, Новосиб., 1986; Г р а ч е в а Г. Н., Традиционное мировоззрение охотников Таймыра (на материалах нганасан XIX — начала XX вв.), Л., 1983; Гринцер П. А., Древнеиндийский эпос. Генезис и типология, М., 1974; Гуревич А. Я., Категории средневековой культуры, 2 изд., М., 1984; е г о ж е, Ведьма в деревне и перед судом, в кн.: Языки культуры и проблемы переводимости, М., 1987; Гусева Н. Р., Джайнизм, М., 1968; Далгат У. Б, Героический эпос чеченцев и ингушей, М., 1972 (библ.); Денисов П. В.,

---

* Библиография имеет рекомендательный характер.
** Список основных источников дан на с. 6—8.

Религиозные верования чуваш, Чебоксары, 1959; Домусульманские верования и обряды в Средней Азии, М., 1975; Древние обряды, верования и культы народов Средней Азии, М., 1986; Дюмезиль Ж., Осетинский эпос и мифология, (пер. с франц.), М., 1976; его же, Верховные боги индоевропейцев, пер. с франц., М., 1986; Евсюков В. В., Мифы о вселенной, Новосиб., 1988; Жирмунский В. М., Тюркский героический эпос, Л., 1974; Жуковская Н. Л., Ламаизм и ранние формы религии, М., 1977; ее же, Категории и символика традиционной культуры монголов, М., 1988; Зарубежные исследования по семиотике фольклора, М., 1985; Зелинский Ф. Ф., Древнегреческая религия, П., 1918; его же, Религия эллинизма, П., 1922; Золотарев А. М., Родовой строй и первобытная мифология, М., 1964; Иванов В. В., Топоров В. Н., Славянские языковые моделирующие семиотические системы (Древний период), М., 1965; и х же, Исследования в области славянских древностей, М., 1974; Иорданский В. Б., Хаос и гармония, М., 1982; Исследования и материалы по вопросам первобытных религиозных верований, М., 1959; Йеттмар К., Религии Гиндукуша, пер. с нем., М., 1986; Кейпер Ф. Б. Я., Труды по ведийской мифологии, пер. с англ., М., 1986; Кикнадзе З., Система грузинских мифологических преданий, Тб., 1985 (на груз. яз.); Кинжалов Р. В., Культура древних майя, Л., 1971; Клочков И. С., Духовная культура Вавилонии, М., 1983; Короглы Х., Огузский героический эпос, М., 1976; Коростовцев М. А., Религия древнего Египта, М., 1976; Костюхин Е. А., Типы и формы животного эпоса, М., 1987; Котляр Е. С., Мифы и сказки Африки, М., 1975; ее же, Эпос народов Африки южнее Сахары, М., 1985; Краснодембская Н. Г., Традиционное мировоззрение сингалов, М., 1982; Ксенофонтов Г. В., Эллэйада. Материалы по мифологии и легендарной истории якутов, М., 1977; Кубланов М. М., Возникновение христианства, М., 1974; Кузнецов Б. И., Тибетская летопись "Светлое зеркало царских родословных", Л., 1961; Кычанов Е. И., Савицкий Л. С., Люди и боги Страны снегов, М., 1975; Леви-Брюль Л., Первобытное мышление, пер. с франц., (М., 1930); его же, Сверхъестественное в первобытном мышлении, пер. с франц., М., 1937; Леви-Стросс К., Печальные тропики, пер. с франц., М., 1984; его же, Структурная антропология, пер. с франц., М., 1985; Лелеков Л. А., Современное состояние тенденции зарубежной авестологии, "Народы Азии и Африки", 1978, № 2 (библ.); Липинская Я., Марциняк М., Мифология Древнего Египта, пер. с польск., М., 1983; Лосев А. Ф., Диалектика мифа, М., 1930; его же, Античная мифология в ее историческом развитии, М., 1957 (библ. и список главных источников); Лундин А. Г., Государство мукаррибов Саба, М., 1971; Мальсагов А. О., Нарт-орстхойский эпос вайнахов, Грозный, 1970; Манжигеев И. А., Бурятские шаманистические и дошаманистические термины, М., 1978; Материальная культура и мифология, М., 1981 (Сборник Музея антропологии и этнографии, в. 37); Мелетинский Е. М., Происхождение героического эпоса. Ранние формы и архаические памятники, М., 1963; его же, "Эдда" и ранние формы эпоса, М., 1968; его же, Поэтика мифа, М., 1976; его же, Палеоазиатский мифологический эпос, М., 1979 (библ.); Мижаев М. И., Мифологическая и обрядовая поэзия адыгов, Черкесск, 1973; Мифологии древнего мира, М., 1977; Мифология и верования народов Восточной и Южной Азии, М., 1973; Мифы, культы, обряды народов Зарубежной Азии, М., 1986; Мокшин Н. Ф., Религиозные верования мордвы, Саранск, 1968; Муродов О., Древние образы мифологии у таджиков долины Зеравшана, Душ., 1979; Невелева С. Л., Мифология древнеиндийского эпоса, М., 1975; Неклюдов С. Ю., Мифология тюркских и монгольских народов (Проблемы взаимосвязей), в кн.: Тюркологический сборник, 1977, М., 1981; его же, Героический эпос монгольских народов, М., 1984; Немировский А. И., Идеология и культура раннего Рима, Воронеж, 1964; его же, Этруски. От мира к истории, М., 1983; Никитина М. И., Древняя корейская поэзия в связи с ритуалом и мифом, М., 1982; Новик Е. С., Обряд и фольклор в сибирском шаманизме, М., 1984; Ольденберг Г., Будда. Его жизнь, учение и община, пер. с нем., М., 1905; Оппенхейм А. Л., Древняя Месопотамия. Портрет погибшей цивилизации, пер. с англ., М., 1980; Памятники культуры народов Сибири и Севера, Л., 1977; Померанцева Э. В., Мифологические персонажи в русском фольклоре, М., 1975; Попов А. А., Нганасаны: социальное устройство и верования, Л., 1984; Природа и человек в религиозных представлениях народов Сибири и Севера, Л., 1976; Происхождение Библии, М., 1964; Пропп В. Я., Русский героический эпос, 2 изд., М., 1958; его же, Фольклор и действительность, М., 1976; его же, Исторические корни волшебной сказки, 2 изд., Л., 1986; Путилов Б. Н., Миф — обряд — песня Новой Гвинеи, М., 1980 (библ.); Раевский Д. С., Очерки идеологии скифо-сакских племен, М., 1977; его же, Модель мира скифской культуры, М., 1985; Ранние формы искусства, М., 1973; Ревуненкова Е. В., Народы Малайзии и Западной Индонезии, М., 1980; Религиозные верования народов СССР, т. 1—2, М.—Л., 1931; Религиозные представления и обряды народов Сибири в XIX — нач. XX в., Л., 1971 (Сб. Музея антропологии и этнографии, в. 27); Религия и мифология народов Восточной и Южной Азии, М., 1970; Рифтин Б. Л., От мифа к роману, М., 1979; Рыбаков Б. А., Язычество древних славян, М., 1981; его же, Язычество Древней Руси, М., 1987; Рыдзевская Е. А., К вопросу об устных преданиях в составе древнейшей русской летописи, в ее кн.: Древняя Русь и Скандинавия в IX — XIV вв., М., 1978; Сагалаев А. М., Мифология и верования алтайцев. Центрально-азиатские влияния, Новосиб., 1984 (библ.); Салакая Ш. Х., Абхазский нартский эпос, Тб., 1976; Свенцицкая И. С., Раннее христианство: страницы истории, М., 1987; Семенцов В. С., Бхагавадгита в традиции и в современной научной критике, М., 1985; Символика культов и ритуалов народов зарубежной Азии, М., 1980; Славянский и балканский фольклор, в. 1— 3—, М., 1971—81—; Снесарев Г. П., Реликты домусульманских верований и обрядов у узбеков Хорезма, М., 1969; Стеблин-Каменский М. И., Миф, Л., 1976; Стратанович Г. Г., Народные верования населения Индокитая, М., 1978; Текст: семантика и структура, М., 1983; Терентьев А. А., Некоторые основы джайнской мифологии, в кн.: Проблемы изучения и критики религии Востока, Л., 1979; Тимофеева Н. К., Религиозно-мифологическая картина мира этрусков, Новосиб., 1980; Токарев С. А., Религиозные верования восточнославянских народов XIX — начала XX вв., М.—Л., 1957; его же, Ранние формы религии и их развитие, М., 1964; его же, Религия в истории народов мира, 4 изд., М., 1986; Толстой И. И., Статьи о фольклоре, М.—Л., 1966; Толстой Н. И., Из заметок по славянской демонологии. 2. Каков облик дьявольский?, в кн.: Народная гравюра и фольклор в России XVII — XIX вв., М., 1976; Традиционные и синкретические религии Африки, М., 1986; Тэрнер В., Символ и ритуал, пер. с англ., М., 1983; Успенский Б. А., Филологические разыскания в области славянских древностей, М., 1982; Франкфорт Г., Франкфорт Г. А., Уилсон Дж., Якобсен Т., В преддверии философии, пер. с англ., М., 1984; Фрейденберг О. М., Миф и литература древности, М., 1978; Фрэзер Дж., Фольклор в Ветхом завете, пер. с англ., 2 изд., М., 1986; его же, Золотая ветвь, пер. с франц., 2 изд., М., 1986; Черепанова О. А., Мифологическая лексика русского Севера, Л., 1983; Чиковани М. Я., Народный грузинский эпос о прикованном Амирани, М., 1966; Шифман И. Ш., Набатейское государство и его культура, М., 1976; его же, Культура древнего Угарита (XIV — XIII вв. до н. э.), М., 1987; Шортанов А. Т., Адыгская мифология, Нальчик, 1982; Штаерман Е. М., Мораль и религия угнетенных классов Римской империи, М., 1961; Штернберг Л. Я., Первобытная религия в свете этнографии, Л., 1936; Элиаде М., Космос и история, пер. с франц. и англ., М., 1987; Яншина Э. М., Формирование и развитие древнекитайской мифологии, М., 1984; Георгиева И., Българска народна митология, София, 1983; Тракийски легенди, София, 1981; Asiatic mythology, N.Y., 1963; Bottero J., Mythes et rites de Babylone, Gen.—P., 1985; Boyance P., Etude sur la religion romaine, Rome, 1972; Bytlmann R., Jesus Christ and mythology, L., 1960; Burgess J., Outline of Jaina mythology, L., 1963; Burkert W., Structure and history in Greek mythology and ritual, Berk., 1979; Burland C., North American Indian mythology, N.Y., 1964; Cassirer E., Philosophie der symbolischen Formen, Bd 3 — Das mythische Denken, B., 1925; Dumezil G., La religion romaine archaique..., P., 1966; Dumezil G., Mythe en eporee, t. 1—3, P., 1968—73; Every G., Christian mythology, Feltham, 1970; Gieysztor A., Mitologia Słowian, 2 wyd., Warsz., 1986; Ginzberg L., The legends of the Jews, v. 1—7, Phil., 1942—47; Gonda J., Visnuism and Sivaism, L., 1970; Hocart A. M., The life-giving myth, 2 impr., L., 1970; Jacobsen Th., The treasures of darkness. A history of Mesopotamian religion, New Haven — L., 1976; Jensen A., Mythos und Kult bei Naturvolkern, 2 Aufl., Wiesbaden, 1960; Kees H., Der Gotterglaube im Alten Agypten, 2 Aufl., B., 1956; Kirk G. S., Myth. It's meaning and functions in ancient and other cultures, Berk.—Los Ang., 1970; Kirk G. S., The nature of Greek myths, Harmondsworth, 1974; Kloetzli F., Buddhist cosmology: from single world system to pure land, Delhi, 1983; Levi-Strauss C., Les mythologiques, (v. 1—4), P., (1964—71); Malinowski B., Myth in primitive psychology, L., 1926; Mexican and Central American mythology, ed. by J. Nicholson, L.—N.Y., 1968; Mole M., Culte, mythe et cosmologie dans l'Iran ancien, P., 1963; Myth and cosmos, ed. by J. Middleton, Garden City (N.Y.), 1967; Myth and law among the Indo-Europeans, Berk. — (a.o.), 1970; Myth and mythmaking, Boston, 1969; Myth in Indo-European an-tiqity, Berk., 1974; Nilsson M. P., Geschichte der griechischen Religion, 3 Aufl., Bd 1—2, Munch., 1967—74; Poignant R., Oceanic mythology, L., 1967; Radin P., The Trickster. A study in American Indian mythology, N.Y., 1964; Rees A., Rees B., Celtic heritage, L., 1961; Renou L., Religions of ancient India, 2 ed., Delhi, 1972; Roux J.-P., La religion des Turcs et des Mongols, P., 1984; Stanner W. E. H., An aboriginal religion, Sydney, (1964); Velius N., Mitines lietoviu sakmiu butybes, Vilnius, 1977; его же, Laumiu dovanos. Lietuviu mitologines sakmes, Vilnius, 1978; Vries J. de, Forschungsgeschichte der Mythologie, Munch—Freiburg, 1961; Vries J. de, Altgermanische Religionsgeschichte, 3 Aufl., Bd 1—2, B., 1970; Vulcanescu R., Mitologie romana, Bucuresti, 1985; Widengren G., Mani und der Manichaismus, Stuttg., (1961); Wilamowitz-Moellendorff U. von, Der Glaube der Hellenen, 3 Aufl., Bd 1—2, Basel, 1959; Wilbert J., Folk literature of the Ge Indians, v. 1—2, Los Ang., 1978—84; Wissowa G., Religion und Kultus der Romer, 2 Aufl., Munch., 1912; Xella P., Gli antenati di Dio. Divinita e miti della tradizione di Canaan, Verona, 1983; Zaehner R. C., The dawn and twilight of Zoroastrianism, N.Y., (1961); Znayenko M. T., The gods of the ancient Slavs, Columbus (Ohio), 1980.

УКАЗАТЕЛЬ*

ААРОНИДЫ, Мельхиседек
АБАЙ ГЕСЕР, Манзан Гурме
АБАЙ ГЕСЕР БОГДО, Хормуста
АБАЙ ГЕСЕР ХУБУН, Гесер
АБАКАН-КАН, Йер-су
АБАРА, Але
АБАРГА МОГОЙ, Аврага Могой
АБАРИС, Гипербореи, Палладий
АББАКУЛАБХАГА, Аддхалока
АБГАЛИ, Оаннес, "Семерка"
АБДУРРАХМАН-АВ-ПАРИ, Пари
АБЛОМ, Аботени
АБО ИЗ ИДЗУМО, Амэ-но Кагуяма
АБРАК, Дэвы
АБРИКИЙ, Малаки-тауз
АБСА ГУРЦЕ, Манзан Гурме
АБУЛ-ФАРАДЖ, Аарон, Харун
АБХАСВАРЫ, Гана
АБХИМАНИ, Сваха
АБХИМАНЬЮ, Арджуна
АБХРАМАТАНГА, Локапалы
АВАИКИ, Гаваики
АВАОФ, Самаэль
АВАСАКУ-МИТАМА, Сарудахико
АВАСАРПИНИ, Махавира
АВАСИМА, Идзанаки и Идзанами
АВВАКУМ, Архонты, Ног
АВВЕРУНК, Робиг
АВГА, Телеф
АВГИЕВЫ КОНЮШНИ, Авгий, Геракл, Ификл
АВДАЛ, Абдал
АВДЕНАГО, Три отрока
АВЕ, Легба
АВЕЛЬ, Адам, "Грехопадение", Ева, Кабил и Хабил, Каин, Патриархи, Сиф
АВЕНИР, Давид
АВЗОНИЯ, Авсон
АВЕССАЛОМ, Давид
АВИГЕЯ, Давид, Девора
АВИМЕЛЕХ, Волхвы
АВИРОН, Авраам, Моисей
АВИУД, Авраам
АВИЧИ, Девадатта, Нарака
АВИЯБАДХА, Локантики
АВЛАД, Рустам
АВСУРГ, Нарты
АВТОМАТА, Бусирис
АВТОМЕДОН, Автомедонт
АВТОМЕДУСА, Иолай
АВТОНОЯ, Агава, Актеон, Аристей, Кадм, Пенфей

---
* Рубрики Указателя к "Мифологическому словарю", которые находятся слева, составляют имена, варианты имен, эпитеты мифологических персонажей, а также мифологическая номенклатура, включающая термины-названия общих понятий и названия конкретных мифологических объектов — животных, растений, элементов ландшафта, атрибутов и т. п. Отсылки на названия статей основного фонда Словаря (а не номер страницы, на которой, как правило, помещено несколько статей) расположены в Указателе справа. В рубрики Указателя не вошли сами названия статей основного фонда Словаря, который сам по себе является указателем.

АВШАТИ, Апсаты
АГА, Гильгамеш
АГАГ, Саул
АГАДЖ, Фа
АГАНИППА, Даная
АГАТТИЯР, Агастья
АГА-ЮНУС, Кер-оглы, Пари
АГБАЛАГРАЛ, Тулепиа-Мелиа
АГБОЛЕСУ, Хевиозо
АГГЕЛЫ, Сошествие во ад
АГДИТИС, Аттис
АГЕЛАЙ, Гегелей, Омфала
АГНАР, Валькирии, Гейред, Фригг
АГНЕЯ, Ангирас
АГНИКУМАРА, Бхаванавасины
АГНИМАНАВА, Бхаванавасины
АГНИШИКХА, Бхаванавасины
АГРАВЛА, Аглавра, Афина, Галиррофий
АГРЕЙ, Галией
АГРИЙ, Терсит
АГРИЯ, Гиганты
АГРЭРАТА, Афрасиаб, Гопатшах
АДА, Чотгоры
АДАД, Ан, Балу, Дагон
АДАЛЛ-ВАН, Ено-ран и Сеон
АДАМ ПОСЛЕДНИЙ, Мессия
АДАМ-КАН, Йер-су
АДБЕЕЛ, Измаил
АДДУ, Адад
АДЕН, Хевиозо
АДЖА, Солнечная династия
АДЖАЙКАПАД, Аджа Экапад
АДЖАКАДИ, Хевиозо
АДЖЕ ШАЛУГА, Орунган
АДЖИБАЙ, Манас
АДЖИВЬ, Дживы
АДЖИ. ЛАИДЕ, Унруссибали
АДЖИГАРТА, Шунахшепа
АДИ, Малаки-Тауз
АДИАНТА, Герса
АДМЕТА, Геракл
АДОНИЯ, Давид
АДТАН СУМБЕР-УЛ, Сумеру
АДУ ХЭРЭ, Силвеи Нацарата
АДХАРМА, Ниррити
АДХИДАЙВАТА, Адхидевата
АДХИРАТХА, Карна
АЖДАЙЯ, Аждарха
АЖДАХА, Аждахо, Аждарха, Заххак, Керсаспа
АЖДАХАРЫ, Исфандияр
АЖДЕР, Аждарха
АЖУОЛРОВИЧ, Горыня, Дубыня и Усыня
АЖЫДААР, Аждарха
АЖЫДАРЫ, Манас
АЗАИЛ, Илия
АЗАПАНЕ, Туле
АЗАР, Ибрахим
АЗАРИЯ, Даниил, Товит, Три отрока
АЗАТКЫ, Албасты
АЗАЭЛЬ, Азаззель
АЗВЯКОВНА, Волх
АЗДАГА, Аждарха
АЗДЯКА, Аждарха
АЗЗАНАТКОНА, Анат
АЗИЗА, Карлики
АЗИМУА, Гештинанна, Нингишзида
АЗИЯ, Асия
АЗРАВКА, Нишке
АЗРАИЛ, Израил
АИДОНЕЙ, Нестис
АИЛЛЕН МАК МИДНА, Финн
АИРГ, Аерг, Сасрыква
АИТУ, Аниту
АЙ (кор.), Эр и Ай
АЙ, Огуз-хан

АЙГЛА, Геспериды
АЙДАГАР, Аждарха
АЙЕК-ДОНГ, Айеке
АЙЕКЕ-ТИЕРМЕС, Мяндаш
АЙКОДЖО, Манас
АЙМУШ, Пиры
АЙНАР-ИЖЫИ, Нарты, Сасрыква
АЙНДРИ, Матри
АЙОДХЬЯ, Бхарата, Дашаратха, Икшваку, Лакшмана, Рама, Сита, Солнечная династия
АЙСЫ, Чарки
АЙФЕ, Кухулин
АЙША, Фатима
АЙЮ, Аю
АЙЯ, Уту, Шимиге
АЙЯ, Але
АЙЯР, Манко Капак
АКАМГАРИЯ, Мкамгария
АКАНФ, Автоной, Телегон
АКАНФИЛЛИДА, Автоной
АКАРА, Алахатала
АКАХАДА-НО УСАГИ, О-Кунинуси
АКАШАГАРБХА, Бодхисатва
АКЕЛЕ, Хевиозо
АКЕРБАС, Дидона, Пигмалион
АКЕСИЙ, Аполлон
АКЕСТ, Кримисс
АКИД, Галатея, Полифем
АККИ, Саргон
АК-КУЛА, Манас
АК МАРАЛ, Мюйюздюу эне
АКМОН, Дактили
АКОЛ, Денгдит
АКОЛОМБЕ, Хевиозо
АКОНИТ, Кербер
АКПО, Хевиозо
АКРАГАНТ, Астеропа
АКРУРА, Сатраджит
АКСИОХА, Хрисипп
АКТЕЙ, Теламон
АКХАТ, Акхит
АКША, Хануман
АКШУМКАР, Манас
АК ЭНЕ, Ульгень
АЛ, Албасты
АЛА, Але
АЛА ЖЕН, Албасты
АЛАК САГАН-НОЙОН, Божинтой
АЛАНГАСАРЫ, Менкв
АЛБАСТИ, Ал паб
АЛАЗА, Хевиозо
АЛ-АНА, Албасты
АЛАН-ГОА, Бодончар
АЛАНГУ, Бодончар
АЛАНЗУ, Хебат
АЛА ТАЛА, Алахатала
АЛАФ, Уаиг
АЛБЕГ, Тотрадз
АЛБУРЗ, Кави Усан
АЛБЫС, Албасты
АЛВАСТИ, Албасть'
АЛГ, Албасты
АЛДАР, Урызмаг
АЛДАР МУКАРА, Сослан
АЛЕАДЫ, Телеф
АЛЕВАДЫ, Алевад
АЛЕДЖ, Акуанда
АЛЕЙ, Телеф
АЛЕКСАНДР, Эврисфей
АЛЕКСАНДР, Парис
АЛЕКСАНДР МАКЕДОНСКИЙ, Ног
АЛЕКСАНДР ПОПОВИЧ, Алеша Попович
АЛЕКСАНДРА, Кассандра
АЛЕКСИД, Мелибея
АЛЕКСИКАКОС, Аполлон
АЛЕКТО, Мегера, Эринии
АЛИ, Асы

АЛИЙЙАНУ-БАЛУ, АЛИЙЙАН, Акхат, Анат, Асират, Астар, Балу, Дагон, Илу, Йарих, Кусар-и-Хусас, Левиафан
АЛИЛАТ, Аллат
АЛК, Албасты, Алы
АЛКАЛИ, Али
АЛ-КАРЫ, Албасты
АЛКАФ, Тараксипп
АЛКЕЙ, Амфитрион, Зевс
АЛКЕСТА, Аполлон
АЛКИД, Геракл
АЛКИДИКА, Салмоней
АЛКИМЕДА, Ясон
АЛКИППА, Галиррофий
АЛКИФОЯ, Миниады
АЛ-КУЗЫ, Албасты
АЛЛАТУМ, Лельвани
АЛЛАХ-ХУБАЛ, Аллах
АЛЛОГЕНЕС, Сиф
АЛМАМБЕТ, Манас
АЛМАС ХАТУН, Ал паб, Амир
АЛМАСТЫ, Албасты
АЛНА ЙЕД, Кушкафтар
АЛОЕЙ, Алоады, Канака, Эпопей
АЛОХАНЬ, Лохань, Пуса
АЛП КАРАКУШ, Каракус
ААЛП-ЭР-ТОНГ, Афрасиаб
АЛТАЙ-КАН, Ульгень
АЛТАН ГАДАСУН, Алтан гадас
АЛТАН ГАСН, Алтан гадас
АЛТАН МЕКЛЭ, Алтан мелхий
АЛТАН-НАР, Нар
АЛТАН ЧЕДЖИ, Джангар
АЛТЕМЕН, Катрей
АЛТЕЯ, Алфея
АЛТЫН ТУ, Ульгень
АЛТЬИРА, Альчера
АЛУЛЕЙ, Алулуэй
АЛУЛУЭЯ, Лонгорик и Лонголап
АЛХА, Раху
АЛЫП-КАРАКУС, Каракус
АЛЫП-МАНАШ, АЛЫП МЯМШЯН, Джангар
АЛЬБЕК, Тотреш
АЛЬБЕРИХ, Нибелунги
АЛЬБИН, Чотгоры
АЛЬБУНЕЯ, Сибиллы
АЛЬВАЛИ, Ича
АЛЬВХЕЙМ, Ваны
АЛЬЕТ, Денгдит
АЛЬП-ФРАУ, Албасты
АЛЬРАУН, Мандрагора
АЛЬСЕИДЫ, Нимфы
АЛЬТОР, Теллус
АЛЬФЕДР, Один
АМАГЕШТИН, Гештинанна
АМАДЕ ОНХИА, Але, Чи
АМАКА, Сэвэки
АМАН, Эсфирь
АМАНГУДУ, Калунга
АМА-НО САГУМЭ, Амэ-но Вака-хико
АМАНУС, Хазаи и Намни
АМА САГАН-НОЙОН, Божинтой
АМАУНЕТ, Амон, Огдоада
АМАУШУМГАЛЬАННА, Думузи
АМАЦУКУНИДАМА, Амэ-но Вака-хико
АМАЦУ-ХИТАКА, ХИКОХОХОДЭ-МИ-НО МИКОТО, Хоори
АМБАЛИКА, Панду
АМБАН, Амба
АМБИКА, Дхритараштра
АМБРХИНА, Вач

АМЕЛФА ТИМОФЕЕВНА, Добрыня Никитич
АМЕТА, Хаинувеле
АМИНИЙ, Нарцисс
АМИТАВАХАНА, Бхаванавасины
АМИТАТИ, Бхаванавасины
АМИТО-ФО, Амитабха, Ситянь
АМИТХА, АМИТХАБУЛЬ, Амитабха, Кванссым
АММЕЙ, Амма
АММУ, Амм, Йарих
АМНОН, Давид
АМОНГ, Ланьеин и Амонг
АМОНГА, Уацамонга
АМОН-РА, Амон, Монту, Ра
АМОН-РА-ГАРАХУТИ, Амон, Гор
АМОН-РА-МОНТУ, Амон, Бухис, Монту
АМОН-РА-СОНТЕР, Амон
АМОН-ХАПИ, Амон, Хапи
АМОРФО, Лилит
АМОС, Архонты
АМПИК, Мопс
АМРАМ, Аарон, Моисей
АМТ, Маат
АМУКЭ, АМУЛИ, Лозы, Нгылека, Тодоте
АМУЛЬ, Кави Усан
АМУРРУ, Белет-Цери, Марту
АМФИАНАКС, Прет
АМФИДАМАНТ, Бусирис
АМФИЛОХ МЛАДШИЙ, Амфилох, Мопс
АМФИМАР, Музы
АМФИНОМА, Ясон
АМФОТЕР, Агапенор, Акарнан, Каллироэ
АМШАСПАНД, Амеша Спента
АМЭ-НО ОХАБАРИ, Такэмикадзути
АМЭ-НО ТАДЗИКАРАО, Аматэрасу
АМЭ-НО ТОРИФУНЭ, О-кунинуси, Такэмикадзути, Торино Ивакусубуна
АМЭ-НО-ФУЦУНУСИ, О-кунинуси
АМЭ-НО-ФУЮКИНУ-НО КАМИ, О-кунинуси
АНА, АНИ, Але
АНАГЕТА, Ангития
АНАГТИЯ, Ангития
АНАДИОМЕНА, Афродита
АНАИТ, Анахит, Ардвисура Анахита
АНАИТИДА, АНАТИС, Ардвисура Анахита
АНАЙДЕЙЕ, Гибрис
АНАЙЧЕ, Ана
АНАКИ, Анакты
АНАКИМ, Рефаим
АНАКСИБИЯ, Орест, Пелий, Строфий
АНАКСИД, Анакты
АНАЛА, Васу
АН АЛАЙ ХОТУН, Ан дархан хотун
АН АЛАХЧЫН, Ан дархан хотун
АНАНИЯ, Даниил, Павел, Три отрока
АНАНСЕ КОКУРОКО, Ньяме
АНАНСИ, Анансе
АНАНТА, Шеша
АНАНТВАРА, Анана-Гунда
АНАОН, Племена богини Дану
АНАПИД, Анап
АНАРШАНИ, Даса
АНАСУЯ, Атри, Сома
АНГА, Вена
АНГЕЛОС, Ангела
АНГЕ-ПАТЯЙ, Пурьгине-паз
АНГЕХ, Торк Ангех
АНГЛАЙ, Та Педн
АНДАЙ, Совий, Телявель
АНДЖАНА, Локапалы, Хануман
АНДРЕМОН, Дриопа
АНДРИАМАНИТРА, Занахари
АНДРИАМБАХУАКА, Рафара
АНДРОПОМП, Меланор
АНДРОС, Аний
АНДХРЫ, Вишвамитра
АНДХРИМНИР, Вальхалла

АНИЛА, Васу, Гана
АНИРУДДХА, Ушас
АНКИ-ПУГОС, Пугос
АННА (мать девы Марии), Девора, Захария и Елисавета, Иоаким и Анна, Исаак, Мария, Самуил, Святое семейство
АННА, Племена богини Дану
АННАК, Наннак
АННАПУРНА, Деви
АННОН, Аваллон, Артур, Бран, Племена богини Дану
АНРИТА, Рита
АНТАКА, Яма
АНТЕВОРТА, Кармента
АНТЕДОН, Главк
АНТЕЙ, Антий
АНТЕЯ (жена Прета), Беллерофонт, Сфенебея
АНТИАД, Аглая
АНТИБИН, Заххак
АНТИФАТ, Лестригоны
АНТИЯ, Прет
АНТОНИН, Семь спящих отроков
АНТУС, Ен
АНТЭРОТ, Арес, Афродита, Нерит
АНУ (кельт.), Племена богини Дану
АНУ (инд.), Лунная династия
АНУДИША, Урдхвалока
АНУЙШ, Аждахак, Вишапы
АНУЛАП, Энулап
АНУН (Н) А, Ануннаки
АНУН (Н) ИТУ, Иштар
АНУТТАРА, Урдхвалока
АНУШАГРАВАН, Ануширван
АНФ, Автоной
АНХ, Атон, Тиннит
АНХИНОЯ, Финей
АНХРА-МАНЬЮ, Ангро-Майнью
АНХУР, Онурис
АНЧУТКА, Черт
АНШУМАН, Сагара
АНЯН, Оми
АО (братья), Лун-ван
АО ГУАН, Ао Бин, Лун-ван
АО ЖУН, Лун-ван
АОЙДА, Алоады, Музы
АОНИЙСКИЕ СЕСТРЫ
АОНИДЫ, Музы
АО ЦИНЬ, Лун-ван
АО ШУНЬ, Лун-ван
АПА, Васу
АПАСМАРА, Шива
АПЕМОСИНА, Катрей
АПАВАХА, Кейяниды
АПИС (сын Форонея), Этол
АПКАЛЛУ, Оаннес
АПОЛЛИОН, Аваддон
АПОТРОПЕЙ, Аполлон
АППОМАНАСУБХА, Субхадева
АПР, Арпоксай
АПРАКСА, Дунай
АПСУ, Абзу
АПТОРУЯСИ БЕВЕНГУК, Тоиенкунра
АПУ-ИЛЛИ, Инти
АРА ПРЕКРАСНЫЙ, Ара Гехецик
АРАЛИ, Кур
А.РАМ (библ.), Арам
АРАМАТИ, Дева
АРАТТА, Инанна
АРАХИ, Даин Дерхе
АРАХИ-БУРХАН, Бурхан
АРАШ, Еруслан Лазаревич
АРВАХ, Арвох
АРВЕРНОРИКС, Меркурий
АРГ, Аргонавты
АРГ, Киклопы
АРГАНФОНА, Аргантона
АРГАВАН, Артавазд, Вишапы
АРГАД, Ион
АРГАШ, Араш
АРГИПАСА, Артимпаса
АРГИОНА, Керкион, Фамирид
АРГИРА, Селемн
АРГИЯ, Адраст, Антигона
АРГО (строитель), Ясон
"АРГО", Аргонавты, Гилас, Орфей, Эргин, Ээт
АРДАЛИДЫ, Ардал
АРДАТ ЛИЛИ, Лилит
АРДВИ, Ардвисура Анахита, Хаома

АРДОВ, Гюль-ябани
АРДУ, Бел
АРДХАНАРИШВАРА, Шива
АРЕЙ, Пергам
АРЕЙ, Арес
АРЕСКОИ, Агрескуи
АРЖАНГ-ДЭВ, Рустам
АРИАНРОД, Луг
АРИМ, Арам
АРИМАСПЫ, Грифоны
АРИН, Пари
АРИННЫ СОЛНЕЧНАЯ БОГИНЯ, Вурунсему
АРИОН, Арейон
АРИПАССА, Артимпаса
АРИСТОДЕМ, Гераклиды
АРИСТОМАХ, Гераклиды, Темен
АРИШТА, Локантики
АРИШТАНЕМИ, Аруна
АРКИСИЙ, Аркесий
АРЛЕЗЫ, Аралезы
АР МАС, Ал лук мас
АРМАСИН, Армази
АРМАТАЙ, Ариайти, Спандарамет
АРМЕНАК, Хайк
АРНА, Беот
АРНАРКУАГЕСАК, Седна
АРОМА-ТЕЛЛЕ, Айеке
АРСИПА, Миниады
АРСЛАН, Еруслан Лазаревич
АРТА ВАХИШТА, Аша Вахишта
АРТАШЕС, Артавазд, Вишапы
АРТИ, Аши
АРУЗ-ХОДЖИ, Коркут
АРУНДХАТИ, Васиштха, Сваха
АРУПАВАЧАРА, Акаништха, Брахмалока
АРУПАДХАТУ, Брахмалока, Рупадхату
АРФАКСАД, Тахма-Урупа
АРФАН, Дзерасса, Нарты
АРХАН-ШУДХЕР, Аянгын сум
АРЦАЙ, АРЦУ, Балу, Бел, Руда
АРШ, Асс
АРШАН (напиток), Очирвани, Раху
АРШАН, Дэвы, Кейяниды
АРШТА, Арштат
АРЬЯ-БАЛО, Авалокитешвара, Раху
АРЯШ АНАСЫ, Жир иясе
АСАВАТИ, Траястринса
АСАГ, АСАККУ, Нингирсу, Нинурта
АСАМАНДЖУ, Сагара
АСАНЬЯСАТЯ, Брахмалока
АСЕГБО, Йо
АСЕНЕФ, Варвара, Ефрем, Иосиф Прекрасный
АСИАСИ, Мула Джади
АСИТА, Лохань
АСК, Аскос
АСЛАН, Барастыр
АСЛАН АГА, Габриел Хрештак
АСПИД, Дан
АССАЛ, Луг
АССАРАК, Трос
АСТАБИ, Аштаби
АСТАК, Меланипп
АСТЕРИЙ, Минотавр
АСТЕРИЙ, Аргонавты, Европа, Радаманф
АСТЕРИОН, Лапифы
АСТЕРИЯ, Геката, Кой, Лето, Минос, Феба
АСТЕРОДИЯ, Этол
АСТИКА, Наги
АСТИНЬ, Эсфирь
АСТИОХА, Актор, Аскалаф, Навпрестиды, Тлеполем, Эврипид
АСТИГАЛЕЯ, Эврипид
АСТРЕЙ, Борей, Зефир, Нот, Паллант, Эвр, Эос
АСТРОНОЯ, Эшмун
АСТЦУ КРАК, Хур и Джур
АСУЙХАН, АСЫХАН, Буханойон бабай
АСУРАКУМАРА, Бхаванавасины, Махавира
АСУРАХАН, Асуры
АСФОДЕЛЕВЫЙ ЛУГ, Аид

АТАГА-ТЕНГРИ, Тенгри
АТАЙ УЛАН-ТЕНГРИ, Тенгри
АТАЛА, Лока
АТАРАТЕ, Атаргатис
АТА УЛАН, Мангус, Раху, Хормуста
АТГАР, Мангус
АТИБИН, Атвйа, Заххак, Траэтаона
АТАНДРА, Вишну
АТИКАЙЯ, Вйантара
АТИРУПА, Вйантара
АТЛАНТИДА, Посейдон
АТРИДЫ, Алет, Амифаон, Ахилл, Зевс, Тевкр, Эпей
АТРОПОС, Мойры
АТТИДА, Кранай
АТУА, Аниту
АТУР-ФАРНБАГ, Йима
АТШО, Митра (иран.)
АТЯМ, Пурьгине-паз
АУДДАЛАКА АРУНИ, Начикетас
АУКА, Манко Капак
АУКССО, Горы
АУРА, Иакх
АУРАМАЗДА, Ахурамазда
АУРВА, Варуна
АУРВАНДИЛЬ, Тор
АУРВАТАСП, Кейяниды
АУРГЕЛЬМИР, Имир
АУРУША, Тиштрйа
АУСКА, Усиньш
АУСТЕЯ, Бубилас
АУСТРА, Аушра, Усиньш
АУСТРИ, Цверги
АУСТРИНЕ, Аушра
АУШАГЕР, АУШАДЖАР, Даушджерджий
АУШРИНЕ, Аушра, Усиньш
АФЕФЕ, Шанго
АФРЕКЕТЕ, Агбе
АФРОДИТ, Афродита
АХАВ, Елисей, Илия
АХАЗ, Молох
АХ-АЛЬПУХ, Ах-пуч
АХАН, Иисус Навин
АХАУ-КИЧЕ, Балам-акаб
АХВАННЕЕН, Аван-конджу
АХЕЙ, Креуса, Ксуф
АХЕРУСИЙСКОЕ ОЗЕРО, Аид, Ахеронт
АХИМСА, Нара
АХИЧЧХАНДА, Маудгальяяна
ал-АХКАФ, Ад (адиты)
АХМАД, Иса
АХСАР, Дзерасса, Нарты, Уархаг
АХСАРТАГ, Дзерасса, Нарты, Уархаг, Урызмаг
АХТ, Йоишта
АЦИС, Галатея
АЦЦАЛАВ, Залзанагый
АЦЫРХУС, АЦИРУХС, Сослан, Хур
АЧАМАЗ, Нарты
АЧЧХУПТА, Видьядеви
АШ, Сет
АШАКЛУН, Мани
АШАМЕЗ, Ацамаз, Нарты
АШАНИ, Рудры
АШВАПАТИ, Савитри
АШВАСЕНА, Паршва
АШВАТТХАМАН, Наги, Пандавы, Парикшит
АШВИНИ, Ашвины, Сурья
АШЕР, Асир
АШЕРА, АШЕРТУ, Анат, Асират
АШИДО, Лохань
АШИМБАБАР, Нанна
АШНАН, Лахар и Ашнан
АШРАТУ, Асират, Марту
АШХАРА, Ишхара
АШ-ШАЙТАН, Иблис, Шайтан
АШЮИ, Хлинеу
АЭЛЛА, Гарпии
АЭЛЛОПА, Гарпии
АЮС, Лунная династия, Нахуша, Пуруравас
АЯКС ОИЛИД, Елена, Кассиопея, Одиссей, Патрокл, Посейдон, Троянская война
АЯКС ТЕЛАМОНИД, Гектор, Главк, Елена, Мемнон, Одиссей, Патрокл, Пелоп, Перибея, Тевкр, Троянская война
АЯНГИН СУМУН, Аянгын сум
АЯНТ, Аякс

АЯРЫ, Манас
БААЛ-ХАДАД, Адад, Анат, Балу, Йамму, Йево, Мелькарт
БААЛ-ЦАПАНИ, Балу
БАБА, Ан, Бау, Нингирсу, Нинурта
БАБА-ГАМБАР, Камбар, Коркут
БАБА МАРТА, Баба Докия
БАБАР, БАРБАЛ, БАРБОЛ, Барбале
БАБЕЛЬ, Вавилонская башня
БАБИЛАС, Бубилас
БАБИНГА БА НУНДО, Риангомбе
БАБОН, Бебан
БАБУ, Шабан
БАБХРУВАХАНА, Арджуна
БАБ ЭЛ, Вавилонская башня
БАГА, Митра, Язаты
БАГАТУР-ТЕНГРИ, Тенгри
БАГДАСАР, Санасар и Багдасар
БАДАН, Илья Муромец
БАДЗ, Барз
БАДРИ, Амирани
БАДЫНОКО, Акуанда, Уазырмес
БАЙГ, Пари
БАЙЛУН, Лун
БАЙМИНГО, Шэнь-нун
БАЙТОУШАНЬ, Пэктусан
БАЙЮЙШАНЬ, Си-ван-му
БАК, Барг
БАКАЙ, Манас
БАКАРАБ РУХ, Кяла чири
БАК ДАУ, Нам Тао и Бак Дау
БАКХИЙ, Аполлон
БАКЧУ, Джамбудвипа
БАЛАНЗА, Мусо Корони Кундье, Пемба, Фаро
БАЛИХ, Этана
БАЛ СА, Барз
БАЛСАГ, Колесо Балсага
БАЛТИН, Таммуз
БАЛХ, Исфандияр, Кейяниды
БАЛЧЖИ ГАРБА, Бал
БАЛЬТАЗАР, Волхвы
БАМСИ-БЕЙРЕК, Коркут
БАМУ, Нгаук Хоанг
БАНБА, Фир Болг
БАНАСПАТИ РАДЖА, Рангда
БАНДЖАР ДОЛОК, Батара Гуру
БАНДЖАР ТОНГАТОНГА, Сорипада
БАНДЖАР ТОРУАН, Мангалабунур
БАО, Восемь бессмертных
БАО ЛУН-ТУ, Бао-гун
БАО-СИ, Фу-си
БАРАКА, Девора
БАРАМБУХ, Сосруко, Тотреш
БАРАХУТ, Бархут
БАРМАДО, Бардо
БАРМЙА, Заххак
БАРОНГ, Рангда
БАРХХУ, Пиры
БАРЧИН, Алпамыш
БАРШАМ, Арам, Баршамин, Вахагн
БАСАНГ, Долон эбуген
БАСИЛИ, Босели
БАССАРЕЙ, Дионис
БАССАРИДЫ, Дионис, Менады
БАСТЕТ, Баст
БА СЯНЬ, Восемь бессмертных
БАТАЛАКЛА, Цвицв
БАТАРА БРАМА, Батара Гуру, Бома
БАТАРАКЭЛЛИНГА, Лебарисомпа
БАТАРА МАХАДЕВА, Гунунг Агунг
БАТАРА ЯМАДИПАТИ, Семар
БАТИЯ, Мирина, Скамандр, Тевкр, Тиндарей
БАТМА ЗУУРА, Пиры, Умай
БАТНА, Лилит
БАТО КАННОН, Каннон
БАТОКО ШЕРТУКО, Боткий Ширтка
БАТРАЗ, Батрадз, Ахсартагката, Вако-нана, Испы, Нарты, Насрен-жаче, Пако
БАТТ, Ватт

БАТУ НИНДАНГ ТАРОНГ, Махараджа Буно, Санген
БАТУР-МУС, Цогтай-хан
БАТШЕБА, Давид
БАТЫЙ, Китеж
БАТЫЙ БАТЫЕВИЧ, Илья Муромец
БАУГИ, Етуны, Мед поэзии
БАУСЕНЬ, Авсень
БАХАВЕДДИН, БАХАУД-ДИН, Биби-Мушкилькушо, Дивана
БАХИР, Мухаммад
БАХМАН, Воху Мана
БАХРАМ, Веретрагна
БАХТАГАН, Ульгень
БАХУШАЛИН, Бхима
БАШАРАМА, Кришна
БАЯДЖИД, Баво
БАЯНАЙ, Синкэн
БАЯН-ХАНГАЙ, Сахядай-нойон
БАЯНЧА, Синкэн
БЕБРИКИ, Амик, Аргонавты, Бебрик, Лик, Посейдон
БЕГДЗЕ, Джамсаран, Докшиты, Чойджины
БЕГША, Рум
БЕДАРАФШ, Видарафш
БЕДОЙ, Керемет
БЕДОХУ, Сослан
БЕДУЙР, Мапонос
БЕЛАЯ ТАРА, Тара
БЕЛЕНУС, Племена богини Дану
БЕЛЕТ-ИЛИ, Нергал
БЕЛИ, Племена богини Дану
БЕЛИ, Фрейр
БЕ-ЛИН, Ду Юй
БЕЛОБОРОДЫЙ, Исонг
БЕЛЫЙ ДЭВ, Кай Кавус, Михр
БЕЛЫЙ ПОЛЯНИН, Иван Царевич
БЕЛЬВЕРК, Мед поэзии
БЕЛЬТОРН, Бор, Етуны, Мед поэзии, Один
БЕН-АММИ, Лот
БЕНАРЕС, Паршва
БЕНДИГЕЙДВРАН, Бран
БЕН-ОНИ, Вениамин
БЕН-ХИННОМ, Геенна
БЕОР, Валаам
БЕРГЕЛЬМИР, Етуны, Имир
БЕРИ, Босели
БЕРМАЙЕ, Заххак
БЕРСИЗАВА, Спеништа
БЕРТА, Хольда
БЕРУТ, Илу
БЕРХИ, Барг
БЕС, Сослан
БЕСТЛА, Бор, Один
БЕХЕШТ, Аша Вахишта
БЕЧЕД, Зал
БЖЕЙКУА-БЖАШЛА, Цвицв
БЗОУ, Нарты, Сасрыква
БИА, Ньяме
БИАБАН-ГУЛИ, Гюль-ябани
БИАНТ, Эвриал
БИБИ ПАТМА, Пиры
БИБИ ФАТИМА, Пиры
БИБЛИС, Библида
БИБХАТСА, Арджуна
БИДОХ, Нарты
БИЛЕАМ, Валаам
БИЛИКУ, Пулугу
БИЛУЛУ, Инанна
БИЛЬ, Асы
БИЛЬ, Мани
БИЛЬРЕСТ, Биврест
БИЛЮКАЙ, Пилячуг
БИНЪУ, Фэн-и, Хэ-бо
БИНЬТОУ, Похань
БИРАЛ, Байаме, Бунджиль
БИСАТ, Коркут, Тепегез
БИСМАН-ТЕНГРИ, Тенгри
БИССА, Агрон
БИССЫМДЕСЬ, Есь
БИСЮРА, БИСУРА, Бичура
БИ-СЯО, Цзы-гу
БИЧБИРБУЛИС, Бубилас
БИЧЕН, Пицен
БИШР, Зу-л-кифл
БИ ЮАНЬШУАЙ, Синь Син-гоуюаньшуай
БИ-ЮЙ, Суй-жэнь
БИЯ, Зелос
БИЯРШАН, Кейяниды
БЛАГОРАЗУМНЫЙ РАЗБОЙНИК, Иисус Христос, Сошествие во ад

БЛАИ, Финн
БЛАИН, Имир
БОА, Буга
БОАЛА, Мбомбианда
БОАНД, Бефинд, Мапонос
БОВ, Китоврас
"БОГИНЯ С КОСАМИ", Ицамна, Тепев
БОГМ, Боггарт
БОДН, Мед поэзии
БОДХИДХАРМА, Дарума
БОДХИЧИТТА, Тара
БОЖИР САГАН-НОЙОН, Божинтой
БОЖОНТОЙ, Божинтой
БОЙКУО-НГУО, Нга
БОКСЕЙДЕСЬ, Есь
БОЛАНГ, Берлинг
БОНДУПТУО-НГУО, Нга
БО-НОЙОН, Чорос
БОР, Аск и Эмбля, Бури, Имир, Один
БОРИМ, Борм
БОСАЦУ, Пуса
БОСОМТВЕ, Ньяме
БОСОРКА, Богинки
БОССОМУРУ, Онини
БО-ХАН, Чорос
БОХОЛДОЙ, Сунс
БОХО МУЯ, Буха-нойон бабай
БОХО ТЕЛИ, Божинтой, Буха-нойон бабай
БО-ХУ, Бай-ху
БОШАНЬ, Лун
БРАГИ, Асы, Идунн, Мед поэзии
БРАМА, Ибу Пертиви, Нагасари
БРАН БЕНДИГЕЙД, Бран
БРАНХИДЫ, Бранх
БРАХМАКАИКА-ДЕВА, Брахмалока
БРАХМАНАСПАТИ, Брихаспати, Дакшина, Тваштар
БРАХМАН, Брахма, Матри, Сарасвати
БРЕЙ-ДАБЛИК, Асгард, Бальдр
БРИКА, Бебрика
БРИМИР, Имир, Цверги
БРИС, Бесида
БРИХАТПАЛА, Брахмалока
БРОКК, Цверги
БРОККЕН, Вальпургиева ночь, Рагана
БРОНТ, Киклопы
БРОТ, Гемера
БРУЗУГЛИС, Телявель
БРУИГ НА БОЙНЕ, Дагда
БРУТЕН, Видевут и Брутен
БУВА, Буга
БУДДАКШЕТРА, Амитабха, Будда, Манджушри, Сукхавати
БУДДХИ, Ганеша
БУДУАЛЫ, Абдан
БУДУРГУ САГАН-ТЕНГРИ, Сахядай-нойон
БУКИТ, Буни
БУ-КУ, Хоу-цзи
БУЛАГАТ, Буха-нойон бабай
БУЛАЙЯ, Афина
БУЛИ, Буни
БУЛОТУ, Пулоту
БУЛУ, Пулоту
БУМБА, Джангар
БУНЕНЕ, Уту
БУОГ МАЛАХАЙ ТОЙОН, БУОР МАНГАЛАЙ, Арсан-дуолай
БУРАФАРНЫГ, Барата
БУРИЯШ, Хутха
БУРКАН, БУРГАН, Бурхан
БУРКУТ-ДИВАНА, Дивана
БУРХАН-БАКШИ (БАГШИ), Отхан-Галахан
БУРХАН-ТЕНГРИ, Тенгри
БУРХАТУ-ХАН, Отхан-Галахан
БУРЯ-БОГАТЫРЬ, Иван Царевич
БУТ, Пандион, Эрехфей
БУТАДЕУС, Агасфер
БУТРУС, Петр
БУУС ДЬАЛКЫН ХОТУН, Ульгень
БУЦЗИНЕО, Дийю
БУЧЖОУШАНЬ, Гун-гун, Нюй-ва, Юду
БУЧУ, Бочо

БУЭ, Мбуэ
БХАВА, Рудры
БХАВА, Шива
БХАГАВАТИ, Амма, Идам
БХАГИРАТХА, Ганга, Сагара
БХАДРА, Варна
БХАЙРАВА, Шива
БХАЙРАВИ, Деви
БХАЙШАДЖЬЯРАДЖА, Бхайшаджьягуру, Вэй Гу
БХАЙШАДЖЬЯ-САМУДГАТА, Бхайшаджьягуру
БХАНГАСВАНА, Индра
БХАРАДВАДЖА, Апсары, Дрона, Кубера, Риши
БХАРАТАВАРША, Бхарата, Двипа, Наги
БХАЯМКАРА, Рудры
БХИГУ, Матаришван
БХИМ, Гхатокох
БХИШАНА, Рудры
БХИШМАКА, Рукмини
БХОГАВАТИ, Наги, Патала
БХРИГУ, Питары
БХУВАРЛОКА, Лока
БХУМИ, Бодхисатва
БХУМИ, Притхиви
БХУРЛОКА, Лока
БХУТАНАНДА, Бхаванавасины
БХУТЕШВАРА, Бхуты, Шива
БЦЕНЫ, Хамыц
БЫДА-НГУО, Нга
БЭГЦЭ, Дхармапала
БЭЙ-Е, Сюань-у
БЭЙЮЭ, У юэ
БЭЛ, Немрут, Хайк
БЭНДЗАЙ-ТЭН, Бэнсай-тэн
БЭС-АХА, БЭС-ХАТ, БЭС-ХИТ, Бэс
БЮЛЕЙСТ, Локи
БЯНЬЧЭН-ВАН, Дийю
БЯТАРУ, Ешап
ВААГН, Вахагн
ВААНТ, Бунджиль
ВАВИЛА, Христофор
ВАГАРШАК, Деметр и Гисанэ
ВАГИШВАРА, Манджушри
ВАГИШВАРИ, Сарасвати
ВАДЖА, Раху
ВАДЖАШРАВАСА, Начикетас
ВАДЖРАБХАЙРАВА, Дхармапала, Ямантака
ВАДЖРАБХРИТ, Ваджра
ВАДЖРАВАРАХИ, Дакини, Праджня, Самвара
ВАДЖРАВЕТАЛИ, Ямантака
ВАДЖРАДХАТВЕШВАРИ, Будда
ВАДЖРАКАМА, Майя (инд.)
ВАДЖРАСАТВАТМИКА, Ваджрасатва
ВАДХРАШРИНКХАЛА, Видьядеви
ВАДЖРИН, Ваджра
ВАДО, Митра
ВАДХРЬЯШВА, Сарасвати
ВАЗ, Барг, Барз
ВАЗИШТА, Спеништа
ВАИС-БОБО, Пиры
ВАЙВА, Перкунас
ВАЙКУНТХА, Голока
ВАЙРОТЬЯ, Видьядеви
ВАЙРУПЫ, Питары
ВАЙШВАНАРА, Агни
ВАЙШНАВИ, Матри
ВАЙШРАВАНА, Бисямон-тэн, Докшиты, Дхармапала, Кубера, Ли-тяньван, Локапалы, Лу, Мандала, Ночжа, Пехар
ВАКЕА, Атеа, Тангароа
ВАКАМИКЭНУ-НО МИКОТО, Дзимму-тенно
ВАК-МИТУН-АХАВ, Ах-Пуч
ВАКОНДА, Вакан
ВАКЬЕТВА, Шиппаун Айаунг
ВАЛАК, Валаам
ВАЛЕМ-ХУДЖА, Киреметь
ВАЛИАЛА, Савериганинг
ВАЛЛА, Вениамин, Дан, Двенадцать сыновей Иакова, Иаков
ВАЛЛИ, Муруган
ВАЛУКАПРАБХА, Аддхалока
ВАЛЬГАЛЛА, Вальхалла
ВАЛЯСКЬЯЛЬВ, Асгард, Один

ВАМАНА, Аватара
ВАМАНА, Диггаджи, Локапалы
ВАМПУМ, Гайавата, Деганавида
ВАНАИСИ, ВАНАИСЕС, Укко
ВАНАРЫ, Пуластья
ВАНАСЕГЕ, Метсаваймы
ВАНАСПАТИ, Сома
ВАНАТУР, Аманор и Ванатур
ВАНАХАЛЬБЫ, Метсаваймы
ВАНАХЕЙМ, Ваны
ВАНГИЛОНГА, Мбомбианда
ВАНДАРМАНИШ, Спентодата
ВАН-ДИ, Ду Юй
ВАНЕМ, Укко
ВАНЕМА, Мукаса
ВАН-МУ-НЯННЯН, Си-ван-му
ВАННЕ КОНСИМ, Аван-конджу
ВАН ФАН-ПИН, Ма-гу
ВАН ХЭН, Ван Хай
ВАН ЦЗЫ-ДЭН, Ван-му шичже
ВАНЦЗЫ ЦЗИНЬ, Ванцзы Цяо
ВАН ЦЗЯО, Хо бу
ВАН ШУ ХО-ФУ ТЯНЬЦЗЯН, Ван Лин-гуань
ВАР, Асы
ВАРА, Йима, Кангха, Каршиптар
ВАРАВВА, Иисус Христос
ВАРАК, Девора
ВАРАНГИ, Ваджранга, Индра
ВАРАФУ, Мандах
ВАРАХА, Аватара
ВАРАХА, Юга
ВАРАХИИЛ, Архангелы
ВАРГАН, Веретрагна, Фарн
ВАРДХАМАНА, Махавира
ВАРЗ, Барз
ВАРИНГИН, Упулере
ВАРИФУ, Варафу
ВАРМА-АТЯ, Варма-ава
ВАРУНАНИ, Варуна, Волосыни
ВАРУНИ, Варуна, Сура
ВАРХРАН, Веретрагна
ВАРЧИН, Асуры
ВАРЭГНА, Веретрагна
ВАСАВА, Васу
ВАСИЛИЙ КАЗИМИРОВИЧ, Добрыня Никитич
КАСИЛИЙ ОКУЛЬЕВИЧ, Китоврас
ВАСИЛИСА ПРЕКРАСНАЯ, Иван Царевич
ВАСИЛИСА ПРЕМУДРАЯ, Мазда
ВАСИШТХИ, Питары
ВАСУКИ, Аватара, Лока, Наги, Патала, Шеша
ВАТАКУМАРА, Бхаванавасины
ВАТАЦУМИ-НО КАМИ, Тоэтама-химэ, Хоори
ВАТ-ЛУНГ, Лунг
ВАТЕА, Атеа
ВАУВАЛУК, Кунапипи
ВАУН, Вайшун
ВАФУИЛ АРАМЕЯНИН, Ревекка
ВАХАНА, Айравата, Ваю, Макара, Нандин, Сканда, Шива, Яма
ВАХИЕРОА, Тафаки
ВАХИНЕРОА, Рата
ВАХНИ, Локантики, Сваха
ВАЧАСПАТИ, Брихаспати
ВАШТТА, Васитта
ВАШТИ, Эсфирь
ВАЭЛ, Атеа
ВАЮБАЛА, ВАЮВЕГА, ВАЮГА, ВАЮДЖВАЛА, ВАЮМАНДАЛА, ВАЮРЕТАС, ВАЮЧАКРА, Маруты
ВАЮГИ, Вий
ВЕ, Вили и Ве
ВЕДИОВИС, ВЕДИУС, Вейовис
ВЕДРФЕЛЬНИР, Иггдрасиль
ВЕДУНЫ, Ведьмы
ВЕДЬ-АТЯ, Ведь-ава
ВЕЗКИЙ, Везуна
ВЕЗУЛИЯ, Везуна
ВЕЙДИЕВС, Вейопатис

ВЕЙЗГАНТС, Вайжгантс
ВЕЙНЕМЕЙНЕН, Вяйнемейнен
ВЕЙОНЕС, Вейопатис
ВЕЙПОНС, Вейопатис
ВЕЙС-БАБА, ВЕЙСЕЛЬ-КАРА, Пиры
ВЕЛА, Велес
ВЕЛАМБХА, Бхаванавасины
ВЕЛЕТЫ, Асилки
ВЕЛИАР, Велиал
ВЕЛИКОДУБ, Горыня, Дубыня и Усыня
ВЕЛИНАС, Велняс
ВЕЛЛАМО, Вяйнямейнен
ВЕЛНЕ, Велняс
ВЕЛНЯС, Патолс, Пеколс, Перкунас
ВЕЛОН, Офаним
ВЕЛУ, Волосыни
ВЕЛЬВЫ, Бальдр, Ваны, Иггдрасиль, Один
ВЕЛЬСИ, Сигурд
ВЕЛЮ МАТЕ, Волосыни
ВЕЛУНД, Велунд
ВЕНРЕРА, Тоиекунра
ВЕНУДАРИ, Бхаванавасины
ВЕНУДЕВА, Бхаванавасины
ВЕОР, Валаам
ВЕОР, Тор
ВЕПУАТ, Упуат
ВЕР, Асы
ВЕРДАНДИ, Норны
ВЕРЕ-ПАЗ, Нишке
ВЕРЕТНИК, Святогор
ВЕРНИГОРА, Горыня, Дубыня и Усыня
ВЕРНИДУБ, Горыня, Дубыня и Усыня
ВЕРТОГОР, Горыня, Дубыня и Усыня; Иван Царевич
ВЕРТОДУБ, Горыня, Дубыня и Усыня, Иван Царевич
ВЕСОЖАРЫ, Волосыни
ВЕССАВАНА, Ветсуван
ВЕСТРИ, Цверги
ВЕ ТЭНРИАБЕНГ, Ла Галиго
ВЕЦОРГО, Нишке
ВЕЧЕР, ВЕЧЕРНИК, Вечорка, Зорька и Полуночка
ВЕЧНЫЙ ЖИД, Агасфер
ВЕ ЧУДАИ, Саверигадинг
ВИШТИЦА, Богинки
ВИБХАНДАКА, Риши
ВИБХВАН, ВИБХУ, Рибху
ВИБХИШАНА, Пуластья, Сарама
ВИВАХВАНТ, Атвйа, Йима, Хаома
ВИВИАНА, Мерлин
ВИГЛАВ, Беовульф
ВИГРИД, Рагнарек
ВИДЖАЯ, Лока
ВИДЬЮТКУМАРА, Бхаванавасины
ВИДУРА, Панакея
ВИДХАТРИ, Брахма
ВИДХИ-ПАТАЛА, Лока
ВИЕЛОНА, Велс
ВИКА ПОТА, Виктория
ВИКАР, Старкад
ВИКПРАЧИТТИ, Раху
ВАКУКШИ, Икшваку, Солнечная династия
ВИЛАХ, Аллан
ВИЛИ И ВЕ, Аск и Эмбля, Бор, Один, Фригг
ВИЛКОЛАКИ, Вилктаки
ВИМАЛА, Кубера
ВИМАЛАКИРТИ, Манджушри
ВИМУР, Тор
ВИНАТА, Амрита, Аруна, Гаруда, Кашьяпа, Наги, Супарна
ВИНАЯНИ, Гаруда
ВИНГНИР, Тор
ВИНГОЛЬВ, Вальхалла
ВИНДИГО, Вендиго
ВИНДХЬЯ, Агастья, Арьяварта, Дурга, Пишачи
ВИНИЛИЯ, Нептун
ВИПРАЧИТИ, Майя (инд.)
ВИПРАЧИТИ, Данавы
ВИПУНЕН, Вяйнямейнен, Ильмаринен
ВИРАБХАДРА, Шива
ВИРАДХА, Ракшасы
ВИРАТА, Пандавы
ВИРЕСОН, Онджо
ВИРИГ, Барг
ВИРИЙ, Вырий

ВИРИНИ, Дакши
ВИРОЧАНА, Бали, Каланеми Измаил, Сатана, Соломон
ВИРСАВИЯ, Давид, Иаков, Измаил, Сатана, Соломон
ВИРУДЖАКА, Бисямон-тэн, Кумбханда, Локапалы, Мандала
ВИРУПАКША, Локапалы, Мандала
ВИСНУ, Бома, Ибу Пертиви, Нагасари
ВИСОЖАРЫ, Волосыни
ВИСХВ, Гмерти
ВИТАЛА, Лока
ВИТ-ХОН, Вит-кан
ВИХВА, Хабэк
ВИЧИТРАВИРЬЯ, Бхишма, Вьяса, Дхритараштра, Панду
ВИШ, Варна
ВИШАКХА, Нирманарати
ВИШАПАЗУНК, ВИШАПИДЫ, Артавазд, Вишапы, Масис
ВИШАХАРА, Манаса
ВИШВАВАСУ, Гандхарвы, Менака
ВИШВАНАТХА, Шива
ВИШАПАНИ, Амогхасиддхи
ВИШРАВАСА, Кубера, Пуластья
ВЛАДИМИР, Владимир Красное Солнышко, Добрыня Никитич, Дунай, Змей Горыныч, Илья Муромец
ВЛАСОЖЕЛИЩИ, ВЛАСОЖЕЛЫ, ВЛАШИЧИ, Волосыни
ВОАНЕРГЕС, Иоанн Богослов
ВОДЫЖ Кугурак
ВОДЯНИЦЫ, Русалки
ВОЙПЕЛЬ, Ен, Омоль
ВОКЕОН, Вакиньян, Тсоона, Уинктехи
ВОЛОС, Варуна, Велес, Домовой, Соловей-разбойник
ВОЛОСОЖАР, Волосыни
ВОЛОТЕИ, Велес
ВОЛХ ВСЕСЛАВЬЕВИЧ, ВОЛЬГА, Волкодлак, Волх, Микула Селянинович, Илья Муромец
ВОЛЬГАСТА, Яровит
ВОЛЬВАНЕ, Стрелок-солнце
ВОЛЬМАНЕ, Стрелок-солнце
ВОЛЬТУМНА, Вертумн
ВОНТ-ЛУНГ, Лунг
ВОПАР, Вупар
ВОР-ЛУНГ, Лунг
ВОРСКАЙТО, Видевут и Брутен
ВОРТУМН, Вертумн
ВОРУКАША, Апам-Напат, Гаронмана, Кейяниды, Тиштрйа, Франграсйан, Хаома
ВОРЬС, Ворса
ВОСТРОГОР, ВОСТРОГОТ, Святогор
ВОТАН, Водан, Дикая охота, Один, Эйнхерии
ВРИТРАГНА, Вритра
ВРИТРАХАН, Вахагн, Веретрагна, Вритра, Индра
ВРИШАКАПАЯ, Вришакапи
ВСЕСЛАВ, Волкодлак, Змей Огненный волк
"ВТОРОЙ АДАМ", Адам, Архонты
ВУБЕР, Убыр
ВУК ОГНЕЗМИЙ, Змей Огненный волк
ВУКУБ-ХУН-АХПУ, Хун-Ахпу и Шбаланке
ВУЛТУРН, Волтурн
ВУРДАЛАКИ, Волкодлак
ВЫЛА КОДРУЛУЙ, Мамапэдурии
ВЫЛЬЯХ-ЧЕРЛЕХ СУРАТАКАН ТУРА, Султи-тура
ВЬЯНТАРА, Махавира
ВЭЙ ГУ-ДАО, Яо-ван
ВЭЙ ШУ, Чумон
ВЭНЬ-ВАН, Бися юаньцзюнь, Бянь Хэ, Сунцзы няннян, Цзян-тайгун
ВЭНЬ И-ДО, Нюй-ва
ВЭНЬ ЦЮН, Мэнь-шень
ВЭНЬЧЕН, Гарба-Накпо
ВЭНЬШУШИЛИ, Вэньшу, Пуса
ВЭНЬЮАНЬГУ, Сяньчи
ВЭСАКА, Кангха
ВЯТКО, Крив

ГА, Гаци и Гаими

ГАБИС, Габия
ГАБХАСТИМАТ, Лока
ГАВАОН, Иисус Навин
ГАДАССА, Эсфирь
ГАДЕС, Аид
ГАДЖАМУКХА, Ганеша
ГАДЗЫН ЭДЗЕН, Сабдаг
ГАЙ (кит.), Жу-шоу
ГАЙ (библ.), Иисус Навин
ГАЙА МАРТАН, Гайомарт, Каюмарс
ГАЙК, Хайк
ГАЛА, Гальс
ГАЛААД, Иеффай
ГАЛАНТИАДА, ГАЛАНФИДА, Галинфида
ГАЛАР, Фьялар и Галар
ГАЛАХАД, Артур
ГАЛЕЙ, Галеот
ГАЛЕНЕ, Галина
ГАЛИ ЭЖЕН САХАДАЙ УБГЕН, Сахядай-нойон
ГАЛОНЫ, Лойсаомонг
ГАЛТЕНГРИ, Отхан-Галахан
ГАЛ-ЭХЕ ОТХАН-ГАЛАХАН, Отхан-Галахан
ГАЛЬДР, Один
ГАЛЬ-ЕРДЫ, Ерд
ГАМБО ГАРБО, Цаган Эбуген
ГАМБО ЛОДЖУ, Цаган Эбуген
ГАНА-ПАРВАТА, Гана
ГАНАПАТИ, Ганеша
ГАНГАДАТТА, Ганга
ГАНГАДХАРА, Шива
ГАНГЕЯ, Бхишма
ГАНДАРБ, Керсаспа
ГАНДАРВА, Ардвисура Анахита, Гандхарвы, Керсаспа
ГАНДХАРВАЛОКА, Лока
ГАНДХАРИ, Видьядеви
ГАНИГИ, Ганики
ГАНЬЮАНЬ, Сяньчи
ГАО-МЭЙ, Нюй-ва
ГАО-СИНЬ, Ди-Ку
ГАО ЧЖЭНЬ, Хо бу
ГАР, Гарба-Накпо
ГАРАНЧАЧА, Фомагата
ГАРАХУТИ, Гор
ГАРГАР, Гера
ГАРГЕТТИЙ, Орф
ГАРДАТОЙЯ, Локантики
ГАРПОКРАТ, Гор-па-херд
ГАРРЫ-МАМА, Буркут-баба
ГАРСИВАЗ, Афрасиаб
ГАРУДА, Джангар, Очирвани
ГАРУН, Аарон
ГАРУТМАНТ, Супарна
ГАРШАСП, Кай Кубад, Керсаспа, Пишдадиды, Рустам, Сама
ГАРШАХ, Гопатшах
ГАТАГ, Сырдон
ГАТВА, Имана
ГАТТОН, Попел
ГАТУМДУГ, Ан, Бау
ГАТУТСИ, Имана
ГАУЛЬЧОВАНГ, Каутеован
ГАУНАБ, Хейтси-Эйбиб
ГАУРИ, Видьядеви, Деви
ГАФОМА, Гиханга
ГАХУТЫ, Имана
ГБАДЕ, Айдо-Хведо, Хевиозо
ГБВЕЗУ, Хевиозо
ГБО, Легба
ГВАЛЕС, Бран
ГВЕЛЕШПИН, Паскунджи
ГВЕНДДОЛЕУ, Мерлин
ГВЕНУЙФАР, Артур
ГВИДИОН, Луг
ГВИНТВИНТ, Цвицв
ГЕБАЛ, Херувимы
ГЕБЕЯ, Геба
ГЕБР, Орфей
ГЕВАЛ, Иисус Навин
ГЕГЕМОНА, Хариты
ГЕГЕН-ХАН, Цогтай-хан
ГЕЕННА ОГНЕННАЯ, Геенна, Хождение богородицы по мукам
ГЕЙР, Валькирии
ГЕЙРАХЕД, Валькирии
ГЕЙРЕЛУЛЬ, Валькирии
ГЕКАЛА, Тесей
ГЕКАТОНХЕЙРЫ, Сторукие
ГЕЛЕН, Одиссей
ГЕЛЕОНТ, Ион
ГЕЛИЙ, Гелиады

ГЕЛИКАОН, Антенор, Лаодика
ГЕЛИКОНИДЫ, ГЕЛИКОНСКИЕ ДЕВЫ, Геликон
ГЕЛИОГАБАЛ, Элагабал
ГЕЛИРА, Хаос
ГЕЛИЯ, Гелиады
ГЕЛЛЕН, Эллин
ГЕЛЬ, Валькирии
ГЕМ, Гемос
ГЕМИТЕЯ, Кикн
ГЕНОС И ГЕНЕЯ, Рашап
ГЕНЬЕН, Дрегпа
ГЕРАКЛОВЫ СТОЛПЫ, Геракл
ГЕРД, Асы, Етуны, Фрейр
ГЕРЕЙСКИЕ ГОРЫ, Дафнис
ГЕРЕЙСКИЙ МЫС, Миртил
ГЕРЕЛ-НОЙОН, Сахядай-нойон
ГЕРЕНИЯ, Нестор
ГЕРИ, Один, Фенрир
ГЕРИОНОВЫ СТАДА, Геркулес
ГЕРИ-СУ, Йер-су
ГЕРМЕРУДА, Герман
ГЕРОВИТ, Яровит
ГЕРОГЛЫ, ГЕР-ОГЛЫ, Ашыкайдын, Кер-оглы
ГЕРСИМИ, Фрейя
ГЕСАР, Гесер
ГЕСПЕРА, Геспериды
ГЕСПЕРИТИДА, Геспер
ГЕФСИМАНСКИЙ САД, Антихрист, Двенадцать апостолов, Иисус Христос, Петр, Хождение богородицы по мукам
ГИАД, Плеяды
ГИАС, Гиадь·
ГИАЦИНТ, Гиакинф
ГИБИЛ-ГИРРА, Нуску
ГИБИХУНГИ, Нибелунги
ГИДЕОН, Гедеон
ГИЕС, Сторукие
ГИЛАЙЕРА, Афаретиды, Диоскуры, Левкипп, Феба
ГИЛАС, Аргонавты
ГИЛЛИНГ, Мед поэзии
ГИЛШАХ, Гопатшах
ГИМЛЕ, Вальхалла
ГИНГ, Дрегпа
ГИНЬЕВРА, Артур
ГИПЕРИОНИДЫ, Гелиос, Гиперион
ГИПЕРИППА, Этол
ГИППЕ, Гиппа
ГИППОДИКА, Герса
ГИППОКООНТ, Ификл, Тиндарей
ГИППОЛОХ, Беллерофонт, Главк
ГИППОМЕН, Аталанта
ГИППОНОЙ, Адраст
ГИППОНОЙ, Беллерофонт
ГИППОНОЙ, Перибея
ГИППОТОЙ, Пелий
ГИППОФОЙ, Алопа, Эпит
ГИПСЕЙ, Кирена
ГИРАМИККАРТ, Бастварай
ГИРИША, Шива
ГИРИЯ, Кикн
ГИРНЕФО, Темен
ГИРРА, ГИРРУ, Гибил, Эрра
ГИРТАК, Нис
ГИСАНЭ, Деметр и Гисанэ
ГИТАРАТИ, Вйантара
ГИТАЯШАС, Вйантара
ГИШЗИДА, Адапа, Думузи, Нинги́шзида
ГИШУБИ, Гиханга
ГЙАЛВА, Бардо
ГЙАМО ТХОБЧХЕНМА, Бал
ГЙАТАПУТРА, Махавира
ГЙАЧХЕН, Бал
ГКВИ, Цагн
ГЛЕБ, Борис и Глеб
ГЛЕЙПНИР, Фенрир
ГЛЕН, Гераклиды, Деянира
ГЛЕН, Соль
ГЛЯДСХЕЙМ, Вальхалла, Один
ГНА, Асы
ГНИПАХЕЛЛИР, Гарм
ГО АЙ, Го Цзы-и
ГОБИР, Баво
ГОГ, Антихрист, Армагеддон, Гог и Магог, Йаджудж и Маджудж, Мессия, Сатана
ГОГОТУН, Атум
ГОГОЧИ, Ал паб

ГОДАЛИ ИЛА, Залзанагый
ГОДЕЙ, Гудил
ГОЙТОСИР, Ойносир
ГОКУЛА, Голока
ГОЛЛ, Финн
ГОМАРА, Теель-Кусам
ГОМОРРА, см. Содом и Гоморра
ГОМУНКУЛУС, Адам
ГОНГ, Дрегпа
ГОНГОСИР, Ойтосир
ГОНДО, Фаран
ГОНДОФЕР, Фома
ГОНПО, Дагшед
ГОПЛЕЙ, Канака
ГОПЛЕТ, Ион
ГОР БЕХДЕТСКИЙ, Гор, Ихи, Онурис, Хатор
ГОРАПОЛЛОН, Ба
ГОР-АХУТИ, Гор, Сопду
ГОРГИРА, Аскалаф
ГОРГОФОНА, Афарей, Икарий, Левкипп, Тиндарей
ГОРДИЕВ УЗЕЛ, Гордий
ГОРЖАЙ, Нарты, Села
ГОР-ОГЛЫ, Кер-оглы
ГОР-ПА-РА, Гор, Рат-Тауи
ГОР-СА-ИСЕТ, Гор
ГОР-СЕМАТАУИ, Гор, Хатор
ГОР-СОПДУ, Сопду
ГОРТИН, Радаманф
ГОР-УР, Гор
ГОР-ХЕНТИХЕТИ, Хентихети
ГОРЫНЫЧ, Горыня, Дубыня и Усыня; Святогор
ГОР-ЭМ-АХЕТ, Гор
ГОТАМА, Гаутама, Риши
ГОТАМА, Начикетас
ГОТТОРМ, Сигурд
ГОУ ВАНЬ-ЛИН, Си-ван-му
ГОУНУ-ТСАЦОУ, Цагн
ГОФАННОН, Гойбниу
ГРАИННА, Финн
ГРАЙВЕЙАКА, Аддхалока, Урдхвалока
ГРАМ, Сигурд
ГРАМАДЕВАТ, Девата
ГРАТИОН, Гиганты
ГРАЦИИ, Аполлон, Гермес, Хариты
ГРЕНДЕЛЬ, Беовульф
ГРИДХРАКУТА, Лохань
ГРИМНИР, Гейррод, Один
ГРИМХИЛЬД, Сигурд
ГРИНЕЙ, Бротей
ГРИПИР, Сигурд
ГРОА, Тор
ГРОМ, Огонь
ГРОТТИ, Фрейр
ГРОХ, Бахт, Габриел Хрештак
ГУА, Тайцзы
ГУАН-ДЭ, ГУАН-ЖУН, ГУАН-ЛИ, ГУАН-ЦЗЫ, Лунван
ГУАНЬКОУ ЭР-ЛАН, ГУАНЬКОУ-ШЕНЬ, Эр-лан
ГУАНЬ ЛО, Бэйдоу
ГУАНЬ ПИН, Гуань-ди
ГУАНЬ-ЛИН, Лу-синь
ГУАНЬ-ЦЗЫ-ЦЗАЙ, Авалокитешвара, Гуань-инь
ГУАНЬ-ШИ-ИНЬ, Авалокитешвара, Гуань-инь
ГУАНЬ ЮЙ, ГУАНЬ ЮНЬ-ЧАН, Гуань-ди, Цай-шэнь
ГУГАЛЬАННА, Нергал
ГУГУ, Мукаса
ГУДАКЕША, Арджуна
ГУЙ-ВАН, Янь-ван
ГУЖИР-ТЕНГРИ, Божинтой
ГУЙГУ СЯНЬШЕН, Гуйгу-цзы
ГУЙЦЗЫМУ, Гуйму
ГУЛАИМ, Кырк кыз
ГУЛЛИНБУРСТИ, Фрейр
ГУЛЬБИЯБАН, ГУЛЯЙБАНЫ, Гюль-ябани
ГУМБАДАН, Исфандияр
ГУН, Пракрити, Тримурти
ГУНАПИПИ, Кунапипи
ГУНГНИР, Один, Цверги
ГУНГУН, Туди, Юй
ГУНДА, Агунда, Нарджхау, Нарты, Сатаней-Гуаша, Хважарпыс
ГУННАР, Атли, Брюнхильд, Гудрун, Нибелунги, Сигурд, Хегни
ГУННЛЕД, Етуны, Мед поэзии

ГУНОНГ БЕРАПИ, Бату Рибн
ГУНТЕР, Брюнхильд, Гудрун, Нибелунги, Сигурд, Хегни
ГУНШУ, Лу Бань
ГУРАЗМ, Исфандияр
ГУРБАН МАРАЛ, Хухедей-мерген
ГУРБЕЛЬДЖИН-ГОА, Шидургу-хаган
ГУРГСАР, Исфандияр
ГУРГУЛИ, Кампир, Кер-оглы
ГУРДОФАРИД, Сухраб
ГУРИИ, Джанна
ГУРКАР, Гесер
ГУРУГЛИ, Кер-оглы
ГУРУРИСЭЛЛЭНГ, Ве Ньилитимо, Савэригадинг Топалпанроэ
ГУСТАХМ, Туса
ГХАНТАПА, Самвара
ГХАТОТКАЧА, Бхима
ГХРИТАЧИ, Апсары, Дрона
ГХУМОКШИ, Путхен
ГЫНИШ, Зал
ГЫР-АТА, Кер-оглы
ГЬЕЛЛЬ, Хвергельмир, Хель
ГЬЮКИ, Нибелунги
ГЬЮКУНГИ, Атли, Гудрун, Нибелунги
ГЬЯЛЛАРХОРН, Мимир, Рагнарек, Хеймдалль
ГЭСЭР, Гесер
ГЮБРИС, Гибрис
ГЮЛЬВИ, Гевьон, Кальпа
ГЮЛЬНАР, Кер-оглы, Пари
ГЮМИР, Етуны, Эгир
ДАБА, Дабог
ДАБАН ХОЛО-ТЕНГРИ, Божинтой
ДАБЕЧ, Дебеч
ДАБЛА, Далха
ДАВ, Семаргл
ДАВИД (арм.), Габриел Хрештак, Куркик Джалали, Михр
ДАГАН, Балу, Дагон
ДАГАЧАН, Санкэн
ДАГИНИ, Бурхан, Дакини, Чорос
ДАГНУС, Христофор
ДАГОНАЦ, Астхик
ДАДА, Орунган
ДАДАГА ХАРАДАРХАН, Божинтой
ДАДА ЗОДЖИ, Да Зоджи
ДАДА СЕ, ДАДА СЕГБО, Йо
ДА ДУЦЗЫ МИЛЭ, Будай-хэшан
ДАДХИКРАВАН, Дадхикра
ДАДХИЧИ, Ваджра, Дадхьянч
ДАЙБАН ХОХО-ТЕНГРИ, Божинтой
ДАЙВА, Дэвы, Кала
ДАЙВИКА, Апсары
ДАЙГЕДЗИ, Бисямон-тэн
ДАЙДАМИЙ, Дедалион
ДАЙИРУ, Карускайбе
ДАЙКОКУ, Та-но камн
ДАЙСУН-ТЕНГРИ, Гесер, Тенгри
ДАЙТЬЯ, Кейяниды
ДАЙФУ МАМА, Мама
ДАЙЧИН-ТЕНГРИ, Гесер, Тенгри
ДАЙЮЙ, Пэнлай
ДАЛИГУЙ, Дюой
ДАЛИМОНЫ, Тотрадз
ДАЛО, Юй-ди
ДАМАН, Цагн
ДАМАСЕН, Дамасин
ДАМАСТ, Прокруст, Тесей
ДАМАЯНТИ, Нала
ДАМБА ДОРДЖИ, Чотгоры
ДАМБХУ, Аедие
ДАМДИН, Докшиты, Хаягрива
ДАМЕЯН, Тараксипп
ДАМКИНА, Дамгальнуна, Мардук, Энки
ДАМНАМЕНЕЙ, Дактили
ДАМУ, Нининсина
ДАН, Айдо-Хведо, Маву-Лиза
ДАН, Данавы
ДАНДА, Икшваку
ДАНДАКА, Икшваку
ДАНИЛА ЛОВЧАНИН, Илья Муромец
ДАНИЭЛ, ДАНЭЛ, Даниилу
ДАНМА, Дрегпа

ДАНЬ ЛИН-ЧЖИ, У юэ
ДАОЗОС, Думузи
ДАОННОС, Думузи
ДАРАБ, Искандар
ДАРЕТ, Дарес
ДАРМАДЕВА И ДАРМАДЕВИ, Нагасари
ДАРРА-ДАКИТА, Хебат
ДАРХАН ГУДЖИР-ТЕНГРИ, Тенгри
ДАРЭХЕ, Джамбудвипа
ДАСРА, Ашвины, Насатья
ДАСТАН, Сама
ДА СЫ-МИН, Сы-мин
ДАСЫОХАН, Дасью
ДАТ, Дуат
ДАТАНУ, Данниилу, Карату
ДАУАГИ, Зэды и Дауаги, Уацамонга, Хур, Хуцау
ДАУКЕ, Дамгальнуна
ДАУЭРА, Баво
ДАФАН, Аарон, Моисей
ДАФНИЙ, Аполлон
ДАЦЗЕ, Куа-фу
ДАЦЗЯНЦЗЮНЬ, Тай-суй
ДАШИЧЖИ, Пуса, Ситянь
ДВАПАРАЮГА, Брахма, Юга
ДВИПАКУМАРА, Бхаванависины
ДВОРОВИК, Дворовой
ДВОРОВЫЙ, Йорт иясе
ДЕБГЙА, Бал, Лу
ДЕБДЖИТЫ, Эдзены
ДЕБЕГЕЙ, Ди'а, Дяйку, Ича
ДЕБОРА, Девора
ДЕВА (скиф.), Ифигения
ДЕВА МАРИЯ, см. Мария (мать Иисуса Христа)
ДЕВАВАРНИНИ, Кубера
ДЕВАВРАТА, Бхишма
ДЕВАГИРИ, Майя
ДЕВА-КАМЕНЬ, Волхвы, Душара
ДЕВАКИ, Баларама, Кришна, Пришни
ДЕВАЛОКА, Асуры, Брахмалока, Рупадхату, Сансара, Траястринса, Тушита, Шакра
ДЕВАНАНДА, Махавира
ДЕВАПИ, Аулана
ДЕВАПУРА, Амаравати
ДЕВАСЕНА, Сканда
ДЕВАЧАН, Бардо
ДЕВАШАРМАН, Индра
ДЕВАЯНИ, Лунная династия, Шукра, Яяти
ДЕВЕРРА, Пилумн и Пикумн
ДЕВИЦА ГОРГОНИЯ, Горгония
ДЕВОНА, Дивана
ДЕВЫ-ИРОДИАДЫ, Лихорадки
ДЕГЕРЕ-ТЕНГРИ, Борте-Чино, Тенгри
ДЕД МОРОЗ, Мороз, Николай, Никола
ДЕД МЯКИНА, Нишке
ДЕДУШКО-ПОДОВИНУШКО, Овинник
ДЕИКООНТ, Мегара
ДЕИОН, Актор
ДЕИОНЕЙ, Иксион
ДЕИПИЛА, Адраст, Диомед
ДЕИФОНТ, Темен
ДЕЙБА-НГУО, Дяйку, Моунумы, Нга
ДЕЙВС, Диевас
ДЕЙЕ У ПЭРЕЙЕ, Дию пэрие
ДЕЙМОС, Арес, Афродита
ДЕКСАЛИН, Молиониды
ДЕ-КУ-СЯРА, Мурджилэ, Мьезилэ, Зорилэ
ДЕЛ, Фир Болг
ДЕЛЕСС, Есь
ДЕЛИЛА, Далила
ДЕЛКАН, Цаган Эбуген
ДЕЛЬФ, Меланфо
ДЕЛЬФИНА, Тифон
"ДЕМА", Хаинувеле
ДЕМАВЕНД, Ажи-Дахака, Заххак
ДЕМНЕ, Финн
ДЕМОДОК, Одиссей
ДЕМОНАСС, Тисамен
ДЕНЬ, Гемера
ДЕПЕ-ГЕЗ, Коркут, Тепегез
ДЕРКЕТО, Атаргатис, Семирамида

ДЕСМОНТ, Меланиппа
ДЕХТИРЕ, Кухулин
ДЕЦУН, Михр, Санасар и Багдасар
ДЖАБРАИЛ, Джибрил
ДЖАГАНМАТА, Деви
ДЖАГАНМАТРИ, Шакти
ДЖАГАР-ХАН, Джангар
ДЖАДИС, Тасм
ДЖАКЫП, Манас
ДЖАЛАКАНТА, Бхаванавасины
ДЖАЛАМУРТИ, Шива
ДЖАЛАПРАЕХА, Бхаванавасины
ДЖАЛА-РУПА, Макара
ДЖАЛИ ХЭЛЛ, Нга
ДЖАМАДАГНИ, Аватара, Парашурама, Риши, Сурабхи, Сурья
ДЖАМАЛАРЫ, ДЖАМАЛИ, Кукер
ДЖАМБАВАТ, Видьядхары, Сатраджит
ДЖАМБУБАРУС, Мула Джади
ДЖАМБУДИИБ, Джамбудвипа
ДЖАМБУЛИНГ, Джамбудвипа
ДЖАМБХУ, Индра
ДЖАМИР ГИМБАРЕ, Аботени
ДЖАМСРАН, ДЖАМСРИН, Джамсаран
ДЖАНАКА, Сита
ДЖАНАЛОКА, Брахмалока, Лока
ДЖАНАМЕДЖАЯ, Наги, Парикшит
ДЖАРАСАНДХАДЖИТ, Бхима
ДЖАРДЖ, Даушджерджий
ДЖАТАВЕДАС, Агни
ДЖАТАДХАРА, Шива
ДЖАТАСУРА, Бхима
ДЖАТАЮС, Гаруда
ДЖАХНА, Ганга, Кай Хусроу
ДЖАЯДРАТХА, Бхима, Драупади
ДЖАЯНТИ, Шукра
ДЖЕГАНАЙ, Жир иясе
ДЖЕГЕ, Гиорги
ДЖЕД, Анджети
ДЖЕЗ ТУМШУК, ДЖЕЗ ТЫРМАК, Жез тырнак
ДЖЕЛМАЯН, Манас
ДЖЕР ИЙЕСИ, Жир иясе
ДЖЕРМАН, Герман
ДЖЕХУТИ, Тот
ДЖИЛАХСТАН, Акуанда
ДЖИНА, Будда, Бхагават, Махавира, Шакьямуни
ДЖИНПЕРИ, Пари
ДЖИРДЖИС, Георгий, Илйас
ДЖНЯТРИИ, Махавира
ДЖОК, Джуок
ДЖОРУ, Гесер
ДЖОУ ЛАХАТАЛА, Алахатала
ДЖРИМБХАКИ, Махавира
ДЖУГУР, Альчера
ДЖУДЖЕЛИА, Агуна ал-ДЖУДИ, Нух
ДЖУКО, Ванга, Каумпули
ДЖУМА-КАРЫСЫ (БАБАСЫ), Першенбе-кары
ДЖУМАРТКАССАБА, Каюмарс
ДЖУНГАР, ДЖУНРА, Джангар
ДЖУНГПО, Дрегпа
ДЖУНКГОВА, Кунапипи
ДЖУНУС (ЮНУС)-ПАРИ, Пари
ДЖЬОТИРМУКХА, Сурья
ДЗАМБУ, Джамбу
ДЗАЯЧИ-ТЕНГРИ ЗАЯН САГАН-ТЕНГРИ, Дзаячи
ДЗЕДО, Сэйси
ДЗИГАМИ, Та-но ками
ДЗИГОКУ, Дзидзо
ДЗИДЗИЯ, Дивана
ДЗИКОКУ-ТЭН, Бисямон-тэн
ДЗИНГА, Сумиеси
ДЗОДЗЕТЭН, Бисямон-тэн
ДЗОЛ-ДЗАЯЧИ, Дзаячи

ДЗЮИТИМЭН КАННОН, Каннон
ДЗЯДЫ, Деды
ДИ, Шан-ди
ДИ'А, Ича
ДИАРМАИТ, Финн
ДИВАНА-И БУРХ, ДИВАНА-И БОРХ, Буркут-баба
ДИВАНД, Дивана
ДИВЕНЬ, ДИВНЫЙ КОРОВАЙ, Каравай
ДИВЕРИК'Ъ3'Ь, Перкунас, Телявель
ДИВОДАСУ, Сарасвати
ДИВОЖЕН, Богинки
ДИГДИ, Старуха из Бэра
ДИГНАГИ, ДИННАГИ, Дигаджи, Локапалы
ДИ-ГУАНЬ, Сань гуань
ДИДОНА, Анна Перенна, Пигмалион, Тиннит, Хаос, Эней
ДИЕВАС-ДИЕВС, Окопирмс, Телявель
ДИЕВС, Диевас, Перкунас
ДИ-И, Тай-и
ДИЙ, Зевс
ДИЙУАНА, Дивана
ДИЙХАН-БАБА, Бобо-дехкон
ДИКА, Адрастея, Аид, Ананке, Астрея, Парфенос
ДИКАН-АТА, Бобо-дехкон
ДИКИЙ ОХОТНИК, Агасфер, Дикая охота
ДИККУМАРА, Бхаванавасины
ДИКТА, Зевс, Рея
ДИКТИННА, Бритомартис
ДИЛИПА, Солнечная династия
ДИЛЬМУН, Тильмун
ДИМАНТ, Гекуба
ДИММЕ, Ламашту
ДИНГИР, Нинмах, Тенгри
ДИНГИРМАХ, Анзуд, Нинмах
ДИНДИМЕНА, Аттис, Кибела
ДИН-ЛУ ЧЖЭНЬ-ЦЗЮНЬ, Сань Мао
ДИНО, Граи
ДИОН, Лебе
ДИОНИСИЙ, Семь спящих отроков
ДИОСКОР, Варвара
ДИПАНКАРА, Будда
ДИРРАХИЙ, Мелисса
ДИРРИ, Старуха из Бэра
ДИС, ДИТ, Таранис
ДИСАВЛ, Эвбулей
ДИСЯНЬ, Сань
ДИУАНА, Дивана
ДИУЛИН, Дюлин
ДИУС ФИДИУС, Фидес
ДИ-ХУАН, Сань хуан
ДИ-ХУН, Ди-цзян, Хуньтунь
ДИ-ХУНЬ, Цзю тянь
ДИЦЭН, Циумарпо
ДИЯ, Иксион, Пирифой
ДОБЕДОЙ, ДОБИДОЙ, ДОГЕДОЙ, Цолмон
ДОБРАЯ БОГИНЯ, Бона Деа, Приап
ДОБРОЖИЛ, ДОБРОХОТ, Домовой
ДОБРЫНЮШКА МИКИТИНЕЦ, Добрыня Никитич
ДОБУН-МЕРГЕН, Бодончар
ДОДИЛАШ, Додола
ДОДОН, Европа
ДОЛВАТ, Бахт
ДОЛОН, Волкодлак, Диомед, Одиссей
ДОЛОН БУРХАН, Долон збуген
ДОЛЬТО САГАН-НОЙОН, Божинтой
ДОЛЯ, Белобг, Лайма, Лихо
ДОНМАКОНД, Донбеттыр
ДООТЕТ, Дотет, Есь
ДОРДЖЕ, Ваджра
ДОРЖЕЛЕГ, Гарба-Накпо
ДОРЖЕШУГДАН, Гарба-Накпо, Масанг
ДОРИДА, Амфитрита, Главка, Нереиды, Нимфы, Фетида
ДОРИППА, Анай
ДОРОС, Дор
ДОСИФЕЙ, Елена
ДОСОДЗИН, Дзидзо

ДОТ, Балор
ДОТЕТЭМ, Дотет, Хоседэм
ДОУ-ФУ, Бэйдоу, Доу-му
ДРАГОБЕТЕ, Баба Докия
ДРАГОМИР, Баба Докия
ДРАУПНИР, Бальдр, Карлики, Один, Цверги
ДРВАСПА, Кейяниды
ДРЕБКУЛИС, Пеколс
ДРИАНТ, Ликург
ДРИАС, Калидонская охота
ДРИБХИКА, Даса, Индра
ДРИМАС, Аполлон
ДРИСТАН, Тристан
ДРОМИ, Фенрир
ДРОНА, Апсары, Карна, Наги
ДРУДЖ, Аша Вахишта, Друг, Траэтаона
ДРУПАДА, Дрона
ДРУХЬЮ, Лунная династия
ДУАМУТЕФ, Гора дети
ДУАНА, Дивана
ДУБАНА, ДУВАНА, Дивана
ДУБЫНЕЧ, Горыня, Дубыня и Усыня
ДУБЫНЯ, Горыня, Дубыня и Усыня; Святогор
ДУВО, Фа
ДУГНАЙ, Пагирнейс
ДУГУАН, Цзяньму
ДУД, Дрегпа
ДУДОЛА, ДУДУЛА, Додола
ДУДУЛЕЙКА, Додола
ДУЛ-ДУЛ, Али
ДУЛЬКУГ, Дуку
ДУМА, Измаил
ДУМАНА, Дивана, Манас
ДУН-БИНЬ, Восемь бессмертных
ДУНГИ МИПХО, Емон гьялпо
ДУНДЕР, Додола, Перун
ДУННЭ МУСУН, Дуннэ
ДУНИАИ, Тувале
ДУНТИН, Лак Лаунг Куан
ДУНХАЙ ЛУН-ВАН, Лун-ван
ДУН-ХУАН, Дун-цзюнь
ДУН ХУН-ВЭНЬ, Вэнь-шэнь
ДУНЧУ СЫМИН ЧЖУ, Цзаован
ДУН ШУАН-ЧЭН, Ван-му шичже
ДУН'ЮЭ-ДАДИ, Дийюй, Тайшань, У юэ
ДУНЬЯШ, Кашшу
ДУН ЮН, Ци-сяньнюй
ДУР, Шукмуна
ДУРАШРАВ, Заратуштра
ДУУЗУ, Думузи, Таммуз
ДУХШАСАНА, Бхима, Драупади
ДУЦЭН, Циумарпо
ДУШИ-ВАН, Дийюй
ДУШО, Мэнь-шэнь
ДУШЬЯНТА, Бхарата, Лунная династия, Шакунтала
ДХАВА, ДХАРА, Васу
ДХАНАНДЖАЯ, Арджуна
ДХАРАНА, Бхаванавасины
ДХАРМАКАРА, Амитабха, Сукхавати
ДХАРМАКАЯ, Трикая
ДХАРМАЧАКРА, Вайрочана
ДХАТАКИКХАНДА, Джйотишка
ДХАТРИ, Брахма
ДХРИТИ, Вишведева
ДХРИШТАДЬЮМНА, Дрона
ДХУМАПРАБХА, Аддхалока
ДХУНИ, Даса
ДХЬЯНА, Брахмалока, Рупадхату
ДХЬЯНИ-БУДДА, Акшобхья, Амида, Амитабха, Амогхасиддхи, Бодхисатва, Будда, Ваджрасатва, Вайрочана, Мандала, Самвара, Сансара, Трикая, Ямантака
ДЬАЖИГАН, Ульгень
ДЬАЖИЛ-КААН, Ульгень
ДЬАЙЫК, Ульгень
ДЬЕТИГАН, Мичит
ДЬЮМАТСЕНА, Савитри
ДЬЯ, Мусо Корони Кундье
ДЭВИ, Адау, Дэвы
ДЭВИ САФЕД, Дэвы
ДЭМЧОГ, Самвара
ДЭНБИ-ШИ, Шу
ДЭН ВЭЙ-ТИН, У юэ

ДЭЭР, Тенгри
ДЮБА-НГА, Ди'а, Дяйку, Нга
ДЮЙМОВОЧКА, Эльфы
ДЮК, ДЮК СТЕПАНОВИЧ, Добрыня Никитич, Илья Муромец
ДЮЛЬДЮЛЬ, Пиры
ДЮЛЬЧУ, Хадау
ДЯМАДА, Дяйку, Лозы, Моунямы, Тадебцо
ДЯ-МЕНЮ'О, Моу-нямы, Нга, Тодоте
ДЯНЬ-ФУ, Дянь-му
ЕВБУЛЕЙ, Эвбулей
ЕВМЕЙ, Эвмей
ЕВМЕЛ, Агрон
ЕВМОЛП, Эвмолп
ЕВР, Эвр
ЕВРИПИЛ, Эврипил
ЕВФРОСИНА, Хариты
ЕВХАРИЯ, Мария Магдалина
ЕГВИ, Мименгви
ЕГИПЕТ, Ио, Протей, Феано, Эгипт
ЕГОРИЙ, ЕГОРИЙ ХРАБРЫЙ, Георгий, Илья Муромец, Леший
Е ГУАН-ЦЗИ, Хэй-ди
ЕГУК, Сот Тхархэ
ЕДЕР-КАН, Йер-су
ЕДИГА, Соко
ЕДИНАОК, Бесы
ЕЖИ-БАБА, Баба-Яга
ЕЗАГУЛИС, Велс
Е-КОЛЛИП, Коллип
ЕКСАКУСТОДИАН, Семь спящих отроков
ЕКСИН, Чхоен
ЕЛАФАД, Иолофат
ЕЛЕАЗАР, ЕЛИЕЗЕР (домоправитель Авраама), Авраам, Исаак, Ревекка
ЕЛЕАЗАР (сын Аарона), Аарон, Иисус Навин
ЕЛЕЙКА, Илья Муромец
ЕЛЕНА, Алеша Попович
ЕЛЕНА АЛЕКСАНДРОВНА, Волх
ЕЛЕОН, Вознесение
ЕЛИСАВЕТА, Захария и Елисавета, Иоанн Креститель, Исаак, Мария
ЕЛИСЕЙСКИЕ ПОЛЯ, Аид, Велс, Менелай
ЕЛКАНА, Самуил
ЕЛС, Велес
ЕЛХАНАН, Голиаф
ЕЛЭ, Шибле
ЕМЕЛЯ-ДУРАК, Иван Дурак
ЕМИЗАГ, Ахумида
Е-МИН, Шизр шэнсяо-шэнь
ЕМИЦУКУНИ, ЕМОЦУКУНИ, Еми-но куни
ЕМЫШ, Амыш
ЕН (дух), Пицен
ЕНДОЛ-ПАЗ, Пурьгине-паз
ЕНДЫН ХАЛЬМОНИ, Ендын
ЕННАМНУ, Аран
ЕНОС, Адам
ЕНПЕРИ, Пицен
ЕНСИН, Енван
ЕПАФ, Эпаф
ЕПОНА, Эпона
ЕРАТАОФ, Архонты
ЕРВАНД, Каджи
ЕРДЫ, Ерд
ЕРМИНРЕКК, Гудрун
ЕРУСЛАН ЕРСУЛАНОВИЧ, Еруслан Лазаревич
ЕРЫ, Георгий
ЕСИЦУНЭ МИНАМОТО, Окикуруми
ЕСУГИ, Мауль
ЕСУХЕЙ-БАГАТУР, Отхан-Галахан
ЕСФИРЬ, Эсфирь
ЕУГАМОНЕ, ЕУГАМОЙНИ, Еукахайнен
ЕФРЕМОВА ГОРА, Девора, Иисус Навин
ЕФРОСИНЬЯ ЯКОВЛЕВНА, Илья Муромец
ЕХИДНА, Эхидна
ЕШПОР, Ел-да
ЖАЛАНГАШ-АТА, Пиры
ЖАНЬДЗН, У-шэн лаому
ЖВОРУНА, Совий
ЖЕЛМОГУЗ КЕМПИР, Жалмауыз кемпир
ЖЕЛЯ, ЖЛЯ, Карна и Желя

ЖЕМЕПАТИС, Жемина, Каукас
ЖЕМИНЕЛЕ, Пергрубрюс, Пильвитс
ЖЕНЬ-ВАН, Инван
ЖЕР-СУУ, Йер-су
ЖИР АТАСЫ И ЖИР АНАСЫ, Жир иясе
ЖОМУ, Жо
ЖОУЧЖИ, Чжи
ЖУИ, Восемь бессмертных
ЖУЛАЙ, Ерз
ЖЫГ-ГУАША, Жиг-гуаша
ЖЫЛКЫШЫ-АТА, Камбар, Пиры
ЖЭНЬ-ХУАН, Сань хуан
аз-ЗАБА, Амалик
ЗАБАБА, Инанна
ЗАБАВА ПУТЯТИШНА, Змей Горыныч, Добрыня Никитич
ЗАБИЙ, Галеот
ЗАВЕДЕЙ, Иоанн Богослов
ЗАВИСТЬ, Нике
ЗАЗАИЛ, Малаки-тауз
ЗАККУМ, Джаханнам
ЗАЛЬ, Кай Кубад, Рустам, Сама, Симург
ЗАМБАТИВ, Джамбудвипа
ЗАМБУ, Джамбу
ЗАМБУЛИН, Джамбудвипа
ЗАМЗАМ, Исмаил
ЗАНГИ (САНГИ) БАБА, Абзар миат
ЗАНДАН ГЕРЕЛ, Джангар
ЗАНХАЛАН, Сахядай-нойон
ЗАПЕЧНИК, Иван Дурак
ЗАРА, Иуда
ЗАРВАН, Зерван
ЗАРДУШТ, Заратуштра, Исфандияр, Спандармат
ЗАРИАДР, Зарер
ЗАРИВАРАЙ, Ардвисура Анахита, Арджасп, Баствараи, Зарер, Кейяниды, Спентодата
ЗАРИЧА, Амертат
ЗАРЯ-БОГАТЫРЬ, Вечорка, Зорька и Полуночка
ЗАТУВУЦИНАТУ-НАНДРИА-НАНАХАРИ, Занахари
ЗАХАРИЯ, Архонты, Гавриил, Захария и Елисавета, Иоанн Креститель, Исаак, Мария
ЗАХОР, Пехар
ЗАЯН, ЗАЯГША, ЗАЯГЧ, ЗАЯН САГАН-ТЕНГРИ, Божинтой
ЗАЯЧ, Дзаячи, Хормуста, Цолмон, Шаргай-нойон, Эрлик
ЗАЯН САГАН-ТЕНГРИ, Бухан-нойон бабай, Цолмон
ЗБРОДОВИЧИ, Алеша Попович, Илья Муромец
ЗВАЙГЗНЕС, Звайгстикс
ЗЕБАХ, Гедеон
ЗЕВЕЙ, Гедеон
ЗЕВКСИППА, Эрехфей
ЗЕГЗЕГ, Баво
ЗЕГИМАН, Хоралдар
ЗЕЕБ, Гедеон
ЗЕЛ, Зелос
ЗЕЛАНДИЯ, Гевьон
ЗЕЛЕНАЯ ТАРА, Тара
ЗЕЛФА, Асир, Гад, Двенадцать сыновей Иакова, Зелфа
ЗЕМЕС МАТЕ, Земниекс
ЗЕНГИ-БАБА, Амбар-она, Пиры
ЗЕНОБИЯ, Амалик
ЗЕРВАН АКАРАНА, Зерван
ЗЕРВАН ДАРГАХВАДАТА, Зерван
ЗЕРПАНИТУМ, Набу, Цараниту
ЗЕУХОРОС, Гильгамеш
ЗЕФ, Зет
ЗИВ, Гедеон
ЗИГФРИД, Атли, Гудрун, Нибелунги, Сигурд, Хегни
ЗИЛХА, Цвицв
ЗЛАТЫГОРКА, Илья Муромец
ЗОЛОТОЕ РУНО, Аргонавты, Медея, Пелий, Ээт, Ясон
ЗОЛУШКА, Биби-Сешанби
ЗОРИЛЭ, Мурджилэ, Мьезилэ, Зорилэ
ЗОРОАСТР, Заратуштра
ЗОРЬКА, Вечорка, Зорька и Полуночка

ЗОСЕ, Фа
ЗОСИМА, Мария Египетская, Мария Магдалина
ЗОСИМА И САВВА, Спорыш
ЗРАДАШТУ, Шамирам
ЗРВАН, Астхик, Зерван
ЗУ, Анзуд
ЗУ-КАБДИМ, Астар
ЗУККУМАНЕ, Аботени
ЗУ-Н-НУН, Йунус
ЗУРВАН, Зерван
ЗУТАХМАСП-ЗАВ, Пишдадиды
ЗУЭН, Нанна, Син
ЗЮВИЛ, Гудил
ИАВАЛ, Каин, Патриархи
ИАВИН, Девора
ИАИЛЬ, Девора
ИАЛДАВАОФ, Архонты
ИАЛЛИН, Актор, Аскалаф
ИАЛМЕН, Арес
ИАМБА, Ямба
ИАМВЛИХ, Семь спящих отроков
ИАМИДЫ, Иам
ИАО, Архонты
ИАРЕД, Адам
ИАРРИ, Эрра
ИАС, Атаданта
ИАСО, Панакея
ИАСОН, Ясон
ИАФЕТ, Адам, Гог и Магог, Ной; Сим, Хам, Иафет
ИБУ ПАДИ, Деви сри
ИВАЕСАНГУРУ, Тоиекунра
ИВАИСЕПО, Тоиекунра
ИВАЛЬДИ, Цверги
ИВАН ВОДОВИЧ, Горыня, Дубыня и Усыня, Трита (иран.)
ИВАН ДА МАРЬЯ, Купала
ИВАН КУПАЛА, Купала, Мара
ИВАН ПОЛУНОЧНОЙ ЗАРИ, Вечорка, Зорька и Полуночка
ИВАН ТИМОФЕЕВИЧ, Илья Муромец
ИВАН УТРЕННЕЙ ЗАРИ, Вечорка, Зорька и Полуночка
ИВАОРОПЕНЕРЕГ, Тоиекунра
ИВАРЭ, Дзимму-тенно
ИВАШКА-МЕДВЕДКО, Горыня, Дубыня и Усыня
ИВИА, Этса
ИВУЛЬ, Ича
ИГГ, Иггдрасиль
ИГГА, Иван Дурак
ИГРИ-БАТОНИ, Амирани
ИГУАКЕ, Бачуэ
ИДА, Агни, Бхарати, Ила, Ману, Махи
ИДАВЕЛЬ, Асгард
ИДАС, Аглая, Амифаон, Афаретиды, Диоскуры, Калидонская охота, Левкипп, Линкей, Марпесса, Орфей, Феба
ИДЕЙСКАЯ ПЕЩЕРА, Минос
ИДЕЯ, Финей
ИДИЯ, Медея
ИДМОН, Аполлон, Аргонавты
ИДОЛИЩЕ ПОГАНО, Илья Муромец
ИДОМИНЕЯ, Аргонавты, Афарей, Биант, Меламп
ИЕВОСФЕЙ, Давид
ИЕГОШУА, Сатана
ИЕГУДИИЛ, Архангелы
ИЕДИДИА, Давид
ИЕЗАВЕЛЬ, Илия
ИЕЙО ФУТАНА, О-гэцу-химэ
ИЕОРОВОАМ, Золотой телец
ИЕРИХОНСКАЯ СТЕНА, Иисус Навин
ИЕРИХОНСКИЕ ТРУБЫ, Иисус Навин, Моисей
ИЕРОВААЛ, Гедеон
ИЕРОВОАМ, Соломон
ИЕССЕЙ, Давид, Мессия
ИЕТУР, Измаил
ИЕУДА, Молох
ИЕФОННИИН, Иисус Навин
ИЕШУА ГА НОЦРИ, Иисус Христос
ИЗРАИЛЬ, Иаков
ИЙЕ, Вупар
ИЙНИШ, Зал
ИЙЯ, Итоми
ИКАМЕНАШРЕРА, Тоиекунра
ИКИ-БАЛАМ, Балам-Акаб
ИКТИНИКЕ, Иктоми
ИКТО, Иктоми

ИКУЛЕО, Хикулео
ИКУМУСУБИ, Мусуби
ИКШВАКУКУЛА, Баладева, Васудева и Пративасудева
ИЛ, Лаомедонт, Палладий, Трос, Эвридика
ИЛАМАТЕКУТЛИ, Сиуакоатль
ИЛАТ, Аллат
ИЛБИС КЫСА, Илбис хан
ИЛВАЛА, Агастья, Асуры
ИЛИБИША, Даса
ИЛИМ, ИЛУМ, Илу
ИЛИХАУ, Карату
ИЛИЯ, Рея Сильвия
ИЛЛАБРАТ, Ниншубура
ИЛМАРИЛЛИНЕ, Ильмаринен
ИЛМУКАХ, Алмаках
ИЛУМКУХ, Алмаках
ИЛЬ-АМУРРИМ, Марту
ИЛЬДИГО, Атли
ИЛЬМОЙЛЛИНЕ, Ильмаринен
ИЛЬТ, Пугос
ИЛЬЯ-КОН-ТИКСИ-ВИРАКОЧА, Виракоча
ИЛЬЯС, Гуштасп
ИМ (?), Ан, Энлиль
ИМАПИНУА, Седна
ИМБРИЙ, Ментор
ИМДУГУД, Анзуд
ИН, Сань Мао
ИН, Лун
ИНА, Хина
ИНАБА-НО СИРО-УСАГИ, Акахада-но усаги
ИНАДА САМАДУЛО ХЭСИ, Латуре Дане
ИНАРА, Иллуянка
ИНГВИ-ФРЕЙР, Инг, Фрейр
ИНДАЙЯ, Ишоко
ИНДО-И-ТУЛАДИ, Ндара
ИНДОМБЕ, Лианжа
ИНДРАБХУТИ, Махасиддхи, Падмасабхава
ИНДРАДЬЮМНА, Джаганнатха
ИНДРАЛОКА, Лока, Сварга
ИНДРАНИ, Вришакапи, Индра, Матри
ИНДРАПАСТА, Прах Кет Меалеа
ИНДРАПРАСТХА, Пандавы
ИНДУМАТИ, Солнечная династия
ИНЕШКЕ-ПАЗ, Нишке
ИНМУТЕФ, Мехит, Онурис
ИНМЭН НЯННЯН, Данай Фужэнь
ИННИН, Инанна
ИНОГ, Ног
ИНПУ, Анубис
"ИНРОГИ", Единорог
ИНТЕРЦЕДОНА, Пилумн и Пикумн
ИНУЙ, Фавн
ИНХАР, Онурис
ИНЧЖОУ, Самсинсан
ИНЧХЕСИН, Квисин
ИНЫР ЧОЛМОН, Цолмон
ИНЬЯН, Вакан
ИНЬЯНЯ, Лианжа
ИОЛЛА-ЭЭКАТЛЬ, Тескатлипока
ИОБАТ, Беллерофонт, Прет, Сфенебея, Химера
ИОАВВ, Иов
ИОИЛЬ, Архонты
ИОЛАЙ, Геракл, Гераклиды, Ификл, Мегара, Эшмун
ИОЛИ ТОРУМ ШАНЬ, Калташ-эква
ИОЛОФАД, Иолофат
ИОЛОФАТ ВЕЛИКИЙ, Лугеиланг
ИОНА, Петр
ИОНА, Архонты
ИОСАФАТ, Елисей
ИОСИФ, Агасфер
ИОСИФ АРИМАФЕЙСКИЙ, Грааль, Иисус Христос, Никодим
ИОУ, Хиоу
ИОХАВЕД, Аарон, Моисей
ИПАЛЬНЕМОУАНИ, Тлоке-Науаке
ИПОКРЕНИДЫ, Музы
ИППОКРЕНА, Гиппокрена
ИР, Иуда
ИР, Антиной, Одиссей
ИРАВАТ, Арджуна
ИРАШ АМЭШУ, Жир иясе

ИРЕНА, Горы, Эйрена
ИРЕО-ПОНЕДЕ, Нга
ИРИГАЛЬ, Кур
ИРИДА, Гарпии, Гера, Гермес, Лето, Стикс, Тавмант, Электра, Эрот
ИРИЙ, Вырий
ИРИНА, Варвара
ИРИО-КАСА, Урэр
ИРМИК, Эрлик
ИРМИНСУЛЬ, Ирмин
ИРО, Фиро
ИРОД, Волхвы, Захария и Елисавета, Иисус Христос, Иоанн Креститель, Иосиф Обручник, Йахья, Лихорадки, Мария
ИРОД АГРИППА, Петр
ИРОД АНТИПА, Иоанн Креститель
ИРОДИАДА, Иоанн Креститель
ИРРА, Эрра
ИРУНГУ, Вамара
ИРШАППА, Рашап
ИС, Антиф
ИСАНДР, Беллерофонт
ИСЕТ, Исида
ИСИКОРИДОМЭ, Аматэрасу
ИСИМИ, Имуги
ИСИМУД, Инанна, Нинхурсаг, Энки
ИСИС, Исида
ИСЛАНДИЯ, Брюнхильд
ИСМЕН, Семеро против Фив
ИСМЕНА, Антигона, Эдип
ИСМЕНИЙ, Лин
ИСПАНДАТ, Баствараи, Спентодата
ИСРАИЛ, Джибрил, Талут
ИСРИТ, Рустам, Трита (иран.)
ИССАХАРА, Двенадцать сыновей Иакова, Девора, Иуда Искариот
ИССЕДОНЫ, Грифоны
ИСТАК МИШКОАТЛЬ, Илатекутли, Мкамгария, Теноч
ИСТАР, Астар
ИСФЕНДИАД, Спентодата
ИСХЕН, Тараксиппа
ИСХИЙ, Коронида
ИСХИЙ, Лапифы
ИСЯНЕН, Укко
ИТ, Миль
ИТИКИСИМА ХИМЭ-НО МИКОТО, Бэнсай-тэн
ИТИС, Прокна
ИТОГА, Этуген
ИТОН, Беот, Иодама, Меланиппа
ИТСИАЙ, Кума
ИТУГЕН, Ульгень
ИТЬТЕ, Ича
ИУАНА, Ажвейпш
ИУВАЛ, Каин, Патриархи
ИУДА ЛЕВВЕЙ, Двенадцать апостолов
ИУДЕМЕЯ, Адам
ИУДИФЬ, Юдифь
ИФИАНАССА, Агамемнон, Клио, Лаодика, Прет, Сфенебея, Этол
ИФИМЕДИЯ, Алоады
ИФИМЕДОНТ, Эврисфей
ИФИНОЯ, Прет, Сфенебея
ИЦТАПАЛЬТОТЕК, Шипе-Тотек
ИЦТЛАКОЛИУКИ, Тескатлипока
ИЦТЛИ, Тескатлипока
ИЧАКЭЧИКА, Ича
ИЧКАЧКА, Ича
ИШАНА, Локапалы, Рудры, Шива
ИШ-АСАЛЬ-ВОХ, Ицамна
ИШБААЛ, Давид
ИШВАМБРАТО, Видевут и Брутен
ИШВАРАПРАБХА, Потала
ИШКУИНА, Тласольтеотль
ИШКУР, Адад, Ан
ИШКУС, Дсонокуа
ИШНИКАРАБ, Иншушинак
ИШОЙЕ, Ишоко
ИШТАРАН, Нингирсу, Сатаран
ИШ-ЧЕБЕЛЬ-ЙАШ, Ицамна
ИЯ, Эа

ЙАБАРДАМАЙ, Йарих
ЙАДЛАНИН, Залзанагый
ЙАЛДАБАОТ, Самаэль
ЙАМА, Йима
ал-ЙАМАМА, Тасм
ЙАОТЛЬ, Тескатлипока
ЙАТПАНУ, Акхат
ЙАХВЕ, Анат, Илу, Йево, Яхве
ЙАЦЦИБ, Карату, Хорон
ЙЕГОШУА, Иисус Христос
ЙЕЛЬ, Ворон
ЙЕНГ-ТОНК, Вит-куль
ЙЕНК-ЛУНГ, Лунг
ЙЕРЕМИИЛ, Архангелы
ЙЕРЕТТЯ, Лозы
ЙЕР-СУ, Эдзены
ЙЕФЕТ, Сим, Хам, Иафет
ЙИЛЕБЯМ ПЭРТЯ, Нум
ЙИМАК, Йима, Яма
ЙИНИАНАВЫТ, Мити
ЙИНК-КАН, Вит-кан
ЙОБОГОН-МЕРГЕН, Чорос
ЙОВАН, Баба Докия
ЙОГАССИДДХА, Вишвакарман
ЙОЙАКИН, Даниил
ЙО-КАН, Йер-су
ЙОКТАН, Кахтан
ЙОЛ-НОЙЕР, Куль-отыр
ЙОМА, Ен, Омоль
ЙОМБО, Ди'а, Дяйку, Ича
ЙОМДОЙ, Маунглай
ЙОНАКР, Гудрун
ЙОСЕН, Великий дух
ЙУМ-ВИИЛА, Юм-Кааш
ЙУРУГУ, Йазиги
ЙЫШ-КЕШЕ, Пицен
КАБАНДХА, Дану, Ракшасы
КАБИНАНА И ПУРГО, Кабинана и Карвуву
КАБИП, Хейтси-Эйбиб
КАБИРО, Кабиры
КАВЕК, Балам-Акаб
КАВИ, Сваха
КАВИ КАВАД, Кейяниды
КАВИ КАВАТА, Кай Кубад
КАВИРЫ, Кабиры
КАВИ ХОСРАВА, Хусрава
КАВН, Библида
КАВРАЙ, Разияйе
КАГАБА, Руханга
КАГАИМО, КАГАМИ, Сукунабикона
КАДЕШ, Кудшу
КАДЖЕТИ, Самдзимари
КАДМИДЫ, Зевс
КАДМОС, Хайк
КАДРУ, Аруна, Индра, Кашьяпа, Наги, Супарна
КАДЬЯРИ, Кунапипи
КАЗНИ ЕГИПЕТСКИЕ, Аарон, Моисей
КАЗОБА, Вамара
КАИАФА, Петр
КАИЛТЕ, Финн
КАИНАН, Адам
КАИРПРЕ, Финн
КАИТ, Телепинус
КАИ-ТАНГАТ, Тафаки
КАЙАНИДЫ, Кейяниды
КАЙЕМБА, Каумпули
КАЙКЕЯ, Бхарата, Дашаратха, Рама
КАЙКУЗИ, Кинту
КАЙЛАШ, Самвара
КАЙНАН, Талаб
КАЙТАБХА, Хангрива
КАЙЫП, Мюйюздюу эне
КАКА, Как
КАКУС, Как
КАКУСАНДХА, Будда
КАЛА, Вйантара, Кэле
КАЛАВИДЖАЙА, Батара Кала
КАЛАИД, Аргонавты, Бореады, Борей, Клеопатра, Финей, Хиона
КАЛАКУТА, Амрита, Шива
КАЛАПА, Шамбхала
КАЛАРАТРИ, Кали
КАЛАТУР, Инанна
КАЛЕВА, Калевипоэг, Куллерво
КАЛЕВАНПОЙКИ, Калевипоэг, Куллерво
КАЛЕЙС, Кальвис
КАЛИ-АХТ, Дсонокуа

КАЛИКА, Кикн, Эндимион
КАЛИНГА, Вайтарани
КАЛИН-ЦАРЬ, Илья Муромец
КАЛИР, Сэли
КАЛИЮГА, Аватара, Брахма, Парикшит, Тишья, Юга
КАЛИЯ, Каланеми, Кришна
КАЛКИ, Аватара
КАЛЛЕРВА, Куллерво
КАЛМАШАПАДА, Васиштха
КАЛМЕСЭМ, Есь, Калбесэм
КАЛНАВЕРТИС, Горыня, Дубыня и Усыня
КАЛОЯН, Герман
КАЛОУ, Аниту
КАЛПА, Урдхвалока
КАЛЧ-ЭКВА, Калташ-эква
КАЛЬКИ, Калачакра, Шамбхала
КАЛЬПАВРИКШИ, Сварга
КАМАВАЧАРА, Девалока
КАМАДЕВА, Лакшми
КАМАДХАТУ, Девалока, Доушуай-тянь, Рупадхату, Траястринса
КАМАДХЕНУ, Рохини, Сурабхи
КАМАК, Керсаспа
КАМАК, Кэле
КАМАК-НАРА, Пулькэ
КАМАЛА, Лакшми
КАМАРА, Бханавасина
КАМАШТЛИ, Мишкоатль
КАМБАР-АТА, Камбар
КАМБУ СВАЙЯМБХУВА, Каундинья
КАМЕ, Кери и Каме, Каюрукре и Каме
КАМЕЛОТ, Артур
КАМО-НО О-МИКАМИ, Адзисики-така
КАМПИР ОДЖУЗ, Кэмпир, Оджуз
КАМПИРИ МАСТОН, Кампир
КАМУ-АТАЦУ-ХИМЭ, Хоори
КАМУ-ОИТИ, Инари
КАМУ-О-ИТИ-ХИМЭ, О-тоси
КАМУЯМАТО-ИВАРЭБИКО-НО МИКОТО, Дзимму-тэнно
КАМФОН, Брана Кхабун
КАНА, Кэле
КАНАКАМУНИ, Акшобхья, Будда
КАНАЛОА, Тангароа
КАНАН, Нух
КАНАНИТ, Двенадцать апостолов
КАНБАР, Камбар
КАНВА, Риши, Шакунтала
КАНГДИЗ, Кангха
КАНГХА-ВАРА, Кангха
КАНДЗЭОИ-БОСАЦУ, Каннон
КАНДО КАРА КАМУЙ, Пасе камуй
КАНЗИ, Калунга
КАН-ИКИ, Мир-суснэ-хум
КАННИЯМА, Амма
КАНО, Баво
КАНПХРАПХУК, Пхатувчунг
КАНХУЭЙ, Хоу-ту
КАН-ЦИК-НАЛЬ, Бакабы
КАНЧЕНДЖУНГА, Рум
КАНЫКЕЙ, Манас
КАПАЛАМАЛИН, Шива
КАПИЛА, Кашьяпа, Сагара
КАП-И-ТИКУ-АБА, На-реау
КАРАВИАН, Квирия
КАРАКОДЖО, Караконджалы
КАРАКОШ, Каракус
КАРА-КУРА, Албасты
КАРА-КУШ, Каракус
КАРАМБИЯ, Гаруда
КАРАТИС-ДЖВАРИ, Копала
КАРАШАУЕЙ, Дебеч
КАРАЭТОМПО, Ла Галиго
КАРБОНИК, Грааль
КАРДАЗ-АВА, Херт-сурт
КАРЕИМА, Лумимуут
КАРИН, Сошествие во ад
КАРИХИ, Тафаки
КАРКИН, Геракл
КАРКОТАКА, Нала
КАРЛИОН, Артур
КАРМАИЛ, Заххак
КАРМАПА, Авалокитешвара, Бодхисатва
КАРМИЛ, Илия
КАРПО, Горы, Хариты
КАРПОФОРА, Деметра

КАРТА, Суденицы
КАРТАВИРЬЯ, Парашурама, Сурабхи
КАРТАУС, Еруслан Лазаревич
КАРТАФИЛ, Агасфер
КАРТТИКЕЯ, Брихаспати, Ваю, Сваха, Сканда
КАРУНГА, Калунга
КАРЧАР, Коркут
КАРЧЫК, Жалмауыз кемпир
КАСИУС, Балу, Хаззи и Намни
КАСМЕНЫ, Камены
КАСПАР, Волхвы
КАССАПА, Будда
КАСТАЛИДЫ, Музы
КАСТАЛЬСКИЙ КЛЮЧ, Парнас
КАСТАРГО, Нишке
КАСЫ, Кызы
КАТЛ-ИМИ, Хотал-эква
КАТ-ЛУНГ, Лунг
КАТОКАНГОНЬИ, Ньямбе
КАТТ, КАТТЕН, КОТИ, Цагн
КАТТАХЦИФУРИ, Камрусепа
КАТУВАС, Кубаба
КАТУКАНГОНЬИ, Ньямбе
КАТХЭКСИН, Касин
КАТЬЯЯНА, Бодхи, Кашьяпа
КАУКЕТ, Огдоада
КАУКОМОЙНЕН, Лемминкяйнен
КАУМАРИ, Матри
КАУСАЛЬЯ, Дашаратха, Рама
КАУТО, Митра
КАУТОПАТ, Митра
КАУТХИ, Чаотхи
КАФ, Аждарха
КАХА, Нга
КАХЛ, Кахил
КАЧА, Ангирас, Шукра
КАЧИ, Манко Капак
КАШКАФТАР, Кушкафтар
КАШИТ, Шумалия
КАШШИТУ, Кашшу
КВА, Рош
КВАЛ, Сухасулу
КВАММАНГА, Цагн
КВАНМЕНЫЙ НАРА, Пулькэ
КВАНУ, Гуань-ди
КВАНЫ, КХВАНЫ, Хуоны
КВАНЫМ, Гуань-инь, Квансеым
КВАТУ, Кват
КВОНОКВАДА, Комоква
КВОРЫС-ТОРУМ, Корс-Торум
КЕБРЕН, Астеропа
КЕГИЛУ, Сухасулу
КЕГЛ, Кайгусь
КЕДАМЕН, Кидалий
КЕДАР, Измаил
КЕДМА, Измаил
КЕДОРЛАОМЕР, Мельхиседек
КЕЗКАМАН, Манас
КЕЙ, Мапонос
КЕЙТ, Сундьята
КЕКРОПИЯ, Кекроп
КЕКРОПС, Кекроп
КЕЛАЙНО, Гарпии
КЕЛЬМИС, Дактили
КЕН, Кен Хвон
КЕНИДА, Кеней
КЕНХРЕЙ, Пирена
КЕО-НГА, Нга
КЕРЕДЕ, Гаруда
КЕРЕМ, Ашыкайдын
КЕРЕСАНА, Хаома
КЕРЕТ, Карату
КЕРИК, Кадуцей
КЕРИНЕЙСКАЯ ЛАНЬ, Артемида, Геракл
КЕРОЭССА, Бизант
КЕРЮКЕЙ, Кадуцей
КЕСАР, Гесер
КЕТО (греч.), Горгоны, Ладон, Форкис, Эхидна
КЕТО (кхмерск.), Та Педн
КЕТУАН, Ацамаз, Нарты
КЕТУРА, Авраам
КЕФИСС, Касталия, Нарцисс
КЕЦАЛЬ, Кецалькоатль, Кукулькан, Кукумац, Толлан
КЕШАВА, Вишну
КЕШИНИ, Сагара
КЕЯНУШ, Траэтаона
КИ, Ан, Хаос
КИВЕВА, Аттис, Кибела
КИ-ГАЛЬ, Кур
КИДИППА, Аконтий
КАИДИШ, Китеж

КИДОН, Амазонки
КИЕНГ КИЕЛИ-БАЛЫ ТОЙОН, Айысыт
КИКЕОН, Баубо
КИКН, Аполлон
КИКРИШКАК, Ах-Пуч
КИКШИК, Ах-Пуч
КИЛАСТЛИ, Сиуакоатль
КИЛЕН, Кулсан
КИЛИК, Агенор, Феникс
КИМ, Ким Альджи, Ким Суро, Токксэби
КИМПУРУШИ, Вйантара, Киннары
КИНАСУТУНГУРУ, Тоиекунра
КИНДА ШОА, Нарты, Сеска Солса
КИНЕ, Кини
КИНИОКА, Судика-Мбамби
КИНИРАДЫ, Кинир
КИННАРИ, Кенарей
КИНОКЕФАЛ, Христофор
КИНОРТ, Амикл
КИПРИДА, Афродита
КИПСЕЛ, Меропа, Эпит
КИРАБИРА, Кибиба, Мукаса
КИРАНГА-РИАНГОМБЕ, Риангомбе
КИРГИЗ-КАН, Йер-су
КИРИАК, Урсула
КИРИТИН, Арджуна
КИРКОУС, Еруслан Лазаревич
КИРТИМУКХА, Шива
КИС, Саул
КИСИН, Ах-Пуч
КИССЕЙ, Архелай, Гекуба, Феано
КИССОН, Девора, Илия
КИТАРЕ, Вамара
КИТАЮН, Гуштасп, Зарер
КИТИ, Фа
КИТМИР, Асхаб ал-кахф
КИФА, Петр
КИФЕРЕЯ, Афродита
КИФЕРОНСКИЙ ЛЕВ, Алкафой, Геракл, Эргин
КИХАНГА, Гиханга
КИХРЕЙ, Теламон
КИЧАКА, Бхима, Драупади
КИШАР, Аншар и Кишар
КИЯМАТ-САУС, Киямат
КЛЕАТ, Ификл
КЛЕОДОРА, Парнас
КЛЕОПА, Иосиф
КЛЕОПОМП, Парнас
КЛЕТА, Хариты
КЛИАРИН-КЛИАРИ, Кунапипи
КЛИМЕН, Гарпалика, Эргин
КЛИТИЙ, Аргонавты, Гиганты, Феникс
КЛИЯ, Клио
КЛОНИЯ, Гирией, Лик, Никтей
КЛОНТАРФ, Валькирии
КЛОТО, Мойры
КО, Чумон
КОАТЕПЕК, Коатликуэ
КОАТЛАНТОНАН, Коатликуэ
КОБЕ-ТАКА, Фаран
КОБЫЛИЦЫ ДИОМЕДА, Геракл
КОВА, Кава
КОВАИ, Юрупари
КОВЧЕГ ЗАВЕТА, Давид, Иисус Навин, Мессия, Ной, Саваоф, Самуил, Соломон, Херувимы, Шехина
КОВШЕЙ, Илья Муромец
КОГАЦ, Цагн
КОГУДЕЙ, КОГОЛЬДЕЙ, КОГОЛ-МАЙМАН, Хухедей-мерген
КОДДЬ-АККА, Мяндаш
КОДИДОП, Роми-Куму
КОДЮО-НГУО, Нга
КОЖЛА-АВА, Вирь-ава
КОЗЕЛ ОТПУЩЕНИЯ, Азазель
КОК, Огуз-хан
КОКЕДЕ, Хухедей-мерген
КОКИТИДА, Мента, Наяды, Персефона
КОЛЕДА, Бадняк, Коляда
КОЛЛИП-ТЭГАМ, Коллип
КОЛО, Ньиканг
КОЛОВЕРИШ, Коргоруши

КОЛОЙ КАНТ, Нарты
КОЛЬГУН, Коллип
КОЛЬЦО НИБЕЛУНГОВ, Нибелунги
КОМБАБОС, Кубаба
КОМЕТ, Эгиала
КОНАГАМАНА, Будда
КОНАЯК, Каиш-баджак
КОНИ, Байаме, Бунджиль
КОНИ ДИОМЕДА, Геракл
КОНЛАЙХ, Кухулин
КОНОХАНА-САКУЯ-ХИМЭ, Ниниги, Ходэри, Хоори
КОНСИВИЯ, Опс
КОНСТАНТИН, Семь спящих отроков
КООРИ, Кори
КОПРЕЙ, Геракл
КОРАРУ, Фаран
КОРБЕНИК, Граль
КОРДЕШ, Кодеш
КОРЕЙ, Аарон, Карун, Мессия, Моисей, Шеол
КОРЕС, Каллирое
КОРИКИЙСКАЯ ПЕЩЕРА, Дельфиний, Тифон
КОРИЛЫ, Силы
КОРИОЛАН, Фортуна
КОРИФ, Корит, Энона
КОРКУША, Курке
КОРНИКАНЕД, Сиды
КОРОВАЙ, Каравай
КОРОВЫ ГЕРИОНА, Орф, Геракл, Эрикс
КОРОВЫ ГЕСПЕРИД, Геракл
КОРОН, Кеней
КОРОНЕЙ, Коронида
КОРОС, Гибрис
КОРОЧУН, Карачун
КОСАН, Сансин
КО САНГУК, Ильмунгван Парамун
КОСТЯНТИН АТАУЛЬЕВИЧ, Илья Муромец
КОСЯР-ТОРУМ, Нуми-Торум
КОТАН КАРА КАМУЙ, Па-се Камуй
КОТОСИРОНУСИ, О-кунинуси
КОТТ, Квот
КОТТ (греч.), Сторукие
КОТЫШКА, Попел
КОУ-НЯМЫ, Моу-нямы
КОХ-ЛАК, Маунглай
КОЦИТ, Ад, Кокит
КОЩЕЙ, Мартанда
КОЫЛЛА, Самылла
КРАК и ДЖУР, Хур и Джур
КРАКУЧХАНДА, Будда
КРАТЕИДА, Скилла
КРАТУ, Брахма, Валакхильи, Вишведева, Риши
КРАТОС, Биа, Зелос
КРАЧУНЕЦ, Карачун
КРЕДНЕ, Гоибниу
КРЕМАТА, Припаришс
КРЕНУХ, Посейдон
КРЕОНТИАД, Мегара
КРЕС, Талос
КРЕССИДА, Троил
КРЕСФОНТ, Гераклиды, Меропа, Эпит
КРИВЕ-КРИВАЙТИС, Криве, Лиздейка
КРИЙ, Нике, Паллант, Титаны
КРИМХИЛЬДА, Атли, Брюнхильд, Гудрун, Нибелунги, Сигурд, Хегни
КРИНИС, Кримисс
КРИТАЮГА, Брахма, Ману, Юга
КРИТТИК, Сканда
КРИШНА ДВАЙПАЯНА, Вьяса
КРИШНАЯМАРИ, Ямантака
КРОМ, Гесер
КРОММИОНСКАЯ СВИНЬЯ, Тесей
КРОММ КРОВАВЫЙ, Кромм Круах
КРОММ ЧЕРНЫЙ, Кромм Круах
КРОН, Афродита, Баалшамем, Зевс, Илу, Кронос, Молох, Ной, Тефида
КРОНИД, Зевс
КРОНИОН, Зевс
КРОХ, Крак
КРУКИС, Припаршис
КРУМИНЕ, Курке
КСАНФ, Меланф, Скамандр

КСИСУТР, Астхик, Масис
КСИСУТРОС, Зиусудра
КСУТ, Ксуф
КТЕАТ, Молиониды, Эврит
КТЕСИАС, Единорог
КТЕСИПП, Гераклиды, Деянира
КУАУТЕМОК, Тонатиу
КУБЕБЕ-КИБЕЛА, Кубаба
КУБИТАЛЫ, Пигмеи
КУБУСТАН-ААКАЙ, Ульгень, Хормуста
КУВАЛАЯСВА, Дхундху, Солнечная династия
КУВЕРА, Кубера
КУГЫЗА, Кугурак
КУДМАЛА, Нарака
КУДРЕВАНКО, Илья Муромец
КУДЬЯНЕ-КОСАНЕ, Хувеане
КУДЭ, Онджо
КУЙКИ, Куйкынняку
КУЙКЫННЯКУ, Ворон
КУЙЦИК, Иньыжи
КУК, Огдоада
КУЛИТТА, Шавушка
КУЛИШАНКУША, Видьядеви
КУЛ-ЛУНГ, Лунг
КУЛ-ТЭТТЭ-ЛУНГ, Лунг
КУМАВАНСИЯ, Панбэксинь
КУМАЛЛА, Финн
КУМАЙЫК, Манас
КУМАРА, Матри, Парвати, Сканда
КУМАРАБХУТА, Манджушри
КУМАРАДЖИВА, Лохань
КУМБХАКАРНА, Пуластья, Сарасвати
КУММИНЕ, Старуха из Бэра
КУМУДА, Диггаджи
КУМУДВАТИ, Наги
КУМХАЗ, Ах-Пуч
КУН (огуз.), Огуз-хан
КУН (корейск.), Асадаль
КУН (нарт.), Цвицв
КУНДУЗ-ПАРИ, Пари
КУНЕ, Кини
КУНЗИШАЛЛИ, Хебат
КУНИ-НО-ТОКОТАТИ-НО МИКОТО, Амэ-но-токотати
КУНМАНГУР, Радужный змей
КУН-МУС, Мангус
КУНТУЗАНГПО, Самантабхадра
КУНЬ (понятие), Ба гуа
КУНЬ (рыба), Пэн
КУП, Михр
КУПАЛКИ, Русалки
КУПКЫН, Мяцкай
КУРБУСТАНЫ, Эрлик
КУРБУСТУ, Хормуста
КУР-ГАЛЬ, Энлиль
КУРГАР, Инанна
КУРИАЦИИ, Горации
КУРИМ, Керим
КУРИТИС, Юнона
КУРКЫЛЬ, Ворон
КУРМА, Аватара, Макара
КУР-НУ-ГИ, Кур
КУРТМА, Барг
КУРУ, Вишведева, Кауравы, Лунная династия
КУРУКУЛЛА, Праджня
КУРЧЕЛ, Сухасулу
КУРЫК, Кугурак
КУСАР-ВА-ХУСАС, Кусар-и-Хусас
КУСАРОТ, Йарих
КУТКЫННЯКУ, Куйкынняку
КУТРУБ, Гул
КУТСА, Индра
КУТХ, Ворон, Куйкынняку
КУТХЭ, Онджо
КУУНГ, Маной
КУЦЫЙ, Черт
КУЧУМАКИК, Ах-Пуч
КУШ, Нимврод
КУША, Вальмики, Наги, Рама, Сита
КУШАНАБХА, Ваю
КУИШКА, Вишвамитра
КУЭСАЛЬЦИН, Шиутекутли
КХАДГУ, Кали
КХАДОМА, Бардо
КХАРАБХАГ, Аддхалока, Бхаванавасины
КХАРИ, Мвари
КХЙАБДЖУГ ДАЧАДЗИН, Дрегпа
КХЙУНГ, Дрегпа
КХУАНКХАУ, Кванкао

КХУНТХИВКХАМ, Пхатув-чунг
КХУТСОАНЕ, Хувеане
КХЬЯТИ, Лакшми
КЦАИЖАНА-БОГЦОНОНО, Ухлаканьяна
КШАНТИПАРАМИТА, Парамита
КШАТРА, Варна
КЫЗЫН ИЯ, Кызы
КЫЛДЫСИН-МУ, Кылдысин
КЫЛЧИН, Кылдысин
КЫЛЫЧ ТЕШ, Рикирал дак
КЫМБИ, Кимби-тзван
КЫМГАНСИН, Кымган екса
КЫММИДАЛЬ, Асадаль
КЫНЬ-ЛУНГ, Лунг
КЫР-АТА, Кер-оглы
КЫРК БИР ЧИЛЬТАН, Чильтан
КЫРК ЧИЛЬТАР, Чильтан
КЫРКЫН-КЫЗ, Кырк кыз
КЫРЫК ШИЛТЕН, Чильтан
КЫУ, Укко
КЬЮНГ, Пехар
КЭНСАНЬГУ, Цзы-гу
КЭРИСТОС, Ича
КЮН КЕНГЮС, Ан аргыл ойун
КЮРЮЛ ЭРДЕНИ, Джангар
ЛАБАЯ, Дина
ЛАВА, Вальмики, Рама, Сита
ЛАВАН АРАМЕЯНИН, Двенадцать сыновей Иакова, Иаков, Лия, Рахиль, Ревекка
ЛАВАНОДА, Джйотишка
ЛАВР, Михаил
ЛАДА, Лето
ЛАЗА, Тин
ЛАЗАНЬ УБОГИЙ, Лазарь, Лоно Авраамово
ЛАЗАРЬ ЧЕТВЕРОДНЕВНЫЙ, Лазарь, Мария Магдалина
ЛАЗЬНИК, Банник
ЛАИЙ, Крив, Лай
ЛАЙ, Арак Кол
ЛАКА, Пхатувчунг
ЛАКИ ХАЛЛУ, Мантули
ЛАКМЫОНГ, Фимыонг
ЛАКШАНА-ПУРУША, Шалакапуруша
ЛАЛУХА-ГУАША, Сатаней
ЛАМ, Омфала
ЛА МАКАРАКК, Унруссибали
ЛАМАССУ, Лама
ЛАМБА, Тхамала и Вимала
ЛАМЕХ, Адам, Каин
ЛАМПЕТИЯ, Гелиады
ЛАМФАДА, Луг
ЛАМЯ, Хала
ЛАНГИ, Ранги
ЛАНГ КУН КЭН, Зит Зианг
ЛАНГ ТА КАЙ, Зит Зианг
ЛАНИ, Ранги
ЛАНИГ, Ранги
ЛАНЬ ЦАЙ-ХЭ, Восемь бессмертных
ЛАОДОК, Дор, Этол
ЛАОДУБАТИ, Доушуай-тянь
ЛАОФОЯ, Полидор
ЛАПИДОФ, Девора
ЛАР, Ромул
ЛАРВЫ, Лемуры
ЛАРЕНТА-ЛАРУНДА, Лары
ЛАС, ЛАСУ, Нергал
ЛАТ, АЛ-ЛАТ, Аллат
ЛАТА, Рата
ЛАТАЛА, Алахатала
ЛАТАНУ, Анат, Балу
ЛАТОНА, Лето
ЛАТТА, Ана
ЛАТУК, Мин
ЛА ТЭНРИЛИВЭНГ, Лебарисомпа
ЛАТЫРЬ, Алатырь
ЛАУВЕЙ, Локи
ЛАУКУ МАТЕ, Цероклис
ЛАУМЕ, Лаума, Дейве
ЛАХАМУН, Тильмун
ЛАХЕСИС, Мойры
ЛАХМУ и ЛАХАМУ, Абзу, Аншар и Кишар, Лахама
ЛЕАНДР, Геро
ЛЕАРХ, Афамант
ЛЕВИАТАН, Лекеон
ЛЕВИИ, Хувеане
ЛЕВИЙ, Аарон, Двенадцать сыновей Иакова, Дина, Иисус Христос, Иоеким и Анна, Мария, Моисей

ЛЕВК, Идоменей
ЛЕВКИЙ, Сошествие во ад
ЛЕВКИППА, Миниады
ЛЕВКИППИДЫ, Афаретиды, Диоскуры, Левкипп
ЛЕВОНТИЙ, Алеша Попович
ЛЕДИНГ, Фенрир
ЛЕЙБАДЕЙСКАЯ ПЕЩЕРА, Лета, Трофоний
ЛЕЙЯКИ, Бута, Рангда
ЛЕМБО, Хийси
ЛЕНА, Тэзз
ЛЕНАКШДЕК, Комоква
ЛЕОНТЕЙ, Лапифы
ЛЕРНЕЙСКАЯ ГИДРА, Геракл, Деянира, Кербер, Ладон, Тифон, Хирон, Эхидна
ЛЕРНЕЙСКИЙ КЛЮЧ, Амимона
ЛЕСОВИК, Леший
ЛЕТАЛА, Алахатала
ЛЕТОИД, Аполлон
ЛЕТУЧИЙ, Огненный змей
ЛЕТУЧИЙ ГОЛЛАНДЕЦ, Агасфер
ЛЕХЕЙ, Пирена
ЛЕШАК, Леший
ЛЕШАЧИХИ, Леший
ЛЖЕ-ХРИСТОС, Бесы
ЛИ, Лао-цзы
ЛИАНГОМБЕ, Вамара
ЛИАНЬЯ, Лианжа
ЛИБЕРА, Либер, Церера
ЛИБЕР-ДИОНИС, Либер
ЛИБЕР-ЗАГРЕЙ, Загрей
ЛИБИЯ, Ливия
ЛИБУШЕ, Крак, Лыбедь
ЛИГО, Купала
ЛИДУМ АН МАГИДЕТ, Матунгулан
ЛИЗА, Маву-Лиза
ЛИКОРЕЙ, Ликор
ЛИЛА, Гильгамеш
ЛИЛИЙ, Лилай
ЛИЛИТУ, Лилит
ЛИЛУ, Лилит
ЛИМ, Илу
ЛИМАНЧ, Ича
ЛИМБ, Ад
ЛИМНАДЫ, Нимфы
ЛИН, Хунь
ЛИН-БАО ТЯНЬ-ЦЗУНЬ, Сань цин
ЛИН-ВЭЙ-ЯН, У ди
ЛИНСИН, Енсон
ЛИНТАО, Паньтао
ЛИН ТУ, Юз ту
ЛИНЦАО, Чжи
ЛИНЧЖИ, Чжи
ЛИНЬ, Цилинь
ЛИР, Бран, Лер
ЛИРИОПА, Нарцисс
ЛИСИАНАССА, Бусирис
ЛИСИППА, Прет, Сфенебея
ЛИСУН, ЛИСУНКИ, Леший
ЛИ СЮАНЬ, Восемь бессмертных
ЛИ ТЕ-ГУАЙ, Восемь бессмертных
ЛИТЕЯ, Анфеида
ЛИ ТОТА, Ли-тяньван, Ночжа
ЛИТСАБА, Лунгкиджингба и Личаба
ЛИХАС, Геракл, Лих
ЛИХЬЯ, Фара-хазилг
ЛИ ЦЗИН, Ночжа
ЛИ ЦИ, Взнь-шэнь
ЛИЧАБА, Лунгкиджингба и Личаба
ЛИ-ШИ СЯНЬ-ГУАНЬ, Цай-шэнь
ЛИЭЙ, Дионис
ЛЛЕУ, Луг
ЛЛИР, Лер, Мананнан
ЛЛУД, Лер
ЛОВН, Асы
ЛОГИ, Локи, Тор
ЛОДУР, Аск и Эмбля, Локи, Один, Хенир
ЛОКАГУРУ, Брахма
ЛОКАМАТА, Лакшми
ЛОКИС, Волкодлак
ЛОКОМБЕ ЙОНКУНДУ, Мбомбианда
ЛОЛА, Лакшми
ЛОМ, Нум

651

ЛОМАПАДА, Индра
ЛОМИН, Гунь
ЛОМН, Бран
ЛОНАМ, Тригумцэнпо
ЛОНГ, Лунг
ЛОНГ И ЛАЙ, Арак Кол
ЛО-ПИНЬ, Хэ-бо
ЛОСИ, Мауи
ЛОСКОТУХИ, Русалки
ЛОСОН, Лу
ЛОСУН, Лу, Очирвани
ЛО СЮАНЬ, Хо бу
ЛОТИДА, Лотос
ЛОТИС, Лотос
ЛОУХИ, Вяйнямёйнен, Локи, Похьела
ЛОФТ, Локи
ЛОФЭН, Дийой
ЛО-ЦЗУ ДАСЯНЬ, Ло-цзу
ЛОЧАНА, Акшобхья
ЛУБАД, Лукман
ЛУБЕНТИЯ, Либитина
ЛУБОАН, Гесер
ЛУ-ВАН ЛУИН ДЖАЛБО, Лувсарг, Гесер
ЛУГАЛЬАПИАК, Нергал
ЛУГАЛЬГИРРА, Нергал
ЛУГАНЗУ, Ругазу
ЛУД, Вукузе, Инмар
ЛУДУД, Лу
ЛУЗИНЬЯН, Мелюзина
ЛУИПА, Самвара
ЛУК, ЛУКЕИЛАНГ, Лугеиланг
ЛУКАРИС, Ромул
ЛУКУМОН, Ромул
ЛУЛАЛЬ, Инанна
ЛУМБУ, Петара
ЛУМО, Далха, Лхамо, Лу, Пехар, Тригумцэнпо
ЛУН-БО, Пэнлай
ЛУНК, Лунг
ЛУНМА, Лун
ЛУНТ-ОТЫР, Мир-сусна-хум
ЛУН-ЦЗИ, Хо бу
ЛУН'ЪЮЙ, Линъюй
ЛУН ЯНЬ, Лун
ЛУПЕ, Pupe
ЛУПЕРК, Фавн
ЛУС, ЛУСАН, ЛУСАТ, ЛУ-СИН, ЛУСЫН, Лу
ЛУТАБА, Лунгкиджингба и Личаба
ЛУТУ, Сухаслу
ЛУТУТСИ, Кигва
ЛУ-У, Куньлунь
ЛУ-ХАН, Джамбу
ЛУХРАСП, Гуштасп, Исфандияр, Кай Хусроу, Кейяниды
ЛУХТА, Гоибниу
ЛУЦА, Босоркань
ЛУЦИФЕР, Геспер, Люцифер
ЛУЦЭН, Циумарпо
ЛУ-ШЭНЬ, Лу-син
ЛХУНПО, Рум
ЛЫСОЙ, Черт
ЛЬЯНИЦА, Пятница
ЛЭЙМЭНЬ ГОУ-ЮАНЬШУАЙ, Синь Син-гоуюаньшуай
ЛЭЙ ХАЙ-ЦИН, У-ди юаньшуай
ЛЭЙ-ЦЗЭ, Лэй-гун, Фу-си
ЛЭЙ-ШЭНЬ, Синь Син-гоуюаньшуай
ЛЭ ЦЗИНЬ-СИНЬ, Сань цин
ЛЮ, Восемь бессмертных
ЛЮЙ ВАН, Цзян-тайгун
ЛЮЙ ДУН-БИНЬ, Восемь бессмертных, Лю Хай
ЛЮЙ ШАН, Цзян-тайгун
ЛЮТЫСЬ, Хоседэм
ЛЮ ХАР, ЛЮ ХАЙ-ЧЖАНЬ, Лю Хай
ЛЮ ХУАНЬ, Хо бу
ЛЮЭ-ФУ, Тайшань
МА (кит.), Ма-юаньшуай
МА, Беллона
МААНАЛАЙСЫ, Маахисы
МААНЗЭКИ, Маахисы
МА-АС-АМКУИНК, Ах-Пуч
МАБО, МАБУ, Маван, Маджо
МАБОН СЫН МОДРОН, Мапонос
МАБУСИН, Касин
МАВОРС, Марс
МАГАДХА, Джамбудвипа
МАГАДХИ АДЖАТАШАТРУ, Девадатта

МАГАН КЫРДАЙ, Улу тойон
МАГАН КОН ФАТТА, Сундьята
МАГАТАМА, Аматэрасу, Амэно Кагуяма, Ниниги, Сусаноо
МАГИ, Волхвы
МАГВИ ХАЛЬМОНИ, Магохальми
МАГНЕТ, Полидект
МАГНИ, Асы, Рагнарёк, Тор
МАГОГ, Гог и Магог
МАГОМЕТ, МАГОМЕД, Мухаммад
МАГУН, Синкэн
МАГХА, Траястринса
МАДА, Индра
МАДДЕР-АТЧЕ, Маддер-ака
МАДЖУДЖ, Йаджудж и Маджудж
МАДРАВЫ, Вишведева
МАДРИ, Кунти, Пандавы, Панду
МАДХУ, Вишну, Дурга, Матхура, Хаягрива
МАДХУСУДАНА, Вишну
МАДХЬЯНТИКА, Ананда
МАДЫМАЙРАМ, Никкола
МАЖАН, Вишапы
МАИН, Майин
МАИТУМБЕ, Найтеркоб
МАЙ, Умай
МАЙДАР, МАЙДАРИ, Майтрея
МАЙЕСТА, МАЕСТАС, Вулкан, Майя
МАЙЛ ДУН, Бран
МАЙНАКА, Химават
МАЙ-ЭНЭЗИ, МАЙ-ЭНЭСИ, Умай
МАЙЯ (рим.), Вулкан, Майя (греч.), Меркурий
МАЙЯ-ВАТИ, Майя (вед.), Рати
МАЙЯДЕВА, Шакьямуни
МАЙЯУШИНГРАПУМ, Апаккьыт Лок, Вайшну
МАКА, Вакан
МАКАРЕЙ, Канака, Макар
МАК ГРЕЙНЕ, Миль
МАКЕДА, Билкис
МАККАЙ, Буркут-баба
МАК КЕХТА, МАК КУЙЛА, Миль
МАК ОК, Мапонос
МАКРИНА, МАКРИС, Макрида
МАКСИРЭ МАМА, Мама
МАКУЛ, Буркут-баба
МАЛАК АЛЬ МАВТ, Ангелы
МАЛАНЬИЦА, Змиулан, Огонь
МАЛАЯДХВАДЖА, Минакши
МАЛЕЛЕИЛ, Адам
МАЛИДА, Акел
МАЛИК, Малаика
МАЛИЛЬСИ, Хадад
МАЛИЯН-ТЕНГРИ, Тенгри
МАЛ ИЯСЕ, Абзар иясе
МАЛКА, Малик
МАЛКИЦЕДЕК, Мельхиседек
МАЛЬМИ, Пари-конджу
МАЛЬПАДИЯ, Парфенос
МАМА, Мама сонним
МАМА КОРА, Манко Капак
МАМА ОКЛЬО, Манко Капак
МАМА ПАЧА, Пачамама
МАМА РАУА, Манко Капак
МАМА УАКО, Манко Капак
МАМИ, Мамету, Нергал, Эрра
МАМИ, МАМА, Атрахасис, Мамету, Эрра
МА-МИН ШЭНМУ, Цань-шэнь
МАММЕ, Мамету, Нергал
МАМО, Дрегпа
МАМРЕ, Авраам, Иаков, Лот, Сарра
МАМУН, Богинки
МАМУРИЙ, Марс
МАНА Мауи
МАНА Манала
МАНАВИ, Видьядеви
МАНАВИДАН СЫН ЛИРА, Мананнан
МАНАВЫ, Варна
МАНАГА, Манахан
МАНАСАРОВАР, Пехар
МАНАСИ, Видьядеви
МАНАССИЯ, Гедеон, Двенадцать сыновей Иакова, Девора, Ефрем, Иосиф

МАНАХУНЕ, Менехуне
МАНВАНТАРА, Кальпа, Ману, Юга
МАНЗАН ХАРА, Маяс Хара
МАНГА, Мангус
МАНГАДХАЙ, Мангус
МАНГ ЛУНГ, Брахтинг, Йа Тайбрай
МАНГУДЗЕ, Мангус
МАНГЭ, Мангус
МАНДЖЕТ, Ра
МАНДЖУГХОША, Манджушри
МАНДЖУНАТХА, Манджушри
МАНДОДАРИ, Индраджит, Равана
МАНДОДАРИ, Майя
МАН ДООНГ, Денгдит
МАНДХАТРИ, Солнечная династия
МАНИБХАДРА, Вйантара, Кубера
МАНИМАТ, Бхима
МАНИ ПОДЖУ, Енван, Ений поджу
МАНКО, Манко Капак
МАННАН, Мананнан
МАННЯН, Токкэби
МАНОЙ, Самсон
МАНУ ВАЙВАСВАТА, Аватара, Икшваку, Ману, Притхи, Юга
МАНУ РЕВАНТА, Ману
МАНУ САВАРНИ, Ману
МАНУ СВАЯМБХУВА, Ману, Притхи
МАНУТУ, Манат
МАНУ ХАЙРАНЬЯГАРБХА, Маричи
МАНУ ЧАКШУША, Ману
МАНУЧЕХР, Траэтаона, Тура
МАНУШОТТАРА, Джйотишка
МАНЬМА, Зием Вуонг
МАНЬЯМАНИ, Тэмпон Тэлон
МАНЬЧЖУШИЛИ, Вэньшу
МАНЬЯМАИ, Тэмпон Тэлон
МАО, Сань Мао, Тайшань
МАО ГУ, Сань Мао
МАО ИН, Сань Мао, Тайшань
МАО ЧЖУН, Сань Мао
МАПАМА, Джамбу
МАР, Марис
МАРАВА, Кват
МАРАКЕ, Вит-кан
МАРАНА, Марена
МАРАТТАШ, Гидар
МАРАФОНСКИЙ БЫК, Андрогей, Тесей
МАРДАС, Заххак
МАРДЭЖ-АВА, Варма-ава
МАРДОХЕЙ, Эсфирь
МАРЕНДЖИ, Содон
МАРЖАНА, МАРЖЕНА, Марена
МАРИАМ ПРОРОЧИЦА, Мария, Моисей
МАРИДЬЯТА, Сундьята
МАРИНКА, Ведьмы, Дунай, Марена
МАРИЯ (сестра Марфы), Иуда Искариот, Лазарь, Мария Магдалина
МАРИЯММАН, Амма
МАРК, Изольда
МАРКАНДЕЯ, Ангирас, Вишну, Пуруша
МАРКОЛЬФ, Асмодей
МАРКОПОЛИ, Пушкайтс
МАРКУМ, Пари
МАРОЛЬТ, Асмодей
МАРС ЛАТОБИЙ, Марс
МАРС ТИНГС, Марс
МАРСПИТЕР, Марс
МАРТА, Тараска
МАРТИНИАН, Семь спящих отроков
МАРТУ, МАРТУУ, МАРТУВ, Марту
МАРТУК, Албасты
МАРУТ, Харут и Марут
МАРУТА САР, Арагац
МАРУТАШ, Гидар
МАРУТТА, Агни, Ангирас, Брихаспати, Варуна
МАРУХА, Домовой, Мара
МАРФА, Лазарь, Мария Магдалина
МАРФА ВСЕСЛАВЬЕВНА, Волх, Добрыня Никитич
МАРША, Мара
МАРЬЯ, Купала, Мара

МАРЬЯ МОРЕВНА, Иван Царевич
МАСАНИ, Найтеркоб
МАСАТ-ХУРАЙ, Карату
МАСИС, Каджи
МАСЛИЧНАЯ ГОРА, Антихрист, Иисус Христос, Хождение Богородицы по мукам
МАССА, Измаил
МАСТАМХО, Матовелия
МАСТЕМА, Сатана
МАСТОН-КАМПИР, Мыстан кемпир
МАСТОР-АВА, Мода-ава
МАТАНГА, Махавира
МАТА-НДУА, Мауи
МАТА-ОРА, Хику
МАТАР-МЭЛХИЙ, Алтан Мэлхий
МАТЕРГАБИЯ, Габия
МАТИМАН, Рудры
МАТНАУВЕНЪУК, Тоиекунра
МАТОУНЯН, Цань-шэнь, Юйди
МАТРА И МАТРАЙАНА, Мартйа и Мартйанаг
МАТРОНА, Мапонос, Моргана
МАТСЬЯ, Аватара
МАТУАРАНГИ, На-реву
МАТФЕЙ, Двенадцать апостолов
МАТФИЙ, Двенадцать апостолов, Иуда Искариот
МАТЬ СЫРА ЗЕМЛЯ, Святогор
МАХ, Митра, Нинмах, Язаты
МАХАБРАХМА, Брахмалока
МАХАБХИМА, Вйантара
МАХАВАЙРОЧАНА, Ади-будда
МАХАГУРУ, Шива-Будда
МАХАГХОША, Бхаванаваси-ны
МАХАДЕВА, Рудры, Шива
МАХАЙОГИН, Шива
МАХАКАЯ, Вйантара
МАХАКАЛА, Видьядеви, Докшиты
МАХАКАШЬЯПА, Кашьяпа
МАХАЛАФА, Исав
МАХАМАЙЯ, Лока, Майя
МАХАМАНАСИ, Видьядеви
МАХАМЕРУ, Гунунг Агунг
МАХАН, Рудры
МАХАПРАЛАЯ, Брахмалока, Кальпа
МАХАПУРУША, Шалака-пуруша
МАХАРАДЖА САНГЕН, Махараджа Буно, Санген
МАХАРАДЖА САНГИАНГ, Махараджа Буно, Сангианг
МАХАРАДЖА, Мандала, Сачхонван, Хормуста
МАХАРАДЖИКИ, Гана
МАХАРЛОКА, Брахмалока, Лока
МАХА САМАДИ, Чингисхан
МАХАСАТТВЫ, Бодхисатва
МАХАСТХАМАПРАПТА, Бодхисатва, Ситанх
МАХАТАЛА-ДЖАТИ, Раджи
МАХАТАМАХПРАБХА, Адхалока, Нигода
МАХАТМАН, Рудры
МАХАШАМА, Чесоксин
МАХАШТХАМАПРАПТА, Сэйси
МАХАЮГА, Брахма, Кальпа, Ману
МАХЕНДРА, Парашурама
МАХЕО, Великий дух
МАХЕША, Шива
МАХЕШВАРА, Шива
МАХЕШВАРИ, Деви, Матри
МАХИШИ, Варуна, Дурга
МАХЛАБИНДОАИСЭМИ, Ухлаканьяна
МАХОРАГА, Вйантара
МАХПЕЛА, Авраам, Иаков, Иосиф, Исаак, Сарра
МАХУКУТАХ, Балам-Акаб
МАЦЗУ, Маван, Маджо
МАЧИЛЬ ЛОЗЫ, Лозы
МАШИЯ И МАШИАНА, Каюмарс, Мартйа и Мартйанаг
МА-ЩЭ, Ма-ван
МБА, Туле
МБАЛИ, Мбори
МБОЛИ, Мбори

МБОМБЕ, Лианжа, Мбомбианда
МБОН, Вайшун
МБОНГУ, Лианжа, Мбомбианда
МБУЛУ, Пулоту
МБУРОТУ, Пулоту
МВАЛИ, Мвари
МВЕНЕ-НЬЯГА, Нгаи
МВИНАМБУЗИ, Леза
МВУНГУ, Мулунгу
МГЕР МЛАДШИЙ, Габриел Хрештак, Куркик Джалали, Михр
МГЕР СТАРШИЙ, Куркик Джалали, Михр, Санасар и Багдасар
МЕГАПЕНТ, Прет
МЕГАПЕНФ, Менелай
МЕГАРЕЙ, Алкафой
МЕГЕРА, Эринии
МЕГИДДО, Армагеддон
МЕГХАНАДА, Индра, Индраджит, Майя
МЕД, Алфесибея, Медея, Тесей, Эгей, Ээт
МЕДА, Одоменей
МЕДЕСИКАСТА, Навпрестиды
МЕДИЯ, Ликимний
МЕДОН, Медонт
МЕДУЗА, Андромеда, Афина, Гермес, Горгоны, Пегас, Персей, Полидект, Посейдон, Финей, Хрисаор
МСЕ ТХОРАНИИ, Тхорании
МЕЗА БУМДЖИД, Гесер
МЕЗИНГ, Мсинкоаликан
МЕКИР, Аджина, Оджуз
МЕКИСТЕЙ, Эвриал
МЕККУРКАЛЬВИ, Тор, Хрунгнир
МЕКОН, Микон
МЕЛАЙНА, Деметра
МЕЛАМПОД, Меламп
МЕЛАН, Эвриал
МЕЛАНИОН, Аталанта
МЕЛАНИППА, Тесей
МЕЛАНТ, Меланф
МЕЛАНТИЙ, Меланфий
МЕЛЕР-ЕРДЫ, Ерд
МЕЛЕТА, Алоады, Музы
МЕЛИЗАНДА, Мелюзина
МЕЛИССЕЙ, Мелисса
МЕЛИТТА, Мелисса
МЕЛИЯ, Кентавры, Посейдон, Фороней
МЕЛТ, Мапонос
МЕЛХОЛА, Давид
МЕЛЬХИОР, Волхвы
МЕМНОНИДЫ, Мемнон
МЕМФИДА, Нил, Эпаф
МЕНА, Менака, Парвати, Химават
МЕНАЛ, Аталанта
МЕНАШОККАЙВЕНГУК, Тоиекунра
МЕНЕСФЕЙ, Ликомед, Тесей
МЕНЕСФИЙ, Сперхий
МЕНОДИКА, Гилас
МЕНОЙТ, Менет
МЕНОЙТИЙ, Менетий
МЕНЬЯ, Фрейр
МЕРАК, Албасты
МЕРЛУ, Баба Докия
МЕРМЕР, Медея, Ясон
МЕРОПИДА, Агрон
МЕСЕКТЕТ, Ра
МЕСКИЛЬЕ, Тильмун
МЕСЛАМТЕА, Нергал
МЕССИЯ, Семоны
МЕТАНИРА, Деметра, Демофонт, Келей, Ямба
МЕТАПОНТ, Беот
МЕТАРМА, Бресия, Лаогора и Орседика
МЕТИОН, Дедал, Эгей
МЕТИС, Метида
МЕТСОЛА, Тапио
меттики, Тапио
МЕТЦОЛА, Вяйнямейнен
МЕФИТИС, Феб
МЕХРАБ, Рустам
МЕХУРЕТ, Хатор
МЕХЯНСАН, Самсинсан
МЕЦУЛЛА, Вурунсему
МЕЧИН, Шидургу-хаган
МЕЧИТ, Мичит
МЕША-АДАМ, Агач киши
МЕ Я НГАМ, Пху Нго и Не Нгам

МЗЕКАЛИ, Гмерти
МИВСАМ, Измаил
МИГАЗЕШ, Уазырмес
МИДГАРД, Ермунганд
МИДГАРДОРМ, Ермунганд
МИЗЛИККИ, Тапио
МИИСИС, Махев
МИ-КАГАМИ, Аматэрасу, Амэ-но Кагуяма
МИКАИЛ, Джибрил
МИККАЛЬ, Рашап
МИКОЛА, Никола, Садко
МИКОНОС, Аний
МИЛИЯН-ТЕНГРИ, Тенгри
МИМАНТ, Гиганты
МИММИНГ, Бальдр
МИНГЙАН, Джангар
МИНИЙ, Миниады, Титий
МИН МАХАГИРИ, Махагири
МИНМУ-ХОУ, Ло-шэнь
МИНФА, Мента
МИ НЬОНГ, Тхюй Тинь, Шон Тинь
МИНЬЦЗЯ, Яо
МИН-Ю, Суй-жэнь
МИН-ЯХ, Мин
МИРДДИН, Артур, Мерлин
МИРМИДОН, Актор, Мирмидоняне, Эфалид
МИРМИКА, Мирмекс
МИРОКУ, Майтрея, Милэ
МИРОНОСИЦЫ, Воскресение, Иисус Христос, Иоанн Богослов
МИРРА, Адонис, Афродита, Кинир, Смирна
МИР-ХАЙДАР, Пиры
МИРЧАЛ АДИМИНА, Чассажи
МИРШЭТИВИ-ХО, Мир-суснэ-хум
МИСАИЛ, Даниил, Три отрока
МИСАХ, Три отрока
МИСКАЛ-ПАРИ, Кер-оглы, Пари
МИСМА, Аскалаб
МИСТ, Валькирии
МИС-ХУМ, Мис
МИТА, Пулугу
МИТЕ, Жалмауыз Кемпир
МИТРА БАГА, Митра
МИТРА-ВАРУНА, Ила
МИТРА-ФАНЕС, Митра
МИФРА, Митра
МИХАИЛ ВОДОВИЧ, Горыня, Дубыня и Усыня
МИХАЙЛО ПОТЫК, Дунай
МИХАЛЬ, Давид
МИХА-СЕДКА, Фара-хазилг
МИХЕЙ, Архонты
МИХРЙАЗД, Митра
МИХРЙАЗДА, Мани
МИЧАО, Манабозо
МИШМА, Измаил
МЛАНГ, Берлинг
МЛАНДЕ-АВА, Мода-ава
МЛИМО, Моримо
МЛИНГ, Берлинг
МЛУНГУ, Мулунгу
МНАРИ, Мвари
МНАСИН, Анакты, Феба
МНЕМА, Алоады, Музы
МНЕСИЛЕЙ, Феба
МОАВ, Валаам, Лот
МОАЛИ, Мвари
МОГАЛЛАНА, Маудгальяяна
МОГУС, Мангус
МОДГУД, Хель
МОДИ, Асы, Рагнарек, Тор
МОДИМО, Моримо
МОДРОН, Моргана
МОЙОКОЙОЦИН, Тескатлипока
МОЙРАГЕТ, Апис
МОЙТУР, Гойбниу, Фоморы
МОКРАЯ МОРОСЬ, Хель
МОКРИДА, Пятница
МОКУША, Кикимора
МОЛДЗА-ЕРДЫ, Ерд
МОЛИМО, Моримо
МОЛИОНА, Молиониды, Эврит
МОЛОДИЛЬНЫЕ ЯБЛОКИ, Етуны, Идунн, Локи, Лыбедь, Мед поэзии
МОЛОН-ТОЙНА, Мулянь
МОЛОНЬЯ, Огонь
МОЛЬТЕК, Та Педн

МОМО-ГУЛДУРАК, Буркут-баба
МОМОЙ, Мамов
МОМО КУЛЬДУРОК, Буркут-баба
МОМУ, Мамов
МОНДЗЮ, МОНДЗЮСИРИ, Вэньшу
МОНМЕК, Сансин
МОНТУ-РА-ГАРАХУТИ, Монту
МОНХЕ-ТЕНГРИ, Тенгри
МООМБИ, Нгаи
МОРА, Кикимора, Мара
МОРДО-КАН, Йер-су
МОРДРЕД, Артур
МОРЕНА, Илья Муромец, Марена, Масленица
МОРИА, Авраам, Дамасин, Исаак
МОРОЗ-АТЯ, Нишке
МОРОЗКО, Мороз
МОРОЛЬФ, Асмодей
МОРТА, Парки
МОРТИМ-МА, Мир-суснэ-хум
МОРТИМ-ЭКВА, Мир-суснэ-хум
МОСИРИ КАРА КАМУЙ, Па-се камуй
МОСИХЛ, Гефест
МОСОХ, Рош
МОТ, Муту
МОТИКИТИК, Мауи
МОУ-НЯМЫ, Дяйку
МОХАММЕД, Мухаммад
МОХА ХУСОР, Кусар-и-Хусас
МОХИНИ-ВИШНУ, Мохини
МОЦ, Барз
МОШ, Мось
МОШЕ, Моисей
МОЭА, Мауи
МРИГАШИРША, Дакша, Праджапати, Рудра
МРИНГВАРИ, Лионго Фумо
МРИТЬЮ, Кала, Яма
МРУНГУ, Мулунгу
М'СИНГ, Мсинкоаликан
МУ-ВАН, Дун-ван-гун
МУГАША, Вамара
МУГДЭ, Мугды
МУ-ГУН, Дун-ван-гун
МУДИКО, Тему
МУЖИЧОК С НОГОТОК, Барздуки, Пушкайтс
МУЗ, Мангус
МУ-КЫЛЧИН, Инмар
МУЛАНГА, Кинту
МУЛОНГ, Леза
МУЛ СУРАТАКАН ТУРА, Султи-тура
МУМИС, Мумму
МУНГАН, Альчера
МУНГУ, Мулунгу
МУНГХАГ, Бодончар
МУНДЖУ, Вэньшу
МУНДИЛЬФАРИ, Мани, Соль
МУНДИХ, Мандах
МУНДА, Дурга
МУНЗИР, Зу-л-Карнайн
МУНИ, Мауи
МУНИН, Ворон, Один
МУНИТ, Акамант, Лаодика
МУНСОК, Согин
МУРА (демон), Вишну
МУРА, Мармарину
МУРА, Альчера
МУРАНИ, Подя
МУРАРИ, Вишну
МУГИМО, Моримо
МУРИНЫ, Мытарства
МУРЛУ, Мерлин
МУРТИ, Мауи
МУРУГЦЭНПО, Пехар
МУРУНГУ, Мулунгу
МУС, Аврага Могой
МУСАГЕТ, Аполлон, Музы
МУСАН, Мусуби
МУСАНСИН, Пари-конджу
МУСОК, Согин
МУСПЕЛЛЬСХЕЙМ, Имир, Муспелль, Соль, Хаос
МУСТАН-БАШЛЫК, Мыстан кемпир
МУС-ЭМЕГЕН, Мангус
МУТА, Мутум
МУТАБАЗИ, Кигва
МУТИБКАБАТ, Астар, Мутибнатйан
МУТИНГА, Кунапипи
МУТУН ТИТИН, Приап

МУ ТЭМУНИ, Тэму
МУУНГУ, Мулунгу
МУХАВУРА, Риангомбе
МУХАММЕД, Мухаммад
МУХУН, Мусун
МУЧИЛИНДЕ-НАГ, Наги
МУША, Мама-пэдури
МУШАНГ, Вайшун
МУШ ПАИРИКА, Пари
МУШКАР ПАРИ, Пари
МУШРУШ, Мушхуш
МУШУН, Мусун, Мусуби
МХЕРИ ДУР, Михр
МШО СУЛТАН, Карапет
МЫГ-ИМИ, Мых-ими
МЫЛАХСЫН, Исэгэй айысыт
МЫОНГТХАНА, Пу Лансенг
МЫХ-ЛУНГ, Мых-ими
МЬЕЛЛЬНИР, Рагнарек, Тор, Цверги
МЬЯЗЭНОАПТЕ, Мурджилэ, Мьезилэ, Зорилэ
МЭЙ-СЯНЬВЭН, Гэ-сяньвэн
МЭЛХЭН-ДАЛА, Алтан мелхий
МЭРЭГХО САЭНО, Симург
МЮЙУЗДЮУ БАЙБИЧЕ, Мюйюздюу эне
МЮССИНГ, Фрейр
МЯНЬ-ЧЭН, Ван Хай
МЯОШАНЬ, Гуаньинь
НАБУЗАНА, Каумпули
НАВАГВЫ, Питары
НАВАИОФ, Измаил
НАВЕТ, Навпрестиды
НАВЗАР, Афрасиаб, Пишдадиды, Туса
НАВЗИКАЯ, Навсикая
НАВИ, Навь
НАВКИ, Мавки, Навь
НАВЛЯЦИ, Навь
НАВПЛИЙ, Телеф
НАВПЛИЙ (мореплав.), Аэропа
НАВСИНОЙ, Калипсо
НАВУХОДОНОСОР, Антихрист, Бухт Нассар, Валтасар
НАВШУМ, Талаб
НАВЫ, Навь
НАГАДВИПА, Наги
НАГАКУМАРА, Бхаванаваси-ны
НАГАЛОКА, Патала
НАГА ПАДОХА, Мула Джади, Пане на Болон, Сидеак Паруджар
НАГАРАДЖА, Лу, Лун-ван
НАГУЧИЦА, Нашгушидза
НАДАВ, Аарон
НАДИ-ДЕВАТАС, Макара
НАЕТЕ, Агбе, Маву-Лиза, Фа
НАЗОНГТХАНА, Конченджанга
НАИЛОДЖ-бобо, Пиры
НАЙЕМБЕ, Мукаса
НАЙЕНЕСГАНИ, Ахайюта
НАЙНАС, Пейве
НАЙРАТМЯ, Акшобхья, Дакини, Хеваджра
НАЙРРИТЫ, Ниррити
НАКАЦУУ-НО О, Сумиеси
НАКИБИНГЕ, Кибука
НАКУ, Каумпули, Мукаса
НАКУЛА, Ашвины, Карна, Кунти, Пандавы
НАЛВАНГА, Мукаса, Селванга
НАЛЕТНИК, Огненный змей
НАЛЫ ДЗУАР, Фыры дзуар
НАЛЬ, Локи
НАМБИ, Гулу, Кинту
НАМБУБИ, Мукаса
НАМГЫКСОНСИН, Ноинсонсин
НАМКОЛЛИП, Коллип
РАМНИ, Хаззи и Намни
НАМРАЭЛЬ, Мани
НАМТОЙСА, Дагшед
НАМ ХВАСТ, Арджасп
НАМХЭСИН, Мульквисин
НАНА, Ана
НАНА, Батонеби
НА-НА-БУШ, Манабозо
НАНАУАТЛЬ, Тонатиу
НАНГ БЫОН, Пу нен и Нанг бьон
НАНГ ВАР, Окнха Мау

НАНГ МЕККХАЛА, Тхен Факхын
НАНГОМБЕ, Калунга
НАНГ ПАУ, Нанг Пао
НАНГ ТХОРАНИ, Тхен Факхын
НАНДА, Дурга
НАНДА, Баларама, Кришна
НАНДАНА, Сварга
НАНДОПАНАНДА, Маудгальяяна
НАНСАРУК, Эдзены
НАНТОСВЕЛЬТА, Бригита, Суцелл
НАНЬДОУ, Бэйдоу
НАНЬФАН ХО-ДИЦЗЮНЬ, Цзао-ван
НАОТАР, Афрасиаб
НАПИ, Великий дух
НАРАДАТТА, Видьядеви
НАРАМСИТ, Нанна
НАРАН, Нар
НАРАСИНХА, Аватара, Хираньякашину
НАРАШАНСА, Агни, Найрьосангха
НАРИКАБУРА, О-тоси
НАРИ и НАРВИ, Локи
НАРИМАН, Рустам, Сама
НАРКИС, Нарцисс
НАРОПА, Калачакра, Махасиддхи, Самвара
НАРТАМОНГА, Уацамонга
НАРУДА, "Семерка"
НАРЫ, Онары
НАСНАСЫ, Вабар
НАСТАСЬЯ, Дунай
НАСТАСЬЯ ЗБРОДОВИЧНА, Алеша Попович
НАСТАСЬЯ НИКУЛИШНА, Алеша Попович
НАСТУР, Бастварай
НАТАПУТТА, Махавира
НАТАРАДЖА, Шива
НАТыГАЙ, Этуген
НАТИКА, Петр
НАТРИМПЕ, Патолс
НАТХА, Паршва
НАТЫ, Бьятта, Махагири, Паупау Нанчаунг и Чангко
НАУИ ОЛИН, Тонатиу
НАУНЕТ, Нун, Огдоада
НАФАН, Архонты
НАФАНАИЛ, Варфоломей
НАФИШ, Измаил
НАХИД, Ардвисура Анахита
НАХХУНТЕ, Иншушинак
НА-ЦЯНЬ ТЯНЬ-ЦЗЮНЬ, Цай-шэнь
НА-ЧЖА, Ночжа
НАЧИГАЙ-ЭКЕ, Этуген
НВЕНЕ, Туле
НГАЗАЛОН, Макон
НГАМЭНДРИ, Нгамэнди
НГАМТЭРУ, Лозы, Нгылека
НГАТУМДУГ, Гатумдуг
НГАУНВА МАГАМ, Вайшун
НГЕШТИНАНА, Гештинанна
НГУО, НГО, Нга
НГУО-НЯМ, Нга
НГУРЕР, Урэр
НГЫТАРМ, Тадебцо
НДЬЯМБИ, Ньямбе
НЕБЕТХЕТ, Нефтида
НЕБРОФОН, Гипсипила, Ясон
НЕДЕЛЯ, Пятница
НЕДУМАЛЬ, Маль
НЕДОЛЯ, Лайма
НЕЕМАН, Елисей
НЕЖИТЬ, Жива
НЕКОКАОТЛЬ, Тескатлипока
НЕКТАР, Адонис, Амброзия, Ганимед, Гефест, Тантал, Титон
НЕМАЙН, Морриган
НЕМВРОД, Нимврод
НИМЕД, Фир Болг
НЕМЕЗИДА, Немесида
НЕМЕЙСКИЙ ЛЕВ, Геракл, Кербер, Пигмеи
НЕМЕРТЕЯ, Нереиды
НЕМЫТИК, Черт
НЕНДЕ, Кибука, Мукаса
НЕПИТ, Непери
НЕРИЕНЕ, НЕРИО, Марс
НЕСАУАЛПИЛЛИ, Тескатлипока

НЕСО, Сибиллы
НЕСРЕЧА, Доля, Суд
НЕФ, Праксифея
НЕФФАЛИМ, Гедеон, Дан, Двенадцать сыновей Иакова, Девора
НЕХУШТАН, Медный змей
НЕЧИСТЬ, Нечистая сила
НЗАМБИ, Ньямбе
НИ, Цагн
НИАУ И НИАУТ, Огдоада
НИБЕЛУНГ, Нибелунги
НИГОЙЯ, Нигода
НИДХЕГГ, Иггдрасиль
НИКА, Зелос
НИКАНОР-БОГАТЫРЬ, Иван Царевич
НИКИТА РОМАНОВИЧ, Добрыня Никитич
НИККАЛЬ, Йарих, Нингаль
НИКОЛА ДУПЛЯНСКИЙ, Никола
НИКОСТРАТА, Эвандр
НИКТИЛЕНА, Эпопей
НИЛАКАНТХА, Шива
НИЛИ, Амма
НИНВИТ, Кэле
НИМИ, Икшваку, Солнечная династия
НИММАНАРАТИ, Нирманарати
НИМФАГЕТ, Посейдон
НИН, Ара Гехецик, Пирам, Семирамида
НИНАНЕА, Инанна
НИНИЙ, Шамирам
НИНИ ПАНТУН, Деви сри
НИН-КАЛЬ, Нингаль
НИНМЕШАРРА, Энмешарра
НИННАТТА, Шавушка
НИНСИАНА, Инанна
НИНСУН, Гильгамеш, Лугальбанда
НИН-ТИ, Адам, Нинхурсаг
НИНУ, Иштар
НИОБИДЫ, Огигия
НИПЕАУ, Промы
НИР, Мельхиседек
НИРАГОНГО, Риангомбе
НИРАНПИРАНГВЕ, Гиханга
НИРАРУЧЬЯ́БА, Гиханга
НИРЕЙ, Канака
НИРМАНАКАЯ, Трикая, Шакьямуни
НИСВАР, Наср
НИСУМБХА, Сунда
НИТА, Дева
НИТАЛА, Лока
НИТАТУНАРАБЕ, Тэиекунра
НИТУ, Аниту
НИТЬ АРИАДНЫ, Ариадна, Минотавр
НИФЛУНГ, Нибелунги
НИФЛУНГИ, Локи, Нибелунги
НИФО-НУИ, Нифо-лоа
НИХАИБА, Балам-Акаб
НИШАДУ, Вена
НИШАДХИ, Нала
НИШИЧАРЫ, Ракшасы
НИШКЕ-АВА, Нишке
НИШУМБХА, Дурга, Сунда
НКАРА, Гиханга
НКЬЯ, Руханга
НОАТУН, Ньерд
"НОВАЯ ЕВА", Благовещение
НОВЕНСИДЫ, Индигеты
НОВЕНСИЛЫ, Индигеты
"НОВЫЙ АДАМ", Адам, Антропос, Грехопадение
НОГАМИ, Та-но ками
НОГУЙ, Ног
НОД, Каин
НОДЖЕД, Дунги гонгма
НОДЕНС, Нуаду
НОДОНС, Лер, Нуаду
НОЕВ КОВЧЕГ, Ной, Рефаим
НОЕМА, Ной, Патриархи
НОЕМИНЬ, Руфь
НОЙОН БАБАЙ, Буха-нойон бабай
НОЙОНЫ, Эдзены
НОКОМИС, Манабозо
НОМ, Нум
НОМИЙ, Аполлон
НОМУН-ХАН, Эрлик
НОП, Нум
НОПТИЛЭ, Мурджилэ, Мьезилэ, Зорилэ

НОРДРИ, Цверги
НОРКА, Ворон
НОРОВ-ПАЗ, Нишке
НОРУЛУЙА, Айысыт
НОУРУЗ, Оджуз
НО ЭЙЯ, Абзу
НСОНГО, Лианжа
НСОНГОМБЕМБЕ, Мбомбианда
НТИМ ГЬЯКАРИ, Комфо Аноче
НУДД, Нуаду
НУЛИАЮК, Седна
НУМИТОР, Амулий, Рея Сильвия, Ромул
НУМ-КУРЫС, Корс-Торум, Нуми-Торум
НУМНЕГИР, Кини
НУМ НУНИЙ, Ича
НУМ-СИВЕС, Нуми Торум
КУМУЩДА, Марту, Нанна
НУНБАРШЕГУНУ, Энлиль
НУН-ГАЛЕНЕ, Игиги
НУН ИЯ, Нум
НУНУ, Упулере
НУП, Нум
НУРУНДЕРЕ, Байаме, Бунджиль
НУРХАЦИ, Гуань-ди
НУХАЙ, Нахи
НУЭР, Денгдит
НЬ'НАДЕЙ, Телявель
НЫМИЛАХ, Лымилах
НЬАРО, Раджи
НЬИНАКИГВА, Кигва
НЬОХВЕ АНАНУ, До Зоджи, Маву-Лиза
НЬЫЛЫТЫА-НГУО, Нга
НЬЯГРОДХА, Ашваттха
НЬЯИ ДЖАЙЕ, Санген
НЬЯКАЙО, Ньянкед
НЬЯМУСУСА, Гиханга
НЬЯН, Дрегпа, Сабдаг
НЬЯНГАРА, Руганзу
НЬЯНКОПОН, Ньяме
НЭЙ-АНКИ, Най-эква
НЭЧЖА, Ночжа
НЮЙ-ДЭН, Шэнь-нун
НЮЙ-СИ, Гунь
НЮЙ-ХУАН, Сань хуан
НЮЙ-ЦЗЕ, Шао-Хво
НЮКАР МАДЕС, Арам
НЮ-ЛАНЬ, ДА-ВАН, Ню-ван
НЯННЯНМАО, Нянням
НЯРТЫ, Нарты
ОБА, Орунган, Шанго
ОБВИ, Касин, Оп
ОБЕРИКИА, Оберон
ОБЕРИОН, Оберон
ОБИЕМЕ, Оса
ОБИЕМИ, Огиву
ОБУР, Мяцкай, Убыр
О-БЭ-ХИМЭ, О-тоси
ОВДА, Албасты
ОВЕЗ, Кер-оглы
ОВИД, Руфь
ОВИННЫЙ БАТЮШКА, ОВИННЫЙ ЖИХАРЬ, Овинник
ОВСЕНЬ, Авсень
ОГ, Ной, Рефаим
О-ГА-НО КАМИ, О-гэцу-химэ
ОГБОВА, Огбора
ОГНЕННЫЙ ШУТ, Еруслан Лазаревич
ОГОНЬ, Спента-Майнью
ОГУЗ-КАГАН, Огуз-хан
ОДАТИДА, Зарер
ОДЕГУНГБЕЛ, Масанг
ОДЕЛОКО, Ича
ОДЕМ, Лилит
ОДЖИЗ, Оджуз
ОДЖУ, Оджуз
ОДИЯНА, Падмасамбхава
ОДОМАНКОМА, Ньяме
ОДРЕРИР, Мед поэзии
ОДРИС, Византий
ОД ЭХЕ, Отхан-Галахан
ОЕЛОКО, Ича
ОЕР МУНХЫН-ТЕНГРИ, Хухедей-мерген
ОЗОМЕНА, Тавмант
ОЗРОКАТХО, Сатанай
ОЗЫРЕН, Азырен
ОИКЛЕЙ, Амфиарай
ОЙБАЛ, Тиндарей
ОЙНЕЙ, Алфея, Артемида, Геракл, Горга, Деянира, Перибея, Тидей, Эвриал
ОЙНО, Аний, Ойнотрофы
ОЙНОН, Колесо Балсага

ОЙНОПИОН, Кидалий, Марон, Орион
ОЙНОЯ, Герана
ОЙСИН, Финн
ОЙСУЛ-АТА, ОЙСЫЛ-АТА, Пиры
ОЙЯ, Орунган
ОКВА, Ньиканг
ОКЕАНИДЫ, Асия, Атлант, Гарпии, Гелиос, Герион, Гесиона, Гиады, Диона, Зевс, Калипсо, Климена, Медея, Метида, Нереиды, Нике, Нимфы, Паллант, Плеяды, Прометей, Тавмант, Тефида, Тиха, Хариты, Хирон, Эпиметей
ОКИПЕТА, Гарпии
ОКИЦУ-ХИКО, Камадогами
ОКИЦУ-ХИМЭ, Камадогами, О-тоси
ОКНХА МЕАС, Охнха Мау
ОКОМБО АНОЧЕ, Комфо Аноче
ОКОН-ТЕНГРИ, Охин-тенгри
ОКСИЛ, Гераклиды
ОКТЛИ, Шипе-тотек
ОЛ, Албасты
ОЛДАМА, Девора
ОЛЕНИЙ, Тараксипп
ОЛЕНА, ОЛЕНУШКА, Алеша Попович
ОЛЛЕРУС, Улль
ОЛМОЛУНРИН, Шенраб-мибо
ОЛОСА, Олокун, Орунган
ОЛОФАТ, Иолофат
ОЛОФЕРН, Галевин, Юдифь
ОЛЬДЖИБАЙ, Гесер
ОМ, Начикетас
ОМАДЖИ, Умай
ОМАРТ, Зарер
ОМЕЙОКАН, Тонакатекутли
ОМЕТЕКУТЛИ, Тонакатекутли
ОМИЯ, Оми
ОМОБОЙ БААЙ, Омогой бай
ОМСОН-МАМА, Оми
ОМУКУА, Калунга
ОМУМБОРОМБАНГА, Мукуру
ОМФАЛА, Омфал
ОНАМУТИ-СУКАНАХИКО-НЭ-НО МИКОТО, О-кунинуси
ОНАН, Иуда
ОНИТ, Гераклиды, Деянира
ОНОГОРОДЗИМА, Идзанаки и Идзанами
ОНОИЛ, Архонты
ОНОЛАП, Энулап
ОНТОНГ, Раджи
ОНЬЯМЕ, Ньяме
ОНЬЯНКОПОН, Ньяме
ОПАГМЕД, Бардо
ОПО, Ньяме
ОПРАКСЕЯ, Илья Муромец
ОПЧУ, Оп
ОРБОЛИ САГАН-НОЙОН, Эдзены
ОРДАШ, Сатаней
ОРЕБ, Гедеон
ОРЕСТИАДЫ, Нимфы
ОРИВ, Гедеон
ОРИФИЯ, Гемос, Борей, Клеопатра, Хиона
ОРКУС, Орк
ОРМАЗД, Ахурамазда, Гайомарт, Зерван, Мартйа и Мартйанаг, Сатана
ОРМИЗД, Мани
ОРМУЗД, Кай Хусроу
ОРНИС, Стимфал
ОРНИТИОН, Фок
ОРСЕИДА, Дор, Ксуф, Эллин, Эол
ОРСИЛОХИЯ, Левка
ОРСТХОЙЦЫ, Нарты
ОРТ, Орф
ОРТ-ИКИ, Мир-сусна-хум
ОРТР, Орф
ОРУС-ХАН, Хормуста
ОРФЕЯ, Анфеида
ОРФНА, Аскалаф
ОРФОПОЛИД, Плимней
ОРХОМЕН, Афамант, Титий
ОРХУСТОЙЦЫ, Нарты
ОРЯК, Атцыс
ОСАИ ТУТУ, Комфо Аноче
ОСАЛОГБОРА, Оса
ОСАНОВА, Оса
ОСАРАПИС, Серапис
ОСИЛКИ, Асилки

ОСИЯ, Иисус Навин
ОСКОПНИР, Рагнарек
ОСОЛ УОЛА, Илбис хан
ОТ, Алоады, Музы
ОТАРАСИ-ХИМЭ-НО МИКОТО, Хатиман
ОТГАЛАХАН, Отхан-Галахан
ОТО-ХИМЭ, Урасима
ОТР, Хрейдмар
ОТРЕЙ, Анхис
ОТРЕРА, Пенфесилея
ОТУА, Аниту
ОУ, Хиоу
О-УКАСАМА, О-гэцу-химэ
ОФАНИЭЛЬ, Офаним
ОФЕЛЬТ, Амфиарай, Гипсипила, Семеро против Фив, Эвридика
ОФИОНЕЙ, Офион
ОФИРОГОР, Зал
ОФРЕИАДА, Мелитей
ОХА, Алахатала
ОХОЗАТ, Волхвы
ОЧИ, Маявока
ОЧИР ОРОН, Джамбу
ОЧОПИНТРЕ, Очопинте
ОШУ, Орунган
ОШУМАРЕ, Шанго
ОШУН, Орунган, Шанго
ОЭЛУН, Отхан-Галахан
ПАБЕЛЛИ, Карату
ПАБИЛЬСАГ, Нининсина
ПАВАКА, Васу, Сваха
ПАВАМАНА, Сваха
ПАВИРУ, Сарасвати
ПАГАТУ, Акхит
ПАДЖРА, Сома
ПАДМА, Будда
ПАДМАПЖУНБА, Падмасамбхава
ПАЗАР-АНА, Першенбе-кары
ПАЙАПИС КАХЬЯ, Арам
ПАЙМАЧИ, Пишачи
ПАКСОПРОП, Наги
ПАКСЬ-АВА, Норов-ава
ПАЛАТУЯ, Папес
ПАЛАША, Ашваттха, Кришану
ПАЛДАН ЛХАМО, Лхамо
ПАЛЕЗНИК, Полазник
ПАЛЕМОН, Ино, Меликерт
ПАЛИ, Раджи
ПАЛИАН, Бунджиль
ПАЛЛАДА, Палладий
ПАЛЛАНТ, Эвандр
ПАЛЛЕНА, Алкионей, Гиганты
ПАН, Тянь-юй юаньшуай
ПАНГЕЙ, Ликург
ПАНДА, Церера
ПАНДА, Бхишма
ПАНДАРАВАСИНИ, Амитабха
ПАНДАРЕЙ, Клития
ПАНДИОН, Финей
ПАНКАБХАГА, Аддхалока, Бхаванавасины
ПАНКАПРАБХА, Аддхалока
ПАНЧАЛИ, ПАНЧАМИ, Драупади
ПАНЧАНАНА, Шива
ПАНЬ-ВАН, Пань-гу
ПАНЬ-ХУ, Пань-гу
ПАОСАНГЕЙЯ САНГАСОИ, Итангейя Сангасои
ПАО-СИ, Сань хуан, Фу-си
ПАНСУКАЛЬ, Ниншубура
ПАР, Пань-гуань
ПАРАКЛЕТ, ПАРАКЛИТ, Дух святой
ПАРАМЕШТХИН, Брахма
ПАРАНИРМИТАВАСАВАРТИН, Девалока
ПАРАСКЕВА-ПЯТНИЦА, Першенбе-кары, Пятница
ПАРАСЬКА, Пятница
ПАРАШАРА, Вьяса
ПАРЕДРА, Сатурн
ПАРИ, Женщина-солнце
ПАРИДЖАТА, Индра, Сварга
ПАРИ-СЕГИ, Пари-конджу
ПАРИТАСУБХА, Субхадева
ПАРИЧЧХАТА, ПАРИЯТРА, Траястринса
ПАРНА, Кришану
ПАРНАСИДЫ, Музы
ПАРТЕНИДЫ, Парфенопа
ПАРТЕНОС, ПАРФЕНА, Парфенос
ПАРТОЛОН, Фир Болг
ПАРТХА, Арджуна

ПАРУШНИ, Маруты, Пришни, Сарасвати
ПАРФЕНИЯ, Гарпалика
ПАРЭБИЙ, Гамадриады
ПАСИФЕЯ, Гипнос, Харить
ПАСУ-АВА, Норов-ава
ПАУЛОМИ, Индра
ПАУРАВЫ, Дадхикра
ПАХАНГ, Масанг, Эхе-бурхан
ПАШАНГ, Афрасиаб
ПАШУТАН, Исфандияр
ПАЯМ-ЛУНГ, Лунг
ПЕДИАДА, Кранай
ПЕДОПИЯ, Пелий
ПЕДУ-НГА, Нга
ПЕЙВЕЛЬКЕ, Пейве
ПЕЙСИДИКА, Актор, Пелий
ПЕККО, Пеко
ПЕЛАГИЯ, Мария Египетская
ПЕЛЕНГАБИЯ, Габия
ПЕЛИАДЫ, Акаст, Пелий
ПЕЛИОН, Акаст, Алоады, Аристей, Лапифы
ПЕЛИЯ, Мелос
ПЕЛОНИЯ, Кикн, Фиест, Эгисф
ПЕЛОР, Спарты
ПЕЛЬВИКС, Пильвитс
ПЕЛЬСУН, Ирвольсонсин
ПЕМФРЕДО, Граи
ПЕНЕЙ, Геракл, Дафна
ПЕНЗЮТ, Лозы, Тадебцо
ПЕПЕРУДА, Перкунас, Перун
"ПЕРВАЯ ЕВА", Благовещение, Каин
"ПЕРВЫЙ АДАМ", Адам
ПЕРДИКС, Дедал, Галос
ПЕРЕДУР, Артур
ПЕРЕРУГ, ПЕРЕРУНА, Перун
ПЕРЕС, Раджи
ПЕРИ, Пари
ПЕРИЕР, Афарей, Икарий, Левкипп, Тиндарей
ПЕРИМЕД, Эврисфей
ПЕРИМЕДА, Ликимний
ПЕРИФАТ, Лапифы
ПЕРКЕЛЕ, Перкунас
ПЕРКОНС, Парджанья, Перкунас
ПЕРО, Биант, Меламп, Нелей
ПЕРОЗ, Волхвы
ПЕРПЕРУН, Додола
ПЕРС, Аргонавты, Геката, Медея, Паллант, Ээт, Ясон
ПЕРСА, Ээт
ПЕРСЕВАЛЬ, Артур
ПЕРСЕИДА, Гелиос, Калипсо, Кирка, Ээт
ПЕРСЕПОЛИС, Телемах
ПЕРХТА, Хольда
ПЕРЫНЬ, Волосыни, Перкунас
ПЕТКА, Пятница
ПЕХЛЕВАНЫ, Санасар и Багдасар
ПЕЧАН, Пицен
ПЕШАПАЙ, Гудил
ПЕШДАДИДЫ, Пишдадиды
ПИБЭК, Сансин
ПИДРАЙ, Балу
ПИЕР, Гиакинф, Пиэриды
ПИЕРИДЫ, Пиэриды
ПИЕТАС, Фидес
ПИЗГАШ, Узаырмес
ПИКАТАТОПОМАТНЕП, Тоиекунра
ПИКНЕ, Укко
ПИКОЛ, Пикопой
ПИКУЛЮС, Пеколс
ПИКУС, Пик
ПИЛАТ, см. Понтий Пилат
ПИЛИ, Мауи
ПИЛИЯ, Пандион
ПИЛЬВИТИС, Пильвитс
ПИЛЬЦИНТЕКУТЛИ, Тонатиу
ПИМЕНТОЛА, Похьела
ПИ НАНГ ТАНИ, Пи
ПИНГАЛАКША, Рудры
ПИНДОЛА, Лохань
ПИНДЭН-ВАН, Диюй
ПИ ПАУН, Пи
ПИПРУ, Асуры, Даса, Индра
ПИРАН, Кай Хусрау
ПИРИ, Пари-конджу
ПИРИФЛЕГЕТОН, Аид
ПИРОВ, Пира
ПИРР, Андромаха, Ахилл, Ликомед, Неоптолем
ПИРРА, Амфиктион, Девкалион, Зевс, Неоптолем, Пан-

дора, Прометей, Эллин, Эпиметей, Яма
ПИ РУЕН, Пи
ПИРЮ, Онджо
ПИСОАП, Тангун
ПИССАНУКАН, Тхонг и Двадараси
ПИТАНА, Иам
ПИТИОКАМПТ, Синис
ПИТОПА, Калачакра
ПИТРИЛОКА, Питары
ПИХИЕИ, Пигмеи
ПИЧАН, Пицен
ПИШИНАХ, Кейяниды
ПИЭР, Музы
ПЛАНКТ, Аргонавты
ПЛЕ, Та Педн
ПЛЕВРОН, Этол
ПЛЕЙОНА, Гиады, Калипсо, Келено, Майя, Плеяды
ПЛЕКСИПП, Алфея, Калидонская охота, Финей
ПЛЕРОМА, Ахамот, Эон
ПЛУТО, Тантал
ПОДАРГА, Балий и Ксанф, Гарпии
ПОДАРК, Геракл, Лаомедонт, Приам
ПОДЛАЗНИК, Полазник
ПОДОВИННИК, Овинник
ПОЗДНЕ, Айеке
ПОЙНА, Кротоп
ПОКАНГХОЙЯ, Ахайюта, Кокиянгвути
ПОКЛИ, ПОХЛИ, Нгатхеин
ПОКЛУС, Пеколс
ПОКОЛС, Патолс, Пеколс
ПОКСУ, Чансын
ПОЛАЖАЙНИК, Полазник
ПОЛЕВОЙ, Полевик
ПОЛЕНГАБИЯ, Габия
ПОЛИАДА, Афина
ПОЛИДЕВК, Амик, Аргонавты, Афаретиды, Диоскуры, Кастор, Тиндарей, Феба
ПОЛИЕЙ, Зевс
ПОЛИИД, Главк, Дракон
ПОЛИМЕДА, Ясон
ПОЛИМЕСТОР, Полидор
ПОЛИМНИЯ, Полигимния
ПОЛИПЕМОН, Прокруст, Тесей
ПОЛИПОЙТ, Дор, Пирифой, Этол
ПОЛИУХ, Зевс
ПОЛИУХОС, Афина
ПОЛИФОНТ, Меропа, Эпит
ПОЛКАН, Китоврас
ПОЛЛУКС, Бардойтс, Диоскуры, Патолс
ПОЛНОЧЬ-БОГАТЫРЬ, Вечорка, Зорька и Полуночка
ПОЛОНГОХОЙЯ, Ахайюта, Кокиянгвути
ПОЛУМ-ТОРУМ, Мир-суснэхум
ПОЛУНОЧКА, Вечорка, Зорька и Полуночка
ПОЛЯНИЦА, Илья Муромец
ПОНИКЕ, Бангпутис, Паникс
ПОНТИЙ ПИЛАТ, Иисус Христос, Иуда Искариот
ПОПУЛОНА, Юнона
ПОР, Китоврас
ПОРЕВИТ, Переплут, Прове, Руевит
ПОРЕНУТ, Переплут, Руевит
ПОРМАЙЕ, Траэтаона
ПОРТАОН, Алкафой
ПОРФИРИОН, Гиганты, Зевс
ПОСАЛЬ, Пуса
"ПОСЛЕДНИЙ АДАМ", Мессия
ПОСТВОРТА, Карменти
ПОТИФАР, Иосиф Прекрасный
ПОТИФЕР, Ефрем, Иосиф Прекрасный
ПОТРИМПУС, Потримпс
ПОТХА, Путо
ПОХЕН, Пусянь
ПОЮК, Ван Гон
ПРАБХАВАТИ, Паршва
ПРАБХАНДЖАНА, Бхаванавасины
ПРАБХАСА, Васу, Вишвакарман
ПРАДЖНЯПТИТИ, Видьядеви
ПРАДЬЮМНА, Майя, Рати, Рукмини
ПРА ИН, Пхра Ин

655

ПРАЛАЯ, Кальпа
ПРАЛИК, Черт
ПРАМАДВАРА, Менака
ПРАМЛОЧА, Апсары
ПРАСАХА, Индра
ПРАСЕНА, ПРАСЕНАДЖАТА, Сатраджит
ПРАСЕНАДЖИТ, Паршва
ПРАСУТИ, Сваха
ПРАТИРУПА, Вьянтара
ПРАТЬЮША, Васу
ПРАХ НОРЕАЙ, Нореай
ПРАХ ПИСНОКАР, Крон Пали, Прах Кет Меалеа
ПРАХ ПХУМ, Крон Пали
ПРАХ ТХОН, Наги
ПРАХ ТХОРНИ, Крон Пали
ПРЕПЕРУДА, Перун
ПРЕСИНА, Мелюзина
ПРЕТАЛОКА, Преты
ПРЕТИДЫ, Меламп, Прет
ПРЖЕМЫСЛ, Микула Селянинович
ПРИТИ, Кама
ПРИТХУ, Вена, Притхи, Солнечная династия
ПРИШНИГУ, Пришни
ПРОЗЕРПИНА, Персефона, Прове, Церера
ПРОЙТ, Акрисий, Гера, Прет
ПРОК, Карна
ПРОНОЙЯ, Афина
ПРОПИЛЕЙ, Гермес
ПРОРСА, Карменти
ПРОСТАТ, Аполлон
ПРОТИДЫ, Протей
ПРОТОГЕНЕЯ, Девкалион
ПРОТОГОН, Эрот
ПРОХОР, Иоанн Богослов
ПРПОРУША, Перун
ПСАМАТА, Протей
ПСИХОПОМП, Тот
ПТЕЛЕОНТ, Кефал
ПТЕМОНТ, Прокрида
ПТЕРЕЛАЙ, Амфитрион, Комето, Ликимний
ПУАНА, Кума
ПУБЛИЙ, Горации
ПУГУН, Пугын
ПУДЯ, Подя
ПУЕСИН, Кодынсин
ПУЙЛ, Бран
ПУККВИДЖИ, Ким Суро
ПУКУХ, Ах-Пуч
ПУКХЭСИН, Мульквисин
ПУЛАХА, Брахма, Риши
ПУЛОМА, Агни, Бхригу
ПУЛОМАН, Агни, Асуры, Индра
ПУЛЬГОНЭ, Пак Хеккосе
ПУЛЬМИКАНЫ, Сиды
ПУНА, Рата
ПУНГА, Тафаки
ПУНДАРИКА, Диггаджи, Локапалы
ПУНДАРЫ, Вишвамитра
ПУПИ, Пупыр
ПУРКАН, ПУРГАН, Бурхан
ПУРНА, Бхаванавасины
ПУРНАБХАДРА, Вьянтара
ПУРУ, Дадхикра, Лунная династия, Яяти
ПУРУ, Тангун, Хэбуру
ПУРУЧИШТА, Чишта
ПУРУШАСПА, Заратуштра, Хвови
ПУРУШОТТАМА, Вишну
ПУСНУКА, Прах Кет Меалеа
ПУСТАГ, Ульгень
ПУТ, Нарака
ПУТАЙ, Будай-хэшан
ПУТИСАДО, Пуса
ПУТКАРИ, Сарасвата
ПУ ТХЕН, По Тхен
ПУХОС, Пугос
ПУШКАРА, Нала
ПУШКАРАМАЛИНИ, Индра
ПУШКЕЙС, Пушкайте
ПУШПАКА, Равана
ПУЫЛЛА, Самылла
ПХА ИН, Пхра Ин
ПХАЛГУНА, Арджуна
ПХАЛЬСОННЕ, Кымгансан сонне
ПХАНДЖЕД, Дунги гонгма
ПХАР, Пань-гуань
ПХА СЫА, Наги
ПХЕННАСАН, Ван Гон

ПХИ, Пи
ПХИЛАКСАБАН, Пхибан
ПХИМЬОНГ, Фимьонг
ПХИХАКБАН, Пхибан
ПХОГОН, Сок Тхархэ
ПХРА ПХУМ ЧАОТХИ, Чаотхи
ПХУДАКОРРИ, Квисин
ПХУНБЭК, Пхунсин
ПХУ ТХАО ЙО, Пху Нго и Не Нгам
ПХЫНЦЕ КАХАК, Санасар и Багдасар
ПХЬЯ ИН, Пхра Ин
ПШЕМЫСЛ, Крак
ПЭГАКСАН, Сансин
ПЭДАН, Мауль
ПЭДУРЯНКА, Мама-пэдурии
ПЭЙТАЙ НЯННЯН, Данай Фужэнь
ПЭКСАН, Пэктусан
ПЭКХО, Сасин
ПЭЛЮЛОПА, Лонгорик и Лонголап
ПЭНЛАЙДАО, Пэнлай
ПЭНЛАЙШАНЬ, Пэнлай
ПЭР-НОЭЛЬ, Мороз
ПЭУЛЕ, Хэглэн
ПЭУНАЛИУЛ, Мама-пэдурии
ПЭША АНА, Абзар иясе
ПЮНЕГУСЕ, Нуа
ПЯЙВЕЛА, Лемминкяйнен
ПЯНТУКУ, Урэр
ПЯРУН, Перкунас, Перун
ПЯСТ, Микула Селянинович
РААМСЕС, Иаков
РАБАСЫРЭ, Муту
РАВДНА, Разиайке
РАГ, Барг
РАГИНИ, Дакини
РАГХАВА, Рама
РАГХУ, Рама, Солнечная династия
РАДГОСТ, Сварог
РАДГРИД, Валькирии
РАДЖА ПИНАНГКАБО, Мула Джади
РАДЖАС, Антарикша, Гуна, Нагасари, Тримурти
РАДИМ, Крив
РАДИЭН-КИЭДЕ, Маддеракка
РАЗИИЛ, Рагуил
РАЗИЭЛ, РАЗИЭЛЬ, Адам, Рагуил
РАИТ, Мут, Ра
РАЙ, Спорыш
РАЙМОНДИН, Мелюзина
РАКАУ И РУАТ, Тэээ
РАКИЙ, Мопс
РАКЛИЙ, Семаргл
РАКШАСАЛОКА, Лока
РАМАХАВАЛИ, Рафара
РАМАЧАНДРА, Рама
РАМБХА, Аватара, Апсары, Вишвамитра, Сунда
РАМПУНГ, Маунглай
РАН, Эгир
РАНА-НЕЙДДА, Разиайке
РАНДГРИД, Валькирии
РАНО, Баво
РАНОРО, Вазимба
РАРАШЕК, РАРИГ, Рарог
РАСЕТАУ, Анубис
РАТАТОСК, Иггдрасиль
РАТНА, Ратнасамбхава
РАТНАПАНИ, Будда, Ратнасамбхава
РАТНАПРАБХА, Аддхалока, Вйантара
РАТНАРАЯ, Ратнасамбхава
РАТУ-МАИ-МБУЛУ, Хикулес
РАТХИ ТАРА, Ангирас
РАУА-МАКО, Хикулео
РАУГУЗЕМЕПАТИС, Самбарис
РАУНИ, Укко
РАФА, Рефаим
РАХ, Рарог, Сошествие во ад
РАХАВ, Раав
РАХАМ-ЛУНГ, Лунг
РАХМАН-ПАРИ, Пари
РАХУЛА, Лохань, Чхоен, Шакьямуни
РАША-КАКУЛХА, Хуракан
РАШМИПРАБХАСА, Кашьяпа

РЕАМ, Норсай
РЕВАНТА, Гухьяки
РЕВАТИ, Баларама
РЕГИН, Локи, Нибелунги, Сигурд, Хрейдмар
РЕГИНЛЕЙВ, Валькирии
РЕПРЕВ, Христофор
РЕСКВА, Тор, Тьяльви
РЕШЕФ, Решап
РЖАНИЦА, Полудницы
РИЕО, Нибо
РИБХУКШАН, Рибху
РИЕИМБИ, Хувеане
РИВКА, Ревекка
РИГ, Хеймдалль
РИГИ, На-реау, Риики
РИДВАН, Джанна, Малаика
РИДДХИ, Девадатта
РИДДХИ, Кубера
РИДЖИША, Нарака
РИЙ'АМ, Талаб
РИНД, Асы, Бальдр, Вали, Один
РИН-РИНГ ГЬЕЛПО, Гуань-ди
РИНЧИН-ХАН, Буха-нойон бабай
РИПЕЙСКИЕ (РИФЕЙСКИЕ) ГОРЫ, Геракл
РИТУПАРНА, Нала
РИЦЭН, Циумарпо
РИЧИКА, Варуна, Шунахшепа
РИШАБХАДАТТА, Махавира
РИШЬЯШРИНГИ, Индра
РОВОИМ, Соломон
РОГМО-ГОА, Гесер
РОДОПА, Гемос
РОЖАВА, Жир-иясе
РОЙО, Аний
РОМ, Ардей
РОНГЕРИК И РОНГЕЛАП, Лонгорик и Лонголап
РОС, Рош
РОТАСТАХМ, Рустам
РОХИТА, Шунахшепа
РУВИМ, Двенадцать сыновей Иакова, Иосиф Прекрасный
РУВИМ-СИМОН, Иуда Искариот
РУГАБА, Вамара
РУДАБА, Рустам
РУДЗУ РУНГИТИС, Рунгис
РУДРАНИ, Рудра
РУДРИИ, Маруты, Рудра
РУДХИКРА, Даса
РУЗОР, Теллус
РУКМА, Рукмини
РУКУРЛИ ИЛА, Залзанагый
РУЛЬОН, Баба Докия
РУПАТИ, Жаза
РУРУ, Менака
РУСЛАН, Еруслан Лазаревич
РУТЕНДЕРИ, Гиханга
РУФУ, Вамара
РУХА, Лилит
РУХ АЛ-КУДС, Джибрил
РУЧИ, Индра, Рудры
РУЧИКА, Бочика
РУЯСИБЕНИТНЕП, Тоиекунра
СААКСИН, Сансин
САБ, Анубис
САБАР, Джангар
САБДАКИ, Цаган Эбуген
САВАРНА, Ману, Яма
САВВА, Сава
САВЛ, Саул
САГАДА-НОЙОН, САГАДАЙ УБУГУН, Сахядай-нойон
САГАН-БУРХАН, Бурхан
САГАН СЕБДЕК, Хормуста
САГАН-ТЕНГРИ, Тенгри
САГОДИВЕ, Хадуигона
САДИК, Эшмун
САДХЬИ, Гана
САЙНАГ-АЛДАР, Агунда, Ацамаз, Батрадз, Уаиг, Хамыц
САЙНАГОН, Уархаг
САККА, Акаништха, Трастринса
САК-КИМИ, Бакабь
САКСНОТ, Тюр
САКУГАМИ, Та-но ками
САКУЯ-ХИМЭ, Ходэри
САЛА, Джамбудвипа
САЛАЦИЯ, Винилия
САЛМ, Траэтаона, Тура
САЛМАКИДА, Гермафродит
САЛМАН, Гедеон
САЛОМЕЯ, Иоанн Креститель
САЛОМИЯ, Иоанн Богослов

САЛТАН САЛТАНОВИЧ, Илья Муромец
САЛТЫК СТАВРУЛЬЕВИЧ, Волх
САЛЬМ, Траэтаона
САМА, Керсаспа
САМАДИ, Лозы, Тадебцо
САМАИЛ, Моисей
САМАЙН, Дагда
САМАЭЛЬ-МАЛХИРА, Самаэль
САМБХОГАКАЯ, Ади-будда, Идам, Трикая, Шакьямуни
САМВАРТА, Ангирас
САМВАРТАКАЛЬПА, Рупадхату, Субхадева
САМГАК, Сансин
САМИДЫ, САМЫ, Сама, Трита
САМИЛДАНАХ, Луг
САМИЯ, Анкей
САМКАМГАРИЯ, Мкамгария
САМОВИЛЫ, Вилы, Герман
САМОСЕК, Меч-кладенец
САМПАТИ, Гаруда
САМПАТИН, Ваю
САМРУК, Каракус
САМСАН ОАКСИН, Сансин
САМУДРА, Антарикша
САМХАТА, Нарака
САНАЛ, Джангар
САНГАЛАН, САНХАЛЕ, Эсеге Малан-тенгри
САНГЕН МАНГКО АМАТА, Санген
САНГИАСЭРРИ, Батара Гуру
САНГУН, Сансин
САНГУН ДАЙМЕОДЗИН, Сумиеси
САНГУС, Семо Санкус
САНГ ХЬЯНГ ВЕНАНГ, Санг Хьянг Тунггал
САНГ ХЬЯНГ ВИСНУ, Бома, Деви Сри
САНГ ХЬЯНГ КАМАДЖАЙЯ, Семар
САНДАК, Кинир
САНДАРАМЕТ, Спандарамет
САНДАРЧМЕТ-ДЕМЕТР, Деметр и Гисанэ
САНДЖЭ, Ханыним, Хванин
САНДЖИЯ, Вишвакарман
САНДЖНЯ, Ману, Саранью, Яма
САНДХЬЯ, Брахма
САНЛИНЬ, Нюйва
САННЯНСИН, Сонджу
САНСИЛЛЕН, Сансин
САНТА-КЛАУС, Мороз, Никола
САНХАЛАН-ХАТУН, Сахядай-нойон
САНХУРУН, Сахядай-нойон
САНХЭ, Чумон
САНЧХОН, Ханыним
САНЬ-ГУ, Цзы-гу
САН И, Тай-и
САНЬ-ЛАН, Хо-шэнь
САНЬМАОШАНЬ, Сань Мао
САНЬ-СИН, Сань Гуань, Фусин
САНЬ ЮАНЬ, Сань Гуань
САОКАМФА, Таосуонг и Таонганг
САОСИС, Иусат
САР-АККЕ, Маддеракка
САРАМЕЯ, Сарама
САРАПИС, Серапис
САРАСВАТА, Локантики, Сарасвати
САРАХА, Махасиддхи
САРВАБХАУМА, Диггаджи, Локапалы
САРВАНИВАРАНАВИШКАМБХИН, Бодхисатва
САРВАСТРАМАХАДЖ-ВАЛА, Видьяджи
САРВАТРАГА, Бхима
САРЕН, Сасин
САРИОЛА, Похьела
САРПАНИТА, Царпаниту
САРТ-ЛУНГ, Лунг
САРЫ-КЫЗ, САРЫ-ЧЭЧ, Албасты
САРЫ ЦАЦ, Бичура
САРЬ САГАН-ТЕНГРИ, Хухедэй-мерген
САСАЛАГУАНА, Хайфи
САТА, Нарты, Села Сата
САТАНИИЛ, Самаэль
САТИБОЖОЛГ, Села Сета

САТОСИН, Квисин
САТПУРУША, Вйантара
САТЬЯ, Вишведева
САТЬЯБХАМА, Сатраджит
САТЬЯВАНА, Савитри
САТЬЯВАТИ, Бхишма, Вьяса
САТЬЯВРАТА, Солнечная династия
САТЬЯЛОКА, Брахмалока, Лока
САТЬЯЮГА, Юга
САУАЙЯ, Тутыр
САУДХАРМА, Вайманика, Махавира, Урдхвалока
САУЛЕ, Диевас, Перкунас
САУМ, Аушра
САУРОУ, Саунау
САХАВАЧ, Траэтаона
САХАДА-НОЙОН, Сахядай-нойон
САХАДЕВА, Ашвины, Кунти, Пандавы
САХАЛА, САХАЛИ, Сахядай-нойон
САХАМПАТИ, Брахмалока
САХИУСЫ, Чойджины
САХМЕТ, Сехмет
САХР, Сулайман
САЧИ, Сварга
САЧХАНСИН, Оп
СВАВА, Хельги
СВАДИЛЬФАРИ, Асгард, Локи, Слейпнир
СВАДХА, Ангирас, Сваха
СВАЙГСТИКС, Звайгстикс
СВАНХИЛЬД, Гудрун
СВАРБХАНУ, Адитья, Атри, Прабха
СВАРГАЛОКА, Питары
СВАРЛОКА, Лока
СВАРОЖИЧ, Божич, Сварог
СВАХЕЯ, Сваха
СВАЯМБХУ, Ману
СВАЯМБХУВА, Ману
СВЕТИ САВА, Сава
СВЕТОЗОР, СВЕТОВИК, Вечорка, Зорька и Полуночка
СВЭХВЕ, Свэксвэ
СВЯТОГОР, Илья Муромец
СЕ-АКАТЛЬ, Кецалькоатль
СЕБАДИДЕ, Мукаса
СЕБЕКТЕТ, Себек
СЕБЕТТУ, "Семерка"
СЕГЕТИЙ, Церера
СЕГЕТИЯ, Семоны
СЕ-ГУАН-ЦЗИ, У ди
СЕДЖОН, Касин, Чесоксин
СЕДРАХ, Три отрока
СЕЙ, Церера
СЕ-КАН, Йер-су
СЕЛЕН, Кентавры
СЕЛИ, Села
СЕЛИЙ ПИРА, Ел, Нарты
СЕЛИ САТА, Села Сата
СЕЛКЕТ, Серкет
СЕМАГУМБА, Мукаса
СЕМОНИЯ, Семоны
СЕНА, Индра
СЕНЦОН-МИМИШКОА, Чальчиутликуэ
СЕНЦОН УИЦНАУА, Коатликуэ
СЕП, Сепа
СЕПФОРА, Моисей
СЕРЕДА, Мокошь
СЕРИЛЭ, Мурджалэ, Мьезилэ, Зорилэ
СЕРИН НАМДЖУ, Цаган Эбуген
СЕРИФ, СЕРИФОС, Акрисий, Даная, Диктис, Персей, Полидект
СЕТАНТА, Кухулин
СЕТКЬЯ, Ланьеин и Амонг
СЕТ САМ БРАМ, Сет
СЕТХ, Сет
СЕУСИ, Роми-Куму
СЕЧЖАЙ, Гао-яо
СЕ ЭНЬ, Се-тяньцзинь
СЕЯ, Семоны
СИ, Дрегпа
СИАЛ, Раджи
СИБИТТИ, "Семерка"
СИБОРУ СУРАНТИБОНАНГ, Мангалабулан, Мула Джади
СИГИ'Э, Дайку
СИГМУНД, Один, Сигурд, Тор, Хельги
СИГОМПУЛ, Батара Гуру
СИГРДРИВА, Брюнхильд, Валькирии, Сигурд

СИГРУН, Хельги
СИГЮН, Локи
СИДДХАЙКА, Махавира
СИДДХАКШЕТРА, Урдхвалока
СИДДХАРТХА, Шакьямуни
СИДЕРО, Нелей, Пелий
СИИТЕ, Сихиртя
СИ КАНТАП, Кхун Болом
СИКСАУП, Нфанва
СИЛАТ, Джинн
СИЛИНТОНГ, Батара Гуру
СИЛЛА, Женщина-солнце
СИЛЬВИЯ, Рея Сильвия
СИЛЬФЫ, Ундины, Эльфы
СИМ, Авраам, Адам, Мани, Ной; Сим, Хам, Иафет
СИМАРГЛ, Семаргл
СИМЕОН, Двенадцать сыновей Иакова, Иосиф Прекрасный
СИМЕОН БОГОПРИИМЕЦ, Иисус Христос, Мария, Сошествие во ад
СИМОН, Иуда Искариот
СИМОН, Петр
СИМОН ЗИЛОТ, Двенадцать апостолов
СИМОН ИЗ ВИФАНИИ, Мария Магдалина
СИМОН ИЗ КИРЕНЫ, Иисус Христос
СИМПЛЕГАДЫ, Планкты и Симплегады, Финей
СИМПЛИКИЙ, Хаос
СИМХИКА, Хануман
СИНА, Хина
СИНГАСТЕЙН, Брисингамен, Локи, Хеймдалль
СИНДХУ, Апам Напат, Ашвины, Джамбудвипа, Сарасвати, Сома
СИНИД, Синис
СИНИЛАУ, Тинирау
СИНИМА-ИНТАНА, Мунтуунту
СИНИСИРАНМАТ, Синисерангру
СИНМЕН, Ханыним
СИНПО, Дрегпа
СИНСИ, Пэктусан, Тхэбэксан, Хванун
СИНУН, Хванун
СИНХАЛА, Ланка
СИНХАНАДА АВОЛОКИ-ТЕШВАРА, Авалокитешвара
СИНХИКА, Кашьяпа
"СИРИЙСКАЯ БОГИНЯ", Атаргатис, Афродита
СИРИМ, Керим, Ким Альджи
СИРИНКС, Сиринга
СИРТУР, Думузи
СИРТЯ, Сихиртя
САРУШ, Мушхуш
СИСАРА, Девора
СИСКА СОЛСО, Селса Солса
СИСУ, Такхай
СИТ, Наржхеу
СИТАТАРА, Тара
СИТАТЭРУ-ХИМЭ, Адзисикитака, Амэно вака-хико
СИТА-ЭЛИЙЯ, Рама
СИТЛАЛАТОНАК, Тонакатекутли
СИТЯНЬ-ЦЗЯОЧЖУ, Ситянь
СИУЛЕО, Хикулео
СИФОН, Филлида
СИХЕЙ, Даона, Пигмалион
СИЮЭ, У юэ
СИЯВАХШ, Сйаваршан
СИЛЬВУШ, Афрасиаб, Кай Хусроу, Кангха, Рустам, Сйаваршан
СИЯМАК, Дэвы, Каюморс, Хаошйангха
СКАЛА, Улликумме
СКАЛЬД, Браги, Идунн, Мед поэзии
СКАМАНДРИЙ, Астианакт
СКАМГАРИЯ, Мкамгария
СКАНДХА, Варуна
СКАТАХ, Кухулин
СКЕГГЬЕЛЬД, Валькирии
СКЕГУЛЬ, Валькирии
СКИДБЛАДНИР, Фрейр, Цверги
СКИЛЛА И ХАРиБДА, Аргонавты
СКИРМОНТ, Швинторог
СКИРНИР, Рагнарек, Фрейр

СКОТИЙ БОГ, Велес, Велс, Георгий, Домовой
СКРЮМИР, Етуны, Локи, Тор
СКУЛЬД, Норны
СКУРЛА, Илья Муромец
СКЬЕЛЬД, Гевьон
СЛИАБ МИС, Миль
СЛИДРУГТАННИ, Фрейр
СЛОГУТЕС, Айтварас
СМИКР, Бранх
СМРИТИ, Ангирас
СНАВИДКА, Керсаспа, Святогор
СНОТРА, Асы
СО, СОГБО, Хевиозо
СОАО, Омао и Оаэ
СОГОЛОН, Сундьята
СОГРА, Ульгень
СОЗРУКО, Нарты
СОЗРЫКО, Сослан
СОКОДОКУ-МИТАМА, Саруда-хико
СОКОЛ, Дунай
СОКОЛЬНИК, Илья Муромец
СОКОЦУЦУ-НО О, Сумиеси
СО КРОК, ХМО КЕНТУ
СОКТО-МЕРГЕН, Цогтай-хан, Цолмон
СОЛБОН, СОПБАН, Цогтай-хан, Цолмон
СОЛСА, Сеска Солса
СОЛТОН, Ульгень
СОМ, Сама
СОМАЛОКА, Лока
СОМА ПАВАМАНА Сома
СОМЕРУ, Промы
СОНАК, Сансин
СОНАНСИН, Сонан
СОНБУЛЬСИН, Квисин
СОНДЖОН, Кунье
СОНДЖОСИН, СОНДЖУСИН, Сонджу
СОНДЖУ-ТЭГАМ, Тэгам
СОНДОЛЬ, Сондольсин
СОН-МАЛЬМЕН, Сон-какси
СОНМОК, Маджо
СОНМО-ЧХОНВАН, Побу-хвасан
СОНХВА, Содон
СОНХВАН-СИН, Сонан
СОРЕЛЬ, Албасты
СОС, Сатаней
СОСАГ-АЛДАР, Сослан
СОСНА-БОГАТЫРЬ, Горыня, Дубыня и Усыня
СОСРУК, Нарты
СОСУРКА, Нарты
СОТЕЙРА, Афина
СОТИС, Сопдет
СОТКО СЫТИНИЧ, Садко
СОТОН, Гесер
СОУ КОРОТКОЯХ, Су анасы
СОУ-ПЯРЕ, Су анасы
СОХМЕТ, Сехмет
СОХЭСИН, Мульквисин
СПАНДДАТ, Баствараӣ, Виштаспа, Зарер, Спентодата
СПАРЫШ, Спорыш
СПЕНТА-АРМАИТИ, Ахурамазда, Аши, Спентодата
СПЕНТАДАТ, Кейяниды, Спентодата
СПЕРМО, Аний, Ойнотрофы
СПИТЬЮРА, Йима
СПУРИЙ ТАРПЕЙ, Тарпея
СРЕЧА, Доля, Полазник, Суд
СРИБИНДА, Даса
СРОШ, Сраоша
СРУВАР, Ажи, Керсаспа
СТАВР И ГАВР, Деды
СТАНИТАКУМАРА, Бхаванавасины
СТАТА МАТЕР, Вулкан
СТАФИЛ, Аний, Икарий, Парфенос
СТЕЛА, Села
СТЕНОБЕЯ, Сфенебея
СТЕРКУЛИН, СТЕРКУТИЙ, Пилумн и Пикумн
СТЕРОП, Киклопы
СТИМФАЛИЙСКИЕ ПТИЦЫ, Геракл, Оилей, Стимфал
СТИХИЕ, Стафия
СТОЖАРЫ, Волосыни
СТОРВЕРК, Старкад
СТРАХ, Сварог
СТРИМО, Скаманд
СТРИМОН, Гемос
СТРИНГИ, Стриги
СТУДЕНЕЦ, Мороз
СТХАНУ, Шива
СУАТИВА, Суэ

СУ БАБАСЫ, Су анасы, Су иясе
СУБРАХМАНЬЯ, Сканда
СУБХАДРА, Арджуна
СУБХАКИНХА, Субхадева
СУВАНАСЫ, Су анасы
СУВАРЧАЛА, Сурья
СУВИДХИНАТХА, Макара
СУВ-ПЕРИСИ, Айтварас
СУГАРАМСИН, Карамсин
СУГАТА, Будда, Шакьямуни
СУГРИВА, Рама, Сурья, Хануман
СУГУМОНШЕ, Бочика
СУГУНСУА, Бочика, Суэ
СУГХОША, Бхаванавасины
СУДАБА, Кай Кавус, Сйаваршан
СУДАНГА, Уту
СУДДХАВАСА, Брахмалока
СУДЗИН, Амэно Кагуяма
СУДИНУШКА, Суд
СУДРИ, Цверги
СУДХАН, СУДХАНА, Манджушри, Самантабхадра
СУДХАНВАН, Рибху
СУДЬЮМН, Ила
СУИН, Нанна
СУЙДЗЯКУ, Дзидзо
СУЙМИН, Суй-жень
СУЙОДХАНА, Дурьодхана
СУЙСИН, Цинлун
СУКАНЬЯ, Ашвины
СУККУБЫ, Бесы, Инкубы, Ламия, Лилит, Мара
СУККЭ, Синкэн
СУЛЕВИЯ, Минерва
СУЛТАН-БОБО, Пиры
СУЛТИ-КЕПЕ, Султи-тура
СУЛЬ, Минерва
СУЛЬДЕ-ТЕНГРИ, Дзаячи Сульде, Тенгри
СУМАКХА, Ашвины
СУМАЛИН, Савитар
СУМАОРО, Сундьята
СУМАТИ, Сагаре
СУМБХА, Сунда
СУМБЕР-УЛ, Сумеру
СУМИЕСИ-НО КАМИ, Сумиеси
СУМИНОЭНО КАМИ, Сумиеси
СУМИТРА, Дашаратха, Лакшмана
СУМРИ, Апаккыит Лок
СУМСЕН, Сунс
СУМУНСИН, Мунсин
СУНДА, см. Сунда и Упасунда
СУНДИ-ВАН, Дийюй
СУНЕСУН, Сунс
СУ ИЕСИ, Су иясе
СУНИРМИТА, Нирманарати
СУНКЕ, Синкэн
СУННА, Соль
СУНШАНЬ, У юэ
СУНЬ У-КУН, Паньтао
СУНЬ ШУ-АО, Вэйшэ
СУНЬЯТА, Сундьята
СУ ПАРИ, Пари
СУПАРНАКУМАРА, Бхаванавасины
СУПАРНА СОМАХАРТАР, Супарна
СУПЕРГУКСОАК, Торнгарсоак
СУПРАТИКА, Диггаджи, Локапалы
СУ ПЯРИСИ, Пари
СУРА-ДЕВИ, Сура
СУРАСА, Хануман
СУРАТЕ ДИН ПЭДУРЕ, Мама-пэдурии
СУРИИЛ, Архонты
СУРО, Женщина-солнце, Ким Суро
СУРТАЙШИ, Кырк кыз
СУРТ СУРАТАКАН ТУРА, Султи-тура
СУРЫ, Дева
СУРЫН, Ким Суро
СУРЬЯВАРЧАС, Гандхарвы
СУРЭ МАМА, Мама
СУСАННА, Даниил
СУСОНСИН, Ноинсонсин
СУСЭРИ-БИМЭ, Нэ-но катасукуни
СУТАЛА, Лока
СУТЕХ, Сет
СУТТУНГ, Етуны, Мед поэзии
СУХЕЛЬ, Сансин

СУХМАН, Илья Муромец
СУХОС, Петесухос, Себек
СУЧАНДРА, Калачакра Шамбхала
СУЧУНА, Чучуна
СУШРАВА, Хусрава
СФЕНЕЛЕЙ, Кикн
СФЕНО, Горгоны
СФИНГА, Сфинкс
СФИНГИЙ, Афамант
СХЕНЕЙ, Аталанта
СХЕРИЯ, Алкиной, Демодок, Навсифой, Одиссей, Феаки
СХОЙНЕЙ, Автоной
СХУРИЯ, Тузанди
С'ЕМЪ, Асы
СЫМА-ДАШЭНЬ, Ма-ван
СЫНЗИЕНЕ, Дрэгайка
СЫРАДА-НГУО, Нга
СЫРГАК, Манас
СЫРТА, Пурьгне-паз
СЫ СЮН, Шунь
СЫУСАНА, Саунау
СЫ ХАЙ, У фан шэнь
СЫ ШОУ, СЫ ШЭНЬ, Сасин
СЬЯМАНТАКА, Сатраджит
СЭВКИ, Сэвэки
СЭМБЭР, Сумеру
СЭНДЗЮ КАННОН, Каннон
СЭНМУРВ, Семаргл
СЭНЪЛО-ВАН, Дийюй
СЭХРИМНИР, Вальхалла
СЮ, Гун-гун
СЮАНЬДАНЬГУН, Тай-и
СЮАНЬДУ, Ван-му шичже
СЮАНЬ-МИН, У ди, У фан шэнь, Юй-ши
СЮАНЬ-МЯО-ЮЙНЮЙ, Лаоцзы
СЮН, Асы
СЮОКСЬ, Альбэ
СЮТ ПАДИШАХИМ, Суткътын
СЮЭУЧИ, Дийюй
СЯ, И инь
СЯМАТАРА, Тара
СЯН, Шунь
СЯНЛЮ, Гунгун, Юй
СЯНЬЖЭНЬ, Сянь
СЯНЬ-МУ, Ма-ван, Маджо
СЯНЬТАО, Паньтао
СЯНЬХЭ, Сянь
СЯН ЮАНЬ-ДА, Вэнь-шэнь
СЯОМИН, Шу
ТААМУНИ, Тэму
ТААРОА, Тангароа
ТАВАТИМСА, Траястринса
ТАВА ЭДЕНИ, Подя
ТАВВАЛС, Телявель
ТАВИФА, Петр
ТАГЗИГ, Шенраб-мибо
ТАГИМАСА, Тагимасад
ТАГ-ЭЕЗИ, Эе
ТАЕВАТААТ, Ноху
ТАЗ-КААН, Ульгень
ТАИСИЯ, Мария Египетская
ТАЙГЕТА, Плеяды
ТАЙГУН, Цзян-тайгун
ТАЙКЕКУ, Тайцзи
ТАЙОВА, Кокиянгвути
ТАЙ-ХАО, Бай-ди, У ди, Фу-си
ТАЙ-ЦЗИ ГУФО, У-шэн лаому
ТАЙЦИН, Сань цин, Сянь
ТАЙЧЖАН, Юй
ТАЙШАН ДАО-ЦЗЮНЬ, Сань цин
ТАЙШАН ЛАО-ЦЗЮНЬ, Цзыгу
ТАЙШАНЬ-ВАН, Дийюй, Тайшань
ТАЙШАНЬ НЯННЯН, Бюся юаньцзюнь
ТАЙШАНЬ ФУЦЗЮНЬ, Тайшань
ТАЙШАНЬ-ЦЗЮНЬ, Вэньюаньшуай
ТАКАГИ, Амэно вак-хико, Токамимусуби
ТАКАРО, Тагаро
ТАКИРИ-ХИМЭ, Адзисикитака
ТАКШАКА, Наги, Парикшит, Шеша
ТАКЭМИНАКАТА, О-кунинуси, Такэмикадзути
ТАКЭФУЦУ-НО КАМИ, Такэмикадзути

ТАКЭХАЯ СУСАНООО-НО МИ-КОТО, Сусаноо
ТАЛ, Талос
ТАЛА, Лока, Отхан-Галахан
ТАЛАЙ, Балу
ТАЛАЙ, Эрифила
ТАЛАЙ-КАН, Йер-су
ТАЛАС, Манас
ТАЛАССА, Галина
ТАЛИПИНУ, Телепинус
ТАЛЛО, Горы, Хариты
ТАЛЛУХ, Тристан
ТАЛТИБИЙ, Талфибий
ТАЛЬТИУ, Миль
ТАМАЕРИ-ХИМЭ, Дзимму-тенно
ТАМАС, Гуна, Тримурти
ТАМАХПРАБХА, Аддхалока
ТАМГАРТ, Баба Докия
ТАМДИН, Дагшед, Докшиты
ТАМИР, ТАМИРИС, Фамирид
ТАМИСРА, Нарака
ТАМЫЖ-ЕРДЫ, Ерд
ТАН, И инь
ТАНАОА, Тангароа
ТАНВИЕН, Шон Тинь
ТАНГАЛОА, Тангароа
ТАНГАРО, Тагаро
ТАНГНИОСТР, Тор
ТАНГРИСНИР, Тор
ТАНГУ, Сяньчи
ТАНГУН ВАНГОМ, Хванун
ТАНГЫМ, Самбульчесок
ТАНМА, Лхамо
ТАННИН, Левиафан
ТАНУН, Хванун
ТАНУНАПАТ, Агни
ТАОДУШАНЬ, Сяньчи
ТАО-ТЕ, Чи-ю, Шунь
ТАО-У, Шунь
ТАПАЛ-ОЙКА, Куль-отыр, Мир-суснэ-хум
ТАПАРЛОКА, Брахмалока, Лока
ТАПИАТАР, Тапио
ТАПИОЛА, Тапио
ТАПХАНА, Сок Тхархэ
ТАРАКА, Асуры, Ваджранга, Дити, Индра, Парвати, Сканда
ТАРБАГАН-МЕРГЕН, Эрхий-мерген
ТАРВИ, Амертат
ТАРКУ, Торк Ангех
ТАРЛА-БЕКЧИСИ, Жир иясе
ТАРЛАН ЭХЕН БУХА, Буханойон бабай
ТАРТЕТТИЙ, Орф
ТАРУ, Телелинус
ТАРУМУСУБИ, Мусуби
ТАРХЕТИЙ, Ромул
ТАСМАНАТ, Карату
ТАСОС, Агенор
ТАТРАШ, Тотреш
ТАТУГУ КОНОНИ, Пемба
ТАТЭЛ-ПЭДУРИИ, Мама-пэдурии
ТАУВЕТСУВАН, Пи
ТАУХИРИ, Ранги
ТАХИН, Тпалок
ТАХМУРАС, Пишдадиды, Тахма-Урупа
ТАХМИНА, Рустам, Сухраб
ТАШЕТИНГ, Канченджанга
ТАШМЕТУ, Набайя
ТАШМИШУ, Тешуб, Хазза и Намни
ТВАЛЕН, Семар
ТВАШТРИ, Брахма
ТЕАНО, Акамант, Феано
ТЕВДОРЕ, Тедоре
ТЕВЕЦ, Авимелех
ТЕВФРАНТ, Телеф, Теспий
ТЕЗЕЙ, Тесей
ТЕЙНЕ ПОКЛА МОСИРИ, Нитне камуй мосири
ТЕЙОДАМАТ, ТЕЙОМЕН, Гилас
ТЕЙШЕБА, Тешуб
ТЕКК, Бальдр, Локи
ТЕЛЕБОИ, Алкмена, Амфитрион, Геракл, Ликимний, Электрион
ТЕЛЕВТ, Текмесса
ТЕЛЕФОНТ, Эпит
ТЕЛЛОНУС, Теллус
ТЕЛЬМИСС, Галеот
ТЕЛЬПОЧТЛИ, Тескатлипока
ТЕМИДА, ТЕМИС, Фемида

ТЕМИР-КАН, Йер су
ТЕНЕС, Ахилл
ТЕНИЗ, Огуз-хан
ТЕНИС, Усиньш
ТЕНО-НГА, Нга
ТЕОДОРОС, Герофила
ТЕОФАНА, Феофана
ТЕПЕЙОЛОТЛЬ, Тескатлипока
ТЕРЕ, Туле
ТЕРЕЙ, Пандион, Прокна
ТЕРИМАХ, Мегара
ТЕРМАСИЯ, Деметра
ТЕРМУТИС, Рененутет
ТЕРСАНДР, Тисамен
ТЕСПИАДЫ, Теспий
ТЕСТАЛ, Авгий
ТЕСТИЙ, Теспий
ТЕТЕОИННАН, Тласольтеотль
ТЕТИЯ, Тефида
ТЕТРА, Фоморы
ТЕФИЯ, Тефида
ТИАНТ, Адонис, Смирна
ТИВАТ, Истанус
ТИГРАН, Аждахак, Вахагн
ТИГРАНУИ, Аждахак
ТИЕРМЕС, Мяндаш
ТИЕСТ, Фиест
ТИКИТИКИ, На-реау
ТИЛ, Дамасин
ТИЛОПА, Ваджрадхара, Махасиддхи
ТИНА, ТИНИЯ, Тин
ТИНГИЛАУ, ТИНГИРАУ, Тинирау
ТАНТЬЯ, Санг Хьянг Тунггал
ТИРИММ, Эриал
ТИРОС, Тира
ТИРРЕН, Тархон
ТИРСЕН, Гегелей
ТИРУМАЛЬ, Маль
ТИСРОНДЕЦАН, Шиндже
ТИТАНИДЫ, Арам, Геката, Гея, Рея, Тефида, Титаны, Фемида
ТИТЛАКАУАН, Тескатлипока
ТИУ, Один, Тюр
ТИУКОПОИЕРЕРА, Тоиекунра
ТИФИЯ, Тефида
ТИЯТ, Истанус
ТЛАЛЛИ-ИПАЛО, Тласольтеотль
ТЛАНУВА, Тсоона
ТЛАЛЬТЕКУТЛИ, Сипактли
ТЛАТАУКИ ТЕСКАТЛИПОКА, Шипе-Тотек
ТЛАУИСКАЛЬПАНТЕКУТЛИ, Кецалькоатль
ТЛИЛАН-ТЛАПАЛЛАН, Кецалькоатль
ТЛОКЕ-НАУАКЕ, Тонакатекутли
ТЛЫ НИВХ, Тлы ыз
ТМОЛ, Омфала
ТОАР, Лумимуут, Мунтуунту
ТО-АРА-ЛИНДО, Ндара
ТОБАДСИДСИННИ, Ахайюта
ТОВ, ТОВИ, Пупыг
ТОВЛЫНГ-КАРС, Мир-суснэ-хум
ТОВЛЫНГ-ЛУВ, Мир-суснэ-хум
ТОГО МУСУН, Подя
ТОДОДАХО, Атотархо
ТОЕТАМА-БИМЭ, Хоори
ТОЕФУЦУ НО КАМИ, Такэмикадзути
ТОИКУНРАРИГУРУ И ТОИКУНРАРИМАТ, Тоиекунра
ТОЗ, Траэтаона
ТОККАККВИ, Токкэби
ТОКЛОК, Цолмон
ТОКСЕЙ, Калидонская охота
ТОКУГАВА ИЭЯСУ, "Семь богов счастья"
ТОКЧОКСАН, Сансин
ТОЛ НИВХ, То ыз
ТОМАНУРУНГ, Батара Гуру
ТОМО, Пулугу
ТОНАКАСПУАТЛЬ, Тонакатекутли
ТОНАЦИН, Сиуакоатль
ТОНК, Лунг
ТОНМУЛЬСИН, Квисин
ТОНСИН СОНМО, Люхва
ТОНХЭСИН, Мульквисин
ТООНА, Гиганты
ТООНЕЛА, ТООНИ, Манала

ТООРА, Таара
ТООРУМЕС, Таара
ТООСА, Полифем
ТОРГАНДРИ, Торганэй
ТОРНРАК, Торнгарсоак
ТОРОА, Латуре Дане
ТОРРАЙТ, Торнрайт
ТОРУМ, Нуми-Торум
ТОСИ, Тласольтеотль
ТОТА, Шиутекутли
ТО-ТА ЛИ, Ли-тяньван
ТОТЕК, Тонатиу
ТОТТЫАДУО, Нга
ТО ЭДЕНИ, Подя
ТРАЙЛОКЯВИДЖАЯ, Бодхисатва
ТРАЙТАОНА, Траэтаона
ТРАК СИНМО, Синмо
ТРАСАДАСЬЮ, Дадхикра
ТРАСОС, Аний
ТРЕСКУН, Мороз
ТРЕТАЮГА, Брахма, Икшваку, Юга
ТРЕТЬЯК, Иван Дурак
ТРЕХГЛАЗКА, Одноглазка
ТРИВИЯ, Геката, Диана
ТРИИ, Фрии
ТРИЛОЧАНА, Шива
ТРИОП, Канака
ТРИПУРА, Асуры, Брахма, Брихаспати, Варуна, Данавы, Майя, Мандара, Шива
ТРИСМЕГИСТ, Тот
ТРИТА АПТЬЯ, Трита
ТРИТИЯ, Меланипп
ТРИТОНИДА, ТРИТОГЕНЕЯ, Афина
ТРИТОНИДА (нимфа), Афина
ТРИТОНИЙСКОЕ ОЗЕРО, Аргонавты, Афина
ТРИШАЛА, Махавира
ТРИШАНКА, Вишвамитра
ТРИШИРАС, Вишварупа, Индра
ТРИШНА, Кама
ТРОЙ, Клеопатра, Трос
ТРОХИЛ, Эвбулей
ТРОЯН, Триглав
ТРУД, Тор
ТРУДГЕЛЬМИР, Имир
ТРУДХЕЙМ, Асгард, Тор
ТРЬЯМБАКА, Рудра
ТРЮМ, Етуны, Локи, Фрейя
ТРЮМХЕЙМ, Ньерд
ТРЯСОВИЦЫ, Лихорадки
ТСОЕДЕ, Соко
ТСУИ-ГОАБ, Хейтси-Эйбиб
ТУАН БУБИ НА БОЛОН, Мула Джади
ТУАН РУМА УХИР, Мангалабулан, Сидеак Паруджар
ТУВАЛ-КАИН, Каин, Ной, Патриархи
ТУГАРИН ЗМЕЕВИЧ, Тугарин
ТУГНЫГАТ, Торнайт
ТУГОРКАН, Тугарин
ТУГРА, Бхуджью
ТУДУ, Брахмалока
ТУИ, Тури
ТУЙ-НГУО, Нга
ТУЙ-НЯМЫ, Моу-нямы
ТУЛ-АВА, Тол-ава
ТУЛАН, Балам-акаб
ТУЛ ГОСТИЛАЙ, Горации
ТУЛИ, Тури
ТУМЕН ДЖАРГАЛАН, ТУМЕН ЯРГАЛАН, Гесер
ТУНГ И ТОТ, За Зэн
ТУОНЕЛА, Вяйнямейнен, Лемминкяйнен, Манала
ТУОНИ, Вяйнямейнен, Лемминкяйнен, Манала
ТУПУА, Аниту
ТУРА-ТЫЛА, Султи-тура
ТУРВАСА, Лунная династия
ТУРГУ, Торк Ангех
ТУРМС, Тин
ТУРН, Амата, Камилла, Лавиния, Мезенций, Нептун, Эвандр, Эней, Ютурна
ТУРТУР, Думузи
ТУРУ-КАВА, Ндэнгеи
ТУРХ ТРУЙТ, Дикая охота
ТУСИН, Мама Соннимм
ТУТСИ, Имана
ТУТУЛИНА, Семоны, Церера
ТУУРИ, Таара
ТУШЕД РЫБШЕ, Кини
ТУЯ, Эхе-бурхан

ТХАБА-ЕРДЫ, Ерд
ТХАРХЭ, Сок Тхархэ
ТХЕНЫ, Ветсуван, По Тхен
ТХОДЖУСИН, Тходжу
ТХОТУН, Гесер
ТХОТУН-ЦОТОН, Докшиты
ТХЭБ ЙУМО, Далха
ТХЭДЖО, Кимби-тэван
ТХЭЫЛЬСОН, Ханыним
ТЫЛ, Ванапаганы, Калевипоэг
ТЫРПУЛ СУРАТАКАН ТУРА, Султи-тура
ТЫХЫФЫРТ МУКАРА, Уаиг
ТЭГАМСИН, Тэгам
ТЭМПОН ТИАВОН, Тэмпон Тэлон
ТЭМУ ЭДЕНИ, Тэму
ТЭНГЭРИЙН СУМУН, Аянгын сум
ТЭНКАЙ, "Семь богов счастья"
ТЮРМАС, Хормуста
ТЮШТЕНЬ, ТЮШТЯ, Тюштян
ТЯНГ ЛОКО, Лун Кунг
ТЯНЬ БО-СЮЭ, Вэнь-шэнь
ТЮНЬБЭНЬ, Ню-ван
ТЯНЬ-ГУАНЬ, Сань гуань, Фу-син, Цай-шэнь
ТЯНЬНЮЙ, Сяньнюй
ТЯНЬСЯНЬ, Сянь
ТЯНЬ-ФЭЙ, Тянь-хоу
ТЯНЬХЭ, Ню-лан
ТЯНЬХУА НЯННЯН, Доу-шэнь
ТЯНЬ-ХУАН, Сань хуан
ТЯНЬ-ЦЗЫ, Тянь
УАДЖИТ, Уто
УАКЕА, Атеа
УАКЕ ИНТИ, Инти
УАЛЬРИ, Юрупари
УАСГЕРГИ, Уастырджи
УАТАХ, Кухулин
УБЕЛУРИ, Улликумме
УБРИЯШ, Хутха
УБУРЛЫ-КАРЧЫК, Убыр
УВАЦУЦУ-НО О, Сумиеси
УВЕЙЕ КАРАНИ, Пиры
УВЕКАРЕ НОТЕРЕКЕ, Канна мосиры
УВОКЕ, Атеа
УВЫР, Мяцкай, Убыр
УГАДЗИН, О-гэцу-химэ
У ГАН, Восемь бессмертных
УГРА, Рудры
УГРАСЕНА, Канса
УГУАН ВАН, Диюй
УДАДЖИКУМАРА, Бхаванавасины
УДДИЯНА, Джамбудвипа
УДЕЙ, Спарты
УДУНТАЙ БАДАНТАЙ, Чорос
УЖХАРА, Ишхара
УЗА, Азазель
УЗЗАЙАН, Узза
УИ, Ху
УИНИРУМАЙУТУК, Седна
УИРАКОЧА, Виракоча
УИШАНЬ, Пэн-цзу
УКАНОМИТАМА, Инари, О-гэцу-химэ
УКАРА, Маявока
УКС-АККЕ, Маддер-акка
УКЭМОТИ, О-гэцу-химэ, Цукуеми
УЛАН САХИУС, Джамсаран
УЛГЕН, Этуген
УЛГЕН ДЕЛХЕЙ, УЛГЕН ЭХЕ, Ульгень, Этуген, Эхе-бурхан
УЛУ ЦАЙ-ШЭНЬ, Цай-шэнь
УЛЬВЕЙ, Есь, Хоседэм
УЛЬКЕР, Мичит
УМА, Деви, Дурьодхана, Индра, Кубера, Менака, Парвати
УМИСАТИ-БИКО, Ходэри
УМЛУНГУ, Мулунгу
УН, Хванун
УНВАЛИ, Мвари
УНД НУНГУИ, Нунгуи
УНИАНГ ТЕНАНГАН, Тамей Тингей
УНКТАХЕ, Уинктехи
УННАТИ, Гаруда
УНТАМО, Куллерво
УНТАМОЛА, Похьела
УНТУЛ ЭБЕЛ, Залзанагый УОР, Юер

УПАМАНЬЮ, Ашвины, Шива
УПАСРУЯМБЕВНЪУК, Тоиекунра
УПАСУНДА, Апсары, Асуры, Брахма, Вишвакарман, Индра
УПЕНДРА, Вишну
УПИЙ, Борм
УПУА, Алахатала
УПУНУСА, Упулере
УРАЗМЕГ, Урызмаг
УРАЙ, Вырий
УРАШ, Ан, "Семерка"
УРВАЗИШТА, Спеништа
УРВАКАНЫ, Уруаканы
УРВАХШАЙ, Трита, Хаома
УРД, Иггдрасиль, Норны!
УРДЖА, Васиштха
УРДХВАКЕША, Рудры
УРЕ, Мауи
УРЕЙ, Тефнут, Уто
УРИЕЙ, Гирией
УРЖАВА, Жир иясе
УРЗАБАБА, Саргон
УРИЭЛЬ, Ангелы
УРИЯ ХЕТТЯНИН, Давид, Дауд
УРМАЙ-ГОХОН, Гесер
УРМАН ИЯСЕ, Арсури, Пицен, Шурале, Эе
УР-МИШ-НЕЙ, Мис
УРОМ, Инмар
УРТИЛ ЧИТУ, Идор
УРУ, Ангирас
УРУСЛАН ЗАЛАЗАРОВИЧ, Еруслан Лазаревич
УР-ШАНАБИ, Нанше
УРЭТКА, Синкэн
УСАЛ, Арсури
УСЕНЬ, Авсень, Усиньш, Ушас
УСИПИ, Амирани
УСИР, Осирис
УСОЙ, Кусар-и-Хусас
УСУД, Суд
УСЫНЕЧ, УСЫНКА, Горыня, Дубыня и Усыня
УСЫНЯ, Горыня, Дубыня и Усыня; Святогор
УТАЙШАНЬ, Джамбудвипа
УТА САГАН-НОЙОН, Божинтой
УТЕНУС, Швинторог
УТ-НАПИШТИ, Атрахасис, Гильгамеш, Девкалион, Енох, Зиусудра, Ной
УТТАНАПАДА, Дхрува
УТТАНКА, Джундху
УТТАРА-ПХАЛГУНИ, Бхага
УТУГУН, Этуген
УТУККУ, "Семерка"
УТХЭ, Онджо
УТ ЭХЕ, Отхан-Галахан
У-ФАН ЛЭЙ-ГУН, Лэй-цзу
УХА ЛОСОН, УХА ЛУБСАН, Лу
УХАН ХАН, УХАН ХАТ, Лу
УХИН ХАРА-ТЕНГРИ, Охинтенгри
УЦ, Иов
У-ЦЗИ ШЭНЦЗУ, У-шэн лаому
УЧЖИЦИ, Юй
УЧ КУРБУСТАН, Хормуста
УЧУ, Манко Капак
УЧЧАЙХШРАВАС, Сурья
УША, Ушас
УШАНА, Ваджра
УШАНАС, Асуры, Брахма, Рудра, Шукра
УШИДЖ, Агни
УШИНАРА, Агни, Индра
УШНИХ, Савитар
УЭМАК, Толлан
ФААХОТУ, Атеа, Папа
ФАВНА, Фавн
ФАВОР, Девора
ФАВФАВАОФ, Архонты
ФАГР, Мелитей
ФАДДЕЙ, Двенадцать апостолов
ФАЕННА, Хариты
ФАИТИ-РИ, Тафаки
ФАЛЕР, Лапифы
ФАЛИЯ, Талия
ФАЛУВОНО, Фа
ФАМАРЬ, Иуда
ФАМАРЬ, Давид
ФАММУЗ, Таммуз
ФАНАТ, Танатос
ФАН ГУЙ, Хо Бу
ФАНД, Кухулин

ФАНЕС, Митра
ФАНЕТ, Эрот
ФАННИД, Кызы, Нга, Тодоте
ФАНР, Калу
ФАНТ, Феано
ФАНФЭН-ШИ, Юй
ФАНЧЖАН, Инчжоу, Самсинсан
ФАНЬЯНАГ, Чаотхи
ФАРА, Рафара
ФАРАВАРИ, Рафара
ФАРАНГИС, Кай Хусроу, Сйаваршан
ФАРБАУТИ, Локи
ФАРЕС, Иуда
ФАРИБУРЗ, Барзу
ФАРИДУН, ФЕРИДУН, Артавазд, Джамшид, Заххак, Кава, Керсаспа, Пишдадиды, Рустам, Траэтаона, Тура
ФАРИШТА, Трита
ФАРНА, Фарн
ФАРОМАРЗ, Барзу
ФАРР, ФАРРО, Митра, Фарн
ФАРРА (ТЕРАХ), Авраам
ФАР (Р) О, Фврн
ФАРФАВАОФ, Архонты
ФАТА МОРГАНА, Моргана
ФАТА-ПЭДУРИИ, Мама-пэдурии
ФАТЕА, Атеа
ФАТИМАТА-БЕЛЛЕ, Фаран
ФАТУЯ, Фавн
ФАТЫ, Парки, Фатум
ФАУНА, Майя
ФАУСТУЛ, Акка Лаврентия, Лемуры, Ромул
ФАФА, Пулоту
ФА-ЦЗЮ, Лохань
ФЕБ, Аполлон
ФЕБАЛ, Бран
ФЕБРИС КВАРТАНА, Фебрис
ФЕБРИС ТЕРТИАНА, Фебрис
ФЕГЕЙ, Акарнан, Алкмеон, Алфесибея, Арсиноя, Каллироя
ФЕДОР ВОДОВИЧ, Горыня, Дубыня и Усыня
ФЕДОР ТИРОН, Добрыня Никитичи
ФЕЙЯ, Гелиос, Тейя
ФЕМА, Измаил
ФЕМИСТО, Афамант, Галеот
ФЕНЬЯ, Фрейр
ФЕОПИСТ, Георгий
ФЕРГАЛ, Бран
ФЕРСАНДР, Тисамен, Эпигоны
ФЕРОНИКА И ФЕРЕФОНА, Молиониды
ФЕРСИТ, Терсит
ФЕСАН, Тезан
ФЕСМОФОРА, Деметра
ФЕСПИЙ, Теспий
ФЕСПРОТЫ, Пирифой, Тлеполем, Фиест
ФЕСТИЙ, Алфея, Калидонская охота, Леда, Тиндарей
ФЕХУ МАМА, Мама
ФИ, Хуоны
ФИАЛО, Алкимедонт
ФИБАНЫ, Фимыной
ФИДАЛЕЯ, Бизант
ФИДИПП, Антиф
ФИКОЛ, Волхвы
ФИКС, Орф, Сфинкс
ФИЛАК, Биант
ФИЛАММОН, Фамирид, Хиона
ФИЛИПП, Варфоломей, Двенадцать апостолов, Симон маг
ФИЛИРА, Кентавры, Кронос, Паламед, Хирон
ФИЛОМАХА, Пелий
ФИЛОМЕЛА, Бут, Пандион, Прокна, Эрехфей
ФИЛОНОМА, Кикн
ФИЛОНОЯ, Беллерофонт
ФИМБУЛЬВЕТЕР, Рагнарек
ФИМОНОЯ, Фемоноя
ФИОУ, Хиоу
ФИРИЯ, Талия
ФИСБА, Пирам
ФЛЕГЕТОН, Аид
ФЛЕГРЕЙСКИЕ ПОЛЯ, Алкионей, Геракл, Гиганты
ФЛОР И ЛАВР, Михаил
ФО, Ненкатакоа
ФОАНТ, Гипсипила, Дионис

ФОБОС, Арес, Афродита, Гелос
ФОЙНИК, Феникс
ФОЛ, Геракл, Кентавры, Хирон
ФОЛЛА, Фригг
ФООСА, Форкис
ФОРБАНТ, Авгий
ФОРКИЙ, Горгоны, Граи, Ладон, Эхидна
ФОСФОР, Дедамон
ФРА, Мутум
ФРАВАРТИ, Фраваши
ФРАСИЙ, Бусирис
ФРАСИЯК ТУР, Барзу
ФРАУ ХОЛЛЕ, Баба-яга
ФРЕКИ, Один, Ренрир
ФРЕТОН, Траэтаона
ФРИКС, Аргонавты, Афамант, Гелла, Гермес, Ино, Нефела, Финей, Ээт, Ясон
ФРИТА, Трита
ФРИЯ, Один, Фригг
ФРИЯН, Ахтйа
ФРОДИ, Один, Фрейр, Хаддинг
ФРОТО, Хаддинг
ФРОЭХ, Бефинд
ФРУТИС, Венера
ФТИЙ, Ларисса
ФТИЯ, Аминтор, Феникс
ФТИЯ, Этол
ФУКЭН, Пусянь
ФУРАЧОГА, Бачуэ
ФУРКА, Курюко, Села
ФУРОНГТХИНГ, Канченджанга
ФУ-ФЕЙ, Ло-шэнь
ФУЧАНЬУ, Ли Чжу
ФУ-Ю, Гун-гун
ФЫРГЫНЬ, Калбесэм
ФЬЕЛЬНИР, Фрейр
ФЬЯЛАР и ГАЛАР, Мед поэзии
ФЭЙ-ЛУН, Чжуань-сюй
ФЭНБО, Лун-ван, Лэй-цзу, Пхунсин
ФЭНДУ-ШЭНЬ, Дийюй
ФЭН-МЭН, И
ФЭН-СЮ, Фэн-и
ФЭНЬИ, Хэбо
ХА, Аш
ХАБОШИ-ХАТУН, Хоридой
ХАБУЧИ, Мамов
ХАВАИКИ, Гаваики
ХАВАККУК, Даниил
ХАВВА, Хебат
ХАВЛ, Син
ХАГЕН, Гудрун, Нибелунги, Сигурд, Хегни, Хетель и Хильда
ХАГУР, Иныжы
ХАГША ХАМАГАН, Мангус
ХАДАВУ, Хадау
ХАДАД, Измаил
ХАДДАД, Атаргатис, Балу
ХАДЖАР, Исмаил
ХАДЖЕР, Сухраб
ХАДО, ХАДУ, Хадау
ХАЙА, Энки
ХАЙДАР-БАБА, Пиры
ХАЙКАШЕН, Хайк
ХАЙЯ, Нисаба
ХАКИМ-АТА, Амбар-она
ХАЛ, ХАДАНАСЫ, Албасты
ХАЛАЮДХА, Баларама
ХАЛЕВ, Иисус Навин
ХАЛКИОПА, Аргонавты
ХАЛЛАСАН, Ильмунгван Парамун, Самилла, Сонмундэ Хальмон
ХАМ, Адам, Нимврод, Ной; Сим, Хам, Иафет
ХАМАН, Карун
ХАМ БОГДО ДАИН ДЕРХЕ, Даин Дерхе
ХАМДАЛЬПХА, Сок Тхархэ
ХАММАН, Амма
ХАММОН, Баал-Хаммон
ХАМЧИ ПАТРАЗ, ХАМЧИЙ ПАТАРАЗ, Батрадз, Дунен Беркат, Нарты, Хамчи Патраз
ХАНА-ТЕНГРИ, Отхан-Галахан
ХАН-БАТЫ, Цолмон
ХАНГАЙ, Отхан-Галахан
ХАНГАРИД, Аврага Могой, Гаруда
ХАН ГАРУДИ, Гаруда
ХАНГИ, Вамара
ХАНДУТ-ХАТУН, Михр

ХАНЗАЛА, Анка, Асхаб ар-расс
ХАНИ, Нисаба
ХАНИШ, Адад
ХАН МОНХЕ ТЕНГРИ, Тенгри
ХАННАХАННА, Телепинус
ХАНОХ, Каин
ХАН-ТЕНГРИ, Тенгри
ХАНТУ, Раджи
ХАН-УЗЗАЙ, Узза
ХАНУЛЛИМ, Хануним
ХАН ХЮРМАС, Хормуста
ХАН ШАРГАЙ-НОЙОН, Шаргай-нойон
ХАН ЩЕНЗЫ, Восемь бессмертных
ХАНЫ, ХАТЫ, Дзячи, Хормуста, Шаргай-нойон, Эдзены, Эрлик
ХАНЬ ЛЮ, Чжуань-сюй
ХАНЬ-МУ, Ба
ХАНЬ СЯН, Восемь бессмертных
ХАНЬ ЧЖУНЛИ, Восемь бессмертных
ХАНЬ-ШУ-НЮ, У ди
ХАНЯН, Оми
ХАО ЮЙ-ШОУ, У юэ
ХАО ТЯНЬ, Цзю Тянь
ХАР, Один
ХАРА, Мохини, Харихара, Шива
ХАРА БАРГЫЯ ТОЙОН, Ан аргыл ойун
ХАРА ЗУТАН, Гесер
ХАРАИТИ, Кейяниды
ХАРАМА-ОШХА, Жан-шарх, Сосруко
ХАРАНГУ-ТЕНГРИ, Божинтой
ХАРА СОХОР-ТЭНГРИ, Божинтой
ХАРА-СУЛЬДЕ, Сульде, Чингисхан
ХАРА СЫЛГЫЛАХ, Улу тойон
ХАРА ЭБУГЕН, Цаган Эбуген
ХАРБАРД, Один
ХАРДАЙ, Гаруда
ХАРИ, Бхаванавасины, Вишну, Мохини, Харихара
ХАРИВАМША, Баладева, Васудева и Пративасудева
ХАРИКЛО, Афина, Тиресий
ХАРИНАЙГАМЕШИ, Махавира
ХАРИСАХА, Бхаванавасины
ХАРМАН-ДЯЛИ, Ашыкайдын
ХАРХАББИ, Йарих
ХАРШИ КУЛА, Идор
ХАСАМИЛЬ, Камрусепа
ХАСАН, Кер-оглы, Тасм, Хусайн
ХАСАР, Шидургу-хаган
ХАСТИЕЙАЛТИ, Йеи
ХАСТИЕХОГАН, Йеи
ХАСТИЯЛТИ, Махавира
ХАСЫНГЕТ, Дотет
ХАТАКЕШВАРА, Лока
ХАТЕР, Старкад
ХАТИМАН ДАЙБОСАЦУ, Хатиман
ХАТИМАН НО-МИЯ, Хатиман
ХАТУН-МАЛГАН, Цолмон
ХАТХОР, Хатор
ХАУМА, Хаома
ХАУРВАТ, Аурват
ХАУРВАТАТ, Амертат, Амеша Спента
ХАУХЕТ, Огдоада
ХАХАКА, Амэ-но-коянэ
ХАХАХОТУ, Папа
ХАЧАВА, Кума
ХАЯНХИРВА, Докшиты, Хаягрива
ХВАГУ, Пулькэ
ХВАНБОКСА, Сибиджисин
ХВАНДЖЕ, Обан синджан
ХВАН УЯН, Сонджу
ХВАРНО, Ардвисура Анахита, Атар, Йима, Франграсйан
ХВАРРА, Фарн
ХВАРС, ХВАРЦ, Сухасулу
ХВАРЭНА, Фарн
ХВТИСШВИЛИ, Гмерти, Квириа

ХЕДАММУ, Кумарби, Шавушка
ХЕДИН, Один, Хетель и Хильда, Эйнхерии
ХЕДИН И ХИЛЬД, Хетель и Хильда
ХЕЙД, Ваны, Гульвейг
ХЕЙ-ДИ, Бай-ди
ХЕЙДРУН, Вальхалла, Иггдрасиль, Мед поэзии
ХЕЙСЕГЕЙБ, Хейтси-Эйбиб
ХЕЛИДОНА, Аэдона
ХЕЛЬБЛИНДИ, Локи
ХЕМА, Тафаки
ХЕНМУ, Сасин
ХЕНТЕЙ-ХАН, Даин Дерхе
ХЕОРОТ, Беовульф
ХЕРЕТИ, Гаруда
ХЕРМОС, Хормуста
ХЕРУКА, Акшобхья, Идам
ХЕРЬЯН, Один
ХЕСАТ, Мневис
ХЕТАГ, Хетаджи дзуар, Хохы дзуар
ХЕТТУРА (КЕТУРА), Авраам
ХИДИМБА, Бхима
ХИЗР, Манас
ХИИДЕЛА, Хийси
ХИКОКО-НО НИНИГИ-НО МИКОТО, Ниниги
ХИКУЛЕО, Пулоту
ХИЛМАН САГАН-НОЙОН, Божинтой
ХИЛЬД, Валькирии, Один, Хетель и Хильда, Эйнхерии
ХИЛЬДЕБРАНД, Гудрун
ХИМАЛАЙ, Ила, Химават
ХИМИНБЬЕРГ, Асгард, Биврест, Хеймдалль
ХИМИШ, Вако-нана
ХИМЭГАМИ, Хатиман
ХИНДАРФЬЯЛЛЬ, Сигурд
ХИНЕ, Хина
ХИНКЭН, Синкэн
ХИННОМ, Геенна, Молох
ХИОС, Фрейя
ХИРАМ, Дан
ХИРАНЬЯЛОЧАНА, ХИРАНЬЯНЕТРА, Хираньякша
ХИРМАС, Хормуста
ХИРО, Фиро
ХИРУКО, Эбису
ХИСАГА-ТЕНГРИ, Тенгри
ХИТАРАН-ЗАРИН, Цолмон
ХКУНГ, Дам Шан
ХЛЕР, Эгир
ХЛИДСКЬЯЛЬВ, Один
ХЛИН, Асы
ХЛОДЮН, Тор
ХЛОРИДА, Мелибея, Мопс, Нелей
ХЛОРИДА, Тор
ХЛОЯ, Деметра
ХМЕТМОУРАВИ, Квириа
ХНАНТАИТИ, Керсаспа
ХНИКАР, Один
ХНИТБЬЕРГ, Мед поэзии
ХНИФЛУНГ, Нибелунги
ХОБНИЛЬ, Бакабы
ХОВЕЗА, Кер-оглы
ХОГАРАМ, Карамсин
ХОГЕАР, Гибриел Хрештак, Грох
ХОГЕН, Ван Гон
ХОГОН, Ким Альджи
ХОГУ ПЕЛЬСОН, Мама соним
ХОДАЙ, Хадау
ХОДДМИМИР, Лив и Ливтрасир, Рагнарёк
ХОДЖУ, Токкэби
ХО-ДЭ ТЯНЬЦЗЮНЬ, Сетянь цзюнь
ХОЖИР ХАРА-ДАРХАН, Божинтой
ХОЖОРИ, Долон Эбуген
ХОК-ХОК, Баксбаква-лануксивэ
ХО МАРАЛ, Борте-Чино, Нукуз и Киян, Чойджины
ХОМШИМ, Авалокитешвара
ХОН-ГИЛЬДОН, Стрелок-солнце
ХОНГОР, Джангар
ХОНГШИМ, Авалокитешвара
ХОНИ, Семь спящих отроков
ХОНТХО, Ильмунгван Парамун
ХОНШИМ, Авалокитешвара
ХООХОКУ, Папа
ХОР, Гор
ХОРАЛДАР-БУРХОР-АМИ, Уацамонга
ХОРАФ, Илия
ХОРИВ, Илия, Моисей, Неопалимая купина
ХОРИВ, Кий
ХОРИВА, Рюрик, Синеус и Трувор
ХОРИ-МЕРГЕН, Хоридой
ХОРМОС, ХОРМУС, Хормуста
ХОР САГАН-НОЙОН, Божинтой
ХОРСО-МЕРГЕН, Хухедей-мерген
ХОРТЛАК, Убыр
ХОРТЫЛАКНЕР, Горнапиштикнер
ХОРХУТ, Коркут
ХОРЫ, Гесер
ХОСАН-ЭК, Бакабы
ХОСЕДЭБОАМ, Хоседэм
ХОСОН МАМА, Мама соним
ХОСУСЭРИ-НО МИКОТО, Ходэри
ХОСЫХАН, ХУСЫХАН, Буха-нойон бабай
ХОТАЛ-АГИ, Хотал-эква
ХОТАРЫ, Риши
ХОТГОР, Мангус
ХОТРА, Сарасвати
ХОУ ЖЭНЬ ХУАН ЦЗЮНЬ, Сань хуан
ХОУ ТЯНЬ ХУАН ЦЗЮНЬ, Сань хуан
ХОХАН, Убыр
ХОХОСО, Хухедей-мерген
ХОШЙАНГА, Каюмарс
ХОШАНЬ, У юэ
ХРИМТУРСЫ, Етуны, Иггдрасиль, Имир
ХРИНГХОРНИ, Бальдр
ХРИПХКРАУП, Нфанва
ХРИСЕИДА, Агамемнон, Брисеида, Хрис
ХРИСТ, Валькирии
ХРИСТОС, См. Иисус Христос
ХРОДМАР, Хельги
ХРОЛЬВ ЖЕРДИНКА, Хельги
ХРОМИЯ, Этол
ХРОНОС, Кронос
ХРОФТ, Один
ХРЮМ, Нагльфар, Рагнарёк, Хель
ХТОНИЙ, Аид, Зевс
ХТОНИЙ, Спарты
ХТОНИЯ, Деметра
ХУАШАНЬ У юэ
ХУАН ИН-ДУ, Вэнь-шэнь
ХУАНЛУН, Лун
ХУАН-ЦЗИ-ГУФО, У-шэн лаому
ХУАРЕЛДАРИ, Хоралдар
ХУБА, Хебат
ХУББИ-ХОДЖА, Амбар-Она
ХУБИЛАЙ, Тенгри, Чингис-хан
ХУВЕ, ХОВЕ, Хуваеане
ХУГДЕ, Хухедей-мерген
ХУГИ, Тор
ХУГИН, Один
ХУДЫШ, Сасрыква
ХУКАРЬЯ, Каома
ХУЛАГУИДЫ, Нукуз и Киян
ХУЛБИГАНЫ, Мангус
ХУЛИЯММА, Амма
ХУЛТЕЙ-ХАТАН, Хухедей-мерген
ХУЛУППУ, Гильгамеш
ХУЛЬ-ОТЫР, Куль-отыр
ХУМАЙ, Умай
ХУНГ, Лак Лаунг Куан, Тхюй Тинь, Шон Тинь
ХУН-ГУАН, Жу-шоу
ХУНДИНГ, Сигурд, Хаддинг, Хельги
ХУН-КАМЕ, Вукуб-Каме, Хун-ахпу и Шбаланке
ХУН САГАН-НОЙОН, Божинтой
ХУНСТАГ, Хунсаг
ХУНТУ, ХУНУ, Цагн
ХУН-ХУН-АХПУ, Хун-Ахпу и Шбаланке
ХУНЬ, Калбесэм
ХУНЭХЭ, Сунс
ХУОНТОН, Хуоны
ХУПАСИЯС, Иллуянка
ХУРАС АНТАРАКАН, Султи-тура
ХУРИИ, Гурии
ХУРМАСТ, Хормуста
ХУРМЕН-ЭЖИН, Эрлик
ХУРМАЗТА, ХУРМУЗТА, Хормуста
ХУРРИ, Мурджилэ, Мьезилэ, Зорилэ
ХУРСАЙ-САГАН, Хухедей-мерген
ХУРТ СУРАТАКАН ТУРА, Султи-тура
ХУСОР, Кусар-и-Хусас
ХУСЫХАН, Буха-нойон бабай
ХУТЕНА-ХУТЕЛЛУРА, Худена-Худеллура
ХУТРАН, Хумпан
ХУТСВАНЕ, Хуваеане
ХУТУ, Хику
ХУТУИНЕ, Худена-Худеллура
ХУХЕ МОНХЕ-ТЕНГРИ, Тенгри, Шаргай-нойон, Эсеге Малан-тенгри
ХУХУ, Абнуаую
ХУХЭ БУХА, Буха-нойон бабай
ХУШ, Нимврод
ХУШАНГ, Дэвы, Каюмарс, Пишдадиды, Хаошьянгха
ХУШБИША, Хумпан
ХУЭЙ-ЛУ, Хо бу, Хо-шэнь
ХШАТРА ВАЙРЬЯ, Амеша Спента
ХЫКЧЕ, Обан синджан
ХЫУ ЭЙЯХЕ, Су иясе
ХЬЕРВАРД, Хельги
ХЬЯДНИНГИ, ХЬЯДИНГИ, Один, Хельги, Хетель и Хильда, Эйнхерии
ХЬЯЛЬМ-ГУННАР, Валькирии
ХЬЯНГ ИСМАЙЯ, Батара Гуру, Семар
ХЬЯНГ МАНИКМАЙЯ, Батара Гуру
ХЭБА, Аедие
ХЭБХИ, Дам Шан
ХЭВЕКИ, Сэвэки
ХЭВЛЕН, Хэглэн
ХЭДЖИ, Киджа
ХЭЛИ, Сэли
ХЭМИР, Сэли
ХЭНИ, Дам Шан
ХЭНШАНЬ, У юэ
ХЭРДИГ, Гаруда
ХЭСУН, Ирвольсонсин
ХЭ СЯНЬ ГУ, Восемь бессмертных
ХЮМИР, Мед поэзии, Тор, Тюр
ЦАВЕРН, Грох
ЦАВИ, Тлапок
ЦАГАН АВГА, Цаган Эбуген
ЦАГАН ГЕРТУ ХАН, Грох
ЦАГАН ОВГОН, Цаган Эбуген
ЦАГАТАЙ, Цогтай-хан
ЦАЙ ВЭНЬ-ЦЗЮЙ, Вэнь-шэнь
ЦАЙ-МУ, Цай-шэнь
ЦАЙ-НЮЙ, Пэн-цзу
ЦАЙ ЦЗИН, Ма-гу
ЦАЛМУН, Гедеон
ЦАМАЛУ, Акхит
ЦАН-ДИ, У ди
ЦАНЬ-НЮЙ, Цзи-шэнь, Цань-шэнь
ЦАО ГО-ЦЗЮ, Восемь бессмертных
ЦАО ДА ЦЗЯНЬЦЗЮНЬ, Вэнь-шэнь
ЦАПАНУ, Анат, Балу, Хаззи и Намни, Шапаш
ЦАРИ-ВОЛХВЫ, Волхвы
ЦАРЬ ОВИННЫЙ, Овинник
ЦАФЕНАТ-ПАНЕАХ, Иосиф Прекрасный
ЦАФОН, Балу, Хаззи и Намни
ЦАХАЛГАН-ТЕНГРИ, Тенгри
ЦГААНГ, ЦГААГЕН, Цагн
ЦЕБАОТ, Саваоф
ЦЕЛЕСТА, Диана
ЦЕРБЕР, Кербер
ЦЕРУ МАТЕ, Цероклис
ЦЕУНЕЖ, Нашгушидза
ЦЗАО-ШЭНЬ, Сы-мин, Тянь-ди, Целань-шэнь, Цзао-ван
ЦЗЕ, И инь
ЦЗИН-ГУ, Данай Фужэнь
ЦЗИНЬ-МУ, Си-ван-му
ЦЗИНЬ-НЮ, Ню-ван
ЦЗИНЬ-СИНЬ, Бай-ди, Дун-фан Шо
ЦЗИНЬТЯНЬ-ШИ, Шао-Хао
ЦЗОНХАВА, Цокшин, Шинд-же
ЦЗУН-БУ, И
ЦЗЫВЭЙ, Тай-и, Цзю тянь
ЦЗЫ-ЮЙ, Вэнь-юаньшуай
ЦЗЭН-ФУ, Тайшань
ЦЗЭН-ФУ ЦАЙ-ШЭНЬ, Цай шэнь
ЦЗЮ-ТЯНЬ ЛЭЙ-ГУН, Лэй-цзу
ЦЗЯНЬМУ, Хоу-цзи
ЦИАНА, Киана
ЦИ-ГУ, Цзы-гу
ЦИДИ-МЕЛЬКАРТ, Цид
ЦИДИ-ТИННИТ, Тиннит, Цид
ЦИКЛОПЫ, Киклопы
ЦИН-ДИ, Хэй-ди
ЦИН-ДУ, Яо
ЦИНТУХА, Вурунсему
ЦИНЬГУАН-ВАН, Дийой
ЦИРЦЕЯ, Авсон, Кирка, Мандрагора
ЦО, Цагн
ЦОЛВИ, Цолмон
ЦОНКАСТЛИ, Шиутекутли
ЦОРОС, Чорос
ЦОТОН, Гесер
ЦОЦИХА-ЧИМАЛЬТАН, Чи-малькан
ЦУБУТАЦУ-МИТАМА, Сару-да-хико
ЦУЙ ВЭНЬ-ЦЗЫ, Ванцзы Цяо
ЦУЙШЭН НЯННЯН, Данай Фужэнь, Няннян
ЦУРИКАНДА-КАМУЙ, Тоие-кунра
ЦЫ-ЦЗИ ЧЖЭНЬЖЭНЬ, Тянь-юй юаньшуай
ЦЮАНЬ-ЛИН, Тянь-юй юаньшуай
ЦЮН-СЯО, Цзы-гу
ЦЮН-ЦИ, Шунь
ЦЯНЬ-ХУАН, Чжуань-сюй
ЦЯНЬЭ, Ван Шу
ЧААШИН, Ульгень
ЧАГАДАЙ, ЧАГАТАЙ, Отхан-Галахан, Сахядай-нойон, Цогтай-хан
ЧАЕНСИН, Квисин
ЧАЙТРАРАТХА, Кубера
ЧАЙЧАСТА, Кейяниды
ЧАКИПТЫЛАН, Хэглэн
ЧАКРА, Вишну
ЧАКРАСАМВАРА, Идам, Самвара
ЧАКРЕШВАРИ, Видьядеви
ЧАКЧЕГОН, Ван Гон
ЧАЛБОН, Оми
ЧАЛЬМИУТОТОЛИН, Тескатлипока
ЧАМБИЛЬ, ЧАМБУЛИ-МАСТОН, Кер-оглы
ЧАМИАБАК, Ах-Пуч
ЧАМ-ПАЗ, Нишке
ЧАМУНДА, Дурга
ЧАНГИТ, Хэглэн
ЧАНДИ, Деви
ЧАНДИ, Дурга
ЧАНДРА, Лунная династия
ЧАНДЫБИЛЬ, Кер-оглы
ЧАНСАН-ЦЗЮНЬ, Бянь Цяо
ЧАН-СИ, Ди-цзюнь, Чан-э
ЧАНУМ, Вайшун, Нфанва
ЧАНХУЛАН, Отхан-Галахан, Сахядай-нойон
ЧАНХЭ, Цзю тянь
ЧАНЧАЛА, Лакшми
ЧАН'ЫИН, Сонмундэ хальман
ЧАПКИН, ЧАПСИН, Квисин
ЧАРШАМБА-КАРЫСЫ, Першенбе-кары
ЧАТУРМАХАРАДЖИКА, Девалока
ЧАХУРМАХАРАДЖИКИ, Траястринса
ЧАУПИНЬЯМКА, Париакака
ЧАЧИГАР ТААС, Цолмон
ЧЕКЧЕК-АТА, Пиры
ЧЕНЕНЕТ, Монту, Тененет
ЧЕНЛИ-БЕЛЬ, Кер-оглы
ЧЕНРЕЗИ, Жаза
ЧЕРНАВА, Садко
ЧЕРНАЯ НЕМОЧЬ, Коровья смерть
ЧЕРНОГОЛОВ, Чернобог

ЧЕРНЫЙ ВСАДНИК, Дикая охота
ЧЕСОК, Хванин
ЧЕХ, Лях
ЧЕЧЕК СУРАТАКАН СУРА, Султи-тура
ЧЖАН ГО-ЛАО, Восемь бессмертных
ЧЖАН ЧЖАНЬ, Цзао-ван
ЧЖАН ЧЖЭНЬЖЭНЬ, Тяньюй юаньшуай
ЧЖАН ЮАНЬ-БО, Вэнь-шэнь
ЧЖАО-БАО ТЯНЬЦЗЮНЬ, Цай-шэнь
ЧЖАО ГУН-МИН, Вэнь-шэнь, Цай-шэнь
ЧЖАО СЮАНЬТАНЬ, Цай-шэнь
ЧЖАО У-ЧЖЭНЬ, Вэнь-шэнь
ЧЖАО-ЦЗЮЙ, У ди
ЧЖИ МЯО-ЦЗИ, Ма-юаньшуай
ЧЖОУ ЦАН, Гуань-ди
ЧЖУАНЬЛУН-ВАН, Диюй
ЧЖУ-И, Вэнь-чан
ЧЖУГУАН, Шу
ЧЖУИНЬ, Чжулун
ЧЖУ-МИН, Янь-ди
ЧЖУН, Сань Мао, Чжуаньсюй
ЧЖУН ДИ ХУАН ЦЗЮНЬ, Сань Хуан
ЧЖУН ЖЭНЬ ХУАН ЦЗЮНЬ, Сань Хуан
ЧЖУНЛИ ЦЮАНЬ, Восемь бессмертных
ЧЖУН ТЯНЬ ХУАН ЦЗЮНЬ, Сань Хуан
ЧЖУН ЧЖЭН ЛИ-ВАН, Вэнь-шэнь
ЧЖУН ШИ ГУЙ, Вэнь-шэнь
ЧЖУНЪЮЗ, У юэ
ЧЖУ СЮАНЬ, Бай-ди
ЧЖУ ТЯНЬ-МИНЬ, Вэнь-шэнь
ЧЖУЦЯО, Бай-ху, Сасин, У ди, Чжуняо
ЧЖУ ЧЖАО, Хо бу
ЧЖУ ЮАНЬ-ЧЖАН, Фэнхуан
ЧЖУ-ЮН, У фан шэнь, Чжужун
ЧЖЭН-НИН, Диюй
ЧЖЭНЬ-У, Сюань-у
ЧЖЭНЬЦЗЕ, Лэй-гун
ЧЖЭНЬ-ЯНЦЗЫ, Лю хай
ЧИ-БЯО-НУ, У ди
ЧИ-ДИ, У ди, Хэй-ди, Янь-ди
ЧИЙЫРДА, Манас
ЧИКУНАВИ-АКАТЛЬ, Тлальтеотль
ЧИЛУМЕ, Мвари
ЧИЛЬБЕНСИН, Квисин
ЧИМАЛЬМАТ, Кецалькоатль
ЧИН, Енсон
ЧИНЕКЕ, Чи
ЧИНПХЕН, Содон
ЧИН ХВОН, Кен Хвон
ЧИ-ПАЗ, Нишке, Пурьгине-паз
ЧИПИ-КАКУЛХА, Хуракан
ЧИПТХОЫЙ ЧУДЖЭСИН, Тходжу
ЧИРИСАН, Сансин
ЧИ САНГУК, Ильмунгван Парамун
ЧИСИН, Тходжу
ЧИТАНАА ХУХУ, Абнауаю
ЧИТОН, Вайшун
ЧИТРАГУПТА, Яма
ЧИТРАНГАДА, Арджуна, Бхишма, Вьяса
ЧИТРАРАТХА, Гандхарвы
ЧИТТАПАТАЛИ, Асуры
ЧИТУ, Гуань-ди
ЧИ-ФА, Диюй
ЧИ-ЦЗИНЦЗЫ, Хо бу
ЧОВАН, Касин
ЧОЙГЬАЛ, Шиндже
ЧОЙДЖАЛ, Докшиты, Охинтенгри, Эрлик
ЧОКЧЕ, Обан синджхан
ЧОЛБАН, ЧОЛБОН, Цолмон
ЧОЛМОН, Цолмон
ЧОПАН-АТА, Пиры
ЧОРЕН, Чосансин
ЧОСАН-ТЭГАМ, Чосансин
ЧОТОН, Гесер
ЧУАН-ГУН, Чуан-шэнь
ЧУАН-МУ, ЧУАН-ПО, Чуан-шэнь
ЧУБАК, Манас
ЧУВЕАНЕ, Хувеане

ЧУДЖАК, Сасин
ЧУ ДИ ХУАН ЦЗЮНЬ, Сань хуан
ЧУДЬ, Сихиртя
ЧУ ЖЭНЬ ХУАН ЦЗЮНЬ, Сань хуан
ЧУКУ, Чи
ЧУМПУЙТВИП, Промы
ЧУМУРИ, Даса
ЧУНМИННЯО, Чунмин
ЧУН СУРАТАКАН ТУРА, Султи-тура
ЧУНМО, Чумон
ЧУН-ХУА, Шунь
ЧУН И ЛИ, Хо бу, Чжуаньсюй
ЧУОКАТАНГ, Джуок
ЧУР, Шурале
ЧУРИ-ИНТИ, Чотгоры
ЧУ ТЯНЬ ХУАН ЦЗЮНЬ, Сань Хуан
ЧУЦЗЯН-ВАН, Диюй
ЧХИЛЬДОКСИН, Мульквисин
ЧХИЛЬСОНСИН, Пукту Чхильсонсин
ЧХОЙКЙОНГ, Дагшед
ЧХОНВАН, Ханыним
ЧХОНГУН, Ханыним
ЧХОННЕ, Кымгансан сонне
ЧХОННИМ, Ханыним
ЧХОНСАСОН, Маджо
ЧХОНСИН, Ханыним
ЧХОНСИНДЖАН, Хогуксин
ЧХУМО, Чхумон, Чумон
ЧЫГЫ ГУАША, Жиг-гуаша
ЧЫНГЫС БИИС, Джылга хан
ЧЬЯВАНА, Ашвины, Индра, Риши
ЧЭН-БО, Суй-жэнь
ШААТИКАТ, Карату, Муту
ШАБАРЫ, Вишвамитра
ШАБДАЛ, Джангар
ШАБРАНГИ БЕХЗАД, Кай Хусрoy
ШАГАД, Рустам
ШАДАКШАРИ, Авалокитешвара
ШАДДАД, Ирам зат ал-имад
ШАДДАЙ, Моисей
ШАЙХЫ БУРХЫ ДИУАНА, Буркут-баба
ШАККАН, Сумукан
ШАКУНИ, Юдхиштхира
ШАЛА, Адад, Дагон
ШАЛАШ (ШАЛУШ) ПИДИНСКАЯ, Кумарби
ШАЛИМ, Шалимму и Шахару
ШАМАЗ, Нарты
ШАМАШ, Уту
ШАМБХУ, Шива
ШАМИР, ШАМУР, Асмодей, Соломон
ШАМС, Уту
ШАН, Ди-Ку, И инь
ШАНДЯНЬ НЯННЯН, Дянь-му
ШАНИ, Ганеша
ШАНКАРА, Шива
ШАНКПАННА, Орунган
ШАН-ПЯНЬ, Нюй-ва
ШАНТАНАВА, Бхишма
ШАНТАНУ, Аулана, Бхишма, Вьяса, Ганга, Лунная династия
ШАНЦИН, Сань цин
ШАНШУН, Шенраб-мибо
ШАНЪЯН, Юй-ши
ШАО-ДЯНЬ, Янь-ди
ШАО СЫ-МИН, Сы-мин
ШАПС, Уту
ШАРА, Инанна
ШАРАБЛИНСКИЕ ХАНЫ, Гесер
ШАРАЙГОЛЫ, Гесер
ШАРБАРЫ, Сарама
ШАРВА, Рудра
ШАРГУЛИ, Гесер
ШАРКАРАПРАБХА, Аддхалока
ШАРМИШТХА, Лунная династия, Яяти
ШАРРУМА, Тилла, Хебат
ШАТАДХАНВАН, Сатраджит
ШАТАНА, Сатана
ШАТАРУПА, Брахма, Ману
ШАТРУГХНА, Дашаратха
ШАХРЕВАР, Хшатра Вайрья
ШАХРИНАЗ, Траэтаона
ШАХРУЙ, Барзу

ШАЧИ, Асуры, Брихаспати, Индра, Нахуша
ШБАЛАНКЕ, Вукуб-каме, Шибальба
ШВАКВАЗ, Ажвейпш
ШВЕ МЬЕТНА, Махагири
ШВЕТА, Сурья
ШВЕТАМБАРЫ, Махавира
ШВОТ, Чарки
ШЕДУ, Алад, Мафусаил, Щедим
ШЕЙХ-ШЕМС, Малаки-тауз
ШЕЛА, Иуда
ШЕЛИКУНЫ, Шуликуны
ШЕЛОМО, Соломон
ШЕМ, Сим, Хам, Иафет
ШЕМИХАЗАЙ, Рафаил
ШЕН, Шенраб-мибо
ШЕНИРДА, Уту
ШЕРИ, Мурджилэ, Мьезилэ, Зорилэ
ШЕРРИ, Тилла, Хурри и Шерри
ШЕРСУГ, Йер-су
ШЕРТАПШУХУРИ, Хедамму
ШЕРУА, Ашшур
ШЕТ, Грехопадение
ШИБАРРУ, Шумалия
ШИБДАГ, Сабдаг, Эдзены
ШИВИНИ, Шимиге
ШИ ВЭНЬ-Е, Вэнь-шэнь
ШИДА, Кай Хусроу
ШИДАР, Артавазд
ШИДАРК, Чарки
ШИКИРИПАТ, Ах-Пуч
ШИКШИРГИТ, Джангар
ШИЛЬБУНК, Нибелунги
ШИМАЛИЯ, Шумалия
ШИМЛИ-БИЛЬ, Кер-оглы
ШИМНУСЫ, Шуликуны
ШИМШОН, Самсон, Шамшу
ШИНДЖЕШЕД, Дагшед, Шинд;е
ШИНКЭН, Синкэн
ШИНУН ВАЙШУН, Вайшун
ШИПИЛЛИ, Тонатиу
ШИРАКЕ, Вит-кан
ШИРУТРУ, Мутум
ШИТТА, Вайшун
ШИТЫР ТУЛЬГУН-ХАН, Шидургу-хаган
ШИ ЧЖАНШЭН, Сип Чансэн
ШИЧЖИ, Чжи
ШИ-ЧЖЭ, Ди-Ку
ШИШИГА, ШИШ, Черт
ШИШИМОРА, Кикимора
ШИШУПАЛА, Рукмини
ШКАБАВАЗ, Шкай
ШКАНИЛЬ, Шилонен
ШКИК, Хун-Ахпу и Шбаланке
ШОЛБАН, Цолмон
ШОЛОТЛЬ, Кецалькоатль, Нагуаль
ШОПАН-АТА, Пиры
ШОПОНА, Орунган
ШОРА, Горос
ШОУ И-ЦЮНЬ, У юэ
ШОЧИПИЛЛИ, Макуильшочитль, Шочикецаль
ШРАВАКИ, Бодхи
ШРИ, Лакшми
ШРИ ДЕВИ, Докшиты, Дхармапала
ШТИМА-ПЭДУРИИ, Мама-пэдурии
ШУБХАДЕВА, Субхадева
ШУГАБ, Шукамуна
ШУГАМУНА, Шукамуна
ШУД ВОРДИСЬ, Воршуд
ШУДДХОДАНА, Шакьямуни
ШУДХЕР, Чотгоры
ШУЕ, Цуе
ШУЙ-ГУАНЬ, Сань гуань
ШУКАЛИТУДДА, Инанна
ШУЛЛАТ, Адад
ШУЛЮКУНЫ, Шуликуны
ШУМБХА, Дурга, Сунда
ШУМРЕРАВЕНЬУК, Тоиекунра
ШУМУ, Шукамуна
ШУРА, Кунти
ШУРИЯШ, Сах
ШУРПАНАКХА, Пуластья
ШУРРУКАН, Саргон
ШУЙ-ХАЙ, Юй
ШУ-ЦЗЮНЬ, Хоу-цзи
ШУЧИ, Пиры, Сваха
ШЫВ АМАШЕ, ШЫВ АШШЕ, Вуташ
ШЫМИРАХ, Кугурак

ШЫРТЫ, Кугурак
ШЭ, Чэн-хуан
ШЭВЭКИ, Сэвэки
ШЭЛИ, Сэли
ШЭН-МУ, Хуашань
ШЭНЬ-БАО, Сань цин
ШЭНЬНЮЙ, Сяньнюй
ШЭНЬ-ПАНЬ, Пань-гуань
ШЭНЬСЯНЬ, Сянь
ШЭНЬ-ТУ, Мэнь-шэнь
ШЭНЬ-ЧЖИ, Чжи
ЩЕК, Кий, Рюрик, Синеус и Трувор
ЩУР, Арсури, Шурале
ЭА, Адапа, Улликумме
ЭАКИДЫ, Амифаон
ЭБЕР, Кахтан, Миль, Худ
ЭБЕХ, Инанна
ЭВЕХМА, Алкафой
ЭВИЙ, Дионис
ЭВИППА, Эвриал
ЭВНЕЙ, Гипсипила, Ясон
ЭВНОМ, Кеик, Киаф
ЭВНОМИЯ, Горы, Эйрена
ЭВПОЛЕМИЯ, Эфалид
ЭВРИАЛА, Горгоны
ЭВРИАНАССА, Бротей
ЭВРИБИЙ, Эврисфей
ЭВРИБИЯ, Паллант
ЭВРИГАНИЯ, Антигона, Эдип
ЭВРИКЛЕЯ, Одиссей
ЭВРИМЕДОНТ, Перибея, Прометей
ЭВРИСАК, Текмесса
ЭВРИТА, Галирофий
ЭВРИТИОН, Антигона, Геракл, Герион, Калидонская охота, Кентавры, Пелей
ЭВФОРИОН, Левка
ЭВФЕМ, Посейдон
ЭГЕСТ, Кримисс
ЭГИ, Посейдон
ЭГИАЛЕЙ, Адраст, Эпигоны
ЭГИКОРЕЙ, Ион
ЭГИМИЙ, Лапифы
ЭГИПАН, Тифон
ЭГИПТИАДЫ, Данаиды, Египт
ЭГИПТИЙ, Антиф
ЭГЛА, Геспериды, Хариты
ЭГЛЕИДА, Анфеида
ЭДЕМ, Джанна, Иисус Христос, Каин, Мельхиседек, Мессия, Нинхурсаг, Ной, Рай, Сиф, Тильмун
ЭДЕН, Кур
ЭДЖАУ, Обаси-Оса
ЭДЖЕН-ХАН, Хормуста
ЭДЖЕР, ЭДЖЕРХА, Аждарха
ЭЖИНЫ, Буха-нойон бабай, Дзяячи, Иччи, Хормуста, Цаган Эбуген
ЭЗИ, Иччи
ЭЗУС, Езус
ЭИОНЕЙ, Рес
ЭЙВАЗ, Кер-оглы
ЭЙДО, Протей
ЭЙДОТЕЯ, Библида, Протей
ЭЙКЕ, Укко
ЭЙКТЮРМИР, Иггдрасиль, Хвергельмир
ЭЙЛИК-МУЛАК, Божинтой
ЭЙН-ГАКОРЭ, Самсон
ЭЙН-ДОР, Саул
ЭЙСОР, Бхадрешвара, Нореай
ЭЙЛ, ЭА, Адапа, Атрахасис, Ашшур, Дамгальнуна, Игиги, Кингу, Кулулу, Лахама, Мардук, Мумму, Набу, Нергал, Оаннес
ЭКАДАШАМУКХА, Авалокитешвара
ЭКАДЖАТА, Акшобхья
ЭКАШТАКА, Индра
ЭКВА-ПЫГРИСЬ, Ича,, Мирсуснэ-хум
ЭКВА-ПЫРИШ, Калташ-эква
ЭКВИТАС, Юстиция
ЭКЕ-НАРАН, Нар
ЭКСКАЛИБУР, Артур
ЭКСЭРИ, ЭКШЭРИ, Сэвэки
ЭЛ, Ел
ЭЛ, Аллат, Баалшамем, Дагон, Илу, Йево, Марту, Молох, Элагабал, Элохим
ЭЛАЙО, Аний, Ойнотрофы
ЭЛАММА, Дурга

ЭЛАТ, Кеней, Лапифы, Полифем, Эпит
ЭЛ-ГАЛАХАН ЭХЕ, Отхан-Галахан
ЭЛДА, Ел-да
ЭЛИВАГАР, Имир
ЭЛИЗИУМ, Аид, Кадм, Левка
ЭЛИМ, Илу
ЭЛИНАС, Мелюзина
ЭЛИССА, Дидона, Пигмалион
ЭЛИУН, Илу
ЭЛИША, Елисей
ЭЛ, Илу
ЭЛЛИ, Тор
ЭЛОАХ, Илу
ЭЛХАНАН, Давид
ЭЛЬДХРИМНИР, Вальхалла
ЭЛЬКУНИРШИ, Балу, Илу
ЭЛЬОН, ЭЛЬ, Илу, Мельхиседек, Шалимму и Шахару
ЭМЕГЕНДЕР, Эмегельджи
ЭМЕМКУТ, Мити
ЭМЕШ, Энлиль
ЭМПАНДА, Церера
ЭМУША, Асуры, Индра
ЭНАРЕТА, Канака, Салмоней, Сисиф, Энона
ЭНГАИ, Нгаи
ЭНГУРРА, Абзу, Лахама
ЭНДИЙ, Бентесикима
ЭНДУР, Эндури
ЭНЕЙ, Ойней
ЭНЗАК, Тильмун
ЭНИГОНХАХЕТГЕА, Иосхеха и Тавискарон
ЭНИГОРИО, Иосхеха и Тавискарон
ЭНИО, Граи
ЭНИПЕЙ, Пелий
ЭНКЕЛАД, Гиганты
ЭНКИМДУ, Думузи, Энки
ЭНМЕНДУРРАНА, Енох
ЭННО ДЛИННОЗУБЫЙ, Мелюзина
ЭННОЙА, Ахамот, Елена
ЭНОПИОН, Дионис
ЭНОТРОФЫ, Ойнотрофы
ЭНОХ, Енох
ЭНТЕН, Энлиль
ЭНТРЕА, Прах Кет Мелеа
Э-НЮЙ, А-нюй
ЭОЛИДЫ, Аргонавты
ЭОСФОР, Кеик, Стильба
ЭПИ, Дьяй и Эпи
ЭПИКАСТА, Авгий
ЭПИКУРИЙ, Аполлон
ЭПИТИДЫ, Эпит
ЭРАДЖ, Траэтаона, Тура

ЭРАНВЕЖ, Арйана Вэджа, Гопатшах
ЭРАТО, Музы
ЭРГАНА, Афина
ЭРЕВФАЛИОН, Нестор
ЭРЕМОН, Миль
ЭРЕХША, Араш, Тиштрйа
ЭРИКИНИЯ, Афродита
ЭРИЛ, Марс
ЭРИМАНФСКИЙ ВЕПРЬ, Геракл
ЭРИОНИДА, ЭРИОНА, Аякс
ЭРИТЕЯ, Геспериды
ЭРИТР, Радаманф
ЭРИФИЯ, Геспериды
ЭРИФИЯ, Герион
ЭРИЧ, Траэтаона
ЭРОДИЙ, Автоной
ЭРОС, Арес, Гея, Тартар, Хаос, Эрот
ЭРУА, Ашшур, Царпаниту
ЭРУЦИНА, Венера
ЭРХЕ СУБЕН, Буха-нойон бабай, Шаргай-нойон
ЭРХЕТУ-ТЕНГРИ, Тенгри
ЭРХИМ-ХАРА, Хан-Харангуй
ЭРЦЕТУ, Кур, "Семерка"
ЭСАК, Парис
ЭСКАТЛЬ, Кецальковатль
ЭСОН, Пелий, Ясон
ЭСПЕРА-ДИОС, Агасфер
ЭССИЛТ, Изольда
ЭСТАН, Камрусепа
ЭСТСАНАТЛЕИ, Ахсоннутли
ЭТА, Геракл, Филоктет
ЭТАЛИД Эфалид
ЭТЕОБУТАДЫ, Бут
ЭТЕР, Ел-да
ЭТЕРИЯ, Гелиады
ЭТИЛЛА, Навпрестиды
ЭТИН-НЕ, Обаси-Оса
ЭТУГЕН-ЭКЕ, Хухе Мунхе-тенгри
ЭТЦЕЛЬ, Атли, Гудрун, Нибелунги
ЭУХОРОС, Гильгамеш
ЭФАНАА, Алахатала
ЭФИАЛЬТ, Алоады, Гиганты, Музы
ЭФРА, Акамант, Демофонт, Елена, Тесей, Эгей
ЭХЕМ, Гераклиды
ЭХЕ НУР-ХАТУН, Эрлик
ЭХЕ ЮДЖИН, Эсеге Малан-тенгри
ЭХЕ ЮРИН-ХАТУН, Эсеге Малан-тенгри
ЭХИОН, Спарты
ЭХИРИТ, Буха-нойон-бабай
Э-ХУАН, Ди-цзюнь
ЭХЕКЕН, Мусун
ЭХМАГОР, Алкимедонт

ЭХ-НАР, Нар
ЭХУАН, Аван-конджу
ЭШТР, Ел-да
ЭШХАРА, Ишхара
ЮАНЬ ЧАН-ЛУН, У юэ
ЮАНЬ-ШИ ТЯНЬ-ВАН, Цзю тянь
ЮАНЬ-ШИ ТЯНЬ-ЦЗУНЬ, Сань цин
ЮБЕКАЙГУАЙЯ, Уитака, Чиа
Ю-ВАН, Сань гуань
Ю-ГУАН, Хо-цзюнь
ЮЙ ИЙЕСИ, Ой иясе, Херт-сурт, Эв бекчиси
ЮЙЛИЦЮАНЬ, Инчжоу
ЮЙ-ЛАЙ, Мэнь-шэнь
ЮЙ-НЮЙ, Сань мао, Санью́ой
ЮЙ ТУ, Юэ ту
ЮЙ-ХУАН, Диюй, Нгаук Хоанг, Юй-ди
ЮЙЦЗЕ, Доушуай-тянь
ЮЙЦЗИН, Юйцян
ЮЙЦИН, Сань цин
ЮЙШАНЬ, Гунь
ЮКС-АККА, Маддер-акка
ЮЛДУЗ, Огуз-хан, Пари
ЮЛИЙ ЦЕЗАРЬ, Оберон
ЮЛЛХА, Лха
ЮМАЛ, Юмала
ЮМО, Кугу-юмо
ЮНИС, Кер-оглы
ЮНК, Лунг
ЮНЬ-ФАН, Восемь бессмертных
ЮНЬ-ЦЮ, Суй жэнь
ЮРА, ЮРАЙ, Георгий
ЮРИЙ, Велес, Георгий, Леший, Пергрубрюс, Сава, Ярила
ЮРТ ЭЯСИ, Йорт иясе
ЮСИНЬ, И инь
ЮТКЫЛЬ ЛОЗЫ, Лозы
ЮХА, Ювеха
ЯБАШ-КАН, Йер-су
ЯБЛОКИ ГЕСПЕРИД, Геракл, Геспериды, Идунн
Я ВАКРИ, Индра
ЯВАН, Паршва
ЯВИШТ, Ахтйа, Йоишта
ЯГАМИ-ХИМЭ, Акахада-но усаги, Кисакаи-химэ
ЯГАУБИС, Габьяуя
ЯГА ЯГИШНА, Баба-Яга
ЯГИШНЫ, Иван Царевич, Пятница
ЯДАВЫ, Баларама, Дварака, Джаганнатха, Кришна, Матхура, Яяти
ЯДЖНЯСЕНИ, Драупади
ЯДУ, Лунная династия, Яяти
ЯЗДЕГЕРД, Волхвы
ЯЗОН, Ясон

ЯЙИК-КАН, Йер-су
ЯЙЫК, Ульгень
ЯКУ, Синкэн
ЯКШАЛОКА, Лока
ЯЛМАВЫЗ, ЯЛМАУЗ, Жалмауыз кемпир
ЯЛПУС-ОЙКА, Консыг-ойка
ЯМАКАПРАТИХАРИЯ, Траястринса
ЯМАНДАГ, Эрлик
ЯМА-НО КАМИ, Та-но ками
ЯМАНТАКИЙН ХОТО, Мандала
ЯМАПУРА, Нарака, Яма
ЯМАРИ, Ямантака
ЯМАСАТИ-БИКО, Ходэри
ЯМВРИС, Моисей
ЯМИ, Ашвины, Гандхарвы, Йима, Саранью, Яма
ЯМУНА, Сарасвати
Я-МЮНЯ, Я-НЕБЯ, Моу-ня-мы, Нум
ЯН ВЭНЬ-ХУЭЙ, Вэнь-шэнь
ЯНГУ, Сяньчи
ЯНГУАМИ, Этса
ЯНИС, Рагана
ЯННИС, Моисей
ЯН-ХУЭЙ, Си-ван-му
ЯН ЦЗЯНЬ, Юй-ди
ЯНЫЛЛА, Самылла
ЯНЬ-БО, Ди-Ку
ЯНЬВЭЙ, Вэйшэ
ЯНЬ-ГУН ЮАНЬШУАЙ, Вэнь-шэнь
ЯНЬМО-ВАН, Янь-ван
ЯНЬ-ЧЖУН СЯНЬ, Хо бу
ЯОШОУ, Шэнь-нун
ЯПЕТОС, Астхик
ЯРБ, Дидона, Пигмалион
ЯРИЛИХА, Ярила
ЯРИЛО, Ярила
ЯРИСАКСА, Тор
ЯРЛХАШАМПО, Рулакье, Шенраб-мибо
ЯРНВИД, Ангрбода, Фенрир
ЯРРИ, Эрра
ЯРУН, Ярила
ЯРЫЛО, Ярила
ЯРЫМТЫК, Шурале
ЯСОГАМИ, О-кунинуси
ЯТАУН и ЯТАЙ, Хкун Хсанг Л'Ренг
ЯТУДХАНЫ, Ракшасы
ЯФЕТ, Огуз-хан
ЯФЕТ, Огуз-хан, Яда
ЯШИЛ САГАН-ТЕНГРИ, Ху-хедей-мерген
ЯШОДА, Кришна
ЯШОД ХАРА, Шакьямуни

УКАЗАТЕЛЬ*

Абазины
Анцва
Нарты
Абхазы
Абнауаю
Абрскил
Агулшап
Агызмал
Адау
Аджныш
Аерг
Ажвейпш
Айтар
Алышкентыр
Амза
Амра
Анана-Гунда
Анапа-Нага
Анцва
Апсцваха
Араш
Арупап
Афы
Ацаны
Ачышашана
Ашацва-Чапацва

---

* В данный Указатель включены только те названия статей основного фонда Словаря, которые связаны с конкретными народами и религиями.

Аюстаа
Джабран
Джаджа
Дзызлан
Ерыш
Жвабран
Лымилах
Мкамгария
Нарджхеу
Нарты
Сасрыква
Сатаней-Гуаша
Саунау
Хайт
Хважарпыс
Цвицв
Аварцы
Бак, см. Барг
Бакараб рух, см. Кяла чири
Бечед, см. Зал
Будуалы, см. Абдал
Каж
Кегилу, см. Сухасулу
Моц, см. Барз
Пари
Унтул эбел, см. Залзанагый
Хабучи, см. Мамов
Австралийцы
Альтира
Альчера
Байаме
Бунджиль

Дарамулун
Кунапипи
Агулы
Албасти, см. Ал паб
Ади
Нибо
Адыги
Адиюх
Акуанда
Амыш
Ахумида
Ахын
Бляго
Вако-нана
Даусджерджии
Дебеч
Джагупатха
Дзахуи
Еминеж
Жан-шарх
Жиг-гуаша
Зеку атха
Иныжи
Испы
Кодеш
Мамыш
Мезгуаше
Мезиль
Мезитха
Мерем
Мериса
Нарты
Насрен-жаче
Нашгушидза

Ошхамахо
Пако
Псатха
Псыхо-гуаша
Пшишан
Сано
Сатаней
Созереш
Тлепш
Тотреш
Тха
Тхагаледж
Тхаухуды
Тхашхо
Тхожей
Узырмес
Уды
Уорсар
Хашхавило
Шибле
Азанде
Мбори
Туле
Азербайджанцы
Аждаха, см. Аждарха
Афрасиаб
Гюль-ябани
Диванэ, см. Дивана
Кер-оглы
Меша-адам, см. Агач киши
Хал, см. Албасты
Айны
Камуй мосири

Канна мосири
Коропок-гуру
Нитне Камуй мосири
Окикуруми
Пасе камуй
Пекончикорогуру
Покна мосири
Синисерангуру
Тирана мосири
Тоиекунра
Чуф камуй
Яйян камуй
Аккадская мифология
Адад
Адапа
Амурру, см. Марту
Анзу, см. Анзуд
Ану (м), см. Ан
Анту (м)
Аншар и Кишар
Апсу, см. Абзу
Аруру
Атрахасис
Ашшур
Бау
Бел
Белет-цери
Галлу, см. Гала
Гирра, см. Гибил
Гильгамеш
Дамкина, см. Дамгальнуна
Ду'узу, см. Думузи
Зиусудра

Игиги	Деметр и Гисанэ	Банар	Бхавачакра	
Иштар	Дэвы	Берлинг	Бхайшаджьягуру	
Ишуллану	Ерванд и Ерваз	Глаих	Ваджра	
Ишум	Жук у Жаманак	Дам Рэлунг	Ваджрадхара	Абарга Могой, см. Аврага Могой
Ишхара	Каджи	Ианг Кэйтэй	Ваджрапани	Алтан гадас
Кингу	Карапет	Ианг Сри	Ваджрасатва	Алтан мэлхэй, см. Алтан мелхий
Лаббу	Кер-оглы	Йа Сокиер	Вайрочана	Аянгын сумун, см. Аянгын сум
Ламассу, см. Лама	Куркик Джалали	Йа Тайбрай	Вималакирти	Божинтой
Ламашту	Лекеон	Йонг	Вэйто	Буха-нойон бабай
Мамету	Лусин	Нду	Вэньшу	Дзаячи
Мардук	Мазэ Камурч	Сет	Гаруда	Жангар, см. Джангар
Мумму	Мардагаил	Ту	Гуаньинь	Манзан Гурме
Мушхуш	Масис	Хмоч Кенту	Дагшед	Маяс Хара
Набу	Михр	Банту	Дайнити-нерай	Сахядай-нойон
Намтар	Нанэ	Вамара	Дакини	Тенгри
Нанайя	Немрут	Гиханга	Даруяга	Ухин Хара-тенгри, см. Охин-тенгри
Нанна	Пахапан хрештак	Имана	Девадатта	Хоридой
Нингаль	Санасар и Багдасар	Калунга	Девалока	Хунэхэ, см. Сунс
Нингирсу	Саркис	Камону	Девапутра	Хухедэй-мерген
Нинкаррак	Спандарамет	Леза	Джамбудвипа	Цаган Эбуген
Нинлиль	Тир	Мулунгу	Джамсаран	Цолмон
Нинмах	Торк Ангех	Ньямбе	Дзидзо	Чотгоры
Нинурта	Ангех	Риангомбе	Докшиты	Шаргай-нойон
Нинхурсаг	Уруаканы	Хувэане	Доушуай-тэнь	Шулмасы
Ниншубура	Хазаран блбул	Батаки	Дхарма	Эдзены
Нисаба	Хайк	Батара Гуру	Дхармапала	Эрлик
Нуску	Хайоц лэрнэр	Бораспати ни Тано	Емна	Эсеге Малан-тенгри
Оаннес	Хур и Джур	Мангалабулан	Ерз	Эхе-бурхан
Саргон Древний	Цовинар	Мула Джади	Еый поджу	**Бушмены**
Тиамат	Чарки	Пане на Болон	Идам	Цагн
Тишпак	Шамирам	Сидеак Паруджар	Калачакра	Цуе
Шамаш, см. Уту	**Ахомы (сев.-вост. Индия)**	Сорипада	Кальпа	**Ведийская мифология**
Шеду, см. Алад		Башкиры	Каннон	Агни
Царпаниту	Пхатувчунг	Аджаха, см. Аждарха	Карма	Аджа Экапад
Эйя, см. Энки	**Ацтеки**	Албасты	Кашьяпа	Ангирас
Эллиль, см. Энлиль	Астлан	Алпамыша, см. Алпамыш	Кумбханда	Антарикша
Эрра	Иламатекутли	Бичура	Кшитигарбха	Анша
Алгонкины	Ицпапалотль	Диуана, см. Дивана	Лохань	Апам Напат
Вендиго	Иштильтон	Дейеу пэрейе, см. Дию	Локапалы	Апас
Манабозо	Коатликуэ	Пэрие	Лхамо	Апсары
Маниту	Майяуэль	Дейеу, см. Дэвы	Майтрея	Арбуда
Мондамин	Макуильшочитль	Йорт эйяхве, см. Йорт иясе	Мандала	Аруна
Алтайцы	Миктлан	Ой эйяхве, см. Ой иясе	Манджушри	Арьяман
Албасты	Миктлантекутли	Хыу эйяхве, см. Су иясе	Мара	Асуры
Албыс, см. Албасты	Мишкоатль	Убыр	Масанг	Атман
Алып-Манаш, см. Алпамыш	Науаль	Шурам	Маудгальяяна	Аулана
Гесер	Патекатль	Ювха	Махакала	Ахи Будхнья
Йер-су	Синтеотль	**Бини**	Махапурушалакшана	Ашваттха
Мечин, см. Мичит	Сипактли	Огбора	Махасиддхи	Ашвины
Ульгень	Сиуакоатль	Огиву	Меру	Аю
Когудей, см. Хухедей-мерген	Теноч	Олокун	Милэ	Брихаспати
Цолмон	Тлалок	Оса	Мулянь	Будха
Шулмасы	Тласольтеотль	Отау	Мунсу	Бхага
Алуне	Тлоке-Науаке	Эсу	Наги	Бхригу
Нунусаку	Тонакатекутли	**Бирманцы**	Нарака	Ваджра
Андаманцы	Тонатиу	Бьятта	Нирвана	Вала
Пулугу	Уицилопочтли	Кате	Нирманарати	Васиштха
Ангами нага	Уиштсиуатль	Лейкпья	Падмасамбхава	Васу
Кепенопфу	Узэкойотль	Махагири	Потала	Вата
Андийцы	Узэутеотль	Махапейнне	Праджня	Ваю
Гогочи, см. Ал паб	Чальчиутликуэ	Понмакьи	Пратьекабудда	Вивасват
Рукурли ила, см. Залзанагый	Чикомосток	Поупа	Преты	Вишвакарман
Мамов	Шилонен	Тхагьямин	Пуса	Вашвамитра
Ао нага	Шипе-Топек	**Бонтоки и канканаи**	Пусянь	Вишварупа
Лунгкиджингба и Личаба	Шочикецаль	Лумауиг	Путо	Вришакапи
Англичане	Ашанти	**Бороро**	Ратнасамбхава	Дадхикра
Боггарт	Асасе Афуа	Бакароро и Итубори	Рупавача	Дадхьянч
Брауни	Асасе йа	**Ботлихцы**	Рупадхату	Дакша
Пак	Комфо Аноче	Годои ила, см. Залзанагый	Самантабхадра	Данавы
Пикси	Ньяме	**Бретонцы**	Самвара	Дити
Спригганы	Онини	Анку	Сангха	Ила
Арикена	Тано	**Бугийцы**	Сансара	Индра
Мармарину	**Багобо (о. Минданао, Филиппины)**	Батара Гуру	Сань цзе	Кашьяпа
Армяне	Памулак Манобо	Ве Ньилитимо	Сачхонван	Кришану
Аждахак	**Бакаири (индейцы Бразилии)**	Ла Галиго	Ситян	Кумбханда
Алы	Кери и Каме	Лебарисомпа	Субхадева	Лопамудра
Аманор и Ванатур	**Балийцы, яванцы, малайцы**	Саверигадинг	Субхути	Майя
Анахит	Батара Гуру	Топалланрове	Сукхавати	Ману
Анушаван Сосанвер	Батара-Кала	Унруссибали	Сэйсн	Манью
Арагац	Бома	**Буддийская мифология**	Тара	Маруты
Ара Гехецик	Бута (индуист.)	Абхирати	Татхагата	Матаришван
Арагил	Гунгн Агунг	Авалокитешвара	Траястринса	Митра
Арам	Деви сри	Ади-будда	Трикая	Пришни
Арамазд	Ибу Пертиви	Акаништха	Тушита	Пуруша
Артавазд	Нагасари	Акшобхья	Фугэн	Сарасвати
Арэв	Рангда	Амида	Хаягрива	Сита
Арэваманук	Санг Хьянг Тунггал	Амитабха	Хеваджра	Сома
Астхик	Семар	Амитаюс	Чакраватин	Супарна
Ачуч-Пачуч	**Балкарцы**	Амогхасиддхи	Чойджины	**Вемале**
Баршамин	Алмасты, см. Албасты	Ананда	Шакра	Мулуа Сатене
Бахт	Авшати, см. Апсаты	Архат	Шакьямуни	Нунусаку
Вахагн	Деу, см. Дэвы	Бисямон-тэн	Шамбхала	Рабие
Вишапы	Нарты	Бодхи	Шарипутра	Туале
Габриел Хрештак	Бамбара	Бодхисатва	Шиндже	Хаинувеле
Гишерамайрер	Мусо Корони · Кундье	Брахмалока	Эмма	**Венгры**
Горнапштикнер	Пемба	Будай-хэшан	Эр-ши-ба тянь	Босоркань
Грох	Фаро	Будда	Яма	Лидерц
			Ямантака	
			Буряты	
			Абай Гесер хубун, см. Гесер	

Сел-аня
Шаркань
Вьето-мыонгская мифология
Аедие
Аеду
Ае кэбоалан
Айдие
Бен
За Зэн
Зием Выонг
Зит Зианг
Знунг
Ианг Ле
Ианг Мдие
И Ду и Хкунг
Каук
Ким Куи
Кыонг Бао Дай Выонг
Лак Лаунг Куан
Нам Тао и Бак Дау
Нгаук Хоанг
Онг Кут
Тао Куэн
Тхай Бать
Тхэн Беп
Тхэн Биен
Тхэн Зо
Тхэн Лыа
Тхэн Люа
Тхэн Мат Чанг и Тхэн Мат Чеи
Тхэн Сэт
Тхэн Чу Чей
Тхюй Тинь
Шон Тинь
Эу Ко
Гагаузы
Дев, см. Дэвы
Тепегез
Ганда
Валумбе
Вамала
Ванга
Гулу
Катонда
Каумпули
Кибука
Кинту
Мукаса
Мусиси
Селванга
Гереро
Мукуру
Германо-скандинавская мифология
Альвис
Альвы
Ангрбода
Андвари
Аск и Эмбля
Асы
Атли
Аудумла
Бальдр
Биврест
Бор
Браги
Брисингамен
Брюнхильд
Бури
Вали
Валькирии
Вальпургиева ночь
Вальхалла
Ваны
Велунд
Вервольф
Видар
Водан
Гарм
Гевьон
Гейрред
Гинунгагап
Грид
Гудрун
Гулльвейг
Дисы
Донар
Ерд
Ермунганд
Етуны
Иггдрасиль
Идунн
Имир
Инг
Ирмин
Квасир

Кобольды
Кримхильда
Лив и Ливтрасир
Локи
Мани
Манн
Мед поэзии
Мидгард
Мимир
Муспелль
Нагльфар
Нертус
Нибелунги
Никсы
Нифльхейм
Гифльхель
Норны
Ньёрд
Од
Рагнарек
Рюбецаль
Сив
Сигурд
Скади
Слейпнир
Соль
Старкад
Сурт
Тор
Тролли
Туисто
Турсы
Тьяльви
Тьящи
Тюр
Улль
Утгард
Фафнир
Фенрир
Форсети
Фрейр
Фрейя
Фригг
Фулла
Фьёргюн
Хаддинг
Хвергельмир
Хегни
Хед
Хеймдалль
Хель
Хельги
Хенир
Хермод
Хетель и Хильда
Хольда (герм.)
Хрейдмар
Хрунгнир
Цверги
Эгир
Эйнхерии
Эльфы
Готтентоты
Хейтси-Эйбиб
Греческая мифология
Абант
Абдер
Авгий
Авксесия и Дамия
Авсон
Автолик
Автомедонт
Автоной
Агава
Агамед
Агамемнон
Агапенор
Агеласт
Агенор
Аглавра
Аглая
Агрон
Адмет
Адонис
Адраст
Адрастея
Аелло
Академ
Акаланфида
Акалла
Акамант
Акарнан
Акаст
Акаста
Акел
Акко, Алфито, Мормо
Акмены
Акмон
Аконтей

Аконтий
Акратопот
Акрисий
Актеон
Актор
Алалкомен
Аластор
Алевад
Алектрион
Алет
Алкафой
Алкестида
Алкимедонт
Алкиной
Алкиона
Алкионей
Алкиониды
Алкмена
Алкмеон
Алмопс
Алоады
Алопа
Алфей
Алфесибея
Алфея
Амазонки
Амалфея
Амарак
Амастрида
Амбросия
Амик
Амикл
Аммона
Аминтор
Амифаон
Амфиарай
Амфиктион
Амфилох
Амфион
Амфисс
Амфисса
Амфитрион
Амфитрита
Анайа
Анаклифра
Анакт
Анакты
Ананке
Анап
Ангела
Андрогей
Андромаха
Андромеда
Аний
Анит
Анкей
Антагор
Антей
Антенор
Антианира
Антигона
Антий
Антиклея
Антилох
Антиной
Антиноя
Антиопа
Антиф
Анфеида
Анфея
Анхис
Анхур
Апатэ
Аполлон
Апсирт
Арахна
Аргантона
Аргонавты
Аргос
Ардал
Ардей
Арейон
Арес
Арета
Аретуса
Ариадна
Аристей
Арка
Аркас
Аркесий
Арсиноя
Артемида
Архелай
Архемор
Асия
Аскалаб
Аскалаф
Асканий
Асклепий
Аскос
Асоп

Астеропа
Астианакт
Астидамия
Астимедуса
Астрея
Ата
Аталанта
Атлант
Атрей
Аттис
Афамант
Афарей
Афаретиды
Афидн
Афина
Афродита
Ахелой
Ахеронт
Ахилл
Аэдона
Аэропа
Аякс
Бавкида
Балий и Ксанф
Баубо
Бахус
Бебрик
Бебрика
Бел
Беллерофонт
Бендида (фрак.)
Бентесикима
Беот
Биа
Биант
Библида
Бизант
Бореады
Борей
Борм
Бранх
Бресия, Лаогора и Орседика
Бриарей
Бризо
Брисеида
Бритомартис
Бронте
Бротей
Бузиг
Бусирис
Бут
Вакх
Ватт
Гадес
Галатея
Галеот
Галией
Галина
Галинфиада
Галиррофий
Галия
Гальс
Гамадриады
Ганимед
Ганимеда
Гармония
Гарпалика
Гарпии
Геба
Гегелей
Гекала
Геката
Гектор
Гекуба
Геланор
Гелиады
Геликон
Гелиос
Гелла
Гелло
Гелон
Гелос
Гемера
Гемон
Гемос
Гера
Геракл
Гераклиды
Герана
Герион
Геркина
Гермафродит
Гермес
Гермиона
Геро
Герофила
Герса
Гесиона
Геспер
Гесперады

Гестия
Гефест
Гея
Гиагн
Гиады
Гиакинф
Гибрис
Гиганты
Гигиея
Гилас
Гилл
Гименей
Гипербореи
Гиперион
Гипермнестра
Гипнос
Гиппа
Гипподамия
Гиппокрена
Гиппомедонт
Гиппот
Гипсипила
Гирией
Главк
Главка
Горга
Горгоны
Гордий
Горы
Граи
Грифоны
Дактили
Дамармен
Дамасин
Дамаск
Дамис
Данаиды
Данай
Даная
Дардан
Дарес
Дафна
Дафнис
Девкалион
Дедал
Дедалион
Деидамия
Деифоб
Дексикреон
Дельфиний
Деметра
Демодок
Демон
Демофонт
Деянира
Диана
Дике
Диктис
Диомед
Диона
Дионис
Диоскуры
Дирка
Додона
Дор
Дракон
Драконтида
Дриады
Дриоп
Дриопа
Европа
Елен
Елена
Загрей
Зевс
Зелос
Зет
Зефир
Золотое руно
Иакх
Иалем
Иам
Иапет
Иасион
Идоменей
Иинга
Икар
Икарий
Иксион
Илифия
Инах
Ино
Ио
Иодама
Иокаста
Иола
Иолай
Ион
Ипполит
Ипполита
Исирий

Исмена	Лета	Ниоба	Селемн	
Ифигения	Лето	Нис	Селена	
Ификл	Ливия	Нот	Семела	
Ифит	Лик	Огиг	Семеро против Фив	Форкис
Ихор	Ликаон	Огигия	Семирамида	Фороней
Кабиры	Ликимний	Одиссей	Сибиллы	Фрасимед
Кадм	Ликомед	Оилей	Силены	Фрии
Кадуцей	Ликор	Ойней	Симплегады	Хаос
Калидн	Ликург	Ойнотрофы	Синис	Харибда
Калидонская охота	Лилай	Океан	Синон	Хариты
Калипсо	Лин	Олимп	Сирены	Харон
Каллиопа	Линкей	Омфал	Сиринга	Химера
Каллироя	Лисса	Омфала	Сисиф	Хиона
Каллисто	Лих	Орест	Скамандр	Хирон
Калхант	Майра	Орион	Скилла	Хрис
Кампа	Майя	Орф	Скирон	Хрисаор
Канака	Макар	Орфей	Смирна	Хрисипп
Капаней	Макария	Осса	Софронистир	Хрисофемида
Капис	Макрида	Офион	Спарты	Загр
Карн	Мания	Паламед	Сперхий	Зак
Карнабон	Манто	Палладий	Стентор	Эвадна
Кассандра	Мараф и Эхедем	Паллант	Стеропа	Эвбулей
Кассиопея	Маргит	Паллантиды	Стикс	Эвмей
Касталия	Марон	Панакея	Стильба	Эвмолп
Кастор	Марпесса	Пандар	Сторукие	Эвр
Катрей	Марсий	Пандион	Строфий	Эвриал
Кеик	Махаон	Пандора	Сфенебея	Эвридика
Кекроп	Мегакло	Пандроса	Сфенел	Эврином
Келей	Мегар	Парис	Сфинкс	Эвринома
Келено	Мегара	Парнас	Тавмант	Эврипил
Кеней	Мегера	Парфенопа	Талия	Эврисфей
Кентавры	Медея	Парфенопей	Талос	Эврит
Кераон и Маттон	Медонт	Парфенос	Талфибий	Эвтерпа
Кербер	Меламп	Пасифая	Танаис	Эгей
Керкион	Меланипп	Патрокл	Танатос	Эгиала
Керкопы	Меланиппа	Пеант	Тантал	Эгида
Керы	Меланф	Пегас	Таракситп	Эгипт
Кефал	Меланфий	Пеласг	Тартар	Эгисф
Кефей	Меланфо	Пелей	Тевкр	Эдип
Киана	Мелеагр	Пелоп	Тевмесская пещера	Эйрена
Киаф	Мелиады	Пенелопа	Тейя	Элара
Кибела	Мелибея	Пенфей	Текмесса	Электра
Кидалий	Меликерт	Пенфесилея	Теламон	Электрион
Киклопы	Мелисса	Пеон	Телегон	Эллин
Кикн	Мелитей	Пергам	Телемах	Эмпуса
Киконы	Мелос	Перибея	Телеф	Эндимион
Киллена	Мельпомена	Периклимен	Тельфуса	Эней
Кинир	Мемнон	Перифет	Тельхины	Энио
Кипарис	Менады	Персей	Темен	Эномай
Кипарисса	Менекей	Персефона	Терпсихора	Энона
Кирена	Менелай	Пигмалион	Терсит	Эол
Кирка	Менет	Пигмеи	Тесей	Эпаф
Киферон	Мента	Пиколой	Теспий	Эпей
Клеопатра	Ментор	Тефида	Эпигоны
Клеопатра и Перибея	Мерион	Пилад	Тидей	Эпиметей
Климена	Меропа	Пирам	Тиндарей	Эпит
Клио	Местра	Пирена	Тира	Эпотей
Клитеместра	Метаб	Пирифой	Тиресий	Эргин
Клития	Метида	Питис	Тиро	Эреб
Клостер	Миагр	Питфей	Тирс	Эрехфей
Кодр	Мидас	Пифон	Тисамен	Эригона
Кой	Мийа	Пиэриды	Тисифона	Эрида
Кокал	Микон	Планкты и Симплегады	Титаны	Эридан
Кокит	Миниады	Плеяды	Титий	Эрикс
Комето	Минос	Плимней	Титон	Эриманф
Кора	Минотавр	Плисфен	Тифий	Эринии
Кореб	Мирина	Плутон	Тифон	Эрисихтон
Корибанты	Мирмекс	Плутос	Тиха	Эрифила
Корикия	Мирмидоняне	Подалирий	Тлеполем	Эрихтоний
Корит	Миртил	Полиб	Триптолем	Эрот
Коронида	Мнемосина	Полигимния	Тритон	Этеокл
Космос	Мойры	Полидамант	Троил	Этол
Кранай	Моли	Полидект	Трос	Эфалид
Креонт	Молиониды	Полидор	Трофоний	Эфиопы
Кретей	Молосс	Поликсена	Троянская война	Эфра
Креуса	Мом	Полиместор	Уран	Эхет
Кримисс	Мопс	Полиник	Урания	Эхидна
Кронос	Морфей	Полифем	Фаланг	Эхо
Кротон	Музы	Посейдон	Фамирид	Ээт
Ксуф	Мусей	Праксифея	Фаон	Ээтион
Куреты	Навплий	Прет	Фаэтон	Ямба
Лабдак	Навпрестиды	Приам	Феаки	Ясон
Лабиринт	Навсикая	Приап	Феано	Грузины
Ладон	Навсифой	Прокна	Феба	Агуна
Лай	Наннак	Прокрида	Федра	Адгилис деда
Лайлапс	Нарцисс	Прокруст	Фемида	Али
Ламия	Наяды	Прометей	Фемоноя	Амбри
Лаодамант	Нелей	Протей	Феникс	Амирани
Лаодамия	Немесида	Протесилай	Феоклимен	Армази
Лаодика	Неоптолем	Псалаканфа	Феона	Бакбак-дэви
Лаокоон	Нереиды	Псамафа	Феофана	Батонеби
Лаомедонт	Нерей	Психея	Ферет	Бегела
Лапифы	Нерит	Радаманф	Фетида	Бедис мцерлеби
Ларисса	Несс	Рес	Фива	Берика
Лаэрт	Нестор	Рея	Фиест	Босели
Левк	Нефела	Рода	Филемон и Бавкида	Бочи
Левка	Нике	Сабазий (фриг.)	Филлида	Вешапи
Левкипп	Никиппа	Сабакт	Филоктет	Воби
Левкофея	Никтей	Салмоней	Финей	Гаци и Гаими
Леда	Никтей	Сарпедон	Флегий	Гиорги
Лестригоны	Нимфы	Сатиры	Фок	Гмерти

665

Дедабери	Манат	Таит	Гамсилг	Махи
Джвари	Манаф	Татенен	Гела	Менака
Добилни	Нахи	Таурт	Дунен беркат	Меру
Дэвы	Ороталт	Тененет	Дяла	Нала
Задени	Руда	Тефнут	Ел	Намучи
Иахсари	Узза	Тот	Ел-да	Нара
Каджи	Хубал	Унут	Елта	Нарада
Камари	**Древнесемитская мифология**	Упес	Ерд	Нарака
Квириа		Упуат	Ешап	Нараяна
Кер-оглы	Асират	Уто	Жер-баба	Насатья
Мамбери	Астар	Хапи	Курюко	Начикетас
Мацили	Илу	Хатмехит	Муста-Гударг	Ниррити
Мзетунахави	Молох	Хатор	Нарты	Пандавы
Миндорт Батони	**Египетская мифология**	Хедихати	Пира	Панду
Нациллиани		Хекет	Са	Пани
Очокочи	Акер	Хентиаменти	Сармак	Парамита
Очопинте	Аментет	Хентихети	Села	Парджанья
Паскунджи	Амон	Хепри	Села Сета	Парикшит
Пиркуши	Амсет	Херишеф	Сеска Солса	Пашупати
Раши	Анджети	Хнум	Синош	Питары
Рокапи	Анубис	Хонсу	Тарамы	Пишачи
Самдзимари	Апедемак	Шаи	Тушоли	Прабха
Сахлис Ангелози	Анукет	Шесемтет	Ун-нана	Праджапати
Тедоре	Апис	Шесему	Фара-хазилг	Пракрити
Ткаши-мапа	Апоп	Эннеада	Фурки	Преты
Тулепиа-Мелиа	Аренснупис	Ях	Хамчи Патарз	Притхи
Гуроны	Атон	**Езиды**	Хунсаг	Притхиви
Атаентсик	Атум	Малаки-тауз	**Индийская мифология** (Древнеиндийская)	Пурамдхи
Иоскеха и Тавискарон	Ах	**Западносемитская мифология**		Пуруша
Онниoнт	Аш		Агастья	Пушан
Даргинцы	Ба	Аглибол	Адити	Ракшасы
Абдал	Баст	Акхит	Адитьи	Раху
Бадз, см. Барз	Бата	Анат	Адитья	Рибху
Берхи, см. Барг	Бебан	Асират	Адхидевата	Рита
Куне, см. Кини	Бену	Астар	Адхьятман	Риши
Мому, см. Мамов	Бэс	Астарта	Айравата	Родаси
Делавары	Гарпократ	Атаргатис	Ангирасы	Рохини
Мсинкоаликан	Геб	Баал	Араньяни	Рудра
Джайнская мифология	Гор	Баалат	Арджуна	Рудры
Аддхалока	Гора дети	Баал-хаммон	Арьяварта	Савитар
Баладева, Васудева и Пративасудева	Гор-па-херд	Баалшамем	Атри	Савитри
	Дуамутеф	Балу	Атхарван	Сарама
Бхаванавасины	Дуат	Бел	Ахалья	Саранью
Вайманика	Иару	Бетэль	Ашвамедха	Сарасвати
Видьядеви	Имиут	Ваал	Брахмалока	Сати
Видьядхара	Исида	Гад	Брахманда	Сваха
Виантара	Иунит	Дагон	Бхарата	Сома
Девы и асуры	Иусат	Данниилу	Бхарати	Сура
Дживы	Ихет	Илу	Бхима	Сурья
Джина	Ихи	Йамму	Бхишма	Тапас
Джйотишка	Ка	Йарих	Бхуджью	Таркшья
Калачакра	Кебексенуф	Йарихбол	Валакхильи	Тваштар
Карма	Кебхут	Йево	Вальмики	Тишья
Лешья	Маат	Карату	Варуна	Трилока
Локантики	Матит	Кемош	Вач	Трита
Мадхьялока	Мафдет	Кос	Вена	Урваши
Махавира	Махес	Кудшу	Вирадж	Ушас
Мокша	Менкерот	Кусар-и-Хасис	Вишведева	Харишчандра
Нарака	Менкет	Левиафан	Вритра	Хаягрива
Нигода	Мент	Малакбел	Вьяса	Химават
Паршва	Менхит	Мелькарт	Гана	Хираньягарбха
Сиддхи	Меримутеф	Милькoм	Ганга	Чхая
Тиртханкара	Меритсегер	Муту	Гандхарвы	Шамбара
Урдхвалока	Мерт	Рапаиты	Гаутама	Шраддха
Чакравати	Мехит	Рашап	Гаятри	Шунахшепа
Шалака-пуруша	Мин	Таавт	Гуна	Шушна
Шасана-девата	Мневис	Тиннит	Дайтьи	Эташа
Дидойцы	Монту	Хорон	Дакшина	Юдхиштхира
Кине, см. Кини	Мут	Цид	Дану	Якши
Рикирал дак	Небтуи	Шадрапа	Даса	Яма
Динка	Нейт	Шалимму и Шахару	Дасью	**Индуистская мифология**
Денгдит	Немти	Шамшу	Дашаратха	
Ньялич	Непери	Шапаш	Дева	Аватара
Догон	Нефертум	Элагабал	Девата	Агни
Амма	Неферхотеп	Эшмун	Диггаджи	Амаравати
Андумбулу	Нефтида	**Зулу**	Драупади	Амрита
Бину	Нехбет	Ункулункулу	Дрона	Ангирас
Йазиги	Нехебкау	Ухлаканьяна	Дхарма	Андхака
Йуругу	Нун	**Зуньи**	Дхатар	Антарикша
Лебе	Нут	Авонавилона	Дхритараштра	Апсары
Номмо	Огдоада	Ахайюта	Дьяус	Аруна
Дравиды	Онурис	Качина	Икшваку	Асуры
Айянар	Осирис	**Ибаны**	Индра	Атман
Амма	Пахт	Петара	Индраджит	Ашваттха
Анангу	Петесухос	Сингаланг буронг	Йони	Ашвины
Коттравей	Птах	**Ибибио**	Кала	Баларама
Древнеарабская мифология	Ра	Исонг	Кама	Бали
	Рат-Тауи	Обуму	Карма	Батара Гуру
Аарра	Рененутет	Эка Абаси	Карна	Бара-Кала
Аллат	Сатис	Эте Абаси	Кауравы	Брахма
Аллах	Сах	**Игбо**	Кунти	Брахман
Вадд	Себек	Але	Курукшетра	Брихаспати
Душара	Сепа	Чи	Лакшмана	Будха
Зу-л-Халаса	Серапис	**Ингуши**	Лакшми	Бута
Йагус	Серкет	Аза	Ланка	Бхагават
Кахил	Сет	Алла	Линга	Бхригу
Лукман	Сехмет	Алмазы	Лока	Ваджра
Малик	Сешат	Ана	Макара	Ваджранга
	Сиа	Боткий Ширтка	Ману	Вайтарани
	Сокар	Вампал	Маричи	Васиштха
	Сопдет	Вочаби	Мартанда	**Васу**
	Сопду			

Васудева
Ваю
Веталы
Видьядхары
Вишвакарман
Вишвамитра
Вишварупа
Вишну
Ганеша
Гаруда
Голока
Гухьяки
Дакини
Дакша
Данавы
Даттатрея
Дварака
Двипа
Деви
Деви сри
Джаганнатха
Дити
Дурвасас
Дурга
Дурьодхана
Дханвантари
Дхрува
Дхундху
Дхундхумара
Ибу Пертиви
Ила
Ишвара
Кайласа
Каланеми
Кали
Кальпа
Канса
Карма
Кашьяпа
Киннары
Кришна
Кубера
Локапалы
Лопамудра
Лунная династия
Майя
Манаса
Мандара
Маруты
Матри
Матхура
Меру
Минакши
Мохини
Нагасари
Наги
Накшатры
Нандин
Нахуша
Парашурама
Парвати
Патала
Прахлада
Пуластья
Пурурувас
Равана
Радха
Рама
Рати
Рукмини
Сагара
Сансара
Сатраджит
Сварга
Семар
Сиддхи
Сканда
Солнечная династия
Сунда и Упасунда
Сурпа
Сурабхи
Тара
Тилоттама
Тримурти
Хануман
Харихара
Хираньякашипу
Хираньякша
Шакти
Шакунтала
Шеша
Шива
Шукра
Юга
Янти

Иранская мифология
Ажи-Дахака
Айрьяман
Айшма
Ака Мана
Акван-дэв

Амертат
Амеша Спента
Ангро-Майнью
Ануширван
Апам-Напат
Апаоша
Араска
Араш
Ардвисура Анахита
Арджасп
Арйана Вэджа
Армайти
Арнаваз
Арштат
Атар
Атвйа
Афрасиаб
Ахриман
Ахтия
Ахурамазда
Ахуры
Аша Вахишта
Аши
Барзу
Баствapaй
Бахрам Гур
Вайю
Вара
Веретрагна
Видарафш
Виштаспа
Воху Мана
Гайомарт
Гаронмана
Гопатшах
Гуштасп
Дазна
Джамаспа
Джамшид
Друг
Дэвы
Заратуштра
Зарер
Заххак
Зерван
Искандар
Исфандияр
Йима
Йошта
Кава
Кави
Кави Усан
Кай Кавус
Кай Кубад
Кай Хусроу
Кангха
Каршиптар
Каюмарс
Кейяниды
Керсаспа
Мазда
Мани
Мартйа и Мартйанаг
Митра
Найрью-Сангха
Насу
Парадата
Парадиз
Паренди
Пари
Пишдадиды
Рангха
Рахш
Рашну
Рустам
Сама
Саошьянт
Симург
Сйаваршан
Спандармат
Спеништа
Спента-Майнью
Спентодата
Сраоша
Сухраб
Тахма-Урупа
Тваша
Тиштрйа
Траэтаона
Трита
Тура
Туса
Фарн
Фраваши
Франграсйан
Хаома
Хаошйангха
Хусрава
Хшатра Вайрйа
Чинват

Чишта
Язаты
Ирландская мифология
Бадб
Балор
Банши
Бефинд
Диан кехт
Клуракан
Кромм Круах
Кухулин
Лепрехун
Маха
Миль
Морриган
Нуаду
Старуха из Бэра
Финн
Фир Болг
Фоморы
Эриу
Ирокезы
Агрескуи
Атотархо
Гайавата
Деганавида
Оренда
Тавискарон
Таронхайаваган
Хадуигона
Хено
Испанцы
Ксаны
Нуберо
Трасго
Итальянцы
Адран
Ангития
Вакуна
Везуна
Керра
Марика
Мефитис
Нестис
Палики
Реития
Семо Санкус
Фуррина
Церера
Итальянцы
Бефана
Лауру
Линчетто
Фоллетто
Иудаистическая мифология
Аарон
Аваддон
Авель
Авимелех
Авраам
Агарь
Адам
Адам Кадмон
Адонаи
Азазель
Ангелы
Асир
Асмодей
Вавилонская башня
Валаам
Валтасар
Велиал
Вениамин
Гавриил
Гад
Гедеон
Геенна
Гог и Магог
Голем
Голиаф
Гоморра
"Грехопадение"
Давид
Дан
Даниил
Двенадцать сыновей Иакова
Девора, Дебора
Дина
Дух святой
Ева
Елисей
Енох
Ефрем
Завулон
Золотой телец
Иаков, Израиль
Иегова
Иезикииля видение
Иеффай

Измаил
Иисус Навин
Илия
Иов
Иона
Иосиф Прекрасный
Исаак
Исав
Иуда
Каин и Авель
Левиафан
Лилит
Лия
Лоно Авраамово
Лот
Малах Га-Мавет
Манна
Мафусаил
Медный змей
Мельхиседек
Мессия
Метатрон
Михаил
Моисей
Неопалимая купина
Нимврод
Ной
Офаним
Патриархи
Раав
Рагуил
Рафаил
Рахиль
Ревекка
Рефаим
Руфь
Саваоф
Самаэль
Самсон
Самуил
Сарра
Сатана
Саул
Серафимы
Сим, Хам, Иафет
Сиф
Соломон
София
Товит и Товия
Три отрока в печи
Уриил
Херувимы
Шеол
Шехина
Эсфирь
Яхве
Ифугао
Матунгулан
Йеменская мифология
Алмаках
Амм
Анбай
Астар
Вадд
Варафу
Зат-Бадан
Зат-Захран
Зат-Сантим
Зат-Химйам
Зу-Самави
Илу
Мандах
Мутибнатйан
Накрах
Наср
Сами
Син
Талаб
Хавбас
Хавкам
Хагар-Кахам
Шамс
Йоруба
Ифа
Обатала
Огун
Одудува
Олокун
Олорун
Ораньян
Ориша Нла
Ориша Око
Орунган
Шанго
Элегба
Кайнганг
Каюрукре и Каме
Кайова
Тай-ме
Казахи
Аджина

Аждаха, см. Аждарха
Айдагар, см. Аждарха
Албасты
Алпамыш
Дикан-баба, см. Бободехкон
Дуана, см. Дивана
Длу, см. Дэвы
Жалмауыз кемпир
Жез тырнак
Камбар
Каракус
Кер-оглы
Коналк
Марту, см. Албасты
Мыстан кемпир
Су иеси, см. Су иясе
Какчикели
Чималькан
Калмыки
Аварга Мога, см. Аварга Могой
Алангсар
Алтан гасы, см. Алтан гадас
Алтан меклэ, см. Алтан мелхий
Аянгын сумун, см. Аянгын сум
Джангар
Дзаячи
Окон-тенгри, см. Охин-тенгри
Сумсен, см. Сунс
Тенгри
Усун-хадын эзен
Цаган Эбуген
Цолмон
Чорос
Чотгоры
Шулмасы
Эдзены
Эрлик
Каракалпаки
Аджина
Аждарха
Албаслы, см. Албасты
Алпамыш
Дийхан-баба, см. Бободехкон
Дийуана, см. Дивана
Дзу, см. Дэви
Кер-оглы
Марту, см. Албасты
Карачаевцы
Агач киши
Аламасты, см. Албасты
Апсаты
Деу, см. Дэвы
Нарты
Суу анасы, см. Су анасы
Карело-финская мифология
Вяйнямейнен
Еукахяйнен
Ильмаринен
Куллерво
Лемминкяйнен
Похьела
Сампо
Тапио
Тоора, см. Таара
Укко
Хийси
Карены
Ланьеин и Амонг
Сабалейпбья
Касситская мифология
Гидар
Кашшу
Миризир
Сах
Хутха
Шукамуна
Шумалия
Качари
Алоу
Гхатокох
Качины
Апаккьит лок
Вайшун
Мутум
Нфанва
Паупау Нанчаунг и Чангко
Шиппаун Айаунг

667

Каяны
Амей авинг
Квакиутль
Баксбакваланукснвэ
Комоква
Свэксвэ
Сисиютль
Тсоона
Кельты
Аваллон
Артур
Бран
Бригита
Гоибниу
Дагда
Дану
Езус
Лер
Луг, Ллеу
Мананнан сын Лера
Мапонос
Мерлин
Огма
Племена богини Дану
Сиды
Суцелл
Таранис
Тевтат
Цернунн
Эпона
Кенья
Амей авинг
Талмей Тинген
Кеты
Альбэ
Дотет
Дох
Есь
Кайгусь
Калбесэм
Каскет
Койотбыль
Томэм
Хоседэм
Кечуа
Виракоча
Инкарри
Инти
Конопа
Кочамама
Манко Капак
Пачамама
Сарамама
Уака
Кикуйю, камба
Нгом
Киргизы
Аджина
Ажыдаар, см. Аждарха
Албарсты, см. Албасты
Алп каракуш, см. Каракус
Баба-дыйкан, см. Бободехкон
Гульбиябан, см. Гюльябани
Дубана, см. Дивана
Део, см. Дэвы
Желмогуз кемпир, см. Жалмауыз кемпир
Йер-су
Камбар
Манас
Марту, см. Албасты
Мюйюздюу эне
Китайская мифология
А-нюй
Ао
Ао Бин
Ба
Ба гуа
Бай-ди
Байху
Байцзэ
Бао-гун
Бачжа
Бигань
Биняо
Бинфэн
Бися юаньцзюнь
Будай-хэшан
Буччжоушань
Бэйдоу
Бянь Хэ
Бянь цяо
Ван Лин-гуань
Ван-му шичжэ
Ван хай
Ванцзы цяо
Ван шу
Восемь бессмертных
Восемь скакунов
Воцюань
Вэй Гу
Вэйто
Вэй Шанцзюнь
Вэйшэ
Вэньчан
Вэньшу
Вэнь-шэнь
Вэнь-юаньшуай
Гао-яо
Гоуман
Го Цзый
Гуань-ди
Гуаньинь
Гуй
Гуйгу-цзы
Гуйму
Гуйсюй
Гунгун
Гунь
Гэ-гу
Гэ-сэньвэн
Данай Фужэнь
Даньчжу
Ди-Ку
Дицзан-ван
Ди-цзюнь
Ди-цзян
Диша
Дию
Доу-му
Доушуай-тэнь
Доу-шэнь
Ду Кан
Дун-вангун
Дунфан Шо
Дун-цзюнь
Ду Юй
Дянь-му
Жо
Жошуй
Жун-Чэн
Жу-шоу
И
И Инь
Инчжоу
Инь и ян
Кайму-шэнь
Кайминшоу
Куа-фу
Куй
Куй-син
Куньлунь
Лань Цайхэ
Лаолан
Лаоцзы
Ли Бин
Линъюй
Ли-тяньван
Ли чжу
Лохань
Ло-цзу
Ло-шэнь
Луаньняо
Лу Бань
Лун
Лун-ван
Лусин
Лэй-гун
Лэй-цзу
Люй Хай
Люй Дунбинь
Ма-ван
Ма-гу
Ман
Ма-юаньшуай
Менхеп
Мулянь
Мэн Тянь
Мэнь-шэнь
Ножжа
Ню-ван
Нюйва
Ню-лан
Няннян
Паньгу
Паньгуань
Паньтао
Пуса
Пусянь
Пэн
Пэнлай
Пэн-цзу
Сань гуань
Сань Мао
Сань Хуан
Сань цзе
Сань цин
Саньжушу
Саоцин-нян
Се
Се-тяньцзюнь
Си-ванму
Син-тянь
Синь Син-гоуюаньшуай
Сип Чансэн
Ситянь
Сихэ
Си-шэнь
Суйжэнь
Сунцзы няннян
Сунь Бинь
Сунь Сымяо
Сы да тянь ван
Сы лин
Сыма Сянжу
Сымин
Сюаньмин
Сюаньу
Сюй-чжэньцзюнь
Сянь
Сяньнюй
Сяньчи
Сяо-гун
Тайи
Тай-суй
Тайцзи
Тайшань
Ту-бо
Туди
Тянь
Тяньгоу
Тянь-ди
Тянь-хоу
Тянью Юаньшуай
Удай Юаньшуай
У ди
Утан
У фан шэнь
У Цзысюй
Ушэн лаому
У юэ
Фусан
Фуси
Фу-син
Фэйлянь
Фэнъи
Фэнхуан
Хо бу
Хо-син
Хоу-ту
Хоу-цзи
Хо-шэнь
Хуан-ди
Хуашань
Хунь
Хуньдунь
Хэ
Хэ-бо
Хэй-ди
Хэ-хэ
Цай-шэнь
Цанцзе
Цань-шэнь
Целань-шэнь
Цзао-ван
Цзин
Цзинвэй
Цзин-ту
Цзы-гу
Цзюйбаопэнь
Цзюйлин
Цзю тянь
Цзян-тайгун
Цзян Цзыя
Цзяньди
Цзяньму
Цзянь Юань
Цилинь
Цинлун
Ци-сяньнюй
Цюнсан
Чанъэ
Чжан-сянь
Чжан-тяньши
Чжи
Чжи-нюй
Чжуаньсюй
Чжужун
Чжун Куй
Чжулун
Чжуняо
Чисун-цзы
Чию
Чуан-шэнь
Чун-ван
Чунмин
Чэнхуан
Шан-ди
Шаохао
Шиэр шэнсяо-шэнь
Шоу-син
Шунь
Шэнь
Шэнь-нун
Эр-лан
Эр-ши-ба тянь
Юду
Юй
Юй-ди
Юйцян
Юй-ши
Юэса лаожэнь
Юэ Ту
Ян цзянцзюнь
Янь-ван
Яньгуан
Янь-гун
Янь-ди
Яо
Яо-ван
Киче
Балам-Ахаб
Вукуб-Каме
Кукумац
Тепев
Тохиль
Хун-Ахпу и Шбаланке
Хуракан
Шибальба
Шкакау
Коги
Каутеован
Коми
Ен
Куль
Омоль
Корейская мифология
Аван-Конджу
Амисан
Аран
Аранбуль
Арен
Асадаль
Ван Гон
Вонгви
Ебосан
Емдже
Емна
Енван
Ендон
Ендын
Ено-ран и Сео-не
Енсон
Ерэ
Еый поджу
Женщина-Солнце
Ильмунгван Парамун
Имуги
Инван
Ино
Ирвольсонсин
Канчхори
Карамсин
Касин
Кванджэ
Квансеэм
Квисин
Кен Хвон
Керим
Киджа
Ким Альджи
Кимби-тэван
Ким Суро
Кодынсин
Коллип
Комсин
Котхаджи
Кумихо
Кунун
Кунье
Куроъи
Кут
Кымва
Кымган екса
Кымгансан сонне
Лохань
Люхва
Маго хальми
Маджо
Мама Сонним
Мауль
Менбусин
Менхеп
Мименгви
Мирык
Мульквисин
Мунсин
Мунсу
Ноинсонсин
Обан синджан
Окван санджэ
Онджо
Оп
Пак Хеккосе
Панбэксин
Пари-конджу
Побу-хвасан
Пугин
Пукту Чхильсонсин
Пульгасари
Пулькэ
Пхунсин
Пэктусан
Сагунджа
Саджиксин
Самбуль-чесок
Самсин
Самсинсан
Самылла
Сансин
Сасин
Сачхонван
Сибиджисин
Синдансу
Сип Чансэн
Согин
Содон
Сок Тхархэ
Сон
Сонан
Сонджу
Сондольсин
Сон-какси
Сонмундэ Хальман
Стрелок-Солнце и два хозяина стихий
Тангун
Таннаму Квисин
Токкэби
Тонмен
Тходжу
Тхэбэксан
Тхэджагви
Тэгам
Хабэк
Ханынин
Хванин
Хванун
Хогуксин
Хэбуру
Хэмосу
Чансын
Чанъин
Чесонсин
Чосансин
Чумон
Чхоен
Куки
Путхен
Кумыки
Албаслыкъатын, см. Албасты Земире
Сув анасы, см. Су анасы
Суткъатын
Курды
Кер-оглы
Кушитская мифология
Апедемак
Аренснупис
Дедун
Мандулис
Себуимекер
Кхаси
У Бискуром
У Блей у нонгбух нонгтхау
Кхмеры
Каундинья
Кенарей
Крон Пали
Махешвара
Неак Та
Нореай
Прах Кет Меалеа
Промы
Кхму
Бан Тау Пунг
Кхонтаи (сиамцы)
Брана Кхабун
Кхьенги
Нгатхеин
Лакцы
Авдал, см. Абдал
Алмас хатун, см. Алпаб
Амир
Асс

Аццалав, см. Залзана-
гый
Барг
Барз
Бярнил Изажа
Вилах, см. Алпан
Дэвы
Зал
Зювил, см. Гудил
Кини
Кавтаркари, см. Куш-
кафтар
Кяла чири
Мамов
Мантули, Лаки халлу
Пари
Рикирал дак
Сухасулу
Харши Кула, см. Идор
Чассажи
**Ламаистская мифоло-
гия**
Гаруда
Ламахолот
Леравулан
Лао
Ветсуван
Кхаттханам
Кхун Болом
Нанг Кангри
Нанг Кхасоп
Нанг Пао
Пу Лансенг
Пхиба
Пхра Ин
Пху Нго и Не Нгам
Тхен Факхын
Тхонг и Двадараси
Латыши
Аусеклис
Аустра, см. Аушра
Декла
Земниекс
Карта
Маря
Перконс, см. Перкунас
Пуке
Рагана
Рунгис
Усиньш
Цероклис
Юмис
Лезгины
Ал паб
Алпан
Раг, см. Барг
Варз, см. Барз
Гуцар
Квал, см. Сухасулу
Кушкафтар
Пари
Лису
Маква
Литовцы
Айтварас
Аушра
Баубис
Бубилас
Вайжгантас
Вейопатис
Визунас
Вилктаки
Габия
Габьяуя
Гильтине
Дейве
Жемина
Каукас
Милда
Пагирнейс
Перкунас
Припаршис
Рагана
Самбарис
Скальса
Совий
Тратитас кирбиксту
Швинторог
Лы
Пхра Пхум
Лувийская мифология
Арма
Кубаба
Ма
Берлинг
Бунг
Нду
Сорден
Майя
Ах-Пуч
Бакабы

Ицамна
Иш-чель
Кукулькан
Павахтуны
Теель-кусам
Чак
Юм-кааш
Малагасийцы
Вазимба
Занахари
Рафара
Ман
Фу Хай
Мандинго
Сундьята
Манобо
Макалидунг
Манси
Калм
Калташ-эква
Консыг-ойка
Куль
Куль-отыр
Пупыг
Хотал-эква
Манусела
Алахатала
Маньчжуры
Дусэ
Мама
Омоси-мама
Эндури
Маори
Тафаки
Тафири
Туреху
Хаумиа
Марийцы
Азырен
Вуд-аве, см. Ведь-аве
Кият
Кугурак
Кугу-юмо
Кудо-водыж
Онары
Масаи
Найтеркоб
Нгаи
Мбунду
Судика-Мбамби
Меланезийцы
Агунуа
Кабинана и Карвуву
Кахауси-бваре
Кват
Нденгеи
Тагаро
Ментавайцы
Сиакоу
Микронезийцы
Алулуэй
Иолофат
Лоа
Лонгорик и Лонголап
Лугеиланг
Матанг
Мбуэ
На-реау
Пэлюлоп
Риики
Тангароа
Тмелогод
Хиоу
Эдао
Энулап
Минахасы
Лумимуут
Мунтуунту
Монго-нкунду
Пиянжа
Мбомбианда
Мордва
Варма-ава
Ведь-ава
Вирь-ава
Мода-ава
Нишке
Норов-ава
Пурьгине-паз
Тол-ава
Тюштян
Шкай
**Мохаве калифорний-
ские**
Матовелия
Муиски
Чия
**Мусульманская мифо-
логия**
Ад
Адам

Аднан
Айюб
Али
Аллах
Амалик
Ангелы
Анка
Арафа
Асхаб ал-кахф
Асхаб ал-ухдуд
Асхаб ар-расс
Балам
Барсиса
Бархут
Билкис
Бурак
Бухт Нассар
Вабар
Гавриил, см. Джибрил
Джирджис, см. Георгий
Победоносец
Гул
Гурии
Даджжал
Дауд
Джалут
Джанна
Джаханнам
Джибрил
Джинн
Ева
Закария
Зу-л-Карнайн
Зу-л-Кифл
Зу-л-Факар
Иблис
Ибрахим
Идрис
Илйас
Ирам Зат ал-Имад
Иса
Исмаил
Исрава-л-мирадж
Исрафил
Исхак
Ифрит
Йаджудж и Маджудж
Йакуб
Йаук
Йахья
Йунус
Йусуф
Йуша ибн Нун
Кабил и Хабил
Канбар, см. Камбар
Карун
Каусар
Кахтан
Лукман
Лут
Маджудж
Малаика
Мариам
Махди
Микал
Мирадж
Михаил, см. Микал
Мункар и Накир
Муса
Мухаммад
Нимврод
Нух
Патриархи
Салих
Самуд
Сулайман
Талут
Тасм
Фатима
Фираун
Хавва
Хадир
Харун
Харут и Марут
Хизкил
Худ
Хусайн
Шайтан
Шуайб
Мяо-яо
Лун Кунг
Лыонг Вунг
Ндо Тхы
Навахо
Ахсоннутли
Йеи
Нага
Медунгаси и Симотинг
Нанайцы
Амба

Аями
Бочо
Бусиэ
Дусэ
Дуэнте
Дюлин
Калгама
Кори
Майин
Манги
Оми
Паня
Подя
Сакка
Сэвэн
Тэму
Хадау
Хэглэн
Нгада
Дева
Нгаджу
Джата
Махараджа Буно
Махатала
Раджи
Санген
Сангианг
Тэмпон Тэлон
Нганасаны
Дяйку
Моу-нямы
Негидальцы
Амба
Дюлин
Калгама, см. Калгама
Майин
Маси
Оми
Подя
Синкэн
Сэвзки
Сэвэн
Тэму
Ханян, см. Паня
Хэглэн
Эндури
Ненцы
Минлей
Нга
Нгымка
Сихирая
Урэр
Ниасцы
Латуре Дане
Ловаланги
Силевэ Нацарата
Нивхи
Как
Кехн
Кинр
Курн
Ла ыз
Миф ыз
Млыво
Пал ыз
Тайнанд
Тахть
Техн
Тлы ыз
Тугр ыз и Тугр мам
Тыв ыз
Тыынт
Чхарур
Ногайцы
Аздага, см. Аждарха
Албаслы, см. Албасты
Нупе
Соко
Нуэр
Квот
Ниал
Ньоро
Руханга
Обские угры
Вит-кан
Вит-куль
Корс-Торум
Менкв
Мир-сусн-хум
Мис
Мось
Най-эква
Нуми-Торум
Пор
Хотал-эква
Этпос-ойка
Огузы
Огуз-хан
Оджибве
Мичибичи

Ойраты
Цогтай-хан
Цолмон
Чорос
Эрхин-мерген
Океании народы
Мауи
Осетины
Авд дзуары
Агунда
Алагата
Аларды
Аминон
Анигал
Артауыз
Артхурон
Ататы дзуар
Атынаг
Афсати
Ахсартагката
Ацамаз
Барастыр
Батрадз
Бората
Борхаурали
Бынаты хицау
Галагон
Гумиры
Джеры дзуар
Дзанат
Дзерасса
Дзуар
Донбеттыр
Зындон
Зэды и Дауаги
Игна
Карчикалой
Кафтысар-хуандон-
алдар
Колесо Балсага
Курдалагон
Мыкалгабырта
Нарты
Никкола
Ног-дзуар
Реком
Руймон
Рыныбардуаг
Саниба
Сатана
Сау бараджи дзуар
Сау дзуар
Сафа
Сослан
Сызгарин дзуар
Сырдон
Таранджелоз
Татартуп дзуар
Тотрадз
Тутыр
Уаиги
Уархаг
Уастырджи
Уасхо
Уацамонга
Уацилла
Урызмаг
Фалвара
Фарниджи дуаг
Фацбадан
Фыры дзуар
Хамыц
Хетаджи дзуар
Хоралдар
Хохы дзуар
Хур
Хуцао
Ороки
Агды
Амба
Калдями, см. Калгама
Кори
Паня
Тава эдени, см. Подя
Сэвэн
Тэму
Хадау
Хэглэн
Орочи
Агды
Амба
Бочо
Ганики
Дусэ
Дуэнте
Кагдяму, см. Калгама
Кори
Манги

Оми	Мисен	Садко	Тагимасад	Дагшед
Пудя, см. Подя	Нептун	Святогор	Таргитай	Дрегпа
Сакка	Опс	Стрефил	**Сонгаи**	Дунги гонгма
Синкэн	Орк	Троян	Фаран	Емон Гйалпо
Сэвзн	Пакс	Тугарин	**Срэ**	Жаза
Тэму	Палес	Фараонки	Берлинг	Ла
Хадау	Палинур	Финист Ясный Сокол	Брахтинг	Лу
Ханян, см. Паня	Парки	Хорс	Бунг	Лха
Хэглэн	Пенаты	Чудь	Ду	Лхамо
Эндури	Пик	Шуликуны	Нду	Масанг
Палауны	Пилумн и Пикумн	**Рутульцы**	Сорден	Падмасамбхава
Тузанди	Пирам	Албасты, см. Ал паб	**Суто-чвана**	Пехар
Пополуко, соке и ма- сатеки	Помона	Ваз, см. Барз	Моримо	Рулакье
	Портун	Вириг, см. Барг	**Сэлиши**	Рум
Чанеке	Рея Сильвия	Гуди, см. Гудил	Свэксвэ	Сабдаг
Пор	Робиг	Залзанагый	**Табасаранцы**	Синмо
Арак Кол	Рома	Ийныи, см. Зал	Гудил	Тригумцэнпо
Пруссы	Ромул	Тушедрышье, см. Кини	Кушкафтар	Тхеуранг
Аутримпс	Салюс	Кашкафтар, см. Куш- кафтар	Хварс, см. Сухасулу	Циумарпо
Аушаутс	Сатурн		**Таджики**	Цокшин
Бардойтс	Семоны	Хварц, см. Сухасулу	Аджина	Шенраб-мибо
Барздуки	Сильван	**Саамы**	Аждаха, см. Аждарха	Шиндже
Видевут и Брутен	Сильвий	Айеке	Арвох	**Тлинкиты**
Курке	Соль	Маддер-акка	Биби-Мушкилькушо	Йель
Окопирмс	Стриги	Пейве	Биби-Сешанби	Тсоона
Паникс	Сумман	Радиэн	Бобо-и-дехкон, см. Бо- бо-дехкон	**Тоба, мбая, кашиха**
Патолс	Тарпея	Разиайке		Каранчо
Пеколс	Теллус	**Салары**	Гул, см. Гюль-ябани	**Тораджи**
Пергрубрюс	Термин	Гесер	Дивана	Комбенги
Пильвитс	Тиберин	**Самодийцы**	Кампир	Ндара
Потримпс	Фавн	Ди'а	Кер-оглы	**Тувинцы**
Пушкайтс	Фама	Дяйку	Момо	Албасты
Тримпс	Фатум	Ича	Оджуз	Албыс, см. Албасты
Пуэбло	Февris	Кызы	**Татары**	Гесер
Качина	Феrония	Лозы	Абзар ияse	Когудей, см. Хухедей- мерген
Пшавы	Фидес	Минлей	Аждах, см. Аждарха	
Иахсари	Флора	Моу-нямы	Аздаха, см. Аждарха	Цолмон
Рапануйцы	Фонс	Нга	Албасты	Шулмасы
Акуаку	Форнакс	Нгымка	Алпамша, см. Алпа- мыш	Эмегельджи
Макемаке	Фортуна	Нум		Эрлик
Рачинцы	Фурии	Сихиртя	Алып Мямшян, см. Ал- памыш	**Тукуна**
Мамбери	Фуррина	Тадебцо		Дьяй и Эпи
Римская мифология	Цекул	Тодоте	Атцыс	Роми-Куму
Аврора	Церера	Урэр	Бичура	Тае
Аий Локутий	Эвандр	Сампре	Дивана	**Юрупари**
Акка Лаrentия	Эгерия	Окнха Мау	Дию пэрие	**Туркмены**
Амата	Эней	**Санема**	Дию, см. Дэвы	Аждарха
Амур	Эскулап	Омао и Соао	Жир ияse	Ал, см. Албасты
Ангерона	Ювента	Ханекаса	Йорт ияse	Афрасиаб
Анна Перенна	Юл	**Сапотеки**	Каракош, см. Кара- кус	Ашыкайдын
Аттий Навий	Юнона	Косана и Уичаана		Баба-дайхан, см. Бобо- дехкон
Беллона	Юпитер	Косихо-Питао	Мяцкай	
Бона деа	Юстиция	Питао-Кособи	Ой ияse	Буркут-баба
Вейовис	Ютурна	Питао-Шоо	Пир	Дивана
Венера	Янус	**Сваны**	Пицен	Дев, см. Дэвы
Вертумн	**Риунги**	Апсати	Су анасы	Камбар
Веста	Тэзэ	Бабар, см. Барбале	Су ияse	Кер-оглы
Виктория	**Руанда**	Мамбери	Убыр	Ювха
Вирбий	Кигва	Седанг	Шурале	**Угаритская мифология**
Виртус	Руганзу	Сет	Ювха	Асирту, см. Асират
Вотурн	**Русские**	**Селькупы**	**Таты**	Битилу, см. Бетэль
Вулкан	Алатырь	Ича	Дедед-ол, см. Ал паб	Данниилу
Галес	Алеша Попович	Кызы	Атошперез, см. Алпан	**Удмурты**
Гений	Алконост	Лозы	Гудил	Воршуд
Геркулес	Буян	**Семанги**	Идор	Ву-мурт
Герсилия	Вечорка, Зорька и По- луночка	Бату Рибн	Мому, Момой, см. Ма- мов	Вукузе
Гонор		Карей		Керемет
Горации	Владимир Красное Сол- нышко	Манои	Нумнегир, см. Кини	Кутысь
Гораций		Та Педн	Офирогор, см. Зал	Кылдысин
Грации	Волосыни	Та Пиаго и Та Тангой	Суахили	**Удэгейцы**
Диана	Волх	**Сиамцы**	Лионго Фумо	Амба
Дидона	Горыня	Кабила Маха Пхром	**Таи**	Ганики
Диспатер	Егорий Храбрый, см. Георгий Победоносец	Кванкао	Кап и Ке	Дусэ
Индигеты		Маунглай	Ло	Дюлин
Итал	Дворовой	Нанг Каухилунг	По Тхен	Кори
Как	Добрыня Никитич	Пи	Фимьюнг	Ханян, см. Паня
Камены	Дунай	Сангкан	**Тхаи (белые и черные)**	Пудя, см. Подя
Камилла	Еруслан Лазаревич	Тхорании	Пу Нен и Нанг Бьон	Сэвзн
Кармента	Змей Горыныч	Чаотхи	Такхай	Тэму
Карна	Иван Дурак	**Сиу**	Таосуонг и Таонган	Хадау
Квирин	Иван Купала	Вакан	Туонглуонг	**Узбеки**
Конкордия	Иван Царевич	Вакиньян	**Тамилы**	Аджина
Конс	Илья Муромец	Иктоми	Анангу	Аждархо, см. Аждарха
Купидон	Индрик-зверь	Такукаnshkан	Маль	Албасты
Лавиния	Китеж	Тункан	Муруган	Алпамыш
Лары	Колдуны	Уинктехи	Пей	Амбар-она
Латин	Коровья Смерть	Хейока	Санга	Афрасиаб
Лемуры	Лихорадки	**Скифы и сарматы**	**Тараски**	Ашыкайдын
Либер	Люди дивия	Агафирс	Куераваperi	Биби-Мушкилькушо
Либитина	Меч-кладенец	Апи	Курикавери	Биби-Сешанби
Луна	Микула Селянинович	Аракс	Тариакури	Бобо-дехкон
Маны	Ног	Арпоксай	Шаратанга	Девона, см. Дивана
Марика	Овинник	Артимпаса	**Тасманийцы**	Дев, см. Дэвы
Марс	Огонь	Борисфен	Инапертва	Кер-оглы
Матер Матута	Одноглазка	Гелон	**Тенетехара**	Марту, см. Албасты
Мезенций	Олег Вещий	Геракл	Майра	Момо, мама
Меркурий	Плакун-трава	Колаксай	**Тибетская мифология**	Сары кыз, см. Албасты
Минерва	Разрыв-трава	Липоксай	Бал	Ювха
	Рюрик, Синеус и Тру- вор	Ойтосир	Бардо	**Уйгуры**
		Папай	Гарба-накпо	Гесер
		Табити	Гесер	Камбар

Ульчи
Амба
Бочо
Дусэ
Дуэнте
Калдяма, см. Калгама
Кори
Манги
Маси
Оми
Паня
Пудя, см. Подя
Сэвэн
Тэму
Хадау
Хэглэн
Эндури
Урартская мифология
Тешуб
Фон
Агбе
Аже
Айдо-Хведо
Гбаде
Гу
Да Зоджи
Дьо
Йо
Легба
Маву-Лиза
Минона
Нана-Булуку
Фа
Хевиозо
Фракийцы
Бендида
Фригийцы
Мен
Хадзапи
Ишоко
Хайнэ
Хакасы
Йер-су
Цолмон
Шулмасы
Эрлик
Ханты
Лунг
Мых-ими
Пугос
Хотал-эква
Хауса
Баво
Хевсуры
Иахсари
Копала
Хеттская мифология
Аппу
Арма
Аруна
Васитта
Вурунсему
Иллуянка
Истанус
Камрусепа
Лельвани
Пирва
Телепинус
Хиваро
Нунгуи
Тсунгхи
Этса
Хопи
Кокиянгвути
Массау'у
Христианская мифология
Абраксас
Авель
Агасфер
Ад
Адам
Ангелы
Андрей
Антихрист
Антропос
Апостолы
Армагеддон
Архангелы
Архонты
Ахамот
Бесы
Благовещение
Богоматерь
Богородица
Валтасар
Варвара
Варфоломей
Велиал
Вельзевул
"Вечный жид"

Власти
Вознесение
Волхвы
Воскресение
Гавриил
Геенна
Георгий Победоносец
Гог и Магог
Голгофа
Господства
"Грехопадение"
Давид
Даниил
Двенадцать апостолов
Дева Мария
Девять чинов ангельских
Дух святой
Ева
Елена
Енох
Захария и Елисавета
Иаков
Иезекиила видение
Иисус Навин
Иисус Христос
Илия
Иоаким и Анна
Иоанн Богослов
Иоанн Креститель
Иов
Иона
Иосиф Прекрасный
Иосиф Обручник
Иуда Искариот
Каин и Авель
Лазарь Четверодневный
Лазарь Убогий
Лоно Авраамово
Люцифер
Мария
Мария Египетская
Мария Магдалина
Мельхиседек
Михаил
Моисей
Мытарства
Начала
Никодим
Николай Чудотворец
Ной
Павел
Патриарх
Петр
Престолы
Рай
Саваоф
Самсон
Самуил
Сатана
Саул
Святое семейство
Семь спящих отроков эфесских
Серафимы
Силы
Сим, Хам, Иафет
Симон маг
Сиф
София
Сошествие во ад
Страшный суд
Тайная вечеря
Троица
Уриил
Урсула
Фекла
Фома
Херувимы
Хождение богородицы по мукам
Христофор
Чистилище
Хурритская мифология
Аштаби
Кубаба
Кужух
Кумарби
Тешуб
Тилла
Улликумме
Хаззи и Намни
Хебат
Хедамму
Худена-Худеллура
Хурри и Шерри
Шавушка
Шимиге
Цахуры
Абдал
Абрак, см. Дэвы

Ална йед, см. Кушкафтар
Годей, см. Гудил
Гыниш, см. Зал
Курчел, см. Сухасулу
Пари
Чаморро
Пунтан
Хайфи
Чеченцы
Аза
Алла
Алмазы
Ана
Вампал
Гамсилг
Гела
Дунен беркат
Дяла
Ел
Ел-да
Ешап
Жер-баба
Нарты
Пхармат
Са
Сармак
Села
Сеска Солса
Синош
Тарамы
Тушоли
Хунсаг
Чибча-муиски
Бачуэ
Бочика
Гуахайоке
Идакансас
Кучавива
Ненкатакоа
Уитака
Фомагата
Чиа
Чибрафруиме
Чибчакум
Чиминигагуа
Чины
Ашун
Вебула
Макон
Чуваши
Арсури
Вупар
Вуташ
Йерех
Киреметь
Султи-тура
Херт-сурт
Шаны
Линлаун
Литлонг
Лойсаомонг
Саопанг
Сура
Шиллук
Джуок
Ньиканг
Шона
Мвари
Шорцы
Ульгень
Шотландцы
Келпи
Кирейн Кройн
Старуха из Бэра
Шумеро-аккадская мифология
Абзу
Апсу
Адад
Лдпа
Алад
Ан
Анзуд
Анту (м)
Ануннаки
Аншар и Кишар
Ауру
Асаллухи
Атрахасис
Ашнан
Ашшур
Бау
Гала

Дуку
Думузи
Зиусудра
Игиги
Инанна
Иштар
Ишуллану
Ишум
Ишхара
Кингу
Кулулу
Кур
Лаббу
Лама
Ламашту
Лахама
Лахар и Ашнан
Лугальбанда
Мамету
Марту
Ме
Мумму
Мушхуш
Набу
Намму
Намтар
Нанайя
Нанна
Нанше
Нергал
Ниназу
Нингаль
Нингирсу
Нингишзида
Нининсина
Нинкаррак
Нинлиль
Нинмах
Нинтинугга
Нинурта
Нинхурсаг
Нингиубура
Нирах
Нисаба
Нуску
Оаннес
Саргон Древний
"Семерка"
Сумукан
Таммуз
Тиамат
Тильмун
Тишпак
Уту
Хумбаба
Царпаниту
Энки
Энкиду
Энлиль
Энмеркар
Энмешарра
Эрешкигаль
Эрра
Этана
Эвенки
Агды
Баха
Дуннэ
Дябдар
Калу, см. Калгама
Майин
Манги
Оми
Ханян, см. Паня
Того мусун, см. Подя
Синкэн
Сэвэки
Сэвэн
Сели
Торганэй
Тэму
Харги
Цолмон
Энгдекит
Эвены
Ханян, см. Паня
Той мурани, см. Подя
Сэвэки
Сэвэн
Торганэй
Хэглэн
Эдэ
Аедие
Аеду
Ае кэбоалан
Айдие
Дам Шан
Ианг Ле
Ианг Мдие

И Ду и Хкунг
Ирит Тилан
Кантьо
Кэшот
Экои
Обаси-Нси
Обаси-Оса
Эламская мифология
Иншушинак
Кириша
Сатаран
Хумпан
Энцы
Ди'а
Нга
Эскимосы
Инуа
Седна
Тарнек
Торнайт
Торнгарсоак
Эстонцы
Ванапаганы
Исянен, см. Укко
Калевипоэг
Метсаваймы
Пеко
Сальме
Таара
Тоонела, см. Манала
Хийси
Этрусская мифология
Аита
Алпан
Аплу
Ванф
Вегойя
Геркле
Калу
Кулсан
Ларан
Марис
Менрва
Нефунс
Нортия
Сатре
Селванс
Сефланс
Таг
Тархон
Тезан
Тин
Туран
Тухулка
Уни
Фуфлунс
Хару
Южнославянская мифология
Бадняк
Божич
Вилы
Герман
Дабог
Додола
Здухач
Караконджалы
Кукер
Планетники
Пятница
Сава
Хала
Ябарана
Маявока
Яванцы
Шива-Будда
Якуты
Абасы
Айы
Айысыт
Ал лук мас
Ан аргыл ойун
Ан дархан тойон
Ан дархан хотун
Арсан-Дуолай
Бай Байанай
Бордонгкуй
Джесегей тойон
Джылга хан
Ийэ кыл
Илбис хан
Исэгэй айысыт
Иччи
Иэйиэхсит
Кут
Ньады дьангха
Нэлбэй айысыт
Омогой бай

671

Сата
Сюгэ тойон
Сюллюкюн
Сюр
Тенгри
Улу тойон
Хара суорун
Хомпоруун хотой
Цолмон
Чучуна
Эллэй
Эрэкэ-джэрэкэ
Юер
Юрюнг айы тойон
Японская мифология
Адзисики-така

Аматэрасу
Амацумара
Амида
Амэ-но вака-хико
Амэ-но Кагуяма
Амэ-но-коянэ
Амэ-но минакануси
Амэ-но токотати
Амэ-но удзумэ
Асинадзути и Тэнадзути
Асихара-но накацукуни
Бисямон-тэн
Бэнсай-тэн
Вани
Дайнити-нёрай
Дарума
Дзидзо
Дзимму-тэнно

Дзюродзин
Еми-но куни
Идзанаки и Идзанами
Инари
Исигами
Кагуцути
Камадогами
Камимусуби
Каннон
Кисакаи-химэ
Кусинада-химэ
Лохань
Мусуби
Ниниги
Нэ-но катасу куни
О-гэцу-химэ
О-камудзуми
О-кунинуси
Омоиканэ

О-моно-нуси
Осирасама
О-тоси
О-ямацуми
Саруда-хико
Сасикуни-вака-химэ
Сахимоти
"Семь богов счастья"
Сиоцути
Сукунабикона
Сумиеси
Сусаноо
Сэйси
Такама-но хара
Такамимусуби
Такэмикадзути
Та-но ками
Тоетама-химэ
Тори-но ивакусубунэ

Тэнгу
Удзигами
Умуги-химэ
Урасима
Фугэн
Футодама
Хатиман
Ходзэри
Хоори
Хотэй
Цукуеми
Эбису
Эмма
Ямата-но Ороти
Яруро
Киберот
Кума
Яуйо
Париакака

Мифологический словарь / Гл. ред. Е. М. Мелетинский. — М.: Сов.
М 68   энциклопедия, 1990. — 672 с.: 16 л. ил. ISBN 5-85270-032-0.

В Мифологическом энциклопедическом словаре даются статьи о богах, духах, полубожественных и демонических персонажах, эпических и фольклорных героях, о конкретных мифологических объектах — животных, растениях, элементах ландшафта, атрибутах и т. п., а также о наиболее важных религиозно-философских понятиях. Все статьи излагаются на основе религиозно-мифологических текстов, эпоса, преданий, фольклора подавляющего большинства народов мира. Большое внимание уделяется мифологическим представлениям народов СССР. Словарь предназначен широкому кругу читателей.

$$M \frac{0504000000 - 001}{007(01) - 90} \text{ КБ-29-3-1988} \qquad 8А (03)$$

ИБ № 153

Сдано в набор 30.04.87 г. Подписано в печать 30.10.89. Т-23355. Формат 70х108$^1/_{16}$. Бумага типографская № 1. Школьная гарнитура. Печать высокая. Объем издания 61,6 усл. печ. л.; 70,7 усл. кр.-отт.; 123,77 уч.-изд. л. Тираж 115 000 экз. Заказ № 2324. Цена 10 руб.

Ордена Трудового Красного Знамени издательство "Советская энциклопедия". 109817, Москва, Покровский бульвар, 8.

Фотоформы изготовлены на Можайском полиграфкомбинате. 143200, Можайск, ул. Мира, 93.

Ордена Трудового Красного Знамени Московская типография № 2 при Государственном комитете СССР по печати. 129301, Москва, Проспект Мира, 105.